Ami lecteur

C'est en 1898 que je suis né. Voici donc cent ans que je vous accompagne sur toutes les routes du monde, soucieux du confort de votre conduite, de la sécurité de votre déplacement, de l'agrément de vos étapes.

L'expérience et le savoir-faire que j'ai acquis, c'est au Guide Rouge, apparu avec ce siècle, que je les confie chaque année.

*Et dans cette 89e édition, pour trouver de bonnes adresses à petits prix, un conseil : suivez donc les centaines de restaurants que vous signale mon visage de "***Bib Gourmand***"!*

N'hésitez pas à m'écrire…

Je reste à votre service pour un nouveau siècle de découvertes.

En toute confiance,

Bibendum

Sommaire

Le choix d'un hôtel, d'un restaurant

Ce guide vous propose une sélection d'hôtels et restaurants établie à l'usage de l'automobiliste de passage. Les établissements, classés selon leur confort, sont cités par ordre de préférence dans chaque catégorie

Catégories

		Grand luxe et tradition
		Grand confort
		Très confortable
		De bon confort
		Assez confortable
		Simple mais convenable
M		*Dans sa catégorie, hôtel d'équipement moderne*
sans rest.		*L'hôtel n'a pas de restaurant*
	avec ch.	*Le restaurant possède des chambres*

Agrément et tranquillité

Certains établissements se distinguent dans le guide par les symboles rouges indiqués ci-après.
Le séjour dans ces hôtels se révèle particulièrement agréable ou reposant.
Cela peut tenir d'une part au caractère de l'édifice, au décor original, au site, à l'accueil et aux services qui sont proposés, d'autre part à la tranquillité des lieux.

à	*Hôtels agréables*
à	*Restaurants agréables*
« Parc fleuri »	*Élément particulièrement agréable*
	Hôtel très tranquille ou isolé et tranquille
	Hôtel tranquille
mer	*Vue exceptionnelle*
	Vue intéressante ou étendue.

Les localités possédant des établissements agréables ou tranquilles sont repérées sur les cartes pages 30 à 37.

Consultez-les pour la préparation de vos voyages et donnez-nous vos appréciations à votre retour, vous faciliterez ainsi nos enquêtes.

L'installation

Les chambres des hôtels que nous recommandons possèdent, en général, des installations sanitaires complètes. Il est toutefois possible que dans les catégories, et certaines chambres en soient dépourvues.

30 ch	*Nombre de chambres*
	Ascenseur
	Air conditionné (dans tout ou partie de l'établissement)
	Télévision dans la chambre
	Chambres réservées aux non-fumeurs
	Téléphone dans la chambre, direct avec l'extérieur
	Prise Modem-Minitel dans la chambre
	Chambres accessibles aux handicapés physiques
	Repas servis au jardin ou en terrasse
	Salle de remise en forme
	Piscine : de plein air ou couverte
	Plage aménagée – Jardin de repos
	Tennis à l'hôtel
25 à 150	*Salles de conférences : capacité des salles*
	Garage dans l'hôtel (généralement payant)
	Parking réservé à la clientèle
	Parking clos réservé à la clientèle
	Accès interdit aux chiens (dans tout ou partie de l'établissement)
Fax	*Transmission de documents par télécopie*
mai-oct.	*Période d'ouverture, communiquée par l'hôtelier*
sais.	*Ouverture probable en saison mais dates non précisées. En l'absence de mention, l'établissement est ouvert toute l'année.*

La table

Les étoiles

Certains établissements méritent d'être signalés à votre attention pour la qualité de leur cuisine. Nous les distinguons par les étoiles de bonne table.

Nous indiquons, pour ces établissements, trois spécialités culinaires et des vins locaux qui pourront orienter votre choix.

✿✿✿ **Une des meilleures tables, vaut le voyage**

21 *On y mange toujours très bien, parfois merveilleusement. Grands vins, service impeccable, cadre élégant... Prix en conséquence.*

✿✿ **Table excellente, mérite un détour**

70 *Spécialités et vins de choix... Attendez-vous à une dépense en rapport.*

✿ **Une très bonne table dans sa catégorie**

405 *L'étoile marque une bonne étape sur votre itinéraire. Mais ne comparez pas l'étoile d'un établissement de luxe à prix élevés avec celle d'une petite maison où, à prix raisonnables, on sert également une cuisine de qualité.*

Le "Bib Gourmand"

458 Repas soignés à prix modérés

Vous souhaitez parfois trouver des tables plus simples, à prix modérés ; c'est pourquoi nous avons sélectionné des restaurants proposant, pour un rapport qualité-prix particulièrement favorable, un repas soigné, souvent de type régional.

Ces restaurants sont signalés par le **"Bib Gourmand"** *et* Repas.

Ex. Repas 100/130.

Consultez les cartes des étoiles de bonne table ✿✿✿, ✿✿, ✿ et des **"Bib Gourmand"**, *pages 38 à 45.*

Voir aussi *page suivante*

Les vins et les mets : voir p. 28 et 29

Les prix

Les prix indiqués dans ce guide ont été établis en automne 1997 et s'appliquent à **la haute saiso**
Ils sont susceptibles de modifications, notamment en cas de variations des prix des biens et services. Ils s'entendent taxes et service compris. Aucune majoration ne doit figurer sur votre note, sauf éventuellement la taxe de séjour.

Les hôtels et restaurants figurent en gros caractères lorsque les hôteliers nous ont donné tous leurs prix et se sont engagés, sous leur propre responsabilité, à les appliquer aux touristes de passage porteurs de notre guide.

Hors saison, certains établissements proposent des conditions avantageuses, renseignez-vous lors de votre réservation.

Entrez à l'hôtel le guide à la main, vous montrerez ai qu'il vous conduit là en confiance.

Repas

enf. 60	*Prix du menu pour enfants*
(symbole)	*Établissement proposant un menu simple à* ***moins de 85 F***

Repas à prix fixe :

Repas *(52)*	*Prix d'un repas composé d'un plat principal, accompagné d'une entrée ou d'un dessert, généralement servi le midi en semaine*
90 (déj.)	*Menu servi au déjeuner uniquement*
110/150	*Prix du menu : minimum* 110, *maximum* 150
100/150	*Menu à prix fixe minimum* 100 *non servi les fins de semaine et jours fériés*
bc	*Boisson comprise*
𝕐	*Vin servi au verre*
(carafe)	*Vin de table en carafe*

Repas à la carte :

Repas carte 140 à 310	*Le premier prix correspond à un repas normal comprenant : entrée, plat garni et dessert. Le 2e prix concerne un repas plus complet (avec spécialité) comprenant : deux plats, fromage et dessert (boisson non comprise).*

Chambres

ch 190/380	*Prix minimum* 190 *pour une chambre d'une personne et prix maximum* 380 *pour une chambre de deux personnes*
29 ch ☕ 210/450	*Prix des chambres petit déjeuner compris*
☕ 35	*Prix du petit déjeuner (généralement servi dans la chambre)*
appart.	*Se renseigner auprès de l'hôtelier*

Demi-pension

1/2 P 220/350	*Prix minimum et maximum de la demi-pension (chambre, petit déjeuner et un repas) par personne et par jour, en saison ; ces prix s'entendent pour une chambre double occupée par deux personnes, pour un séjour de trois jours minimum.*

Une personne seule occupant une chambre double se voit parfois appliquer une majoration.
La plupart des hôtels saisonniers pratiquent également, sur demande, la pension complète.
Dans tous les cas, il est indispensable de s'entendre par avance avec l'hôtelier pour conclure un arrangement définitif.

Les arrhes

Certains hôteliers demandent le versement d'arrhes.
Il s'agit d'un dépôt-garantie qui engage l'hôtelier comme le client.
Bien faire préciser les dispositions de cette garantie.
Demandez à l'hôtelier de vous fournir dans sa lettre d'accord toutes précisions utiles sur la réservation et les conditions de séjour.

Cartes de crédit

AE D CB JCB	*Cartes de crédit acceptées par l'établissement : American Express. Diners Club. Carte Bancaire (Visa, Eurocard, MasterCard). Japan Credit Bureau*

Les villes

63300	*Numéro de code postal de la localité (les deux premiers chiffres correspondent au numéro du département)*
✉ 57130 Ars	*Numéro de code postal et nom de la commune de destination*
P SP	*Préfecture – Sous-préfecture*
80 ⑤	*Numéro de la Carte Michelin et numéro du pli*
G. Jura	*Voir le Guide Vert Michelin Jura*
1 057 h.	*Population*
alt. 75	*Altitude de la localité*
Stat. therm.	*Station thermale*
1 200/1 900	*Altitude de la station et altitude maximum atteinte par les remontées mécaniques*
2	*Nombre de téléphériques ou télécabines*
14	*Nombre de remonte-pentes et télésièges*
	Ski de fond
BY B	*Lettres repérant un emplacement sur le plan*
18	*Golf et nombre de trous*
	Panorama, point de vue
	Aéroport
	Localité desservie par train-auto. Renseignements au numéro de téléphone indiqué
	Transports maritimes
	Transports maritimes pour passagers seulement
A.C.	*Information touristique – Automobile Club*

Les curiosités

Intérêt

★★★	*Vaut le voyage*
★★	*Mérite un détour*
★	*Intéressant*

Les musées sont généralement fermés le mardi

Situation

Voir	*Dans la ville*
Env.	*Aux environs de la ville*
N, S, E, O	*La curiosité est située : au Nord, au Sud, à l'Est, à l'Ouest*
② ④	*On s'y rend par la sortie ② ou ④ repérée par le même signe sur le plan du Guide et sur la carte*
2 km	*Distance en kilomètres*

La voiture, les pneus

Garagistes, réparateurs, fournisseurs de pneus Michelin

RENAULT *Concessionnaire (ou succursale) de la marque Renault.*

PEUGEOT *Agent de la marque Peugeot.*

Gar. de la Côte *Garagiste qui ne représente pas de marque de voiture.*

Spécialistes du pneu.

Établissements généralement fermés samedi ou parfois lundi.
Dans nos agences, nous nous faisons un plaisir de donner à nos clients tous conseils pour la meilleure utilisation de leurs pneus.

Dépannage

N **La nuit** – *Cette lettre désigne des garagistes qui assurent, la nuit, les réparations courantes.*

Le dimanche – *Il existe dans toutes les régions un service de dépannage le dimanche. La Police, la Gendarmerie peuvent en général indiquer le garagiste de service le plus proche ou le numéro téléphonique d'appel du groupement départemental d'assistance routière.*

Les cartes de voisinage

Avez-vous pensé à les consulter ?

Vous souhaitez trouver une bonne adresse, par exemple, aux environs de Clermont-Ferrand ? Consultez la carte qui accompagne le plan de la ville.

La « carte de voisinage » (ci-contre) attire votre attention sur toutes les localités citées au Guide autour de la ville choisie, et particulièrement celles qui sont accessibles en automobile en moins de 30 minutes (limite de couleur).

Les « cartes de voisinage » vous permettent ainsi le repérage rapide de toutes les ressources proposées par le Guide autour des métropoles régionales.

Nota :

Lorsqu'une localité est présente sur une « carte de voisinage », sa métropole de rattachement est imprimée en BLEU sur la ligne des distances de ville à ville.

Vous trouverez Châtelguyon sur la carte de voisinage de Clermont-Ferrand.

Exemple :

CHÂTELGUYON *63140 P.-de-D.* 73 ④ *G. Auvergne*
Voir *Gorges d'Enval*★ *3 km par* ③
Office de Tourisme parc E.-Clementel
Paris 375 ① *– Clermont-Fd 20* ② *– Aubusson 99* ③

- *Localité possédant au moins un hôtel et un restaurant cités au Guide*
- *Localité possédant au moins un restaurant cité au Guide*
- *Localité possédant au moins un hôtel sans restaurant cité au Guide*

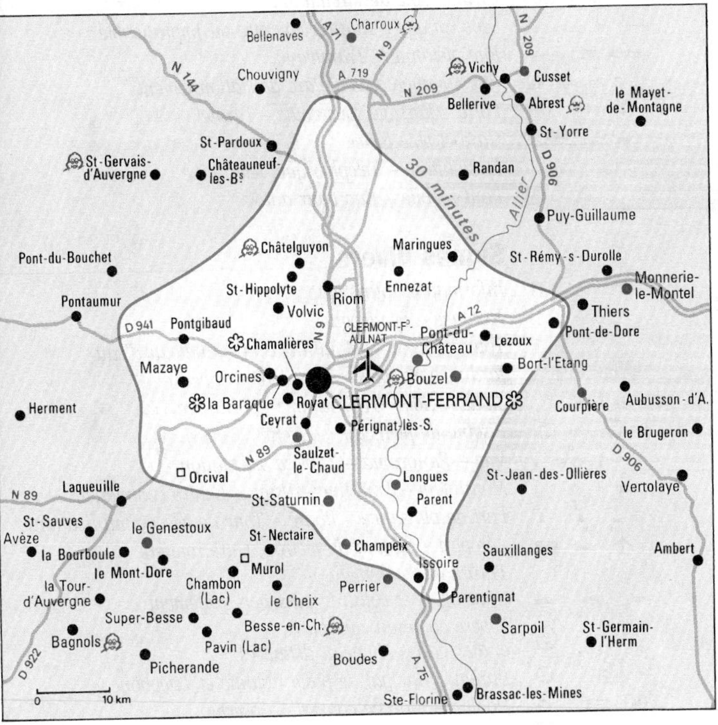

Toutes les « Cartes de voisinage » sont localisées sur l'Atlas en fin de Guide.

Les plans

Hôtels
Restaurants

Curiosités

Bâtiment intéressant et entrée principale
Édifice religieux intéressant :
- Catholique – Protestant

Voirie

Autoroute, double chaussée de type autoroutier
Échangeurs numérotés : complet, partiels
Grande voie de circulation
Sens unique – Rue réglementée ou impraticable
Rue piétonne – Tramway
R. Pasteur *Rue commerçante – Parc de stationnement*
Porte – Passage sous voûte – Tunnel
Gare et voie ferrée
Funiculaire – Téléphérique, télécabine
Pont mobile – Bac pour autos

Signes divers

Information touristique
Mosquée – Synagogue
Tour – Ruines – Moulin à vent – Château d'eau
Jardin, parc, bois – Cimetière – Calvaire
Stade – Golf – Hippodrome – Patinoire
Piscine de plein air, couverte
Vue – Panorama – Table d'orientation
Monument – Fontaine – Usine – Centre commercial
Port de plaisance – Phare – Tour de télécommunications
Aéroport – Station de métro – Gare routière
Transport par bateau :
- passagers et voitures, passagers seulement
3 *Repère commun aux plans et aux cartes Michelin détaillées*
Bureau principal de poste restante et Téléphone
Hôpital – Marché couvert – Caserne
Bâtiment public repéré par une lettre :
A C *- Chambre d'agriculture – Chambre de commerce*
G H J *- Gendarmerie – Hôtel de ville – Palais de justice*
M P T *- Musée – Préfecture, sous-préfecture – Théâtre*
U *- Université, grande école*
POL. *- Police (commissariat central)*
4^m50 18T 18 *Passage bas (inf. à 4 m 50) – Charge limitée (inf. à 19 t)*
Garage : Peugeot, Citroën, Renault

Dear Reader

I was born in 1898. During my hundred years as Bibendum I have accompanied you all over the world, attentive to your safety while travelling and to your comfort and enjoyment on and off the road.

The knowledge and experience I acquire each year is summarised for you in the Red Guide which first appeared at the beginning of the century.

In this, the 89th edition, I offer some advice to help you find good food at moderate prices: look for the hundreds of restaurants identified by my red face, **"Bib Gourmand".**

I look forward to receiving your comments...

I remain at your service for a new century of discoveries.

Bibendum

Contents

Choosing a hotel or restaurant

This guide offers a selection of hotels and restaurants to help motorists on their travels. In each category establishments are listed in order of preference according to the degree of comfort they offer.

Categories

	XXXXX	*Luxury in the traditional style*
	XXXX	*Top class comfort*
	XXX	*Very comfortable*
	XX	*Comfortable*
	X	*Quite comfortable*
		Simple comfort
M		*In its category, hotel with modern amenities*
sans rest.		*The hotel has no restaurant*
	avec ch.	*The restaurant also offers accommodation*

Peaceful atmosphere and setting

Certain establishments are distinguished in the guide by the red symbols shown below.

Your stay in such hotels will be particularly pleasant or restful, owing to the character of the building, its decor, the setting, the welcome and services offered, or simply the peace and quiet to be enjoyed there.

to	*Pleasant hotels*
XXXXX to X	*Pleasant restaurants*
« Parc fleuri »	*Particularly attractive feature*
	Very quiet or quiet, secluded hotel
	Quiet hotel
< mer	*Exceptional view*
<	*Interesting or extensive view*

The maps on pages 30 to 37 indicate places with such very peaceful, pleasant hotels and restaurants.

By consulting them before setting out and sending us your comments on your return you can help us with our enquiries.

Hotel facilities

In general the hotels we recommend have full bathroom and toilet facilities in each room. This may not be the case, however, for certain rooms in categories , and .

30 ch	*Number of rooms*
	Lift (elevator)
	Air conditioning (in all or part of the hotel)
TV	*Television in room*
	Rooms reserved for non-smokers
	Direct-dial phone in room
	Minitel-modem point in the bedrooms
	Rooms accessible to disabled people
	Meals served in garden or on terrace
	Exercise room
	Outdoor or indoor swimming pool
	Beach with bathing facilities – Garden
	Hotel tennis court
25 à 150	*Equipped conference hall (minimum and maximum capacities)*
	Hotel garage (additional charge in most cases)
P	*Car park for customers only*
P	*Enclosed car park for customers only*
	Dogs are excluded from all or part of the hotel
Fax	*Telephone document transmission*
mai-oct.	*Dates when open, as indicated by the hotelier*
sais.	*Probably open for the season – precise dates not available.*

Where no date or season is shown, establishments are open all year round.

Cuisine

Stars

Certain establishments deserve to be brought to your attention for the particularly fine quality of their cooking. Michelin stars are awarded for the standard of meals served.

For such restaurants we list three culinary specialities and a number of local wines to assist you in your choice.

✿✿✿ **Exceptional cuisine, worth a special journey**

21 *One always eats here extremely well, sometimes superbly. Fine wines, faultless service, elegant surroundings. One will pay accordingly!*

✿✿ **Excellent cooking, worth a detour**

70 *Specialities and wines of first class quality. This will be reflected in the price.*

✿ **A very good restaurant in its category**

405 *The star indicates a good place to stop on your journey. But beware of comparing the star given to an expensive de luxe establishment to that of a simple restaurant where you can appreciate fine cuisine at a reasonable price.*

The "Bib Gourmand"

458 Good food at moderate prices

You may also like to know of other restaurants with less elaborate, moderately priced menus that offer good value for money and serve carefully prepared meals, often of regional cooking.

In the guide such establishments are marked ☺ *the* **"Bib Gourmand"** *and* Repas *just before the price of the menu, for example* Repas 100/130.

Please refer to the map of star-rated restaurants ✿✿✿, ✿✿, ✿ *and the* **"Bib Gourmand"** ☺, *pp 38 to 45.*

See also ☺ *on next page*

Food and wine: see pages 28 and 29

Prices

The prices indicated in this Guide, supplied in Autumn 1997, apply to **high season**. *Changes ma arise if goods and service costs are revised. The rates include tax and service and no extra charge should appear on your bill, with the possible exception of visitors' tax.*

Hotels and restaurants in bold type have supplied details of all their rates and have assumed responsibility for maintaining them for all travellers in possession of this guide.

Out of season, certain establishments offer special rates. Ask when booking.

Your recommendation is self evident if you always walk into a hotel Guide in hand.

Meals

enf. 60	*Price of children's menu*
⚭	*Establishment serving a simple menu* **for less than 85 F**

Set meals:

Repas *(52)*	*Price for a 2 course meal, generally served weekday lunchtimes*
90 (déj.)	*Set meal served only at lunch time*
110/150	*Lowest* 110 *and highest* 150 *prices for set meals*
100/150	*The cheapest set meal* 100 *is not served on Saturdays, Sundays or public holidays*
bc	*House wine included*
🍷	*Wine served by the glass*
⚱	*Table wine available by the carafe*

A la carte meals:

Repas carte 140 à 310	*The first figure is for a plain meal and includes first course, main dish of the day with vegetables and dessert. The second figure is for a fuller meal (with spécialité) and includes 2 main courses, cheese, and dessert (drinks not included).*

Rooms

ch 190/380	*Lowest price* 190 *for a single room and highest price* 380 *for a double*
29 ch ☕ 210/450	*Price includes breakfast*
☕ 35	*Price of continental breakfast (generally served in the bedroom)*
appart.	*Check with the hotelier for prices*

Half board

1/2 P 220/350	*Lowest and highest prices of half board (room, breakfast and a meal) per person, per day in season. These prices are valid for a double room occupied by two people for a minimum stay of three days. When a single person occupies a double room he may have to pay a supplement. Most of the hotels also offer full board terms on request. It is essential to agree on terms with the hotelier before making a firm reservation.*

Deposits

Some hotels will require a deposit, which confirms the commitment of customer and hotelier alike. Make sure the terms of the agreement are clear. Ask the hotelier to provide you, in his letter of confirmation, with all terms and conditions applicable to your reservation.

Credit cards

AE D CB JCB	*American Express – Diners Club – Carte Bancaire (includes Eurocard, MasterCard and Visa) – Japan Credit Bureau*

Towns

63300	*Local postal number (the first two numbers represent the department number)*
✉ 57130 Ars	*Postal number and name of the postal area*
P SP	*Prefecture – Sub-prefecture*
80 ⑤	*Number of the appropriate sheet and section of the Michelin road map*
G. Jura	*See the Michelin Green Guide Jura*
1 057 h.	*Population*
alt. 75	*Altitude (in metres)*
Stat. therm.	*Spa*
Sports d'hiver	*Winter sports*
1 200/1 900	*Altitude (in metres) of resort and highest point reached by lifts*
2	*Number of cable-cars*
14	*Number of ski and chair-lifts*
	Cross country skiing
BY B	*Letters giving the location of a place on the town plan*
18	*Golf course and number of holes*
	Panoramic view. Viewpoint
	Airport
	Places with motorail pick-up point. Further information from phone no. listed
	Shipping line
	Passenger transport only
A.C.	*Tourist Information Centre – Automobile Club*

Sights

Star-rating

★★★	*Worth a journey*
★★	*Worth a detour*
★	*Interesting*

Museums and art galleries are generally closed on Tuesdays

Location

Voir	*Sights in town*
Env.	*On the outskirts*
N, S, E, O	*The sight lies north, south, east or west of the town*
② ④	*Sign on town plan and on the Michelin road map indicating the road leading to a place of interest*
2 km	*Distance in kilometres*

Car, tyres

Car dealers, repairers and Michelin tyre suppliers

RENAULT *Renault main agent*
PEUGEOT *Peugeot dealer*
Car. de la Côte *General repair garage*
(tyre symbol) *Tyre specialist*

These workshops are usually closed on Saturdays and occasionally on Mondays.
The staff at our depots will be pleased to give advice on the best way to look after your tyres.

Breakdown service

N **At night** – *Symbol indicating garage offering night breakdown service.*

On Sunday – *Each town has a breakdown service available on Sunday. In any event, the Gendarmerie, Police, etc., should usually be able to give the address of the garage on duty.*

Local maps

May we suggest that you consult them

Should you be looking for a hotel or restaurant not too far from Clermont-Ferrand, for example, you can consult the map along with the town plan.

The local map (opposite) draws your attention to all places around the town or city selected, provided they are mentioned in the Guide. Places located within a thirty minute drive are clearly identified by the use of a different coloured background.

The various facilities recommended near the different regional capitals can be located quickly and easily.

Note:

Entries in the Guide provide information on distances to nearby towns. Whenever a place appears on one of the local maps, the name of the town or city to which it is attached is printed in BLUE.

Example:

Châtelguyon is to be found on the local map Clermont-Ferrand.

CHÂTELGUYON *63140 P.-de-D.* 73 ④ *G. Auvergne*
Voir *Gorges d'Enval★ 3 km par ③*
Office de Tourisme parc E.-Clementel
Paris 375 ① – Clermont-Fd 20 ② – Aubusson 99 ③

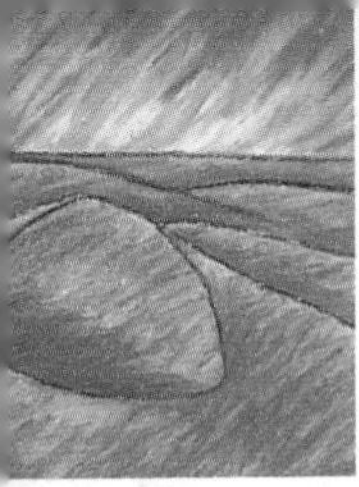

● *Place with at least one hotel and restaurant included in the Guide*

● *Place with at least one restaurant included in the Guide*

□ *Place with at least one hotel, without restaurant, included in the Guide*

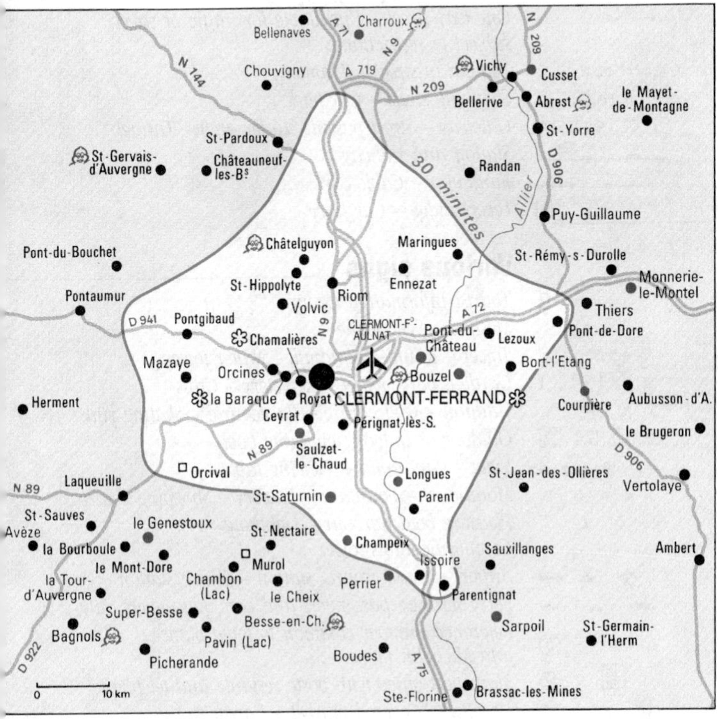

All towns with local maps are indicated on the Atlas at the end of the Guide.

Town plans

Hotels
Restaurants

Sights

Place of interest and its main entrance
Interesting place of worship:
- Catholic – Protestant

Roads

Motorway, dual carriageway
Numbered junctions: complete, limited
Major thoroughfare
One-way street – Unsuitable for traffic or street subject to restrictions
Pedestrian street – Tramway
R. Pasteur — *Shopping street – Car park*
Gateway – Street passing under arch – Tunnel
Station and railway
Funicular – Cable-car
B — *Lever bridge – Car ferry*

Various signs

Tourist Information Centre
Mosque – Synagogue
Tower – Ruins – Windmill – Water tower
Garden, park, wood – Cemetery – Cross
Stadium – Golf course – Racecourse – Skating rink
Outdoor or indoor swimming pool
View – Panorama – Viewing table
Monument – Fountain – Factory – Shopping centre
Pleasure boat harbour – Lighthouse
Communications tower
Airport – Underground station – Coach station
Ferry services: passengers and cars, passengers only
3 — *Reference number common to town plans and Michelin maps*
Main post office with poste restante and telephone
Hospital – Covered market – Barracks
Public buildings located by letter:
A C — *- Chamber of Agriculture – Chamber of Commerce*
G H J — *- Gendarmerie – Town Hall – Law Courts*
M P T — *- Museum – Prefecture or sub-prefecture – Theatre*
U — *- University, College*
POL. — *- Police (in large towns police headquarters)*
4m4 18T 18 — *Low headroom (15 ft. max.) – Load limit (under 19 t)*
Garage: Peugeot, Citroën, Renault

Les vins
Wines

Années Years

	83	85	86	88	89	90	91	92	93	94	95	96
1 Alsace	■	■	▒	■	■	■	▒	▒	▒	▒	▒	■
2 Bordeaux												
blancs/white	▒	▒	▒	■	■	■	□	□	▒	▒	▒	■
rouges/claret	▒	▒	▒	▒	■	■	□	□	▒	▒	■	■
3 Bourgogne												
blancs/white	□	▒	▒	▒	■	▒	▒	▒	▒	▒	■	■
rouges/red	□	■	□	▒	▒	■	▒	▒	▒	▒	■	■
4 Beaujolais	▒	□	□	▒	■	▒	■	□	▒	▒	■	■
5 Champagne	■	■	□	■	▒	■	▒	▒	▒	▒	▒	■
6 Côtes du Rhône												
Septentrionales/northern	▒	■	▒	▒	■	■	▒	▒	▒	▒	▒	■
Méridionales/southern	□	▒	▒	▒	▒	■	▒	▒	▒	▒	▒	■
7 Languedoc Roussillon	□	■	▒	■	▒	■	□	□	■	■	▒	■
8 Val de Loire												
Muscadet	□	□	□	▒	▒	■	□	▒	▒	▒	■	■
Anjou – Touraine	▒	■	▒	▒	▒	■	□	□	▒	▒	■	■
Pouilly – Sancerre	□	■	▒	▒	▒	■	▒	▒	▒	▒	▒	■

Les meilleures années
The best vintages

□ *Quelques réussites* / *Some successful vintages*

▒ *Bonnes années* / *Fine vintages*

■ *Grandes années* / *Great vintages*

Rappel des « Grandes années du siècle »

1911 • 1921 • 1928 • 1929 • 1934 • 1945 • 1947 • 1949 • 1953 • 1955 • 1961 • 1989 • 1990

Les vins et les mets

Food and wine

Quelques suggestions de vins selon les mets...
A few hints on selecting the right wine with the right dish...

Vins blancs secs
Dry white wines

1	*Sylvaner, Riesling, Tokay-Pinot gris*
2	*Graves secs*
3	*Chablis, Meursault, Pouilly-Fuissé, Mâcon*
5	*Champagne (brut)*
6	*Condrieu, Hermitage, Provence*
7	*Picpoul de Pinet*
8	*Muscadet, Pouilly-s.-L., Sancerre,*
-	*Vouvray sec, Montlouis*

Vins rouges légers
Light red wines

1	*Pinot noir, Riesling (blanc)*
2	*Graves, Médoc*
3	*Côtes de Beaune, Mercurey*
4	*Beaujolais*
5	*Coteaux champenois*
6	*Tavel (rosé), Côtes de Provence*
7	*Coteaux du Languedoc*
8	*Bourgueil, Chinon*

Vins rouges corsés
Full bodied red wines

2	*Pomerol, St-Émilion*
3	*Chambertin, Côte-de-Nuits, Pommard...*
6	*Châteauneuf-du-Pape, Cornas, Côte-Rotie*
7	*Corbières, Côtes du Roussillon,*
-	*Fitou, Minervois*

Vins de dessert
Sweet wines

1	*Muscat, Gewurztraminer (vins secs)*
2	*Sauternes, Monbazillac*
5	*Champagne (demi-sec)*
6	*Beaumes-de-Venise*
7	*Banyuls, Maury, Muscat de Frontignan,*
-	*Muscat de Rivesaltes*
8	*Anjou, Vouvray (demi-sec)*

Un mets préparé avec une sauce au vin s'accommode, si possible, du même vin. Vins et fromages d'une même région s'associent souvent avec succès.

En dehors des grands crus, il existe en maintes régions de France des vins locaux qui, bus sur place, vous réserveront d'heureuses surprises.

Dishes prepared with a wine sauce are best accompanied by the same kind of wine. Wines and cheeses from the same region usually go very well together.

In addition to the fine wines, there are many French wines, best drunk in their region of origin and which you will find extremely pleasant.

◇ =
◈ = ... ✗ ch
◆ = ... ✗ ch +

L'agrément
Peaceful atmosphere and setting

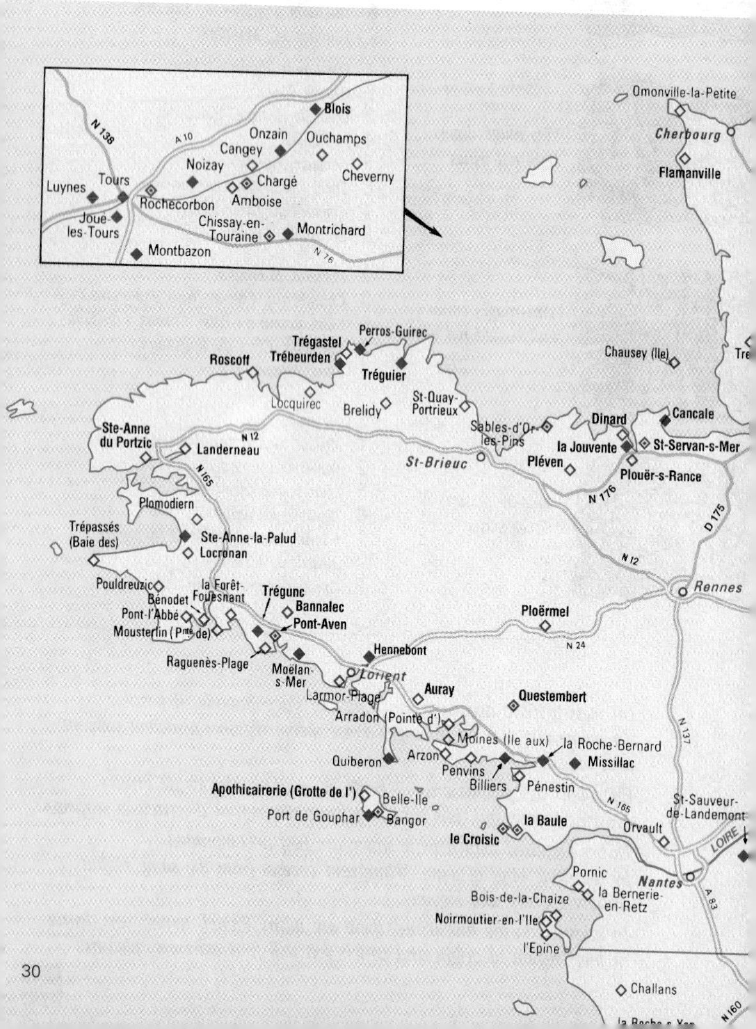

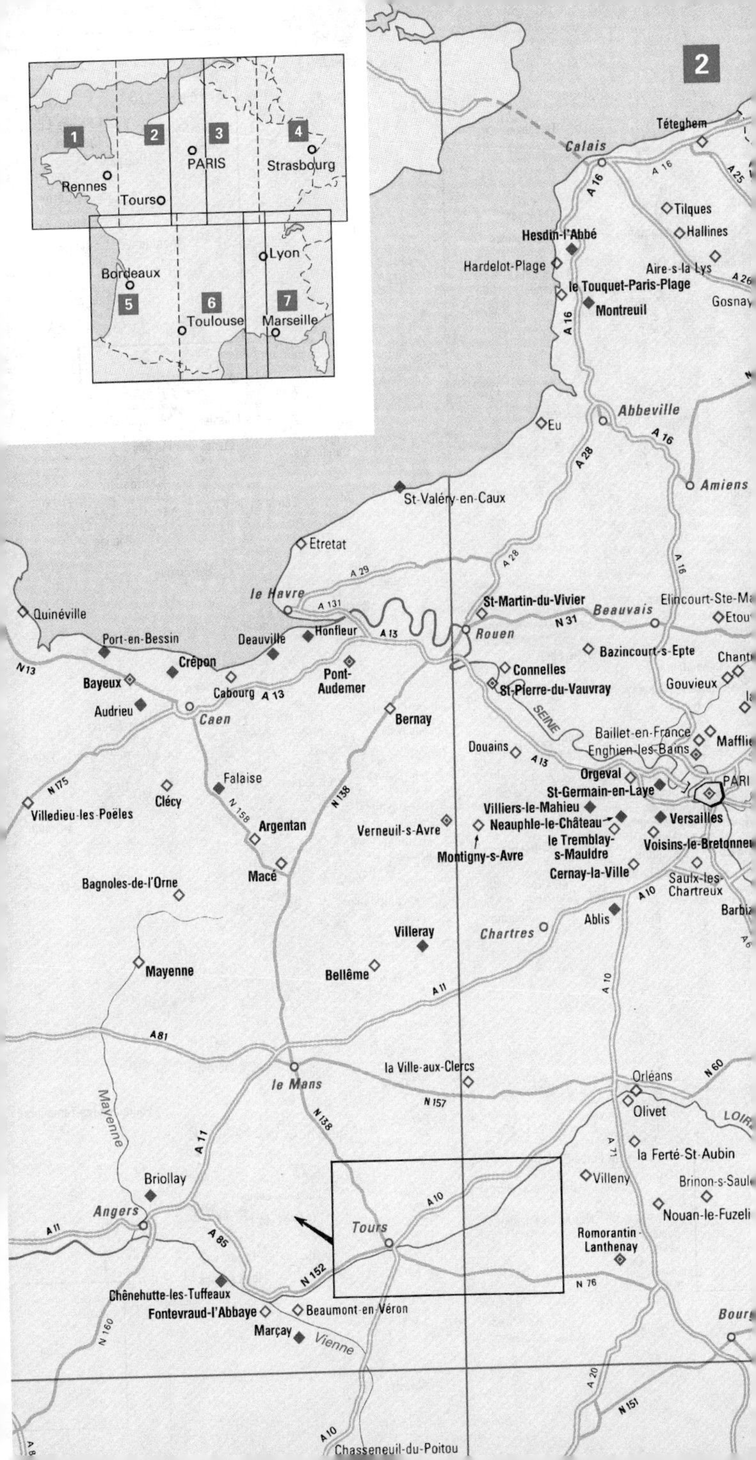

2
1
2
3
4
PARIS
Strasbourg
Rennes
Tours
Lyon
Bordeaux
5
6
7
Toulouse
Marseille
Téteghem
Calais
A 16
A 25
Tilques
Hallines
Hesdin-l'Abbé
Hardelot-Plage
Aire-s-la Lys
A 26
le Touquet-Paris-Plage
Montreuil
Gosnay
Abbeville
Eu
A 28
Amiens
St-Valéry-en-Caux
Etretat
A 29
le Havre
A 131
St-Martin-du-Vivier
Elincourt-Ste-Ma
Beauvais
N 31
Etou
Quinéville
Port-en-Bessin
Deauville
Honfleur
A 13
Rouen
Bazincourt-s-Epte
Chant
N 13
Crépon
Pont-Audemer
Connelles
Bayeux
Cabourg
St-Pierre-du-Vauvray
Gouvieux
Audrieu
Caen
Bernay
SEINE
Baillet-en-France
Maffli
Enghien-les-Bains
Douains
Orgeval
PARI
N 175
Falaise
St-Germain-en-Laye
Villedieu-les-Poëles
Clécy
N 138
Villiers-le-Mahieu
N 158
Neauphle-le-Château
Versailles
Argentan
Verneuil-s-Avre
le Tremblay-s-Mauldre
Montigny-s-Avre
Voisins-le-Bretonne
Macé
Cernay-la-Ville
Saulx-les-Chartreux
Bagnoles-de-l'Orne
A 10
Ablis
Barbi
Villeray
Chartres
A 6
Mayenne
Bellême
A 11
A 81
la Ville-aux-Clercs
le Mans
Orléans
N 60
N 157
Olivet
LOIR
Mayenne
N 138
A 71
la Ferté-St-Aubin
Briollay
Villeny
Brinon-s-Saul
Angers
A 10
Nouan-le-Fuzeli
Tours
Romorantin-Lanthenay
A 85
N 152
N 76
Chênehutte-les-Tuffeaux
Fontevraud-l'Abbaye
Beaumont-en-Véron
Bour
Marçay
Vienne
N 160
A 20
N 151
A 10
Chasseneuil-du-Poitou

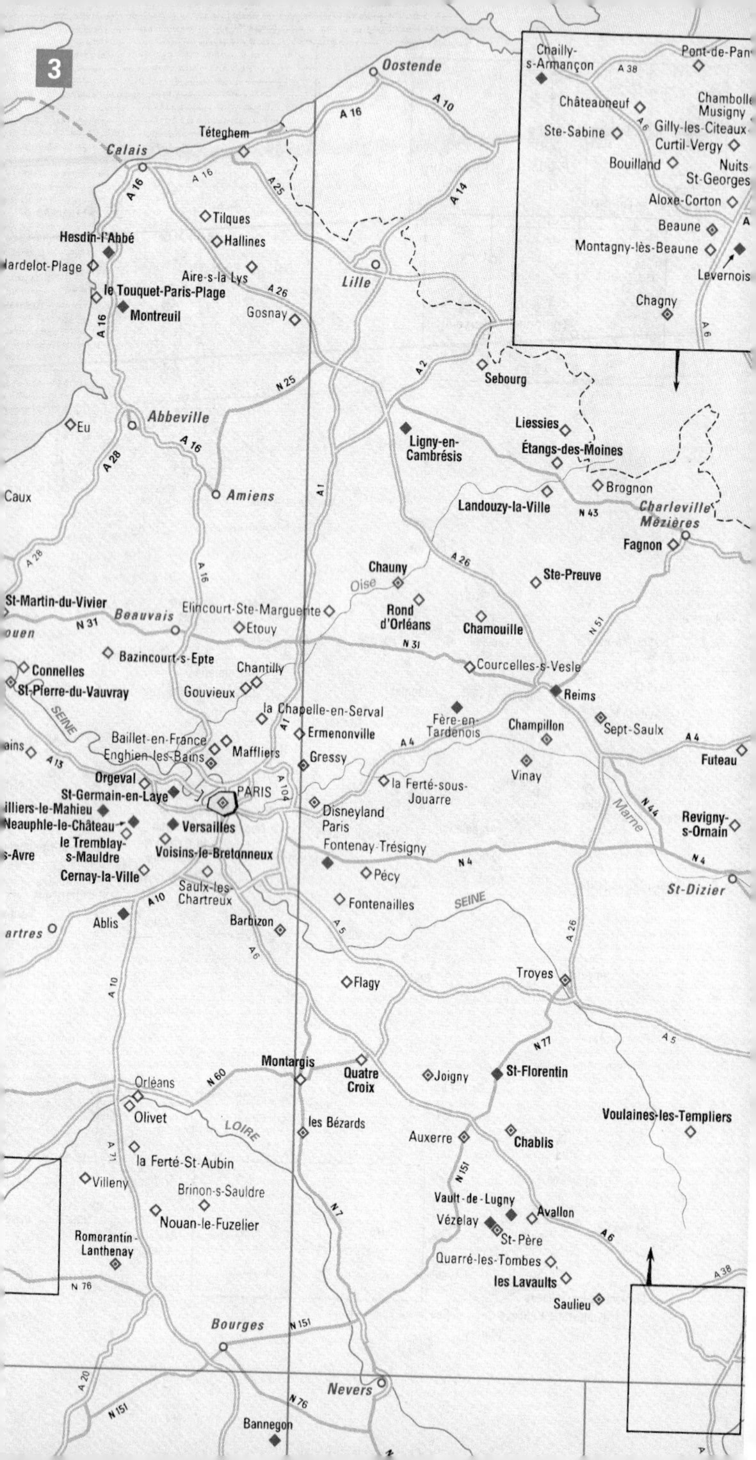

3
Oostende
Chailly-s-Armançon
A 38
Pont-de-Pany
Châteauneuf
Chambolle-Musigny
Ste-Sabine
Gilly-les-Citeaux
Curtil-Vergy
Bouilland
Nuits-St-Georges
Aloxe-Corton
Beaune
Montagny-lès-Beaune
Levernois
Chagny
A 6
Calais
Téteghem
A 16
A 10
A 25
A 14
Tilques
Hallines
Hesdin-l'Abbé
Hardelot-Plage
Aire-s-la Lys
Lille
le Touquet-Paris-Plage
Montreuil
A 26
Gosnay
A 2
Sebourg
N 25
Eu
Abbeville
Liessies
Ligny-en-Cambrésis
Étangs-des-Moines
Amiens
Brognon
Caux
A 1
Landouzy-la-Ville
N 43
Charleville-Mézières
Fagnon
A 28
Chauny
Oise
Ste-Preuve
St-Martin-du-Vivier
Elincourt-Ste-Marguerite
Rond d'Orléans
Beauvais
Rouen
N 31
Etouy
Chamouille
N 51
Bazincourt-s-Epte
Courcelles-s-Vesle
Connelles
Chantilly
St-Pierre-du-Vauvray
Gouvieux
Reims
SEINE
la Chapelle-en-Serval
Fère-en-Tardenois
Sept-Saulx
Champillon
Baillet-en-France
Ermenonville
A 4
Enghien-les-Bains
Maffliers
Gressy
Futeau
A 13
Vinay
Orgeval
la Ferté-sous-Jouarre
St-Germain-en-Laye
PARIS
A 104
Villiers-le-Mahieu
Disneyland Paris
Marne
N 44
Revigny-s-Ornain
Neauphle-le-Château
Versailles
le Tremblay-s-Mauldre
Fontenay-Trésigny
N 4
Voisins-le-Bretonneux
Cernay-la-Ville
Pécy
St-Dizier
Saulx-les-Chartreux
Fontenailles
A 5
Ablis
Barbizon
Chartres
A 6
Flagy
Troyes
N 77
Montargis
Quatre Croix
Joigny
St-Florentin
Orléans
N 60
Olivet
LOIRE
les Bézards
Voulaines-les-Templiers
Auxerre
Chablis
A 71
la Ferté-St-Aubin
N 151
Villeny
Brinon-s-Sauldre
Vault-de-Lugny
Avallon
Nouan-le-Fuzelier
N 7
Vézelay
St-Père
Romorantin-Lanthenay
Quarré-les-Tombes
les Lavaults
N 76
Saulieu
Bourges
Nevers
A 20
Bannegon

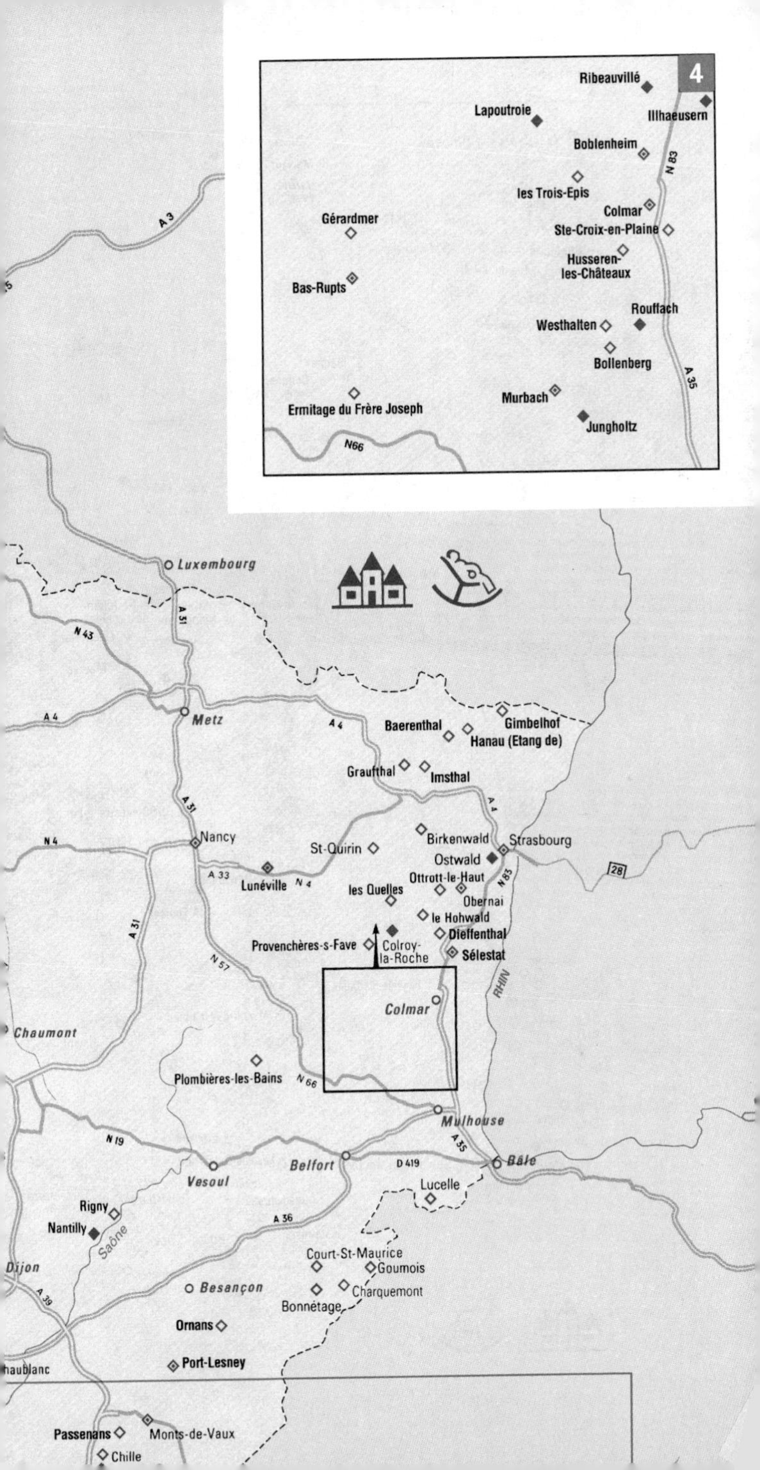
4
Ribeauvillé
Lapoutroie
Illhaeusern
Boblenheim
N 83
les Trois-Epis
Colmar
Gérardmer
Ste-Croix-en-Plaine
Husseren-les-Châteaux
Bas-Rupts
Rouffach
Westhalten
Bollenberg
A 35
Murbach
Ermitage du Frère Joseph
Jungholtz
N66
A 3
Luxembourg
A 31
N 43
A 4
Metz
A 4
Baerenthal
Gimbelhof
Hanau (Etang de)
Graufthal
Imsthal
A 4
A 31
N 4
Nancy
St-Quirin
Birkenwald
Strasbourg
Ostwald
28
A 33
Lunéville
N 4
Ottrott-le-Haut
N 83
les Quelles
Obernai
le Hohwald
A 31
Provenchères-s-Fave
Colroy-la-Roche
Dieffenthal
Sélestat
N 57
RHIN
Colmar
Chaumont
Plombières-les-Bains
N 66
Mulhouse
N 19
A 35
Vesoul
Belfort
D 419
Bâle
Lucelle
Rigny
Nantilly
Saône
A 36
Court-St-Maurice
Goumois
Dijon
A 39
Besançon
Charquemont
Bonnétage
Ornans
Port-Lesney
haublanc
Passenans
Monts-de-Vaux
Chille

5

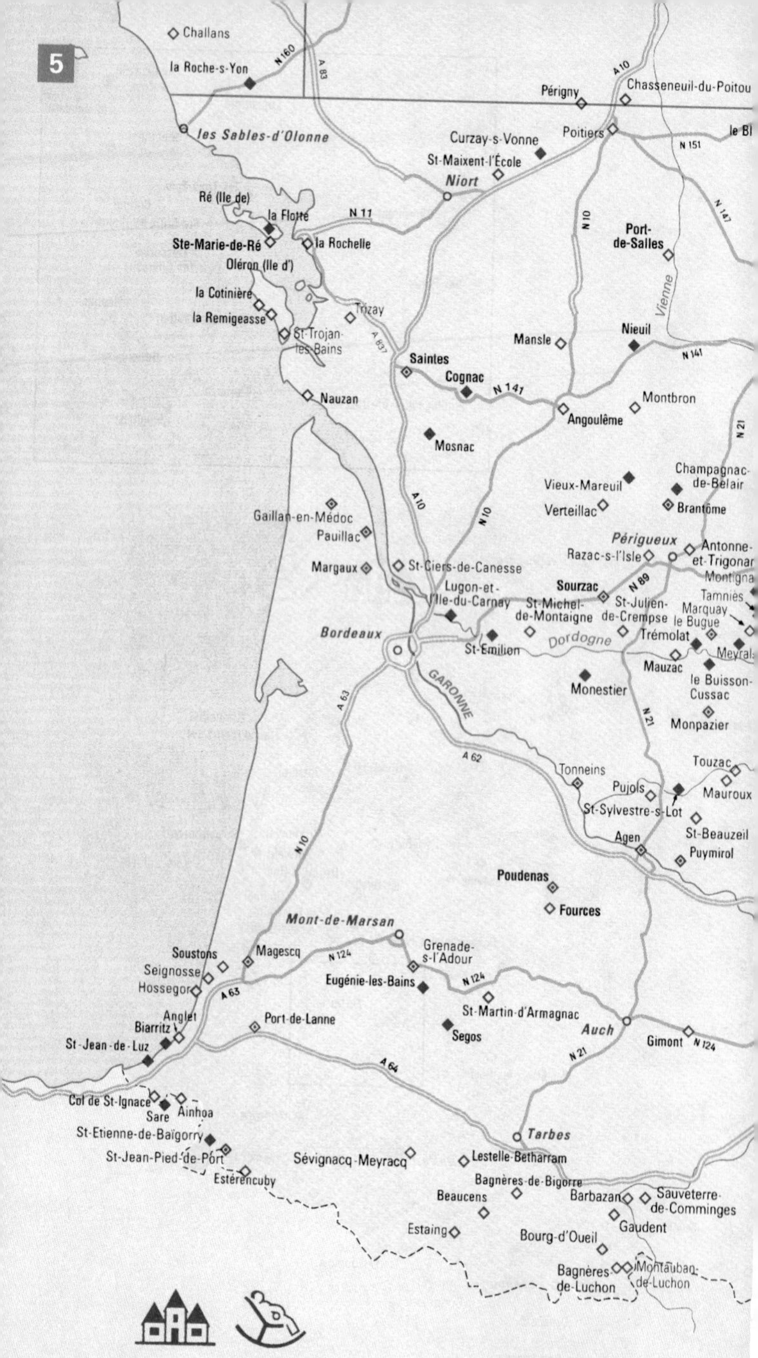
Challans
la Roche-s-Yon
N 160
A 83
A 10
Périgny
Chasseneuil-du-Poitou
les Sables-d'Olonne
Curzay-s-Vonne
Poitiers
le Bl
N 151
St-Maixent-l'École
Niort
N 147
Ré (Ile de)
la Flotte
N 11
Ste-Marie-de-Ré
la Rochelle
N 10
Port-de-Salles
Oléron (Ile d')
Vienne
la Cotinière
la Remigeasse
Trizay
St-Trojan-les-Bains
A 837
Mansle
Nieuil
N 141
Saintes
Cognac
N 141
Nauzan
Montbron
Angoulême
N 21
Mosnac
Champagnac-de-Belair
Vieux-Mareuil
Verteillac
Brantôme
A 10
N 10
Gaillan-en-Médoc
Pauillac
Périgueux
Razac-s-l'Isle
Antonne-et-Trigonar
Margaux
St-Ciers-de-Canesse
Montigna
Lugon-et-l'Ile-du-Carnay
Sourzac
N 89
Tamniès
St-Michel-de-Montaigne
St-Julien-de-Crempse
Marquay
le Bugue
Bordeaux
Trémolat
Dordogne
St-Emilion
Mauzac
Meyrals
GARONNE
Monestier
le Buisson-Cussac
A 63
N 21
Monpazier
A 62
Tonneins
Touzac
Pujols
Mauroux
St-Sylvestre-s-Lot
St-Beauzeil
Agen
Puymirol
N 10
Poudenas
Fources
Mont-de-Marsan
Soustons
Magescq
Grenade-s-l'Adour
N 124
Seignosse
Eugénie-les-Bains
N 124
Hossegor
A 63
St-Martin-d'Armagnac
Anglet
Biarritz
Port-de-Lanne
Auch
Segos
Gimont
N 124
St-Jean-de-Luz
A 64
N 21
Col de St-Ignace
Sare
Ainhoa
St-Etienne-de-Baïgorry
Tarbes
St-Jean-Pied-de-Port
Sévignacq-Meyracq
Lestelle-Betharram
Estérencuby
Bagnères-de-Bigorre
Beaucens
Barbazan
Sauveterre-de-Comminges
Gaudent
Estaing
Bourg-d'Oueil
Bagnères-de-Luchon
Montauban-de-Luchon

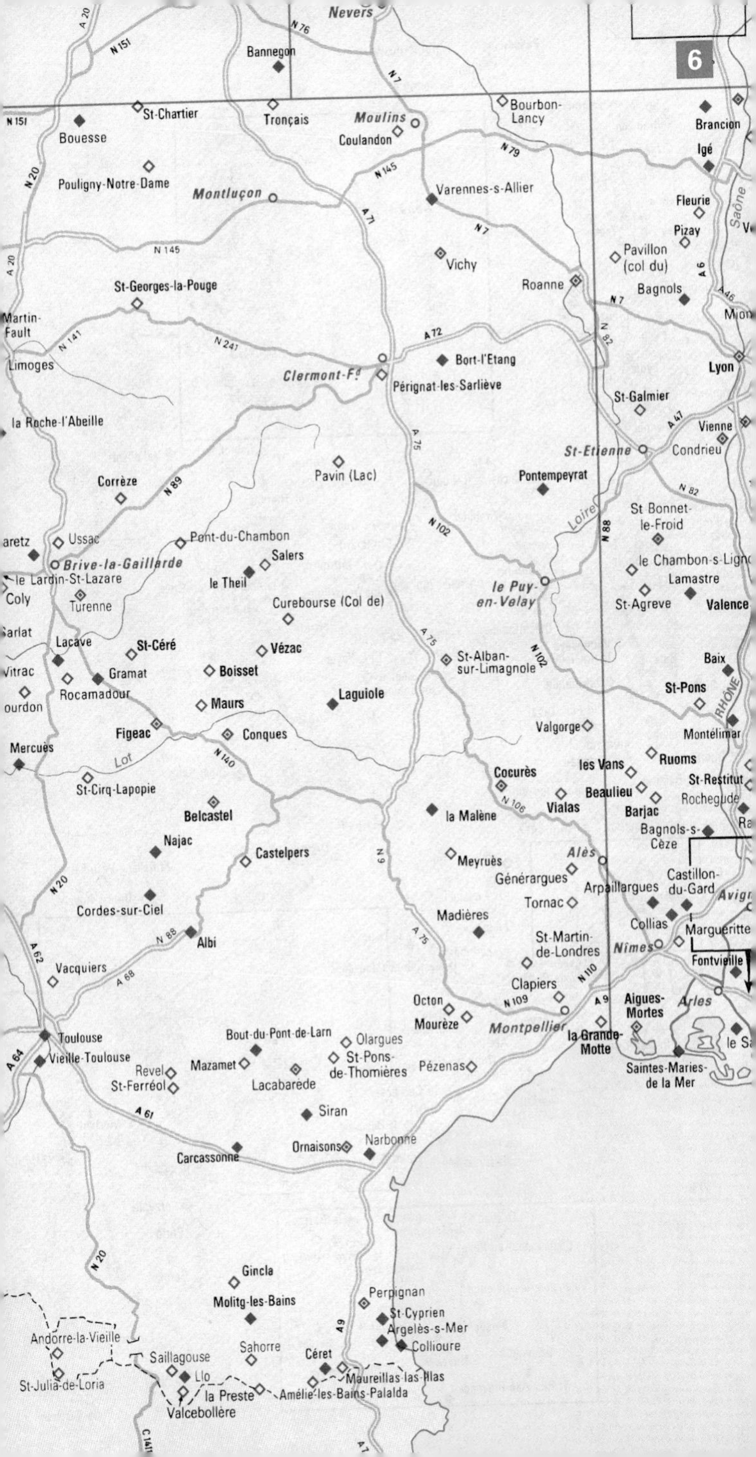
6
Nevers
N 76
A 20
N 151
Bannegon
N 7
St-Chartier
Tronçais
Moulins
Coulandon
Bourbon-Lancy
Brancion
Bouesse
Igé
N 79
N 145
N 20
Poligny-Notre-Dame
Montluçon
Varennes-s-Allier
Fleurie
Saône
A 71
Pizay
N 7
A 20
N 145
Vichy
Pavillon (col du)
A 6
Roanne
Bagnols
A 46
St-Georges-la-Pouge
Martin-Fault
N 7
N 141
N 241
A 72
N 82
Limoges
Bort-l'Etang
Lyon
Clermont-Fd
Pérignat-les-Sarliève
St-Galmier
la Roche-l'Abeille
A 47
Vienne
A 75
St-Etienne
Condrieu
Pavin (Lac)
Pontempeyrat
Corrèze
N 89
N 82
St Bonnet-le-Froid
N 102
Loire
N 88
Ussac
Pont-du-Chambon
Salers
Brive-la-Gaillarde
le Chambon-s-Lignon
le Lardin-St-Lazare
le Theil
le Puy-en-Velay
Lamastre
Coly
Turenne
Curebourse (Col de)
St-Agreve
Valence
Sarlat
Lacave
St-Céré
Vézac
A 75
N 102
St-Alban-sur-Limagnole
Baix
Vitrac
Gramat
Boisset
Rocamadour
Laguiole
St-Pons
Gourdon
Maurs
RHÔNE
Figeac
Conques
Valgorge
Montélimar
Mercuès
N 140
Lot
Ruoms
Cocurès
les Vans
St-Restitut
St-Cirq-Lapopie
Beaulieu
Rochegude
N 106
Vialas
Belcastel
la Malène
Barjac
Bagnols-s-Cèze
Najac
Alès
Castelpers
N 9
Meyruès
Générargues
Castillon-du-Gard
N 20
Arpaillargues
Cordes-sur-Ciel
Tornac
Collias
Madières
Marguerittes
N 88
Albi
A 75
St-Martin-de-Londres
Nîmes
A 62
Fontvieille
Vacquiers
A 68
N 110
Clapiers
Octon
N 109
A 9
Aigues-Mortes
Arles
Mourèze
Montpellier
Toulouse
Bout-du-Pont-de-Larn
Olargues
la Grande-Motte
Vieille-Toulouse
St-Pons-de-Thomières
Mazamet
Revel
Pézenas
Saintes-Maries-de la Mer
A 64
St-Ferréol
Lacabarède
A 61
Siran
Narbonne
Ornaisons
Carcassonne
N 20
Gincla
Perpignan
Molitg-les-Bains
St-Cyprien
A 9
Argelès-s-Mer
Andorre-la-Vieille
Collioure
Sahorre
Saillagouse
Céret
Llo
Maureillas-las-Illas
St-Julià-de-Loria
la Preste
Amélie-les-Bains-Palalda
Valcebollère
C 141
A 7

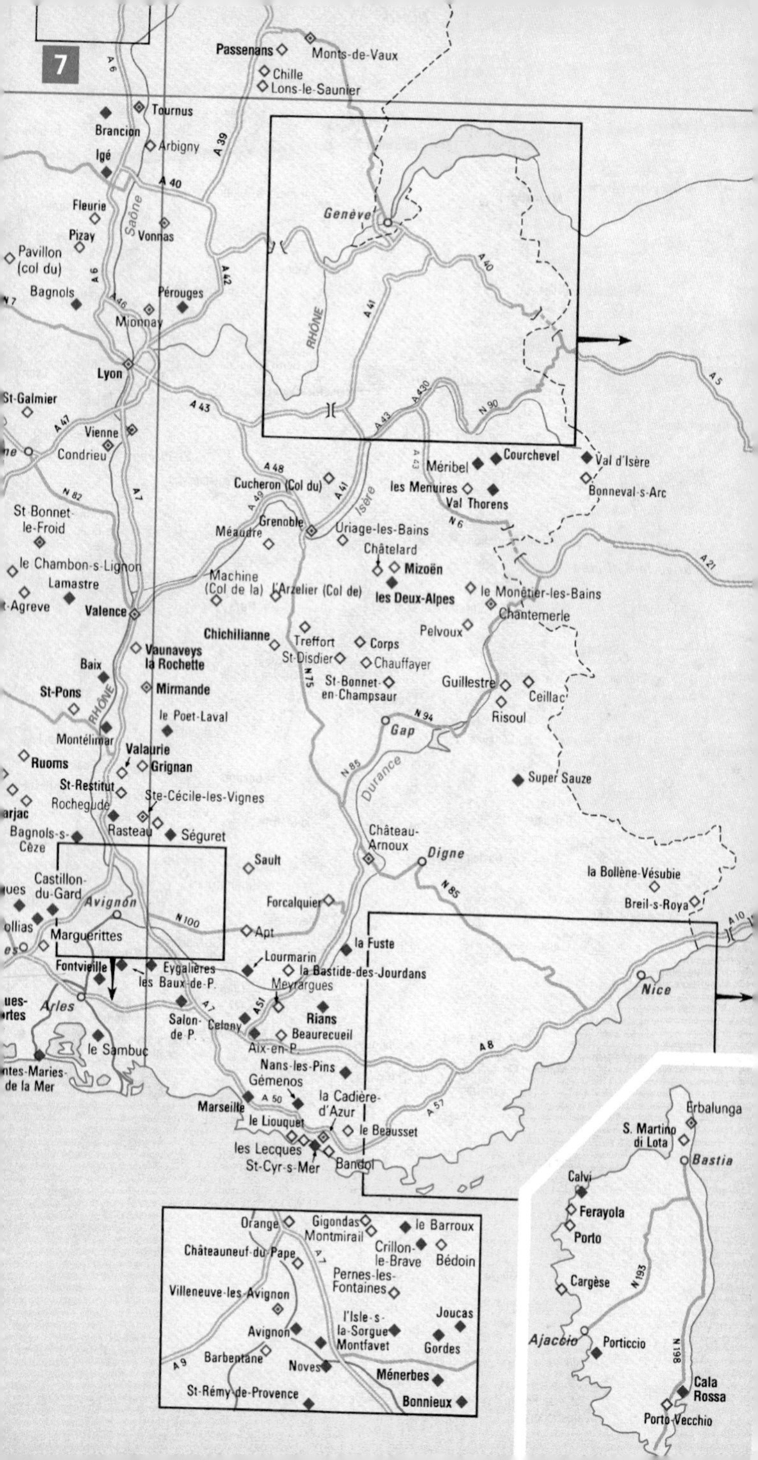
7
Passenans
Monts-de-Vaux
Chille
Lons-le-Saunier
Tournus
Brancion
Arbigny
Igé
A 6
A 39
A 40
Fleurie
Saône
Vonnas
Pizay
Pavillon
(col du)
A 42
Bagnols
Pérouges
A 46
Mionnay
Lyon
St-Galmier
A 43
A 47
Vienne
Condrieu
N 82
A 7
St-Bonnet-
le-Froid
le Chambon-s-Lignon
Lamastre
Valence
Baix
St-Pons
RHÔNE
Vaunaveys
la Rochette
Mirmande
le Poet-Laval
Montélimar
Valaurie
Grignan
Ruoms
St-Restitut
Rochegude
Ste-Cécile-les-Vignes
Rasteau
Séguret
Bagnols-s-
Cèze
Castillon-
du-Gard
Avignon
N 100
Marguerittes
Fontvieille
Eygalières
les Baux-de-P.
Arles
le Sambuc
Salon-
de-P.
Celony
Genève
RHÔNE
A 41
A 40
A 5
A 43
A 430
N 90
A 48
Cucheron (Col du)
A 41
A 49
Isère
Grenoble
Méaudre
Uriage-les-Bains
Méribel
Courchevel
Val d'Isère
les Menuires
Val Thorens
Bonneval-s-Arc
N 6
Châtelard
Mizoën
les Deux-Alpes
A 21
Machine
(Col de la)
l'Arzelier (Col de)
le Monêtier-les-Bains
Chantemerle
Chichilianne
Treffort
Corps
Pelvoux
St-Disdier
Chauffayer
N 75
St-Bonnet-
en-Champsaur
Guillestre
Ceillac
Risoul
Gap
N 94
N 85
Durance
Super Sauze
Château-
Arnoux
Digne
N 85
Sault
la Bollène-Vésubie
Breil-s-Royа
Forcalquier
Apt
A 10
la Fuste
Lourmarin
la Bastide-des-Jourdans
Meyrargues
Nice
A 51
A 7
Rians
Beaurecueil
Aix-en-P.
A 8
Nans-les-Pins
Gémenos
Marseille
A 50
la Cadière-
d'Azur
A 57
le Liouquet
le Beausset
les Lecques
St-Cyr-s-Mer
Bandol
Orange
Gigondas
Montmirail
le Barroux
Châteauneuf-du-Pape
A 7
Crillon-
le-Brave
Bédoin
Pernes-les-
Fontaines
Villeneuve-les-Avignon
l'Isle-s-
la-Sorgue
Joucas
Avignon
Montfavet
Gordes
A 9
Barbentane
Noves
Ménerbes
St-Rémy-de-Provence
Bonnieux
Erbalunga
S. Martino
di Lota
Bastia
Calvi
Ferayola
Porto
Cargèse
N 193
Ajaccio
Porticcio
N 198
Cala
Rossa
Porto-Vecchio

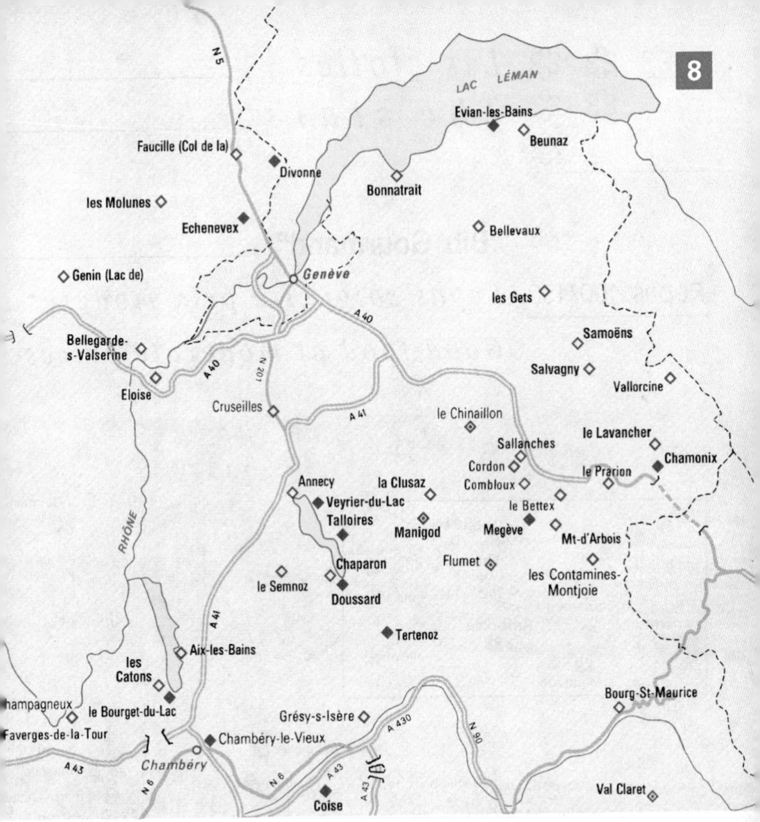
8
LAC LÉMAN
N 5
Evian-les-Bains
Beunaz
Faucille (Col de la)
Divonne
Bonnatrait
les Molunes
Echenevex
Bellevaux
Genin (Lac de)
Genève
les Gets
A 40
Samoëns
Bellegarde-s-Valserine
Salvagny
Vallorcine
Eloise
A 40
N 201
Cruseilles
A 41
le Chinaillon
le Lavancher
Sallanches
Chamonix
Cordon
le Prarion
Annecy
la Clusaz
Combloux
Veyrier-du-Lac
le Bettex
Talloires
Manigod
Megève
Mt-d'Arbois
RHÔNE
Chaparon
Flumet
les Contamines-Montjoie
le Semnoz
Doussard
A 41
Tertenoz
Aix-les-Bains
les Catons
Bourg-St-Maurice
Champagneux
le Bourget-du-Lac
Grésy-s-Isère
A 430
Faverges-de-la-Tour
Chambéry-le-Vieux
N 90
A 43
Chambéry
N 6
N 6
A 43
A 43
Val Claret
Coise

Moustiers-Ste-Marie
N 85
Peillon
Roquebrune-Cap-Martin
la Palud-s-Verdon
Eze
Monte-Carlo
Vence
Tourrettes-s-Loup
Nice
Beaulieu-s-Mer
Trigance
St-Paul
St-Jean-Cap-Ferrat
la Colle-s-Loup
Grasse
Cagnes-s-mer
Mougins
Moissac-Bellevue
Fayence
Auribeau-s-Siagne
Juan-les-Pins
Tourtour
Villecroze
Cap d'Antibes
Callas
Cannes
la Napoule
Miramar
Lorgues
A 8
le Luc
Plan-de-la-Tour
les Issambres
Courruero
Ste-Maxime
Grimaud
Port-Grimaud
St-Tropez
A 57
Ramatuelle
Aiguebelle
Gigaro
Bormes-les-Mimosas
Cavalaire-s-Mer
Cavalière
Toulon
Cabasson
les Oursinières
Port-Cros (Ile de)
Porquerolles (Ile de)

Les étoiles

The stars

"Bib Gourmand"

Repas 100/130 *Repas soignés à prix modérés*

Good food at moderate prices

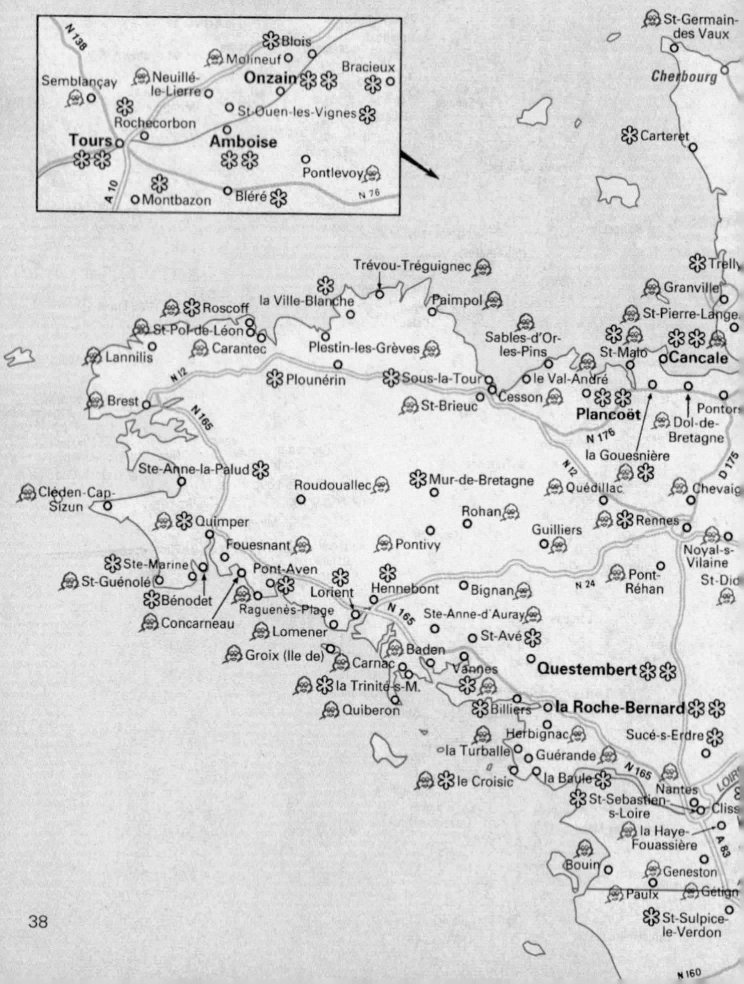

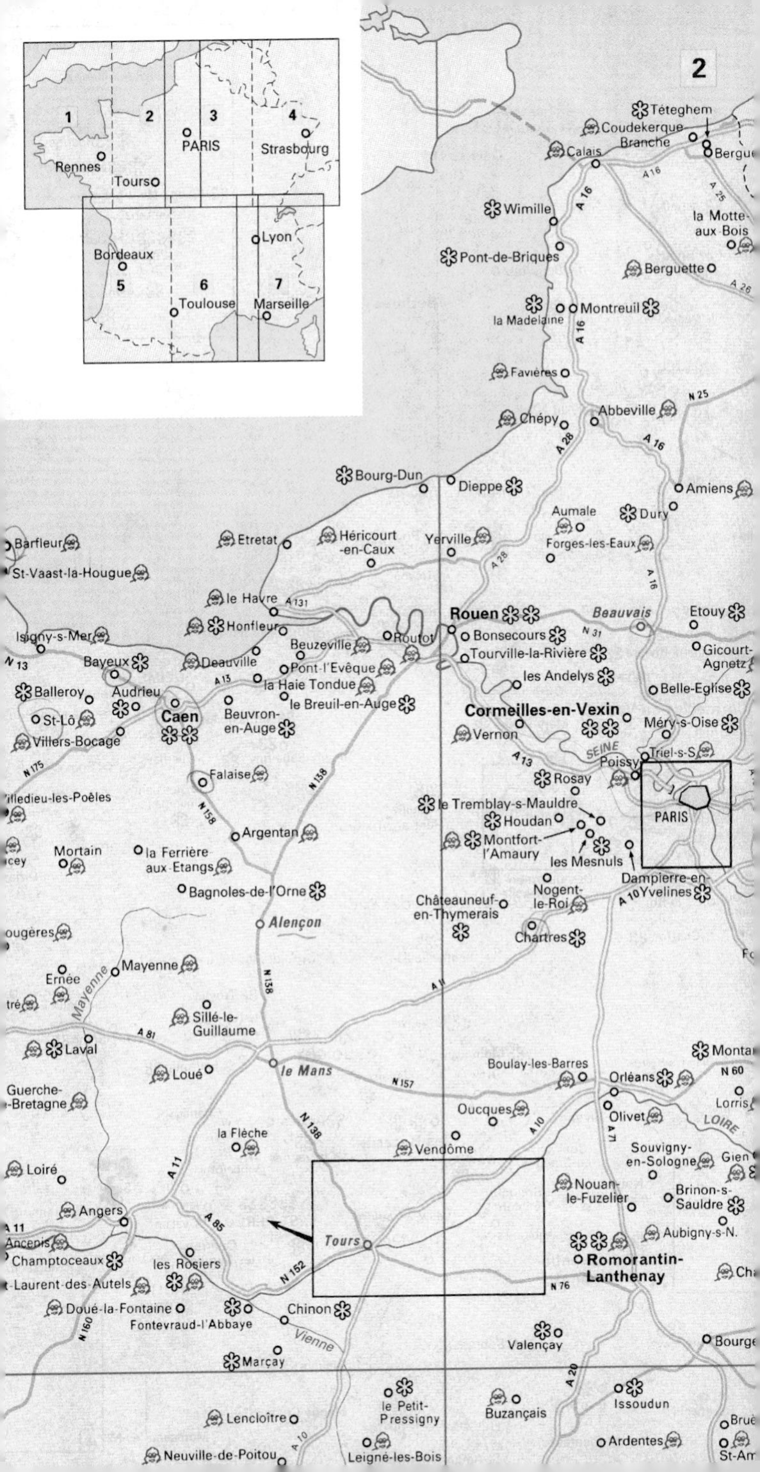
2
1
2
3
4
PARIS
Strasbourg
Rennes
Tours
Lyon
Bordeaux
5
6
7
Toulouse
Marseille
Téteghem
Coudekerque
Branche
Bergu
Calais
A 16
A 25
Wimille
la Motte-
aux-Bois
Pont-de-Briques
Berguette
A 26
Montreuil
la Madelaine
Favières
N 25
Abbeville
Chépy
A 28
Bourg-Dun
Dieppe
Amiens
Aumale
Dury
Forges-les-Eaux
Barfleur
St-Vaast-la-Hougue
Etretat
Héricourt
-en-Caux
Yerville
le Havre
A 131
Rouen
Beauvais
Etouy
Honfleur
Isigny-s-Mer
Routot
Bonsecours
N 31
Gicourt-
Agnetz
N 13
Bayeux
Beuzeville
Deauville
Tourville-la-Rivière
Pont-l'Evêque
les Andelys
Balleroy
Audrieu
A 13
la Haie Tondue
Belle-Eglise
le Breuil-en-Auge
St-Lô
Caen
Beuvron-
en-Auge
Cormeilles-en-Vexin
Méry-s-Oise
Villers-Bocage
Vernon
SEINE
Triel-s-S
N 175
Poissy
Falaise
Rosay
N 158
N 138
Villedieu-les-Poêles
le Tremblay-s-Mauldre
PARIS
Houdan
Argentan
Montfort-
l'Amaury
Mortain
la Ferrière
aux-Etangs
les Mesnuls
Dampierre-en-
Yvelines
Bagnoles-de-l'Orne
Nogent-
le-Roi
Châteauneuf-
en-Thymerais
A 10
Alençon
Chartres
Fougères
Mayenne
Ernée
Sillé-le-
Guillaume
A 11
A 81
Laval
Monta
Loué
le Mans
Boulay-les-Barres
Orléans
N 60
N 157
Guerche-
Bretagne
Oucques
Olivet
Lorris
LOIRE
la Flèche
Vendôme
Souvigny-
en-Sologne
Gien
Loiré
Nouan-
le-Fuzelier
Brinon-s-
Sauldre
Angers
A 85
Tours
Aubigny-s-N.
Ancenis
Champtoceaux
Romorantin-
Lanthenay
les Rosiers
N 152
N 76
Laurent-des-Autels
Doué-la-Fontaine
Chinon
Fontevraud-l'Abbaye
N 160
Vienne
Valençay
Bourge
Marçay
A 20
le Petit-
Pressigny
Buzançais
Issoudun
Lencloître
Ardentes
Neuville-de-Poitou
Leigné-les-Bois
St-Am

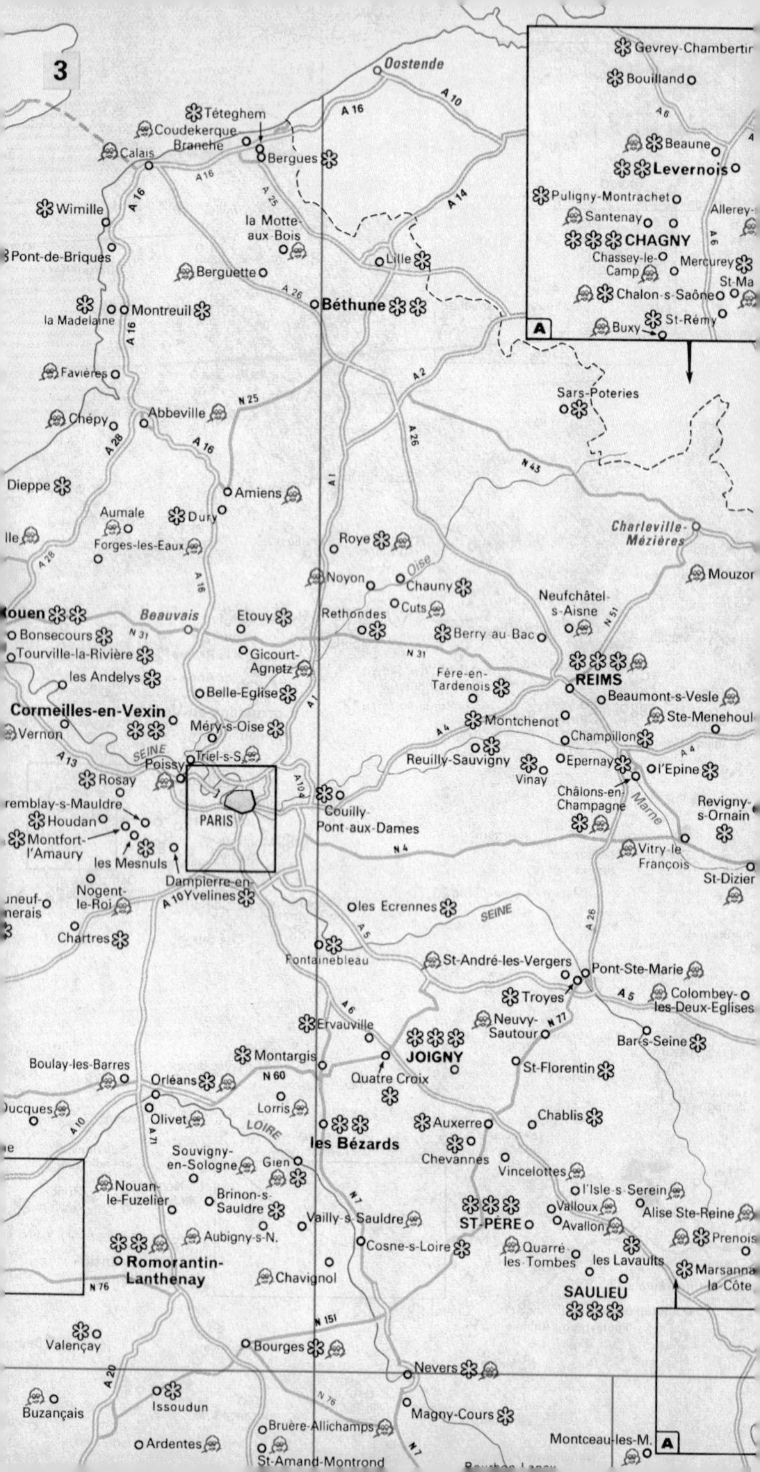
3
Oostende
A 10
A 16
Téteghem
Coudekerque-Branche
Calais
Bergues
A 16
A 25
A 14
Wimille
la Motte-aux-Bois
Pont-de-Briques
Lille
Berguette
A 26
Béthune
la Madelaine
Montreuil
A 16
Favières
A 2
Sars-Poteries
N 25
Abbeville
Chépy
A 28
A 16
A 26
A 1
N 43
Dieppe
Amiens
Aumale
Dury
Charleville-Mézières
Forges-les-Eaux
Roye
A 28
A 16
Oise
Noyon
Chauny
Mouzon
Neufchâtel-s-Aisne
Cuts
N 51
Rouen
Beauvais
Etouy
Rethondes
Bonsecours
N 31
Berry au Bac
Tourville-la-Rivière
Gicourt-Agnetz
N 31
les Andelys
Fère-en-Tardenois
REIMS
Belle-Eglise
Beaumont-s-Vesle
Cormeilles-en-Vexin
A 1
Ste-Menehould
Vernon
Méry-s-Oise
Montchenot
A 4
Champillon
SEINE
Triel-s-S.
A 13
Poissy
Reuilly-Sauvigny
Epernay
A 4
Rosay
A 104
l'Epine
Vinay
Tremblay-s-Mauldre
PARIS
Couilly-Pont-aux-Dames
Châlons-en-Champagne
Revigny-s-Ornain
Houdan
Marne
Montfort-l'Amaury
N 4
les Mesnuls
Vitry-le-François
Dampierre-en-Yvelines
St-Dizier
Nogent-le-Roi
A 10
les Ecrennes
SEINE
Chartres
A 5
A 26
Fontainebleau
St-André-les-Vergers
Pont-Ste-Marie
A 6
Troyes
A 5
Colombey-les-Deux-Eglises
Neuvy-Sautour
N 77
Ervauville
Bar-s-Seine
Montargis
JOIGNY
Boulay-les-Barres
Quatre Croix
St-Florentin
Orléans
N 60
Lorris
Chablis
Olivet
A 10
A 71
LOIRE
Auxerre
les Bézards
Chevannes
Souvigny-en-Sologne
Gien
Vincelottes
Nouan-le-Fuzelier
l'Isle-s-Serein
Brinon-s-Sauldre
N 7
Alise Ste-Reine
Vailly-s-Sauldre
ST-PÈRE
Valloux
Avallon
Aubigny-s-N.
Prenois
Cosne-s-Loire
Quarré-les-Tombes
Romorantin-Lanthenay
les Lavaults
Chavignol
Marsannay-la-Côte
N 76
SAULIEU
N 151
Valençay
Bourges
Nevers
A 20
Issoudun
N 76
Buzançais
Magny-Cours
Bruère-Allichamps
Ardentes
N 7
Montceau-les-M.
St-Amand-Montrond
A
Gevrey-Chambertin
Bouilland
A 6
Beaune
Levernois
Puligny-Montrachet
Allerey-s-
Santenay
A 6
CHAGNY
Chassey-le-Camp
Mercurey
St-Ma
Chalon-s-Saône
St-Rémy
Buxy
A

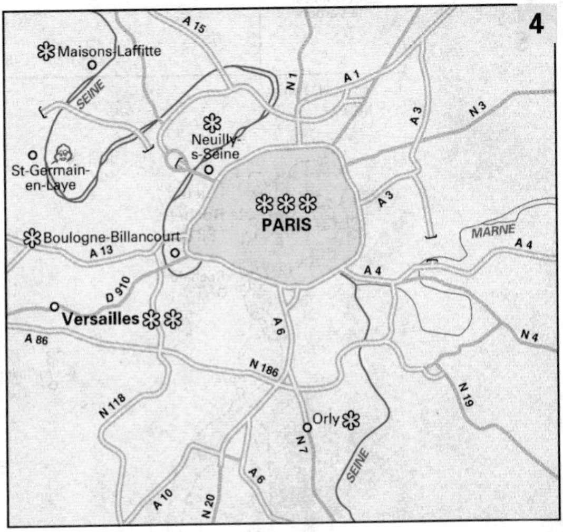
4
A 15
Maisons-Laffitte
SEINE
N 1
A 1
A 3
N 3
Neuilly-s-Seine
St-Germain-en-Laye
A 3
PARIS
A 3
MARNE
A 4
Boulogne-Billancourt
A 13
A 4
D 910
Versailles
A 6
N 4
A 86
N 186
N 19
N 118
Orly
N 7
SEINE
A 6
A 10
N 20

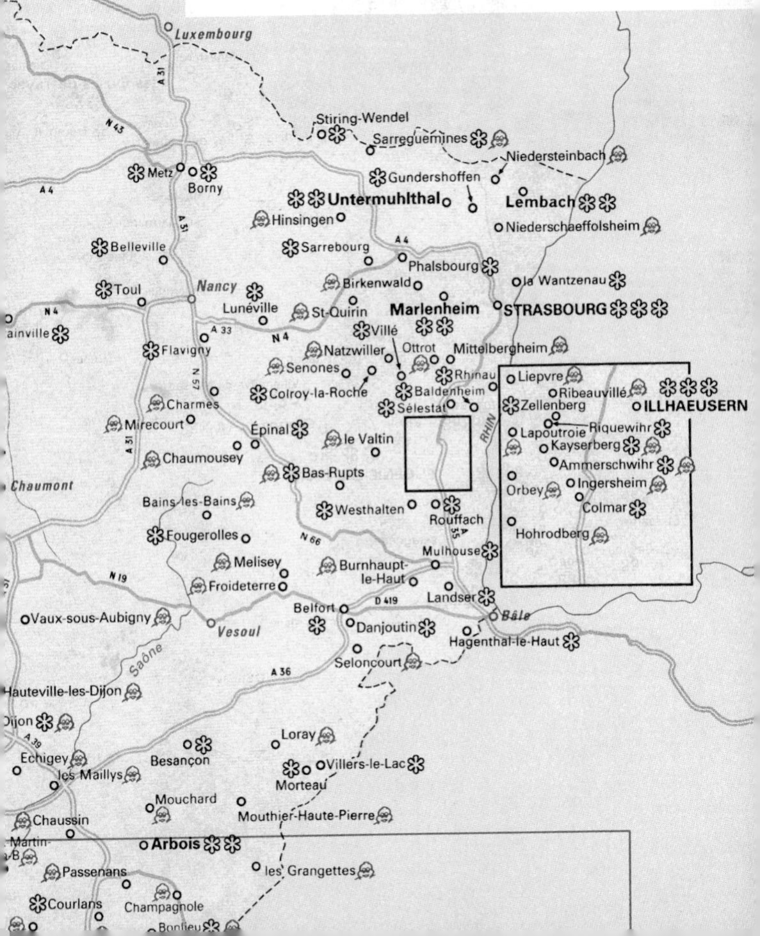
Luxembourg
A 31
N 43
Stiring-Wendel
Sarreguemines
Niedersteinbach
Metz
Borny
A 4
Gundershoffen
Untermuhlthal
Lembach
Hinsingen
Niederschaeffolsheim
A 31
Belleville
Sarrebourg
A 4
Phalsbourg
la Wantzenau
Birkenwald
Toul
Nancy
Marlenheim
STRASBOURG
N 4
Lunéville
St-Quirin
A 33
N 4
Villé
Flavigny
Natzwiller
Ottrot
Mittelbergheim
N 57
Senones
Rhinau
Liepvre
Colroy-la-Roche
Baldenheim
Ribeauvillé
Charmes
Sélestat
Zellenberg
ILLHAEUSERN
Mirecourt
Épinal
Lapoutroie
Riquewihr
A 31
le Valtin
Kayserberg
RHIN
Chaumousey
Ammerschwihr
Bas-Rupts
Ingersheim
Chaumont
Orbey
Bains-les-Bains
Colmar
Westhalten
Rouffach
A 35
Fougerolles
Hohrodberg
N 66
Mulhouse
Melisey
Burnhaupt-le-Haut
N 19
Froideterre
Landser
D 419
Belfort
Vaux-sous-Aubigny
Bâle
Vesoul
Danjoutin
Hagenthal-le-Haut
Saône
Seloncourt
A 36
Hauteville-lès-Dijon
Dijon
Loray
A 39
Echigey
Besançon
Villers-le-Lac
les Maillys
Morteau
Mouchard
Chaussin
Mouthier-Haute-Pierre
Arbois
Passenans
les Grangettes
Courlans
Champagnole
Bonlieu

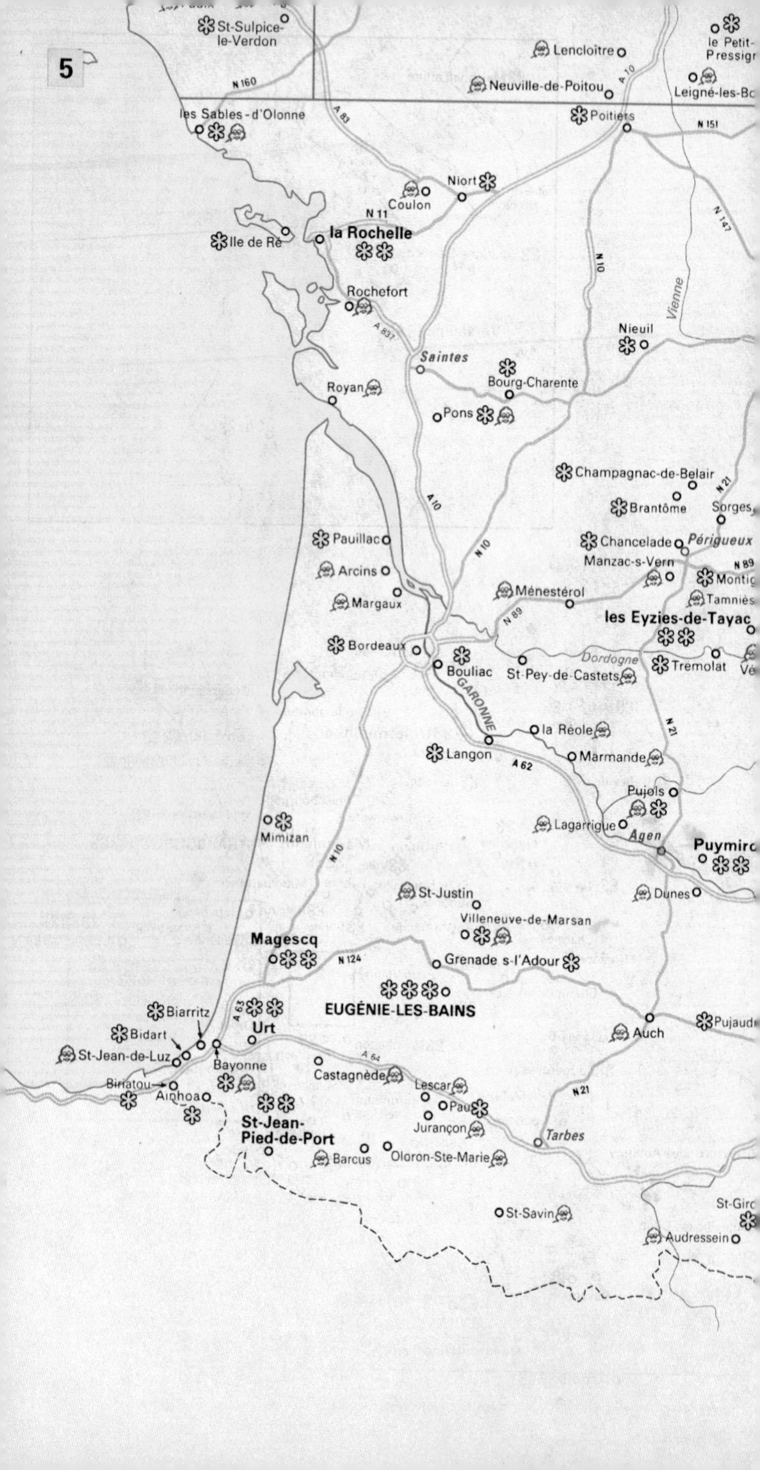
5
St-Sulpice-le-Verdon
Lencloître
le Petit-Pressign
Neuville-de-Poitou
Leigné-les-Bo
N 160
A 10
les Sables-d'Olonne
Poitiers
N 151
A 83
Niort
Coulon
N 11
N 147
Ile de Ré
la Rochelle
N 10
Vienne
Rochefort
A 837
Nieuil
Saintes
Bourg-Charente
Royan
Pons
Champagnac-de-Belair
N 21
Brantôme
Sorges
A 10
Pauillac
Chancelade
Périgueux
N 10
Manzac-s-Vern
N 89
Arcins
Montig
Margaux
Ménestérol
Tamniès
N 89
les Eyzies-de-Tayac
Bordeaux
Dordogne
Bouliac
St-Pey-de-Castets
Tremolat
GARONNE
N 21
la Réole
Langon
A 62
Marmande
Pujols
Mimizan
Lagarrigue
Agen
Puymiro
N 10
Dunes
St-Justin
Villeneuve-de-Marsan
Magescq
N 124
Grenade s-l'Adour
EUGÉNIE-LES-BAINS
Biarritz
A 63
Urt
Auch
Pujaud
Bidart
St-Jean-de-Luz
Bayonne
A 64
Castagnède
Biriatou
Lescar
Ainhoa
N 21
Pau
St-Jean-Pied-de-Port
Jurançon
Tarbes
Barcus
Oloron-Ste-Marie
St-Savin
St-Giro
Audressein

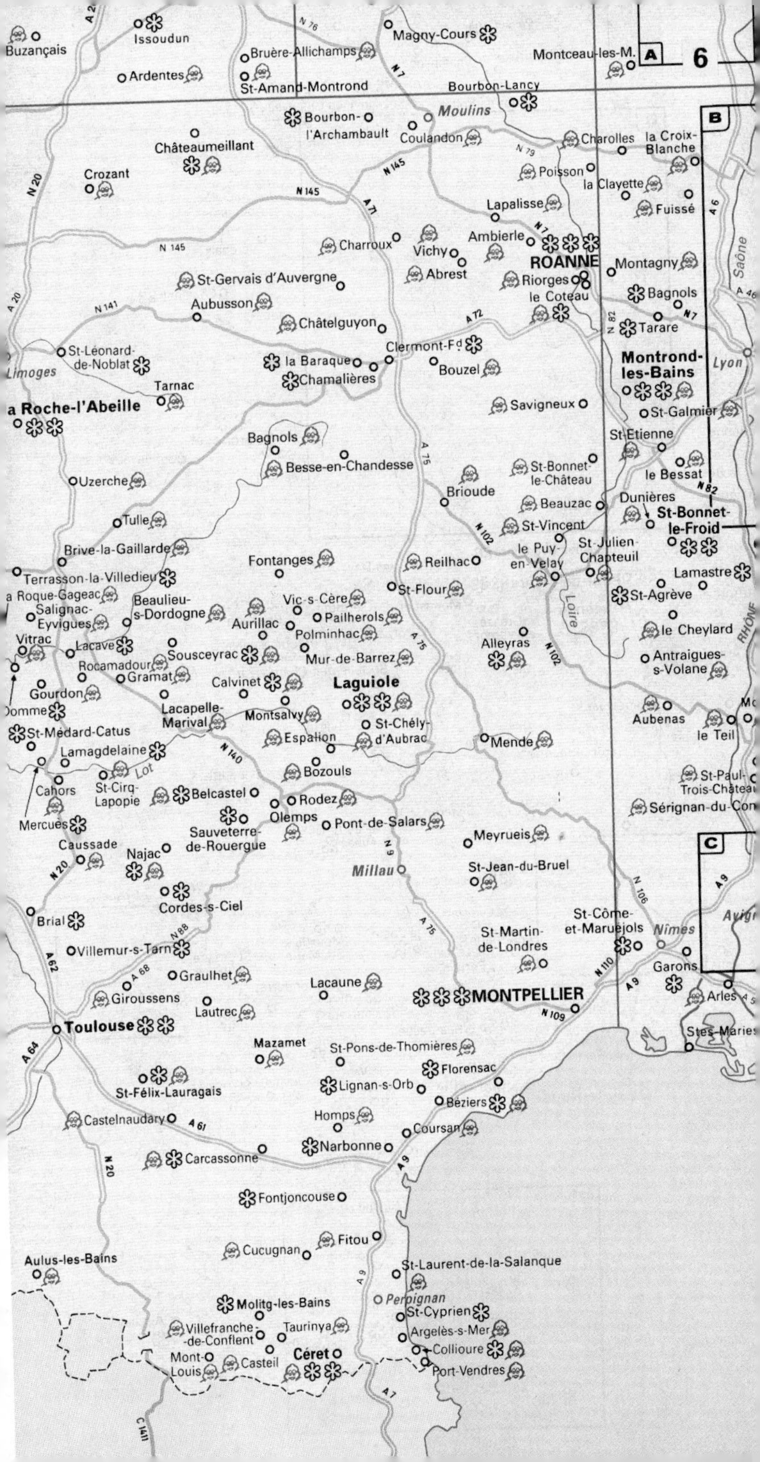

A
6
B
C
A 20
N 76
Buzançais
Issoudun
Bruère-Allichamps
Magny-Cours
Ardentes
St-Amand-Montrond
N 7
Montceau-les-M.
Bourbon-Lancy
Moulins
Bourbon-l'Archambault
Coulandon
Charolles
la Croix-Blanche
Châteaumeillant
N 79
Poisson
la Clayette
Fuissé
Crozant
N 145
N 20
A 71
Lapalisse
A 6
N 145
Charroux
Vichy
Ambierle
N 7
ROANNE
Montagny
Saône
Abrest
St-Gervais d'Auvergne
Riorges
le Coteau
Bagnols
A 46
A 20
Aubusson
N 141
Châtelguyon
A 72
N 82
Tarare
N 7
Clermont-Fd
St-Léonard-de-Noblat
Limoges
la Baraque
Chamalières
Bouzel
Montrond-les-Bains
Lyon
Tarnac
a Roche-l'Abeille
Savigneux
St-Galmier
Bagnols
St-Etienne
Besse-en-Chandesse
A 75
St-Bonnet-le-Château
Uzerche
le Bessat
Brioude
N 82
Beauzac
Dunières
St-Bonnet-le-Froid
Tulle
St-Vincent
N 102
Brive-la-Gaillarde
le Puy-en-Velay
St-Julien-Chapteuil
Fontanges
Reilhac
Lamastre
Terrasson-la-Villedieu
St-Flour
a Roque-Gageac
Beaulieu-s-Dordogne
Vic-s-Cère
Loire
St-Agrève
Salignac-Eyvigues
Aurillac
Pailherols
Polminhac
RHÔNE
le Cheylard
Vitrac
Lacave
A 75
Alleyras
Sousceyrac
Mur-de-Barrez
N 102
Antraigues-s-Volane
Rocamadour
Gramat
Calvinet
Laguiole
Gourdon
Domme
Lacapelle-Marival
Montsalvy
St-Chély-d'Aubrac
Aubenas
le Teil
St-Médard-Catus
Espalion
Mende
Lamagdelaine
N 140
Lot
Bozouls
Cahors
St-Cirq-Lapopie
St-Paul-Trois-Châteaux
Belcastel
Rodez
Sérignan-du-Com
Olemps
Mercuès
Pont-de-Salars
Sauveterre-de-Rouergue
Meyrueis
Caussade
Najac
N 9
N 20
Millau
St-Jean-du-Bruel
A 9
N 106
Cordes-s-Ciel
A 75
St-Côme-et-Maruéjols
Brial
St-Martin-de-Londres
Nîmes
N 88
Villemur-s-Tarn
Garons
A 62
A 68
Graulhet
N 110
Lacaune
A 9
Arles
Giroussens
MONTPELLIER
Lautrec
N 109
Toulouse
Stes-Maries
A 64
Mazamet
St-Pons-de-Thomières
Florensac
St-Félix-Lauragais
Lignan-s-Orb
Béziers
Castelnaudary
A 61
Homps
Coursan
N 20
Carcassonne
Narbonne
A 9
Fontjoncouse
Fitou
Cucugnan
Aulus-les-Bains
St-Laurent-de-la-Salanque
A 9
Perpignan
Molitg-les-Bains
St-Cyprien
Villefranche-de-Conflent
Taurinya
Argelès-s-Mer
Céret
Collioure
Mont-Louis
Casteil
Port-Vendres
A 7
C 1411

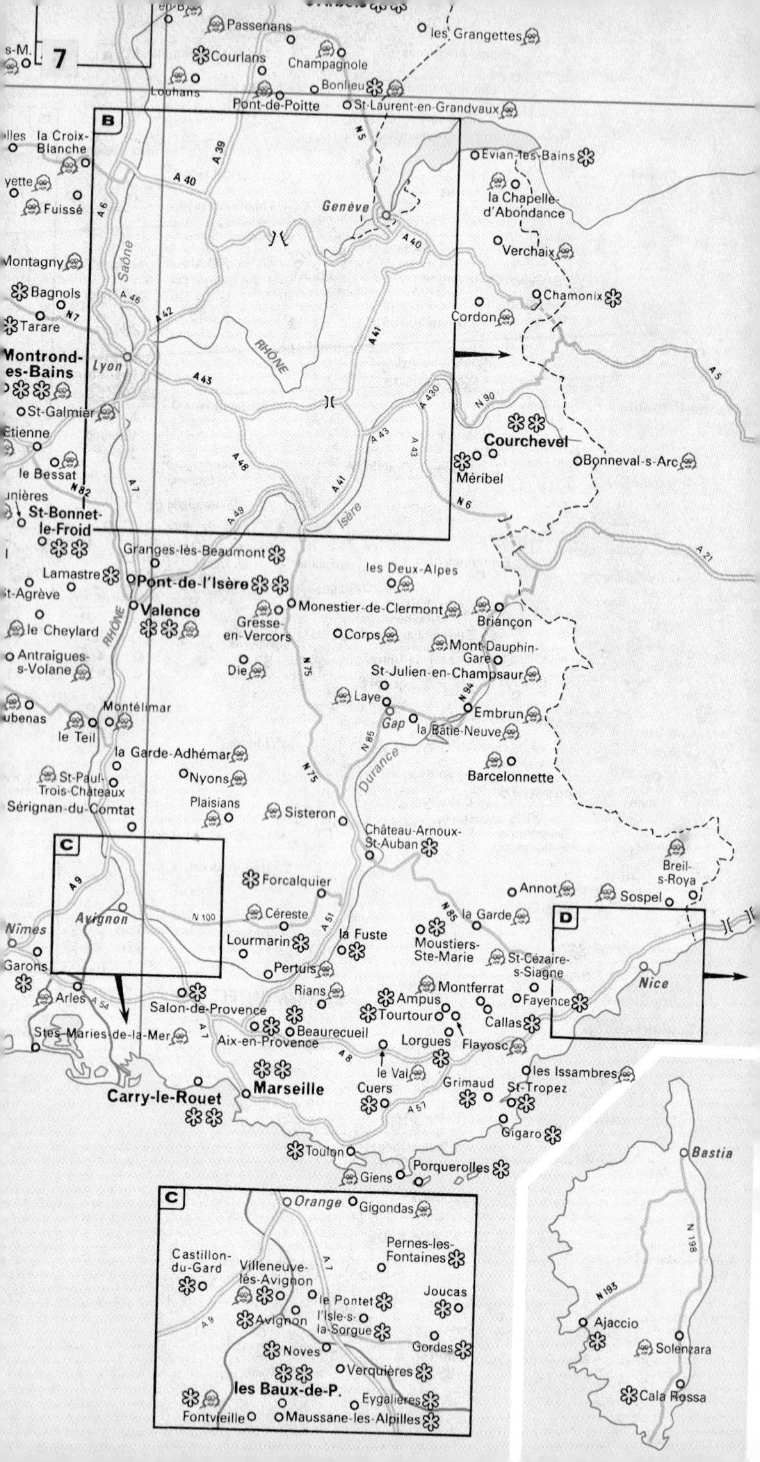

7
B
C
D
Passenans
Courlans
Champagnole
les Grangettes
Louhans
Bonlieu
Pont-de-Poitte
St-Laurent-en-Grandvaux
la Croix-Blanche
Fuissé
Evian-les-Bains
la Chapelle-d'Abondance
Genève
Verchaix
Montagny
Bagnols
Tarare
Saône
Chamonix
Cordon
Montrond-les-Bains
Lyon
RHÔNE
St-Galmier
Courchevel
Bonneval-s-Arc
Méribel
le Bessat
St-Bonnet-le-Froid
Isère
Granges-lès-Beaumont
Lamastre
Pont-de-l'Isère
les Deux-Alpes
Monestier-de-Clermont
Briançon
Valence
Gresse-en-Vercors
Corps
Mont-Dauphin-Gare
le Cheylard
Antraigues-s-Volane
Die
St-Julien-en-Champsaur
Laye
Embrun
Montélimar
Gap
la Bâtie-Neuve
le Teil
la Garde-Adhémar
Durance
Barcelonnette
St-Paul-Trois-Châteaux
Nyons
Sérignan-du-Comtat
Plaisians
Sisteron
Château-Arnoux-St-Auban
Breil-s-Roya
Forcalquier
Annot
Sospel
Avignon
Céreste
la Garde
Nîmes
Lourmarin
la Fuste
Moustiers-Ste-Marie
Garons
Pertuis
St-Cézaire-s-Siagne
Nice
Arles
Rians
Montferrat
Ampus
Fayence
Salon-de-Provence
Tourtour
Callas
Stes-Maries-de-la-Mer
Beaurecueil
Aix-en-Provence
Lorgues
Flayosc
le Val
les Issambres
Grimaud
Carry-le-Rouet
Marseille
Cuers
St-Tropez
Gigaro
Toulon
Porquerolles
Giens
Bastia
Orange
Gigondas
Pernes-les-Fontaines
Castillon-du-Gard
Villeneuve-lès-Avignon
le Pontet
Joucas
Avignon
l'Isle-s-la-Sorgue
Noves
Gordes
Verquières
les Baux-de-P.
Eygalières
Fontvieille
Maussane-les-Alpilles
Ajaccio
Solenzara
Cala Rossa

8
Tournus
Cuiseaux
les Rousses
N 5
A 6
A 39
St-Amour
Divonne-les-Bains
Yvoire
Thonon-les-Bains
Pont-de-Vaux
Montrevel-en-Bresse
les Molunes
Bons-en-Chablais
St-Laurent-s-Saône
Macon
A 40
Attignat
Oyonnax
Thoiry
Genève
Juliénas
VONNAS
Bourg-en-Bresse
Thoissey
l'Abergement-Clémenciat
A 40
Bonneville
Romanèche-Thorins
Bellegarde-s-Valserine
N 201
la Roche-s-Foron
SAÔNE
A 40
VEYRIER-DU-LAC
Chavoire
la Clusaz
Annecy
Bluffy
Thônes
A 46
Mionnay
Meximieux
Talloires
A 42
Chasselay
Chaparon
COLLONGES-AU-MONT-D'OR
Tour-Salvagny
Rillieux-la-Pape
RHONE
A 41
Lyon
Albertville
A 43
le Bourget-du-Lac
Chambéry-le-Vieux
A 430
Chambéry
A 46
N 6
Bourgoin-Jallieu
A 47
Montmélian
Vienne
A 43
Condrieu
Isère
A 43
Chonas-l'Amballan
le Mottier
A 41
A 48
la Côte-St-André
St-Jean-de-Moirans
le Sappey-en-Chartreuse
A 49
A 7
Valloire
St-Vallier
Grenoble
St-Hilaire-du-Rosier

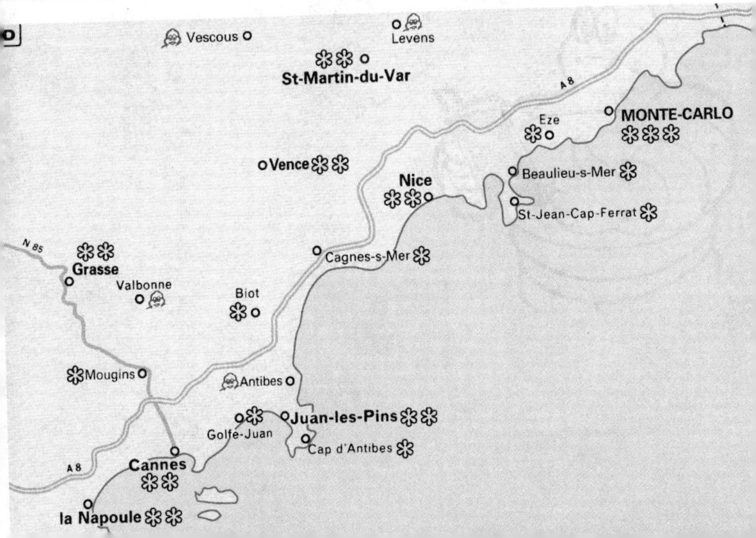
Vescous
Levens
St-Martin-du-Var
A 8
MONTE-CARLO
Eze
Vence
Nice
Beaulieu-s-Mer
St-Jean-Cap-Ferrat
N 85
Grasse
Cagnes-s-Mer
Valbonne
Biot
Mougins
Antibes
Juan-les-Pins
Golfe-Juan
Cap d'Antibes
A 8
Cannes
la Napoule

Localités
par ordre alphabétique

Places
in alphabetical order

ABBEVILLE ⟨SP⟩ 80100 Somme **52** ⑥ ⑦ *G. Flandres Artois Picardie – 23 787 h alt. 8.*

Voir *Vitraux★★ de l'église du St-Sépulcre* **BY** *– Château de Bagatelle★* **BZ** *– Façade★ l'église St-Vulfran* **AZ** *– Musée Boucher de Perthes★* **BY M.**

Env. *Vallée de la Somme★ SE.*

18 ✆ 03 22 24 98 58 à Grand-Laviers, E : 4 km par ⑦.

Office de Tourisme 1 pl. Amiral Courbet ✆ 03 22 24 27 92, Fax 03 22 31 08 26.

Paris 182 ③ – Amiens 47 ② – Arras 79 ② – Beauvais 105 ③ – Béthune 86 ② – Boulogne-sur-Mer 79 ① – Dieppe 66 ④ – Le Havre 168 ④ – Rouen 105 ④ – St-Omer 87 ①.

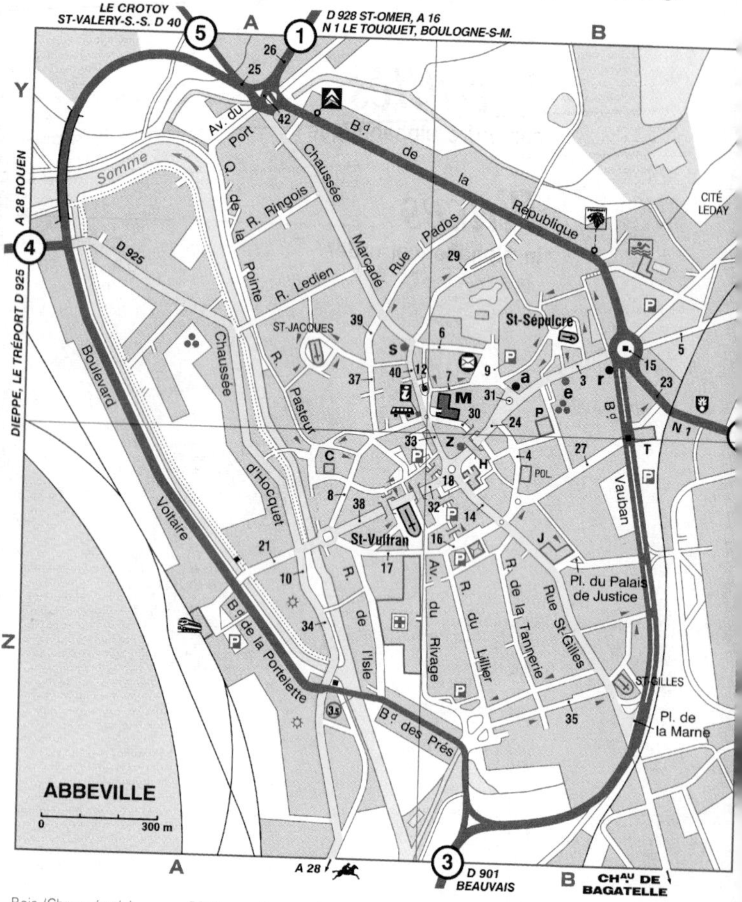

France, 19 pl. Pilori ✆ 03 22 24 00 42, *Fax 03 22 24 26 15* – |♦| ⇆, ▤ rest, TV ☎ ✆ – ♟ 35 à 70. AE ◑ GB. ✻ rest BY a
Repas *(fermé 23 déc. au 2 janv.) (70 bc)* - 98 ♀, enf. 38 – ☐ 45 – **69 ch** 260/370 – ½ P 230/290.

Relais Vauban sans rest, 4 bd Vauban ✆ 03 22 25 38 00, *Fax 03 22 31 75 97* – TV ☎ ✆. GB BY r
☐ 30 – **22 ch** 240/280.

Ibis, par ② *et rte d'Amiens : 2 km* ✆ 03 22 24 80 80, *Fax 03 22 31 75 96,* ☂ – ⇆ TV ☎ ✆ ♿ P – ♟ 30. AE ◑ GB
Repas 59 (déj.), 80/140 ♁, enf. 39 – ☐ 35 – **45 ch** 259/309.

Au Châteaubriant, 1 pl. Hôtel de Ville ✆ 03 22 24 08 23, *Fax 03 22 24 22 64* – AE GB BYZ z
fermé dim. soir et lundi – **Repas** 85/180 ♀, enf. 40.

L'Escale en Picardie, 15 r. Teinturiers ✆ 03 22 24 21 51 – AE ◑ GB. ✻ AY s
fermé 22 août au 7 sept., dim. soir et lundi
Repas - poissons et coquillages - 125/285 ♀.

Corne, 32 chaussée du Bois ✆ 03 22 24 06 34, *Fax 03 22 24 03 65* – AE ◑ GB
fermé 22 déc. au 3 janv., sam. midi et dim. – **Repas** carte 140 à 200 ♀. BY e

AUDI, VOLKSWAGEN Abbeville Complexe Auto, 53 av. R.-Schumann ✆ 03 22 24 34 81
CITROEN Auto Diffusion de Picardie, 214 bd République ✆ 03 22 24 30 80
FORD Viking-Autom., 29 chaussée d'Hocquet ✆ 03 22 24 08 54
PEUGEOT Gds Gar. de l'Avenir, 8-22 bd de la République ✆ 03 22 24 77 55 N ✆ 03 22 31 53 25
RENAULT Palais Autom., ZI rte de Doullens par ② ✆ 03 22 24 29 80 N ✆ 03 22 31 52 23

Lagrange Pneus, 76 rte de Doullens ✆ 03 22 24 14 72

ABERGEMENT-CLÉMENCIAT *01 Ain* 74 ② – *rattaché à Châtillon-sur-Chalaronne.*

ABER-WRAC'H *29 Finistère* 58 ④ *G. Bretagne* – ✉ *29870 Landéda.*
Office de Tourisme 15 Quai Kléber ✆ 02 98 27 93 60, Fax 02 98 27 87 22.
Paris 606 – Brest 27 – Landerneau 37 – Morlaix 70 – Quimper 93.

Baie des Anges sans rest, ✆ 02 98 04 90 04, *Fax 02 98 04 92 27,* ← – ⇆ TV ☎ ✆ ♿ P – ♟ 80. GB
fermé janv. – ☐ 50 – **20 ch** 320/460.

Brennig, ✆ 02 98 04 81 12, ← – P. GB
22 mars-6 oct. et fermé mardi – **Repas** 98/189 ♀, enf. 40.

ABLIS *78660 Yvelines* 60 ⑨, 106 ㊵ – *2 033 h alt. 151.*
Paris 63 – Chartres 31 – Étampes 29 – Mantes 65 – Orléans 75 – Rambouillet 14 – Versailles 47.

à l'Ouest *6 km par D 168* – ✉ *28700 St-Symphorien-le-Château :*

Château d'Esclimont M, ✆ 02 37 31 15 15, *Fax 02 37 31 57 91,* ←, ☂, « Dans un grand parc boisé, étang », ⛱, ✂ – |♦| ⇆ TV ☎ P – ♟ 120. AE ◑ GB JCB. ✻ rest
Repas 260 bc (déj.), 320/495 ♀, enf. 100 – ☐ 95 – **47 ch** 650/1900, 6 appart – ½ P 930/1390.

ABONDANCE *74360 H.-Savoie* 70 ⑱ *G. Alpes du Nord – 1 251 h alt. 930 – Sports d'hiver : 930/1 650 m* 1 8 .
Voir Abbaye★ : Fresques★★ du cloître.
Office de Tourisme ✆ 04 50 73 02 90.
Paris 596 – Thonon-les-Bains 28 – Annecy 101 – Évian-les-Bains 30 – Morzine 26.

Les Touristes, ✆ 04 50 73 02 15, *Fax 04 50 73 04 20,* ☂, ☂ – TV ☎ P. GB. ✻ rest
1er juin-30 sept. et vacances de Noël-début avril – **Repas** *(68)* - 98/260 ♀, enf. 48 – ☐ 40 – **21 ch** 200/350 – ½ P 220/310.

CITROEN Gar. Trincaz, à Richebourg ✆ 04 50 73 03 16
RENAULT, TOYOTA Gar. des Alpes, ✆ 04 50 73 01 41 N ✆ 04 50 73 01 41

ABRESCHVILLER *57560 Moselle* 62 ⑧ – *1 233 h alt. 340.*
Paris 435 – Strasbourg 81 – Baccarat 47 – Lunéville 58 – Phalsbourg 24 – Sarrebourg 17.

Aub. de la Forêt, à Lettenbach : 0,5 km ✆ 03 87 03 71 78, *Fax 03 87 03 79 96,* ☂ – P. GB
fermé 21 déc. au 10 janv. et lundi – **Repas** 60 (déj.), 75/195 ♀, enf. 60.

ABREST *03 Allier* 73 ⑤ – *rattaché à Vichy.*

CAP D'AGDE

Acadiens (Allée des) . . . . **CX** 3
Alizés (Av. des) . . . . **AXY**
Alfonse (Av. du Chevalier d') **AX** 4
Antilles (Rd-Pt des). . . . . **AY** 6
Beaupré (Quai du) . . . . **CX** 7
Belle Isle (Av. de) . . . . **ABX**
Bon Accueil (Rd-Pt du) . . . . . **BX** 9
Bouteillou (Rd-Pt du) . . . . **CX** 10
Cantinières (Av. des) . . . . **CX**
Capelet (Quai du). . . . . **AX** 12
Challiès (Av. du Passeur) . . **ABY**
Contrebandiers (Av. des) . . **BCX**
Corsaires (R. des). . . . . **AY**
Dominico (Quai di) . . . . **BX** 13
Estacade (R. de l') . . . . **BY** 15
Falaise (R. de la). . . . . **CY** 16
Flânerie (Allée de la) . . . . **CX** 18
Fouquet (Rd-Pt Nicolas) . . . . **BX** 19
Gabelle (R. de la) . . . . **BX** 21
Galères (Av. des) . . . . **CX**
Garnison (R. de la) . . . . **CXY**
Gentilshommes (Cours des). . . . . **CXY**
Gouverneur (R. du) . . . . **CX**
Hune (R. de la). . . . . **BX** 22
Ile (Av. de l') . . . . **BCY**
Iles d'Amérique (Av. des) . . . **AY** 24
Jetée (Av. de la) . . . . **CY**
Joutes (Quai des). . . . . **BX** 25
Miquel (Quai Jean) . . . . **BCX**
Outre Mer (Av. d') . . . . **AY**
Pacifique (R. du) . . . . **AY**
Phéniciens (Quai des) . . . . . . **CY** 27
Radoub (Rd-Pt du) . . . . **CY** 28
Sergents (Av. des). . . . . **BCX**
Soldats (Av. des) . . . . **CX**
St-Martin (Quai) . . . . **BX** 30
St-Martin-des-Vignes (Rue) . **AX**
Surintendant (Av. du). . . . . . . **BX**
Tambour (R. du) . . . . **BX** 31
Tours-de-St-Martin (Rd-Pt des) . . . . **AX** 33
Trinquette (Quai de la). . . . . . **CX** 34
Trirème (Quai de la) . . . . . . **CXY** 36
Vent-des-Dames (R. du) . . . . **BX**
Vieux-Cap (Quai du) . . . . **BY**
Volvire-de-Brassac (Rue). . . . **AX**
2-Frères (R. des). . . . . **CY**

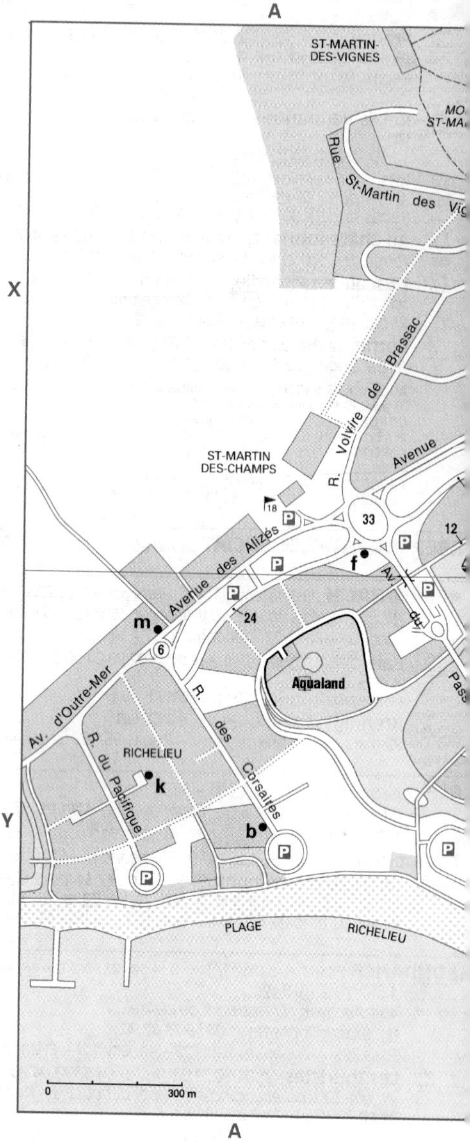

Besonders angenehme Hotels oder Restaurants
sind im Führer rot gekennzeichnet.
Sie können uns helfen,
wenn Sie uns die Häuser angeben,
in denen Sie sich besonders wohl gefühlt haben.
Jährlich erscheint eine komplett überarbeitete Ausgabe
aller Roten **Michelin-Führer**.

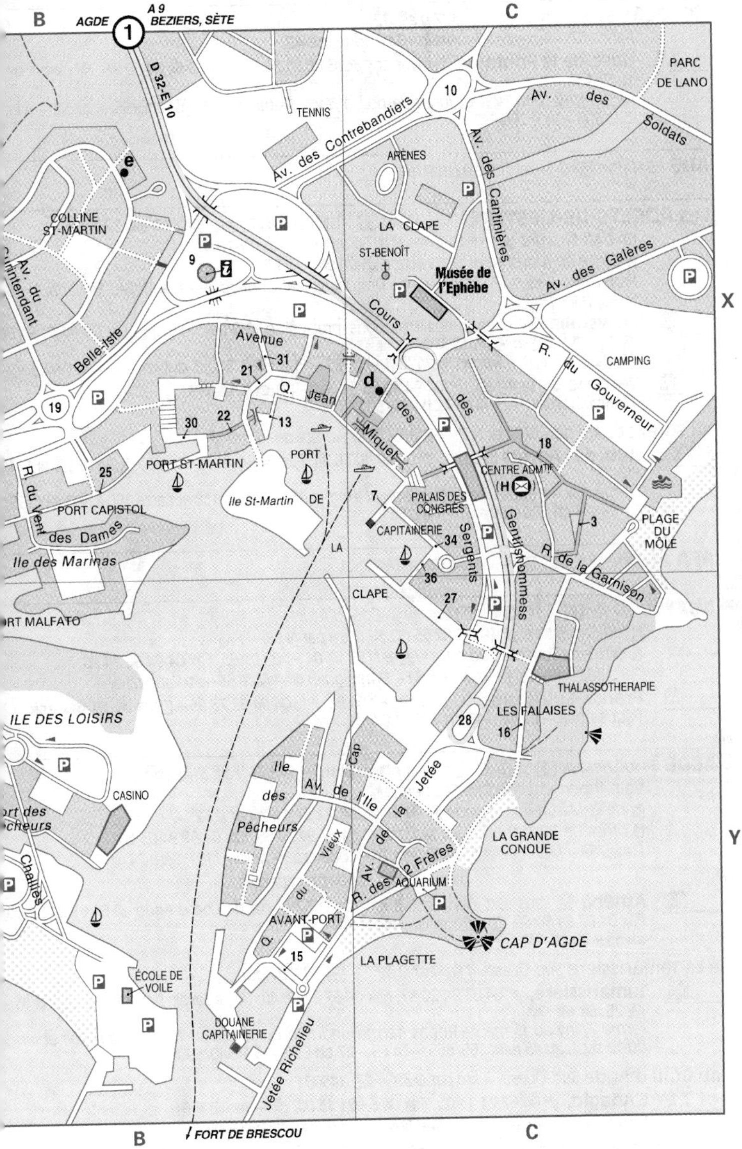

Some useful weights and measures

1 kilogram (1,000 grams) = 2.2 lb.
1 kilometer (1,000 meters) = 0.621 mile
10° C = 50° F 21° C = 70° F
1 liter = 1 ¾ pints 10 liters = 2.62 U.S. gals.

ACCOLAY *89460 Yonne* 65 ⑤ *– 377 h alt. 125.*
Paris 187 – Auxerre 22 – Avallon 31 – Tonnerre 42.

XX **Host. de la Fontaine** avec ch, ✆ 03 86 81 54 02, *Fax 03 86 81 52 78*, –
P. AE GB
fermé janv., dim. soir et lundi de nov. à fév. – **Repas** 95/230 ♀, enf. 55 – ☕ 32 – **11 c**
250/300 – ½ P 260.

ADÉ *65 H.-Pyr.* 85 ⑧ *– rattaché à Lourdes.*

Les ADRETS-DE-L'ESTÉREL *83600 Var* 84 ⑧, 114 ㉕, 115 ㉝ *– 1 474 h alt. 295.*
Env. Mt Vinaigre ✻★★★ *S : 8 km puis 30 mn, G. Côte d'Azur.*
Office de Tourisme pl. de la Mairie ✆ *04 94 40 93 57.*
Paris 883 – Fréjus 17 – Cannes 24 – Draguignan 44 – Grasse 29 – Mandelieu-la-Napoule 15
St-Raphaël 18.

Chrystalin, chemin des Philippons, près église ✆ 04 94 40 97 56, *Fax 04 94 40 94 6*
≤, , – TV ☎ ♿ P. AE GB
1er mars-30 sept. – **Repas** 105/170 – ☕ 55 – **11 ch** 380/500, 3 duplex – ½ P 420/455.

Verrerie sans rest, ✆ 04 94 40 93 51, – TV ☎ P. GB
1er avril-30 sept. – ☕ 40 – **7 ch** 200/300.

au Sud-Est *3 km par D 237 et N 7 – ✉ 83600 Les Adrets-de-l'Esterel :*

XXX **Aub. des Adrets** avec ch, ✆ 04 94 40 36 24, *Fax 04 94 40 34 06*, , , – TV ☎ P
GB
fermé nov. – **Repas** *(fermé dim. soir et lundi sauf juil.-août)* 138 et carte 250 à 380, enf. 55 –
☕ 58 – **9 ch** 500/650 – ½ P 461/511.

AFA *2A Corse-du-Sud* 90 ⑯ *– voir à Corse (Ajaccio).*

AGAY *83530 Var* 84 ⑧, 114 ㉖, 115 ㉝ ㉞ *G. Côte d'Azur.*
du Cap Estérel ✆ *04 94 82 55 00, S : 2 km par N 98.*
Office de Tourisme bd de la Plage, N 98 ✆ *04 94 82 01 85, Fax 04 94 82 74 20.*
Paris 883 – Fréjus 12 – Cannes 31 – Draguignan 44 – Nice 63 – St-Raphaël 9.

France-Soleil sans rest, ✆ 04 94 82 01 93, *Fax 04 94 82 73 95* – TV ☎ P. AE GB JCB
Pâques-oct. – ☕ 48 – **18 ch** 420/580.

AGDE *34300 Hérault* 83 ⑮ ⑯ *G. Gorges du Tarn* **(plan)** *– 17 583 h alt. 5 – Casino.*
Voir *Ancienne cathédrale St-Étienne*★.
de St-Martin-Cap-d'Agde ✆ *04 67 26 54 40, S : 4 km par D 32^E^.*
Office de Tourisme 1 place Molière ✆ *04 67 94 29 68, Fax 04 67 94 03 50.*
Paris 759 – Montpellier 53 – Béziers 24 – Lodève 59 – Millau 118 – Sète 24.

Plan pages précédentes

Athéna M sans rest, Sud-Est : 2 km par D 32^E10^, rte de Cap d'Agde ✆ 04 67 94 21 90,
Fax 04 67 94 80 80, – TV ☎ ♿ P. GB
☕ 35 – **30 ch** 430.

à La Tamarissière *Sud-Ouest : 4 km par D 32^E12^ – ✉ 34300 Agde :*

Tamarissière, ✆ 04 67 94 20 87, *Fax 04 67 21 38 40*, , « Jardin fleuri », – TV ☎ P –
25. AE GB
fermé 2 janv. au 15 mars – **Repas** *(fermé lundi midi du 15 juin au 15 sept., dim. soir et lundi*
du 15 sept. au 15 juin) 165/365 – ☕ 65 – **27 ch** 620 – ½ P 540/590.

au Grau d'Agde *Sud-Ouest : 4 km par D 32^E^ – ✉ 34300 :*

XX **L'Adagio**, ✆ 04 67 21 13 00, *Fax 04 67 21 13 00*, – ▤. AE GB
fermé 12 nov. au 12 déc. et merc. de nov. à mars – **Repas** 105/240.

au Cap d'Agde *Sud-Est : 5 km par D 32^E10^ – ✉ 34300 Agde :*
Voir *Ephèbe d'Agde*★ *au musée de l'Ephèbe.*
Office de Tourisme Bulle d'Accueil ✆ *04 67 01 04 04, Fax 04 67 26 22 99.*

du Golf sans rest, Ile des Loisirs ✆ 04 67 26 87 03, *Fax 04 67 26 26 89*, , – ▤ TV ☎
♿ P – 60. AE GB BY a
1er mai-30 sept. – ☕ 55 – **50 ch** 680/710.

Capaô, av. Corsaires ✆ 04 67 26 99 44, *Fax 04 67 26 55 41*, , , , , – ▤ TV ☎
♿ P – 45. AE GB AY b
1er avril-4 oct. – **Repas** *(59)* - 95/145, enf. 46 – ☕ 50 – **46 ch** 555/705, 9 duplex – ½ P 460/
510.

St-Clair sans rest, pl. St-Clair ✆ 04 67 26 36 44, *Fax 04 67 26 31 11*, – TV – 25. AE GB CX d
1er avril-31 oct. – 40 – **60 ch** 505/605.

Les Pins sans rest, Mont-St-Martin ✆ 04 67 26 00 11, *Fax 04 67 26 66 63*, – TV – AE GB JCB BX e
15 mars-15 oct. – 45 – **40 ch** 470/750.

Azur M sans rest, 18 av. Iles d'Amérique ✆ 04 67 26 98 22, *Fax 04 67 26 48 14*, – TV – AE GB JCB AX f
35 – **34 ch** 350/400.

Les Grenadines, 6 impasse Marie Céleste ✆ 04 67 26 27 40, *Fax 04 67 26 10 80* – TV – GB AY k
hôtel : Pâques-1er oct. ; rest. : 1er mai-15 sept. – **Repas** (snack) 70/140, enf. 35 – 35 – **19 ch** 420/470 – ½ P 330.

Alizé sans rest, av. Alizés ✆ 04 67 26 77 80, *Fax 04 67 01 26 21*, – cuisinette TV – AE GB AY m
Pâques-fin sept. – 38 – **33 ch** 380/430.

CITROEN Borel Agde auto, 21 av. R.-Pitet ✆ 04 67 94 24 84
CITROEN Gar. Four, 12 av. Gén.-de-Gaulle ✆ 04 67 94 11 41 N ✆ 04 67 94 11 41
RENAULT Occitane Auto, ZI rte de Sète ✆ 04 67 94 22 81 N ✆ 08 00 05 15 15

Gautrand Pneus Vulco, rte de Sète ✆ 04 67 94 30 60

AGEN P *47000 L.-et-G.* 79 ⑮ *G. Pyrénées Aquitaine* – *30 553 h alt. 50.*
Voir *Musée*** **AXY M.**
Env. *Église de Moirax** *9 km par ④.*
Agen-Bon Encontre ✆ 05 53 96 95 78, par ③.
d'Agen-la-Garenne : ✆ 05 53 96 22 50, SO : 3 km.
Office de Tourisme 107 bd Carnot ✆ 05 53 47 36 09, Fax 05 53 47 29 98.
Paris 626 ① – Auch 74 ④ – Bordeaux 141 ⑤ – Pau 162 ⑤ – Périgueux 139 ① – Toulouse 119 ⑤.

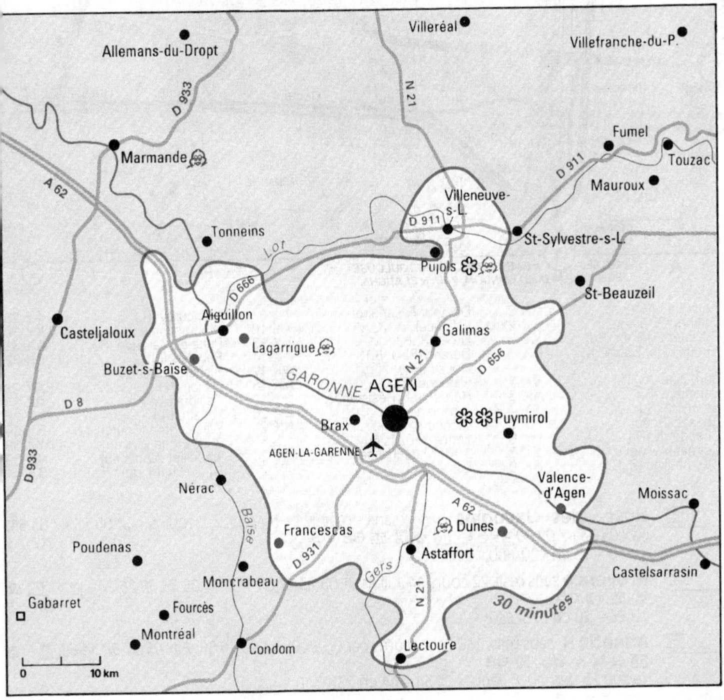

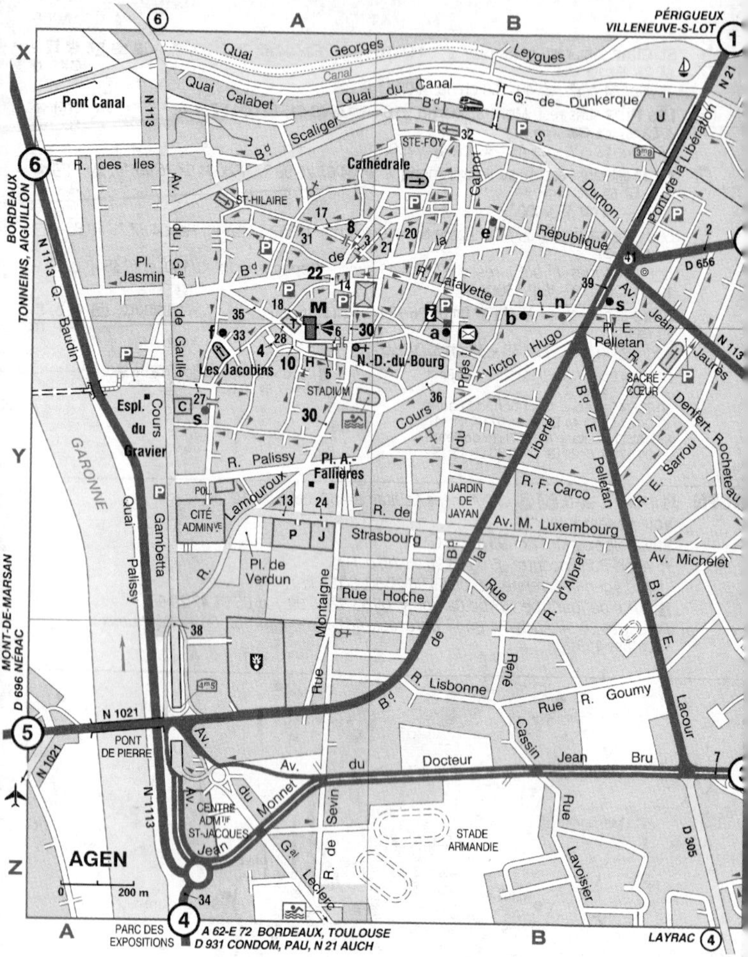

Host. des Jacobins sans rest, 1 ter pl. Jacobins ☎ 05 53 47 03 31, *Fax 05 53 47 02 80* – TV ☎ P. AE GB JCB AY f
70 – **15 ch** 420/600.

Provence sans rest, 22 cours 14 Juillet ☎ 05 53 47 39 11, *Fax 05 53 68 26 24* – TV ☎. AE GB BX s
35 – **20 ch** 275/330.

Atlantic H. sans rest, 133 av. J. Jaurès par ③ ☎ 05 53 96 16 56, *Fax 05 53 98 34 80*, – TV ☎. AE GB
fermé 25 déc. au 1er janv. – 34 – **44 ch** 250/310.

Ibis sans rest, 16 r. C. Desmoulins ✆ 05 53 47 43 43, *Fax 05 53 47 68 54* – TV P. AE GB — BX b
35 – **56 ch** 310/350.

Stim'Otel, 105 bd Carnot ✆ 05 53 47 31 23, *Fax 05 53 47 48 70* – TV – 40. AE GB — BY a
Repas *(fermé sam. midi et dim. midi)* 68 (déj.), 78/140 ♀, enf. 42 – 35 – **58 ch** 290 – ½ P 228.

Campanile, par ⑤ : *3 km* ✆ 05 53 68 08 08, *Fax 05 53 98 32 46* – rest, TV P. AE GB
Repas *(66)* - 84 bc/107 bc, enf. 39 – 34 – **48 ch** 278.

Mariottat, 25 r. L. Vivent ✆ 05 53 77 99 77, *Fax 05 53 77 99 79*, « Ancien hôtel particulier du 19e siècle » – P. AE GB — AY s
fermé dim. soir et lundi – **Repas** 100/270 et carte 270 à 380, enf. 70.

Michel Latrille, 66 r. C. Desmoulins ✆ 05 53 66 24 35, *Fax 05 53 66 77 57* – AE GB
fermé 1er au 17 mai, sam. midi et dim. – **Repas** 105/210 et carte 270 à 370 ♀. — BX n

Bohème, 14 r. E. Sentini ✆ 05 53 68 31 00, – GB — BX e
fermé 3 au 14 mars, 7 au 20 sept., merc. soir sauf juil.-août et dim. – **Repas** 59 (déj.), 69/150 bc.

Galimas *par ① : 11 km – ✉ 47340 La Croix-Blanche :*

Sauvagère, ✆ 05 53 68 81 21, *Fax 05 53 68 82 19*, – TV P. AE GB
fermé 20 déc. au 20 janv., lundi midi et dim. – **Repas** 115/185 – 40 – **11 ch** 300/384.

...te de Toulouse *par ③ : 6 km sur N 113 – ✉ 47550 Boé :*

Château St Marcel M, ✆ 05 53 96 61 30, *Fax 05 53 96 94 33*, parc, « Demeure du 17e siècle, », – TV P – 50. AE GB JCB
fermé dim. soir et lundi du 1er sept. au 31 mai – **Repas** 160/250 – 65 – **25 ch** 600/950 – ½ P 525/975.

Brax *par ⑤ et D 119 : 6 km – 1 370 h. alt. 49 – ✉ 47310 :*

Renaissance de l'Étoile, ✆ 05 53 68 69 23, *Fax 05 53 68 62 89*, « Jardin fleuri » – TV P. AE GB. rest
fermé 20 juil. au 10 août, 2 au 15 janv., dim. soir et lundi – **Repas** 94/198 ♀, enf. 55 – 38 – **10 ch** 245/340 – ½ P 210/260.

...te de Bordeaux *par ⑦ : 1,5 km – ✉ 47450 Colayrac :*

Corne d'Or avec ch, N 113 ✆ 05 53 47 02 76, *Fax 05 53 66 87 23* – rest, TV P – 30. AE GB
fermé 16 juil. au 12 août et dim. soir – **Repas** *(78)* - 100/190, enf. 55 – 35 – **14 ch** 260/350 – ½ P 225/240.

FORD Malbet Autom., av. Gén.-Leclerc ✆ 05 53 77 15 40
HONDA Gar. Boudou, av. Gén.-Leclerc ✆ 05 53 68 34 34
JAGUAR Gar. Tastets, 182 bd Liberté ✆ 05 53 47 10 63
OPEL Palissy Garage, av. du Docteur Jean-Bru ✆ 05 53 77 88 88 N ✆ 05 53 98 11 11
RENAULT SAVRA, r. du Midi Agen Sud par ④ ✆ 05 53 77 70 00 N ✆ 05 62 22 67 38

Périphérie et environs

BMW Gar. Chollet, rte de Toulouse à Boé ✆ 05 53 96 29 55
CITROEN S.A.G.C., bd E.-Lacour prolongé à Boé ✆ 05 53 77 55 55 N ✆ 06 09 33 14 96
MERCEDES Gar. TVI, rte de Toulouse à Bon Encontre ✆ 05 53 77 34 50
NISSAN Gar. Leberon, rte de Toulouse à Lafox ✆ 05 53 77 37 00 N ✆ 05 53 77 37 00
Euromaster, rte de Layrac à Boé ✆ 05 53 96 46 43
Faure Pneu, ZI J.-Malèze à Bon-Encontre ✆ 05 53 96 08 63
Villeneuve Pneus, N 113 Lafon à Bon Encontre ✆ 05 53 98 28 18

AGON-COUTAINVILLE *50230 Manche* 54 ⑫ *G. Normandie Cotentin – 2 510 h alt. 36 – Casino*
9 ✆ 02 33 47 03 31.
ℹ *Office de Tourisme pl. 28 Juillet 1944* ✆ *02 33 47 01 46, Fax 02 33 45 47 68.*
Paris 336 – Barneville-Carteret 48 – Carentan 43 – Cherbourg 78 – Coutances 13 – St-Lô

Neptune sans rest, à Coutainville-centre ✆ 02 33 47 07 66, ≤ – ☎. AE ⓓ GB
1er avril-30 sept. – ☕ 49 – **11 ch** 350/420.

XX **Hardy** avec ch, à Coutainville-centre ✆ 02 33 47 04 11, *Fax 02 33 47 39 00* – TV ☎ ✆. ⓓ GB
fermé 15 janv. au 10 fév., dim. soir et lundi hors saison sauf vacances scolaires – **Rep** 110/320 ♀ – ☕ 45 – **15 ch** 270/400 – ½ P 335/395.

AGOS-VIDALOS *65 H.-Pyr.* 85 ⑰ *– rattaché à Argelès-Gazost.*

AGUESSAC *12520 Aveyron* 80 ⑭ *– 811 h alt. 375.*
Paris 633 – Mende 87 – Rodez 59 – Florac 69 – Millau 9 – Sévérac-le-Château 24.

Rascalat, Nord-Ouest : 2 km sur N 9 ✆ 05 65 59 80 43, *Fax 05 65 59 73 90*, ⛱, ⛵, – TV ☎ ✆ 🚗 P. GB
fermé 1er janv. au 15 mars – **Repas** 98/160 ♀ – ☕ 35 – **17 ch** 190/350 – ½ P 202/285.

L'AIGLE *61300 Orne* 60 ⑤ *G. Normandie Vallée de la Seine – 9 466 h alt. 220.*
ℹ *Office de Tourisme pl. F.-de-Beina* ✆ *02 33 24 12 40, Fax 02 33 34 23 77.*
Paris 139 – Alençon 61 – Chartres 80 – Dreux 60 – Évreux 56 – Lisieux 59.

Dauphin, pl. Halle ✆ 02 33 84 18 00, *Fax 02 33 34 09 28* – TV ☎ ✆ – 🏛 100. AE ⓓ GB
Repas *(fermé 3 au 17 août, 15 fév. au 8 mars, dim. soir et lundi sauf fériés)* (135) - 150/230 ♀
Renaissance (brasserie) ✆02 33 84 18 05 **Repas** 65/89 ♀, enf. 47 – ☕ 45 – **30 ch** 424/52
– ½ P 358/390.

sur N 26 *Est : 3,5 km rte de Dreux – ✉ 61300 St-Michel-Thuboeuf :*

XX **Aub. St-Michel,** ✆ 02 33 24 20 12, *Fax 02 33 34 96 62* – P. GB
fermé 4 au 20 sept., 3 au 24 janv. merc. soir et jeudi – **Repas** 90 bc/175 🍷, enf. 45.

AUDI, VOLKSWAGEN Gar. Poirier, N 26 à St-Michel-Tuboeuf ✆ 02 33 24 02 43
PEUGEOT BG Autom., à St-Sulpice-sur-Risle ✆ 02 33 24 14 66
RENAULT Gar. Pavard, rte de Paris à St-Sulpice-sur-Risle ✆ 02 33 24 18 99 N ✆ 02 33 24 51 50
RENAULT Gar. Dano, 4 r. L.-Pasteur ✆ 02 33 24 00 34

Ⓟ Lallemand Pneus, rte de Paris à St-Sulpice-sur-Risle ✆ 02 33 24 48 24

AIGUEBELETTE-LE-LAC *73 Savoie* 74 ⑮ *G. Alpes du Nord – 170 h alt. 410.*
Voir *Lac* ★ *– Site* ★ *de la Combe.*
Paris 554 – Grenoble 76 – Belley 35 – Chambéry 21 – Voiron 36.

à la Combe *Sud : 4 km par D 41 – ✉ 73610 Aiguebelette :*

XX **de la Combe "chez Michelon"** 🐦 avec ch, ✆ 04 79 36 05 02, *Fax 04 79 44 11 9.* ≤ Lac, ⛱ – ☎ P. GB. ✂
fermé 12 nov. au 13 déc., lundi soir et mardi – **Repas** 135/260 ♀, enf. 72 – ☕ 39 – **9 ch** 275/328 – ½ P 279/358.

à Novalaise-Lac *– 1 234 h. alt. 427 – ✉ 73470 :*

Novalaise-Plage 🐦, ✆ 04 79 36 02 19, *Fax 04 79 36 04 22*, ≤ lac, ⛱, 🎾, – ✂ ☎ P. GB
1er avril-1er nov. – **Repas** *(fermé lundi soir et mardi)* 99/250 – ☕ 35 – **14 ch** 250/380 – ½ P 270/370.

à St-Alban-de-Montbel *– 418 h. alt. 400 – ✉ 73610 :*

St-Alban-Plage 🐦 sans rest, Nord-Est : 1,5 km D 921 ✆ 04 79 36 02 05 *Fax 04 79 44 10 37*, ≤ Lac, 🎾, – TV ☎ P. GB
Pâques-1er nov. – ☕ 40 – **16 ch** 230/420.

à Attignat-Oncin *– 398 h. alt. 570 – ✉ 73610 :*

XX **Mont-Grêle** 🐦 avec ch, ✆ 04 79 36 07 06, *Fax 04 79 36 09 54*, ≤, ⛱, ⛵, – TV ☎ P. GB
fermé 15 déc. au 28 fév., mardi soir et merc. sauf juil.- août – **Repas** 115/180 ♀, enf. 68 – ☕ 38 – **11 ch** 190/270 – ½ P 245/295.

AIGUEBELLE *83 Var* 84 ⑰, 114 ㊽ *– rattaché au Lavandou.*

IGUES-MORTES *30220 Gard* 83 ⑧ *G. Provence* **(plan)** – *4 999 h alt. 3.*

Voir Remparts★★ et tour de Constance★★ : ✲★★ – Tour Carbonnière ✲★ NE : 3,5 km.

Office de Tourisme porte de la Gardette ✆ 04 66 53 73 00, Fax 04 66 53 65 94.

Paris 746 – Montpellier 32 – Arles 48 – Nîmes 42 – Sète 54.

Templiers sans rest, 23 r. République ✆ 04 66 53 66 56, *Fax 04 66 53 69 61*, « Demeure du 17e siècle » – TV ☎ ♿ . AE GB
1er mars-31 oct. – 55 – **10 ch** 510/780.

St-Louis, 10 r. Amiral Courbet ✆ 04 66 53 72 68, *Fax 04 66 53 75 92*, – TV ☎ . AE ⓓ GB
1er avril-31 oct. – **Repas** 98/195, enf. 60 – 45 – **22 ch** 290/490 – ½ P 295/380.

Croisades sans rest, 2 r. Port ✆ 04 66 53 67 85, *Fax 04 66 53 72 95* – TV ☎ ♿ P. GB.
fermé 15 nov. au 15 déc. et 15 janv. au 15 fév. – 36 – **14 ch** 250/260.

Arcades M avec ch, 23 bd Gambetta ✆ 04 66 53 81 13, *Fax 04 66 53 75 46*, , « Demeure du 16e siècle » – TV ☎. AE ⓓ GB JCB. ch
fermé 12 au 30 nov., 12 au 28 fév., lundi sauf le soir en juil.-août et mardi midi sauf fériés – **Repas** 130/250 ♀, enf. 60 – **6 ch** 480/550.

Maguelone, 38 r. République ✆ 04 66 53 74 60, – AE GB
fermé 2 nov. au 15 déc., du lundi au jeudi du 15 déc. à Pâques et merc. sauf juil.-août – **Repas** (120) - 135/190.

te de Nîmes *Nord-Est : 1,5 km* – ✉ *30220 Aigues-Mortes :*

Royal H., ✆ 04 66 53 66 40, *Fax 04 66 53 72 29*, , – ch, TV ☎ P. GB
Repas 65/170 , enf. 38 – 30 – **44 ch** 263/286 – ½ P 233.

RENAULT Gar. Guyon Autom., ✆ 04 66 53 81 10 N ✆ 04 66 53 81 10

IGUILLON *47190 L.-et-G.* 79 ⑭ – *4 169 h alt. 35.*

Paris 688 – Agen 31 – Houeillès 30 – Marmande 29 – Nérac 26 – Villeneuve-sur-Lot 34.

Terrasse de l'Étoile, cours A.-Lorraine ✆ 05 53 79 64 64, *Fax 05 53 79 46 48*, , – TV ☎ ♿ – 25. AE ⓓ GB
Repas 75/200 , enf. 45 – 28 – **17 ch** 190/250 – ½ P 225.

Lagarrigue *Est : 4,5 km par D 278 et rte secondaire – 280 h. alt. 105 –* ✉ *47190 :*

Aub. des 4 Vents, ✆ 05 53 79 62 18, *Fax 05 53 88 73 82*, ≤ Aiguillon et environs, , – P. GB
fermé vacances de Toussaint et de fév., dim. soir et lundi sauf juil.-août – **Repas** 95 bc (déj.), 105/220, enf. 65.

ILEFROIDE *05 H.-Alpes* 77 ⑰ – *rattaché à Pelvoux (Commune de).*

IME *73210 Savoie* 74 ⑱ *G. Alpes du Nord* – *2 963 h alt. 690.*

Voir Ancienne basilique St-Martin★.

Office de Tourisme av. Tarentaise ✆ 04 79 55 67 00.

Paris 625 – Albertville 42 – Bourg-St-Maurice 12 – Chambéry 89 – Moutiers 15.

Palanbo sans rest, av. de Tarentaise ✆ 04 79 55 67 55, *Fax 04 79 09 70 74* – TV ☎ ♿ P. AE ⓓ GB
30 – **20 ch** 250/310.

Cormet sans rest, av. de Tarentaise ✆ 04 79 09 71 14, *Fax 04 79 55 53 26* – TV ☎ P. GB.
fermé 15 au 30 juin – 30 – **14 ch** 220/300.

L'Atre, av. de Tarentaise ✆ 04 79 09 75 93 – GB
fermé 10 au 26 mai et mardi – **Repas** 85/150 .

Métifiot, ✆ 04 79 09 75 99

AINCILLE *64 Pyr.-Atl.* 85 ③ – *rattaché à St-Jean-Pied-de-Port.*

AINHOA *64250 Pyr.-Atl.* 85 ② *G. Pyrénées Aquitaine – 539 h alt. 130.*
Voir *Rue principale**.
Paris 795 – Biarritz 28 – Bayonne 27 – Cambo-les-Bains 11 – Pau 127 – St-Jean-de-Luz 24

Ithurria (Isabal), ✆ 05 59 29 92 11, *Fax 05 59 29 81 28*, « Joli décor rustique, jardin, – 25. AE GB
Pâques-2 nov. et fermé merc. hors saison. – **Repas** (dim. prévenir) 175/260 et carte 240 330 – ☕ 50 – **27 ch** 550/700 – ½ P 580/600
Spéc. Foie gras des Landes au naturel. Salade tiède de queues de langoustines. Pigeon r à l'ail doux sur canapé. **Vins** Jurançon, Irouléguy.

Argi-Eder, ✆ 05 59 93 72 00, *Fax 05 59 93 72 13*, ←, « Jardin », – re – 30. AE GB JCB. ch
4 avril-11 nov. et fermé dim. soir et merc. hors saison – **Repas** (dim. prévenir) 125 bc/23 enf. 70 – ☕ 50 – **30 ch** 650/860, 6 appart – ½ P 620/635.

Oppoca, ✆ 05 59 29 90 72, *Fax 05 59 29 81 03*, – GB
fermé 15 nov. au 15 déc. – **Repas** *(fermé lundi sauf juil.-août)* 95/175 ♀, enf. 50 – ☕ 35 **12 ch** 270/320 – ½ P 250/275.

AIRAINES *80270 Somme* 52 ⑦ *G. Flandres Artois Picardie – 2 175 h alt. 30.*
Paris 151 – Amiens 29 – Abbeville 21 – Beauvais 68 – Le Tréport 49.

Relais Forestier du Pont d'Hure, rte d'Oisement par D 936 : 5 km ✆ 03 22 29 42 1 *Fax 03 22 29 89 73* – GB
fermé 27 juil. au 14 août, 2 au 18 janv., mardi et le soir sauf sam. – **Repas** - *rôtisserie grillades au feu de bois* 87/178 ♀, enf. 43.

AIRE-SUR-L'ADOUR *40800 Landes* 82 ① ② *G. Pyrénées Aquitaine – 6 205 h alt. 80.*
Voir *Sarcophage de Ste-Quitterie* dans l'église Ste-Quitterie* **B**.
Office de Tourisme ✆ 05 58 71 64 70, Fax 05 58 71 64 70.
Paris 724 – Mont-de-Marsan 32 – Auch 83 – Condom 68 – Dax 77 – Orthez 58 – Pau 53 Tarbes 71.

Adour H. M sans rest, 28 av. 4 Septembre **(b)** ✆ 05 58 71 66 17, *Fax 05 58 71 87 6* – GB
fermé nov. – ☕ 30 – **31 ch** 210/245.

Les Bruyères, par ① : *1 km* ✆ 05 58 71 80 90, *Fax 05 58 71 87 21*, – GB
fermé 1er au 15 nov. – **Repas** *(fermé dim. soir)* 70/215 ♀, enf. 40 – ☕ 30 – **8 ch** 195/230 ½ P 200.

Chez l'Ahumat avec ch, 2 r. Mendès-France **(e)** ✆ 05 58 71 82 61 – GB. ch
fermé 15 au 31 mars et 1er au 15 sept. – **Repas** *(fermé merc.)* 57/145 ♀ – ☕ 22 – **13 c** 110/195 – ½ P 150/175.

à Ségos *(32 Gers) par ③, N 134 et D 260 : 9 km – 248 h. alt. 111 – ✉ 32400 :*

Domaine de Bassibé, ✆ 05 62 09 46 71, *Fax 05 62 08 40 15*, – AE GB
1er avril-1er janv. et fermé merc. midi et mardi (sauf hôtel en saison) – **Repas** 165/245 ♀ – ☕ 75 – **11 ch** 690/790, 7 appart – ½ P 660.

rte de Bordeaux *par ① et N 124 : 4,5 km – ✉ 40270 Cazères-sur-l'Adour :*

Airotel M sans rest, ✆ 05 58 71 72 72, *Fax 05 58 71 81 94*, parc, – 25. GB
☕ 28 – **34 ch** 195/230.

CITROEN Gar. Couralet, ZI rte de Bordeaux par ① ✆ 05 58 71 65 65 ✆ 05 58 71 65 65
NISSAN Gar. Daudon-Sadra, 52 av. 4 Septembre ✆ 05 58 71 60 64
PEUGEOT Gar. Labarthe, ZI Cap de la Coste, N 124 par ① ✆ 05 58 71 71 95 ✆ 05 58 06 75 19
RENAULT SADIA, 101 av. de Bordeaux par ① ✆ 05 58 71 60 01 ✆ 06 08 50 95 28

Euromaster, 65, av. de Bordeaux ✆ 05 58 71 62 14

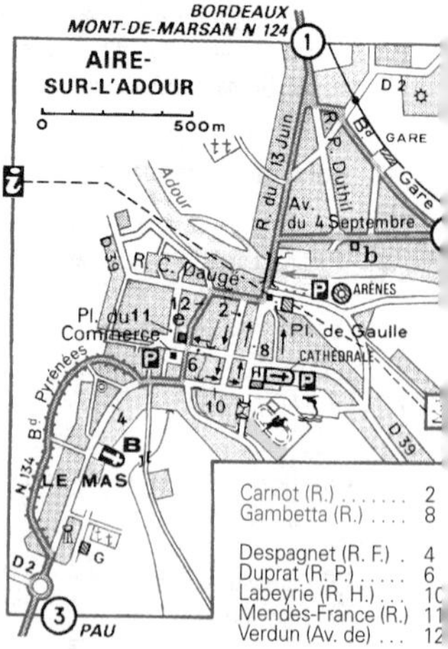

IRE-SUR-LA-LYS *62120 P.-de-C.* **51** ⑭ *G. Flandres Artois Picardie – 9 529 h alt. 30.*

Voir *Bailliage★ – Collégiale St-Pierre★.*

Office de Tourisme le Bailliage, Grand'Place ✆ 03 21 39 65 66.

Paris 235 ② – Calais 60 ④ – Arras 55 ② – Béthune 28 ② – Boulogne-sur-Mer 65 ③ – Lille 58 ① – Montreuil 53 ③.

Host. des 3 Mousquetaires , rte de Béthune (N 43) ✆ 03 21 39 01 11, *Fax 03 21 39 50 10,* « Demeure du 19e siècle dans un parc avec pièce d'eau » – TV ☎ 🅿 – 35. AE GB.
fermé 20 déc. au 20 janv. – **Repas** 120/350 ♀, enf. 60 – ☕ 55 – **31 ch** 300/590 – ½ P 485/655.

la gare de Berguette *Sud-Est : 6 km par D 187 – 2 063 h. alt. 20 – ✉ 62330 Isbergues :*

Buffet Ⓜ avec ch, ✆ 03 21 25 82 40, *Fax 03 21 27 86 42,* , – TV ☎. GB
fermé 3 au 24 août, dim. soir et lundi sauf fériés – **Repas** 80 (déj.), 100/270 ♀ – ☕ 35 – **5 ch** 220/270 – ½ P 280.

AUDI, VOLKSWAGEN Gar. Inglard, N 43 ✆ 03 21 38 00 11
CITROEN Gar. Warmé, 14 r. Lyderic ✆ 03 21 39 00 31
RENAULT Gar. Noel, 5 pl. Jéhan-d'Aire ✆ 03 21 39 02 98 🅽 ✆ 03 21 38 34 00

AISEY-SUR-SEINE *21400 Côte-d'Or* **65** ⑧ *– 172 h alt. 255.*

Paris 247 – Chaumont 74 – Châtillon-sur-Seine 15 – Dijon 69 – Montbard 26.

Roy , ✆ 03 80 93 21 63, *Fax 03 80 93 25 74,* – ☎ 🅿. AE GB
fermé janv., lundi soir sauf juil.-août et mardi – **Repas** 70/175 ♀, enf. 45 – ☕ 30 – **9 ch** 160/260 – ½ P 270.

AIX-EN-PROVENCE SP *13100 B.-du-R.* **84** ③, **93** ⑬, **114** ⑮ *G. Provence – 123 842 h alt. 206 – Stat. therm. – Casino* **AZ.**

Voir *Le Vieil Aix★★* **BXY** *: Cours Mirabeau★★* **BY**, *Cathédrale St-Sauveur★* **BX** *(Triptyque du Buisson Ardent★★), Place Albertas★* **BY 3**, *place★ de l'hôtel de ville* **BY 37**, *cour★ de l'hôtel de ville* **BY H**, *Cloître St-Sauveur★* **BX N** *– Quartier Mazarin★* **BCY** *: fontaine des Quatre-Dauphins★* **BY S** *– Musée Granet★* **CY M**4 *– Musée des Tapisseries★* **BX M**2 *– Fondation Vasarely★* **AV M**5 *O : 2,5 km.*

18 *d'Aix-Marseille ✆ 04 42 24 20 41, par ④ et D 9 : 8,5 km;* 18 *du Château d'Arc à Fuveau ✆ 04 42 53 28 38 par ② et D 6;* 9 *Set Golf International ✆ 04 42 29 63 63, O : 6 km par D 17* **AV.**

Office de Tourisme 2 pl. du Gén.-de-Gaulle ✆ 04 42 16 11 61, Fax 04 42 16 11 62 – Automobile Club 7 bd J.-Jaurès ✆ 04 42 23 33 73, Fax 04 42 23 13 77.

Paris 755 ③ – Marseille 31 ③ – Avignon 82 ④ – Nice 176 ② – Sisteron 99 ① – Toulon 83 ②.

Plan page suivante

Villa Gallici Ⓜ , 18 bis av. Violette ✆ 04 42 23 29 23, *Fax 04 42 96 30 45,* <, , , – ch, TV ☎ & 🅿 – 25. AE GB JCB — **BV k**
Repas *(fermé le midi et lundi soir de nov. à mars)* (résidents seul.) carte environ 350 ♀ – ☕ 100 – **15 ch** 1200/2050, 4 appart – ½ P 1050/1500.

Pigonnet , 5 av. Pigonnet ✉ 13090 ✆ 04 42 59 02 90, *Fax 04 42 59 47 77,* <, , « Parc ombragé fleuri », – TV ☎ 🅿 – 60. AE GB JCB — **AV a**
Repas *(fermé dim. midi et sam. sauf juil.)* 260/330 – ☕ 70 – **52 ch** 730/1500 – ½ P 690/1000.

Gd H. Roi René Ⓜ, 24 bd Roi René ✆ 04 42 37 61 00, *Fax 04 42 37 61 11,* , – TV ☎ & – 150. AE GB JCB — **BZ b**
La Table du Roi : **Repas** (130)-175/250 ♀, enf. 60 – ☕ 80 – **131 ch** 850/1055, 3 appart.

des Augustins Ⓜ sans rest, 3 r. Masse ✆ 04 42 27 28 59, *Fax 04 42 26 74 87,* « Ancien couvent du 15e siècle » – TV ☎. AE GB JCB. — **BY x**
☕ 65 – **29 ch** 600/1200.

AIX-EN-PROVENCE

Berger (Av. G.) . . . BV 7
Brossolette (Av.) . . AV 13
Club Hippique (Av.) AV 18
Dalmas (Av. J.) . . . AV 23
Ferrini (Av. F.). . . . . AV 30
Fourane (Av. de la) . . . . . . AV 32
Galice (Rte de) . . . AV 33
Isaac (Av. J.) . . . . . BV 41
Malacrida (Av. H.) . BV 48
Mauriat (Av. H.) . . . BV 50
Minimes (Crs des) AV 52
Moulin (Av. J.). . . . BV 56
Pigonnet (Av. du) . AV 62
Poilus (Bd des) . . . BV 67
Prados (Av. E.). . . . AV 68
Solari (Av. Ph.). . . . AV 76

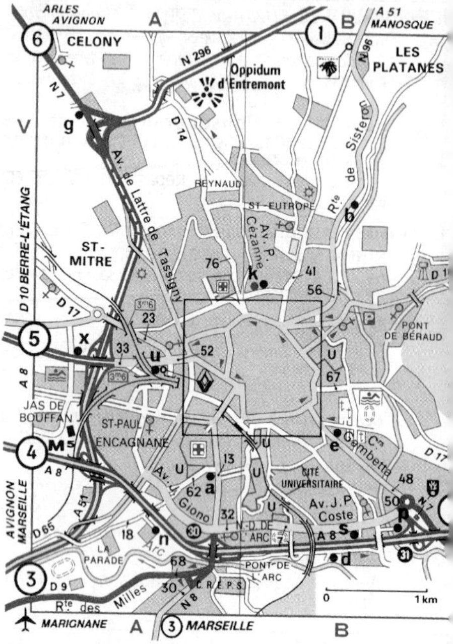

Mercure Paul Cézanne sans rest, 40 av. V. Hugo ☎ 04 42 26 34 73, *Fax 04 42 27 20 95*
« Mobilier ancien » – AE GB JCB BZ
55 – **55 ch** 535/705.

Holiday Inn Garden Court M, 5 rte Galice 13090 ☎ 04 42 20 22 22
Fax 04 42 59 96 61, – 250. AE GB JCB AV
Repas 105/280 – 60 – **90 ch** 590/1150, 4 appart – 1/2 P 505/785.

Novotel Beaumanoir M, Résidence Beaumanoir (sortie autoroute 3 Sautets
☎ 04 42 27 47 50, *Fax 04 42 38 46 41*, – 100. AE
GB BV
Repas carte environ 170, enf. 50 – 55 – **102 ch** 595/655.

Bleu Marine M, 42 rte Galice ☎ 04 42 95 04 41, *Fax 04 42 59 47 29*, –
– 50. AE GB JCB AV
Repas 110/145, enf. 49 – 50 – **84 ch** 530/630.

St-Christophe M, 2 av. V. Hugo ☎ 04 42 26 01 24, *Fax 04 42 38 53 17* –
– 30. AE GB JCB. rest BY
Brasserie Léopold : **Repas** *(79)*- 100/160, enf. 49 – 45 – **57 ch** 360/530, 6 studios –
1/2 P 300/370.

Gd H. Nègre Coste sans rest, 33 cours Mirabeau ☎ 04 42 27 74 22, *Fax 04 42 26 80 93* –
AE GB JCB BY
50 – **36 ch** 389/654.

Mascotte M, av. Cible ☎ 04 42 37 58 58, *Fax 04 42 37 58 59*, –
– 100. AE GB BV
Repas 75/210, enf. 42 – 45 – **93 ch** 360/490 – 1/2 P 300.

Mozart sans rest, 49 cours Gambetta ☎ 04 42 21 62 86, *Fax 04 42 96 17 36* –
GB BV
48 ch 300/390.

Globe sans rest, 74 cours Sextius ☎ 04 42 26 03 58, *Fax 04 42 26 13 68* – AE
GB JCB AY
fermé 21 déc. au 31 janv. – 39 – **46 ch** 240/320.

Manoir sans rest, 8 r. Entrecasteaux ☎ 04 42 26 27 20, *Fax 04 42 27 17 97* –
AE GB JCB AY
fermé 10 janv. au 1er fév. – 40 – **40 ch** 325/485.

AIX-EN-PROVENCE

gard (Passage)	CY	2
agniers (R. des)	BY	4
emenceau (R.)	BY	18
ordeliers (R. des)	BY	20
spariat (R.)	BY	26
abrot (R.)	BY	28
éjanes (R.)	BY	51
irabeau (Cours)	BY	
Paul-Bert (R.)	BX	66
Thiers (R.)	CY	80
Albertas (Pl.)	BY	3
Bon-Pasteur (R.)	BX	9
Boulégon (R.)	BX	12
Brossolette (Av.)	AZ	13
Cardeurs (Pl. des)	BY	16
De-la-Roque (R. J.)	BX	25
Hôtel-de-Ville (Pl.)	BY	37
Italie (R. d')	CY	42
De Lattre-de-T. (Av.)	AY	46
Matheron (R.)	BY	49
Minimes (Crs. des)	AY	52
Montigny (R. de)	BY	55
Napoléon Bonaparte (Av.)	AY	57
Nazareth (R.)	BY	58
Opéra (R. de l')	CY	62
Pasteur (Av.)	BX	64
Prêcheurs (Pl. des)	CY	70
Richelme (Pl.)	BY	72
Saporta (R. G.-de)	BX	75
Verdun (Pl. de)	CY	85
4-Septembre (R.)	BZ	87

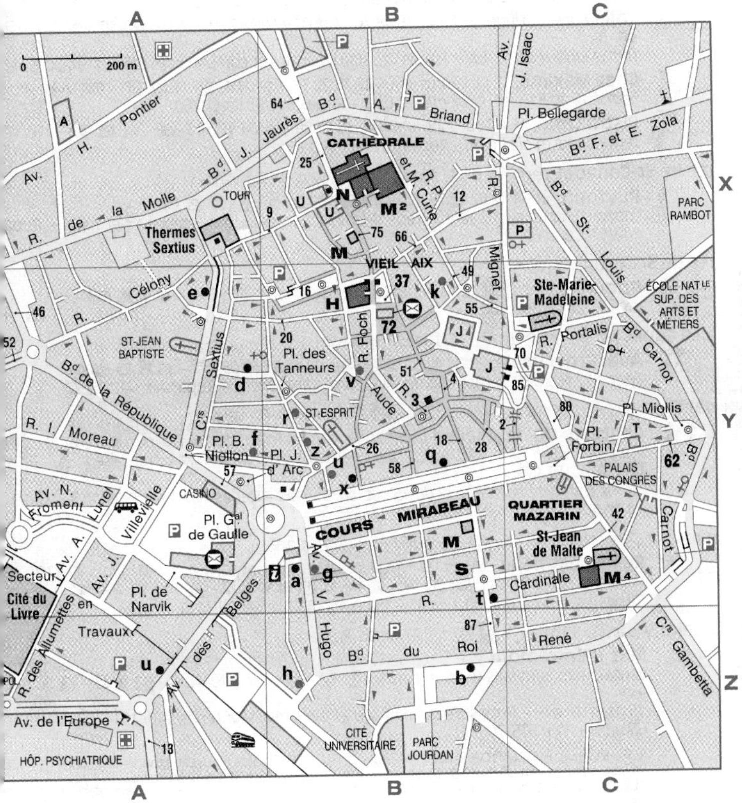

Quatre Dauphins sans rest, 54 r. Roux Alpheran ✆ 04 42 38 16 39, *Fax 04 42 38 60 19* – TV ☎. GB — BY t
☕ 40 – **12 ch** 290/400.

Campanile La Beauvalle, r. J. Andréani (par av. Pigonnet) ✉ 13090 ✆ 04 42 26 35 24, *Fax 04 42 26 25 47*, – ▤ TV ☎ & P – 50. AE ⓓ GB — AV n
Repas *(67)* - 88 bc/114 bc, enf. 39 – ☕ 35 – **116 ch** 278.

Résidence Rotonde sans rest, 15 av. Belges ✆ 04 42 26 29 88, *Fax 04 42 38 66 98* – TV ☎ P. AE ⓓ GB JCB — AZ u
☕ 35 – **42 ch** 330/380.

Clos de la Violette (Banzo), 10 av. Violette ✆ 04 42 23 30 71, *Fax 04 42 21 93 03*, – ▤. AE GB. — BV k
✿ *fermé 1er au 16 nov., dim. sauf le soir en juil. et lundi midi* – **Repas** (nombre de couverts limité, prévenir) 240 (déj.), 400/510 et carte 430 à 540
Spéc. Petits farcis de légumes provençaux et jus d'agneau (juin à oct.). Grand menu de la truffe (déc. à mars). Gros calisson d'Aix aux amandes. **Vins** Coteaux d'Aix-en-Provence.

XX **L'Aixquis,** 22 r. Leydet ℘ 04 42 27 76 16, *Fax 04 42 93 10 61* – ▤. AE GB JCB AY
fermé 1er au 15 août – **Repas** *(97)* - 138/350 ♀.

XX **Amphitryon,** 2 r. P. Doumer ℘ 04 42 26 54 10, *Fax 04 42 38 36 15*, 🏠 – ▤. AE GB
fermé lundi midi et dim. – **Repas** 100 (déj.), 145/280 ♀. BY

XX **Chez Féraud,** 8 r. Puits Juif ℘ 04 42 63 07 27 – ▤. AE GB BY
fermé août, lundi midi et dim. – **Repas** 100/135 ♀.

XX **Les Bacchanales,** 10 r. Couronne ℘ 04 42 27 21 06, *Fax 04 42 27 21 06* – ▤. AE GB JC
fermé merc. midi et mardi – **Repas** 85 (déj.), 135/285 ♀, enf. 75. BY

X **Yôji,** 7 av. V. Hugo ℘ 04 42 38 48 76, *Fax 04 42 28 83 29*, 🏠 – ▤. AE ⓓ GB JC BY
fermé lundi d'oct. à avril – **Repas** - cuisine japonaise et coréenne - 75 (déj.), 119/200 🌡.

X **Chez Maxime,** 12 pl. Ramus ℘ 04 42 26 28 51, *Fax 04 42 26 74 70*, 🏠 – GB JCB.
fermé 15 au 31 janv., lundi midi et dim. – **Repas** *(75)* - 95 (déj.)/260. BY

X **Bistro Latin,** 18 r. Couronne ℘ 04 42 38 22 88, *Fax 04 42 38 22 88* – ▤. AE GB BY
fermé lundi midi et dim. – **Repas** 75 (déj.)/160 ♀.

rte de St-Canadet *par ① et D 13 : 9 km* – ✉ *13100 Aix-en-Provence :*

XX **Puyfond,** ℘ 04 42 92 13 77, *Fax 04 42 92 03 29*, 🏠, parc – P. GB
fermé 15 août au 10 sept., 2 au 10 janv., vacances de fév., dim. soir et lundi – **Repa**
140/170, enf. 60.

rte de Sisteron *vers ① : 3 km :*

Prieuré sans rest, ℘ 04 42 21 05 23, *Fax 04 42 21 60 56*, ≤ – ☎ P. GB.
☕ 40 – **23 ch** 298/400. BV

à Le Canet *par ② : 8 km sur N 7* – ✉ *13590 Meyreuil :*

XX **Aub. Provençale,** ℘ 04 42 58 68 54, *Fax 04 42 58 68 05*, 🏠 – ▤ P. AE ⓓ GB
fermé 22 au 30 déc., vacances de fév., mardi soir et merc. – **Repas** *(100)* - 125/250.

par ③, *D 9 ou A 51, sortie Les Milles : 5 km* – ✉ *13546 Aix-en-Provence :*

Château de la Pioline, zone commerciale de la Pioline ℘ 04 42 20 07 8
Fax 04 42 59 96 12, ≤, 🏠, parc, « Belle demeure dans un jardin à la française », – TV
P – 30. AE GB
fermé fév., dim. soir et lundi du 15 oct. au 1er mars – **Repas** 190 (déj.), 250/410 ♀ – ☕ 90
18 ch 1050/1700 – ½ P 875/1075.

par ③ *et D 9 - sortie n° 4 : 10 km* – ✉ *13591 Aix-en-Provence :*

Royal Mirabeau M, av. G. de la Lauzière Pichaury II ✉ 13591 ℘ 04 42 97 76 00
Fax 04 42 97 76 01, 🏠, ▤ TV ☎ P – 100. AE GB.
Repas *(80)* - 100 ♀, enf. 50 – ☕ 45 – **95 ch** 460/560 – ½ P 345/395.

à Celony *par ⑥ : 3 km sur N 7* – ✉ *13090 Aix-en-Provence :*

Mas d'Entremont, ℘ 04 42 17 42 42, *Fax 04 42 21 15 83*, ≤, 🏠, « Demeure pro-vençale avec terrasses dans un parc », – cuisinette, ▤ ch, TV ☎ P – 50. GB
JCB AV
15 mars-1er nov. – **Repas** *(fermé dim. soir et lundi midi sauf fériés)* 210/240 – ☕ 75 – **18 ch**
650/850 – ½ P 605/705.

ALFA-ROMEO, FIAT, LANCIA Autorama, ZAC Pioline, r. Beauvoisin ℘ 04 42 39 03 90
AUDI, VOLKSWAGEN Touring Autom., ZA la Pioline, les Milles ℘ 04 42 39 33 33
BMW Bayern Aix, ZA la Pioline ℘ 04 42 16 20 70
HONDA Cogédis, av. Club Hippique ℘ 04 42 20 15 35
LADA, SKODA Arc Auto Racing, 2 Bastide Verdache La Pioline Milles ℘ 04 42 39 33 35
MERCEDES MASA, 40 r. Irma-Moreau ℘ 04 42 64 45 45 N ℘ 08 00 24 24 30
PEUGEOT Gds Gar. de Provence, ZA La Pioline, rte des Milles ℘ 04 42 39 00 08
RENAULT Verdun Aix, 5 rte Galice ℘ 04 42 17 26 26 N ℘ 08 00 05 15 15
SEAT Autos Nouveau Monde, la Pioline aux Milles ℘ 04 42 39 10 11

Cambi Pneus, 39 bd A.-Briand ℘ 04 42 23 06 77
Euromaster, ZI des Milles, 128 av. Bessemer ℘ 04 42 24 46 56
Josserand Pneus, rte des Alpes, les Platanes ℘ 04 42 21 17 55
Les Milles Pneus, ch. Valette, les Milles ℘ 04 42 24 30 90
Pyrame, 64 cours Gambetta ℘ 04 42 23 83 83
Pyrame, 1230 r. Ampère ZI les Milles ℘ 04 42 39 91 48

Die neuen Grünen ***Michelin-Reiseführer*** *:*
- ausführliche Beschreibungen
- praktische, übersichtliche Hinweise
- farbige Pläne, Kartenskizzen und Fotos
... und natürlich stets gewissenhaft aktualisiert.
Benutzen Sie immer die neusten Ausgaben.

X-LES-BAINS 73100 Savoie 74 ⑮ *G. Alpes du Nord* – 24 683 h alt. 200 – Stat. therm. (12 janv.-mi-déc.) et Marlioz – Casinos Grand Cercle **CZ**, Nouveau Casino **BZ**.

Voir Esplanade au bord du Lac★ **AX** – Escalier★ de l'Hôtel de Ville **CZ H** – Musée Faure★ **CY**.

Env. Le tour du lac du Bourget★★ 51 km, en bateau★ : 4 h – Abbaye de Hautecombe★★, en bateau : 2 h1/4, s'adresser aux Bateaux du lac du Bourget et de Seyssel, Grand Port, 73100 Aix-les-Bains, ✆ 04 79 63 45 00 – ≤★★ sur lac du Bourget, à la Chambotte par ① : 14 km – Mont Revard ✵★★★ 21 km par ② et D 913.

18 ✆ 04 79 61 23 35, par ③ : 3 km.

✈ de Chambéry-Aix-les-Bains : ✆ 04 79 54 49 54, au Bourget-du-Lac par ④ : 8 km.

🅸 Office de Tourisme pl. M.-Mollard ✆ 04 79 35 05 92, Fax 04 79 88 88 01.

Paris 540 ④ – Annecy 33 ① – Bourg-en-Bresse 111 ④ – Chambéry 18 ④ – Lyon 108 ④.

Plan page suivante

Park Hôtel du Casino M ⛰, av. Ch. de Gaulle ✆ 04 79 34 19 19, *Fax 04 79 88 11 49*, 🏖, Fб, 🏊, 🌳 – 🛗 ⚹ ▤ TV ☎ ♿ 🚗 P – 🏛 400. AE ⓓ GB — CZ x
Repas brasserie *(74)* - 115/140 🍷, enf. 60 – ☕ 68 – **92 ch** 660/800, 10 appart – P 640.

Ariana M ⛰, av. de Marlioz à Marlioz : 1,5 km ✆ 04 79 61 79 79, *Fax 04 79 61 79 00*, 🏖, centre de balnéothérapie, « Parc », Fб, 🏊 – 🛗 ⚹, ▤ ch, TV ☎ ♿ P – 🏛 150. AE ⓓ GB JCB — AX a
fermé déc. – **Repas** *(110)* - 130/170, enf. 45 – ☕ 65 – **60 ch** 530/650 – P 531/586.

Astoria, pl. Thermes ✆ 04 79 35 12 28, *Fax 04 79 35 11 05* – 🛗 TV ☎ ♿. AE GB. ⚹
fermé déc. – **Repas** 95 (dîner), 115/135 – ☕ 40 – **135 ch** 275/480 – 1/2 P 310/363. — CZ z

Manoir ⛰, 37 r. Georges-1er ✆ 04 79 61 44 00, *Fax 04 79 35 67 67*, « Jardin ombragé », Fб, 🏊 – 🛗 TV ☎ 🚗 P – 🏛 200. AE ⓓ GB — CZ r
Repas 138/250 🍷 – ☕ 58 – **73 ch** 295/645 – 1/2 P 330/500.

Acquaviva M, av. de Marlioz à Marlioz : 1,5 km ✆ 04 79 61 77 77, *Fax 04 79 61 77 00*, 🏖, « Parc » – 🛗 cuisinette ⚹ TV ☎ ♿ P – 🏛 250. AE ⓓ GB JCB — AX s
Repas *(75)* - 95/130 🍷 – ☕ 48 – **48 ch** 365/480, 3 appart, 52 studios – P 410/448.

Agora M, 1 av. Marlioz ✆ 04 79 34 20 20, *Fax 04 79 34 20 30*, 🏊 – 🛗, ▤ rest, TV ☎ ✆ ♿ 🚗 – 🏛 50. AE ⓓ GB — CZ u
Repas brasserie 85/145 🍷 – ☕ 45 – **60 ch** 295/425 – 1/2 P 290/330.

Palais des Fleurs ⛰, 17 r. Isaline ✆ 04 79 88 35 08, *Fax 04 79 35 42 79*, 🏖, Fб, 🏊, 🌳 – 🛗 cuisinette, ▤ rest, TV ☎ ♿ 🚗 P – 🏛 40. GB. ⚹ rest — CZ m
hôtel : fermé déc. et janv. ; rest. : ouvert 1er mars-3 nov. – **Repas** 75 (dîner), 90/165 🍷, enf. 50 – ☕ 40 – **40 ch** 290/420 – P 350/376.

du Parc, 28 r. Chambéry ✆ 04 79 61 29 11, *Fax 04 79 88 33 49*, 🏖 – 🛗, ▤ rest, TV ☎ ♿ 🚗. GB. ⚹ rest — CZ n
13 avril-25 oct. – **Repas** 100/135 – ☕ 35 – **47 ch** 290 – 1/2 P 285/295.

Vendôme, 12 av. Marlioz ✆ 04 79 61 23 16, *Fax 04 79 88 93 77* – 🛗, ▤ rest, TV ☎ P. AE ⓓ GB — CZ b
1er avril-1er oct. – **Repas** 95/165 – ☕ 40 – **32 ch** 280/380 – 1/2 P 350.

Beaulieu, 29 av. Ch. de Gaulle ✆ 04 79 35 01 02, *Fax 04 79 34 04 82*, 🏖 – 🛗 TV ☎ – 🏛 25. AE ⓓ GB — BCZ r
hôtel : 2 avril-20 déc. ; rest : 2 avril-15 nov. – **Repas** 95/250 – ☕ 37 – **31 ch** 230/300 – 1/2 P 307/323.

Eglantiers, 20 bd Berthollet ✆ 04 79 88 04 38, *Fax 04 79 34 17 33* – 🛗, ▤ rest, TV ☎ P – 🏛 25. AE ⓓ GB JCB — CZ h
fermé 15 fév. au 15 mars – ***Le Salon d'Elvire*** *(fermé dim. soir et merc. soir)* **Repas** 98/390 🍷 – ☕ 35 – **29 ch** 260/270 – 1/2 P 295/310.

Cottage H., 9 r. Davat ✆ 04 79 35 00 55, *Fax 04 79 88 22 85*, 🏖 – 🛗 TV ☎. GB. ⚹ rest — CZ k
1er mars-8 nov. – **Repas** 85 (dîner), 98/130 🍷 – ☕ 32 – **50 ch** 270/300 – 1/2 P 255/330.

Cécil H. sans rest, 20 av. Victoria ✆ 04 79 35 04 12, *Fax 04 79 61 32 08* – 🛗 TV ☎. GB. ⚹ — CZ a
fermé 15 fév. au 15 mars – ☕ 32 – **21 ch** 200/270.

Revotel sans rest, 40 r. Genève ✆ 04 79 35 03 37, *Fax 04 79 88 82 99* – 🛗 TV ☎. AE ⓓ GB. ⚹ — CZ v
fermé 22 nov. au 20 janv. – ☕ 29 – **18 ch** 192/234.

Aub. St-Simond, 130 av. St-Simond ✆ 04 79 88 35 02, *Fax 04 79 88 38 45*, 🏖, 🌳 – TV ☎ P. AE ⓓ GB — AX e
fermé 4 au 26 janv. et dim. soir du 19 oct. au 30 avril – **Repas** 85/165 🍷, enf. 50 – ☕ 38 – **22 ch** 200/290 – P 310/350.

Croix du Sud sans rest, 3 r. Dr Duvernay ✆ 04 79 35 05 87 – ☎ — CZ f
avril-mi-oct. – ☕ 31 – **16 ch** 143/240.

Brasserie de la Poste, 32 av. Victoria ✆ 04 79 35 00 65 – AE GB — BZ t
fermé lundi – **Repas** 50/160 🍷, enf. 45.

AIX-LES-BAINS

Bains (R. des) . . . **CZ** 2
Carnot (Pl.). . . . . . **CZ** 6
Casino (R. du) . . . **CZ** 8
Chambéry (R. de) **CZ** 9
Davat (R.). . . . . . . **CZ** 15
Temple-de-Diane (Sq.) . . . . **CZ** 45

Berthollet (Bd). . . **CZ** 3
Boucher (Sq. A.). . **CY** 5
Charcot (Bd J.) . . **AX** 10
Clemenceau (Pl.) **BY** 12
Dacquin (R.). . . . . **CZ** 13
Fleurs (Av. des) . . **CZ** 16
Garrod (R. Sir-A.). **CZ** 18
Gaulle (Av. Ch.-de) . . . **CZ** 19
Georges-1er (R.). . **CZ** 21
Lamartine (R.) . . . **CZ** 22
Lattre-de-Tassigny (Av. Mar.-de) . . **BY** 23
Liège (R. de) . . . . **CZ** 24
Marlioz (Av. de) . . **AX** 26
Mollard (Pl. M.) . . **CZ** 27
Petit-Port (Av. du) **AX** 28
Pierpont-Morgan (Bd). . . . . **BY** 29
Prés-Riants (R.). . **BY** 30
République (R.) . . **CY** 32
Revard (Pl. du). . . **CZ** 33
Roche-du-Roi (Bd de la) . . . . . **CZ** 34
Rops (Av. D.). . . . **AX** 35
Roosevelt (Av. F.) **AX** 37
Russie (Bd de) . . . **AX** 39
Seyssel (R. C.-de) **CZ** 40
Temple (R. du). . . **CZ** 43
Victoria (Av.) . . . . **CZ** 47
Zander (R. de l'Institut) **CZ** 48

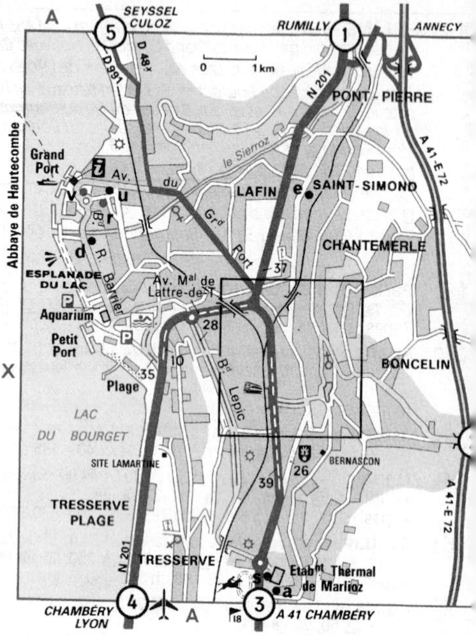

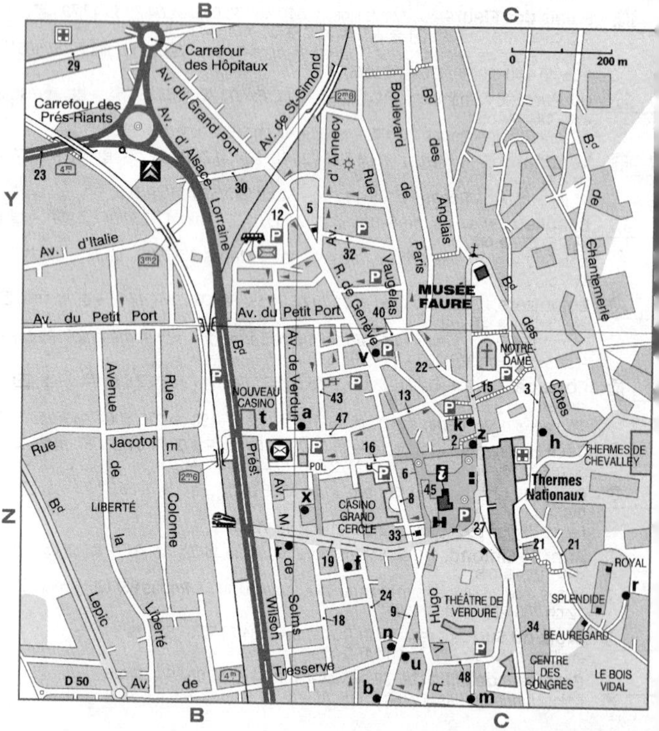

au Grand Port *3 km – ✉ 73100 Aix-les-Bains :*

Adelphia M, 215 bd Barrier ☎ 04 79 88 72 72, *Fax 04 79 88 27 77*, ≤, 🏔, centre de balnéothérapie, Fø, ☐, – |‡| ⇆, ▤ ch, TV ☎ ♿ 🚗 – 🏠 100. AE ⓓ GB JCB
Repas 110/185 ♀ – ☕ 50 – **70 ch** 470/660 – ½ P 400/490. AX d

Pastorale, 221 av. Grand Port ☎ 04 79 63 40 60, *Fax 04 79 63 44 26*, 🏔, « Jardin » – |‡| TV ☎ P – 🏠 30. AE ⓓ GB AX u
15 mars-6 nov. – **Repas** 90/200 🍷 – ☕ 40 – **30 ch** 300/320 – ½ P 350.

Lille avec ch, ☎ 04 79 63 40 00, *Fax 04 79 34 00 30*, – |‡| TV ☎ ♿ P – 🏠 25. AE ⓓ GB
fermé mardi soir et merc. sauf juil.-août – **Repas** (dim. et fêtes prévenir) 110/320 ♀ – ☕ 38 – **18 ch** 280/380 – ½ P 330/380. AX v

Davat avec ch, à 100 m Grand Port ☎ 04 79 63 40 40, *Fax 04 79 54 35 68*, 🏔, « Cadre de verdure, jardin fleuri » – TV ☎ P. AE GB AX r
1er avril-2 nov. et fermé lundi soir et mardi sauf juil.-août – **Repas** 90/250 ♀ – ☕ 35 – **17 ch** 215/280 – P 370.

par la sortie ① :

à Grésy-sur-Aix *5 km – 2 374 h. alt. 350 – ✉ 73100 :*

Pont Neuf, (près gare) ☎ 04 79 34 84 64 – P. GB
fermé 13 juil. au 3 août, 18 au 31 janv., dim. soir et lundi – **Repas** 70/220 🍷.

par la sortie ③ :

à Viviers-du-Lac *5 km – 1 144 h. alt. 270 – ✉ 73420 :*

Chambaix H. sans rest, D 991 ☎ 04 79 61 31 11, *Fax 04 79 88 43 69*, ☐, , 🎾 – |‡| TV ☎ 📞 P. AE ⓓ GB
☕ 35 – **29 ch** 260/320.

par la sortie ④ :

à Tresserve *sur N 201 : 3 km – 2 806 h. alt. 338 – ✉ 73100 :*

Toque Blanche, 103 rte bord du lac ☎ 04 79 88 87 99, *Fax 04 79 88 87 99*, 🏔 – AE GB.
fermé 1er au 15 mars, 1er au 15 oct., mardi soir et merc. – **Repas** - produits de la mer - 105/220.

sur N 201 *5 km – ✉ 73420 Viviers-du-Lac :*

Assinie sans rest, 85 rte du Bourget ☎ 04 79 54 40 07, *Fax 04 79 54 40 76* – ▤ TV ☎ ♿ P – 🏠 30. GB
☕ 35 – **41 ch** 260/280.

AUDI, VOLKSWAGEN SEAT Jean Lain Autom. Nord, ZAC Chauvets à Grésy-sur-Aix ☎ 04 79 34 80 00
CITROEN Gar. Domenge, Les Prés Riants, 17 bd de Lattre-de-Tassigny ☎ 04 79 35 07 89
FORD Gar. Seigle, 41 av. Marlioz ☎ 04 79 61 09 55
MITSUBISHI, PORSCHE Gar. du Mt-Blanc, 1 square A.-Boucher ☎ 04 79 35 22 60
ROVER Gar. de Savoie, 7 bd de Russie ☎ 04 79 61 26 80
TOYOTA Gar. Perrel, 11 square A.-Boucher ☎ 04 79 35 01 66
Gar. du Golf, D 991 à Drumettaz par ③ ☎ 04 79 61 12 88

Aix Pneus, 205 av. de St-Simond ☎ 04 79 88 11 56
Bollon Pneus, 11 av. de Marlioz ☎ 04 79 61 45 35

AIZENAY *85190 Vendée* 67 ⑬ – *5 344 h alt. 62.*
Office de Tourisme (saison) av. de la Gare ☎ 02 51 94 62 72.
Paris 440 – La Roche-sur-Yon 18 – Challans 25 – Nantes 59 – Les Sables-d'Olonne 33.

Sittelle, 33 r. Mar. Leclerc ☎ 02 51 34 79 90 – P. GB
fermé août, sam. midi, dim. soir et lundi – **Repas** 125 (déj.), 230/260.

PEUGEOT Gar. Neau, rte de la Roche ☎ 02 51 94 70 67
RENAULT Gar. Barre, rte de St-Gilles ☎ 02 51 94 60 40 N ☎ 02 51 94 60 40

AJACCIO *2A Corse-du-Sud* 90 ⑰ – *voir à Corse.*

ALBERT *80300 Somme* 52 ⑨ *G. Flandres Artois Picardie – 10 010 h alt. 65.*
Office de Tourisme 9 r. Gambetta ✆ 03 22 75 16 42, Fax 03 22 75 11 72.
Paris 151 – Amiens 30 – Arras 48 – St-Quentin 53.

Royal Picardie M, rte Amiens ✆ 03 22 75 37 00, *Fax 03 22 75 60 19*, – P – 40. AE GB
Repas 78/210 – 35 – **24 ch** 270/300 – 1/2 P 220.

Basilique, 3 rue Gambetta ✆ 03 22 75 04 71, *Fax 03 22 75 10 47* – – 25. GB
fermé 14 au 30 août, 20 déc. au 11 janv., sam. soir hors saison et dim. – **Repas** 80/150 enf. 52 – 34 – **10 ch** 230/310 – 1/2 P 260.

CITROEN Gar. Richard, 39-41 av. A.-France ✆ 03 22 75 27 76 N ✆ 08 00 05 24 24

When travelling in **France**
use with this Guide
the detailed **Michelin Maps**
at a scale of 1:200 000.

ALBERTVILLE SP *73200 Savoie* 74 ⑰ *G. Alpes du Nord – 17 411 h alt. 344.*
Voir *Conflans : bourg★, porte de Savoie* ≤★ **Y B.**
Env. *Route du fort du Mont* ≤★★ *E : 11 km par D 105* **Y.**
Office de Tourisme 11 r. Pargoud ✆ 04 79 32 04 22, Fax 04 79 32 87 09.
Paris 583 ① – Annecy 45 ① – Chambéry 50 ③ – Chamonix-Mont-Blanc 67 ① – Grenoble 81 ③.

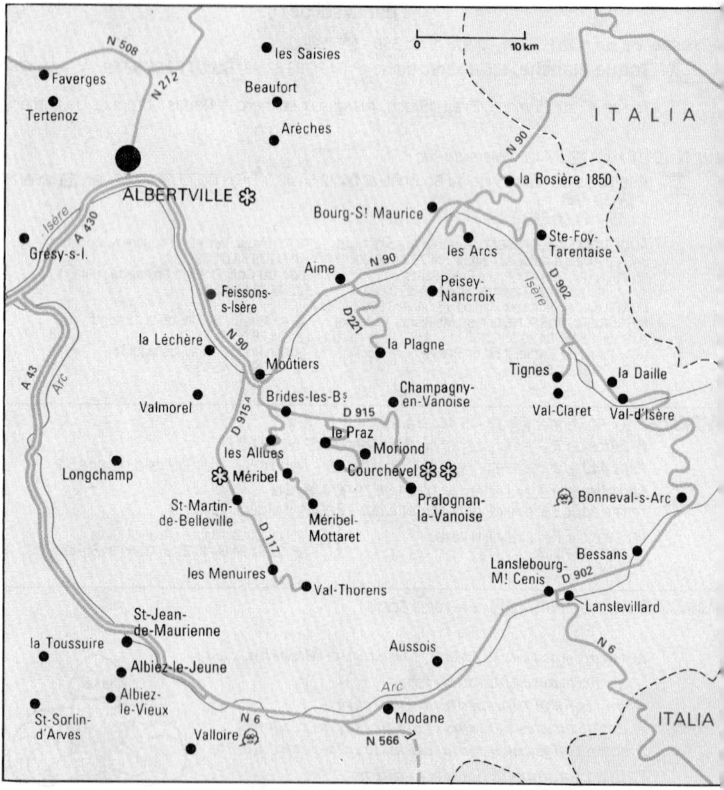

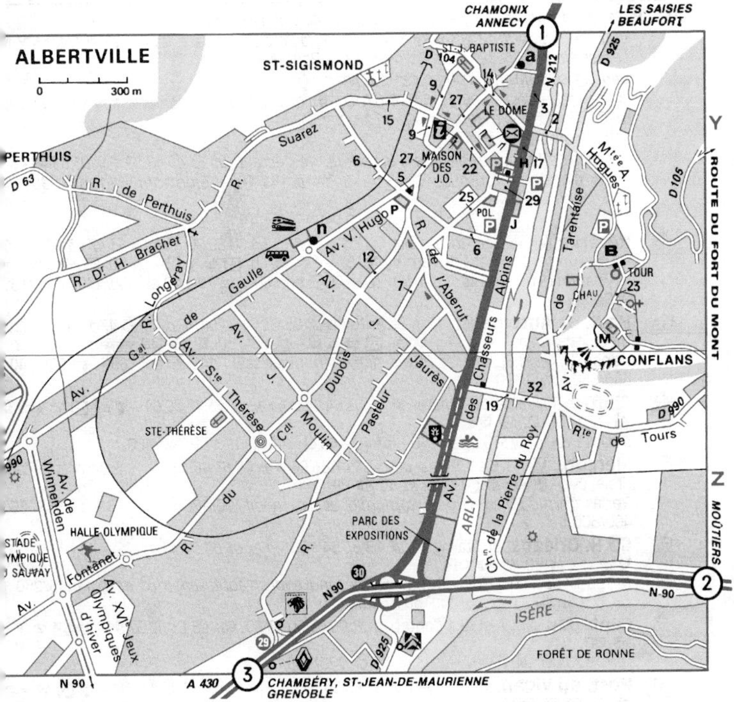

mbetta (R.) . . . . Y 14
publique (R. de la). . . . . Y 27
'oubes (Pont des) . . . . Y 2
obroges (Quai des) . . . . Y 3
ılle (Pl. Cdt) . . . . Y 5

Chautemps (R. F.) . . . . Y 6
Clemenceau (R.) . . . . Y 7
Coty (R. Président) . . . . Y 9
Docteur Mathias (R. J.-B.) . . . Y 12
Genoux (R. Cl.). . . . . Y 15
Hôtel-de-Ville (Crs). . . . . Y 17

Mirantin (Pont du) . . . . Z 19
Pargoud (R.) . . . . Y 22
Pérouse (R. G.). . . . . Y 23
Porraz (R. J.). . . . . Y 25
Soutiras (Square). . . . . Y 29
8 Mai 1945 (Av.). . . . . Z 32

Million, 8 pl. Liberté ✆ 04 79 32 25 15, *Fax 04 79 32 25 36*, ☂, 🪑 – |$|, ▤ rest, TV ☎ ✆ 🚗 P – 🧑‍🏫 25. AE ⓓ GB JCB Y a
✿ *hôtel : fermé dim. soir sauf juil.-août ; rest. : fermé dim. soir et lundi* – **Repas** *(160)* - 195/550 et carte 320 à 510 – ☕ 55 – **26 ch** 300/600 – ½ P 450
Spéc. Galette de crabe, oeuf mollet. Filet de féra aux trois poireaux (avril à nov.). Poêlée de cerises "sacristains" aux noisettes du Piémont (mai à juin). **Vins** Roussette de Savoie, Mondeuse.

Roma M, rte Chambéry par ③ : *4 km* ✆ 04 79 37 15 56, *Fax 04 79 37 01 31*, ☂, 🏋, 🏊, 🎾 – |$|, ▤ rest, TV ☎ ♿ P – 🧑‍🏫 450. AE ⓓ GB
Montgolfière : **Repas** *(79)*-120/230, enf.55 – ☕ 50 – **136 ch** 280/500, 10 appart – ½ P 320/520.

Albert 1er, 38 av. V. Hugo ✆ 04 79 37 77 33, *Fax 04 79 37 89 01* – TV ☎ 🚗 – 🧑‍🏫 35. AE GB Y n
Repas brasserie *(fermé mardi soir et dim. soir d'avril à déc.)* 88 (déj.), 100/150 🍷, enf. 62 – ☕ 48 – **12 ch** 320/400 – ½ P 340.

Berjann 🐌 sans rest, à l'Est par D 990, rte Tours ✆ 04 79 32 47 88, *Fax 04 79 37 74 09*, 🪑 – TV ☎ P. GB. 🐕
☕ 35 – **11 ch** 280/300.

AUDI, VOLKSWAGEN Gar. Lain Autom., 1 r. R.-Piddat ✆ 04 79 32 31 97
CITROEN Albertville Auto Diffusion, 9 rte de Grignon, pt. Albertin par D 925 ✆ 04 79 31 10 00
FORD Tarentaise Auto, 1 rte de Grignon ✆ 04 79 32 04 98
PEUGEOT Arly Auto, 113 r. Pasteur ✆ 04 79 32 23 75 N ✆ 04 79 37 49 81

RENAULT S.A.G.A.M., N 90 ✆ 04 79 31 15 70 N ✆ 04 79 31 15 70

Ⓜ Euromaster, ZI du Chiriac, 156 r. L.-Armand ✆ 04 79 32 04 60

ALBI P 81000 Tarn 82 ⑩ *G. Pyrénées Roussillon – 46 579 h alt. 174.*

Voir *Cathédrale Ste-Cécile**** **Y** – *Palais de la Berbie* : musée Toulouse-Lautrec*** **Y** – *Le vieil Albi*** **YZ** : *hôtel de Reynès** **Z C** – *Pont Vieux** **Y**.

Env. *Église St-Michel de Lescure* 5,5 km par ①.*

de Lasbordes ✆ 05 63 54 98 07, O : 4 km par r. de la Berchère; Florentin-Gai... ✆ 05 63 55 20 50 à Florentin, O : 11 km par ⑤.

Autodrome *2 km par ⑤.*

Office de Tourisme Palais de la Berbie, pl. Ste-Cécile ✆ 05 63 49 48 80, Fax 05 63 49 48...

Paris 673 ⑤ – Toulouse 75 ⑤ – Béziers 149 ④ – Clermont-Ferrand 295 ① – St-Étienne 356 ①.

Plan page ci-contre

Réserve M, rte Cordes par ⑥ : *3 km ✆* 05 63 60 80 80, *Fax 05 63 47 63 60*, ≤, « Dans un parc au bord du Tarn », ... ch, ... – 50. AE GB JCB
1er mai-fin oct. – **Repas** 125 (déj.), 160/300 ♀, enf. 60 – ☕ 70 – **22 ch** 490/1300 – ½ P 55... 950.

Host. St Antoine M, 17 r. St Antoine ✆ 05 63 54 04 04, *Fax 05 63 47 10 47*, « Jard... meubles anciens » – ..., ch, ... – 30 à 50. AE GB JCB — Z
Repas *(1er avril-30 oct. et fermé dim. soir)* (dîner seul.) 140 ♀, enf. 60 – ☕ 60 – **40** ... 360/850 – ½ P 390/625.

Chiffre, 50 r. Séré-de-Rivières ✆ 05 63 54 04 60, *Fax 05 63 47 20 61* – ... 25 à 100. AE GB — Z
Repas (100) - 110/360 ♀, enf. 60 – ☕ 45 – **40 ch** 300/490 – ½ P 340/400.

Mercure M, 41 bis r. Porta ✆ 05 63 47 66 66, *Fax 05 63 46 18 40*, ≤ le Tarn et la cath... drale, ... AE GB JCB — Y
Repas *(fermé 20 au 31 déc., sam. midi et dim. midi)* 100/180 ♀, enf. 55 – ☕ 55 – **56** ... 400/530.

Gd H. Orléans, pl. Stalingrad ✆ 05 63 54 16 56, *Fax 05 63 54 43 41*, ... – 50. AE GB — X
fermé 17 déc. au 4 janv. – **Repas** *(fermé lundi midi en août, sam. midi et dim.)* 115/250 ... ☕ 42 – **56 ch** 295/550 – ½ P 300/340.

Cantepau sans rest, 9 r. Cantepau ✆ 05 63 60 75 80, *Fax 05 63 47 57 91* – ... GB. — V
fermé 20 déc. au 5 janv. – ☕ 32 – **33 ch** 225/245.

Host. du Vigan, 16 pl. Vigan ✆ 05 63 54 01 23, *Fax 05 63 47 05 42*, ... 35. AE GB — Z
Repas 90/135 ♀, enf. 40 – ☕ 32 – **40 ch** 240/380 – ½ P 240/275.

George V sans rest, 29 av. Mar. Joffre ✆ 05 63 54 24 16, *Fax 05 63 49 90 78* – ... GB. — X
fermé 4 au 17 janv. – ☕ 32 – **9 ch** 160/240.

Moulin de La Mothe, r. de la Mothe ✆ 05 63 60 38 15, *Fax 05 63 60 38 15*, ≤, ..., pa... « Au bord du Tarn » – ... AE GB — V
fermé vacances de Toussaint, de fév., dim. soir et merc. sauf juil.-août – **Repas** 140/250 ... carte 260 à 340 ♀, enf. 70.

L'Esprit du Vin, 11 quai Choiseul ✆ 05 63 54 60 44, *Fax 05 63 54 54 79*, ... — Y
fermé 10 au 28 fév., dim. soir et lundi – **Repas** 98/300 ♀.

Jardin des Quatre Saisons, 19 bd Strasbourg ✆ 05 63 60 77 76, *Fax 05 63 60 77 76* ... AE GB – *fermé lundi* – **Repas** 135/160 bc. — V

Vieil Alby avec ch, 25 r. Toulouse-Lautrec ✆ 05 63 54 14 69, *Fax 05 63 54 96 75*, ... rest, ... AE GB JCB. ch — Z
fermé 22 juin au 6 juil., 17 janv. au 8 fév., dim. soir et lundi – **Repas** (70) - 90/240 ♀, enf. 55 ... ☕ 35 – **9 ch** 245/290 – ½ P 280/300.

à Castelnau-de-Lévis *par ⑥, D 600 et D 12 : 7 km – 1 308 h. alt. 221 – ✉ 81150 :*

Taverne, ✆ 05 63 60 90 16, *Fax 05 63 60 96 73*, ... AE GB
fermé oct. et lundi sauf fériés – **Repas** 115/355 ♀.

ALFA ROMEO, FIAT Autom. Service, rte de Castres ✆ 05 63 48 86 35
AUDI, VOLKSWAGEN Centre Auto Tarnais, rte de Castres ✆ 05 63 48 85 55
CITROEN Gar. Marlaud, rte de Rodez, Lescure par ① ✆ 05 63 60 70 84
FORD Albi Auto, 22 av. A.-Thomas ✆ 05 63 60 79 03
LADA, VOLVO Gar. Grimal, 128 av. A.-Thomas ✆ 05 63 60 72 05
MERCEDES Antras Auto Albi, 8 r. du Puech Petit ✆ 05 63 47 19 40
NISSAN Mauries Autom., 101 av. Gambetta ✆ 05 63 49 18 40
PEUGEOT Gd Gar. Albigeois, 15 r. J.-Monod, Val de Caussels par ② ✆ 05 63 47 54 31 N ✆ 05 63 47 86 34
RENAULT Rossi Autom., 179 av. Gambetta par ④ ✆ 05 63 48 18 88 N ✆ 05 63 47 87 21

Bellet Pneus, rte de Castres ✆ 05 63 54 23 ...
Euromaster, 30 r. Ampère, ZI de Jarlard ✆ 05 63 46 01 07
Soulet, 51 av. A.-Thomas ✆ 05 63 60 71 98
Vulco, 276 rte de Toulouse ✆ 05 63 54 04 99

ALBI

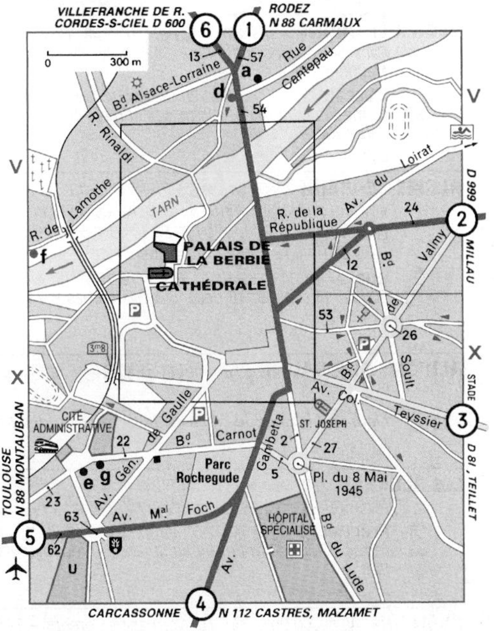

VILLEFRANCHE DE R.
CORDES-S-CIEL D 600
RODEZ
N 88 CARMAUX
0
300 m
Rue Cantepau
Bd Alsace-Lorraine
R. Rinaldi
R. de Lamothe
TARN
Av. du Loirat
R. de la République
PALAIS DE LA BERBIE
CATHÉDRALE
Bd Valmy
D 999
MILLAU
Bd Soult
Av. Col. Teyssier
STADE
D 81, TEILLET
CITÉ ADMINISTRATIVE
Av. Gén. de Gaulle
Bd Carnot
Parc Rochegude
Av. Gambetta
ST. JOSEPH
Pl. du 8 Mai 1945
Av. Mal Foch
HÔPITAL SPÉCIALISÉ
Bd du Lude
TOULOUSE
N 88 MONTAUBAN
CARCASSONNE
N 112 CASTRES, MAZAMET

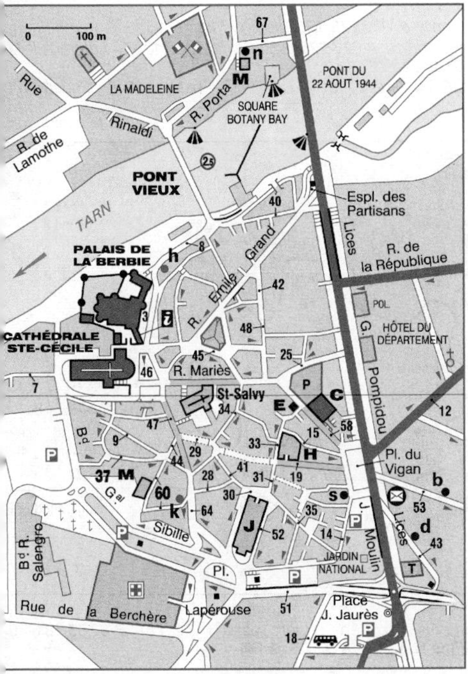

0
100 m
LA MADELEINE
R. Porta
SQUARE BOTANY BAY
PONT DU 22 AOUT 1944
Rinaldi
R. de Lamothe
PONT VIEUX
TARN
Espl. des Partisans
Lices
R. de la République
PALAIS DE LA BERBIE
Grand
R. Émile
CATHÉDRALE STE-CÉCILE
R. Mariès
POL.
HÔTEL DU DÉPARTEMENT
G. Pompidou
St-Salvy
Pl. du Vigan
Gal Sibille
J. Moulin
Lices
JARDIN NATIONAL
Bd R. Salengro
Rue de la Berchère
Pl. Lapérouse
Place J. Jaurès

ALBIEZ-LE-JEUNE *73300 Savoie* 77 ⑦ – *61 h alt. 1350.*

Paris 646 – Albertville 72 – Chambéry 83 – St-Jean-de-Maurienne 12 – St-Michel-de-Maurienne 19.

L'Escale ⅋, ☎ 04 79 59 85 08, *Fax 04 79 64 32 40,* ← – ☎. GB
fermé 12 nov. au 11 déc., dim. soir et merc. hors saison – **Repas** 85/250 – ☕ 35 – **12 ch** 2…
– 1/2 P 230.

ALBIEZ-LE-VIEUX *73300 Savoie* 77 ⑦ – *301 h alt. 1560.*

Voir *Col du Mollard* ←★ *S : 3 km,* **G. Alpes du Nord.**

Office de Tourisme ☎ 04 79 59 30 48, Fax 04 79 59 32 30.

Paris 650 – Albertville 77 – Chambéry 88 – St-Jean-de-Maurienne 16 – St-Sorlin-d'Arves 1…

Rua ⅋, ☎ 04 79 59 30 76, *Fax 04 79 59 33 15,* ← – ☎ P. GB. ✗ rest
20 juin-15 sept. et 15 déc.-15 avril – **Repas** 86/150, enf. 52 – ☕ 32 – **20 ch** 225/28…
1/2 P 300.

ALBIGNY-SUR-SAONE *69 Rhône* 74 ①, 110 ⑭ – *rattaché à Neuville-sur-Saône.*

Demandez chez le libraire le catalogue des ***publications Michelin.***

Les ALBRES *12220 Aveyron* 80 ① – *342 h alt. 450.*

Paris 588 – Rodez 48 – Decazeville 10 – Figeac 19 – Villefranche-de-Rouergue 36.

Frechet, ☎ 05 65 80 42 46, *Fax 05 65 80 45 31,* ⛱ – TV ☎ ✆. GB
fermé 20 au 26 avril et 24 au 30 août – **Repas** 65/200 ♨, enf. 50 – ☕ 33 – **18 ch** 22…
1/2 P 230.

ALENÇON P *61000 Orne* 60 ③ *G. Normandie Cotentin – 29 988 h alt. 135.*

Voir *Église Notre-Dame★ (porche★, vitraux★) – Musée des Beaux-Arts et de la Dentelle : collection de dentelles★★* **BZ M** *– Musée de la Dentelle : collection de dentelles★★* **CZ M**…

Env. *Forêt de Perseigne★ 9 km par ③.*

Golf d'Alençon en Arçonnay ☎ 02 33 28 56 67 par ④ : 3 km.

Office de Tourisme Maison d'Ozé ☎ 02 33 26 11 36, Fax 02 33 32 10 53 – Automobile Cl… 2 cours Clemenceau ☎ 02 33 32 27 27.

Paris 193 ② – Chartres 118 ③ – Évreux 118 ② – Laval 92 ⑤ – Le Mans 50 ④ – Rouen 147 (…

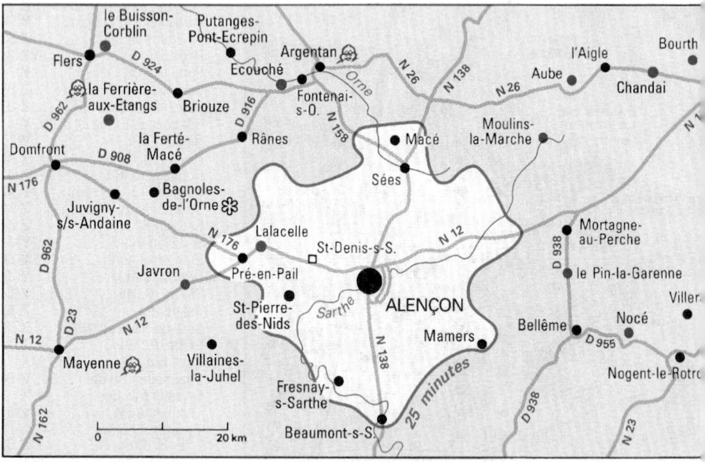

Arcade M sans rest, 187 av. Gén. Leclerc par ④ : 2 km ☎ 02 33 28 64 6…
Fax 02 33 28 64 72 – |‡| TV ☎ ✆ ♿ P – 🏛 50. AE ⓞ GB
☕ 35 – **55 ch** 290/330.

Grand Cerf, 21 r. St-Blaise ☎ 02 33 26 00 51, *Fax 02 33 26 63 07,* – 🛗 TV ☎. AE GB CZ f
fermé 10 au 23 août et 1er au 10 janv. – **Repas** *(fermé dim. d'oct. à mars)* 110/240 ♀, enf. 45 – ☕ 35 – **20 ch** 240/340 – ½ P 240/270.

Ibis sans rest, 13 pl. Poulet Malassis ☎ 02 33 26 55 55, *Fax 02 33 26 02 88* – 🛗 TV ☎ ♿. AE ⓓ GB CZ n
☕ 35 – **52 ch** 280/305.

Chapeau Rouge sans rest, 3 bd Duchamp ☎ 02 33 26 20 23, *Fax 02 33 26 54 05* – TV ☎ P. AE GB AY v
fermé 1er au 7 août – ☕ 30 – **16 ch** 160/275.

Marmotte, rte de Rouen par ① : *2 km* ✉ 61250 Valframbert ☎ 02 33 27 42 64, *Fax 02 33 27 52 62* – TV ☎ ♿ P – 30. GB
Repas *(56)* - 72/92 , enf. 36 – ☕ 27 – **45 ch** 175/198 – ½ P 186/198.

ALENÇON

Bercail (R. du) .... **CZ** 4
Clemenceau (Cours) .... **BZ**
Grande-Rue ...... **BZ** 15
Mans (R. du) ..... **AY** 24
Pont-Neuf (R. du) . **BZ** 29
Sieurs (R. aux) .. **BCZ**

Argentan (R. d') ... **AY** 2
Basingstoke (Av. de) **AY** 3
Duchamp (Bd) .... **AY** 8
Écusson (R. de l') . **AY** 9
Fresnay (R. de) ... **BZ** 13
Grandes-Poteries (R. des) .... **BZ** 14
Halle-au-Blé (Pl. de la) ...... **BZ** 17
Lamagdelaine (Pl.) **CZ** 18
Lattre-de-Tassigny (R. du Mar.) ... **BCZ** 19
Leclerc (Av. du Gén.) **AY** 20
Marguerite-de-Lorraine (Pl.) ... **BZ** 25
Porte-de-la-Barre (R.) .... **BZ** 30
Poterne (R. de la) . **CZ** 33
Quakenbruck (Av. de) .... **AY** 34
Rhin et Danube (Av.) **AY** 35
Tisons (R. des) .... **AY** 39
1er-Chasseurs (Bd) .. **AY** 40
14e-Hussards (R. du) **AY** 42

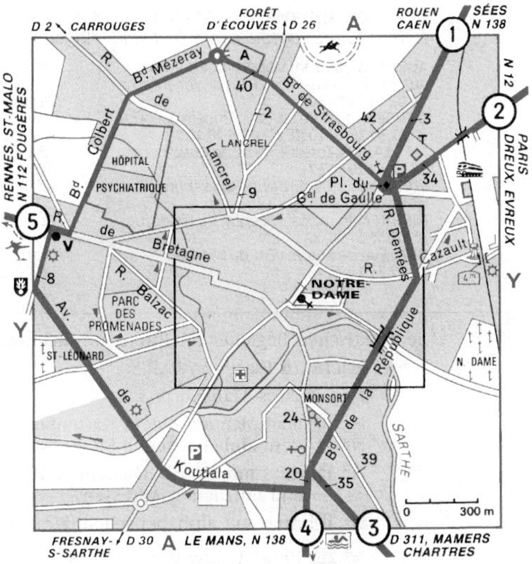

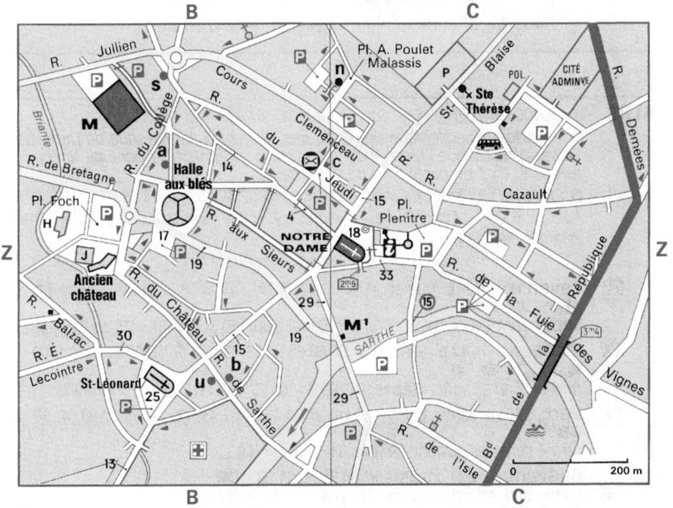

XXX **Petit Vatel,** 72 pl. Cdt Desmeulles ✆ 02 33 26 23 78, *Fax 02 33 82 64 57* – AE GB BZ
fermé 27 juil. au 16 août, vacances de fév., dim. soir et merc. – **Repas** 128/258 ♁, enf. 58

XX **L'Escargot Doré,** 183 av. Gén. Leclerc par ④ : *2 km* ✆ 02 33 28 67 67, *Fax 02 33 27 77* – P. GB
fermé 21 juil. au 9 août, dim. soir et lundi – **Repas** - grillades - 98/205 ♀, enf. 50.

XX **Grand St-Michel** avec ch, 7 r. Temple ✆ 02 33 26 04 77, *Fax 02 33 26 71 82* – TV ☎ AE ⊙ GB BZ
fermé 29 juin au 28 juil., vacances de fév., dim. soir et lundi – **Repas** *(80)* - 95/175, enf. 50
▭ 28 – **13 ch** 145/350 – ½ P 200/250.

XX **Au Jardin Gourmand,** 14 r. Sarthe ✆ 02 33 32 22 56, *Fax 02 33 82 62 60* – GB
fermé dim. soir et lundi – **Repas** 70/135 ♀. BZ

rte de Mamers *par ③ : 5 km – ✉ 72610 Le Chevain (Sarthe) :*

XX **Chai de l'Abbaye,** sur D 311 ✆ 02 33 31 81 78, *Fax 02 33 28 95 79* – GB
fermé vacances de fév., dim. soir et lundi – **Repas** 89/235.

AUDI, SEAT, SKODA, VOLKSWAGEN Poirier Autom., ZAT du Londeau R Expansion à Cerise ✆ 02 33 31 23 30
CITROEN Lhermite, 36-38 r. Ampère par ④ ✆ 02 33 28 10 20 N ✆ 02 33 28 10 20
FIAT, LANCIA Kosellek, 45 av. de Quakenbruck ✆ 02 33 29 40 67
FORD Auto 3000, 132 av. de Quakenbruck ✆ 02 33 29 45 61
NISSAN Auto maxi service, ZAT du Londeau ✆ 02 33 31 06 06
OPEL Europe Autom., ZAT du Londeau ✆ 02 33 27 75 75
PEUGEOT Gds Gar. de l'Orne, 111 av. de Basingstoke par ① ✆ 02 33 29 22 2
RENAULT SODIAC, N 12, rte de Paris à Cerisé par ② ✆ 02 33 29 20 22 N ✆ 02 33 28 24 19
ROVER Gar. de Bretagne, 141 r. de Bretagne ✆ 02 33 26 08 27
TOYOTA Gar. Baroche, 136 av. Rhin-et-Danube ✆ 02 33 31 00 00

Alençon Pneus, 71 av. de Basingstoke ✆ 02 33 29 16 22
Euromaster, ZI Nord, 26 r. L.-Carnot ✆ 02 33 27 78 83

ALÈS SP *30100 Gard* 80 ⑰ ⑱ *G. Gorges du Tarn – 41 037 h alt. 136.*

Voir *Musée minéralogique de l'Ecole des Mines*★, *N par l'avenue de Lattre de Tassigny* *Musée-bibliothèque Pierre-André-Benoit*★, *O : 2 km par le pont de Rochebelle – Min témoin*★, *O : 3 km par le pont de Rochebelle.*

Office de Tourisme pl. Gabriel-Péri ✆ 04 66 52 32 15, Fax 04 66 56 57 09.

Paris 706 ② – Albi 228 ③ – Avignon 72 ③ – Montpellier 78 ③ – Nîmes 46 ③ Valence 148 ②.

Plans pages suivantes

Ceven'H., 18 r. E. Quinet ✆ 04 66 52 27 07, *Fax 04 66 52 36 33* – |$| ▤ TV ☎ 25. AE ⊙ GB B
Repas *(fermé sam., dim. et fériés)* 70 (déj.), 90/150 ♁ – ▭ 46 – **75 ch** 315/335.

XX **Riche** avec ch, 42 pl. Sémard ✆ 04 66 86 00 33, *Fax 04 66 30 02 63*, salle 1900 – ▤ rest, ☎ – 25. ⊙ GB B
fermé 1er au 26 août – **Repas** 97/286 ♀ – ▭ 35 – **19 ch** 220/320 – ½ P 240.

XX **Parc,** 174 rte Nîmes par ② : *2 km* ✆ 04 66 30 62 33, *Fax 04 66 30 98 54*, – P. GB
fermé dim. soir et lundi – **Repas** 100/260, enf. 60.

X **Guévent,** 12 bd Gambetta ✆ 04 66 30 31 98 – GB B
fermé sam. midi et dim. soir – **Repas** 78/128, enf. 48.

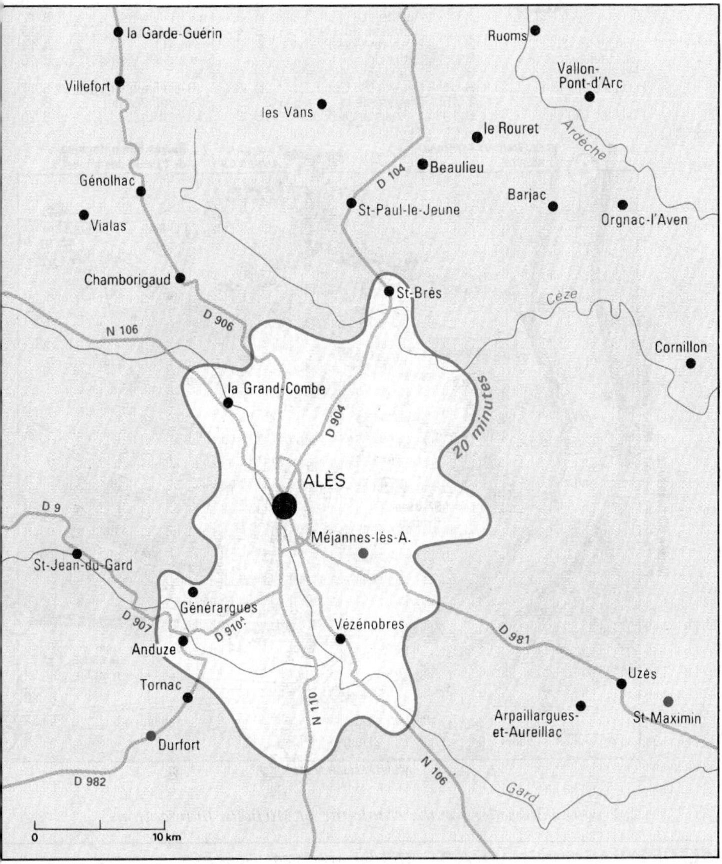

...rte de Nîmes *par ② : 4 km sur N 106 – ✉ 30560 St-Hilaire-de-Brethmas :*

XXX **Aub. de St-Hilaire,** ✆ 04 66 30 11 42, *Fax 04 66 86 72 79,* ☂ – ▤ **P**. GB
fermé dim. soir et lundi sauf fériés – **Repas** 100/380 et carte 240 à 400 ♀, enf. 70.

...à Méjannes-lès-Alès *par ② et D 981 : 7,5 km – 810 h. alt. 141 – ✉ 30340 Salindres :*

XX **Aub. des Voutins,** ✆ 04 66 61 38 03, ☂, ⌂ – **P**. AE ⓓ GB
fermé dim. soir et lundi sauf fériés – **Repas** 150/320 ♀.

BMW Méridional Autos, 571 ch. de la Tourtugue Rocade Est ✆ 04 66 30 14 14
CITROEN Rokad Auto, Rocade Est, Rd-Pt A.-Citroën ✆ 04 66 86 25 25 **N** ✆ 04 66 30 08 73
FIAT Kamon Autom., rte d'Aubenas à St-Martin-de-Valgalgues ✆ 04 66 30 88 66
NISSAN Auto Hall, Rocade Sud ✆ 04 66 52 24 41
PEUGEOT Gar. Guiraud, 1165 rte d'Uzès par ② ✆ 04 66 56 28 28 **N** ✆ 04 66 78 01 15
RENAULT Auto Christol, Quai du Mas d'Hours ✆ 04 66 56 22 22 **N** ✆ 08 00 05 15 15

Ⓜ Ayme Pneus, av. Rameau, ZI Croupillac ✆ 04 66 30 22 10
Rouveyran, rte de Nimes à St-Hilaire-de-Brethmas ✆ 04 66 61 33 30
Vulco, ZI av. Frères-Lumière ✆ 04 66 56 77 77

Dans ce guide

un même symbole, un même caractère, imprimé en couleur ou en **noir**, en maigre ou en **gras** n'ont pas tout à fait la même signification.

Lisez attentivement les pages explicatives.

ALÈS

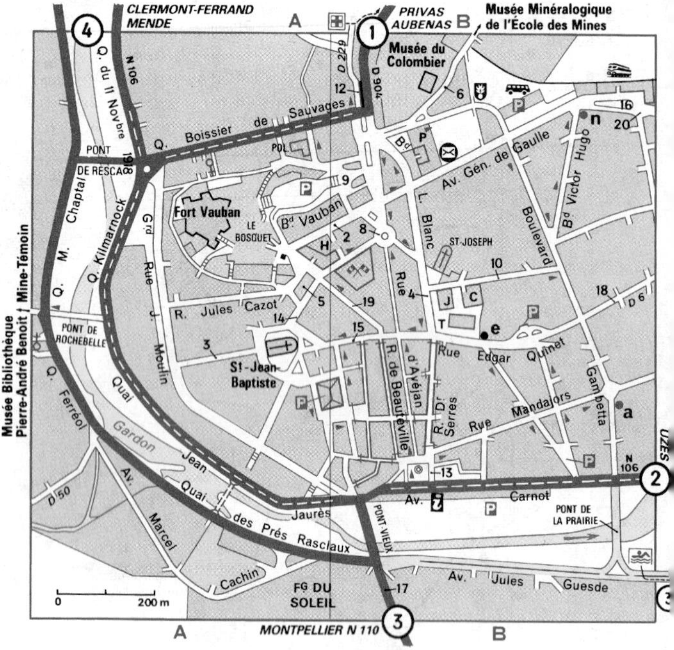

Ask your bookseller for the catalogue of ***Michelin publications.***

ALFORTVILLE *94 Val-de-Marne* 61 ①, 101 ㉗ – *voir à Paris, Environs.*

ALGAJOLA *2B H.-Corse* 90 ⑬ – *voir à Corse.*

ALISE-STE-REINE *21 Côte-d'Or* 65 ⑱ – *rattaché à Venarey-les-Laumes.*

ALISSAS *07 Ardèche* 76 ⑲, 77 ⑪ – *rattaché à Privas.*

ALIX *69380 Rhône* 73 ⑨, 74 ①, 110 ② – *665 h alt. 287.*
Paris 445 – Lyon 29 – L'Arbresle 12 – Villefranche-sur-Saône 12.

XX **Vieux Moulin,** ☎ 04 78 43 91 66, *Fax 04 78 47 98 46,* – P. GB
fermé 10 août au 8 sept., lundi et mardi sauf fériés – **Repas** 110/260, enf. 60.

ALLAS-LES-MINES *24 Dordogne* 75 ⑰ – *rattaché à St-Cyprien.*

ALLÈGRE *43270 H.-Loire* 76 ⑥ *G. Vallée du Rhône – 1 176 h alt. 1057.*
Voir *Ruines du château* ✻★.
Office de Tourisme r. du Mont Bar ☎ 04 71 00 72 52, (hors saison) ☎ 04 71 00 71 21.
Paris 529 – Le Puy-en-Velay 28 – Ambert 45 – Brioude 45 – Langeac 29.

Voyageurs, D 13 ☎ 04 71 00 70 12, *Fax 04 71 00 20 67,* – TV ☎ P. GB
15 mars-15 déc. – **Repas** 65/150 ♀, enf. 45 – 35 – **20 ch** 165/280 – ½ P 190/220.

PEUGEOT Gar. Marrel, ☎ 04 71 00 70 62 N ☎ 04 71 00 70 62

ALLEMANS-DU-DROPT *47800 L.-et-G.* 79 ④ – *455 h alt. 44.*

Paris 570 – Agen 68 – Marmande 30 – Villeneuve-sur-Lot 49.

Étape Gasconne, ✆ 05 53 20 23 55, *Fax 05 53 93 51 42,* – TV. GB
Repas *(fermé sam. midi et dim. hors saison)* 63 bc/180 ♀, enf. 50 – 35 – **27 ch** 200/340 – ½ P 225/280.

ALLEMONT *38114 Isère* 77 ⑥ – *600 h alt. 830.*

Voir *Traverse d'Allemont* ✻★★ *O : 6 km,* G. Alpes du Nord.

Paris 612 – Grenoble 47 – Le Bourg-d'Oisans 11 – St-Jean-de-Maurienne 62 – Vizille 29.

Giniès, ✆ 04 76 80 70 03, *Fax 04 76 80 73 13,* ≤, – TV ☎ ♿ P. GB.
Repas *(2 mai-15 sept. et vacances de fév.-30 mars)* (80) - 100/175, enf. 65 – 36 – **26 ch** 210/280 – ½ P 260/280.

ALLEREY-SUR-SAÔNE *71 S.-et-L.* 70 ② – *rattaché à Verdun-sur-le-Doubs.*

ALLEVARD *38580 Isère* 74 ⑯, 77 ⑥ *G. Alpes du Nord – 2 558 h alt. 470 – Stat. therm. – Sports d'hiver au Collet d'Allevard : 1 450/2 100 m* 13.

Voir *Route du Collet*★★ *par D 525*A *– Route de Brame-Farine*★ *NE par Av. Louaraz.*

Office de Tourisme pl. Résistance ✆ 04 76 45 10 11, Fax 04 76 57 59 32.

Paris 596 ① – Grenoble 41 ② – Albertville 50 ① – Chambéry 34 ① – St-Jean-de-Maurienne 68 ①.

ALLEVARD

Rues piétonnes en saison thermale

Baroz (R. Emma)	2
Bir-Hakeim (R. de)	3
Charamil (R.)	5
Chataing (R. Laurent)	6
Chenal (R.)	7
Davallet (Av.)	8
Docteur-Mansord (R.)	9
Gerin (Av. Louis)	15
Grand-Pont (R. du)	19
Libération (R. de la)	21
Louaraz (Av.)	22
Niepce (R. Bernard)	23
Ponsard (R.)	24
Rambaud (Pl. P.)	25
Résistance (Pl. de la)	27
Savoie (Av. de)	28
Thermes (R. des)	29
Verdun (Pl. de)	32
8-Mai-1945 (R. du)	34

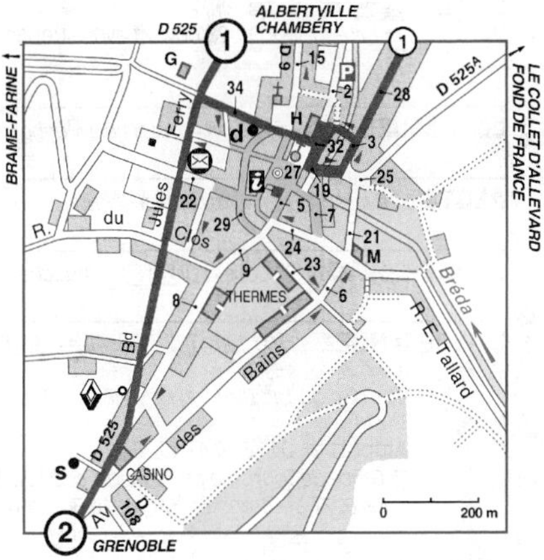

Pervenches, (s) ✆ 04 76 97 50 73, *Fax 04 76 45 09 52,* ≤, parc, – TV ☎ P. AE GB. rest
10 mai-10 oct. et 1er fév.-31 mars – **Repas** *(fermé dim. midi du 1er fév. au 31 mars)* 88/175 ♀, enf. 58 – 44 – **30 ch** 334/386 – ½ P 303/345.

Speranza, rte Moutaret par ① *et D 9 : 1 km* ✆ 04 76 97 50 56, ≤, – cuisinette ☎ P. rest
13 mai-30 sept. – **Repas** 95/140 – 35 – **12 ch** 205/270, 8 studios – ½ P 236/275.

Alpes, (d) ✆ 04 76 97 51 18, *Fax 04 76 45 80 81* – TV ☎. GB
Repas *(fermé dim. soir hors saison)* 70 (déj.), 80/250 ♀, enf. 39 – 36 – **20 ch** 210/320 – ½ P 240/265.

Pinsot *Sud : 7 km par D 525 A – 145 h. alt. 730 – ✉ 38580 :*

Pic Belle Étoile, ✆ 04 76 45 89 45, *Fax 04 76 45 89 46,* ≤, – TV ☎ P – 40. GB
fermé 19 avril au 15 mai et 26 oct. au 18 déc. – **Repas** 100/200 ♀, enf. 67 – 52 – **40 ch** 350/460 – ½ P 390/410.

RENAULT Gar. des Alpes, ✆ 04 76 45 11 16 N ✆ 04 76 97 56 27

ALLEYRAS *43580 H.-Loire* 76 ⑯ *– 232 h alt. 779.*

Paris 555 – Le Puy-en-Velay 32 – Brioude 71 – Langogne 43 – St-Chély-d'Apcher 60.

Haut-Allier (Brun-Cacado) ⛭, au Pont d'Alleyras, Nord : 2 km par D 40 ✆ 04 71 57 57 6 *Fax 04 71 57 57 99*, ≤, 🍽 – |♦|, ▤ rest, TV ☎ ✆ ♿. GB. ✗
début mars-16 nov. – **Repas** *(fermé dim. soir et lundi sauf juil.-août)* 120/300 ♀ – ☕ 38 **14 ch** 250/330 – ½ P 280/320

Spéc. Turban de truite rose de l'Ance. Filet de lapin fourré aux olives de Nyons. Délice gla à la verveine du Velay.

ALLONNE *60 Oise* 55 ⑩ *– rattaché à Beauvais.*

ALLOS *04260 Alpes-de-H.-P.* 81 ⑧ *G. Alpes du Sud – 705 h alt. 1425.*

Env. ✱** *du col d'Allos NO : 15 km.*

Paris 769 – Digne-les-Bains 79 – Barcelonnette 36 – Colmars 8.

au Seignus *Ouest : 2 km par D 26 - alt. 1500 – ✉ 04260 Allos :*

Altitude 1500 ⛭, ✆ 04 92 83 01 07, ≤, 🍽 – ☎ P. GB. ✗ ch
28 juin-8 sept. et 20 déc.-10 avril – **Repas** 95/145, enf. 45 – ☕ 35 – **16 ch** 200/250 ½ P 300.

à la Foux d'Allos *Nord-Ouest : 9 km par D 908 – Sports d'hiver 1 800/2 600 m* ⛷ *2* ⛷ *19* ⛷
✉ *04260 Allos :*

du Hameau ⛭, ✆ 04 92 83 82 26, *Fax 04 92 83 87 50*, ≤, 🍽, Ⅎ6, 🏊 – |♦| TV ☎ ♿ P
🏛 25. AE ⓓ GB
13 juin-20 sept. et 28 nov.-21 avril – **Repas** *(70)* - 85/170, enf. 50 – ☕ 40 – **36 ch** 360/550 ½ P 370/400.

Les ALLUES *73 Savoie* 74 ⑰ *– rattaché à Méribel-les-Allues.*

ALOTZ *64 Pyr.-Atl.* 78 ⑱ *– rattaché à Biarritz.*

ALOXE-CORTON *21 Côte-d'Or* 70 ① *– rattaché à Beaune.*

L'ALPE D'HUEZ *38750 Isère* 77 ⑥ *G. Alpes du Nord – Sports d'hiver : 1 400/3 350 m* ⛷ *67* ⛷.

Voir *Pic du Lac Blanc* ✱*** *NE par téléphérique* B *– Route de Villars-Reculas*★ *4 km p D 211*[B].

Altiport ✆ *04 76 80 41 15, SE.*

ℹ *Office de Tourisme pl. Paganon* ✆ *04 76 11 44 44, Fax 04 76 80 69 54.*

Paris 627 ① – Grenoble 63 ① – Le Bourg-d'Oisans 13 ① – Briançon 71 ①.

Plan page ci-contre

Au Chamois d'Or M ⛭, ✆ 04 76 80 31 32, *Fax 04 76 80 34 90*, ≤ pistes et montagne 🍽, Ⅎ6, 🏊, ✗ – |♦| TV ☎ 🚗 P – 🏛 25. GB. ✗ rest B
19 déc.-19 avril – **Repas** 150 (déj.), 230/290 – ☕ 80 – **45 ch** 850/1410 – ½ P 740/1010.

Grandes Rousses, ✆ 04 76 80 33 11, *Fax 04 76 80 69 57*, ≤ massif de l'Oisans, 🍽, (été), ✗ – |♦| TV ☎ 🚗 – 🏛 25. AE GB A
15 juin-15 sept. et 1er déc.-3 mai – **Repas** 200/240 ♨ – ☕ 68 – **48 ch** 710/880, 4 duplex ½ P 800/950.

Christina ⛭, ✆ 04 76 80 33 32, *Fax 04 76 80 66 12*, ≤ massif de l'Oisans, 🍽, ✗ – |♦| ☎. AE ⓓ GB JCB. ✗ rest B
20 déc.-20 avril – **Repas** 160 (déj.)/180 – ☕ 60 – **27 ch** 650/700 – ½ P 643/723.

Dôme, ✆ 04 76 80 32 11, *Fax 04 76 80 66 48*, ≤ massif de l'Oisans, 🍽 – |♦| TV ☎ 🚗 AE GB B
juil.-août et déc.-avril – **Repas** 110/180 – ☕ 55 – **20 ch** 600/720 – ½ P 530/620.

Castillan, ✆ 04 76 80 34 51, *Fax 04 76 80 63 37*, ≤, 🍽, Ⅎ6 – |♦| TV ☎ ✆ 🚗 P. GB ✗ rest A
1er juil.-30 août et 15 déc.-15 avril – **Repas** 120 (déj.)/150 – ☕ 55 – **38 ch** 500/600 ½ P 470/510.

Mariandre sans rest, ✆ 04 76 80 66 03, *Fax 04 76 80 31 50*, ≤ – |♦| TV ☎ ♿. AE GB
1er juil.-1er sept. et 1er déc.-1er mai – ☕ 50 – **21 ch** 530/630. A

Alp'Azur sans rest, ✆ 04 76 80 34 02, *Fax 04 76 80 42 11*, ≤ – ☎. GB B
1er juil.-30 sept. et 1er déc.-30 avril – ☕ 40 – **24 ch** 350/440.

ALPE D'HUEZ

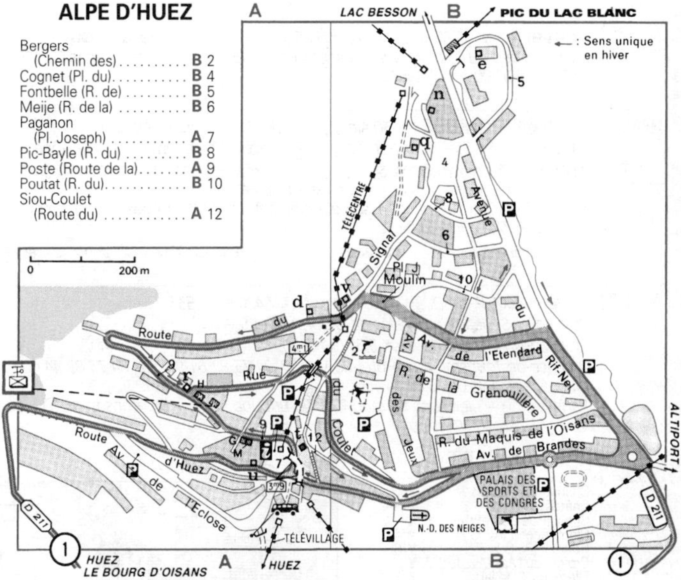

Au P'tit Creux, ☎ 04 76 80 62 80, *Fax 04 76 80 39 37,* – GB — A t
15 juin-11 nov., 1er déc.-1er mai et fermé dim. soir du 1er sept. au 11 nov. – **Repas** 128/165 ₸, enf. 58.

Cabane du Poutat *secteur des Bergers,* accès piétons depuis gare départ télécabine des Marmottes ☎ 04 76 80 42 88, ← massif de l'Oisans, , « Restaurant d'altitude au milieu des pistes » – GB
déc.-avril – **Repas** (déj. seul.) carte 150 à 190.

LTENSTADT *67 B.-Rhin 57 ⑲ – rattaché à Wissembourg.*

LTKIRCH *68130 H.-Rhin 66 ⑨ G. Alsace Lorraine – 5 090 h alt. 312.*

Office de Tourisme pl. Xavier Jourdain ☎ 03 89 40 21 80, Fax 03 89 08 86 90.

Paris 457 – Mulhouse 20 – Basel 32 – Belfort 34 – Montbéliard 52 – Thann 26.

Hirtzbach *Sud : 4 km – 1 143 h. alt. 308 – ✉ 68118 :*

Ottié, à la bifurcation D 432 et D 17 ☎ 03 89 40 93 22, *Fax 03 89 08 85 19,* , – P. GB
fermé 20 juin au 5 juil., 20 déc. au 5 janv., lundi soir (sauf août) et mardi – **Repas** 58 (déj.), 88/220 ₸.

Wahlbach *Est : 10 km par D 419 et D 19^B – 242 h. alt. 320 – ✉ 68130 :*

Aub. de la Gloriette avec ch, ☎ 03 89 07 81 49, *Fax 03 89 07 40 56,* , – rest, TV ☎ P. AE GB
fermé nov. – **Repas** *(fermé lundi et mardi de déc. à mai)* 98 (déj.), 140/285 ₸ – ☕ 45 – **9 ch** 280/450 – 1/2 P 350/450.

CITROEN Gar. Ditner, 68 r. de Thann à Spechbach-le-Bas ☎ 03 89 25 40 52
PEUGEOT SIAM, 57 rte de Carspach ☎ 03 89 08 83 84

RENAULT Gar. Fritsch, 29 r. 3e Zouaves ☎ 03 89 08 93 93 N ☎ 03 88 19 39 65

Altkirch Pneus, 50 av. du 8e-R.-H. ☎ 03 89 40 95 26

LVIGNAC *46500 Lot 75 ⑲ – 473 h alt. 400.*

Syndicat d'initiative (juil.-août) r. Centrale ☎ 05 65 33 66 42.

Paris 530 – Brive-la-Gaillarde 50 – Cahors 63 – Figeac 41 – Gourdon 38 – Rocamadour 9 – Tulle 65.

Château, ☎ 05 65 33 60 14, *Fax 05 65 33 69 28,* – ☎. AE GB
1er avril-15 oct. – **Repas** *(56)* - 70/180 ₸, enf. 37 – ☕ 28 – **36 ch** 200/250 – 1/2 P 260/270.

Nouvel H., ✆ 05 65 33 60 30, *Fax 05 65 33 68 25*, – ☎ **P**. GB
fermé 15 déc. au 1er mars, vend. soir et sam. du 15 nov. à Pâques – **Repas** 65/160 ♀ – ☕
– **13 ch** 190/200 – ½ P 195/215.

AMBÉRIEUX-EN-DOMBES *01330 Ain* 74 ① ②, 110 ⑤ – *1 156 h alt. 296.*
Paris 432 – Lyon 35 – Bourg-en-Bresse 42 – Mâcon 42 – Villefranche-sur-Saône 16.

Aub. des Bichonnières, rte Ars-sur-Formans ✆ 04 74 00 82 07, *Fax 04 74 00 89 6*
, ancienne ferme bressanne, – ☎ **P**. AE GB
fermé 23 déc. au 10 janv., dim. soir et lundi sauf juil.-août – **Repas** 98/250, enf. 80 – ☕
– **9 ch** 230/320 – ½ P 260.

PEUGEOT Gar. Butillon, ✆ 04 74 00 84 02 RENAULT Vacheresse, ✆ 04 74 00 83 46

AMBERT 63600 *P.-de-D.* 73 ⑯ *G. Auvergne* – *7 420 h alt. 535.*
Voir *Église St-Jean*★ Y – *Vallée de la Dore*★ N et S.
Env. *Moulin Richard-de-Bas*★ *5,5 km par* ②.
Office de Tourisme 4 pl. Hôtel-de-Ville ✆ 04 73 82 61 90, Fax 04 73 82 44 00 et (saisc
pl. G.-Courtial ✆ 04 73 82 14 15.
Paris 498 ① – Clermont-Ferrand 77 ① – Brioude 59 ③ – Montbrison 46 ② – Le Puy-e
Velay 71 ③ – Thiers 56 ①.

AMBERT

Chabrier (Av. E.) .... Z
Château (R. du) .... Z 3
Cheix (Rue du Petit) ...... Z
Clemenceau (Av. G.) ...... Y 4
Courtial (Pl. G.) .... Y 6
Croves du Mas (Av. des) .. Y
Filéterie (R. de la) .... Z 7
Foch (Av. du Mar.) .... Y 8
Gaulle (Pl. Ch.-de) .... Z
Goye (R. de) .... Y 12
Henri IV (Bd) .... Z
Livradois (Pl. du) .... Z
Lyon (Av. de) .... Z 13
Nord (Bd du) .... YZ
Pontel (Pl. du) .... Z 16
Portette (Bd de la) .... Y 17
République (R. de la) ..... Z 19
St-Jean (Pl.) .... Y 20
St-Joseph (R.) .... Z
Sully (Bd) .... Z 21
11-Novembre (Av. du) ..... Z 23

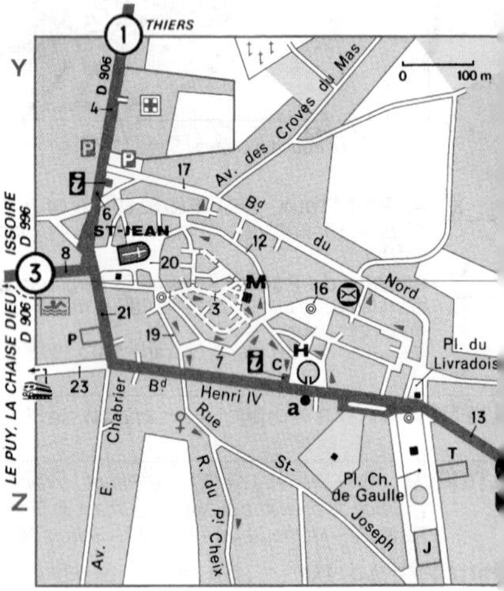

Michelin n'accroche pas de panonceau aux hôtels et restaurants qu'il signale.

Chaumière, 41 av. Mar. Foch par ③ ✆ 04 73 82 14 94, *Fax 04 73 82 33 52* – TV ☎
P. AE GB
fermé 26 déc. au 20 janv. et sam. d'oct. à mai – **Repas** *(fermé vend. soir de nov. à ma*
sam. d'oct. à fin mai et dim. soir sauf fêtes) (65) - 95/210, enf. 60 – ☕ 42 – **23 ch** 270/36
½ P 270/290.

Copains avec ch, 42 bd Henri IV ✆ 04 73 82 01 02, *Fax 04 73 82 67 34* – TV ☎. G
ch Z
fermé sept., vacances de fév., sam. (sauf juil.-août et fêtes) et dim. soir – **Repas** 70/220
enf. 60 – ☕ 35 – **11 ch** 270/320 – ½ P 230/260.

CITROEN Gar. Rigaud, rte de Clermont par ① ✆ 04 73 82 01 57 Arcis Pneus, 34 av. Dore ✆ 04 73 82 02 69

AMBIALET *81340 Tarn* 80 ⑫ *G. Gorges du Tarn* – *386 h alt. 220.*
Voir *Site*★.
Paris 699 – Albi 23 – Castres 55 – Lacaune 56 – Rodez 70 – St-Affrique 62.

Pont, ✆ 05 63 55 32 07, *Fax 05 63 55 37 21*, ←, – rest, TV ☎ **P** – 25.
GB
fermé dim. soir de nov. à mars – **Repas** 100/280 ♀, enf. 65 – ☕ 40 – **20 ch** 275/315
½ P 300.

AMBIERLE *42820 Loire* 73 ⑦ *G. Vallée du Rhône – 1 763 h alt. 467.*

Voir *Église*★.

Paris 375 – Roanne 17 – Lapalisse 35 – Thiers 65 – Vichy 51.

Prieuré, ✆ 04 77 65 63 24, *Fax 04 77 65 69 90* – GB
fermé vacances de Toussaint, de fév., mardi soir et merc. – **Repas** 88/300 ♀, enf. 55.

AMBOISE *37400 I.-et-L.* 64 ⑯ *G. Châteaux de la Loire – 10 982 h alt. 60.*

Voir *Château*★★ **B** : ≤★★ *de la terrasse,* ≤★★ *de la tour des Minimes – Clos-Lucé*★ **B** – *Pagode de Chanteloup*★ *3 km par* ④.

Env. *Lussault-sur-Loire : aquarium de Touraine*★ *O : 8 km par* ⑤.

Office de Tourisme quai Gén.-de-Gaulle ✆ *02 47 57 09 28, Fax 02 47 57 14 35.*

Paris 222 ① – *Tours 25* ⑤ – *Blois 35* ① – *Loches 34* ④ – *Vierzon 90* ③.

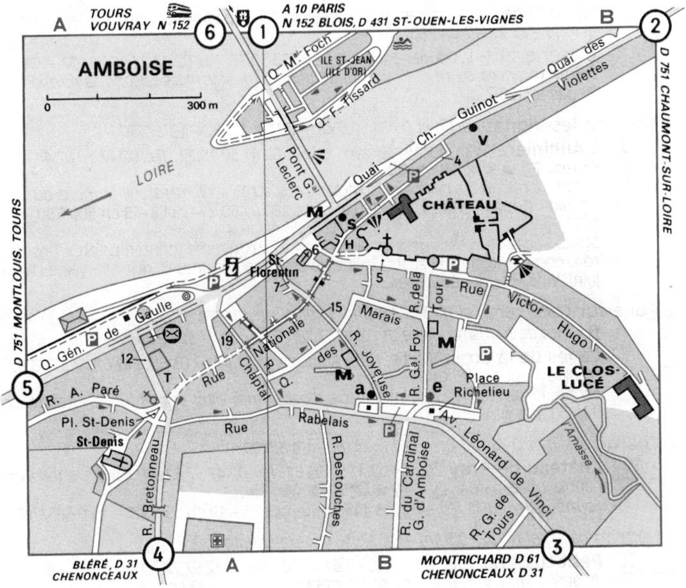

Debré (Pl. M.) . . . . . . **B** 5	Concorde (R. de la) . . . . . . **B** 4	Martyrs-de-la-R. (Av.) . . . . **A** 12
Nationale (R.) . . . . . . **AB**	François-Ier (R.) . . . . . . **B** 6	Orange (R. d') . . . . . . **B** 15
Victor-Hugo (R.) . . . . . . **B**	J.-J. Rousseau (R.) . . . . . . **B** 7	Voltaire (R.) . . . . . . **A** 19

Choiseul, 36 quai Ch. Guinot ✆ 02 47 30 45 45, *Fax 02 47 30 46 10*, ≤, « Élégante installation, piscine et jardin fleuri » – P – 80. AE GB JCB **B V**
fermé 29 nov. au 20 janv. – **Repas** 190 (déj.), 280/500 et carte 340 à 480 ♀ – 130 – **28 ch** 600/1350 – ½ P 740/1115

Spéc. Gelée de ris de veau et écrevisses aux pousses de liseron d'eau (juil. à sept.). Peau croustillante de sandre poché, parmentier de coques au beurre de tilleul. Pêche au caramel d'abricots, liqueur de lait d'amande (juin à sept.). **Vins** Montlouis, Bourgueil.

Novotel , Sud : 2 km par ③ *rte de Chenonceaux* ✆ 02 47 57 42 07, *Fax 02 47 30 40 76*, ≤, – P – 150. AE GB
Repas *(95)* - 130 ♀, enf. 50 – 57 – **121 ch** 430/580.

Belle Vue sans rest, 12 quai Ch. Guinot ✆ 02 47 57 02 26, *Fax 02 47 30 51 23* – . GB. – *15 mars-15 nov.* – 35 – **32 ch** 300/350. **B s**

L'Arbrelle , rte des Ormeaux, Sud : 2 km par ③ *rte de Chenonceaux* ✆ 02 47 57 57 17, *Fax 02 47 57 64 89*, ≤, parc, – P – 30. GB
fermé janv., fév., dim. soir et lundi – **Repas** 77/170 ♀, enf. 48 – 40 – **11 ch** 320/370 – ½ P 315.

Blason, 11 pl. Richelieu ✆ 02 47 23 22 41, *Fax 02 47 57 56 18*, – rest, . AE GB **B a**
fermé 5 janv. au 5 fév. – **Repas** *(fermé mardi et sam. midi)* 75/225, enf. 49 – 30 – **28 ch** 270/295 – ½ P 245.

Brèche, 26 r. J. Ferry par ① *(rive droite de la Loire et gare SNCF)* ✆ 02 47 57 00 7 *Fax 02 47 57 65 49*, , – ☎. GB. ch
fermé 21 déc. au 19 janv., dim. soir et lundi de nov. à mars – **Repas** 75/170, enf. 49 – 35 – **13 ch** 160/310 – ½ P 180/255.

Ibis, Est : Z.I. La Boitardière par ② *et D 31 : 3 km* ✆ 02 47 23 10 23, *Fax 02 47 57 31 41*, – TV ☎ & P – 120. AE GB
Repas *(75)* - 95, enf. 39 – 35 – **70 ch** 280/330.

Manoir Saint Thomas, pl. Richelieu ✆ 02 47 57 22 52, *Fax 02 47 30 44 71*, « Elégant pavillon Renaissance, jardin » – AE GB JCB B
fermé 15 janv. au 15 mars, dim. soir hors saison, mardi midi en saison et lundi – **Rep.** 175/300 et carte 260 à 340.

Bonne Étape avec ch, Nord-Est par ② *: 2 km* ✆ 02 47 57 08 09, *Fax 02 47 57 12 33*, – TV ☎ P. GB
fermé 21 déc. au 8 janv. et 17 fév. au 6 mars – **Repas** *(fermé dim. soir et lundi)* 77/260 enf. 55 – 29 – **7 ch** 280.

Closerie, 2 r. P.-L. Courier par ⑤ ✆ 02 47 23 10 76, *Fax 02 47 23 10 76*, – GB.
fermé vacances de fév., 15 juil. au 13 août, dim. soir (hors saison), sam. midi et lundi
Repas 98/190.

à St-Ouen-les-Vignes *par ① et D 431 : 6,5 km – 747 h. alt. 80 – ✉ 37530 :*

L'Aubinière (Arrayet) M avec ch, ✆ 02 47 30 15 29, *Fax 02 47 30 02 44*, , rest, TV ☎ P. AE GB
fermé 10 fév. au 20 mars, dim. soir du 1er nov. au 15 avril, mardi soir et merc. du 15 sept. à 15 juin – **Repas** 110 (déj.), 195/380 et carte 280 à 460 – 65 – **5 ch** 500/750 – ½ P 80 1050
Spéc. Fricassée d'escargots et pied de veau aux girolles (printemps-été). Dos de sand rôti, pomme farcie aux abats. Soupe de cerises au Bourgueil, glace verveine (15 mai à f juin). **Vins** Vouvray, Bourgueil.

à Pocé-sur-Cisse *par ① et D 431 : 3,5 km – 1 493 h. alt. 60 – ✉ 37530 :*

Office de Tourisme Mairie ✆ 02 47 57 18 15, Fax 02 47 30 49 24.

Caves de la Croix Verte, rte d'Amboise ✆ 02 47 57 03 65, *Fax 02 47 57 03 65*, « Sa troglodytique » – P. GB
fermé 12 janv. au 1er fév., mardi soir d'oct. à mai, dim. soir et lundi – **Repas** (préven 99/150, enf. 40.

à Chargé *par ② et D 751 : 3 km – 862 h. alt. 60 – ✉ 37400 :*

Château de Pray, ✆ 02 47 57 23 67, *Fax 02 47 57 32 50*, ←, , « Terrasse dominant la vallée, parc », – TV ☎ P. AE GB JCB
fermé 2 janv. au 15 fév. – **Repas** 145/295 – 55 – **19 ch** 590/870 – ½ P 565/705.

à Négron *par ⑥ et N 152 : 2,5 km – ✉ 37530 Nazelles-Négron :*

Petit Lussault sans rest, ✆ 02 47 57 30 30, *Fax 02 47 57 77 80*, parc, – ☎ P. GB
1er avril-1er nov. et fermé dim. soir hors saison – 30 – **22 ch** 295.

AUDI, SEAT, SKODA, VOLKSWAGEN Gar. Relais Châteaux, rte de Chenonceaux, Rocade Sud ✆ 02 47 57 07 64 N ✆ 06 09 37 72 36
CITROEN Gar. Guérin, à Pocé sur Cisse ✆ 02 47 57 27 84
FIAT Gar. Forcet, 108 r. St-Denis par D 83 ✆ 02 47 57 42 82
OPEL Gar. A.-France, 41 r. de Blois ✆ 02 47 57 11 30
Super Pneus, 27 quai Gén.-de-Gaulle ✆ 02 47 57 44 71

AMBONNAY *51150 Marne 56 ⑰ – 917 h alt. 95.*

Paris 161 – Reims 29 – Châlons-en-Champagne 21 – Épernay 19 – Vouziers 66.

Aub. St-Vincent avec ch, ✆ 03 26 57 01 98, *Fax 03 26 57 81 48* – TV ☎. AE G ch
fermé vacances de fév., dim. soir et lundi – **Repas** 110/310, enf. 50 – 45 – **10 ch** 300/3 – ½ P 365/385.

AMÉLIE-LES-BAINS-PALALDA *66110 Pyr.-Or. 86 ⑱ ⑲ G. Pyrénées Roussillon – 3 239 alt. 230 – Stat. therm. (fin fév.-mi-déc.) – Casino.*

Voir Vallée du Mondony★ S : voir plan.

de Falgos ✆ 04 68 39 51 42 à St-Laurent-de-Cerdans par ③.

Office du Tourisme et du Thermalisme quai du 8-Mai-1945 ✆ 04 68 39 01 98, Fax 04 68 3 20 20.

Paris 889 ② – Perpignan 38 ② – Céret 9 ② – Prats-de-Mollo-la-Preste 23 ③ Quillan 106 ②.

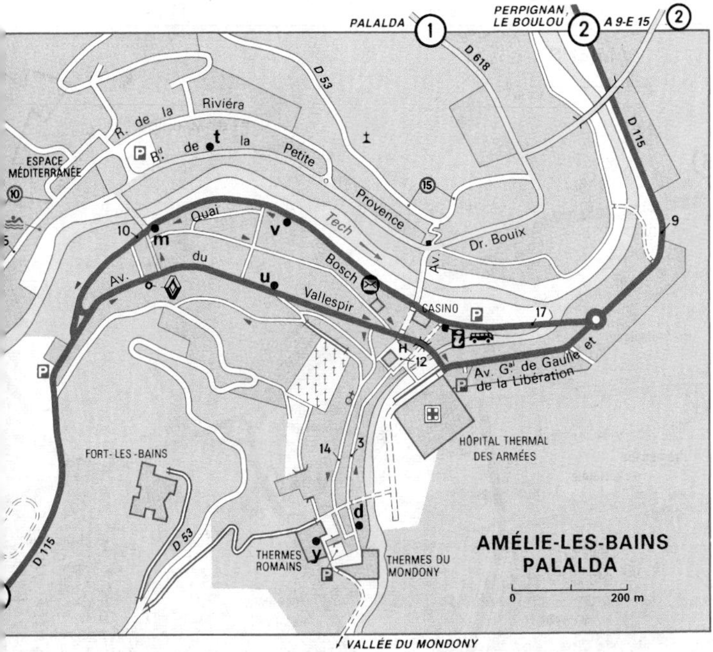

allespir (Av. du)		Corniche (Rte de la)	5	République (Pl. de la)	12		
astellane (R.)	3	Leclerc (Av. Gén.)	9	Thermes (R. des)	14		
		Palmiers (Av. des)	10	8-Mai-1945 (Av.)	17		

Gd H. Reine-Amélie, bd Petite Provence **(t)** ✆ 04 68 39 04 38, *Fax 04 68 39 31 13*, ←, ⛱ – 🛗 TV ☎ 🚗 P. AE ◑ GB
Repas 95 (dîner), 105/180, enf. 60 – ☕ 40 – **69 ch** 340/450 – P 310/400.

Castel Émeraude 🐎, par rte de la Corniche - ouest du plan ✆ 04 68 39 02 83, *Fax 04 68 39 03 09*, ←, 🌳, 🌳 – 🛗 TV ☎ ♿ P. AE GB
fermé 30 nov. au 1er fév. – **Repas** 95/195, enf. 65 – ☕ 40 – **59 ch** 320/360 – P 345/370.

Palmarium H., av. Vallespir **(u)** ✆ 04 68 39 19 38, *Fax 04 68 39 04 23* – 🛗 TV ☎ ♿ 🚗. GB
fermé 10 déc. au 17 janv. – **Repas** 95/160 🍷, enf. 55 – ☕ 34 – **65 ch** 220/310 – P 295/320.

Martinet 🐎, r. Herma-Bessière **(d)** ✆ 04 68 39 00 64, ← – 🛗 TV ☎. AE GB. ✗ rest
fermé déc. et janv. – **Repas** 100/140 – ☕ 28 – **42 ch** 220/260 – P 360.

Roussillon M, av. Beau Soleil par ② ✆ 04 68 39 34 39, *Fax 04 68 39 81 21*, 🌳, ⛱, 🌳 – 🛗 TV ☎ 📞 ♿ P – 🏛 25. GB
fermé 15 déc. au 15 fév. – **Repas** 85/155, enf. 45 – ☕ 45 – **30 ch** 260/300 – P 315/395.

Bains et Gorges, pl. Arago **(y)** ✆ 04 68 39 29 02, *Fax 04 68 39 82 52* – 🛗 TV ☎. GB
fermé 10 déc. au 1er fév. – **Repas** *(65)* - 100 🍷 – ☕ 32 – **44 ch** 215/245 – P 250/265.

Palm-Tech H., quai G. Bosch **(v)** ✆ 04 68 83 98 00, *Fax 04 68 39 84 27* – 🛗 ☎ ♿ 🚗. GB
1er mars-1er déc. – **Repas** *(70)* - 105/140 🍼, enf. 55 – ☕ 34 – **56 ch** 180/270 – P 270/290.

Ensoleillade La Rive sans rest, r. J. Coste **(m)** ✆ 04 68 39 06 20 – 🛗 cuisinette ☎ P. GB
☕ 29 – **14 ch** 135/255.

RENAULT Gar. du Vallespir, ✆ 04 68 39 05 05

Gar. Cédo, ✆ 04 68 39 29 05 N ✆ 04 68 83 98 35

'AMÉLIE-SUR-MER *33 Gironde* 71 ⑯ – *rattaché à Soulac-sur-Mer.*

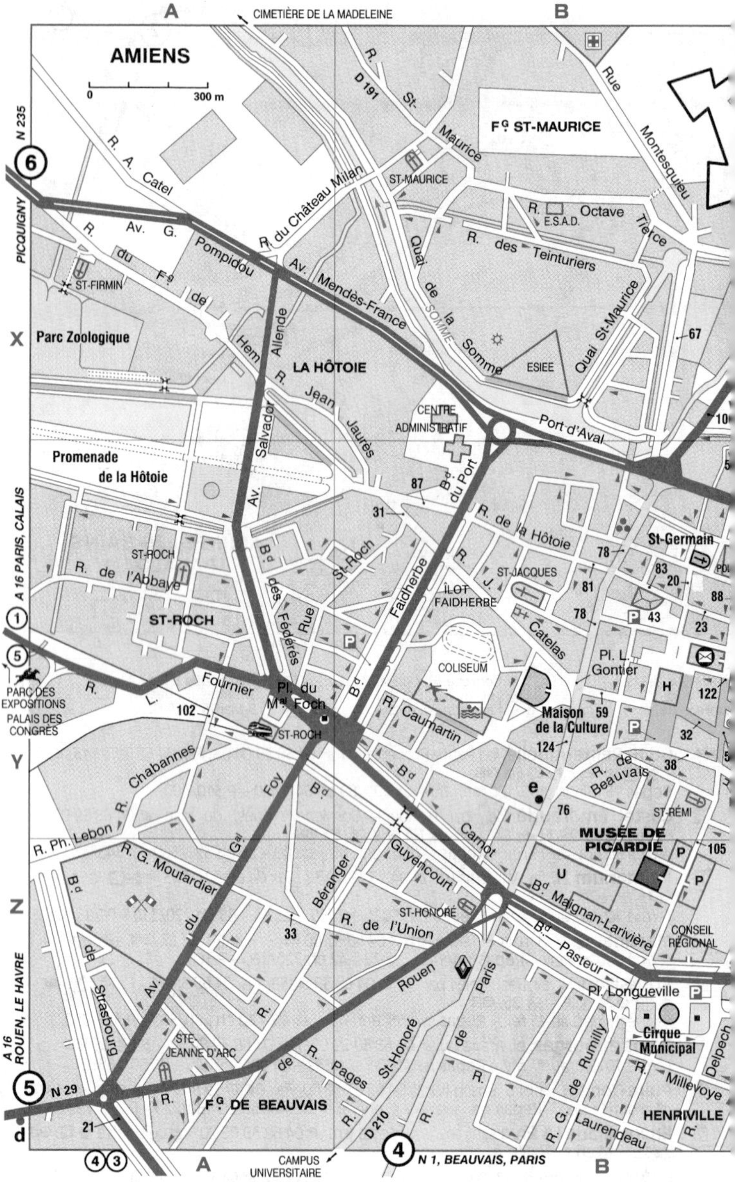

Beauvais (R. de) .... **BY**
Catelas
(R. Jean) .... **BY**
Delambre (R.) .... **BY** 32
Duméril (R.) .... **BY** 38
Gambetta (Pl.) .... **BY** 53
Goblet (Pl. René) .... **CY** 55
Gresset (R.) .... **BY** 59
Jacobins (R. des) .... **CY** 65
Noyon (R. de) .... **CZ** 91

Aguesseau (Pl.) .... **CY** 3
Allart (R.) .... **CYZ** 4
Alsace-Lorraine (Bd d') .... **CY** 5
Belu (R.) .... **CY** 13
Cange (Pt. du) .... **CY** 15
Célestins (Bd des) .... **CX** 19
Chapeau-des-Violettes (R.) .... **BY** 20
Châteaudun (Bd de) .... **AZ** 21
Chaudronniers (R. des) .... **BY** 23
Cormont (R.) .... **CY** 27

Défontaine (R. du Cdt) .... **BY**
Denfert-Rochereau (R.) .... **AZ**
Déportés (R. des) .... **CX**
Dodane (R. de la) .... **CY**
Don (Pl. du) .... **CY**
Engoulvent (R. d') .... **CY**
Fil (Pl. au) .... **BY**
Fiquet (Pl. Alphonse) .... **CZ**
Flatters (R.) .... **CY**
Francs-Mûriers (R. des) .... **CY**

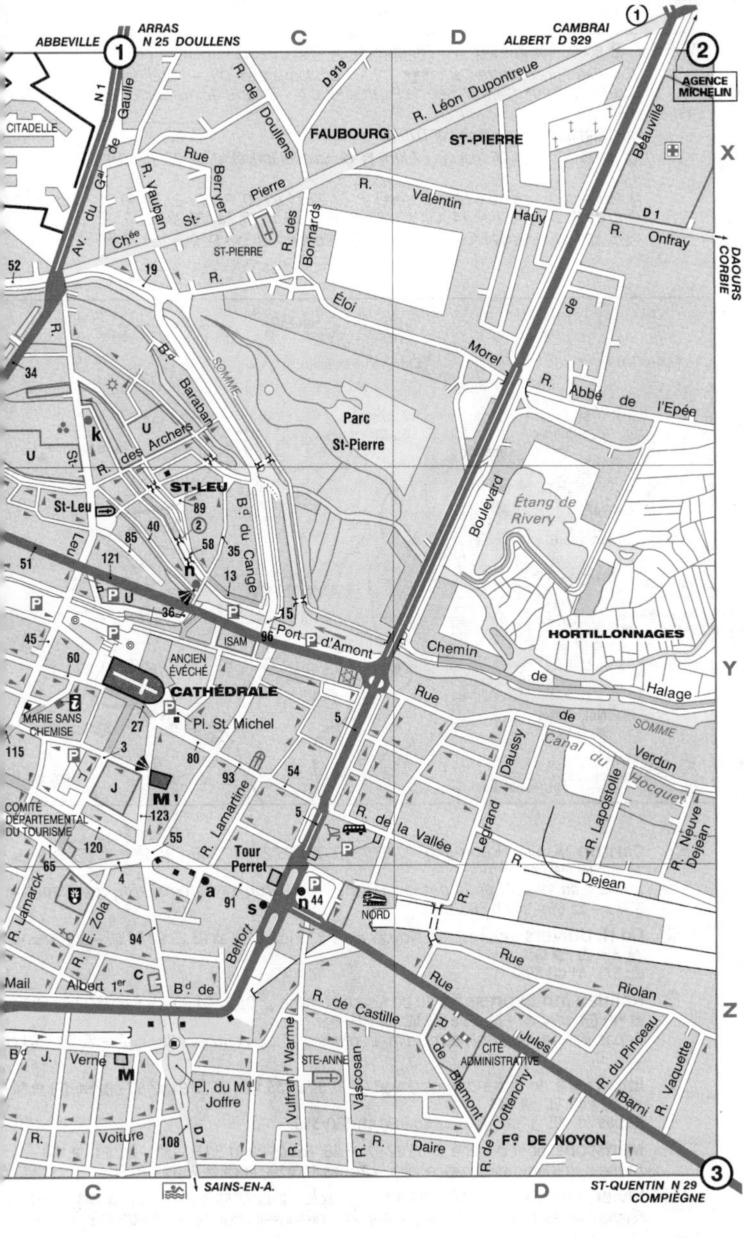

ABBEVILLE
ARRAS
N 25 DOULLENS
C
D
CAMBRAI
ALBERT D 929
AGENCE MICHELIN
CITADELLE
N 1
R. de Gaulle
R. de Doullens
D 919
R. Léon Dupontreue
FAUBOURG
ST-PIERRE
Rue Berryer
R. Vauban
Av. du Gal de Gaulle
Chée St-Pierre
ST-PIERRE
R. des Bonnards
R. Valentin
Haüy
R. Onfray
D 1
DAOURS CORBIE
Beauvillé
X
52
19
R. Éloi Morel
R. Abbé de l'Epée
SOMME
Bd Baraban
Parc St-Pierre
34
k
U
R. des Archers
ST-LEU
St-Leu
89
Bd du Cange
Boulevard
Étang de Rivery
40
85
58
35
51
121
13
36
15
HORTILLONNAGES
45
60
ISAM
96
Port d'Amont
Chemin de Halage
ANCIEN ÉVÊCHÉ
CATHÉDRALE
Y
MARIE SANS CHEMISE
27
Pl. St. Michel
5
Rue de Verdun
SOMME
115
3
80
Canal du Hocquet
93
54
Daussy
J
M 1
R. Lamartine
R. Lapostolle
R. Neuve Dejean
COMITÉ DÉPARTEMENTAL DU TOURISME
123
5
R. de la Vallée
Legrand
120
55
Tour Perret
R. Dejean
65
4
R. Lamarck
a
91
s
n 44
NORD
R. E. Zola
94
Belfort
Rue Riolan
Mail Albert 1er
C
Bd de
Rue
R. de Castille
Z
Bd J. Verne
M
Vulfran Warmé
STE-ANNE
R. de Blamont
CITÉ ADMINISTRATIVE
Rue Jules Barni
R. du Pinceau
R. Vaquette
Pl. du Mal Joffre
Vascosan
R. de Cottenchy
R. Voiture
108
D 7
R. Daire
Fg DE NOYON
C
SAINS-EN-A.
D
ST-QUENTIN N 29
COMPIÈGNE

AMIENS P 80000 *Somme* 52 ⑧ *G. Flandres Artois Picardie* – *131 872 h alt. 34.*

Voir *Cathédrale Notre-Dame**** **CY** – *Hortillonnages** **DY** – *Hôtel de Berny** **CY M**[1] – *Quartier St-Leu** **CY** – *Musée de Picardie*** **BZ** – *Théâtre de marionnettes "ché cabotans d'Amiens".*

Env. *Samara* NO : 10 km par D191.*

18 ☎ 03 22 93 04 26, par ② : 7 km ; 9 de Salouël (privé) ☎ 03 22 95 40 49, S par D 210 : 4,5 km.

Office de Tourisme 6 bis r. Dusevel ☎ 03 22 71 60 50, Fax 03 22 71 60 51 – Automobile Club de Picardie 472 av. 14 Juillet 1789 ☎ 03 22 89 15 20, Fax 03 22 89 15 58.

Paris 138 ③ – Lille 121 ② – Reims 173 ③ – Rouen 118 ⑤ – St-Quentin 77 ③.

Plans pages précédentes

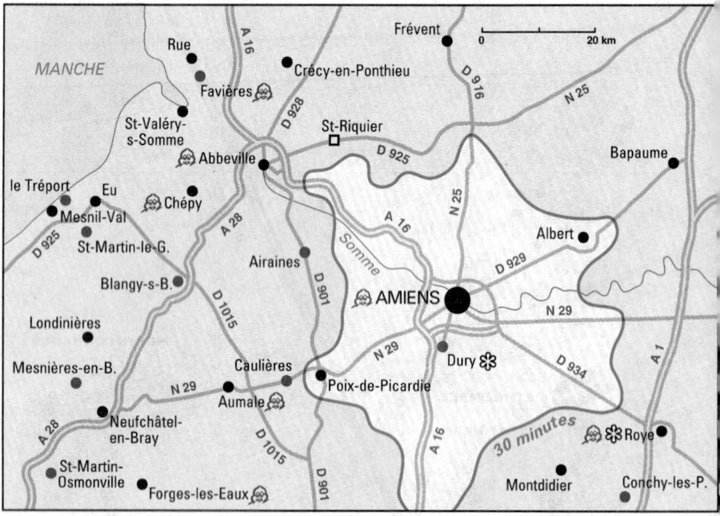

Carlton M, 42 r. Noyon ☎ 03 22 97 72 22, *Fax 03 22 97 72 00* – rest, – 40. AE GB **CZ s**
fermé 4 au 19 août et 24 déc. au 1er janv. – ***Le Baron*** (grill) *(fermé dim. soir)* **Repas** 86/350 ♀ – ▭ 65 – **24 ch** 380/620.

Gd H. Univers sans rest, 2 r. Noyon ☎ 03 22 91 52 51, *Fax 03 22 92 81 66* – – 35. AE GB JCB **CZ a**
▭ 57 – **41 ch** 395/510.

Holiday Inn Express M, 10 bd Alsace-Lorraine ☎ 03 22 91 00 77, *Fax 03 22 92 58 24* – – 25 à 50. AE GB JCB **CZ n**
Repas *(fermé vend. soir, sam., dim. et fériés sauf juil.-août) (69)* - 89/95 ♀, enf. 38 – **69 ch** ▭ 350.

Ibis, 4 r. Mar. de-Lattre-de-Tassigny ☎ 03 22 92 57 33, *Fax 03 22 91 67 50* – – 30 à 40. AE GB **BY e**
Repas *(75)* - 95 ♀, enf. 39 – ▭ 35 – **94 ch** 330/350.

Marissons, pont Dodane ☎ 03 22 92 96 66, *Fax 03 22 91 50 50,* – . AE GB
fermé 2 au 9 janv., sam. midi et dim. – **Repas** 110/290 et carte 280 à 370 ♀. **CY n**

Vivier, 593 rte Rouen ☎ 03 22 89 12 21, *Fax 03 22 45 27 36,* – P. AE GB **AZ d**
fermé 3 au 25 août, dim. et lundi – **Repas** - poissons et coquillages - 128/250 ♀.

Couronne, 64 r. St Leu ☎ 03 22 91 88 57, *Fax 03 22 72 07 09* – AE GB **CX k**
fermé 14 juil. au 14 août, 2 au 10 janv., dim. soir et sam. – **Repas** 92/168 ♀.

rte de Compiègne *par ③, N 29 et D 934 : 7 km* – ✉ *80440 Boves :*

Novotel M, ☎ 03 22 46 22 22, *Fax 03 22 53 94 75,* , , – P – 25 à 150. AE GB JCB
Repas carte environ 170 ♀, enf. 50 – ▭ 55 – **94 ch** 445/490.

Dury *par ④ : 6 km – 1 341 h. alt. 115 – ✉ 80480 :*

XXX **L'Aubergade** (Grandmougin), 78 rte Nationale ✆ 03 22 89 51 41, *Fax 03 22 95 44 05*, – AE GB. ✻
fermé 1er au 15 août, vacances de fév., dim. soir et lundi sauf fériés – **Repas** 115/400 et carte 240 à 460 ♀
Spéc. Terrine de foie gras aux pommes et poires confites. Fricassée de Saint-Jacques aux champignons (oct. à avril). Marquise au chocolat, crème café.

XX **Bonne Auberge,** 63 rte Nationale ✆ 03 22 95 03 33, *Fax 03 22 45 37 38* – AE GB JCB
fermé juin, dim. soir et lundi – **Repas** 99/199 ♀, enf. 85.

MICHELIN, Agence, 212 av. de la Défense Passive, D 929 à Rivery par ② ✆ 03 22 92 47 28

AUDI, VOLKSWAGEN JPC Rivery Autom., 9 r. A.-Bombard ZA à Rivery ✆ 03 22 70 22 22
CITROEN Fournier, r. d'Australie par ⑥ ✆ 03 22 43 01 16
CITROEN Succursale, 112 rte d'Amiens à Dury par ④ ✆ 03 22 53 44 44 N ✆ 08 00 05 24 24
FIAT, LANCIA Auto Picardie, 7 bd de Beauville ✆ 03 22 44 53 12
FORD Gar. Leroux Autom., 49 r. A.-Colas, ZI de la Borne à Rivery ✆ 03 22 70 23 23
HONDA, MITSUBISHI, PORSCHE Gar. La Bretèche, 33 q. C.-Tellier ✆ 03 22 52 04 61
MERCEDES Techstar 80, 5 r. A.-Bombard, ZA Hte Borne à Rivery ✆ 03 22 70 02 80
NISSAN Gar. Pechon, 89 av. de la Défense Passive ✆ 03 22 66 49 00
OPEL Gar. Renel, 16 RN à Dury ✆ 03 22 95 42 42
PEUGEOT S.C.A., 35 rte N1 à Dury par ④ ✆ 03 22 33 88 00 N ✆ 08 00 44 24 24
RENAULT Gar. Gueudet Sarva, 14 rte de Paris ✆ 03 22 95 17 60 N ✆ 06 07 28 40 37
RENAULT Gar. Gueudet Sarva, r. P.-E.-Victor ZA La Borne à Rivery par ② CZ ✆ 03 22 97 70 00 N ✆ 06 07 28 40 37
TOYOTA Gar. Pruvost, r. P.-E.-Victor ZA la Borne à Rivery ✆ 03 22 70 27 00

Euromaster, 120 chaussée J.-Ferry ✆ 03 22 53 95 50
Picardie Pneus Point S, 126 r. G.-de-Rumilly ✆ 03 22 95 33 89
Vulco, N à Lamotte ✆ 03 22 42 31 21

AMILLY *45 Loiret 65 ② – rattaché à Montargis.*

AMMERSCHWIHR *68770 H.-Rhin 62 ⑱ ⑲ G. Alsace Lorraine – 1 869 h alt. 215.*
Voir *Nécropole nationale de Sigolsheim* ✻★ *du terre-plein central N : 4 km.*
18 ✆ 03 89 47 17 30, E : 2 km par D 11¹.
Paris 468 – Colmar 8 – Gérardmer 53 – St-Dié 47 – Sélestat 26.

A l'Arbre Vert, ✆ 03 89 47 12 23, *Fax 03 89 78 27 21*, « Salle à manger avec boiseries sculptées » – TV ☎. AE ⓓ GB
fermé 15 au 26 nov., 15 fév. au 20 mars, lundi soir en hiver et mardi – **Repas** 80/225 ♀, enf. 45 – ☕ 35 – **17 ch** 220/350 – ½ P 280/360.

XXX **Aux Armes de France** (Gaertner) avec ch, ✆ 03 89 47 10 12, *Fax 03 89 47 38 12* – TV ☎ P. AE ⓓ GB JCB
fermé jeudi midi et merc. – **Repas** 270 (déj.), 360/510 et carte 470 à 550 ♀, enf. 90 – ☕ 70 – **10 ch** 360/460
Spéc. Presskopf de homard et tête de veau, vinaigrette au caviar. Filets de perche et de féra au beurre de citron. Ris de veau poêlé, sauce aux truffes et son risotto. **Vins** Riesling, Tokay-Pinot gris.

XX **Aux Trois Merles** avec ch, ✆ 03 89 78 24 35, *Fax 03 89 78 13 06*, – ☎ P. AE GB. ✻ ch
fermé 1er au 15 fév., dim. soir du 15 oct. au 15 juil. et lundi – **Repas** 85/290 ♀, enf. 50 – ☕ 38 – **16 ch** 185/250 – ½ P 255/300.

AMNÉVILLE *57360 Moselle 57 ③ G. Alsace Lorraine – 8 926 h alt. 162 – Stat. therm. (fin avril/ fin oct.) – Casino.*
Voir *Parc zoologique du bois de Coulange★.*
18 ✆ 03 87 71 30 13 au Bois de Coulange, S : 2,5 km.
Office de Tourisme Centre thermal et touristique ✆ 03 87 70 10 40, Fax 03 87 71 90 94.
Paris 318 – Metz 21 – Briey 14 – Thionville 17 – Verdun 65.

au Parc de Loisirs *bois de Coulange, Sud : 2,5 km – ✉ 57360 Amnéville :*

Diane H. sans rest, ☏ 03 87 70 16 33, *Fax 03 87 72 36 72* – 35. GB
fermé 10 au 23 août, 21 déc. au 11 janv., vend. et sam. de nov. à avril – 30 – **46 c** 300/340, 3 appart.

St-Éloy, ☏ 03 87 70 32 62, *Fax 03 87 71 71 59*, – 50. AE GB
fermé 25 déc. au 1er janv. – **Repas** *(fermé dim. soir)* 100/180, enf. 70 – 30 – **46 ch** 260/33 – P 430/480.

Orion, ☏ 03 87 70 20 20, *Fax 03 87 72 36 21* – 30 à 60. AE GB
fermé 25 déc. au 1er janv., vend. soir et sam. soir de nov. à avril sauf rest. – **Repas** *(ferm sam. midi)* 75/140 – 45 – **44 ch** 240/280 – P 410.

Forêt, ☏ 03 87 70 34 34, *Fax 03 87 70 34 25*, – . AE GB
fermé 23 déc. au 8 janv., dim. soir et lundi – **Repas** 120/230.

CITROEN Gar. du Centre, 17 r. Clémenceau ☏ 03 87 71 35 52

AMONDANS *25330 Doubs* 70 ⑤ *– 77 h alt. 720.*

Paris 421 – Besançon 30 – Pontarlier 39 – Salins-les-Bains 28.

Château d'Amondans avec ch, ☏ 03 81 86 53 14, *Fax 03 81 86 53 76*, parc, – 60. GB JCB
fermé 15 août au 9 sept., 10 fév. au 3 mars, dim. soir et lundi – **Repas** (menu uniqu (nombre de couverts limité, prévenir) 195/250 – 45 – **10 ch** 280.

AMOU *40330 Landes* 78 ⑦ *– 1 481 h alt. 44.*

Paris 756 – Mont-de-Marsan 47 – Aire-sur-l'Adour 52 – Dax 31 – Hagetmau 18 – Orthez 14 Pau 49.

Commerce, près Église ☏ 05 58 89 02 28, *Fax 05 58 89 24 45*, – . AE G
fermé 12 au 30 nov. et vacances de fév. – **Repas** 80/220 – 35 – **18 ch** 240/280 – ½ P 25

AMPHION-LES-BAINS *74 H.-Savoie* 70 ⑰ *G. Alpes du Nord – ✉ 74500 Publier.*

Paris 575 – Thonon-les-Bains 6 – Annecy 80 – Évian-les-Bains 4 – Genève 40.

Princes, ☏ 04 50 75 02 94, *Fax 04 50 75 59 93*, ≤, port privé, – . AE GB
1er mai-30 sept. – **Repas** 85/240, enf. 60 – 35 – **35 ch** 350/450 – ½ P 300/350.

Tilleul, ☏ 04 50 70 00 39, *Fax 04 50 70 05 57*, – . AE GB
fermé 20 déc. au 15 janv. – **Repas** *(fermé dim. soir et lundi de sept. à juin)* 100/250 – 3 – **26 ch** 250/400 – ½ P 340.

Parc et Beau Séjour, ☏ 04 50 75 14 52, *Fax 04 50 75 42 36*, ≤, , port privé, , – . GB
15 fév.-15 nov. et fermé dim. soir et lundi hors saison – **Repas** 82/195 – 36 – **50 c** 200/380 – ½ P 250/310.

Chablais, Sud : 1 km vers Publier ☏ 04 50 75 28 06, *Fax 04 50 74 67 32*, ≤, , – . GB. rest
fermé 22 déc. au 2 fév. et dim. d'oct. à mai – **Repas** *(70)* - 82/165, enf. 48 – 34 – **23 c** 180/280 – ½ P 200/265.

Relais, ☏ 04 50 70 00 21, *Fax 04 50 70 88 02*, ≤, – AE GB
fermé 22 déc. au 14 janv., mardi sauf juil.-août et lundi sauf le midi de sept. à juin – **Repa** 86/250.

AMPUIS *69420 Rhône* 74 ⑪, 110 ㉞ *– 2 051 h alt. 150.*

Paris 494 – Lyon 36 – Condrieu 5 – Givors 18 – Rive-de-Gier 33 – Vienne 7.

Côte Rôtie, pl. Église ☏ 04 74 56 12 05, *Fax 04 74 56 00 20*, – AE GB
fermé 16 août au 7 sept., 3 au 11 janv., dim. soir et Lundi – **Repas** 160/320 - ***Bistro à Vins de Serine*** ☏ 04 74 56 15 19 *(fermé 16 août au 7 sept., dim. et lundi)* **Repa** (déj. seul. sauf vend. et sam.) 85.

AMPUS *83111 Var* 84 ⑥, 114 ㉒ *G. Côte d'Azur – 622 h alt. 600.*

Paris 836 – Castellane 57 – Draguignan 15 – Toulon 96.

Roche Aiguille, ☎ 04 94 70 97 24, *Fax 04 94 70 97 24,* – P. GB
fermé janv., dim. soir et lundi sauf juil.-août – **Repas** 110/200.

Fontaine d'Ampus (Haye), ☎ 04 94 70 97 74, *Fax 04 94 70 97 74,* – GB
fermé 15 au 31 oct., fév., mardi sauf le soir en juil-août et lundi – **Repas** (nombre de couverts limité, prévenir) (menu unique) *(100)* - 180 ♀
Spéc. Menu "truffes" (saison). Jarret de veau au four, doré au miel de pin. Tarte chaude au chocolat, glace citron au safran. **Vins** Coteaux Varois, Côtes de Provence.

ANCENIS *44150 Loire-Atl.* 63 ⑱ *G. Châteaux de la Loire – 6 896 h alt. 13.*

de l'Ile d'Or ☎ 02 40 98 58 00, au Cellier, O : 17 km par N 23.

Office de Tourisme pl. Millénaire ☎ et Fax 02 40 83 07 44.

Paris 346 – Nantes 38 – Angers 53 – Châteaubriant 44 – Cholet 48 – Laval 93 – La Roche-sur-Yon 103.

Akwaba, bd Dr Moutel ☎ 02 40 83 30 30, *Fax 02 40 83 25 10* – , rest, P – 50. AE GB
Repas *(fermé sam. soir et dim.)* 75/128 – 40 – **51 ch** 208/359 – ½ P 211/257.

Terrasses de Bel Air, Est : 1 km rte Angers ☎ 02 40 83 02 87, *Fax 02 40 83 33 46,* , – GB
fermé lundi (sauf le midi hors vacances scolaires) et dim. soir – **Repas** 85 (déj.), 145/285 ♀, enf. 75.

Toile à Beurre, 82 r. St-Pierre (près église) ☎ 02 40 98 89 64, *Fax 02 40 96 01 49,* – GB
fermé 27 août au 7 sept., lundi (sauf juil.-août) et dim. soir – **Repas** *(75)* - 100/195.

CITROEN Gar. Moderne, 339 av. F.-Robert ☎ 02 40 83 28 06

RENAULT Gar. Leroux, 765 r. des Maîtres à St Géréon ☎ 02 40 96 40 40 N ☎ 02 40 09 92 45

When looking for a hotel or restaurant use the most efficient method.
Look for the names of towns ***underlined in red***
on the ***Michelin maps*** *scale: 1:200 000.*
But make sure you have an up-to-date map!

ANCY-LE-FRANC *89160 Yonne* 65 ⑦ *G. Bourgogne – 1 174 h alt. 180.*

Voir Château★★.

Office de Tourisme ☎ 03 86 75 13 21.

Paris 215 – Auxerre 55 – Châtillon-sur-Seine 37 – Montbard 29 – Tonnerre 18.

Host. du Centre, ☎ 03 86 75 15 11, *Fax 03 86 75 14 13,* , – P – 25. AE GB
fermé 20 déc. au 10 janv. – **Repas** 88/268 ♀, enf. 58 – 40 – **22 ch** 265/345 – ½ P 250/300.

PEUGEOT Gar. Marquand, ☎ 03 86 75 12 21

RENAULT Gar. Royer, ☎ 03 86 75 15 29 N ☎ 03 86 75 15 29

Les ANDELYS *27700 Eure* 55 ⑰ *G. Normandie Vallée de la Seine – 8 455 h alt. 28.*

Voir Ruines du Château Gaillard★★ **A** *– Église N.-Dame★* **B.**

Office de Tourisme 24 r. Philippe-Auguste ☎ 02 32 54 41 93.

Paris 104 ② – Rouen 38 ① – Beauvais 62 ② – Évreux 37 ③ – Gisors 29 ② – Mantes-la-Jolie 52 ③.

Plan page suivante

Chaîne d'Or avec ch, 27 r. Grande ☎ 02 32 54 00 31, *Fax 02 32 54 05 68,* ← – P. AE GB — A a
fermé 20 déc. au 26 janv., dim. soir et lundi – **Repas** 145/310 et carte 280 à 430 ♀ – 70 – **10 ch** 400/740
Spéc. Langoustine royale, croquant de pomme de terre et andouille de Vire. Poêlée de ris et rognon de veau à l'échalote. Feuilleté tiède au fenouil confit, glace à la vanille bourbon (mai à oct.).

Villa du Vieux Château, 78 r. G. Nicolle par ③ ☎ 02 32 54 30 10, *Fax 02 32 54 30 06,* – AE GB — A e
fermé 17 août au 3 sept., lundi et mardi – **Repas** 105/200.

PEUGEOT Gar. Berrier, 25 r. H.-Remy ☎ 02 32 54 11 36
RENAULT Consortium Autom., 75 av. République ☎ 02 32 54 21 49 N ☎ 02 32 54 11 69

ROVER Gar. J.F.C. Autom., 44 av. République ☎ 02 32 54 12 80

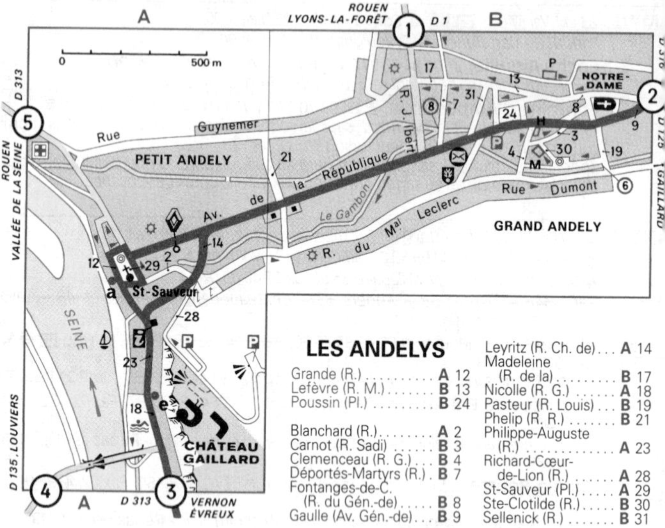

LES ANDELYS

Grande (R.) .... A 12
Lefèvre (R. M.) .... B 13
Poussin (Pl.) .... B 24

Blanchard (R.) .... A 2
Carnot (R. Sadi) ...... B 3
Clemenceau (R. G.) ... B 4
Déportés-Martyrs (R.) . B 7
Fontanges-de-C. (R. du Gén.-de) ..... B 8
Gaulle (Av. Gén.-de) ... B 9
Leyritz (R. Ch. de) ... A 14
Madeleine (R. de la) .... B 17
Nicolle (R. G.) ...... A 18
Pasteur (R. Louis) ... B 19
Phelip (R. R.) .... B 21
Philippe-Auguste (R.) .... A 23
Richard-Cœur-de-Lion (R.) ...... A 28
St-Sauveur (Pl.) ..... A 29
Ste-Clotilde (R.) ..... B 30
Sellenick (R.) .... B 31

ANDLAU *67140 B.-Rhin* 62 ⑨ *G. Alsace Lorraine – 1 632 h alt. 215.*

Voir *Église★ : porche★★.*

Office de Tourisme 5 r. du Gén.-de-Gaulle ✆ 03 88 08 22 57, Fax 03 88 08 42 22.

Paris 498 – Strasbourg 42 – Erstein 23 – Le Hohwald 8 – Molsheim 23 – Sélestat 17.

Zinckhotel M sans rest, 13 r. Marne ✆ 03 88 08 27 30, *Fax 03 88 08 42 50,* « Ancien moulin, décor original », – TV ☎ P. GB. *fermé 17 au 28 fév.* – 40 – **14 ch** 300/600.

Kastelberg , 10 r. Gén. Koenig ✆ 03 88 08 97 83, *Fax 03 88 08 48 34,* , – TV ☎ P – 30. GB *fermé vacances de fév.* – **Repas** (dîner seul.) 98/280 ♀, enf. 60 – 60 – **29 ch** 295/360 – 1/2 P 300/330.

Boeuf Rouge, ✆ 03 88 08 96 26, *Fax 03 88 08 99 29,* – AE GB *fermé 17 juin au 10 juil., 15 au 31 janv., merc. soir et jeudi* – **Repas** 98/128 ♀, enf. 43 – ***Winstub :*** **Repas** carte environ 130 ♀.

RENAULT Gar. Roeder Liebmann, ✆ 03 88 08 93 31 N ✆ 03 88 08 93 31

ANDOLSHEIM *68 H.-Rhin* 62 ⑲ *– rattaché à Colmar.*

ANDORRE (Principauté d')★★ 86 ⑭ ⑮ *G. Pyrénées Roussillon – 61 599 h.*

Les prix sont indiqués en pesetas

Andorre-la-Vieille Capitale de la Principauté *G. Pyrénées Roussillon* (plan) – *alt. 1029.*

Voir *Vallée du Valira del Orient★ NE – Vallée du Valira del Nord★ N.*

Office de Tourisme r. du Dr.-Vilanova ✆ 82 02 14, Fax 82 58 23.

Paris 878 – Carcassonne 167 – Foix 102 – Perpignan 170.

Plaza, r. Maria Pla 19 ✆ (00-376) 86 44 44, *Fax (00-376) 82 17 21,* – TV ☎ – 25 à 300. AE GB JCB. rest **Repas** 1600 - ***La Cúpula :*** **Repas** carte environ 2950 – 1200 – **93 ch** 13600/17000, 8 appart.

Andorra Park H. , r. Les Canals 24 ✆ (00-376) 82 09 79, *Fax (00-376) 82 09 83,* , , « entourée de jardins », – TV ☎ P – 25 à 80. AE GB **Repas** 4350 – 1800 – **38 ch** 18650/23300.

Andorra Center, r. Dr Nequi 12 ✆ (00-376) 82 48 00, *Fax (00-376) 82 86 06,* , , – , rest, TV ☎ – 25 à 50. AE GB **Repas** 3500 - ***La Dama Blanca :*** **Repas** carte 2500 à 4400 – 1150 – **130 ch** 10600/12800, 10 appart.

Mercure, r. de la Roda ✆ (00-376) 82 07 73, *Fax (00-376) 82 85 52,* – 25 à 175. AE GB
Repas 2700 – 1200 – **145 ch** 14700/17000.

Novotel Andorra, r. Prat de la Creu ✆ (00-376) 86 11 16, *Fax (00-376) 86 11 20,* – 25 à 200. AE GB
Repas 2700 – 1200 – **97 ch** 15500/18250, 5 appart.

President, av. Santa Coloma 44 ✆ (00-376) 82 29 22, *Fax (00-376) 86 14 14,* – 25 à 110
111 ch.

Eden Roc, av. Dr Mitjavila 1 ✆ (00-376) 82 10 00, *Fax (00-376) 86 03 19* – AE GB.
Repas *(fermé juin)* 2200 – **56 ch** 10500/15000.

Flora sans rest, Antic Carrer Major 25 ✆ (00-376) 82 15 08, *Fax (00-376) 86 20 85,* – AE GB JCB.
45 ch 6500/11000.

Xalet Sasplugas, r. La Creu Grossa 15 ✆ (00-376) 82 03 11, *Fax (00-376) 82 86 98,* – AE GB. rest
Repas 2500 - ***Metropol*** *(fermé 1er au 15 juil., dim. soir et lundi midi)* **Repas** carte 3450 à 4350 – **26 ch** 6800/9500.

Ibis, av. Meritxell 58 ✆ (00-376) 82 07 77, *Fax (00-376) 82 82 45,* – rest, AE GB
Repas 2700 – 1200 – **70 ch** 12500/15000.

Pyrénées, av. Princep Benlloch 20 ✆ (00-376) 86 00 06, *Fax (00-376) 82 02 65,* – rest, AE GB. rest
Repas 2500 – **74 ch** 5950/9500.

Font del Marge, Baixada del Moli 49 ✆ (00-376) 82 34 43, *Fax (00-376) 82 31 82,* – rest, GB
Repas 2100 – 750 – **42 ch** 5400/7100.

de l'Isard, av. Meritxell 36 ✆ (00-376) 82 00 96, *Fax (00-376) 86 66 95* – rest, AE GB
Repas 2600 – 1100 – **61 ch** 6650/8100.

Cassany sans rest, av. Meritxell 28 ✆ (00-376) 82 06 36, *Fax (00-376) 86 36 09* – GB
800 – **54 ch** 6500/8000.

Florida sans rest, r. Llacuna 15 ✆ (00-376) 82 01 05, *Fax (00-376) 86 19 25* – AE GB JCB
48 ch 4000/8500.

Sant Jordi sans rest, av. Princep Benlloch 45 ✆ (00-376) 82 08 65 –
30 ch.

Celler d'En Toni avec ch, r. Verge del Pilar 4 ✆ (00-376) 82 12 52, *Fax (00-376) 82 18 72* – AE GB.
Repas carte environ 5 330 – **17 ch** 3400/5800.

Borda Estevet, rte de La Comella 2 ✆ (00-376) 86 40 26, *Fax (00-376) 82 31 42,* « Décor rustique » – AE GB JCB
Repas carte environ 3 900.

Can Manel, r. Mestre Xavier Plana 6 ✆ (00-376) 82 23 97 – AE GB
fermé merc. – **Repas** carte 2 900 à 4 100.

Arinsal – *alt. 1145 – Sports d'hiver 1 550/2 560 m 15.*
Andorra la Vella 9.

Solana, ✆ (00-376) 83 51 27, *Fax (00-376) 83 73 95,* – 25 à 40. AE GB. rest
fermé nov. – **Repas** 2500 – 800 – **95 ch** 5500/8500.

Canillo – *alt. 1531.*
Voir *Crucifixion★ dans l'église de Sant Joan de Caselles NE : 1 km.*
Andorra la Vella 12.

Bonavida, pl. Major ✆ (00-376) 85 13 00, *Fax (00-376) 85 17 22,* – AE GB.
fermé oct. et nov. – **Repas** *(fermé mai-juin et oct.-nov.)* (dîner seul. sauf juil.-sept.) 2525 – **43 ch** 9150/12000.

Roc del Castell sans rest, rte General ✆ (00-376) 85 18 25, *Fax (00-376) 85 17 07* – AE GB.
950 – **44 ch** 6000/9000.

Encamp – *alt. 1313.*

Voir *Les Bons : site★ N : 1 km.*

Andorra la Vella 7.

Coray, chemin dels Caballers 38 ☎ (00-376) 83 15 13, *Fax (00-376) 83 18 06,* ≤, – ch. GB. ch
fermé 4 au 30 nov. – **Repas** 1250 – **85 ch** ☕ 4500/6000.

Univers, r. René Baulard 13 ☎ (00-376) 83 10 05, *Fax (00-376) 83 19 70* – TV ☎ P. GB.
fermé 2 nov. au 2 déc. – **Repas** 1400 – **36 ch** ☕ 4400/6200.

Les Escaldes-Engordany – *alt. 1105.*

Andorra la Vella 2.

Roc de Caldes , rte d'Engolasters ☎ (00-376) 86 27 67, *Fax (00-376) 86 33 2* « A flanc de montagne, ≤ », – TV ☎ P – 25 à 120. AE GB. rest
Repas 3800 – **45 ch** ☕ 16000/21500.

Roc Blanc, pl. dels Co-Princeps 5 ☎ (00-376) 82 14 86, *Fax (00-376) 86 02 44,* , rest, TV ☎ P – 25 à 600. AE GB. rest
Repas 3950 - ***El Pí :*** **Repas** carte 3900 à 5300 – ***L'Entrecôte*** brasserie : **Repas** carte env ron 3900 – ☕ 1700 – **184 ch** 14600/18400.

Delfos, av. del Fener 17 ☎ (00-376) 82 46 42, *Fax (00-376) 86 16 42* – rest, TV ☎ – 25 à 75. AE GB JCB. rest
Repas 2800 – **200 ch** ☕ 9000/12000.

Panorama, rte de l'Obac ☎ (00-376) 86 18 61, *Fax (00-376) 86 17 42,* « Terrasse ave ≤ vallée et montagnes », – rest, TV ☎ – 25 à 500. AE GB rest
Repas 3250 – ☕ 1350 – **177 ch** 11290/13230.

Valira, av. Carlemany 37 ☎ (00-376) 82 05 65, *Fax (00-376) 86 67 80* – TV ☎ P. AE GB
Repas 2600 – ☕ 1100 – **55 ch** 6400/8100.

Eureka, av. Carlemany 36 ☎ (00-376) 86 66 00, *Fax (00-376) 86 68 00* – TV ☎. AE GB. rest
Repas 1200 – **75 ch** ☕ 7200/9600.

Eurotel, av. Fiter i Rosell 51 ☎ (00-376) 86 30 31, *Fax (00-376) 86 30 24* – TV ☎ AE GB. rest
Repas 1300 – **70 ch** ☕ 6900/9800.

Comtes d'Urgell, av. Escoles 29 ☎ (00-376) 82 06 21, *Fax (00-376) 82 04 65* – res TV ☎. AE GB JCB. rest
Repas 2600 – **200 ch** ☕ 5800/8450.

Les Closes sans rest, av. Carlemany 93 ☎ (00-376) 82 83 11, *Fax (00-376) 86 39 70* – ☎
78 ch.

Espel, pl. Creu Blanca 1 ☎ (00-376) 82 08 55, *Fax (00-376) 82 80 56* – TV ☎. AE GB
fermé nov. – **Repas** 1900 – **102 ch** ☕ 4800/7000.

Aquarius, Parc de La Mola 10 (Caldea) ☎ (00-376) 80 09 90, *Fax (00-376) 82 92 22,* « Déco moderne, ≤ centre aquatique thermal » – P. AE GB
fermé 10 jours en avril-mai, 15 jours en nov. et mardi – **Repas** carte 3 900 à 4 700.

Don Denis, r. Isabel Sandy 3 ☎ (00-376) 82 06 92, *Fax (00-376) 86 31 30* – . AE GB
Repas carte environ 3 500.

La Massana – *alt. 1241.*

Andorra la Vella 4.

Xalet Ritz , rte de Sispony Sud : 1,8 km ☎ (00-376) 83 78 77, *Fax (00-376) 83 77 20,* ≤ « Belle décoration intérieure », – TV ☎ P. AE GB.
Repas 3000 – **47 ch** ☕ 14000/19000.

Rutllan, av. del Ravell ☎ (00-376) 83 50 00, *Fax (00-376) 83 51 80,* ≤, , – TV ☎ . AE GB. rest
Repas 3000 – ☕ 1300 – **100 ch** 6000/10000.

El Rusc, rte d'Arinsal : 1,5 km ☎ (00-376) 83 82 00, *Fax (00-376) 83 51 80,* « Élégant déco rustique » – P. AE GB.
fermé dim. soir et lundi – **Repas** carte environ 5 100.

XX **La Borda de l'Avi,** rte d'Arinsal : 0,7 km ☎ (00-376) 83 51 54, *Fax (00-376) 83 53 90* – P. AE ⓓ GB. ✻
Repas - viandes - carte environ 4 500.

X **Borda Raubert,** rte d'Arinsal : 2 km ☎ (00-376) 83 54 20, *Fax (00-376) 86 61 65,* « Décor rustique » – P. AE ⓓ GB. ✻
fermé juil. et mardi – **Repas** - cuisine régionale - carte 2 600 à 3 500.

La Aldosa *Nord-Est : 2,7 km :*

Del Bisset ⑤, rte d'Ordino ☎ (00-376) 83 75 55, *Fax (00-376) 83 79 89,* ← – ⦙ TV ☎ ♿ P
30 ch.

rdino – *alt. 1304.*
Andorra la Vella 7.

Coma ⑤, ☎ (00-376) 83 51 16, *Fax (00-376) 83 79 38,* ←, ☀, ⛱, ✻ – ⦙, ▤ rest, TV ☎ P. AE GB. ✻
fermé 2 nov. au 2 déc. – **Repas** 2500 – **48 ch** ☕ 8000/11000.

Ansalonga *Nord-Ouest : 1,8 km :*

Sant Miquel, rte del Serrat ☎ (00-376) 85 07 70, *Fax (00-376) 85 05 71,* ←, ☀ – ⦙ TV ☎ P
19 ch.

as-de-la-Case – *alt. 2091 – Sports d'hiver 2050/2600 m ≴ 29.*
Andorra la Vella 29.

Le Sporting, r. Catalunya 1 ☎ (00-376) 85 54 51, *Fax (00-376) 85 54 65* – ⦙ TV ☎ – 25 à 60
saisonnier – **76 ch.**

Esqui d'Or, r. Catalunya 9 ☎ (00-376) 85 51 27, *Fax (00-376) 85 51 78,* Fo – ⦙ TV ☎. GB. ✻ rest
déc.-avril – **Repas** 2600 – ☕ 1000 – **62 ch** 13000.

X **Campistrano,** r. Bearn 30 ☎ (00-376) 85 64 88 – GB. ✻
fermé juil. et merc. – **Repas** - produits de la mer - carte 2 800 à 4 550.

te de Soldeu *Sud-Ouest : 10 km :*

Refugi Grau Roig, r. Grau Roig ☎ (00-376) 85 55 56, *Fax (00-376) 85 50 37,* ←, Fo, ⛱ – ⦙ TV ☎ ♿ P. AE GB. ✻ rest
juin-sept. et déc.-3 mai – **Repas** 2500 – **44 ch** ☕ 12000/18000.

anta-Coloma – *alt. 970.*
Andorra la Vella 3.

Cerqueda ⑤, r. Mossen Lluis Pujol ☎ (00-376) 82 02 35, *Fax (00-376) 86 19 09,* ←, ⛱, ☀ – ⦙ TV ☎ P. AE ⓓ GB. ✻ rest
fermé 8 janv. au 8 fév. – **Repas** 2400 – ☕ 600 – **65 ch** 4400/8100.

X **Don Pernil,** av. d'Enclar 94 ☎ (00-376) 86 52 55, *Fax (00-376) 86 36 24,* ☀, « Décor rustique » – ▤ P. AE ⓓ GB JCB
Repas - viandes grillées - carte 2 750 à 3 500.

ant-Julià-de-Lòria – *alt. 909.*
Andorra la Vella 7.

Pol, r. Verge de Canolich 52 ☎ (00-376) 84 11 22, *Fax (00-376) 84 18 52* – ⦙, ▤ rest, TV ☎ P. AE GB. ✻
fermé 7 janv. au 9 fév. – **Repas** (dîner seul.) 2400 – **80 ch** ☕ 9800.

Imperial sans rest, av. Rocafort 27 ☎ (00-376) 84 33 92, *Fax (00-376) 84 34 79* – ⦙ ▤ TV ☎ P. AE GB
fermé 16 au 30 juin et 16 au 30 nov. – **44 ch** ☕ 7500/9500.

XX **La Guingueta,** rte de la Rabassa ☎ (00-376) 84 29 45, *Fax (00-376) 84 39 45,* ☀, « Décor rustique » – AE GB
fermé dim. soir et lundi – **Repas** carte 5 100 à 6 900.

u Sud-Est *: 7 km :*

Coma Bella ⑤, alt. 1 300 ☎ (00-376) 84 12 20, *Fax (00-376) 84 14 60,* ←, « Dans la forêt de la Rabassa », Fo – ⦙ TV ☎ P. GB. ✻ rest
Repas 1700 – **35 ch** ☕ 8600.

Soldeu – *alt. 1826 – Sports d'hiver 1700/2560 m. ≴ 21.*
Env. *Port d'Envalira* ✻★★ *SE : 7,5 km.*
Andorra la Vella 19.

à Incles *Ouest : 1,8 km :*

Parador Canaro, ✆ (00-376) 85 10 46, *Fax (00-376) 85 17 20,* ≤ – TV ☎ ⇔ P. AE ⓞ GB JCB. ✻
fermé 10 mai à fin juin – **Repas** 1800 – ☐ 550 – **18 ch** 4300/7000.

à El Tarter *Ouest : 3 km :*

Del Tarter, ✆ (00-376) 85 11 65, *Fax (00-376) 85 14 74,* ≤ – |‡| TV ☎ ⇔ P. AE ⓞ GB ✻
fermé mai et 15 oct. au 3 déc. – **Repas** 2200 – ☐ 950 – **37 ch** 6500/9000.

Llop Gris ⛰, ✆ (00-376) 85 15 59, *Fax (00-376) 85 12 29,* ≤, Ƒ₆, ▣ – |‡| TV ☎ ⇔ P. 🚶 30 à 80. AE GB. ✻ rest
fermé nov. – **Repas** 3100 – **68 ch** ☐ 14500/18300.

Del Clos, ✆ (00-376) 85 15 00, *Fax (00-376) 85 15 54,* ≤ – |‡| ☎ ⇔. AE ⓞ GB. ✻
Repas (dîner seul.)(buffet en hiver) 1750 – **54 ch** ☐ 10200/15750.

de Sant Pere ⛰ avec ch, ✆ (00-376) 85 10 87, *Fax (00-376) 85 10 87,* ≤, ⛱, « Déco rustique » – TV ☎ P. AE ⓞ GB. ✻
Repas carte environ 5 100 – **6 ch** ☐ 9000/12000.

ANDRÉZIEUX-BOUTHÉON *42160 Loire* 73 ⑱ – *9 407 h alt. 395.*

Voir *Lac de retenue de Grangent*★★ *S : 9 km,* G. Vallée du Rhône.
🅸 *Office de Tourisme r. d'Urfé ✆ 04 77 55 37 03, Fax 04 77 55 88 46.*
Paris 511 – St-Étienne 19 – Lyon 77 – Montbrison 19 – Roanne 71.

Iris ⛰, 32 av. J. Martouret (dir. gare) ✆ 04 77 36 09 09, *Fax 04 77 36 09 00,* ⛱, ♨, ⛱ – ✻ TV ☎ ✆ P. ⓞ GB JCB
fermé 9 au 17 août, et 1er au 11 janv. – **Repas** *(fermé 9 au 17 août, vacances de Toussaint, 1er au 11 janv., vacances de fév., dim. soir et lundi)* (85) - 110/265 ♀ – ☐ 48 – **10 ch** 420 – ½ P 350.

ANDUZE *30140 Gard* 80 ⑰ *G. Gorges du Tarn – 2 913 h alt. 135.*

Voir *Bambouseraie de Prafrance*★ *N : 3 km par D 129.*
Env. *Grottes de Trabuc*★★ *NO : 10 km – Le Mas soubeyran : musée du Désert*★ *(souvenirs portestants 17e - 18e s.) NO : 7 km.*
🅸 *Office de Tourisme plan de Brie ✆ 04 66 61 98 17, Fax 04 66 61 79 77.*
Paris 718 – Alès 14 – Montpellier 60 – Florac 67 – Lodève 83 – Nîmes 46 – Le Vigan 50.

au Nord-Ouest *3 km par rte de St-Jean-du-Gard – ✉ 30140 Anduze :*

Porte des Cévennes ⛰, ✆ 04 66 61 99 44, *Fax 04 66 61 73 65,* ≤, ⛱, ▣, ⛱ – TV ☎ P. AE ⓞ GB. ✻
1er avril-25 oct. – **Repas** (dîner seul.) 90/150, enf. 55 – ☐ 45 – **38 ch** 330 – ½ P 280.

Régalière, ✆ 04 66 61 81 93, *Fax 04 66 61 85 94,* ⛱, ▣, ⛱ – TV ☎ P. AE ⓞ GB
15 mars-25 nov. – **Repas** *(fermé merc. midi sauf juil.-août)* 90/230 ♀, enf. 45 – ☐ 38 – **12 ch** 280/320 – ½ P 285.

Moulin de Corbès, ✆ 04 66 61 61 83, *Fax 04 66 61 68 06,* ⛱ – P. GB
fermé janv. et fév., dim. soir et lundi du 15 sept. au 15 juin – **Repas** 148/320 ♀, enf. 70.

à Générargues *Nord-Ouest : 5,5 km par D 129 et D 50 – 546 h. alt. 160 – ✉ 30140 :*

Trois Barbus ⛰, rte Mialet ✆ 04 66 61 72 12, *Fax 04 66 61 72 74,* ≤ vallée des Camisards, ⛱, ♨, ⛱ – TV ☎ P – 🚶 25. AE GB. ✻ rest
fin mars-2 nov. et fermé dim. soir et lundi en oct. – **Repas** 150/290 – ☐ 58 – **34 ch** 340/630 – ½ P 400/540.

à Tornac *Sud-Est : 6 km par D 982 – 650 h. alt. 140 – ✉ 30140 :*

Demeures du Ranquet Ⓜ ⛰, rte St-Hippolyte-du-Fort : 2 km ✆ 04 66 77 51 63, *Fax 04 66 77 55 62,* ⛱, parc, ♨ – ✻ TV ☎ ✆ P – 🚶 30. GB. ✻ rest
fermé 11 nov. au 10 mars, mardi soir et merc. sauf du 1er juin au 15 sept. – **Repas** (120) 180/380, enf. 80 – ☐ 80 – **10 ch** 660/900 – ½ P 680/720.

à Durfort *Sud-Ouest : 12 km par D 982 – 492 h. alt. 150 – ✉ 30170 :*

Real, rte St-Hippolyte-du-Fort ✆ 04 66 77 50 68, ⛱ – P
fermé 29 juin au 4 juil., 15 au 21 nov., dim. soir et lundi – **Repas** (déj. seul. de fin sept. à fin juin) 105/170 ♀.

ANET *28260 E.-et-L.* 55 ⑰, 106 ⑬ *– 2 696 h alt. 73.*

Voir Château★, G. Normandie Vallée de la Seine.

Syndicat d'initiative 8 r. Delacroix ✆ 02 37 41 49 09.

Paris 79 – Chartres 50 – Dreux 15 – Évreux 34 – Mantes-la-Jolie 27 – Versailles 57.

Dousseine sans rest, rte Sorel-Moussel ✆ 02 37 41 49 93, *Fax 02 37 41 90 54,* « Jardin fleuri », – TV ☎ & P – 50. GB
40 – **20 ch** 250/300.

XX **Aub. de la Rose** avec ch, 6 r. Ch. Lechevrel ✆ 02 37 41 90 64 – GB
fermé dim. soir et lundi – **Repas** 153/240 – 35 – **7 ch** 190/240.

XX **Manoir d'Anet,** 3 pl. Château ✆ 02 37 41 91 05, *Fax 02 37 41 91 04* – GB
fermé 3 au 20 janv., mardi soir, jeudi soir et merc. – **Repas** 145/238.

PEUGEOT Gar. Dafeur, ✆ 02 37 41 91 02 N ✆ 02 37 41 91 02
RENAULT Ezy Auto, rte de Dreux à Ezy-sur-Eure ✆ 02 37 64 74 33 N ✆ 06 09 96 88 43
RENAULT Gar. Bonnin, ✆ 02 37 41 90 51

ANGERS P *49000 M.-et-L.* 63 ⑳ *G. Châteaux de la Loire – 141 404 h Agglo. 208 282 h alt. 41.*

*Voir Château★★★ **AYZ** : tenture de l'Apocalypse★★★, tenture de la Passion et Tapisseries mille-fleurs★★ – Vieille ville★ : cathédrale★★ **BY**, galerie romane★★ de la Préfecture★ **BZ P**, galerie David d'Angers★ **BZ E** – Maison d'Adam★ **BYZ D**, hôtel Pincé★ **BY** – Choeur★★ de l'église St-Serge★ **CY** – Musée Jean Lurçat et de la Tapisserie contemporaine★★ dans l'ancien hôpital St-Jean **ABY** – La Doutre★ **AY.***

Env. Château de Pignerolle★ : musée européen de la Communication★★ E : 8 km par D 61.

18 ✆ 02 41 91 96 56, par ④ : 8 km ; 18 d'Avrillé ✆ 02 41 69 22 50, à Avrillé : 5 km par ⑥ ; 9 Golf Angers Capucins ✆ 02 41 73 91 81.

Office de Tourisme pl. du Prés.-Kennedy ✆ 02 41 23 51 11, Fax 02 41 23 51 10, (en oct. 98) 13 promenade du Bout du Monde ✆ 02 41 25 54 54, Fax 02 41 25 54 55 – Automobile Club pl. République (près Halles) ✆ 02 41 88 40 22, Fax 02 41 20 00 49.

Paris 294 ① – Laval 78 ⑤ – Le Mans 96 ① – Nantes 91 ⑤ – Rennes 128 ⑤ – Saumur 50 ② – Tours 109 ①.

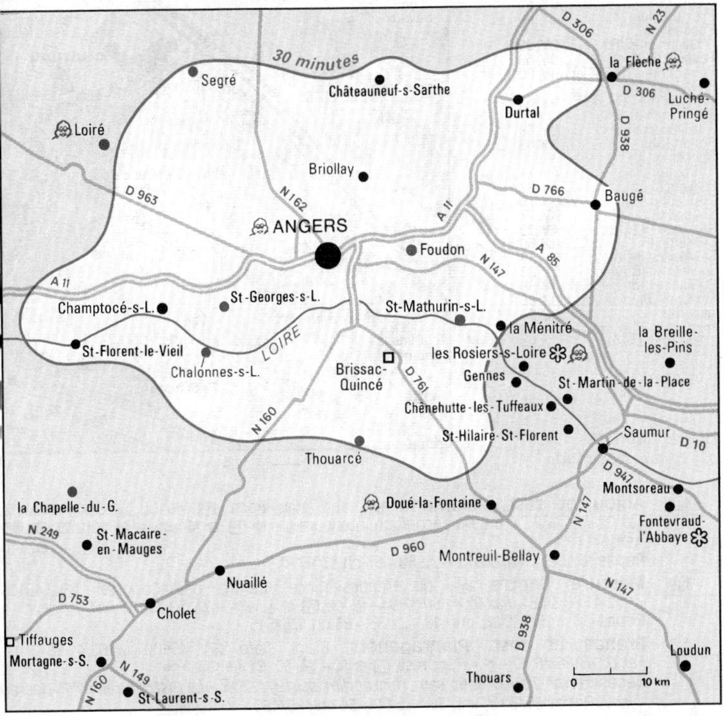

ANGERS

Alsace (R. d') .... CZ
Beaurepaire (R.) .... AY
Bressigny (R.) .... CZ
Chaperonnière (Rue) .... BYZ 15
Foch (Bd Mar.) .... BCZ
Laiterie (Pl.) .... AY
Lenepveu (R.) .... CY 40
Lices (R. des) .... BZ
Lionnaise (R.) .... AY
Plantagenêt (R.) .... BY 57
Ralliement (Pl. du) ..... BY 66
Roë (R. de la) .... BY 70
St-Aubin (R.) .... BZ 73
St-Julien (R.) .... BCZ
Voltaire (R.) .... BZ 93

Aragon (Av. Yolande d') ...... AY 2
Baudrière (R.) .... BY 5
Bichat (R.) .... AY 8
Bon-Pasteur (Bd du) .... AY 9
Bout-du-Monde (Prom. du) .... AY 12
Commerce (R. du) ..... CY 19
David-d'Angers (Rue) .... CY 21
Denis-Papin (R.) .... BZ 22
Espine (R. de l') .... BY 27
Estoile (Sq.J. de l') ..... AY 28
Freppel (Pl.) .... BY 31
Gare (R. de la) .... BZ 32
La Rochefoucauld-Liancourt (Pl.) ..... ABY 38
Lise (R. P.) .... CY 43
Marceau (R.) .... AZ 45
Mirault (Bd) .... BY 49
Oisellerie (R.) .... BY 53
Parcheminerie (R.) .... BY 54
Pasteur (Av.) .... CY 55
Pilori (Pl. du) .... CY 56
Pocquet-de-Livonnières (R.) ..... CY 58
Poëliers (R. des) .... CY 59
Poissonnerie (Pl. de la) . BY 60
Prés.-Kennedy (Place du) .... AZ 62
Résistance-et-de-la-Déport. (Bd) ...... CY 68
Robert (Bd) .... BY 69
Ronceray (Bd du) .... AY 71
St-Aignan (R.) .... AY 72
St-Étienne (R.) .... CY 75
St-Laud (R.) .... BY 77
St-Lazare (R.) .... AY 79
St-Martin (R.) .... BZ 80
St-Maurice (Mtée) ..... BY 82
St-Maurille (R.) .... CY 83
St-Michel (Bd) .... CY 85
Ste-Croix (Pl.) .... BZ 86
Talot (R.) .... BZ 89
Tonneliers (Rue des) ... AY 90
8-Mai-1945 (Av. du) .... CZ 94

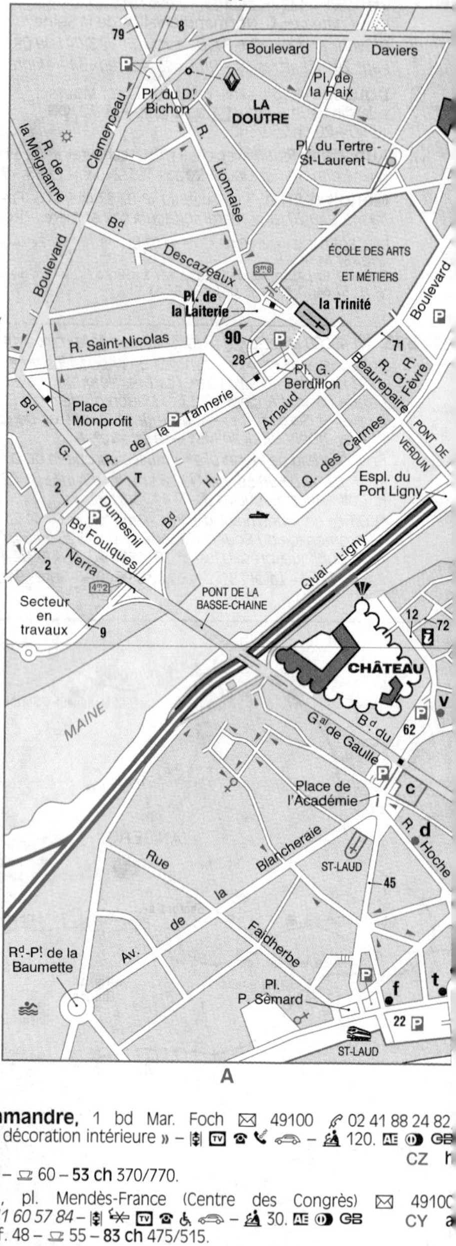

Pas de publicité payée dans ce guide

A

Anjou et rest. Salamandre, 1 bd Mar. Foch ✉ 49100 ☎ 02 41 88 24 82, *Fax 02 41 87 22 21,* « Belle décoration intérieure » – 🛗 📺 ☎ 📞 🚗 – 🏛 120. AE ◑ GB JCB. ✗ rest CZ h
Repas 140 (déj.), 170/220 ♀ – ☕ 60 – **53 ch** 370/770.

Mercure Centre Ⓜ, pl. Mendès-France (Centre des Congrès) ✉ 49100 ☎ 02 41 60 34 81, *Fax 02 41 60 57 84* – 🛗 ✗ 📺 ☎ ♿ 🚗 – 🏛 30. AE ◑ GB CY a
Repas *(87)* - 115/130 bc, enf. 48 – ☕ 55 – **83 ch** 475/515.

France et rest. Plantagenêts, 8 pl. Gare ✉ 49100 ☎ 02 41 88 49 42, *Fax 02 41 86 76 70* – 🛗 ✗, ▤ rest, 📺 ☎ 📞 – 🏛 30. AE ◑ GB JCB AZ t
Repas *(fermé 2 au 17 août, sam. midi et dim. soir)* 97/220 ♀ - ***Le Bistrot*** *(fermé 18 déc. au 4 janv.)* **Repas** 65/80 ♀, enf. 36 – ☕ 50 – **56 ch** 380/480 – 1/2 P 245.

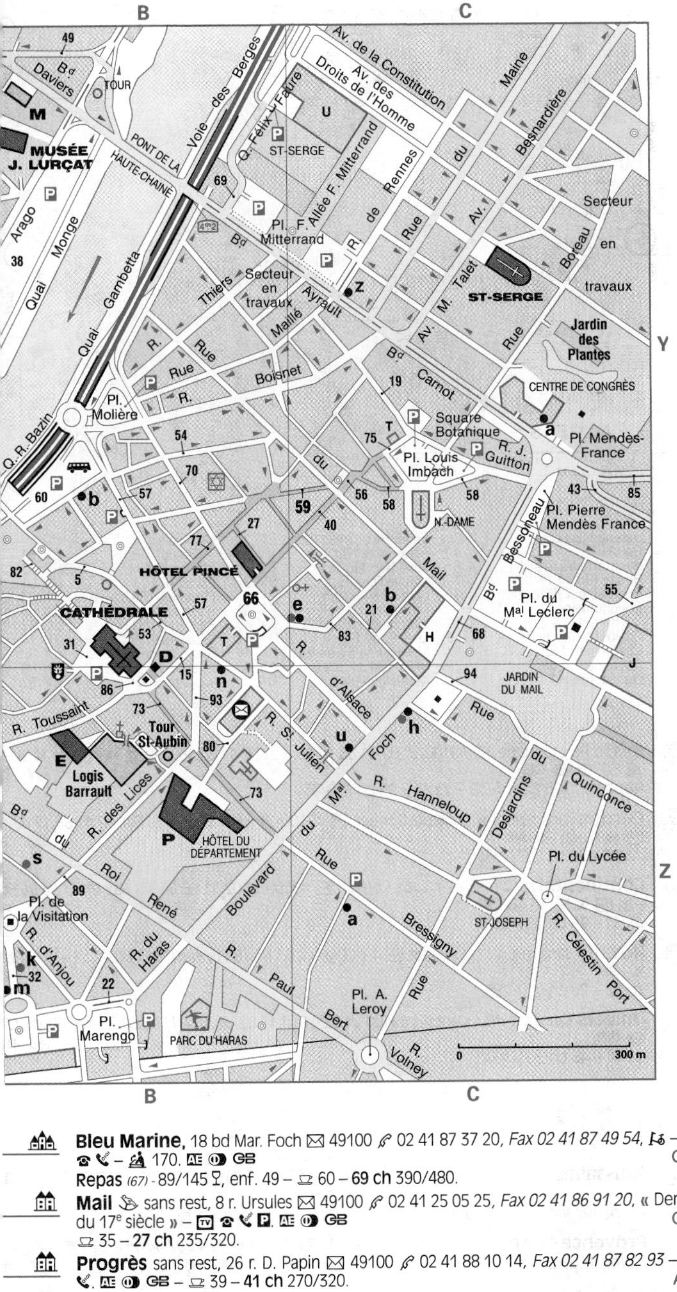

Bleu Marine, 18 bd Mar. Foch ✉ 49100 ☎ 02 41 87 37 20, *Fax 02 41 87 49 54,* – ⇅ TV ☎ – 170. AE ⓓ GB — CZ u
Repas *(67)* - 89/145 ♀, enf. 49 – ☕ 60 – **69 ch** 390/480.

Mail sans rest, 8 r. Ursules ✉ 49100 ☎ 02 41 25 05 25, *Fax 02 41 86 91 20,* « Demeure du 17e siècle » – TV ☎ P. AE ⓓ GB — CY b
☕ 35 – **27 ch** 235/320.

Progrès sans rest, 26 r. D. Papin ✉ 49100 ☎ 02 41 88 10 14, *Fax 02 41 87 82 93* – ⇅ TV. AE ⓓ GB – ☕ 39 – **41 ch** 270/320. — AZ f

St-Julien sans rest, 9 pl. Ralliement ✉ 49100 ☎ 02 41 88 41 62, *Fax 02 41 20 95 19* – ⇅ TV ☎. AE GB — CY e
☕ 35 – **34 ch** 220/320.

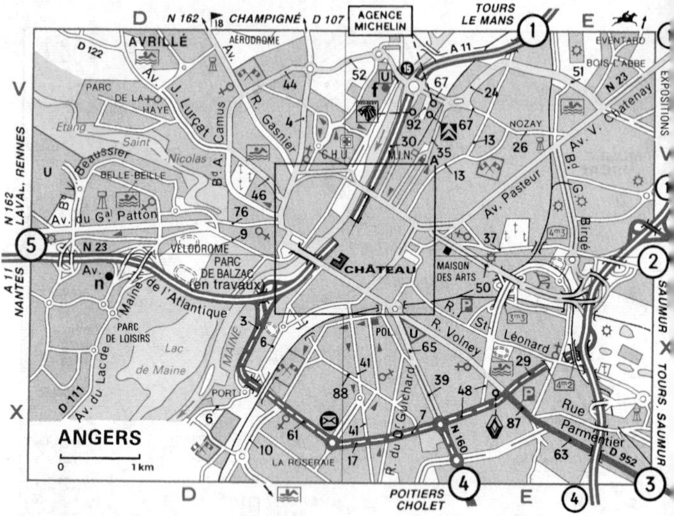

Barangé (Bd Ch.)	DX	3	Estienne d'Orves (Bd)	EX	29	Monplaisir (Bd de)	EV	51
Barra (R.)	DV	4	Félix-Faure (Q.)	EV	30	Moulin (Bd J.)	DEV	52
Baumette (Pr. de la)	DX	6	Joxe (Av. J.)	EV	35	Portet (Bd J.)	DX	61
Bedier (Bd J.)	EX	7	Larevellière (R.)	EV	37	Pyramide (Rte de la)	EX	63
Bon-Pasteur (Bd)	DV	9	Lattre-de-Tassigny (Bd de)	EX	39	Rabelais (R.)	EX	65
Bouchemaine (Rte de)	DX	10	Letanduère (R. de)	EX	41	Ramon (Bd G.)	EV	67
Chalouère (R. de la)	EV	13	Lizé (R. du Gén.)	DV	44	St-Jacques (R.)	DV	76
Chaumin (Bd E.)	EX	17	Meignanne (R. de la)	DV	46	Saumuroise (R.)	EX	87
Doyenné (Bd du)	EV	24	Millot (Bd J.)	EX	48	Strasbourg (Bd de)	DEX	88
Dunant (Bd H.)	EX	26	Montaigne (Av.)	EX	50	Vaucanson (R.)	EV	92

Ibis, r. Poissonnerie ✉ 49100 ✆ 02 41 86 15 15, *Fax 02 41 87 10 41* – 30. AE GB — BY b
Repas (75) - 95 ⅄, enf. 39 – ☕ 35 – **95 ch** 310/330.

Europe sans rest, 3 r. Château-Gontier ✉ 49100 ✆ 02 41 88 67 45, *Fax 02 41 86 17 42* – AE GB — CZ a
☕ 37 – **29 ch** 227/295.

Continental sans rest, 12 r. L. de Romain ✉ 49100 ✆ 02 41 86 94 94, *Fax 02 41 86 96 60* – AE GB — BYZ n
☕ 32 – **25 ch** 215/320.

Royalty sans rest, 21 bd Ayrault ✉ 49100 ✆ 02 41 43 78 76, *Fax 02 41 60 37 51* – GB — CY z
☕ 32 – **20 ch** 220/280.

Univers sans rest, 16 r. Gare ✉ 49100 ✆ 02 41 88 43 58, *Fax 02 41 86 97 28* – AE GB — AZ m
☕ 31 – **45 ch** 200/300.

Toussaint, 7 pl. Kennedy ✉ 49100 ✆ 02 41 87 46 20, *Fax 02 41 87 96 64* – AE GB — AZ v
fermé vacances de fév., dim. soir et lundi – **Repas** 100/285 et carte 200 à 290 ♀.

Provence Caffé, 9 pl. Ralliement ✆ 02 41 87 44 15, *Fax 02 41 87 44 15* – AE GB. — BCY e
fermé 1er au 27 août, 23 déc. au 2 janv. et dim. – **Repas** (prévenir) 94/149 ♀.

Ma Campagne, 14 prom. de Reculée ✉ 49100 ✆ 02 41 48 38 06, *Fax 02 41 48 04 37*, – GB — EV f
Repas 85 (déj.), 100/188 ♀, enf. 60.

XX **Rose d'Or,** 21 r. Delaâge ✉ 49100 ☎ 02 41 88 38 38 – GB. ✻ BZ s
fermé dim. soir et lundi – **Repas** (nombre de couverts limité, prévenir) 105/175, enf. 60.

X **Relais,** 9 r. Gare ✉ 49100 ☎ 02 41 88 42 51, *Fax 02 41 24 75 20* – GB BZ k
fermé 9 au 24 août, dim. soir et lundi – **Repas** (69) - 89/145 ♀.

X **Lucullus,** 5 r. Hoche ✉ 49100 ☎ 02 41 87 00 44, *Fax 02 41 87 00 44*, « Salles voûtées » – AE ⓓ GB AZ d
fermé 27 juil. au 16 août, 5 au 15 janv., dim. soir et lundi – **Repas** (78) - 98/260 bc.

près du Parc des Expositions *par ① N 23 : 6 km – ✉ 49480 St Sylvain d'Anjou :*

Acropole Ⓜ, ☎ 02 41 60 87 88, *Fax 02 41 60 30 03*, – TV ☎ & P – 50 à 100. AE ⓓ GB
Repas *(fermé sam. et dim.)* 86/145 – ☐ 45 – **50 ch** 300/320 – ½ P 260.

XXX **Aub. d'Éventard,** ☎ 02 41 43 74 25, *Fax 02 41 34 89 20*, – P. AE ⓓ GB. ✻
fermé dim. soir et lundi – **Repas** 165/385 et carte 300 à 450.

XX **Clafoutis,** rte Paris ☎ 02 41 43 84 71, *Fax 02 41 34 74 80* – P. AE GB
fermé 27 juil. au 25 août, lundi soir, sam. midi et dim. sauf fériés le midi – **Repas** 95/235 ♀, enf. 60.

à Foudon *Est : 11 km (dir. Plessis-Grammoire) par D 116 et D 113 – ✉ 49124 Plessis-Grammoire :*

XX **Boeuf Plessis,** ☎ 02 41 76 72 12, *Fax 02 41 76 80 85*, – GB JCB
fermé 3 au 25 août, dim. soir, lundi et mardi – **Repas** 85 bc/225 bc.

à l'Ouest *par ⑤ autoroute de Nantes, sortie Grand Maine : 2 km – ✉ 49000 Angers :*

Mercure Lac de Maine Ⓜ, ☎ 02 41 48 02 12, *Fax 02 41 48 57 51*, – , rest, TV ☎ P – 100. AE ⓓ GB JCB DX n
Le Diffen : Repas 95/186 bc, enf. 70 – ☐ 54 – **75 ch** 415/460.

au Nord-Ouest *rte de Laval par N 162 : 8 km - DV – ✉ 49240 Avrillé :*

Cavier, La Croix-Cadeau ☎ 02 41 42 30 45, *Fax 02 41 42 40 32*, « Salles à manger installées dans un ancien moulin », – TV ☎ & P – 35. AE ⓓ GB
Repas *(fermé 21 déc. au 5 janv. et dim.)* 107/173 – ☐ 46 – **43 ch** 250/320 – ½ P 218/269.

BMW Guitteny Autom., 2 av. Besnardière ☎ 02 41 43 72 88
CITROEN Gar. Sovam, 3 r. Vaucanson ☎ 02 41 21 22 22 N ☎ 08 00 05 24 24
MERCEDES Gar. Bretagne, 107 bd Bedier ☎ 02 41 44 51 51 N ☎ 02 41 66 82 66
PEUGEOT Gar. Lafayette, 21 pl. Lafayette ☎ 02 41 88 42 20
PEUGEOT SIAA, 9 Q. F.-FAURE, ZI ST-SERGE ☎ 02 41 60 56 05 N ☎ 06 07 09 55 66
RENAULT Gar. Plessis, 5 pl. Dr Bichon ☎ 02 41 87 46 86
RENAULT Succursale, 46 bd J.-Millot ☎ 02 41 54 55 56 N ☎ 06 07 82 49 76
ROVER Gar. Rallye, 10 Bd de la Liberté ☎ 02 41 47 14 14

Cailleau Pneu, 17 q. Félix Faure ☎ 02 41 21 09 09
Euromaster, 4 av. Besnardières ☎ 02 41 43 67 49
Euromaster, Les Ponts de Cé ☎ 02 41 69 96 16
Rodier Pneus, 7 bd Romanerie ☎ 02 41 43 95 14
Sofrap Point S, Les Ponts de Cé ☎ 02 41 44 97 87

ANGERVILLE *91670 Essonne 60 ⑲ – 3 012 h alt. 141.*

Paris 69 – Chartres 45 – Ablis 29 – Étampes 20 – Évry 55 – Orléans 52 – Pithiviers 28.

France, pl. du Marché ☎ 01 69 95 11 30, *Fax 01 64 95 39 59* – TV ☎ P – 30. AE GB
Repas (100) - 140 ♀, enf. 60 – ☐ 45 – **18 ch** 310/520 – ½ P 350.

à la Poste-de-Boisseaux *Sud : 7 km sur N 20 – ✉ 28310 (E.-et-L) Barmainville :*

XX **Panetière,** ☎ 02 38 39 58 26, *Fax 02 38 39 53 40*, – P. GB
fermé 1er au 7 août, dim. soir, mardi soir et lundi sauf fériés – **Repas** 100/160.

Les ANGLES *30133 Gard 81 ⑪ – 6 838 h alt. 66.*

Paris 682 – Avignon 5 – Alès 70 – Nîmes 44 – Remoulins 21.

Voir plan de Avignon agglomération.

Petit Manoir , av. J. Ferry ☎ 04 90 25 03 36, *Fax 04 90 25 49 13*, – TV ☎ & P – 35. GB. ✻ rest AV s
Repas 95/240 – ☐ 37 – **50 ch** 270/360 – ½ P 267/310.

Host. Ermitage, à Bellevue sur D 900 rte Nîmes ☎ 04 90 25 41 02, *Fax 04 90 25 11 68*, – TV ☎ P. AE ⓓ GB JCB AV r
fermé janv. et fév. voir rest. ***Ermitage Meissonnier*** ci-après – ☐ 55 – **16 ch** 240/500 – ½ P 340/470.

XXX **Ermitage-Meissonnier,** à Bellevue sur D 900 rte Nîmes ✆ 04 90 25 41 6
Fax 04 90 25 11 68, – P. AE GB JCB AV
fermé 15 au 31 janv., dim. soir de nov. à avril et lundi sauf le soir en juil.-août – **Repa**
160/450 et carte 340 à 440, enf. 120 - ***Côté Bouchon :*** Repas 100.

Les ANGLES *66210 Pyr.-Or.* 86 ⑯ – *528 h alt. 1650* – *Sports d'hiver : 1 600/2 400 m 2 21*
Office de Tourisme 2 av. de l'Aude ✆ 04 68 04 32 76, Fax 04 68 30 93 09.
Paris 876 – *Font-Romeu-Odeillo-Via 19* – *Mont-Louis 11* – *Perpignan 92* – *Quillan 59.*

Yaka, ✆ 04 68 04 46 46, *Fax 04 68 04 39 56,* ←, – TV ☎ P. AE GB. rest
fermé mai et 15 oct. au 11 déc. – **Repas** 87/192, enf. 42 – 37 – **35 ch** 265/305
½ P 289.

Llaret, ✆ 04 68 30 90 90, *Fax 04 68 30 91 66,* ← – TV ☎ P. GB.
15 juin-30 sept., 15 déc.-30 avril et fermé merc. hors saison – **Repas** 95/150, enf. 50 – 4
– **26 ch** 350 – ½ P 280/320.

X **Ramballade,** ✆ 04 68 04 43 48 – GB
fermé 20 sept. au 20 oct. et dim. soir sauf vacances scolaires – **Repas** 72/122, enf. 42.

ANGLES-SUR-L'ANGLIN *86260 Vienne* 68 ⑮ *G. Poitou Vendée Charentes* – *424 h alt. 100.*
Voir *Site★* – *Ruines du château★.*
Office de Tourisme Mairie ✆ 05 49 48 86 87.
Paris 296 – *Poitiers 50* – *Châteauroux 73* – *Châtellerault 34* – *Montmorillon 34*
La Roche-Posay 12.

XX **Relais du Lyon d'Or** avec ch, ✆ 05 49 48 32 53, *Fax 05 49 84 02 28,* « Maiso
du 15e siècle » – TV ☎. GB
fermé 16 nov. au 4 déc., janv. et fév. – **Repas** *(fermé merc. soir et jeudi)* 98/189 ♀, enf. 50
50 – **12 ch** 370/450 – ½ P 300/340.

Les pastilles numérotées des plans de ville ①, ②, ③
sont répétées sur les ***cartes Michelin*** *à 1/200 000.*

Elles facilitent ainsi le passage entre les ***cartes*** *et les* ***guides Michelin.***

ANGLET *64600 Pyr.-Atl.* 78 ⑱ *G. Pyrénées Aquitaine* – *33 041 h alt. 20.*
18 *de Chiberta ✆ 05 59 63 83 20, N : 5 km par D 5 ;* 18 *Makila ✆ 05 59 58 42 42 à Bassussarr*
S : 4 km par D 203 et D 932.
de Biarritz-Parme ✆ 05 59 43 83 83, SO : 2 km.
Office de Tourisme 1 av. Chambre-d'Amour ✆ 05 59 03 77 01, Fax 05 59 03 55 91.
Paris 772 – *Biarritz 4* – *Bayonne 5* – *Cambo-les-Bains 16* – *Pau 118* – *St-Jean-de-Luz 18.*

Plan : voir Biarritz-Anglet-Bayonne.

Atlanthal M, 153 bd Plages - **ABX** ✆ 05 59 52 75 75, *Fax 05 59 52 75 13,* ←,
centre de thalassothérapie, – , rest, TV ☎ P – 150. AE GB
rest
Repas 170 ♀ – 60 – **99 ch** 745/1430 – ½ P 650/970.

Novotel Biarritz Aéroport M, 68 av. Espagne, N 10 ✆ 05 59 58 50 50
Fax 05 59 03 33 55, – TV ☎ P – 25 à 150. AE GB
Repas carte environ 180 ♀, enf. 50 – 55 – **121 ch** 500/595. **BX r**

CITROEN C et C, bd du Bab ✆ 05 59 52 86 86
FORD Gar. Durruty, ZI des Pontots, bd du Bab
✆ 05 59 58 33 33 N ✆ 05 59 23 68 68
NISSAN Gar. Corro, 22 bis r. Lannebere
✆ 05 59 52 15 52
OPEL Gar. Lafontaine, BAB 2, les Pontots
✆ 05 59 52 26 46

RENAULT Gar. Aylies, 54 av. d'Espagne
✆ 05 59 03 98 13
VOLVO Darmendrail Autom., 1 r. du Col. M Lync
✆ 05 59 31 43 43

ANGOULÊME P *16000 Charente* 72 ⑬ ⑭ *G. Poitou Vendée Charentes* – *42 876 h Agglo*
102 908 h alt. 98.
Voir *La ville haute★★* – *Site★* – *Promenade des Remparts★★* **YZ** – *Cathédrale St-Pierre★*
façade★★ **Y F** – *C.N.B.D.I. (Centre national de la bande dessinée et de l'image)★* **Y.**
9 *de l'Hirondelle ✆ 05 45 61 16 94, S : 2 km* **X.**
d'Angoulême-Champniers, ✆ 05 45 69 88 09, par ① : 12 km.
Office de Tourisme pl. des Halles ✆ 05 45 95 16 84, Fax 05 45 95 91 76 – *Automobile Clu*
de la Charente 6 r. Marcel-Paul ✆ 05 45 95 16 14.
Paris 447 ① – *Bordeaux 118 ⑤* – *Limoges 103 ②* – *Niort 114 ①* – *Périgueux 85 ③*
Royan 108 ⑥.

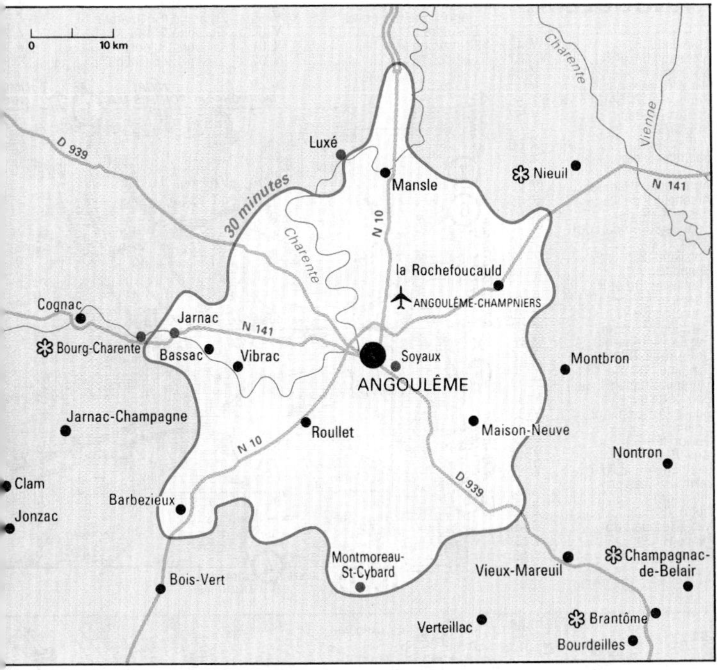

Mercure - H. de France M, 1 pl. Halles ☎ 05 45 95 47 95, *Fax 05 45 92 02 70*, – 25 à 200. AE GB JCB — Y e
Repas *(fermé sam. midi, dim. midi et fériés le midi)* (95) - 160 ♀, enf. 60 – 57 – **89 ch** 430/580.

Européen M sans rest, pl. G. Pérot ☎ 05 45 92 06 42, *Fax 05 45 94 88 29* – 25. AE GB — Y a
45 – **32 ch** 320/450.

St-Antoine, 31 r. St Antoine ☎ 05 45 68 38 21, *Fax 05 45 69 10 31* – 25. AE GB — X f
fermé sam. midi et dim. soir – **Repas** 80/170 – 37 – **32 ch** 280/320 – 1/2 P 255.

Épi d'Or sans rest, 66 bd René Chabasse ☎ 05 45 95 67 64, *Fax 05 45 92 97 23* – 30. AE GB — X v
35 – **33 ch** 250.

Palais sans rest, 4 pl. F. Louvel ☎ 05 45 92 54 11, *Fax 05 45 92 01 83* – AE GB JCB — Y k
38 – **49 ch** 250/370.

Ruelle, 6 r. Trois Notre-Dame ☎ 05 45 95 15 19 – AE GB — Y x
fermé 20 au 26 avril, 3 au 23 août, 8 au 13 fév., sam. midi, le midi fériés et dim. – **Repas** 170/280 et carte 230 à 420 ♀.

Rest. Le Terminus, pl. Gare ☎ 05 45 95 27 13, *Fax 05 45 94 04 09* – AE GB — Y n
fermé dim. soir et lundi – **Repas** 85/155 ♀.

Les Gourmandines, 25 r. Genève ☎ 05 45 92 58 98 – GB — Y d
fermé dim. – **Repas** 79/189 ♀.

Cité, 28 r. St-Roch ☎ 05 45 92 42 69 – AE GB — Y r
fermé 2 au 17 août, vacances de fév., dim. et lundi – **Repas** 73/200.

Palma, 4 rampe d'Aguesseau ☎ 05 45 95 22 89, *Fax 05 45 94 26 66* – GB — Y u
fermé 21 déc. au 4 janv. et dim. – **Repas** 65/160 ♀, enf. 48.

ANGOULÊME

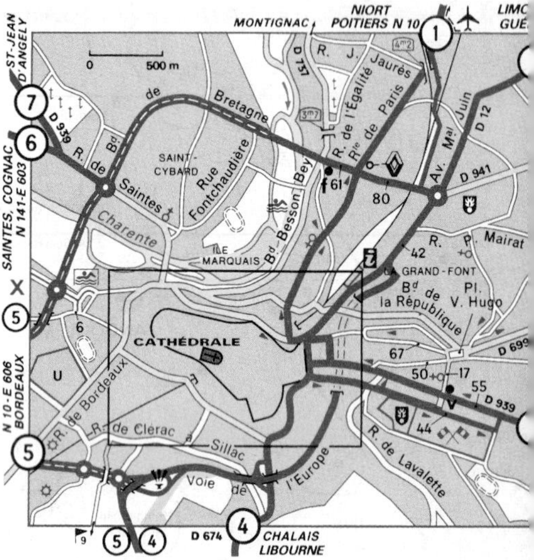

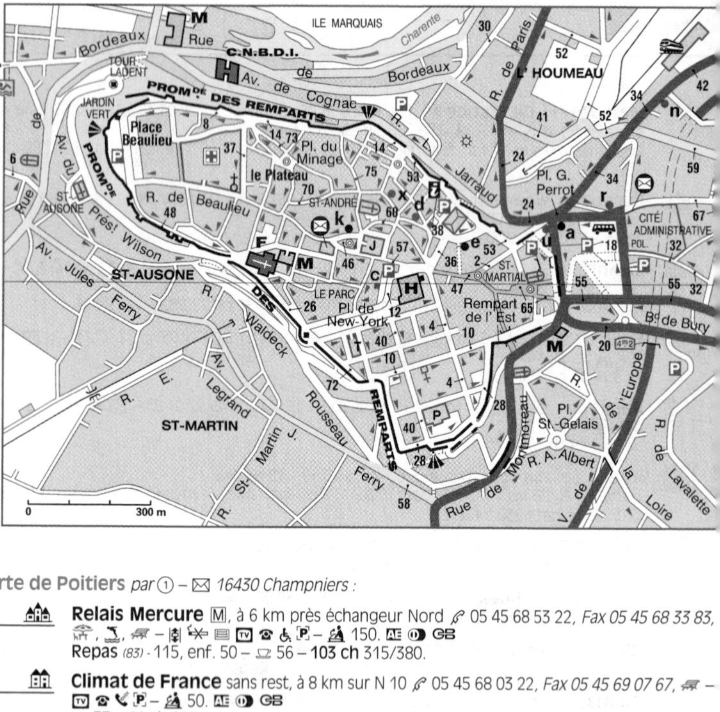

rte de Poitiers *par* ① – ✉ *16430 Champniers :*

Relais Mercure M, à 6 km près échangeur Nord ☎ 05 45 68 53 22, *Fax 05 45 68 33 83*, 150. AE ⓓ GB
Repas *(83)* - 115, enf. 50 – ☐ 56 – **103 ch** 315/380.

Climat de France sans rest, à 8 km sur N 10 ☎ 05 45 68 03 22, *Fax 05 45 69 07 67*, – 50. AE ⓓ GB
☐ 37 – **41 ch** 295.

Ibis M, à 6 km près échangeur Nord ✆ 05 45 69 16 16, *Fax 05 45 68 20 77*, – TV ☎ & P – 25. AE GB
Repas *(75)* - 95, enf. 39 – 35 – **62 ch** 295.

Le Feu de Bois, à 8 km sur N 10 ✆ 05 45 68 69 96, *Fax 05 45 69 07 67* – P. GB
Repas 82/180.

Soyaux *par ③ : 4 km – 10 353 h. alt. 133 – ✉ 16800 :*

Cigogne, (à la Mairie, prendre r. A.-Briand et 1 km) ✆ 05 45 95 89 23, *Fax 05 45 95 89 23*, ≤, , « Terrasse face à la campagne » – P. AE GB
fermé 19 oct. au 9 nov., vacances de fév. et lundi – **Repas** 100/145 ♀.

Maison-Neuve *par ③ et D 939, D 4 et D 25 : 17 km – ✉ 16410 Vouzan :*

Orée des Bois avec ch, ✆ 05 45 24 94 38, *Fax 05 45 24 97 51*, – TV ☎ P. GB
fermé vacances de Toussaint, de fév., dim. soir et lundi du 15 sept. au 30 juin – **Repas** 95 (déj.), 135/300, enf. 50 – 35 – **7 ch** 250/280 – ½ P 280/340.

Roullet *par ⑤ et N 10 : 14 km – 3 378 h. alt. 50 – ✉ 16440 :*

Vieille Étable, rte Mouthiers : 1,5 km ✆ 05 45 66 31 75, *Fax 05 45 66 47 45*, , parc, , – TV ☎ & P – 25 à 80. GB. rest
fermé dim. soir d'oct. à mai – **Repas** 85/265, enf. 50 – 37 – **29 ch** 295/375 – ½ P 325/365.

Marjolaine sans rest, Les Glamots, N 10 ✆ 05 45 66 46 46, *Fax 05 45 66 43 29* – TV ☎ & P. GB.
26 – **30 ch** 170/220.

te de Cognac *par ⑥, N 141 et D 120 : 10 – ✉ 16290 Asnières-sur-Nouère :*

Host. du Moulin du Maine Brun , ✆ 05 45 90 83 00, *Fax 05 45 96 91 14*, , « Beau mobilier », , – TV ☎ P. AE GB
15 avril-15 oct. – **Repas** *(fermé lundi)* 98/195 ♀, enf. 55 – 65 – **18 ch** 400/750 – ½ P 475/560.

RENAULT Succursale, 11 rte de Paris ✆ 05 45 69 50 50 N ✆ 06 07 57 10 69

Euromaster, Port l'Houmeau, 37 bd Besson-Bey ✆ 05 45 92 06 04 N ✆ 04 76 29 55 49

Rogeon Pneus Point S, ZI de Rabion ✆ 05 45 91 35 36

Périphérie et environs

AUDI, VOLKSWAGEN MCA, ZA Les Montagnes à Champniers ✆ 05 45 91 94 55
CITROEN Gar. Léger, rte de Bordeaux à la Couronne par ⑤ ✆ 05 45 67 26 03
CITROEN DAC, ZA les Montagnes à Champniers par ① ✆ 05 45 69 44 00 N ✆ 06 07 67 09 45
MERCEDES Savia, ZI N°3 à Gond Pontouvre ✆ 05 45 68 00 11 N ✆ 05 45 68 00 11

PEUGEOT SCAA, Za Les Montagnes à Champniers par ① ✆ 05 45 68 78 33 N ✆ 08 00 44 24 24
PEUGEOT Gar. Bonetta, 82 rte de Bordeaux à La Couronne par ⑤ ✆ 05 45 67 21 38 N ✆ 02 51 82 92 41

Vulco, N 10 au Gond Pontouvre ✆ 05 45 69 30 56

ANIANE *34 Hérault* 83 ⑥ *– rattaché à Gignac.*

ANNEBAULT *14430 Calvados* 54 ⑰ *– 317 h alt. 140.*
Paris 200 – Caen 35 – Cabourg 15 – Pont-l'Évêque 11.

Aub. Le Cardinal avec ch, ✆ 02 31 64 81 96, *Fax 02 31 64 64 65*, , – TV ☎ P. AE GB
fermé 15 janv. au 25 fév., mardi soir et merc. sauf juil.-août – **Repas** 100/270 ♀, enf. 58 – 35 – **7 ch** 290 – ½ P 300/350.

ANNECY P *74000 H.-Savoie* 74 ⑥ *G. Alpes du Nord – 49 644 h Agglo. 126 729 h alt. 448 – Casino.*
Voir *Le Vieil Annecy★★ : Descente de Croix★ dans l'église St-Maurice* **EY B**, *Palais de l'Isle★* **EY M²**, *rue Ste-Claire★* **DEY**, *pont sur le Thiou ≤★* **EY N** *– Musée-château★* **EY** *– Les Jardins de l'Europe★* **FY** *– Forêt du crêt du Maure★ : ≤★★ 3 km par D 41* **CV**.
Env. *Tour du lac★★★ 39 km (ou en bateau 1 h 30) – Gorges du Fier★★ : 11 km par ⑥ – Collections★ du château de Montrottier : 11 km par ⑥ – Crêt de Châtillon ※★★★ S : 18,5 km par D 41 puis 15 mn.*
18 du Lac d'Annecy ✆ 04 50 60 12 89, par ② : 10 km; 9 18 de Giez ✆ 04 50 44 48 41, 24 km par ③; 9 du Belvédère à St-Martin-Bellevue ✆ 04 50 60 31 78 par ① : 6 km.
d'Annecy-Haute-Savoie : T.A.T ✆ 04 50 27 30 30, par N 508 **BU** *et D 14 : 4 km.*
Office de Tourisme clos Bonlieu 1 r. J.-Jaurès ✆ 04 50 45 00 33, Fax 04 50 51 87 20 – Automobile Club 15 r. Préfecture ✆ 04 50 45 09 12, Fax 04 50 51 40 11.
Paris 539 ⑤ – Aix-les-Bains 34 ⑤ – Genève 44 ① – Lyon 140 ⑤ – St-Étienne 187 ⑤.

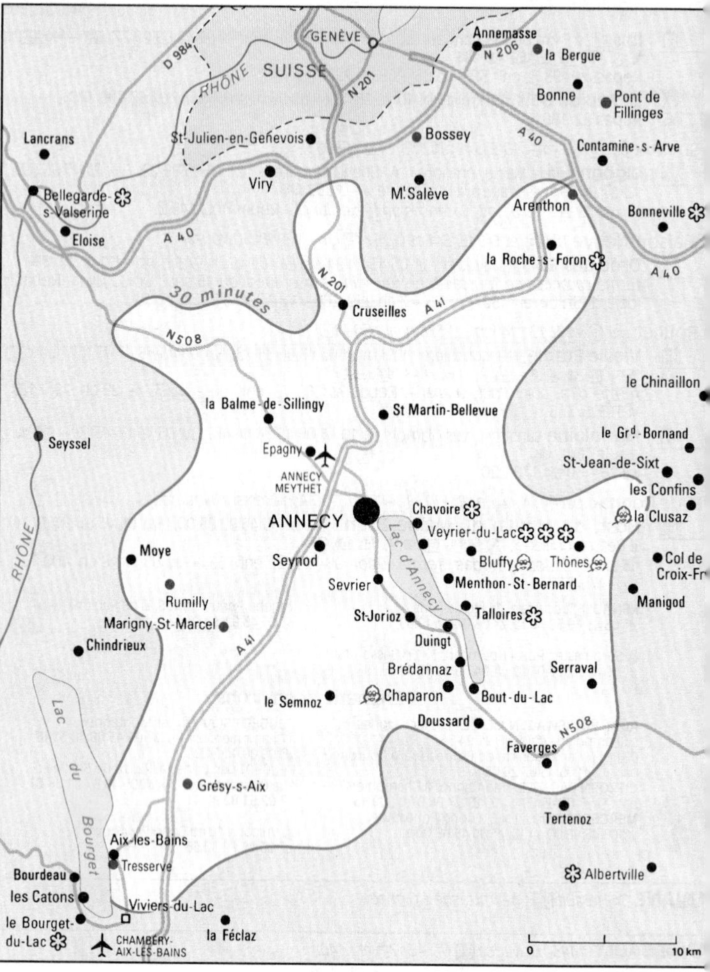

Impérial Palace Ⓜ, 32 av. Albigny ☎ 04 50 09 30 00, *Fax 04 50 09 33 33*, ←, « Décor contemporain », – 25 à 700. AE GB JCB CV s
Voile : Repas 160/240, enf. 100 – 120 – **91 ch** 1050/1500, 7 appart – ½ P 755.

Novotel Atria Ⓜ, 1 av. Berthollet ☎ 04 50 33 54 54, *Fax 04 50 45 50 68* – – 25 à 140. AE GB DX h
Repas *(69)* - 89 (déj.)/135, enf. 50 – 55 – **95 ch** 495/560.

L'Abbaye , 15 chemin Abbaye à Annecy-le-Vieux ✉ 74940 ☎ 04 50 23 61 08, *Fax 04 50 27 77 65*, « Ancienne demeure du 16e siècle », – AE GB JCB CU b
Repas *(fermé lundi)* (dîner seul.) 125 – 65 – **18 ch** 400/700 – ½ P 380/1060.

Carlton, 5 r. Glières ☎ 04 50 10 09 09, *Fax 04 50 51 84 54* – – 30. AE GB JCB DY g
Repas *(1er juin-30 sept.)* (dîner seul.) 100/140 – 45 – **55 ch** 465/570 – ½ P 410/450.

Splendid H. sans rest, 4 quai E. Chappuis ☎ 04 50 45 20 00, *Fax 04 50 51 26 23* – AE GB EY s
fermé 19 déc. au 12 janv. – 50 – **52 ch** 520/600.

ANNECY

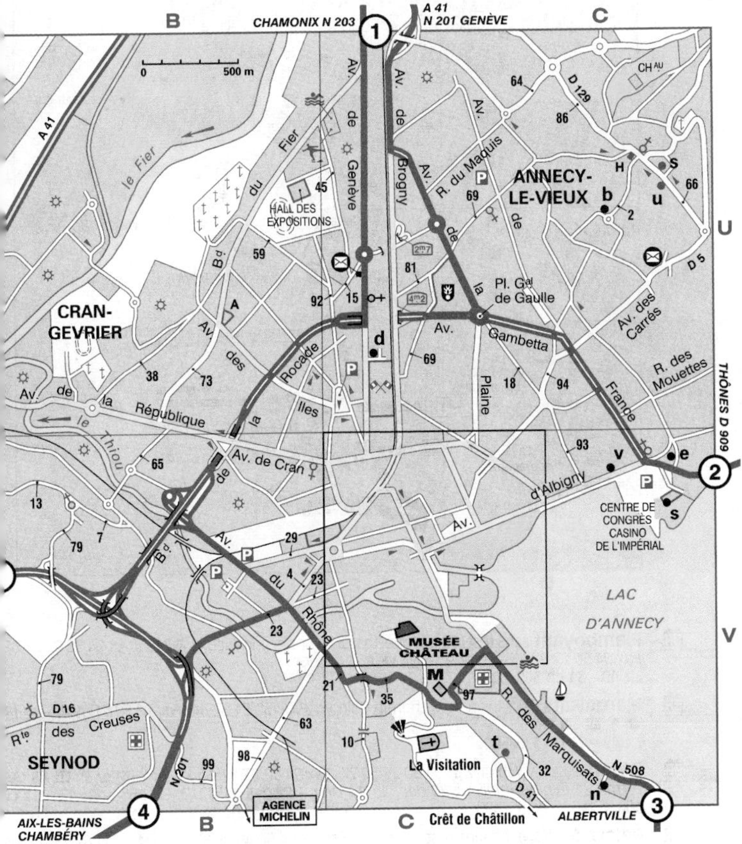

Holiday Inn Garden Court [M], 5 av. Thiou ☎ 04 50 52 35 35, *Fax 04 50 52 35 00* – |‡|, ☎ – 🅿 60. AE ⓓ GB JCB — **BV n**
Repas *(fermé 1er juil. au 31 août, sam. midi et dim.)* 95/140 ♀, enf. 45 – ☐ 60 – **134 ch** 530/640.

Allobroges sans rest, 11 r. Sommeiller ☎ 04 50 45 03 11, *Fax 04 50 51 88 32* – |‡| cuisinette ☎ ♿. AE ⓓ GB JCB — **DY n**
☐ 65 – **54 ch** 385/570.

Faisan Doré, 34 av. Albigny ☎ 04 50 23 02 46, *Fax 04 50 23 11 10* – |‡|, ≡ rest, ☎ – 🅿 25. GB — **CV e**
fermé 20 déc. au 31 janv. – **Repas** *(fermé dim. soir et lundi du 1er oct. au 1er mai)* 100/190 ♀, enf. 60 – ☐ 48 – **40 ch** 400/490 – ½ P 380/400.

ANNECY

Lac (R. du). . . . . **EY** 57
Pâquier (R. du) . . . . **EY** 71
République (R.) . . . . . . **DY** 83
Royale (R.) . . . . **DY** 85
Ste-Claire (Fg et R.). . . **DY** 91
Chambéry (Av. de). . . . . **DY** 23
Chappuis (Q. Eustache) **EY** 26
Filaterie (R.). . . . . **EY** 43
Grenette (R.). . . . . **EY** 51
Hôtel-de-Ville (Pl.). . . . . . **EY** 53
Jean-Jacques-
Rousseau (R.). . . . . . . **DY** 55
Libération (Pl. de la). . . . **EY** 61
Perrière (R.). . . . . **EY** 75
Pont-Morens (R. du) . . . **EY** 76
Poste (R. de la). . . . . **DY** 77
St-François-de-
Sales (Pl.) . . . . **EY** 87
St-François-de-
Sales (R.). . . . . **DY** 89
Tour-la-Reine (Ch.) . . . . . **EY** 95

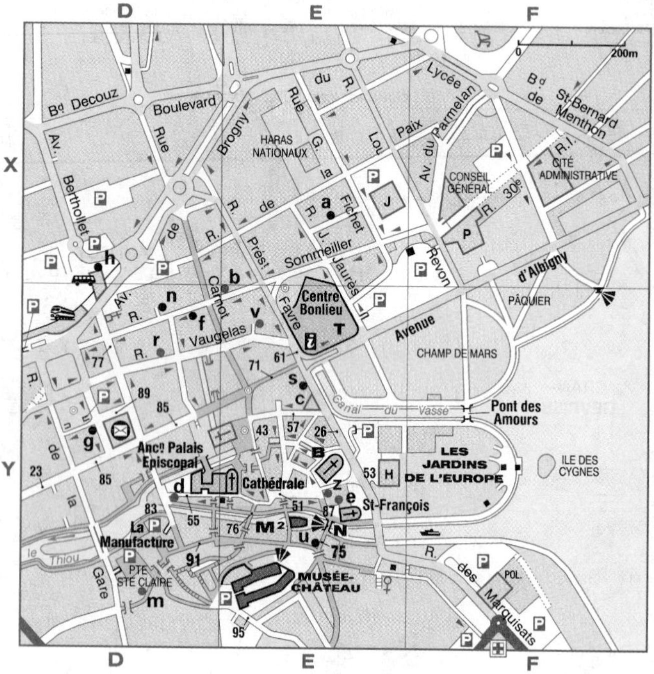

Flamboyant sans rest, 52 r. Mouettes CU à Annecy-le-Vieux ✉ 74940 ☏ 04 50 23 61 6…
Fax 04 50 27 97 23 – cuisinette TV ☎ P. AE ⓘ GB
☕ 49 – **31 ch** 365/625.

Marquisats sans rest, 6 chemin Colmyr ☏ 04 50 51 52 34, *Fax 04 50 51 89 42* – ⇅ …
☎ P. AE ⓘ GB CV
☕ 45 – **22 ch** 370/590.

Réserve, 21 av. Albigny ☏ 04 50 23 50 24, *Fax 04 50 23 51 17*, <, – TV ☎ P. AE ⓘ G…
fermé 21 juin au 4 juil. et 20 déc. au 13 janv. – **Repas** 115/270, enf. 55 – ☕ 42 – **12 c…**
360/480 – ½ P 355/390. CV

Palais de l'Isle M sans rest, 13 r. Perrière ☏ 04 50 45 86 87, *Fax 04 50 51 87 15* – ⇅ …
TV ☎. AE GB EY
☕ 49 – **26 ch** 335/525.

de Bonlieu M sans rest, 5 r. Bonlieu ☏ 04 50 45 17 16, *Fax 04 50 45 11 48* – ⇅ TV ☎ …
– 25. AE ⓘ GB EX
☕ 42 – **35 ch** 325/440.

Nord sans rest, 24 r. Sommeiller ☏ 04 50 45 08 78, *Fax 04 50 51 22 04* – ⇅ TV ☎. AE GB
☕ 35 – **32 ch** 248/298. DY

Eden sans rest, 3 r. Alpins ☏ 04 50 57 14 64, *Fax 04 50 67 00 87* – TV ☎ ♿ P. GB.
fermé 15 au 30 oct. – ☕ 32 – **10 ch** 235/295. CU

Clos des Sens, 13 r. J. Mermoz à Annecy-le-Vieux par av. France et rte Thônes ✉ 7494…
☏ 04 50 23 07 90, *Fax 04 50 66 56 54*, – AE ⓘ GB CU
fermé 1er au 14 sept., dim. soir et lundi sauf juil.-août – **Repas** 130 (déj.), 168/350 et cart…
260 à 380 🍷, enf. 78.

Ciboulette, 10 r. Vaugelas - impasse Pré Carré ✆ 04 50 45 74 57, *Fax 04 50 45 76 75,* – GB EY v
fermé 1er au 21 juil., dim. soir et lundi – **Repas** 140/250 et carte 250 à 320.

L'Atelier Gourmand (Leloup), 2 r. St-Maurice ✆ 04 50 51 19 71, *Fax 04 50 51 36 48,* – AE ⊙ GB EY z
fermé 24 août au 7 sept., 5 au 19 janv., dim. soir et lundi – **Repas** 170/345 et carte 280 à 390 ♀
Spéc. Gratinée reblochon-beaufort. Poissons du lac (fin mai à oct.). Lasagne de fruits de mer et homard. **Vins** Chignin, Seyssel.

Belvédère ⑤, rte Semnoz Sud-Est : 2 km par r. Marquisat ✆ 04 50 45 04 90, *Fax 04 50 45 67 25,* ≤ Annecy et lac, – AE GB. CV t
fermé 25 janv. au 15 mars, dim. soir et lundi – **Repas** 170/330.

Aub. du Lyonnais, 9 r. République ✆ 04 50 51 26 10, *Fax 04 50 51 05 04,* – AE GB
fermé 3 au 15 juin – **Repas** 105/395. DY d

Aub. de Savoie, 1 pl. St-François-de-Sales ✆ 04 50 45 03 05, *Fax 04 50 51 18 28* – AE GB
fermé merc. – **Repas** 135/245 ♀. EY e

Pré de la Danse, 16 r. J. Mermoz à Annecy-le-Vieux, par av. France et rte Thônes ✉ 74940 ✆ 04 50 23 70 41, *Fax 04 50 09 90 83,* – P. GB CU s
fermé dim. soir et lundi – **Repas** *(78 bc)* - 98 (déj.), 120/198 ♁, enf. 55.

Brasserie des Européens, 23 r. Sommeiller ✆ 04 50 51 30 70, *Fax 04 50 52 88 55* – ▤. GB EXY b
Repas carte 190 à 350 ♀.

Bilboquet, 14 fg Ste-Claire ✆ 04 50 45 21 68 – AE GB DY m
fermé 3 au 11 janv., dim. soir sauf juil.-août et lundi – **Repas** 96/200 ♀, enf. 60.

Les Artistes, 26 r. Vaugelas ✆ 04 50 45 30 04 – AE ⊙ GB DY r
Repas *(fermé dim.) (78)* - 108/168 ♀.

à Chavoires *par ② : 4,5 km – ✉ 74290 Veyrier :*

Demeure de Chavoire Ⓜ sans rest, 71 rte Annecy ✆ 04 50 60 04 38, *Fax 04 50 60 05 36,* ≤, « Élégante installation » – TV ☎ P. AE ⊙ GB JCB
fermé dim. soir en janv. – ☐ 75 – **10 ch** 750/1000, 3 appart.

L'Amandier, 91 rte Annecy ✆ 04 50 60 01 22, *Fax 04 50 60 03 25,* ≤ lac, – P. AE ⊙ GB
fermé vacances de Toussaint, de fév. et dim. d'oct. à Pâques – **Repas** 150 (déj.), 200/360 et carte 300 à 450 ♀, enf. 120
Spéc. "Farcettes" anneciennes en ravioles. Pot-au-feu de foie gras de canard au gros sel. Rissoles de poires aux fruits secs et sabayon. **Vins** Chignin-Bergeron, Marin.

à Veyrier-du-Lac *par ② : 5,5 km – 1 967 h. alt. 504 – ✉ 74290 :*
Office de Tourisme r. de la Tournette ✆ 04 50 60 22 71, Fax 04 50 60 00 90.

Aub. de l'Éridan (Veyrat) Ⓜ ⑤ avec ch, 13 Vieille rte des Pensières ✆ 04 50 60 24 00, *Fax 04 50 60 23 63,* ≤ lac, – ▤ TV ☎ ♿ P. AE ⊙ GB
fermé 15 déc. au 15 janv. – **Repas** *(fermé lundi sauf juil.-août)* 385 (déj.), 595/995 et carte 660 à 970 – ☐ 235 – **11 ch** 1550/3250
Spéc. Feuillantine d'escargots à l'achillée et pimprenelle. Féra du lac à la "benoîte urbaine". Gâteau de marrons au jus de truffes d'été (dessert). **Vins** Chignin, Mondeuse.

rte du Semnoz *Sud-Est : 3,5 km par D 41* **CV** *et rte forestière – ✉ 74000 Annecy :*

Super Panorama ⑤ avec ch, ✆ 04 50 45 34 86, ≤ lac et montagnes, – GB
fermé 28 déc. au 4 fév. lundi soir et mardi – **Repas** 105/155 ♁ – ☐ 35 – **5 ch** 225.

à Seynod *par ④ : 1 km – 14 764 h. alt. 577 – ✉ 74600 :*

Mercure, N 201 ✆ 04 50 52 09 66, *Fax 04 50 69 29 32,* – ▤ rest, TV ☎ ♿ P – 70. AE ⊙ GB
Repas *(fermé sam. midi et dim. midi) (69)* - 115 ♀, enf. 50 – ☐ 52 – **68 ch** 425/495.

à Épagny *par ⑤ et N 508 : 7 km – 2 061 h. alt. 455 – ✉ 74330 :*

Alpha Ⓜ, ✆ 04 50 22 67 46, *Fax 04 50 22 53 71,* – TV ☎ ♿ P – 30. AE GB
Repas *(fermé dim. sauf le midi de sept. à juin)* 98 bc/125 ♁, enf. 39 – ☐ 37 – **50 ch** 275/310 – ½ P 280.

MICHELIN, Agence, 23 r. de Sansy, ZI de Vovray, Seynod par av. de Loverchy **BV** ✆ 04 50 51 59 70

ALFA ROMEO, FIAT Pont Neuf Autom., 1 av. Pont Neuf ✆ 04 50 51 40 30
PEUGEOT Gar. Central, 28 av. Carres à Annecy-le-Vieux ✆ 04 50 09 20 20 N ✆ 06 07 91 02 71

Ⓜ Dupanloup, 119 av. de Genève ✆ 04 50 57 03 81
Vulco, 3 r. de Rumilly ✆ 04 50 45 72 11

Périphérie et environs

AUDI, VOLKSWAGEN SAT, ZI des Césardes, rte des Creuses à Seynod ℘ 04 50 69 06 79
BMW Aravis Autom., 100 av. d'Aix-les-Bains à Seynod ℘ 04 50 52 02 71
CITROEN Gar. Dieu, rte d'Aix, Seynod par ④ ℘ 04 50 69 16 72
FORD S.A.E.M., 140 av. d'Aix, Seynod ℘ 04 50 69 15 04
JAGUAR Gar. Ducros, 72 av. d'Aix, Seynod ℘ 04 50 52 03 81
MAZDA, VOLVO Gar. Cochet, le Grand Epagny à Epagny ℘ 04 50 22 63 50
MERCEDES SEVI 74, ZAE des Césardes, ch. Croix-Seynod ℘ 04 50 69 17 40
OPEL Gar. du Parmelan Bocquet, 33 av. Petit Port, Annecy-le-Vieux ℘ 04 50 23 12 85
RENAULT Grands Garages de Savoie, 12 av. d'Aix-les-Bains à Seynod ℘ 04 50 52 26 2

Bollon Pneus, 1 r. de l'Egalité à Meythet ℘ 04 50 22 58 40
Bruyère, 8 bis r. du Vieux Moulin à Meythet ℘ 04 50 22 07 22
Comptoir du Pneu, 18 av. du Pont Neuf à Cran Gevrier ℘ 04 50 45 07 82
Euromaster, 6 r. Césière, ZI de Vovray à Seynod ℘ 04 50 51 72 85

ANNEMASSE *74100 H.-Savoie 74 ⑥ G. Alpes du Nord – 27 669 h alt. 432 – Casino Grand Casino.*

18 Country Club de Bossey ℘ 04 50 43 95 50, 7 km par ③ ; 9 18 d'Esery ℘ 04 50 36 58 7 7 km par ③.

Office de Tourisme Hôtel de Ville r. de la gare ℘ 04 50 95 07 10, Fax 04 50 37 11 71.

Paris 540 ③ – Annecy 51 ③ – Thonon-les-Bains 31 ① – Bonneville 21 ③ – Genève 8 ③ St-Julien-en-Genevois 17 ③.

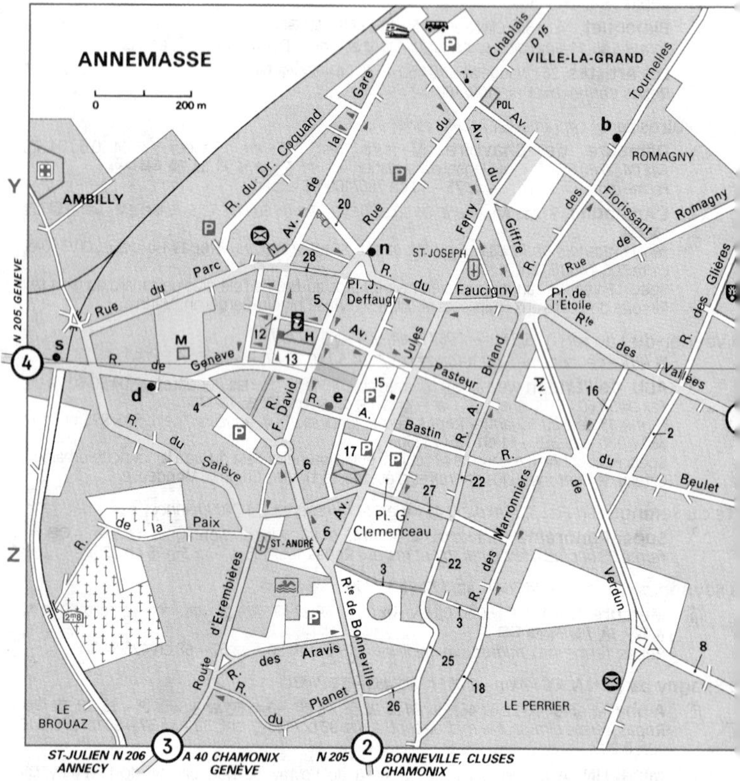

Mercure Ⓜ, par ③ *et rte Caillard* ✉ 74240 Gaillard ✆ 04 50 92 05 25, *Fax 04 50 87 14 57,* 🌳, ⛱ – |♦| ⚟ ▤ TV ☎ ♿ P – 🏛 70. AE ⊙ GB
Repas 80/115 ⫟, enf. 70 – ☕ 55 – **78 ch** 525.

Arc-en-Ciel sans rest, 21 r. Tournelles (à Ville-la-Grand) ✆ 04 50 92 66 00, *Fax 04 50 87 06 88* – |♦| ⚟ TV ☎ 📞 ♿ – 🏛 25. AE ⊙ GB — Y b
☕ 33 – **41 ch** 280/390.

Parc sans rest, 19 r. Genève ✆ 04 50 38 44 60, *Fax 04 50 92 75 71* – |♦| TV ☎ P. GB
fermé 23 déc. au 4 janv. – ☕ 45 – **30 ch** 280/380. — Z d

Hague sans rest, 42 r. Genève ✆ 04 50 38 47 14, *Fax 04 50 37 36 10* – |♦| ⚟ TV ☎ P. AE ⊙ GB — Y s
☕ 35 – **23 ch** 210/290.

National sans rest, 10 pl. J. Deffaugt ✆ 04 50 92 06 44, *Fax 04 50 87 07 45* – |♦| TV ☎ P. AE ⊙ GB — Y n
☕ 35 – **42 ch** 200/300.

Bonne Auberge, 7 r. A. Bastin ✆ 04 50 92 82 57, *Fax 04 50 37 64 30* – ⊙ GB — Z e
fermé lundi midi et dim. – **Repas** 75/290 ⫟, enf. 65.

La Bergue *Est : 6 km par ①, D 907 et D 183 – ✉ 74380 Cranves-Sales :*

Pergola, ✆ 04 50 39 30 27, *Fax 04 50 36 76 43,* 🌳 – P. GB
fermé 30 août au 12 sept., 8 au 20 fév., jeudi midi et merc. – **Repas** 96/195 🍷.

AUDI, VOLKSWAGEN Gar. Duchamp, r. Résistance, ZI ✆ 04 50 37 13 43
CITROEN SADAL, rte de Taninges à Vétraz Monthoux par ① ✆ 04 50 36 78 78 N ✆ 04 50 31 60 78
MERCEDES Espace Etoile 74, 5 R. coprins Chevelus à Ville La Grand ✆ 04 50 37 23 75
NISSAN Borgel, r. de Montréal, ZI Ville la Grand ✆ 04 50 37 07 60
PEUGEOT Gerbier, 57 rte de Thonon par ① ✆ 04 50 43 98 00 N ✆ 06 07 45 99 97
RENAULT Renault Annemasse, 2 av. du Léman par ② ✆ 04 50 95 91 00 N ✆ 04 50 87 52 86

Ⓟ Euromaster, 75 rte des Vallées ✆ 04 50 37 27 11

En juin et en septembre,
les hôtels sont moins chers qu'en pleine saison, le service est plus soigné.

ANNONAY *07100 Ardèche* 77 ① *G. Vallée du Rhône – 18 525 h alt. 350.*

de Gourdan ✆ 04 75 67 03 84, par ① : 6 km.

Office de Tourisme pl. des Cordeliers ✆ 04 75 33 24 51, Fax 04 75 32 47 79.

Paris 532 ① – St-Étienne 42 ④ – Valence 53 ① – Grenoble 104 ① – Tournon-sur-Rhône 35 ① – Vienne 44 ① – Yssingeaux 57 ③.

Marc et Christine, face gare **(e)** ✆ 04 75 33 46 97, *Fax 04 75 32 30 00,* 🌳 – GB
fermé 18 au 31 août, vacances de fév., dim. soir et lundi sauf fériés – **Repas** 100/295 - ***Patio*** ✆ 04 75 32 33 34 **Repas** (59) - 69/149 ⫟.

Halle, pl. Grenette **(a)** ✆ 04 75 32 04 62 – AE GB
fermé 24 août au 7 sept., dim. soir et lundi sauf fériés – **Repas** 88/220 🍷, enf. 45.

au Golf de Gourdan *par ① et N 82 (rte St-Étienne) : 6,5 km – ✉ 07430 Annonay :*

D'Ay Ⓜ 🐎 sans rest, ✆ 04 75 67 01 00, *Fax 04 75 67 07 38* – |♦| ▤ TV ☎ ♿ – 🏛 40. AE GB
☕ 45 – **35 ch** 280/700.

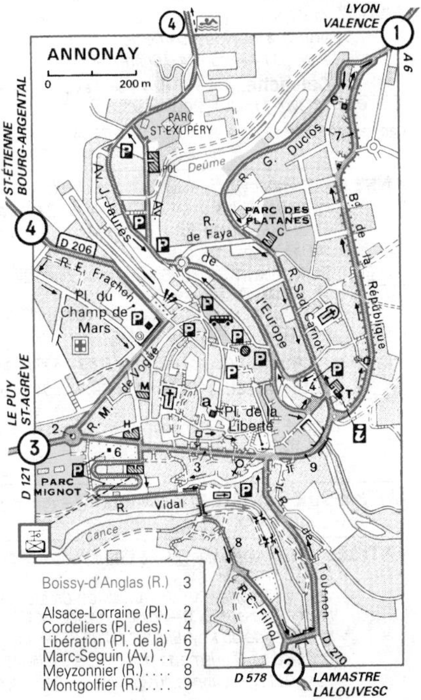

Boissy-d'Anglas (R.) 3
Alsace-Lorraine (Pl.) 2
Cordeliers (Pl. des) 4
Libération (Pl. de la) 6
Marc-Seguin (Av.) 7
Meyzonnier (R.) 8
Montgolfier (R.) 9

à Davézieux *par ① : 5 km sur D 82 – 2 371 h. alt. 440 – ✉ 07430 :*
Voir *Safari-parc★ de Peaugres NE : 3 km.*

🏨 **Don Quichotte et Siesta,** rte Valence ☎ 04 75 33 07 90, *Fax 04 75 67 57 19,* 🍽, 🏊 – 🛗 TV ☎ P – 🏋 40. AE ⓓ GB
Repas 99/197 🍷, enf. 50 – ☕ 44 – **56 ch** 220/299 – ½ P 258.

AUDI, VOLKSWAGEN Siterre, 33 bd République ☎ 04 75 33 42 10
CITROEN Gar. du Vivarais, ZI La Lombardière, à Davézieux par ① ☎ 04 75 33 26 32 **N** ☎ 04 75 33 42 27
FIAT Gar. Dhennin, 47 bd République ☎ 04 75 67 78 43
FORD Gar. Caule, rte de Lyon, à Davézieux ☎ 04 75 33 22 98
NISSAN JMB Autom., Le Mas à Davezieux ☎ 04 75 33 43 96
PEUGEOT Desruol, N 82, St-Clair par ① ☎ 04 75 32 44 00
RENAULT Automobiles du Limony, rte de Lyon à Davézieux par ① ☎ 04 75 33 20 21

Ⓜ Eyraud, Le Mas à Davezieux ☎ 04 75 33 42 1
Jurdit, 47 r. G.-Duclos ☎ 04 75 33 27 49

CONSTRUCTEUR : Renault Véhicules Industriels, rte de Roanne ☎ 04 75 67 23 2

ANNOT *04240 Alpes-de-H.-P.* **81** ⑱, **115** ⑫ *G. Alpes du Sud – 1 053 h alt. 708.*
Voir *Vieille ville★ – Clue de Rouaine★ S : 4 km.*
ℹ *Office de Tourisme pl. Mairie ☎ 04 92 83 23 03, Fax 04 92 83 32 82.*
Paris 814 – Digne-les-Bains 70 – Castellane 30 – Manosque 111.

🏨 **Avenue,** ☎ 04 92 83 22 07, *Fax 04 92 83 34 07* – TV ☎. GB
1er avril-4 nov. – **Repas** 85/155 – ☕ 35 – **14 ch** 200/260 – ½ P 240/270.

*The new **Michelin Green Tourist Guides** offer:*
- *more detailed descriptive texts,*
- *practical information,*
- *town plans, local maps and colour photographs,*
- *frequent fully revised editions.*

Always make sure you have the latest edition.

ANOST *71550 S.-et-L.* **69** ⑦ *G. Bourgogne – 746 h alt. 454.*
Voir *✻★ de Notre-Dame de l'Aillant : 30 mn.*
Paris 271 – Autun 24 – Château-Chinon 20 – Mâcon 136 – Montsauche 18.

🍴 **Galvache,** ☎ 03 85 82 70 88, *Fax 03 85 82 79 62,* 🍽 – GB
1er avril-11 nov. – **Repas** 65/165 🍷.

Gar. Rateau, ☎ 03 85 82 76 94 **N** ☎ 03 85 82 76 94

ANSE *69480 Rhône* **74** ①, **110** ③ *– 4 458 h alt. 170.*
⛳ *du Beaujolais ☎ 04 74 67 04 44, S : 2 km par D 30.*
Paris 436 – Lyon 27 – L'Arbresle 19 – Bourg-en-Bresse 58 – Mâcon 49 – Villefranche-sur-Saône 6.

🏨 **St-Romain** 🐦, rte Graves ☎ 04 74 60 24 46, *Fax 04 74 67 12 85,* 🍽, 🌳 – TV ☎ 📞 P – 🏋 30. AE ⓓ GB JCB
fermé 30 nov. au 10 déc. et dim. soir du 1er nov. au 3 mai – **Repas** 98/300 🍷, enf. 85 – ☕ 3 – **24 ch** 230/315 – ½ P 253/265.

à Lachassagne *Sud-Ouest : 4 km par D 39 – 605 h. alt. 368 – ✉ 69480 :*

🍴🍴 **Paul Clavel,** ☎ 04 74 67 14 99, *Fax 04 74 67 14 99,* 🍽, terrasse avec ≤ les vignes – P GB
fermé 20 juil. au 15 août, merc. soir (sauf en saison), dim. soir et lundi – **Repas** 108/275 enf. 85.

ANTHY-SUR-LÉMAN *74 H.-Savoie* **70** ⑰ *– rattaché à Thonon-les-Bains.*

ANTIBES *06600 Alpes-Mar.* **84** ⑨, **115** ㉟ ㊵ *G. Côte d'Azur – 70 005 h alt. 2 – Casino "la Siesta" bord de mer par ①.*
Voir *Vieille ville★* **X** *: Av. Amiral-de-Grasse ≤★ – Château Grimaldi (Déposition de Croix★ Musée Picasso★)* **X B** *– Musée Peynet★* **X M¹** *– Marineland★ 4 km par ①.*
⛳ *la Bastide du Roy (Biot) ☎ 04 93 65 08 48, NO : 4 km.*
ℹ *Office de Tourisme 11 pl. Gén.-de-Gaulle ☎ 04 92 90 53 00, Fax 04 92 90 53 01.*
Paris 911 ② – Cannes 10 ③ – Aix-en-Provence 159 ② – Nice 23 ①.

ANTIBES

Albert-1er (Bd) X
Gaulle (Pl. du Gén.-de) . . . . X 22
Nationale (Pl.) . . . . X 35
République (R. de la) . . . . . X 45

Alger (R. d') . . . . X 2
Aubernon (R.) . . . . X 3
Bourgarel (R.) . . . . X 6
Briand (Av. A.) . . . . X 8
Chaudon (Av. Dir.) . . . . X 12
Dugommier (Bd) . . . . X 15
Grand-Cavalier (Av. du) . . . X 24
Immaculée-Concept. (⊕) . X D
Libération (Av. de la) . . . . . . X 29
Masséna (Cours) . . . . X 32
Mistral (Av. F.) . . . . X 34
Pasteur (Av.) . . . . X 39
Safranier (Pl. du) . . . . X 48
Vauban (R.) . . . . X 53
Vautrin (Bd du Gén.) . . . . . X 58

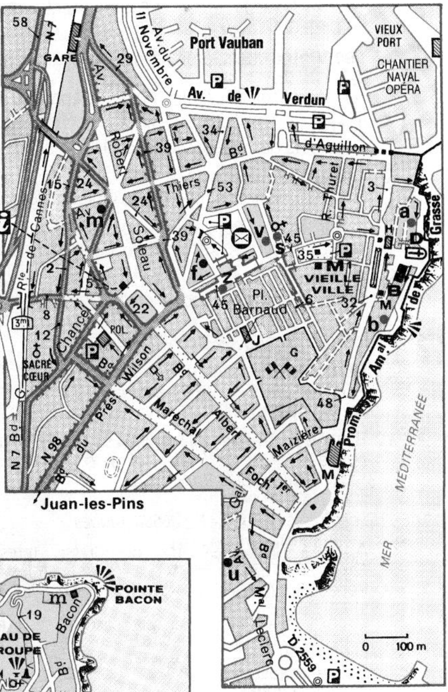

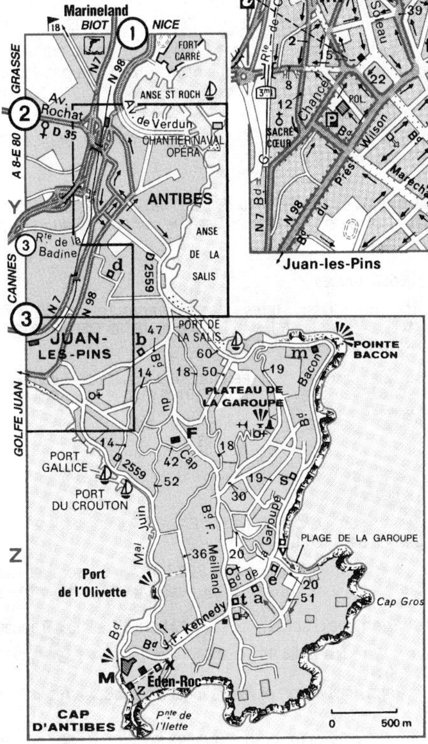

CAP D'ANTIBES

Flèche rouge
sens unique en saison

Crouton (Chemin du) . . . . Z 14
Ermitage (Chemin de l') . . Z 18
Gardiole-Bacon (Bd) . . . . . Z 19
Garoupe
(Chemin de la) . . . . Z 20
Malespine (Av.) . . . . Z 30
Nielles (Chemin des) . . . . Z 36
Raymond (Chemin G.) . . . Z 42
Sables (Chemin des) . . . . Z 47
Salis (Av. de la) . . . . Z 50
Sella (Av. A.) . . . . Z 51
Tamisier (Chemin du) . . . . Z 52
Wyllie (Bd James) . . . . Z 60

Mas Djoliba sans rest, 29 av. Provence ☎ 04 93 34 02 48, *Fax 04 93 34 05 81*, – TV ☎ P. AE ① GB JCB. — Y d
fév.-oct. – ☐ 45 – **13 ch** 430/590.

L'Étoile sans rest, 2 av. Gambetta ☎ 04 93 34 26 30, *Fax 04 93 34 41 48* – TV ☎ AE ① GB JCB — X m
☐ 33 – **30 ch** 310/350.

Petit Castel sans rest, 22 chemin des Sables ☎ 04 93 61 59 37, *Fax 04 93 67 51 28* – TV ☎ P. AE ① GB JCB. — Z b
fermé vacances de fév. – ☐ 45 – **16 ch** 430/520.

Relais du Postillon, 8 r. Championnet ☎ 04 93 34 20 77, *Fax 04 93 34 61 24*, – TV ☎. GB — X f
Repas *(fermé nov. et dim. soir de sept. à juin)* 138/245 ♀ – ☐ 38 – **15 ch** 248/428.

Ponteil ⛰, 11 impasse Jean Mensier ✆ 04 93 34 67 92, *Fax 04 93 34 49 47*, ☂ – TV ☎ AE GB X
fermé 23 nov. au 27 déc. et 8 janv. au 3 fév. – **Repas** (dîner seul.)(résidents seul.) – ☕ 42
14 ch 280/470 – 1/2 P 286/380.

XXX **Les Vieux Murs,** promenade Amiral de Grasse ✆ 04 93 34 06 73, *Fax 04 93 34 81 08*, ☂ – ▤. AE GB. ✗ X
fermé lundi du 1er oct. au 31 mars – **Repas** 200 et carte 310 à 430.

XX **Jarre,** 14 r. St Esprit ✆ 04 93 34 50 12, ☂ – AE GB X
Pâques-15 oct. – **Repas** (dîner seul.)(nombre de couverts limité, prévenir) carte 200 à 350

X **Oscar's,** 8 r. Rostan ✆ 04 93 34 90 14, *Fax 04 93 34 90 14* – GB X
fermé dim. soir et lundi – **Repas** (nombre de couverts limité, prévenir) 120/280.

X **L'Oursin,** 16 r. République ✆ 04 93 34 13 46 – ▤. GB X
fermé juin, dim. soir et lundi d'oct. à mai – **Repas** - produits de la mer - 99 ♀.

X **Romantic,** 5 r. Rostan ✆ 04 93 34 59 39, *Fax 04 93 34 70 98* – ▤. AE ⓓ GB JCB X
fermé 20 nov. au 10 déc., le midi en juil.-août et merc. midi et mardi – **Repas** 130/190 ♀.

rte de Nice *par ① et N 7* – ✉ *06600 Antibes :*

Bleu Marine sans rest, 2,5 km chemin 4 Chemins (près hôpital) ✆ 04 93 74 84 84
Fax 04 93 95 90 26 – 🛗 TV ☎ P. AE ⓓ GB. ✗
☕ 38 – **18 ch** 320/370.

XXX **Bonne Auberge,** à 4 km ✆ 04 93 33 36 65, *Fax 04 93 33 48 52*, ☂ – ▤ P. GB
fermé 20/11 au 10/12, dim. soir d'oct. à mars, lundi (sauf le soir du 15/7 au 31/8) et marc midi d'avril à sept. – **Repas** 195.

par ② *rte de Grasse : 4,5 km* – ✉ *06600 Antibes :*

Apogia M, 2599 rte de Grasse (près accès autoroute) ✆ 04 93 74 46 36
Fax 04 93 74 53 04, ☂, ⛱, ✗ – 🛗, ▤ ch, TV ☎ ♿ P – 🧑 70. AE ⓓ GB JCB. ✗ rest
Repas 85/125 ♀ – ☕ 60 – **75 ch** 520/580 – 1/2 P 385.

CITROEN S.N.A.E., bretelle autoroute par ②
✆ 04 92 91 23 23 N ✆ 04 93 64 62 31
PEUGEOT Gar. Ortelli, 1450 rte de Grasse, bretelle autoroute par ② ✆ 04 92 91 32 32 N
✆ 08 00 44 24 24

RENAULT SACA, bretelle de l'autoroute par ②
✆ 04 92 91 23 91 N ✆ 04 92 06 66 40

Euromaster, 754 rte de Grasse
✆ 04 93 74 21 28

Cap d'Antibes – ✉ *06160 Juan-les-Pins.*

Voir *Plateau de la Garoupe* ✱★★ **Z** – *Jardin Thuret*★ **Z F** – ⋖★ *Pointe Bacon* **Z** – ⋖★ *de la plate-forme du bastion (musée naval)* **Z M.**

du Cap ⛰, bd Kennedy ✆ 04 93 61 39 01, *Fax 04 93 67 76 04*, ⋖ littoral et massif de l'Esterel, « Grand parc fleuri face à la mer », 🏋, ⛱, 🎾, ✗ – 🛗, ▤ ch, ☎ 🚗 – 🧑 200 ✗ Z
avril-oct. – **Repas** voir rest ***Eden Roc*** ci-après – ☕ 120 – **121 ch** 2500/3000, 9 appart.

Baie Dorée M ⛰, 579 bd Garoupe ✆ 04 93 67 30 67, *Fax 04 92 93 76 39*, ⋖, ☂, 🎾 – ▤ ch, TV ☎ P – 🧑 100. AE GB Z
fermé 7 nov. au 15 déc. – **Repas** *(avril-sept. et fermé lundi hors saison)* (115) - 175/350 ♀ –
☕ 70 – **16 ch** 1200/2200.

Don César M, 46 bd Garoupe ✆ 04 93 67 15 30, *Fax 04 93 67 18 25*, ⋖, ☂, ⛱ – 🛗 ✗ ▤ TV ☎ ♿ 🚗 P. AE ⓓ GB JCB. ✗ ch Z
15 mars-15 nov. – **Repas** *(30 mars-30 sept.)* 190/380 déj. à la carte – ☕ 80 – **19 ch** 1130/1430 – 1/2 P 655/1030.

Levant ⛰ sans rest, à la Garoupe, chemin plage ✆ 04 92 93 72 99, *Fax 04 92 93 72 60*, ⋖, 🎾 – ▤ TV ☎ P. AE GB. ✗ Z
1er mai-30 sept. – ☕ 60 – **25 ch** 980.

Castel Garoupe Axa ⛰ sans rest, 959 bd la Garoupe ✆ 04 93 61 36 51, *Fax 04 93 67 74 88*, ⛱, 🌳, ✗ – cuisinette TV ☎ P. AE GB. ✗ Z
9 mars-3 nov. – ☕ 60 – **22 ch** 720/820, 5 studios.

Beau Site sans rest, 141 bd Kennedy ✆ 04 93 61 53 43, *Fax 04 93 67 78 16*, ⛱ – TV ☎ ♿ P. AE ⓓ GB Z
15 mars-25 oct. – ☕ 48 – **30 ch** 330/650.

XXXX **Eden Roc** - Hôtel du Cap, bd Kennedy ✆ 04 93 61 39 01, *Fax 04 93 67 76 04*, ⋖ littoral et les îles, ☂, « Isolé sur un roc, en bordure de mer » – ▤ P. ✗ Z
avril-oct. – **Repas** carte 510 à 670.

XXX **Bacon,** bd Bacon ✆ 04 93 61 50 02, *Fax 04 93 61 65 19,* ≤ Antibes et baie des Anges, 🍴 – P. AE ⓓ GB. ✂ Z m
✿ *1er fév.-31 oct. et fermé lundi sauf le soir en juil.-août* – **Repas** - produits de la mer - (dîner à la carte en juil.-août) 250/400 et carte 500 à 650
Spéc. Bouillabaisse. Chapon en papillote (mai à sept.). Fricassée de rougets tièdes à l'estragon. **Vins** Côtes de Provence.

NTONNE-ET-TRIGONANT *24 Dordogne* 75 ⑥ – *rattaché à Périgueux.*

NTONY *92 Hauts-de-Seine* 60 ⑩, 101 ㉕ – *Voir à Paris, Environs.*

NTRAIGUES-SUR-VOLANE *07530 Ardèche* 76 ⑲ *G. Vallée du Rhône – 506 h alt. 470.*
Paris 638 – Le Puy-en-Velay 74 – Aubenas 13 – Lamastre 58 – Langogne 66 – Privas 41.

X **Remise,** au pont de l'Huile ✆ 04 75 38 70 74, cadre rustique – P. ✂
fermé 22 au 28 juin, 11 nov. au 2 déc., vend. sauf juil.-août et dim. soir – **Repas** 105/200, enf. 40.

OSTE *38490 Isère* 74 ⑭ – *1 548 h alt. 221.*
Paris 514 – Grenoble 56 – Belley 26 – Chambéry 35 – Lyon 72.

la Gare de l'Est *Nord-Est : 2 km sur N 516 – ✉ 38490 Aoste :*

Vieille Maison, ✆ 04 76 31 60 15, *Fax 04 76 31 69 75,* 🍴, ⛱, – TV ☎ P. AE GB
fermé 15 sept. au 2 oct., 24 déc. au 2 janv., dim. soir et merc. sauf juil.-août – **Repas** 110/290 – ☕ 40 – **17 ch** 270/310 – ½ P 270/300.

XX **Au Coq en Velours** avec ch, ✆ 04 76 31 60 04, *Fax 04 76 31 77 55,* 🍴, « Jardin fleuri » – TV ☎ 🚗 P. AE GB
fermé 2 au 24 janv., dim. soir et lundi (sauf hôtel en juil.-août) – **Repas** 98/270 – ☕ 40 – **7 ch** 240/350 – ½ P 250/330.

A good moderately priced meal : **Repas** 100/130

'APOTHICAIRERIE *56 Morbihan* 63 ⑪ ⑫ – *voir à Belle-Ile-en-Mer.*

PPOIGNY *89380 Yonne* 65 ⑤ *G. Bourgogne – 2 755 h alt. 110.*
Paris 162 – Auxerre 11 – Joigny 18 – St-Florentin 28.

XX **Aub. Les Rouliers,** N 6 ✆ 03 86 53 20 09, *Fax 03 86 53 02 61,* 🍴 – P. AE GB
fermé lundi soir, mardi soir et merc. soir hors saison – **Repas** 78/210 🍷, enf. 45.

PT SP *84400 Vaucluse* 81 ⑭, 114 ② *G. Provence – 11 506 h alt. 250.*
Office de Tourisme av. Ph.-de-Girard ✆ 04 90 74 03 18, Fax 04 90 04 64 30.
Paris 728 ③ – Digne-les-Bains 92 ① – Aix-en-Provence 50 ② – Avignon 53 ③ – Carpentras 49 ③ – Cavaillon 32 ③.

Plan page suivante

XXX **Aub. du Luberon** avec ch, 8 pl. Fg du Ballet ✆ 04 90 74 12 50, *Fax 04 90 04 79 49,* 🍴 – TV ☎ 🚗. AE ⓓ GB A a
fermé 2 au 20 janv. – **Repas** *(fermé lundi sauf le soir en saison et dim. soir hors saison)* (nombre de couverts limité, prévenir) 155/395 et carte 290 à 470 🍷 – ☕ 55 – **15 ch** 290/500 – ½ P 365/445.

Saignon *Sud-Est : 4 km par D 48 – 1 018 h. alt. 450 – ✉ 84400 Apt :*

Aub. du Presbytère 🐌, ✆ 04 90 74 11 50, *Fax 04 90 04 68 51,* ≤, 🍴 – AE GB. ✂ ch
fermé 15 au 30 nov., 6 au 31 janv. et merc. – **Repas** (prévenir) 160 – ☕ 50 – **10 ch** 240/450 – ½ P 297/392.

par ③ – *✉ 84400 Apt :*

Relais de Roquefure 🐌, à 6 km par N 100 et rte secondaire ✆ 04 90 04 88 88, *Fax 04 90 74 14 86,* ≤, 🍴, parc, ⛱ – ☎ P. GB
fermé 1er janv. au 15 fév. – **Repas** *(fermé mardi soir hors saison)* (dîner seul. sauf dim.) 110/130 🍷, enf. 50 – ☕ 38 – **15 ch** 220/380 – ½ P 280/350.

XXX **Bernard Mathys,** Le Chêne, 4,5 km par N 100 ✆ 04 90 04 84 64, *Fax 04 90 74 69 78,* 🍴, parc – P. AE GB
fermé mi-janv. à mi-fév., mardi et merc. – **Repas** 160/250 et carte 270 à 470 🍷.

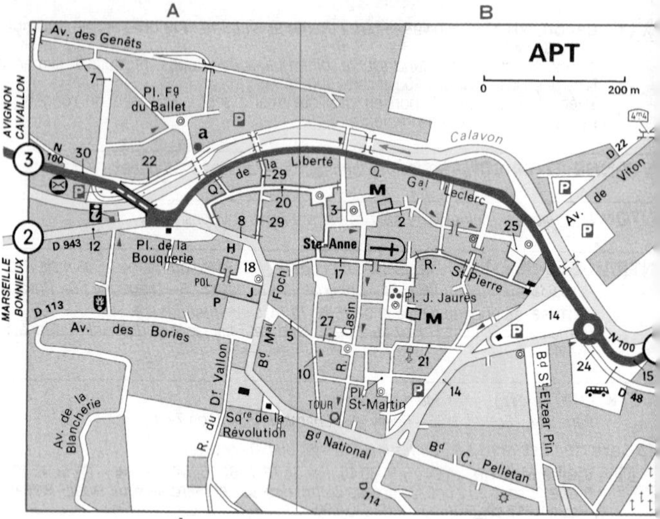

Docteur-Gros (R. du) . . . . A 8
Marchands (R. des) . . . . . B 17
St-Pierre (R.) . . . . B

Amphithéâtre (R. de l') . . . B 2
Carnot (Pl.) . . . . B 3
Cély (R.) . . . . AB 5

Cucuronne (Mtée de la) . . . A 7
Gambetta (R.) . . . . B 10
Girard (Av. Ph.-de) . . . . A 12
Lauze-de-Perret (Crs et Pl.) B 14
Libération (Av. de la) . . . . . B 15
Péri (Pl. Gabriel) . . . . A 18
République (R. de la) . . . . . A 20

Rousset (R. Louis) . . . . . . B 21
Sagy (Quai Léon) . . . . A 22
Saignon (Av. de) . . . . B 24
St-Pierre (Pl.) . . . . B 25
Scudéry (R.) . . . . B 27
Sous-Préfecture (R. de la) A 29
Victor-Hugo (Av.) . . . . A 30

CITROEN Gar. Chabas, 53 av. V.-Hugo par ③ ☏ 04 90 74 04 39 N ☏ 04 90 04 89 98
FORD Gar. Germain, 56 av. Victor-Hugo ☏ 04 90 74 10 17
PEUGEOT Splendid Gar., quartier Lançon N 100 par ③ ☏ 04 90 74 02 11

RENAULT Relais de l'Automobile, quartier Lançon, N 100 par ③ ☏ 04 90 04 46 00 N ☏ 08 00 05 15 15

Ayme Pneus, quartier Lançon, N 100 ☏ 04 90 74 07 78

ARBIGNY *01190 Ain* 70 ⑫ *– 314 h alt. 280.*

Paris 375 – Mâcon 28 – Bourg-en-Bresse 44 – Lons-le-Saunier 60 – St-Amour 42 Tournus 15.

Moulin de la Brevette, au Nord : 1,5 km ☏ 03 85 36 49 27, *Fax 03 85 30 66 91* – P. AE GB JCB
1er mars-31 oct. – **Repas** (dîner seul.) (résidents seul.) (85) - 110/140 – 40 – **21 ch** 280/350.

ARBOIS *39600 Jura* 70 ④ *G. Jura* (plan) *– 3 900 h alt. 350.*

Voir *Maison paternelle de Pasteur★ – Reculée des Planches★★ et grottes des Planches E : 4,5 km par D 107.*

Env. *Cirque du Fer à Cheval★★ S : 7 km par D 469 puis 15 mn.*

Office de Tourisme r. de l'Hôtel de ville ☏ 03 84 37 47 37, Fax 03 84 66 25 50.

Paris 393 – Besançon 48 – Dole 34 – Lons-le-Saunier 39 – Salins-les-Bains 12.

Jean-Paul Jeunet M, r. de l'Hôtel de Ville ☏ 03 84 66 05 67, *Fax 03 84 66 24 20* – – 40. AE GB
fermé déc., janv., merc. midi et mardi sauf sept. et vacances scolaires – **Repas** 200/560 enf. 90 – 66 – **12 ch** 400/580
Spéc. Foie gras juste poché, caramel de macvin. Gigot de poularde au vin jaune, morilles et champignons des bois. Macaron au chocolat caraque fourré à la crème de brebis. **Vins** Arbois, Château Chalon.

Annexe Le Prieuré sans rest,, – P. GB
fermé déc., janv. et mardi sauf sept. et vacances scolaires – 66 – **6 ch** 340/420.

Cépages M, rte Villette-les-Arbois ☏ 03 84 66 25 25, *Fax 03 84 37 49 62* – P. – 30. AE GB
Repas - buffet - (dîner seul.) 108 – 46 – **33 ch** 290/330 – ½ P 275/295.

Messageries sans rest, r. Courcelles ✆ 03 84 66 15 45, *Fax 03 84 37 41 09* – TV ☎ ✆. GB
fermé déc. et janv. – ☕ 32 – **26 ch** 170/310.

Caveau d'Arbois, 3 rte Besançon ✆ 03 84 66 10 70, *Fax 03 84 37 49 62* – ▤ P. AE ⓓ GB. ✻
Repas 88/295 ♀.

Finette - Taverne d'Arbois, 22 av. Pasteur ✆ 03 84 66 06 78, *Fax 03 84 66 08 82* – ▤ P. AE ⓓ GB
Repas 87/129, enf. 42.

à Pupillin *Sud : 3 km par D 246 – 213 h. alt. 450 – ✉ 39600 :*

Aub. Le Grapiot, ✆ 03 84 66 23 25 – P. GB
fermé 20 déc. au 25 janv., dim. soir et lundi de sept. à mars – **Repas** 98/175 ♀, enf. 45.

PEUGEOT Gar. Ganeval, ✆ 03 84 66 02 78 N ✆ 03 84 35 91 61
RENAULT Gar. Dupré, ✆ 03 84 66 05 70

ARBOIS (Mont d') *74 H.-Savoie* 74 ⑧ – *rattaché à St-Gervais-les-Bains.*

ARBONNE *64 Pyr.-Atl.* 78 ⑱ – *rattaché à Biarritz.*

ARBONNE-LA-FORÊT *77630 S.-et-M.* 61 ① – *762 h alt. 72.*
Paris 58 – Fontainebleau 11 – Évry 29 – Melun 21 – Nemours 27.

Aub. du Petit Corne Biche, rte Étampes ✆ 01 60 66 26 34, *Fax 01 60 69 22 93,* ☂ – AE ⓓ GB
fermé 24 août au 16 sept., lundi soir, mardi soir et merc. – **Repas** 85 (déj.), 120/210 ♀.

ARCACHON *33120 Gironde* 78 ② ⑫ *G. Pyrénées Aquitaine – 11 770 h alt. 5 – Casino* **BZ.**
Voir Boulevard de la Mer★ **AX** – *Front de mer★* **ABZ** *: ≤★ de la jetée – La Ville d'Hiver★* **AZ** – *Musée de la maquette marine : port★* **BZ M.**
18 ✆ 05 56 54 44 00, 4 km **ABX** *; 9 18 de Gujan-Mestras ✆ 05 56 66 86 36 par ① N 250 puis D 652.*
Office de Tourisme esplanade G.-Pompidou ✆ 05 56 83 01 69, Fax 05 57 52 22 10.
Paris 651 ① – Bordeaux 74 ① – Agen 196 ① – Bayonne 183 ① – Dax 145 ① – Royan 191 ①.

Plan page suivante

Point France sans rest, 1 r. Grenier ✆ 05 56 83 46 74, *Fax 05 56 22 53 24* – ▮ ▤ TV ☎ ✆ 🚗. AE ⓓ GB — BZ q
1er mars-15 nov. – ☕ 55 – **34 ch** 575/725.

Gd H. Richelieu sans rest, 185 bd Plage ✆ 05 56 83 16 50, *Fax 05 56 83 47 78,* ≤ – ▮ TV ☎ ✆ P. AE ⓓ GB JCB — BZ n
15 mars-2 nov. – ☕ 50 – **43 ch** 400/720.

Vagues ⛵, 9 bd Océan ✆ 05 56 83 03 75, *Fax 05 56 83 77 16,* ≤ – ▮ TV ☎ ✆ P – 🏛 35. AE ⓓ GB. ✻ rest — AZ b
Repas *(11 avril-fin sept.)* 148/168 ♀, enf. 50 – ☕ 58 – **30 ch** 498/796 – ½ P 475/624.

Sémiramis ⛵, 4 allée Rebsomen ✆ 05 56 83 25 87, *Fax 05 57 52 22 41,* « Villa du 19e siècle », 🏊, 🌳 – TV ☎ ✆ ♿ P. AE GB. ✻ rest — AZ m
fermé janv. – **Repas** (sur réservation seul.) 180 – ☕ 63 – **20 ch** 630/720 – ½ P 490/600.

Roc H. et Moderne, 200 bd Plage ✆ 05 56 83 05 01, *Fax 05 56 83 22 76,* ☂ – ▮ TV ☎. AE ⓓ GB — BZ e
hôtel : 28 mars-15 nov. ; rest. : 25 avril-30 sept. et fermé le mardi sauf du 7 juil. au 25 août – **Repas** 100/140 🍷, enf. 70 – ☕ 40 – **50 ch** 500/650.

Aquamarina M sans rest, 82 bd Plage ✆ 05 56 83 67 70, *Fax 05 57 52 08 26* – ▮ TV ☎ ✆ ♿ 🚗. AE ⓓ GB — BZ x
fermé 20 déc. au 4 janv. et dim. soir en hiver – ☕ 55 – **34 ch** 399/570.

Novel sans rest, 24 av. Gén. de Gaulle ✆ 05 56 83 40 11, *Fax 05 57 52 26 47* – ▮ TV ☎ ✆. AE ⓓ GB — BZ g
fermé 7 au 31 janv. – ☕ 40 – **22 ch** 295/395.

Mimosas sans rest, 77 bis av. République ✆ 05 56 83 45 86, *Fax 05 56 22 53 40* – TV ☎ ✆ P. GB — BZ f
☕ 30 – **21 ch** 300/380.

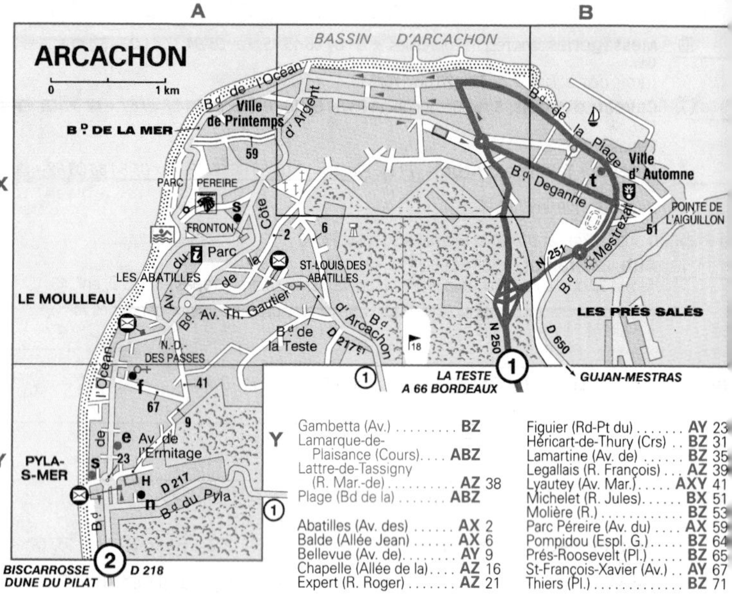

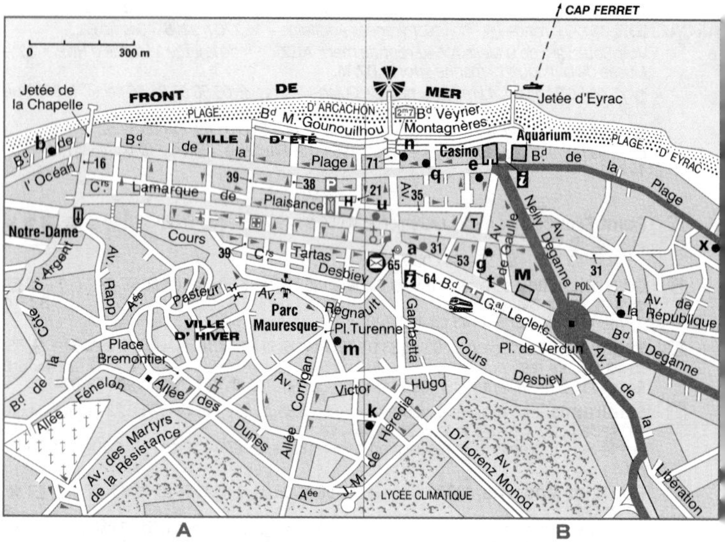

Marinette sans rest, 15 allée J.-M. de Hérédia ☎ 05 56 83 06 67, *Fax 05 56 83 09 59* – TV ☎. GB — BZ k
15 mars-1er nov. – ☕ 30 – **23 ch** 300/380.

Patio, 10 bd Plage ☎ 05 56 83 02 72, *Fax 05 56 54 89 98,* 🏠 – AE GB — BX t
fermé 15 au 30 nov., 15 au 28 fév., mardi sauf le soir en été et lundi midi en été – **Repas** 160 bc 🍷.

Les Genêts, 25 bd Gén. Leclerc ☎ 05 56 83 40 28, *Fax 05 56 83 12 14* – ▤. AE ⓓ GB
fermé 5 au 15 oct., 4 au 14 janv., dim. soir de sept. à juin et lundi sauf le soir en juil.-août – **Repas** 79/135 🍷, enf. 50. — BZ t

Chez Yvette, 59 bd Gén. Leclerc ☎ 05 56 83 05 11, *Fax 05 56 22 51 62* – AE ⓓ GB JCB
Repas - produits de la mer - 98, enf. 65. BZ a

Bayonne avec ch, 9 cours Lamarque ☎ 05 56 83 33 82, *Fax 05 56 83 73 06* – TV ☎. AE ⓓ GB BZ u
Pâques-20 oct. – **Repas** 80/200, enf. 46 – ☐ 38 – **18 ch** 510 – ½ P 395/415.

aux Abatilles *Sud-Ouest : 2 km – ✉ 33120 Arcachon :*

Parc sans rest, 5 av. Parc ☎ 05 56 83 10 58, *Fax 05 56 54 05 30* – |♦| TV ☎ P. GB. ✗
15 juin-1er oct. – ☐ 45 – **30 ch** 465/540. AX s

au Moulleau *Sud-Ouest : 5 km – ✉ 33120 Arcachon :*

Buissonnets ⑤, 12 r. L. Garros ☎ 05 56 54 00 83, *Fax 05 56 22 55 13*, ☂, « Jardin fleuri » – TV ☎ P. GB. ✗ AY f
fermé oct. – **Repas** 96/185 – ☐ 50 – **13 ch** 450 – ½ P 370.

AUDI, VOLKSWAGEN P.M. Autom., 371 av. Industrie ZI à La Teste-de-Buch ☎ 05 57 52 75 27
CITROEN Ste Autom. Côte Aquitaine, à La Teste-de-Buch par ① ☎ 05 56 54 86 01
FORD Bassin Arcachon Autom., av. de l'Europe ZI à La Teste-de-Buch ☎ 05 57 52 52 00
PEUGEOT Gar. Gleizes, 36 bd Côte d'Argent ☎ 05 56 83 06 43
PEUGEOT Gar. Estrade, ZI à La Teste-de-Buch par ① ☎ 05 57 52 56 70
RENAULT Côte d'Argent Autom., à La Teste-de-Buch par ① : *3 km* ☎ 05 57 52 52 52

Euromaster, à La Teste-de-Buch ☎ 05 56 54 81 16

ARC-EN-BARROIS *52210 H.-Marne* 66 ② *G. Champagne – 874 h alt. 270.*

du Château d'Arc ☎ 03 25 01 54 54, sortie S par D 6.
Office de Tourisme Hôtel de Ville ☎ 03 25 02 52 17.
Paris 263 – Chaumont 24 – Bar-sur-Aube 54 – Châtillon-sur-Seine 42 – Langres 30.

Parc ⑤ avec ch, ☎ 03 25 02 53 07, *Fax 03 25 02 42 84*, ☂ – TV ☎ ✆ – 40. ⓓ GB
fermé fév., mardi soir et merc. du 15 sept. au 1er juin – **Repas** 100/250 ♀, enf. 45 – ☐ 30 – **15 ch** 270/350 – ½ P 260.

En haute saison, et surtout dans les stations, il est prudent de retenir à l'avance.

ARCENS *07310 Ardèche* 76 ⑱ *– 479 h alt. 615.*

Paris 601 – Le Puy-en-Velay 56 – Le Cheylard 14 – Privas 61 – St-Agrève 23.

Chalet des Cévennes ⑤, ☎ 04 75 30 41 90, ≤, – ☎ P. GB. ✗ ch
fermé oct., dim. soir et vend. de nov. à avril – **Repas** 85/180 – ☐ 30 – **16 ch** 200/260 – ½ P 240/260.

ARC-ET-SENANS *25610 Doubs* 70 ④ *G. Jura – 1 277 h alt. 231.*

Voir *Saline Royale*★★.
Paris 392 – Besançon 36 – Pontarlier 61 – Salins-les-Bains 16.

Relais avec ch, pl. Église ☎ 03 81 57 40 60, *Fax 03 81 57 46 17*, ☂ – GB
fermé 15 déc. au 20 janv. et dim. soir – **Repas** 55/175 ♀ – ☐ 28 – **10 ch** 115/185 – ½ P 150/180.

ARCINS *33 Gironde* 71 ⑧ *– rattaché à Margaux.*

ARCIZANS-AVANT *65 H.-Pyr.* 85 ⑰ *– rattaché à Argelès-Gazost.*

L'ARCOUEST (Pointe de) *22 C.-d'Armor* 59 ② *– rattaché à Paimpol.*

Les ARCS *73 Savoie* 74 ⑱ *G. Alpes du Nord – Sports d'hiver : 1 600/3 226 m* 5 64 *– ✉ 73700 Bourg-St-Maurice.*

Voir *Arc 1800* ★★ *– Arc 1600* ≤★.
des Arcs Le Chantel ☎ 04 79 07 43 95, NO : 5 km.
Office de Tourisme ☎ 04 79 07 12 57, Fax 04 79 07 45 96.
Paris 650 – Albertville 67 – Bourg-St-Maurice 13 – Chambéry 114 – Val-d'Isère 42.

Gd Hôtel Mercure M ⑤, Sud : 5 km - alt. 1800 m. ☎ 04 79 07 65 00, *Fax 04 79 07 64 08*, ≤, ☂, ⅍, – |♦| TV ☎ ✆ ♿ – 60. AE ⓓ GB JCB
15 juin-15 sept. et 15 déc.-1er mai – **Repas** carte 150 à 210 – ☐ 70 – **72 ch** 765/1410, 9 appart.

Les ARCS *83460 Var* 84 ⑦, 114 ㉓ *G. Côte d'Azur – 4 744 h alt. 80.*

Voir *Polyptyque* dans l'église – Chapelle Ste-Roseline* NE : 4 km.*

Office de Tourisme 21 bd Gambetta ✆ 04 94 73 37 30, Fax 04 94 47 47 94.

Paris 850 – Fréjus 28 – Brignoles 44 – Cannes 59 – Draguignan 10 – St-Raphaël 30 – Ste-Maxime 31.

XXX **Bacchus Gourmand,** à la Maison des Vins, Sud sur N 7 ✆ 04 94 47 48 47 *Fax 04 94 47 55 13,* – P. AE GB
fermé 24 déc. au 15 janv., dim. soir et lundi – **Repas** 140/265 et carte 350 à 470.

XX **Logis du Guetteur** avec ch, au village médiéval, Sud-Est par D 57 ✆ 04 94 73 30 82 *Fax 04 94 73 39 95,* , « Pittoresque installation dans un fort du 11e siècle », – TV ☎ P AE GB JCB
fermé 20 janv. au 1er mars – **Repas** 150/320 – 48 – **10 ch** 480/520 – 1/2 P 450/480.

XX **Relais des Moines,** Est : 1 km par rte Ste-Roseline ✆ 04 94 47 40 93, *Fax 04 94 47 52 51*, parc, « Ancienne bergerie », – P. GB
fermé 2 au 23 nov., dim. soir et lundi sauf du 14 juil. au 15 août – **Repas** 125 (déj.), 169/300.

RENAULT Gar. des 4 Chemins, ✆ 04 94 47 40 43

ARCUEIL *94 Val-de-Marne* 60 ⑩, 101 ㉖ *– voir à Paris, Environs.*

ARCY-SUR-CURE *89270 Yonne* 65 ⑤ *G. Bourgogne – 503 h alt. 133.*

Paris 198 – Auxerre 33 – Avallon 21 – Vézelay 22.

X **Grottes** avec ch, N 6 ✆ 03 86 81 91 47, *Fax 03 86 81 96 22,* – ☎ P. GB
fermé 15 déc. au 25 janv. et merc. du 8 sept. au 30 juin – **Repas** 75/160, enf. 45 – 28 – **7 ch** 130/220 – 1/2 P 185/235.

RENAULT Gar. Teissier, ✆ 03 86 81 90 42

ARDENTES *36120 Indre* 68 ⑨ *G. Berry Limousin – 3 511 h alt. 172.*

Paris 276 – Bourges 65 – Argenton-sur-Creuse 42 – Châteauroux 14 – La Châtre 22 – Issoudun 30 – St-Amand-Montrond 58.

XX **Gare,** ✆ 02 54 36 20 24, *Fax 02 54 36 92 07* – P. GB
fermé 3 au 24 août, dim. soir, lundi et soirs fériés
Repas 120/165.

XX **Chêne Vert** avec ch, 22 rte de La Châtre ✆ 02 54 36 22 40, *Fax 02 54 36 64 33* – TV ☎ AE GB
fermé vacances de fév., dim. soir et lundi – **Repas** 100/225, enf. 68 – 40 – **7 ch** 265/420 – 1/2 P 275/340.

CITROEN Godiard, 46 av. de Verdun ✆ 02 54 36 20 26
PEUGEOT Gar. Bucheron, 33 av. de Verdun ✆ 02 54 36 21 40
Gar. Marteau, 2 av de Verdun ✆ 02 54 36 22 95

ARDRES *62610 P.-de-C.* 51 ② *G. Flandres Artois Picardie – 3 936 h alt. 11.*

Paris 275 – Calais 16 – Arras 95 – Boulogne-sur-Mer 37 – Dunkerque 44 – Lille 90 – St-Omer 25.

Chaumière sans rest, 67 av. Rouville ✆ 03 21 35 41 24 – P. GB
30 – **12 ch** 190/290.

CITROEN Gar. Carpentier, ✆ 03 21 35 42 16
Euromaster, av. Alliés à Audruicq ✆ 03 21 82 75 81

ARÊCHES *73 Savoie* 74 ⑰ *G. Alpes du Nord – alt. 1080 – Sports d'hiver : 780/2 100 m 13 –*
73270 Beaufort-sur-Doron.

Voir *Hameau de Boudin* E : 2 km.*

Office de Tourisme ✆ 04 79 38 15 33.

Paris 601 – Albertville 24 – Chambéry 75 – Megève 46.

Aub. du Poncellamont , ✆ 04 79 38 10 23, *Fax 04 79 38 13 98,* ←, , – TV ☎ P. GB. ch
30 mai-30 sept. et 22 déc.-20 avril et fermé dim. soir et merc. sauf vacances scolaires – **Repas** 96 (déj.), 126/250, enf. 60 – 40 – **14 ch** 305/330 – 1/2 P 325/335.

ARENTHON *74 H.-Savoie* **74** ⑦ *– rattaché à La Roche-sur-Foron.*

ARÈS *33740 Gironde* **71** ⑲ *G. Pyrénées Aquitaine – 3 911 h alt. 6.*

Paris 629 – Bordeaux 47 – Arcachon 46.

XX **St-Éloi** avec ch, 11 bd Aérium ☎ 05 56 60 20 46, *Fax 05 56 60 10 37,* 🏞 – AE GB
fermé vacances de fév., dim. soir et lundi hors saison – **Repas** (70) - 98/300, enf. 60 – ☕ 32 – **11 ch** 150/180 – ½ P 212/242.

ARGEIN *09800 Ariège* **86** ② *– 164 h alt. 548.*

Paris 808 – Bagnères-de-Luchon 58 – Foix 60 – St-Girons 16.

Host. la Terrasse, ☎ 05 61 96 70 11, 🏞 – ☎
fermé 15 nov. au 1er fév. – **Repas** 70/170 ♀, enf. 45 – ☕ 30 – **10 ch** 175/250 – ½ P 230.

ARGELÈS-GAZOST SP *65400 H.-Pyr.* **85** ⑰ *G. Pyrénées Aquitaine – 3 229 h alt. 462 – Stat. therm. (mai-oct.).*

Voir *Route du Hautacam* à l'Est par D 100* **Y.**

Office de Tourisme Grande Terrasse ☎ 05 62 97 00 25, Fax 05 62 97 50 60.

Paris 825 ① – Pau 53 ① – Lourdes 12 ① – Tarbes 30 ①.

Miramont, 44 av. Pyrénées ☎ 05 62 97 01 26, *Fax 05 62 97 56 67,* « Jardin fleuri » – |‡|, ▤ rest, TV ☎ ♿ P. GB. ✗ — Z n
fermé 3 nov. au 19 déc. – **Repas** (dim. prévenir) 85/220 ♀ – ☕ 40 – **27 ch** 250/345 – P 340/370.

Les Cimes ≫, pl. Ourout ☎ 05 62 97 00 10, *Fax 05 62 97 10 19,* ⛱, 🌳 – |‡| cuisinette, ▤ rest, TV ☎ P – 🏛 40. GB. ✗ rest — Z a
fermé 3 nov. au 20 déc. – **Repas** 72/230, enf. 49 – ☕ 38 – **27 ch** 254/335 – P 305/333.

Soleil Levant, 17 av. Pyrénées ☎ 05 62 97 08 68, *Fax 05 62 97 04 60,* 🌳 – |‡| TV ☎ P. AE GB — Y t
fermé 1er au 20 déc. – **Repas** 60/170, enf. 40 – ☕ 30 – **37 ch** 210/240 – P 270/290.

Host. Le Relais, 25 r. Mar. Foch ☎ 05 62 97 01 27, *Fax 05 62 97 90 00,* 🏞 – ▤ rest, TV ☎ P. GB — Y h
Pâques-1er oct. – **Repas** 75/200, enf. 43 – ☕ 33 – **23 ch** 200/300 – P 242/292.

Printania, av. Pyrénées ☎ 05 62 97 06 57, *Fax 05 62 97 50 14* – |‡| TV ☎ ♿ P – 🏛 30. AE GB — Y r
Repas 65/200, enf. 45 – ☕ 35 – **23 ch** 240 – P 299.

Gabizos, av. Pyrénées ☎ 05 62 97 01 36, *Fax 05 62 97 02 70,* 🏞, 🌳 – ▤ rest, ☎ P. GB — Z x
11 avril-19 oct. et vacances de fév. – **Repas** 60/140, enf. 40 – ☕ 33 – **26 ch** 185/220 – P 260.

XX **Temps de Vivre,** rte Lourdes par ① ☎ 05 62 97 05 12, *Fax 05 62 97 91 58,* 🏞 – P. AE GB
20 mars-30 nov. et fermé lundi sauf juil.-août – **Repas** 80/160 ♀, enf. 50.

à **Agos** *par ① : 5 km – 270 h. alt. 450 – ✉ 65400 Agos-Vidalos :*

Chez Pierre d'Agos, ☎ 05 62 97 05 07, *Fax 05 62 97 50 14,* 🏞, ⛱, 🎾 – |‡|, ▤ rest, TV ☎ ♿ P – 🏛 25. GB
fermé 17 nov. au 8 déc. – **Repas** 59/216, enf. 48 – ☕ 35 – **70 ch** 254/279 – P 280.

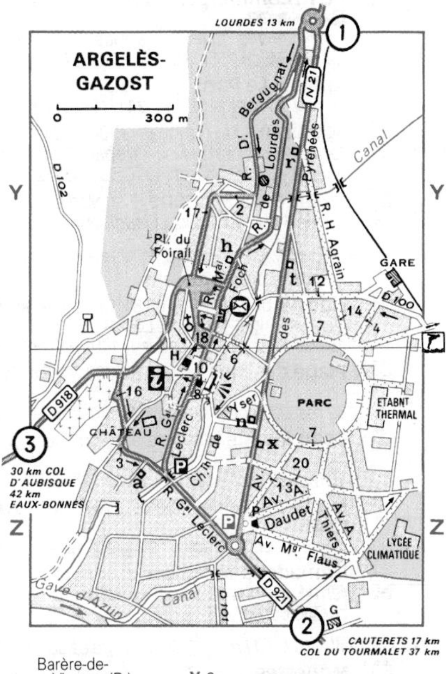

Barère-de-Vieuzac (R.)	Y 2				
Bourdette (R.)	Z 3	Marne (Av. de la)	Y 12		
Dambé (Av. Jules)	Y 4	Russel (R. Henri)	Z 13		
Digoy (R. Capitaine)	YZ 6	Sassère (R. Hector)	Y 14		
Hébrard (Av. Adrien)	YZ 7	St-Orens (R.)	Z 16		
La Terrasse	Z 8	Sorbé (R.)	Y 17		
Mairie (Pl. de la)	Z 10	Victoire (Pl. de la)	Y 18		
		Victor-Hugo (Av.)	Z 20		

à Beaucens *Sud-Est : 5 km par D 100 - Y - et D 13 – 309 h. alt. 450 – Stat. therm. (10 mai-10 oct.) ✉ 65400 :*

Thermal ⛰, ✆ 05 62 97 04 21, *Fax 05 62 97 16 60*, ≤, « Parc », ⛱ – TV ☎ P. GB
✻ rest
31 mai-30 sept. – **Repas** 90 – ☕ 38 – **22 ch** 200/340 – ½ P 280.

à St-Savin *Sud : 3 km par D 101 - Z – 331 h. alt. 580 – ✉ 65400 :*
Voir Site★ de la chapelle de Piétat S : 1 km.

Viscos avec ch, ✆ 05 62 97 02 28, *Fax 05 62 97 04 95*, 🏠 – AE GB
fermé 1er au 26 déc. et lundi sauf vacances scolaires – **Repas** 110/285 ♀, enf. 55 – ☕ 38
15 ch 260/320 – P 340/360.

à Arcizans-Avant *Sud : 3,5 km par D 101 et D 13 – 258 h. alt. 640 – ✉ 65400 :*

Aub. Le Cabaliros ⛰, ✆ 05 62 97 04 31, *Fax 05 62 97 91 48*, ≤, 🏠, 🌳 – ☎ P. GB
✻
fermé 12 oct. au 18 déc., 4 au 20 janv., merc. (sauf hôtel) et mardi soir sauf vacance scolaires – **Repas** 90/170 ♀, enf. 45 – ☕ 35 – **8 ch** 260/280 – P 295/305.

Gar. Cappeleto et Lafaille, par D 100 ✆ 05 62 97 02 06 N ✆ 05 62 97 00 76

ARGELÈS-SUR-MER *66700 Pyr.-Or. 86 ⑳ – 7 188 h alt. 19 – Casino à Argelès-Plage.*

Office de Tourisme pl. de l'Europe ✆ 04 68 81 15 85, Fax 04 68 81 16 01 Annexe (saison) face à l'Hôtel de Ville ✆ 04 68 95 81 55.
Paris 880 – Perpignan 22 – Céret 28 – Port-Vendres 11 – Prades 63.

à Argelès-village – *✉ 66700 Argelès-sur-Mer :*

Cottage et rest. L'Orangeraie M ⛰, r. A. Rimbaud ✆ 04 68 81 07 33 *Fax 04 68 81 59 69*, 🏠, ⛱, 🌳 – TV ☎ ♿ P. AE GB
9 avril-15 oct. – **Repas** *(fermé lundi midi et merc. midi sauf du 15 juin au 15 sept.)* 85 (déj.) 150/265 ♀, enf. 60 – ☕ 54 – **32 ch** 420/590 – ½ P 365/495.

Gd H. Commerce, rte Nationale ✆ 04 68 81 00 33, *Fax 04 68 81 69 49* – |‡|, ▤ rest, TV ☎ P. AE ⓓ GB
fermé 29 déc. au 4 fév. – **Repas** *(fermé dim. soir et lundi d'oct. à mai)* 68/183 ♂, enf. 48 – ☕ 38 – **38 ch** 235/295 – ½ P 248/271.

Annexe Le Parc M ⛰ sans rest,, ⛱, 🌳 – |‡| ☎ P – 🏕 80
20 mai-30 sept. – ☕ 39 – **24 ch** 290/350.

Soubirana, rte Nationale ✆ 04 68 81 01 44, 🏠 – ▤ rest, ☎ 🚗. GB
fermé 25 oct. au 25 nov. – **Repas** *(fermé dim. soir du 15 sept. au 15 juin et sam.)* 73/235 ♀ enf. 38 – ☕ 35 – **17 ch** 185/235 – ½ P 210.

Relais de la Massane, 32 r. Marcelin Albert ✆ 04 68 81 31 50, 🏠 – GB
fermé 5 nov. au 5 déc. et jeudi sauf juil.-août – **Repas** 90/190 ♀, enf. 48.

à Argelès-Plage *Est : 2,5 km G. Pyrénées Roussillon – ✉ 66700 Argelès-sur-Mer :*
Voir SE : Côte Vermeille★★.

Lido M, bd Mer ✆ 04 68 81 10 32, *Fax 04 68 81 10 98*, ≤, 🏠, « En bordure de mer, ⛱ » 🏖, 🌳 – |‡| TV ☎ ♿ P. AE GB
15 mai-30 sept. – **Repas** *(85)* - 140/185, enf. 65 – ☕ 55 – **66 ch** 425/750 – ½ P 425/605.

Plage des Pins, ✆ 04 68 81 09 05, *Fax 04 68 81 12 10*, ≤, ⛱, 🎾 – |‡| ▤ TV ☎ P. AE GB
✻
30 mai-27 sept. – **Repas** 115/140, enf. 60 – ☕ 45 – **50 ch** 446/526 – ½ P 398/438.

Beau Rivage sans rest, allée du Racou ✆ 04 68 81 11 29, *Fax 04 68 95 90 16* – ☎ 📞. AE GB
15 mai-25 sept. – ☕ 38 – **26 ch** 295/325.

Maritime, bd des Albères ✆ 04 68 81 50 00, *Fax 04 68 95 96 75*, 🏠, ⛱ – TV ☎ ♿ 🚗 AE GB
4 avril-18 oct. – **Repas** 135 ♂, enf. 65 – ☕ 45 – **24 ch** 270/330 – ½ P 300.

L'Amadeus, av. Platanes ✆ 04 68 81 12 38 – ▤. ⓓ GB
fermé 1er janv. au 7 fév., mardi et merc. de nov. à mars et lundi sauf juil.-août – **Repas** *(68)* - 8 bc/340 bc, enf. 45.

rte de Collioure *: 4 km – ✉ 66700 Argelès-sur-Mer :*

Mouettes, ✆ 04 68 81 21 69, *Fax 04 68 81 32 73*, ≤, 🏠, ⛱ – ✻ TV ☎ ♿ P. AE ⓓ GB
hôtel : 1er avril-1er nov. ; rest. : mai-sept. – **Repas** 155/200 ♀, enf. 60 – ☕ 60 – **27 ch** 400/550 – ½ P 350/500.

RENAULT Gar. Cadmas, 3 bis rte de Collioure ✆ 04 68 81 12 29

Ⓜ Mallau Pneus, 80 rte de Collioure ✆ 04 68 81 43 90

ARGENTAN ⟨SP⟩ *61200 Orne* **60** ② ③ *G. Normandie Cotentin* – *16 413 h alt. 160.*

Voir *Église St-Germain★.*

Office de Tourisme pl. du Marché ✆ 02 33 67 12 48, Fax 02 33 39 96 61.

Paris 194 ② – Alençon 45 ③ – Caen 58 ⑤ – Chartres 135 ② – Dreux 115 ② – Évreux 111 ② – Flers 42 ④ – Laval 104 ④ – Lisieux 57 ①.

ARGENTAN

haussée (R. de la)	8
enri-IV (Pl.)	18
anthou (R. E.)	21
-Germain (R.)	28
eigle (R. du)	2
oschet (R. P.)	3
arnot (Bd)	7
ollège (R. du)	9
orêt-Normande (Av. de la)	13
aulle (Bd Général-de)	14
riffon (R. du)	15
eclerc (Pl. Général)	19
larché (Pl. du)	20
-Martin (R.)	29
emard (Pl. Pierre)	30
ois-Croix (Pl. des)	31
ctor-Hugo (Bd)	32
mal-du-Bouchet (Pl.)	33
Volf (R. J.)	34
-D.-B. (Av. de la)	35
04e Régiment d'Infanterie (R. du)	38

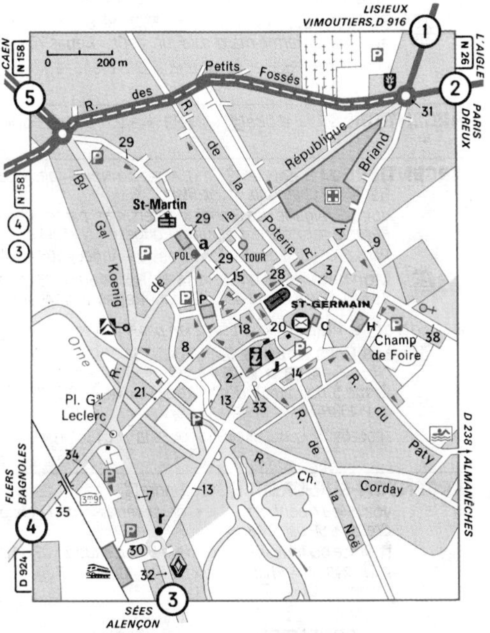

Pour un bon usage des plans de villes, voir les signes conventionnels dans l'introduction.

France, 8 bd Carnot **(r)** ✆ 02 33 67 03 65, *Fax 02 33 36 62 24,* – . GB
fermé 1er au 7 juil. et 15 au 28 fév. – **Repas** 75/200 ♀, enf. 50 – ☕ 32 – **13 ch** 130/270 – ½ P 177/232.

Ariès M, Z.A. Beurrerie par ④ : *1 km* ✆ 02 33 39 13 13, *Fax 02 33 39 34 71* – – 50. AE GB
Repas 85/220 ♀, enf. 49 – ☕ 33 – **43 ch** 265 – ½ P 220/280.

Aub. de l'Ancienne Abbaye, 25 r. St-Martin **(a)** ✆ 02 33 39 37 42, *Fax 02 33 39 37 42* – P. GB
fermé dim. soir et lundi – **Repas** (nombre de couverts limité, prévenir) 85 (déj.), 115/240 ♀.

par ② *N 26 et D 729 : 11 km* – ✉ *61310 Silly-en-Gouffern :*

Pavillon de Gouffern , ✆ 02 33 36 64 26, *Fax 02 33 36 53 81,* ←, parc, « Ancien pavillon de chasse », – P – 50. AE GB
Repas 95/235 ♀ – ☕ 45 – **20 ch** 300/450 – ½ P 325.

Fontenai-sur-Orne *par ④ : 4,5 km – 292 h. alt. 65 –* ✉ *61200 :*

Faisan Doré avec ch, ✆ 02 33 67 18 11, *Fax 02 33 35 82 15,* – P – 100. AE GB
fermé 1er au 14 août et dim. soir – **Repas** 95/295 ♀, enf. 55 – ☕ 40 – **14 ch** 300/350 – ½ P 270/290.

Écouché *par ④ : 9 km – 1 409 h. alt. 156 –* ✉ *61150 :*

Lion d'Or, 1 r. Pierre Pigot ✆ 02 33 35 16 92, *Fax 02 33 36 60 48,* – P. GB
fermé dim. soir et lundi – **Repas** 88/172 ♀, enf. 55.

AUDI, VOLKSWAGEN Poirier Autom., rte de Falaise ✆ 02 33 36 19 19
CITROEN Gar. Brunet, 21 r. République ✆ 02 33 36 79 99
PEUGEOT Gar. Moderne, rte de Flers à Sarceaux, ✆ 02 33 67 11 21
RENAULT SVDVA, bd Victor Hugo ✆ 02 33 67 09 87

Euromaster, 30 av. 2eD.-B. ✆ 02 33 67 26 79

ARGENTAT *19400 Corrèze* **75** ⑩ *G. Berry Limousin – 3 189 h alt. 183.*

Voir *Site★*.

Env. *Tours de Merle★★ E : 23 km.*

Office de Tourisme (15 juin-15 sept.) 30 av. Pasteur ☏ 05 55 28 16 05 et (hors saison) Mairie ☏ 05 55 28 10 91.

Paris 505 – Brive-la-Gaillarde 52 – Aurillac 54 – Mauriac 50 – St-Céré 42 – Tulle 29.

XX **St-Jacques,** 39 av. Foch ☏ 05 55 28 89 87, – GB
avril-nov. et fermé mardi sauf juil.-août – **Repas** 70/198 ♀.

CITROEN Gar. Frizon, 25 av. Xaintries ☏ 05 55 28 10 79

ARGENTEUIL *95 Val-d'Oise* **55** ⑳, **101** ⑭ – *voir à Paris, Environs.*

ARGENTIÈRE *74 H.-Savoie* **74** ⑨ *G. Alpes du Nord – alt. 1253 – Sports d'hiver : voir Chamonix*
✉ *74400 Chamonix-Mont-Blanc.*

Voir *SE : Aiguille des Grands Montets ≤★★ par téléphérique – Trélechamp ≤★★ N : 2,5 km – Réserve naturelle des Aiguilles Rouges★★ N : 3,5 km.*

Paris 620 – Chamonix-Mont-Blanc 9 – Annecy 103 – Vallorcine 9.

Montana Ⓜ, ☏ 04 50 54 14 99, *Fax 04 50 54 03 40,* ≤, – GB
15 juin-15 oct. et 15 déc.-15 mai – **Repas** 110/140 – 50 – **24 ch** 510 – ½ P 450.

à Montroc-le-Planet *Nord-Est : 2 km par N 506 et rte secondaire – ✉ 74400 Argentière :*

Les Becs Rouges , ☏ 04 50 54 01 00, *Fax 04 50 54 00 51,* ≤ Mont-Blanc et aiguilles, – TV P. AE GB JCB. rest
fermé 5 nov. au 15 déc. – **Repas** 98 (déj.), 158/395 ♀, enf. 85 – 75 – **24 ch** 258/605 – ½ P 408/478.

PEUGEOT Gar. Costa, ☏ 04 50 54 04 30 ☏ 04 50 54 04 30

ARGENTON-SUR-CREUSE *36200 Indre* **68** ⑰ ⑱ *G. Berry Limousin – 5 193 h alt. 100.*

Voir *Vieux pont ≤★ – ≤★ de la terrasse de la chapelle N.-D.-des-Bancs – Vallée de la Creuse★ SE par D 48.*

Office de Tourisme 13 pl. de la République ☏ 02 54 24 05 30, Fax 02 54 24 28 13.

Paris 298 ① – Châteauroux 31 ① – Guéret 67 ③ – Limoges 93 ④ – Montluçon 103 ② – Poitiers 100 ⑤ – Tours 129 ⑤.

ARGENTON-SUR-CREUSE

Acacias (Allée des) 2
Barbès (R.) 5
Chapelle-N.-D. (R. de la) 7
Châteauneuf (R.) 8
Chauvigny (R. A. de) 10
Coursière (R. de la) 12
Gare (R. de la) 14
Grande (Rue) 15
Merle-Blanc (R. du) 18
Point-du-Jour (R. du) 20
Pont-Neuf (R. du) 23
Raspail (R.) 24
République (Pl. de la) 25
Rochers-St-Jean (R. des) 27
Rosette (R.) 28
Rousseau (R. Jean-J.) 29
Victor-Hugo (R.) 30
Villers (Imp. de) 31

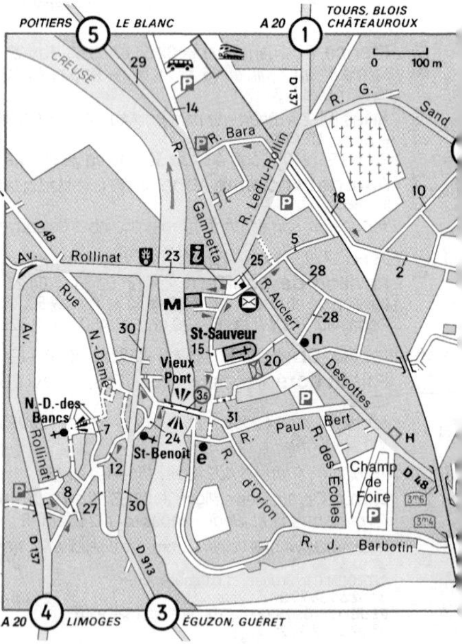

Les plans de villes sont orientés le Nord en haut.

Manoir de Boisvillers sans rest, 11 r. Moulin de Bord (e) 02 54 24 13 88, *Fax 02 54 24 27 83*, – AE GB
fermé 1er déc. au 1er janv. et dim. du 1er janv. au 31 mars – 45 – **14 ch** 280/380.

Cheval Noir, 27 r. Auclert-Descottes (n) 02 54 24 00 06, *Fax 02 54 24 11 22*, – rest, – 30. GB
fermé mi-janv. à mi-fév. et dim. soir hors saison – **Repas** 90/160 , enf. 50 – 35 – **20 ch** 220/280 – ½ P 230/250.

St-Marcel *par ① : 2 km – 1 687 h. alt. 146 – ✉ 36200 :*
Voir *Église★ – Musée archéologique d'Argentomagus★ – Théâtre du Virou★.*

Prieuré, 02 54 24 05 19, *Fax 02 54 24 32 28*, ←, , – – 30. GB
fermé 15 janv. au 15 fév. et lundi – **Repas** 80/255 , enf. 45 – 32 – **12 ch** 280 – ½ P 250/280.

Tendu *par ① : 8 km – 446 h. alt. 171 – ✉ 36200 :*

Moulin des Eaux Vives, Sud-Est : 4 km par D 30 et rte secondaire 02 54 24 12 25, *Fax 02 54 24 34 62*, « Moulin du 18e siècle au bord de l'eau » – AE GB
fermé 4 janv. au 5 fév., lundi soir et mardi du 15 oct. au 15 avril – **Repas** (dim. prévenir) *(89)* - 122/196 .

Bouësse *par ② : 11 km – 416 h. alt. 185 – ✉ 36200 :*

Château de Bouesse , 02 54 25 12 20, *Fax 02 54 25 12 30*, ←, « Château du 13e siècle dans un parc » – . AE GB.
mi-mars-mi-nov. et fermé mardi midi et lundi hors saison – **Repas** 95 (déj.), 175/210, enf. 80 – 55 – **8 ch** 380/480 – ½ P 415/495.

AUDI, VOLKSWAGEN Gar. Allignet, 15 bis bd G.-Sand 02 54 24 07 01 N 02 54 24 24 95
CITROEN Gar. Besson, N 20 à Tendu par ① 02 54 24 12 26
PEUGEOT Chavegrand, rte de Limoges par ④ 02 54 24 04 32 N 02 54 26 37 62
Gebhard Pneu, rte de Limoges, N 20 02 54 24 13 08

ARGENT-SUR-SAULDRE *18410 Cher* 65 ⑪ *G. Châteaux de la Loire – 2 525 h alt. 171.*

Env. *Château★ de Blancafort : 8 km au SE.*
Paris 169 – Orléans 61 – Bourges 57 – Cosne-sur-Loire 45 – Gien 21 – Salbris 41 – Vierzon 52.

Relais de la Poste avec ch, 02 48 73 60 25, *Fax 02 48 73 30 62* – – 40. AE GB
fermé 20 janv. au 10 fév. et lundi hors saison – **Repas** 95/310 – 35 – **10 ch** 220/310 – ½ P 250/310.

Relais du Cor d'Argent avec ch, 02 48 73 63 49, *Fax 02 48 73 37 55* – . AE GB
fermé mi-fév. à mi-mars, mardi soir et merc. (sauf hôtel de juin à sept.) – **Repas** 85/280 – 32 – **7 ch** 200/260 – ½ P 200.

PEUGEOT Gar. Léger, 02 48 73 63 06
RENAULT Gar. Carlot, 02 48 73 61 83

ARGOULES *80120 Somme* 51 ⑫ *G. Flandres Artois Picardie – 363 h alt. 18.*

Paris 214 – Calais 92 – Abbeville 34 – Amiens 79 – Hesdin 19 – Montreuil 21.

Aub. Coq-en-Pâte, 03 22 29 92 09, – GB
fermé 7 au 21 sept., 11 au 31 janv., dim. soir et lundi sauf fériés – **Repas** (nombre de couverts limité, prévenir) 90/120.

ARINSAL 86 ⑭ – *voir à Andorre (Principauté d').*

ARLEMPDES *43490 H.-Loire* 76 ⑰ *G. Vallée du Rhône – 142 h alt. 840.*

Voir *Site★★ – ←★★ de la chapelle.*
Paris 566 – Le Puy-en-Velay 29 – Aubenas 67 – Langogne 28.

Manoir , 04 71 57 17 14, ←, – . ch
14 mars-1er nov. – **Repas** 89/200, enf. 50 – 37 – **16 ch** 190/270 – ½ P 235.

ARLES 13200 B.-du-R. 83 ⑩ *G. Provence – 52 058 h alt. 13.*

Voir Arènes** **YZ** – Théâtre antique** **Z** – Cloître St-Trophime** et église* **Z** : portail*
– Les Alyscamps* **X** – Palais Constantin* **Y F** – Hôtel de ville : voûte* du vestibule **Z H**
Cryptoportiques* **Z V** – Musée de l'Arles antique** (sarcophages**) **X** – Museon Arlaten
Z M³ – Musée Réattu* **Y M⁴** – Ruines de l'abbaye de Montmajour* 5 km par ①.

*Office de Tourisme 35 pl. de la République ☎ 04 90 18 41 20, Fax 04 90 93 17 17, accue
gare SNCF ☎ 04 90 49 36 90 et esplanade des Lices.*

*Paris 719 ① – Avignon 36 ① – Aix-en-Provence 79 ② – Cavaillon 43 ① – Marseille 95 ②
Montpellier 78 ⑤ – Nîmes 31 ⑥ – Salon-de-Provence 44 ②.*

Plan page ci-contre

Jules César, bd Lices ☎ 04 90 93 43 20, *Fax 04 90 93 33 47*, « Ancien couvent ave
son cloître, jardins intérieurs », – 30. AE GB JCB Z
fermé 12 nov. au 23 déc. – ***Lou Marquès :*** **Repas** 150 (déj.), 210/420, enf. 65 – ***Le Cloître***
(déj. seul.) **Repas** 105/130 – 85 – **48 ch** 700/1250, 4 appart – ½ P 750/1100.

D'Arlatan sans rest, 26 r. Sauvage (près pl. Forum) ☎ 04 90 93 56 66
Fax 04 90 49 68 45, « Demeure du 15e siècle, vestiges archéologiques et beau mobilier »
– 25. AE GB Y
62 – **33 ch** 450/698, 7 appart.

Nord Pinus, pl. Forum ☎ 04 90 93 44 44, *Fax 04 90 93 34 00*, « Décoration évoquan
la tauromachie » – ch, AE GB JCB Z
Repas brasserie 120 bc (déj.)/160 – 75 – **23 ch** 770/1700 – ½ P 612.

Arles Camargue M, 45 av. Sadi-Carnot ☎ 04 90 99 40 40, *Fax 04 90 93 32 50*,
– 70. AE GB JCB X
Repas 92/115, enf. 50 – 45 – **63 ch** 500, 4 duplex – ½ P 380.

Mireille M, 2 pl. St Pierre à Trinquetaille ☎ 04 90 93 70 74, *Fax 04 90 93 87 28*,
AE GB JCB Y
hôtel : 9 mars-7 nov. ; rest. : 18 mars-fin oct. et fermé lundi midi – **Repas** (80 bc) - 109/160
enf. 70 – 59 – **34 ch** 320/630 – ½ P 420/525.

Musée sans rest, 11 r. Gd-Prieuré ☎ 04 90 93 88 88, *Fax 04 90 49 98 15* – . AE
GB JCB Y
fermé 23 nov. au 7 déc. et 4 janv. au 10 fév. – 35 – **20 ch** 230/330.

Calendal M sans rest, 22 pl. Pomme ☎ 04 90 96 11 89, *Fax 04 90 96 05 84*, « Jardi
ombragé » – . AE GB JCB Z
36 – **27 ch** 250/420.

St-Trophime sans rest, 16 r. Calade ☎ 04 90 96 88 38, *Fax 04 90 96 92 19* – . AE
GB Z
fermé 15 nov. au 1er fév. – 34 – **22 ch** 210/310.

Roseraie sans rest, à Pont-de-Crau Est : 2 km par N 453 - X - ☎ 04 90 96 06 58
« Jardin fleuri » – P.
15 mars-15 oct. – 35 – **12 ch** 270/330.

de la Muette sans rest, 15 r. Suisses ☎ 04 90 96 15 39, *Fax 04 90 49 73 16* – . AE
GB Y
35 – **18 ch** 280/300.

Porte de Camargue sans rest, 15 r. Noguier à Trinquetaille ☎ 04 90 96 17 32
Fax 04 90 18 97 92 – . AE GB Y
35 – **26 ch** 320/400.

Mirador sans rest, 3 r. Voltaire ☎ 04 90 96 28 05, *Fax 04 90 96 59 89* – . AE GB
JCB Y
fermé 15 janv. au 15 fév. – 28 – **15 ch** 190/255.

Constantin sans rest, 59 bd Craponne ☎ 04 90 96 04 05, *Fax 04 90 96 84 07* – P. AE
GB Z
15 mars-15 nov. et 20 déc.-6 janv. – 29 – **15 ch** 170/270.

L'Olivier, 1 bis r. Réattu ☎ 04 90 49 64 88, – . GB Y
fermé dim. et lundi – **Repas** 95 (déj.), 148/280.

Vaccarès, pl. Forum (1er étage, entrée r. Favorin) ☎ 04 90 96 06 17, *Fax 04 90 96 24 52*,
, « Balcon-terrasse dominant la place du Forum » – . AE GB Z
fermé 15 janv. au 15 fév., dim. sauf le midi de sept. à juin et lundi sauf le soir en juil.-août –
Repas (98) - 135/280, enf. 65.

Lou Caleu, 27 r. Porte de Laure ☎ 04 90 49 71 77, *Fax 04 90 93 75 30* – . AE GB JCB
Z
fermé 15 nov. au 15 déc., lundi en été et jeudi en hiver – **Repas** 85/160, enf. 60.

Jardin de Manon, 14 av. Alyscamps ☎ 04 90 93 38 68, *Fax 04 90 49 62 03*, – AE
GB Z
fermé vacances de Toussaint, de fév. et merc. sauf juil.-août – **Repas** (70) - 95/175.

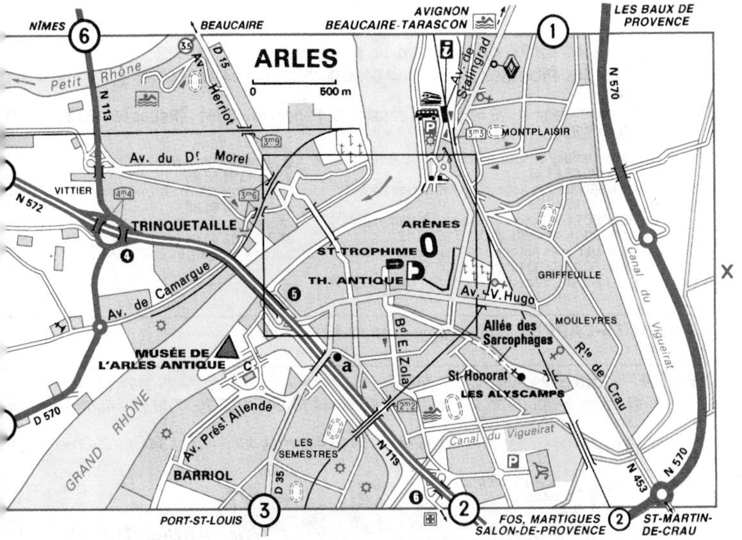

ARLES
0 500 m
NÎMES
6
BEAUCAIRE
AVIGNON
BEAUCAIRE-TARASCON
1
LES BAUX DE PROVENCE
Petit Rhône
N 113
D 15
Av. Herriot
Av. de Stalingrad
N 570
MONTPLAISIR
Av. du Dr Morel
VITTIER
N 572
TRINQUETAILLE
4
ARÈNES
ST-TROPHIME
TH. ANTIQUE
5
Av. de Camargue
GRIFFEUILLE
Av. V. Hugo
Canal du Vigueirat
Bd E. Zola
Allée des Sarcophages
MOULEYRES
Rte de Crau
MUSÉE DE L'ARLES ANTIQUE
c
a
St-Honorat
LES ALYSCAMPS
D 570
GRAND RHÔNE
Av. Prés. Allende
Canal du Vigueirat
LES SEMESTRES
N 113
N 453
N 570
BARRIOL
D 35
6
PORT-ST-LOUIS
3
2
FOS, MARTIGUES
SALON-DE-PROVENCE
2
ST-MARTIN-DE-CRAU
X

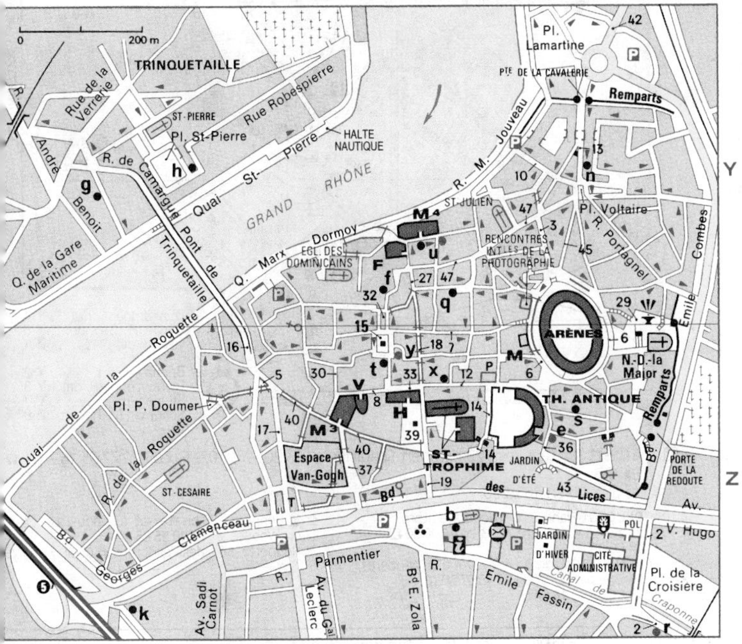

0 200 m
TRINQUETAILLE
Rue de la Verrerie
ST-PIERRE
Pl. St-Pierre
Rue Robespierre
HALTE NAUTIQUE
R. de Camargue
Quai St-Pierre
GRAND RHÔNE
R. M. Jouveau
Pl. Lamartine
42
PTE DE LA CAVALERIE
Remparts
13
n
10
ST-JULIEN
47
Pl. Voltaire
R. Portagnel
Combes
Y
R. André Benoit
g
h
Pont de Trinquetaille
Q. Marx Dormoy
EGL. DES DOMINICAINS
M4
u
F
f
27
47
q
RENCONTRES INTLES DE LA PHOTOGRAPHIE
3
45
Q. de la Gare Maritime
32
29
ARÈNES
6
N.-D.-la Major
Emile
Quai de la Roquette
16
15
y
18
7
M
30
t
x
33
12
6
5
V
8
H
14
TH. ANTIQUE
S
Remparts
Pl. P. Doumer
17
40
M3
39
e
36
R. de la Roquette
Espace Van-Gogh
40
37
ST-TROPHIME
14
JARDIN D'ÉTÉ
43
Lices
PORTE DE LA REDOUTE
Z
ST-CESAIRE
19
Bd des
Av.
b
JARDIN D'HIVER
CITÉ ADMINISTRATIVE
POL
2
V. Hugo
Bd Clemenceau
Georges
Parmentier
R.
R.
Bd E. Zola
Emile Fassin
Canal de Craponne
Pl. de la Croisière
5
k
Av. Sadi Carnot
Av. du Gal Leclerc
2
r

à Fourques *(Gard) par ⑥ : 4 km – 2 251 h. alt. 3 – ✉ 30300 :*

🏠 **Mas des Piboules** Ⓜ, N 113 ✆ 04 90 96 25 25, *Fax 04 90 93 68 88*, 🏊 – 📺 ☎ ✆ ♿
GB
fermé 1er janv. au 28 fév., vend. et sam. du 1er nov. au 31 déc. – **Repas** 95/120 🍷 – ☕ 50
50 ch 320/350 – ½ P 285.

BMW Meridional Auto, Parc activité "L'Aurélienne" ✆ 04 90 93 81 44
CITROEN Trébon Auto, 35 av. Libération par ① ✆ 04 90 96 42 83
PEUGEOT Gar. Roux, 12 av. de la Libération par ① ✆ 04 90 18 42 42 🅽 ✆ 06 07 02 56 12
RENAULT Arles Autom. Services, rte de Tarascon ✆ 04 90 18 82 00 🅽 ✆ 08 00 05 15 15
Gar. Lacoste, 27 av. Sadi-Carnot ✆ 04 90 96 37 76

Ⓜ Ayme Pneus, ZI Nord, r. Cotton ✆ 04 90 93 56 95
Euromaster, D 570 Ch. de Séverin ✆ 04 90 49 61 80
Gay Pneus, av. du Pont de Crau ✆ 04 90 18 44 04
Vulcania, 8 bd V.-Hugo ✆ 04 90 96 02 03

ARMBOUTS-CAPPEL *59 Nord* 51 ③ *– rattaché à Dunkerque.*

ARMENTIÈRES *59280 Nord* 51 ⑮, 111 ⑪ *G. Flandres Artois Picardie – 25 219 h alt. 16.*

ℹ *Office de Tourisme 33 r. de Lille ✆ 03 20 44 18 19, Fax 03 20 77 48 15 – Automobile-Clu pl. St-Vaast ✆ 03 20 77 10 12.*

Paris 233 ③ – Lille 20 ③ – Dunkerque 59 ⑤ – Kortrijk 48 ② – Lens 34 ③ – St-Omer 50 ⑤.

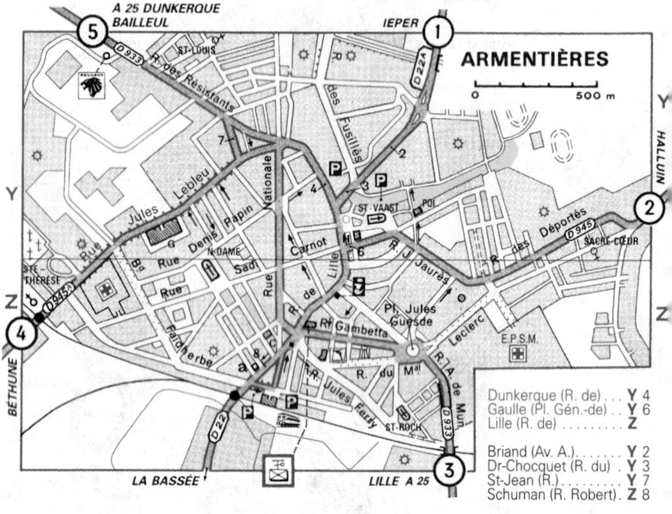

Dunkerque (R. de) . . . Y 4
Gaulle (Pl. Gén.-de) . . Y 6
Lille (R. de) . . . . Z

Briand (Av. A.) . . . . . . Y 2
Dr-Chocquet (R. du) . Y 3
St-Jean (R.) . . . . Y 7
Schuman (R. Robert) . Z 8

🏠 **Albert 1er** sans rest, 28 r. Robert Schuman ✆ 03 20 77 31 02, *Fax 03 20 77 05 16* – 📺 ☎
Ⓓ GB. ✗ Z
☕ 30 – **20 ch** 165/250.

PEUGEOT Flandres Distribution Autom., 29 av. P.-Brossolette ✆ 03 20 44 06 50 🅽 ✆ 06 08 24 24 81
RENAULT Gar. de la Lys, 1797 r. d'Armentières, Nieppe par ⑤ ✆ 03 20 48 57 50 🅽 ✆ 06 07 40 16 54

Ⓜ Hennette, 75 bis rte Nat. à Ennetières-en-Weppes ✆ 03 20 35 85 28
Hennette, 68 r. des Résistants ✆ 03 20 77 00 29

ARMOY *74 H.-Savoie* 70 ⑰ *– rattaché à Thonon-les-Bains.*

ARNAC-POMPADOUR *19230 Corrèze* 75 ⑧ *G. Berry Limousin – 1 444 h alt. 413.*

Paris 448 – Brive-la-Gaillarde 43 – Limoges 59 – Périgueux 65 – St-Yrieix-la-Perche 24 – Uzerche 25.

🏠 **Parc,** pl. Vieux Lavoir ✆ 05 55 73 30 54, *Fax 05 55 73 39 79*, 🏊 – 📺 ☎ ✆. AE GB
fermé 24 déc. au 24 janv., sam. et dim. du 1er nov. au 1er mars – **Repas** 60 (déj.), 100/180 🍷
enf. 45 – ☕ 35 – **10 ch** 230/245 – ½ P 250.

te de Lanouaille *5 km par D 7 – ✉ 19230 Arnac-Pompadour :*

Aub. de la Mandrie ⊗, ✆ 05 55 73 37 14, *Fax 05 55 73 67 13*, parc, – TV ☎ ♿ P – 30. GB
Repas *(fermé dim. soir de déc. à fin mars)* 68/175, enf. 50 – 36 – **22 ch** 240 – ½ P 265.

CITROEN Nouaille, à Pompadour ✆ 05 55 73 30 18 N ✆ 05 55 73 30 18

RENAULT Gar. Labrot, 14 av. du Limousin ✆ 05 55 73 30 57 N ✆ 05 55 98 55 92

ARNAGE *72 Sarthe* 60 ⑬ *– rattaché au Mans.*

ARNAY-LE-DUC *21230 Côte-d'Or* 65 ⑱ *G. Bourgogne – 2 040 h alt. 375.*

Paris 285 – Beaune 35 – Dijon 58 – Autun 27 – Chagny 40 – Montbard 74 – Saulieu 28.

Chez Camille, ✆ 03 80 90 01 38, *Fax 03 80 90 04 64* – TV ☎ P. AE GB JCB
Repas 80/495 – 50 – **11 ch** 395 – ½ P 427.

Annexe Clair de Lune sans rest, ✆ 03 80 90 15 50 – TV ☎ P. AE GB JCB
25 – **14 ch** 180.

Terminus avec ch, N 6 ✆ 03 80 90 00 33, *Fax 03 80 90 01 30* – TV ☎ P. AE GB
fermé 1er au 15 oct., 6 janv. au 5 fév. et merc. – **Repas** 90/210 ♀, enf. 45 – 30 – **8 ch** 180/240 – ½ P 230/290.

PEUGEOT Gar. de l'Arquebuse, ✆ 03 80 90 05 16 N ✆ 03 80 61 02 23

RENAULT Gar. Contant, ✆ 03 80 90 07 09 N ✆ 03 80 90 07 09

ARPAILLARGUES-ET-AUREILLAC *30 Gard* 80 ⑲ *– rattaché à Uzès.*

Le Guide change, changez de guide tous les ans.

ARPAJON *91290 Essonne* 60 ⑩ *– 8 713 h alt. 51.*

Office de Tourisme pl. de l'Hôtel de Ville ✆ 01 60 83 36 51, Fax 01 60 83 80 00.

Paris 32 – Fontainebleau 50 – Chartres 70 – Évry 17 – Melun 40 – Orléans 90 – Versailles 34.

Saint Clément, 16 av. Hoche ✆ 01 64 90 21 01, *Fax 01 60 83 32 67* – ▤. GB
fermé août, dim. soir et lundi – **Repas** 220 et carte 230 à 370 ♀.

Green Autos, 56 r. Salvador Allende à la Norville ✆ 01 60 83 03 55

ARPAJON-SUR-CÈRE *15 Cantal* 76 ⑫ *– rattaché à Aurillac.*

Les ARQUES *46250 Lot* 79 ⑦ *G. Périgord Quercy – 160 h alt. 254.*

Voir Église St-Laurent★ : Christ★ et Pietà★ de Zadkine – Fresques murales★ de l'église St-André-des-Arques.

Paris 571 – Cahors 27 – Gourdon 27 – Villefranche-du-Périgord 19 – Villeneuve-sur-Lot 59.

Récréation, ✆ 05 65 22 88 08, – GB
ouvert mai-sept., week-ends en oct., nov., déc. et mars et fermé merc. – **Repas** 80 (déj.)/120 ♀, enf. 50.

ARRADON *56 Morbihan* 63 ③ *– rattaché à Vannes.*

ARRAS P *62000 P.-de-C.* 53 ② *G. Flandres Artois Picardie – 38 983 h alt. 72.*

Voir Grand'Place★★ **CY** *et Place des Héros★★* **CY** *– Hôtel de Ville et beffroi★* **BY H** *– Ancienne abbaye St-Vaast★★ : musée★* **BY.**

18 à Anzin-Saint-Aubin ✆ 03 21 50 24 24, NO : 4 km par ⑤ et D 64 ; 18 des Bruyères à Pelves ✆ 03 21 58 95 42, 14 km par N 39 et D 33.

Office de Tourisme à l'Hôtel de Ville ✆ 03 21 51 26 95, Fax 03 21 71 07 34 – Automobile Club Centre Routier, Z.I. Arras Est ✆ 03 21 50 25 25, Fax 03 21 50 25 25.

Paris 179 ② – Lille 53 ① – Amiens 62 ④ – Calais 110 ① – Charleville-Mézières 159 ② – Douai 25 ① – Rouen 184 ④ – St-Quentin 80 ②.

Plans pages suivantes

Univers M ⊗, 3 pl. Croix Rouge ✆ 03 21 71 34 01, *Fax 03 21 71 41 42*, « Élégante demeure du 18e siècle » – TV ☎ ♿ P – 40 à 100. AE GB **BZ V**
Repas 99/260 – 50 – **37 ch** 300/540 – ½ P 420/500.

ARRAS

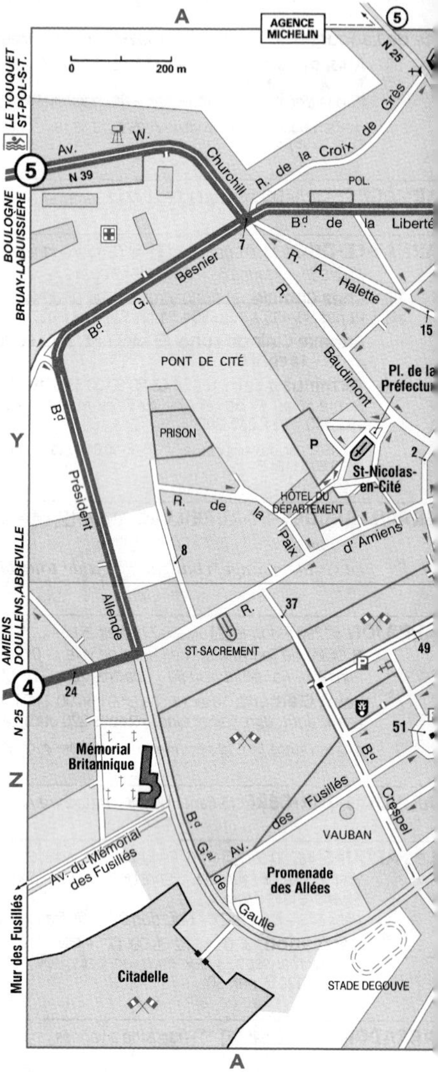

Welcome to France!
Remember,
keep to the right.

Mercure Atria M, 58 bd Carnot ☎ 03 21 23 88 88, *Fax 03 21 23 88 89* – 30 à 300. AE GB. rest — CZ b
Repas 110/188 ♀, enf. 52 – 55 – **80 ch** 565/630.

Ibis sans rest, 11 r. Justice ☎ 03 21 23 61 61, *Fax 03 21 71 31 31* – AE GB — CZ n
35 – **63 ch** 300.

3 Luppars sans rest, 49 Grand'Place ☎ 03 21 07 41 41, *Fax 03 21 24 24 80* – AE GB — CY r
35 – **42 ch** 190/290.

Astoria, 12 pl. Foch ☎ 03 21 71 08 14, *Fax 03 21 71 60 95* – rest, – 30. AE GB — CZ s
Carnot **:** Repas 98/250 ♀, enf. 50 – 35 – **29 ch** 260/280 – ½ P 240.

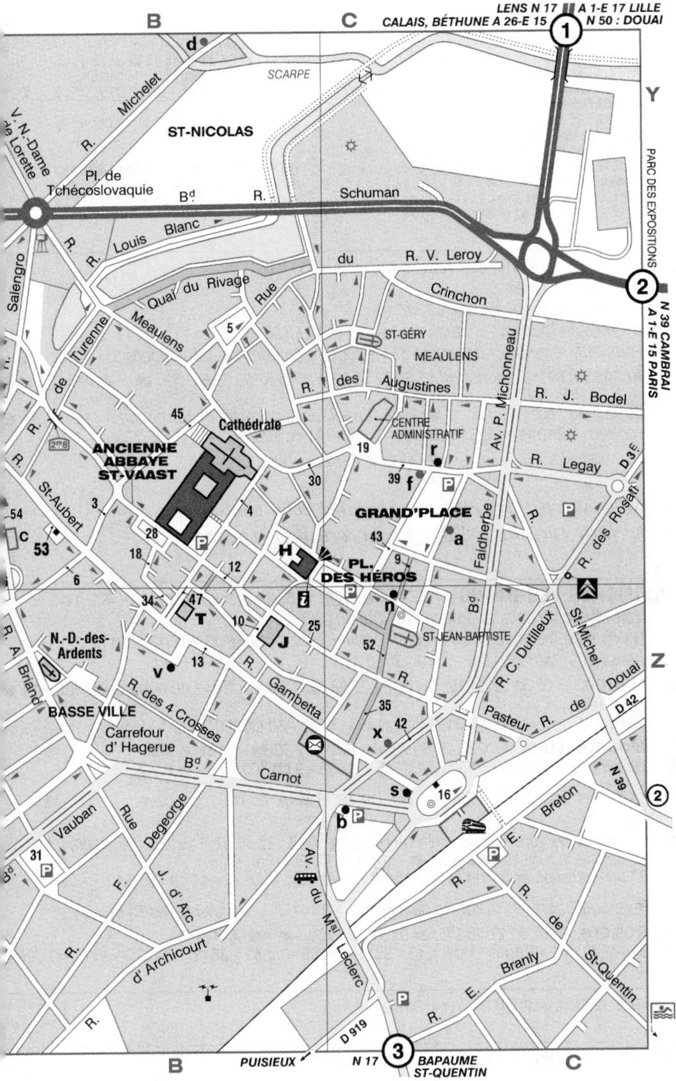

XXX **Faisanderie,** 45 Grand'Place ☎ 03 21 48 20 76, *Fax 03 21 50 89 18,* « Cave du 17e siècle » – AE ⓓ GB JCB CY f
fermé 4 au 24 août, 2 au 8 janv., vacances de fév., dim. soir et lundi – **Repas** 135/300 et carte 390 à 510, enf. 70.

XX **Régent** avec ch, r. A. France à St-Nicolas ✉ 62223 ☎ 03 21 71 51 09, *Fax 03 21 07 87 56,* ⛱, 🌳 – TV ☎ P. AE GB BY d
fermé sam. midi et dim. soir – **Repas** 135/290 – ☕ 40 – **11 ch** 220/350 – 1/2 P 285.

XX **Coupole d'Arras,** 26 bd Strasbourg ☎ 03 21 71 88 44, *Fax 03 21 71 52 46,* brasserie – AE ⓓ GB – *fermé sam. midi* – **Repas** 119/178 🍷. CZ x

XX **Rapière,** 44 Grand'Place ☎ 03 21 55 09 92, *Fax 03 21 22 24 29* – AE GB JCB
fermé dim. soir – **Repas** 82/180 🍷, enf. 45. CY a

MICHELIN, Agence, rte de Béthune, D 63 Ste-Catherine-lès-Arras **AY** ☎ 03 21 71 12 08

ALFA ROMEO, FIAT Gar. Michonneau, 6 av. Michonneau ☎ 03 21 50 92 00
AUDI, VOLKSWAGEN Willerval, 13 bis r. G.-Clémenceau à St-Laurent-Blangy ☎ 03 21 60 45 45
CITROEN Citroën Arras, 2 r. des Rosati ☎ 03 21 55 39 10
FORD Autovale Bleu, 16 av. Michonneau ☎ 03 21 60 42 42 N ☎ 03 21 22 48 99
MERCEDES, SAAB Prestige Auto, rte de Doullins à Dainville ☎ 03 21 71 04 51
PEUGEOT Gar. Cyr-Leroy, 75 rte de Cambrai par ② ☎ 03 21 73 26 26 N ☎ 08 00 44 24 24
RENAULT Arras Sud-Autom., 134 rte de Cambrai par ② ☎ 03 21 55 46 15 N ☎ 08 00 05 15 15
RENAULT Nouveaux Gar. de l'Artois, 40 voie N.-D.-de-Lorette ☎ 03 21 23 02 56 N ☎ 08 00 05 15 15
TOYOTA Autoleader, 95 av. W.-Churchill ☎ 03 21 51 75 74

Delit Pneus, av. Michonneau Prolongée à St-Nicolas ☎ 03 21 55 38 25
Euromaster, 245 av. Kennedy ☎ 03 21 71 31 95

ARREAU *65240 H.-Pyr.* 85 ⑲ *G. Pyrénées Aquitaine – 853 h alt. 705.*
Voir *Vallée d'Aure★ S.*
Env. *★★★ du col d'Aspin NO : 13 km.*
Office du Tourisme Château des Nestes ☎ 05 62 98 63 15.
Paris 838 – Bagnères-de-Luchon 33 – Auch 92 – Lourdes 78 – St-Gaudens 55 – Tarbes 59.

Angleterre, rte Luchon ☎ 05 62 98 63 30, *Fax 05 62 98 69 66,* – rest, – 30. GB.
30 mai-30 sept., 26 déc.-5 janv., fév., week-ends en mars et fermé lundi sauf vacances scolaires – **Repas** 70/195 ♀, enf. 48 – 38 – **24 ch** 300/340 – ½ P 275/300.

RENAULT Gar. Buetas, ☎ 05 62 98 60 67 N ☎ 05 62 98 60 67

Ne prenez pas la route sans connaître votre temps de parcours.
La ***carte Michelin*** *n° 911 c'est "la carte du temps gagné".*

ARROMANCHES-LES-BAINS *14117 Calvados* 54 ⑮ *G. Normandie Cotentin – 409 h alt. 15.*
Voir *Musée du débarquement – La Côte du Bessin★ O.*
Office de Tourisme pl. du Groupe Lorraine ☎ 02 31 22 36 45, Fax 02 31 21 80 22.
Paris 261 – Caen 28 – Bayeux 10 – St-Lô 48.

Marine, ☎ 02 31 22 34 19, *Fax 02 31 22 98 80,* ≤ Port artificiel du Débarquement – P. AE GB
15 fév.-15 nov. – **Repas** 90/190 ♀, enf. 45 – 40 – **30 ch** 250/350 – ½ P 320.

Mountbatten, ☎ 02 31 22 59 70, *Fax 02 31 22 50 30* – P. GB
fermé janv. – **Repas** 72/150, enf. 45 – 35 – **9 ch** 300/320 – ½ P 285.

à **Tracy-sur-Mer** *Sud-Ouest : 2,5 km par rte de Bayeux et rte secondaire – 252 h. alt. 60 – ✉ 14117 :*

Victoria sans rest, chemin de l'Église ☎ 02 31 22 35 37, *Fax 02 31 21 41 66,* « Manoir du 19e siècle à la campagne », – P. GB JCB.
1er avril-30 sept. et fermé lundi en avril, mai et sept. – 40 – **14 ch** 330/510.

à **La Rosière** *Sud-Ouest : 3 km par rte de Bayeux – ✉ 14177 Arromanches-les-Bains :*

Rosière, ☎ 02 31 22 36 17, *Fax 02 31 22 19 33,* – P. GB
5 avril-1er oct. – **Repas** 59 (déj.), 75/195, enf. 45 – 35 – **26 ch** 220/320 – ½ P 240/320.

ARS-EN-RÉ *17 Char.-Mar.* 71 ⑫ – *voir Ré (Ile de).*

ARSONVAL *10 Aube* 61 ⑱ – *rattaché à Bar-sur-Aube.*

ARTEMARE *01510 Ain* 74 ④ – *961 h alt. 245.*
Paris 506 – Aix-les-Bains 33 – Bourg-en-Bresse 77 – Chambéry 54 – Lyon 102 – Nantua 50.

Michallet, ☎ 04 79 87 39 33, *Fax 04 79 87 39 20,* – GB
fermé 26 au 31 déc., 1er au 13 janv., dim. soir et lundi du 1er sept. au 30 juin – **Repas** 75/250 – 30 – **23 ch** 205/250 – ½ P 195/215.

CITROEN Gar. Mochon, ☎ 04 79 87 30 14
PEUGEOT Gar. Pochet, ☎ 04 79 87 32 67

ARTIGUELOUVE *64230 Pyr-Atl.* 85 ⑥ – *898 h alt. 156.*
Paris 780 – Pau 11 – Aire-sur-l'Adour 55 – Oloron-Ste-Marie 27 – Orthez 40.

Aub. Semmarty avec ch, sur D 146 ☎ 05 59 83 00 12, – P. GB
fermé 1er au 15 juil., dim. soir et lundi – **Repas** 60 bc/150 – **10 ch** 160/200 – ½ P 110.

ARTIX *64170 Pyr.-Atl.* 85 ⑥ *– 3 038 h alt. 108.*
Paris 777 – Pau 27 – Bayonne 91 – Dax 60 – Mont-de-Marsan 67 – Oloron-Ste-Marie 34.

Les Plaisirs de la Table, pl. Mairie ✆ 05 59 83 27 99, *Fax 05 59 83 27 99* – GB
fermé 17 au 31 août et dim. – **Repas** 80 (déj.), 110/165 ♀, enf. 40.

ARTZENHEIM *68320 H.-Rhin* 62 ⑲ *– 607 h alt. 180.*
Paris 487 – Colmar 16 – Mulhouse 56 – Sélestat 20 – Strasbourg 73.

Aub. d'Artzenheim avec ch, ✆ 03 89 71 60 51, *Fax 03 89 71 68 21*, « Jardin » – TV ☎ P. GB. ch
fermé 15 fév. au 15 mars – **Repas** *(fermé lundi soir et mardi soir)* 120 bc/355 ♀, enf. 68 – 40 – **10 ch** 255/340 – ½ P 275/355.

ARUDY *64260 Pyr.-Atl.* 85 ⑥ *G. Pyrénées Aquitaine – 2 537 h alt. 413.*
Paris 801 – Pau 27 – Argelès-Gazost 56 – Lourdes 43 – Oloron-Ste-Marie 20.

France, pl. Hôtel de Ville ✆ 05 59 05 60 16, *Fax 05 59 05 70 06* – TV ☎ P. GB.
fermé mai et sam. hors saison sauf vacances scolaires – **Repas** 69/114 ♀, enf. 50 – 31 – **19 ch** 125/275 – ½ P 180/230.

CITROEN Gar. Dos Santos, ✆ 05 59 05 60 23 N ✆ 05 59 05 75 16

RENAULT Gar. Orensanz, ✆ 05 59 05 61 93 N ✆ 05 59 05 61 93

The Guide changes, so renew your Guide every year.

ARVIEU *12120 Aveyron* 80 ② *– 925 h alt. 730.*
Syndicat d'Initiative (juil.-août) à la plage ✆ 05 65 46 00 07 et (hors saison) à la Mairie ✆ 05 65 46 71 06.
Paris 666 – Rodez 31 – Albi 67 – Millau 62 – St-Affrique 60 – Villefranche-de-Rouergue 75.

Bon Accueil, ✆ 05 65 46 72 13, *Fax 05 65 74 28 95* – TV ☎. AE GB
fermé 1er au 15 fév. – **Repas** 65 bc/180 – 30 – **12 ch** 145/220 – ½ P 180/220.

L'ARZELIER (Col de) *38 Isère* 77 ④ *– rattaché à Château-Bernard.*

ARZON *56640 Morbihan* 63 ⑫ *G. Bretagne – 1 754 h alt. 9.*
Voir Tumulus de Tumiac ※★ E : 2 km puis 30 mn.
Office de Tourisme Rond-Point du Crouesty ✆ 02 97 53 69 69, Fax 02 97 53 76 10.
Paris 489 – Vannes 32 – Auray 51 – Lorient 91 – Quiberon 78 – La Trinité-sur-Mer 63.

au Port du Crouesty *Sud-Ouest : 2 km – ✉ 56640 Arzon :*

Miramar M, ✆ 02 97 67 68 00, *Fax 02 97 67 68 99*, ≤, institut de thalassothérapie, « Architecture originale évoquant un paquebot », – TV ☎ P – 80. AE GB. rest
fermé 22 nov. au 26 déc. – ***La Salle à Manger :*** Repas (175)-245 ♀, enf. 127 – ***Le Ruban Bleu*** (rest. diététique) *(non-fumeurs exclusivement)* **Repas** 245, enf. 127 – 92 – **108 ch** 1100/1750, 12 appart – ½ P 920/1193.

Crouesty M sans rest, ✆ 02 97 53 87 91, *Fax 02 97 53 66 76* – TV ☎ P. GB
fermé 15 nov. au 1er fév. – 39 – **26 ch** 380/450.

à Port Navalo *Ouest : 3 km – ✉ 56640 Arzon :*

Grand Largue, à l'embarcadère ✆ 02 97 53 71 58, *Fax 02 97 53 92 20*, ≤ golfe du Morbihan, – GB
fermé 15 nov. au 20 déc., 3 janv. au 4 fév., lundi soir et mardi de sept. à juin et lundi midi en juil.-août – **Repas** 98 (déj.), 148/328 et carte 280 à 430 ♀.

ASCAIN *64310 Pyr.-Atl.* 85 ② *G. Pyrénées Aquitaine – 2 653 h alt. 24.*
Office de Tourisme ✆ 05 59 54 00 84.
Paris 795 – Biarritz 21 – Cambo-les-Bains 26 – Hendaye 19 – Pau 137 – St-Jean-de-Luz 7.

Oberena sans rest, chemin Carrières ✆ 05 59 54 03 60, *Fax 05 59 54 41 67*, – TV ☎ P. GB
fermé 5 janv. au 1er avril – 50 – **25 ch** 360/480.

Parc Trinquet-Larralde, ✆ 05 59 54 00 10, *Fax 05 59 54 01 23*, – TV ☎. AE GB
fermé 2 janv. au 15 fév., dim. et lundi de nov. à mars – **Repas** *(fermé dim. soir et lundi d'oct. à juin)* 75/220, enf. 40 – 50 – **24 ch** 320/400 – ½ P 330/360.

au col de St-Ignace *Sud-Est : 3,5 km – ✉ 64310 Ascain :*

Voir *Montagne de la Rhune* ✳★★★, *1h par chemin de fer à crémaillère.*

Les Trois Fontaines avec ch, ☎ 05 59 54 20 80, – P. GB. rest
hôtel : ouvert Pâques-1er nov. ; rest. : fermé fév. et merc. – **Repas** 75/140 – 30 – **5 c** 220/255 – ½ P 245/255.

ASNIÈRES-SUR-SEINE *92 Hauts-de-Seine* 55 ⑳, 101 ⑮ – *voir à Paris, Environs.*

ASPRES-SUR-BUËCH *05140 H.-Alpes* 81 ⑤ *G. Alpes du Sud – 743 h alt. 778.*

Paris 661 – Gap 33 – Grenoble 96 – Sisteron 45 – Valence 127.

Parc, ☎ 04 92 58 60 01, *Fax 04 92 58 67 84,* – ☎ P. AE GB JCB
fermé 15 déc. au 3 janv., merc. hors saison sauf fériés – **Repas** 85 (déj.), 103/185, enf. 62 – 40 – **24 ch** 170/275 – ½ P 205/264.

ASTAFFORT *47220 L.-et-G.* 79 ⑮ – *1 828 h alt. 65.*

Paris 729 – Agen 19 – Auvillar 29 – Condom 34 – Lectoure 19.

Square M, ☎ 05 53 47 20 40, *Fax 05 53 47 10 38,* , « Bel aménagement intérieur » – ch, TV ☎. GB
fermé sam. midi, dim. soir et lundi midi – **Repas** 92 (déj.), 155/215, enf. 60 – 35 – **8 ch** 350/420.

Les pastilles numérotées des plans de ville ①, ②, ③ sont répétées sur les ***cartes Michelin*** *à 1/200 000.*

Elles facilitent ainsi le passage entre les ***cartes*** *et les* ***guides Michelin.***

ATHIS-MONS *91 Essonne* 61 ①, 101 ㊱ – *voir à Paris, Environs.*

ATTENSCHWILLER *68220 H.-Rhin* 87 ⑩ – *693 h alt. 360.*

Paris 478 – Mulhouse 30 – Altkirch 22 – Basel 13 – Colmar 66.

Couronne, ☎ 03 89 68 76 96, *Fax 03 89 68 73 77,* – GB
fermé 15 août au 10 sept., lundi et mardi – **Repas** 53 (déj.), 130/265 ♀, enf. 58.

ATTICHY *60350 Oise* 56 ③ – *1 651 h alt. 73.*

Paris 100 – Compiègne 19 – Laon 59 – Noyon 24 – Soissons 24.

Croix d'Or avec ch, ☎ 03 44 42 15 37 – TV. AE GB
Repas *(fermé 12 au 24 nov., 17 fév. au 2 mars, lundi soir et mardi)* 85/240, enf. 40 – **5 ch** 210/250 – ½ P 210.

ATTIGNAT *01340 Ain* 70 ⑫ ⑬ – *1 776 h alt. 227.*

Paris 401 – Mâcon 33 – Bourg-en-Bresse 11 – Lons-le-Saunier 61 – Louhans 45 – Tournus 41.

Dominique Marcepoil M avec ch, D 975 ☎ 04 74 30 92 24, *Fax 04 74 25 93 48,* , – TV ☎ ♿ P – 25. AE GB. ch
fermé dim. soir et lundi – Repas 125 bc/360 bc et carte 200 à 300, enf. 80 – 36 – **10 ch** 220/370 – ½ P 265/315.

ATTIGNAT-ONCIN *73 Savoie* 74 ⑮ – *rattaché à Aiguebelette-le-Lac.*

ATTIN *62 P.-de-C.* 51 ⑫ – *rattaché à Montreuil.*

AUBAGNE *13400 B.-du-R.* 84 ⑬, 114 ㉙ *G. Provence – 41 100 h alt. 102.*

Voir *Musée de la Légion Étrangère*★.

ℹ *Office de Tourisme av. A.-Boyer* ☎ *04 42 03 49 98, Fax 04 42 03 83 62.*

Paris 790 – Marseille 18 – Toulon 47 – Aix-en-Provence 38 – Brignoles 49.

à St-Pierre-lès-Aubagne *Nord : 5 km par N 96 ou D 43 – ✉ 13400 :*

Host. de la Source M , ☎ 04 42 04 09 19, *Fax 04 42 04 58 72,* ←, , « Parc fleuri, », – ch, TV ☎ ♿ P – 40. AE GB JCB
Repas *(fermé vacances de Toussaint, de fév., dim. soir et lundi)* 150 (déj.), 190/290 ♀ – 70 – **26 ch** 450/1000 – ½ P 480/730.

AUDI, VOLKSWAGEN Auto-Sud, ZI les Paluds 2 ℘ 04 42 70 03 06
CITROEN Parascandola, CD 2, Camp Major ℘ 04 42 18 90 00 N ℘ 04 42 18 90 00
FORD Gar. Gargalian, 31 av. Goums ℘ 04 42 03 04 99
NISSAN Gar. Reybert, 99 r. de la République ℘ 04 42 70 32 16
PEUGEOT Gar. Richelme, rte de la Ciotat ℘ 04 42 82 52 00 N ℘ 04 42 82 52 06
RENAULT Gar. Viano Forum Auto, Rd-Pt du Pont des Six Fenêtres ℘ 04 42 18 68 18 N ℘ 06 09 56 85 97

Chivalier Point S, ZI St-Mitre ℘ 04 42 03 29 33
Chivalier Point S, 13 av. des Goums ℘ 04 42 03 12 31
Euromaster, quartier des Fyols RN 8 ℘ 04 42 18 60 90
Gay Pneus, 153 av. des Paluds, ZI des Paluds ℘ 04 42 84 26 38

AUBAZINE *19190 Corrèze* 75 ⑨ *G. Périgord Quercy – 788 h alt. 345.*

Voir Abbatiale★, clocher★, mobilier★ : tombeau de St-Étienne★★ au monastère d'hommes – Puy de Pauliac ≤★ NE : 3,5 km puis 15 mn.

d'Aubazine ℘ 05 55 27 25 66, E : 4 km.

Office de Tourisme ℘ 05 55 25 79 93.

Paris 487 – Brive-la-Gaillarde 14 – Aurillac 86 – St-Céré 54 – Tulle 18.

de la Tour, ℘ 05 55 25 71 17, *Fax 05 55 84 61 83* – TV. AE GB
fermé 6 au 20 janv., dim. soir et lundi midi d'oct. à juin – **Repas** *(78)* - 88/150 ♀, enf. 50 – ☕ 35 – **20 ch** 170/290 – ½ P 220/290.

Coiroux, ℘ 05 55 25 75 22, *Fax 05 55 25 75 70,* ≤, , – , rest, TV ☎ P. GB. ch
fermé 1er au 15 nov. – **Repas** 85/165 ♀ – ☕ 40 – **38 ch** 250/280 – ½ P 250.

Saut de la Bergère avec ch, Est : 2 km par D 48 ℘ 05 55 25 74 09, *Fax 05 55 84 63 05,* , – TV ☎ P. GB
fermé 1er janv. au 28 fév. – **Repas** 78/190 ♀, enf. 45 – ☕ 35 – **8 ch** 120/280 – ½ P 180/260.

Die neuen Grünen ***Michelin-Reiseführer****:*
- ausführliche Beschreibungen
- praktische, übersichtliche Hinweise
- farbige Pläne, Kartenskizzen und Fotos
... und natürlich stets gewissenhaft aktualisiert.
Benutzen Sie immer die neusten Ausgaben.

AUBE *61270 Orne* 60 ④ *G. Normandie Vallée de la Seine – 1 681 h alt. 230.*

Paris 146 – Alençon 54 – L'Aigle 6 – Argentan 47 – Mortagne-au-Perche 32.

Aub. St-James, 62 rte Paris ℘ 02 33 24 01 40 – GB
fermé 1er au 15 sept., dim. soir et lundi – **Repas** 65/148.

AUBENAS *07200 Ardèche* 76 ⑲ *G. Vallée du Rhône – 11 105 h alt. 330.*

Voir Site★.

Office de Tourisme 4 bd Gambetta ℘ 04 75 89 02 03, Fax 04 75 89 02 04 – Automobile Club 49 rte de Vals ℘ 04 75 93 47 83, Fax 04 75 35 58 12.

Paris 629 ② – Le Puy-en-Velay 91 ① – Alès 75 ④ – Mende 113 ④ – Montélimar 41 ③ – Privas 31 ②.

Plan page suivante

Cévenol sans rest, 77 bd Gambetta ℘ 04 75 35 00 10, *Fax 04 75 35 03 29* – TV ☎ P. GB. Z r
☕ 35 – **45 ch** 240/290.

Ibis M, rte Montélimar ℘ 04 75 35 44 45, *Fax 04 75 93 01 01,* , – TV ☎ P – 50. AE GB
Repas *(75)* - 95 ♀, enf. 39 – ☕ 36 – **43 ch** 295/330.

Provence sans rest, 5 bd Vernon ℘ 04 75 35 28 43 – ☎. GB Z e
☕ 27 – **21 ch** 135/245.

Fournil, 34 r. 4-Septembre ℘ 04 75 93 58 68, *Fax 04 75 93 58 68,* – AE GB Y s
fermé 13 juin au 2 juil., vacances de Toussaint, de Noël et de fév., dim. soir et lundi – **Repas** 100/260, enf. 45.

AUBENAS

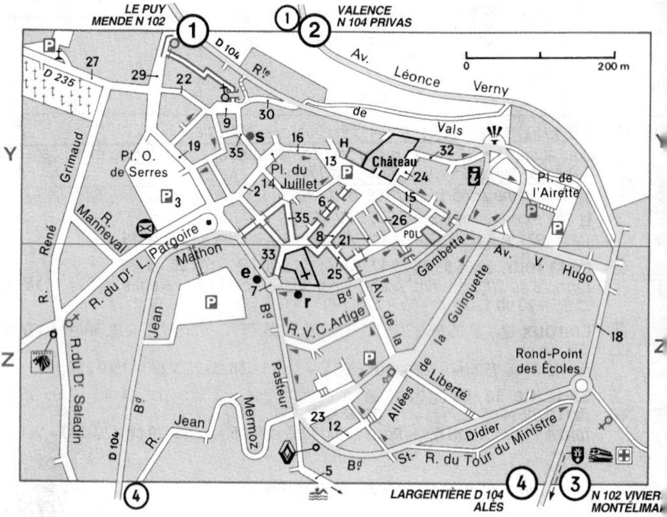

au Pont d'Aubenas *par ② : 2 km – ✉ 07200 Aubenas :*

XX **Au Régal,** N 104 ✆ 04 75 93 75 72 – GB
fermé déc., dim. soir et lundi – **Repas** 139/239.

à Lavilledieu *par ③ : 6 km – 1 264 h. alt. 226 – ✉ 07170 :*

Les Persèdes, N 102 ✆ 04 75 94 88 08, *Fax 04 75 94 29 02,* ←, ☂, ⛱, – TV ☎ P. GB, rest
1er avril-15 oct. et fermé dim. soir et lundi midi sauf juil.-août et fériés – **Repas** 90/180, enf. 60 – ☕ 42 – **24 ch** 290/370 – ½ P 290/350.

à Vinezac *par ④ : 13 km par D 104 et D 423 – 856 h. alt. 260 – ✉ 07110 :*

XX **Charbonnel** avec ch, ✆ 04 75 36 91 66, *Fax 04 75 36 91 59,* « Demeure du 17e siècle » – rest, TV ☎. GB
15 avril-12 nov. – **Repas** *(fermé mardi et merc. sauf juil.-août)* 135/260 – ☕ 40 – **6 ch** 320/360.

CITROEN Dumas Automobiles, rte de Montélimar par ③ ✆ 04 75 87 82 70 N ✆ 04 08 91 06 73
FIAT, LANCIA Gar. Gounon, 22 bd St-Didier ✆ 04 75 35 08 21 N ✆ 04 75 35 08 21
PEUGEOT Mirabel Chambaud, 2 r. Dr Saladin ✆ 04 75 35 30 30 N ✆ 04 75 35 09 82
RENAULT Diffusion Automobiles, 4 bd St-Didier ✆ 04 75 93 70 88 N ✆ 08 00 05 15 15

R.I.P.A., rte de Vals ✆ 04 75 35 40 66 N ✆ 04 75 35 40 66

AUBIGNY-SUR-NÈRE *18700 Cher* 65 ⑪ *G. Châteaux de la Loire – 5 803 h alt. 180.*

Voir *Maisons anciennes*★.

Office de Tourisme (mai-sept.) r. des Dames ✆ 02 48 58 40 20 et (hors saison) à la Mairie ✆ 02 48 81 50 00, Fax 02 48 58 38 30.

Paris 178 – *Bourges* 49 – *Orléans* 66 – *Cosne-sur-Loire* 40 – *Gien* 29 – *Salbris* 32 – *Vierzon* 44.

Fontaine, 2 av. Gén. Leclerc ✆ 02 48 58 02 59, *Fax 02 48 58 36 80* – TV ☎ P. AE GB
fermé 20 au 31 déc. et dim. soir – **Repas** 100/200 ♀ – ☕ 35 – **16 ch** 260/330 – ½ P 250/270.

XX **Chaumière** avec ch, 2 r. Paul Lasnier ✆ 02 48 58 04 01, *Fax 02 48 58 10 31* – TV ☎ P. GB
fermé 22 au 28 juin, 21 au 27 sept., vacances de fév. et dim. soir de sept. à juin – **Repas** *(fermé dim. soir de sept. à juin et lundi sauf le soir en juil.-août)* 90/210 ♀ – ☕ 35 – **12 ch** 200/270 – ½ P 240/250.

ux Naudins *Sud-Est : 10 km par D 89 – ✉ 18700 Oizon :*

✗ **Bien Aller,** ✆ 02 48 58 03 92 – AE GB
fermé mardi sauf juil.-août et merc. – **Repas** 70 (déj.), 100/150 ♀.

CITROEN Gar. Rafaitin, rte de Bourges ✆ 02 48 58 36 91 N ✆ 02 48 71 02 02
FORD Gar. Bouchet, ✆ 02 48 58 05 30 N ✆ 02 48 71 02 02
PEUGEOT Gar. Devailly, ✆ 02 48 58 00 43
RENAULT Gar. Petat, ✆ 02 48 58 00 26 N ✆ 02 48 58 00 26
RENAULT Gar. Goget, 10 pl. du Mail ✆ 02 48 58 10 95
Gar. Guérard, ✆ 02 48 58 00 64 N ✆ 02 48 58 00 64.

UBRAC *12 Aveyron* 76 ⑭ *G. Gorges du Tarn – alt. 1300 – ✉ 12470 St-Chély-d'Aubrac.*
Paris 586 – Aurillac 95 – Rodez 56 – Mende 66 – St-Flour 64.

Dômerie ⊕, ✆ 05 65 44 28 42, *Fax 05 65 44 21 47* – ☎ P. GB. ✻ ch
1er mai-3 nov. – **Repas** *(fermé merc. midi sauf juil.-août)* 95/200 ♀, enf. 60 – ▭ 40 – **23 ch** 275/400 – ½ P 260/325.

UBRIVES *08320 Ardennes* 53 ⑧ ⑨ – *1 139 h alt. 108.*
Paris 273 – Charleville-Mézières 48 – Fumay 17 – Givet 8 – Rocroi 33.

✗✗ **Debette** avec ch, ✆ 03 24 41 64 72, *Fax 03 24 41 10 31,* ⌂, ⌂ – TV ☎. AE GB
fermé 20 déc. au 6 janv., 27 janv. au 10 fév., dim. soir et lundi midi – **Repas** 75/250 ♁ – ▭ 38 – **15 ch** 200/250 – ½ P 250.

Ne prenez pas la route sans connaître votre temps de parcours.
*La **carte Michelin** n° 911 c'est "la carte du temps gagné".*

UBUSSON SP *23200 Creuse* 73 ① *G. Berry Limousin – 5 097 h alt. 440.*
Voir *Musée départemental de la Tapisserie* (centre culturel Jean-Lurçat).*
ℹ *Office de Tourisme r. Vieille ✆ 05 55 66 32 12, Fax 05 55 83 84 51.*
Paris 389 ① – Clermont-Ferrand 91 ③ – Guéret 43 ① – Limoges 88 ④ – Montluçon 63 ① – Tulle 107 ③ – Ussel 58 ③.

AUBUSSON

:hapitre (R. du)	2
:hateaufavier (R.)	4
)ayras (Pl. M.)	5
)éportés (R. des)	7
:spagne (Pl. Gén.)	8
usillés (R. des)	10
es (Quai des)	12
.ibération (Pl. de la)	15
.issiers (Av. des)	16
.urçat (Pl. J.)	18
Marché (Pl. du)	20
République (Av.)	23
St-Jean (R.)	24
errade (Pont de la)	27
/aveix (R.)	29
/ieille (R.)	30

Pour un bon usage des plans de villes, voir les signes conventionnels dans l'introduction.

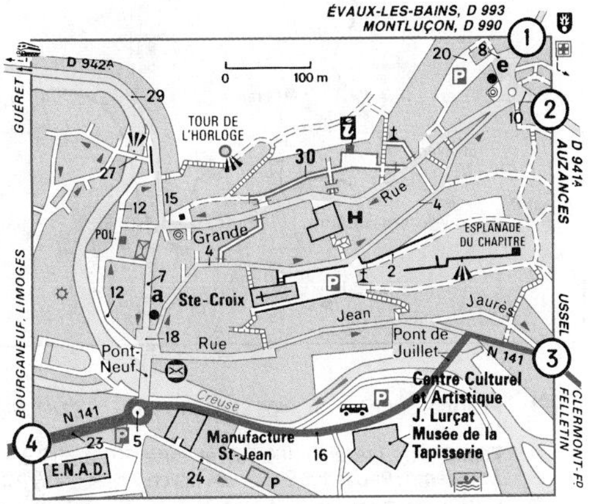

France, 6 r. Déportés **(a)** ✆ 05 55 66 10 22, *Fax 05 55 66 88 64,* ⌂ – TV ☎ ⇔. GB
Repas *(75)* - 98/280 ♀ – ▭ 40 – **24 ch** 300/600.

Lion d'Or, pl. Gén. Espagne **(e)** ✆ 05 55 66 13 88, *Fax 05 55 66 84 73* – TV ☎. AE GB
fermé 5 au 21 oct., 15 au 31 janv., dim. soir et lundi – **Repas** 95 ♀ – ▭ 35 – **11 ch** 270/300 – ½ P 290.

PEUGEOT Gar. Ducros, à Moutier-Rozeille par ③ ✆ 05 55 66 29 33
PEUGEOT Gar. Barraud, Pont d'Alleyrat par D 942A ✆ 05 55 66 19 91
RENAULT SAGA, av. d'Auvergne par ② ✆ 05 55 66 14 54 N ✆ 05 55 66 38 38
Ⓜ Loulergue Pneus, 2 av. d'Auvergne ✆ 05 55 66 10 50

AUBUSSON D'AUVERGNE *63120 P.-de-D.* 73 ⑯ – *191 h alt. 418.*
Paris 465 – Clermont-Ferrand 57 – Ambert 43 – Thiers 22.

Au Bon Coin avec ch, ☎ 04 73 53 55 78, *Fax 04 73 53 56 29* – GB
fermé 20 déc. au 20 janv. – **Repas** 70/300 ♀ – ☕ 40 – **7 ch** 250 – ½ P 300/380.

AUCAMVILLE *31 H.-Gar.* 82 ⑧ – *rattaché à Toulouse.*

AUCH P *32000 Gers* 82 ⑤ *G. Pyrénées Aquitaine – 23 136 h alt. 169.*
Voir *Cathédrale Ste-Marie★★ : stalles★★★, vitraux★★* **AZ.**
de Fleurance ☎ 05 62 06 26 26, par ① sur N 21 : 20 km ; d'Auch-Embats ☎ 05 62 05 2 80, par ⑤ N 124 : 5 km.
Office de Tourisme 1 r. Dessoles ☎ 05 62 05 22 89, Fax 05 62 05 92 04.
Paris 784 ① – Agen 74 ① – Bayonne 222 ④ – Bordeaux 206 ① – Lourdes 91 ④ Montauban 84 ② – Pau 119 ④ – St-Gaudens 75 ④ – Tarbes 73 ④ – Toulouse 77 ②.

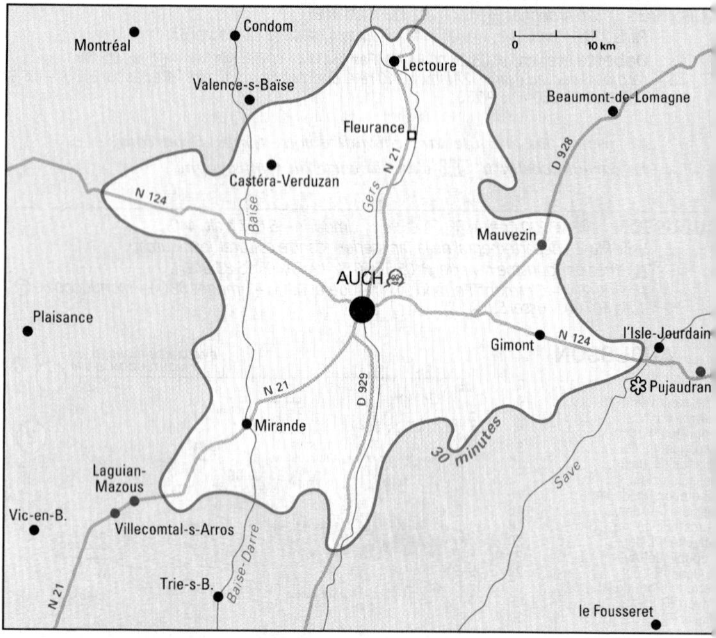

France, pl. Libération ☎ 05 62 61 71 71, *Fax 05 62 61 71 81* – 30. AE GB AZ
Repas (dim. prévenir) 166/506 et carte 300 à 490 ♀ - ***Côté Jardin :*** Repas 100 ♀ - ***Neuvième :*** Repas 100 ♀ – ☕ 60 – **29 ch** 295/800 – ½ P 409/966.

Relais de Gascogne, 5 av. Marne ☎ 05 62 05 26 81, *Fax 05 62 63 30 22* – GB BY
fermé 19 déc. au 10 janv. – **Repas** *(69)* - 97/170 ♀, enf. 60 – ☕ 35 – **38 ch** 268/420 – ½ P 278/317.

Table d'Hôtes, 7 r. Lamartine ☎ 05 62 05 55 62, – AE GB AY
fermé 15 au 30 mai, 15 au 30 sept., dim. soir et lundi – **Repas** (nombre de couverts limité, prévenir) 60 (déj.), 80/140, enf. 40.

rte d'Agen *par ① : 7 km – ✉ 32810 Auch :*

Papillon, N 21 ☎ 05 62 65 51 29, *Fax 05 62 65 54 33,* – P. GB
fermé 25 août au 15 sept., vacances de fév., lundi soir et merc. – **Repas** 75 bc (déj.), 98/250 enf. 54.

AUCH

Alsace (Av. d') .... **BY**
Dessolles (R.) .... **AY** 5
Gambetta (R.) .... **AY**

Caillou (Pl. du) .... **AZ** 2
Convention (R. de la) .... **AZ** 3
David (Pl. J.) .... **AY** 4
Marne (Av. de la) ...... **BY** 17
Legarrasic (Allées) .... **ABZ** 14
Lissagaray (Q.) .... **BYZ** 15
Marceau (R.) .... **BY** 16
Montebello (R.) .... **BZ** 19
Pasteur (R.) .... **BZ** 20
Pont-National (R. du) ... **AZ** 21
Prieuré (Pt du) .... **BY** 23
Rabelais (R.) .... **BZ** 25
République (Pl. et R. de la) ...... **AZ** 26
Somme (R. de la) ...... **BY** 30

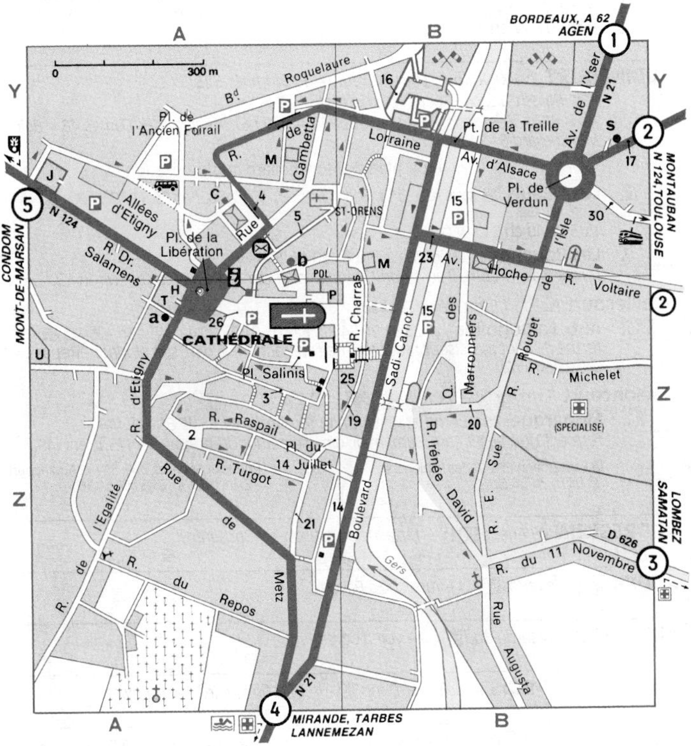

rte de Toulouse *par ② : 4 km – ✉ 32000 Auch :*

Campanile, ✆ 05 62 63 63 05, *Fax 05 62 60 02 92,* – , rest, TV ☎ – 25. AE GB
Repas *(66)* - 84 bc/107 bc, enf. 39 – ☕ 34 – **47 ch** 278.

ALFA ROMEO, FIAT Beaulieu Auto Sce, rte de Tarbes ✆ 05 62 05 57 45
AUDI, VOLKSWAGEN Gar. Dambax, ZI du Sousson à Pavie ✆ 05 62 05 93 55
CITROEN Gd Gar. de Gascogne, ZI Nord rte d'Agen par ① ✆ 05 62 60 61 61 **N** ✆ 06 07 37 73 33
DAEWOO,BMW, HONDA S.D.A. Sport, ZI Nord rte d'Agen ✆ 05 62 63 50 04 **N** ✆ 05 62 63 16 80
FORD Gar. Lamazouère, 52 av. des Pyrénées ✆ 05 62 05 63 07
MERCEDES, TOYOTA Gar. Dartus, ZI Nord ✆ 05 62 63 03 44 **N** ✆ 05 62 63 03 44
PEUGEOT Gar. Téchené, rte de Toulouse par ② ✆ 05 62 60 10 30 **N** ✆ 08 00 44 24 24
RENAULT Gar. SADAG, rte de Toulouse par ② ✆ 05 62 60 14 14 **N** ✆ 05 62 22 27 80

Euromaster, ZI Nord, rte d'Agen ✆ 05 62 63 14 41
Rivière Point S, 193 r. V.-Hugo ✆ 05 62 05 64 21

AUDIERNE *29770 Finistère 58 ⑬ G. Bretagne – 2 746 h alt. 5.*
Voir Site★ – Chapelle de St-Tugen★ O : 4,5 km.
Office de Tourisme 8r. V. Hugo ✆ 02 98 70 12 20, Fax 02 98 75 01 11.
Paris 600 – Quimper 37 – Douarnenez 20 – Pointe du Raz 15 – Pont-l'Abbé 32.

Le Goyen, sur le port ✆ 02 98 70 08 88, *Fax 02 98 70 18 77,* ←, – TV ☎ – 30. AE GB
Pâques-mi-nov. – **Repas** *(fermé lundi hors saison sauf fériés)* 160/450 – ☕ 68 – **24 ch** 350/800, 3 appart – ½ P 590/760.

Roi Gradlon, sur la plage ☎ 02 98 70 04 51, *Fax 02 98 70 14 73,* ≤ – TV ☎ P. AE ⓓ GB. ✗ rest
fermé 5 janv. au 25 fév. – **Repas** *(fermé dim. soir et lundi d'oct. à mars)* 120/220, enf. 60 – ☐ 42 – **19 ch** 290/360 – ½ P 390/410.

Plage M, à la plage ☎ 02 98 70 01 07, *Fax 02 98 75 04 69,* ≤ – ♦ ☎ ♿. ⓓ GB
hôtel : Pâques-30 sept.; rest. : 15 juin-15 sept. – **Repas** (dîner seul.)(résidents seul.) 160/240 – ☐ 40 – **27 ch** 260/420 – ½ P 325/395.

AUDINCOURT *25400 Doubs* 66 ⑧ ⑱ *G. Jura – 16 361 h alt. 323.*
Voir *Église du Sacré-Coeur : baptistère*★ **AY B.**
Paris 476 – Besançon 81 – Mulhouse 57 – Basel 67 – Baume-les-Dames 46 – Belfort 21 – Montbéliard 6 – Morteau 71.

Voir plan de Montbéliard agglomération.

Les Tilleuls sans rest, 51 r. Foch ☎ 03 81 30 77 00, *Fax 03 81 30 57 20,* ⛱, 🌳 – TV ☎ P. AE GB — AY s
☐ 35 – **49 ch** 210/360.

Les Bouchons, 47 Gd'Rue ☎ 03 81 30 44 96 – GB — AY
fermé 2 au 17 août, 2 au 11 janv., sam. midi et dim. – **Repas** carte environ 150 ♀.

à Taillecourt *Nord : 1,5 km rte de Sochaux – 659 h. alt. 330 – ✉ 25400 :*

Aub. La Gogoline, ☎ 03 81 94 54 82, *Fax 03 81 95 20 42,* 🍽, 🌳 – P. AE ⓓ GB
fermé 31 août au 20 sept., vacances de fév., sam. midi, dim. soir et lundi – **Repas** 105/320 et carte 230 à 320. — AY k

à Séloncourt *3 km par ④ – 5 613 h. alt. 365 – ✉ 25230 :*

Monarque, 23 r. Berne ☎ 03 81 37 12 39, *Fax 03 81 35 45 85* – P. GB
fermé 30 juil. au 11 août, sam. midi, dim. soir et lundi – **Repas** 95/175 ♀, enf. 45.

Kautzmann EPS, ZI des Arbletiers ☎ 03 81 35 56 32

Pneus et Services D.K., 33 r. d'Audincourt à Exincourt ☎ 03 81 94 51 36

AUDRESSEIN *09 Ariège* 86 ② *– rattaché à Castillon-en-Couserans.*

AUDRIEU *14 Calvados* 55 ⑪ *– rattaché à Bayeux.*

AULLÈNE *2A Corse-du-Sud* 90 ⑦ *– voir à Corse.*

AULNAY-SOUS-BOIS *93 Seine-St-Denis* 56 ⑪, 101 ⑱ *– voir à Paris, Environs.*

AULUS-LES-BAINS *09140 Ariège* 86 ③ ④ *G. Pyrénées Aquitaine – 210 h alt. 750 – Stat. therm. (avril- oct.).*
Voir *Vallée du Garbet*★ *N.*
Office de Tourisme résidence de l'Ars ☎ 05 61 96 01 79.
Paris 816 – Foix 61 – Oust 16 – St-Girons 32.

Host. de la Terrasse, ☎ 05 61 96 00 98, ≤, 🍽 – ☎ P. GB. ✗ rest
1er mai-30 sept. – **Repas** (nombre de couverts limité, prévenir) 80/190 – ☐ 45 – **16 ch** 180/300 – ½ P 250/300.

Les Oussaillès, ☎ 05 61 96 03 68, *Fax 05 61 96 03 70,* 🍽, 🌳 – TV ☎. GB
fermé 18 nov. au 19 déc. et mardi du 12 oct. au 20 avril sauf vacances scolaires – **Repas** ☎ 05 61 96 03 38 - 88/198 ♀, enf. 45 – ☐ 33 – **12 ch** 230/295.

France, ☎ 05 61 96 00 90, *Fax 05 61 96 03 29,* 🌳 – ☎ P. GB
fermé fin oct. au 20 déc. – **Repas** 58 bc/85, enf. 40 – ☐ 30 – **22 ch** 120/180 – ½ P 200.

AUMALE 76390 S.-Mar. 52 ⑯ *G. Normandie Vallée de la Seine – 2 690 h alt. 130.*

Paris 133 ③ – Amiens 44 ② – Beauvais 50 ③ – Dieppe 69 ⑤ – Gournay-en-Bray 35 ③ – Rouen 74 ⑤.

AUMALE

Marchés (Pl. des)	16
Abbaye-d'Auchy (R. de l')	2
Bailliage (R. du)	3
Birmandreis (R. de)	5
Centrale (R.)	6
Foch (Av. Maréchal)	7
Fontaines (Bd des)	8
Gaulle (Av. du Gén.-de)	9
Hamel (R. du)	12
Libération (Pl. de la)	13
Louis-Philippe (R.)	14
Nationale (R.)	18
Normandie (R. de)	19
Picardie (R. de)	22
St-Lazare (R.)	24
St-Pierre (R.)	25
Tanneurs (R. des)	27
8-Mai-1945 (Av. du)	30

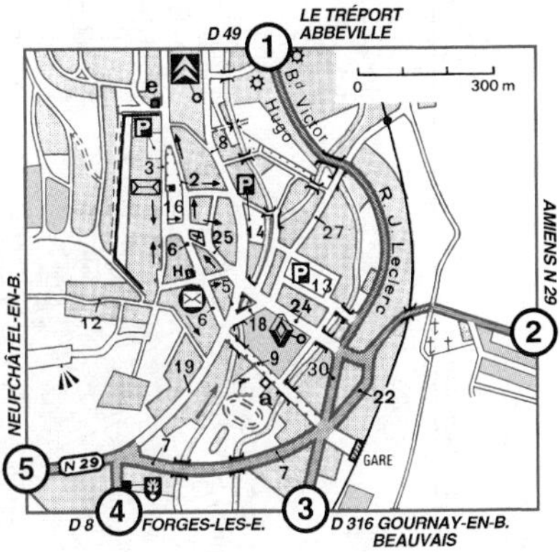

Villa des Houx, av. Gén. de Gaulle **(a)** ☎ 02 35 93 93 30, *Fax 02 35 93 03 94,* – TV ☎ P – 25. AE GB
fermé 23 déc. au 7 janv. et dim. soir du 15 oct. au 15 mars – **Repas** 100/290 ♀, enf. 65 – ☐ 37 – **14 ch** 310/400 – ½ P 300/400.

Mouton Gras avec ch, 2 r. Verdun **(e)** ☎ 02 35 93 41 32, *Fax 02 35 94 52 91,* « Maison normande fin 17e siècle, bel intérieur », – TV. AE ⓓ GB
fermé 8 au 26 sept., lundi soir et mardi – **Repas** 100/170, enf. 50 – ☐ 35 – **6 ch** 200/300.

CITROEN Gar. Legrand, ☎ 02 35 93 42 04 N ☎ 02 35 93 42 04
RENAULT Gar. Ducrocq, ☎ 02 35 93 41 17 N ☎ 02 35 93 41 17

Parin, rte de Beauvais à Quincampoix-Fleuzy ☎ 02 35 93 93 93

AUMONT-AUBRAC 48130 Lozère 76 ⑮ *– 1 050 h alt. 1040.*

Paris 555 – Aurillac 119 – Mende 41 – Le Puy-en-Velay 91 – Espalion 56 – Marvejols 24 – St-Chély-d'Apcher 10.

Gd H. Prouhèze, ☎ 04 66 42 80 07, *Fax 04 66 42 87 78,* – TV ☎ P – 25. AE GB
21 mars-1er nov. et fermé dim. soir et lundi sauf juil.-août – **Repas** 170 (déj.), 205/560 et carte 320 à 390, enf. 85 - ***Compostelle*** - bistrot - **Repas** 85/120 ♀, enf. 60 – ☐ 85 – **27 ch** 330/580 – ½ P 480/580.

Chez Camillou, N9 ☎ 04 66 42 80 22, *Fax 04 66 42 93 70,* – TV ☎ P. GB
1er avril-1er nov. – **Repas** 99/250 – ☐ 44 – **46 ch** 320/500 – ½ P 300/310.

Gar. Benoit, ☎ 04 66 42 80 17

AUNAY-SUR-ODON 14260 Calvados 54 ⑮ *G. Normandie Cotentin – 2 878 h alt. 188.*

Paris 265 – Caen 34 – Falaise 42 – Flers 37 – St-Lô 41 – Vire 31.

St-Michel avec ch, r. Caen ☎ 02 31 77 63 16, *Fax 02 31 77 05 83* – TV ☎. GB
fermé 15 janv. au 10 fév., dim. soir et lundi sauf juil.-août – **Repas** 75/260 ♀ – ☐ 35 – **7 ch** 150/240 – ½ P 190/250.

RENAULT Gar. Aunay, ☎ 02 31 77 63 48 N ☎ 02 31 77 01 51

AURAY 56400 Morbihan 63 ② *G. Bretagne – 10 323 h alt. 35.*

Voir *Quartier St-Goustan★ – Promenade du Loch★ – Église St-Gildas★ – Ste-Avoye : Jubé★ et charpente★ de l'église 4 km par ①.*

18 de St-Laurent ☎ 02 97 56 85 18, par ③ : 11 km ; 18 de Baden ☎ 02 97 57 18 96, par ① puis D 101 : 9 km.

☎ 08 36 35 35 35.

Office de Tourisme 20 r. du Lait ☎ 02 97 24 09 75, Fax 02 97 50 80 75.

Paris 477 ① – Vannes 18 ① – Lorient 41 ④ – Pontivy 51 ④ – Quimper 100 ④.

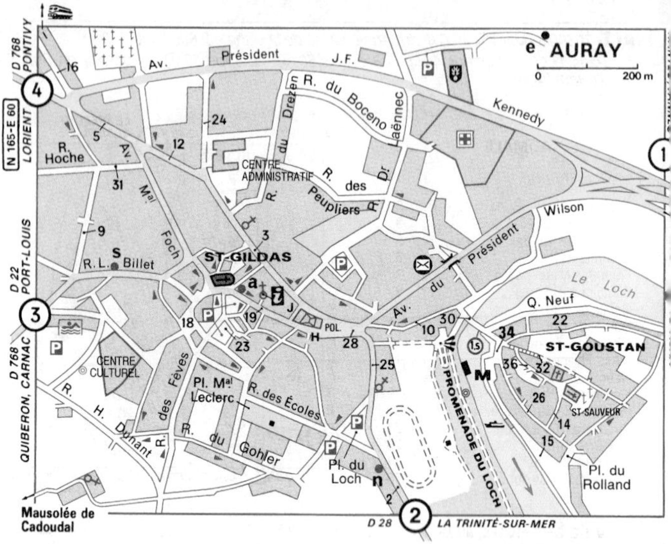

Barré (R.J.M.)	3	Église St-Goustan (R. de l')	14	Penher (R. du)	24
Clemenceau (R. Georges)	12	Franklin (Quai B.)	15	Père-Éternel (R. du)	25
République (Pl. de la)	28	Gaulle (Av. Gén.-de)	16	Petit-Port (R. du)	26
Abbé-Martin (R.)	2	Joffre (Pl. du Mar.)	18	St-Goustan (Pont de)	30
Briand (R. Aristide)	5	Lait (R. du)	19	St-Julien (R.)	31
Cadoudal (R. G.)	9	Neuve (R.)	22	St-René (R.)	32
Château (R. du)	10	Notre-Dame (Pl.)	23	St-Sauveur (Pl.)	34
				St-Sauveur (R.)	36

Loch et rest. La Sterne M, La Forêt (e) ☎ 02 97 56 48 33, *Fax 02 97 56 63 55*, – 30. AE GB.
fermé dim. soir d'oct. à Pâques – **Repas** 98/270 ♀, enf. 65 – ☐ 38 – **30 ch** 310/400 – ½ P 310/330.

Branhoc M sans rest, rte du Bono : 1,5 km ☎ 02 97 56 41 55, *Fax 02 97 56 41 35*, – GB.
☐ 30 – **28 ch** 280/320.

Closerie de Kerdrain, 20 r. L. Billet (s) ☎ 02 97 56 61 27, *Fax 02 97 24 15 79*,
« Maison de maître dans un jardin » – AE GB
fermé 15 au 30 mars, 15 au 30 nov., dim. soir et lundi hors saison – **Repas** 100 (déj.), 165/40
et carte 300 à 440 ♀.

Aub. de la Plaine, 38 r. du Lait (a) ☎ 02 97 24 09 40, *Fax 02 97 50 76 53* – GB
fermé 27 mars au 10 avril, 13 oct. au 3 nov., lundi soir de sept. à juin et mardi – **Repa**
72/200 ♀, enf. 45.

Chebaudière, 6 r. Abbé J. Martin (n) ☎ 02 97 24 09 84, *Fax 02 97 24 09 84* – GB
fermé vacances de fév., mardi soir et merc. sauf juil.-août – **Repas** 70/175 ♀, enf. 45.

au golf de St-Laurent *par ③ et D 22 : 10 km – ✉ 56400 Auray :*

Fairway H. M, ☎ 02 97 56 88 88, *Fax 02 97 56 88 28*, ←, parc, – 60. AE GB. rest
1er avril-30 nov. – **Repas** 135, enf. 80 – ☐ 48 – **42 ch** 535/625 – ½ P 475.

AUDI, VOLKSWAGEN Gar. Kermorvant, rte de Quiberon, ZA de Kerbois ☎ 02 97 24 11 73
CITROEN Europe Diffusion Autom., ZAC de Kerfontaine à Pluneret ☎ 02 97 24 01 71 N ☎ 02 97 24 01 71
OPEL Océane Autom., Porte Océane ☎ 02 97 24 12 12 N ☎ 02 97 24 14 18
PEUGEOT Gar. Laine, rte de Lorient par ④ ☎ 02 97 24 05 14 N ☎ 02 99 24 23 73

RENAULT S.C.A.D.A., rte de Ste-Anne d'Auray Kerfontaine par ① ☎ 02 97 24 05 94 N ☎ 06 07 32 81 12

Auray Pneus Sce-Point S, ZI de Toul Garros ☎ 02 97 24 24 48
Auray Pneus-Point S, 12 r. Paix ☎ 02 97 56 50 55

AUREC-SUR-LOIRE *43110 H.-Loire 76 ⑧ – 4 510 h alt. 435.*

Office de Tourisme 2 av. du Pont ☎ 04 77 35 42 65, Fax 04 77 35 29 58.
Paris 539 – St-Étienne 21 – Firminy 15 – Montbrison 41 – Le Puy-en-Velay 59 – Yssingeaux 33.

à Semène *Nord-Est : 3 km par D 46 – ✉ 43110 Aurec-sur-Loire :*

XX **Coste** avec ch, ✆ 04 77 35 40 15, *Fax 04 77 35 39 05,* – . GB
fermé 3 au 23 août, vacances de fév., dim. soir et sam. – **Repas** 95/225, enf. 60 – ☕ 44 – **7 ch** 210/270 – ½ P 223/250.

AURIBEAU-SUR-SIAGNE *06810 Alpes-Mar.* 84 ⑧, 114 ㉖, 115 ㉔ *G. Côte d'Azur – 2 072 h alt. 85.*
Paris 902 – Cannes 13 – Draguignan 63 – Grasse 9 – Nice 44 – St-Raphaël 41.

XXX **Aub. de la Vignette Haute** avec ch, rte village ✆ 04 93 42 20 01, *Fax 04 93 42 31 16,* ←, , « Ambiance médiévale, pièces d'antiquité », , – . AE GB JCB
fermé 15 nov. au 15 déc., mardi midi et lundi de déc. à avril – **Repas** 170 bc (déj.), 370 bc/520 bc – ☕ 80 – **13 ch** 1000/1400 – ½ P 1010/1110.

AURIGNAC *31420 H.-Gar.* 82 ⑯ *G. Pyrénées Aquitaine – 983 h alt. 430 -* Voir *Donjon* ※★.
Office de Tourisme ✆ 05 61 98 70 06, - (hors saison) Mairie ✆ 05 61 98 90 08, Fax 05 61 98 71 33.
Paris 768 – Bagnères-de-Luchon 67 – Auch 71 – Pamiers 91 – St-Gaudens 23 – St-Girons 42 – Toulouse 76.

XX **Cerf Blanc** avec ch, r. St Michel ✆ 05 61 98 95 76, *Fax 05 61 98 76 80,* – rest, . GB
fermé lundi sauf juil.-août – **Repas** 88/260 - ***Le Bistrot :*** **Repas** 60 – ☕ 40 – **9 ch** 190/260 – ½ P 320/360.

AURILLAC P *15000 Cantal* 76 ⑫ *G. Auvergne – 30 773 h alt. 610.*
Voir *Route des Crêtes*** NE par D 35* **BY**.
Golf Club de Vézac Aurillac ✆ 04 71 62 40 09 par ③ et D 990 : 8 km.
Aurillac Tronquière ✆ 04 71 64 50 00 par ③ : 2 km.
Office de Tourisme pl. Square ✆ 04 71 48 46 58, Fax 04 71 48 99 39.
Paris 557 ② – Brive-la-Gaillarde 98 ④ – Clermont-Ferrand 160 ② – Montauban 171 ③ – Montluçon 263 ④.

Plan page suivante

Gd H. St-Pierre, 16 cours Monthyon ✆ 04 71 48 00 24, *Fax 04 71 64 81 83* – – 40. AE GB JCB — BZ a
Repas *(80)* - 100/240 ₸, enf. 40 – ☕ 40 – **33 ch** 280/480 – ½ P 330.

Gd H. de Bordeaux M sans rest, 2 av. République ✆ 04 71 48 01 84, *Fax 04 71 48 49 93* – – 35. AE GB JCB — BY r
fermé 18 déc. au 3 janv. – ☕ 39 – **34 ch** 360/520.

Renaissance, pl. Square ✆ 04 71 48 09 80, *Fax 04 71 48 54 81* – . GB. ch
fermé 1er au 15 juil., 20 déc. au 10 janv. et dim. sauf juil.-août – **Repas** 78/160 – ☕ 32 – **23 ch** 180/280 – ½ P 220/260. — BZ k

Delcher, 20 r. Carmes ✆ 04 71 48 01 69, *Fax 04 71 48 86 66* – . AE GB — BZ q
fermé 12 au 26 juil., 21 déc. au 4 janv. et dim. soir sauf août – **Repas** 78/135 ₸, enf. 45 – ☕ 30 – **16 ch** 250/280 – ½ P 230.

Arcades, rte de Clermont-Ferrand par ③ ✆ 04 71 64 15 11, *Fax 04 71 64 28 54,* , – – 25. AE GB
Repas *(fermé sam. midi et dim.)* 78/140 ₸, enf. 40 – ☕ 34 – **41 ch** 230/290.

Campanile, rte de Clermont-Ferrand par ③ ✆ 04 71 64 64 84, *Fax 04 71 64 55 90,* – – 25. AE GB
Repas *(66)* - 84 bc/107 bc, enf. 39 – ☕ 34 – **47 ch** 278.

XX **Reine Margot,** 19 r. G. de Veyre ✆ 04 71 48 26 46, *Fax 04 71 48 92 39* – . AE GB — BZ u
fermé 15 au 28 fév., dim. soir et lundi – **Repas** *(68)* - 98/260 ₸, enf. 48.

XX **Quatre Saisons,** 10 r. Champeil ✆ 04 71 64 85 38 – . AE GB — BY v
fermé dim. soir et lundi – **Repas** 80/205.

à Arpajon-sur-Cère *par ③ rte de Rodez (D 920) : 2 km – 5 296 h. alt. 613 – ✉ 15130 :*

Les Provinciales sans rest, pl. Foirail ✆ 04 71 64 29 50, *Fax 04 71 64 67 87* – . GB
☕ 35 – **20 ch** 220/250.

à Vézac *par ③, D 920 et D 990 : 10 km – 955 h. alt. 650 – ✉ 15130 :*

Host. du Château de Salles , ✆ 04 71 62 41 41, *Fax 04 71 62 44 14,* ←, , « Demeure du 15e siècle dans un parc », , , – – 30. AE GB
fermé 1er fév. au 1er mars – **Repas** 120/340 ₸ – ☕ 50 – **18 ch** 450/800 – ½ P 410/835.

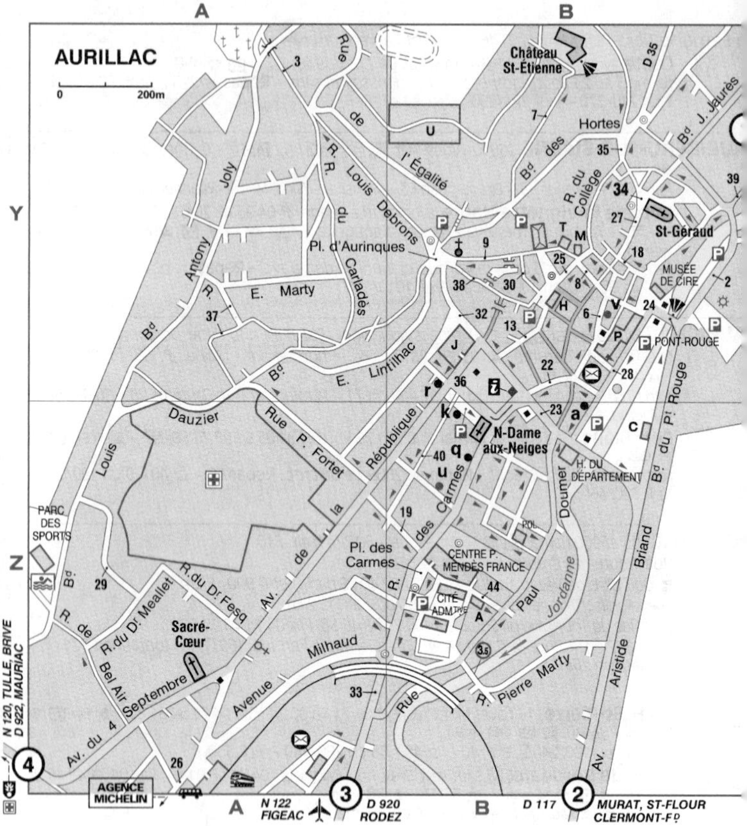

Carmes (R. des) . . . . **BZ**
Duclaux (R. Émile) . . . . **BY** 13
Frères (R. des). . . . . **BY** 22
Gambetta (Av.) . . . . **BZ** 23
République (Av. de la) . . . . . **AZ**
Square (Pl. du). . . . . **BY** 36

Angoulême (Cours d') . . . . . **BY** 2
Arbre-Croumaly (R. de l') . . . **AY** 3
Champeil (R, J.-B.) . . . . **BY** 6
Château St-Étienne
(R. du). . . . . **BY** 7
Consulat (R. du) . . . . **BY** 8
Coste (R. de la) . . . . **BY** 9
Fargues (R. des) . . . . **BY** 18
Ferry (R. Jules) . . . . **BZ** 19
Gerbert (Pl.) . . . . **BY** 24
Marchande (R.) . . . . **BY** 25
Maynard (R. F.) . . . . **AZ** 26
Monastère (R. du). . . . . **BY** 27
Monthyon (Cours) . . . . **BY** 28
Mont-Mouchet
(R. du). . . . . **AZ** 29
Noailles (R. de) . . . . **BY** 30
Prés.-Delzons (R. du) . . . . . . **BY** 32
Pupilles-de-la-Nation
(Av. des). . . . . **AZ** 33
St-Géraud (Pl.). . . . . **BY** 34
St-Jacques (R.) . . . . **BY** 35
Vaissière
(R. Robert de La). . . . . **AY** 37
Vermenouze
(R. Arsène). . . . . **BY** 38
Veyre (Av. J.-B.). . . . . **BY** 39
14-Juillet (R. du) . . . . **BZ** 40
139e R.I. (R. du). . . . . **BZ** 44

ALFA ROMEO, FIAT, LANCIA Gar. Moderne Ladoux, 70 av. Gén.-Leclerc ✆ 04 71 64 65 65
BMW, SEAT Auvergne Auto, av. G.-Pompidou ✆ 04 71 64 58 44
CITROEN Gar. Daix, av. G.-Pompidou par ③ ✆ 04 71 64 14 82
CITROEN Auto Vialenc, av. G.-Pompidou par ③ ✆ 04 71 48 00 00
FORD Gar. Dalbouze, bd Vialenc ✆ 04 71 64 14 43
HONDA Cantal Auto Sport, ZI Sistrieres ✆ 04 71 63 76 15
MERCEDES, AUDI, VOLKSWAGEN TCS Autom. Sce, av. G.-Pompidou ✆ 04 71 63 41 83
NISSAN, SUBARU Gar. Vers, N 122 ✆ 04 71 63 51 32
OPEL Gar. Vidal, 47 av. Pupilles de la Nation ✆ 04 71 48 01 51
PEUGEOT Gar. Socauto, av. G.-Pompidou, ZI de Sistrières par ③ ✆ 04 71 63 66 00 **N** ✆ 04 71 45 22 77
RENAULT Gar. Rudelle Fabre, 100 av. Ch.-de-Gaulle par r. F.-Maynard AZ ✆ 04 71 63 76 22 **N** ✆ 08 00 05 15 15
TOYOTA Gar. Arnaud, av. G.-Pompidou ✆ 04 71 48 12 31

Cantal Pneus, 8 r. Gutenberg, ZI de Lescudilliers ✆ 04 71 63 57 30
Euromaster, rte Conthe ✆ 04 71 63 40 60
Ladoux Vulco, 1 bd de Verdun ✆ 04 71 48 17 01
Technic pneus services, 161 av Gén.-Leclerc ✆ 04 71 63 61 42

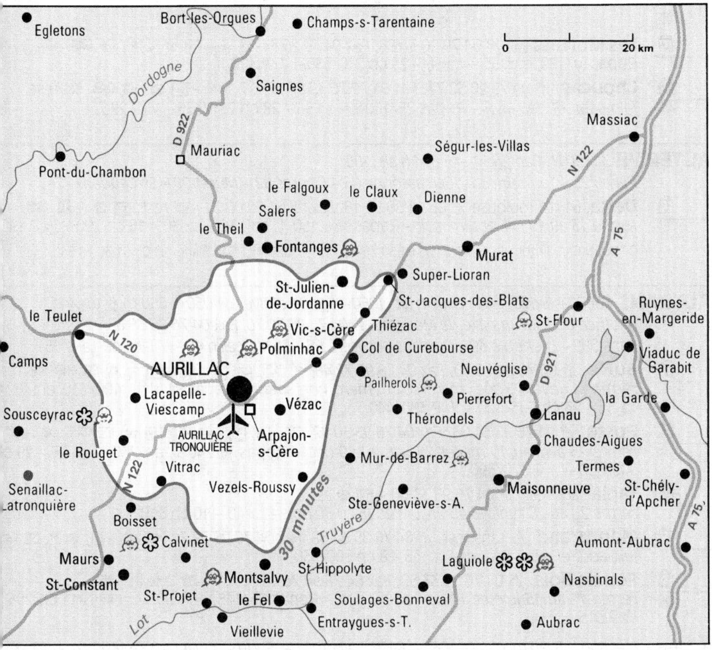

Gli alberghi o ristoranti ameni sono indicati nella guida con un simbolo rosso.
Contribuite a mantenere la guida aggiornata segnalandoci gli alberghi e ristoranti dove avete soggiornato piacevolmente.

𝐇𝐇𝐇𝐇𝐇 ... 𝐇
XXXXX ... X

AURIOL *13390 B.-du-R.* 84 ⑭, 114 ㉚ – *6 788 h alt. 200.*

Syndicat d'Initiative (Pentecôte à sept.) quai de l'Huveaune ✆ 04 42 04 76 41.

Paris 781 – Marseille 30 – Aix-en-Provence 29 – Brignoles 38 – Toulon 58.

Commerce "Chez Suzanne" ⑤, ✆ 04 42 04 70 25, 余 – TV ☎ P. GB
fermé fév., dim. soir et lundi sauf du 10 juil. à fin août – **Repas** 58 (déj.), 85/190 – ☐ 35 – **11 ch** 210/280 – ½ P 230.

AUROUX *48600 Lozère* 76 ⑯ – *395 h alt. 960.*

Paris 570 – Mende 50 – Le Puy-en-Velay 51 – Langogne 16.

France, D 988 ✆ 04 66 69 55 02 – GB
fermé 15 déc. au 30 janv. – **Repas** 72/100 ♨ – ☐ 27 – **23 ch** 130/180 – ½ P 230/240.

AUSSOIS *73500 Savoie* 77 ⑧ *G. Alpes du Nord – 530 h alt. 1489 – Sports d'hiver : 1 500/2 750 m ⛷11 ⛷.*

Voir Site★ – Monolithe de Sardières★ NE : 3 km.

Office de Tourisme ✆ 04 79 20 30 80, Fax 04 79 20 37 00.

Paris 671 – Albertville 97 – Chambéry 108 – Lanslebourg-Mont-Cenis 17 – Modane 7 – St-Jean-de-Maurienne 38.

Soleil M ⑤, ✆ 04 79 20 32 42, *Fax 04 79 20 37 78,* ←, 余 – TV ☎ P. AE GB. ⚘
15 juin-1er oct. et 17 déc.-15 avril – **Repas** *(3 juil.-31 août et 23 déc.-1er avril)* (prévenir) 98/255, enf. 68 – ☐ 43 – **22 ch** 260/400 – ½ P 340.

Les Mottets Ⓜ, ✆ 04 79 20 30 86, *Fax 04 79 20 34 22*, ← – TV ☎ P. GB
Repas 94/180, enf. 55 – ☐ 38 – **25 ch** 210/330 – ½ P 320.

Choucas, ✆ 04 79 20 32 77, *Fax 04 79 20 39 87*, ←, – TV ☎. GB. rest
juin-sept. et déc.-avril – **Repas** 85/160 ♀ – ☐ 36 – **28 ch** 215/335 – ½ P 295.

AUTERIVE *31190 H.-Gar.* 82 ⑱ – *5 814 h alt. 185.*
Paris 725 – Toulouse 34 – Carcassonne 86 – Castres 82 – Muret 20 – St-Gaudens 77.

Delta, 61 rte Toulouse ✆ 05 61 50 52 16, *Fax 05 61 50 00 21* – rest, TV ☎ ♿ P. GB
fermé 13 au 19 juil. et dim. soir – **Repas** (48) - 150 ♂, enf. 36 – ☐ 30 – **16 ch** 200 – ½ P 190

CITROEN Gar. Gimbrède, N 20 ✆ 05 61 50 76 76 RENAULT Gar. Blanc, ✆ 05 61 50 78 54

AUTRANS *38880 Isère* 77 ④ – *1 406 h alt. 1050 – Sports d'hiver : 1 050/1 650 m 16.*
Office de Tourisme rte de Méaudre ✆ 04 76 95 30 70, Fax 04 76 95 38 63.
Paris 589 – Grenoble 36 – Romans-sur-Isère 58 – St-Marcellin 46 – Villard-de-Lans 15.

Buffe, ✆ 04 76 94 70 70, *Fax 04 76 95 72 48*, ←, – TV ☎ P. AE GB. res
fermé 11 nov. au 5 déc., mardi soir et merc. hors saison – **Repas** 81 (déj.), 100/230, enf. 62
☐ 55 – **23 ch** 395/520 – ½ P 390/440.

Poste, ✆ 04 76 95 31 03, *Fax 04 76 95 30 17*, – TV ☎. AE GB. rest
fermé 25 avril au 10 mai et 25 oct. au 10 déc. – **Repas** 80/240 ♀, enf. 50 – ☐ 45 – **29 c**
300/350 – ½ P 370/390.

Tapia sans rest, ✆ 04 76 95 33 00 – TV ☎ P
fermé 20 au 28 avril, 15 au 25 juin et 15 au 30 nov. – ☐ 40 – **10 ch** 310.

Montbrand sans rest, ✆ 04 76 95 34 58, *Fax 04 76 95 72 71*, ←, – TV ☎ P. AE G
juil.-août et Noël-Pâques – ☐ 38 – **8 ch** 300/330.

Feu de Bois, ✆ 04 76 95 33 32, *Fax 04 76 94 76 93*, ←, – ☎ P. GB
fermé 1er au 15 juin et 10 nov. au 10 déc. – **Repas** 85/145, enf. 50 – ☐ 41 – **11 ch** 295
½ P 315.

à Méaudre *Sud : 5,5 km par D 106c – 840 h. alt. 1012 – Sports d'hiver 1000/1600 m 10*
✉ 38112 :
Office de Tourisme ✆ 04 76 95 20 68, Fax 04 76 95 25 93.

Prairie , ✆ 04 76 95 22 55, *Fax 04 76 95 20 59*, ←, – TV ☎ P – 25. GB
fermé 15 au 30 avril et 24 oct. au 12 nov. – **Repas** (fermé sam. et dim. du 25 sept. au 1
déc.) 85/120 ♀, enf. 36 – ☐ 33 – **20 ch** 210/280 – ½ P 250/310.

Pertuzon avec ch, ✆ 04 76 95 21 17, *Fax 04 76 95 23 85*, – TV ☎ P. AE GB
fermé 1er au 15 juin, 1er au 15 oct., dim. soir, mardi soir et merc. hors saison – **Repas** 95/26
♀, enf. 50 – ☐ 42 – **8 ch** 200/270 – ½ P 295/315.

Aub. du Furon avec ch, ✆ 04 76 95 21 47, *Fax 04 76 95 24 71*, ←, – TV ☎ P. GE
fermé 1er nov. au 15 déc., dim. soir et lundi hors saison – **Repas** 80/230, enf. 42 – ☐ 35
9 ch 260 – ½ P 290/320.

PEUGEOT Gar. Gouy Velay, ✆ 04 76 95 30 04 N ✆ 04 76 95 30 04

AUTREVILLE *88300 Vosges* 62 ④ – *108 h alt. 310.*
Paris 306 – Nancy 41 – Neufchâteau 19 – Toul 24.

Relais Rose, ✆ 03 83 52 04 98, *Fax 03 83 52 06 03*, – TV ☎ P. AE GB
Repas 70 (déj.), 85/285 ♂, enf. 40 – ☐ 35 – **16 ch** 145/380 – ½ P 170/280.

Les Tilleuls avec ch, 5 rte Neufchâteau ✆ 03 83 52 84 50, *Fax 03 83 52 06 42*, – TV
. GB
fermé 1er au 15 oct., Noël au jour de l'An, dim. soir et lundi – **Repas** 116/195 ♀ – ☐ 32
4 ch 210 – ½ P 210.

AUTUN ⟨SP⟩ 71400 S.-et-L. 69 ⑦ *G. Bourgogne – 17 906 h alt. 326.*

Voir *Cathédrale St-Lazare★★ : tympan★★★* **BZ** – *Porte St-André★* **BY** – *Grilles★ du lycée Bonaparte* **AZ B** – *Manuscrits★ (bibliothèque de l'Hôtel de Ville)* **BZ H** – *Musée Rolin★ : statuaire romane★★, Nativité★★ du Maître de Moulins et vierge★★* **BZ M**[1].

Env. *Croix de la Libération ⩽★ SO : 6 km par D 256* **BZ.**

du Vallon ✆ 03 85 52 09 28, par ③ : 3 km.

Office de Tourisme 2 av. Ch.-de-Gaulle ✆ 03 85 86 80 38, Fax 03 85 86 80 49 et (juin- sept.) pl. du Terreau ✆ 03 85 52 56 03.

Paris 287 ① – Chalon-sur-Saône 53 ③ – Auxerre 128 ① – Avallon 79 ① – Dijon 85 ② – Mâcon 112 ③ – Moulins 98 ④ – Nevers 105 ⑤.

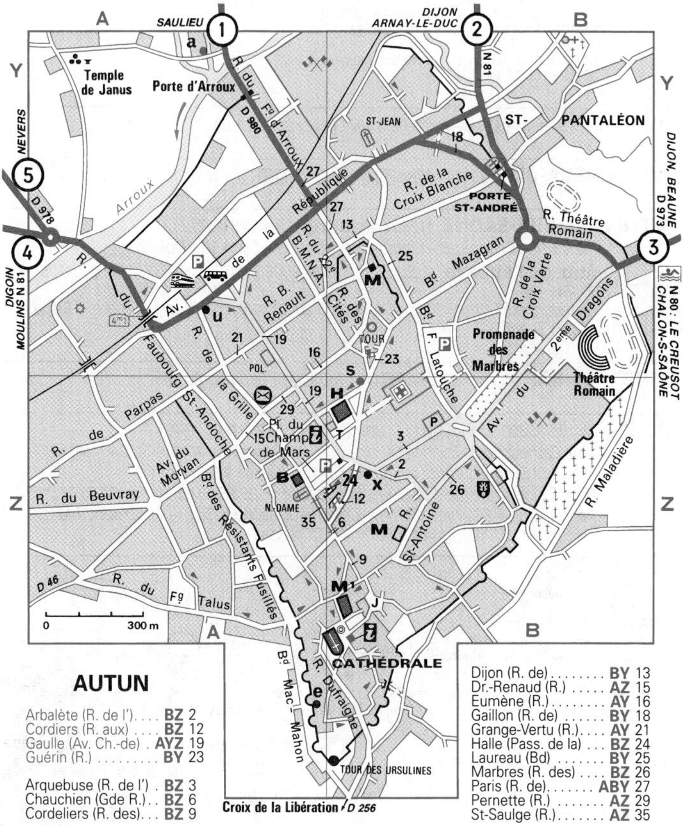

Arbalète (R. de l') .... **BZ** 2
Cordiers (R. aux) .... **BZ** 12
Gaulle (Av. Ch.-de) . **AYZ** 19
Guérin (R.) .... **BY** 23

Arquebuse (R. de l') . **BZ** 3
Chauchien (Gde R.). . **BZ** 6
Cordeliers (R. des). . . **BZ** 9

Dijon (R. de) .... **BY** 13
Dr.-Renaud (R.) ..... **AZ** 15
Eumène (R.) .... **AY** 16
Gaillon (R. de) ...... **BY** 18
Grange-Vertu (R.).... **AY** 21
Halle (Pass. de la) ... **BZ** 24
Laureau (Bd) .... **BY** 25
Marbres (R. des) .... **BZ** 26
Paris (R. de)....... **ABY** 27
Pernette (R.) .... **AZ** 29
St-Saulge (R.)....... **AZ** 35

Ursulines Ⓜ, 14 r. Rivault ✆ 03 85 86 58 58, *Fax 03 85 86 23 07*, ⩽, – TV ☎ ♿ – 150. AE ① GB — **AZ e**
Repas 90 (déj.), 155/375 ♀, enf. 80 – ☕ 60 – **38 ch** 350/465 – ½ P 658.

St-Louis et Poste, 6 r. Arbalète ✆ 03 85 52 01 01, *Fax 03 85 86 32 54*, – TV ☎ P. AE GB — **BZ x**
Repas *(fermé sam. midi)* 115 (déj.)/185 ♀, enf. 55 – ☕ 35 – **37 ch** 250/1000, 5 appart – ½ P 295/365.

Commerce et Touring, 20 av. République ✆ 03 85 52 17 90, *Fax 03 85 52 37 63* – TV ☎ P. GB — **AY u**
fermé déc. – **Repas** *(fermé lundi)* 65/140 ♀, enf. 40 – ☕ 27 – **20 ch** 150/250 – ½ P 170/200.

XX **Host. du Vieux Moulin** avec ch, porte d'Arroux D 980 ☎ 03 85 52 10 90, *Fax 03 85 86 32 15*, « Jardin ombragé » – TV ☎ P. AE GB AY a
1er mars-1er déc. et fermé dim. soir et lundi hors sais. – **Repas** 90 (déj.), 150/250 – ☕ 45 – **16 ch** 230/370.

XX **Chalet Bleu,** 3 r. Jeannin ☎ 03 85 86 27 30, *Fax 03 85 52 74 56* – AE GB BYZ s
fermé lundi soir et mardi – **Repas** 90/250 ♀, enf. 60.

au plan d'eau du Vallon *par ③ : 2 km – ✉ 71400 Autun :*

Golf H., N 80 ☎ 03 85 52 00 00, *Fax 03 85 52 20 20*, – TV ☎ P – 60. AE ⓓ GB JCB
Repas *(fermé dim. soir de nov. à mars)* 87/185 ♀, enf. 45 – ☕ 35 – **43 ch** 220/278 – ½ P 261

CITROEN Auto-Gar. Lemaître, 56 rte d'Arnay, ZI par ② ☎ 03 85 52 15 32 **N** ☎ 03 85 52 15 32
PEUGEOT S.A.V.A., ZI rte d'Arnay par ② ☎ 03 85 52 13 10
RENAULT Gar. Autun, av. Cdt Neucheze par ④ ☎ 03 85 86 13 14

Gaudry-Pneu Point S, 64 av. Ch.-de-Gaulle ☎ 03 85 52 16 62

AUVERS *77 S.-et M.* 61 ⑪ – *rattaché à Milly-la-Forêt (Essonne).*

AUVERS-SUR-OISE *95 Val-d'Oise* 55 ⑳, 106 ⑥, 101 ③ – *voir à Paris, Environs.*

AUVILLARS-SUR-SAÔNE *21250 Côte-d'Or* 70 ② – *215 h alt. 212.*
Paris 334 – Beaune 25 – Chalon-sur-Saône 55 – Dijon 30 – Dole 35.

X **Aub. de l'Abbaye,** au Sud : 1 km sur D 996 ☎ 03 80 26 97 37, *Fax 03 80 26 92 25*, – P. GB.
fermé 25 au 31 mai, 24 au 30 août, 25 au 31 janv., mardi soir et merc. – **Repas** (prévenir) 98/218 ♀, enf. 52.

AUXELLES-BAS *90 Terr.-de-Belf.* 66 ⑧ – *rattaché à Giromagny.*

AUXERRE P *89000 Yonne* 65 ⑤ *G. Bourgogne – 38 819 h alt. 130.*
Voir Cathédrale St-Étienne★★ : trésor★ **BY** – *Ancienne abbaye St-Germain★* **BY.**
Env. *Gy-l'Évêque : Christ aux Orties★ de la chapelle 9,5 km par ③.*
Office de Tourisme 1 et 2 quai République ☎ 03 86 52 06 19, Fax 03 86 51 23 27.
Paris 165 ⑤ – Bourges 136 ④ – Chalon-sur-Saône 175 ② – Chaumont 144 ② – Dijon 15... ② – Nevers 111 ③ – Sens 59 ⑤ – Troyes 80 ①.

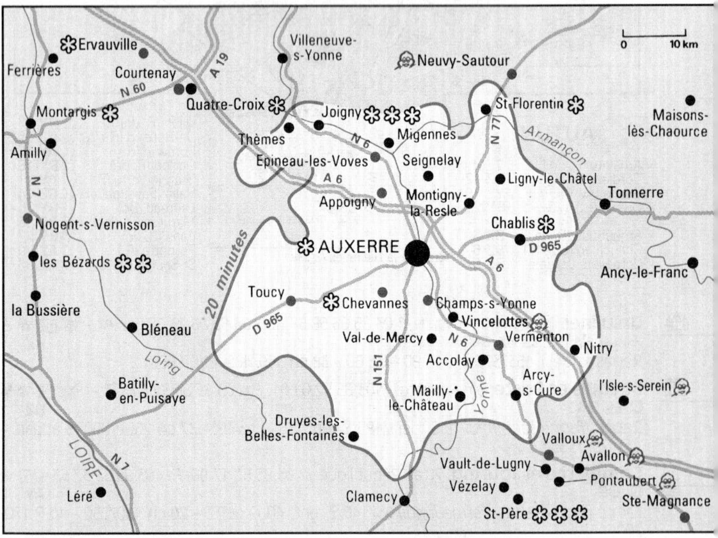

AUXERRE

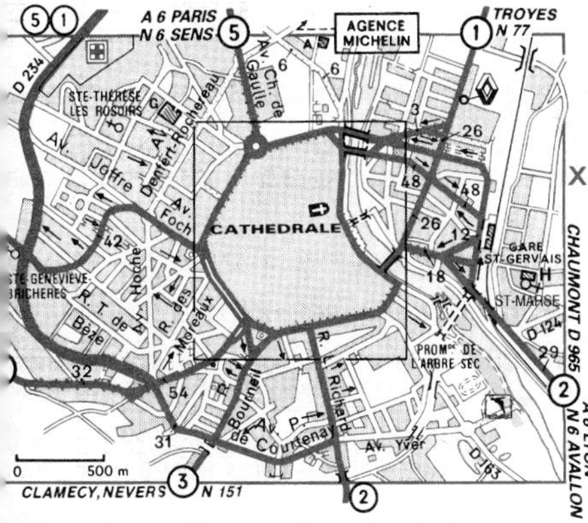

A 6 PARIS N 6 SENS
AGENCE MICHELIN
TROYES N 77
STE-THÉRÈSE LES ROSOIRS
CATHÉDRALE
GARE ST-GERVAIS
ST-MARSE
STE-GENEVIÈVE BRICHÈRES
PROMde DE L'ARBRE SEC
CHAUMONT D 965
A 6 LYON N 6 AVALLON
CLAMECY, NEVERS
N 151
0 500 m
X

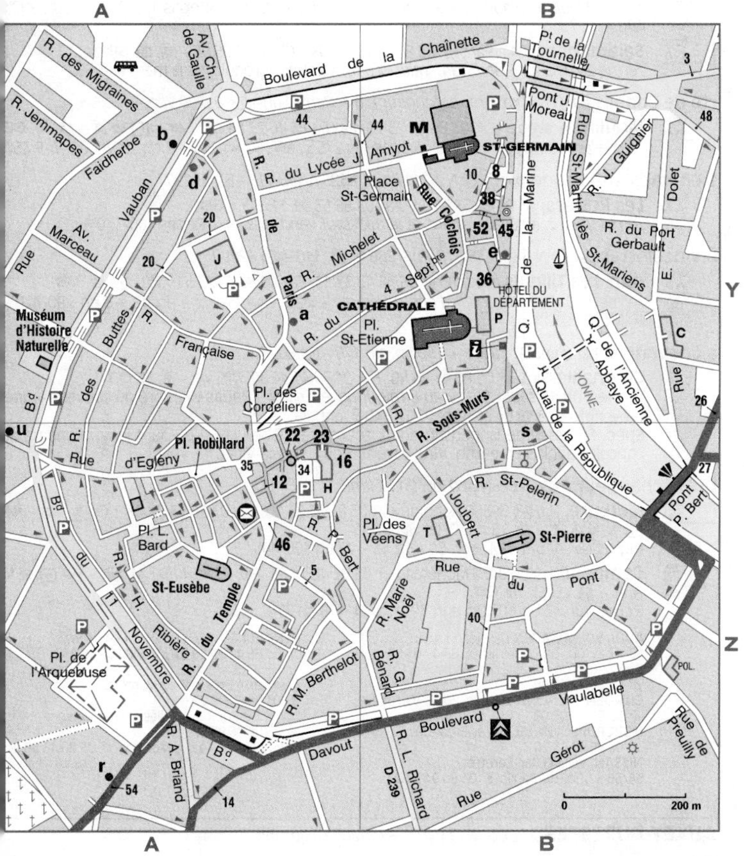

A
B
Y
Z
Boulevard de la Chaînette
Pt de la Tournelle
Pont J. Moreau
ST-GERMAIN
R. du Lycée J. Amyot
Place St-Germain
Rue Cochois
R. Michelet
CATHÉDRALE
HÔTEL DU DÉPARTEMENT
Pl. St-Etienne
Pl. des Cordeliers
R. Sous-Murs
Muséum d'Histoire Naturelle
Pl. Robillard
Rue d'Eglény
Pl. L. Bard
St-Eusèbe
R. du Temple
St-Pierre
Pl. des Véens
Rue du Pont
Pl. de l'Arquebuse
Boulevard Davout
Boulevard Vaulabelle
Rue Gérot
YONNE
Quai de la République
Q. de l'Ancienne Abbaye
Pont P. Bert
R. des Migraines
R. Jemmapes
Bd Vaubanm
Av. Marceau
R. Française
R. H. Ribière
R. M. Berthelot
R. L. Richard
D 239
Rue de Preuilly
0 200 m

Parc des Maréchaux sans rest, 6 av. Foch ✆ 03 86 51 43 77, *Fax 03 86 51 31 72*, parc – AE GB AZ
50 – **25 ch** 320/500.

Normandie sans rest, 41 bd Vauban ✆ 03 86 52 57 80, *Fax 03 86 51 54 33*, – – 25. AE GB AY
36 – **47 ch** 290/370.

Les Clairions, av. Worms par ⑤ : *2 km* ✆ 03 86 94 94 94, *Fax 03 86 48 16 38*, , , – rest, – 30 à 150. AE GB
Repas 95/180, enf. 50 – 30 – **60 ch** 300/540 – 1/2 P 275/380.

Cygne sans rest, 14 r. du 24-Août ✆ 03 86 52 26 51, *Fax 03 86 51 68 33* – . AE GB AZ
36 – **30 ch** 240/420.

Barnabet, 14 quai République ✆ 03 86 51 68 88, *Fax 03 86 52 96 85*, , « Élégante installation » – AE GB BYZ
fermé 20 déc. au 9 janv., dim. soir, mardi midi et lundi – **Repas** 220/290 et carte 260 à 420, enf. 95
Spéc. Salade de langoustines au lait d'amande épicé. Carré d'agneau à la purée de pommes de terre aux truffes (sept. à mars). Gelée de fruits au chablis. **Vins** Sauvignon de St-Bris, Côtes d'Auxerre.

Jardin Gourmand, 56 bd Vauban ✆ 03 86 51 53 52, *Fax 03 86 52 33 82*, – AE GB
fermé 1er au 16 sept., 17 fév. au 11 mars, mardi et merc. – **Repas** 140/270 et carte 200 à 380, enf. 80. AY

Rest. Le Maxime, 5 quai Marine ✆ 03 86 52 04 41, *Fax 03 86 51 34 85* – . AE GB
fermé 27 juil. au 2 août, 20 déc. au 3 janv. et dim. hors sais. – **Repas** 175/260 et carte 290 à 420, enf. 75. BY

Salamandre, 84 r. Paris ✆ 03 86 52 87 87, *Fax 03 86 52 05 85* – . AE GB AY
fermé 20 déc. au 5 janv., sam. midi et dim. – **Repas** - produits de la mer - 98/288.

rte de Chablis *par ② : 8 km près échangeur A 6 Auxerre-Sud* – ✉ *89290 Venoy :*

Moulin avec ch, ✆ 03 86 40 23 79, *Fax 03 86 40 23 55*, , – – 40. GB
fermé janv., dim. soir et lundi – **Repas** 105/275, enf. 60 – 45 – **7 ch** 290/400 – 1/2 P 350.

à Champs-sur-Yonne *par ② et N 6 : 11 km – 1 525 h. alt. 110* – ✉ *89290 :*

Les Rosiers, ✆ 03 86 53 31 11, *Fax 03 86 53 31 11*, – GB
fermé 20 déc. au 6 janv., merc. et le midi sauf vend. et sam. – **Repas** 100/130.

à Vincelottes *par ② N 6 et D 38 : 16 km – 286 h. alt. 110* – ✉ *89290 :*

Aub. Les Tilleuls avec ch, ✆ 03 86 42 22 13, *Fax 03 86 42 23 51*, – . GB
fermé merc. soir et jeudi d'oct. à Pâques – **Repas** 140/350 – 48 – **5 ch** 290/420 – 1/2 P 380.

à Chevannes *par ③ et D1 : 8 km – 1 901 h. alt. 170* – ✉ *89240 :*

Chamaille (Siri), ✆ 03 86 41 24 80, *Fax 03 86 41 34 80*, , – . AE GB
fermé 7 au 15 sept., 5 janv. au 8 fév., lundi et mardi – **Repas** (nombre de couverts limité, prévenir) 165/338 bc et carte 270 à 340, enf. 68
Spéc. Fricassée de langoustines aux courgettes. Gibier (15 sept. au 4 janv.). Fondant au chocolat, anglaise menthe. **Vins** Vézelay, Coulanges-la-Vineuse.

près échangeur Auxerre-Nord *par ⑤ : 7 km :*

Mercure, N 6 ✉ 89380 Appoigny ✆ 03 86 53 25 00, *Fax 03 86 53 07 47*, , , – – 25 à 120. AE GB
Repas *(99)* - 115/178, enf. 51 – 51 – **77 ch** 390/445.

Campanile, ✉ 89470 Monéteau ✆ 03 86 40 71 11, *Fax 03 86 40 50 74*, – – 25. AE GB
Repas *(66)* - 84 bc/107 bc, enf. 39 – 34 – **78 ch** 278.

AUDI, VOLKSWAGEN Gar. Jeannin, 40-47 av. Ch.-de-Gaulle ✆ 03 86 42 03 03
BMW Autoforum, 23 av. J.-Mermoz ✆ 03 86 46 48 48
CITROEN Gar. Auxerre Autos, 20 bd Vaulabelle ✆ 03 86 72 09 09
MERCEDES Savib 89, ZA Les Breandes ✆ 03 86 42 03 20
NISSAN, VOLVO Gar. Carette, 34/36 av. Ch.-de-Gaulle ✆ 03 86 94 27 27
RENAULT Gar. SODIVA, 2 av. J.-Mermoz ✆ 03 86 49 29 29 **N** ✆ 08 00 05 15 15

Auxerre Pneus, 7 av. Marceau ✆ 03 86 52 09 22
Dominicé Point S, 14 allée Frères Lumière ✆ 03 86 46 93 57
Pneu Centre, 4 av. J.-Mermoz ✆ 03 86 46 58 94

AUXEY-DURESSES *21 Côte-d'Or* 69 ⑨ – *rattaché à Beaune.*

AUXONNE *21130 Côte-d'Or* 66 ⑬ *G. Bourgogne – 6 781 h alt. 184.*

Office de Tourisme pl. d' Armes ☎ 03 80 37 34 46, Fax 03 80 31 02 34.

Paris 343 – Dijon 32 – Dole 17 – Gray 38 – Vesoul 79.

à Villers-les-Pots *Nord-Ouest : 5 km par N 5 et D 976 – 855 h. alt. 193 – ✉ 21130 :*

Aub. du Cheval Rouge, ☎ 03 80 31 44 88, *Fax 03 80 31 17 01,* – TV ☎ P. AE GB

fermé vacances de Toussaint et dim. soir sauf juil.-août – **Repas** *(65)* - 98/240 ♀, enf. 55 – 40 – **10 ch** 190/240 – 1/2 P 260.

à Lamarche-sur-Saône *Nord-Ouest : 11,5 km par N 5 et D 976 – 1 223 h. alt. 190 – ✉ 21760 :*

XX **Host. St-Antoine** avec ch, ☎ 03 80 47 11 33, *Fax 03 80 47 13 56,* – TV ☎ P. AE GB

fermé 15 au 31 déc. et dim. soir de nov. à mars – **Repas** *(65)* - 120/310 ♀, enf. 50 – 52 – **12 ch** 285/310 – 1/2 P 285/310.

aux Maillys *Sud : 8 km par D 20 – 739 h. alt. 182 – ✉ 21130 :*

XX **Virion,** ☎ 03 80 39 13 40, *Fax 03 80 39 17 22 –* . GB

fermé 1er fév. au 1er mars, dim. soir et lundi – **Repas** 75/200 ♀.

Jurassienne du Pneumatique, 64 av. Gén. de Gaulle ☎ 03 80 31 46 58

AVALLON 89200 *Yonne* 65 ⑯ *G. Bourgogne – 8 617 h alt. 250.*

Voir *Site★ – Ville fortifiée★ : Portails★ de l'église St-Lazare – Miserere★ du musée de l'Avallonnais* **M**1 *– Vallée du Cousin★ S par D 427.*

Office de Tourisme 4 r. Bocquillot ☎ 03 86 34 14 19, Fax 03 86 34 28 29.

Paris 213 ② – Auxerre 53 ④ – Beaune 106 ② – Chaumont 132 ② – Nevers 98 ④ – Troyes 105 ①.

AVALLON

Gde-Rue A.-Briand.... 13
Paris (R. de)
Vauban (Pl.)

Belgrand (R.)......... 2
Bocquillot (R.)........ 3
Capucins (Prom. des) . 5
Collège (R. du) 6
Fontaine-Neuve (R.) .. 8
Fort-Mahon (R.) 9
Gaulle (Pl. Gén.-de) ... 12
Porte-Auxerroise (R.).. 14
Terreaux Vauban (Prom. des)........ 16

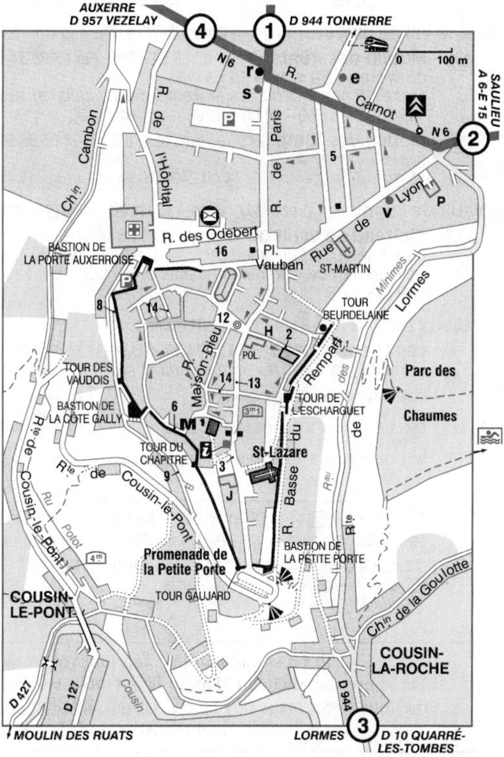

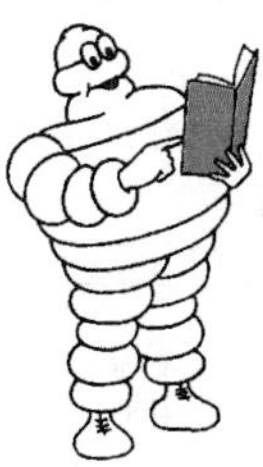

Avallon Vauban sans rest, 53 r. Paris **(r)** 03 86 34 36 99, *Fax 03 86 31 66 31*, parc – cuisinette TV. AE GB
32 – **25 ch** 260/300, 4 studios.

Dak'Hôtel M sans rest, rte Saulieu par ② 03 86 31 63 20, *Fax 03 86 34 25 28*, – TV P – 40. AE GB
35 – **26 ch** 270/300.

Les Capucins avec ch, 6 av. P. Doumer **(e)** 03 86 34 06 52, *Fax 03 86 34 58 47*, – TV P. AE GB
fermé mi-déc. à fin janv., mardi soir hors saison et merc. – **Repas** 100/195, enf. 55 – 33 – **8 ch** 290 – 1/2 P 280.

Relais des Gourmets, 47 r. Paris **(s)** 03 86 34 18 90, *Fax 03 86 31 60 21*, – AE GB
fermé dim. soir et lundi de nov. à mai – **Repas** (prévenir) 85/300 bc, enf. 55.

Gourmillon, 8 r. Lyon **(v)** 03 86 31 62 01, *Fax 03 86 31 62 01* – . AE GB
fermé 11 au 25 janv., dim. soir et lundi d'oct. à mai – **Repas** 79/154, enf. 50.

rte de Saulieu *par ② : 6 km – 89200 Avallon :*

Relais Fleuri M, 03 86 34 02 85, *Fax 03 86 34 09 98*, « Dans un jardin avec piscine », – TV P – 30. AE GB
Repas 95/250 bc – 49 – **48 ch** 350/400 – 1/2 P 375.

près échangeur Autoroute A 6 *par ② et D 50 : 7 km – 89200 Magny :*

Ibis M, 03 86 33 01 33, *Fax 03 86 33 00 66* – TV P – 30. AE GB
Repas *(80)* - 100, enf. 40 – 36 – **42 ch** 260/280.

à Pontaubert *par ④ et D 957 : 5 km – 336 h. alt. 160 – 89200 :*

Les Fleurs avec ch, 03 86 34 13 81, *Fax 03 86 34 23 32*, – TV P. GB
fermé 10 déc. au 10 fév. et merc. – **Repas** 90/250, enf. 65 – 35 – **7 ch** 260/370 – 1/2 P 270/290.

dans la Vallée du Cousin *par ④, Pontaubert et D 427 : 6 km – 89200 Avallon :*

Moulin des Ruats, 03 86 34 97 00, *Fax 03 86 31 65 47*, « Jardin en bordure de rivière » – TV. AE GB
fermé 15 nov. à début fév. – **Repas** *(fermé lundi en saison et mardi midi hors saison)* 155/235 – 50 – **24 ch** 370/650 – 1/2 P 450/590.

Moulin des Templiers sans rest, à 4 km 03 86 34 10 80, « Jardin en bordure de rivière » – P.
15 mars-30 oct. – 36 – **14 ch** 240/370.

à Vault de Lugny *par ④ et D 142 : 6 km – 320 h. alt. 148 – 89200 :*

Château de Vault de Lugny, 03 86 34 07 86, *Fax 03 86 34 16 36*, « Château du 16e siècle dans un grand parc, », – TV. AE GB
mi-mars-12 nov. – **Repas** (résidents seul.) 175 (déj.), 280/300 – **11 ch** 950/2400 – 1/2 P 585/1410.

à Valloux *par ④ et N 6 : 6 km – 89200 Avallon :*

Les Chenêts, 03 86 34 23 34, *Fax 03 86 34 23 34* – GB
fermé 15 janv. au 10 fév., dim. soir du 15 sept. au 1er juil. et lundi – **Repas** 80/290, enf. 45.

CITROEN Gar. Carnot, 10 r. Carnot 03 86 34 01 23
RENAULT Sodiva, N 6 03 86 34 19 27 N 08 00 05 15 15
VAG Gar. Jeannin, 2 rte de Paris 03 86 34 13 03

Comptoir du Pneu, ZI r. de l'Étang 03 86 34 16 19
Euromaster, 10 rte de Paris 03 86 34 20 04
Euromaster, av. Gal Leclerc Ctre Cial Mammouth 03 86 34 56 64

AVÈNE *34260 Hérault* 83 ④ *– 269 h alt. 350 – Stat. therm. (avril-oct.).*
Paris 708 – Montpellier 83 – Bédarieux 25 – Clermont-l'Hérault 47.

Val d'Orb M, 04 67 23 44 45, *Fax 04 67 23 44 03*, – , rest TV P – 40. AE GB. rest
1er avril-31 oct. – **Repas** 95/145, enf. 55 – 49 – **58 ch** 425 – 1/2 P 328.

To cross Paris rapidly and find your way in the suburbs use the **Michelin Map** no **101** **Outskirts of Paris** scale 1:50 000 the four **street maps** nos **17-18**, **19-20**, **21-22**, **23-24** scale 1:15 000 and the **Atlas** no **25**.

AVESNES-SUR-HELPE SP 59440 Nord 53 ⑥ *G. Flandres Artois Picardie – 5 108 h alt. 151.*

Voir *L'Avesnois★★ E par D 133.*

Office de Tourisme 41 pl Gén.-Leclerc ℘ 03 27 57 92 40, Fax 03 27 61 23 48.

Paris 210 ③ – St-Quentin 66 ③ – Charleroi 55 ① – Valenciennes 45 ⑤ – Vervins 32 ③.

AVESNES-SUR-HELPE

Albret (R. d') 2
Aulnoye (R. d') 3
Berlaimont (R. de) 4
Cambrésienne (R.) 6
Crapauds (Ch. des) ... 7
Foch (Av. du Maréchal) ... 8
France (R. de) 12
Gossuin (R.) 13
Guillemin (Pl.) 15
Jessé-de-Forest (Av.) 16
Lagrange (R. Léo) 19
Leclerc (Pl. du Général) 20
Loucheur (Av. Louis) 21
Mons (R. de) 23
Pasqual (R. Léon) 24
Poudrière (R. de la) ... 25
Prisse-d'Avenne (R.) 27
Ste Croix (R.) 28
Stroh (Av.) 29
Villien (R.) 32
84e-Régt-d'Infanterie (Av. du) 33

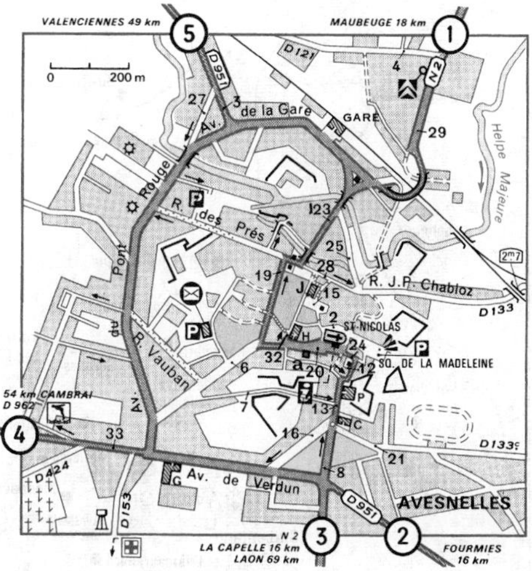

Crémaillère, 26 pl. Gén. Leclerc **(a)** ℘ 03 27 61 02 30, *Fax 03 27 59 10 44* – GB
fermé 1er au 14 août, dim. soir et lundi – **Repas** *(85 bc)* - 110 bc (déj.), 170/250 bc, enf. 40.

CITROEN Gar. Roze, 64 av. Stroh ℘ 03 27 57 92 00
PEUGEOT M.B.A., 39 rte de Sains, Avesnelles par ② ℘ 03 27 61 15 70

RENAULT Gar. Moderne, rte de Maubeuge par ① ℘ 03 27 61 09 73 N ℘ 08 00 05 15 15

AVEUX *65 H.-Pyr. 85 ⑳ – rattaché à St-Bertand-de-Comminges (31 - H.-Gar.).*

AVÈZE *63690 P.-de-D. 73 ⑫ – 258 h alt. 830.*

Voir *Gorges d'Avèze★*, G. Auvergne.

Paris 476 – Clermont-Ferrand 55 – Le Mont-Dore 20 – Montluçon 112 – Ussel 44.

Audigier, ℘ 04 73 21 10 16, *Fax 04 73 21 17 43*, – TV ☎. GB
15 fév.-15 oct. – **Repas** (prévenir) 85/165 – 35 – **8 ch** 190/360 – 1/2 P 220/280.

AVIGNON P *84000 Vaucluse 81 ⑪ ⑫ G. Provence – 86 939 h Agglo. 181 136 h alt. 21.*

Voir *Palais des Papes★★★* **EY** : *≤★★ de la terrasse des Dignitaires – Rocher des Doms ≤★★* **EY** – *Pont St-Bénézet★★* **EY** – *Remparts★ – Vieux hôtels★ (rue Roi-René)* **EZ K** – *Coupole★ de la cathédrale Notre-Dame-des-Doms* **EY** – *Façade★ de l'hôtel des Monnaies* **EY B** – *Vantaux★ de l'église St-Pierre* **EY** – *Retable★ et fresques★ de l'église St-Didier* **EZ** – *Cour★ de l'Hospice St-Louis* **EZ** – *Musées : Petit Palais★★* **EY**, *Calvet★* **EZ M**[1], *Lapidaire★* **EZ M**[2], *Louis Vouland (faïences★)* **DY M**[4], *Fondation Angladon-Dubrugeaud★★* **EZ M**[6].

18 de Châteaublanc ℘ 04 90 33 39 08 E : 8 km par D 58 **CX** ; *18 Grand Avignon ℘ 04 90 31 49 94, E : 9 km par D 28* **CV**.

d'Avignon-Caumont : ℘ 04 90 81 51 15, par ③ et N 7.

℘ 08 36 35 35 35.

Office de Tourisme 41 cours J.-Jaurès ℘ 04 90 82 65 11, Fax 04 90 82 95 03 annexe au Pont d'Avignon ℘ 04 90 85 60 16 – Automobile Club Vauclusien 185 rte Rémouleurs Z.I. de Courtine-Ouest ℘ 04 90 86 28 71, Fax 04 90 27 14 29.

Paris 683 ② – Aix-en-Provence 82 ③ – Arles 36 ④ – Marseille 99 ③ – Nîmes 45 ⑤ – Valence 125 ②.

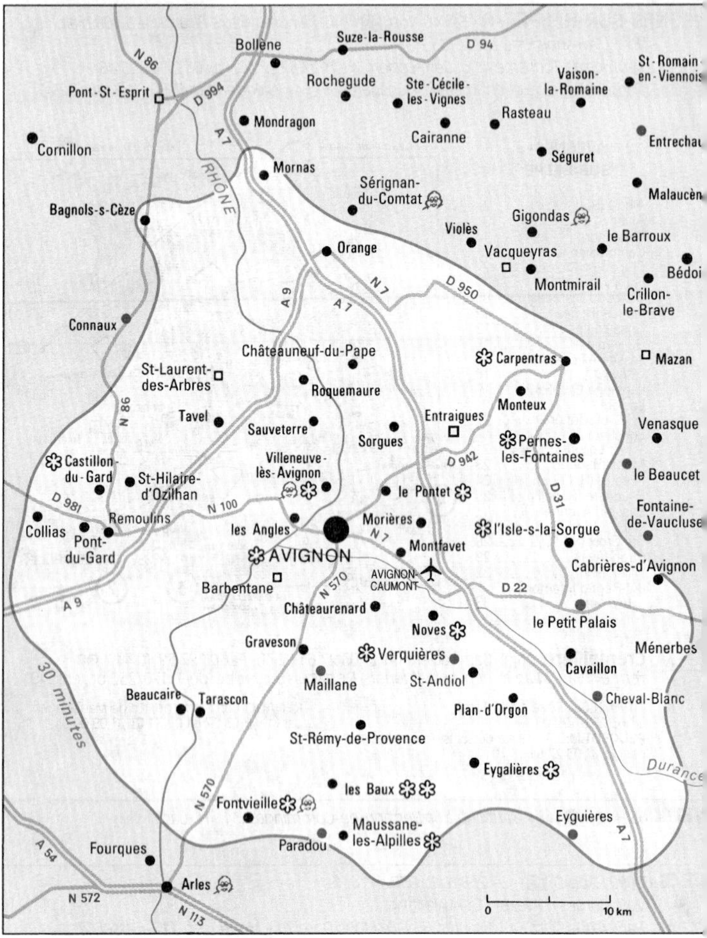

Mirande ⸙, 4 pl. Amirande ✆ 04 90 85 93 93, *Fax 04 90 86 26 85*, ←, « Ancien pal cardinalice » – ▮ ▤ TV ☎ ♿ – 30. AE ◑ GB EY

Repas *(fermé 12 janv. au 11 fév., mardi et merc. du 20 oct. au 28 avril)* 210/380 et carte 29(460 – ☕ 115 – **19 ch** 1850/2400

Spéc. Piperade tiède de langoustines (juin à oct.). Selle d'agneau du Luberon au cum (sept. à mars). Assiette de gourmandises à la pomme (sept. à mars). **Vins** Côtes du Luberc Châteauneuf-du-Pape.

Europe M ⸙, 12 pl. Crillon ✆ 04 90 14 76 76, *Fax 04 90 85 43 66*, « Demeure 16e siècle, beau mobilier » – ▮ ▤ TV ☎ – 40. AE ◑ GB JCB EY

Repas *(fermé lundi midi et dim.)* 220/380 et carte 280 à 400 – ☕ 89 – **44 ch** 630/19(3 appart

Spéc. Tourteau frais en tartare de légumes, menthe fraîche et sauce safran. Daurade roya rôtie, tarte à la tomate, compote provençale à l'huile d'olive. Tarte fine aux pommes, gla vanille. **Vins** Côtes du Rhône.

Cloître St-Louis M ⸙, 20 r. Portail Boquier ✆ 04 90 27 55 55, *Fax 04 90 82 24 01*, « Décor contemporain dans un cloître du 16e siècle », – ▮ TV ☎ ♿ P. AE ◑ G JCB EZ

Repas *(fermé fév., sam. et dim. sauf le soir du 1er avril au 31 oct.)* (105) - 150/200 ♀ – ☕ 7(**77 ch** 680/860, 3 duplex.

Mercure Palais des Papes M sans rest, quartier Balance ☎ 04 90 85 91 23, *Fax 04 90 85 32 40* – – 80. AE GB JCB EY r
55 – **87 ch** 575.

Bristol M sans rest, 44 cours J. Jaurès ☎ 04 90 82 21 21, *Fax 04 90 86 22 72* – – 30. AE GB EZ m
fermé 15 fév. au 8 mars – 45 – **67 ch** 420/520.

Primotel Horloge sans rest, 1 r. F. David (pl. Horloge) ☎ 04 90 86 88 61, *Fax 04 90 82 17 32* – . AE GB JCB EY t
48 – **70 ch** 455/605.

Mercure Cité des Papes sans rest, 1 r. J. Vilar ☎ 04 90 86 22 45, *Fax 04 90 27 39 21* – . AE GB EY b
56 – **61 ch** 575.

Blauvac sans rest, 11 r. de la Bancasse ☎ 04 90 86 34 11, *Fax 04 90 86 27 41* – . AE GB. EY m
43 – **15 ch** 300/440.

Danieli sans rest, 17 r. République ☎ 04 90 86 46 82, *Fax 04 90 27 09 24* – . AE GB
fermé 21 déc. au 4 janv. – 40 – **29 ch** 385/475. EY s

Angleterre sans rest, 29 bd Raspail ☎ 04 90 86 34 31, *Fax 04 90 86 86 74* – . GB. DZ a
38 – **40 ch** 230/400.

Ibis Pont de l'Europe M sans rest, 12 bd St-Dominique ☎ 04 90 82 00 00, *Fax 04 90 85 67 16*, – – 30. AE GB DZ q
35 – **74 ch** 300/360.

Médiéval sans rest, 15 r. Petite Saunerie ☎ 04 90 86 11 06, *Fax 04 90 82 08 64* – cuisinette . GB FY e
35 – **35 ch** 240/330.

Garlande sans rest, 20 r. Galante ☎ 04 90 85 08 85, *Fax 04 90 27 16 58* – . AE GB EY f
40 – **12 ch** 350/430.

Mistral sans rest, 1 bd de Metz ☎ 04 90 88 57 65, *Fax 04 90 88 22 36* – . GB
fermé 24 déc. au 4 janv. – 30 – **15 ch** 220/240. BX k

Magnan, 63 r. Portail Magnanen ☎ 04 90 86 36 51, *Fax 04 90 85 48 90*, – rest, . AE GB JCB FZ n
Repas *(fermé juil.-août, sam. et dim.)* (dîner pour résidents seul.) 75/100 bc, enf. 35 – 32 – **30 ch** 305/355 – ½ P 300/325.

XXX ✿ **Christian Étienne**, 10 r. Mons ☎ 04 90 86 16 50, *Fax 04 90 86 67 09*, , « Anciennes demeures des 13ᵉ et 14ᵉ siècles accolées au Palais des Papes » – . AE GB
fermé dim. et lundi sauf juil. – **Repas** 170/480 et carte 330 à 500, enf. 100 EY h
Spéc. Menu des légumes (automne-hiver). Filets de rougets au coulis d'olives noires. Sorbet au fenouil, sauce safranée. **Vins** Châteauneuf-du-Pape, Côtes du Rhône Villages.

XXX ✿ **Hiély-Lucullus**, 5 r. République (1ᵉʳ étage) ☎ 04 90 86 17 07, *Fax 04 90 86 32 38* – . GB EY n
fermé 22 juin au 6 juil., 20 janv. au 3 fév., mardi midi d'oct. à juin et lundi – **Repas** 150/210
Spéc. Gâteau d'asperges vertes à l'estragon (mars à juin). Ravioli de homard au jus de crustacés. Pièce d'agneau grillée aux herbes. **Vins** Côtes-du-Rhône, Châteauneuf-du-Pape.

XXX **Brunel**, 46 r. Balance ☎ 04 90 85 24 83, *Fax 04 90 86 26 67* – . GB EY e
fermé dim. – **Repas** *(120)* - 178 et carte 310 à 390.

XXX **Grangousier**, 17 r. Galante ☎ 04 90 82 96 60, *Fax 04 90 85 31 23* – . AE GB
fermé 16 août au 1ᵉʳ sept., vacances de fév., lundi midi et dim. sauf juil. et fériés – **Repas** 140 (déj.), 193/355, enf. 100. EY v

XX **Fourchette**, 17 r. Racine ☎ 04 90 85 20 93, *Fax 04 90 85 57 60* – . GB EY u
fermé 15 août au 6 sept., 22 au 28 fév., sam. et dim. – **Repas** (nombre de couverts limité, prévenir) 100 (déj.)/150.

XX **Jardin de la Tour**, 9 r. Tour ☎ 04 90 85 66 50, *Fax 04 90 27 90 72*, , « Ancienne usine aménagée » – AE GB JCB GY a
fermé 16 au 31 août, dim. soir et lundi – **Repas** *(95)* - 135 (déj.), 165/375, enf. 85.

X ✿ **L'Isle Sonnante** (Gradassi), 7 r. Racine ☎ 04 90 82 56 01 – . GB. EY k
fermé août, 7 au 15 fév., dim., lundi et fériés – **Repas** (nombre de couverts limité, prévenir) 155 bc (déj.), 235/310
Spéc. Filet de lapin farci à la purée d'olives de Nyons. Gibier (saison). Macaron praliné-chocolat. **Vins** Châteauneuf-du-Pape.

X **Les Domaines**, 28 pl. Horloge ☎ 04 90 82 58 86, *Fax 04 90 86 26 31*, – . AE GB
Repas *(88 bc)* - carte 140 à 240. EY b

LES ANGLES

Pinède (Ch. de la) . . . AV

AVIGNON

Amandier (Av. de l') CX
Aulnes (Av. des) CX
Avignon (Av. d') CX
Croix-Rouge (Av. de la) . . . . BX
Docteur Pons (Rte Touristique) . . BV
Eisenhover (Av.) . . . . AX
Europe (Pont de l') . . AX 26
Ferry (Bd J.) . . . . AX
Folie (Av. de la) . . . . BCX 29
Foncouverte (Av. de) . . . . BCX 31
Gaulle (Rocade Ch. de) . ABX
Lyon (Rte de) . . . . BV
Marseille (Rte de) . . BCX 51
Monclar (Av.) . . . . AX
Monod (Bd J.) . . . . AX 58
Montfavet (Rte de) . . . . BCX 60
Morières (Rte de) . . BCV
Moulin-Notre-Dame (Av. du) . . . . BX 61
Réalpanier (Carr.) CV
Reine-Jeanne (Av. de la) . . . . BX 81
Royaume (Pont du) . . AV 92
St-Chamand (Av.) . . . BX 95
St-Ruf (Av.) . . . . AX
Semard (Av. P.) . . . . . BX
Sixte-Isnard (Bd) . . . . BX 112
Souspirous (Av. de) . . CX
Tarascon (Av. de) . . . . AX
Ire-D.-B. (Bd de la) . . . BX 125

LE PONTET

Avignon (Av. d') CV
Carpentras (Av. de) CV
Delorme (Av. Th.) . . . CV
Goutarel (Av. G.) . . . . CV 38
Pasteur (Av. L.) CV

VILLENEUVE-LÈS-AVIGNON

Camp de Bataille (R.) . . . . AV 15
Chartreux (Ch. des) . . AV 16
Fort St-André (Montée du) . . . . . . AV 32
Gaulle (Av. Ch.-de) . . AV 33
Hôpital (R. de l') . . . . . AV 43
Joffre (Rte) . . . . AV
Leclerc (Av. Gén.) . . . AV
Monnaie (R. de la) . . . AV 57
Pasteur (Av.) . . . . AV
Péri (Av. G.) . . . . AV
République (R. de la) . . . . AV 87
Tour (Montée de la) . AV 115
Verdun (Av. de) . . . . . AV 117

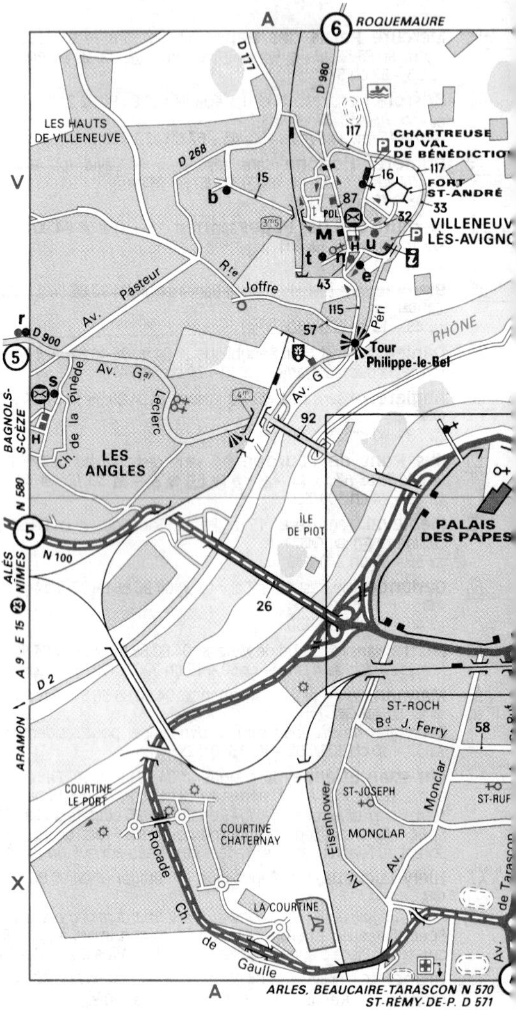

Cuisine de Reine, Le Cloître des Arts - 83 r. J. Vernet ✆ 04 90 85 99 04 *Fax 04 90 85 78 03,* , « Cloître du 15e siècle » – AE GB EZ
fermé lundi soir et dim. sauf juil. – **Repas** 95 (déj.)/150 ♀.

dans l'île de la Barthelasse *Nord : 5 km par D 228 et rte secondaire – ✉ 84000 Avignon :*

Ferme , chemin des Bois ✆ 04 90 82 57 53, *Fax 04 90 27 15 47,* , – , ch, ☎ P. AE GB JCB. ch
3 mars-2 nov. – **Repas** *(fermé sam. midi)* 110/210, enf. 50 – ☕ 50 – **20 ch** 350/450 ½ P 335/360.

vers ② *par N 7 : 3,5 km – ✉ 84130 Le Pontet :*

Les Agassins M , 52 av. Ch. de Gaulle ✆ 04 90 32 42 91, *Fax 04 90 32 08 29,* « Jardin fleuri », – ☎ P – 30. AE GB JCB. rest CV
fermé 1er janv. au 1er mars – **Repas** *(fermé sam. midi du 1er nov. au 1er avril)* 130 (déj.) 195/380, enf. 90 – ☕ 90 – **30 ch** 650/1900 – ½ P 790/1240.

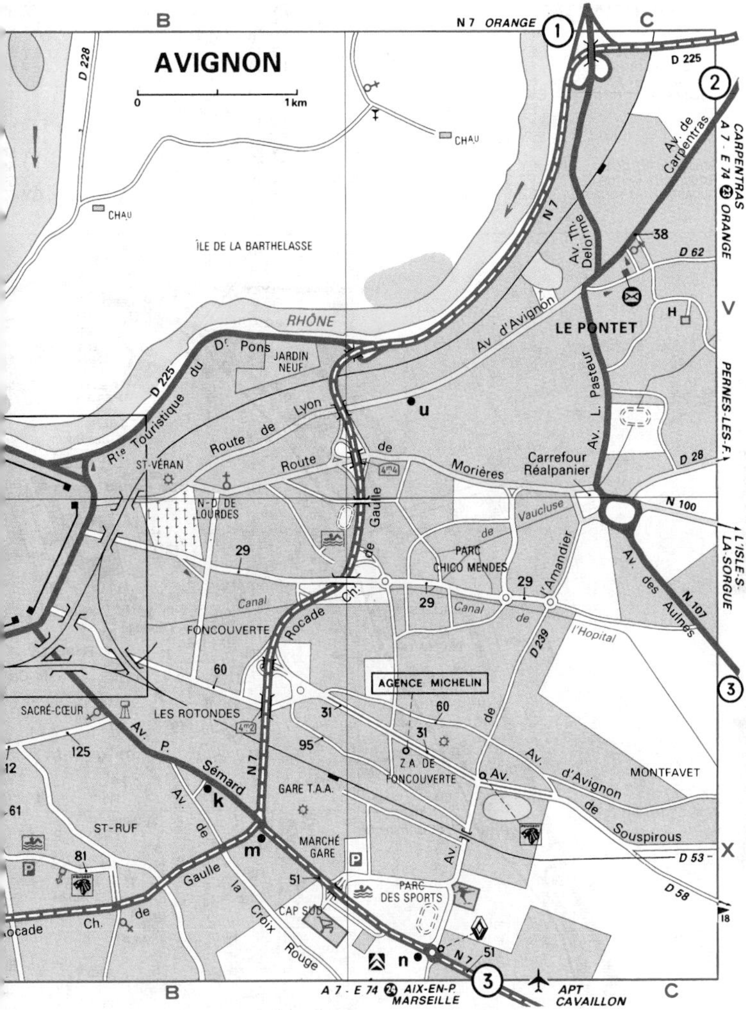

au Pontet *vers ② par N 7 et D 62 : 6 km – 15 688 h. alt. 40 – ✉ 84130 :*

Aub. de Cassagne ⑤, 450 allée de Cassagne ☎ 04 90 31 04 18, *Fax 04 90 32 25 09,* ☆, ⛱, ⛚, 🎾 – ▤ TV ☎ 📞 ♿ P. AE ① GB JCB
✿ **Repas** 230/460 et carte 410 à 590, enf. 110 – ☕ 95 – **26 ch** 420/1240, 4 appart – 1/2 P 720/1095
Spéc. Filet de rouget au citon vert, salpicon de fenouil et tomate. Escalope de foie gras de canard poêlée. Emincé d'agneau et côtelettes de lapereau panées aux petits légumes farcis. **Vins** Côtes-du-Rhône.

à l'Échangeur A 7 *Avignon-Nord par ② : 9 km – ✉ 84700 Sorgues :*

Novotel Avignon Nord M, ☎ 04 90 31 16 43, *Fax 04 90 32 22 21,* ☆, ⛱, ⛚, 🎾 – 🛗 ⚡ ▤ TV ☎ ♿ P – 🏛 150. AE ① GB
Repas carte environ 150 🍷, enf. 50 – ☕ 55 – **100 ch** 550/590.

AVIGNON

Fourbisseurs (R. des) . . . . . . **EY** 34
Jaurès (Cours J.) . . . . **EZ**
Marchands (R. des) . . . . **EY** 49
République (R. de la) . . . . . **EYZ**
St-Agricol (R.) . . . . **EY** 94
Vernet (R. J.) . . . . **EYZ**
Vieux-Sextier (R. du) . . . . . **EFY** 122

Amirande (Pl. de l') . . . . **EY** 2
Arroussaire (Av. de l') . . . . . . **FZ** 3
Aubanel (R. Théodore) . . . . . **EZ** 5
Balance (R. de la) . . . . **EY** 7
Bancasse (R.) . . . . **EY** 9
Bertrand (R.) . . . . **FY** 10
Bon-Martinet (R. du) . . . . **FZ** 13
Campane (R.) . . . . **FY** 14
Collège-d'Annecy
(R. du) . . . . **EZ** 18
Collège-du-Roure
(R. du) . . . . **EY** 19
Corps-Saints (Pl. des) . . . . . . **EZ** 20
David (R. Félicien) . . . . **EY** 22
Dorée (R.) . . . . **EY** 23
Folco-de-Baroncelli (R.) . . . . . **EY** 28
Four (Rue du) . . . . **FY** 33
Four-de-la-Terre (R. du) . . . . . **FZ** 3
Galante (R.) . . . . **EY** 3
Grande-Fusterie
(R. de la) . . . . **EY** 3
Grottes (R. des) . . . . **EY** 4
Italiens (Av. des) . . . . **GY** 4
Jérusalem (Pl.) . . . . **FY** 4
Ledru-Rollin (R.) . . . . **FY** 4
Manivet (R. P.) . . . . **EFZ** 4
Masse (R. de la) . . . . **FZ** 5
Molière (R.) . . . . **EY** 5
Monclar (Av.) . . . . **EZ** 5
Mons (R. de) . . . . **EY** 5
Muguet (R.) . . . . **GY** 6

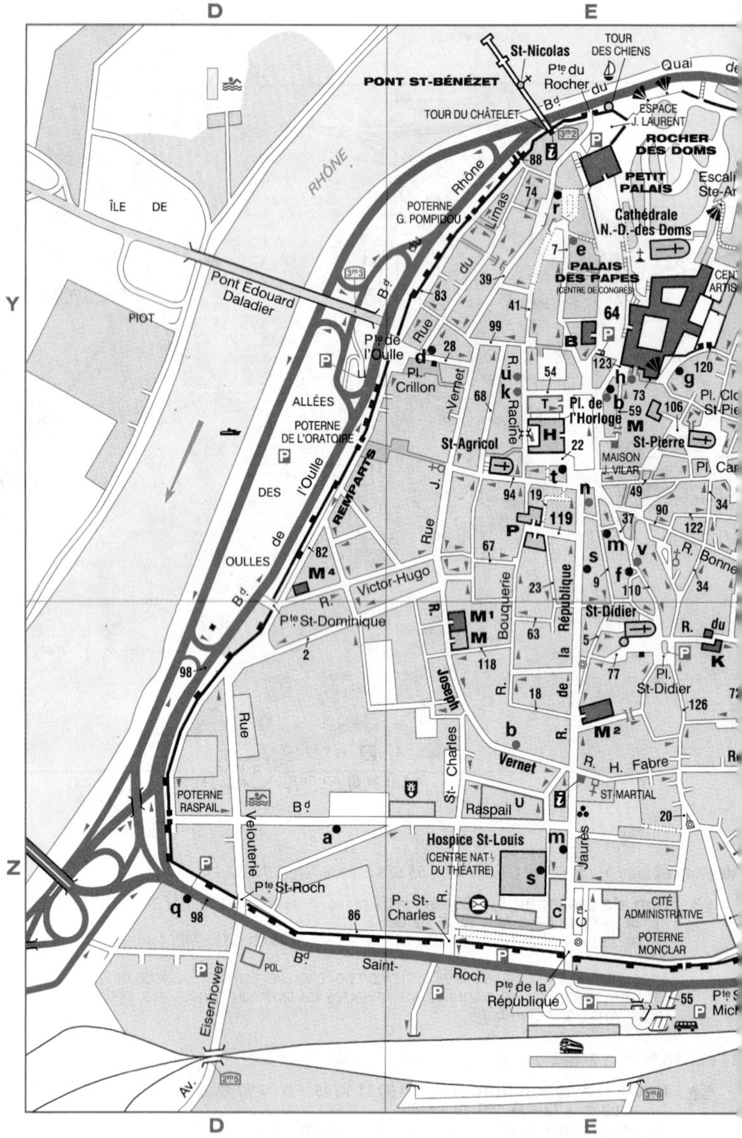

F G

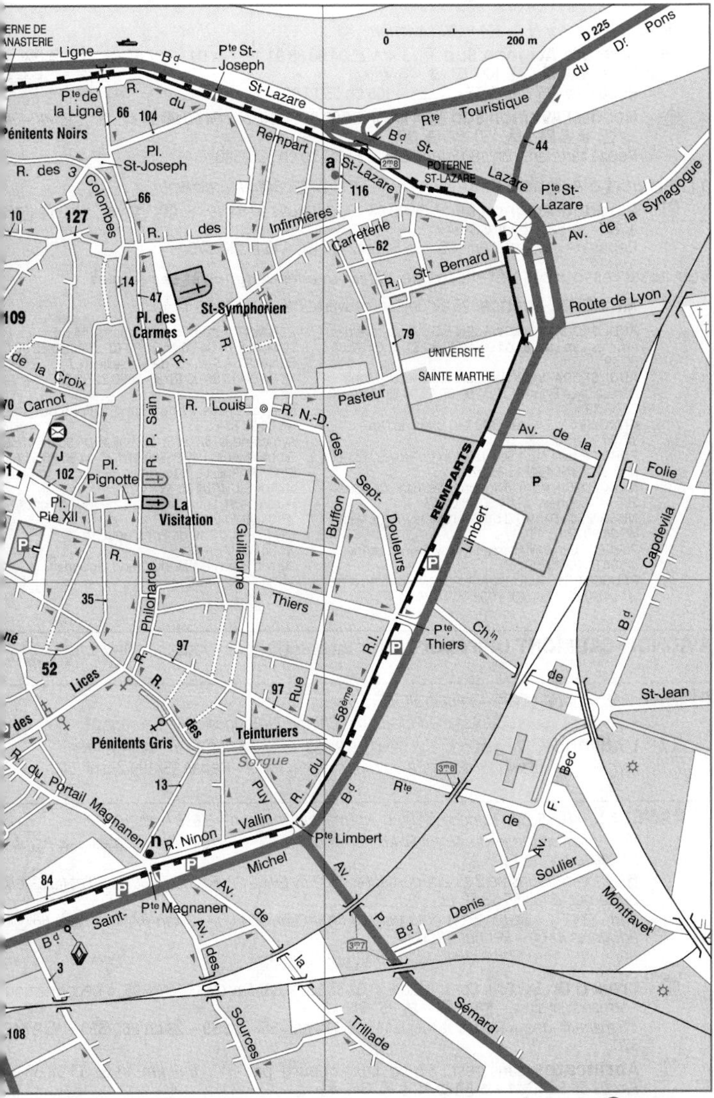
0
200 m
D 225
Bd du Dr Pons
Rte Touristique
Bd St-Lazare
Pte St-Joseph
Pte de la Ligne
Pénitents Noirs
Pl. St-Joseph
R. du Rempart St-Lazare
POTERNE ST-LAZARE
Pte St-Lazare
Av. de la Synagogue
R. des 3 Colombes
R. des Infirmières
R. Carreterie
R. St-Bernard
St-Symphorien
Pl. des Carmes
Route de Lyon
UNIVERSITÉ
SAINTE MARTHE
R. de la Croix
R. Carnot
R. Louis Pasteur
R. N.-D. des Sept-Douleurs
Av. de la Folie
R. P. Saïn
Pl. Pignotte
La Visitation
Pl. Pie XII
R. Guillaume Puy
R. Buffon
REMPARTS
R. Limbert
R. Capdevila
R. Philonarde
R. Thiers
Pte Thiers
Ch. de St-Jean
Bd St-Jean
R. des Lices
R. des Teinturiers
Pénitents Gris
Sorgue
R. du 58ème R.I.
R. du Portail Magnanen
R. Ninon Vallin
Pte Limbert
Av. F. Bec
Rte de Montfavet
Av. Soulier
Bd Saint-Michel
Pte Magnanen
Av. des Sources
Av. de la Trillade
Av. P. Sémard
Bd Denis
Y
Z

F G

à Montfavet *Est : 7 km par av. Avignon* - **CX** – ✉ *84140 :*

Host. Les Frênes Ⓜ, av. Vertes Rives ✆ 04 90 31 17 93, *Fax 04 90 23 95 03*, « Parc, » – AE GB JCB
1er avril-31 oct. – **Repas** 195/495 ♀ – ☐ 90 – **18 ch** 595/1590, 4 appart.

à Morières-lès-Avignon *par N 100, rte de L'Isle-sur -la-Sorgue : 9 km – 6 405 h. alt. 38* ✉ *84310 :*

Paradou, ✆ 04 90 33 34 15, *Fax 04 90 33 46 93*, – 30. AE GB JCB
1er avril-30 sept. – **Repas** *(dîner seul.)* 120/180 ♀, enf. 50 – ☐ 45 – **31 ch** 250/340 ½ P 300/320.

rte de Marseille *par N 7* – ✉ *84000 Avignon :*

Mercure Avignon Sud Ⓜ, 3 km ✆ 04 90 88 91 10, *Fax 04 90 87 61 88*, – – 100. AE GB JCB **BX**
Repas *(75)* - 95 ♀, enf. 55 – ☐ 55 – **105 ch** 550/590.

Novotel Avignon Sud Ⓜ, 4 km ✆ 04 90 87 62 36, *Fax 04 90 88 38 47*, – – 150. AE GB **CX**
Repas carte environ 180 ♀, enf. 50 – ☐ 55 – **79 ch** 550/580.

à l'aéroport d'Avignon-Caumont *par ③ : 8 km* – ✉ *84140 Montfavet :*

Paradou-Avignon Ⓜ, ✆ 04 90 84 18 30, *Fax 04 90 84 19 16*, – – 50. AE GB JCB
Repas *(78)* - 100/190, enf. 50 – ☐ 50 – **42 ch** 450 – ½ P 350/370.

Voir aussi ressources hôtelières de *Villeneuve-lès-Avignon* et *Les Angles*

MICHELIN, Agence, 26 av. de Fontcouverte **CX** ✆ 04 90 88 11 10

AUDI, SKODA, VOLKSWAGEN E.G.S.A., Centre des Affaires Cap Sud ✆ 04 90 13 40 80 ✆ 04 90 88 50 39
AUDI, SKODA, VOLKSWAGEN E.G.S.A., N 7 Zone Portuaire Le Pontet ✆ 04 90 03 69 04 ✆ 04 90 88 50 39
CITROEN Gar. Chabas, 340 ZAC Croix de Noves ✆ 04 90 81 00 37
FORD Festival Auto Sce, La Croix de Noves rte de Marseille ✆ 04 90 13 82 82
MERCEDES Autom. Avignonnaise, Park. Cap Sud, 285 r P.-Seghers ✆ 04 90 88 01 35
NISSAN Gar. Danse, ZI de Courtine, av. Petit Mas ✆ 04 90 27 05 11
PEUGEOT Gar. de l'Abbaye, 4-6 av. Reine Jeanne ✆ 04 90 82 15 51
PEUGEOT Gar. Vaucluse Auto, 35 av. Fontcouverte ✆ 04 90 88 07 61 ✆ 08 00 44 24 24
RENAULT Autom. des Remparts, 14 bd St-Michel ✆ 04 90 14 58 00 ✆ 04 90 82 90 0
RENAULT A.S.A., rte de Marseille, N 7 ✆ 04 90 13 88 00 ✆ 04 90 82 90 05

Ayme Pneus, av. de l'Etang, ZI Fontcouverte ✆ 04 90 87 65 37
Ayme Pneus, 32 bd St-Michel ✆ 04 90 82 71 38
Dibon Pneus, 1 av P.-Semard ✆ 04 90 86 31 65
Dibon Pneus, Le Pigeonnier, 66 av. Ch.-de-Gaull au Pontet ✆ 04 90 31 14 13
Euromaster, Lot Activité La Gauloise Le Pontet ✆ 04 90 31 29 60
Gay Pneus, 27 av. de Fontcouverte ✆ 04 90 87 56 48
Perrot Pneus, 31 av. du Grand Gigognan ✆ 04 90 82 03 70

AVIGNON-CAUMONT (Aéroport d') *84 Vaucluse* 81 ⑪ ⑫ – *rattaché à Avignon.*

AVOINE *37420 I.-et-L.* 64 ⑬ – *1 664 h alt. 35.*
Paris 292 – Tours 53 – Azay-le-Rideau 27 – Chinon 7 – Langeais 26 – Saumur 23.

L'Atlantide, 17 r. Nationale ✆ 02 47 58 81 85, *Fax 02 47 58 49 97*, – GB
fermé 1er au 15 juil., 24 déc. au 2 janv., dim. soir et lundi – **Repas** 95/199 ♀, enf. 50.

AVRANCHES *50300 Manche* 59 ⑧ *G. Normandie Cotentin* – *8 638 h alt. 108.*
Voir *Manuscrits*** *du Mont-St-Michel (musée)* **AY** – *Jardin des Plantes :* ** **AZ** – *La "plate-forme"* ** **AY**.
Office de Tourisme 2 r. Gén.-de-Gaulle ✆ *02 33 58 00 22, Fax 02 33 68 13 29 et (juil.-août) pl. Carnot* ✆ *02 33 58 59 11.*
Paris 333 ① – St-Lô 58 ① – St-Malo 67 ③ – Caen 101 ① – Dinan 67 ③ – Flers 66 ① – Fougères 42 ③ – Rennes 79 ③.

Plan page ci-contre

Croix d'Or, 83 r. Constitution ✆ 02 33 58 04 88, *Fax 02 33 58 06 95*, « Décor rustique normand, jardin » – – 25. GB **BZ**
1er mars-1er déc. – **Repas** 78 (déj.), 115/250 ♀, enf. 55 – ☐ 39 – **28 ch** 260/380 – ½ P 310/370.

Abrincates sans rest, 37 bd Luxembourg par ③ : *0,5 km* ✆ 02 33 58 66 64, *Fax 02 33 58 40 11* – GB JCB
fermé 22 déc. au 7 janv. et dim. soir sauf de mai à sept. – ☐ 35 – **29 ch** 305/350.

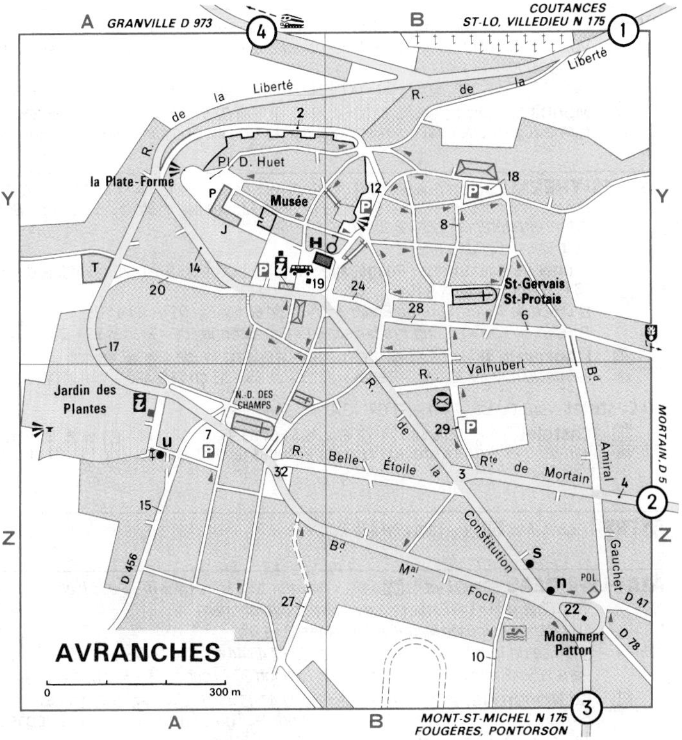

Constitution (R. de la) . . BZ	Chapeliers (R. des). . . . . . BY 8	Millet (R. L.) . . . . AY 20
Littré (Pl.). . . . . AY 19	Écoles (R. des) . . . . BZ 10	Patton (Pl. Gén.). . . . . . . BZ 22
	Estouteville (Pl. d') . . . . . . BY 12	Pot-d'Étain (R. du) . . . . . BY 24
Abrincates (Bd des) . . . . AY 2	Gaulle (R. Gén.-de). . . . . . AY 14	Puits-Hamel
Angot (Pl.) . . . . BZ 3	Gué-de-l'Épine (R. du) . . . AZ 15	(R. du) . . . . AZ 27
Bindel (R. du Cdt). . . . . . BZ 4	Jozeau-Marigné	St-Gaudens (R.) . . . . BY 28
Bremesnil (R. de). . . . . . BY 6	(Bd). . . . . AY 17	St-Gervais (R.) . . . . BZ 29
Carnot (Pl.) . . . . AZ 7	Marché (Pl. du). . . . . BY 18	Scelle (Pl. G.) . . . . AZ 32

Jardin des Plantes, 10 pl. Carnot ☎ 02 33 58 03 68, *Fax 02 33 60 01 72,* – TV ☎ ♿. GB JCB — AZ u
Repas *(42)* - 71/168 – 45 – **26 ch** 160/350 – ½ P 230/295.

Pratel sans rest, 24 r. Vanniers par ③ *: 0,5 km* ☎ 02 33 68 35 41, *Fax 02 33 68 33 50,* – TV ☎ P. AE GB – *1er mars-31 oct.* – 33 – **7 ch** 280/310.

Patton sans rest, pl. Patton ☎ 02 33 48 52 52 – ☎ P. GB — BZ n
fermé 1er janv. au 28 fév. – 30 – **26 ch** 230/300.

Ménestrel, 37 bd Luxembourg par ③ *: 0,5 km* ☎ 02 33 58 12 20, *Fax 02 33 58 12 20* – GB
fermé dim. soir en hiver, lundi midi et sam.
Repas *(48)* - 68/188 ♀, enf. 36.

St-Quentin-sur-le-Homme *Sud-Est : 5 km par D 78* BZ – *1 007 h. alt. 55* – ✉ *50220 :*

Gué du Holme M avec ch, ☎ 02 33 60 63 76, *Fax 02 33 60 06 77,* – TV ☎ ♿ P. AE GB
fermé 2 au 24 janv., sam. midi et dim. soir d'oct. à Pâques – **Repas** *(120)* - 150/390 et carte 250 à 360 ♀ – 50 – **10 ch** 400 – ½ P 500.

AUDI, VOLKSWAGEN Avranches Autom., 3 av. du Quesnoy, St-Martin-des-Champs ☎ 02 33 58 14 96
CITROEN Basse Normandie Auto, 38 bd du Luxembourg, Le Val-St-Père par ③ ☎ 02 33 58 23 15
PEUGEOT Automobiles Sud Manche, D 911 à Marcey les grèves par ④ ☎ 02 33 89 24 62 N ☎ 02 33 89 24 62

RENAULT Gar. Poulain, 87 r. Cdt-Bindel par ② ☎ 02 33 58 09 00 N ☎ 02 33 68 51 26

Euromaster, 17 bd du Luxembourg ☎ 02 33 58 04 24
Lefrançois, à St-Quentin-sur-le-Homme ☎ 02 33 58 15 31 N ☎ 02 33 60 49 71

AVRILLÉ *85440 Vendée* 67 ⑬ *G. Poitou Vendée Charentes – 1 004 h alt. 45.*

Voir *St-Hilaire-la-Forêt : C.A.I.R.N. (centre archéologique d'initiation et de recherche sur néolithique) SO : 3 km.*

Paris 441 – La Rochelle 67 – La Roche-sur-Yon 26 – Luçon 26 – Les Sables-d'Olonne 25.

Menhir, av. Gén. de Gaulle ✆ 02 51 22 32 18, *Fax 02 51 22 34 13* – ▤. AE ⓓ GB
fermé 20 janv. au 20 fév., dim. soir et lundi du 15 sept. à fin juin – **Repas** 75/230, enf. 52.

AX-LES-THERMES *09110 Ariège* 86 ⑮ *G. Pyrénées Roussillon – 1 489 h alt. 720 – Sta therm. (fin mars/ mi-nov.) – Sports d'hiver au Saquet par route du plateau de Bonascre (8 km) et télécabine : 720/2 400 m 1 16 – Casino.*

Voir *Vallée d'Orlu★ au SE.*

Tunnel de Puymorens : Péage, aller simple : autos 30 F, P.L. 75 ou 120 F, deux-roue 18 F. Tarifs spéciaux A.R.

Office de Tourisme pl. du Breilh ✆ 05 61 64 60 60, Fax 05 61 64 41 08.

Paris 817 – Foix 42 – Andorra-la-Vella 60 – Carcassonne 106 – Prades 99 – Quillan 54.

L'Auzeraie Ⓜ, ✆ 05 61 64 20 70, *Fax 05 61 64 38 50,* – ☎. AE GB
fermé 20 nov. au 20 déc. – **Repas** 80/220 – 35 – **33 ch** 280/480 – ½ P 270/290.

au Castelet *Nord-Ouest : 4 km – ✉ 09110 Ax-les-Thermes :*

Castelet , ✆ 05 61 64 24 52, *Fax 05 61 64 05 93,* ←, – TV ☎ P. AE GB. res
juin-sept. et fermé mardi soir et merc. – **Repas** 68/160, enf. 48 – 35 – **27 ch** 290/341 ½ P 330.

AYTRÉ *17 Char.-Mar.* 71 ⑫ – *rattaché à La Rochelle.*

AZAY-LE-RIDEAU *37190 I.-et-L.* 64 ⑭ *G. Châteaux de la Loire* (plan) *– 3 053 h alt. 51.*

Voir *Château★★★ – Façade★ de l'église St-Symphorien.*

Env. *Marnay : musée Maurice-Dufresne★ O : 6 km.*

Office de Tourisme pl. de l'Europe ✆ 02 47 45 44 40, Fax 02 47 45 31 46.

Paris 265 – Tours 26 – Châtellerault 60 – Chinon 20 – Loches 53 – Saumur 47.

Gd Monarque, ✆ 02 47 45 40 08, *Fax 02 47 45 46 25,* – TV ☎ P. AE GB
fermé 15 déc. au 31 janv., dim. soir et lundi sauf du 1er avril au 30 sept. – **Repas** 99 (déj 155/275, enf. 65 – 50 – **25 ch** 320/620 – ½ P 350/490.

Val de Loire sans rest, 50 r. Nationale ✆ 02 47 45 28 29, *Fax 02 47 45 91 19* – TV ☎ &
GB.
1er mars-15 nov. – 38 – **27 ch** 215/345.

de Biencourt sans rest, ✆ 02 47 45 20 75, *Fax 02 47 45 91 73* – ☎. GB.
1er mars-15 nov. – 37 – **16 ch** 210/380.

L'Aigle d'Or, ✆ 02 47 45 24 58, *Fax 02 47 45 90 18,* – ▤. GB
fermé 2 au 9 sept., 10 au 25 déc., vacances de fév., mardi soir hors saison, dim. soir et mer – **Repas** (prévenir) 103 (déj.), 150/280 ♀, enf. 55.

Grottes, ✆ 02 47 45 21 04, *Fax 02 47 45 92 51,* , « Salle troglodytique » – GB
fermé 1er au 7 juin, vacances de fév., jeudi soir hors saison et lundi – **Repas** 88/193 enf. 46.

à Saché *Est : 6,5 km par D 17 – 868 h. alt. 78 – ✉ 37190 :*

Aub. du XIIe siècle, ✆ 02 47 26 88 77, *Fax 02 47 26 88 77,* , « Décor rustique »,
AE GB
fermé janv., merc. sauf juil.-août et mardi soir – **Repas** 130/300 ♀, enf. 95.

RENAULT Gar. Martin, à la Chapelle-St-Blaise ✆ 02 47 45 42 02

AZAY-SUR-INDRE *37310 I.-et-L.* 64 ⑯ *G. Châteaux de la Loire – 309 h alt. 89.*

Paris 250 – Tours 33 – Amboise 25 – Blois 63 – Loches 11 – Vierzon 95.

Aub. des Deux Rivières, ✆ 02 47 92 58 11, *Fax 02 47 92 58 11,* – GB
fermé 15 au 29 avril, 14 au 28 oct., mardi soir et merc. – **Repas** 60 bc (déj.), 73/180 ♀.

BACCARAT *54120 M.-et-M.* 62 ⑦ *G. Alsace Lorraine – 5 022 h alt. 260.*

Voir *Vitraux★ de l'église St-Rémy – Musée du cristal.*

Syndicat d'Initiative pl. des Arcades ✆ 03 83 75 13 37, Fax 03 83 75 36 76.

Paris 363 – Nancy 58 – Épinal 42 – Lunéville 26 – St-Dié 28 – Sarrebourg 43.

Renaissance, 31 r. Cristalleries ✆ 03 83 75 11 31, *Fax 03 83 75 21 09,* – TV ☎. AE GB
fermé lundi (sauf hôtel) et vend. soir – **Repas** 62/180 – ☕ 30 – **16 ch** 260/310 – ½ P 250/280.

OPEL Gar. Ste-Catherine, 43 ter r. Ste-Catherine ✆ 03 83 75 13 89

PEUGEOT Ferry Autos, rte de Nancy à Gelacourt ✆ 03 83 75 12 25

BADEN *56870 Morbihan* 63 ③ *– 2 844 h alt. 28.*
Paris 475 – Vannes 15 – Auray 737 – Lorient 52 – Quiberon 40.

Gavrinis, à Toulbroch : 2 km par rte Vannes ✆ 02 97 57 00 82, *Fax 02 97 57 09 47,* – TV ☎ P – 30. AE GB
fermé 15 nov. au 30 janv. et hôtel : lundi du 1er oct. au 30 avril – **Repas** *(fermé lundi sauf le soir du 15 juin au 15 sept.)* (90) - 110/360 ♀, enf. 68 – ☕ 46 – **20 ch** 300/460 – ½ P 375/406.

BAERENTHAL *57 Moselle* 57 ⑱ *– 723 h alt. 220 – ✉ 57230 Bitche.*
Paris 448 – Strasbourg 64 – Bitche 16 – Haguenau 33 – Wissembourg 50.

Kirchberg M sans rest, ✆ 03 87 98 97 70, *Fax 03 87 98 97 91,* – cuisinette TV ☎ P. GB
☕ 40 – **12 ch** 230/410, 8 studios.

à Untermuhlthal *Sud-Est : 4 km par D 87 – ✉ 57230 Baerenthal :*

L'Arnsbourg (Klein), ✆ 03 87 06 50 85, *Fax 03 87 06 57 67,* – P. AE GB
fermé 30 août au 15 sept., 3 janv. au 3 fév., lundi et mardi – **Repas** (week-end prévenir) 189/410 et carte 330 à 470 ♀
Spéc. Foie gras d'oie et truffes fraîches en gelée (déc. à avril). Grillade de foie gras de canard, salade d'herbes. Gibier (oct. à janv.). **Vins** Pinot blanc, Riesling.

BÂGÉ-LE-CHÂTEL *01380 Ain* 70 ⑫ *– 751 h alt. 209.*
Syndicat d'Initiative 1 r. Marsale ✆ 03 85 30 56 56, Fax 03 85 30 59 65.
Paris 395 – Mâcon 7 – Bourg-en-Bresse 34 – Pont-de-Veyle 6 – St-Amour 40 – Tournus 39.

Table Bâgesienne, Gde Rue ✆ 03 85 30 54 22, *Fax 03 85 30 58 33,* – AE GB
fermé 16 fév. au 6 mars et merc. – **Repas** 85/197.

BAGES *11 Aude* 86 ⑩ *– rattaché à Narbonne.*

BAGNÈRES-DE-BIGORRE

Coustous (Allées des)	BZ 7
Foch (R. Maréchal)	BY 8
Lafayette (Pl.)	ABY 22
Strasbourg (Pl. de)	BZ 32
Thermes (R. des)	AZ 34
Victor-Hugo (R.)	AZ 35
Alsace-Lorraine (R. d')	BZ 2
Arras (R. du Pont d')	AZ 3
Belgique (Av. de)	AY 4
Costallat (R.)	BY 6
Grossard (R. Émilien)	BZ 12
Gambetta (R.)	AY 13
Joffre (Av. Mar.)	AY 17
Jubinal (Pl. A.)	BZ 20
Leclerc (Av. Gén.)	AY 23
Lorry (R. de)	BZ 25
Pasteur (R.)	BY 26
Pyrénées (R. des)	BZ 27
République (R. de la)	AY 28
Thermes (Pl. des)	AZ 33
Vignaux (Pl. des)	BY 37
3-Frères-Duthu (R.)	BZ 39

Pour aller loin rapidement, utilisez les cartes Michelin des pays d'Europe à 1/1 000 000.

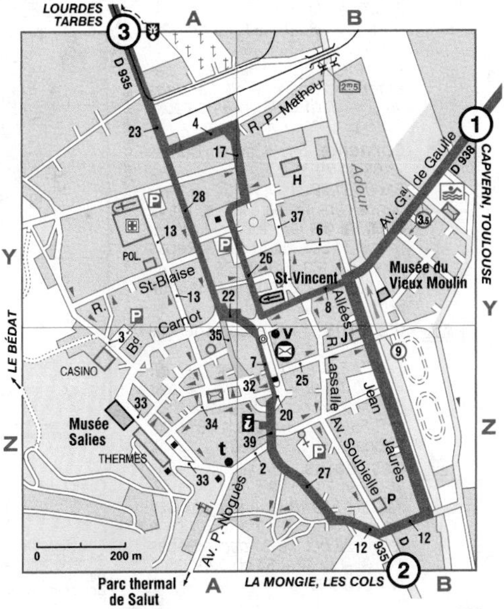

BAGNÈRES-DE-BIGORRE 65200 H.-Pyr. 85 ⑱ *G. Pyrénées Aquitaine – 8 424 h alt. 551*
Stat. therm. (mars-nov.) – Casino **AZ.**
Voir *Parc thermal de Salut★ par Av. Pierre-Noguès* **AZ** *– Grotte de Médous★★ par ② 2,5 km – Golf Hôtel de la Bigorre ✆ 05 62 91 06 20, N : 3 km par ①.*
Office de Tourisme 3 allée Tournefort ✆ 05 62 95 50 71, Fax 05 62 95 33 13.
Paris 816 ③ – Pau 63 ③ – Lourdes 24 ③ – St-Gaudens 63 ① – Tarbes 21 ③.
Plan page précédente

Résidence , Parc Thermal de Salut ✆ 05 62 91 19 19, *Fax 05 62 95 29 88*, ≤, – TV ☎ P. GB. par av. P.-Noguès **AZ**
1er mai-10 oct. – **Repas** 80/150 – 45 – **31 ch** 410 – 1/2 P 360.

Host. d'Asté, par ② *: 4 km* ✆ 05 62 91 74 27, *Fax 05 62 91 76 74*, ≤, – TV ☎ P – 25. AE GB.
fermé 12 nov. au 15 déc. – **Repas** 79/199, enf. 40 – 37 – **21 ch** 247/319 – 1/2 P 231/301

Angleterre sans rest, allées des Coustous ✆ 05 62 95 22 24, *Fax 05 62 91 18 91* – ☎. GB **BZ**
fermé 25 oct. au 10 nov. – 26 – **30 ch** 100/250.

Les Glycines sans rest, 12 pl. Thermes ✆ 05 62 95 28 11 – ☎. AE GB **AZ**
fermé nov. – 28 – **18 ch** 140/240.

à Beaudéan *par ② : 4,5 km – 410 h. alt. 625 – ✉ 65710 Campan :*

Catala M , ✆ 05 62 91 75 20, *Fax 05 62 91 79 72* – TV ☎ P. GB.
fermé dim. soir sauf vacances scolaires – **Repas** 85/200, enf. 45 – 35 – **23 ch** 260/360 3 appart – 1/2 P 250/360.

Petite Auberge, ✆ 05 62 91 72 16, *Fax 05 62 91 60 87*, – AE GB
fermé 15 au 30 juin, 1er au 15 déc. et mardi – **Repas** 80/155.

CITROEN Fourcade, rte des Cols par ② ✆ 05 62 95 82 82 N ✆ 05 62 95 82 82
PEUGEOT Lalouběre, rte de Tarbes par ③ ✆ 05 62 95 26 84 N ✆ 05 62 95 26 84
Dulout Pneu Sce, 4 r. St-Vincent ✆ 05 62 95 03 58

BAGNÈRES-DE-LUCHON *31110 H.-Gar.* 85 ⑳ *G. Pyrénées Aquitaine – 3 094 h alt. 630 –*
Stat. therm. – Stat. therm. (avril-25 oct.) – Sports d'hiver à Superbagnères : 630/2 260 m 1 15 – Casino **Y.**
Voir *Route de Peyresourde★ O.*
Env. *Vallée du Lys★ SO : 5,5 km par D 125 et D 46.*
✆ 05 61 79 03 27 **X.**
Office de Tourisme 18 allée d'Etigny ✆ 05 61 79 21 21, Fax 05 61 79 11 23.
Paris 830 ① – Bagnères-de-Bigorre 70 ③ – St-Gaudens 46 ① – Tarbes 88 ① – Toulouse 138 ①.

Corneille , 5 av. A. Dumas ✆ 05 61 79 36 22, *Fax 05 61 79 81 11*, ≤, , « Résidence dans un parc » – TV ☎ P. AE GB. rest **Y u**
fermé 31 oct. au 20 déc. – **Repas** (100) - 120/160, enf. 75 – 45 – **55 ch** 420/760 – 1/2 P 445/560.

d'Étigny, face établ. thermal ✆ 05 61 79 01 42, *Fax 05 61 79 80 64*, – , rest, TV ☎ . GB. rest
31 mars-24 oct. – **Repas** 99/199, enf. 55 – 48 – **58 ch** 385/700, 3 appart – 1/2 P 360/480. **Z k**

des Bains, 75 allées Étigny ✆ 05 61 79 00 58, *Fax 05 61 79 18 18* – ☎. AE GB. rest **YZ e**
fermé 28 oct. au 20 déc. – **Repas** 112 – 32 – **53 ch** 220/280 – 1/2 P 270/285.

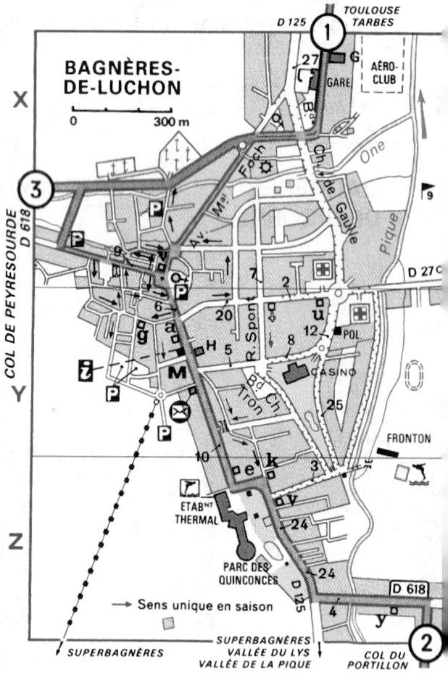

Carnot (Av.) **Y** 6	Colomic (R.) **X** 7
Dr-Germès (R. du) **X** 9	Dardenne (Bd) **Y** 8
Étigny (Allées d') **YZ** 10	Fontan (Bd A.) **Y** 12
	Lamartine (R.) **Y** 20
Alexandre-Dumas (Av.) **Y** 2	Quinconces (Cours des) **Z** 24
Bains (Allées des) **Z** 3	Rostand (Bd E.) **Y** 25
Barrau (Av. J.) **Z** 4	Toulouse (Av. de) **X** 27
Boularan (Av. Jean) **Y** 5	

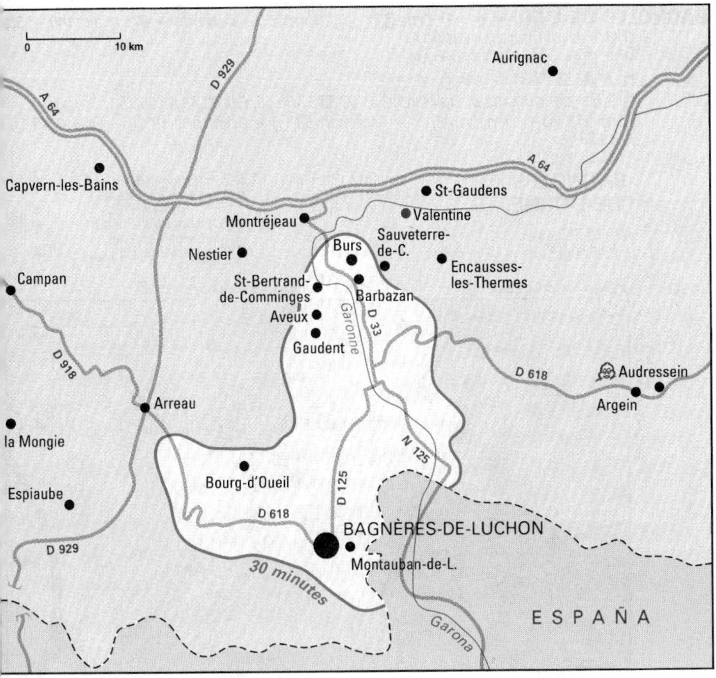

Royal H., 1 cours Quinconces ✆ 05 61 79 00 62 – 🛗 ☎. GB. ✕ rest — Z v
25 mai-8 oct. – **Repas** 95 – ☕ 30 – **48 ch** 150/250 – ½ P 240.

Rencluse, à St-Mamet ✉ 31110 Bagnères-de-Luchon ✆ 05 61 79 02 81, *Fax 05 61 79 82 99*, ⛱ – TV ☎ P. AE GB. ✕ rest — Z y
1er mai-6 oct. et vacances scolaires – **Repas** 72/150 – ☕ 38 – **23 ch** 200/300 – ½ P 290/330.

Concorde, 12 allées Etigny ✆ 05 61 79 00 69, *Fax 05 61 79 86 11* – 🛗 TV ☎ P. AE GB. ✕ rest — Y a
fermé 10 nov. au 15 déc. – **Repas** 65/120 🍷 – ☕ 35 – **18 ch** 220/280 – ½ P 250.

Deux Nations, 5 r. Victor-Hugo ✆ 05 61 79 01 71, *Fax 05 61 79 27 89* – 🛗 ☎. GB
Repas 59/120 🍷 – ☕ 30 – **27 ch** 140/250 – ½ P 180/220. — Y g

Panoramic sans rest, 6 av. Carnot ✆ 05 61 79 30 90, *Fax 05 61 79 32 84* – 🛗 TV ☎ P. GB
fermé 11 au 17 janv. – ☕ 38 – **30 ch** 190/360. — X v

à Montauban-de-Luchon *Est : 2 km – 434 h. alt. 632 – ✉ 31110 :*

Jardin des Cascades 🌿 avec ch, ✆ 05 61 79 83 09, *Fax 05 61 79 83 09*, ≤ Luchon et montagnes, 🏡, ⛱ – AE GB
1er avril-15 oct. – **Repas** 100/160 et dîner à la carte 🍷 – ☕ 35 – **11 ch** 190/270 – ½ P 230/250.

au Sud *par D 125 : 4 km – ✉ 31110 Bagnères-de-Luchon :*

Aub. de Castel Vielh 🌿 avec ch, ✆ 05 61 79 36 79, *Fax 05 61 79 36 79*, 🏡, ⛱ – TV P. GB
1er avril-vacances de Toussaint, week-ends en hiver, vacances scolaires de fév. et de printemps – **Repas** *(fermé mardi en sept. et oct.)* 125/170, enf. 50 – ☕ 38 – **3 ch** 250/300 – ½ P 260/295.

CITROEN Bardaji, av. R.-Comet par av. de Toulouse ✆ 05 61 79 16 93 N ✆ 05 61 79 16 93

*Die im **Michelin-Führer** verwendeten Zeichen und Symbole haben – dünn oder **fett** gedruckt, in einer Kontrastfarbe oder **schwarz** – jeweils eine andere Bedeutung. Lesen Sie daher die Erklärungen aufmerksam durch.*

BAGNOLES-DE-L'ORNE *61140 Orne* 60 ① *G. Normandie Cotentin – 875 h alt. 140 – Sta therm. (avril-fin oct.) – Casino* A.

Voir *Site*★ – *Lac*★ A – *Parc*★ AB.

9 ✆ 02 33 37 81 42, par ③ : 3 km.

Office de Tourisme pl. du Marché ✆ 02 33 37 85 66, Fax 02 33 30 06 75.

Paris 233 ① – Alençon 48 ② – Argentan 38 ① – Domfront 18 ③ – Falaise 48 ① Flers 28 ④.

BAGNOLES-DE-L'ORNE

Casinos (R. des)	A 3	Bois-Motté (Bd. du)	A 2	Hartog (Bd. G.)	A 13
Dr-Poulain (Av. du)	A 8	Château (Av. du)	A 4	Lemeunier de la Raillère (Bd)	B 14
		Christophle (R. A.) TESSE	A 7	Rozier (Av. Ph. du)	A 15
		Gaulle (Pl. Général-de)	B 9	Sergenterie-de-Javains (R.)	A 18

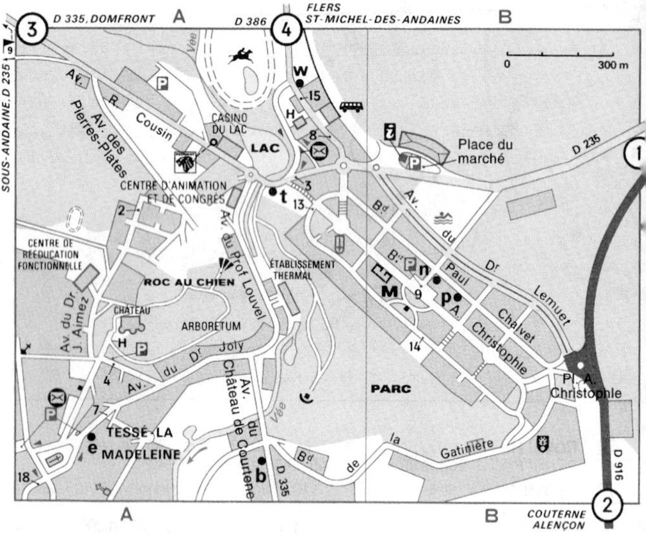

Manoir du Lys (Quinton) ⛰, rte Juvigny-sous-Andaine par ③ : *2 km* ✆ 02 33 37 80 69 *Fax 02 33 30 05 80*, « Parc fleuri, », – 40. AE GB JCB *fermé 5 janv. au 14 fév., dim. soir et lundi de nov. à Pâques* – **Repas** 140/330 ♀, enf. 80 – ☕ 60 – **24 ch** 320/800 – ½ P 400/640

Spéc. Tarte friande d'andouille façon Vire. Saucisse plate de pied de porc et huîtres à la sauge. Croustillant de noix de coco, sorbet fromage blanc.

Lutetia-Reine Astrid ⛰, bd Paul Chalvet ✆ 02 33 37 94 77, *Fax 02 33 30 09 87*, – – 25. AE GB. rest B r *début avril-15 oct.* – **Repas** *(100)* - 135/350 ♀, enf. 80 – ☕ 50 – **30 ch** 415/550 – P 415/545.

Cetlos M, r. des Casinos ✆ 02 33 38 44 44, *Fax 02 33 38 46 23*, ≤, – – 150. AE GB A t

Repas *(95)* - 120/150 – ☕ 45 – **75 ch** 250/390 – ½ P 295/360.

Nouvel H., av. A. Christophle ✉ 61140 Tessé-la-Madeleine ✆ 02 33 37 81 22 *Fax 02 33 38 04 68*, – , rest, GB. rest A e *avril-oct.* – **Repas** 88/155 ♀, enf. 50 – ☕ 32 – **30 ch** 240/345 – P 300/345.

Bois Joli, av. Ph. du Rozier ✆ 02 33 37 92 77, *Fax 02 33 37 07 56*, – AE GB A w **Repas** *(fermé janv., jeudi midi et merc. de nov. à mars)* 85/210 – ☕ 40 – **20 ch** 285/485 – P 363/510.

Ermitage ⛰ sans rest, 24 bd Paul Chalvet ✆ 02 33 37 96 22, *Fax 02 33 38 59 22*, – GB B p *avril-oct.* – ☕ 48 – **38 ch** 300/350.

Camélias, av. Château de Couterne ✆ 02 33 37 93 11, *Fax 02 33 37 48 32*, – AE GB A b *15 mars-31 oct.* – **Repas** 99/189 ♀ – ☕ 35 – **27 ch** 180/300 – P 265/330.

PEUGEOT Gar. Constant, 8 av. R.-Cousin ✆ 02 33 37 83 11

BAGNOLET *93 Seine-St-Denis* 56 ⑪, 101 ⑰ – *voir à Paris, Environs.*

BAGNOLS *69620 Rhône* 73 ⑨, 110 ① *G. Vallée du Rhône – 636 h alt. 400.*

Paris 445 – Lyon 34 – Tarare 19 – Villefranche-sur-Saône 15.

Château de Bagnols ⛰, ✆ 04 74 71 40 00, *Fax 04 74 71 40 49,* ≤, 🍴, parc, « Vieux château restauré, jardins ouverts sur la campagne beaujolaise » – 🛗 ⇹, ▤ ch, TV ☎ P. AE ⓓ GB JCB. ✂ rest

hôtel : 2 mai-3 nov. et 20 déc.-2 janv. – **Repas** *(2 avril-2 janv. et fermé mardi soir et merc. du 3 avril au 2 mai et du 2 nov. au 20 déc.)* 205 (déj.), 290/450 et carte 370 à 480 ♀, enf. 110 – ☕ 120 – **16 ch** 2200/5000, 4 appart

Spéc. Vinaigrette d'écrevisses et légumes croquants (1er avril-30 sept.). Millefeuille de pommes de terre et homard rôti. Coeur de filet de boeuf, poêlée de girolles et ravioli de petits pois frais. **Vins** Beaujolais blanc, Morgon.

BAGNOLS *63810 P.-de-D.* 73 ⑫ – *712 h alt. 862.*

Office de Tourisme de Saney-Artense r. de la Pavade à la Tour d'Auvergne ✆ 04 73 21 79 78, Fax 04 73 21 79 70.

Paris 487 – Clermont-Ferrand 67 – Besse-en-Chandesse 34 – Bort-les-Orgues 20 – La Bourboule 22 – Issoire 65 – Le Mont-Dore 25.

Voyageurs, ✆ 04 73 22 20 12, *Fax 04 73 22 21 18* – ☎. GB

Repas *(fermé dim. soir et lundi sauf vacances scolaires)* 98/245 ♀, enf. 45 – ☕ 30 – **21 ch** 180/250 – ½ P 180/260.

Le pastiglie numerate delle piante di città ①, ②, ③ sono riportate anche sulle ***carte stradali Michelin*** *in scala 1/200 000.*

Questi riferimenti, comuni nella guida e nella carta stradale, facilitano il passaggio di una pubblicazione all'altra.

BAGNOLS-LES-BAINS *48190 Lozère* 80 ⑥ *G. Gorges du Tarn – 200 h alt. 913 – Stat. therm. (avril-oct.).*

Paris 604 – Mende 20 – Langogne 42 – Villefort 37.

Bridge H.-Résidence du Pont, ✆ 04 66 47 60 03, *Fax 04 66 47 62 78,* 🏊, 🌳 – 🛗 TV ☎. GB

30 mars-10 oct. – **Repas** 73/160 🍷, enf. 47 – ☕ 37 – **26 ch** 270/320 – ½ P 280/320.

Commerce, ✆ 04 66 47 60 07 – ☎. GB

1er mars-31 oct. et fermé jeudi en mars, avril et oct. – **Repas** 75/140 🍷 – ☕ 30 – **28 ch** 150/220 – ½ P 165/210.

BAGNOLS-SUR-CÈZE *30200 Gard* 80 ⑩ *G. Provence* **(plan)** – *17 872 h alt. 51.*

Voir *Musée d'Art moderne*★.

Env. *Belvédère*★★ *du Centre d'Énergie Atomique de Marcoule SE : 9,5 km.*

Office de Tourisme espace St-Gilles, av. Léon Blum ✆ 04 66 89 54 61, Fax 04 66 89 83 38.

Paris 654 – Avignon 34 – Alès 52 – Nîmes 57 – Orange 29 – Pont-St-Esprit 11.

rte d'Alès *Ouest : 5 km par D 6 et D 143 – ✉ 30200 Bagnols-sur-Cèze :*

Château de Montcaud M ⛰, ✆ 04 66 89 60 60, *Fax 04 66 89 45 04,* 🍴, « Parc arboré », 🏋, 🏊, 🎾 – 🛗 ▤ TV ☎ ♿ P – 🏛 30. AE ⓓ GB JCB

5 avril-2 janv. – **Repas** *(fermé sam. midi et lundi midi hors saison)* 150 (déj.), 250/420 ♀ – ☕ 100 – **30 ch** 990/1900 – ½ P 895/1320.

rte de Pont-St-Esprit *Nord : 5,5 km par N 86 – ✉ 30200 Bagnols-sur-Cèze :*

Valaurie sans rest, ✆ 04 66 89 66 22, *Fax 04 66 89 55 80,* ≤, 🌳 – ▤ TV ☎ 🚗 P. GB
☕ 35 – **22 ch** 250/310.

à Connaux *Sud : 8,5 km sur N 86 – 1 450 h. alt. 86 – ✉ 30330 :*

Paul Itier, ✆ 04 66 82 00 24, 🍴 – ▤ P. GB
Repas 70 (déj.), 98/300 ♀.

AUDI, VOLKSWAGEN Gar. Paulus et Fils, 37 av. L.-Blum ✆ 04 66 89 60 30
CITROEN Gar. Jeolas, 239 rte d'Avignon ✆ 04 66 89 60 43
PEUGEOT Gar. Pailhon, rte de Nîmes ✆ 04 66 89 54 95 N ✆ 04 66 90 91 02
RENAULT Gar. Stolard, 252 av. A.-Daudet ✆ 04 66 90 56 80 N ✆ 08 00 05 15 15

Euromaster, Rd-Pt de l'Europe ✆ 04 66 89 54 19

BAILLARGUES *34670 Hérault* 83 ⑦ *– 4 375 h alt. 23.*
Paris 746 – Montpellier 14 – Lunel 11 – Nîmes 41.

Golf H. de Massane M, au golf de Massane Sud : 1,5 km par D 26^E ☎ 04 67 87 87 87 *Fax 04 67 87 87 90*, – 60. AE GB
Repas *(93)* - 113/148, enf. 56 – 46 – **32 ch** 410/520 – ½ P 411/436.

BAILLEUL *59270 Nord* 51 ⑤ *G. Flandres Artois Picardie – 13 847 h alt. 44.*
Voir ✶★ du beffroi.
Office de Tourisme 3 Gd. Place ☎ 03 28 43 81 00, Fax 03 28 43 81 01.
Paris 243 – Lille 30 – Armentières 12 – Béthune 31 – Dunkerque 44 – Ieper 20 – St-Omer 36.

Belle H. M sans rest, 19 r. Lille ☎ 03 28 49 19 00, *Fax 03 28 49 22 11* – AE GB JCB
55 – **31 ch** 360/410.

Pomme d'Or avec ch, 27 r. Ypres ☎ 03 28 49 11 01, *Fax 03 28 49 22 11* – – 30. AE GB
fermé 3 au 23 août et dim. soir – **Repas** 69/145 ♀, enf. 39 – 32 – **7 ch** 120/270 – ½ P 240.

Repas 70/185

Repas à prix fixes :
des menus à prix intermédiaires à ceux indiqués sont généralement proposés.

BAIN-DE-BRETAGNE *35470 I.-et-V.* 63 ⑦ *– 5 257 h alt. 100.*
Syndicat d'Initiative 6 r. Joseph Bertrand ☎ 02 99 43 98 69 et (hors saison) Mairie ☎ 02 99 43 70 24.
Paris 356 – Rennes 32 – Châteaubriant 29 – Nozay 34 – Redon 44 – Vitré 50.

Gentilys, 78 av. Gén. Patton ☎ 02 99 43 83 83, *Fax 02 99 43 83 30* – P. AE GB
fermé dim. soir et merc. soir – **Repas** 58 bc (déj.), 78/250 ♀, enf. 45.

BAINS-LES-BAINS *88240 Vosges* 62 ⑮ *G. Alsace Lorraine – 1 466 h alt. 315 – Stat. therm. (avril-oct.).*
Office de Tourisme pl. Bain Romain ☎ 03 29 36 31 75, Fax 03 29 36 23 24.
Paris 366 ④ – Épinal 27 ① – Luxeuil-les-Bains 27 ② – Nancy 97 ① – Neufchâteau 71 ④ – Vesoul 52 ② – Vittel 42 ④.

BAINS-LES-BAINS

Docteur-Leroy (R. du)	5
Chavane (Av. du Lieutenant-Colonel)	2
Demazure (Av.)	3
Docteur-Bailly (Av. du)	4
Docteur-Mathieu (Av. du)	6
Leclerc (R. du Général)	7
Poirot (R. Marie)	10
Verdun (R. de)	12
2e-D.-B. (Pl. de la)	14

Les plans de villes sont orientés le Nord en haut.

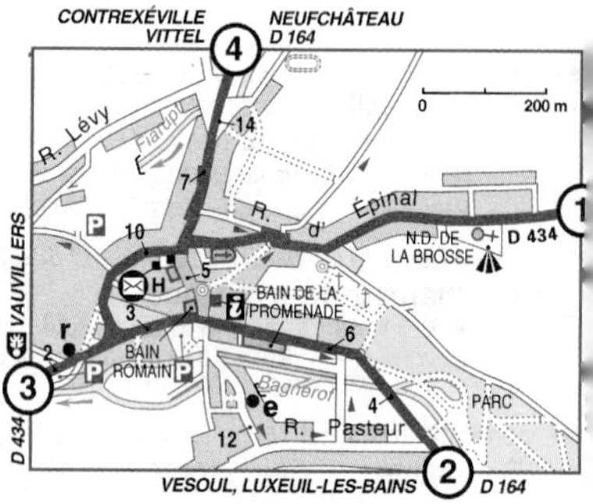

Poste, (e) ☎ 03 29 36 31 01, *Fax 03 29 30 44 22* – GB.
hôtel : 5 avril-24 oct. – **Repas** *(fermé 25 au 31 oct., 18 déc. au 17 janv., le soir du 1er nov. au 4 avril, lundi et sam. hors saison) (67)* - 79/190 ♀, enf. 67 – 31 – **14 ch** 170/250 – ½ P 223/235.

Promenade, (r) ☎ 03 29 36 30 06, *Fax 03 29 30 44 28* – P. GB.
15 mars-31 oct. – **Repas** *(55)* - 75/215 ♀ – 30 – **26 ch** 170/240 – ½ P 245/325.

CITROEN Gar. Lachambre, La Rappe, rte d'Épinal par ① ☎ 03 29 36 34 82

BAIX *07210 Ardèche* 77 ⑪ *– 748 h alt. 80.*
Paris 590 – Valence 32 – Crest 29 – Montélimar 22 – Privas 17.

Cardinale et sa Résidence, 04 75 85 80 40, *Fax 04 75 85 82 07*, « Ancienne demeure seigneuriale » – ch, TV P. AE GB JCB
5 mars-25 nov. – **Repas** *(fermé lundi sauf du 15 mai au 15 sept.)* 195/395 – 100 – **5 ch** 900/1900 – ½ P 790/1315.

Résidence sans rest, à 3 km, parc, – TV P. AE GB JCB
15 mai-31 oct. – 100 – **10 ch** 900/1850.

Aub. des Quatre Vents, rte Chomérac, Nord-Ouest : 2 km 04 75 85 84 49, *Fax 04 75 85 84 49*, – TV. GB
fermé 1er au 15 juil. (sauf hôtel) et 1er au 15 fév. – **Repas** 80/170 – 35 – **16 ch** 250.

BALARUC-LES-BAINS *34540 Hérault* 83 ⑯ *G. Gorges du Tarn – 5 013 h alt. 3 – Stat. therm. (23 fév.-23 nov.).*
Office de Tourisme Pavillon Sévigné 04 67 46 81 46, Fax 04 67 48 40 40 et 37 av. du Port 04 67 48 50 07, Fax 04 67 43 47 52.
Paris 782 – Montpellier 30 – Agde 30 – Béziers 50 – Frontignan 8 – Lodève 55 – Sète 8.

Mercure M, av. Hespérides 04 67 51 79 79, *Fax 04 67 48 02 87*, – TV P – 55. AE GB
Repas 85/140, enf. 49 – 65 – **86 ch** 400/530 – ½ P 540/560.

Ibis, quartier Pech Meja 04 67 80 28 00, *Fax 04 67 48 55 52*, centre de balnéothérapie, – TV P – 60. AE GB
Repas *(75)* - 95, enf. 39 – 39 – **57 ch** 325/380 – ½ P 295/325.

Martinez, 2 r. M. Clavel 04 67 48 50 22, *Fax 04 67 43 18 13*, – TV P. GB.
Repas *(fermé 2 janv. au 2 mars)* 100/250 – 45 – **25 ch** 220/450 – ½ P 250/300.

St Clair, quai Port 04 67 48 48 91, *Fax 04 67 18 86 96*, – GB
fermé 15 déc. au 20 janv. – **Repas** 95 (déj.), 165/245 et carte 230 à 320.

à Balaruc-le-Vieux *Nord : 3 km par D 129 – 1 065 h. alt. 12 – ✉ 34540 :*

Campanile, Zone de la Barrière 04 67 48 53 00, *Fax 04 67 48 30 82* – , rest, TV P – 25. AE GB
Repas *(66)* - 84 bc/107 bc, enf. 39 – 34 – **49 ch** 278 – P 341/387.

Marotel, centre commercial 04 67 48 61 01, *Fax 04 67 43 14 89* – rest, TV P – 25. GB
Repas *(fermé dim.)* 79/220, enf. 40 – 35 – **44 ch** 210/250 – ½ P 235/300.

BALDENHEIM *67 B.-Rhin* 62 ⑲ *– rattaché à Sélestat.*

BALDERSHEIM *68 H.-Rhin* 66 ⑩ *– rattaché à Mulhouse.*

BÂLE *Suisse* 66 ⑩, 216 ④.
Ressources hôtelières : *voir Guide Rouge Michelin* ***Suisse/Schweiz/Svizzera***

BALLEROY *14490 Calvados* 54 ⑭ *G. Normandie Cotentin – 613 h alt. 70.*
Voir Château★.
Syndicat d'Initiative (juin-sept.) pl. de l'Hôtel de Ville 02 31 77 60 32.
Paris 276 – St-Lô 24 – Bayeux 15 – Caen 44 – Vire 45.

Manoir de la Drôme (Leclerc), 02 31 21 60 94, *Fax 02 31 21 88 67*, – P. AE GB.
fermé 1er au 7 sept., vacances de fév., dim. soir et lundi – **Repas** 160/220 et carte 350 à 410
Spéc. Saveurs terre et mer. Tournedos à l'huître. Croustillant praliné, sauce craquelin.

CITROEN Gar. du Bessin, 02 31 21 60 11 N 02 31 21 69 59

Participez à notre effort permanent de mise à jour
Adressez-nous vos remarques et vos suggestions.
Cartes et guides Michelin
46 avenue de Breteuil - 75324 Paris Cedex 07

BALMA *31 H.-Gar.* 82 ⑧ – *rattaché à Toulouse.*

La BALME-DE-SILLINGY *74330 H.-Savoie* 74 ⑥ – *3 075 h alt. 480.*

Paris 526 – Annecy 12 – Bellegarde-sur-Valserine 30 – Belley 60 – Frangy 14 – Genève 41.

Les Rochers, N 508 ✆ 04 50 68 70 07, *Fax 04 50 68 82 74,* – TV ☎ P – 40. GB
fermé 1er au 11 nov., janv., dim. soir et lundi d'oct. à mai – **Repas** 88/260 , enf. 52 – ☐ 35 – **26 ch** 250/280 – ½ P 220/280.

Annexe La Chrissandière sans rest, à 400 m., « Parc, » – TV ☎ P. AE GB
☐ 35 – **10 ch** 320/340.

BALOT *21330 C.-d'Or* 65 ⑧ – *93 h alt. 272.*

Paris 235 – Auxerre 75 – Chaumont 74 – Dijon 82 – Montbard 28 – Troyes 72.

Aub. de la Baume, ✆ 03 80 81 40 15, *Fax 03 80 81 62 87* – TV ☎. GB
fermé 19 déc. au 4 janv. – **Repas** *(fermé vend. soir hors saison)* 65/160 , enf. 60 – ☐ 35 – **10 ch** 190/250 – ½ P 230.

BAN-DE-LAVELINE *88520 Vosges* 62 ⑱ – *1 240 h alt. 427.*

Paris 404 – Colmar 59 – Épinal 62 – St-Dié 13 – Ste Marie-aux-Mines 14 – Sélestat 39.

Aub. Lorraine M avec ch, ✆ 03 29 51 78 17, *Fax 03 29 51 71 72,* – TV ☎ P. GB
fermé 5 au 21 oct., dim. soir et lundi sauf du 14 juil. à fin août – **Repas** 70 (déj.), 95/195 ♀, enf. 62 – ☐ 36 – **7 ch** 180/275 – ½ P 215/290.

BANDOL *83150 Var* 84 ⑭, 114 ㊹ *G. Côte d'Azur – 7 431 h alt. 1 – Casino* **Y**.

Voir *Allées Jean-Moulin*★ **Z**.

Accès *dans l'Ile de Bendor par vedette 7 mn* ✆ *04 94 29 44 34 (Bandol).*

Office de Tourisme allées Vivien ✆ *04 94 29 41 35, Fax 04 94 32 50 39.*

Paris 822 ② – Marseille 51 ② – Toulon 17 ② – Aix-en-Provence 70 ②.

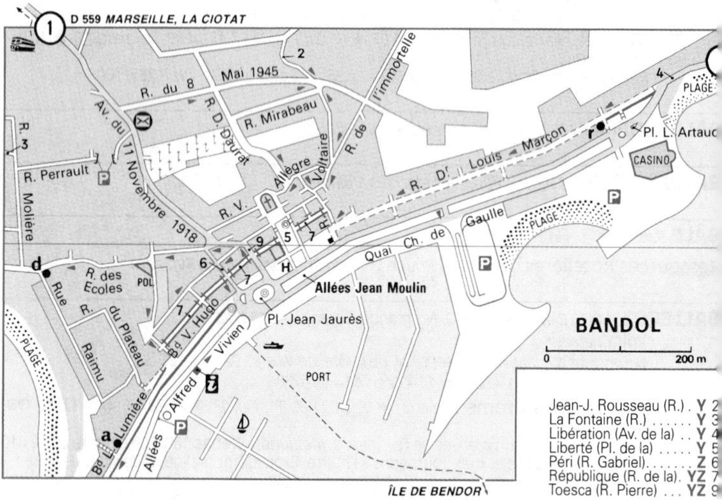

L'Ile Rousse, bd L. Lumière ✆ 04 94 29 33 00, *Fax 04 94 29 49 49,* ←, , , – |‡|, ch, TV ☎ – 40. AE ① GB JCB **Z a**
Les Oliviers : **Repas** 120/245 ♀, enf. 75 – ***La Goëlette*** *(15 mars-30 sept.)* **Repas** carte 150 à 270 ♀, enf. 55 – ***Petit Navire*** *(15 mars-30 sept.)* **Repas** carte 160 à 250 ♀, enf. 55 – ☐ 70 – **54 ch** 810/1345 – ½ P 425/922.

Provençal, r. Écoles ✆ 04 94 29 52 11, *Fax 04 94 29 67 57,* – TV ☎. AE GB. ch
hôtel : fermé 15 nov. au 20 déc. et dim. de déc. à Pâques – **Repas** *(Pâques-30 sept.)* 100/160 – ☐ 40 – **20 ch** 320/390 – ½ P 360. **Z d**

Golf H., sur plage Rénecros par bd L. Lumière - **Z** - ✆ 04 94 29 45 83, *Fax 04 94 32 42 47*, ≤, terrasse, plage – ▤ ch, TV ☎ P. GB. ✗
hôtel : 4 avril-fin oct. ; rest : 11 avril-30 sept. – **Repas** (uniquement en terrasse) 95 (déj.)/145 ♀, enf. 45 – ☕ 40 – **24 ch** 380/650 – ½ P 330/455.

de la Baie sans rest, 62 r. Dr L. Marçon ✆ 04 94 29 40 82, *Fax 04 94 29 95 24* – ▤ TV ☎. GB **Y r**
☕ 35 – **14 ch** 320/380.

Les Galets, par ② : *0,5 km* ✆ 04 94 29 43 46, *Fax 04 94 32 44 36*, ≤, terrasse – ☎ P. GB. ✗
hôtel : 1er mars-6 nov. ; rest. : 1er mai-27 sept. – **Repas** 140/198 – ☕ 34 – **21 ch** 180/275 – ½ P 256/313.

Bel Ombra ⚲, r. La Fontaine - **Y** - ✆ 04 94 29 40 90, *Fax 04 94 25 01 11* – TV ☎. GB. ✗
hôtel : 1er avril-15 oct. ; rest. : 20 juin-22 sept. – **Repas** (dîner seul.) 105 – ☕ 39 – **20 ch** 240/350.

XX **Réserve** avec ch, rte de Sanary par ② ✆ 04 94 29 30 00, *Fax 04 94 29 30 13*, ≤, terrasse – ▤ ch, TV ☎ P. AE ⓓ GB
fermé 10 nov. au 10 déc., dim. soir et lundi d'oct. à Pâques – **Repas** 130/390 ♀ – ☕ 42 – **13 ch** 335/610 – ½ P 400/580.

Île de Bendor *en bateau* – ✉ *83150 Bandol :*

Delos ⚲, ✆ 04 94 32 22 23, *Fax 04 94 32 41 44*, ≤ port et mer, terrasse, « Beau mobilier ancien », piscine, ✗ – TV ☎ – 🏛 100. AE ⓓ GB
avril-déc. – **Repas** 140/195, enf. 80 – ☕ 80 – **55 ch** 560/1000 – ½ P 470/660.

par ② *et rte de Sanary : 1,5 km* – ✉ *83110 Sanary-sur-Mer :*

XX **Castel** ⚲ avec ch, ✆ 04 94 29 82 98, *Fax 04 94 32 53 32*, terrasse – TV ☎ P. AE ⓓ GB
fermé 15 au 30 nov., 15 au 30 janv. et dim. soir du 15 nov. au 31 mars – **Repas** (prévenir) 145/250 – ☕ 35 – **9 ch** 250/365 – ½ P 320/345.

How do you find your way around the Paris suburbs?
Use the ***Michelin map*** *no* **101**,
and the five **street maps** *nos* **17-18**, **19-20**, **21-22**, **23-24**, **25** *:*
clear, precise, up to date.

BANGOR *56 Morbihan* **63** ⑪ – *voir à Belle-Ile-en-Mer.*

BANNALEC *29380 Finistère* **58** ⑯ – *4 840 h alt. 98.*
Paris 535 – Quimper 33 – Carhaix-Plouguer 50 – Châteaulin 57 – Concarneau 24 – Pontivy 69.

rte de St-Thurien *Nord-Est : 4,5 km par D 23 et rte secondaire* – ✉ *29380 Bannalec :*

Manoir du Ménec ⚲, ✆ 02 98 39 47 47, *Fax 02 98 39 46 17*, parc, Lø, piscine – TV ☎ P – 🏛 30. GB. ✗
fermé 15 nov. au 15 déc. – **Repas** 100/150 ♀, enf. 50 – ☕ 35 – **16 ch** 315/430 – ½ P 315.

BANNEGON *18210 Cher* **69** ② – *260 h alt. 180.*
Paris 286 – Bourges 42 – Moulins 70 – St-Amand-Montrond 22 – Sancoins 19.

XXX **Moulin de Chaméron** ⚲ avec ch, Sud-Est : 3 km par D 76 et rte secondaire ✆ 02 48 61 83 80, *Fax 02 48 61 84 92*, terrasse, « Moulin du 18e siècle et musée de la meunerie », piscine, jardin – TV ☎ ✆ P. AE GB
1er mars-15 nov. et fermé mardi hors saison – **Repas** 130/195 et carte 200 à 270, enf. 60 – ☕ 51 – **13 ch** 435/515.

BANYULS-SUR-MER *66650 Pyr.-Or.* **86** ⑳ *G. Pyrénées Roussillon – 4 662 h alt. 1.*
Voir ☀** *du cap Rédéris E : 2 km.*
ℹ *Office de Tourisme av. République* ✆ *04 68 88 31 58, Fax 04 68 88 36 84.*
Paris 896 – Perpignan 38 – Cerbère 10 – Port-Vendres 8.

Catalan, rte Cerbère ✆ 04 68 88 02 80, *Fax 04 68 88 16 14*, ≤ Banyuls et la côte, piscine – ascenseur, ▤ ch, TV ☎ P. AE ⓓ GB
15 mars-1er nov. et 20 déc.-4 janv. – **Repas** 105/290, enf. 60 – ☕ 50 – **35 ch** 420/470 – ½ P 460/500.

Les Elmes, plage des Elmes ✆ 04 68 88 03 12, *Fax 04 68 88 53 03*, ≤ – ▤ TV ☎ ✆ P – 🏛 30. AE ⓓ GB
Littorine *(fermé 3 au 20 déc. et 3 au 20 janv.)* **Repas** (75) - 100/260 ♀, enf. 65 – ☕ 40 – **31 ch** 550 – ½ P 300/440.

Solhotel M sans rest, Cap d'Osne ✆ 04 68 98 34 34, *Fax 04 68 88 55 45*, < mer – GB
30 – **23 ch** 370/400.

Villa Miramar sans rest, r. Lacaze Duthiers ✆ 04 68 88 33 85, *Fax 04 68 66 90 08*, – P. GB
30 mars-15 oct. – 25 – **15 ch** 240/335.

Eden M sans rest, av. E. Chatton ✆ 04 68 88 33 07, < – P. GB.
1er avril-15 oct. – 32 – **10 ch** 320.

Pergola avec ch, av. Fontaulé ✆ 04 68 88 02 10, *Fax 04 68 88 55 45* – GB
fermé 1er déc. au 10 fév. – **Repas** 80/200, enf. 45 – 30 – **17 ch** 280/330 – ½ P 245/265.

Al Fanal et H. El Llagut avec ch, av. Fontaulé ✆ 04 68 88 00 81, *Fax 04 68 88 13 37*, – ch, AE GB. rest
fermé janv., mardi soir et merc. sauf vacances scolaires – **Repas** 90/320 ♀, enf. 50 – 40 – **13 ch** 260/380 – ½ P 255/295.

BAPAUME *62450 P.-de-C.* 53 ⑫ – *3 509 h alt. 123.*
Paris 155 – Amiens 51 – St-Quentin 50 – Arras 27 – Cambrai 29 – Douai 43 – Doullens 44.

Paix M avec ch, av. A. Guidet ✆ 03 21 07 11 03, *Fax 03 21 07 43 66* – P. AE GB
fermé dim. soir et soirs de fêtes – **Repas** 78/230 ♀, enf. 60 – 35 – **12 ch** 270/320 – ½ P 250.

BAPEAUME-LÈS-ROUEN *76 S.-Mar.* 52 ⑭ – *rattaché à Rouen.*

La BARAQUE *63 P.-de-D.* 73 ⑭ – *rattaché à Clermont-Ferrand.*

BARAQUEVILLE *12160 Aveyron* 80 ② – *2 458 h alt. 792.*
Paris 649 – Rodez 20 – Albi 60 – Millau 74 – Villefranche-de-Rouergue 42.

Segala Plein Ciel, rte Albi ✆ 05 65 69 03 45, *Fax 05 65 70 14 54*, <, parc, – rest, P – 120. GB
fermé vend. soir et dim. soir de sept. à fin juin – **Repas** 100/250 – 35 – **45 ch** 230/400 – ½ P 295/318.

PEUGEOT Gar. Sacrispeyre, ✆ 05 65 69 00 43 N ✆ 05 65 69 00 43

La BARBATRE *85 Vendée* 67 ① – *voir à Noirmoutier (Ile de).*

BARBAZAN *31510 H.-Gar.* 86 ① – *351 h alt. 464 – Stat. therm. (mai-oct.).*
Paris 797 – Bagnères-de-Luchon 31 – Lannemezan 26 – St-Gaudens 14 – Tarbes 59 – Toulouse 105.

Host. de l'Aristou avec ch, rte Sauveterre ✆ 05 61 88 30 67, *Fax 05 61 95 55 66*, <, – P. AE GB.
fermé 20 déc. au 10 fév., dim. soir et lundi du 13 sept. au 1er mai – **Repas** 110/270 – 40 – **7 ch** 240/330 – ½ P 295.

au Hameau de Burs *Nord-Ouest : 3 km par D 33 et rte secondaire* – ✉ *31610 Barbazan :*

Bella-Vista , ✆ 05 61 89 33 35, *Fax 05 61 88 38 95*, < Pyrénées, – P – 30. GB. rest
Repas 90/140, enf. 40 – 30 – **20 ch** 250/280 – ½ P 220.

La BARBEN *13 B.-du-R.* 84 ② – *rattaché à Salon-de-Provence.*

BARBENTANE *13570 B.-du-R.* 83 ⑩ *G. Provence* – *3 273 h alt. 40.*
Voir *Décoration intérieure*★ *du château – Abbaye St-Michel-de-Frigolet : boiseries*★ *de la chapelle N.-D.-du-Bon-Remède S : 5 km.*
Syndicat d'Initiative à la Mairie ✆ *04 90 95 50 39, Fax 04 90 95 50 18.*
Paris 693 – Avignon 10 – Arles 33 – Marseille 103 – Nîmes 38 – Tarascon 15.

Castel Mouisson sans rest, quartier Castel-Mouisson, par rte Rognonas : 1,5 km ✆ 04 90 95 51 17, *Fax 04 90 95 67 63*, – P.
15 mars-15 oct. – 40 – **17 ch** 310/400.

ARBEREY-ST-SULPICE *10 Aube* 61 ⑯ *– rattaché à Troyes.*

ARBEZIEUX *16 Charente* 72 ⑫ *G. Poitou Vendée Charentes – 4 774 h alt. 100 – ✉ 16300 Barbezieux-St-Hilaire.*

Office de Tourisme 23 r. Victor Hugo ✆ 05 45 78 02 54.

Paris 480 – Angoulême 34 – Bordeaux 85 – Cognac 36 – Jonzac 24 – Libourne 69.

Boule d'Or Ⓜ, 9 bd Gambetta ✆ 05 45 78 64 13, *Fax 05 45 78 63 83*, , – , AE GB
fermé 20 déc. au 2 janv. – **Repas** 75/220 – ☐ 30 – **20 ch** 240/290 – ½ P 240.

Bon Repos, rte Angoulême : 1,5 km ✆ 05 45 78 01 92, *Fax 05 45 78 89 81* – rest, P. AE GB. rest
Repas *(fermé dim. soir du 15 oct. au 1er avril et sam. midi)* 75/150 – ☐ 30 – **16 ch** 230/270 – ½ P 250.

Bois-Vert *au Sud : 12 km sur N 10 – ✉ 16360 Baignes-Ste-Radegonde :*

Venta, ✆ 05 45 78 40 95, *Fax 05 45 78 63 42*, parc, – P. GB
fermé 1er au 19 janv., vend. soir et sam. midi de nov. à mars – **Repas** (55) - 75/140, enf. 40 – ☐ 32 – **23 ch** 150/225 – ½ P 192/218.

RENAULT Gar. Cholet, av. Vergnes ✆ 05 45 78 11 66 N ✆ 05 45 24 76 27

Charente Pneus, Les Combes ✆ 05 45 78 03 58
Vulco, à Montguyon ✆ 05 46 04 18 23

BARBIZON *77630 S.-et-M.* 61 ① ②, 106 ㊺ *G. Ile de France – 1 407 h alt. 80.*

Voir *Auberge du Père Ganne★ – Gorges d'Apremont★ : Grand Belvédère★ E : 4 km puis 15 mn.*

Cély Golf Club ✆ 01 64 38 03 07 à Cély, O : 9 km par D64-D11.

Office de Tourisme 55 Grande Rue ✆ 01 60 66 41 87, Fax 01 60 66 42 46.

Paris 56 – Fontainebleau 10 – Étampes 40 – Melun 12 – Pithiviers 48.

Bas-Bréau , ✆ 01 60 66 40 05, *Fax 01 60 69 22 89*, , parc, « Jardin fleuri », , – ch, P. AE GB
Repas 400 et carte 510 à 750 – ☐ 100 – **12 ch** 900/1500, 8 appart.

L'Angélus, ✆ 01 60 66 40 30, *Fax 01 60 66 42 12*, – P. AE GB
Repas 175/230 et carte 220 à 330.

Relais de Barbizon, ✆ 01 60 66 40 28, – GB
fermé 17 au 28 août, mardi soir et merc. – **Repas** 105/200.

ur la N 7 *à l'orée de la forêt, Est : 1,5 km – ✉ 77630 Barbizon :*

Grand Veneur, ✆ 01 60 66 40 44, *Fax 01 64 14 91 20*, , « Décor de pavillon de chasse, cuisine à la broche », – P. AE GB
fermé 24 juil. au 13 août, 4 au 10 janv., merc. soir et jeudi sauf fériés – **Repas** 260 et carte 380 à 570.

BARBOTAN-LES-THERMES *32 Gers* 79 ⑫ *G. Pyrénées Aquitaine – alt. 136 – Stat. therm. (fin fév./ fin nov.) – ✉ 32150 Cazaubon.*

Office de Tourisme pl. Armagnac ✆ 05 62 69 52 13, Fax 05 62 69 57 71.

Paris 712 – Mont-de-Marsan 42 – Aire-sur-l'Adour 35 – Auch 74 – Condom 38 – Marmande 72 – Nérac 46.

Bastide Gasconne , ✆ 05 62 08 31 00, *Fax 05 62 08 31 49*, , , – P – 30. AE GB
30 mars-3 nov. – **Repas** *(fermé merc. sauf juil.-août)* 165 – ☐ 68 – **20 ch** 380/690 – ½ P 523/743.

Paix, ✆ 05 62 69 52 06, *Fax 05 62 09 55 73*, , – P. GB. rest
19 mars-11 nov. – **Repas** 85 (dîner), 95/105, enf. 40 – ☐ 35 – **32 ch** 260/360 – ½ P 245/295.

Cante Grit, ✆ 05 62 69 52 12, *Fax 05 62 69 53 98* – P. AE GB. rest
15 avril-30 oct. – **Repas** (65) - 85 – ☐ 35 – **21 ch** 180/300 – ½ P 205/260.

Beauséjour, ✆ 05 62 08 30 30, *Fax 05 62 09 50 78*, , – P. GB
mars-nov. – **Repas** 100/200, enf. 60 – ☐ 45 – **30 ch** 150/380 – ½ P 200/280.

Aubergade, ✆ 05 62 69 55 43, *Fax 05 62 69 52 09* – TV ☎. AE ⓓ GB
mars-nov. – **Repas** 95/150, enf. 40 – ☕ 35 – **19 ch** 270/400 – P 300.

Roseraie, ✆ 05 62 69 53 26, *Fax 05 62 69 58 75*, – ☎ P. GB. ✂ rest
29 mars-31 oct. – **Repas** *(65)* - 72 bc/200 bc, enf. 35 – ☕ 32 – **30 ch** 160/260 – ½ P 198/23

RENAULT Gar. Sauvage, à Cazaubon ✆ 05 62 09 50 19 N ✆ 06 07 43 72 38

BARCAGGIO *2B H.-Corse* **90** ① – *voir à Corse.*

BARCELONNETTE (SP) *04400 Alpes-de-H.-P.* **81** ⑧ *G. Alpes du Sud* – *2 976 h alt. 1135* – *Spor d'hiver : Le Sauze/Super Sauze 1 400/2440 m 24 et Pra-Loup 1 500/2 500 m 6 4*
Voir *Portail Sud★ de l'église de St-Pons NO : 2 km.*
Office de Tourisme pl. F.-Mistral ✆ 04 92 81 04 71, Fax 04 92 81 22 67.
Paris 738 – *Gap 69* – *Briançon 89* – *Cannes 164* – *Cuneo 97* – *Digne-les-Bains 84* – *Nice 14.*

Azteca sans rest, 3 r. F. Arnaud ✆ 04 92 81 46 36, *Fax 04 92 81 43 92*, « Mobilier objets de l'artisanat mexicain » – TV ☎ ♿ P – 70. AE ⓓ GB
☕ 50 – **27 ch** 360/500.

Mangeoire Gourmande, pl. 4-Vents (près Église) ✆ 04 92 81 01 6 *Fax 04 92 81 56 13*, « Salle voûtée » – GB
fermé 15 nov. au 26 déc., dim. soir et lundi sauf 10 juil. au 15 sept. et vacances de fév.
Repas 98 (déj.), 155/300, enf. 60.

au Sauze *Sud-Est : 4 km par D 900 et D 209* – *Sports d'hiver : 1 400/2 440 m 24* – ✉ *044(Barcelonnette :*
Office de Tourisme ✆ 04 92 81 05 61, Fax 04 92 81 21 60.

Alp'H. , ✆ 04 92 81 05 04, *Fax 04 92 81 45 84*, ←, , (été), , – cuisinette ☎ P – 30. AE GB
25 mai-10 oct. et 20 déc.-10 avril – **Repas** *(fermé mardi du 25 mai au 30 juin, 1er sept. au oct., et 5 mars au 10 avril)* 125/135, enf. 62 – ☕ 50 – **24 ch** 420/470, 4 appart – ½ P 360/42

L'Équipe, ✆ 04 92 81 05 12, *Fax 04 92 81 45 33*, ←, – ☎ P. GB. ✂ rest
20 juin-14 sept. et 19 déc.-15 avril – **Repas** 90/120, enf. 50 – ☕ 40 – **24 ch** 260/300 ½ P 290/310.

à Sauze *Sud : 10 km par D 900 et D 209* – *Sports d'hiver : voir au Sauze* – ✉ *04400 Barcelonnette :*

Pyjama sans rest, ✆ 04 92 81 12 00, *Fax 04 92 81 03 16*, ← – cuisinette TV ☎ ♿ P. ⓓ GB
25 juin-10 sept. et 15 déc.-30 avril – ☕ 45 – **10 ch** 440, 4 studios.

à Pra-Loup *Sud-Ouest : 8,5 km par D 902, D 908 et D 109* – *Sports d'hiver : 1 600/2 500 m 6 47* ✉ *04400 Barcelonnette :*
Office de Tourisme ✆ 04 92 84 10 04, Fax 04 92 84 02 93.

Prieuré de Molanès, à Molanès ✆ 04 92 84 11 43, *Fax 04 92 84 01 88*, , (été), – TV ☎ P. GB JCB
7 juin-15 sept. et 1er déc.-31 avril – **Repas** 59 (déj.), 98/135, enf. 45 – ☕ 42 – **15 ch** 280/48 – ½ P 375.

Tisane, Pra-Loup 1600 - Chenonceau 1 ✆ 04 92 84 10 55, *Fax 04 92 84 10 55* – GB
fin juin.-début sept. et début déc.-fin avril – **Repas** *(60)* - 85/245, enf. 55.

CITROEN Gar. de l'Ubaye, ZI du Chazelas ✆ 04 92 81 02 45 N ✆ 04 92 81 02 45

PEUGEOT Gar. de la Gravette, ZI de St-Pons ✆ 04 92 81 01 66

BARCUS *64130 Pyr.-Atl.* **85** ⑤ – *788 h alt. 230.*
Paris 814 – *Pau 52* – *Mauléon-Licharre 14* – *Oloron-Ste-Marie 18* – *St-Jean-Pied-de-Port 55*

Chilo avec ch, ✆ 05 59 28 90 79, *Fax 05 59 28 93 10*, , « Jardin », – TV ☎ ♿ P AE ⓓ GB. ✂ ch
fermé 23 au 29 mars, 2 au 27 janv., dim. soir et lundi d'oct. au 15 juin – **Repas** 90/170 e carte 240 à 370, enf. 50 – ☕ 45 – **12 ch** 260/450 – ½ P 660/910.

BAREMBACH *67 B.-Rhin* **62** ⑧ – *rattaché à Schirmeck.*

ARENTIN *76360 S.-Mar.* 55 ⑥ *G. Normandie Vallée de la Seine – 12 721 h alt. 72.*
Paris 148 – Rouen 17 – Dieppe 51 – Duclair 10 – Yerville 15 – Yvetot 19.

Aub. Gd Saint-Pierre, 19 av. V. Hugo ✆ 02 35 91 03 37 – P. GB
fermé 3 au 24 août, vacances de fév., dim. soir et lundi – **Repas** 90/170.

AUDI, VOLKSWAGEN Gar. Barbier, 32 av. V.-Hugo ✆ 02 35 91 22 64

PEUGEOT Bossart Automobiles, av. A. Briand, carr. La Liberté ✆ 02 35 92 80 00 N ✆ 02 35 92 80 50

BARFLEUR *50760 Manche* 54 ③ *G. Normandie Cotentin – 599 h alt. 5.*
*Voir Phare de la Pointe de Barfleur : ※** N : 4 km.*
Office de Tourisme 2 Rd-Pt. G. le Conquérant ✆ 02 33 54 02 48, Fax 02 33 68 13 29.
Paris 354 – Cherbourg 29 – Carentan 49 – St-Lô 77 – Valognes 25.

Conquérant sans rest, ✆ 02 33 54 00 82, *Fax 02 33 54 65 25,* « Jardin à la française » – TV ☎ P. GB.
15 fév.-15 nov. – ☕ 50 – **13 ch** 200/360.

Moderne avec ch, ✆ 02 33 23 12 44, *Fax 02 33 23 91 58* – GB
fermé 12 janv. au 20 mars, merc. du 15 sept. au 15 janv. et mardi du 15 sept. au 30 juin – **Repas** 85/245 ♀, enf. 75 – ☕ 28 – **7 ch** 150/230 – ½ P 240/270.

CITROEN Gar. Pesnelle, à Anneville-en-Saire ✆ 02 33 54 00 77 N ✆ 02 33 54 00 77

BARGEMON *83830 Var* 84 ⑦, 114 ㉓ *G. Côte d'Azur – 1 069 h alt. 550.*
Paris 880 – Castellane 45 – Comps-sur-Artuby 19 – Draguignan 22 – Grasse 44.

Chez Pierrot, ✆ 04 94 76 62 19, – GB
fermé 15 fév. au 15 mars et lundi sauf juil.-août – **Repas** (nombre de couverts limité, prévenir) 90/160, enf. 48.

RENAULT Gar. Metayer, rte de Draguignan ✆ 04 94 47 80 30

BARJAC *48000 Lozère* 80 ⑤ *– 557 h alt. 660.*
Paris 593 – Mende 13 – Millau 83 – Rodez 98 – St-Flour 82.

Midi, ✆ 04 66 47 01 02, *Fax 04 66 47 07 07* – ☎ P. GB
fermé vend. soir et sam. d'oct. à mars – **Repas** 60/100, enf. 40 – ☕ 30 – **20 ch** 180/250 – ½ P 190/250.

BARJAC *30430 Gard* 80 ⑨ *– 1 361 h alt. 171.*
Paris 667 – Alès 34 – Aubenas 48 – Mende 114.

Mas du Terme , Sud-Est : 4 km par D 901 et rte secondaire ✆ 04 66 24 56 31, *Fax 04 66 24 58 54,* – TV ☎ P. GB
1er mars-1er déc. – **Repas** 98 (déj.), 160/280, enf. 65 – ☕ 48 – **30 ch** 396/496 – ½ P 403/453.

Host. de Landes avec ch, Sud-Est : 5 km par D 901 ✆ 04 66 24 56 14, *Fax 04 66 60 22 39,* – P. AE GB
fermé 1er déc. au 7 janv., dim. soir et lundi du 15 oct. au 15 mars – **Repas** 105/230, enf. 75 – ☕ 40 – **4 ch** 265/385 – ½ P 275/330.

BARJOLS *83670 Var* 84 ⑤, 114 ⑲ *G. Côte d'Azur – 2 166 h alt. 300.*
Paris 811 – Aix-en-Provence 59 – Brignoles 21 – Digne-les-Bains 85 – Draguignan 46 – Manosque 51.

Pont d'Or, rte St-Maximin ✆ 04 94 77 05 23, *Fax 04 94 77 09 95* – rest, TV ☎. AE GB
fermé 28 nov. au 12 janv. – **Repas** *(fermé dim. soir du 1er nov. au 5 avril et lundi de mi-sept. à mi-juil.)* 105/200, enf. 50 – ☕ 38 – **16 ch** 160/300 – ½ P 263/293.

BAR-LE-DUC 🅿 *55000 Meuse* 62 ① *G. Alsace Lorraine – 17 545 h alt. 188.*

Voir *Ville haute*★ *: "le Transi" (statue)*★★ *dans l'église St-Étienne* **AZ.**

de Combles-en-Barrois ☎ 03 29 45 16 03, par ③ : 5 km.

Office de Tourisme 5 r. Jeanne d'Arc ☎ 03 29 79 11 13, Fax 03 29 79 21 95 – Automobil Club 22 av. du 94e R.I. ☎ 03 29 79 27 67, Fax 03 29 79 06 29.

Paris 253 ④ – Châlons-en-Champagne 71 ④ – Charleville-Mézières 139 ④ – Épin 152 ② – Metz 96 ① – Nancy 85 ② – Neufchâteau 71 ② – Reims 110 ④ – St-Dizier 25 ③ Verdun 56 ①.

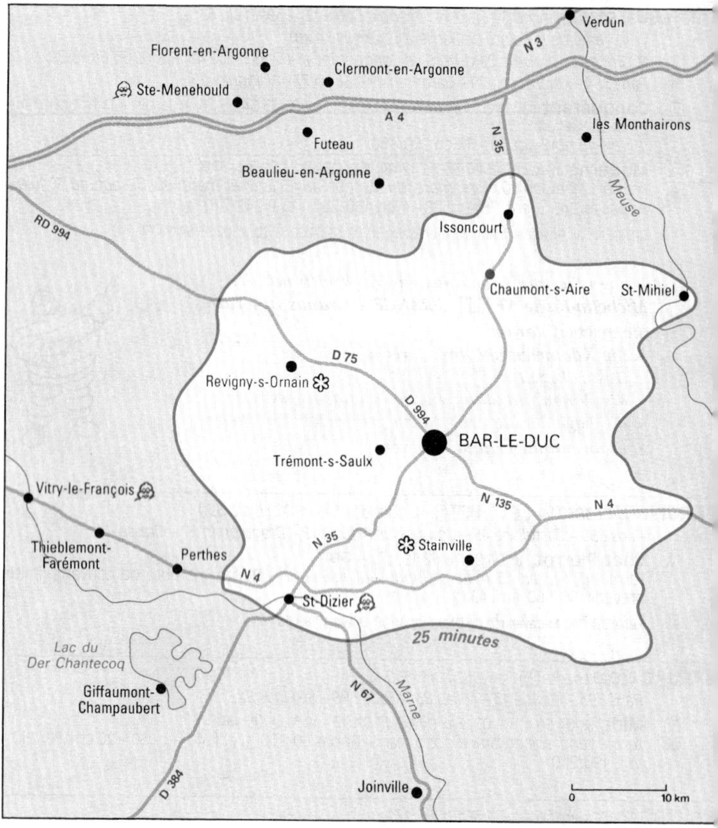

Meuse Gourmande, 1 r. F. de Guise, Ville Haute ☎ 03 29 79 28 40, *Fax 03 29 45 40 71* AZ e

fermé vacances de fév., dim. soir,soirs fériés et merc. – **Repas** 90 (déj.), 155/300 ♀.

à Trémont-sur-Saulx *par ③ et D 3 : 9,5 km – 608 h. alt. 166 – ✉ 55000 :*

Source , *☎ 03 29 75 45 22, Fax 03 29 75 48 55,* – 25. AE GB. rest

fermé 1er au 22 août, 2 au 18 janv., dim. soir et lundi midi – **Repas** 100/320, enf. 65 – 41 – **25 ch** 310/480 – ½ P 335/385.

CITROEN Gd Gar. Lorrain, rte de Reims à Fains-Veel par ④ ☎ 03 29 45 30 22
FORD Goullet Autom., 41 bd R. Poincaré ☎ 03 29 45 36 36
PEUGEOT Meny Automobiles, 83 r. Bradfer par ② ☎ 03 29 79 01 30
RENAULT Gar. Central, Parc Bradfer par ② ☎ 03 29 79 40 66 N ☎ 03 29 76 52 58

Leclerc-Pneus, 31 r. Bradfer ☎ 03 29 79 13 01
Tiffay Pneus, r. du Lt.-Vasseur anc. cas. Oudinot ☎ 03 29 76 10 69

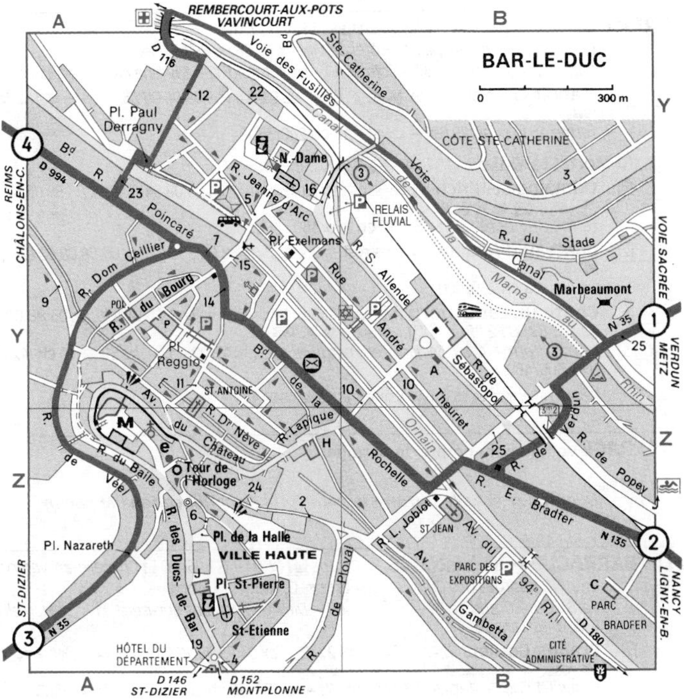

Cygne (R. du) . . . . **AY** 7
Gaulle (R. du Gén.-de) . . . . **BY** 10
J.-J.-Rousseau (R.) . . . . . . **AY** 11
Maginot (R. André) . . . . . . **AY** 14
Reggio (Pl.) . . . . **AY**
Rochelle (Bd de la) . . . **AYBZ**
Aimond (R. Mgr.) . . . . . . **AZ** 2
Alsace (R. d') . . . . **BY** 3
Aulnois (R. d') . . . . **AZ** 4
Bar-la-Ville (R.) . . . . **AY** 5
Chavée (R.) . . . . **AZ** 6
Foulans (R. des) . . . . **AY** 9
Landry-Gillon (R.) . . . . . . **AY** 12
Notre-Dame (R.) . . . . **AY** 15
Pont Triby (R. du) . . . . **ABY** 16
Résistance (R. de la) . . . **AZ** 19
Romains (R. des) . . . . **AY** 22
Saincère (R.) . . . . **AY** 23
St-Jean (R.) . . . . **AZ** 24
St-Mihiel (R. de) . . . . . . **BYZ** 25

Sorgfältig zubereitete, preiswerte Mahlzeiten : Repas 100/130

BARNEVILLE-CARTERET *50270 Manche* 54 ① *G. Normandie Cotentin* (plan) – *2 222 h alt. 47.*

Côte des Isles ✆ 02 33 93 44 85 à St-Jean-de-la-Rivière par D 90.

Office de Tourisme 10 r. des Écoles ✆ 02 33 04 90 58, Fax 02 33 04 90 58.

Paris 349 – Cherbourg 38 – St-Lô 63 – Carentan 43 – Coutances 48.

à Carteret.

Voir *Table d'orientation* ≤★.

Office de Tourisme (Pâques-sept.) pl. des Flandres-Dunkerque ✆ 02 33 04 94 54.

Marine (Cesne), ✆ 02 33 53 83 31, *Fax 02 33 53 39 60*, ≤ – TV ☎ P. AE ① GB
20 fév.-11 nov. – **Repas** *(fermé lundi midi sauf juil.-août, dim. soir et lundi soir en fév., mars et oct.)* 138/400 et carte 350 à 440 – ☕ 50 – **31 ch** 400/620 – ½ P 410/495
Spéc. Huîtres creuses en nage glacée de cornichon. Gros carrelet laqué au miel et au thym (mai à oct.). Poêlée de homard aux cèpes, pistou et persil plat (sept. et oct.).

des Ormes M sans rest, quai Barbey d'Aurevilly ✆ 02 33 52 23 50, *Fax 02 33 52 91 65*, ≤, « Jardin fleuri » – TV ☎ P. AE GB
fermé 7 janv. au 7 fév. – ☕ 52 – **10 ch** 420/550.

PEUGEOT Gar. de la Poste, ✆ 02 33 04 95 22 N ✆ 02 33 04 95 22

RENAULT Gar. Dubost, ✆ 02 33 53 80 14 N ✆ 02 33 04 63 34

BARNEVILLE-LA-BERTRAN *14 Calvados* 55 ③ – *rattaché à Honfleur.*

BARR *67140 B.-Rhin* 62 ⑨ *G. Alsace Lorraine – 4 839 h alt. 200.*

Office de Tourisme pl. de l'Hôtel de Ville ✆ 03 88 08 66 65, Fax 03 88 08 57 57.

Paris 493 – Strasbourg 37 – Colmar 40 – Le Hohwald 12 – Saverne 44 – Sélestat 17.

Manoir sans rest, 11 r. St-Marc ✆ 03 88 08 03 40, *Fax 03 88 08 53 71*, – TV ☎ P. GB

fermé 15 janv. au 28 fév. – ☕ 40 – **18 ch** 240/350.

rte du Mont Ste-Odile *par D 854* – ✉ *67140 Barr :*

Domaine St-Ulrich M sans rest, à 1,5 km ✆ 03 88 08 54 40, *Fax 03 88 08 57 55*, – TV ☎ P. GB

fermé janv. et fév. – ☕ 35 – **18 ch** 250/360, 12 duplex.

Château d'Andlau sans rest, à 2 km ✆ 03 88 08 96 78, *Fax 03 88 08 00 93*, – P. GB.

☕ 40 – **23 ch** 260/400.

Château Landsberg M, à 2,5 km, 133 vallée St-Ulrich ✆ 03 88 08 52 2.. *Fax 03 88 08 52 22*, – TV ☎ P. GB

Repas *(fermé 4 au 31 janv. et mardi)* 85 (déj.), 145/225 ♀ – ☕ 50 – **10 ch** 420/680 ½ P 305/460.

PEUGEOT Gar. Karrer, 15 q. de l'Abattoir ✆ 03 88 08 94 48

BARRAGE voir au nom propre du barrage.

Demandez chez le libraire le catalogue des ***publications Michelin.***

Les BARRAQUES-EN-VERCORS *26 Drôme* 77 ③ ④ – ✉ *26420 La Chapelle-en-Vercors.*

Env. NO : *Gorges des Grands-Goulets****, G. Alpes du Nord.

Paris 599 – Grenoble 57 – Valence 58 – Die 46 – Romans-sur-Isère 41 – St-Marcellin 29 Villard-de-Lans 23.

Grands Goulets, ✆ 04 75 48 22 45, *Fax 04 75 48 10 24*, – ☎ P. GB rest

11 avril-11 oct. – **Repas** 95/180, enf. 50 – ☕ 35 – **30 ch** 200/320 – ½ P 240/300.

Le BARROUX *84330 Vaucluse* 81 ⑬ *G. Provence – 499 h alt. 325.*

Paris 679 – Avignon 37 – Carpentras 11 – Vaison-la-Romaine 15.

Host. François Joseph M sans rest, chemin Rabassières, 2 km rte des Monastère ✆ 04 90 62 52 78, *Fax 04 90 62 33 54*, ←, « Jardin ombragé, » – cuisinette TV ☎ P. GB.

mars-nov. – ☕ 60 – **12 ch** 300/450, 5 appart.

Les Géraniums, ✆ 04 90 62 41 08, *Fax 04 90 62 56 48*, ←, – ☎ P. AE GB

fermé 4 janv. au 1er mars – **Repas** 90/250, enf. 45 – ☕ 38 – **22 ch** 240/270 – ½ P 240/260.

BAR-SUR-AUBE SP *10200 Aube* 61 ⑲ *G. Champagne – 6 707 h alt. 190.*

Office de Tourisme pl. de l'Hôtel de Ville ✆ 03 25 27 24 25, Fax 03 25 27 24 25.

Paris 228 – Chaumont 40 – Châtillon-sur-Seine 60 – Troyes 52 – Vitry-le-François 66.

Toque Baralbine, 18 r. Nationale ✆ 03 25 27 20 34 – GB

fermé 15 janv. au 2 fév., dim. soir sauf juil.-août et lundi – **Repas** *(69)* - 99/280 ♀, enf. 45.

à Arsonval *Nord-Ouest : 6 km sur N 19 – 365 h. alt. 159* – ✉ *10200 :*

Chaumière avec ch, ✆ 03 25 27 91 02, *Fax 03 25 27 90 26*, « Jardin fleuri » – P. GB. ch

fermé 8 fév. au 8 mars, dim. soir et lundi midi hors saison – **Repas** 100/280 ♀, enf. 60 – ☕ 35 – **11 ch** 250/320 – ½ P 260/320.

à Dolancourt *Nord-Ouest : 9 km par rte Troyes – 169 h. alt. 112* – ✉ *10200 :*

Moulin du Landion, ✆ 03 25 27 92 17, *Fax 03 25 27 94 44*, « Parc », – TV ☎ P – 25. AE GB. rest

fermé 1er déc. au 15 fév. – **Repas** 99/325 ♀ – ☕ 44 – **16 ch** 350/440 – ½ P 385/415.

CITROEN Gar. Privé, 11 av. Gén.-Leclerc ✆ 03 25 27 01 23 N ✆ 03 25 27 13 45
FORD Gar. Blavot, à Brienne-le-Château ✆ 03 25 92 80 39 N ✆ 03 25 92 64 85
PEUGEOT Gar. Prugnot, à Brienne-le-Château ✆ 03 25 92 83 57
RENAULT Gar. Millon, à Brienne-le-Château ✆ 03 25 92 80 59
RENAULT Gar. Consigny, à Brienne-le-Château ✆ 03 25 92 80 48

AR-SUR-SEINE *10110 Aube* 61 ⑰ ⑱ *G. Champagne – 3 630 h alt. 157.*

Voir *Intérieur★ de l'église St-Étienne.*

Office de Tourisme 33 rue Gambetta ✆ 03 25 29 94 43, Fax 03 25 29 94 43.

Paris 197 – Troyes 32 – Bar-sur-Aube 39 – Châtillon-sur-Seine 35 – St-Florentin 57 – Tonnerre 48.

XXX **Parc de Villeneuve** (Caironi), 1 km par rte de Dijon ✆ 03 25 29 16 80, *Fax 03 25 29 16 79*, parc – P. AE ⓓ GB
fermé 2 au 20 nov., vacances de fév., dim. soir, lundi soir et merc. – **Repas** 185/335 et carte 340 à 450
Spéc. Risotto à l'encre de seiches et supions. Selle de veau rôtie en cocotte à l'ail et cébettes. Dacquoise aux amandes, sauce arabica.

X **Commerce** avec ch, r. République ✆ 03 25 29 86 36, *Fax 03 25 29 64 87* – rest, TV ☎ ✆. GB. ✻ ch
fermé dim. soir sauf juil.-août – **Repas** (50) - 65/200 ♀, enf. 50 – ☐ 27 – **10 ch** 185/195 – ½ P 170.

rès échangeur *autoroute A5, Nord-Ouest : 9 km par D 443 – ✉ 10110 Magnant :*

Val Moret, ✆ 03 25 29 85 12, *Fax 03 25 29 70 81*, – TV ☎ ✆ ♿ P – 🏔 30. AE GB
Repas 79/300 ♀, enf. 36 – ☐ 35 – **30 ch** 200/295.

PEUGEOT Gar. Lamoureux Panot, ✆ 03 25 29 87 08
RENAULT Jollois, ✆ 03 25 29 87 45 N ✆ 03 25 29 87 45
Pneumatik'Seine, ✆ 03 25 29 86 12

ARTENHEIM *68870 H.-Rhin* 66 ⑩ *– 2 483 h alt. 260.*

Paris 490 – Mulhouse 18 – Altkirch 22 – Basel 15 – Belfort 67 – Colmar 55.

X **Aub. d'Alsace,** à la Gare, Est : 1 km ✆ 03 89 68 31 26, *Fax 03 89 70 74 78*, – P. GB
fermé 29 juin au 18 juil., merc. soir et jeudi – **Repas** 90/250 ♀.

AS-RUPTS *88 Vosges* 62 ⑰ *– rattaché à Gérardmer.*

ASSAC *16 Charente* 72 ⑫ *– rattaché à Jarnac.*

ASTELICA *2A Corse-du-Sud* 90 ⑥ *– voir à Corse.*

ASTELICACCIA *2A Corse-du-Sud* 90 ⑰ *– voir à Corse (Ajaccio).*

ASTIA *2B H.-Corse* 90 ③ *– voir à Corse.*

La BASTIDE *83840 Var* 84 ⑦, 115 ㉒ *– 136 h alt. 1000.*

Paris 822 – Digne-les-Bains 78 – Castellane 23 – Comps-sur-Artuby 12 – Draguignan 42 – Grasse 49.

Lachens ⛰, ✆ 04 94 76 80 01, *Fax 04 94 84 21 88*, , – ☎ P. GB. ✻ ch
1er avril-30 nov. et fermé dim. soir et lundi sauf juil.-août – **Repas** 80/160, enf. 45 – ☐ 30 – **12 ch** 160/320 – ½ P 180/260.

La BASTIDE-DES-JOURDANS *84240 Vaucluse* 114 ④ *– 814 h alt. 412.*

Paris 763 – Digne-les-Bains 75 – Aix-en-Provence 38 – Apt 40 – Manosque 17.

Mirvy ⛰, rte Manosque : 3 km ✆ 04 90 77 83 23, *Fax 04 90 77 81 92*, ≤, , – TV ☎ ♿ P. GB
fermé 12 au 21 nov. et 15 fév. au 15 mars – **Repas** *(ouvert 15 mars-12 nov., dim. midi et sam. du 21 nov. au 15 fév. et fermé le midi sauf sam. et dim. en saison)* 160/230 ♀, enf. 65 – ☐ 55 – **16 ch** 350/550 – ½ P 350/450.

XX **Cheval Blanc** avec ch, ✆ 04 90 77 81 08, *Fax 04 90 77 86 51*, – TV ☎ P. GB
fermé 20 janv. au 28 fév. et jeudi de mi-sept. à juin – **Repas** *(fermé jeudi midi en juil.-août, merc. soir et jeudi de sept. à juin sauf vacances scolaires)* (95) - 140/210 ♀ – ☐ 40 – **5 ch** 250 – ½ P 250/340.

La BATIE-NEUVE *05230 H.-Alpes* 77 ⑯ *– 1 327 h alt. 852.*

Paris 673 – Gap 11 – La Mure 68 – Sisteron 57.

X **Commerce,** au village ✆ 04 92 50 33 33 – GB
fermé 3 au 18 janv., dim. soir et lundi soir – **Repas** 70 bc (déj.), 85/167, enf. 50.

RENAULT Gar. Brenier Autom., N 94 ✆ 04 92 50 30 91

BATILLY-EN-PUISAYE *45420 Loiret* 65 ② ③ *– 95 h alt. 190.*

Paris 162 – Auxerre 62 – Gien 24 – Montargis 53 – Orléans 93.

Aub. de Batilly avec ch, 02 38 31 96 12,
fermé août – **Repas** 80/90 – 18 – **7 ch** 125/170 – 1/2 P 160/200.

BATZ-SUR-MER *44740 Loire-Atl.* 63 ⑭ *G. Bretagne – 2 734 h alt. 12.*

Voir *** de l'église* – Chapelle N.-D. du Mûrier* – Rochers* du sentier des douaniers La Côte Sauvage*.*

Paris 462 – Nantes 89 – La Baule 7 – Redon 61 – Vannes 75.

Lichen sans rest, Le Manérick, Sud-Est : 2 km par D 45 02 40 23 91 9 *Fax 02 40 23 84 88*, – P. AE GB
45 – **14 ch** 300/790.

L'Atlantide, 59 bd Mer 02 40 23 92 20, *Fax 02 40 23 84 88*, – AE GB
Pâques-oct. et fermé lundi – **Repas** - produits de la mer - 130/220.

BAUGÉ *49150 M.-et-L.* 64 ⑫ *G. Châteaux de la Loire* **(plan)** *– 3 748 h alt. 55.*

Voir *Croix d'Anjou** dans la chapelle des Filles du Coeur de Marie – Pharmacie* c l'Hôpital public – Le Vieil-Baugé : choeur* de l'église SO : 2 km par D 61 – Forêt c Chandelais* SE : 3 km – Pontigné : peintures murales* dans l'église E : 5 km par D 141.*

18 de Baugé-Pontigné 02 41 89 01 27 par D 766 : 2 km.

Office de Tourisme au Château 02 41 89 18 07, Fax 02 41 84 12 19.

Paris 261 – Angers 41 – La Flèche 18 – Le Mans 62 – Saumur 36 – Tours 68.

Boule d'Or, 4 r. Cygne 02 41 89 82 12 – . GB. ch
fermé vacances de Noël, dim. soir sauf juil.-août et lundi – **Repas** 90/230, enf. 50 – 3 – **10 ch** 280/410 – 1/2 P 270/330.

CITROEN Gar. Michaud, 30 av. Gén.-de-Gaulle rte de Saumur 02 41 89 18 12
PEUGEOT Gar. Baugé, Rd-Pt Super U rte d'Angers, 02 41 89 20 62 N 02 41 89 20 62
RENAULT Gar. Ahier, 5 r. Foulgues-Nerra 02 41 89 10 46 N 02 41 89 00 07

BAULE *45 Loiret* 64 ⑧ *– rattaché à Beaugency.*

La BAULE *44500 Loire-Atl.* 63 ⑭ *G. Bretagne – 14 845 h alt. 31 – Casino Grand Casino* **BZ.**

Voir *Front de mer** – Parc des Dryades** **DZ.**

18 à St-André-des-Eaux 02 40 60 46 18, par ② : 7 km.

Office de Tourisme et Accueil de France 8 pl. Victoire 02 40 24 34 44, Fax 02 4 11 08 10.

Paris 452 ② – Nantes 79 ② – Rennes 123 ② – St-Nazaire 18 ③ – Vannes 71 ①.

Plan page ci-contre

Hermitage , espl. Lucien Barrière 02 40 11 46 46, *Fax 02 40 11 46 45*, , , , – – 200. AE GB. rest BZ
fermé 3 nov. au 22 déc. et 21 fév. au 22 mars – ***Les Ambassadeurs*** *(1er juil.-31 aoû)* **Repas** 185/220, enf. 90 – ***Eden Beach*** *(fermé 3 nov. au 12 déc. et mardi du 12 au 30 déc et du 6 fév. au 20 mars)* **Repas** 165, enf. 90 – 100 – **215 ch** 1520/2450, 4 appart – 1/2 P 1155/1620.

Royal-Thalasso , 6 av. P. Loti 02 40 11 48 48, *Fax 02 40 11 48 45*, , , centre de thalassothérapie, parc, , – , rest, – 50. AE GB. rest
fermé 3 au 30 janv. – ***Rotonde :*** Repas 220 – ***Royal-Diet :*** Repas 220 – 95 – **96 ch** 1830 6 appart – 1/2 P 850/1050. BZ

Castel Marie-Louise , 1 r. Andrieu 02 40 11 48 38, *Fax 02 40 11 48 35*, , « Parc », – – 30. AE GB. rest BZ
fermé mi-janv. à mi-fév. – **Repas** (en saison : prévenir) 220/480 et carte 280 à 570, enf. 9 – 100 – **31 ch** 1300/1900 – 1/2 P 990/1300
Spéc. Fritots de grenouilles aux vieux porto et jus de homard. Chaud-froid de dorade rose et tartare d'huitres. Sorbet au yaourt de brebis, coulis de mûroise. **Vins** Muscadet, Anjou Villages.

Bellevue Plage et rest. La Véranda M, 27 bd Océan 02 40 60 28 55 *Fax 02 40 60 10 18*, , – , rest, AE GB. rest DZ
vacances de fév.-vacances de Toussaint – **Repas** *(fermé merc. hors saison)* 125/290 – 55 – **35 ch** 500/850 – 1/2 P 470/645.

Majestic, espl. Lucien Barrière 02 40 60 24 86, *Fax 02 40 42 03 13*, – , rest, – 40. AE GB. rest BZ
fermé janv., fév., dim. soir et lundi sauf juil.-août – **Repas** 155/225, enf. 55 – 60 – **60 ch** 680/880, 6 appart – 1/2 P 600/655.

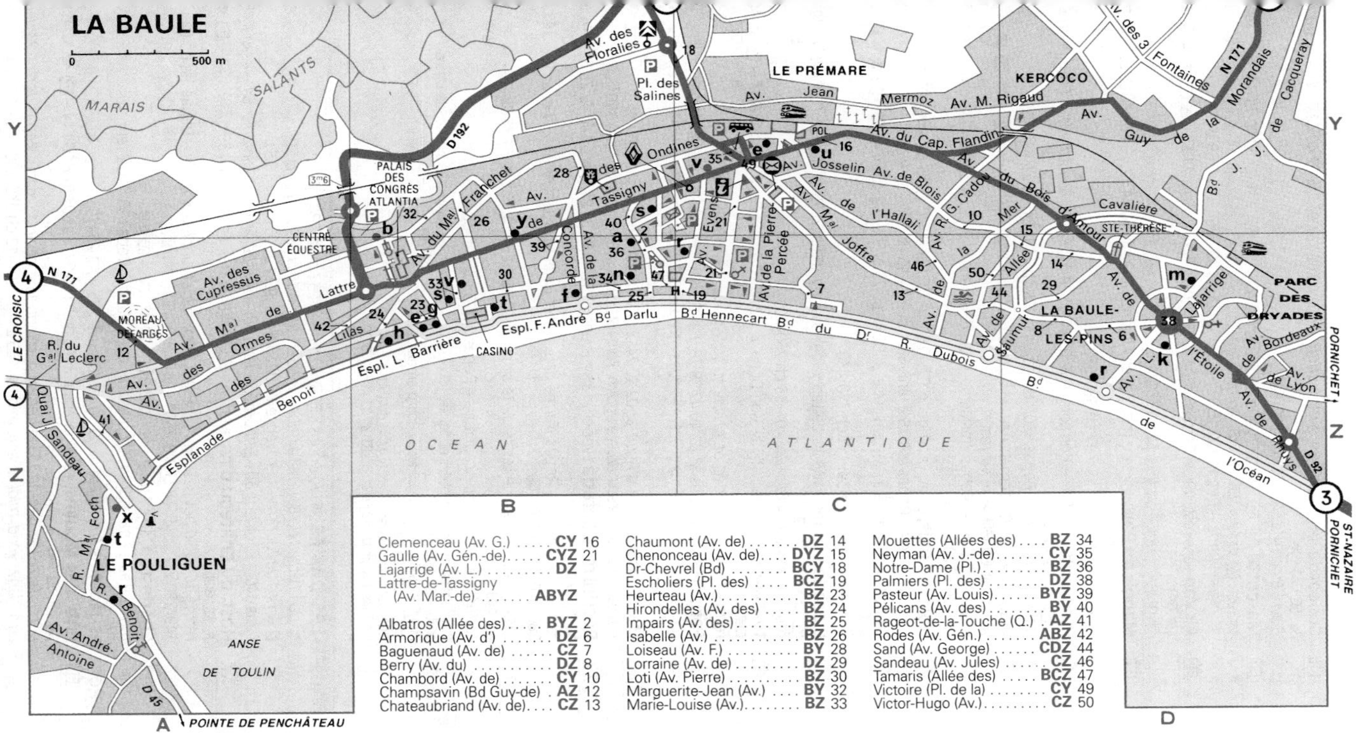

Clemenceau (Av. G.) . . . . . **CY** 16
Gaulle (Av. Gén.-de) . . . . . **CYZ** 21
Lajarrige (Av. L.) . . . . **DZ**
Lattre-de-Tassigny (Av. Mar.-de) . . . . **ABYZ**

Albatros (Allée des) . . . . . **BYZ** 2
Armorique (Av. d') . . . . **DZ** 6
Baguenaud (Av. de) . . . . . . **CZ** 7
Berry (Av. du) . . . . **DZ** 8
Chambord (Av. de) . . . . **CY** 10
Champsavin (Bd Guy-de) . . **AZ** 12
Chateaubriand (Av. de) . . . . **CZ** 13
Chaumont (Av. de) . . . . **DZ** 14
Chenonceau (Av. de) . . . . **DYZ** 15
Dr-Chevrel (Bd) . . . . **BCY** 18
Escholiers (Pl. des) . . . . . **BCZ** 19
Heurteau (Av.) . . . . **BZ** 23
Hirondelles (Av. des) . . . . . **BZ** 24
Impairs (Av. des) . . . . **BZ** 25
Isabelle (Av.) . . . . **BZ** 26
Loiseau (Av. F.) . . . . **BY** 28
Lorraine (Av. de) . . . . **DZ** 29
Loti (Av. Pierre) . . . . **BZ** 30
Marguerite-Jean (Av.) . . . . **BY** 32
Marie-Louise (Av.) . . . . **BZ** 33
Mouettes (Allées des) . . . . **BZ** 34
Neyman (Av. J.-de) . . . . **CY** 35
Notre-Dame (Pl.) . . . . **BZ** 36
Palmiers (Pl. des) . . . . **DZ** 38
Pasteur (Av. Louis) . . . . . . **BYZ** 39
Pélicans (Av. des) . . . . **BY** 40
Rageot-de-la-Touche (Q.) . . **AZ** 41
Rodes (Av. Gén.) . . . . **ABZ** 42
Sand (Av. George) . . . . . . **CDZ** 44
Sandeau (Av. Jules) . . . . **CZ** 46
Tamaris (Allée des) . . . . . **BCZ** 47
Victoire (Pl. de la) . . . . **CY** 49
Victor-Hugo (Av.) . . . . **CZ** 50

Concorde sans rest, 1 bis av. Concorde ✆ 02 40 60 23 09, *Fax 02 40 42 72 14* – . AE GB. BZ
3 avril-8 oct. – 46 – **47 ch** 380/560.

Mascotte M, 26 av. Marie Louise ✆ 02 40 60 26 55, *Fax 02 40 60 15 67*, , rest, . AE GB. rest BZ
1er mars-11 nov. – **Repas** 100/250 – 45 – **23 ch** 390/550 – ½ P 390/470.

Alcyon sans rest, 19 av. Pétrels ✆ 02 40 60 19 37, *Fax 02 40 42 71 33* – . GB BY
1er mars-1er nov. – 45 – **32 ch** 390/475.

Manoir du Parc sans rest, 3 allée Albatros ✆ 02 40 60 24 52, *Fax 02 40 60 55 96* – . AE GB. BYZ
24 mars-1er nov. – 55 – **17 ch** 380/550.

Palmeraie, 7 allée Cormorans ✆ 02 40 60 24 41, *Fax 02 40 42 73 71*, « Cour fleurie » – . AE GB. rest BZ
début avril-1er oct. – **Repas** 130/160 – 43 – **23 ch** 400/450 – ½ P 400/420.

Marini, 22 av. G. Clemenceau ✆ 02 40 60 23 29, *Fax 02 40 11 16 98*, – 25. AE GB JCB. rest CY
9 mars-21 nov. – **Repas** (résidents seul.)(dîner seul.) 98 – 40 – **33 ch** 326/366 ½ P 300/320.

Host. du Bois, 65 av. Lajarrige ✆ 02 40 60 24 78, *Fax 02 40 42 05 88*, – . GB
1er avril-1er nov. – **Repas** 85/175, enf. 60 – 38 – **15 ch** 380 – ½ P 350. DZ

Delice sans rest, 19 av. Marie-Louise ✆ 02 40 60 23 17, *Fax 02 40 24 48 88* – . GB BZ
1er mai-fin sept. – 39 – **14 ch** 370/430.

Closerie sans rest, 173 av. de Lattre-de-Tassigny ✆ 02 51 75 17 00, *Fax 02 51 75 17 19* . AE GB BY
fermé 6 janv. au 14 fév. – 40 – **15 ch** 260/400.

Ty-Gwenn sans rest, 25 av. Gde Dune ✆ 02 40 60 37 07, *Fax 02 40 11 08 43* – GB DZ
fermé 15 nov. au 15 déc. et 10 janv. au 10 fév. – 30 – **18 ch** 210/330.

Paris, 138 av. Ondines ✆ 02 40 42 78 78, *Fax 02 40 60 83 76* – . AE GB CY
fermé oct. et week-ends d'oct. à Pâques – **Repas** 68/159, enf. 45 – 36 – **16 ch** 245/35 – ½ P 252/283.

Marcanderie, 5 av. d'Agen ✆ 02 40 24 03 12, *Fax 02 40 11 08 21* – AE GB BZ
fermé lundi sauf le soir en été et dim. soir – **Repas** 145/320 et carte 240 à 330.

Rossini et H. Lutétia avec ch, 13 av. Evens ✆ 02 40 60 25 81, *Fax 02 40 42 73 52* – . AE GB CZ
fermé 6 au 30 janv. – **Repas** *(fermé dim. soir et lundi hors saison)* 115/250 – 35 – **14 c** 280/450 – ½ P 330/400.

Maréchal, 277 av. de Lattre de Tassigny ✆ 02 40 24 51 14, *Fax 02 51 75 02 06* – . GB CY
fermé janv. et merc. d'oct. à mars – **Repas** 99/295, enf. 38.

CITROEN Salines-Automobiles pl. Salines ✆ 02 40 60 20 71
MERCEDES Gar. Quintallet, 1 av du Bois d'Amour ✆ 02 40 60 23 18
RENAULT Gar. Richard, 206 av. Mar.-de-Lattre-de-Tassigny ✆ 02 40 60 20 30 N ✆ 02 40 90 75 92

Le Pneu Baulois, 79 av. Mar.-de-Lattre-de-Tassigny ✆ 02 40 24 22 46

BAUME-LES-DAMES *25110 Doubs 66 ⑯ G. Jura – 5 237 h alt. 280.*

du Château de Bournel à Cubry ✆ 03 81 86 00 10, N : 19 km par D 50.
Office de Tourisme r. Provence ✆ 03 81 84 27 98, Fax 03 81 84 15 61.
Paris 440 – Besançon 30 – Belfort 65 – Lure 48 – Montbéliard 48 – Pontarlier 61 – Vesoul 4

Host. du Château d'As avec ch, ✆ 03 81 84 00 66, *Fax 03 81 84 39 67*, <, – . AE GB
fermé 16 au 30 nov., 25 janv. au 8 fév., dim. soir et lundi sauf fériés – **Repas** 135 bc (déj.) 149/290 – 45 – **8 ch** 280/500 – ½ P 350/460.

Charleston, 10 r. Armuriers ✆ 03 81 84 24 07, – AE GB
fermé 9 au 22 mars, 9 au 22 nov., dim. soir et lundi – **Repas** 90/120, enf. 40.

à Pont-les-Moulins *Sud : 6 km par D 50 – 170 h. alt. 275 – ✉ 25110 :*

Aub. des Moulins, rte Pontarlier ✆ 03 81 84 09 97, *Fax 03 81 84 04 44* – 25. AE GB
hôtel : fermé 23 déc. au 15 janv. et vend. soir du 15 sept. au 15 mars – **Repas** *(fermé 23 déc. au 15 janv., vend. midi et sam. midi)* 98/155 – 30 – **12 ch** 230/290 – ½ P 270.

OPEL Gar. Routhier, à Pont-les-Moulins
℘ 03 81 84 02 15
PEUGEOT Sté Baumoise d'autom., 19 av. Kennedy
℘ 03 81 84 06 91 N ℘ 03 81 84 06 91

RENAULT Gar. Central, 10 av. Gén.-Leclerc
℘ 03 81 84 02 45 N ℘ 03 81 32 93 17

BAUME-LES-MESSIEURS *39210 Jura* 70 ④ *G. Jura – 196 h alt. 333.*

Voir *Retable à volets★ dans l'église – Belvédère des Roches de Baume ≤★★★ sur cirque★★★ et grottes★ de Baume S : 3,5 km.*

Paris 411 – Champagnole 28 – Dole 49 – Lons-le-Saunier 16 – Poligny 20.

X **Grottes,** aux Grottes Sud : 3 km ℘ 03 84 44 61 59, ≤, 帝 – P. GB
Pâques-début oct.et fermé merc. sauf juil.-août – **Repas** (prévenir)(déj. seul.) 85/150 ♀.

BAUVIN *59221 Nord* 51 ⑮, 111 ㉙ *– 5 444 h alt. 25.*

Paris 208 – Lille 25 – Arras 34 – Béthune 21 – Lens 14.

XXX **Salons du Manoir,** 53 r. J. Guesde ℘ 03 20 85 64 77, *Fax 03 20 86 72 22*, parc – ▤ P. AE ⓓ GB
fermé août, vacances de fév. et lundi – **Repas** 160/390.

CITROEN Franchi, 13 r. Ghesquières ℘ 03 20 86 65 07

Les BAUX-DE-PROVENCE *13520 B.-du-R.* 84 ① *G. Provence* **(plan)** *– 457 h alt. 185.*

Voir *Site★★★ – Château ✳★★ – Monument Charloun Rieu ≤★★ – Place St-Vincent★ – Rue du Trencat★ – Tour Paravelle ≤★ – Musée Yves-Brayer★ (dans l'hôtel des Porcelet) – Fête des Bergers (Noël, messe de minuit)★★ – Cathédrale d'Images★ N : 1 km par D 27 – ✳★★★ sur le village N : 2,5 km par D 27.*

℘ 04 90 54 40 20, S : 2 km.

Office de Tourisme Ilôt "Post Tenebras Lux" ℘ 04 90 54 34 39, Fax 04 90 54 51 15.

Paris 712 – Avignon 29 – Arles 18 – Marseille 81 – Nîmes 52 – St-Rémy-de-Provence 10 – Salon-de-Provence 33.

dans le Vallon :

XXXXX ✿✿ **Oustaù de Baumanière** (Charial) ⛰ avec ch, ℘ 04 90 54 33 07, *Fax 04 90 54 40 46*, ≤, 帝, « Demeure du 16e siècle aménagée avec élégance », ⛱, – ▤ TV ☎ P. AE ⓓ GB JCB
fermé 25 janv. au 1er mars, jeudi midi et merc. de nov. à mars – **Repas** 480/740 et carte 460 à 760 ♀ – ☕ 115 – **7 ch** 1430, 4 appart 2050 – ½ P 1515
Spéc. Ravioli de truffes. Filets de rougets au basilic. Gigot d'agneau en croûte. **Vins** Coteaux d'Aix-en-Provence-les Baux, Châteauneuf-du-Pape.

Manoir ⛰ sans rest, ≤, – ▤ TV ☎ P
fermé 15 janv. au 1er mars – ☕ 115 – **5 ch** 1300, 4 appart 2100.

XXX ✿ **Riboto de Taven** (Novi et Theme) ⛰ avec ch, ℘ 04 90 54 34 23, *Fax 04 90 54 38 88*, ≤, 帝, « Terrasse et jardin fleuri au pied des rochers » – TV ☎ P. AE ⓓ GB JCB
fermé 7 janv. au 13 mars, mardi soir hors saison et merc. – **Repas** 200 bc (déj.), 300/450 et carte 310 à 460 ♀ – ☕ 80 – **3 ch** 1100 – ½ P 890
Spéc. Caillettes provençales en courgette à fleur. Turbot à l'infusion de romarin. Tarte au fenouil caramélisé. **Vins** Coteaux d'Aix-en-Provence-Les Baux, Châteauneuf-du-Pape.

rte d'Arles *Sud-Ouest par D 27 :*

Cabro d'Or ⛰, à 1 km ℘ 04 90 54 33 21, *Fax 04 90 54 45 98*, ≤, 帝, « Jardins fleuris », ⛱, % – ▤ ch, TV ☎ P – 🏛 60. AE ⓓ GB JCB
fermé 11 nov. au 20 déc., mardi midi et lundi du 15 oct. au 31 mars – **Repas** 190 (déj.), 260/395 ♀ – ☕ 85 – **23 ch** 790/1150, 8 appart – ½ P 795/975.

Aub. de la Benvengudo ⛰, à 2 km ℘ 04 90 54 32 54, *Fax 04 90 54 42 58*, ≤, 帝, « Jardin fleuri », ⛱, % – ▤ ch, TV ☎ 🚗 P. AE GB. ✗ rest
15 fév.-5 nov. – **Repas** *(fermé dim. soir)* (dîner seul.) 240/280 ♀ – ☕ 65 – **20 ch** 600/800, 3 appart – ½ P 595/685.

Mas de l'Oulivié M ⛰ sans rest, à 2,5 km ℘ 04 90 54 35 78, *Fax 04 90 54 44 31*, ≤, « Piscine dans un jardin fleuri », % – ▤ TV ☎ ♿ P. AE ⓓ GB JCB
3 avril-1er nov. – ☕ 60 – **20 ch** 770/1050.

Teilen Sie uns Ihre Meinung
über die von uns empfohlenen Restaurants,
ihre Spezialitäten und die angebotenen Landweine mit.

BAVAY *59570 Nord* 53 ⑤ *G. Flandres Artois Picardie – 3 751 h alt. 148.*
Paris 228 – Avesnes-sur-Helpe 24 – Le Cateau-Cambrésis 30 – Lille 78 – Maubeuge 15 – Mons 25.

XXX **Bagacum,** r. Audignies ✆ 03 27 66 87 00, *Fax 03 27 66 86 44,* – P. AE ⓓ GB
fermé dim. soir et lundi sauf fériés – **Repas** 95/260 bc et carte 280 à 430.

XXX **Bourgogne,** porte Gommeries ✆ 03 27 63 12 58, *Fax 03 27 66 99 74* – AE GB
fermé 3 au 25 août, 24 fév. au 10 mars, dim. soir, merc. soir et lundi – **Repas** 100/300 et carte 200 à 300 ♀.

RENAULT Gar. Dal, ✆ 03 27 63 17 08

BAVELLA (col de) *2A Corse-du-Sud* 90 ⑦ *– voir à Corse.*

BAYARD (Col) *05 H.-Alpes* 77 ⑯ *G. Alpes du Nord –* ✉ *05500 St-Bonnet-en-Champsaur.*
Paris 661 – Gap 7 – La Mure 57 – Sisteron 57.

à Laye *Nord : 2,5 km – 192 h. alt. 1170 –* ✉ *05500 St-Bonnet-en-Champsaur :*

X **Laiterie du Col Bayard,** ✆ 04 92 50 50 06, *Fax 04 92 50 19 91,* – P. GB
fermé 15 nov. au 20 déc. et lundi sauf vacances scolaires et fériés – **Repas** - préparations à base de fromages - 75/198 bc.

BAYEUX *14400 Calvados* 54 ⑮ *G. Normandie Cotentin – 14 704 h alt. 50.*
Voir *Tapisserie dite "de la reine Mathilde"*★★★ **Z** – *Cathédrale Notre-Dame*★★ **Z** – *Musée mémorial de la bataille de Normandie*★ **Y M**[1] – *Maison à colombage*★ *(rue St-Martin)* **Z D.**
Env. *Brécy : portail*★ *et jardins*★ *du château SE : 10 km par D 126* **Y** – *Port*★ *de Port-en-Bessin NO : 9 km par* ⑤.
Omaha Beach Golf Club ✆ *02 31 21 72 94, 11 r. de Bayeux par* ⑤.
Office de Tourisme Pont St-Jean ✆ *02 31 51 28 28, Fax 02 31 51 28 29.*
Paris 262 ① *– Caen 29* ① *– Cherbourg 96* ④ *– Flers 70* ② *– St-Lô 37* ③ *– Vire 61* ②.

Plan page ci-contre

Lion d'Or, 71 r. St Jean ✆ 02 31 92 06 90, *Fax 02 31 22 15 64,* « Ancien relais de poste », – TV ☎ P. AE ⓓ GB. rest Z e
fermé 20 déc. au 20 janv. – **Repas** 100 (déj.), 150/230 ♀ – 60 – **24 ch** 430/480 – ½ P 415/440.

Luxembourg, 25 r. Bouchers ✆ 02 31 92 00 04, *Fax 02 31 92 54 26,* – TV ☎ P – 25. AE GB Z a
Repas 96/280 ♀, enf. 79 – 50 – **22 ch** 350/450 – ½ P 370.

Novotel, 117 r. St Patrice ✆ 02 31 92 16 11, *Fax 02 31 21 88 76,* , – TV ☎ P – 150. AE ⓓ GB Y x
Repas *(75)* - 105/150 , enf. 50 – 55 – **77 ch** 405/455.

Château de Bellefontaine sans rest, 49 rue Bellefontaine ✆ 02 31 22 00 10, *Fax 02 31 22 19 09,* « Château du 18e siècle dans un parc », – TV ☎ P – 30. AE ⓓ GB Y v
50 – **15 ch** 380/650.

Churchill et rest. l'Amirauté, 14 r. St Jean ✆ 02 31 21 31 80, *Fax 02 31 21 41 66* – TV ☎ . AE ⓓ GB JCB. Z h
15 mars-15 nov. – **Repas** 75/135 – 42 – **32 ch** 360/460 – ½ P 330/380.

Brunville, 9 r. G. Duhomme ✆ 02 31 21 18 00, *Fax 02 31 51 70 89* – TV ☎ P. AE GB Z u
Repas 69/149 ♀, enf. 48 – 50 – **38 ch** 300/350 – ½ P 280.

Reine Mathilde sans rest, 23 r. Larcher ✆ 02 31 92 08 13, *Fax 02 31 92 09 93* – TV ☎. AE GB. Z r
fermé 15 déc. au 1er fév. et dim. du 15 nov. au 15 mars – 32 – **16 ch** 245/275.

Mogador sans rest, 20 r. A. Chartier ✆ 02 31 92 24 58, *Fax 02 31 92 24 85* – TV ☎. GB Z k
30 – **14 ch** 230/290.

X **L'Amaryllis,** 32 r. St-Patrice ✆ 02 31 22 47 94 – GB Y b
fermé 24 déc. au 20 janv. et lundi – **Repas** 70 (déj.), 95/180 ♀.

à Audrieu *par* ① *et D 158 : 13 km – 868 h. alt. 71 –* ✉ *14250 :*

Château d'Audrieu , ✆ 02 31 80 21 52, *Fax 02 31 80 24 73,* <, « Château du 18e siècle, parc », – TV ☎ P. AE GB. rest
fermé 20 déc. au 31 janv. – **Repas** *(fermé mardi midi et lundi)* 190 (déj.), 250/470 et carte 280 à 460 ♀ – 135 – **25 ch** 750/1900, 5 appart – ½ P 832/1350
Spéc. Poêlée d'andouille de Vire, miel de cidre fermier. Pigeonneau désossé, pommes fruits et raisins acidulés. Nougatine glacée au pommeau, crème de pistils de crocus.

BAYEUX

St-Jean (R.) . . . . Y, Z
St-Malo (R.) . . . . Z
St-Martin (R.) . . . . Z
St-Patrice (R. et Pl.) . . . . Z 30

Aure (Q. de l') . . . . Z 2
Bienvenu (R. du) . . . . Z 3
Bois (Pl. au) . . . . Z 4
Bouchers (R. des) . . . . Z
Bourbesneur (R.) . . . . Z 6
Chanoines (R. des) . . . . Z 7
Chartier (R. A.) . . . . Z 8
Churchill (Bd W.) . . . . Y
Clemenceau (Av. G.) . . . . Z
Courseulles (R. de) . . . . Y 9
Cuisiniers (R. des) . . . . Z 13
Dr-Michel (R.) . . . . Y 14
Eindhoven (Bd) . . . . Y
Eisenhower (Rond-Point) . . . . Y 15
Foch (R. Mar.) . . . . Z 16
Franche (R.) . . . . Z
Gaulle (Pl. Ch.-de) . . . . Z
Larcher (R.) . . . . Z
Leclerc (Bd Mar.) . . . . Y 17
Leforestier (R. Lambert) . . . . Z 18
Liberté (Pl. de la) . . . . Z 19
Marché (R. du) . . . . Z 20
Montgomery (Bd Mar.) . . . . Y 23
Nesmond (R. de) . . . . Z
Pigache (R. de la) . . . . Y 24
Pont-Trubert (R. du) . . . . Y 25
Poterie (R. de la) . . . . Z 28
Royale (R.) . . . . Z
Sadi-Carnot (Bd) . . . . Y 29
St-Laurent (R.) . . . . Y, Z
St-Loup (R.) . . . . Y
Tardif (R.) . . . . Z
Teinturiers (R. des) . . . . Z 32
Terres (R. des) . . . . Z 33
Vaucelles (Rond-Point de) . . . . Y 35
Verdun (R. de) . . . . Y 37
Ware (Bd F.) . . . . Y 38
6-Juin (Bd du) . . . . Y

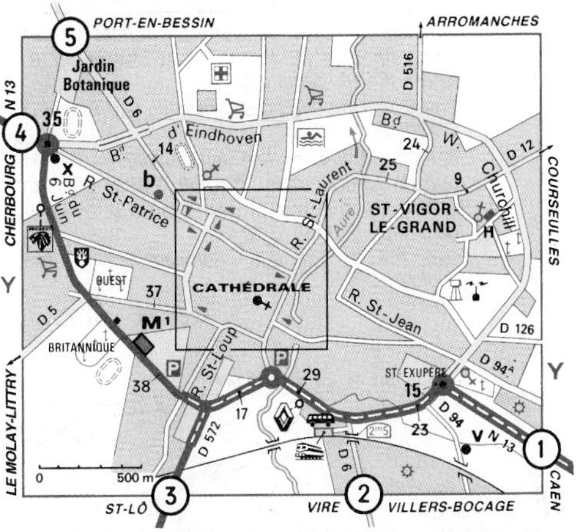

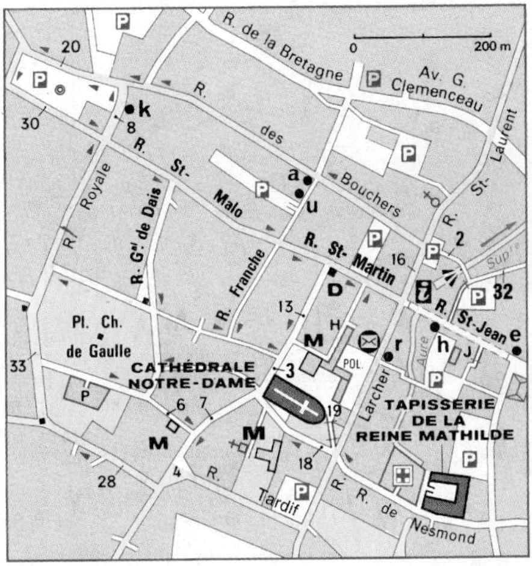

*Les pastilles numérotées des plans de villes ①, ②, ③ sont répétées sur les **cartes Michelin** à 1/200 000. Elles facilitent ainsi le passage entre les **cartes** et les **guides Michelin**.*

rte de Port-en-Bessin *par ⑤ : 3 km – ✉ 14400 Bayeux :*

Château de Sully Ⓜ ⛢, ✆ 02 31 22 29 48, *Fax 02 31 22 64 77*, « Château du 18e siècle dans un parc », 🏊, 🎾 – 📺 ☎ 📞 ♿ 🅿 – 🎤 40. AE ⓞ GB. ✂ rest
10 mars-25 nov. – **Repas** *(fermé lundi sauf le soir en saison)* (nombre de couverts limité, prévenir) 140/340 et carte 300 à 440 ♀, enf. 85 – ☕ 70 – **23 ch** 500/625 – ½ P 490/550
Spéc. Petites crêpes parmentières à l'andouille de Vire. Queue de homard rôtie à la ventrèche. Tricorne de pomme et rhubarbe, caramel à la badiane.

CITROEN A.C.S. autos, rte de Cherbourg à Vaucelles par ④ ✆ 02 31 92 18 35 N ✆ 06 07 33 51 11
PEUGEOT Gar. Fortin, bd 6 Juin ✆ 02 31 92 09 77 N ✆ 02 31 21 51 00
RENAULT Gar. Braconnier, 16 bd Carnot ✆ 02 31 51 18 51 N ✆ 02 31 51 18 51

Ⓜ Bayeux Pneus, ZI rte de Caen ✆ 02 31 92 01 61
Schmitt Pneus Vulco, bd Eindhoven ✆ 02 31 51 18 18

BAYONNE ⟨SP⟩ *64100 Pyr.-Atl.* **78** ⑱ *G. Pyrénées Aquitaine – 40 051 h Agglo. 164 378 h alt. 3.*

Voir *Cathédrale Ste-Marie★* **AZ** *et cloître★* **AZ B** – *Musée Bonnat★★* **BY M**[1] – *Grandes fêtes★ (fin juil.-début août).*

Env. *Route Impériale des Cimes★ au Sud-Est par D 936* **BZ** – *Croix de Mouguerre ※★ SE 5,5 km par D 312* **BZ.**

18 *Makila ✆ 05 59 58 42 42 à Bassussarry, S : 6 kms par D 932.*

✈ *de Biarritz-Parme : ✆ 05 59 43 83 83, SO : 5 km par N 10* **AZ.**

Office de Tourisme pl. des Basques ✆ 05 59 46 01 46, Fax 05 59 59 37 55 et (saison) gare SNCF ✆ 05 59 55 20 45.

Paris 769 ③ – Biarritz 8 – Bordeaux 191 ③ – Pamplona 111 ⑥ – San Sebastián 56 ⑥ – Toulouse 299 ④.

Accès et sorties : voir à Biarritz.

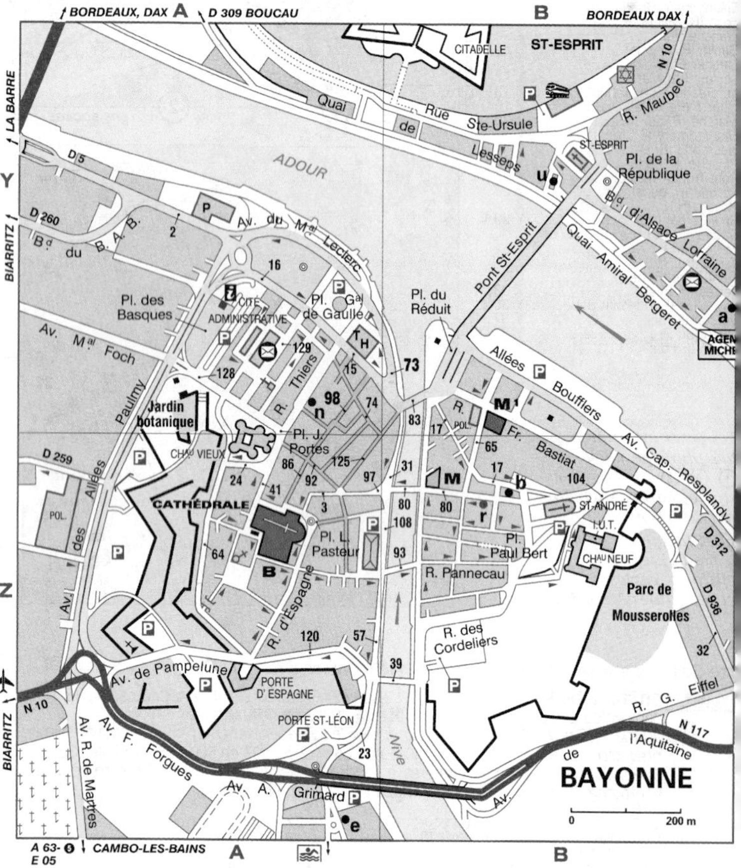

Port-Neuf (R. du) .... **AY** 98
Thiers (R.) .... **AY**
Victor-Hugo (R.) .... **AZ** 125

Allées Marines (Av. des) ... **AY** 2
Argenterie (R.) .... **AZ** 3
Basques (Pl. des) .... **AY** 10
Bernède (R.) .... **AY** 15
Bonnat (Av. Léon) .... **AY** 16
Bourg-Neuf (R.) .... **BYZ** 17
Chanoine-Lamarque (Av.) .. **AZ** 23
Château-Vieux (Pl.) .... **AZ** 24
Dubourdieu (Q. Amiral) .... **BZ** 31
Duvergier-de-Hauranne (Av.) .... **BZ** 32
Génie (Pont du) .... **BZ** 39
Gouverneurs (R. des) ...... **AZ** 41
Jauréguiberry (Q.) .... **AZ** 57
Lachepaillet (Rempart) .... **AZ** 64
Laffitte (R. Jacques) ..... **BYZ** 65
Liberté (Pl. de la) .... **BY** 73
Lormond (R.) .... **AY** 74
Marengo (Pont et R.) ..... **BZ** 80
Mayou (Pont) .... **BY** 83
Monnaie (R. de la) .... **AZ** 86
Orbe (R.) .... **AZ** 92
Pannecau (Pont) .... **BZ** 93
Port-de-Castets (R.) .... **AZ** 97
Ravignan (R.) .... **BZ** 104
Roquebert (Q. du Cdt) .... **BZ** 108
Tour-de-Sault (R.) .... **AZ** 120
11-Novembre (Av.) .... **AY** 128
49e (R. du) .... **AY** 129

Grand Hôtel, 21 r. Thiers ✆ 05 59 59 14 61, *Fax 05 59 25 61 70* – AE GB
Repas *(femré dim. midi et sam. de nov. à avril)* 95/135 ♀, enf. 55 – 45 – **54 ch** 490/650 – ½ P 390/420. AY n

Mercure M, av. J. Rostand ✆ 05 59 63 30 90, *Fax 05 59 42 06 64*, – 30 à 100. AE GB AZ e
Repas *(85)* - 100/180 ♀ – 49 – **109 ch** 360/500.

Loustau, 1 pl. République ✆ 05 59 55 08 08, *Fax 05 59 55 69 36*, ← – rest, GB JCB. rest BY u
Repas 95/240 ♂, enf. 50 – 45 – **44 ch** 370/410 – ½ P 295.

Ibis M, 44 bd Alsace-Lorraine ✆ 05 59 50 38 38, *Fax 05 59 50 38 00*, – 30. AE GB BY a
Repas 95/180 ♂, enf. 35 – 35 – **87 ch** 370/420.

Aub. du Cheval Blanc (Tellechea), 68 r. Bourgneuf ✆ 05 59 59 01 33, *Fax 05 59 59 52 26* – AE GB BZ b
fermé 5 au 9 août, 15 fév. au 10 mars, dim. soir et lundi sauf juil.-août – Repas 118/260 et carte 290 à 430 ♀
Spéc. Merlu rôti, jus de volaille et mirepoix de poivrons doux. Saint-Jacques poêlées, piperade et tuile craquante à l'Ibaïona (oct. à mars). "Xamango" façon parmentier au jus de veau truffé. **Vins** Irouléguy, Madiran.

François Miura, 24 r. Marengo ✆ 05 59 59 49 89 – AE GB BZ r
fermé dim. soir et merc. sauf août – Repas 110/185 ♀.

BMW Gar. Durruty, ZI St-Etienne ✆ 05 59 50 88 71 N ✆ 08 00 00 16 24
CHRYSLER, FERRARI, JAGUAR Gar. Daverat, rd-pt de Maignon ✆ 05 59 42 46 46 N ✆ 05 59 23 68 68
FORD Gar. Xaby, 15 r. D.-Etcheverry ✆ 05 59 55 33 33
MERCEDES Gar. Slavi, av. Mar.-Juin ✆ 05 59 55 49 26 N ✆ 08 00 24 24 30
PEUGEOT Gar. Gambade, av. Mar.-Soult, N 10 ✆ 05 59 58 78 78 N ✆ 05 59 45 54 36
RENAULT Gar. Basque, 59 allées Marines par D 5 ✆ 05 59 58 59 58 N ✆ 06 07 46 11 28
ROVER Gar. Morin, 23 av. Mar.-Juin ✆ 05 59 55 05 61
SAAB VS Autom., ZA St-Fréderic, rte de Pau ✆ 05 59 55 16 26
VOLVO Gar. Le Crom, 30 av. Dubrocq ✆ 05 59 59 25 57

Euromaster, 35 allées Marines ✆ 05 59 59 18 26
Euromaster, rte de Castéra, quartier Ste-Croix ✆ 05 59 55 84 55
Sud-Ouest Sécurité, 34-36 bd Alsace-Lorraine ✆ 05 59 55 04 72
Vulco, 2 allée Boufflers ✆ 05 59 59 11 73
Vulco, ZI des Pontos ✆ 05 59 63 09 33

The names of main shopping streets are printed in red at the beginning of the list of streets.

BAZAS *33430 Gironde 79 ② G. Pyrénées Aquitaine – 4 379 h alt. 70.*

Voir *Cathédrale St-Jean★.*
Office de Tourisme 1 pl. Cathédrale ✆ 05 56 25 25 84, Fax 05 56 65 06 66.
Paris 639 – Bordeaux 62 – Agen 86 – Bergerac 97 – Langon 16 – Mont-de-Marsan 70.

Domaine de Fompeyre 🐎, rte Mont-de-Marsan ✆ 05 56 25 98 00, *Fax 05 56 25 16 25*, « Parc, installations de loisirs », – rest, – 60. AE GB
Repas *(fermé dim. soir du 25 oct. au 18 avril)* 170/240, enf. 70 – 50 – **37 ch** 350/530, 3 appart – ½ P 450/500.

BAZEILLES *08 Ardennes 53 ⑲ – rattaché à Sedan.*

BAZINCOURT-SUR-EPTE *27 Eure 55 ⑧ ⑨ – rattaché à Gisors.*

BEAUCAIRE *30300 Gard 81 ⑪ G. Provence – 13 400 h alt. 18.*

Voir *Château★ : ✻★★ Y – Abbaye de St-Roman ←★ 4,5 km par ⑥.*
Office de Tourisme 24 cours Gambetta ✆ 04 66 59 26 57,04 66 59 68 51.
Paris 704 ⑦ – Avignon 25 ④ – Alès 67 ⑦ – Arles 17 ④ – Nîmes 25 ⑥ – St-Rémy-de-Provence 18 ④.

Plan page suivante

Les Doctrinaires, quai Gén. de Gaulle ✆ 04 66 59 23 70, *Fax 04 66 59 22 26*, – 40. GB Z a
Repas *(fermé sam. midi)* 98/230, enf. 60 – 50 – **34 ch** 330/450 – ½ P 335/390.

Ayme Pneus, rte de St-Gilles ✆ 04 66 59 23 98

BEAUCAIRE

Ledru-Rollin (R.) . . . . Z 17
Nationale (R.) . . . . Z

Barbès (R.) . . . . Z 2
Bijoutiers (R. des) . . . . YZ 3
Charlier (R.) . . . . Y 4
Château (R. du) . . . . Y 5
Clemenceau
(Pl. Georges) . . . . Z 6
Danton (R.) . . . . Y 7
Denfert-Rochereau
(R.) . . . . Z 8
Écluse (R. de l') . . . . Z 9
Foch (Bd Maréchal) . . . . . . YZ 12
Gambetta (Cours) . . . . Z 13
Hôtel-de-Ville (R. de l') . . . . . Z 14
Jaurès (Pl. Jean) . . . . Y 15
Jean-Jacques-Rousseau
(R.) . . . . Y 16
Pascal (R. Roger) . . . . Z 21
République (Pl. de la) . . . . . . Y 22
République
(R. de la) . . . . Y 23
Victor-Hugo (R.) . . . . Y 25

Une réservation confirmée par écrit est toujours plus sûre.

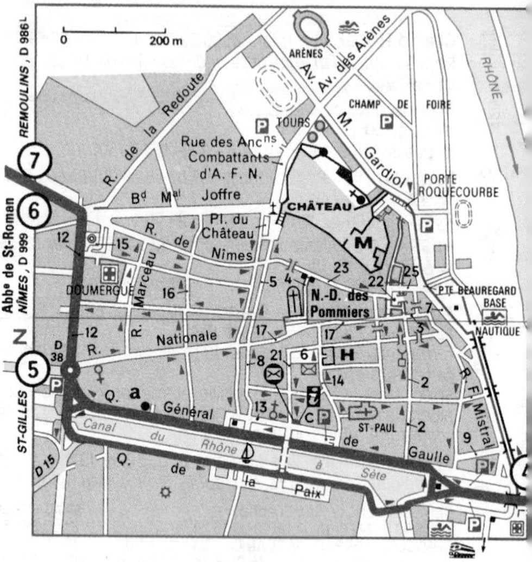

Un automobiliste averti utilise le ***guide Michelin*** *de l'année.*

BEAUCENS *65 H.-Pyr.* 85 ⑱ *– rattaché à Argelès-Gazost.*

Le BEAUCET *84 Vaucluse* 81 ⑬ *– rattaché à Carpentras.*

BEAUDÉAN *65 H.-Pyr.* 85 ⑱ *– rattaché à Bagnères-de-Bigorre.*

BEAUFORT *73270 Savoie* 74 ⑰ ⑱ *G. Alpes du Nord – 1 996 h alt. 750.*

Office de Tourisme pl. Mairie ✆ 04 79 38 37 57, Fax 04 79 38 16 70.
Paris 596 – Albertville 20 – Chambéry 70 – Megève 41.

Grand Mont, ✆ 04 79 38 33 36, *Fax 04 79 38 39 07* – TV ☎. GB
fermé 26 avril au 4 mai et 30 sept. au 1er nov. – **Repas** 95/110 🍷, enf. 55 – ☕ 45 – **13 ch** 220/285 – ½ P 280/295.

de la Roche, ✆ 04 79 38 33 31, *Fax 04 79 38 38 60*, ☂, 🚗 – ☎ P. GB
fermé 29 mars au 5 avril et nov. – **Repas** *(fermé dim. soir sauf juil.-août)* 75/155 🍷, enf. 45 – ☕ 35 – **17 ch** 160/250 – ½ P 210/230.

BEAUGENCY *45190 Loiret* 64 ⑧ *G. Châteaux de la Loire – 6 917 h alt. 99.*

Voir Église N.-Dame★ – Donjon★ – Tentures★ dans l'hôtel de ville **H** *– Musée de l'Orléanais★ dans le château.*

Golf des Bordes (41) ✆ 02 54 87 72 13 par ③ : 9 km ; Golf de Ganay (41) ✆ 02 54 87 26 24 par ③ : 7 km.

Office de Tourisme pl. de l'Hôtel de Ville ✆ 02 38 44 54 42, Fax 02 38 46 45 31.
Paris 152 ① – Orléans 31 ① – Blois 36 ④ – Châteaudun 41 ⑥ – Vendôme 49 ⑤ – Vierzon 82 ②.

Plan page ci-contre

Écu de Bretagne, pl. Martroi **(n)** ✆ 02 38 44 67 60, *Fax 02 38 44 68 07*, ☂ – TV ☎ P – 30. AE ⓓ GB
Repas *(fermé dim. soir et lundi du 30 sept. au 1er avril)* 95/210 🍷 – ☕ 40 – **25 ch** 200/415 – ½ P 248/322.

Sologne sans rest, pl. St Firmin **(e)** ✆ 02 38 44 50 27, *Fax 02 38 44 90 19* – TV ☎. GB
fermé 20 déc. au 5 janv. – ☕ 38 – **16 ch** 230/320.

XX **P'tit Bateau,** 54 r. Pont **(u)** ✆ 02 38 44 56 38, *Fax 02 38 46 44 37*, ☂ – GB
fermé dim. soir et lundi – **Repas** *(85)* - 120/150 🍷.

X **Au Vieux Fourneau,** 12 r. Cordonnerie **(a)** ✆ 02 38 46 40 56 – AE GB
fermé 9 au 30 nov., dim. soir et lundi – **Repas** *(75)* - 95/185.

BEAUGENCY

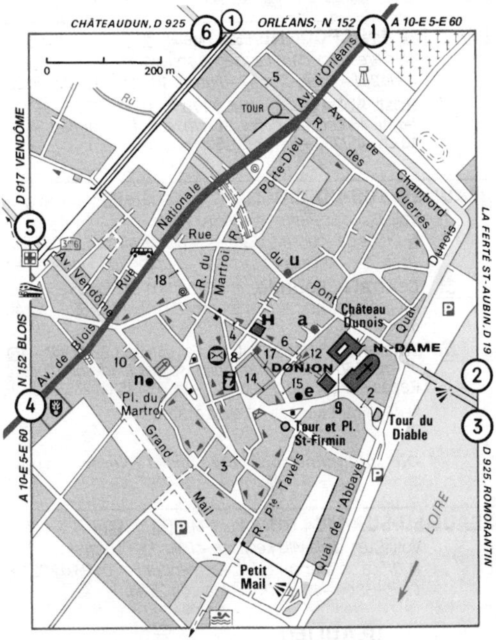

Dans la liste des rues des plans de villes, les noms en rouge indiquent les principales voies commerçantes.

à Baule *par ① : 5 km – 1 457 h. alt. 103 – ✉ 45130 :*
Voir *Meung-sur-Loire : église St-Liphard★ NE : 2 km.*

XX **Aub. Gourmande,** ✆ 02 38 45 01 02, *Fax 02 38 45 03 08,* 🍽 – AE GB
fermé 22 au 31 août, dim. soir et merc. – **Repas** 85/220.

à Tavers *par ④ : 3 km – 1 105 h. alt. 100 – ✉ 45190 :*

Tonnellerie 🐌, près Église ✆ 02 38 44 68 15, *Fax 02 38 44 10 01,* 🍽, « Jardin fleuri, 🏊 », 🎾 – 📺 ☎ P. AE GB
fermé janv. et fév. – **Repas** *(fermé dim. soir et lundi d'oct. à avril)* 95 (déj.), 135/260 ♀, enf. 65 – ☕ 65 – **15 ch** 450/840, 5 appart – ½ P 590/935.

PEUGEOT Gar. Mahu, 49 av. de Blois par ④ ✆ 02 38 44 53 20

RENAULT Gar. de la Mardelle, ZI, 63 av. d'Orléans par ① ✆ 02 38 44 50 40

BEAUJEU *69430 Rhône* 73 ⑨ *G. Vallée du Rhône – 1 874 h alt. 293.*
🅸 *Office de Tourisme Square de Grandhan ✆ 04 74 69 22 88.*
Paris 430 – Mâcon 35 – Roanne 62 – Bourg-en-Bresse 57 – Lyon 63.

XX **Anne de Beaujeu** avec ch, ✆ 04 74 04 87 58, *Fax 04 74 69 22 13,* parc – 📺 ☎. GB
fermé 3 au 13 août, 15 déc. au 15 janv., dim. soir et lundi – **Repas** 115/290 🍷 – ☕ 39 – **7 ch** 300/370 – ½ P 300/380.

CITROEN Gar. du Centre ✆ 04 74 04 87 64

PEUGEOT Gar. Desplace, ✆ 04 74 69 21 56

BEAULIEU *07460 Ardèche* 80 ⑧ *– 373 h alt. 130.*
Paris 668 – Alès 41 – Aubenas 38 – Largentière 28 – Pont-St-Esprit 52 – Privas 68 – Vallon-Pont-d'Arc 22.

Santoline 🐌, Sud-Est : 1 km ✆ 04 73 39 01 91, *Fax 04 75 39 38 79,* ≤, 🍽, « Batisse du XVIe siècle dans la garrigue », 🏊, 🪑 – ☎ P. GB
1er mai-1er oct. – **Repas** (dîner seul.)(résidents seul.) 165 – ☕ 48 – **8 ch** 350/580 – ½ P 355/480.

Les prix Pour toutes précisions sur les prix indiqués dans ce guide, reportez-vous aux pages explicatives.

BEAULIEU-EN-ARGONNE *55250 Meuse* 56 ⑳ *G. Champagne – 42 h alt. 275.*
Voir *Pressoir★ dans l'ancienne abbaye.*
Paris 241 – Bar-le-Duc 37 – Futeau 10 – Ste-Menehould 23 – Verdun 38.

Host. Abbaye , ✆ 03 29 70 72 81, *Fax 03 29 70 71 19*, ≤, , – . GB. ch
fermé 15 déc. au 1er fév. et dim. soir d'oct. à mars – **Repas** 95/180 , enf. 46 – 27 – **10 ch** 145/280 – ½ P 195/250.

BEAULIEU-SUR-DORDOGNE *19120 Corrèze* 75 ⑲ *G. Berry Limousin – 1 265 h alt. 142.*
Voir *Église St-Pierre★★ – Vieille Ville★.*
Office de Tourisme (Pâques-sept.) pl. Marbot ✆ 05 55 91 09 94.
Paris 519 – Brive-la-Gaillarde 45 – Aurillac 70 – Figeac 59 – Sarlat-la-Canéda 69 – Tulle 43.

Central H. Fournié, ✆ 05 55 91 01 34, *Fax 05 55 91 23 57*, – . GB
mi-mars-mi-nov. – **Repas** 100/250 , enf. 55 – 40 – **27 ch** 200/350 – ½ P 250/320.

Turenne, ✆ 05 55 91 10 16, *Fax 05 55 91 22 42*, – . AE GB
1er mars-30 nov. et fermé dim. soir et lundi soir d'oct. à avril et lundi midi sauf fériés – **Repas** *(75)* - 95/350 bc, enf. 70 – 40 – **15 ch** 235/290 – ½ P 260/280.

RENAULT Gar. Lavastroux, ✆ 05 55 91 12 82

Die Stadtpläne sind eingenordet (Norden = oben).

BEAULIEU-SUR-MER *06310 Alpes-Mar.* 84 ⑩, 115 ㉗ *G. Côte d'Azur – 4 013 h alt. 10.*
Voir *Site★ de la Villa Kerylos★ – Baie des Fourmis★.*
Office de Tourisme pl. G.-Clemenceau ✆ 04 93 01 02 21, Fax 04 93 01 44 04.
Paris 938 ④ – Nice 10 ④ – Menton 25 ③.

BEAULIEU-SUR-MER

Marinoni (Bd)	Y	19
Albert-1er (Av.)	Z	
Alsace-Lorraine (Bd)	Y	
Blundell-Maple (Av.)	Z	
Cavell (Av. Edith)	Z	4
Clemenceau (Pl. et R.)	Y	5
Déroulède (Bd)	Y	
Doumer (R. Paul)	Z	6
Edouard-VII (Bd)	Y	
Eiffel (R.)	Z	
Gaulle (Pl. Charles-de)	Y	
Gauthier (Bd Eugène)	Y	13
Hellènes (Av. des)	Z	14
Joffre (Bd Maréchal)	Z	
Leclerc (Bd Maréchal)	Z	18
May (Av. F.)	Z	21
Myrtes (Ch. des)	Y	
Orangers (Montée des)	Z	22
Rouvier (Promenade de M.)	Z	
St-Jean (Pont)	Z	
Yougoslavie (R. de)	Z	27

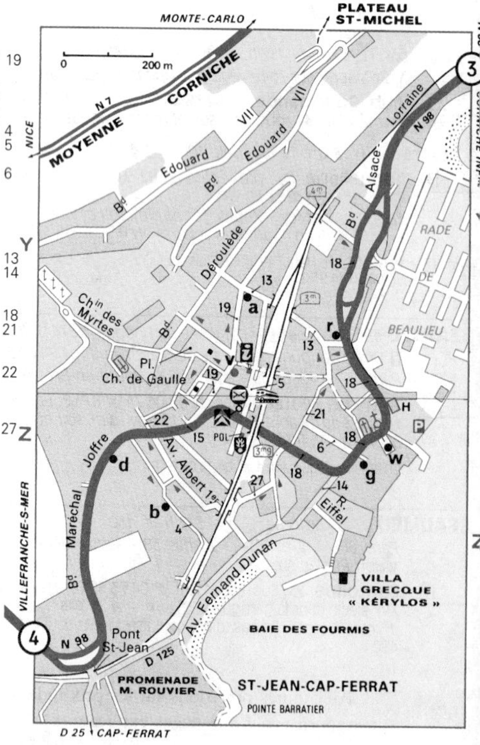

Le feu est le plus terrible ennemi de la forêt. Soyez prudent !

Réserve de Beaulieu, bd Mar. Leclerc 04 93 01 00 01, *Fax 04 93 01 28 99*, « En bordure de mer », – ch. Z w
20 mars-31 oct. – **Repas** 380/580 – 125 – **33 ch** 2450/3500, 3 appart – 1/2 P 1600/2300
Spéc. Risotto de rougets de roche au céleri feuille. Filet de dorade royale aux noisettes torréfiées. Biscuit "mirliton" aux agrumes du mentonnais.

Métropole, bd Mar. Leclerc 04 93 01 00 08, *Fax 04 93 01 18 51*, « Vaste terrasse sur mer, parc », – Z g
fermé 20 oct. au 20 déc. – **Repas** 300 bc (déj.), 400/500 – 120 – **40 ch** 1150/2900, 3 appart – 1/2 P 1300/1900.

Carlton sans rest, av. E. Cavell 04 93 01 14 70, *Fax 04 93 01 29 62*, – Z b
mars-oct. – 65 – **33 ch** 650/980.

Frisia sans rest, bd E. Gauthier 04 93 01 01 04, *Fax 04 93 01 31 92*, – Y r
fermé 16 au 30 nov. – 48 – **32 ch** 450/690.

Comté de Nice sans rest, bd Marinoni 04 93 01 19 70, *Fax 04 93 01 23 09*, – Y a
45 – **32 ch** 500/550.

Havre Bleu sans rest, bd Mar. Joffre 04 93 01 01 40, *Fax 04 93 01 29 92* – Z d
30 – **22 ch** 270/310.

Maxilien, bd Marinoni 04 93 01 47 48 – Y v
fermé vacances de Toussaint, de fév., mardi midi et jeudi midi de juin à sept. et lundi – **Repas** 98/320 et carte 260 à 440.

Autres ressources hôtelières : *voir à* ***St-Jean-Cap-Ferrat***

CITROEN Gar. de la Poste, 04 93 01 00 13

Europe — Si le nom d'un hôtel figure en petits caractères demandez, à l'arrivée, les conditions à l'hôtelier.

BEAUMESNIL *27410 Eure 55 ⑲ G. Normandie Vallée de la Seine – 527 h alt. 169.*

Voir Château★.
Paris 136 – Rouen 60 – Bernay 13 – Dreux 71 – Évreux 39.

L'Étape Louis XIII, 02 32 44 44 72, *Fax 02 32 45 53 84*, « Maison normande du 17e siècle », –
fermé 7 au 10 sept., 3 janv. au 3 fév., mardi soir et merc. – **Repas** (nombre de couverts limité, prévenir) *(120 bc)* - 165/295, enf. 70.

BEAUMONT-DE-LOMAGNE *82500 T.-et-G. 82 ⑥ G. Pyrénées Aquitaine – 3 488 h alt. 400.*

Paris 680 – Auch 49 – Toulouse 64 – Agen 60 – Castelsarrasin 25 – Condom 61 – Montauban 35.

Commerce, r. Mar. Foch 05 63 02 31 02, *Fax 05 63 65 26 22*, – ch
fermé vacances de printemps, 20 déc. au 15 janv., dim. soir et lundi – **Repas** 75/195 – 30 – **12 ch** 190/250 – 1/2 P 190/210.

CITROEN Gar. Daure, 05 63 02 35 76
PEUGEOT Gar. Oustric, 05 63 02 41 18 N 05 63 65 25 58
RENAULT Gar. Bedouch, 05 63 02 35 15 N 05 63 65 39 95

BEAUMONT-EN-AUGE *14950 Calvados 55 ③ G. Normandie Vallée de la Seine – 472 h alt. 90.*

Paris 198 – Caen 40 – Le Havre 44 – Deauville 11 – Lisieux 21 – Pont-l'Évêque 9.

Aub. de l'Abbaye, 02 31 64 82 31, *Fax 02 31 64 81 63*, « Cadre rustique normand » –
fermé 15 au 28 fév., mardi et merc. sauf juil.-août – **Repas** 160/290, enf. 80.

à La Haie-Tondue *Sud : 2 km par D 58 – ✉ 14130 :*

Haie Tondue, 02 31 64 85 00, *Fax 02 31 64 69 34* –
fermé 22 au 30 juin, 5 au 13 oct., vacances de fév., lundi soir sauf août et mardi – **Repas** 115/210.

BEAUMONT-EN-VERON *37 I.-et-L. 67 ⑨ – rattaché à Chinon.*

BEAUMONT-SUR-SARTHE *72170 Sarthe 60 ⑬ – 1 874 h alt. 76.*

Paris 222 – Alençon 24 – Le Mans 26 – La Ferté-Bernard 48 – Mamers 25 – Mayenne 61.

XX **Chemin de Fer** avec ch, à la Gare Est : 1,5 km par D 26 ✆ 02 43 97 00 05 *Fax 02 43 33 52 17*, – TV ☎ ✆ . AE ⓘ GB
fermé vacances de printemps, de Toussaint, vend. soir, dim. soir et lundi midi du 1er nov. au 30 avril – **Repas** *(65)* - 87/243 , enf. 60 – ☕ 31 – **15 ch** 210/385 – ½ P 210/290.

CITROEN Gar. Ciron, ✆ 02 43 97 03 23 N ✆ 02 43 97 03 23
PEUGEOT Gar. Noyer, ✆ 02 43 97 01 14
PEUGEOT Gar. Thureau, à la Croix-Margot-Juillé ✆ 02 43 97 00 33 N ✆ 02 43 97 00 33

BEAUMONT-SUR-VESLE *51360 Marne 56 ⑰ – 686 h alt. 100.*

Voir *Faux de Verzy★ S : 3,5 km, G. Champagne.*

Paris 160 – Reims 18 – Châlons-en-Champagne 30 – Épernay 27 – Ste-Menehould 64.

XX **Maison du Champagne** avec ch, ✆ 03 26 03 92 45, *Fax 03 26 03 97 59*, , – TV ☎ P. AE ⓘ GB, ch
fermé 2 au 17 janv., dim. soir et lundi – **Repas** 77/210 ♀, enf. 40 – ☕ 38 – **11 ch** 200/300 – ½ P 245/265.

RENAULT Gar. Lahante, ✆ 03 26 03 90 59

BEAUNE SP *21200 Côte-d'Or 69 ⑨ G. Bourgogne – 21 289 h alt. 220.*

Voir *Hôtel-Dieu★★★ et polyptyque du Jugement dernier★★★* **AZ** – *Collégiale N.-Dame★ tapisseries★★* **AY** – *Hôtel de la Rochepot★* **AY B** – *Remparts★* **AZ** – *Musée du vin de Bourgogne★* **AYZ M**[1] – *Archéodrome de Bourgogne★ 7 km au Sud.*

18 ✆ *03 80 24 10 29 à Levernois, 4 km par D 970* **BZ.**

i *Office de Tourisme r. de l'Hôtel-Dieu ✆ 03 80 26 21 30, Fax 03 80 26 21 39 – Automobile Club ✆ 03 80 26 21 30.*

Paris 311 ③ – Chalon-sur-Saône 30 ③ – Dijon 45 ③ – Autun 49 ④ – Auxerre 151 ③ – Dole 65 ③.

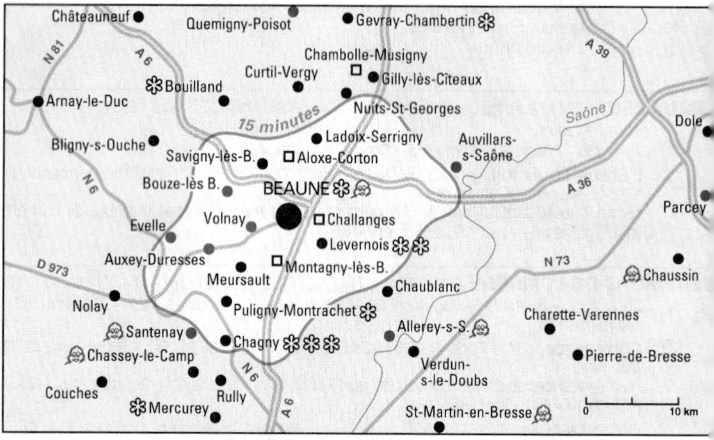

Cep sans rest, 27 r. Maufoux ✆ 03 80 22 35 48, *Fax 03 80 22 76 80* – TV ☎ ✆ – 70. AE ⓘ GB JCB AZ
☕ 80 – **53 ch** 700/1500.

Bleu Marine M, 12 bd Mar. Foch ✆ 03 80 24 01 01, *Fax 03 80 24 09 90*, , – TV ☎ ✆ – 80. AE ⓘ GB JCB AY
Clos du Cèdre : **Repas** 99(déj.),145/210 ♀, enf. 60 – ☕ 50 – **34 ch** 480/800, 6 duplex – ½ P 420/550.

Poste, 5 bd Clemenceau ✆ 03 80 22 08 11, *Fax 03 80 24 19 71*, – , ch, TV ☎ ✆ – 25. AE ⓘ GB JCB AZ
St-Christophe : ✆ 03 80 22 23 39 *(fermé 5 au 11 janv., merc. de déc. à mars et sam. midi)* **Repas** 145/390 ♀, enf. 90 – ☕ 70 – **23 ch** 650/1000, 7 appart – ½ P 500/850.

Mercure M, av. Ch. de Gaulle ✆ 03 80 22 22 00, *Fax 03 80 22 91 74*, , – TV ☎ ✆ P – 60. AE ⓘ GB JCB AZ
Repas *(fermé sam. et dim. de déc. à fév.) (80)* - 98/150 ♀, enf. 50 – ☕ 50 – **120 ch** 410/470.

BEAUNE

Carnot (R.) .... AZ 4
Lorraine (R. de) .... AY

Alsace (R. d') .... AZ 2
Bourgelat (R.) .... AZ 3
Carnot (Pl.) .... AZ 5
Château (R. du) .... BY 6
Enfant (R. de l') .... AY 7
Fleury (Pl.) .... AZ 8
Fraysse (R. E.) .... AZ 9
Halle (Pl. de la) .... AZ 10
Maufoux (R.) .... AZ 12
Monge (Pl.) .... AY 13
Monge (R.) .... AZ 14
Perpreuil (Bd) .... AZ 16
Poterne (R.) .... AZ 17
Rousseau-Deslandes (R.) .... BY 18
St-Nicolas (R. du Fg.) .... AY 20
Ste-Marguerite (R.) .... AY 21
Tonneliers (R. des) .... AY 22

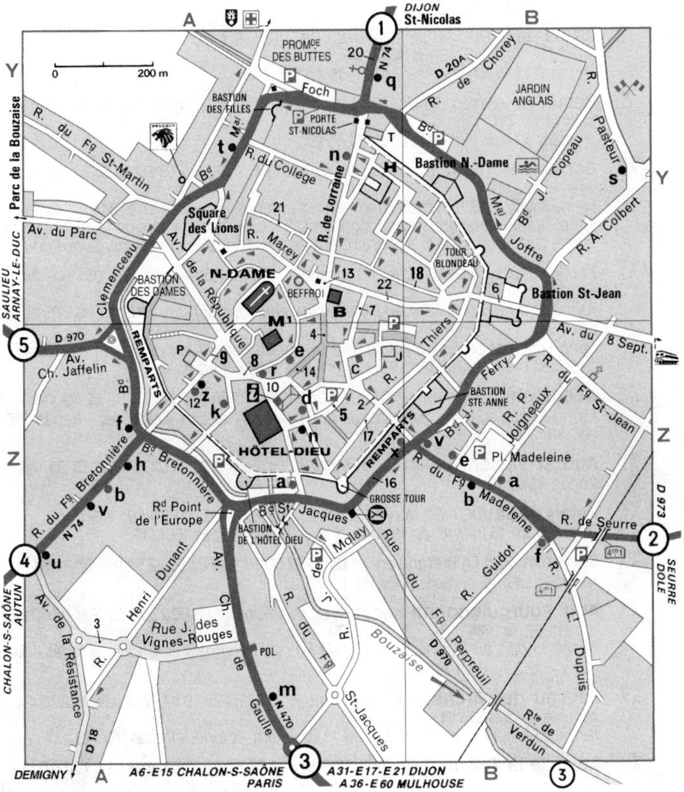

Henry II sans rest, 12 r. Fg St-Nicolas ☎ 03 80 22 83 84, *Fax 03 80 24 15 13* – AE GB JCB. — AY q
40 – **50 ch** 380/540.

Closerie sans rest, par ④ *rte Autun N 74* ☎ 03 80 22 15 07, *Fax 03 80 24 16 22*, – AE GB JCB
fermé 24 déc. au 15 janv. – 52 – **47 ch** 420/560.

Belle Epoque sans rest, 15 r. Fg Bretonnière ☎ 03 80 24 66 15, *Fax 03 80 24 17 49*, – AE GB — AZ h
46 – **16 ch** 395/695.

Central, 2 r. V. Millot ☎ 03 80 24 77 24, *Fax 03 80 22 30 40* – AE GB — AZ n
fermé 20 nov. au 20 déc. – **Repas** *(fermé jeudi midi et merc. de nov. à juin)* 95/210 – 48 – **20 ch** 345/480 – 1/2 P 400/450.

Grillon, 21 rte Seurre par ② : *1 km* ☎ 03 80 22 44 25, *Fax 03 80 24 94 89*, – AE GB
fermé fév. – ***Le Verger*** ☎ 03 80 24 28 05 *(fermé fév., merc. midi et mardi)* **Repas** 90/270, enf. 45 – 33 – **18 ch** 260/350.

Host. de Bretonnière sans rest, 43 r. Fg Bretonnière ☎ 03 80 22 15 77, *Fax 03 80 22 72 54* – GB — AZ v
fermé 17 nov. au 17 déc. et 3 au 10 fév. – 40 – **25 ch** 295/425.

Cloche, 42 r. Fg Madeleine ✆ 03 80 24 66 33, *Fax 03 80 24 04 24*, – rest, AE GB BZ
hôtel : fermé 24 déc. au 15 janv. ; rest. : fermé janv., lundi soir et mardi – **Repas** 79/195 enf. 50 – 40 – **22 ch** 370/380.

Villa Fleurie sans rest, 19 pl. Colbert ✆ 03 80 22 66 00, *Fax 03 80 22 45 46* – GB
40 – **10 ch** 300/370. BY

Alésia sans rest, 4 av. Sablières, rte Dijon par ① : *1 km* ✆ 03 80 22 63 27 *Fax 03 80 24 95 28* – GB
fermé 15 déc. au 20 janv. – 32 – **15 ch** 195/330.

Beaun'H. sans rest, 55 bis r. Fg Bretonnière ✆ 03 80 22 11 01, *Fax 03 80 22 46 66* – AE GB AZ
1er mars-30 nov. – 37 – **17 ch** 237/298.

Bernard Morillon, 31 r. Maufoux ✆ 03 80 24 12 06, *Fax 03 80 22 66 22*, – AE GB JCB AZ
fermé 3 janv. au 3 fév., mardi midi et lundi – **Repas** 180/480 et carte 410 à 520
Spéc. Gratin de langoustines façon "Brillat Savarin". Jeune pigeonneau "Souvaroff" rôti Tourte d'escargots à la crème d'ail et jus de persil. **Vins** Beaune blanc, Saint-Romain.

Jardin des Remparts (Chanliaud), 10 r. Hôtel-Dieu ✆ 03 80 24 79 41 *Fax 03 80 24 92 79*, – GB AZ
fermé 1er au 10 août, 7 fév. au 8 mars, dim. et lundi sauf fêtes – **Repas** 135/305 et carte 260 à 340
Spéc. Foie gras de canard poché dans une gelée. Sandre du Doubs (saison). Gâteau tiède au chocolat, glace vanille. **Vins** Bourgogne Aligoté, Saint Romain.

L'Écusson, pl. Malmédy ✆ 03 80 24 03 82, *Fax 03 80 24 74 02*, – AE GB BZ
fermé 29 juin au 6 juil., vacances de fév., merc. soir et dim. sauf fériés – **Repas** 135/260, enf. 70.

Aub. St-Vincent, pl. Halle ✆ 03 80 22 42 34, *Fax 03 80 24 02 75* – AE GB
Repas 95/220. AZ r

Relais de Saulx, 6 r. L. Véry ✆ 03 80 22 01 35, *Fax 03 80 22 41 01* – GB AZ k
fermé 1er au 15 juin, 1er au 15 août, dim. et lundi – **Repas** 160/215.

Bénaton, 25 r. Fg Bretonnière ✆ 03 80 22 00 26, *Fax 03 80 22 51 95*, – GB AZ b
fermé jeudi midi et merc. – **Repas** 130/200.

Aub. Bourguignonne avec ch, 4 pl. Madeleine ✆ 03 80 22 23 53, *Fax 03 80 22 51 64* – rest, GB BZ a
fermé 15 déc. au 15 janv., dim. soir de fin nov. à mi-mars et lundi sauf fériés – **Repas** 79/208 – 33 – **8 ch** 295/340.

Caveau des Arches, 10 bd Perpreuil ✆ 03 80 22 10 37, *Fax 03 80 22 76 44*, « Salles voûtées » – AE GB ABZ x
fermé 25 juil. au 11 août, 24 déc. au 15 janv., dim. et lundi – **Repas** 85/145.

Aub. de la Toison d'Or, 4 bd J. Ferry ✆ 03 80 22 29 62, *Fax 03 80 24 07 11* – AE GB BZ v
fermé 6 au 14 juil., 21 déc. au 4 janv., dim. soir et lundi – **Repas** *(72)* - 89/245, enf. 50.

Maxime, 3 pl. Madeleine ✆ 03 80 22 17 82, *Fax 03 80 24 90 81*, – AE GB BZ e
fermé vacances de fév., dim. soir et lundi sauf fériés – **Repas** 65/155.

Ciboulette, 69 r. Lorraine ✆ 03 80 24 70 72, *Fax 03 80 22 79 71* – AE GB AY n
fermé 9 fév. au 4 mars, 3 au 18 août, lundi et mardi – **Repas** 94/129.

Gourmandin, 8 pl. Carnot ✆ 03 80 24 07 88, *Fax 03 80 22 27 42* – GB AZ d
fermé du 4 au 24 janv., lundi soir hors saison, merc. midi en saison et mardi – **Repas** 75/170.

P'tit Paradis, 25 r. Paradis ✆ 03 80 24 91 00 – GB AZ e
fermé 16 nov. au 1er déc., 22 fév. au 9 mars, lundi soir et mardi – **Repas** (prévenir) 69/150.

à Savigny-lès-Beaune *par ①, D 18 et D 2 : 7 km – 1 392 h. alt. 237 – ✉ 21420 :*
Syndicat d'Initiative (saison) r. Vauchey-Véry ✆ 03 80 26 12 56 – Mairie ✆ 03 80 21 51 21, Fax 03 80 21 56 63.

L'Ouvrée, rte Bouilland ✆ 03 80 21 51 52, *Fax 03 80 26 10 04*, – GB
fermé 1er fév. au 13 mars – **Repas** 80/250, enf. 50 – 35 – **22 ch** 280/310 – 1/2 P 265/295.

Cuverie, 5 r. Chanoine Donin ✆ 03 80 21 50 03, *Fax 03 80 21 50 03* – GB
fermé 20 déc. au 10 janv., mardi soir et merc. d'oct. à juin – **Repas** 86/200.

rte de Dijon *par ① : 4 km – ✉ 21200 Beaune :*

XXXX **Ermitage de Corton** (Parra) M avec ch, ☎ 03 80 22 05 28, *Fax 03 80 24 64 51*, ≤, 🍽, 🌳 – TV ☎ P. AE ⓓ GB JCB
✿ *fermé mi-janv. à mi-fév.* – **Repas** *(fermé dim. soir et lundi)* (nombre de couverts limité, prévenir) 185 (déj.), 220/750 et carte 380 à 570 – ☕ 95 – **4 ch** 950/1500, 6 appart 1500/1800
Spéc. Pieds de porc farcis à la graine de moutarde de Beaune. "Sot-l'y-laisse" en brochette, tartine de foie gras. Glace au caramel, crème de mûres et mini-crêpes au Grand Marnier. **Vins** Chorey-les-Beaune, Pernand-Vergelesses.

à Aloxe-Corton *par ① : 6 km – 187 h. alt. 255 – ✉ 21420 :*

Villa Louise Clarion sans rest, ☎ 03 80 26 46 70, *Fax 03 80 26 47 16*, « Jardin » – TV ☎ P. GB JCB
☕ 75 – **10 ch** 500/800.

à Ladoix-Serrigny *par ① et N 74 : 7 km – 1 549 h. alt. 200 – ✉ 21550 :*

Gremelle, à Buisson ☎ 03 80 26 40 56, *Fax 03 80 26 48 23*, 🍽, 🏊, 🌳 – TV ☎ P. AE ⓓ GB
1er mars-1er déc. – **Repas** (85) - 135/295 – ☕ 45 – **20 ch** 180/350 – ½ P 350.

XX **Les Coquines,** à Buisson ☎ 03 80 26 43 58, *Fax 03 80 26 49 59*, 🍽, 🌳 – P. AE ⓓ GB
fermé 24 déc. au 2 janv., 5 au 20 fév., merc. soir et jeudi – **Repas** 155/225 ♀.

à Challanges *par ② puis D 111 : 4 km – ✉ 21200 Beaune :*

Château de Challanges M sans rest, r. Templiers ☎ 03 80 26 32 62, *Fax 03 80 26 32 52*, « Belle demeure dans un parc » – TV ☎ P. AE ⓓ GB. 🚫
15 mars-30 nov. – ☕ 60 – **9 ch** 530/680, 5 appart.

au Sud-Est près de l'échangeur A 6 *par ③ : 2 km – ✉ 21200 Beaune :*

Novotel M, av. Ch. de Gaulle ☎ 03 80 24 59 00, *Fax 03 80 24 59 29*, 🍽, 🏊 – 🛗 ⊁ ▤ TV ☎ ♿ P – 🏛 150. AE ⓓ GB
Repas (85) - 100/135 ♀, enf. 50 – ☕ 55 – **127 ch** 450/550.

Relais Motel 21, rte Verdun ☎ 03 80 24 15 30, *Fax 03 80 24 16 10*, 🍽, 🏊 – TV ☎ ♿ P – 🏛 30. AE ⓓ GB
Repas 87/140 🍷 – ☕ 38 – **42 ch** 285.

à Levernois *Sud-Est : 5 km par rte de Verdun-sur-le-Doubs, D 970 et D 111L* - **BZ** – *285 h. alt. 198 – ✉ 21200 :*

Colvert Golf H. M sans rest, ☎ 03 80 24 78 20, *Fax 03 80 24 77 70*, ≤ – 🛗 TV ☎ ♿ 🚗 P. AE ⓓ GB
fermé 15 déc. au 15 janv. – ☕ 50 – **24 ch** 280/350.

Parc sans rest, ☎ 03 80 24 63 00, *Fax 03 80 24 21 19*, parc – TV ☎ P. GB
fermé 1er déc. au 15 janv. – ☕ 36 – **25 ch** 245/490.

XXXX **Host. de Levernois** (Crotet) M avec ch, rte Combertault ☎ 03 80 24 73 58, *Fax 03 80 22 78 00*, 🍽, « Jardin fleuri et parc », 🎾 – ▤ rest, TV ☎ P. AE ⓓ GB
✿✿ *fermé 23 au 26 déc., mardi sauf le soir d'avril à oct. et merc. midi de nov. à mars* – **Repas** 200 bc (déj.), 340/535 et carte 330 à 590 ♀ – ☕ 95 – **16 ch** 950/1100 – ½ P 1150
Spéc. Petits escargots en cocotte lutée. Suprême de bar. Poulet de Bresse rôti, pomme purée. **Vins** Saint-Aubin, Savigny-lès-Beaune.

X **Garaudière,** ☎ 03 80 22 47 70, *Fax 03 80 22 64 01*, 🍽, 🌳 – GB
fermé déc., dim. de janv. à Pâques et lundi – **Repas** grill 90 ♀.

à Montagny-lès-Beaune *par ③ et D 113 : 3 km – 763 h. alt. 206 – ✉ 21200 :*

Les Genièvres sans rest, ☎ 03 80 22 37 74, *Fax 03 80 24 23 18*, 🌳 – ☎ 🚗 P. AE GB
fermé 20 déc. au 5 janv. et dim. du 1er nov. au 1er mars – ☕ 30 – **19 ch** 150/240.

à Meursault *par ④ : 8 km – 1 538 h. alt. 243 – ✉ 21190 :*

Office de Tourisme (saison) pl. Hôtel-de-Ville ☎ 03 80 21 25 90.

Magnolias sans rest, 8 r. P. Joigneaux ☎ 03 80 21 23 23, *Fax 03 80 21 29 10*, « Belle décoration intérieure » – ⊁ ☎ P. AE GB. 🚫
1er mars-30 nov. – ☕ 48 – **12 ch** 400/620.

Les Charmes sans rest, pl. Murger ☎ 03 80 21 63 53, *Fax 03 80 21 62 89*, 🏊, 🌳 – TV ☎ ♿ P. GB. 🚫
1er mars-30 nov. – ☕ 48 – **14 ch** 420/580.

Motel Au Soleil Levant, rte Beaune ☎ 03 80 21 23 47, *Fax 03 80 21 65 67* – TV ☎ P. GB
Repas *(fermé 21 nov. au 21 déc.)* 68/134 ♀ – ☕ 30 – **43 ch** 212/384.

XX **Relais de la Diligence,** à la gare Sud-Est : 2,5 km par D 23 ✆ 03 80 21 21 32, *Fax 03 80 21 64 69, ←,* – **P**. AE ① GB
fermé 15 déc. au 21 janv., mardi soir et merc. de nov. à juin – **Repas** 74/185 ♀, enf. 49.

X **Bouchon,** pl. Hôtel-de-Ville ✆ 03 80 21 29 56, *Fax 03 80 21 29 56* – AE GB
fermé 17 nov. au 22 déc., dim. soir et lundi – **Repas** 71/155 ♀, enf. 48.

à Puligny-Montrachet *par ④ et N 74 : 12 km – 466 h. alt. 227 – ✉ 21190 :*

Montrachet ✆ 03 80 21 30 06, *Fax 03 80 21 39 06* – TV ☎ ♿. AE ① GB
fermé 1er déc. au 10 janv. et merc. midi – **Repas** 195/425 et carte 310 à 430 ♀ – ☕ 55 – **32 ch** 475/795 – ½ P 585
Spéc. Escargots de Bourgogne en coquille. Blanc de volaille de Bresse au foie gras. Tarte chaude aux pommes, sorbet au cidre. **Vins** Puligny-Montrachet, Chassagne-Montrachet.

à Auxey-Duresses *par ④ et D 973 : 8 km – 351 h. alt. 260 – ✉ 21190 :*

XX **Crémaillère,** ✆ 03 80 21 22 60, *Fax 03 80 21 62 65* – GB
fermé 1er au 8 juil., vacances de fév., lundi soir et mardi – **Repas** 95/210, enf. 45.

à Volnay *par ④ et N 74 – 355 h. alt. 290 – ✉ 21190 :*

X **Aub. des Vignes,** N 74 ✆ 03 80 22 24 48, *Fax 03 80 24 25 23* – **P**. GB
fermé 23 au 30 nov., 7 au 25 fév., dim. soir et lundi sauf fériés – **Repas** 68/198.

à Bouze-lès-Beaune *par ⑤ et D 970 : 6,5 km – 247 h. alt. 400 – ✉ 21200 :*

X **Bouzerotte,** ✆ 03 80 26 01 37, *Fax 03 80 26 01 37,* – GB
fermé 29 déc. au 6 janv., 16 fév. au 3 mars, lundi soir et mardi – **Repas** (dim. prévenir) 99/258.

voir aussi *ressource hôtelière de* **Bouilland**

BMW Gar. Savy 21, 23 r. J.-Germain ZI ✆ 03 80 22 88 69
CITROEN Gar. Champion, 1 rte de Pommard par ④ ✆ 03 80 25 03 03 **N** ✆ 03 80 25 03 03
CITROEN Gar. Chaffraix, 47 r. Fg-St-Nicolas par ① ✆ 03 80 22 17 55
FIAT, LANCIA Gar. Bolatre, 40 fg Bretonnière ✆ 03 80 24 02 18 **N** ✆ 03 80 61 55 57
FORD Gar. Moreau, 135 bis rte de Dijon ✆ 03 80 25 02 00 **N** ✆ 03 80 20 73 28
PEUGEOT Gar. Champion, 42 rte de Pommard par ④ ✆ 03 80 26 20 20 **N** ✆ 03 80 20 74 61
PEUGEOT Gar. Biais, 30 bd Foch ✆ 03 80 24 71 72 **N** ✆ 03 80 24 71 72
RENAULT Beaune Auto, 78 rte de Pommard par ④ ✆ 03 80 24 35 00 **N** ✆ 03 80 22 87 04

Gaudry Pneu Point S, 148 rte de Dijon ✆ 03 80 22 14 21

BEAUPRÉAU *49600 M.-et-L.* 67 ⑤ *G. Châteaux de la Loire – 5 937 h alt. 73.*

Office de Tourisme (saison) ✆ *02 41 71 76 65, Mairie* ✆ *02 41 71 76 60.*
Paris 345 – Angers 53 – Ancenis 28 – Châteaubriant 74 – Cholet 19 – Nantes 53 – Saumur 85.

à la Chapelle-du-Genêt *Sud-Ouest : 3 km – 924 h. alt. 95 – ✉ 49600 :*

XX **Aub. de la Source,** ✆ 02 41 63 03 89, *Fax 02 41 63 35 34* – GB
fermé 1er au 17 août, dim. soir, lundi soir et sam. midi – **Repas** 106/265 ♀.

BEAURECUEIL *13100 B.-du-R.* 84 ③, 114 ⑯ *– 510 h alt. 254.*

Paris 765 – Marseille 36 – Aix-en-Provence 9 – Aubagne 33 – Brignoles 49.

XXX **Relais Ste-Victoire** (Jugy-Berges) avec ch, D 46 ✆ 04 42 66 94 98, *Fax 04 42 66 85 96, ←,* – TV ☎ **P**. AE ① GB
fermé vacances de Toussaint, 2 au 11 janv., vacances de fév., vend. midi, dim. soir et lundi – **Repas** (week-ends prévenir) 280/450, enf. 140 – ☕ 70 – **10 ch** 500/600 – ½ P 500/600
Spéc. Petits farcis provençaux. Faisan à la broche farci aux pieds de porc (saison). Pain perdu à la fleur d'oranger et glace à l'huile d'olive. **Vins** Côtes de Provence, Coteaux d'Aix-en-Provence.

BEAUREPAIRE *38270 Isère* 77 ② *– 3 735 h alt. 259.*

Paris 520 – Annonay 42 – Grenoble 66 – Romans-sur-Isère 39 – St-Étienne 81 – Tournon-sur-Rhône 56 – Vienne 32.

XXX **Fiard** avec ch, av. Terreaux ✆ 04 74 84 62 02, *Fax 04 74 84 71 13* – TV ☎. AE ① GB
fermé dim. soir sauf juil.-août – **Repas** *(fermé 15 janv. au 10 fév., dim. soir sauf juil.-août et lundi midi sauf fêtes)* (85) - 138/395 et carte 280 à 380 ♀ – ☕ 40 – **15 ch** 250/400.

aux Roches de Pajay *Est : 3 km par D 519 – 736 h. alt. 358 – ✉ 38260 Pajay :*

X **Chandelier,** ✆ 04 74 84 66 67 – **P**. GB
fermé dim. soir – **Repas** (dîner sur réservation) 60 (déj.), 98/198.

CITROEN Gar. des Alpes, ✆ 04 74 84 60 13
PEUGEOT Gar. Boyet, ✆ 04 74 84 61 37
RENAULT Gar. des Terreaux, ✆ 04 74 84 61 50 **N** ✆ 04 74 84 61 50

BEAUREPAIRE-EN-BRESSE *71 S.-et-L.* 70 ⑬ – *rattaché à Louhans.*

BEAUSOLEIL *06 Alpes-Mar.* 84 ⑩, 115 ㉗ – *rattaché à Monaco.*

Le BEAUSSET *83330 Var* 84 ⑭, 114 ㊹ – *7 114 h alt. 167.*

Voir ≤★ *de la chapelle N.-D. du Beausset-Vieux S : 4 km,* G. Côte d'Azur.

Office de Tourisme pl. Ch.-de-Gaulle ✆ 04 94 90 55 10, Fax 04 94 98 51 83.

Paris 817 – Toulon 19 – Aix-en-Provence 65 – Marseille 46.

Motel la Cigalière, Nord : 1,5 km par N 8 et rte secondaire ✆ 04 94 98 64 63, *Fax 04 94 98 66 04*, parc, – cuisinette – 25. GB.
hôtel : fermé 1er au 15 oct., 1er au 7 fév. et dim. soir du 1er oct. au 15mai ; rest : ouvert 15 mai-30 sept – **Repas** (dîner seul.) 95/135 – 40 – **14 ch** 350/395, 5 studios – ½ P 320/350.

Mas Lei Bancau, Sud : 2 km par N 8 et rte secondaire ✆ 04 94 90 27 78, *Fax 04 94 90 29 00*, parc, – GB. ch
fermé 5 janv. au 5 fév. – **Repas** *(fermé jeudi midi et merc.)* 135/230 – 45 – **8 ch** 420/585 – ½ P 425/485.

Fontaine des Saveurs, 17 bd Chanzy ✆ 04 94 98 50 01 – AE GB
fermé 19 oct. au 6 nov., dim. soir et merc. d'oct. à mars – **Repas** 98 bc (déj.), 129/219 ♀.

Miquelette, Sud : 2 km par N 8 et rte secondaire ✆ 04 94 90 50 79, ≤, – P. GB
21 mai-20 sept. et fermé le midi en juil.-août (sauf sam. et dim.), dim. soir et lundi – **Repas** carte 140 à 220.

RENAULT Central Gar. Augier, ✆ 04 94 98 70 10

Michel Pneum., ✆ 04 94 90 44 70

BEAUVAIS P *60000 Oise* 55 ⑨ ⑩ *G. Flandres Artois Picardie* – *54 190 h alt. 67.*

Voir *Cathédrale St-Pierre*★★★ *: horloge astronomique*★ – *Église St-Étienne*★ *: vitraux*★★ *et arbre de Jessé*★★★ – *Musée départemental de l'Oise*★ *dans l'ancien palais épiscopal* **M**[1].

Office de Tourisme r. Beauregard ✆ 03 44 45 08 18, Fax 03 44 45 63 95.

Paris 83 ④ – Compiègne 60 ③ – Amiens 61 ② – Arras 134 ② – Boulogne-sur-Mer 182 ① – Dieppe 107 ⑤ – Évreux 97 ⑤ – Rouen 82 ⑤.

Plan page suivante

Cygne sans rest, 24 r. Carnot **(u)** ✆ 03 44 48 68 40, *Fax 03 44 45 16 76* – AE GB
38 – **20 ch** 155/325.

Résidence sans rest, 24 r. L. Borel par ② *et r. D. Maillart* ✆ 03 44 48 30 98, *Fax 03 44 45 09 42* – P. GB
fermé 26 juil. au 10 août et dim. soir d'oct. à mars – 30 – **23 ch** 190/260.

Trois Maillets-La Coquerie, 1 r. St-Quentin **(b)** ✆ 03 44 48 58 45, *Fax 03 44 48 51 30*, – AE GB
fermé 1er au 15 août, 20 au 30 déc., sam. midi et dim. – **Repas** 160/265 ♀.

à l'Est *par ③ : 3 km – ✉ 60000 Beauvais :*

Host. St-Vincent M, r. Clermont ✆ 03 44 05 49 99, *Fax 03 44 05 52 94*, – P – 70. AE GB
Repas *(fermé sam. midi)* 78/180 ♀ – 37 – **48 ch** 298 – ½ P 248.

par ④ *: 3 km sur rte de Paris – ✉ 60000 Beauvais :*

Relais Mercure M sans rest, quartier St-Lazare ✆ 03 44 02 80 80, *Fax 03 44 02 12 50*, – P – 40. AE GB
52 – **60 ch** 340/390.

à Allonne *par ④ et N 1 : 5 km – 1 199 h. alt. 80 – ✉ 60000 :*

Bellevue, ✆ 03 44 02 17 11, *Fax 03 44 02 54 44* – P. AE GB
fermé sam. et dim. – **Repas** carte 140 à 270 ♀.

BMW, TOYOTA Gar. du Franc Marché, r. P.-et-M.-Curie ZAC St-Lazare ✆ 03 44 05 15 25
CITROEN S.A.P.D.A, rte d'Amiens par ② ✆ 03 44 06 07 70 N ✆ 03 44 06 07 70
FIAT, LANCIA Gar. Piscine, r. Becquerel ✆ 03 44 02 84 00
MERCEDES Gar. Techstar, ZI du Bracheux r. du Moulin ✆ 03 44 05 47 00 N ✆ 03 20 67 48 04
PEUGEOT Le Nouveau Gar., N 1 - 2 r. Gay Lussac par ④ ✆ 03 44 05 20 40
RENAULT S.E.G.O Gueudet, N 181 rte d'Amiens par ② ✆ 03 44 06 06 60 N ✆ 03 44 04 95 01

Cacaux Point S, ZI n°2, 21 av. B.-Pascal ✆ 03 44 05 21 60
Vulco, 5 r. 51e R.-I. ✆ 03 44 45 91 23

BEAUVAIS

Carnot (R.)
Gambetta (R.)
Hachette (Pl. J.) 10
Madeleine (R. de la)
Malherbe (R. de) 18
St-Pierre (R.) 24

Beauregard (R.) 2
Brière (Bd J.) 3
Clemenceau (Pl.) 4
Dr-Gérard (R.) 5
Dr-Lamotte (Bd du) 6
Dreux (R. Ph. de) 7
Grenier-à-Sel (R.) 8
Guéhengnies (R. de) 9
Halles (Pl. des) 12
Leclerc (R. Mar.) 13
Lignières (R. J. de) 15
Loisel (Bd A.) 16
Nully-d'Hécourt (R.) 19
République (Av. de la) 20
St-André (Bd) 22
St-Laurent (R.) 23
St-Vincent-de-Beauvais (R.) . 26
Scellier (Cours) 27
Taillerie (R. de la) 29
Tapisserie (R. de la) 30
Villiers de l'Isle Adam (R.) . . 35
Watrin (R. du Gén.) 36
27 Juin (R. du) 38

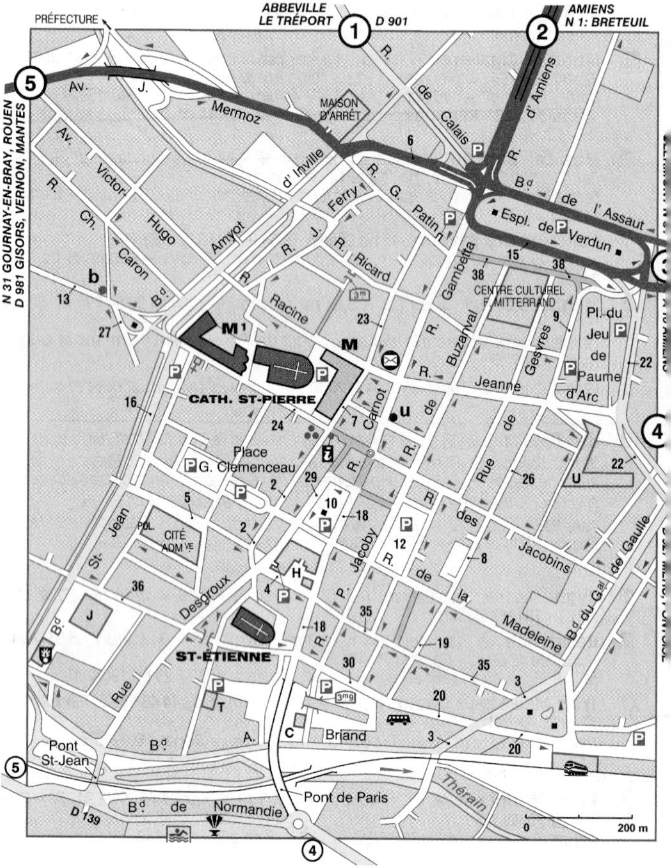

L'EUROPE en une seule feuille
Cartes Michelin n° 970 (routière, pliée) et n° 973 (politique, plastifiée).

BEAUVEZER *04370 Alpes-de-H.-P.* 81 ⑧ *G. Alpes du Sud – 226 h alt. 1150.*

Paris 783 – Digne-les-Bains 66 – Annot 31 – Castellane 43 – Manosque 106 – Puget-Théniers 52.

Bellevue, pl. Église ✆ 04 92 83 51 60, – ☎. GB
fermé nov., déc. et mardi sauf vacances scolaires – **Repas** 70 (déj.), 97/125 ꙋ, enf. 45 – ☕ 38 – **12 ch** 220/235 – ½ P 215/240.

BEAUVOIR *50 Manche* 59 ⑦ *– rattaché au Mont-St-Michel.*

BEAUVOIR-SUR-MER *85230 Vendée* 67 ① ② – *3 277 h alt. 8.*

Office de Tourisme r. Ch.-Gallet ☎ 02 51 68 71 13, Fax 02 51 49 05 04.

Paris 445 – Nantes 58 – La Roche-sur-Yon 58 – Challans 15 – Noirmoutier-en-l'Ile 29 – Pornic 32.

Relais des Touristes (annexe M), rte Gois ☎ 02 51 68 70 19, *Fax 02 51 49 33 45*, – ☎ P – 25. AE GB JCB
Repas *(55)* - 68/230, enf. 52 – 35 – **41 ch** 300/370 – ½ P 280/310.

BEAUVOIR-SUR-NIORT *79360 Deux-Sèvres* 72 ① – *1 242 h alt. 66.*

Paris 418 – La Rochelle 57 – Niort 16 – St-Jean-d'Angély 28.

Aub. des Voyageurs, ☎ 05 49 09 70 16, *Fax 05 49 09 65 78* – AE GB
fermé 4 au 10 janv., dim. soir en hiver et merc. sauf le midi en été – **Repas** 78/335 ♀, enf. 55.

RENAULT Gar. Bello Visu, ☎ 05 49 09 70 12

BEAUVOIS-EN-CAMBRÉSIS *59157 Nord* 53 ④ – *2 099 h alt. 89.*

Paris 191 – St-Quentin 39 – Arras 48 – Cambrai 12 – Valenciennes 35.

Buissonnière, ☎ 03 27 85 29 97, *Fax 03 27 76 25 74*, – P. AE GB
fermé août, dim. soir et lundi sauf fériés – **Repas** 130/200.

CITROEN Gar. Fontaine, ☎ 03 27 85 29 07

BEAUZAC *43590 H.-Loire* 76 ⑧ *G. Vallée du Rhône* – *1 955 h alt. 565.*

Syndicat d'Initiative pl. de l'Église ☎ 04 71 61 50 74.

Paris 557 – Le Puy-en-Velay 46 – St-Étienne 43 – Craponne-sur-Arzon 31.

Air du Temps avec ch, à Confolent, Ouest : 4 km par D 461 ☎ 04 71 61 49 05, *Fax 04 71 61 50 91* – ☎. GB
fermé 1er au 7 sept., 2 au 31 janv., dim. soir et lundi – **Repas** 95/315, enf. 60 – 35 – **8 ch** 230/290 – ½ P 240.

à **Bransac** *Sud : 3 km par D 42 – ✉ 43590 :*

Table du Barret M, ☎ 04 71 61 47 74, – ☎ P. GB
fermé 5 au 13 oct., 1er fév. au 1er mars, dim. soir, soirs fériés et lundi – **Repas** 80/260 ♀, enf. 55 – 30 – **9 ch** 220 – ½ P 210.

BEBLENHEIM *68980 H.-Rhin* 87 ⑰ *G. Alsace Lorraine* – *918 h alt. 212.*

Paris 473 – Colmar 10 – Gérardmer 57 – Ribeauvillé 5 – St-Dié 46 – Sélestat 18.

Kanzel M sans rest, chemin des Amandiers ☎ 03 89 49 08 00, *Fax 03 89 47 99 10*, ← Vosges et vignobles, – cuisinette ☎ P – 60. AE GB
10 ch 750, 14 appart 1650.

Le BEC-HELLOUIN *27800 Eure* 55 ⑮ – *434 h alt. 101.*

Paris 151 – Rouen 41 – Bernay 23 – Évreux 48 – Lisieux 47 – Pont-Audemer 24.

Aub. de l'Abbaye avec ch, ☎ 02 32 44 86 02, *Fax 02 32 46 32 23*, , « Demeure normande du 18e siècle » – ☎ – 80. AE GB
fermé lundi soir et mardi du 11 nov. à Pâques – **Repas** *(140)* - 200/370 ♀ – 40 – **9 ch** 400/420 – ½ P 420.

BÉDOIN *84410 Vaucluse* 81 ⑬ *G. Provence et Alpes du Sud* – *2 215 h alt. 295.*

Voir *Le Paty* ←★ *NO : 4,5 km.*

Office de Tourisme espace Marie-Louis Gravier ☎ 04 90 65 63 95, Fax 04 90 12 81 55.

Paris 693 – Avignon 42 – Carpentras 16 – Nyons 37 – Sault 35 – Vaison-la-Romaine 21.

Pins , 1 km chemin des Crans ☎ 04 90 65 92 92, *Fax 04 90 65 60 66*, , , – ☎ P. GB. rest
hôtel : 15 mars-3 nov.; rest : 1er avril-15 oct. – **Repas** (dîner seul.) 110/130 – 45 – **25 ch** 340/365 – ½ P 350.

à **Ste-Colombe** *Est : 4 km par rte du Mont-Ventoux – ✉ 84410 :*

Garance M sans rest, ☎ 04 90 12 81 00, *Fax 04 90 65 93 05*, ←, – ☎ P. GB
38 – **14 ch** 250/295.

Colombe, ☎ 04 90 65 61 20, ←, – P. GB.
fermé 15 nov. au 31 mars sauf week-ends, dim. soir d'oct. à mai, mardi midi de juin à sept. et lundi – **Repas** 90/260, enf. 40.

rte du Mont-Ventoux *Est : 6 km – ✉ 84410 Bédoin :*

XX **Mas des Vignes,** au virage de St-Estève ✆ 04 90 65 63 91, ≤ Dentelles de Montmirail et le Comtat, – P. AE GB
14 mars-2 nov. et fermé dim. soir et lundi sauf juil.-août – **Repas** 150/205.

BEG-MEIL *29 Finistère 58 ⑮ G. Bretagne – ✉ 29170 Fouesnant.*

Office de Tourisme (mi juin-mi sept.) ✆ 02 98 94 97 47, Fax 02 98 56 64 02.

Paris 560 – Quimper 21 – Carhaix-Plouguer 70 – Concarneau 17 – Pont-l'Abbé 23 – Quimperlé 44.

Bretagne, 14 r. Glénan ✆ 02 98 94 98 04, *Fax 02 98 94 90 58*, – TV P – 40. AE GB. rest
1er avril-30 sept. – **Repas** *(fermé mardi hors saison)* 80/170, enf. 55 – 35 – **28 ch** 350/420 – ½ P 330/360.

Thalamot, ✆ 02 98 94 97 38, *Fax 02 98 94 49 92*, – TV – 30. AE GB. rest
vacances de printemps-1er oct. – **Repas** 80/258, enf. 60 – 38 – **32 ch** 370/445 – ½ P 310/375.

La BÉGUDE-DE-MAZENC *26160 Drôme 81 ② G. Vallée du Rhône – 1 053 h alt. 215.*

Voir *Vieux village perché★.*

Paris 613 – Valence 55 – Crest 28 – Montélimar 16 – Nyons 35 – Orange 70.

Host. du Château de Mazenc, ✆ 04 75 46 97 00, *Fax 04 75 46 97 01*, « Demeure ancienne dans un parc », – TV P. GB
Repas *(mai-sept. et fermé dim. soir et lundi)* 105/210 – 45 – **12 ch** 400/650 – ½ P 350/425.

Jabron, ✆ 04 75 46 28 85, *Fax 04 75 46 24 31*, – P. AE GB
fermé 2 au 31 janv. – **Repas** *(fermé mardi soir et merc. sauf juil.-août)* 65 bc (déj.), 100/180 – 30 – **12 ch** 180/190 – ½ P 180.

BEINHEIM *67930 B.-Rhin 87 ③ – 1 556 h alt. 115.*

Paris 516 – Strasbourg 44 – Haguenau 25 – Karlsruhe 37 – Lauterbourg 21 – Wissembourg 27.

François sans rest, 58 r. Principale ✆ 03 88 86 41 26, *Fax 03 88 86 27 00*, – TV P. AE GB.
32 – **13 ch** 225/350.

BELCAIRE *11340 Aude 86 ⑥ – 360 h alt. 1002.*

Voir *Forêts★★ de la Plaine et Comus NO.*

Env. *Belvédère du Pas de l'Ours★★ E : 13 km puis 15 mn*, **G. Pyrénées Roussillon.**

Paris 818 – Foix 52 – Ax-les-Thermes 25 – Carcassonne 81 – Quillan 29.

X **Bayle** avec ch, ✆ 04 68 20 31 05, *Fax 04 68 20 35 24*, – P. GB
15 fév.-2 nov. et fermé lundi d'oct. à mai sauf vacances scolaires – **Repas** 68/210, enf. 45 – 30 – **13 ch** 120/260 – ½ P 190/250.

BELCASTEL *12390 Aveyron 80 ① G. Gorges du Tarn – 245 h alt. 406.*

Paris 616 – Rodez 27 – Decazeville 30 – Villefranche-de-Rouergue 36.

XX **Vieux Pont** (Mme Fagegaltier) M avec ch, ✆ 05 65 64 52 29, *Fax 05 65 64 44 32*, ≤, – rest, TV P. GB
fermé 1er janv. au 15 mars, lundi sauf le soir en juil.-août et dim. soir – **Repas** (nombre de couverts limité, prévenir) 130/330 et carte 270 à 360, enf. 65 – 55 – **7 ch** 420/470 – ½ P 440/450
Spéc. Craquant de cèpes à la crème d'ail. Brochette de ris de veau à la ventrèche. Entremet à la chicorée, caramel mou aux noisettes. **Vins** Marcillac, Vins d'Entraygues et du Fel.

BELFORT P *90000 Ter.-de-Belf. 66 ⑧ G. Jura – 50 125 h alt. 360.*

Voir *Le Lion★★* **Z** – *Camp retranché★★ : ★★ de la terrasse du fort* **Z** – *Vieille ville★ : porte de Brisach★* **Y** – *Orgues★ de la cathédrale St-Christophe* **Y B** – *Fresque★ (parking rue de l'As-de-Carreau* **Z** *6).*

Golf Club de Rougemont ✆ 03 84 23 74 74, NE par N 83 et D 25 : 16 km.

Office de Tourisme 2 r. G. Clemenceau ✆ 03 84 55 90 90, Fax 03 84 50 90 99 – Automobile Club ZAC des Prés, Parc des Expositions à Andelnans ✆ 03 84 28 00 30, Fax 03 84 28 51 46.

Paris 422 ③ – Besançon 99 ③ – Mulhouse 40 ② – Basel 78 ② – Colmar 71 ② – Dijon 182 ③ – Épinal 95 ⑤ – Genève 230 ③ – Nancy 164 ⑤ – Troyes 258 ⑤.

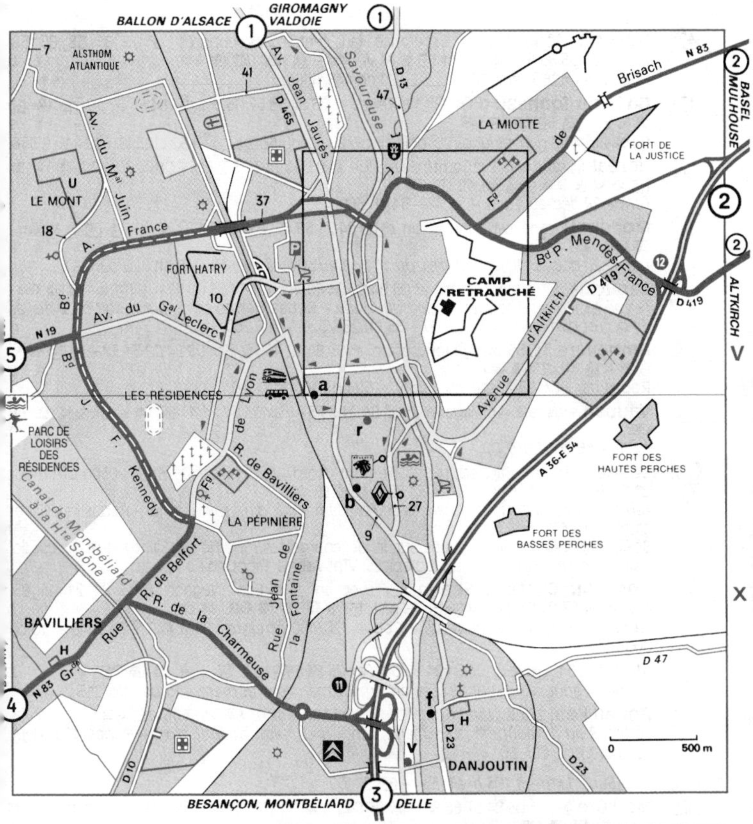

BELFORT

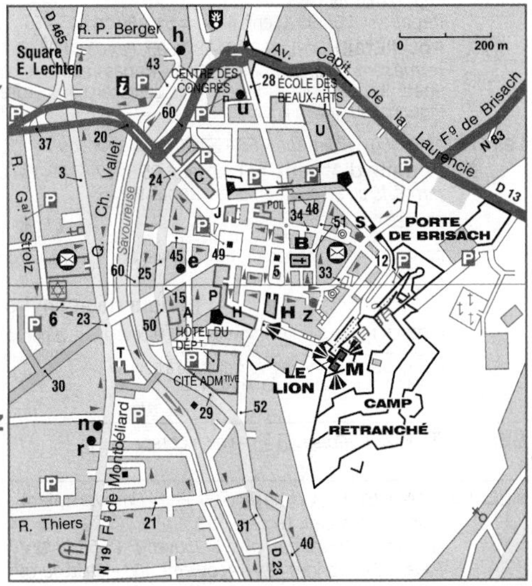

Ancêtres (Fg des) .... Y 3
Carnot (Bd) .... Z 15
Dr-Corbis (Pl. du) .... Z 23
France (Fg de) .... Z 30

Armes (Pl. d') .... Y 5
As-de-Carreau (R. de l') .... Z 6
Auxelles (via d') .... V 7
Besançon (R. de) .... X 9
Boulloche (Pt A.) .... V 10
Bourgeois (Pl. des) .... Y 12
Château-d'Eau (Av. du) .... V 18
Clemenceau (R. G.) .... Y 20
Denfert-Rochereau (R.) .... Z 21
Dr-Fréry (R. du) .... Y 24
Dreyfus-Schmidt (R.) .... Y 25
Dunant (Bd H.) .... X 27
Espérance (Av. de l') .... Y 28
Foch (Av. Mar.) .... Z 29
Gaulard (R. du Gén.) .... Z 31
Grande-Fontaine (R.) .... Y 33
Grand'Rue .... Y 34
Joffre (Bd du Mar.) .... VY 37
Lebleu (R. F.) .... Z 40
Lille (R. de) .... V 41
Magasin (Q. du) .... Y 43
Metz-Juteau (R.) .... Y 45
Moulin (Av. J.) .... V 47
Pompidou (R. G.) .... Y 48
République (Pl. de la) .... Y 49
République (R. de la) .... Z 50
Roussel (R. du Gén.) .... Y 51
Sarrail (Av. du Gén.) .... Z 52
Vauban (Q.) .... Y 60

Novotel Atria M, av. Espérance (au centre des congrès) ☎ 03 84 58 85 58, *Fax 03 84 58 85 59* – 400. AE GB — Y u
Repas (95) - 125 ♀, enf. 50 – 55 – **79 ch** 445/630.

Gd H. du Tonneau d'Or M, 1 r. Reiset ☎ 03 84 58 57 56, *Fax 03 84 58 57 50* – 60. AE GB — Y e
Repas *(fermé dim. et lundi)* 90 (déj.), 110/220 ♀, enf. 60 – 49 – **52 ch** 390/630 – ½ P 356.

Boréal M sans rest, 2 r. Comte de la Suze ☎ 03 84 22 32 32, *Fax 03 84 28 15 01* – 30. AE GB — Z r
fermé 24 déc. au 3 janv. – 48 – **54 ch** 360/460.

Modern H. sans rest, 9 av. Wilson ☎ 03 84 21 59 45, *Fax 03 84 22 72 40* – AE GB. — VX a
fermé 20 déc. au 10 janv. et dim. du 1er nov. au 30 avril – 38 – **39 ch** 220/320.

Capucins, 20 fg Montbéliard ☎ 03 84 28 04 60, *Fax 03 84 55 00 92* – AE GB
fermé 25 juil. au 9 août et 19 déc. au 4 janv. – **Repas** *(fermé sam. sauf le soir du 2 mai au 31 oct. et dim.)* 90/195 – 37 – **35 ch** 255/320 – ½ P 260/280. — Z n

Primevère M, 55 bis fg Montbéliard ☎ 03 84 22 46 76, *Fax 03 84 22 53 32* – 30. AE GB — X b
Repas (75) - 88/109, enf. 45 – 35 – **52 ch** 240.

Vauban sans rest, 4 r. Magasin ☎ 03 84 21 59 37, *Fax 03 84 21 41 67*, – AE GB — Y h
36 – **16 ch** 200/350.

Sabot d'Annie (Barbier), rte d'Offemont, Nord : 1,5 km par D 13 ✉ 90300 Offemont ☎ 03 84 26 01 71, *Fax 03 84 26 83 79* – AE GB
fermé 27 juil. au 16 août, vacances de fév., sam. midi, dim. soir et lundi – **Repas** 130/350 et carte 230 à 360
Spéc. Eventail de langoustines sur lit de courgettes. Soufflé de Saint-Pierre à l'oseille. Aiguillette de canard au nougat d'épices. **Vins** Arbois, Pinot noir d'Alsace.

Host. du Château Servin avec ch, 9 r. Gén. Négrier ☎ 03 84 21 41 85, *Fax 03 84 57 05 57*, – rest, AE GB. ch — X r
fermé août, dim. soir et vend. – **Repas** 120/450 et carte 280 à 440 ♀ – 40 – **10 ch** 300/360.

Molière, 6 r. Étuve ☎ 03 84 21 86 38, *Fax 03 84 58 01 22*, – AE GB — Z z
fermé 24 août au 13 sept., 22 fév. au 7 mars, mardi soir et merc. – **Repas** 100/215 ♀.

Pot au Feu, 27 bis Grand'rue ☎ 03 84 28 57 84, *Fax 03 84 58 17 65* – AE GB — Y s
fermé 3 au 17 août, 1er au 10 janv., lundi midi, sam. midi et dim. – **Repas** 105 (déj.), 155 bc/230 ♀, enf. 60.

à Danjoutin *Sud : 3 km – 3 103 h. alt. 354 – ✉ 90400 :*

Mercure M, ☎ 03 84 57 88 88, *Fax 03 84 21 32 12*, – rest, – 80. AE GB — X f
Repas (79) - 90/196, enf. 49 – 51 – **80 ch** 415/455.

Pot d'Étain (Roy), ☎ 03 84 28 31 95, *Fax 03 84 21 70 15* – AE GB — X v
fermé sam. midi, dim. soir et lundi – **Repas** 125/365 et carte 280 à 390 ♀
Spéc. Terrine maison de foie gras de canard au naturel. Gigotin de lotte aux artichauts. Pigeonneau grillé à la sauge.

Les Errues *par ② : 12 km sur N 83 – ✉ 90150 Menoncourt :*

Pomme d'Argent, 13 r. Noye ☎ 03 84 27 63 69, *Fax 03 84 27 63 69*, – GB
fermé 15 au 30 nov. et merc. – **Repas** 95/155 ♀.

PEUGEOT SIA de Belfort, 10 r. du Rhône ☎ 03 84 57 12 12 N ☎ 06 07 02 91 09
RENAULT Belfortaine Autom., bd H.-Dunant ☎ 03 84 58 52 00

Chapuis Pneus, 58 r. 1re-Armée ☎ 03 84 26 42 00
Kautzmann, av. Laurencie ☎ 03 84 22 25 08

Périphérie et environs

CITROEN Nedey, 8 r. du 21 Novembre à Danjoutin ☎ 03 84 58 71 71 N ☎ 03 80 61 72 15
MERCEDES Gar. Etoile 90, 29 r. d'Alsace à Denney ☎ 03 84 46 60 70 N ☎ 08 00 24 24 30

Pneus et Services D.K., 1 rte de Montbéliard à Andelnans ☎ 03 84 28 03 55

BELGODÈRE *2B H.-Corse* 90 ⑬ – *voir à Corse.*

BELLAC *87300 H.-Vienne* 72 ⑦ *G. Berry Limousin* **(plan)** – *4 924 h alt. 236.*
Voir *Châsse* dans l'église.*
Office de Tourisme 1 bis r. L.-Jouvet ☎ 05 55 68 12 79.
Paris 375 – Limoges 40 – Angoulême 100 – Châteauroux 108 – Guéret 73 – Poitiers 79.

Châtaigniers, rte Poitiers : 2 km ✆ 05 55 68 14 82, *Fax 05 55 68 77 56,* – rest, – 25. AE GB
fermé nov., dim. soir et lundi hors saison – **Repas** 96/260, enf. 68 – 40 – **27 ch** 160/360 – ½ P 320.

Central, 7 av. Denfert-Rochereau ✆ 05 55 68 00 34, *Fax 05 55 60 24 73* – GB
fermé 1er au 21 oct., 3 au 18 janv., dim. soir et lundi – **Repas** 88/145, enf. 52.

RENAULT Bellac Autos, rte du Dorat ✆ 05 55 60 24 64

BELLE-ÉGLISE *60540 Oise* 55 ⑳ – *503 h alt. 69.*

Paris 46 – Compiègne 61 – Beauvais 32 – Pontoise 27.

Grange de Belle-Eglise (Duval), 28 bd Belle-Église ✆ 03 44 08 49 00, *Fax 03 44 08 45 97,* – P. GB
fermé dim. soir et lundi – **Repas** 100 (déj.), 150/300 et carte 300 à 450, enf. 90
Spéc. Galette de Saint-Jacques aux truffes (janv. à mars). Noisettes de chevreuil, sauce Grand Veneur (oct. à janv.). Craquelin de fruits rouges, glace vanille (mai à sept.).

BELLEGARDE *45270 Loiret* 65 ① *G. Châteaux de la Loire* – *1 442 h alt. 113* – **Voir** *Château*★.

Office de Tourisme pl. Charles Desvergnes ✆ 02 38 90 25 37, Fax 02 38 90 28 32 – Mairie ✆ 02 38 90 10 03.

Paris 109 – Orléans 50 – Gien 41 – Montargis 23 – Nemours 40 – Pithiviers 29.

Agriculture avec ch, ✆ 02 38 90 10 48, *Fax 02 38 90 18 13* – P. GB
fermé 5 au 22 oct., 8 janv. au 4 fév. et mardi – **Repas** 66/168, enf. 40 – 30 – **18 ch** 105/225 – ½ P 185/290.

BELLEGARDE-SUR-VALSERINE *01200 Ain* 74 ⑤ *G. Jura* – *11 153 h alt. 350.*

Voir *La Valserine* ★★ *par* ⑤ – **Env.** *Défilé de l'Écluse*★★ *10 km par* ②.

Office de Tourisme 24 pl. V.-Bérard ✆ 04 50 48 48 68, Fax 04 50 48 65 08.

Paris 499 ⑤ – Annecy 42 ③ – Aix-les-Bains 54 ③ – Bourg-en-Bresse 72 ⑤ – Genève 42 ③ – Lyon 112 ⑤ – St-Claude 45 ⑤.

BELLEGARDE-SUR-VALSERINE

Beauséjour (R. de)	YZ	
Bérard (Pl. Victor)	Z	2
Bertola (R. Joseph)	YZ	4
Carnot (Pl.)	Y	
Dumont (R. Louis)	Y	5
Ferry (R. Jules)	Y	7
Gambetta (Pl.)	Y	8
Gare (Av. de la)	Y	10
Lafayette (R.)	Z	
Lamartine (R.)	YZ	12
Lilas (R. des)	Y	
Marin (R. G.)	Z	13
Musinens (R. de)	Y	14
Painlevé (R. Paul)	Y	15
République (R. de la)	Z	

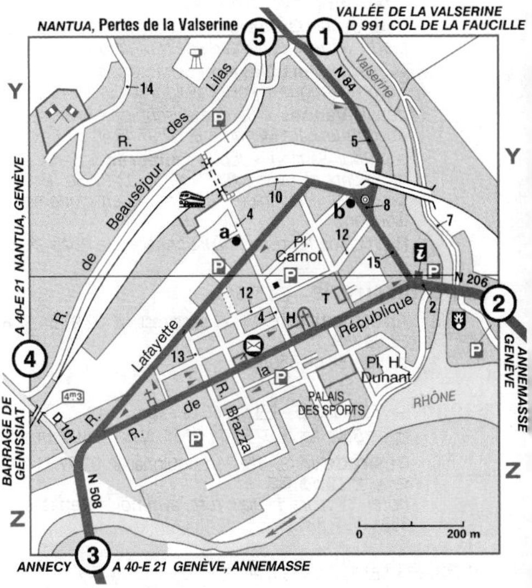

Avec votre guide Rouge
Utilisez la carte
et le guide Vert.

Ils sont inséparables.

Belle Époque (Sevin), 10 pl. Gambetta ✆ 04 50 48 14 46, *Fax 04 50 56 01 71* – . GB JCB Y b
fermé 6 au 21 juil., 9 nov. au 2 déc., dim. soir et lundi midi hors saison – **Repas** 125/270 et carte 230 à 380 – 45 – **20 ch** 250/400 – ½ P 400
Spéc. Grenouilles sautées comme en Dombes. Volaille de Bresse aux morilles et à la crème. Tournedos Rossini. **Vins** Roussette de Seyssel, Vin du Bugey.

Europa sans rest, 19 r. Bertola ✆ 04 50 56 04 74, *Fax 04 50 48 19 11* – . GB
40 – **22 ch** 240/250. Y a

à Lancrans *par ① : 3 km – 815 h. alt. 500 – ✉ 01200 :*

Sorgia, ☎ 04 50 48 15 81, *Fax 04 50 48 44 72,* – TV ☎ P. GB
fermé 21 août au 14 sept., 19 au 31 déc., dim. soir et lundi midi – **Repas** 75/200 ♀ – ☕ 35 – **17 ch** 215/235 – ½ P 210/230.

à Éloise *(74 H.-Savoie) par ③ : 5 km – 656 h. alt. 511 – ✉ 01200 (Ain) :*

Fartoret, ☎ 04 50 48 07 18, *Fax 04 50 48 23 85,* ≤, parc, – TV ☎ P – 50. AE GB
Repas 125/290, enf. 66 – ☕ 50 – **40 ch** 300/480 – ½ P 340/428.

à Ochiaz *par ④ et D 101 : 5 km – ✉ 01200 Châtillon-en-Michaille :*

Aub. de la Fontaine avec ch, ☎ 04 50 56 57 23, *Fax 04 50 56 56 55,* – ☎ P. AE GB
fermé 9 au 18 juin, 6 au 29 janv., lundi (sauf hôtel en juil.-août) et dim. soir de sept. à juin – **Repas** 125/300 – ☕ 35 – **7 ch** 160/220.

rte du Plateau de Retord *par ④ : 12 km par Ochiaz et D 101 – ✉ 01200 Bellegarde-sur-Valserine :*

Aub. Le Catray, ☎ 04 50 56 56 25, ≤ Mt-Blanc et les Alpes, cadre montagnard, – ☎ P. GB
fermé 16 au 20 mars, 8 au 12 juin, 7 au 18 sept.,16 au 27 nov., lundi soir et mardi – **Repas** 100/150 ♀ – ☕ 30 – **7 ch** 180/280 – ½ P 220/245.

CITROEN Gar. Carrel, 62 av. St-Exupéry à Chatillon Michaille par ④ ☎ 04 50 48 06 85 N ☎ 04 50 42 52 21
NISSAN Gar. du Centre, 20 rte de Vouvray ☎ 04 50 48 38 31
RENAULT Renault Bellegarde, 18 av. Mar.-Leclerc par D101 ZUP Musinens ☎ 04 50 48 27 21 N ☎ 04 72 58 07 96

Norsa Pneus, av. Mar.-Leclerc ZI de Musimens ☎ 04 50 48 20 37

BELLE-ILE-EN-MER ★★ *56 Morbihan* 63 ⑪ ⑫ *G. Bretagne* **(plan).**

Accès *par transports maritimes, pour* **Le Palais** *(en été* **réservation indispensable** *pour le passage des véhicules).*

depuis **Quiberon** *(Port-Maria). Traversée 45 mn – Renseignements et tarifs : Cie Morbihannaise et Nantaise de Navigation ☎ 02 97 31 80 01 (Le Palais), Fax 02 97 31 56 81.*

depuis **Port-Navalo** *- Services saisonniers - Traversée 1 h - Renseignements et tarifs : Navix Atlantique, à Port-Navalo ☎ 02 97 53 74 12.*

depuis **Vannes** *- Service saisonnier - Traversée 2 h - Renseignements et tarifs : Navix Atlantique, Gare Maritime ☎ 02 97 46 60 00, Fax 02 97 46 60 29.*

Pour Sauzon : depuis **Quiberon** *- Service saisonnier - Traversée 25 mn - Renseignements et tarifs : C.M.N.N. ☎ 02 97 50 06 90 (Quiberon) – depuis* **Lorient** *- Service saisonnier - Traversée 1 h 30 mn - Renseignements et tarifs : C.M.N.N. ☎ 02 97 21 03 97 (Lorient).*

Office de Tourisme, quai Bonnelle - Le Palais ☎ 02 97 31 81 93, Fax 02 97 31 56 17.

L'Apothicairerie – ✉ *56360.*

Apothicairerie M sans rest, ☎ 02 97 31 62 62, *Fax 02 97 31 63 63,* ≤ – TV ☎ & P. AE GB
☕ 50 – **38 ch** 350/630.

Bangor – *735 h alt. 45 – ✉ 56360 Le Palais.*

de Belle-Ile ☎ 02 97 31 64 65, N par D 190A puis D 25 : 9 km.

Désirade M, rte Port Goulphar ☎ 02 97 31 70 70, *Fax 02 97 31 89 63,* – TV ☎ & P. AE GB
hôtel : 1er mars-11 nov.; rest : avril-nov. – **Repas** (dîner seul.)(résidents seul.) – ☕ 70 – **24 ch** 680 – ½ P 580.

Le Palais *56360 – 2 435 h alt. 7.*

Voir *Le Palais : citadelle Vauban★.*

Vauban, 1 r. Remparts ☎ 02 97 31 45 42, *Fax 02 97 31 42 82,* ≤ – TV ☎ &. AE GB. rest
15 fév.-15 nov. – **Repas** *(1er avril-30 sept.)* (dîner seul.)(résidents seul.) 120 ♀ – ☕ 45 – **16 ch** 450 – ½ P 365/390.

Port-Donnant.

Voir *Site★★, 30 mn.*

Port-Goulphar – ✉ *56360 Le Palais.*

Voir *Site★, 15 mn – Aiguilles de Port-Coton★★ NO : 1 km – Grand Phare : ※★★ N : 2,5 km.*

Castel Clara Ⓜ ⑤, ✆ 02 97 31 84 21, *Fax 02 97 31 51 69*, ≤ crique et falaises, ⌂, institut de thalassothérapie, ⚒, ⛱, ⛱, ⚔ – 🛗 📺 ☎ 🅿 – 🏛 30. AE GB. ✗ rest
15 fév.-15 nov. – **Repas** 180/380 – ☐ 150 – **43 ch** 1195/1490 – ½ P 850/1035.

Poulains (Pointe des) ★★.

Voir ※★, *30 mn.*

Sauzon – *701 h alt. 35 –* ✉ *56360.*

Voir *Site★.*

✗ **Roz Avel,** derrière l'Église ✆ 02 97 31 61 48, ⌂ – GB
fermé 5 janv. au 5 fév., 5 nov. au 20 déc. et merc. sauf vacances scolaires – **Repas** (nombre de couverts limité, prévenir) 100 ♀.

✗ **Café de la Cale,** ✆ 02 97 31 65 74, *Fax 02 97 31 65 67*, ⌂ – GB
fermé 13 nov. au 25 déc., 6 janv. au 7 fév. et 24 fév. au 3 avril – **Repas** - produits de la mer - (prévenir) 95 ♀, enf. 40.

BELLE-ISLE-EN-TERRE *22810 C.-d'Armor* 59 ① *G. Bretagne – 1 067 h alt. 101.*

Voir *Loc-Envel : jubé★ et voûte★ de l'église S : 4 km.*

Syndicat d'Initiative à la Mairie ✆ 02 96 43 30 38.

Paris 502 – St-Brieuc 51 – Guingamp 19 – Lannion 29 – Morlaix 33.

✗✗ **Relais de l'Argoat** avec ch, ✆ 02 96 43 00 34, *Fax 02 96 43 00 76* – ☎ 🅿 – 🏛 40. GB. ✗
fermé fév., dim. soir et lundi – **Repas** 120/280 ♀ – ☐ 45 – **8 ch** 195/300 – ½ P 280/300.

RENAULT Gar. Le Quenven, r. Guic ✆ 02 96 43 30 45 🅽 ✆ 06 09 39 26 15

BELLÊME *61130 Orne* 60 ⑭ ⑮ *G. Normandie Vallée de la Seine* **(plan)** *– 1 788 h alt. 241.*

Voir *N : Forêt★.*

18 de Bellême-St-Martin ✆ 02 33 73 00 07, SO : 1,5 km.

Office de Tourisme bd Bansard-des-Bois ✆ 02 33 73 09 69.

Paris 167 – Alençon 42 – Le Mans 56 – Chartres 75 – La Ferté-Bernard 23 – Mortagne-au-Perche 18.

Golf Ⓜ ⑤, rte Mans par D 938 : 2 km ✆ 02 33 73 00 07, *Fax 02 33 73 00 17*, ≤, « Au bord du golf » – 📺 ☎ ✆ ♿ 🅿 – 🏛 100. AE GB. ✗ rest
Repas 98/298 ♀, enf. 55 – ☐ 58 – **41 ch** 490/695, 4 appart, 6 duplex – ½ P 420.

à **Nocé** *Est : 8 km par D 203 –* ✉ *61340 :*

✗✗✗ **Aub. des 3 J.,** ✆ 02 33 73 41 03, *Fax 02 33 83 33 66* – AE GB
fermé 8 au 20 sept., 10 au 20 janv., dim. soir et lundi – **Repas** 142/268 ♀.

BELLENAVES *03330 Allier* 73 ④ *G. Auvergne – 1 006 h alt. 340.*

Paris 372 – Clermont-Ferrand 58 – Moulins 53 – Aubusson 95 – Gannat 20 – Montluçon 52 – Vichy 40.

✗ **Host. du Château** avec ch, ✆ 04 70 58 37 19, *Fax 04 70 58 37 23*, ⌂ – 📺 ☎. GB. ✗ ch
fermé 19 oct. au 1er nov., 1er au 15 fév., dim. soir et lundi – **Repas** 57 bc (déj.), 95/150 ♀, enf. 40 – ☐ 28 – **8 ch** 190/210 – ½ P 175.

BELLERIVE-SUR-ALLIER *03 Allier* 73 ⑤ *– rattaché à Vichy.*

BELLEVAUX *74470 H.-Savoie* 70 ⑰ *G. Alpes du Nord – 1 113 h alt. 913 – Sports d'hiver : 1 100/1 800 m ≰24 ⛷.*

Voir *Site★.*

Office de Tourisme ✆ 04 50 73 71 53, Fax 04 50 73 72 81.

Paris 577 – Thonon-les-Bains 23 – Annecy 72 – Bonneville 35 – Genève 47.

Les Moineaux ⑤, ✆ 04 50 73 71 11, *Fax 04 50 73 75 79*, ≤, ⛱, ⛱, ⚔ – 📺 ☎ 🅿. AE ⓓ GB
20 juin-20 sept. et 25 déc.-10 avril – **Repas** 85/150 ♀, enf. 60 – ☐ 37 – **14 ch** 240/290 – ½ P 280.

au lac de Vallon *Sud-Est : 6 km par D 26 et D 236 – ✉ 74470 Bellevaux :*

Lac de Vallon ⑤, ✆ 04 50 73 74 55, *Fax 04 50 73 77 95*, ≤, – ☎ P. GB. ✱ rest
fermé 15 nov. au 15 déc. – **Repas** (fermé jeudi soir et dim. soir sauf en juil.-août et en fév.-mars) 85/170 – ☕ 35 – **16 ch** 230/270 – ½ P 245.

au Sud-Ouest *5 km par D 26, D 32 et rte secondaire – ✉ 74470 Bellevaux :*

Aub. Gai Soleil ⑤, ✆ 04 50 73 71 52, *Fax 04 50 73 78 87*, ≤, – ☎ P. ✱ rest
15 juin-20 sept. et 15 déc.-15 avril – **Repas** 60 (dîner), 70/80 – ☕ 35 – **20 ch** 200/210 – ½ P 190.

à Hirmentaz *Sud-Ouest : 7 km par D 26 et D 32 – ✉ 74470 Bellevaux :*

Christania ⑤, ✆ 04 50 73 70 77, *Fax 04 50 73 76 08*, ≤, – TV ☎ P. GB. ✱ rest
20 mai-12 sept. et 20 déc.-4 avril – **Repas** 95/140 ♀, enf. 55 – ☕ 35 – **35 ch** 280/290 – ½ P 285/305.

Excelsa ⑤, ✆ 04 50 73 73 22, *Fax 04 50 73 72 73*, ≤, – TV ☎ P. GB. ✱ rest
15 juin-10 sept. et Noël-31 mars – **Repas** (60) - 85/120, enf. 60 – ☕ 40 – **19 ch** 250/300.

Panoramic ⑤, ✆ 04 50 73 70 34, *Fax 04 50 73 74 82*, ≤, – TV ☎ P. AE GB. ✱ rest
15 juin-15 sept. et 20 déc.-4 avril – **Repas** 75/120 ♀, enf. 45 – ☕ 30 – **30 ch** 260 – ½ P 290.

Skieurs ⑤, ✆ 04 50 73 70 46, *Fax 04 50 73 70 46*, ≤, – ☎. GB. ✱ rest
1er juil.-5 sept. et 15 déc.-15 avril – **Repas** 80/150 ♀ – ☕ 28 – **22 ch** 180/200 – ½ P 240/270.

BELLEVILLE *54940 M.-et-M.* 57 ⑬ – *1 276 h alt. 190.*

Paris 357 – Nancy 18 – Metz 41 – Pont-à-Mousson 13 – Toul 27.

Bistroquet, ✆ 03 83 24 90 12, *Fax 03 83 24 04 01*, – ▤ P. GB
fermé 16 au 24 août, 1er au 11 janv., sam. midi, dim. soir et lundi – **Repas** (nombre de couverts limité, prévenir) 180/270 et carte 250 à 450 ♀
Spéc. Ravioles de foie gras de canard dans un consommé au cerfeuil. Caneton au sang, épices douces et bluets des Vosges. Soufflé chaud à la liqueur de mirabelle. **Vins** Côtes de Toul.

Moselle, face gare ✆ 03 83 24 91 44, *Fax 03 83 24 99 38*, – ▤ P. AE ⓓ GB
fermé 20 août au 2 sept., 8 au 24 fév., lundi soir et merc. soir – **Repas** 129/275, enf. 85.

BELLEVILLE *69220 Rhône* 74 ① *G. Vallée du Rhône – 5 935 h alt. 192.*

Syndicat d'Initiative 68 r. de la République ✆ 04 74 66 44 67.
Paris 416 – Mâcon 24 – Bourg-en-Bresse 43 – Lyon 49 – Villefranche-sur-Saône 15.

Ange Couronné, 18 r. République ✆ 04 74 66 42 00, *Fax 04 74 66 49 20* – ▤ rest, ☎ . GB
fermé 8 au 12 juin, 4 au 12 oct., 3 au 18 janv., dim. soir et lundi – **Repas** 87/175, enf. 55 – ☕ 30 – **17 ch** 190/300.

Beaujolais, 40 r. Mar. Foch (près gare) ✆ 04 74 66 05 31 – ▤. AE ⓓ GB
fermé 4 au 26 août, 22 au 26 déc., vacances de fév. mardi soir et merc. – **Repas** 85/240 ♀, enf. 50.

à Pizay *Nord-Ouest : 5 km par D18 et D69 – ✉ 69220 St-Jean-d'Ardières :*

Château de Pizay M ⑤, ✆ 04 74 66 51 41, *Fax 04 74 69 65 63*, , parc, « Au milieu du vignoble, jardin à la française », , – ▤ ch, TV ☎ ♿ P – 100. AE ⓓ GB
fermé 24 déc. au 2 janv. – **Repas** 200/395, enf. 120 – ☕ 65 – **62 ch** 545/1200.

RENAULT Gar. Dépérier, ✆ 04 74 66 17 15

Relais du Pneu, ZAC des Gouchoux à St-Jean d'Ardières ✆ 04 74 66 41 09

BELLEY *01300 Ain* 74 ⑭ *G. Jura – 7 807 h alt. 279.*

Voir *Choeur★ de la cathédrale St-Jean.*
Office de Tourisme 34 Gde Rue ✆ 04 79 81 29 06, Fax 04 79 81 08 80.
Paris 505 – Aix-les-Bains 32 – Bourg-en-Bresse 76 – Chambéry 37 – Lyon 98.

Urbis sans rest, îlot Baudin ✆ 04 79 81 01 20, *Fax 04 79 81 53 83* – TV ☎ ♿. AE ⓓ GB
☕ 35 – **35 ch** 260/270.

Pavillon Bellevue avec ch, 1 av. Hoff ✆ 04 79 81 01 02, *Fax 04 79 81 15 66*, – TV ☎ P – 40. GB
fermé 15 au 30 janv., dim. soir et lundi – **Repas** 115/290 et carte 210 à 280 ♀ – ☕ 50 – **3 ch** 350.

Manicle, 2 bd Mail ✆ 04 79 81 42 40, *Fax 04 79 81 07 88* – AE GB
fermé dim. soir et lundi – **Repas** 63 (déj.), 90/140 ♀.

au Sud-Est : *3 km sur rte Chambéry –* ✉ *01300 Belley :*

XXX **Aub. la Fine Fourchette,** N 504 ✆ 04 79 81 59 33, *Fax 04 79 81 55 43*, ≤, 斎 – 🅿. GB
fermé 23 au 31 déc., dim. soir et lundi soir – **Repas** 115/300 et carte 260 à 340 ♀.

à Contrevoz *Nord-Ouest : 9 km sur D 32 – 416 h. alt. 320 –* ✉ *01300 :*

XX **Aub. la Plumardière,** ✆ 04 79 81 82 54, *Fax 04 79 81 80 17*, 斎, 🛋 – 🅿
fermé 28 juin au 4 juil., 31 août au 5 sept., 1er déc. à fin janv., mardi d'oct. à avril, dim. soir et lundi – **Repas** 80 (déj.), 98/250 ♀, enf. 50.

CITROEN Gar. Callet, rte de Lyon ZA la Pelissière ✆ 04 79 81 06 43
PEUGEOT Belley Autom., ZI du Coron ✆ 04 79 81 05 53
RENAULT Gar. Benat, ZI de Coron ✆ 04 79 81 03 51
Ⓜ Ayme Pneus, rte de Bourg ✆ 04 79 81 20 09

BELVÈS *24170 Dordogne* 75 ⑯ *G. Périgord Quercy – 1 553 h alt. 175.*

⛳9 *de Lolivarie* ✆ *05 53 30 22 69 par D 56.*
Paris 546 – Périgueux 65 – Sarlat-la-Canéda 34 – Bergerac 51 – Cahors 63 – Les Eyzies-de-Tayac 25.

🏨 **Belvédère,** ✆ 05 53 29 90 50, *Fax 05 53 29 90 74*, 斎 – 📺 ☎ 📞. AE GB
fermé fév. et lundi du 1er oct. au 30 avril – **Repas** 59 (déj.), 78/220 ♂, enf. 39 – ☕ 35 – **20 ch** 240/365 – ½ P 240/280.

RENAULT Gar. Cypierre, à Vaurez ✆ 05 53 29 02 84

BENDOR (Ile de) *83 Var* 84 ⑭., 114 ㊹ *– rattaché à Bandol.*

BÉNÉVENT-L'ABBAYE *23210 Creuse* 72 ⑨ *G. Berry Limousin – 837 h alt. 480.*

Voir *Puy de Goth* ≤★ *30 mn.*
Paris 377 – Limoges 58 – Bellac 63 – Châteauroux 110 – Guéret 25.

🏨 **Cèdre** Ⓜ 🐌, r. de l'Oiseau ✆ 05 55 81 59 99, *Fax 05 55 81 59 98*, 斎, « Belle demeure creusoise », 🏊, 🛋 – 📺 ☎ 📞 ♿ 🅿 – 🏛 50. GB
fermé 20 déc. au 9 fév. – **Repas** *(fermé lundi d'oct. à avril)* 70 (déj.), 105/140 – ☕ 40 – **18 ch** 250/550 – ½ P 240/375.

BENFELD *67230 B.-Rhin* 87 ⑥ *G. Alsace Lorraine – 4 330 h alt. 160.*

Paris 498 – Strasbourg 33 – Colmar 40 – Obernai 15 – Sélestat 18.

XX **Au Petit Rempart,** 1 r. Petit Rempart ✆ 03 88 74 42 26, *Fax 03 88 74 18 58* – AE GB
fermé 20 juil. au 12 août, vacances de fév., mardi soir et merc. – **Repas** 140/340 ♀, enf. 55 - ***Au Canon*** ✆ 03 88 74 12 79 **Repas** 47(déj.), 90/135 ♀, enf. 55.

BÉNODET *29950 Finistère* 58 ⑮ *G. Bretagne* **(plan)** *– 2 436 h alt. 20 – Casino.*

Voir *Pont de Cornouaille* ≤★ *NO : 1 km.*
Excurs. *L' Odet*★★ *en bateau (1 h 30).*
⛳18 *de l'Odet* ✆ *02 98 54 87 88, à Clohars-Fouesnant : 4 km.*
ℹ *Office de Tourisme 29 av. de la Mer* ✆ *02 98 57 00 14, Fax 02 98 57 23 00.*
Paris 564 – Quimper 18 – Concarneau 20 – Fouesnant 8 – Pont-l'Abbé 12 – Quimperlé 48.

🏨 **Ker Moor** 🐌, corniche de la Plage ✆ 02 98 57 04 48, *Fax 02 98 57 17 96*, « Parc », 🏊, 🎾 – 🛗 📺 ☎ 📞 🅿 – 🏛 100. AE GB. 🚫 rest – *1er avril-1er nov.* – **Repas** 120/320 ♀, enf. 50 – ☕ 40 – **60 ch** 400/550 – ½ P 510/550.

🏨 **Gwell Kaër,** av. Plage ✆ 02 98 57 04 38, *Fax 02 98 66 22 85*, ≤, 斎 – 🛗 📺 ☎ 🅿. GB. 🚫 rest
fermé 8 déc. au 15 janv., dim. soir et lundi hors saison – **Repas** 98/205 ♀ – ☕ 48 – **23 ch** 400/505 – ½ P 425/485.

🏨 **Armoric,** 3 r. Penfoul ✆ 02 98 57 04 03, *Fax 02 98 57 21 28*, 🏊, 🛋 – 🛗 📺 ☎ 📞 🅿. AE ⓓ GB
Repas (dîner seul.) 130/240 ♀ – ☕ 55 – **30 ch** 295/750 – ½ P 325/550.

🏨 **Kastel Moor** sans rest, av. Plage ✆ 02 98 57 05 01, *Fax 02 98 57 17 96*, ≤ – 🛗 📺 ☎ 🅿 – 🏛 60. AE GB
avril-30 oct. – ☕ 40 – **22 ch** 450/550.

🏨 **Minaret** 🐌, corniche de l'Estuaire ✆ 02 98 57 03 13, *Fax 02 98 66 23 72*, ≤, 斎, « Jardin dominant l'estuaire » – 🛗 📺 ☎ 🅿. GB. 🚫 rest
3 avril-3 nov. – **Repas** *(fermé mardi en avril, mai et oct.)* *(75)* - 90/220, enf. 50 – ☕ 45 – **20 ch** 400/450 – ½ P 295/400.

🏨 **Domaine de Kereven** 🐌 sans rest, rte Quimper : 2 km ✆ 02 98 57 02 46, *Fax 02 98 66 22 61*, parc – ☎ 📞 🅿. 🚫
Pâques-15 oct. – ☕ 39 – **12 ch** 350/390, 4 studios.

Bains de Mer, r. Kerguelen ☎ 02 98 57 03 41, *Fax 02 98 57 11 07,* – |‡|, ▤ rest, TV ☎ P. AE GB. ✂ ch
hôtel : 15 mars-15 nov. ; rest. : 1er avril-1er nov. – **Repas** 75/155, enf. 35 - ***Domin*** grill-pizzeria *(15 mars-23 déc.)* **Repas** carte environ 160 ₰, enf. 35 – ☕ 38 – **32 ch** 280/32 – ½ P 320.

Ferme du Letty (Guilbault), au Letty Sud-Est : 2 km par D 44 et rte secondair ☎ 02 98 57 01 27, *Fax 02 98 57 25 29,* – AE ⓞ GB JCB
15 fév.-15 nov. et fermé jeudi midi et merc. – **Repas** 155/530 et carte 270 à 410, enf. 75
Spéc. Homard et langouste (saison). Côte de veau en cocotte. Foie gras poêlé au agrumes, "kuigns" de maïs.

à Clohars-Fouesnant *Nord-Est : 3 km par D 34 – 1 279 h. alt. 30 – ✉ 29950 :*

Forge d'Antan, ☎ 02 98 54 84 00, *Fax 02 98 54 89 11,* – P. GB
fermé 14 au 21 sept., vacances de fév., dim. soir de sept. à juin et lundi – **Repas** 116 (déj. 160/305, enf. 75.

à Ste-Marine *Ouest : 5 km par pont de Cornouaille – ✉ 29120 Pont-l'Abbé :*

L'Agape (Le Guen), ☎ 02 98 56 32 70, *Fax 02 98 51 91 94,* – P. AE GB
fermé 15 nov. au 1er mars, dim. soir et lundi sauf le soir en juil.-août – **Repas** 160/270 e carte 270 à 390, enf. 75
Spéc. Agapes de poissons marinés. Kouign Aman de pomme de terre, andouille paysanne Jardinière de homard.

BÉNOUVILLE *14 Calvados 55 ② – rattaché à Caen.*

BÉNY-BOCAGE *14350 Calvados 59 ⑩ – 846 h alt. 180.*

Office de Tourisme, Mairie ☎ 02 31 67 89 17.
Paris 282 – St-Lô 32 – Caen 51 – Falaise 58 – Flers 33 – Vire 13.

Castel Normand avec ch, ☎ 02 31 68 76 03, *Fax 02 31 68 63 58,* – TV ☎ ✆. GB
fermé dim. soir et lundi – **Repas** 85/265 ₸ – ☕ 35 – **7 ch** 250/300 – ½ P 380/450.

BERCK-SUR-MER *62600 P.-de-C. 51 ⑪ G. Flandres Artois Picardie – 14 167 h alt. 5.*

Voir *Phare* ✳★ **B** – *Parc d'attractions de Bagatelle★ 5 km par ①.*
de Nampont-St-Martin (80) ☎ 03 22 29 92 90, par ③ : 15 km.
Office de Tourisme 5 av. Tattegrain ☎ 03 21 09 50 00, Fax 03 21 09 15 60.
Paris 228 ③ – Calais 76 ② – Abbeville 48 ③ – Arras 94 ② – Boulogne-sur-Mer 39 ① – Montreuil 14 ② – St-Omer 70 ② – Le Touquet-Paris-Plage 16 ①.

à Berck-Plage :

Littoral, 36 av. Marianne-Toute-Seule **(e)** ☎ 03 21 09 07 76, *Fax 03 21 09 57 38* – |‡| TV ☎. AE ⓞ GB
fermé 15 nov. au 31 janv. – **Repas** 70/100 ₰, enf. 45 – ☕ 25 – **19 ch** 190/240 – ½ P 270.

Aub. du Bois, 149 av. Dr Quettier par ① ☎ 03 21 09 03 43, *Fax 03 21 05 00 55* – AE ⓞ GB JCB
fermé 27 déc. au 4 fév. et lundi – **Repas** 90/200 ₸.

CITROEN Artois Autom., ZI rte d'Abbeville par ③ ☎ 03 21 09 26 42 **N** ☎ 03 21 84 30 39
PEUGEOT Gar. Paillard, La Vigogne, rte d'Abbeville par ③ ☎ 03 21 09 43 50 **N** ☎ 03 22 31 54 02
RENAULT Campion Berck, pl. Fontaine par ② ☎ 03 21 09 04 11 **N** ☎ 03 21 84 13 13

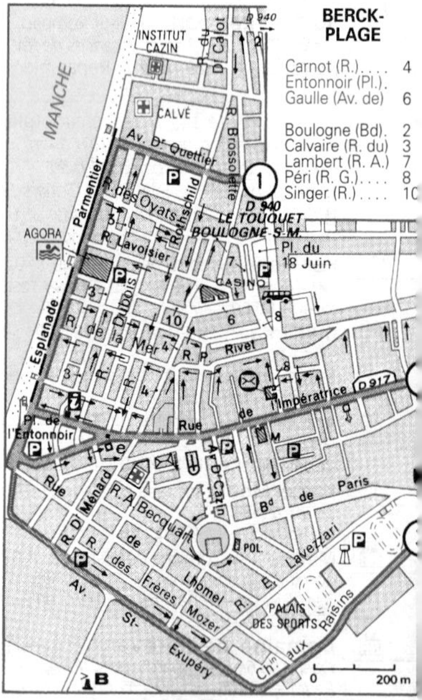

BERGERAC 24100 Dordogne 75 ⑭ ⑮ *G. Périgord Quercy – 26 899 h alt. 37.*

Voir *Le Vieux Bergerac★ : musée du Tabac★★ (maison Peyrarède★)* **AZ** *– Musée du Vin, de la Batellerie et de la Tonnellerie★* **AZ M2.**

Env. *Château de Monbazillac★ S : 7 km par D 13.*

du Château des Vigiers ☎ 05 53 61 50 33, O : 20 km par ⑤ ; Golf Club Château les Merles à Tuilières ☎ 05 53 63 13 42 ② 15 kms.

Bergerac-Roumanière : ☎ 05 53 57 00 09, par ③ : 5 km.

Office de Tourisme 97 r. Neuve-d'Argenson ☎ 05 53 57 03 11, Fax 05 53 61 11 04.

Paris 536 ① – Périgueux 48 ① – Agen 91 ③ – Angoulême 111 ⑥ – Bordeaux 93 ⑤ – Pau 217 ④.

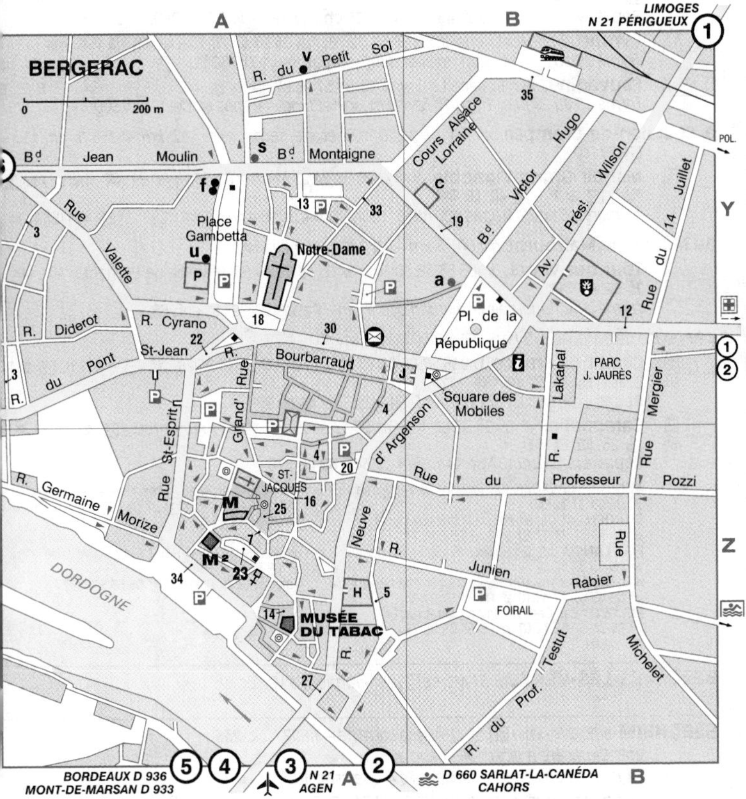

Grand'Rue .... AYZ
Lattre-de-T. (Pl. de) .... AY 18
Résistance (R. de la) .... AY 30
Ste-Catherine (R.) .... AY 33

Beausoleil (Bd.) .... AY 3
Brèche (R. de la) .... AZ 4

Candillac (R.) .... AZ 5
Conférences (R. des) ...... AZ 7
Dr-Simounet (R.) .... BY 12
Ferry (Pl. J.) .... AY 13
Feu (Pl. du) .... AZ 14
Fontaines (R. des) .... AZ 16
Maine-de-Biran (Bd) .... BY 19

Malbec (Pl.) .... AZ 20
Mounet-Sully (R.) .... AY 22
Myrpe (Pl. de la) .... AZ 23
Pelissière (Pl.) .... AZ 25
Pont (Pl. du) .... AZ 27
Salvette (Quai) .... AZ 34
108e-R.-I. (Av. du) .... BY 35

Flambée, rte Périgueux par ① *: 3 km* ☎ 05 53 57 52 33, *Fax 05 53 61 07 57,* « Parc fleuri, », – ☎ – 50. AE GB
fermé 2 au 21 janv. – **Repas** *(fermé dim. soir et lundi sauf été)* 100/340 – 48 – **20 ch** 280/470 – 1/2 P 370/400.

France sans rest, 18 pl. Gambetta ☎ 05 53 57 11 61, *Fax 05 53 61 25 70,* – ☎ . AE GB AY u
40 – **20 ch** 245/330.

Bordeaux, 38 pl. Gambetta ✆ 05 53 57 12 83, *Fax 05 53 57 72 14*, rest, 30. AE GB JCB AY
fermé janv. – **Repas** 100/240 ♀, enf. 55 – ☕ 46 – **40 ch** 300/420 – ½ P 340/380.

Windsor Ⓜ, rte d'Agen par ③ : *3 km* ✆ 05 53 24 89 76, *Fax 05 53 57 72 24*, ch, 30. GB
Repas (dîner seul) 90/150 ♀ – ☕ 50 – **38 ch** 280/320, 12 duplex – ½ P 270.

Europ H. sans rest, 20 r. Petit Sol ✆ 05 53 57 06 54, *Fax 05 53 58 67 60*, AE GB AY
fermé 24 déc. au 2 janv. – ☕ 30 – **22 ch** 220/270.

Commerce, 36 pl. Gambetta ✆ 05 53 27 30 50, *Fax 05 53 58 23 82* – rest, 25. AE GB AY
Repas *(68)* - 92/160 ♀, enf. 48 – ☕ 40 – **35 ch** 280/380 – ½ P 250/280.

Cyrano, 2 bd Montaigne ✆ 05 53 57 02 76, *Fax 05 53 57 78 15* – AE GB JCB
fermé 20 au 29 déc., sam. midi et dim. – **Repas** *(50)* - 100/150 ♀. AY

Sauvagine, 18 r. Eugène Le Roy ✆ 05 53 57 06 97, BY
fermé 15 au 29 juin, 1er au 15 fév., dim. soir et lundi – **Repas** 80 (déj.), 120/300.

à St-Julien-de-Crempse *par ①, N 21, D 107 et rte secondaire : 12 km – 158 h. alt. 150 – ✉ 24140 :*

Manoir Grand Vignoble ✆ 05 53 24 23 18, *Fax 05 53 24 20 89*, parc, 40. AE GB
1er mars-16 nov. – **Repas** 100 (déj.), 150/290 ♀ – ☕ 58 – **44 ch** 540/680 – ½ P 471/534.

au Moulin de Malfourat *par ④ : 8 km – ✉ 24240 Monbazillac :*

Tour des Vents, ✆ 05 53 58 30 10, *Fax 05 53 58 89 55*, ≤ vallée de Bergerac, AE GB
fermé janv., lundi soir et mardi d'oct. à juin – **Repas** 90/295 ♀, enf. 55.

par ⑤ *rte de Bordeaux : 5 km – ✉ 24100 Bergerac :*

Climat de France, D 936 ✆ 05 53 57 22 23, *Fax 05 53 58 25 24*, ch, 25. AE GB
Repas 65 bc (déj.), 80/135 ♀, enf. 39 – ☕ 35 – **46 ch** 290.

Campanile, ✆ 05 53 57 86 10, *Fax 05 53 57 72 21*, rest, 25. AE GB
Repas *(66)* - 84 bc/107 bc, enf. 39 – ☕ 34 – **49 ch** 278.

AUDI, VOLKSWAGEN Gar. Wilson, 26 av. Wilson ✆ 05 53 27 20 08
CITROEN Gar. Cazes, rte de Bordeaux par ⑤ ✆ 05 53 57 73 77 N ✆ 05 53 57 73 77
FIAT, LANCIA Gar. de Naillac, 39 av. de Bordeaux ✆ 05 53 57 18 97
HYUNDAI Centre Autom. Pecou, rte de Périgueux ✆ 05 53 57 27 41 N ✆ 05 53 57 27 41
PEUGEOT Gar. Géraud, 117 r. Clairat par ② ✆ 05 53 57 62 72 N ✆ 05 53 63 93 73
RENAULT Bergerac Autos, rte de Périgueux, 151 av. Pasteur par ① ✆ 05 53 63 65 65 N ✆ 05 53 63 91 47

Service du Pneu-Point S, 12 bd Voltaire ✆ 05 53 57 19 54
Vulco, 112 av. Pasteur ✆ 05 53 57 46 77

BERGÈRES-LÈS-VERTUS *51 Marne* 56 ⑯ *– rattaché à Vertus.*

BERGHEIM *68750 H.-Rhin* 62 ⑲ *G. Alsace Lorraine – 1 802 h alt. 235.*

Voir *Cimetière militaire allemand* ✳★.
Paris 437 – Colmar 17 – Ribeauvillé 4 – Selestat 10.

Chez Norbert avec ch, ✆ 03 89 73 31 15, *Fax 03 89 73 60 65*, « Cadre rustique » – AE GB
fermé mars et 16 au 22 nov. – **Repas** *(fermé le midi sauf week-ends d'avril à nov., lundi soir, merc. midi et mardi de déc. à fév.)* 160 (déj.), 180/280 ♀ – ☕ 50 – **12 ch** 320/350 – ½ P 390.

Wistub du Sommelier, ✆ 03 89 73 69 99, *Fax 03 89 73 36 58*, restaurant à vins – GB.
fermé vacances de fév., lundi de nov. à juin et dim. – **Repas** carte environ 170 ♀.

La BERGUE *74 H.-Savoie* 74 ⑥ *– rattaché à Annemasse.*

BERGUES *59380 Nord* 51 ④ *G. Flandres Artois Picardie – 4 163 h alt. 4.*

Voir *Couronne d'Hondschoote*★.
Office de Tourisme au Beffroi ✆ 03 28 68 71 06, Fax 03 28 68 71 06.
Paris 283 – Calais 51 – Bourbourg 19 – Dunkerque 9 – Hazebrouck 33 – Lille 63 – St-Omer 30.

Au Tonnelier, près église ✆ 03 28 68 70 05, *Fax 03 28 68 21 87* – TV ☎. GB. ch
fermé 1er au 15 janv. et 15 au 31 août – **Repas** *(fermé vend. sauf fériés)* 98/165 ♀ – ☐ 34 – **11 ch** 200/345 – ½ P 220/300.

Commerce sans rest, près église ✆ 03 28 68 60 37, *Fax 03 28 68 70 76* – ☎. GB
☐ 32 – **14 ch** 135/360.

Cornet d'Or (Tasserit), 26 r. Espagnole ✆ 03 28 68 66 27, *Fax 03 28 68 66 27* – GB.
fermé dim. soir et lundi – **Repas** (120) - 158/230 et carte 240 à 400
Spéc. Queues de langoustines rôties et foie gras chaud aux épices. Turbot rôti aux crevettes du pays. Ris de veau braisé à l'ail fumé d'Arleux et sa compote d'endives.

PEUGEOT Gar. Moderne Desmidt, à Esquelbecq ✆ 03 28 65 61 44

RENAULT Houtland Autom., à Wormhout ✆ 03 28 62 99 00 **N** ✆ 06 09 62 36 01

BERGUETTE *62 P.-de-C.* 51 ⑭ – *rattaché à Aire-sur-la-Lys.*

BERNAY 27300 *Eure* 55 ⑮ *G. Normandie Vallée de la Seine* **(plan)** – *10 582 h alt. 105.*
Voir *Boulevard des Monts*★.
Office de Tourisme 29 r. Thiers ✆ 02 32 43 32 08, Fax 02 32 45 82 68.
Paris 153 – Rouen 58 – Argentan 69 – Évreux 49 – Le Havre 68 – Louviers 51.

Acropole M sans rest, Sud-Ouest : 3 km sur rte de Broglie (N 138) ✆ 02 32 46 06 06, *Fax 02 32 44 01 04* – TV ☎ P – 30 à 80. AE GB
☐ 37 – **51 ch** 255/305.

Moulin Fouret avec ch, Sud : 3,5 km par rte St-Quentin-des-Iles ✆ 02 32 43 19 95, *Fax 02 32 45 55 50*, « Jardin fleuri en bordure de rivière » – ☎ P. AE GB
fermé vacances de fév., dim. soir et lundi – **Repas** 100/295 et carte 250 à 400 – ☐ 45 – **8 ch** 250.

à St-Quentin-des-Isles *Sud-Ouest : 5 km par rte de Broglie – 255 h. alt. 115 – ✉ 27270 :*

Pommeraie, ✆ 02 32 45 28 88, *Fax 02 32 44 69 00* – P. AE GB
fermé dim. soir et lundi – **Repas** 85/320 ♀.

CITROEN Gar. Lauvrière, 36 r. B.-Gombert ✆ 02 32 43 22 78
OPEL Gar. Robillard, N 138, rte de Broglie ZI ✆ 02 32 43 09 99
PEUGEOT Gar. Lefèvre, N 138, rte de Broglie ZI ✆ 02 32 43 34 28

Sube Pneurama Point S, 5 r. L.-Gillain ✆ 02 32 43 37 78

La BERNERIE-EN-RETZ *44760 Loire-Atl.* 67 ① – *1 828 h alt. 24.*
Paris 431 – Nantes 46 – Challans 38 – St-Nazaire 37.

Château de la Gressière , r. Noue Fleurie ✆ 02 51 74 60 06, *Fax 02 51 74 60 02*, – TV ☎ P. AE GB
Repas *(fermé dim. soir et lundi d'oct. à avril)* 128/270 – ☐ 50 – **15 ch** 300/700 – ½ P 400/540.

BERNEX *74500 H.-Savoie* 70 ⑱ *G. Alpes du Nord – 737 h alt. 955 – Sports d'hiver : 1 000/2 000 m* 15 .
Office de Tourisme ✆ 04 50 73 60 72, Fax 04 50 73 16 17.
Paris 587 – Thonon-les-Bains 19 – Annecy 92 – Évian-les-Bains 16 – Morzine 35.

Chez Tante Marie , ✆ 04 50 73 60 35, *Fax 04 50 73 61 73*, ←, , « Jardin fleuri » – TV ☎ P. GB. ch
fermé 15 oct. au 15 déc. – **Repas** 97 (déj.), 99/235 ♀, enf. 55 – ☐ 43 – **27 ch** 370/400 – ½ P 350/370.

L'Échelle et H. Grand Chenay avec ch, ✆ 04 50 73 60 42, *Fax 04 50 73 69 21*, – cuisinette P. GB
fermé 1er oct. au 15 nov., mardi midi et lundi sauf vacances scolaires – **Repas** 145/175 – ☐ 40 – **5 ch** 280/380, 6 studios – ½ P 300/350.

à La Beunaz *Nord-Ouest : 1,5 km par D 52 – alt. 1000 – ✉ 74500 Évian-les-Bains :*

Bois Joli , ✆ 04 50 73 60 11, *Fax 04 50 73 65 28*, ←, , , , – TV ☎ P. AE GB. rest
10 avril-15 oct. et 20 déc.-9 mars – **Repas** *(fermé merc. sauf juil.-août)* 98/230, enf. 60 – ☐ 40 – **24 ch** 360 – ½ P 340.

Sorgfältig zubereitete, preiswerte Mahlzeiten : Repas 100/130

BERRWILLER *68500 H.-Rhin* **87** ⑱ *– 912 h alt. 260.*

Paris 466 – Mulhouse 19 – Belfort 44 – Colmar 30 – Épinal 99 – Guebwiller 9 – Strasbourg 107.

XX **Arbre Vert,** 96 r. Principale ℘ 03 89 76 73 19, *Fax 03 89 76 73 68* – ▤. GB
fermé 3 au 24 août, 12 au 19 fév., dim. soir et lundi – **Repas** 100/230 ⅀, enf. 45.

BERRY-AU-BAC *02190 Aisne* **56** ⑥ *– 509 h alt. 62.*

Paris 161 – Reims 20 – Laon 30 – Rethel 46 – Soissons 48 – Vouziers 66.

XXX ✿ **Côte 108** (Courville), ℘ 03 23 79 95 04, *Fax 03 23 79 83 50,* ⛱, ⛟ – **P.** AE GB
fermé 12 au 26 juil., 26 déc. au 15 janv., dim. soir et lundi – **Repas** (dim. prévenir) 160/320 et carte 320 à 420

Spéc. Foie gras chaud en croque au sel. Duo d'huitres et de Saint-Jacques (15 oct. au 15 avril). Turbot aux pommes fruits et beurre de cidre. **Vins** Coteaux champenois.

En juin et en septembre,
les hôtels sont moins chers qu'en pleine saison, le service est plus soigné.

BESANÇON **P** *25000 Doubs* **66** ⑮ *G. Jura – 113 828 h Agglo. 122 623 h alt. 250 – Casino* **BY.**

Voir *Site★★★ – Citadelle★★* **BZ** *: musée d'Histoire naturelle★* **M³**, *musée comtois★* **M¹**, *musée de la Résistance et de la Déportation★* **M⁴** *– Vieille ville★★* **ABYZ** *: Palais Granvelle★, Vierge aux Saints★ (cathédrale), horloge astronomique★, façades★ – Préfecture★* **AZ P** *– Bibliothèque municipale★* **BZ X** *– Grille★ de l'Hôpital St-Jacques* **AZ** *– Musée des Beaux-Arts et d'Archéologie★★* **AY.**

Env. *N.-D.-de-la-Libération ⋞★ SE : 5,5 km* **BX** *– Belvédère de Montfaucon ⋞★ 8 km par D 111* **BX.**

18 ℘ 03 81 55 73 54, par ② : 13 km.

Office de Tourisme 2 pl. 1ère Armée Française ℘ 03 81 80 92 55, Fax 03 81 80 58 30 – Automobile Club Comtois 7 av. Élysée-Cusenier ℘ 03 81 81 26 11, Fax 03 81 82 23 20.

Paris 404 ④ – Basel 173 ⑤ – Bern 156 ② – Dijon 91 ④ – Genève 150 ② – Grenoble 295 ③ – Lyon 226 ④ – Nancy 207 ⑤ – Reims 333 ④ – Strasbourg 251 ⑤.

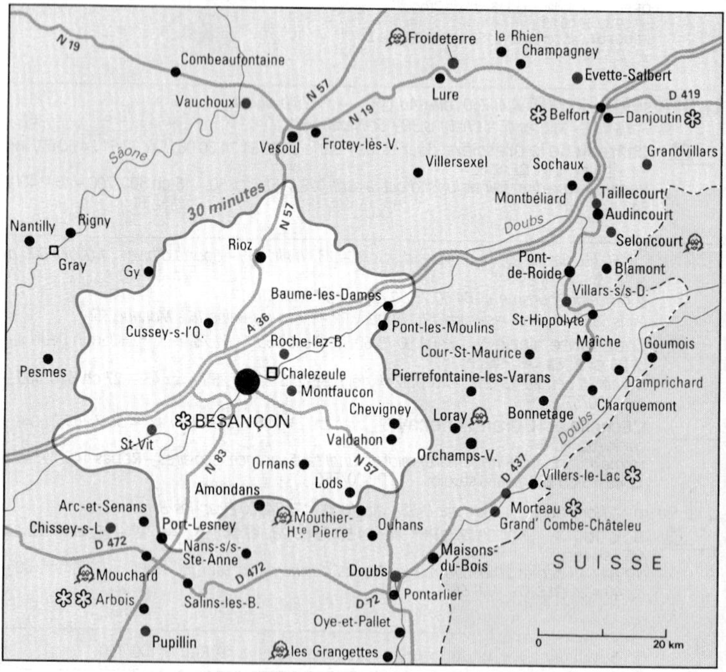

BESANÇON

Belfort (R. de) .... BX
Carnot (Av.) .... BX 7

Allende (Bd S.) .... AX 2
Brulard (R. Gén.) .... AX 5
Chaillot (R.) .... BX 12
Clemenceau (Av. Georges) ..... AX 15
Clerc (R. F.) .... BX 16
Fontaine-Argent (Av. de) ..... BX 19
Jouchoux (R. A.) .... AX 26
Lagrange (Av. Léo) .... AX 27
Montrapon (Av. de) .... AX 34
Observatoire (Av. de l') ..... AX 35
Ouest (Bd) .... AX 37
Paix (Av. de la) .... BX 38
Vaite (R. de la) .... BX 55
Voirin (R.) .... BX 57

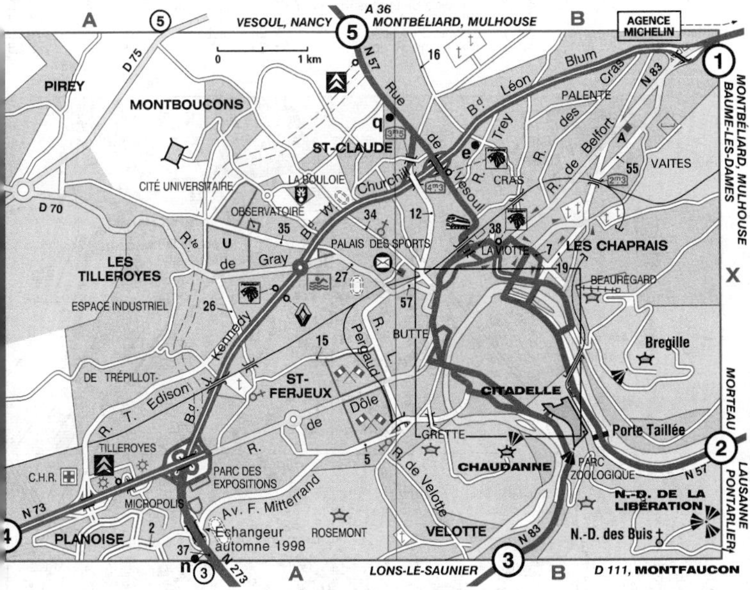

Castan sans rest, 6 square Castan ☎ 03 81 65 02 00, *Fax 03 81 83 01 02*, « Hôtel particulier des 17e et 18e siècles » – TV ☎ P. AE GB BZ t
fermé 31 juil. au 20 août et 24 déc. au 4 janv. – ☕ 60 – **8 ch** 580/980.

Novotel, 22 bis r. Trey ☎ 03 81 50 14 66, *Fax 03 81 53 51 57*, – TV ☎ P – 120. AE GB BX e
Repas carte environ 150 ♀, enf. 50 – ☕ 54 – **107 ch** 425/470.

Mercure Parc Micaud, 3 av. E. Droz ☎ 03 81 80 14 44, *Fax 03 81 53 29 83* – rest, TV ☎ P – 150. AE GB BY d
Repas *(90)* - 125/200 ♀ – ☕ 53 – **91 ch** 355/600.

Relais Mercure H. des Bains sans rest, 4 av. Carnot ☎ 03 81 80 33 11, *Fax 03 81 88 11 14* – TV ☎ P – 60. AE GB BY a
fermé 19 déc. au 4 janv. – ☕ 54 – **67 ch** 295/400.

Nord sans rest, 8 r. Moncey ☎ 03 81 81 34 56, *Fax 03 81 81 85 96* – TV ☎. AE GB JCB BY r
☕ 34 – **44 ch** 185/310.

Ibis Centre M sans rest, 21 r. Gambetta ☎ 03 81 81 02 02, *Fax 03 81 81 89 65* – TV ☎ P. AE GB BY k
☕ 37 – **49 ch** 310/350.

Siatel M, 3 chemin des Founottes par N 57 : 3 km ☎ 03 81 80 41 41, *Fax 03 81 80 41 41* – rest, TV ☎ P – 40. GB AX q
Repas 69/118 ♀, enf. 39 – ☕ 35 – **36 ch** 265 – 1/2 P 195.

Relais des Vallières, 3 r. P. Rubens par bd de l'Ouest : 4 km ☎ 03 81 52 02 02, *Fax 03 81 51 18 26* – TV ☎ P. AE GB AX n
Repas *(fermé dim. soir de nov. à avril) (65)* - 89/159 ♀, enf. 45 – ☕ 35 – **49 ch** 270/340 – 1/2 P 232/263.

BESANÇON

Battant (R.) . . . . AY
Bersot (R.) . . . . BY
Carnot (Av.) . . . . BY 7
Grande-Rue . . . . ABYZ
Granges (R. des) . . . . BY
République (R. de la) . . . . BY 40

Battant (Pont) . . . . AY 3
Castan (Sq.) . . . . BZ 8
Chapitre (R. du) . . . . BZ 14
Denfert-Rochereau (Av.) . . . . BY 17
Denfert-Rochereau (Pont) . ABY 18
Fusillés-de-la-Résistance (R. des) . . . . BZ 20
Gambetta (R.) . . . . BY 21
Gare-d'eau (Av. de la) . . . . AZ 22
Gaulle (Bd Ch.-de) . . . . AZ 23
Girod-de-Chantrans (R.) . . . . AYZ 24
Krug (R. Ch.) . . . . BY 25
Leclerc (Pl. Mar.) . . . . AY 28
Madeleine (R. de la) . . . . AY 29
Martelots (R. des) . . . . BZ 30
Mégevand (R.) . . . . ABZ 32
Moncey (R.) . . . . BY 33
Orme-de-Chamars (R. de l') . AZ 36
Pouillet (R. C.) . . . . AY 39
Révolution (Pl. de la) . . . . AY 41
Rivotte (Faubourg) . . . . BZ 42
Rousseau (R.) . . . . AY 45
Saint-Amour (Sq.) . . . . BY 48
Sarrail (R. Gén.) . . . . BY 52
Vauban (Quai) . . . . AY 56
Ire-Armée-Française (Pl.) . . . . . BY 58

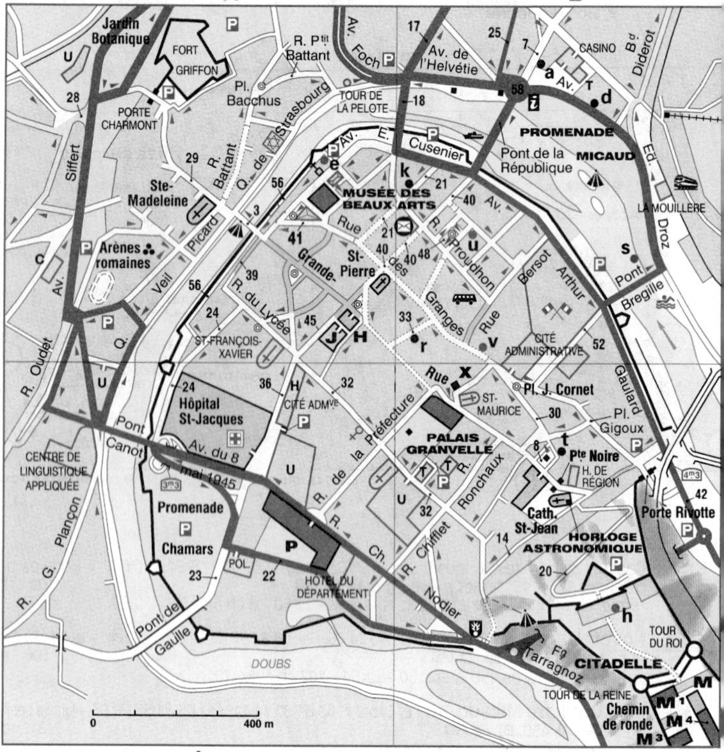

XXX ✿ **Mungo Park** (Mme Choquart), 11 r. Jean Petit ☎ 03 81 81 28 01, *Fax 03 81 83 36 97*, – AE GB – *fermé 2 au 17 août, vacances de Toussaint, de fév., lundi midi et dim.* – **Repas** 160 (déj.), 230/490 et carte 270 à 410 ♀ AY e
Spéc. Millefeuille de pommes de terre confites à la morteau. Suprême de volaille aux morilles et vin jaune. Moelleux au pain d'épice et vieux Pontarlier. **Vins** Arbois blanc et rouge.

XX **Chaland,** promenade Micaud, près Pont Brégille ☎ 03 81 80 61 61, *Fax 03 81 88 67 42*, « Bateau restaurant » – ▤. AE GB BY s
fermé sam. midi et dim. – **Repas** 95/375 bc.

XX **Vauban,** à la Citadelle ☎ 03 81 83 02 77, *Fax 03 81 83 17 25*, « A l'entrée de la Citadelle, salles voûtées » – AE GB. – *fermé 1er janv. au 28 fév., dim. soir et lundi soir de juin à sept., dim. et lundi d'oct. à avril* – **Repas** *(85)* - 108/170 ♀. BZ h

XX **Poker d'As,** 14 square St-Amour ☎ 03 81 81 42 49, *Fax 03 81 81 05 59* – ▤. AE GB – *fermé 20 juil. au 10 août, dim. soir et lundi* – **Repas** 95/220 ♀. BY u

X **Petit Polonais,** 81 r. Granges ☎ 03 81 81 23 67, *Fax 03 81 81 88 21* – GB BY v
fermé 14 juil. au 15 août, sam. soir et dim. – **Repas** 58/125 ♀.

à Chalezeule *par ① et D 217 : 5,5 km – 944 h. alt. 252 – ✉ 25220 :*

Trois Iles sans rest, ✆ 03 81 61 00 66, *Fax 03 81 61 73 09* – TV ☎ P. AE GB
fermé 20 déc. au 5 janv. – ☕ 40 – **16 ch** 250/300.

à Roche-lez-Beaupré *par ① : 8 km – 1 663 h. alt. 242 – ✉ 25220 :*

Terrasses, 40 r. Nationale (face Poste) ✆ 03 81 57 05 82, *Fax 03 81 57 05 97,* – P. GB
fermé dim. soir et lundi – **Repas** (68) - 76 (déj.), 95/270 ♀, enf. 50.

Aub. des Rosiers, ✆ 03 81 57 05 85, *Fax 03 81 60 51 54,* – P. GB
fermé 3 au 11 août, vacances de fév., lundi soir et mardi – **Repas** 68/205 ♀, enf. 60.

à Montfaucon *par ②, D 464 et D 146 : 9 km – 1 262 h. alt. 491 – ✉ 25660 :*

Cheminée, rte Belvédère ✆ 03 81 81 17 48, *Fax 03 81 82 86 45,* ←, – P. AE GB
fermé 19 août au 4 sept., 1er au 21 fév., dim. soir et merc. sauf fériés – **Repas** 120/260.

à l'Espace Valentin Vert-Bois-Vallon *par ⑤ et D 75 : 5 km – ✉ 25480 École-Valentin :*

Valentin (Maire), ✆ 03 81 80 03 90, *Fax 03 81 53 45 49,* – P. AE GB
fermé 4 au 24 août, dim. soir et lundi – **Repas** 136/348 et carte 300 à 400
Spéc. Flanc de sandre rôti, sauce civet de homard. Filet d'agneau en deux cuissons. Mousseline et glace griottine, coulis de vin rouge.

MICHELIN, Agence, r. des Vallières Sud à Chalezeule par ① ✆ 03 81 80 24 53

AUDI, VOLKSWAGEN Espace 3000, ZAC de Châteaufarine ✆ 03 81 41 28 28
BMW S.O.D.I.A., ZAC Valentin à Ecole Valentin ✆ 03 81 47 97 97
CITROEN Cassard Auto Service, 123 r. de Vesoul ✆ 03 84 47 49 49
CITROEN Succursale, 228 rte de Dole ✆ 03 81 61 47 47 N ✆ 06 80 23 24 24
FORD Est Auto, 18 av. Carnot ✆ 03 81 80 85 11 N ✆ 08 00 00 50 05
MERCEDES CMB, ZAC de Valentin ✆ 03 81 50 47 34 N ✆ 08 00 24 24 30
PEUGEOT Gar. Morel, 48 r. de Vesoul ✆ 03 81 50 36 73
PEUGEOT Sté Ind. Autom. Besançon, bd Kennedy ZI Trépillot ✆ 03 81 48 44 00 N ✆ 08 00 44 24 24
PEUGEOT Gar. Durand, 9 av. Foch ✆ 03 81 80 66 39
RENAULT Succursale, bd Kennedy ✆ 03 81 54 25 25 N ✆ 08 00 05 15 15

Eco Pneu, 17 rte d'Epinal à Ecole Valentin ✆ 03 81 53 32 44
Kautzmann, 22 bis r. Jouchoux ✆ 03 81 53 09 56
La Maison du Pneu Mariotte, 1 r. Berthelot ✆ 03 81 53 24 28
Pneus et Services D.K., 8 bd L.-Blum ✆ 03 81 50 29 30
Pneus et Services D.K., 6 r. Weiss ✆ 03 81 50 05 54

BESSANS *73480 Savoie* 77 ⑨ *G. Alpes du Nord – 303 h alt. 1730 – Sports d'hiver : 1 740/2 200 m* 4 .
Voir *Peintures★ de la chapelle St-Antoine.*
Office de Tourisme ✆ 04 79 05 96 52, Fax 04 79 05 83 11.
Paris 699 – Albertville 125 – Chambéry 137 – Lanslebourg-Mont-Cenis 12 – Val-d'Isère 37.

Mont-Iseran, ✆ 04 79 05 95 97, *Fax 04 79 05 84 67* – TV ☎. GB. rest
20 juin-30 sept. et 10 déc.-25 avril – **Repas** 75/150 ♀ – ☕ 45 – **19 ch** 340/350 – ½ P 265/325.

Vanoise , ✆ 04 79 05 96 79, *Fax 04 79 05 84 34,* ←, – ☎ P. GB. ch
26 juin-15 sept. et 20 déc.-13 avril – **Repas** 95/120, enf. 50 – ☕ 45 – **29 ch** 200/360 – ½ P 260.

Le BESSAT *42660 Loire* 76 ⑨ *– 250 h alt. 1170 – Sports d'hiver : 1 170/1 427 m* .
Paris 525 – St-Étienne 19 – Annonay 29 – Bourg-Argental 15 – St-Chamond 18 – Yssingeaux 65.

France, ✆ 04 77 20 40 99, *Fax 04 77 20 46 66,* – ☎. AE GB
fermé 1er au 15 sept., janv., dim. soir et lundi sauf juil.-août – **Repas** (55) - 75/200 – ☕ 27 – **30 ch** 140/220 – ½ P 200/220.

La Fondue "Chez l'Père Charles" avec ch, ✆ 04 77 20 40 09, *Fax 04 77 20 45 20,* – ☎. AE GB.
1er mars-30 nov. – **Repas** (52) - 76/255 – ☕ 33 – **9 ch** 190/300.

Benutzen Sie für Fahrten in die Pariser Vororte
die **Michelin-Karte** Nr. 101 im Maßstab 1: 50 000
die **Pläne der Vororte** Nr. 17-18, 19-20, 21-22, 23-24 im Maßstab 1: 15 000
und die **Atlas** Nr. 25.

BESSE-EN-CHANDESSE *63610 P.-de-D.* 73 ⑬ ⑭ *G. Auvergne* (plan) – *1 799 h alt. 1050 – Sports d'hiver à Super Besse.*

Voir *Église St-André★ – Rue de la Boucherie★ – Porte de ville★ – Lac Pavin★★ et Puy de Montchal★★ SO : 4 km par D 978.*

Env. *Vallée de Chaudefour★★ NO : 11 km.*

Office de Tourisme pl. Dr-Pipet ☎ 04 73 79 52 84, Fax 04 73 79 52 08.

Paris 466 – Clermont-Ferrand 47 – Condat 27 – Issoire 31 – Le Mont-Dore 25.

Les Mouflons, ☎ 04 73 79 56 93, *Fax 04 73 79 51 18,* – TV ☎ P – 35. GB
1er mai-20 oct. et 24 déc.-15 avril – **Repas** 95/180 – ☕ 48 – **50 ch** 295/345 – ½ P 295.

Clos, rte Mont Dore : 0,5 km ☎ 04 73 79 52 77, *Fax 04 73 79 56 67,* – TV ☎ P. GB. rest
fermé 22 mars au 10 avril, 26 avril au 31 mai et 27 sept. au 19 déc. – **Repas** 90/160, enf. 42 – ☕ 40 – **25 ch** 230/300 – ½ P 310.

Levant, ☎ 04 73 79 50 17, *Fax 04 73 79 50 55* – TV ☎. GB. rest
fermé 15 nov. au 15 déc. – **Repas** 80/130, enf. 50 – ☕ 40 – **15 ch** 200/340 – ½ P 250.

Charmilles sans rest, rte Super-Besse ☎ 04 73 79 50 79, ← – ☎ P. GB
20 juin-20 sept., fév. et vacances scolaires – ☕ 35 – **20 ch** 250/300.

Beffroy avec ch, ☎ 04 73 79 50 08, *Fax 04 73 79 57 87* – TV ☎. AE GB. rest
fermé 15 au 30 nov., dim. soir et lundi hors saison sauf vacances scolaires – **Repas** 100/260 – ☕ 40 – **12 ch** 260/360 – ½ P 350.

au Lac Pavin *Sud-Ouest : 4 km – ✉ 63610 Besse-en-Chandesse :*

Lac Pavin avec ch, ☎ 04 73 79 62 79, *Fax 04 73 79 61 22,* ←, – P. GB. rest
1er fév.-31 oct. et fermé dim. soir, lundi et mardi sauf vacances scolaires – **Repas** 95/175, enf. 55 – ☕ 38 – **5 ch** 240 – ½ P 240.

à Super-Besse *Ouest : 7 km – Sports d'hiver : 1 050/1 850 m 1 20 – ✉ 63610 Besse-en-Chandesse :*

Office de Tourisme (20 juin-10 sept. et 20 déc.-20 avril) Rond-Point des Pistes ☎ 04 73 79 60 29.

Gergovia, ☎ 04 73 79 60 15, *Fax 04 73 79 61 43,* ←, – TV ☎ P. AE GB. rest
fermé 15 oct. au 20 déc. – **Repas** 85/135 – ☕ 50 – **51 ch** 270/400 – ½ P 523.

PEUGEOT Gar. Laurier à Besse et St-Anastaise ☎ 04 73 79 51 10

RENAULT Gar. des Lacs, à Besse et Saint-Anastaise ☎ 04 73 79 50 07

BESSENAY *69690 Rhône* 73 ⑲ – *1 611 h alt. 400.*

Paris 466 – Roanne 70 – Lyon 34 – Montbrison 53 – St-Étienne 66.

Aub. de la Brevenne, N 89 ☎ 04 74 70 80 01, *Fax 04 74 70 82 31,* – rest, TV ☎ P. AE GB
Repas *(fermé dim. soir)* (65) - 95/220, enf. 60 – ☕ 35 – **24 ch** 270/340.

BESSÉ-SUR-BRAYE *72310 Sarthe* 64 ⑤ – *2 815 h alt. 72.*

Paris 197 – Le Mans 55 – La Ferté-Bernard 43 – Tours 55 – Vendôme 32.

à Pont-de-Braye *Sud-Ouest : 8 km par D 303 – ✉ 72310 Lavenay :*

Voir *Escalier★★ du château de Poncé-sur-le-Loir O : 3,5 km,* G. Châteaux de la Loire.

Petite Auberge avec ch, ☎ 02 43 44 45 08, *Fax 02 43 44 18 57* – GB. ch
fermé 13 nov. au 3 déc., lundi soir et mardi hors saison – **Repas** 70/183, enf. 45 – ☕ 28 – **3 ch** 150.

CITROEN Gar. Legeay, ☎ 02 43 35 32 63

PEUGEOT Gar. Ched'homme, ☎ 02 43 35 30 42 N ☎ 02 43 35 30 42

RENAULT Gar. Hubert, ☎ 02 43 35 30 70

BESSINES-SUR-GARTEMPE *87250 H.-Vienne* 72 ⑧ – *2 988 h alt. 335.*

Paris 356 – Limoges 37 – Argenton-sur-Creuse 57 – Bellac 30 – Guéret 53 – La Souterraine 20.

Bellevue, N 20 ☎ 05 55 76 01 99, *Fax 05 55 76 01 99* – P. GB
fermé 16 fév. au 9 mars, lundi midi du 15 nov. au 30 avril et lundi soir de sept. à juin – **Repas** 61/190.

à La Croix-du-Breuil *Nord : 3 km sur N 20 – ✉ 87250 Bessines-sur-Gartempe :*

Manoir Henri IV, ☎ 05 55 76 00 56, *Fax 05 55 76 14 14,* – rest, TV ☎ P. GB
fermé lundi du 1er oct. au 1er mai et dim. soir – **Repas** 115/265, enf. 60 – ☕ 35 – **11 ch** 230/280.

BÉTHUNE SP 62400 P.-de-C. 51 ⑭ *G. Flandres Artois Picardie – 24 556 h alt. 34.*

du Vert-Parc ✆ 03 20 29 37 87 à Herlies, 18 km par ②.

Office de Tourisme 69 pl. Senis ✆ 03 21 57 25 47, Fax 03 21 68 26 29 – Automobile Club ✆ 03 21 68 26 29.

Paris 214 ④ – Calais 83 ④ – Lille 39 ② – Amiens 86 ④ – Arras 34 ④ – Boulogne-sur-Mer 87 ② – Douai 43 ② – Dunkerque 69 ⑥.

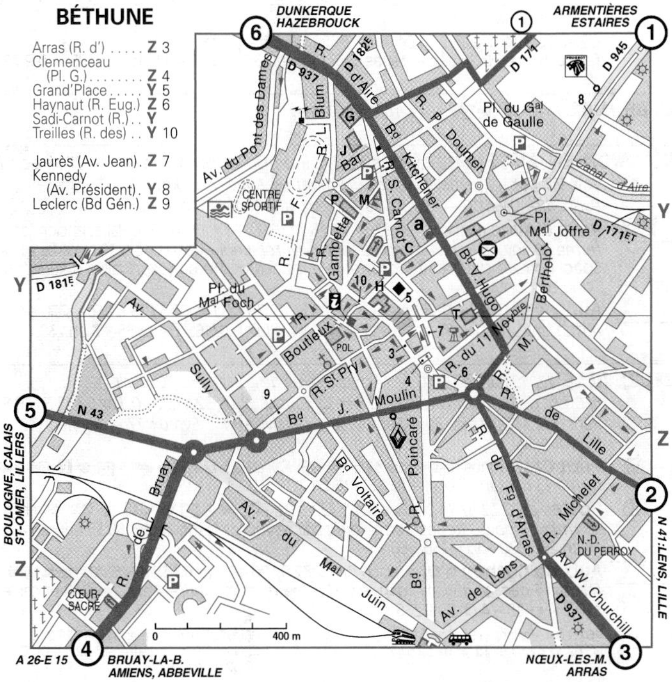

Meurin, 15 pl. République ✆ 03 21 68 88 88, *Fax 03 21 56 37 15* – ▤. AE ⓓ GB JCB
fermé 1er au 20 août, dim. soir et lundi – **Repas** 160/350 et carte 320 à 400 ♀ Y a
Spéc. Homard côtier au jus d'épices. Agneau de pays à la fleur de thym. Parfait glacé à la chicorée sirop au genièvre.

rte de Bruay-la-Bussière *par ④ (sortie 6 par A 26) : 3 km – ✉ 62232 Fouquières-lès-Béthune :*

Campanile, ✆ 03 21 57 76 76, *Fax 03 21 56 98 50* – ⇥ TV ☎ ✆ ♿ P – 🏃 25. AE ⓓ GB
Repas *(66)* - 84 bc/107 bc, enf. 39 – ☕ 34 – **49 ch** 278.

à Gosnay *par ④, N 41 et D 181 : 5 km – 1 226 h. alt. 29 – ✉ 62199 :*

Chartreuse du Val St-Esprit ⛰, ✆ 03 21 62 80 00, *Fax 03 21 62 42 50*, parc, « Demeure du 18e siècle sur le site d'une ancienne chartreuse », ✂ – |♦|, ▤ ch, TV ☎ ✆ ♿ P – 🏃 25 à 100. AE ⓓ GB
Repas 265 bc/365 ♀ – ☕ 60 – **56 ch** 420/870.

Distillerie, ✆ 03 21 62 89 89, *Fax 03 21 62 42 50* – P. AE ⓓ GB
fermé dim. soir – **Repas** carte 160 à 200 ♀, enf. 48.

AUDI, VOLKSWAGEN Auto Expo, N 41 Parc Porte Nord à Labuissière ✆ 03 21 61 65 90 N ✆ 08 00 00 24 24
CITROEN SO.CA.BE., 1220 av. W.-Churchill par ③ ✆ 03 21 61 30 60 N ✆ 03 21 57 65 70
PEUGEOT Béthune Artois, 329 av. Kennedy par ① ✆ 03 21 61 48 06 N ✆ 06 07 63 96 42
RENAULT Dist. Autom. Béthunoise, 255 bd J.-Moulin ✆ 03 21 63 12 50 N ✆ 03 21 69 08 00
RENAULT Gar. Lourme, 13 r. d'Aire à Labuissière par ④ ✆ 03 21 52 28 19 N ✆ 03 21 69 07 92
SKODA Auto Expo, N 41 Parc Porte Nord à Labuissière ✆ 03 21 61 65 90 N ✆ 08 00 00 24 24
TOYOTA Gar. Duhem, 4 av. W.-Churchill ✆ 03 21 57 20 60

Equipneu Point S, N 43 r. Martyrs-Prolongée à Lillers ✆ 03 21 64 55 55
La Maison du Pneu, 371 r. d'Aire ✆ 03 21 57 02 10

Le BETTEX *74 H.-Savoie* 74 ⑧ *– rattaché à St-Gervais-les-Bains.*

BEUIL *06470 Alpes-Mar.* 81 ⑨, 115 ④ *G. Alpes du Sud – 330 h alt. 1450 – Sports d'hiver : 1 400/2 000 m* ⛷ *8* ⛷.

Voir *Site*★.

Office de Tourisme pl. Jean Robion ✆ *04 93 02 32 58, Fax 04 93 02 35 72.*

Paris 819 – Barcelonnette 81 – Digne-les-Bains 117 – Nice 78 – Puget-Théniers 29 – St-Martin-Vésubie 51.

X **L'Escapade** avec ch, ✆ 04 93 02 31 27, ←, 🏖 – TV ☎
fermé 1er oct. au 24 déc. – **Repas** 105/150, enf. 65 – ☕ 50 – **11 ch** 220/385 – ½ P 285/330.

La BEUNAZ *74 H.-Savoie* 70 ⑱ *– rattaché à Bernex.*

BEUVRON-EN-AUGE *14430 Calvados* 54 ⑰ *G. Normandie Vallée de la Seine – 274 h alt. 11.*

Voir *Village*★ – ✳★ *de l'église de Clermont-en-Auge NE : 3 km.*

Paris 218 – Caen 30 – Cabourg 15 – Lisieux 26 – Pont-l'Évêque 26.

XXX ✿ **Pavé d'Auge** (Bansard), ✆ 02 31 79 26 71, *Fax 02 31 39 04 45,* « Halles anciennes » – GB
fermé 30 nov. au 5 janv., mardi de sept. à avril et lundi – **Repas** 133/250 et carte 240 à 300 ♀
Spéc. Homard cuit minute, beurre de fines herbes. Ris de veau "vallée d'Auge". Assiette "cinq chocolats".

X **Aub. de la Boule d'Or** avec ch, ✆ 02 31 79 78 78, *Fax 02 31 39 61 50* – GB. ✗ ch
fermé janv. – **Repas** *(fermé mardi soir d'oct. à juin)* 99/165 ♀ – ☕ 35 – **3 ch** 230.

BEUZEVILLE *27210 Eure* 55 ④ *G. Normandie Vallée de la Seine – 2 702 h alt. 129.*

Office de Tourisme (avril-sept.) 52 r. C. Fouché ✆ *02 32 57 72 10, Fax 02 32 56 60 83.*

Paris 178 – Le Havre 30 – Bernay 38 – Deauville 31 – Évreux 77 – Honfleur 13 – Pont-l'Évêque 14.

🏨 **Petit Castel** sans rest, ✆ 02 32 57 76 08, *Fax 02 32 42 25 70,* 🌳 – TV ☎ P. GB. ✗
fermé 15 déc. au 15 janv. – ☕ 35 – **16 ch** 255/330.

🏨 **Poste,** ✆ 02 32 57 71 04, *Fax 02 32 42 11 01,* 🏖, 🌳 – TV ☎ 📞 P. AE GB. ✗ ch
15 mars-15 nov. – **Repas** *(fermé dim. soir et merc.)* 79 (déj.), 99/189 ♀, enf. 60 – ☕ 40 – **14 ch** 250/330 – ½ P 250/350.

XXX **Aub. du Cochon d'Or** avec ch, ✆ 02 32 57 70 46, *Fax 02 32 42 25 70* – ☎ 📞. GB. ✗
fermé 15 déc. au 15 janv., dim. soir d'oct. à mars et lundi – **Repas** 81/240 et carte 180 à 320 ♀ – ☕ 35 – **4 ch** 195/235.

FORD Gar. Ecalard, à Boulleville ✆ 02 32 42 52 82 N ✆ 02 32 57 75 27

PEUGEOT Gar. Normandy, ✆ 02 32 57 70 94

RENAULT Gar. Coquerel, ✆ 02 32 57 70 26 N ✆ 02 32 42 33 77

BEYNAC ET CAZENAC *24220 Dordogne* 75 ⑰ *G. Périgord Quercy – 498 h alt. 75.*

Voir *Château*★★ *: site*★★, ✳★★ *– Calvaire* ✳★★ *– Village*★ *– Château de Castelnaud*★ *: site*★★, ✳★★★ *S : 4 km.*

Paris 539 – Brive-la-Gaillarde 62 – Périgueux 66 – Sarlat-la-Canéda 11 – Bergerac 62 – Fumel 62 – Gourdon 27.

à Vézac *Sud-Est : 2 km rte de Sarlat – 620 h. alt. 90 –* ✉ *24220 :*

XX **Relais des Cinq Châteaux** avec ch, ✆ 05 53 30 30 72, *Fax 05 53 31 19 39,* ←, 🏖, 🏊 – ▤ rest, TV ☎ P – 🏛 25. GB
fermé 4 au 15 janv. et merc. hors saison – **Repas** 80/330 ♀, enf. 45 – ☕ 37 – **10 ch** 265/285 – ½ P 320.

Les BÉZARDS *45 Loiret* 65 ② – ✉ *45290 Boismorand.*

Paris 131 – Auxerre 76 – Cosne-sur-Loire 49 – Gien 18 – Joigny 57 – Montargis 22 – Orléans 74.

🏨 ✿✿ **Auberge des Templiers** M ⛵, ✆ 02 38 31 80 01, *Fax 02 38 31 84 51,* 🏖, « Bel ensemble hôtelier dans un parc fleuri », 🏊, 🎾 – ▤ ch, TV ☎ ♿ 🚗 P – 🏛 30. AE ◑ GB JCB
Repas 290 (déj.), 390/700 et carte 490 à 640 – ☕ 90 – **22 ch** 600/1380, 8 appart – ½ P 780/1150
Spéc. Turbot en coque d'argile aux algues et poivre noir. Gibier de Sologne (saison). Entremets de l'Auberge. **Vins** Sancerre, Pouilly fumé.

BÈZE *21 Côte-d'Or* 66 ⑬ *– rattaché à Mirebeau-sur-Bèze.*

ÉZIERS *34500 Hérault 83 ⑮ G. Gorges du Tarn – 70 996 h alt. 17.*

Voir *Anc. cathédrale St-Nazaire★* **BZ** *: terrasse ≤★ – Musée St-Jacques★* **BZ M**¹.

18 *de St-Thomas ☎ 04 67 98 62 01, par ② : 12 km.*

de Béziers-Vias : ☎ 04 67 90 99 10, par ④ : 12 km.

Office de Tourisme 29 av. Saint- Saëns ☎ 04 67 76 47 00, Fax 04 67 76 50 80.

Paris 764 ③ – Montpellier 68 ③ – Clermont-Ferrand 351 ③ – Marseille 234 ③ – Perpignan 92 ⑥.

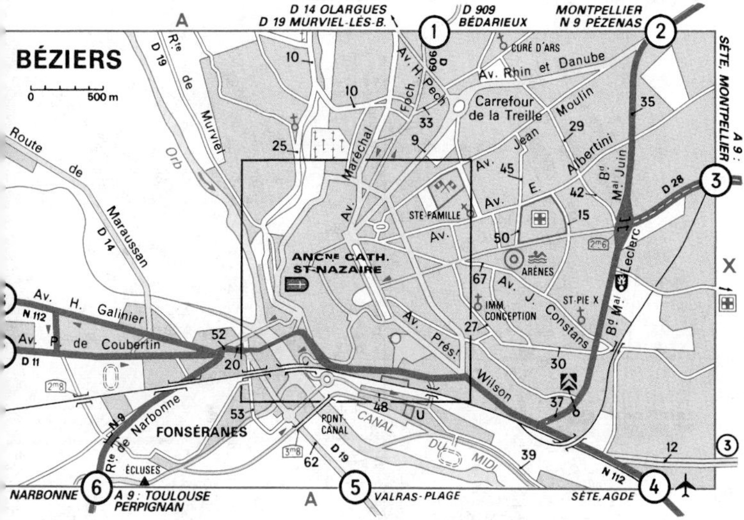

lemenceau (Av. G.)	AX	9	Hort-Monseigneur (R. de l')	AX	29	Nat (Bd Y.)	AX	45
orneilhan (Rte de)	AX	10	Injalbert (Bd A.)	AX	30	Pasquet (R. du Lt)	AX	48
eveze (Av. de la)	AX	12	Jussieu (R. A.)	AX	33	Perréal (Bd E.)	AX	50
r-Mourrut (Bd)	AX	15	Kennedy (Bd Prés.)	AX	35	Pont-Vieux (Av. du)	AX	52
spagne (Rte d')	AX	20	Lattre-de-T. (Bd Mar.-de)	AX	37	Port-Notre-Dame (Av. du)	AX	53
our-à-Chaux (Bd du)	AX	25	Lazare (Av. J.)	AX	39	Sérignan (Rte de)	AX	62
enève (Bd de)	AX	27	Malbosc (R. L.)	AX	42	Verdi (R.)	AX	67

Nord sans rest, 15 pl. Jaurès ☎ 04 67 28 34 09, *Fax 04 67 49 00 37* – ▮. TV ☎. AE ⓓ GB JCB — BCZ z
32 – **42 ch** 230/400.

XXX **Framboisier** (Yagues), 12 r. Boïeldieu ☎ 04 67 49 90 00, *Fax 04 67 28 06 73* – ▤. AE ⓓ GB — CY u
✿ *fermé 15 au 31 août, vacances de fév., dim. et lundi* – **Repas** (nombre de couverts limité, prévenir) 170/380 et carte 330 à 430
Spéc. Huîtres chaudes au champagne. Blanc de turbot aux fines herbes. Rognon de veau au vieux banyuls, confiture d'oignons. **Vins** Coteaux du Languedoc blanc, Saint-Chinian.

XX **Jardin,** 37 av. J. Moulin ☎ 04 67 36 41 31, *Fax 04 67 28 72 55* – ▤. AE ⓓ GB — CY k
fermé 1er au 15 juil., vacances de fév., dim. soir et lundi – **Repas** 115 (déj.), 130/295 ♀, enf. 65.

XX **Potinière,** 15 r. A. de Musset ☎ 04 67 76 35 30, *Fax 04 67 76 38 45* – ▤. AE GB — CZ s
fermé 8 au 22 juin, 23 fév. au 2 mars, sam. midi, dim. soir et lundi sauf du 1er au 16 août – Repas 135/340 ♀, enf. 70.

X **Cigale,** 60 allées P. Riquet ☎ 04 67 28 21 56 – ▤. AE GB — CZ r
fermé 21 juin au 9 juil., 21 nov. au 9 déc., lundi soir et mardi – **Repas** 90/150 ♁.

X **Cep d'Or,** 7 r. Viennet ☎ 04 67 49 28 09, ☂ – GB — BZ d
fermé dim. soir et lundi sauf du 15 juil. au 20 août – **Repas** *(60)* - 75/150 ♁.

par ③ : 6 km à l'échangeur A9-Béziers-Est – ✉ 34420 Villeneuve-lès-Béziers :

Clim'Oc, 1 km, rte Valras ☎ 04 67 39 40 00, *Fax 04 67 39 39 61,* ⛱, ✂ – ⇆ ▤ TV ☎ ♿ P – 🏛 50. AE ⓓ GB
Repas 68/188 ♀, enf. 38 – ☕ 34 – **79 ch** 298/358 – ½ P 272/298.

BÉZIERS

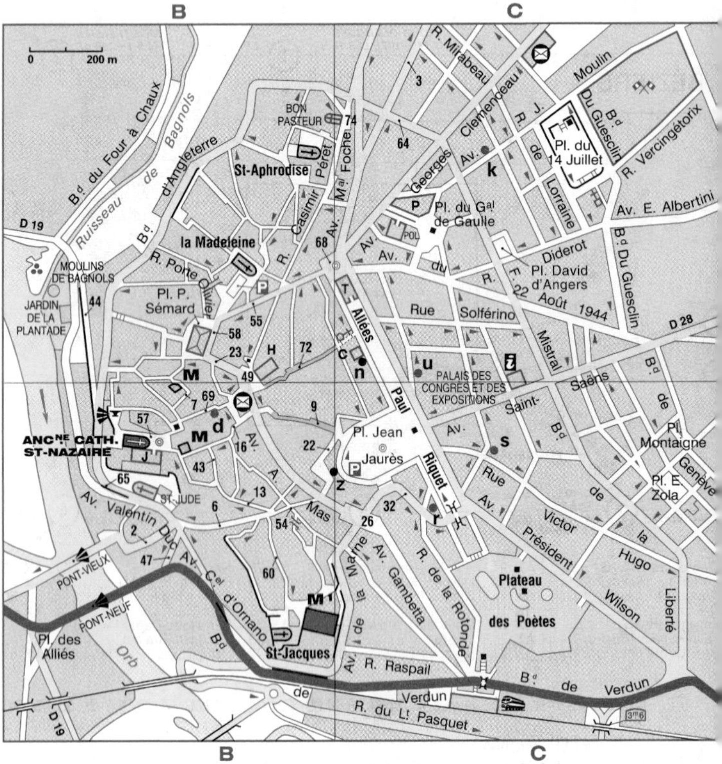

à Lignan-sur-Orb *Nord-Ouest par D 19 (rte de Murviel) : 7 km – 2 543 h. alt. 28 –* ✉ *34490 :*

Château de Lignan Ⓜ, ✆ 04 67 37 91 47, *Fax 04 67 37 99 25*, parc, – – 60. AE GB – *fermé 3 au 18 janv.* – **Repas** 170/395 et carte 290 à 410 – 70 – **49 ch** 550/700 – ½ P 700/800

Spéc. Salade de loup de mer aux basilic et tomates. Pigeon fermier rôti en cocotte aux thym et romarin. Gratin de fraises des bois aux pignons de pin et glace Grand Marnier (été).
Vins Faugères.

AUDI, VOLKSWAGEN Capiscol Auto, 11 r. Artisans ZI du Capiscol ✆ 04 67 35 81 04
BMW Passion Autom., ZAC de Montimaran ✆ 04 67 35 10 33
CHRYSLER, SEAT SOCRA, 49 bd de Verdun ✆ 04 67 62 84 00
CITROEN Gar. Tressol, ZAC Montimaran ✆ 04 67 35 60 60 N ✆ 04 67 01 93 04
FIAT, LANCIA Auto service 34, ZAC Montimaran ✆ 04 67 35 91 00
FORD SAVAB, 30 av. de la voie Domitienne ✆ 04 67 76 55 34 N ✆ 04 67 35 15 20
MERCEDES S.A.B.V.I., le Manteau Bleu, rte de Narbonne ✆ 04 67 28 86 04 N ✆ 08 00 24 24 30
NISSAN Languedoc Roussillon Service, Ch. Parazols, N 112 Rd-Pt Cers à Villeneuve-les-Béziers ✆ 04 67 11 83 00
PEUGEOT Gds Gar. du Biterrois, 28 av de voie Domitienne ✆ 04 67 35 49 00 N ✆ 08 00 44 24 24

Estournet Point S, 65 bd Mistral ✆ 04 67 49 33 49
Euromaster, ZI du Capiscole av. de la Devèze ✆ 04 67 62 85 85
Fogues, 135 av. Foch ✆ 04 67 31 18 65
Gautrand Pneu Vulco, 48 av. Rhin et Danube ✆ 04 67 30 63 88
Longuelanes, 16 av. Pont-Vieux ✆ 04 67 49 00 47

BIARRITZ 64200 *Pyr.-Atl.* 78 ⑪ ⑱, 85 ② *G. Pyrénées Aquitaine – 28 742 h alt. 19 – Casino.*

Voir ≤★★ *de la Perspective* **DZ** *–* ≤★ *du phare et de la Pointe St-Martin* **AX** *– Rocher de la Vierge*★ **DY** *– Musée de la mer*★ **DY**.

Env. *Arcangues :* ✻★ *du cimetière S : 7 km.*

18 ☎ *05 59 03 71 80, NE : 1 km* **AX** *; 18 de Chiberta* ☎ *05 59 63 83 20, N : 5 km* **BX** *; 18 d'Arcangues,* ☎ *05 59 43 10 56 ; 9 Ilbarritz* ☎ *05 59 23 74 65, S : 4 km* **AX** *; 18 Makila* ☎ *05 59 58 42 42 à Bassussarry : 8,5 km par* ⑤.

✈ *de Biarritz-Parme :* ☎ *05 59 43 83 83, 2 km* **ABX**.

🚗 ☎ *08 36 35 35 35.*

ℹ *Office de Tourisme square d'Ixelles* ☎ *05 59 22 37 00, Fax 05 59 24 14 19, antennes sortie autoroute A 63 et gare de Biarritz.*

Paris 782 ③ *– Bayonne 8 – Bordeaux 205* ③ *– Pau 123* ② *– San Sebastián 50* ⑥.

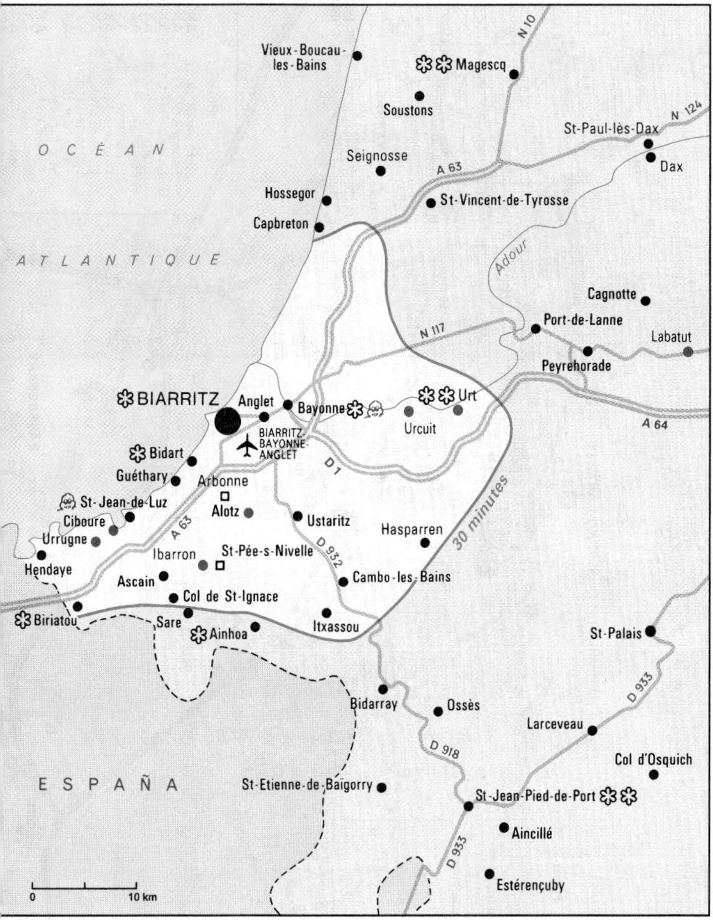

Palais ≫, 1 av. Impératrice ☎ 05 59 41 64 00, *Fax 05 59 41 67 99,* ≤, ⛱, « Belle piscine avec grill », ⅃₆, – |‡| ▤ TV ☎ ♿ P – 🏛 25 à 150. AE ⓓ GB JCB. ✂ rest **EY k**

fermé fév. – ***Villa Eugénie :*** Repas 395 et carte 430 à 570 ♀ – ***La Rotonde :*** Repas 290 et carte 320 à 460 ♀ – ***L'Hippocampe*** *(mi-avril-fin sept. et fermé le soir de mi-avril au 10 juil.)* **Repas** carte 310 à 430 – ☕ 130 – **136 ch** 1500/2850, 20 appart – ½ P 1375/1825

Spéc. Rougets en filets poêlés, chipirons et riz crémeux, sauce à l'encre. Agneau de lait des Pyrénées. Poêlée de framboises, glace vanille. **Vins** Irouleguy blanc et rouge.

BIARRITZ-ANGLET BAYONNE

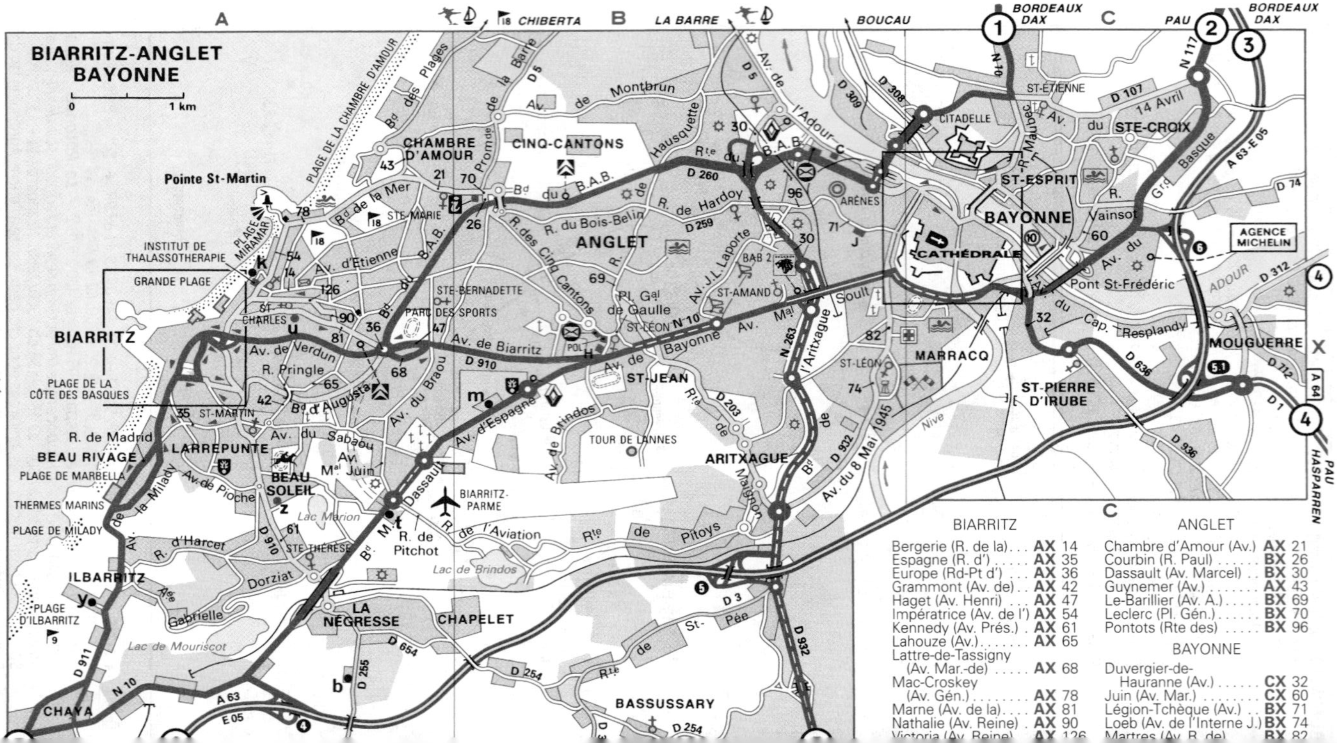

BIARRITZ

- Bergerie (R. de la) . . . AX 14
- Espagne (R. d') . . . . . AX 35
- Europe (Rd-Pt d') . . . AX 36
- Grammont (Av. de) . . . AX 42
- Haget (Av. Henri) . . . AX 47
- Impératrice (Av. de l') AX 54
- Kennedy (Av. Prés.) . AX 61
- Lahouze (Av.) . . . . AX 65
- Lattre-de-Tassigny (Av. Mar.-de) . . . . . AX 68
- Mac-Croskey (Av. Gén.) . . . . AX 78
- Marne (Av. de la) . . . . AX 81
- Nathalie (Av. Reine) . AX 90
- Victoria (Av. Reine) . . AX 126

ANGLET

- Chambre d'Amour (Av.) AX 21
- Courbin (R. Paul) . . . . . BX 26
- Dassault (Av. Marcel) . . BX 30
- Guynemer (Av.) . . . . AX 43
- Le-Barillier (Av. A.) . . . . BX 69
- Leclerc (Pl. Gén.) . . . . . . BX 70
- Pontots (Rte des) . . . . . BX 96

BAYONNE

- Duvergier-de-Hauranne (Av.) . . . . . . CX 32
- Juin (Av. Mar.) . . . . CX 60
- Légion-Tchèque (Av.) . . BX 71
- Loeb (Av. de l'Interne J.) BX 74
- Martres (Av. R. de) . . . . BX 82

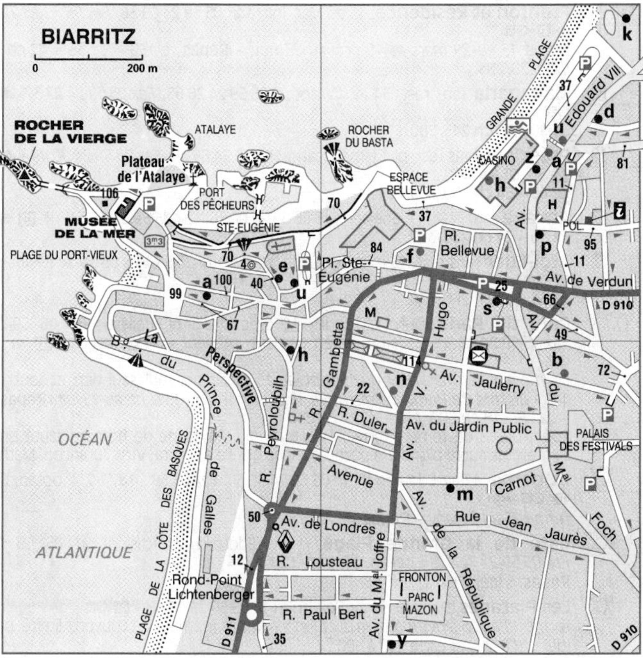

Miramar M, 13 r. L. Bobet ☎ 05 59 41 30 00, *Fax 05 59 24 77 20*, ←, centre de thalassothérapie, – ♿ 40 à 170. AE GB. rest
Relais Miramar : **Repas** 290, enf.100 – ***Piballes*** (rest. diététique) **Repas** 290, enf. 100 – 100 – **110 ch** 1625/2700, 16 appart – ½ P 1240/1640. AX k

Plaza, av. Édouard VII ☎ 05 59 24 74 00, *Fax 05 59 22 22 01*, ← – ch, ♿ P – 25. AE GB. rest EY p
Repas *(fermé dim. et lundi midi)* *(59)* - 100/215 – 63 – **60 ch** 510/880 – ½ P 560/640.

Tonic M, 58 av. Édouard VII ☎ 05 59 24 58 58, *Fax 05 59 24 86 14*, – rest, ♿ P – 40. AE GB EY d
Repas *(fermé dim. soir du 1er avril au 1er mai)* 79 (déj.), 120/170, enf. 45 – 40 – **63 ch** 730/820 – ½ P 570.

Windsor, Gde Plage ☎ 05 59 24 08 52, *Fax 05 59 24 98 90* – AE GB JCB EY z
fermé fév. et mardi du 15 sept. au 30 juin – **Repas** *(80)* - 100/140, enf. 55 – 50 – **49 ch** 350/790 – ½ P 365/585.

Florida, 3 pl. Ste-Eugénie ☎ 05 59 01 01 01, *Fax 05 59 01 01 02*, – AE GB. rest DY u
5 avril-5 nov. – **Repas** 80/160 ♀, enf. 55 – 45 – **45 ch** 360/680 – ½ P 380/510.

Marbella, 11 r. Port Vieux ☎ 05 59 24 04 06, *Fax 05 59 24 63 26* – AE GB DY a
fermé 15 déc. au 15 janv., sam. et dim. d'oct. à Pâques – **Repas** (dîner seul.) 90/145 ♀ – 38 – **29 ch** 380/400 – ½ P 350/400.

Fronton et Résidence, 35 av. Mar. Joffre ☎ 05 59 23 09 36, *Fax 05 59 23 22 07* – GB EZ
fermé 15 au 29 mars et 18 oct. au 23 nov. – **Repas** 70/130 – 35 – **42 ch** 320/350
1/2 P 270/295.

Maïtagaria sans rest, 34 av. Carnot ☎ 05 59 24 26 65, *Fax 05 59 24 27 37,* – GB EZ
30 – **17 ch** 215/290.

Président sans rest, pl. Clemenceau ☎ 05 59 24 66 40, *Fax 05 59 24 90 46* – 50. AE GB EY
45 – **64 ch** 350/600.

Atalaye sans rest, 6 r. Goélands ☎ 05 59 24 06 76, *Fax 05 59 22 33 51* – GB
30 – **24 ch** 230/380. DY

Argi-Eder sans rest, 13 r. Peyroloubilh ☎ 05 59 24 22 53, *Fax 05 59 24 89 10* – AE GB. DZ
30 – **19 ch** 260/320.

Café de Paris (Duhr et Oudill) avec ch, 5 pl. Bellevue ☎ 05 59 24 19 53 *Fax 05 59 24 18 20,* ←, « Bel aménagement intérieur » – rest, AE GB EY
(fermé mars et mardi soir du 15 sept. au 15 juin) (dîner seul. sauf dim. et août) carte 330 440 - ***Bistrot Bellevue*** *(fermé merc. midi et mardi du 15 sept. au 15 juin)* **Repas** (125)-170 – 85 – **18 ch** 600/750 – 1/2 P 675/850
Spéc. Délice de tomate rafraîchi au tourteau. Paysanne de homard sauté en carapace Dentelle de sucre blond à la pêche blanche glacée à l'Izarra. **Vins** Jurançon, Madiran.

L'Operne, 17 av. Edouard VII ☎ 05 59 24 30 30, *Fax 05 59 24 37 89,* ← océan, – GB JCB EY
fermé 25 au 31 janv. – **Repas** 135/245 ♀.

Café de la Grande Plage, 1 av. Edouard VII (casino) ☎ 05 59 22 77 88 *Fax 05 59 22 77 83,* ← océan, – AE GB EY
Repas 79 (déj.)/150 ♀, enf. 55.

Les Platanes (Daguin), 32 av. Beausoleil ☎ 05 59 23 13 68 – AE GB AX
fermé 11 au 25 janv., mardi midi et lundi – **Repas** (nombre de couverts limité, prévenir) 15 (déj.), 240/290 et carte 250 à 300 ♀
Spéc. Foie gras. Pêche du jour. Pigeonneau à l'ancienne. **Vins** Irouléguy, Madiran.

Galion, 17 bd Gén. de Gaulle ☎ 05 59 24 20 32, *Fax 05 59 24 67 54,* ←, – GB
fermé 17 nov. au 15 déc., dim. soir et lundi sauf juil.-août – **Repas** 150/270 ♀. EY

Croque-en-Bouche, 5 r. Centre ☎ 05 59 22 06 57 – AE GB EZ
fermé dim. et lundi – **Repas** (145) - 175 ♀.

Ramona, 5 r. Centre ☎ 05 59 24 34 66 – AE GB EZ
fermé 22 au 30 juin, 1er au 7 oct., 11 au 31 janv., lundi et mardi – **Repas** - produits de la mer (80) - 98 (déj.)/155 ♀.

Aub. du Relais avec ch, 44 av. Marne ☎ 05 59 24 85 90, *Fax 05 59 22 13 94* – rest, AE GB AX
fermé 1er au 15 déc., 11 au 31 janv. et mardi d'oct. à avril – **Repas** 98/155 ♀ – 34 – **12 ch** 210/340 – 1/2 P 240/310.

Goulue, 3 r. E. Ardouin ☎ 05 59 24 90 90, *Fax 05 59 24 65 40* – GB EZ
fermé 22 au 30 juin., 3 au 11 janv., dim. soir hors saison et lundi sauf le soir en saison **Repas** (80 bc) - 138 ♀.

près aéroport *sur N 10 Sud-Est : 4 km* – ✉ *64200 Biarritz :*

Campanile, bd. M. Dassault ☎ 05 59 41 19 19, *Fax 05 59 41 28 78,* – rest, – 25. AE GB AX
Repas (66) - 84 bc/107 bc, enf. 39 – 34 – **88 ch** 298.

rte d'Arbonne *Sud : 4 km par D 910 et D 255* – ✉ *64200 Biarritz :*

Château du Clair de Lune sans rest, ☎ 05 59 41 53 20, *Fax 05 59 41 53 29,* « Parc » – AE GB AX
60 – **15 ch** 550/700.

Campagne et Gourmandise, ☎ 05 59 41 10 11, *Fax 05 59 43 96 16,* ← massif de Rhune, – GB
fermé vacances de Toussaint, de fév., dim. soir du 1er sept au 15 juil. et merc. – **Repas** 195

à Arbonne *Sud : 7 km par Pont de la Négresse et D 255* – 1 366 h. alt. 37 – ✉ *64210 :*

Laminak sans rest, rte de St Pée ☎ 05 59 41 95 40, *Fax 05 59 41 87 65,* ←, – AE GB
mi-mars-mi-nov. – 55 – **10 ch** 350/560.

à **Alotz** *Sud : 8 km par D 910, D 255 et rte secondaire* AX – ✉ *64200* :

Moulin d'Alotz, ✆ 05 59 43 04 54, *Fax 05 59 43 04 54,* , – P. GB
fermé 20 nov au 15 déc., 15 fév. au 1er mars, mardi sauf du 1er juil. au 30 sept. et lundi – **Repas** (nombre de couverts limité, prévenir) 195/250 ♀.

AUDI,VOLKSWAGEN BAYONNE Autom., 20 av. de la Marne ✆ 05 59 22 40 50
CITROEN Gar. Artola, 88 av. Marne ✆ 05 59 41 01 30 N ✆ 05 59 41 01 30
HONDA Gar. Franco Américain, 47 av. Prés.-Kennedy ✆ 05 59 23 15 42
RENAULT Central Auto Gar., 1 carr. Hélianthe ✆ 05 59 24 92 32 N ✆ 06 09 35 97 49

BIDARRAY *64780 Pyr.-Atl.* 85 ③ *G. Pyrénées Aquitaine – 585 h alt. 110.*
Paris 802 – Biarritz 35 – Cambo-les-Bains 16 – Pau 129 – St-Étienne-de-Baïgorry 16 – St-Jean-Pied-de-Port 20.

Erramundeya sans rest, D 918 ✆ 05 59 37 71 21, *Fax 05 59 37 71 21,* ← – ☎ P. GB
1er mars-30 nov. et fermé mardi sauf juil.-août – ☕ 32 – **10 ch** 170/240.

Pont d'Enfer, ✆ 05 59 37 70 88, *Fax 05 59 37 76 60,* ←, – TV ☎ P. AE GB
mars-oct. – **Repas** *(fermé mardi midi et merc. midi sauf juiil.-août)* 70/168, enf. 48 – ☕ 30 – **17 ch** 135/340 – ½ P 215/280.

BIDART *64210 Pyr.-Atl.* 78 ⑪ ⑱ *G. Pyrénées Aquitaine – 4 123 h alt. 40.*
Voir *Chapelle Ste-Madeleine* ✵★.
d'Ilbarritz ✆ *05 59 23 74 65.*
Office de Tourisme r. d'Erretegia ✆ *05 59 54 93 85, Fax 05 59 26 56 71.*
Paris 781 – Biarritz 6 – Bayonne 15 – Pau 123 – St-Jean-de-Luz 9.

Villa L'Arche M sans rest, chemin Camboénéa ✆ 05 59 51 65 95, *Fax 05 59 51 65 99,* ← Océan, – TV ☎ P. GB
15 fév.-15 nov. – ☕ 60 – **8 ch** 600/790.

Gochoki sans rest, r. Caricartenea ✆ 05 59 26 59 55, *Fax 05 59 54 71 00,* – cuisinette TV ☎ ♿ P. GB.
fermé 13 nov. au 6 fév. – ☕ 35 – **10 ch** 320, 10 studios 300/550.

Pénélope sans rest, à Ilbarritz, Nord : 3 km sur D 911 ✆ 05 59 23 00 37, *Fax 05 59 43 96 50,* ←, – TV ☎ P. GB plan Biarritz AX y
☕ 30 – **22 ch** 300/450.

Table des Frères Ibarboure, Sud par N 10, rte Ahetze et rte secondaire : 4 km ✆ 05 59 54 81 64, *Fax 05 59 54 75 65,* , parc – ▤ P. AE ⓓ GB
fermé 15 nov. au 1er déc., 5 au 20 janv. et merc. d'oct. à juin – **Repas** 195/350 et carte 320 à 440 ♀
Spéc. Craquelon d'araignée de mer façon "txangurro". Pêle-mêle d'encornets sur galette croustillante. Pigeonneau du pays cuit en cocotte au thym. **Vins** Irouléguy, Jurançon.

BIELLE *64260 Pyr.-Atl.* 85 ⑯ *G. Pyrénées Aquitaine – 470 h alt. 448.*
Paris 806 – Pau 31 – Laruns 8 – Lourdes 44 – Oloron-Ste-Marie 25.

L'Ayguelade, Nord : 1 km par D 934 ✆ 05 59 82 60 06, *Fax 05 59 82 61 17,* , – ☎ P. GB
fermé 6 au 26 janv., mardi soir et merc. hors saison – **Repas** 78/165 ♀, enf. 38 – ☕ 28 – **10 ch** 200/250 – ½ P 180/220.

BIESHEIM *68 H.-Rhin* 62 ⑲ – *rattaché à Neuf-Brisach.*

BIÈVRES *08370 Ardennes* 56 ⑩ – *75 h alt. 241.*
Paris 258 – Charleville-Mézières 59 – Longuyon 38 – Sedan 37 – Verdun 59.

Relais de St-Walfroy, ✆ 03 24 22 61 62, *Fax 03 24 27 53 04* – ▤ P. AE ⓓ GB
fermé mardi – **Repas** 85/150 ♀.

BIGNAN *56 Morbihan* 63 ③ – *rattaché à Locminé.*

BILLIERS *56190 Morbihan 63 ⑭ – 760 h alt. 20.*

Paris 463 – Nantes 90 – Vannes 28 – La Baule 43 – Muzillac 3 – Redon 39 – La Roche Bernard 17.

Domaine de Rochevilaine ⑤, à la Pointe de Pen Lan-Sud : 2 km par D 5 ✆ 02 97 41 61 61, *Fax 02 97 41 44 85,* ≤ littoral, « Belles demeures en bordure de mer centre de remise en forme et piscines », – 25. AE GB. rest
Repas 195 (déj.), 240/480 bc et carte 310 à 390 ♀ – 80 – **33 ch** 795/1350, 7 appart – ½ P 720/1050
Spéc. Noix de Saint-Jacques en émulsion d'huîtres (15 oct. au 15 mars). Galette croustillante de homard aux saveurs épicées (15 mars au 15 oct.). Turbot rôti à la cervoise. **Vins** Muscadet, Savennières.

BINIC *22520 C.-d'Armor 59 ③ G. Bretagne – 2 798 h alt. 35.*

Office de Tourisme av. du Gén.-de-Gaulle ✆ 02 96 73 60 12, Fax 02 96 73 35 23.

Paris 461 – St-Brieuc 14 – Guingamp 36 – Lannion 67 – Paimpol 33 – St-Quay-Portrieux 8.

Benhuyc M, 1 quai J. Bart ✆ 02 96 73 39 00, *Fax 02 96 73 77 04,* – cuisinette rest, AE GB. ch
Repas 78 (déj.), 95/195 ♀, enf. 48 – 38 – **25 ch** 345/395 – ½ P 288/334.

BIOT *06410 Alpes-Mar. 84 ⑨, 115 ㉕ G. Côte d'Azur – 5 575 h alt. 80.*

Voir *Musée Fernand Léger★★ – Retable du Rosaire★ dans l'église.*

la Bastide du Roy ✆ 04 93 65 08 48, S : 1,5 km.

Office de Tourisme pl. de la Chapelle ✆ 04 93 65 05 85, Fax 04 93 65 70 96.

Paris 914 – Cannes 18 – Nice 23 – Antibes 6 – Cagnes-sur-Mer 11 – Grasse 21 – Vence 20.

Domaine du Jas M sans rest, 625 rte Mer (D 4) ✆ 04 93 65 50 50, *Fax 04 93 65 02 0…* – GB.
fin mars-fin nov. – 60 – **14 ch** 600/1200, 3 duplex.

Les Terraillers, au pied du village (D 4) ✆ 04 93 65 01 59, *Fax 04 93 65 13 78,* « Ancienne poterie du 16e siècle » – AE GB
fermé jeudi midi en juil.-août et merc. – **Repas** 180 (déj.), 250/360 et carte 380 à 490
Spéc. Filets de rougets rôtis, "sauce biotoise". Pigeonneau en deux façons. Fondant tiède au chocolat. **Vins** Côtes de Provence.

Aub. du Jarrier (Métral), au village ✆ 04 93 65 11 68, *Fax 04 93 65 50 03,* – AE GB
fermé 10 janv. au 10 fév., lundi soir de sept. à juin et mardi sauf le soir en juil.-août – **Repas** (150) - 270 bc/300 et carte 350 à 450 ♀, enf. 90 - ***Le Bistrot :*** Repas 135 ♀
Spéc. Ravioles de champignons des bois, escalope de foie gras chaud (automne). Rougets grillés sauce vierge et beignets de fleur de courgette. Tarte chaude aux pignons de pin et framboises, glace nougat miel. **Vins** Cassis, Coteaux Varois.

Plat d'Etain, au village ✆ 04 93 65 09 37, *Fax 04 93 33 38 95* – AE GB
fermé 3 au 18 janv., dim. soir et lundi de sept. à juin – **Repas** 95 (déj.), 125/230 ♀, enf. 80.

Chez Odile, au village ✆ 04 93 65 15 63,
fermé 30 nov. au 15 janv., merc. midi en juil.-août et jeudi sauf le soir en juil.-août – **Repas** (90) - 150.

BIRIATOU *64 Pyr.-Atl. 85 ① – rattaché à Hendaye.*

BIRKENWALD *67440 B.-Rhin 87 ⑭ – 228 h alt. 295.*

Paris 460 – Strasbourg 33 – Molsheim 22 – Saverne 11.

Au Chasseur ⑤, ✆ 03 88 70 61 32, *Fax 03 88 70 66 02,* ≤, – rest, – 25. AE GB. ch
fermé 29 juin au 6 juil. et janv. – **Repas** *(fermé mardi midi et lundi)* 95/380 ♀, enf. 55 – 5… – **26 ch** 300/500 – ½ P 350/450.

BISCARROSSE *40600 Landes 78 ⑬ G. Pyrénées Aquitaine – 9 054 h alt. 22 – Casino.*

de Biscarrosse, rte des Lacs ✆ 05 58 09 84 93.

Office de Tourisme 55 pl. de la Fontaine ✆ 05 58 78 20 96, Fax 05 58 78 23 65.

Paris 657 – Bordeaux 80 – Arcachon 39 – Bayonne 129 – Dax 91 – Mont-de-Marsan 85.

à Biscarrosse-Bourg :

Atlantide M sans rest, pl. Marsan ✆ 05 58 78 08 86, *Fax 05 58 78 75 98* – AE GB
38 – **33 ch** 380/440.

St-Hubert sans rest, 588 av. G. Latécoère ✆ 05 58 78 09 99, *Fax 05 58 78 79 37*, – TV ☎ ♿ P. GB
36 – **16 ch** 275/360.

Relais sans rest, 216 av. Mar. Lyautey ✆ 05 58 78 10 46, *Fax 05 58 78 09 71* – TV ☎ P. AE ⓓ GB
fermé 22 déc. au 5 janv. – 36 – **24 ch** 260/360.

XX **Fontaine Marsan,** pl. Marsan ✆ 05 58 82 81 29 – AE GB
fermé 5 au 19 oct., 4 au 25 janv., dim. soir de sept. à juin et lundi – **Repas** (70) - 85/195 ♀.

à Navarosse *Nord : 3,5 km par D 652 et D 305 – ✉ 40600 Biscarrosse :*

Transaquitain sans rest, ✆ 05 58 09 83 13, *Fax 05 58 09 84 37*, – ☎ P
1er avril-15 sept. – 32 – **12 ch** 290/350.

à Ispe *Nord : 6 km par D 652 et D 305 – ✉ 40600 Biscarrosse :*

Caravelle , ✆ 05 58 09 82 67, *Fax 05 58 09 82 18*, ≤, – TV ☎ P. GB. ch
Repas *(fermé nov. au 16 fév. et lundi midi hors saison)* 90/250, enf. 40 – 40 – **11 ch** 300/390 – ½ P 300/330.

PEUGEOT Gar. Labarthe, rte de Parentis ZI-RN 652 ✆ 05 58 82 55 55

BISCHWIHR *68 H.-Rhin* 62 ⑲, 87 ⑦ *– rattaché à Colmar.*

BISCHWILLER *67240 B.-Rhin* 87 ④ *– 10 969 h alt. 135.*

Paris 483 – Strasbourg 30 – Haguenau 8 – Saverne 41.

Stade, 29 rte Haguenau ✆ 03 88 53 96 96, *Fax 03 88 53 89 49* – TV ☎ ♿ P. GB
Repas carte 180 à 270 – 30 – **20 ch** 250/300.

RENAULT Gar. Stern, 6 r. du Conseil ✆ 03 88 63 22 87

BITCHE *57230 Moselle* 57 ⑱ *G. Alsace Lorraine – 5 517 h alt. 300.*

Voir *Citadelle★ – Fort du Simserhof★ O : 4 km.*

9 18 ✆ 03 87 96 15 30, sortie E par N 62.

Office de Tourisme à la Mairie ✆ 03 87 06 16 16, Fax 03 87 06 16 17.

Paris 437 – Strasbourg 76 – Haguenau 44 – Sarrebourg 59 – Sarreguemines 34 – Saverne 53 – Wissembourg 48.

Relais des Châteaux Forts M, 6 quai E. Branly (près gare) ✆ 03 87 96 14 14, *Fax 03 87 96 07 36*, – TV ☎ ♿ P. GB
fermé fév. – **Repas** *(fermé jeudi)* 100/175 ♀, enf. 50 – 45 – **30 ch** 250/350 – ½ P 310.

XX **Aub. de la Tour,** 3 r. Gare ✆ 03 87 96 29 25, *Fax 03 87 96 02 61* – P. GB
fermé 20 au 30 janv., lundi soir et mardi – **Repas** 80/250 , enf. 45.

XX **Aub. de Strasbourg** avec ch, 24 r. Col Teyssier ✆ 03 87 96 00 44, *Fax 03 87 06 10 60* – TV ☎ . GB
fermé 15 janv. au 15 fév., dim. soir et lundi – **Repas** 130/295 , enf. 60 – 40 – **11 ch** 150/290 – ½ P 215/275.

à l'Étang de Hasselfurth *Sud-Est : 2 km – ✉ 57230 Bitche :*

XX **Aub. du Lac,** ✆ 03 87 96 27 27, *Fax 03 87 96 05 34* – P. GB
fermé fév., mardi soir et merc. – **Repas** 65 (déj.), 115/295 , enf. 65.

LADA, SEAT, TOYOTA Bitche Autos, 40 r. de Sarreguemines ✆ 03 87 96 05 26 N ✆ 03 87 96 05 26
PEUGEOT Gar. Rébmeister, 47 r. Pasteur à Rohrbach-les-Bitche ✆ 03 87 09 70 36 N ✆ 03 87 09 70 36

RENAULT Gar. Hemmer, 103 r. d'Ingwiller à Goetzenbruck ✆ 03 87 96 80 96 N ✆ 03 87 96 80 96

BLAESHEIM *67 B.-Rhin* 62 ⑩ *– rattaché à Strasbourg.*

BLAGNAC *31 H.-Gar.* 82 ⑧ *– rattaché à Toulouse.*

BLAMONT *25310 Doubs* 66 ⑱ *– 1 026 h alt. 576.*

Paris 482 – Besançon 87 – Baume-les-Dames 53 – Montbéliard 18 – Morteau 57.

Vieille Grange, ✆ 03 81 35 19 00, – TV ☎ ♿. GB
fermé Noël au Jour de l'An – **Repas** *(fermé lundi midi, sam. midi et dim.)* carte 150 à 250 ♀ – ☕ 35 – **10 ch** 270 – ½ P 240/260.

Le BLANC *36300 Indre* 68 ⑯ *G. Berry Limousin – 7 361 h alt. 85.*

Office de Tourisme pl. de la Libération ✆ 02 54 37 05 13, Fax 02 54 37 31 93.

Paris 328 – Poitiers 62 – Bellac 62 – Châteauroux 61 – Châtellerault 51.

Théâtre sans rest, 2 bis av. Gambetta ✆ 02 54 37 68 69, *Fax 02 54 28 03 95* – TV ☎. AE ⓓ GB JCB
☕ 30 – **18 ch** 200/300.

Ile d'Avant, rte Châteauroux : 2 km ✆ 02 54 37 01 56, *Fax 02 54 37 38 06*, – TV ☎ P – 30. GB
fermé 20 déc. au 14 janv., dim. soir et lundi – **Repas** *(62)* - 84/125 ♀, enf. 36 – ☕ 34 – **15 ch** 200/290 – ½ P 185/200.

par rte de Belâbre , *D 10 et rte secondaire : 6 km : – ✉ 36300 Le Blanc :*

Domaine de l'Étape , ✆ 02 54 37 18 02, *Fax 02 54 37 75 59*, , parc – TV ☎ P – 60. AE ⓓ GB JCB
Repas 130/300 ♀ – ☕ 50 – **35 ch** 220/460.

CITROEN SAVRA, Av. P. Mendès-France ✆ 02 54 37 03 75
PEUGEOT Auto Agri, 28 r. A.-Chichery ✆ 02 54 37 06 38
RENAULT SADA Renault, 51 av. Pierre Mendès France ✆ 02 54 37 07 32

Euromaster, 72 bis r. République ✆ 02 54 37 00 39

Le BLANC-MESNIL *93 Seine-St-Denis* 56 ⑪ ⑩, 101 ⑰ *– voir à Paris, Environs.*

BLANGY-SUR-BRESLE *76340 S.-Mar.* 52 ⑥ *– 3 447 h alt. 70.*

Paris 153 – Amiens 54 – Abbeville 28 – Dieppe 49 – Neufchâtel-en-Bray 32 – Le Tréport 25.

Pieds dans le Plat, 27 r. St-Denis ✆ 02 35 93 38 36 – . GB
fermé 1er au 8 août, vacances de fév., jeudi soir d'oct. à mai et lundi – **Repas** 90/180 enf. 45.

BLANQUEFORT *33290 Gironde* 71 ⑨ *– 12 843 h alt. 17.*

Paris 586 – Bordeaux 15 – Blaye 55 – Jonzac 90 – Libourne 40 – Saintes 122.

Host. des Criquets avec ch, 130 av. 11-Novembre (D 210) ✆ 05 56 35 09 24, *Fax 05 56 57 13 83*, , , – TV ☎ P. AE ⓓ GB
Repas *(fermé dim. soir et lundi)* 100 bc (déj.), 145/365 ♀ – ☕ 52 – **21 ch** 295/310 – ½ P 280

BLÉNEAU *89220 Yonne* 65 ③ *– 1 585 h alt. 200.*

Paris 150 – Auxerre 51 – Bonny-sur-Loire 20 – Briare 19 – Clamecy 61 – Gien 29 – Montargis 40.

Blanche de Castille M, 17 r. d'Orléans ✆ 03 86 74 92 63, *Fax 03 86 74 94 43*, – TV ☎ P. AE GB
Repas *(fermé janv., dim. soir et jeudi hors saison)* 85/175 ♀ – ☕ 50 – **14 ch** 400 – ½ P 320/350.

Aub. du Point du Jour, pl. Mairie ✆ 03 86 74 94 38, *Fax 03 86 74 85 92* – . AE ⓓ GB
fermé vacances de fév., dim. soir et lundi sauf fériés et le soir sauf vend. et sam. – **Repas** *(94)* - 130/285 et carte 230 à 410.

BLÉNOD-LÈS-PONT-A-MOUSSON *54 M.-et-M.* 57 ⑬ *– rattaché à Pont-à-Mousson.*

*Les nouveaux **Guides Verts** touristiques **Michelin**, c'est :*
- un texte descriptif plus riche,
- une information pratique plus claire,
- des plans, des schémas et des photos en couleurs,
... et, bien sûr, une actualisation détaillée et fréquente.
Utilisez toujours la dernière édition.

BLÉRÉ *37150 I.-et-L.* 64 ⑯ *G. Châteaux de la Loire – 4 388 h alt. 59.*

Office de Tourisme (15 juin-15 sept.) r. J.-J Rousseau ✆ 02 47 57 93 00, Fax 02 47 23 57 73.

Paris 234 – Tours 26 – Blois 47 – Château-Renault 36 – Loches 24 – Montrichard 16.

Cheval Blanc (Blériot), pl. Église ✆ 02 47 30 30 14, *Fax 02 47 23 52 80*, – rest, GB

fermé 1er janv. au 15 fév. – **Repas** *(fermé dim. soir sauf juil.-août et lundi)* (prévenir) 96/280 et carte 230 à 280, enf. 50 – 38 – **12 ch** 320/400 – 1/2 P 330/400

Spéc. Goujonnettes de sole et poêlée de Saint-Jacques. Cuisse désossée de caneton du marais aux champignons des bois, filet poêlé au verjus. Crêpes soufflées au Grand Marnier. **Vins** Chenonceaux, Bourgueil.

Cher, r. Pont ✆ 02 47 57 95 15, *Fax 02 47 30 26 35*, – GB.

fermé 15 au 30 nov., 15 au 28 fév., dim. soir et lundi midi du 1er nov. au 31 mars – **Repas** 96/240 ♀, enf. 45 – 34 – **18 ch** 215/290 – 1/2 P 200/250.

CITROEN Gar. Caillet ✆ 02 47 30 26 26
PEUGEOT Gar. Vigean, ZAC la Vinerie La Croix en Touraine ✆ 02 47 23 55 55

BLIENSCHWILLER *67650 B.-Rhin* 87 ⑯ *– 292 h alt. 230.*

Paris 501 – Strasbourg 46 – Barr 41 – Erstein 26 – Obernai 18 – Sélestat 11.

Winzenberg Ⓜ sans rest, 46 rte des Vins ✆ 03 88 92 62 77, *Fax 03 88 92 45 22* – GB.

fermé 1er janv. au 1er mars – 35 – **13 ch** 245/290.

BLIGNY-SUR-OUCHE *21360 Côte-d'Or* 69 ⑨ *G. Bourgogne – 745 h alt. 360.*

Paris 288 – Beaune 19 – Autun 43 – Dijon 49 – Pouilly-en-Auxois 22 – Saulieu 44.

Trois Faisans avec ch, ✆ 03 80 20 10 14, *Fax 03 80 20 17 63*, – AE GB. rest

fermé 3 au 9 déc. et 5 janv. au 4 fév. – **Repas** *(fermé mardi soir et merc. sauf juil.-août)* (70) - 95/150 ♀, enf. 50 – 35 – **7 ch** 170/250 – 1/2 P 170/210.

BLOIS Ⓟ *41000 L.-et-Ch.* 64 ⑦ *G. Châteaux de la Loire – 49 318 h alt. 73.*

Voir *Château**** **Z** *: musée des Beaux-Arts* – Église St-Nicolas** **Z** *– Cour avec galeries* de l'hôtel d'Alluye* **YZ E** *– jardins de l'Evêché ≤** **Y** *– Jardin du Roi ≤** **Z.**

de la Carte à Chouzy-sur-Cisse N152 ✆ 02 54 20 49 99, par ⑥ : 10 k; du Château de Cheverny ✆ 02 54 79 24 70, SE : 15 km par ④.

Office de Tourisme 3, av. J.-Laigret ✆ 02 54 74 06 49, Fax 02 54 56 04 59.

Paris 182 ① – Orléans 61 ① – Tours 64 ① – Le Mans 111 ⑧.

Plan page suivante

Mercure Centre Ⓜ, 28 quai St-Jean ✆ 02 54 56 66 66, *Fax 02 54 56 67 00*, – 30 à 300. AE GB — Z f

Repas *(98)* - 138/180, enf. 52 – 55 – **84 ch** 460/620, 12 duplex.

Holiday Inn Garden Court Ⓜ, 26 av. Maunoury ✆ 02 54 55 44 88, *Fax 02 54 74 57 97*, – rest, – 25 à 40. AE GB. rest — Y t

Repas *(fermé sam. midi et dim. midi d'oct. à mars)* 90/145 ♀, enf. 45 – 50 – **78 ch** 470.

Médicis Ⓜ, 2 allée François 1er ✆ 02 54 43 94 04, *Fax 02 54 42 04 05* – AE GB — X p

fermé 2 au 31 janv. et dim. soir d'oct. à Pâques – **Repas** 110/300 ♀, enf. 70 – 50 – **12 ch** 400/550 – 1/2 P 400/500.

Anne de Bretagne sans rest, 31 av. J. Laigret ✆ 02 54 78 05 38, *Fax 02 54 74 37 79* – AE GB — Z k

fermé 22 fév. au 22 mars – 38 – **29 ch** 270/380.

L'Orangerie du Château, 1 av. Dr J. Laigret ✆ 02 54 78 05 36, *Fax 02 54 78 22 78*, « Élégante installation, terrasse, ≤ le château » – AE GB — Z e

fermé 17 au 23 août, vacances de fév., dim. soir et merc. sauf fériés – **Repas** 135/340 et carte 310 à 450 ♀, enf. 70.

Au Rendez-vous des Pêcheurs (Reithler), 27 r. Foix ✆ 02 54 74 67 48, *Fax 02 54 74 47 67* – GB — X r

fermé 3 au 24 août, vacances de fév., lundi midi, dim. et fériés – **Repas** (nombre de couverts limité, prévenir) 145 et carte 230 à 310 ♀

Spéc. Flan de grenouilles au kaefferkopf et mousseline au cresson. Bar rôti sur la peau aux huîtres d'Isigny. Millefeuille caramélisé à la vanille. **Vins** Cheverny, Côteaux du Giennois.

L'Espérance, N 152, par ⑥ : *2,5 km* ✆ 02 54 78 09 01, *Fax 02 54 56 17 86*, ≤ – Ⓟ. GB

fermé dim. soir et lundi – **Repas** 130/345 ♀, enf. 60.

BLOIS

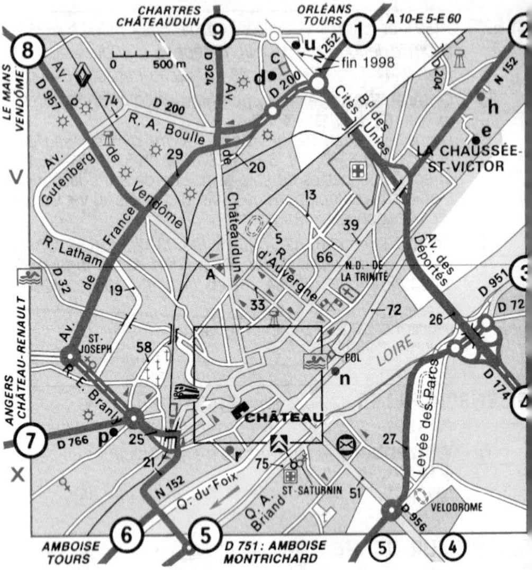

CHARTRES CHÂTEAUDUN
ORLÉANS TOURS
A 10-E 5-E 60
LE MANS VENDÔME
ANGERS CHÂTEAU-RENAULT
AMBOISE TOURS
D 751 : AMBOISE MONTRICHARD
0 500 m
fin 1998
LA CHAUSSÉE-ST-VICTOR
CHÂTEAU
LOIRE
Q. du Foix
Levée des Parcs
VELODROME
ST-SATURNIN
ST-JOSEPH
N.D.-DE LA TRINITÉ
Av. des Déportés
R. A. Boulle
Av. de Vendôme
R. Latham
R. E. Branly
Av. Gutenberg
Bd des Cités Unies
R. d'Auverge
Q. A. Briand
V
X

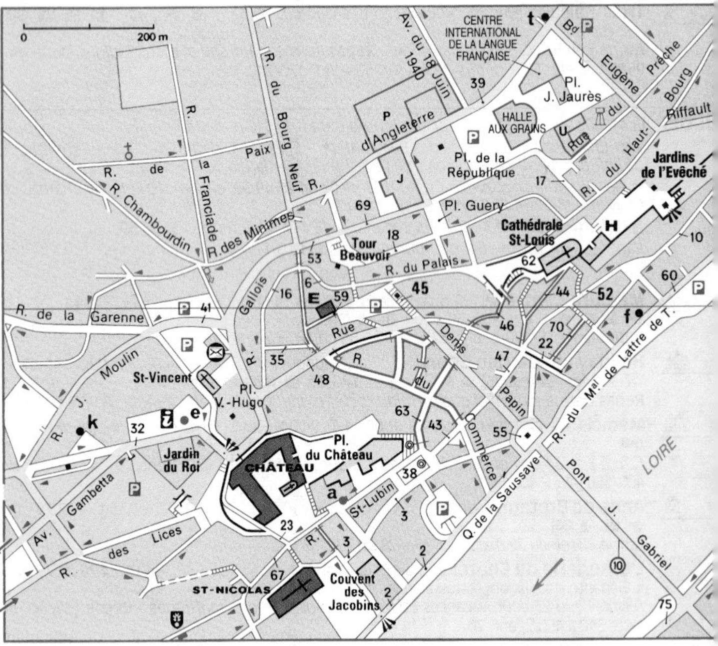

0 200 m
CENTRE INTERNATIONAL DE LA LANGUE FRANÇAISE
Pl. J. Jaurès
HALLE AUX GRAINS
Pl. de la République
Pl. Guery
Cathédrale St-Louis
Jardins de l'Evêché
Tour Beauvoir
R. du Palais
R. de la Garenne
St-Vincent
Pl. V.-Hugo
Jardin du Roi
CHÂTEAU
Pl. du Château
ST-NICOLAS
Couvent des Jacobins
R. des Minimes
R. Chambourdin
R. du Bourg Neuf
R. des Lices
Av. Gambetta
Q. de la Saussaye
R. du Mal de Lattre de T.
Pont J. Gabriel
LOIRE
Y
Z

XX **Péniche,** promenade Mail ✆ 02 54 74 37 23, *Fax 02 54 56 89 65*, péniche aménagée – ▤. AE ⓓ GB X n
fermé sam. midi et dim. sauf fériés – **Repas** 95/150 ♀.

X **Au Bouchon Lyonnais,** 25 r. Violettes ✆ 02 54 74 12 87, 余 – GB Z a
fermé 4 au 24 janv., dim. sauf juil.-août et lundi sauf fériés – **Repas** (prévenir) 115/165 ♀.

Z.A. Vallée Maillard *Nord : 3 km – ✉ 41000 Blois :*

Ibis M, ✆ 02 54 74 60 60, *Fax 02 54 74 85 71*, 余 – ⇔ TV ☎ ♿ P – 🏛 40. AE ⓓ GB
Repas *(75)* - 95 ♁, enf. 39 – ☕ 35 – **61 ch** 290/330. V d

Préma H. ♨, ✆ 02 54 78 89 90, *Fax 02 54 56 02 27*, 余 – TV ☎ ♿ P – 🏛 50. AE ⓓ GB
Repas *(fermé sam. midi et dim. midi) (60)* - 81 bc/115 bc, enf. 45 – ☕ 32 – **42 ch** 255/295 – ½ P 230. V u

à La Chaussée-St-Victor *par ② : 4 km – 4 036 h. alt. 105 – ✉ 41260 :*

Novotel M ♨, ✆ 02 54 57 50 50, *Fax 02 54 57 50 40*, 余, ⛱, ⛰ – ⎮ ⇔ ▤ TV ☎ ✆ ♿ P – 🏛 100. AE ⓓ GB V e
Repas carte environ 150 ♀, enf. 50 – ☕ 60 – **116 ch** 440/505.

XX **de la Tour,** N 152 ✆ 02 54 78 98 91, *Fax 02 54 74 74 52*, 余, ⛰ – P. GB V h
fermé 4 au 31 août, dim. soir et lundi sauf fériés – **Repas** 135/205.

à Vineuil *par ④ et D 176 : 4 km – 6 253 h. alt. 73 – ✉ 41350 :*

Climat de France, 48 r. Quatre Vents ✆ 02 54 42 70 22, *Fax 02 54 42 43 81* – TV ☎ ♿ P – 🏛 120. AE GB
Repas 90/135 ♁, enf. 39 – ☕ 35 – **58 ch** 305/375.

aux Grouëts *par ⑥ : 5 km – ✉ 41000 Blois :*

XX **L'Orée du Bois,** ✆ 02 54 74 35 18, *Fax 02 54 56 01 83*, 余 – GB
fermé 1er au 10 sept., 15 janv. au 15 fév., lundi et mardi sauf juil.-août – **Repas** 105/285, enf. 55.

à Molineuf *par ⑦ : 9 km – 810 h. alt. 115 – ✉ 41190 :*

XX **Poste,** ✆ 02 54 70 03 25, *Fax 02 54 70 12 46* – ▤ P. AE ⓓ GB
fermé 17 au 27 nov., vacances de fév., dim. soir et merc. – **Repas** 90/220 ♀, enf. 50.

par *⑧, rte de Vendôme et D 26 : 15 km – ✉ 41190 Landes-le-Gaulois :*

Château de Moulins ♨, ✆ 02 54 20 17 93, *Fax 02 54 20 17 99*, ←, 余, « Dans un domaine boisé avec pièce d'eau » – TV ☎ 🚗 P – 🏛 25. AE ⓓ GB JCB. ✂ rest
Repas 150/260 – ☕ 50 – **22 ch** 500/700 – ½ P 425.

ALFA ROMEO, LANCIA Gar. Blot Frères, 47 bis RN à la Chaussée-St-Victor ✆ 02 54 78 67 13
AUDI, VOLKSWAGEN Auto Service, av. R.-Schuman ✆ 02 54 78 67 84
BMW Gar. Papon, 44 r. Mar.-de-Lattre-de-Tassigny ✆ 02 54 78 77 06
CITROEN Alteam 2, ZA Gds Champs, bd Jos Paul Boncour par ⑤ ✆ 02 54 78 42 22
FIAT Gar. Blanc, 42 av. Mar.-Maunoury ✆ 02 54 78 04 62
MERCEDES Gar. Malard, rte de Paris à la Chaussée-St-Victor ✆ 02 54 56 45 00
OPEL Auto Loisir, r. R.-Dion ✆ 02 54 74 29 30
PEUGEOT Beauciel Autom., 11 rte N à la Chaussée-St-Victor par ② ✆ 02 54 55 22 22 N ✆ 02 54 45 09 04
RENAULT Blois Warsemann Autom., 129 av de Vendôme ✆ 02 54 52 12 12 N ✆ 08 00 05 15 15
VOLVO Prestige auto, 6 r. Berthonneau ✆ 02 54 20 07 09

Ⓟ Euromaster, av. de Châteaudun ✆ 02 54 78 18 74
Vulco, 44 av. de Vendôme ✆ 02 54 43 48 40

BLONVILLE-SUR-MER *14910 Calvados 55 ⑰ – 1 062 h alt. 10.*

Paris 205 – Caen 43 – Le Havre 44 – Deauville 4 – Lisieux 33 – Pont-l'Évêque 16.

L'Épi d'Or, ✆ 02 31 87 90 48, *Fax 02 31 87 08 98*, 余 – TV ☎ ✆ – 🏛 40. AE GB
fermé 15 au 30 déc. et fév. – **Repas** *(merc. et jeudi de sept. à juin)* 90/360 ♀, enf. 70 – ☕ 35 – **12 ch** 320/500 – ½ P 395/435.

BLUFFY (Col de) *74 H.-Savoie 74 ⑧ – 203 h alt. 640 – ✉ 74290 Veyrier-du-Lac.*

Paris 549 – Annecy 11 – Albertville 38 – La Clusaz 23 – Megève 51.

X **Aub. des Dents de Lanfon** avec ch, ✆ 04 50 02 82 51, *Fax 04 50 02 85 19*, 余 – ☎ P. GB
fermé 8 au 15 juin, 2 au 31 janv., dim. soir sauf juil.-août et lundi – **Repas** 82 (déj.), 97/195 ♀, enf. 46 – ☕ 28 – **7 ch** 237/278 – ½ P 242/262.

BOBIGNY *93 Seine-St-Denis 56 ⑪, 101 ⑰ – voir à Paris, Environs.*

La BOCCA *06 Alpes-Mar. 84 ⑨ – rattaché à Cannes.*

BOERSCH *67 B.-Rhin 62 ⑨ – rattaché à Obernai.*

BOIS-COLOMBES *92 Hauts-de-Seine* 55 ⑳, 101 ⑮ – *voir à Paris, Environs.*

BOIS DE LA CHAIZE *85 Vendée* 67 ① – *voir à Noirmoutier (Ile de).*

BOIS-DU-FOUR *12 Aveyron* 80 ④ – ✉ *12780 Vézins-de-Lévézou.*

Paris 628 – Rodez 43 – Aguessac 16 – Millau 22 – Pont-de-Salars 25 – Sévérac-le-Château 18.

Relais du Bois du Four, ☎ 05 65 61 86 17, *Fax 05 65 58 81 37*, parc – ☎ P. GB
15 mars-1er déc. et fermé mardi soir et merc. sauf du 10 juil. au 31 août – **Repas** 75/180, enf. 50 – ☕ 37 – **27 ch** 170/300 – ½ P 260/320.

BOIS-LE-ROI *77590 S.-et-M.* 61 ② – *4 744 h alt. 80.*

Paris 59 – Fontainebleau 9 – Melun 10 – Montereau-Fault-Yonne 24.

Pavillon Royal M sans rest, 40 av. Gallieni ☎ 01 64 10 41 00, *Fax 01 64 10 41 10*, – TV ☎ & P – 40. GB
☕ 40 – **26 ch** 295.

Marine, 52 quai O. Metra (à l'Écluse) ☎ 01 60 69 61 38, *Fax 01 60 66 38 59*, – GB
fermé oct., 1er au 8 fév., lundi et mardi sauf fériés – **Repas** 95/300.

Gar. Gere, ☎ 01 60 69 60 65

BOIS-PLAGE-EN-RÉ *17 Char.-Mar.* 71 ⑫ – *voir à Ré (île de).*

BOISSERON *34160 Hérault* 83 ⑧ – *981 h alt. 32.*

Paris 741 – Montpellier 30 – Aigues-Mortes 26 – Alès 46 – Nîmes 37 – Sommières 2.

Aub. Lou Caléou, ☎ 04 67 86 60 76, *Fax 04 67 86 60 76*, « Cadre médiéval » – ▤. AE GB
fermé vacances de Toussaint, vacances de fév., le soir de nov. à mars (sauf sam.), dim. soir et merc. – **Repas** 98 (déj.), 149/220, enf. 60.

BOISSET *15600 Cantal* 76 ⑪ – *653 h alt. 426.*

Paris 560 – Aurillac 30 – Calvinet 17 – Entraygues-sur-Truyère 46 – Figeac 35 – Maurs 14.

Aub. de Concasty M, Nord-Est : 3 km par D 64 ☎ 04 71 62 21 16, *Fax 04 71 62 22 22*, ←, parc, – TV ☎ & P. AE GB
fermé 15 au 30 nov. et 15 au 31 janv. – **Repas** *(fermé merc. sauf vacances scolaires)* (sur réservation seul.) 150/200 – ☕ 50 – **16 ch** 310/500 – ½ P 370/440.

BOISSEUIL *87220 H.-Vienne* 72 ⑰ ⑱ – *1 558 h alt. 350.*

Paris 399 – Limoges 10 – Bourganeuf 47 – Nontron 70 – Périgueux 97 – Uzerche 44.

Gril de l'Anneau avec ch, ☎ 05 55 06 90 06, *Fax 05 55 06 32 88*, – ☎. GB.
fermé 28 avril au 4 mai, 4 au 17 août, 24 déc. au 6 janv., dim. sauf fériés et lundi – **Repas** - spécialité de viande limousine - 130 – ☕ 35 – **7 ch** 150/270.

BOIS-VERT *16 Charente* 75 ② – *rattaché à Barbezieux.*

BOLLENBERG *68 H.-Rhin* 62 ⑱ ⑧ – *rattaché à Rouffach.*

BOLLÈNE *84500 Vaucluse* 81 ① *G. Provence* **(plan)** – *13 907 h alt. 40.*

Office de Tourisme pl. Reynaud-de-la-Gardette ☎ 04 90 40 51 45, Fax 04 90 40 51 44.

Paris 635 – Avignon 52 – Montélimar 35 – Nyons 35 – Orange 25 – Pont-St-Esprit 10.

Château de Rocher et rest. Belle Écluse, 42 av. E. Lachaux (rte Nyons) ☎ 04 90 40 09 09, *Fax 04 90 40 09 30*, , parc – TV ☎ P. AE GB
Repas 100/250 – ☕ 60 – **19 ch** 270/370 – ½ P 230/290.

De Chabrières, 7 bd Gambetta ☎ 04 90 40 08 08, *Fax 04 90 40 52 88*, – TV ☎. AE GB
Repas 95/190 – ☕ 50 – **10 ch** 270/340 – ½ P 245/270.

Lou Bergamoutié, r. Abbé Prompsault ☎ 04 90 40 10 33, *Fax 04 90 40 10 39*, – ▤. GB
fermé dim. soir et lundi – **Repas** 200 bc/270 et carte 230 à 350.

PEUGEOT Gar. Portes de Provence, Quart la Deverasse ☎ 04 90 30 10 46
RENAULT Gar. Fatiga, av. Salvador Allende ☎ 04 90 30 51 52

Ayme Pneus, 633 r. J. Verne ☎ 04 90 30 13 21

La BOLLÈNE-VÉSUBIE *06 Alpes-Mar.* 84 ⑲, 115 ⑰ *G. Côte d'Azur – 308 h alt. 700 – ✉ 06450 Lantosque.*

Voir *Chapelle St-Honorat* ≤★ *S : 1 km.*

Paris 891 – Nice 56 – Puget-Théniers 58 – Roquebillière 7 – St-Martin-Vésubie 16 – Sospel 31.

Gd H. du Parc ⑤, D 70 ☎ 04 93 03 01 01, *Fax 04 93 03 01 20*, parc – 🛗 ☎ P. AE ⓓ GB. ✗ rest

Pâques-30 sept. – **Repas** 88/160 – ☕ 35 – **52 ch** 143/362 – ½ P 312/355.

BOLLEZEELE *59470 Nord* 51 ③ *– 1 476 h alt. 40.*

Paris 277 – Calais 43 – Dunkerque 24 – Lille 68 – St-Omer 18.

Host. St-Louis ⑤, ☎ 03 28 68 81 83, *Fax 03 28 68 01 17*, – 🛗 TV ☎ ♿ P – 🏛 40. AE GB

fermé 4 au 18 janv., vacances de fév., dim. soir et lundi – **Repas** 140/315 – ☕ 40 – **28 ch** 250/360 – ½ P 330/395.

BONDUES *59 Nord* 51 ⑯, 111 ⑬ *– rattaché à Lille.*

Le BONHOMME *68650 H.-Rhin* 62 ⑱ *G. Alsace Lorraine – 607 h alt. 735 – Sports d'hiver : 830/1 235 m* 12 *.*

Paris 451 – Colmar 24 – Gérardmer 36 – St-Dié 31 – Ste-Marie-aux-Mines 16 – Sélestat 39.

Poste, au village ☎ 03 89 47 51 10, *Fax 03 89 47 23 85*, – TV ☎ P. AE GB

fermé 4 au 25 mars, 12 au 26 nov. et 6 au 21 janv. – **Repas** *(fermé mardi de nov. à mai et merc. sauf le soir en saison)* 65/250 ♀, enf. 50 – ☕ 40 – **23 ch** 270/300 – ½ P 275/300.

BONIFACIO *2A Corse-du-Sud* 90 ⑨ *– voir à Corse.*

BONLIEU *39130 Jura* 70 ⑮ *G. Jura – 206 h alt. 785.*

Voir *Belvédère de la Dame Blanche* ≤★ *NO : 2 km puis 30 mn.*

Paris 444 – Champagnole 23 – Lons-le-Saunier 33 – Morez 24 – St-Claude 42.

Poutre (Moureaux) avec ch, ☎ 03 84 25 57 77, *Fax 03 84 25 51 61* – TV ☎ P. GB

fermé 11 nov. au 11 fév., dim. soir et lundi sauf juil.-août – **Repas** 120/300 et carte 260 à 390, enf. 60 – ☕ 42 – **10 ch** 160/450 – ½ P 300

Spéc. Gratin d'écrevisses aux morilles (juil. à oct.). Filet de sandre aux poireaux confits. Millefeuille aux poires sautées, sauce chocolat, glace caramel.. **Vins** Côtes-du-Jura, Etoile.

BONNATRAIT *74 H.-Savoie* 70 ⑰ *– rattaché à Thonon-les-Bains.*

BONNE *74380 H.-Savoie* 74 ⑥ ⑦ *– 1 815 h alt. 457.*

Paris 546 – Annecy 45 – Thonon-les-Bains 30 – Bonneville 15 – Genève 16 – Morzine 43.

Baud avec ch, ☎ 04 50 39 20 15, *Fax 04 50 36 28 96*, , – TV ☎ P. AE GB

fermé 4 au 15 janv. et dim. soir – **Repas** 98 (déj.), 145/230 ♀ – ☕ 40 – **8 ch** 230/270 – ½ P 220.

au Pont-de-Fillinges *Est : 2,5 km – ✉ 74250 Fillinges :*

Pré d'Antoine, rte Boëge ☎ 04 50 36 45 06, *Fax 04 50 31 12 28*, – P. ⓓ GB

fermé 4 au 27 août, mardi soir et merc. – **Repas** 95 (déj.), 155/220.

BONNE-FONTAINE *57 Moselle* 57 ⑰ *– rattaché à Phalsbourg.*

BONNETAGE *25210 Doubs* 66 ⑱ *– 657 h alt. 960.*

Paris 472 – Besançon 67 – Belfort 72 – Biel/Bienne 73 – La Chaux-de-Fonds 30.

Etang du Moulin ⑤ avec ch, 1,5 km par D 236 et chemin privé ☎ 03 81 68 92 78, *Fax 03 81 68 94 42*, ≤ – TV ☎ P. GB

fermé 5 janv. au 5 fév., merc. soir du 15 nov. au 15 mars, mardi et merc. midi du 15 sept. au 30 juin sauf fériés – **Repas** 135/285 ♀, enf. 60 – ☕ 40 – **18 ch** 170/290 – ½ P 235.

Perce-Neige avec ch, D 437 ☎ 03 81 68 91 51, *Fax 03 81 68 95 25* – , rest, TV ☎ P – 🏛 25. GB

fermé vacances de Toussaint et lundi soir sauf vacances scolaires – **Repas** 72/250 ♀, enf. 45 – ☕ 30 – **12 ch** 190/230 – ½ P 230.

BONNEUIL-SUR-MARNE *94 Val-de-Marne* 61 ①,, 101 ㉗ *– Voir à Paris, Environs.*

BONNEVAL *28800 E.-et-L.* 60 ⑰ *G. Châteaux de la Loire – 4 420 h alt. 128.*

Voir *Porte fortifiée*★ *de l'ancienne abbaye.*

Office de Tourisme pl. de la Mairie ☎ 02 37 47 55 89, Fax 02 37 96 28 62 – Mairie ☎ 02 37 47 21 93.

Paris 118 – Chartres 31 – Orléans 55 – Ablis 62 – Châteaudun 14 – Étampes 90.

XXX **Host. Bois Guibert** avec ch, rte Châteaudun : 2 km sur N 10 ☎ 02 37 47 22 33 *Fax 02 37 47 50 69,* « Ancienne gentilhommière du 18ᵉ siècle », – TV ☎ P. AE GB

fermé 4 au 18 janv. – **Repas** 145/325 et carte 250 à 400 ♀, enf. 65 – ☕ 50 – **14 ch** 290/550 – ½ P 325/425.

CITROEN Gar. Loire, 80 r. de Chartres ☎ 02 37 47 28 90 N ☎ 02 37 47 07 26
PEUGEOT Boudet, 45 r. de la Résistance ☎ 02 37 47 24 39
RENAULT Gar. Miard, 138 r. de Chartres ☎ 02 37 47 46 60 N ☎ 02 37 47 46 60

BONNEVAL-SUR-ARC *73480 Savoie* 74 ⑲ *G. Alpes du Nord – 216 h alt. 1800 – Sports d'hiver 1 800/3 000 m* ⚡ *10.*

Voir *Vieux village*★.

Office de Tourisme ☎ 04 79 05 95 95, Fax 04 79 05 86 87.

Paris 707 – Albertville 133 – Chambéry 145 – Lanslebourg 20 – Val-d'Isère 30.

Marmotte ☎ 04 79 05 94 82, *Fax 04 79 05 90 08,* ←, – ☎ P. GB

15 juin-22 sept. et 19 déc.-26 avril – **Repas** 105/195 ♀, enf. 65 – ☕ 40 – **28 ch** 320/350.

A la Pastourelle ☎ 04 79 05 81 56, *Fax 04 79 05 85 44,* ← – ☎. AE GB.

hôtel : fermé 25 au 31 mai et vacances de Toussaint ; rest : ouvert 25 juin-7 sept. et 20 déc.-1ᵉʳ mai – **Repas** 62/79 – ☕ 32 – **12 ch** 270/310 – ½ P 280.

Bergerie ☎ 04 79 05 94 97, *Fax 04 79 05 93 24,* ← – ☎ P. AE GB.

10 juin-27 sept. et 19 déc.-30 avril – **Repas** 69/118 ♀, enf. 46 – ☕ 42 – **22 ch** 250/315 – ½ P 310/330.

X **Aub. Le Pré Catin,** ☎ 04 79 05 95 07, *Fax 04 79 05 88 07,* – GB

20 juin-20 sept., 19 déc.-28 avril et fermé lundi – **Repas** 98/155 ♀, enf. 60.

Le Guide change, changez de guide tous les ans.

BONNEVILLE SP *74130 H.-Savoie* 74 ⑦ *G. Alpes du Nord – 9 998 h alt. 450.*

Office de Tourisme pl. Hôtel de Ville ☎ 04 50 97 38 37, Fax 04 50 97 19 33.

Paris 557 – Annecy 40 – Chamonix-Mont-Blanc 55 – Thonon-les-Bains 45 – Albertville 65 – Nantua 86.

Aub. du Coteau, à Ayse, Est : 2,5 km par D 6 ☎ 04 50 97 25 07, *Fax 04 50 25 67 02,* – TV ☎ P. GB. rest

Repas *(fermé 16 au 24 mai, 1ᵉʳ au 30 juil., 24 déc. au 10 janv., lundi midi, dim. et fériés)* 80/140 ♀ – ☕ 30 – **9 ch** 225/285 – ½ P 235/245.

Bellevue à Ayse, Est : 2,5 km par D 6 ☎ 04 50 97 20 83, *Fax 04 50 25 28 38,* ←, – TV ☎ P. GB

hôtel : 10 mai-30 sept. et vacances de fév. ; rest. : 15 juin-10 sept. – **Repas** 90/160, enf. 50 – ☕ 30 – **21 ch** 215/300 – ½ P 220/230.

XXX **L'Eau Sauvage et H. Sapeur** (Guénon) avec ch, pl. Hôtel de Ville ☎ 04 50 97 20 68 *Fax 04 50 25 73 48* – TV ☎ – 25. AE GB.

fermé dim. soir et lundi – **Repas** 240/400 et carte 360 à 500, enf. 80 – ☕ 40 – **12 ch** 280/400 – ½ P 350/380

Spéc. "Matafan" de gambas au fenouil. Truite grillée au beurre d'ache. "Biscoin" d'agneau au pimpiolet. **Vins** Chignin-Bergeron, Mondeuse.

PEUGEOT Gar. Andréoléty, 403 av. Glières ☎ 04 50 97 20 93
Barret, 744 av. de Genève ☎ 04 50 97 02 22

BONNIÈRES-SUR-SEINE *78270 Yvelines* 55 ⑱, 106 ② *– 3 437 h alt. 20.*

Paris 64 – Rouen 67 – Évreux 34 – Magny-en-Vexin 25 – Mantes-la-Jolie 12 – Vernon 10 – Versailles 56.

XX **Host. Bon Accueil,** rte Vernon : 1,5 km ☎ 01 30 93 01 00 – P. AE GB

fermé août, vacances de fév., mardi soir et merc. – **Repas** 160/300 ♀.

BONNIEUX *84480 Vaucluse* 81 ⑬, 114 ① *G. Provence – 1 422 h alt. 400.*

Voir *Tableaux★ dans l'église neuve – Terrasse ≤★.*

Paris 722 – Aix-en-Provence 44 – Apt 11 – Carpentras 43 – Cavaillon 26 – Salon-de-Provence 50.

Bastide de Capelongue M, rte de Lourmarin, puis D 232 et voie secondaire : 1,5 km ✆ 04 90 75 89 78, *Fax 04 90 75 93 03*, ≤, – TV ☎ P. AE GB

12 mars-15 nov. – **Repas** 180/250 – ☐ 85 – **17 ch** 800/1400 – ½ P 800/1000.

Host. du Prieuré, ✆ 04 90 75 80 78, *Fax 04 90 75 96 00*, ≤, « Demeure du 18e siècle » – TV ☎ P. GB

1er mars-2 nov. – **Repas** *(fermé mardi midi de juil. à sept., merc. sauf le soir de juil. à sept. et jeudi midi)* 198 – ☐ 50 – **10 ch** 520/650 – ½ P 365/505.

Fournil, pl. Carnot ✆ 04 90 75 83 62, *Fax 04 90 75 96 19*, – GB

fermé 20 nov. au 10 déc., 5 janv. au 8 fév., mardi midi de sept. à juin, sam. midi en juil.-août et lundi – **Repas** (prévenir) *(90)* - 120/165, enf. 55.

RENAULT Gar. Morello, av. des Tilleuls ✆ 04 90 75 80 84

BONSECOURS *76 S.-Mar.* 55 ⑥ *– rattaché à Rouen.*

BONS-EN-CHABLAIS *74890 H.-Savoie* 70 ⑰ *– 3 275 h alt. 565.*

Paris 554 – Thonon-les-Bains 16 – Annecy 59 – Bonneville 29 – Genève 24.

Progrès M, ✆ 04 50 36 11 09, *Fax 04 50 39 44 16* – TV ☎ P. GB

fermé 30 juin au 20 juil., 29 déc. au 15 janv., dim. soir et lundi sauf du 22 juil. au 22 août – **Repas** 95/275, enf. 55 – ☐ 40 – **10 ch** 280/320 – ½ P 290/300.

BONSON *42160 Loire* 73 ⑱ *– 3 880 h alt. 380.*

Voir *Sury-le-Comtal : décoration★ du château NO : 3 km – St-Rambert-sur-Loire : église★, bronzes★ du musée SE : 3,5 km,* **G. Vallée du Rhône.**

Paris 512 – St-Étienne 21 – Feurs 29 – Montbrison 15.

Voyageurs avec ch, à la Gare ✆ 04 77 55 16 15, *Fax 04 77 36 76 33*, – TV ☎ P. AE GB

fermé 3 au 24 août, dim. soir (sauf hôtel) et sam. – **Repas** 60 (déj.), 80/140, enf. 52 – ☐ 28 – **7 ch** 210/245 – ½ P 200/210.

BORDEAUX

P 33000 Gironde 71 ⑨ G. Pyrénées Aquitaine - 210 336 h. - Agglo. 696 364 h - alt. 4.

Paris 581 ① – Lyon 532 ② – Nantes 319 ① – Strasbourg 063 ① – Toulouse 248 ⑤

OFFICES DE TOURISME

12 cours du 30-Juillet ☎ 05 56 00 66 00, Fax 05 56 00 66 01, à la gare St-Jean ☎ 05 56 91 64 70

Automobile Club du Sud-Ouest 8 Espl. des Quinconces ☎ 05 56 44 22 92, Fax 05 56 48 57 47

Maison du vin de Bordeaux (Informations, dégustations) (fermé week-end mi-oct. à mi-mai) 1 cours 30-Juillet ☎ 05 56 00 22 66

RENSEIGNEMENTS PRATIQUES

TRANSPORTS

Auto-train ☎ 08 36 35 35 35.

AÉROPORT

Bordeaux-Mérignac ☎ 05 56 34 50 50, AU *: 11 km.*

QUELQUES GOLFS

18 *Golf Bordelais ☎ 05 56 28 56 04, NO par av. d'Eysines : 4 km* AT

18 18 *de Bordeaux Lac ☎ 05 56 50 92 72, par D 209 : 10 km*

18 18 *du Médoc à Louens ☎ 05 56 70 21 10 par ⑨ : 16 km*

9 9 9 *Bordeaux-Pessac ☎ 05 56 36 03 33 par N 250 : 16 km*

18 *Bordeaux-Cameyrac ☎ 05 56 72 96 79 par ② : 18 km.*

CURIOSITÉS

LE SITE

≤★ du croiseur Colbert★★ sur le port de la Lune BU *- ≤★★ du sommet de la tour Pey Berland* DY E.

BORDEAUX DU 18e S.

Grand Théâtre ★★ DX *- Place de la Comédie* DX *- Allées de Tourny* DX *- Place Gambetta* DX *- Cours de l'Intendance* DX *- Église Notre-Dame★* DX.

Fontaines★ de l'esplanade des Quinconces DEX *- Place de la Bourse★★* EX *- Place du Parlement★* EX *- Basilique St-Michel★* EY *- Grosse Cloche★* EY D.

QUARTIER DES CHARTRONS

Entrepôts de vins - Balcons★ du cours Xavier-Arnozan BU *- Entrepôt Lainé★★ : musée d'Art contemporain★* BU **M**[7] *- Musée des Chartrons* BU **M**[6].

QUARTIER PEY BERLAND

Cathédrale St-André★ DY *- Hôtel de ville* DY **H**.

Musées : Beaux-Arts★ DY **M**[3], *Aquitaine★★* DY **M**[4], *Arts décoratifs★* DY **M**[2].

BORDEAUX CONTEMPORAIN

Quartier Mériadeck CY *: espaces verts, immeubles en verre et béton (Caisse d'Épargne, Bibliothèque, Hôtel de Région, Hôtel des Impôts).*

Quartier du Lac BT *: équipements sportifs, parc des expositions, Palais des congrès, pont d'Aquitaine.*

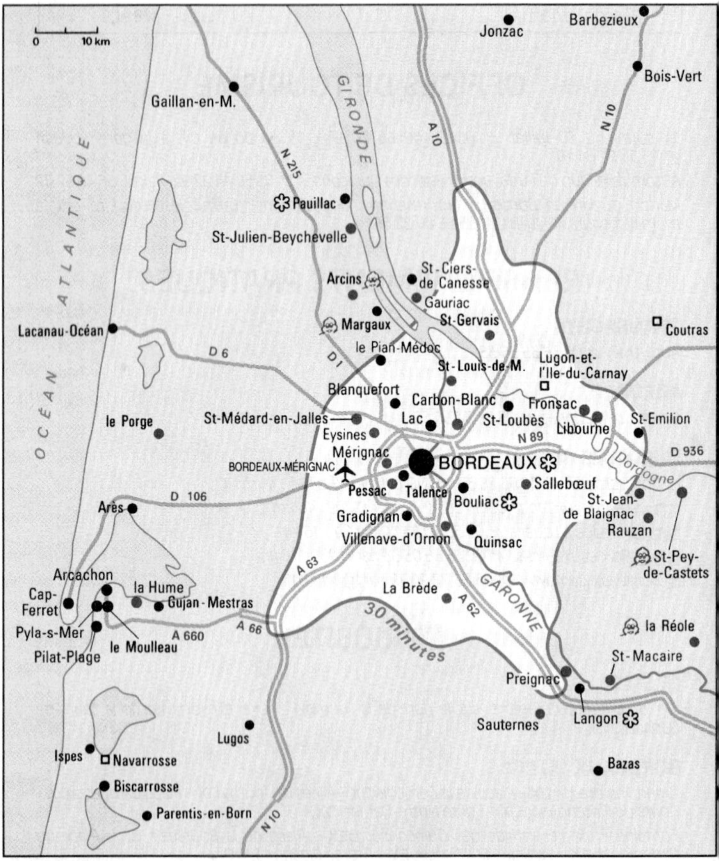

Burdigala M, 115 r. G. Bonnac ✆ 05 56 90 16 16, *Fax 05 56 93 15 06*, « Bel aménagement intérieur » – ▯ ▯ ▯ ▯ ▯ ▯ – ▯ 100. AE ⓓ GB JCB p. 6 CX r
Repas 200/300 – ▯ 90 – **68 ch** 900/1500, 8 appart, 7 duplex.

Mercure Château Chartrons M, 81 cours St-Louis ✉ 33300 ✆ 05 56 43 15 00, *Fax 05 56 69 15 21*, ▯, ▯ – ▯ ▯, ▯ rest, ▯ ▯ ▯ ▯ – ▯ 150. AE ⓓ GB
Repas *(80)* - 110/200 ♀ – ▯ 56 – **144 ch** 520/720. p. 5 BT r

Claret M ▯, Cité Mondiale du Vin, 18 parvis des Chartrons ✆ 05 56 01 79 79, *Fax 05 56 01 79 00*, ▯ – ▯ ▯ ▯ ▯ ▯ ▯ – ▯ 800. AE ⓓ GB p. 5 BU k
Le 20 *(fermé 20 déc. au 5 janv., sam. et dim.)* Repas carte environ 160 ♀ – ▯ 65 – **94 ch** 540/620, 4 appart.

Mercure Mériadeck M, 5 r.-Lateulade ✆ 05 56 56 43 43, *Fax 05 56 96 50 59* – ▯ ▯ ▯ ▯ ▯ ▯ – ▯ 150. AE ⓓ GB p. 6 CY v
Festival *(fermé sam., dim. et soirs fériés)* Repas 98 ♀, enf. 50 – ▯ 55 – **194 ch** 495/520.

Holiday Inn Garden Court, 30 r. de Tauzia ✉ 33800 ✆ 05 56 92 21 21, *Fax 05 56 91 08 06*, ▯ – ▯ ▯ ▯ ▯ ▯ ▯ ▯ ▯ – ▯ 70. AE ⓓ GB JCB
Repas *(fermé sam. et dim.) (68 bc)* - 95 bc – ▯ 60 – **89 ch** 450/600. p. 7 FZ v

Novotel Bordeaux-Centre M, 45 cours Mar. Juin ✆ 05 56 51 46 46, *Fax 05 56 98 25 56*, ▯ – ▯ ▯ ▯ ▯ ▯ ▯ ▯ P – ▯ 80. AE ⓓ GB p. 6 CY m
Repas *(75)* - 97 ♀, enf. 50 – ▯ 55 – **138 ch** 480/530.

Ste-Catherine M sans rest, 27 r. Parlement Ste-Catherine ✆ 05 56 81 95 12, *Fax 05 56 44 50 51* – ▯ ▯ ▯ ▯ ▯ ▯ – ▯ 40. AE ⓓ GB JCB p. 6 DX m
▯ 70 – **84 ch** 530/1200.

Normandie sans rest, 7 cours 30-Juillet ✆ 05 56 52 16 80, *Fax 05 56 51 68 91* – ▯ ▯ ▯ – ▯ 30. AE ⓓ GB JCB p. 6 DX z
▯ 55 – **100 ch** 320/700.

Majestic sans rest, 2 r. Condé ✆ 05 56 52 60 44, *Fax 05 56 79 26 70* – ▯ ▯ ▯ ▯ ▯. AE ⓓ GB JCB p. 6 DX a
▯ 50 – **50 ch** 390/580.

Gd H. Français sans rest, 12 r. Temple ✆ 05 56 48 10 35, *Fax 05 56 81 76 18* – ▯ ▯ ▯ ▯ ▯ ▯. AE ⓓ GB JCB p. 6 DX v
▯ 60 – **35 ch** 380/650.

Bayonne Etche-Ona M sans rest, 4 r. Martignac ✆ 05 56 48 00 88, *Fax 05 56 48 41 60* – ▯ ▯ ▯ ▯ ▯. AE ⓓ GB JCB. ▯ p. 6 DX f
▯ 60 – **36 ch** 390/595.

Annexe M sans rest, 11 r. Mautrec – ▯ ▯ ▯ ▯ ▯ – ▯ 25
▯ 60 – **27 ch** 390/595.

Méridienne sans rest, 151 r. G. Bonnac ✆ 05 56 24 08 88, *Fax 05 56 98 91 72* – ▯ ▯ ▯ ▯ ▯ ▯ P – ▯ 50. AE ⓓ GB p. 6 CXY a
▯ 33 – **40 ch** 270/390.

Presse M sans rest, 6 r. Porte Dijeaux ✆ 05 56 48 53 88, *Fax 05 56 01 05 82* – ▯ ▯ ▯ ▯. AE ⓓ GB p. 6 DX k
▯ 38 – **29 ch** 340/450.

Continental sans rest, 10 r. Montesquieu ✆ 05 56 52 66 00, *Fax 05 56 52 77 97* – ▯ ▯ ▯. AE ⓓ GB p. 6 DX b
▯ 35 – **50 ch** 300/430.

Notre Dame sans rest, 36 r. Notre Dame ✆ 05 56 52 88 24, *Fax 05 56 79 12 67* – ▯ ▯ ▯. AE ⓓ GB. ▯ p. 5 BU k
▯ 30 – **21 ch** 250/280.

Trianon sans rest, 5 r. Temple ✆ 05 56 48 28 35, *Fax 05 56 51 17 81* – ▯ ▯ ▯. GB. ▯ p. 6 DX e
fermé 24 déc. au 4 janv. – ▯ 40 – **16 ch** 280/420.

Royal St-Jean sans rest, 15 r. Ch. Domercq ✉ 33800 ✆ 05 56 91 72 16, *Fax 05 56 94 08 32* – ▯ ▯ ▯ ▯. AE ⓓ GB JCB p. 7 FZ u
▯ 45 – **37 ch** 330/440.

Opéra sans rest, 35 r. Esprit des Lois ✆ 05 56 81 41 27, *Fax 05 56 51 78 80* – ▯ ▯ ▯. GB
fermé 24 déc. au 2 janv. – ▯ 35 – **27 ch** 200/310. p. 6 DX n

XXXX ✿ **Chapon Fin** (Garcia), 5 r. Montesquieu ✆ 05 56 79 10 10, *Fax 05 56 79 09 10*, « Original décor de rocaille 1900 » – ▯. AE ⓓ GB JCB p. 6 DX p
fermé dim. et lundi – **Repas** 160 (déj.), 275/420 et carte 400 à 620 ♀, enf. 75
Spéc. Gaspacho de homard (été). Ravioles de langoustines au citron vert. Aiguillettes de caneton et foie gras aux fruits de saison. **Vins** Côtes de Blaye, Graves.

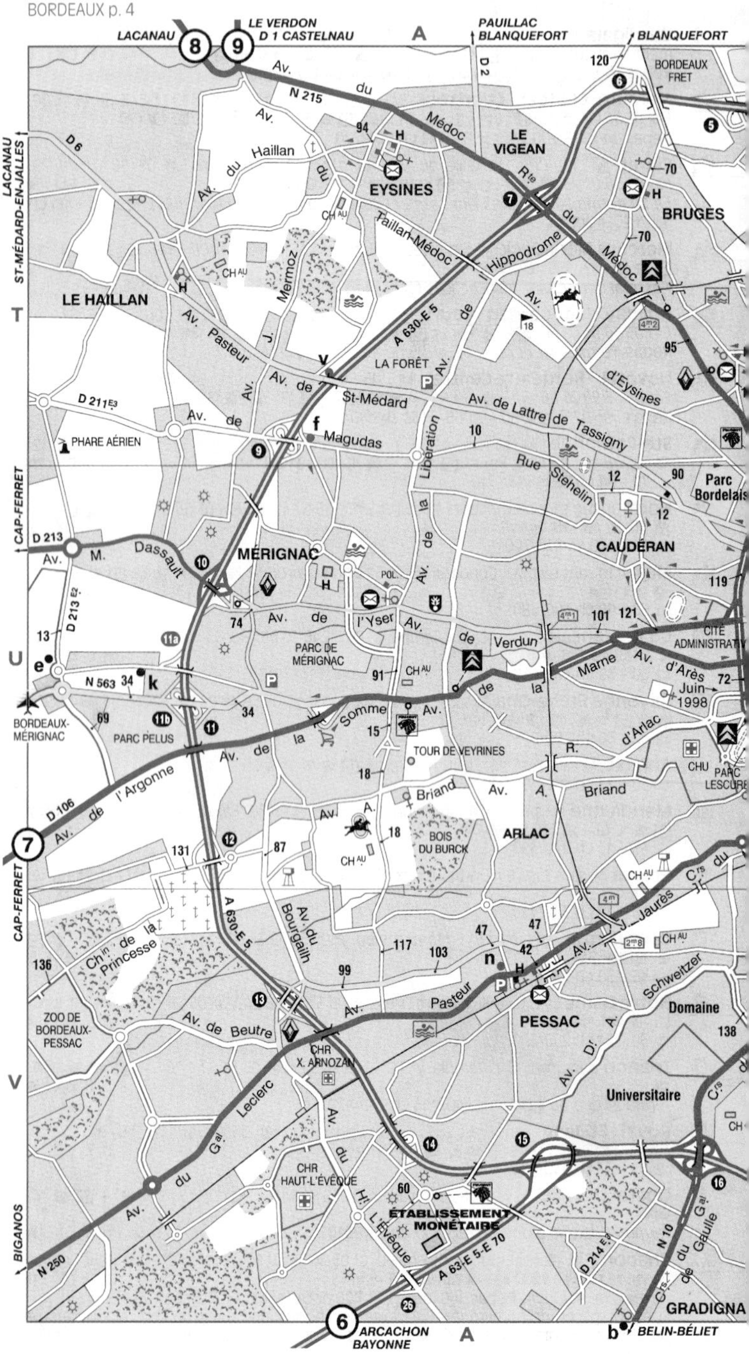
LACANAU
LE VERDON
D 1 CASTELNAU
PAULLIAC
BLANQUEFORT
BLANQUEFORT
BORDEAUX FRET
LE VIGEAN
EYSINES
BRUGES
LE HAILLAN
PHARE AÉRIEN
MÉRIGNAC
CAUDÉRAN
Parc Bordelais
PARC DE MÉRIGNAC
PARC PELUS
BORDEAUX-MÉRIGNAC
TOUR DE VEYRINES
ARLAC
BOIS DU BURCK
CITÉ ADMINISTRATIVE
CHU
PARC LESCURE
PESSAC
Domaine Universitaire
ZOO DE BORDEAUX-PESSAC
CHR X. ARNOZAN
CHR HAUT-L'ÉVÊQUE
ÉTABLISSEMENT MONÉTAIRE
GRADIGNAN
ARCACHON
BAYONNE
BELIN-BÉLIET
BIGANOS
CAP-FERRET
CAP-FERRET
LACANAU
ST-MÉDARD-EN-JALLES
A 630-E 5
A 63-E 5-E 70
N 215
N 563
N 250
N 10
D 106
D 213
D 211 E3
D 214 E6
Av. du Médoc
Av. du Haillan
Av. Pasteur
Av. de St-Médard
Av. de Magudas
Av. de la Libération
Av. de Lattre de Tassigny
Rue Stehelin
Av. M. Dassault
Av. de l'Yser
Av. de Verdun
Av. de la Marne
Av. d'Arès
Av. de la Somme
Av. de l'Argonne
Av. A. Briand
Av. J. Jaurès
Av. Pasteur
Av. de Beutre
Av. du Gal Leclerc
Av. du Bourgailh
Av. du Hᵗ L'Évêque
Ch. de la Princesse
Av. Schweitzer
Rte du Médoc
Av. d'Eysines
Av. de l'Hippodrome
Av. du Taillan-Médoc
Av. J. Mermoz
R. d'Arlac
Crs du Gal de Gaulle
Juin 1998
LA FORÊT

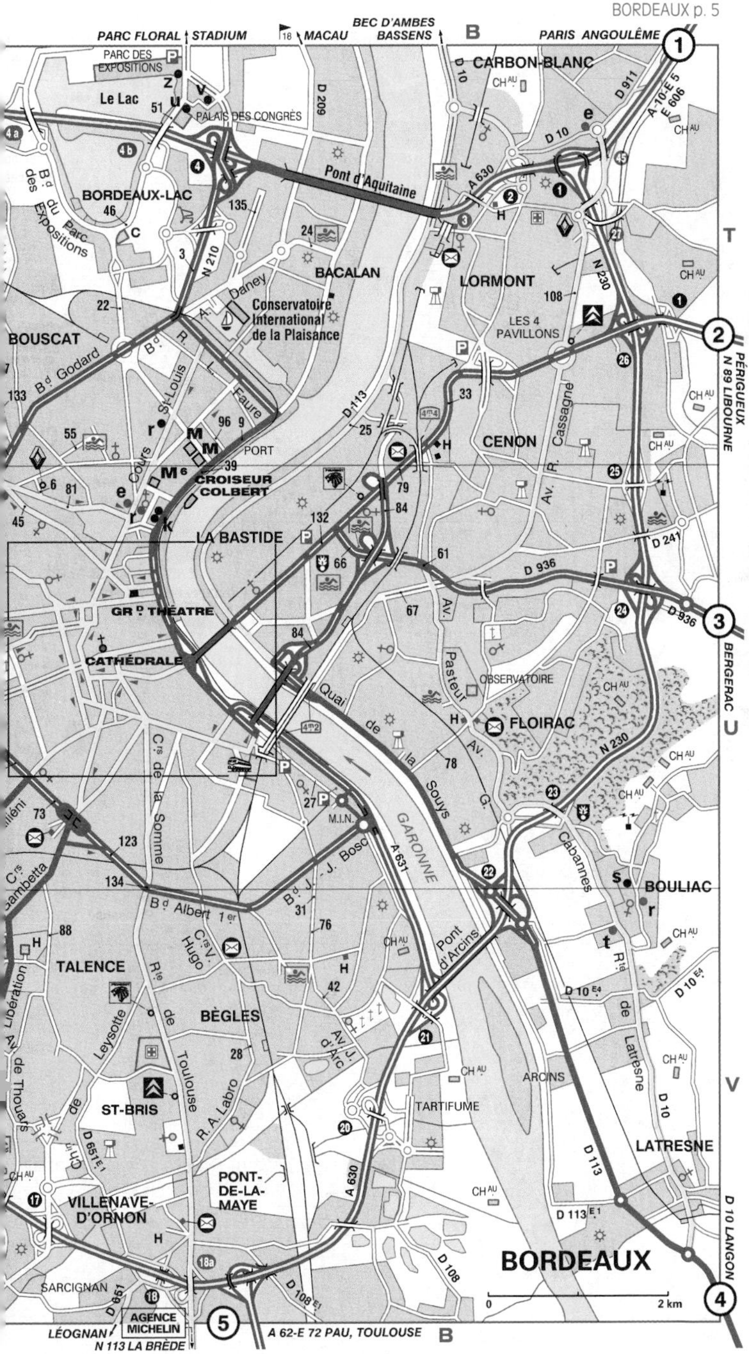
PARC FLORAL
STADIUM
MACAU
BEC D'AMBES
BASSENS
B
PARIS ANGOULÊME
1
PARC DES EXPOSITIONS
Le Lac
PALAIS DES CONGRÈS
D 209
CARBON-BLANC
D 10
D 911
A 10-E 5
E 606
Pont d'Aquitaine
A 630
BORDEAUX-LAC
Bd des Expositions
Bd du Parc des Expositions
N 210
BACALAN
LORMONT
N 230
T
Conservatoire International de la Plaisance
A. Daney
LES 4 PAVILLONS
2
PÉRIGUEUX N 89 LIBOURNE
BOUSCAT
Bd Godard
R. L. Faure
Cours St-Louis
D 113
CENON
Av. R. Cassagne
PORT
CROISEUR COLBERT
LA BASTIDE
D 241
D 936
GR. THÉÂTRE
CATHÉDRALE
Av. Pasteur
OBSERVATOIRE
3
BERGERAC
Quai de la Souys
FLOIRAC
Av. G. Cabannes
N 230
U
Crs de la Somme
M.I.N.
GARONNE
A 631
Crs Gambetta
Bd J. J. Bosc
Bd Albert 1er
BOULIAC
Crs V. Hugo
TALENCE
Av. de la Libération
Av. de Thouars
Rte de Leysotte
Rte de Toulouse
BÈGLES
Pont d'Arcins
Av. J. d'Arc
Rte de Latresne
D 10 E4
ARCINS
V
ST-BRIS
R. A. Labro
TARTIFUME
D 10
Chin de
D 651 E1
LATRESNE
A 630
PONT-DE-LA-MAYE
D 113
VILLENAVE-D'ORNON
D 113 E1
D 10 LANGON
BORDEAUX
SARCIGNAN
D 651
D 108
D 108 E1
0
2 km
4
AGENCE MICHELIN
5
LÉOGNAN
N 113 LA BRÈDE
A 62-E 72 PAU, TOULOUSE
B

C
D
X
Y
Z
Turenne
R. Allo
Barraud
Rue Turenne
R. du Palais Gallien
R. Fondaudège
139
64
37
Espl. des Quinconces
Pl. de Tourny
R. Huguerie
Abbé de l'Épée
Thiac
Clemenceau
Allées de Tourny
MAISON DU VIN DE BORDEAUX
30
St-Seurin
POL.
Pl. des Martyrs de la Résistance
Rue Lachassaigne
75
Pl. du Chapelet
43
N.-DAME
GRAND THÉÂTRE
Rue Judaïque
Pl. Gambetta
Crs de l'Intendance
R. de Grassi
21
40
Bonnac
Pte Dijeaux
R. des Remparts
Pte Dijeaux
VIEUX BORDEAUX
48
PEY BERLAND
Carles
Centre Jean Moulin
3 Conils
Rue Bonnier
MERIADECK
Pl. St-Projet
CATH. ST-ANDRÉ
ST-BRUNO
HÔTEL DU DÉPT
Esplanade Ch. de Gaulle
HÔTEL DE RÉGION
Crs d'Alsace
ST-PAUL
57
PALAIS DES SPORTS
CITÉ JUDICIAIRE
R. Mal Joffre
Pl. de la République
63
Rue d'Albret
Juin
R. de Cursol
R. J. Burguet
R. Lalande
STE-EULALIE
Crs de la Libération
Rue François de Sourdis
Mouneyra
Belleville
Pl. de Pressensé
Pasteur
Catherine
Crs A. Briand
Porte d'Aquitaine
R. Ed. Costedoat
R. Villedieu
Tondu
R. L. Mie
Rue de Belfort
Pl. de la Victoire
ST-VICTOR
St-Genès
Mazarin
Leberthon
R. de Lamourous
Rue de Pessac
Cours de l'Argonne
Somme
R. Cadroin
R. St-Nicolas
ST-NICOLAS
R. P. Duhen
N.-D. DES ANGES
R. des Treuils
R. A. Bayssélance
R. G. Rioux

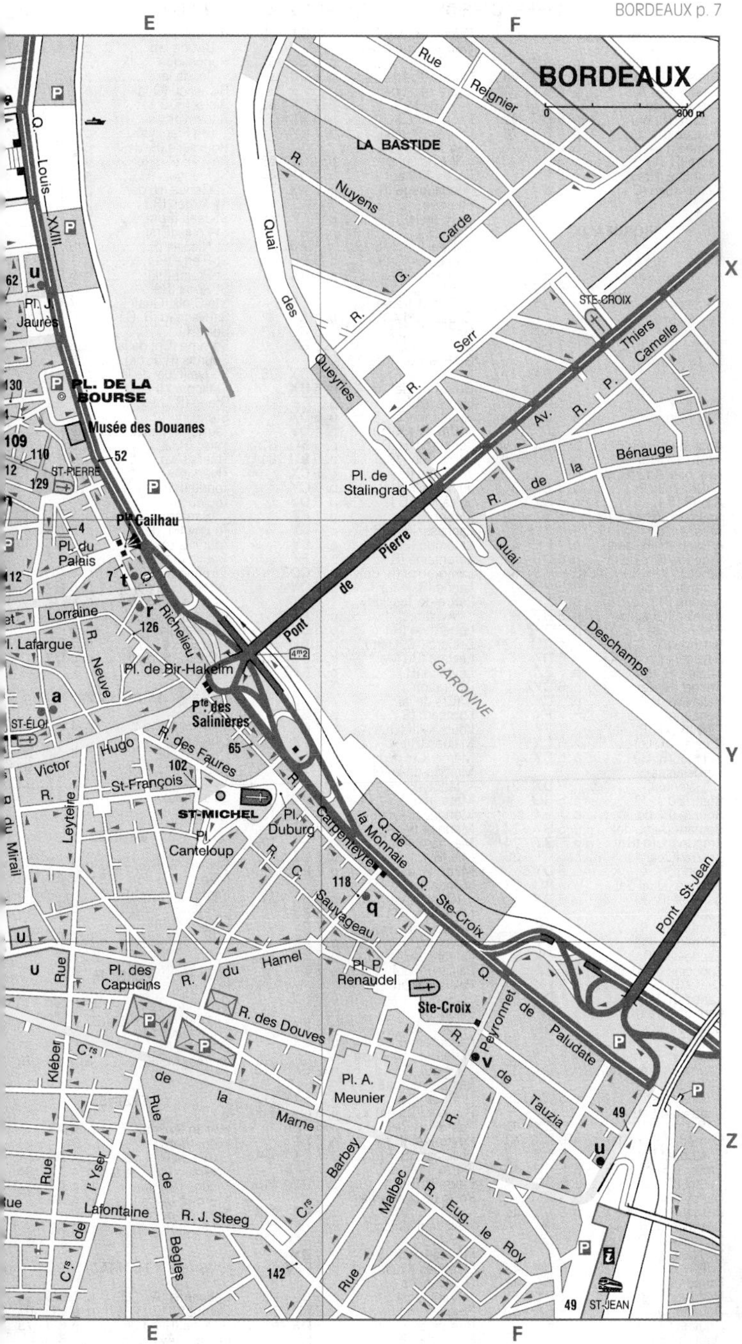
E
F
BORDEAUX
0
300 m
LA BASTIDE
Rue Reignier
R. Nuyens
Quai des Queyries
R. G. Carde
R. Serr
STE-CROIX
Av. Thiers
R. P. Camelle
R. de la Bénauge
Pl. de Stalingrad
Quai Deschamps
Pont de Pierre
GARONNE
4m2
X
Y
Z
Q. Louis XVIII
Pl. J. Jaurès
62
u
130
PL. DE LA BOURSE
Musée des Douanes
109
110
52
12
ST-PIERRE
129
Pte Cailhau
4
Pl. du Palais
12
7
t
r
Lorraine
126
Richelieu
Pl. Lafargue
R. Neuve
Pl. de Bir-Hakeim
a
ST-ÉLOI
Pte des Salinières
R. des Faures
65
Victor Hugo
102
R. St-François
R. Leyteire
du Mirail
ST-MICHEL
Pl. Duburg
Pl. Canteloup
R. Carpenteyre
Q. de la Monnaie
Q. Ste-Croix
118
q
R. Sauvageau
Pont St-Jean
U
u
Rue
Pl. des Capucins
R. du Hamel
Pl. P. Renaudel
Ste-Croix
Q. de Paludate
R. des Douves
R. Peyronnet
v
R. de Tauzia
Kléber
Crs de la Marne
Rue de
Pl. A. Meunier
49
u
Rue
l'Yser
Barbey
Malbec
R.
R. Eug. le Roy
Lafontaine
R. J. Steeg
Crs
Crs de
Bègles
142
Rue
49
ST-JEAN
E
F

RÉPERTOIRE DES RUES DU PLAN DE BORDEAUX

BÈGLES

Arcins (Pont d') ..... p. 5 **BV**
Buisson (R. F.) ...... p. 5 **BV** 28
Capelle (Av. A.)...... p. 5 **BV** 31
Chevalier de la Barre (R. du)...... p. 5 **BV** 42
Guesde (Av. J.)...... p. 5 **BV** 76
Jeanne d'Arc (Av.) ... p. 5 **BV**
Labro (R. A.)........ p. 5 **BV**
Toulouse (Rte de) ... p. 5 **BV**
Victor-Hugo (Crs).... p. 5 **BV**

BORDEAUX

Albret (Crs d')....... p. 6 **CY**
Alsace et Lorraine (Crs d')........... p. 6 **DEZ**
Clemenceau (Crs G.). p. 6 **DX**
Intendance (Crs de l') .... p. 6 **DX**
Jaurès (Pl. J.) .... p. 7 **EX**
Porte-Dijeaux (R. de la) .... p. 6 **DX**
Ste-Catherine (R.) ... p. 6 **DXY**
Tourny (Allée de) .... p. 6 **DX**
Victor-Hugo (Crs).... p. 7 **EY**

Abbé de l'Épée (R.).. p. 6 **CX**
Albert 1er (Bd)....... p. 5 **BV**
Aliénor-d'Aquitaine (Bd) .... p. 5 **BT** 3
Allo (R. R.).......... p. 6 **CX**
Aquitaine (Pont d')... p. 5 **BT**
Arès (Av. d') .... p. 4 **AU**
Argentiers (R. des) .. p. 7 **EY** 4
Argonne (Crs de l') .. p. 6 **DZ**
Arnozan (Crs X.)..... p. 5 **BU** 5
Arsenal (R. de l') .... p. 5 **BU** 6
Ausone (R.).......... p. 7 **EY** 7
Bacalan (Quai de) ... p. 5 **BT** 9
Barbey (Crs) .... p. 7 **EFZ**
Barthou (Av. L.) ..... p. 4 **AU** 12
Baysselance (R. A.).. p. 6 **DZ**
Bègles (R. de) ...... p. 7 **EZ**
Belfort (R. de)....... p. 6 **CYZ**
Belleville (R.) .... p. 6 **CY**
Bénauge (R. de la)... p. 7 **FX**
Bir-Hakeim (Pl. de) .. p. 7 **EY**
Bonnac (R. G.) ...... p. 6 **CXY**
Bonnier (R. C.) ...... p. 6 **CY**
Bordelaises (Galeries)......... p. 6 **DX** 21
Bosc (Bd J.-J.) ...... p. 5 **BU**
Bourse (Pl. de la) .... p. 7 **EX**
Boutaut (Allée de) ... p. 5 **BT** 22
Brandenburg (Bd) ... p. 5 **BT** 24
Brazza (Quai de)..... p. 5 **BT** 25
Briand (Crs A.) ...... p. 6 **DYZ**
Brienne (Quai de) ... p. 5 **BU** 27
Burguet (R. J.) ...... p. 6 **DY**
Cadroin (R.).......... p. 6 **DZ**
Camelle (R. P.) ...... p. 7 **FX**
Canteloup (Pl.) ...... p. 7 **EY**
Capdeville (R.) ...... p. 6 **CX** 30
Capucins (Pl. des) ... p. 7 **EZ**
Carde (R. G.)......... p. 7 **FX**
Carles (R. V.)........ p. 6 **DXY**
Carpenteyre (R.) .... p. 7 **EFY**
Chapeau-Rouge (Crs)............ p. 7 **EX** 36
Chapelet (Pl. du) .... p. 6 **DX**
Chartres (Allées de) . p. 6 **DX** 37
Chartrons (Quai des)........ p. 5 **BTU** 39
Château-d'Eau (R. du) .... p. 6 **CXY** 40
Comédie (Pl. de la) .. p. 6 **DX** 43
Costedoat (R. Ed.) ... p. 6 **DZ**
Croix de Seguey (R.). p. 5 **BU** 45
Cursol (R. de) ...... p. 6 **DY**
Daney (Bd) .... p. 5 **BT**
Dassault (Av. M.) .... p. 5 **BT** 46
Deschamps (Quai)... p. 7 **FY**
Dr. Barraud (R. A.) ... p. 6 **CX**
Dr. Nancel-Pénard (R.)............. p. 6 **CX** 48
Domercq (R. C.)..... p. 7 **FZ** 49
Domergue (Bd G.)... p. 5 **BT** 51
Douane (Quai de la).. p. 7 **EX** 52
Douves (R. des)..... p. 7 **EZ**
Duburg (Pl.) .... p. 7 **EY**
Duché (R. des Gén.) p. 5 **BT** 55
Duffour-Dubergier (R.) .... p. 6 **DY** 57
Duhen (R. P.)....... p. 6 **CDZ**
Esprit des Lois (R. de l') .... p. 7 **EX** 62
Faure (R. L.) .... p. 5 **BT**
Faures (R. des)..... p. 7 **EY**
Ferme de Richemont (Pl. de la) .... p. 6 **DY** 63
Foch (R. Mar.)...... p. 6 **DX** 64
Fondaudège (R.).... p. 6 **DX**
Fusterie (R. de la) .... p. 7 **EY** 65
Galin (R.) .... p. 5 **BU** 66
Gallieni (Crs Mar.)... p. 5 **ABU**
Gambetta (Crs)..... p. 5 **BUV**
Gambetta (Pl.) ..... p. 6 **DX**
Gaulle (Espl. Ch.-de) .... p. 6 **CY**
Gautier (Bd A.) ..... p. 4 **AU** 72
George-V (Bd)...... p. 5 **BU** 73
Godard (Bd)........ p. 5 **BT**
Grands Hommes (Pl. des) .... p. 6 **DX** 75
Grassi (R. de) ...... p. 6 **DX**
Hamel (R. du) ...... p. 7 **EZ**
Huguerie (R.) ...... p. 6 **DX**
Joffre (Crs Mar.).... p. 6 **DY**
Johnston (R. D.).... p. 5 **BU** 81
Joliot-Curie (Bd) .... p. 5 **BU** 84
Judaïque (R.)....... p. 6 **CX**
Juin (Crs Mar.) ..... p. 6 **CY**
Jullian (Pl. C.) ..... p. 6 **DY**
Kléber (R.)......... p. 7 **EZ**
Lachassaigne (R.)... p. 6 **CX**
Lafargue (Pl.) ...... p. 7 **EY**
Lafontaine (R.) ..... p. 7 **EZ**
Lamourous (R. de).. p. 6 **CDZ**
Lande (R. P. L.) ..... p. 6 **DY**
Lattre-de-Tassigny (Av. de).......... p. 4 **AT**
Leberthon (R.) ..... p. 6 **DZ**
Leclerc (Av. Gén.)... p. 4 **AU** 90
Leclerc (Bd Mar.) ... p. 5 **BU** 93
Leyteire (R.) .... p. 7 **EYZ**
Libération (Crs de la) .... p. 6 **CDY**
Lombard (R.)....... p. 5 **BT** 96
Louis XVIII (Quai) ... p. 7 **EX**
Malbec (R.) .... p. 7 **FZ**
Marne (Crs de la) ... p. 7 **EZ**
Martyrs-de-la-Résistance (Pl. des).... p. 6 **CX**
Mazarin (R.)........ p. 6 **DZ**
Mérignac (Av. de)... p. 4 **AU** 101
Meunier (Pl. A.) .... p. 7 **FZ**
Meynard (Pl.) ...... p. 7 **EY** 102
Mie (R. L.) .... p. 6 **CZ**
Mirail (R. du) ...... p. 7 **EY**
Monnaie (Quai de la) ...... p. 7 **FY**
Mouneyra (R.)...... p. 6 **CYZ**
Neuve (R.) .... p. 7 **EY**
Nuyens (R.) .... p. 7 **FX**
Orléans (Allée d') ... p. 7 **EX** 106
Palais (Pl. du) ...... p. 7 **EY**
Palais Gallien (R. du) .... p. 6 **CX**
Paludate (Quai de) .... p. 7 **FZ**
Parlement (Pl. du) .. p. 7 **EX** 109
Parlement St-Pierre (R. du) .... p. 7 **EX** 110
Pas St-Georges (R. du) .... p. 7 **EXY** 112
Pasteur (Crs de) .... p. 6 **DY**
Pessac (R. de) ..... p. 6 **CZ**
Peyronnet (R.) ..... p. 7 **FZ**
Philippart (R. F.) .... p. 7 **EX** 114
Pierre (Pont de) .... p. 7 **EFY**
Pierre-Ier (Bd)....... p. 5 **BT** 115
Porte de la Monnaie (R.) .... p. 7 **FY** 118
Président-Wilson (Bd)............ p. 4 **AU** 119
Pressensé (Pl. de) .. p. 6 **DY**
Queyries (Quai des). p. 7 **EFX**
Quinconces (Espl. des) .... p. 6 **DX**
Reignier (R.) .... p. 7 **FX**
Remparts (R. des) .. p. 6 **DXY**
Renaudel (Pl. P.) .... p. 7 **FZ**
République (Av. de la)........ p. 4 **AU** 121
République (Pl. de la) .... p. 6 **DY**
Richelieu (Quai) .... p. 7 **EY**
Rioux (R. G.) .... p. 6 **DZ**
Roosevelt (Bd Franklin) ..... p. 5 **BU** 123
Rousselle (R. de la) . p. 7 **EY** 126
Roy (R. Eug. le)..... p. 7 **FZ**
St-François (R.)..... p. 7 **EY**
St-Genès (R. de).... p. 6 **DZ**
St-James (R.) ...... p. 7 **EY**
St-Jean (Pont)...... p. 7 **FY**
St-Louis (Crs) ...... p. 5 **BT**
St-Nicolas (R.)...... p. 6 **DZ**
St-Pierre (Pl.)....... p. 7 **EX** 129
St-Projet (Pl.)....... p. 6 **DY**
St-Rémi (R.) .... p. 7 **EX** 130
Ste-Croix (Quai) .... p. 7 **FY**
Sauvageau (R. C.) .. p. 7 **EFY**
Serr (R.) .... p. 7 **FX**
Somme (Crs de la).. p. 6 **DZ**
Sourdis (R. F. de) ... p. 6 **CYZ**
Souys (Quai de la) .. p. 5 **BU**
Stalingrad (Pl. de)... p. 7 **FX**
Steeg (R. J.) .... p. 7 **EZ**
Stehelin (R.) .... p. 4 **ATU**
Tauzia (R. des) ..... p. 7 **FZ**
Thiac (R.) .... p. 6 **CX**
Thiers (Av.) .... p. 7 **EX**
Thiers (Av.) .... p. 5 **BU** 132
Tondu (R. du) ...... p. 6 **CZ**
Toulouse (Barrière de) ..... p. 5 **BU** 134
Tourny (Pl. de)...... p. 6 **DX**
Tourville (Av. de).... p. 5 **BT** 135
Treuils (R. des) ..... p. 6 **CZ**
Turenne (R.) .... p. 6 **CDX**
Verdun (Crs de) .... p. 6 **DX** 139
Victoire (Pl. de la) ... p. 6 **DZ**
Vilaris (R.) .... p. 7 **EZ** 142
Villedieu (R.) .... p. 6 **DZ**
Yser (Crs de l') ..... p. 7 **EZ**
3-Conils (R. des).... p. 6 **DY**

LE BOUSCAT

Eysines (Av. d')..... p. 4 **AT**
Libération (Av. de la)........ p. 4 **AT** 95
Louis-Blanc (Crs) ... p. 5 **BT** 97
Tivoli (Av. de)....... p. 5 **BT** 133
Zola (R. E.)......... p. 4 **AT** 145

BRUGES

Gaulle (Av. Gén.-de). p. 4 **AT** 70
Médoc (Rte du) .... p. 4 **AT**
Parc des Expositions (Bd)............. p. 5 **BT**
Quatre-Ponts (R. des) .... p. 4 **AT** 120

CENON

Carnot (Av.)........ p. 5 **BT** 33
Cassagne (Av. R.)... p. 5 **BTU**
Entre-Deux-Mers (Bd de l') .... p. 5 **BU** 61
Jaurès (Av. J.)...... p. 5 **BU** 79

EYSINES

Haillon (Av. du) ..... p. 4 **AT**
Hippodrome (Av. de l') .... p. 4 **AT**
Libération (Av. de la) p. 4 **AT** 94
Médoc (Av. du) ..... p. 4 **AT**
Mermoz (Av. J.) .... p. 4 **AT**
Taillon-Médoc (Av. du).......... p. 4 **AT**

FLOIRAC

Cabannes (Av. G.) .. p. 5 **BU**
Gambetta (Crs)..... p. 5 **BU** 67
Guesde (R. J.)...... p. 5 **BU** 78
Pasteur (Av.) .... p. 5 **BU**

GRADIGNAN

Gaulle (Crs Gén.-de) p. 4 **AV**

LE HAILLAN

Pasteur (Av.) . . . . p. 4 **AT**

LARESNE

Latresne (Rte de) . . . p. 5 **BV**

LORMONT

Paris (Rte de) . . . . . . p. 5 **BT** 108

MERIGNAC

Argonne (Av. de l') . . p. 4 **AU**
Arlac (R. d') . . . . p. 4 **AU**
Barbusse (Av. H.) . . . p. 4 **AT** 10
Beaudésert (Av. de) . p. 4 **AU** 13
Belfort (Av. de) . . . . . p. 4 **AU** 15
Bon-Air (Av.) . . . . p. 4 **AU** 18
Briand (Av. A.) . . . . . . p. 4 **AU**
Cassin (Av. R.) . . . . . p. 4 **AU** 34
Dassault (Av. M.) . . . p. 4 **AU**
Garros (Av. Rolland) . p. 4 **AU** 69
Gouraud (Pl. du Gén.) p. 4 **AU** 74
Kaolack (Av. de) . . . . p. 4 **AU** 87
Leclerc (Av. Mar.) . . . p. 4 **AU** 91
Libération (Av. de la) . . . . p. 4 **AU**
Magudas (Av. de) . . . p. 4 **AT**
Marne (Av. de la) . . . p. 4 **AU**
Princesse (Chemin de la) . . . p. 4 **AV**
Somme (Av. de la) . . p. 4 **AU**
St-Médard (Av. de) . . p. 4 **AT**
Souvenir (Av. du) . . . p. 4 **AU** 131
Verdun (Av. de) . . . . . p. 4 **AU**
Yser (Av. de l') . . . . . . p. 4 **AU**

PESSAC

Beutre (Av. de) . . . . . p. 4 **AV**
Bourgailh (Av. du) . . . p. 4 **AV**
Dr Nancel-Penard (Av.) . . . . p. 4 **AV** 47
Dr Schweitzer (Av. A.) . . . . p. 4 **AV**
Eiffel (Av. Gustave) . p. 4 **AV** 60
Haut-l'Evêque (Av. du) . . . . p. 4 **AV**
Jaurès (Av. J.) . . . . . . p. 4 **AV**
Leclerc (Av. du Gén.) . . . . . p. 4 **AV**
Madran (R. de) . . . . . p. 4 **AV** 99
Montagne (R. P.) . . . p. 4 **AV** 103
Pasteur (Av.) . . . . p. 4 **AV**
Pont de l'Orient (Av. du) . . . . p. 4 **AV** 117
Transvaal (Av. du) . . . p. 4 **AV** 136

TALENCE

Gambetta (Crs) . . . . . p. 5 **BV**
Lamartine (R.) . . . . . . p. 5 **BV** 88
Libération (Crs de la) . . . . p. 5 **BV**
Roul (Av.) . . . . p. 5 **BV** 124
Thouars (Av. de) . . . . p. 5 **BV**
Université (Av. de l') . p. 4 **AV** 138

VILLENAVE-D'ORNON

Leysotte (Chemin de) p. 5 **BV**
Toulouse (Rte de) . . . p. 5 **BV**

XXX **Dubern,** 44 allées de Tourny ✆ 05 56 79 07 70, *Fax 05 56 51 60 38* – ▤. AE ① GB
fermé sam. midi et dim. – **Repas** 150 (déj.), 190/290 et carte 280 à 390 ♀ - ***Petit Dubern*** brasserie *(fermé dim.)* **Repas** *(100)* et carte 150 à 210. p. 6 **DX** t

XXX ✿ **Pavillon des Boulevards** (Franc), 120 r. Croix de Seguey ✆ 05 56 81 51 02, *Fax 05 56 51 14 58*, 🏕 – ▤. AE ① GB JCB p. 5 **BU** a
fermé 10 au 24 août, 1er au 8 janv., sam. midi et dim. – **Repas** 220 (déj.), 270/320 et carte 340 à 450
Spéc. Foie gras de canard aux épices douces. Côte de veau de Bazas. Agneau de Pauillac "paillasson de cèpes" (sept. à oct.). **Vins** Entre-Deux-Mers, Pessac-Léognan.

XXX ✿ **Plaisirs d'Ausone** (Gauffre), 10 r. Ausone ✆ 05 56 79 30 30, *Fax 05 56 51 38 16* – AE ① GB p. 7 **EY** t
fermé 14 au 25 août, 3 au 12 janv., lundi midi, sam. midi et dim. – **Repas** 170 et carte 270 à 400
Spéc. Gourmandises de foie de canard aux trois façons. Fricassée de sole et Saint-Jacques aux cèpes (sept. à oct.). Oreille de cochon farcie, étuvée aux morilles. **Vins** Côtes de Castillon, Graves.

XXX ✿ **Jean Ramet,** 7 pl. J. Jaurès ✆ 05 56 44 12 51, *Fax 05 56 52 19 80* – ▤. AE GB p. 7 **EX** u
fermé 10 au 30 août, sam. midi et dim. – **Repas** 160 (déj.), 250/300 et carte 270 à 460 ♀
Spéc. Filets de rougets poêlés, tomates confites. Souris d'agneau cuite sept heures, jus aux truffes (déc. à avril). Fondant au chocolat, sauce café. **Vins** Graves, Saint-Emilion.

XXX ✿ **Vieux Bordeaux** (Bordage), 27 r. Buhan ✆ 05 56 52 94 36, *Fax 05 56 44 25 11*, 🏕 – ▤. AE ① GB p. 7 **EY** a
fermé 3 au 24 août, vacances de fév., sam. midi, dim. et fériés – **Repas** *(100 bc)* - 160/270 et carte 200 à 370
Spéc. Blanc de bar à la concassée d'olives. Râble de lapin farci de pied de porc et d'escargots. Turron glacé, petites chocolatines à l'orange amère. **Vins** Côtes de Bourg, Pessac Léognan.

XXX **L'Alhambra,** 111 bis r. Judaïque ✆ 05 56 96 06 91, *Fax 05 56 98 00 52* – ▤. GB p. 6 **CX** e
fermé 1er au 15 août, sam. midi et dim. – **Repas** 110 (déj.), 160/220 et carte 250 à 360.

XX **Didier Gélineau,** 26 r. Pas St-Georges ✆ 05 56 52 84 25, *Fax 05 56 51 93 25* – ▤. AE ① GB JCB – *fermé 9 au 24 août, sam. midi et dim.* – **Repas** (prévenir) 120/270. p. 7 **EX** n

XX **Chamade,** 20 r. Piliers de Tutelle ✆ 05 56 48 13 74, *Fax 05 56 79 29 67* – ▤. AE GB JCB
fermé 24 juil. au 12 août, 4 au 10 janv., dim. du 14 juil. au 31 août et du 1er janv. au 31 mars et sam. midi – **Repas** 120/320 ♀. p. 6 **DX** d

XX **Gravelier,** 114 cours Verdun ✆ 05 56 48 17 15, *Fax 05 56 51 96 07* – ▤. AE ① GB – *fermé 3 au 17 août, sam. midi et dim.* – **Repas** 105 (déj.), 145/195 🍷. p. 5 **BU** r

XX **Tupina,** 6 r. Porte de la Monnaie ✆ 05 56 91 56 37, *Fax 05 56 31 92 11* – AE ① GB
Repas - cuisine typique du Sud-Ouest - *(100)* - carte 210 à 270. p. 7 **FY** q

XX **Rose des Vents,** 23 r. Ausonne ✆ 05 56 48 55 85, *Fax 05 56 48 55 85*, « Dans des chais du 16e siècle » – ▤. AE GB p. 7 **EY** r
fermé 1er au 21 août, lundi midi, dim. et fériés – **Repas** 100/215 ♀.

XX **Buhan,** 28 r. Buhan ✆ 05 56 52 80 86, *Fax 05 56 52 80 86* – AE GB p. 7 EY a
fermé 19 juil. au 3 août, vacances de fév., dim. sauf le midi de sept. à juin et lundi – **Repas** 135/250 ♀.

XX **Café Régent,** 46 pl. Gambetta ✆ 05 56 44 16 20, *Fax 05 56 51 36 81,* – ▤. AE GB p. 6 DX s
Repas brasserie *(80)* - 125 ♀.

X **Croc-Loup,** 35 r. Loup ✆ 05 56 44 21 19 – GB p. 6 DY n
fermé août, dim. et lundi – **Repas** 67 (déj.), 115/145 ♀.

X **Oiseau Bleu,** 65 cours Verdun ✆ 05 56 81 09 39, *Fax 05 56 81 09 39* – ▤. AE GB p. 5 BU e
fermé 3 au 23 août, Noël au Jour de l'An, sam. midi et dim. – **Repas** 107 (déj.)/162 ♀.

X **Bistro du Sommelier,** 163 r. G. Bonnac ✆ 05 56 96 71 78, *Fax 05 56 24 52 36,* – GB
fermé 10 au 16 août, sam. midi et dim. – **Repas** *(100)* - 125 ♀. p. 6 CY u

au Parc des Expositions : *Bordeaux-Lac* – ✉ *33300 Bordeaux* :

Sofitel Aquitania M, ✆ 05 56 69 66 66, *Fax 05 56 69 66 00,* , – ▤ TV ☎ P – 25 à 400. AE GB p. 5 BT u
Le Flore : **Repas** *(155)* - 190 ♀, enf. 50 – ☕ 75 – **183 ch** 780/1000.

Novotel-Bordeaux Lac M, ✆ 05 56 50 99 70, *Fax 05 56 43 00 66,* , , – ▤ TV ☎ P – 200. AE GB JCB p. 5 BT z
Repas carte environ 150 ♀, enf. 50 – ☕ 55 – **176 ch** 450/490.

Mercure Pont d'Aquitaine, ✆ 05 56 43 36 72, *Fax 05 56 50 23 95,* , , , – ▤ TV ☎ P – 80. AE GB JCB p. 5 BT v
Repas (dîner seul.) *(90)* - 110 ♀, enf. 45 – ☕ 55 – **100 ch** 450/520.

par la rocade A 630 :

à Carbon-Blanc *Nord-Est sortie n° 2 en venant de l'Ouest, sortie n° 27 en venant du Sud – 5 842 h. alt. 21* – ✉ *33560 :*

XX **Marc Demund,** av. Gardette ✆ 05 56 74 72 28, *Fax 05 56 06 55 40,* – P. AE GB p. 5 BT e
fermé dim. soir et lundi – **Repas** 140/350.

à Bouliac *Sud-Est, sortie n° 23 – 2 841 h. alt. 74* – ✉ *33270 :*

St-James (Amat) M, pl. C. Hostein, près église ✆ 05 57 97 06 00, *Fax 05 56 20 92 58,* ≤ Bordeaux, , « Original décor contemporain », , – , ▤ ch, TV ☎ P – 25 à 40. AE GB. p. 5 BU s
Repas 255/380 (déj. buffet le dim.) et carte 330 à 450 ♀, enf. 75 - ***Le Bistroy*** ✆ 05 57 97 06 06 – **Repas** carte 150 à 220 – ☕ 80 – **18 ch** 900/1550
Spéc. Fondant d'aubergines au cumin, coulis de tomates au basilic. Homard breton rôti aux pommes de terre et gousses d'ail. Pigeon grillé aux épices et sa pastilla.. **Vins** Entre-deux-Mers, Médoc.

XX **Aub. du Marais,** 22 rte de Latresne ✆ 05 56 20 52 17, *Fax 05 56 20 98 06,* – P. AE GB. p. 5 BV t
fermé 16 août au 5 sept., vacances de fév. et merc. soir – **Repas** 78 (déj.), 135/265, enf. 70.

X **Café de l'Espérance,** derrière l'Église ✆ 05 56 20 52 16, – AE GB.
fermé fév., dim. et lundi – **Repas** carte environ 180 ♀. p. 5 BV r

à Villenave-d'Ornon *Sud, sortie n° 18 et N 113 : 3 km – 25 609 h. alt. 8* – ✉ *33140 :*

X **Maison de Cuisine,** 215 av. Pyrénées (N 113) ✆ 05 56 87 07 59, *Fax 05 56 87 55 24,* , – AE GB
fermé lundi soir, dim. et fériés – **Repas** 65 (déj.), 125/155.

Talence *Sud, sortie n° 16 – 34 485 h. alt. 17* – ✉ *33400 :*

Guyenne (Lycée Hôtelier), av. F. Rabelais, domaine universitaire ✆ 05 56 84 48 60, *Fax 05 56 84 48 61* – TV ☎ P – 40. AE GB p. 5 BV a
fermé vacances de Toussaint – **Repas** *(fermé sam. et dim.)* 90/145 – ☕ 40 – **30 ch** 260/400.

à Gradignan *Sud, sortie n° 16 – 21 727 h. alt. 26* – ✉ *33400 :*

Châlet Lyrique, 169 cours Gén. de Gaulle ✆ 05 56 89 11 59, *Fax 05 56 89 53 37,* – TV ☎ – 25. AE GB p. 4 AV b
Repas *(fermé août et dim.)* carte environ 200 ♀ – ☕ 55 – **44 ch** 305/420.

à Pessac *Sud-Ouest, sortie n° 13 – 51 055 h. alt. 35* – ✉ *33600 :*

XX **Cohé,** 8 av. R. Cohé ✆ 05 56 45 73 72, *Fax 05 56 45 96 39* – ▤. GB. p. 4 AV n
fermé août, dim. soir et lundi – **Repas** 110/310 ♀.

à l'aéroport de Mérignac *Ouest, sortie n° 11 en venant du Sud, sortie n° 11b en venant du Nord – ✉ 33700 Mérignac :*

Mercure Aéroport M, 1 av. Ch. Lindbergh ✆ 05 56 34 74 74, *Fax 05 56 34 30 84*, – 110. AE GB p. 4 AU e
Repas *(90)* - 120 ♀, enf. 55 – ☕ 55 – **148 ch** 685/725.

Novotel Aéroport, av. J. F. Kennedy ✆ 05 56 34 10 25, *Fax 05 56 55 99 64*, – 70. AE GB p. 4 AU k
Repas carte environ 170 ♀, enf. 50 – ☕ 55 – **137 ch** 495/530.

à Mérignac *Ouest, sortie n° 9 – 57 273 h. alt. 35 – ✉ 33700 :*

Iguane, 127 av. Magudas ✆ 05 56 34 07 39, *Fax 05 56 34 41 37* – P. AE GB JCB
fermé sam. midi et dim. soir – **Repas** 120/280 et carte 230 à 320. p. 4 AT f

à Eysines *Ouest, sortie n° 9 – 16 391 h. alt. 15 – ✉ 33320 :*

Tilleuls, à La Forêt ✆ 05 56 28 04 56, *Fax 05 56 28 93 22*, – P. AE GB
fermé août et dim. soir – **Repas** 120/250. p. 4 AT v

BMW Gar. Brienne Auto, 23 quai Brienne ✆ 05 57 35 03 03
HONDA Mondial Autos, 147 cours Médoc ✆ 05 57 19 19 00
PEUGEOT S.I.A.S.O., 350 av. Thiers ✆ 05 57 80 73 00 N ✆ 05 56 02 85 85
RENAULT Atlantique Autos, 11-13 r. Arsenal ✆ 05 56 44 32 73

Euromaster, 91 av. République ✆ 05 56 02 43 80
Euromaster, 80 cours Dupré de St-Maur ✆ 05 56 50 84 58
Euromaster, 226 av. Thiers ✆ 05 56 86 24 13
Vulco, 83 r. Tauzia ✆ 05 56 91 49 54
Vulco, 214 cours St-Louis ✆ 05 56 50 23 00

Périphérie et environs

AUDI Bordelaise Autom., 270 av. de la Libération, le Bouscat ✆ 05 56 02 71 71
CITROEN Succursale, av. de la Marne à Mérignac ✆ 05 56 12 10 10 N ✆ 05 56 02 53 53
CITROEN Succursale, 357 av. Libération, Le Bouscat ✆ 05 56 42 46 46 N ✆ 05 56 02 53 53
CITROEN Succursale, 411 rte de Toulouse, Villenave d'Ornon ✆ 05 56 84 68 68 N ✆ 05 56 02 53 53
CITROEN Succursale, N 10 les 4 Pavillons, Lormont ✆ 05 57 80 77 77 N ✆ 05 56 02 53 53
FERRARI, JAGUAR Peter Green, 6 av. de Terrefort à Bruges ✆ 05 56 57 56 57
FIAT Bordeaux Sud Autom., 114-118 av. Pyrénées à Villenave-d'Ornon ✆ 05 56 75 47 94
FORD B.M.A., av. Kennedy à Mérignac ✆ 05 56 34 16 14
FORD SAFI 33, 486 rte de Toulouse à Bègles ✆ 05 57 96 12 96
FORD Gar. Palau, 423 rte de Médoc, Bruges ✆ 05 56 57 43 43
LANCIA Gar. Lopez, Espace Mérignac Phare à Mérignac ✆ 05 56 34 28 80
MERCEDES Cleal Autom. Aquitaine, 7 av. Maurice Rivière à Cenon ✆ 05 56 77 27 68 N ✆ 08 00 24 24 30
MERCEDES Cléal Autom., Rocade N°10 à Mérignac ✆ 05 57 92 40 90 N ✆ 08 00 24 24 30
PEUGEOT S.I.A.S.O., 327 rte de Toulouse à Villenave-d'Ornon par ⑤ ✆ 05 56 84 41 41
PEUGEOT S.I.A.S.O, 84 av. Libération, Le Bouscat ✆ 05 56 42 42 42 N ✆ 05 56 02 85 85
PEUGEOT S.I.A.S.O., 254 av. de la Marne à Mérignac ✆ 05 56 12 17 70 N ✆ 05 56 02 85 85
PEUGEOT Auto Pessac, av. G.-Eiffel, Pessac ✆ 05 57 89 11 50
RENAULT Gar. de Pichey, 7 pl. Gén.-Gouraud à Mérignac ✆ 05 56 34 04 89
RENAULT Succursale, 253 av. Libération, Le Bouscat ✆ 05 56 17 18 19 N ✆ 08 00 05 15 15
RENAULT SAPA, Alouette Rocade sortie n° 13, Pessac ✆ 05 57 89 15 15 N ✆ 08 00 05 15 15
RENAULT Succursale Pont-de-la-Maye, 50 av. Pyrénées à Villenave-d'Ornon par ⑤ ✆ 05 56 84 77 77 N ✆ 05 56 74 09 22
RENAULT Autom. Pont d'Aquitaine, rte de Paris N 10 à Lormont ✆ 05 56 33 81 81 N ✆ 05 56 89 76 78
ROVER Gar. Stewart et Ardern, 39 av. Marne à Mérignac ✆ 05 56 96 86 62

Euromaster, 253 av. Pasteur à Pessac ✆ 05 56 07 20 78
Euromaster, 98 quai Wilson à Bègles ✆ 05 56 49 01 15 N ✆ 05 57 91 01 81
Euromaster, 65-69 rte de Toulouse à Talence ✆ 05 56 37 40 97
Euromaster, 63 av. d'Aquitaine à Ste-Eulalie ✆ 05 56 38 03 48
Maison du Pneu, 24 av. de la Somme à Mérignac ✆ 05 56 47 43 50
Média Pneu-Vulco, ZI Tartifume à Bègles ✆ 05 56 49 01 77
Relais du Pneu, 228 av. de Tivoli, le Bouscat ✆ 05 56 08 84 05
Vulco, 19 av. Gallieni C. Cial à Mérignac ✆ 05 56 51 48 18
Vulco, ZI de Pinel, av. G.-Cabannes à Floirac ✆ 05 56 86 40 62

Les BORDES *45 Loiret* 65 ① *– rattaché à Sully-sur-Loire.*

BORMES-LES-MIMOSAS *83230 Var* 84 ⑯, 114 ㊽ *G. Côte d'Azur – 5 083 h alt. 180.*

Voir Site★ – ≤★ du château – Forêt domaniale du Dom★ N : 4 km.

de Valcros ✆ 04 94 66 81 02, NO : 12 km.

Office de Tourisme pl. Gambetta ✆ 04 94 71 15 17, Fax 04 94 64 79 57 et bd de la Plage La Favière ✆ 04 94 64 82 57, Fax 04 94 64 79 61.

Paris 874 – Fréjus 57 – Hyères 22 – Le Lavandou 4 – St-Tropez 34 – Ste-Maxime 37 – Toulon 42.

Mirage M, 38 r. Vue des Iles ☎ 04 94 05 32 60, *Fax 04 94 64 93 03*, ≤ baie et les îles, rest, P – 100. AE GB. rest
27 mars-31 oct. – **Repas** carte environ 170 – 65 – **36 ch** 520/850 – ½ P 555/640.

Palma sans rest, rte Lavandou ☎ 04 94 71 17 86, *Fax 04 94 71 83 52*, – P. GB
45 – **20 ch** 390/580.

Lou Portaou, r. Cubert des Poètes ☎ 04 94 64 86 37, *Fax 04 94 64 81 43*, « Cadre médiéval » – . GB
fermé 16 nov. au 20 déc., le midi sauf week-end en saison et mardi hors saison – **Repas** 178, enf. 68.

à Cabasson *Sud : 8 km – ✉ 83230 Bormes-les-Mimosas :*

Palmiers, chemin du Petit Fort ☎ 04 94 64 81 94, *Fax 04 94 64 93 61*, P – 25. AE GB
fermé 15 nov. au 20 déc. – **Repas** *(fermé dim. soir et lundi de nov. à fév.)* 145/180 – 50 – **20 ch** 500/650 – ½ P 600/890.

BORNY *57 Moselle 57 ⑭ – rattaché à Metz.*

BORT-LES-ORGUES *19110 Corrèze 76 ② G. Auvergne – 4 208 h alt. 430.*
Voir Barrage★★ N : 1 km – Orgues de Bort★ : ✱★★ SO : 3 km puis 15 mn.
Env. Musée de la radio et du phonographe★ à Lanobre N : 8 km – Site★★ du château de Val★ N : 9 km.
Office de Tourisme pl. Marmontel ☎ 05 55 96 02 49, Fax 05 55 96 90 79.
Paris 477 – Aurillac 81 – Clermont-Ferrand 83 – Mauriac 29 – Le Mont-Dore 48 – St-Flour 83 – Tulle 82 – Ussel 31.

Rider, av. Gare ☎ 05 55 96 00 47, *Fax 05 55 96 73 07*, – rest, . AE GB
fermé 9 au 15 nov., 25 déc. au 15 janv., vend. soir et sam. midi – **Repas** 72/230, enf. 50 – 30 – **23 ch** 225/280 – ½ P 220.

ALFA ROMEO, FIAT LANCIA Gar. du Pont-Neuf, ☎ 05 55 46 10 10 N ☎ 05 55 46 10 10
CITROEN Gar. Serre, à Lanobre ☎ 04 71 40 30 06 N ☎ 04 71 40 30 06
FORD Gar. Rouel, à Lanobre ☎ 05 55 96 71 40
PEUGEOT Gar. Vergeade, 843 av. de la Gare ☎ 05 55 96 74 78
PEUGEOT Gar. Le Péage, à Lanobre ☎ 04 71 40 30 05 N ☎ 04 71 40 30 05
Gar. de la Gare, 570 av. de la Gare ☎ 05 55 96 72 83 N ☎ 05 55 96 72 83
Techni Pneus, 93 av. Victor-Hugo ☎ 05 55 96 77 50

BORT-L'ÉTANG *63 P.-de-D. 73 ⑮ – rattaché à Lezoux.*

BOSSEY *74 H.-Savoie 74 ⑥ – rattaché à St-Julien-en-Genevois.*

Les BOSSONS *74 H.-Savoie 74 ⑧ – rattaché à Chamonix.*

BOUAAYE *44 Loire-Atl. 67 ③ – rattaché à Nantes.*

BOUC-BEL-AIR *13320 B.-du-R. 84 ③ ⑬, 114 ⑮ – 11 512 h alt. 259.*
Paris 763 – Marseille 22 – Aix-en-Provence 12 – Aubagne 35 – St-Maximin-la-Ste-Beaume 45 – Salon-de-Provence 47.

L'Étape Lani, au Sud sur D 6 par Gardanne ☎ 04 42 22 61 90, *Fax 04 42 22 68 67*, – rest, P – 30. AE GB JCB
fermé dim. soir – **Repas** *(fermé 4 au 20 août, 23 au 31 déc., dim. soir et lundi)* 145/260, enf. 90 – 50 – **34 ch** 195/345 – ½ P 205/355.

CITROEN Gar. Laugier, N 8 Plan Marseillais ☎ 04 42 22 20 90
Gardanne Pneus, Quart St-Michel, Av. d'Arménie à Gardanne ☎ 04 42 58 38 76

BOUDES *63340 P.-de-D. 73 ⑭ – 243 h alt. 466.*
Paris 467 – Clermont-Fd 53 – Brioude 29 – Issoire 15 – St-Flour 62.

Boudes La Vigne M, ☎ 04 73 96 55 66, *Fax 04 73 96 55 55* – . AE GB
fermé 5 au 20 janv., merc. soir hors saison (sauf hôtel) et lundi – **Repas** 70 (déj.), 105/230 – 35 – **8 ch** 190 – ½ P 190.

BOUESSE *36 Indre 68 ⑱ – rattaché à Argenton-sur-Creuse.*

BOUGIVAL *78 Yvelines* 55 ⑳,, 101 ⑬ – *voir à Paris, Environs.*

La BOUILLADISSE *13720 B.-du-R* 84 ⑭, 114 ㉙ – *4 115 h alt. 220.*

Paris 778 – Marseille 31 – Aix-en-Provence 26 – Brignoles 44 – Toulon 59.

Fenière, ✆ 04 42 72 56 32, *Fax 04 42 62 30 54,* – rest, AE GB
hôtel : fermé dim. soir ; rest : dim. soir et lundi hors saison, lundi midi et dim. en juil.-août – **Repas** 78/130 – 35 – **10 ch** 250/300 – ½ P 250/270.

BOUILLAND *21420 Côte-d'Or* 65 ⑪ *G. Bourgogne – 145 h alt. 400.*

Paris 295 – Beaune 16 – Dijon 41 – Autun 55 – Bligny-sur-Ouche 13 – Saulieu 57.

Host. du Vieux Moulin (Silva) M, ✆ 03 80 21 51 16, *Fax 03 80 21 59 90,* – rest, – 25. GB
fermé 3 au 18 janv., jeudi midi et merc. de nov. à avril sauf fériés – **Repas** 140 (déj.), 195/480 et carte 340 à 530 – 80 – **24 ch** 380/800 – ½ P 575/835
Spéc. Méli-mélo de légumes et herbes du jardin (15 juin au 15 sept.). Pâtes farcies de coq au vin, bouillon parfumé au romarin. Côte de veau de lait, jus simple et champignons des bois. **Vins** Auxey-Duresses, Savigny-lès-Beaune.

La BOUILLE *76530 S.-Mar.* 55 ⑥ *G. Normandie Vallée de la Seine – 862 h alt. 5.*

Voir *Château de Robert le Diable★ : ★ SE : 3 km – Moulineaux : vitrail★ de l'église E : 3 km.*

Bac: *renseignements* ✆ *02 35 18 01 76.*

Paris 131 – Rouen 20 – Bernay 43 – Elbeuf 16 – Louviers 32 – Pont-Audemer 36.

Bellevue, ✆ 02 35 18 05 05, *Fax 02 35 18 00 92,* – GB
fermé 20 au 27 déc., vacances de fév. et dim. soir de nov. à mars – **Repas** 110/240 – 40 – **20 ch** 190/350 – ½ P 250/350.

St-Pierre avec ch, ✆ 02 35 18 01 01, *Fax 02 35 18 12 76,* – – 25. AE GB. ch
fermé dim. soir et lundi de sept. à mars – **Repas** 160/260 et carte 260 à 420, enf. 90 – 40 – **7 ch** 300/350.

Poste, ✆ 02 35 18 03 90, *Fax 02 35 18 18 91,* – GB
fermé 15 déc. au 12 janv., lundi soir et mardi sauf en été – **Repas** 105/230.

Les Gastronomes, ✆ 02 35 18 02 07 – AE GB
fermé 1er au 15 sept., 1er au 15 oct., merc. soir et jeudi – **Repas** 130/240.

Maison Blanche, ✆ 02 35 18 01 90, *Fax 02 35 18 08 65,* – AE GB
fermé 21 juil. au 10 août, dim. soir et lundi – **Repas** 105/265.

BOUIN *85230 Vendée* 67 ② – *2 268 h alt. 5.*

Paris 435 – Nantes 50 – La Roche-sur-Yon 65 – Challans 21 – Noirmoutier-en-l'Ile 37 – St-Nazaire 53.

Martinet, ✆ 02 51 49 08 94, *Fax 02 51 49 83 08,* – AE GB
Repas *(15 avril-15 oct.)* 100/175, enf. 60 – 36 – **21 ch** 240/350 – ½ P 310.

Courlis, ✆ 02 51 68 64 65 – GB
fermé 1er au 8 juil. et lundi – **Repas** *(83)* - 118/205, enf. 50.

BOULAY-LES-BARRES *45 Loiret* 64 ⑨ – *rattaché à Orléans.*

BOULIAC *33 Gironde* 71 ⑨ – *rattaché à Bordeaux.*

BOULIGNEUX *01 Ain* 74 ② – *rattaché à Villars-les-Dombes.*

BOULOGNE-BILLANCOURT *92 Hauts-de-Seine* 55 ⑳,, 101 ㉔ – *voir à Paris, Environs.*

BOULOGNE (Bois de) *75 Seine* 11,, 12,, 15 – *voir à Paris (Paris 16e).*

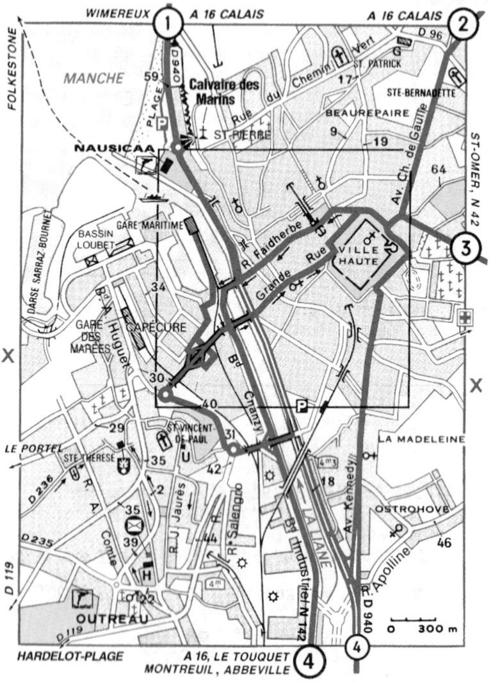

BOULOGNE-SUR-MER

Faidherbe (R.) . . . . . . Y
Grande-Rue . . . . Z
Lampe (R. de la) . . . . Z 32
Thiers (R. A.) . . . . . YZ 60
Victor-Hugo (R.) . . . YZ

Adam (R. H.) . . . . . . X 2
Aumont (R. d') . . . . . Z 7
Beaucerf (Bd) . . . . . . Z 8
Beaurepaire (R.) . . . X 9
Bras-d'Or (R. du) . . . Z 13
Colonne (R. de la) . . X 17
Diderot (Bd) . . . . X 18
Duflos (R. Louis) . . . X 19
Dutertre (R.) . . . . Y 20
Égalité (R. de l') . . . . X 22
Entente-Cordiale (Pont de l') . . . . . . Z 23
Huguet (Bd A.) . . . . . X 29
Jaurès (Bd et Viaduc J.) . X 30
J.-J.-Rousseau (Viaduc) . . . . X 31
Lattre-de-Tassigny (Av. de) . . . . Y 33
Lavocat (R. Albert) . X 34
Liberté (Bd de la) . . . X 35
Lille (R. de) . . . . Y 37
Marguet (Pont) . . . . . Z 38
Michelet (R. J.) . . . . X 39
Mitterrand (Bd F.) . . . Z 40
Montesquieu (Bd) . . X 42
Mont-Neuf (R. du) . . X 44
Orme (R. de l') . . . . . X 46
Perrochel (R.) . . . . . . Z 48
Porte-Neuve (R.) . . . Y 49
Puits-d'Amour (R.) . . Z 53
Résistance (Pl.) . . . . Y 55
St-Louis (R.) . . . . Y 56
Ste-Beuve (Bd) . . . XY 59
Tour-N.-Dame (R.) . . Y 61
Victoires (R. des) . . . Y 63
Wicardenne (R. de) . X 64

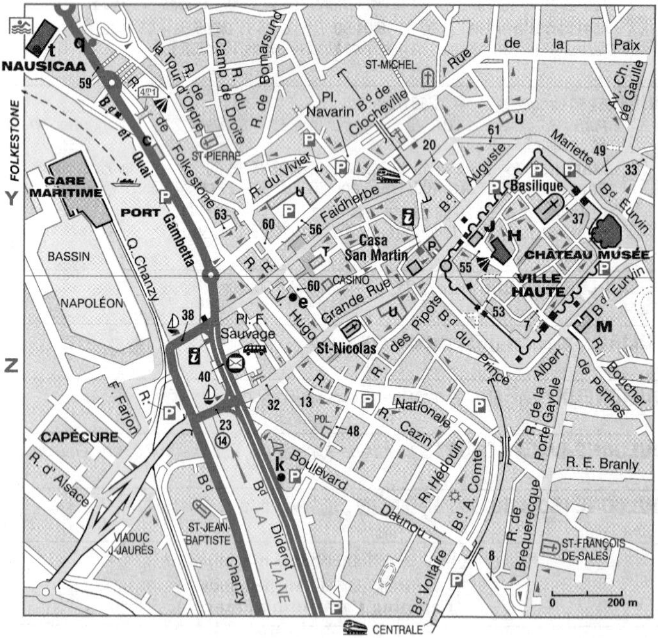

BOULOGNE-SUR-MER SP 62200 P.-de-C. 51 ① *G. Flandres Artois Picardie – 43 678 h alt. 58 – Casino (privé)* **Z**.

Voir *Ville haute*** **YZ** : *coupole*, crypte et trésor* de la basilique* **Y**, ≤* *du Beffroi* **Y H** – *Nausicaa*** **Y** – *Perspectives* des remparts* **YZ** – *Calvaire des marins* ≤* **X** – *Château-Musée* : vases grecs**, masques eskimos et aléoutes*** **Y** – *Colonne de la Grande Armée* : ※** 5 km par ① – Côte d'Opale* par ①.*

Env. *St-Étienne-au-Mont ≤* du cimetière 7 km par ④.*

18 *de Wimereux ✆ 03 21 32 43 20, par ① : 8 km.*

Office de Tourisme quai de la Poste ✆ 03 21 31 68 38, Fax 03 21 33 81 09 et annexe (saison) Parvis de Nausicaa ✆ 03 21 33 92 51.

Paris 259 ③ – Calais 38 ② – Amiens 124 ④ – Arras 115 ③ – Le Havre 245 ④ – Lille 116 ③ – Rouen 182 ④.

Plan page ci-contre

Métropole sans rest, 51 r. Thiers ✆ 03 21 31 54 30, *Fax 03 21 30 45 72*, – . AE GB — Z e
fermé 20 déc. au 4 janv. – 44 – **25 ch** 340/450.

Ibis-Centre, bd Diderot ✆ 03 21 30 12 40, *Fax 03 21 87 48 98* – , rest, – 25. AE GB — Z k
Repas 95 , enf. 39 – 35 – **79 ch** 290/320.

XXX **Matelote,** 80 bd Ste Beuve ✆ 03 21 30 17 97, *Fax 03 21 83 29 24* – AE GB — Y q
fermé 24 déc. au 10 janv., dim. soir sauf juil.-août et fériés – **Repas** 175/235 et carte 260 à 380.

XX **Rest. de Nausicaa,** bd Ste-Beuve ✆ 03 21 33 24 24, *Fax 03 21 30 15 63*, ≤ – . GB
Repas 95/160 , enf. 45. — Y t

à Wimille *par ② et D 96 : 5 km – 4 681 h. alt. 28 – ✉ 62126 :*

XX **Relais de la Brocante** (Laurent), près église ✆ 03 21 83 19 31, *Fax 03 21 87 29 71* – GB
✿ *fermé 25 juin au 10 juil., vacances de fév., dim. soir et lundi* – **Repas** (150) - 190 bc/280
Spéc. Lisettes marinées à la "choulette", crème de chutney. Galette de Kipper cuit au four aux oignons blonds et fleur de thym. "Bistouille" au genièvre, crème fouettée à la poudre de spéculos.

à Pont-de-Briques *par ④ : 5 km – ✉ 62360 Pont-de-Briques St-Étienne :*

XXX **Host. de la Rivière** (Martin) avec ch, 17 r. Gare ✆ 03 21 32 22 81, *Fax 03 21 87 45 48*, – . AE GB. ch
✿ *fermé 16 août au 6 sept., dim. soir et lundi* – **Repas** 160/298 et carte 230 à 380 , enf. 110 – 45 – **8 ch** 305/380 – ½ P 500/550
Spéc. Poêlée de homard et de foie gras aux fruits, zéphir d'orange. Composition de poissons en marmite boulonnaise. Millefeuille de l'Hostellerie.

à Hesdin-l'Abbé *par ④ et N 1 : 9 km – 1 880 h. alt. 50 – ✉ 62360 :*

Cléry , au village ✆ 03 21 83 19 83, *Fax 03 21 87 52 59*, « Demeure du 18e siècle dans un parc fleuri », – . AE GB.
fermé 11 déc. au 29 janv. – **Repas** *(fermé sam. et dim.)* (dîner seul.)(résidents seul.) 125/175 – 55 – **20 ch** 395/745.

ALFA ROMEO Gar. Cornuel-Boulogne, 13 r. Quéhen ✆ 03 21 91 10 56
AUDI, SKODA, VOLKSWAGEN Sté Nlle des Autos Boulonnaises, ZI 122 bd de la Liane à St-Léonard ✆ 03 21 80 66 80 N ✆ 03 28 02 68 50
BMW P.B.M., ZI de la Liane à St Léonard, ✆ 03 21 80 95 15
CITROEN Liane Autom., ZI de la Liane à St Léonard par ④ ✆ 03 21 99 21 11 N ✆ 03 21 99 21 12
FORD Gar. de Paris, ZI de la Liane à St Léonard ✆ 03 21 92 05 22 N ✆ 03 21 91 02 11
MERCEDES Gorrias Autom., ZAC de la Canardières à Isques ✆ 03 21 92 18 24 N ✆ 08 00 24 24 30
OPEL Europ'Auto, 111 bd de la Liane à St-Léonard ✆ 03 21 10 10 10
PEUGEOT Gar. St-Christophe, Bd Liane, ZI à St-Léonard par ④ ✆ 03 21 10 61 06 N ✆ 03 28 02 68 50
RENAULT Gar. Legrand, 131 bd de la Liane à St-Léonard ✆ 03 21 91 18 44 N ✆ 03 21 87 93 32
ROVER Cie Européenne Distribution, ZI bd de la Liane à St-Léonard ✆ 03 21 92 00 22
ROVER Littoral Auto, 63 av. J.-Kennedy ✆ 03 21 31 25 26

Euromaster, ZI Inqueterie, r. P.-Martin à St-Martin-les-Boulogne ✆ 03 21 80 72 72
Peuvion Pneus Point S, 12 r. Constantine ✆ 03 21 31 85 62
Pneu Fauchille Point S, 10 r. G.-Hansen ✆ 03 21 91 04 44

Le BOULOU *66160 Pyr.-Or.* 86 ⑲ *G. Pyrénées Roussillon – 4 436 h alt. 90 – Stat. therm. (fév.- nov.) – Casino.*

Env. *Fort de Bellegarde ※** S : 10 km.*

Office de Tourisme r. des Écoles ✆ 04 68 87 50 95, Fax 04 68 87 50 96.

Paris 876 – Perpignan 21 – Amélie-les-Bains-Palalda 17 – Argelès-sur-Mer 20 – Barcelona 170 – Céret 10.

Domitien Ⓜ, rte d'Espagne (près Thermes) ✆ 04 68 83 49 50, *Fax 04 68 83 45 90*, – cuisinette TV ☎ ♿ P – 40. AE GB. rest
***- L'Amphore** (fermé déc. à fév. et dim. soir)* **Repas** 110/250, enf. 60 – ☐ 40 – **44 ch** 380, 8 appart – ½ P 300.

Néoulous, près échangeur A9 ✆ 04 68 87 52 20, *Fax 04 68 83 13 40*, – rest, TV ☎ ♿ P – 30. AE GB
Repas 78/240 ♀, enf. 60 – ☐ 41 – **47 ch** 260/320 – ½ P 238/265.

Canigou, r. Bousquet ✆ 04 68 83 15 29, *Fax 04 68 87 75 41*, – ☎. GB.
23 mars-8 nov. – **Repas** 85/125, enf. 48 – ☐ 35 – **15 ch** 195/280.

au village catalan *Nord : 7 km par N 9 – ✉ 66300 Banyuls-dels-Aspres :*

Office de Tourisme sur aire autoroutière ✆ 04 68 21 60 05, Fax 04 68 37 50 12.

Village Catalan Ⓜ sans rest, accès par N 9 et A 9 ✆ 04 68 21 66 66, *Fax 04 68 21 70 95*, ←, – TV ☎ ♿ P – 30. GB
☐ 40 – **77 ch** 290/390.

aux Cluses *Sud : 5 km par N 9 – 165 h. alt. 150 – ✉ 66480 :*

Mas de l'Écluse, rte Perthus ✆ 04 68 87 78 60, – ☎ P – 30. GB
fermé du 2 au 17 janv. – **Repas** (75) - 95/135 ♀ – ☐ 45 – **21 ch** 250/400 – ½ P 300.

à Vivès *Ouest : 5 km par D 115 et D 13 – 75 h. alt. 228 – ✉ 66490 :*

Hostalet de Vivès avec ch, ✆ 04 68 83 05 52, *Fax 04 68 83 51 91* – cuisinette, rest, TV ☎. GB. ch
fermé 12 janv. au 5 mars – **Repas** - spécialités catalanes - *(fermé mardi hors saison et merc.)* 90 (déj.)/119 – ☐ 80 – **3 ch** 300/340 – ½ P 250.

audi, VOLKSWAGEN, Vallespir Auto Center, 18 ZI ✆ 04 68 83 44 00

Sénéchal Pneus, 17 Carrer d'en Cavailes ✆ 04 68 83 40 00

BOULOURIS *83 Var* 84 ⑧, 114 ㉕, 115 ㉝ – *rattaché à St-Raphaël.*

BOURBACH-LE-BAS *68290 H.-Rhin* 87 ⑲ – *508 h alt. 340.*

Paris 443 – Mulhouse 24 – Altkirch 25 – Belfort 26 – Thann 9.

Couronne d'Or avec ch, 9 r. Principale ✆ 03 89 82 51 77, *Fax 03 89 82 58 03* – TV ☎. AE GB
fermé lundi – **Repas** 52 (déj.), 79/250 ♀ – ☐ 32 – **7 ch** 195/280 – ½ P 220.

BOURBON-LANCY *71140 S.-et-L.* 69 ⑯ *G. Bourgogne – 6 178 h alt. 240 – Stat. therm. (avril-23 oct.).*

Voir *Maison de bois et tour de l'horloge*★ B.

Office de Tourisme pl. Aligre ✆ 03 85 89 18 27, Fax 03 85 89 28 38.

Paris 305 ④ – Moulins 35 ④ – Autun 63 ① – Mâcon 109 ③ – Montceau-les-Mines 55 ② – Nevers 73 ④.

BOURBON-LANCY

Commerce (R. du) 5
Gaulle (Av. du Gén.-de)

Aligre (Pl. d') 2
Autun (R. d') 3
Châtaigneraie (R. de la) 6
Dr-Gabriel-Pain (R. du) 6
Dr-Robert (R. du) 7
Gueugnon (R. de) 12
Horloge (R. de l') 13
Libération (Av. de la) 15
Musée (R. du) 16
Prébendes (R. des) 18
République (Pl. de la) 22
St-Nazaire (R.) 23

Pour un bon usage des plans de villes, voir les signes conventionnels dans l'introduction.

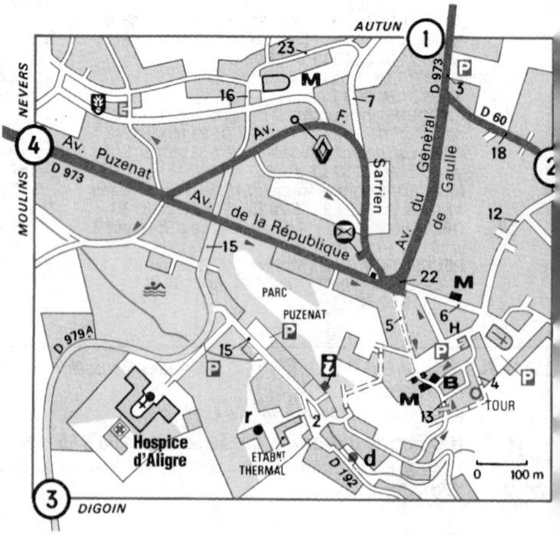

Manoir de Sornat (Raymond) ⛰, allée Platanes, rte Moulins par ④ : *2 km* ✆ 03 85 89 17 39, *Fax 03 85 89 29 47*, ⛱, « Manoir normand dans un parc » – TV ☎ ✆ P. AE ⓓ GB. ✗ rest
fermé 11 janv. au 1er fév., dim. soir d'oct. à mai et lundi midi – **Repas** 160/430 et carte 260 à 460 ♀, enf. 85 – ☐ 60 – **13 ch** 360/700 – 1/2 P 450/600
Spéc. Foie gras poêlé sur queue de boeuf et compotée de choux. Pigeon à la gentiane. Pain d'épices perdu, coulis d'agrumes. **Vins** Mâcon, Givry.

Grand Hôtel ⛰, (r) ✆ 03 85 89 08 87, *Fax 03 85 89 25 45*, ⛱, parc – |♦| cuisinette TV ☎ P. GB
2 avril-23 oct. – **Repas** (58) - 70/150 ♀ – ☐ 33 – **29 ch** 212/284 – 1/2 P 230/250.

Villa Vieux Puits avec ch, 7 r. Bel Air **(d)** ✆ 03 85 89 04 04, *Fax 03 85 89 13 87*, ⛱ – TV ☎ ✆ P. GB
fermé fév., dim. soir et lundi d'oct. à mai – **Repas** 95/250 ♀, enf. 60 – ☐ 45 – **7 ch** 230/310 – 1/2 P 250/300.

CITROEN Gar. Blanc, 47 av. Puzenat par ④ ✆ 03 85 89 11 07 N ✆ 03 85 89 11 07

RENAULT Gar. Ségaud, 30 av. F.-Sarrien ✆ 03 85 89 19 38 N ✆ 03 85 89 19 38

When looking for a hotel or restaurant use the most efficient method.
Look for the names of towns underlined in red
on the ***Michelin maps*** *scale: 1:200 000.*
But make sure you have an up-to-date map!

BOURBON-L'ARCHAMBAULT *03160 Allier* 69 ⑬ *G. Auvergne – 2 630 h alt. 367 – Stat. therm. (mars- nov.).*

Voir *Nouveau parc* ≤★ Y – *Château* ≤★ Y.

Env. *St-Menoux : choeur★★ de l'église★ 9 km par* ②.

ℹ *Office de Tourisme (saison) 1 pl. Thermes* ✆ *04 70 67 09 79, Fax 04 70 67 09 79.*

Paris 289 ① *– Moulins 23* ② *– Montluçon 49* ③ *– Nevers 53* ① *– St-Amand-Montrond 54* ③.

BOURBON-L'ARCHAMBAULT

Allier (R. Achille) .... Y 2
Bel-Air (R. de) .... Z
Bignon (Bd J.) .... Z 4
Burge (R. de la) .... Y
Château (R. du) .... Y 6
Desbordes (Av. E.) .... Z
Dubost (R. Lieutenant-Colonel) .... Y 8
Fontaine-Jonas (R. de la) .... Z 9
Guillaumin (Av. E.) .... Z 10
Louis-Philippe (Av. Charles) .... Z
Macé (R. Jean) .... Z 13
Meillers (R. de) .... Z 14
Mouillières (Bd des) .... Y 15
Moulin (R. du) .... Y 16
Parc (R. du) .... Z
Paroisse (R. de la) .... Z 19
Pied-de-Fourche (R. du) .... Y 21
République (R. de la) .... YZ
Rondreux (R. A.) .... Y 24
St-Georges (R.) .... Z
Solins (Bd de) .... Z
Thermes (Pl. des) .... Z 27
Thermes (R. des) .... Z
Trois-Maures (R. des) .... Y
Villefranche (R. de) .... Y 29

Les noms des rues sont soit écrits sur le plan soit répertoriés en liste et identifiés par un numéro.

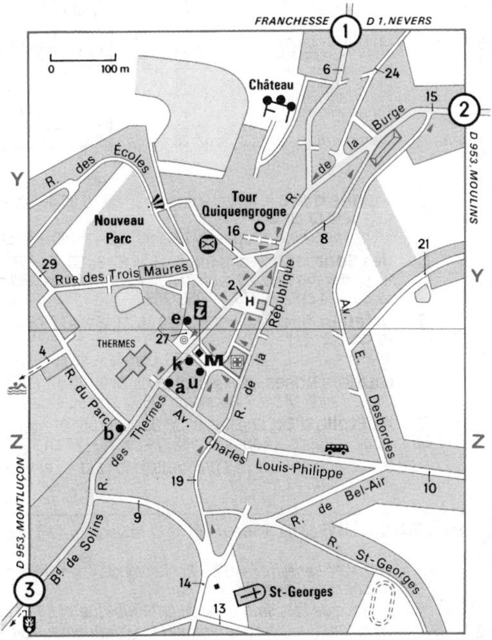

Gd H. Montespan-Talleyrand, pl. Thermes ✆ 04 70 67 00 24, *Fax 04 70 67 12 00*, – . AE GB. rest YZ e
4 avril-18 oct. – **Repas** (75) - 88/170, enf. 75 – 45 – **57 ch** 175/480 – P 292/360.

Thermes (Barichard), av. Ch.-Louis-Philippe ✆ 04 70 67 00 15, *Fax 04 70 67 09 43*, – rest, . AE GB Z a
14 mars-30 oct. – **Repas** 105/350 – 47 – **21 ch** 170/380 – P 300/450
Spéc. Filet de sole sauce hollandaise au salpicon de homard. Carré d'agneau du Bourbonnais rôti aux morilles. Nougat glacé. **Vins** Sancerre, Saint-Pourçain.

Gd H. Parc et Établissement, r. Parc ✆ 04 70 67 02 55, *Fax 04 70 67 13 95*, – P. AE GB JCB. rest Z b
5 avril-20 oct. – **Repas** 65/160 – 35 – **52 ch** 175/220 – P 300/320.

Sources, av. Thermes ✆ 04 70 67 00 15, *Fax 04 70 67 09 43*, – AE GB Z k
14 mars-30 oct. – **Repas** 80/130 – 31 – **20 ch** 160/255 – P 255/280.

Trois Puits, r. Trois Puits ✆ 04 70 67 31 50, *Fax 04 70 67 06 05* – . GB Z u
hôtel : 1er mars-20 nov. ; rest. : 15 fév.-20 déc. – **Repas** 55/70 – 25 – **26 ch** 90/140 – ½ P 190/230.

L'Oustalet avec ch, av. E. Guillaumin Z ✆ 04 70 67 01 48 – rest, P. GB. ch
fermé 8 au 15 mars, 12 au 25 oct., vend. soir, dim. soir et soirs de fêtes – **Repas** 89/275 – 28 – **4 ch** 135/215 – P 185/215.

BOURBONNE-LES-BAINS

52400 H.-Marne 62 ⑬ ⑭ *G. Alsace Lorraine – 2 764 h alt. 290 – Stat. therm. (mars- 29 nov.).*

Office de Tourisme Centre Borvo, 34 pl. des Bains ✆ 03 25 90 01 71 Fax 03 25 90 14 12.

Paris 314 ④ – Chaumont 56 ④ – Dijon 124 ④ – Langres 40 ④ – Neufchâteau 53 ① – Vesoul 60 ②.

BOURBONNE-LES-BAINS

Bains (R. des)	2
Bassigny (R. du)	3
Capucins (R. des)	4
Daprey-Blache (R.)	5
Écoles (R. des)	6
Gouby (Av. du Lieutenant)	7
Grande-Rue	9
Hôtel-Dieu (R. de l')	12
Lattre-de-Tassigny (Av. Maréchal-de)	14
Maistre (R. du Gén.)	15
Mont-l'Étang (R. de)	17
Pierre (R. Amiral)	22
Porte-Galon (R.)	23
Verdun (Pl. de)	25
Walferdin (Rue)	26

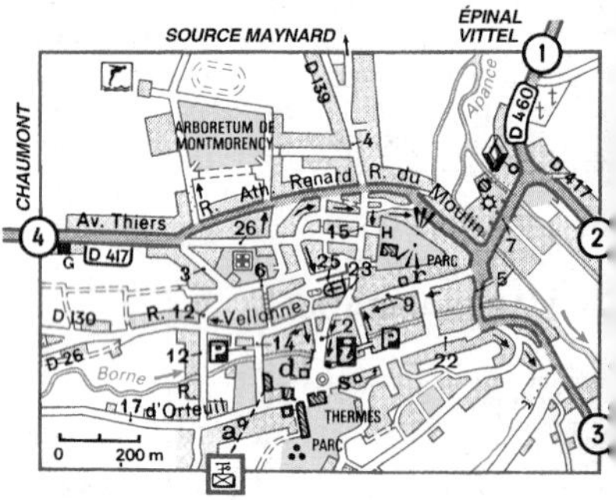

Jeanne d'Arc, r. Amiral Pierre (s) ✆ 03 25 90 46 00, *Fax 03 25 88 78 71*, – P. AE GB
1er mars-20 nov. – **Repas** 90/198, enf. 65 – 40 – **30 ch** 245/370 – ½ P 245/310.

des Sources, pl. Bains (u) ✆ 03 25 87 86 00, *Fax 03 25 87 86 33*, – cuisinette . GB. rest – *5 avril-30 nov. et fermé mercredi soir* – **Repas** (85) - 115/180, enf. 58 – 38 – **24 ch** 235/275 – P 250/265.

Orfeuil, r. Orfeuil (a) ✆ 03 25 90 05 71, *Fax 03 25 84 46 25*, – cuisinette P. AE GB. rest
29 mars-25 oct. – **Repas** 60/150, enf. 42 – 30 – **50 ch** 170/270 – P 230/270.

Lauriers Roses, pl. Bains (d) ✆ 03 25 90 00 97, *Fax 03 25 88 78 02*, – P. GB – *5 avril-17 oct.* – **Repas** 76/125, enf. 36 – 26 – **69 ch** 180/260 – P 235/253.

A l'Étoile d'Or, Gde Rue (r) ✆ 03 25 90 06 05 – , rest, . AE GB
10 avril-25 oct. – **Repas** 70/115 – 25 – **24 ch** 150/230 – P 210/235.

CITROEN Gar. Michaud, par ① ✆ 03 25 90 03 12 N ✆ 03 25 90 03 12

RENAULT Gar. Beau, 13 av. Lieutenant Gouby ✆ 03 25 90 00 72 N ✆ 03 25 90 09 41

La BOURBOULE

63150 P.-de-D. 73 ⑬ *G. Auvergne – 2 113 h alt. 880 – Stat. therm. (mai- sept) – Casino* **AZ.**

Voir Parc Fenêstre★ **ABZ** – *Roche Vendeix* ✻★ *4 km par ② puis 30 mn – Murat-le-Quaire : musée de la Toinette★ N : 2 km.*

Office de Tourisme 15 pl. de la République ✆ 04 73 65 57 71, Fax 04 73 65 50 21.

Paris 471 ③ – Clermont-Ferrand 51 ③ – Aubusson 84 ③ – Mauriac 70 ③ – Ussel 52 ③.

LA BOURBOULE

Clemenceau (Bd G.) . . . **ABY**
Féron (Quai) . . . . **BY**
Foch (Bd Mar.) . . . . **AY** 6

Alsace-Lorraine (Av.) . . . . **BY** 2
États-Unis (Av. des) . . . . **BY** 3
Gambetta (Quai) . . . . . . **AZ** 7
Guéneau-de-Mussy (Av.) . . . . **AY** 8
Hôtel-de-Ville (Q.) . . . . . . **AY** 10
Jeanne-d'Arc (Q.) . . . . . . **BY** 12
Jet-d'eau (Sq. du) . . . . . . **AY** 13
Joffre (Sq. du Mar.) . . . . **BY** 15
Lacoste (Pl. G.) . . . . **AY** 16
Libération (Q. de la) . . . . **AZ** 17
Mangin (Av. du Gén.) . . . . **AZ** 19
République (Pl. de la) . . **AZ** 21
Souvenir (Pl. du) . . . . **BY** 22
Victoire (Pl. de la) . . . . . . **AY** 23

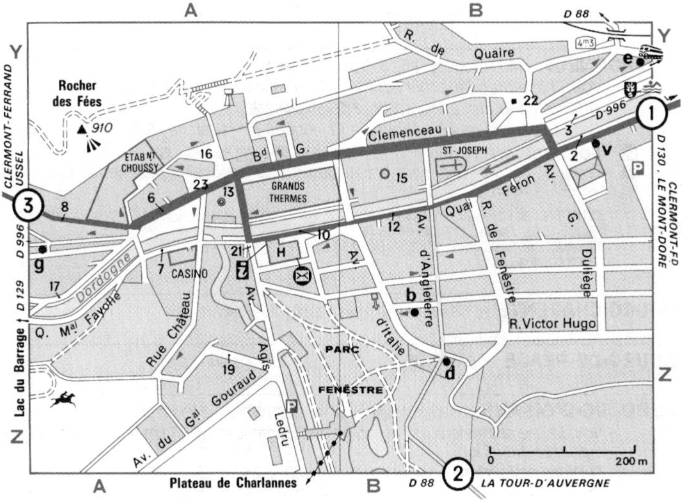

Régina, av. Alsace-Lorraine ✆ 04 73 81 09 22, *Fax 04 73 81 08 55*, TV ☎ P. AE GB. rest — BY v
fermé 13 nov. au 26 déc. et 5 au 31 janv. – **Repas** 80/200 ♀, enf. 55 – ☐ 45 – **25 ch** 350/480 – ½ P 360/390.

Charlet , bd L. Choussy ✆ 04 73 81 33 00, *Fax 04 73 65 50 82*, TV ☎. GB — AZ g
fermé 15 oct. au 20 déc. – **Repas** 95/165 ♀, enf. 55 – ☐ 39 – **38 ch** 210/350 – ½ P 215/295.

Aviation, r. Metz ✆ 04 73 81 32 32, *Fax 04 73 81 02 85*, TV ☎. GB. rest — BZ b
fermé 1er oct. au 23 déc. – **Repas** (79) - 89/100, enf. 50 – ☐ 35 – **50 ch** 170/360 – ½ P 195/265.

Pavillon, av. Angleterre ✆ 04 73 65 50 18, *Fax 04 73 81 00 93*, TV ☎. AE GB.
1er fév.-1er nov. – **Repas** 80/100 ♀ – ☐ 35 – **24 ch** 200/310 – ½ P 220/260. — BZ d

Val Dore, r. Belgique ✆ 04 73 81 06 14, *Fax 04 73 65 58 79* – rest, ☎. GB.
fermé 4 nov. au 25 déc. et 6 au 30 janv. – **Repas** 68/115, enf. 46 – ☐ 33 – **31 ch** 210/275 – ½ P 225/260. — BY e

à St-Sauves-d'Auvergne *par ③ : 5 km – 1 030 h. alt. 791 – ✉ 63950 :*

Poste, pl. du Portique ✆ 04 73 81 10 33, *Fax 04 73 81 02 27* – TV ☎ P. GB
Repas *(fermé 2 au 20 déc.) (60) - 72*/165 ♀, enf. 40 – ☐ 30 – **18 ch** 180/230 – ½ P 170/220.

CITROEN Gar. Aviation, r. de Metz ✆ 04 73 81 02 88

BOURCEFRANC-LE-CHAPUS *17 Char.-Mar.* 71 ⑭ – *rattaché à Marennes.*

BOURDEAU *73 Savoie* 74 ⑮ – *rattaché au Bourget-du-Lac.*

BOURDEAUX *26460 Drôme* 77 ⑬ – *562 h alt. 426.*

Paris 612 – Valence 53 – Crest 24 – Montélimar 41 – Nyons 38 – Pont-St-Esprit 72.

Aux Trois Châteaux, rte Nyons sur D 70 ✆ 04 75 53 33 92, – GB
15 mars-30 nov. et fermé lundi (sauf hôtel) et dim. soir sauf du 1er mai au 31 août – **Repas** 76/135 ♀, enf. 39 – **15 ch** ☐ 130/250 – ½ P 190/243.

BOURDEILLES *24 Dordogne* 75 ⑤ *– rattaché à Brantôme.*

BOURG-ACHARD *27310 Eure* 55 ⑤ *G. Normandie Vallée de la Seine – 2 255 h alt. 124.*
Paris 139 – Rouen 28 – Bernay 42 – Évreux 61 – Le Havre 62.

Amandier, 599 rte Rouen ☎ 02 32 57 11 49, *Fax 02 32 57 28 03,* – GB
fermé 9 au 21 août, dim. soir, mardi soir et merc. – **Repas** 95/175.

CITROEN Gar. Leple, ☎ 02 32 56 20 24

BOURGANEUF *23400 Creuse* 72 ⑨ *G. Berry Limousin – 3 385 h alt. 440.*
Voir *Charpente★ de la tour Zizim – Tapisserie★ dans l'Hôtel de Ville.*
Office de Tourisme Tour Lastic ☎ 05 55 64 12 20.
Paris 398 – Limoges 48 – Aubusson 39 – Guéret 33 – Uzerche 76.

Commerce, r. Verdun ☎ 05 55 64 14 55, – ☎ . GB
fermé 22 déc. au 15 fév., dim. soir et lundi sauf juil.-août et fériés – **Repas** 80/280, enf. 50 – 35 – **14 ch** 145/350.

CITROEN Gar. Raynaud, ☎ 05 55 64 29 29
PEUGEOT Gar. Barlet, ☎ 05 55 64 08 76
RENAULT Gar. Bévilacqua, ☎ 05 55 64 14 22 N ☎ 08 00 05 15 15
Gar. Pradillon ☎ 05 55 64 22 79

BOURG-CHARENTE *16 Charente* 72 ⑫ *– rattaché à Jarnac.*

BOURG-DE-PÉAGE *26 Drôme* 77 ② *– rattaché à Romans-sur-Isère.*

Le BOURG-D'OISANS *38520 Isère* 77 ⑥ *G. Alpes du Nord – 2 911 h alt. 720.*
Voir *Musée des Minéraux★ – Cascade de la Sarennes★ NE : 1 km puis 15 mn – Gorges de la Lignarre★ NO : 3 km.*
Office de Tourisme quai Girard ☎ 04 76 80 03 25, Fax 04 76 80 10 38.
Paris 615 – Grenoble 50 – Briançon 68 – Cap 97 – St-Jean-de-Maurienne 73 – Vizille 32.

au Châtelard *Nord-Est : 12 km par D 211, D 211A et rte secondaire – ✉ 38520 La Garde-en-Oisans:*

Forêt de Maronne, ☎ 04 76 80 00 06, *Fax 04 76 79 14 61,* ←, , , – ☎ P. GB. rest
10 juin-20 sept. et 20 déc.-20 avril – **Repas** *(55)* - 95/140 ♀, enf. 54 – 32 – **12 ch** 240/330 – ½ P 260/310.

CITROEN Gar. Bonnenfant, N 91 Les Sables en Oisans ☎ 04 76 80 07 00 N ☎ 04 76 80 07 00
RENAULT Gar. St-Laurent, ☎ 04 76 80 26 97 N ☎ 04 76 80 26 97

BOURG-D'OUEIL *31110 H.-Gar.* 85 ⑳ *– 19 h alt. 1339.*
Voir *Vallée d'Oueil★ au SE – Kiosque de Mayrègne ✻★ SE : 5 km,* **G. Pyrénées Aquitaine.**
Paris 844 – Bagnères-de-Luchon 15 – St-Gaudens 61 – Tarbes 97 – Toulouse 152.

Sapin Fleuri, ☎ 05 61 79 21 90, *Fax 05 61 79 85 87,* ← – ☎ P. GB. rest
1er juin-30 sept. et vacances scolaires – **Repas** *(85)* - 120/300, enf. 60 – 40 – **22 ch** 250/300 – ½ P 290/350.

Le BOURG-DUN *76740 S.-Mar.* 52 ③ *G. Normandie Vallée de la Seine – 481 h alt. 17.*
Voir *Tour★ de l'église.*
Paris 187 – Dieppe 20 – Fontaine-le-Dun 7 – Rouen 56 – St-Valery-en-Caux 15.

Aub. du Dun (Chrétien), face Église ☎ 02 35 83 05 84, *Fax 02 35 83 05 84* – P. GB.
fermé 19 août au 11 sept., 10 au 23 janv., dim. soir et lundi sauf fériés – **Repas** (week-ends, prévenir) 155/350 et carte 220 à 300 ♀
Spéc. Foie gras normand. Saint-Pierre épicé au jus de bouillabaisse (mai à sept.). Crêpes soufflées au calvados.

BOURG-EN-BRESSE P *01000 Ain* 74 ③ *G. Bourgogne – 40 972 h alt. 251.*
Voir *Église de Brou★★ : tombeaux★★★, chapelles et oratoires★★★* **X B** *– Monastère★ : musée de Brou★* **X E** *– Stalles★ de l'église N.-Dame* **Y.**
☎ 04 74 24 65 17 au Parc de Loisirs de Bouvent, E : 2 km par ③.
Office de Tourisme 6 av. Alsace-Lorraine ☎ 04 74 22 49 40, Fax 04 74 23 06 28 et (saison) bd de Brou ☎ 04 74 22 27 76 – Automobile Club 15 av. Alsace-Lorraine ☎ 04 74 22 43 11, Fax 04 74 23 31 34.
Paris 424 ⑦ – Mâcon 37 ⑦ – Annecy 112 ④ – Besançon 151 ② – Chambéry 121 ④ – Genève 110 ④ – Lyon 68 ⑤ – Roanne 118 ⑥.

BOURG-EN-BRESSE

Foch (R. Maréchal) . . . . Y 20
Gambetta (R.). . . . . Z 21
Notre-Dame (R.) . . . . Y 35

Anciens Combattants (Av. des) . . . . Z 3
Arsonval (Av. A. d') . . . . X 4
Bad-Kreuznach (Av. de) . . . . X 5
Basch (R. Victor) . . . . Z 6
Baudin (Av. A.) . . . . Z 7
Belges (Av. des). . . . . Y 10
Bernard (Pl.) . . . . Y 12
Bouveret (R.) . . . . Y 13
Champ-de-Foire (Av. du) . . . . Y 14
Citadelle (R. de la). . . . . X 15
Crêts (R. des). . . . . X 16
Debeney (R. Général) . . . . . . Y 17
Europe (Car. de l') . . . . X 19
Jaurès (Av. Jean) . . . . XZ 22
Joliot-Curie (Bd Irène) . . . . . X 23
Joubert (Pl.) . . . . Z 24
Juin (Av. Maréchal) . . . . X 26
Lévrier (Bd A.) . . . . X 27
Lyon (Pont de) . . . . X 28
Mail (Av. du). . . . . X 30
Migonney (R. J.) . . . . Z 31
Morgon (R. J.) . . . . X 32
Muscat (Av. A.) . . . . Z 33
Neuve (Pl.) . . . . Y 34
Palais (R. du) . . . . Y 36
St-Nicolas (Bd). . . . . X 37
Samaritaine (R.). . . . . Z 38
Semard (Av. P.) . . . . X 40
Teynière (R.). . . . . Z 42
Valéry (Bd P.) . . . . X 43
Verdun (Cours de) . . . . Y 44
Victoire (Av. de la) . . . . Z 45
4-Septembre (R. du) . . . . Y 48
23ᵉ-R.I. (R. du) . . . . X 50

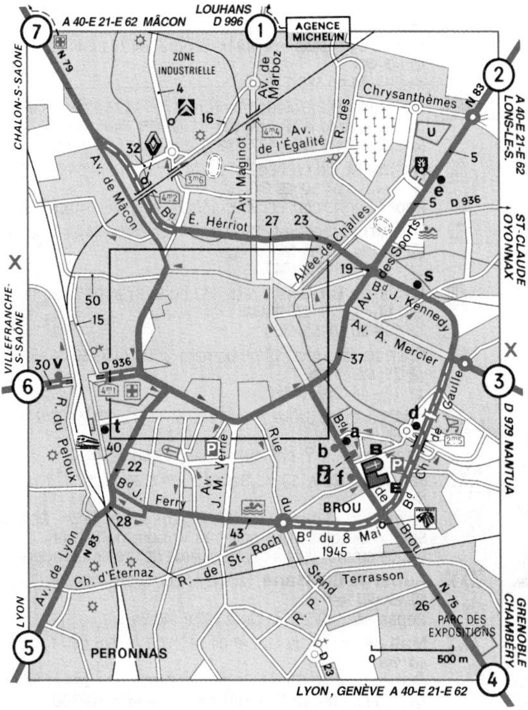

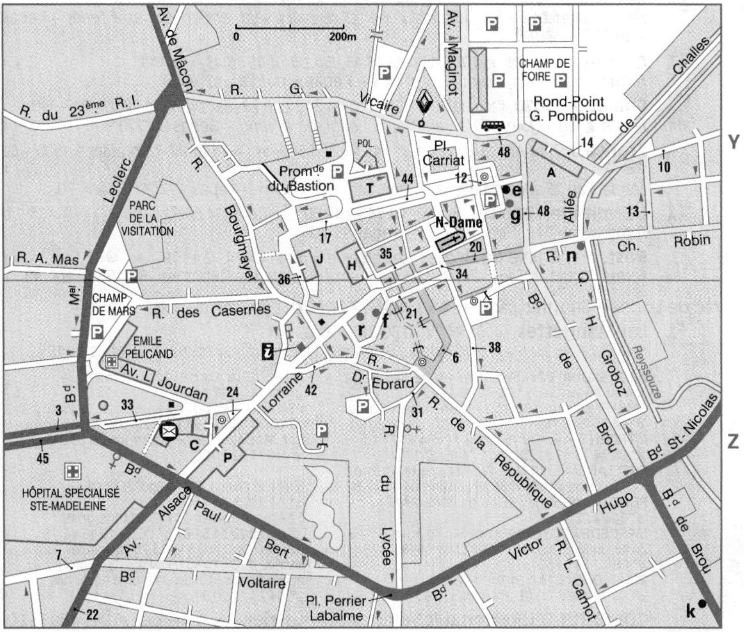

Prieuré sans rest, 49 bd Brou ☎ 04 74 22 44 60, *Fax 04 74 22 71 07*, – AE GB X a
50 – **14 ch** 380/550.

Mercure M, 10 av. Bad-Kreuznach ☎ 04 74 22 44 88, *Fax 04 74 23 43 57*, ch, – 100. AE GB JCB. rest X e
Repas *(87)* - 117 (déj.), 127/198, enf. 55 – 52 – **60 ch** 410/480.

Ariane M, bd Kennedy ☎ 04 74 22 50 88, *Fax 04 74 22 51 57*, – – 50. AE GB X s
Repas *(fermé dim. et fériés)* 130/240 – 46 – **40 ch** 330/380.

Terminus sans rest, 19 av. A. Baudin ☎ 04 74 21 01 21, *Fax 04 74 21 36 47*, « Parc » – . AE GB X t
45 – **51 ch** 330/440.

Logis de Brou sans rest, 132 bd Brou ☎ 04 74 22 11 55, *Fax 04 74 22 37 30* – – 25. AE GB Z k
40 – **30 ch** 270/380.

France sans rest, 19 pl. Bernard ☎ 04 74 23 30 24, *Fax 04 74 23 69 90* – – 25. AE GB Y e
42 – **46 ch** 230/420.

Ibis, bd Ch. de Gaulle ☎ 04 74 22 52 66, *Fax 04 74 23 09 58*, – – 50. AE GB X d
Repas *(75)* - 120, enf. 40 – 36 – **62 ch** 295/320.

Jacques Guy, 19 pl. Bernard ☎ 04 74 45 29 11, *Fax 04 74 24 73 69*, – AE GB. Y g
fermé 2 au 15 mars, 2 au 16 nov., dim. soir et lundi – **Repas** 120/360 et carte 240 à 410
Spéc. Foie de canard poêlé au vinaigre de Banyuls. Cassolette de queues d'écrevisses, bisque crémée (juin à oct.). Poularde de Bresse à l'ancienne. **Vins** Mâcon-Clessé, Brouilly.

Auberge Bressane, face église de Brou ☎ 04 74 22 22 68, *Fax 04 74 23 03 15*, – . AE GB JCB X f
Repas *(98)* - 140/290 et carte 290 à 440.

Mail avec ch, 46 av. Mail ☎ 04 74 21 00 26, *Fax 04 74 21 29 55* – rest, . AE GB X v
fermé 19 juil. au 6 août, 24 déc. au 8 janv., dim. soir et lundi – **Repas** 110/320 et carte 230 à 340, enf. 80 – 32 – **9 ch** 180/280 – 1/2 P 250/300.

Reyssouze, 20 r. Ch. Robin ☎ 04 74 23 11 50, *Fax 04 74 23 94 32* – . AE GB Y n
fermé vacances de fév., lundi sauf le midi de mai à sept. et dim. soir sauf fériés – **Repas** 110/330, enf. 80.

Galerie, 4 r. Th. Riboud ☎ 04 74 45 16 43, *Fax 04 74 45 16 43* – GB Z f
fermé 10 au 15 août, sam. midi et dim. – **Repas** 85 bc (déj.), 120/190.

Chalet de Brou, face église de Brou ☎ 04 74 22 26 28, *Fax 04 74 24 72 42*, – GB
fermé 1er au 15 juin, 23 déc. au 23 janv., jeudi soir et vend. – **Repas** 80/220. X f

Français, 7 av. Alsace-Lorraine ☎ 04 74 22 55 14, *Fax 04 74 22 47 02*, brasserie 1900 – AE GB Z r
fermé 3 au 25 août, 24 déc. au 4 janv., sam. soir et dim. – **Repas** 130/290, enf. 70.

L'Ermitage, 142 bd de Brou ☎ 04 74 22 19 00, *Fax 04 74 24 64 91* – GB X b
fermé 13 au 24 juil. et sam. midi – **Repas** 95/200.

Rest. de l'Église de Brou, face église de Brou ☎ 04 74 22 15 28 – . GB X f
fermé 18 juin au 3 juil., 24 déc. au 3 janv., mardi et merc. – **Repas** *(68)* - 83/188, enf. 45.

rte de Lons-le-Saunier *par ② : 6,5 km N 83 – ✉ 01370 St-Étienne-du-Bois :*

Les Mangettes, ☎ 04 74 22 70 66, – . AE GB
fermé 27 juil. au 5 août, 10 janv. au 3 fév., dim. soir, lundi soir et mardi – **Repas** 93/185.

AUDI, SKODA, VOLKSWAGEN Europe-Gar., 124 av. A.-Mercier ☎ 04 74 23 31 12
BMW Bresse Auto Sport, ZA la Chambière à Viriat ☎ 04 74 22 62 55
CITROEN D.A.R.A., ZI Nord av. Arsonval ☎ 04 74 23 82 82 N ☎ 04 74 45 12 12
FIAT, LANCIA S.E.R.M.A., N 79 Bourg-en-Bresse Nord à Viriat ☎ 04 74 23 19 55 N ☎ 04 74 22 36 78
FORD Gar. du Bugey, 28 av. de Pont d'Ain ☎ 04 74 22 32 66
MERCEDES, TOYOTA Espace Bourg Auto, 24 av. du Mar.-Juin ☎ 04 74 22 63 46 N ☎ 08 00 24 24 30
PEUGEOT S.I.C.M.A., 192 bd de Brou ☎ 04 74 45 93 00 N ☎ 04 74 32 98 26
RENAULT Gar. Carriat, 11 pl. Carriat ☎ 04 74 22 17 11
RENAULT A.R.N.O., bd E.-Herriot, ZI Nord ☎ 04 74 23 35 55 N ☎ 04 74 23 35 55
Gar. Meunier, rte de Strasbourg N 83 à Viriat ☎ 04 74 22 20 80

Ayme Pneus, r. F.-Arago, ZI Nord ☎ 04 74 23 34 41
C.Sécurité Routière, N 75 à Montagnat ☎ 04 74 22 34 51 N ☎ 06 09 10 68 84
Gaudry Pneu Point S, Rd-Pt Fleyriat les Vareys à Viriat ☎ 04 74 45 05 04
Ruder Pneus, 738 av. de Lyon à Peronnas ☎ 04 74 21 20 99

CONSTRUCTEUR : Renault Véhicules Industriels, av. A. Mercier ☎ 04 74 50 33 00

BOURGES P 18000 Cher 69 ① *G. Berry Limousin – 75 609 h alt. 153.*

*Voir Cathédrale St-Étienne*** : tour Nord ≤** **Z** – Jardins de l'Archevêché* **Z** – Palais Jacques-Coeur** **Y** – Jardins des Prés-Fichaux* **Y** – Maisons anciennes* **YZ** – Hôtel des Échevins* : musée Estève** **Y M³** – Hôtel Lallemant* : collection de meubles miniatures* **Y M⁴** – Musée du Berry dans l'hôtel Cujas* : collections gallo-romaines*, prophètes*, pleurants du tombeau du duc de Berry* **Y M¹** – Musée d'histoire naturelle* **Z M** – Les marais* **V**.*

Bourges Golf Club ☎ 02 48 21 20 01, S : 5 km par D 106.

Office de Tourisme 21 r. V. Hugo ☎ 02 48 24 75 33, Fax 02 48 65 111 87 – Automobile Club du Centre 40 av. J.-Jaurès ☎ 02 48 24 01 36, Fax 02 48 70 21 85.

Paris 245 ⑦ – Châteauroux 65 ⑥ – Dijon 253 ② – Nevers 69 ③ – Orléans 122 ⑦ – Tours 152 ⑦.

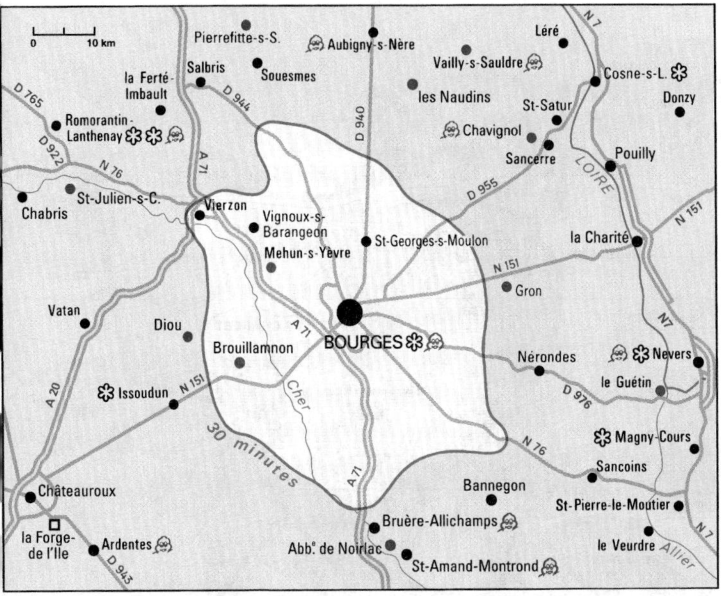

Bourbon et rest. St-Ambroix M, bd République ☎ 02 48 70 70 00, *Fax 02 48 70 21 22*, « Salle à manger dans les vestiges d'une abbaye du 16ᵉ siècle » – ☎ – 🅐 60. AE ① GB **Y b**

Repas *(fermé sam. midi sauf fériés)* 150/350 et carte 350 à 440 – 65 – **59 ch** 420/750 – ½ P 500

Spéc. Fines ravioles de foie gras et truffes noires pochées dans un bouillon de poularde aux aromates. Carré d'agneau cuit au foin en cocotte. Moelleux au chocolat, sorbet à l'orange. **Vins** Menetou-Salon, Reuilly.

Tilleuls sans rest, 7 pl. Pyrotechnie ☎ 02 48 20 49 04, *Fax 02 48 50 61 73*, – ☎ P. AE ① GB **X s**

fermé 24 déc. au 3 janv. – 37 – **38 ch** 215/280.

Christina sans rest, 5 r. Halle ☎ 02 48 70 56 50, *Fax 02 48 70 58 13* – ☎ – 25. AE ① GB **Z m**

36 – **71 ch** 239/300.

Olympia sans rest, 66 av. Orléans ☎ 02 48 70 49 84, *Fax 02 48 65 29 06* – ☎ P. AE ① GB **V t**

fermé 21 déc. au 2 janv. – 35 – **42 ch** 228/280.

Ibis, quartier Prado ☎ 02 48 65 89 99, *Fax 02 48 65 18 47*, – ☎ – 35. AE ① GB **Z v**

Repas *(77)* - 97, enf. 39 – 36 – **86 ch** 295/320.

St-Jean sans rest, 23 av. Marx Dormoy ☎ 02 48 24 13 48, *Fax 02 48 24 79 98* – ☎. GB **V m**

fermé 20 déc. au 5 janv., vend., sam. et dim. en janv. et fév. – 22 – **24 ch** 130/260.

BOURGES

Baffier (R. J.) .... X 3
Bérégovoy (Av. P.) .... X 6
Deux-Ponts (R. des) .... V 16
Dormoy (Av. M.) .... V 19
Farman (Rd-Pt H.) .... X 21
Foch (Bd du Mar.) .... X 23
Frères-Voisin (Av. des) .... X 25
Industrie (Bd de l') .... X 30
J.-J.-Rousseau (R.) .... X 33
Joffre (Bd du Mar.) .... X 34
Laudier (Av. H.) .... V 38
Liberté (Bd de la) .... X 42
Mitterrand (Av. F.) .... X 47
Orléans (Av. d') .... V 48
Pignoux (R. de) .... X 51
Prés-le-Roi (Av. des) .... V 53
Prospective (Av. de la) .... V 56
Pyrotechnie (Pl. de la) .... X 57
Santos-Dumont (Bd) .... X 65
Sellier (R. H.) .... X 66
Semard (Av. P.) .... V 68

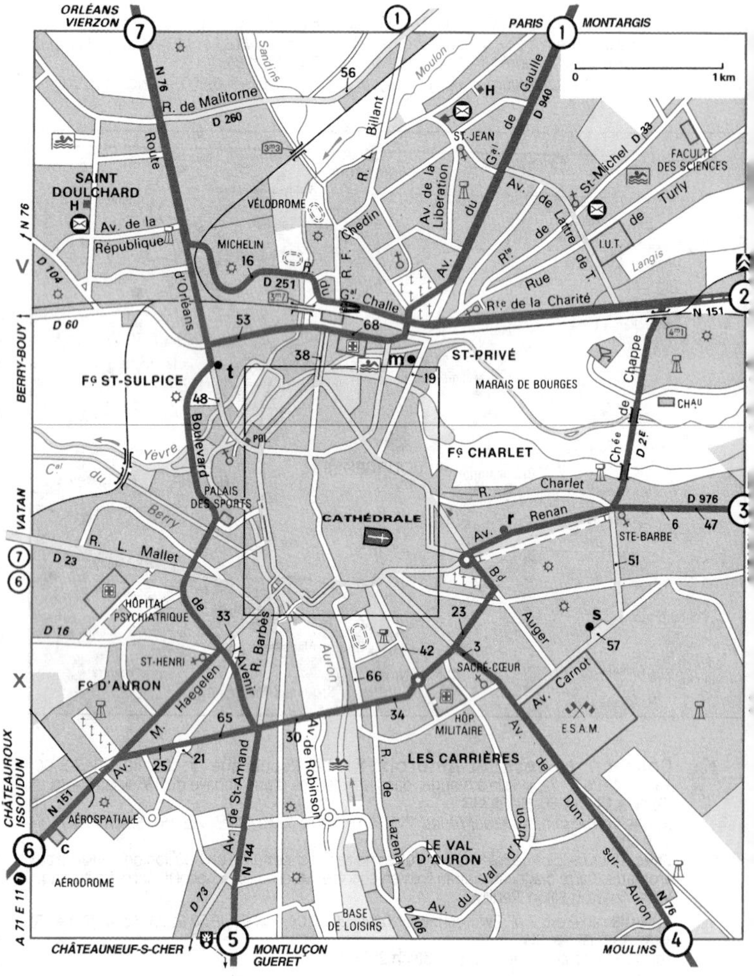

XXX **Jardin Gourmand,** 15 bis av. E. Renan ✆ 02 48 21 35 91, *Fax 02 48 20 59 75,* – AE GB X r
fermé 13 au 28 juil., mi-déc. à mi-janv., dim. soir et lundi – **Repas** 95/230 et carte 180 à 290.

XXX **Jacques Coeur,** 3 pl. J. Coeur ✆ 02 48 70 12 72, *Fax 02 48 65 25 72* – AE GB JCB Y n
fermé 24 juil. au 25 août, 24 déc. au 2 janv., dim. soir et sam. – **Repas** 145/180 et carte 200 à 320 ♀.

XX **Philippe Larmat,** 62 bis bd Gambetta ✆ 02 48 70 79 00, *Fax 02 48 69 88 87,* – AE GB JCB Y f
fermé 16 août au 1er sept., dim. soir et lundi – **Repas** 95 (déj.), 135/340 ♀.

BOURGES

Auron (R. d') . . . . Z
Jaurès (Av. Jean) . . . . Y
Moyenne (R.) . . . . YZ

Armuriers (R. des) . . . . Z 2
Barbès (R.) . . . . Z 4
Calvin (R.) . . . . Y 7
Cambournac (R.) . . . . Y 8
Casse-Cou (Passage) . . . . Y 10
Champ-de-Foire (R. du) . . . . . . Z 12
Commerce (R. du) . . . . Y 13
Dr-Témoin (R. du) . . . . Y 17
Dormoy (Av. Marx) . . . . Y 19
Hémerettes (R. des) . . . . Z 29
Jacobins (Cour des) . . . . Z 31
Jacques-Cœur (R.) . . . . Y 32
J.-J.-Rousseau (R.) . . . . Z 33
Joyeuse (R.) . . . . Y 35
Juranville (Pl.) . . . . Z 36
Leblanc (R. N.) . . . . YZ 41
Louis XI (Av.) . . . . Z 43
Mallet (R. L.) . . . . Z 44
Marceau (Rampe) . . . . Z 45
Mirebeau (R.) . . . . Y 46
Orléans (Av. d') . . . . Y 48
Pelvoysin (R.) . . . . Y 50
Poissonnerie (R. de la) . . . . . . Y 52
Prinal (R. du) . . . . Y 55
Rimbault (R. J.) . . . . Z 61
Strasbourg (Bd de) . . . . Z 71
Thaumassière (R. de la) . . . . . Y 72
Tory (R. G.) . . . . Y 73
Victor-Hugo (R.) . . . . Z 74
95e-de-Ligne (R. du) . . . . Z 75

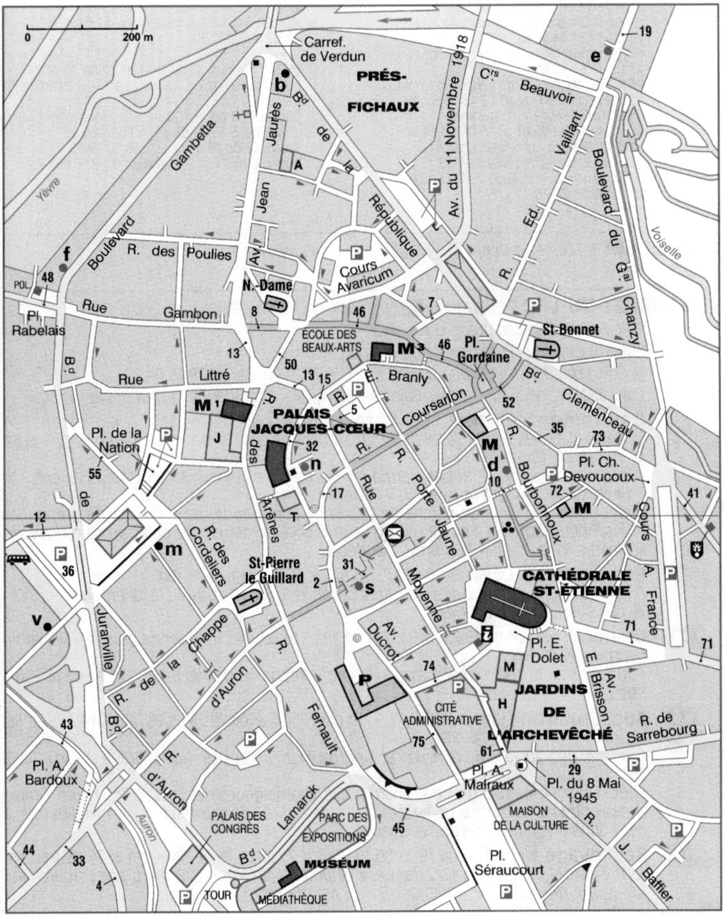

XX **Beauvoir,** 1 av. Marx Dormoy ✆ 02 48 65 42 44, *Fax 02 48 24 80 84* – AE GB Y e
fermé dim. soir – **Repas** 95/230 ♀.

X **Bourbonnoux,** 44 r. Bourbonnoux ✆ 02 48 24 14 76, *Fax 02 48 24 77 67* – ▤. AE GB Y d
fermé 20 au 30 mars, 28 août au 14 sept., 22 janv. au 1er fév., sam. midi et vend. – **Repas** 75/170 ♀.

X **Fontaine des Jacobins,** cours des Jacobins (centre commercial Jacobins) ✆ 02 48 65 57 31 – GB Z s
fermé vacances de fév. et dim. – **Repas** 79/165 ♀, enf. 40.

rte de Châteauroux *par* ⑥ :

Novotel Ⓜ, Le Bois de Chagnières, à l'échangeur A 71 : 7 km ✉ 18570 Le Subdray ✆ 02 48 26 53 33, *Fax 02 48 26 52 22*, , – – 150. AE GB JCB
Repas carte environ 150 ₸, enf. 50 – 55 – **93 ch** 450/580.

AUDI, VOLKSWAGEN Gar. Laudat, 99 rte de la Charité ✆ 02 48 70 15 17 🅽 ✆ 02 48 24 19 90
BMW Gar. Vergès Autom., 43 av. Prospective, Asnières-lès-Bourges ✆ 02 48 70 47 20
CITROEN Générale Auto de Bourges, rte de la Charité à St Germain du Puy ✆ 02 48 23 44 40 🅽 ✆ 02 48 24 44 44
FIAT La Fourchette Autom., 207 rte de la Charité ✆ 02 48 65 80 61
FORD Delouche Autom., rte de la Charité à St Germain du Puy ✆ 02 48 23 52 70
MERCEDES SAVIB, r. C.-Durand ✆ 02 48 67 53 00 🅽 ✆ 08 00 24 24 30
NISSAN Sonaka Autom., ZI Malitorne à St-Doulchard ✆ 02 48 65 89 85
OPEL Centre Avenir Autom., bd de l'Avenir ✆ 02 48 23 23 23
PEUGEOT Gds Gar. du Cher, rte d'Orleans à St Doulchard par ⑦ ✆ 02 48 24 72 01 🅽 ✆ 02 48 57 58 83
RENAULT S.C.A.C. Autom., 259 av. Gén.-de-Gaulle par ① ✆ 02 48 23 40 40 🅽 ✆ 02 48 57 53 01
ROVER Gar. Murat, 136 bis rte de Nevers ✆ 02 48 50 42 10

Berry Pneus, 99 av. Dun ✆ 02 48 20 34 24
Euromaster, rte de la Charité à ST-Germain du Puy ✆ 02 48 65 02 34
Gar. Gaudichon et Thiault, à St-Florent sur Cher ✆ 02 48 55 65 92 🅽 ✆ 02 48 55 65 92
Vulco, 58 bd Avenir ✆ 02 48 50 19 30
Vulco, ZI n° 2 r. L.-Armand ✆ 02 48 50 51 76

Le BOURGET *93 Seine-St-Denis 56 ⑪, 101 ⑰ – voir à Paris, Environs.*

Le BOURGET-DU-LAC *73370 Savoie 74 ⑮ G. Alpes du Nord – 2 886 h alt. 240.*

Voir *Église : frise sculptée★ du choeur – Lac★★.*
Env. *Chapelle de l'Étoile ≤★★ N : 9 km puis 15 mn.*
Office de Tourisme pl. Gén.-Sevez ✆ 04 79 25 01 99, Fax 04 79 25 01 99.
Paris 531 – Annecy 43 – Aix-les-Bains 9 – Belley 24 – Chambéry 13 – La Tour-du-Pin 50.

✿ **Ombremont et rest. Le Bateau Ivre** (Jacob) , N : 2 km par N 504 ✆ 04 79 25 00 23, *Fax 04 79 25 25 77*, , « Dans un parc, ≤ lac et montagne », – – 50. AE GB
début mai-début nov. – **Repas** *(fermé mardi sauf du 1er juin. au 31 août)* 195/510, enf. 100 – **14 ch** 800/1420, 3 appart – ½ P 650/960
Spéc. Poêlée de filets de perche en salade de pommes de terre. Cuisses de grenouilles rôties, fidés croquants à l'oeuf mollet. Lavaret doré, arrosé d'huile de poivrons rouges aux aromates. **Vins** Chignin-Bergeron, Mondeuse.

Port, ✆ 04 79 25 00 21, *Fax 04 79 25 26 82*, ≤, – . GB
fermé 15 déc. au 1er fév., dim. soir hors saison et lundi – **Repas** 117/210, enf. 60 – 40 – **25 ch** 290/350 – ½ P 330/360.

XXX **Grange à Sel**, ✆ 04 79 25 02 66, *Fax 04 79 25 25 03*, , « Ancienne grange à sel, jardin fleuri » – . AE GB
5 mai-1er nov. et fermé merc. sauf juil.-août – **Repas** 165 bc (déj.), 175/275 et carte 230 à 330 ₸.

XXX ✿ **Aub. Lamartine** (Marin), Nord : 3,5 km par N 504 ✆ 04 79 25 01 03, *Fax 04 79 25 20 66*, ≤ lac, , – . AE GB
fermé 20 déc. au 20 janv., dim. soir et lundi sauf fériés – **Repas** *(140)* - 170/390 et carte 300 à 380
Spéc. Escalope de foie gras de canard poêlé, champignons des bois et artichauts. Omble chevalier du lac poché aux écrevisses (juin à déc.). Selle de chevreuil rôti aux airelles (oct. à déc.). **Vins** Chignin-Bergeron, Mondeuse.

XX **Beaurivage** avec ch, ✆ 04 79 25 00 38, *Fax 04 79 25 06 49*, ≤, – . AE GB.
fermé 2 au 21/11, 27/1 au 12/2, dim. soir et lundi du 18/10 au 28/2, mardi soir et merc. sauf juil.-août – **Repas** 110 (déj.), 145/250 ₸ – 45 – **7 ch** 320 – ½ P 330.

aux Catons *Nord-Ouest : 2,5 km par D 42 – ✉ 73370 Le Bouget-du-Lac :*

X **Cerisaie** avec ch, ✆ 04 79 25 01 29, *Fax 04 79 25 26 19*, ≤ lac et montagnes, – . AE GB
fermé 25 oct. au 1er déc., 1er au 15 janv., dim. soir et merc. sauf juil.-août – **Repas** 98/225, enf. 60 – 30 – **7 ch** 230/270 – ½ P 230/260.

à Bourdeau *Nord : 4 km par D 14 – 434 h. alt. 315 – ✉ 73370 :*

XX **Terrasse** avec ch, au village ✆ 04 79 25 01 01, *Fax 04 79 25 09 97*, ≤, , – . GB. ch
hôtel : 15 juin-15 sept. et fermé lundi en saison – **Repas** *(1er mars-15 oct. et fermé dim. soir hors saison, mardi midi en saison et lundi)* 100/240 – 42 – **12 ch** 250 – ½ P 320.

BOURG-LA-REINE *92 Hauts-de-Seine 60 ⑩, 101 ㉕ – voir à Paris, Environs.*

BOURG-LÈS-VALENCE *26 Drôme 77 ⑫ – rattaché à Valence.*

BOURG-MADAME *66760 Pyr.-Or. 86 ⑯ G. Pyrénées Roussillon – 1 238 h alt. 1140.*

Syndicat d'Initiative pl. de Catalogne ✆ 04 68 04 55 35.

Paris 862 – Font-Romeu-Odeillo-Via 19 – Andorra-la-Vella 68 – Ax-les-Thermes 45 – Carcassonne 142 – Foix 86 – Perpignan 102.

Celisol sans rest, ✆ 04 68 04 53 70, – TV ☎ P. GB
33 – **14 ch** 260/280.

Paix sans rest, ✆ 04 68 04 53 10 – ☎ P. AE GB.
fermé 15 au 30 juin et dim. soir du 15 oct. au 31 mai sauf vacances scolaires – 30 – **9 ch** 210/230.

CITROEN Gar. Cerdane, ✆ 04 68 04 51 53

RENAULT Gar. Pallarès, ✆ 04 68 04 50 01

BOURGOIN-JALLIEU *38300 Isère 74 ⑬, 110 ㊴ G. Vallée du Rhône – 22 392 h alt. 235.*

✆ 04 74 43 28 84, à l'Isle-d'Abeau par ⑤ : 5,5 km.

Office de Tourisme pl. Carnot ✆ 04 74 93 47 50, Fax 04 74 28 60 43.

Paris 505 ⑥ – Lyon 44 ⑤ – Bourg-en-Bresse 83 ① – Grenoble 64 ③ – La Tour-du-Pin 15 ③ – Vienne 37 ⑤.

BOURGOIN-JALLIEU

Belmont (R. Robert) . . . . . B 4
Libération (R. de la) . . . . . B 18
Liberté (R. de la) . . . . B 19
Pontcottier (R.) . . . . B
République (R. de la) . . . AB 31
St-Michel (Pl.) . . . . B 32

23-Août-1944 (Pl. du) . . . . . B 41
Alpes (Av. des) . . . . A 2
Alsace-Lorraine (Av. d') . . . A 3
Carnot (Pl.) . . . . B 5
Champ-de-Mars . . . . B 6
Clemenceau (R. Georges) . A 9
Diéderichs (Pl. Ch.) . . . . B 10
Gambetta (Av.) . . . . A 12
Génin (Av. Ambroise) . . . . . A 15
Halle (Pl. de la) . . . . B 16

Molière (R.) . . . . B 20
Moulin (R. J.) . . . . B 21
Moulins (R. des) . . . . B 22
Nations-Unies (Av. des) . . . . B 23
Paix (R. de la) . . . . A 25
Pouchelon (R. de) . . . . B 26
République (Pl. de la) . . . . A 29
Seigner (R. Joseph) . . . . . A 35
Victor-Hugo (R.) . . . . B 36
19-Mars-62 (R. du) . . . . AB 39

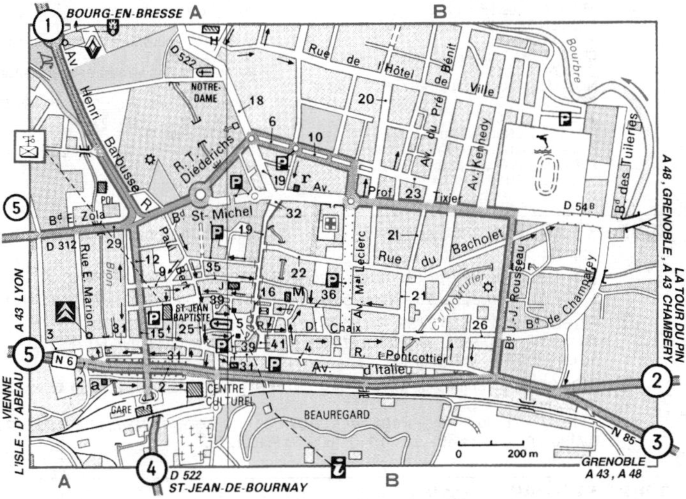

Menestret, par ⑤ : *1 km sur N 6* ✆ 04 74 93 13 01, *Fax 04 74 28 46 70,* – TV ☎ P. AE GB. rest
fermé 24 déc. au 3 janv., dim. soir et lundi midi – **Repas** 80/180 – 30 – **9 ch** 190/255 – ½ P 180/228.

Belle Époque, av. Alpes ✆ 04 74 28 15 00, *Fax 04 74 93 12 14,* – AE GB — A a
fermé 16 au 31 août, dim. soir et lundi – **Repas** 135/400, enf. 60.

Chavancy, av. Tixier ✆ 04 74 93 63 88, *Fax 04 74 28 42 44* – AE GB — B r
fermé 12 au 18 août, dim. soir et lundi – **Repas** *(78)* - 98/280.

par ② : *2 km par N 6 et rte de Boussieu – ✉ 38300 Bourgoin-Jallieu :*

XXXX **Laurent Thomas - les Séquoias** M avec ch, Vie de Boussieu ✆ 04 74 93 78 00, *Fax 04 74 28 60 90,* « Demeure bourgeoise dans un parc », – rest, TV ☎ P. AE GB
fermé 9 août au 2 sept., dim. soir, lundi et soirs fériés – **Repas** 150 (déj.), 200/380 et carte 250 à 430 – 60 – **5 ch** 550/750
Spéc. Petites ravioles de chèvre au bouillon de poule. Gratin de queues d'écrevisses (15 juin au 15 nov.). Cuisse de lièvre à la royale (mi-oct. à mi-déc.).

à la Combe-des-Éparres *par* ③ *: 7 km – ✉ 38300 Bourgoin-Jallieu :*

L'Auberge, sur N 85 ✆ 04 74 92 01 17 – AE GB
fermé 16 août au 1er sept. et lundi soir – **Repas** 66/165, enf. 40 – 24 – **8 ch** 85/195 – ½ P 145/195.

à La Grive *par* ⑤ *: 4,5 km – ✉ 38080 l'Isle-d'Abeau :*

XX **Bernard Lantelme,** ✆ 04 74 28 19 12, *Fax 04 74 93 78 88,* – . GB
fermé 3 au 23 août, sam. midi et dim. – **Repas** *(89)* - 125/230.

à l'Isle-d'Abeau-Bourg *par* ⑤ *: 7 km – 5 554 h. alt. 265 – ✉ 38080 l'Isle-d'Abeau :*

Otelinn M, r. Creuzat - Parc d'affaires St-Hubert ✆ 04 74 27 13 55, *Fax 04 74 27 22 21,* – TV ☎ P – 30. AE GB JCB
Repas *(fermé 31 juil. au 23 août et dim.)* 85/155 – 36 – **45 ch** 270/300.

XX **Relais du Catey** avec ch, r. Didier ✆ 04 74 27 02 97, *Fax 04 74 27 89 43,* , – P. AE GB
fermé 1er au 15 août – **Repas** *(fermé dim. soir et lundi)* 105 (déj.), 145/220 – 31 – **8 ch** 110/200 – ½ P 360/450.

à l'Isle-d'Abeau-Ville-Nouvelle *par* ⑤ *: 10,5 km – ✉ 38080 L'Isle-d'Abeau :.*
Office de Tourisme Centre S. Signoret ✆ 04 74 96 78 90.

Mercure M, ✆ 04 74 96 80 00, *Fax 04 74 96 80 99,* , , , , – cuisinette TV ☎ P – 150. AE GB
Repas 130, enf. 50 – 50 – **116 ch** 540.

AUDI, SKODA, VOLKSWAGEN Gar. Reypin, 25 r. Pontcottier ✆ 04 74 28 07 34
CITROEN Gar. Pellet, 5 av. Alsace-Lorraine ✆ 04 74 93 25 63
CITROEN Gar. Cruizille, ZA à Villefontaine par ⑥ ✆ 04 74 96 52 30
NISSAN Gar. Blondet, N 6 à Ruy ✆ 04 74 93 43 24
PEUGEOT Gar. Gonin, 1 r. J.-Cugnot par bd E.-Zola ✆ 04 74 43 68 68
PEUGEOT Sté Nouvelle Automobile, ZA à Villefontaine par ⑥ ✆ 04 74 96 33 33
RENAULT Gar. Girard, 88 av. H.-Barbusse ✆ 04 74 43 50 00 N ✆ 04 74 43 09 57
RENAULT Villefontaine Autos, ZA à Villefontaine par ⑥ ✆ 04 74 96 45 03

Bargeon Pneus, ZA à Villefontaine par ⑥ ✆ 04 74 96 69 91
Euromaster, ZI La Maladière, 4 r. Isaac-Asimov ✆ 04 74 93 66 31
Euromaster, 74 av. Prof.-Tixier ✆ 04 74 28 33 10
Mathieu Pneus, 14 bis r. Funas ✆ 04 74 28 00 22
Prieur Pneus Point S, 17 av. Alsace-Lorraine ✆ 04 74 93 31 34

BOURG-ST-ANDÉOL *07700 Ardèche* 80 ⑨ ⑩ *G. Vallée du Rhône* (plan) – *7 795 h alt. 36.*

Voir *Église*★.
Office de Tourisme pl. Champ-de-Mars ✆ 04 75 54 54 20, Fax 04 75 54 66 49.
Paris 629 – Montélimar 26 – Nyons 50 – Pont-St-Esprit 14 – Privas 55 – Vallon-Pont-d'Arc 30.

Prieuré, ✆ 04 75 54 62 99, *Fax 04 75 54 63 73* – rest, TV ☎. AE GB
fermé 14 au 20 sept., sam. midi et dim. soir – **Repas** 68 (déj.), 98/260, enf. 50 – 40 – **16 ch** 280/380 – ½ P 320/340.

Moderne, pl. Champ de Mars ✆ 04 75 54 50 12, *Fax 04 75 54 63 26* – TV ☎ . AE GB. rest
fermé 15 déc. au 1er fév. – **Repas** *(fermé dim. soir hors saison et sam. sauf le soir en saison)* 80/190, enf. 45 – 30 – **21 ch** 110/280 – ½ P 160/250.

BOURG-STE-MARIE *52150 H.-Marne* 62 ⑬ – *117 h alt. 329.*

Paris 304 – Chaumont 40 – Langres 46 – Neufchâteau 24 – Vittel 38.

St-Martin, ✆ 03 25 01 10 15, *Fax 03 25 03 91 68* – TV ☎ P – 30. AE GB JCB
fermé 15 déc. au 10 janv. et dim. soir du 1er oct. au 31 mars – **Repas** *(65)* - 75/190, enf. 55 – 35 – **17 ch** 180/285 – ½ P 260/290.

Si vous êtes retardé sur la route, dès 18 h, confirmez votre réservation par téléphone, c'est plus sûr... et c'est l'usage.

BOURG-ST-MAURICE *73700 Savoie* 74 ⑱ *G. Alpes du Nord – 6 056 h alt. 850 – Sports d'hiver aux Arcs : 1 600/3 226 m 5 64 .*

des Arcs Le Chantel 04 79 07 43 95, S : 20 km.

Office de Tourisme pl. Gare 04 79 07 04 92, Fax 04 79 07 24 90.

Paris 637 – Albertville 54 – Aosta 83 – Chambéry 101 – Chamonix-Mont-Blanc 84 – Moûtiers 27 – Val-d'Isère 32.

L'Autantic M sans rest, 69 rte Hauteville 04 79 07 01 70, *Fax 04 79 07 51 55,* – – 40. AE GB JCB
40 – **23 ch** 390/440.

Arolla sans rest, av. Centenaire 04 79 07 01 78, *Fax 04 79 07 37 72* – . GB
30 – **11 ch** 185/280.

Montagnole, 26 av. Stade 04 79 07 11 52, *Fax 04 79 07 11 52* – GB
fermé 23 nov. au 6 déc., mardi soir hors saison et merc. – **Repas** *(75)* - 95/175 .

L'Edelweiss, face gare 04 79 07 05 55 – GB
fermé juin et 2 au 14 nov. – **Repas** 67/155 .

FORD Gar. du Téléphérique, av. Mar.-Leclerc 04 79 07 04 95
PEUGEOT Gar. Martin, pl. Gare 04 79 07 01 44 N 04 79 07 03 06
RENAULT Gar. Chevallier, 70 av. Haute Tarentaise 04 79 07 05 27
Tarentaise Pneus, 31 av. Antoine Borrel 04 79 07 66 15

BOURGUEIL *37140 I.-et-L.* 64 ⑬ *G. Châteaux de la Loire – 4 001 h alt. 42.*

Office de Tourisme 16 pl.de L'Église 02 47 97 91 39, Fax 02 47 97 91 39.

Paris 283 – Tours 46 – Angers 78 – Chinon 16 – Saumur 23.

Thouarsais sans rest, pl. Hublin 02 47 97 72 05 – AE GB.
fermé 2 au 18 oct. et dim. soir d'oct. à Pâques – 26 – **23 ch** 150/300.

PEUGEOT Gar. Delafuye, av. St-Nicolas, la Villatte 02 47 97 70 48
RENAULT Gar. Pigeon, à St-Nicolas de Bourgueil 02 47 97 71 03 N 02 47 97 71 03
Bourgueil Pneus, ZI La Petite Prairie 02 47 97 71 26

BOURRON-MARLOTTE *77780 S.-et-M.* 61 ⑫ *– 2 424 h alt. 71.*

Office de Tourisme Château de Bourron, 14 bis r. du Mar. Foch 01 64 45 88 86.

Paris 72 – Fontainebleau 9 – Melun 25 – Montereau-Fault-Yonne 24 – Nemours 10 – Sens 55.

Les Prémices, 01 64 78 33 00, *Fax 01 64 78 36 00,* – P. AE GB
fermé 3 au 19 août, dim. soir et lundi – **Repas** 150/195 et carte 290 à 465 .

BOURTH *27580 Eure* 60 ⑤ *– 1 064 h alt. 182.*

Paris 127 – Alençon 77 – L'Aigle 16 – Évreux 43 – Verneuil-sur-Avre 11.

Aub. Chantecler, face église 02 32 32 61 45, *Fax 02 32 32 61 45,* – GB
fermé 3 au 30 août, dim. soir et lundi sauf fériés – **Repas** 78 (déj.), 128/205 .

BOUSSAC *23600 Creuse* 68 ⑳ *G. Berry Limousin – 1 652 h alt. 376.*

Voir *Site★ du château.*

Env. *Toulx Ste-Croix : ★★ de la tour S : 11 km.*

Office de Tourisme pl. Hôtel de Ville 05 55 65 05 95, Fax 05 55 65 05 28.

Paris 334 – Aubusson 48 – La Châtre 37 – Guéret 41 – Montluçon 38 – St-Amand-Montrond 57.

Relais Creusois, 05 55 65 02 20 – GB
fermé 8 au 19 juin, fév., mardi soir et merc. (sauf juil.-août et fériés) et mardi midi de nov. à mars – **Repas** 120/350 .

à Nouzerines *Nord-Ouest : 11 km par D 97 – 277 h. alt. 407 – 23600 Boussac :*

Bonne Auberge, 05 55 82 01 18 – ch
fermé 8 au 31 août, 21 déc. au 4 janv., sam. et dim. – **Repas** 60/150 – 30 – **8 ch** 130/200 – 1/2 P 155/215.

PEUGEOT Gar. Chauvet, 05 55 65 04 11
RENAULT Gar. Chaubron, 05 55 65 01 32 N 08 00 05 15 15

BOUT-DU-LAC *74 H.-Savoie* 74 ⑯ *– rattaché à Doussard.*

BOUT-DU-PONT-DE-LARN *81 Tarn* 83 ⑫ *– rattaché à Mazamet.*

BOUTENAC-TOUVENT *17120 Char.-Mar. 71 ⑥ – 219 h alt. 45.*
Paris 507 – Royan 31 – Blaye 54 – Jonzac 29 – Pons 23 – Saintes 33.

Relais de Touvent, ✆ 05 46 94 13 06, *Fax 05 46 94 10 40,* – TV ☎ ♿ P. AE GB
fermé 15 déc. au 3 janv., dim. soir et lundi – **Repas** 90/320 ♀ – ☕ 40 – **12 ch** 230/280 – ½ P 280/320.

BOUXWILLER *67330 B.-Rhin 57 ⑱ G. Alsace Lorraine – 3 693 h alt. 220.*
Env. *Tapisseries★★ dans l'église St-Pierre et St-Paul★ de Neuwiller-les Saverne O : 7 km.*
Office de Tourisme du Pays de Hanau r. du Gén.-Goureau à Ingwiller ✆ 03 88 89 23 45, Fax 03 88 89 23 45.
Paris 456 – Strasbourg 40 – Bitche 38 – Haguenau 30 – Sarrebourg 39 – Saverne 16.

Heintz, ✆ 03 88 70 72 57, – TV ☎ P. GB. ch
Repas *(fermé dim. soir et lundi)* 50 (déj.), 85/190 ♀ – ☕ 30 – **16 ch** 230/280 – ½ P 240/250.

PEUGEOT Gar. Wietrich, rte de Strasbourg à Hochfelden ✆ 03 88 91 51 05
RENAULT Gar. Hammann, à Hochfelden ✆ 03 88 91 50 37
RENAULT Gar. Roehrig, ZI rte d'Obermodern ✆ 03 88 70 76 90

BOUZEL *63910 P.-de-D. 73 ⑮ – 510 h alt. 320.*
Paris 436 – Clermont-Ferrand 23 – Ambert 57 – Issoire 38 – Thiers 25 – Vichy 46.

XX **Aub. du Ver Luisant,** ✆ 04 73 62 93 83, *Fax 04 73 62 93 83* – GB
fermé 15 août au 6 sept., dim. soir et lundi – **Repas** 95/250 ♀, enf. 50.

BOUZE-LÈS-BEAUNE *21 Côte d'Or 70 ① – rattaché à Beaune.*

BOUZIGUES *34 Hérault 83 ⑯ – rattaché à Mèze.*

BOYARDVILLE *17 Char.-Mar. 71 ⑬ – voir à Oléron (Ile d').*

BOZOULS *12340 Aveyron 80 ③ G. Gorges du Tarn – 2 060 h alt. 530.*
Voir *Trou de Bozouls★.*
Paris 610 – Rodez 22 – Espalion 11 – Mende 102 – Sévérac-le-Château 41.

A la Route d'Argent M, sur D 988 ✆ 05 65 44 92 27, *Fax 05 65 48 81 40,* rest, TV ☎ P. GB
fermé 1er fév. au 15 mars et dim. soir hors saison – **Repas** 78/230 – ☕ 32 – **18 ch** 220/280 – ½ P 280.

XX **Belvédère** avec ch, rte St-Julien ✆ 05 65 44 92 66, *Fax 05 65 48 87 33,* ≤ Trou de Bozouls, – TV ☎. GB
fermé 1er déc. au 3 janv. et dim. soir hors saison – **Repas** 75/180 ♀ – ☕ 30 – **12 ch** 240/300 – ½ P 230/240.

BRACIEUX *41250 L.-et-Ch. 64 ⑱ G. Châteaux de la Loire – 1 157 h alt. 70.*
Paris 183 – Orléans 62 – Blois 18 – Châteauroux 90 – Montrichard 37 – Romorantin-Lanthenay 29.

Bonnheure sans rest, ✆ 02 54 46 41 57, *Fax 02 54 46 05 90,* – cuisinette TV ☎ P. AE GB
fermé 20 déc. au 13 fév. – ☕ 38 – **11 ch** 250/320.

Cygne et rest. Autebert, ✆ 02 54 46 41 07, *Fax 02 54 46 04 87* – TV ☎ P. GB
fermé janv. à mi-fév., dim. soir et merc. hors saison – **Repas** 82/180 ♀, enf. 60 – ☕ 35 – **13 ch** 250/330 – ½ P 230/260.

XXXX **Bernard Robin – Relais de Bracieux,** ✆ 02 54 46 41 22, *Fax 02 54 46 03 69,* « Jardin » – AE GB.
fermé 20 déc. au 20 janv., mardi soir et merc. de sept. à juin – **Repas** (nombre de couverts limité, prévenir) 180 (déj.), 320/470 et carte 350 à 450
Spéc. Salade de pigeon et homard à la vinaigrette de légumes confits. Queue de boeuf en hachis parmentier, jus concentré parfumé aux truffes fraîches. Gibier (oct. à déc.).
Vins Cour-Cheverny, Bourgueil.

RENAULT Gar. Warsemann, ✆ 02 54 55 33 33 N ✆ 02 54 95 02 02

BRANCION *71 S.-et-L. 70 ⑪ – rattaché à Tournus.*

BRANSAC *43 H.-Loire 76 ⑧ – rattaché à Beauzac.*

BRANTÔME *24310 Dordogne* 75 ⑤ *G. Périgord Quercy – 2 080 h alt. 104.*

Voir Site★ – Clocher★★ de l'église abbatiale – Bords de la Dronne★★.

Syndicat d'Initiative Pavillon Renaissance ☎ 05 53 05 80 52, Fax 05 53 05 80 52.

Paris 475 – Angoulême 58 – Périgueux 26 – Limoges 86 – Nontron 23 – Ribérac 37 – Thiviers 26.

Moulin de l'Abbaye Ⓜ, ☎ 05 53 05 80 22, *Fax 05 53 05 75 27,* ≤, « Terrasse au bord de l'eau », – TV ☎ ♿. AE ⓓ GB
25 avril-2 nov. – **Repas** *(fermé lundi midi)* (200) - 230/450 ♀ – 80 – **17 ch** 700/950, 3 appart – ½ P 745/1070
Spéc. Foie gras de canard cuit nature, pain de campagne grillé. Pigeon fermier rôti à la broche et aux cèpes de pays. Crème brûlée aux fraises du Périgord. **Vins** Bergerac blanc, Pécharmant.

Chabrol, ☎ 05 53 05 70 15, *Fax 05 53 05 71 85,* , « Terrasse surplombant la rivière » – TV ☎. AE ⓓ GB
fermé 15 nov. au 15 déc., 2 au 21 fév., dim. soir et lundi d'oct. à juin sauf fériés – **Repas** 160/400 – 45 – **21 ch** 260/400 – ½ P 360/460.

Périgord Vert, ☎ 05 53 05 70 58, *Fax 05 53 46 71 18,* – TV ☎ P. GB JCB. ch
fermé 15 déc. au 15 janv. – **Repas** *(fermé dim. soir, vend. et lundi de nov. à mars)* 95/250 ♀ – 35 – **16 ch** 255/305 – ½ P 260/290.

Au Fil de l'Eau, ☎ 05 53 05 73 65, *Fax 05 53 05 73 65,* – AE GB
fermé 5 janv. au 6 fév. et mardi d'oct. à avril – **Repas** (45) - 95/125 ♀.

à Champagnac de Belair *Nord-Est : 6 km par D 78 et D 83 – 658 h. alt. 135 – ✉ 24530 :*

Moulin du Roc (Gardillou) Ⓜ, ☎ 05 53 02 86 00, *Fax 05 53 54 21 31,* ≤, « Ancien moulin à huile, terrasse et jardin au bord de l'eau », – TV ☎ P. AE ⓓ GB JCB
fermé 1er janv. au 7 mars – **Repas** *(fermé merc. midi et mardi)* 165 bc (déj.), 220/290 et carte 300 à 490 – 65 – **13 ch** 430/700 – ½ P 560/705
Spéc. Poêlée de champignons, infusion crémée et gâteau de cèpes. Rouelle de cuisse de pintade farcie, foie gras poêlé. Sandre grillé à la peau, sauce au vieux vin. **Vins** Pécharmant, Bergerac.

à Bourdeilles *Sud-Ouest : 10 km par D 78 – 811 h. alt. 103 – ✉ 24310 :*

Voir château★ : mobilier★★, cheminée★★ de la salle à manger.

Les Griffons, ☎ 05 53 03 75 61, *Fax 05 53 04 64 45,* ≤, – ☎. AE ⓓ GB
Pâques-1er nov. – **Repas** *(fermé lundi midi et mardi midi sauf juil.-août)* (89) - 119/195 – 45 – **10 ch** 420/520 – ½ P 420.

CITROEN Gar. Desvergne, ☎ 05 53 35 95 20 N ☎ 05 53 05 83 93

BRASSAC-LES-MINES *63570 P.-de-D.* 76 ⑤ *– 3 446 h alt. 430.*

Voir Mines désaffectées★.

Env. Auzon : site★, statue de N.-D.-du-Portail★★ dans l'église SE : 6,5 km, G. Auvergne.

Paris 473 – Clermont-Ferrand 59 – Brioude 16 – Issoire 21 – Murat 58 – Le Puy-en-Velay 77 – St-Flour 53.

Limanais avec ch, av. Ste-Florine ☎ 04 73 54 13 98, *Fax 04 73 54 39 63* – TV ☎ P. GB. rest
fermé 26 sept. au 1er oct., fév., sam. midi et vend. de sept. à juin – **Repas** 85/300 – 35 – **12 ch** 210/275 – ½ P 230/250.

CITROEN Gar. Beauger, à Charbonnier-les-Mines ☎ 04 73 54 03 34

FORD Gar. Jourdes, 3 pl. Musée ☎ 04 73 54 10 02

PEUGEOT Gar. Maisonneuve, ☎ 04 73 54 19 21

BRAX *47 L.-et-G.* 79 ⑮ *– rattaché à Agen.*

BREBIÈRES *62 P.-de-C.* 53 ③ *– rattaché à Douai.*

BRÉDANNAZ *74 H.-Savoie* 74 ⑥ ⑯ *– alt. 450 – ✉ 74210 Faverges.*

Paris 552 – Annecy 15 – Albertville 31 – Megève 46.

Port et Lac, ☎ 04 50 68 67 20, *Fax 04 50 68 92 01,* ≤, – TV ☎ P. AE GB
1er fév.-15 oct. – **Repas** 85/300, enf. 60 – 45 – **18 ch** 245/350 – ½ P 280/340.

à Chaparon *Sud : 1,5 km par rte secondaire – ✉ 74210 Lathuille :*

Châtaigneraie , ☎ 04 50 44 30 67, *Fax 04 50 44 83 71,* ≤, « Jardin ombragé », – TV ☎ P. AE ⓓ GB. rest
1er fév.-30 oct. et fermé dim. soir et lundi d'oct. à avril – **Repas** 100 (déj.), 118/210 ♀, enf. 50 – 48 – **25 ch** 325/425 – ½ P 340/385.

La BRÈDE *33650 Gironde* 71 ⑩ *– 2 846 h alt. 18.*

Paris 600 – Bordeaux 23 – Langon 30 – Libourne 50.

XX **Maison des Graves,** av. Gén. de Gaulle ✆ 05 56 20 24 45, *Fax 05 56 78 43 71* – AE ⓓ GB JCB

fermé 10 au 16 août, merc. soir, dim. soir et lundi – **Repas** 98/180 ♀.

MICHELIN, Agence, Zone d'Activité de l'Arnahurt, ch. de la Sauque ✆ 05 57 97 30 10

BRÉHAL *50290 Manche* 59 ⑦ *– 2 351 h alt. 69.*

9 ✆ 02 33 51 58 88, O : 5 km.

Paris 332 – St-Lô 47 – Coutances 18 – Granville 10 – Villedieu-les-Poêles 27.

Gare, ✆ 02 33 61 61 11, *Fax 02 33 61 18 02,* – TV ☎ P. AE ⓓ GB

fermé 10 déc. au 20 janv., dim. soir et lundi de sept. à juin sauf fériés – **Repas** 73/200 ♀, enf. 49 – ☕ 38 – **9 ch** 160/280 – ½ P 275.

RENAULT Gar. Lainé, ✆ 02 33 61 62 52 N ✆ 02 33 61 62 52

La BREILLE-LES-PINS *49390 M.-et-L.* 64 ⑬ *– 345 h alt. 105.*

Paris 280 – Angers 69 – Baugé 31 – Chinon 32 – Saumur 18.

XX **Orée des Bois** avec ch, ✆ 02 41 38 85 45, *Fax 02 41 38 86 07,* – ▤ rest, TV ☎ P. GB

fermé 28 sept. au 14 oct., 2 au 22 janv., lundi soir et mardi – **Repas** 98/210, enf. 45 – ☕ 30 – **7 ch** 250/300 – ½ P 200.

BREIL-SUR-ROYA *06540 Alpes-Mar.* 84 ⑳, 115 ⑱ *G. Côte d'Azur – 2 058 h alt. 280.*

Env. *Saorge : site★★, vieux village★, couvent des Franciscains ≤★★ N : 9 km – Gorges de Saorge★★ N : 9 km.*

Office de Tourisme pl. Biancheri ✆ 04 93 04 99 76.

Paris 913 – Menton 35 – Nice 61 – Tende 20 – Ventimiglia 25.

Castel du Roy, rte de Tende : 1 km ✆ 04 93 04 43 66, *Fax 04 93 04 91 83,* ≤, « Parc en bordure de rivière », – TV ☎ ♿ P. AE GB

1er mars-2 nov. – **Repas** (fermé mardi midi du 15 sept. au 15 juin) 110/210, enf. 70 – ☕ 40 – **19 ch** 420 – ½ P 340/360.

BRELIDY *22140 C.-d'Armor* 59 ② *– 325 h alt. 100.*

Voir *Église de Runan★ NE : 4 km,* **G. Bretagne.**

Paris 497 – St-Brieuc 46 – Carhaix-Plouguer 63 – Guingamp 14 – Lannion 26 – Morlaix 55 – Plouaret 23.

Château de Brelidy, ✆ 02 96 95 69 38, *Fax 02 96 95 18 03,* ≤, « Demeure du 16e siècle dans un parc » – TV ☎ P – 25. AE GB. rest

hôtel : 10 avril-2 nov. ; rest. : 10 avril-15 oct. – **Repas** (dîner seul.) 145/185 ♀ – ☕ 50 – **10 ch** 475/790 – ½ P 440/635.

La BRESSE *88250 Vosges* 62 ⑰ *G. Alsace Lorraine – 5 191 h alt. 636 – Sports d'hiver : 900/1 350 m 27.*

Office de Tourisme 2a r. des Proyes ✆ 03 29 25 41 29, Fax 03 29 25 64 61.

Paris 441 – Colmar 54 – Épinal 57 – Gérardmer 14 – Remiremont 31 – Thann 39 – Le Thillot 20.

Les Vallées M, 31 r. P. Claudel ✆ 03 29 25 41 39, *Fax 03 29 25 64 38,* ≤, « Parc », – TV ☎ P – 200. AE ⓓ GB

Repas 90/260 ♀, enf. 52 – ☕ 40 – **53 ch** 335/410 – ½ P 350.

X **Chevreuil Blanc** avec ch, 3 r. P. Claudel ✆ 03 29 25 41 08, *Fax 03 29 25 65 34* – TV ☎. GB

fermé 23 au 31 oct. et dim. soir sauf vacances scolaires – **Repas** 79/198 ♀, enf. 40 – ☕ 30 – **10 ch** 190/270 – ½ P 225/245.

au Nord-Est *6,5 km par D 34 et D 34D – ✉ 88250 La Bresse :*

XX **Aub. du Pêcheur** avec ch, rte de la Schlucht ✆ 03 29 25 43 86, *Fax 03 29 25 52 59,* ≤, – cuisinette TV ☎ P. AE ⓓ GB

fermé 15 au 30 juin, 1er au 15 déc., mardi soir hors saison et merc. – **Repas** 70/140, enf. 46 – ☕ 26 – **4 ch** 190/250 – ½ P 235.

AUDI, VOLKSWAGEN Gar. Deybach, 52 rte de Vologne ✆ 03 29 25 46 91
PEUGEOT Gar. du Pont de la Plaine, 23 rte de Cornimont ✆ 03 29 25 40 88
RENAULT Gar. Bertrand, Grande rue ✆ 03 29 25 40 69 N ✆ 03 29 25 55 06

BRESSON *38 Isère 77 ⑤ – rattaché à Grenoble.*

BRESSUIRE *79300 Deux-Sèvres 67 ⑰ G. Poitou Vendée Charentes – 17 827 h alt. 186.*

Office de Tourisme pl. Hôtel de Ville ✆ 05 49 65 10 27, Fax 05 49 80 41 49 – Automobile Club ✆ 05 49 65 10 27, Fax 05 49 80 41 49.

Paris 357 ① – Angers 84 ① – Cholet 45 ④ – Niort 63 ③ – Poitiers 80 ② – La Roche-sur-Yon 84 ④.

BRESSUIRE

Gambetta (R.)	20
Notre-Dame (Pl. et ⊞)	29
Albert-1er (Bd)	2
Alexandre-1er (Bd)	3
Anciens-Combattants (Pl. des)	4
Aubry (Bd du Col.)	5
Bujault (R. J.)	6
Cave (R. de la)	7
Campes (R. des)	8
Clemenceau (Bd G.)	10
Denfert-Rochereau (R.)	12
Docteur-Brillaud (R. du)	14
Dugesclin (R.)	15
Dupin (Pl.)	16
Fossés (R. des)	18
Hardilliers (R. des)	22
Héry (R. René)	23
Jaurès (R. J.)	24
Labâte (Pl.)	25
Libération (Pl. de la)	26
Lorand (R. G.)	27
Nérisson (Bd J.)	28
Pasteur (R.)	30
Religieuses (R. des)	32
St-Jacques (Pl.)	33
St-Jean (Pl. et R.)	35
Salengro (R. Roger)	36
Sarrail (R. du Gén.)	37
Tourette (R. de la)	39
Vergne (R. de la)	40
5-Mai (Pl. du)	42

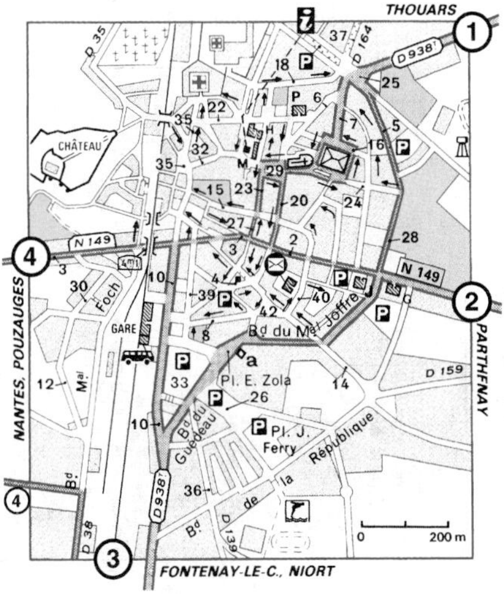

Boule d'Or, 15 pl. É. Zola **(a)** ✆ 05 49 65 02 18, *Fax 05 49 74 11 19* – – 30.
AE GB
fermé août, 1er au 24 janv., dim. soir et lundi midi – **Repas** 69/210 – 30 – **20 ch** 230/280.

AUDI, VOLKSWAGEN Gar. Chollet, bd de Nantes ✆ 05 49 65 04 00
PEUGEOT Gar. Cornu, bd de Thouars par ① ✆ 05 49 74 20 44 N ✆ 05 49 94 72 53
RENAULT Gar. Goyault et Jolly, rte de Poitiers par ② ✆ 05 49 74 15 33 N ✆ 05 49 94 70 46

RENAULT Gar. Onillon, 22 av. St-Hubert Les Aubiers par ④ ✆ 05 49 65 60 90

Bressuire Pneus, 89 bd de Poitiers ✆ 05 49 74 13 86

BREST 29200 Finistère 58 ④ *G. Bretagne – 147 956 h Agglo. 201 480 h alt. 35.*

Voir *Oceanopolis★★ – Cours Dajot ≤★★* **EZ** *– Traversée de la rade★ et promenade en rade★ – Visite arsenal et base navale ★* **DZ** *– Musée des Beaux-Arts★* **EZ M**[1] *– Musée de la Marine★* **DZ M**[2] *– Conservatoire botanique du vallon du Stang-Alar★.*

Env. *Pont Albert-Louppe ≤★ 7,5 km par ⑤.*

Brest-Iroise ☎ 02 98 85 16 17, par ④ : 25 km ; des Abers à Plouarzel ☎ 02 98 89 68 33, par ①: 24 km.

de Brest-Guipavas : ☎ 02 98 32 01 00, par ② : 10 km.

Office de Tourisme 1 pl. Liberté ☎ 02 98 44 24 96, Fax 02 98 44 53 73 – Automobile Club de l'Ouest 9 r. Siam ☎ 02 98 44 32 89, Fax 02 98 44 91 13.

Paris 595 ② – Lorient 133 ⑤ – Quimper 71 ⑤ – Rennes 245 ② – St-Brieuc 144 ②.

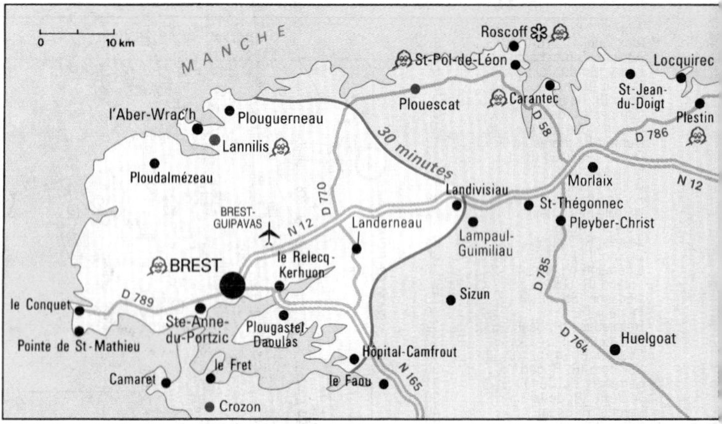

Holiday Inn Garden Court Ⓜ, 41 r. Branda ☎ 02 98 80 84 00, *Fax 02 98 80 84 84* – ▮ ⇔ ▤ TV ☎ ✆ ♿ – 🅐 50. AE ⦿ GB JCB — BX t
Repas *(fermé dim. soir)* 75 (déj.)/165 ♀ – ☕ 55 – **84 ch** 470/570.

Océania, 82 r. Siam ☎ 02 98 80 66 66, *Fax 02 98 80 65 50* – ▮ ⇔ TV ☎ ✆ ♿ – 🅐 100. AE ⦿ GB JCB — EY r
Repas *(fermé dim. soir)* (85) - 115/290 ♀ – ☕ 52 – **82 ch** 480/720.

Mercure Continental sans rest, square La Tour d'Auvergne ☎ 02 98 80 50 40, *Fax 02 98 43 17 47* – ▮ ⇔ TV ☎ – 🅐 100. AE ⦿ GB — EY f
☕ 52 – **75 ch** 460/630.

Relais Mercure - les Voyageurs sans rest, 2 rue Y. Collet ☎ 02 98 80 31 80, *Fax 02 98 46 52 98* – ▮ ⇔ TV ☎ ✆. AE GB — EY s
☕ 45 – **40 ch** 345/495.

Atlantis Ⓜ sans rest, 157 r. J. Jaurès ☎ 02 98 43 58 58, *Fax 02 98 43 58 01* – ▮ TV ☎ ✆ ♿ – 🅐 50. AE ⦿ GB — BX d
☕ 38 – **50 ch** 230/330.

Paix sans rest, 32 r. Algésiras ☎ 02 98 80 12 97, *Fax 02 98 43 30 95* – ▮ TV ☎ ✆. AE ⦿ GB JCB — EY y
fermé 25 déc. au 3 janv. – ☕ 35 – **25 ch** 250/310.

Astoria sans rest, 9 r. Traverse ☎ 02 98 80 19 10, *Fax 02 98 80 52 41* – TV ☎ ✆. AE GB
fermé 19 déc. au 4 janv. – ☕ 30 – **26 ch** 135/250. — EZ e

Bellevue sans rest, 53 r. V. Hugo ☎ 02 98 80 51 78, *Fax 02 98 46 02 84* – ▮ TV ☎ ✆. AE GB — BX n
☕ 35 – **25 ch** 180/270.

XXX **Nouveau Rossini,** 22 r. Cdt Drogou ☎ 02 98 47 90 00, *Fax 02 98 47 90 00,* 🌳, 🌳 – P. AE ⦿ GB — BV b
fermé 2 au 9 mars, dim. soir et lundi – **Repas** 110/350 et carte 270 à 320 ♀.

XX **Fleur de Sel,** 15 bis r. Lyon ☎ 02 98 44 38 65, *Fax 02 98 43 38 53* – GB — EY q
fermé 1er au 23 août, 21 au 29 déc., sam. midi et dim. – **Repas** (120) - 138 ♀.

XX **Vatel,** 23 r. Fautras ☎ 02 98 44 51 02, *Fax 02 98 43 33 72* – AE ⦿ GB — EY n
fermé 2 au 19 août, lundi soir et dim. – **Repas** (69) - 92/300 ♀.

✕✕ **Ruffé,** 1 bis r. Y. Collet ✆ 02 98 46 07 70, *Fax 02 98 44 31 46* – AE GB — EY k
fermé dim. soir – **Repas** *(60)* - 79/150 ♀, enf. 39.

✕ **Maison de l'Océan,** 2 quai Douane (port de Commerce) ✆ 02 98 80 44 84, *Fax 02 98 46 61 29*, ≤ – AE GB JCB — EZ s
Repas - produits de la mer - *(69)* - 85/149 ♁, enf. 42.

au Nord *par D 788 CV : 5 km* – ✉ *29200 Brest :*

Novotel, Z.A. Kergaradec ✆ 02 98 02 32 83, *Fax 02 98 41 69 27*, ⛱, ⛱ – ⇔, ▤ rest, TV ☎ ♿ P – 🔺 120. AE ◑ GB
Repas *(85)* - 105/155 ♁, enf. 50 – ☕ 52 – **85 ch** 440/500.

Climat de France, près Z.A. Kergaradec ✆ 02 98 47 50 50, *Fax 02 98 47 76 62* – TV ☎ ♿ P – 🔺 30. AE ◑ GB
Repas *(59)* - 85/99 ♁, enf. 39 – ☕ 35 – **54 ch** 295.

au Relecq-Kerhuon *par ⑤ : 7,5 km – 10 569 h. alt. 52* – ✉ *29480 :*

Relais Confort, Z.I. de Kerscao ✆ 02 98 28 28 44, *Fax 02 98 28 05 65*, ⛱ – ⇔ TV ☎ ♿ P – 🔺 40. AE GB
Repas *(fermé dim. soir)* 68/95 ♁, enf. 38 – ☕ 33 – **42 ch** 255/270 – ½ P 236.

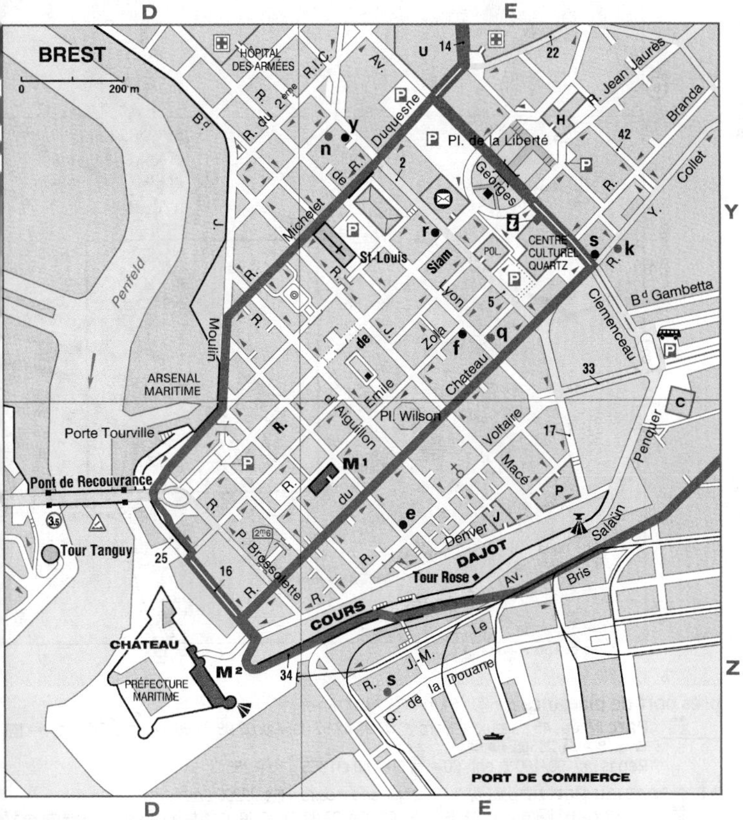

Clemenceau (Av. G.)	**EY**	Algésiras (R. d')	**EY**	2	Kérabécam (R. de)	**EY**	22
Jaurès (R. Jean)	**EY**	Colbert (R.)	**EY**	5	Marine (Bd de la)	**DZ**	25
Liberté (Pl. de la)	**EY**	Foch (Av. Mar.)	**EY**	14	Réveillère (R. Amiral)	**EY**	33
Lyon (R. de)	**DEY**	Français Libres (Bd des)	**DZ**	16	Roosevelt (Av. F.)	**DZ**	34
Siam (R. de)	**EY**	Frégate-la-Belle-Poule (R.)	**EZ**	17	11-Martyrs (R. des)	**EY**	42

BREST

Clemenceau (Av. G.) . . . . **EY**
Jaurès (R. J.) . . . . **EY**
Liberté (Pl. de la) . . . . **EY**

Lyon (R. de) . . . . **DEY**
Siam (R. de) . . . . **EY**

Aiguillon (R. d') . . . . **EZ**
Albert 1er (Pl.) . . . . **BZ**
Algésiras (R. d') . . . . **EY** 2

Anatole-France (R.) . . . . . . **AX**
Beaumanoir (R.) . . . . **AX** 3
Blum (Bd Léon) . . . . **BV**
Bot (R. du) . . . . **CV**
Botrel (R. Th.) . . . . **BV**
Brossolette (R. Pierre) . . . . **DZ**

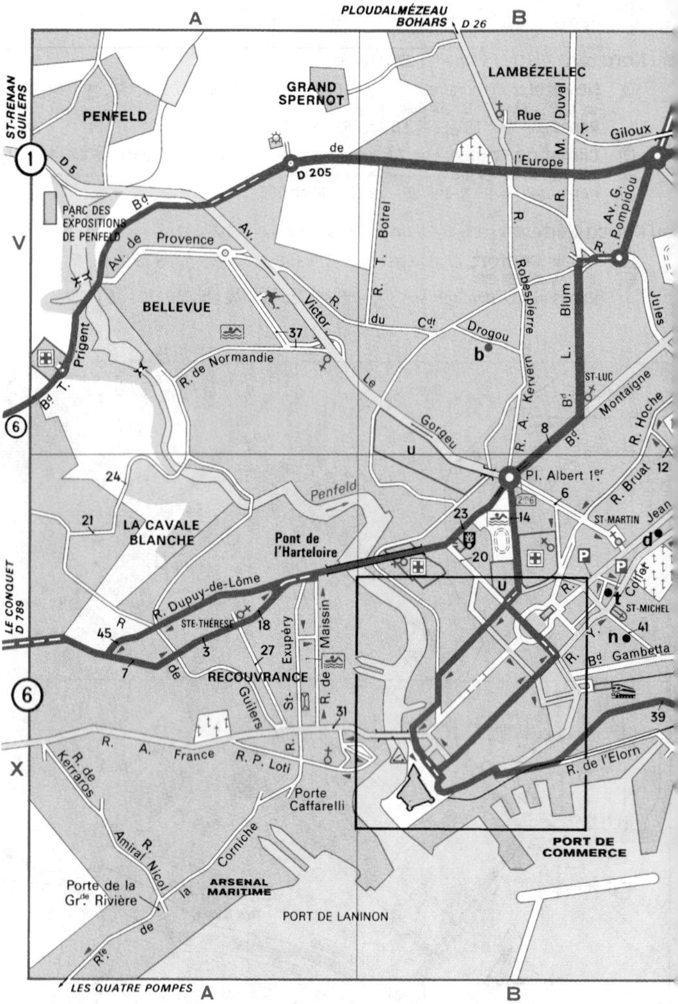

près port de plaisance *par ⑤ : 5 km – ✉ 29200 Brest :*

Parc M, 45 r. Vieux St-Marc ☎ 02 98 42 52 00, *Fax 02 98 41 96 62*, parc, – P – 25. AE GB
Repas *(70)* - 90/160 ♀, enf. 60 – ☕ 50 – **40 ch** 335 – ½ P 255.

à Ste-Anne-du-Portzic *par ⑥, D 789 et rte secondaire – ✉ 29200 Brest :*

Belvédère M, ☎ 02 98 31 86 00, *Fax 02 98 31 86 39*, ≤ rade de Brest – TV ☎ P – 30. AE GB
fermé vend. soir et sam. d'oct. à juin – **Repas** 89 (dîner), 115/200 – ☕ 45 – **30 ch** 365/620 – ½ P 285/350.

MICHELIN, Agence, 1 r. Paul Héroult, ZI de Loscoat par ② ☎ 02 98 47 31 31

Bruat (R.) . . . . BX
Caffarelli (Porte) . . . . AX
Château (R. du) . . . . EYZ
Colbert (R.) . . . . EY 5
Collet (R. Yves) . . . . . BX
Corniche (Rte de la) . AX
Dajot (Cours) . . . . EZ
Denvers (R.) . . . . EZ
Desmoulins (Av. C.) . . . . BX 6
Dr-Kerrien (R. du) . . . AX 7
Doumer (R. Paul) . . . . BV 8

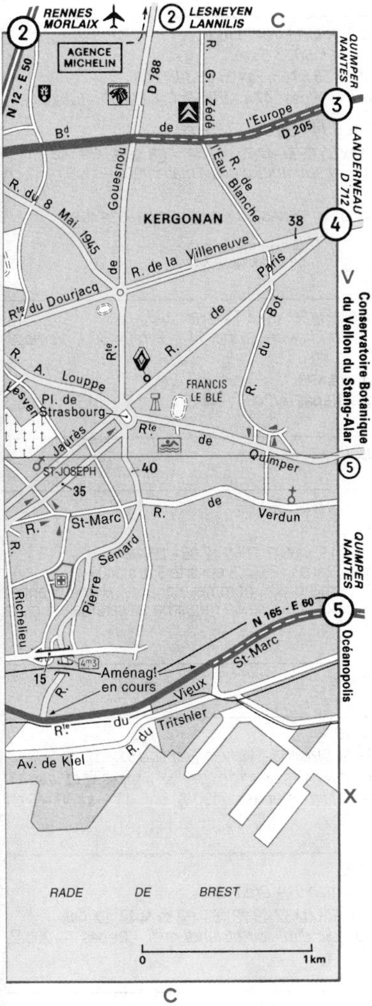

Dourjacq (Rte du) CV
Drogou (R. Com.) . . . . BV
Dupuy-de-Lôme (R.) . . . . AX
Duquesne (R.) . . . . EY
Duval (R. Marcellin) . . . . BV
Eau-Blanche (R. de l') CV
Elorn (R. de l') . . . . BX
Europe (Bd de l') . . . . ACV
Ferry (R. J.) . . . . BCX 12
Foch (Av. Mar.) . . . . BX 14
Forestou (Pont du) . . . . CX 15
Français Libres (Bd des) . . . . DZ 16
Frégate-La-Belle-Poule (R. de la) . . . . EZ 17
Gallieni (R. du Mar.) . . . . AX 18
Gambetta (Bd) . . . . BX
Gouesnou (Rte de) CV
Grande-Rivière (Porte de la) . . . . AX
Guilers (R. de) . . . . AX
Harteloire (Pt de l') . . . . AX
Harteloire (R. de l') . . . . AX 20
Hoche (R.) . . . . BV
Kent (R. de) . . . . AX 21
Kérabécam (R. de) . . . . EY 22
Kerraros (R. de) . . . . AX
Kervern (R. Auguste) . . . . BV
Kiel (Av. de) CX
Lamotte-Picquet . . . . BX 23
Le Bris (R. J.-M.) . . . . EZ
Le Gorgeu (Av. Victor) . . . . AV
Lesven (R. Jules) . . . . BCV
Libération (Av. de la) . . . . AX 24
Loti (R. Pierre) . . . . AX
Louppe (R. Albert) CV
Macé (R. Jean) . . . . EZ
Maissin (R. de) . . . . AX
Marine (Bd de la) . . . . DZ 25
Michelet (R.) . . . . DY
Montaigne (Bd) . . . . BV
Mouchotte (Bd Cdt) . . . . AX 27
Moulin (Bd Jean) . . . . DY
Nicol (R. de l'Amiral) . . . . AX
Normandie (R. de) . . . . AV
Paris (R. de) CV
Pompidou (R. G.) . . . . BV
Porte (R. de la) . . . . AX 31
Prigent (Bd T.) . . . . AV
Provence (Av. de) . . . . AV
Quimper (Rte de) CV
Recouvrance (Pt de) . . . . DZ
Réveillère (Av. Amiral) . . . . EY 33
Richelieu (R.) CX
Robespierre (R.) . . . . BY
Roosevelt (Av. Fr.) . . . . DZ 34
St-Exupéry (R.) . . . . AX
St-Marc (R.) CX
Salaün-Penquer (Av.) . . . . EZ
Sébastopol (R.) . . . . CX 35
Semard (R. Pierre) CX
Strasbourg (Pl. de) CV
Tarente (Av. de) . . . . AV 37
Tourville (Porte) . . . . DZ
Tourbihan (R. de) . . . . CV 38
Tritshler (R. du) CX
Troude (R. Amiral) . . . . BX 39
Valmy (R. de) . . . . CX 40
Verdun (R. de) CX
Victor-Hugo (R.) . . . . BX 41
Vieux-St-Marc (R. du) CX
Villeneuve (R. de la) CV
Voltaire (R.) . . . . EZ
Wilson (Pl.) . . . . EZ
Zédé (R. G.) CV
Zola (R. Émile) . . . . EY
2e-R.C.I. (R. du) . . . . DY
8-Mai-1945 (R. du) CV
11-Martyrs (R. des) . . . . EY 42
19-Mars-1962 (R. du) . . . . AX 45

ALFA ROMEO, TOYOTA Brest Autom., 84 rte de Gouesnou ✆ 02 98 02 21 82
AUDI, VOLSKWAGEN Gar. St-Christophe, 132 rte de Gouesnou ✆ 02 98 02 19 80 **N** ✆ 02 98 40 65 75
BMW Ouest-Autom., 9 r G.-Plante ZA Kergaradec à Gouesnou ✆ 02 98 02 11 15 **N** ✆ 02 98 40 65 75
CITROEN Succursale, 2 r G.-Zede,ZI de Kergonan par ② ✆ 02 98 41 27 27 **N** ✆ 02 98 40 65 75
FIAT G.A.O., 16 r. Villeneuve ✆ 02 98 02 64 44
FORD Gar. Herrou et Lyon, 259 rte de Gouesnou à Kerguen ✆ 02 98 02 35 62
MERCEDES Gar. de l'Etoile, ZAC de l'Hermitage 10 r. V. Balanant ✆ 02 98 41 80 80
OPEL Europe Motors, bd de l'Europe ✆ 02 98 41 70 40 **N** ✆ 02 98 40 65 75
PEUGEOT Brestoise des Gar. de Bretagne, rte de Gouesnou ✆ 02 98 42 43 44 **N** ✆ 02 98 62 21 26
RENAULT Auto Sce Brestois, 20 r. de Paris ✆ 02 98 02 20 20 **N** ✆ 08 00 05 15 15
ROVER Sébastopol Autos, ZI Kergonan 2 r. Cdt Mindren ✆ 02 98 42 42 00 **N** ✆ 02 98 40 65 75

Madec Pneus, 19 r. Kerjean-Vras ☎ 02 98 44 43 13
Pneus Service Point S, 183 rte de Gouesnou ☎ 02 98 02 35 26
Simon Pneus, 64 rte de Gouesnou ☎ 02 98 02 38 66
Vulco, 7 r. Villeneuve ☎ 02 98 02 02 11

BRETENOUX *46130 Lot* 75 ⑲ *G. Périgord Quercy – 1 211 h alt. 136.*
Voir *Château de Castelnau-bretenoux** : ≤* SO : 3,5 km.*
Office de Tourisme av. Libération ☎ 05 65 38 59 53, Fax 05 65 39 72 14.
Paris 526 – Brive-la-Gaillarde 44 – Cahors 81 – Figeac 47 – Sarlat-la-Canéda 66 – Tulle 49.

au Port de Gagnac *Nord-Est : 6 km par D 940 et D 14 – ✉ 46130 Bretenoux :*

Host. Belle Rive, ☎ 05 65 38 50 04, *Fax 05 65 38 47 72,* ≤, – TV ☎ P. GB. ch
Repas *(fermé 22 déc. au 4 janv., vend. soir et sam. midi d'oct. à mai)* 75/200 – 30 – **12 ch** 210/260 – ½ P 250.

CITROEN Gar. Croix Blanche, à St-Michel-Loubéjou ☎ 05 65 38 11 88
PEUGEOT Bretenoux Auto, ☎ 05 65 38 45 60
RENAULT Gar. Bassat, ☎ 05 65 38 45 84
Biars Pneus, à Biars-sur-Cère ☎ 05 65 38 58 34

BRETEUIL *27160 Eure* 55 ⑯ *G. Normandie Vallée de la Seine – 3 351 h alt. 168.*
Paris 118 – L'Aigle 25 – Alençon 88 – Conches-en-Ouche 14 – Évreux 31 – Verneuil-sur-Avre 11.

Biniou, 76 pl. Laffitte ☎ 02 32 29 70 61 – AE GB
fermé 10 au 31 août, mardi soir et merc. – **Repas** 69/200 ♀, enf. 50.

Le BREUIL *71 S.-et-L.* 69 ⑧ *– rattaché au Creusot.*

Le BREUIL-EN-AUGE *14130 Calvados* 54 ⑰ *– 779 h alt. 38.*
Paris 195 – Caen 53 – Deauville 20 – Lisieux 9.

Aub. Dauphin (Lecomte), ☎ 02 31 65 08 11, *Fax 02 31 65 12 08* – AE GB
fermé 15 nov. au 8 déc., dim. soir et lundi – **Repas** 185/235 et carte 310 à 440
Spéc. Terrine de foie gras de canard normand aux pommes confites. Homard entier décortiqué à la mode de Créances (avril à oct.). Raviole de rhubarbe au caramel de cidre (mai à sept.).

BRÉVIANDES *10 Aube* 61 ⑯ ⑰ *– rattaché à Troyes.*

BRÉVONNES *10220 Aube* 61 ⑰ ⑱ *– 604 h alt. 120.*
Paris 201 – Troyes 27 – Bar-sur-Aube 30 – St-Dizier 58 – Vitry-le-François 52.

Vieux Logis avec ch, ☎ 03 25 46 30 17, *Fax 03 25 46 37 20,* – TV ☎ P. GB
fermé dim. soir et lundi du 1er sept. au 30 juin – **Repas** 75/190, enf. 45 – 30 – **5 ch** 155/235 – ½ P 200/215.

BREZOLLES *28270 E.-et-L.* 60 ⑥ *– 1 695 h alt. 170.*
Paris 103 – Chartres 44 – Alençon 89 – Argentan 91 – Dreux 23.

Relais de Brezolles, ☎ 02 37 48 20 84, *Fax 02 37 48 28 46* – TV ☎ P. GB
fermé 3 au 30 août, 2 au 10 janv., vend. soir, dim. soir et lundi midi – **Repas** 76/200 ♀, enf. 55 – 30 – **25 ch** 170/250 – ½ P 235.

BRIAL *82 T.-et-G.* 82 ⑦ *– rattaché à Montauban.*

BRIANÇON 05100 H.-Alpes 77 ⑱ *G. Alpes du Sud – 11 041 h alt. 1321 – Sports d'hiver 1 200/2 800 m 2 7.*

Voir *Ville haute★★ : Grande Gargouille★, Pont d'Asfeld★, Remparts ≤★, Statue "La France"★*

B – *Puy St-Pierre ※★★ de l'église SO : 3 km par Rte de Puy St-Pierre.*

Env. *Croix de Toulouse ≤★★ par Av. de Toulouse et D 232T : 8,5 km.*

04 92 25 66 00.

Office de Tourisme pl. du Temple 04 92 21 08 50, Fax 04 92 20 56 45 Annexe (juil. et août) Central Parc.

Paris 682 ④ – Digne-les-Bains 145 ③ – Gap 90 ③ – Grenoble 118 ④ – Nice 218 ③ – Torino 115 ①.

Vauban, 13 av. Gén. de Gaulle **(n)** 04 92 21 12 11, *Fax 04 92 20 58 20*, – **P**. GB
fermé 4 nov. au 19 déc. – **Repas** 115/175 – 35 – **40 ch** 390/450 – ½ P 330/395.

Cristol, 6 rte Italie **(x)** 04 92 20 20 11, *Fax 04 92 21 02 58* – . AE GB
Repas 70/150, enf. 45 – 42 – **19 ch** 300/340 – ½ P 275/295.

Chaussée, 4 r. Centrale **(e)** 04 92 21 10 37, *Fax 04 92 20 03 94* – . AE GB
Repas *(fermé 1er au 12 mai et 1er au 12 oct.)* 85/155, enf. 45 – 35 – **12 ch** 250/300 – ½ P 250/275.

Rustique, 36 r. Pont d'Asfeld **(a)** 04 92 21 00 10, *Fax 04 92 21 40 06* – AE GB
fermé 20 juin au 10 juil., 1er au 20 déc., dim. et lundi sauf en saison et fériés – **Repas** 99, enf. 40.

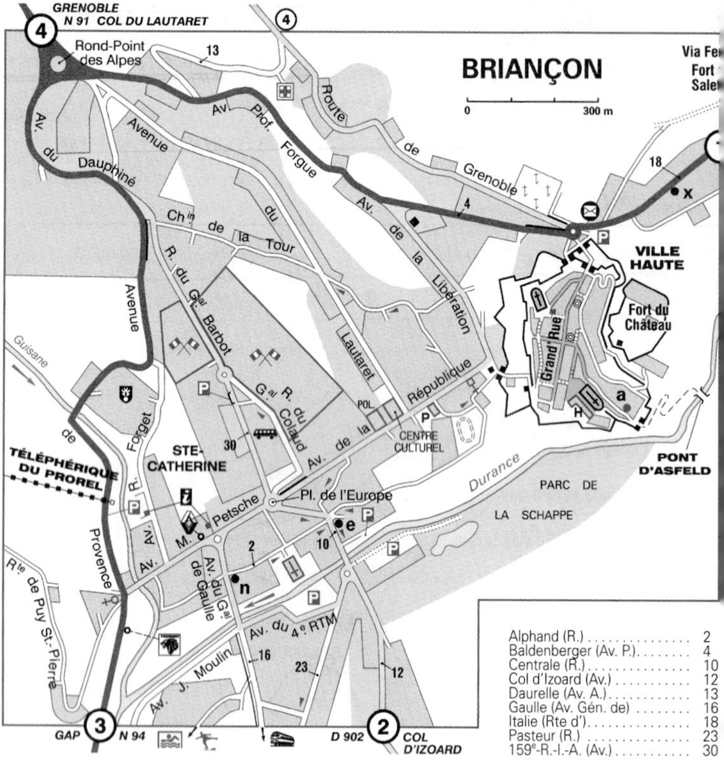

CITROEN Durance Autom., ZA Briançon Sud
☎ 04 92 20 14 00
FORD Gar. Gignoux, 7 av. J.-Moulin
☎ 04 92 21 11 56
PEUGEOT Faure Frères, 2, rte de Gap
☎ 04 92 21 10 02

RENAULT Gar. Jullien, 21-23 av. M.-Petsche
☎ 04 92 21 30 00 N ☎ 04 92 21 30 00

Meizenq-Pneus-Point S, ZAC Sud
☎ 04 92 20 11 11

BRIANT *71110 S.-et-L. 69 ⑰ – 225 h alt. 326.*

Paris 367 – Moulins 89 – Charolles 27 – Lapalisse 52 – Mâcon 73 – Paray-le-Monial 23 – Roanne 38.

✗ **Aub. de la Beleine,** ☎ 03 85 25 80 03, *Fax 03 85 25 92 06* – GB
fermé 20 janv. au 20 fév., dim. soir et merc. sauf juil.-août et fêtes – **Repas** 98/225 ♀, enf. 55.

BRIDES-LES-BAINS *73570 Savoie 74 ⑰ ⑱ G. Alpes du Nord – 611 h alt. 580 – Stat. therm. (janv.-oct.) – Casino.*

Office de Tourisme ☎ 04 79 55 20 64, Fax 04 79 55 28 91.

Paris 616 – Albertville 32 – Annecy 78 – Chambéry 80 – Courchevel 18 – Moûtiers 5.

Gd H. Thermes M, ☎ 04 79 55 29 77, *Fax 04 79 55 28 29,* – TV ☎ – 30 à 80. AE GB. rest
fermé 1er nov. au 26 déc. – **Repas** 145/155 ♀ – 45 – **98 ch** 675/690, 4 appart – P 580/795.

Amélie M, ☎ 04 79 55 30 15, *Fax 04 79 55 28 08,* – TV ☎ . GB
fermé 1er nov. au 20 déc. – ***Les Cerisiers :*** **Repas** 95/150 ♀, enf. 50 – 40 – **42 ch** 400/500 – 1/2 P 380/430.

Golf, ☎ 04 79 55 28 12, *Fax 04 79 55 24 78,* <, centre de masso-hydrothérapie – TV ☎ P. GB. rest
fermé 20 oct. au 25 déc. – **Repas** 135 – 50 – **45 ch** 330/600 – 1/2 P 375/480.

Verseau ⛰, ✆ 04 79 55 27 44, *Fax 04 79 55 30 20*, ≤, 🌳, ⛱ – |‡| 📺 ☎ 🅿. GB. ✂ rest
1er avril-15 oct. et week-ends du 10 janv. au 31 mars – **Repas** 98/115 🍷 – ☕ 45 – **41 ch** 310/600 – P 450/570.

Altis Val Vert, ✆ 04 79 55 22 62, *Fax 04 79 55 29 12*, Fō, 🌳 – 📺 ☎ 🅿. AE ⓘ GB. ✂
fermé 25 oct. au 20 déc. – **Repas** *(fermé le midi en hiver) (75) -* 105/145 🍷, enf. 65 – ☕ 45 – **35 ch** 275/450 – P 365/425.

Belvédère sans rest, ✆ 04 79 55 23 41, *Fax 04 79 55 24 96*, ≤ – |‡| 📺 ☎ 🅿. GB. ✂
fermé 20 oct. au 20 déc. – **26 ch** ☕ 230/420.

Bains ⛰, ✆ 04 79 55 22 05, *Fax 04 79 55 27 81*, ≤, 🌳 – |‡| 📺 ☎. GB. ✂ rest
fermé 27 oct. au 20 déc. – **Repas** 80/90 🍷 – ☕ 25 – **34 ch** 225/300 – 1/2 P 325/370.

Sources ⛰, ✆ 04 79 55 29 22, *Fax 04 79 55 27 06* – |‡| 📺 ☎ – 🏛 35. GB. ✂ rest
fermé 1er nov. au 25 déc. – **Repas** 95 🍷 – ☕ 40 – **70 ch** 235/460 – P 320/420.

Grillade, résid. Le Royal ✆ 04 79 55 20 90, *Fax 04 79 55 20 90*, 🌳 – GB
fermé 30 oct. au 20 déc. – **Repas** 90/130 🍷, enf. 60.

BRIEC *29510 Finistère* **58** ⑮ – *4 546 h alt. 158.*
Paris 575 – Quimper 16 – Carhaix-Plouguer 43 – Châteaulin 15 – Morlaix 64 – Pleyben 17.

Midi, r. Gén. de Gaulle ✆ 02 98 57 90 10, *Fax 02 98 57 74 82* – 📺 ☎ 📞 🅿. GB. ✂ ch
fermé 1er au 15 sept., 24 déc. au 4 janv., dim. soir et sam. sauf juil.-août – **Repas** *(58) -* 78/150 🍷, enf. 50 – ☕ 38 – **14 ch** 260/280 – 1/2 P 240.

BRIE-COMTE-ROBERT *77 S.-et-M.* **61** ②, **101** ㊴ – *voir à Paris, Environs.*

BRIGNAIS *69530 Rhône* **73** ⑳, **110** ㉓ *G. Vallée du Rhône – 10 036 h alt. 200.*
Paris 466 – Lyon 13 – Givors 10 – St-Étienne 45 – Vienne 22.

Restotel des Barolles, rte Lyon (N 86) ✆ 04 78 05 24 57, *Fax 04 78 05 37 57*, ⛱, 🌳 – ▤ rest, 📺 ☎ ♿ 🅿 – 🏛 50. AE ⓘ GB
Repas *(fermé 25 déc. au 4 janv., dim. soir et sam.) (75) -* 98/178 🍷, enf. 70 – ☕ 40 – **27 ch** 280/320.

BRIGNOLES ◇SP◇ *83170 Var* **84** ⑮, **114** ㉝ *G. Côte d'Azur* (plan) – *11 239 h alt. 214.*
Voir *Sarcophage de la Gayole★ dans le musée.*
⛳18 *de Barbaroux ✆ 04 94 69 63 63, E : 4 km par N 7 puis D 79.*
ℹ *Office de Tourisme parking des Augustins ✆ 04 94 69 01 78.*
Paris 809 – Aix-en-Provence 57 – Cannes 96 – Draguignan 58 – Marseille 66 – Toulon 51.

Ibis, Nord : 2 km par rte du Val, D 554 et rte secondaire ✆ 04 94 69 19 29, *Fax 04 94 69 19 90*, 🌳, ⛱, 🌳, 🎾 – ▤ 📺 ☎ 📞 ♿ 🅿 – 🏛 30. AE ⓘ GB
Repas *(89) -* 110 🍷, enf. 45 – ☕ 35 – **41 ch** 320/345.

PEUGEOT Gar. Blanc et Rochebois autos, N 7 rte d'Aix ✆ 04 94 69 21 23
RENAULT Gar. Mojeste Gasso, Lieu-dit Le Plan ✆ 04 94 59 23 04
Ⓜ Aude, ZI ✆ 04 94 37 21 21
Euromaster, rte d' Aix quartier Chante Perdrix ✆ 04 94 59 28 43

La BRIGUE *06 Alpes-Mar.* **84** ⑳, **115** ⑨ – *rattaché à Tende.*

BRINON-SUR-SAULDRE *18410 Cher* **64** ⑳ – *1 107 h alt. 147.*
Paris 190 – Orléans 57 – Bourges 65 – Cosne-sur-Loire 58 – Gien 37 – Salbris 24.

Solognote (Girard) ⛰, ✆ 02 48 58 50 29, *Fax 02 48 58 56 00*, « Cadre solognot », 🌳 – ▤ rest, 📺 ☎ 🅿. GB. ✂ ch
✿ *fermé 11-20/5, 15-24/9, 15/2 au 19/3, mardi sauf le soir du 1/7 au 30/9 et merc. sauf le soir du 15/4 au 15/11* – **Repas** *(130) -* 165/340 et carte 260 à 350, enf. 90 – ☕ 60 – **13 ch** 320/450 – 1/2 P 420/470
Spéc. Tatin de Saint-Jacques aux cèpes (oct. à mars). Pigeon de Sologne poché. Gibier (saison). **Vins** Sancerre, Menetou-Salon.

BRIOLLAY *49125 M.-et-L.* **64** ① – *2 005 h alt. 20.*
Env. *Plafond★★★ de la salle des Gardes du château de Plessis-Bourré NO : 10 km* **G. Châteaux de la Loire.**
Paris 287 – Angers 15 – Château-Gontier 41 – La Flèche 40.

par rte de Soucelles *(D 109) : 3 km – ✉ 49125 Briollay :*

Château de Noirieux 🔇, ✆ 02 41 42 50 05, *Fax 02 41 37 91 00*, ←, 🍽, « Demeures des 15ᵉ et 17ᵉ siècles dans un parc dominant le Loir », 🏊, 🎾 – TV ☎ ♿ P – 🏛 60. AE ⓓ GB
fermé 16 au 30 nov. et début fév. à début mars – **Repas** *(fermé dim. soir et lundi de mi-oct. à mi-avril sauf fêtes)* 195 (déj.), 250/475 🍷 – ☕ 90 – **19 ch** 850/1550 – ½ P 720/1030.

BRION *01 Ain* 74 ④ *– rattaché à Nantua.*

BRIONNE *27800 Eure* 55 ⑮ *G. Normandie Vallée de la Seine* **(plan)** *– 4 408 h alt. 56.*
Voir *Abbaye du Bec-Hellouin★★ N : 6 km – Harcourt : château★ et arboretum★ SE : 7 km.*
⛳18 *du Champ de Bataille ✆ 02 32 35 03 72, O : 18 km par D 137 et D 39.*
Paris 139 – Rouen 42 – Bernay 16 – Évreux 41 – Lisieux 39 – Pont-Audemer 27.

XXX **Logis de Brionne** avec ch, pl. St Denis ✆ 02 32 44 81 73, *Fax 02 32 45 10 92* – TV ☎ ✆ 🚗 P. AE GB
fermé 2 au 9 août, vacances de fév., sam. midi, dim. soir et lundi midi – **Repas** 95/320 et carte 210 à 260 – ☕ 45 – **12 ch** 300/360 – ½ P 360/410.

XX **Aub. Vieux Donjon** avec ch, r. Soie ✆ 02 32 44 80 62, *Fax 02 32 45 83 23*, 🍽, « Maison normande du 18ᵉ siècle » – TV ☎ ✆ P. GB
fermé 15 oct. au 1ᵉʳ nov., 15 au 31 janv., dim. soir d'oct. à mai et lundi – **Repas** 78/210 🍷, enf. 55 – ☕ 30 – **8 ch** 260/300 – ½ P 280/320.

CITROEN Gar. Duval, N 138 à Aclou ✆ 02 32 44 83 66
FIAT Gar. Leroy, ✆ 02 32 44 88 32 N ✆ 02 32 44 80 16
PEUGEOT Gar. Leroy, ✆ 02 32 44 80 16 N ✆ 02 32 44 80 16

BRIOUDE SP *43100 H.-Loire* 76 ⑤ *G. Auvergne – 7 285 h alt. 427.*
Voir *Basilique St-Julien★★.*
ℹ *Office de Tourisme pl. Champanne ✆ 04 71 74 97 49, Fax 04 71 74 97 87.*
Paris 484 ④ – Le Puy-en-Velay 61 ② – Aurillac 110 ③ – Clermont-Ferrand 70 ④ – Issoire 33 ④ – St-Flour 52 ③.

BRIOUDE

Commerce (R. du) 8
Maigne (R. J.) 16
St-Jean (Pl.) 20
Sébastopol (R.) 22
4-Septembre (R. du) 27

Assas (R. d') 2
Blum (Av. Léon) 3
Briand (Bd Aristide) 4
Chambriard (Av. P.) 5
Chapitre (R. du) 6
Chèvrerie (R. de la) 7
Gilbert (Pl. Eugène) 9
Grégoire-de-Tours (Place) 10
La-Fayette (Pl.) 12
Lamothe (Av. de) 13
Liberté (Pl. de la) 14
Michel-de-l'Hospital (Rue) 17
Pascal (R.) 18
République (R. de la) 19
Résistance (Pl. de la) 21
Séguret (R.) 23
Talairat (R.) 24
Vercingétorix (Bd) 25
Victor-Hugo (Av.) 26
14-Juillet (R. du) 28
21-Juin-1944 (R. du) 29

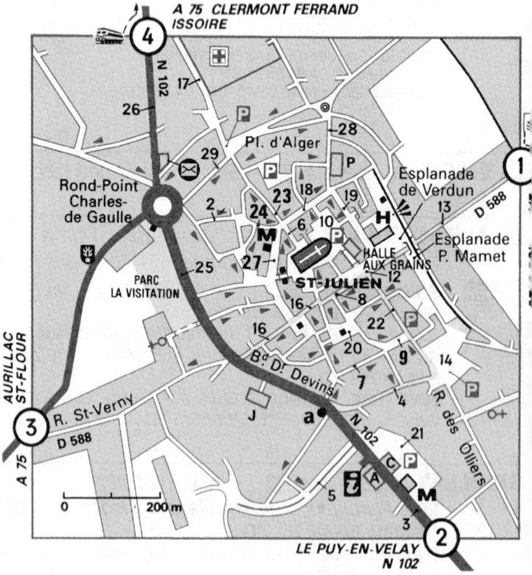

Poste et Champanne, 1 bd Dr Devins (a) ✆ 04 71 50 14 62, *Fax 04 71 50 10 55* – cuisinette TV ☎ ✆ P – 🏛 30. GB
fermé 2 janv. au 1er fév. et dim. soir du 15 sept. au 15 juin – **Repas** 75/185 – 32 – **23 ch** 160/240, 3 studios – ½ P 225.

Brivas, rte Puy par ② ✆ 04 71 50 10 49, *Fax 04 71 74 90 69*, , – |‡| ⇔ TV ☎ ✆ P – 🏛 40. AE ⓓ GB
fermé 19 au 31 déc., vend. soir et sam. midi d'oct. à avril – **Repas** 95/190 , enf. 56 – 38 – **30 ch** 230/290 – ½ P 275/310.

CITROEN Gar. Delmas, av. d'Auvergne par ④ ✆ 04 71 50 12 06 N ✆ 04 71 50 12 06
PEUGEOT Gar. d'Auvergne, av. d'Auvergne par ④ ✆ 04 71 50 06 05
Euromaster, av. d'Auvergne ZI St-Ferréol ✆ 04 71 50 37 01
RIPA Pneus, av. d'Auvergne ✆ 04 71 50 10 86

BRIOUZE *61220 Orne* 60 ① – *1 658 h alt. 210.*
Paris 221 – Alençon 57 – Argentan 26 – La Ferté-Macé 13 – Flers 17.

Sophie avec ch, ✆ 02 33 62 82 82, *Fax 02 33 62 82 83* – TV ☎ ✆. GB. ⊘ ch
fermé 15 au 31 août, Noël au Jour de l'An, vacances de fév. et sam. – **Repas** (55) - 70/190 ♀, enf. 50 – 30 – **9 ch** 130/250 – ½ P 175.

CITROEN Gar. Boutrois, ✆ 02 33 66 00 28 N ✆ 02 33 66 00 28

BRISSAC-QUINCÉ *49320 M.-et-L.* 64 ⑪ – *2 275 h alt. 65.*
Office de Tourisme (mai-sept.) 8 pl. de la République ✆ 02 41 91 21 50.
Paris 307 – Angers 18 – Cholet 57 – Saumur 38.

Castel M sans rest, 1 r. L. Moron (face château) ✆ 02 41 91 24 74, *Fax 02 41 91 71 55* – ⇔ TV ☎ P. AE GB
39 – **11 ch** 275/295.

BRIVE-LA-GAILLARDE SP *19100 Corrèze* 75 ⑧ *G. Périgord Quercy* – *49 765 h alt. 142.*
Voir *Hôtel de Labenche*★ **BZ X.**
18 d'Aubazine ✆ 05 55 27 25 66, E : 19 km par ③ ; 18 Golf Club de Brive ✆ 05 55 87 57 57, SO.
✆ 08 36 35 35 35.
Office de Tourisme pl. 14-Juillet ✆ 05 55 24 08 80, Fax 05 55 24 58 24.
Paris 481 ④ – Albi 196 ③ – Clermont-Ferrand 171 ① – Limoges 92 ④ – Montpellier 335 ③ – Toulouse 219 ③.

Plan page suivante

Truffe Noire, 22 bd A. France ✆ 05 55 92 45 00, *Fax 05 55 92 45 13*, – |‡| ▤ TV ☎ ✆ – 🏛 30. AE ⓓ GB — ABY v
Repas (85) - 125/300 ♀ – 50 – **27 ch** 430/650 – ½ P 375/400.

Collonges M sans rest, 3 pl. W. Churchill ✆ 05 55 74 09 58, *Fax 05 55 74 11 25* – |‡| TV ☎ ✆. AE ⓓ GB JCB — BZ n
40 – **24 ch** 270/330.

Quercy sans rest, 8 bis quai Tourny ✆ 05 55 74 09 26, *Fax 05 55 74 06 24* – |‡| TV ☎. AE ⓓ GB — BY d
fermé Noël au Jour de l'An – 33 – **60 ch** 310/350.

Ibis sans rest, 32 r. M. Roche ✆ 05 55 17 42 42, *Fax 05 55 23 54 41* – |‡| ⇔ TV ☎ – 🏛 30. AE GB — AY u
35 – **50 ch** 285/310.

Périgourdine, 15 av. Alsace-Lorraine ✆ 05 55 24 26 55, *Fax 05 55 17 13 22*, – AE GB JCB — BZ a
fermé 30 mars au 10 avril, 9 au 25 sept. et dim. soir – **Repas** 95/400 ♀.

Chez Francis, 61 av. Paris ✆ 05 55 74 41 72 – GB — AY s
fermé 7 au 23 août, 27 fév. au 8 mars, dim. et fériés – **Repas** bistrot (nombre de couverts limité, prévenir) 85/125 .

à Ussac *au Nord-Ouest par av. Pasteur et D 57 : 5 km – 2 762 h. alt. 350 – ✉ 19270 :*

Aub. St-Jean , ✆ 05 55 88 30 20, *Fax 05 55 87 28 50*, – TV ☎ ♿. GB
Repas 69/240, enf. 50 – 35 – **29 ch** 200/280 – ½ P 255.

Petit Clos M avec ch, au Pouret ✆ 05 55 86 12 65, *Fax 05 55 86 94 32*, , « Anciennes maisons corréziennes dans la campagne », , – TV ☎ P. GB
fermé dim. soir et lundi – **Repas** 100/210 ♀ – 40 – **7 ch** 350/480.

à l'Est *rte d'Argentat par N 121 : 3 km – ✉ 19360 Malemort :*

Aub. des Vieux Chênes avec ch, ✆ 05 55 24 13 55, *Fax 05 55 24 56 82*, – TV ☎ ✆ P – 🏛 25. AE ⓓ GB
fermé dim. – **Repas** 70/198 ♀ – 40 – **14 ch** 190/280 – ½ P 235/300.

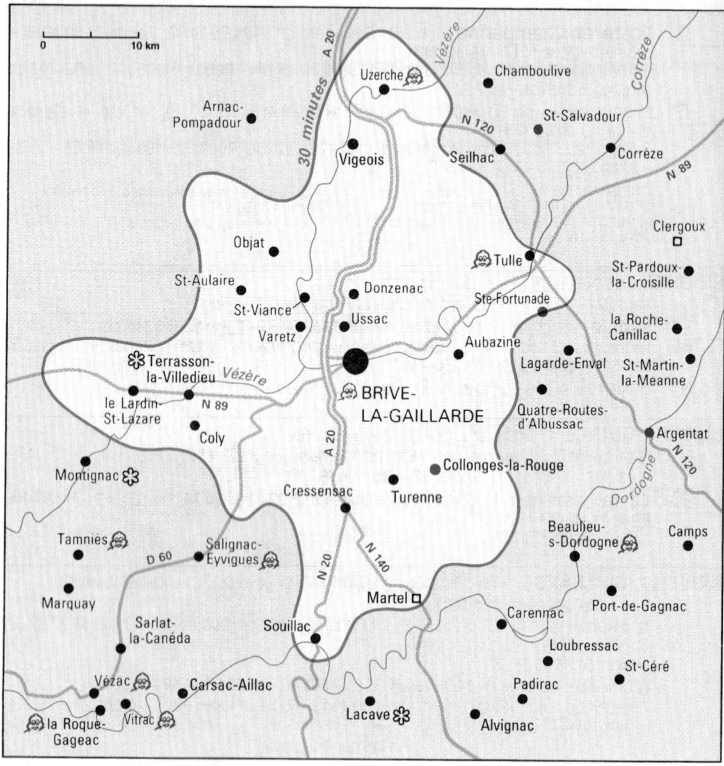

par ③ *: 6 km – ✉ 19100 Brive-la-Gaillarde :*

Teinchurier Ⓜ, av. du Teinchurier ✆ 05 55 86 45 00, *Fax 05 55 86 45 45,* 🌳 – |♦|, ▤ rest, TV ☎ ✆ ♿ P – 🎪 50. GB
Repas 65 (déj.), 88/170 ♀, enf. 45 – ☕ 50 – **40 ch** 280/305, 3 appart – 1/2 P 270.

Campanile, à l'aérodrome ✆ 05 55 86 88 55, *Fax 05 55 87 35 98,* 🌳 – ⅹ, ▤ rest, TV ☎ ✆ ♿ P – 🎪 25. AE ⓓ GB
Repas *(66)* - 84 bc/107 bc, enf. 39 – ☕ 34 – **42 ch** 298.

rte d'Objat *par* ④, *D 901 et D 170 : 6 km – ✉ 19100 Brive-la-Gaillarde :*

Mercure Ⓜ, ✆ 05 55 86 36 36, *Fax 05 55 87 04 40,* 🌳, 🏊, 🌲, 🎾 – |♦| ⅹ, ▤ ch, TV ☎ ✆ P – 🎪 120. AE ⓓ GB
Repas 100/140 🍷, enf. 49 – ☕ 52 – **57 ch** 405/462.

à Varetz *par* ④, *D 901 et D 152 : 10 km – 1 851 h. alt. 109 – ✉ 19240 :*

Domaine de Castel Novel 🐦, ✆ 05 55 85 00 01, *Fax 05 55 85 09 03,* ≤, 🌳, « Demeure du 13e siècle isolée dans un parc », 🏊, 🎾 – |♦| TV ☎ P – 🎪 80. AE ⓓ GB
1er mai-fin oct. – **Repas** *(fermé merc. midi)* 205/415 ♀, enf. 95 – ☕ 85 – **32 ch** 595/1465, 5 appart – 1/2 P 710/1040.

à St-Viance *par* ④, *D 901 et D 148 : 10 km – 1 407 h. alt. 119 – ✉ 19240 .*
Voir *Châsse★ dans l'église.*

Aub. des Prés de la Vézère, ✆ 05 55 85 00 50, *Fax 05 55 84 25 36,* 🌳 – TV ☎ P. AE ⓓ GB
début mai-mi-oct. et fermé dim.soir sauf juil.-août et lundi midi – **Repas** 90/155 – ☕ 35 – **11 ch** 350 – 1/2 P 310/360.

BRIVE-LA-GAILLARDE

Faro (R. du Lt-Colonel) . **AZ** 8
Gambetta (R.) . . . . **BZ**
Gaulle (Pl. Ch.-de) . . . . . **AY** 9
Hôtel-de-Ville (R. de l') . **AZ** 10
Paris (Av. de) . . . . **AY**
République (R. de la) . . . **AZ** 23
Toulzac (R.) . . . . **AY** 26

Anatole-France (Bd) . . **ABY** 2
Blum (Av. Léon) . . . . **AZ** 3
Dauzier (Pl. J.-M.) . . . . . **BY** 5
Dr-Massénat (R.) . . . . . . **BY** 6
Dubois (Bd Cardinal) . . . **BY** 7
Halle (Pl. de la) . . . . . . **ABY** 12
Hôtel-de-Ville (Pl. de l') . . **AY** 13
Lattre-de-T. (Pl. de) . . . . . **AZ** 14
Lyautey (Bd Mar.) . . . . **AZ** 15
Michelet . . . . **BY** 16
Pasteur (Av.) . . . . **AY** 18
Puyblanc (Bd de) . . . . . . **ABZ** 19
Raynal (R. Blaise) . . . . **BZ** 20
République (Pl. de la) . . . . **AZ** 22
Segeral-Verninac (R.) . . . . **AY** 25

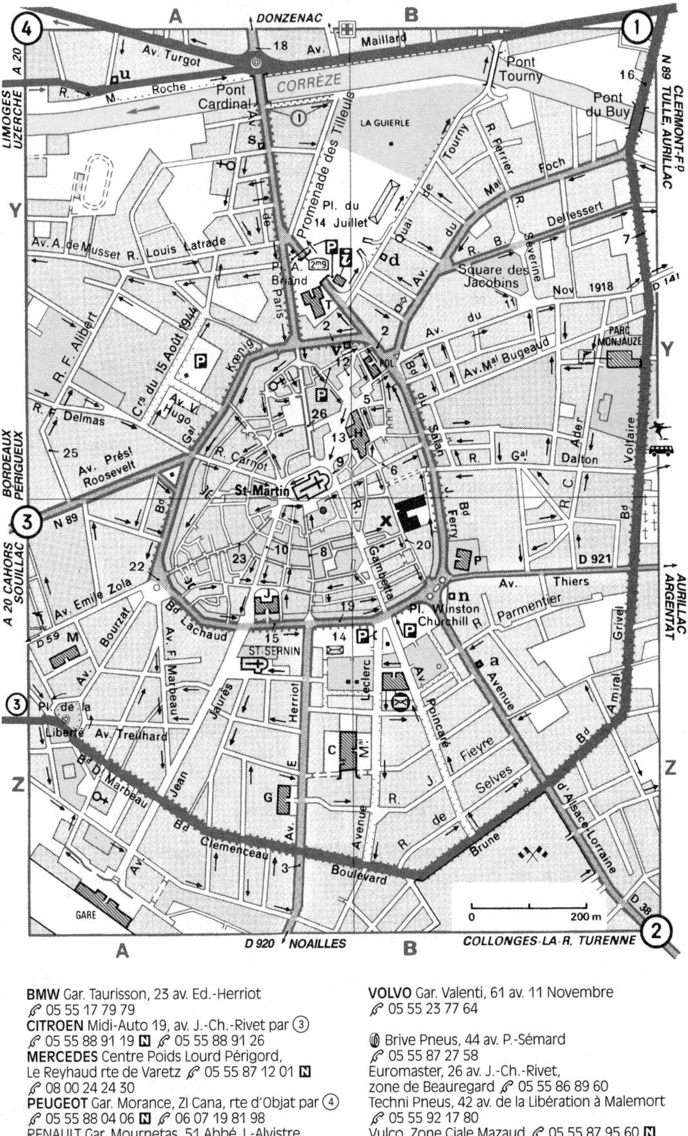

BMW Gar. Taurisson, 23 av. Ed.-Herriot
✆ 05 55 17 79 79
CITROEN Midi-Auto 19, av. J.-Ch.-Rivet par ③
✆ 05 55 88 91 19 N ✆ 05 55 88 91 26
MERCEDES Centre Poids Lourd Périgord, Le Reyhaud rte de Varetz ✆ 05 55 87 12 01 N
✆ 08 00 24 24 30
PEUGEOT Gar. Morance, ZI Cana, rte d'Objat par ④
✆ 05 55 88 04 06 N ✆ 06 07 19 81 98
RENAULT Gar. Mournetas, 51 Abbé J.-Alvistre Estavel par ③ ✆ 05 55 86 92 91
RENAULT Gar. Beauregard, av. du Teinchurier
✆ 05 55 86 74 74 N ✆ 05 55 92 52 85

VOLVO Gar. Valenti, 61 av. 11 Novembre
✆ 05 55 23 77 64

Brive Pneus, 44 av. P.-Sémard
✆ 05 55 87 27 58
Euromaster, 26 av. J.-Ch.-Rivet, zone de Beauregard ✆ 05 55 86 89 60
Techni Pneus, 42 av. de la Libération à Malemort
✆ 05 55 92 17 80
Vulco, Zone Ciale Mazaud ✆ 05 55 87 95 60 N
✆ 05 55 87 95 60

BROGNON *08 Ardennes* 53 ⑰ – *rattaché à Signy-le-Petit.*

BRON *69 Rhône* 74 ⑫, 110 ㉕ – *rattaché à Lyon.*

BROQUIÈS *12480 Aveyron* 80 ⑬ – *652 h alt. 386.*

Paris 687 – Albi 62 – Lacaune 52 – Rodez 57 – St-Affrique 31.

Pescadou, Sud : 2,5 km rte St-Izaire ✆ 05 65 99 40 21, – P
15 mars-15 oct. – **Repas** (65 bc) - 82/200 ♀, enf. 49 – ☕ 30 – **14 ch** 135/270 – 1/2 P 200/240.

BROU *01 Ain* 74 ③ *G. Bourgogne.*

Curiosités★★★ et ressources hôtelières : rattachées à Bourg-en-Bresse.

BROU *28160 E.-et-L.* 60 ⑯ *G. Châteaux de la Loire – 3 803 h alt. 150.*

Voir *Yèvres : boiseries★ de l'église 1,5 km à l'Est.*

Office de Tourisme (Pâques-fin oct.) r. de la Chevalerie ✆ 02 37 47 01 12 (hors saison) à la Mairie ✆ 02 37 47 07 85, Fax 02 37 47 03 90.

Paris 127 – Chartres 38 – Châteaudun 22 – Le Mans 82 – Nogent-le-Rotrou 32.

Jardin de la Mer, 23 pl. Halles ✆ 02 37 96 03 32, Maison du 15e siècle – AE GB
fermé dim. soir et merc. sauf du 1er juin au 15 sept. – **Repas** 80/185 ♀, enf. 45.

CITROEN Gar. Auguste Dominique, 20 r. de la Chevalerie ✆ 02 37 47 00 44 N ✆ 02 37 47 00 44

RENAULT Gar. Pichard, 32 av. Galliéni ✆ 02 37 47 01 68

BROUAINS *50150 Manche* 59 ⑨ – *242 h alt. 142.*

Paris 311 – St-Lô 58 – Avranches 34 – Domfront 35 – Flers 35 – Mayenne 63 – St-Hilaire-du-Harcouët 22 – Vire 18.

Aub. du Moulin avec ch, D 911 ✆ 02 33 59 50 60, *Fax 02 33 59 50 60* – P – 50. GB
fermé 22 au 27 déc., 2 au 31 janv. et lundi hors saison – **Repas** 79/170 ♀, enf. 45 – ☕ 27 – **7 ch** 150/180 – 1/2 P 180.

BROUCKERQUE *59630 Nord* 51 ③ – *1 168 h alt. 2.*

Paris 285 – Calais 35 – Cassel 26 – Dunkerque 13 – Lille 74 – St-Omer 31.

Middel Houck avec ch, pl. du village ✆ 03 28 27 13 46, *Fax 03 28 27 15 10* – TV. AE GB
fermé 24 au 31 déc. – **Repas** *(fermé dim. soir)* 90/188 ♀ – ☕ 28 – **4 ch** 215 – 1/2 P 200.

BROUILLAMNON *18 Cher* 68 ⑩ – *rattaché à Charost.*

BROUSSE-LE-CHÂTEAU *12480 Aveyron* 80 ⑫ *G. Gorges du Tarn – 203 h alt. 239.*

Voir *Village perché★.*

Paris 700 – Albi 54 – Cassagnes-Bégonhès 34 – Lacaune 51 – Rodez 61 – St-Affrique 33.

Relays du Chasteau, ✆ 05 65 99 40 15, *Fax 05 65 99 40 15*, – rest, P. GB
fermé 20 déc. au 20 janv., vend. soir et sam. midi du 1er oct. au 1er mai – **Repas** 78/185 ♀, enf. 45 – ☕ 30 – **12 ch** 210/270 – 1/2 P 210/230.

BROU-SUR-CHANTEREINE *77 S.-et-M.* 56 ⑫, 101 ⑲ – *voir à Paris, Environs.*

BRUÈRE-ALLICHAMPS *18 Cher* 69 ① – *rattaché à St-Amand-Montrond.*

Le BRUGERON *63880 P.-de-D.* 73 ⑯ – *359 h alt. 850.*
Paris 478 – Clermont-Ferrand 70 – Ambert 28 – St-Étienne 111 – Thiers 36.

Les Genets sans rest, 04 73 72 60 36, *Fax 04 73 72 63 67*, ← – TV ☎ P. GB
fermé 15 déc. au 15 janv. et lundi en hiver – 40 – **10 ch** 200/260.

Gaudon avec ch, 04 73 72 60 46, *Fax 04 73 72 63 83*, ← – TV ☎ . GB
fermé 20 déc. au 1er fév., lundi soir et mardi d'oct. à mai – **Repas** 66/155 – 35 – **8 ch** 190/310 – 1/2 P 195.

BRUMATH *67170 B.-Rhin* 57 ⑲ – *8 182 h alt. 145.*
Paris 473 – Strasbourg 19 – Haguenau 12 – Molsheim 30 – Saverne 28.

Ville de Paris, 13 r. Gén. Rampont 03 88 51 11 02, *Fax 03 88 51 90 19* – TV ☎ P. GB
fermé 20 juin au 14 juil. et 27 au 31 déc. – **Repas** *(fermé dim. soir et vend.)* (50) - 100/240 – 38 – **14 ch** 130/260 – 1/2 P 155/210.

A L'Écrevisse avec ch, 4 av. Strasbourg 03 88 51 11 08, *Fax 03 88 51 89 02*, , , – rest, TV ☎ P – 30. AE GB
fermé 27 juil. au 12 août, lundi soir et mardi – **Repas** 160/385 et carte 250 à 450, enf. 60 - ***Krebs'Stuebel :*** **Repas** (55)-70/190, enf. 60 – 55 – **21 ch** 210/360.

Le BRUSC *83 Var* 84 ⑭, 114 ㊹ – *rattaché à Six-Fours-les-Plages.*

BRUSQUE *12360 Aveyron* 83 ④ – *422 h alt. 465.*
Paris 703 – Albi 90 – Béziers 75 – Lacaune 32 – Lodève 50 – Rodez 107 – St-Affrique 35.

Dent de St-Jean , 05 65 99 52 87, *Fax 05 65 99 53 89*, ← – ☎ P. GB. ch
10 mars-1er nov. – **Repas** 80/195 – 30 – **16 ch** 200/260 – 1/2 P 235.

BRY-SUR-MARNE *94 Val-de-Marne* 56 ⑪ – *Voir à Paris et Environs.*

BUAIS *50640 Manche* 59 ⑨ ⑲ – *702 h alt. 205.*
Paris 279 – Domfront 27 – Fougères 32 – Laval 60 – Mayenne 46 – St-Hilaire-du-Harcouët 12 – St-Lô 81.

Rôtisserie Normande, 02 33 59 41 10 – GB
fermé 17 janv. au 21 fév., merc. soir, dim. soir et lundi du 15 sept. à fin mai – **Repas** 88/160.

BUC *78 Yvelines* 60 ⑩, 101 ㉓ – *Voir à Paris, Environs.*

BUCHÈRES *10 Aube* 61 ⑰ – *rattaché à Troyes.*

Le BUGUE *24260 Dordogne* 75 ⑯ *G. Périgord Quercy – 2 764 h alt. 62.*
Voir Gouffre de Proumeyssac★ S : 3 km.
Paris 523 – Périgueux 42 – Sarlat-la-Canéda 32 – Bergerac 47 – Brive-la-Gaillarde 73 – Cahors 84.

Domaine de la Barde M , rte Périgueux 05 53 07 16 54, *Fax 05 53 54 76 19*, parc, , , – TV ☎ P. GB. rest
10 avril-2 nov. – **Repas** (dîner seul.) (résidents seul.) 140 – 65 – **18 ch** 450/940 – 1/2 P 447/655.

Les Trois As, pl. Gendarmerie 05 53 08 41 57, *Fax 05 53 07 16 56* – AE GB
fermé fév., mardi midi et merc. midi – **Repas** 92/260.

à Campagne *Sud-Est : 4 km par D 703 – 281 h. alt. 60 – ✉ 24260 :*

du Château, 05 53 07 23 50, *Fax 05 53 03 93 69*, – rest, TV ☎ P. GB. ch
5 avril-15 oct. – **Repas** 105/210 – 32 – **16 ch** 210/260 – 1/2 P 220/235.

BUIS-LES-BARONNIES *26170 Drôme* 81 ③ *G. Alpes du Sud – 2 030 h alt. 365.*
Paris 687 – Carpentras 40 – Nyons 29 – Orange 49 – Sault 36 – Sisteron 71 – Valence 129.

Sous l'Olivier , 04 75 28 01 04, *Fax 04 75 28 16 49*, , , , , – ☎ P. GB
15 mars-oct. – **Repas** 110/150 – 36 – **36 ch** 280/345 – 1/2 P 270/295.

Fourchette, pl. Arcades 04 75 28 03 31, – GB
fermé oct., dim. soir et lundi sauf juil.-août – **Repas** 80/180.

CITROEN Gar. Aubery, 04 75 28 10 08 — **PEUGEOT** Gar. Enguent, 04 75 28 09 97

Le BUISSON-CORBLIN *61 Orne* 60 ① *– rattaché à Flers.*

Le BUISSON-CUSSAC *24480 Dordogne* 75 ⑯ *– 2 003 h alt. 63.*

Env. *Cadouin : cloître★★, église★ SO : 6 km,* G.Périgord.

Paris 533 – Périgueux 52 – Sarlat-la-Canéda 35 – Bergerac 38 – Villefranche-du-Périgord 34.

Manoir de Bellerive ⑤, rte Siorac : 1,5 km ✆ 05 53 27 16 19, *Fax 05 53 22 09 05,* ≤, « Élégant manoir dans un parc en bordure de la Dordogne », ⛱, 🎾 – TV ☎ P. AE ⓓ GB. ⛔ rest

1er mars-15 déc. – **Repas** 95 (déj.), 115/280 ♀, enf. 75 – ☕ 50 – **20 ch** 430/900 – ½ P 490/660.

BURNHAUPT-LE-HAUT *68520 H.-Rhin* 87 ⑲ *– 1 426 h alt. 300.*

Paris 455 – Mulhouse 18 – Altkirch 16 – Belfort 27 – Thann 11.

Aigle d'Or M, au Pont d'Aspach Nord : 1 km ✆ 03 89 83 10 10, *Fax 03 89 83 10 33,* – ▤ rest, TV ☎ ✆ ♿ P – 🏛 30. AE ⓓ GB

- *Coquelicot* ✆ 03 89 83 10 00 *(fermé sam. midi)* **Repas** 79/285 ♀, enf. 42 – ☕ 45 – **26 ch** 285/360 – ½ P 255/285.

CITROEN Gar. Muller, 15 r. des Fleurs à Burnhaupt-le-Bas ✆ 03 89 48 74 21

RENAULT Gar. Gensbittel, 20 bis r. Principale à Gildwiller ✆ 03 89 25 37 10

BURS *31 H.-Gar.* 86 ① *– rattaché à Barbazan.*

BUSCHWILLER *68220 H.-Rhin* 87 ⑩ *– 767 h alt. 305.*

Paris 483 – Mulhouse 28 – Altkirch 26 – Basel 8 – Colmar 64.

XXX **Couronne,** ✆ 03 89 69 12 62, *Fax 03 89 70 11 20* – GB

fermé 27 juil. au 18 août, sam. midi, dim. soir et lundi – **Repas** 89 (déj.), 210/360 et carte 230 à 340.

BUSSANG *88540 Vosges* 66 ⑧ *G. Alsace Lorraine – 1 809 h alt. 605.*

Env. *Petit Drumont* ✻★★ *NE : 9 km puis 15 mn – Ballon d'Alsace* ✻★★★ *S : 14 km puis 30 mn.*

Office de Tourisme 7r. d'Alsace ✆ 03 29 61 50 37, Fax 03 29 61 58 20.

Paris 444 – Épinal 60 – Mulhouse 47 – Belfort 44 – Gérardmer 39 – Thann 27.

Sources ⑤, Nord-Est : 2,5 km par D 89 ✆ 03 29 61 51 94, *Fax 03 29 61 60 61,* – TV ☎ ✆ P. GB. ⛔

Repas 100/280 bc, enf. 50 – ☕ 35 – **11 ch** 320/350 – ½ P 290/320.

Tremplin, ✆ 03 29 61 50 30, *Fax 03 29 61 50 89* – TV ☎ P. AE ⓓ GB

fermé 3 nov. au 3 déc., dim. soir et lundi sauf vacances scolaires et week-ends fériés – **Repas** 75/250 ♨ – ☕ 35 – **18 ch** 150/350 – ½ P 190/240.

BUSSEAU-SUR-CREUSE *23 Creuse* 72 ⑩ *– ✉ 23150 Ahun.*

Env. *Moutier d'Ahun : boiseries★★ de l'église SE : 5,5 km – Ahun : boiseries★ de l'église SE : 6 : km,* G. Berry Limousin.

Paris 361 – Aubusson 30 – Guéret 20.

XX **Viaduc** avec ch, ✆ 05 55 62 57 20, *Fax 05 55 62 55 80,* ≤, – ☎ ✆ P. GB

fermé janv., dim. soir et lundi – **Repas** 79/215 ♨, enf. 58 – ☕ 38 – **7 ch** 170/240 – ½ P 275.

La BUSSIÈRE *45230 Loiret* 65 ② *G. Bourgogne – 715 h alt. 160.*

Paris 138 – Auxerre 69 – Cosne-sur-Loire 43 – Gien 15 – Montargis 29 – Orléans 80.

Nuage M, r. Briare ✆ 02 38 35 90 73, *Fax 02 38 35 90 62,* – TV ☎ ♿ P – 🏛 25. AE GB

fermé 25 au 31 déc. – **Repas** 75/145 ♨, enf. 35 – ☕ 35 – **15 ch** 240/260 – ½ P 225.

BUSSIÈRES *71 S.-et-L.* 70 ⑪ *G. Bourgogne – 463 h alt. 265 – ✉ 71960 Pierreclos.*

Paris 406 – Mâcon 13 – Charolles 49 – Cluny 15.

XX **Relais Lamartine** ⑤ avec ch, ✆ 03 85 36 64 71, *Fax 03 85 37 75 69* – TV ☎. AE ⓓ GB. ⛔ ch

fermé 13 déc. au 19 janv., dim. soir et lundi d'oct. à juin et mardi midi de juil. à sept. – **Repas** 110/220, enf. 70 – ☕ 45 – **8 ch** 380/400.

BUSSY-ST-GEORGES *77 S.-et-M.* 56 ⑫, 101 ⑳ *– voir à Paris, Environs (Marne-la-Vallée).*

BUTHIERS *77 S.-et-M.* **61** ⑪ *– rattaché à Malesherbes (Loiret).*

BUXY *71390 S.-et-L.* **70** ① *– 1 998 h alt. 263.*

Paris 351 – Chalon-sur-Saône 16 – Autun 54 – Chagny 24 – Mâcon 62 – Montceau-les-Mines 33.

Relais du Montagny Ⓜ sans rest, ☏ 03 85 92 19 90, *Fax 03 85 92 07 19,* – P – 40. AE GB
fermé dim. soir de nov. à fév. – ☕ 40 – **37 ch** 290/375.

Aux Années Vins, pl. Carcabot ☏ 03 85 92 15 76, *Fax 03 85 92 12 20,* – GB
fermé 15 au 24 fév., merc. midi et mardi – **Repas** 95/260 ♀, enf. 60.

BUZANÇAIS *36500 Indre* **68** ⑦ *– 4 749 h alt. 111.*

Env. *Château d'Argy★ N : 6 km,* **G. Berry Limousin.**

Paris 279 – Le Blanc 46 – Châteauroux 24 – Chatellerault 78 – Tours 91.

Hermitage , rte d'Argy ☏ 02 54 84 03 90, *Fax 02 54 02 13 19,* – rest, P. GB
fermé 13 au 22 sept., 2 au 16 janv., dim. soir et lundi sauf en juil.-août – **Repas** (dim. prévenir) 90/295 ♀, enf. 60 – ☕ 32 – **14 ch** 240/345 – 1/2 P 260/285.

Croissant, 53 r. Grande ☏ 02 54 84 00 49, *Fax 02 54 84 20 60,* – . GB
fermé 6 fév. au 2 mars, vend. soir et sam. – **Repas** 85/240 , enf. 58 – ☕ 32 – **14 ch** 225/265.

CITROEN Gar. Fontaine, 38 rte de Châteauroux ☏ 02 54 84 08 39

Chirault, 41 r. Hervault ☏ 02 54 84 12 97

En juin et en septembre,
les hôtels sont moins chers qu'en pleine saison, le service est plus soigné.

BUZET-SUR-BAÏSE *47160 L.-et-G.* **79** ⑭ *– 1 353 h alt. 40.*

Paris 687 – Agen 32 – Mont-de-Marsan 84 – Nérac 18 – Villeneuve-sur-Lot 42.

Vigneron, bd République ☏ 05 53 84 73 46, – GB
fermé 8 au 16 fév., dim. soir et lundi – **Repas** 80/240 ♀.

Aub. du Goujon qui Frétille, face église ☏ 05 53 84 26 51, – GB
fermé 2 au 11 juin, 12 nov. au 27 nov., mardi soir de sept. à juin et merc. – **Repas** 55 (déj.), 90/150 , enf. 45.

PEUGEOT Gar. Gérin, ☏ 05 53 84 74 28 N ☏ 05 53 79 11 57

CABASSON *83 Var* **84** ⑯, **114** ㊽ *– rattaché à Bormes-les-Mimosas.*

CABOURG *14390 Calvados* **55** ② *G. Normandie Vallée de la Seine – 3 355 h alt. 3.*

Golf de Cabourg le Hôme ☏ 02 31 91 25 56, par ④ : 3 km ; ☏ 02 31 91 70 53, 1 km par av. de l'Hippodrome **A.**

Office de Tourisme Jardins du Casino ☏ 02 31 91 01 09, Fax 02 31 24 14 49.

Paris 214 ③ – Caen 31 ④ – Deauville 18 ① – Lisieux 34 ② – Pont-l'Évêque 25 ②.

Plan page suivante

Grand Hôtel , prom. M. Proust ☏ 02 31 91 01 79, *Fax 02 31 24 03 20,* ←, – P – 100. AE GB JCB A s
Repas *(fermé mardi et merc. de nov. à mars sauf vacances scolaires)* 160/260, enf. 80 – ☕ 80 – **68 ch** 690/1300.

Mercure Hippodrome Ⓜ , av. M. d'Ornano par av. Hippodrome **A** ☏ 02 31 24 04 04, *Fax 02 31 91 03 99,* – P – 30 à 100. AE GB
Repas *(11 mars-11 nov.)* 85 (déj.), 125/175, enf. 60 – ☕ 55 – **79 ch** 510/630, 8 duplex.

Golf Ⓜ , av. M. d'Ornano par av. Hippodrome **A** ☏ 02 31 24 12 34, *Fax 02 31 24 18 51,* – P – 30. AE GB
fermé 2 janv. au 13 fév. – **Repas** *(fermé dim. soir, lundi midi et jeudi midi sauf juil.-août)* (68) - 100/195 ♀ – ☕ 42 – **30 ch** 350/400, 10 duplex – 1/2 P 350.

Cottage sans rest, 24 av. Gén. Leclerc ☏ 02 31 91 65 61, *Fax 02 31 28 78 82,* – P. AE GB A e
☕ 38 – **14 ch** 370/430.

Cabourg sans rest, 5 av. République ☏ 02 31 24 42 55, *Fax 02 31 28 78 82* – . AE GB A n
☕ 45 – **9 ch** 420/600.

CABOURG

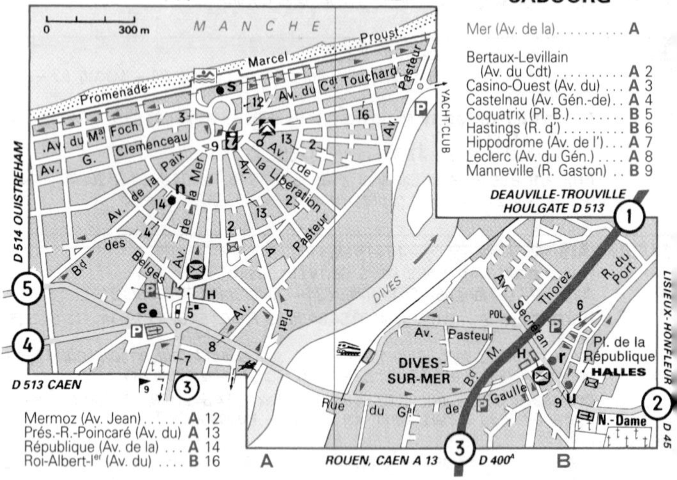

Mer (Av. de la). . . . . A

Bertaux-Levillain (Av. du Cdt) . . . . A 2
Casino-Ouest (Av. du) . . . A 3
Castelnau (Av. Gén.-de) . . A 4
Coquatrix (Pl. B.). . . . . B 5
Hastings (R. d') . . . . B 6
Hippodrome (Av. de l') . . . A 7
Leclerc (Av. du Gén.) . . . . A 8
Manneville (R. Gaston) . . B 9

Mermoz (Av. Jean) . . . . . . A 12
Prés.-R.-Poincaré (Av. du) A 13
République (Av. de la) . . . A 14
Roi-Albert-Ier (Av. du) . . . . B 16

à Dives-sur-Mer *Sud du plan – 5 344 h. alt. 3 – ✉ 14160 :*

Voir Halles★ **B.**

Syndicat d'Initiative r. Gén. de Gaulle ✆ 02 31 91 24 66 (hors saison), Mairie ✆ 02 31 28 12 50.

XX **Guillaume le Conquérant,** 2 r. Hastings ✆ 02 31 91 07 26, 🍽, « Ancien relais de poste du 16e siècle » – AE GB — B r
fermé 22 nov. au 26 déc., dim. soir et lundi hors saison sauf fériés – **Repas** 98/320 🍷, enf. 65.

X **Chez le Bougnat,** 27 r. G. Manneville ✆ 02 31 91 06 13, bistrot — B u
fermé vend. soir et sam. soir de sept. à juin et mardi en juil.-août – **Repas** 79 🍷.

par ④, *D 513 et rte de Gonneville-en-Auge : 7 km – ✉ 14860 Ranville :*

XXX **Host. Moulin du Pré** avec ch, ✆ 02 31 78 83 68, *Fax 02 31 78 21 05*, parc – ☎ P. AE ⓓ GB. ✗ ch
fermé 2 au 16 mars, 29 sept. au 28 oct., dim. soir et lundi de sept. à juin sauf fériés – **Repas** 189/255 et carte 220 à 360 – ☕ 40 – **10 ch** 230/350.

au Hôme *par ⑤ : 2 km – ✉ 14390 Cabourg :*

XX **Au Pied de Cochon,** ✆ 02 31 91 27 55 – GB. ✗
fermé 1er au 17 déc., 13 au 31 janv., lundi et mardi sauf juil.-août et fériés – **Repas** 125/270 🍷.

CITROEN Gar. Mesnier, 1 av. de la Libération ✆ 02 31 91 26 83

PEUGEOT Gar. Pichon, CD 513, rte de Caen ✆ 02 31 91 35 97 N ✆ 02 31 24 10 00

CABRERETS *46330 Lot* 79 ⑨ *G. Périgord Quercy – 191 h alt. 130.*

Voir Château de Gontaut-Biron★ – ≤★ sur village de la rive gauche du Célé – Grotte du Pech Merle★★★ NO : 3 km – Cuzals : musée de plein air du Quercy★ NE : 5 km.

Office de Tourisme ✆ 05 65 31 27 12, Fax 05 65 30 27 17.

Paris 578 – Cahors 32 – Figeac 45 – Gourdon 42 – St-Céré 56 – Villefranche-de-Rouergue 43.

Aub. de la Sagne, rte grotte de Pech Merle ✆ 05 65 31 26 62, *Fax 05 65 30 27 43*, 🍽, 🏊, 🌳 – ☎ P. GB. ✗
15 mai-30 sept. – **Repas** (nombre de couverts limité, prévenir) (dîner seul.) 84/130 🍷 – ☕ 34 – **10 ch** 300/310 – 1/2 P 270.

Grottes, ✆ 05 65 31 27 02, *Fax 05 65 31 20 15*, 🍽, « Terrasse sur la rivière », 🏊 – ☎ P. GB. ✗ ch
hôtel : 30 mars-30 oct.; rest : 30 mars-24 oct. – **Repas** 83/140 🍷 – ☕ 37 – **18 ch** 175/330 – 1/2 P 220/294.

CABRIÈRES-D'AVIGNON *84220 Vaucluse* 81 ⑬ *– 1 142 h alt. 167.*

Paris 709 – Avignon 34 – Apt 24 – Carpentras 26 – Cavaillon 13.

XX **Bistrot à Michel** avec ch, ✆ 04 90 76 82 08, *Fax 04 90 76 82 08*, 🍽 – ☎. GB
fermé janv., lundi de sept. à juin et mardi – **Repas** carte 190 à 270 🍷 – ☕ 50 – **3 ch** 500/600.

CABRIS *06 Alpes-Mar.* 84 ⑧, 114 ⑬, 115 ㉔ – *rattaché à Grasse.*

La CADIÈRE-D'AZUR *83740 Var* 84 ⑭, 114 ㊹ *G. Côte d'Azur – 3 139 h alt. 144.*

Voir ≤★ – *Le Castelet : village★ NE : 4 km.*

Office de Tourisme (saison) Rond-Point R. Salengro ✆ 04 94 90 12 56.

Paris 815 – Marseille 44 – Toulon 21 – Aix-en-Provence 63 – Brignoles 53.

Host. Bérard Ⓜ, près Poste ✆ 04 94 90 11 43, *Fax 04 94 90 01 94*, ≤, – rest, – 40. AE GB JCB. rest

Repas *(fermé dim. soir et lundi hors saison)* 160/290 ♀, enf. 75 – 75 – **40 ch** 470/680 – ½ P 530/700.

CITROEN Gar. Jansoulin, Ch. des Beaumes ✆ 04 94 29 30 36

RENAULT Gar. St-Eloi, av. Libération ✆ 04 94 90 12 47

CAEN Ⓟ *14000 Calvados* 55 ⑪ ⑫ *G. Normandie Cotentin – 112 846 h Agglo. 191 490 h alt. 25.*

Voir *Abbaye aux Hommes★★* **CY** – *Abbaye aux Dames* **EX** : *Église de la Trinité★★ – Chevet★★, frise★★ et voûtes★★ de l'Église St-Pierre★* **DY** – *Église et cimetière St-Nicolas★* **CY** – *Tour-lanterne★ de l'église St-Jean* **EZ** – *Hôtel d'Escoville★* **DY B** – *Vieilles maisons★ (nº 52 et 54 rue St-Pierre)* **DY K** – *Musée des Beaux-Arts★★ dans le château★* **DX M**¹ – *Musée de Normandie★★* **DX M**² – *Mémorial★★* **AV.**

Env. *Ruines de l'abbaye d'Ardenne★* **AV** *6 km par* ⑨.

18 *de Caen ✆ 02 31 94 72 09, N par D 60* **BV** *: 5 km;* 9 *de Garcelles ✆ 02 31 39 08 58, par* ⑥ *: 15 km.*

de Carpiquet : ✆ 02 31 26 58 00, par D 9 : 7 km.

Office de Tourisme et Accueil de France pl. St-Pierre ✆ 02 31 27 14 14, Fax 02 31 27 14 13 – Automobile Club de l'Ouest 20 av. du 6 juin ✆ 02 31 85 47 35, Fax 02 31 85 41 51.

Paris 234 ④ *– Alençon 105* ⑥ *– Amiens 241* ④ *– Brest 375* ⑧ *– Cherbourg 125* ⑨ *– Évreux 134* ⑤ *– Le Havre 85* ④ *– Lille 351* ④ *– Le Mans 153* ⑥ *– Rennes 181* ⑧.

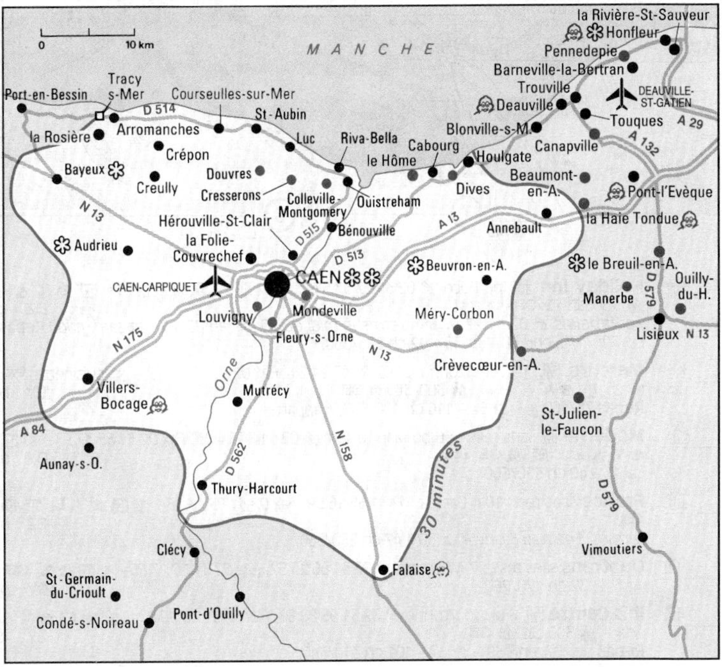

CAEN

Baladas (Bd des) . . . . AV 6
Chemin Vert (R. du) . . . . AV 19
Chéron (Av. Henri) . . . . AV 20
Clemenceau (Av. G.) . . . . . . BV 22
Copernic (Av. N.) . . . . ABV 23
Côte-Fleurie (Rte de la) . . . . AV 24
Courseulles (Av. de) . . . . AV 25
Délivrande (R. de la) . . . . AV 29
Demi-Lune (Pl. de la) . . . . . . BV 30
Lyautey (Bd Mar.) . . . . AV 52
Montalivet (Cours) . . . . BV 58
Montgomery (Av. Mar.) . . . . AV 59
Mountbatten (Av. Am.) . . . . . AV 62
Pasteur (R. L.) . . . . BV 63
Père-Ch.-de-Foucault (Av.) . . . . AV 64
Poincaré (Bd R.) . . . . BV 66
Pompidou (Bd G.) . . . . AV 67
Rethel (Bd de) . . . . BV 70
Richemond (Bd de) . . . . AV 71

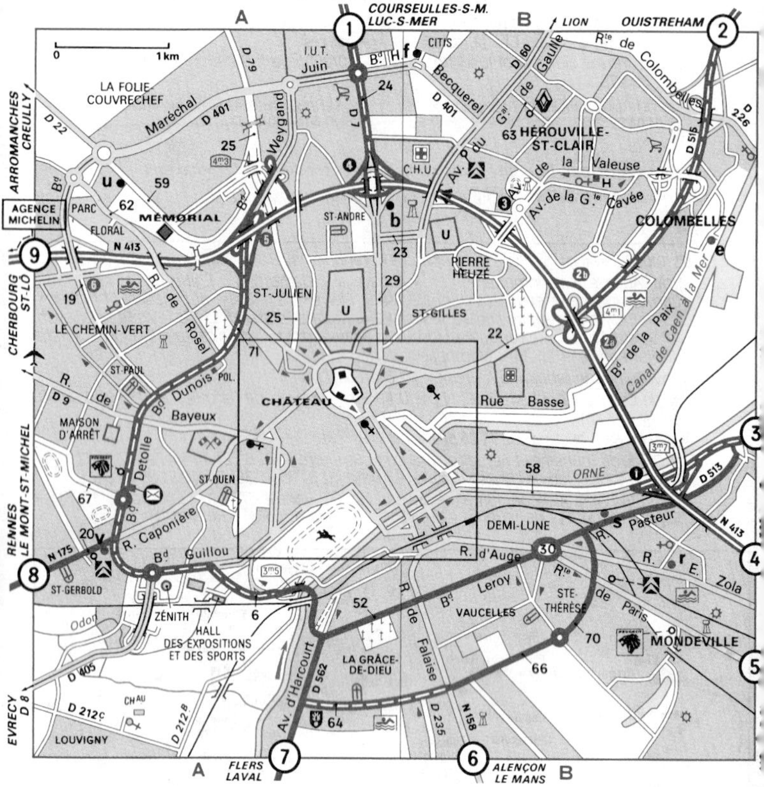

Holiday Inn Ⓜ, pl. Foch ☎ 02 31 27 57 57, *Fax 02 31 27 57 58* – 150. AE GB. rest DZ z
Le Rabelais ☎ 02 31 27 57 56 *(fermé le midi du 20 juil. au 23 août et sam. midi)* **Repas** *(90)*-125/175, enf. 50 – 55 – **92 ch** 395/560.

Mercure Ⓜ, 1 r. Courtonne ☎ 02 31 47 24 24, *Fax 02 31 47 43 88* – cuisinette, ch, – 300. AE GB EY b
Repas 75/160 – 52 – **110 ch** 480/530, 4 appart.

Moderne Ⓜ sans rest, 116 bd Mar. Leclerc ☎ 02 31 86 04 23, *Fax 02 31 85 37 93* – AE GB JCB DY d
47 – **40 ch** 320/600.

France sans rest, 10 r. Gare ☎ 02 31 52 16 99, *Fax 02 31 83 23 16* – P. AE GB EZ h
fermé 23 déc. au 5 janv. – 30 – **47 ch** 250/350.

Quatrans sans rest, 17 r. Gemare ☎ 02 31 86 25 57, *Fax 02 31 85 27 80* – GB DY p
31 – **32 ch** 170/260.

Ibis Centre Ⓜ, 6 pl. Courtonne ☎ 02 31 95 88 88, *Fax 02 31 43 80 80* – – 300. AE GB EY k
Repas *(77)* - 97, enf. 39 – 37 – **101 ch** 310/340.

Royal sans rest, 1 pl. République ☎ 02 31 86 55 33, *Fax 02 31 79 89 44* – AE GB
38 – **43 ch** 265/330. DY e

Ibis Centre Paul Doumer M sans rest, 33 r. Bras ☎ 02 31 50 00 00, *Fax 02 31 86 85 91* – AE GB DY s
37 – **59 ch** 290/300.

Central sans rest, 23 pl. J. Letellier ☎ 02 31 86 18 52, *Fax 02 31 86 88 11* – GB
30 – **25 ch** 150/250. DY u

XXX **Bourride** (Bruneau), 15 r. du Vaugueux ☎ 02 31 93 50 76, *Fax 02 31 93 29 63*, « Maison du vieux Caen » – AE GB DX x
fermé 18 août au 3 sept., 3 au 24 janv., dim. soir et lundi – **Repas** (nombre de couverts limité, prévenir) 180/580 et carte 380 à 480
Spéc. Galette d'andouille de Vire au vieux vinaigre. Paillasson de homard au cidre, pomme à la crème. Pigeonneau en croûte et gousses de vanille.

XXX **Dauphin** avec ch, 29 r. Gemare ☎ 02 31 86 22 26, *Fax 02 31 86 35 14* – AE GB DY a
fermé 15 juil. au 6 août (sauf hôtel), vacances de fév. et sam. midi – **Repas** 110/310 et carte 200 à 360 – 50 – **22 ch** 320/680 – ½ P 360/540.

XXX **Pressoir,** 3 av. H. Chéron ☎ 02 31 73 32 71, *Fax 02 31 73 32 71* – GB AV v
fermé 3 au 24 août, vacances de fév., dim. soir et lundi – **Repas** 118/285 et carte 260 à 360.

XXX **Les Echevins,** 35 rte Trouville ☎ 02 31 84 10 17, *Fax 02 31 84 53 22* – AE GB BV s
fermé mi-juil. à mi-août, sam. midi et dim. – **Repas** 169/349 et carte 280 à 390.

XX **Gastronome,** 43 r. St Sauveur ☎ 02 31 86 57 75, *Fax 02 31 38 27 78* – GB CY r
fermé 1er au 12 août, sam. midi et dim. – **Repas** 94/180.

XX **Carlotta,** 16 quai Vendeuvre ☎ 02 31 86 68 99, *Fax 02 31 38 92 31*, brasserie – AE GB
fermé 10 au 25 août et dim. – **Repas** 96/150. EY m

XX **Alcide,** 1 pl. Courtonne ☎ 02 31 44 18 06, *Fax 02 31 94 47 45* – GB EY e
fermé 20 au 30 déc. et sam. – **Repas** 82/130.

X **Poêle d'Or,** 7 r. Laplace ☎ 02 31 85 39 86 – GB EZ r
fermé 13 au 26 juil., 24 déc. au 3 janv., dim. soir et sam. – **Repas** (55) - 65/140.

X **Amandier,** 24 r. Froide ☎ 02 31 85 33 39 – GB DY n
fermé dim. soir et lundi – **Repas** (59) - 75/99, enf. 39.

à l'échangeur Caen-Université *(bretelle du bd périphérique)* – 14000 Caen :

Novotel Côte de Nacre, av. Côte de Nacre ☎ 02 31 43 42 00, *Fax 02 31 44 07 28*, , – 200. AE GB JCB AV b
Repas carte environ 170, enf. 50 – 55 – **126 ch** 425/500.

à Hérouville St-Clair *Nord-Est : 3 km – 24 795 h. alt. 20 –* 14200 :

Quality H. M, 2 pl. Boston Citis ☎ 02 31 44 05 05, *Fax 02 31 44 95 94*, , – – 300. AE GB. rest BV f
Repas 125/155, enf. 55 – 54 – **90 ch** 360/500 – ½ P 415.

X **L'Espérance** avec ch, r. Abbé Alix, bord du canal ☎ 02 31 44 97 10, *Fax 02 31 94 89 23*, – – 40. GB BV e
fermé vacances de Toussaint, vacances de fév., dim. soir sauf juil.-août et lundi – **Repas** 72/190, enf. 45 – 25 – **8 ch** 140/190 – ½ P 195.

à Bénouville *par ② : 10 km – 1 258 h. alt. 8 –* 14970 :

Voir *Château★ : escalier d'honneur★★.*

Glycine M, ☎ 02 31 44 61 94, *Fax 02 31 43 67 30* – GB
fermé 15 fév. au 15 mars et dim. soir du 15 sept. au 30 mai – **Repas** 95/230 – 33 – **25 ch** 280 – ½ P 295.

XXX **Manoir d'Hastings et la Pommeraie** avec ch, ☎ 02 31 44 62 43, *Fax 02 31 44 76 18*, , « Prieuré du 17e siècle, jardin » – AE GB
fermé 12 nov. au 7 déc., dim. soir et lundi sauf juil.-août – **Repas** 130/390 et carte 190 à 350 – 50 – **15 ch** 600/800 – ½ P 625/675.

à Mondeville *Est : 3,5 km – 9 488 h. alt. 10 –* 14120 :

XX **Les Gourmets,** 41 r. E. Zola ☎ 02 31 82 37 59, *Fax 02 31 82 37 92* – GB BV r
fermé 1er au 15 août, dim. soir et lundi – **Repas** 86/158.

à Fleury-sur-Orne *par ⑦ : 4 km – 3 861 h. alt. 33 –* 14123 :

XX **Aub. de l'Ile Enchantée,** au bord de l'Orne ☎ 02 31 52 15 52, *Fax 02 31 72 67 17*, – GB
fermé 3 au 12 août, vacances de fév., dim. soir et lundi – **Repas** 98/220.

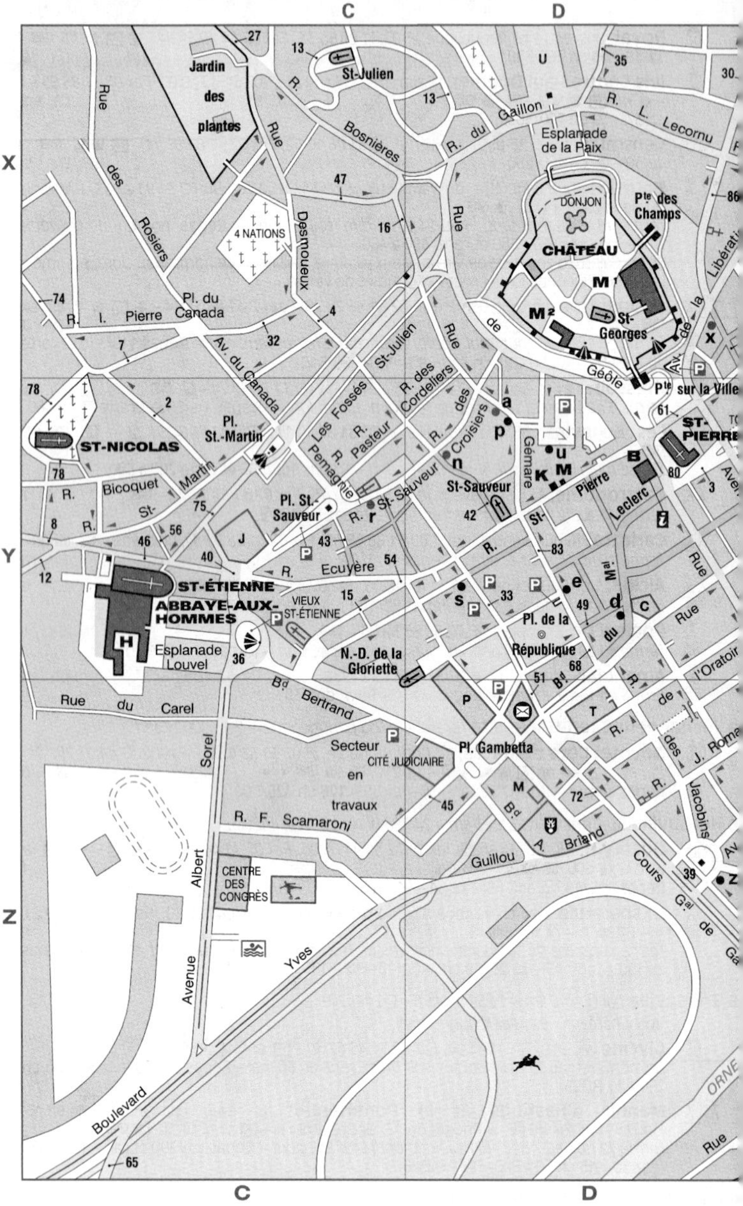

*L'**Atlas Routier FRANCE** de **Michelin** c'est :*

- *toute la cartographie détaillée (1/200 000) en un seul volume,*
- *des dizaines de plans de villes,*
- *un index de repérage des localités.*

Le copilote indispensable dans votre véhicule.

E

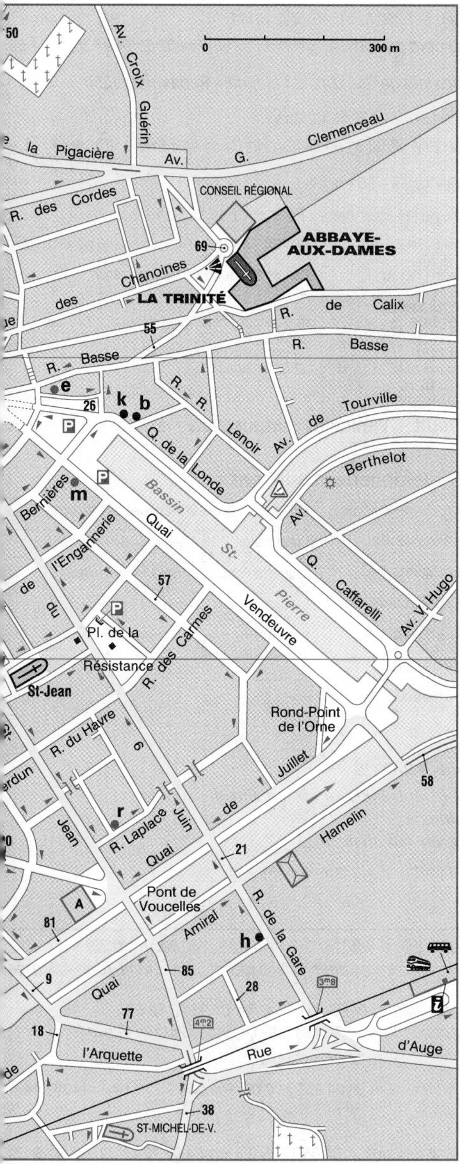

E

X

Y

Z

CAEN

Alliés (Bd des) . . . . **DY** 3
Ecuyère (R.) . . . . **CY**
Guillouard (Pl. L.) . . . . **CYZ** 36
Leclerc (Bd Mar.) . . . . **DY**
St-Jean (R.) . . . . **DEYZ**
St-Pierre (R.) . . . . **DY**
Strasbourg (R. de) . . . . **DY** 83
6-Juin (Av. du) . . . . **DEYZ**

Académie (R. de l') . . . . **CY** 2
Bagatelle (Av. de) . . . . **CX** 4
Barbey-d'Aurevilly (R.) . . . . **CX** 7
Bayeux (R. de) . . . . **CY** 8
Bir-Hakeim (Pont de) . . . . **EZ** 9
Caponière (R.) . . . . **CY** 12
Carrières-St-Julien (R. des) . . . **CDX** 13
Caumont (R. A. de) . . . . **CY** 15
Chanoine X. de St-Paul (R.) . . . . **CX** 16
Chaussée-Ferrée (R. de la) . **EZ** 18
Churchill (Pont) . . . . **EZ** 21
Courtonne (Pl.) . . . . **EY** 26
Creully (Av. de) . . . . **CX** 27
Decaen (R. Gén.) . . . . **EZ** 28
Délivrande (R. de la) . . . . **DX** 29
Docteur-Rayer (R. du) . . . . . **CX** 32
Doumer (R. Paul) . . . . **DY** 33
Edimbourg (Av. d') . . . . **DX** 35
Falaise (R. de) . . . . **EZ** 38
Foch (Pl. du Mar.) . . . . **DZ** 39
Fontette (Pl.) . . . . **CY** 40
Froide (R.) . . . . **DY** 42
Fromages (R. aux) . . . . **CY** 43
Gardin (R. R.) . . . . **CDZ** 45
Guillaume-le-Conquérant (R.) . . . . **CY** 46
Juifs (R. aux) . . . . **CX** 47
Lair (R. P.-A.) . . . . **DY** 49
Lebisey (R. de) . . . . **EX** 50
Lebret (R. G.) . . . . **DYZ** 51
Malherbe (Pl.) . . . . **CY** 54
Manissier (R.) . . . . **EX** 55
Marot (R. J.) . . . . **CY** 56
Miséricorde (R. de la) . . . . . . **EY** 57
Montalivet (Cours) . . . . **EZ** 58
Montoir-Poissonnerie (R.) . . **DY** 61
Petit-Vallerent (Bd du) . . . . . **CZ** 65
Pont St-Jacques (R. du) . . . . **DY** 68
Reine Mathilde (Pl. de la) . . **EX** 69
Sadi-Carnot (R.) . . . . **DZ** 72
St-Gabriel (R.) . . . . **CX** 74
St-Manvieu (R.) . . . . **CY** 75
St-Michel (R.) . . . . **EZ** 77
St-Nicolas (R.) . . . . **CXY** 78
St-Pierre (Pl.) . . . . **DY** 80
Sévigné (Prom. de) . . . . **EZ** 81
Vaucelles (R. de) . . . . **EZ** 85
Vaugueux (R. du) . . . . **DX** 86
11-Novembre (R. du) . . . . . . **EZ** 90

*The **Michelin Road Atlas FRANCE** offers:*
- *all of France, covered at a scale of 1:200 000, in one volume*
- *plans of principal towns and cities*
- *comprehensive index*

It makes the ideal navigator.

à Louvigny *Sud : 4,5 km par D 212^B* **AV** – *1 712 h. alt. 10* – ✉ *14111 :*

XX **Aub. de l'Hermitage,** au bord de l'Orne ✆ 02 31 73 38 66, *Fax 02 31 74 27 30,* – AE GB
fermé 17 août au 6 sept., vacances de fév., dim. soir et lundi – **Repas** 115 bc/230.

à La Folie-Couvrechef *(près Mémorial)* **AV** – ✉ *14000 Caen :*

Otelinn, av. Mar. Montgomery ✆ 02 31 44 34 20, *Fax 02 31 44 63 80* – TV ☎ & P – 30 à 60. AE GB JCB AV u
Repas *(65)* - 88/130 🍷, enf. 50 – ☕ 39 – **50 ch** 285.

MICHELIN, Agence, ZI, ch. de la Sablonnière - Rots ✆ 02 31 26 68 19

AUDI, VOLKSWAGEN Auto Technic, ZI Nord-Est rte de Lion sur Mer ✆ 02 31 47 56 37
CITROEN Gar. Lenrouilly, 35 av. Henri Chéron ✆ 02 31 74 55 98
CITROEN Succursale, rte de Lion sur Mer ✆ 02 31 43 44 11 N ✆ 02 31 80 03 03
MERCEDES Aubin Normandy, 30 av. de Paris ✆ 02 31 82 38 42 N ✆ 08 00 24 24 30
PEUGEOT Sté Ind. Auto de Normandie, 36 bd A.-Detolle ✆ 02 31 74 55 50 N ✆ 02 31 75 31 11
ROVER, JAGUAR J.F.C. Autom., 96 bd Y.-Guillou ✆ 02 31 75 40 00
Gar. St-Michel, 13 r. Puits de Jacob ✆ 02 31 82 37 51

Clabeaut Pneu, r. Gén. Moulin ✆ 02 31 29 15 50
Euromaster, 2 r. Chemin Vert ✆ 02 31 74 44 09

CONSTRUCTEUR : Renault Véhicules Industriels à Blainville-sur-Orne ✆ 02 31 70 50 00

Périphérie et environs

ALFA ROMEO, FIAT Gar. JM Autos, ZI r. de Bellevue à Carpiquet ✆ 02 31 26 50 11
BMW Gar. Regnault, rte de Paris à Mondeville ✆ 02 31 35 15 35
CITROEN Petit Gar., 8 rte de Paris à Mondeville ✆ 02 31 82 20 28
FORD Gar. Viard, Technopole Citis à Herouville ✆ 02 31 47 03 03
OPEL Transac Auto, ZI de la Sphére à Hérouville ✆ 02 31 47 64 23
PEUGEOT Gar. Marie Frères, 42 rte de Paris à Mondeville ✆ 02 31 52 19 32
RENAULT Succursale, r. Pasteur à Hérouville ✆ 02 31 46 44 44 N ✆ 08 00 05 15 15

Clabeaut Pneu, ZI r. Charles de Coulomb à Mondeville ✆ 02 31 83 10 10
Euromaster, ZI Mondeville-Sud à Grentheville ✆ 02 31 82 37 15
Laguerre Pneus, ZI r. des Monts Rameaux à Carpiquet ✆ 02 31 26 05 00
Laguerre Pneus, ZI de la Sphère à Hérouville ✆ 02 31 47 65 00
Schmitt Pneus Vulco, rte de Falaise à Ifs ✆ 02 31 52 08 39

CAGNES-SUR-MER *06800 Alpes-Mar.* 84 ⑨, 115 ㉕ *G. Côte d'Azur* – *40 902 h alt. 20.*
Voir *Haut-de-Cagnes*★ **X** – *Château-musée*★ **X** : *patio*★★, ✳★ *de la tour* – *Musée Renoir*★ **Y**.
Office de Tourisme 6 bd. Mar.-Juin ✆ 04 93 20 61 64, Fax 04 93 20 52 63.
Paris 916 ⑤ – Nice 14 ② – Antibes 10 ④ – Cannes 20 ⑤ – Grasse 24 ⑥ – Vence 9 ①.

Plan page ci-contre

Splendid M sans rest, 41 bd Mar. Juin ✆ 04 93 22 02 00, *Fax 04 93 20 12 44* – ▤ TV ☎ & P. AE GB Y x
☕ 40 – **26 ch** 380/480.

Brasilia sans rest, chemin Grands Plans ✆ 04 93 20 25 03, *Fax 04 93 22 44 09* – |♦| TV ☎ P. AE GB JCB Y r
☕ 40 – **18 ch** 330/390.

Tiercé H. sans rest, 33 bd Kennedy ✆ 04 93 20 02 09, *Fax 04 93 20 31 55* – |♦| ▤ TV ☎ P. AE GB Y v
☕ 50 – **23 ch** 380/750.

Chantilly sans rest, 31 r. Minoterie ✆ 04 93 20 25 50, *Fax 04 92 02 82 63* – TV ☎ P. GB Y b
☕ 35 – **20 ch** 275/350.

CAGNES-SUR-MER-VILLENEUVE-LOUBET

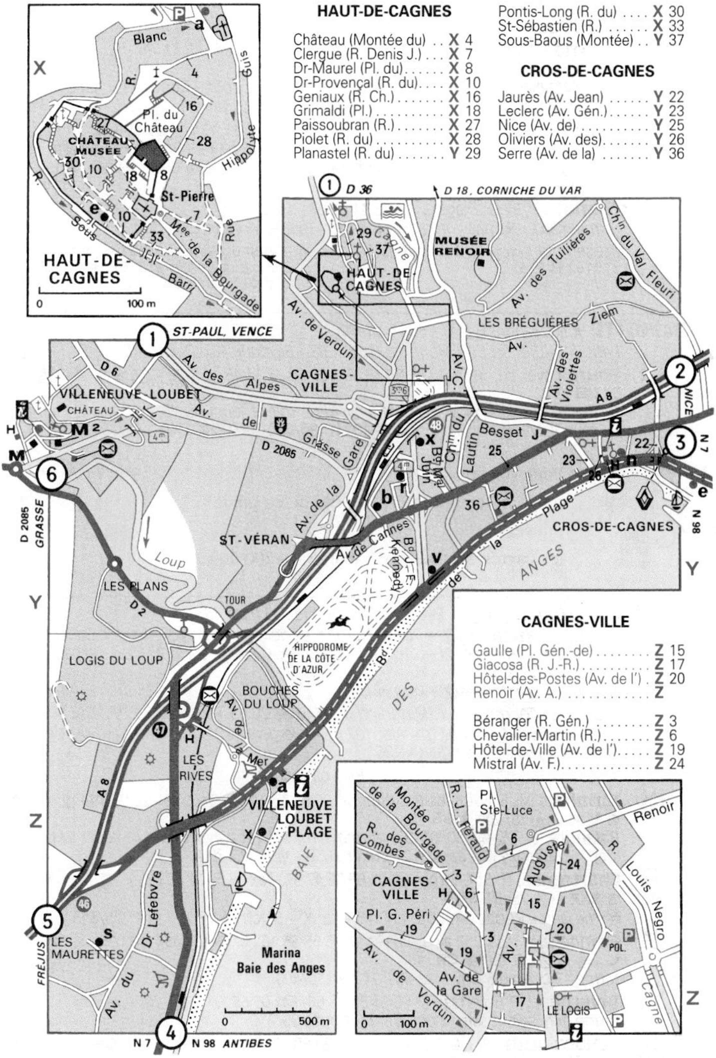

HAUT-DE-CAGNES

Château (Montée du) .. X 4
Clergue (R. Denis J.) ... X 7
Dr-Maurel (Pl. du)...... X 8
Dr-Provençal (R. du).... X 10
Geniaux (R. Ch.)....... X 16
Grimaldi (Pl.).......... X 18
Paissoubran (R.)....... X 27
Piolet (R. du).......... X 28
Planastel (R. du)....... Y 29
Pontis-Long (R. du) .... X 30
St-Sébastien (R.) ...... X 33
Sous-Baous (Montée) .. Y 37

CROS-DE-CAGNES

Jaurès (Av. Jean) ...... Y 22
Leclerc (Av. Gén.)...... Y 23
Nice (Av. de).......... Y 25
Oliviers (Av. des)....... Y 26
Serre (Av. de la) .... Y 36

CAGNES-VILLE

Gaulle (Pl. Gén.-de)........ Z 15
Giacosa (R. J.-R.).......... Z 17
Hôtel-des-Postes (Av. de l') . Z 20
Renoir (Av. A.) .... Z

Béranger (R. Gén.) .... Z 3
Chevalier-Martin (R.)....... Z 6
Hôtel-de-Ville (Av. de l')..... Z 19
Mistral (Av. F.)............. Z 24

au Haut-de-Cagnes :

Cagnard 🐚, r. Pontis-Long ✆ 04 93 20 73 21, *Fax 04 93 22 06 39*, <, 🏞 – ▤ ch, TV ☎ P – 🏋 25. AE ⓓ GB JCB — X e

✿ **Repas** *(fermé début nov. au 15 déc. et jeudi midi)* 290 bc (déj.), 300/520 et carte 360 à 610 🍷 – ☕ 80 – **20 ch** 850/1200, 5 appart – 1/2 P 1000/1200

Spéc. Lasagne de truffes d'Aups. Poêlon de Saint-Pierre à la tomate et parmesan. Délices d'ivoire aux marrons (oct. à fév.). **Vins** Bellet.

✕ **Josy-Jo** (Mme Bandecchi), 4 pl. Planastel ✆ 04 93 20 68 76, 🏞 – ▤. AE GB — X a

✿ *fermé 1er au 16 août, 15 au 30 janv., sam. midi et dim.* – **Repas** carte 250 à 360

Spéc. Farcis "Grand-mère". Fleurs de courgettes farcies à la provençale (juil. à mi-sept.). Artichauts violets du pays à la barigoule (nov. à janv.). **Vins** Bellet.

à Cros-de-Cagnes *Sud-Est : 2 km – ✉ 06800 Cagnes-sur-Mer :*

Office de Tourisme av. des Oliviers ☎ 04 93 07 67 08.

XXX **Bourride,** port du Cros ☎ 04 93 31 07 75, *Fax 04 93 31 89 11,* ≤, 宗 – ▤. AE GB Y e
fermé vacances de fév., mardi soir et merc. sauf juil.-août – **Repas** 195/320 et carte 260 à 380 ♀, enf. 80.

XX ✿ **Réserve "Loulou"** (Campo), 91 bd Plage ☎ 04 93 31 00 17 – ▤. AE GB Y n
fermé le midi du 14 juil. au 31 août, sam. midi, dim. et fériés – **Repas** 210 et carte 300 à 450
Spéc. Poissons grillés. Soupe de poissons de roche. Agneau des Préalpes. **Vins** Côtes de Provence.

XX **Charlot 1er,** 87 bd Plage ☎ 04 93 31 00 07 – ▤. AE GB Y n
fermé mardi – **Repas** - produits de la mer - (prévenir) carte 250 à 300.

PEUGEOT Gar. Ortelli, rte de St-Paul par ① ☎ 04 92 13 35 35

RENAULT Succursale de Nice, 104 bd Plage à Cros-de-Cagnes ☎ 04 93 14 20 20 N ☎ 08 00 05 15 15

CAGNOTTE *40300 Landes 78 ⑦ – 506 h alt. 40.*

Paris 745 – Biarritz 59 – Mont-de-Marsan 68 – Bayonne 48 – Dax 15 – Pau 86.

XX **Fournil** avec ch, ☎ 05 58 73 03 78, *Fax 05 58 73 13 48,* 宗, ⛱ – TV ☎ P – 25 à 60. AE GB
fermé 26 oct. au 2 nov., 5 au 31 janv., dim. soir et lundi du 15 sept. au 15 juin – **Repas** 80 (déj.), 100/220, enf. 70 – ☐ 40 – **10 ch** 180/250 – ½ P 240/340.

CAHORS P *46000 Lot 79 ⑧ G. Périgord Quercy – 19 735 h alt. 135.*

Voir *Pont Valentré*** **AZ** – *Portail Nord*** *et cloître** *de la cathédrale St-Etienne** **BY E** – ≤* *du pont Cabessut* **BY** – *Croix de Magne* ≤* *O : 5 km par D 27* **AZ** – *Barbacane et tour St-Jean** **ABY K.**

Env. *Mont-St-Cyr* ≤* **BZ** *7 km par D 6.*

Office de Tourisme pl. F.-Mitterand ☎ 05 65 53 20 65, Fax 05 65 53 20 74.

Paris 580 ① – Agen 88 ① – Albi 107 ④ – Bergerac 105 ① – Brive-la-Gaillarde 100 ① – Montauban 60 ④ – Périgueux 126 ①.

Plan page suivante

Terminus M, 5 av. Ch. de Freycinet ☎ 05 65 35 24 50, *Fax 05 65 22 06 40* – |♦|, ▤ rest, TV ☎ P – 25. AE ⓓ GB. ✻ AY s
Balandre ☎ 05 65 30 01 97 *(fermé dim. soir et lundi sauf juil.-août)* **Repas** 170 bc (déj.), 150(dîn.)/350 – ☐ 40 – **22 ch** 300/650 – ½ P 475/700.

Chartreuse, fg St Georges ☎ 05 65 35 17 37, *Fax 05 65 22 30 03,* ≤, ⛱ – |♦|, ▤ rest, TV ☎ P – 25. AE GB BZ u
fermé janv. – **Repas** 85/220 ♀, enf. 45 – ☐ 40 – **51 ch** 240/360 – ½ P 275/315.

France sans rest, 252 av. J. Jaurès ☎ 05 65 35 16 76, *Fax 05 65 22 01 08* – |♦| ▤ TV ☎ – 50. AE ⓓ GB. ✻ AY n
fermé 19 déc. au 5 janv. – ☐ 40 – **79 ch** 230/400.

XX **Taverne,** pl. P. Escorbiac ☎ 05 65 35 28 66, *Fax 05 65 22 17 34,* 宗 – ▤. GB BY a
fermé dim. soir et sam. d'oct. à mai – **Repas** 85/250.

XX **Rendez-Vous,** 49 r. C. Marot ☎ 05 65 22 65 10, *Fax 05 65 35 11 05* – GB BY e
fermé vacances de printemps, 23 nov. au 7 déc., dim. en juil.-août, dim. soir et lundi de sept. à juin – **Repas** (72) - 110/165 ♀.

X **Chez Benoît,** 46 r. Daurade ☎ 05 65 53 10 55, *Fax 05 65 53 10 55,* 宗 – GB. ✻ BY r
fermé en oct., dim. soir et lundi – **Repas** 120/220 ♀.

rte de Luzech *par ① : 3,5 km à Labéraudie – ✉ 46090 Cahors :*

Clos Grand 🐚, ☎ 05 65 35 04 39, *Fax 05 65 22 56 69,* ⛱, 🌳 – TV ☎ P. GB. ✻ ch
fermé 31 mai au 9 juin, 27 sept. au 6 oct., 23 au 26 déc. et vacances de fév. – **Repas** (68) - 85/235 ♀, enf. 47 – ☐ 38 – **21 ch** 210/310 – ½ P 260/320.

rte de Brive *par ① et N 20 : 7 km – ✉ 46000 Cahors :*

XX **Garenne,** ☎ 05 65 35 40 67, 宗, « Joli cadre rustique », 🌳 – P. GB
fermé 1er fév. au 9 mars, mardi soir et merc. sauf du 15 juil. au 31 août – **Repas** 90/270, enf. 50.

à Mercuès *par ① : 10 km – 768 h. alt. 133 – ✉ 46090 :*

Château de Mercuès ⑤, ✆ 05 65 20 00 01, *Fax 05 65 20 05 72,* ≤ vallée du Lot, parc, « Ancien château des Comtes-Évêques de Cahors », ⑤, ⑤ – ⑤ TV ☎ ⑤ P – 60. AE ⑥ GB. ⑤ rest
Pâques-1er nov. – **Repas** *(fermé merc. sauf juil.-août)* 200/420 et carte 330 à 460 ⑤ – ⑤ 85 – **24 ch** 800/1500, 6 appart – ½ P 690/1090
Spéc. Salade de pigeonneau au fois gras. Rougets de roche en filets poêlés. Mitonnée de tête de porc au bouillon de truffes. **Vins** Cahors.

à Lamagdelaine *par ② : 7 km – 731 h. alt. 122 – ✉ 46090 :*

XXX **Claude Marco** M ⑤ avec ch, ✆ 05 65 35 30 64, *Fax 05 65 30 31 40,* ⑤, ⑤, ⑤ – TV ☎ ⑤ P. AE GB
fermé 19 au 29 oct., 5 janv. au 5 mars, dim. soir et lundi sauf du 15 juin au 15 sept. – **Repas** 130/295 et carte 250 à 420, enf. 75 – ⑤ 50 – **4 ch** 550/680
Spéc. Artichaut braisé, cèpes et foie gras poêlés. Poitrine de pigeonneau et foie gras grillés, truffes à l'huile et sel de Guérande. Pot-au-feu de canard, foie à la feuille de chou (oct. à mai). **Vins** Cahors.

au Montat *par ④ et D 47 : 8,5 km – 685 h. alt. 271 – ✉ 46090 :*

XXX **Les Templiers,** ✆ 05 65 21 01 23, *Fax 05 65 21 02 38,* « Belle salle voûtée » – AE ⑥ GB
fermé 1er au 12 juil., 9 au 29 janv., mardi (sauf août) et dim. soir – **Repas** 87/235 et carte 210 à 290, enf. 50.

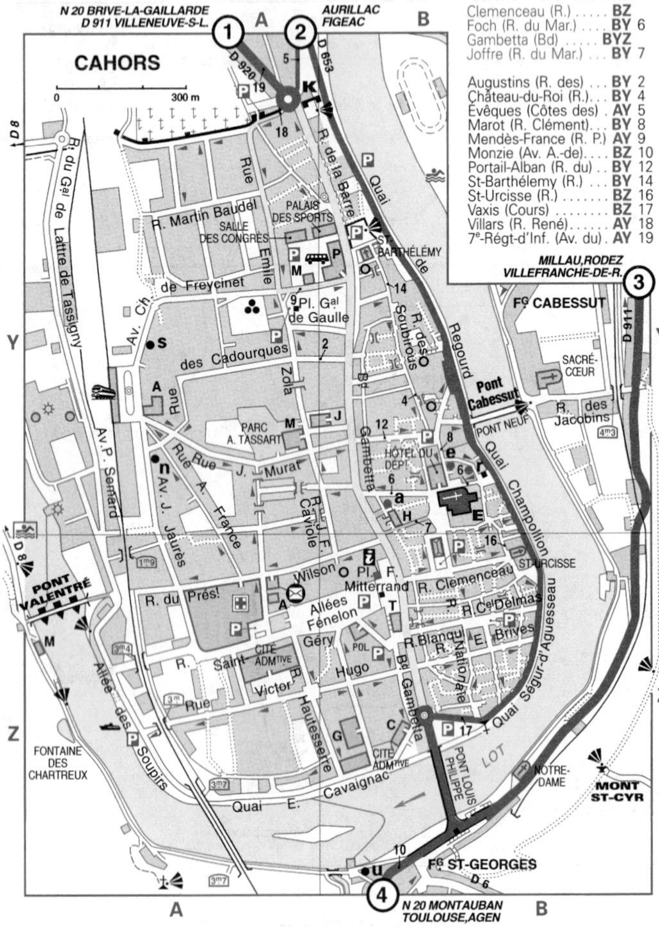

CITROEN Midi Auto 46, rte de Toulouse par ④ ✆ 05 65 35 27 61
PEUGEOT Gd Gar. du Boulevard, rte de Toulouse par ④ ✆ 05 65 35 02 02 🅽 ✆ 06 09 77 24 81
RENAULT Renault Cahors, rte de Toulouse par ④ ✆ 05 65 35 15 95 🅽 ✆ 05 65 20 72 19
Elf Gambetta, 68 bd Gambetta ✆ 05 65 35 32 17

Gar. Desprat, 129 bd Gambetta ✆ 05 65 35 04 36

Euromaster, rte de Toulouse ✆ 05 65 35 09 02
Euromaster, ZI de Regourd ✆ 05 65 35 46 20
Garrigue-Vulco, av. Monzie, rte de Toulouse ✆ 05 65 35 51 12

CAHUZAC-SUR-VÈRE *81140 Tarn 79 ⑲ – 1 074 h alt. 240.*

Office de Tourisme (saison) ✆ 05 63 33 01 71 ou Mairie ✆ 05 63 33 90 18.
Paris 666 – Toulouse 68 – Albi 28 – Gaillac 11 – Montauban 59 – Rodez 91 – Villefranche-de-Rouergue 60.

Falaise, rte Cordes ✆ 05 63 33 96 31, *Fax 05 63 33 96 31,* – P. GB
fermé vacances de Toussaint, de fév., dim. soir de sept. à juin et lundi – **Repas** 90/220 ♀.

CAILLOUET *27 Eure 55 ⑰ – rattaché à Pacy-sur-Eure.*

Une réservation confirmée par écrit ou par fax est toujours plus sûre.

CAILLY-SUR-EURE *27490 Eure* 55 ⑰ *– 191 h alt. 23.*

Paris 100 – Rouen 43 – Évreux 12 – Louviers 12 – Vernon 26.

Deux Sapins 🐦, ☎ 02 32 67 75 13, *Fax 02 32 67 73 62,* ⛱ – TV ☎ ♿ P. GB
fermé 10 août au 1er sept., lundi (sauf hôtel) et dim. soir – **Repas** 65/200 bc – ☕ 32 – **16 ch** 260 – 1/2 P 260/280.

CAIRANNE *84290 Vaucluse* 81 ② *– 863 h alt. 136.*

Paris 652 – Avignon 42 – Bollène 47 – Montélimar 51 – Nyons 25 – Orange 17 – Vaison-la-Romaine 15.

Aub. Castel Miréïo M, rte Orange par D 93 ☎ 04 90 30 82 20, *Fax 04 90 30 78 39* – ▤ TV ☎ ♿ P. GB
fermé 24 août au 3 sept. et 2 au 20 janv. – **Repas** *(fermé merc. soir et dim. soir sauf juil.-août)* 88 (déj.), 110/172 ♀ – ☕ 38 – **8 ch** 280/350 – 1/2 P 285/310.

CALACUCCIA *2B H.-Corse* 90 ⑮ *– voir à Corse.*

CALAIS SP *62100 P.-de-C.* 51 ② *G. Flandres Artois Picardie – 75 309 h Aggo. 101 768 h alt. 5 – Casino* **CX**.

Voir *Monument des Bourgeois de Calais (Rodin)*★★ *– Phare* ✻★★ **DX** *– Musée des Beaux-Arts et de la Dentelle*★ **CX M**[1].

Env. *Cap Blanc Nez*★★ *SO : 13 km par* ④.

Tunnel sous la Manche : Terminal de Coquelles AU, renseignements "Le Shuttle" ☎ 03 21 00 61 00.

🚗 ☎ *08 36 35 35 35.*

🅘 *Office de Tourisme 12 bd Clemenceau ☎ 03 21 96 62 40, Fax 03 21 96 01 92.*

Paris 290 ② – Amiens 157 ③ – Boulogne-sur-Mer 36 ③ – Dunkerque 45 ① – Le Havre 278 ③ – Lille 112 ① – Oostende 96 ① – Reims 273 ② – Rouen 215 ③ – St-Omer 41 ②.

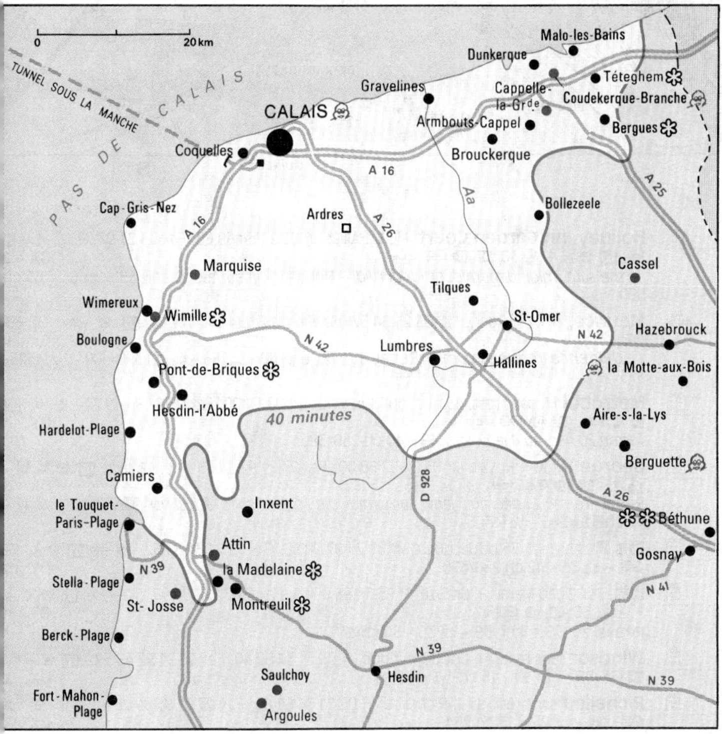

CALAIS

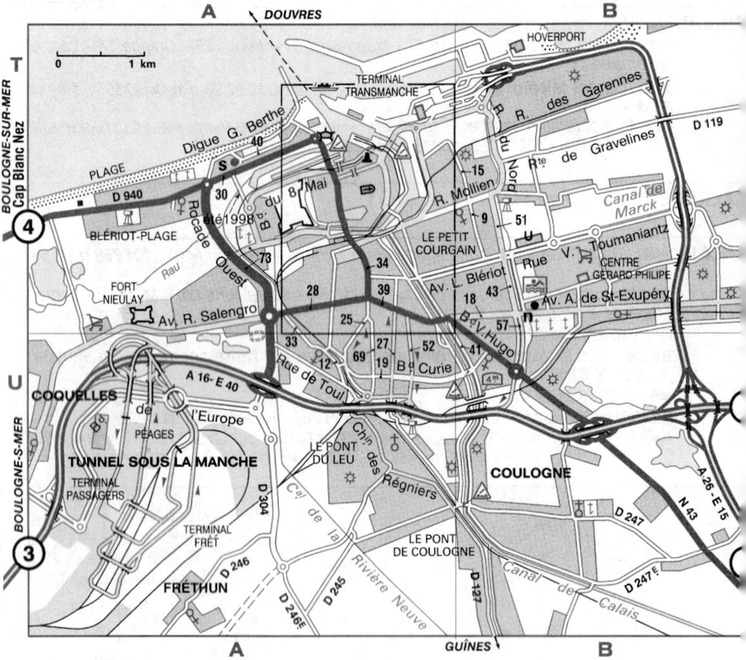

Holiday Inn Garden Court M, bd Alliés ☎ 03 21 34 69 69, *Fax 03 21 97 09 15*, ← – 30. AE GB JCB CX
fermé sam. midi, dim. midi et lundi midi – **Repas** (grill) 95/150 ♀, enf. 55 – ☐ 65 – **65 ch** 590.

Meurice, 5 r. E. Roche ☎ 03 21 34 57 03, *Fax 03 21 34 14 71* – AE GB CX
La Diligence *(fermé sam. midi)* **Repas** 80/300, enf. 48 – ☐ 56 – **41 ch** 390/500 – 1/2 P 325 375.

Métropol H. sans rest, 43 quai du Rhin ☎ 03 21 97 54 00, *Fax 03 21 96 69 70* – AE GB JCB CY
fermé 20 déc. au 4 janv. – ☐ 48 – **40 ch** 250/380.

George V, 36 r. Royale ☎ 03 21 97 68 00, *Fax 03 21 97 34 73* – rest, 25. AE GB JCB CX
Repas *(fermé 21 déc. au 5 janv., sam. midi, dim. soir et soirs fériés)* (79) - 95/275 bc – ☐ 42 – **42 ch** 310/380 – 1/2 P 305.

Ibis M sans rest, 35 bd Jacquard ☎ 03 21 97 98 98, *Fax 03 21 34 63 62* – GB – ☐ 35 – **42 ch** 280/320. DY

Ibis, ZUP Beau Marais, r. Greuze ☎ 03 21 96 69 69, *Fax 03 21 97 89 99*, – 30. AE GB BT
Repas (75) - 95 ♀, enf. 39 – ☐ 35 – **55 ch** 350.

Windsor sans rest, 2 r. Cdt Bonningue ☎ 03 21 34 59 40, *Fax 03 21 97 68 59* – AE GB – ☐ 30 – **15 ch** 170/333. DX

Richelieu sans rest, 17 r. Richelieu ☎ 03 21 34 61 60, *Fax 03 21 85 89 28* – AE GB. – ☐ 25 – **15 ch** 254. CX

CALAIS

Fontinettes (R. des). . . . . . **CDY** 24
Gambetta (Bd Léon). . . . . . . **CY**
Jacquard (Bd) . . . . **CDY**
Lafayette (Bd) . . . . **DY**
Pasteur (Bd) . . . . **DY**
Royale (R.) . . . . **CX** 63

Amsterdam (R. d'). . . . . . . **DXY** 3
Angleterre (Pl. d') . . . . **DX** 4
Barbusse (Pl. Henri) . . . . **DX** 6
Bonningue (R. du Cdt) . . . . . **DX** 7
Bruxelles (R. de). . . . . **DX** 10
Chanzy (R. du Gén.) . . . . **DY** 13
Commune de Paris
(R. de la) . . . . **CDY** 16
Escaut (Quai de l') . . . . **CY** 21
Foch (Pl. Mar.) . . . . **CXY** 22
George-V (Pont) . . . . **CY** 31
Jacquard (Pont). . . . . **CY** 36
Jean-Jaurès (R.) . . . . **DY** 37
Londres (R. de). . . . . **DX** 42
Mer (R. de la) . . . . **CX** 45
Notre-Dame (R.) . . . . **CD** 46
Paix (R. de la) . . . . **CX** 48
Paul-Bert (R.) . . . . **CDY** 49
Prés.-Wilson (Av. du) . . . . . . **CY** 54
Quatre-Coins (R. des). . . . . . **CY** 55
Rhin (Quai du) . . . . **CY** 58
Richelieu (R.) . . . . **CX** 60
Rome (R. de) . . . . **CY** 61
Soldat-Inconnu
(Pl. du) . . . . **DY** 64
Tamise (Quai de la) . . . . . . **CDY** 66
Thermes (R. des) . . . . **CX** 67
Varsovie (R. de) . . . . **DY** 70
Vauxhall (R. du) . . . . **CY** 72

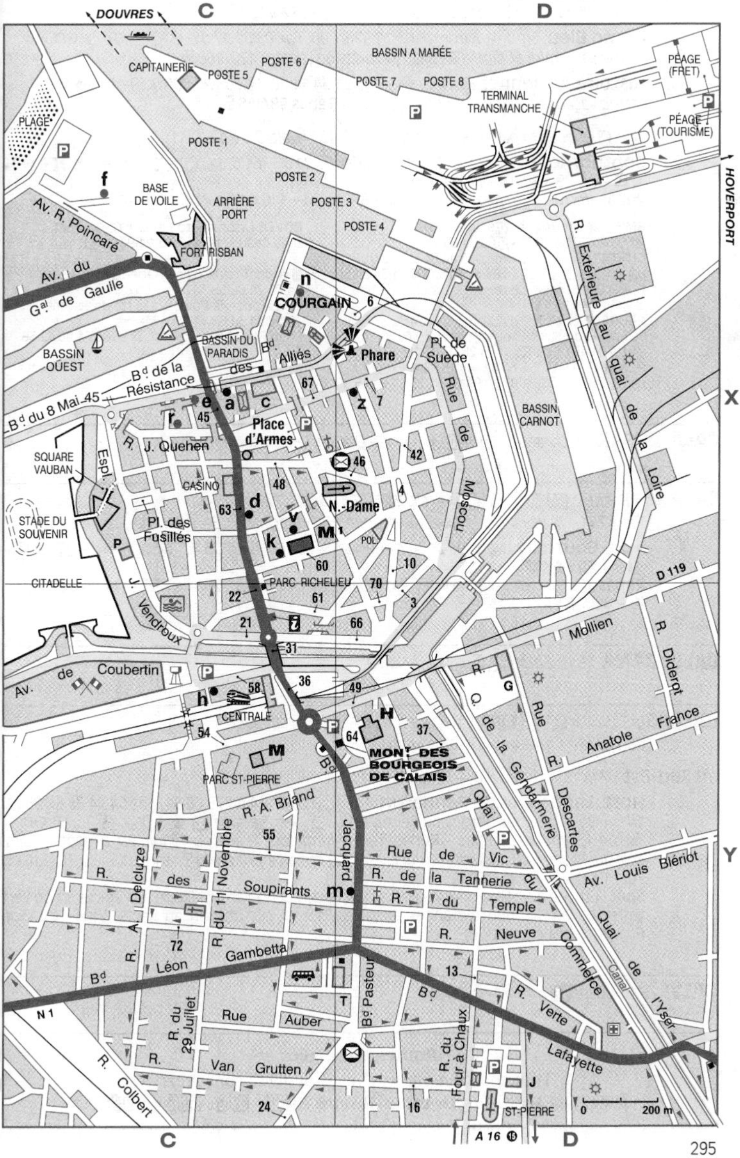

XX **Au Côte d'Argent,** 1 digue G. Berthe ☎ 03 21 34 68 07, *Fax 03 21 96 42 10,* ≤ – AE ⓞ GB CX f
fermé 1er au 15 sept., dim. soir et lundi – **Repas** 98/280 ♀.

XX **Aquar'aile,** 255 r. J. Moulin ☎ 03 21 34 00 00, *Fax 03 21 34 15 00,* ≤ – ▤. AE ⓞ GB JCB
fermé dim. soir – **Repas** 98/230 ♀. AT s

XX **Channel,** 3 bd Résistance ☎ 03 21 34 42 30, *Fax 03 21 97 42 43* – ▤. AE ⓞ GB JCB CX e
fermé 23 juil. au 6 août, 21 déc. au 11 janv., dim. soir (sauf fériés) et mardi – **Repas** 98/290 ♀.

XX **Pléiade,** 32 r. J. Quehen ☎ 03 21 34 03 70, *Fax 03 21 34 03 13* – ▤. AE ⓞ GB CX r
fermé 17 au 30 août, sam. midi et lundi – **Repas** 120/195 ♀.

X **Grand Bleu,** 5 r. J.-P. Avron ☎ 03 21 97 97 98, *Fax 03 21 97 97 98,* 🏖 – AE ⓞ GB JCB
fermé sam. midi et dim. – **Repas** - produits de la mer - 120/160 ♀. CX n

X **Histoire Ancienne,** 20 r. Royale ☎ 03 21 34 11 20, *Fax 03 21 96 19 58* – AE ⓞ GB
fermé vacances de fév., lundi soir et dim. – **Repas** 98/158 ♀. CX x

à Coquelles *Ouest : 6 km par av. R. Salengro* **AT** *– 2 133 h. alt. 5 – ✉ 62231 :*

Copthorne M ⛰, ☎ 03 21 46 60 60, *Fax 03 21 85 76 76,* 🏋, 🏊 – |⇕| ✈, ▤ rest, TV ☎ 📞 ♿ P – 🎤 25 à 80. AE ⓞ GB JCB
Repas *(fermé sam. midi)* 130 bc, enf. 48 – ☕ 60 – **118 ch** 580/680.

BMW Gar. Lengaigne, 229 bis bd V.-Hugo ☎ 03 21 85 55 00 N ☎ 03 21 85 55 00
CITROEN Calaisis Autom., 326 av. St-Exupéry par N 1 **BT** ☎ 03 21 34 81 60 N ☎ 03 21 34 81 60
FORD Gar. Europe, 58 rte de St-Omer ☎ 03 21 46 23 11
PEUGEOT Calais Nord Autom., 361 av. A.-de-Saint-Exupéry par N 1 **BT** ☎ 03 21 46 05 05 N ☎ 03 28 02 42 18
RENAULT D.A.C., 56-60 av. A.-de-Saint-Exupéry par N 1 **BT** ☎ 03 21 97 20 99 N ☎ 03 21 96 15 90
ROVER Littoral Auto Calais, r. G.-Courbet, ZI du Beau Marais ☎ 03 21 96 14 41

Argot Pneus, 62 av. A.-de-Saint-Exupéry ☎ 03 21 96 58 34
Pneu Fauchille Point S, 155 rte de St-Omer ☎ 03 21 34 68 17
Pneu Francois, r. C.-Ader, ZI ☎ 03 21 96 42 36

CALA-ROSSA *2A Corse-du-Sud* 90 ⑧ – *voir à Corse (Porto-Vecchio).*

CALAS *13 B.-du-R.* 84 ③ ⑬, 114 ⑮ *– alt. 209 – ✉ 13480 Cabriès.*
Paris 761 – Marseille 21 – Aix-en-Provence 11 – Marignane 16 – Salon-de-Provence 36.

XX **Aub. Bourrelly** avec ch, ☎ 04 42 69 13 13, *Fax 04 42 69 13 40,* 🏖, 🏊, 🌳 – TV ☎ P – 🎤 70. AE ⓞ GB
Repas *(fermé fév., dim. soir et lundi sauf juil.-août)* 165/225 – ☕ 50 – **11 ch** 350/420 – ½ P 420/440.

CALENZANA *2B H.-Corse* 90 ⑭ – *voir à Corse.*

CALLAS *83830 Var* 84 ⑦, 114 ㉓ *G. Côte d'Azur – 1 276 h alt. 398.*
Paris 873 – Castellane 52 – Draguignan 16.

au Sud-Est *: 7 km sur rte du Muy – ✉ 83830 Callas :*

Host. Les Gorges de Pennafort M ⛰, D 25 ☎ 04 94 76 66 51, *Fax 04 94 76 67 23,* ≤, 🏖, « Isolé, face aux gorges de Pennafort », 🏊, 🌳, 🎾 – ▤ TV ☎ ♿ P – 🎤 25. AE GB
✿ *fermé 15 janv. au 15 mars* – **Repas** *(fermé lundi sauf le soir du 15 juin au 15 sept. et dim. soir du 15 sept. au 15 juin)* 170 (déj.), 230/305 et carte 270 à 440 ♀, enf. 100 – ☕ 70 – **16 ch** 700/1000 – ½ P 600/730
Spéc. Etuvée de homard sauce cerfeuil. Tête de cochon croustillante aux épices, chou vert truffé et lard. Coupe d'oranges en gelée, sorbet et sabayon au xérès. **Vins** Côtes de Provence blanc et rouge.

CALVI *2B H.-Corse* 90 ⑬ – *voir à Corse.*

Routes enneigées

Pour tous renseignements pratiques, consultez les cartes Michelin « **Grandes Routes** » 918, 919, 916 ou 989.

CALVINET *15340 Cantal 76 ⑪ – 404 h alt. 600.*
Paris 606 – Aurillac 35 – Rodez 57 – Entraygues-sur-Truyère 30 – Figeac 39 – Maurs 18.

XX **Beauséjour** (Puech) Ⓜ avec ch, ✆ 04 71 49 91 68, *Fax 04 71 49 98 63* – TV ☎ ✆ P. GB. ✕ rest
fermé 15 janv. au 15 fév., dim. soir et lundi hors saison sauf fériés – **Repas** (prévenir) 95/300 et carte 210 à 270 ♀, enf. 60 – ☕ 40 – **12 ch** 260/300 – ½ P 300
Spéc. Salade d'asperges et jambon cru (15 avril au 15 juin). Petit chou farci " à ma façon". Sablé à la châtaigne, poêlée de pommes reinette.

PEUGEOT Gar. Lavigne, ✆ 04 71 49 91 57

CAMARET-SUR-MER *29570 Finistère 58 ③ G. Bretagne – 2 933 h alt. 4.*
Voir *Pointe de Penhir★★★ SO : 3,5 km.*
Env. *Pointe des Espagnols★★ NE : 13 km.*
Office de Tourisme 15 quai Kléber ✆ 02 98 27 93 60, Fax 02 98 27 87 22.
Paris 593 – Brest 65 – Châteaulin 41 – Crozon 7 – Morlaix 87 – Quimper 57.

Thalassa Ⓜ, ✆ 02 98 27 86 44, *Fax 02 98 27 88 14*, ←, Fo, ⛱ – 🛗 TV ☎ ♿ P – 🏛 25. AE ⓓ GB
hôtel : 12 avril-30 sept. ; rest. : 8 mai-30 sept. – **Repas** 110/265 ♀, enf. 45 – ☕ 45 – **47 ch** 300/600 – ½ P 330/450.

Vauban sans rest, ✆ 02 98 27 91 36, *Fax 02 98 27 96 34*, ← – ☎ ✆ P. GB
fermé 31 déc. au 3 fév. – ☕ 35 – **16 ch** 160/250.

Pour aller loin rapidement,
utilisez les ***cartes Michelin*** *des pays* ***d'Europe*** *à 1/1 000 000.*

CAMBO-LES-BAINS *64250 Pyr.-Atl. 85 ③ G. Pyrénées Aquitaine – 4 128 h alt. 67 – Stat. therm. (mi fév.-fin déc.).*
Voir *Arnaga★ (villa d'Edmond Rostand)* **M** – *Vallée de la Nive★ au Sud par D 918.*
Office de Tourisme parc St-Joseph ✆ 05 59 29 70 25, Fax 05 59 29 90 77.
Paris 787 ② – Biarritz 20 ② – Bayonne 18 ② – Pau 116 ① – St-Jean-de-Luz 31 ② – St-Jean-Pied-de-Port 35 ① – San Sebastián 64 ②.

CAMBO-LES-BAINS

Chiquito de Cambo	2
Espagne (Av. d')	3
Mairie (Av. de la)	4
Marronniers (Allées des)	5
Navarre (Av. de)	6
Neubourg (Allées A.-de)	7
Professeur-Grancher (Bd du)	8
Rostand (Av. Ed.)	9
Terrasses (R. des)	12
Thermes (Av. des)	13

To go a long way quickly,
use ***Michelin maps***
at a scale of 1:1 000 000.

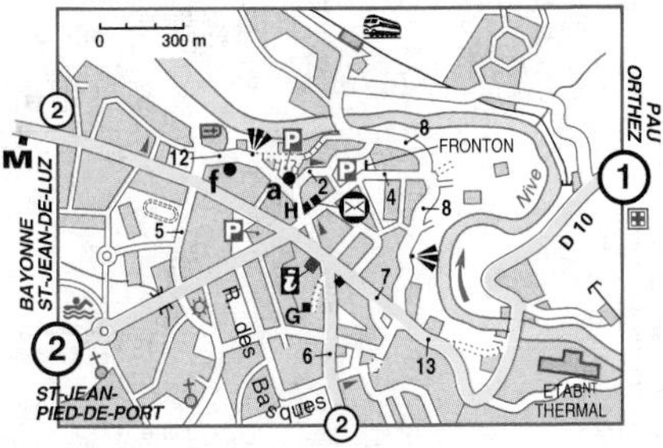

Bellevue, r. Terrasses **(f)** ✆ 05 59 93 75 75, *Fax 05 59 93 75 85*, 🌳, ⛱, 🚗 – TV ☎ P. AE GB. ✕ rest
fermé 3 nov. au 1er fév. et lundi sauf juil.-août – **Repas** *(fermé 20 déc. au 6 janv., 15 au 28 fév. et lundi sauf juil.-août)* 98/153 ♀ - ***Bistrot*** *(fermé lundi)* **Repas** (55)-65 🍷 – ☕ 34 – **26 ch** 230/360 – P 330/380.

Chez Tante Ursule (annexe Ⓜ 10 ch), Nord, quartier Bas-Cambo : 2 km ✆ 05 59 29 78 23, *Fax 05 59 29 28 57*, 🌳 – TV ☎ ♿. AE GB. ✕ ch
fermé fév. – **Repas** *(fermé mardi)* 90/200 ♀ – ☕ 30 – **17 ch** 165/280 – P 225/285.

Trinquet sans rest, r. Trinquet **(a)** ✆ 05 59 29 73 38, *Fax 05 59 29 25 61* – ☎ ✆
fermé 3 nov. au 2 déc. et mardi d'oct. à juin – ☕ 25 – **12 ch** 155/205.

CAMBRAI ⟨SP⟩ *59400 Nord 53 ③ ④ G. Flandres Artois Picardie – 33 092 h alt. 53.*
Voir *Mise au tombeau★★ de Rubens dans l'église St-Géry* **AY** – *Musée municipal : clôture du choeur★, char de procession★* **AZ M.**
Office de Tourisme 48 r. de Noyon ✆ 03 27 78 36 15, Fax 03 27 74 82 82 – Automobile Club 17 mail St-Martin ✆ 03 27 81 30 75.
Paris 179 ⑥ – St-Quentin 39 ⑤ – Amiens 80 ⑥ – Arras 36 ⑥ – Lille 69 ⑦ – Valenciennes 32 ①.

CAMBRAI

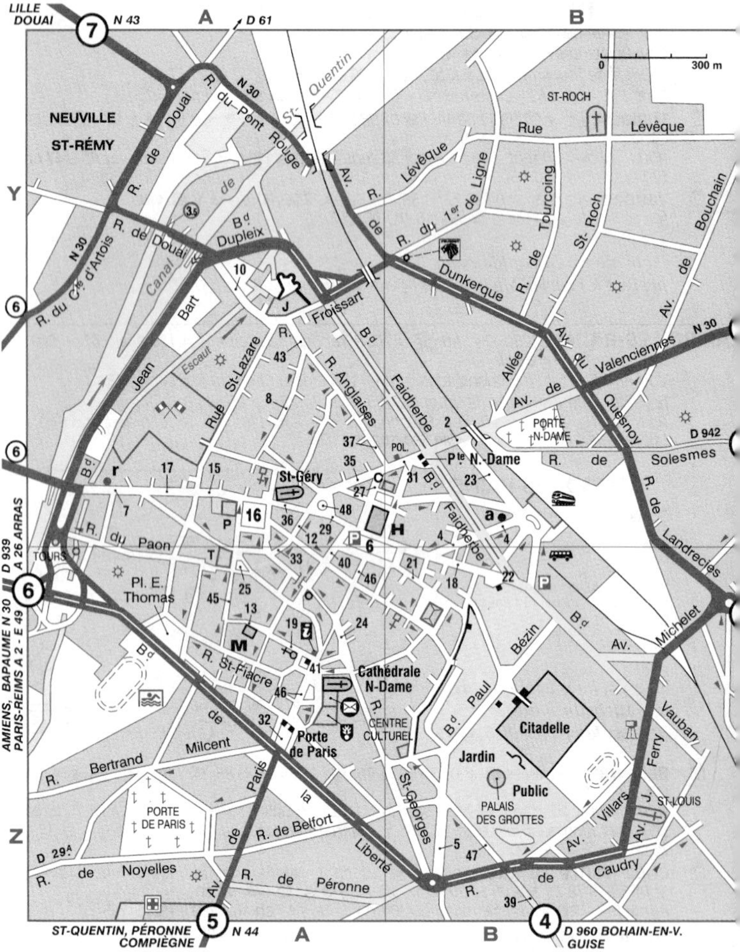

Château de la Motte Fénelon, square Château (par allée St Roch - Nord du plan) BY ✆ 03 27 83 61 38, *Fax 03 27 83 71 61*, parc, – TV ☎ P – 30 à 100. AE GB
Les Douves (fermé dim. soir et soirs fériés) **Repas** 120 bc (déj.), 140/230 – ☕ 55 – **40 ch** 310/540 – 1/2 P 310/675.

Beatus, sans rest, 718 av. Paris par ⑤ : *1,5 km* ✆ 03 27 81 45 70, *Fax 03 27 78 00 83* – TV ☎ P – 30. AE GB
☕ 50 – **32 ch** 330/460.

Mouton Blanc, 33 r. Alsace-Lorraine ✆ 03 27 81 30 16, *Fax 03 27 81 83 54* – 30. AE GB BY a
(fermé 1er au 9 août, dim. et lundi) – **Repas** 110/225 – 40 – **32 ch** 260/350 – ½ P 220/240.

Crabe Tambour, 52 r. Cantimpré ✆ 03 27 83 10 18 – GB AY r
fermé août, 4 au 10 janv., dim. soir, soirs fériés et lundi – **Repas** 98/158.

à l'échangeur A2 *par ⑥ : 3 km – ✉ 59400 Cambrai :*

Campanile, ✆ 03 27 81 62 00, *Fax 03 27 83 07 87,* – P – 25. AE GB
Repas *(66)* - 84 bc/107 bc, enf. 39 – 34 – **39 ch** 278.

PEUGEOT Auto du Cambrésis, 80 av. de Dunkerque ✆ 03 27 72 87 28 N ✆ 03 28 02 49 75
RENAULT S.A.N.A.C., 200 rte de Solesmes par ② ✆ 03 27 82 96 96 N ✆ 03 28 02 07 66
Lesage Pneus Point S, 28 bd Faidherbe ✆ 03 27 83 84 85
Vulco, 136 bd Faidherbe ✆ 03 27 81 88 88

CAMIERS *62176 P.-de-C. 51 ⑪ – 2 176 h alt. 23.*
Paris 240 – Calais 56 – Arras 96 – Boulogne-sur-Mer 20 – Le Touquet 10.

Cèdres , ✆ 03 21 84 94 54, *Fax 03 21 09 23 29,* – P. AE GB
fermé 15 déc. au 5 janv. – **Repas** *(fermé dim. soir hors sais.)* *(58)* - 80/188 – 35 – **29 ch** 160/315 – ½ P 295.

CAMOËL *56130 Morbihan 63 ⑭ – 598 h alt. 26.*
Paris 454 – Nantes 81 – Vannes 39 – La Baule 28 – La Roche-Bernard 11 – St-Nazaire 36.

Vilaine sans rest, ✆ 02 99 90 01 96, *Fax 02 99 90 09 81* – P. AE GB
1er mars-30 nov. – 32 – **24 ch** 200/325.

CAMORS *56330 Morbihan 63 ② – 2 375 h alt. 113.*
Paris 473 – Vannes 38 – Auray 25 – Lorient 36 – Pontivy 29.

Bruyères sans rest, ✆ 02 97 39 29 99, *Fax 02 97 39 28 34* – P. GB.
fermé vacances de fév. – 32 – **14 ch** 280/300.

CAMPAGNE *24 Dordogne 75 ⑯ – rattaché au Bugue.*

CAMPAN *65710 H.-Pyr. 85 ⑱ G. Pyrénées Aquitaine – 1 390 h alt. 647.*
Voir *Vallée de Gripp★ S – Vallée de Lesponne★ SO : 1 km à partir de la D 935.*
Env. *Vallée de Campan★ S : 6,5 km.*
Paris 820 – Bagnères-de-Luchon 64 – Pau 67 – Arreau 32 – Bagnères-de-Bigorre 6 – Luz-St-Sauveur 42 – Tarbes 26.

Beauséjour, ✆ 05 62 91 75 30 – . AE GB
fermé 15 nov. au 15 déc. – **Repas** 57/155 – 26 – **19 ch** 150/220 – ½ P 195/228.

CAMPBON *44750 Loire-Atl. 63 ⑮ – 2 918 h alt. 31.*
Paris 418 – Nantes 45 – Redon 33 – St-Nazaire 28 – Vannes 70.

Jaguais, rte Bouvron Est : 1,5 km ✆ 02 40 56 58 93, *Fax 02 40 56 51 84,* – P. GB
fermé août, 2 au 8 janv., mardi soir, merc. soir, dim. soir et lundi – **Repas** 95/230 - ***Autour de la Cuisinière à Bois :*** **Repas** 55 (déj.), 78/95, enf. 55.

CITROEN Gar. Plissonneau, ✆ 02 40 56 55 89

Le CAMP-LAURENT *83 Var 84 ⑤ ⑮, 114 ㊺ – rattaché à Toulon.*

CAMPS *19 Corrèze 75 ⑳ – 293 h alt. 700 – ✉ 19430 Mercoeur.*
Voir *Rocher du Peintre ≤★ S : 1 km,* **G. Berry Limousin.**
Paris 522 – Aurillac 44 – Brive-la-Gaillarde 69 – St-Céré 30 – Tulle 46.

Lac , ✆ 05 55 28 51 83, *Fax 05 55 28 53 71* – . GB
fermé fév., dim. soir et lundi hors saison – **Repas** 70 (déj.), 98/210, enf. 52 – 29 – **11 ch** 230/250 – ½ P 230/240.

CANAPVILLE *14 Calvados 55 ③ – rattaché à Deauville.*

CANCALE *35260 I.-et-V. 59 ⑥ G. Bretagne– 4 910 h alt. 50.*

Voir Site★ du port★ – ☼★ de la tour de l'église St-Méen Z – *Pointe du Hock ≤★* Z.

Office de Tourisme 44 r. du Port ☏ 02 99 89 63 72, Fax 02 99 89 75 08 et la Criée (saison et vacances scolaires) Port de la Houle ☏ 02 99 89 74 80.

Paris 419 ① – St-Malo 15 ② – Avranches 63 ① – Dinan 35 ① – Fougères 75 ① – Le Mont-St-Michel 50 ①.

CANCALE

Leclerc (R. Gén.) .... YZ 20
Port (R. du) .... Z

Bricourt (Pl.) .... Y 3
Calvaire (Pl. du) .... Z 4
Du-Guesclin (R.) .... Y 8
Duguay-Trouin (Quai) .... Z 9
Duquesne (R.) .... Y 10
Fenêtre (Jetée de la) .... Z 12
Gallais (R.) .... Y 13
Gambetta (Quai) .... Z 14
Hock (R. du) .... Z 16
Jacques-Cartier (Quai) .... Z 17
Juin (R. du Mar.) .... Z 18
Kennedy (Quai) .... Z 19
Mennais (R. de la) .... Y 22
République (Pl. de la) .... Z 23
Roulette (R. de la) .... Z 24
Rimains (R. des) .... Y 25
Stade (R. du) .... Y 27
Surcouf (R.) .... Y 28
Thomas (Quai) .... Z 30

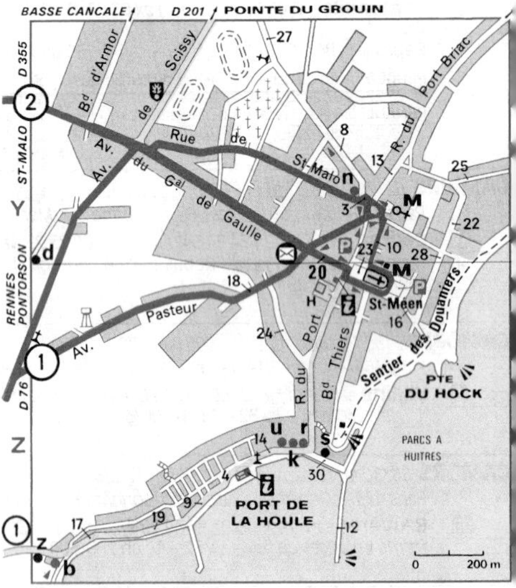

Les principales voies commerçantes figurent en rouge au début de la liste des plans de villes.

de Bricourt-Richeux ⊗, rte Mont-St-Michel : 6,5 km par D 76, D 155 et voie secondaire ☏ 02 99 89 64 76, *Fax 02 99 89 88 47*, ≤ baie du Mont-St-Michel, parc, « Élégante villa des années 20 dominant la baie du Mont-St-Michel » – |‡| TV ☎ ℭ ♿ P. AE ⓓ GB
voir aussi rest. ***Maison de Bricourt*** ci-après - ***Le Coquillage*** ☏ 02 99 89 25 25 *(fermé jeudi midi sauf juil.-août, mardi midi et lundi)* **Repas** 120/220 ♀, enf. 75 – ☕ 85 – **13 ch** 750/1450.

Continental, quai Thomas ☏ 02 99 89 60 16, *Fax 02 99 89 69 58*, ≤, 帘 – |‡| TV ☎ ℭ. AE ⓓ GB Z s
fermé 5 janv. au 20 fév. – **Repas** *(fermé mardi midi et lundi) (98)* - 118/380 ♀, enf. 68 – ☕ 54 – **19 ch** 450/750 – ½ P 325/525.

Chatellier sans rest, par ② : *1 km sur D 355* ☏ 02 99 89 81 84, *Fax 02 99 89 61 69*, 帘 – TV ☎ ℭ ♿ P. GB
☕ 35 – **13 ch** 300/330.

Nuit et Jour sans rest, av. Scissy ☏ 02 99 89 75 59, *Fax 02 99 89 77 13*, ⛱, 帘 – cuisinette TV ☎ ℭ ♿ P. GB YZ d
fermé 15 nov. au 20 déc. et 3 janv. au 3 fév. – ☕ 40 – **30 ch** 290.

Voilerie sans rest, Le Chemin Neuf ☏ 02 99 89 88 00, *Fax 02 99 89 74 00* – TV ☎ P. GB Z z
fermé 15 nov. au 5 déc. et dim. soir d'oct. à mars – ☕ 35 – **13 ch** 230/300.

XXX ✿✿ **Maison de Bricourt** (Roellinger), r. Duguesclin ☏ 02 99 89 64 76, *Fax 02 99 89 88 47*, « Malouinière du 18e siècle », 帘 – AE ⓓ GB Y n
mi-mars-mi-déc. et fermé merc. sauf le soir en juil.-août et mardi – **Repas** (nombre de couverts limité, prévenir) 250 (déj.)/660 et carte 430 à 550 ♀, enf. 120
Spéc. Huitres tièdes à la cancalaise. Homard aux saveurs de l'île aux épices. Saint-Pierre retour des Indes.

Les Rimains ⊗ sans rest, r. Rimains ☏ 02 99 89 64 76, *Fax 02 99 89 88 47*, ≤ baie du Mont-St-Michel, « Jardin surplombant la mer » – TV ☎ P. AE ⓓ GB
fermé 3 janv. au 15 mars – ☕ 85 – **6 ch** 650/850.

XX **Le St-Cast,** rte Corniche ✆ 02 99 89 66 08, *Fax 02 99 89 89 20,* ≤, 余 – AE GB Z b
fermé 12 nov. au 18 déc., vacances de fév., mardi sauf juil.-août et merc. – **Repas** 110/210 ♀, enf. 65.

XX **Cancalais** M avec ch, quai Gambetta ✆ 02 99 89 61 93, *Fax 02 99 89 89 24,* ≤ – ▤ rest, TV ☎ ✆. GB. ⊠ ch Z u
fermé 20 déc. au 5 fév., dim. soir et lundi d'oct. à juin – **Repas** 85/195 – ☐ 40 – **10 ch** 275/450.

X **Bistrot de Cancale,** quai Gambetta ✆ 02 99 89 92 42, *Fax 02 99 89 94 58,* 余 – GB
fermé 12 au 25 nov., 5 janv. au 5 fév., mardi sauf le soir de mai à août et lundi – **Repas** (nombre de couverts limité, prévenir) 95 (déj.), 135/350 ♀, enf. 68. Z r

X **Surcouf,** 7 quai Gambetta ✆ 02 99 89 61 75, *Fax 02 99 89 76 41* – AE ⓓ GB. ⊠ Z k
fermé 16 nov. au 8 déc., 6 au 21 janv., jeudi midi et merc. – **Repas** 92/162.

à la Pointe du Grouin★★ *Nord : 4,5 km par D 201 – ✉ 35260 Cancale :*

Pointe du Grouin ⛰ (annexe 5 ch ⛰ M TV ✂ ⚘ à 6 km), ✆ 02 99 89 60 55, *Fax 02 99 89 92 22,* ≤ îles et baie du Mt-St-Michel – TV ☎ P. GB
3 avril-1er oct. – **Repas** *(fermé mardi)* 115/315 ♀, enf. 70 – ☐ 45 – **21 ch** 390/520 – ½ P 390/445.

CANDÉ-SUR-BEUVRON *41120 L.-et-Ch. 64 ⑰ – 1 134 h alt. 70.*
Paris 198 – Orléans 77 – Tours 49 – Blois 15 – Chaumont-sur-Loire 7 – Montrichard 21.

Lion d'Or, ✆ 02 54 44 04 66, *Fax 02 54 44 06 19,* 余 – TV ☎ P. AE GB. ⊠
fermé 15 déc. au 1er fév. et mardi sauf hôtel du 1er avril au 15 oct. – **Repas** 72/200 ♀, enf. 45 – ☐ 30 – **10 ch** 120/260 – ½ P 160/230.

CANET-EN-ROUSSILLON *66140 Pyr.-Or. 86 ⑳ – 7 575 h alt. 11 – Casino.*
Office de Tourisme pl. Méditerranée ✆ 04 68 73 25 20, Fax 04 68 73 24 41.
Paris 855 – Perpignan 11 – Argelès-sur-Mer 20 – Narbonne 65.

Canet-Plage *66140 G. Pyrénées Roussillon :*
Voir *Musée du jouet*★, G. Pyrénées Roussillon.

Clos des Pins, 34 av. Roussillon ✆ 04 68 80 32 63, *Fax 04 68 80 49 19,* 余, « Maison catalane », ⚘ – ▤ ch, TV ☎ ✆ P. GB
fin mars-début nov. – ***Bistro Fleuri*** *(fermé lundi midi hors saison)* **Repas** 158/198, enf.80 – ☐ 50 – **16 ch** 350/500 – ½ P 400/450.

Althéa M, 120 prom. Côte Vermeille ✆ 04 68 80 28 59, *Fax 04 68 73 37 27,* ≤ – ⫼ ▤ TV ☎ ✆ – 🏛 25. AE GB. ⊠ rest
1er avril-15 nov. – **Repas** 90/195, enf. 55 – ☐ 40 – **48 ch** 360/460 – ½ P 325/345.

Aquarius, 40 av. Roussillon ✆ 04 68 73 30 00, *Fax 04 68 80 24 34,* 余, ⛱ – ⫼ TV ☎ P – 🏛 25. GB. ⊠
fermé Noël au Jour de l'An – **Repas** 90 ♀, enf. 50 – ☐ 38 – **50 ch** 360/390 – ½ P 300/310.

du Port, 21 bd Jetée ✆ 04 68 80 62 44, *Fax 04 68 73 28 83* – ⫼ TV ☎ ♿ 🚗 P. GB. ⊠ rest
hôtel : 15 mai-15 sept. ; rest. : 1er juin-15 sept. – **Repas** 85/110 ♀, enf. 45 – ☐ 38 – **36 ch** 345 – ½ P 295.

Les Sables, 25 r. Vallée du Rhône ✆ 04 68 80 23 63, *Fax 04 68 73 26 23,* ⛱ – ⫼ TV ☎ ✆ P. AE ⓓ GB JCB
1er avril-15 oct. – **Repas** snack carte 70 à 160 ♁ – ☐ 30 – **41 ch** 250/370.

Frégate sans rest, 12 r. Cerdagne ✆ 04 68 80 22 87, *Fax 04 68 73 82 72* – TV ☎ P. GB
fermé 15 nov. au 15 déc. – ☐ 37 – **27 ch** 280/350.

Chalosse sans rest, 41 av. Méditerranée ✆ 04 68 80 35 69, *Fax 04 68 80 56 71* – ⫼ TV ☎ P. GB. ⊠ – *fermé 1er au 15 nov.* – ☐ 34 – **15 ch** 275/320.

XX **Don Quichotte,** 22 av. de Catalogne ✆ 04 68 80 35 17, *Fax 04 68 73 36 05* – ▤. ⓓ GB
fermé mi-janv. au 1er mars, dim. soir et lundi hors saison – **Repas** 100/215 bc, enf. 45.

X **Rascasse,** 38 bd Tixador ✆ 04 68 80 20 79 – ▤. AE GB
1er avril-30 sept. et fermé jeudi sauf juil.-août – **Repas** 98/175 ♀, enf. 40.

CANGEY *37530 I.-et-L. 64 ⑯ – 722 h alt. 85.*
Paris 209 – Tours 34 – Amboise 12 – Blois 27 – Montrichard 26.

Fleuray ⛰, Nord : 7 km sur rte Dame-Marie ✆ 02 47 56 09 25, *Fax 02 47 56 93 97,* 余, ⚘ – ☎ 🚗 P. GB
fermé 21 oct. au 4 nov., 20 déc. au 5 janv. et 23 fév. au 1er mars – **Repas** (dîner seul.) (prévenir) 125/235 ♀ – ☐ 58 – **11 ch** 365/475 – ½ P 340/490.

CANILLO 86 ⑭ – *voir à Andorre (Principauté d').*

CANNES *06400 Alpes-Mar.* 84 ⑨, 115 ㉟ ㊳ *G. Côte d'Azur – 68 676 h alt. 2 – Casinos Carlton Casino Club* **BYZ**, *Palm Beach (fermé)* **X**, *Croisette* **BZ**.

Voir *Site★★ – Le front de Mer★★ : boulevard★★* **BCDZ** *et pointe★* **X** *de la Croisette – ≤★ de la tour du Mont-Chevalier* **AZ V** *– Musée de la Castre★* **AZ** *– Chemin des Collines★ NE : 4 km* **V** *– La Croix des Gardes* **X E** *≤★ O : 5 km puis 15 mn.*

de Cannes-Mougins ✆ 04 93 75 79 13 par ⑤ : 9 km ; Cannes-Mandelieu ✆ 04 93 49 55 39 par ② : 6,5 km ; Royal Mougins Golf Club à Mougins, ✆ 04 92 92 49 69 par ④ : 10 km ; Riviera Golf Club à Mandelieu, ✆ 04 93 97 67 67 par ② : 8 km.

Office de Tourisme "SEM" Palais des Festivals ✆ 04 93 39 24 53, Fax 04 93 99 84 23, à la Gare SNCF (1er étage) ✆ 04 93 99 19 77, Fax 04 93 39 40 19 – Automobile Club 12 bis r. L.-Blanc ✆ 04 93 39 38 94, Fax 04 93 38 30 65.

Paris 901 ⑤ – Aix-en-Provence 149 ⑤ – Grenoble 314 ⑤ – Marseille 163 ⑤ – Nice 33 ⑤ – Toulon 125 ⑤.

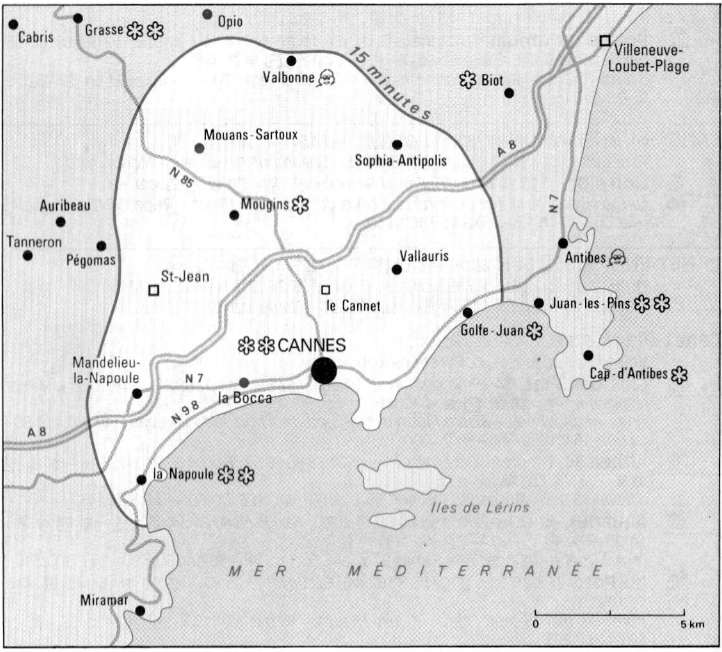

Carlton Inter-Continental, 58 bd Croisette ✆ 04 93 06 40 06, *Fax 04 93 06 40 25*, ≤, – 25 à 250. AE GB JCB **CZ e**
voir rest. ***Belle Otéro*** ci-après - ***La Côte*** ✆ 04 93 06 40 23 *(15 juin-15 sept. et fermé le midi en juil.-août, lundi et mardi)* **Repas** 260 (déj.), 525/650 – ***Brasserie Carlton :*** **Repas** 255/320 ♀, enf. 85 – ▭ 145 – **300 ch** 2110/3915, 38 appart.

Majestic, 14 bd Croisette ✆ 04 92 98 77 00, *Fax 04 93 38 97 90*, ≤, – 400. AE GB JCB **BZ n**
fermé 15 nov. au 23 déc. voir rest. ***Villa des Lys*** ci-après – ▭ 120 – **239 ch** 2050/4300, 23 appart – ½ P 1385/2260.

Martinez, 73 bd Croisette ✆ 04 92 98 73 00, *Fax 04 93 39 67 82*, ≤, – 600. AE GB JCB **DZ n**
voir rest. ***Palme d'Or*** ci-après - ***Relais Martinez*** ✆ 04 92 98 74 12 **Repas** *(135)*-165 (déj.) et carte 190 à 380, enf. 60 – ▭ 115 – **382 ch** 2000/4500, 12 appart.

Noga Hilton M, 50 bd Croisette ✆ 04 92 99 70 00, *Fax 04 92 99 70 11*, « Piscine et terrasse sur le toit ≤ Cannes », – 800. AE GB JCB **CZ b**
La Scala : ✆ 04 92 99 70 93 *(fermé dim. soir et lundi hors saison)* **Repas** 210/295 ♀ – ***Grand Bleu*** (brasserie) ✆ 04 92 99 70 92 **Repas** carte 290 à 390 – ▭ 115 – **196 ch** 1690/5590, 33 appart.

Sofitel Méditerranée M, 2 bd J. Hibert ☎ 04 92 99 73 00, *Fax 04 92 99 73 29*, « Piscine et restaurant sur le toit ≤ baie de Cannes » – 100. AE GB JCB AZ n
fermé 22 nov. au 12 déc. – ***Méditerranée*** (7e étage) ☎ 04 92 99 73 02 **Repas** 230, enf. 90 – ***Chez Panisse*** ☎ 04 92 99 73 10 - décor provençal **Repas** 150/180, enf. 90 – 100 – **141 ch** 1070/1790, 8 appart.

Savoy M, 5 r. F. Einesy ☎ 04 92 99 72 00, *Fax 04 93 68 25 59*, « Piscine et terrasses sur le toit », – 90. AE GB CZ u
fermé 20 nov. au 20 déc. – ***Roseraie*** ☎ 04 92 99 72 09 **Repas** (145)-165, enf. 65 – 98 – **101 ch** 995/1455, 5 appart – 1/2 P 675/890.

Gray d'Albion M, 38 r. Serbes ☎ 04 92 99 79 79, *Fax 04 93 99 26 10*, – 150. AE GB JCB BZ d
Royal Gray ☎ 04 92 99 79 60 **Repas** 190/290 – 97 – **172 ch** 2150, 14 appart.

Croisette Beach H. M sans rest, 13 r. Canada ☎ 04 93 94 50 50, *Fax 04 93 68 35 38* – AE GB JCB DZ y
fermé 20 nov. au 25 déc. – 95 – **94 ch** 1090/1290.

Belle Plage M sans rest, 6 r. J. Dollfus ☎ 04 93 06 25 50, *Fax 04 93 99 61 06*, ≤, « Terrasse sur le toit, ≤ mer » – AE GB JCB AZ u
fermé 15 nov. au 25 janv. – 80 – **48 ch** 960/1460.

Amarante M, 78 bd Carnot ☎ 04 93 39 22 23, *Fax 04 93 39 40 22*, – 25. AE GB JCB V e
Repas *(fermé 1er au 21 déc., sam. et dim. de sept. à mars)* (105) - 130/250 bc – 60 – **71 ch** 630/790 – 1/2 P 545.

Sun Riviera M sans rest, 138 r. d'Antibes ☎ 04 93 06 77 77, *Fax 04 93 38 31 10*, – AE GB JCB CZ h
85 – **42 ch** 810/1800.

Splendid sans rest, 4 r. F. Faure ☎ 04 93 99 53 11, *Fax 04 93 99 55 02*, ≤ Port – cuisinette AE GB BZ a
50 – **64 ch** 590/950.

Cristal M, 15 rd-pt Duboys d'Angers ☎ 04 93 39 45 45, *Fax 04 93 38 64 66*, – AE GB JCB CZ s
fermé 20 nov. au 26 déc. – **Repas** *(fermé dim. soir et lundi)* 140/350 – 82 – **51 ch** 870/1900 – 1/2 P 620/875.

Victoria sans rest, rd-pt Duboys d'Angers ☎ 04 93 99 36 36, *Fax 04 93 38 03 91* – AE GB JCB CZ x
fermé 17 nov. au 27 déc. – 70 – **25 ch** 750/1250.

Fouquet's sans rest, 2 rd-pt Duboys d'Angers ☎ 04 93 38 75 81, *Fax 04 92 98 03 39* – AE GB JCB CZ y
1er mars-1er nov. – 60 – **10 ch** 1100/1300.

Paris sans rest, 34 bd Alsace ☎ 04 93 38 30 89, *Fax 04 93 39 04 61*, – 25. AE GB JCB CY a
fermé 15 nov. au 25 déc. – 60 – **47 ch** 650/720, 3 appart.

America M sans rest, 13 r. St-Honoré ☎ 04 93 06 75 75, *Fax 04 93 68 04 58* – AE GB JCB BZ r
fermé 27 nov. au 27 déc. – 60 – **28 ch** 570/760.

Mondial sans rest, 1 r. Tesseire ☎ 04 93 68 70 00, *Fax 04 93 99 39 11* – AE GB CY e
65 – **58 ch** 650/780.

Embassy sans rest, 6 r. Bône ☎ 04 93 38 79 02, *Fax 04 93 99 07 98* – AE GB JCB DY j
40 – **60 ch** 580/950.

Villa de l'Olivier sans rest, 5 r. Tambourinaires ☎ 04 93 39 53 28, *Fax 04 93 39 55 85*, – P. AE GB AZ e
52 – **24 ch** 525/715.

H. Festival M sans rest, 3 r. Molière ☎ 04 93 68 33 00, *Fax 04 93 68 33 85* – AE GB JCB CZ m
45 – **14 ch** 580/690.

Renoir sans rest, 7 r. Edith Cavell ☎ 04 92 99 62 62, *Fax 04 92 99 62 82* – cuisinette AE GB BY x
65 – **27 ch** 800/900.

Beau Séjour, 5 r. Fauvettes ☎ 04 93 39 63 00, *Fax 04 92 98 64 66*, – ch, AE GB AZ d
Repas 75/110, enf. 45 – 60 – **45 ch** 650/750 – 1/2 P 510.

CANNES

André (R. du Cdt) . . . . . . **CZ**
Antibes (R. d') . . . . **BCY**
Belges (R. des) . . . . **BZ** 12
Chabaud (R.) . . . . **CY** 22
Croisette (Bd de la) . . . **BDZ**
Félix-Faure (R.) . . . . . . **ABZ**
Foch (R. du Mar.) . . . . . . **BY** 44
Joffre (R. du Mar.) . . . . . **BY** 60
Riouffe (R. Jean de) . . . . **BY** 98

Albert-Édouard (Jetée) . **BZ**
Alexandre-III (Bd) . . . . **X** 2
Alsace (Bd) . . . . **BDY**
Anc. Combattants d'Afrique du Nord (Av.) . . . . . . **AYZ** 4
Bachaga Saïd Boualam (Av.) . . . . **AY** 5
Beauséjour (Av.) . . . . . **DYZ**
Beau-Soleil (Bd) . . . . **X** 10
Blanc (R. Louis) . . . . . . **AYZ**
Broussailles (Av. des) . . . . **V** 16
Buttura (R.) . . . . **BZ** 17
Canada (R. du) . . . . **DZ**
Carnot (Bd) . . . . **X**
Carnot (Square) . . . . **V** 20
Castre (Pl. de la) . . . . **AZ** 21
Clemenceau (R. G.) . . . . **AZ**
Coteaux (Av. des) . . . . **V**
Croix-des-Gardes (Bd) . **VX** 29
Delaup (Bd) . . . . **AY** 30
Dr-Pierre Gazagnaire (R.) **AZ** 32
Dr-R. Picaud (Av.) . . . . **X**
Dollfus (R. Jean) . . . . . . **AZ** 33
États-Unis (R. des) . . . . **CZ** 35
Faure (R. Félix) . . . . . . **ABZ**
Favorite (Av. de la) . . . . . . **X** 38
Ferrage (Bd de la) . . . . **ABY** 40
Fiesole (Av.) . . . . **X** 43
Gallieni (R. du Mar.) . . . . **BY** 48
Gaulle (Pl. Gén.-de) . . . . **BZ** 51
Gazagnaire (Bd Eugène) . **X**
Grasse (Av. de) . . . . **VX** 53
Guynemer (Bd) . . . . **AY**
Hespérides (Av. des) . . . . **X** 55
Hibert (Bd Jean) . . . . **AZ**
Hibert (R.) . . . . **AZ**
Isola-Bella (Av. d') . . . . **X**
Jaurès (R. Jean) . . . . **BCY**
Juin (Av. Mar.) . . . . **DZ**
Koenig (Av. Gén.) . . . . . **DY**
Lacour (Bd Alexandre) . . **X** 62
Latour-Maubourg (R.) . . **DZ**
Lattre-de-T. (Av. de) . . . **AY** 63
Laubeuf (Quai Max) . . **AZ**
Leader (Bd) . . . . **VX** 64
Lérins (Av. de) . . . . **X** 65
Lorraine (Bd de) . . . . **CDY**
Macé (R.) . . . . **CZ** 66
Madrid (Av. de) . . . . **DZ**
Meynadier (R.) . . . . . **ABY**
Midi (Bd du) . . . . **X**
Mimont (R. de) . . . . **BY**
Mont-Chevalier (R. du) **AZ** 72
Montfleury (Bd) . . . . **CDY** 74
Monti (R. Marius) . . . . . **AY** 75
Noailles (Av. J.-de) . . . . . **X**
Observatoire (Bd de l') . **X** 84
Oxford (Bd d') . . . . **V** 87
Pantiero (la) . . . . **ABZ**
Paradis-Terrestre (Corniches du) . . . . . . **V** 88
Pasteur (R.) . . . . **DZ**
Pastour (R. Louis) . . . . **AY** 90
Perier (Bd du) . . . . **V** 92
Perrissol (R. Louis) . . . **AZ** 93
Petit-Juas (Av. du) . . . . **VX**
Pins (Bd des) . . . . **X** 95
Pompidou (Espl. G.) . . **BZ**
Prince de-Galles (Av. du) **X** 97
République (Bd de la) . . **X**
Riou (Bd du) . . . . **VX**
Roi-Albert Ier (Av.) . . . . . . **X**
Rouguière (R.) . . . . **BY** 100
St-Antoine (R.) . . . . **AZ** 102
St-Nicolas (Av.) . . . . **BY** 105
St-Pierre (Quai) . . . . . . **AZ**
Sardou (R. Léandre) . . . . **X** 108
Serbes (R. des) . . . . . . **BZ** 110
Source (Bd de la) . . . . . . **X** 112
Stanislas (Pl.) . . . . **AY**
Strasbourg (Bd de) . . **CDY**
Teisseire (R.) . . . . **CY** 114
Tuby (Bd Victor) . . . . . **AYZ** 115
Vallauris (Av. de) . . . . . **VX** 116
Vallombrosa (Bd) . . . . . **AY** 118
Vautrin (Bd Gén.) . . . . . **DZ**
Vidal (R. du Cdt) . . . . . . **CY** 120
Wemyss (Av. Amiral Wester) . . **X** 122

LE CANNET

Aubarède (Ch. de l') . . . . **V** 8
Bellevue (Pl.) . . . . **V** 13
Bréguières (Ch. des) . . . **V** 14
Cannes (R. de) . . . . **V** 19
Carnot (R. de) . . . . **V**
Cheval (Av. Maurice) . . . **V** 23
Collines (Ch. des) . . . . . **V**
Doumer (Bd Paul) . . . . . . **V**
Écoles (R. des) . . . . **V** 34
Four-à-Chaux (Bd du) . . . **V** 45
Gambetta (Bd) . . . . **V** 50
Gaulle (Av. Gén.-de) . . . . **V**
Jeanpierre (Av. Maurice) **V** 58
Mermoz (Av. Jean) . . . . . **V** 67
Monod (Bd Jacques) . . . **V** 68
Mont-Joli (Av. du) . . . . . . **V** 73
N.-D.-des-Anges (Av.) . . **V** 79
Olivet (Ch. de l') . . . . **V** 85
Olivetum (Av. d') . . . . **V** 86
Paris (R. de) . . . . **V** 89
Pinède (Av. de la) . . . . . . **V** 94
Pompidou (Av. Georges) **V** 96
République (Bd de la) . . **V**
Roosevelt (Av. Franklin) . **V**
St-Sauveur (R.) . . . . **V** 106
Victor-Hugo (R.) . . . . **V** 119
Victoria (Av.) . . . . **V**

VALLAURIS

Cannes (Av. de) . . . . **V** 18
Clemenceau (Av. G.) . . . **V** 25
Fournas (Av. du) . . . . **V** 46
Golfe (Av. du) . . . . **V** 52
Isnard (Pl. Paul) . . . . **V** 56
Rouvier (Bd Maurice) . . . **V** 102
Tapis-Vert (Av. du) . . . . . **V** 113

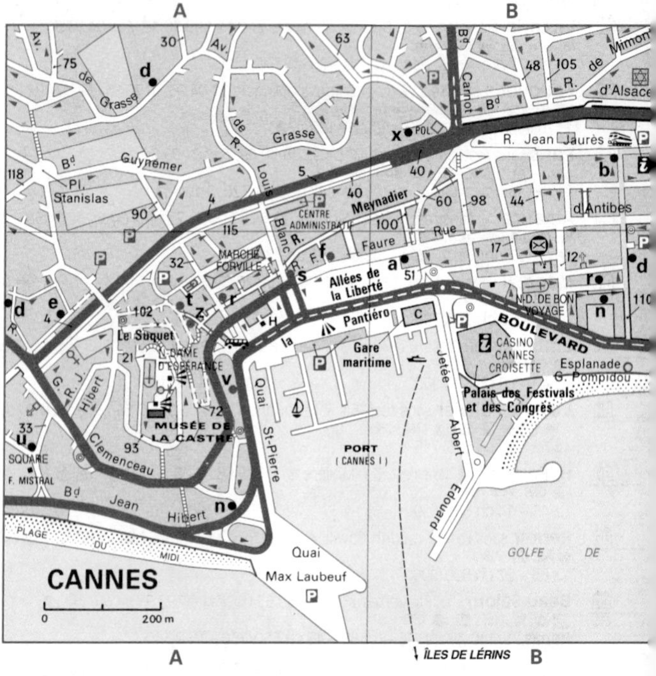

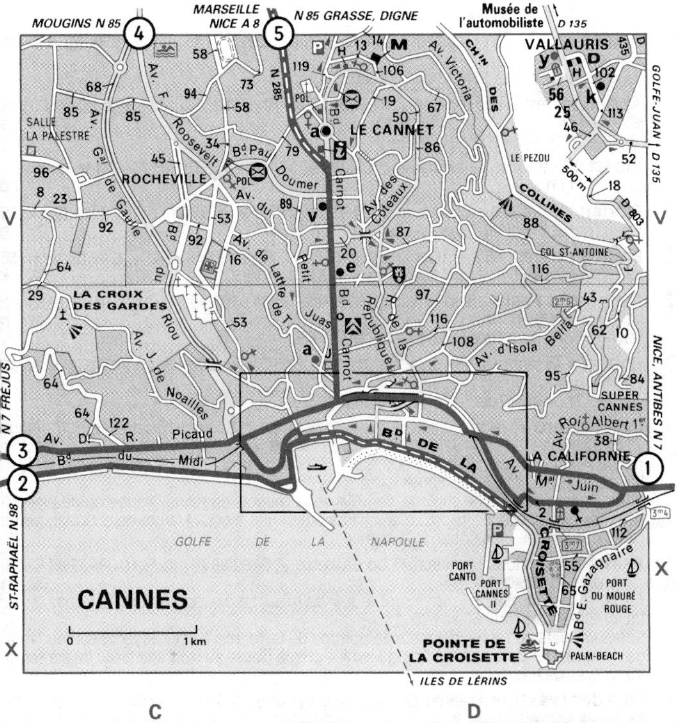
MOUGINS N 85
MARSEILLE
NICE A 8
N 85 GRASSE, DIGNE
Musée de l'automobiliste
D 135
VALLAURIS
GOLFE-JUAN D 135
SALLE LA PALESTRE
ROCHEVILLE
LE CANNET
Av. Victoria
CH.IN DES COLLINES
LE PEZOU
500 m
D 803
COL ST-ANTOINE
LA CROIX DES GARDES
Av. F. Roosevelt
Bd Paul Doumer
Av. Gal de Gaulle
Bd du Riou
Av. J. de Noailles
Av. du Petit Juas
Av. de Lattre de T.
Bd Carnot
Av. des Coteaux
R. de la République
Av. d'Isola Bella
SUPER CANNES
Av. Roi Albert 1er
NICE, ANTIBES N 7
N 7 FRÉJUS
ST-RAPHAËL N 98
Av. Dr R. Picaud
Bd du Midi
BD DE LA CROISETTE
LA CALIFORNIE
Av. Mal Juin
GOLFE DE LA NAPOULE
PORT CANTO
PORT CANNES II
PORT DU MOURÉ ROUGE
Bd E. Gazagnaire
POINTE DE LA CROISETTE
PALM-BEACH
ILES DE LÉRINS
CANNES
0 1 km
V
X
C
D

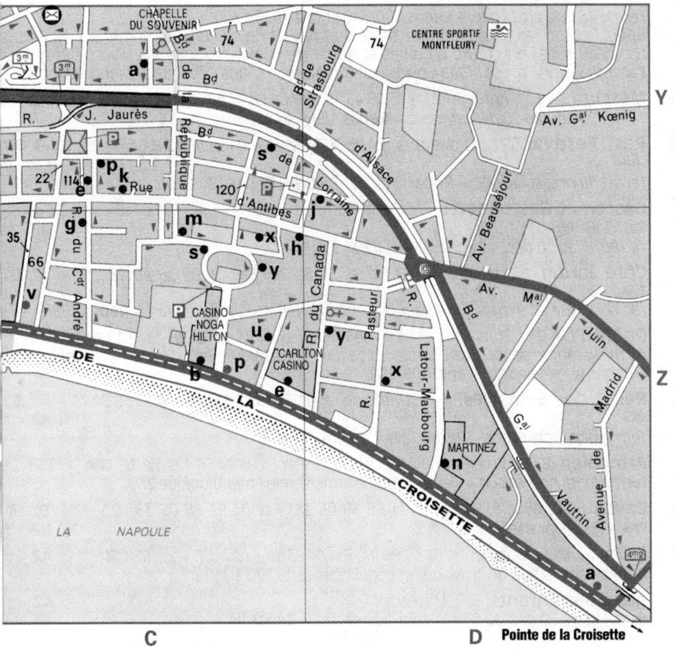
CHAPELLE DU SOUVENIR
CENTRE SPORTIF MONTFLEURY
Bd de la République
Bd de Strasbourg
R. J. Jaurès
Av. Gal Kœnig
Bd de Lorraine
Rue d'Antibes
Bd d'Alsace
Av. Beauséjour
R. du Cdt André
R. du Canada
R. Pasteur
R. Latour-Maubourg
Av. Mal Juin
Bd Gal Vautrin
Avenue de Madrid
CASINO NOGA HILTON
CARLTON CASINO
MARTINEZ
DE LA CROISETTE
LA NAPOULE
Y
Z
C
D
Pointe de la Croisette

Régina sans rest, 31 r. Pasteur ℘ 04 93 94 05 43, *Fax 04 93 43 20 54* – ⇅ ▤ TV ☎ P. AE GB. ✂ DZ x
15 mars-fin oct. – ☕ 55 – **18 ch** 550/680.

Abrial sans rest, 24 bd Lorraine ℘ 04 93 38 78 82, *Fax 04 92 98 67 41* – ⇅ ▤ TV ☎ ✆ P. AE ⓓ GB JCB CY s
☕ 50 – **50 ch** 590/690.

Albert 1er sans rest, 68 av. Grasse ℘ 04 93 39 24 04, *Fax 04 93 38 83 75* – TV ☎ P. GB
☕ 35 – **11 ch** 350. AY d

Florian sans rest, 8 r. Cdt André ℘ 04 93 39 24 82, *Fax 04 92 99 18 30* – ⇅ ▤ TV ☎. AE
GB – *fermé 1er nov. au 15 janv.* – ☕ 28 – **20 ch** 350/400. CZ g

France sans rest, 85 r. Antibes ℘ 04 93 06 54 54, *Fax 04 93 68 53 43* – ⇅ ▤ TV ☎ ✆. AE
ⓓ GB – *fermé 20 nov. au 14 déc.* – ☕ 40 – **33 ch** 410/560. CY k

Congrès et Festivals sans rest, 12 r. Teisseire ℘ 04 93 39 13 81, *Fax 04 93 39 56 28* – ⇅
▤ TV ☎ ✆. AE GB. ✂ CY p
fermé 1er nov. au 27 déc. – ☕ 40 – **20 ch** 330/650.

Robert's M sans rest, 16 r. J. Jaurès ℘ 04 93 38 05 07, *Fax 04 93 38 06 07* – ⇅ TV ☎ ✆. AE
ⓓ GB JCB BY b
fermé 20 nov. au 30 déc. – ☕ 32 – **20 ch** 280/360.

Belle Otéro - Hôtel Carlton Inter-Continental, 58 bd Croisette, au 7e étage
℘ 04 92 99 51 10, *Fax 04 92 99 51 19* – ▤. AE ⓓ GB JCB CZ e
fermé 7 juin au 7 juil., 1er au 17 nov., dim. et lundi de sept. à juin – **Repas** (dîner seul. en juil.-août) 290 bc (déj.), 390/620 et carte 500 à 750
Spéc. Petite fricassée de supions, coquillages et rougets de roche. Poupeton de pigeonneau fermier aux cèpes, risotto d'artichauts violets (juil. à oct.). Marbré de chocolat, jus de caramel au rhum. **Vins** Côtes de Provence.

Palme d'Or - Hôtel Martinez, 73 bd Croisette ℘ 04 92 98 74 14, *Fax 04 93 39 67 82*, ≤,
🏖 – ⇅ ▤ P. AE ⓓ GB JCB DZ n
fermé mi-nov. à mi-déc., mardi sauf le soir de mi-juin à mi-sept. et lundi – **Repas** 295 bc (déj.), 350/580 et carte 500 à 620
Spéc. Rougets de roche, beignets de pomme de terre (mai à oct.). Pigeonneau du lauragais. Fraises des bois au sirop Grand Marnier, crème glacée au fromage blanc (mai à sept.). **Vins** Côtes de Provence.

Villa des Lys - Hôtel Majestic, 14 bd Croisette ℘ 04 92 98 77 00, *Fax 04 93 38 97 90*, 🏖 –
▤. AE ⓓ GB JCB
fermé 15 nov. au 23 déc. – **Repas** 350/540 et carte 430 à 600
Spéc. Potiron farci à la crème de moules et rouget de roche (automne-hiver). Noisettes d'agneau rôties en croûte d'herbes et au sel de Guérande (automne-hiver). Florentin à l'ananas Victoria braisé "Pina-Colada" (automne-hiver). **Vins** Côtes de Provence, Bandol.

Mesclun, 16 r. St-Antoine ℘ 04 93 99 45 19, *Fax 04 93 47 68 29* – ▤. AE GB JCB AZ t
fermé 20 nov. au 20 déc. et merc. – **Repas** (dîner seul.) 180 ♀.

Rest. Festival, 52 bd Croisette ℘ 04 93 38 04 81, *Fax 04 93 38 13 82*, 🏖 – ▤. AE ⓓ GB
JCB CZ p
fermé 19 nov. au 26 déc. – **Repas** 215/280 ♀ - ***Grill :*** **Repas** 180/220 ♀.

Gaston et Gastounette, 7 quai St-Pierre ℘ 04 93 39 47 92, *Fax 04 93 99 45 34*, 🏖 –
▤. AE ⓓ GB AZ v
fermé 1er au 20 déc. – **Repas** 130 (déj.)/200 ♀.

Côté Jardin, 12 av. St-Louis ℘ 04 93 38 60 28, *Fax 04 93 38 60 28*, 🏖 – ▤. AE
GB X a
fermé 1er fév. au 9 mars, lundi sauf le soir du 1er mai au 15 sept. et dim. – **Repas** 195.

Poêle d'Or, 23 r. États-Unis ℘ 04 93 39 77 65, *Fax 04 93 40 45 59* – ▤. AE GB CZ v
fermé vacances de Toussaint, vacances de fév., mardi midi en été, dim. soir en hiver et lundi – **Repas** (week-ends prévenir) 199/350.

Relais des Semailles, 9 r. St-Antoine ℘ 04 93 39 22 32, *Fax 04 93 39 84 73* – ▤. AE
GB AZ z
fermé dim. hors saison – **Repas** (dîner seul.) 155/280 ♀.

Arménien, 82 bd Croisette ℘ 04 93 94 00 58, *Fax 04 93 94 56 12* – ▤. AE GB DZ a
fermé lundi hors saison – **Repas** - cuisine arménienne - menu unique 250.

Caveau 30, 45 r. F. Faure ℘ 04 93 39 06 33, *Fax 04 92 98 05 38*, 🏖 – ▤. AE ⓓ
GB – **Repas** brasserie 116/168 ♀. AZ f

Brun, 2 r. Louis-Blanc ℘ 04 93 39 98 94, *Fax 04 93 39 74 27*, 🏖 – ▤. AE GB AZ s
Repas dégustation de crustacés et coquillages carte 170 à 230 ♀.

Aux Bons Enfants, 80 r. Meynadier – ✂ AZ r
fermé août, 20 déc. au 3 janv., sam. soir et dim. – **Repas** 94.

au Cannet *Nord : 3 km - V – 41 842 h. alt. 80 – ✉ 06110 :*

ℹ *Office de Tourisme Central Buro, Bretelle Autoroute ✆ 04 93 45 34 27, Fax 04 93 45 28 06.*

Grande Bretagne sans rest, bd Sadi Carnot ✆ 04 93 45 66 00, *Fax 04 93 45 83 30* – TV ☎ P. AE ⓓ GB JCB V a
50 – **34 ch** 450/850.

Holiday Inn Garden Court M sans rest, 102 bd Carnot ✆ 04 93 69 11 69, *Fax 04 93 69 18 36* – ☎ – 30. AE ⓓ GB JCB V v
55 – **80 ch** 450.

à La Bocca *par ③ : 3 km – ✉ 06150 Cannes-La Bocca :*

Luna Caff'e, 8 r. Barthélémy ✆ 04 93 90 96 20, – . GB
fermé 1er au 22 déc., dim. soir et lundi – **Repas** 105/145 ♀.

CITROEN Carnot Autom., 48 bd Carnot ✆ 04 93 68 20 25 N ✆ 04 93 69 39 89
CITROEN Carnot Autom., 205 av. F.-Tonner à La Bocca par ③ ✆ 04 93 47 24 00
RENAULT Succursale de Cannes, Bretelle Autoroute au Cannet par ⑤ ✆ 04 93 69 62 62 N ✆ 08 00 05 15 15
RENAULT Succursale, N 7 av. des Arlucs à La Bocca par ③ ✆ 04 93 69 62 62 N ✆ 08 00 05 15 15
Euromaster, 240 av. F.-Tonner à La Bocca ✆ 04 93 47 41 11

How do you find your way around the Paris suburbs?
Use the Michelin map no **101**,
and the five **street maps** nos **17-18**, **19-20**, **21-22**, **23-24**, **25** :
clear, precise, up to date.

Le CANNET *06 Alpes-Mar.* **84** ⑨, **115** ㉟ ㊳ – *rattaché à Cannes.*

Le CANNET-DES-MAURES *83340 Var* **84** ⑯, **114** ㉟ – *3 126 h alt. 124.*

Paris 835 – Fréjus 39 – Brignoles 29 – Cannes 71 – Draguignan 27 – St-Tropez 39 – Toulon 56.

Mas de Causserène et rest. l'Oustalet, N 7 ✆ 04 94 60 74 87, *Fax 04 94 60 95 97*, – TV ☎ & P – 150. AE GB
Repas 90 (déj.), 110/190 ♀ – 40 – **47 ch** 250/280 – ½ P 270.

CAP voir au nom propre du Cap.

CAPBRETON *40130 Landes* **78** ⑰ *G. Pyrénées Aquitaine – 5 089 h alt. 6 – Casino.*

ℹ *Office de Tourisme av. G.-Pompidou ✆ 05 58 72 12 11, Fax 05 58 41 00 29.*

Paris 751 – Biarritz 25 – Mont-de-Marsan 86 – Bayonne 17 – St-Vincent-de-Tyrosse 12 – Soustons 24.

quartier de la plage :

L'Océan sans rest, av. G. Pompidou ✆ 05 58 72 10 22, *Fax 05 58 72 08 43*, ← – TV ☎ P. ⓓ GB
3 avril-10 oct. – 40 – **27 ch** 410/440.

Aliénor sans rest, r. Madrid ✆ 05 58 41 00 18, *Fax 05 58 72 08 43* – ☎ P. ⓓ GB
15 juin-15 sept. – 40 – **20 ch** 350.

Café Bellevue avec ch, av. G. Pompidou ✆ 05 58 72 10 30, *Fax 05 58 72 11 12* – TV ☎ P. AE ⓓ GB
fermé 12 nov. au 15 déc., 10 janv. au 6 fév. et lundi en oct., nov. et de fév. à avril – **Repas** 95/147, enf. 54 – 35 – **11 ch** 260/280 – ½ P 305/315.

quartier la Pêcherie :

Regalty, port de plaisance ✆ 05 58 72 22 80, *Fax 05 58 41 82 18*, – AE ⓓ GB JCB
fermé 10 au 30 nov., 15 au 31 janv., dim. soir et lundi sauf juil.-août – **Repas** - produits de la mer - 150 et carte 250 à 280.

CITROEN Gar. Barbe, ✆ 05 58 72 10 15

CAP COZ *29 Finistère* **58** ⑮ – *rattaché à Fouesnant.*

CAP D'AGDE *34 Hérault* **83** ⑯ – *rattaché à Agde.*

CAP D'AIL *06 Alpes Mar.* **84** ⑩ – *voir à Monaco (Principauté de).*

La CAPELLE *02260 Aisne* 53 ⑯ *G. Flandres Artois Picardie – 2 149 h alt. 228.*

Voir *Pierre d'Haudroy (monument de l'Armistice 1918) NE : 3 km par D 285.*

Paris 195 – St-Quentin 51 – Avesnes-sur-Helpe 16 – Le Cateau-Cambrésis 30 – Fourmies 12 – Guise 23 – Laon 52 – Vervins 17.

XX **Grand Cerf,** ✆ 03 23 97 20 61 – GB
fermé juil., dim. soir et lundi soir – **Repas** 100/220 ♀.

CAPESTANG *34310 Hérault* 83 ⑭ *– 2 903 h alt. 22.*

Paris 786 – Montpellier 85 – Béziers 16 – Carcassonne 61 – Narbonne 18 – St-Pons 40.

à Poilhes *Sud-Est par D 11 : 5 km – 517 h. alt. 33 – ✉ 34310 :*

XX **Tour Sarrasine,** ✆ 04 67 93 41 31 – ▤. AE GB
fermé lundi midi en juil.-août, dim. soir et lundi de sept. à juin – **Repas** 130/235 ♀.

CAP FERRET *33 Gironde* 78 ⑫ *G. Pyrénées Aquitaine – alt. 11 – ✉ 33950 Lege Cap Ferret.*

Voir *☀★ du phare.*

Office de Tourisme Pl.de l'Europe ✆ 05 56 60 86 43, Fax (Mairie) 05 56 60 94 54, annexe : 12 av. Océan (saison) ✆ 05 56 60 63 26.

Paris 649 – Bordeaux 67 – Arcachon 82 – Lacanau-Océan 57 – Lesparre-Médoc 84.

Frégate sans rest, av. Océan ✆ 05 56 60 41 62, *Fax 05 56 03 76 18*, – TV ☎ ✆ ♿ P. AE GB
fermé nov. – ☕ 36 – **31 ch** 250/650.

Pins, r. Fauvettes ✆ 05 56 60 60 11, *Fax 05 56 60 67 41*, – ☎ ✆. GB
hôtel : Pâques-1er nov. ; rest. : 1er juin-31 août – **Repas** (dîner seul.) 110 ♀ – ☕ 38 – **14 ch** 360/445 – ½ P 303/361.

PEUGEOT Gar. Gava, ✆ 05 56 60 64 20

CAPINGHEM *59 Nord* 51 ⑮, 111 ㉑ *– rattaché à Lille.*

CAPPELLE-LA-GRANDE *59 Nord* 51 ④ *– rattaché à Dunkerque.*

La CAPTE *83 Var* 84 ⑮ ⑯, 114 ㊻ ㊼ *– rattaché à Hyères.*

CAPVERN-LES-BAINS *65130 H.-Pyr.* 85 ⑨ *G. Pyrénées Aquitaine – alt. 450 – Stat. therm. (18 avril-18 oct.) – Casino .*

Voir *Donjon du château de Mauvezin ☀★ O : 4,5 km.*

de Lannemezan ✆ 05 62 98 01 01, E : 12 km.

Office de Tourisme r. Thermes ✆ 05 62 39 00 46, Fax 05 62 39 08 14.

Paris 827 – Bagnères-de-Luchon 63 – Arreau 32 – Bagnères-de-Bigorre 18 – Lannemezan 9 – Tarbes 34.

St-Paul, ✆ 05 62 40 95 00, *Fax 05 62 40 95 01*, – ☎ P. GB. rest
20 avril-20 oct. – **Repas** 76/90 – ☕ 25 – **30 ch** 150/210 – P 205/275.

Lemoine, ✆ 05 62 39 02 18, ←, parc – ☎ P. GB.
20 avril-17 oct. – **Repas** 75/100 ♀, enf. 45 – ☕ 35 – **18 ch** 150/250 – P 180/235.

Bellevue , rte Mauvezin, quartier le Laca ✆ 05 62 39 00 29, *Fax 05 62 39 15 72*, ←, – ☎ P. GB. rest
2 mai-4 oct. – **Repas** 87/150 – ☕ 27 – **34 ch** 90/210 – ½ P 155/195.

CARANTEC *29660 Finistère* 58 ⑥ *G. Bretagne – 2 609 h alt. 37.*

Voir *Croix de procession★ dans l'église – "Chaise du Curé" (plate-forme) ←★ – Pointe de Pen-al-Lann ←★ E : 1,5 km puis 15 mn.*

Office de Tourisme 4 r. Pasteur ✆ 02 98 67 00 43, Fax 02 98 67 07 44.

Paris 554 – Brest 68 – Lannion 55 – Morlaix 15 – Quimper 91 – St-Pol-de-Léon 10.

Pors Pol , ✆ 02 98 67 00 52, *Fax 02 98 67 02 17*, ←, – ☎ P. GB. rest
Pâques-20 sept. – **Repas** 93/165 ♀, enf. 53 – ☕ 38 – **30 ch** 252/272 – ½ P 276.

Falaise sans rest, ✆ 02 98 67 00 53, ← Baie de Morlaix, – ☎ P.
20 mars-12 oct. – ☕ 35 – **24 ch** 175/300.

XX **Cabestan,** au port ✆ 02 98 67 01 87, *Fax 02 98 67 90 49*, ← – GB
fermé 5 nov. au 15 déc., lundi soir sauf juil.-août et mardi – **Repas** 110/250.

CITROEN Gar. Jacq, ✆ 02 98 67 01 67 RENAULT Gar. Kerrien, ✆ 02 98 67 01 71

CARBON-BLANC *33 Gironde* 71 ⑨ *– rattaché à Bordeaux.*

CARCASSONNE P 11000 Aude 83 ⑪ *G. Pyrénées Roussillon – 43 470 h alt. 110.*

Voir *La Cité*** (embrasement 14 juil.) – Basilique St-Nazaire* : vitraux**, statues** – Musée du château Comtal : calvaire* de Villanière.*

Domaine d'Auriac, ☎ 04 68 72 57 30 par ③ : 4 km par D 118 et D 104.

de Salvaza : ☎ 04 68 25 04 53, par ④ : 3 km.

Office de Tourisme et Accueil de France 15 bd Camille-Pelletan ☎ 04 68 10 24 30, Fax 04 68 10 24 38 et (Pâques-nov.) Porte Narbonnaise ☎ 04 68 25 68 81.

Paris 787 ④ – Perpignan 113 ② – Toulouse 91 ④ – Albi 108 ① – Béziers 89 ② – Narbonne 61 ②.

Plan page suivante

Montségur sans rest, 27 allée Iéna ☎ 04 68 25 31 41, *Fax 04 68 47 13 22,* « Mobilier ancien » – AE GB AZ r
fermé 23 déc. au 8 janv. – 49 – **21 ch** 320/490.

Bristol, 7 av. Mar. Foch ☎ 04 68 25 07 24, *Fax 04 68 25 71 89* – rest, GB
hôtel : 1er mars-30 nov. – ***Badiane*** ☎ 04 68 25 08 66 *(fermé janv., sam. midi et dim. soir)* Repas 95/250 bc, enf.40 – 40 – **58 ch** 250/400 – ½ P 250/280. BY n

Pont Vieux sans rest, 32 r. Trivalle ☎ 04 68 25 24 99, *Fax 04 68 47 62 71* – AE GB JCB BZ s
fermé 15 au 31 janv. – 35 – **19 ch** 250/320.

Relais d'Aymeric, 290 av. Gén. Leclerc par ② : 2 km ☎ 04 68 71 83 83, *Fax 04 68 47 86 06* – rest, AE GB
fermé 15 janv. au 15 fév. – **Repas** *(fermé sam. midi et dim. soir du 15 sept. au 31 mai)* 90/250, enf. 40 – 40 – **10 ch** 250/400 – ½ P 300/375.

Royal Hotel sans rest, 22 bd J. Jaurès ☎ 04 68 25 19 12, *Fax 04 68 47 33 01* – GB BZ a
30 – **24 ch** 220/270.

Languedoc, 32 allée Iéna ☎ 04 68 25 22 17, *Fax 04 68 47 13 22,* – AE GB JCB
fermé 29 juin au 6 juil., 20 déc. au 20 janv., dim. soir hors saison et lundi sauf le soir en saison – **Repas** 130/240 et carte 180 à 290, enf. 70. AZ z

L'Écurie, 43 bd Barbès ☎ 04 68 72 04 04, *Fax 04 68 25 55 89,* « Authentiques écuries du 18e siècle » – AE GB AZ m
fermé dim. – **Repas** 110 bc (déj.), 130 bc/260 ♀.

Terminus-Relais de l'Écluse, 2 av. Mar. Joffre ☎ 04 68 25 13 77, *Fax 04 68 71 39 09* – GB BY t
fermé dim. soir et lundi du 1er nov. au 31 mars – **Repas** 80/200.

à l'entrée de la Cité, *près porte Narbonnaise :*

Mercure La Vicomté, r. C. Saint-Saens ☎ 04 68 71 45 45, *Fax 04 68 71 11 45,* – 50. AE GB JCB. rest
Repas *(fermé dim. midi et lundi midi de nov. au 1er mai)* 80/135 ♀, enf. 50 – 53 – **61 ch** 490.

Clarine sans rest, 15 montée Combéléran ☎ 04 68 47 16 31, *Fax 04 68 47 33 53,* – AE GB D k
39 – **29 ch** 400/490.

Espace Cité M sans rest, 132 r. Trivalle ☎ 04 68 25 24 24, *Fax 04 68 25 17 17* – 40. AE GB D r
30 – **48 ch** 300.

dans la Cité - *Circulation réglementée en été :*

Cité (réouverture prévue 2 mai), pl. Église ☎ 04 68 25 03 34, *Fax 04 68 71 50 15,* « Demeure néo-gothique et jardin sur les remparts », – rest, – 40. AE GB JCB C e
fermé janv. – ***Barbacane*** (dîner seul.) **Repas** 280/420 – ***Les Coulisses du Théâtre :*** **Repas** 120/160 ♀ – 120 – **55 ch** 1350/2500.

Donjon, 2 r. Comte Roger ☎ 04 68 71 08 80, *Fax 04 68 25 06 60,* – 50. AE GB JCB C a
Brasserie Le Donjon ☎ 04 68 25 95 72 *(fermé dim. soir du 1er nov. au 31 mars)* **Repas** (75) - 88/128 ♀, enf. 45 – 53 – **37 ch** 320/495.

Remparts sans rest, 3 pl. Gd Puits ☎ 04 68 71 27 72, *Fax 04 68 72 73 26* – AE GB JCB C n
35 – **18 ch** 300/330.

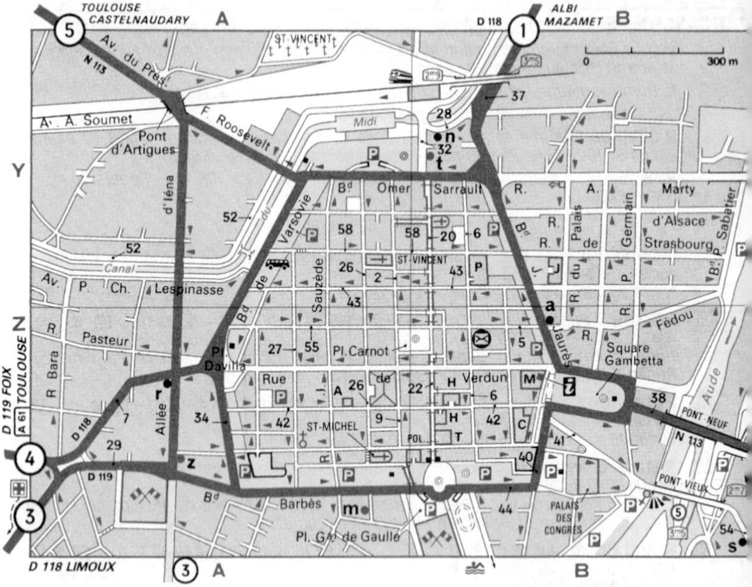

CARCASSONNE

Armagnac (R. A.) . . . . . . **AY** 2
Barbès (R.) . . . . **BZ** 5
Chartran (R.) . . . . **AZ** 9
Clemenceau (R. G.) . . . . **BY** 20
Courtejaire (R.) . . . . **BZ** 22
Dr-A.-Tomey (R.) . . . . . **AYZ** 26
Verdun (R. de) . . . . **ABZ**

Bringer (R. Jean) . . . . . **BYZ** 6
Brunau-Varilla (Av.) . . . . . **AZ** 7
Combéléran (Mtée G.) . . . **D** 21
Cros-Mayrevieille (Rue) . . **D** 24
Études (R. des) . . . . **AZ** 27
Foch (Av. du Mar.) . . . . . **BY** 28
Gout (Av. Henri) . . . . **AZ** 29
Joffre (Av. du Mar.) . . . . **BY** 32
Marcou (Bd) . . . . **AZ** 34
Médiévale (Voie) . . . . **D** 36
Minervoise (Route) . . . . **BY** 37
Mullot (Av. Arthur) . . . . . **BZ** 38
Pelletan (Bd C.) . . . . **BZ** 40
Pont-Vieux (R. du) . . . . . **BZ** 41
Ramon (R. A.) . . . . **ABZ** 42
République (R. de la) . **ABY** 43
Roumens (Bd du Cdt) . . **BZ** 44
St. Jean (R.) . . . . **C** 46
St. Saëns (R. C.) . . . . **D** 48
St. Sernin (R.) . . . . **D** 49
Semard (Av. Pierre) . . . . **AY** 52
Trivalle (R.) . . . . **BZ** 54
Victor-Hugo (R.) . . . . **AZ** 55
Viollet-le-Duc (Rue) . . . . . . **C** 56
R. du 4-Septembre . . . **ABY** 58

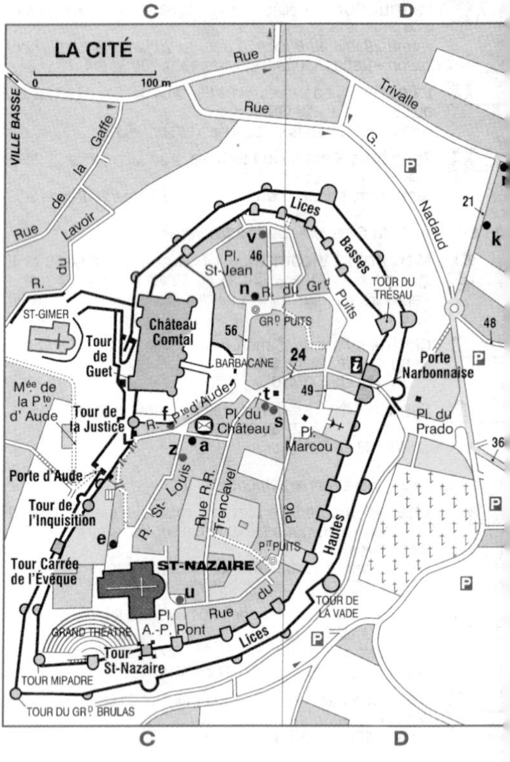

Les noms des rues sont soit écrits sur le plan soit répertoriés en liste et identifiés par un numéro.

XX **Marquière,** 13 r. St Jean ✆ 04 68 71 52 00, *Fax 04 68 71 30 81* – AE ⓓ GB — C v
fermé 15 janv. au 15 fév., jeudi midi et merc. – **Repas** 95/280.

XX **L'Écu d'Or,** 7 r. Porte d'Aude ✆ 04 68 25 49 03, *Fax 04 68 25 33 14,* – GB — C f
fermé 15 déc. au 31 janv., merc. soir et jeudi hors saison – **Repas** 110/195, enf. 60.

XX **Crémade,** 1 r. Plô ✆ 04 68 25 16 64, *Fax 04 68 25 93 41* – AE ⓓ GB — C u
fermé 5 janv. au 5 fév., dim. soir et lundi sauf juil.-août – **Repas** 65/235 ♀, enf. 60.

X **Aub. de Dame Carcas,** 3 pl. Château ✆ 04 68 71 23 23, *Fax 04 68 79 79 67,* – GB — C t
fermé mi-janv. à mi-fév., mardi midi et lundi hors sais. – **Repas** 85.

X **Château,** 4 pl. Château ✆ 04 68 25 05 16, *Fax 04 68 71 61 33,* – AE ⓓ GB — C s
fermé janv., fév., mardi soir et merc. – **Repas** 88/165 ♀, enf. 40.

X **Au Comte Roger,** 14 r. St-Louis ✆ 04 68 25 31 78, *Fax 04 68 25 67 52,* – AE ⓓ GB
fermé janv., dim. soir et lundi hors saison – **Repas** 100/200, enf. 60. — C z

au hameau de Montredon *Nord-Est : 4 km par r. A. Marty* **BY** – ✉ *11090 Carcassonne :*

XXX **Château St Martin "Trencavel",** ✆ 04 68 71 09 53, *Fax 04 68 25 46 55,* , « Parc » – P. AE ⓓ GB
fermé merc. – **Repas** 165/290 et carte 220 à 310.

à l'Est *par ② et N 113 : 5 km* – ✉ *11800 Trèbes :*

Gentilhommière M, accès autoroute Carcassonne-Est ✆ 04 68 78 74 74, *Fax 04 68 78 65 80,* , – ch, TV ☎ & P – 30. AE ⓓ GB
Repas 85/185 ♀, enf. 40 – 37 – **31 ch** 250/300 – ½ P 250.

à Floure *par ② et N 113 : 11 km – 255 h. alt. 77* – ✉ *11800 :*

Château de Floure , ✆ 04 68 79 11 29, *Fax 04 68 79 04 61,* <, , parc, « Belle décoration intérieure », , – TV ☎ P. AE ⓓ GB. rest
1er avril-31 oct. – **Repas** *(fermé merc. sauf le soir de juin à sept. et dim. soir d'oct. à mai)* 160/210 ♀ – 65 – **10 ch** 400/600, 4 appart – ½ P 450/595.

au Sud par ③ *et Est par D 104 : 3 km* – ✉ *11000 Carcassonne :*

Domaine d'Auriac (Rigaudis) , ✆ 04 68 25 72 22, *Fax 04 68 47 35 54,* <, , « Demeure du 19e siècle dans un parc, golf », , – TV ☎ P – 25 à 60. AE ⓓ GB
fermé 15 nov. au 7 déc., 14 au 28 fév., dim. soir et lundi midi en oct., dim. soir et lundi du 1er nov. à Pâques – **Repas** 190/390 et carte 330 à 470 ♀, enf. 140 – 80 – **28 ch** 550/1500 – ½ P 720/1170
Spéc. Foie gras chaud et froid. Cassoulet "maison". Gibier (saison). **Vins** Limoux, Corbières.

à Cavanac *par ③ et rte de St-Hilaire : 7 km – 676 h. alt. 138* – ✉ *11570 :*

Château de Cavanac , ✆ 04 68 79 61 04, *Fax 04 68 79 79 67,* , « Bel aménagement intérieur », , , – TV ☎ & P – 40. GB. ch
fermé mi-janv. à mi-fév. – **Repas** *(fermé dim. soir, lundi et le midi sauf dim.)* 198 bc – 45 – **14 ch** 320/525.

à Pézens *par ⑤ et N 113 : 10 km – 1 090 h. alt. 117* – ✉ *11170 :*

X **Réverbère** avec ch, rte Toulouse : 1 km ✆ 04 68 24 92 53, *Fax 04 68 24 84 01,* – TV ☎ P. GB
fermé 10 janv. au 15 fév., mardi sauf hôtel en juil.- août et lundi soir de sept. à juin – **Repas** 75 bc/200, enf. 45 – 30 – **6 ch** 230 – ½ P 200.

AUDI, VOLKSWAGEN Gar. Cathala, Pech Mary N 113 ✆ 04 68 25 90 01
BMW, ROVER, Passion Auto, Av. du Gén.-Leclerc ✆ 04 68 47 14 14
CITROEN Gar. Tressol Chabrier, ZAC Salvaza, bd H.-Bouffet par ④ ✆ 04 68 10 38 00 N ✆ 06 07 04 00 24
FIAT, LANCIA Gar. Ital, rte de Montréal ✆ 04 68 11 44 90
FORD Gar. Salvaza, ZA St Jean l'Arnouze r Lamarck ✆ 04 68 10 24 80
HONDA Auto Loisirs, ZI Pont Rouge ✆ 04 68 71 36 43
MAZDA Gar. Aubertin, 22 r. Jean Monnet ✆ 04 68 25 38 54
MERCEDES Gar. Bary, N 113 à Trèbes ✆ 04 68 78 61 28
OPEL Gar. Bourguignon, rte de Toulouse rd point G. Pompidou ✆ 04 68 25 10 43
PEUGEOT Auto Cité, ZA St-Jean-l'Arnouze rocade Ouest par ④ ✆ 04 68 47 70 00 N ✆ 08 00 44 24 24
RENAULT Gar. Alaux et Gestin, rte de Narbonne par ② ✆ 04 68 77 77 68 N ✆ 08 00 05 15 15
TOYOTA Gar. de l'Avenir, ZI Félines ✆ 04 68 47 58 58

Euromaster, ZI Bouriette, Bd D.-Papin ✆ 04 68 25 46 66
Gastou Point S, ZI la Bouriette ✆ 04 68 25 35 42
Grulet, 58 av. F.-Roosevelt ✆ 04 68 25 09 46
Laguzou Pneus, 18 av. F.-Roosevelt ✆ 04 68 25 25 88

CARENNAC *46110 Lot* 75 ⑲ *G. Périgord Quercy – 370 h alt. 123.*

Voir Portail★ de l'église – Mise au tombeau★ dans la salle capitulaire.

Office de Tourisme ✆ 05 65 10 97 01, Fax 05 65 10 97 01.

Paris 521 – Brive-la-Gaillarde 39 – Cahors 77 – Martel 18 – St-Céré 15 – Sarlat-la-Canéda 61 – Tulle 50.

Aub. Vieux Quercy M, ✆ 05 65 10 96 59, *Fax 05 65 10 94 05*, – P. GB

15 mars-15 nov. et fermé lundi sauf de mai à sept. – **Repas** 90/195, enf. 50 – 45 – **22 ch** 350 – ½ P 330/350.

Host. Fénelon, ✆ 05 65 10 96 46, *Fax 05 65 10 94 86*, – P. GB

fermé 5 janv. au 10 mars, sam. midi et vend. d'oct. à avril – **Repas** 97/270, enf. 55 – 45 – **15 ch** 260/350 – ½ P 310/350.

CARENTAN *50500 Manche* 54 ⑬ *G. Normandie Cotentin – 6 300 h alt. 18.*

Office de Tourisme bd Verdun ✆ 02 33 42 74 01, Fax 02 33 42 74 29.

Paris 305 – Cherbourg 53 – St-Lô 28 – Avranches 85 – Caen 72 – Coutances 36.

Vauban sans rest, 7 r. Sébline ✆ 02 33 71 00 20 – . AE GB.

30 – **15 ch** 230/320.

Aub. Normande, bd Verdun ✆ 02 33 42 28 28, *Fax 02 33 42 00 72* – P. AE GB

fermé mardi soir sauf juil.-août et merc. – **Repas** 78/150, enf. 42.

à St-Hilaire-Petitville *Est : 2 km – 1 219 h. alt. 10 – ✉ 50500 Carentan :*

Vipotel, N 13 ✆ 02 33 71 11 11, *Fax 02 33 71 92 88*, – P – 60. AE GB

Repas *(fermé sam. midi)* 89/135 – 35 – **36 ch** 200/240 – ½ P 230/257.

CITROEN Gar. Godefroy, Le Mesnil à St-Hilaire-Petitville ✆ 02 33 42 02 78
PEUGEOT Gar. Mecatol, ZI Pommenauque, rte de Cherbourg ✆ 02 33 42 23 73
RENAULT Gar. Bourdet, rte de St-Côme ✆ 02 33 42 00 93 N ✆ 02 31 50 69 05

Schmitt Pneus Vulco, 25 bd de Verdun ✆ 02 33 71 04 11

CARGÈSE *2A Corse-du-Sud* 90 ⑯ – *voir à Corse.*

CARHAIX-PLOUGUER *29270 Finistère* 58 ⑰ *G. Bretagne – 8 198 h alt. 138.*

Office de Tourisme r. Brizeux ✆ 02 98 93 04 42, Fax 02 98 93 23 83.

Paris 505 – Quimper 58 – Brest 83 – Concarneau 61 – Guingamp 47 – Lorient 72 – Morlaix 46 – Pontivy 58 – St-Brieuc 78.

D'Ahès sans rest, 1 r. F. Lancien ✆ 02 98 93 00 09 – . GB.

fermé 15 au 31 mai et 24 nov. au 15 déc. – 30 – **10 ch** 190/230.

à Port de Carhaix *Sud-Ouest : 6 km par rte de Lorient – ✉ 29270 Carhaix-Plouguer :*

Aub. du Poher, ✆ 02 98 99 51 18, *Fax 02 98 99 55 98*, – P. GB

fermé 1er au 22 fév., 15 au 31 juil. et lundi – **Repas** (65) - 92/240.

RENAULT Autom. Centre Bretagne, rte de Rostrenen ✆ 02 98 93 18 22 N ✆ 02 98 93 30 30

Thomas Pneus, rte de Callac ✆ 02 98 93 05 41
Vulco, rte de Rostrenen ✆ 02 98 93 05 84

CARIGNAN *08110 Ardennes* 56 ⑩ – *3 359 h alt. 174.*

Paris 269 – Charleville-Mézières 44 – Mouzon 7 – Montmédy 23 – Sedan 21 – Verdun 71.

Gourmandière, 19 av. Blagny ✆ 03 24 22 20 99, *Fax 03 24 22 20 99*, – AE GB

fermé 15 janv. au 10 fév. et lundi – **Repas** 68/210, enf. 50.

CARMAUX *81400 Tarn* 80 ⑪ *G. Pyrénées Roussillon – 10 957 h alt. 241.*

Office de Tourisme pl. Gambetta ✆ 05 63 76 76 67, Fax 05 63 36 84 51.

Paris 657 – Rodez 65 – Albi 16 – St-Affrique 90 – Villefranche-de-Rouergue 52.

à Mirandol-Bourgnounac *Nord : 13 km par N 88 et D 905 – 1 110 h. alt. 393 – ✉ 81190 :*

Voyageurs avec ch, ✆ 05 63 76 90 10, – . GB

fermé 17 août au 5 sept., vacances de fév. et le soir d'oct. au 15 avril – **Repas** 68 bc/165 – 40 – **11 ch** 180/320 – ½ P 210/220.

RENAULT Carmaux Autom., N 88 Pont de Blaye ✆ 05 63 80 18 48 N ✆ 05 63 47 84 74

ARNAC *56340 Morbihan* 63 ⑫ *G. Bretagne – 4 243 h alt. 16.*

Voir *Musée de préhistoire*★★ **M** – *Église St-Cornély*★ **E** – *Tumulus St-Michel*★ : ≤★ – *Alignements du Ménec*★★ *par D 196 : 1,5 km – Alignements de Kermario*★★ *par* ② *: 2 km – Alignements de Kerlescan*★ *par* ② *: 4,5 km – Tumulus de Kercado*★ *par* ② *: 4,5 km – Dolmens de Mané-Kérioned*★ *4 km par* ①.

9 18 de St-Laurent, ℘ 02 97 56 85 18, N : 8 km par D 196.

Office de Tourisme 74 av. des Druides (Carnac-Plage) ℘ 02 97 52 13 52, Fax 02 97 52 86 10 et pl. de l'Eglise.

Paris 490 ② – Vannes 31 ② – Auray 13 ② – Lorient 36 ① – Quiberon 18 ① – Quimperlé 57 ①.

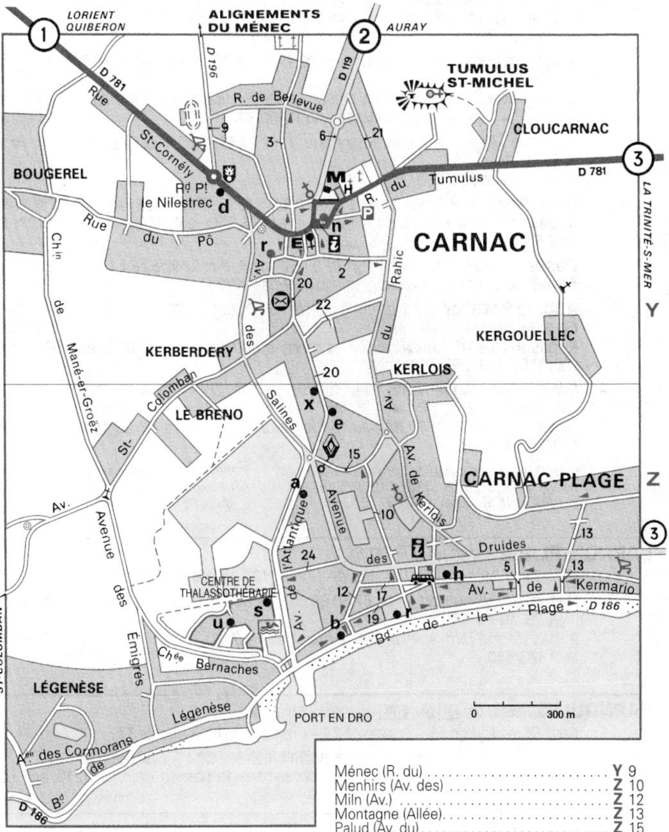

Colary (R.) . . . . Y 2
Courdiec (R. de) . . . . Y 3
Cromlech (Allée) . . . . Z 5
Korrigans (R. des) . . . . Y 6
Ménec (R. du) . . . . Y 9
Menhirs (Av. des) . . . . Z 10
Miln (Av.) . . . . Z 12
Montagne (Allée) . . . . Z 13
Palud (Av. du) . . . . Z 15
Parc (Av. du) . . . . Z 17
Port-en-Dro (Av. de) . . . . Z 19
Poste (Av. de la) . . . . Y 20
Poul-Person (R. de) . . . . Y 21
Roer (Av. du) . . . . Y 22
Talleyrand (R. de) . . . . Z 24

Diana M, 21 bd Plage ℘ 02 97 52 05 38, *Fax 02 97 52 87 91*, ≤, , , – TV ☎ P. AE GB JCB — Z r
10 avril-27 sept. – **Repas** 150 (déj.), 250/350 – ☕ 85 – **30 ch** 970/1170 – ½ P 810/910.

Novotel M , av. Atlantique ℘ 02 97 52 53 00, *Fax 02 97 52 53 55*, ≤, centre de thalassothérapie, , , – , rest, TV ☎ ♿ P – 25. AE GB — Z s
fermé 3 au 17 janv. – **Repas** 160, enf. 55 – ☕ 65 – **110 ch** 810 – ½ P 605.

Celtique M, 17 av. Kermario 02 97 52 11 49, *Fax 02 97 52 71 10*, – cuisinette – 40. AE GB JCB Z
Repas 98/245, enf. 56 – 60 – **45 ch** 615/695, 5 duplex – ½ P 495/535.

Plancton, 12 bd Plage 02 97 52 13 65, *Fax 02 97 52 87 63*, – – 25 AE GB Z
4 avril-30 sept. – **Repas** 100/220, enf. 60 – 50 – **23 ch** 560/630 – ½ P 455/490.

Armoric, 53 av. Poste 02 97 52 13 47, *Fax 02 97 52 98 66*, , – . AE GB Z
2 avril- fin nov. – **Repas** *(fermé jeudi sauf de mi-juin à mi-sept.)* (70) - 115/160, enf. 52 – 42 – **25 ch** 320/490 – ½ P 410/425.

Ibis M, av. Atlantique 02 97 52 54 00, *Fax 02 97 52 53 66*, , centre de thalassothérapie, , , – – 30. AE GB Z
Repas 127, enf. 43 – 43 – **96 ch** 560/585, 23 duplex.

Alignements, 45 r. St Cornély 02 97 52 06 30, *Fax 02 97 52 76 56* – . AE GB ch Y
hôtel : ouvert Pâques-fin sept. ; rest. : fermé fév., lundi, mardi et merc. d'oct. à fév. – **Repas** 95/195 – 39 – **27 ch** 320/495 – ½ P 300/370.

Licorne M sans rest, 5 av. Atlantique 02 97 52 10 59, *Fax 02 97 52 80 30*, – AE GB Z
40 – **26 ch** 360/550.

Lann Roz, 36 av. Poste 02 97 52 10 48, *Fax 02 97 52 24 36*, – . GB Z
Repas *(fermé 6 janv. au 15 fév. et lundi)* 95/250, enf. 60 – 38 – **13 ch** 350/400 – ½ P 320/340.

Passe Mauve, 1 r. Tumulus 02 97 52 04 14, *Fax 02 97 52 84 17* – . AE GB Y
fermé merc. soir et jeudi hors saison – **Repas** 98/250.

Aub. le Râtelier avec ch, 4 chemin du Douet 02 97 52 05 04, *Fax 02 97 52 76 11* . GB. Y
Repas *(fermé mi-janv. à mi-fév. et merc. d'oct. à mars)* 95/225, enf. 50 – 35 – **9 ch** 290/320 – ½ P 295/310.

Côte, aux Alignements de Kermario, par ② : *2 km* 02 97 52 02 80, *Fax 02 97 52 02 80*, , – . GB
fermé 17 au 28 nov., 12 janv. au 15 fév. et lundi sauf du 14 juil. au 15 août – **Repas** 75 (déj.), 110/250, enf. 48.

PEUGEOT Gar. Dréan, rte de Carnac à Plouharnel par ① 02 97 52 08 53 N 02 97 52 98 13
RENAULT Gar. Steunou, 02 97 52 12 08
RENAULT Gar. Thomas Le Ny, 2 r. de la Gare à Plouharnel par ① 02 97 52 35 01 N 06 08 40 58 32

CARNON-PLAGE *34280 Hérault 83 ⑦.*

Paris 761 – Montpellier 14 – Aigues-Mortes 19 – Nîmes 56 – Sète 35.

Neptune M, au port 04 67 50 88 00, *Fax 04 67 50 96 72*, , , – – 25. AE GB. rest
Repas *(fermé dim. soir de nov. à mars)* (80) - 95/160, enf. 45 – 40 – **52 ch** 380/420 – ½ P 320/340.

CARNOULES *83660 Var 84 ⑯, 114 ㉞ – 2 292 h alt. 205.*

Paris 832 – Toulon 35 – Brignoles 23 – Draguignan 48 – Hyères 33.

Tuilière, Ouest : 2 km sur N 97 04 94 48 32 39, , , – . GB
fermé vacances de fév. et dim. soir hors saison – **Repas** 100 (déj.), 125/210, enf. 60.

CARNOUX-EN-PROVENCE *13470 B.-du-R. 84 ⑬, 114 ㉙ – 6 363 h alt. 250.*

Paris 794 – Marseille 23 – Aix-en-Provence 42 – Aubagne 6 – Brignoles 54 – Toulon 44.

Host. la Crémaillère, 04 42 73 71 52, *Fax 04 42 73 67 26*, , – . AE GB
Repas *(fermé dim. soir de nov. à mars)* 65 (déj.), 98/195, enf. 48 – 38 – **19 ch** 185/290 – ½ P 195/255.

CARPENTRAS SP *84200 Vaucluse 81 ⑫ ⑬ G. Provence – 24 212 h alt. 102.*

Voir *Ancienne cathédrale St-Siffrein★ : trésor★* **Z.**

18 *Provence Country Club à Saumane, 04 90 20 20 65 par ② : 18 km.*

Office de Tourisme 170 av. J.-Jaurès 04 90 63 00 78, Fax 04 90 60 41 02.

Paris 680 ④ – Avignon 27 ③ – Aix-en-Provence 86 ② – Digne-les-Bains 142 ② – Gap 146 ① – Marseille 103 ② – Montélimar 80 ④ – Salon-de-Provence 51 ② – Valence 122 ④.

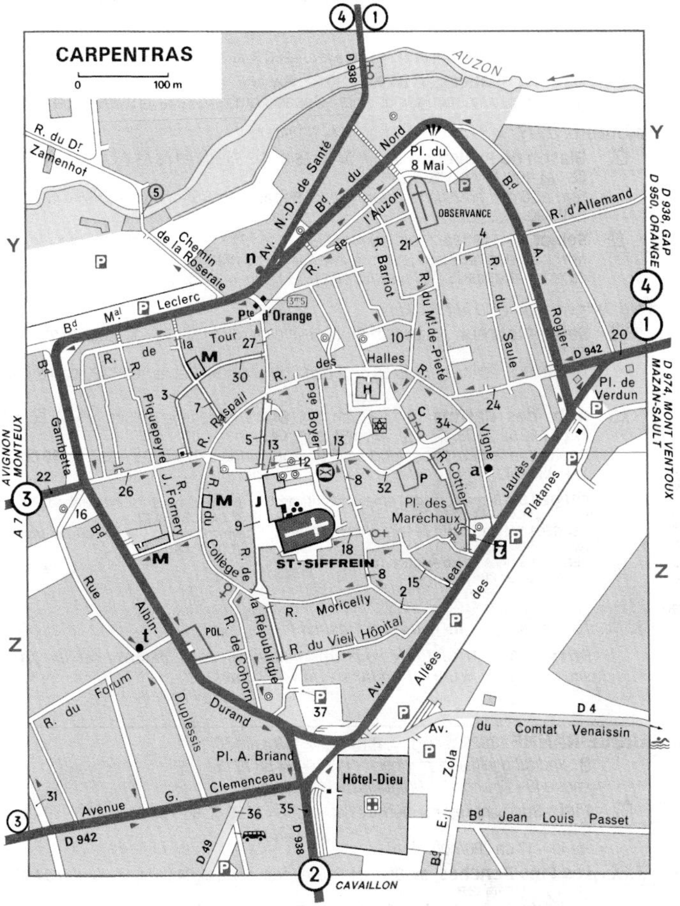

Fiacre sans rest, 153 r. Vigne ✆ 04 90 63 03 15, *Fax 04 90 60 49 73* – TV ☎ . AE ⓓ GB — Z a
☕ 40 – **19 ch** 240/470.

Forum M sans rest, 24 r. Forum ✆ 04 90 60 57 00, *Fax 04 90 63 52 65* – 🛗 ▤ TV ☎ ♿ P. GB — Z t
☕ 38 – **28 ch** 260/350.

Rives d'Auzon, 47 bd Nord (face Porte d'Orange) ✆ 04 90 60 62 62 – AE GB — Y n
fermé 5 au 20 août, 23 au 30 déc. et merc. – **Repas** (90) - 110 (déj.), 130/190 ♀.

à Mazan *Est : 7 km par D 942 – 4 459 h. alt. 100 – ✉ 84380 :*
Voir *Cimetière* ≤★.

Siècle 🐎 sans rest, (derrière l'église) ✆ 04 90 69 75 70 – ☎. GB
fermé vacances de Toussaint, de Noël, de fév. et dim. hors saison – ☕ 30 – **12 ch** 140/260.

à Le Beaucet *Sud-Est par D 4 et D 39 : 10,5 km – 280 h. alt. 275 – ✉ 84210 :*

XX **Aub. du Beaucet,** ☎ 04 90 66 10 82, *Fax 04 90 66 00 72,* ←, 🍽 – GB
fermé déc., janv., dim. soir et lundi – **Repas** (nombre de couverts limité, prévenir) 165 ♀.

à Monteux *par ③ : 4,5 km – 8 157 h. alt. 42 – ✉ 84170 :*

Blason de Provence 🐎, ☎ 04 90 66 31 34, *Fax 04 90 66 83 05,* 🍽, 🏊, 🌳, 🎾 – TV ☎
P – 🏛 100. AE ⓓ GB
fermé 20 déc. au 20 janv. et sam. midi – **Repas** 95/295 ♀, enf. 60 – ☕ 55 – **18 ch** 360/410 – ½ P 390.

Select, ☎ 04 90 66 27 91, *Fax 04 90 66 33 05,* 🍽, 🏊 – TV ☎ P. GB. 🚫
fermé 20 déc. au 8 janv., sam. sauf le soir du 15 mars au 15 oct. et dim. soir du 15 oct. au 15 mars – **Repas** 95/160 – ☕ 40 – **8 ch** 280/320 – ½ P 320.

rte d'Avignon *par ③ D 942 : 10 km :*

XXX **Saule Pleureur,** ✉ 84170 Monteux ☎ 04 90 62 01 35, *Fax 04 90 62 10 90,* 🍽, 🌳 – P AE GB
fermé 1er au 20 mars, 1er au 20 nov., dim. soir et lundi – **Repas** 165/340 et carte 240 à 390 ♀, enf. 80.

XX **Aub. des Gaffins** 🐎 avec ch, ✉ 84210 Althen-des-Paluds ☎ 04 90 62 01 50, *Fax 04 90 62 04 26,* 🍽, 🏊, 🌳 – TV ☎ P. GB
Repas *(fermé dim. soir et lundi sauf juil.-août)* 79 (déj.), 125/230 ♀ – ☕ 38 – **10 ch** 220/450 – ½ P 250/340.

CITROEN Gar. Bernard, rte de Pernes les Fontaines par ② ☎ 04 90 63 33 18
PEUGEOT S.V.D.A., ZA rte de Pernes les Fontaines par ② ☎ 04 90 63 60 00
RENAULT S.O.V.A., rte d'Avignon par ③ ☎ 04 90 60 87 80

Ⓜ Ayme Pneus, 131 bd Gambetta ☎ 04 90 63 59 27
Ayme Pneus, ZI Marché Gare, av. Marchés ☎ 04 90 63 11 73

CARQUEIRANNE *83320 Var* 84 ⑮, 114 ㊻ *– 7 118 h alt. 30.*
Syndicat d'Initiative pl. Libération ☎ 04 94 58 72 06.
Paris 848 – Toulon 16 – Draguignan 81 – Hyères 9.

Plein Sud sans rest, av. Gén. de Gaulle ☎ 04 94 58 52 86, *Fax 04 94 12 95 59* – TV ☎ P. AE GB. 🚫
☕ 40 – **17 ch** 280/400.

XXX **Les Pins Penchés,** av. Gén. de Gaulle (près port) ☎ 04 94 58 60 25, *Fax 04 94 58 69 04,* 🍽 – ▤. AE ⓓ GB
fermé dim. soir et lundi sauf juil.-août – **Repas** 165/215 et carte 260 à 390.

X **Les Santonniers,** 18 r. J. Jaurès ☎ 04 94 58 62 33, *Fax 04 94 58 69 04,* 🍽 – GB
fermé 2 au 16 janv., sam. midi et jeudi sauf juil.-août – **Repas** 85.

CARRIÈRES-SUR-SEINE *78 Yvelines* 55 ⑳, 101 ⑭ *– voir à Paris, Environs.*

CARROS *06510 Alpes-Mar.* 84 ⑨ *G. Côte d'Azur – 10 747 h alt. 400.*
Voir *Carros-Village : site★, ✻★★ du vieux moulin N : 3 km.*
Syndicat d'Initiative Forum Jacques Prévert ☎ 04 93 08 76 07.
Paris 933 – Nice 20 – Antibes 27 – Cannes 37 – Grasse 45 – St-Martin-Vésubie 48.

Promotel M, Z.A. La Grave ☎ 04 93 08 77 80, *Fax 04 93 08 73 96,* 🏊 – |♦|, ▤ rest, TV ☎ 📞 ♿ P – 🏛 60. AE ⓓ GB
Repas grill *(fermé dim. et fériés)* 98 🍷 – ☕ 39 – **83 ch** 325 – ½ P 260.

Les CARROZ-D'ARÂCHES *74300 H.-Savoie* 74 ⑧ *G. Alpes du Nord – alt. 1140 – Sports d'hiver : 1 140/2 480 m 🚡 1 ⛷ 14 ⛷.*
⛳18 de Flaine ☎ 04 50 90 85 44, 12 km par D 106.
Office de Tourisme ☎ 04 50 90 00 04, Fax 04 50 90 07 00.
Paris 582 – Chamonix-Mont-Blanc 48 – Thonon-les-Bains 70 – Annecy 65 – Bonneville 25 – Cluses 11 – Megève 32 – Morzine 33.

Arbaron, ✆ 04 50 90 02 67, *Fax 04 50 90 37 60*, ≤, 🏡, « Jardin fleuri, ⛱ » – 📺 ☎ 🅿. GB. ✂ rest
15 juin-1er oct. et 10 déc.-25 avril – **Repas** 92/250, enf. 48 – ☕ 50 – **30 ch** 325/490 – ½ P 451/457.

Croix de Savoie 🔇, 1 km rte Flaine ✆ 04 50 90 00 26, *Fax 04 50 90 00 63*, ≤ montagnes et vallée – ☎ 🅿. GB. ✂ ch
15 juin-20 sept. et 15 déc.-20 avril – **Repas** 68/120, enf. 48 – ☕ 32 – **19 ch** 280 – ½ P 285/295.

CARRY-LE-ROUET *13620 B.-du-R. 84 ⑫ G. Provence – 5 224 h alt. 5 – Casino.*
Office de Tourisme av. A.-Briand ✆ 04 42 13 20 36, Fax 04 42 44 52 03.
Paris 767 – Marseille 33 – Aix-en-Provence 41 – Martigues 19 – Salon-de-Provence 45.

XXX ✿✿ **L'Escale** (Clor), prom. du Port ✆ 04 42 45 00 47, *Fax 04 42 44 72 69*, 🏡, « Terrasse surplombant le port, belle vue », 🏡 – AE GB
1er fév.-fin oct. et fermé dim. soir de sept. à juin et lundi sauf le soir en juil.-août – **Repas** (dim. prévenir) *(190)* - 320 et carte 390 à 620
Spéc. Poêlée de crevettes en chutney de curry. Cassoulet de baudroie aux cocos frais, coulis de crustacés (début juil.-fin oct.). Homard rôti au beurre de corail. **Vins** Coteaux d'Aix-en-Provence, Bandol.

XXX **Brise,** quai Vayssière ✆ 04 42 45 30 55, *Fax 04 42 44 52 10*, ≤, 🏡 – AE ⓓ GB
fermé dim. soir et lundi de sept. à mai – **Repas** 150 (sauf dim.) et carte 260 à 410.

CITROEN Gar. de la Tuilière, ✆ 04 42 45 23 43

Ne prenez pas la route sans connaître votre temps de parcours.
La ***carte Michelin*** *n° 911 c'est "la carte du temps gagné".*

CARSAC AILLAC *24200 Dordogne 75 ⑰ G. Périgord Quercy – 1 219 h alt. 80.*
Paris 534 – Brive-la-Gaillarde 54 – Sarlat-la-Canéda 12 – Gourdon 19.

Relais du Touron 🔇, rte de Sarlat ✆ 05 53 28 16 70, *Fax 05 53 28 52 51*, 🏡, « Parc », ⛱ – ☎ ♿ 🅿. GB. ✂ rest
1er avril-14 nov. – **Repas** *(fermé le midi sauf juil.-août, mardi midi et vend.)* 92/270 ♀ – ☕ 40 – **12 ch** 300/375 – ½ P 334/340.

CARTERET *50 Manche 54 ① – voir à Barneville-Carteret.*

CARVIN *62220 P.-de-C. 51 ⑮, 111 ㉚ – 17 059 h alt. 31.*
Paris 202 – Lille 26 – Arras 33 – Béthune 26 – Douai 22.

Parc Hôtel, N 17 - Z.I. du Château ✆ 03 21 79 65 65, *Fax 03 21 79 80 00*, 🏡 – 📺 ☎ ♿ 🅿 – 🎪 25. AE ⓓ GB
Repas *(fermé dim. soir)* 89/169 ♀, enf. 50 – ☕ 55 – **46 ch** 285/330 – ½ P 265/310.

RENAULT S.A.N.E.G. Ets Guilbert, 75 rte de Lens ✆ 03 21 37 18 07 🅽 ✆ 03 28 02 11 32

CASAMOZZA *2B H.-Corse 90 ③ – voir à Corse.*

CASSEL *59670 Nord 51 ④ G. Flandres Artois Picardie – 2 177 h alt. 175.*
Voir *Site★ – Jardin public ✻★★.*
Paris 252 – Calais 55 – Dunkerque 29 – Hazebrouck 14 – Lille 52 – St-Omer 19.

au Petit-Bruxelles *Sud-Est : 3,5 km sur D 916 – ✉ 59670 Cassel :*

XX **Petit Bruxelles,** ✆ 03 28 42 44 64, *Fax 03 28 40 58 13*, 🏡 – 🅿. GB
fermé vacances de fév., merc. soir du 1er oct. au 1er avril, mardi soir, dim. soir et lundi – **Repas** 145/260 bc.

PEUGEOT Gar. Lescieux, 1 rte de St-Omer à Bavinchove ✆ 03 28 42 44 16 🅽 ✆ 03 28 42 44 16

CASSIS *13260 B.-du-R. 84 ⑬, 114 ㉙ G. Provence – 7 967 h alt. 10 – Casino.*
Voir *Site★ – O : les Calanques★★ : de Port-Miou, de Port-Pin★, d'En-Vau★★ (à faire de préférence en bateau : 1 h) – Mt de la Saoupe ✻★★ E : 2 km par D 41A.*
Env. *Cap Canaille ≤★★★ E : 9 km par D 41A – Corniche des Crêtes★★ de Cassis à la Ciotat E : 16 km par D 41A.*
Office de Tourisme pl. Baragnon ✆ 04 42 01 71 17, Fax 04 42 01 28 31.
Paris 801 ① – Marseille 30 ① – Aix-en-Provence 49 ② – La Ciotat 8 ② – Toulon 42 ②.

CASSIS

Le Guide change, changez de guide tous les ans.

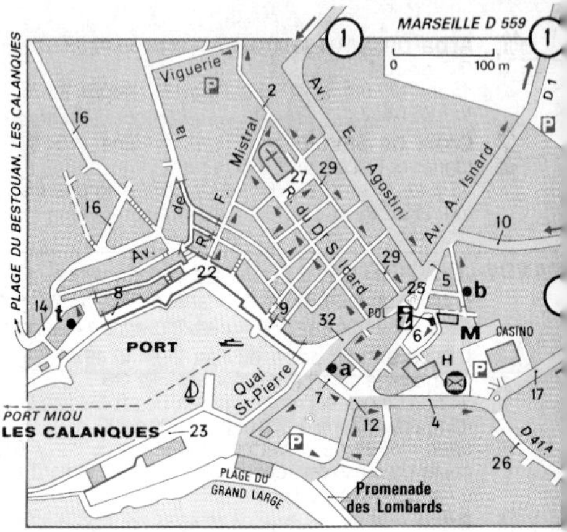

Royal Cottage Ⓜ sans rest, 6 av. 11 Novembre par ① ✆ 04 42 01 33 34, *Fax 04 42 01 06 90*, ≤, 🏊, 🌳 – |‡| ▤ 📺 ☎ ♿ 🚗 🅿. AE GB. ✂
☕ 65 – **22 ch** 680/1100, 3 duplex.

Plage du Bestouan sans rest, plage Bestouan par av. Dardanelles : 1 km ✆ 04 42 01 05 70, *Fax 04 42 01 34 82*, ≤ – |‡| ▤ 📺 ☎. AE ⓓ GB JCB. ✂
1er avril-26 oct. – ☕ 48 – **29 ch** 420/650.

Golfe sans rest, quai Barthélemy **(t)** ✆ 04 42 01 00 21, *Fax 04 42 01 92 08*, ≤ – 📺 ☎. AE GB
1er avril-1er nov. – ☕ 50 – **30 ch** 340/430.

Gd Jardin sans rest, 2 r. P. Eydin **(b)** ✆ 04 42 01 70 10, *Fax 04 42 01 33 75* – 📺 ☎ 🚗. AE ⓓ GB. ✂
☕ 35 – **26 ch** 330/385.

Liautaud sans rest, 2 r. V. Hugo **(a)** ✆ 04 42 01 75 37, *Fax 04 42 01 12 08*, ≤ – |‡| ▤ 📺 ☎ 🚗. GB. ✂
fermé 1er déc. au 1er fév. – ☕ 36 – **35 ch** 320/380.

Jardin d'Émile avec ch, plage Bestouan par av. Dardanelles : 1 km ✆ 04 42 01 80 55, *Fax 04 42 01 80 70*, 🏡 – ▤ ch, 📺 ☎ 🅿. AE GB
fermé 15 au 30 nov. – **Repas** *(98)* - 195/250, enf. 60 – ☕ 50 – **6 ch** 500/600.

CASTAGNÈDE *64 Pyr.-Atl.* **86** ② – *rattaché à Salies-de-Béarn.*

CASTAGNIERS *06670 Alpes-Mar.* **84** ⑨, **115** ㉖ – *1 229 h alt. 350.*
Voir *Aspremont* : ✻★ *de la terrasse de l'ancien château SE : 4 km,* G. Côte d'Azur.
Paris 940 – Nice 17 – Antibes 34 – Cannes 44 – Contes 23 – Levens 15 – Vence 22.

Chez Michel ⛰, ✆ 04 93 08 05 15, *Fax 04 93 08 05 38*, ≤, 🏊 – 📺 ☎ 🅿. AE GB
fermé 1er nov. au 1er déc. et lundi midi – **Repas** 98/185 🍷 – ☕ 34 – **20 ch** 260/275 – ½ P 280.

à Castagniers-les-Moulins *Ouest : 5 km* – ✉ *06670* :

Servotel, N 202 ✆ 04 93 08 22 00, *Fax 04 93 29 03 66*, 🏡, 🏊, 🌳, 🎾 – |‡| cuisinette, ▤ rest, 📺 ☎ 🅿 – 🎓 25. AE GB
Servella ✆ 04 93 08 10 62 **Repas** 90/260 🍷, enf. 50 – ☕ 40 – **42 ch** 260/330, 30 studios – ½ P 240/280.

CITROEN Ciossa Autos, ✆ 04 93 08 13 48 **N** ✆ 04 93 18 82 82

CASTEIL *66 Pyr.-Or.* **86** ⑰ – *rattaché à Vernet-les-Bains.*

Le CASTELET *09 Ariège* **86** ⑮ – *rattaché à Ax-les-Thermes.*

We suggest:
for a successful tour, that you prepare it in advance.
***Michelin Maps** and **Guides**, will give you much useful information on route planning, places of interest, accommodation, prices etc.*

CASTELJALOUX *47700 L.-et-G.* 79 ⑬ *G. Pyrénées Aquitaine – 5 048 h alt. 52.*

de Casteljaloux ✆ 05 53 93 51 60, S : 4 km par D 933.

Office de Tourisme Maison du Roy ✆ 05 53 93 00 00, Fax 05 53 20 74 32.

Paris 676 – Agen 55 – Mont-de-Marsan 74 – Langon 55 – Marmande 23 – Nérac 30.

des Cordeliers sans rest, r. Cordeliers ✆ 05 53 93 02 19, *Fax 05 53 93 55 48* – P. GB
fermé nov. et dim. de déc à mars – 35 – **24 ch** 130/290.

Vieille Auberge, 11 r. Posterne ✆ 05 53 93 01 36, *Fax 05 53 93 18 89* – P. GB
fermé 22 juin au 1er juil., 23 nov. au 6 déc., vacances de fév., merc. du 15 sept. au 30 juin et dim. soir – **Repas** 120/230 ♀, enf. 65.

CITROEN S.E.G.A.D., 44 av. Lac ✆ 05 53 93 01 59

CASTELLANE SP *04120 Alpes-de-H.-P.* 81 ⑱, 114 ⑩ *G. Alpes du Sud – 1 349 h alt. 730.*

Voir *Site★ – Lac de Chaudanne★ 4 km par ① – Lac de Castillon★ 8 km par ③.*

du Château de Taulane à La Martre (83) ✆ 04 93 60 31 30 ; SE : 19 km par ①.

Office de Tourisme r. Nationale ✆ 04 92 83 61 14, Fax 04 92 83 76 89.

Paris 791 ③ – Digne-les-Bains 54 ③ – Draguignan 58 ② – Grasse 63 ① – Manosque 92 ②.

CASTELLANE

Nationale (R.) 8
Sauvaire (Pl. M.) 14

Blondeau (R. du Lt) 2
Église (Pl. de l') 3
Liberté (Pl. de la) 4
Mazeau (R. du) 5
Mitan (R. du) 7
République (Bd de la) 9
Roc (Chemin du) 10
St-Michel (Bd) 12
St-Victor (R.) 13
11-Novembre (R. du) 16

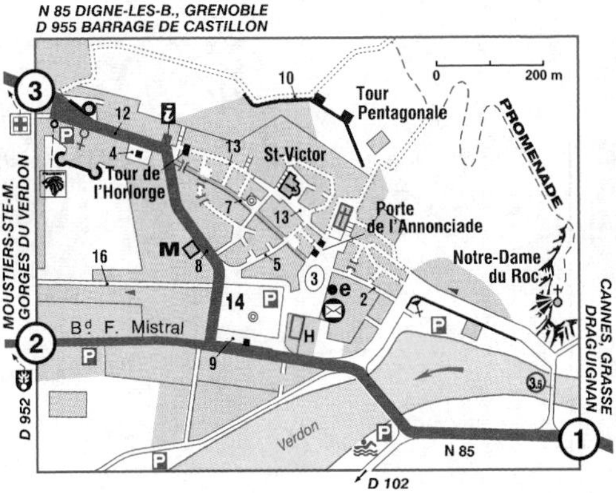

Michelin n'accroche pas de panonceau aux hôtels et restaurants qu'il signale.

Nouvel H. Commerce, (e) ✆ 04 92 83 61 00, *Fax 04 92 83 72 82*, – TV P. AE GB. rest
1er fév.-2 nov. – **Repas** *(fermé mardi et merc. midi sauf juil. à sept. et jours fériés)* 120/250, enf. 40 – 40 – **44 ch** 250/370 – ½ P 345/365.

à la Garde *par ① et N 85 : 6 km – 88 h. alt. 928 – ✉ 04120 :*

Aub. du Teillon avec ch, ✆ 04 92 83 60 88, *Fax 04 92 83 74 08* – TV P. GB
fermé 15 déc. au 6 mars, lundi soir d'oct. à Pâques et mardi sauf juil.-août – **Repas** 110/240, enf. 45 – 35 – **9 ch** 230/280 – ½ P 260/285.

PEUGEOT Gar. Castellane, ✆ 04 92 83 61 62

Le CASTELLET *83330 Var* 84 ⑭, 114 ㊹ *G. Côte d'Azur – 3 084 h alt. 252.*

Circuit automobile permanent, *N : 11 km.*

Paris 819 – Toulon 20 – Brignoles 49 – La Ciotat 23 – Marseille 47.

Castel Lumière avec ch, 1 r. Portail ✆ 04 94 32 62 20, *Fax 04 94 32 70 33*, ≤ vignoble et pays varois, – TV. GB
fermé 4 janv. au 5 fév., dim. soir et lundi de sept. à juin, lundi midi, mardi midi et merc. midi en juil. août – **Repas** (nombre de couverts limité, prévenir) 120 (déj.), 175/250 et carte 210 à 290 – 60 – **6 ch** 330/380 – ½ P 380.

CASTELNAUDARY *11400 Aude* 82 ⑳ *G. Pyrénées Roussillon – 10 970 h alt. 175.*

Office de Tourisme pl. République ☎ 04 68 23 05 73, Fax 04 68 23 61 40.

Paris 755 ④ – Toulouse 59 ④ – Carcassonne 41 ④ – Foix 67 ④ – Pamiers 49 ⑤.

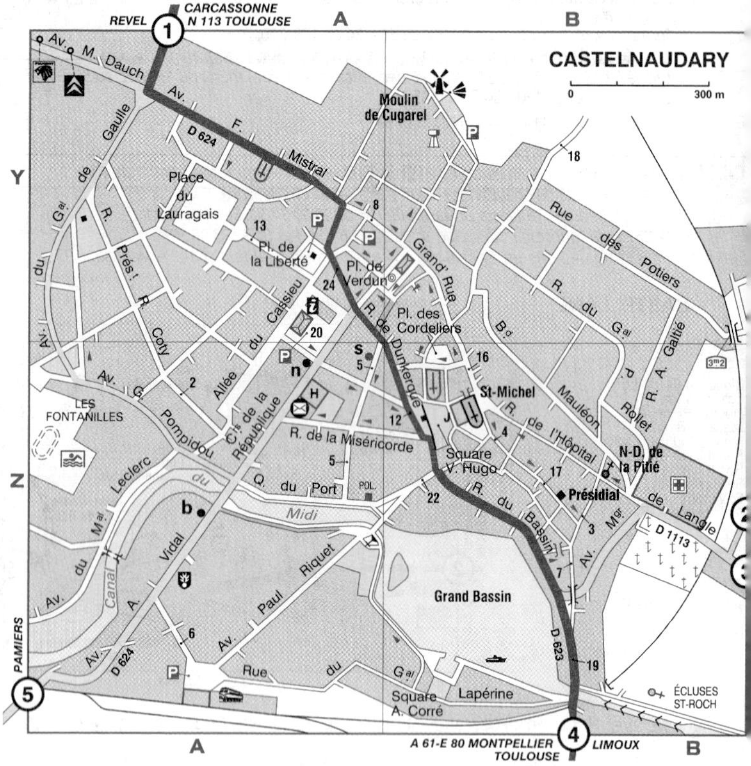

Dunkerque (R. de) . . . . **AYZ**

Ader (R. Clément) . . . . **AZ** 2
Batailleries (R. des) . . . . **BZ** 3
Collège (R. du) . . . . **BZ** 4
Dejean (R. du Gén.) . . . . **AZ** 5
Gare (Av. de la) . . . . **AZ** 6
Haute-Baffe (R. de la) . . . . . . **BZ** 7
Horloge (R. de l') . . . . **AY** 8
Laperrine (Pl. du Gén.) . . . . . **BZ** 12
Lepasset (R. du Gén.) . . . . . . **AY** 13
Pasteur (R. Louis) . . . . **BZ** 16
Présidial (Rampe du) . . . . . . **BZ** 17
Protestants (Ch. des) . . . . . . **BY** 18
Pyrénées (Av. des) . . . . **BZ** 19
République (Pl. de la) . . . . . . **AY** 20
Riquet (R. Paul) . . . . **BZ** 22
11-Novembre (R. du) . . . . . . **AY** 24

du Canal M sans rest, 2 ter av. A. Vidal ☎ 04 68 94 05 05, *Fax 04 68 94 05 06*, – TV ☎ & P – 25. AE ① GB JCB — AZ b
39 – **33 ch** 210/290.

Clos St-Siméon M, rte Carcassonne par ③ ☎ 04 68 94 01 20, *Fax 04 68 94 05 47*, , – TV ☎ & P. AE ① GB
fermé 10 déc. au 10 janv. et dim. sauf le soir d'avril à oct. – **Repas** 75/180, enf. 40 – 30 – **31 ch** 250/270 – ½ P 250/275.

Centre et Lauragais, 31 cours République ☎ 04 68 23 25 95, *Fax 04 68 94 01 66* – TV ☎. GB — AZ n
fermé 6 janv. au 10 fév. – **Repas** 90/280, enf. 55 – 30 – **16 ch** 170/220 – ½ P 210/230.

Tirou, 90 av. Mgr de Langle ☎ 04 68 94 15 95, *Fax 04 68 94 15 96*, , – P. GB — BZ e
fermé 29 juin au 6 juil., 10 janv. au 10 fév., dim. soir et lundi – **Repas** 90 (déj.), 125/260.

Belle Époque, 55 r. Gén. Dejean ☎ 04 68 23 39 72, *Fax 04 68 23 44 32* – . GB — AZ s
fermé 15 janv. au 15 fév., mardi soir et merc. – **Repas** 60/220, enf. 45.

à Peyrens *par ① et rte de Revel : 5 km – 301 h. alt. 180 – ✉ 11400 :*

✗ **Aub. La Calèche,** ✆ 04 68 60 40 13 – GB
fermé 1er au 15 fév., dim. soir et lundi – **Repas** 55 bc/185 ♀, enf. 40.

CITROEN Sud auto, av. M. Dauch ✆ 04 68 94 51 51 N ✆ 04 08 80 87 13
PEUGEOT Gar. Lelong, av. M.-Dauch ✆ 04 68 23 13 08
RENAULT Gar. Franco, av. Monseigneur-de-Langle par ③ ✆ 04 68 94 50 85 N ✆ 08 00 05 15 15

Euromaster, av. Monseigneur de Langle ✆ 04 68 23 11 44
Euromaster, ZI en Tourre ✆ 04 68 23 11 28

CASTELNAU-DE-LÉVIS *81 Tarn* 82 ⑩ – *rattaché à Albi.*

CASTELNOU *66300 Pyr.-Or.* 86 ⑲ *G. Pyrénées Roussillon – 277 h alt. 300.*
Paris 874 – Perpignan 21 – Argelès-sur-Mer 38 – Céret 29 – Prades 31.

✗ **L'Hostal,** (accès piétonnier) ✆ 04 68 53 45 42, *Fax 04 68 53 45 42,* ≤, – GB
fermé 1er au 20 déc., 2 au 28 fév., merc. soir et lundi sauf juil.-août – **Repas** - spécialités catalanes - 104/238 bc ♀.

CASTELPERS *12 Aveyron* 80 ⑪ – ✉ *12170 Ledergues.*
Paris 673 – Rodez 45 – Albi 48 – Millau 99 – St-Affrique 64 – Villefranche-de-Rouergue 62.

Château de Castelpers ✆ 05 65 69 22 61, *Fax 05 65 69 25 31,* ≤, « Parc au bord de l'eau » – ☎ P. AE ① GB. rest
1er avril-1er oct. – **Repas** (résidents seul.) *(65)* - 145 ♀ – 48 – **9 ch** 290/490 – ½ P 270/350.

The Guide changes, so renew your Guide every year.

CASTELSARRASIN 82100 T.-et-G. 79 ⑰ – *11 317 h alt. 82.*
Office de Tourisme pl. Liberté ✆ 05 63 32 75 00.
Paris 651 – Agen 54 – Toulouse 69 – Auch 74 – Cahors 70.

Félix , rte Moissac : 4 km ✆ 05 63 32 14 97, *Fax 05 63 32 37 51,* , parc, décor Far-West – TV ☎ P – 40. AE GB. ch
hôtel : fermé 1er au 8 janv. ; rest : fermé 22 sept. au 4 oct., 1er au 8 janv. et lundi – **Repas** 77 (déj.), 100/170 – 33 – **14 ch** 235/400 – ½ P 240/265.

CITROEN Gar. Martin, 46 av. Mar.-Leclerc ✆ 05 63 32 34 18
PEUGEOT Gar. Macard, N 113, lieu-dit Fleury ✆ 05 63 95 16 16 N ✆ 05 62 23 22 92
RENAULT Gar. Dupart, av. de Toulouse ✆ 05 63 32 33 31 N ✆ 05 63 68 95 85

CASTÉRA-VERDUZAN *32410 Gers* 82 ④ – *794 h alt. 114.*
Office de Tourisme av. des Thermes ✆ 05 62 68 10 66, Fax 05 62 68 14 58.
Paris 750 – Auch 25 – Agen 61 – Condom 20.

Thermes, ✆ 05 62 68 13 07, *Fax 05 62 68 10 49,* – ☎. AE ① GB
hôtel : fermé vend. soir et sam. d'oct. à avril et dim. en janv. – **Repas** *(fermé 2 au 24 janv., vend. soir et sam. d'oct. à avril)* 68/198 ♀ – 33 – **37 ch** 215/270 – ½ P 222/232.

Ténarèze sans rest, Annexe à 500 m. ✆ 05 62 68 10 22, *Fax 05 62 68 14 69* – ☎ – 30. AE ① GB
1er avril-31 oct. et fermé dim. soir et lundi sauf du 15 juin au 15 sept. – 33 – **24 ch** 180/235.

✗✗ **Florida,** ✆ 05 62 68 13 22, *Fax 05 62 68 10 44,* – AE ① GB
fermé vacances de fév., dim. soir et lundi sauf fêtes – **Repas** 73/210 ♀.

NISSAN Gavarret Autom., rte de Bayonne à Vic Fezensac ✆ 05 62 06 33 75
RENAULT Gar. Lagoutte, rte d'Auch à Vic Fezensac ✆ 05 62 06 30 92 N ✆ 05 62 06 44 41

CASTILLON-DU-GARD *30 Gard* 80 ⑲, 81 ⑪ – *rattaché à Pont-du-Gard.*

CASTILLON-EN-COUSERANS *09800 Ariège* 86 ② *G. Pyrénées Aquitaine – 403 h alt. 543.*
Paris 806 – Bagnères-de-Luchon 63 – Foix 58 – St-Girons 14.

à Audressein *par rte de Luchon : 1 km – 121 h. alt. 509 – ✉ 09800 :*

✗✗ **L'Auberge** avec ch, ✆ 05 61 96 11 80, *Fax 05 61 96 82 96,* – ☎. AE GB
15 fév.-15 nov. – **Repas** 80 (déj.), 115/250 ♀ – 35 – **9 ch** 150/240 – ½ P 210/240.

CASTRES 81100 Tarn 83 ① G. Gorges du Tarn – 44 812 h alt. 170.

Voir Musée★ : *oeuvres de Goya*★★ **BZ** – Hôtel de Nayrac★ **AY** – Centre national et musée Jean-Jaurès **AY.**

Env. *Le Sidobre*★ *9 km par* ①.

9 ✆ 05 63 72 27 06 au Parc de loisirs de Gourjade, N : 3 km par ①.

de Castres-Mazamet : T.A.T. ✆ 05 63 70 32 62 par ③ *: 8 km.*

Office de Tourisme 3 r. Milhau-Ducommun ✆ 05 63 62 63 62, Fax 05 63 62 63 60.

Paris 718 ⑦ *– Toulouse 71* ④ *– Albi 42* ⑦ *– Béziers 106* ③ *– Carcassonne 68* ③*.*

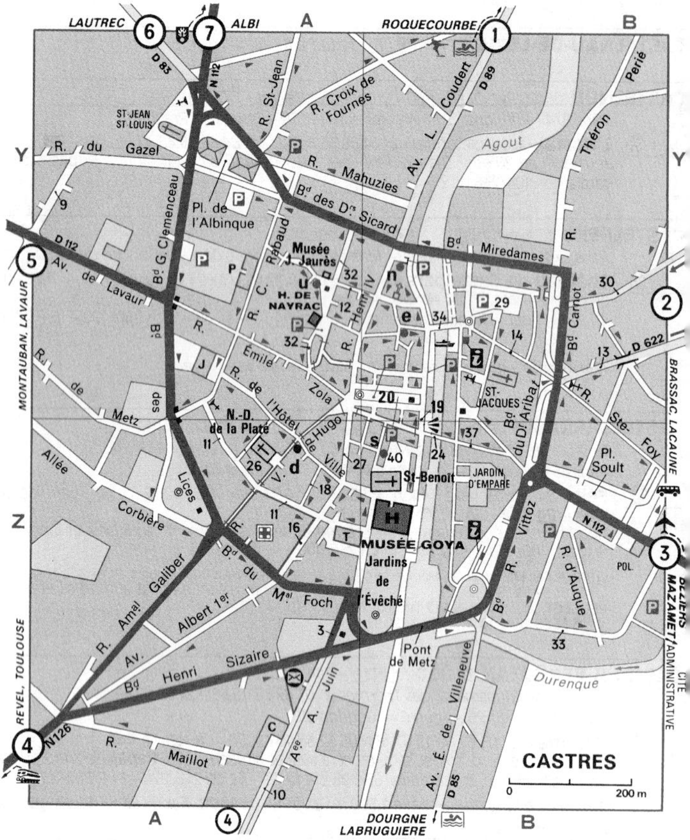

Renaissance, 17 r. V. Hugo ✆ 05 63 59 30 42, *Fax 05 63 72 11 57,* « Maison du 17e siècle, belle décoration intérieure » – TV ☎. AE ⓓ GB. rest **AZ d**

Repas *(fermé 1er au 21 août, 22 au 30 déc., lundi midi et dim.)* (68) - 95/225 ♀ – ☐ 40 – **20 ch** 300/510 – ½ P 280/320.

Occitan M, 201 av. Ch. de Gaulle par ③ ✆ 05 63 35 34 20, *Fax 05 63 35 70 32*, – TV ☎ ✆ P. AE GB

fermé 20 déc. au 2 janv. et sam. midi – **Repas** 80/200 ♀ – ☐ 37 – **41 ch** 290/390 – ½ P 290/330.

XX **Victoria,** 24 pl. 8-Mai 1945 ☎ 05 63 59 14 68 – ▤. AE ⓓ GB — BZ s
fermé 18 au 24 mai, 10 au 23 août, sam. midi et dim. – **Repas** 70 (déj.), 95/225 ♁, enf. 55.

XX **Table de Neptune,** 1 r. Henri IV ☎ 05 63 72 57 97, *Fax 05 63 72 42 72* – GB
fermé sam. midi et dim. – **Repas** - produits de la mer - 98/150 ♀, enf. 55. — BY n

XX **Mandragore,** 1 r. Malpas ☎ 05 63 59 51 27 – AE ⓓ GB — BY e
fermé lundi midi et dim. – **Repas** 75 bc/240, enf. 45.

X **Feuillantine,** 6 pl. Pélisson ☎ 05 63 59 26 33 – GB — AY u
fermé 1er au 18 août, dim. soir et lundi – **Repas** 75 bc/185 ♁.

Les Salvages *par ② : 5 km – ✉ 81100 Castres :*

XX **Café du Pont** avec ch, ☎ 05 63 35 08 21, *Fax 05 63 51 09 82*, – AE ⓓ GB. ch
fermé 2 au 31 janv., dim. soir et lundi – **Repas** 90/260 ♁ – ☕ 35 – **5 ch** 170/240 – ½ P 250.

à Lagarrigue *par ③ : 4 km – 1 695 h. alt. 200 – ✉ 81090 :*

Office de Tourisme 25 r. de la Fontaine à Cammazes ☎ 05 63 74 17 17.

Relais de la Montagne Noire Ⓜ, N 112 ☎ 05 63 35 52 00, *Fax 05 63 35 25 59*, – ▤ ch, TV ☎ ♿ P – 30. AE ⓓ GB
Repas *(fermé vend. soir et sam.)* (75) - 120/195 ♀, enf. 50 – ☕ 48 – **30 ch** 340/490 – ½ P 290/310.

AUDI, VOLKSWAGEN Gar. Négrier, rte de Toulouse, ZI de la Chartreuse ☎ 05 63 59 30 55
CITROEN Sud Auto, ZAC de la Chartreuse, rte de Toulouse par ④ ☎ 05 63 71 81 50
FIAT, LANCIA S.A.T.A., 98 av. Albert 1er ☎ 05 63 71 31 20
FORD Chartreuse Autom., ZI 151 rte de Toulouse ☎ 05 63 72 65 65
MERCEDES Antras Autom., ZI de la Chartreuse ☎ 05 63 59 99 99
OPEL Gd Gar. de Mélou, rte de Toulouse ☎ 05 63 72 82 20
PEUGEOT Gar. Maurel, r. Crabié par av. E. de Villeneuve ☎ 05 63 62 62 62 N ☎ 05 63 72 77 94
RENAULT Gds Gges de Castres, rte de Toulouse, Mélou par ④ ☎ 05 63 71 66 66
VOLVO Mondial Park Autom., 4 rte de Toulouse ☎ 05 63 71 54 54

Bellet Pneus, Le Verdier, rte de Toulouse ☎ 05 63 72 25 25
Bernard, 52 bd P.-Mendès France ☎ 05 63 59 07 26
Deldossi Pneus Point S, 88 rte de Toulouse, ZI Mélou ☎ 05 63 59 33 83
Vulco, 209 av. Albert-1er ☎ 05 63 59 27 00

CASTRIES *34160 Hérault* 83 ⑦ *G. Gorges du Tarn – 3 992 h alt. 70.*

Voir *Château*★.

Paris 748 – Montpellier 17 – Lunel 14 – Nîmes 44.

X **L'Art du Feu,** ☎ 04 67 70 05 97, *Fax 04 67 70 05 97* – AE ⓓ GB
fermé mardi soir et merc. – **Repas** 90/110 ♀, enf. 50.

Le CATEAU-CAMBRÉSIS *59360 Nord* 53 ⑭ ⑮ *G. Flandres Artois Picardie – 7 703 h alt. 123.*

Voir *Musée Matisse.*

Office de Tourisme Hôtel-de-Ville ☎ 03 27 84 10 84, Fax 03 27 77 81 74.

Paris 203 – St-Quentin 36 – Avesnes-sur-Helpe 30 – Cambrai 24 – Hirson 45 – Lille 85 – Valenciennes 32.

XX **Host. du Marché** avec ch, r. Landrecies ☎ 03 27 84 09 32, *Fax 03 27 77 01 00* – TV. GB
fermé 27 avril au 4 mai, 3 au 24 août, 28 déc. au 4 janv., dim. soir (sauf hôtel) et lundi – **Repas** 150/290 ♀ – ☕ 35 – **4 ch** 210/250 – ½ P 200.

XX **Relais Fénelon** avec ch, 21 r. Mar. Mortier ☎ 03 27 84 25 80, – TV ☎. GB
fermé 4 au 27 août, dim. soir et lundi sauf fériés – **Repas** 105/175 ♀ – ☕ 30 – **3 ch** 240 – ½ P 175/200.

CITROEN Gar. Ribeiro, 13 r. Mar.-Mortier ☎ 03 27 84 07 76
PEUGEOT Gar. Cheneaux, 17 fg de Cambrai ☎ 03 27 84 05 41
RENAULT Gar. Legrand, ZI av. Mar.-Leclerc ☎ 03 27 77 89 33

Le Cateau Pneus, 61-63 r. L.-Michel ☎ 03 27 84 07 71

Le CATELET *02420 Aisne* 53 ⑬ ⑭ *– 223 h alt. 90.*

Paris 169 – St-Quentin 18 – Cambrai 21 – Le Cateau-Cambrésis 28 – Laon 65 – Péronne 27.

XX **Aub. Croix d'Or,** ☎ 03 23 66 21 71, *Fax 03 23 66 28 32*, – P. GB
fermé 27 juil. au 17 août, vacances de fév., dim. soir et lundi – **Repas** 92 bc/195.

Les CATONS *73 Savoie* 74 ⑮ *– rattaché au Bourget-du-Lac.*

Une réservation confirmée par écrit ou par fax est toujours plus sûre.

CAUDEBEC-EN-CAUX *76490 S.-Mar.* 55 ⑤ *G. Normandie Vallée de la Seine* (plan) – *2 265 h alt. 6.*

Voir *Église★ – Vallon de Rançon★ NE : 2 km – Pont de Brotonne★ : péage : véhicule jusqu'à 3,5 t. : 10 F, plus de 3,5 t. : 14 à 22 F. Gratuit pour les résidents de Seine-Maritime. E : 1,5 km*

Office de Tourisme pl. Ch.-de-Gaulle ☎ 02 35 96 20 65, Fax 02 35 95 90 26.

Paris 161 – Le Havre 54 – Rouen 36 – Lillebonne 16 – Yvetot 13.

Normotel-La Marine, quai Guilbaud ☎ 02 35 96 20 11, *Fax 02 35 56 54 40,* ← – ascenseur TV ☎ P – 50. AE GB
Repas *(fermé vend. soir, sam. midi et dim. soir du 19 oct. au 15 mars sauf fériés)* 78 (déj.) 98/240 ♀, enf. 60 – 35 – **31 ch** 260/430 – 1/2 P 249/334.

Normandie, quai Guilbaud ☎ 02 35 96 25 11, *Fax 02 35 96 68 15,* ← – TV ☎ P. AE ① GB
fermé fév. – **Repas** *(fermé dim. soir sauf fériés)* 59/190, enf. 45 – 35 – **15 ch** 210/360.

Cheval Blanc, 4 pl. R. Coty ☎ 02 35 96 21 66, *Fax 02 35 95 35 40* – TV ☎ P. AE ① GB
fermé 25 janv. au 14 fév. – **Repas** *(fermé dim. soir)* 70/190 ♀, enf. 48 – 30 – **16 ch** 180/300 – 1/2 P 170/230.

AUDI, VOLKSWAGEN Caudebec Autom., ☎ 02 35 96 13 44

RENAULT Gar. Lopéra, ☎ 02 35 96 23 88 N ☎ 02 35 96 23 88

Come districarsi nei sobborghi di Parigi?
Utilizzando la **carta stradale Michelin** *n.* **101**,
e le **piante** n. **17-18**, **19-20**, **21-22**, **23-24**, **25** *: chiare, precise ed aggiornate.*

CAULIÈRES *80 Somme* 52 ⑰ – *rattaché à Poix-de-Picardie.*

CAUREL *22530 C.-d'Armor* 59 ⑫ – *384 h alt. 188.*

Paris 461 – St-Brieuc 48 – Carhaix-Plouguer 45 – Guingamp 47 – Loudéac 24 – Pontivy 21.

Beau Rivage avec ch, au Lac de Guerlédan : 2 km par D 111 ☎ 02 96 28 52 15, *Fax 02 96 26 01 16,* ←, , « Au bord du lac » – TV ☎ – 30. AE GB.
fermé 15 au 30 oct., 20 janv. au 15 fév., lundi soir et mardi – **Repas** 90/300, enf. 65 – 40 – **8 ch** 250/320 – 1/2 P 265/300.

CAURO *2A Corse-du-Sud* 90 ⑰ – *voir à Corse.*

CAUSSADE *82300 T.-et-G.* 79 ⑱ *G. Périgord Quercy – 6 009 h alt. 109.*

Env. *Montpezat-de-Quercy : tapisseries★★, gisants★ et trésor★ de la collégiale, NO : 12 km.*

Office de Tourisme r. de la République ☎ 05 63 26 04 04.

Paris 619 – Cahors 39 – Albi 69 – Montauban 22 – Villefranche-de-Rouergue 51.

Dupont, r. Recollets ☎ 05 63 65 05 00, *Fax 05 63 65 12 62* – TV ☎ P. GB
fermé 1er au 15 mars, 1er au 15 nov., week-ends d'oct. à mars et dim. (sauf fêtes) d'avril à sept. – **Repas** 92/198 bc – 30 – **29 ch** 215/350 – 1/2 P 220/280.

PEUGEOT Gar. Macard, 92 av. du Gén.-Leclerc ☎ 05 63 93 22 22 N ☎ 06 07 05 62 53

Caussade Pneu, pl. Douches ☎ 05 63 93 18 30
Taquipneu, à Monteils ☎ 05 63 93 10 91

CAUTERETS *65110 H.-Pyr.* 85 ⑰ *G. Pyrénées Aquitaine – 1 201 h alt. 932 – Stat. therm. – Sports d'hiver : 1 000/2 350 m* 1 13 – *Casino.*

Voir *La station★ – Cascade★★ et vallée★ de Lutour S : 2,5 km par D 920 – Route et site du pont d'Espagne★★ (chutes du Gave) au Sud par D 920.*

Env. *SO : Site★★ du lac de Gaube accès du pont d'Espagne par télésiège puis 1h.*

Office de Tourisme pl. du Mar.-Foch ☎ 05 62 92 50 27, Fax 05 62 92 59 12.

Paris 842 ① – Pau 70 ① – Argelès-Gazost 17 ① – Lourdes 29 ① – Tarbes 47 ①.

Plan page suivante

Bordeaux, r. Richelieu (f) ☎ 05 62 92 52 50, *Fax 05 62 92 63 29* – ascenseur TV ☎ P. AE ① GB
hôtel : fermé 6 oct. au 29 nov. ; rest. : fermé 20 sept. au 29 nov. – **Repas** 100/190, enf. 35 – 45 – **24 ch** 320/420 – 1/2 P 360.

Sacca M, bd Latapie-Flurin (a) ☎ 05 62 92 50 02, *Fax 05 62 92 64 63,* – ascenseur TV ☎ . AE ① GB. rest
fermé 3 oct. au 20 déc. – **Repas** 74/158, enf. 42 – 35 – **44 ch** 265/320 – 1/2 P 245/265.

Welcome , 3 r. V. Hugo **(t)** ☎ 05 62 92 50 22, *Fax 05 62 92 02 90* – . GB *fermé 20 oct. au 1er déc.* – **Repas** 75/140 , enf. 58 – ☕ 28 – **28 ch** 260/280 – 1/2 P 250.

César, r. César **(r)** ☎ 05 62 92 52 57, *Fax 05 62 92 08 19* – . AE GB. rest *fermé 26 avril au 21 mai et 27 sept. au 24 oct.* – **Repas** *(fermé merc. en hiver sauf vacances scolaires)* 75/200 – ☕ 30 – **17 ch** 230/300 – 1/2 P 260/280.

Les Edelweiss, bd Latapie-Flurin **(n)** ☎ 05 62 92 52 75, *Fax 05 62 92 62 73* – . AE GB. rest *fermé 15 oct. au 15 déc.* – **Repas** *(68)* - 80/86 ♀, enf. 45 – ☕ 32 – **24 ch** 235/295 – 1/2 P 270.

Paris sans rest, pl. Mar. Foch **(k)** ☎ 05 62 92 53 85, *Fax 05 62 92 02 23* – cuisinette . AE GB. *fermé 16 avril au 7 mai et 2 nov. au 11 déc.* – ☕ 32 – **14 ch** 250/320.

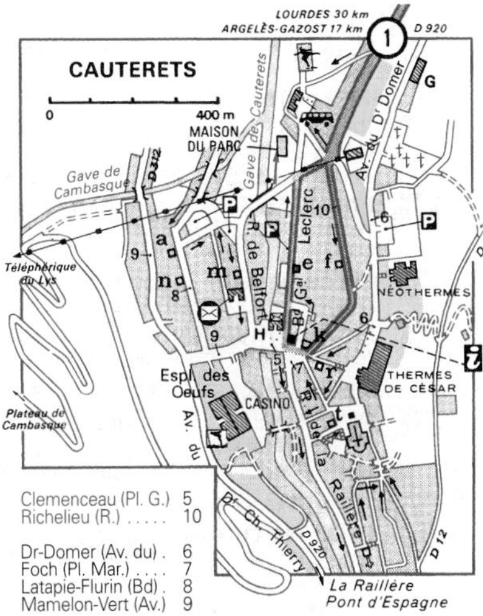

Clemenceau (Pl. G.) 5
Richelieu (R.) 10

Dr-Domer (Av. du) . 6
Foch (Pl. Mar.) 7
Latapie-Flurin (Bd) . 8
Mamelon-Vert (Av.) 9

Centre et Poste, r. Belfort **(m)** ☎ 05 62 92 52 69, *Fax 05 62 92 05 73* – . AE GB. rest *1er mai-25 sept. et 20 déc.-10 avril* – **Repas** 75/120 – ☕ 30 – **32 ch** 215 – 1/2 P 190/200.

Grand Tétras, bd Gén. Leclerc **(e)** ☎ 05 62 92 59 18 – . GB *fermé 15 nov. au 20 déc., mardi soir et merc. sauf vacances scolaires* – **Repas** 76/205 ♀, enf. 44.

CAVAILLON *84300 Vaucluse* **81** ⑫ *G. Provence – 23 102 h alt. 75.*

Voir *Musée : collection archéologique*★ **M.**

Office de Tourisme pl. François-Tourel ☎ *04 90 71 32 01, Fax 04 90 71 42 99.*

Paris 701 ④ – *Avignon 28* ① – *Aix-en-Provence 60* ④ – *Arles 43* ④ – *Manosque 71* ②.

CAVAILLON

Bournissac (Cours) 3
Castil-Blaze (Pl.) 5
Clos (Pl. du) 7
République (R. de la) 37
Victor-Hugo (Cours) 43

Berthelot (Av.) 2
Clemenceau (Av. G.) 6
Coty (Av. R.) 9
Crillon (Bd) 10
Diderot (R.) 12
Donné (Chemin) 13
Doumer (Av. P.) 14
Dublé (Av. Véran) 15
Durance (R. de la) 17
Gambetta (Cours L.) 18
Gambetta (Pl. L.) 19
Gaulle (Av. Gén.-de) 22
Grand-Rue 23
Jaurès (Av. Jean) 24
Joffre (Av. Mar.) 26
Kennedy (Av. J.F.) 27
Lattre-de-T. (R.P.J. de) 29
Pasteur (R.) 30
Péri (Av. Gabriel) 31
Pertuis (Rte de) 32
Raspail (R.) 34
Renan (Cours E.) 35
Sarnette (Av. Abel) 38
Saunerie (R.) 40
Sémard (Av. P.) 41
Tourel (Pl. F.) 42

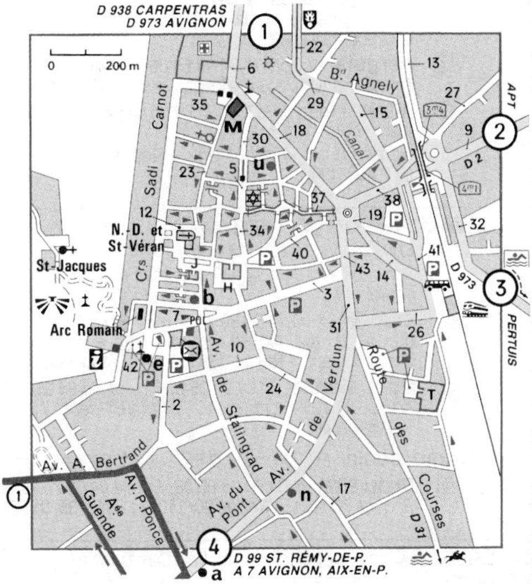

Parc sans rest, pl. F. Tourel **(e)** ℘ 04 90 71 57 78, *Fax 04 90 76 10 35* – TV ☎ ♿ . GB.
☕ 38 – **40 ch** 210/300.

Ibis M, 175 av. Pont **(a)** ℘ 04 90 76 11 11, *Fax 04 90 71 77 07*, – , rest, TV ☎ ♿ P – 30. AE ◑ GB
Repas *(75)* - 98 ♀, enf. 40 – ☕ 37 – **35 ch** 305/350.

Prévot, 353 av. Verdun **(n)** ℘ 04 90 71 32 43, *Fax 04 90 71 97 05* – . AE GB
fermé dim. sauf le midi de sept. à juil. et lundi – **Repas** 160 (déj.), 225/450 et carte 330 à 440 ♀.

Fin de Siècle, 46 pl. Clos (1er étage) **(b)** ℘ 04 90 71 12 27 – . AE ◑ GB
fermé 8 août au 10 sept., mardi soir et merc. – **Repas** 89/220, enf. 50.

Fleur de Thym, 91 r. J.-J. Rousseau **(u)** ℘ 04 90 71 14 64, *Fax 04 90 71 14 64* – GB
fermé juil., lundi midi et dim. – **Repas** *(95)* - 150/165.

à Cheval-Blanc *par ③ : 5 km – 3 032 h. alt. 83 – ✉ 84460 :*

Nicolet, Nord-Est : 4 km par D 31 et rte secondaire ℘ 04 90 78 01 56, *Fax 04 90 71 91 28*, – P. AE ◑ GB
fermé dim. soir et lundi sauf juil.-août – **Repas** 150/360 et carte 360 à 440 ♀.

par ④ *rte d'Apt : 2 km – ✉ 84300 Cavaillon :*

Relais Mercure, 601 av. Boscodomini ℘ 04 90 71 07 79, *Fax 04 90 78 27 94*, , , , – , rest, TV ☎ P – 30. AE ◑ GB
Repas 95/115 , enf. 50 – ☕ 45 – **60 ch** 360/390.

AUDI, VOLKSWAGEN Triangle Automobiles, 620 av. Prosper Mérimée ℘ 04 90 78 73 73
CITROEN Gar. Chabas, rte d'Avignon par ①, quartier Grand-Grès ℘ 04 90 71 27 40 N ℘ 04 90 71 19 83
PEUGEOT Gar. Berbiguier, rte de l'Isle-sur-la-Sorgue par ① ℘ 04 90 06 62 60 N ℘ 08 00 44 24 24
RENAULT Relais de l'Automobile, 287 av. G.-Clémenceau par ① ℘ 04 90 71 34 96 N ℘ 08 00 05 15 15

Gar. Anrès, 154 av. Stalingrad ℘ 04 90 78 03 91

Ayme Pneus, 305 allée des Temps Perdus ℘ 04 90 71 36 18
Euromaster, av. de la Libération ℘ 04 90 71 41 00
Gay Pneus, av. du Pont ℘ 04 90 71 78 88

CAVALAIRE-SUR-MER *83240 Var 84 ⑰, 114 ㊾ – 4 188 h alt. 2 – Casino.*

Env. *Domaine du Rayol★★ 7 km à l'Ouest par D 559.*
Office de Tourisme à la Maison de la Mer, square de Lattre-de-Tassigny ℘ 04 94 01 92 10, Fax 04 94 05 49 89.
Paris 879 – Fréjus 42 – Draguignan 55 – Le Lavandou 20 – St-Tropez 19 – Ste-Maxime 22 – Toulon 62.

Calanque , r. Calanque ℘ 04 94 64 04 27, *Fax 04 94 64 66 20*, ≤ mer, , , – ch, TV ☎ P. AE ◑ GB
fermé 3 janv. au 15 mars – **Repas** *(fermé lundi en oct., nov. et déc.)* 155/240 – ☕ 55 – **33 ch** 850/900 – ½ P 700.

Pergola, av. Port ℘ 04 94 64 06 86, *Fax 04 94 64 60 08*, , – TV ☎ P. AE ◑ GB
fermé 5 janv. au 5 fév. – **Repas** *(85)* - 135/195, enf. 70 – ☕ 40 – **24 ch** 385/465 – ½ P 425/445.

Alizés, prom. de la Mer ℘ 04 94 64 09 32, *Fax 04 94 64 15 84*, ≤, – rest, TV ☎ . GB
fermé fin oct. à début janv. – **Repas** *(65)* - 98/150 ♀, enf. 50 – ☕ 45 – **18 ch** 450/600 – ½ P 460/490.

CAVALIÈRE *83 Var 84 ⑰, 114 ㊾ G. Côte d'Azur – alt. 4 – ✉ 83980 Le Lavandou.*

Env. *Col du Canadel ≤★★ NE : 9 km.*
Paris 881 – Fréjus 54 – Draguignan 68 – Le Lavandou 8 – St-Tropez 31 – Ste-Maxime 34 – Toulon 49.

Club M, ℘ 04 94 05 80 14, *Fax 04 94 05 73 16*, ≤, , « Elégant ensemble au bord de la mer », , , , – , ch, TV ☎ ♿ P – 30. AE ◑ GB JCB
8 mai-30 sept. – **Repas** 135 (déj.), 195/400 – ☕ 90 – **42 ch** 1900/3650 – ½ P 1800/2800.

Gd H. Moriaz, ℘ 04 94 05 80 01, *Fax 04 94 05 70 88*, , – ☎. GB. rest
hôtel : 25 avril-6 oct. ; rest. : 21 mai-30 sept. – **Repas** 160/250 – ☕ 52 – **27 ch** 500/700 – ½ P 490/640.

à Pramousquier *Est : 2 km sur D 559 – ✉ 83980 Le Lavandou :*

Beau Site, ℘ 04 94 05 80 08, *Fax 04 94 05 76 76*, – TV ☎ P. AE GB. rest
Pâques-30 sept. – **Repas** 90/130 – ☕ 35 – **25 ch** 350/380 – ½ P 280/320.

CAVANAC *11 Aude 86 ⑦ – rattaché à Carcassonne.*

CAYLUS *82160 T.-et-G.* 79 ⑲ *G. Périgord Quercy – 1 308 h alt. 228.*
Voir *Christ en bois★ dans l'église.*
Paris 630 – Cahors 61 – Albi 60 – Montauban 44 – Villefranche-de-Rouergue 29.

Renaissance, av. du Père Huc ☎ 05 63 67 07 26, *Fax 05 63 24 03 57,* – rest, TV ☎ . GB. ch
fermé 14 au 24 sept., vacances de Toussaint, de fév., dim. soir sauf juil.-août et lundi sauf août – **Repas** 65/200, enf. 45 – 40 – **9 ch** 180/260 – 1/2 P 230/250.

CÉAUX *50 Manche* 59 ⑧ *– rattaché à Pontaubault.*

CEILLAC *05600 H.-Alpes* 77 ⑱ ⑲ *G. Alpes du Sud – 289 h alt. 1640 – Sports d'hiver : 1 700/2 495 m 8.*
Voir *Vallon du Mélezet★.*
Office de Tourisme à la Mairie ☎ 04 92 45 05 74, Fax 04 92 45 47 00.
Paris 731 – Briançon 51 – Gap 75 – Guillestre 14.

Cascade, au pied du Mélezet Sud-Est : 2 km ☎ 04 92 45 05 92, *Fax 04 92 45 22 09,* ←, – ☎ P. GB.
30 mai-6 sept. et 19 déc.-13 avril – **Repas** 72/165, enf. 49 – 43 – **23 ch** 290/370 – 1/2 P 260/350.

La CELLE-ST-CLOUD *78 Yvelines* 55 ⑳, 101 ⑬ *– voir à Paris, Environs.*

CELLES-SUR-BELLE *79370 Deux-Sèvres* 72 ② *G. Poitou Vendée Charentes – 3 425 h alt. 117.*
Voir *Portail★ de l'église Notre-Dame.*
Office de Tourisme (15 avril- 15 oct.) Les Halles ☎ 05 49 32 92 28.
Paris 408 – Poitiers 75 – Couhé 37 – Niort 21 – St-Jean-d'Angély 51.

Host. de l'Abbaye, 1 pl. Epoux-Laurant ☎ 05 49 32 93 32, *Fax 05 49 79 72 65,* – TV ☎ P. GB
fermé dim. soir de nov. à mars – **Repas** 76/210, enf. 55 – 30 – **17 ch** 220/300 – 1/2 P 190.

CELONY *13 B.-du-R.* 84 ③,, 114 ⑮ *– rattaché à Aix-en-Provence.*

CERBÈRE *66290 Pyr.-Or.* 86 ⑳ *G. Pyrénées Roussillon – 1 461 h alt. 1.*
Office de Tourisme r. du Gén. de Gaulle ☎ 04 68 88 42 36, Fax 04 68 88 48 62.
Paris 906 – Perpignan 48 – Port-Vendres 18.

Vigie, rte Espagne ☎ 04 68 88 41 84, *Fax 04 68 88 48 87,* ← mer et côte, – ☎. AE GB
Repas (résidents seul. de nov. à fév.) 75/185, enf. 35 – 32 – **19 ch** 250/295 – 1/2 P 250.

Dorade, ☎ 04 68 88 41 93, – ☎. AE GB
1er avril-10 oct. et fermé mardi d'avril à juin – **Repas** 80/150, enf. 40 – 36 – **20 ch** 175/295 – 1/2 P 225/275.

CERCY-LA-TOUR *58340 Nièvre* 69 ⑤ *– 2 258 h alt. 260.*
Paris 286 – Moulins 53 – Châtillon-en-Bazois 24 – Luzy 30 – Nevers 54 – St-Honoré-les-Bains 19.

Val d'Aron, r. Écoles ☎ 03 86 50 59 66, *Fax 03 86 50 04 24,* , , – TV ☎ P. GB
Repas 95/250, enf. 60 – 50 – **12 ch** 320/420 – 1/2 P 270/340.

CITROEN Gar. Guérin, ☎ 03 86 50 53 11 N ☎ 03 86 50 57 42

CERDON *45620 Loiret* 65 ① *G. Châteaux de la Loire – 929 h alt. 145.*
Voir *Etang du Puits★ SE : 5 km.*
Paris 153 – Orléans 49 – Aubigny-sur-Nère 20 – Gien 25 – Sully-sur-Loire 16.

XX **Relais de Cerdon,** ☎ 02 38 36 02 15 – GB
fermé vacances de Noël et de fév., mardi soir et merc. – **Repas** 99/175, enf. 70.

CÉRESTE *04280 Alpes-de-H.-P.* 81 ⑭, 114 ③ *G. Provence – 950 h alt. 356.*
Paris 748 – Digne-les-Bains 73 – Aix-en-Provence 59 – Apt 19 – Forcalquier 24.

Aiguebelle, ☎ 04 92 79 00 91, *Fax 04 92 79 07 29,* – TV ☎. AE GB
fermé 15 déc. au 15 fév. – **Repas** 88/210, enf. 55 – 32 – **17 ch** 180/330 – 1/2 P 290/340.

CÉRET 66400 Pyr.-Or. 86 ⑲ *G. Pyrénées Roussillon* **(plan)** *– 7 285 h alt. 153.*

Voir *Vieux pont★ – Musée d'Art Moderne★★.*

Office de Tourisme 1 av. G.-Clemenceau ✆ 04 68 87 00 53, Fax 04 68 87 32 43.

Paris 882 – Perpignan 31 – Gerona 80 – Port-Vendres 39 – Prades 55.

Terrasse au Soleil, Ouest : 1,5 km par rte Fontfrède ✆ 04 68 87 01 94, *Fax 04 68 87 39 24*, ≤ le Canigou et plaine du Roussillon, – ch, – 30. AE GB
15 mars-15 oct. – ***Cerisaie :*** **Repas** 160 (déj.)/240 ♀, enf. 90 – 80 – **25 ch** 895/1195 – 1/2 P 727/877
Spéc. Soufflé de foie gras de canard aux artichauts violets. Petits filets de rougets poêlés, fleur de courgette farcie. Nougat glacé au touron " Jigona " et coulis de framboises. **Vins** Côtes du Roussillon.

Mas Trilles M, au pont de Reynès : 2 km par rte d'Amélie ✆ 04 68 87 38 37, *Fax 04 68 87 42 62*, « Mas catalan au décor raffiné », – P. GB
10 avril-12 oct. – **Repas** *(fermé mardi)* (dîner seul.) (résidents seul.) 180/225 – 65 – **10 ch** 480/990 – 1/2 P 480/740.

Les Arcades sans rest, 1 pl. Picasso ✆ 04 68 87 12 30, *Fax 04 68 87 49 44*, « Collection de lithographies » – cuisinette . GB.
37 – **26 ch** 240/300.

Les Feuillants (Banyols) avec ch, 1 bd La Fayette ✆ 04 68 87 37 88, *Fax 04 68 87 44 68*, – . AE GB
fermé lundi sauf le soir en juil.-août et dim. soir – **Repas** 270/550 et carte 360 à 510 ♀, enf. 120 - ***Brasserie :*** **Repas** 130 ♀, enf. 100 – 60 – **3 ch** 400/750
Spéc. "Bullinade" de supions au "sagi". Rouelles de homard et riz aux châtaignes (oct. à mars). Pomme de ris de veau à la catalane. **Vins** Côtes du Roussillon.

Chat qui Rit, à la Cabanasse : 1,5 km par rte Amélie ✆ 04 68 87 02 22, – P. GB
fermé 11 au 31 janv., lundi midi en juil.-août, dim. soir et lundi de sept. à juin – **Repas** *(70)* - 130/160 ♀, enf. 50.

CITROEN Gar. Coll, La Cabanasse à Reynes ✆ 04 68 87 00 75 N ✆ 04 68 83 48 11
FORD Gar. Mach, av. Aspres ✆ 04 68 87 05 30 N ✆ 04 68 87 05 30
PEUGEOT Gar. la Bergerie, 3 av. Gare ✆ 04 68 87 18 59
RENAULT Gar. Privat, ZI Oulrich ✆ 04 68 87 18 53

Le CERGNE *42460 Loire* 73 ⑧ *– 650 h alt. 640.*

Paris 396 – Mâcon 72 – Roanne 30 – Charlieu 16 – Chauffailles 16 – Lyon 82 – St-Étienne 103.

Bel'Vue avec ch, ✆ 04 74 89 87 73, *Fax 04 74 89 78 61*, ≤ – . AE GB
fermé vacances de Toussaint, dim. soir et lundi sauf juil.-août – **Repas** 98 bc/280 ♀ – 40 – **8 ch** 260/320 – 1/2 P 300/370.

CERGY *95 Val-d'Oise* 55 ⑳, 106 ⑤, 101 ② *– voir à Paris, Environs (Cergy-Pontoise Ville Nouvelle).*

CERIZAY *79140 Deux-Sèvres* 67 ⑯ *– 4 787 h alt. 173.*

Paris 377 – Bressuire 14 – Cholet 37 – Niort 67 – La Roche-sur-Yon 69.

Cheval Blanc, 33 av. 25-Août ✆ 05 49 80 05 77, *Fax 05 49 80 08 74*, – P. GB
fermé 21 au 24 mai, 19 déc. au 10 janv., sam. et dim. hors saison – **Repas** 66/120 – 33 – **20 ch** 198/295 – 1/2 P 240/275.

CITROEN Gar. Coulais, ✆ 05 49 80 51 51 N ✆ 05 49 80 01 55
PEUGEOT Gar. Cocandeau, ✆ 05 49 80 50 19 N ✆ 05 49 80 50 19

CERNAY *68700 H.-Rhin* 66 ⑨ *G. Alsace Lorraine – 10 313 h alt. 275.*

Env. *Monument national du Vieil Armand près D431, ☀★★ (1 h) N : 12 km.*

Office de Tourisme 1 r. Latouche ✆ 03 89 75 50 35, Fax 03 89 75 49 24.

Paris 461 – Mulhouse 17 – Altkirch 25 – Belfort 38 – Colmar 36 – Guebwiller 15 – Thann 6.

Host. d'Alsace M avec ch, 61 r. Poincaré ✆ 03 89 75 59 81, *Fax 03 89 75 70 22* – P. AE GB
fermé 20 juil. au 10 août, 26 déc. au 4 janv., dim. soir et lundi – **Repas** 98/305 ♀, enf. 60 – 38 – **11 ch** 210/295 – 1/2 P 210/243.

OPEL Gar. Sutter et Fils, Fg des Vosges ✆ 03 89 75 42 26
PEUGEOT Gar. Soriano, 84 r. de Wittelsheim ✆ 03 89 75 44 85 N ✆ 03 89 75 44 85
RENAULT Gar. Courtois, fg de Belfort ✆ 03 89 75 75 75 N ✆ 03 89 26 71 23

CERNAY-LA-VILLE *78 Yvelines* 60 ⑨, 106 ㉙, 101 ㉛ *– voir à Paris, Environs.*

CERNON *39240 Jura* 70 ⑭ *– 268 h alt. 514.*
Paris 447 – Arinthod 13 – Clairvaux-les-Lacs 29 – Lons-le-Saunier 35 – Oyonnax 25 – St-Claude 34.

Galoubet Ⓜ, ☎ 03 84 48 43 43, *Fax 03 84 48 43 49*, – TV ☎. GB
fermé 20 déc. au 1er mars, dim. soir et lundi sauf été – **Repas** 70 (déj.), 88/177, enf. 42 – ☕ 32 – **7 ch** 220/240 – ½ P 210.

CESSIEU *38 Isère* 74 ⑬ *– rattaché à la Tour-du-Pin.*

CESSON *22 C.-d'Armor* 59 ③ *– rattaché à St-Brieuc.*

CESSON-SÉVIGNÉ *35 I.-et-V.* 59 ⑰ *– rattaché à Rennes.*

CEYRAT *63122 P.-de-D.* 73 ⑭ *– 5 283 h alt. 560.*
Syndicat d'Initiative à la Mairie ☎ 04 73 61 42 55.
Paris 427 – Clermont-Ferrand 6 – Issoire 37 – Le Mont-Dore 42 – Royat 6.

Voir plan de Clermont-Ferrand agglomération

à Saulzet-le-Chaud *Sud : 2 km par N 89 – ✉ 63540 Romagnat :*

XX **Montrognon**, ☎ 04 73 61 30 51, *Fax 04 73 61 53 11*, – P. GB
fermé dim. soir et lundi – **Repas** 90 (déj.), 120/255 ♀.

CHABLIS *89800 Yonne* 65 ⑥ *G. Bourgogne* **(plan)** *– 2 569 h alt. 135.*
Office de Tourisme 1 Quai du Biez ☎ 03 86 42 80 80, Fax 03 86 42 41 79.
Paris 182 – Auxerre 21 – Avallon 39 – Tonnerre 19 – Troyes 75.

Ibis, rte Auxerre ☎ 03 86 42 49 20, *Fax 03 86 42 80 04* – TV ☎ & P – 40. AE GB
Repas *(75)* - 95 ♀, enf. 39 – ☕ 35 – **38 ch** 260/290.

XXX **Host. des Clos** (Vignaud) avec ch, ☎ 03 86 42 10 63, *Fax 03 86 42 17 11*, – , rest, TV ☎ P – 25. AE GB
✿ *fermé 23 déc. au 18 janv., jeudi midi et merc. d'oct. à avril* – **Repas** 178/420 et carte 260 à 480 ♀, enf. 100 – ☕ 58 – **26 ch** 265/550 – ½ P 470/670
Spéc. Fricassée d'escargots de Bourgogne, crème d'ail confit. Dos de sandre rôti sur peau au chablis. Rognon de veau poêlé dans sa graisse. **Vins** Chablis, Irancy.

X **Vieux Moulin,** ☎ 03 86 42 47 30, *Fax 03 86 42 84 44* – P. GB
Repas 98/210 ♀.

CITROEN Chablis Autos, ☎ 03 86 42 14 20 N ☎ 03 86 42 44 97

CHABRIS *36210 Indre* 64 ⑱ *G. Châteaux de la Loire – 2 672 h alt. 100.*
Paris 217 – Bourges 76 – Blois 51 – Châteauroux 55 – Loches 61 – Vierzon 36.

XX **Plage** avec ch, 42 r. du Pont ☎ 02 54 40 02 24, *Fax 02 54 40 08 59*, – ☎. GB
fermé 22 déc. au 5 fév., dim. soir et lundi – **Repas** *(95)* - 140/250 ♀ – ☕ 35 – **8 ch** 224/282 – ½ P 220/240.

CHAGNY *71150 S.-et-L.* 69 ⑨ *G. Bourgogne – 5 346 h alt. 215.*
Env. *Mont de Sène* ✳★★ *O : 10 km.*
Office de Tourisme 2 r. Halles ☎ 03 85 87 25 95, Fax 03 85 87 14 44.
Paris 327 ① – Beaune 16 ① – Chalon-sur-Saône 18 ② – Autun 44 ① – Mâcon 76 ② – Montceau-les-Mines 46 ④.

Plan page suivante

Lameloise Ⓜ, pl. d'Armes ☎ 03 85 87 08 85, *Fax 03 85 87 03 57*, « Ancienne maison bourguignonne aménagée avec élégance » – TV ☎ . AE GB JCB Z e
✿✿✿ *fermé 23 déc. au 28 janv., merc. sauf le soir du 1er juil. au 30 sept. et jeudi midi* – **Repas** (prévenir) 390/600 et carte 410 à 560 – ☕ 95 – **17 ch** 700/1500
Spéc. Ravioli d'escargots de Bourgogne au bouillon d'ail doux. Pigeonneau rôti à l'émietté de truffes. Griottines au chocolat noir sur marmelade d'orange. **Vins** Rully blanc, Chassagne-Montrachet.

Poste sans rest, r. Poste ☎ 03 85 87 08 27, *Fax 03 85 87 23 13*, – P. GB.
1er mars-1er déc. – ☕ 35 – **11 ch** 250/300. Z s

Ferté sans rest, bd Liberté ☎ 03 85 87 07 47, *Fax 03 85 87 37 64*, – TV ☎ P. GB.
☕ 30 – **14 ch** 180/280. Z u

CHAGNY

Anciens d'Algérie (R. des)	YZ	2
Beaune (R. de)	Y	3
Bellecroix (R. de)	Z	
Boillet (R. M.)	Z	
Bourg (R. du)	YZ	5
Boutière (R. de la)	YZ	
Bretin (R. T.)	YZ	
Chalon (Route de)	Z	6
Chaudenay (R. de)	Y	
Ferté (R. de la)	Z	8
Gare (Av. de la)	Z	10
Gaulle (Av. du Gén.-de)	Y	
Grabiau (R.)	Y	12
Jaurès (R.J.)	Y	14
Leclerc (Av. du Gén.)	Y	
Liberté (Bd de la)	Z	
Loyère (R. de la)	Z	15
Marey (R. E.)	Z	18
Martin (R. J.)	Z	
Moulin (Chemin du)	Y	
Moulin (R. du)	Y	19
Muriers (Chemin des)	Y	22
Nantil (R. du)	Z	
Pierres (R. de)	Z	25
Poste (R. de la)	Z	27
Presles (R. de)	Y	28
Remigny (Route de)	Z	30
République (R. de la)	Y	32
St-Jean (Pl.)	Z	
Stand (R. du)	Y	34
8-Mai (Av. du)	Y	35

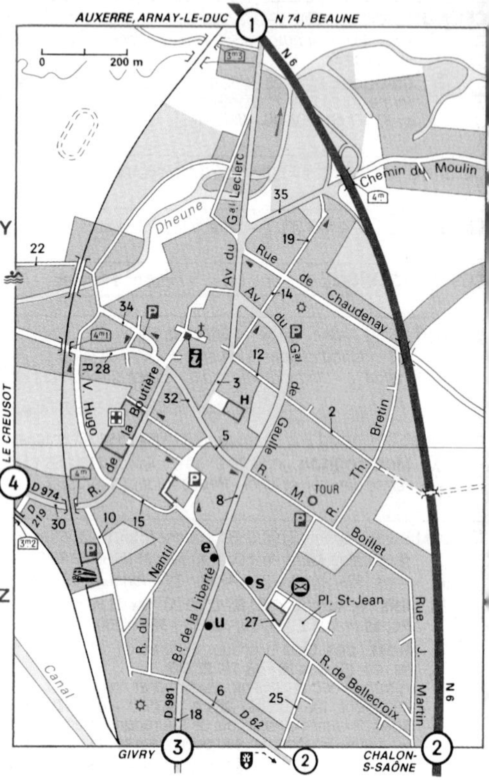

*Les pastilles numérotées des plans de ville ①, ②, ③ sont répétées sur les **cartes Michelin** à 1/200 000. Elles facilitent ainsi le passage entre les **cartes** et les **guides Michelin**.*

rte de Chalon *par ②, N 6 et rte secondaire : 2 km – ✉ 71150 Chagny :*

Host. Château de Bellecroix, ☎ 03 85 87 13 86, *Fax 03 85 91 28 62*, parc, – ☎ P. AE GB
fermé 20 déc. au 20 fév. et merc. sauf hôtel de juin à sept. et jeudi midi – **Repas** 150 (déj.), 260/360 – 68 – **21 ch** 580/1100 – ½ P 620/820.

à Chassey-le-Camp *par ④, D 974 et D 109 : 6 km – 257 h. alt. 300 – ✉ 71150 :*

Aub. du Camp Romain, ☎ 03 85 87 09 91, *Fax 03 85 87 11 51*, ←, – ☎ P. – 40. GB
fermé 2 janv. au 10 fév. – **Repas** 125/245, enf. 50 – 40 – **36 ch** 300/390, 5 duplex – ½ P 279/319.

RENAULT Chagny Auto, N 6 par ① ☎ 03 85 87 22 28

CHAILLES *73 Savoie 74 ⑮ – rattaché aux Échelles.*

CHAILLOL *05 H.-Alpes 77 ⑯ – alt. 1450 – ✉ 05260 Chabottes.*
Paris 665 – Gap 25 – Orcières 23 – St-Bonnet-en-Champsaur 10.

L'Étable, ☎ 04 92 50 48 35, ← – ☎ P. rest
15 juin-15 sept. et 20 déc.-20 mars – **Repas** (résidents seul.) 80/100 – 32 – **14 ch** 216/226 – ½ P 212/225.

Europe

Si le nom d'un hôtel figure en petits caractères demandez, à l'arrivée, les conditions à l'hôtelier.

CHAILLY-EN-BIÈRE *77930 S.-et-M.* 61 ②, 106 ㊺ *G. Ile de France – 2 029 h alt. 64.*
Paris 53 – Fontainebleau 10 – Étampes 42 – Melun 10.

XXX **Chalet du Moulin,** Sud : 1,5 km par N 7 et rte secondaire ✆ 01 60 66 43 42, *Fax 01 60 66 43 42*, ≤, 㐅, parc, « Chalet dans un cadre de verdure » – P. AE ⓞ GB
fermé lundi soir et mardi – **Repas** 300 bc et carte le dim. 300 à 360.

CHAILLY-SUR-ARMANÇON *21 Côte-d'or* 65 ⑱ *– rattaché à Pouilly-en-Auxois.*

La CHAISE-DIEU *43160 H.-Loire* 76 ⑥ *G. Auvergne* **(plan)** *– 778 h alt. 1080.*
Voir *Église abbatiale★★ : tapisseries★★★.*
ℹ *Office de Tourisme pl. Mairie ✆ 04 71 00 01 16, Fax 04 71 00 03 45.*
Paris 508 – Le Puy-en-Velay 42 – Ambert 29 – Brioude 40 – Issoire 58 – St-Étienne 80 – Yssingeaux 59.

Écho et Abbaye ⛭, pl. Écho ✆ 04 71 00 00 45, *Fax 04 71 00 00 22*, 㐅 – TV ☎. AE GB. ✂
1er avril-15 nov. – **Repas** 95/240, enf. 70 – ☕ 49 – **11 ch** 260/360 – ½ P 330/350.

Casadeï, pl. Abbaye ✆ 04 71 00 00 58, *Fax 04 71 00 01 67* – TV ☎. AE ⓞ GB
1er mai-1er nov. – **Repas** 75/110 – ☕ 45 – **9 ch** 210/280.

au plan d'eau de la Tour *Nord : 2 km par D 906 – ✉ 43160 La Chaise-Dieu :*

Vénéré, ✆ 04 71 00 01 08, *Fax 04 71 00 08 36*, parc, 㐅 – cuisinette ☎ ⇔ P. GB
15 mai-30 sept. – **Repas** (dîner seul.) 75/150 ♁ – ☕ 34 – **14 ch** 210/300 – ½ P 220/260.

à Sembadel Gare *Sud : 6 km par D 906 – 238 h. alt. 1075 – ✉ 43160 La Chaise-Dieu :*

Moderne, ✆ 04 71 00 90 15, *Fax 04 71 00 92 97*, 㐅 – ☎ P. GB. ✂ rest
1er juin-1er nov. – **Repas** 90/140 ♁ – ☕ 32 – **21 ch** 200/260 – ½ P 240/250.

PEUGEOT Gar. Rodier-Pumin ✆ 04 71 00 00 62
RENAULT Gar. Fayet, ✆ 04 71 00 00 88 N ✆ 04 71 00 00 88

CHALAIS *16210 Charente* 75 ③ *G. Poitou Vendée Charentes – 2 172 h alt. 70.*
Paris 497 – Angoulême 47 – Bordeaux 80 – Périgueux 66.

XX **Relais du Château,** au château ✆ 05 45 98 23 58, *Fax 05 45 98 23 58*, 㐅 – P. AE GB
fermé vacances de Toussaint et de fév., mardi soir et merc. sauf été – **Repas** 95/210, enf. 50.

PEUGEOT Gar. Gadrat-Blancheton, ✆ 05 45 98 21 16

CHALAMONT *01320 Ain* 74 ② ③, 110 ⑧ *G. Vallée du Rhône – 1 476 h alt. 325.*
Paris 448 – Lyon 47 – Belley 63 – Bourg-en-Bresse 28 – Nantua 47 – Villefranche-sur-Saône 39.

XX **Clerc,** Grande rue ✆ 04 74 61 70 30, *Fax 04 74 61 75 00*, 㐅 – P. GB
fermé 29 juin au 10 juil., 16 nov. au 4 déc., 4 au 22 janv., lundi (sauf le soir d'avril à oct.) et mardi – **Repas** 140/320 ♁.

RENAULT Gar. Berlie, ✆ 04 74 61 70 27 N ✆ 04 74 61 76 02

CHALEZEULE *25 Doubs* 66 ⑮ *– rattaché à Besançon.*

CHALLANGES *21 Côte-d'Or* 69 ⑨ *– rattaché à Beaune.*

CHALLANS *85300 Vendée* 67 ⑫ *G. Poitou Vendée Charentes – 14 203 h alt. 8.*
ℹ *Office de Tourisme pl. de l'Europe ✆ 02 51 93 19 75, Fax 02 51 49 76 04.*
Paris 438 ② – La Roche-sur-Yon 43 ③ – Cholet 82 ② – Nantes 56 ① – Les Sables-d'Olonne 43 ④.

Plan page suivante

Antiquité sans rest, 14 r. Gallieni ✆ 02 51 68 02 84, *Fax 02 51 35 55 74*, ⛱ – TV ☎ P. AE ⓞ GB. ✂ — B a
fermé 20 déc. au 3 janv. et week-ends d'oct. à mars – ☕ 32 – **16 ch** 260/400.

Commerce sans rest, 17 pl. A. Briand ✆ 02 51 68 06 24, *Fax 02 51 49 44 97* – TV ☎ – 🏔 25. AE GB — A r
fermé 1er au 15 janv. – ☕ 34 – **21 ch** 250/270.

Champ de Foire, 10 pl. Champ de Foire ✆ 02 51 68 17 54, *Fax 02 51 35 06 53* – TV ☎. AE GB — B s
fermé vend. soir hors saison – **Repas** 69/240 ♀, enf. 40 – ☕ 29 – **12 ch** 200/260 – ½ P 225/240.

CHALLANS

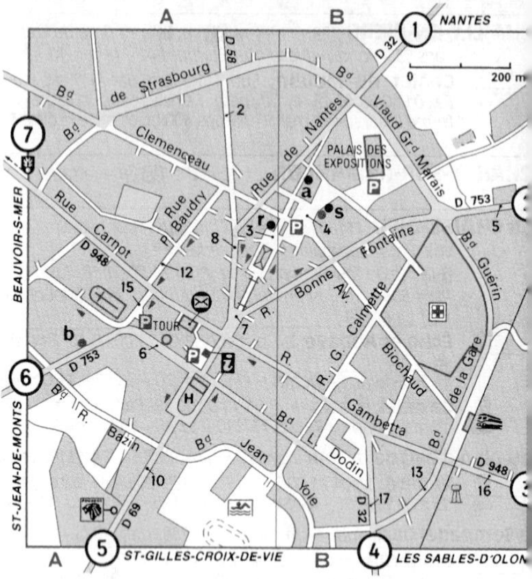

XX **Pavillon Gourmand,** 4 r. St-Jean-de-Monts ℘ 02 51 49 04 52 – GB A b
fermé 20 déc. au 2 janv., dim. soir et lundi – **Repas** (prévenir) 98 (déj.), 165/250.

X **Chez Charles,** 8 pl. Champ de Foire ℘ 02 51 93 36 65, *Fax 02 51 49 31 88* – ▤. AE ⓞ GB JCB B s
fermé 20 déc. au 20 janv., lundi sauf juil.-août et dim. soir – **Repas** 89/200 bc ♀, enf. 55.

à la Garnache *par ① : 6,5 km – 3 379 h. alt. 28 – ✉ 85710 :*

XX **Petit St-Thomas,** ℘ 02 51 49 05 99 – GB
fermé 15 au 30 juin, 1er au 20 janv. et lundi – **Repas** 75/195.

rte de St-Gilles-Croix-de-Vie *par ⑤ – ✉ 85300 Challans :*

Château de la Vérie ⑤, 2,5 km sur D 69 ℘ 02 51 35 33 44, *Fax 02 51 35 14 84*,
« Demeure du 16e siècle dans un parc », ⛱, ✂ – TV ☎ P. AE ⓞ GB
Repas 100 (déj.), 160/360 bc, enf. 60 – ☕ 60 – **23 ch** 600/880 – ½ P 490/630.

XX **Gite du Tourne-Pierre,** 3 km sur D 69 ℘ 02 51 68 14 78, ⛱, ⛱ – P. AE ⓞ GB
fermé 14 au 29 mars et 3 au 18 oct. – **Repas** (prévenir) 185/330, enf. 60.

CITROEN Atlantic-Autom., 52 rte de St-Jean-de-Monts par ⑥ ℘ 02 51 93 15 99
PEUGEOT Gar. Cara, rte de St Gilles ℘ 02 51 93 16 52
RENAULT S.N.V.A., 29 r. de St-Jean-de-Monts par ⑥ ℘ 02 51 49 52 22

CHALONNES-SUR-LOIRE *49290 M.-et-L.* 63 ⑲ *G. Châteaux de la Loire – 5 354 h alt. 25.*

Voir *Corniche angevine*★ E.

Syndicat d'Initiative ℘ 02 41 78 26 21, Fax 02 41 74 91 54.

Paris 318 – Angers 26 – Ancenis 37 – Châteaubriant 63 – Château-Gontier 62 – Cholet 40.

X **Boule d'Or,** 4 r. Las-Cases (près poste) ℘ 02 41 78 02 46, *Fax 02 41 74 94 38* – GB
fermé merc. soir, dim. soir et lundi – **Repas** 96/210 ♀, enf. 58.

PEUGEOT Gar. Thuleau, ℘ 02 41 78 00 28 N ℘ 02 41 78 00 28

CHÂLONS-EN-CHAMPAGNE P *51000 Marne* 56 ⑰ *G. Champagne – 48 423 h alt. 83.*

Voir *Cathédrale St-Étienne*★★ **AZ** – *Église N.-D.-en-Vaux*★ : *intérieur*★★ **AY F** – *Statues-colonnes*★★ *du musée du cloître de N.-D.-en-Vaux*★ **AY M**1.

18 *la Grande Romanie ℘ 03 26 66 65 97 à Courtisols par ③ : 15 km.*

Office de Tourisme 3 quai des Arts ℘ 03 26 65 17 89, Fax 03 26 21 72 92.

Paris 165 ⑥ – Reims 48 ① – Charleville-Mézières 103 ② – Dijon 256 ④ – Metz 158 ② – Nancy 160 ④ – Orléans 280 ⑤ – Troyes 82 ⑤.

CHÂLONS-EN-CHAMPAGNE

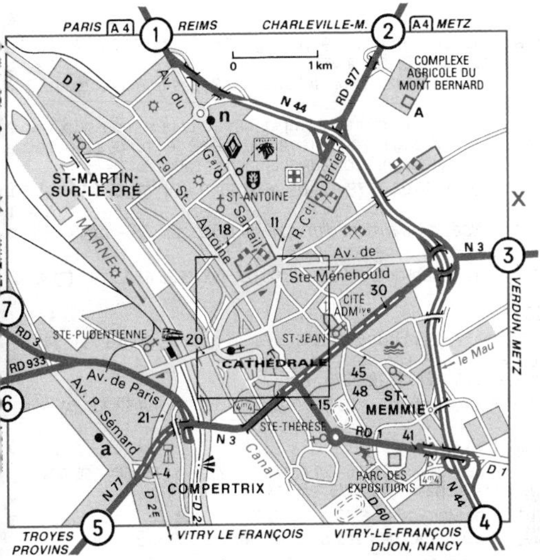

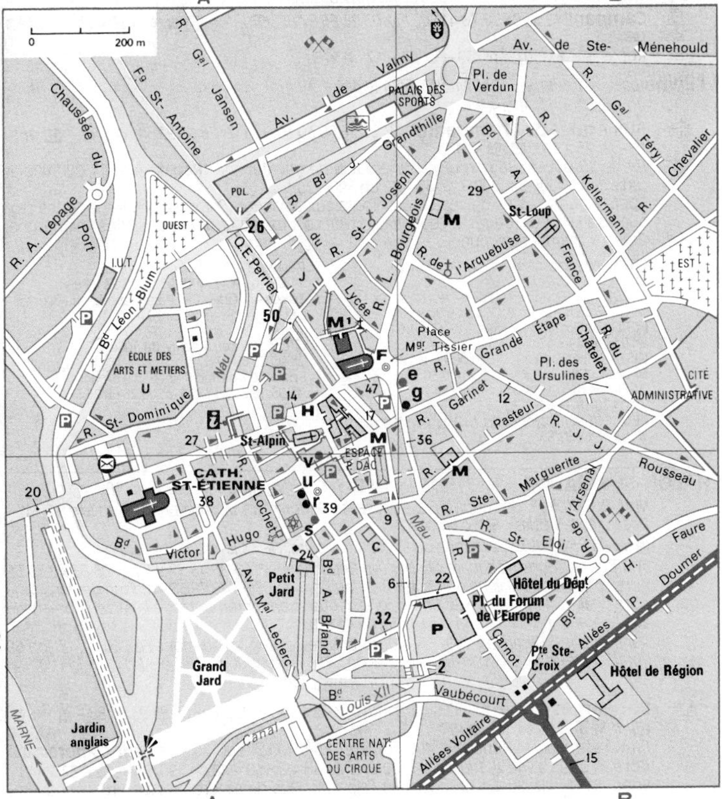

Angleterre et rest. Jacky Michel, 19 pl. Mgr Tissier ✆ 03 26 68 21 51, *Fax 03 26 70 51 67,* – BY g
fermé 12 juil. au 8 août, vacances de Noël, sam. midi et dim. – **Repas** 160/450 et carte 300 à 510 ♀ – ☕ 70 – **18 ch** 450/600
Spéc. Escargots, fonds d'artichauts camus et champignons au beurre mousseux (juin à sept.). Rognons de veau au bouzy rouge, croquettes à l'ail. Poêlée de prunes à la glace à la bergamote (août à oct.). **Vins** Champagne, Coteaux champenois rouge.

Renard, 24 pl. République ✆ 03 26 68 03 78, *Fax 03 26 64 50 07* – – 30. AE GB. AZ r
Repas *(fermé vacances de Noël, sam. midi et dim. soir)* 98/195 ♀, enf. 55 – ☕ 45 – **35 ch** 305/380 – 1/2 P 330/410.

Pot d'Étain sans rest, 18 pl. République ✆ 03 26 68 09 09, *Fax 03 26 68 58 18* – AE GB AZ u
☕ 35 – **27 ch** 260/320.

Bristol sans rest, 77 av. P. Sémard ✉ 51510 Fagnières ✆ 03 26 68 24 63, *Fax 03 26 68 22 16* – GB. X a
fermé vacances de Noël – ☕ 30 – **24 ch** 220/270.

Pré St-Alpin, 2 bis r. Abbé Lambert ✆ 03 26 70 20 26, *Fax 03 26 68 52 20,* – . GB
fermé dim. soir et lundi – **Repas** 130/223 ♀, enf. 70. AZ v

Les Ardennes, 34 pl. République ✆ 03 26 68 21 42, *Fax 03 26 21 34 55,* – AE GB
fermé dim. soir et lundi soir – **Repas** *(79)* - 95/179, enf. 45. AZ s

Carillon Gourmand, 15 pl. Mgr Tissier ✆ 03 26 64 45 07 – . GB BY e
fermé 9 au 24 août, 24 janv. au 15 fév., dim. soir et lundi – **Repas** 90/130 ♀.

rte de Reims *vers ① : 3 km – ✉ 51520 St-Martin-sur-le-Pré :*

Campanile, ✆ 03 26 70 41 02, *Fax 03 26 66 87 85,* – – 25. AE GB X n
Repas *(66)* - 84/107, enf. 39 – ☕ 34 – **47 ch** 278.

à l'Épine *par ③ : 8,5 km – 631 h. alt. 153 – ✉ 51460 :*
Voir *Basilique N.-Dame★★.*

Aux Armes de Champagne, ✆ 03 26 69 30 30, *Fax 03 26 66 92 31,* , – – 25 à 100. AE GB
fermé 10 janv. au 16 fév., dim. soir et lundi de nov. à mars – **Repas** 130 (déj.), 220/490 et carte 320 à 450, enf. 100 – ☕ 65 – **37 ch** 390/725
Spéc. Riquette et ris de veau croustillants aux amandes. Bar grillé, jeunes légumes croquants aux choux rouges. Pigeonneau rôti en cocotte, sauce aux abattis. **Vins** Champagne, Coteaux champenois rouge.

CITROEN Blacy Autom., 17 av. W.-Churchill ✆ 03 26 64 42 42
CITROEN Gar. Chauffert, N 34 à Courtisols par ③ ✆ 03 26 66 60 23 N ✆ 03 26 66 90 95
FORD Gar. Bartholomé, 34 av. W.-Churchill ✆ 03 26 64 49 37
NISSAN Champenoise d'Équipement, 36 av. W.-Churchill ✆ 03 26 21 25 38
OPEL Gar. de l'Avenue, 1 r. Oradour ✆ 03 26 68 11 63
PEUGEOT Gar. Guyot et fils, 170 av. Gén.-Sarrail ✆ 03 26 68 38 86
RENAULT S.D.A.C., av. 106ᵉ-R.I., ZI ✆ 03 26 69 44 10 N ✆ 03 26 53 93 85
TOYOTA, VOLVO Gar. Poiret, av. Plateau Glières à St-Memmie ✆ 03 26 70 41 13

Euromaster, 1 bis av. du 106è RI ✆ 03 26 68 07 17
Pneus Legros Sud Point S, 9 r. Ampère ✆ 03 26 68 26 57 N ✆ 03 26 68 26 57

CHALON-SUR-SAÔNE

SP *71100 S.-et-L.* 69 ⑨ *G. Bourgogne – 54 575 h alt. 180.*
Voir *Réfectoire★ de l'hôpital* **CZ** – *Musées : Denon★* **BZ M¹**, *Nicéphore Niepce★* **BZ M²** – *Roseraie St-Nicolas★ SE : 4 km* **X.**
18 ✆ *03 85 93 49 65, à la zone de Sports St-Nicolas, NE : 3 km* **X.**
Office de Tourisme square Chabas, bd République ✆ 03 85 48 37 97, Fax 03 85 48 63 55 Annexe (juil.-août) Galerie du Châtelet 1 r. du Pont ✆ 03 85 48 79 56 – Maison des Vins de la Côte Chalonnaise (unique en Bourgogne dégustations commentées à la carte) promenade Sainte-Marie ✆ 03 85 41 64 00, Fax 03 85 41 99 83.
Paris 335 ⑦ – Besançon 130 ① – Bourg-en-Bresse 92 ② – Clermont-Fd 210 ⑤ – Dijon 69 ⑦ – Genève 204 ① – Lyon 127 ④ – Mâcon 59 ④ – Montluçon 213 ⑤ – Roanne 134 ⑤.

Plan page suivante

St-Georges (Choux) M, 32 av. J. Jaurès ✆ 03 85 48 27 05, *Fax 03 85 93 23 88* – – 25. AE GB AZ s
fermé sam. midi – **Repas** 110/400 et carte 270 à 400 ♀, enf. 70 - ***Le Petit Comptoir d'à Côté*** ✆ 03 85 93 44 26 **Repas** 82/120 ♀, enf. 48 – ☕ 50 – **48 ch** 290/580 – 1/2 P 340/440
Spéc. Salade de queue de boeuf au foie gras. Dos de sandre préparé en "pochouse". Truffier au chocolat "guyaquil", glace à la vanille Bourbon. **Vins** Montagny, Mercurey.

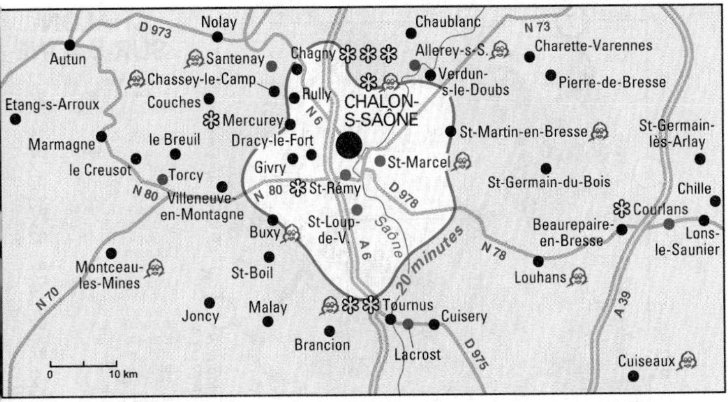

St-Régis, 22 bd République ✆ 03 85 48 07 28, *Fax 03 85 48 90 88* – AE ⓓ GB JCB BZ v
Repas *(fermé dim.) (92 bc)* - 110/320 ♀, enf. 55 – ☕ 52 – **36 ch** 290/520 – ½ P 360/400.

St-Jean sans rest, 24 quai Gambetta ✆ 03 85 48 45 65, *Fax 03 85 93 62 69* – TV ☎. GB BZ s
☕ 30 – **25 ch** 210/280.

Central sans rest, 19 pl. Beaune ✆ 03 85 48 35 00, *Fax 03 85 93 10 20* – TV ☎. AE GB BY e
☕ 28 – **25 ch** 200.

XXX **Bourgogne,** 28 r. Strasbourg ✆ 03 85 48 89 18, *Fax 03 85 93 39 10,* « Maison du 17e siècle, caveau » – AE GB CZ r
fermé 4 au 22 juil., vend. soir, sam. midi et dim. soir sauf juil.-août – **Repas** 90/200 et carte 170 à 270 ♀.

XX **Gourmand,** 13 r. Strasbourg ✆ 03 85 93 64 61 – ▤. AE ⓓ GB CZ f
fermé 28 juil. au 19 août, 28 janv. au 12 fév., mardi midi et lundi – **Repas** 96/190 ♀.

XX **L'Ile Bleue,** 3 r. Strasbourg ✆ 03 85 48 39 83, *Fax 03 85 48 72 58* – GB CZ a
fermé 3 au 20 août, sam. midi et merc. – **Repas** - produits de la mer - 89/145 ♀.

XX **Réale,** 8 pl. Gén. de Gaulle ✆ 03 85 48 07 21, *Fax 03 85 48 57 77* – ▤. GB BZ m
fermé août, dim. soir et lundi – **Repas** *(85)* - 108/195 ♀.

X **Marché,** 7 pl. St Vincent ✆ 03 85 48 62 00, 🍽 – GB CZ d
fermé 17 au 31 août, lundi soir et dim. en juil.-août, dim soir et lundi de sept. à juin – **Repas** 85/160 ♀.

X **Chez Jules,** 11 r. Strasbourg ✆ 03 85 48 08 34 – ▤. AE ⓓ GB CZ f
fermé 1er au 15 août, vacances de fév., sam. midi et dim. – **Repas** 90/175 ♀.

X **Rôtisserie St-Vincent,** 9 r. du Blé ✆ 03 85 48 83 52 – ▤. GB CZ u
fermé 1er au 15 janv., dim. soir et lundi – **Repas** *(75)* - 100 (déj.)/145 ♀.

X **Ripert,** 31 r. St Georges ✆ 03 85 48 89 20 – GB BZ k
fermé 25 au 2 juin, 1er au 21 août, 2 au 9 janv., dim. et lundi – **Repas** 72/155 ♀, enf. 40.

X **Bistrot,** 31 r. Strasbourg ✆ 03 85 93 22 01 – GB CZ f
fermé sam. midi et dim. – **Repas** *(79)* - 135/149 ♀.

à St-Marcel *à l'Est par D 978 : 3 km – 4 118 h. alt. 185 – ✉ 71380 :*

XX **Jean Bouthenet,** ✆ 03 85 96 56 16, *Fax 03 85 96 75 81* – P. GB
fermé 10 au 23 août, vacances de fév., dim. soir et lundi – **Repas** *(78)* - 108/390 ♀, enf. 70.

à St-Rémy *vers ⑤ (rte du Creusot), N 6, N 80 et rte secondaire : 4 km – 5 627 h. alt. 187 – ✉ 71100 :*

XXX **Moulin de Martorey** (Gillot), ✆ 03 85 48 12 98, *Fax 03 85 48 73 67,* 🍽, « Décor rustique avec ancien mécanisme de meunerie » – ▤ P. AE GB X k
✿ *fermé 2 au 20 août, 2 au 10 janv., dim. soir et lundi* – **Repas** 135/410 et carte 320 à 430 ♀
Spéc. Trois préparations d'escargots. Foie gras de canard poêlé au verjus et à l'épine vinette. Côte de boeuf au vin rouge de Givry et à la moelle fumée. **Vins** Givry, Rully.

à St-Loup-de-Varennes *par ③ : 7 km – 986 h. alt. 186 – ✉ 71240 :*

X **Saint Loup,** N 6 ✆ 03 85 44 21 58, *Fax 03 85 44 21 58* – ▤ P. GB
fermé 1er au 12 juil., 1er au 9 fév., dim. soir et merc. – **Repas** 68/155 ♀.

rte de Givry *Ouest : 4 km sur D 69 – ✉ 71880 Châtenoy-le-Royal :*

XX **Aub. des Alouettes,** ✆ 03 85 48 32 15, *Fax 03 85 93 12 96,* 🍽 – GB X e
fermé 15 juil. au 5 août, 1er au 15 janv., mardi soir et merc. – **Repas** 95/260 ♀.

CHALON-SUR-SAÔNE

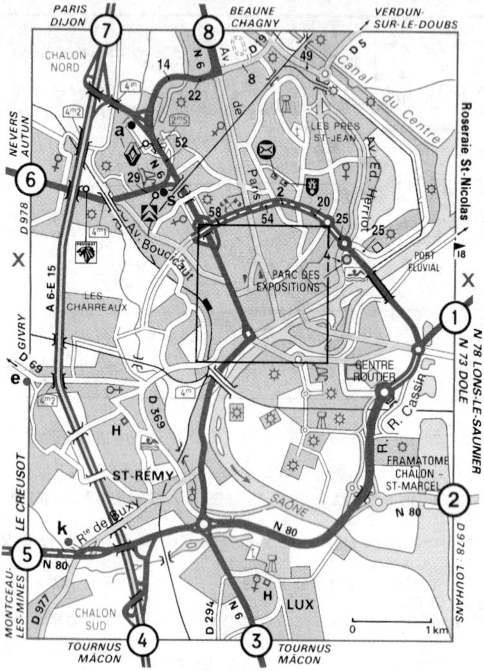

Grande-Rue . . . . . . **BCZ** 18
Leclerc (R. Gén.) . . . **BZ**
République (Bd) . . **ABZ** 42

Arnal (R. R.) . . . . **X** 2
Banque (R. de la) . . . **BZ** 3
Blum (Av. L.) . . . . **X** 4
Châtelet (Pl. du) . . . . **BZ** 5
Châtelet (R. du) . . . . **CZ** 6
Citadelle (R. de la) . . **BY** 7
Coubertin (R. P. de) . . **X** 8
Couturier (R. Ph.-L.) **BZ** 9
Duhesme (R. du Gén.) . . . . . **AY** 12
Edgar-Quinet (R.) . . **CZ** 13
Europe (Av. de l') . . . . **X** 14
Evêché (R. de l') . . . **CZ** 15
Fèvres (R. aux) . . . . **CZ** 17
Hôtel-de-Ville (Pl. de l') . . . . **BZ** 19
Lardy (Av. P.) . . . . **X** 20
Mac-Orlan (R. P.) . . . . **X** 22
Messiaen (R. O.) . . . **AZ** 24
Nugues (Av. P.) . . . . . . **X** 25
Obélisque (Pl. de l') **BYZ** 27
Pasteur (R.) . . . . **BZ** 28
Poilus-d'Orient (R.) . . **X** 29
Poissonnerie (R. de la) **CZ** 31
Pompidou (Av. G.) . . **AZ** 32
Pont (R. du) . . . . **CZ** 35
Porte-de-Lyon (R.) . . **BZ** 36
Port-Villiers (R. du) . **BZ** 37
Poterne (Q. de la) . . **CZ** 38
Pretet (R. René) . . . **AZ** 40
St-Georges (R.) . . . . . **BZ** 45
St-Vincent (Pl. et R.) **CZ** 46
Strasbourg (R. de) . . **CZ** 48
Thénard (R. L.-J.) . . . **X** 49
Trémouille (R. de la) **BCY** 51
8-Mai-1945 (Av.) . . . . . **X** 52
56e-R.I. (R. du) . . . . . . **X** 54
134e-R.I. (R. du) . . . . . **X** 58

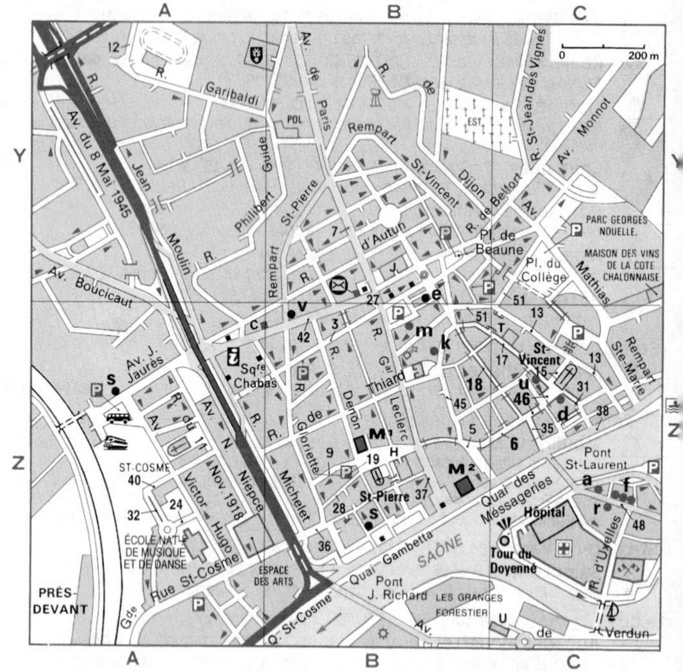

à Dracy-le-Fort *par ⑥ et D 978 : 6 km – 1 103 h. alt. 180 – ✉ 71640 :*

Dracy M, ☏ 03 85 87 81 81, *Fax 03 85 87 77 49*, parc, – rest, – 30 à 80. AE GB
La Garenne ☏ 03 85 87 72 73 **Repas** 95/250 ♀, enf. 65 – ☕ 45 – **41 ch** 340/440 – ½ P 350.

près échangeur A6 Chalon-Nord – ✉ *71100 Chalon-sur-Saône :*

Mercure M, av. Europe ☏ 03 85 46 51 89, *Fax 03 85 46 08 96*, – – 100. AE GB X a
Repas 130 ♀, enf. 50 – ☕ 55 – **85 ch** 415/470.

Arcade M, carrefour des Moirots ☏ 03 85 41 04 10, *Fax 03 85 41 04 11*, – rest, – 40 à 200. AE GB X s
Repas 87/125 ♀, enf. 40 – ☕ 36 – **86 ch** 300/340.

BMW Gar. République, 8 pl. République ☏ 03 85 48 16 90
CITROEN Gar. Moderne de Chalon sur Saône, 5 r. G.-Feydeau ☏ 03 85 46 82 82
FORD Soreva, 14 av. Kennedy ☏ 03 85 46 49 45
PEUGEOT Gar. Nedey, rte d'Autun à Châtenoy-le-Royal ☏ 03 85 46 84 84 N ☏ 03 85 92 79 08
RENAULT SODIRAC, av. Europe, c. cial de la Thalie ☏ 03 85 47 85 47 N ☏ 08 00 05 15 15

Chalon Pneus, ZI Verte à Châtenoy-le-Royal ☏ 03 85 46 45 77
Euromaster, r. P.-de Coubertin, ZI ☏ 03 85 46 50 12
Perret Pneus, 40 rte de Lyon, N 6 à St-Rémy ☏ 03 85 48 22 03
Vulco, Zone Verte à Chatenoy-le-Royal ☏ 03 85 43 21 76

CHAMALIÈRES *63 P.-de-D.* 73 ⑭ – *rattaché à Clermont-Ferrand.*

CHAMARANDES *52 H.-Marne* 61 ⑳ – *rattaché à Chaumont.*

CHAMBERET *19370 Corrèze* 72 ⑲ – *1 376 h alt. 450.*

Env. *Mont Gargan* ✻★★ *NO : 9 km*, **G. Berry Limousin.**

Syndicat d'Initiative à la Mairie ☏ 05 55 98 30 12, Fax 05 55 97 90 66.

Paris 446 – Limoges 56 – Guéret 84 – Tulle 44 – Ussel 63.

France, ☏ 05 55 98 30 14, *Fax 05 55 73 47 15* – rest, GB. rest
fermé 25 janv. au 7 fév., week-ends en janv. et fév. et dim. soir d'oct. à Pâques – **Repas** 78/200 ♀ – ☕ 35 – **12 ch** 190/280 – ½ P 210/280.

CHAMBÉRY P *73000 Savoie* 74 ⑮ *G. Alpes du Nord – 54 120 h Agglo. 102 283 h alt. 270.*

Voir *Vieille ville*★ **AB** : *Ste-Chapelle*★ **A B** *du château*★ **A**, *place St-Léger*★ **B**, *grilles*★ *de l'hôtel de Châteauneuf – (rue de la Croix-d'Or)* **B** – *Diptyque*★ *dans la Cathédrale métropolitaine* **B** – *Crypte*★ *de l'église St-Pierre de Lémenc* **B** – *Musée savoisien*★ **B M**[1].

✈ *de Chambéry-Aix-les-Bains : ☏ 04 79 54 49 54, au Bourget-du-Lac par ④ : 8 km.*

Office de Tourisme 24 bd de la Colonne ☏ 04 79 33 42 47, Fax 04 79 85 71 39 – Automobile Club de Savoie "Le Comte-Rouge" 222 av. Comte-Vert ☏ 04 79 69 14 72, Fax 04 79 69 14 72.

Paris 564 ④ – Grenoble 56 ② – Annecy 51 ④ – Lyon 102 ④ – Torino 207 ② – Valence 127 ③.

Plan page suivante

Mercure M sans rest, 183 pl. Gare ☏ 04 79 62 10 11, *Fax 04 79 62 10 23* – . AE GB A s
☕ 57 – **81 ch** 550.

France sans rest, 22 fg Reclus ☏ 04 79 33 51 18, *Fax 04 79 85 06 30* – – 50. AE GB B z
☕ 50 – **48 ch** 320/460.

Princes sans rest, 4 r. Boigne ☏ 04 79 33 45 36, *Fax 04 79 70 31 47* – . AE GB B r
☕ 35 – **45 ch** 300/350.

City H. sans rest, 9 r. Denfert-Rochereau ☏ 04 79 85 76 79, *Fax 04 79 85 86 11* – . GB B n
☕ 32 – **40 ch** 195/290.

L'Essentiel, 183 pl. Gare ☏ 04 79 96 97 27, *Fax 04 79 96 17 78*, – . AE GB A v
fermé lundi de sept. à juin, sam. midi et dim. en juil.-août – **Repas** *(95)* - 150/330 et carte 250 à 360.

St-Réal, 88 r. St Réal ☏ 04 79 70 09 33, *Fax 04 79 33 49 65* – AE GB B x
fermé dim. sauf fériés – **Repas** 180/450 et carte 290 à 430 ♀.

Tonneau, 2 r. St Antoine ☏ 04 79 33 78 26, *Fax 04 79 85 49 69*, – AE GB AB a
fermé dim. soir et lundi – **Repas** *(85)* - 110/190 ♀.

Vanoise, 44 av. P. Lanfrey ☏ 04 79 69 02 78, *Fax 04 79 62 64 52*, – AE GB A e
Repas *(115)* - 145/360 ♀.

CHAMBÉRY

Boigne (R. de) .... **B**
Colonne (Bd de la) ...... **B** 12
Juiverie (R.) .... **A**
St-Léger (Pl.) .... **B**

Allobroges (Q. des) ..... **A** 2
Banque (R. de la) .... **B** 3
Basse-du-Château (R.)... **A** 4
Bernardines (R. des) .... **A** 6
Borrel (Q. du Sénateur A.).... **B** 7
Charvet (R. F.) .... **B** 9
Château (Pl. du) .... **A** 10
Ducis (R.) .... **B** 13
Ducs-de-Savoie (Av. des) .... **B** 14
Europe (Espl. de l') .... **B** 16
Freizier (R.) .... **AB** 17
Gaulle (Av. Gén.-de) ..... **B** 18
Italie (R. d') .... **B** 20
Jaurès (Av. J.) .... **A** 21
Jeu-de-Paume (Q. du) ... **A** 23
Lans (R. de) .... **A** 24
Libération (Pl. de la) .... **B** 25
Maché (Pl.) .... **A** 27
Maché (R. du Fg) .... **A** 28
Martin (R. Cl.) .... **B** 30
Métropole (Pl.) .... **B** 31
Michaud (R.) .... **B** 32
Mitterrand (Pl. F.) .... **B** 33
Musée (Bd du) .... **AB** 34
Ravet (Q. Ch.) .... **B** 35
St-Antoine (R.) .... **A** 36
St-François (R.) .... **B** 38
Théâtre (Bd du) .... **B** 39
Vert (Av. du Comte) ..... **A** 40

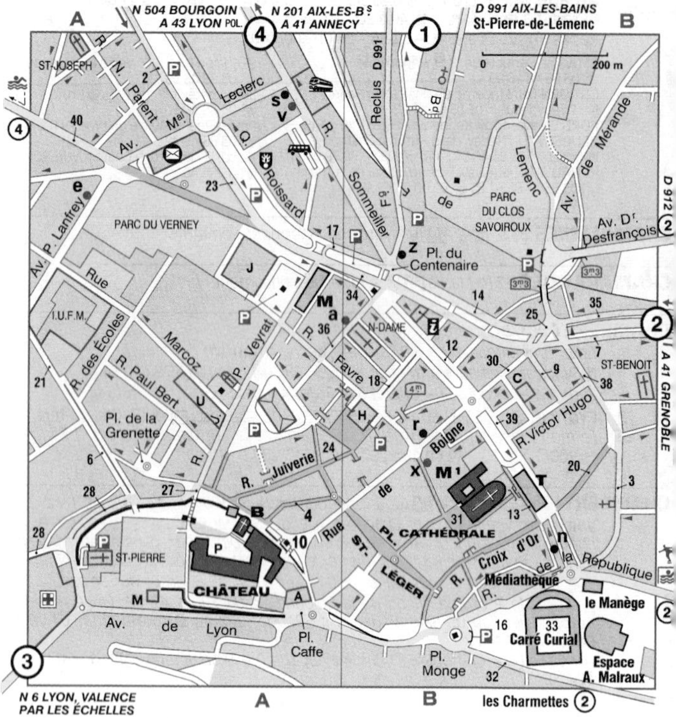

à Sonnaz *par ① : 8 km sur D 991 – 977 h. alt. 370 – ✉ 73000 :*

XX **Régent,** ℘ 04 79 72 27 70, *Fax 04 79 72 27 70*, – P. GB
fermé 15 août au 10 sept., dim. soir et merc. – **Repas** (100) - 125/260.

à St-Alban-Leysse *par ② : 5 km par N 512 et D 912 – 3 858 h. alt. 285 – ✉ 73230 :*

L'Or du Temps M sans rest, rte Plainpalais ℘ 04 79 85 51 28, *Fax 04 79 85 83 87* – P – 40. GB
fermé août, sam. midi et dim. – 35 – **18 ch** 200/240.

au Sud-Est *: 2 km par D 912 et D 4 - B – ✉ 73000 Chambéry :*

XX **Mont Carmel,** à Barberaz (près église) ℘ 04 79 85 77 17, *Fax 04 79 85 16 65*, – AE GB
fermé 1er au 15 janv., dim. soir et lundi – **Repas** 90 (déj.), 135/260.

X **Aux Pervenches** avec ch, aux Charmettes ℘ 04 79 33 34 26, *Fax 04 79 60 02 52*, – P. AE GB
Repas 95/160 – 27 – **11 ch** 160/190 – ½ P 170/195.

par *④ : 3 km sur D 201 (sortie La Motte-Servolex) – ✉ 73000 Chambéry :*

Novotel, ℘ 04 79 69 21 27, *Fax 04 79 69 71 13*, – P – 200. AE GB
Repas carte environ 170 ♀, enf. 50 – 55 – **103 ch** 440/480.

à Chambéry-le-Vieux *par ④ : 5 km par N 201 et rte secondaire (sortie Chambéry-le-Haut) – ✉ 73000 :*

Château de Candie M 🐎, ☎ 04 79 96 63 00, *Fax 04 79 96 63 10*, ←, 🌳, parc, « Belle demeure du 14e siècle » – |♦|, ▤ rest, TV ☎ ♿ P – 🔺 90. AE GB
Repas *(fermé dim. soir)* 150/300 ♀ – ☕ 65 – **14 ch** 500/950, 3 duplex – ½ P 465/645
Spéc. Cuisses de grenouilles aux lentilles, crème persillée. Omble chevalier meunière. Carré d'agneau pané aux herbes.

AUDI, VOLKSWAGEN Jean Lain Autom., ZI des Landiers, voie rapide urbaine nord ☎ 04 79 62 37 91
CITROEN S.A.D., ZI des Landiers voie rapide urbaine nord par ④ ☎ 04 79 62 25 90 N ☎ 04 79 54 41 77
MERCEDES Étoile Service 73, ZAC des Landiers ☎ 04 79 69 72 16 N ☎ 08 00 24 24 30
PEUGEOT Gar. Maurel, ZI des Landiers par ④ ☎ 04 79 96 15 32 N ☎ 04 79 65 42 11
SEAT Plaza Autom., ZI Landiers Nord ☎ 04 79 69 21 62
Equip'Auto, r. E.-Ducretet ☎ 04 79 96 34 40

Vulco, 2035 av. de Villarcher ☎ 04 79 96 36 46

Périphérie et environs

AUDI, SKODA, VOLKSWAGEN Gar. Lain Autom. Sud, ZI la Trousse à La Ravoire ☎ 04 79 71 36 00
BMW Europe, 780 r. P.-et-M.-Curie à la Ravoire ☎ 04 79 71 35 35 N ☎ 08 00 00 16 24
CITROEN Gar. Schiavon, av. de Turin à Bassens par D 912 **B** ☎ 04 79 33 03 53
FORD Gar. Madelon, 70 rte de Lyon à Cognin ☎ 04 79 69 09 27
HONDA Gar. Bonomi, N 6 à La Ravoire ☎ 04 79 72 95 06
RENAULT Bernard Autom., 282 av. de Chambéry à St-Alban-Leysse par D 912 **B** ☎ 04 79 72 99 00 N ☎ 08 00 05 15 15
TOYOTA Espace Autom., 461 r. des Epinettes à La Motte Servolex ☎ 04 79 62 64 17
Olympic Autom., à Voglans ☎ 04 79 54 46 69

Comptoir du Pneu, 340 ch. Carrières à St-Alban Leysse ☎ 04 79 75 21 03
Euromaster, N 6, ZI de la Trousse à la Ravoire ☎ 04 79 72 96 02
Euromaster, 672 av. de Chambéry à St-Alban-Leysse ☎ 04 79 33 20 09
Savoy Pneus Point S, ZI Bissy av. Houille-Blanche ☎ 04 79 69 30 72

CHAMBOLLE-MUSIGNY *21220 Côte-d'Or 65 ⑳ – 355 h alt. 280.*

Paris 326 – Beaune 28 – Dijon 17.

Château André Ziltener 🐎 sans rest, ☎ 03 80 62 41 62, *Fax 03 80 62 83 75*, « Belle demeure du 18e siècle, petit musée du vin », 🪑 – TV ☎ 📞 ♿ 🚗 P – 🔺 25. AE ⓓ GB
1er mars-9 déc. – ☕ 80 – **10 ch** 1000/1300.

CHAMBON (Lac) ★★ *63 P.-de-D. 73 ⑬ G. Auvergne – alt. 877 – Sports d'hiver : 1 150/1 760 m ⛷ 9 ⛷ – ✉ 63790 Chambon-sur-Lac.*

Paris 461 – Clermont-Ferrand 37 – Condat 39 – Issoire 33 – Le Mont-Dore 18.

Grillon, ☎ 04 73 88 60 66, *Fax 04 73 88 65 55*, 🌳 – TV ☎ 🚗 P. AE ⓓ GB
vacances de fév.-vacances de Toussaint – **Repas** 60/180 🌡, enf. 40 – ☕ 35 – **22 ch** 200/260 – ½ P 220/260.

Beau Site, ☎ 04 73 88 61 29, *Fax 04 73 88 66 73*, ←, 🌳 – TV ☎ P. GB
vacances de fév.-15 oct. – **Repas** 70/180, enf. 50 – ☕ 40 – **17 ch** 260 – ½ P 250.

Bellevue sans rest, ☎ 04 73 88 61 06, *Fax 04 73 88 63 53*, ← – ☎ P
vacances de fév.-30 sept. – ☕ 35 – **25 ch** 235/270.

CHAMBON-LA-FORÊT *45340 Loiret 60 ⑳ – 589 h alt. 117.*

Paris 96 – Orléans 43 – Châteauneuf-sur-Loire 26 – Montargis 38 – Pithiviers 14.

Aub. de la Rive du Bois, Nord : 1 km par rte Pithiviers ☎ 02 38 32 28 44, *Fax 02 38 32 02 61* – P. GB
fermé 6 au 25 août, 31 déc. au 13 janv., lundi soir, mardi soir et merc. – **Repas** 80/240, enf. 50.

Le CHAMBON-SUR-LIGNON *43400 H.-Loire 76 ⑧ G. Vallée du Rhône – 2 854 h alt. 967.*

⛳18 *☎ 04 71 59 28 10, SE par D 103, D 155 : 5 km.*

Office de Tourisme r. des Quatre Saisons ☎ 04 71 59 71 56, Fax 04 71 65 88 78.

Paris 576 – Le Puy-en-Velay 46 – Annonay 47 – Lamastre 32 – Privas 81 – St-Étienne 61 – Yssingeaux 28.

Bel Horizon 🐎, chemin de Molle ☎ 04 71 59 74 39, *Fax 04 71 59 79 81*, ←, 🌳, 🏊, 🪑, 🎾 – TV ☎ 📞 ♿. GB. ✂ rest
30 mars-15 nov. et fermé dim. soir et lundi de sept à mai – **Repas** 75/160 ♀, enf. 60 – ☕ 40 – **20 ch** 400/450 – ½ P 360/410.

au Sud *3 km par D 151, rte de la Suchère et rte secondaire –* ✉ *43400 Chambon-sur-Lignon :*

Bois Vialotte ⛰, ☎ 04 71 59 74 03, *Fax 04 71 65 86 32*, ←, – ☎ 📞 P. GB. ✗ rest
1er mai-30 sept. – **Repas** 80/120 ♀ – ☕ 35 – **17 ch** 300/330 – 1/2 P 278/294.

à l'Est *3,5 km par D 157 et D 185 –* ✉ *43400 Chambon-sur-Lignon :*

Clair Matin ⛰, ☎ 04 71 59 73 03, *Fax 04 71 65 87 66*, ←, parc, Fb, ⛱, ✗ – TV ☎ 📞 ♿ 🚗 P – 🏛 30. AE ⓓ GB JCB. ✗ rest
fermé début nov. à mi-déc. – **Repas** *(75)* - 100/200 ♀ – ☕ 47 – **30 ch** 300/490 – 1/2 P 360/410.

CITROEN Gar. Grand, ☎ 04 71 59 76 18 **N** ☎ 04 71 59 29 09

RENAULT Gar. Perrier, Le Sarzier ☎ 04 71 59 74 31 **N** ☎ 04 71 59 74 31

CHAMBORD *41250 L.-et-Ch.* 64 ⑦ ⑧ – *200 h alt. 71.* **Voir** *Château★★★*, **G. Châteaux de la Loire.**
Paris 175 – Orléans 54 – Blois 17 – Châteauroux 100 – Romorantin-Lanthenay 38 – Salbris 55.

Gd St-Michel ⛰, ☎ 02 54 20 31 31, *Fax 02 54 20 36 40*, « Face au château », ✗ – TV ☎ P. GB. ✗ ch
fermé 12 nov. au 15 déc. – **Repas** (dim. et fêtes prévenir) 98/210 ♀ – ☕ 40 – **38 ch** 360/450.

CHAMBORIGAUD *30530 Gard* 80 ⑦ – *716 h alt. 297.*
Paris 648 – Alès 30 – Florac 51 – La Grand-Combe 18 – Villefort 24.

Les Cévennes, ☎ 04 66 61 47 27, *Fax 04 66 61 51 01*, – TV ☎ P. GB
fermé 2 janv. au 15 fév. et mardi du 15 sept. au 15 juin – **Repas** 70/125 ♀, enf. 40 – ☕ 30 – **11 ch** 220/240 – 1/2 P 210/220.

CHAMBOULIVE *19450 Corrèze* 75 ⑨ *G. Berry Limousin – 1 190 h alt. 429.*
Paris 459 – Brive-la-Gaillarde 43 – Aubusson 89 – Bourganeuf 73 – Seilhac 10 – Tulle 22 – Uzerche 15.

Deshors Foujanet, rte Treignac ☎ 05 55 21 62 05, *Fax 05 55 21 68 80*, Fb, ⛱, – ☎ P. AE ⓓ GB
fermé oct., vacances de fév. et dim. soir sauf juil.-août – **Repas** 90, enf. 55 – ☕ 32 – **27 ch** 160/300 – 1/2 P 220/290.

CHAMBRAY *27120 Eure* 55 ⑰ – *372 h alt. 35.*
Paris 87 – Rouen 51 – Évreux 15 – Louviers 22 – Mantes-la-Jolie 34 – Vernon 17.

Vol au Vent, ☎ 02 32 36 70 05 – ⓓ GB
fermé août, 24 déc. au 3 janv., dim. soir, mardi midi et lundi – **Repas** 160/240.

CHAMBRAY-LÈS-TOURS *37 I.-et-L.* 64 ⑮ – *rattaché à Tours.*

CHAMONIX-MONT-BLANC *74400 H.-Savoie* 74 ⑧ ⑨ *G. Alpes du Nord – 9 701 h alt. 1040 – Sports d'hiver : 1 035/3 840 m* 10 38 – *Casino* **AY.**
Env. *E : Mer de glace★★★ et le Montenvers★★★ par chemin de fer à crémaillère* **AY** – *SE : Aiguille du midi* ✱★★★ *par téléphérique* **AY** *(station intermédiaire : plan de l'Aiguille★★* **BZ***) – NO : Le Brévent★★★ par téléphérique (station intermédiaire : Planpraz★★)* **AZ.**
18 ☎ *04 50 53 06 28, N : 3 km* **BZ** – **Tunnel** *du Mont-Blanc :* **Péage en 1997**, *aller simple : autos 95 à 195 F, camions 465 à 935 F - Tarifs spéciaux AR pour autos et camions.*
i *Office de Tourisme pl. Triangle-de-l'Amitié* ☎ *04 50 53 00 24, Fax 04 50 53 58 90.*
Paris 612 ② – Albertville 69 ② – Annecy 95 ② – Aosta 59 ② – Genève 82 ② – Lausanne 111 ①.

Plan page suivante

Mont-Blanc et rest. Le Matafan, 62 allée Majestic ☎ 04 50 53 05 64, *Fax 04 50 55 89 44*, ←, ⛱, ✗ – TV ☎ 📞 🚗 P. AE ⓓ GB JCB AY g
fermé 11 oct. au 18 déc. – **Repas** 145 (déj.), 200/360 ♀, enf. 75 – ☕ 80 – **34 ch** 610/1020, 8 appart – 1/2 P 570/760.

Hameau Albert 1er (Carrier) M, 119 impasse Montenvers ☎ 04 50 53 05 09, *Fax 04 50 55 95 48*, ←, « Jardin fleuri », Fb – TV ☎ 🚗 P. AE ⓓ GB JCB AX f
fermé 2 nov. au 3 déc. – **Repas** *(fermé merc. midi)* 195/500 et carte 380 à 500 ♀, enf. 130 – ☕ 80 – **27 ch** 790/1700, 3 chalets – 1/2 P 665/1010
Spéc. Menu "La Maison de Savoie". Truffes blanches d'Alba. Jarret de veau de lait braisé à la mondeuse. **Vins** Chignin Bergeron, Mondeuse d'Arbin.

La Ferme M, ← massif du Mont-Blanc, « Reconstitution d'une ancienne ferme savoyarde », ⛱, – TV ☎ ♿ 🚗 AX f
fermé 2 nov. au 3 déc. (sauf rest.) – ***Maison Carrier*** ☎ 04 50 53 00 03 **Repas** 135/230 ♀, enf. 70 – ☕ 80 – **12 ch** 1500/2400 – 1/2 P 1015/1465.

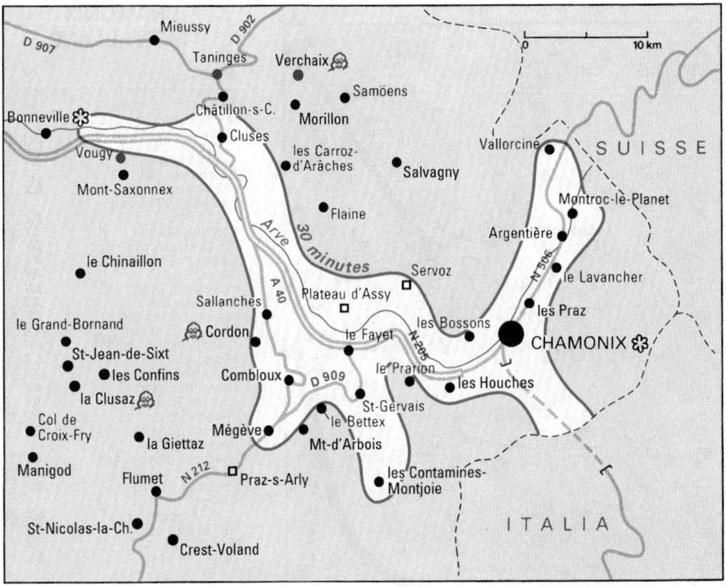

Aub. du Bois Prin M, aux Moussoux 04 50 53 33 51, *Fax 04 50 53 48 75*, < massif du Mont-Blanc, « Chalet fleuri », – P. AE GB AZ a
fermé 14 au 30 avril et 26 oct. au 3 déc. – **Repas** *(fermé merc. midi)* (120 bc) - 160/400, enf. 80 – 70 – **11 ch** 780/1270 – ½ P 595/785.

des Aiglons M, av. Courmayeur 04 50 55 90 93, *Fax 04 50 53 51 08*, <, – P – 35. AE GB JCB AY m
15 mai-15 oct. et 15 déc.-15 avril – **Repas** 130/160, enf. 65 – 60 – **54 ch** 550/880 – ½ P 500/630.

Alpina, 79 av. Mt-Blanc 04 50 53 47 77, *Fax 04 50 55 98 99*, <, – rest, – 150. AE GB JCB AX t
13 juin-30 sept. et 18 déc.-20 avril – **Repas** (110) - 150/240 – 60 – **127 ch** 470/728, 9 appart – ½ P 440/518.

Morgane M, 145 av. Aiguille du Midi 04 50 53 57 15, *Fax 04 50 53 28 07*, <, – P. AE GB JCB AY u
fermé 2 nov. au 15 déc. – **Repas** (dîner seul.) 120 - ***Bistrot Savoyard*** 04 50 53 57 64 **Repas** 75/110, enf. 45 – 50 – **58 ch** 635/1040 – ½ P 605/690.

Hermitage-Paccard, r. Cristalliers 04 50 53 13 87, *Fax 04 50 55 98 14*, <, – P. AE GB JCB AX e
1er mai-15 oct. et 15 déc.-30 avril – **Repas** (105) - 135/145, enf. 60 – 45 – **33 ch** 520/660 – ½ P 440/510.

Sapinière Montana, 102 r. Mummery 04 50 53 07 63, *Fax 04 50 53 10 14*, <, – P. AE GB JCB AX k
12 juin-20 sept. et 19 déc.-20 avril – **Repas** (dîner seul. en hiver) 150/170 – 45 – **30 ch** 610 – ½ P 460.

Prieuré, allée Recteur Payot 04 50 53 20 72, *Fax 04 50 55 87 41*, < – P – 70. AE GB JCB AY v
fermé 1er oct. au 19 déc. – **Repas** 120/130 – 50 – **91 ch** 496/644 – ½ P 385/472.

Savoyarde, 28 rte Moussoux 04 50 53 00 77, *Fax 04 50 55 86 82*, <, – P. GB AZ s
fermé 11 au 28 mai et 1er au 18 déc. – **Repas** 88/120, enf. 38 – 46 – **14 ch** 440/580 – ½ P 370/420.

Arve, 60 impasse Anémones 04 50 53 02 31, *Fax 04 50 53 56 92*, <, – P. AE GB. rest AX a
hôtel : fermé 1er nov. au 18 déc. ; rest. : fermé 26 avril au 30 mai et 20 sept. au 18 déc. – **Repas** *(dîner seul. du 5 au 26 avril, 6 au 20 sept. et 18 déc. au 17 janv.)* 79/115, enf. 50 – 39 – **39 ch** 304/462 – ½ P 255/334.

CHAMONIX-MONT-BLANC

Aiguille-du-Midi (Av.)	AY	2
Angeville (Rte H. d')	AX	3
Balmat (Pl. Jacques)	AY	5
Blanche (Rte)	AY	
Bois-du-Bouchet (Av. du)	AX	6
Cachat-le-Géant (Av.)	AX	7
Cour (Pont de)	AY	8
Courmayeur (Av. de)	AY	9
Cristalliers (Ch. des)	AX	10
Croix-des-Moussoux (Montée)	AZ	12
Croz (Av. Michel)	AY	13
Devouassoux (Ch. F.)	AY	14
Gaillands (Rte des)	AZ	18
Gare (Pl. de la)	AY	20
Helbronner (Rue)	AY	
Lyret (Rue du)	AY	
Majestic (Allée du)	AY	21
Mollard (Ch. de la)	AX	23
Mont-Blanc (Av. et Pl.)	AX	24
Moussoux (Rte des)	AZ	26
Mummery (R.)	AX	27
Nants (Rte des)	AZ	
Paccard (R. du Dr.)	AY	28
Pècles (Rte des)	AZ	29
Pèlerins (Rte des)	AZ	
Plage (Av. de la)	AX	
Ravanel-le-Rouge (Av.)	AY	31
Recteur-Payot (Allée)	AXY	32
Roumnaz (Rte de la)	AZ	33
Triangle-de-l'Amitié (Pl. du)	AX	34
Tunnel (Rte du)	AZ	
Vallot (R. J.)	AX	
Whymper (R.)	AX	37

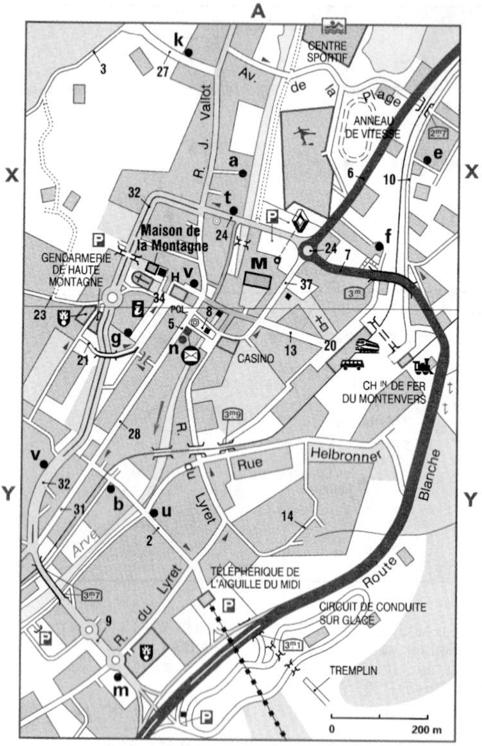

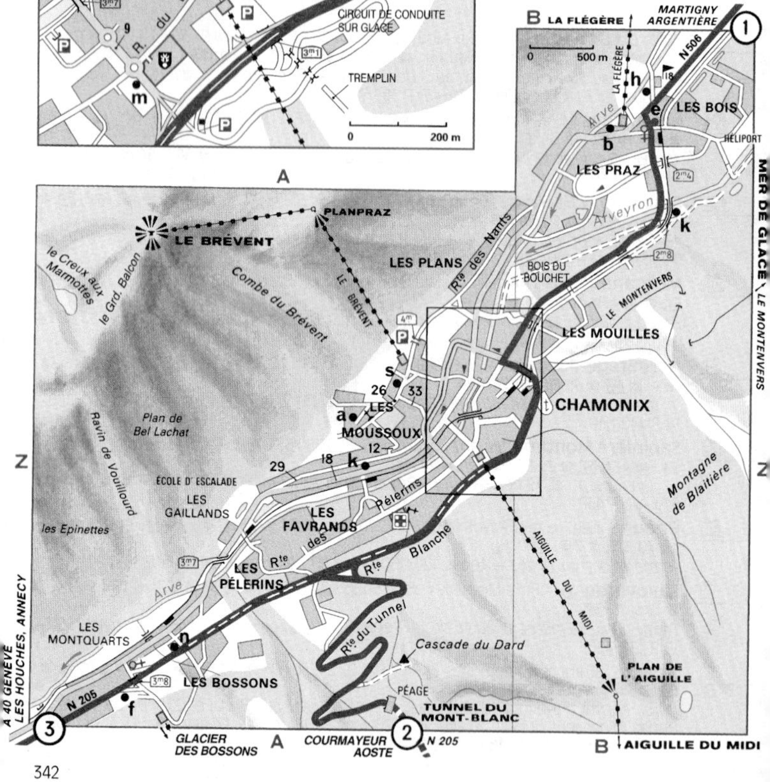

Chantel sans rest, 391 rte Pècles ☎ 04 50 53 02 54, *Fax 04 50 53 54 52*, ←, – ☎ P. GB. AZ k
fermé 24 oct. au 4 nov. – ☐ 30 – **7 ch** 263/446.

Arveyron, av. du Bouchet : 2 km ☎ 04 50 53 18 29, *Fax 04 50 53 06 43*, ←, – TV ☎ ♿ P. GB. rest BZ k
30 mai-20 sept. et 20 déc.-15 avril – **Repas** 75/110 ♀, enf. 50 – ☐ 38 – **32 ch** 210/330 – ½ P 220/285.

Croix Blanche, 87 r. Vallot ☎ 04 50 53 00 11, *Fax 04 50 53 48 83*, ←, – |‡| TV ☎ P. AE ① GB JCB AX v
fermé 3 mai au 27 juin – **Repas** brasserie 107/120 ♀, enf. 37 – ☐ 35 – **35 ch** 344/482.

Au Bon Coin sans rest, 80 av. Aiguille-du-Midi ☎ 04 50 53 15 67, *Fax 04 50 53 51 51* – ☎ P. GB. AY b
1er juil.-1er oct. et 20 déc.-20 avril – ☐ 35 – **20 ch** 224/374.

Atmosphère, 123 pl. Balmat ☎ 04 50 55 97 97, *Fax 04 50 53 38 96* – ▤. AE ① GB JCB
Repas *(110 bc)* - 129/159 ♀. AY n

aux Praz-de-Chamonix *Nord : 2,5 km* – ✉ *74400 Chamonix* :
Voir *La Flégère ←★★ par téléphérique* **BZ.**

Labrador et Golf - rest. La Cabane M, au golf ☎ 04 50 55 90 09, *Fax 04 50 53 15 85*, ←, , – |‡| TV ☎ P – 25. AE ① GB JCB BZ h
1er mai-18 oct. et 13 déc.-15 avril – **Repas** 159/239 ♀ – ☐ 55 – **32 ch** 445/780 – ½ P 540/590.

Les Lanchers, ☎ 04 50 53 47 19, *Fax 04 50 53 66 14*, ←, – TV ☎. GB. ch
Repas *(fermé 4 au 17 mai, 25 oct. au 8 nov. et dim. hors saison)* 75/120 ♀, enf. 36 – ☐ 32 – **11 ch** 350/380 – ½ P 290. BZ b

L'Eden M avec ch, ☎ 04 50 53 18 43, *Fax 04 50 53 51 50*, ←, , collection de minéraux – TV ☎ P. AE ① GB JCB. ch BZ e
fermé 1er au 15 juin, nov. et mardi hors saison – **Repas** 125/360 – ☐ 45 – **10 ch** 300/480 – ½ P 350/380.

au Lavancher *par ①, N 506 et rte secondaire : 6 km – Sports d'hiver : voir à Chamonix* – ✉ *74400 Chamonix* :
Voir ←★★.

Jeu de Paume M , ☎ 04 50 54 03 76, *Fax 04 50 54 10 75*, ←, , « Joli décor de chalet », , , – |‡| TV ☎ P – 30. AE ① GB JCB. rest
5 juin-5 sept. et 5 déc.-5 mai – **Repas** 170/240, enf. 80 – ☐ 65 – **22 ch** 890/1390 – ½ P 680/930.

Beausoleil , ☎ 04 50 54 00 78, *Fax 04 50 54 17 34*, ←, , « Jardin fleuri », – TV ☎ P. AE GB. rest
fermé 20 sept. au 20 déc. – **Repas** *(fermé le midi du 1er avril au 6 juin et du 5 au 17 janv.)* 90/150, enf. 55 – ☐ 45 – **15 ch** 460/580 – ½ P 350/420.

aux Bossons *Sud : 3,5 km* – ✉ *74400* :

Novotel M, ☎ 04 50 53 26 22, *Fax 04 50 53 31 31*, ←, , , – |‡|, ▤ rest, TV ☎ ♿ P – 25 à 60. AE ① GB JCB AZ f
Repas carte environ 200 ♀, enf. 50 – ☐ 55 – **89 ch** 490/560 – ½ P 420/455.

Aiguille du Midi, ☎ 04 50 53 00 65, *Fax 04 50 55 93 69*, ←, , « Parc ombragé et fleuri », , , – |‡| TV ☎ P. GB. rest AZ n
3 fév.-26 avril, 16 mai-20 sept. et 20 déc.-5 janv. – **Repas** 120/220 ♀, enf. 68 – ☐ 50 – **45 ch** 350/460 – ½ P 288/430.

CITROEN Gar. du Glacier, 220 rte des Rives, les Bossons ☎ 04 50 55 95 55 N ☎ 06 08 78 71 38

RENAULT Gar. du Bouchet, pl. du Mont-Blanc ☎ 04 50 53 01 75

CHAMOUILLE *02860 Aisne* 56 ⑤ – *147 h alt. 112.*
Paris 139 – Reims 43 – Fère-en-Tardenois 43 – Laon 13 – Soissons 34.

Mercure M , parc nautique de l'Ailette, Sud 0,5 km par D 967 ☎ 03 23 24 84 85, *Fax 03 23 24 81 20*, ←, , – |‡| TV ☎ ♿ P – 30 à 60. AE ① GB
fermé 2 au 22 fév. – **Repas** *(68)* - 120/160, enf. 52 – ☐ 55 – **58 ch** 420/560.

CHAMPAGNAC-DE-BELAIR *24 Dordogne* 75 ⑤ – *rattaché à Brantôme.*

CHAMPAGNEUX *73 Savoie* 74 ⑭ *– rattaché à St-Génix-sur-Guiers.*

CHAMPAGNEY *70 H.-Saône* 66 ⑦ *– rattaché à Ronchamp.*

CHAMPAGNOLE *39300 Jura* 70 ⑤ *G. Jura – 9 250 h alt. 541.*

Voir *Musée archéologique : plaques-boucles*★ **M.**

Office de Tourisme Annexe Hôtel-de-Ville ✆ *03 84 52 43 67, Fax 03 84 52 54 57.*

Paris 421 ④ – Besançon 67 ④ – Dole 60 ④ – Genève 83 ② – Lons-le-Saunier 36 ③ – Pontarlier 46 ① – St-Claude 53 ②.

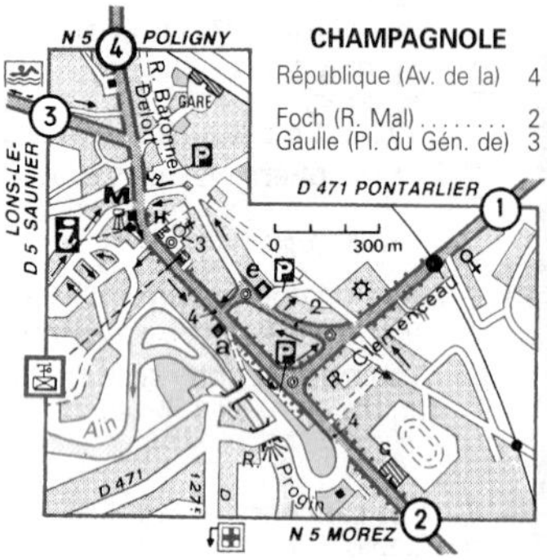

Bois Dormant Ⓜ, rte Pontarlier par ① : *1,5 km* ✆ 03 84 52 66 66, *Fax 03 84 52 66 67*, « Parc en forêt », – TV ☎ & P – 50. GB

Repas *(fermé dim. soir du 1er oct. au 30 avril)* 88/240, enf. 60 – 35 – **36 ch** 320/390 – ½ P 280.

Gd H. Ripotot, 54 r. Mar. Foch **(e)** ✆ 03 84 52 15 45, *Fax 03 84 52 09 11*, – ☎ . GB

31 mars-6 nov. – **Repas** 89/240, enf. 52 – 38 – **50 ch** 160/320 – ½ P 230/255.

Taverne de l'Epée, 2 r. Pont de l'Epée **(a)** ✆ 03 84 52 03 85, *Fax 03 84 52 44 67* – GB

Repas 65/160, enf. 35.

rte de Genève *par ② : 7,5 km – ✉ 39300 Champagnole :*

Aub. des Gourmets avec ch, sur N 5 ✆ 03 84 51 60 60, *Fax 03 84 51 62 83*, – TV ☎ P. AE GB

fermé 26 déc. au 5 janv., dim. soir et lundi midi sauf vacances scolaires – **Repas** 88/280 – 35 – **7 ch** 280/380 – ½ P 350.

ALFA ROMEO Gar. Cuynet, 10 r. Baronne Delort ✆ 03 84 52 09 78
PEUGEOT Gar. Ganeval, av. de Lattre-de-Tassigny ✆ 03 84 53 09 11 N ✆ 03 84 35 91 61
RENAULT Gar. Poix Daude, 22 r. du Vieux Pont à Pont du Navoy par ③ ✆ 03 84 51 21 80

RENAULT Comte Autom., av. J.-Jaurès par ② ✆ 03 84 53 08 08 N ✆ 06 07 65 54 91

Girardot Pneus, r. Egalité ZI ✆ 03 84 52 21 52
Pneus Maréchal, 44 r. Liberté ✆ 03 84 52 07 96

CHAMPAGNY-EN-VANOISE *73350 Savoie* 74 ⑱ *G. Alpes du Nord – 502 h alt. 1240.*

Voir *Retable*★ *dans l'église.*

Office de Tourisme ✆ *04 79 55 06 55, Fax 04 79 55 04 66.*

Paris 628 – Albertville 45 – Chambéry 92 – Moûtiers 18.

L'Ancolie Ⓜ, ✆ 04 79 55 05 00, *Fax 04 79 55 04 42*, ←, – TV ☎ & – 30. GB. rest

13 juin-6 sept. et 20 déc.-20 avril – **Repas** 95 (déj.), 100/115, enf. 48 – 50 – **31 ch** 490/800 – ½ P 470.

Les Glières, ✆ 04 79 55 05 52, *Fax 04 79 55 04 84*, ←, – ☎. AE GB

15 juin-10 sept. et 20 déc.-15 avril – **Repas** 100/150, enf. 45 – 40 – **20 ch** 418 – ½ P 385/415.

CHAMPDIEU *42 Loire* 73 ⑰ *– rattaché à Montbrison.*

CHAMPEAUX *50530 Manche* 59 ⑦ *– 330 h alt. 80.*

Paris 341 – St-Lô 62 – St-Malo 84 – Avranches 18 – Granville 16.

Marquis de Tombelaine et H. les Hermelles avec ch, sur D 911 ✆ 02 33 61 85 94, *Fax 02 33 61 21 52*, ←, – TV ☎ P. GB

fermé 27 au 31 oct., janv., mardi soir et merc. – **Repas** 99/350, enf. 50 – 35 – **6 ch** 280 – ½ P 290.

*Un conseil **Michelin** :*

pour réussir vos voyages, préparez-les à l'avance.

*Les **cartes** et **guides Michelin**, vous donnent toutes indications utiles sur : itinéraires, visite des curiosités, logement, prix, etc.*

CHAMPEIX *63320 P.-de-D.* 73 ⑭ *G. Auvergne – 1 087 h alt. 456.*
Env. *Église de St-Saturnin★★ N : 10 km.*
Paris 444 – Clermont-Ferrand 30 – Condat 49 – Issoire 13 – Le Mont-Dore 38 – Thiers 65.

Promenade, ☎ 04 73 96 70 24 – AE GB
fermé mardi soir, jeudi soir et merc. sauf juil.-août – **Repas** 78/195, enf. 45.

PEUGEOT Gar. Thiers, ☎ 04 73 96 73 18

CHAMPENOUX *54280 M.-et-M.* 62 ⑤ *– 1 041 h alt. 234.*
Paris 323 – Nancy 15 – Château-Salins 16 – Pont-à-Mousson 43 – St-Avold 57.

La Lorette, ☎ 03 83 39 91 91, *Fax 03 83 31 71 04* – TV ☎ & P. AE ⦿ GB
fermé 9 au 24 août – **Repas** *(fermé dim. soir et lundi)* 80/190 ♀, enf. 50 – ☕ 30 – **10 ch** 200/245 – ½ P 195/235.

CHAMPILLON *51 Marne* 56 ⑯ *– rattaché à Épernay.*

CHAMPS-SUR-MARNE *77 S.-et-M.* 56 ⑫, 101 ⑲ *– voir à Paris, Environs (Marne-la-Vallée).*

CHAMPS-SUR-TARENTAINE *15270 Cantal* 76 ② *– 1 088 h alt. 450.*
Env. *Gorges de la Rhue★★ SE : 9 km,* **G. Auvergne.**
Office de tourisme (juil.-août) Antenne ☎ 04 71 78 76 33.
Paris 504 – Aurillac 87 – Clermont-Ferrand 83 – Condat 24 – Mauriac 35 – Ussel 38.

Aub. du Vieux Chêne ♨, ☎ 04 71 78 71 64, *Fax 04 71 78 70 88,* 🌳, 🚗 – ☎ P. GB
30 mars-4 nov. et fermé dim. soir et lundi du 15 sept. au 15 juin – **Repas** *(fermé le midi sauf dim.)* 120, enf. 50 – ☕ 45 – **15 ch** 330/460 – ½ P 320/380.

CHAMPS-SUR-YONNE *89 Yonne* 65 ⑤ *– rattaché à Auxerre.*

CHAMPTOCEAUX *49270 M.-et-L.* 63 ⑱ *G. Châteaux de la Loire – 1 524 h alt. 68 – ✪ (Loire-Atlantique).*
Voir *Site★ – Promenade de Champalud ≤★★.*
18 de l'Ile d'Or ☎ 02 40 98 58 00 par D 751 : 5 km.
Office de Tourisme ☎ 02 40 83 57 49 et (hors saison) à la Mairie ☎ 02 40 83 52 31.
Paris 357 – Nantes 33 – Ancenis 11 – Angers 64 – Beaupréau 30 – Cholet 50 – Clisson 35.

Chez Claudie, rte Oudon : 1 km ☎ 02 40 83 50 43, *Fax 02 40 83 59 72* – TV ☎ P. GB
fermé fév. – **Repas** *(fermé mardi soir et merc.)* 80/210, enf. 60 – ☕ 40 – **11 ch** 190/250 – ½ P 175.

Les Jardins de la Forge (Pauvert), pl. Piliers ☎ 02 40 83 56 23, *Fax 02 40 83 59 80* – AE ⦿ GB
fermé 6 au 21 oct., 21 janv. au 4 fév., dim. soir, lundi soir, mardi et merc. – **Repas** 165/410 et carte 250 à 430
Spéc. Poêlée de Saint-Jacques aux cèpes (nov. à avril). Marguerite de sandre poêlée en vinaigrette de sésame. Emincé de selle d'agneau à la crème d'ail doux (avril à oct.). **Vins** Muscadet, Anjou Villages.

CHAMPTOCÉ-SUR-LOIRE *49123 M.-et-L.* 63 ⑲ *G. Châteaux de la Loire – 1 335 h alt. 17.*
Syndicat d'Initiative Mairie ☎ 02 41 39 91 80.
Paris 318 – Angers 25 – Châteaubriant 58 – Cholet 49 – Nantes 75.

Cheval Blanc, ☎ 02 41 39 91 81, *Fax 02 41 39 98 67* – TV ☎ P. GB
fermé 1er au 8 mars, 15 au 30 sept. et sam. sauf juil.-août – **Repas** 70/180 🍷 – ☕ 28 – **12 ch** 145/245 – ½ P 220/250.

CHAMROUSSE *38 Isère* 77 ⑤ *G. Alpes du Nord – 544 h alt. 1650 – Sports d'hiver : 1 650/2 255 m* 1 25 – ✉ 38410 Uriage.
Env. *E : Croix de Chamrousse ✳★★★ par téléphérique.*
Office de Tourisme Le Recoin ☎ 04 76 89 92 65, Fax 04 76 89 98 06.
Paris 596 – Grenoble 29 – Allevard 64 – Chambéry 79 – Uriage-les-Bains 18 – Vizille 28.

Hermitage, le Recoin ☎ 04 76 89 93 21, *Fax 04 76 89 95 30,* ≤ – TV ☎ 🚗 P. GB
juil.-août (sauf rest.) et 1er déc.-15 avril – **Repas** 120/145 – ☕ 52 – **48 ch** 540/640 – ½ P 415/465.

L'Écureuil, ☎ 04 76 89 90 13, 🌳 – GB
fermé 1er mai au 30 juin – **Repas** 75/180 ♀.

CHANAS *38150 Isère* 76 ⑩, 77 ① *– 1 727 h alt. 150.*
Paris 513 – Grenoble 88 – Lyon 56 – St-Étienne 73 – Valence 48.

Halte OK M, à l'échangeur A 7 ✆ 04 74 84 27 50, *Fax 04 74 84 36 61*, – ☎ ♿ P – 25 à 100. GB
Repas *(fermé 24 déc. au 2 janv., 8 au 20 août, sam. midi, dim. et fériés le midi)* 69/155 ♀, enf. 45 – ☕ 39 – **41 ch** 260/310 – ½ P 255.

Dorcier Ayme Pneus, ✆ 04 74 84 28 73

CHANCELADE *24 Dordogne* 75 ⑤ *– rattaché à Périgueux.*

CHANDAI *61300 Orne* 60 ⑤ *– 583 h alt. 200.*
Paris 131 – Alençon 70 – L'Aigle 9 – Chartres 72 – Dreux 52 – Évreux 56 – Lisieux 65.

Écuyer Normand, N 28 ✆ 02 33 24 08 54, *Fax 02 33 24 08 54* – AE GB
fermé vacances de Noël, de fév., dim. soir, lundi soir et mardi hors saison – **Repas** *(88)* - 98/258 ♀, enf. 68.

CHANGÉ *53 Mayenne* 63 ⑩ *– rattaché à Laval.*

CHANTELLE *03140 Allier* 73 ④ *G. Auvergne – 1 043 h alt. 324.*
Office de Tourisme pl.de la Mairie ✆ 04 70 56 62 37.
Paris 370 – Moulins 46 – Aubusson 102 – Gannat 17 – Montluçon 58 – St-Pourçain-sur-Sioule 14.

Poste, ✆ 04 70 56 62 12, – ☎ P. AE GB
fermé 23 sept. au 16 oct., vacances de fév. et merc. hors saison – **Repas** 65/160 ♀, enf. 45 – ☕ 27 – **12 ch** 150/230 – ½ P 170/190.

RENAULT Gar. Touzain, ✆ 04 70 56 61 55 N ✆ 04 70 56 61 55

CHANTEMERLE *05 H.-Alpes* 77 ⑱ *– rattaché à Serre-Chevalier.*

CHANTEPIE *35 I.-et-V.* 59 ⑰ *– rattaché à Rennes.*

CHANTILLY *60500 Oise* 56 ⑪, 106 ⑧ *G. Ile de France – 11 341 h alt. 59.*
Voir *Château**** **B** *: musée**, parc**, jardin anglais* – Grandes Écuries*** **B** *: musée vivant du Cheval** – L'Aérophile* (vol en ballon captif) : ≤**.*
Env. *Site* du château de la Reine-Blanche S : 5,5 km.*
✆ 03 44 57 04 43, N : 1,5 km par D 44 **B** *; du Lys (privé) ✆ 03 44 21 26 00, à Lys-Chantilly par ③ ; Golf Hôtel de Chantilly ✆ 03 44 58 47 77 par ① : 5 km.*
Office de Tourisme 60 av. Mar.-Joffre ✆ 03 44 57 08 58, Fax 03 44 57 74 64.
Paris 51 ② – Compiègne 45 ① – Beauvais 43 ⑤ – Clermont 26 ⑤ – Meaux 49 ② – Pontoise 40 ④.

Plan page ci-contre

Parc sans rest, 36 av. Mar. Joffre ✆ 03 44 58 20 00, *Fax 03 44 57 31 10*, – TV ☎ ♿ P – 30 à 80. AE GB JCB — A a
☕ 55 – **58 ch** 495/560.

Campanile, rte Creil par ⑤ ✆ 03 44 57 39 24, *Fax 03 44 58 10 05*, – TV ☎ ♿ P. AE GB
Repas *(66)* - 84 bc/107 bc, enf. 39 – ☕ 34 – **47 ch** 278.

Tipperary, 6 av. Mar. Joffre ✆ 03 44 57 00 48, *Fax 03 44 58 15 38* – AE GB — A e
fermé 1er au 26 août, 15 au 28 fév., dim. soir et lundi – **Repas** 98/160.

rte d'Apremont *par ① et D 606 : 2,5 km – ✉ 60500 Vineuil-St-Firmin :*

Blue Green M, ✆ 03 44 58 47 77, *Fax 03 44 58 50 11*, ≤, , parc, « Golf en lisière de forêt », – TV ☎ ♿ P – 25 à 150. AE GB JCB
Carmontelle *(fermé 17 au 31 août)* **Repas** *(155)*-200, enf. 85 – ***Par en Par*** *(fermé le soir du 6 sept. au 1er juil.)* **Repas** *(85)*-130 , enf. 60 – ☕ 80 – **111 ch** 1100, 4 appart.

au Golf d'Apremont *par ①, D 606 et rte secondaire : 7 km – ✉ 60300 Apremont :*

Tour d'Apremont, ✆ 03 44 25 61 11, *Fax 03 44 25 11 72*, – P. AE GB JCB.
fermé 11 au 21 fév., lundi et le soir sauf vend. et sam. – **Repas** 150/310 et carte 200 à 290 ♀
Bistrot de la Tour *fermé 11 au 21 fév. et lundi* **Repas** (déj. seul.)90/120♀.

à Montgrésin *par ② : 5 km – ✉ 60560 Orry-la-Ville :*

Relais d'Aumale , ✆ 03 44 54 61 31, *Fax 03 44 54 69 15*, – TV ☎ ♿ P – 50. AE GB
Repas *(fermé 20 au 28 déc.)* 210/335 – ☕ 52 – **22 ch** 560/720 – ½ P 540/560.

CHANTILLY

Connétable (R. du) . . . . **AB**
Joffre (Av. du Mar.) . . . . **A**
Paris (R. de) . . . . **A** 16
Vallon (Pl. Omer) . . . . **A** 21
Berteux (Av. de) . . . . **A** 2
Canardière (Quai de la) . . . . **A** 3
Cascades (R. des) . . . . **A** 4
Chantilly (R. de) . . . . **B** 5
Condé (Av. de) . . . . **B** 6
Embarcadère (R. de l') . . . . . . **A** 8
Faisanderie (R. de la) . . . . **B** 9
Leclerc (Av. du Gén.) . . . . **A** 12
Libération (Bd de la) . . . . **A** 13
Orgemont (R. d') . . . . **A** 15
Victor-Hugo (R.) . . . . **A** 22

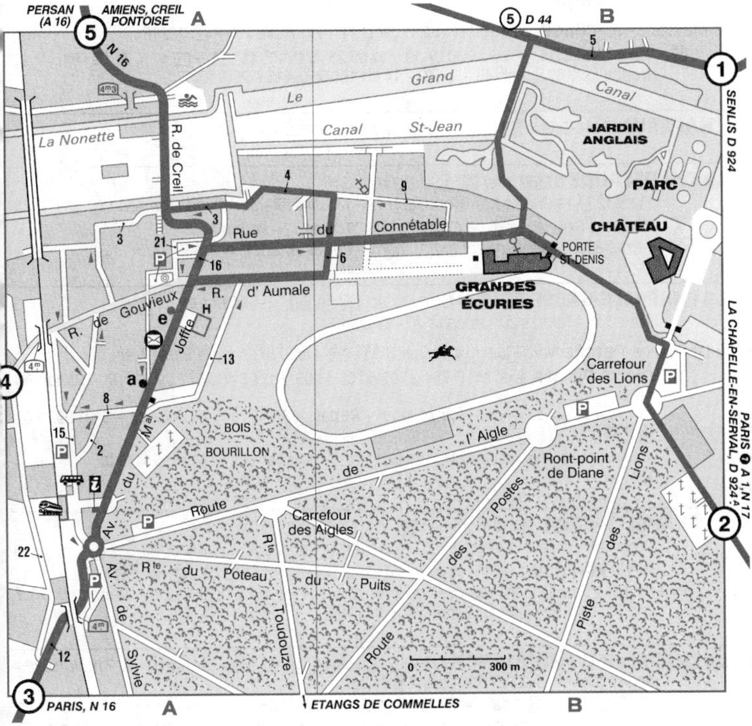

à Gouvieux *par ④ : 3,5 km – 9 756 h. alt. 26 – ✉ 60270 :*

Château de la Tour ⑤, ☎ 03 44 62 38 38, *Fax 03 44 57 31 97*, ←, 🏖, « Parc boisé », 🏊, 🎾 – 📺 ☎ ♿ 🅿 – 🎯 80. AE ⓓ GB
Repas 195/290 ♀, enf. 85 – ☕ 70 – **41 ch** 590/930 – ½ P 510.

rte de Creil *par ⑤ : 3,5 km – ✉ 60740 St-Maximin :*

Verbois, N 16 ☎ 03 44 24 06 22, *Fax 03 44 25 76 63*, 🏖, 🍴 – 🅿. GB
fermé 17 au 23 août, 12 au 25 janv., dim. soir et lundi – **Repas** 150/295 et carte 250 à 420 ♀, enf. 90.

BMW Gar. Saint-Merri Chantilly, N 16 ZA du Coq Chantant ☎ 03 44 57 49 45
CITROEN SOFIDAC., N 16 ZA du Coq Chantant à Gouvieux par ④ ☎ 03 44 57 02 98
CITROEN Gar. Desbois, 39 r. du Havre à Précy-sur-Oise par ④ ☎ 03 44 27 71 28 **N** ☎ 03 44 27 71 28
OPEL Gar. Sadell, 33 av. Mar.-Joffre ☎ 03 44 57 05 09

CHANTONNAY *85110 Vendée* **67** ⑮ *– 7 458 h alt. 58.*

Office de Tourisme pl. Liberté ☎ 02 51 94 46 51, Fax 02 51 46 99 30.
Paris 399 – La Roche-sur-Yon 33 – Cholet 49 – Nantes 76 – Niort 74 – Poitiers 117.

Mouton, 31 r. Nationale ☎ 02 51 94 30 22, *Fax 02 51 46 88 65* – 📺 ☎ 🚗 🅿. ⓓ GB
fermé 1er au 15 janv., dim. soir et lundi sauf août – **Repas** 68/199 ♀ – ☕ 38 – **11 ch** 190/360 – ½ P 280/320.

CITROEN Auto Sce-Chantonnaysien, 55 av. Mar.-de-Lattre-de-Tassigny ☎ 02 51 94 80 83
PEUGEOT Gar. Réau, 42 av. Batiot ☎ 02 51 94 30 23
RENAULT Gar. Paquiet, r. Mar.-de-Lattre-de-Tassigny ☎ 02 51 94 31 03

CHAOURCE *10210 Aube* **61** ⑰ *G. Champagne – 1 031 h alt. 150.*
Voir *Église St-Jean-Baptiste : sépulcre★★.*
Syndicat d'Initiative r. de l'Etape au Vin ✆ 03 25 40 10 67, Fax 03 25 40 00 22.
Paris 196 – Auxerre 66 – Troyes 29 – Bar-sur-Aube 60 – Châtillon-sur-Seine 47 – St-Florentin 36 – Tonnerre 30.

à Maisons-lès-Chaource *Sud-Est : 6 km par D 34 – 171 h. alt. 235 – ✉ 10210 :*

Aux Maisons, ✆ 03 25 70 07 19, *Fax 03 25 70 07 75,* – AE GB
Repas 100/160 ♀, enf. 45 – 30 – **14 ch** 160/250 – ½ P 250/300.

CHAPARON *74 H.-Savoie* **74** ⑥ ⑯ *– rattaché à Bredannaz.*

La CHAPELAUDE *03380 Allier* **69** ⑪ *– 982 h alt. 230.*
Paris 326 – La Châtre 52 – Montluçon 12 – Moulins 87 – St-Amand-Montrond 50.

Grain d'Sel, ✆ 04 70 06 47 78, *Fax 04 70 06 44 32* – GB
fermé 8 au 23 sept., mardi soir et merc. – **Repas** 75/220 ♀, enf. 50.

La CHAPELLE-BASSE-MER *44450 Loire-Atl.* **63** ⑱, **67** ④ *– 4 012 h alt. 56.*
Paris 366 – Nantes 20 – Ancenis 20 – Clisson 24.

à La Pierre-Percée *Nord-Ouest : 4 km par D 53 – ✉ 44450 La Chapelle-Basse-Mer :*

Pierre Percée avec ch, D 751 ✆ 02 40 06 33 09, *Fax 02 40 33 32 29,* – AE GB.
ch
fermé 4 au 24 janv., dim. soir et lundi – **Repas** 138/310, enf. 65 – 32 – **5 ch** 95/180 – ½ P 182.

RENAULT Gar. Central, ✆ 02 40 06 33 79 N ✆ 06 07 09 20 06

Gar. Terrien, ✆ 02 40 06 31 52 N ✆ 02 40 06 31 52

La CHAPELLE-CARO *56460 Morbihan* **63** ④ *– 1 143 h alt. 73.*
Paris 421 – Vannes 40 – Dinan 80 – Lorient 90 – Rennes 74 – St-Brieuc 86.

Petit Kériquel avec ch, ✆ 02 97 74 82 44, *Fax 02 97 74 82 44* – GB
fermé 1er au 15 oct., vacances de fév., dim. soir et lundi hors saison – **Repas** 62/175 ♀, enf. 45 – 28 – **7 ch** 135/230 – ½ P 160/190.

La CHAPELLE-D'ABONDANCE *74360 H.-Savoie* **70** ⑱ *G. Alpes du Nord – 727 h alt. 1020 – Sports d'hiver : 1 000/1 800 m 1 11*
Office de Tourisme ✆ 04 50 73 51 41, Fax 04 50 73 56 04.
Paris 602 – Thonon-les-Bains 34 – Annecy 107 – Châtel 6 – Évian-les-Bains 36 – Morzine 32.

Cornettes, ✆ 04 50 73 50 24, *Fax 04 50 73 54 16,* – cuisinette, rest, 40. GB
fermé 21 au 30 avril et 20 oct. au 20 déc. – **Repas** 105/340, enf. 85 – 50 – **43 ch** 420/480 – ½ P 380/450.

Les Gentianettes M, ✆ 04 50 73 56 46, *Fax 04 50 73 56 39,* – AE GB
fermé 14 avril au 25 avril et 12 nov. au 18 déc. – **Repas** 98/255, enf. 50 – 38 – **32 ch** 380/450 – ½ P 380.

L'Ensoleillé, ✆ 04 50 73 50 42, *Fax 04 50 73 52 96,* – GB
20 mai-fin sept. et 20 déc.-Pâques – **Repas** 95/260 ♀, enf. 60 – 40 – **35 ch** 280/360 – ½ P 330.

Chabi, ✆ 04 50 73 50 14, *Fax 04 50 73 55 84,* – AE GB
fermé 1er au 15 juin, 25 nov. au 20 déc. – **Repas** 98/250 ♀, enf. 45 – 40 – **17 ch** 260/380 – ½ P 300/380.

Alpage M, rte Chatel ✆ 04 50 73 50 25, *Fax 04 50 73 52 43,* – 30. GB
fermé 12 avril au 1er mai et 26 sept. au 24 oct. – **Repas** 90/230, enf. 60 – 40 – **32 ch** 250/360 – ½ P 310/330.

Vieux Moulin, rte Chevenne ✆ 04 50 73 52 52, *Fax 04 50 73 55 62,* – AE GB. rest
15 mai-20 oct. et 20 déc.-15 avril – **Repas** 95/230, enf. 50 – 40 – **16 ch** 200/280 – ½ P 320.

Rucher, à la Panthiaz Est : 1,5 km ✆ 04 50 73 50 23, *Fax 04 50 73 54 67,* – cuisinette AE GB. rest
15 juin-15 sept. et 20 déc.-30 avril – **Repas** 90/180 ♀ – 40 – **22 ch** 240/350 – ½ P 330.

CHAPELLE-DES-BOIS *25240 Doubs* 70 ⑯ *G. Jura – 202 h alt. 1087 – Sports d'hiver : 1 050/ 1 300 m.*
des Mélèzes ✆ 03 81 69 21 82.
Paris 464 – Genève 64 – Lons-le-Saunier 66 – Pontarlier 47.

Mélèzes, ✆ 03 81 69 21 82, *Fax 03 81 69 12 75,* ≤, – ☎. GB
fermé 25 mars au 1er mai, 15 nov. au 15 déc., lundi, mardi et merc. hors saison – **Repas** 85/180, enf. 45 – ☕ 39 – **10 ch** 220/280 – ½ P 250/350.

La CHAPELLE-DU-GENÊT *49 M.-et-L.* 67 ⑤ *– rattaché à Beaupréau.*

La CHAPELLE-EN-SERVAL *60520 Oise* 56 ⑪ *– 2 185 h alt. 104.*
Paris 41 – Compiègne 44 – Beauvais 53 – Chantilly 10 – Meaux 38 – Senlis 10.

Mont-Royal M, Est : 2 km par D 118 ✆ 03 44 54 50 50, *Fax 03 44 54 50 21,* ≤, parc, « Ancien pavillon de chasse du 18e siècle », – ☎ P – 200. AE ⓓ GB JCB
Repas 190 – ☕ 90 – **100 ch** 1050/1450 – ½ P 610/805.

Ferienreisen wollen gut vorbereitet sein.
*Die **Straßenkarten** und **Führer** von **Michelin***
geben Ihnen Anregungen und praktische Hinweise zur Gestaltung Ihrer Reise :
Streckenvorschläge, Auswahl und Besichtigungsbedingungen
der Sehenswürdigkeiten, Unterkunft, Preise ... u. a. m.

La CHAPELLE-EN-VALGAUDEMAR *05800 H.-Alpes* 77 ⑯ *G. Alpes du Nord – 135 h alt. 1083.*
Voir *Les Portes ≤★ sur le pic d'Olan – Les « Oulles du Diable » (marmites de géant) ★ – Cascade du Casset★ NE : 3,5 km.*
Env. *Chalet-hôtel du Gioberney : cirque★★, cascade "voile de la mariée"★ E : 9 km.*
Office de Tourisme La Fare en Champsour ✆ 04 92 55 23 21, Fax 04 92 50 18 78.
Paris 656 – Gap 48 – Grenoble 92 – La Mure 52.

Mont-Olan, ✆ 04 92 55 23 03, ≤, – TV ☎ P. GB
Vacances de printemps-15 sept. – **Repas** 70 bc/125 – ☕ 26 – **32 ch** 185/265 – ½ P 200/ 235.

La CHAPELLE-EN-VERCORS *26420 Drôme* 77 ⑭ *G. Alpes du Nord – 628 h alt. 945 – Sports d'hiver au Col de Rousset : 1 255/1 700 m 8.*
Office de Tourisme Pl. Pictri ✆ 04 75 48 22 54.
Paris 604 – Grenoble 62 – Valence 63 – Die 41 – Romans-sur-Isère 46 – St-Marcellin 34.

Bellier, ✆ 04 75 48 20 03, *Fax 04 75 48 25 31,* – TV ☎ P – 25. AE ⓓ GB
fermé vacances de Toussaint, 21 au 27 déc., mardi soir et merc hors sais. – **Repas** 96/216, enf. 69 – ☕ 40 – **13 ch** 380/450 – ½ P 370/400.

Sports, ✆ 04 75 48 20 39, *Fax 04 75 48 10 52* – ☎. GB
fermé déc. à mi-janv. et dim. soir sauf juil.-août et vacances scolaires – **Repas** 90/140, enf. 45 – ☕ 32 – **14 ch** 145/250 – ½ P 180/230.

CITROEN Gar. Duclot, ✆ 04 75 48 21 26 N ✆ 04 75 48 21 26

La CHAPELLE-ST-MESMIN *45 Loiret* 64 ⑨ *– rattaché à Orléans.*

La CHAPELLE-SUR-ERDRE *44 Loire-Atl.* 67 ③ *– rattaché à Nantes.*

CHARAVINES *38850 Isère* 74 ⑭ *G. Vallée du Rhône – 1 251 h alt. 500.*
Voir *Lac de Paladru★ N : 1 km.*
Office de Tourisme ✆ 04 76 32 33 55, Fax 04 76 06 60 31.
Paris 537 – Grenoble 38 – Belley 49 – Chambéry 53 – La Tour-du-Pin 21 – Voiron 12.

Beau Rivage, Nord : 1,5 km par D 50 ✆ 04 76 06 61 08, *Fax 04 76 06 66 58,* ≤, – TV ☎ – 25. ⓓ GB. ch
fermé 20 déc. au 1er fév., lundi soir (sauf hôtel en juil.-août), dim. soir et lundi de sept. à juin – **Repas** 78/240, enf. 60 – ☕ 40 – **31 ch** 260/300 – ½ P 230/258.

Poste, ☏ 04 76 06 60 41, *Fax 04 76 55 62 42,* – TV ☎. AE GB
fermé 15 au 28 fév., dim. et lundi – **Repas** 98/280 ♀, enf. 70 – ☕ 38 – **15 ch** 230/260 – ½ P 240.

RENAULT Gar. Chaboud, ☏ 04 76 06 60 08 N ☏ 04 76 55 61 60

CHARBONNIÈRES-LES-BAINS *69 Rhône* 74 ⑪, 110 ⑬ – *rattaché à Lyon.*

CHARENTON-LE-PONT *94 Val-de-Marne* 61 ①, 101 ㉗ – *voir à Paris, Environs.*

CHARETTE-VARENNES *71 S.-et-L.* 70 ②, 110 ⑳ – *rattaché à Pierre-de-Bresse.*

CHARGÉ *37 I.-et-L.* 64 ⑯ – *rattaché à Amboise.*

La CHARITÉ-SUR-LOIRE *58400 Nièvre* 65 ⑬ *G. Bourgogne – 5 686 h alt. 170.*

Voir *Église N.-Dame★★ : ≤★★ sur le chevet.*

ℹ *Office de Tourisme pl. Ste-Croix* ☏ *03 86 70 15 06, Fax 03 86 70 21 55.*

Paris 208 ① – Bourges 50 ④ – Autun 128 ③ – Auxerre 91 ② – Montargis 99 ① – Nevers 24 ③.

Grand Monarque, 33 quai Clemenceau (e)
☏ 03 86 70 21 73,
Fax 03 86 69 62 32, ≤, – TV ☎ ♿ – 25. AE ⓓ GB
fermé vacances de fév., vend. soir et dim. du 12 nov. au 30 mars – **Repas** *(100 bc)* - 118/198 ♀, enf. 70 – ☕ 42 – **15 ch** 300/560 – ½ P 318/418.

par ①, *rte de Paris et rte secondaire : 5 km* – ✉ *58400 La Charité-sur-Loire :*

Motel les Broussailles sans rest, ☏ 03 86 69 03 39, *Fax 03 86 69 04 40,* – TV ☎ P. AE ⓓ GB
☕ 38 – **12 ch** 270.

PEUGEOT Gar. St-Lazare, 53 av. Gambetta par ② ☏ 03 86 70 05 07
RENAULT Gar. de Figueiredo, 26 av. Gambetta par ② ☏ 03 86 70 04 78
Pasquette, 21 r. Gén.-Auger ☏ 03 86 70 15 93

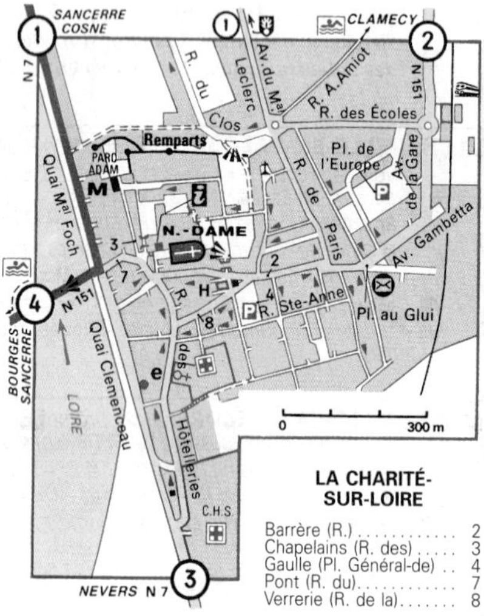

LA CHARITÉ-SUR-LOIRE

Barrère (R.) 2
Chapelains (R. des) 3
Gaulle (Pl. Général-de) . . 4
Pont (R. du) 7
Verrerie (R. de la) 8

CHARLEVAL *13350 B.-du-R.* 84 ②, 114 ① – *1 877 h alt. 136.*

Paris 722 – Aix-en-Provence 29 – Cavaillon 26 – Manosque 64 – Marseille 59 – Salon-de-Provence 21.

Cherche-Midi, (derrière l'église) ☏ 04 42 28 52 50, *Fax 04 42 28 49 38* – GB
fermé janv., sam. midi et lundi midi en juil.-août, merc. soir et dim. de sept. à juin – **Repas** 100/195, enf. 50.

CITROEN Gar. Esteban, D 561 ☏ 04 42 28 40 10

Some useful weights and measures

1 kilogram (1,000 grams) = 2.2 lb.
1 kilometer (1,000 meters) = 0.621 mile
10° C = 50° F   21° C = 70° F
1 liter = 1 ¾ pints   10 liters = 2.62 U.S. gals.

CHARLEVILLE-MÉZIÈRES P *08000 Ardennes* 53 ⑱ *G. Champagne* – *57 008 h alt. 145.*

Voir *Place Ducale*★★ **ABX** – *Musée de l'Ardenne*★ **BX M**[1] – *Musée Rimbaud* – *Basilique N.-D.-d'Espérance : vitraux*★ **AZ.**

l'Abbaye de Sept Fontaines à Fagnon ✆ 03 24 37 77 27 par ⑥ : 10 km.

Office de Tourisme 4 pl. Ducale ✆ 03 24 32 44 80, Fax 03 24 32 41 79 – Automobile Club Ardennais 64 av. Forest ✆ 03 24 33 35 89, Fax 03 24 56 29 66.

Paris 233 ⑦ – Charleroi 92 ⑦ – Liège 169 ⑦ – Luxembourg 128 ⑥ – Metz 168 ⑥ – Namur 110 ⑦ – Nancy 223 ⑥ – Reims 87 ⑥ – St-Quentin 119 ⑦ – Sedan 24 ⑥.

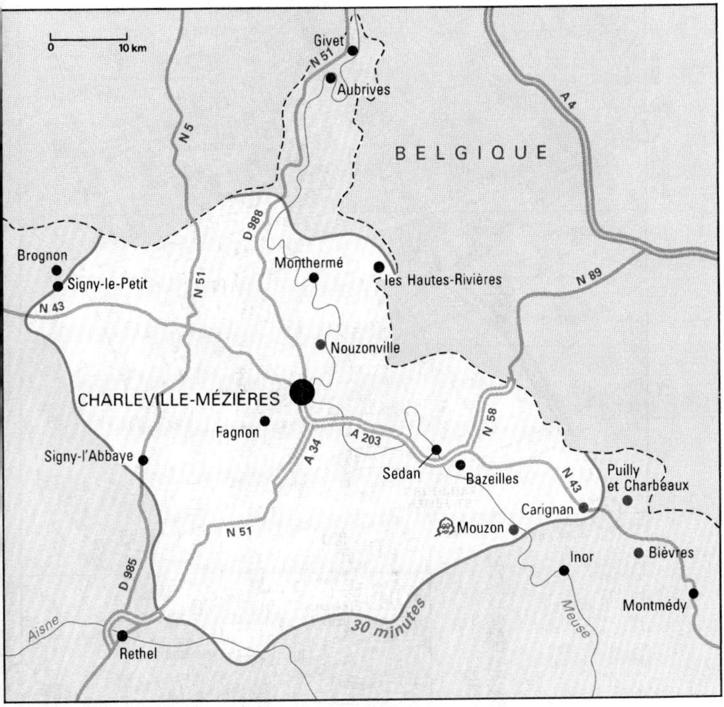

Paris sans rest, 24 av. G. Corneau ✆ 03 24 33 34 38, *Fax 03 24 59 11 21* – AE GB BY n
fermé 25 déc. au 1er janv. – 35 – **29 ch** 210/400.

Mont Olympe, r. Pâquis ✆ 03 24 33 43 20, *Fax 03 24 59 93 38,* – AE GB BX v
fermé 24 au 31 août, nov., dim. soir, lundi soir et merc. de sept. à mai – **Repas** 170/220 ♀, enf. 60.

Cigogne, 40 r. Dubois-Crancé ✆ 03 24 33 25 39 – GB AY a
fermé dim. soir et lundi – **Repas** 68/139.

Côte à l'Os, 11 cours A. Briand ✆ 03 24 59 20 16, *Fax 03 24 59 48 30,* – AE GB AY e
Repas 80/135 ♀.

par ② *et rte de Nouzonville : 4 km* – ✉ *08090 Montcy-Notre-Dame :*

Aub. de la Forest, ✆ 03 24 33 37 55 – P. GB.
fermé dim. soir et lundi soir – **Repas** 70/170.

par ⑤ *et N 51 : 4 km* – ✉ *08000 Charleville-Mézières :*

Campanile, ✆ 03 24 37 54 55, *Fax 03 24 37 76 40,* – P – 25. AE GB – **Repas** (66) - 84 bc/107 bc, enf. 39 – 34 – **49 ch** 278.

à Fagnon *par ⑥, D 139 et D 39 : 8 km – 334 h. alt. 171 –* ✉ *08090 :*

Abbaye de Sept Fontaines , ✆ 03 24 37 38 24, *Fax 03 24 37 58 75,* « Ancienne demeure dans un parc, golf » – P – 25. AE GB. rest
fermé 22 au 28 déc. – **Repas** 125/185 ♀ – 48 – **23 ch** 450/750 – ½ P 410/450.

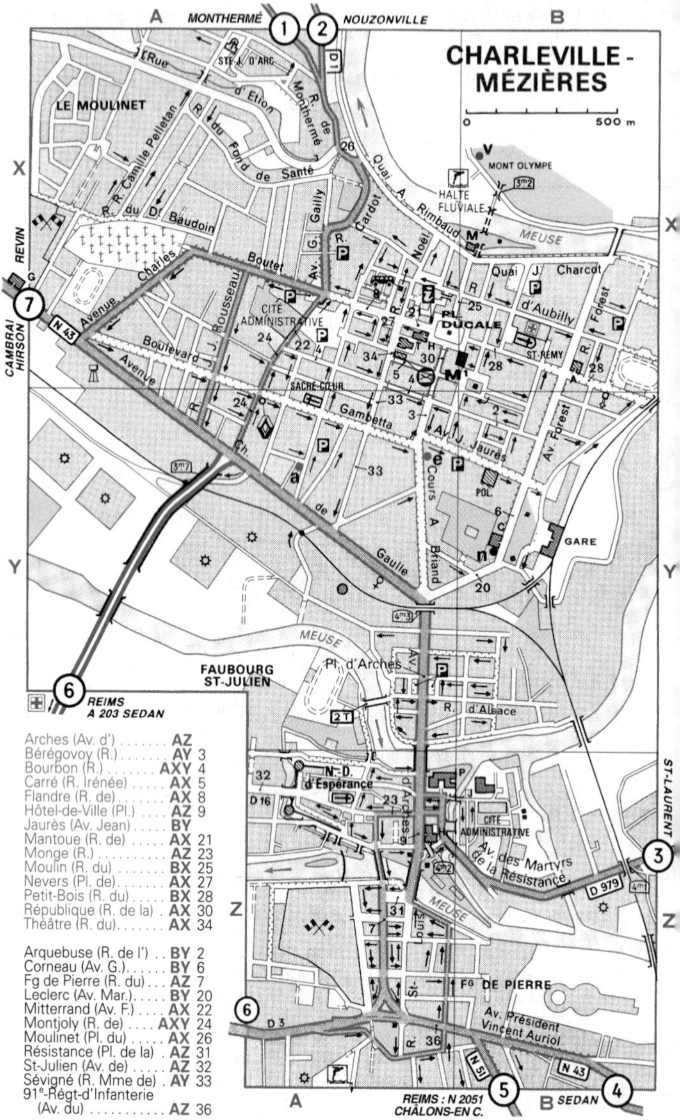

Arches (Av. d') . . . . AZ
Bérégovoy (R.) . . . . AY 3
Bourbon (R.) . . . . AXY 4
Carré (R. Irénée) . . . . . AX 5
Flandre (R. de) . . . . AX 8
Hôtel-de-Ville (Pl.) . . . . AZ 9
Jaurès (Av. Jean) . . . . . BY
Mantoue (R. de) . . . . . AX 21
Monge (R.) . . . . AZ 23
Moulin (R. du) . . . . BX 25
Nevers (Pl. de) . . . . AX 27
Petit-Bois (R. du) . . . . . BX 28
République (R. de la) . AX 30
Théâtre (R. du) . . . . AX 34

Arquebuse (R. de l') . . BY 2
Corneau (Av. G.) . . . . . . BY 6
Fg de Pierre (R. du) . . . AZ 7
Leclerc (Av. Mar.) . . . . . BY 20
Mitterrand (Av. F.) . . . . AX 22
Montjoly (R. de) . . . . AXY 24
Moulinet (Pl. du) . . . . . AX 26
Résistance (Pl. de la) . AZ 31
St-Julien (Av. de) . . . . . AZ 32
Sévigné (R. Mme de) . AY 33
91e-Régt-d'Infanterie (Av. du) . . . . AZ 36

AUDI, SKODA, VOLKSWAGEN Gar. Petit, 60 bd Pierquin à Warcq ✆ 03 24 56 40 07
CITROEN Succursale, ZAC La Croisette, r. P.-Richier par ⑦ ✆ 03 24 56 86 40 N ✆ 03 24 33 63 60
FORD Gar. Cailloux, ZAC La Croisette ✆ 03 24 57 01 01
MERCEDES Gar. Covema, r. C.-Didier ZI de Mohon ✆ 03 24 37 84 84
NISSAN Europe Autom., N 64 Ctre Cial à Villers Semeuse ✆ 03 24 37 52 52
PEUGEOT S.I.G.A., 23 rte Warnecourt à Prix-les-Mézières par D 3 AZ ✆ 03 24 37 37 45 N ✆ 03 24 32 70 72

RENAULT Gar. Amerand, 63 bd Gambetta ✆ 03 24 33 37 59 N ✆ 03 24 33 63 60
RENAULT Ardennes Autos, 2 r. C.-Didier par ④ ✆ 03 24 59 65 65 N ✆ 03 24 56 90 10

Euromaster, r. P.-Richier, ZAC La Croisette ✆ 03 24 57 02 44
Legros Point S, 87-89 r. Bourbon ✆ 03 24 33 31 13
New Gom-Vulco, rte de la Francheville ✆ 03 24 37 23 45

CHARLIEU *42190 Loire* 73 ⑧ *G. Bourgogne – 3 727 h alt. 265.*

Voir *Ancienne abbaye★ : façade★★ – Couvent des Cordeliers★.*

Office de Tourisme pl. St-Philibert ☎ 04 77 60 12 42, Fax 04 77 60 16 91.

Paris 380 ④ – Roanne 19 ④ – Digoin 47 ④ – Lapalisse 56 ④ – Mâcon 78 ② – St-Étienne 104 ④.

CHARLIEU

Abbaye (Pl. de l') 2
Chanteloup (R.) 4
Chantemerle (R.) 5
Écoles (R. des) 6
Farinet (R. A.) 7
Gaulle (R. Ch.-de) 9
Grenette (R.) 10
Jacquard (Bd) 12
Merle (R. du) 13
Michon (R.) 15
Morel (R. J.) 16
Moulins (R. des) 17
République (Bd de la) 18
Rouillier (R. C.) 19
St-Philibert (Pl.) 20
Solitude (R. de la) 21
Treuil-Buisson (R. du) 22
Valorge (Bd L.) 23

Ne prenez pas la route sans connaître votre temps de parcours. La **carte Michelin** *n°* **911** *c'est "la carte du temps gagné".*

Relais de l'Abbaye, (a) ☎ 04 77 60 00 88, *Fax 04 77 60 14 60,* – ☎ P – 50. AE GB
fermé janv., dim. soir sauf juil.-août et lundi midi – **Repas** 70 (déj.), 100/150 ♀, enf. 52 – ☐ 35 – **27 ch** 223/283 – ½ P 262.

Sornin, 6 pl. Bouverie **(n)** ☎ 04 77 60 03 74, *Fax 04 77 60 32 51,* – AE GB
fermé 24 au 31 août, vacances de fév., dim. soir et lundi – **Repas** 78/260 ♀.

rte de Pouilly *par ④ et rte secondaire : 2,5 km :*

Moulin de Rongefer, ✉ 42190 St-Nizier-sous-Charlieu ☎ 04 77 60 01 57, *Fax 04 77 60 33 28,* – GB
fermé 1er au 16 août, vacances de fév., dim. soir, mardi soir et merc. – **Repas** 80 (déj.), 100/320 ♀.

Château de Tigny, ✉ 42720 Pouilly-sous-Charlieu ☎ 04 77 60 09 55, *Fax 04 77 69 03 93,* , « Demeure du 16e siècle », – P. GB
fermé 25 déc. au 15 janv., lundi et mardi – **Repas** 70 (déj.), 110/205 ♀, enf. 60.

CITROEN Gar. Botton-Villard, ☎ 04 77 69 04 44
PEUGEOT Gar. Sornin, à St-Nizier par ④ ☎ 04 77 69 07 07
RENAULT Gar. Saunier, ☎ 04 77 60 07 55

CHARMES *88130 Vosges* 62 ⑤ *G. Alsace Lorraine – 4 721 h alt. 282.*

Paris 381 – Épinal 31 – Nancy 42 – Lunéville 35 – Neufchâteau 58 – St-Dié 59 – Toul 62 – Vittel 41.

Vaudois avec ch, r. Capucins ☎ 03 29 38 02 40, *Fax 03 29 38 01 58,* – TV ☎. AE GB
fermé 6 au 19 juil., dim. soir et lundi – **Repas** 113/309 ♀, enf. 65 – ☐ 38 – **7 ch** 195/285 – ½ P 225/370.

Dancourt avec ch, 6 pl. H. de Ville ☎ 03 29 38 80 80, *Fax 03 29 38 09 15,* – TV ☎. AE GB
fermé 18 déc. au 18 janv., sam. midi sauf juil.-août et vend. – **Repas** (75) - 90/310 ♀, enf. 65 – ☐ 38 – **15 ch** 190/290 – ½ P 215/250.

à Vincey *Sud-Est : 4 km par N 57 – 2 198 h. alt. 297 – ✉ 88450 :*

Relais de Vincey Ⓜ, ✆ 03 29 67 40 11, *Fax 03 29 67 36 66*, Ⅰ₆, ⛆, 🐎, 🎾 – ⇔ 📺 ☎ 📞 ♿ 🅿 – 🏔 25. AE GB
fermé 20 déc. au 5 janv. – **Repas** *(fermé sam.)* 116/255 ♀ – ☕ 42 – **30 ch** 220/310 – ½ P 275/335.

OPEL Gar. Barrois, 19 r. Cl.-Barres ✆ 03 29 38 10 22

Ⓟ Corbier Pneus, ZI à Roville devant Bayon ✆ 03 83 72 51 55

CHARMES-SUR-RHÔNE *07800 Ardèche 77 ⑪ ⑫ – 1 826 h alt. 112.*

Paris 569 – Valence 10 – Crest 24 – Montélimar 42 – Privas 28 – St-Péray 11.

XX **Autour d'une Fontaine (La Vieille Auberge)** avec ch, ✆ 04 75 60 80 10, *Fax 04 75 60 87 47*, 🏠 – ▤ 📺 ☎ 📞 ♿ 🚗. AE ⓓ GB
fermé dim. soir et lundi – **Repas** 100 (dîner), 130 bc/320 ♀, enf. 60 – ☕ 35 – **16 ch** 230/350.

CHARNAY-LÈS-MÂCON *71 S.-et-L. 69 ⑲ – rattaché à Mâcon.*

CHAROLLES ⟨SP⟩ *71120 S.-et-L. 69 ⑰ ⑱ G. Bourgogne – 3 048 h alt. 279.*

ℹ *Office de Tourisme Couvent des Clarisses, r. Baudinot ✆ 03 85 24 05 95, Fax 03 85 24 05 95.*

Paris 362 – Mâcon 54 – Autun 75 – Chalon-sur-Saône 65 – Moulins 81 – Roanne 61.

Moderne, av. J. Furtin ✆ 03 85 24 07 02, *Fax 03 85 24 05 21*, ⛆, 🐎 – 📺 ☎ 🚗. AE GB
fermé 27 déc. au 1er fév., lundi sauf le soir du 15 juil. au 24 août et dim. soir du 24 août au 15 juil. – **Repas** 115/300 ♀ – ☕ 47 – **17 ch** 260/520 – ½ P 280/400.

France sans rest, av. J. Furtin ✆ 03 85 24 06 66, *Fax 03 85 24 05 54* – 📺 ☎. AE ⓓ GB
fermé 22 juin au 5 juil. et sam. d'oct. à avril – ☕ 38 – **10 ch** 195/300.

XXX **Poste** avec ch, av. Libération (près église) ✆ 03 85 24 11 32, *Fax 03 85 24 05 74*, 🏠 – 📺 ☎ 📞 🚗. AE GB
fermé 2 nov. au 2 déc., lundi midi et dim. soir – **Repas** 120/280 et carte 180 à 380 ♀ – ☕ 45 – **9 ch** 270/480.

au Sud-Ouest *par D 985 et D 270 : 11 km – ✉ 71120 Changy :*

X **Chidhouarn**, ✆ 03 85 88 32 07, *Fax 03 85 24 06 21* – 🅿. AE ⓓ GB
fermé 1er au 10 sept., 1er au 24 fév., mardi de nov. à fév. et lundi – **Repas** 80 (déj.), 105/250 ♀, enf. 50.

CITROEN Gar. Moulin, ✆ 03 85 24 01 10 🅽 ✆ 03 85 24 01 10

CHAROST *18290 Cher 68 ⑩ G. Berry Limousin – 1 134 h alt. 137.*

Paris 243 – Bourges 26 – Châteauroux 39 – Dun-sur-Auron 43 – Issoudun 10 – Vierzon 30.

à Brouillamnon *Nord-Est : 3 km par N 151 et D 16E – ✉ 18290 Plou :*

XX **L'Orée du Bois**, ✆ 02 48 26 21 40, *Fax 02 48 26 27 81*, 🏠, 🐎 – 🅿. GB. ✗
fermé 28 juil. au 8 août, vacances de fév., dim. soir et lundi – **Repas** 80/190 ♀, enf. 75.

CITROEN Gar. Maxime, ✆ 02 48 26 29 08

CHARQUEMONT *25140 Doubs 66 ⑱ – 2 205 h alt. 864.*

Paris 479 – Besançon 75 – Basel 104 – Belfort 67 – Montbéliard 48 – Pontarlier 60.

Haut Doubs H., ✆ 03 81 44 00 20, *Fax 03 81 44 09 18*, ⛆, 🐎 – ☎ 🅿. GB
fermé 15 oct. au 15 nov., dim. soir et lundi sauf vacances scolaires – **Repas** 65 (déj.), 85/190 🍷, enf. 50 – ☕ 30 – **31 ch** 230/270 – ½ P 250/270.

X **Au Bois de la Biche** 🐌 avec ch, Sud-Est : 4,5 km par D 10E et rte secondaire ✆ 03 81 44 01 82, *Fax 03 81 68 65 09*, ≤, 🏠, 🐎 – 📺 ☎ 🅿. GB
fermé 2 au 31 janv. – **Repas** 87/215, enf. 45 – ☕ 35 – **3 ch** 220 – ½ P 230.

PEUGEOT Gar. Central, ✆ 03 81 44 00 27 🅽 ✆ 03 81 44 00 27

CHARROUX *03140 Allier 73 ④ G. Auvergne – 324 h alt. 420.*

Paris 377 – Clermont-Ferrand 58 – Aubusson 103 – Montluçon 66 – Montmarault 30 – Moulins 51 – Vichy 32.

XX **Ferme St-Sébastien**, ✆ 04 70 56 88 83, *Fax 04 70 56 86 66* – 🅿. ⓓ GB
fermé 15 au 30 juin, 21 sept. au 6 oct., 6 au 20 janv., lundi soir et mardi sauf juil.-août – **Repas** (prévenir) 95/250.

CHARTRES P 28000 *E.-et-L.* 60 ⑦ ⑧, 106 ㊲ *G. Ile de France – 39 595 h alt. 142 Grand pèlerinage des étudiants (fin avril-début mai).*

Voir *Cathédrale Notre-Dame**** **Y** – *Vieux Chartres** **YZ** – *Église St-Pierre** **Z** – ≤* *sur l'église St-André, des bords de l'Eure* **Y** – ≤* *du Monument des Aviateurs militaires* **Y Z** – *Musée des Beaux-Arts : émaux** **Y M** – *C.O.M.P.A.** *(Conservatoire du Machinisme agricole et des Pratiques Agricoles) 2 km par D24.*

18 de Maintenon ✆ 02 37 27 18 09, par ① : 19 km.

Office de Tourisme pl. Cathédrale ✆ 02 37 21 50 00, Fax 02 37 21 51 91 – Automobile Club de l'Ouest 10 av. Jehan-de-Beauce ✆ 02 37 21 03 79.

Paris 88 ② – Évreux 78 ① – Le Mans 115 ④ – Orléans 75 ③ – Tours 141 ④.

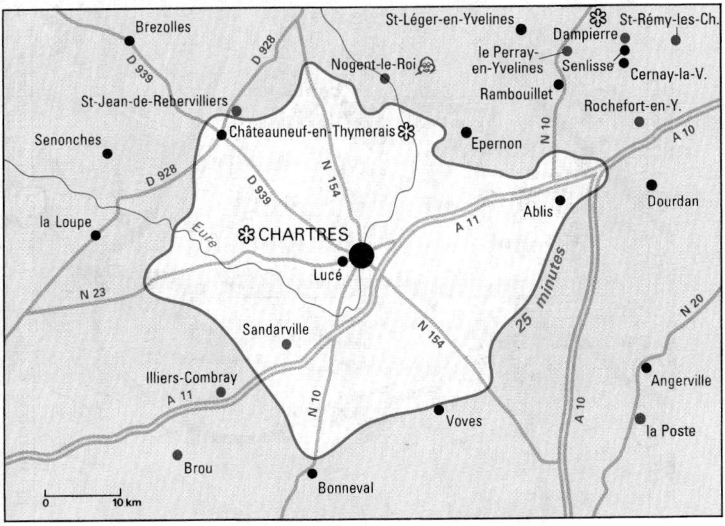

Grand Monarque, 22 pl. Épars ✆ 02 37 21 00 72, *Fax 02 37 36 34 18,* – 60. AE GB JCB — **Z e**
Repas *(160)* - 227/284 ♀ – 60 – **49 ch** 460/705, 5 appart.

Ibis Centre M, 14 pl. Drouaise ✆ 02 37 36 06 36, *Fax 02 37 36 17 20,* – 30. AE GB — **X b**
Repas *(75)* - 95 ♁, enf. 39 – 35 – **79 ch** 295/330.

Truie qui File (Choukroun), pl. Poissonnerie ✆ 02 37 21 53 90, *Fax 02 37 36 62 65,* « Maison du 15ᵉ siècle » – AE GB — **Y r**
fermé dim. soir et lundi – **Repas** 180/350 et carte 360 à 470 ♀, enf. 90 - ***Les Caves de la Maison*** *(fermé dim. et lundi)* **Repas** 100/130 ♀
Spéc. Foie gras poêlé aux épices et au maïs. Queue de boeuf confite au vin de Loire. Pain perdu "pommes-caramel".

Vieille Maison, 5 r. au Lait ✆ 02 37 34 10 67, *Fax 02 37 91 12 41* – AE GB — **Y s**
fermé dim. soir et lundi – **Repas** 160/350 et carte 320 à 410, enf. 80.

St-Hilaire, 11 r. Pont-St-Hilaire ✆ 02 37 30 97 57, *Fax 02 37 30 97 57* – GB — **YZ t**
fermé 26 juil. au 17 août, 24 déc. au 7 janv., sam. midi et dim. – **Repas** 95/245 ♀, enf. 48.

Buisson Ardent, 10 r. au Lait ✆ 02 37 34 04 66, *Fax 02 37 91 15 82* – GB — **Y s**
Repas 128/238 ♀.

Dix de Pythagore, 2 r. Porte Cendreuse ✆ 02 37 36 02 38, *Fax 02 37 36 65 55* – . AE GB — **Y d**
fermé 15 au 31 juil., dim. soir et lundi – **Repas** 92/220 ♀.

par ② *et N 10 : 4 km* – ✉ *28000 Chartres :*

Novotel, av. Marcel Proust ✆ 02 37 88 13 50, *Fax 02 37 30 29 56,* – 180. AE GB JCB
Repas 120 ♀, enf. 50 – 55 – **78 ch** 430/510.

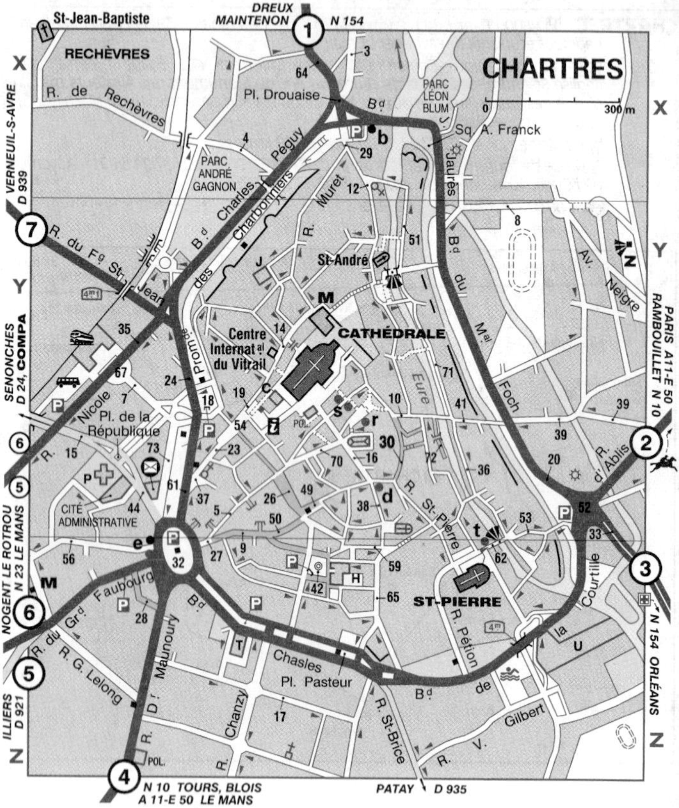

Ballay (R. Noël) . . . . Y 5
Bois-Merrain (R. du) . . . . . Y 9
Changes (R. des) . . . . Y 16
Cygne (Pl. du) . . . . Y 26
Delacroix (R. Jacques) . . . Z 27
Guillaume (R. Porte) . . . . . Y 41
Marceau (Pl.) . . . . Y 49
Marceau (R.) . . . . Y 50
Soleil-d'Or (R. du) . . . . Y 70

Aligre (Av. d') . . . . X 3
Alsace-Lorraine (Av. d') . . X 4
Beauce (Av. Jehan-de) . . . Y 7
Bethouart (Av.) . . . . Y 8
Bourg (R. du) . . . . Y 10
Brêche (R. de la) . . . . X 12
Cardinal-Pie (R. du) . . . . . . Y 14
Casanova (R. Danièle) . . . Y 15
Châteaudun (R. de) . . . . . . Z 17
Châtelet (Pl.) . . . . Y 18
Cheval-Blanc (R. du) . . . . . Y 19
Clemenceau (Bd) . . . . Y 20
Collin-d'Harleville (R.) . . . . Y 23
Couronne (R. de la) . . . . . . Y 24
Dr-Gibert (R. du) . . . . Z 28
Drouaise (R. Porte) . . . . . . X 29
Écuyers (R. des) . . . . Y 30
Épars (Pl. des) . . . . Z 32
Faubourg La Grappe (R. du) . . . . Y 33
Félibien (R.) . . . . Y 35
Foulerie (R. de la) . . . . Y 36
Gaulle (Pl. Gén.-de) . . . . . Y 37
Grenets (R. des) . . . . Y 38
Guillaume (R. du Fg) . . . . . Y 39
Halles (Pl. des) . . . . Z 42
Koenig (R. du Gén.) . . . . . Y 44
Massacre (R. du) . . . . Y 51
Morard (Pl.) . . . . Y 52
Morard (R. de la Porte) . . Y 53
Moulin (Pl. Jean) . . . . Y 54
Péri (R. Gabriel) . . . . Z 56
Poêle-Percée (R. de la) . . . Z 59
Résistance (Bd de la) . . . . Y 61
St-Hilaire (R. du Pont) . . . . Z 62
St-Maurice (R.) . . . . X 64
St-Michel (R.) . . . . Z 65
Semard (Pl. Pierre) . . . . . . Y 67
Tannerie (R. de la) . . . . Y 71
Teinturiers (Q. des) . . . . . . Y 72
Violette (Bd Maurice) . . . . Y 73

Campanile Ⓜ, parc des Propillés ☎ 02 37 90 76 00, *Fax 02 37 90 84 40*, – 25.
Repas *(66)* - 84 bc/107 bc, enf. 39 – ☕ 34 – **48 ch** 278.

Z.A. de Barjouville *par ④ : 4 km – ✉ 28630 Barjouville :*

Climat de France Ⓜ, ☎ 02 37 35 35 55, *Fax 02 37 34 72 12*, – 40.
Repas 95/130 🍷, enf. 39 – ☕ 37 – **52 ch** 330.

à Lucé *par ⑥ N 23 : 4 km – 18 796 h. alt. 158 – ✉ 28110 :*

Ibis, impasse Périgord ☎ 02 37 35 76 00, *Fax 02 37 30 01 49* – 60.
Repas *(75)* - 95 🍷, enf. 39 – ☕ 35 – **74 ch** 270/295.

ALFA ROMEO, FIAT Gar. Fiat Chartres, 84 r. Grand Faubourg ✆ 02 37 34 01 33
AUDI, VOLKSWAGEN Gar. Electricauto, 46 av. d'Orléans, N 154 ✆ 02 37 28 07 35 N ✆ 02 37 28 74 06
BMW Gar. Thireau, Parc des Propylées N 10 ✆ 02 37 88 08 80
CITROEN Chartres Auto, 49 bis, av. d'Orléans par ③ ✆ 02 37 91 33 00
MERCEDES Savib, 20 bis bd Foch ✆ 02 37 35 88 80
OPEL Ouest Autom. Chartraines, 43 r. Château d'Eau à Mainvilliers ✆ 02 37 36 37 87

RENAULT Gar. Ruelle, 104 r. Fg-la-Grappe par ③ ✆ 02 37 28 51 19
RENAULT Lamirault Autom., ZUP Madeleine av. M.-Proust par ② ✆ 02 37 30 20 20 N ✆ 02 37 23 68 15

Breton Pneus Point S, 26 r. G.-Fessard ✆ 02 37 21 18 98
Euromaster, ZI Cassin Activité Lot 12 ✆ 02 37 30 01 14
Euromaster, ZAC Malbrosses 1 r. La Motte à Lucé ✆ 02 37 35 86 94

Périphérie et environs

CITROEN Europ'Autom., 9 r. Gutenberg à Luisant par ⑤ ✆ 02 37 35 96 48
FORD Gar. Paris-Brest, av. Mar.-Leclerc à Lucé ✆ 02 37 28 13 88
PEUGEOT Gar. St-Thomas, 52 r. Mar.-Leclerc à Lucé par ⑤ ✆ 02 37 91 81 30 N ✆ 02 37 78 25 86

ROVER Chartres Auto Sport, rte d'Illiers à Lucé ✆ 02 37 35 24 79

Breton Pneus Point S, 13 r. de Fontenay ZI à Lucé ✆ 02 37 28 28 80

CHARTRES-DE-BRETAGNE *35 I.-et-V. 63 ⑥ – rattaché à Rennes.*

La CHARTRE-SUR-LE-LOIR *72340 Sarthe 64 ④ G. Châteaux de la Loire – 1 669 h alt. 55.*

Syndicat d'Initiative (mi-juin - mi-sept.) ✆ 02 43 44 40 04, Fax (Mairie) 02 43 44 27 40.
Paris 216 – Le Mans 50 – La Flèche 56 – St-Calais 29 – Tours 41 – Vendôme 44.

France, ✆ 02 43 44 40 16, *Fax 02 43 79 62 20,* – TV ☎ P. GB
fermé 1er fév. au 7 mars, lundi (sauf hôtel du 1/7 au 15/9) et dim. soir du 15/9 au 30/6 – **Repas** (dim. prévenir) 74/200 ♀, enf. 50 – ☕ 37 – **29 ch** 250/350 – ½ P 230/260.

PEUGEOT Gar. Vallée du Loir, ✆ 02 43 44 41 12

CHASSELAY *69380 Rhône 73 ⑩, 110 ⑬ – 2 002 h alt. 220.*

Paris 443 – Lyon 20 – L'Arbresle 14 – Villefranche-sur-Saône 16.

XXX ✿ **Guy Lassausaie,** ✆ 04 78 47 62 59, *Fax 04 78 47 06 19* – ▤ P. AE ⓓ GB
fermé 3 au 27 août, 8 au 19 fév., mardi soir et merc. – **Repas** 180/400 et carte 280 à 350
Spéc. Dodine de foie gras aux pommes et sauternes. Filet de rouget barbet demi-deuil. Pigeon cuit au foin en cocotte lutée. **Vins** Coteaux du Lyonnais, Brouilly.

CITROEN Gar. du Mont Verdun, ✆ 04 78 47 62 23

CHASSENEUIL-DU-POITOU *86 Vienne 68 ⑭ – rattaché à Poitiers.*

CHASSE-SUR-RHÔNE *38 Isère 74 ⑪, 110 ㉞ – rattaché à Vienne.*

CHASSEY-LE-CAMP *71 S.-et-L. 69 ⑨ – rattaché à Chagny.*

La CHATAIGNERAIE *85120 Vendée 67 ⑯ – 2 904 h alt. 155.*

Paris 399 – Bressuire 31 – Fontenay-le-Comte 23 – Parthenay 42 – La Roche-sur-Yon 59.

Aub. de la Terrasse, r. Beauregard ✆ 02 51 69 68 68, *Fax 02 51 52 67 96* – TV ☎ ♿. AE ⓓ GB. ✂ rest
fermé vacances de Noël, vend. soir, sam. midi et dim. soir de mi-sept. à mai – **Repas** 58 (déj.), 76/135 ♀, enf. 45 – **14 ch** ☕ 235/330 – ½ P 270.

OPEL Gar. Arnaud, à la Tardière ✆ 02 51 69 66 69

RENAULT Boinot Automobiles, rte de Fontenay-le-Comte à Antigny ✆ 02 51 52 66 66 N ✆ 02 51 52 66 66

CHÂTEAU-ARNOUX-ST-AUBAN *04160 Alpes-de-H.-P. 81 ⑯ G. Alpes du Sud – 5 109 h alt. 440.*

Voir ✳★ *de la chapelle St-Jean S : 2 km puis 15 mn.*
Env. *Prieuré de Ganagobie★ : mosaïques★★ dans l'église, ≤★★ de l'allée des Moines, ≤★ de l'allée de Forcalquier SO : 20 km.*
Office de Tourisme "La Ferme de Font-Robert" ✆ 04 92 64 02 64, Fax 04 92 62 60 67.
Paris 720 – Digne-les-Bains 25 – Forcalquier 30 – Manosque 41 – Sault 69 – Sisteron 14.

Bonne Étape (Gleize), Chemin du lac ✆ 04 92 64 00 09, *Fax 04 92 64 37 36*, « Bel aménagement intérieur », – – – 30. AE GB
fermé 3 janv. au 12 fév., mardi midi et lundi de nov. à mars – **Repas** 225/595 et carte 310 à 540 ♀, enf. 125 - ***Au Goût du Jour*** ✆ 04 92 64 48 48 **Repas** (85)-130, enf. 65 – 85 – **11 ch** 600/1100, 7 appart
Spéc. Baudroie gratinée à la poutargue. Filet d'agneau poêlé au parfum des collines. Crème glacée au miel de lavande dans sa ruche. **Vins** Palette, Vacqueyras.

L'Oustaou de la Foun, Nord : 1,5 km sur N 85 ✆ 04 92 62 65 30, *Fax 04 92 62 65 32* – P. AE GB
fermé dim. soir d'oct. à avril et lundi sauf juil.-août – **Repas** 110/250 ♀, enf. 55 - ***Côté Bistro*** (déj. seul.) *(juin-sept.)* **Repas** (55) - 78/130 ♀, enf. 35.

à St-Auban *Sud-Ouest : 3,5 km par N 96 – ✉ 04600 :*
Voir *Site★ de Montfort S : 2 km.*

Villiard sans rest, ✆ 04 92 64 17 42, *Fax 04 92 64 23 29*, – – 25. GB
fermé 20 déc. au 5 janv. et sam. d'oct. à Pâques – 39 – **20 ch** 315/395.

PEUGEOT Gar. Plantevin, 70 av. Gén.-de-Gaulle ✆ 04 92 64 06 15 ✆ 06 07 55 46 18

CHÂTEAU-BERNARD *38650 Isère 77 ⑭ – 134 h alt. 850.*
Paris 600 – Grenoble 36 – Monestier-de-Clermont 12.

au col de l'Arzelier *Nord : 4 km – ✉ 38650 Monestier-de-Clermont :*
Voir *Site★ de Prélenfrey N : 4 km, G. Alpes du Nord.*

Deux Soeurs, ✆ 04 76 72 37 68, *Fax 04 76 72 20 25*, ←, , – – 25. GB
fermé 21 sept. au 9 oct., lundi soir et mardi sauf vacances scolaires – **Repas** 70/180, enf. 50 – 35 – **24 ch** 190/240 – ½ P 250/275.

CHÂTEAUBOURG *35220 I.-et-V. 59 ⑰ ⑱ – 4 056 h alt. 50.*
Paris 328 – Rennes 23 – Angers 112 – Châteaubriant 51 – Fougères 43 – Laval 56.

Ar Milin', ✆ 02 99 00 30 91, *Fax 02 99 00 37 56*, , « Ancien moulin dans un parc au bord de la Vilaine », – – 50. AE GB
fermé 23 déc. au 3 janv. – **Repas** *(fermé dim. de nov. à mars)* 100/200 ♀ – 50 – **30 ch** 330/575 – ½ P 396/431.

à St-Didier *Est : 6 km par D 33 – 1 055 h. alt. 49 – ✉ 35220 Chateaubourg :*

Pen'Roc, à La Peinière par D 105 ✆ 02 99 00 33 02, *Fax 02 99 62 30 89*, , , , – , ch, – 50. AE GB
fermé vacances de Toussaint et de fév. – **Repas** *(fermé dim. soir et vend. hors saison)* 105/330 ♀ – 48 – **33 ch** 390/520 – ½ P 370/390.

MICHELIN, Agence, voie de la Rouyardière ✆ 02 99 04 61 10

CITROEN Gar. Brunet, ✆ 02 99 00 31 16
PEUGEOT Gar. Chevrel, ✆ 02 99 00 31 12

CHÂTEAUBRIANT *44110 Loire-Atl. 63 ⑦ ⑧ G. Bretagne – 12 783 h alt. 70.*
Voir *Château★.*
Office de Tourisme 22 r. de Couéré ✆ 02 40 28 20 90, Fax 02 40 28 06 02.
Paris 354 ① – Ancenis 44 ③ – Angers 73 ③ – La Baule 100 ④ – Cholet 94 ③ – Fougères 83 ① – Laval 65 ② – Nantes 62 ④ – Rennes 61 ⑤ – St-Nazaire 86 ④.

Plan page ci-contre

Châteaubriant sans rest, 30 r. 11-Novembre **(a)** ✆ 02 40 28 14 14, *Fax 02 40 28 26 49* – – 30. AE GB
34 – **37 ch** 200/500.

Aub. Bretonne avec ch, 23 pl. Motte **(b)** ✆ 02 40 81 03 05, *Fax 02 40 28 37 51* – . GB
Repas 78 bc/195 et carte 260 à 350 – 42 – **8 ch** 190/240 – ½ P 200.

Poêlon d'Or, 30 bis r. 11-Novembre **(s)** ✆ 02 40 81 43 33, *Fax 02 40 81 43 33* – GB JCB
fermé 9 au 16 mars, 9 au 24 août, dim. soir et lundi – **Repas** 102/255.

CITROEN Autom. Castelbriantaise, rte de St-Nazaire, ZI par ④ ✆ 02 40 28 10 90 ✆ 02 40 55 90 20
FORD Gar. Baron, ZA, 65 rte d'Ancenis ✆ 02 40 81 15 29 ✆ 02 40 55 90 20
PEUGEOT Gar. Bareteau, rte de St-Nazaire ZI ✆ 02 40 81 01 05
RENAULT Gar. SADAC, rte de St-Nazaire, ZI La Ville au Bois par ④ ✆ 02 40 81 26 12 ✆ 02 40 81 50 53
Castel Pneus Point S, ZI r. du Prés.-Kennedy ✆ 02 40 28 01 94

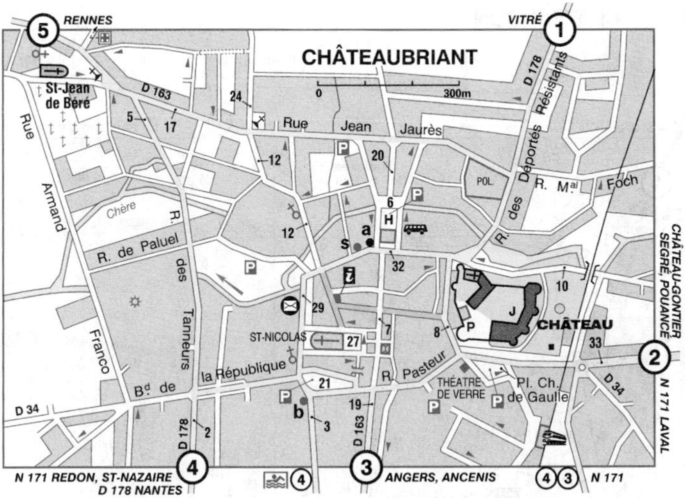

Briand (R. Aristide) 7
Alsace-Lorraine (R. d') 2
Barre (R. de la). 3
Boispéan (R. du) 5
Bréant (Pl. E.). 6
Château (R. du) 8
Chécheux (Fg de) 10
Denieul-et-Gatineau (R.). . . . 12
Gauthier-Grosdoy (R. A.) . . . 17
Grimaud (R. M.). 19
Môquet (R. Guy) 20
Motte (Pl. de la). 21
Poterie (R. de la) 24
St-Nicolas (Pl.) 27
Victor-Hugo (Bd) 29
11-Novembre (R. du) 32
27-Otages (R. des) 33

Les pastilles numérotées des plans de ville ①, ②, ③ sont répétées sur les ***cartes Michelin*** *à 1/200 000.*

Elles facilitent ainsi le passage entre les ***cartes*** *et les* ***guides Michelin.***

CHÂTEAU-D'OLÉRON *17 Char.-Mar.* 71 ⑭ *– voir à Oléron (Ile d').*

CHÂTEAUDUN *SP 28200 E.-et-L.* 60 ⑰ *G. Châteaux de la Loire – 14 511 h alt. 140.*

Voir *Château*★★ **A** – *Vieille ville*★ **A** : *église de la Madeleine*★ – *Promenade du Mail* ≤★ **A** – *Musée : Collection d'oiseaux*★ **A M**.

Office de Tourisme 1 r. de Luynes ☎ 02 37 45 22 46, Fax 02 37 66 00 16.

Paris 131 ① – Orléans 51 ② – Alençon 119 ⑤ – Argentan 148 ⑤ – Blois 57 ③ – Chartres 45 ① – Fontainebleau 120 ② – Le Mans 104 ⑤ – Nogent-le-Rotrou 54 ⑤ – Tours 96 ③.

Plan page suivante

St-Michel sans rest, 5 r. Péan ☎ 02 37 45 15 70, *Fax 02 37 45 83 39* – TV ☎. AE GB. — A a
fermé 22 déc. au 5 janv. – 34 – **19 ch** 150/340.

St-Louis, 41 r. République ☎ 02 37 45 00 01, *Fax 02 37 45 16 09*, – , rest, TV ☎ P. AE GB — B u
Repas 90/195 ***Grill*** *(fermé août)* **Repas** 80/100 ♀, enf. 50 – 30 – **40 ch** 170/260 – ½ P 230.

XX **Aux Trois Pastoureaux,** 31 r. A Gillet ☎ 02 37 45 74 40, *Fax 02 37 66 00 32* – AE GB — A s
fermé 23 déc. au 5 janv., jeudi soir, dim. soir et lundi – **Repas** 100/220 ♀, enf. 65.

X **Licorne,** 6 pl. 18-Octobre ☎ 02 37 45 32 32 – . GB — A e
fermé 9 au 17 juin, 20 déc. au 15 janv., mardi soir et merc. – **Repas** 70/180.

à Marboué *par ① sur N 10 : 5 km – 1 052 h. alt. 113 – ✉ 28200 :*

X **Toque Blanche,** ☎ 02 37 45 12 14 – . GB
fermé 1er au 15 mars, mardi soir et merc. – **Repas** 99/205.

CITROEN Gar. Mourice-Rebours, 91 bd Kellermann par ② ☎ 02 37 45 10 87
RENAULT Gar. Giraud, rte de Tours à la Chapelle du Noyer par ③ ☎ 02 37 45 10 74 N ☎ 02 37 96 52 31

Euromaster, N 10 ☎ 02 37 45 11 17

CHÂTEAUDUN

Gambetta (R.) . . . . **AB**
République (R.) . . . . **AB**
18-Octobre (Pl. du) . . . . **A** 21
Cap-de-la-Madeleine (Pl.) . . . . **A** 3
Château (R. du) . . . . **A** 4
Cuirasserie (Rue de la) . . . . **A** 5
Dunois (Pl. J.-de) . . . . **A** 6
Guichet (R.du) . . . . **A** 7
Huileries (R. des) . . . . **A** 8
Luynes (R. de) . . . . **A** 10
Lyautey (R. Mar.) . . . . **A** 12
Porte d'Abas (R. de la) . . . . . . **A** 14
St-Lubin (R.) . . . . **A** 18
St-Médard (R.) . . . . **A** 19

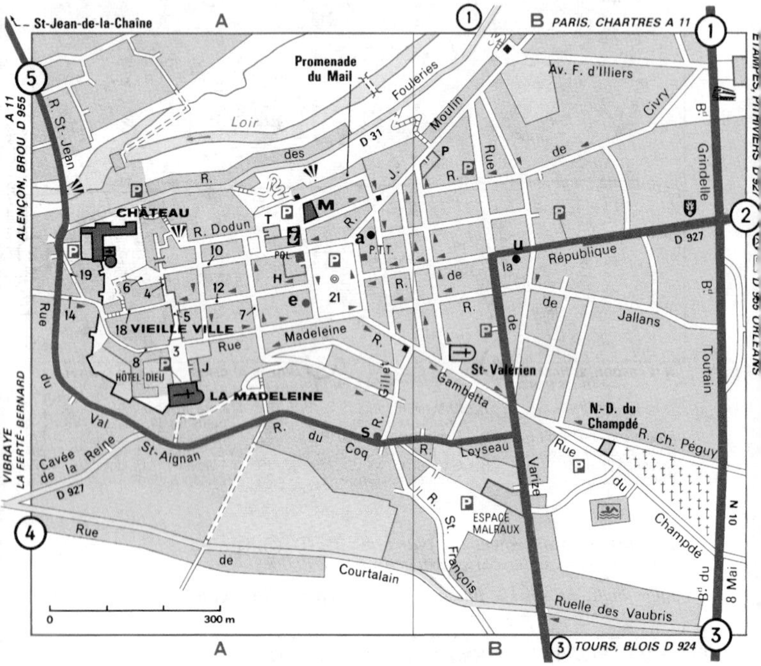

CHÂTEAUGIRON *35410 I.-et-V.* 63 ⑦ *G. Bretagne – 4 166 h alt. 45.*
Paris 337 – Rennes 16 – Angers 112 – Châteaubriant 42 – Fougères 47 – Nozay 65 – Vitré 28.

XX **L'Aubergade,** ✆ 02 99 37 41 35, *Fax 02 99 37 41 35,* « Maison du 13e siècle » – GB
fermé 27 juil. au 11 août, 26 déc. au 10 janv., sam. midi, dim. soir, lundi soir et soirs fériés – **Repas** (nombre de couverts limité, prévenir) 120/168 ♀.

CHÂTEAU-GONTIER SP *53200 Mayenne* 63 ⑩ *G. Châteaux de la Loire – 11 085 h alt. 33.*
Voir *Intérieur*★ *de l'église St-Jean-Baptiste* **A**.
🅱 *Office de Tourisme Péniche L'Elan quai Alsace* ✆ *02 43 70 42 74, Fax 02 43 70 95 62.*
Paris 278 ② – Angers 48 ③ – Châteaubriant 55 ⑤ – Laval 30 ① – Le Mans 84 ② – Rennes 104 ⑤.

Plan page ci-contre

🏨 **Jardin des Arts** ⛱, 5 r. A. Cahour ✆ 02 43 70 12 12, *Fax 02 43 70 12 07,* ≤, 🍽, « Jardin dominant la Mayenne » – 📺 ☎ 📞 🅿 – 🏊 30. GB A e
fermé 21 déc. au 4 janv. – **Repas** *(fermé sam. midi et dim.)* 110/140 ♀, enf. 70 – ☕ 54 – **20 ch** 300/460 – ½ P 295/370.

XX **Aub. du Prieuré,** à Azé, Sud-Est : 2 km par D 22, près Église ✆ 02 43 70 31 16, *Fax 02 43 70 31 16,* ≤, 🍽, 🌳 – GB
fermé fév. et lundi – **Repas** 78 (déj.), 108/210.

XX **L'Aquarelle,** Sud (rte de Ménil) par D 267 : 1 km ✆ 02 43 70 15 44, *Fax 02 43 07 88 67,* ≤, 🍽 – 🅿. GB
fermé 21 au 28 sept., 15 au 31 janv., dim. soir et lundi – **Repas** 80/180 ♀, enf. 50.

RENAULT Bellitourne Autom., av. R.-Cassin ZI Bellitourne ✆ 02 43 09 15 15

CHÂTEAU-GONTIER

Alsace-Lorraine (Quai et R. d') . . . . **B** 2
Bourg-Roussel (R. du) . . . . **A** 5
Coubertin (Q. P. de) . . . . . . **B** 7
Foch (Av. Mar.) . . . . **B** 9
Fouassier (R.) . . . . **A** 10
Français-Libres (Rond-Point des) . . . . . . **A** 12
Gambetta (R.) . . . . **A** 14
Gaulle (Quai Ch. de) . . . . . **B** 15
Homo (R. René) . . . . **A** 18
Joffre (Av. Mar.) . . . . **A** 20
Leclerc (R. de la Division) . . . . . **A** 22
Lemonnier (R. Gén.) . . . . . **B** 24
Lierru (R. de) . . . . **B** 25
Olivet (R. d') . . . . **A** 29
Pasteur (Quai) . . . . **B** 31
Pilori (Pl. du) . . . . **A** 33
République (Pl. de la) . . . . **A** 36
St-Jean (Pl.) . . . . **A** 39
St-Just (Pl.) . . . . **B** 40
Thionville (R. de) . . . . **B** 45

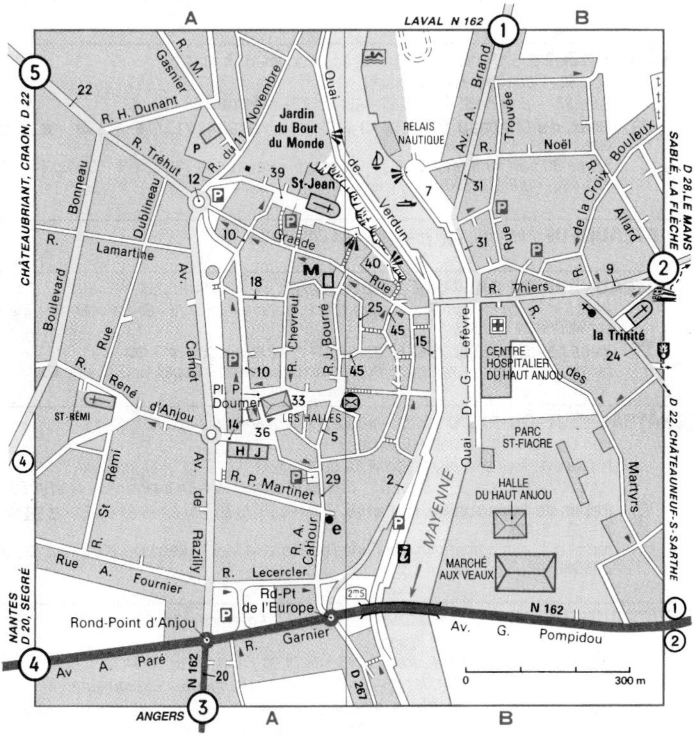

CHÂTEAULIN *29150 Finistère* 58 ⑮ *G. Bretagne – 4 965 h alt. 10.*

Office de Tourisme Quai Cosmao ℘ 02 98 86 02 11, Fax 02 98 86 31 03, (hors saison) Mairie ℘ 02 98 86 10 05.

Paris 548 – Quimper 29 – Brest 47 – Crozon 34 – Douarnenez 28.

à Port-Launay *Nord-Est : 2 km – 395 h. – ✉ 29150 Châteaulin :*

Au Bon Accueil, ℘ 02 98 86 15 77, *Fax 02 98 86 36 25,* ≤, ⛱, 🌳 – |♦| ✈ TV ☎ ♿ – 🏠 40. GB
fermé janv., lundi (sauf hôtel) et dim. soir du 15 oct. au 30 avril – **Repas** (57) - 75/210 ♀, enf. 50 – ☕ 37 – **45 ch** 240/320 – ½ P 225/308.

CITROEN Gar. de Cornouaille, rte de Pleyben ℘ 02 98 86 04 40
FORD Gar. Tanguy, 30 av. de Quimper ℘ 02 98 86 00 12
PEUGEOT Autos Châteaulinoises, rte de Pleyben ℘ 02 98 86 06 50
RENAULT Gar. de L'Aulne, 22 28 av. de Quimper ℘ 02 98 86 14 36
Simon Pneus, rte de Crozon ℘ 02 98 86 16 09

CHÂTEAUMEILLANT *18370 Cher* 68 ⑳ *G. Berry Limousin – 2 081 h alt. 247.*

Voir *Chœur★ de l'église St-Genès.*

Office de Tourisme r. de la Victoire ℘ 02 48 61 39 89, Fax 02 48 61 32 98.

Paris 304 – Argenton-sur-Creuse 58 – Châteauroux 53 – La Châtre 19 – Guéret 60 – La Souterraine 76.

Piet à Terre avec ch, 02 48 61 41 74, « Intérieur soigné » – . GB. rest
fermé fév., dim. soir et lundi sauf en saison – **Repas** 98/270, enf. 50 – 40 – **7 ch** 260/350 – 1/2 P 440/610
Spéc. Salade de rougets et sardines à la tomate confite. Coeur de filet de boeuf charolais. Moelleux au chocolat mi-amer fondant et croustillant.

CITROEN Gar. Auvity, av. A.-Meillet 02 48 61 33 49

RENAULT Gar. Bardiot, r. de la Libération 02 48 61 33 95

CHÂTEAUNEUF *21320 Côte-d'Or 65 ⑲ G. Bourgogne – 63 h alt. 475.*

Voir *Site★ du village★ – Château★.*
Paris 277 – Beaune 35 – Dijon 43 – Avallon 72 – Montbard 66.

Host. du Château, 03 80 49 22 00, *Fax 03 80 49 21 27*, – . AE GB
fermé 30 nov. au 5 fév., lundi soir et mardi – **Repas** 140/220, enf. 50 – 50 – **17 ch** 270/430 – 1/2 P 310/390.

CHÂTEAUNEUF *71 S.-et-L. 73 ⑧ – rattaché à Chauffailles.*

CHÂTEAUNEUF-DE-GALAURE *26330 Drôme 77 ② – 1 246 h alt. 253.*

Paris 534 – Valence 41 – Beaurepaire 18 – Romans-sur-Isère 26 – St-Marcellin 41 – Tournon-sur-Rhône 29.

Yves Leydier, 04 75 68 68 02, *Fax 04 75 68 66 19*, – GB
fermé 2 au 9 janv., vacances de fév., mardi soir et merc. – **Repas** 110/280, enf. 60.

CHÂTEAUNEUF-DU-FAOU *29520 Finistère 58 ⑯ G. Bretagne – 3 777 h alt. 130.*

Voir *Domaine de Trévarez★ S : 6 km.*
Office de Tourisme pl. Arsegal 02 98 81 83 90.
Paris 527 – Quimper 37 – Brest 64 – Carhaix-Plouguer 22 – Châteaulin 23 – Morlaix 50.

Relais de Cornouaille, rte Carhaix 02 98 81 75 36, *Fax 02 98 81 81 32* – – 25. GB
fermé oct., dim. soir et sam. (sauf hôtel de Pâques à sept.) – **Repas** 70/200 – 32 – **20 ch** 210/280 – 1/2 P 255/265.

CHÂTEAUNEUF-DU-PAPE *84230 Vaucluse 81 ⑫ G. Provence – 2 062 h alt. 87.*

Voir *★★ du château des Papes.*
Office de Tourisme pl. Portail 04 90 83 71 08, Fax 04 90 83 50 34.
Paris 669 – Avignon 17 – Alès 81 – Carpentras 24 – Orange 13 – Roquemaure 10.

Host. Château des Fines Roches avec ch, rte Sorgues et voie privée : 3 km 04 90 83 70 23, *Fax 04 90 83 78 42*, , « Dans un domaine viticole, » , – rest, AE GB.
fermé dim. soir d'oct. à avril et lundi sauf le soir de mai à sept. – **Repas** *(175)* - 200 bc (déj.), 210/340 et carte 280 à 430, enf. 110 – 70 – **6 ch** 750/950 – 1/2 P 655/755.

Pistou, 04 90 83 71 75 – GB
fermé 1er au 15 mars, 21 au 31 déc., dim. soir et lundi – **Repas** 85/135.

CHÂTEAUNEUF-EN-THYMERAIS *28170 E.-et-L. 60 ⑦ – 2 459 h alt. 204.*

Paris 100 – Chartres 26 – Dreux 20 – Nogent-le-Rotrou 45 – Verneuil-sur-Avre 32.

L'Écritoire (Pasquier) avec ch, 43 r. É. Vivier 02 37 51 85 80, *Fax 02 37 51 86 87*, – GB
fermé oct. et vacances de fév. – **Repas** *(fermé dim. soir et lundi)* (week-end prévenir) 145 (déj.), 170/360 – 42 – **7 ch** 280
Spéc. Foie gras chaud de canard aux jeunes épis de maïs. Coeur d'entrecôte de boeuf sur galette percheronne. Entremets chaud au chocolat noir.

RENAULT Gar. Naveau, 02 37 48 66 04

CHÂTEAUNEUF-LE-ROUGE *13790 B.-du-R. 84 ③, 114 ⑯ – 1 283 h alt. 230.*

Paris 765 – Marseille 35 – Aix-en-Provence 13 – Aubagne 28 – Brignoles 45 – Rians 30.

Galinière, N 7 - rte St-Maximin : 2 km 04 42 53 32 55, *Fax 04 42 53 33 80*, , , – AE GB
fermé dim. soir d'oct. à mai – **Repas** 80 (déj.), 110/220 – 40 – **17 ch** 285/400 – 1/2 P 340/370.

CHÂTEAUNEUF-LES-BAINS *63390 P.-de-D.* 73 ③ *G. Auvergne – 330 h alt. 390 – Stat. therm. (2 mai-sept.).*

Office de Tourisme (mai-sept.) ✆ 04 73 86 67 86.

Paris 383 – Clermont-Ferrand 48 – Aubusson 84 – Montluçon 55 – Riom 33 – Ussel 95.

Château, ✆ 04 73 86 67 01, *Fax 04 73 86 41 64*, – TV ☎. GB
10 mai-30 sept. – **Repas** 80/130 ♀, enf. 38 – ☐ 28 – **37 ch** 250/280 – 1/2 P 200/240.

CHÂTEAUNEUF-SUR-SARTHE *49330 M.-et-L.* 64 ① *– 2 370 h alt. 20.*

Office de Tourisme quai de la Sarthe ✆ 02 41 69 82 89.

Paris 277 – Angers 30 – Château-Gontier 25 – La Flèche 33.

XX **Sarthe** avec ch, ✆ 02 41 69 85 29, ←, – ☎. GB. ✻ ch
fermé dim. soir et lundi sauf du 15 juin au 6 sept. – **Repas** 70 (déj.), 90/210 ♀, enf. 55 – ☐ 30 – **7 ch** 230/275 – 1/2 P 250/300.

CHÂTEAURENARD *13160 B.-du-R.* 81 ⑫ *G. Provence – 11 790 h alt. 37.*

Voir *Château féodal : ✻★ de la tour du Griffon.*

Office de Tourisme 1 r. R.-Salengro ✆ 04 90 94 23 27, Fax 04 90 94 14 97.

Paris 693 – Avignon 10 – Carpentras 30 – Cavaillon 19 – Marseille 94 – Nîmes 45 – Orange 38.

X **Les Glycines** avec ch, 14 av. V. Hugo ✆ 04 90 94 10 66, *Fax 04 90 94 78 10* – ▤ rest, TV ☎. GB
fermé dim. soir d'oct. à mars et lundi – **Repas** 87/180 ♀, enf. 45 – ☐ 30 – **10 ch** 235 – 1/2 P 240.

RENAULT Relais de l'Autom., 523 bd E.-Genevet ✆ 04 90 94 24 98 **N** ✆ 08 00 05 15 15

Ayme Pneus, Bd E.-Genevet ✆ 04 90 94 54 81
Chato Pneus, 26 av. J.-Jaurès ✆ 04 90 94 71 87

CHÂTEAU-RENAULT *37110 I.-et-L.* 64 ⑤ ⑥ *G. Châteaux de la Loire* (**plan**) *– 5 787 h alt. 92.*

Voir *←★ des terrasses du château.*

Office de Tourisme 32 pl. J.-Jaurès ✆ 02 47 56 22 22.

Paris 215 – Tours 32 – Angers 122 – Blois 43 – Loches 60 – Le Mans 88 – Vendôme 27.

Lurton sans rest, 37 pl. J. Jaurès ✆ 02 47 56 80 26, *Fax 02 47 56 86 89* – TV ☎ P. GB. ✻
fermé 3 au 31 oct. et dim. soir – ☐ 35 – **9 ch** 210/330.

au Nord-Est *7 km sur N 10 – ✉ 41310 St-Amand-Longpré (L.-et-Ch.) :*

X **Gastinais,** ✆ 02 54 80 33 30, *Fax 02 54 80 33 30*, , – P. GB
Repas (dim. et fêtes prévenir) 58/159 ♀.

RENAULT Gar. Tortay, 19 r. Gambetta ✆ 02 47 29 50 97

RENAULT Gar. Thorin, 20 r. Michelet ✆ 02 47 56 90 90 **N** ✆ 02 47 56 88 99

CHÂTEAUROUX P *36000 Indre* 68 ⑧ *G. Berry Limousin – 50 969 h alt. 155.*

Voir *Musée Bertrand★* **BY M** – *Déols : clocher★ de l'ancienne abbaye* **X**, *sarcophage★ dans l'église St-Etienne* **X**.

18 du Val de l'Indre ✆ 02 54 26 59 44, O : 13 km par ⑧ N 143.

Office de Tourisme pl. de la Gare ✆ 02 54 34 10 74, Fax 02 54 27 57 97 – Automobile Club 76 av. Blois ✆ 02 54 34 81 60.

Paris 266 ① – Bourges 65 ② – Blois 100 ⑨ – Châtellerault 99 ⑦ – Guéret 89 ⑤ – Limoges 124 ⑥ – Montluçon 98 ④ – Tours 115 ⑧.

Plan page suivante

Elysée H. M sans rest, 2 r. République ✆ 02 54 22 33 66, *Fax 02 54 07 34 34* – TV ☎. AE GB JCB — AY s
fermé dim. et fériés – ☐ 50 – **18 ch** 260/320.

Boischaut sans rest, 135 av. La Châtre par ④ ✆ 02 54 22 22 34, *Fax 02 54 22 64 89*, – TV ☎ P. GB JCB
fermé 28 déc. au 3 janv. – ☐ 24 – **27 ch** 198/270.

Primevère, 384 av. Verdun par ⑤ ✆ 02 54 07 87 87, *Fax 02 54 07 04 47* – ▤ rest, TV ☎ P – 30. AE GB
Repas 65/106 ♀, enf. 42 – ☐ 32 – **49 ch** 295.

Voltaire sans rest, 42 pl. Voltaire ✆ 02 54 34 17 44, *Fax 02 54 07 01 90* – TV ☎. GB
fermé dim. – ☐ 31 – **34 ch** 140/250. — BY a

Christina sans rest, 250 av. La Châtre par ④ ✆ 02 54 34 01 77, *Fax 02 54 07 82 42* – TV ☎ P. AE GB JCB
☐ 22 – **33 ch** 189/220.

XX **Ciboulette,** 42 r. Grande ✆ 02 54 27 66 28 – GB — BY e
fermé vacances de printemps, 2 au 25 août, dim., lundi et fériés – **Repas** 98/178 ♀.

CHÂTEAUROUX

Gare (R. de la) . . . . BY
J.-J.-Rousseau (R.) . . . . AY 27
St-Luc (R.) . . . . BY 46
Victor-Hugo (R.) . . . . ABY 53

Albert Ier (R.) . . . . BY 2
Argenton (Av. d') . . . . X 4
Augras (R. E.) . . . . X 5
Auvergne (R. d') . . . . X 7
Bourdillon (R.) . . . . BZ 8
Brauderie (Av. de la) . . . . . . BZ 9
Cantrelle (R.) . . . . ABZ 10
Château-Raoul (R. du) . . . . AY 13
Châtre (Av. de la) . . . . . . X, BZ 14
Croix-Normand (Bd) . . . . BZ 17
Duchâteau (Av. G.) . . . . X 18
États-Unis (R. des) . . . . X, BY 20
Fontaine-St-Germain (R.) . . . X 22
Fournier (R. A.) . . . . BY 23
Gallieni (R.) . . . . BZ 24
Gambetta (Pl.) . . . . BY 25
Grande (R.) . . . . BY 26
Jeux-Marins (Av. des) . . . . . AY 28
Kennedy (Av. J.-F.) . . . . X, AZ 29
Ledru-Rollin (R.) . . . . BY 32
Marins (Av. des) . . . . X, AY 33
Marins (Bd des) . . . . X 34
Mitterrand (Av. F.) . . . . . X, AY 35
Moulin-Neuf (Bd du) . . . . X 36
Palais-de-Justice (R. du) . ABZ 37
Paris (Av. de) . . . . X, BY 38
Paris (Route de) . . . . X 39
Pont-Neuf (Av. du) . . . . . X, AY 40
Renan (R. E.) . . . . AY 43
République (Pl. de la) . . . . . AY 44
St-Denis (Bd) . . . . X 45
Ste-Hélène (Pl.) . . . . BY 48
Tours (Av. de) . . . . X 50
Valle (Bd de la) . . . . X 51
Verdun (Av. de) . . . . X 52
Vrille (Bd de la) . . . . AZ 54
3e-Rég.-Aviation-de-Chasse (R. du) . . . . X 55

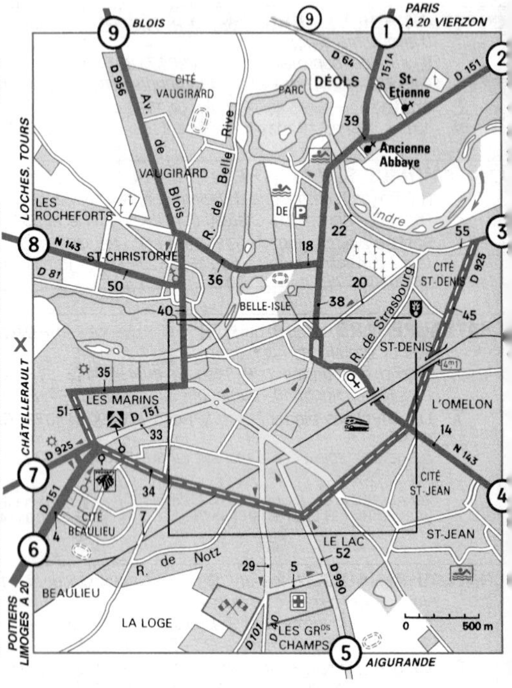

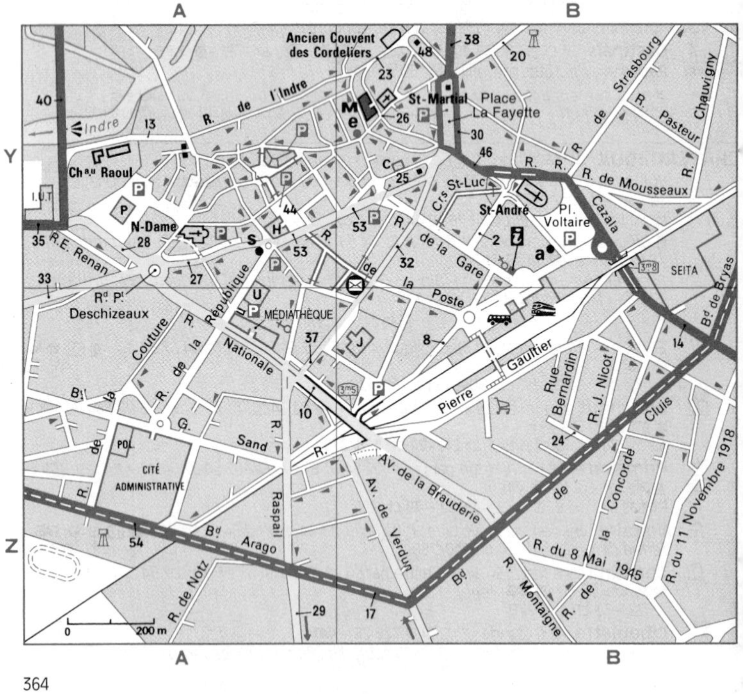

rte de Paris *près Céré par ① : 6 km – ✉ 36130 Déols :*

Relais St-Jacques, ✆ 02 54 60 44 44, *Fax 02 54 60 44 00,* – rest, – 80. AE GB
fermé 21 déc. au 3 janv. et dim. soir – **Repas** 100/235 – 43 – **46 ch** 310/340.

rte de Bourges *par ② : 7,5 km – ✉ 36130 Montierchaume :*

Les Ajoncs, ✆ 02 54 26 93 93, *Fax 02 54 26 93 85,* – AE GB
Repas 85/105 ♀, enf. 35 – 30 – **52 ch** 250/275 – ½ P 253.

à la Forge de l'Ile *par ④ : 6 km – ✉ 36330 Le Poinçonnet :*

Aub. Arc en Ciel sans rest, ✆ 02 54 34 09 83, *Fax 02 54 34 46 74* – – 50. GB
fermé Noël au Jour de l'An – 25 – **24 ch** 150/225.

rte de Limoges *par ⑥ : 6 km – ✉ 36250 St-Maur :*

Campanile, ✆ 02 54 08 24 00, *Fax 02 54 07 17 09,* – – 25. AE GB
Repas *(66)* - 84 bc/107 bc, enf. 39 – 34 – **43 ch** 278.

rte de Châtellerault *par ⑦ : 3 km – ✉ 36000 Châteauroux :*

Manoir du Colombier , D 925 ✆ 02 54 29 30 01, *Fax 02 54 27 70 90,* , « Ancienne demeure bourgeoise dans un parc au bord de l'Indre » – AE GB
Repas *(fermé vacances de fév., dim. soir et lundi)* 100/300 ♀ – 50 – **11 ch** 300/500 – ½ P 340/390.

CITROEN Gar. Maublanc, r. Montaigne ✆ 02 54 07 07 23 N ✆ 02 54 34 30 28
CITROEN Gar. Bisson, 76 bd Marins ✆ 02 54 34 12 66
MERCEDES Gar. SAVIB, Rocade Sud, rte de la Châtre ✆ 02 54 53 39 00 N ✆ 08 00 24 24 30
PEUGEOT Gd Gar. du Berry, 9 av. d'Argenton ✆ 02 54 08 54 02 N ✆ 02 54 26 35 73

RENAULT Gar. Gibaud, N 20 les Aubrys à St-Maur par ⑤ ✆ 02 54 22 22 22 N ✆ 08 00 05 15 15
Chirault, ZI allée Maisons Rouges ✆ 02 54 27 99 04
Euromaster, 86 bd Cluis ✆ 02 54 34 12 22
Fredon, N 20 à St-Maur ✆ 02 54 34 23 30
Leseche, 1 bis av. Ambulance ✆ 02 54 22 36 03
Vulco, 201 av. de Verdun ✆ 02 54 22 37 26

A good moderately priced meal : **Repas** 100/130

CHÂTEAU-THIERRY

Carnot (R.) . . . . B
Gaulle (R. Gén.-de) . . . . . B 7
Grande-Rue . . . . AB

États-Unis (Pl. des) . . . . . B 5
Joussaume-Latour (Av.) . . . . B 9
La-Fontaine (R. J.-de) . . . A 12
Poterne (Quai de la) . . . . B 15
St-Crépin (R.) . . . . A 17
Vallée (R.) . . . . B 18

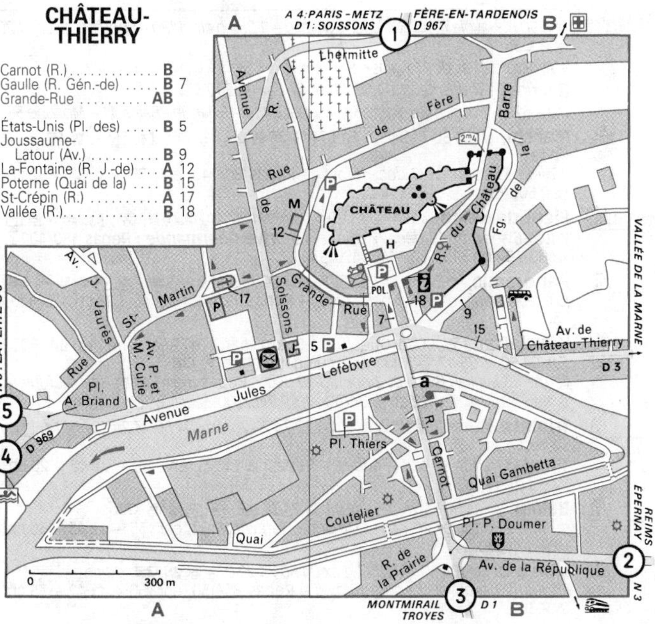

CHÂTEAU-THIERRY 02400 Aisne 56 ⑭ *G. Champagne – 15 312 h alt. 63.*

Voir *Maison natale de La Fontaine – Église St-Ferréol* d'Essômes 2,5 km par ④.*

du Val Secret ☎ 03 23 83 07 25 N : 5 km par ①.

Office de Tourisme 11 r. Vallée ☎ 03 23 83 10 14, Fax 03 23 83 14 74.

Paris 94 ① – Reims 57 ① – Épernay 48 ② – Meaux 47 ⑤ – Soissons 40 ① – Troyes 111 ④.

Plan page précédante

Ile de France, rte de Soissons par ① *: 2 km* ☎ 03 23 69 10 12, *Fax 03 23 83 49 70,* – 40. AE GB
Repas 98 (déj.), 124/245, enf. 69 – 38 – **50 ch** 340/390 – ½ P 310.

Campanile, rte de Soissons par ① *: 3 km* ☎ 03 23 69 23 23, *Fax 03 23 69 91 11,* – – 25. AE GB
Repas *(66)* - 84 bc/107 bc, enf. 39 – 34 – **49 ch** 278.

Aub. Jean de la Fontaine, 10 r. Filoirs ☎ 03 23 83 63 89, *Fax 03 23 83 20 54* – AE GB B a
fermé 3 au 23 août, 1er au 15 janv., dim. soir et lundi – **Repas** 200 bc/350 bc.

AUDI, SKODA, VOLKSWAGEN Gar. de la Prairie, 1bis av. de l'Europe ☎ 03 23 83 88 44
BMW, OPEL Gar. Bachelet, 50 av. Gén.-de-Gaulle à Essômes ☎ 03 23 69 63 30 N ☎ 06 08 41 18 50
CITROEN Aisne Auto, 8 av. Montmirail par ③ ☎ 03 23 83 23 80 N ☎ 06 07 40 98 58
FORD Gar. Desaubeau, 29 av. Ch.-de-Gaulle à Chierry ☎ 03 23 84 85 86
PEUGEOT Gar. Verdel, 18 av. d'Essômes par ④ ☎ 03 23 83 87 90
RENAULT Gds Gar. de l'Avenue, 51-58 av. d'Essômes par ④ ☎ 03 23 83 82 32 N ☎ 08 00 05 15 15
TOYOTA Gar. A4 Motors, à Essômes-sur-Marne ☎ 03 23 69 63 30 N ☎ 06 08 41 18 50

Euromaster, rte de Châlons, ZI à Montmirail ☎ 03 26 81 22 14
Euromaster, 38 av. de Paris ☎ 03 23 83 02 79

CHÂTEAU-VILLE-VIEILLE (Commune de) 05350 H.-Alpes 77 ⑲ *– 271 h alt. 1360.*

Voir *Château-Queyras : site*, fort Queyras*, espace géologique*, 2,5 km à l'Ouest.*

Env. *Sommet-Bucher ※** S : 13,5 km,* **G. Alpes du Sud.**

Paris 716 – Briançon 36 – Gap 80 – Guillestre 18 – Col d'Izoard 17.

Guilazur, à Ville-Vieille ☎ 04 92 46 74 09, *Fax 04 92 46 78 82,* ←, – P. AE GB
1er mai-10 oct. et 1er déc.-10 avril – **Repas** 90/165, enf. 38 – 30 – **18 ch** 285 – ½ P 285.

PEUGEOT Gar. Bonnici, ☎ 04 92 46 72 39 N ☎ 04 92 46 72 39
RENAULT Gar. Berge, ☎ 04 92 46 73 63

CHÂTEL 74390 H.-Savoie 70 ⑱ *G. Alpes du Nord – 1 255 h alt. 1180 – Sports d'hiver : 1 200/2 200 m 2 36 .*

Voir *Site* – Pas de Morgins* S : 3 km.*

Office de Tourisme ☎ 04 50 73 22 44, Fax 04 50 73 22 87.

Paris 579 – Thonon-les-Bains 39 – Annecy 113 – Évian-les-Bains 41 – Morzine 38.

Macchi, ☎ 04 50 73 24 12, *Fax 04 50 73 27 25,* ←, – P. GB. rest
15 juin-31 août et 20 déc.-15 avril – **Repas** 80/240, enf. 55 – 55 – **32 ch** 380/760 – ½ P 500/600.

Fleur de Neige, ☎ 04 50 73 20 10, *Fax 04 50 73 24 55,* ←, – P. GB
7 juin-6 sept. et 19 déc.-27 mars – ***La Grive Gourmande :*** **Repas** 180/400, enf. 80 – 50 – **37 ch** 315/660 – ½ P 450/530.

Panoramic, ☎ 04 50 73 22 15, *Fax 04 50 73 36 79,* ←, – P. GB. rest
juil-sept. (sauf rest.) et Noël-Pâques – **Repas** 99/179 – 43 – **28 ch** 420/480 – ½ P 450/530.

Kandahar, Sud-Ouest : 1,5 km par rte Béchigne ☎ 04 50 73 30 60, *Fax 04 50 73 25 17,* – cuisinette P. GB
fermé 13 avril au 8 mai et 2 nov. au 19 déc. – **Repas** *(fermé dim. soir sauf juil.-août)* 85/160, enf. 50 – 40 – **22 ch** 160/290 – ½ P 240/300.

Triolets, rte Petit Chatel ☎ 04 50 73 20 28, *Fax 04 50 73 24 10,* ←, – P. GB. rest
1er juil.-31 août et Noël-Pâques – **Repas** 98/115, enf. 58 – 40 – **20 ch** 375/550 – ½ P 375/415.

Belalp, ☎ 04 50 73 24 39, *Fax 04 50 73 38 55,* ← – P. GB
1er juil.-31 août et 20 déc.-31 mars – **Repas** 90/160, enf. 55 – 45 – **30 ch** 330/400 – ½ P 340/370.

Lion d'Or, ☎ 04 50 73 22 27, *Fax 04 50 73 29 07* – . GB. ch
1er juin-20 sept. et 20 déc.-20 avril – **Repas** 85/150, enf. 50 – 42 – **35 ch** 250/450 – ½ P 380.

Choucas sans rest, ℘ 04 50 73 22 57, *Fax 04 50 81 36 70* – ☎ [P]. GB
15 juin-11 oct. et 14 déc.-26 avril – ☕ 38 – **14 ch** 255/295.

Ripaille, au Linga Sud-Ouest : 2 km ℘ 04 50 73 32 14, 🏖 – [P]. GB
1er juil.-15 sept., 1er déc.-15 mai et fermé lundi sauf vacances scolaires d'hiver – **Repas** 88 (déj.), 95/240 🍷, enf. 50.

PEUGEOT Gar. Premat, ℘ 04 50 73 24 87 [N] ℘ 04 50 73 24 87

CHÂTELAILLON-PLAGE

17340 Char.-Mar. 71 ⑬ *G. Poitou Vendée Charentes – 4 993 h alt. 3 – Casino* – 🅸 *Office de Tourisme av. de Strasbourg* ℘ *05 46 56 26 97, Fax 05 46 56 09 49.*
Paris 470 – La Rochelle 18 – Niort 63 – Rochefort 23 – Surgères 28.

Trois Iles 🐦, à la Falaise ℘ 05 46 56 14 14, *Fax 05 46 56 23 70*, ≤ mer et îles, 🏖, 🏊, 🌳, 🎾 – cuisinette 🚭 TV ☎ ♿ [P] – 🎪 60. AE ⓓ GB
fermé 15 déc. au 4 janv. – **Repas** (80) - 105/130 🍷, enf. 57 – ☕ 52 – **62 ch** 495/660, 13 duplex – 1/2 P 445/470.

Ibis M 🐦, à la Falaise ℘ 05 46 56 35 35, *Fax 05 46 56 33 44*, ≤, 🏖, centre de thalassothérapie – 🛗 🚭 TV ☎ 📞 ♿ [P] – 🎪 25. AE ⓓ GB
Repas (97) - 117 🍷, enf. 39 – ☕ 40 – **70 ch** 400/460.

Majestic H., bd République ℘ 05 46 56 20 53, *Fax 05 46 56 29 24*, 🏖 – TV ☎ 📞 🚗. AE ⓓ GB
fermé 19 déc. au 19 janv., vend. soir, dim. soir et sam. d'oct. à mars – **Repas** 115/185 🍷, enf. 45 – ☕ 34 – **29 ch** 330/355 – 1/2 P 302/322.

Rivage sans rest, 36 bd Mer ℘ 05 46 56 25 79, *Fax 05 46 56 19 03*, ≤ – TV ☎ ♿. GB
1er avril-10 nov. – ☕ 30 – **40 ch** 280/380.

Pergola, 2 r. Chassiron ℘ 05 46 56 27 86, ≤, 🏖 – 🚭 TV ☎. GB. 🚫
mi-mars-mi-octobre – **Repas** 95/180 – ☕ 35 – **14 ch** 250/280 – 1/2 P 280/320.

Plage sans rest, bd Mer ℘ 05 46 56 26 02, ≤ – TV ☎ P GB
1er avril-30 sept. – ☕ 32 – **10 ch** 240/270.

Acadie St-Victor avec ch, 35 bd Mer ℘ 05 46 56 25 13, *Fax 05 46 30 01 92*, ≤ – TV ☎ 📞. AE GB
fermé 15 oct. au 5 nov., 15 fév. au 5 mars, dim. soir et lundi hors saison – **Repas** (65) - 100/200 🍷, enf. 50 – ☕ 34 – **13 ch** 255/340 – 1/2 P 280/320.

Océan avec ch, 121 bd République ℘ 05 46 56 25 91 – ☎. GB
fermé mi-déc. à mi-janv., dim. soir et lundi hors saison – **Repas** - produits de la mer - 70/220 🍷 – ☕ 33 – **15 ch** 130/295 – 1/2 P 265/295.

CHÂTELARD

38 Isère 77 ⑥ – *rattaché à Bourg d'Oisans.*

CHÂTELGUYON

63140 P.-de-D. 73 ④ *G. Auvergne – 4 743 h alt. 430 – Stat. therm. (mai-sept) – Casino* B – **Voir** *Gorges d'Enval*★ *3 km par* ③ *puis 30 mn.*
🅸 *Office de Tourisme parc E.-Clémentel* ℘ *04 73 86 01 17, Fax 04 73 86 27 03.*
Paris 415 ① *– Clermont-Ferrand 20* ② *– Aubusson 94* ③ *– Gannat 30* ① *– Vichy 43* ① *– Volvic 11* ③.

Plan page suivante

Gd H. Mercure Splendid, r. Angleterre ℘ 04 73 86 04 80, *Fax 04 73 86 17 56*, ≤, 🏖, « Jardin ombragé en terrasses, thermes », 🏋, 🏊 – 🛗 🚭 TV ☎ [P] – 🎪 60. AE ⓓ GB. 🚫 rest — A x
avril-oct. – **Repas** 165/185, enf. 75 – ☕ 60 – **80 ch** 485/1350.

Bellevue M 🐦, r. Punett ℘ 04 73 86 07 62, *Fax 04 73 86 02 56*, ≤, 🏖, 🌳 – 🛗 TV ☎ 📞 P. GB — B a
3 avril-31 oct. et fermé mardi et merc. en avril et oct. – **Repas** 98, enf. 42 – ☕ 39 – **38 ch** 300 – P 250/310.

Thermalia, av. Baraduc ℘ 04 73 86 00 11, *Fax 04 73 86 21 97*, 🌳 – 🛗 TV ☎. AE GB
2 mai-30 sept. – **Repas** 100/140 🍷 – ☕ 40 – **46 ch** 230/320 – 1/2 P 260/322. — B m

Printania 🐦, av. Belgique ℘ 04 73 86 15 09, *Fax 04 73 86 22 87*, 🌳 – 🛗 TV ☎ [P]. GB. 🚫 rest — A z
Pâques-15 oct. – **Repas** (70) - 95/175, enf. 50 – ☕ 39 – **39 ch** 189/298 – 1/2 P 203/269.

Mont Chalusset 🐦, r. Punett ℘ 04 73 86 00 17, *Fax 04 73 86 22 94*, ≤, 🏖, 🏋, 🌳 – 🛗 TV ☎ 📞. AE ⓓ GB. 🚫 rest — B q
2 mai-18 oct. – **Repas** 100/250 🍷, enf. 49 – ☕ 49 – **51 ch** 310/420 – 1/2 P 350/361.

Hirondelles, av. États-Unis ℘ 04 73 86 09 11, *Fax 04 73 86 48 38*, 🏖, 🏊, 🌳 – ☎ [P]. AE ⓓ GB. 🚫 rest — B p
fin avril-début oct. – **Repas** 69/120 🍷, enf. 44 – ☕ 34 – **38 ch** 200/285 – 1/2 P 220/260.

Bains, av. Baraduc ℘ 04 73 86 07 97, *Fax 04 73 86 11 56*, 🌳 – 🛗 TV ☎. AE ⓓ GB. 🚫 rest — B m
début mai-fin sept. – **Repas** 95/150 🍷, enf. 40 – ☕ 40 – **37 ch** 200/280 – 1/2 P 227/300.

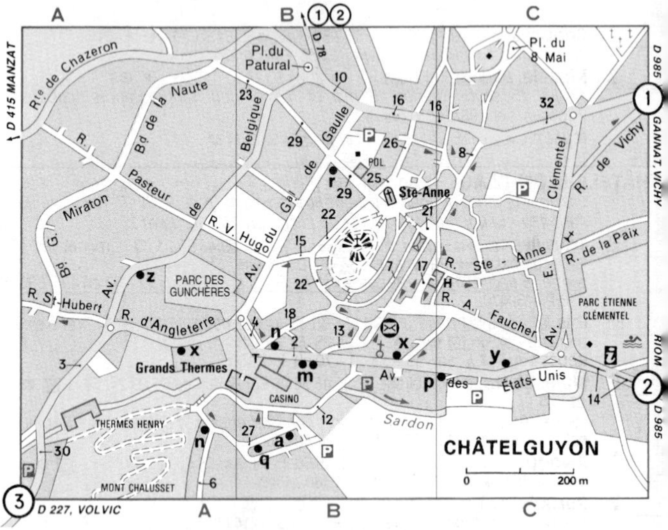

Baraduc (Av.) . . . . B 2
Commerce (R. du) . . . . . . C 8
Hôtel-de-Ville (R. de l') . . B 17

Brocqueville (R. de) . . . . . A 3
Brosson (Pl.) . . . . B 4
Chalusset (R. du) . . . . A 6
Château (R. du) . . . . B 7
Coulon (R. Roger) . . . . . . B 10
Dr-Gübler (R.) . . . . B 12
Dr-Levadoux (R.) . . . . B 13
Europe (Av. de l') . . . . C 14
Fénelon (R.) . . . . B 15
Groslier (R. J.) . . . . B 16
Lacroix (R.) . . . . B 18
Marché (Pl. du) . . . . B 21
Maupassant (R. Guy-de) . B 22
Mont-Oriol (R.) . . . . AB 23
Orme (Pl. de l') . . . . B 25
Ormeau (R. de l') . . . . B 26
Punett (R. A.) . . . . B 27
Remparts (R. des) . . . . . . B 29
Russie (Av. de) . . . . A 30
Thermal (Bd) . . . . C 32

Beau Site 🌿, r. Chalusset ☎ 04 73 86 00 49, *Fax 04 73 86 14 33*, ⛱ – 📺 ☎ 📞 🅿. GB. ✕ rest — A n
1er mai-30 sept. – **Repas** 75 (dîner), 85/125, enf. 42 – ☕ 35 – **30 ch** 130/235 – P 260.

Chante-Grelet, av. Gén. de Gaulle ☎ 04 73 86 02 05, *Fax 04 73 86 48 58*, ⛱ – ☎. GB. ✕ rest — B r
1er mai-30 sept. – **Repas** 75 (dîner), 85/120, enf. 45 – ☕ 30 – **35 ch** 210/260 – 1/2 P 200/250.

Régence, 31 av. des Etats-Unis ☎ 04 73 86 02 60, *Fax 04 73 86 12 49* – 🛗 ☎ 🅿. GB. ✕ rest — C y
15 avril-25 oct. – **Repas** 68/120 🍷 – ☕ 40 – **27 ch** 170/215 – 1/2 P 270/300.

L'Univers, 37 av. Baraduc ☎ 04 73 86 02 71, *Fax 04 73 86 18 80* – 📺 ☎ 📞 – 🎤 50. AE GB
fermé 19 déc. au 4 janv. – **Repas** *(fermé dim. soir hors saison)* 75/160, enf. 55 – ☕ 35 – **34 ch** 210/330 – P 230/305. — B x

Bérénice, av. Baraduc ☎ 04 73 86 09 86, *Fax 04 73 86 11 59* – ▤ rest, 📺 ☎. AE GB. ✕ rest — B n
1er avril-15 oct. et week-ends en hiver – **Repas** 90/115 🍷, enf. 42 – ☕ 32 – **11 ch** 190/270 – 1/2 P 235/290.

à St-Hippolyte *par ② et bd Desaix : 2 km – ✉ 63140 Châtelguyon :*

Cantalou, ☎ 04 73 86 04 67, *Fax 04 73 86 24 36*, ≤, ⛱ – ☎ 🅿. AE GB. ✕ rest
1er avril-15 oct. – **Repas** *(fermé lundi midi)* 64/125 🍷, enf. 45 – ☕ 27 – **34 ch** 150/200 – P 200/220.

CITROEN Gar. Bafoil, ☎ 04 73 86 05 85

RENAULT Gar. UCEDA, av. de l'Europe ☎ 04 73 86 05 04

CHÂTELLERAULT 86100 Vienne 68 ④ *G. Poitou Vendée Charentes – 34 678 h alt. 52.*

du Haut-Poitou ✆ 05 49 62 53 62, par ③ N 10 : 16 km; *du Connétable ✆ 05 49 86 25 10 à la Roche-Posay, 24 km par ②.*

Office de Tourisme 2 av. Treuille ✆ 05 49 21 05 47, Fax 05 49 02 03 26.

Paris 305 ① – Poitiers 36 ③ – Châteauroux 101 ② – Cholet 128 ④ – Tours 71 ①.

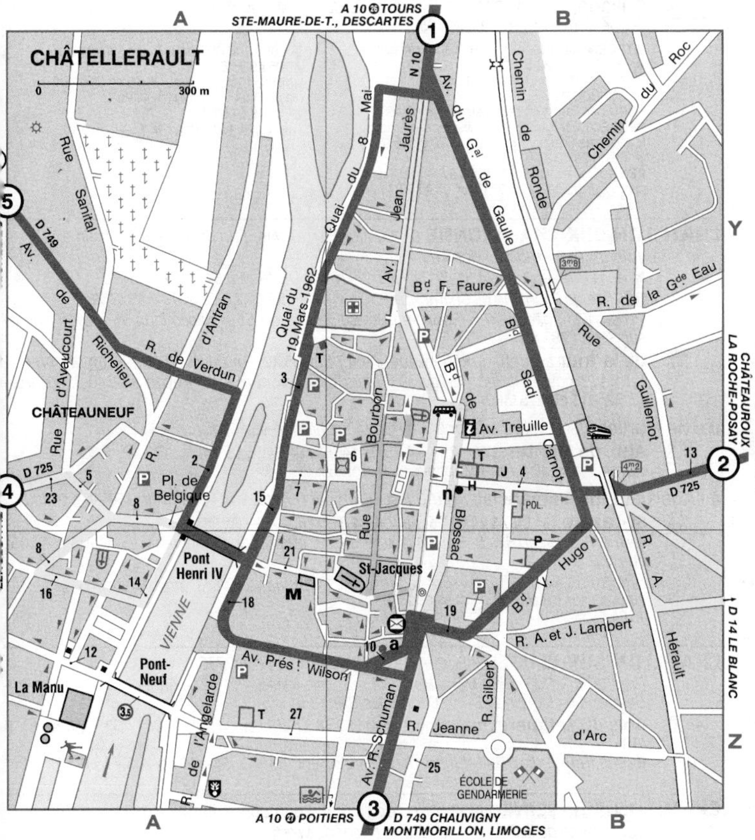

Gd H. Moderne et rest. La Charmille, 74 bd Blossac ✆ 05 49 21 30 11, *Fax 05 49 93 25 19* – |\$|, ▤ rest, TV ☎ 🚗. AE ⓓ GB BY **n**
Repas *(fermé 15 au 30 nov. et merc.)* 130 (déj.), 180/280 ♀ – ***Grill*** *(fermé dim. soir en hiver)* **Repas** 60/92 ♀, enf. 43 – ☕ 50 – **22 ch** 290/550.

Ibis M, av. C. Page, carrefour D 1-N 10 par ③ : *3 km* ✆ 05 49 02 18 18, *Fax 05 49 02 01 79* – |\$| ⇔ ▤ TV ☎ ✆ – 🏛 30 à 80. AE ⓓ GB
Taverne de Maitre Kanter : **Repas** 125/162 ♂, enf. 42 – ☕ 37 – **72 ch** 290/320.

Campanile, par ① : *2 km sur N 10* ✆ 05 49 21 03 57, *Fax 05 49 21 88 31* – |\$| ⇔, ▤ rest, TV ☎ ✆ ♿ P. AE ⓓ GB
Repas *(66)* - 84 bc/107 bc, enf. 39 – ☕ 34 – **49 ch** 278.

XX **Croissant** avec ch, 15 av. J.-F. Kennedy ✆ 05 49 21 01 77, *Fax 05 49 21 57 92* – TV ☎ ✆. AE GB BZ a
fermé 25 déc. au 6 janv., lundi (sauf hôtel) et dim. soir de sept. à juin – **Repas** 75/180 – ☐ 32 – **19 ch** 145/280 – ½ P 230/250.

à Naintré *par ③ : 9 km sur N 10 – 4 718 h. alt. 73 – ✉ 86530 :*

XX **Grillade,** ✆ 05 49 90 03 42, *Fax 05 49 90 06 75,* – P. GB
fermé dim. soir – **Repas** 91/193.

CITROEN Gar. Raison, 3 av. H.-de-Balzac par ③ ✆ 05 49 21 32 22 N ✆ 05 49 21 32 22
FIAT, TOYOTA Gar. Touzalin, 107 r. d'Antran ✆ 05 49 20 03 80
FORD Gar. Tardy, 40 bd d'Estrées ✆ 05 49 20 44 44
PEUGEOT Gar. Georget, 17 av. H.-de-Balzac, N 10 sortie Sud par ③ ✆ 05 49 20 00 80 N ✆ 05 49 93 42 83
RENAULT Gar. SODAC, N 10 13 av. H.-de-Balzac par ③ ✆ 05 49 20 08 08 N ✆ 05 49 93 41 60

Comptoir du Pneu, 31 av. d'Argenson ✆ 05 49 23 36 07
Leroux, 44 bd V.-Hugo ✆ 05 49 21 11 42
Masse Pneus, 15-17 r. de la Paix ✆ 05 49 02 02 12
Vulco, 124 av. C.-Page ✆ 05 49 21 58 22

CHÂTILLON-SUR-CHALARONNE *01400 Ain* 74 ② *G. Vallée du Rhône – 3 786 h alt. 177.*

Voir *Triptyque★ dans l'Hôtel de Ville.*
de la Bresse ✆ 04 74 51 42 09, NE : 12 km par D 936 et D 64.
Office de Tourisme pl. Champ-de-Foire ✆ 04 74 55 02 27, Fax 04 74 55 34 78.
Paris 417 – Mâcon 27 – Bourg-en-Bresse 28 – Lyon 53 – Meximieux 35 – Villefranche-sur-Saône 28.

XX **de la Tour** avec ch, pl. République ✆ 04 74 55 05 12, *Fax 04 74 55 09 19* – TV ☎. GB
fermé 23 nov. au 4 déc., 15 fév. au 6 mars, dim. soir et merc. – **Repas** 105/340 ♀, enf. 75 – ☐ 37 – **13 ch** 275/360.

rte de Marlieux *Sud-Est : 2 km sur D 7 – ✉ 01400 Châtillon-sur-Chalaronne :*

XX **Aub. de Montessuy,** ✆ 04 74 55 05 14, *Fax 04 74 55 05 14,* ←, – P. GB
fermé 2 janv. au 2 fév. – **Repas** 90/230, enf. 60.

à l'Abergement-Clémenciat *Nord-Ouest : 5 km par D 7 et D 64ᶜ – 579 h. alt. 250 – ✉ 01400 :*

XX **St-Lazare,** ✆ 04 74 24 00 23, *Fax 04 74 24 00 62,* – AE GB
fermé 16 sept. au 8 oct., 6 au 21 janv., merc. et jeudi – **Repas** (prévenir) 95 (déj.), 115/250 ♀, enf. 75.

PEUGEOT Gar. Mousset, ✆ 04 74 55 26 21
RENAULT Gar. Galland, ✆ 04 74 55 03 23 N ✆ 04 74 55 03 23

Relais du Pneu, ✆ 04 74 55 33 00

CHÂTILLON-SUR-CLUSES *74300 H.-Savoie* 74 ⑦ *– 1 014 h alt. 730.*

Paris 574 – Chamonix-Mont-Blanc 48 – Thonon-les-Bains 52 – Annecy 57 – Cluses 7 – Genève 44 – Morzine 22 – St-Gervais-les-Bains 35.

Bois du Seigneur, rte Taninges ✆ 04 50 34 27 40, *Fax 04 50 34 80 20,* – TV ☎ P. AE GB
Repas *(fermé dim. soir et lundi midi)* 100/280, enf. 48 – ☐ 34 – **10 ch** 245 – ½ P 205/220.

CHÂTILLON-SUR-SEINE *21400 Côte-d'Or* 65 ⑧ *G. Bourgogne* (plan) *– 6 862 h alt. 219.*

Voir *Source de la Douix★ – Musée★ : trésor de Vix★★.*
Office de Tourisme pl. Marmont ✆ 03 80 91 13 19, Fax 03 80 91 21 46.
Paris 232 – Chaumont 59 – Auxerre 85 – Avallon 73 – Dijon 84 – Langres 72 – Saulieu 79 – Troyes 68.

Jura sans rest, 19 r. Dr Robert ✆ 03 80 91 26 96, *Fax 03 80 91 10 52* – TV ☎ ✆. AE GB
fermé dim. soir hors sais. – ☐ 32 – **10 ch** 160/320.

à Montliot *Nord-Ouest : 4 km par N 71 – 288 h. alt. 224 – ✉ 21400 :*

Magiot sans rest, ✆ 03 80 91 20 51, *Fax 03 80 91 30 20* – TV ☎ ✆ ♿ P. AE GB.
☐ 38 – **22 ch** 220/260.

AUDI, VOLKSWAGEN Gar. des Quatre Vallées, ZI, rte de Troyes ✆ 03 80 91 12 82
FORD Gar. Centre, 3 r. Marmont ✆ 03 80 91 15 41
RENAULT Gar. SOCA, 14 bis av. E.-Herriot ✆ 03 80 91 14 04 N ✆ 08 00 05 15 15

Pneus Service, 17 r. Courcelles Prévoires ✆ 03 80 91 05 34

CHATOU *78 Yvelines* 55 ⑳, 101 ⑬ *– voir à Paris, Environs.*

La CHÂTRE ⓢⓟ *36400 Indre 68 ⑲ G. Berry Limousin – 4 623 h alt. 210.*

18 des Dryades ☎ 02 54 06 60 60 par ④ D 940 : 12km.

Office de Tourisme square G.-Sand ☎ 02 54 48 22 64, Fax 02 54 06 09 15.

Paris 298 ① – Bourges 70 ② – Châteauroux 36 ① – Guéret 54 ④ – Montluçon 64 ③ – Poitiers 138 ⑤ – St-Amand-Montrond 51 ②.

LA CHÂTRE

Abbaye (Pl. de)	2
Beaufort (R. de)	3
Belgique (R. de)	4
Carmes (Pl. des)	5
Fleury (R. A.)	6
Gallieni (R.)	7
Gambetta (Av.)	8
George-Sand (Av.)	9
Lion d'Argent (R. du)	12
Maget (Pl.)	13
Maquis (R. du)	14
Marché (Pl. du)	15
Nationale (Rue)	17
Pacton (R. J.)	18
Périgois (R. E.)	19
Prés-Burat (R. des)	22
République (Pl. de la)	23
Rollinat (R. M.)	25
14-Juillet (R. du)	26

Pas de publicité payée dans ce guide.

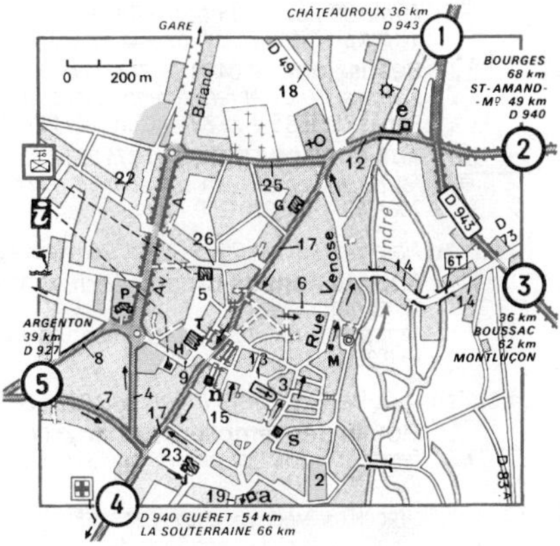

Notre Dame sans rest, 4 pl. N.-Dame **(a)** ☎ 02 54 48 01 14, *Fax 02 54 48 31 14* – TV ☎. AE ⓓ GB
☐ 38 – **19 ch** 235/300.

Lion d'Argent, Pont Lion d'Argent **(e)** ☎ 02 54 48 11 69, *Fax 02 54 06 02 24* – TV ☎ & P – 25. AE ⓓ GB
Repas *(56 (déj.))* - 72/133 ♀, enf. 35 – ☐ 33 – **34 ch** 240/310 – ½ P 240/255.

A l'Escargot, pl. Marché **(s)** ☎ 02 54 48 03 85 – AE ⓓ GB
fermé 3 au 26 fév., lundi soir et mardi – **Repas** 105/235 ♀.

Jardin de la Poste, 10 r. Basse-du-Mouhet **(n)** ☎ 02 54 48 05 62 – AE ⓓ GB
fermé 8 au 14 juin, 7 au 20 sept., 23 déc. au 3 janv., dim. soir et lundi – **Repas** 105/250 ♀.

Aub. du Moulin Bureau, Sud : 1 km par pl. Abbaye ☎ 02 54 48 04 20, – P. AE GB
fermé 1er déc. au 15 fév., dim. soir et lundi sauf juil.-août – **Repas** *(60)* - 98/198 ♀.

à St-Chartier *par ① et D 918 : 9 km – 548 h. alt. 195 – ✉ 36400 :*
Voir *Vic : fresques★ de l'église SO : 2 km.*

Château Vallée Bleue , rte Verneuil ☎ 02 54 31 01 91, *Fax 02 54 31 04 48*, , parc, – TV ☎ P – 40. GB
mi-mars - mi-nov. – **Repas** 100 (déj.), 140/275 ♀, enf. 70 – ☐ 55 – **15 ch** 360/590 – ½ P 420/530.

à Pouligny-Notre-Dame *par ④ et D 940 : 12 km – ✉ 36160 :*

Les Dryades M , ☎ 02 54 06 60 60, *Fax 02 54 30 10 24*, , balnéothérapie, « Complexe de loisirs et de remise en forme, golf, ← Vallée Noire », , , , , – TV ☎ P – 200. AE ⓓ GB
Repas 200/380 – ☐ 55 – **80 ch** 550/650 – ½ P 580.

CITROEN Gar. Patry, par ④ ☎ 02 54 48 04 83 N ☎ 02 54 48 04 83
FORD Gar. Butte, 2 av. d'Auvergne ☎ 02 54 48 04 61
PEUGEOT Gar. de la Vallée Noire, rte de Châteauroux par ① ☎ 02 54 06 10 10 N ☎ 02 54 26 30 47
RENAULT Gar. des Huchettes, 6 r. du Majorat à Montgivray ☎ 02 54 48 38 38 N ☎ 02 54 48 38 38

Gar. Fournier, Fontarabie à Pouligny-Notre-Dame ☎ 02 54 30 21 50 N ☎ 02 54 30 21 50

Chirault, 29 31 r. Nle ☎ 02 54 48 04 10

CHAUBLANC *71 S.-et-L. 70 ② – rattaché à St-Gervais-en-Vallière.*

CHAUDES-AIGUES *15110 Cantal* 76 ⑭ *G. Auvergne* **(plan)** – *1 110 h alt. 750 – Stat. therm. (4 mai- 24 oct.) – Casino.*

Office de Tourisme 1av. G.-Pompidou ✆ 04 71 23 52 75.

Paris 546 – Aurillac 101 – Entraygues-sur-Truyère 62 – Espalion 53 – St-Chély-d'Apcher 29 – St-Flour 28.

Arev H. M, ✆ 04 71 23 52 43, *Fax 04 71 23 59 94*, casino – rest, . GB
fermé 1er nov. au 15 déc. – **Repas** brasserie *(fermé lundi, mardi et merc. du 15 déc. au 1er mars)* 63/118, enf. 39 – 37 – **36 ch** 190/290, 4 Duplex – P 265.

Beauséjour, ✆ 04 71 23 52 37, *Fax 04 71 23 56 89*, , – . GB
25 mars-30 nov. et fermé vend. soir et sam. sauf du 2 mai au 20 oct. et vacances scolaires – **Repas** 72/158 – 38 – **40 ch** 280/330 – P 273/296.

Aux Bouillons d'Or, ✆ 04 71 23 51 42 – . AE GB
fermé janv. et fév., dim. soir et merc. d'oct. à avril – **Repas** 65/140, enf. 42 – 35 – **12 ch** 200/280 – 1/2 P 200/250.

à Lanau *Nord : 4,5 km par D 921 – ✉ 15260 Neuvéglise :*

Aub. du Pont de Lanau avec ch, ✆ 04 71 23 57 76, *Fax 04 71 23 53 84*, , – . AE GB. rest
fermé janv., fév., mardi soir et merc. hors saison – **Repas** 95/275 – 37 – **8 ch** 270/360 – 1/2 P 280/350.

à Maisonneuve *Sud-Ouest : 10 km par D 921 – ✉ 15110 Chaudes-Aigues :*

Moulin des Templiers avec ch, ✆ 04 71 73 81 80 – P. AE GB
fermé 10 au 30 oct. et sam. du 15 sept. au 1er mai – **Repas** 60/150 – 30 – **5 ch** 200 – 1/2 P 190.

CITROEN Gar. Moderne, ✆ 04 71 23 52 52

RENAULT Gar. Gascuel, ✆ 04 71 23 52 82 N ✆ 04 71 73 81 80

CHAUFFAILLES *71170 S.-et-L.* 73 ⑧ – *4 485 h alt. 405.*

Office de Tourisme 1 r. Gambetta ✆ 03 85 26 07 06, Fax 03 85 84 62 94.

Paris 395 – Mâcon 63 – Roanne 36 – Charolles 33 – Lyon 79.

à Châteauneuf *Ouest : 7 km par D 8 G. Bourgogne – 110 h. alt. 370 – ✉ 71740 :*

Fontaine, ✆ 03 85 26 26 87, *Fax 03 85 26 26 87* – P. AE GB
fermé 11 janv. au 11 fév., mardi soir et merc. – **Repas** 97 bc (déj.), 119/330, enf. 60.

Matequip, ZI ✆ 03 85 26 53 05

CHAUFFAYER *05 H.-Alpes* 77 ⑯ – *363 h alt. 910 – ✉ 05800 St-Firmin-en-Valgaudemar.*

Paris 642 – Gap 26 – Grenoble 78 – St-Bonnet-en-Champsaur 13.

Château des Herbeys , Nord : 2 km par N 85 et rte secondaire ✆ 04 92 55 26 83, *Fax 04 92 55 29 66*, , parc, « Demeure du 13e siècle », , – P. GB
15 mars-11 nov. et fermé mardi sauf vacances scolaires – **Repas** 125/250, enf. 75 – 50 – **10 ch** 450/700 – 1/2 P 380/550.

CHAUFFRY *77 S.-et-M.* 61 ③ – *rattaché à Coulommiers.*

CHAUFOUR-LÈS-BONNIÈRES *78270 Yvelines* 55 ⑱, 106 ① – *376 h alt. 157.*

Paris 71 – Rouen 63 – Bonnières-sur-Seine 7 – Évreux 26 – Mantes-la-Jolie 19 – Vernon 9 – Versailles 63.

Au Bon Accueil avec ch, N 13 ✆ 01 34 76 11 29, *Fax 01 34 76 00 36* – rest, P. GB
fermé 17 juil. au 17 août, vend. soir et sam. – **Repas** 77/190, enf. 50 – 25 – **13 ch** 120/200.

Relais, N 13 ✆ 01 34 76 11 33 – P. GB
fermé août, dim. soir et lundi – **Repas** 70/150.

CHAUMES-EN-BRIE *77390 S.-et-M.* 61 ② – *2 500 h alt. 104.*

Paris 56 – Coulommiers 26 – Meaux 37 – Melun 21 – Provins 43.

Chaum'Yerres avec ch, 1 av. Libération (rte Melun) ✆ 01 64 06 03 42, *Fax 01 64 06 36 15*, – . AE GB
fermé dim. soir et lundi – **Repas** (130) - 180/290 et carte 240 à 370 – 48 – **9 ch** 300/580 – 1/2 P 380/450.

CITROEN Gar. Sirier, ✆ 01 64 06 03 50

CHAUMONT P 52000 *H.-Marne* 62 ⑪ *G. Champagne – 27 041 h alt. 318.*

Voir Viaduc★ Z – Basilique St-Jean-Baptiste★ Y.

Office de Tourisme pl. Gén-de-Gaulle ☎ 03 25 03 80 80, Fax 03 25 32 00 99.

Paris 264 ⑤ – Auxerre 144 ④ – Épinal 126 ② – Langres 34 ③ – St-Dizier 74 ① – Troyes 100 ⑤.

Plan page suivante

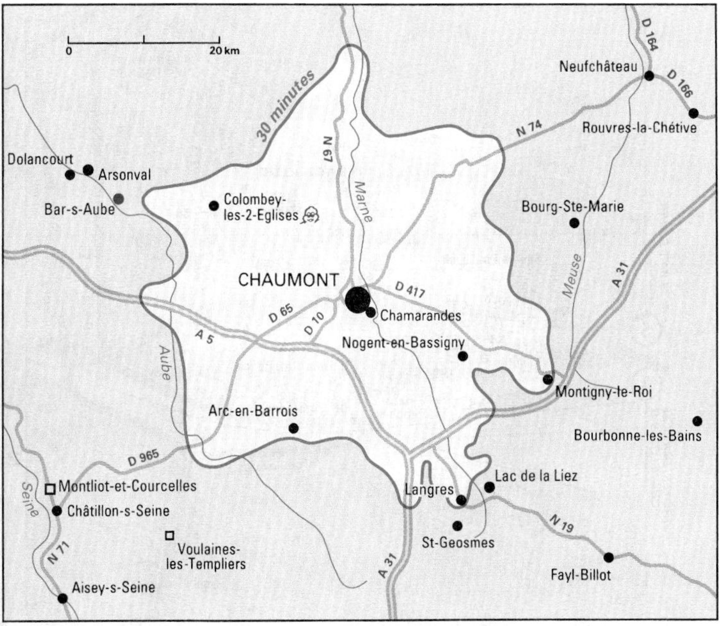

Gd H. Terminus-Reine, pl. Gén. de Gaulle ☎ 03 25 03 66 66, *Fax 03 25 03 28 95* – 60. GB Z a
Repas *(fermé dim. soir du 1er nov. à Pâques)* 100/360 ♀ – 40 – **63 ch** 280/450 – ½ P 280/320.

Gd H. de France M sans rest, 25 r. Toupot de Béveaux ☎ 03 25 03 01 11, *Fax 03 25 32 35 80* – cuisinette P. AE GB Z s
50 – **13 ch** 370/520, 7 appart.

Grand Val, rte Langres par ③ : *2,5 km* ☎ 03 25 03 90 35, *Fax 03 25 32 11 80* – P. AE GB
fermé 23 au 31 déc. – **Repas** 60/170 ♀, enf. 45 – 27 – **51 ch** 175/300 – ½ P 225/260.

Étoile d'Or, rte Langres par ③ : *2 km* ☎ 03 25 03 02 23, *Fax 03 25 32 52 33* – P – 25. GB
fermé dim. soir – **Repas** (80) - 98/160 ♀, enf. 59 – 30 – **16 ch** 235/390.

à Chamarandes *par ③ et D 162 : 3,5 km – ✉ 52000 :*

Au Rendez-vous des Amis avec ch, ☎ 03 25 32 20 20, *Fax 03 25 02 60 90,* – rest, – 25. GB
fermé 1er au 23 août et 23 déc. au 2 janv. – **Repas** *(fermé vend. soir et sam.)* 89/270 ♀, enf. 53 – 45 – **14 ch** 200/300 – ½ P 260/320.

AUDI, VOLKSWAGEN Gar. Petitprêtre, 5 rte de Choignes ☎ 03 25 32 19 86
BMW, TOYOTA Gar. SODECO, 9 rte de Neuilly ☎ 03 25 03 49 04
CITROEN Avenir Autom., rte de Neuilly par ③ ☎ 03 25 32 66 06
PEUGEOT CAM, rte de Neuilly par ③ ☎ 03 25 32 67 00 N ☎ 03 25 32 72 98
RENAULT Relais Paris-Bâle, rte de Langres par ③, *km 3* ☎ 03 25 03 72 22 N ☎ 06 08 55 17 38

Legros, 60 av. République ☎ 03 25 32 21 54
Vulcan Pneus, ZI de La Dame Huguenotte ☎ 03 25 32 22 32

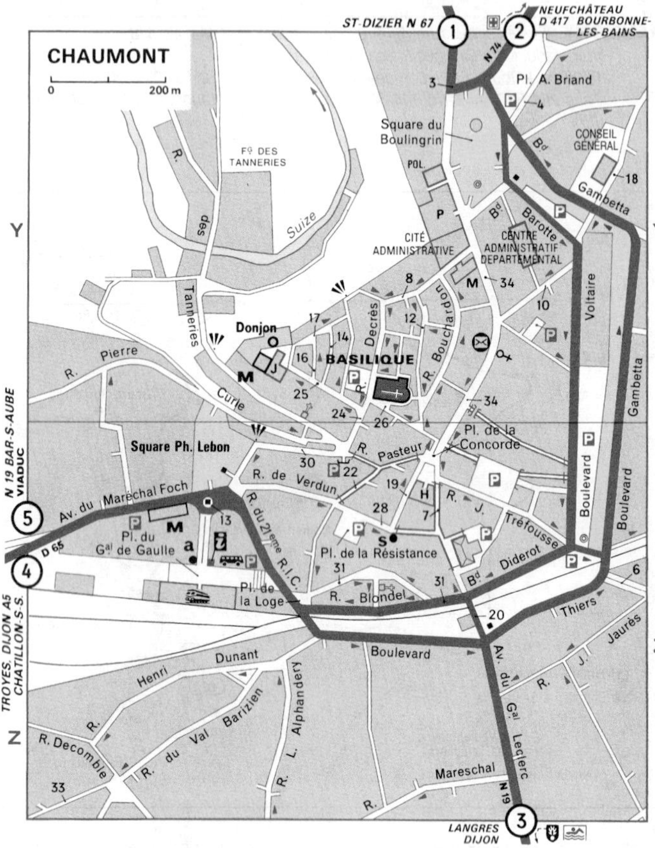

Clemenceau (R. G.) ..... **Z** 7	Fourcaut (Rue V.) .... **Y** 10	Mariotte (Rue V.)........ **Z** 22
Toupot-de-Béveaux (R.) .. **Z** 28	Girardon (R.) .... **Y** 12	Mgr. Desprez (R.)...... **YZ** 24
Verdun (R. de) .... **Z**	Goguenheim (Pl. E.) ..... **Z** 13	Palais (R. du) .... **Y** 25
Victoire-de-la-Marne (R.) . **Y** 34	Gouthière (R.) .... **Y** 14	St-Jean (R.) .... **YZ** 26
	Guyard (R.)............. **Y** 16	Tour Charton (R. de la) .... **Z** 30
Carnot (Av.) .... **Y** 3	Hautefeuille (Rue)....... **Y** 17	
Champ-de-Mars (R. du) .. **Y** 4	Hugueny (R. du Cdt) ..... **Y** 18	Tour Mongeard (Bd de la) .... **Z** 31
Clamart (Av. de)......... **Z** 6	Laloy (Rue).............. **Z** 19	
Dutailly (Rue)........... **Y** 8	Langres (Pt. de)......... **Z** 20	Val Anne-Marie (R. du) ... **Z** 33

Le Guide change, changez de guide tous les ans.

CHAUMONT *89340 Yonne* 61 ⑬ *– 552 h alt. 70.*

Paris 97 – Fontainebleau 33 – Auxerre 93 – Montereau-Fault-Yonne 15 – Nemours 35 – Sens 21.

Château de Chaumont ⛁, ✆ 03 86 96 61 69, *Fax 03 86 96 61 28*, ←, ☂, parc – TV ☎ ♿ P – 25. AE GB JCB
Repas *(fermé dim. soir et lundi du 1er oct. au 31 mars)* 160/280, enf. 90 – ☕ 60 – **35 ch** 400/640 – 1/2 P 500/600.

CHAUMONT-SUR-AIRE *55260 Meuse* 56 ⑳ *– 151 h alt. 250.*

Paris 269 – Bar-le-Duc 24 – St-Mihiel 25 – Verdun 32.

Aub. du Moulin Haut, Est : 1 km sur rte St-Mihiel ✆ 03 29 70 66 46, *Fax 03 29 70 60 75*, ☂, « Ancien moulin au bord de l'eau », – P. AE GB
fermé 15 janv. au 15 fév., dim. soir et lundi – **Repas** 100 (déj.), 140/300 ♀, enf. 50.

CHAUMONT-SUR-LOIRE *41150 L.-et-Ch.* 64 (16) *– 876 h alt. 69.*

Voir *Château★★*, G. Châteaux de la Loire.

Paris 199 – Tours 43 – Amboise 20 – Blois 17 – Montrichard 18.

Chancelière, ✆ 02 54 20 96 95, *Fax 02 54 33 91 71* – AE GB

fermé 12 nov. au 3 déc., 21 janv. au 11 fév., merc. soir et jeudi – **Repas** 82/205 ♀, enf. 56.

RENAULT Gar. Lefebvre, ✆ 02 54 20 98 65 N ✆ 02 54 20 93 86

CHAUMONT-SUR-THARONNE *41600 L.-et-Ch.* 64 (9) *G. Châteaux de la Loire – 901 h alt. 122.*

Paris 167 – Orléans 35 – Blois 52 – Romorantin-Lanthenay 32 – Salbris 31.

Croix Blanche de Sologne, ✆ 02 54 88 55 12, *Fax 02 54 88 60 40,* – TV ☎ P – 25 à 60. AE GB

Repas 118 (déj.), 149/350 ♀ – 45 – **15 ch** 300/580, 3 duplex – 1/2 P 420/520.

CHAUMOUSEY *88 Vosges* 62 (15) *– rattaché à Épinal.*

CHAUNAY *86510 Vienne* 72 (3) *– 1 174 h alt. 130.*

Paris 381 – Poitiers 46 – Angoulême 68 – Confolens 56 – Niort 65.

Central, ✆ 05 49 59 25 04, *Fax 05 49 53 41 88,* – rest, TV ☎ P. AE GB

fermé fév. et dim. soir du 1er oct. au 31 mars – **Repas** 95/160 – 38 – **16 ch** 230/250 – 1/2 P 270/330.

CHAUNY *02300 Aisne* 56 (3) (4) *– 12 926 h alt. 50.*

Office de Tourisme pl. du Marché Couvert ✆ 03 23 52 10 79, Fax 03 23 39 38 77.

Paris 121 – Compiègne 39 – St-Quentin 30 – Laon 35 – Noyon 16 – Soissons 32.

Toque Blanche (Lequeux) avec ch, 24 av. V. Hugo ✆ 03 23 39 98 98, *Fax 03 23 52 32 79,* parc, – TV ☎ P – 30. GB. ch

fermé 2 au 24 août, 1er au 11 janv., vacances de fév., sam. midi, dim. soir et lundi – **Repas** (prévenir) 170/390 et carte 330 à 460 – 60 – **7 ch** 310/480

Spéc. Etuvée de homard au sauternes et pommes caramélisées. Côtes d'agneau du Limousin "surprise", jus au thym frais. Soufflé chaud au grand-marnier.

à Ognes *Ouest : 2 km par rte de Noyon – 1 169 h. alt. 55 – ✉ 02300 :*

Relais St-Sébastien, ✆ 03 23 52 15 77, *Fax 03 23 39 91 52* – GB

fermé 17 au 24 fév., 19 au 25 août, le soir (sauf vend. et sam.) – **Repas** 95 (déj.), 138/178, enf. 58.

au Rond-d'Orléans *Sud-Est : 8 km par D 937 et D 1750 – ✉ 02300 Sinceny :*

Aub. du Rond d'Orléans, ✆ 03 23 40 20 10, *Fax 03 23 52 36 80* – TV ☎ P – 40. GB

fermé 3 au 14 août, 23 au 31 déc. et dim. soir – **Repas** 135/280 – 40 – **21 ch** 280/310.

RENAULT Renault Chauny, 108-137 r. Pasteur ✆ 03 23 38 32 10 N ✆ 06 07 51 05 52

Dupont Pneus, 43 rte de Chauny à Condren ✆ 03 23 57 00 58

CHAUSEY (Iles) *50 Manche* 59 (7) *G. Normandie Cotentin.*

Voir *Grande Ile★.*

Accès *par transports maritimes.*

depuis **Granville.** *Traversée 50 mn - Renseignements à : Vedette "Jolie France" Gare Maritime ✆ 02 33 50 31 81 (Granville), Fax 02 33 50 39 90, ou en saison, à Emeraudes Lines 1 r. Lecampion ✆ 02 33 50 16 36 (Granville), Fax 02 33 50 87 80.*

depuis **St-Malo.** *Service saisonnier - Traversée 1 h 30 mn - Renseignements à Emeraude Lines, B.P. 16, 35401 St-Malo Cedex ✆ 02 99 40 48 40, Fax 02 99 40 04 43.*

Fort et des Iles, ✆ 02 33 50 25 02, ≤ archipel,

fin avril-fin sept. – **Repas** *(fermé lundi sauf fériés)* (en saison, prévenir) 100/270 – **7 ch** (1/2 pens. seul.) – 1/2 P 305.

La-CHAUSSÉE-ST-VICTOR *41 L.-et-Ch.* 64 (7) *– rattaché à Blois.*

CHAUSSIN *39120 Jura* 70 ③ – *1 587 h alt. 191.*

Paris 353 – Beaune 55 – Besançon 72 – Chalon-sur-Saône 55 – Dijon 61 – Dole 20 – Lons-le-Saunier 44.

Chez Bach, pl. Ancienne Gare ✆ 03 84 81 80 38, *Fax 03 84 81 83 80* – TV ☎ P – 25. GB

fermé 2 au 19 janv., vend. soir et dim. soir sauf juil.-août – **Repas** (dim. prévenir) 85/320 ♀, enf. 55 – ☕ 40 – **18 ch** 200/270 – ½ P 260/300.

CITROEN Gar. Pernin, ✆ 03 84 81 85 82 N ✆ 03 84 81 83 90

CHAUVIGNY *86300 Vienne* 68 ⑭ ⑮ *G. Poitou Vendée Charentes* (plan) – *6 665 h alt. 65.*

Voir *Ville haute★ – Église St-Pierre★ : chapiteaux du choeur★★ – Donjon de Gouzon★.*

Env. *St-Savin : abbaye★★ (peintures murales★★★), Pont-Vieux★, E : 19 km.*

Office de Tourisme 5 r. Saint-Pierre ✆ 05 49 46 39 01 et Mairie ✆ 05 49 45 99 10.

Paris 337 – Poitiers 25 – Bellac 64 – Le Blanc 37 – Châtellerault 29 – Montmorillon 27 – Ruffec 81.

Lion d'Or, 8 r. Marché ✆ 05 49 46 30 28, *Fax 05 49 47 74 28* – TV ☎ ♿ P. AE GB

fermé 25 déc. au 1er janv. – **Repas** 90/200 🌡, enf. 50 – ☕ 34 – **25 ch** 270/290 – ½ P 270.

Beauséjour, 18 r. Vassalour ✆ 05 49 46 31 30, *Fax 05 49 56 00 34,* – TV ☎ P. AE GB

fermé 21 déc. au 4 janv., dim. soir et vend. soir – **Repas** 65/115 🌡 – ☕ 30 – **20 ch** 300 – ½ P 170/220.

CITROEN Gar. Menu, 48 rte de St-Savin ✆ 05 49 46 37 88

FORD Gar. Dupont, ZA du Planty ✆ 05 49 46 96 68

CHAVANAY *42410 Loire* 77 ① – *2 071 h alt. 200.*

Paris 506 – Annonay 26 – St-Étienne 51 – Serrières 11 – Tournon-sur-Rhône 50 – Vienne 19.

XXX **Alain Charles** avec ch, rte Nationale ✆ 04 74 87 23 02, *Fax 04 74 87 01 42,* – TV ☎ P. GB

fermé 16 août au 3 sept., 2 au 10 janv., dim. soir et lundi sauf fériés – **Repas** 90/320 et carte 210 à 290 ♀ – ☕ 39 – **4 ch** 220/280.

CHAVIGNOL *18 Cher* 65 ⑫ – *rattaché à Sancerre.*

CHAVOIRES *74 H.-Savoie* 74 ⑥ – *rattaché à Annecy.*

CHAZELLES-SUR-LYON *42140 Loire* 73 ⑲ *G. Vallée du Rhône* – *4 895 h alt. 630.*

Paris 489 – St-Étienne 36 – Lyon 48 – Montbrison 28 – Roanne 71.

Château Blanchard M, 36 rte St-Galmier ✆ 04 77 54 28 88, *Fax 04 77 54 36 03,* – TV ☎ P – 50. AE GB

fermé 1er au 15 janv., lundi (sauf hôtel) et dim. soir – **Repas** 88/245 – ☕ 35 – **12 ch** 280/380 – ½ P 270.

CITROEN Gar. Escot, ✆ 04 77 54 20 62

CHAZEY-SUR-AIN *01150 Ain* 74 ③, 110 ⑨ – *895 h alt. 235.*

Paris 471 – Lyon 41 – Bourg-en-Bresse 45 – Chambéry 86 – Nantua 55.

au Sud *par D 62 et rte secondaire : 3 km*

XX **Louizarde**, ✆ 04 74 61 53 23, *Fax 04 74 61 58 47,* – P. AE GB.

fermé 15 au 31 août, 1er au 15 janv., sam. midi, dim. soir et lundi – **Repas** 100 bc (déj.), 130/265.

Le CHEIX *63 P.-de-D.* 73 ⑭ – ✉ *63320 St-Diéry.*

Voir *Gorges de Courgoul★ SE : 5 km,* **G. Auvergne.**

Paris 458 – Clermont-Ferrand 44 – Besse-en-Chandesse 9 – Issoire 23 – Le Mont-Dore 30.

X **Relais des Grottes** avec ch, ✆ 04 73 96 30 30, *Fax 04 73 96 31 34,* ≤, – ☎ P. GB

fermé 12 au 19/03, 21 au 28/09, 15/12 au 15/01, dim. soir et merc. sauf juil.-août et fév. – **Repas** 88/180 ♀, enf. 55 – ☕ 35 – **10 ch** 150/250 – ½ P 180/200.

CHELLES *77 S.-et-M.* 56 ⑫, 101 ⑲ – *voir à Paris, Environs.*

CHELLES *60350 Oise* 56 ③ – *334 h alt. 75.*

Paris 94 – Compiègne 19 – Beauvais 78 – Crépy-en-Valois 21 – Soissons 28 – Villers-Cotterêts 17.

XX **Relais Brunehaut** avec ch, ✆ 03 44 42 85 05, *Fax 03 44 42 83 30*, « Auberge rustique », – cuisinette TV ☎ P. GB. rest
fermé 15 janv. au 15 fév. et lundi – **Repas** *(fermé merc. et jeudi du 15 nov. au 30 avril, lundi et mardi)* 140/260 bc – ☕ 45 – **6 ch** 250/350 – ½ P 330/350.

CHÊNEHUTTE-LES-TUFFEAUX *49 M.-et-L.* 64 ⑫ – *rattaché à Saumur.*

CHÉNÉRAILLES *23130 Creuse* 73 ① *G. Berry Limousin – 794 h alt. 537.*

Voir *Haut-relief★ dans l'église.*

Paris 371 – Aubusson 18 – La Châtre 63 – Guéret 33 – Montluçon 45.

XX **Coq d'Or** avec ch, ✆ 05 55 62 30 83, *Fax 05 55 62 95 18* – ☎. GB
fermé 22 juin au 1er juil., 22 sept. au 2 oct., 4 au 19 janv., dim. soir et lundi – **Repas** 65/300 🍷, enf. 47 – ☕ 27 – **7 ch** 155/240 – ½ P 220.

CHENNEVIÈRES-SUR-MARNE *94 Val-de-Marne* 61 ①, 101 ㉘ – *voir à Paris, Environs.*

CHENONCEAUX *37150 I.-et-L.* 64 ⑯ – *313 h alt. 62.*

Voir *Château de Chenonceau★★★*, **G. Châteaux de la Loire.**

Office de Tourisme (mai-sept.) 3 R. de la Mairie ✆ 02 47 23 94 45.

Paris 234 – Tours 32 – Amboise 12 – Château-Renault 35 – Loches 31 – Montrichard 9.

Bon Laboureur et Château, ✆ 02 47 23 90 02, *Fax 02 47 23 82 01*, – TV ☎ P. AE GB
15 fév.-11 nov. – **Repas** (110) - 160/320 – ☕ 45 – **28 ch** 320/700, 4 appart – ½ P 395/545.

Roseraie, ✆ 02 47 23 90 09, *Fax 02 47 23 91 59*, – TV ☎ P. AE GB
15 fév.-15 nov. – **Repas** 98/160 🍷 – ☕ 38 – **15 ch** 325/480 – ½ P 325/390.

Host. La Renaudière, ✆ 02 47 23 90 04, *Fax 02 47 23 90 51*, parc, – ☎ P. AE GB.
15 mars-15 nov., week-ends et vacances scolaires – **Repas** *(fermé merc. du 15 sept. au 15 avril)* (89) - 99/189 🍷, enf. 50 – ☕ 25 – **15 ch** 225/400 – ½ P 265/310.

Relais Chenonceaux sans rest, ✆ 02 47 23 98 11, *Fax 02 47 23 84 07* – ☎. GB
1er mars-15 nov. – ☕ 45 – **24 ch** 250/400.

CITROEN Gar. du Château, à Civray ✆ 02 47 23 92 03

CHENÔVE *21 Côte-d'Or* 66 ⑫ – *rattaché à Dijon.*

CHÉPY *80210 Somme* 52 ⑥ – *1 246 h alt. 96.*

Paris 168 – Amiens 68 – Abbeville 17 – Le Tréport 22.

Aub. Picarde M, à la Gare ✆ 03 22 26 20 78, *Fax 03 22 26 33 34* – TV ☎ P – 30. AE GB
fermé 16 au 26 août et 26 déc. au 6 janv. – **Repas** *(fermé sam. midi et dim. soir)* 85/185 🍷, enf. 65 – ☕ 30 – **25 ch** 230/385 – ½ P 215.

CHERBOURG SP *50100 Manche* 54 ② *G. Normandie Cotentin – 27 121 h alt. 10 –* Casino **BY.**

Voir *Fort du Roule ★ **BZ** – Château de Tourlaville : parc★ 5 km par ①.*

✆ 02 33 44 45 48, par ② et D 122 : 7 km.

de Cherbourg-Maupertus : ✆ 02 33 22 91 32, par ① : 13 km.

Office de Tourisme 2 quai Alexandre III ✆ 02 33 93 52 02, Fax 02 33 53 66 97 et à la Gare Maritime ✆ 02 33 44 39 92 – Automobile-Club 2 quai Alexandre III ✆ 02 33 93 97 95, Fax 02 33 53 66 97.

Paris 357 ② – Brest 399 ② – Caen 125 ② – Laval 220 ② – Le Mans 279 ② – Rennes 205 ②.

Plan page suivante

Mercure, gare maritime ✆ 02 33 44 01 11, *Fax 02 33 44 51 00*, ←, – TV ☎ – 100. AE GB BX s
Repas 100/200 🍷, enf. 45 – ☕ 58 – **84 ch** 450/520.

Quality H. M, r. G. Sorel par ① ✆ 02 33 43 72 00, *Fax 02 33 43 72 06* – TV ☎ P – 70. AE GB JCB
Repas *(fermé sam. midi et dim.)* (75) - 85/140 🍷, enf. 46 – ☕ 49 – **72 ch** 400/440 – ½ P 354/399.

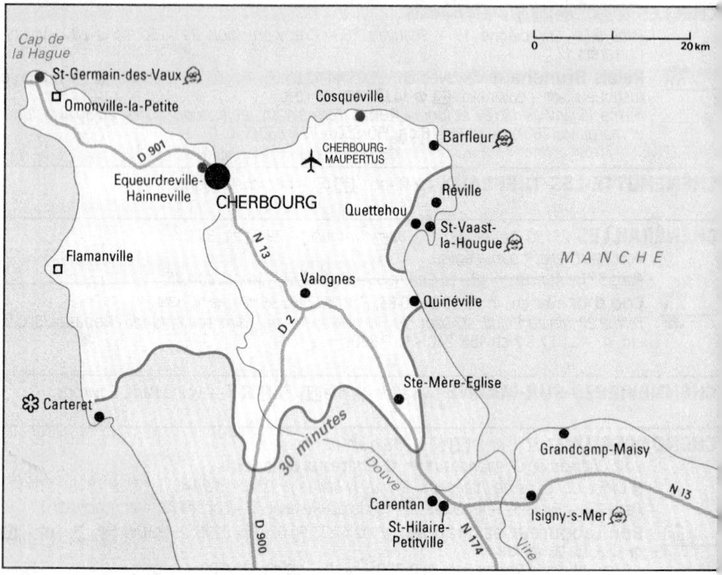

Chantereyne sans rest, port de plaisance ✆ 02 33 93 02 20, *Fax 02 33 93 45 29* – AE GB AX b
fermé 18 déc. au 3 janv. – 40 – **50 ch** 328/368.

Louvre sans rest, 2 r. H. Dunant ✆ 02 33 53 02 28, *Fax 02 33 53 43 88* – AE GB JCB AX e
fermé 24 déc. au 1er janv. – 36 – **42 ch** 180/360.

Ambassadeur sans rest, 22 quai de Caligny ✆ 02 33 43 10 00, *Fax 02 33 43 10 01* – AE GB BX v
30 – **40 ch** 175/290.

Angleterre sans rest, 8 r. P. Talluau ✆ 02 33 53 70 06, *Fax 02 33 53 74 36* – GB. AX k
31 – **23 ch** 175/265.

Moderna sans rest, 28 r. Marine ✆ 02 33 43 05 30, *Fax 02 33 43 97 37* – AE GB BX a
28 – **25 ch** 175/290.

Café de Paris, 40 quai Caligny ✆ 02 33 43 12 36, *Fax 02 33 43 98 49* – AE GB
fermé 1er au 15 janv. – **Repas** *(85)* - 98/198 ♀. BXY d

à Equeurdreville-Hainneville *par ④ : 4 km – 18 256 h. alt. 8 – ✉ 50120 :*

Gourmandine, 24 r. Surcouf ✆ 02 33 93 41 26, *Fax 02 33 93 41 26,* ← – GB
fermé 12 juil. au 4 août, 20 déc. au 5 janv., dim. soir, mardi soir et lundi – **Repas** 90/190, enf. 50.

AUDI, VOLKSWAGEN Gar. Equinox Auto, ZI r. Industries à Tourlaville ✆ 02 33 88 58 88 N ✆ 02 33 93 51 87
BMW, LANCIA Gar. Renouf, bd de l'Est à Tourlaville ✆ 02 33 20 44 78
CITROEN Gar. Ozenne, r. M.-Sambat à Équeurdreville-Hainneville par ④ ✆ 02 33 03 49 70
CITROEN Gar. Channel Auto, ZI, bd de l'Est à Tourlaville par ① ✆ 02 33 23 01 02 N ✆ 02 33 23 22 48
OPEL Gar. Themis Auto, bd de l'Est à Tourlaville ✆ 02 33 43 45 30
PEUGEOT Nord Contentin Autom., ZI bd de l'Est à Tourlaville ✆ 02 33 43 50 10 N ✆ 02 33 43 50 10
RENAULT Gar. Coipel, 427 r. 8 Mai Les Flamands à Tourlaville par ① ✆ 02 33 22 00 27
RENAULT Gar. Dessoude Teyssier, bd de l'Est à Tourlaville par ① ✆ 02 33 88 33 88 N ✆ 02 33 88 33 88
RENAULT Gar. Marius Marie Equeurdreville-Hainneville par ④ ✆ 02 33 03 58 97

Cotentin Pneumatiques, 74 bd M.-France ✆ 02 33 04 26 04
Francis-Pneus, bd de l'Est ZI à Tourlaville ✆ 02 33 20 45 60
Schmitt Pneus Vulco, 13 r. Maupas ✆ 02 33 44 05 42

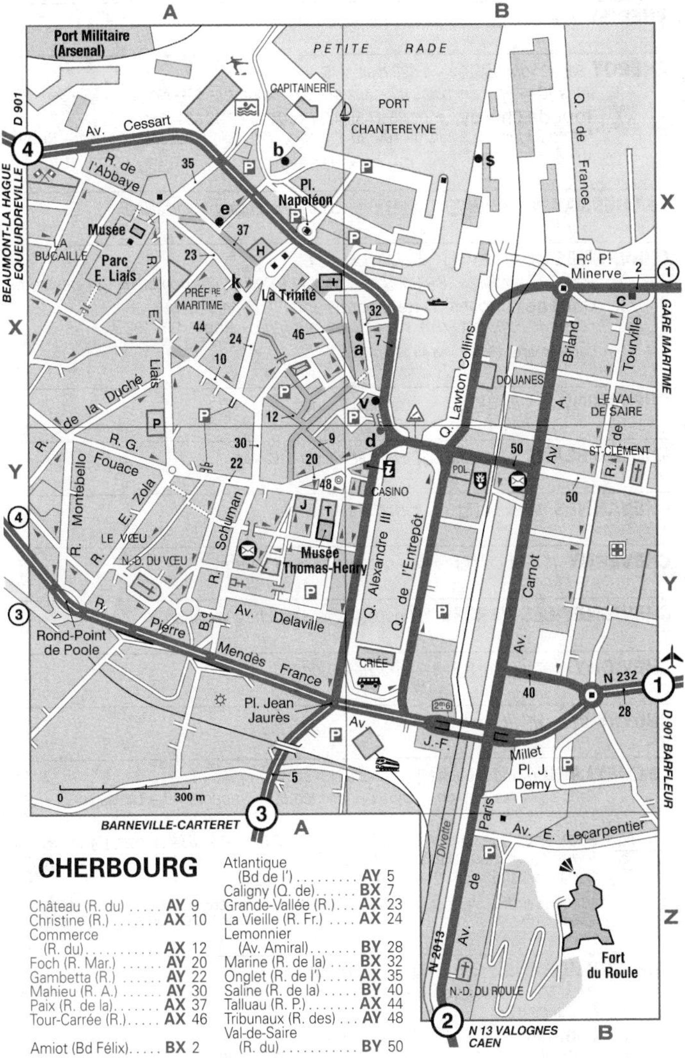

CHERBOURG

Château (R. du) . . . . . **AY** 9
Christine (R.) . . . . **AX** 10
Commerce (R. du) . . . . **AX** 12
Foch (R. Mar.) . . . . . . **AY** 20
Gambetta (R.) . . . . . . **AY** 22
Mahieu (R. A.) . . . . . . **AY** 30
Paix (R. de la) . . . . . . **AX** 37
Tour-Carrée (R.) . . . . . **AX** 46

Amiot (Bd Félix) . . . . . **BX** 2
Atlantique (Bd de l') . . . . **AY** 5
Caligny (Q. de) . . . . . . **BX** 7
Grande-Vallée (R.) . . . **AX** 23
La Vieille (R. Fr.) . . . . **AX** 24
Lemonnier (Av. Amiral) . . . . **BY** 28
Marine (R. de la) . . . . **BX** 32
Onglet (R. de l') . . . . . . **AX** 35
Saline (R. de la) . . . . . **BY** 40
Talluau (R. P.) . . . . **AX** 44
Tribunaux (R. des) . . . **AY** 48
Val-de-Saire (R. du) . . . . **BY** 50

Le Guide change, changez de guide tous les ans.

CHERENG *59152 Nord* 51 ⑯, 111 ㉔ *– 2 634 h alt. 24.*
Paris 224 – Lille 15 – Douai 43 – Tournai 13 – Valenciennes 51.

XX **Verzenay,** 142 rte Nationale ✆ 03 20 41 14 56, *Fax 03 20 41 28 50* – P. GB
fermé 20 au 27 avril, août, dim. soir et lundi – **Repas** 118/225 ♀, enf. 65.

Les CHÈRES *69380 Rhône* 74 ①, 110 ③ *– 1 027 h alt. 190.*
Paris 440 – Lyon 21 – L'Arbresle 14 – Meximieux 53 – Trévoux 8 – Villefranche-sur-Saône 12.

XX **Aub. du Pont de Morancé,** Ouest : 2 km par D 100 ✉ 69480 Anse ✆ 04 78 47 65 14, *Fax 04 78 47 05 83,* 🏠, « Jardin fleuri » – P. GB
fermé mardi soir et merc. – **Repas** 115/300 ♀.

CHERISY *28 E.-et-L.* **60** ⑦, **106** ㉕ – *rattaché à Dreux.*

CHÉROY *89690 Yonne* **61** ⑬ – *1 326 h alt. 145.*

Paris 101 – Fontainebleau 42 – Auxerre 69 – Montargis 33 – Nemours 25 – Sens 23.

XX **Tour de Chéroy,** ✆ 03 86 97 53 43, *Fax 03 86 97 58 60* – GB
fermé 25 juin au 2 juil., 1er fév. au 1er mars, dim. soir, lundi soir et mardi – **Repas** *(58)* - 92/185 ₰.

Le CHESNAY *78 Yvelines* **60** ⑨, **101** ㉓ – *voir à Paris, Environs (Versailles).*

CHEVAGNES *03230 Allier* **69** ⑮ – *729 h alt. 224.*

Paris 307 – Moulins 18 – Bourbon-Lancy 17 – Decize 32 – Dompierre-sur-Besbre 15.

XX **Goût des Choses,** 12 rte Nationale ✆ 04 70 43 11 12 – GB
fermé 1er au 15 oct., dim. soir et lundi sauf fériés – **Repas** 115/198 ♀.

Gar. Bernard, ✆ 04 70 43 45 39

CHEVAIGNÉ *35 I.-et-V.* **59** ⑰ – *rattaché à Rennes.*

CHEVAL-BLANC *84 Vaucluse* **81** ⑫ – *rattaché à Cavaillon.*

CHEVANNES *89 Yonne* **65** ⑤ – *rattaché à Auxerre.*

CHEVERNY *41 L.-et-Ch.* **64** ⑰ ⑱ – *rattaché à Cour-Cheverny.*

CHEVIGNEY-LÈS-VERCEL *25 Doubs* **66** ⑱ – *rattaché à Valdahon.*

CHEVIGNY *21 Côte-d'Or* **66** ⑫ – *rattaché à Dijon.*

CHEVRY *01 Ain* **70** ⑮ – *rattaché à Gex.*

Le CHEYLARD *07160 Ardèche* **76** ⑲ – *3 833 h alt. 450.*

Paris 594 – Le Puy-en-Velay 61 – Valence 60 – Aubenas 49 – Lamastre 22 – Privas 47 – St-Agrève 24.

Provençal, av. Gare ✆ 04 75 29 02 08, *Fax 04 75 29 35 63* – rest, TV ☎. GB. ch
fermé 16 août au 2 sept., 26 déc. au 6 janv., 15 au 24 fév., vend. soir, dim. soir et lundi – Repas 84/230 ♀ – 42 – **10 ch** 210/290 – ½ P 240.

CITROEN Gar. des Cévennes, ✆ 04 75 29 05 10 **N** ✆ 04 75 29 05 10

Gar. Chambert et Noyer, à Mariac ✆ 04 75 29 14 26 **N** ✆ 04 75 29 00 37

CHÉZERY-FORENS *01410 Ain* **74** ⑤ – *357 h alt. 585.*

Paris 505 – Bellegarde-sur-Valserine 17 – Bourg-en-Bresse 79 – Gex 40 – Nantua 32 – St-Claude 43.

Commerce, ✆ 04 50 56 90 67 – GB
fermé 15 au 27 juin, 14 sept. au 10 oct., 4 au 11 janv., mardi soir et merc. sauf vacances scolaires – **Repas** *(60)* - 85/200 ♀ – 35 – **9 ch** 220 – ½ P 230.

CHICHILIANNE *38930 Isère* **77** ⑭ – *158 h alt. 1006.*

Paris 618 – Die 44 – Cap 78 – Grenoble 54 – La Mure 61.

Château de Passières ⛰, ✆ 04 76 34 45 48, *Fax 04 76 34 46 25*, ←, , , , – ☎ P – 45. GB
fermé 1er nov. au 20 janv., dim. soir et lundi hors saison sauf vacances scolaires – **Repas** 100/220 ♀, enf. 65 – 45 – **23 ch** 300/420 – ½ P 330/410.

CHILLE *39 Jura* **70** ④ – *rattaché à Lons-le-Saunier.*

CHINAILLON *74 H.-Savoie* **74** ⑦ – *rattaché au Grand-Bornand.*

CHINDRIEUX *73310 Savoie* 74 ⑮ – *1 059 h alt. 300.*

Env. *Abbaye de Hautecombe*★★ *(chant grégorien) SO : 10 km,* G. Alpes du Nord.

Paris 520 – Annecy 37 – Aix-les-Bains 16 – Bellegarde-sur-Valserine 38 – Bourg-en-Bresse 91 – Chambéry 34.

Relais de Chautagne, ✆ 04 79 54 20 27, *Fax 04 79 54 51 63* – P – 35. GB

fermé 28 déc. au 12 fév., dim. soir et lundi sauf juil.-août – **Repas** 90/210 ♀ – ☐ 35 – **32 ch** 220/280.

CHINON ⟨SP⟩ *37500 I.-et-L.* 67 ⑨ *G. Châteaux de la Loire – 8 627 h alt. 40.*

Voir *Vieux Chinon*★★ : *Grand Carroi*★★ A B – *Château*★★ : ≤★★ A – *Quai Danton* ≤★★ A.

Env. *Château d'Ussé*★★ *14 km par* ①.

Office de Tourisme 12 r. Voltaire ✆ *02 47 93 17 85, Fax 02 47 93.*

Paris 285 ① – *Tours 46* ① – *Châtellerault 51* ③ – *Poitiers 94* ③ – *Saumur 30* ③ – *Thouars 43* ③.

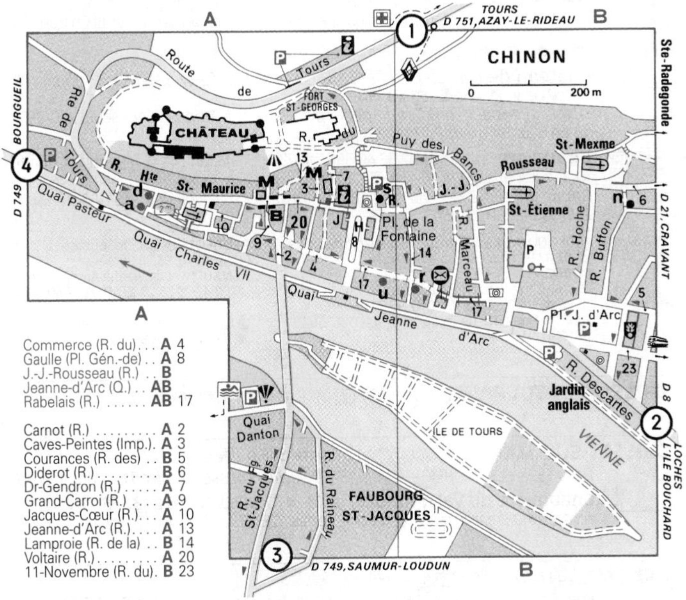

France, 47 pl. Gén. de Gaulle ✆ 02 47 93 33 91, *Fax 02 47 98 37 03* – rest, . AE GB. ch — A s

fermé 1er au 9 mars et 15 au 30 nov. – **Repas** - cuisine italienne - *(fermé merc. midi et mardi)* 85 (déj.), 105/145 – ☐ 45 – **27 ch** 300/395 – ½ P 300/340.

Chinon M, centre St-Jacques (près piscine), par quai Danton - A – ✆ 02 47 98 46 46, *Fax 02 47 98 35 44,* – P – 30 à 80. AE GB

fermé 20 déc. au 11 janv., dim. midi et sam. de nov. à mars – **Repas** 75/200 ♀, enf. 40 – ☐ 45 – **53 ch** 365/420 – ½ P 355.

Diderot sans rest, 4 r. Buffon ✆ 02 47 93 18 87, *Fax 02 47 93 37 10* – P. AE GB. — B n

☐ 40 – **27 ch** 250/400.

Au Plaisir Gourmand (Rigollet), quai Charles VII ✆ 02 47 93 20 48, *Fax 02 47 93 05 66,* – . AE GB — A a

fermé 16 au 30 nov., 18 janv. au 10 fév., dim. soir et lundi – **Repas** (nombre de couverts limité, prévenir) 175/245 et carte 270 à 370

Spéc. Croustillant de queues d'écrevisses (avril à déc.). Sandre au beurre blanc. Beuchelle à la tourangelle. **Vins** Vouvray, Chinon.

XX **L'Océanic,** 13 r. Rabelais ☎ 02 47 93 44 55, *Fax 02 47 93 38 08,* – . AE GB A u
fermé 16 nov. au 1er déc., 8 au 28 fév., dim. soir et lundi – **Repas** - produits de la mer - 105/155 ♀, enf. 60.

XX **Boule d'Or** avec ch, 21 r. Rabelais ☎ 02 47 93 03 13, *Fax 02 47 93 24 25,* – TV ☎. AE GB B r
fermé 15 déc. au 1er fév., dim. soir et lundi du 15 oct. au 15 avril – **Repas** 98/168 ♀ – ☐ 45 – **13 ch** 270/320 – 1/2 P 300/320.

XX **L'Orangerie,** 79 bis r. Haute-St-Maurice ☎ 02 47 98 42 00, *Fax 02 47 93 92 50* – . GB A d
fermé 20 déc. au 10 janv., dim. soir et mardi du 1er oct. au 5 avril – **Repas** 98/150 ♀, enf. 60.

à Marçay *par ③ et D 116 : 9 km – 416 h. alt. 65 – ✉ 37500 :*

Château de Marçay ⛵, ☎ 02 47 93 03 47, *Fax 02 47 93 45 33,* ≤, , « Château du 15e siècle, parc », , – | TV ☎ P – 30 à 80. AE GB
✿ *fermé mi-janv. à mi-mars* – **Repas** *(fermé lundi midi et dim. de nov. à mi-avril sauf fêtes)* 155 (déj.), 280/360 et carte 310 à 430 ♀ – ☐ 90 – **32 ch** 495/1360, 6 appart – 1/2 P 685/1120
Spéc. Brouillade d'oeufs à la purée de morilles. Poitrine de pigeonneau rôti à la crème de lentilles vertes. Moelleux de chocolat et glace vanille à l'ancienne. **Vins** Chinon, Bourgueil.

à Beaumont-en-Véron *par ④ : 5 km – 2 569 h. alt. 37 – ✉ 37420 :*

Château de Danzay ⛵, ☎ 02 47 58 46 86, *Fax 02 47 58 84 35,* ≤, parc, « Château du 15e siècle », – ☎ P. AE GB.
hôtel : 15 mars-1er nov. ; rest : début avril-30 sept. – **Repas** (dîner seul.) 290/390 – ☐ 80 – **10 ch** 800/1400 – 1/2 P 770/1170.

Giraudière ⛵, ☎ 02 47 58 40 36, *Fax 02 47 58 46 06,* , « Pigeonnier du 16e siècle », – cuisinette TV ☎ P – 25. AE GB
Repas *(fermé 15 déc. au 15 janv. et le midi d'oct. à avril)* (75) - 115/160 ♀ – ☐ 38 – **25 ch** 250/390 – 1/2 P 230/305.

AUDI, VOLKSWAGEN Gar. du Château, rte de Tours ☎ 02 47 93 04 65
CITROEN Gar. S.A.R.V.A., 10 r. A.-Correch par r. Courances ☎ 02 47 93 06 58 N ☎ 02 47 95 90 15
FIAT Gar. Hallie, rte de Tours ☎ 02 47 93 27 36 N ☎ 02 47 93 27 36
PEUGEOT Gds Gar. de Touraine, à St-Louans par ④ ☎ 02 47 93 28 29
RENAULT Val de Vienne Autom., rte de Tours ☎ 02 47 93 05 27 N ☎ 02 47 40 92 86

Super Pneus, 6 pl. Denfert-Rochereau ☎ 02 47 93 32 08

CHISSAY-EN-TOURAINE *41 L.-et-Ch. 64 ⑯ – rattaché à Montrichard.*

CHISSEY-SUR-LOUE *39380 Jura 70 ④ G. Jura – 336 h alt. 230.*

Paris 389 – Besançon 40 – Arbois 18 – Dole 24 – Lons-le-Saunier 51 – Pontarlier 62.

X **Chaumière du Val d'Amour,** ☎ 03 84 37 61 40, *Fax 03 84 37 68 14,*
fermé lundi, mardi, merc. et jeudi – **Repas** 128/155.

CHITENAY *41120 L.-et-Ch. 64 ⑰ – 888 h alt. 90.*

Voir *Galerie des Illustres*★★ *du château de Beauregard*★ *N : 5 km,* G. Châteaux de la Loire.
Paris 193 – Orléans 72 – Tours 75 – Blois 12 – Châteauroux 87 – Contres 10 – Montrichard 24 – Romorantin-Lanthenay 38.

Aub. du Centre, ☎ 02 54 70 42 11, *Fax 02 54 70 35 03,* , – TV ☎ ♿ P. AE GB
fermé vacances de fév., dim. soir et lundi hors saison – **Repas** 108/380 bc, enf. 50 – ☐ 40 – **25 ch** 335/430 – 1/2 P 296/336.

CHOISY-AU-BAC *60 Oise 56 ②, 106 ⑩ – rattaché à Compiègne.*

CHOLET *49300 M.-et-L. 67 ⑤ ⑥ G. Châteaux de la Loire – 55 132 h alt. 91.*

Voir *Musée d'Art et d'Histoire*★ **Z M.**
18 ☎ *02 41 71 05 01,* **AX.**
Office de Tourisme pl. Rougé ☎ 02 41 62 22 35, Fax 02 41 62 80 99 et (juil.-août) Bureau d'Accueil rte. d'Angers ☎ 02 41 58 66 66.
Paris 350 ① – Angers 60 ① – La Roche-sur-Yon 64 ④ – Ancenis 48 ⑥ – Nantes 58 ⑤ – Niort 128 ②.

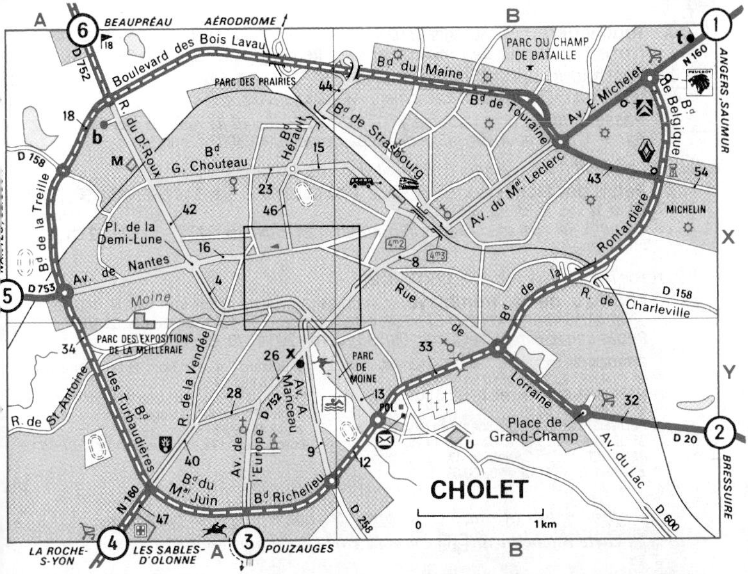

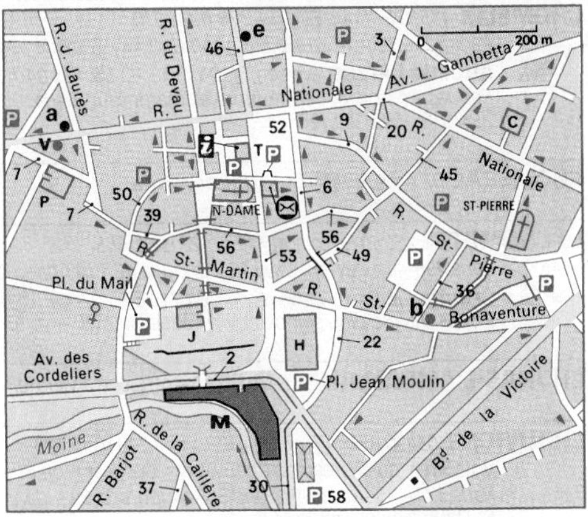

Atlantel M, rte Angers ☎ 02 41 71 08 08, *Fax 02 41 71 96 96*, – TV ☎ ✆ P – 🏛 50. AE ⓓ GB BX t
Repas 95/230 ♂, enf. 60 – ☐ 45 – **57 ch** 305/340 – ½ P 340.

Gd H. Poste, 26 bd G.-Richard ☎ 02 41 62 07 20, *Fax 02 41 58 54 10* – |♦|, ▤ rest, TV ☎ ✆ 🚗 – 🏛 50. AE ⓓ GB Z e
fermé 22 déc. au 3 janv. et dim. – **Repas** 98/300 ♀ – ☐ 42 – **53 ch** 298/495.

Commerce, 194 r. Nationale ☎ 02 41 62 08 97, *Fax 02 41 62 31 57* – TV ☎. AE ⓓ GB Z a
fermé 1er au 15 mai – **Repas** *(fermé sam. et dim.)* (dîner seul.) 69/110 ♀ – ☐ 35 – **14 ch** 160/280.

Parc sans rest, 4 av. A. Manceau ☎ 02 41 62 65 45, *Fax 02 41 58 64 08* – |♦| TV ☎ 🚗 – 🏛 35. AE GB – ☐ 38 – **46 ch** 220/320. AY x

XX **Touchetière,** rd-pt St-Léger ✆ 02 41 62 55 03, *Fax 02 41 58 82 10,* – P. AE GB
fermé 1er au 16 août, sam. midi et dim. soir – **Repas** (89) - 115/180 ♀, enf. 70. AX b

X **Thermidor,** 40 r. St-Bonaventure ✆ 02 41 58 55 18 – GB Z b
fermé 4 au 10 janv., mardi soir et merc. – **Repas** 65/220 ♀, enf. 40.

X **Passé Simple,** 181 r. Nationale ✆ 02 41 75 90 06, *Fax 02 41 75 90 06* – AE GB Z v
fermé 1er au 15 août, dim. et lundi – **Repas** 75 (déj.), 148/300 bc, enf. 50.

à Nuaillé *par ① et D 960 : 7,5 km – 1 261 h. alt. 133 – ✉ 49340 :*

XX **Relais des Biches** avec ch, pl. Église ✆ 02 41 62 38 99, *Fax 02 41 62 96 24,* –
TV ☎ P. AE GB
fermé 26 juil. au 6 août – **Repas** *(fermé sam. midi et dim.)* 98/230 ♀ – 50 – **12 ch** 260/330 – ½ P 265/362.

par ④ *rte de la Roche-sur-Yon* – ✉ *49300 Cholet :*

XXX **Château de la Tremblaye** (chambres prévues), à 5,5 km par N 160 et C 15 ✆ 02 41 58 40 17, *Fax 02 41 62 59 58,* parc, « Château du 19e siècle » – P. AE GB
Repas *(fermé dim. soir et lundi)* 105/250 et carte 220 à 270, enf. 60.

CITROEN Cholet Autom., 14 av. E.-Michelet ✆ 02 41 65 42 77 N ✆ 02 51 82 93 42
MERCEDES Gar. Crochet, ZI, 13 bd du Poitou ✆ 02 41 75 23 50
PEUGEOT Gar. CASA, pl. Oldenburg rte d'Angers ✆ 02 41 49 19 25 N ✆ 02 41 49 19 25
RENAULT Autom. Choletaise, 17 bd du Poitou ✆ 02 41 75 37 37 N ✆ 08 00 05 15 15

Bossard Pneus, ZI Nord 41 bis r. Jominière ✆ 02 41 62 29 53
Cailleau, 13 bd de Belgique ✆ 02 41 58 58 74
Cholet Pneus, 49 bd Rontardière ✆ 02 41 58 22 75
Euromaster, 17 r. Jominière ✆ 02 41 58 33 14

CHOMELIX *43500 H.-Loire* 76 ⑦ *– 376 h alt. 910.*

Paris 525 – Le Puy-en-Velay 30 – Ambert 44 – Brioude 59 – La Chaise-Dieu 18 – St-Étienne 68.

XX **Aub. de l'Arzon** avec ch, ✆ 04 71 03 62 35, *Fax 04 71 03 61 62* – TV ☎ GB
Pâques-1er nov. et fermé lundi et mardi sauf juil.-août – **Repas** 98/230 ♀ – 38 – **9 ch** 235/310 – ½ P 245/285.

CHOMÉRAC *07 Ardèche* 76 ⑳ *– rattaché à Privas.*

La CHOMETTE *43230 H.-Loire* 76 ⑤ *– 128 h alt. 665.*

Paris 496 – Le Puy-en-Velay 49 – Brioude 12 – La Chaise-Dieu 30 – Langeac 17 – St-Flour 64.

Crèche, ✆ 04 71 76 65 65, *Fax 04 71 76 85 02,* – TV ☎ P. AE GB
Repas *(fermé dim. soir de nov. à Pâques)* 75/170 – 35 – **20 ch** 260/290 – ½ P 240.

CHONAS-L'AMBALLAN *38 Isère* 74 ⑪ *– rattaché à Vienne.*

CHOUVIGNY *03450 Allier* 73 ③ *G. Auvergne – 240 h alt. 525.*

Voir Site★ du château de Chouvigny – Gorges★★ de Chouvigny.

Paris 371 – Clermont-Ferrand 56 – Aubusson 89 – Gannat 19 – Montluçon 48 – Riom 46 – St-Pourçain-sur-Sioule 43.

X **Gorges de Chouvigny** avec ch, sur D 915 ✆ 04 70 90 42 11, *Fax 04 70 90 91 54,* ←, – ☎. GB
1er mars-30 nov. et fermé mardi soir et merc. hors saison – **Repas** 98/188 ♀, enf. 48 – 30 – **8 ch** 200/320 – ½ P 260/300.

CIBOURE *64 Pyr.-Atl.* 85 ② *– voir à St-Jean-de-Luz.*

CINQ CHEMINS *74 H.-Savoie* 70 ⑰ *– rattaché à Thonon-les-Bains.*

La CIOTAT *13600 B.-du-R.* 84 ⑭, 114 ㊸ *G. Provence – 30 620 h alt. 3 – Casino* **AZ.**

Voir Calanque de Figuerolles★ SO : 1,5 km puis 15 mn **AZ** – Chapelle N.-D. de la Garde ←★★ O : 2,5 km puis 15 mn **AZ.**

Env. Sémaphore ←★★★ O : 5,5 km **AZ.** – Excurs. à l'Ile Verte ←★ en bateau 30 mn **BZ.**

Office de Tourisme bd A.-France ✆ 04 42 08 61 32, Fax 04 42 08 17 88.

Paris 802 ⑤ – Marseille 31 ⑤ – Toulon 39 ③ – Aix-en-Provence 50 ⑤ – Brignoles 62 ⑤.

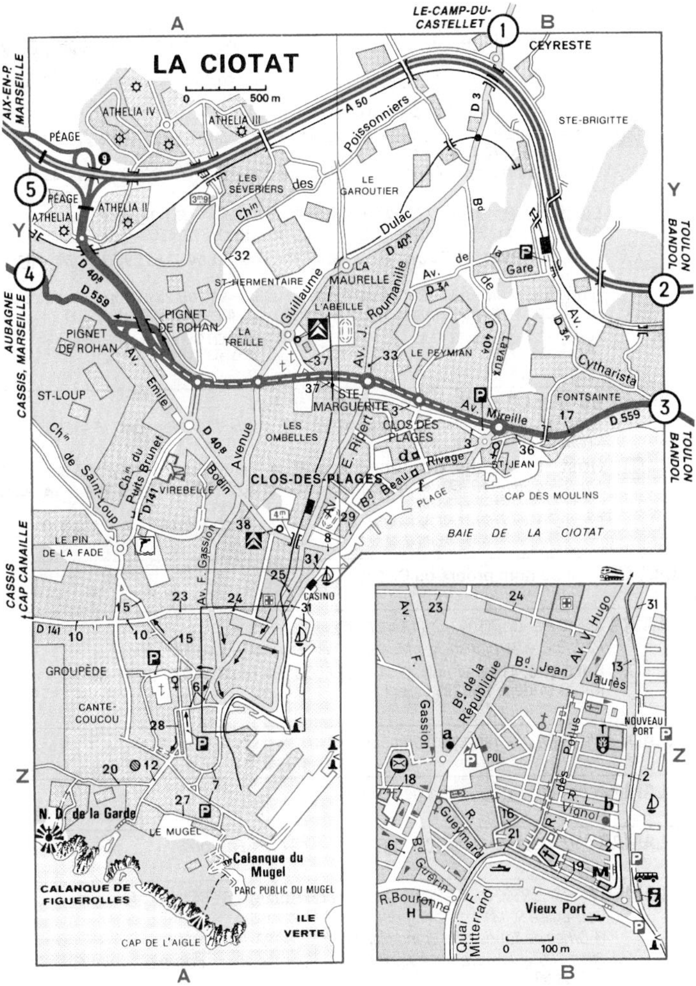

Rotonde sans rest, 44 bd République ✆ 04 42 08 67 50, *Fax 04 42 08 45 21* – ▮ TV ☎ P. AE ⓓ GB — BZ a
☐ 35 – **32 ch** 210/270.

Golfe, 14 bd A. France ✆ 04 42 08 42 59, ☂ — BZ b
fermé 21 au 30 déc. et mardi sauf juil.-août – **Repas** 65/150.

au Clos des Plages *Nord-Est : 1,5 km par D 559 - ABY – ✉ 13600 La Ciotat :*

Miramar Ⓜ, 3 bd Beaurivage ✆ 04 42 83 09 54, *Fax 04 42 83 33 79,* ≤, ☂ – ✱ ▤ TV ☎ P – 🏃 60. AE ⓓ GB. ✖ — BY f
Repas *(95)* - 125/395 ♀ – ☐ 55 – **24 ch** 900 – ½ P 575.

Provence Plage, 3 av. Provence ✆ 04 42 83 09 61, *Fax 04 42 08 16 28,* – TV ☎ P. AE GB — BY d
Repas 60 (déj.), 100/140 ♀, enf. 50 – ☕ 35 – **20 ch** 250/350 – ½ P 250/300.

au Liouquet *par ③ : 6 km – ✉ 13600 La Ciotat :*

Ciotel Le Cap ⛵, ✆ 04 42 83 90 30, *Fax 04 42 83 04 17,* ≤, « Jardin fleuri, ⛱ », – TV ☎ P – 80. AE GB. rest
début mars-fin nov. – **Repas** *(fermé dim. soir hors saison)* 120/260 – ☕ 65 – **43 ch** 750/820 – ½ P 615.

Corniche ⛵, ✆ 04 42 08 12 20, *Fax 04 42 71 68 34,* ≤, – TV ☎ P. GB
Repas *(15 juin-15 sept.)* (dîner seul.) 90 – ☕ 40 – **12 ch** 370/450 – ½ P 305/345.

Aub. Le Revestel ⛵ avec ch, ✆ 04 42 83 11 06, *Fax 04 42 83 29 50,* ≤, – TV ☎. GB. ch
fermé 5 janv. au 9 fév. – **Repas** *(fermé merc. sauf le soir du 20 juin au 15 sept. et dim. soir du15 sept. au 20 juin)* *(100 bc)* - 150/300, enf. 90 – ☕ 40 – **6 ch** 300 – ½ P 300.

CITROEN Gar. Léger, av. G.-Dulac ✆ 04 42 08 41 69
CITROEN Gar. Viviani, av. E.-Subilia ✆ 04 42 71 67 17

CIRES-LÈS-MELLO *60660 Oise 56 ① – 3 458 h alt. 39.*

Paris 58 – Compiègne 46 – Beauvais 32 – Chantilly 17 – Clermont 15 – Creil 11 – L'Isle-Adam 24.

Host. Le Relais du Jeu d'Arc M, à Mello, Est : 1 km ✆ 03 44 56 85 00, *Fax 03 44 56 85 19,* « Ancien relais de poste du 17e siècle » – TV ☎ ♿ – 40. AE GB.
Repas *(fermé dim. soir et lundi)* 98/165 – ☕ 42 – **10 ch** 360/460 – ½ P 320/370.

CIRQUE Voir au nom propre du Cirque.

CLAIRA *66530 Pyr.-Or. 86 ⑲ – 2 117 h alt. 10.*

Paris 850 – Perpignan 16 – Millas 34 – Narbonne 60 – Rivesaltes 10.

Baroque, 41 bis av. Agly ✆ 04 68 59 69 33, *Fax 04 68 28 60 11,* – AE GB
Repas 98 (déj.), 128/295 bc, enf. 50.

CLAIX *38 Isère 77 ④ – rattaché à Grenoble.*

CLAM *17 Char.-Mar. 71 ⑥ – rattaché à Jonzac.*

CLAMART *92 Hauts-de-Seine 60 ⑩, 101 ㉕ – voir à Paris, Environs.*

CLAMECY SP *58500 Nièvre 65 ⑮ G. Bourgogne* (plan) *– 5 284 h alt. 144.*

Voir *Église St-Martin★.*

Office de Tourisme r. Grand Marché ✆ 03 86 27 02 51.

Paris 206 – Auxerre 42 – Avallon 38 – Bourges 104 – Cosne-sur-Loire 52 – Dijon 144 – Nevers 69.

Anval ⛵ sans rest, Sud : 2 km par rte Brinon (D 23) ✆ 03 86 24 42 40, *Fax 03 86 27 06 87* – TV ☎ P. AE GB
fermé week-ends en janv. et fév. – ☕ 35 – **9 ch** 250/350.

Au Bon Accueil, 3 rte Auxerre ✆ 03 86 27 91 67 – ▤. GB
fermé 1er au 7 mars, 1er au 10 juil., 30 nov. au 6 déc., merc. soir et dim. soir de Pâques au 1er nov. – **Repas** (déj. seul. en hiver) 90/250 ♨.

CITROEN Gar. Rougeaux, av. H.-Barbusse ✆ 03 86 27 11 87 N ✆ 03 86 27 11 87
Coignet, Le Foulon, rte d'Orléans ✆ 03 86 27 19 38

CLAPIERS *34 Hérault 83 ⑦ – rattaché à Montpellier.*

Ne confondez pas :

Confort des hôtels	: ...
Confort des restaurants	: XXXXX ... X
Qualité de la table	: ✿✿✿, ✿✿, ✿,

Le CLAUX *15400 Cantal* 76 ③ – *293 h alt. 1080.*

Voir *Cascade du Sartre★ N : 4 km – Cheylade : voûte★ de l'église N : 6 km,* G. Auvergne.

Paris 519 – Aurillac 51 – Mauriac 51 – Murat 25.

Peyre-Arse, ☎ 04 71 78 93 32, *Fax 04 71 78 90 37,* ←, ⛷, 🌳 – ☎ P – 🏛 50. AE GB
Repas 70/148 🍷, enf. 45 – ☕ 40 – **29 ch** 240/280 – ½ P 270.

Les CLAUX *05 H.-Alpes* 77 ⑱ – *rattaché à Vars.*

La CLAYETTE *71800 S.-et-L.* 69 ⑰ ⑱ *G. Bourgogne – 2 307 h alt. 369.*

Voir *Château de Drée★ N : 4 km.*

ℹ *Office de Tourisme 3 rte. de Charolles ☎ 03 85 28 16 35, Fax 03 85 26 87 25.*

Paris 382 – Mâcon 55 – Charolles 20 – Lapalisse 62 – Lyon 88 – Roanne 41.

XX **Gare** avec ch, ☎ 03 85 28 01 65, *Fax 03 85 28 03 13,* 🌳, ⛱, 🌳 – TV ☎ 🚗 P. GB.
✗ rest
fermé 2 au 31 janv., dim. soir et lundi sauf juil.-août – **Repas** 102/280 🍷, enf. 62 – ☕ 38 – **8 ch** 270/400 – ½ P 260/318.

CITROEN Gar. du Midi, ☎ 03 85 28 14 08 N ☎ 03 85 28 09 11
PEUGEOT Gar. Jugnet, à Varennes-sous-Dun ☎ 03 85 28 03 60
RENAULT Gar. Hermey, ☎ 03 85 28 43 00 N ☎ 03 85 77 32 60
Ⓜ Matequip, ☎ 03 85 28 11 46

CLÉCY *14570 Calvados* 55 ⑪ *G. Normandie Cotentin – 1 182 h alt. 100.*

⛳18 *de Clécy-Cantelou ☎ 02 31 69 72 72, SO par D 133ᴬ : 4 km.*

Paris 267 – Caen 39 – Condé-sur-Noireau 10 – Falaise 29 – Flers 22 – Vire 36.

Moulin du Vey 🌿 (Annexes Manoir du Placy à 400 m et, Relais de Surosne à 3 km) - Est : 2 km par D 133 ☎ 02 31 69 71 08, *Fax 02 31 69 14 14,* ←, 🌳, « Parc au bord de l'Orne » – TV ☎ 📞 P – 🏛 100. AE ⓓ GB
fermé 30 nov. au 28 déc. et 3 au 31 janv. – **Repas** 140/380 🍷, enf. 95 – ☕ 55 – **25 ch** 410/540 – ½ P 470/500.

CLÉDEN-CAP-SIZUN *29770 Finistère* 58 ⑬ – *1 181 h alt. 30.*

Voir *Pointe de Brézellec ←★ N : 2 km,* G. Bretagne.

Paris 612 – Quimper 47 – Audierne 10 – Douarnenez 28.

X **L'Étrave,** rte Pointe du Van sur D 7 : 2 km ☎ 02 98 70 66 87, ←, 🌳 – P. GB. ✗
5 avril-27 sept., vacances de Toussaint et fermé merc. – **Repas** 90/265 🍷, enf. 40.

CLELLES *38930 Isère* 77 ⑭ – *345 h alt. 746.*

Paris 615 – Gap 74 – Die 48 – Grenoble 51 – La Mure 28 – Serres 59.

Ferrat, ☎ 04 76 34 42 70, *Fax 04 76 34 47 47,* ←, 🌳, ⛱, 🌳 – ☎ 🚗 P. GB
1ᵉʳ mars-30 nov. et fermé mardi hors saison – **Repas** 110/190 🍷, enf. 50 – ☕ 33 – **23 ch** 210/320 – ½ P 290/320.

RENAULT Gar. du Trièves, ☎ 04 76 34 40 35 N ☎ 04 76 34 40 35

CLÈRES *76690 S.-Mar.* 52 ⑭ *G. Normandie Vallée de la Seine – 1 254 h alt. 113.*

Voir *Parc zoologique★.*

ℹ *Syndicat d'Initiative 59 av. du Parc ☎ 02 35 33 38 64.*

Paris 160 – Rouen 29 – Dieppe 46 – Forges-les-Eaux 35 – Neufchâtel-en-Bray 36 – Yvetot 32.

à Frichemesnil *Nord-Est : 4 km par D 6 et D 100 – 406 h. alt. 150 – ✉ 76690 :*

XX **Au Souper Fin** avec ch, ☎ 02 35 33 33 88, *Fax 02 35 33 50 42* – TV. GB. ✗ ch
fermé 16 au 31 août, dim. soir de sept. à mars, merc. soir et jeudi – **Repas** 118 (déj.), 165/230 🍷 – ☕ 40 – **3 ch** 280/320 – ½ P 320.

CITROEN Gar. du Parc, 557 av. du Parc ☎ 02 35 33 23 21
RENAULT Clérès Autom., 153 r. des Cols Verts ☎ 02 35 33 23 19

CLERGOUX *19320 Corrèze* 75 ⑩ – *367 h alt. 520.*

Paris 496 – Brive-la-Gaillarde 47 – Mauriac 46 – St-Céré 70 – Tulle 21 – Ussel 47.

Chammard sans rest, ☎ 05 55 27 76 04, 🌳 – P. ✗
☕ 23 – **15 ch** 150/160.

CLERMONT 60600 Oise 56 ① G. Flandres Artois Picardie – 8 934 h alt. 125.

Voir *Église★ d'Agnetz O : 2 km par N 31.*

Office de Tourisme (fermé lundi et mardi) pl. de l Hôtel de Ville ✆ 03 44 50 40 25, Fax 03 44 50 40 25.

Paris 77 – Compiègne 33 – Amiens 64 – Beauvais 27 – Mantes-la-Jolie 100 – Pontoise 60.

à Gicourt-Agnetz *Ouest : 2 km – ✉ 60600 Agnetz :*

XX **Aub. de Gicourt,** N 31 ✆ 03 44 50 00 31, *Fax 03 44 50 42 29,* – AE GB
fermé 27 juil. au 17 août, vacances de fév., merc. soir, dim. soir et lundi – **Repas** 106/192 bc, enf. 60.

à Étouy *Nord-Ouest : 7 km par D 151 – 814 h. alt. 85 – ✉ 60600 :*

XXX **L'Orée de la Forêt** (Leclercq) avec ch, ✆ 03 44 51 65 18, *Fax 03 44 78 92 11,* parc – P. AE GB.
✿ *fermé 16 août au 15 sept., dim. soir, soirs fériés et vend.* – **Repas** 100/350 et carte 330 à 410 – 30 – **4 ch** 130/210
Spéc. Escalopes de foie gras poêlées, navets confits aigre doux. Pigeonneau rôti, jus de badiane. Millefeuille vanillé.

FORD Cler'Auto Services, 75 r. du Gén.-de-Gaulle ✆ 03 44 50 28 17
RENAULT Gar. Socla, 1 av. des Déportés ✆ 03 44 50 82 00 N ✆ 06 07 65 51 45
Euromaster, 64 r. de Paris ✆ 03 44 78 51 36

CLERMONT-EN-ARGONNE *55120 Meuse 56 ⑳ G. Champagne – 1 794 h alt. 229.*

Paris 236 – Bar-le-Duc 50 – Dun-sur-Meuse 40 – Ste-Menehould 15 – Verdun 29.

XX **Bellevue** avec ch, r. Libération ✆ 03 29 87 41 02, *Fax 03 29 88 46 01,* – TV ☎ P. AE GB, ch
fermé 23 déc. au 5 janv. – **Repas** 80/240 ♀, enf. 45 – 38 – **7 ch** 230/280 – ½ P 250/280.

CLERMONT-FERRAND P *63000 P.-de-D. 73 ⑭ G. Auvergne – 136 181 h Agglo. 254 416 h alt. 401.*

Voir *Le Vieux Clermont★★* **EFVX** *: Basilique de N.-D.-du-Port★★ (choeur★★★), Cathédrale★★ (vitraux★★), fontaine d'Amboise★, cour★ de la maison de Savaron* **EV** *– Cour★ dans le Musée du Ranquet* **EV M**[1] *– Musée Bargoin★* **FX** *– Le Vieux Montferrand★★ : Hôtel de Lignat★, Hôtet de Fontenilhes★, Maison de l'Éléphant★, cour★ de l'hôtel Regin, porte★ de l'hôtel d'Albiat, bas-relief★ de la Maison d'Adam et d'Ève – Musée des Beaux-Arts★★ – Belvédère de la D 941*[A] *★★* **AY.**

Env. *Puy de Dôme ★★★ 15 km par ⑥.*

18 *des Volcans à Orcines ✆ 04 73 62 15 51, par ⑥ : 9 km;* 9 *de Charade à Royat ✆ 04 73 35 73 09 par D 941*[C]*, D 5, D 5*[F] **A.**

Circuit automobile de Clermont-Ferrand-Charade AZ.

de Clermont-Ferrand-Aulnat : ✆ 04 73 62 71 00 par D 766 **CY** *: 6 km.*

Office de Tourisme Pl. de la Victoire ✆ 04 73 98 65 00, Fax 04 73 90 04 11 à la Gare SNCF ✆ 04 73 91 87 89 et (saison) pl. de Jaude – Automobile Club d'Auvergne 3 r. Nicolas Joseph Cugnot ✆ 04 73 98 16 80, Fax 04 73 98 16 88.

Paris 422 ② – Bordeaux 362 ⑥ – Grenoble 299 ③ – Lyon 171 ③ – Marseille 477 ③ – Montpellier 341 ④ – Moulins 102 ① – Nantes 461 ⑥ – St-Étienne 148 ③ – Toulouse 374 ④.

Plans pages suivantes

Mercure Gergovie M, 82 bd F. Mitterrand ✆ 04 73 34 46 46, *Fax 04 73 34 46 36* – ch, TV ☎ – 100. AE GB. rest **EX v**
La Retirade *(fermé sam. midi)* **Repas** *(85)*-120/195, enf. 49 – 55 – **123 ch** 520/620.

Novotel M, Z.I. du Brézet, r. G. Besse ✉ 63100 ✆ 04 73 41 14 14, *Fax 04 73 41 14 00,* – TV ☎ P – 100. AE GB **CY a**
Repas 99/158 ♀, enf. 50 – 56 – **96 ch** 475/530.

Arverne, pl. Delille ✆ 04 73 91 92 06, *Fax 04 73 91 60 25,* – rest, TV ☎ – 100. AE GB JCB **FV m**
Repas 98 (déj.), 130/260 – 52 – **57 ch** 430/480.

Coubertin M, 25 av. Libération ✆ 04 73 93 22 22, *Fax 04 73 34 88 66,* – TV ☎ – 120. AE GB JCB **EX m**
Repas *(fermé sam. soir et dim.) (68)* - 88 (déj.)/120 – 60 – **81 ch** 390/445 – ½ P 300/330.

Holiday Inn Garden Court M, 59 bd F. Mitterrand ✆ 04 73 93 58 58, *Fax 04 73 35 58 47* – TV ☎ P – 100. AE GB JCB **EX a**
Repas 85/95, enf. 38 – 55 – **95 ch** 390.

Lafayette sans rest, 53 av. Union Soviétique ✆ 04 73 91 82 27, *Fax 04 73 91 17 26* – TV ☎ P. AE GB **GV a**
35 – **50 ch** 290/330.

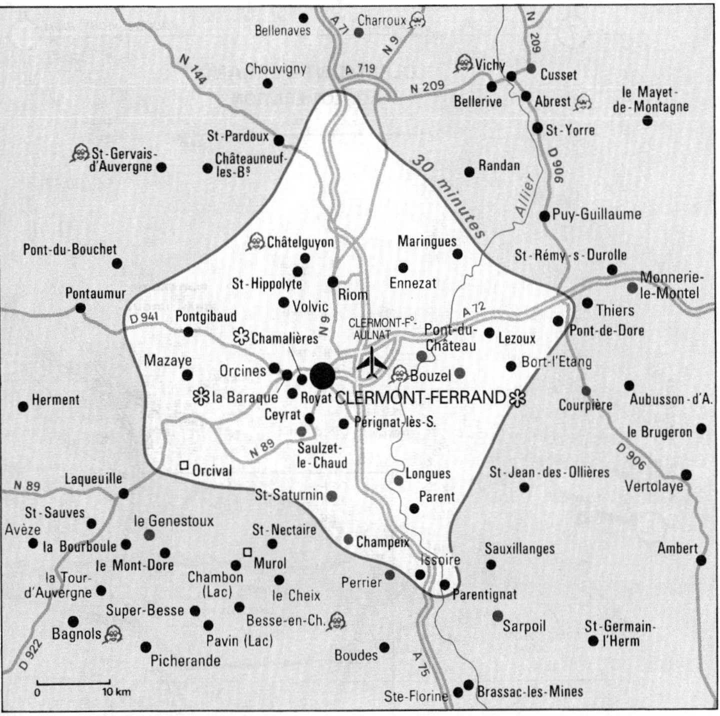

Dav'Hôtel Jaude Ⓜ sans rest, 10 r. Minimes ☎ 04 73 93 31 49, *Fax 04 73 34 38 16* – ⛓ TV ☎ 📞. AE GB — EV f
☕ 35 – **28 ch** 260/290.

République Ⓜ, 97, av. République ✉ 63100 ☎ 04 73 91 92 92, *Fax 04 73 90 21 88*, ☂ – ⛓ ⇌ TV ☎ ♿ 🚗 P – 🎓 50. AE ⊙ GB — BY n
Repas *(fermé dim.)* 90/170 ♀, enf. 40 – ☕ 40 – **55 ch** 285/300 – ½ P 250.

Parc Ⓜ, rd-pt La Pardieu ☎ 04 73 27 47 47, *Fax 04 73 28 01 24*, ☂ – ⛓ TV ☎ 📞 ♿ P – 🎓 25. GB — CZ r
Repas brasserie *(fermé sam. soir et dim.)* 58/120 ♀ – ☕ 30 – **38 ch** 220/250 – ½ P 200.

Gallieni, 51 r. Bonnabaud ☎ 04 73 93 59 69, *Fax 04 73 34 89 29* – ⛓ TV ☎ 🚗 – 🎓 50. AE ⊙ GB — EX t
Repas brasserie *(fermé sam. midi et dim.)* 89 ♀, enf. 39 – ☕ 40 – **80 ch** 220/350 – ½ P 260.

Marmotel, Plateau St-Jacques près du CHRU, bd W. Churchill ☎ 04 73 26 24 55, *Fax 04 73 27 99 57*, ☂, 🏋 – ⛓ TV ☎ 📞 ♿ P – 🎓 160. AE ⊙ GB — BZ h
Repas (snack) 91/250 bc, enf. 39 – ☕ 40 – **86 ch** 285/360 – ½ P 260.

Primevère Ⓜ, Z.I. du Brézet, r. G. Besse ✉ 63100 ☎ 04 73 92 34 24, *Fax 04 73 90 95 90*, ☂ – ⛓ ⇌ TV ☎ 📞 ♿ P – 🎓 40. AE ⊙ GB — CY x
Repas *(65)* - 85/115 ♀, enf. 46 – ☕ 37 – **44 ch** 290.

Bordeaux sans rest, 39 av. F. Roosevelt ☎ 04 73 37 32 32, *Fax 04 73 31 40 56* – ⛓ TV ☎ 📞 🚗. AE GB — DX w
☕ 29 – **32 ch** 235/290.

Ravel sans rest, 8 r. Maringues ☎ 04 73 91 51 33, *Fax 04 73 92 28 48* – TV ☎. GB. ✗
fermé août – ☕ 30 – **22 ch** 150/220. — GV t

Floride II sans rest, cours R. Poincaré ☎ 04 73 35 00 20, *Fax 04 73 34 89 96* – ⛓ TV ☎ P. GB — FX e
☕ 28 – **29 ch** 190.

Albert-Élisabeth sans rest, 37 av. A. Élisabeth ☎ 04 73 92 47 41, *Fax 04 73 90 78 32* – ⛓ TV ☎ 📞. AE ⊙ GB — GV v
☕ 30 – **38 ch** 200/280.

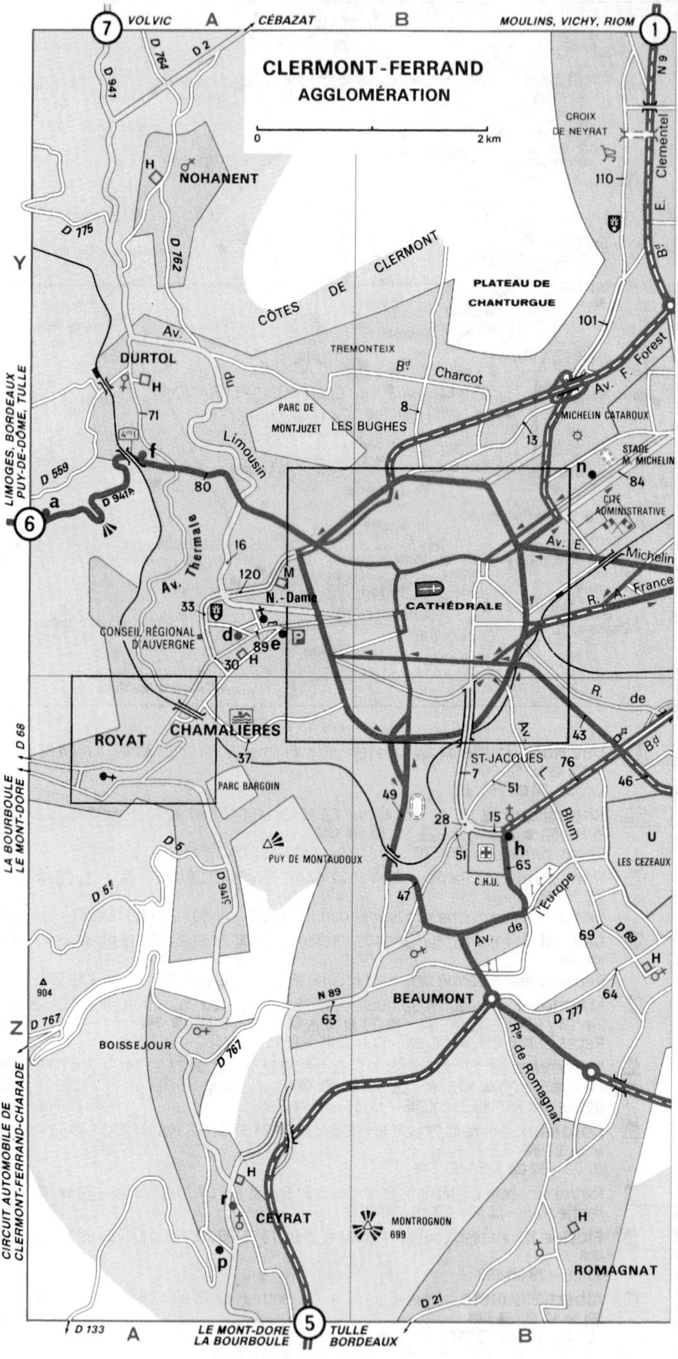
CLERMONT-FERRAND
AGGLOMÉRATION
0
2 km
VOLVIC
CÉBAZAT
MOULINS, VICHY, RIOM
A
B
Y
Z
NOHANENT
CÔTES DE CLERMONT
PLATEAU DE CHANTURGUE
CROIX DE NEYRAT
TREMONTEIX
DURTOL
PARC DE MONTJUZET
LES BUGHES
MICHELIN CATAROUX
STADE M. MICHELIN
CITÉ ADMINISTRATIVE
N.-Dame
CATHÉDRALE
CONSEIL RÉGIONAL D'AUVERGNE
ROYAT
CHAMALIÈRES
PARC BARGOIN
ST-JACQUES
PUY DE MONTAUDOUX
C.H.U.
LES CEZEAUX
BEAUMONT
BOISSEJOUR
CEYRAT
MONTROGNON 699
ROMAGNAT
LIMOGES, BORDEAUX PUY-DE-DÔME, TULLE
LA BOURBOULE LE MONT-DORE
CIRCUIT AUTOMOBILE DE CLERMONT-FERRAND-CHARADE
LE MONT-DORE LA BOURBOULE
TULLE BORDEAUX
Av. Thermale
Av. du Limousin
Bd Charcot
Av. F. Forest
Av. E. Michelin
R. A. France
Bd E. Clementel
Av. L. Blum
Av. de l'Europe
Rte de Romagnat

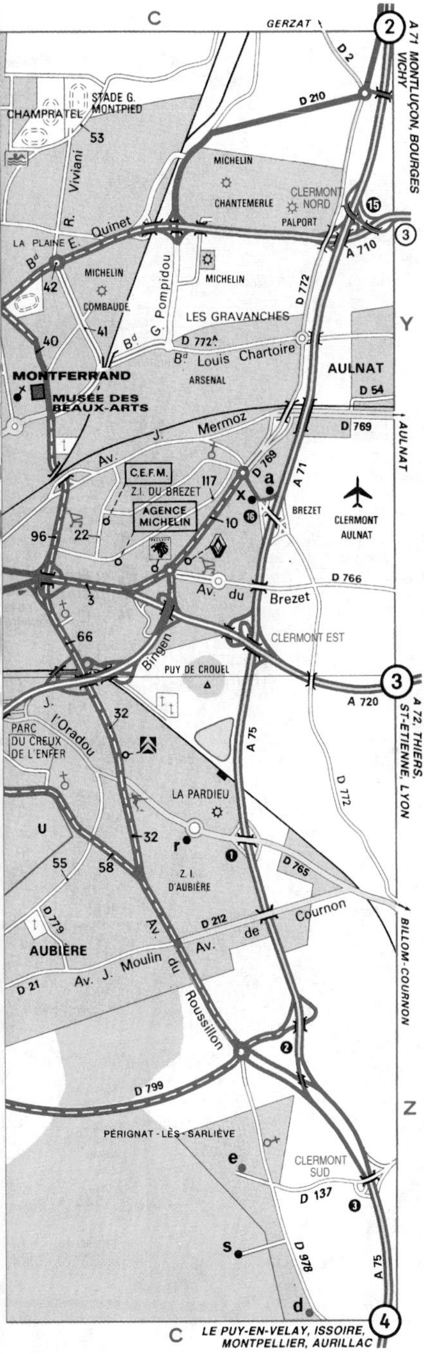

AUBIÈRE

Cournon (Av. de) . . . . **CZ**
Maerte (Av. R.) . . . . **CZ** 55
Mont-Mouchet (Av. du) . . . **BZ** 64
Moulin (Av. Jean) . . . . **CZ**
Noellet (Av. J.). . . . . **BZ** 69
Roussillon (Av. du) . . . . **CZ**

BEAUMONT

Europe (Av. de l') . . . . **BZ**
Leclerc (Av. du Gén.) . . . . . **BZ** 47
Mont-Dore (Av. du) . . . . . **ABZ** 63
Romagnat (Rte de) . . . . **BZ**

CHAMALIÈRES

Claussat (A. J.) . . . . **AY** 16
Europe (Carref. de l') . . . . . **AY** 30
Fontmaure (Av. de). . . . . . . **AY** 33
Gambetta (Bd) . . . . **AZ** 37
Royat (Av. de) . . . . **AY** 89
Voltaire (R.) . . . . **AY** 120
Thermale (Av.). . . . . **AY**

CLERMONT-FERRAND

Agriculture (Av. de l') . . . . . **CY** 3
Anatole-France (R.) . . . . . . **BY**
Bernard (Bd Cl.) . . . . **BZ** 7
Bingen (Bd J.) . . . . **BCYZ**
Blanzat (R. de). . . . . **BY** 8
Blériot (R. L.). . . . . **CY** 10
Blum (Av. L.) . . . . **BZ**
Brezet (Av. du) . . . . **CY**
Champfleuri (R. de) . . . . . . **BY** 13
Charcot (Bd) . . . . **BY**
Churchill (Bd Winston). . . . **BZ** 15
Clementel (Bd E.) . . . . **BY**
Cugnot (R. N.-J.). . . . . **CY** 22
Dunant (Pl. H.). . . . . **BZ** 28
Flaubert (Bd G.). . . . . **CZ** 32
Forest (Av. F.) . . . . **BY**
Jouhaux (Bd L.). . . . . **CY** 40
Kennedy (Bd J.-F.) . . . . **CY** 41
Kennedy (Carref.) . . . . **CY** 42
La Fayette (Bd) . . . . **BZ** 43
Landais (Av. des) . . . . **BCZ** 46
Libération (Av. de la). . . . . . **BZ** 49
Limousin (Av. du) . . . . **AY**
Liondards (Av. des). . . . . . . **BZ** 51
Mabrut (R. A.). . . . . **CY** 53
Margeride (Av. de la) . . . . . **CZ** 58
Mermoz (Av. J.) . . . . **CY**
Michelin (Av. Edouard). . . . **BY**
Montalembert (R.) . . . . **BZ** 65
Moulin (Bd Jean) . . . . **CY** 66
Oradou (R. de l'). . . . . **BCZ**
Pochet-Lagaye (Bd P.) . . . . **BZ** 76
Pompidou (Bd G.). . . . . **CY**
Puy-de-Dôme (Av. du) . . . . **AY** 80
Quinet (Bd E.) . . . . **CY**
République (Av. de la) . . . . **BY** 84
St-Jean (Bd). . . . . **CY** 96
Sous-les-Vignes (R.). . . . . . **BY** 101
Torpilleur Sirocco (R. du) . . **BY** 110
Verne (R. Jules) . . . . **CY** 117
Viviani (R.) . . . . **CY**

DURTOL

Paix (Av. de la). . . . . **AY** 71

Pour un bon usage des plans de villes, voir les signes conventionnels dans l'introduction

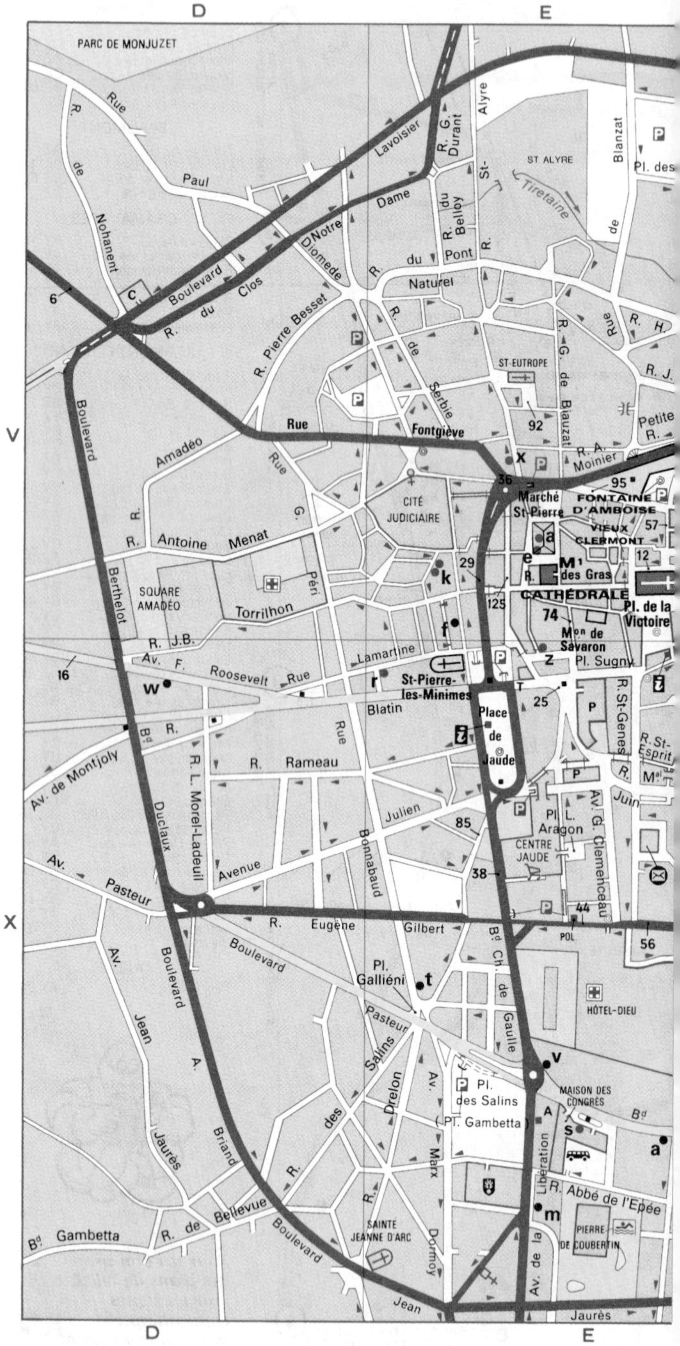
D
E
V
X
PARC DE MONJUZET
Rue Paul Lavoisier
R. de Nohanent
R. G. Durant
Alyre
St-
ST ALYRE
Tiretaine
Blanzat
Pl. des
R. du Belloy
Notre Dame
Diomède
Boulevard du Clos
R. Pierre Besset
R. du Pont Naturel
R. de Serbie
ST-EUTROPE
R. G. de Biauzat
Rue de
R. H.
R. J.
Petite R.
92
R. A. Moinier
Fontgiève
Rue
Boulevard Berthelot
R. Amadéo
Rue G. Péri
CITÉ JUDICIAIRE
Marché St-Pierre
FONTAINE D'AMBOISE
VIEUX CLERMONT
95
57
12
R. Antoine Menat
SQUARE AMADÉO
Torrilhon
29
125
R. des Gras
CATHÉDRALE
Pl. de la Victoire
74
Mon de Savaron
Pl. Sugny
R. J.B.
Av. F. Roosevelt
Rue Lamartine
St-Pierre-les-Minimes
Place de Jaude
Rue Blatin
25
R. St-Genès
R. St-Esprit
R. Mal Juin
16
Av. de Montjoly
Bd R.
R. L. Morel-Ladeuil
R. Rameau
Julien
85
Avenue
Bonnabaud
Pl. L. Aragon
CENTRE JAUDE
Av. G. Clemenceau
38
44
POL
56
Duclaux
Av. Pasteur
R. Eugène Gilbert
Boulevard Pasteur
Pl. Galliéni
Bd Ch. de Gaulle
HÔTEL-DIEU
Av. Jean Jaurès
Boulevard A. Briand
R. des Salins
Drelon
Av. Marx Dormoy
Pl. des Salins
(Pl. Gambetta)
MAISON DES CONGRÈS
Bd
Av. de la Libération
R. Abbé de l'Epée
PIERRE DE COUBERTIN
R. de Bellevue
Bd Gambetta
SAINTE JEANNE D'ARC
Boulevard Jean Jaurès
Jaurès
6
c
x
a
e
M1
k
f
z
r
w
t
v
s
m
36
P
D
E

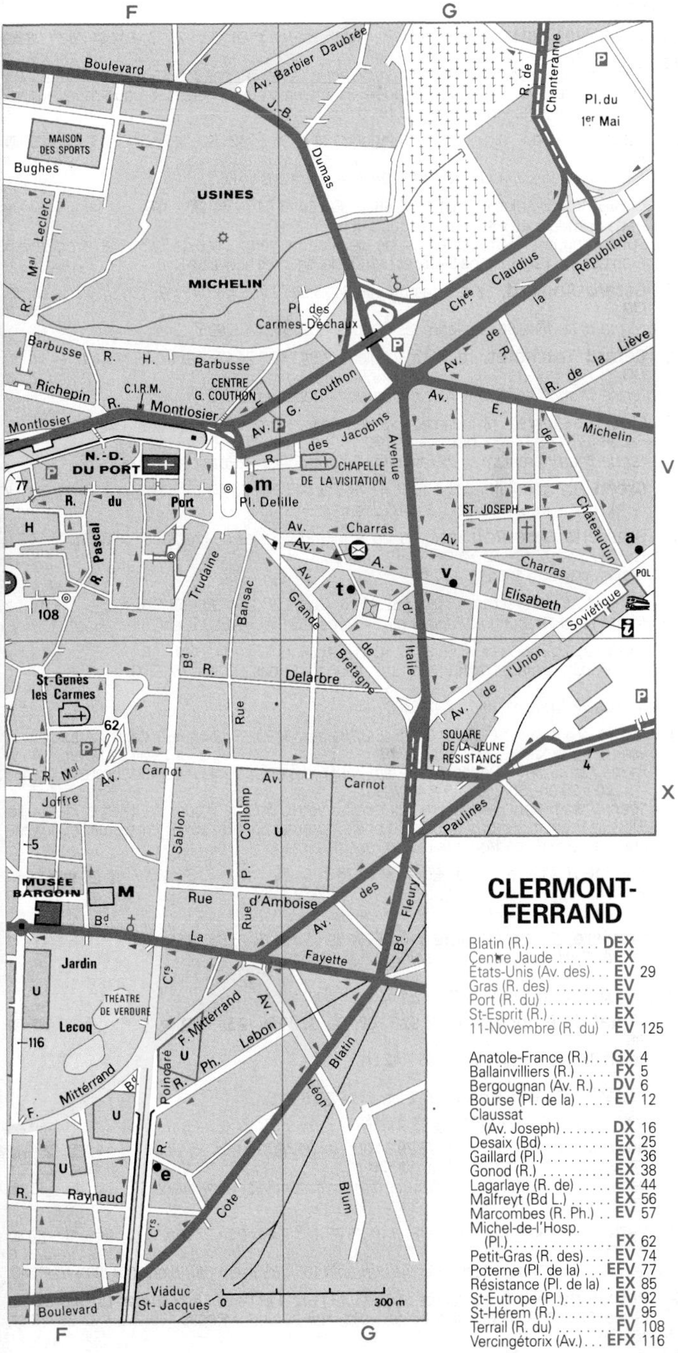

CLERMONT-FERRAND

Blatin (R.) . . . . **DEX**
Centre Jaude . . . . **EX**
États-Unis (Av. des) . . . **EV** 29
Gras (R. des) . . . . **EV**
Port (R. du) . . . . **FV**
St-Esprit (R.) . . . . **EX**
11-Novembre (R. du) . **EV** 125

Anatole-France (R.) . . . **GX** 4
Ballainvilliers (R.) . . . . . **FX** 5
Bergougnan (Av. R.) . . **DV** 6
Bourse (Pl. de la) . . . . . **EV** 12
Claussat
(Av. Joseph) . . . . **DX** 16
Desaix (Bd) . . . . **EX** 25
Gaillard (Pl.) . . . . **EV** 36
Gonod (R.) . . . . **EX** 38
Lagarlaye (R. de) . . . . . **EX** 44
Malfreyt (Bd L.) . . . . . . **EX** 56
Marcombes (R. Ph.) . . **EV** 57
Michel-de-l'Hosp.
(Pl.) . . . . **FX** 62
Petit-Gras (R. des) . . . . **EV** 74
Poterne (Pl. de la) . . . **EFV** 77
Résistance (Pl. de la) . **EX** 85
St-Eutrope (Pl.) . . . . . . **EV** 92
St-Hérem (R.) . . . . **EV** 95
Terrail (R. du) . . . . **FV** 108
Vercingétorix (Av.) . . . **EFX** 116

XXX **Jean-Yves Bath**, pl. Marché St-Pierre (1er étage) ✆ 04 73 31 23 23, *Fax 04 73 31 08 33*, terrasse – ▤. AE GB — EV a
✿ *fermé 1er au 15 sept., 4 au 25 fév., dim., lundi et fériés* – **Repas** 250/350 et carte 310 à 360 ♀
Spéc. Soupe au chou et foie gras poêlé. Sandre en croûte d'herbes. Croque-monsieur aux griottes (mai-juin). **Vins** Boudes, Côtes d'Auvergne.

XXX **Vacher**, 69 bd F. Mitterrand (1er étage) ✆ 04 73 93 13 32, *Fax 04 73 34 07 13* – ▤. AE ⓓ GB JCB — EX s
fermé sam. en juil.-août – **Repas** 100/160 et carte 200 à 260 ♀.

XXX **Clavé**, 10 r. St-Adjutor ✆ 04 73 36 46 30, *Fax 04 73 31 30 74*, terrasse – GB — EV k
✿ **Repas** 110 (déj.), 165/390 et carte 300 à 400 ♀, enf. 80
Spéc. Langoustines rôties en salade de haricots verts. Filet de Saint-Pierre poêlé aux mousserons. Faux-filet de Salers et ragoût de légumes nouveaux.

XX **Gérard Anglard**, 17 r. Lamartine ✆ 04 73 93 52 25, *Fax 04 73 93 29 25*, terrasse – ▤. AE GB — EX r
fermé 10 au 16 août, dim. et fériés – **Repas** 110 (déj.), 170/290 ♀.

XX **Gérard Truchetet**, rd-pt La Pardieu ✆ 04 73 27 74 17, *Fax 04 73 27 74 17* – ▤ P. GB — CZ r
fermé 1er au 23 août, sam. midi et dim. soir – **Repas** 100/220 ♀.

X **Clos St-Pierre**, pl. Marché St-Pierre (rez-de-chaussée) ✆ 04 73 31 23 22, *Fax 04 73 31 08 33*, terrasse, bistrot – ▤. GB — EV e
fermé 1er au 15 sept., 4 au 25 fév., dim., lundi et fériés – **Repas** carte 150 à 230 ♀.

X **Green**, 10 r. St-Adjutor ✆ 04 73 36 47 78, *Fax 04 73 31 30 74*, terrasse – GB — EV k
fermé dim. – **Repas** 58 (déj.), 90/150 ♀, enf. 35.

X **Brasserie Gare Routière**, 69 bd F. Mitterrand (rez-de-chaussée) ✆ 04 73 93 13 32, *Fax 04 73 34 07 13* – AE ⓓ GB JCB — EX s
Bib **Repas** carte 80 à 160 ♀.

X **Terroir**, 16 r. Préfecture ✆ 04 73 37 47 13, *Fax 04 73 37 47 13* – AE GB — EVX z
Bib *fermé 14 au 17 août, lundi soir et dim.* – **Repas** 52 (déj.), 76/99 ♀, enf. 36.

X **5 Claire**, 5 r. Ste-Claire ✆ 04 73 37 10 31, *Fax 04 73 37 10 31* – GB — EV x
fermé août, vacances de fév., dim. soir et lundi – **Repas** 95 (déj.), 130/200.

à Chamalières *17 301 h. alt. 450* – ✉ *63400* :

Radio (calme), 43 av. P.-Curie ✆ 04 73 30 87 83, *Fax 04 73 36 42 44*, ≤, « Cadre "Art Déco" », jardin – ascenseur TV ☎ ✆ P – salle 60. AE ⓓ GB — Plan de Royat B w
✿ *fermé 2 au 30 janv.* – **Repas** *(fermé dim. sauf fériés et lundi midi)* 160/460 et carte 250 à 450 – ☕ 60 – **25 ch** 250/750 – ½ P 400/590
Spéc. "Pyramidion" de homard aux lentilles vertes du Puy, frisons de céleri et de basilic. Filets de rougets bretons et foie gras poêlé, pommes confites aux aromates. Jarret de veau braisé au pied de cochon puis rôti en robe d'épices.

Europe H. sans rest, 29 av. Royat ✆ 04 73 37 61 35, *Fax 04 73 31 16 59* – ascenseur TV ☎ ✆ garage. ⓓ GB — AY e
☕ 41 – **34 ch** 248/350.

X **Gravière**, 22 r. Pont Gravière ✆ 04 73 36 99 35, *Fax 04 73 36 99 35* – GB — AY d
fermé 20 juil. au 25 août, dim. soir et lundi – **Repas** 125.

à l'aéroport d'Aulnat *par D 769* CY – ✉ *63610 Aulnat* :

Climat de France, ✆ 04 73 92 72 02, *Fax 04 73 90 12 33* – TV ☎ ♿ P – salle 25. AE ⓓ GB
Repas 87/120 ♀, enf. 39 – ☕ 35 – **42 ch** 275.

à Pérignat-lès-Sarliève *8 km* – *1 716 h. alt. 364* – ✉ *63170* :

Voir *Plateau de Gergovie*★ : ❋★★ *S : 8 km.*

Host. St-Martin (calme), ✆ 04 73 79 81 00, *Fax 04 73 79 81 01*, ≤, terrasse, « Parc », piscine, tennis – ascenseur TV ☎ ✆ ♿ P – salle 100 à 150. AE ⓓ GB — CZ s
Repas *(fermé 26 déc. au 31 janv. et dim. soir de nov. à mars)* 110/265 ♀ – ☕ 45 – **35 ch** 370/670 – ½ P 340/490.

XX **Petit Bonneval** avec ch, D 978 ✆ 04 73 79 11 11, *Fax 04 73 79 19 98*, ≤, terrasse, jardin – TV ☎ P. GB — CZ d
fermé 1er au 15 janv. – **Repas** *(fermé dim. soir)* 105/285 ♀ – ☕ 35 – **6 ch** 200/280 – ½ P 240.

XX **Pescalune** avec ch, r. J. Jaurès ✆ 04 73 79 11 22, *Fax 04 73 79 09 30* – ☎. AE GB — CZ e
fermé 3 au 24 août, vacances de fév., dim. soir et lundi – **Repas** 100/220 – ☕ 28 – **3 ch** 180/200.

rte de La Baraque *vers ⑥ – ✉ 63830 Durtol :*

XXXX ✿ **Bernard Andrieux,** ✆ 04 73 37 00 26, *Fax 04 73 36 95 25* – ▤ P. AE GB JCB. ✗
fermé 27/4 au 3/5, 1 au 15/8, vacances de fév., sam. midi et dim. du 15/6 au 1/11, dim. soir et lundi hors saison – **Repas** *(130)* - 175/450 et carte 340 à 450 AY f
Spéc. Canneloni de filet de rouget au basilic. Paquet de ris de veau farci au foie gras. Foie chaud de canard aux griottes (avril-mai).

XXX **L'Aubergade,** ✆ 04 73 37 84 64, *Fax 04 73 30 95 57,* ☂, ☂ – P. GB JCB AY a
fermé 1er au 21 mars, 1er au 15 sept., dim. soir et lundi – **Repas** 132/250 et carte 250 à 360 ♀.

à La Baraque *par ⑥ : 7 km – ✉ 63870 Orcines :*

🏠 ⊗ **Relais des Puys,** ✆ 04 73 62 10 51, *Fax 04 73 62 22 09,* ☂, ☂ – TV ☎ ✆ P. AE GB
fermé 12 déc. au 31 janv., dim. soir du 15 sept. au 15 juin et lundi midi – **Repas** *(65)* - 80/180 ♀, enf. 48 – ☕ 35 – **25 ch** 190/310 – ½ P 215/280.

à Orcines *par ⑥ : 8 km – 2 873 h. alt. 810 – ✉ 63870 :*

🏠 ⊗ **Host. les Hirondelles,** ✆ 04 73 62 22 43, *Fax 04 73 62 19 12,* ☂ – TV ☎ ✆ ♿ P – 🏛 25. GB
fermé fév. – **Repas** 80/175 ♀, enf. 47 – ☕ 32 – **18 ch** 210/280 – ½ P 225/240.

MICHELIN, Agence, r. J.-Verne, ZI du Brézet **CY** *plan agglomération* ✆ 04 73 91 29 31
MICHELIN, Centre d'Echanges et de Formation r. Cugnot, ZI du Brézet **CY** *plan d'agglomération* ✆ 04 73 23 53 00
MICHELIN, Compétition, r. Jules Verne, ZI du Brézet ✆ 04 73 90 77 34
MICHELIN, Division Commerciale France, r. Cugnot, ZI du Brézet ✆ 04 73 23 92 00

ALFA-ROMEO, FIAT Gar. de la Source, bd J.-Moulin ✆ 04 73 91 02 02
AUDI, VOLKSWAGEN Carnot Centre, 10 r. Bien-Assis ✆ 04 73 98 01 10
AUDI, VOLKSWAGEN Carnot Sud, 86 av. de Cournon à Aubière ✆ 04 73 60 74 80
BMW Gar. Gergovie, N 9 à La Roche Blanche ✆ 04 73 79 11 41 N ✆ 08 00 00 16 24
CITROEN Succursale, 111 bd Gustave Flaubert ✆ 04 73 28 61 61 N ✆ 04 73 40 16 54
FORD Gar. Dugat, 23 av. Agriculture ✆ 04 73 91 17 67
FORD Gar. Montjoly Auto, 93 av. de Royat à Chamalières ✆ 04 73 36 69 99
HONDA Gar. des Bughes, 18 av. Mar.-Leclerc ✆ 04 73 98 25 50
LADA, SEAT Hall de l'Auto, 36 av. de Cournon ZI à Aubière ✆ 04 73 26 34 48
MERCEDES Centre Étoile Autom., 33 av. du Roussillon à Aubière ✆ 04 73 26 34 50 N ✆ 08 00 24 24 30
PEUGEOT Clermontoise automobile, 27 av. du Brézet ✆ 04 73 98 03 06 N ✆ 06 09 10 26 81
RENAULT Succursale, ZI du Brézet, r. Blériot ✆ 04 73 42 75 75 N ✆ 08 00 05 15 15
ROVER Clermont Car Company, 11-13 bd G.-Flaubert ✆ 04 73 92 43 39

Ⓜ Dome pneus, 43 r. Jules Verne ✆ 04 73 91 30 30
Euromaster, 238 bd Clémentel ✆ 04 73 23 15 15
Euromaster, 80 av. du Brézet ✆ 04 73 92 13 50
Euromaster, r. Gutenberg, ZI du Brézet ✆ 04 73 91 10 20 N ✆ 04 76 29 55 49
Vincent Pneus, 123 av. de la République ✆ 04 73 92 75 19
Vulco, 65 av. du Brézet ✆ 04 73 91 39 30
Vulco, 15 r. Dr Nivet ✆ 04 73 92 12 48

CLERMONT-L'HÉRAULT *34800 Hérault* 83 ⑤ *G. Gorges du Tarn – 6 041 h alt. 92.*

Voir *Église St-Paul★.*

ℹ *Office de Tourisme 9 r. R.-Gosse* ✆ *04 67 96 23 86, Fax 04 67 96 98 58.*

Paris 718 – Montpellier 41 – Béziers 46 – Lodève 19 – Pézenas 21 – St-Pons-de-Thomières 75 – Sète 43.

🏠 **Sarac,** rte Béziers ✆ 04 67 96 06 81, *Fax 04 67 88 07 30,* ☂ – ✈ TV ☎ ✆ P. GB. ✗ rest
Repas *(fermé 20 au 30 nov., fin déc. à mi-janv., sam. midi, dim. sauf fêtes et le soir en saison et jeudi midi)* 98/159 ♀, enf. 65 – ☕ 39 – **22 ch** 250 – ½ P 280.

à St-Guiraud *Nord : 7,5 km par N 9, N 109 et D 130E – 171 h. alt. 120 – ✉ 34725 :*

XX **Mimosa,** ✆ 04 67 96 67 96, *Fax 04 67 96 61 15,* ☂ – ▤. GB. ✗
27 fév.- 2 nov. et fermé dim. soir sauf juil.-août et lundi sauf fériés le midi – **Repas** 175 (déj.)/295 ♀.

à St-Saturnin-de-Lucian *Nord : 10 km par N 9, N 109 et D 130E – 199 h. alt. 150 – ✉ 34725 :*

🏠 **Ostalaria Cardabela** sans rest, 10 pl. Fontaine ✆ 04 67 88 62 62, *Fax 04 67 88 62 82* – ☎. GB. ✗
27 fév.-2 nov. – ☕ 50 – **8 ch** 350/480.

PEUGEOT Gar. Ryckwaert, rte de Montpellier N 9 ✆ 04 67 96 07 31 N ✆ 04 67 96 07 31
RENAULT Diffusion Auto Clermontaise, rte de Montpellier ✆ 04 67 96 03 42 N ✆ 04 67 96 03 42

Ⓜ Ayme Pneus, av. de Montpellier ✆ 04 67 96 00 62

CLICHY *92 Hauts-de-Seine* 55 ⑳, 101 ⑮ – *voir à Paris, Environs.*

CLIMBACH *67510 B.-Rhin* 57 ⑲ – *480 h alt. 347.*

Paris 476 – Strasbourg 64 – Bitche 39 – Haguenau 31 – Wissembourg 9.

XX **Cheval Blanc** avec ch, ✆ 03 88 94 41 95, *Fax 03 88 94 21 96* – TV ☎ P. GB
fermé 1er au 10 juil., 15 janv. au 15 fév., mardi soir et merc. – **Repas** 95/165, enf. 50 – ☕ 37 – **12 ch** 265/315 – ½ P 285/305.

X **A L'Ange** avec ch, ✆ 03 88 94 43 72 – ☎ P. ch
fermé 5 au 20 août et 11 nov. au 10 déc. – **Repas** *(fermé merc. soir et jeudi)* 95/150 ♀ – ☕ 30 – **15 ch** 170/200 – ½ P 200.

CLISSON *44190 Loire-Atl.* 67 ④ *G. Poitou Vendée Charentes* – *5 495 h alt. 34.*

Voir *Site*★.

Office de Tourisme 6 pl. Trinité ✆ 02 40 54 02 95, Fax 02 40 54 07 77 et (mai-sept.) pl. du Minage ✆ 02 40 54 39 56.

Paris 384 ① – Nantes 29 ① – Niort 129 ③ – Poitiers 150 ② – La Roche-sur-Yon 53 ③.

CLISSON

Bertin (R.)	2
Cacault (R.)	3
Clisson (R. O. de)	4
Dr-Boutin (R.)	6
Dimerie (R. de la)	7
Grand-Logis (R. du)	8
Halles (R. des)	12
Leclerc (Av. Gén.)	13
Nid-d'Oie (Pont de)	14
Nid-d'Oie (Rte de)	16
St-Jacques (R.)	18
Trinité (Gde-R. de la)	22
Vallée (R. de la)	23

Ne cherchez pas au hasard un hôtel agréable et tranquille mais consultez les cartes de l'introduction.

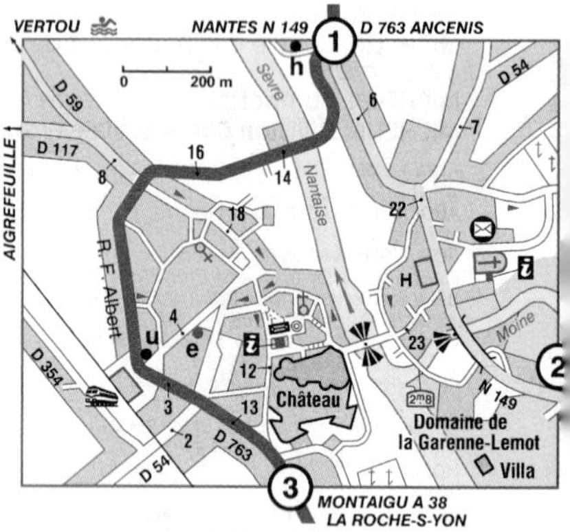

Gare, pl. Gare **(u)** ✆ 02 40 36 16 55, *Fax 02 40 54 40 85* – rest, TV ☎. GB. rest
fermé vend. soir en hiver et dim. soir – **Repas** (50) - 66/166 ♀, enf. 45 – ☕ 37 – **35 ch** 190/320 – ½ P 210/270.

XXX **Bonne Auberge** (Poiron), 1 r. O. de Clisson **(e)** ✆ 02 40 54 01 90, *Fax 02 40 54 08 48,* – AE GB
fermé 10 au 31 août, 15 au 28 fév., dim. soir et lundi – **Repas** 98 (déj.), 168/430 et carte 330 à 420 ♀
Spéc. Paupiette de ris de veau aux écrevisses. Filet de sandre au four, sauce crème d'huîtres. Croustillant de cèpes et foie gras (sept. à nov.). **Vins** Muscadet, Anjou.

X **Aub. de la Cascade** avec ch, 28 rte Gervaux **(h)** ✆ 02 40 54 02 41, *Fax 02 40 54 02 41,* ≤, – P. AE GB
fermé 2 au 8 nov. et 18 au 31 janv. – **Repas** *(fermé dim. soir et lundi)* 68/165 ♀ – ☕ 26 – **10 ch** 140/240.

à Gétigné *par ② : 3 km – 2 912 h. alt. 26 – ✉ 44190 :*

XX **Gétignière,** 3 r. Navette ✆ 02 40 36 05 37, *Fax 02 40 54 24 76* – GB
fermé 17 août au 6 sept., vacances de fév., mardi soir hors saison, dim. soir et merc. – **Repas** 75 (déj.), 115/235 ♀.

CITROEN Gar. Méchinaud, par D54 ✆ 02 40 54 41 10

Euromaster, à Gétigné ✆ 02 40 36 12 82

Les **guides Rouges**, les **guides Verts** et les **cartes Michelin** sont complémentaires. Utilisez-les ensemble.

CLOHARS-FOUESNANT *29 Finistère* 58 ⑮ – *rattaché à Bénodet.*

CLOYES-SUR-LE-LOIR *28220 E.-et-L.* 60 ⑯ ⑰ *G. Châteaux de la Loire – 2 593 h alt. 97.*

Voir *Montigny-le-Gannelon : château★ N : 2 km.*

Office de Tourisme 11 pl. Gambetta ✆ 02 37 98 55 27.

Paris 143 – Orléans 62 – Blois 54 – Chartres 56 – Châteaudun 12 – Le Mans 91.

Host. St-Jacques, pl. Marché aux Oeufs ✆ 02 37 98 40 08, *Fax 02 37 98 32 63*, « Jardin au bord du Loir » – P. GB
mi-mars-fin nov. – **Le P'tit Bistrot** *(fermé dim. soir et lundi en mars et nov.)* **Repas** 125/178 ♀, enf. 69 – 55 – **22 ch** 450/590 – ½ P 490.

PEUGEOT Gar. Cassonnet, ✆ 02 37 98 51 90 ✆ 02 37 98 62 71
RENAULT Gar. Chopard, ✆ 02 37 98 53 32

CLUNY *71250 S.-et-L.* 69 ⑲ *G. Bourgogne – 4 430 h alt. 248.*

Voir *Anc. abbaye★★ : clocher de l'Eau Bénite★★ – Musée Ochier★* **M** – *Clocher★ de l'église St-Marcel.*

Env. *Prieuré★ de Blanot NE : 10 km – Communauté de Taizé N : 10 km.*

Office de Tourisme (fermé dim. de nov. à mars) 6 r. Mercière ✆ 03 85 59 05 34, Fax 03 85 59 06 95.

Paris 383 ① – Mâcon 26 ③ – Chalon-sur-Saône 47 ① – Charolles 42 ③ – Montceau-les-Mines 44 ④ – Roanne 84 ③ – Tournus 33 ②.

Bourgogne, pl. Abbaye **(n)** ✆ 03 85 59 00 58, *Fax 03 85 59 03 73*, « Face à l'abbaye » – P. AE GB
15 mars-15 nov. et fermé merc. midi et mardi – **Repas** 85 (déj.), 210/350 ♀ – 55 – **12 ch** 430/530, 3 appart – ½ P 525/530.

St-Odilon sans rest, rte Azé **(y)** ✆ 03 85 59 25 00, *Fax 03 85 59 06 18*, – P. AE GB
fermé 20 déc. au 6 janv. – 35 – **36 ch** 280.

Abbaye, av. Ch. de Gaulle **(e)** ✆ 03 85 59 11 14, *Fax 03 85 59 09 76*, – P. GB
fermé 24 janv. au 13 fév. et dim. soir – **Repas** *(fermé 22 au 29 juin, 26 au 30 oct., 24 janv. au 13 fév., dim. soir et lundi)* (79) - 89/215 ♀ – 38 – **14 ch** 170/320 – ½ P 233/298.

Hermitage, rte Cormatin par ① : 1km ✆ 03 85 59 27 20, *Fax 03 85 59 08 06*, parc – P. AE GB
fermé 11 au 30 nov., 8 au 23 fév., dim. soir sauf juil.-août et lundi – **Repas** 130/260 ♀, enf. 65.

Aub. du Cheval Blanc, 1 r. Porte de Mâcon **(a)** ✆ 03 85 59 01 13, *Fax 03 85 59 13 32* – GB
1er mars-30 nov. et fermé 1er au 9 juil., le soir en nov. et mars, vend. soir et sam. – **Repas** 82/200, enf. 55.

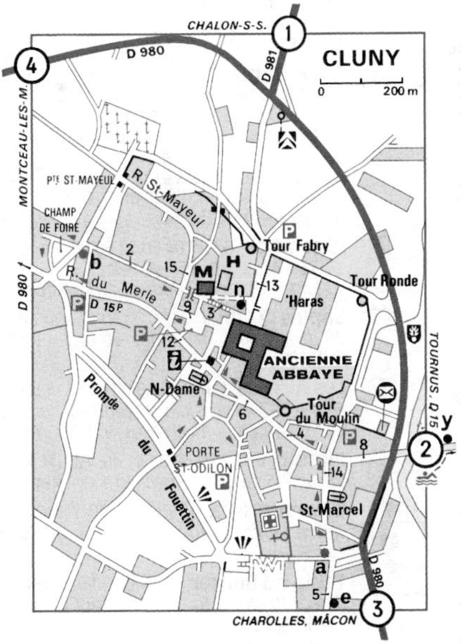

Lamartine (R.)	6	Levée (R. de la)	8
Avril (R. d')	2	Marché (Pl. du)	9
Conant (Espace K. J.)	3	Mercière (R.)	12
Filaterie (R.)	4	Pte-des-Prés (R.)	13
Gaulle (Av. Ch.-de)	5	Prud'hon (R.)	14
		République (R.)	15

Potin Gourmand avec ch, pl. Champ de Foire **(b)** 03 85 59 02 06, *Fax 03 85 59 22 58,* – AE GB
fermé 4 janv. au 5 fév., dim. soir et lundi – **Repas** 78/160, enf. 60 – 25 – **3 ch** 300/350.

CITROEN Gar. Bay, 03 85 59 08 85
PEUGEOT Gar. Forest et Simon, à Salornay-sur-Guye par ④ 03 85 59 43 11
RENAULT Gar. Pechoux et Couratin, par ② 03 85 59 04 61 N 03 85 59 04 61

La CLUSAZ *74220 H.-Savoie 74 ⑦ G. Alpes du Nord – 1 845 h alt. 1040 – Sports d'hiver : 1 100/2 600 m 5 51.*
Voir *E : Vallon des Confins★.*
Env. *Col des Aravis ★★ par ② : 7,5 km.*
Office de Tourisme 04 50 32 65 00, Fax 04 50 32 65 01.
Paris 566 ① – Annecy 32 ① – Chamonix-Mont-Blanc 64 ② – Albertville 39 ② – Bonneville 25 ① – Megève 28 ② – Morzine 64 ①.

Beauregard M, **(b)** 04 50 32 68 00, *Fax 04 50 02 59 00,* – 25 à 100. AE GB. rest
fermé nov. – **Repas** (65) - 110 (déj.), 130/160, enf. 60 – 60 – **95 ch** 440/610 – ½ P 615/735.

Alp'H. M, **(e)** 04 50 02 40 06, *Fax 04 50 02 60 16,* – AE GB
15 juin-30 sept. et 15 déc.-30 avril – **Repas** 78 (déj.), 90/158, enf. 50 – 48 – **15 ch** 450 – ½ P 580.

Christiania, **(f)** 04 50 02 60 60, *Fax 04 50 32 66 98* – GB.
30 juin-15 sept. et 20 déc.-15 avril – **Repas** 92/130, enf. 56 – 40 – **29 ch** 350/420 – ½ P 315/440.

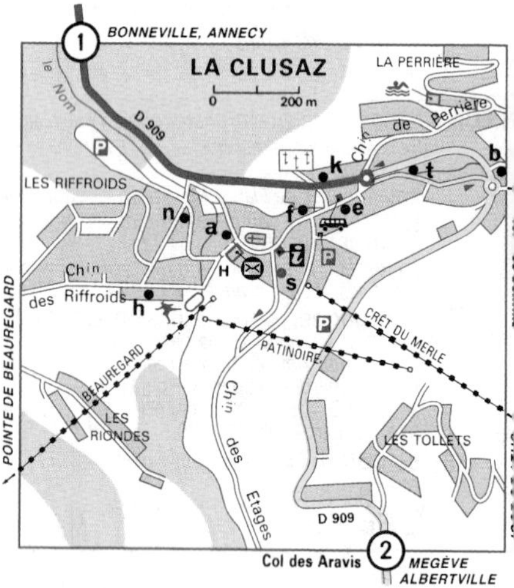

Alpen Roc, **(k)** 04 50 02 58 96, *Fax 04 50 02 57 49,* – 25 à 40. AE GB. rest
27 juin-5 sept. et 20 déc.-mi-avril – **Repas** 89/125 – 50 – **103 ch** 560 – ½ P 650.

Sapins , **(h)** 04 50 02 40 12, *Fax 04 50 02 43 24,* – GB
15 juin-15 sept. et 18 déc.-20 avril – **Repas** 98/130, enf. 60 – 40 – **24 ch** 380/420 – ½ P 390/455.

Les Airelles, **(a)** 04 50 02 40 51, *Fax 04 50 32 35 33,* – GB
fermé 26 avril au 6 juin, 21 sept. au 2 oct. et 20 nov. au 11 déc. – **Repas** 80 (déj.), 99/155, enf. 60 – 45 – **14 ch** 350 – ½ P 350/430.

Floralp, **(n)** 04 50 02 41 46, *Fax 04 50 02 63 94* – GB. rest
28 juin-15 sept. et 18 déc.-10 avril – **Repas** 75/140 – 40 – **22 ch** 250/360 – ½ P 350/380.

L'Ourson, **(s)** 04 50 02 49 80, *Fax 04 50 02 49 80* – AE GB
fermé 15 nov. au 10 déc., 1er mai au 10 juin, dim. soir et lundi hors saison – **Repas** 99/250, enf. 80.

Table du Berger, **(t)** 04 50 02 60 54 – GB
3 déc.-30 avril et fermé merc. sauf vacances scolaires – **Repas** - spécialités fromagères - 80 (déj.)/130.

aux Confins *Est : 5 km par rte secondaire – 74220 La Clusaz :*

Bellachat , 04 50 32 66 66, *Fax 04 50 32 65 84,* chaîne des Aravis – GB. rest
1er juin-20 oct. et 20 déc.-20 avril – **Repas** 80/200 – 40 – **31 ch** 350/400 – ½ P 400.

rte du Col des Aravis *par ② : 4 km – ✉ 74220 La Clusaz :*

Chalets de la Serraz ⛰, ✆ 04 50 02 48 29, *Fax 04 50 02 64 12*, ≤, ☂, ⛱, – TV ☎ P. AE ⓓ GB. ✗ rest
fermé 26 avril au 29 mai et 1er au 30 oct. – **Repas** 95/150 ♀, enf. 65 – ☕ 60 – **7 ch** 850, 3 duplex – ½ P 595.

RENAULT Gar. du Rocher, ✆ 04 50 02 40 38

La CLUSE *01 Ain* 74 ④ *– rattaché à Nantua.*

CLUSES *74300 H.-Savoie* 74 ⑦ *G. Alpes du Nord – 16 358 h alt. 486.*

Office de Tourisme Espace Carpano et Pons, 100 pl. du 11-Novembre ✆ 04 50 98 31 79, Fax 04 50 96 46 99.

Paris 571 – Chamonix-Mont-Blanc 41 – Thonon-les-Bains 58 – Annecy 54 – Genève 41 – Morzine 29.

Le 4 C M, 301 bd Chevran par rte de Morzine ✆ 04 50 98 01 00, *Fax 04 50 98 32 20*, ☂, ⛱ – |‡| ⇆ TV ☎ ♿ P – 🔼 25. AE ⓓ GB
Repas *(fermé 1er au 8 mai, 10 août au 1er sept., sam. midi et dim.)* 70/290 ♁, enf. 48 – ☕ 40 – **39 ch** 370/460 – ½ P 332/352.

Bargy et rest. le Cercle des Songes M, 28 av. Sardagne ✆ 04 50 98 01 96, *Fax 04 50 98 23 24*, ☂ – |‡| TV ☎ ♿ P. AE GB JCB
Repas *(fermé 17 au 24 mai, 2 au 23 août, 24 déc. au 1er janv. et dim.)* 80/250 ♀, enf. 45 – ☕ 40 – **30 ch** 300/360.

Grenette, 9 Grande Rue ✆ 04 50 96 31 50 – ▤. GB
fermé 1er au 25 août, lundi soir et dim. – **Repas** 80/210 ♁, enf. 40.

PEUGEOT Gar. de Savoie, av. des Glières ✆ 04 50 98 82 88 N ✆ 06 09 39 15 56

RENAULT SECA, r. André Gaillard ZI ✆ 04 50 98 11 98 N ✆ 06 09 47 11 42

Les CLUSES *66 Pyr.-Or.* 86 ⑲ *– rattaché au Boulou.*

COCHEREL *27 Eure* 55 ⑰ *– rattaché à Pacy-sur-Eure.*

COCURÈS *48 Lozère* 80 ⑥ *– rattaché à Florac.*

COEUVRES-ET-VALSERY *02600 Aisne* 56 ③ *– 449 h alt. 37.*

Paris 92 – Compiègne 30 – Laon 57 – Meaux 54 – Noyon 37 – Senlis 51 – Soissons 18.

Aub. de la Couronne, ✆ 03 23 55 83 83, « Cadre rustique » – AE GB
fermé juil., 3 au 11 janv., dim. soir et lundi – **Repas** 135 (sauf week-ends)et carte 180 à 300 ♀.

COGNAC ⟨SP⟩ *16100 Charente* 72 ⑫ *G. Poitou Vendée Charentes – 19 528 h alt. 25.*

du Cognac ✆ 05 45 32 18 17, par ① : 8 km.

Office de Tourisme 16 r. du 14-Juillet ✆ 05 45 82 10 71, Fax 05 45 82 34 47.

Paris 478 ⑤ – Angoulême 43 ① – Bordeaux 119 ③ – Libourne 116 ② – Niort 81 ⑤ – Poitiers 146 ⑤ – Saintes 26 ④.

Plan page suivante

Domaine du Breuil ⛰, 104 av. R. Daugas par r. République Y ✆ 05 45 35 32 06, *Fax 05 45 35 48 06*, ≤, « Demeure du 19e siècle dans un parc » – |‡| ⇆ TV ☎ P – 🔼 25. AE GB
Repas 85/165 ♀, enf. 60 – ☕ 40 – **24 ch** 290/390 – ½ P 295/335.

Valois M sans rest, 35 r. 14-Juillet ✆ 05 45 36 83 00, *Fax 05 45 36 83 01*, Fø – |‡| ⇆ ▤ TV ☎ ♿ P – 🔼 25. AE ⓓ GB JCB Z a
fermé 24 déc. au 3 janv. – ☕ 37 – **45 ch** 370/390.

Aliénor M, rte d'Angoulême par ① ✆ 05 45 35 42 00, *Fax 05 45 35 45 02*, ☂, ⛱, – |‡| ⇆ TV ☎ ♿ P – 🔼 50. AE ⓓ GB JCB
Repas 85/140 ♀, enf. 50 – ☕ 42 – **55 ch** 290/350 – ½ P 275/310.

Résidence sans rest, 25 av. V. Hugo ✆ 05 45 32 16 09, *Fax 05 45 35 34 65* – TV ☎ 🚗. AE GB Z e
☕ 35 – **19 ch** 170/320.

COGNAC

Angoulême (R. d') .... **Y**
Armes (Place d') .... **Y**
Briand (R. A.) .... **Y**
Victor-Hugo (Av.) .... **Z**
14-Juillet (R. du) .... **Z** 26
Bazoin (R. Abel) .... **Y** 6
Boucher (R. Cl.) .... **Y** 7
Canton (R. du) .... **Y** 8
Champ-de-Mars (Allées du) .. **Z** 9
Château (Q. du) .... **Y** 10
Cordeliers (R. des) .... **Y** 11
Corderie (Allées de la) .... **Z** 12
François-Ier (R.) .... **Y** 13
Germain (R. H.) .... **Y** 14
Grande-Rue .... **Y** 15
Isle-d'Or (R. de l') .... **Y** 16
Lusignan (R. de) .... **Y** 20
Magdeleine (R.) .... **Y** 21
Martell (Pl. Ed.) .... **Z** 22
Monnet (Pl. Jean) .... **Z** 23
Palais (R. du) .... **Y** 24

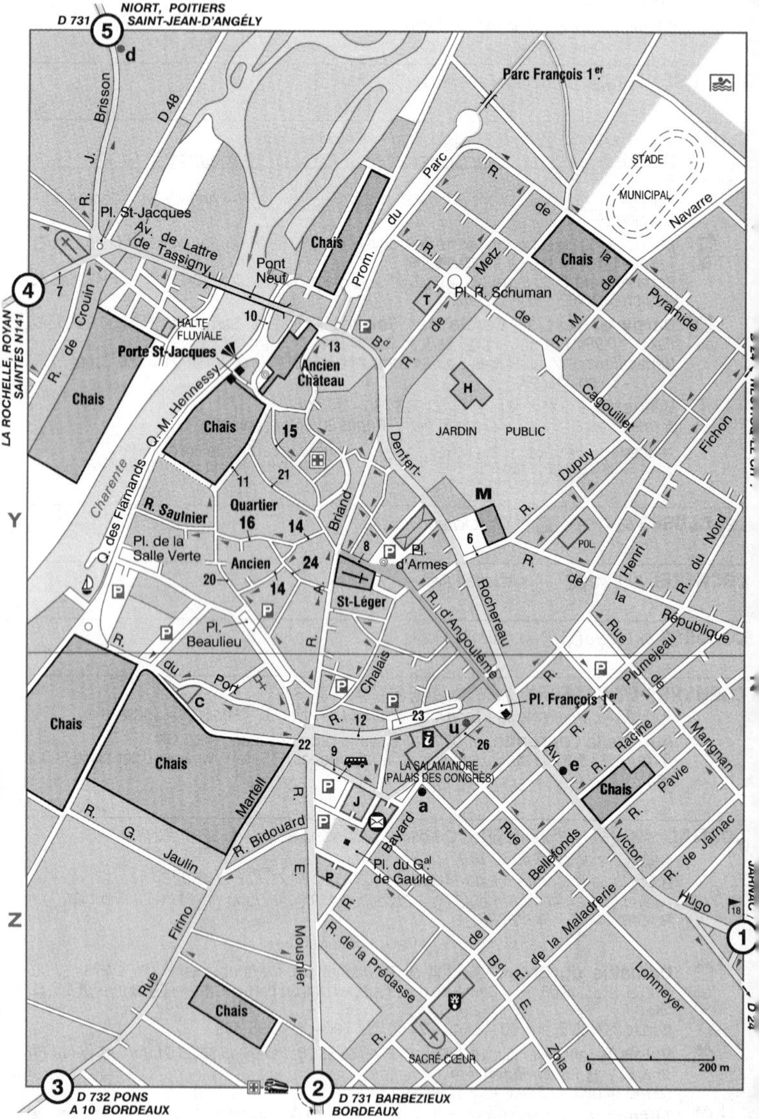

Plans de villes : Les rues sont sélectionnées en fonction de leur importance pour la circulation et le repérage des établissements cités.

Les rues secondaires ne sont qu'amorcées.

XXX **Pigeons Blancs** avec ch, 110 r. J.-Brisson ✆ 05 45 82 16 36, *Fax 05 45 82 29 29*, – TV ☎ P. AE GB. ch Y d
fermé 10 au 20 janv. – **Repas** *(fermé dim. soir)* 138/250 et carte 240 à 330, enf. 85 – ☕ 48 – **6 ch** 300/480 – ½ P 350/480.

XX **Cellier,** 6 r. 14-Juillet ✆ 05 45 82 25 46, *Fax 05 45 82 25 46* – ▤. GB Z u
fermé vacances de fév., dim. et lundi – **Repas** *(60)* - 75/105 ♀.

par ① *et D 15 quartier L'Échassier* – ✉ *16100 Châteaubernard :*

Château de l'Yeuse, r. Bellevue ✆ 05 45 36 82 60, *Fax 05 45 35 06 32*, ←, – TV ☎ P – 40. AE GB
Repas *(fermé sam. midi) (145 bc)* - 160/280 – ☕ 75 – **21 ch** 690/900, 3 appart – ½ P 575/750.

L'Échassier M, 72 r. Bellevue ✆ 05 45 35 01 09, *Fax 05 45 32 22 43*, – TV ☎ P – 25. AE GB
Repas *(fermé vacances de Toussaint, de fév., sam. midi et dim. du 15 sept. au 15 juin)* 125/330 – ☕ 55 – **22 ch** 370/510 – ½ P 490/520.

BMW Gar. Grammatico, rte d'Angoulême ✆ 05 45 32 50 93
CITROEN Gar. Socodia, 75 av. d'Angoulême par ① ✆ 05 45 36 64 60 N ✆ 06 07 33 87 08
MERCEDES Gar. Savia, 21 av. d'Angoulême à Châteaubernard ✆ 05 45 32 27 77 N ✆ 05 45 32 27 77
PEUGEOT Cognac Gar., Le Buisson Moreau à Chateaubernard par ①. ✆ 05 45 36 48 03
RENAULT G.A.M.C., 242 av. V.-Hugo par ① ✆ 05 45 35 86 86 N ✆ 06 07 72 79 69

Charente-Pneus, 15 av. de Barbezieux à Chateaubernard ✆ 05 45 82 24 66
Rogeon Pneus Point S, rte d'Angoulême à Châteaubernard ✆ 05 45 35 32 50
Vulco, ZA Fief du Roy à Châteaubernard ✆ 05 45 35 08 96

COIGNIÈRES *78310 Yvelines* 60 ⑨, 106 ㉘ – *4 157 h alt. 160.*

Paris 38 – Rambouillet 14 – St-Quentin-en-Yvelines 6 – Versailles 18.

Coignières M, 1 r. Prévenderie (N 10) ✆ 01 34 61 00 90, *Fax 01 34 61 15 87* – TV ☎ – 60. AE GB
Repas *(69 bc)* - 82/110, enf. 46 – ☕ 32 – **70 ch** 270 – ½ P 216/244.

XXX **Aub. du Capucin Gourmand,** N 10 ✆ 01 34 61 46 06, *Fax 01 34 61 73 46*, – P. AE GB
fermé dim. soir – **Repas** *(195)* - 250 (dîner)/295 bc et carte 340 à 470 ♀.

XXX **Aub. de la Maison d'Angèle,** N 10 ✆ 01 34 61 64 39, *Fax 01 34 61 94 30* – P. AE GB
fermé lundi – **Repas** *(139)* - 185/215 ♀, enf. 60.

CHRYSLER, HYUNDAI Pacifics Motors, 98 N 10 ✆ 01 34 61 06 25
CITROEN Gar. Collet, 21 N 10 ✆ 01 30 50 11 30
FORD Gar. Poroux, 88 rte Nationale ✆ 01 30 13 74 74
SEAT Coignieres Autom., ZI Pariwest, 2 r. Fresnel ✆ 01 34 82 03 30 N ✆ 08 00 44 24 24

Euromaster, 109-115 N 10 ✆ 01 34 61 47 37

COISE *73800 Savoie* 74 ⑯ – *828 h alt. 292.*

Paris 587 – Grenoble 55 – Albertville 33 – Chambéry 24.

Château de la Tour du Puits, rte du Puits : 1 km ✆ 04 79 28 88 00, *Fax 04 79 28 88 01*, , parc, – , ▤ ch, TV ☎ P – 50. AE GB JCB. ch
fermé janv. – **Repas** *(fermé dim. soir et lundi)* 120 (déj.), 195/450 ♀ – ☕ 80 – **8 ch** 750/950 – ½ P 600.

COL voir au nom propre du col.

COLLÉGIEN *77 S.-et-M.* 56 ⑫, 101 ㉚ – *voir à Paris, Environs (Marne-la-Vallée).*

La COLLE-SUR-LOUP *06480 Alpes-Mar.* 84 ⑨, 115 ㉟ *G. Côte d'Azur* – *6 025 h alt. 90.*

Syndicat d'Initiative r. Mar. Foch ✆ 04 93 32 68 36, *Fax 04 93 32 05 07.*
Paris 920 – Nice 19 – Antibes 15 – Cagnes-sur-Mer 6 – Cannes 25 – Grasse 19 – Vence 8.

Marc Hély sans rest, Sud-Est : 0,8 km par D 6 ✆ 04 93 22 64 10, *Fax 04 93 22 93 84*, ←, – TV ☎ P. AE GB
☕ 39 – **13 ch** 370/460.

XXX **Diamant Rose** M avec ch, rte de St-Paul : 1 km ✆ 04 93 32 82 20, *Fax 04 93 32 69 98*, ← St-Paul, , « Villas provençales aménagées avec élégance », – ▤ rest, ☎ P. AE GB
fermé 15 nov. au 20 déc. et lundi d'oct. à avril – **Repas** 240/475 et carte 430 à 570 – ☕ 110 – **9 ch** 2150/2800.

XX **Aub. le Clos du Loup,** rte de Grasse par D 6 : 1,5 km ☎ 04 93 32 88 76, *Fax 04 93 32 88 76,* 🏠 – P. AE GB
fermé 15 nov. au 26 déc., dim. soir et merc. – **Repas** *(99)* - 159 ₸.

XX **Strégа,** Sud-Est : 1,5 km par D 6 ☎ 04 93 22 62 37, 🏠 – P. GB
fermé 2 janv. au 28 fév., dim. soir hors saison, mardi midi en juil.-août et lundi – **Repas** 100 (déj.)/150.

COLLEVILLE-MONTGOMERY *14 Calvados* 54 ⑯ – *rattaché à Ouistreham.*

COLLIAS *30 Gard* 80 ⑲ – *rattaché à Pont-du-Gard.*

COLLIOURE *66190 Pyr.-Or.* 86 ⑳ *G. Pyrénées Roussillon – 2 726 h alt. 2.*
Voir *Site★★ – Retables★ dans l'église Notre-Dame-des-Anges* **B.**
Office de Tourisme pl. 18-Juin ☎ 04 68 82 15 47, Fax 04 68 82 46 29.
Paris 887 ② – Perpignan 29 ② – Argelès-sur-Mer 7 ② – Céret 35 ② – Port-Vendres 3 ① – Prades 70 ②.

COLLIOURE

Amirauté (Q. de l') .... B 3
Démocratie (R. de la) .... B 8
Jaurès (Pl. Jean) .... B 14
Leclerc (Pl. Gén.) .... AB 17
St-Vincent (R.) .... B 30

Aire (R. de l') .... B 2
Arago (R. François) .... B 4
Argelès (Rte d') .... A
Dagobert (R.) .... B 7
Égalité (R. de l') .... B 9
Ferry (R. Jules) .... AB 13
Galère (R. de la) .... A
Gaulle (Av. du Gén.) .... B
Lamartine (R.) .... B 15
La Tour d'Auvergne (R. de) .... B 16
Maillol (Av. Aristide) .... A
Mailly (R.) .... B 19
Michelet (R. Jules) .... A 20
Miradou (Av. du) .... A 23
Pasteur (R.) .... B
Pla de Las Fourques (R. du) .... A
République (R. de la) ...... AB
Rolland (R. Romain) .... A
Rousseau (R. J. J.) .... AB 29
Soleil (R. du) .... B 33
Vauban (R.) .... B
18-Juin (Pl. du) .... B 35

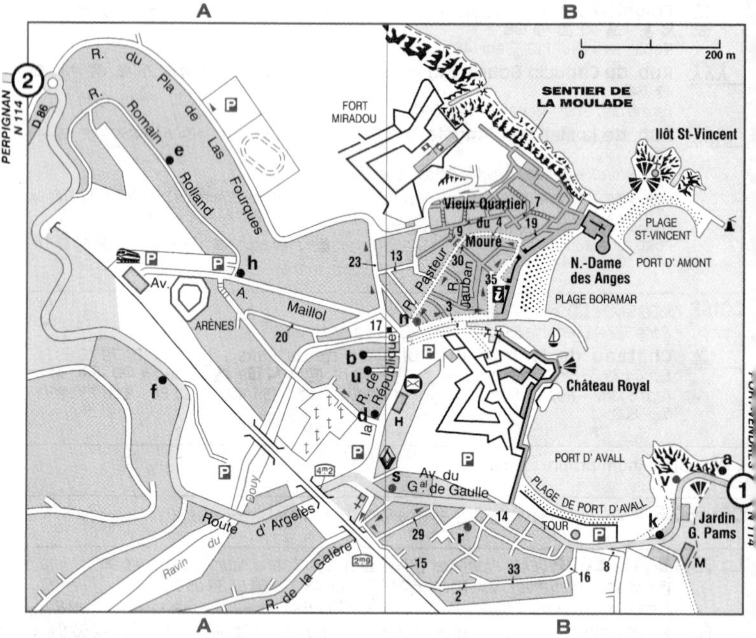

Relais des Trois Mas et rest. La Balette M, rte Port-Vendres ☎ 04 68 82 05 07, *Fax 04 68 82 38 08,* 🏠, « Terrasses et ≤ vieux port », – TV ☎ P. GB B a
fermé 15 nov. au 18 déc. – **Repas** 175/365 et carte 200 à 400 – 78 – **19 ch** 695/965, 4 appart – 1/2 P 712/847
Spéc. Anchois frais de Collioure, compotée d'oignons et poivrons. Cannelloni de la mer (été). Palette de sorbets et fruits frais. **Vins** Côtes du Roussillon blanc, Collioure.

Casa Païral sans rest, impasse Palmiers ☎ 04 68 82 05 81, *Fax 04 68 82 52 10*, « Bel aménagement intérieur et jardin fleuri », – ▤ TV ☎ ♿ P. AE GB — A b
1er avril-2 nov. – ☕ 55 – **28 ch** 350/950.

Princes de Catalogne M sans rest, r. Palmiers ☎ 04 68 98 30 00, *Fax 04 68 98 30 31* – ▤ TV ☎ ♿. AE GB — A u
☕ 40 – **29 ch** 420.

Mas des Citronniers, 22 av. République ☎ 04 68 82 04 82 – TV ☎ P. AE GB — A d
1er avril-2 nov. – **Repas** (dîner seul.) 130/145, enf. 65 – ☕ 40 – **30 ch** 290/440 – 1/2 P 320/350.

Méditerranée sans rest, av. A. Maillol ☎ 04 68 82 08 60, *Fax 04 68 82 28 07*, – ▤ TV ☎. GB — A h
1er avril-31 oct. – ☕ 40 – **23 ch** 370/430.

L'Arapède M, rte Port-Vendres ☎ 04 68 98 09 59, *Fax 04 68 98 30 90*, ←, – ▤ ch, TV ☎ ♿ – 20. GB. rest
1er mars-30 nov. – **Repas** grill de piscine *(1er mai-1er oct.)* 130 – ☕ 50 – **20 ch** 350/850 – 1/2 P 360/585.

Madeloc sans rest, r. R.-Rolland ☎ 04 68 82 07 56, *Fax 04 68 82 55 09*, ←, – ☎ P. AE GB — A e
15 fév.-15 nov. – ☕ 40 – **22 ch** 300/420.

Ambeille sans rest, rte d'Argelès ☎ 04 68 82 08 74, ← – ☎ P. GB. — A f
fin mars-fin sept. – ☕ 35 – **21 ch** 270/350.

Triton sans rest, r. Jean Bart ☎ 04 68 98 39 39, *Fax 04 68 82 11 32*, ← – ▤ TV ☎. AE GB — B k
☕ 35 – **20 ch** 190/310.

Neptune, rte Port-Vendres ☎ 04 68 82 02 27, *Fax 04 68 82 50 33*, ← vieux port, – ▤ P. AE GB — B v
1er avril-11 nov. et fermé dim. soir et lundi sauf juil.-août – **Repas** 115/330 ♀.

Frégate avec ch, 24 quai Amirauté ☎ 04 68 82 06 05, *Fax 04 68 82 55 00*, , « Beau décor d'azulejos au restaurant » – ▤ ch, TV ☎. AE GB — B n
fermé 7 au 22 déc. et 4 au 29 janv. – **Repas** 85 (déj.), 118/175 ♀, enf. 75 - ***Table Costa :*** **Repas** 155/395 ♀, enf.75 – ☕ 55 – **24 ch** 349/445 – 1/2 P 360/410.

Nouvelle Vague, 7 r. Voltaire ☎ 04 68 82 23 88, GB — B r
fermé janv., fév., dim. soir et lundi de nov. à Pâques – **Repas** 80/120 ♀, enf. 50.

Mareyeur, av. Gén. de Gaulle ☎ 04 68 82 06 60 – GB — B s
1er avril-1er nov. et fermé merc. – **Repas** 89/190, enf. 40.

RENAULT Gar. Daider, Carr. du Christ ☎ 04 68 82 08 34

COLLONGES-AU-MONT-D'OR *69 Rhône* 74 ⑪, 110 ⑭ – *rattaché à Lyon.*

COLLONGES-LA-ROUGE *19500 Corrèze* 75 ⑨ *G. Périgord Quercy – 381 h alt. 230.*

Voir *Village★★ : tympan★ et clocher★ de l'église, castel de Vassinhac★ – Saillac : tympan★ de l'église S : 4 km.*

Paris 508 – Brive-la-Gaillarde 23 – Cahors 99 – Figeac 75 – Tulle 37.

Aub. Le Cantou, ☎ 05 55 25 41 05, *Fax 05 55 84 06 77*, , « Maison du 15e siècle » – AE GB
fermé 1er déc. au 10 janv., dim. soir et lundi du 15 sept. au 30 juin – **Repas** 78 (déj.), 105/195 ♀, enf. 38.

COLMAR P *68000 H.-Rhin* 62 ⑲ *G. Alsace Lorraine – 63 498 h alt. 194.*

Voir *Musée d'Unterlinden★★★ (retable d'Issenheim★★★)* **BY** – *Ville ancienne★★* **BY** *: Maison Pfister★★* **BY K**, *Église St-Martin★* **BY F**, *Maison des Arcades★* **BY E**, *Maison des Têtes★* **BY Y**, *Ancienne Douane★* **BY N**, *Ancien Corps de Garde★* **BY L**, *Vierge au buisson de roses★★ et vitraux★ de l'église des Dominicains* **BY B** – *Quartier de la Krutenau★* **BZ**, *Tribunal civil★* **BY J** – *←★ du pont St-Pierre* **BZ V** *sur "la petite Venise" – Vitrail de la crucifixion★ de l'église St-Matthieu* **CY D**.

18 d'Ammerschwihr ☎ 03 89 47 17 30, par N 415 puis D 11¹ : 9 km; 18 Golf d'Alsace ☎ 03 89 78 59 59 par ④, N 83 et D 8 : 17 km.

Office de Tourisme 4 r. des Unterlinden ☎ 03 89 20 68 92, Fax 03 89 41 34 13 – Automobile Club 58 av. République ☎ 03 89 41 31 56, Fax 03 89 23 55 21.

Paris 476 ① – Basel 68 ③ – Freiburg-im-Breisgau 51 ② – Nancy 142 ① – Strasbourg 73 ①.

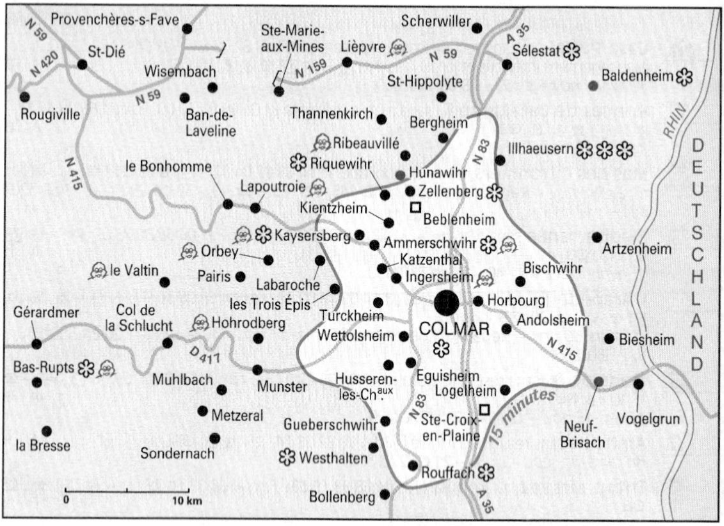

Colombier Ⓜ sans rest, 7 r. Turenne ✆ 03 89 23 96 00, *Fax 03 89 23 97 27*, « Décor contemporain dans un cadre Renaissance » – |‡| ▤ TV ☎ ✆. AE ⓓ GB BZ u
☕ 60 – **24 ch** 420/1050.

Mercure Champ de Mars Ⓜ sans rest, 2 av. Marne ✆ 03 89 41 54 54, *Fax 03 89 23 93 76* – |‡| ⊁ ▤ TV ☎ ✆ 🚗 – 🏛 200. AE ⓓ GB AY r
☕ 55 – **75 ch** 475/520.

Gd H. Bristol, 7 pl. Gare ✆ 03 89 23 59 59, *Fax 03 89 23 92 26* – |‡| TV ☎ ✆ – 🏛 25. AE ⓓ GB AZ g
voir rest. ***Rendez-vous de Chasse*** ci-après - ***L'Auberge*** brasserie : **Repas** 65, 95/135 ♀, enf. 43 – ☕ 56 – **70 ch** 295/550 – ½ P 500/650.

Host. Le Maréchal, 4 pl. Six Montagnes Noires ✆ 03 89 41 60 32, *Fax 03 89 24 59 40*, 🏖, « Maisons du 16ᵉ siècle dans la Petite Venise » – |‡| ⊁ ▤ TV ☎. AE GB BZ b
- *A l'Échevin* : Repas *(90)*-140/300 ♀, enf. 70 – ☕ 75 – **30 ch** 550/1500 – ½ P 950/1050.

Mercure Unterlinden Ⓜ, r. Golbery ✆ 03 89 41 71 71, *Fax 03 89 23 82 71*, 🏖 – |‡| ⊁ ▤ TV ☎ ✆ ♿ 🚗 – 🏛 90. AE ⓓ GB BX v
Repas *(fermé dim.)* (dîner seul.) *(80)* - 100 ♁, enf. 40 – ☕ 55 – **75 ch** 475/520.

Amiral-Bleu Marine Ⓜ sans rest, 11 a bd Champ-de-Mars ✆ 03 89 23 26 25, *Fax 03 89 23 83 64*, 🏋 – |‡| ⊁ TV ☎ ✆ ♿ 🚗 – 🏛 30. AE ⓓ GB BY d
☕ 50 – **44 ch** 380/700.

Turenne sans rest, 10 rte Bâle ✆ 03 89 41 12 26, *Fax 03 89 41 27 64* – |‡| ⊁ TV ☎ ✆ 🚗. AE ⓓ GB BZ x
☕ 48 – **83 ch** 240/385.

St-Martin sans rest, 38 Grand'Rue ✆ 03 89 24 11 51, *Fax 03 89 23 47 78* – |‡| TV ☎ ✆. AE ⓓ GB BY e
fermé janv. et fév. – ☕ 48 – **24 ch** 400/750.

Rapp, 1 r. Weinemer ✆ 03 89 41 62 10, *Fax 03 89 24 13 58*, 🏋, 🏊 – |‡|, ▤ rest, TV ☎ ✆ ♿. AE ⓓ GB BY f
fermé 20 juin au 10 juil., 10 au 31 janv., sam. midi et vend. – **Repas** 100/300 ♀, enf. 50 - ***Rappstub*** *(fermé 20 déc. au 5 janv., sam. midi et dim.)* **Repas** 55/80 ♀, enf. 50 – ☕ 42 – **42 ch** 295/430 – ½ P 335/355.

Beauséjour Ⓜ, 25 r. Ladhof ✆ 03 89 41 37 16, *Fax 03 89 41 43 07*, 🏖 – |‡| cuisinette ⊁ TV ☎ ✆ ♿ P – 🏛 40. AE GB JCB CX k
Repas *(75)* - 98/300 ♀, enf. 45 – ☕ 45 – **44 ch** 280/520 – ½ P 280/380.

Fer Rouge (Fulgraff), 52 Grand'Rue ✆ 03 89 41 37 24, *Fax 03 89 23 82 24*, 🏖, « Maison alsacienne du 17ᵉ siècle » – AE ⓓ GB BY s
fermé 26 juil. au 6 août, 3 au 25 janv., dim. soir et lundi – **Repas** 295/490 et carte 390 à 510
Spéc. Tournedos de pommes de terre aux truffes et oeuf au plat. Langoustines grillées, risotto au fenouil, vinaigrette au balsamique (été-automne). Pomponnettes fourrées aux quetsches, glace aux épices (saison). **Vins** Riesling, Pinot blanc.

COLMAR

Boulangers (R. des) . . . BY 3
Clefs (R. des) . . . . BY
Kléber (R.) . . . . AY 6
République (Av.) . . . . AYZ
Têtes (R. des) . . . . BY 27
Vauban (R.) . . . . CY

Bains (R. des) . . . . . . ABY 2
Champ-de-Mars (Bd du) . . . . BYZ 4
Golbery (R.) . . . . BX 5
Lattre-de-T. (Av. de) . . . AY 7
Leclerc (Bd du Gén.) ABZ 9
Marchands (R. des) . . . BY 12
Marne (Av. de la) . . . . AYZ 13
Nord (R. du) . . . . BCY 16
Preiss (R. J.) . . . . AY 18

St-Joseph (Pl.) . . . . AX 22
St-Nicolas (R.) . . . . BY 23
Serruriers (R. des) . . . . BY 24

Turenne (R.) . . . . BZ 28
5e-Div.-Blindée (R.) . . . AX 31
18-Novembre (Pl.) . . ABY 33

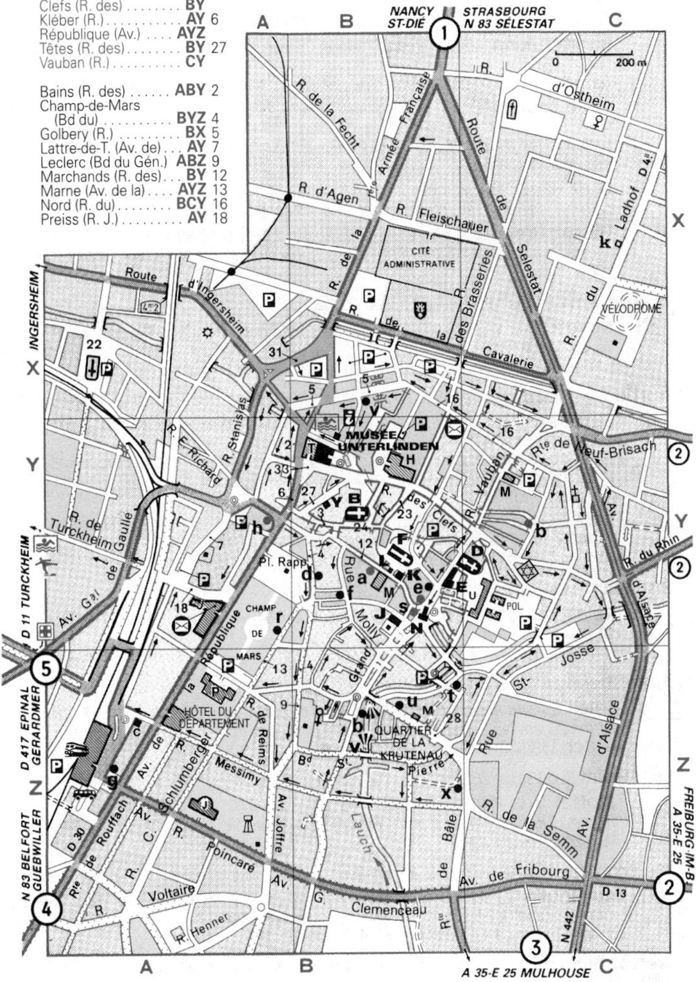

Rendez-vous de Chasse - Gd H. Bristol, 7 pl. Gare ✆ 03 89 41 10 10, *Fax 03 89 23 92 26* – AE ⓓ GB. ✻ AZ g
Repas 180/390 et carte 260 à 440 ♀
Spéc. Sandre rôti en croûte de pommes de terre. Filet de boeuf cuit à la ficelle, au chou et au raifort. Mousse au kirsch, givrée d'un glaçon aux griottes. **Vins** Pinot blanc, Tokay-Pinot gris.

Maison des Têtes M avec ch, 19 r. Têtes ✆ 03 89 24 43 43, *Fax 03 89 24 58 34*, « Belle maison du 17e siècle, chambres élégamment aménagées » – |♦|, ▤ rest, TV ☎ P – 60. AE ⓓ GB BY y
Repas *(fermé dim. soir et lundi)* 165/350 et carte 240 à 370 ♀, enf. 80 – ☕ 65 – **18 ch** 550/950 – 1/2 P 680/850.

Arpége, 24 r. Marchands ✆ 03 89 23 37 89, *Fax 03 89 23 39 22*, – GB. ✻ BY a
fermé 1er au 15 août, 20 déc. au 10 janv., sam. midi et merc. – **Repas** (nombre de couverts limité, prévenir) 135/340 et carte 150 à 240 ♀.

XX **3 Poissons,** 15 quai Poissonnerie ✆ 03 89 41 25 21, *Fax 03 89 41 25 21* – AE ⓓ GB BZ t
fermé 24 juin au 16 juil., 21 déc. au 4 janv., mardi soir et merc. – **Repas** 130/225.

XX **Meistermann,** 2A av. République ✆ 03 89 41 65 64, *Fax 03 89 41 37 50* – ▤. AE ⓓ GB AY h
fermé 20 juil. au 2 août, vacances de fév., dim. soir et merc. – **Repas** 88/187 ♀.

X **Petit Bouchon,** 11 r. Alspach ✆ 03 89 23 45 57, *Fax , Fax 03 89 23 82 95*, – ▤. GB CY b
fermé 23 juil. au 5 août, 19 fév. au 4 mars, dim. soir du 1er janv. au 30 mars et merc. – **Repas** (75) - 89/215 ♀, enf. 52.

X **Chez Hansi,** 23 r. Marchands ✆ 03 89 41 37 84, *Fax 03 89 41 37 84*, – GB BY e
fermé 8 janv. au 8 fév., merc. soir et jeudi – **Repas** 98/260 ♀.

X **Wistub Brenner,** 1 r. Turenne ✆ 03 89 41 42 33, *Fax 03 89 41 37 99*, – GB
fermé 24 au 30 juin, 18 au 25 nov., 9 au 28 fév., mardi soir et merc. – **Repas** carte environ 180 ♀.

à l'aérodrome *par ① : 3,5 km – ✉ 68000 Colmar :*

Novotel Ⓜ, ✆ 03 89 41 49 14, *Fax 03 89 41 22 56*, – ▤ TV ☎ P – 30. AE ⓓ GB
Repas (59) - carte environ 200 ♀, enf. 50 – 55 – **66 ch** 450/540.

à Horbourg *à l'Est par rte de Neuf-Brisach : 4 km – 4 518 h. alt. 188 – ✉ 68180 Horbourg Wihr :*

Europe Ⓜ, 15 rte Neuf-Brisach ✆ 03 89 20 54 00, *Fax 03 89 41 27 50*, – ▤ rest, TV ☎ P – 400. AE ⓓ GB. ch
Eden des Gourmets *(fermé 5 au 20 juil., 4 janv. au 2 fév., dim. soir et lundi)* **Repas** 200/350 – ***Jardin d'Hiver*** *(fermé dim. midi)* **Repas** 120/230, enf. 50 – 60 – **128 ch** 580/800, 4 appart – ½ P 500.

Cerf, 9 Grand'Rue ✆ 03 89 41 20 35, *Fax 03 89 24 24 98*, – ☎ P. GB.
fermé 2 au 12 juil., 2 janv. au 10 mars, mardi soir et merc. d'oct. à mai – **Repas** *(fermé le midi en juil.-août)* 95/195 ♀, enf. 55 – 39 – **24 ch** 280/325 – ½ P 330.

à Bischwihr *Nord-Est par D 111 : 8 km – 598 h. alt. 187 – ✉ 68320 :*

Relais du Ried, ✆ 03 89 47 47 06, *Fax 03 89 47 72 58*, – TV ☎ P. AE ⓓ GB. rest
fermé 15 nov. au 15 fév. – **Repas** 97/225 ♀, enf. 49 – 37 – **59 ch** 275/295 – ½ P 270.

à Andolsheim *par ② : 6 km – 1 565 h. alt. 190 – ✉ 68280 :*

X **Soleil** avec ch, ✆ 03 89 71 40 53, *Fax 03 89 71 40 36* – ☎ P. AE ⓓ GB
fermé 26 janv. au 5 mars, mardi de nov. à janv. et merc. – **Repas** 120/240 ♀, enf. 75 – 33 – **18 ch** 130/270 – ½ P 220/290.

à Logelheim *Sud-Est par D 13 et D 45 -* **CZ** *- 9 km – 406 h. alt. 195 – ✉ 68280 :*

X **Stoffel "A la Vigne"** avec ch, ✆ 03 89 22 08 40 – ☎. AE ⓓ GB.
fermé 25 juin au 17 juil., mardi soir et merc. – **Repas** 98/180 ♀, enf. 55 – 34 – **6 ch** 240 – ½ P 240.

à Ste-Croix-en-Plaine *par ③ : 10 km – 1 895 h. alt. 192 – ✉ 68127 :*

Au Moulin sans rest, rte d'Enlisheim, sur D 1 ✆ 03 89 49 31 20, *Fax 03 89 49 23 11*, « Collection d'objets anciens », – TV ☎ P. GB
1er avril-5 nov. – 45 – **17 ch** 230/420.

à Wettolsheim *par ⑤ et D 1 bis II : 4,5 km – 1 616 h. alt. 220 – ✉ 68000 :*

XXX **Aub. du Père Floranc** avec ch, ✆ 03 89 80 79 14, *Fax 03 89 79 77 00*, « Jardin fleuri » – TV ☎ P. AE ⓓ GB
fermé 28 juin au 15 juil., 12 janv. au 10 fév., dim. soir hors saison et lundi – **Repas** 190/400 et carte 240 à 400 – 55 – **13 ch** 250/360 – ½ P 405/465.

Annexe : Le Pavillon sans rest,, « Collection de coquillages », – TV ☎ P. AE ⓓ GB
55 – **18 ch** 390/600.

à Ingersheim *Nord-Ouest : 4 km – 4 063 h. alt. 220 – ✉ 68040 :*

XXX **Kuehn** avec ch, quai Fecht ✆ 03 89 27 38 38, *Fax 03 89 27 00 77*, – TV ☎ P – 40. GB. rest
fermé fév., dim. soir et lundi de nov. à juin, lundi midi et mardi midi de juil. à oct. – **Repas** 150/400 et carte 230 à 370 ♀, enf. 55 – 45 – **28 ch** 230/380 – ½ P 325/365.

XX **Taverne Alsacienne,** 99 r. République ✆ 03 89 27 08 41, *Fax 03 89 80 89 75* – ▤. AE GB
fermé 20 juil. au 10 août, dim. soir et lundi – **Repas** 80 (déj.), 130/300 ♀.

AUDI, VOLKSWAGEN Gar. Dittel, r. J.-M. Hausmann, ZI Nord ✆ 03 89 24 76 00
BMW J.M.S. Auto, 124 rte de Neuf-Brisach ✆ 03 89 24 25 53
CITROEN Gar. Alsauto, 4 r. Timken, ZI Nord par ① ✆ 03 89 20 85 85 N ✆ 03 89 20 85 85
FIAT, LANCIA Auto Market Colmar, 124 rte de Neuf Brisach ✆ 03 89 20 30 80
FORD Gar. Bolchert, 77 r. Morat ✆ 03 89 79 11 25
HONDA, LADA Europe Autos Colmar, 101 rte de Rouffach par ④ ✆ 03 89 41 10 13
MERCEDES Gar. Dietrich, à Ingersheim ✆ 03 89 27 04 77 N ✆ 08 00 24 24 30
NISSAN Avenir Autom., 191 rte de Rouffach ✆ 03 89 41 14 85
OPEL Sama Colmar, 11 rue J-M.Haussmann, ZI Nord ✆ 03 89 41 19 50 N ✆ 03 89 71 66 77
PEUGEOT Gar. Mulat, 11 rte de Wintzenheim par ⑤ ✆ 03 89 80 61 75
PEUGEOT Gar. Colmar Autom., 2A r. Timken ✆ 03 89 24 66 66 N ✆ 08 00 44 24 24
RENAULT Gar. du Stade, 122 r. du Ladhof ✆ 03 89 23 99 43 N ✆ 06 07 11 65 52
RENAULT Gar. Wackenthaler, 1 rte de Colmar à Ingersheim ✆ 03 89 27 05 17
RENAULT Gar. Friederich, 27 rte de Rouffach par ④ ✆ 03 89 41 60 47
RENAULT Gar. Lauber, 6 r. Clemenceau à Wintzenheim par ⑤ ✆ 03 89 27 02 02
ROVER Alsace Auto, 108 rte de Rouffach ✆ 03 89 41 33 45
SEAT Sem' Autos, 2 r. Gay Lussac ✆ 03 89 24 11 42
TOYOTA H et M Autom., 138 rte de Neuf-Brisach ✆ 03 89 24 12 22

Kautzmann, 64 r. Papeteries ✆ 03 89 41 06 24
Pneus et Services D.K., 5 r. J.-Preiss ✆ 03 89 41 26 01
Pneus et Services D.K., 11 r. des Frères Lumière, ZI Nord ✆ 03 89 41 94 72

*Un conseil **Michelin** :*
pour réussir vos voyages, préparez-les à l'avance.
*Les **cartes** et **guides Michelin**, vous donnent toutes indications utiles sur : itinéraires, visite des curiosités, logement, prix, etc.*

COLOMBEY-LES-DEUX-ÉGLISES *52330 H.-Marne 61 ⑲ G. Champagne – 660 h alt. 353.*

Voir *Mémorial du Général-de-Gaulle et la Boisserie (musée).*
Syndicat d'Initiative r. du Gén.-de-Gaulle ✆ 03 25 01 52 33, Fax 03 25 01 98 61.
Paris 248 – Chaumont 25 – Bar-sur-Aube 15 – Châtillon-sur-Seine 63 – Neufchâteau 72.

Dhuits, N 19 ✆ 03 25 01 50 10, *Fax 03 25 01 56 22*, – 50. GB
fermé 20 déc. au 5 janv. – **Repas** 80/165, enf. 55 – 38 – **42 ch** 250/380 – ½ P 320/380.

Aub. de la Montagne avec ch, ✆ 03 25 01 51 69, *Fax 03 25 01 53 20*, – AE GB. ch
fermé 5 janv. au 3 fév., lundi soir et mardi – **Repas** 115/350 – 45 – **8 ch** 240/380.

Gar. Archambaux, N 19 ✆ 03 25 01 51 43

COLOMIERS *31 H.-Gar. 82 ⑦ – rattaché à Toulouse.*

COLROY-LA-ROCHE *67420 B.-Rhin 62 ⑧ – 435 h alt. 475.*

Paris 406 – Strasbourg 67 – Lunéville 69 – St-Dié 34 – Sélestat 31.

Host. La Cheneaudière M, ✆ 03 88 97 61 64, *Fax 03 88 47 21 73*, « Élégante hostellerie dans un jardin », – rest, – 25. AE GB
Princes de Salm : **Repas** 585 et carte 430 à 610, enf. 60 – ***Pastoureaux :*** **Repas** 290 bc, enf. 60 – 125 – **29 ch** 600/1600, 3 appart – ½ P 820/1270
Spéc. Foie gras. Tartare de saumon frais d'Ecosse. Gibier (saison). **Vins** Gewürztraminer, Riesling.

RENAULT Gar. Wetta, St-Blaise-la-Roche ✆ 03 88 97 60 84 N ✆ 03 88 97 60 84

COLY *24 Dordogne 75 ⑦ – rattaché au Lardin-St-Lazare.*

La COMBE *73 Savoie 74 ⑮ – rattaché à Aiguebelette-le-Lac.*

COMBEAUFONTAINE *70120 H.-Saône 66 ⑤ – 446 h alt. 259.*

Paris 334 – Besançon 63 – Bourbonne-les-Bains 37 – Épinal 81 – Gray 42 – Langres 52 – Luxeuil-les-Bains 52 – Vesoul 25.

Balcon, ✆ 03 84 92 11 13, *Fax 03 84 92 15 89* – – 25. AE GB. ch
fermé 29 juin au 8 juil., 26 déc. au 12 janv., dim. soir et lundi – **Repas** 145/380 – 40 – **17 ch** 200/380 – ½ P 280.

La COMBE-DES-ÉPARRES *38 Isère 74 ⑬ – rattaché à Bourgoin-Jallieu.*

COMBLOUX *74920 H.-Savoie* 74 ⑧ *G. Alpes du Nord – 1 716 h alt. 980 – Sports d'hiver : 900/1 850 m* 1 24.

Voir *La Cry* ** *O : 3 km.*

Office de Tourisme 04 50 58 60 49, *Fax 04 50 93 33 55.*

Paris 594 – Chamonix-Mont-Blanc 31 – Annecy 78 – Bonneville 38 – Megève 6 – Morzine 53 – St-Gervais-les-Bains 10.

Aux Ducs de Savoie , au Bouchet 04 50 58 61 43, *Fax 04 50 58 67 43,* ≤ Mt-Blanc, , , – TV P – 30. AE GB. rest
1er juin-10 oct. et 15 déc.-25 avril – **Repas** 145/215 – 55 – **50 ch** 680 – 1/2 P 550.

Au Coeur des Prés , 04 50 93 36 55, *Fax 04 50 58 69 14,* ≤ Aravis et Mt-Blanc, , , , – TV P – 25. GB
25 mai-20 sept. et 20 déc.-Pâques – **Repas** 130/200 – 50 – **33 ch** 540 – 1/2 P 410/470.

Idéal-Mont-Blanc , 04 50 58 60 54, *Fax 04 50 58 64 50,* ≤ Mt-Blanc, , , – TV P. AE GB
10 juin-30 sept. et 20 déc.-7 avril – **Repas** 140/270 , enf. 92 – 62 – **27 ch** 404/620 – 1/2 P 495/545.

Feug M , 04 50 93 00 50, *Fax 04 50 21 21 44,* ≤, , , – TV P. AE GB
1er juin-30 sept. et 20 déc.-1er avril – **Repas** 95/130 – 55 – **28 ch** 435/630 – 1/2 P 425/455.

au Haut-Combloux *Ouest : 3,5 km – 74920 Combloux :*

Rond-Point des Pistes , 04 50 58 68 55, *Fax 04 50 93 30 54,* ≤ Mt-Blanc, – TV P. GB
15 juin-10 sept. et 20 déc.-début avril – **Repas** *(70)* - 130/170 – 48 – **29 ch** 390/650 – 1/2 P 370/508.

CITROEN Gar. Brondex, 04 50 58 60 92

PEUGEOT Gar. des Cimes, 04 50 93 00 60

COMBOURG *35270 I.-et-V.* 59 ⑯ *G. Bretagne – 4 843 h alt. 45.*

Voir *Château*★.

18 *Château des Ormes* 02 99 73 49 60, *N par D 795 : 13 km.*

Office de Tourisme (juin-sept.) pl. A. Parent 02 99 73 13 93.

Paris 385 – St-Malo 37 – Avranches 50 – Dinan 24 – Fougères 48 – Rennes 40 – Vitré 56.

Château, pl. Châteaubriand 02 99 73 00 38, *Fax 02 99 73 25 79,* , – TV P – 50. AE GB
fermé 15 déc. au 15 janv., lundi (sauf le soir du 1er avril au 12 nov.) et dim. soir du 12 nov. au 1er avril – **Repas** *(71)* - 92/280 – 47 – **34 ch** 300/500 – 1/2 P 270/370.

Lac, pl. Châteaubriand 04 02 99 73 05 65, *Fax 02 99 73 23 34,* ≤, , – TV P. AE GB
fermé fév., dim. soir et vend. hors saison – **Repas** 65/160 , enf. 48 – 35 – **28 ch** 200/360 – 1/2 P 220/285.

L'Écrivain, pl. St-Gilduin (face église) 02 99 73 01 61, *Fax 02 99 73 01 61,* – P. GB
fermé 21 fév. au 21 mars – **Repas** *(fermé lundi soir et mardi soir de sept. à mars, merc. soir sauf août et jeudi sauf le midi de sept. à mars)* 75/170 , enf. 55.

COMBREUX *45530 Loiret* 64 ⑩ *G. Châteaux de la Loire – 142 h alt. 130.*

Voir *Étang de la Vallée*★ *NO : 2 km.*

Paris 121 – Orléans 37 – Châteauneuf-sur-Loire 14 – Gien 51 – Montargis 35 – Pithiviers 30.

Croix Blanche avec ch, 02 38 59 47 62, *Fax 02 38 59 41 35,* , – TV P. GB
fermé 15 au 30 nov. – **Repas** *(fermé mardi soir et merc.)* 125/280 – 35 – **7 ch** 240/280 – 1/2 P 300/360.

COMMENTRY *03600 Allier* 73 ③ *G. Auvergne – 8 021 h alt. 407.*

Paris 338 – Moulins 67 – Aubusson 77 – Gannat 49 – Montluçon 15 – Riom 67.

St-Christophe sans rest, 30 bis r. Lavoisier 04 70 64 31 27, *Fax 04 70 64 53 21* – P. GB
30 – **21 ch** 180/230.

Michel Rubod, 47 r. J.-J. Rousseau 04 70 64 45 31, *Fax 04 70 64 33 17* – GB
fermé 1er au 21 août, 24 déc. au 10 janv. dim. soir et lundi – **Repas** 120/285.

CITROEN Gar. Gauvin, 16 r. Danton 04 70 64 33 32
FORD Gar. Bougaret, 3 r. J.-Dormoy 04 70 64 43 51

Almeida Pneus Sce, 7 r. Dr-Paul Fabre 04 70 64 48 33

COMPIÈGNE ⟨SP⟩ 60200 Oise 56 ②, 106 ⑩ *G. Flandres Artois Picardie – 41 896 h alt. 41.*

Voir *Palais★★★* **BYZ** : *musée de la voiture★★ – Hôtel de ville★* **BZ H** – *Musée de la Figurine historique★* **BZ M** – *Musée Vivenel : vases grecs★★* **AZ M¹**.

Env. *Forêt★★ – Clairière de l'Armistice★★ : statue du Maréchal Foch, dalle commémorative, wagon du maréchal Foch – Château de Pierrefonds★★ 14 km par ③.*

18 ℘ *03 44 40 15 73.*

Office de Tourisme pl. Hôtel de Ville, ℘ 03 44 40 01 00, Fax 03 44 40 23 28.

Paris 81 ⑥ – Amiens 81 ⑦ – Arras 108 ⑦ – Beauvais 60 ⑥ – Douai 124 ⑦ – St-Quentin 69 ① – Soissons 38 ②.

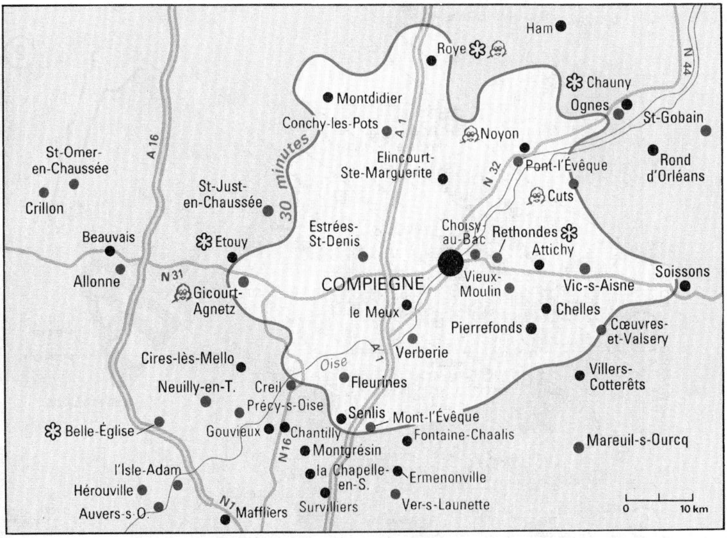

Beaux Arts Ⓜ sans rest, 33 cours Guynemer ℘ 03 44 92 26 26, *Fax 03 44 92 26 00* – 35 à 50. AE GB JCB — **AY v**
fermé 1ᵉʳ au 15 août – ☕ 52 – **42 ch** 325/450, 6 appart.

Flandre sans rest, 16 quai République ℘ 03 44 83 24 40, *Fax 03 44 90 02 75* – GB JCB — **AY u**
fermé 24 déc. au 4 janv. – ☕ 37 – **42 ch** 240/280.

XXX **Host. Royal-Lieu** avec ch, 9 r. Senlis à Royallieu par ⑤ : *2 km* ℘ 03 44 20 10 24, *Fax 03 44 86 82 27*, – P. AE GB. ch
Repas 150/340 ♀, enf. 60 – ☕ 45 – **17 ch** 475, 3 appart – ½ P 445.

XXX **Part des Anges,** 18 r. Bouvines ℘ 03 44 86 00 00, *Fax 03 44 86 09 00*, – P. AE GB — **AZ d**
fermé 2 au 31 août, dim. soir et lundi midi – **Repas** (100 bc) - 119 (déj.), 144/190 ♀.

XXX **Laudigeois et H. du Nord** avec ch, pl. Gare ℘ 03 44 83 22 30, *Fax 03 44 90 11 87* – 30. GB — **AY b**
fermé dim. soir – **Repas** 145/210 et carte 260 à 380 – ☕ 40 – **20 ch** 240/260.

XXX **Rive Gauche,** 13 cours Guynemer ℘ 03 44 40 29 99, *Fax 03 44 40 38 00* – AE GB JCB — **BY e**
fermé sam. midi et lundi – **Repas** 130/160 et carte 200 à 260 ♀.

X **Bistrot des Arts,** 35 cours Guynemer ℘ 03 44 20 10 10, *Fax 03 44 20 61 01* – GB — **AY s**
fermé 10 au 24 août, 21 déc. au 4 janv., sam. midi et dim. – **Repas** 110/130 ♀.

à Élincourt-Ste-Marguerite *par ① et D 142 : 15 km – 681 h. alt. 83 – ✉ 60157 :*

Château de Bellinglise , Nord : 1 km ℘ 03 44 96 00 33, *Fax 03 44 96 03 00*, , « Demeure du 16ᵉ siècle dans un parc », – P – 100. AE GB. rest
Repas 215/370 – ☕ 85 – **45 ch** 845/1700 – ½ P 712/780.

à Choisy-au-Bac *par ② : 5 km – 3 786 h. alt. 40 – ✉ 60750 :*

XX **Aub. du Buissonnet,** ℘ 03 44 40 17 41, *Fax 03 44 85 28 18*, – P. AE GB JCB
fermé 10 au 20 oct., dim. soir et lundi – **Repas** 139/185.

COMPIÈGNE

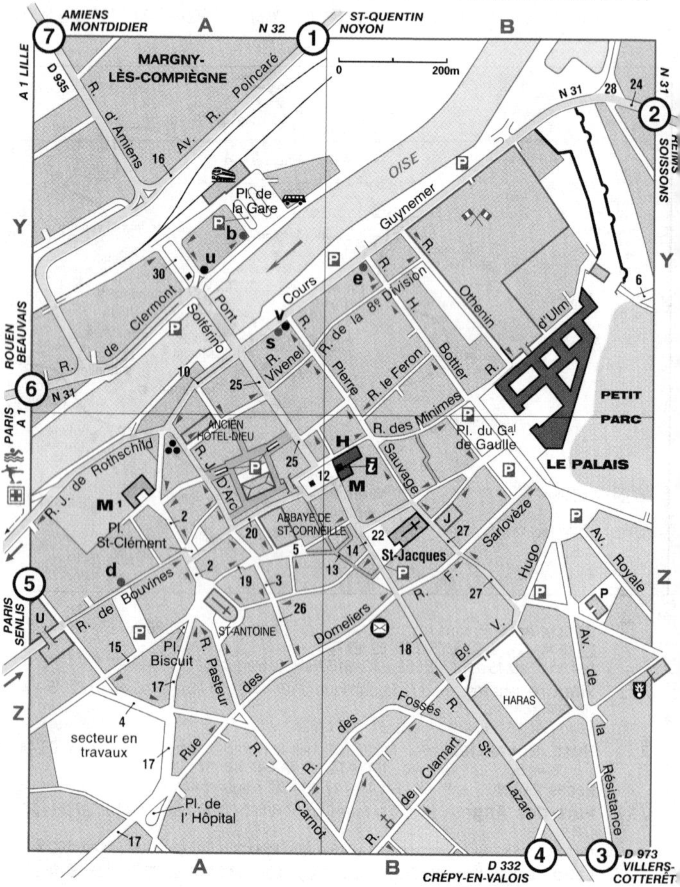

à Rethondes *par ② : 10 km – 591 h. alt. 38 – ✉ 60153 :*

Voir *St-Crépin-aux-Bois : mobilier★ de l'église NE : 4 km.*

XXX ✿ **Alain Blot** (chambres prévues), ✆ 03 44 85 60 24, *Fax 03 44 85 92 35*, – AE GB
fermé sam. midi, dim. soir et lundi – **Repas** (nombre de couverts limité, prévenir) 140 bc (déj.), 200/380 et carte 350 à 470 ♀
Spéc. Tarte fine friande de daurade royale aux herbes et huile d'olive. Rattes à la crème acidulée et truffes (juil. à fév.). Gigot d'agneau de sept heures au beaujolais et gros haricots de Soissons.

à Vieux-Moulin *par ③ et D 14 : 9,5 km – 495 h. alt. 49 – ✉ 60350 :*

Voir *Mont St-Marc★ N : 2 km – Les Beaux-Monts★★ : ≤★ NO : 7 km.*

XXX **Aub. du Daguet,** face église ✆ 03 44 85 60 72, *Fax 03 44 85 61 28* – GB
fermé mardi soir du 15 nov. au 15 mai et merc. – **Repas** 120/250 et carte 210 à 400.

Z.A.C. de Mercières *par ⑤ et D 200 : 6 km – ✉ 60200 :*

Mercure Ⓜ, carrefour J. Monnet ✆ 03 44 30 30 30, *Fax 03 44 30 30 44*, – ▯ ▯ ▯ – 60 à 150. AE ⓓ GB
Repas *(90)* - 105/140 ♀, enf. 50 – ☐ 58 – **92 ch** 495/550.

Relais Napoléon, av. Europe ✆ 03 44 20 11 11, *Fax 03 44 20 41 60* – ▯, rest, ▯ – 50 à 200. AE ⓓ GB JCB
Repas *(fermé dim. soir) (85)* - 98/250 bc, enf. 65 – ☐ 42 – **48 ch** 475/520 – ½ P 520.

au Meux *par ⑤, D 200 et D 98 : 11 km – 1 471 h. alt. 50 – ✉ 60880 :*

Vieille Ferme, ✆ 03 44 41 58 54, *Fax 03 44 41 23 50* – ▯. GB
fermé 3 au 24 août, 21 déc. au 4 janv., lundi (sauf hôtel) et dim. soir – **Repas** 95/250 ♀, enf. 60 – ☐ 40 – **14 ch** 250/320 – ½ P 240/260.

Maison du Gourmet, ✆ 03 44 91 10 10, *Fax 03 44 91 13 94*, – ▯. GB
fermé 20 juil. au 6 août, 2 au 12 janv., sam. midi et dim. soir – **Repas** 98/145 ♀, enf. 50.

ALFA ROMEO St Germain Auto, ZAC du Camp du Roy à Jaux ✆ 03 44 20 29 94
AUDI, SKODA, VOLKSWAGEN Gar. Thiry, Ctre Cial de Venette ✆ 03 44 90 71 00
BMW St-Merri Auto, av. H.-Adenot, ZAC de Mercières ✆ 03 44 30 50 00
CITROEN S.A.D.A.C., r. Fonds-Pernant ZAC de Mercières par r. J.-de-Rothschild ✆ 03 44 20 26 00 N ✆ 06 09 37 64 23
FIAT, LANCIA Gar. SOVA, ZAC de J.-Venette, 63 r. des Métiers ✆ 03 44 90 06 06
HONDA Auto Style Compiègne, 2 Av. Adenot, ZAC de Mercières ✆ 03 44 23 08 11
MERCEDES Gar. Techstar, Av. Berthelot, ZAC de Mercières ✆ 03 44 23 08 22 N ✆ 06 09 43 53 86
OPEL Auto Sprint, ZAC Camp du Roy à Jaux ✆ 03 44 83 27 17
PEUGEOT Safari Compiègne, r. C.-Bayard par r. J.-de-Rothschild ✆ 03 44 92 24 24 N ✆ 08 00 44 24 24
RENAULT Gar. Guinard, av. Gén.-Weygand par r. J.-de-Rothschild ✆ 03 44 92 55 55 N ✆ 06 08 02 75 67

Ⓜ Charlier Pneu Point S, r.G.-Monge, ZAC de Mercières ✆ 03 44 30 38 00
Euromaster, r. J.-de-Vaucanson, ZAC de Mercières ✆ 03 44 20 20 22
Vulco, ZI de Choisy à Choisy-au-Bac ✆ 03 44 85 26 26
Vulco, 4-6 r. d'Austerlitz ✆ 03 44 23 22 17
Vulco, 10 r. de Tricot à Méry-la-Bataille ✆ 03 44 51 08 20

COMPREIGNAC *87140 H.-Vienne 72 ⑦ G. Berry Limousin – 1 280 h alt. 400.*

Office de Tourisme (mi-juin/mi sept.) ✆ 05 55 71 09 14.
Paris 377 – Limoges 27 – Bellac 28 – Guéret 74 – St-Junien 35.

Aub. du Moulin, à Margnac, Est : 3 km par D 5 ✆ 05 55 71 30 70 – ▯. GB
fermé 1er au 15 oct., dim. soir et lundi – **Repas** 65/171 ♁, enf. 46.

COMPS-SUR-ARTUBY *83840 Var 84 ⑦, 114 ⑩ G. Alpes du Sud – 272 h alt. 898.*

Env. *Balcons de la Mescla★★★ NO : 14,5 km – Tunnels de Fayet ≤★★★ O : 20 km.*
Paris 826 – Digne-les-Bains 82 – Castellane 28 – Draguignan 31 – Grasse 60 – Manosque 96.

Gd H. Bain, ✆ 04 94 76 90 06, *Fax 04 94 76 92 24* – ▯. AE ⓓ GB
fermé 12 nov. au 25 déc. – **Repas** 78/195, enf. 55 – ☐ 38 – **17 ch** 250/345 – ½ P 265/275.

CONCARNEAU *29900 Finistère 58 ⑪ ⑮ G. Bretagne – 18 630 h alt. 4.*

Voir *Ville Close★★* **C** – *Musée de la Pêche★* **C M1** – *Pont du Moros ≤★* **B** – *Fête des Filets bleus★ (fin août).*
de Quimper et de Cornouaille ✆ 02 98 56 97 09 par ① : 8 km.
pour **Beg Meil** *Traversée 25 min- Renseignements et tarifs : Vedettes Glenn, face au Port de Plaisance à Concarneau ✆ 02 98 97 10 31, Fax 02 98 60 49 70.*
pour **Iles Glénan** *Traversée 1h- Renseignements et tarifs : voir ci-dessus.*
pour **La Rivière de l'Odet** *Traversée 4h - Renseignements et tarifs : voir ci-dessus.*
Office de Tourisme quai d'Aiguillon ✆ 02 98 97 01 44, Fax 02 98 50 88 81.
Paris 547 ① – Quimper 21 ① – Brest 93 ① – Lorient 51 ① – St-Brieuc 130 ① – Vannes 103 ①.

Plan page suivante

Océan Ⓜ, plage Sables Blancs ✆ 02 98 50 53 50, *Fax 02 98 50 84 16*, ≤, – ▯ – 40. AE GB. ✂ rest **A r**
Repas *(fermé fév. et dim. soir de déc. à janv.)* 99/260 ♀, enf. 48 – ☐ 49 – **73 ch** 500/590, 17 duplex – ½ P 390/420.

Les Halles sans rest, pl. Hôtel de Ville ✆ 02 98 97 11 41, *Fax 02 98 50 58 54* – ▯. AE GB **C s**
fermé dim. soir hors saison – ☐ 34 – **23 ch** 290/350.

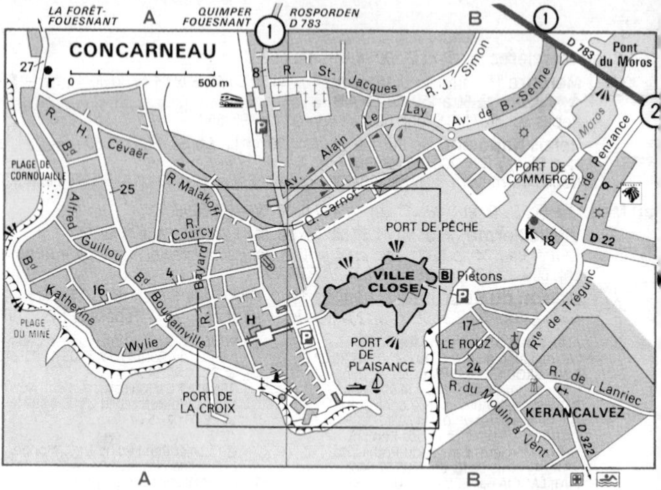

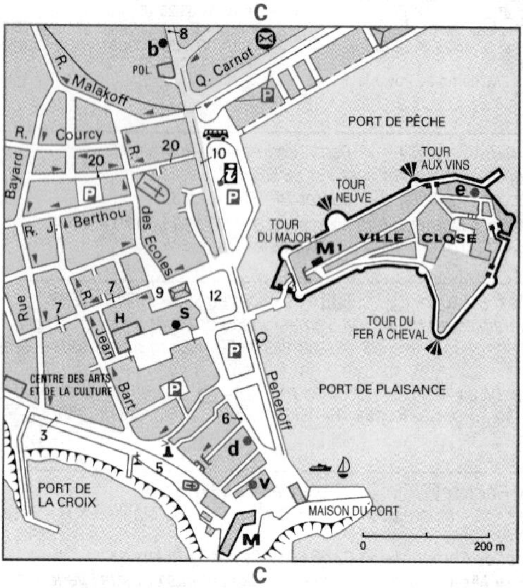

Ville close :
Circulation
réglementée l'été

Dumont-d'Urville (R.) . . . . **C** 7
Gare (Av. de la) . . . **AC** 8
Guéguin (Av. Pierre) . . . . . . **C** 10
Le Lay (Av. Alain) . . . **B**

Bougainville (Bd) . . . **C** 3
Courbet (R. Amiral) . . . . . . **A** 4
Croix (Quai de la) . . . **C** 5
Dr-P.-Nicolas (Av. du) . . . . **C** 6
Gaulle (Pl. Gén.-de) . . . . . **C** 9
Jaurès (Pl. Jean) . . . **C** 12
Libération (R. de la) . . . . **A** 16
Mauduit-Duplessis (R.) . . . . **B** 17
Moros (R. du) . . . . . . **B** 18
Morvan (R. Gén.) . . . **C** 20
Pasteur (R.) . . . . **B** 24
Renan (R. Ernest) . . **A** 25
Sables-Blancs (R. des) . . . . **A** 27

France et Europe sans rest, 9 av. Gare ☎ 02 98 97 00 64, *Fax 02 98 50 76 66* – TV ☎ P. AE GB — C b
fermé 24 déc. au 3 janv. et sam. du 15 nov. au 15 mars – ☐ 32 – **26 ch** 270/340.

XXX **Bistrot du Galion,** 15 r. St-Guénolé (Ville close) ☎ 02 98 97 30 16, *Fax 02 98 50 67 88* – GB — C e
1er avril-31 oct. et fermé dim. soir et lundi – **Repas** (nombre de couverts limité, prévenir) 119/250 ♀.

XX **Coquille,** quai Moros ☎ 02 98 97 08 52, *Fax 02 98 50 69 13,* « Collection de tableaux » – AE ① GB — B k
fermé janv., dim. soir sauf juil.-août et lundi – **Repas** 120 (déj.), 150/300 ♀.

XX **Buccin,** 1 r. Duguay-Trouin ☎ 02 98 50 54 22, *Fax 02 98 50 70 37* – GB — C v
fermé 1er au 12 oct., 1er au 20 fév., mardi midi du 15/6 au 15/9, dim. soir du 15/9 au 15/6 et lundi – **Repas** 85 (déj.), 125/210, enf. 60.

XX **Chez Armande**, 15 bis av. Dr Nicolas ☎ 02 98 97 00 76 – AE ⓓ GB — C d
fermé 1er au 9 oct., 22 déc. au 15 janv., mardi soir sauf juil.-août et merc. – **Repas** 93/188.

PEUGEOT Gar. Nedelec, ZI du Moros ☎ 02 98 97 46 33 N ☎ 02 98 62 29 12

RENAULT Gar. de Penanguer, rte de Quimper par ① ☎ 02 98 97 36 06 N ☎ 08 00 05 15 15

CONCHY-LES-POTS
60490 Oise 56 ② – 462 h alt. 106.

Paris 98 – Amiens 56 – Compiègne 26 – Beauvais 67 – Montdidier 14 – Roye 13.

XX **Relais**, N 17 ☎ 03 44 85 01 17, *Fax 03 44 85 00 58* – P. GB
fermé 3 au 13 août, vacances de fév., dim. soir et lundi – **Repas** 140/350.

CONCORET
56430 Morbihan 59 ⑮ – 626 h alt. 100.

Paris 396 – Rennes 49 – Dinan 55 – Loudéac 46 – Ploërmel 24 – Vannes 71.

X **Chez Maxime** avec ch, ☎ 02 97 22 63 04, *Fax 02 97 22 67 12*, – GB
fermé 15 au 30 nov., vacances de fév., mardi soir et merc. sauf août – **Repas** 89/192 ♀ – ☕ 29 – **7 ch** 120/189 – ½ P 158/175.

CONDÉ-NORTHEN
57220 Moselle 57 ⑭ – 507 h alt. 208.

Paris 351 – Metz 20 – Pont-à-Mousson 51 – Saarlouis 36 – Saarbrücken 53 – Thionville 48.

XX **Grange de Condé**, ☎ 03 87 79 30 50, *Fax 03 87 79 30 51*, , – P. AE GB
fermé 26 déc. au 31 janv. et lundi sauf fériés – **Repas** 75/240 ♀, enf. 35.

CONDÉ-STE-LIBIAIRE
77450 S.-et-M. 56 ⑫, 106 ㉒ – 1 365 h alt. 47.

Paris 44 – Coulommiers 22 – Lagny-sur-Marne 12 – Meaux 10 – Melun 49.

XX **Vallée de la Marne**, quai Marne ☎ 01 60 04 31 01, *Fax 01 64 63 15 83*, , – P. AE GB
fermé lundi soir et mardi – **Repas** 145/300.

CONDÉ-SUR-NOIREAU
14110 Calvados 55 ⑪ G. Normandie Cotentin – 6 309 h alt. 85.

18 de Clécy-Cantelou ☎ 02 31 69 72 72, NO par D 36 : 9 km.

Office de Tourisme ☎ 02 31 69 27 64.

Paris 275 – Caen 47 – Argentan 53 – Falaise 32 – Flers 12 – Vire 26.

X **Cerf** avec ch, 18 r. Chêne ☎ 02 31 69 40 55, *Fax 02 31 69 78 29* – TV ☎ P. AE ⓓ GB
fermé 1er au 15 nov., vacances de fév., vend. soir et dim. soir – **Repas** 67/180 ♁, enf. 47 – ☕ 28 – **9 ch** 224 – ½ P 230.

à St-Germain-du-Crioult *Ouest : 4,5 km sur rte Vire – 819 h. alt. 184 – ✉ 14110 :*

X **Aub. St-Germain** avec ch, ☎ 02 31 69 08 10, *Fax 02 31 69 14 67* – TV ☎. AE GB.
fermé 1er au 8 août, 15 déc. au 10 janv. et hôtel : vend. et dim. du 1er oct. au 1er mai – **Repas** *(fermé vend. soir du 15 sept. au 15 juin et dim. soir)* 72/155 ♀, enf. 45 – ☕ 22 – **9 ch** 170/225 – ½ P 185/210.

CONDOM
32100 Gers 79 ⑭ G. Pyrénées Aquitaine (plan) *– 7 717 h alt. 81.*

Voir *Cathédrale St-Pierre★ : Cloître★.*

Office de Tourisme pl. Bossuet ☎ et Fax 05 62 28 00 80.

Paris 730 – Agen 41 – Auch 45 – Mont-de-Marsan 80 – Toulouse 122.

Trois Lys ⛭, 38 r. Gambetta ☎ 05 62 28 33 33, *Fax 05 62 28 41 85*, « Hôtel particulier du 18e siècle », – TV ☎ P. AE ⓓ GB
fermé fév. – **- Le Dauphin** ☎ 05 62 28 44 67 *(fermé 1er au 9 nov., fév., dim. soir et lundi du 15 sept. au 30 juin)* **Repas** 80/140 ♀, enf. 35 – ☕ 42 – **10 ch** 380/560.

Logis des Cordeliers ⛭ sans rest, r. de la Paix ☎ 05 62 28 03 68, *Fax 05 62 68 29 03*, – TV ☎ P. GB
fermé janv. – ☕ 38 – **21 ch** 260/420.

XX **Table des Cordeliers**, r. Cordeliers ☎ 05 62 68 28 36, *Fax 05 62 28 44 87*, – P. AE ⓓ GB
fermé vacances de fév. et vend. midi d'oct. à avril – **Repas** 80/250 ♁.

AUDI, VOLKSWAGEN Gar. Andreu, rte de Fleurance ☎ 05 62 28 18 86 N ☎ 05 62 28 18 86
CITROEN Gar. Pinson, 11 rte d'Agen ☎ 05 62 28 12 19
PEUGEOT Gar. Durrieu, bd St-Jacques ☎ 05 62 28 00 53 N ☎ 05 62 28 00 53

RENAULT Gar. Rottier, allées de Gaulle ☎ 05 62 28 22 55 N ☎ 05 62 22 29 36

Euromaster, 7 av. Armagnac ☎ 05 62 28 01 91
Rivière Point S, 21 av. Pyrénées ☎ 05 62 28 01 20

CONDRIEU *69420 Rhône 74 ⑪ G. Vallée du Rhône – 3 093 h alt. 150.*
Voir *Calvaire* ≤★.
Office de Tourisme pl. du Séquoïa N 86 ✆ 04 74 56 62 83, Fax 04 74 56 62 83.
Paris 499 – Lyon 41 – Annonay 33 – Rive-de-Gier 21 – Tournon-sur-Rhône 53 – Vienne 12.

Hôtellerie Beau Rivage, ✆ 04 74 56 82 82, *Fax 04 74 59 59 36,* , « Terrasse avec vue agréable sur le Rhône », – TV ☎ P. AE GB
Repas 180 (déj.), 295/570 et carte 310 à 440 – 65 – **25 ch** 550/850
Spéc. Quenelle de brochet au salpicon de homard. Fleur de courgette farcie d'une mousse de brochet, beurre d'herbes (saison). Croustillant de filet d'agneau, niçoise de légumes.
Vins Viognier, Côte Rôtie.

Reclusière, 39 Grande Rue ✆ 04 74 56 67 27, *Fax 04 74 56 67 27* – GB
fermé 9 au 24 août, 16 fév. au 2 mars, dim. soir et lundi – **Repas** *(75)* - 100/180 ♀.

Les CONFINS *74 H.-Savoie 74 ⑦ – rattaché à La Clusaz.*

CONFLANS-STE-HONORINE *78 Yvelines 55 ⑳, 101 ③ – voir à Paris, Environs.*

CONLEAU *56 Morbihan 63 ③ – rattaché à Vannes.*

CONNAUX *30 Gard 80 ⑲ ⑳ – rattaché à Bagnols-sur-Cèze.*

We suggest:
for a successful tour, that you prepare it in advance.
***Michelin Maps** and **Guides**, will give you much useful information on route planning, places of interest, accommodation, prices etc.*

CONNELLES *27430 Eure 55 ⑦ – 154 h alt. 15.*
Paris 108 – Rouen 38 – Les Andelys 13 – Évreux 33 – Vernon-sur-Eure 39.

Moulin de Connelles , D 19 ✆ 02 32 59 53 33, *Fax 02 32 59 21 83,* ≤, , « Belle demeure normande dans un parc au bord de la Seine », , – TV ☎ P. AE GB JCB
fermé janv., dim. soir et lundi d'oct. à avril – **Repas** 140/295 ♀, enf. 70 – 70 – **7 ch** 500/800, 6 appart – 1/2 P 530/695.

CONQUES *12320 Aveyron 80 ① ② G. Gorges du Tarn* **(plan)** *– 362 h alt. 350.*
Voir *Site*★★ – *Église Ste-Foy*★★ *: tympan du portail Ouest*★★★ *et trésor*★★★ *– Le Cendié* ≤★ *O : 2 km par D 232 – Site du Bancarel* ≤★ *S : 3 km par D 901.*
Office de Tourisme pl. de L'Abbatiale ✆ 05 65 72 85 00, Fax 05 65 72 87 03.
Paris 625 – Rodez 37 – Aurillac 54 – Espalion 51 – Figeac 45.

Ste-Foy , ✆ 05 65 69 84 03, *Fax 05 65 72 81 04,* ≤, , « Face à l'abbatiale » – ☎ . AE GB
Pâques-21 oct. – **Repas** 100 (déj.), 160/300 ♀ – 60 – **17 ch** 390/990 – 1/2 P 415/695.

Aub. St-Jacques , ✆ 05 65 72 86 36, *Fax 05 65 72 82 47,* – ☎ P. AE GB. rest
fermé 3 janv. au 15 fév. et lundi de nov. à mars – **Repas** 85/170 – 30 – **13 ch** 250/300 – 1/2 P 250.

Le CONQUET *29217 Finistère 58 ③ G. Bretagne – 2 149 h alt. 30.*
Voir *Site*★.
Office de Tourisme Parc de Beauséjour ✆ 02 98 89 11 31, Fax 02 98 89 08 20.
Paris 617 – Brest 25 – Brignogan-Plages 56 – St-Pol-de-Léon 82.

Pointe Ste-Barbe , ✆ 02 98 89 00 26, *Fax 02 98 89 14 81,* ≤ mer et les îles – TV ☎ P – 40. AE GB. rest
fermé 12 nov. au 17 déc. – **Repas** *(fermé lundi du 1er juil. au 15 sept.)* 100/464 ♀, enf. 57 – 38 – **49 ch** 197/644 – 1/2 P 318/541.

à la Pointe de St-Mathieu *Sud : 4 km – ✉ 29217 Plougonvelin :*
Voir *Phare* ★★ – *Ruines de l'église abbatiale*★.

Host. de la Pointe St-Mathieu M, ✆ 02 98 89 00 19, *Fax 02 98 89 15 68,* ≤ – TV ☎ – 30. AE GB
fermé mi-janv. à mi-fév. – **Repas** *(fermé dim. soir sauf juil.-août)* 98/400 ♀, enf. 50 – 39 – **21 ch** 305/590 – 1/2 P 310/490.

RENAULT Gar. Taniou, ✆ 02 98 89 00 29

Les CONTAMINES-MONTJOIE *74170 H.-Savoie* 74 ⑧ *G. Alpes du Nord – 994 h alt. 1164 – Sports d'hiver : 1 165/2 500 m 3 24.*

Voir ≤★ *sur gorges de la Gruvaz NE : 5 km.*

Office de Tourisme pl. Mairie ✆ 04 50 47 01 58, Fax 04 50 47 09 54.

Paris 607 – Chamonix-Mont-Blanc 33 – Annecy 90 – Bonneville 50 – Megève 20 – St-Gervais-les-Bains 9.

Chemenaz et rest. la Trabla, ✆ 04 50 47 02 44, *Fax 04 50 47 12 73,* ≤, ... – TV ☎ P. GB
hôtel : 1er juin-15 sept. et 15 déc.-15 avril ; rest. : 1er juil.-31 août et 15 déc.-15 avril – **Repas** 98/158, enf. 60 – ☕ 50 – **38 ch** 560 – ½ P 400/470.

Gai Soleil ♨, ✆ 04 50 47 02 94, *Fax 04 50 47 18 43,* ≤, ... – ☎. GB. ✻ rest
15 juin-14 sept. et 20 déc.-20 avril – **Repas** *(70)* - 100/110 ♀ – ☕ 40 – **19 ch** 300/430 – ½ P 340/370.

Christiania, ✆ 04 50 47 02 72, *Fax 04 50 47 06 90,* ≤, ... – TV ☎ P. GB
20 juin-30 sept. et 15 déc.-10 avril – **Repas** snack (dîner seul. en été) 68 (déj.)/102 ♨, enf. 47 – ☕ 39 – **14 ch** 220/450 – ½ P 350/360.

CONTAMINE-SUR-ARVE *74130 H.-Savoie* 74 ⑦ *– 1 125 h alt. 450.*

Paris 549 – Annecy 45 – Thonon-les-Bains 36 – Bonneville 8 – Chamonix-Mont-Blanc 63 – Genève 19 – Megève 51 – Morzine 47.

Tourne Bride avec ch, ✆ 04 50 03 62 18, *Fax 04 50 03 91 99* – ▤ rest, TV. GB
fermé 27 juil. au 13 août, dim. soir et lundi – **Repas** 68 (déj.), 98/175 ♀ – ☕ 32 – **8 ch** 170/220 – ½ P 170/220.

CONTEVILLE *27210 Eure* 55 ④ *– 701 h alt. 33.*

Paris 179 – Le Havre 30 – Évreux 80 – Honfleur 13 – Pont-Audemer 13 – Pont-l'Évêque 29.

Aub. du Vieux Logis (réouverture prévue au printemps), ✆ 02 32 57 60 16, *Fax 02 32 57 45 84.*

CONTIS-PLAGE *40 Landes* 78 ⑮ – ✉ *40170 St-Julien-en-Born.*

Paris 713 – Mont-de-Marsan 75 – Bayonne 89 – Castets 31 – Mimizan 24.

Neptune sans rest, ✆ 05 58 42 85 28, *Fax 05 58 42 44 47* – P. AE GB
1er mars-31 oct. – ☕ 30 – **16 ch** 190/350.

CONTRES *41700 L.-et-Ch.* 64 ⑰ *– 2 979 h alt. 98.*

Paris 202 – Tours 64 – Blois 21 – Châteauroux 77 – Montrichard 22 – Romorantin-Lanthenay 27.

France, ✆ 02 54 79 50 14, *Fax 02 54 79 02 95,* ... – ▤ rest, TV ☎ ♿ P – 30. AE GB. ✻ rest
fermé dim. et lundi du 1er nov. au 5 avril – **Repas** *(fermé 1er fév. au 10 mars, dim. soir et lundi du 1er nov. au 5 avril)* 102/275 ♀ – ☕ 53 – **30 ch** 340/460 – ½ P 350/415.

Botte d'Asperges, ✆ 02 54 79 50 49, *Fax 02 54 79 08 74* – GB
fermé lundi – **Repas** *(60)* - 85/200 ♀, enf. 50.

à Oisly *Sud-Ouest : 6 km par D 675 et D 21 – 319 h. alt. 120 –* ✉ *41700 :*

St-Vincent, ✆ 02 54 79 50 04 – GB
fermé 13 au 20 avril, vacances de Toussaint, dim. soir, soirs fériés et lundi – **Repas** 98/190 ♀, enf. 55.

RENAULT Dubreuil Autom., N 15 à Chémery ✆ 02 54 71 80 06

CONTREVOZ *01 Ain* 74 ⑭ *– rattaché à Belley.*

CONTREXÉVILLE *88140 Vosges* 62 ⑭ *G. Alsace Lorraine – 3 945 h alt. 342 – Stat. therm. (fin mars -12 oct.) – Casino* Y.

Office de Tourisme r. du Shah de Perse ✆ 03 29 08 08 68, Fax 03 29 08 25 40.

Paris 337 ③ – Épinal 47 ① – Langres 68 ② – Luxeuil 72 ② – Nancy 80 ① – Neufchâteau 28 ③.

Cosmos, rue de Metz ✆ 03 29 07 61 61, *Fax 03 29 08 68 67*, – – 30 à 70. AE GB. rest Y u
fin avril-mi-oct. – **Repas** 210 – 49 – **75 ch** 406/468, 5 appart – ½ P 450/468.

H. de l'Établissement, Cour d'Honneur ✆ 03 29 08 17 30, *Fax 03 29 08 92 38* – AE GB. rest Z e
28 mars-15 sept. – **Repas** 157/205 – 43 – **35 ch** 288/348 – ½ P 386/422.

Sources, r. Ziwer-Pacha ✆ 03 29 08 04 48, *Fax 03 29 08 63 01*, – . AE GB. rest Z x
1er avril-30 sept. – **Repas** 100/180 ♀, enf. 55 – 40 – **38 ch** 255/345 – ½ P 243/300.

Souveraine sans rest, dans le parc ✆ 03 29 08 09 59, *Fax 03 29 08 16 39* – . GB Y r
43 – **30 ch** 330/348.

Villa Beauséjour, r. Ziwer-Pacha ✆ 03 29 08 04 89, *Fax 03 29 08 62 28* – . GB. rest Z v
avril-oct. – **Repas** 98/155 ♀ – 38 – **31 ch** 250/320 – ½ P 275/290.

France, av. Roi Stanislas ✆ 03 29 05 05 05, *Fax 03 29 08 69 96*, – . AE GB
fermé 15 déc. au 15 janv. – **Repas** 88/195, enf. 55 – 35 – **31 ch** 190/325 – ½ P 220/280. Z z

CONTREXÉVILLE

Daudet (R.)	Y 2
Division-Leclerc (R.)	Y 3
Hirschauer (R. du Gén.)	Y 4
Shah-de-Perse (R. du)	Y 5
Stanislas (R. du Roi)	Z 6
Thomson (R. Gaston)	Z 7
Victoire (R. de la)	Y 8
Wladimir (R. Grande-Duchesse)	Z 9
Ziwer-Pacha (R.)	Z 10

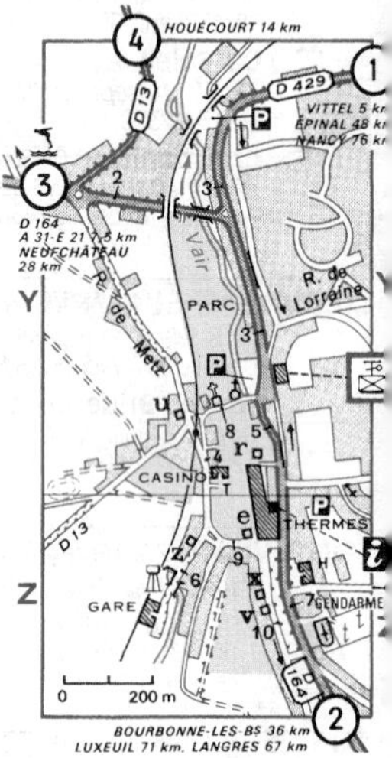

COQUELLES *62 P.-de-C.* 51 ② – *rattaché à Calais.*

La COQUILLE *24450 Dordogne* 72 ⑯ – *1 515 h alt. 337.*

Paris 434 – Limoges 45 – Brive-la-Gaillarde 86 – Nontron 29 – Périgueux 49 – St-Yrieix-la-Perche 23.

Voyageurs avec ch, N 21 ✆ 05 53 52 80 13, *Fax 05 53 62 18 29*, , – . GB
fermé dim. soir hors saison – **Repas** 75 bc (déj.), 100/210 ♀, enf. 58 – 38 – **9 ch** 238/265 – ½ P 260.

PEUGEOT Gar. Fauriat, ✆ 05 53 52 80 60 RENAULT Gar. Fayol, ✆ 05 53 52 81 35

CORBEHEM *62 P.-de-C.* 53 ③ – *rattaché à Douai.*

CORBEIL-ESSONNES *91100 Essonne* 61 ①, 106 ㉜ – *40 345 h alt. 37.*

Office de Tourisme 4 pl. Paul Vaillant Couturier ✆ 01 64 96 23 97, Fax 01 60 88 05 37.

Paris 37 – Fontainebleau 33 – Évry 5 – Chartres 85 – Créteil 26 – Étampes 39 – Melun 21 – Versailles 43.

Plan page ci-contre

Campanile, par ⑤ *et D 26 rte de Lisses : 1,5 km - av. P. Maintenant* ✆ 01 60 89 41 45, *Fax 01 60 88 17 74*, – – 25. AE GB
Repas *(66)* - 84 bc/107 bc, enf. 39 – 34 – **79 ch** 278.

Aux Armes de France avec ch, 1 bd J. Jaurès ✆ 01 64 96 24 04, *Fax 01 60 88 04 00* – rest, . AE GB JCB AZ a
fermé août – **Repas** *(fermé dim. soir)* 123/335 et carte 300 à 400 ♀ – 32 – **11 ch** 170/210 – ½ P 240/260.

au Coudray-Monceaux *Sud-Est par ④ : 5 km – 2 494 h. alt. 81 – ✉ 91830 :*

Mercure M, rte Milly-la-Forêt sur D 948 : 1 km ✆ 01 64 99 00 00, *Fax 01 64 93 95 55*, , « Parc avec aménagements sportifs », , – , ch, – 250. AE GB JCB
Repas *(95)* - 125 ♀, enf. 50 – 65 – **125 ch** 635.

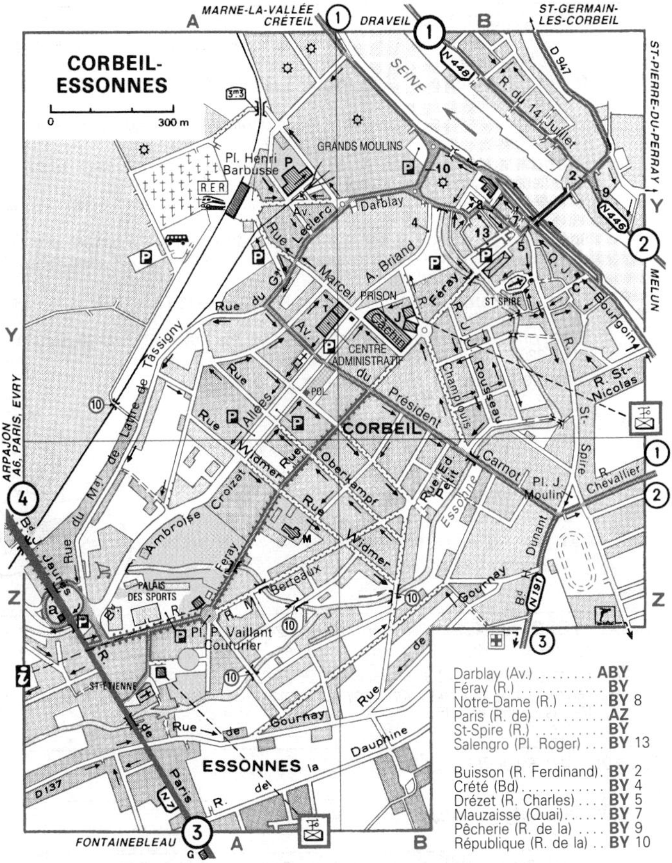

Darblay (Av.) . . . . ABY
Féray (R.) . . . . BY
Notre-Dame (R.) . . . . . . BY 8
Paris (R. de) . . . . AZ
St-Spire (R.) . . . . BY
Salengro (Pl. Roger) . . . BY 13

Buisson (R. Ferdinand) . BY 2
Crété (Bd) . . . . BY 4
Drézet (R. Charles) . . . . BY 5
Mauzaisse (Quai) . . . . . . BY 7
Pêcherie (R. de la) . . . . BY 9
République (R. de la) . . BY 10

XX **Aub. du Barrage,** par bord de Seine, 40 ch. de Halage ✆ 01 64 93 81 16, *Fax 01 69 90 41 32*, ≤, – AE ⓓ GB JCB
fermé 5 oct. au 3 nov., dim. soir et lundi du 15 sept. au 15 juin – **Repas** 145/275 ♀.

CITROEN Evry-Corbeil Auto, 33 av. du 8-Mai-45 par ④ ✆ 01 60 89 21 10
PEUGEOT Gar. Desrues, 29 bd J.-Kennedy par ③ ✆ 01 60 88 20 90 N ✆ 08 00 44 24 24
RENAULT Gd Gar. Féray, 46 av. 8 Mai 1945 par ④ *N 446* ✆ 01 60 90 50 50 N ✆ 08 00 05 15 15

Coursaux Pneus, 116 bd J.-Kennedy ✆ 01 60 88 07 09
Euromaster, 80 bd de Fontainebleau ✆ 01 60 89 15 25

CORBIGNY *58800 Nièvre* 65 ⑮ *G. Bourgogne – 1 802 h alt. 203.*
Paris 234 – Autun 78 – Avallon 38 – Clamecy 28 – Nevers 59.

Buissonnière, pl. St-Jean ✆ 03 86 20 02 13, *Fax 03 86 20 13 85*, – TV ☎ P. AE GB
Le Marode ✆ 03 86 20 13 55 *(fermé 8 au 28 fév., dim, soir et lundi)* **Repas** *(69)*-80/280 ♀, enf. 50 – 30 – **23 ch** 250/290 – ½ P 230.

CITROEN Gar. Philizot, ✆ 03 86 20 00 34
PEUGEOT Gar. Dumas, ✆ 03 86 20 10 88 N ✆ 03 86 20 10 88

CORDES-SUR-CIEL *81170 Tarn* 79 ⑳ *G. Pyrénées Roussillon* **(plan)** *– 932 h alt. 279.*

Voir *Site★★ – La ville haute★★ : maisons gothiques★★, musée d'Art et d'Histoire★ – Musée de l'Outil★ à Vindrac-Alayrac O : 5 km.*

Office de Tourisme ✆ 05 63 56 00 52, Fax 05 63 56 19 52 et (saison) pl. Bouteillerie ✆ 05 63 56 14 11.

Paris 656 – Toulouse 82 – Albi 25 – Montauban 58 – Rodez 86 – Villefranche-de-Rouergue 48.

Grand Écuyer (Thuriès) M ⛰, ✆ 05 63 53 79 50, *Fax 05 63 53 79 51,* ≤ vallée, « Demeure gothique, bel intérieur » – ▤ TV ☎ – 🏛 30. AE ⓓ GB
1er avril-15 oct. – **Repas** *(fermé mardi midi et lundi sauf juil.-août)* 170/440 et carte 370 à 450 ♀ – ☕ 70 – **12 ch** 550/850 – ½ P 680
Spéc. Sandre "en deux cuissons", petite nage de légumes à la badiane. Pigeonneau du Lauragais, infusion aux écrevisses grillées et poivrons doux. Gratin de fraises des bois au citron et coulis d'abricot. **Vins** Gaillac.

Host. du Vieux Cordes ⛰, ✆ 05 63 53 79 20, *Fax 05 63 56 02 47,* ≤, 🌳 – TV ☎ ✆ – 🏛 50. AE ⓓ GB
fermé janv. – **Repas** *(fermé dim. soir et lundi du 1er nov. au 1er mai)* 80, enf. 50 – ☕ 40 – **21 ch** 280/390 – ½ P 295.

Annexe La Cité 🏠 ⛰ sans rest, – ☎. AE ⓓ GB
Pâques-oct. – ☕ 30 – **8 ch** 240/280.

Les nouveaux ***Guides Verts touristiques Michelin****, c'est :*
– un texte descriptif plus riche,
– une information pratique plus claire,
– des plans, des schémas et des photos en couleurs,
... et, bien sûr, une actualisation détaillée et fréquente.
Utilisez toujours la dernière édition.

CORDES-TOLOSANNES *82700 T.-et-G.* 79 ⑰ *– 249 h alt. 145.*

Paris 663 – Toulouse 59 – Auch 67 – Agen 63 – Montauban 23 – Moissac 18.

L'Horizon, ✆ 05 63 95 64 64, *Fax 05 63 95 62 11,* ≤, 🌳 – ▤. GB
fermé 22 fév. au 6 mars, lundi soir du 1er mai au 31 août et mardi du 1er sept. au 30 avril – **Repas** 80/260, enf. 45.

CORDON *74 H.-Savoie* 74 ⑦ ⑧ *– rattaché à Sallanches.*

CORENC *38 Isère* 77 ⑤ *– rattaché à Grenoble.*

CORMEILLES-EN-VEXIN *95 Val-d'Oise* 55 ⑲, 106 ⑤ *– voir à Paris, Environs (Cergy-Pontoise Ville Nouvelle).*

CORMERY *37320 I.-et-L.* 64 ⑮ *G. Châteaux de la Loire – 1 323 h alt. 59.*

Paris 254 – Tours 20 – Blois 62 – Château-Renault 49 – Loches 22 – Montrichard 32.

Aub. du Mail, pl. Mail ✆ 02 47 43 40 32, *Fax 02 47 43 08 72,* 🌳 – GB
fermé 1er au 7 juil., vacances de fév., jeudi soir, vend. soir et sam. midi sauf juil.-août – **Repas** 98/260 ♀, enf. 60.

CORNAS *07 Ardèche* 76 ⑳ *– rattaché à St-Péray.*

CORNILLON *30630 Gard* 80 ⑨ *– 609 h alt. 168.*

Paris 667 – Alès 53 – Avignon 50 – Bagnols-sur-Cèze 16 – Pont-St-Esprit 24.

Vieille Fontaine ⛰, ✆ 04 66 82 20 56, *Fax 04 66 82 33 64,* ≤, 🌳, « Piscine et jardin en terrasses dominant la vallée » – ⇆ TV ☎. AE GB
fermé janv., fév., dim. soir et merc. hors saison – **Repas** 195 – ☕ 65 – **8 ch** 550/850 – ½ P 550/700.

au Sud-Est *6 km par D 298, D 23 et D 141 – ✉ 30630 Cornillon :*

Mas Rodières, ✆ 04 66 82 32 32, *Fax 04 66 82 26 34,* 🌳, parc, « Joli mas dans le vignoble » – ▤ P. AE GB
fermé vacances de Toussaint et fév. – **Repas** *(fermé lundi et mardi)* (prévenir) 130 (déj.), 160/380, enf. 60.

CORPS *38970 Isère* 77 ⑮ ⑯ *G. Alpes du Sud – 512 h alt. 939.*

Voir *Barrage★★, pont★ et lac★ du Sautet O : 4 km.*

Env. *Site★ de la basilique N.-D. de la Salette, ≤★ N : 15 km par D 212ᶜ.*

Office de Tourisme ✆ 04 76 30 03 85.

Paris 630 – Gap 39 – Grenoble 65 – La Mure 25.

Tilleul, ✆ 04 76 30 00 43, *Fax 04 76 30 06 12,* – ☎. AE GB
fermé 1er nov. au 15 déc. – **Repas** 70/165 ♀, enf. 45 – ☕ 35 – **15 ch** 220/270 – ½ P 240.

Nouvel H., ✆ 04 76 30 00 35, *Fax 04 76 30 03 00,* ≤, – ☎ P. AE GB
fermé 1er déc. au 31 janv. – **Repas** 85/130 ♀ – ☕ 35 – **28 ch** 240/300 – ½ P 240.

Napoléon sans rest, ✆ 04 76 30 00 42, *Fax 04 76 30 06 83* – ☎. GB
1er mai-31 oct. et 10 fév.-10 mars – ☕ 36 – **22 ch** 200/310.

Poste avec ch, ✆ 04 76 30 00 03, *Fax 04 76 30 02 73,* – TV ☎. AE GB
fermé 1er déc. au 15 janv. – **Repas** 100/260, enf. 70 – ☕ 40 – **20 ch** 230/430 – ½ P 240/350.

au Nord-Est *4 km par rte La Salette et D 212c – alt. 1260 – ✉ 38970 Corps :*

Boustigue H. ✆ 04 76 30 01 03, *Fax 04 76 30 04 04,* ≤, – ☎ P – 30. GB
15 avril-11 oct. – **Repas** 92/140, enf. 55 – ☕ 38 – **30 ch** 242/360 – ½ P 289/340.

CITROEN Gar. du Dauphiné, ✆ 04 76 30 01 10 N ✆ 04 76 30 00 28

RENAULT Gar. Rivière, ✆ 04 76 30 01 13 N ✆ 04 76 30 01 13

CORRENÇON-EN-VERCORS *38 Isère* 77 ④ – *rattaché à Villard-de-Lans.*

CORRÈZE *19800 Corrèze* 75 ⑨ *G. Berry Limousin – 1 145 h alt. 455.*

Paris 481 – Brive-la-Gaillarde 46 – Limoges 91 – Tulle 18 – Ussel 51.

Séniorie ✆ 05 55 21 22 88, *Fax 05 55 21 24 00,* ≤, – TV ☎ P – 35. AE GB
Repas 135/350, enf. 55 – ☕ 52 – **29 ch** 650.

Write us...

If you have any comments on the contents of this Guide.

Your praise as well as your criticisms will receive careful consideration and, with your assistance, we will be able to add to our stock of information and, where necessary, amend our judgments.

Thank you in advance!

CORSE

90 *G. Corse - 249 729 h.*

RENSEIGNEMENTS PRATIQUES

TRANSPORTS MARITIMES

Depuis la France continentale les relations avec la Corse s'effectuent à partir de Marseille, Nice et Toulon. Voir au texte de ces localités.

Les réservations se font dans les agences de la SNCM, ainsi que dans les gares principales et bureaux de tourisme de la SNCF.

Si la traversée doit avoir lieu en haute saison, nous recommandons de réserver vos passages longtemps à l'avance.

Depuis avril 1996, des navires à grande vitesse (NGV) assurent, uniquement pendant l'été, des liaisons rapides (2 h 20 à 3 h 30) entre Nice et la Corse.

AÉROPORTS

La Corse dispose de quatre aéroports assurant des relations avec le continent, l'Italie et une partie de l'Europe :

Ajaccio ☎ 04 95 21 07 07, Calvi ☎ 04 95 65 03 54, Bastia ☎ 04 95 54 54 54 et Figari-Sud Corse ☎ 04 95 71 00 22 (Bonifaccio et Porto-Vecchio).

Voir aussi au texte de ces localités.

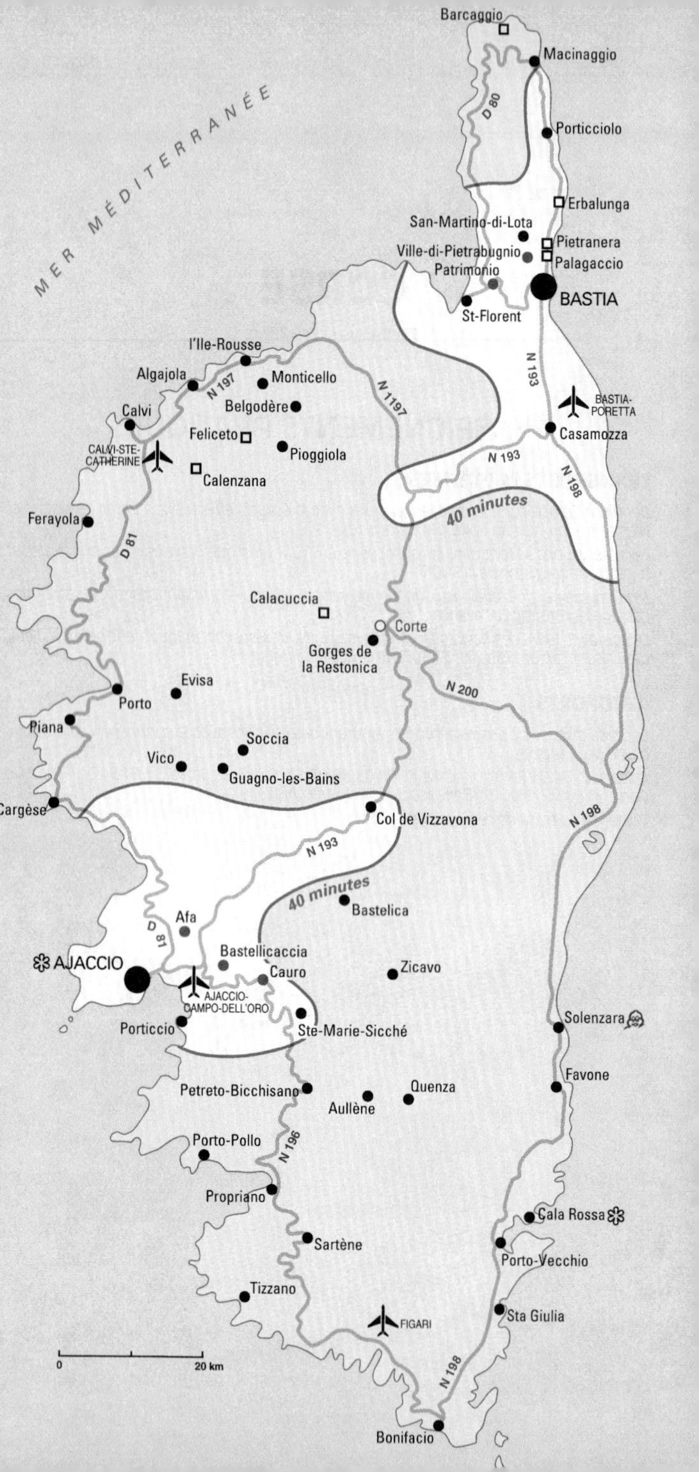
MER MÉDITERRANÉE
Barcaggio
Macinaggio
D 80
Porticciolo
Erbalunga
San-Martino-di-Lota
Pietranera
Ville-di-Pietrabugnio
Palagaccio
Patrimonio
BASTIA
St-Florent
l'Ile-Rousse
Algajola
Monticello
N 197
N 1197
N 193
Belgodère
BASTIA-PORETTA
Calvi
Feliceto
Pioggiola
Casamozza
CALVI-STE-CATHERINE
Calenzana
N 193
N 198
40 minutes
Ferayola
D 81
Calacuccia
Corte
Gorges de la Restonica
Evisa
N 200
Porto
Piana
Soccia
Vico
Guagno-les-Bains
Cargèse
Col de Vizzavona
N 198
N 193
40 minutes
Bastelica
D 81
Afa
Bastellicaccia
AJACCIO
Cauro
Zicavo
AJACCIO-CAMPO-DELL'ORO
Solenzara
Porticcio
Ste-Marie-Sicché
Favone
Petreto-Bicchisano
Quenza
Aullène
Porto-Pollo
N 196
Propriano
Cala Rossa
Sartène
Porto-Vecchio
Tizzano
Sta Giulia
FIGARI
0
20 km
N 198
Bonifacio

Ajaccio P 2A Corse-du-Sud 90 ⑰ – 58 315 h – Casino **Z** – ✉ 20000 Ajaccio.

Voir *Musée Fesch*★★ **Z** – *Maison Bonaparte*★ **Z** – *Place d'Austerlitz* **Y** : *monument de Napoléon1er*★ **Y N** – *Jetée de la Citadelle* ≤★ **YZ** – *Place Gén.-de-Gaulle* ≤★ **Z**.

Env. *S : golfe d'Ajaccio*★★ – *Pointe de la Parata* ≤★★ *12 km par* ③ *puis 30 mn.*

Excurs. *aux Iles Sanguinaires*★★.

✈ *d'Ajaccio-Campo dell'Oro :* ☏ *04 95 23 56 56, par* ① *: 7 km.*

ℹ *Office de Tourisme Hôtel de Ville, av. Serafini* ☏ *04 95 51 53 03, Fax 04 95 51 53 01 – Automobile Club de la Corse 65 cours Napoléon* ☏ *04 95 23 62 60, Fax 04 95 20 47 85.*

Bastia 146 ① *– Bonifacio 136* ① *– Calvi 166* ① *– Corte 77* ① *– L'Ile-Rousse 142* ①.

Plan page suivante

Albion sans rest, 15 cours Gén. Leclerc ☏ 04 95 21 66 70, *Fax 04 95 21 17 55* – |‡| ▤ TV ☎. AE GB — Y k
1er avril-30 nov. – ☕ 38 – **62 ch** 370/540.

Costa ⛯ sans rest, 2 r. Colomba ☏ 04 95 21 43 02, *Fax 04 95 21 59 82* – |‡| TV ☎ 🚗. AE ⓓ GB JCB. ✂ — Y x
☕ 38 – **53 ch** 348/533.

Napoléon sans rest, 4 r. Lorenzo Vero ☏ 04 95 51 54 00, *Fax 04 95 21 80 40* – |‡| ▤ TV ☎. AE ⓓ GB — Z s
☕ 45 – **62 ch** 370/450.

San Carlu M sans rest, 8 bd Casanova ☏ 04 95 21 13 84, *Fax 04 95 21 09 99* – |‡| TV ☎ 📞 ♿. AE ⓓ GB. ✂ — Z f
fermé 21 déc. au 12 janv. – ☕ 40 – **40 ch** 430/540.

Fesch sans rest, 7 r. Cardinal Fesch ☏ 04 95 51 62 62, *Fax 04 95 21 83 36* – |‡| ▤ TV ☎. AE ⓓ GB — Z y
fermé 17 déc. au 7 janv. – ☕ 38 – **77 ch** 320/470.

A La Funtana, 9 r. Notre Dame ☏ 04 95 21 78 04, *Fax 04 95 51 40 56* – ▤. AE ⓓ GB — Z a
fermé vacances de fév., lundi midi et dim. – **Repas** (80) - 150/280.

Floride, au port de l'Amirauté ☏ 04 95 22 67 48, *Fax 04 95 22 67 48,* ≤, 🏖 – ▤. AE ⓓ GB
fermé dim. soir et lundi midi – **Repas** - produits de la mer - (65) - 135/325 🍷.

Point "U", 59 bis r. Cardinal Fesch ☏ 04 95 21 59 92 – ▤. GB — Z t
fermé 20 déc. au 4 janv. et dim. – **Repas** (80) - 90/250.

France, 59 r. Cardinal Fesch ☏ 04 95 21 11 00 – AE ⓓ GB — Z n
fermé nov. et dim. – **Repas** 95/125 🌡.

Piano, 13 bd Roi Jérôme ☏ 04 95 51 23 81, *Fax 04 95 51 28 67,* 🏖 – ▤. AE ⓓ GB — Z e
fermé 15 janv. au 15 fév. et dim. – **Repas** 60/170.

à Afa *par* ① *: 10 km par route de Bastia et D 161 – 1 726 h. alt. 150 –* ✉ *20167 Mezzavia :*

Aub. d'Afa, ☏ 04 95 22 92 27, *Fax 04 95 22 92 27,* 🏖 – P. AE ⓓ GB
fermé fév. et lundi – **Repas** 120/150.

Plaine de Cuttoli par ① *: 11 km par rte de Bastia, gare de Mezzavia, D 1 à l'Est et rte secondaire –* ✉ *20167 Mezzavia :*

U Licettu, ☏ 04 95 25 61 57, *Fax 04 95 53 71 00,* ≤, 🏖, « Jardin fleuri 🏊 » – P. GB
fermé nov. et lundi sauf juil.-août – **Repas** (prévenir) 200 bc.

à Bastelicaccia *par* ①*, N 196 et D 3 : 11 km – 2 072 h. alt. 80 –* ✉ *20129 Bastelicaccia :*

Aub. Seta, ☏ 04 95 20 00 16, *Fax 04 95 23 80 66,* ≤ – GB
fermé 1er janv. au 28 fév., dim. soir et lundi – **Repas** 90/200.

rte des îles Sanguinaires *par* ② *–* ✉ *20000 Ajaccio :*

Eden Roc ⛯, à 10 km ☏ 04 95 51 56 00, *Fax 04 95 52 05 03,* ≤ golfe, 🏖, 🏋, 🏊, 🏖 – |‡| ▤ TV ☎ 📞 P – 🏛 80. AE ⓓ GB JCB. ✂ rest
Repas (150) - 160/250 🍷 – ☕ 70 – **48 ch** 850/1680 – ½ P 1180.

Dolce Vita et rest. La Mer ⛯, à 9 km ☏ 04 95 52 42 42, *Fax 04 95 52 07 15,* 🏖, « Terrasse en bord de mer, ≤ Iles Sanguinaires et le golfe », 🏊, 🏖, 🏖 – ▤ ch, TV ☎ P – 🏛 35. AE ⓓ GB
✿
1er avril-31 oct. – **Repas** 170 (déj.), 200/300 et carte 300 à 400 – ☕ 65 – **32 ch** 725/1015 – ½ P 780/1080
Spéc. Lotte rôtie à l'os, fondue de poireaux à l'anis étoilé. Filet de rouget poêlé à l'unilatéral, pomme purée à l'huile vierge. Méli-mélo de poissons au parfum de bouillabaisse. **Vins** Patrimonio, Ajaccio.

Cala di Sole ⛯, à 6 km ☏ 04 95 52 01 36, *Fax 04 95 52 00 20,* ≤, 🏋, 🏊, 🏖, 🎾 – ▤ ch, TV ☎ P. AE ⓓ GB. ✂ rest
1er avril-15 oct. – **Repas** carte 180 à 280 🍷 – **31 ch** (½ pens. seul.) – ½ P 675.

AJACCIO

Albert-1er (Bd) . . . . . . Y 2
Fesch (R. Cardinal). . . Z
Grandval (Cours) . . . . Z
Napoléon (Cours) . . YZ
Premier-Consul
(Av. du). . . . . Z 45

Bévérini Vico (Av.) . . . Y 4
Bonaparte (R.) . . . . . . Z 6
Dr-Ramaroni (Av. du) . Z 17
Fiorella
(R. du Gén.). . . . . . . Z 19
Forcioli-Conti (R.) . . . . Z 20
Griffi (Square P.). . . . . Y 22
Leclerc (Cours Gén.) . Y 25
Macchini (Av. E.) . . . . Z 27
Madame-Mère (Bd). . Y 29
Maillot (Bd H.) . . . . . . Y 30
Masséria (Bd). . . . . . . Y 32
Napoléon III (Av.). . . . YZ 37
Nicoli (Cours J.) . . . . . Y 38
Notre-Dame (R.). . . . . Z 39
Ornano (Av. Col. d') . . Y 40
Paoli (Bd D.) . . . . Y 41
Pozzo-di-Borgo (R.) . . Z 44
République (Q. de la). Z 48
Roi-de-Rome (R.) . . . . Z 49
Roi-Jérôme (Bd) . . . . . Z 50
Sérafini (Av. A.). . . . . Z 52
Sœur-Alphonse (R.) . . Z 53
St-Charles (R.) . . . . . . Z 54
St-Jean (Montée). . . . Y 56
Vero (R. Lorenzo) . . . . Z 58
Zévaco-Maire (R.). . . . Z 60

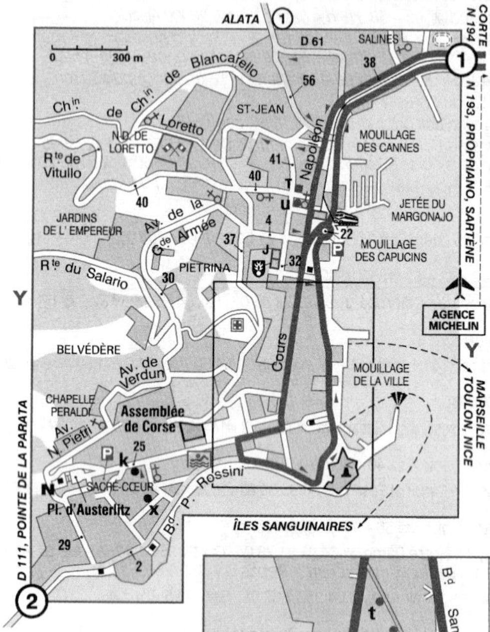

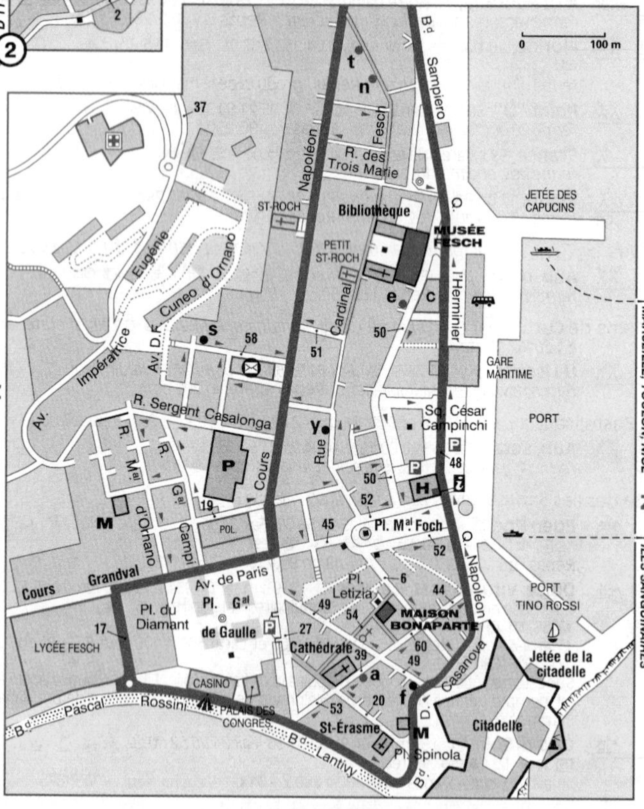

Pinède M sans rest, à 3,5 km ☎ 04 95 52 00 44, *Fax 04 95 52 09 48*, ←, – TV ☎ P – 35. AE GB.
40 – **38 ch** 600/880.

Nausicaa, à 7 km ☎ 04 95 52 01 42, ←, – P. AE GB
Repas 120/150.

MICHELIN, Agence, D 503, Parc Ind. de Vazzio par ① Y ☎ 04 95 20 30 55

BMW Gar. Bernardini, rte de Mezzavia, le Stiletto ☎ 04 95 22 29 15
CITROEN Ajaccio-Nord-Autom., N 194, rte de Mezzavia par ① ☎ 04 95 20 97 61
FORD Ile de Beauté Autom., N 194 Pernicaggia Mezzavia Ajaccio ☎ 04 95 20 34 85
NISSAN Ajaccio-Technic-Auto, Résidence 1er Consul, r. Mar.-Lyautey ☎ 04 95 23 61 23
PEUGEOT S.D.A.C., rte de Mezzavia par ① ☎ 04 95 29 48 00
RENAULT Ajaccio Autom., N 193, Vignetta Campo dell Oro par ① ☎ 04 95 23 90 90

Autos-Pneus-Sce-Point S, rte de Mezzavia, km 3 ☎ 04 95 22 64 40
Gar. l'Olmu Vulco, rte de Mezzavia à Sarrola Carcopino ☎ 04 95 22 56 05

Algajola
2B H.-Corse 90 ⑬ – 211 h alt. 2 – ✉ 20220 L'Ile-Rousse.
Voir *Citadelle★ – Descente de Croix★ dans l'église.*
Bastia 78 – Calvi 15 – L'Ile-Rousse 9.

Beau Rivage, ☎ 04 95 60 73 99, *Fax 04 95 60 79 51*, ←, – ☎ P. AE GB. rest
1er mai-30 sept. – **Repas** 150 – 40 – **36 ch** 400/550 – ½ P 300/385.

Plage, ☎ 04 95 60 72 12, *Fax 04 95 60 64 89*, ← – ☎ P. AE GB. rest
3 mai-27 sept. – **Repas** 90 – 25 – **36 ch** 300/340 – ½ P 258/275.

Aullène
2A Corse-du-Sud 90 ⑦ – 149 h alt. 825 – ✉ 20116 Aullène.
Ajaccio 72 – Bonifacio 87 – Corte 101 – Porto-Vecchio 58 – Propriano 37 – Sartène 35.

Poste, ☎ 04 95 78 61 21, ←, – GB. rest
1er mai-30 sept. – **Repas** 90/95 – 30 – **20 ch** (½ pens. seul.) – ½ P 210/240.

Barcaggio
2B H.-Corse 90 ① – ✉ 20275 Ersa.
Bastia 50 – St-Florent 66.

Giraglia sans rest, ☎ 04 95 35 60 54, *Fax 04 95 35 65 92*, ← La Giraglia
1er avril-30 sept. – 35 – **14 ch** 340/440.

Bastelica
2A Corse-du-Sud 90 ⑥ – 436 h alt. 800 – ✉ 20119 Bastelica.
Voir *Route panoramique★★ du plateau d'Ese.*
Env. *A 400 m du col de Mercujo : belvédère★★ et cirque★★ SO : 13,5 km.*
Ajaccio 42 – Corte 61 – Propriano 70 – Sartène 82.

U Castagnetu, ☎ 04 95 28 70 71, *Fax 04 95 28 74 02*, ←, – ☎ P. AE GB
fermé 31 oct. au 31 déc. et mardi hors saison – **Repas** 85/150 – 35 – **15 ch** 245/330 – ½ P 305.

Chez Paul avec ch, ☎ 04 95 28 71 59, ← – cuisinette. GB
Repas 75/125 – 15 – **6 ch** 200 – ½ P 295.

Bastia
P *2B H.-Corse 90 ③ – 37 845 h alt. 3 – ✉ 20200 Bastia.*
Voir *Terra-Vecchia★* **Y** *: le vieux port★★* **Z**, *chapelle de l'Immaculée Conception★* **Y** *– Terra-Nova★* **Z** *: Assomption de la Vierge★★ dans l'église Ste-Marie* **Z**, *chapelle Ste-Croix★* **Z**, *musée d'ethnographie corse★ dans l'ancien palais des gouverneurs* **Z M**.
Env. *Église Ste-Lucie ←★★ 6 km NO par D 31* **X** *– ★★★ de la Serra di Pigno 14 km par ③ – ←★★ du col de Teghime 10 km par ③.*
Bastia Golf Club ☎ 04 95 38 33 99.
de Bastia-Poretta : ☎ 04 95 54 54 54, par ② : 20 km.
Office de Tourisme pl. Saint-Nicolas ☎ 04 95 55 96 96, Fax 04 95 55 96 00.
Ajaccio 147 ② – Bonifacio 168 ② – Calvi 93 ③ – Corte 70 ② – Porto 133 ②.

Plan page suivante

Bonaparte sans rest, 45 bd Gén. Graziani ☎ 04 95 34 07 10, *Fax 04 95 32 35 62* – TV ☎. AE GB JCB — X u
40 – **23 ch** 250/480.

Posta Vecchia sans rest, r. Posta Vecchia ☎ 04 95 32 32 38, *Fax 04 95 32 14 05* – TV ☎. AE GB — Y s
30 – **49 ch** 240/400.

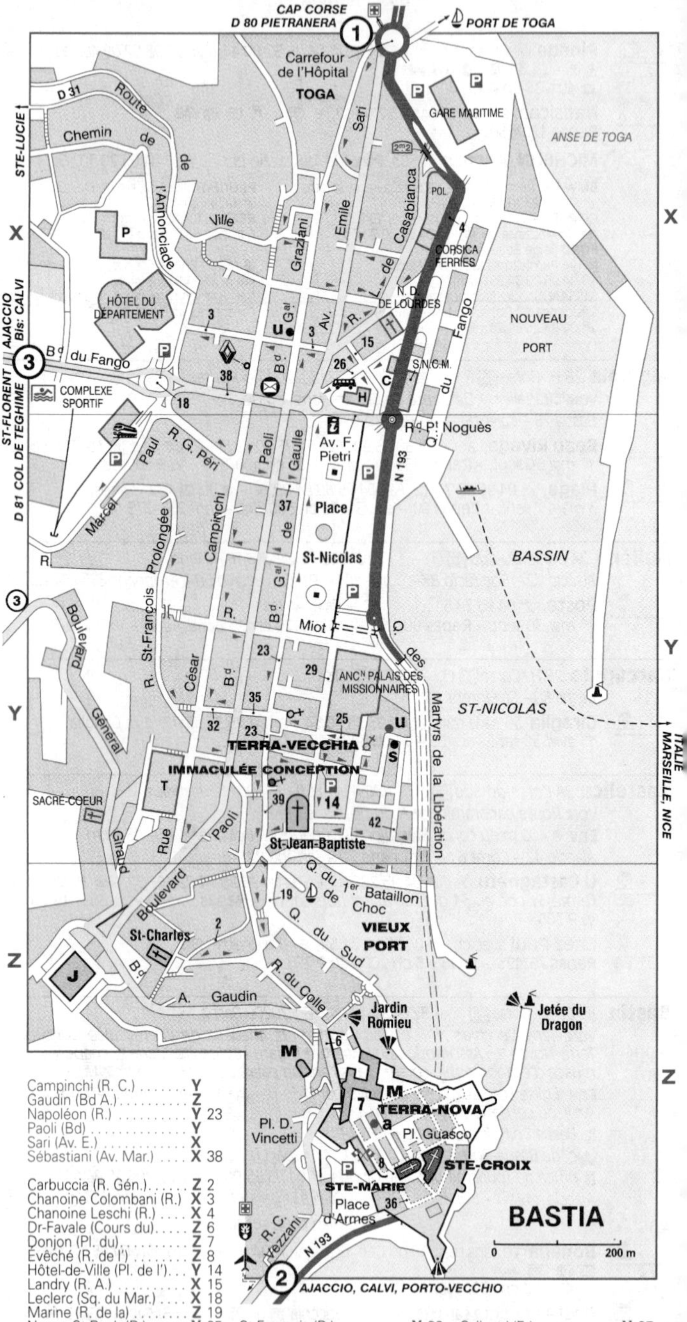

Campinchi (R. C.) . . . . Y
Gaudin (Bd A.) . . . . Z
Napoléon (R.) . . . . Y 23
Paoli (Bd) . . . . Y
Sari (Av. E.) X
Sébastiani (Av. Mar.) . . . . X 38

Carbuccia (R. Gén.) . . . . . . Z 2
Chanoine Colombani (R.) . . X 3
Chanoine Leschi (R.) . . . . . X 4
Dr-Favale (Cours du) . . . . . Z 6
Donjon (Pl. du) . . . . Z 7
Évêché (R. de l') . . . . Z 8
Hôtel-de-Ville (Pl. de l') . . . Y 14
Landry (R. A.) . . . . X 15
Leclerc (Sq. du Mar.) . . . . . X 18
Marine (R. de la) . . . . Z 19
Neuve-St-Roch (R.) . . . . . . Y 25
Nouveau-Port (R. du) . . . . . X 26
Pierangeli (Cours H.) . . . . . Y 29
St-François (R.) . . . . Y 32
St-Roch (R.) . . . . Y 35
Ste-Claire (R.) . . . . Z 36
Salicetti (R.) . . . . Y 37
Terrasses (R. des) . . . . Y 39
Zéphyrs (R. des) . . . . Y 42

XX **Citadelle,** r. Ste-Croix ✆ 04 95 31 44 70, *Fax 04 95 32 77 53,* « Ancien moulin à huile » – ▤. AE GB Z a
fermé 15 fév. au 15 mars, sam. midi et dim. – **Repas** 180/250.

X **Bistrot du Port,** r. Posta Vecchia ✆ 04 95 32 19 83 – ▤. GB Y u
fermé le midi en juil.-août et dim. – **Repas** carte 210 à 300.

à Ville-di-Pietrabugno *par D 31 - X - (Nord-Ouest du plan) : 3,5 km – 2 950 h. alt. 330 – ✉ 20200 Bastia :*
Syndicat d'Initiative Port de Plaisance de Toga ✆ 04 95 32 01 00, Fax 04 95 31 75 79.

XX **Pietrabugno,** au hameau de Guaitella ✆ 04 95 34 08 44, *Fax 04 95 32 66 11,* ≤ – GB
fermé sam. midi – **Repas** 145/210.

à Palagaccio *par ① : 2,5 km – ✉ 20200 Bastia :*

L'Alivi sans rest, ✆ 04 95 31 61 85, *Fax 04 95 31 03 95,* ≤ mer, – TV ☎ P – 60. AE GB
fermé Noël au Jour de l'An – 40 – **37 ch** 550/800.

à Pietranera *par ① : 3 km – ✉ 20200 Bastia :*

Pietracap sans rest, sur D 131 ✆ 04 95 31 64 63, *Fax 04 95 31 39 00,* ≤, « dans un parc arboré et fleuri » – ▤ TV ☎ P. AE GB
1er avril-30 nov. – 40 – **35 ch** 790.

Cyrnea sans rest, ✆ 04 95 31 41 71, *Fax 04 95 31 72 65,* ≤, – ▤ TV ☎ P – 30. GB.
fermé 15 déc. au 15 janv. – 35 – **20 ch** 320/460.

à San Martino di Lota *par ① et D 131 : 13 km – 2 466 h. alt. 350 – ✉ 20200 Bastia :*

Corniche , ✆ 04 95 31 40 98, *Fax 04 95 32 37 69,* ≤ mer et vallée, , – TV ☎ P. AE GB. ch
fermé 31 déc. au 1er fév., dim. soir et lundi d'oct. à mai – **Repas** 130/220 ♀, enf. 75 – 35 – **18 ch** 250/460 – ½ P 350/390.

rte d'Ajaccio *par ② : 4 km – ✉ 20600 Bastia :*

Ostella, ✆ 04 95 33 51 05, *Fax 04 95 33 11 70,* – TV ☎ P. AE GB
Repas *(fermé week-ends hors saison)* 80/150 ♀ – 40 – **30 ch** 450.

rte de l'aéroport de Bastia-Poretta *par ②, N 193 et D 507 : 20 km – ✉ 20290 Lucciana :*

Poretta sans rest, ✆ 04 95 36 09 54, *Fax 04 95 36 15 32* – ▤ TV ☎ P – 150. AE GB.
35 – **31 ch** 340.

BMW Gar. Bernardini, ZI Furiani ✆ 04 95 30 57 77
CITROEN Gar. Socodia, N 193 Ceppe à Biguglia par ② ✆ 04 95 58 90 00
NISSAN Gar. Costantini, ZI de Bastia ✆ 04 95 33 55 46
PEUGEOT Insulaire-Autom., N 193 à Furiani par ② ✆ 04 95 54 20 20
RENAULT Doria-Autom., av. de la Libération par ② ✆ 04 95 30 13 00
RENAULT Gar. Ginanni, 35 r. C.-Campinchi ✆ 04 95 31 09 02

Corse Omnium du Pneu, N 193 Casatorra à Biguglia ✆ 04 95 30 31 51
Ferrari Point S, N 193 Précojo à Furiani ✆ 04 95 30 19 60
Ferrari Point S, 7 av. E.-Sari ✆ 04 95 31 06 46
Marcelli, N 193 à Casamozza-Lucciana ✆ 04 95 36 00 28

Bavella (Col de) *2A Corse-du-Sud 90 ⑦ – ✉ 20124 Zonza.*

Voir ✻★★★ – *E : Forêt de Bavella*★★.
Env. *Col de Larone* ≤★★ *NE : 13 km.*
Ajaccio 100 – Bonifacio 76 – Porto-Vecchio 48 – Propriano 48 – Sartène 46.

Belgodère *2B H.-Corse 90 ⑬ – 331 h alt. 320 – ✉ 20226 Belgodère.*

Voir ≤★ *du vieux fort.*
Bastia 79 – Calvi 41 – Corte 57 – L'Ile-Rousse 17.

Niobel , ✆ 04 95 61 34 00, *Fax 04 95 61 35 85,* ≤ vallée, – ☎ P
1er avril-31 oct. – **Repas** 75/120 ♀ – 26 – **11 ch** 240/300 – ½ P 280.

In this Guide,
*a symbol or a character, printed in **black** or another colour*
*in light or **bold** type,*
does not have the same meaning.
Please read the explanatory pages carefully.

Bonifacio *2A Corse-du-Sud* 90 ⑨ *G. Corse* **(plan)** – *2 683 h alt. 55* – ✉ *20169 Bonifacio.*

Voir *Site*★★★ – *Ville haute*★★ : *église St-Dominique*★ – *La Marine*★ : *Col St-Roch* ≤★★ – *Capo Pertusato* ≤★ *et phare de Pertusato* ☀★ *SE : 5 km.*

Env. *Ermitage de la Trinité* ≤★★ *NO : 6,5 km* – *Grotte du Sdragonato*★ *et tour des falaises*★★ *45 mn en bateau.*

18 *de Sperone* ☏ *04 95 73 17 13 à la pointe de Sprono, E : 6 km.*

✈ *de Figari-Sud-Corse :* ☏ *04 95 70 10 10, N : 21 km.*

Syndicat d'Initiative pl. de l'Europe ☏ *04 95 73 11 88, Fax 04 95 73 14 97.*

Ajaccio 137 – *Corte 148* – *Sartène 53.*

Genovese M sans rest, ville haute ☏ 04 95 73 12 34, *Fax 04 95 73 09 03* – TV ☎ P – 25. AE GB
avril-fin oct. – ☐ 70 – **14 ch** 1300/1700.

Roy d'Aragon M sans rest, 13 quai Comparetti ☏ 04 95 73 03 99, *Fax 04 95 73 07 94* – TV ☎. AE GB
☐ 45 – **31 ch** 490/690.

Caravelle sans rest, 35 quai Comparetti ☏ 04 95 73 00 03, *Fax 04 95 73 00 41* – TV ☎. AE GB.
5 avril-15 oct. – **28 ch** ☐ 550/1500.

XX **Voilier,** à la Marine ☏ 04 95 73 07 06, *Fax 04 95 73 14 27,* – AE GB
fin mars-31 déc. – **Repas** *(65)* - 110/190, enf. 50.

Calacuccia *2B H.-Corse* 90 ⑮ – *331 h alt. 830* – ✉ *20224 Calacuccia.*

Voir *Site*★★ – *Tour du lac de barrage*★★ – *Défilé de la Scala di Santa Régina*★★ *NE : 5 km* – *Casamaccioli* ≤★ *SO : 3 km* – *Chapelle St-Pancrace* ≤★ *NE : 4 km puis 15 mn.*

Bastia 76 – *Calvi 96* – *Corte 29* – *Piana 68* – *Porto 58.*

Acqua Viva sans rest, ☏ 04 95 48 06 90, *Fax 04 95 48 08 82* – TV ☎ P. GB
☐ 45 – **12 ch** 380/400.

Calenzana *2B H.-Corse* 90 ⑭ – *1 535 h alt. 200* – ✉ *20214 Calenzana.*

Voir *Église Ste-Restitude*★ *NE : 1 km.*

Bastia 97 – *Calvi 13* – *L'Ile-Rousse 28* – *Porto 68.*

Bel Horizon sans rest, ☏ 04 95 62 71 72 –
avril-sept. – ☐ 35 – **12 ch** 200/240.

Calvi *2B H.-Corse* 90 ⑬ – *4 815 h alt. 29* – ✉ *20260 Calvi.*

Voir *Citadelle*★★ : *fortifications*★ – *La Marine*★.

Env. *Belvédère N.-D. de-la-Serra* ≤★★★ *6 km par* ② – ☀★★ *de la terrasse de l'église de Montemaggiore 11 km par* ① – **Excurs.** *en bateau : Calvi-Girolata*★★★.

✈ *de Calvi-Ste-Catherine :* ☏ *04 95 65 88 88, par* ①.

Office du Tourisme Port de Plaisance ☏ *04 95 65 16 67, Fax 04 95 65 14 09 et (juin-sept.) à l'entrée de la Citadelle* ☏ *04 95 65 36 74.*

Bastia 93 ① – *Corte 90* ① – *L'Ile-Rousse 24* ① – *Porto 71* ①.

Plan page ci-contre

Villa M, chemin de Notre Dame de la Serra par ① : *1 km* ☏ 04 95 65 10 10, *Fax 04 95 65 10 50,* ≤, parc, – TV ☎ P – 40. AE GB.
fermé 2 janv. au 31 mars – **Repas** *(180)* - carte 380 à 480 – ☐ 110 – **30 ch** 1900/2900, 3 appart – 1/2 P 1375/1800.

Revellata sans rest, av. Napoléon, rte d'Ajaccio par ② : *0,5 km* ☏ 04 95 65 01 89, *Fax 04 95 65 29 82,* ≤ – ☎ P. AE GB JCB.
1er avril-30 oct. – ☐ 30 – **43 ch** 365/410.

Meridiana M sans rest, av. Santa Maria ☏ 04 95 65 31 38, *Fax 04 95 65 32 72,* ≤ – TV ☎ P. AE GB.
☐ 40 – **37 ch** 580/900.

L'Onda M sans rest, av. Christophe Colomb par ① : *1 km* ☏ 04 95 65 35 00, *Fax 04 95 65 16 26,* ≤ – TV ☎ P. AE GB.
1er avril-30 nov. – ☐ 35 – **24 ch** 400/560.

Balanea sans rest, 6 r. Clemenceau **(n)** ☏ 04 95 65 94 94, *Fax 04 95 65 29 71,* ≤ – TV ☎. AE GB
☐ 60 – **37 ch** 500/1200.

St-Érasme sans rest, rte Ajaccio par ② : *0,8 km* ☏ 04 95 65 04 50, *Fax 04 95 65 32 62,* ≤, – TV ☎ P. GB JCB
1er mai-15 oct. – ☐ 50 – **27 ch** 460/640.

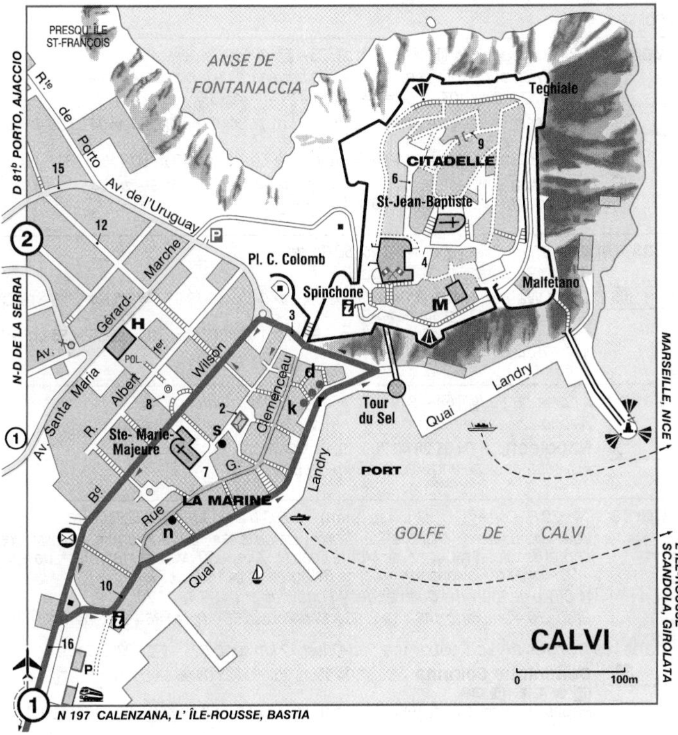

Clemenceau (R. G.)
Joffre (R.) 10
Wilson (Bd)

Alsace-Lorraine (R.) 2
Anges (R. des) 3
Armes (Pl. d') 4
Colombo (R.) 6
Crudelli (Pl.) 7
Dr-Marchal (Pl. du) 8
Fil (R. du) 9
Montée des Écoles (Chemin de) 12
Napoléon (Av.) 15
République (Av. de la) 16

Magnolia, près pl. Marché **(s)** ☏ 04 95 65 19 16, *Fax 04 95 65 34 52,* – ▤ TV ☎. AE ⓓ GB. ✱ ch
fermé janv. et fév. – ***Jardin*** ☏ *04 95 65 08 02 (fermé merc. sauf le soir de juin à sept.)* **Repas** 95(déj.)120/245, enf. 65 – ☕ 60 – **11 ch** 450/750 – 1/2 P 550/600.

Caravelle ⛵, à la plage par ① *: 0,5 km* ☏ 04 95 65 95 50, *Fax 04 95 65 00 03,* – TV ☎. GB. ✱
1er avril-25 oct. – **Repas** 125/220 – ☕ 40 – **34 ch** 420/500 – 1/2 P 395/495.

Emile's, quai Landry **(k)** ☏ 04 95 65 09 60, *Fax 04 95 65 27 34,* ≤, « Terrasse panoramique dominant le port » – ▤. AE ⓓ GB
mai-sept. – **Repas** 120/450 et carte 290 à 410.

Ile de Beauté, quai Landry **(r)** ☏ 04 95 65 00 46, *Fax 04 95 65 27 34,* ≤, – ▤. AE ⓓ GB
20 mars-1er nov. – **Repas** 100/150 ♀.

Calellu, quai Landry **(d)** ☏ 04 95 65 22 18, ≤, – AE GB
1er mars-31 oct. et fermé lundi hors saison – **Repas** 100 ♀.

par ① *rte de l'aéroport et chemin privé : 5 km –* ✉ *20260 Calvi :*

Signoria ⛵ avec ch, ☏ 04 95 65 93 00, *Fax 04 95 65 38 77,* « Ancienne demeure du 17e siècle dans un parc », – ▤ ch, TV ☎ P. AE GB. ✱ ch
1er avril-15 oct. – **Repas** 220/400 et carte 340 à 400 – ☕ 80 – **10 ch** 900/1200.

G.B.T.A. Vulco, Col de Fogata N 197 à L'Ile-Rousse ☏ 04 95 60 26 79

Cargèse *2A Corse-du-Sud* 90 ⑯ *– 915 h alt. 75 – ✉ 20130 Cargèse.*
Voir *Église latine* ≤★ *– Site*★★ *depuis le belvédère de la pointe Molendino E : 3 km.*
Ajaccio 52 – Calvi 103 – Corte 116 – Piana 21 – Porto 33.

Thalassa ⛵, plage du Pero, Nord : 1,5 km ✆ 04 95 26 40 08, *Fax 04 95 26 41 66*, ≤, , , – ☎ ♿ P. rest
25 mai-30 sept. – **Repas** (1/2 pens. seul.) – ☕ 30 – **22 ch** 300/350 – 1/2 P 380.

Spelunca sans rest, ✆ 04 95 26 40 12, *Fax 04 95 26 47 36*, ≤ – ☎.
avril-fin oct. – ☕ 35 – **20 ch** 300/350.

Casamozza *2B H.-Corse* 90 ③ *– ✉ 20290 Borgo.*
Bastia 19 – Corte 51 – Vescovato 6.

Chez Walter, N 193 ✆ 04 95 36 00 09, *Fax 04 95 36 18 92*, , , , – ch, ☎ ♿ P – 30 à 80. AE GB JCB
fermé dim. du 15 sept. au 30 juin – **Repas** 110/180, enf. 70 – ☕ 35 – **53 ch** 350/450 – 1/2 P 375/400.

Cauro *2A Corse-du-Sud* 90 ⑰ *– 849 h alt. 450 – ✉ 20117 Cauro.*
Ajaccio 22 – Sartène 63.

Napoléon, ✆ 04 95 28 40 78 – AE GB
juil.-sept. et week-ends d'oct. à juin – **Repas** 130 ♀.

Corte *2B H.-Corse* 90 ⑤ *G. Corse* (plan) *– 5 693 h alt. 396 – ✉ 20250 Corte.*
Voir *Ville haute*★ *: chapelle Ste-Croix*★*, citadelle* ≤★*, belvédère* ★ *– Mosaïques*★ *dans l'hôtel de ville* – Env. ★★ *du Monte Cecu N : 7 km – SO : Vallée*★★ *et forêt*★ *de la Restonica – SE : Vallée du Tavignano*★ *– Col de Bellagranajo* ★★ *S : 9,5 km.*
Office de Tourisme Quartier des 4 Fontaines ✆ *04 95 46 26 70.*
Bastia 70 – Bonifacio 148 – Calvi 90 – L'Ile-Rousse 66 – Porto 86 – Sartène 148.

dans les Gorges de La Restonica *Sud-Ouest : 2 km sur D 623 – ✉ 20250 Corte :*

Dominique Colonna ⛵, ✆ 04 95 45 25 65, *Fax 04 95 61 03 91*, , , – rest, ☎ ♿ P. GB
Repas *(1er mars-15 nov.)* 98/150 , enf. 60 – ☕ 50 – **28 ch** 450/590 – 1/2 P 420/470.

Erbalunga *2B H.-Corse* 90 ② *– ✉ 20222 –* Voir *Village*★.
Bastia 11 – Rogliano 28.

Castel Brando sans rest, ✆ 04 95 30 10 30, *Fax 04 95 33 98 18*, , – cuisinette ☎ ♿ P. AE GB
4 avril-10 oct. – ☕ 30 – **15 ch** 580.

Évisa *2A Corse-du-Sud* 90 ⑮ *– 257 h alt. 850 – ✉ 20126 Évisa.*
Voir *Forêt d'Aïtone*★★ *– Cascades d'Aïtone*★★ *NE : 3 km puis 30 mn.*
Env. *Col de Vergio* ≤★★ *NE : 10 km.*
Ajaccio 72 – Calvi 94 – Corte 63 – Piana 33 – Porto 23.

Aïtone, ✆ 04 95 26 20 04, *Fax 04 95 26 24 18*, ≤ vallée, , , – ☎ P. GB. rest
fermé 15 nov. au 15 janv. – **Repas** 85/180 ♀, enf. 45 – ☕ 38 – **30 ch** 200/550 – 1/2 P 475.

Scopa Rossa, ✆ 04 95 26 20 22, *Fax 04 95 26 24 17*, ≤, – ☎ P. GB. rest
1er avril-30 nov. – **Repas** 110/150 ♀ – ☕ 35 – **25 ch** 300/350 – 1/2 P 435.

Favone *2A Corse-du-Sud* 90 ⑦ *– ✉ 20144 Ste Lucie-de-Porto-Vecchio.*
Ajaccio 124 – Bonifacio 56.

U Dragulinu ⛵, ✆ 04 95 73 20 30, *Fax 04 95 73 22 06*, ≤, , , – ☎ P. AE GB. rest
hôtel : 1er mai-10 oct. ; rest. : 10 juin-30 sept. – **Repas** 150 – ☕ 50 – **32 ch** 320/400 – 1/2 P 580/680.

Feliceto *2B H.-Corse* 90 ⑭ *– 145 h alt. 350 – ✉ 20225 Muro.*
Bastia 96 – Calvi 26 – Corte 74 – L'Ile-Rousse 17.

Gd H. Mare E Monti ⛵ sans rest, ✆ 04 95 63 02 00, *Fax 04 95 63 02 01*, ≤, parc – ☎ P. GB
1er mai-30 sept. – ☕ 35 – **14 ch** 280/350.

Galéria *2B H.-Corse* 90 ⑭ *– 305 h alt. 30 – ✉ 20245 –* **Voir** *Golfe de Galéria★.*
Office de Tourisme carrefour Cinq Arcades ☎ 04 95 62 02 27.
Bastia 119 – Calvi 33 – Porto 46.

à Ferayola *Nord : 13 km par D 9351 et D 81B – ✉ 20260 Calvi :*

Aub. de Ferayola, ☎ 04 95 65 25 25, *Fax 04 95 65 20 78*, – GB. ch
1er mai-30 sept. – **Repas** 98/130 – 42 – **10 ch** 380/460 – 1/2 P 370/400.

Guagno-les-Bains *2A Corse-du-Sud* 90 ⑮ *– ✉ 20160 Guagno-les-Bains.*
Ajaccio 63 – Calvi 121 – Corte 93 – Vico 12.

Thermes M, ☎ 04 95 28 30 68, *Fax 04 95 28 34 02*, parc, – 50. AE GB. rest
9 mai-24 oct. – **Repas** 130/139 – 35 – **40 ch** 370/480 – 1/2 P 370.

L'Ile-Rousse *2B H.-Corse* 90 ⑬ *– 2 288 h alt. 6 – ✉ 20220 L'Ile-Rousse.*
Voir *Ile de la Pietra : phare ★ N : 2 km.*
Office de Tourisme 7 pl. Paoli ☎ 04 95 60 04 35, Fax 04 95 60 24 74.
Bastia 69 – Calvi 24 – Corte 66.

Santa Maria M sans rest, rte Port ☎ 04 95 60 13 49, *Fax 04 95 60 32 48*, – AE GB
50 – **56 ch** 630/720.

Funtana Marina M sans rest, 1 km par rte Monticello et rte secondaire ☎ 04 95 60 16 12, *Fax 04 95 60 35 44*, mer, – AE GB.
40 – **29 ch** 400/450.

Amiral sans rest, bd Ch.-Marie Savelli ☎ 04 95 60 28 05, *Fax 04 95 60 31 21*, – GB.
1er avril-30 sept. – 40 – **25 ch** 300/480.

Cala di l'Oru sans rest, bd Fogata ☎ 04 95 60 14 75, *Fax 04 95 60 36 40*, – GB
30 – **24 ch** 350/450.

Grillon, av. P. Doumer ☎ 04 95 60 00 49, *Fax 04 95 60 43 69* – AE GB
1er mars-15 nov. et fermé dim. du 15 oct. au 15 mars – **Repas** 75/95 – 30 – **16 ch** 260/290 – 1/2 P 260.

à Monticello *Sud-Est : 4,5 km par D 63 – 944 h. alt. 220 – ✉ 20220 L'Ile-Rousse :*

A Pastorella avec ch, ☎ 04 95 60 05 65, *Fax 04 95 60 21 78*, – rest, AE GB
fermé 3 nov. au 4 déc. – **Repas** *(fermé dim. soir de déc. à mars)* 130/200 – 40 – **12 ch** 260/360 – 1/2 P 350.

Macinaggio *2B H.-Corse* 90 ① *– ✉ 20248 Macinaggio.*
Bastia 34.

U Libecciu, ☎ 04 95 35 43 22, *Fax 04 95 35 46 08*, – rest, AE GB.
– *1er avril-15 oct.* – **Repas** 95/125 – 35 – **30 ch** 280/450 – 1/2 P 370.

U Ricordu, ☎ 04 95 35 40 20, *Fax 04 95 35 41 88*, – AE GB. rest
hôtel : 30 mars-6 nov. ; rest. : 1er mai-20 sept. – **Repas** (dîner seul.) 100 – 40 – **54 ch** 390/460 – 1/2 P 370.

Patrimonio *2B H.-Corse* 90 ③ *– 546 h alt. 100 – ✉ 20253 .*
Bastia 17 – St-Florent 6 – San-Michele-de-Murato 23.

Osteria di San Martinu, ☎ 04 95 37 11 93, – GB
1er avril-30 sept. – **Repas** 80/100.

Petreto-Bicchisano *2A Corse-du-Sud* 90 ⑰ *– 585 h alt. 600 – ✉ 20140 Petreto-Bicchisano.*
Ajaccio 51 – Sartène 34.

France avec ch, à Bicchisano ☎ 04 95 24 30 55, – AE GB.
1er avril-3 nov. – **Repas** 135/250, enf. 80 – **3 ch** (1/2 pens. seul.) – 1/2 P 350.

Les pastilles numérotées des plans de ville ①, ②, ③ sont répétées sur les ***cartes Michelin*** *à 1/200 000.*

Elles facilitent ainsi le passage entre les ***cartes*** *et les* ***guides Michelin.***

Piana *2A Corse-du-Sud* 90 ⑮ – *500 h alt. 420* – ✉ *20115 Piana.*
Voir Col de Lava ≤★★ *S : 1 km – Route de Ficajola* ≤★★ *NO.* Env. *Capo Rosso* ≤★★ *O : 9 km.*
Ajaccio 72 – Calvi 83 – Évisa 33 – Porto 12.

Capo Rosso ⛰, ✆ 04 95 27 82 40, *Fax 04 95 27 80 00*, « Agréable situation dominant le golfe et les calanche, beau panorama », ⛱, ☐ – TV ☎ P. AE ⓓ GB. ✗ ch
1er avril-15 oct. – **Repas** 100/380 – ☐ 45 – **57 ch** 450/550 – ½ P 565.

Scandola, rte Cargèse ✆ 04 95 27 80 07, ≤, ☐ – TV ☎ P. AE ⓓ GB
1er avril-15 oct. – **Repas** 80/120 – ☐ 35 – **17 ch** 150/280 – ½ P 320.

Continental sans rest, ✆ 04 95 27 83 12, ☐ – ☎ P. AE
1er avril-30 sept. – ☐ 35 – **17 ch** 160/270.

Pioggiola *2B H.-Corse* 90 ⑬ – *49 h alt. 880* – ✉ *20259 Pioggiola.*
Bastia 83 – Calvi 44.

Aub. Aghjola ⛰, ✆ 04 95 61 90 48, *Fax 04 95 61 92 99*, ☐, ⛱ – AE ⓓ GB. ✗ rest
1er avril-30 sept. – **Repas** (nombre de couverts limité, prévenir) 75/160 – ☐ 40 – **10 ch** 350/400 – ½ P 375.

Porticcio *2A Corse-du-Sud* 90 ⑰ – ✉ *20166 Porticcio.*
Ajaccio 19 – Sartène 68.

Maquis ⛰, ✆ 04 95 25 05 55, *Fax 04 95 25 11 70*, ≤ Ajaccio et golfe, ☐, ⛱, ☐, ☐, ☐, ✗ – |‡|, ▤ ch, TV ☎ P – ☐ 40. AE ⓓ GB. ✗ rest
L'Arbousier : Repas 220/270 ♀ – ☐ 80 – **23 ch** 1600/2600, 5 appart – ½ P 1100/1550.

Sofitel ⛰, ✆ 04 95 29 40 40, *Fax 04 95 25 00 63*, ≤ golfe, ☐, centre de thalasso-thérapie, ⛱, ☐, ☐, ✗ – |‡| ☐ ▤ TV ☎ ♿ P – ☐ 80. AE ⓓ GB. ✗ rest
fermé janv. – ***Le Caroubier :*** Repas 180/260 – ☐ 85 – **98 ch** 1400/1980 – ½ P 1310.

Isolella, Sud : 4,5 km ✆ 04 95 25 41 36, *Fax 04 95 25 58 31*, ≤, ☐ – ▤ ch, TV ☎ P. GB
hôtel : mars-31 oct. ; rest. : avril-août – **Repas** 60/96 ♀ – ☐ 35 – **32 ch** 450/500 – ½ P 380.

Porticciolo *2B H.-Corse* 90 ② – ✉ *20228 Luri.*
Ajaccio 170.

Caribou ⛰, à la Marine de Porticciolo ✆ 04 95 35 02 33, *Fax 04 95 35 01 13*, ≤, ☐, ⛱, ☐, ☐, ✗ – ☎ P. AE ⓓ GB JCB
20 juin-15 sept. – **Repas** 250 – ☐ 40 – **25 ch** 400/600 – ½ P 750.

Porto *2A Corse-du-Sud* 90 ⑮ – ✉ *20150 Ota* – *Voir La Marine★ – Tour génoise★.*
Env. *Golfe de Porto★★★ : les Calanche★★★ – en vedette : SO : les Calanche★★, NO : réserve de Scandola★★★, site★ de Girolata.*
ℹ *Office de Tourisme Golfe de Porto ✆ 04 95 26 10 55, Fax 04 95 26 14 25.*
Ajaccio 84 – Calvi 71 – Corte 86 – Évisa 23.

Belvédère M ⛰ sans rest, à la Marine ✆ 04 95 26 12 01, *Fax 04 95 26 11 97*, ≤ – |‡| ▤ TV ☎ ♿. AE ⓓ GB
☐ 45 – **20 ch** 350/500.

Subrini sans rest, à la Marine ✆ 04 95 26 14 94, *Fax 04 95 26 11 57*, ≤ – |‡| TV ☎ P. AE GB. ✗
Pâques-15 oct. – ☐ 45 – **23 ch** 450/500.

Capo d'Orto sans rest, ✆ 04 95 26 11 14, *Fax 04 95 26 13 49*, ≤, ⛱ – ☎ P. GB
15 avril-10 oct. – ☐ 35 – **30 ch** 380/400.

Porto, ✆ 04 95 26 11 20, *Fax 04 95 26 13 92*, ≤, ☐ – ☎ P. AE ⓓ GB. ✗
15 avril-15 oct. – **Repas** 95/125 – ☐ 30 – **28 ch** 220/320 – ½ P 280/320.

Romantique M ⛰, à la Marine ✆ 04 95 26 10 85, *Fax 04 95 26 14 04*, ≤, ☐ – ▤ TV ☎. GB
1er avril-10 oct. – **Repas** *(1er mai-30 sept.)* 85/125 ♀ – ☐ 30 – **8 ch** 390 – ½ P 310.

Bella Vista, ✆ 04 95 26 11 08, *Fax 04 95 26 15 18*, ≤, ☐, ☐ – cuisinette, ▤ rest, ☎ P. GB
avril-oct. – **Repas** 90/180 ♀ – ☐ 38 – **20 ch** 250/300 – ½ P 260/300.

au Nord *6 km par D 81* – ✉ *20147 Serrièra :*

Eden Park ⛰, ✆ 04 95 26 10 60, *Fax 04 95 26 14 74*, ☐, parc, ⛱, ✗ – ▤ ☎ P. AE ⓓ GB. ✗
4 avril-13 oct. – **Repas** 65 (déj.), 120/270 – ☐ 75 – **35 ch** 990/1080 – ½ P 595/690.

Porto-Pollo 2A Corse-du-Sud 90 ⑱ – *alt. 140 – ✉ 20140 Petreto-Bicchisano.*

Ajaccio 52 – Sartène 31.

Les Eucalyptus, ☎ 04 95 74 01 52, *Fax 04 95 74 06 56,* – P. AE GB. ch
hôtel : 2 mai-30 sept. ; rest. : 1er juin-30 sept. – **Repas** 100/135, enf. 45 – 36 – **27 ch** 310/340 – ½ P 260/330.

Kallisté, ✉ 20156 Serra di Ferro ☎ 04 95 74 02 38, *Fax 04 95 74 06 26,* – P. GB
25 mars-15 oct. – **Repas** 128/145 – 40 – **19 ch** 430/480 – ½ P 380/400.

Porto-Vecchio 2A Corse-du-Sud 90 ⑧ – *9 307 h alt. 40 – ✉ 20137 Porto-Vecchio.*

Env. *Golfe de Porto-Vecchio★★ – Castello★ d'Arraggio ★★ N : 7,5 km.*

de Figari-Sud-Corse : ☎ 04 95 70 10 10, SO : 23 km.

Office de Tourisme pl. Hôtel de Ville ☎ 04 95 70 09 58, Fax 04 95 70 03 72.

Ajaccio 145 – Bonifacio 27 – Corte 120 – Sartène 61.

Belvédère M, rte plage de Palombaggia : 5 km ☎ 04 95 70 54 13, *Fax 04 95 70 42 63,* « Bel ensemble en bord de mer », – ch, P. AE GB.
fermé fin janv. à début mars – **Repas** *(fermé lundi et mardi du 1er déc. à fin janv.)* 250/400 et carte 310 à 460 – 60 – **16 ch** (½ pens. seul.), 3 appart – ½ P 1150
Spéc. Brouillade crémeuse d'oursin. Rouget de roche, crème au basilic. Fressure d'agneau rôti à la broche. **Vins** Porto Vecchio, Sartène.

Roi Théodore, rte Bastia : 2 km ☎ 04 95 70 14 94, *Fax 04 95 70 41 34,* – P – 60. AE GB. rest
hôtel : 9 mars-9 déc. ; rest. : 15 avril-15 oct. – **Repas** (dîner seul.) 200/260 – 60 – **39 ch** 700/1000 – ½ P 700.

Alcyon M sans rest, 9 rte de Bastia ☎ 04 95 70 50 50, *Fax 04 95 70 25 84* – P. AE GB
fermé 1er déc. au 31 janv. – 45 – **40 ch** 470/580.

San Giovanni, rte Arca Sud-Ouest : 3 km par D 659 ☎ 04 95 70 22 25, *Fax 04 95 70 20 11,* « Parc fleuri », – rest, P. AE GB.
hôtel : 1er avril-10 nov. ; rest. : 15 avril-15 oct. – **Repas** (résidents seul.) – 50 – **29 ch** 370/480 – ½ P 405.

Golfe H. M, chemin de Mazzetta ☎ 04 95 70 48 20, *Fax 04 95 70 92 00,* – P – 40. AE GB. rest
Repas *(fermé le midi et dim. du 1er oct. au 31 mai)* (65) - 85/200 ♀ – 50 – **42 ch** 600/1200 – ½ P 600.

Baladin, 13 r. Gén. Leclerc ☎ 04 95 70 08 62, *Fax 04 95 70 55 95,* – AE GB
fermé 15 nov. au 15 janv., le midi du 15 juin au 15 sept., sam. midi et dim. – **Repas** 160 et carte 160 à 280 - ***Le Troubadour*** (grill) **Repas** 85/150 ♀, enf. 50.

Orée du Maquis, à la Trinité Nord : 5 km et chemin de la Lézardière ☎ 04 95 70 22 21, *Fax 04 95 70 22 21,* – GB
fermé 15 nov. au 15 déc., fév., dim. soir et lundi sauf juil.-août – **Repas** (nombre de couverts limité, prévenir) (dîner seul. sauf dim.) 260/325.

au golfe de Santa Giulia *Sud : 8 km par N 198 et rte secondaire – ✉ 20137 Porto-Vecchio :*

Moby Dick M, ☎ 04 95 70 70 00, *Fax 04 95 70 70 01,* – P – 40. AE GB.
29 avril-3 oct. – **Repas** 180/200 – 60 – **44 ch** (½ pens. seul.) – ½ P 950/1100.

Castell'Verde sans rest, ☎ 04 95 70 71 00, *Fax 04 95 70 71 01,* golfe, – P. AE GB.
4 avril-10 oct. – 50 – **30 ch** 990.

à Cala Rossa *Nord-Est : 10 km par N 198, D 568 et D 468 – ✉ 20137 Porto-Vecchio :*

Gd H. Cala Rossa, ☎ 04 95 71 61 51, *Fax 04 95 71 60 11,* « Dans les pins, jardin fleuri », – P. AE GB.
26 avril-11 nov. – **Repas** 190 (déj.)/450 et carte 400 à 560 ♀ – 100 – **50 ch** 950/2500 – ½ P 1200/2000
Spéc. Petits rougets à la tomate safranée, croustilles d'olives. Cocotte de Saint-Pierre à la vapeur d'herbes fraîches. Serpentins framboises sur sabayon glacé aux zestes de citron vert. **Vins** Patrimonio, Porto Vecchio.

PEUGEOT Piétri Autos., rte de Bonifacio ☎ 04 95 70 07 32 N ☎ 06 09 18 70 24
RENAULT Balesi-Auto, N 198, La Poretta ☎ 04 95 70 15 55 N ☎ 06 07 41 82 90

Auto Service Andreani, N 198 Trinité-Pitrera ☎ 04 95 70 01 01

Propriano *2A Corse-du-Sud* 90 ⑱ – *3 217 h alt. 5 – Stat. therm. (15/02-15/01) aux Bains de Baracci* – ✉ *20110 Propriano.*

Voir *Port*★ – *Office de Tourisme Port de Plaisance* ☎ *04 95 76 01 49, Fax 04 95 76 00 65.*

Ajaccio 73 – Bonifacio 66 – Corte 136 – Sartène 13.

Roc é Mare sans rest, ☎ 04 95 76 04 85, *Fax 04 95 76 17 55,* ≤ golfe, – TV ☎ P. AE GB
1er mai-15 oct. – 50 – **60 ch** 490/680.

Ibiscus sans rest, ☎ 04 95 76 01 56, *Fax 04 95 76 23 88,* ≤ – TV ☎ P. AE GB
40 – **27 ch** 340/400.

Arcu di Sole, rte Barraci Nord-Est : 2 km ✉ 20113 Olmeto ☎ 04 95 76 05 10, *Fax 04 95 76 13 36,* – ☎ P. AE GB. rest
6 avril-31 oct. – **Repas** 90/110 – 35 – **51 ch** 518/566, 7 bungalows – 1/2 P 398/413.

Loft H. sans rest, 3 r. Pandolfi ☎ 04 95 76 17 48, *Fax 04 95 76 22 04* – TV ☎ P. GB.
fermé fév. – 30 – **25 ch** 330/350.

Lido, ☎ 04 95 76 06 37, *Fax 04 95 76 06 54,* ≤, « Au bord de l'eau » – P. AE GB
avril-fin sept. – **Repas** 150.

Cabanon, av. Napoléon ☎ 04 95 76 07 76, *Fax 04 95 76 27 97,* ≤, – AE GB
15 mars-1er nov. – **Repas** 85/130, enf. 50.

PEUGEOT Insulaire de Diffusion, rte Corniche ☎ 04 95 76 00 91

Quenza *2A Corse-du-Sud* 90 ⑦ – *214 h alt. 840* – ✉ *20122 Quenza.*

Ajaccio 83 – Bonifacio 74 – Porto-Vecchio 47 – Sartène 38.

Sole e Monti, ☎ 04 95 78 62 53, *Fax 04 95 78 63 88,* ≤, – TV ☎. AE GB. rest
15 mars-5 nov. et vacances de fév. – **Repas** 150/300 – 50 – **20 ch** (1/2 pens. seul.) – 1/2 P 400/450.

St-Florent *2B H.-Corse* 90 ③ – *1 350 h alt. 10* – ✉ *20217 St-Florent.*

Voir *Église Santa Maria Assunta*★★ – *Vieille Ville*★.

Office de Tourisme Centre Administratif, ☎ *04 95 37 06 04.*

Bastia 23 – Calvi 70 – Corte 81 – L'Ile-Rousse 46.

Tettola M sans rest, Nord : 1 km sur D 81 ☎ 04 95 37 08 53, *Fax 04 95 37 09 19,* ≤, – cuisinette ☎ P. GB
35 – **32 ch** 520.

Dolce Notte sans rest, ☎ 04 95 37 06 65, *Fax 04 95 37 10 70,* ≤ golfe, – TV ☎ P. AE GB
Pâques-mi-oct. – 40 – **25 ch** 280/580.

Maxime M sans rest, ☎ 04 95 37 05 30, *Fax 04 95 37 13 07* – TV ☎ P. GB.
35 – **19 ch** 360.

Rascasse, promenade des Quais ☎ 04 95 37 06 99, ≤, « Terrasse panoramique sur le port » – AE GB
1er avril-30 sept. et fermé lundi sauf du 15 juil. au 31 août. – **Repas** carte 160 à 300.

Ste-Marie-Sicché *2A Corse-du-Sud* 90 ⑰ – *355 h alt. 420* – ✉ *20190 Santa-Maria-Sicché.*

Ajaccio 36 – Sartène 52.

Santa Maria, ☎ 04 95 25 72 65, *Fax 04 95 25 71 34,* – TV ☎ P. AE GB JCB.
Repas 90/140 – 37 – **20 ch** 210/265 – 1/2 P 285/303.

Sartène SP *2A Corse-du-Sud* 90 ⑱ *G. Corse* (plan) – *3 525 h alt. 310* – ✉ *20100 Sartène.*

Voir *Vieille ville*★★ – *Procession de Catenacciu*★★ *(vend. Saint).*

Syndicat d'Initiative 6 r. Borgo ☎ *04 95 77 15 40.*

Ajaccio 85 – Bonifacio 53 – Corte 148.

Villa Piana sans rest, rte Propriano ☎ 04 95 77 07 04, *Fax 04 95 73 45 65,* ≤, « Parc, piscine panoramique », – ☎ P – 70. AE GB.
1er avril-18 oct. – 36 – **31 ch** 330/440.

Aub. Santa Barbara, rte de Propriano ☎ 04 95 77 09 06, *Fax 04 95 77 09 09,* – P. AE GB
avril-10 oct. – **Repas** 155.

RENAULT Gar. Le Rd-Pt, r. J.-Nicoli ☎ 04 95 77 02 14

Soccia *2A Corse-du-Sud 90 ⑮ – 143 h alt. 670 – ✉ 20125 Soccia.*
Ajaccio 69 – Calvi 127 – Corte 98 – Vico 17.

U Paese 🐌, ☎ 04 95 28 31 92, ≤ – |‡| ☎ 🅿. GB. 🚫
fermé 20 nov. au 20 déc. – **Repas** 105/135 ♀, enf. 55 – ☕ 34 – **30 ch** 195/273 – ½ P 250.

Solenzara *2A Corse-du-Sud 90 ⑦ – ✉ 20145 Solenzara.*
Ajaccio 115 – Bonifacio 66 – Sartène 76.

Maquis et Mer sans rest, ☎ 04 95 57 42 37, *Fax 04 95 57 46 85* – |‡| TV ☎ 🅿 – 🏛 30. AE ⓓ GB JCB
15 mars-fin oct. – ☕ 40 – **42 ch** 500/900.

A Mandria, Nord : 1 km ☎ 04 95 57 41 95, *Fax 04 95 57 45 96,* 🏖, 🌳 – 🅿. AE GB
Repas 100/130 🍷.

Tizzano *2A Corse-du-Sud 90 ⑲ – ✉ 20100 Sartène.*
Ajaccio 102 – Bonifacio 65 – Porto-Vecchio 73 – Sartène 18.

Golfe, ☎ 04 95 77 14 76, *Fax 04 95 77 14 76,* ≤, 🏖 – TV ☎ ♿ 🅿. GB. 🚫 ch
Pâques-fin oct. – **Repas** 90/300 – ☕ 40 – **17 ch** 500/520 – ½ P 420.

Vico *2A Corse-du-Sud 90 ⑮ – 921 h alt. 400 – ✉ 20160 Vico.*
Voir *Couvent St-François : christ en bois★ dans l'église conventuelle.*
Ajaccio 52 – Calvi 110 – Corte 81.

U Paradisu 🐌, ☎ 04 95 26 61 62, *Fax 04 95 26 67 01,* 🏖, 🏊 – ☎. AE ⓓ GB
1er avril-31 déc. – **Repas** 100/150 🍷, enf. 65 – ☕ 40 – **21 ch** 410 – ½ P 352.

Vizzavona (Col de) *2B H.-Corse 90 ⑥ – alt. 1161 – ✉ 20219 Vivario –* Voir *Forêt★★.*
Bastia 99 – Bonifacio 132 – Corte 31.

Monte d'Oro 🐌, ☎ 04 95 47 21 06, *Fax 04 95 47 22 05,* en forêt, 🌳 – 🅿. GB. 🚫 rest
1er mai-30 sept. – **Repas** 105/240 ♀ – ☕ 30 – **46 ch** 190/320 – ½ P 290/350.

Zicavo *2A Corse-du-Sud 90 ⑦ – 245 h alt. 700 – ✉ 20132 Zicavo.*
Ajaccio 63 – Bonifacio 113 – Corte 75 – Porto-Vecchio 84 – Sartène 61.

Tourisme, ☎ 04 95 24 40 06, ≤ – 🚫 ch
Repas 70/120 ♀, enf. 40 – ☕ 20 – **15 ch** 170/200 – ½ P 225.

Pas de publicité payée dans ce guide.

CORTE *2B H.-Corse 90 ⑤ –* *voir à Corse.*

COSNES-ET-ROMAIN *54 M.-et-M. 57 ② –* *rattaché à Longwy.*

COSNE-SUR-LOIRE SP *58200 Nièvre 65 ⑬ G. Bourgogne – 12 123 h alt. 150.*
⛳18 *du Sancerrois ☎ 02 48 54 11 22 par ④ puis D 955 : 10 km.*
🅸 *Office de Tourisme pl. Hôtel de Ville ☎ 03 86 28 11 85.*
Paris 181 ① – Bourges 60 ④ – Auxerre 76 ① – Montargis 71 ① – Nevers 53 ③ – Orléans 112 ①.

Plan page suivante

Saint-Christophe, pl. Gare **(u)** ☎ 03 86 28 02 01, *Fax 03 86 26 94 28* – TV ☎ 📞. AE GB
fermé 24 juil. au 22 août, sam. du 15 oct. au 30 avril (sauf hôtel) et dim. soir – **Repas** 75/210 🍷, enf. 50 – ☕ 30 – **8 ch** 200/250 – ½ P 240/260.

Sévigné (Derbord), 16 r. du 14 Juillet **(a)** ☎ 03 86 28 27 50, *Fax 03 86 26 93 60* – ▤. AE ⓓ GB
fermé 2 au 6 mars, 8 au 15 juin, 16 nov. au 8 déc., dim. soir et lundi – **Repas** (nombre de couverts limité, prévenir) 95 (déj.), 160/260 et carte 240 à 320 ♀
Spéc. Escargots du Nivernais à la crème de cèpes, en croûte. Nage d'écrevisses à la badiane, réduction de pouilly et beurre fermier (juil. à nov.). Rognon de veau au jambon du Morvan, fumet de giennois rouge. **Vins** Coteaux du Giennois, Pouilly-sur-Loire.

COSNE-SUR-LOIRE

St-Jacques (R.) 22

Baudin (R. Alphonse) 2
Buchet-Desforges (R.) 4
Clemenceau (Pl. G.) 5
Dr-J. Moineau (Pl.) 6
Donzy (R. de) 7
Frères-Gambon (R. des) 8
Gambetta (R.) 9
Gaulle (R. du Général-de) 12
Leclerc (R. du Maréchal) 13
Pêcherie (Pl. de la) 15
Pelletan (R. Eugène) 16
République (Bd de la) 17
Rousseau (R. W.) 18
St-Agnan (R.) 21
Victor-Hugo (R.) 24
Vieille-Route 25
14-Juillet (R. du) 26

Pour un bon usage des plans de villes, voir les signes conventionnels dans l'introduction.

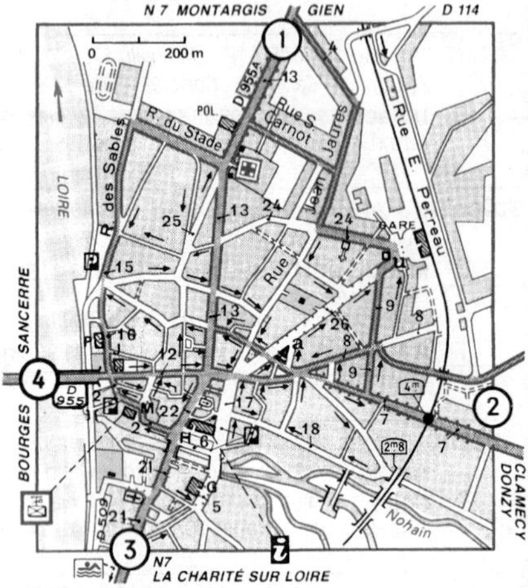

X **Vieux Relais** avec ch, 11 r. St-Agnan **(r)** ✆ 03 86 28 20 21, *Fax 03 86 26 71 12* – TV ☎ ✆. AE ⓓ GB
fermé 2 au 20 janv., vend. soir et sam. midi du 15 sept. au 30 avril – **Repas** 100/250 ♀, enf. 70 – ☕ 45 – **11 ch** 320/380 – ½ P 300/335.

CITROEN Gar. GRV, ch. rural du Gd Champ N 7 par ③ ✆ 03 86 39 58 68
PEUGEOT Gds Gar. du Cher, N 7 ✆ 03 86 26 60 18
RENAULT Gar. Simonneau, 80 av. 85ème par ③ ✆ 03 86 26 81 81 N ✆ 03 86 21 73 32
Gar. Doubre, 235 r. Frères Gambon ✆ 03 86 28 27 31

COSQUEVILLE *50330 Manche* 54 ② – *501 h alt. 22.*
Paris 355 – Cherbourg 21 – Caen 123 – Carentan 50 – St-Lô 79 – Valognes 25.

XX **Au Bouquet de Cosqueville,** ✆ 02 33 54 32 81, *Fax 02 33 54 63 38* – GB
fermé 4 au 24 janv., mardi soir et merc. sauf juil.-août – **Repas** 108/300, enf. 60.

Le COTEAU *42 Loire* 73 ⑦ – *rattaché à Roanne.*

La CÔTE-ST-ANDRÉ *38260 Isère* 77 ③ *G. Vallée du Rhône* **(plan)** – *3 966 h alt. 370.*
Paris 525 – Grenoble 50 – Lyon 64 – La Tour-du-Pin 37 – Valence 81 – Vienne 40 – Voiron 29.

XX ✿ **France** avec ch, pl. Église ✆ 04 74 20 25 99, *Fax 04 74 20 35 30* – ▤ rest, TV ☎ 🚗 – 🏛 25. GB
Repas *(fermé dim. soir et lundi sauf fériés)* 150/450 et carte 220 à 430, enf. 95 – ☕ 50 – **14 ch** 300/380 – ½ P 360/400
Spéc. Truite en croûte dorée sauce béarnaise. Ris de veau aux truffes. Râble de lièvre à la crème (saison).

CITROEN Gar. Mary, ✆ 04 74 20 50 99
PEUGEOT Gar. Marazzi, ✆ 04 74 20 32 33

COTINIÈRE *17 Char.-Mar.* 71 ⑬ ⑭ – *rattaché à Oléron (Ile d').*

COUCHES *71490 S.-et-L.* 69 ⑧ *G. Bourgogne* – *1 457 h alt. 320.*
Paris 311 – Beaune 32 – Chalon-sur-Saône 28 – Autun 25 – Le Creusot 16.

🏠 **Les 3 Maures,** ✆ 03 85 49 63 93, *Fax 03 85 49 50 29*, 🚗 – TV ☎ P. AE GB
fermé 15 fév. au 15 mars et lundi du 15 sept. au 15 juil. – **Repas** *(60)* - 78/200 ♀, enf. 50 – ☕ 35 – **16 ch** 220/280 – ½ P 240/270.

COUCOURON *07470 Ardèche* 76 ⑰ *G. Vallée du Rhône* – *705 h alt. 1150.*
Paris 579 – Le Puy-en-Velay 42 – Langogne 20 – Privas 83.

🏠 **Carrefour des Lacs,** ✆ 04 66 46 12 70, *Fax 04 66 46 16 42* – ☎ P. GB
fermé 1er déc. au 15 fév. – **Repas** 85/180 – ☕ 32 – **20 ch** 170/310 – ½ P 200/235.

COUDEKERQUE BRANCHE *59 Nord* 51 ④ – *rattaché à Dunkerque.*

Le COUDRAY-MONTCEAUX *91 Essonne* 61 ① – *rattaché à Corbeil-Essonnes.*

COUHÉ *86700 Vienne* 68 ⑬ – *1 706 h alt. 140.*

Paris 370 – Poitiers 35 – Confolens 56 – Montmorillon 61 – Niort 69 – Ruffec 32.

Chêne Vert, r. Bons Enfants ✆ 05 49 59 20 42, *Fax 05 49 53 42 20* – TV. GB
fermé du 2 au 11 janv. – **Repas** (60) - 70 (déj.), 90/120 ♨, enf. 45 – ☕ 30 – **9 ch** 190 – ½ P 200.

CITROEN Gar. Senelier, ✆ 05 49 59 22 30

COUILLY-PONT-AUX-DAMES *77860 S.-et-M.* 56 ⑫ *G. Ile-de-France – 1 635 h alt. 50.*

Voir *Musée Louis-Braille à Coupvray O : 5 km.*

Paris 45 – Coulommiers 20 – Lagny-sur-Marne 12 – Meaux 8 – Melun 46.

XX **Aub. de la Brie** (Pavard), rte Quincy (D 436) ✆ 01 64 63 51 80, *Fax 01 64 63 51 80,* – P. AE GB
fermé 3 août au 1er sept., 4 au 10 janv., mardi midi, dim. soir et lundi – **Repas** (nombre de couverts limité, prévenir) 150 (déj.), 180/230
Spéc. Millefeuille de homard aux tomates pressées. Blanc de turbot et gambas en duo, parfum de safran. Quatre-quarts façon pain perdu, poêlée de fruits de saison.

COULANDON *03 Allier* 69 ⑭ – *rattaché à Moulins.*

COULANGES-LA-VINEUSE *89580 Yonne* 65 ⑤ – *878 h alt. 193.*

Paris 181 – Auxerre 14 – Avallon 43 – Clamecy 33 – Cosne-sur-Loire 67.

à Val-de-Mercy *Sud : 4 km par D 165 et D 38 – 294 h. alt. 115 – ✉ 89580 :*

XX **Aub. du Château** avec ch, ✆ 03 86 41 60 00, *Fax 03 86 41 73 28,* – TV ☎. GB
fermé 15 janv. au 28 fév. – **Repas** *(fermé dim. soir et lundi)* (nombre de couverts limité, prévenir) 220/255 ♀ – ☕ 50 – **5 ch** 600 – ½ P 450/500.

COULOMBIERS *86600 Vienne* 68 ⑬ – *962 h alt. 141.*

Paris 352 – Poitiers 18 – Couhé 25 – Lusignan 8 – Parthenay 46 – Vivonne 11.

Centre Poitou, ✆ 05 49 60 90 15, *Fax 05 49 50 05 84,* – TV ☎. GB
fermé vacances de fév., dim. soir et lundi d'oct. à juin – **Repas** 99/390 ♀ – ☕ 35 – **10 ch** 300/320 – ½ P 250/350.

COULOMMIERS *77120 S.-et-M.* 61 ③, 106 ㉔ *G. Ile de France – 13 087 h alt. 85.*

Office de Tourisme 11 r. Gén.-de-Gaulle ✆ 01 64 03 88 09.

Paris 61 – Châlons-en-Champagne 110 – Château-Thierry 43 – Créteil 57 – Meaux 23 – Melun 47 – Provins 39 – Sens 76.

à Chauffry *Est : 8 km par D 222 et D 66 – 762 h. alt. 112 – ✉ 77169 :*

XX **Pot d'Étain,** ✆ 01 64 04 48 22, *Fax 01 64 04 42 39,* – AE GB
fermé 1er au 12 fév., lundi et mardi sauf fêtes – **Repas** 190/250.

PEUGEOT Gar. Dehus, 2 av. de la Marne à Rebais ✆ 01 64 04 50 28 N ✆ 01 49 75 75 75
PEUGEOT Gar. Riester, bd de la Marne, ZI ✆ 01 64 75 33 00 N ✆ 06 07 87 94 05
RENAULT Gar. Metz, 17 av. L.-Blum ✆ 01 64 75 67 67

Euromaster, ZI 8 r. de l'Orgeval ✆ 01 64 03 01 95

COULON *79510 Deux-Sèvres* 71 ② *G. Poitou Vendée Charentes – 1 870 h alt. 6.*

Voir *Marais poitevin★ (promenade en barque★★, 1 h à 1 h 30).*

Office de Tourisme pl. Église ✆ 05 49 35 99 29, Fax 05 49 35 84 31.

Paris 418 – La Rochelle 61 – Fontenay-le-Comte 25 – Niort 11 – St-Jean-d'Angély 55.

Au Marais sans rest, quai L. Tardy ✆ 05 49 35 90 43, *Fax 05 49 35 81 98,* « Ancienne maison de bateliers » – TV ☎. AE GB JCB
fermé janv. – ☕ 40 – **18 ch** 290/450.

XX **Central,** pl. église ✆ 05 49 35 90 20, *Fax 05 49 35 81 07,* – P. GB
fermé 27 sept. au 15 oct., 12 au 29 janv., dim. soir et lundi – **Repas** 98/198, enf. 52.

X **Loge du Picton,** 4 r. Couhé ✆ 05 49 35 85 85, *Fax 05 49 35 86 69* – GB
fermé 1er au 7 oct., 20 déc. au 31 janv., lundi en hiver et mardi – **Repas** (75) - 95/135, enf. 45.

COULONGES-SUR-L'AUTIZE *79160 Deux-Sèvres* 71 ① – *2 021 h alt. 80.*

Paris 420 – La Rochelle 66 – Bressuire 48 – Fontenay-le-Comte 17 – Niort 22 – Parthenay 36.

Citronnelle, ☎ 05 49 06 17 67, 🏠 – GB
fermé dim. soir et lundi sauf fériés le midi – **Repas** 56/205 ♀.

COURBEVOIE *92 Hauts-de-Seine* 55 ⑳, 101 ⑮ – *voir à Paris, Environs.*

COURCELLES-SUR-VESLE *02220 Aisne* 56 ⑤ – *270 h alt. 75.*

Paris 123 – Reims 36 – Fère-en-Tardenois 19 – Laon 37 – Soissons 20.

Château de Courcelles 🐦, ☎ 03 23 74 13 53, *Fax 03 23 74 06 41*, 🏠, « Parc », 🏊, 🎾 – TV ☎ P – 🏛 40. AE GB JCB
Repas 200 bc (déj.), 230/360 ♀, enf. 90 – ☕ 85 – **18 ch** 750/1550 – ½ P 720/1170.

Dans ce guide
un même symbole, un même caractère,
*imprimé en couleur ou en **noir**, en maigre ou en **gras**,*
n'ont pas tout à fait la même signification.
Lisez attentivement les pages explicatives.

COURCHEVEL *73120 Savoie* 74 ⑱ *G. Alpes du Nord – Sports d'hiver : 1 100/2 707 m* 🚡 *11* ⛷ *57* ⛷.
⛳ *de Courchevel* ☎ *04 79 08 17 00.*
Altiport International ☎ *04 79 03 31 14, S : 4 km.*
Paris 634 ① – Albertville 51 ① – Chambéry 98 ① – Moûtiers 24 ①.

à Courchevel 1850 :

Voir ✳★ – ℹ *Office de Tourisme La Croisette* ☎ *04 79 08 00 29, Fax 04 79 08 15 63.*

Byblos des Neiges M 🐦, au jardin Alpin **(y)** ☎ 04 79 00 98 00, *Fax 04 79 00 98 01*, ≤, 🏠, 🏋, 🏊 – 🛗 TV ☎ 📞 ♿ 🚗 P – 🏛 40. AE ⓓ GB JCB. ✗ rest
mi-déc.-mi-avril – ***La Clairière :*** Repas 340(déj.), 380/420 – ***L'Écailler*** (dîner seul.) **Repas** 440 – ☕ 130 – **66 ch** 1750/3890, 11 appart – ½ P 1670/2470.

Les Airelles M 🐦, au Jardin Alpin **(h)** ☎ 04 79 09 38 38, *Fax 04 79 08 38 69*, ≤, 🏠, 🏋, 🏊 – 🛗 TV ☎ 📞 ♿ 🚗 – 🏛 80. AE ⓓ GB. ✗
18 déc.-fin avril – ***Table du Jardin Alpin :*** **Repas** *(300)* - 400(déj.)/500, enf. 280 – ***Coin Savoyard :*** spécialités savoyardes **Repas** (dîner seul.) 400 – ☕ 180 – **52 ch** 3100/6200, 5 appart – ½ P 1950/3200.

Carlina M 🐦, **(a)** ☎ 04 79 08 00 30, *Fax 04 79 08 04 03*, ≤, 🏠, 🏊 – 🛗 TV ☎ 🚗 – 🏛 25 à 60. AE ⓓ GB
20 déc.-13 avril – **Repas** 180 (déj.), 250/350 – **63 ch** (½ pens. seul.), 7 appart – ½ P 1460/1850.

Bellecôte 🐦, **(d)** ☎ 04 79 08 10 19, *Fax 04 79 08 17 16*, ≤ vallée, 🏠, 🏋, 🏊 – 🛗 TV ☎ P – 🏛 40. AE ⓓ GB
21 déc.-mi-avril – **Repas** 250 (déj.)/350 – **56 ch** (½ pens. seul.) – ½ P 1230/1580.

Annapurna 🐦, rte Altiport ☎ 04 79 08 04 60, *Fax 04 79 08 15 31*, ≤ la Saulire, 🏠, 🏋, 🏊 – 🛗 ✗ TV ☎ 🚗 P – 🏛 80. AE ⓓ GB. ✗ rest
19 déc.-19 avril – **Repas** 350 (déj.)/370 – ☕ 110 – **64 ch** 1735/3340, 4 appart – ½ P 1495/1875.

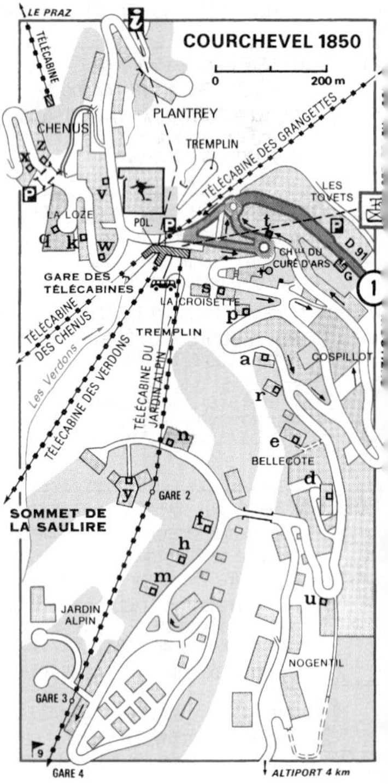

des Neiges ⛷, (e) ✆ 04 79 08 03 77, *Fax 04 79 08 18 70*, ≤, 🏖, ℒ₆ – |♦| TV ☎ ♿ 🚗 P. AE ⊕ GB. ✗
15 déc.-15 avril – **Repas** 300 (déj.)/355 – ☐ 90 – **37 ch** (1/2 pens. seul.), 5 appart – 1/2 P 1190/1790.

Lana ⛷, (p) ✆ 04 79 08 01 10, *Fax 04 79 08 36 70*, ≤, 🏖, ℒ₆, ☐ – |♦| TV ☎ 📞 🚗 – 🏆 80. AE ⊕ GB. ✗ rest
15 déc.-15 avril – **Repas** 250 (déj.), 375/460 – **68 ch** (1/2 pens. seul.), 6 appart – 1/2 P 1400/1800.

Alpes H. du Pralong M ⛷, rte Altiport ✆ 04 79 08 24 82, *Fax 04 79 08 36 41*, ≤ montagnes, 🏖, ℒ₆, ☐ – |♦| TV ☎ 🚗 P – 🏆 40. AE ⊕ GB
19 déc.-mi-avril – **Repas** 295 (déj.)/395 – ☐ 85 – **57 ch** 1570/2270, 8 appart – 1/2 P 1150/1850.

Mélezin M ⛷, (r) ✆ 04 79 08 01 33, *Fax 04 79 08 08 96*, ≤, 🏖, « Belle décoration contemporaine » – |♦| TV ☎. AE ⊕ GB. ✗
20 déc.-15 avril – **Repas** 210 ♀, enf. 140 – ☐ 110 – **31 ch** 2200/3800, 3 appart.

Sivolière M ⛷, Nord Ouest 1 km ✆ 04 79 08 08 33, *Fax 04 79 08 15 73*, ≤, 🏖, ℒ₆ – |♦| TV ☎ 🚗. AE GB. ✗
1er déc.-1er mai – **Repas** 120 (déj.), 180/320 ♀ – ☐ 78 – **30 ch** 870/2450.

Les Trois Vallées M ⛷, (q) ✆ 04 79 08 00 12, *Fax 04 79 08 17 98*, ≤, 🏖, « Élégant décor contemporain », ℒ₆ – |♦| ✗ TV ☎ ♿ 🚗 – 🏆 60. AE GB. ✗
1er déc.-20 avril – **Repas** 230 (déj.), 350/400 – ☐ 130 – **30 ch** 1360/1700 – 1/2 P 1200/1460.

Les Grandes Alpes M ⛷, (s) ✆ 04 79 08 03 35, *Fax 04 79 08 12 52*, ≤, 🏖, ℒ₆, ☐ – |♦| TV ☎ ♿ 🚗 – 🏆 40. AE GB. ✗ rest
1er juil.-31 août et 1er déc.-30 avril – **Repas** 140 (déj.), 170/250 ♀ – **34 ch** (1/2 pens. seul.), 5 appart – 1/2 P 1100/1550.

Chabichou (Rochedy) M ⛷, (z) ✆ 04 79 08 00 55, *Fax 04 79 08 33 58*, ≤, 🏖 – |♦| TV ☎ ♿ 🚗 – 🏆 40. AE ⊕ GB JCB
✿✿
fin juin-début sept. et début déc.-fin avril – **Repas** (140) - 240 (déj.), 280/600 ♀ – **38 ch** (1/2 pens. seul.), 5 duplex – 1/2 P 920/1900
Spéc. Carbonara de langouste aux pâtes fraîches, cèpes, girolles et morilles. Filet de perche rôti et jambonnettes de grenouilles. Tarte au chocolat. **Vins** Chignin-Bergeron, Gamay du Bugey.

Pomme de Pin M ⛷, (x) ✆ 04 79 08 36 88, *Fax 04 79 08 38 72*, ≤ vallée et montagnes, 🏖 – |♦| TV ☎ ♿ 🚗 – 🏆 30. AE ⊕ GB
15 avril-15 déc. – **Repas** (voir aussi ***Le Bateau Ivre*** ci-après) - 200/300, enf. 120 – ☐ 65 – **49 ch** 1700 – 1/2 P 990/1100.

Les Ducs de Savoie ⛷, au Jardin Alpin (f) ✆ 04 79 08 03 00, *Fax 04 79 08 16 30*, ≤, 🏖, ℒ₆, ☐ – |♦| TV ☎ 🚗 – 🏆 40. AE ⊕ GB
20 déc.-15 avril – **Repas** 190 (déj.)/250 – **70 ch** (1/2 pens. seul.) – 1/2 P 870/1340.

Loze M sans rest, (w) ✆ 04 79 08 28 25, *Fax 04 79 08 36 62* – |♦| TV ☎. AE ⊕ GB. ✗
1er déc.-fin avril – ☐ 100 – **25 ch** 1350/2050.

Caravelle ⛷, au Jardin Alpin (m) ✆ 04 79 08 02 42, *Fax 04 79 08 33 55*, ≤, 🏖, ℒ₆, ☐ – |♦| TV ☎ 🚗 P. AE GB. ✗
15 déc.-15 avril – **Repas** 130 (déj.)/280 – ☐ 90 – **60 ch** 920/1420, 5 appart – 1/2 P 800/1100.

New Solarium ⛷, au Jardin Alpin (n) ✆ 04 79 08 02 01, *Fax 04 79 08 38 52*, ≤, 🏖, ℒ₆, ☐ – |♦| TV ☎. AE ⊕ GB. ✗ rest
Noël-Pâques – **Repas** 280 (déj.)/320 – ☐ 90 – **70 ch** 900/1100, 5 appart – 1/2 P 800/1150.

Crystal H. ⛷, rte Altiport ✆ 04 79 08 28 22, *Fax 04 79 08 28 39*, ≤ montagnes, 🏖 – |♦| TV ☎ ♿ P. AE ⊕ GB
20 déc.-10 avril – **Repas** 210 (déj.)/325 – **48 ch** (1/2 pens. seul.), 3 appart – 1/2 P 875/1275.

Lodge Nogentil ⛷, r. Bellecôte (u) ✆ 04 79 08 32 32, *Fax 04 79 08 03 15*, ≤ – |♦| TV ☎ ♿ 🚗. GB. ✗
1er juil.-30 août (sauf rest.) et 1er déc.-30 avril – **Repas** (dîner seul.) 120/300 ♀ – ☐ 50 – **10 ch** 2060/2260 – 1/2 P 905/1130.

Courcheneige ⛷, r. Nogentil ✆ 04 79 08 02 59, *Fax 04 79 08 11 79*, ≤ montagnes, 🏖, ℒ₆ – |♦| TV ☎ 🚗. AE GB. ✗ rest
18 déc.-20 avril – **Repas** (dîner pour résidents seul.) (110) - 160 🍷, enf. 60 – **83 ch** (1/2 pens. seul.), 3 appart – 1/2 P 700/800.

Dahu, (v) ✆ 04 79 08 01 18, *Fax 04 79 08 11 98*, ≤ – |♦| TV ☎. GB. ✗
15 déc.-21 avril – **Repas** 170/350 – ☐ 80 – **38 ch** 800/1000 – 1/2 P 870/920.

Chamois sans rest, (k) ✆ 04 79 08 01 56, *Fax 04 79 08 34 23*, ≤ – |♦| cuisinette TV ☎. AE GB
15 déc.-20 avril – ☐ 70 – **24 ch** 910/1470, 6 studios.

XXX **Bateau Ivre** - hôtel Pomme de Pin - (Jacob), (x) ✆ 04 79 08 36 88, *Fax 04 79 08 38 72*, « Restaurant panoramique, ≤ massif de la Vanoise » – AE ⓓ GB
✿✿ *20 déc.-15 avril* – **Repas** 250 (déj.), 350/590 et carte 400 à 490
Spéc. Queues de langoustines dorées, rouelles d'oignons frits. Saint-Jacques rôties, croustillant de pied de porc jus à la gentiane. Mousse souflée au chocolat mi-amer. **Vins** Roussette, Mondeuse.

X **Saulire,** pl. Rocher (t) ✆ 04 79 08 07 52, *Fax 04 79 08 02 63*, ☂ – ▤. AE GB
fermé 1er mai au 1er juil. et 1er au 20 oct. – **Repas** 100 (déj.), 160/250 ♀, enf. 85.

à Courchevel 1650 (Moriond) *par ① : 3,5 km – ✉ 73120 Courchevel :*
ℹ Office de Tourisme (saison) ✆ 04 79 08 03 29, Fax 04 79 08 06 12.

🏠 **Signal,** ✆ 04 79 08 26 36, *Fax 04 79 08 38 83*, ≤ – ☎. GB. ✂
fermé mai, sam. et dim. du 10 sept. au 15 déc. – **Repas** 150/200 – ☕ 45 – **27 ch** 650.

à Courchevel 1550 *par ① : 5,5 km – ✉ 73120 Courchevel :*
ℹ Office de Tourisme (saison) ✆ 04 79 08 04 10.

🏠 **Les Ancolies** ⛰, ✆ 04 79 08 27 66, *Fax 04 79 08 05 64*, ≤, Ⅎ₆ – |‡| TV ☎ 📞 P. AE ⓓ GB. ✂ rest
1er juil.-31 août et 14 déc.-30 avril – **Repas** 90 (déj.), 135/155 ♀ – ☕ 65 – **30 ch** 600/900 – ½ P 605.

🏠 **Les Flocons** ⛰, ✆ 04 79 08 02 70, *Fax 04 79 08 11 29*, ≤ – |‡| TV ☎ P – 🏛 25. GB. ✂
15 déc.-15 avril – **Repas** 100 (déj.), 175/200 – ☕ 70 – **28 ch** (½ pens. seul.) – ½ P 590/650.

au Praz *(Courchevel 1300) par ① : 8 km – ✉ 73120 Courchevel :*

🏠 **Les Peupliers,** ✆ 04 79 08 41 47, *Fax 04 79 08 45 05*, ☂, Ⅎ₆ – |‡| TV ☎ P. AE GB
fermé mai et 16 oct. au 30 nov. – **Repas** 100 (déj.), 135/215 ♀ – ☕ 50 – **31 ch** 620/850 – ½ P 610.

COUR-CHEVERNY *41700 L.-et-Ch.* 64 ⑰ ⑱ – *2 347 h alt. 86.*
Voir *Château de Cheverny*** S : 1 km – Porte* de la chapelle du Château de Troussay SO : 3,5 km, G, Châteaux de la Loire.*
ℹ Office de Tourisme (avril-sept.) ✆ 02 54 79 95 63.
Paris 194 – Orléans 73 – Blois 13 – Bracieux 9 – Châteauroux 87 – Montrichard 29 – Romorantin-Lanthenay 28.

🏠 **Trois Marchands,** ✆ 02 54 79 96 44, *Fax 02 54 79 25 60* – TV ☎ P – 🏛 30. AE ⓓ GB JCB
fermé 2 fév. au 14 mars et lundi du 1er oct. au 30 juin – **Repas** 117/250 ♀, enf. 52 – ☕ 40 – **37 ch** 180/350 – ½ P 210/310.

🏠 **St-Hubert,** ✆ 02 54 79 96 60, *Fax 02 54 79 21 17*, ☂ – ☎ P. GB
fermé 15 déc. au 25 janv. et merc. hors saison – **Repas** *(fermé merc.)* 98/280 ♂, enf. 58 – ☕ 35 – **18 ch** 220/320 – ½ P 280/300.

à Cheverny *Sud : 1 km – 900 h. alt. 110 – ✉ 41700 :*

🏠 **Château du Breuil** ⛰, Ouest : 3 km par D 52 et voie privée ✆ 02 54 44 20 20, *Fax 02 54 44 30 40*, ☂, « Dans un parc » – TV ☎ P. AE GB JCB
1er mars-15 nov. et fermé dim. hors saison – **Repas** (dîner seul.) 195/260 – ☕ 65 – **16 ch** 530/890 – ½ P 600/700.

X **Pousse Rapière,** ✆ 02 54 79 94 23, *Fax 02 54 79 27 67* – AE GB
fermé 15 déc. au 15 janv., dim. soir et lundi – **Repas** 70 (déj.), 100/230 ♀.

PEUGEOT Gar. Duceau, ✆ 02 54 79 98 67
RENAULT Gar. Beaugrand, ✆ 02 54 79 96 41 N ✆ 02 54 79 96 41

COURLANS *39 Jura* 70 ⑭ – *rattaché à Lons-le-Saunier.*

COURPIÈRE *63120 P.-de-D.* 73 ⑯ *G. Auvergne* – *4 674 h alt. 320.*
Voir *Église*.*
ℹ Office de Tourisme pl. de la Cité Administrative ✆ 04 73 51 20 27.
Paris 457 – Clermont-Ferrand 50 – Ambert 41 – Issoire 53 – Lezoux 18 – Thiers 15.

X **L'Air du Temps,** av. Gare ✆ 04 73 51 25 91 – GB
fermé lundi sauf le midi en hiver, mardi soir en hiver et dim. soir – **Repas** *(57)* - 69 bc (déj.), 89/136.

CITROEN Gar. Brouillet, à Néronde-sur-Dore ✆ 04 73 53 17 28

COURRUERO *83 Var* 84 ⑰, 114 ㊱ – *rattaché à Plan-de-la-Tour.*

COURS-LA-VILLE *69470 Rhône 73 ⑧ – 4 637 h alt. 543.*

Paris 465 – Mâcon 69 – Roanne 27 – L'Arbresle 53 – Chauffailles 17 – Lyon 79 – Villefranche-sur-Saône 58.

Nouvel Hôtel, 5 r. G. Clemenceau ✆ 04 74 89 70 21, *Fax 04 74 89 84 41* – TV ☎. AE GB
fermé 5 au 18 août et 26 déc. au 5 janv. – **Repas** *(fermé dim. soir)* 78/218 ♀ – ☕ 45 – **16 ch** 170/265 – ½ P 180/225.

au col du Pavillon *Est : 4 km par D 64 – ✉ 69470 Cours-la-Ville :*

Pavillon ⛰, ✆ 04 74 89 83 55, *Fax 04 74 64 70 26,* – TV ☎ ♿ P – 30. GB
fermé vacances de fév., vend. soir et sam. d'oct. à mars – **Repas** 84 bc (déj.), 99/280 , enf. 55 – ☕ 39 – **21 ch** 270/350 – ½ P 295/315.

CITROEN Cours Autos, ✆ 04 74 89 75 91
FORD Gar. Lachize, ✆ 04 74 89 81 67 N ✆ 04 74 89 81 67
PEUGEOT Gar. du Stade, ✆ 04 74 89 98 98 N ✆ 04 74 89 98 98
RENAULT Gar. Jalabert, ✆ 04 74 89 71 10 N ✆ 04 74 89 77 48

COUR-ST-MAURICE *25380 Doubs 66 ⑰ ⑱ – 155 h alt. 500.*

Paris 479 – Besançon 67 – Baume-les-Dames 44 – Montbéliard 42 – Maiche 11 – Morteau 35.

Moulin ⛰, à Moulin du Milieu, Est : 3 km sur D 39 ✆ 03 81 44 35 18, ≤, « Jardin ombragé en bordure de rivière » – TV ☎ P. GB. rest
fermé 1er au 6 oct., 15 janv. au 15 fév. et merc. sauf le soir en saison – **Repas** (nombre de couverts limité, prévenir) 105/160 ♀ – ☕ 40 – **7 ch** 260/380 – ½ P 220/320.

Les pages explicatives de l'introduction vous aideront à mieux profiter de votre ***guide Michelin***

COURSAN *11 Aude 83 ⑭ – rattaché à Narbonne.*

COURSEGOULES *06140 Alpes-Mar. 84 ⑨ G. Côte d'Azur – 260 h alt. 1020.*

Paris 857 – Castellane 58 – Grasse 32 – Nice 40.

Aub. de L'Escaou M ⛰ avec ch, ✆ 04 93 59 11 28, *Fax 04 93 59 13 70,* ≤, – TV ☎ ♿. GB
fermé vacances de Toussaint, dim. soir et lundi sauf vacances scolaires – **Repas** 98/165, enf. 45 – ☕ 35 – **10 ch** 280 – ½ P 260.

COURSEULLES-SUR-MER *14470 Calvados 55 ① G. Normandie Cotentin – 3 182 h alt. 4.*

Voir *Clocher★ de l'église de Bernières-sur-Mer E : 2,5 km – Tour★ de l'église de Ver-sur-Mer O : 5 km par D 514.*

Env. *Château★★ de Fontaine-Henry S : 6,5 km.*

Office de Tourisme 54 r. Mer ✆ 02 31 37 46 80, Fax 02 31 36 17 18.

Paris 250 – Caen 20 – Arromanches-les-Bains 13 – Bayeux 20 – Cabourg 33.

Paris, ✆ 02 31 37 45 07, *Fax 02 31 37 51 63,* – TV ☎ P. AE GB
fermé 15 nov. au 15 déc., lundi et mardi du 30 sept. au 15 nov. et du 1er janv. au 31 mars – **Repas** *(65)* - 79/275 ♀, enf. 45 – ☕ 37 – **27 ch** 280/360 – ½ P 260/285.

COURTABOEUF *91 Essonne 60 ⑩,, 101 ㉞ – voir à Paris, Environs (Villejust).*

COURTENAY *45320 Loiret 61 ⑬ – 3 292 h alt. 146.*

18 de Clairis à Savigny-sur-Clairis (89) ✆ 03 86 86 33 90, N : 7,5 km.

Office de Tourisme (saison) pl. du Mail ✆ 02 38 97 00 60 et Mairie ✆ 02 38 97 40 46, Fax 02 38 97 39 12.

Paris 118 – Auxerre 55 – Nemours 43 – Orléans 101 – Sens 25.

Raboliot, pl. Marché ✆ 02 38 97 44 52, *Fax 02 38 97 44 52* – GB
Repas (déj. seul. sauf sam.) 60 (déj.), 75/120 ♀.

Les Quatre-Croix *Sud-Est : 1,5 km par D 32 – ✉ 45320 Courtenay :*

Aub. la Clé des Champs (Delion) M ⛰ avec ch, ✆ 02 38 97 42 68, *Fax 02 38 97 38 10,* ≤, – TV ☎ ♿ P. AE GB
fermé 19 au 28 oct., 11 au 27 janv., mardi soir et merc. – **Repas** (nombre de couverts limité, prévenir) 120/320 et carte 270 à 600 ♀ – ☕ 58 – **7 ch** 420/580
Spéc. Parfait de pigeon au foie gras. Homard décortiqué à la crème de tourteaux (avril à sept.). Noisettine du duc de Praslin. **Vins** Chitry, Irancy.

à Ervauville *Nord-Ouest : 9 km par N 60, D 32 et D 34 – 299 h. alt. 152 – ✉ 45320 :*

XXX ✿ **Gamin,** ✆ 02 38 87 22 02, *Fax 02 38 87 25 40,* « Décor élégant », – GB
fermé 15 au 30 juin, 14 au 29 sept., 1er au 15 fév., dim. soir, lundi et mardi – **Repas** (nombre de couverts limité, prévenir) 220/410 et carte 380 à 510
Spéc. Eventail d'avocat et ris de veau au jus de viande. Turbot rôti au four à la moelle et sel de Guérande. Gâteau moelleux au chocolat cuit minute, glace chocolat blanc. **Vins** Chablis, Sancerre.

COUSSAC-BONNEVAL *87500 H.-Vienne* **72** ⑰ ⑱ *G. Berry Limousin – 1 447 h alt. 376.*

Voir *Château★ – Lanterne des morts★.*

ℹ *Office de Tourisme Mairie* ✆ *05 55 75 28 46, Fax 05 55 75 28 46.*

Paris 432 – Limoges 43 – Brive-la-Gaillarde 60 – St-Yrieix-la-Perche 11 – Uzerche 30.

XX **Voyageurs** avec ch, ✆ 05 55 75 20 24, *Fax 05 55 75 28 90,* – rest, TV ☎. GB JCB
fermé 2 au 31 janv., dim. soir et lundi d'oct. à mars – **Repas** 70/230 ♀ – 33 – **9 ch** 245/250 – ½ P 250.

COUTANCES *50200 Manche* **54** ⑫ *G. Normandie Cotentin – 9 715 h alt. 91.*

Voir *Cathédrale Notre-Dame★★★* **YZ** – *Jardin des Plantes★* **YZ.**

ℹ *Office de Tourisme pl. Georges Leclerc* ✆ *02 33 45 17 79, Fax 02 33 45 25 42.*

Paris 323 ② – St-Lô 29 ② – Avranches 50 ③ – Cherbourg 77 ⑤ – Vire 56 ③.

COUTANCES

St-Nicolas (R.) . . . . . **Y** 30
Tancrède (R.) . . . . . **Y** 32
Tourville (R.) . . . . . **Y** 33

Albert-1er (Av.) . . . . . **Z** 2
Croûte (R. de la) . . . . . **YZ** 3
Daniel (R.) . . . . . **Y** 5
Duhamel (R.) . . . . . **Z** 6
Écluse-Chette (R. de l') . . . . . **Y** 8
Encoignard (Bd) . . . . . **Z** 9
Foch (R. Mar.) . . . . . **Z** 10
Gambetta (R.) . . . . . **Y** 12
Herbert (R. G.) . . . . . **Z** 13
Leclerc (Av. Division) . . . . . **Y** 15
Legentil-de-la-Galaisière (Bd) . . . . . **Z** 16
Lycée (R. du) . . . . . **Z** 17
Marest (R. Thomas du) . . . . . **Y** 18
Milon (R.) . . . . . **Y** 19
Montbray (R. G.-de) . . . . . **Z** 20
Normandie (R. de) . . . . . **Y** 21
Palais-de-Justice (R. du) . . . . . **Y** 23
Paynel (Bd J.) . . . . . **Y** 24
Quesnel-Morinière (R.) . . . . . **Z** 26
République (Av. de la) . . . . . **Y** 27
St-Dominique (R.) . . . . . **Y** 29

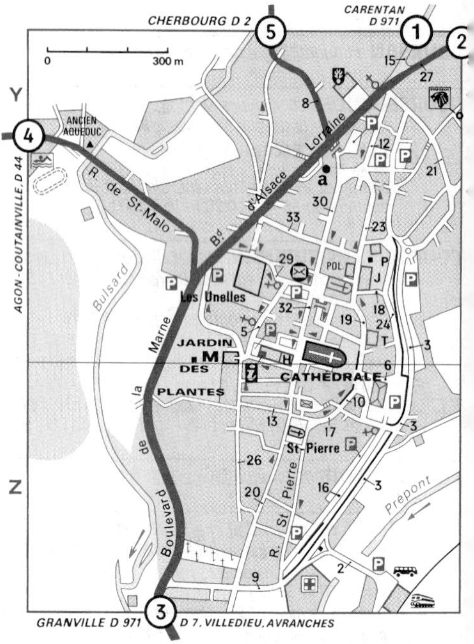

Dans la liste des rues des plans de villes, les noms en rouge indiquent les principales voies commerçantes.

🏨 **Cositel** , par ④ *: 1 km sur D44* ✆ 02 33 07 51 64, *Fax 02 33 07 06 23,* ← – TV ☎ ♿ P – 80. AE ⓓ GB
Pommeau : Repas 125/190 ♀, enf. 54 – ***Bistro Jazzy*** *(fermé dim. de nov. à mars)* **Repas** *(79)*-118 ♀, enf. 79 – 42 – **54 ch** 295/350 – ½ P 310.

🏨 **Pocatière** sans rest, 25 bd Alsace-Lorraine ✆ 02 33 45 13 77, *Fax 02 33 45 77 18* – TV ☎ P. GB Y a
fermé 20 déc. au 20 janv. – 35 – **18 ch** 140/320.

à Gratot *par ④ et D 244 : 4 km – 581 h. alt. 83 – ✉ 50200 :*

Tourne-Bride, ✆ 02 33 45 11 00, *Fax 02 33 45 11 00*, – P. GB
fermé dim. soir et lundi – **Repas** 98/235 ♀, enf. 55.

CITROEN Gar. Leboutteiller, rte de St-Lô, ZI par ② ✆ 02 33 76 64 65
PEUGEOT Gar. Lebailly-Horel, r. Acacias ✆ 02 33 07 34 00 N ✆ 02 33 07 24 24
RENAULT Gar. Sodiam, rte de St-Lô par ② ✆ 02 33 76 68 00 N ✆ 02 33 76 68 00
Chanut, av. Division-Leclerc ✆ 02 33 45 59 96

COUTRAS *33230 Gironde 75 ② – 6 689 h alt. 15.*

Office de Tourisme (juil.-août) ✆ 05 57 69 36 63, Fax 05 57 49 07 09 et à la Mairie ✆ 05 57 56 09 09, Fax 05 57 56 09 04.

Paris 530 – Bordeaux 48 – Bergerac 64 – Blaye 50 – Jonzac 58 – Libourne 18 – Périgueux 79.

Henri IV sans rest, pl. 8 Mai 1945 (face gare) ✆ 05 57 49 34 34, *Fax 05 57 49 20 72* – TV ☎ P. AE GB
☕ 37 – **14 ch** 230/270.

CITROEN Gar. Debenat, rte de Montpon, ZI ✆ 05 57 49 19 36 N ✆ 05 57 49 19 36
PEUGEOT Gar. Fostinelli, 173-175 r. Gambetta ✆ 05 57 49 05 94
Da Silva Pneu-Point S, rte d'Angoulême Bodetterie ✆ 05 57 49 33 33

CRANSAC *12110 Aveyron 80 ① G. Gorges du Tarn* **(plan)** *– 2 180 h alt. 300 – Stat. therm. (13 avril-24 oct.).*

Office de Tourisme 1 pl. J.-Jaurès ✆ 05 65 63 06 80.

Paris 601 – Rodez 37 – Aurillac 74 – Espalion 64 – Figeac 32 – Villefranche-de-Rouergue 38.

Parc , r. Gén. Artous ✆ 05 65 63 01 78, *Fax 05 65 63 20 36*, , parc, – ☎ P. GB
fermé janv. et lundi – **Repas** 75/180 , enf. 45 – ☕ 35 – **27 ch** 130/250 – ½ P 170/235.

Host. du Rouergue, av. J. Jaurès ✆ 05 65 63 02 11, , – ☎ P. AE GB.
15 mars-1er nov. – **Repas** 75/190 ♀, enf. 45 – ☕ 35 – **14 ch** 180/250 – ½ P 220/265.

Une réservation confirmée par écrit ou par fax est toujours plus sûre.

CRAPONNE *69290 Rhône 74 ⑪ – 7 048 h alt. 285.*

Paris 460 – Lyon 11 – L'Arbresle 20 – Vienne 37 – Villefranche-sur-Saône 34.

Poste, 107 av. E. Millaud ✆ 04 78 57 45 40, , – AE GB JCB
fermé 2 au 26 janv., dim. soir et lundi – **Repas** 75 (déj.), 85/220 .

CITROEN Alain Auto, ✆ 04 78 57 02 51
PEUGEOT Gar. Central, ✆ 04 78 57 02 50
PEUGEOT Gar. Brizon, ✆ 04 78 44 85 11
RENAULT Gar. Meynier, ✆ 04 78 57 02 01

La CRAU *83260 Var 84 ⑮, 114 ㊻ – 11 257 h alt. 36.*

Env. *Solliès-Ville : ≤★ de l'esplanade de la Montjoie NO : 7 km,* G. Côte d'Azur.

Office de Tourisme, Mairie ✆ 04 94 01 56 99, Fax 04 94 01 56 83 et (juin-sept.) Parking de Lattre Tassigny ✆ 04 94 66 14 48.

Paris 848 – Toulon 16 – Brignoles 41 – Draguignan 71 – Hyères 9 – Marseille 77.

Aub. du Fenouillet, 20 av. Gén. de Gaulle ✆ 04 94 66 76 74, *Fax 04 94 57 81 09* – . GB
fermé 15 juil. au 20 août, lundi soir et merc. – **Repas** (120) - 130/290.

CRÈCHES-SUR-SAÔNE *71 S.-et-L. 74 ① – rattaché à Mâcon.*

CRÉCY-EN-PONTHIEU *80150 Somme 52 ⑦ G. Flandres Artois Picardie – 1 491 h alt. 30.*

Paris 190 – Amiens 56 – Abbeville 19 – Montreuil 30 – St-Omer 73.

Maye, ✆ 03 22 23 54 35, *Fax 03 22 23 53 32*, – TV ☎ P. AE GB
fermé vacances de Toussaint, de fév., dim. soir et lundi sauf juil.-août – **Repas** (60) - 97/170 , enf. 40 – ☕ 35 – **11 ch** 255/320 – ½ P 260.

CRÉCY-LA-CHAPELLE *77680 S.-et-M. 56 ⑬ G. Ile de France – 3 222 h alt. 50.*

Voir *Collégiale Notre-Dame★.*

Syndicat d'Initiative ✆ 01 64 63 70 19.

Paris 47 – Coulommiers 15 – Lagny-sur-Marne 18 – Meaux 14 – Melun 42.

Futaie, 2 r. M. Herry ✆ 01 64 63 72 25, *Fax 01 64 63 72 25* – AE GB
fermé 17 août au 2 sept., 4 au 13 janv., lundi soir et mardi – **Repas** 97/148 ♀.

CREIL *60100 Oise* 56 ① ⑪ *G. Ile de France – 31 956 h alt. 30.*

Office de Tourisme pl. Gén.-de-Gaulle ☎ 03 44 55 16 07, Fax 03 44 55 05 27.

Paris 62 – Compiègne 37 – Beauvais 42 – Chantilly 9 – Clermont 17.

Petite Alsace, 8 pl. Ch. Brobeil (près gare) ☎ 03 44 55 28 89, *Fax 03 44 55 00 27* – AE GB
fermé 1er au 15 août, sam. midi, dim. soir et lundi – **Repas** 85/185 ♁, enf. 50.

AUDI, VOLKSWAGEN Espace St-Maximin, ☎ 03 44 24 08 37
CITROEN SO.FI.DAC., 38 av. 8 Mai, Nogent-sur-Oise ☎ 03 44 71 72 62
FORD Gar. Brie et Picardie, r. Marais Sec, ZI Nogent-sur-Oise ☎ 03 44 55 39 40
PEUGEOT C.D.A., r. des Droits de l'Homme à St-Maximin ☎ 03 44 64 60 61
RENAULT Palais Autom., ZI r. Marais-Sec à Nogent-sur-Oise ☎ 03 44 55 60 00 N ☎ 03 44 24 99 47

Euromaster, ZA Creil à St-Maximin ☎ 03 44 24 47 18
Vulco, 2 rte de Creil à St-Leu d'Esserent ☎ 03 44 56 62 56

CRÉMIEU *38460 Isère* 74 ⑬, 110 ㉙ *G. Vallée du Rhône* **(plan)** *– 2 855 h alt. 200.*

Voir *Halles*★.

Office de Tourisme pl. Nation-Charles de Gaulle ☎ 04 74 90 45 13, Fax 04 74 90 02 25.

Paris 490 – Lyon 39 – Belley 49 – Bourg-en-Bresse 64 – Grenoble 83 – La Tour-du-Pin 28 – Vienne 40.

Aub. de la Chaite avec ch, ☎ 04 74 90 76 63, *Fax 04 74 90 88 08,* – ☎ P. AE GB
fermé 20 au 28 avril, 2 au 31 janv., dim. soir et lundi – **Repas** 72/175 ♁, enf. 38 – ☕ 30 – **11 ch** 155/290.

CREPON *14 Calvados* 54 ⑮ *G. Normandie Cotentin – 209 h alt. 52 – ✉ 14480 Creully.*

Paris 255 – Caen 22 – Bayeux 13 – Deauville 68.

Ferme de la Rançonnière ⑤, rte Arromanches-les-Bains ☎ 02 31 22 21 73, *Fax 02 31 22 98 39,* « Ancienne demeure fortifiée », – TV ☎ ♿ P – 30. AE GB
Repas 98/280 ♁, enf. 50 – ☕ 48 – **35 ch** 295/420 – ½ P 320/380.

Annexe Ferme de Mathan ⑤ sans rest, à 800 m. – cuisinette TV ☎ ♿ P
☕ 48 – **7 ch** 380/580.

CRESSENSAC *46600 Lot* 75 ⑱ *– 570 h alt. 300.*

Paris 498 – Brive-la-Gaillarde 19 – Sarlat-la-Canéda 46 – Cahors 81 – Gourdon 46 – Larche 17.

Chez Gilles avec ch, N 20 ☎ 05 65 37 70 06, *Fax 05 65 37 77 15* – TV ☎. AE GB
Repas 105/260 ♁ – ☕ 38 – **8 ch** 260/300 – ½ P 300/350.

CRESSERONS *14 Calvados* 54 ⑯ *– rattaché à Douvres-la-Délivrande.*

CREST *26400 Drôme* 77 ⑫ *G. Vallée du Rhône – 7 583 h alt. 196.*

Voir *Donjon*★ : ✵★ Y.

du Domaine de Sagnol (saison) ☎ 04 75 40 98 00 par ① : 19 km.

Office de Tourisme pl. Dr M.-Rozier ☎ 04 75 25 11 38, Fax 04 75 76 79 65.

Paris 588 ④ – Valence 28 ④ – Die 36 ① – Gap 129 ① – Grenoble 112 ④ – Montélimar 37 ②.

Plan page ci-contre

Grand Hôtel, 60 r. Hôtel de Ville ☎ 04 75 25 08 17, *Fax 04 75 25 46 42* – TV ☎. GB Y a
fermé 20 déc. au 18 janv., 14 au 22 fév., lundi sauf le soir d'avril à oct. et dim. soir du 5 sept. au 15 juin – **Repas** (68) - 80/200, enf. 47 – ☕ 33 – **20 ch** 140/330 – ½ P 195/270.

Porte Montségur avec ch, *par ① : 0,5 km sur D 93* ☎ 04 75 25 41 48, *Fax 04 75 25 22 63,* – TV ☎ P. AE GB
fermé vacances de Toussaint, de fév., lundi soir et merc. – **Repas** 96/240 – ☕ 42 – **9 ch** 268/292 – ½ P 330/355.

Kléber avec ch, 6 r. A. Dumont ☎ 04 75 25 11 69, *Fax 04 75 76 82 82* – rest, TV ☎ GB Z e
fermé 16 août au 4 sept., 15 janv. au 3 fév., dim. soir et lundi – **Repas** 95/250 – ☕ 35 – **7 ch** 180/280.

CITROEN Gar. Rolland, 34 r. M.-Barral ☎ 04 75 25 01 13
RENAULT Gar. Cunzi, av. A.-Fayolle ☎ 04 75 25 10 85

Relais du Pneu, av. F.-Rozier, rte de Valence ☎ 04 75 25 44 51

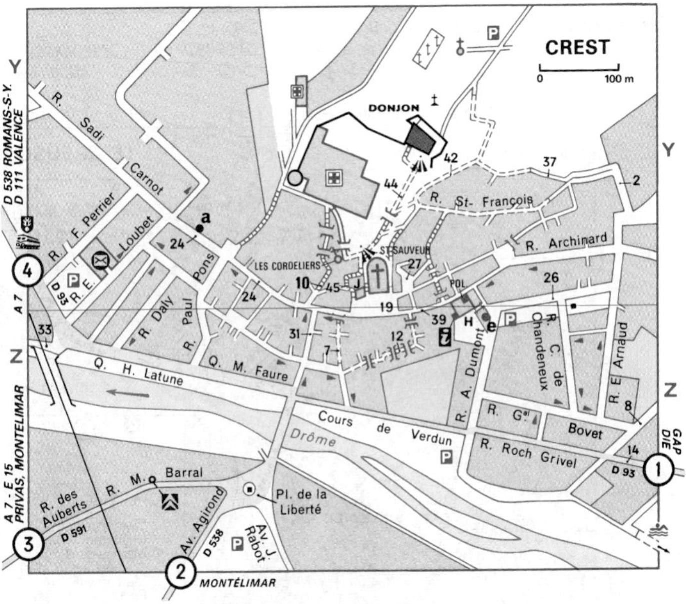

Barbèyère (Mtée de la) . . . Y 2
Boucheries (R. des) . . . . . . Z 7
Calade (R. de la) . . . . Z 8
Cordeliers (Esc. des) . . . . . Y 10
Cuiretteries (R. des) . . . . . . Z 12
Dr.-A. Ricateau (Av.) . . . . . . Z 14
Gaulle (Pl. du Gén.-de). . . YZ 19
Hôtel-de-Ville (R. de). . . . . . Y 24
Jourbernon (Cours de) . . . . Y 26
Julien (Pl.) . . . . Y 27
Long (R. M.). . . . . Z 31
Pied Gai (Quai). . . . . Z 33
Remparts (Ch. des) . . . . . . Y 37
République (R. de la) . . . YZ 39
Saboury (R. de) . . . . Y 42
Tour (R. de la) . . . . Y 44
Vieux-Gouvernement (R. du). . . . . Y 45

Die im ***Michelin-Führer***

verwendeten Zeichen und Symbole haben
- dünn oder **fett** gedruckt, in einer Kontrastfarbe oder
schwarz - jeweils eine andere Bedeutung.

Lesen Sie daher die Erklärungen aufmerksam durch.

CREST-VOLAND *73590 Savoie* 74 ⑰ *G. Alpes du Nord – 395 h alt. 1230 – Sports d'hiver : 1 150/ 1 650 m* 17.

Office de Tourisme 04 79 31 62 57, *Fax 04 79 31 85 36.*

Paris 590 – Chamonix-Mont-Blanc 50 – Albertville 23 – Annecy 53 – Bonneville 58 – Chambéry 74 – Megève 14.

Caprice des Neiges, rte Saisies : 1 km 04 79 31 62 95, *Fax 04 79 31 79 30*, ←, – P. GB. rest
20 juin-15 sept. et 15 déc.-15 avril – **Repas** 90/130, enf. 45 – 34 – **16 ch** 320 – 1/2 P 305.

Mont Charvin, au Cernix Sud : 1,5 km par rte secondaire 04 79 31 61 21, *Fax 04 79 31 82 10*, ←, – P. AE GB
29 juin-4 sept. et 15 déc.-10 avril – **Repas** *(60)* - 80/130, enf. 50 – 31 – **20 ch** 180/270 – 1/2 P 275.

CRÉTEIL *94 Val-de-Marne* 61 ①, 101 ㉗ – *voir à Paris, Environs.*

CREULLY *14480 Calvados* 54 ⑮ – *1 396 h alt. 27.*

Paris 251 – Caen 19 – Bayeux 13 – Deauville 64.

St-Martin avec ch, 02 31 80 10 11, *Fax 02 31 08 17 64*, « Belle salle voûtée » – P. AE GB
fermé vacances de Noël, de fév., dim. soir et lundi midi d'oct. à mars – **Repas** 65/220, enf. 40 – 30 – **12 ch** 220/260 – 1/2 P 250/300.

Le CREUSOT *71200 S.-et-L.* 69 ⑧ *G. Bourgogne – 28 909 h alt. 348.*

Office de Tourisme Château de la Verrerie ☎ 03 85 55 02 46, Fax 03 85 80 11 03.

Paris 316 ② – Chalon-sur-Saône 37 ② – Autun 29 ③ – Beaune 46 ① – Mâcon 89 ②.

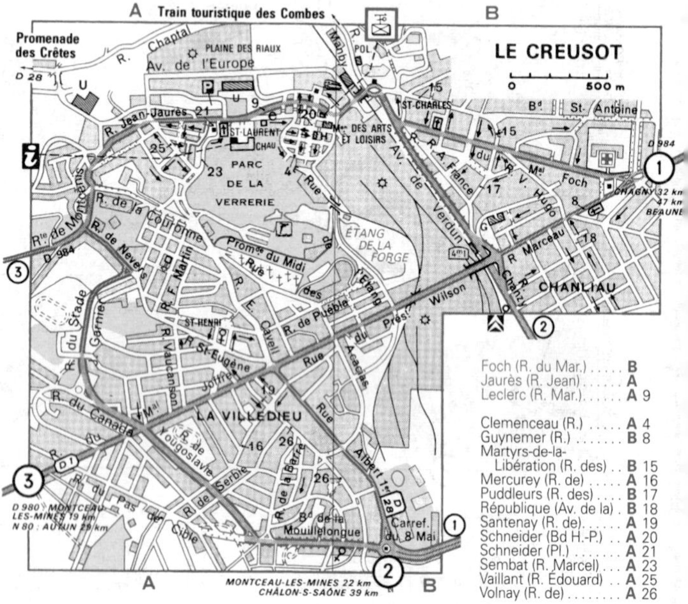

Foch (R. du Mar.) . . . . . B
Jaurès (R. Jean) . . . . . . A
Leclerc (R. Mar.) . . . . . . A 9

Clemenceau (R.) . . . . . A 4
Guynemer (R.) . . . . B 8
Martyrs-de-la-Libération (R. des) . . B 15
Mercurey (R. de) . . . . . A 16
Puddleurs (R. des) . . . . B 17
République (Av. de la) . B 18
Santenay (R. de) . . . . . A 19
Schneider (Bd H.-P.) . . A 20
Schneider (Pl.) . . . . A 21
Sembat (R. Marcel) . . . A 23
Vaillant (R. Édouard) . . A 25
Volnay (R. de) . . . . A 26

Petite Verrerie, 4 r. J. Guesde ☎ 03 85 55 31 44, *Fax 03 85 80 89 01* – TV ☎ P – 30. AE GB A e

fermé 25 déc. au 1er janv., sam., dim. et fériés – **Repas** 75/195 – 45 – **40 ch** 320/390 – ½ P 295/395.

Aub. des Crêtes, 80 rte Marmagne ☎ 03 85 56 24 66 – GB

fermé 18 juil. au 20 août, dim. soir et lundi – **Repas** 105/180.

au Breuil *par ① : 3 km – 3 741 h. alt. 337 – ✉ 71670 :*

Moulin Rouge, ☎ 03 85 55 14 11, *Fax 03 85 55 53 37*, – TV ☎. AE GB

fermé 20 déc. au 10 janv., vend. soir, sam. midi et dim. soir – **Repas** 100/200 – 45 – **30 ch** 200/400 – ½ P 350.

à Torcy *par ② : 4 km – 4 059 h. alt. 310 – ✉ 71210 :*

Vieux Saule, ☎ 03 85 55 09 53, *Fax 03 85 80 39 99*, – P. GB

fermé dim. soir et lundi – **Repas** 100/370 et carte 250 à 340, enf. 65.

CITROEN Gar. Broin, 77 rte de Montcenis par D 984 ☎ 03 85 55 20 09
CITROEN Gar. Moderne, r. de Chanzy ☎ 03 85 80 88 51

Creusot-Pneus, 55 av. Abattoirs ☎ 03 85 55 60 93
Goesin, 3 r. de Chanzy ☎ 03 85 55 44 17

CREUTZWALD *57150 Moselle* 57 ⑤ *– 15 169 h alt. 210.*

Paris 375 – Metz 47 – Forbach 27 – Saarbrücken 38 – Sarreguemines 38 – Saarlouis 18.

Faisan d'Or, rte Sarrelouis Nord-Est : 2 km sur N 33 ☎ 03 87 93 01 36 – P. GB JCB

fermé août et lundi – **Repas** 60/230.

OPEL Gar. Esch, à Hargarten-aux-Mines ☎ 03 87 93 18 46

CRÈVECOEUR-EN-AUGE *14340 Calvados* 54 ⑰ *G. Normandie Vallée de la Seine – 554 h alt. 49.*

Voir Manoir★.

Paris 193 – Caen 35 – Falaise 33 – Lisieux 17.

Galetière, rte de Falaise ☎ 02 31 63 04 28, *Fax 02 31 63 49 51* – GB

fermé mardi soir et merc. sauf juil.-août – **Repas** 79/235, enf. 49.

CREVOUX *05200 H.-Alpes* 77 ⑱ *G. Alpes du Sud – 117 h alt. 1577 – Sports d'hiver : 1 650/1 900 m 4.*
Paris 722 – Briançon 59 – Gap 53 – Embrun 14 – Guillestre 30.

Parpaillon, 04 92 43 18 08, *Fax 04 92 43 69 66* – GB. rest
fermé 20 au 30 avril et 10 au 30 nov. – **Repas** (70) - 80/140, enf. 55 – 30 – **28 ch** 190/320 – 1/2 P 250/280.

CRILLON *60112 Oise* 52 ⑰ *– 440 h alt. 110.*
Paris 99 – Compiègne 76 – Aumale 33 – Beauvais 16 – Breteuil 35 – Gournay-en-Bray 17.

Petite France, 7 rte Gisors 03 44 81 01 13, *Fax 03 44 81 01 13* – . GB
fermé 16 août au 9 sept., dim. soir, lundi soir et mardi – **Repas** (68) - 80/170.

CRILLON-LE-BRAVE *84410 Vaucluse* 81 ⑬ *– 370 h alt. 340.*
Paris 692 – Avignon 40 – Carpentras 14 – Nyons 41 – Vaison-la-Romaine 25.

Host. de Crillon le Brave, pl. Église 04 90 65 61 61, *Fax 04 90 65 62 86*, « Terrasse avec ← plaine et Mont Ventoux », – AE GB
fermé 3 janv. au 19 mars – **Repas** (dîner seul. en sem.) 260/360 – 85 – **19 ch** 750/1690, 4 appart – 1/2 P 670/1140.

CRISENOY *77 S.-et-M.* 61 ② *– rattaché à Melun.*

Come districarsi nei sobborghi di Parigi?
Utilizzando la ***carta stradale Michelin*** *n.* **101**,
e le **piante** *n.* **17-18**, **19-20**, **21-22**, **23-24**, **25** *: chiare, precise ed aggiornate.*

Le CROISIC *44490 Loire-Atl.* 63 ⑭ *G. Bretagne – 4 428 h alt. 6.*
Voir *Océarium* ★ AY – ←★ *du Mont-Lénigo.*
Office de Tourisme pl. 18 Juin 1940 02 40 23 00 70, Fax 02 40 62 96 60.
Paris 464 ① – Nantes 91 ① – La Baule 9 ① – Guérande 11 ① – Le Pouliguen 7 ① – Redon 63 ① – Vannes 77 ①.

Plan page suivante

Fort de l'Océan M, pointe du Croisic 02 40 15 77 77, *Fax 02 40 15 77 80*, ←, « Ancien fort du 17e siècle dominant la mer », – AE GB
Repas *(fermé 16 nov. au 12 déc., 4 au 31 janv., lundi soir et mardi du 15 sept. au 12 juin)* 240 (déj.)/480 – 80 – **9 ch** 800/1200 – 1/2 P 730/1080.

Maris Stella M, à Port-Lin 02 40 23 21 45, *Fax 02 40 23 22 63*, ←, – . GB. BZ g
fermé 15 nov. au 20 déc. et janv. – **Repas** *(fermé lundi sauf juil-août)* 145/275 – 54 – **6 ch** 650/850, 3 duplex.

Vikings sans rest, à Port-Lin 02 40 62 90 03, *Fax 02 40 23 28 03*, ← – – 40. AE GB AZ e
55 – **24 ch** 380/600.

Nids, 15 r. Pasteur à Port-Lin 02 40 23 00 63, *Fax 02 40 23 09 79*, – – 25. GB AZ f
hôtel : fin mars-oct. ; rest. : fin mars-fin sept. et fermé lundi et mardi en mars-avril – **Repas** 100/230, enf. 65 – 36 – **23 ch** 376/466 – 1/2 P 282/369.

L'Océan avec ch, à Port-Lin 02 40 62 90 03, *Fax 02 40 23 28 03*, « Sur les rochers de la Côte Sauvage, ← mer et côte » – . AE GB AZ v
Repas - produits de la mer - carte 240 à 440 – 55 – **14 ch** 450/600
Spéc. Bisque de homard. Saint-Jacques sauce aux petits légumes (1er oct. au 1er mai). Bar en croûte de sel. **Vins** Muscadet.

Bouillabaisse Bretonne, sur le port 02 40 23 06 74, *Fax 02 40 15 71 43* – GB
fermé 2 janv. au 15 fév., dim. soir et lundi sauf juil.-août – Repas - produits de la mer - 90/190. BY s

Castel Moor avec ch, av. Castouillet, Nord Ouest : 1,5 km sur D 45 02 40 23 24 18, *Fax 02 40 62 98 90*, ←, – . GB
fermé 5 janv. au 5 fév., mardi midi et lundi d'oct. à mars – **Repas** 105/195, enf. 60 – 40 – **19 ch** 320/430 – 1/2 P 310/365.

Lénigo, 11 quai Lénigo 02 40 23 00 31 – AE GB AY b
fermé déc. et janv. sauf week-ends, lundi soir et mardi sauf juil.-août – **Repas** - produits de la mer - 85/200, enf. 60.

PEUGEOT Gar. Rochard, 02 40 62 90 32 — RENAULT Gar. Propice, 02 40 23 02 09

LE CROISIC

Aiguillon (Quai d') . . . . **AY** 2
Cordiers (R. des) . . . . **BY** 6
Europe (Rue de l') . . . . **AY** 7
Gaulle (Pl. du Gén.-de) . . . . . . **AZ** 9
Grande-Rue . . . . **AY** 12
Lénigo (Quai du) . . . . **AY** 13
Lepré (Pl. Domatien) . . . . **AY** 16
Mail de Broc (R. du) . . . . **AY** 17
Petite Chambre (Q. de la) . . **BY** 20
Pilori (R. du) . . . . **BY** 22
Poilus (R. des) . . . . **BZ** 23
Port Charly (Quai) . . . . **AY** 26
Port Ciguet (Quai du) . . . . . . **AY** 27
Port Lin (Av. de) . . . . **AZ** 28
Rielle (Quai Hervé) . . . . **BY** 32
Saint-Christophe (R.) . . . . . . **BY** 33
Saint-Goustan (Av. de) . . . . . **AY** 35
18-Juin-1940 (Pl. du) . . . . **BZ** 36

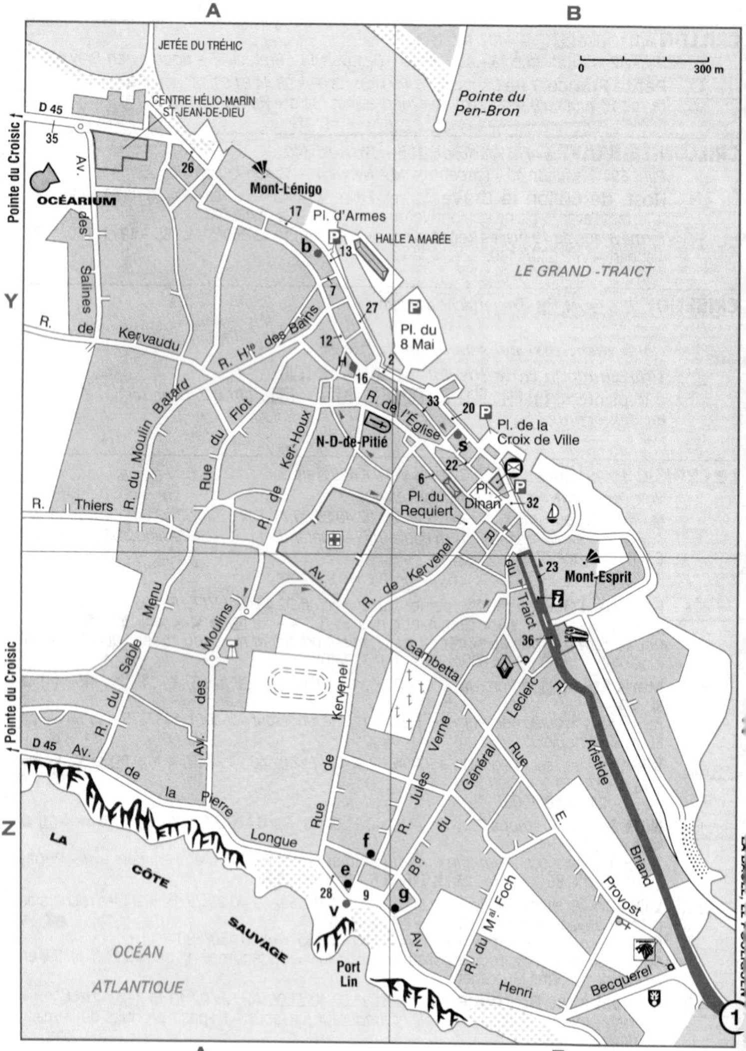

CROISSY-BEAUBOURG *77 S.-et-M.* 61 (2), 101 (30) *– voir à Paris, Environs (Marne-la-Vallée).*

CROISSY-SUR-SEINE *78 Yvelines* 55 (20), 101 (13) *– voir à Paris, Environs.*

La CROIX-BLANCHE *71 S.-et-L.* 69 ⑲ – ✉ *71960 Berzé-la-Ville.*

Voir *Berzé-la-Ville : peintures murales★★ de la chapelle aux Moines E : 2 km – Château★ de Berzé-le-Châtel N : 3 km,* **G. Bourgogne.**

Paris 407 – Mâcon 14 – Charolles 42 – Cluny 11 – Roanne 84.

XX **Relais du Mâconnais** avec ch, D 17 (ancienne N 79) ✆ 03 85 36 60 72, *Fax 03 85 36 65 47,* – TV ☎ P. AE ⓓ GB
fermé 11 au 31 janv., dim. soir et lundi hors saison – **Repas** 140/290 ♀ – ☕ 38 – **10 ch** 290/480 – ½ P 340/440.

La CROIX-DU-BREUIL *87 H.-Vienne* 72 ⑧ – *rattaché à Bessines-sur-Gartempe.*

CROIX-FRY (Col de) *74 H.-Savoie* 74 ⑦ – *rattaché à Manigod.*

CROIX-MARE *76 S.-Mar.* 52 ⑬ – *rattaché à Yvetot.*

La CROIX-VALMER *83420 Var* 84 ⑰, 114 ㊲ *G. Côte d'Azur – 2 634 h alt. 120.*

Paris 873 – Fréjus 36 – Brignoles 68 – Draguignan 49 – Le Lavandou 26 – Ste-Maxime 16 – Toulon 68.

Parc sans rest, Est : 1 km par D 93 ✆ 04 94 79 64 04, *Fax 04 94 54 38 91,* ≤, parc, – ☎ P. ⓓ GB.
1er mai-1er oct. – ☕ 45 – **33 ch** 365/545.

à Gigaro *Sud-Est : 5 km par D 93 et rte secondaire* – ✉ *83420 La Croix-Valmer :*

Souleias , ✆ 04 94 55 10 55, *Fax 04 94 54 36 23,* ≤ mer et îles, , « Au faîte d'une colline dominant le littoral », , , – , ch, TV ☎ P – 25. AE GB. rest
9 avril-18 oct. – **Repas** 245/360 et carte 320 à 470 ♀ – ☕ 85 – **42 ch** 720/1470, 7 appart – ½ P 675/1095
Spéc. Salade de pousses d'épinards, foie gras poêlé, champignons à la grecque. Saint-Pierre braisé aux aromates, jus citronné au basilic. Petite poêlée de nems banane et coco, sauce créole. **Vins** Côtes de Provence.

Château de Valmer M , ✆ 04 94 79 60 10, *Fax 04 94 54 22 68,* ≤, parc, « bordée d'une palmeraie » – , ch, TV ☎ – 30. AE ⓓ GB
avril-oct. – **Repas** (dîner seul.) 260/395 ♀, enf. 115 – ☕ 90 – **42 ch** 855/1400 – ½ P 755/1025.

Les Moulins de Paillas et Résidence Gigaro, ✆ 04 94 79 71 11, *Fax 04 94 54 37 05,* , , , , – ch, TV ☎ P – 30. AE GB
8 mai-fin sept. – ***Brigantine*** ✆ 04 94 79 67 16 *(dîner seul.)* **Repas** 170/260 – ***Pépé Le Pirate*** grill **Repas** (déj. seul.) 108 – ☕ 75 – **68 ch** 670/1110 – ½ P 760/890.

Pinède , ✆ 04 94 54 31 23, *Fax 04 94 79 71 46,* ≤, , « En bord de mer », , , , – ch, TV ☎ P. AE ⓓ GB
mai-oct. – **Repas** (carte le midi) 235 ♀, enf. 115 – ☕ 90 – **40 ch** 900/1470 – ½ P 775/1060.

Sud-Ouest *5,5 km par D 559 et rte secondaire, rd-pt du Débarquement* – ✉ *83420 La Croix-Valmer :*

X **Petite Auberge de Barbigoua,** ✆ 04 94 54 21 82, *Fax 04 94 54 23 38,* – GB
fermé 17 nov. au 27 déc., lundi et mardi sauf le soir du 1er avril au 17 nov. – **Repas** 130/195 ♀.

CROS-DE-CAGNES *06 Alpes-Mar.* 84 ⑨, 115 ㉖ – *rattaché à Cagnes.*

CROZANT *23160 Creuse* 68 ⑱ *G. Berry Limousin – 636 h alt. 263.*

Voir *Ruines★.*

Paris 330 – Argenton-sur-Creuse 32 – La Châtre 50 – Guéret 39 – Montmorillon 70 – La Souterraine 24.

XX **Aub. de la Vallée,** ✆ 05 55 89 80 03, *Fax 05 55 89 83 22* – GB
fermé 2 janv. au 2 fév., lundi soir et mardi du 15 sept. au 30 juin – **Repas** 78/235 .

CROZON *29160 Finistère* 58 ④ *G. Bretagne – 7 705 h alt. 85.*

Voir *Retable★ de l'église.*

Env. *Pointe de Dinan ※★★ SO : 6 km.*

ℹ *Office de Tourisme bd Pralognan ✆ 02 98 27 07 92, Fax 02 98 27 24 89.*

Paris 586 – Brest 58 – Quimper 50 – Châteaulin 34 – Douarnenez 43 – Morlaix 80.

XX **Mutin Gourmand,** pl. Église ✆ 02 98 27 06 51, *Fax 02 98 26 11 97* – ▤. AE GB
fermé 15 nov. au 15 déc., lundi sauf le soir en juil.-août et dim. soir de sept. à juin – **Repas** 100 bc (déj.), 128/380 ♀, enf. 60.

XX **Pergola,** 25 r. Poulpatré ✆ 02 98 27 04 01 – GB
fermé dim. soir de sept. à juin et lundi sauf le soir en juil.-août – **Repas** 78/250 ♀, enf. 55.

au Fret *Nord : 5,5 km par D 155 et D 55 – ✉ 29160 Crozon :*

Host. de la Mer, ✆ 02 98 27 61 90, *Fax 02 98 27 65 89*, ← – ☎. AE GB
fermé 4 janv. au 11 fév. – **Repas** 105/270 ♀, enf. 65 – ☕ 46 – **25 ch** 270/350 – 1/2 P 297/350.

Prat Pneus, rte de Châteaulin ✆ 02 98 27 12 51

CRUIS *04230 Alpes-de-H.P.* 81 ⑮ – *408 h alt. 728.*

Paris 734 – Digne-les-Bains 41 – Forcalquier 18 – Manosque 42 – Sisteron 26.

Aub. de l'Abbaye, ✆ 04 92 77 01 93, *Fax 04 92 77 01 92*, 🌳 – TV ☎ – 🏃 25. GB
fermé déc. à fév., merc. de sept. à juin, dim. soir et mardi de nov. à mars – **Repas** 100/185, enf. 65 – ☕ 45 – **8 ch** 245/295 – 1/2 P 265.

CRUSEILLES *74350 H.-Savoie* 74 ⑥ *G. Alpes du Nord – 2 716 h alt. 781.*

Voir *Ponts de la Caille★ S : 4 km.*

Paris 538 – Annecy 18 – Bellegarde-sur-Valserine 44 – Bonneville 34 – Genève 26 – Thonon-les-Bains 59.

XX **L'Ancolie** M avec ch, au parc des Dronières Nord-Est 1 km par D 15 ✆ 04 50 44 28 98, *Fax 04 50 44 09 73*, ←, 🌳, « Au bord d'un lac, bel environnement », – TV ☎ P – 🏃 35. AE ⓓ GB. rest
fermé vacances de Toussaint, de fév. et dim. soir d'oct. à avril – **Repas** 125/365 ♀, enf. 70 – ☕ 45 – **10 ch** 355/455 – 1/2 P 400/455.

PEUGEOT Central Gar., ✆ 04 50 44 10 27 N ✆ 04 50 46 84 62

RENAULT Gar. Champot-Gimenez, ✆ 04 50 44 11 50

CUCHERON (Col du) *38 Isère* 77 ⑤ – *rattaché à St-Pierre-de-Chartreuse.*

CUCUGNAN *11350 Aude* 86 ⑧ – *128 h alt. 310.*

Voir *Col Grau de Maury ✻★★ S : 2,5 km – Site★★ du château de Quéribus★ SE : 3 km.*

Env. *Château de Peyrepertuse★★★ NO : 7 km,* **G. Pyrénées Roussillon.**

Paris 856 – Perpignan 42 – Carcassonne 76 – Limoux 74 – Quillan 49.

X **Aub. de Cucugnan,** ✆ 04 68 45 40 84, *Fax 04 68 45 01 52*, 🌳, « Grange aménagée » – P. GB
fermé 10 au 24 fév. et merc. de janv. à mars – **Repas** 99 bc/250 bc, enf. 45.

CUERS *83390 Var* 84 ⑮, 114 ㉝ – *7 027 h alt. 140.*

Paris 833 – Toulon 23 – Brignoles 25 – Draguignan 59 – Marseille 84.

XXX **Lingousto** (Ryon), Est : 2 km par rte Pierrefeu ✆ 04 94 28 69 10, *Fax 04 94 48 63 79*, 🌳 – P. AE ⓓ GB JCB
fermé 2 janv. aux vacances de fév., lundi sauf le soir en juil.-août et dim. soir – **Repas** 198/380 ♀, enf. 80
Spéc. Salade tiède du Lingousto. Omelette aux oursins (oct. à déc.). Gibier (oct. à déc.). **Vins** Côtes de Provence.

CUISEAUX *71480 S.-et-L.* 70 ⑬ – *1 779 h alt. 280.*

Paris 400 – Chalon-sur-Saône 59 – Mâcon 54 – Lons-le-Saunier 27 – Tournus 47.

XX **Vuillot** avec ch, ✆ 03 85 72 71 79, *Fax 03 85 72 54 22*, 🏊 – ▤ rest, TV ☎ 📞 🚗 P. GB
fermé janv., dim. soir et lundi midi de nov. à mai – **Repas** (55) - 78/220 ♀, enf. 45 – ☕ 34 – **16 ch** 195/250 – 1/2 P 200/220.

Gar. Berger, ✆ 03 85 72 71 39 N ✆ 03 85 72 71 39

CUISERY *71290 S.-et-L.* 70 ⑫ – *1 505 h alt. 211.*

Paris 368 – Chalon-sur-Saône 32 – Bourg-en-Bresse 47 – Lons-le-Saunier 49 – Mâcon 36 – St-Amour 39 – Tournus 8.

XXX **Host. Bressane** avec ch, ✆ 03 85 40 11 63, *Fax 03 85 40 14 96*, 🌳, – TV ☎ ♿ 🚗 P. AE GB
fermé 8 au 18 juin, 15 nov. au 15 janv., merc. midi et mardi – **Repas** 120/280 et carte 190 à 290 ♀, enf. 70 – ☕ 45 – **15 ch** 220/420.

La CURE *39 Jura 70 ⑯ – rattaché aux Rousses.*

CUREBOURSE (Col de) *15 Cantal 76 ⑫ ⑬ – rattaché à Vic-sur-Cère.*

Le CURTILLARD *38 Isère 77 ⑥ – rattaché à La Ferrière.*

CURTIL-VERGY *21 Côte-d'Or 66 ⑫ – rattaché à Nuits-St-Georges.*

CURZAY-SUR-VONNE *86600 Vienne 68 ⑫ – 460 h alt. 125.*

Paris 369 – Poitiers 28 – Lusignan 13 – Niort 52 – Parthenay 36 – St-Maixent-l'École 27.

Château de Curzay M, rte Jazeneuil ✆ 05 49 36 17 00, *Fax 05 49 53 57 69*, ←, parc, – ch, TV ☎ ♿ P – 🏊 30. AE ⓓ GB
Repas *(fermé dim. soir et lundi du 15 nov. au 31 mars)* 200/350 ♀ – ☕ 80 – **18 ch** 750/1350 – ½ P 790/1120.

CUSSAY *37 I.-et-L. 68 ⑤ – rattaché à Ligueil.*

CUSSET *03300 Allier 73 ⑤ G. Auvergne – 13 567 h alt. 276.*

Office de Tourisme 2 r. S.-Arloing ✆ 04 70 31 39 41, Fax 04 70 98 54 85.

Paris 346 ② – Clermont-Ferrand 57 ① – Lapalisse 20 ② – Moulins 55 ② – Vichy 3 ①.

CUSSET

Arloing (R. S.) 2
Constitution (R. de la) 6
Gambetta (R.) 9
Rocher-Favyé (R.) 35

Barge (R. de la) 3
Bru (R. J. B.) 4
Centenaire (Pl. du) 5
Cornil (Pl. F.) 7
Cureyras (R. H.) 8
Drapeau (Av. du) 12
La-Fayette (Crs) 14
Manuel (R.) 16
Philippe (R. Ch.-L.) 17
Port (R. du) 20
Prés.-Wilson (R. du) 25
Radoult-de-la-Fosse (Pl.) 30
Raynal (R. du Gén.) 31
République (Pl. de la) 33
Sausheim (R. de) 36
Tambour (R. du) 37
Victor-Hugo (Pl.) 39
29-Juillet (R. du) 40

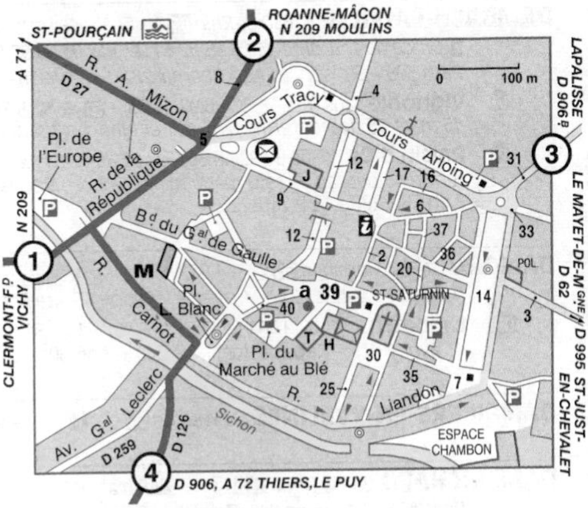

Taverne Louis XI, pl. Victor Hugo **(a)** ✆ 04 70 98 39 39, maison du 15e siècle – GB
fermé 29 juin au 10 juil., 2 au 15 nov., dim. soir et lundi – **Repas** (nombre de couverts limité, prévenir) 145/250.

FORD Barrat Moulins autos, bd du Bicentenaire ✆ 04 70 97 77 79

CUSSEY-SUR-L'OGNON *25870 Doubs 66 ⑮ – 570 h alt. 227.*

Paris 412 – Besançon 15 – Gray 37 – Vesoul 41.

Vieille Auberge avec ch, ✆ 03 81 48 51 70, *Fax 03 81 57 62 30*, – TV ☎. GB
fermé dim. soir et lundi sauf fériés le midi – **Repas** 79 (déj.), 100/225 – ☕ 35 – **8 ch** 250/320.

CUTS *60400 Oise 56 ③ – 736 h alt. 79.*

Paris 107 – Compiègne 25 – St-Quentin 45 – Chauny 16 – Noyon 10 – Soissons 30.

Bois Doré, 5 r. Ramée ✆ 03 44 09 77 66, *Fax 03 44 09 79 27* – GB
fermé 16 fév. au 13 mars, dim. soir et lundi – **Repas** 85 (déj.), 99/230 ♀.

DABISSE *04 Alpes-de-H.-P.* 81 ⑯ – ✉ *04190 Les Mées.*
Env. *Rochers des Mées★ NE : 8 km* G. Alpes du sud.
Paris 735 – Digne-les-Bains 33 – Forcalquier 19 – Manosque 25 – Sisteron 29.

XXX **Vieux Colombier,** Sud : 2 km sur D4 ☏ 04 92 34 32 32, *Fax 04 92 34 34 26,* – P. AE ⓓ GB
fermé 1er au 7 janv., dim. soir et merc. – **Repas** (95) - 180/295 ♀, enf. 80.

DACHSTEIN *67120 B.-Rhin* 62 ⑨ – *957 h alt. 160.*
Paris 476 – Strasbourg 21 – Molsheim 5 – Saverne 27 – Sélestat 37.

XX **Aub. de la Bruche,** ☏ 03 88 38 14 90, *Fax 03 88 48 81 12,* , « Décor élégant » – ▤. GB
fermé 25 août au 8 sept., 5 au 19 janv., sam. midi et mardi – **Repas** 150/250.

DAGLAN *24250 Dordogne* 75 ⑰ – *477 h alt. 101.*
Voir *St-Pompon : porte fortifiée★ SO : 4,5 km,* G. Périgord Quercy.
Paris 551 – Cahors 49 – Sarlat-la-Canéda 23 – Fumel 44 – Gourdon 18 – Périgueux 79.

X **Petit Paris,** ☏ 05 53 28 41 10, *Fax 05 53 28 41 10,* – AE GB
fermé 21 déc. au 6 fév., dim. soir et lundi sauf juil.-août – **Repas** 78 (déj.), 105/198 ♀, enf. 60.

La DAILLE *73 Savoie* 74 ⑲ – *rattaché à Val-d'Isère.*

DAMBACH-LA-VILLE *67650 B.-Rhin* 62 ⑨ *G. Alsace Lorraine – 1 800 h alt. 210.*
ℹ *Office de Tourisme* ☏ *03 88 92 61 00, Fax 03 88 92 60 09.*
Paris 505 – Strasbourg 48 – Obernai 22 – Saverne 56 – Sélestat 9.

Vignoble sans rest, ☏ 03 88 92 43 75 – TV ☎ & P. GB.
15 mars-15 déc. et fermé dim. soir et lundi hors saison – ☕ 35 – **7 ch** 275/305.

Raisin d'Or, ☏ 03 88 92 48 66, *Fax 03 88 92 61 42* – , ▤ rest, TV ☎ P. ⓓ GB.
fermé 15 déc. au 1er fév., mardi midi et lundi – **Repas** 48 (déj.), 95/130 ♀, enf. 32 – ☕ 35 – **8 ch** 260/280 – ½ P 215/225.

DAMGAN *56750 Morbihan* 63 ⑬ – *1 032 h.*
Paris 471 – Vannes 27 – Muzillac 9 – Redon 46 – La Roche-Bernard 25.

L'Albatros, ☏ 02 97 41 16 85, *Fax 02 97 41 21 34,* ← – ▤ rest, TV ☎ & P. GB
1er avril-4 oct. – **Repas** 60 (déj.), 88/240 ♀, enf. 50 – ☕ 32 – **28 ch** 205/380 – ½ P 215/305.

DAMPIERRE-EN-YVELINES *78 Yvelines* 60 ⑨, 101 ㉛ – *voir à Paris, Environs.*

DAMPRICHARD *25450 Doubs* 66 ⑱ – *1 858 h alt. 825.*
Paris 486 – Besançon 81 – Basel 96 – Belfort 66 – Montbéliard 47 – Pontarlier 67.

Lion d'Or, ☏ 03 81 44 22 84, *Fax 03 81 44 23 10,* – TV ☎ P. AE ⓓ GB
Repas 70/250 ♀, enf. 40 – ☕ 35 – **19 ch** 150/325 – ½ P 240.

DAMVILLERS *55150 Meuse* 57 ① – *627 h alt. 221.*
Paris 286 – Metz 76 – Bar-le-Duc 80 – Longuyon 21 – Sedan 62 – Verdun 25.

X **Croix Blanche** avec ch, ☏ 03 29 85 60 12, *Fax 03 29 85 56 80* – ☎ P. GB.
fermé 5 au 10 oct., 15 fév. au 15 mars, dim. soir hors saison et lundi midi – **Repas** 70/170 ♀, enf. 48 – ☕ 30 – **9 ch** 155/260 – ½ P 190/250.

CITROEN Gar. Iori, ☏ 03 29 85 60 25

DANGÉ-ST-ROMAIN *86220 Vienne* 68 ④ – *3 150 h alt. 50.*
Paris 292 – Poitiers 49 – Le Blanc 54 – Châtellerault 15 – Chinon 50 – Loches 43 – Tours 59.

X **Crémaillère,** ☏ 05 49 86 40 24, *Fax 05 49 19 17 70* – P. AE ⓓ GB
fermé merc. – **Repas** 89/220 ♀, enf. 59.

CITROEN Gar. Ory, ☏ 05 49 86 42 76
RENAULT Gar. Judes, ☏ 05 49 86 40 39

DANJOUTIN *90 Ter.-de-Belf.* 66 ⑧ – *rattaché à Belfort.*

DANNEMARIE *68210 H.-Rhin 66 ⑨ – 1 820 h alt. 320.*

Paris 447 – Mulhouse 26 – Basel 41 – Belfort 24 – Colmar 57 – Thann 24.

Wach, près H. de Ville ✆ 03 89 25 00 01, *Fax 03 89 25 00 01* – GB
fermé 16 au 25 août, 24 déc. au 12 janv. et lundi – **Repas** (déj. seul.) 60/180 ♀.

Ritter, face gare ✆ 03 89 25 04 30, *Fax 03 89 08 02 34,* ☂, ⛱, 🐟 – 🅿. ⓓ GB
fermé 21 au 31 déc., 16 fév. au 6 mars, jeudi soir du 1er nov. au 30 avril, lundi soir et mardi – **Repas** 140/190 ♀, enf. 60.

FORD Gar. Christen, ✆ 03 89 25 00 33

DAVÉZIEUX *07 Ardèche 76 ⑩ – rattaché à Annonay.*

DAX ⟨SP⟩ *40100 Landes 78 ⑥ ⑦ G. Pyrénées Aquitaine – 19 309 h alt. 12 – Stat. therm. – Casino à St.Paul les Dax.*

ℹ *Office de Tourisme pl. Thiers ✆ 05 58 56 86 86, Fax 05 58 56 86 80 – Automobile Club Zone Artisanale du Sablar, r. des Prairies ✆ 05 58 74 05 04, Fax 05 58 74 82 35.*

Paris 730 ① – Biarritz 65 – Mont-de-Marsan 53 ② – Bayonne 51 ④ – Bordeaux 153 ① – Pau 87 ③.

DAX

Carmes (R. des) .... B 6
Verdun (Cours de) .... B 38

Augusta (Cours J.) .... B 2
Baignots (Allée des) .... B 3
Bouvet (Pl. C.) .... B 5
Chanoine-Bordes (Pl.) .... B 7
Chanzy (R.) .... B 8
Clemenceau (Av. G.) .... A 10
Ducos (Pl. R.) .... B 12
Foch (Cours Mar.) .... B 13
Fusillés (R. des) .... B 15
Gaulle (Espl. Gén.-de) .... B 16
Manoir (Bd Y.-du) .... A 19
Milliés-Lacroix (Av. E.) .... B 20
Pasteur (Cours) .... B 23
Sablar (Av. du) .... B 25
St-Pierre (Pl.) .... B 26
St-Pierre (R.) .... B 27
St-Vincent (R.) .... B 28
St-Vincent-de-Paul (Av.) .... AB 30
Sully (R.) .... B 35
Thiers (Pl.) .... B 36
Tuilleries (Av. des) .... B 37
Victor-Hugo (Av.) .... B 39

ST-PAUL-LÈS-DAX

Liberté (Av. de la) .... A 17

Foch (R. Mar.) .... A 14
Résistance (Av. de la) .... A 24
St-Vincent-de-Paul (Av.) .... A 32

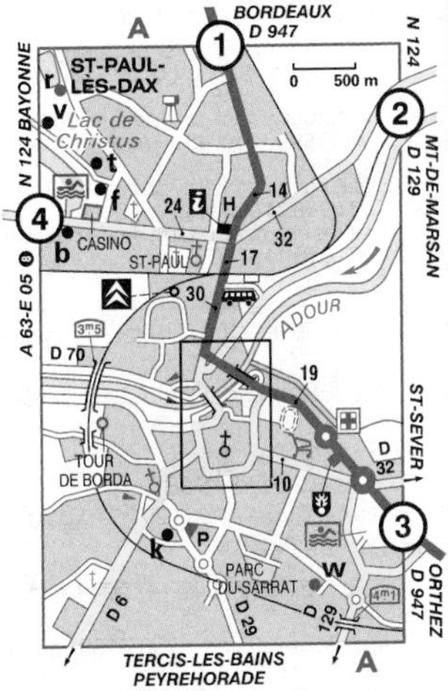

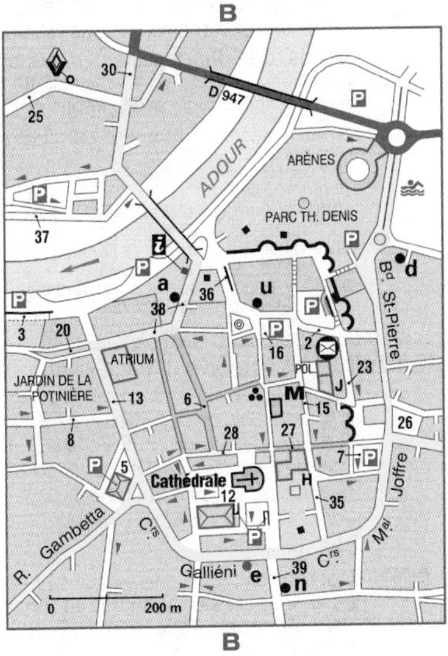

Splendid, cours Verdun ✆ 05 58 56 70 70, *Fax 05 58 74 76 33,* ←, centre thermal, ⛱, 🐟 – 🛗 📺 ☎ – 🏛 150. AE ⓓ GB. ✂ rest — B a
1er mars-30 nov. – **Repas** 130/185 – ☕ 55 – **157 ch** 345/470, 6 appart – ½ P 400/605.

Grand Hôtel, r. Source ✆ 05 58 90 53 00, *Fax 05 58 90 52 88* – 🛗 cuisinette, ▤ rest, 📺 ☎ 🅿 – 🏛 50. GB. ✂ rest — B d
Repas 90/133 – ☕ 35 – **130 ch** 301/337, 7 appart – ½ P 239/274.

Richelieu, 13 av. V. Hugo ✆ 05 58 74 81 81, *Fax 05 58 90 80 86*, – TV ☎. AE GB B n
Repas *(fermé sam. midi)* (70) - 90 bc (déj.), 120/200 – ☐ 30 – **18 ch** 220/270 – ½ P 220.

Vascon sans rest, pl. Fontaine Chaude ✆ 05 58 56 64 60 – TV ☎ B u
8 mars-6 déc. – ☐ 24 – **25 ch** 175/230.

Jean Le Bon, 12 r. Jean Le Bon ✆ 05 58 74 29 14, *Fax 05 58 90 03 04*, – cuisinette, rest, TV ☎ P. AE GB A k
fermé 15 déc. au 5 janv. – **Repas** *(fermé sam. soir et dim. du 1er nov. au 30 mars)* 75/160 ♀, enf. 50 – ☐ 30 – **27 ch** 220/270 – ½ P 215/235.

L'Amphitryon, 38 cours Galliéni ✆ 05 58 74 58 05 – GB B e
fermé 18 août au 1er sept., 2 au 15 janv., dim. soir et lundi – **Repas** 80/200.

Aub. des Pins avec ch, 86 av. F. Planté ✆ 05 58 74 22 46, *Fax 05 58 56 05 62*, – TV ☎ P. GB A w
fermé Noël au Jour de l'An et dim. soir – **Repas** (45) - 65/165 ♀, enf. 45 – ☐ 28 – **13 ch** 175/280 – ½ P 375/495.

St-Paul-lès-Dax – *9 452 h. alt. 21* – ✉ *40990* :
Office de Tourisme ✆ 05 58 91 60 01, Fax 05 58 91 97 44.

Les Jardins du Lac M sans rest, au lac de Christus ✆ 05 58 91 43 43, *Fax 05 58 91 34 24*, – cuisinette TV ☎ P. GB JCB A v
fermé 15 déc. au 10 janv. – ☐ 38, 53 appart 350/495.

du Lac, au lac de Christus ✆ 05 58 90 60 00, *Fax 05 58 91 34 88*, – cuisinette, rest, TV ☎ P – 150. AE GB. rest A t
1er mars-30 nov. – **Repas** 85/165, enf. 52 – ☐ 35 – **252 ch** 330 – ½ P 287.

Campanile, rte Bayonne - N 124 ✆ 05 58 91 35 34, *Fax 05 58 91 37 00*, – TV ☎ P – 40. AE GB A b
Repas (66) - 84 bc/107 bc, enf. 39 – ☐ 34 – **49 ch** 278.

Climat de France, au lac de Christus ✆ 05 58 91 70 70, *Fax 05 58 91 90 00*, – TV ☎ P – 40. AE GB A f
Repas 89/138 ♀, enf. 39 – ☐ 35 – **42 ch** 305.

Moulin de Poustagnacq, ✆ 05 58 91 31 03, *Fax 05 58 91 37 97*, « Ancien moulin au bord d'un étang » – P. AE GB A r
fermé dim. soir et lundi – **Repas** 135/300 et carte 260 à 330 ♀.

Relais des Plages avec ch, rte de Bayonne par ④ : *3 km* ✆ 05 58 91 78 86, *Fax 05 58 91 85 13*, – rest, TV ☎ P. AE GB
fermé lundi sauf juil.-août – **Repas** 70/200 ♀ – ☐ 30 – **10 ch** 220/300 – ½ P 320.

CITROEN Automobile Dacquoise, ZAC du Sablar, r. Prairies ✆ 05 58 74 62 22
FIAT Gar. Molia, 145 av. V.-de-Paul ✆ 05 58 74 88 74
FORD Gar. Durruty, 21/23 av. de la Résistance à St-Paul-les-Dax ✆ 05 58 91 11 11
NISSAN Policar Autom., rte de Bayonne à St-Paul-les-Dax ✆ 05 58 91 86 36
OPEL Gar. Duprat-Desclaux, rte de Bayonne à St-Paul-les-Dax ✆ 05 58 91 78 04
PEUGEOT Dax Auto, rte de Bayonne à St-Paul-les-Dax par ④ ✆ 05 58 91 77 42 N ✆ 05 58 91 25 55
RENAULT Autom. Landaises, av. du Sablar ✆ 05 58 90 90 00 N ✆ 05 58 91 22 90

Euromaster, 122 av. St-V.-de-Paul ✆ 05 58 74 08 40
Morès Pneus, ZI n° 1, rte de St-Pandelon ✆ 05 58 74 94 66

DEAUVILLE *14800 Calvados* 55 ③ *G. Normandie Vallée de la Seine* – *4 261 h alt. 2* – *Casino* **AZ.**
Voir Mont Canisy ≤★ 5 km par ④ puis 20 mn.
New Golf de Deauville ✆ 02 31 14 48 48, S : 3 km par D 278 **AZ** *; de St-Gatien-Deauville ✆ 02 31 65 19 99, E : 10 km par D 74* **BZ.**
de Deauville-St-Gatien : ✆ 02 31 65 17 17, S : 3 km **BY.**
Office de Tourisme pl. Mairie ✆ 02 31 14 40 00, Fax 02 31 88 78 88.
Paris 201 ③ – Caen 46 ④ – Le Havre 40 ③ – Évreux 100 ③ – Lisieux 29 ③ – Rouen 90 ③.

Plan page ci-contre

Normandy, 38 r. J. Mermoz ✆ 02 31 98 66 22, *Fax 02 31 98 66 23*, ≤, – TV ☎ – 160. AE GB. rest AZ h
Belle Époque : **Repas** 235/280 ♀, enf. 120 – ☐ 90 – **253 ch** 1750/2200, 27 appart – ½ P 980/1335.

Royal, bd E. Cornuché ✆ 02 31 98 66 33, *Fax 02 31 98 66 34*, ≤, – TV ☎ P – 220. AE GB JCB AZ y
15 mars-15 nov. – **Repas** 250/350 - ***L'Etrier*** *(week-ends)(diner seul.)* **Repas** carte environ 350 – ☐ 120 – **249 ch** 1700/2300, 31 appart.

L'Augeval M, 15 av. Hocquart de Turtot ✆ 02 31 81 13 18, *Fax 02 31 81 00 40*, – rest, TV ☎ – 50. AE GB JCB AZ d
Repas 128/280 ♀ – ☐ 60 – **32 ch** 680/1400 – ½ P 540/900.

DEAUVILLE

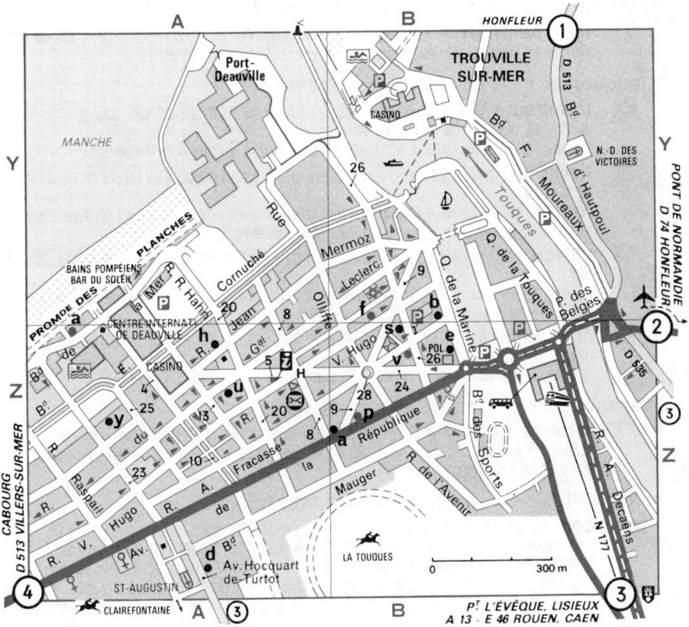

Trophée, 81 r. Gén. Leclerc ✆ 02 31 88 45 86, *Fax 02 31 88 07 94,* – |♦|, rest, AE GB JCB — AZ u
Repas *(85)* - 120/285 ♀, enf. 85 – ☐ 50 – **24 ch** 540/680 – ½ P 430/500.

Yacht Club M sans rest, 2 r. Breney ✆ 02 31 87 30 00, *Fax 02 31 87 05 80* – AE GB JCB — BY b
fermé 2 janv. au 28 fév. – ☐ 60 – **47 ch** 780, 6 duplex.

Continental sans rest, 1 r. Désiré Le Hoc ✆ 02 31 88 21 06, *Fax 02 31 98 93 67* – 30. AE GB — BZ s
fermé 12 nov. au 19 déc. – ☐ 40 – **42 ch** 410.

Ibis, quai Marine ✆ 02 31 14 50 00, *Fax 02 31 14 50 05,* – 30. AE GB — BZ e
Repas *(75)* - 95 ♀, enf. 39 – ☐ 39 – **81 ch** 450/590, 14 duplex.

Chantilly sans rest, 120 av. République ✆ 02 31 88 79 75, *Fax 02 31 88 41 29* – AE GB JCB — BZ a
☐ 40 – **17 ch** 185/500.

L'Espérance, 32 r. V. Hugo ✆ 02 31 88 26 88, *Fax 02 31 88 33 29,* – GB. ch — BY f
fermé 15 au 23 juin – **Repas** *(fermé merc. et jeudi du 15 sept. à fin juin sauf vacances scolaires)* 105/260 ♀ – ☐ 38 – **10 ch** 260/395 – ½ P 263/330.

Ciro's, prom. Planches ✆ 02 31 14 31 31, *Fax 02 31 98 66 71,* ≤, – AE GB JCB — AZ a
Repas - produits de la mer - 190 et carte 260 à 450 ♀.

Spinnaker, 52 r. Mirabeau ✆ 02 31 88 24 40, *Fax 02 31 88 43 58* – AE GB — BZ v
fermé 11 au 18 nov., 4 au 29 janv., mardi de nov. à Pâques et lundi de sept. à juin – **Repas** 160/250 ♀.

Yearling, 38 av. Hocquart de Turtot par ③ ✆ 02 31 88 33 37, *Fax 02 31 88 33 89* – AE GB
fermé 16 nov. au 2 déc., 11 janv. au 3 fév., lundi soir et mardi sauf août – **Repas** 135/360 bc.

X **Garage,** 118 bis av. République ✆ 02 31 87 25 25, *Fax 02 31 87 38 37*, brasserie – AE ⓓ GB BZ p
fermé 12 nov. au 5 déc., dim. soir et lundi d'oct. à Pâques – **Repas** 99/160 ♀.

à l'aéroport Deauville-St-Gatien *Est : 7 km par D 74 – ✉ 14130 Pont-l'Évêque :*

XX **Rest. Aéroport,** 1er étage ✆ 02 31 64 81 81, *Fax 02 31 64 83 83*, – AE ⓓ GB
fermé 15 janv. au 20 fév., mardi soir et merc. – **Repas** 100/300 ♀.

à Touques *par ③ : 2,5 km – 3 070 h. alt. 10 – ✉ 14800 :*

L'Amirauté Ⓜ, N 177 ✆ 02 31 81 82 83, *Fax 02 31 81 82 93*, , Ⅰ₆, ⛱, ⛆, ✂ – |♦| TV ☎ ♿ P – 🏃 400. AE ⓓ GB JCB. ✂ rest
Repas 160 ♀, enf. 78 – ☕ 62 – **230 ch** 640/850, 6 appart – ½ P 494/584.

Relais du Haras, 23 r. Louvel et Brière ✆ 02 31 14 60 00, *Fax 02 31 14 60 01* – ▤ rest, TV ☎ ✆. GB
fermé 5 janv. au 5 fév. – **Repas** *(fermé lundi et mardi de sept. à juin sauf vacances scolaires)* 110/150 ♀, enf. 70 – ☕ 55 – **8 ch** 580/800 – ½ P 750.

XX **Village** avec ch, 64 r. Louvel et Brière ✆ 02 31 88 01 77, *Fax 02 31 88 99 24*, – TV ☎. AE GB
fermé 4 janv. au 6 fév., mardi soir et merc. sauf juil.-août – **Repas** 89 (déj.), 135/210 ♁, enf. 50 – ☕ 32 – **8 ch** 250/300 – ½ P 317.

XX **Aux Landiers,** 90 r. Louvel et Brière ✆ 02 31 88 00 39, *Fax 02 31 88 00 39*, , « Terrasse fleurie » – AE ⓓ GB
fermé janv., jeudi midi et merc. – **Repas** 100 bc (déj.), 145/320, enf. 60.

à Canapville *par ③ : 6 km – 185 h. alt. 10 – ✉ 14800 :*

XX **Jarrasse,** sur N 177 ✆ 02 31 65 21 80, *Fax 02 31 65 03 75*, , – P. GB
fermé 23 juin au 1er juil., 22 au 30 sept., vacances de Noël et de fév., mardi et merc. sauf août et fériés – **Repas** 100/200.

au New Golf *Sud : 3 km par D 278 - BAZ – ✉ 14800 Deauville :*

Golf ⛳, ✆ 02 31 14 24 00, *Fax 02 31 14 24 01*, , parc, « Au milieu du golf, ≤ campagne deauvillaise », Ⅰ₆, ⛱, ✂ – |♦| TV ☎ P – 🏃 30 à 150. AE ⓓ GB JCB. ✂ rest
9 mars-31 oct. – ***Pommeraie*** *(fermé 31 oct. au 27 déc. et 6 fév. au 15 mars)* **Repas** 195/295 ♀, enf. 110 – ***Club House*** *(fermé mardi du 11 nov. au 20 déc. et du 6 fév. au 6 mars)* **Repas** (déj. seul) 130/160 ♀, enf. 55 – ☕ 90 – **178 ch** 1100/3000 – ½ P 1550/2050.

au Sud *7,5 km par D 278, au golf de l'Amirauté – ✉ 14800 Deauville :*

XX **Chaumes,** ✆ 02 31 14 42 00, *Fax 02 31 88 32 00*, – P. GB
fermé le soir sauf juil.-août – **Repas** 115/205.

au Sud *6 km par D 278 et D 27 – ✉ 14800 Deauville :*

Host. de Tourgéville ⛳, ✆ 02 31 14 48 68, *Fax 02 31 14 48 69*, ≤, , parc, Ⅰ₆, ⛆, ✂ – TV ☎ P. AE GB
fermé 7 fév. au 3 mars – **Repas** 180/290 – ☕ 75 – **6 ch** 850, 6 appart 1400, 13 duplex 980 – ½ P 655/930.

ALFA ROMEO, FIAT, FORD Gar. de la Plage, 26 r. Gén.-Leclerc ✆ 02 31 88 28 67
AUDI, VOLKSWAGEN Suter Automobiles, r. des anciennes écoles à Touques ✆ 02 31 98 59 59
PEUGEOT SODEVA, rte de Paris par ② ✆ 02 31 88 66 22

RENAULT Les Autom. Deauvillaises, rte de Paris par ② ✆ 02 31 81 64 64 N ✆ 02 31 50 52 16

Ⓟ Ollitrault Pneus Point S, ZI r. Tonneliers à Touques ✆ 02 31 88 46 13

DECAZEVILLE *12300 Aveyron 80 ① G. Gorges du Tarn – 7 754 h alt. 230.*

ℹ *Office de Tourisme square J.-Ségalat ✆ 05 65 43 18 36, Fax 05 65 43 19 89.*
Paris 596 – Rodez 39 – Aurillac 66 – Figeac 27 – Villefranche-de-Rouergue 39.

Moderne, 16 av. A. Bos (derrière église) ✆ 05 65 43 04 33, *Fax 05 65 43 17 17* – TV ☎ ✆ – 🏃 30. AE GB
Repas *(fermé dim.)* 85/280 ♀ – ☕ 28 – **24 ch** 210/350 – ½ P 215/266.

Foulquier, 16 av. V. Hugo (rte Figeac) ✆ 05 65 63 27 42, *Fax 05 65 43 37 33* – TV ☎ ✆ ♿ P. GB
Repas *(fermé 21 déc. au 10 janv., sam. soir et dim.)* 55/125 ♀, enf. 35 – ☕ 30 – **21 ch** 200/260 – ½ P 200.

CITROEN Gar. Rouquette-Fournier, Zone des Prades ✆ 05 65 43 09 35
PEUGEOT Gar. Cassan, 47 av. P.-Ramadier ✆ 05 65 43 06 06 N ✆ 05 65 43 20 94

RENAULT Gar. Fabre Rudelle, ZI des Prades ✆ 05 65 43 24 38

Ⓟ Sigal Pneus, ZI des Prades ✆ 05 65 43 02 33

DECIZE *58300 Nièvre* 69 ④ *G. Bourgogne – 6 876 h alt. 197.*

Office de Tourisme (saison) pl. du Champ de Foire 28 r. de la République ☎ 03 86 25 27 23, Fax 03 86 77 16 58 et Mairie ☎ 03 86 25 03 23.

Paris 268 – Moulins 34 – Châtillon-en-Bazois 35 – Luzy 44 – Nevers 35.

XX **Charolais,** 33 bis rte Moulins ☎ 03 86 25 22 27, *Fax 03 86 25 52 52* – GB
fermé dim. soir et lundi – **Repas** 95/220 ♀.

AUDI, VOLKSWAGEN Gar. boiteau, 8 et 10 av. du 14 Juillet ☎ 03 86 25 06 12
CITROEN Dallois, 101 rte de Moulins ☎ 03 86 25 15 88 🅽 ☎ 04 70 44 38 38
FORD Ronsin Autom., rte de Champvert ☎ 03 86 25 08 91
PEUGEOT Corad, Quai de l'Europe ☎ 03 86 25 52 00

RENAULT Decelle, 173 N 81 à St-Léger-des-Vignes ☎ 03 86 25 09 73

Bill Pneumatiques, rte de Moulins les Champs Monares ☎ 03 86 25 14 39

La DÉFENSE *92 Hauts-de-Seine* 55 ⑳, 101 ⑭ – *voir à Paris, Environs.*

DELME *57590 Moselle* 57 ⑭ – *681 h alt. 220.*

Paris 364 – Metz 31 – Nancy 31 – Château-Salins 12 – Pont-à-Mousson 29 – St-Avold 40.

Aub. de Delme, ☎ 03 87 01 33 33, *Fax 03 87 01 38 12,* – TV ☎ P. AE GB. ch
Repas 68/210 ♀ – 30 – **11 ch** 220/280 – ½ P 185.

X **A la Douzième Borne** avec ch, ☎ 03 87 01 30 18, *Fax 03 87 01 38 39,* – rest, TV ☎. AE GB
Repas 56 (déj.), 92/234 – 25 – **15 ch** 224 – ½ P 250.

Ferienreisen wollen gut vorbereitet sein.
*Die **Straßenkarten** und **Führer** von **Michelin***
geben Ihnen Anregungen und praktische Hinweise zur Gestaltung Ihrer Reise :
Streckenvorschläge, Auswahl und Besichtigungsbedingungen
der Sehenswürdigkeiten, Unterkunft, Preise ... u. a. m.

DENNEMONT *78 Yvelines* 55 ⑱ – *rattaché à Mantes-la-Jolie.*

DESCARTES *37160 I.-et-L.* 68 ⑤ *G. Poitou Vendée Charentes – 4 120 h alt. 50.*

Office de Tourisme à la Mairie ☎ 02 47 59 70 50, Fax 02 47 59 72 20.

Paris 291 – Tours 58 – Châteauroux 92 – Châtellerault 25 – Chinon 50 – Loches 32.

Moderne, 15 r. Descartes ☎ 02 47 59 72 11, *Fax 02 47 92 44 90,* – TV ☎ P. GB
fermé 20 déc. au 5 janv. – **Repas** *(fermé vend. soir et sam. hors saison et dim. soir en saison)* 80/200 ♀, enf. 45 – 38 – **11 ch** 220/305 – ½ P 250/320.

X **Aub. de l'Islette,** à Lilette (86 Vienne) Ouest : 3 km par D 58 et D5 ✉ 37160 Descartes ☎ 02 47 59 72 22 – P. GB
fermé 15 déc. au 15 janv. et sam. hors saison – **Repas** 59/160.

Les DEUX-ALPES (Alpes de Mont-de-Lans et de Vénosc) *38860 Isère* 77 ⑥ *G. Alpes du Nord – Alpe de Vénosc, 1 660 m Alpe de Mont-de-Lans – Sports d'hiver : 1 650/ 3 600 m 7 54 .*

Voir Belvédère de la Croix★.

Office de Tourisme ☎ 04 76 79 22 00, Fax 04 76 79 01 38 – Points Informations de Mont-de-Lans et de Vénosc.

Paris 641 ① – Grenoble 76 ① – Le Bourg-d'Oisans 26 ① – La Grave 26 ① – Col du Lautaret 37 ①.

Plan page suivante

Bérangère , (a) ☎ 04 76 79 24 11, *Fax 04 76 79 55 08,* – TV ☎ P – 25. AE GB. rest
20 juin-31 août et 6 déc.-20 avril – **Repas** 180 (déj.), 220/460 – 65 – **59 ch** 730/1100 – ½ P 690/780.

Farandole , (b) ☎ 04 76 80 50 45, *Fax 04 76 79 56 12,* massif de la Muzelle, – TV ☎ P – 25 à 80. AE GB JCB
20 juin-6 sept., vacances de Toussaint et 5 déc.-5 mai – **Repas** 220 (déj.), 240/320, enf. 100 – 60 – **46 ch** 600/900, 14 appart – ½ P 690/790.

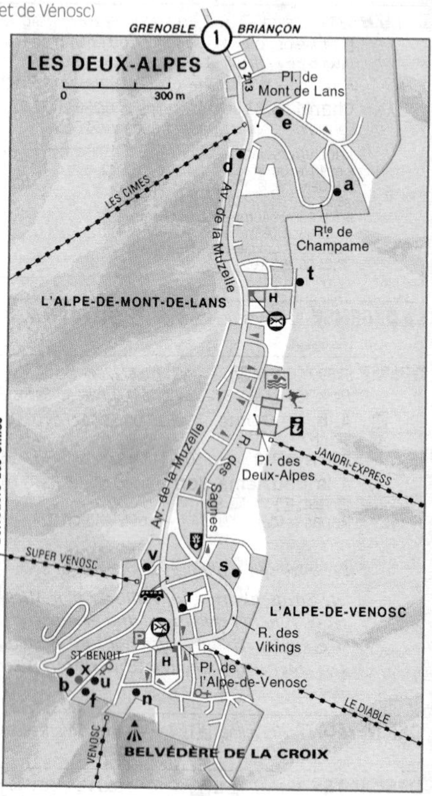

Marmottes, (d) ✆ 04 76 79 21 91, *Fax 04 76 79 25 79*, <, ... – 🅿 – 60. AE GB. rest
fin juin-début sept. et début déc.-mi-avril – **Repas** 130 (déj.), 160/230 – 60 – **40 ch** 600/900 – ½ P 700.

Chalet Mounier, (n) ✆ 04 76 80 56 90, *Fax 04 76 79 56 51*, <, ... – 25 à 40. GB.
27 juin-30 août et 12 déc.-2 mai – **Repas** 135/195 ♀ – 60 – **45 ch** 450/890, 3 duplex – ½ P 420/655.

Souleil'Or (t) ✆ 04 76 79 24 69, *Fax 04 76 79 20 64*, <, ... (été), ... – 25. AE GB. rest
21 juin-2 sept. et 20 déc.-1er mai – **Repas** 145 (déj.)/170 ♀ – 50 – **42 ch** 700 – ½ P 570/620.

Mélèzes, (s) ✆ 04 76 80 50 50, *Fax 04 76 79 20 70*, <, ... – 🅿 – 25. GB. rest
20 déc.-25 avril – **Repas** 140/280 – 45 – **32 ch** 345/460 – ½ P 400/445.

Serre-Palas sans rest, (u) ✆ 04 76 80 56 33, *Fax 04 76 79 04 36* – ... GB JCB
21 juin-6 sept. et 6 déc.-1er mai – 54 – **24 ch** 400/710.

Muzelle-Sylvana, (r) ✆ 04 76 80 50 93, *Fax 04 76 79 04 06*, ... 🅿 – 30. GB. rest
15 déc.-15 avril – **Repas** 150 (déj.), 160/170 – 60 – **30 ch** 300/450 – ½ P 420/470.

L'Adret (e) ✆ 04 76 79 24 30, *Fax 04 76 79 57 08*, <, ... 🅿. GB. rest
20 juin-30 août et 19 déc.-2 mai – **Repas** 90 (déj.)/150 ♀, enf. 50 – 40 – **27 ch** 360/450 – ½ P 480/590.

Mariande (f) ✆ 04 76 80 50 60, *Fax 04 76 79 04 99*, < massif de la Muzelle, ... (été), ... 🅿. GB. rest
29 juin-30 août et 20 déc.-20 avril – **Repas** 120/170 – 50 – **26 ch** 480 – ½ P 375/465.

Provençal, (v) ✆ 04 76 80 52 58, *Fax 04 76 79 24 02* – ... 🅿. GB. rest
1er juil.-31 août et 20 déc.-18 avril – **Repas** (résidents seul.) – 35 – **18 ch** 250/340 – ½ P 310/350.

Bel'Auberge, (x) ✆ 04 76 79 57 90 – GB
20 juin-5 sept. et 1er déc.-2 mai – **Repas** 99/189, enf. 50.

DHUIZON *41220 L.-et-Ch. 64 ⑧ – 1 100 h alt. 93.*

Paris 174 – Orléans 43 – Beaugency 22 – Blois 28 – Romorantin-Lanthenay 26.

Aub. Gd Dauphin avec ch, ✆ 02 54 98 31 12, ... – 🅿. GB
fermé 15 janv. au 15 fév., dim. soir et lundi – **Repas** 90/235 ♀, enf. 50 – 28 – **9 ch** 200/240 – ½ P 190/210.

Si vous êtes retardé sur la route, dès 18 h, confirmez votre réservation par téléphone, c'est plus sûr... et c'est l'usage.

DIE 26150 Drôme 77 ⑬ ⑭ *G. Alpes du Sud* (plan) – *4 230 h alt. 415.*
Voir *Mosaïque★ dans l'hôtel de ville.*
Office de Tourisme pl. St-Pierre ✆ 04 75 22 03 03, Fax 04 75 22 40 46.
Paris 626 – Valence 67 – Gap 92 – Grenoble 96 – Montélimar 72 – Nyons 83 – Sisteron 100.

Relais de Chamarges, rte Valence : 1 km ✆ 04 75 22 00 95, *Fax 04 75 22 19 34,* – TV ☎ P. GB
fermé 15 janv. au 1er mars, dim. soir et lundi du 15 oct. au 1er mars sauf fériés – **Repas** (70) - 92/265 ♀, enf. 45 – ☕ 38 – **13 ch** 260/270 – ½ P 280.

Petite Auberge avec ch, av. Sadi-Carnot (face gare) ✆ 04 75 22 05 91, *Fax 04 75 22 24 60,* – TV ☎ P. AE GB
fermé 18 déc. au 21 janv., dim. soir et merc. hors saison et lundi (sauf hôtel) en juil.-août – **Repas** (80) - 98/190 ♀, enf. 50 – ☕ 35 – **11 ch** 150/270 – ½ P 220/280.

PEUGEOT Gar. Auto Val de Drôme, ✆ 04 75 22 06 47 N ✆ 04 75 22 06 47
RENAULT Gar. Combet, ✆ 04 75 22 02 11 N ✆ 04 75 22 02 11
Gar. Bouffier, ✆ 04 75 22 01 55

DIEFFENTHAL 67650 B.-Rhin 87 ⑯ – *246 h alt. 185.*
Paris 507 – Strasbourg 50 – Lunéville 101 – St-Dié 46 – Sélestat 8.

Les Châteaux M, ✆ 03 88 92 49 13, *Fax 03 88 92 40 99,* – TV ☎ P – 30. GB. rest
fermé 24 au 27 déc. – **Repas** 150/210 ♀ – ☕ 35 – **32 ch** 360/450 – ½ P 310/330.

DIEFMATTEN 68780 H.-Rhin 66 ⑨ – *227 h alt. 300.*
Paris 444 – Mulhouse 20 – Belfort 23 – Colmar 47 – Thann 14.

Aub. du Cheval Blanc, ✆ 03 89 26 91 08, *Fax 03 89 26 92 28,* – P. AE GB
fermé 15 au 31 juil., vacances de fév., lundi sauf fériés et mardi soir – **Repas** (95) - 125/390 et carte 280 à 430 ♀, enf. 60.

DIENNE 15300 Cantal 76 ③ *G. Auvergne* – *359 h alt. 1053.*
Paris 534 – Aurillac 62 – Allanche 21 – Condat 30 – Mauriac 52 – Murat 11 – St-Flour 33.

Poste, ✆ 04 71 20 80 40 – ☎ P. AE GB.
fermé 5 janv. au 5 fév. – **Repas** (dîner seul.) 90/120 – ☕ 30 – **10 ch** 200/260 – ½ P 220/240.

DIEPPE 76200 S.-Mar. 52 ④ *G. Normandie Vallée de la Seine* – *35 894 h alt. 6* – *Casino Municipal* **AY.**
Voir *Église St-Jacques★* **BY** – *Boulevard de la Mer ≤★ par D 75* **AZ** – *Chapelle N.-D.-de-Bon-Secours ≤★* **BY** – *Musée★ du château (ivoires dieppois★)* **AZ.**
Env. *Envermeu : choeur★ de l'église, 12 km par D 925* **BY.**
18 ✆ *02 35 84 25 05, par D 74* **AZ** *: 2 km.*
Office de Tourisme Pont d'Ango ✆ 02 35 84 11 77, Fax 02 35 06 27 66.
Paris 195 ② – Abbeville 68 ① – Beauvais 107 ② – Caen 171 ② – Le Havre 110 ② – Rouen 64 ②.

Plan page suivante

Aguado sans rest, 30 bd Verdun ✆ 02 35 84 27 00, *Fax 02 35 06 17 61,* ≤ – TV ☎. GB. BY s
☕ 45 – **56 ch** 340/445.

Présidence, 1 bd Verdun ✆ 02 35 84 31 31, *Fax 02 35 84 86 70,* ≤ – , rest, TV ☎ – 25 à 90. AE GB AY h
Repas 90/140, enf. 60 – ☕ 55 – **89 ch** 420/580 – ½ P 410/510.

Europe M sans rest, 63 bd Verdun ✆ 02 32 90 19 19, *Fax 02 32 90 19 00,* ≤ – TV ☎ – 25. GB BY t
☕ 39 – **60 ch** 350/440.

Plage sans rest, 20 bd Verdun ✆ 02 35 84 18 28, *Fax 02 35 82 36 82* – TV ☎. AE GB AY n
☕ 39 – **40 ch** 250/330.

Ibis, par ② *le Val Druel* ✆ 02 35 82 65 30, *Fax 02 35 82 41 52* – TV ☎ P – 25. AE GB
Repas (dîner seul.) (75) - 95 ♀, enf. 39 – ☕ 35 – **45 ch** 275/285.

Climat de France, par ② *le Val Druel* ✉ 76550 St-Aubin-sur-Scie ✆ 02 35 06 90 80, *Fax 02 35 84 97 63* – TV ☎ P – 30. AE GB
Repas 79/105, enf. 39 – ☕ 36 – **42 ch** 305.

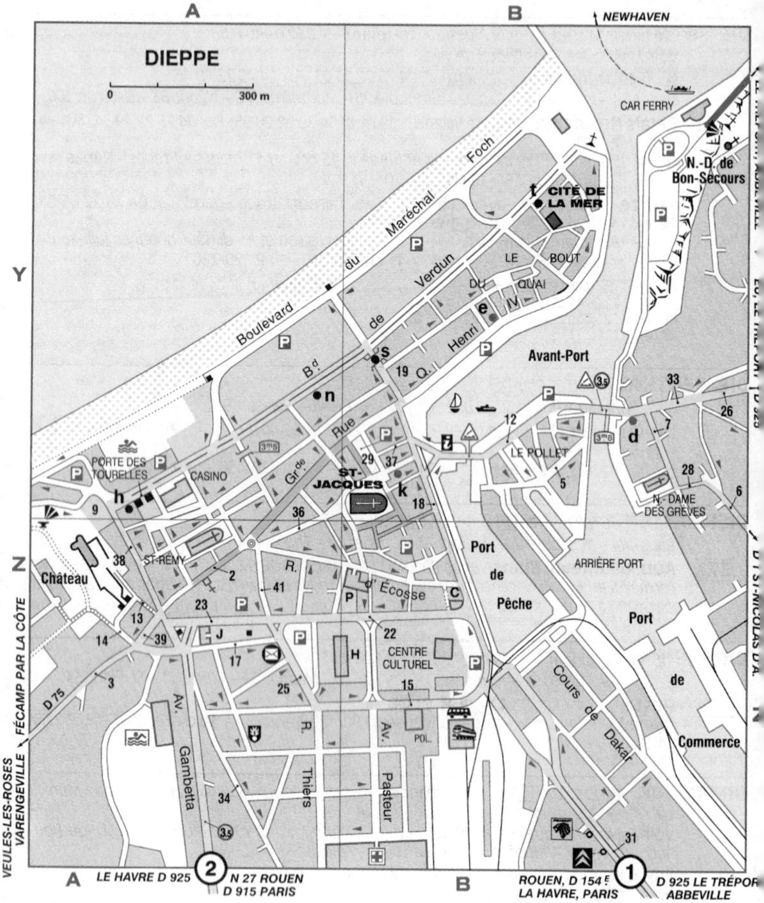

Barre (R. de la) . . . . **AZ** 2
Grande-Rue . . . . **ABY**
St-Jacques (R.) . . . . **AYZ** 36

Barre (R. du Fg-de-la) . . . . **AZ** 3
Belleteste (R. Jean) . . . . **BY** 5
Bonne-Nouvelle (R.) . . . . **BY** 6
Brunel (R. J.) . . . . **BY** 7
Canada (Sq. du) . . . . **AY** 9
Carénage (Q. du) . . . . **BY** 12
Chastes (R. de) . . . . **AZ** 13
Citadelle (Ch. de la) . . . . **AZ** 14
Clemenceau (Bd G.) . . . . **BZ** 15
Desmarets (R.) . . . . **AZ** 17
Duquesne (Quai) . . . . **BYZ** 18
Duquesne (R.) . . . . **BY** 19
Gaulle (Bd Gén.-de) . . . . . . **ABZ** 22
Groulard (R. C.) . . . . **AZ** 23
Joffre (Bd Mar.) . . . . **AZ** 25
Leclerc (Av. Gén.) . . . . **BY** 26
Levasseur (R.) . . . . **BY** 28
Nationale (Pl.) . . . . **BY** 29
Normandie-Sussex (Av.) . . . **BZ** 31
Polet (Gde-R. du) . . . . **BY** 33
République (R. de la) . . . . . . **AZ** 34
St-Jean (R.) . . . . **BY** 37
Sygogne (R. de) . . . . **AZ** 38
Toustain (R.) . . . . **AZ** 39
Victor-Hugo (R.) . . . . **AZ** 41

XX **Mélie** (Brachais), 2 Gde rue du Pollet 02 35 84 21 19, *Fax 02 35 06 24 27* – AE GB — BY d
fermé dim. soir et lundi sauf fériés – **Repas** (week-ends, prévenir) 180/240 bc et carte 180 à 310
Spéc. Langoustines rôties et beignets d'aubergines. "Creuille" du pêcheur. Feuillantine glacée sauce chocolat.

XX **Marmite Dieppoise,** 8 r. St-Jean 02 35 84 24 26, *Fax 02 35 84 31 12* – GB — BY k
fermé 20 nov. au 8 déc., vacances de fév., jeudi soir hors saison, dim. soir et lundi sauf fériés – **Repas** 88/220.

X **Musardière,** 61 quai Henri IV 02 35 82 94 14 – GB — BY e
fermé 15 déc. au 20 janv., dim. soir de sept. à juin et lundi – **Repas** 68/158.

à Martin-Église *par D 1 BYZ : 7 km – 1 167 h. alt. 11 – ✉ 76370 :*

XX **Aub. Clos Normand** avec ch, ☏ 02 35 04 40 34, *Fax 02 35 04 48 49,* « Parc en bordure de rivière » – TV ☎ P. AE GB
fermé mi-nov. à mi-déc., lundi soir et mardi – **Repas** 170/270, enf. 75 – ☕ 40 – **8 ch** 390/480 – ½ P 355/415.

aux Vertus *par ② et N 27 : 3,5 km – ✉ 76550 Offranville :*

XXX **Bucherie,** ☏ 02 35 84 83 10, *Fax 02 35 84 18 19,* – P. AE ⓓ GB
fermé août, dim. soir et lundi – **Repas** 95/170 et carte 300 à 370 ♀.

à Pourville-sur-Mer *Ouest par D 75 AZ : 5 km – ✉ 76550 :*

Office de Tourisme Mairie d'Hautot-sur-Mer ☏ 02 35 84 24 55 et (saison) ☏ 02 35 84 71 06.

X **Trou Normand,** ☏ 02 35 84 59 84, *Fax 02 35 40 29 41* – AE GB
fermé 3 au 23 août, 23 déc. au 4 janv., merc. soir et dim. – **Repas** 97/155 ♀.

AUDI, SKODA, VOLKSWAGEN Gar. Picard, Parc Eurochannel à Neuville ☏ 02 32 90 53 53
CITROEN Gar. Leprince, av. Normandie Sussex-ZI La Pénétrante ☏ 02 32 90 59 59
FORD Challenge Autom., av. Normandie Sussex-ZI La Pénétrante ☏ 02 35 06 94 60
NISSAN Gar. Gosse, 1 r. J.-Flouest ☏ 02 35 84 21 49
PEUGEOT Gar. Laffillé, av. Normandie Sussex-ZI La Pénétrante ☏ 02 35 06 92 92
ROVER Vauban Autom., av. Normandie Sussex-ZI La Pénétrante ☏ 02 35 84 50 05

Euromaster, 15 r. J.-Monod, Parc Eurochannel à Neuville ☏ 02 35 82 50 76
Léveillard Pneus, 7 quai Trudaine ☏ 02 35 84 17 00

CONSTRUCTEUR : ALPINE, av. de Bréauté ☏ 02 35 06 81 50

In questa guida
uno stesso simbolo, uno stesso carattere
stampati a colori o in ***nero****, in magro o in* ***grassetto***
hanno un significato diverso.
Leggete attentamente le pagine esplicative.

DIEULEFIT *26220 Drôme* 81 ② *G. Vallée du Rhône – 2 924 h alt. 366.*

Office de Tourisme pl. Abbé-Magnet ☏ 04 75 46 42 49.

Paris 625 – Valence 60 – Crest 31 – Montélimar 28 – Nyons 30 – Orange 58 – Pont-St-Esprit 59.

A l'Escargot d'Or, rte Nyons : 1 km ☏ 04 75 46 40 52, *Fax 04 75 46 89 49,* – ☎ P. AE GB
fermé 15 déc. au 15 janv., dim. soir et lundi d'oct. à avril sauf fériés – **Repas** 88/165 ♀, enf. 45 – ☕ 30 – **15 ch** 170/280 – ½ P 208/263.

XX **Relais du Serre** avec ch, rte Nyons : 3 km sur D 538 ☏ 04 75 46 43 45, *Fax 04 75 46 40 98,* – TV ☎ P. GB
fermé 5 au 15 janv. – **Repas** 75/160 ♀, enf. 40 – ☕ 35 – **8 ch** 200/300 – ½ P 260/300.

au Poët-Laval *Ouest : 5 km par D 540 – 652 h. alt. 311 – ✉ 26160 :*

Voir *Site★.*

Les Hospitaliers M, ☏ 04 75 46 22 32, *Fax 04 75 46 49 99,* ≤ vallée et montagnes, « Au vieux village », – TV ☎ P – 30. AE ⓓ GB
15 mars-15 nov. et week-ends du 15 nov. au 31 janv. – **Repas** *(118)* - 160/340 ♀, enf. 95 – ☕ 50 – **22 ch** 375/880 – ½ P 400/650.

CITROEN Gar. Chauvin, ☏ 04 75 46 44 47 N ☏ 04 75 46 44 47
PEUGEOT Gar. Henry, ☏ 04 75 46 43 59

DIGNE-LES-BAINS P *04000 Alpes-de-H.-P.* 81 ⑰ *G. Alpes du Sud – 16 087 h alt. 608 – Stat. therm. (fév.-déc.).*

Voir *Musée municipal★* B **M**[1] *– Dalles à ammonites géantes★ N : 1 km par D 900A.*

Env. *Musée du site de l'ichtyosaure★ N : 7 km par D 900A – Courbons : ≤★ de l'église, 6 km par ③ – ≤★ du Relais de Télévision, 8 km par ③.*

18 ☏ *04 92 30 58 00 par ② : 7 km par N 85 puis D 12.*

Office de Tourisme le Rond-Point ☏ 04 92 31 42 73, fax 04 92 32 27 24.

Paris 744 ③ – Aix-en-Provence 107 ③ – Antibes 140 ② – Avignon 165 ③ – Cannes 135 ② – Carpentras 141 ③ – Gap 87 ③.

DIGNE-LES-BAINS

Gassendi (Bd) . . . . **AB**
Hubac (R. de l') . . . . **A** 7
Pied-de-Ville (R.) . . . . **A** 13
Arès (Cours des) . . . . **B** 2
Capitoul (R.) . . . . **B** 3
Dr-Romieu (R. du) . . . . **B** 4
Gaulle (Pl. Ch. de) . . . . **B** 6
Mairie (R. de la) . . . . **B** 8
Mitan (Pl. du) . . . . **B** 10
Payan (R. du Col.) . . . . **A** 12
Tribunal (Cours du) . . . . **B** 15
11-Novembre 1918 (Rd-Pt du) . . . . **A** 17

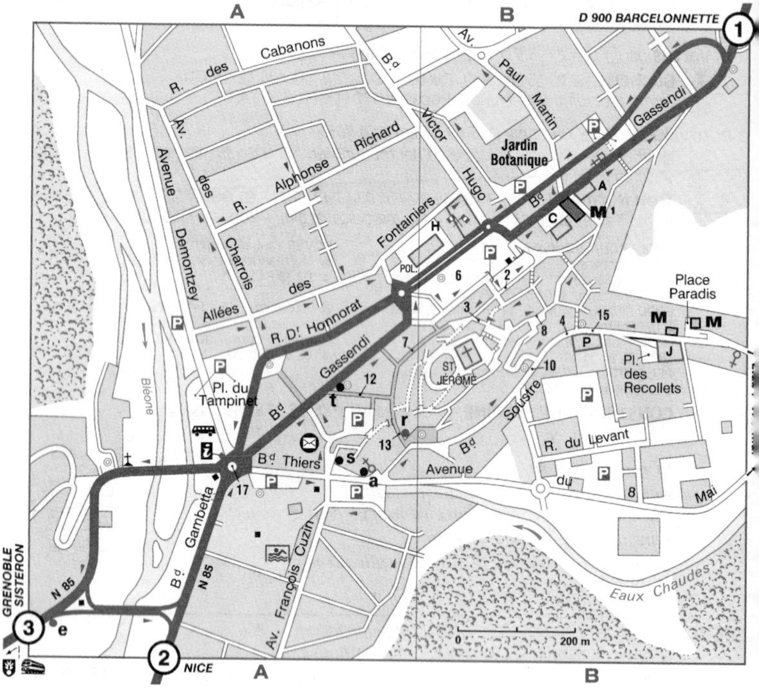

Grand Paris, 19 bd Thiers ☎ 04 92 31 11 15, *Fax 04 92 32 32 82*, – TV ☎. AE GB — A a
fermé 20 déc. au 1er mars – **Repas** *(fermé dim. soir et lundi d'oct. à fév.)* (150) - 160 (déj.), 200/440 ♀ – ☕ 58 – **24 ch** 410/600, 5 appart – P 550/590.

Tonic H. M, rte Thermes Est : 2 km par av. 8-Mai **B** ☎ 04 92 32 20 31, *Fax 04 92 32 44 54*, – TV ☎ – 80. AE GB. rest
31 mars-25 oct. – **Repas** 90/190 – ☕ 45 – **58 ch** 380/430 – ½ P 320.

Central sans rest, 26 bd Gassendi ☎ 04 92 31 31 91, *Fax 04 92 31 49 78* – TV ☎. AE GB — A t
☕ 30 – **20 ch** 150/290.

Provence sans rest, 17 bd Thiers ☎ 04 92 31 32 19, *Fax 04 92 31 48 39* – TV ☎. AE GB — A s
fermé 27 déc. au 31 janv. – ☕ 34 – **17 ch** 210/350.

Bourgogne avec ch, 3 av. Verdun ☎ 04 92 31 00 19, *Fax 04 92 32 30 59* – TV ☎ P. GB — A e
fermé 20 déc. au 25 janv., dim. (sauf rest.) et lundi sauf juil.-août – **Repas** 90/250 ♀, enf. 50 – ☕ 30 – **11 ch** 180/300 – P 360/450.

L'Origan avec ch, 6 r. Pied-de-Ville ☎ 04 92 31 62 13, *Fax 04 92 31 62 13* – AE GB — A r
fermé 15 au 31 déc. et dim. – **Repas** (en saison, prévenir) (70) - 98/170 – ☕ 23 – **9 ch** 90/140 – ½ P 150/170.

par ②, *N 85 et rte secondaire : 2 km* – ✉ *04000 Digne-les-Bains :*

Villa Gaïa, ☎ 04 92 31 21 60, *Fax 04 92 31 20 12*, parc, – ☎ P. GB. rest
1er avril-31 oct. – **Repas** (dîner seul.)(résidents seul.) 150/250 – ☕ 55 – **12 ch** 350/550 – P 390/460.

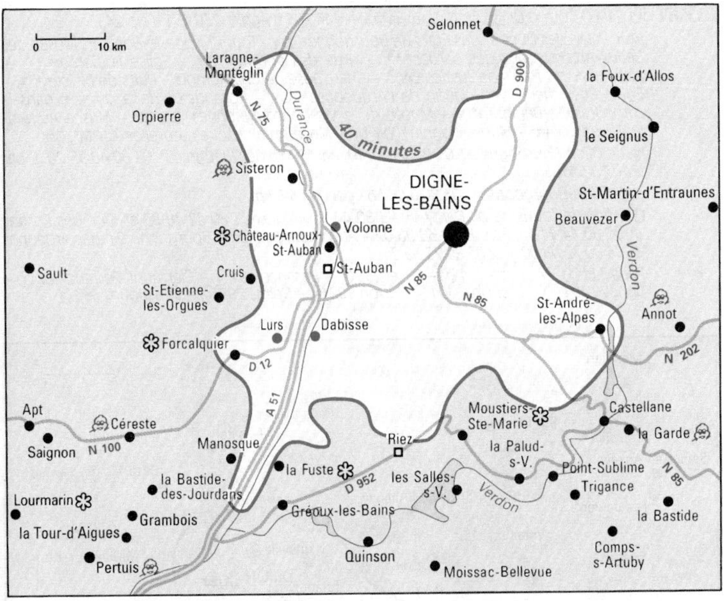

ALFA ROMEO, FIAT, LANCIA Liotard Distribution, 12 av. colonel Noël ✆ 04 92 30 59 33
AUDI, VOLKSWAGEN Digne Autos, quartier St-Christophe, N 85 ✆ 04 92 31 12 48 **N** ✆ 04 92 31 24 64
CITROEN Avenir Automobiles, rte de Marseille Quartier de la Tour par ③ ✆ 04 92 32 08 60

OPEL Gar. T.D.A., 77 av. de Verdun ✆ 04 92 31 17 47
PEUGEOT S.D.A.D., rte de Marseille, quartier St-Christophe par ③ ✆ 04 92 31 06 11

Ⓜ Ayme Pneus, ZI St-Christophe ✆ 04 92 31 34 67

DIGOIN *71160 S.-et-L.* 69 ⑯ *G. Bourgogne – 10 032 h alt. 232.*

Office de Tourisme 8 r. Guilleminot ✆ 03 85 53 00 81, Fax 03 85 53 27 54 et (saison) pl. de la Grève ✆ 03 85 88 56 12.

Paris 334 ① – Moulins 56 ③ – Autun 68 ① – Charolles 25 ② – Roanne 57 ③ – Vichy 68 ③.

XXX **Gare** avec ch, 79 av. Gén. de Gaulle **(s)** ✆ 03 85 53 03 04, *Fax 03 85 53 14 70,* – TV ☎ P. GB
fermé mi-janv. à mi-fév. et merc. sauf juil.-août – **Repas** 98/340 et carte 260 à 410, enf. 60 – ☕ 40 – **14 ch** 250/400 – ½ P 280/350.

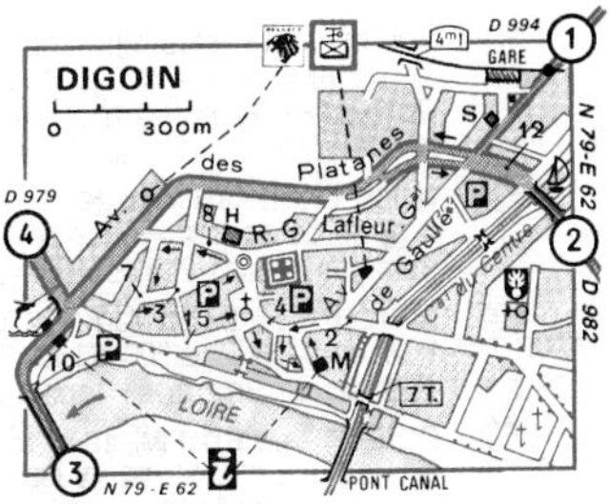

Gaulle (Av. Gén.-de)		Centre (R. du)	4
Nationale (R.)	15	Dombe (R. de la)	7
		Dumaine (R. A.)	8
Bartoli (R.)	2	Grève (Pl. de la)	10
Bisefranc (R. de)	3	Launay (Av. de)	12

à Neuzy *par ① : 4 km – ✉ 71160 Digoin :*

Merle Blanc, ✆ 03 85 53 17 13, *Fax 03 85 88 91 71* – TV ☎ P. GB
fermé dim. soir et lundi midi de fin oct. à mars – **Repas** (57) - 77/210 ♀ – ☕ 35 – **16 ch** 175/260 – ½ P 180/203.

PEUGEOT Jugnet et Fils, 19 av. Platanes ✆ 03 85 53 03 15

Ⓜ Gaudry Pneu Point S, La Fontaine St-Martin à Molinet ✆ 03 85 53 12 21

Des pneus mal gonflés s'usent vite, tiennent moins bien la route, sont moins confortables. Respectez les pressions recommandées.

DIJON P 21000 Côte-d'Or 66 ⑫ *G. Bourgogne – 146 703 h Agglo. 230 451 h alt. 245.*

Voir *Palais des Ducs et des États de Bourgogne★* **DY** : *Tour Philippe-le-Bon ≤★, Musée des Beaux-Arts★★ (salle des Gardes★★★) – Rue des Forges★* **DY** – *Église N.-Dame★* **DY** – *plafonds★ du Palais de Justice* **DY J** – *Chartreuse de Champmol★ : Puits de Moïse★★* **A** – *Église St-Michel★* **DY** – *Jardin de l'Arquebuse★* **CY** – *Rotonde★★ de la crypte★ dans la cathédrale St-Bénigne* **CY** – *Musée de la Vie bourguignonne★* **DZ M**5 – *Musée Archéologique★* **CY M**2 – *Musée Magnin★* **DY M**8 – *Muséum d'histoire naturelle★* **CY M**3.

18 de Dijon Bourgogne ✆ 03 80 35 71 10, par ①; 18 de Quétigny ✆ 03 80 48 95 20, E par D 107B : 5 km.

Dijon-Bourgogne ✆ 03 80 67 67 67 par ⑤ : 4,5 km.

Office de Tourisme pl. Darcy ✆ 03 80 44 11 44, Fax 03 80 42 18 83 et 34 r. des Forges ✆ 03 80 44 11 44, Fax 03 80 30 90 02 – Automobile Club de Bourgogne 9 r. des Ardennes ✆ 03 80 72 08 00, Fax 03 80 73 39 21.

Paris 311 ⑦ – Auxerre 151 ⑦ – Basel 255 ③ – Besançon 91 ③ – Clermont-Ferrand 267 ④ – Genève 191 ③ – Grenoble 301 ④ – Lyon 192 ④ – Reims 298 ① – Strasbourg 333 ③.

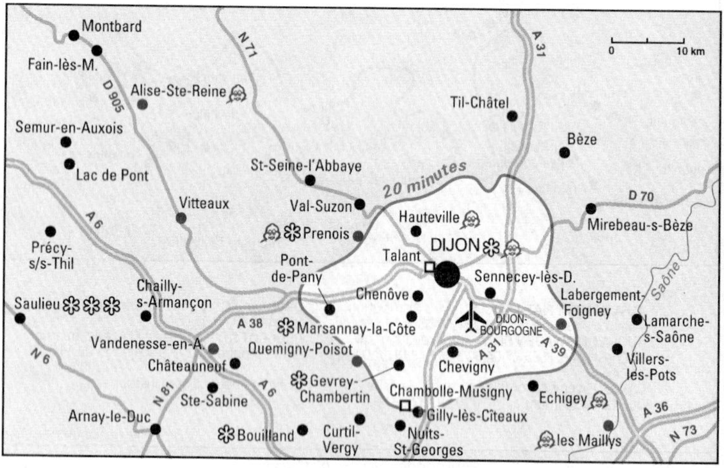

Sofitel La Cloche M, 14 pl. Darcy ✆ 03 80 30 12 32, *Fax 03 80 30 04 15*, – ▯ ▯ ▯ ▯ – 100. AE ① GB JCB — CY f
Rotonde : **Repas** carte 200 à 290 ♀, enf. 110 – ▭ 85 – **64 ch** 720/1050, 4 duplex – ½ P 700/750.

Host. Chapeau Rouge, 5 r. Michelet ✆ 03 80 30 28 10, *Fax 03 80 30 33 89* – ▯ ▯ ▯ – 50. AE ① GB JCB. rest — CY a
Repas 195 (dîner), 215 bc/400 – ▭ 70 – **30 ch** 600/980 – ½ P 560/610.

Mercure M, 22 bd Marne ✆ 03 80 72 31 13, *Fax 03 80 73 61 45*, – ▯ ▯ ▯ ▯ – 25 à 200. AE ① GB JCB — EX z
Château Bourgogne : **Repas** 125/250 ♀, enf. 60 – ▭ 60 – **123 ch** 510/610.

Philippe Le Bon M, 18 r. Ste-Anne ✆ 03 80 30 73 52, *Fax 03 80 30 95 51* – ▯, ▯ ch, ▯ ▯ P – 25 à 50. AE ① GB JCB — DY p
voir rest. ***Toison d'Or*** ci-après – ▭ 55 – **29 ch** 360/480 – ½ P 365.

Wilson M sans rest, pl. Wilson ✆ 03 80 66 82 50, *Fax 03 80 36 41 54*, « Ancien relais de poste du 17e siècle » – ▯ ▯ ▯. AE GB — DZ k
▭ 57 – **27 ch** 390/490.

Nord et rest. de la Porte Guillaume, pl. Darcy ✆ 03 80 30 58 58, *Fax 03 80 30 61 26* – ▯ ▯ ▯ – 30. AE ① GB — CY w
fermé 18 déc. au 4 janv. – **Repas** 100/200 ♀, enf. 50 – ▭ 50 – **27 ch** 350/430 – ½ P 350.

Jura sans rest, 14 av. Mar. Foch ✆ 03 80 41 61 12, *Fax 03 80 41 51 13* – ▯ ▯ ▯ – 35. AE ① GB JCB — CY r
fermé 18 déc. au 11 janv. – ▭ 50 – **79 ch** 300/600.

Ibis Jardin de l'Arquebuse M, 15 av. Albert 1er ✆ 03 80 43 01 12, *Fax 03 80 41 69 48*, – ▯ ▯ ▯ P – 100. AE ① GB JCB — A n
Repas *(75)* - 92/120 ♀, enf. 45 – ▭ 40 – **128 ch** 300/330.

DIJON

Aiguillottes (Bd des) . . . . A 2
Albert-Ier (Av.) . . . . A
Allobroges (Bd des) . . . . A 3
Auxonne (Rue d') . . . . B
Bachelard (Bd Gaston) . . . . . . A 4
Bellevue (R. de) . . . . A 5
Bertin (Av. J. B.) . . . . B 6
Bourroches (Bd des) . . . . A
Briand (Av. A.) . . . . B 8
Camus (Av. Albert) . . . . B 12
Castel (Bd du) . . . . A 13
Champollion (Av.) . . . . B 15
Chanoine-Bardy (Imp.) . . . . B 16
Chanoine-Kir (Bd) . . . . A 17
Chateaubriand (R. de) . . . . B 19
Chèvre-Morte (Bd de) . . . . A 20
Chevreul (R.) . . . . AB
Chicago (Bd de) . . . . B
Churchill (Bd W.) . . . . B 24
Clomiers (Bd des) . . . . A 26
Concorde (Av. de la) . . . . B 28
Cracovie (R. de) . . . . B
Dijon (R. de) . . . . A
Dr-Petitjean (Bd du) . . . . B
Doumer (Bd Paul) . . . . B
Drapeau (Av. du) . . . . B
Dumont (R. Ch.) . . . . AB
Eiffel (Av. G.) . . . . A
Einstein (Av. Albert) . . . . A 36
Europe (Bd de l') . . . . B 38
Europe (Rd-Pt de l') . . . . B 40
Faubourg-St-Martin (R. du) . . . . A
Fauconnet (R. Gén.) . . . . AB 42
Fontaine-lès-Dijon (R.) . . . . . . A 43
Fontaine-des-Suisses (Bd) . . . B 44
France-Libre (Pl. de la) . . . . . AB 45
Gabriel (Bd) . . . . B 46
Gallieni (Bd Mar.) . . . . AB 48
Gaulle (Crs Gén.-de) . . . . B 50
Gorgets (Bd des) . . . . A 52
Gray (R. de) . . . . B
Jaurès (Av. J.) . . . . A
Jeanne-d'Arc (Bd) . . . . B 55
Joffre (Bd Mar.) . . . . B
Jouvence (R. de) . . . . A
Kennedy (Bd J.) . . . . A 56
Langres (Av. de) . . . . B
Longvic (R. de) . . . . B
Magenta (R.) . . . . B 58
Maillard (Bd) . . . . A 60
Malines (R. de) . . . . B
Mansard (Bd) . . . . B 62
Mayence (R. de) . . . . B
Mirande (R. de) . . . . B
Mont-Blanc (Av. du) . . . . B 65
Moulins (R. des) . . . . A
Nation (Rd-Pt de la) . . . . B 66
Orfèvres (R. des) . . . . A 68
Ouest (Bd de l') . . . . A 69
Parc (Cours du) . . . . B 70
Pascal (Bd) . . . . B
Poincaré (Av. R.) . . . . B 71
Pompidou (Rd-Pt Georges) . . B 72
Pompidou (Voie Georges) . . . B
Pompon (Bd F.) . . . . A 73
Prat (Av. du Colonel) . . . . B 75
Rembrandt (Bd) . . . . B 78
Rolin (Q. Nicolas) . . . . A 79
Roosevelt (Av. F. D.) . . . . B 80
Saint-Exupéry (Pl.) . . . . B 85
Salengro (Pl. R.) . . . . B
Schuman (Bd Robert) . . . . B 88
Stalingrad (Av. de) . . . . B
Stearinerie (R. de la) . . . . A
Strasbourg (Bd de) . . . . B 90
Sully (R.) . . . . B
Talant (R. de) . . . . A
Trimolet (Bd) . . . . B 91
Troyes (Bd de) . . . . A
Université (Bd de l') . . . . B
Valendons (Bd des) . . . . A
Valendons (R. des) . . . . A
Victor-Hugo (Av.) . . . . A
Ier-Consul (Av. du) . . . . A
8-Mai-1945 (Rd-Pt du) . . . . . . B 96
26e-Dragons (R. du) . . . . B 98

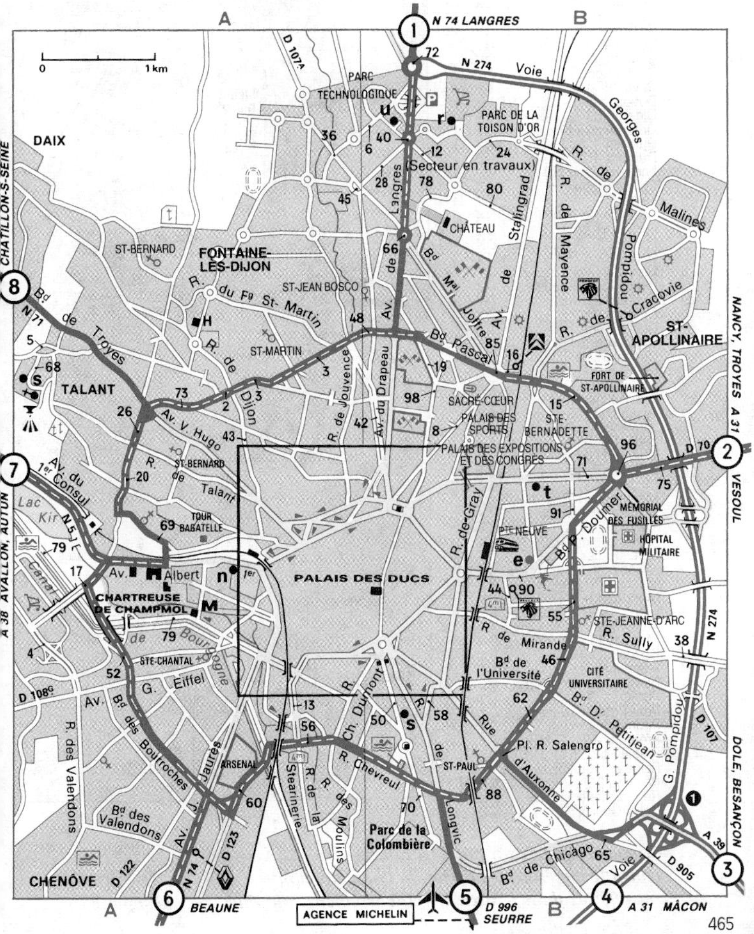

DIJON

Darcy (Pl.) . . . . **CY**
Foch (Av. Mar.) . . . . **CY** 43
Liberté (R. de la). . . . . **CY**

Adler (Pl. E.). . . . . **EZ**
Albert-Ier (Av.) . . . . **CY**
Arquebuse (R. de l'). . . . . **CY**
Audra (R.) . . . . **CY**
Auxonne (R. d') . . . . **EZ**
Baudin (R. J.-B.) . . . . **EYZ**
Berbisey (R.). . . . . **CYZ**
Berlier (R.) . . . . **DEY**
Bordot (R.). . . . . **DZ**
Bossuet (R. et Pl.). . . . . **CDY**
Bouhey (Pl. J.) . . . . **EX**
Bourg (R. du) . . . . **DY**
Briand (Av. A.). . . . . **EX** 8
Brosses (Bd de) . . . . **CY** 9
Buffon (R.) . . . . **DY**
Cabet (R. P.). . . . . **EY**
Carnot (Bd). . . . . **DEY**
Castell (Bd du) . . . . **CZ**
Cellerier (R. J.) . . . . **CX**
Chabot-Charny (R.) . . . . **DYZ**
Champagne (Bd de). . . . . **EX** 14
Charrue (R.) . . . . **DY** 18
Chouette (R. de la). . . . . . **DY** 21
Cîteaux (R. du Petit). . . . . **CZ**
Clemenceau (Bd G.) . . . . **EX**
Colmar (R. de). . . . . **EX**
Comte (R. A.) . . . . **DY** 27
Condorcet (R.) . . . . **CY**
Cordeliers (Pl. des) . . . . . **DY**
Courtépée (R.) . . . . **DX**
Daubenton (R.) . . . . **CZ**
Davout (R.) . . . . **EY**
Devosge (R.). . . . . **CDXY**
Diderot (R.) . . . . **EY**
Dr-Chaussier (R.) . . . . **CY** 32
Dubois (Pl. A.). . . . . **CY** 33
Dumont (R. Ch.). . . . . **DZ**
École-de-Droit (R.) . . . . . . **DY** 35
Égalité (R. de l') . . . . **CX**
Févret (R.). . . . . **DZ**
Fontaine-lès-Dijon (R.). . . **CX**
Forges (R. des). . . . . **DY**
Fremiet (R. A.) . . . . **DX**
Gagnereaux (R.). . . . . **DX**
Garibaldi (Av.) . . . . **DX**
Gaulle (Crs Gén.-de) . . . . **DZ**
Godrans (R. des) . . . . **DY** 51
Grangier (Pl.). . . . . **DY** 54
Gray (R. de). . . . . **EY**
Guillaume-Tell (R.) . . . . . . **CY**
Hôpital (R. de l') . . . . **CZ**
Ille (R. de l') . . . . **CZ**
Jaurès (Av. J.) . . . . **CZ**
J.-J.-Rousseau (R.) . . . . . **DY**
Jeannin (R.) . . . . **DEY**
Jouvence (R. de) . . . . **DX**
Ledru-Rollin (R.). . . . . . . **EXY**
Libération (Pl. de la). . . . . **DY** 57
Longvic (R. de). . . . . **DEZ**
Magenta (R.) . . . . **EZ** 58
Manutention (R. de la). . . . **CZ**
Marceau (R.). . . . . **DX**
Mariotte (R.) . . . . **CY**
Marne (Bd de la). . . . . **EX**
Metz (R. de) . . . . **EY**
Michelet (R.). . . . . **CY** 64
Mirande (R. de). . . . . **EY**
Monge (R.) . . . . **CY**
Montchapet (R. de) . . . . . . **CX**
Mulhouse (R. de). . . . . . . **EXY**
Musette (R.) . . . . **DY**
Parmentier (R.). . . . . **EX**
Pasteur (R.) . . . . **DYZ**
Perspective (Pl. de la) . . . . **CZ**
Perrières (R. des). . . . . **CY**
Petit-Potet (R. du) . . . . **DY** 71
Piron (R.) . . . . **DY**
Préfecture (R. de la) . . . . . **DY**
Prés.-Wilson (Pl.) . . . . **DZ**
Raines (R. du Fg). . . . . . . **CYZ**
Rameau (R.) . . . . **DY** 77
République (Pl. de la) . . . . **DX**
Rolin (Quai N.). . . . . **CZ**
Roses (R. des) . . . . **CX**
Roussin (R. Amiral) . . . . . **DY**
Rude (Pl. F.). . . . . **DY**
Rude (R. F.) . . . . **DY** 81
St-Bénigne (Pl.). . . . . **CY** 82
St-Bernard (Pl.). . . . . **DY** 83
St-Michel (Pl.). . . . . **DY** 86
Ste-Anne (R.) . . . . **DYZ**
Sambin (R.). . . . . **DX**
Sévigné (Bd de) . . . . **CY**
Suquet (Pl.) . . . . **CZ**
Tanneries (Rd-Pt des) . . . **CZ**

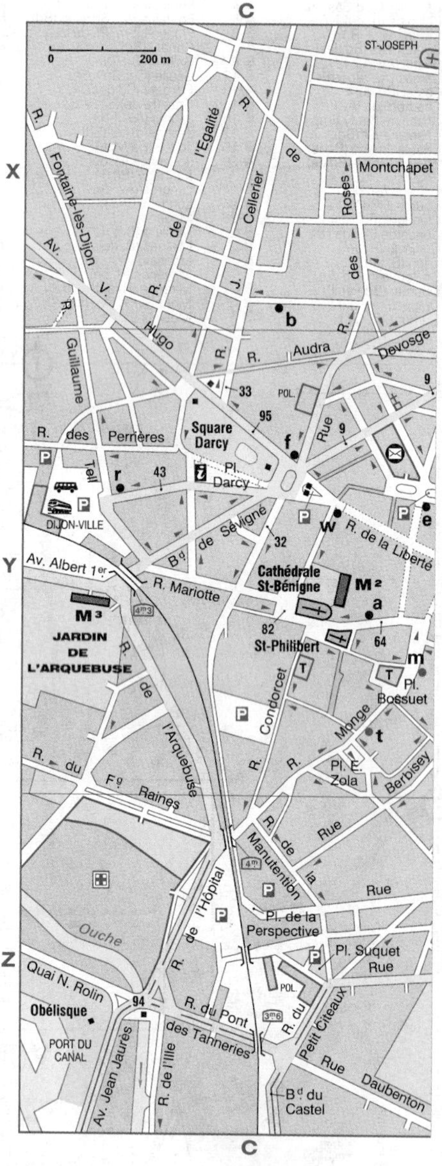

Si vous cherchez un hôtel tranquille,
consultez d'abord les cartes de l'introduction
ou repérez dans le texte les établissements indiqués avec le signe ♘.

Théâtre (Pl. du) . . . . **DY**
Thiers (Bd) . . . . **EY**
Tivoli (R. de) . . . . **CDZ**
Transvaal (R. du) . . . . . . **CDZ**
Trémouille (Bd de la) . . . **DXY**
Turgot (R.) . . . . **DZ**
Vaillant (R.) . . . . **DY** 92
Vannerie (R.) . . . . **DY**
Vauban (R.) . . . . **DY**
Verdun (Bd de) . . . . **EX** 93
Verrerie (R.) . . . . **DY**
Victor-Hugo (Av.) . . . . **CXY**
Voltaire (Bd) . . . . **EYZ**
Zola (Pl. E.) . . . . **CY**
Ier-Mai (Pl. du) . . . . **CZ** 94
Ire-Armée-Fse (Av.) . . . . . . **CY** 95
26e-Dragons (R. du) . . . . . **EX** 98
30-Octobre (Pl. du) . . . . **EY**

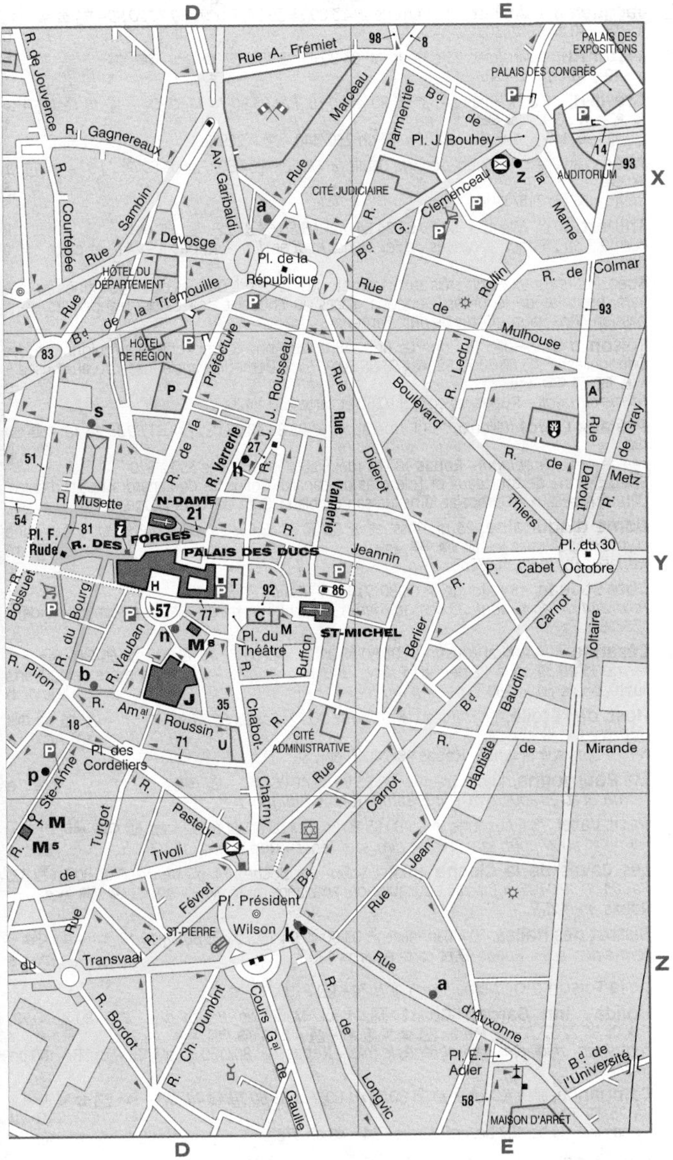

Wenn Sie ein ruhiges Hotel suchen,
benutzen Sie zuerst die Karten in der Einleitung
oder wählen Sie im Text ein Hotel mit dem Zeichen 🙞.

Ibis Central, 3 pl. Grangier ✆ 03 80 30 44 00, *Fax 03 80 30 77 12* – 95. AE ⓓ GB JCB CY e
Rôtisserie "Le Central" *(fermé dim.)* **Repas** (110) - 145 (dîn.) et carte 180 à 270 ♀, enf. 65 – ☕ 42 – **90 ch** 325/395.

Jacquemart sans rest, 32 r. Verrerie ✆ 03 80 73 39 74, *Fax 03 80 73 20 99* – GB DY h
☕ 35 – **30 ch** 160/330.

Victor Hugo sans rest, 23 r. Fleurs ✆ 03 80 43 63 45 – GB. CX b
☕ 29 – **23 ch** 172/270.

Grésill'H., 16 av. R. Poincaré ✆ 03 80 71 10 56, *Fax 03 80 74 34 89,* – rest, – 30. AE ⓓ GB B t
Repas 96/145 ♂, enf. 45 – ☕ 38 – **47 ch** 230/340 – ½ P 229/260.

Allées sans rest, 27 cours Gén. de Gaulle ✆ 03 80 66 57 50, *Fax 03 80 36 24 81* – GB B s
☕ 40 – **35 ch** 215/400.

Thibert, 10 pl. Wilson ✆ 03 80 67 74 64, *Fax 03 80 63 87 72* – AE GB DZ k
fermé 2 au 25 août, vacances de fév., lundi midi et dim. – **Repas** 130/410 et carte 340 à 480 ♀
Spéc. Petits choux verts farcis aux escargots, jus de céleri. Queues de langoustines au café vert, brunoise de légumes. Bonbons glacés au chocolat noir-cassis, blanc-fruits de la passion. **Vins** Hautes Côtes de nuit, Santenay.

Toison d'Or - Hôtel Philippe Le Bon, 18 r. Ste-Anne (Compagnie Bourguignonne des Oenophiles) ✆ 03 80 30 73 52, *Fax 03 80 30 95 51,* « Demeures anciennes, caveau-musée » – AE ⓓ GB JCB DY p
fermé dim. soir – **Repas** 160 bc (déj.)/260 et carte 230 à 420.

Pré aux Clercs (Billoux), 13 pl. Libération ✆ 03 80 38 05 05, *Fax 03 80 38 16 16* – AE ⓓ GB DY n
fermé dim. soir et lundi – **Repas** 180 bc (déj.), 260/500 et carte 330 à 520
Spéc. Terrine de tourteaux et foie gras de canard. Charlotte de canard au pain d'épice. Gâteau moelleux au chocolat. **Vins** Marsannay blanc, Côte de Nuits Village.

Dame d'Aquitaine, 23 pl. Bossuet ✆ 03 80 30 45 65, *Fax 03 80 49 90 41,* « Dans une crypte du 13e siècle » – AE ⓓ GB JCB CY m
Repas 138 bc (déj.), 168/235.

Côte St-Jean, 13 r. Monge ✆ 03 80 50 11 77, *Fax 03 80 50 18 75* – GB CY t
fermé 14 juil. au 15 août, 23 déc. au 6 janv., sam. midi et mardi – **Repas** (prévenir) 115 (déj.), 135/185.

Cézanne, 40 r. Amiral Roussin ✆ 03 80 58 91 92, *Fax 03 80 49 86 80* – AE GB JCB
fermé 15 au 31 août, 22 déc. au 3 janv., lundi midi et dim. – **Repas** (nombre de couverts limité, prévenir) 99/250 ♀. DY b

Host. de l'Étoile, 1 r. Marceau ✆ 03 80 73 20 72, *Fax 03 80 71 24 76,* – AE ⓓ GB JCB DX a
fermé dim. soir et lundi – **Repas** 98/240 ♀, enf. 66.

Ma Bourgogne, 1 bd P. Doumer ✆ 03 80 65 48 06, – AE GB B e
fermé 14 au 28 août, dim. soir et sam. – **Repas** 120/180.

Petit Vatel, 73 r. Auxonne ✆ 03 80 65 80 64, *Fax 03 80 31 69 92* – AE GB JCB
fermé 1er au 27 août, sam. midi et dim. sauf fériés – **Repas** (100) - 130/340 ♀. EZ a

Les Caves de la Cloche - Hôtel Sofitel La Cloche, 14 pl. Darcy ✆ 03 80 30 12 32, *Fax 03 80 30 04 15,* « Caveau bourguignon, ambiance musicale » – AE ⓓ GB JCB
Repas (95) - 125 ♀.

Bistrot des Halles, 10 r. Bannelier ✆ 03 80 49 94 15, *Fax 03 80 38 16 16,* – GB
fermé dim. soir – **Repas** 97 et carte environ 150 ♀. DY s

au Parc de la Toison d'Or *Nord : 5 km par N 74 – ✉ 21000 Dijon :*

Holiday Inn Garden Court M, 1 pl. Marie de Bourgogne ✆ 03 80 72 20 72, *Fax 03 80 72 32 72* – – 40. AE ⓓ GB JCB B r
fermé sam. midi, dim. midi et fériés le midi – **Repas** (65) - 80/130 ♂, enf. 35 – ☕ 58 – **100 ch** 500/550.

Campanile, allée A. Nobel ✆ 03 80 74 41 00, *Fax 03 80 70 13 44,* – – 25. AE ⓓ GB B u
Repas (66) - 84 bc/107 bc, enf. 39 – ☕ 34 – **48 ch** 278.

à Sennecey-lès-Dijon *Sud-Est : 6 km sur D 905 – 1 535 h. alt. 224 – ✉ 21800 Quétigny :*

Flambée, ✆ 03 80 47 35 35, *Fax 03 80 47 07 08,* – – 25. AE ⓓ GB JCB
Repas grill 95/199 ♀, enf. 50 – ☕ 49 – **22 ch** 400/520 – ½ P 335.

à Chevigny *par ⑤ et D 996 : 9 km – ✉ 21600 Longvic :*

Relais de la Sans Fond, ✆ 03 80 36 61 35, *Fax 03 80 36 94 89*, – TV ☎ ✆ P – 60. AE GB
Repas *(fermé dim. soir)* 75/260 – 32 – **14 ch** 220/280 – ½ P 220.

à Chenôve *par ⑥ : 6 km – 17 721 h. alt. 263 – ✉ 21300 :*

Comfort Inn M, N 74 (rte Beaune) ✆ 03 80 52 15 35, *Fax 03 80 51 44 70*, – rest, TV ☎ ✆ P – 50. AE GB
Véranda : Repas (75)-110bc, enf.38 – 38 – **41 ch** 280/330.

Clos du Roy, 35 av. 14-Juillet ✆ 03 80 51 33 66, *Fax 03 80 51 36 66* – P. GB
fermé dim. soir et lundi soir – **Repas** 80 (déj.), 125/345.

à Marsannay-la-Côte *par ⑥ : 8 km – 5 216 h. alt. 275 – ✉ 21160 :*

Novotel M, rte Beaune ✆ 03 80 52 14 22, *Fax 03 80 51 02 28*, – TV ☎ ✆ P – 100. AE GB
Repas carte environ 150, enf. 50 – 55 – **122 ch** 480/580.

Gourmets (Perreault), 8 r. Puits de Têt (près église) ✆ 03 80 52 16 32, *Fax 03 80 52 03 01*, – AE GB JCB
fermé 2 au 10 août, 31 janv. au 15 fév., dim. soir et lundi – **Repas** 150/420 et carte 340 à 500
Spéc. Fricassée d'escargots sur un beurre de persillade citronné. Pastilla de rouget au pistou. Travers de veau de sept heures aux saveurs d'orange et de parmesan. **Vins** Marsannay blanc et rouge.

à Talant *4 km – 12 860 h. alt. 354 – ✉ 21240 :*
Voir *Table d'orientation* ≤★.

Bonbonnière sans rest, au vieux village (près église) ✆ 03 80 57 31 95, *Fax 03 80 57 23 92*, – TV ☎ ✆ P. GB — A S
40 – **20 ch** 285/380.

rte de Troyes *par ⑧ : 4 km – ✉ 21121 Daix :*

Castel Burgond M sans rest, 3 rte Troyes (N 71) ✆ 03 80 56 59 72, *Fax 03 80 57 69 48* – TV ☎ ✆ P – 30. AE GB
35 – **38 ch** 260/280.

Trois Ducs, ✆ 03 80 56 59 75, *Fax 03 80 58 28 99*, – P. AE GB
fermé 1er au 16 août et dim. soir – **Repas** 125/329 bc.

à Hauteville-lès-Dijon *par ⑧ et D 107F : 6 km – 963 h. alt. 402 – ✉ 21121 :*

Musarde avec ch, ✆ 03 80 56 22 82, *Fax 03 80 56 64 40*, – TV ☎ ✆ P. AE GB JCB
fermé 20 déc. au 15 janv. – **Repas** *(fermé dim. soir et lundi)* 100/340, enf. 70 – 50 – **11 ch** 245/285 – ½ P 300/370.

MICHELIN, Agence, ZA Acti Sud, r. de la Pièce Léger à Marsannay la Côte par ⑥ ✆ 03 80 59 95 40

ALFA ROMEO Gar. Nudant, 19 r. du Transvaal ✆ 03 80 67 71 51
AUDI, VOLKSWAGEN Gd Gar. Diderot, ZAC de la Charmette, r. des Ruchottes à Ahuy ✆ 03 80 59 22 22
CITROEN Succursale, impasse Chanoine-Bardy ✆ 03 80 71 83 00 N ✆ 06 07 40 40 67
FIAT Gar. Sodia, 10 r. des Ardennes ✆ 03 80 71 14 12
FORD Gar. Montchapet, 12 r. des Ardennes ✆ 03 80 72 66 66
NISSAN Sad, 5 r. des Ardennes ✆ 03 80 72 19 19
PEUGEOT Gar. Château d'Eau, 1 bd Fontaine des Suisses ✆ 03 80 65 40 34
PEUGEOT Bourgogne Autom. Nord, r. de Cracovie ZI St-Apollinaire ✆ 03 80 73 81 16 N ✆ 06 08 69 62 12
RENAULT Succursale, 139 av. J.-Jaurès ✆ 03 80 51 51 51 N ✆ 06 07 09 42 09
VOLVO Gar. Nudant, 21 r. Transvaal ✆ 03 80 67 71 51

Périphérie et environs

BMW Gar. Savy 21, r. Charrières à Quetigny ✆ 03 80 48 96 00 N ✆ 08 00 00 16 24
CITROEN Succursale, rte de Beaune à Marsannay la Côte par ⑥ ✆ 03 80 71 83 10 N ✆ 06 07 40 40 67
CITROEN Gar. Torelli, r. de la Renouille à Longvic par ⑤ ✆ 03 80 65 17 38
FIAT Sodia, 125 rte de Beaune à Chenôve ✆ 03 80 52 60 02
MERCEDES Gar. Gremeau, 65 rte de Beaune à Chenôve ✆ 03 80 52 11 66
OPEL Gar. Heinzlé, r. Prof. L.-Neel, ZI à Longvic ✆ 03 80 66 52 78
PEUGEOT SCA Bourgogne Autom., 5 rte de Beaune à Chenove par ⑥ ✆ 03 80 52 21 20 N ✆ 06 08 69 62 12
RENAULT Auto Leader Bourgogne, 47 Rte de Beaune à Marsannay-la-Côte par ⑥ ✆ 03 80 52 12 15 N ✆ 03 80 52 12 16

Euromaster, 11 r. A.-Becquerel, ZI à Chenôve ✆ 03 80 52 54 70
Euromaster, rte de Gray à St-Apollinaire ✆ 03 80 71 36 66
Métifiot, 1 r. de l'Escaut, ZI à St-Apollinaire ✆ 03 80 71 21 40
Vulco, 4 rte de Beaune à Marsannay-la-Côte ✆ 03 80 52 07 08

DINAN 22100 C.-d'Armor 59 ⑮ *G. Bretagne – 11 591 h alt. 92.*

Voir *Vieille ville*★★ **BY** : *Tour de l'Horloge* ★★ **BZ E**, *Jardin anglais* <★★ **BY**, *Place des Merciers*★ **BZ**, *33 rue du Jerzual*★ **BY**, *Promenade de la Duchesse Anne* <★ **BZ** – *Château*★ : ★ **AZ** – *Lanvallay* <★ *2 km par* ②.

9 18 *de St-Malo, le Tronchet* ℘ *02 99 58 96 69 par* ② *N 176 : 19 km* ; 9 *le Corbinais Golf Club* ℘ *02 96 27 64 81, E : 15 km.*

Office de Tourisme 6 r.de l'Horloge ℘ *02 96 39 75 40, Fax 02 96 39 01 64.*

Paris 399 ② *– St-Malo 32* ① *– Avranches 67* ② *– Fougères 73* ② *– Rennes 55* ② *– St-Brieuc 59* ③ *– Vannes 119* ③.

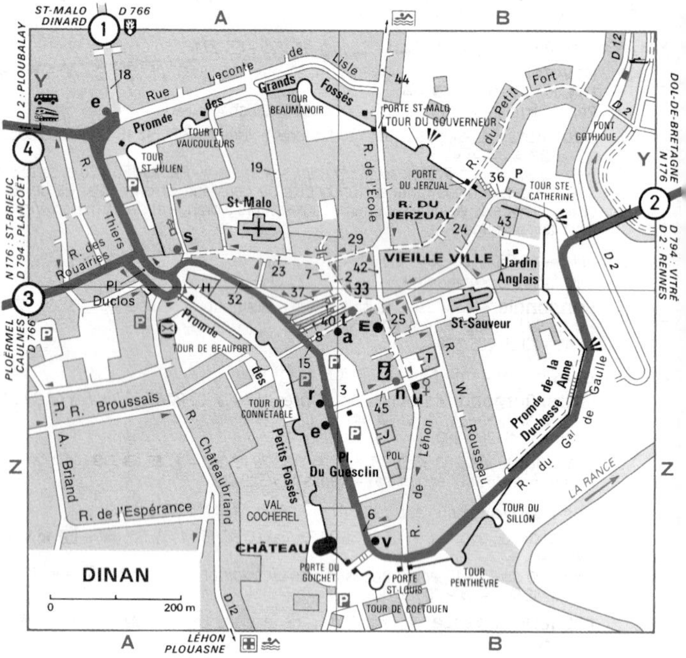

Cordeliers (Pl. des) . . . . . **AY** 7
Ferronerie (R. de la) . . . . **AZ** 15
Grande-Rue . . . . **AY** 23
Marchix (R. du) . . . . **AYZ** 32
Merciers (Pl. des) . . . . . **BYZ** 33

Apport (R. de l') . . . . . . **ABY** 2
Champ (Pl. du) . . . . **ABZ** 3

Château (R. du) . . . . **BZ** 6
Cordonnerie (R. de la) . . **AZ** 8
Gambetta (R.) . . . . **AY** 18
Garaye (R. Comte de la) . . . . . **AY** 19
Haute-Voie (R.) . . . . **BY** 24
Horloge (R. de l') . . . . . . **BZ** 25
Lainerie (R. de la) . . . . . . **BY** 29

Michel (R.) . . . . **BY** 36
Mittrie (R. de la) . . . . **AZ** 37
Petit-Pain (R. du) . . . . . . **AZ** 40
Poissonnerie (R. de la) . . . . **BY** 42
Rempart (R. du) . . . . **BY** 43
St-Malo (R.) . . . . **BY** 44
Ste-Claire (R.) . . . . **BZ** 45

Challonge M, 29 pl. Duguesclin ℘ 02 96 87 16 30, *Fax 02 96 87 16 31*, – TV . GB **AY e**
Brasserie Longueville : **Repas** 69(déj.), 95/165 ♀, enf. 40 – 35 – **18 ch** 250/330 – ½ P 250.

Arvor M sans rest, 5 r. Pavie ℘ 02 96 39 21 22, *Fax 02 96 39 83 09* – TV AE GB **BZ u**
37 – **23 ch** 280/380.

d'Avaugour sans rest, 1 pl. Champ ℘ 02 96 39 07 49, *Fax 02 96 85 43 04*, – TV . AE GB **AZ r**
48 – **27 ch** 350/650.

France, 7 pl. 11-Novembre par ④ *(face gare)* ℘ 02 96 39 22 56, *Fax 02 96 39 08 96* – rest, TV . AE GB
fermé 22 déc. au 7 janv. et sam. de nov. à mars – **Repas** 90/215 ♀, enf. 75 – 37 – **14 ch** 220/300 – ½ P 340/370.

Tour de l'Horloge sans rest, 5 r. Chaux ✆ 02 96 39 96 92, *Fax 02 96 85 06 99* – cuisinette. AE GB — ABZ a
35 – **12 ch** 295/335.

Grandes Tours sans rest, 6 r. Château ✆ 02 96 85 16 20, *Fax 02 96 85 16 04* – . AE GB. — BZ v
32 – **34 ch** 180/400.

XXX **Les Grands Fossés,** 2 pl. Gén. Leclerc ✆ 02 96 39 21 50 – P. GB — AY e
fermé 26 au 31 janv. et jeudi – **Repas** (90) - 168/285 et carte 230 à 300.

XXX **Mère Pourcel,** 3 pl. Merciers ✆ 02 96 39 03 80, *Fax 02 96 87 07 58,* , « Maison bretonne du 15e siècle » – AE GB — BZ t
fermé vacances de fév., dim. soir et lundi sauf juil.-août – **Repas** 97 (déj.), 162/370 et carte 260 à 350.

XX **Caravelle,** 14 pl. Duclos ✆ 02 96 39 00 11 – AE GB — AY s
fermé 10 au 18 mars, 12 nov. au 5 déc., dim. soir et merc. du 12 nov. au 10 juil. – **Repas** 130/400.

X **Cantorbery,** 6 r. Ste-Claire ✆ 02 96 39 02 52 – AE GB — BZ n
fermé 15 au 23 juin, 15 nov. au 2 déc., dim. en juil.-août, dim. soir et lundi de sept. à juin – **Repas** (60) - 72/185, enf. 48.

PEUGEOT Gar. Brossard Autom., 14 r. des Prunus par ④ ✆ 02 96 39 24 38 N ✆ 02 99 24 17 91
RENAULT Gar. Lemenant, rte de Ploubalay à Taden ✆ 02 96 87 11 11 N ✆ 06 09 72 88 64
La Station du Pneu, ZI bd de Preval ✆ 02 96 85 10 62 N ✆ 02 96 85 10 62
Vulco, ZA des Alleux à Taden ✆ 02 96 39 61 18

Les pastilles numérotées des plans de ville ①, ②, ③ sont répétées sur les ***cartes Michelin*** *à 1/200 000.*

Elles facilitent ainsi le passage entre les ***cartes*** *et les* ***guides Michelin.***

DINARD *35800 I.-et-V.* 59 ⑤ *G. Bretagne – 9 918 h alt. 25 – Casino* **BY.**

Voir Pointe du Moulinet ≤** **BY** – *Grande Plage ou Plage de l'Écluse** **BY** – *Promenade du Clair de Lune** **BYZ** – *La Rance*** *en bateau – St-Lunaire : pointe du Décollé* ≤** *et grotte des Sirènes* 4,5 km par ② – Usine marémotrice de la Rance : digue* ≤* *SE : 4 km.*

Env. Pointe de la Garde Guérin : ** par ② : 6 km puis 15 mn.*

18 de St-Briac-sur-Mer ✆ 02 99 88 32 07, par ② : 7,5 km.

de Dinard-Pleurtuit-St-Malo ✆ 02 99 46 70 28, par ① : 5 km.

Office de Tourisme 2 bd Féart ✆ 02 99 46 94 12, Fax 02 99 88 21 07.

Paris 419 ① – St-Malo 11 ① – Dinan 22 ① – Dol-de-Bretagne 29 ① – Lamballe 46 ① – Rennes 75 ①.

Plan page suivante

Grand Hôtel, 46 av. George V ✆ 02 99 88 26 26, *Fax 02 99 88 26 27,* ≤, – P – 80. AE GB — BY v
3 avril-31 oct. – **Repas** (dîner seul. sauf en juil.-août) 180, enf. 60 – 70 – **63 ch** 820/1200, 3 appart – ½ P 890/1290.

Novotel Thalassa M, av. Château Hébert ✆ 02 99 82 78 10, *Fax 02 99 82 78 29,* ≤ mer, , centre de thalassothérapie, – P – 60. AE GB JCB. rest — AY r
fermé 5 au 20 déc. – **Repas** (85) - 168/200, enf. 75 – 65 – **106 ch** 850 – ½ P 630.

Reine Hortense et Castel Eugénie sans rest, 19 r. Malouine ✆ 02 99 46 54 31, *Fax 02 99 88 15 88,* ≤ St-Malo – P. AE GB JCB — BY e
25 mars-15 nov. – 60 – **16 ch** 780/980.

Crystal M sans rest, 15 r. Malouine ✆ 02 99 46 66 71, *Fax 02 99 88 17 73,* ≤ – P. AE GB — BY n
47 – **27 ch** 470/800.

Printania, 5 av. George V ✆ 02 99 46 13 07, *Fax 02 99 46 26 32,* ≤, « Mobilier et tableaux bretons » – . AE GB. rest — BY x
21 mars-15 nov. – **Repas** 95/135 – 39 – **59 ch** 260/430 – ½ P 280/350.

Émeraude-Plage, 1 bd Albert 1er ✆ 02 99 46 15 79, *Fax 02 99 88 15 31* – . GB. — BY z
hôtel : 1er avril-5 oct. ; rest. : 1er mai-28 sept. – **Repas** (dîner seul.) 85/130 – 38 – **54 ch** 280/530 – ½ P 280/380.

Améthyste sans rest, pl. Calvaire ✆ 02 99 46 61 81, *Fax 02 99 46 96 91* – . AE GB — AY a
fermé 10 au 24 fév. – 40 – **20 ch** 280/320.

XX **Salle à Manger,** 25 bd Féart ✆ 02 99 16 07 95 – GB — BY r
fermé 16 nov. au 18 déc. et 4 janv. au 10 fév. – **Repas** (nombre de couverts limité, prévenir) 78/200.

DINARD

Féart (Bd) . . . . BYZ
Leclerc (R. Mar.) . . . . . BYZ 28

Abbé-Langevin (R.) . . . . AY 2
Albert-Ier (Bd) . . . . BY 3
Anciens Combattants (R. des) . . . . AZ 5
Barbine (R. de) . . . . AZ 7
Boutin (Pl. J.) . . . . BY 9
Clemenceau (R. G.) . . . . . BY 10
Coppinger (R.) . . . . BY 12
Corbinais (R. de la) . . . . . . AZ 13
Croix-Guillaume (R. de la) AZ 15
Douet-Fourchet (R. du) . . AZ 17
Dunant (R. H.) . . . . AY 19
Français-Libres (R.) . . . . . BZ 22
Gaulle (Pl. du Gén.-de) . . . BZ 25
Giraud (Av. du Gén.) . . . . . BZ 26
Levasseur (R.) . . . . BY 29
Lhotellier (Bd) . . . . AY 31
Libération (Bd de la) . . . AZ 32
Malouine (R. de la) . . . . BY 34
Mettrie (R. de la) . . . . . . BZ 35
Pionnière (R. de la) . . ABY 38
Prés.-Wilson (Bd) . . . . . BY 40
Renan (R. E.) . . . . AY 43
République (Pl. de la) . . BY 44
St-Lunaire (R. de) . . . . . AY 48
Vallée (R. de la) . . . . . BYZ 50
Verney (R. Y.) . . . . BY 52

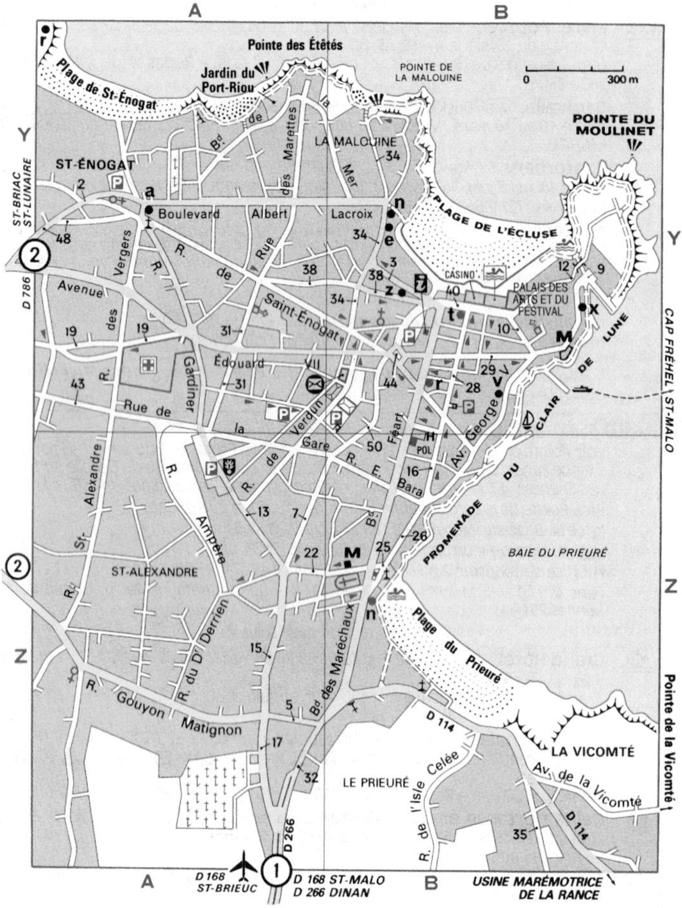

Prieuré avec ch, 1 pl. Gén. de Gaulle ✆ 02 99 46 13 74, *Fax 02 99 46 81 90*, ←, 🏠 – TV ☎. GB — BZ n
fermé 1er au 8 oct., 2 au 31 janv., dim. soir sauf juil.-août et lundi – **Repas** 95/180 – ☕ 39 – **4 ch** 270 – ½ P 290.

Présidence, 29 bd Prés. Wilson ✆ 02 99 46 44 27, *Fax 02 99 46 44 27* – AE GB — BY t
fermé 1er au 15 déc., 4 au 11 janv., vacances de fév., dim. soir hors saison et lundi – **Repas** 90/130 🍷, enf. 45.

à la Jouvente *Sud-Est : 7 km par D 114* **BZ** *et D 5* – ✉ *35730 Pleurtuit :*

Manoir de la Rance 🐎 sans rest, ✆ 02 99 88 53 76, *Fax 02 99 88 63 03*, ←, « Dans un jardin fleuri surplombant la Rance » – TV ☎ P. GB
fermé janv. et fév. – ☕ 50 – **9 ch** 450/800.

PEUGEOT Gar. de la Rive Gauche, ZA l'Hermitage à La Richardais par ① ✆ 02 99 46 75 78 N ✆ 02 99 88 44 27
RENAULT St-Malo Autom., ZA L'Hermitage à La Richardais par ① ✆ 02 99 46 10 69

Emeraude Pneumatiques, La Fourberie à St-Lunaire ✆ 02 99 46 11 26

DIOU *36 Indre* 68 ⑨ *– rattaché à Issoudun.*

DISNEYLAND PARIS *77 S.-et-M.* 56 ⑫, 106 ㉒ *– voir à Paris, Environs (Marne-La-Vallée).*

DISSAY *86130 Vienne* 68 ⑭ *G. Poitou Vendée Charentes – 2 498 h alt. 69.*

Voir *Peintures murales★ du château.*

Syndicat d'Initiative à la Mairie ✆ 05 49 52 34 56.

Paris 321 – Poitiers 16 – Châtellerault 19.

Agora M, av. du Clain ✆ 05 49 52 62 42, *Fax 05 49 52 62 62*, – TV ☎ P – 80. GB
Repas 85/149 ♀, enf. 45 – 40 – **43 ch** 350 – ½ P 300.

Binjamin avec ch, N 10 ✆ 05 49 52 42 37, *Fax 05 49 62 59 06*, – TV ☎ P. AE GB
fermé sam. midi, dim. soir et lundi – **Repas** 110/260 ♀ – 40 – **10 ch** 280/330 – ½ P 260/320.

Clos Fleuri, r. Église ✆ 05 49 52 40 27, *Fax 05 49 62 37 29* – P. GB
fermé dim. soir sauf fériés – **Repas** 89/198.

CITROEN Gar. Pinaudeau, ✆ 05 49 52 42 31

DIVES-SUR-MER *14 Calvados* 54 ⑰ *– rattaché à Cabourg.*

DIVONNE-LES-BAINS *01220 Ain* 70 ⑯ *G. Jura* (plan) *– 5 580 h alt. 486 – Stat. therm. (fév.-nov.) – Casino .*

18 *✆ 04 50 40 34 11, O : 2 km.*

Office de Tourisme r. des Bains ✆ 04 50 20 01 22, Fax 04 50 20 32 12.

Paris 491 – Thonon-les-Bains 50 – Bourg-en-Bresse 127 – Genève 17 – Gex 9 – Lausanne 48 – Nyon 12.

Grand Hôtel , ✆ 04 50 40 34 34, *Fax 04 50 40 34 24*, ←, , « Parc ombragé », , – TV ☎ P – 200. AE GB JCB
fermé fév. – voir rest. ***La Terrasse*** ci-après - ***Brasserie du Léman*** ✆ 04 50 40 34 18 **Repas** 120 ♀ – 95 – **116 ch** 1200/1650, 11 appart.

Château de Divonne , 115 r. Bains ✆ 04 50 20 00 32, *Fax 04 50 20 03 73*, ← lac et Mt-Blanc, , « Dans un parc ombragé », – , rest, TV ☎ P – 30. AE GB JCB
fermé janv. à fin fév. – **Repas** 280/490 et carte 310 à 520 – 95 – **21 ch** 600/1480, 6 appart – ½ P 925/1180
Spéc. "Bouchons" de volaille au foie gras et homard. Fine bouille de poissons du lac aux agrumes (sauf du 1er sept. au 15 nov.). Le grand chocolat. **Vins** Mondeuse, Côte du Jura.

Jura M sans rest, rte Arbère ✆ 04 50 20 05 95, *Fax 04 50 20 21 21*, – TV ☎ P. AE GB
35 – **22 ch** 300/520.

Coccinelles sans rest, rte Lausanne ✆ 04 50 20 06 96, *Fax 04 50 20 01 18*, – TV ☎ P. AE GB
35 – **24 ch** 160/300.

Terrasse - Grand Hôtel, av. des Thermes ✆ 04 50 40 35 39, *Fax 04 50 40 34 24*, – . AE GB JCB
fermé fév., dim. soir et lundi – **Repas** (160 bc) - 280 bc (déj.), 305/395 et carte 330 à 540 ♀
Spéc. Foie gras de canard en terrine. Féra cuit sur sa peau, beurre de truffes et pâtes fraîches. Médaillon de veau aux grains de café écrasés, pomme purée. **Vins** Vin du Bugey, Mondeuse.

Champagne, 51 av. Salève ✆ 04 50 20 13 13, *Fax 04 50 20 31 90*, , – P. AE GB
fermé jeudi midi et merc. – **Repas** grill carte 170 à 330.

Marée, av. Genève ✆ 04 50 20 01 87, *Fax 04 50 20 35 35*, – AE GB
fermé 27 avril au 4 mai, 29 juin au 15 juil., 28 sept. au 5 oct., 2 au 7 janv., dim. soir et lundi – **Repas** 150/250 ♀.

Aub. du Vieux Bois, rte Gex : 1 km ✆ 04 50 20 01 43, *Fax 04 50 20 17 74*, – P. AE GB
fermé 22 au 29 juin, 28 sept. au 5 oct., dim. soir et lundi – **Repas** 100/270 , enf. 65.

DOLANCOURT *10 Aube 61 ⑱ – rattaché à Bar-sur-Aube.*

DOL-DE-BRETAGNE *35120 I.-et-V. 59 ⑥ G. Bretagne* **(plan)** *– 4 629 h alt. 20.*

Voir *Cathédrale St-Samson★★ – Promenade des Douves★ : ≤★ – Mont-Dol ✱★ 4,5 km NO par D 155.*

Château des Ormes ☎ 02 99 73 49 60, S par D 795 : 9 km.

Office de Tourisme 3 Grande Rue ☎ 02 99 48 15 37, Fax (Mairie) 02 99 48 19 63.

Paris 373 – St-Malo 26 – Alençon 153 – Dinan 26 – Fougères 52 – Rennes 57.

Bretagne, pl. Châteaubriand ☎ 02 99 48 02 03, *Fax 02 99 48 25 75,* – TV ☎. AE GB
fermé oct., vacances de fév. et sam. d'oct. à mars – **Repas** 60/155 ♀, enf. 37 – ☕ 30 – **27 ch** 117/300 – ½ P 150/230.

Bresche Arthur avec ch, 36 bd Deminiac ☎ 02 99 48 01 44, *Fax 02 99 48 16 32* – rest, ☎ P. GB
fermé fév. et hôtel : dim. soir et lundi d'oct. à avril ; rest : dim. soir et lundi d'oct. à juin – Repas 78/195 ♀, enf. 60 – ☕ 38 – **24 ch** 180/280 – ½ P 275.

Grabotais, 4 r. Ceinte ☎ 02 99 48 19 89, *Fax 02 99 48 19 89* – AE GB
fermé 15 nov. au 26 déc., dim. soir du 1er nov. à Pâques et lundi sauf le soir en saison – **Repas** *(59)* - 72/192 ♀, enf. 45.

Une réservation confirmée par écrit ou par fax est toujours plus sûre.

DOLE *39100 Jura 70 ③ G. Jura – 26 577 h alt. 220.*

Voir *Le Vieux Dole★★* **BZ** *– Grille★ en fer forgé de l'église St-Jean-l'Evangéliste* **AZ.**

Val d'Amour ☎ 03 84 71 04 23, par ③ : 9 km par D 405 et N 5.

Office de Tourisme 6 pl. Grévy ☎ 03 84 72 11 22, Fax 03 84 82 49 27 – Automobile Club r. J. Jacquard ZI les Epenottes ☎ 03 84 72 30 62.

Paris 363 ① – Beaune 65 ① – Besançon 52 ① – Chalon-sur-Saône 64 ④ – Dijon 50 ⑤ – Genève 144 ③ – Lons-le-Saunier 51 ③.

Plan page ci-contre

Chaumière , 346 av. Mar. Juin par ③ : *3 km ☎ 03 84 70 72 40, Fax 03 84 79 25 60,* , – TV ☎ P – 25. GB
fermé 20 au 29 juin, 19 déc. au 18 janv. et dim. du 1er oct. au 28 juin – **Repas** *(fermé sam. midi et dim.)* 95/250 ♀, enf. 65 – ☕ 50 – **18 ch** 325/450 – ½ P 350/380.

Cloche sans rest, 2 pl. Grévy ☎ 03 84 82 00 18, *Fax 03 84 72 73 82* – TV ☎. AE GB
voir rest. ***Le Grévy*** ci-après – ☕ 45 – **29 ch** 320/390. BY v

Les Templiers, 35 Gde Rue ☎ 03 84 82 78 78, *Fax 03 84 72 12 52,* « Chapelle du 13e siècle » – . AE GB BZ u
fermé 1er au 15 janv. et dim. soir – **Repas** 90/260 et carte 250 à 340 ♀.

Bec Fin, 67 r. Pasteur ☎ 03 84 82 43 43, *Fax 03 84 79 28 07,* – AE GB BZ a
fermé 25 janv. au 5 fév., mardi de sept. à juin et lundi – **Repas** *(65)* - 85/190 ♀.

Grévy, 2 av. Eisenhower ☎ 03 84 82 44 42, *Fax 03 84 82 44 42,* – GB BY v
fermé sam. – **Repas** 96/198 ♀, enf. 40.

Romanée, 13 r. Vieilles Boucheries ☎ 03 84 79 19 05, *Fax 03 84 79 26 97,* , « Salle voûtée » – GB BZ n
fermé merc. sauf juil.-août – **Repas** 70/270 ♀, enf. 50.

Buffet Gare, ☎ 03 84 82 00 48, *Fax 03 84 82 35 14,* – GB AY e
Repas 64/155 .

à Rochefort-sur-Nenon *par ② : 7 km par N 73 – 599 h. alt. 210 – ✉ 39700 :*

Fernoux-Coutenet , r. Barbière ☎ 03 84 70 60 45, *Fax 03 84 70 50 89,* – TV ☎ P. GB
fermé 24 déc. au 10 janv. – **Repas** *(fermé dim. hors saison et sam. midi)* 80/180 , enf. 55 – ☕ 45 – **20 ch** 250/310 – ½ P 250/260.

à Parcey par ③ *rte de Lons-le-Saunier : 8 km – 818 h. alt. 197 – ✉ 39100 :*

Les Jardins Fleuris, ☎ 03 84 71 04 84, *Fax 03 84 71 09 43,* – GB
fermé 10 août au 2 sept., sam. midi sauf vacances de fév., dim. soir, lundi soir et soirs fériés – **Repas** 100 bc/185 ♀, enf. 50.

CITROEN Gd Gar. de Dole, 24 bd des Frères Lumière ☎ 03 84 82 34 23
FIAT, LANCIA Est Autom., 155 av. Eisenhower ☎ 03 84 82 19 01
PEUGEOT S.C.A.D., 32 av. de Lattre-de-Tassigny par ① ☎ 03 84 82 46 43 N ☎ 06 08 49 28 50

RENAULT Cone Autom., 8 bd Wilson ☎ 03 84 82 67 67 N ☎ 06 07 32 08 46

Vulco, 22 bd des Frères Lumière ☎ 03 84 72 49 31

DOLE

Arènes (R. des) . . . . **ABZ**
Besançon (R. de) . . . . **BYZ**
Grande-Rue . . . . **BZ** 7
Boyvin (R.) . . . . **BZ** 4
Chifflot (R. L.) . . . . **AZ** 5
Duhamel (Av. J.) . . . . **AZ** 6
Jean-Jaurès (Av.) . . . . **BY** 8
Juin (Av. du Mar.) . . . . **BZ** 10
Messageries (R. des) . . . . . . **AY** 12
Nationale, Charles-de-Gaulle (Pl.) . . . . **BZ** 13
Parlement (R. du) . . . . **BZ** 14
Rockefeller (R. J.) . . . . **BY** 16
Sous-Préfecture (R. de la) . . . . **BY** 18

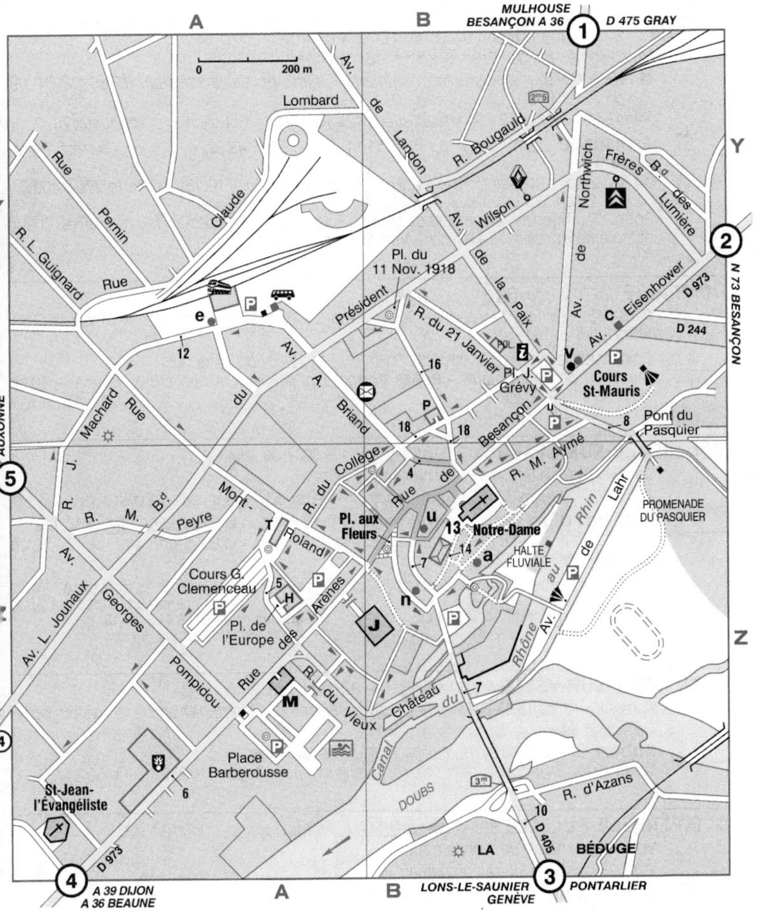

Europe

Si le nom d'un hôtel figure en petits caractères demandez, à l'arrivée, les conditions à l'hôtelier.

DOMFRONT *61700 Orne* 59 ⑩ *G. Normandie Cotentin – 4 410 h alt. 185.*

Voir *Site★ – Église N.-D-sur-l'Eau★ – Jardin du donjon ✳★ – Croix du Faubourg ✳★ – Centre ancien★.*

Office de Tourisme 21 r. St-Julien ✆ 02 33 38 53 97, Fax 02 33 37 40 27.

Paris 252 – Alençon 61 – Argentan 54 – Avranches 65 – Fougères 55 – Mayenne 34 – Vire 40.

Relais St-Michel, rte Mont-St-Michel (N 176) : 1,5 km ✆ 02 33 38 64 99, *Fax 02 33 37 37 96* – TV ☎ P. AE GB
fermé 20 déc. au 10 janv., vend. soir et sam. midi d'oct. à juin – **Repas** *(48)* - 60/150 ♁, enf. 42 – ☕ 40 – **13 ch** 100/300 – ½ P 200/225.

PEUGEOT Gar. Champ, 22 r. Fossés Plissons ✆ 02 33 38 42 35

DOMFRONT-EN-CHAMPAGNE *72240 Sarthe* 60 ⑬ – *850 h alt. 131.*

Paris 215 – Le Mans 19 – Alençon 44 – Laval 76 – Mayenne 54.

Midi, D 304 ✆ 02 43 20 52 04, *Fax 02 43 20 56 03* – ▤. GB
fermé fév., lundi et le soir sauf vend. et sam. – **Repas** 80/240, enf. 50.

DOMME *24250 Dordogne* 75 ⑰ *G. Périgord Quercy* **(plan)** – *1 030 h alt. 250.*

Voir *Promenade des Falaises* ※★★★ – *La bastide*★.

▮ *Office de Tourisme (fermé matin oct.- mars) pl. de la Halle* ✆ *05 53 28 37 09, Fax 05 53 29 34 62.*

Paris 540 – Cahors 52 – Sarlat-la-Canéda 12 – Fumel 57 – Gourdon 21 – Périgueux 76.

Esplanade (Gillard) ⛰, ✆ 05 53 28 31 41, *Fax 05 53 28 49 92,* ≤, ☂, ⛱ – ▤ rest, TV ☎. AE ⓓ GB
14 fév.-2 nov. – **Repas** *(fermé lundi du 16 fév. à début juin)* 180/380 et carte 270 à 400 ♀ – ☐ 60 – **24 ch** 320/600 – ½ P 400/450
Spéc. "Truffinettes" au velours de truffes. Foie de canard en pot-au-feu de truffes. Chaud et froid de fraises (avril à mi-oct.). **Vins** Bergerac, Cahors.

DOMPAIRE *88270 Vosges* 62 ⑮ – *907 h alt. 300.*

Paris 365 – Épinal 20 – Lunéville 56 – Luxeuil-les-Bains 59 – Nancy 61 – Neufchâteau 55 – Vittel 23.

Commerce avec ch, ✆ 03 29 36 50 28, *Fax 03 29 36 66 12* – ☎. GB
fermé 20 déc. au 15 janv. – **Repas** *(fermé dim. soir et lundi)* 70/170 ♁ – ☐ 26 – **10 ch** 160/280 – ½ P 160/200.

DOMPIERRE-SUR-BESBRE *03290 Allier* 69 ⑮ – *3 807 h alt. 234.*

Voir *Vallée de la Besbre*★, **G. Auvergne.**

Paris 322 – Moulins 30 – Bourbon-Lancy 17 – Decize 52 – Digoin 26 – Lapalisse 36.

Aub. de l'Olive avec ch, av. Gare ✆ 04 70 34 51 87, *Fax 04 70 34 61 68* – TV ☎ ✆. GB
fermé 11 mai au 14 juin et vend. sauf juil.-août – **Repas** 60/260 ♁, enf. 40 – ☐ 30 – **10 ch** 200/260 – ½ P 190/220.

CITROEN Gar. Burtin, ✆ 04 70 34 50 37 N ✆ 04 70 34 50 37
FORD Gar. Cannet, ✆ 04 70 34 51 61 N ✆ 04 70 34 51 61
PEUGEOT Gar. Central, ✆ 04 70 34 50 10
RENAULT Gar. Champenois, ✆ 04 70 34 51 20
Gar. Cartier, ✆ 04 70 34 54 84 N ✆ 04 70 34 66 14

DOMPIERRE-SUR-VEYLE *01240 Ain* 74 ③ – *828 h alt. 285.*

Paris 440 – Mâcon 52 – Belley 70 – Bourg-en-Bresse 20 – Lyon 57 – Nantua 46 – Villefranche-sur-Saône 44.

Aubert, ✆ 04 74 30 31 19, *Fax 04 74 30 36 98,* ⛱ – GB
fermé 16 au 24 juil., fév., dim. soir, merc. soir et jeudi – **Repas** 115/235 ♁, enf. 50.

DOMRÉMY-LA-PUCELLE *88630 Vosges* 62 ③ *G. Alsace Lorraine* – *182 h alt. 280.*

Voir *Maison natale de Jeanne d'Arc*★.

Paris 284 – Nancy 58 – Neufchâteau 10 – Toul 36.

Jeanne d'Arc sans rest, ✆ 03 29 06 96 06 – ⇔. ✻
1er avril-15 nov. – ☐ 25 – **7 ch** 150/190.

DONGES *44480 Loire-Atl.* 63 ⑮ *G. Bretagne* – *6 377 h alt. 11.*

Voir *Église*★.

Paris 427 – Nantes 54 – La Baule 31 – Redon 44 – St-Nazaire 17.

rte de Pontchâteau *Nord : 7 km par D 4, D 773 et rte secondaire* – ✉ *44480 Donges :*

Duchée, ✆ 02 40 45 28 41, *Fax 02 40 45 36 72,* ⛱ – P. AE GB
fermé 15 au 30 mars, 15 août au 4 sept., dim. soir et lundi – **Repas** 95/250.

DONON (Col du) *67 B.-Rhin* 62 ⑧ *G. Alsace Lorraine* – ✉ *67130 Schirmeck.*

Paris 396 – Strasbourg 62 – Lunéville 56 – St-Dié 40 – Sarrebourg 38 – Sélestat 54.

Donon ⛰, ✆ 03 88 97 20 69, *Fax 03 88 97 20 17,* ≤, ⛱, ✻ – ☎ P – ♁ 50. GB
fermé 18 nov. au 12 déc. et jeudi hors saison – **Repas** 60 (déj.), 93/220 ♀, enf. 39 – ☐ 38 – **22 ch** 270/315 – ½ P 250/350.

DONZENAC *19270 Corrèze* 75 ⑧ *G. Périgord Quercy – 2 050 h alt. 204.*

Syndicat d'Initiative à la Mairie ✆ 05 55 85 72 33, Fax 05 55 85 69 03.

Paris 470 – Brive-la-Gaillarde 10 – Limoges 81 – Tulle 30 – Uzerche 25.

rte de Limoges sur N 20 :

Relais Bas Limousin, à 6 km ✆ 05 55 84 52 06, *Fax 05 55 84 51 41,* – ✆ P – 25. GB
Repas *(fermé dim. soir du 20 sept. au 20 juin)* (65) - 82/250 – 34 – **22 ch** 200/360 – ½ P 220/300.

Maleyrie, à 5 km ✆ 05 55 84 50 67, *Fax 05 55 84 20 63,* – ✆ P. GB
1er avril-5 oct. – **Repas** 70/170, enf. 48 – 30 – **15 ch** 120/230 – ½ P 180/230.

PEUGEOT Gar. Chanourdie, ✆ 05 55 85 78 76 N ✆ 05 55 85 65 56

DONZY *58220 Nièvre* 65 ⑬ *G. Bourgogne – 1 719 h alt. 188.*

Paris 197 – Bourges 73 – Auxerre 65 – Château-Chinon 85 – Clamecy 38 – Cosne-sur-Loire 18 – Nevers 49.

Grand Monarque avec ch, près église ✆ 03 86 39 35 44, *Fax 03 86 39 37 09,* – ✆ P. GB
Repas *(fermé dim. soir et lundi sauf fériés)* (52) - 105/220, enf. 55 – 37 – **11 ch** 255/295.

RENAULT Gar. Rouleau, ✆ 03 86 39 35 34

Le DORAT *87210 H.-Vienne* 72 ⑦ *G. Berry Limousin – 2 203 h alt. 209.*

Voir *Collégiale St-Pierre★★.*

Office de Tourisme pl. Collégiale ✆ 05 55 60 76 81.

Paris 369 – Limoges 52 – Poitiers 75 – Bellac 13 – Le Blanc 49 – Guéret 67.

Promenade avec ch, 3 av. Verdun ✆ 05 55 60 72 09 – ✆ P. GB
fermé 10 au 30 sept., 3 au 17 janv., dim. soir et lundi – **Repas** 66/188 – 25 – **8 ch** 150/200 – ½ P 190/190.

CITROEN Gar. Laguzet, ✆ 05 55 60 72 79

DORMANS *51700 Marne* 56 ⑮ *G. Champagne – 3 125 h alt. 70.*

Paris 117 – Reims 41 – Château-Thierry 23 – Épernay 25 – Meaux 70 – Soissons 46.

Table Sourdet, ✆ 03 26 58 20 57, *Fax 03 26 58 88 82* – AE GB
Repas 130/340 ***Petite Table :*** Repas 65/130.

DORRES *66760 Pyr.-Or.* 86 ⑯ *G. Pyrénées Roussillon – 192 h alt. 1458.*

Voir *Angoustrine : Retables★ dans l'église O : 5 km.*

Paris 864 – Font-Romeu-Odeillo-Via 16 – Ax-les-Thermes 46 – Bourg-Madame 9 – Perpignan 104 – Prades 59.

Marty , ✆ 04 68 30 07 52, ←, – ✆ P. GB
fermé 25 oct. au 20 déc. – **Repas** 80/175, enf. 48 – 35 – **21 ch** 250/280 – ½ P 223.

DOUAI SP *59500 Nord* 53 ③ *G. Flandres Artois Picardie – 42 175 h Agglo. 199 562 h alt. 31.*

Voir *Beffroi★* **BY D** – *Musée de la Chartreuse★* **AX.**

Env. *Centre historique minier de Lewarde★★ SE : 8 km par ②.*

18 *de Thumeries ✆ 03 20 86 58 98, par ① et D 8 : 15 km.*

Office de Tourisme 70 pl. d'Armes ✆ 03 27 88 26 79, Fax 03 27 99 38 78 – Automobile-Club 155 pl. d'Armes ✆ 03 27 88 90 79.

Paris 195 ③ – Lille 41 ④ – Amiens 94 ③ – Arras 25 ③ – Charleville-Mézières 148 ② – Lens 24 ④ – St-Quentin 70 ② – Tournai 37 ① – Valenciennes 38 ②.

Plan page suivante

Terrasse, 36 terrasse St-Pierre ✆ 03 27 88 70 04, *Fax 03 27 88 36 05* – rest, ✆ P – 30. AE GB — BY a
Repas 135/395 – 40 – **26 ch** 295/600 – ½ P 340.

Au Turbotin, 9 r. Massue ✆ 03 27 87 04 16 – AE GB — AY s
fermé août, 22 au 28 fév., sam. midi, dim. soir et lundi – **Repas** 89/255.

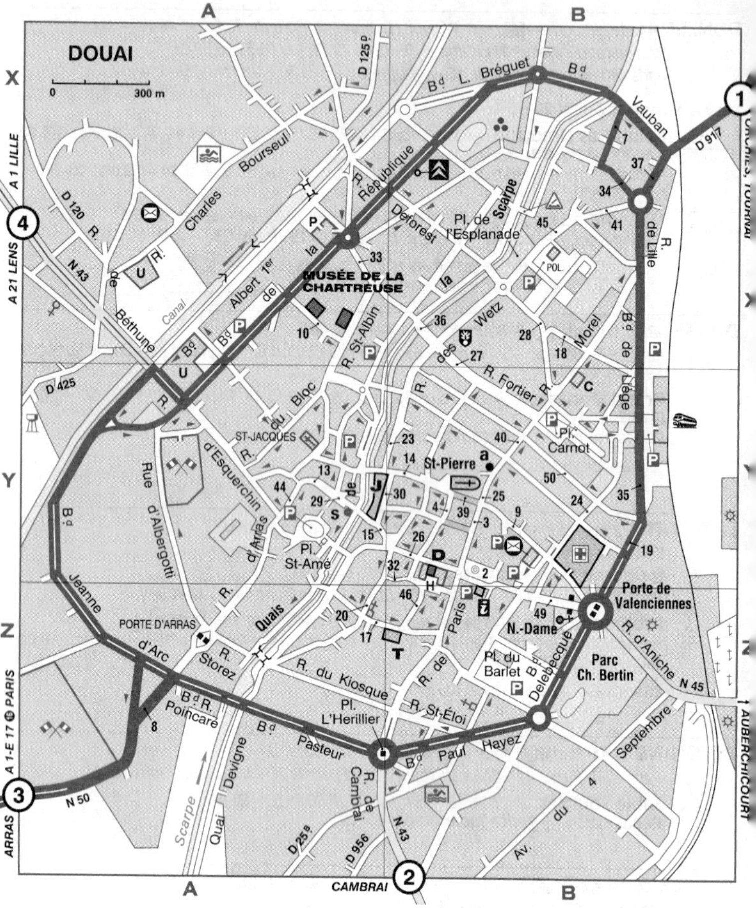

Armes (Pl. d') . . . . **BY** 2
Bellain (R. de) . . . . **BY** 3
Carnot (Pl.) . . . . **BY**
Madeleine (R. de la) . . . . . . **BY** 25
Mairie (R. de la) . . . . **BY** 26
Paris (R. de) . . . . **BZ**
St-Christophe (R.) . . . . **BY** 39
St-Jacques (R.) . . . . **BY** 40

Bellegambe (R. J.) . . . . **BY** 4
Boutique (R. A.) . . . . **BX** 7
Brebières (R. de) . . . . **AZ** 8
Canteleu (R. du) . . . . **BY** 9
Chartreux (R. des) . . . . **AX** 10
Cloche (R. de la) . . . . **AY** 13
Clocher-St-Pierre (R. du) . . . **BY** 14
Cloris (R. de la) . . . . **AY** 15
Comédie (R. de la) . . . . **AZ** 17
Dubois (R. P.) . . . . **BX** 18
Faidherbe (Bd) . . . . **BY** 19
Foulons (R. des) . . . . **AZ** 20
Gouvernement (R. du) . . . . . **BY** 23
Leclerc (Av. Mar.) . . . . **BY** 24
Malvaux (R. des) . . . . **BX** 27
Marceline (R.) . . . . **BX** 28
Massue (R. de la) . . . . **AY** 29
Merlin-de-Douai (R.) . . . . . . **BY** 30
Minimes (Ruelle des) . . . . . **BY** 32
Ocre (R. d') . . . . **AX** 33
Orchies (R. d') . . . . **BX** 34
Phalempin (Bd Paul) . . . . . . **BY** 35
Pont-St-Vaast (R. du) . . . . . **BX** 36
Raches (R. de) . . . . **BX** 37
St-Michel (R.) . . . . **BX** 41
St-Samson (R.) . . . . **AY** 44
St-Sulpice (R.) . . . . **BX** 45
Université (R. de l') . . . . . . **BZ** 46
Valenciennes (R. de) . . . . . . **BZ** 49
Victor-Hugo (R.) . . . . **BY** 50

à Roost-Warendin *par ①, D 917 et D 8 : 10 km – 6 413 h. alt. 22 – ✉ 59286 :*

XXX **Chat Botté,** Château de Bernicourt ✆ 03 27 80 24 44, *Fax 03 27 80 35 81*, ☂, parc – **P**. GB – *fermé août, dim. soir et lundi* – **Repas** 105 (déj.), 150/280 et carte 260 à 340 ♀.

à Corbehem *par ③ et D 45 : 6 km – 2 346 h. alt. 32 – ✉ 62112 (Pas-de-Calais) :*

XXX **Manoir de Fourcy** 🐌 avec ch, 48 r. gare ✆ 03 27 95 91 00, *Fax 03 27 95 91 09*, ☂, – TV ☎ ✆ **P** – 🏛 100 à 180. AE GB
fermé dim. soir – **Repas** 148/370 et carte 280 à 420, enf. 90 – ☕ 50 – **8 ch** 380.

à Brebières *par ③ : 7 km – 4 324 h. alt. 48 – ✉ 62117 (Pas-de-Calais) :*

XXX **Air Accueil,** N 50 ✆ 03 21 50 01 02, *Fax 03 21 50 84 17*, ☂, – **P**. GB
fermé lundi en juil.-août et dim. soir – **Repas** 138/220 et carte 170 à 280 ♀.

rte de Hénin-Beaumont *par ④ et N 43 : 2,5 km – ✉ 59553 Cuincy :*

Campanile, ✆ 03 27 96 97 00, *Fax 03 27 98 98 93*, 🏞 – ⇔ TV ☎ ✆ ♿ 🅿 – 🏛 25. AE ① GB
Repas *(66)* - 84 bc/107 bc, enf. 39 – ☕ 34 – **49 ch** 278.

CITROEN Cabour, 884 bd République ✆ 03 27 94 35 70
FORD Paty, N 17 le Raquet à Lambres ✆ 03 27 94 31 33
PEUGEOT Nord Distribution Autom., 537 rte de Cambrai par ② ✆ 03 27 87 22 76 N ✆ 08 00 44 24 24
RENAULT Gds Gar. Douaisiens, rte de Cambrai par ② ✆ 03 27 93 84 84 N ✆ 03 28 02 09 28

Europneus Point S, 174 av. R.-Salengro à Sin-le-Noble ✆ 03 27 71 32 32
Europneus-Point S, 59 r. de Warenghien ✆ 03 27 87 00 63

DOUAINS *27 Eure* 55 ⑰, 106 ① *– rattaché à Vernon.*

DOUARNENEZ *29100 Finistère* 58 ⑭ *G. Bretagne – 16 457 h alt. 25.*

*Voir Boulevard Jean-Richepin ≤★ **Y** – Port du Rosmeur★ **Y** – Port-Musée★★ **YZ M** – Ploaré : tour★ de l'église S : 1 km – Pointe de Leydé ≤★ NO : 5 km.*

Office de Tourisme 2 r. Dr-Mével ✆ 02 98 92 13 35, Fax 02 98 92 70 47.

Paris 588 ① – Quimper 23 ② – Brest 76 ① – Châteaulin 28 ① – Lorient 91 ② – Vannes 143 ②.

DOUARNENEZ

Sens unique en saison : flèche noire

Anatole-France (R.) .... Y 2
Duguay-Trouin (R.) ...... YZ 15
Jaurès (R. Jean) .... YZ
Jean-Bart (R.)............ Y 24
Voltaire (R.).............. Y 62

Baigneurs (R. des) .... Y 5
Barré (R. J.)............ YZ 7
Berthelot (R.)............ Z 8
Centre (R. du) .... Y 10
Croas-Talud (R.).......... Z 14
Enfer (Pl. de l') .... YZ 16
Grand-Port (Quai du)............ Y 19
Grand-Port (R. du)........ Y 20
Kerivel (R. E.) .... YZ 21
Laënnec (R.).............. Z 25
Lamennais (R.)............ Z 27
Marine (R. de la) .... Y 32
Michel (R. L.)............ Y 36
Monte-au-Ciel (R.)........ Z 37
Péri (Pl. Gabriel)........ Y 42
Petit-Port (Quai du).............. Y 43
Plomarc'h (R. des) ...... YZ 44
Stalingrad (Pl.) .... Z 56
Vaillant (Pl. E.) .... Y 59
Victor-Hugo (R.).......... Z 60

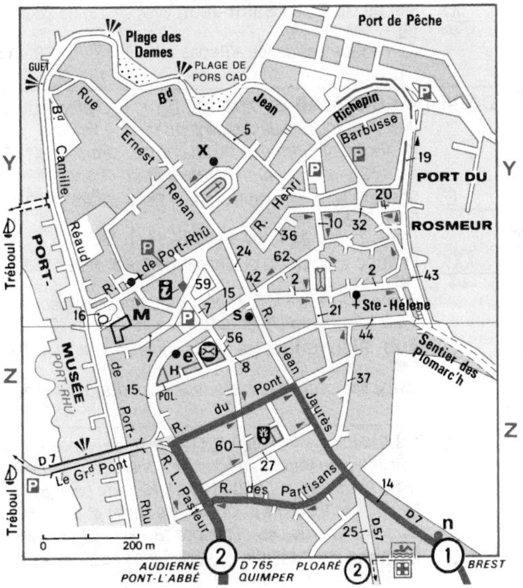

Clos de Vallombreuse 🐚, 7 r. d'Estienne-d'Orves ✆ 02 98 92 63 64, *Fax 02 98 92 84 98*, ≤, 🏞, 🏊, 🌳 – TV ☎ ✆ ♿ 🅿. AE GB. ✂ rest **Y x**
Repas 98/310 – ☕ 45 – **20 ch** 360/460 – ½ P 360/380.

France, 4 r. J. Jaurès ✆ 02 98 92 00 02, *Fax 02 98 92 27 05* – TV ☎. AE GB. ✂ rest **Y s**
Repas *(fermé 4 au 18 janv., dim. soir et lundi sauf juil.-août)* 98/225 🍷, enf. 60 – ☕ 35 – **26 ch** 275/295 – ½ P 280.

Bretagne sans rest, 23 r. Duguay-Trouin ✆ 02 98 92 30 44, *Fax 02 98 92 09 07* – 🛗. GB **Z e**
☕ 28 – **27 ch** 140/250.

Kériolet avec ch, 29 r. Croas Talud ✆ 02 98 92 16 89, *Fax 02 98 92 62 94* – TV ☎. GB **Z n**
fermé 11 au 25 nov., vacances de fév. et merc. midi hors saison – **Repas** 65/218, enf. 48 – ☕ 28 – **8 ch** 185/210 – ½ P 240.

à Tréboul *Nord-Ouest : 3 km – ✉ 29100 :*

Thalasstonic Ⓜ, r. des Professeurs Curie ✆ 02 98 74 45 45, *Fax 02 98 74 36 07*, – TV ☎ ♿ P – 25. AE GB. rest
Repas 100/152 – 45 – **50 ch** 330/480 – ½ P 370/385.

Ty Mad, près chapelle St-Jean ✆ 02 98 74 00 53, *Fax 02 98 74 15 16*, ←, , – ☎ P. GB. rest
6 avril-30 sept. – **Repas** 68/188 ♀ – 39 – **23 ch** 330 – ½ P 300/320.

Simon Pneus, ZA de Brehuel ✆ 02 98 92 15 99

DOUBS *25 Doubs 70 ⑥ – rattaché à Pontarlier.*

DOUCIER *39130 Jura 70 ⑭ ⑮ G. Jura – 231 h alt. 526.*

Voir *Lac de Chalain★★ N : 4 km.*

Paris 430 – Champagnole 20 – Lons-le-Saunier 25.

XX **Sarrazine,** ✆ 03 84 25 70 60, – P. GB
mi-janv.-mi-nov. et fermé jeudi – **Repas** - grillades - 80/200 ♀, enf. 60.

RENAULT Gar. Gaillard, ✆ 03 84 25 70 94

DOUDEVILLE *76560 S.-Mar. 52 ⑬ – 2 492 h alt. 120.*

Paris 173 – Rouen 42 – Bolbec 33 – Dieppe 41 – Fécamp 35 – Yvetot 13.

XX **Relais du Puits Saint-Jean** avec ch, rte de Rouen (D 20) ✆ 02 35 96 50 99, , – TV P. GB
fermé vacances de fév. – **Repas** 50 bc/480 ♀ – 30 – **4 ch** 230 – ½ P 280.

DOUÉ-LA-FONTAINE *49700 M.-et-L. 67 ⑧ G. Châteaux de la Loire – 7 260 h alt. 75.*

Voir *Parc zoologique des Minières★★ O : 2 km.*

Office de Tourisme pl. du Champ de Foire ✆ 02 41 59 20 49, Fax 02 41 59 93 85.

Paris 321 – Angers 40 – Châtellerault 82 – Cholet 48 – Saumur 18 – Thouars 29.

Saulaie sans rest, rte Montreuil-Bellay : 2 km ✆ 02 41 59 96 10, *Fax 02 41 59 96 11*, – TV ☎ ♿ P. GB
fermé 21 déc. au 4 janv. – 38 – **33 ch** 250/270.

XXX **France** avec ch, 19 pl. Champ de Foire ✆ 02 41 59 12 27, *Fax 02 41 59 76 00* – TV ☎. GB
fermé 26 juin au 6 juil., 22 déc. au 22 janv., lundi sauf le soir en juil.-août et dim. soir de sept. à juin – **Repas** 75/175 et carte 160 à 230 ♀, enf. 50 – 32 – **18 ch** 200/260 – ½ P 230/250.

XX **Aub. Bienvenue,** rte Cholet (près Zoo) ✆ 02 41 59 22 44, *Fax 02 41 59 93 49*, – P. GB
fermé vacances de fév., dim. soir et lundi sauf juil.-août – **Repas** (85) - 110/300 ♀, enf. 65.

DOURDAN *91410 Essonne 60 ⑨, 106 ㊶ G. Ile de France – 9 043 h alt. 100.*

Voir *Place du Marché aux grains★ – Vierge au Perroquet★ au musée.*

18 *de Rochefort ✆ 01 30 41 31 81, N : 8 km par D 836 et D 149.*

Office de Tourisme pl. du Gén. de Gaulle ✆ 01 64 59 86 97, Fax 01 60 81 05 69.

Paris 54 – Chartres 46 – Étampes 18 – Évry 38 – Orléans 77 – Rambouillet 22 – Versailles 46.

Blanche de Castille, pl. Halles ✆ 01 64 59 90 90, *Fax 01 64 59 48 90*, – TV ☎ P – 60. AE GB. rest
Repas 160/290 ♀ – 50 – **41 ch** 500/750 – ½ P 510/585.

XX **Aub. de l'Angélus,** 4 pl. Chariot ✆ 01 64 59 83 72, – AE GB
fermé 10 août au 2 sept., vacances de fév., mardi soir et merc. – **Repas** 110/205.

CITROEN Gar. Ménard, ZI de la Gaudrée ✆ 01 64 59 64 00
PEUGEOT Gar. Famel, 2 av. du 14 juillet ✆ 01 64 59 71 86
RENAULT Lesage, 30 av. de Paris ✆ 01 64 59 70 83

DOURLERS *59228 Nord 53 ⑥ – 582 h alt. 171.*

Paris 247 – St-Quentin 75 – Avesnes-sur-Helpe 9 – Lille 97 – Maubeuge 13 – Le Quesnoy 27 – Valenciennes 44.

XX **Aub. du Châtelet,** rte Avesnes-sur-Helpe sur N 2 : 1 km ✉ 59440 Avesnes-sur-Helpe ✆ 03 27 61 06 70, *Fax 03 27 61 20 02*, – P. AE GB
fermé 16 au 30 août, 2 au 9 janv., dim. soir et soirs fériés – **Repas** 120/450, enf. 80.

DOUSSARD *74210 H.-Savoie* 74 ⑯ *– 2 070 h alt. 456.*
Paris 558 – Annecy 20 – Albertville 27 – Megève 43.

Marceau sans rest, à Marceau-Dessus Ouest : 2 km par rte secondaire ✆ 04 50 44 30 11, *Fax 04 50 44 39 44,* ≤, – TV ☎ P. AE GB
50 – **15 ch** 460/700.

Arcalod, ✆ 04 50 44 30 22, *Fax 04 50 44 85 03,* – TV ☎ P – 30. AE GB
10 avril-30 sept. – **Repas** (75) - 90/150 ♀, enf. 60 – 45 – **33 ch** 350/450 – ½ P 305/355.

à Bout-du-Lac *Nord-Ouest : 3 km par N 508 – ✉ 74210 :*
Voir *Combe d'Ire*★ *S : 3 km,* **G. Alpes du Nord.**

Chappet avec ch, ✆ 04 50 44 30 19, *Fax 04 50 44 83 26,* , « Terrasse au bord de l'eau », – TV ☎ P. AE GB
10 fév.-30 sept. et fermé jeudi soir, dim. soir et lundi sauf juil.-août – **Repas** 120/300 ♀ – 45 – **10 ch** 340/380 – ½ P 350.

VAG Doussard Autom., rte de Faverges ✆ 04 50 44 37 95

DOUVRES LA DÉLIVRANDE *14440 Calvados* 54 ⑯ *– 3 983 h alt. 19.*
Paris 245 – Caen 14 – Bayeux 26 – Deauville 47.

Jacques Quirié, 1 pl. Ancienne Mairie ✆ 02 31 37 20 04, *Fax 02 31 37 76 12* – P. AE GB
fermé 1er au 12 juil., vacances de fév., dim. soir et lundi – **Repas** 68 (déj.), 88/225.

à Cresserons *Est : 3 km par D 35 – 953 h. alt. 9 – ✉ 14440 :*

Valise Gourmande, rte Lion sur Mer ✆ 02 31 37 39 10, *Fax 02 31 37 59 13,* , « Elégante demeure bourgeoise », – P. GB
fermé 4 au 25 janv., dim. soir du 15 sept. au 1er juin et lundi sauf fériés – **Repas** 110/298 et carte 230 à 400 ♀.

When looking for a hotel or restaurant use the most efficient method.
Look for the names of towns ***underlined in red***
on the ***Michelin maps*** *scale: 1:200 000.*
But make sure you have an up-to-date map!

DRACY-LE-FORT *71 S.-et-L.* 69 ⑨ *– rattaché à Chalon-sur-Saône.*

DRAGUIGNAN *83300 Var* 84 ⑦, 114 ㉓ *G. Côte d'Azur – 30 183 h alt. 178.*
Voir *Musée des Arts et Traditions populaires*★ **Z M**².
18 *de St-Endréol à la Motte* ✆ *04 99 22 99 par* ② *et D 47.*
Office de Tourisme 9 bd Clemenceau ✆ *04 94 68 63 30, Fax 04 94 47 10 76.*
Paris 864 ② *– Fréjus 30* ② *– Aix-en-Provence 112* ② *– Cannes 62* ② *– Digne-les-Bains 106* ④ *– Grasse 56* ① *– Manosque 88* ③ *– Marseille 125* ② *– Nice 89* ② *– Toulon 82* ②.

Plan page suivante

Victoria M, 54 av. Carnot ✆ 04 94 47 24 12, *Fax 04 94 68 31 69,* – TV ☎ P. AE GB — Z b
Repas *(fermé sam. midi)* (68) - 135/175 ♀ – 55 – **22 ch** 340/850 – ½ P 350/440.

Parc sans rest, 21 bd Liberté ✆ 04 94 68 53 84, *Fax 04 94 47 11 92* – TV ☎ P. AE GB — Y a
48 – **20 ch** 250/290.

Lou Galoubet, 23 bd J. Jaurès ✆ 04 94 68 08 50 – . AE GB — Z e
fermé 15 août au 5 sept., dim. soir et lundi soir – **Repas** 98/300.

par ③ *et D 557 : 4 km – ✉ 83300 Draguignan :*

Les Oliviers sans rest, rte Flayosc ✆ 04 94 68 25 74, *Fax 04 94 68 57 54,* – TV ☎ P. AE GB
fermé 5 au 15 janv. – 35 – **12 ch** 250/315.

à Flayosc *par* ③ *et D 557 : 7 km – 3 233 h. alt. 310 – ✉ 83780 :*

L'Oustaou, ✆ 04 94 70 42 69, – AE GB
fermé 9 nov. au 7 déc., 9 au 16 mars, dim. soir et lundi – **Repas** 120/265 ♀, enf. 70.

CITROEN Gar. Piaget, quartier la Beaume à Salernes ✆ 04 94 70 60 44 N ✆ 04 94 70 70 53
CITROEN Gar. Bacchi Bouteille, 160 av. du Gén.-de-Gaulle par ② ✆ 04 94 50 58 88
PEUGEOT Trans Auto Plus, rte de Draguignan à Trans-en-Provence par ② ✆ 04 94 47 18 58 N ✆ 04 94 67 02 02

RENAULT S.A.M.V.A., quartier de la Foux par ② ✆ 04 94 50 51 52 N ✆ 08 00 05 15 15

Forni Pneu Vulco, ZA St-Hermentaire ✆ 04 94 67 13 53

DRAGUIGNAN

Cisson (R.) . . . . YZ 3
Clemenceau (Bd). . . . . Z

Clément (R. P.). . . . . Z 5
Gay (Pl. C.) . . . . Y 6
Grasse (Av. de) . . . . Y 8
Joffre (Bd Mar.). . . . . Z 9
Juiverie (R. de la) . . . . Y 12
Kennedy (Bd J.). . . . . Z 13
Leclerc (Bd Gén.) . . . . Z 14
Marchands (R. des) . . . . . Y 15
Marché (Pl. du) . . . . Y 16
Martyrs-de-la-R. (Bd des). Z 17
Marx-Dormoy (Bd) . . . . . . Z 18
Mireur (R. F.) . . . . Y 19
Observance (R. de l') . . . . Y 20
République (R. de la) . . . . Z 23
Rosso (Av. P.). . . . . Z 24

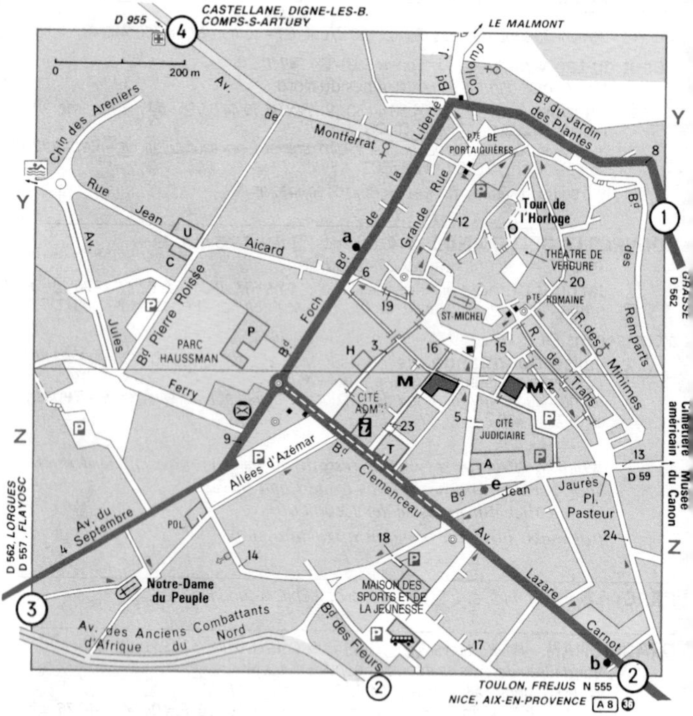

En juin et en septembre,
les hôtels sont moins chers qu'en pleine saison,
le service est plus soigné.

Le DRAMONT *83 Var* 84 ⑧, 114 ㉖ *– rattaché à St-Raphaël.*

DREUX SP *28100 E.-et-L.* 60 ⑦, 106 ㉕ *G. Normandie Vallée de la Seine – 35 230 h alt. 82.*

Voir *Beffroi** **AY B** – *Vitraux** *de la chapelle royale* **AY.**

Office de Tourisme 4 r. Porte-Chartraine ☎ 02 37 46 01 73, Fax 02 37 42 98 48.

Paris 80 ② – Alençon 114 ⑥ – Argentan 115 ⑥ – Chartres 34 ④ – Évreux 44 ⑥ – Le Mans 150 ④ – Mantes-la-Jolie 43 ①.

Plan page suivante

Beffroi sans rest, 12 pl. Métézeau ☎ 02 37 50 02 03, *Fax 02 37 42 07 69* – TV ☎ ✆. AE ⓓ GB JCB — AZ e

☕ 35 – **16 ch** 285/298.

St-Pierre, 19 r. Sénarmont ☎ 02 37 46 47 00 – AE GB — BY r

fermé 2 au 17 nov., dim. soir et lundi – **Repas** 75/131 ♁.

à Cherisy *par ② : 4,5 km – 1 741 h. alt. 88 – ✉ 28500 :*

Vallon de Chérisy, ☎ 02 37 43 70 08, *Fax 02 37 43 86 00,* ⛱, 🌳 – P. GB

fermé 3 au 28 août, mardi soir et merc. – **Repas** 120/170 ♁, enf. 38.

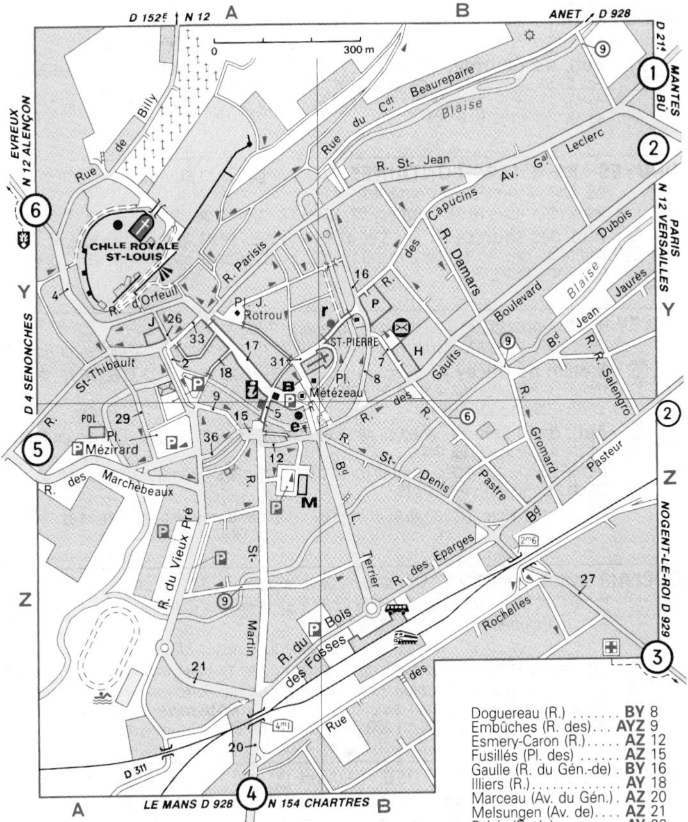

DREUX

Gde-R. M.-Viollette . . . . AY 17
Parisis (R.) . . . . AY

Anatole-France (Pl.) . . . . . AY 2
Bois-Sabot (R. du) . . . . . . AY 4
Chartraine (R. Porte) . . . . AZ 5
Châteaudun (R. de) . . . . . BY 7
Doguereau (R.) . . . . BY 8
Embûches (R. des) . . . AYZ 9
Esmery-Caron (R.) . . . . . AZ 12
Fusillés (Pl. des) . . . . . . AZ 15
Gaulle (R. du Gén.-de) . BY 16
Illiers (R.) . . . . AY 18
Marceau (Av. du Gén.) . AZ 20
Melsungen (Av. de) . . . . AZ 21
Palais (R. du) . . . . AY 26
Prés.-Kennedy (Av. du) . BZ 27
Renan (R. Ernest) . . . . . AZ 29
Senarmont (R. de) . . . . . AY 31
Tanneurs (R. aux) . . . . . . AY 33
Teinturiers (R. des) . . . . AZ 36

à Ste-Gemme-Moronval *par ②, N 12, D 912 et D 308¹ : 6 km – 613 h. alt. 79 – ✉ 28500 :*

XXX **L'Escapade,** ℰ 02 37 43 72 05, *Fax 02 37 43 86 96* – 🅿. AE GB
fermé 15 juil. au 5 août, 18 fév. au 4 mars, dim. soir, lundi soir et mardi – **Repas** 150 (déj.), 180/300 et carte 260 à 350 ♀.

à Vernouillet-centre *Sud par D 311* **AZ** *: 2 km – 11 680 h. alt. 97 – ✉ 28500 :*

XX **Aub. Vallée Verte** avec ch, (près Église) ℰ 02 37 46 04 04, *Fax 02 37 42 91 17,* 🍽 – TV ☎ 📞 🚗 🅿. AE GB. ✂ ch
fermé 3 au 26 août, 22 déc. au 10 janv., vend. soir, dim. soir et lundi – **Repas** 138/250 ♀ – ☕ 36 – **11 ch** 250/300 – ½ P 260.

FORD Gar. Perrin, bd de l'Europe à Vernouillet ℰ 02 37 46 23 31
MERCEDES Gar. Avenue, ZI Nord ℰ 02 37 46 17 98 N ℰ 08 00 24 24 30
RENAULT Gar. Chanoine, N 12 Les Fenots par ⑥ ℰ 02 37 46 17 35 N ℰ 02 37 38 73 83

Ⓜ Boin, N 154 à Sérazereux ℰ 02 37 65 22 22
Breton Pneus Point S, 14 r. des Livraindières ℰ 02 37 42 44 22
Euromaster, ZI Plein Sud, r. de Rome à Vernouillet ℰ 02 37 42 02 98
Euromaster, 9 pl. Vieux Pré ℰ 02 37 50 03 60
Euromaster, 27 av. Fenots ℰ 02 37 46 04 11

DRUSENHEIM *67410 B.-Rhin* 87 ④ *– 4 363 h alt. 122.*

Paris 500 – Strasbourg 28 – Haguenau 17 – Saverne 61 – Wissembourg 48.

XX **Aub. du Gourmet** M avec ch, rte Strasbourg, Sud-Ouest : 1 km ✆ 03 88 53 30 60, *Fax 03 88 53 31 39*, – TV ☎ & P – 80. GB. ch
fermé 25 juil. au 10 août, 21 fév. au 13 mars, mardi soir et merc. – **Repas** 140/240 – ☕ 40 – **11 ch** 220/300 – ½ P 250.

DRUYES-LES-BELLES-FONTAINES *89 Yonne* 65 ⑭ *G. Bourgogne – 302 h alt. 168 –* ✉ *89560 Druyes-Belles-Fontaines.*

Paris 183 – Auxerre 33 – Clamecy 17 – Gien 77 – Montargis 88.

Aub. des Sources , ✆ 03 86 41 55 14, *Fax 03 86 41 90 31* – TV ☎ & P. GB
fermé 15 janv. au 15 mars, mardi midi et lundi – **Repas** 85/220, enf. 48 – ☕ 47 – **17 ch** 230/430 – ½ P 236/276.

DUCEY *50220 Manche* 59 ⑧ *G. Normandie Cotentin – 2 069 h alt. 15.*

Paris 344 – St-Lô 69 – Avranches 11 – Fougères 38 – Rennes 76 – St-Hilaire-du-Harcouët 16.

Moulin de Ducey M sans rest, ✆ 02 33 60 25 25, *Fax 02 33 60 26 76*, ≤, « Ancien moulin sur la Sélune » – TV ☎ & P. AE GB JCB
☕ 55 – **28 ch** 310/500.

Aub. de la Sélune, ✆ 02 33 48 53 62, *Fax 02 33 48 90 30*, , « Jardin en bordure de rivière » – ☎ P. AE GB
fermé 22 nov. au 14 déc. et lundi du 1er oct. au 1er mars – **Repas** 80/200 ♀, enf. 65 – ☕ 40 – **20 ch** 285/305 – ½ P 305/315.

RENAULT Gar. Lefort, ✆ 02 33 48 51 11

Gar. Ducey, ✆ 02 33 48 50 74 N ✆ 02 33 48 47 23

DUCLAIR *76480 S.-Mar.* 55 ⑥ *G. Normandie Vallée de la Seine – 3 822 h alt. 8.*

18 *du Parc de Brotonne* ✆ *02 35 05 32 97 à Jumièges par D 982 - D 6.*

Bac: *renseignements* ✆ *02 35 37 53 11.*

Paris 150 – Rouen 20 – Dieppe 61 – Lillebonne 32 – Yvetot 21.

Poste, quai Libération ✆ 02 35 05 92 50, *Fax 02 35 37 39 19*, ≤ – TV ☎. AE GB.
fermé 6 au 20 juil., 23 oct. au 3 nov., vacances de fév., lundi (sauf hôtel) et dim. soir sauf fériés – **Repas** (1er étage) 80/250 , enf. 45 - ***Rôtisserie*** *(fermé dim.)* **Repas** 70/160 , enf. 45 – ☕ 28 – **14 ch** 200/300 – ½ P 260/280.

DUILHAC-SOUS-PEYREPERTUSE *11350 Aude* 86 ⑧ *G. Pyrénées Roussillon – 87 h alt. 336.*

Paris 860 – Perpignan 46 – Carcassonne 80 – Millas 35 – Mouthoumet 28 – Narbonne 67.

Aub. du Vieux Moulin, ✆ 04 68 45 02 17, *Fax 04 68 45 02 18*, , ancien moulin à huile – TV ☎ &. GB.
fermé 20 déc. au 5 fév. et lundi de sept. à déc. – **Repas** 48/138 – ☕ 30 – **14 ch** 220.

DUINGT *74410 H.-Savoie* 74 ⑥ *G. Alpes du Nord – 635 h alt. 450.*

Voir *Site*★.

Paris 550 – Annecy 12 – Albertville 33 – Megève 49 – St-Jorioz 3.

Lac, ✆ 04 50 68 90 90, *Fax 04 50 68 50 18*, ≤, , « Jardin au bord du lac », – TV ☎ P. GB. ch
hôtel : fév.-oct. et fermé dim. soir et lundi hors saison ; rest. : début mai-fin sept. – **Repas** 135/230, enf. 60 – ☕ 42 – **23 ch** 380/460 – ½ P 375/410.

Clos Marcel, ✆ 04 50 68 67 47, *Fax 04 50 68 61 11*, ≤, , « Jardin au bord du lac », – TV ☎ P. GB. rest
15 avril-30 sept. – **Repas** *(fermé lundi soir et mardi hors sais.)* (90) - 100/145 ♀ – ☕ 45 – **15 ch** 260/390 – ½ P 340/430.

XX **Aub. du Roselet** avec ch, ✆ 04 50 68 67 19, *Fax 04 50 68 64 80*, , « Terrasse au bord de l'eau », , – TV ☎ P. GB
fermé 1er nov. au 15 janv. – **Repas** 100/280 ♀, enf. 60 – ☕ 35 – **14 ch** 350/455 – ½ P 350/455.

DUNES *82340 T.-et-G.* 79 ⑮ *– 853 h alt. 120.*

Paris 661 – Agen 20 – Auvillar 13 – Miradoux 12 – Moissac 31.

XX **Les Templiers,** ✆ 05 63 39 86 21, *Fax 05 63 39 86 21*, – GB
fermé 15 au 30 oct., sam. midi, dim. soir et lundi – **Repas** 99/250, enf. 55.

RENAULT Gar. Menon, ✆ 05 63 39 94 60

DUNIÈRES *43220 H.-Loire* **76** ⑧ *– 3 009 h alt. 760.*

Paris 551 – Le Puy-en-Velay 51 – St-Étienne 36 – St-Agrève 34.

Tour, D 61 ✆ 04 71 66 86 66, *Fax 04 71 66 82 32* – TV ☎ ✆ ♿ P. GB
fermé janv., dim. soir et lundi midi – **Repas** 60/215 ♁, enf. 49 – ☕ 35 – **11 ch** 229/259 – 1/2 P 210.

DUNKERQUE SP *59140 Nord* **51** ③ ④ *G. Flandres Artois Picardie – 70 331 h Agglo. 190 879 h alt. 4 – Casino à Malo-les-Bains.*

Voir *Port*★★ **AX** – *Musée d'Art contemporain*★ *: jardin de sculptures*★ **CDY** – *Musée des Beaux-Arts*★ **CDZ M¹** – *Musée portuaire*★ **CZ M³**.

⛳18 *Dunkerque-Fort-Vallières ✆ 03 28 61 07 43.*

ℹ *Office de Tourisme Beffroi ✆ 03 28 66 79 21, Fax 03 28 26 27 80 et (saison) Digue de Mer ✆ 03 28 26 28 88 – Automobile Club 3 r. Folconnier ✆ 03 28 66 70 68.*

Paris 292 ② – Calais 46 ③ – Amiens 151 ② – Ieper 53 ② – Lille 73 ② – Oostende 53 ①.

DUNKERQUE

Berteaux (Av. M.) . . . . . **AX** 10
Bonpain (Pl. de l'Abbé) . **BX** 13
Cambon (Bd P.) . . . . **BX** 17
Clemenceau (R.) ST-POL **AX** 22
Darses (Chaussées des). **AX** 25
Jaurès (R. Jean) . . . . **BX** 39
Lille (R. de) . . . . **BX** 45
Malo (R. Célestin) . . . . . **BX** 50
Mendès-France (Bd) . . . **BX** 52
Pasteur (R.). . . . . **BX** 56
République (R. de la). . . **AX** 61
Waldeck-Rousseau (R.) **BX** 73

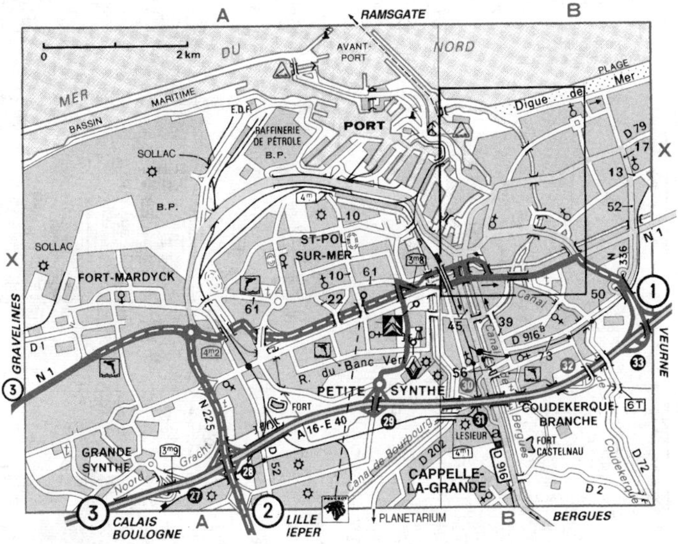

Europ'H. M, 13 r. Leughenaer ✆ 03 28 66 29 07, *Fax 03 28 63 67 87* – ▮, ▤ rest, TV ☎ – 🏛 40 à 200. AE ⦿ GB **CY s**
La Ferme *(fermé sam. midi et dim.)* **Repas** carte 100 à 180 ♁, enf. 30 – ☕ 49 – **116 ch** 340/390.

Borel M sans rest, 6 r. L'Hermite ✆ 03 28 66 51 80, *Fax 03 28 59 33 82* – ▮ ⅹ TV ☎ ✆. AE ⦿ GB **CY u**
☕ 52 – **48 ch** 360/420.

Welcome H., 37 r. Poincaré ✆ 03 28 59 20 70, *Fax 03 28 21 03 49* – ▮ TV ☎ ♿. AE GB JCB **CZ e**
- *Relais d'Alsace* : **Repas** *(68)* - 88(déj.), 107/262 🍷, enf. 50 – ☕ 50 – **39 ch** 357/409.

Estouffade, 2 quai Citadelle ✆ 03 28 63 92 78, *Fax 03 28 63 92 78,* ☂ – ▤. GB
fermé août, lundi sauf fériés le midi et dim. soir – **Repas** 110/180 ♁. **CZ s**

à Malo-les-Bains – ✉ *59240 Dunkerque :*

Hirondelle, 46 av. Faidherbe ✆ 03 28 63 17 65, *Fax 03 28 66 15 43* – ▮ TV ☎ ✆ ♿ – 🏛 40. AE GB **DY r**
Repas *(fermé dim. soir et lundi midi)* 70/150 🍷 – ☕ 30 – **42 ch** 270/310 – 1/2 P 248.

DUNKERQUE

Albert-Ier (R.) . . . . **CZ** 2
Alexandre-III (Bd) . . . . **CZ** 3
Clemenceau (R.) . . . . **CZ** 21
Digue de Mer . . . . **DY**
Faidherbe (Av.) . . . . **DY**
Geeraert (Av. Adolphe) . . . . **DY**
Jean-Bart (Pl.) . . . . **CZ** 41
Malo (Av. Gaspard) . . . . **DY** 49
Thiers (R.) . . . . **CZ** 65
Turenne (Pl.) . . . . **DY** 67

Arbres (R. des) . . . . **CDY** 6
Asseman (Pl. P.) . . . . **DY** 8
Bergues (R. du Canal-de) . . . **CZ** 9
Bollaert (Pl. Emile) . . . . **CZ** 12
Calonne (Pl.) . . . . **DZ** 16
Carnot (Bd) . . . . **DY** 18
Carton Lurat (Av.) . . . . **DZ** 19
Écluse-de-Bergues (R.) . . . . **CZ** 26
Fusiliers-Marins (R.) . . . . **CZ** 30
Gare (Pl. de la) . . . . **CZ** 32
Gaulle (Pl. du Gén.-de) . . . . . **CZ** 33
Hermitte (R. l') . . . . **CY** 35
Hollandais (Quai des) . . . . **CZ** 36
Hôtel-de-Ville (R. de l') . . . . . **DY** 37
Jardins (Quai des) . . . . **CZ** 38
Jaurès (R. Jean) . . . . **CZ** 40
Jeu-de-Paume (R. du) . . . . . . **CZ** 42
Leclerc (R. du Mar.) . . . . **CY** 43
Leughenaer (R. du) . . . . **CY** 44
Lille (R. de) . . . . **CZ** 45
Magasin-Général (R.) . . . . . . **CZ** 48
Mar.-de-France (Av. des) . . . . **DY** 51
Minck (Pl. du) . . . . **CY** 53
Paris (R. de) . . . . **CZ** 54
Prés.-Poincaré (R. du) . . . . **CZ** 57
Prés.-Wilson (R. du) . . . . **CZ** 58
Quatre-Écluses (Quai) . . . . . **CZ** 59
Valentin (Pl. C.) . . . . **CZ** 68
Verley (Bd Paul) . . . . **DY** 69
Victoire (Pl. et R. de la) . . . . **CDY** 70
Victor-Hugo (Bd) . . . . **CZ** 72

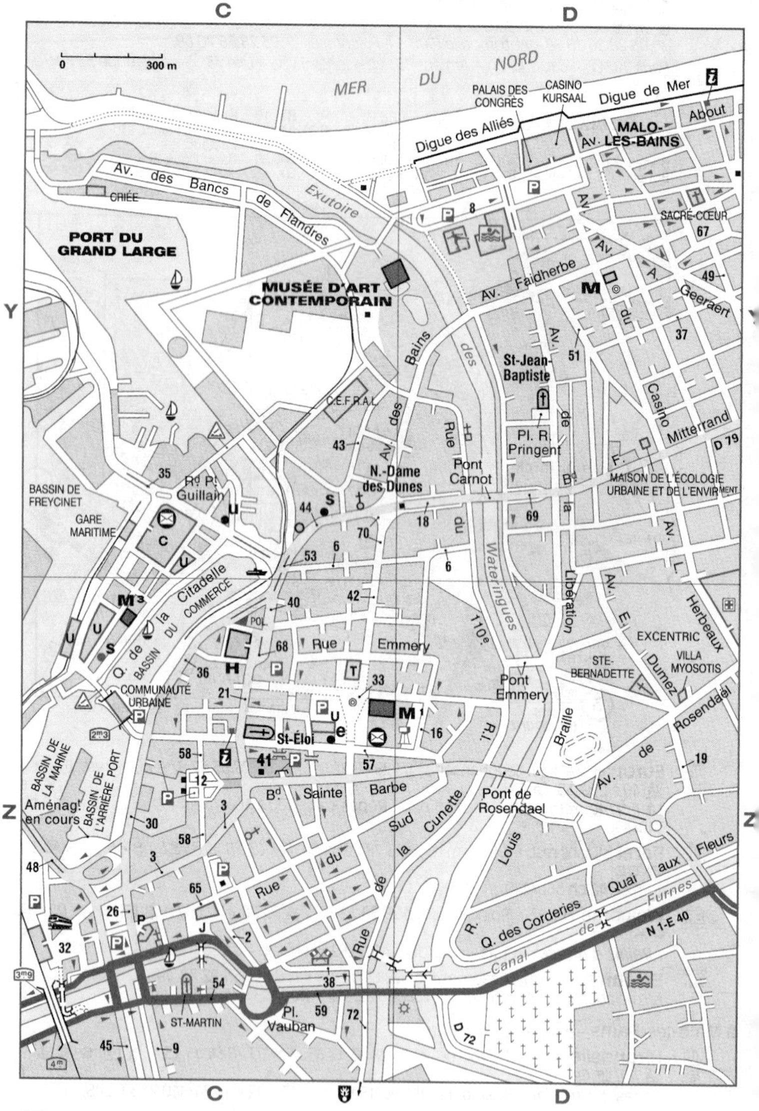

à Téteghem *Sud-Est par N 1* **BX** *et D 204 : 6 km – 5 839 h. alt. 1 –* ✉ *59229*

XXX **Meunerie** M avec ch, au Galghouck, Sud Est : 2 km par D 4 ✆ 03 28 26 14 30, *Fax 03 28 26 17 32,* « Décor élégant », – rest, TV ☎ P. GB JCB
✿ **Repas** *(fermé 22 déc. au 15 janv., dim. soir et lundi)* 280 (déj.), 330 bc/480 et carte 430 à 650 – 80 – **9 ch** 550/850
Spéc. Salade d'huîtres tièdes au beluga. Tartare de Saint-Jacques aux crevettes. Poulet de Montalde et croûte de sel.

à Coudekerque-Branche *Sud : 4 km sur D 916 – 23 644 h. alt. 1 –* ✉ *59210 :*

XXX **Soubise,** 49 rte Bergues ✆ 03 28 64 66 00, *Fax 03 28 25 12 19* – P. AE GB
fermé 11 au 22 avril, 24 juil. au 19 août, 18 déc. au 6 janv., sam. midi et dim. soir – **Repas** 95/198, enf. 45. **BX a**

à Cappelle-la-Grande *Sud : 5 km sur D 916 – 8 908 h. –* ✉ *59180 :*

XX **Bois de Chêne,** 48 rte Bergues ✆ 03 28 64 21 80, *Fax 03 28 61 22 00,* – P. AE GB
fermé 7 au 24 août, dim. soir et sam. – **Repas** 110/330 bc.

au Lac d'Armbouts-Cappel *par ② et N 225 (sortie Bourbourg) : 9 km – 2 656 h. –* ✉ *59380 Armbouts-Cappel :*

Mercure M, ✆ 03 28 60 70 60, *Fax 03 28 61 06 39,* , – TV ☎ P – 40 à 80. AE GB
Repas 125/160 bc – 57 – **66 ch** 299/475.

Campanile, ✆ 03 28 64 64 70, *Fax 03 28 60 53 12,* – TV ☎ P – 25. AE GB
Repas *(66)* - 84 bc/107 bc, enf. 39 – 34 – **39 ch** 278.

AUDI, SKODA, VOLKSWAGEN Auto Expo, av. de la Villette ✆ 03 28 64 16 55
CITROEN Succursale, 715 av. Petite Synthe ✆ 03 28 61 64 00 N ✆ 03 28 64 42 37
FORD Flandres Autos, 70r. de Lille ✆ 03 28 25 06 00
RENAULT Succursale 561 av. Villette ✆ 03 28 62 73 00 N ✆ 03 28 02 09 40

La Clinique du Pneu, 12 quai des 4 Ecluses ✆ 03 28 64 62 70

Périphérie et environs

PEUGEOT Gar. Dubus, av. M.-Berteaux à St-Pol-sur-Mer ✆ 03 28 29 28 00 N ✆ 03 28 02 21 15

Euromaster, ZI r. Albeck à Petite Synthe ✆ 03 28 61 43 10
Flandres Pneus, ZAE 244 rte du Chapeau Rouge à Téteghem ✆ 03 28 26 00 74
Littoral Pneus Services, r. A.-Carrel à Petite Synthe ✆ 03 28 60 02 00 N ✆ 06 07 09 62 53
Littoral Pneus Services, 75 r. Vauban à St-Pol-sur-Mer ✆ 03 28 24 24 20
Pneus et Services D.K., 16 r. Samaritaine à St-Pol-sur-Mer ✆ 03 28 64 76 74

DUN-LE-PALESTEL *23800 Creuse* 68 ⑱ *– 1 203 h alt. 370.*

Office de Tourisme (saison) r. des Sabots ✆ 05 55 89 24 61, et àla Mairie ✆ 05 55 89 01 30.
Paris 337 – Aigurande 22 – Argenton-sur-Creuse 39 – La Châtre 49 – Guéret 28 – La Souterraine 19.

Joly, ✆ 05 55 89 00 23, *Fax 05 55 89 15 89* – TV ☎ . GB. rest
fermé 5 au 25 mars, 5 au 25 oct., dim. soir et lundi midi – **Repas** 78/200 ♀, enf. 48 – 35 – **27 ch** 220/260 – ½ P 210/225.

PEUGEOT Gar. Colas, Chabannes à St Sulpice le Dunois ✆ 05 55 89 16 48
RENAULT Gar. du Centre, ✆ 05 55 89 01 26 N ✆ 05 55 89 01 26

DURAS *47120 L.-et-G.* 75 ⑬ *G. Pyrénées Aquitaine – 1 200 h alt. 122.*
Paris 580 – Périgueux 89 – Agen 89 – Marmande 22 – Ste-Foy-la-Grande 21.

Host. des Ducs, ✆ 05 53 83 74 58, *Fax 05 53 83 75 03,* , , – TV ☎ P. AE GB. ch
Repas *(fermé dim. soir et lundi sauf de juil. à sept.)* *(70)* - 90/270 ♀, enf. 55 – 40 – **15 ch** 210/480 – ½ P 295/360.

DURFORT *30 Gard* 80 ⑰ *– rattaché à Anduze.*

Europe

Si le nom d'un hôtel figure en petits caractères
demandez, à l'arrivée,
les conditions à l'hôtelier.

DURTAL *49430 M-et-L.* 64 ② *G. Châteaux de la Loire – 3 195 h alt. 39.*

Syndicat d'Initiative à la Mairie ✆ 02 41 76 30 24, Fax 02 41 76 06 10.

Paris 261 – Angers 38 – Le Mans 62 – La Flèche 13 – Laval 66 – Saumur 65.

XX **Boule d'Or** avec ch, 19 av. d'Angers ✆ 02 41 76 30 20, *Fax 02 41 76 06 99* – P. GB
fermé vacances de fév., 12 au 26 août, dim. soir, mardi soir et merc. – **Repas** 70/195, enf. 38 – ☐ 35 – **5 ch** 200/290.

DURY *80 Somme* 52 ⑱ *– rattaché à Amiens.*

EAUX-PUISEAUX *10130 Aube* 61 ⑯ *– 172 h alt. 220.*

Paris 162 – Troyes 32 – Auxerre 53 – Sens 57.

X **Ferme du Clocher,** ✆ 03 25 42 02 21, *Fax 03 25 42 03 30,* – P. GB
fermé janv., dim. soir et lundi – **Repas** 90/165.

Les ÉCHELLES *73360 Savoie* 74 ⑮ *G. Alpes du Nord – 1 246 h alt. 386.*

Syndicat d'Initiative de la Vallée de Chartreuse ✆ 04 79 36 56 24, Fax 04 79 36 53 12.

Paris 539 – Grenoble 39 – Chambéry 23 – Lyon 94 – Valence 105.

X **Centre** avec ch, ✆ 04 79 36 60 14, *Fax 04 79 36 61 72,* – ☎. AE GB
fermé 15 janv. au 15 fév., dim. soir et lundi sauf juil.-août – **Repas** 65 (déj.), 85/195 – ☐ 35 – **15 ch** 120/280 – ½ P 230/280.

à Chailles *Nord : 5 km – ✉ 73360 Les Échelles :*

X **Aub. du Morge** avec ch, N 6 ✆ 04 79 36 62 76, *Fax 04 79 36 51 65,* – ☎ P. GB. ch
fermé 1er déc. au 16 janv. et merc. sauf vacances scolaires – **Repas** 80/250, enf. 65 – ☐ 28 – **8 ch** 200/220 – ½ P 250.

RENAULT Gar. Sauge-Merle, ✆ 04 79 36 62 68 N ✆ 04 79 36 62 68

ECHENEVEX *01 Ain* 70 ⑮ *– rattaché à Gex.*

Les ÉCHETS *01 Ain* 74 ② *– alt. 276 – ✉ 01700 Miribel.*

Paris 454 – Lyon 19 – L'Arbresle 28 – Bourg-en-Bresse 49 – Meximieux 32 – Villefranche-sur-Saône 29.

XXX **Table des Dombes** avec ch, ✆ 04 78 91 80 05, *Fax 04 78 91 00 69,* – TV ☎ P. AE GB
fermé 3 au 18 août, vacances de fév., dim. soir et lundi – **Repas** 98 (déj.), 160/310 et carte 220 à 320, enf. 65 – ☐ 40 – **6 ch** 270/320.

XXX **Jacques et Christophe Marguin** avec ch, ✆ 04 78 91 80 04, *Fax 04 78 91 06 83,* – TV ☎ P. AE GB
fermé 4 au 24 août et 24 déc. au 1er janv. – **Repas** 100/350, enf. 65 – ☐ 45 – **8 ch** 240/310.

ÉCHIGEY *21 Côte-d'Or* 66 ⑫ *– rattaché à Genlis.*

ÉCHIROLLES *38 Isère* 77 ⑤ *– rattaché à Grenoble.*

ECKBOLSHEIM *67 B.-Rhin* 87 ⑤ *– rattaché à Strasbourg.*

ÉCOUCHÉ *61 Orne* 60 ② *– rattaché à Argentan.*

Les ÉCRENNES *77820 S.-et-M.* 61 ② *– 557 h alt. 113.*

Paris 63 – Fontainebleau 20 – Melun 17 – Montereau-Fault-Yonne 16 – Provins 37.

XX **Aub. Briarde** (Guichard), ✆ 01 60 69 47 32, *Fax 01 60 66 60 11,* – AE GB
✿ *fermé 27 juil. au 14 août, dim. soir sauf fêtes, merc. soir et lundi* – **Repas** *(90)* - 135 (déj.), 195/380 et carte 220 à 470
Spéc. Soupière de ris de veau et langouste, morilles. Poulet fermier au cidre et miel. Gibier (15 oct. au 31 déc.).

ÉGLETONS *19300 Corrèze* 75 ⑩ – *4 487 h alt. 650.*

Syndicat d'Initiative (saison) r. J. Vialaneix ✆ 05 55 93 04 34, Fax (Mairie) 05 55 93 21 01.

Paris 465 – Aurillac 96 – Aubusson 77 – Limoges 111 – Mauriac 45 – Tulle 30 – Ussel 29.

Ibis, rte Ussel par N 89 : 1,5 km ✆ 05 55 93 25 16, *Fax 05 55 93 37 54,* – 30. AE GB
Repas (75) - 95 ♀, enf. 39 – ☕ 35 – **41 ch** 280/300.

CITROEN Gar. Courteix, 68 av. Ch. de Gaulle ✆ 05 55 93 07 64
FORD Gar. Lachaud, rte de Tulle ✆ 05 55 93 14 33 N ✆ 05 55 93 14 33
PEUGEOT Gar. Leyris, N 89 ✆ 05 55 93 12 18 N ✆ 05 55 93 12 18

EGUISHEIM *68420 H.-Rhin* 62 ⑱ ⑲ *G. Alsace Lorraine – 1 530 h alt. 210.*

Voir *Circuit des remparts★ – Route des Cinq Châteaux★ SO : 3 km.*

Paris 479 – Colmar 6 – Belfort 67 – Gérardmer 52 – Guebwiller 21 – Mulhouse 41 – Rouffach 10.

Host. du Château M, 2 r. Château ✆ 03 89 23 72 00, *Fax 03 89 23 79 99,* « Décor contemporain » – AE GB
fermé 15 janv. au 13 fév. voir rest. ***Le Caveau d'Éguisheim*** – ☕ 55 – **12 ch** 350/750 – ½ P 445/545.

Host. du Pape M, 10 Grand Rue ✆ 03 89 41 41 21, *Fax 03 89 41 41 31,* – 30. AE GB
fermé 5 janv. au 10 fév. – **Repas** *(fermé dim. soir et lundi)* 95/310 ♀, enf. 55 – ☕ 50 – **33 ch** 395/495 – ½ P 390.

Aub. des Comtes, 1 pl. Ch. de Gaulle ✆ 03 89 41 16 99, *Fax 03 89 24 97 10,* – GB
fermé mardi soir de nov. à juin et merc. – **Repas** 85/160 ♀ – ☕ 38 – **18 ch** 270/320 – ½ P 240/300.

Caveau d'Eguisheim, 3 pl. Château St-Léon ✆ 03 89 41 08 89, *Fax 03 89 23 79 99* – AE GB
fermé 2 janv. au 13 fév., jeudi midi du 11 oct. à juin et merc. – **Repas** (nombre de couverts limité, prévenir) 135 (déj.), 165/455 bc.

Grangelière, 59 r. Rempart Sud ✆ 03 89 23 00 30, *Fax 03 89 23 61 62* – GB
fermé fév. et jeudi hors saison – **Repas** 120 bc/390 bc.

Au Vieux Porche, 16 r. Trois Châteaux ✆ 03 89 24 01 90, *Fax 03 89 23 91 25,* – GB
fermé 22 au 28 juin, 16 au 22 nov., 22 fév. au 14 mars, merc. midi et mardi – **Repas** 110/350 ♀.

Pavillon Gourmand, 101 r. Rempart-Sud ✆ 03 89 24 36 88, *Fax 03 89 23 93 94* – GB
fermé 8 au 21 juil., vacances de fév., mardi soir et merc. – **Repas** 95/350 ♀, enf. 57.

St-Hubert M sans rest, r. Trois Pierres ✆ 03 89 41 40 50, *Fax 03 89 41 46 88,* ←, – GB.
fermé fév. – ☕ 55 – **12 ch** 480/580.

ÉLINCOURT-STE-MARGUERITE *60 Oise* 56 ② – *rattaché à Compiègne.*

ELNE *66200 Pyr.-Or.* 86 ⑳ *G. Pyrénées Roussillon – 6 262 h alt. 30.*

Voir *Cloître★★.*

Office de Tourisme 2 r. Pdt Bolte ✆ 04 68 22 05 07, Fax 04 68 37 95 05.

Paris 873 – Perpignan 15 – Argelès-sur-Mer 8 – Céret 29 – Port-Vendres 19 – Prades 55.

CITROEN Gar. Falguéras, 8 bd Évadés-de-France ✆ 04 68 22 07 58
CITROEN Gar. Subiros, rte d'Alenya, ZI ✆ 04 68 22 07 02 N ✆ 04 68 22 07 02
RENAULT Gar. Martre, rte de Perpignan ✆ 04 68 22 23 00

ÉLOISE *74 H.-Savoie* 74 ⑤ – *rattaché à Bellegarde-sur-Valserine.*

ELVEN *56250 Morbihan* 63 ③ – *3 312 h alt. 100.*

Voir *Forteresse de Largoët★ SO : 4 km,* **G. Bretagne.**

Paris 446 – Vannes 17 – Ploërmel 33 – Redon 45 – Rennes 99 – La Roche-Bernard 36.

Host. du Lion d'Or, 5 pl. Le Franc ✆ 02 97 53 33 52, *Fax 02 97 53 55 08* – AE GB
fermé 20 oct. au 4 nov., 9 au 15 fév., dim. soir et lundi sauf juil.-août – **Repas** (49) - 68/195, enf. 52 – ☕ 25 – **10 ch** 210/280 – ½ P 190/210.

CITROEN Gar. Tastard, 19 r. du Calvaire ✆ 02 97 53 31 11
PEUGEOT Gar. Tastard, 4 r. Rochefort ✆ 02 97 53 33 65

EMBRUN *05200 H.-Alpes* 77 ⑰ ⑱ *G. Alpes du Sud* **(plan)** – *5 793 h alt. 871.*

Voir *Cathédrale N.-Dame★ : trésor★ – Peintures murales★ dans la chapelle des Cordeliers.*

Office de Tourisme pl. Gén.-Dosse ☎ 04 92 43 72 72, Fax 04 92 43 54 06.

Paris 702 – Briançon 50 – Gap 40 – Barcelonnette 57 – Digne-les-Bains 95 – Guillestre 22 – Sisteron 85.

Mairie, pl. Mairie ☎ 04 92 43 20 65, *Fax 04 92 43 47 02,* – rest, TV ☎. AE GB
fermé 3 au 17 mai, 1er oct. au 28 nov., dim. soir et lundi en hiver sauf vacances scolaires – **Repas** 92/120 ♀ – 35 – **24 ch** 280/290 – ½ P 260/280.

Notre-Dame, av. Gén. Nicolas ☎ 04 92 43 08 36, *Fax 04 92 43 58 41,* – TV ☎. GB
fermé 20 déc. au 20 janv., dim. soir et lundi sauf vacances scolaires – **Repas** 97/167 ♀, enf. 57 – 35 – **15 ch** 200/280 – ½ P 250/270.

rte de Gap *Sud-Ouest : 3 km – ✉ 05200 Embrun :*

Les Bartavelles, ☎ 04 92 43 20 69, *Fax 04 92 43 11 92,* – rest, TV ☎ P. GB
Repas 98/285, enf. 70 – 45 – **43 ch** 265/480 – ½ P 320/425.

OPEL Gar. Espitallier, rte du Lycée ☎ 04 92 43 02 49
PEUGEOT Gar. Esmieu, rte de St-André ☎ 04 92 43 04 18 N ☎ 04 92 43 04 18
RENAULT Embrun Autom., à Baratier ☎ 04 92 43 02 79

ÉMERAINVILLE *77 S.-et-M.* 61 ②, 101 ㉙ – *voir à Paris, Environs (Marne-la-Vallée).*

Le Guide change, changez de guide tous les ans.

ÉMERINGES *69840 Rhône* 74 ① – *182 h alt. 353.*

Paris 410 – Mâcon 20 – Chauffailles 44 – Lyon 66.

XX **Aub. des Vignerons,** ☎ 04 74 04 45 72, *Fax 04 74 04 48 96* – . GB
fermé fév., dim. soir et lundi – **Repas** 250/260 ♀.

ENCAMP 86 ⑭ – *voir à Andorre (Principauté d').*

ENCAUSSE-LES-THERMES *31160 H.-Gar.* 86 ① – *560 h alt. 362.*

Paris 790 – Bagnères-de-Luchon 39 – St-Gaudens 12 – St-Girons 42 – Sauveterre-de-Comminges 9 – Toulouse 98.

X **Marronniers** avec ch, ☎ 05 61 89 17 12, – P. GB
hôtel : 1er avril-15 nov. et fermé dim. soir et lundi hors saison – **Repas** *(fermé 2 janv. au 1er fév., dim. soir et lundi hors saison)* 72/145 ♀ – 32 – **10 ch** 155/175 – ½ P 180.

ENGHIEN-LES-BAINS *95 Val-d'Oise* 55 ⑳, 101 ⑤ – *voir à Paris, Environs.*

ENGLOS *59 Nord* 51 ⑮, 111 ㉑ – *rattaché à Lille.*

ENNEZAT *63720 P.-de-D.* 73 ④ *G. Auvergne* – *1 915 h alt. 320.*

Voir *Église★.*

Paris 415 – Clermont Ferrand 20 – Lezoux 18 – Riom 10 – Thiers 33 – Vichy 34.

Hure d'Argent , 5 r. Horloge ☎ 04 73 63 80 39, *Fax 04 73 63 96 47* – rest, TV ☎. GB
Repas 70/160 , enf. 40 – 30 – **14 ch** 220/260 – ½ P 200/275.

ENSISHEIM *68190 H.-Rhin* 66 ⑩ *G. Alsace Lorraine* – *6 164 h alt. 217.*

Env. *Ecomusée d'Alsace★★ SO : 9 km.*

Paris 476 – Mulhouse 16 – Colmar 27 – Guebwiller 13 – Thann 23.

XXX **Couronne** avec ch, 47 r. 1e Armée Française ☎ 03 89 81 03 72, *Fax 03 89 26 40 05,* , « Maison du 17e siècle » – TV ☎ P. AE GB
fermé août, sam. midi, dim. soir et lundi soir – **Repas** 220/420 et carte 290 à 410 ♀ - ***Le Thaler*** ☎ 03 89 26 43 26 *(fermé sam. et dim)* **Repas** (déj. seul.) 54/95 ♀, enf. 45 – 42 – **10 ch** 300/330.

PEUGEOT Gar. Wadel, 22 r. de Wittenheim ☎ 03 89 81 00 11

ENTRAIGUES-SUR-LA-SORGUE *84 Vaucluse* 81 ⑫ – *rattaché à Sorgues.*

ENTRAYGUES-SUR-TRUYÈRE *12140 Aveyron* 76 ⑫ *G. Gorges du Tarn* (plan) – *1 495 h alt. 236.*

Voir *Pont gothique★ – Rue Basse★.*

Env. *SE : Gorges du Lot★★ – Barrage de Couesque★ N : 8 km.*

Office de Tourisme 30 Tour-de-Ville ☎ 05 65 44 56 10.

Paris 615 – Aurillac 43 – Rodez 46 – Figeac 57 – St-Flour 90.

Truyère, ☎ 05 65 44 51 10, *Fax 05 65 44 57 78,* ≤, – ☎ ♿ P. GB. rest
1er avril-15 nov. – **Repas** *(fermé lundi)* 70/200, enf. 48 – ☕ 43 – **25 ch** 170/285 – ½ P 269/312.

au Fel *Ouest : 10 km par D 107 et D 573 – 186 h. alt. 530 – ✉ 12140 Entraygues-sur-Truyère :*

Aub. du Fel, ☎ 05 65 44 52 30, *Fax 05 65 48 64 96,* – ☎ P. GB
1er avril-15 nov. – **Repas** 70/190 – ☕ 34 – **11 ch** 210/285 – ½ P 215/260.

RENAULT Gar. Marty, 21 av. Pont-de-Truyère ☎ 05 65 44 51 14

ENTRECHAUX *84 Vaucluse* 81 ③ – *rattaché à Vaison-la-Romaine.*

ENTRE-LÈS-FOURG *25 Doubs* 70 ⑦ – *rattaché à Jougne.*

*Alle im **Michelin-Führer** erwähnten Orte sind auf den **Michelin-Karten** im Maßstab 1:200 000 rot unterstrichen ; die aktuellsten Hinweise gibt nur die neuste Ausgabe.*

ENTZHEIM *67 B.-Rhin* 87 ⑤ – *rattaché à Strasbourg.*

ENVEITG *66 Pyr.-Or.* 86 ⑯ – *545 h alt. 1260 – ✉ 66760 Bourg-Madame.*

Paris 856 – Font-Romeu-Odeillo-Via 19 – Andorra-la-Vella 60 – Ax-les-Thermes 38 – Perpignan 106.

Transpyrénéen, ☎ 04 68 04 81 05, *Fax 04 68 04 83 75,* ≤, – TV ☎ P. AE GB
1er juin-30 sept., 20 déc.-10 janv. et 1er fév.-30 avril – **Repas** 75/160, enf. 50 – ☕ 38 – **30 ch** 200/290 – ½ P 260/280.

ÉPAGNY *74 H.-Savoie* 74 ⑥ – *rattaché à Annecy.*

ÉPERNAY 51200 *Marne* 56 ⑯ *G. Champagne – 26 682 h alt. 75.*

Voir *Caves de Champagne★★* **BYZ** – *Côte des Blancs★ par ③.*

Office de Tourisme 7 av. de Champagne ☎ 03 26 55 33 00, Fax 03 26 51 92 22.

Paris 142 ④ – Reims 27 ① – Châlons-en-Champagne 34 ② – Château-Thierry 48 ④ – Meaux 95 ③ – Soissons 71 ① – Troyes 109 ③.

Plan page suivante

Les Berceaux (Michelon), 13 r. Berceaux ☎ 03 26 55 28 84, *Fax 03 26 55 10 36* – rest, TV ☎. AE GB — AZ a
Repas *(fermé dim. soir et lundi)* 150/340 et carte 270 à 390, enf. 80 - ***Le Bar*** *(fermé sam. midi)* **Repas** *(90 bc)* 145 – ☕ 50 – **29 ch** 330/420 – ½ P 390
Spéc. Foie gras de canard servi en chaud et froid. Saint-Pierre rôti à l'arête, poêlée de petites "noirmoutiers" aux girolles. Galette de pied de porc en fine croûte de pommes de terre. **Vins** Champagne.

Champagne sans rest, 30 r. E. Mercier ☎ 03 26 53 10 60, *Fax 03 26 51 94 63* – TV ☎. AE GB — AZ t
fermé 25 déc. au 15 janv. – ☕ 55 – **33 ch** 350/550.

Ibis, 19 r. Chocatelle ☎ 03 26 51 14 51, *Fax 03 26 51 14 59* – TV ☎ ♿. AE GB — AZ e
Repas *(75)* - 95, enf. 39 – ☕ 36 – **64 ch** 300.

Climat de France, r. Lorraine par ② : *1 km* ☎ 03 26 54 17 39, *Fax 03 26 51 88 78,* – TV ☎ ♿ P – 25. AE GB
Repas 88/120, enf. 39 – ☕ 35 – **33 ch** 290.

St Pierre sans rest, 14 av. P. Chandon ☎ 03 26 54 40 80, *Fax 03 26 57 88 68* – TV ☎. GB — AZ s
fermé vacances de fév. – ☕ 27 – **15 ch** 113/195.

Chez Pierrot, 16 r. Fauvette ☎ 03 26 55 16 93, *Fax 03 26 54 51 30* – GB — AY n
fermé 9 au 18 mars, 1er au 24 août, sam. midi et dim. – **Repas** *(100)* - 120.

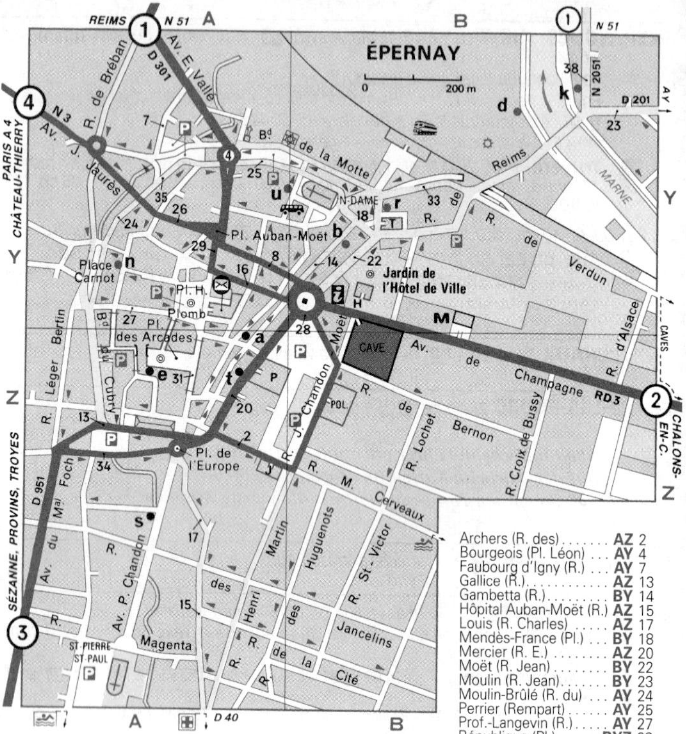

Archers (R. des) . . . . AZ 2
Bourgeois (Pl. Léon) . . . AY 4
Faubourg d'Igny (R.) . . . AY 7
Gallice (R.) . . . . AZ 13
Gambetta (R.) . . . . BY 14
Hôpital Auban-Moët (R.) AZ 15
Louis (R. Charles) . . . . . AZ 17
Mendès-France (Pl.) . . . BY 18
Mercier (R. E.) . . . . AZ 20
Moët (R. Jean) . . . . BY 22
Moulin (R. Jean) . . . . BY 23
Moulin-Brûlé (R. du) . . . AY 24
Perrier (Rempart) . . . . . . AY 25
Prof.-Langevin (R.) . . . . . AY 27
République (Pl.) . . . . . . BYZ 28
Semard (R. Pierre) . . . . . BY 33
Sézanne (R. de) . . . . AZ 34
Tanneurs (R. des) . . . . . . AY 35
Thévenet (Av.) . . . . BY 38

Flodoard (R.) . . . . AY 8
Leclerc (R. Gén.) . . . . AY 16
Plomb (Pl. Hugues) . . . . . AY
Porte-Lucas (R.) . . . . AY 26
St-Martin (R.) . . . . AY 29
St-Thibault (R.) . . . . AZ 31

XX **Théatre,** 8 pl. P. Mendès-France ✆ 03 26 58 88 19, *Fax 03 26 58 88 38* – ▤. GB — BY r
fermé 15 au 30 juil., 15 fév. au 6 mars, mardi soir et merc. – **Repas** 120/230 ♀.

X **Table de Kobus,** 3 r. Dr Rousseau ✆ 03 26 51 53 53, *Fax 03 26 58 42 68* – ▤. GB — ABY u
fermé 10 au 19 août, 21 au 28 déc., vacances de fév., dim. soir et lundi – **Repas** (95) - 130/220 ♀.

X **Cave à Champagne,** 16 r. Gambetta ✆ 03 26 55 50 70, *Fax 03 26 51 07 24* – ▤. GB — BY b
fermé mardi en juil.-août – **Repas** (nombre de couverts limité, prévenir) 79/140 ♀.

X **Terrasse,** 7 quai Marne ✆ 03 26 55 26 05, *Fax 03 26 55 33 79* – AE ⓓ GB — BY d
fermé 21 au 28 déc., dim. soir et lundi – **Repas** (65) - 95/260 ♀, enf. 50.

X **Chez Max,** 13 av. A. A. Thévenet (à Magenta) ✆ 03 26 55 23 59, *Fax 03 26 54 02 97* – ▤. AE ⓓ GB — BY k
fermé 3 au 24 août, 4 au 18 janv., dim. soir et lundi – **Repas** 93/200 ♀, enf. 45.

à Champillon *par ① : 6 km – 533 h. alt. 210 – ✉ 51160 :*

Royal Champagne Ⓜ, N 2051 ✆ 03 26 52 87 11, *Fax 03 26 52 89 69,* ≤ Épernay, vignoble et vallée de la Marne, – TV ☎ P – 30. AE ⓓ GB JCB
Repas (145) - 195 (déj.), 275/375 et carte 350 à 490 ♀ – ☕ 85 – **25 ch** 870/1300, 3 appart – ½ P 830/1010
Spéc. Aumonières croustillantes de langoustines. Escargots de Champagne en coque feuilletée (sept. à avril). Choco-mousse tiède au marc de champagne. **Vins** Coteaux champenois.

rte de Reims *par ① : 8 km – ✉ 51160 St-Imoges :*

XX **Maison du Vigneron,** N 51 ✆ 03 26 52 88 00, *Fax 03 26 52 86 03* – ▤ P. AE ⓓ GB
fermé vacances de fév., dim. soir et merc. – **Repas** 125/275 ♀.

à Vinay *par ③ : 6 km – 489 h. alt. 102 – ✉ 51530 :*

Host. La Briqueterie Ⓜ, rte de Sézanne ☎ 03 26 59 99 99, *Fax 03 26 59 92 10*, 🏋, 🏊, 🌳 – 📺 ☎ 📞 ♿ 🚗 🅿 – 🏨 30. AE GB
fermé 20 au 25 déc. – **Repas** 135 (déj.), 250/410 et carte 280 à 440 🍷, enf. 110 – ☕ 75 – **42 ch** 750/1150
Spéc. Filet de sandre poêlé en écailles de carottes, sauce bouzy. Pigeonneau de Champagne désossé au foie gras et aux truffes en feuilleté. Tulipe glacée au champagne rosé et herbes folles (fin avril à sept.). **Vins** Cumières, Champagne.

CITROEN Gd Gar. Sparnacien, N 51 à Dizy ☎ 03 26 55 58 11
FIAT, LANCIA Magenta-Automobiles, 71 av. Thévenet à Magenta ☎ 03 26 51 04 56 🅽 ☎ 03 26 55 39 39
FORD Gar. Rebeyrolle, 7 quai Villa ☎ 03 26 55 59 65
MERCEDES, TOYOTA Gar. Ténédor, 1 pl. Martyrs-Résistance ☎ 03 26 51 97 77
PEUGEOT Gar. Beuzelin, 71 av. Thévenet à Magenta **BY** ☎ 03 26 51 10 66
RENAULT Automotor, 100 av. Thévenet à Magenta par N 2051 ☎ 03 26 55 67 11 🅽 ☎ 06 07 57 50 02

Ⓜ Euromaster, 94 av. A.-Thévenet à Magenta ☎ 03 26 55 27 47

ÉPERNON *28230 E.-et-L.* **60** ⑧ *G. Ile de France – 5 097 h alt. 106.*
Paris 79 – Chartres 27 – Dreux 31 – Étampes 50 – Rambouillet 14 – Versailles 47.

Madeleine avec ch, 24 r. Madeleine ☎ 02 37 83 42 06, *Fax 02 37 83 57 34*, 🌳 – 📺 ☎ 📞 ♿ 🅿. GB
fermé 2 au 25 août, dim. soir et lundi – **Repas** 92/220 🍷, enf. 48 – ☕ 32 – **7 ch** 178/280.

FIAT Gar. Duche, DUCHE rte de Nogent-le-Roi ☎ 02 37 83 61 10
MERCEDES, PEUGEOT Gar. Duvauchel, r. des Longs Réages ZI ☎ 02 37 83 61 69
RENAULT Gar. du Château, 60 r. de la Madeleine ☎ 02 37 83 41 44

ÉPINAL 🅿 *88000 Vosges* **62** ⑯ *G. Alsace Lorraine – 36 732 h alt. 324.*
Voir *Vieille ville★ : Basilique★ – Parc du château★ – Musée départemental d'art ancien et contemporain★.*
⛳18 *des Images d'Epinal ☎ 03 29 34 65 97, par ② à 3 km du centre.*
ℹ *Office de Tourisme 13 r. Comédie ☎ 03 29 82 53 32, Fax 03 29 35 26 16 – Automobile Club av. du Gén.-de-Gaulle ☎ 03 29 35 29 67, Fax 03 29 35 31 86.*
Paris 384 ⑥ – Belfort 96 ④ – Colmar 91 ③ – Mulhouse 106 ③ – Nancy 71 ① – Vesoul 88 ③.

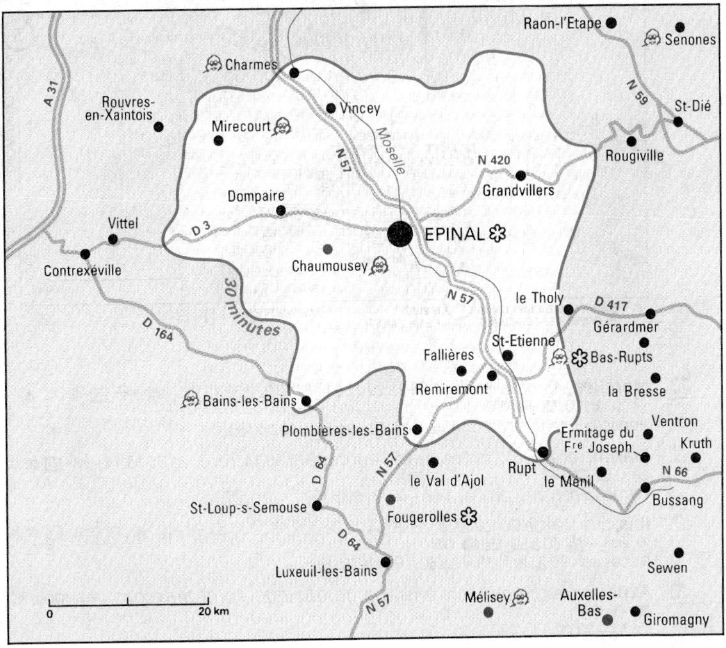

ÉPINAL

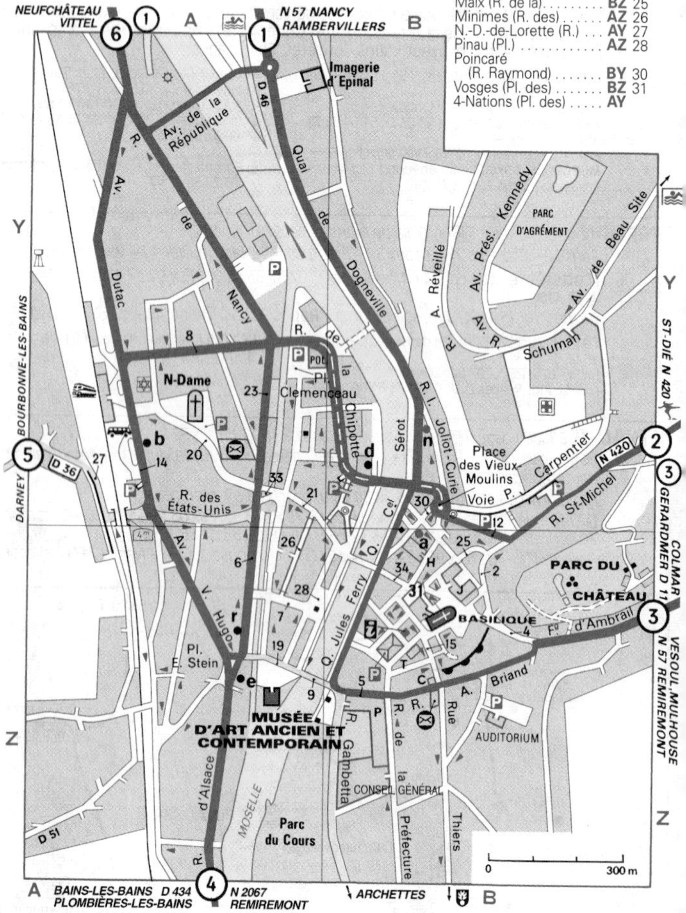

Mercure, 13 pl. E. Stein ✆ 03 29 29 12 91, *Fax 03 29 29 12 92* – 30 à 100. AE ⓓ GB — AZ e
Repas *(85)* - carte environ 140 ♀, enf. 48 – ☕ 55 – **46 ch** 430/450.

Clarine sans rest, 12 av. Gén. de Gaulle ✆ 03 29 82 10 74, *Fax 03 29 35 35 14* – AE ⓓ GB — AY b
fermé 23 déc. au 2 janv. – ☕ 38 – **45 ch** 300/320.

Ibis, quai Mar. de Contades ✆ 03 29 64 28 28, *Fax 03 29 35 37 88* – rest, – 30 à 50. AE ⓓ GB — BY d
Repas *(75)* - 95 ♁, enf. 39 – ☕ 36 – **60 ch** 305/325.

Azur sans rest, 54 quai Bons Enfants ✆ 03 29 64 05 25, *Fax 03 29 64 00 40* – AE ⓓ GB — AZ r
☕ 32 – **20 ch** 170/290.

XXX ✿ **Relais des Ducs de Lorraine** (Obriot), 16 quai Col. Sérot ✆ 03 29 34 39 87, *Fax 03 29 34 27 61* – AE GB BY n
fermé 10 au 20 août, dim. soir et lundi – **Repas** 185/420 et carte 290 à 470 ♀
Spéc. Galette de langoustines aux champignons des bois (mai à sept.). Gâteau de grenouilles aux pommes dorées, ail confit. Soufflé mirabelle, coulis et sorbet. **Vins** Pinot noir, Côtes de Toul.

XX **Petit Robinson,** 24 r. R. Poincaré ✆ 03 29 34 23 51, *Fax 03 29 31 27 17* – AE GB
fermé 15 juil. au 15 août, sam. midi et dim. – **Repas** 98/190 ♁, enf. 60. BZ a

par ① : *3 km* – ✉ *88000 Épinal :*

La Fayette M, parc économique Le Saut Le Cerf ✆ 03 29 81 15 15, *Fax 03 29 31 07 08*, ⛱, Fö, ✂ – ⇔ ▤ TV ☎ ✆ ♿ ⇔ P – 🏔 50. AE ⓓ GB
Repas 110/270 ♀ – ☕ 50 – **48 ch** 440/570 – ½ P 370.

Campanile, r. Merle Blanc, Bois Voivre ✆ 03 29 31 38 38, *Fax 03 29 34 71 65* – ⇔ TV ☎ ✆ ♿ P – 🏔 30. AE ⓓ GB
Repas *(66)* - 84 bc/107 bc, enf. 39 – ☕ 34 – **39 ch** 278.

à Chaumousey *par ⑤ et D 460 : 10 km – 756 h. alt. 360 –* ✉ *88390 :*

XX **Calmosien,** ✆ 03 29 66 80 77, *Fax 03 29 66 89 41*, ⛱ – AE GB
fermé dim. soir – **Repas** 115/290 ♀, enf. 50.

ALFA ROMEO, FIAT Prestige Automobile, 26 rte d'Epinal, ZC Pré Doué à Chavelot ✆ 03 29 81 19 11
BMW Pré Droué, r. Barry, pôle d'Activité du Pré Droué à Chavelot ✆ 03 29 31 35 34 N ✆ 03 29 34 55 54
CITROEN Gar. Anotin, av. de St-Dié par ② ✆ 03 29 31 93 94 N ✆ 03 29 34 55 54
FORD Gds Gar. Spinaliens, 17 r. Mar.-Lyautey ✆ 03 29 82 47 47
PEUGEOT Epinal-Autom. Theiller, 91 r. d'Alsace ✆ 03 29 29 15 15
RENAULT SODISEP, 50, av. de St-Dié par ② ✆ 03 29 68 44 44 N ✆ 03 29 64 54 51

Leclerc Pneu, 15 r. Mar. Lyautey ✆ 03 29 35 42 08
Leclerc Pneu, Centre Comm. La Fougère à Chavelot ✆ 03 29 34 02 12
Malnoy-Pneus - Point S, 13 av. Fontenelle ✆ 03 29 82 22 93

ÉPINAY-SUR-SEINE *93 Seine-St-Denis* 56 ⑪, 101 ⑮ – *voir à Paris, Environs.*

L'ÉPINE *51 Marne* 56 ⑱ – *rattaché à Châlons-en-Champagne.*

L'ÉPINE *85 Vendée* 67 ① – *voir à Noirmoutier (Ile de).*

ÈPINEAU-LES-VOVES *89 Yonne* 65 ④ – *rattaché à Joigny.*

EPINOUZE *26210 Drôme* 77 ② – *968 h alt. 208.*
Paris 524 – Grenoble 78 – Lyon 67 – St-Étienne 84 – Valence 59.

Aub. de la Valloire ⛰, ✆ 04 75 31 72 98, *Fax 04 75 31 62 30*, ⛱ – TV ☎ ♿ P. GB
fermé 30 juil. au 17 août, vend. soir, dim. soir et sam. – **Repas** (dîner pour résidents seul.) 60/180 ♁ – ☕ 30 – **18 ch** 260/310 – ½ P 190.

EQUEURDREVILLE-HAINNEVILLE *50 Manche* 54 ① – *rattaché à Cherbourg.*

ERBALUNGA *2B H.-Corse* 90 ② – *voir à Corse.*

ERDEVEN *56410 Morbihan* 63 ① – *2 352 h alt. 18.*
Paris 495 – Vannes 37 – Auray 18 – Carnac 9 – Lorient 27 – Quiberon 20 – Quimperlé 48.

Voyageurs, r. Océan ✆ 02 97 55 64 47, *Fax 02 97 55 64 24* – ☎ P. GB
1er avril-30 sept. – **Repas** 58/145 ♀, enf. 40 – ☕ 33 – **20 ch** 190/295 – ½ P 230/280.

ERGAL *78 Yvelines 60 ⑨, 106 ⑯ ㉘ – rattaché à Pontchatrain.*

ERMENONVILLE *60950 Oise 56 ⑫, 106 ⑨ G. Ile de France – 782 h alt. 92.*

Voir *Parc★ – Forêt d'Ermenonville★ – Abbaye de Chaalis★ N : 3 km – Clocher★ de l'église de Montagny-Ste-Félicité E : 4 km.*

Paris 53 – Compiègne 43 – Beauvais 65 – Meaux 24 – Senlis 13 – Villers-Cotterêts 35.

Château d'Ermenonville, ☎ 03 44 54 00 26, *Fax 03 44 54 01 00*, ≤, « Château du 18e siècle dans un parc » – 70. AE GB
Repas 145 (déj.), 195/490 bc – 80 – **49 ch** 390/1415 – ½ P 700/885.

à Ver-sur-Launette *Sud : 3 km par D 84 – 825 h. alt. 85 – ✉ 60950 :*

Rabelais, ☎ 03 44 54 01 70, *Fax 03 44 54 05 20* – AE GB
fermé dim. soir et merc. – **Repas** 185/300 ♀, enf. 115.

ERMITAGE DU FRÈRE JOSEPH *88 Vosges 62 ⑰ – rattaché à Ventron.*

ERNÉE *53500 Mayenne 59 ⑲ G. Normandie Cotentin – 6 052 h alt. 120.*

Office de Tourisme (saison) Pl. de la Mairie ☎ 02 43 08 71 17.

Paris 303 – Domfront 46 – Fougères 22 – Laval 32 – Mayenne 25 – Vitré 31.

Grand Cerf avec ch, 19 r. A.-Briand ☎ 02 43 05 13 09, *Fax 02 43 05 02 90* – AE GB, ch
fermé 15 au 31 janv., lundi hors saison et dim. soir – **Repas** 108/220 ♀ – 38 – **7 ch** 249 – ½ P 280/320.

CITROEN Gar. Lory, 14 bd Duvivier ☎ 02 43 05 11 89 N ☎ 02 43 05 11 89

ERQUY *22430 C.-d'Armor 59 ④ G. Bretagne – 3 568 h alt. 12.*

Voir *Cap d'Erquy ★ NO : 3,5 km puis 30 mn.*

Office de Tourisme bd de la Mer ☎ 02 96 72 30 12, Fax 02 96 72 02 88.

Paris 452 – St-Brieuc 34 – Dinan 45 – Dinard 41 – Lamballe 22 – Rennes 102.

Beauséjour, 21 r. Corniche ☎ 02 96 72 30 39, *Fax 02 96 72 16 30* – P. GB
fermé 10 au 24 fév. et lundi sauf juil.-août – **Repas** 80/170 ♀, enf. 50 – 39 – **16 ch** 250/300 – ½ P 275/320.

L'Escurial, bd Mer ☎ 02 96 72 31 56, *Fax 02 96 63 57 92*, ≤ – AE GB.
fermé 22 nov. au 6 déc., 7 au 15 juin, dim. soir et lundi sauf juil.-août – **Repas** 98/380 ♀, enf. 80.

Nelumbo, 5 r. Église ☎ 02 96 72 31 31, *Fax 02 96 72 08 54*, – AE GB
fermé 16 au 22 nov., 7 au 16 fév., lundi soir et merc. sauf juil.-août – **Repas** (59) - 78/195 ♀, enf. 49.

CITROEN Gar. Clerivet, ☎ 02 96 72 14 20
RENAULT Gar. Thomas, ☎ 02 96 72 30 37 N ☎ 02 96 72 30 37

Gar. Clerivet, ☎ 02 96 72 02 07

ERSTEIN *67150 B.-Rhin 62 ⑩ – 8 600 h alt. 150.*

Paris 498 – Strasbourg 25 – Colmar 48 – Molsheim 23 – St-Dié 68 – Sélestat 26.

Crystal M, av. Gare ☎ 03 88 98 89 12, *Fax 03 88 98 11 29*, – P – 25 à 50. AE GB
Repas *(fermé 1er au 15 août, sam. midi et dim.)* 44 (déj.), 85/125 ♀, enf. 39 – 50 – **69 ch** 280/400 – ½ P 290.

Jean-Victor Kalt, 41 av. Gare ☎ 03 88 98 09 54, *Fax 03 88 98 83 01* – P. AE GB
fermé 31 août au 10 sept., dim. soir et lundi soir – **Repas** 110 (déj.), 150/320 et carte 300 à 370.

CITROEN Gar. Fritsch, 39 av. de la Gare ☎ 03 88 98 89 00 N ☎ 03 88 98 89 00
RENAULT Gar. Fechter, 10 r. Gén.-de-Lattre ☎ 03 88 98 04 24 N ☎ 03 88 98 17 71

Gar. Louis, 3 rte de Lyon ☎ 03 88 98 07 13 N ☎ 03 88 98 07 13

ERVAUVILLE *45 Loiret* 61 ⑬ – *rattaché à Courtenay.*

Les ESCALDES-ENGORDANY 86 ⑭ – *voir à Andorre (Principauté d').*

L'ESCRINET (Col de) *07 Ardèche* 76 ⑲ – *rattaché à Privas.*

ESPALION *12500 Aveyron* 80 ③ *G. Gorges du Tarn* **(plan)** – *4 614 h alt. 342.*

Voir *Église de Perse★ SE : 1 km – Chapelle romane★ de St-Pierre-de-Bessuéjouls O : 4 km par D 556.*

Office de Tourisme 2 r. Saint-Antoine ☎ 05 65 44 10 63, Fax 05 65 48 02 57.

Paris 599 – Rodez 31 – Aurillac 70 – Figeac 93 – Mende 108 – Millau 82 – St-Flour 82.

France M sans rest, bd J. Poulenc ☎ 05 65 44 06 13, *Fax 05 65 44 76 26* – P. AE ⓓ GB JCB
35 – **9 ch** 260.

Moderne et rest. l'Eau Vive, bd Guizard ☎ 05 65 44 05 11, *Fax 05 65 48 06 94* – rest, P. GB
fermé 15 nov. au 10 déc. et 2 au 15 janv. – **Repas** *(fermé dim. soir et lundi du 15 sept. au 30 juin)* 80/250, enf. 50 – 40 – **28 ch** 240/340 – ½ P 290.

Méjane, r. Méjane ☎ 05 65 48 22 37 – AE ⓓ GB
fermé 22 au 27 juin, vacances de fév., dim. soir et merc. sauf août et lundi en juil. – **Repas** 90 (déj.), 125/280, enf. 65.

CITROEN Gar. Cadars, av. de St-Côme ☎ 05 65 44 00 73 N ☎ 05 65 48 22 03

ESQUIÈZE-SÈRE *65 H.-Pyr.* 85 ⑱ – *rattaché à Luz-St-Sauveur.*

ESTAING *12190 Aveyron* 80 ③ *G. Gorges du Tarn* – *665 h alt. 313.*

Syndicat d'Initiative à la Mairie ☎ 05 65 44 03 22, Fax 05 65 44 03 22.

Paris 608 – Rodez 40 – Aurillac 61 – Conques 42 – Espalion 9 – Figeac 74.

Aux Armes d'Estaing, ☎ 05 65 44 70 02, *Fax 05 65 44 74 54* – P. GB
fermé 15 au 30 nov. et janv. – **Repas** 68/165 – 32 – **40 ch** 170/280 – ½ P 205/245.

Aub. St-Fleuret avec ch, face mairie ☎ 05 65 44 01 44, *Fax 05 65 44 72 19,* – GB
fermé janv., fév., merc. soir et jeudi d'oct. à avril – **Repas** 60/185, enf. 38 – 30 – **14 ch** 190/250 – ½ P 215.

ESTAING *65400 H.-Pyr.* 85 ⑰ *G. Pyrénées Aquitaine* – *86 h alt. 970.*

Voir *Lac d'Estaing★ S : 4 km.*

Paris 836 – Pau 64 – Argelès-Gazost 12 – Arrens 7 – Laruns 44 – Lourdes 23 – Tarbes 42.

Lac d'Estaing avec ch, au Lac Sud : 4 km ☎ 05 62 97 06 25, ← , – P. GB
1er mai-15 oct. – **Repas** 90/160, enf. 55 – 32 – **11 ch** 180/220 – ½ P 220/240.

ESTÉRENÇUBY *64 Pyr.-Atl.* 85 ③ – *rattaché à St-Jean-Pied-de-Port.*

ESTRABLIN *38 Isère* 74 ⑫, 110 ㉟ – *rattaché à Vienne.*

ESTRÉES-ST-DENIS *60190 Oise* 52 ⑲ – *3 498 h alt. 70.*

Paris 74 – Compiègne 16 – Beauvais 46 – Clermont 19 – Senlis 26.

Moulin Brûlé, 70 r. Flandres ☎ 03 44 41 97 10, – GB
fermé vacances de printemps, 3 au 23 août, vacances de fév., lundi soir et dim. – **Repas** 130/285.

ÉTAIN *55400 Meuse* 57 ⑫ *G. Alsace Lorraine – 3 577 h alt. 210.*

Office de Tourisme r. R. Poincaré ☎ 03 29 87 20 80, Fax 03 29 87 20 80.

Paris 287 – Metz 49 – Briey 24 – Longwy 43.

Sirène, r. Prud'homme-Havette (rte Metz) ☎ 03 29 87 10 32, *Fax 03 29 87 17 65,* – TV ☎ P. GB
fermé 23 déc. au 1er fév. et lundi (sauf hôtel en saison) – **Repas** 67/250, enf. 35 – ☕ 35 – **23 ch** 190/210 – ½ P 180/220.

ÉTAMPES *91150 Essonne* 60 ⑩, 106 ㊷ *G. Ile de France – 21 457 h alt. 80.*

Voir *Cathédrale Notre-Dame★.*

de Belesbat ☎ 01 69 23 19 10 à Boutigny-s-Essonne : 17 km.

Paris 50 – Fontainebleau 46 – Chartres 60 – Évry 36 – Melun 43 – Orléans 72 – Versailles 51.

à Ormoy-la-Rivière *au Sud : 5 km par D 49 et rte secondaire – 874 h. alt. 81 – ✉ 91150 :*

Aub. du Vieux Chaudron, ☎ 01 64 94 39 46, *Fax 01 64 94 39 46,* – GB
fermé 4 au 11 janv., 17 août au 9 sept., mardi soir, dim. soir et lundi – **Repas** 88/125.

PEUGEOT Gar. Auclert, ZI 1es Rochettes à Morigny-Champigny ☎ 01 69 92 12 60
RENAULT Gar. du Rempart, N 20 à Morigny-Champigny ☎ 01 64 94 35 45 N
ROVER Gar. St-Pierre, rte de Pithiviers ☎ 01 64 94 90 00

Euromaster, ZI 9 r. Rochettes à Morigny-Champigny ☎ 01 64 94 94 44

Les ÉTANGS-DES-MOINES *59 Nord* 53 ⑯ *– rattaché à Fourmies.*

ÉTANG-SUR-ARROUX *71190 S.-et-L.* 69 ⑦ *– 1 835 h alt. 277.*

Voir *Mont Beuvray : ※★★ (table d'orientation), musée Bibracte-Mont Beuvray★ SO : 21 km,* G. Bourgogne.

Paris 305 – Chalon-sur-Saône 60 – Moulins 84 – Autun 18 – Decize 65 – Digoin 50 – Mâcon 112.

Host. du Gourmet avec ch, rte Toulon ☎ 03 85 82 20 88, *Fax 03 85 82 36 13* – ☎. GB
fermé janv., dim. soir et lundi sauf juil.-août – **Repas** 78/240 – ☕ 35 – **12 ch** 150/205 – ½ P 180/210.

RENAULT Gar. des Tuilleries, r. d'Autun ☎ 03 85 82 21 48 N ☎ 03 85 82 21 48

ETEL *56410 Morbihan* 63 ① *G. Bretagne – 2 318 h alt. 20.*

Voir *Rivière d'Etel★ – Site★ de la chapelle St-Cado N : 5 km puis 15 mn.*

Syndicat d'Initiative pl. des Thoniers ☎ 02 97 55 23 80, Fax 02 97 55 58 26.

Paris 494 – Vannes 36 – Lorient 25 – Quiberon 24.

Trianon, ☎ 02 97 55 32 41, *Fax 02 97 55 44 71,* – TV ☎ P. GB
Repas *(fermé dim. soir et lundi hors saison)* 85/190 – ☕ 50 – **22 ch** 300/480 – ½ P 360/380.

ÉTOILE-SUR-RHÔNE *26800 Drôme* 77 ⑫ *– 3 504 h alt. 170.*

Paris 571 – Valence 12 – Crest 17 – Privas 34.

Vieux Four, pl. Centre ☎ 04 75 60 72 21, *Fax 04 75 60 72 21,* – ▤. GB.
fermé 4 au 24 août, 4 au 11 janv., dim. soir, lundi et soirs fériés – **Repas** 98/320 ♀.

ÉTOUY *60 Oise* 56 ① *– rattaché à Clermont.*

L'ÉTRAT *42 Loire* 73 ⑲ *– rattaché à St-Étienne.*

ETRÉAUPONT *02580 Aisne* 53 ⑯ – *966 h alt. 127.*
Paris 186 – St-Quentin 50 – Avesnes-sur-Helpe 25 – Hirson 15 – Laon 43.

Clos du Montvinage, N 2 ☎ 03 23 97 91 10, *Fax 03 23 97 48 92,* – TV ☎ 📞 ♿ P – 🏛 30. AE ⓞ GB. ✂ ch
fermé 3 au 23 août, vacances de fév., dim. soir et lundi midi – ***Aub. du Val de l'Oise*** ☎ 03 23 97 40 18 **Repas** *(95)*-125/192bc – ☕ 40 – **19 ch** 290/450 – ½ P 280/330.

ÉTRETAT *76790 S.-Mar.* 52 ⑪ *G. Normandie Vallée de la Seine – 1 565 h alt. 8 – Casino* **A.**
Voir *Falaise d'Aval*★★★ **A** – *Falaise d'Amont*★★ **B.**
⛳18 ☎ *02 35 27 04 89* **A.**
ℹ *Office de Tourisme pl. M.-Guillard ☎ 02 35 27 05 21, Fax 02 35 28 87 20.*
Paris 205 ③ – Le Havre 29 ④ – Bolbec 28 ③ – Fécamp 17 ② – Rouen 87 ②.

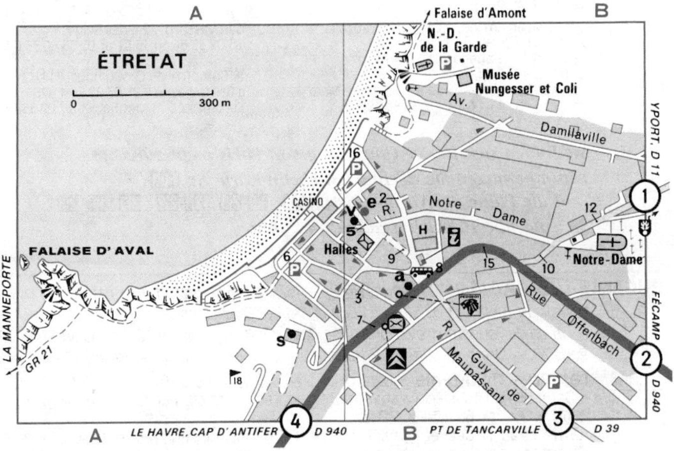

Dormy House 🔇, rte Le Havre ☎ 02 35 27 07 88, *Fax 02 35 29 86 19,* ≤ falaise et mer, 🌳, parc – TV ☎ 📞 P – 🏛 50. AE GB. ✂ rest — **A s**
fermé 5 janv. au 15 fév. – **Repas** *(98)* - 145 bc (déj.), 183/250 🍷, enf. 90 – ☕ 50 – **49 ch** 320/660 – ½ P 350/495.

Falaises sans rest, bd R. Coty ☎ 02 35 27 02 77 – TV ☎. GB — **B v**
☕ 30 – **24 ch** 280/390.

Poste, av. George V ☎ 02 35 27 01 34, *Fax 02 35 27 76 28* – TV ☎ 📞. GB — **B a**
fermé janv., dim. soir et lundi hors saison sauf vacances scolaires – **Repas** 85/140 🍷, enf. 47 – ☕ 30 – **16 ch** 180/250 – ½ P 250.

Galion, bd R. Coty ☎ 02 35 29 48 74, *Fax 02 35 29 74 48* – GB — **B e**
fermé 10 déc. au 10 janv., jeudi midi et merc. sauf vacances scolaires – **Repas** 120/260 🍷.

au Tilleul *par ④ et D 940 : 3 km – 564 h. alt. 107 – ✉ 76790 Étretat :*

St-Christophe sans rest, ☎ 02 35 28 84 29, *Fax 02 35 28 84 30* – TV ☎ 📞. ⓞ GB. ✂
fermé 2 au 31 janv. – ☕ 35 – **21 ch** 290/330.

CITROEN Gar. Enz, ☎ 02 35 27 04 69
PEUGEOT Gar. Capron, ☎ 02 35 27 03 98
RENAULT Gar. Loisel, Le Tilleul par ④ ☎ 02 35 27 07 50 N ☎ 02 35 27 07 50

EU *76260 S.-Mar.* 52 ⑤ *G. Normandie Vallée de la Seine* **(plan)** – *8 344 h alt. 19.*

Voir *Église Notre-Dame et St-Laurent★ – Mausolées★ dans la chapelle du Collège.*

Office de Tourisme 41 r. P.-Bignon ✆ 02 35 86 04 68, Fax 02 35 50 16 03.

Paris 173 – Amiens 83 – Abbeville 33 – Blangy-sur-Bresle 22 – Dieppe 33 – Rouen 101 – Le Tréport 4.

Domaine du Pavillon de Joinville, Ouest : 1 km par D 1915 ✆ 02 35 50 52 52, *Fax 02 35 50 27 37*, parc, – TV ☎ P – 30 à 100. AE GB. rest
Repas *(fermé 15 nov. au 10 déc., 1er janv. au 15 mars, dim. soir et lundi de sept. à mai)* 150/380 – 90 – **20 ch** 390/880, 3 appart – ½ P 405/715.

Cour Carrée sans rest, Le Briquet, Sud-Ouest : 2 km par rte Dieppe ✆ 02 35 50 60 60, *Fax 02 35 50 60 61* – TV ☎ P – 90. AE GB
49 – **28 ch** 300/370.

Gare, 20 pl. Gare ✆ 02 35 86 16 64, *Fax 02 35 50 86 25*, – TV ☎ P. AE GB
fermé 18 août au 8 sept. et dim. soir – **Repas** 90/210 – 38 – **20 ch** 250/300 – ½ P 300/325.

CITROEN Gar. Amand, 18 pl. Gén.-de-Gaulle ✆ 02 35 86 00 89
PEUGEOT Gar. Boutleux, ZI Les Prés Salés ✆ 02 35 86 56 44
RENAULT Carrosserie Eudoise, ZI rte de Mers ✆ 02 35 86 11 44 N ✆ 02 35 86 38 50
Gar. Vassard, 22 r. des Belges ✆ 02 35 86 34 16 N ✆ 02 35 86 33 04

Comptoir du Caoutchouc, 91 r. Ch.-de-Gaulle à Gamaches (80) ✆ 03 22 26 11 23
Euromaster, 7 r. des Belges ✆ 02 35 86 29 12

EUGÉNIE-LES-BAINS *40320 Landes* 82 ① – *467 h alt. 65 – Stat. therm. (9 fév./11 nov.).*

Golf du Tursan ✆ 05 58 51 11 63 par D 11 et D 62 : 2 km.

Office de Tourisme (fév.-nov.) 147 r. R. Vielle ✆ 05 58 51 13 16, Fax 05 58 51 12 02.

Paris 732 – Mont-de-Marsan 26 – Aire-sur-l'Adour 13 – Dax 71 – Orthez 48 – Pau 57.

Les Prés d'Eugénie (Guérard) M, ✆ 05 58 05 06 07, *Fax 05 58 51 10 10*, « Demeure du 19e siècle élégamment décorée - parc et "Ferme" thermale », – TV ☎ P – 60. AE GB.
fermé 1er au 17 déc. et 4 janv. au 28 fév. – (menus minceur, résidents seul.) - ***rest. Michel Guérard*** (nbre de couverts limité-prévenir) *(fermé jeudi midi et merc. du 4 sept. au 13 juil. sauf fériés)* **Repas** 590/750 et carte 520 à 710, enf. 150 – 120 – **17 ch** 1250/1650, 12 appart
Spéc. Salade baroque aux crevettes et "croquignolles" d'araignée de mer. Poitrine de poulette fourrée d'herbes grillée au lard sur la braise. Gâteau mollet du Marquis de Béchamel, glace fondue à la rhubarbe. **Vins** Tursan blanc.

Couvent des Herbes M, parc, « Ancien couvent du 18e siècle » – TV ☎ P. AE GB. rest
Repas voir ***Les Prés d'Eugénie*** et rest. ***Michel Guérard*** – 120 – **5 ch** 1450/1650, 3 appart.

Maison Rose M (voir aussi rest. Michel Guérard), ✆ 05 58 05 06 07, *Fax 05 58 51 10 10*, « Ambiance guesthouse », – cuisinette TV ☎ P. AE GB.
fermé 1er au 17 déc. et 4 janv. au 13 fév. – **Repas** (résidents seul.) – 60 – **32 ch** 460/580 – P 720/775.

Ferme aux Grives, ✆ 05 58 51 19 08, *Fax 05 58 51 10 10*, « Ancienne auberge de village », – P. GB
fermé 3 janv. au 13 fév., lundi soir et mardi du 3 sept. au 12 juil. sauf fériés – **Repas** 185.

ÉVELLE *21340 C.-d'Or* 70 ①.

Paris 311 – Beaune 13 – Autun 36 – Chalon-sur-Saône 31 – Dijon 58.

Aub. du Vieux Pressoir, ✆ 03 80 21 82 16, *Fax 03 80 21 82 16* – GB
fermé 2 au 20 janv., 1er au 10 fév. et merc. sauf le soir en juil.-août – **Repas** 98/180.

EVETTE-SALBERT *90350 Ter.-de-Belf.* 66 ⑧ – *2 093 h alt. 390.*

Paris 416 – Besançon 107 – Mulhouse 48 – Belfort 8 – Lure 28 – Montbéliard 30 – Thann 40.

Aub. du Lac, 27 r. Lac ✆ 03 84 29 14 10, – AE GB
fermé 20 au 30 oct., 2 au 21 janv., lundi soir et mardi – **Repas** 80/160.

ÉVIAN-LES-BAINS *74500 H.-Savoie* **70** ⑰ *G. Alpes du Nord – 6 895 h alt. 370 – Stat. therm. (fév./mi-nov.) – Casino* **B**.

Voir *Lac Léman*★★★.

Royal Club Evian ✆ *04 50 75 46 66, SO : 2,5 km.*

✆ *08 36 35 35 35.*

Office de Tourisme pl. d'Allinges ✆ *04 50 75 04 26, Fax 04 50 75 61 08.*

Paris 579 ③ – Thonon-les-Bains 10 ③ – Annecy 84 ③ – Chamonix-Mont-Blanc 109 ③ – Genève 44 ③ – Montreux 36 ①.

ÉVIAN-LES-BAINS

Libération (Pl. de la) .... **C** 26
Nationale (Rue) .... **B** 33

Abondance (Av. d') .... **C** 2
Bennevy (Bd de) .... **AB** 5
Besson (Quai Ch.) .... **B** 6
Blonay (Q. Baron de) .... **B**
Clermont (R. de) .... **B** 10
Cordeliers (R. des) .... **C** 12
Cottet (Pl. Ch.) .... **B** 15
Dupas (Av. Gén.) .... **A**
Folliet (R. Gaspard) .... **B** 19
Gare (Av. de la) .... **A**
Grottes (Av. des) .... **C** 22
Jean-Jaurès (Bd) .... **ABC**
Larringes (Av. de) .... **AB** 25
Mateirons (Av. des) .... **B** 27
Monnaie (R. de la) .... **B** 29
Narvik (Av. de) .... **B** 31
Neuvecelle (Av. de) .... **C** 36
Port (Pl. du) .... **C** 37
Sources (Av. des) .... **B** 39
Vallées (Av. des) .... **AB** 10

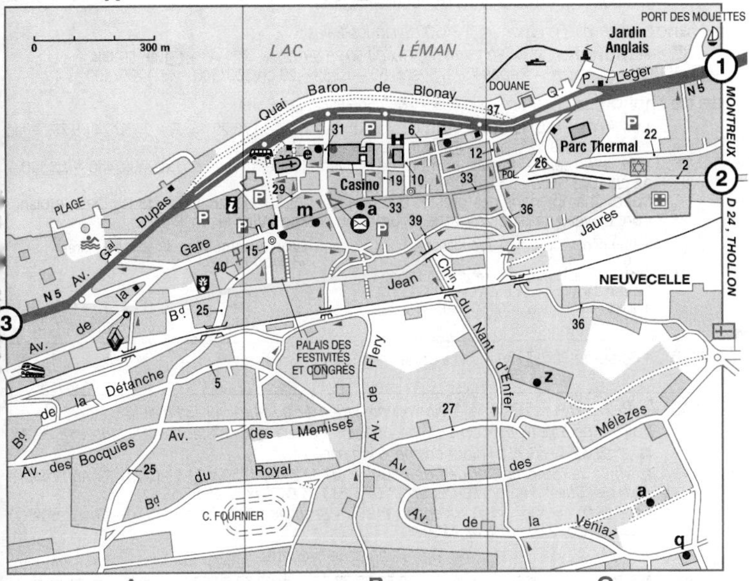

Royal ✆ 04 50 26 85 00, *Fax 04 50 75 61 00*, ≤ lac et montagnes, « Parc », – 25 à 50. AE GB JCB. rest **C z**
fermé 30 nov. au 6 fév. – ***Café Royal :*** **Repas** 340/450 ♀, enf. 80 – ***Rotonde*** (rest. diététique) **Repas** 340 – ***Jardin des Lys :*** **Repas** carte environ 300 ♀, enf. 70 – 110 – **127 ch** 1720/3180, 29 appart – ½ P 1270/1860.

La Verniaz et ses Chalets, rte Abondance ✆ 04 50 75 04 90, *Fax 04 50 70 78 92*, parc, « Chalets isolés dans la verdure : jolie vue, », – 30. AE GB
fermé fin nov. à début fév. – **Repas** 200/350 ♀ – 75 – **34 ch** 800/1100, 5 chalets – ½ P 760/900. **C q**

Ermitage, rte Abondance ✆ 04 50 26 85 00, *Fax 04 50 75 61 00*, ≤ lac et montagnes, « Parc », – 25 à 200. AE GB JCB. rest
fermé 11 nov. au 6 fév. – ***Le Gourmandin :*** **Repas** 190/340 ♀ – 90 – **87 ch** 1150/2900, 4 appart – ½ P 1060/1670. **C a**

Bourgogne, pl. Charles Cottet ✆ 04 50 75 01 05, *Fax 04 50 75 04 05*, AE GB JCB **B d**
fermé 15 nov. au 15 déc., lundi soir et mardi – **Repas** 135/298, enf. 78 - ***Brasserie :*** **Repas** 98 ♀, enf. 50 – 40 – **31 ch** 410/520 – ½ P 410/470.

Littoral M sans rest, av. de Narvik ✆ 04 50 75 64 00, *Fax 04 50 75 30 04*, ←, – ⇕ TV ☎ ♿. AE ⓓ GB — B e
fermé 20 janv. au 3 fév. – ☕ 39 – **30 ch** 410/510.

Savoy H. M, 17 quai Ch. Besson ✆ 04 50 70 70 81, *Fax 04 50 75 68 07*, ← – ⇕ TV ☎. AE ⓓ GB. ✂ rest — B r
Repas 89/255 ♀, enf. 60 – ☕ 55 – **24 ch** 650/750 – ½ P 700/750.

France M sans rest, 59 r. Nationale ✆ 04 50 75 00 36, *Fax 04 50 75 32 47*, – ⇕ TV ☎ – 25. AE ⓓ GB — B a
fermé 20 nov. au 15 déc. – ☕ 30 – **45 ch** 350/420.

Continental sans rest, 65 r. Nationale ✆ 04 50 75 37 54, *Fax 04 50 75 31 11* – ⇕ TV ☎. AE GB. ✂ — B m
☕ 30 – **34 ch** 270/330.

Toque Royale, au Casino ✆ 04 50 26 87 10, *Fax 04 50 75 48 40*, ← – ▤ P. AE ⓓ GB JCB. ✂ — B
fermé 4 au 25 janv. et dim. – **Repas** (dîner seul.) 480 et carte 380 à 460
Spéc. Brouet d'écrevisses pattes rouges et truffes noires (mars à oct.). Omble chevalier poêlé aux fidès et lard de montagne. Bricelet d'agneau des Alpilles au persil plat et rambolets aux truffes. **Vins** Mondeuse, Ripaille.

à Grande-Rive *par ① : 2 km – ✉ 74500 Évian-les-Bains :*

Panorama, ✆ 04 50 75 14 50, *Fax 04 50 75 59 12*, ←, – TV ☎. AE GB
30 avril-1er oct. – **Repas** 75/175, enf. 50 – ☕ 35 – **29 ch** 300/340 – ½ P 255/300.

rte de Thollon *par ② : 7 km – alt. 825 – ✉ 74500 Évian-les-Bains :*

Les Prés Fleuris sur Evian (Frossard), ✆ 04 50 75 29 14, *Fax 04 50 74 68 75*, ← lac et montagnes, , parc – TV ☎ P. AE GB. ✂ rest
mi-mai-fin sept. – **Repas** (nombre de couverts limité, prévenir) *(200)* - 300/440 – ☕ 110 – **12 ch** 1000/1600 – ½ P 1300
Spéc. Champignons des prés et des bois (saison). Omble chevalier du lac, beurre blanc. Côte de veau de lait en cocotte, légumes du potager. **Vins** Marin, Ripaille.

FIAT Impérial-Gar., 9 av. d'Abondance ✆ 04 50 75 01 90
RENAULT Gar. Florin, av. Gare ✆ 04 50 75 00 32
ROVER Gar. Giroud, Petite-Rive à Maxilly-sur-Léman ✆ 04 50 75 13 00
Évian Automobiles, 18 bd Jean-Jaurès ✆ 04 50 75 13 99

ÉVISA *2A Corse-du-Sud 90 ⑮ – voir à Corse.*

ÉVREUX

P *27000 Eure 55 ⑯ ⑰ G. Normandie Vallée de la Seine – 49 103 h alt. 64.*

Voir *Cathédrale Notre-Dame*★ **BZ** – *Châsse*★★ *dans l'église St-Taurin* **AZ** – *Musée*★★ **BZ M.**
18 ✆ *02 32 39 66 22 à l'hippodrome, 3 km par ④.*
Office de Tourisme 3 pl. Gén-de-Gaulle ✆ 02 32 24 04 43, Fax 02 32 31 28 45 – Automobile Club de l'Ouest 6 r. Borville-Dupuis ✆ 02 32 33 03 84, Fax 02 35 07 55 81.
Paris 98 ② – Rouen 54 ① – Alençon 118 ③ – Beauvais 98 ② – Caen 133 ④ – Chartres 78 ③ – Le Havre 122 ④ – Lisieux 73 ④.

Plan page ci-contre

Mercure M, bd Normandie ✆ 02 32 38 77 77, *Fax 02 32 39 04 53* – ⇕ ▤ TV ☎ ♿ P – 80. AE ⓓ GB JCB — AZ s
Repas 95/250 ♀, enf. 39 – ☕ 50 – **60 ch** 395.

Orme sans rest, 13 r. Lombards ✆ 02 32 39 34 12, *Fax 02 32 33 62 48* – ⇕ TV ☎ ♿ – 40. AE ⓓ GB. ✂ — BY t
☕ 37 – **40 ch** 280/390.

France avec ch, 29 r. St-Thomas ✆ 02 32 39 09 25, *Fax 02 32 38 38 56* – TV ☎. ⓓ GB. ✂ ch — AY e
Repas *(fermé dim. soir et lundi) (135)* - 153 ♀, enf. 125 – ☕ 35 – **15 ch** 265/335 – ½ P 295.

Français, pl. Clemenceau (marché) ✆ 02 32 33 53 60, *Fax 02 32 38 60 17* – AE ⓓ GB — ABY r
Repas 79/149 ♀, enf. 39.

Michel Thomas, 87 r. Joséphine ✆ 02 32 33 05 70, *Fax 02 32 33 05 70* – AE GB. ✂ — AZ u
fermé 5 au 22 août – **Repas** *(110)* - 140/180 ♀.

Vieille Gabelle, 3 r. Vieille Gabelle ✆ 02 32 39 77 13 – AE GB — BY s
fermé 1er au 15 août, dim. soir et lundi – **Repas** 69/250.

Bretagne, 3 r. St-Louis ✆ 02 32 39 27 38, *Fax 02 32 39 62 63* – AE ⓓ GB — BY v
fermé 1er au 14 août, merc. soir et lundi – **Repas** 58 (déj.), 74/160 ♀, enf. 45.

Gazette, 7 r. St-Sauveur ✆ 02 32 33 43 40 – AE GB — AY f
fermé 10 au 23 août, 2 au 9 janv., sam. midi et dim. – **Repas** *(85)* - 100/175 ♀.

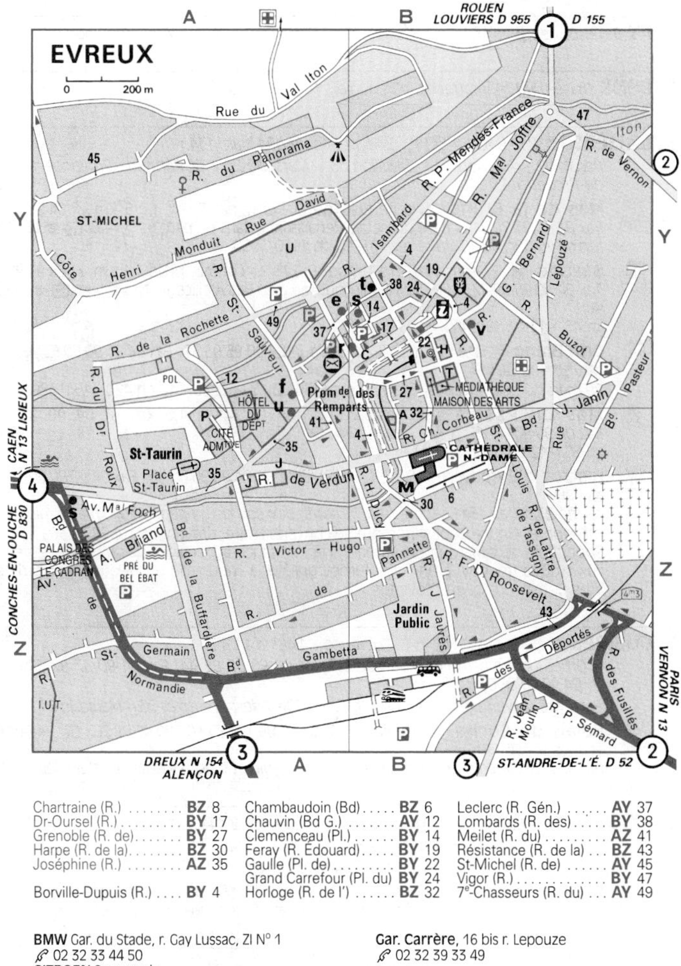

Chartraine (R.) . . . . BZ 8
Dr-Oursel (R.) . . . . BY 17
Grenoble (R. de) . . . . BY 27
Harpe (R. de la) . . . . BZ 30
Joséphine (R.) . . . . AZ 35

Borville-Dupuis (R.) . . . . BY 4

Chambaudoin (Bd) . . . . . BZ 6
Chauvin (Bd G.) . . . . AY 12
Clemenceau (Pl.) . . . . . . BY 14
Feray (R. Édouard) . . . . . BY 19
Gaulle (Pl. de) . . . . BY 22
Grand Carrefour (Pl. du) BY 24
Horloge (R. de l') . . . . . . BZ 32

Leclerc (R. Gén.) . . . . . . AY 37
Lombards (R. des) . . . . . BY 38
Meilet (R. du) . . . . AZ 41
Résistance (R. de la) . . . BZ 43
St-Michel (R. de) . . . . . . AY 45
Vigor (R.) . . . . BY 47
7e-Chasseurs (R. du) . . . AY 49

BMW Gar. du Stade, r. Gay Lussac, ZI N° 1
✆ 02 32 33 44 50
CITROEN Succursale,
81 rte d'Orléans par r. J.-Moulin **BZ**
✆ 02 32 23 35 40 N ✆ 06 11 62 42 49
FORD Gar. Hôtel de Ville, 4 r. G.-Bernard
✆ 02 32 39 58 63
PEUGEOT Gar. de l'Ouest,
N 154 Caer à Normanville par ①
✆ 02 32 29 17 18 N ✆ 08 00 44 24 24
RENAULT Succursale, 2 r. Jacquard, ZI n° 2 par ③
✆ 02 32 23 32 32 N ✆ 06 09 92 15 15

Gar. Carrère, 16 bis r. Lepouze
✆ 02 32 39 33 49

Euromaster, 54 av. Mal-Foch
✆ 02 32 33 42 43
Euromaster, 20 r. A.-Briand
✆ 02 32 33 02 13
Sube Pneurama-Point S, 1 r. Cocherel, ZI N° 1
✆ 02 32 39 09 86
Vulco, 72 rte de Vernon ✆ 02 32 33 06 72

ÉVRON *53600 Mayenne* 60 ⑪ *G. Normandie Cotentin – 6 904 h alt. 114.*

Voir *Basilique★ : chapelle N.-D.-de l'Épine★★.*

Office de Tourisme pl. de la Basilique ✆ 02 43 01 63 75.

Paris 260 – Le Mans 54 – Alençon 55 – La Ferté-Bernard 108 – La Flèche 69 – Laval 35 – Mayenne 25.

rte de Mayenne *6 km par D 7 – ✉ 53600 Mézangers :*

Relais du Gué de Selle ⛫, ✆ 02 43 91 20 00, *Fax 02 43 91 20 10,* ⛫, ⛫, ⛫ – TV ☎ ✆ ♿ P – 🏋 70. AE ◑ GB
fermé 23 déc. au 10 janv., 15 fév. au 2 mars, dim. soir et lundi du 1er oct. au 1er mai – **Repas** *(74)* - 100/260 ♀, enf. 44 – ☕ 46 – **25 ch** 298/490, 7 duplex – ½ P 275/358.

ÉVRY *91 Essonne* 61 ①, 101 ㊲, 106 ㉜ – *voir à Paris, Environs (Évry Agglomération d').*

EYBENS *38 Isère* 77 ⑤ – *rattaché à Grenoble.*

EYGALIÈRES *13810 B.-du-R.* 84 ① *G. Provence – 1 594 h alt. 134.*

Paris 702 – Avignon 29 – Cavaillon 13 – Marseille 80 – St-Rémy-de-Provence 11 – Salon-de-Provence 28.

Mas de la Brune sans rest, rte St-Rémy par D 74A : 1,5 km ✆ 04 90 95 90 77, *Fax 04 90 95 99 21,* « Belle demeure Renaissance dans un parc », – TV ☎ P. GB
fermé 15 déc. au 15 janv. – ☕ 70 – **10 ch** 1150/1350.

Bastide M sans rest, rte Orgon (D 24B) et chemin privé : 1 km ✆ 04 90 95 90 06, *Fax 04 90 95 99 77,* ←, « Dans la garrigue, au pied des Alpilles », – TV ☎ ♿ P. GB.
☕ 45 – **12 ch** 390/460.

Crin Blanc , rte Orgon (D 24B) : 3 km ✆ 04 90 95 93 17, *Fax 04 90 90 60 62,* ←, – ☎ P. GB
20 mars-12 nov. – **Repas** *(fermé merc.)* 150/230 ♀ – ☕ 45 – **10 ch** 420 – ½ P 480.

Mas Du Pastre sans rest, rte Orgon (D 24B) : 1,5 km ✆ 04 90 95 92 61, *Fax 04 90 90 61 75,* – ☎ P. GB.
☕ 55 – **12 ch** 350/690.

Bistrot d'Eygalières (Bru), r. République ✆ 04 90 90 60 34, *Fax 04 90 90 60 37,* – GB
fermé 23/11 au 15/12, 22 fév. au 15 mars, dim.soir de mi-sept. à juil., mardi midi de juil. à mi-sept. et lundi – **Repas** (nombre de couverts limité, prévenir) carte 240 à 360 ♀
Spéc. Foie de canard poêlé au pain d'épice, sauce au vinaigre balsamique. Petites rattes aux truffes (mi-nov. à fin fév.). Turbot grillé à la moutarde de Meaux, beurre d'herbes. **Vins** Coteaux d'Aix-en-Provence.

EYGUIÈRES *13430 B.-du-R.* 84 ① *G. Provence – 4 481 h alt. 75.*

Office de Tourisme pl. Hôtel de Ville ✆ 04 90 59 82 44, Fax 04 90 57 82 58 et Mairie ✆ 04 90 59 88 00.

Paris 716 – Avignon 39 – Aix-en-Provence 50 – Arles 44 – Istres 23 – Marseille 60.

Relais du Coche, pl. Monier ✆ 04 90 59 86 70, *Fax 04 90 45 09 50,* « Anciennes écuries » – AE GB
fermé 2 au 22 janv., dim. soir du 1er oct. au 1er juin et lundi – **Repas** 105 (déj.), 158/198.

EYMOUTIERS *87120 H.-Vienne* 72 ⑲ *G. Berry Limousin – 2 441 h alt. 417.*

Voir Croix reliquaire★ dans l'église.

Paris 433 – Limoges 44 – Aubusson 54 – Guéret 62 – Tulle 67 – Ussel 69.

Pré l'Anneau, Pont de Nedde ✆ 05 55 69 12 77, – P. GB.
fermé 20 déc. au 20 janv., dim. soir et lundi sauf fériés – **Repas** *(80)* - 106/170.

FORD Gar. Memery, 5 av. Jean Moulin ✆ 05 55 69 11 13
PEUGEOT Gar. Chemartin, 1 promenade des Sports ✆ 05 55 69 14 79
RENAULT Gar. Coignac, av. de la Paix ✆ 05 55 69 14 73

EYSINES *33 Gironde* 71 ⑨ – *rattaché à Bordeaux.*

Les EYZIES-DE-TAYAC *24620 Dordogne* 75 ⑯ *G. Périgord Quercy – 853 h alt. 70.*

Voir Musée national de Préhistoire★★ – Grotte du Grand Roc★★ : ←★ – Grotte de Font-de-Gaume★.

Office de Tourisme pl. Mairie ✆ 05 53 06 97 05, Fax 05 53 06 90 79.

Paris 516 – Périgueux 47 – Sarlat-la-Canéda 21 – Brive-la-Gaillarde 62 – Fumel 64 – Lalinde 36.

Centenaire (Mazère) M (annexe , ← site des Eyzies), ✆ 05 53 06 68 68, *Fax 05 53 06 92 41,* « Bel aménagement intérieur », – ch, TV ☎ P. AE GB
début avril-début nov. – **Repas** *(fermé mardi midi et merc. midi sauf fériés)* 180 (déj.), 315/550 et carte 410 à 570 – ☕ 85 – **20 ch** 450/800, 4 appart – ½ P 620/850
Spéc. Terrine chaude de cèpes du pays parfumée à l'ail et au persil. Steack d'oie "Rossini" et gratin de macaroni au vieux cantal. Gâteau coulant aux noix et au miel, sauce chocolat. **Vins** Cahors, Bergerac.

Cro-Magnon, 05 53 06 97 06, *Fax 05 53 06 95 45,* exposition d'objets archéologiques, « Jardin et piscine » – P. AE GB JCB
8 mai-8 oct. – **Repas** *(fermé merc. midi)* 140/280, enf. 60 – 50 – **18 ch** 350/550, 4 appart – 1/2 P 380/505.

Moulin de la Beune, 05 53 06 94 33, *Fax 05 53 06 98 06,* « Ancien moulin », – P. AE GB
fin mars-mi nov. et fermé mardi midi – **Repas** 95/250 ♀, enf. 50 – 40 – **20 ch** 260/350 – 1/2 P 320.

Les Glycines, rte Périgueux 05 53 06 97 07, *Fax 05 53 06 92 19,* ←, « Parc fleuri », – P. AE GB
mi-avril-mi-oct. – **Repas** *(fermé sam. midi sauf de juil. à sept. et fériés)* 130/200 ♀ – 52 – **23 ch** 388/398 – 1/2 P 392/420.

Les Roches sans rest, rte Sarlat 05 53 06 96 59, *Fax 05 53 06 95 54,* – P. GB.
Pâques-Toussaint – 38 – **41 ch** 300/360.

Centre, 05 53 06 97 13, *Fax 05 53 06 91 63,* – . GB
1er mars-5 nov. – **Repas** 78/320, enf. 55 – 38 – **19 ch** 270/300 – 1/2 P 305/325.

à l'Est *7 km par rte de Sarlat – 24620 Les-Eyzies-de-Tayac :*

Métairie, D 47 05 53 29 65 32, *Fax 05 53 31 13 21,* – P. AE GB
fermé 1er janv. à fin fév., dim. soir et lundi de mi-sept. à fin avril – **Repas** 65/230.

RENAULT Gar. Dupuy, 05 53 06 97 32 N 05 53 06 97 32

ÈZE *06360 Alpes-Mar.* 84 ⑩, 115 ㉗ *G. Côte d'Azur* (plan) – *2 446 h alt. 390.*

Voir Site★★ (village perché) – Jardin exotique ★★★ – Les rues d'Èze★ – "Belvédère" d'Èze ←★★ O : 4 km – La Turbie : Trophée des Alpes★ (★★★), intérieur★ de l'église St-Michel-Archange, place Neuve ←★, NE : 4,5 km.

Office de Tourisme pl. Gén.-de-Gaulle 04 93 41 26 00, Fax 04 93 41 04 80.

Paris 940 – Monaco 8 – Nice 11 – Cap d'Ail 6 – Menton 20 – Monte-Carlo 7.

Château de la Chèvre d'Or , r. Barri (accès piétonnier) 04 92 10 66 66, *Fax 04 93 41 06 72,* ← côte et presqu'île, « Site pittoresque dominant la mer », – TV – 30. AE GB JCB
1er mars-30 nov. – **Repas** *(fermé merc. soir en mars et en nov.)* (prévenir) 250 (déj.)/560 et carte 380 à 560 ♀ – 115 – **23 ch** 1400/2750, 6 appart
Spéc. Escalope de foie gras chaud de canard aux pommes confites. Carré d'agneau des Alpilles au gratin dauphinois. Soufflé chaud aux framboises.. **Vins** Côtes de Provence.

Les Terrasses d'Eze M , rte La Turbie par N 7 et D 45 : 1,5 km 04 93 41 24 64, *Fax 04 93 41 13 25,* ← mer, « Terrasse et piscine panoramiques », – TV P – 120. AE GB
fermé 29 nov. au 26 déc. – **Repas** 160/270 ♀, enf. 65 – 90 – **75 ch** 900/1000, 6 appart – 1/2 P 750.

Aub. des Deux Corniches M, rte Col d'Èze (D 46) : 1 km 04 93 41 19 54, *Fax 04 92 10 86 26,* ← – TV P. GB. ch
fermé 5 nov. au 20 déc. – **Repas** *(1er mars-5 nov.)* (résidents seul.)(1/2 pens. seul.) – 35 – **7 ch** 290/330 – 1/2 P 310.

Hermitage du Col d'Èze, au Col d'Èze par D 46 et D 2564 : 2,5 km 04 93 41 00 68, *Fax 04 93 41 24 05,* ←, – TV P. AE GB. rest
fermé 15 déc. au 15 janv. – **Repas** *(ouvert 15 fév.-15 oct. et fermé jeudi midi et lundi)* 95/185 – 28 – **14 ch** 210/310 – 1/2 P 215/270.

Château Eza avec ch, (accès piétonnier) 04 93 41 12 24, *Fax 04 93 41 16 64,* ← côte et presqu'île, « Terrasses dominant la baie » – ch, TV . AE GB JCB.
hôtel : 9 avril-1er nov. – **Repas** *(fermé 2 nov. au 25 déc., mardi et merc. du 25 déc. au 9 avril)* 250 bc (déj.), 350/490 et carte 420 à 570 ♀ – **6 ch** 1600/3200, 4 appart.

Richard Borfiga, pl. Gén. de Gaulle 04 93 41 05 23, *Fax 04 93 41 26 79* – . AE GB
fermé 5 au 20 janv., mardi midi et lundi – **Repas** 180.

Troubadour, r. du Brec (accès piétonnier) 04 93 41 19 03 – GB
fermé 1er au 10 juil., 24 nov. au 20 déc., vacances de fév., lundi midi et dim. – **Repas** (prévenir) 118 (déj.), 165/245.

Bistrot Loumiri, av. jardin exotique 04 93 41 16 42, *Fax 04 93 41 16 42,* – GB
fermé nov., merc. soir et jeudi sauf juil.-août – **Repas** (prévenir) 95 (déj.), 120/150.

Grill du Château, r. Barri (accès piétonnier) 04 93 41 00 17, *Fax 04 93 41 06 72,* ← – AE GB
fermé 15 nov. au 20 déc., dim. soir hors saison et jeudi – **Repas** carte 210 à 300 ♀.

FABREZAN *11200 Aude* 86 ⑧ *G. Pyrénées Roussillon – 1 046 h alt. 60.*

Paris 823 – Perpignan 85 – Béziers 61 – Carcassonne 40 – Lézignan-Corbières 9 – Narbonne 33.

Clos des Souquets avec ch, av. Lagrasse 04 68 43 52 61, *Fax 04 68 43 56 76*, – . GB

28 mars-2 nov. et fermé dim. soir – **Repas** 100/195, enf. 55 – » 45 – **5 ch** 250/380 – 1/2 P 335/385.

FAGNON *08 Ardennes* 53 ⑱ *– rattaché à Charleville-Mézières.*

FAIN-LÈS-MONTBARD *21 Côte-d'Or* 65 ⑦ *– rattaché à Montbard.*

FALAISE *14700 Calvados* 55 ⑫ *G. Normandie Cotentin – 8 119 h alt. 132.*

Voir *Château*★ **A** – *Église de la Trinité*★ **A.**

Office de Tourisme bd de la Libération 02 31 90 17 26, Fax 02 31 40 13 00.

Paris 216 ③ – Caen 35 ① – Argentan 23 ③ – Flers 39 ⑤ – Lisieux 46 ① – St-Lô 94 ①.

Clemenceau (R.) . . B
Pelleterie (R.) . . . . . A 8
St-Gervais (R.) . . . . A 12
Trinité (R.) . . . . A 13
Abbatiale (R. de l') . B 2
Belle-Croix (Pl.) . . . A 3
Caen (R. de) . . . . . . A 4
Guillaume-le-Conquérant (Pl.) A 5
Libération (Bd) . . . . A 6
Notre-Dame (R.) . . B 7
St-Gervais (Pl.) . . . . A 9
Ursulines (R. des) . B 14

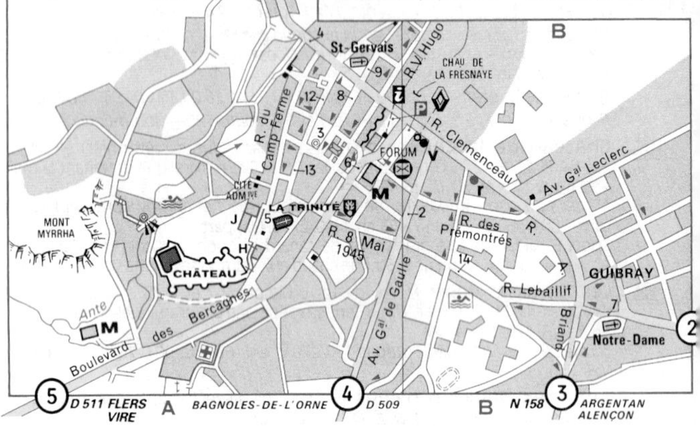

Poste, 38 r. G. Clemenceau 02 31 90 13 14, *Fax 02 31 90 01 81* – . AE GB **B v**

fermé 19 au 25 oct., 20 déc. au 15 janv., lundi (sauf hôtel) et dim. soir – **Repas** 86/255, enf. 55 – » 38 – **20 ch** 200/390 – 1/2 P 250/315.

Ibis M, à l'Attache par ① *: 1,5 km* 02 31 90 11 00, *Fax 02 31 90 08 00*, – – 25 à 50. AE GB

Repas *(75)* - 95, enf. 39 – » 35 – **53 ch** 275/295.

Fine Fourchette, 52 r. G. Clemenceau 02 31 90 08 59, *Fax 02 31 90 00 83* – AE GB **B r**

fermé 8 au 28 fév., mardi soir et merc. soir – **Repas** 85/280 et carte 190 à 280, enf. 53.

L'Attache, rte Caen par ① *: 1,5 km* 02 31 90 05 38, *Fax 02 31 90 57 19* – AE GB.

fermé 20 au 26 avril, 21 au 27 sept. et merc. – **Repas** (nombre de couverts limité, prévenir) 90/320.

au Sud-Ouest *par ⑤ et D 44, rte de Fourneaux-le-Val : 5 km – 14700 St-Martin-de-Mieux :*

Château du Tertre avec ch, 02 31 90 01 04, *Fax 02 31 90 33 16*, ≪, « Château du 18e siècle dans un grand parc » – . AE GB

fermé 21 au 26 déc., dim. soir et lundi d'oct. à mars – **Repas** *(fermé dim. soir et lundi de sept. à mars)* 160 (déj.), 240/450 et carte 310 à 430 – » 65 – **9 ch** 600/970 – 1/2 P 850/950.

CITROEN Gar. Lepy, rte de Trun ✆ 02 31 90 16 25 N ✆ 02 31 90 16 25
PEUGEOT Falaise Autom., rte d'Argentan N 158 par ③ ✆ 02 31 90 04 89
RENAULT Gar. Lanos, 34 r. G.-Clemenceau ✆ 02 31 90 01 00 N ✆ 02 31 90 01 00

Euromaster, rte de Bretagne ✆ 02 31 40 06 40
Laguerre Pneus, rte de Putanges ✆ 02 31 90 10 60

Le FALGOUX *15380 Cantal 76 ② – 226 h alt. 930 – Sports d'hiver : 1 050 m 1.*

Voir *N Vallée du Falgoux★.*

Env. *Cirque du Falgoux★★ SE : 6 km – Puy Mary ※★★★ : 1 h AR du Pas de Peyrol★★ SE : 12 km,* **G. Auvergne.**

Paris 558 – Aurillac 58 – Mauriac 28 – Murat 35 – Salers 13.

Eterlou, ✆ 04 71 69 51 14, *Fax 04 71 69 53 26*, ← – cuisinette TV. AE GB. ch
fermé 15 nov. au 15 déc. – **Repas** 75/165 ♀ – 40 – **10 ch** 350 – ½ P 285.

Voyageurs, ✆ 04 71 69 51 59, ← – GB
Repas 75/120, enf. 50 – 27 – **14 ch** 150/220 – ½ P 180/200.

FALICON *06950 Alpes-Mar. 84 ⑩, 115 ㉖ G. Côte d'Azur – 1 498 h alt. 396.*

Voir *Terrasse ←★.*

Env. *Mont Chauve d'Aspremont ※★★ N : 8,5 km puis 30 mn.*

Paris 938 – Nice 11 – Aspremont 10 – Colomars 14 – Levens 17 – Sospel 41.

XX **Bellevue**, ✆ 04 93 84 94 57, ←, – GB
fermé 15 sept. au 1er nov., le soir de nov. à mai, dim. soir du 1er juin au 15 sept. et lundi – **Repas** 98/168.

FALLIÈRES *88 Vosges 62 ⑯ – rattaché à Remiremont.*

Le FAOU *29580 Finistère 58 ⑤ G. Bretagne – 1 522 h alt. 10.*

Voir *Site★ – Corniche de Térénez★ O – Retables★ dans l'église de Rumengol E : 2,5 km – Quimerc'h ←★ SE : 4,5 km.*

Office de Tourisme (15 juin-15 sept.) 10 r. Gén.-de-Gaulle ✆ 02 98 81 06 85 (hors saison) ✆ 02 98 81 90 44.

Paris 559 – Brest 30 – Carhaix-Plouguer 53 – Châteaulin 18 – Landerneau 23 – Morlaix 53 – Quimper 42.

de Beauvoir et rest. Vieille Renommée, pl. aux Foires ✆ 02 98 81 90 31, *Fax 02 98 81 92 93* – TV – 80. AE GB. rest
fermé 23 nov. au 6 déc. et dim. soir du 1er nov. au 15 juin – **Repas** 90 (déj.), 110/205 – 45 – **32 ch** 450/470 – ½ P 300/340.

RENAULT Gar. St-Eloi, ✆ 02 98 81 90 69 N ✆ 02 98 81 90 69

Le FAOUËT *56320 Morbihan 58 ⑰ G. Bretagne – 2 869 h alt. 68.*

Voir *Chapelle St-Fiacre★ : jubé★★, 2,5 km au Sud par D 790 – Site★ de la chapelle Ste-Barbe NE : 3 km – Jubé★ de la chapelle St-Nicolas E : 8,5 km.*

Office de Tourisme (juin-sept.) 1 r. de Quimper ✆ 02 97 23 23 23, Fax 02 97 23 11 66.

Paris 515 – Vannes 83 – Concarneau 44 – Lorient 39 – Pontivy 47 – Quimper 51.

Croix d'Or, ✆ 02 97 23 07 33, *Fax 02 97 23 06 52* – TV. GB. ch
fermé 20 déc. au 20 janv., sam. hors saison et dim. soir – **Repas** 85/180, enf. 70 – 35 – **11 ch** 300 – ½ P 230.

CITROEN Gar. Saindrenan, Kernot Vihan ✆ 02 97 23 17 03
PEUGEOT Gar. Le Goff, 20 r. de Lorient ✆ 02 97 23 09 66

RENAULT Gar. L e Bris, 21 r. Mar.-Leclerc ✆ 02 97 23 07 40
Gar. Bahuon, 28 r. de Quimper ✆ 02 97 23 07 62

FARROU *12 Aveyron 79 ⑩ – rattaché à Villefranche-de-Rouergue.*

La FAUCILLE (Col de)★★ *01 Ain 70 ⑮ G. Jura – Sports d'hiver : 900/1 680 m 2 18 – ✉ 01170 Gex.*

Voir *Descente sur Gex (N 5) ←★★ SE : 2 km – Mont-Rond ※★★★ (accès par télécabine - gare à 500 m au SO du col).*

Paris 481 – Bourg-en-Bresse 107 – Genève 31 – Gex 11 – Morez 27 – Nantua 60 – Les Rousses 18.

Mainaz, Sud : 1 km par N5 ☎ 04 50 41 31 10, *Fax 04 50 41 31 77*, ← lac Léman et les Alpes, – P. AE GB
fermé fin oct. à fin nov. – **Repas** *(fermé merc. midi hors saison)* 140/300 – 75 – **23 ch** 330/500 – ½ P 405/465.

Couronne, ☎ 04 50 41 32 65, *Fax 04 50 41 32 47*, ←, – P. GB
15 mai-30 sept. et 10 déc.-15 avril – **Repas** 105/280 – 40 – **16 ch** 300/450 – ½ P 330.

Petite Chaumière, ☎ 04 50 41 30 22, *Fax 04 50 41 33 22*, ←, – P. GB
25 avril-4 oct. et 19 déc.-4 avril – **Repas** 99/168, enf. 58 – 45 – **34 ch** 292/360 – ½ P 350.

FAULQUEMONT *57380 Moselle* 57 ⑮ – *5 432 h alt. 275.*
18 ☎ *03 87 29 21 21.*
Paris 367 – Metz 39 – Château-Salins 28 – Saarlouis 42 – Sarreguemines 40.

Chatelain M sans rest, près Église ☎ 03 87 90 70 80, *Fax 03 87 90 74 78* – . AE GB
30 – **25 ch** 250/280.

FAVERGES *74210 H.-Savoie* 74 ⑯ ⑰ *G. Alpes du Nord* – *6 334 h alt. 507.*
Env. *Col de la Forclaz* ←★★ *NO : 15 km.*
Office de Tourisme pl. M.-Piquand ☎ 04 50 44 60 24, Fax 04 50 44 45 96.
Paris 564 – Albertville 20 – Annecy 26 – Megève 35.

Florimont, rte Albertville : 2,5 km ☎ 04 50 44 50 05, *Fax 04 50 44 43 20*, – P – 25. AE GB. rest
Repas *(fermé dim. soir d'oct. à juin)* 110/300, enf. 55 – 45 – **27 ch** 310/420 – ½ P 350/400.

Genève sans rest, 34 r. République ☎ 04 50 32 46 90, *Fax 04 50 44 48 09* – P. AE GB
35 – **30 ch** 270/350.

Carte d'Autrefois, 25 r. Gambetta ☎ 04 50 32 49 98 – AE GB
fermé 1er au 8 mai, 2 au 15 janv., dim. soir et lundi – **Repas** 80/155, enf. 45.

au Tertenoz *Sud-Est : 4 km par D 12 et rte secondaire – ✉ 74210 Faverges :*

Au Gay Séjour, ☎ 04 50 44 52 52, *Fax 04 50 44 49 52*, ←, – P. AE GB.
fermé 16 nov. au 14 déc., dim. soir et lundi du 15 sept. au 15 juin – **Repas** 150/420 – 60 – **12 ch** 260/480 – ½ P 440/550.

CITROEN Gar. de la Sambuy, ☎ 04 50 44 53 04
PEUGEOT Vauthier Autom., ☎ 04 50 32 43 27
RENAULT Gar. Fontaine, ☎ 04 50 44 51 09 N ☎ 04 50 44 45 80
Pneu Olympic 2000, ☎ 04 50 32 50 92

FAVERGES-DE-LA-TOUR *38 Isère* 74 ⑭ – *rattaché à La Tour-du-Pin.*

La FAVIÈRE *83 Var* 84 ⑯, 114 ㊽ – *rattaché au Lavandou.*

FAVIÈRES *80120 Somme* 52 ⑥ – *406 h alt. 1.*
Voir *Le Crotoy : Butte du Moulin* ←★ *SO : 5 km*, **G. Flandres Artois Picardie.**
Paris 205 – Amiens 70 – Abbeville 21 – Berck-Plage 29 – Le Crotoy 5.

Clé des Champs, ☎ 03 22 27 88 00 – P. AE GB
fermé 31 août au 11 sept., 4 au 24 janv., vacances de fév., dim. soir et lundi – **Repas** 86/240, enf. 55.

FAVONE *2A Corse-du-Sud* 90 ⑦ – *voir à Corse.*

FAYENCE *83440 Var* 84 ⑦, 114 ⑪ ㉔, 115 ㉒ *G. Côte d'Azur* – *3 502 h alt. 350.*
Voir ←★ *de la terrasse de l'église – Chapelle Notre-Dame de l'Ormeau : retable★★ O : 7 km.*
Env. *Mons : site★, ←★★ de la place St-Sébastien N : 14 km par D 563.*
Office de Tourisme pl. L.-Roux ☎ 04 94 76 20 08, Fax 04 94 84 71 86.
Paris 888 – Castellane 55 – Draguignan 35 – Fréjus 35 – Grasse 27 – St-Raphaël 37.

Moulin de la Camandoule, Ouest : 2 km par rte Seillans et chemin N.-D. des Cyprès ☎ 04 94 76 00 84, *Fax 04 94 76 10 40*, ←, , parc, « Ancien moulin à huile », – P. GB
Repas *(fermé 3 au 15 janv., le midi hors saison sauf week-ends et merc. midi du 15 mars au 15 oct.)* 160/265 – 65 – **11 ch** (½ pens. seul.) – ½ P 490/715.

Les Oliviers sans rest, quartier Ferrage ✆ 04 94 76 13 12, *Fax 04 94 76 08 05,* –
40 – **22 ch** 270/400.

Castellaras (Carro), Ouest : 4 km par rte Seillans et rte secondaire ✆ 04 94 76 13 80, *Fax 04 94 84 17 50,* ←, –
fermé 30 juin au 7 juil., 17 nov. au 8 déc., 11 au 26 mars, lundi soir hors saison et mardi – **Repas** 225/285 et carte 290 à 390
Spéc. Artichauts violets façon barigoule et tomate farcie aux supions (mars à juin). Terrine de filets de rougets en gelée de bouillabaisse (juil. à sept.). Bouchées d'huîtres aux lamelles de foie gras fumé (oct. à fév.). **Vins** Côtes de Provence.

Farigoulette, pl. Château ✆ 04 94 84 10 49, – .
1er avril-1er nov. et fermé lundi – **Repas** 120 (déj.), 168/260.

Le FAYET *74 H.-Savoie 74 ⑧ – voir à St-Gervais-les-Bains.*

FAYL-BILLOT *52500 H.-Marne 66 ④ G. Champagne – 1 511 h alt. 349.*

Voir *École nationale d'Osiériculture et de Vannerie.*

Paris 309 – Chaumont 59 – Bourbonne-les-Bains 30 – Dijon 88 – Gray 46 – Langres 27 – Vesoul 50.

Cheval Blanc avec ch, pl. Barre ✆ 03 25 88 61 44 – .
fermé 13 au 25 oct., dim. soir du 15 nov. au 21 mars et lundi – **Repas** 68/160, enf. 45 – 27 – **10 ch** 130/220 – 1/2 P 165/225.

To go a long way quickly, use the ***Michelin Maps*** *which cover* ***Europe*** *at a scale of 1:1 000 000.*

FÉCAMP *76400 S.-Mar. 52 ⑫ G. Normandie Vallée de la Seine – 20 808 h alt. 15 – Casino* **AZ**.

Voir *Église de la Trinité★★* **BZ** – *Palais Bénédictine★★* **AY** – *Musée Centre-des-Arts★* **BZ M²** – *Musée des Terre-Neuvas★* **AY M¹** – *Chapelle N.-D.-du-Salut ✻★★ N : 2 km par D 79* **BY**.

Office de Tourisme 113 r. Alexandre Le Grand ✆ 02 35 28 51 01, Fax 02 35 27 07 77 et (juil.-août) Front de Mer ✆ 02 35 29 16 34.

Paris 199 ③ – Le Havre 44 ③ – Amiens 164 ② – Caen 108 ③ – Dieppe 66 ① – Rouen 73 ②.

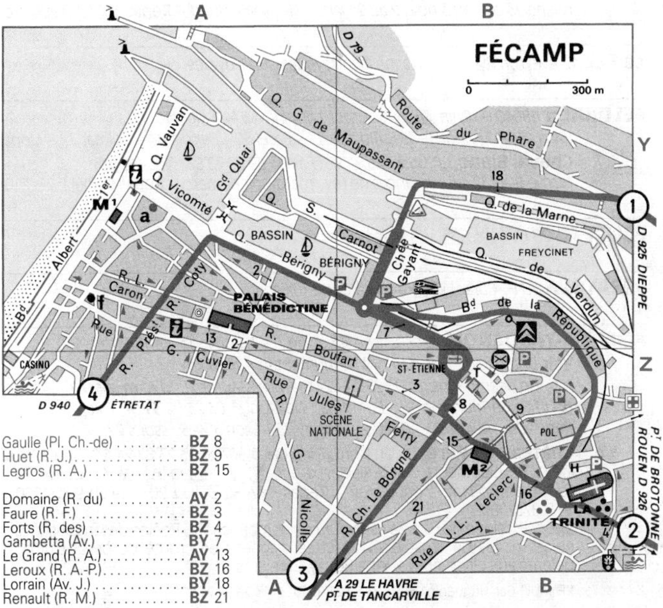

Gaulle (Pl. Ch.-de) .... BZ 8
Huet (R. J.) .... BZ 9
Legros (R. A.) .... BZ 15

Domaine (R. du) .... AY 2
Faure (R. F.) .... BZ 3
Forts (R. des) .... BZ 4
Gambetta (Av.) .... BY 7
Le Grand (R. A.) .... AY 13
Leroux (R. A.-P.) .... BZ 16
Lorrain (Av. J.) .... BY 18
Renault (R. M.) .... BZ 21

Plage sans rest, 87 r. Plage ✆ 02 35 29 76 51, *Fax 02 35 28 68 30* – ▯ TV ☎. AE GB
☕ 32 – **22 ch** 250/350. AY f

Aub. de la Rouge avec ch, par ③ : *2 km* ✆ 02 35 28 07 59, *Fax 02 35 28 70 55*, ☂, ☂ – ✂ TV ☎ ☎ ♿ P – 🏠 25. AE ⊙ GB
fermé en janv. – **Repas** *(fermé dim. soir et lundi)* 105/280 et carte 210 à 290 ♀, enf. 65 – ☕ 40 – **8 ch** 300/370.

Plaisance, 33 quai Vicomté ✆ 02 35 29 38 14, *Fax 02 35 28 95 76*, ☂ – AE GB AY a
fermé 1er au 10 sept., vacances de Noël, mardi soir et merc. – **Repas** 130/185 ♀, enf. 55.

CITROEN Fécamp Autom., 45 bd République ✆ 02 35 29 25 72
FORD Gar. Lefèbvre, 15 r. Prés.-Coty ✆ 02 35 10 35 70
PEUGEOT Gar. Lachèvre, rte du Havre à St-Léonard par ③ ✆ 02 35 10 41 10
RENAULT S.E.L.C.O., 209 r. G.-Couturier par ② ✆ 02 35 28 24 02 N ✆ 06 09 67 51 63

Ⓜ Brument Pneus, 6 rte de Valmont ✆ 02 35 28 28 81
Comptoir du Pneu, 8 et 10 r. Ch.-Le-Borgne ✆ 02 35 28 14 99

La FÉCLAZ *73 Savoie* 74 ⑮ *G. Alpes du Nord – Sports d'hiver : 1 180/1 550 m* ⛷7 ⛷ – ✉ *73230 Les Déserts.*
Office de Tourisme Chalet du S.I. ✆ *04 79 25 80 49, Fax 04 79 25 81 30.*
Paris 581 – Annecy 38 – Aix-les-Bains 25 – Chambéry 19 – Lescheraines 12.

Bon Gîte, ✆ 04 79 25 82 11, *Fax 04 79 25 80 91*, ☀, ☂, ✂ – cuisinette TV ☎ 🚗 P – 🏠 30. GB
mi-juin-mi-sept. et mi-déc.-mi-avril – **Repas** 85/140 ♀, enf. 50 – ☕ 40 – **23 ch** 300, 6 appart – ½ P 285/315.

Une réservation confirmée par écrit ou par fax est toujours plus sûre.

FEGERSHEIM *67 B.-Rhin* 62 ⑩ *– rattaché à Strasbourg.*

FEISSONS-SUR-ISÈRE *73260 Savoie* 74 ⑰ *– 376 h alt. 407.*
Paris 600 – Albertville 17 – Bourg-St-Maurice 39 – Chambéry 64 – Moûtiers 11.

Château de Feissons, Sud : 2 km par rte secondaire ✆ 04 79 22 59 59, *Fax 04 79 22 59 76*, ☂, « Château du 13e siècle », ☂ – AE GB
fermé 23 oct. au 3 nov., 2 au 21 janv., dim. soir et lundi – **Repas** 150/250 et carte 230 à 300.

Le FEL *12 Aveyron* 76 ⑫ *– rattaché à Entraygues-sur-Truyères.*

FELDBACH *68640 H.-Rhin* 87 ⑳ *G. Alsace Lorraine – 374 h alt. 410.*
Paris 459 – Mulhouse 33 – Altkirch 13 – Basel 30 – Belfort 44 – Colmar 72 – Montbéliard 41.

Cheval Blanc, ✆ 03 89 25 81 86, *Fax 03 89 07 72 88*, ☂ – P. GB
fermé 8 au 22 juil., vacances de fév., mardi soir et merc. – **Repas** 55 (déj.), 75/210 ♀, enf. 40.

FELICETO *2B H.-Corse* 90 ⑭ *– voir à Corse.*

FERAYOLA *2B H.-Corse* 90 ⑭ *– voir à Corse (Galéria).*

FÈRE-EN-TARDENOIS *02130 Aisne* 56 ⑭ ⑮ *G. Champagne – 3 168 h alt. 180.*
Voir *Château de Fère★ : Pont monumental★★ N : 3 km.*
de Champagne ✆ *03 23 71 62 08 à Villers-Agron, E : 17 km par D 2.*
Office de Tourisme 18 r. E.-Moreau-Nélaton ✆ *03 23 82 31 57, Fax.*
Paris 109 – Reims 49 – Château-Thierry 23 – Laon 55 – Soissons 27.

Château de Fère ♨, au Nord, 3 km par D 967 ✆ 03 23 82 21 13, *Fax 03 23 82 37 81*, ≤, ☂, « Belle demeure du 16e siècle, parc », ☀, ✂ – TV ☎ P – 🏠 30. AE ⊙ GB
fermé début janv. à début fév. – **Repas** 180/480 ♀ – ☕ 90 – **19 ch** 990/1200, 6 appart – ½ P 875/980
Spéc. Escalope de foie de canard au gingembre confit. Poêlée de langoustines, risotto aux épices et jus de crustacés. Noisettes d'agneau en croûte de persil truffé, gnocchi de polenta aux olives noires. **Vins** Bouzy, Cumières.

RENAULT Gar. Huguenin, ✆ 03 23 82 21 85 N ✆ 03 23 82 21 85

FERNEY-VOLTAIRE *01210 Ain* 70 ⑯ *G. Jura – 6 408 h alt. 430.*

de Genève-Cointrin ✆ (00 41 22) 717 71 11, S : 4 km.

Paris 502 – Thonon-les-Bains 44 – Bellegarde-sur-Valserine 36 – Bourg-en-Bresse 117 – Genève 10 – Gex 10.

Novotel, par D 35 ✆ 04 50 40 85 23, *Fax 04 50 40 76 33,* – 100. AE GB
Repas carte environ 170, enf. 50 – 55 – **80 ch** 540.

Voltaire Palace, chemin des Sablonnières ✆ 04 50 40 77 90, *Fax 04 50 40 98 36,* – 120. AE GB. rest
Repas 150/210 – 90 – **122 ch** 900/1000.

Médian M, chemin de Colovrex ✆ 04 50 28 00 50, *Fax 04 50 42 88 93* – 25. AE GB
Repas *(65)* - 85/130, enf. 40 – 38 – **57 ch** 315/345 – 1/2 P 260.

Campanile, par D 35 et chemin Planche Brûlée ✆ 04 50 40 74 79, *Fax 04 50 42 97 29,* – 30. AE GB
Repas *(66)* - 84 bc/107 bc, enf. 39 – 34 – **60 ch** 278.

Pirate, av. Genève ✆ 04 50 40 63 52, *Fax 04 50 40 64 50* – P. AE GB
fermé 5 au 26 juil., 24 déc. au 6 janv., lundi midi et dim. – **Repas** - produits de la mer - 200 bc (déj.), 260/350 et carte 290 à 520.

France avec ch, 1 r. Genève ✆ 04 50 40 63 87, *Fax 04 50 40 47 27,* – AE GB
fermé 24 déc. au 7 janv., lundi midi et dim. – **Repas** 125 (déj.), 175/245, enf. 55 – 45 – **14 ch** 250/360 – 1/2 P 285.

AUDI, VOLKSWAGEN Gar. Dunand, 55 rue de Genève ✆ 04 50 40 61 94
PEUGEOT Gar. Gerbier, à Ornex ✆ 04 50 40 58 12
RENAULT Auto Service, à Prévessin Moens ✆ 04 50 40 59 52 N ✆ 08 00 05 15 15

Euromaster, 19 r. de la Poterie, ZI ✆ 04 50 40 58 02

FERRETTE *68480 H.-Rhin* 66 ⑨ ⑩ *G. Alsace Lorraine – 863 h alt. 470.*

Voir *Site* ★ – *Ruines du Château* ≤ ★.

Syndicat d'Initiative r. du Château ✆ 03 89 40 40 01.

Paris 465 – Mulhouse 40 – Altkirch 19 – Basel 27 – Belfort 50 – Colmar 80 – Montbéliard 47.

à Moernach *Ouest : 5 km par D 473 – 454 h. alt. 470 – ✉ 68480 :*

Aux Deux Clefs avec ch, ✆ 03 89 40 80 56, *Fax 03 89 08 10 47,* – P. GB
fermé 27 oct. au 9 nov. et 16 fév. au 3 mars – **Repas** *(fermé jeudi)* 52 (déj.), 90/290, enf. 45 – 30 – **7 ch** 220/265 – 1/2 P 260/270.

Au Raisin avec ch, ✆ 03 89 40 80 73, *Fax 03 89 08 11 33,* – P. GB
fermé 5 au 22 janv., lundi soir et mardi d'oct. à mai – **Repas** 90/238, enf. 45 – 30 – **6 ch** 185/240 – 1/2 P 240.

à Lutter *Sud-Est : 8 km par D 23 – 283 h. alt. 428 – ✉ 68480 :*

Aub. Paysanne avec ch, r. Principale ✆ 03 89 40 71 67, *Fax 03 89 07 33 38,* – P. GB
fermé 25 janv. au 8 fév. – **Repas** *(fermé lundi)* 130/315, enf. 50 – 38 – **7 ch** 225/290 – 1/2 P 275.

Annexe Host. Paysanne, « Reconstitution d'une ancienne ferme alsacienne du 17e siècle », – P. GB
fermé 25 janv. au 8 fév. – **Repas** voir ***Aub. Paysanne*** – 38 – **9 ch** 285/430 – 1/2 P 300/330.

PEUGEOT Gar. Nickel, à Bouxwiller ✆ 03 89 40 42 13

RENAULT Gar. Fritsch, ✆ 03 89 40 41 41 N ✆ 08 00 05 15 15

La FERRIÈRE *38580 Isère* 77 ⑥ *– 191 h alt. 926.*

Paris 608 – Grenoble 52 – Allevard 12.

au Curtillard *Sud : 2 km par D 525A – ✉ 38580 La Ferrière :*

Curtillard, ✆ 04 76 97 50 82, *Fax 04 76 97 56 57,* ≤, – cuisinette – 30. GB.
1er juin-15 sept. et vacances de Noël-vacances de printemps – **Repas** 98/220, enf. 65 – 47 – **16 ch** 293/480, 6 studios – 1/2 P 395/433.

Baroz, ✆ 04 76 97 50 81, *Fax 04 76 45 84 75,* ≤, – cuisinette P. GB.
hôtel : 20 juin - début sept. et 26 déc. - Pâques ; rest. : mai-sept. et 26 déc.-Pâques – **Repas** (déj. seul. en mai et juin) 110 (dîner), 115/150 – 38 – **20 ch** 250, 3 chalets – 1/2 P 240/260.

La FERRIÈRE-AUX-ÉTANGS *61 Orne* 60 ① *– rattaché à Flers.*

FERRIÈRES *45210 Loiret* 61 ⑫ *G. Bourgogne – 2 896 h alt. 96.*
Voir *Croisée du transept★ de l'église St-Pierre et St-Paul.*
Office de Tourisme pl. des Eglises ☎ 02 38 96 58 86.
Paris 101 – Auxerre 80 – Fontainebleau 42 – Montargis 12 – Nemours 26 – Orléans 84 – Sens 41.

Abbaye, ☎ 02 38 96 53 12, *Fax 02 38 96 57 63,* – TV ☎ ♿ P – 30. GB
Repas *(65)* - 100/250 ♀, enf. 60 – ☐ 40 – **20 ch** 250/290 – ½ P 235.

La FERTÉ-BERNARD *72400 Sarthe* 60 ⑮ *G. Châteaux de la Loire* **(plan)** *– 9 355 h alt. 90.*
Voir *Église N.-D.-des Marais★★.*
du Perche à Souancé-au-Perche (28) ☎ 02 37 29 17 33 ; NE : 21 km par N 23 et D 137[11].
Office de Tourisme 15 pl. de la Lice ☎ 02 43 71 21 21, Fax 02 43 93 25 85.
Paris 164 – Le Mans 49 – Alençon 56 – Chartres 77 – Châteaudun 66 – Mortagne-au-Perche 40.

XXX **Perdrix** avec ch, 2 r. Paris ☎ 02 43 93 00 44, *Fax 02 43 93 74 95* – rest, TV ☎. GB
fermé fév., lundi soir et mardi – **Repas** 110/250 et carte 230 à 300 – ☐ 35 – **7 ch** 240/330.

XX **Dauphin,** ☎ 02 43 93 00 39, – GB
fermé 7 au 31 août, dim. soir et lundi sauf fériés – **Repas** 95/235.

CITROEN Gar. Hulot, av. J.-Monnet ☎ 02 43 93 00 37
PEUGEOT Gar. de la Rocade, 41 av. de Gaulle ☎ 02 43 60 14 00
RENAULT Espace Fertois, av. Verdun ☎ 02 43 60 15 15 N ☎ 06 09 75 49 93
Euromaster, la Chapelle du Bois, la Petite Cibole ☎ 02 43 93 90 44

La FERTÉ-IMBAULT *41300 L.-et-Ch.* 64 ⑲ *– 1 047 h alt. 99.*
Paris 193 – Bourges 67 – Orléans 70 – Romorantin-Lanthenay 18 – Vierzon 23.

Aub. A La Tête de Lard M, ☎ 02 54 96 22 32, *Fax 02 54 96 06 22,* – rest, TV ☎ P. GB. ch
fermé 1er au 15 sept., dim. soir et lundi sauf fériés – **Repas** 95/290 – ☐ 40 – **11 ch** 270/460 – ½ P 275.

La FERTÉ-MACÉ *61600 Orne* 60 ① ② *G. Normandie Cotentin – 6 913 h alt. 250.*
Office de Tourisme 13 r. Victoire ☎ 02 33 37 10 97, Fax 02 33 37 13 37.
Paris 227 ② – Alençon 46 ④ – Argentan 32 ② – Domfront 22 ⑤ – Falaise 41 ① – Flers 25 ⑥ – Mayenne 40 ④.

Aub. d'Andaines, rte Bagnoles-de-l'Orne par ④ : *2 km* ☎ 02 33 37 20 28, *Fax 02 33 37 25 05,* – ☎ P. GB
fermé 15 au 28 fév. et vend. de nov. à mars – **Repas** *(65)* - 80 (déj.), 92/190 ♀ – ☐ 35 – **15 ch** 190/300 – ½ P 235/265.

XX **Céleste** avec ch, 6 r. Victoire **(n)** ☎ 02 33 37 22 33, *Fax 02 33 38 12 25,* – ☎. AE GB
fermé oct., 25 au 31 janv., dim. soir et lundi – **Repas** 90/260 ♀, enf. 48 – ☐ 30 – **15 ch** 90/300 – ½ P 145/220.

X **Aub. de Clouet** avec ch, Le Clouet **(a)** ☎ 02 33 37 18 22, , « Terrasse fleurie » – TV ☎ P – 25. AE GB. ch
Repas 90/300, enf. 50 – ☐ 40 – **7 ch** 350 – ½ P 325.

X **L'Espérance,** 13 r. Barre **(e)** ☎ 02 33 37 38 21 – AE GB
fermé 15 au 30 juil., 21 au 28 déc., merc. soir et dim. – **Repas** *(50)* - 70/180 ♀, enf. 45.

CITROEN Gar. Hardy, 74 r. Dr-Poulain ☎ 02 33 37 09 11
PEUGEOT Gar. Dérouet, 76 r. Dr-Poulain ☎ 02 33 37 16 33
RENAULT Gar. Dubourg, 9 r Dr-Poulain ☎ 02 33 37 20 97
RENAULT Gar. Guillochin, rte de Paris par ② ☎ 02 33 37 07 11 N ☎ 02 33 37 07 11

Hautvie (R. d')	8	Barre (R. de la)	5
Leclerc (Pl. du Gén.)	9	Hamonic (Bd A.)	6
République (Pl.)	13	Prés.-Coty (Av. du)	12
		Sorbiers (Av. des)	14
Amand-Macé (R.)	3	Teinture (R. de la)	16

La FERTÉ-ST-AUBIN 45240 Loiret 64 ⑨ *G. Châteaux de la Loire – 6 414 h alt. 114.*

de Sologne ✆ 02 38 76 57 33, sur D 18 à l'Ouest : 3,5 km ; des Aisses ✆ 02 38 64 80 87, SE.

Office de Tourisme r. Jardins ✆ 02 38 64 67 93, Fax 02 38 64 61 39.

Paris 154 – Orléans 23 – Blois 63 – Romorantin-Lanthenay 44 – Salbris 34.

L'Orée des Chênes M, Nord-Est : 3 km par rte Marcilly ✆ 02 38 64 84 00, *Fax 02 38 64 84 20*, ←, , « Parc avec étang » – 30. AE GB
fermé lundi – **Repas** 120 (déj.), 170/240 ♀ – ☕ 60 – **23 ch** 490/600 – ½ P 315/425.

Ferme de la Lande, Nord-Est : 2,5 km par rte Marcilly ✆ 02 38 76 64 37, *Fax 02 38 64 68 87*, , parc, « Ancienne ferme aménagée » – P. AE GB
fermé 17 août au 3 sept., vacances de fév., dim. soir et lundi sauf fériés – **Repas** 155 bc/226, enf. 85.

Les Brémailles, Nord : 3 km sur N 20 ✆ 02 38 76 56 60, *Fax 02 38 64 68 04*, , parc – P. AE GB
fermé lundi soir et mardi – **Repas** 105/250 ♀, enf. 59.

Aub. de l'Écu de France, 6 r. Gén. Leclerc ✆ 02 38 64 69 22 – GB
fermé 11 nov. au 2 déc., vacances de fév., mardi soir et merc. – **Repas** 85/200 ♀, enf. 50.

CITROEN Gar. Gorin, N 20 Sud ✆ 02 38 76 50 36
FIAT Gar. Gidoin, N 20 ✆ 02 38 76 51 17 N ✆ 08 00 24 90 90
PEUGEOT Gar. du Cosson, 71 r. Massena ✆ 02 38 76 57 06 N ✆ 02 38 76 57 06
RENAULT Gar. Viet, N 20 ✆ 02 38 76 53 14 N ✆ 08 00 24 90 90

Une réservation confirmée par écrit ou par fax est toujours plus sûre.

La FERTÉ-ST-CYR 41220 L.-et-Ch. 64 ⑧ – *809 h alt. 82.*

Paris 166 – Orléans 35 – Beaugency 14 – Blois 32 – Romorantin 34.

St-Cyr, ✆ 02 54 87 90 51, *Fax 02 54 87 95 17*, – P. GB. rest
fermé 19 janv. au 20 mars, lundi sauf le soir du 14 juin au 20 sept. et dim. soir – **Repas** 78/210 ♀ – ☕ 35 – **20 ch** 210/270 – ½ P 225/265.

La FERTÉ-SOUS-JOUARRE 77260 S.-et-M. 56 ⑬, 106 ㉔ – *8 236 h alt. 58.*

Office de Tourisme 26 pl. de l'Hôtel de Ville ✆ 01 60 22 63 43, Fax 01 60 22 19 73.

Paris 66 ⑥ – Melun 67 ⑤ – Reims 85 ① – Troyes 122 ③.

LA FERTÉ-SOUS-JOUARRE

Faubourg (R. du)	5
Pelletiers (R. des)	17
Anglais (Q. des)	2
Chanzy (R.)	3
Clemenceau (Bd)	4
Fauvet (R. M.)	6
Gare (R. de la)	7
Jaurès (R. Jean)	8
Jouarre (R. de)	9
Leclerc (Av. du Gén.)	12
Marx (R. P.)	13
Montmirail (Av. de)	14
Pasteur (Bd)	16
Petit-Morin (R. du)	18
Planson (Q. André)	19
Reuil (R. de)	20
St-Nicolas (R.)	21
Ste-Beuve (Pl.)	22
Turenne (Bd)	24

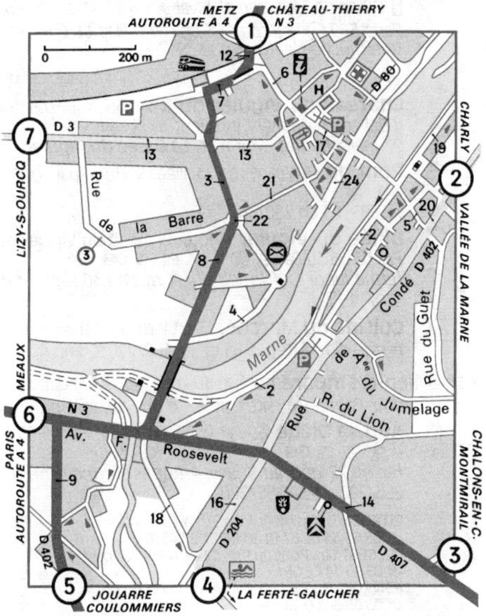

Les guides Rouges, les guides Verts et les cartes Michelin sont complémentaires. Utilisez-les ensemble.

Château des Bondons M sans rest, rte Montménard par ③ *et D 70 : 2 km* 01 60 22 00 98, *Fax 01 60 22 97 01*, parc – TV ☎ P. AE ① GB JCB
60 – **11 ch** 450/1000.

Aub. du Petit Morin, rte Rebais par ④ : *1,5 km* 01 60 22 02 39, – GB
fermé 25 août au 16 sept., vacances de fév., lundi sauf fériés, dim. soir et merc. soir – **Repas** 98/230 ♀, enf. 60.

à Jouarre *par ⑤ : 3 km – 3 274 h. alt. 141 – ✉ 77640 :*
Voir *Crypte*★ *de l'abbaye,* G. Ile de France.

Plat d'Étain, 01 60 22 06 07, *Fax 01 60 22 35 63* – TV ☎ P. GB
fermé 15 au 31 déc., dim. soir et vend. – **Repas** *(67)* - 92/190 ♀, enf. 50 – 32 – **24 ch** 145/300 – ½ P 190/250.

CITROEN Gar. du Parc, 10 av. Montmirail 01 60 22 90 00 N 01 60 22 90 00

Pezzetta Dememe, 42 av. F.-Roosevelt 01 60 22 02 06

FEURS *42110 Loire* 73 ⑱ *G. Vallée du Rhône – 7 803 h alt. 343.*
Office de Tourisme pl. du Forum 04 77 26 05 27, Fax 04 77 26 00 55.
Paris 514 – Roanne 38 – St-Étienne 42 – Lyon 64 – Montbrison 26 – Thiers 69 – Vienne 88.

Motel Etésia M sans rest, rte Roanne 04 77 27 07 77, *Fax 04 77 27 03 33* – TV ☎ P. AE ① GB
fermé 10 au 23 août et 24 déc. au 4 janv. – 33 – **15 ch** 230/280.

L'Astrée sans rest, 2 chemin du Bout du Monde (près gare) 04 77 26 54 66, *Fax 04 77 27 06 61* – TV ☎ P. GB
30 – **17 ch** 120/240.

Boule d'Or, rte Lyon 04 77 26 20 68, *Fax 04 77 26 56 84*, – GB
fermé 1er au 22 août, dim. soir et lundi sauf fériés – **Repas** 94/290, enf. 65.

ALFA-ROMEO, SEAT Gar. Cheminal, 15 r. de la Loire 04 77 26 08 14 N 04 77 26 24 63
PEUGEOT Gar. Faure, 18 r R.-Cassin 04 77 26 03 65

Feurs Pneus, ZA les Planchettes, r. St-Exupéry 04 77 26 39 98

FEY *57 Moselle* 57 ⑬ – *rattaché à Metz.*

FIGEAC SP *46100 Lot* 79 ⑩ *G. Périgord Quercy – 9 549 h alt. 214.*
Voir *Le vieux Figeac*★ *: hôtel de la Monnaie*★ **M**[1], *musée Champollion*★ **M**[2] *près de la place aux Ecritures*★ *– Vallée du Célé*★ *par ⑤.*
Office de Tourisme pl. Vival 05 65 34 06 25, Fax 05 65 50 04 58.
Paris 569 ⑥ – Rodez 65 ② – Aurillac 66 ① – Brive-la-Gaillarde 89 ⑥ – Cahors 68 ⑤ – Villefranche-de-Rouergue 35 ③.

Plan page ci-contre

Château du Viguier du Roy , r. É. Zola **(e)** 05 65 50 05 05, *Fax 05 65 50 06 06*, « Bel aménagement intérieur », , – , ch, TV ☎ P – 25. AE ① GB.
27 mars-15 nov. - voir rest. ***La Dînée du Viguier*** – 90 – **20 ch** 640/1250.

Pont du Pin sans rest, 3 allées V. Hugo par ② 05 65 34 12 60, *Fax 05 65 34 61 30* – ☎. GB.
38 – **23 ch** 250/360.

Dînée du Viguier - Hôtel Château du Viguier du Roy, r. Boutaric **(s)** 05 65 50 08 08, *Fax 05 65 50 09 09*, – . AE ① GB.
fermé lundi sauf le soir du 1er mai au 30 sept. et dim. soir du 1er oct. au 30 avril – **Repas** 130/195 ♀.

Cuisine du Marché, 15 r. Clermont **(a)** 05 65 50 18 55, *Fax 05 65 50 18 55* – ① GB
fermé dim. – **Repas** 65 (déj.), 100/220 ♀, enf. 40.

à St-Julien-d'Empare *par ② : 10 km – ✉ 12700 Capdenac-Gare (Aveyron) :*
Voir *Capdenac : site*★ *et* ★ *d'une terrasse proche de l'église N : 4 km.*

Aub. la Diège , 05 65 64 70 54, *Fax 05 65 80 81 58*, , , , – TV ☎ P – 30. AE GB
fermé 22 déc. au 5 janv. – **Repas** *(fermé sam. d'oct. à mars)* 59/185 – 46 – **24 ch** 255/298 – ½ P 255/280.

CITROEN Diffusion Autom., 31 av. J.-Jaurès 05 65 34 06 67 N 06 07 27 43 78
PEUGEOT Gar. Pont du Pin, 12 av. d'Aurillac par ① 05 65 34 01 56
RENAULT Figeac Autom., rte de Cahors, par ⑤ 05 65 34 00 23

RENAULT Central Gar., 16 av. Ch.-de-Gaulle à Capdenac-Gare par ② 05 65 64 74 78

Figeac Pneus, 41 faubourg du Pin 05 65 34 64 64
SOCAMAQ, rte d'Aurillac 05 65 34 82 10

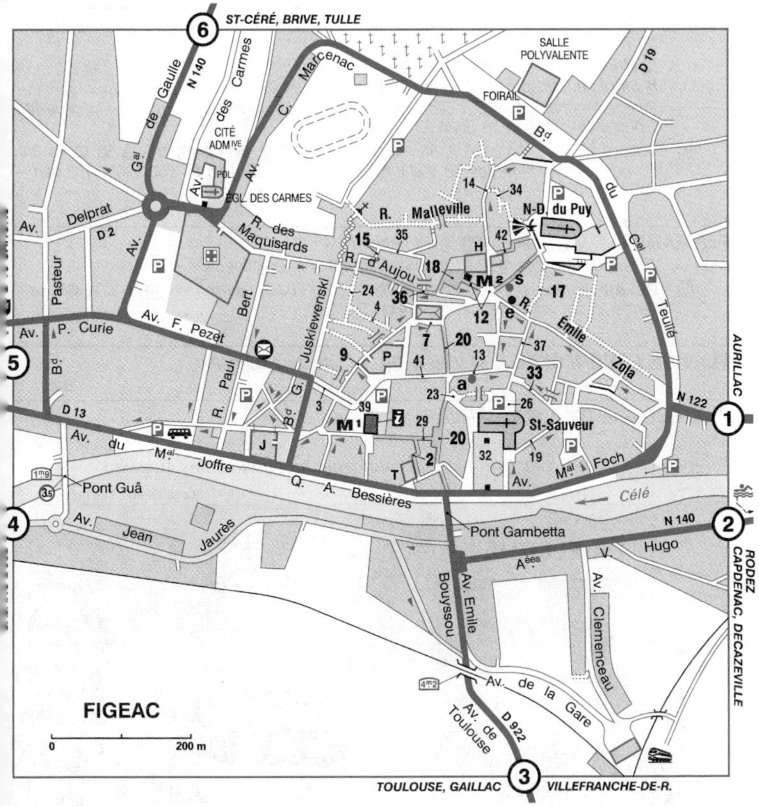

- Aujou (R. d')
- Carnot (Pl.) 7
- Gambetta (R.) 20

- Balène (R.) 2
- Barthal (R.) 3
- Bonhore (R.) 4
- Caviale (R.) 9
- Champollion (Pl. et R. des Frères) 12
- Clermont (R.) 13
- Colomb (R. de) 14
- Crussol (R. du) 15
- Delzhens (R.) 17
- Ecritures (Pl. des) 18
- Ferrer (R.) 19
- Herbes (Pl. aux) 23
- Laurière (R.) 24
- Michelet (Pl. E.) 26
- Ortabadial (R.) 29
- Raison (Pl. de la) 32
- Roquefort (R.) 33
- St-Jacques (Rue) 34
- St-Thomas (R.) 35
- Seguier (R.) 36
- Tomfort (R.) 37
- Vival (Pl.) 39
- 11-Novembre (R. du) 41
- 16-Mai (R. du) 42

FITOU *11510 Aude* 86 ⑨ ⑩ *– 579 h alt. 38.*
Paris 830 – Perpignan 28 – Carcassonne 89 – Narbonne 40.

✕ **Aub. de la Tour** avec ch, N 9 ✆ 04 68 45 66 90, *Fax 04 68 45 65 97*, ⛱ – 📺. GB
fermé 1er nov. au 4 déc., 2 janv. au 13 fév., dim. soir et lundi sauf juil.-août – **Repas** 128/390 – ☕ 40 – **4 ch** 320/430.

✕ **Cave d'Agnès,** ✆ 04 68 45 75 91, « Grange aménagée » – 🅿. GB
2 avril-4 oct. et fermé merc. – **Repas** (nombre de couverts limité, prévenir) 110/147 🍷, enf. 55.

FLAGY *77 S.-et-M.* 61 ⑬ *– rattaché à Montereau.*

FLAINE *74 H.-Savoie* 74 ⑧ *G. Alpes du Nord – alt. 1600 – Sports d'hiver : 1 575/2 500 m* 3 25 – *74300 Cluses.*

18 *04 50 90 85 44, 4 km par D 106.*

Office de Tourisme 04 50 90 80 01, Fax 04 50 90 86 26.

Paris 594 – Chamonix-Mont-Blanc 60 – Annecy 77 – Bonneville 37 – Cluses 23 – Megève 44 – Morzine 45 – Thonon-les-Bains 82.

Totem M, 04 50 90 80 64, *Fax 04 50 90 88 47*, ≤, – TV – 50. AE GB
20 déc.-15 avril – **Repas** 90 (déj.), 160/260 – 65 – **91 ch** 550/1200, 4 appart – ½ P 540/760.

FLAMANVILLE *50340 Manche* 54 ① *– 1 781 h alt. 74.*

Paris 370 – Cherbourg 27 – Barneville-Carteret 24 – Valognes 35.

Bel Air sans rest, 02 33 04 48 00, *Fax 02 33 04 49 56*, – TV P. GB.
fermé 20 déc. au 5 janv. – 42 – **14 ch** 230/350.

FLAVIGNY-SUR-MOSELLE *54 M.-et-M.* 62 ⑤ *– rattaché à Nancy.*

FLAYOSC *83 Var* 84 ⑦, 114 ㉒ *– rattaché à Draguignan.*

Demandez chez le libraire le catalogue des ***publications Michelin.***

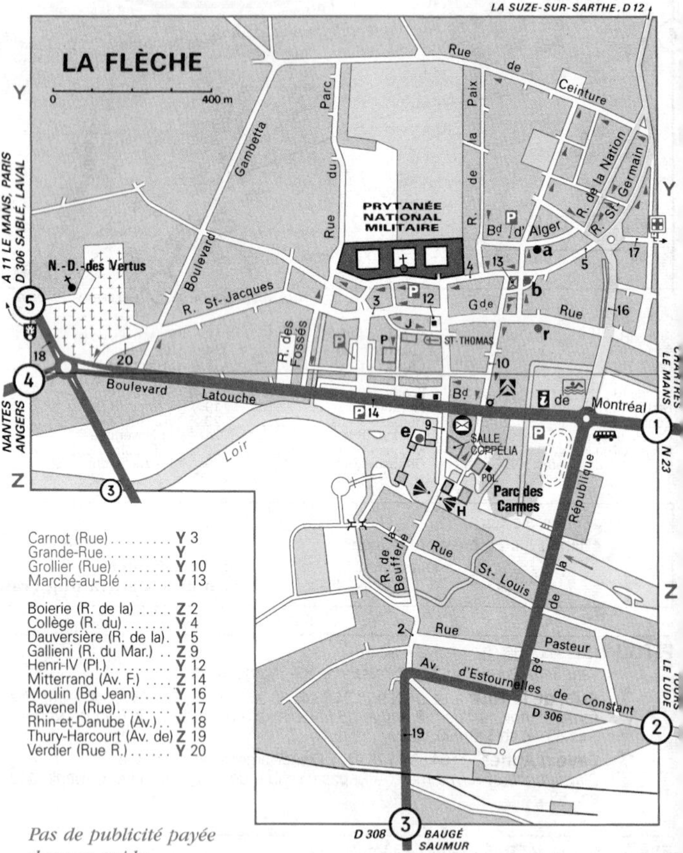

Carnot (Rue) . . . . Y 3
Grande-Rue. . . . . Y
Grollier (Rue) . . . . Y 10
Marché-au-Blé . . . . Y 13

Boierie (R. de la) . . . . . Z 2
Collège (R. du). . . . . . . Y 4
Dauversière (R. de la). Y 5
Gallieni (R. du Mar.) . . Z 9
Henri-IV (Pl.) . . . . Y 12
Mitterrand (Av. F.) . . . . Z 14
Moulin (Bd Jean). . . . . Y 16
Ravenel (Rue). . . . . Y 17
Rhin-et-Danube (Av.) . . Y 18
Thury-Harcourt (Av. de) Z 19
Verdier (Rue R.) . . . . . . Y 20

Pas de publicité payée dans ce guide.

La FLÈCHE 72200 Sarthe 64 ② G. Châteaux de la Loire – 14 953 h alt. 33.

Voir Prytanée militaire* Y – Boiseries* de la chapelle N.-D.-des-Vertus Y – Parc zoologique du Tertre Rouge* 5 km par ② puis D 104.

Env. Bazouges-sur-le-Loir : pont ≤*, 7 km par ④.

Office de Tourisme Bd de Montréal ☎ 02 43 94 02 53.

Paris 242 ① – Angers 51 ④ – Le Mans 44 ① – Châteaubriant 104 ④ – Laval 70 ⑤ – Tours 70 ②.

Plan page ci-contre

Relais Cicero sans rest, 18 bd Alger ☎ 02 43 94 14 14, *Fax 02 43 45 98 96*, « Demeure du 17e siècle, belle décoration intérieure », – TV ☎ AE GB
fermé 20 déc. au 6 janv. – ☐ 50 – **21 ch** 425/675.

Fesse d'Ange, pl. 8 Mai 1945 ☎ 02 43 94 73 60, *Fax 02 43 45 97 33* – . GB Y b
fermé 1er au 21 août, vacances de fév., dim. soir et lundi – **Repas** 105/215 ♀.

Moulin des Quatre Saisons, r. Galliéni ☎ 02 43 45 12 12, *Fax 02 43 45 10 31*, – AE GB Z e
fermé 21 déc. au 11 janv., dim. soir d'oct. à avril et lundi – **Repas** 75 (déj.), 98/229 ♀, enf. 59.

Vert Galant avec ch, 70 Gde Rue ☎ 02 43 94 00 51, *Fax 02 43 45 11 24*, , – TV ☎ P. GB. Y r
fermé 15 déc. au 15 janv. et jeudi – **Repas** 85/185 ♀, enf. 60 – ☐ 31 – **9 ch** 242/259 – 1/2 P 227/259.

AUDI, VOLKSWAGEN Gar. Clerfond, la Jalêtre, av. Rhin-et-Danube ☎ 02 43 94 10 48
CITROEN Succursale, bd de Montréal ☎ 02 43 94 01 41
FORD Gar. Bouttier, av. de Verdun ☎ 02 43 94 04 08
PEUGEOT Gar. Vadeble, av. Rhin-et-Danube par ⑤ ☎ 02 43 94 01 73 N ☎ 02 43 94 01 73
ROVER Gar. Gambetta, 51 bd Gambetta ☎ 02 43 94 06 20
Robles Pneus, bd Rhin-et-Danube ☎ 02 43 45 20 38

FLÉRÉ-LA-RIVIÈRE 36700 Indre 68 ⑥ – 628 h alt. 95.

Paris 275 – Tours 61 – Le Blanc 49 – Châtellerault 59 – Châtillon-sur-Indre 7 – Loches 17.

Relais du Berry, 2 rte Tours ☎ 02 54 39 32 57 – GB
fermé 22 juin au 9 juil., dim. soir et lundi – **Repas** 75/210 .

FLERS 61100 Orne 60 ① G. Normandie Cotentin – 17 888 h alt. 270.

Office de Tourisme pl. Gén.-de-Gaulle ☎ 02 33 65 06 75.

Paris 237 ② – Alençon 71 ③ – Argentan 42 ② – Caen 59 ① – Fougères 76 ④ – Laval 88 ④ – Lisieux 84 ① – St-Lô 68 ① – Vire 31 ⑥.

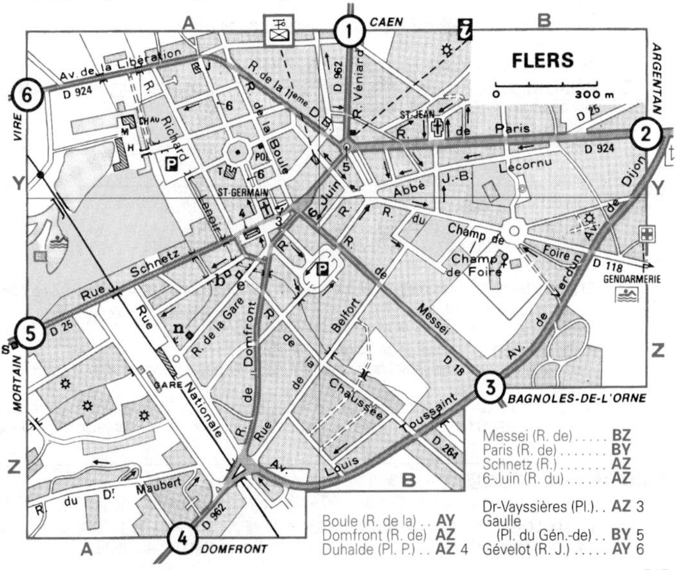

Messei (R. de) . . . . . BZ
Paris (R. de) . . . . BY
Schnetz (R.) . . . . AZ
6-Juin (R. du) . . . . . . AZ

Boule (R. de la) . . AY
Domfront (R. de) AZ
Duhalde (Pl. P.) . . AZ 4

Dr-Vayssières (Pl.) . . AZ 3
Gaulle (Pl. du Gén.-de) . . BY 5
Gévelot (R. J.) . . . . . AY 6

Galion sans rest, 5 r. V. Hugo ℘ 02 33 64 47 47, *Fax 02 33 65 10 10* – TV ☎ ✆ ♿ P. AE GB AZ b
☕ 30 – **30 ch** 200/270.

Lys d'Or sans rest, 22 r. Gare ℘ 02 33 65 28 28, *Fax 02 33 65 20 56* – TV ☎ ✆ P. AE ⓓ GB
☕ 25 – **11 ch** 190/220. AZ e

Aub. Relais Fleuri, 115 r. Schnetz ℘ 02 33 65 23 89, *Fax 02 33 65 23 89,* – AE GB
fermé 1er au 15 août et vacances de fév. – **Repas** 98/210. AZ s

Au Bout de la Rue, 60 r. Gare ℘ 02 33 65 31 53, *Fax 02 33 65 46 81* – ▤. GB AZ n
fermé dim. et fériés – **Repas** (75) - 100/152 ♀.

au Buisson-Corblin *par ② : 3 km – ✉ 61100 Flers :*

Aub. des Vieilles Pierres, ℘ 02 33 65 06 96, *Fax 02 33 65 80 72* – P. AE GB
fermé 1er au 24 août, vacances de fév., dim. soir et lundi – **Repas** 80/208.

à La Ferrière-aux-Étangs *par ③ : 10 km – 1 727 h. alt. 304 – ✉ 61450 :*

Aub. de la Mine, le Gué-Plat par rte Dompierre : 2 km ℘ 02 33 66 91 10, *Fax 02 33 96 73 90* – P. AE ⓓ GB
fermé 17 août au 9 sept., 4 au 23 janv., mardi sauf le midi de mai à sept. et merc. – **Repas** 90/230, enf. 50.

AUDI, VOLKSWAGEN Avenir Autom., 184 r. Véniard à St-Georges-des-Groseillers ℘ 02 33 65 24 88
CITROEN S.A.C.O.A., ZI rte de Domfront ℘ 02 33 64 46 46 N ℘ 02 33 64 46 46
NISSAN Fleury Autom., La Chapelle au Moine ℘ 02 33 64 14 66
OPEL gd gar. central Bedouelle, 31 r. Abbé-Lecornu ℘ 02 33 65 22 21
PEUGEOT Gar. Daniaud, av. des Canadiens à St-Georges des Groseillers ℘ 02 33 65 25 98 N ℘ 02 33 64 95 13
RENAULT Gar. Manson, rte de Domfront, ZI par ④ ℘ 02 33 65 77 55 N ℘ 02 31 25 93 49

Clabeaut Pneus, 91 r. de la Chaussée ℘ 02 33 65 26 18
Grosos Pneus Vulco, ZA Champ de Course ℘ 02 33 98 17 17

FLEURANCE *32500 Gers* 82 ⑤ *G. Pyrénées Aquitaine – 6 368 h alt. 97.*
9 ℘ *05 62 06 26 26, S par N 21 : 4 km.*
Office de Tourisme 60 bis r. Gambetta ℘ 05 62 64 00 00, Fax 05 62 06 27 80.
Paris 759 – Auch 25 – Agen 49 – Castelsarrasin 57 – Condom 31 – Montauban 66 – Toulouse 85.

Fleurance sans rest, rte Agen : 2 km ℘ 05 62 06 14 85, *Fax 05 62 64 05 12,* – TV ☎ P. AE ⓓ GB
fermé 20 déc. au 10 janv. – ☕ 35 – **23 ch** 220/380.

Relais sans rest, rte Auch ℘ 05 62 06 05 08, *Fax 05 62 06 03 84* – TV ☎ P. AE GB
fermé vend. du 15 nov. au 31 mars – ☕ 35 – **25 ch** 190/275.

RENAULT Gar. Palacin, ℘ 05 62 06 11 69 N ℘ 05 62 06 11 69
Gar. Carol, av. Gén.-de-Gaulle ℘ 05 62 06 11 81 N ℘ 05 62 10 77 99

FLEURIE *69820 Rhône* 74 ① *G. Vallée du Rhône – 1 105 h alt. 320.*
Env. *La Terrasse ✻★★ près du col du Fût d'Avenas O : 10 km.*
Paris 411 – Mâcon 21 – Bourg-en-Bresse 45 – Chauffailles 44 – Lyon 59 – Villefranche-sur-Saône 26.

Grands Vins sans rest, Sud : 1 km par D 119E ℘ 04 74 69 81 43, *Fax 04 74 69 86 10,* ≤, – TV ☎ P. GB.
fermé 2 au 5 août, déc. et janv. – ☕ 52 – **20 ch** 360/420.

Aub. du Cep, pl. Église ℘ 04 74 04 10 77, *Fax 04 74 04 10 28* – ▤. AE GB
fermé début déc. à mi-janv., dim. soir et lundi – **Repas** (prévenir) 200/575 et carte 270 à 470 ♀
Spéc. Cuisses de grenouilles rôties aux fines herbes. Volaille fermière mijotée au vin de Fleurie. Cassis du terroir beaujolais en sorbet et son coulis. **Vins** Beaujolais blanc, Fleurie.

FLEURINES *60700 Oise* 56 ① *– 1 494 h alt. 110.*
Paris 56 – Compiègne 32 – Beauvais 50 – Clermont 25 – Roye 53 – Senlis 7.

Vieux Logis, ℘ 03 44 54 10 13, *Fax 03 44 54 12 47,* – P. AE GB.
fermé vacances de fév., sam. midi, dim. soir et lundi – **Repas** 140/250 ♀.

FLEURVILLE *71260 S.-et-L.* 69 ⑲ ⑳ – *485 h alt. 174.*

Paris 375 – Mâcon 17 – Cluny 26 – Pont-de-Vaux 6 – St-Amour 43 – Tournus 15.

Château de Fleurville, ✆ 03 85 33 12 17, *Fax 03 85 33 95 34*, parc, – TV ☎ P. GB
1er mars-31 oct. – **Repas** *(fermé lundi midi)* 100 (déj.), 170/260, enf. 50 – ☐ 45 – **14 ch** 440 – ½ P 435/535.

Fleurvil avec ch, ✆ 03 85 33 10 65, *Fax 03 85 33 10 37* – TV ☎ P. AE GB
fermé 8 au 15 juin, 15 nov. au 15 déc., lundi soir et mardi – **Repas** 90/220 ♀, enf. 60 – ☐ 35 – **9 ch** 190/250.

à **St-Oyen-Montbellet** *Nord : 3 km par N6 – ✉ 71260 Lugny :*

Chaumière avec ch, ✆ 03 85 33 10 41, *Fax 03 85 33 12 99*, « Jardin fleuri » – TV ☎ P. GB
fermé 24 au 28 août, jeudi midi et merc. – **Repas** 110/210 , enf. 50 – ☐ 35 – **9 ch** 210/360.

FLEURY *11560 Aude* 83 ⑭ – *2 264 h alt. 35.*

Syndicat d'Initiative ✆ 04 68 33 55 40, Fax 04 68 33 80 23.

Paris 785 – Perpignan 80 – Béziers 16 – Carcassonne 77 – Narbonne 14.

Tulipe Noire, ✆ 04 68 33 71 82, *Fax 04 68 33 37 11*, « Chais aménagé » – . AE GB
fermé 15 au 30 nov., 15 au 28 fév. et lundi hors saison – **Repas** 98/325, enf. 40.

FLEURY-SUR-ORNE *14 Calvados* 55 ⑪ – *rattaché à Caen.*

FLORAC *48400 Lozère* 80 ⑥ *G. Gorges du Tarn* (plan) – *2 065 h alt. 542.*

Voir *S : Corniche des Cévennes*** – O : Gorges du Tarn***.*

Office de Tourisme Château de Florac ✆ 04 66 45 01 14, Fax 04 66 45 25 80.

Paris 628 – Mende 37 – Alès 66 – Millau 78 – Rodez 121 – Le Vigan 64.

Gd H. du Parc, ✆ 04 66 45 03 05, *Fax 04 66 45 11 81*, – TV ☎ P – 40. AE GB. ch
15 mars-1er déc. – **Repas** 95/185, enf. 50 – ☐ 36 – **60 ch** 250/350 – ½ P 260/295.

Gorges du Tarn sans rest (ouverture prévue en avril), ✆ 04 66 45 00 63, *Fax 04 66 45 10 56* – cuisinette TV ☎ P. GB.
1er mai-30 sept. et fermé dim. sauf juil.-août – ☐ 35 – **31 ch** 200/240.

à **Cocurès** *Nord-Est : 5,5 km par N 106 et D 998 – 153 h. alt. 600 – ✉ 48400 :*

Lozerette, ✆ 04 66 45 06 04, *Fax 04 66 45 12 93*, – TV ☎ P. AE GB. rest
Pâques-1er nov. – **Repas** *(fermé mardi hors saison)* 84/125 ♀, enf. 60 – ☐ 38 – **21 ch** 350/490 – ½ P 285/360.

CITROEN Gar. chez Momo, ZA St-Julien, rte de Mende ✆ 04 66 45 00 27
PEUGEOT Gar. Pascal, ✆ 04 66 45 00 65
Gar. Baubrier, ✆ 04 66 45 01 52
Covinhes Pneus, ZA ✆ 04 66 45 08 84

FLORENSAC *34510 Hérault* 83 ⑮ – *3 583 h alt. 9.*

Paris 748 – Montpellier 47 – Agde 10 – Béziers 25 – Lodève 49 – Mèze 14 – Pézenas 14.

Léonce (Fabre) avec ch, pl. République ✆ 04 67 77 03 05, *Fax 04 67 77 88 89* – TV ☎ – 25. AE GB. rest
fermé 21 sept. au 4 oct., mi-fév. à mi-mars, dim. soir hors saison et lundi – **Repas** (en saison prévenir) 150/350 et carte 260 à 360 ♀ – ☐ 38 – **10 ch** 210/280
Spéc. Ravioles en farce marine et demi homard rôti. Carré d'agneau et bouquetière de légumes. "Sublime" à l'extra bitter (dessert). **Vins** Coteaux du Languedoc.

FLORENT-EN-ARGONNE *51 Marne* 56 ⑲ – *rattaché à Ste-Menehould.*

La FLOTTE *17 Char.-Mar.* 71 ⑫ – *voir à Ré (Ile de).*

FLOURE *11 Aude* 86 ⑧ – *rattaché à Carcassonne.*

FLUMET *73590 Savoie* 74 ⑦ *G. Alpes du Nord – 760 h alt. 920 – Sports d'hiver : 1 000/2 030 m 11 .*

Office de Tourisme "Le Dodécagone" ✆ 04 79 31 61 08, Fax 04 79 31 84 67.

Paris 597 – Chamonix-Mont-Blanc 46 – Albertville 21 – Annecy 51 – Chambéry 72 – Megève 10.

Host. Parc des Cèdres, ✆ 04 79 31 72 37, *Fax 04 79 31 61 66*, ≤, 🏞, « Parc » – 📺 ☎ 🚗 🅿. AE ⓓ GB JCB
hôtel : 30 mai-21 sept., 19 déc.-5 janv. et 30 janv.-fin mars – **Repas** *(20 juin-14 sept., 19 déc.-5 janv. et 30 janv.-fin mars)* 85/160, enf. 52 – ☕ 40 – **20 ch** 220/350 – ½ P 290/360.

à St-Nicolas-la-Chapelle *Sud-Ouest : 1,2 km par N 212 – 416 h. alt. 950 – ✉ 73590 :*

Vivier, sur N 212 ✆ 04 79 31 73 79, *Fax 04 79 31 60 70*, ≤, 🏞 – 📺 ☎ 🚗 🅿. GB
fermé 23 au 31 mars et 14 nov. au 20 déc. – **Repas** *(fermé lundi hors saison)* 65/180 🍷, enf. 40 – ☕ 35 – **20 ch** 230/270 – ½ P 230/240.

Gar. Joly, ✆ 04 79 31 71 86

FOIX 🅿 *09000 Ariège* 86 ④ ⑤ *G. Pyrénées Roussillon – 9 964 h alt. 375.*
Voir *Site*★ – ✳★ *de la tour du château* **A** – *Route Verte*★★ *O par D17* **A**.
Env. *Rivière souterraine de Labouiche*★ *NO : 6,5 km par D1.*
⛳18 *de l'Ariège à la Bastide-de-Sérou,* ✆ *05 61 64 56 78 par* ③ *: 15 km.*
🛈 *Office de Tourisme 45 cours G.-Fauré* ✆ *05 61 65 12 12, Fax 05 61 65 64 63.*
Paris 776 ① *– Andorra la Vella 102* ② *– Carcassonne 88* ① *– Perpignan 138* ② *– St-Girons 44* ③ *– Toulouse 84* ①.

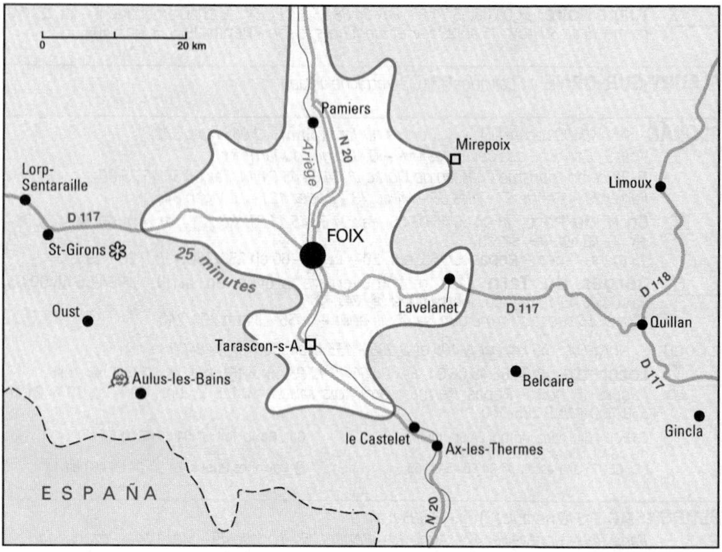

Pyrène sans rest, par ② *: 2 km* ✆ 05 61 65 48 66, *Fax 05 61 65 46 69*, 🏊, 🌳, 🎾 – 📺 ☎ 🅿. GB
fermé 20 déc. au 20 janv. – ☕ 32 – **20 ch** 270/330.

Lons, 6 pl. G. Duthil ✆ 05 61 65 52 44, *Fax 05 61 02 68 18*, ≤ – 🛗, ▤ rest, 📺 ☎ – 🏛 40. AE ⓓ GB B d
fermé 20 déc. au 15 janv. – **Repas** *(fermé sam. en hiver)* 75/145, enf. 47 - ***Brasserie du XIX siècle*** ✆05 61 65 12 10 *(fermé sam. soir et dim.)* **Repas** 67/90 🍷, enf. 38 – ☕ 36 – **40 ch** 250/360 – ½ P 225/295.

au Sud *par* ② *: 7 km bifurcation N 20 et D 117 – ✉ 09000 St-Paul-de-Jarrat :*

Charmille avec ch, ✆ 05 61 64 17 03, *Fax 05 61 64 10 05* – ☎ 📞 🅿. GB
fermé 6 au 12 juil., 1er au 15 oct., 15 au 31 janv., dim. soir hors saison et lundi – **Repas** 72/210 🍷 – ☕ 35 – **10 ch** 220/270 – ½ P 210/225.

AUDI, VOLKSWAGEN Scala, ZUP de Labarre ✆ 05 61 02 74 44
CITROEN Gar. Grau, N20 à Peyssales par ② ✆ 05 61 02 12 40
PEUGEOT Stival Autom., N 20 ZI de Labarre par ① ✆ 05 61 65 42 22 🅽 ✆ 08 00 44 24 24
RENAULT Autorama, rte d'Espagne par ② ✆ 05 61 02 32 60 🅽 ✆ 06 07 15 71 61

Ⓜ Euromaster, 33 av. Mar.-Leclerc ✆ 05 61 65 01 68
Lautier Pneus, 16 av. de Barcelone ✆ 05 61 65 01 41

FOIX

Bayle (R.) . . . . B
Delcassé (R. Th.) . . . . . B 4
Marchands (R. des) . . . B 12
St-Jammes (R.) . . . . . . A 22

Alsace-Lorraine (Bd) . . B 2
Chapeliers (R. des) . . . A 3
Delpech (R. Lt P.) . . . . . A 5
Duthil (Pl.) . . . . B 6
Fauré (Crs G.) . . . . . . AB 7
Labistour (R. de) . . . . . . B 8
Lazéma (R.) . . . . A 9
Lérida (Av. de) . . . . A 10
Lespinet (R. de) . . . . . . A 13
Préfecture (R. de la) . . A 14
Rocher (R. du) . . . . A 20
St-Volusien (Pl.) . . . . . . A 23
Salenques (R. des) . . . . A 24

Les plans de villes sont orientés le Nord en haut.

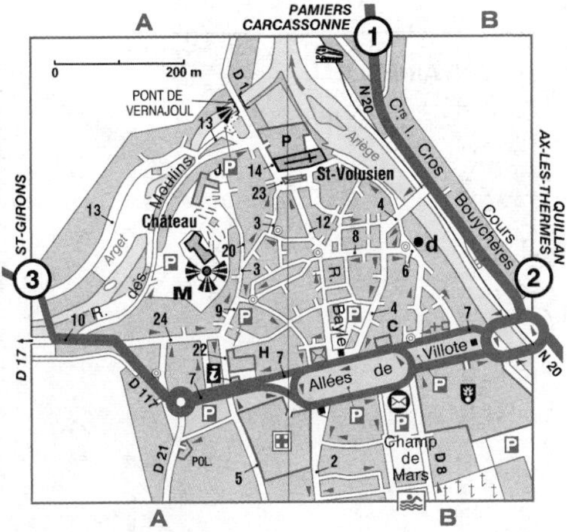

La FOLIE-COUVRECHEF *14 Calvados* 55 ⑭ *– rattaché à Caen.*

FONDAMENTE *12540 Aveyron* 80 ⑭ *– 316 h alt. 430.*

Paris 682 – Montpellier 94 – Albi 110 – Béziers 85 – Castres 118 – Lodève 40 – Millau 41 – Rodez 107 – St-Affrique 28.

Baldy avec ch, ✆ 05 65 99 37 38, *Fax 05 65 99 37 38* – TV. GB
fermé 18 déc. au 20 janv., vend. soir, sam. midi et dim. soir sauf juil.-août – **Repas** 75 bc (déj.), 103 bc/160 bc, enf. 50 – ☕ 35 – **10 ch** 120/240 – ½ P 210/240.

FONTAINEBLEAU SP *77300 S.-et-M.* 61 ② ⑫, 106 ㊺ ㊻ *G. Ile de France – 15 714 h alt. 75.*

*Voir Palais*** ABZ – Jardins* ABZ – Musée napoléonien d'Art et d'Histoire militaire : collection de sabres et d'épées* AY M¹ – Forêt*** – Gorges de Franchard** 5 km par ⑥.*

18 ✆ 01 64 22 22 95, par ⑤ : 1,5 km.

Office de Tourisme 4 r. Royale ✆ 01 60 74 99 99, Fax 01 60 74 80 22.

Paris 64 ⑦ – Auxerre 106 ④ – Châlons-en-Champagne 158 ③ – Chartres 112 ⑦ – Meaux 71 ① – Melun 17 ① – Montargis 51 ④ – Orléans 90 ⑤ – Sens 53 ③ – Troyes 118 ③.

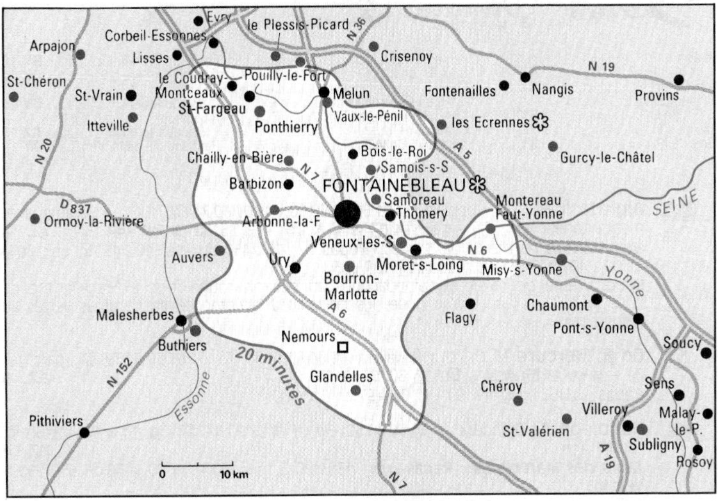

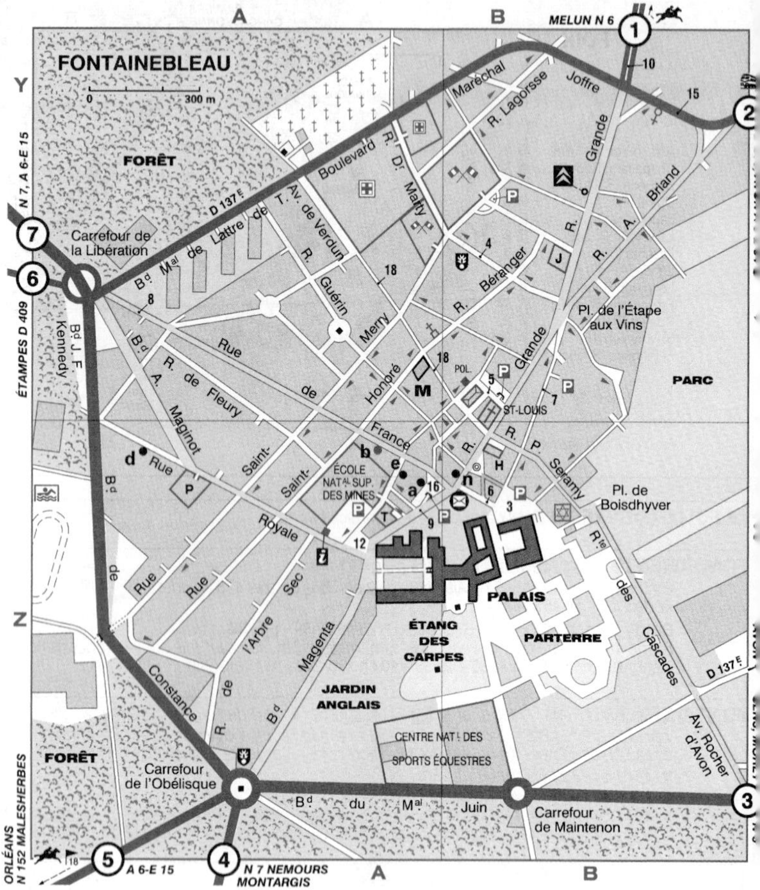

Briand (R. Aristide) . . . . **BY**
Dénecourt (R.) . . . . **AZ** 9
Étape-aux-Vins (Pl. de l') . . . . **BY**
France (R. de) . . . . **AYZ**
Grande (R.) . . . . **BY**

Armes (Pl. d') . . . . **BZ** 3
Bois (R. des) . . . . **BY** 4
Calas (R. du Commissaire) . . . . . **BY** 5
Chancellerie (R. de la) . . . . . **BZ** 6
Château (R. du) . . . . **BY** 7
Churchill (Bd W.) . . . . **AY** 8

Foch (Bd du Mar.) . . . . **BY** 10
Gaulle (Pl. Gén.-de) . . . . **AZ** 12
Leclerc (Bd du Mar.) . . . . **BY** 15
Napoléon Bonaparte (Pl.) . . . . **AZ** 16
Paroisse (R. de la) . . . . **AY** 18

Aigle Noir M, 27 pl. Napoléon ☎ 01 60 74 60 00, *Fax 01 60 74 60 01*, « Bel aménagement intérieur », – 35. AE GB JCB — AZ a
Beauharnais *(fermé 23 au 31 déc.)* **Repas** (130)-180/450 et carte 310 à 430 ♀, enf. 80 – 90 – **49 ch** 790/1200, 7 appart – 1/2 P 685
Spéc. Crème de navet et Saint-Jacques au poivron rouge (oct. à fév.). Tartare de lotte mi-cuit au fumet d'araignée. Ris de veau à la compote de pommes vertes au gingembre.

Gd H. Mercure M, 41 r. Royale ☎ 01 64 69 34 34, *Fax 01 64 69 34 39*, parc, – 50. AE GB — AZ d
Repas 140/155 bc ♀, enf. 50 – 65 – **97 ch** 640/700.

Napoléon, 9 r. Grande ☎ 01 60 39 50 50, *Fax 01 64 22 20 87*, – 80. AE GB JCB — BZ n
***Table des Maréchaux* : Repas** (110) - 130/180 ♀, enf. 60 – 80 – **56 ch** 650/990 – 1/2 P 465/610.

Ibis M, 18 r. Ferrare ✆ 01 64 23 45 25, *Fax 01 64 23 42 22*, – 🛗 – 40. AE GB AZ e
Repas *(75)* - 95 🍷, enf. 39 – ☕ 39 – **81 ch** 370/460.

Croquembouche, 43 r. France ✆ 01 64 22 01 57, *Fax 01 60 72 08 73* – AE GB.
fermé août, vacances de Noël, jeudi midi et merc. – **Repas** *(88)* - 125/195 🍷. AZ b

CITROEN Ste Nlle Sud Auto, 177 r. Grande ✆ 01 64 69 53 30 N ✆ 06 08 91 57 36
FORD Gar. François 1er Autom., 9 r. Gambetta à Avon ✆ 01 60 72 20 34
HONDA Gar. Europe, 2 av. F.-Roosevelt à Avon ✆ 01 60 74 51 35
PEUGEOT S.C.G.C., 66 av. de Valvins à Avon par ② ✆ 01 60 72 14 05 N ✆ 08 00 05 24 24
RENAULT Gar. du Viaduc, 40 r. du Viaduc à Avon par ② ✆ 01 64 22 37 78
RENAULT Gar. Centre, 56 av. de Valvins à Avon par ② ✆ 01 64 69 56 56 N ✆ 08 00 05 15

Forum Pneus, 65-67 r. de France ✆ 01 64 22 25 85

FONTAINE-CHAALIS *60300 Oise 56 ⑫, 106 ⑨ – 366 h alt. 70.*

Voir *Boiseries★ de l'église de Baron E : 4 km*, **G. Ile de France.**
Paris 49 – Compiègne 39 – Beauvais 61 – Meaux 31 – Senlis 9 – Villers-Cotterets 37.

Aub. de Fontaine avec ch, ✆ 03 44 54 20 22, *Fax 03 44 60 25 38*, – GB
fermé mardi d'oct. à fév. sauf fériés – **Repas** *(95)* - 135/240 🍷, enf. 75 – ☕ 40 – **8 ch** 245/275 – 1/2 P 300.

FONTAINE-DE-VAUCLUSE *84800 Vaucluse 81 ⑬ G. Provence* (plan) *– 580 h alt. 75.*

Voir *La Fontaine de Vaucluse★★ 30 mn – Collection Casteret★ au Monde souterrain de Norbert Casteret – Musée d'Histoire 1939-1945★.*
Office de Tourisme Chemin de la Fontaine ✆ 04 90 20 32 22, Fax 04 90 20 21 37.
Paris 702 – Avignon 30 – Apt 32 – Carpentras 21 – Cavaillon 16 – Orange 47.

Philip, ✆ 04 90 20 31 81, *Fax 04 90 20 28 63*, <, , « Au pied des cascades » – GB
1er avril-30 sept. et fermé le soir sauf juil.-août – **Repas** 115/160.

FONTANGES *15 Cantal 76 ② – rattaché à Salers.*

FONTENAILLES *77370 S.-et-M. 61 ③ – 773 h alt. 102.*

Paris 67 – Fontainebleau 31 – Coulommiers 36 – Melun 22 – Provins 26.

Golf H. de Fontenailles M, Domaine du Bois Boudran Nord : 1 km ✆ 01 64 60 51 00, *Fax 01 60 67 52 12*, <, , parc, « Château du 19e siècle au milieu d'un golf », – 🛗, rest, TV P – 35. AE GB JCB.
Repas *(110)* - 130 (déj.), 180/250 🍷 – ☕ 60 – **48 ch** 650/1450, 3 appart – 1/2 P 660.

Forge, rte Melun ✆ 01 64 08 44 11, *Fax 01 64 08 34 93*, – P. GB
Repas *(fermé dim. soir et lundi soir)* 90/130, enf. 35 – ☕ 30 – **16 ch** 160/220 – 1/2 P 180/205.

FONTENAI-SUR-ORNE *61 Orne 60 ② – rattaché à Argentan.*

FONTENAY-AUX-ROSES *92 Hauts-de-Seine 60 ⑩, 101 ㉕ – voir à Paris, Environs.*

FONTENAY-LE-COMTE SP *85200 Vendée 71 ① G. Poitou Vendée Charentes – 14 456 h alt. 21.*

Voir *Clocher★ de l'église N.-Dame* **AY B** – *Intérieur★ du château de Terre-Neuve.*
Office de Tourisme Quai Poey-d'Avant ✆ 02 51 69 44 99, Fax 02 51 50 00 90.
Paris 437 ① – La Rochelle 50 ④ – La Roche-sur-Yon 62 ⑤ – Cholet 77 ①.

Plan page suivante

Rabelais , rte Parthenay ✆ 02 51 69 86 20, *Fax 02 51 69 80 45*, , , – 🛗 TV P – 50. AE GB. rest BZ a
Repas *(80)* - 100/160 🍷, enf. 45 – ☕ 40 – **54 ch** 300/340 – 1/2 P 260.

à St-Martin-de-Fraigneau *par ③ et N 148 : 5 km – 697 h. alt. 35 – ✉ 85200 :*

Eleis, ✆ 02 51 53 03 30, *Fax 02 51 53 01 56*, , – TV P. AE GB
Repas snack *(fermé dim. du 1er oct. au 30 avril)* 80/130 🍷, enf. 50 – ☕ 32 – **30 ch** 200/280 – 1/2 P 240.

à Velluire *par ④, D 938 ter et D 68 : 11 km – 514 h. alt. 9 – ✉ 85770 :*

Aub. de la Rivière M avec ch, ✆ 02 51 52 32 15, *Fax 02 51 52 37 42*, « En bordure de la Vendée » – TV. GB
fermé 3 janv. au 26 fév., dim. soir (sauf hôtel) et lundi sauf le soir de juil. à sept. – **Repas** 110/230 et carte 180 à 320 🍷 – ☕ 60 – **11 ch** 380/450 – 1/2 P 405/440.

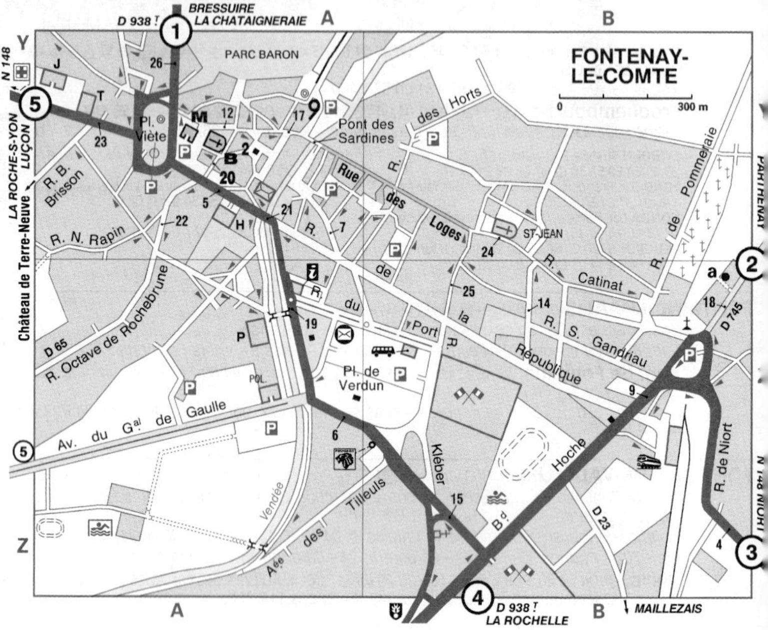

République (R. de la) ...... ABZ

Belliard (Pl.) .... AY 2
Capitale (Bd de la).......... BZ 4
Clemenceau (R. G.)......... AY 5
Chail (Bd du) .... AZ 6
Dr Audé (R. du) .... AY 7
Du Guesclin (Bd).......... BZ 9
Guillemet (R.) .... AY 12
Jacobins (R. des).......... BZ 14
Marceau (Av.) .... BZ 15
Orfèvres (R. des).......... AY 17
Ouillette (R. de l') .... BZ 18
Poey-d'Avant.............. AZ 19
Pont-aux-Chèvres (R.) ..... AY 20
Pont-Neuf................ AY 21
Pts St-Martin (R.) .... AY 22
Rabelais (R.).............. AY 23
St-Jean (R.) .... BY 24
St-Nicolas (R.) .... BZ 25
Tiraqueau (R.)............. AY 26

AUDI, VOLKSWAGEN Gar. Couturier, av. Gén.-de-Gaulle ✆ 02 51 69 92 67 **N** ✆ 02 51 69 05 77
CITROEN Les Gges Murs, ZI 67 r. Ancienne Capitale du Bas Poitou par ③ ✆ 02 51 69 06 76
FIAT, LANCIA Gar. Lamy, bd du Chail ✆ 02 51 50 15 00

PEUGEOT Gds gar. de Vendée, bd du Chail ✆ 02 51 69 85 69
RENAULT Fontenaisienne Autom., rte de la Rochelle par ④ ✆ 02 51 69 49 74 **N** ✆ 02 51 36 94 64

Aubert Pneu, rte de Niort ✆ 02 51 69 30 79

FONTENAY-SOUS-BOIS *94 Val-de-Marne* **56** ⑪, **101** ⑰ – *voir à Paris, Environs.*

FONTENAY-TRÉSIGNY *77610 S.-et-M.* **61** ②, **106** ㉞ ㉟ – *4 518 h alt. 102.*

Paris 51 – Coulommiers 23 – Meaux 32 – Melun 27 – Provins 40 – Sézanne 65.

Manoir , près aérodrome Est : 4 km par N 4 et D 402 ✆ 01 64 25 91 17, *Fax 01 64 25 95 49*, « Ancien pavillon de chasse dans un parc avec étang », – 60. AE GB JCB
4 avril-15 nov. – **Repas** *(fermé mardi sauf fériés)* 180 bc/370 – 70 – **17 ch** 800/880, 3 appart – ½ P 825.

FONTEVRAUD-L'ABBAYE *49590 M.-et-L.* **67** ⑨ *G. Châteaux de la Loire – 1 108 h alt. 75.*

Voir *Abbaye*★★ – *Église St-Michel*★.

de Loudun (86) ✆ *05 49 98 78 06, par D 947 : 3 km.*

Office de Tourisme (15 mai-sept.) Chapelle Ste-Catherine ✆ *02 41 51 79 45, Fax 02 41 51 79 01.*

Paris 306 – Angers 77 – Chinon 21 – Loudun 22 – Poitiers 77 – Saumur 16 – Thouars 37.

Hôtellerie Prieuré St-Lazare , 02 41 51 73 16, *Fax 02 41 51 75 50*, « Dans l'ancien prieuré de l'abbaye », – – 450. AE GB.
15 mars-15 nov. – **Repas** 98/280 – 65 – **51 ch** 430/480 – 1/2 P 375.

Croix Blanche, pl. Plantagenets 02 41 51 71 11, *Fax 02 41 38 15 38*, – rest, – 50. AE GB
fermé 2 au 14 nov. et 11 janv. au 6 fév. – **Repas** 99/245, enf. 57 – 37 – **21 ch** 305/450 – 1/2 P 305/390.

Licorne, allée Ste-Catherine 02 41 51 72 49, *Fax 02 41 51 70 40*, , – AE GB JCB
fermé déc. à mi-janv., dim. soir et lundi d'oct. à avril – **Repas** (nombre de couverts limité, prévenir) 110/350 et carte 220 à 375
Spéc. Ravioli de langoustines au basilic, sauce morilles. Sandre aux écrevisses (juin à oct.). Moelleux au chocolat et pistaches (oct. à mars). **Vins** Saumur Blanc, Saumur Champigny.

Abbaye, rte Montsoreau 02 41 51 71 04, *Fax 02 41 51 43 10* – . GB
fermé 26 au 31 oct., 31 janv. au 27 fév., mardi soir et merc. – **Repas** 68/165, enf. 50.

FONTJONCOUSE *11360 Aude 86 ⑨ – 102 h alt. 298.*

Paris 824 – Perpignan 66 – Carcassonne 56 – Narbonne 32.

Aub. du Vieux Puits (Goujon), 04 68 44 07 37, *Fax 04 68 44 08 31* – . GB
fermé 6 janv. au 13 fév., dim. soir et lundi – **Repas** 159/350 et carte 250 à 380, enf. 70
Spéc. Galette d'estofinade en crème de verjus. Côte de sanglier, sauce du piqueur au chocolat (oct. à fév.). Arpège chocolat coulant sauce "Nicole Seitz". **Vins** Corbières.

FONT-ROMEU *66120 Pyr.-Or. 86 ⑯ G. Pyrénées Roussillon – 1 857 h alt. 1800 – Sports d'hiver : 1 550/2 200 m 1 31 – Casino.*

Voir Ermitage★ (camaril★★) et calvaire ★★ de Font-Romeu NE : 2 km puis 15 mn.
de Font-Romeu 04 68 30 10 78, N : 1 km.
Office de Tourisme av. E.-Brousse 04 68 30 68 30, Fax 04 68 30 29 70.
Paris 874 – Andorra la Vella 78 – Ax-les-Thermes 57 – Bourg-Madame 19 – Perpignan 90.

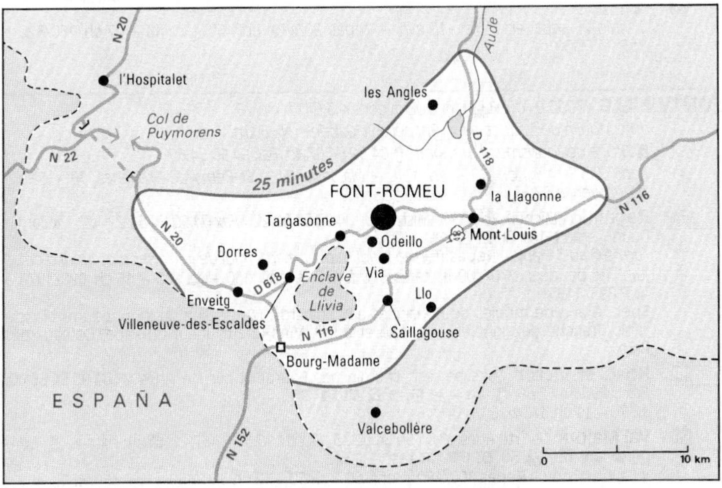

Carlit, 04 68 30 80 30, *Fax 04 68 30 80 68*, , – cuisinette – 35. AE GB. rest
fermé oct. et nov. – ***Cerdagne :*** **Repas** (100) - 120/220, enf. 65 – ***El Foc :*** **Repas** 95/130, enf. 60 – 45 – **46 ch** 390/450, 12 duplex – 1/2 P 375/405.

Clair Soleil, rte Odeillo : 1 km 04 68 30 13 65, *Fax 04 68 30 08 27*, montagnes et four solaire, , – AE GB
fermé 14 avril au 8 mai et 30 oct. au 20 déc. – **Repas** 70 (déj.), 95/185, enf. 45 – 40 – **31 ch** 200/330 – 1/2 P 240/325.

Montagne, ✆ 04 68 30 36 44, *Fax 04 68 30 14 14*, ←, ⅟₆, ▣, ✂ – ‡ cuisinette ▣ ☎ ♿ ⇔ P – 🏔 40. AE ⦿ GB
Chalet *(fermé dim. soir et lundi midi sauf vacances scolaires)* **Repas** 75, enf. 50 – ☕ 40 – **16 ch** 390/450, 7 duplex – ½ P 345/375.

L'Orée du Bois sans rest, ✆ 04 68 30 01 40, *Fax 04 68 30 41 60*, ← – ‡ ▣ ☎ ♿ ⇔. AE GB
☕ 37 – **37 ch** 280/300.

Sun Valley, ✆ 04 68 30 21 21, *Fax 04 68 30 30 38* – ‡ ▣ ☎ ⇔. GB. ✂ rest
fermé 30 oct. au 30 nov. – **Repas** (résidents seul.) 90/120 – ☕ 45 – **41 ch** 350/400 – ½ P 380.

Gd Tétras sans rest, ✆ 04 68 30 01 20, *Fax 04 68 30 35 67*, ⅟₆ – ‡ ▣ ☎ ⇔. AE ⦿ GB
☕ 39 – **36 ch** 250/355.

Pyrénées, ✆ 04 68 30 01 49, *Fax 04 68 30 35 98*, ← Cerdagne, ⛱, ⅟₆, ▣ – ‡ ▣ ☎ – 🏔 25. ⦿ GB
1er juin-5 oct. et 5 déc.-30 avril – **Repas** 65/145, enf. 40 – ☕ 40 – **37 ch** 290/330 – ½ P 290/330.

Y Sem Bé ⛭, ✆ 04 68 30 00 54, *Fax 04 68 30 25 42*, ← Cerdagne, ⛱, ⛶ – ▣ ☎. GB
6 juin-27 sept. et 5 déc.-21 avril – **Repas** 90 (déj.), 110/120 – ☕ 40 – **24 ch** 170/400 – ½ P 250/375.

à Odeillo *Sud-Ouest : 3 km par D 29 – ✉ 66120 Font-Romeu-Odeillo Via :*

Romarin, ✆ 04 68 30 09 66, *Fax 04 68 30 18 52*, ← Cerdagne – ☎ P. AE GB. ✂ rest
fermé 10 oct. au 25 nov. – **Repas** 75/90 ♀, enf. 50 – ☕ 38 – **13 ch** 280/320 – ½ P 250/290.

à Targasonne *Ouest : 4 km par D 10f et D 618 – 133 h. alt. 1600 – ✉ 66120 :*

Tourane ⛭, ✆ 04 68 30 15 03, ← – ☎ P. GB
fermé 1er nov. au 15 déc. – **Repas** 85/200 – ☕ 35 – **25 ch** 175/215 – ½ P 195/215.

à Via *Sud : 5 km par D 29 – ✉ 66120 Font-Romeu :*

L'Oustalet ⛭, ✆ 04 68 30 11 32, *Fax 04 68 30 31 89*, ←, ⛱, ⛆, ⛶ – ‡ ▣ ☎ P. GB. ✂ rest
1er juin-25 sept. et 1er fév.-15 avril – **Repas** 80/170, enf. 50 – ☕ 40 – **27 ch** 260/320 – ½ P 245/300.

FONTVIEILLE *13990 B.-du-R.* 83 ⑩ *G. Provence – 3 642 h alt. 20.*

Voir *Moulin de Daudet* ←★ – *Chapelle St-Gabriel*★ *N : 5 km.*

Office de Tourisme pl. Honorat ✆ 04 90 54 67 49, Fax 04 90 54 69.

Paris 713 – Avignon 30 – Arles 10 – Marseille 84 – St-Rémy-de-Provence 18 – Salon-de-Provence 37.

Regalido (Michel) ⛭, r. F. Mistral ✆ 04 90 54 60 22, *Fax 04 90 54 64 29*, ⛱, « Jardin fleuri » – ▤ ▣ ☎ P. AE ⦿ GB
fermé 2 au 31 janv. – **Repas** *(fermé lundi midi et mardi midi de juil. à sept. et lundi d'oct. à juin)* 165 bc (déj.), 270/400 et carte 300 à 430 ♀, enf. 130 – ☕ 100 – **15 ch** 690/1570 – ½ P 895/1175
Spéc. Gratin de moules de Bouzigues aux épinards. Mousseline de loup, beurre blanc à l'anis. Tranche de gigot en casserole et à l'ail. **Vins** Châteauneuf-du-Pape, Coteaux des Baux.

Host. St-Victor ⛭ sans rest, chemin des Fourques par rte Arles ✆ 04 90 54 66 00, *Fax 04 90 54 67 88*, ⛆, ⛶ – ▤ ▣ ☎ P. AE ⦿ GB
☕ 70 – **11 ch** 375/625.

Val Majour ⛭, rte Arles ✆ 04 90 54 62 33, *Fax 04 90 54 61 67*, ←, ⛱, « Parc », ⛆, ✂ – ▣ ☎ ⇔ P – 🏔 50. AE GB. ✂ rest
1er avril-1er nov. – **Repas** 100/180 ♀, enf. 60 – ☕ 50 – **32 ch** 350/450 – ½ P 350/450.

Daudet ⛭ sans rest, rte Arles ✆ 04 90 54 76 06, *Fax 04 90 54 76 95*, ⛆, ⛶ – ☎ ♿ P. GB
5 avril-11 oct. – ☕ 35 – **15 ch** 290/350.

Host. de la Tour, rte Arles ✆ 04 90 54 72 21, ⛱, ⛆ – ☎ P. GB
15 mars-15 nov. – **Repas** 65/95, enf. 50 – ☕ 45 – **10 ch** 220/355 – ½ P 273/293.

Patio, 117 rte du Nord ✆ 04 90 54 73 10, *Fax 04 90 54 63 52*, ⛱, « Ancienne bergerie du 19e siècle » – AE ⦿ GB
fermé vacances de Toussaint, de fév., merc. midi en saison, mardi soir et merc. hors saison – **Repas** 98/190.

Table du Meunier, 42 cours Hyacinthe Bellon ☎ 04 90 54 61 05, *Fax 04 90 54 77 24* – ▤. GB
fermé vacances de printemps, de Toussaint, de fév., 20 au 30 déc., merc. sauf le soir en juil.-août et mardi soir – **Repas** (nombre de couverts limité, prévenir) 105/170 ♀.

Laetitia avec ch, r. Lion ☎ 04 90 54 72 14, 🏠 – ☎. GB
1er mars-30 nov. – **Repas** (dîner seul.) 95/125 ♁ – ☕ 35 – **10 ch** 175/210 – 1/2 P 210/235.

rte de Tarascon *Nord-Ouest : 5 km par D 33 – ✉ 13150 Tarascon :*

Mazets des Roches Ⓜ ⛰, ☎ 04 90 91 34 89, *Fax 04 90 43 53 29*, 🏠, parc, 🏊, 🎾 – ▤ ch, TV ☎ P – 🚶 40. AE ⓓ GB. ✗
1er avril-31 oct. – **Repas** *(fermé jeudi midi et sam. midi sauf juil.-août)* 95/195 ♀, enf. 75 – ☕ 50 – **39 ch** 300/800 – 1/2 P 320/495.

FORBACH ⟨SP⟩ *57600 Moselle 57 ⑥ G. Alsace Lorraine – 27 076 h alt. 222.*
ℹ Office de Tourisme 174, r. Nationale ☎ 03 87 85 02 43, Fax 03 87 87 80 22.
Paris 385 ② – Metz 57 ② – St-Avold 19 ② – Sarreguemines 20 ② – Saarbrücken 13 ①.

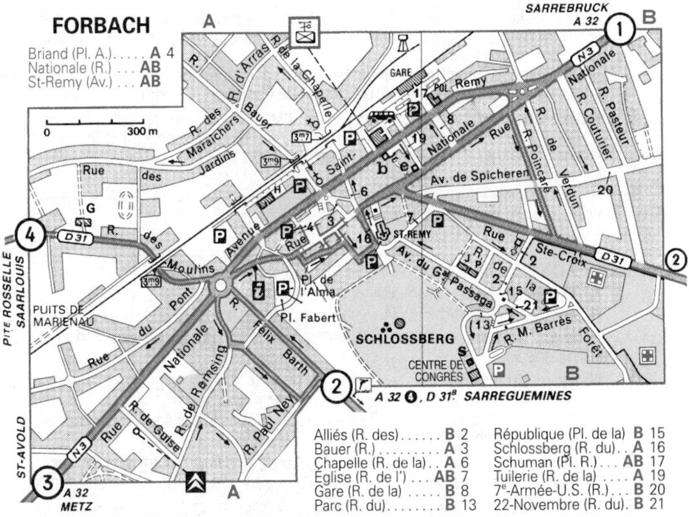

Briand (Pl. A.) . . . . . **A** 4
Nationale (R.) . . . **AB**
St-Remy (Av.) . . . **AB**

Alliés (R. des) . . . . . . **B** 2
Bauer (R.) . . . . **A** 3
Chapelle (R. de la) . . **A** 6
Église (R. de l') . . . **AB** 7
Gare (R. de la) . . . . . **B** 8
Parc (R. du) . . . . **B** 13
République (Pl. de la) **B** 15
Schlossberg (R. du) . . **A** 16
Schuman (Pl. R.) . . . **AB** 17
Tuilerie (R. de la) . . . . **A** 19
7e-Armée-U.S. (R.) . . . **B** 20
22-Novembre (R. du) . **B** 21

Poste sans rest, 57 r. Nationale ☎ 03 87 85 08 80, *Fax 03 87 85 91 91* – TV ☎ P. AE GB — A e
☕ 35 – **29 ch** 150/300.

Berg sans rest, 50 av. St-Rémy ☎ 03 87 85 09 12, *Fax 03 87 85 27 38* – TV ☎ P. GB — A b
☕ 35 – **21 ch** 280/300.

Relais Mercure, par ②, *près piscine et échangeur Forbach-Sud Centre de Loisirs* ☎ 03 87 87 06 06, *Fax 03 87 84 04 23*, 🏠 – |♦| ⚡ TV ☎ 📞 P
Repas *(fermé sam. midi et dim. soir)* 70/98 ♀, enf. 45 – ☕ 40 – **40 ch** 320/340.

du Schlossberg, 13 r. Parc ☎ 03 87 87 88 26, *Fax 03 87 87 83 86* – AE ⓓ GB. ✗ — B s
fermé 16 au 30 août, vacances de fév., mardi soir et merc. – **Repas** 170/310 ♀, enf. 80.

à Stiring-Wendel *par ① : 3 km – 13 743 h. alt. 240 – ✉ 57350 :*

Bonne Auberge (Mlle Egloff), 15 r. Nationale ☎ 03 87 87 52 78, *Fax 03 87 87 18 19*, 🏠 – ▤ P. GB
fermé 22 juin au 5 juil., 28 déc. au 7 janv., sam. midi, dim. soir et lundi sauf fériés – **Repas** 180 (déj.), 280/315 et carte 330 à 440 ♀
Spéc. "Krumberkichl" de sandre au brou de noix. Tournedos de biche sauce chocolat-cannelle (oct. à fév.). Gratin de mirabelles en chaud froid.

à Rosbrück *par ③ : 6 km – 1 014 h. alt. 200 – ✉ 57800 :*

XXX **Aub. Albert Marie,** 1 r. Nationale ☎ 03 87 04 70 76, *Fax 03 87 90 52 55* – ▤ P. GB
fermé dim. soir et lundi sauf les midis fériés – **Repas** 150 (déj.), 220/230 et carte 270 à 400 ♀.

CITROEN Gar. Herber, r. de Guise ☎ 03 87 85 11 89 N ☎ 03 87 85 11 89
FORD Lehmann Autom., 143 r. Nationale à Stiring-Wendel ☎ 03 87 87 42 10
PEUGEOT Derr Forbach Auto, 327 RN carr. de l'Europe par ③ ☎ 03 87 85 11 23
RENAULT Moselle Autom., r. St-Guy ☎ 03 87 84 45 00 N ☎ 03 87 84 45 00

Leclerc Pneus, carr. du Schoeneck ☎ 03 87 85 78 40
Leclerc Pneus, carr. de l'Europe ZI ☎ 03 87 85 46 26

FORCALQUIER

04300 Alpes-de-H.-P. 81 ⑮ *G. Alpes du Sud* (plan) – *3 993 h alt. 550.*

Voir *Site★ – Cimetière★ – ☼★ de la terrasse N.-D. de Provence – Prieuré de Salagon★ S : 4 km.*

Office de Tourisme pl. Bourguet ☎ 04 92 75 10 02, Fax 04 92 75 26 76.

Paris 749 – Digne-les-Bains 49 – Aix-en-Provence 78 – Apt 43 – Manosque 23 – Sisteron 43.

Host. des Deux Lions, 11 pl. Bourguet ☎ 04 92 75 25 30, *Fax 04 92 75 06 41* – TV ☎ 🚗. AE GB
fermé 15 nov. au 15 déc., janv., fév., dim. soir et lundi hors saison sauf fêtes – **Repas** (nombre de couverts limité, prévenir) 165/330 et carte 280 à 380 ♀, enf. 80 – ☕ 52 – **15 ch** 280/600 – ½ P 430/480
Spéc. Ballotine de volaille truffée. Lapin farci à la tapenade et pignons de pin. Gâteau au chocolat "Princesse Hélène". **Vins** Coteaux de Pierrevert, Côtes du Ventoux.

Aub. Charembeau sans rest, Est : 4 km par N 100 et rte secondaire ☎ 04 92 70 91 70, *Fax 04 92 70 91 83*, ←, ⛱, 🌳, ✂ – cuisinette TV ☎ P. AE GB
fermé 1er déc. au 1er fév. – ☕ 44 – **14 ch** 290/460.

FORÊT

voir au nom propre de la forêt.

La FORÊT-FOUESNANT

29940 Finistère 58 ⑮ *G. Bretagne* – *2 369 h alt. 19.*

de Quimper et de Cornouaille ☎ 02 98 56 97 09.

Office de Tourisme 2 r. du Vieux Port ☎ 02 98 56 94 09, Fax 02 98 51 42 07.

Paris 552 – Quimper 16 – Carhaix-Plouguer 61 – Concarneau 8 – Pont-l'Abbé 22 – Quimperlé 36.

Manoir du Stang, Nord : 1,5 km par V 7 ☎ 02 98 56 97 37, *Fax 02 98 56 97 37*, « Manoir du 16e siècle dans un parc fleuri », ✂ – ▮ ☎ P. ✗
hôtel : 15 mai-20 sept. ; rest. : 1er juil.-31 août – **Repas** (dîner seul.) (résidents seul.) 170/180 – ☕ 45 – **24 ch** 490/950 – ½ P 460/650.

Beauséjour, pl. Baie ☎ 02 98 56 97 18, *Fax 02 98 51 40 77* – TV ☎ ♿ P. GB
25 mars-15 oct. – **Repas** 78/210 ♀, enf. 50 – ☕ 36 – **25 ch** 190/300 – ½ P 265/300.

Espérance, pl. Église ☎ 02 98 56 96 58, *Fax 02 98 51 42 25*, 🌳 – ☎ P. GB. ✗ ch
2 avril-29 sept. – **Repas** *(fermé merc. midi)* 90/220 ♀ – ☕ 35 – **27 ch** 168/340 – ½ P 230/295.

FORÊT-SUR-SÈVRE

79380 Deux-Sèvres 67 ⑯ – *2 395 h alt. 153.*

Paris 383 – Bressuire 15 – Nantes 101 – Niort 62 – La Roche-sur-Yon 71.

X **Cheval Blanc** avec ch, ☎ 05 49 80 86 35, *Fax 05 49 80 66 75* – TV ☎ ☏ ♿. GB
fermé 27 juil. au 9 août, 21 fév. au 1er mars, dim. soir et lundi midi – **Repas** 75/200 ♀ – ☕ 30 – **4 ch** 220/280 – ½ P 215.

La FORGE-DE-L'ILE

36 Indre 68 ⑧ – *rattaché à Châteauroux.*

FORGES-LES-EAUX

76440 S.-Mar. 55 ⑧ *G. Normandie Vallée de la Seine* – *3 376 h alt. 161* – *Casino.*

Office de Tourisme r. Mar. Leclerc ☎ 02 35 90 52 10, Fax 02 35 90 34 80.

Paris 115 – Amiens 69 – Rouen 45 – Abbeville 74 – Beauvais 51 – Le Havre 124.

Continental sans rest, av. des Sources ☎ 02 32 89 50 50, *Fax 02 35 09 61 15* – ▮ TV ☎ ☏ ♿ P. AE ⓓ GB
☕ 35 – **44 ch** 280/360.

Paix, 15 r. Neufchâtel ☎ 02 35 90 51 22, *Fax 02 35 09 83 62,* – |‡| TV ☎ ✆ ♿ P. AE ⓓ GB
fermé 14 déc. au 5 janv. – **Repas** *(fermé dim. soir hors saison et lundi midi sauf fériés)* 82/178 ♀, enf. 57 – ☕ 38 – **18 ch** 242/358 – ½ P 229/244.

Aub. du Beau Lieu avec ch, rte Gournay : 2 km (D 915) ☎ 02 35 90 50 36, *Fax 02 35 90 35 98,* – TV ☎ P. AE ⓓ GB
fermé 1er au 7 sept., 11 au 24 janv., lundi du 1er sept. au 30 juin, merc. du 15 déc. au 15 fév. et mardi – **Repas** 105/275 – ☕ 39 – **3 ch** 310.

RENAULT Gar. Goullier, Rte de Sommery à Buchy ☎ 02 35 34 40 30
Gar. du Parc, ☎ 02 35 90 52 83
Parin Pneus, ☎ 02 35 90 51 17

FORT-MAHON-PLAGE *80790 Somme* 51 ⑪ *G. Flandres Artois Picardie – 1 042 h alt. 2 – Casino.*

Env. *Parc ornithologique du Marquenterre★★ S : 15 km.*

18 *de Belle Dune ☎ 03 22 23 45 50 (près de l'Aquaclub).*

Office de Tourisme ☎ 03 22 23 36 00, Fax 03 22 23 93 40.

Paris 221 – Calais 92 – Abbeville 42 – Amiens 87 – Berck-sur-Mer 19 – Étaples 34 – Montreuil 26.

Terrasse, ☎ 03 22 23 37 77, *Fax 03 22 23 36 74,* ≤ – |‡| TV ☎ ✆ ♿ P – 25 à 80. AE ⓓ GB. ✗ ch
Repas 80/295, enf. 50 – ☕ 50 – **56 ch** 260/460 – ½ P 260/335.

Victoria, ☎ 03 22 27 71 05 – ☎. GB
fermé 10 au 25 juin, 15 au 30 janv., dim. soir et jeudi sauf juil.-août – **Repas** 75/160 ♀, enf. 40 – ☕ 30 – **15 ch** 150/220 – ½ P 160/200.

Aub. Le Fiacre avec ch, à Routhiauville Sud-Est : 2 km par rte de Rue ✉ 80120 Quend ☎ 03 22 23 47 30, *Fax 03 22 27 19 80,* , « Ancienne ferme aménagée », – TV ☎ ✆ ♿ P. GB. ✗ ch
fermé fin nov. à mi-déc., début janv. à début fév. et merc. midi sauf juil.-août – **Repas** 100/220 et carte 200 à 350 ♀ – ☕ 45 – **11 ch** 400 – ½ P 410.

Michelin n'accroche pas de panonceau aux hôtels et restaurants qu'il signale.

La FOSSETTE (Plage de) *83 Var* 84 ⑯, 114 ㊽ – *rattaché au Lavandou.*

FOS-SUR-MER *13270 B.-du-R.* 84 ⑪ *G. Provence – 11 605 h alt. 11.*

Voir *Bassins de Fos★.*

Office de Tourisme pl. Hôtel de Ville ☎ 04 42 47 71 96, Fax 04 42 05 59 42, et (juil.-août) av. du Sable d'Or ☎ 04 42 05 34 38.

Paris 750 – Marseille 50 – Aix-en-Provence 58 – Arles 42 – Martigues 12 – Salon-de-Provence 31.

Azur sans rest, 20 av. J. Moulin ☎ 04 42 05 20 50, *Fax 04 42 05 55 25* – TV ☎ P. GB. ✗
fermé 23 déc. au 3 janv. – ☕ 49 – **18 ch** 299/360.

FOUDAY *67 B.-Rhin* 62 ⑧ *G. Alsace Lorraine* – ✉ *67130 Le Ban-de-la-Roche.*

Paris 406 – Strasbourg 62 – St-Dié 35 – Saverne 54 – Sélestat 37.

Julien, N 420 ☎ 03 88 97 30 09, *Fax 03 88 97 36 73,* – |‡| TV ☎ ✆ ♿ P. GB
fermé 5 au 30 janv. et mardi – **Repas** 58 (déj.), 92/200 ♀ – ☕ 45 – **36 ch** 280/420, 8 duplex – ½ P 280/400.

FOUDON *49 M.-et-L.* 63 ⑳ – *rattaché à Angers.*

FOUESNANT *29170 Finistère* 58 ⑮ *G. Bretagne – 6 524 h alt. 30.*

18 *de Quimper et Cornouaille ☎ 02 98 56 97 09 à la Forêt-Fouesnant.*

Office de Tourisme 5 r. Armor ☎ 02 98 56 00 93, Fax 02 98 56 64 02.

Paris 556 – Quimper 17 – Carhaix-Plouguer 65 – Concarneau 12 – Quimperlé 40 – Rosporden 18.

Orée du Bois sans rest, 4 r. Kergoadic ☎ 02 98 56 00 06, *Fax 02 98 56 14 17* – TV ☎ ✆. AE GB. ✗
☕ 34 – **15 ch** 150/270.

au Cap Coz *Sud-Est : 2,5 km par rte secondaire* – ✉ *29170 Fouesnant :*

Pointe Cap Coz ⋟, ☏ 02 98 56 01 63, *Fax 02 98 56 53 20*, ≤ mer et port – TV ☎ ✆. AE GB. ✻
fermé 1er janv. aux vacances de fév. – **Repas** *(fermé dim. soir du 15 sept. au 15 juin et merc.)* 100/260 ♀, enf. 65 – ☕ 38 – **18 ch** 260/400 – ½ P 270/348.

Belle-Vue, ☏ 02 98 56 00 33, *Fax 02 98 51 60 85*, ≤, 🌳 – ☎ P. AE GB. ✻
hôtel : 1er mars-2 nov. ; rest. : 3 avril-20 sept. et fermé mardi sauf juil.-août et vacances scolaires – **Repas** *(73)* - 89/175 ♀, enf. 65 – ☕ 39 – **19 ch** 165/370 – ½ P 265/322.

à la Pointe de Mousterlin *Sud-Ouest : 6 km par D 145 et D 134* – ✉ *29170 Fouesnant :*

Pointe Mousterlin ⋟, ☏ 02 98 56 04 12, *Fax 02 98 56 61 02*, ≤, 🏋, 🌳, 🎾 – 🛗 TV ☎ ✆ ♿ P – 🏛 30. AE GB. ✻
11 avril-fin sept. – **Repas** 95/200 ♀, enf. 60 – ☕ 42 – **50 ch** 455 – ½ P 345/450.

PEUGEOT Gar. Merrien, rte de Quimper ☏ 02 98 56 00 17

RENAULT Gar. Bourhis, rte de Quimper ☏ 02 98 56 02 65 N ☏ 02 98 56 02 65

*Alle im **Michelin-Führer** erwähnten Orte sind auf den **Michelin-Karten** im Maßstab 1:200 000 rot unterstrichen ; die aktuellsten Hinweise gibt nur die neuste Ausgabe.*

FOUGÈRES SP *35300 I.-et-V.* 59 ⑱ *G. Bretagne – 22 239 h alt. 115.*

Voir *Château*★★ **AY** – *Église St-Sulpice*★ **AY** – *Jardin public*★ : ≤★ **AY** – *Vitraux*★ *de l'église St-Léonard* **AY.**

ℹ *Office de Tourisme pl. A.-Briand* ☏ *02 99 94 12 20, Fax 02 99 99 46 21 et (saison) au Château pl. P. Simon* ☏ *02 99 94 05 44.*

Paris 322 ③ – *Avranches 41* ⑤ – *Laval 51* ② – *Le Mans 128* ② – *Rennes 48* ④ – *St-Malo 79* ⑤.

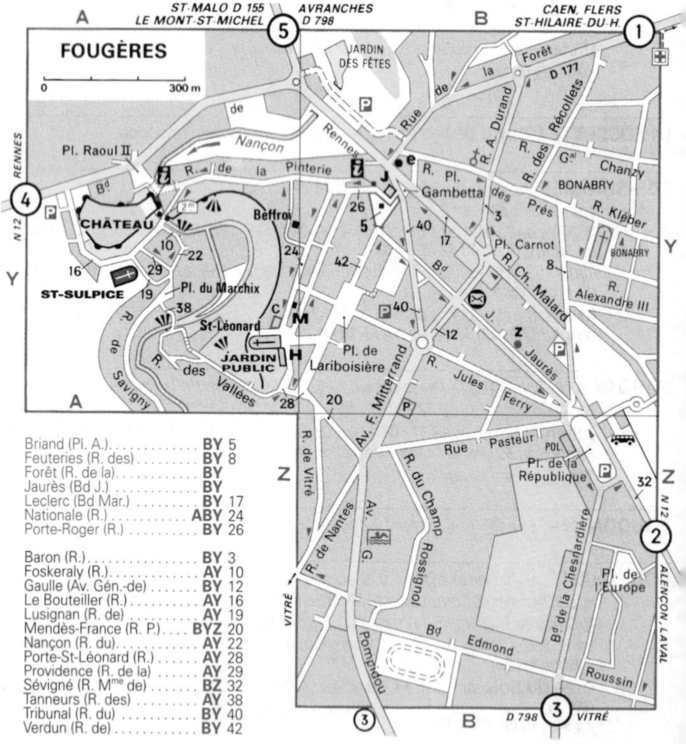

Briand (Pl. A.)	BY	5
Feuteries (R. des)	BY	8
Forêt (R. de la)	BY	
Jaurès (Bd J.)	BY	
Leclerc (Bd Mar.)	BY	17
Nationale (R.)	ABY	24
Porte-Roger (R.)	BY	26
Baron (R.)	BY	3
Foskeraly (R.)	AY	10
Gaulle (Av. Gén.-de)	BY	12
Le Bouteiller (R.)	AY	16
Lusignan (R. de)	AY	19
Mendès-France (R. P.)	BYZ	20
Nançon (R. du)	AY	22
Porte-St-Léonard (R.)	AY	28
Providence (R. de la)	AY	29
Sévigné (R. Mme de)	BZ	32
Tanneurs (R. des)	AY	38
Tribunal (R. du)	BY	40
Verdun (R. de)	BY	42

Campanile, par ② : *1 km sur N 12* ✆ 02 99 94 54 00, *Fax 02 99 99 04 01,* – ⇔ TV ☎ 📞 ♿ P. AE ⓓ GB
Repas *(66)* - 84 bc/107 bc, enf. 39 – ☕ 34 – **49 ch** 278.

H. Voyageurs sans rest, 10 pl. Gambetta ✆ 02 99 99 08 20, *Fax 02 99 99 99 04* – |‡| TV ☎. AE ⓓ GB BY e
fermé 21 déc. au 3 janv. – ☕ 32 – **37 ch** 180/285.

Haute Sève, 37 bd J. Jaurès ✆ 02 99 94 23 39 – AE GB BY z
fermé 14 juil. au 15 août, dim. soir et lundi – **Repas** 100 bc (déj.), 110/260.

Rest. Voyageurs, 10 pl. Gambetta ✆ 02 99 99 14 17, *Fax 02 99 99 28 89* – ▤. AE GB
fermé sam. midi et dim. soir sauf juil.-août – **Repas** 98/220 ♀. BY e

à Landéan *par ① : 8 km – 1 199 h. alt. 142 – ✉ 35133 :*

Au Cellier, D 177 ✆ 02 99 97 20 50, *Fax 02 99 97 20 50* – AE ⓓ GB
fermé 3 au 12 août, 2 au 14 janv., dim. soir et lundi – **Repas** 90/220 ♀, enf. 50.

sur N 12 par ② *rte de Laval : 11 km – ✉ 35133 Fougères :*

Petite Auberge, ✆ 02 99 95 27 03, *Fax 02 99 95 27 03* – P. GB
fermé dim. soir, lundi soir et mardi soir – **Repas** (nombre de couverts limité, prévenir) *(75)* - 98 bc/280 bc, enf. 45.

FORD Gar. Cofa, 3 pl de l'Europe ✆ 02 99 99 66 95
RENAULT Gar. Guilmault, ZAC de Guénaudière par ② ✆ 02 99 94 40 20 N ✆ 06 08 45 64 13
Euromaster, bd Groslay ✆ 02 99 94 55 01

Le Guide change, changez de guide tous les ans.

FOUGEROLLES *70220 H.-Saône* 66 ⑥ *G. Jura – 4 167 h alt. 311.*
Voir *Musée du pays de la cerise et de la distillation*★.
Paris 376 – Épinal 48 – Luxeuil-les-Bains 10 – Plombières-les-Bains 13 – Remiremont 25 – Vesoul 41.

Au Père Rota (Kuentz), ✆ 03 84 49 12 11, *Fax 03 84 49 14 51* – P. AE ⓓ GB
fermé 2 au 25 janv., dim. soir et lundi sauf fériés – **Repas** 162/330 et carte 310 à 420 ♀
Spéc. Gâteau de lapin au lard de pays. Petite nage de turbot et queue de homard au vin jaune et gingembre. Symphonie aux griottines. **Vins** Champlitte, Côtes du Jura.

FOURAS *17450 Char.-Mar.* 71 ⑬ *G. Poitou Vendée Charentes – 3 238 h alt. 5 – Casino.*
Voir *Donjon* ✲★.
ℹ Office de Tourisme Fort Vauban ✆ 05 46 84 60 69, Fax 05 46 84 28 04.
Paris 479 – La Rochelle 32 – Châtelaillon-Plage 16 – Rochefort 15.

Gd H. des Bains sans rest, r. Gén.-Bruncher ✆ 05 46 84 03 44, *Fax 05 46 84 58 26,* – TV ☎. GB
30 mars-1er nov. – ☕ 38 – **34 ch** 250/350.

Commerce, r. Gén. Bruncher ✆ 05 46 84 22 62, *Fax 05 46 84 14 50* – TV ☎. GB
15 mars-15 nov. – **Repas** 90/140 ♁, enf. 40 – ☕ 29 – **12 ch** 170/300 – ½ P 191/256.

FOURCÈS *32250 Gers* 79 ⑬ *G. Pyrénées Aquitaine – 324 h alt. 76.*
Voir *Bastide*★.
Paris 718 – Agen 48 – Auch 58 – Condom 12 – Mont-de-Marsan 71 – Nérac 21.

Château de Fourcès ✆ 05 62 29 49 53, *Fax 05 62 29 50 59,* , parc, « Château du 13e siècle dans la bastide », – TV ☎ P. AE ⓓ GB
Repas *(fermé mi-janv. à mi-mars)* 110 (déj.), 175/260 ♀, enf. 50 – ☕ 60 – **15 ch** 470/710 – ½ P 460/550.

FOURGES *27630 Eure* 55 ⑱ *– 685 h alt. 14.*
Paris 72 – Rouen 63 – Les Andelys 26 – Évreux 47 – Mantes-la-Jolie 26 – Vernon-sur-Eure 14.

Moulin de Fourges, ✆ 02 32 52 12 12, *Fax 02 32 52 92 56,* , « Ancien moulin au bord de l'Epte », – AE GB
fermé janv., dim. soir et lundi sauf juil.-août – **Repas** 110/320, enf. 65.

FOURMIES *59610 Nord* 53 ⑯ *G. Flandres Artois Picardie – 14 505 h alt. 200.*
Voir *Musée du textile et de la vie sociale*★.
ℹ Office de Tourisme pl. Verte ✆ 03 27 60 40 97, Fax 03 27 57 30 44.
Paris 205 – St-Quentin 63 – Avesnes-sur-Helpe 16 – Charleroi 60 – Guise 35 – Hirson 13 – Lille 114 – Vervins 27.

aux Étangs-des-Moines *Est : 2 km par D 964 et rte secondaire – ✉ 59610 Fourmies :*

Ibis sans rest, ✆ 03 27 60 21 54, *Fax 03 27 57 40 44* – TV ☎ – 25 à 80. AE ⓞ GB
▭ 37 – **31 ch** 290.

Aub. des Étangs des Moines, ✆ 03 27 60 02 62, *Fax 03 27 60 10 25,* <, – GB
fermé 15 au 30 août, 1er au 15 janv., dim. soir et lundi – **Repas** (78) - 98/200 , enf. 50.

CITROEN Gar. Losson, 13 r. A.-Renaud ✆ 03 27 59 90 27

Gar. Cohidon, 51 r. des Etangs ✆ 03 27 60 43 27 N ✆ 03 27 60 43 27

FOURQUES *30 Gard* 83 ⑩ – *rattaché à Arles.*

Le FOUSSERET *31430 H.-Gar.* 82 ⑯ – *1 370 h alt. 280.*
Paris 748 – Auch 66 – Toulouse 57 – Foix 68 – Pamiers 71 – St-Gaudens 43 – St-Girons 52.

Voyageurs avec ch, ✆ 05 61 98 53 06, *Fax 05 61 98 53 06,* , –
fermé 7 août au 7 sept., dim. soir et sam. – **Repas** 56 bc (déj.), 125/220 – ▭ 25 – **7 ch** 100/180 – ½ P 160/180.

La FOUX *83 Var* 84 ⑰, 114 ㊲ – *rattaché à Port-Grimaud.*

La FOUX D'ALLOS *04 Alpes-de H.-P.* 81 ⑧ – *rattaché à Allos.*

FRANCESCAS *47600 L.-et-G.* 79 ⑭ – *625 h alt. 109.*
Paris 718 – Agen 28 – Condom 17 – Nérac 13 – Toulouse 139.

Relais de la Hire, ✆ 05 53 65 41 59, *Fax 05 53 65 86 42,* , « Demeure du 18e siècle », – P. AE ⓞ GB JCB
fermé dim. soir et lundi – **Repas** (prévenir) 125/265 ♀.

FRANCHEVILLE *69 Rhône* 74 ⑪ – *rattaché à Lyon.*

FRANQUEVILLE-ST-PIERRE *76 S.-Mar.* 55 ⑦ – *rattaché à Rouen.*

La FRANQUI *11 Aude* 86 ⑩ *G. Pyrénées Roussillon – ✉ 11370 Leucate.*
Paris 828 – Perpignan 40 – Carcassonne 87 – Leucate 5 – Narbonne 37 – Port-la-Nouvelle 18.

Plage, face plage ✆ 04 68 45 70 23, *Fax 04 68 45 65 64,* <, – ☎. GB
2 mai-30 sept. – **Repas** *(1er juin-30 sept.)* 65/149 , enf. 40 – ▭ 35 – **26 ch** 275/320 – ½ P 275.

FRÉHEL *22240 C.-d'Armor* 59 ④ – *1 995 h alt. 72 – Casino .*
Office de Tourisme ✆ 02 96 41 53 81 (en saison) Sables d'Or les Pins ✆ 02 96 41 51 97, Fax 02 96 41 59 46.
Paris 436 – St-Malo 38 – Dinan 37 – Dol-de-Bretagne 55 – Lamballe 28 – St-Brieuc 40 – St-Cast-le-Guildo 15.

Victorine, pl. Mairie ✆ 02 96 41 55 55, – AE ⓞ GB
fermé 3 au 31 janv., lundi soir et mardi sauf vacances scolaires – **Repas** *(75)* - 95/230 ♀, enf. 45.

FRÉHEL (Cap) *22 C.-d'Armor* 59 ⑤ *G. Bretagne – ✉ 22240 Fréhel.*
Voir Site★★★ – ★★★ – Fort La Latte : site★★, ★★ SE : 5 km.
Paris 444 – St-Malo 46 – Dinan 45 – Dinard 40 – Lamballe 36 – Rennes 100 – St-Brieuc 47.

Fanal sans rest, Sud : 2,5 km par D 16 ✆ 02 96 41 43 19, <, – ☎ P. GB.
7 avril-25 sept. – ▭ 35 – **9 ch** 250/330.

Fauconnière, à la Pointe ✆ 02 96 41 54 20, < mer et côte – GB
1er avril-30 sept. – **Repas** 105/175 ♀, enf. 50.

La FREISSINOUSE *05 H.-Alpes* 81 ⑥ – *rattaché à Gap.*

FRÉJUS *83600 Var* 84 ⑧, 114 ㉕, 115 ㉝ *G. Côte d'Azur – 41 486 h alt. 20.*

Voir *Quartier épiscopal*★★ **C** : *baptistère*★★, *cloître*★★, *cathédrale*★ – *Ville romaine*★ **A** : *arènes*★ – *Parc zoologique*★ *N : 5 km par* ③.

18 de Valescure ☎ 04 94 82 40 46, NE : 8 km.

☎ 08 36 35 35 35.

Office de Tourisme 325 r. J.-Jaurès ☎ 04 94 51 83 83, Fax 04 94 51 00 26.

Paris 870 ③ *– Brignoles 64* ③ *– Cannes 38* ④ *– Draguignan 30* ③ *– Grâce 44* ④ *– Hyères 90* ② *– Nice 66* ④ *– St-Raphaël 4* ①.

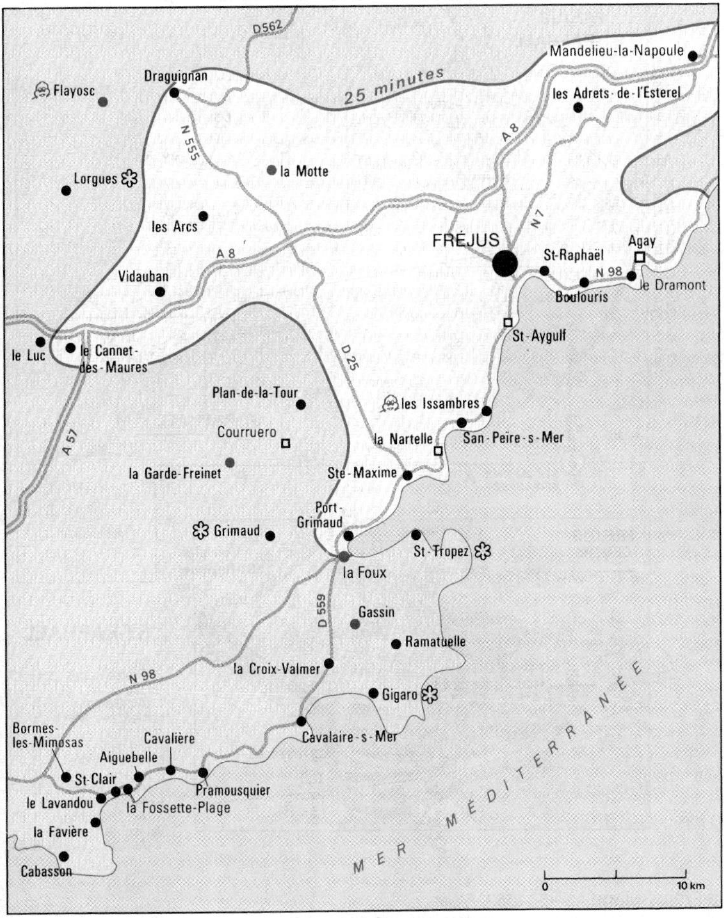

L'Aréna Ⓜ, 145 bd Gén. de Gaulle ☎ 04 94 17 09 40, *Fax 04 94 52 01 52*, « Décor provençal », – ▤ TV ☎ ♿ P. AE GB JCB — C r
fermé 12 au 25 nov. – **Repas** *(fermé lundi midi et sam. midi)* 120/215 ♀ – ☕ 50 – **32 ch** 480/650 – ½ P 450/650.

Les Potiers, 135 r. Potiers ☎ 04 94 51 33 74 – ▤. AE GB — C s
fermé 1er au 15 déc. et mardi – **Repas** (nombre de couverts limité, prévenir) 120/165.

FRÉJUS

Fleury (R. de) . . . . C 28
Formigé (Pl.) . . . . C 29
Grisolle (R.) . . . . C 37
Jaurès (R. Jean) C
Liberté (Pl. de la) . . . . C 42
Montgolfier (R.) . . . . C 44
Sieyès (R.) . . . . C 52

Agachon (Av. de l') . . . . . . A 2
Alger (Bd) . . . . B 5
Aubenas (R. Joseph) . . . . C 7
Beausset (R. du) . . . . C 9
Bidoure (R. Martin) . . . . . . C 10
Brosset (Av. du Gén.) . . AB 13
Camelin (R. de) . . . . C 15
Carrara (R. Jean) . . . . A 16
Clemenceau (R. G.) . . . . . C 19
Craponne (R.) . . . . C 22
Decuers (Bd S.) . . . . AC 23
Donnadieu (R.) . . . . B 24
Einaudi (R. Albert) . . . . . . A 25
Europe (Av. de l') . . . . A 26
Fabre (Av. Hippolyte) . . . . B 27
Gallus . . . . C 30
Garros (R. Roland) . . . . . . B 32
Girardin (R.) . . . . C 35
Glacière (Pl. de la) . . . . . . C 36
Libération (Bd de la) . . . . . B 40
Papin (R. Denis) . . . . B 46
Portalet (Pge du) . . . . C 48
Potiers (R. des) . . . . C 49
Reynaude (R.) . . . . C 50
Triberg (R. de) . . . . A 53
Verdun (Av. de) . . . . AC 56
Vernet (Espl. Paul) . . . . . . C 57
Victor-Hugo (Av.) . . . . B 60
XVe-Corps (Av. du) . . . . . . A 62

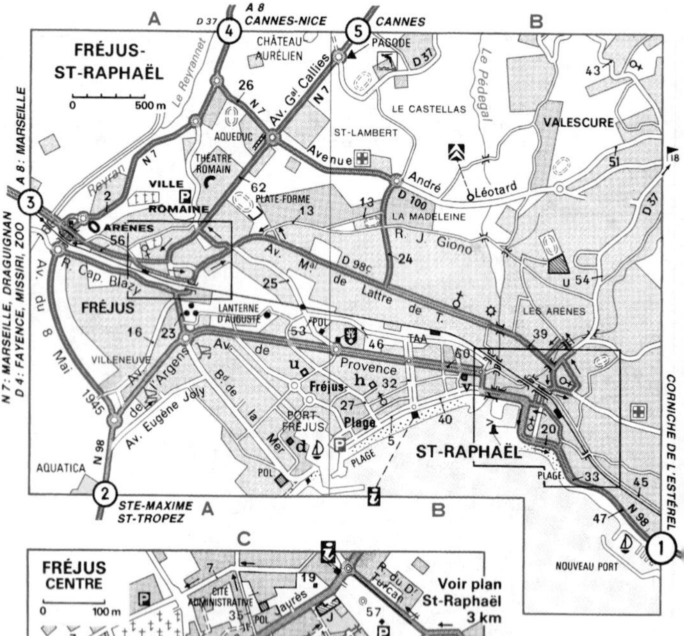

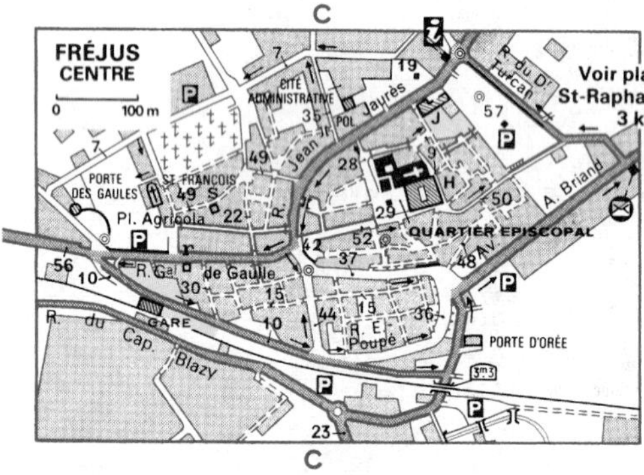

ST-RAPHAËL

Coty (Prom. René) . . . B 20
Gaulle (Av. Gén.-de) . . . B 33
Leclerc (Av. Mar.) . B 39
Mimosas (Bd des) . . . . B 43
Myrtes (Av. des) . . B 45
Poincaré (Av. Raymond) . . B 47
Rivière (Av. Théodore) . . B 51
Valescure (Av. de) . . . . B 54

à Fréjus-plage AB – ✉ *83600 Fréjus :*

ℹ *Syndicat d'Initiative bd Libération* ☎ *04 94 51 48 42.*

Sable et Soleil sans rest, 158 r. P. Arène ☎ 04 94 51 08 70, *Fax 04 94 53 49 12* – ▤ TV ☎ ♿ P. ⓓ GB. ✂ — A u
☕ 30 – **20 ch** 240/350.

Oasis 🐚 sans rest, imp. Charcot ☎ 04 94 51 50 44, *Fax 04 94 53 01 04* – TV ☎ P. GB. ✂ — B h
15 mars-15 oct. – ☕ 30 – **27 ch** 320/400.

Toque Blanche, 394 av. V. Hugo ☎ 04 94 52 06 14, *Fax 04 94 52 06 14* – ▤. AE GB — B v
fermé lundi sauf fériés – **Repas** 90 bc (déj.), 120/320 et carte 250 à 380.

XXX **Port-Royal,** pl. Tambourinaire à Port-Fréjus ☎ 04 94 53 09 11, *Fax 04 94 53 75 24*, ←, 🏞 – AE ⓓ GB A d
fermé 5 janv. au 4 fév., jeudi midi en juil.-août et merc. sauf le soir en juil.-août – **Repas** 140/195 et carte 300 à 380.

CITROEN Gar. Bacchi, av. A.-Léotard ☎ 04 94 40 27 89 🅽 ☎ 04 94 44 70 28
PEUGEOT Gar. Ortelli, N 7 ZI de la Palud par ③ ☎ 04 94 17 83 83 🅽 ☎ 08 00 44 24 24
RENAULT Satac, N7 par ③ ☎ 04 94 44 55 59 🅽 ☎ 06 07 56 80 59
Euromaster, ZI la Palud ☎ 04 94 51 29 20

Le FRENEY-D'OISANS *38142 Isère 77 ⑥ – 177 h alt. 926.*

Voir *Barrage du Chambon★★ SE : 2 km – Gorges de l'Infernet★ SO : 2 km*, G. Alpes du Nord.
Syndicat d'Initiative ☎ 04 76 80 05 82.
Paris 627 – Bourg-d'Oisans 12 – La Grave 17 – Grenoble 62.

Cassini, ☎ 04 76 80 04 10, *Fax 04 76 80 23 06*, ←, 🏞, 🏞 – TV ☎ 🚗. GB
fermé 2 au 15 mai, 3 nov. au 15 déc. – **Repas** 88/180 ♀, enf. 55 – ☕ 35 – **12 ch** 220/300 – ½ P 285/300.

à Mizoën *Nord-Est : 4 km par N 91 et D 25 – 122 h. alt. 1100 – ✉ 38142 :*

Panoramique M 🐎, ☎ 04 76 80 06 25, *Fax 04 76 80 25 12*, ← montagne et vallée, 🏞, 🏞 – TV ☎ P. GB. ⚘ rest
1er juin-30 sept. et 20 déc.-1er mai – **Repas** (résidents seul.) 95/165 – ☕ 35 – **10 ch** 255/310 – ½ P 250/275.

FRESNAY-EN-RETZ *44580 Loire-Atl. 67 ② – 848 h alt. 15.*

Paris 422 – Nantes 37 – La Roche-sur-Yon 59 – Challans 26 – St-Nazaire 50.

XX **Colvert,** ☎ 02 40 21 46 79, *Fax 02 40 21 95 99* – AE ⓓ GB
fermé Noël au jour de l'an, vacances de fév. dim. soir et lundi – **Repas** 90 (déj.), 115/230, enf. 65.

FRESNAY-SUR-SARTHE *72130 Sarthe 60 ⑫ ⑬ G. Normandie Cotentin – 2 452 h alt. 95.*

Office de Tourisme pl. du Dr. Riant ☎ 02 43 33 28 04, Fax 02 43 34 19 62.
Paris 234 – Alençon 22 – Le Mans 38 – Laval 73 – Mamers 30 – Mayenne 53.

Ronsin, 5 av. Ch. de Gaulle ☎ 02 43 97 20 10, *Fax 02 43 33 50 47* – TV ☎ 🚗. AE ⓓ GB
fermé 20 déc. au 7 janv., dim. soir et lundi midi du 1er sept. au 30 juin – **Repas** 55 (déj.), 78/220 ♀, enf. 48 – ☕ 35 – **12 ch** 256/298 – ½ P 260/290.

CITROEN Gar. Goupil, ☎ 02 43 97 20 08
RENAULT Gar. Lechat, ☎ 02 43 97 24 45

Le FRET *29 Finistère 58 ④ – rattaché à Crozon.*

FRÉVENT *62270 P.-de-C. 51 ⑬ G. Flandres Artois Picardie – 4 121 h alt. 86.*

Paris 190 – Amiens 48 – Abbeville 42 – Arras 39 – St-Pol-sur-Ternoise 13.

Amiens, r. Doullens ☎ 03 21 03 65 43, *Fax 03 21 47 15 01* – TV ☎ 📞. GB
Repas 66/210 ♀, enf. 45 – ☕ 30 – **10 ch** 150/230 – ½ P 166/190.

RENAULT Gar. Frevent, ☎ 03 21 03 61 97 🅽 ☎ 03 21 03 61 97

FRICHEMESNIL *76 S.-Mar. 52 ⑭ – rattaché à Clères.*

FROENINGEN *68 H.-Rhin 66 ⑨ – rattaché à Mulhouse.*

FROIDETERRE *70 H.-Saône 66 ⑦ – rattaché à Lure.*

FRONSAC *33126 Gironde 71 ⑨ G. Pyrénées Aquitaine – 1 067 h alt. 29.*

Paris 575 – Bordeaux 34 – Bergerac 66 – Libourne 4 – Périgueux 95 – St-André-de-Cubzac 18.

XX **Bord d'Eau,** à l'Est : 1 km par D 670 ☎ 05 57 51 99 91, *Fax 05 57 25 11 56*, ←, « au bord de la Dordogne » – P. GB
fermé 15 au 21 fév., dim. soir et lundi – **Repas** 100 bc/260 ♀, enf. 65.

FRONTIGNAN *34110 Hérault* 83 ⑯ ⑰ *G. Gorges du Tarn – 16 245 h alt. 2.*

Office de Tourisme r. de la Raffinerie ✆ 04 67 48 33 94, Fax 04 67 43 26 34.

Paris 779 – Montpellier 22 – Lodève 60 – Sète 7.

XX **Jas d'Or,** 2 bd V. Hugo ✆ 04 67 43 07 57 – GB
fermé lundi midi et sam. midi en juil.-août, mardi soir et merc. – **Repas** 90 (déj.), 150/190.

au Nord-Est *4 km sur N 112 – ✉ 34110 Frontignan :*

Host. de Balajan, ✆ 04 67 48 13 99, *Fax 04 67 43 06 62,* – rest, TV ☎ P. AE GB. rest
fermé 24 déc. au 3 janv., fév. et sam. midi – **Repas** 80/250 – 45 – **19 ch** 295/395 – 1/2 P 305/345.

CITROEN Azur Automobiles, ZAC La Peyrade ✆ 04 67 48 87 63

FROTEY-LÈS-VESOUL *70 H.-Saône* 66 ⑥ *– rattaché à Vesoul.*

FUISSÉ *71960 S.-et-L.* 69 ⑲ *G. Bourgogne – 321 h alt. 290.*

Paris 401 – Mâcon 10 – Charolles 52 – Chauffailles 51 – Villefranche-sur-Saône 37.

XX **Pouilly Fuissé,** ✆ 03 85 35 60 68, *Fax 03 85 35 60 68,* – GB
fermé 29 juil. au 5 août, 2 au 28 janv., dim. soir et merc. – **Repas** (sam. et dim. prévenir) 85/225, enf. 50.

FUMEL *47500 L.-et-G.* 79 ⑥ *– 5 882 h alt. 70.*

Voir Église★ de Monsempron *O : 2 km,* G. Pyrénées Aquitaine.

Env. Château de Bonaguil★★ *NE : 8 km,* G. Périgord Quercy.

Office de Tourisme pl. G.-Escande ✆ 05 53 71 13 70, Fax 05 53 71 40 91.

Paris 597 – Agen 55 – Bergerac 68 – Cahors 48 – Montauban 77 – Villeneuve-sur-Lot 27.

Climat de France, pl. Église ✆ 05 53 40 93 93, *Fax 05 53 71 27 94,* – TV ☎ – 40. AE GB
Repas *(60)* - 75 (déj.), 95/125, enf. 39 – 36 – **32 ch** 290.

CITROEN Gar. Calassou, ZI Condezaygue, rte de Villeneuve sur Lot ✆ 05 53 40 99 99 N ✆ 05 53 40 98 29
PEUGEOT Gar. Cousset, Montayral ✆ 05 53 71 03 58
RENAULT Gar. Mons, ZI à Montayral ✆ 05 53 40 92 22
Euromaster, ZI Clos Bardy, rte de Périgueux ✆ 05 53 71 01 50

La FUSTE *04 Alpes-de-H.-P.* 81 ⑮, 114 ⑤ *– rattaché à Manosque.*

FUTEAU *55 Meuse* 56 ⑲ *– rattaché à Ste-Menehould (51 Marne).*

FUTUROSCOPE *86 Vienne* 68 ⑬ ⑭ *– rattaché à Poitiers.*

GABARRET *40310 Landes* 79 ⑬ *– 1 335 h alt. 153.*

Office de Tourisme ✆ 05 58 44 35 77.

Paris 717 – Agen 67 – Mont-de-Marsan 47 – Auch 77 – Bordeaux 140 – Pau 96.

Glycines sans rest, ✆ 05 58 44 92 90 – TV ☎. GB
30 – **10 ch** 200/250.

RENAULT Gar. Lescure, ✆ 05 58 44 90 27 N ✆ 05 58 44 90 27

GABRIAC *12340 Aveyron* 80 ③ *– 403 h alt. 580.*

Paris 612 – Rodez 27 – Espalion 13 – Mende 95 – St-Geniez-d'Olt 19 – Sévérac-le-Château 34.

Bouloc, ✆ 05 65 44 92 89, *Fax 05 65 48 86 74,* – TV ☎ P. GB
fermé 23 au 30 juin, 1er au 23 oct. et merc. sauf juil.-août – **Repas** 80/170, enf. 48 – 32 – **11 ch** 270 – 1/2 P 260.

La GACILLY *56200 Morbihan* 63 ⑤ *– 2 268 h alt. 22.*

Paris 404 – Châteaubriant 67 – Dinan 91 – Ploërmel 30 – Redon 15 – Rennes 63 – Vannes 55.

France avec ch, ☎ 02 99 08 11 15, *Fax 02 99 08 25 88* – TV ☎ P. AE GB
fermé 22 déc. au 4 janv. et dim. soir d'oct. à avril – **Repas** 70/180, enf. 45 – ☕ 32 – **15 ch** 140/260 – ½ P 160/220.

Annexe Square sans rest, – TV ☎. AE GB
☕ 32 – **17 ch** 240/260.

RENAULT Gar. Roblin, ☎ 02 99 08 10 17 N ☎ 02 99 08 84 72

GAILLAC *81600 Tarn* 82 ⑨ ⑩ *G. Pyrénées Roussillon* **(plan)** *– 10 378 h alt. 143.*

Env. *Plafond★ du château de Mauriac N : 8 km par D 3.*

Office de Tourisme Abbaye de St-Michel, pl. St-Michel ☎ 05 63 57 14 65.

Paris 669 – Toulouse 57 – Albi 25 – Cahors 88 – Castres 51 – Montauban 49.

Occitan sans rest, pl. Gare ☎ 05 63 57 11 52, *Fax 05 63 57 56 18* – TV ☎ P. AE GB
fermé week-ends du 1er nov. au 31 mars – ☕ 32 – **13 ch** 130/270.

Les Sarments, 27 r. Cabrol (derrière abbaye St-Michel) ☎ 05 63 57 62 61, *Fax 05 63 57 62 61*, « Décor rustique » – AE GB
fermé 4 au 10 janv., 15 au 28 fév., dim. soir et lundi hors saison – **Repas** 125/180 ♀.

Relais de la Portanelle, 50 bd Gambetta ☎ 05 63 57 22 40, *Fax 05 63 57 22 40* – ▤. GB
fermé vacances de Toussaint, dim. soir et lundi – **Repas** 69 (déj.), 89/210.

CITROEN Gar. Joulie, 40 av. Saint-Exupéry ☎ 05 63 57 11 88 N ☎ 05 63 57 23 54
PEUGEOT Picard Autos, 83 av. Ch.-de-Gaulle ☎ 05 63 81 28 28 N ☎ 06 09 66 46 06
RENAULT Gaillac-Auto, av. Saint-Exupéry ☎ 05 63 81 18 18 N ☎ 05 63 42 70 18
Deldossi Point S, 124 av Saint-Exupéry ☎ 05 63 57 03 29
François Pneus, 24 bd Gambetta ☎ 05 63 57 13 96

GAILLAN-EN-MÈDOC *33 Gironde* 71 ⑰ *– rattaché à Lesparre-Médoc.*

GAILLON *27600 Eure* 55 ⑰ *G. Normandie Vallée de la Seine – 6 303 h alt. 15.*

9 ☎ *02 32 53 89 40, E : 1 km par D 515.*

Paris 91 – Rouen 44 – Les Andelys 12 – Évreux 24 – Vernon-sur-Eure 14.

Campagnette, 12 r. P. Brossolette ☎ 02 32 53 51 10, *Fax 02 32 53 25 26* – GB
fermé Noël au Jour de l'An – **Repas** 89/145 ♀.

PEUGEOT Gar. Berrier, 86 rte de Rouen ☎ 02 32 53 01 43
RENAULT Gar. Gaillonnais, 62 av. du Mar.-Leclerc ☎ 02 32 53 14 35

GALÉRIA *2B H.-Corse* 90 ⑭ *– voir à Corse.*

GALIMAS *47 L.-et-G.* 79 ⑮ *– rattaché à Agen.*

GAMBAIS *78950 Yvelines* 60 ⑧, 106 ㉗ *– 1 730 h alt. 119.*

Paris 56 – Dreux 26 – Mantes-la-Jolie 31 – Rambouillet 22 – Versailles 37.

Aub. du Clos St-Pierre, 2 bis r. Goupigny ☎ 01 34 87 10 55, *Fax 01 34 87 03 88*, – GB
fermé 10 au 25 août, dim. soir mardi soir et lundi – **Repas** 140/185, enf. 70.

GANGES *34190 Hérault* 83 ⑥ *G. Gorges du Tarn – 3 343 h alt. 175.*

Voir *Gorges de la Vis★★ SO – Aven des Lauriers★ SE : 3 km.*

Env. *Grotte des Demoiselles★★★ SE : 9 km.*

Paris 728 – Montpellier 45 – Alès 47 – Nîmes 59 – Le Vigan 18.

Aub. Les Norias M avec ch, à Cazilhac, Est sur D25 ☎ 04 67 73 55 90, *Fax 04 67 73 62 08*, , – TV ☎ P. AE GB
fermé 17 au 30 nov., mardi midi en juil.-août, lundi soir et mardi de sept. à juin – **Repas** 110/270, enf. 60 – ☕ 38 – **11 ch** 250/300 – ½ P 265.

CITROEN Gar. Cayrel, rte de Nimes ☎ 04 67 73 81 30
PEUGEOT Gar. Jourdan, 1 av. du Vigan ☎ 04 67 73 81 65

GAP P 05000 H.-Alpes 77 ⑯ *G. Alpes du Sud* – *33 444 h alt. 735.*

Voir *Musée départemental** – *Table d'orientation du bassin de Gap ≤*, 1,5 km par ④.*

de Gap Bayard ✆ 04 92 50 16 83, 7 km par ①.

Office de Tourisme 12 r. Faure du Serre ✆ 04 92 52 56 56, Fax 04 92 52 56 57 – Automobile Club des Alpes 9 r. des Métiers, ZI des Fauvins ✆ 04 92 51 22 12, Fax 04 92 51 28 13.

Paris 669 ① – Avignon 169 ④ – Grenoble 104 ① – Sisteron 50 ③ – Valence 160 ①.

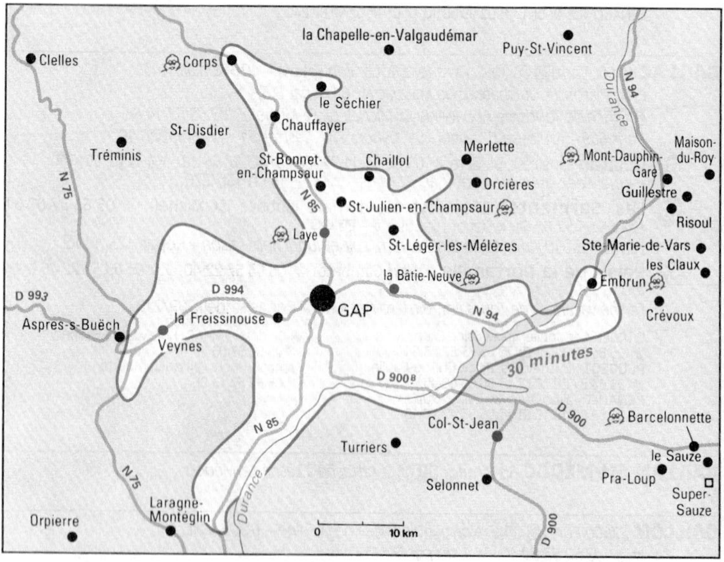

Porte Colombe, 4 pl. F. Euzières ✆ 04 92 51 04 13, *Fax 04 92 52 42 50* – rest, AE GB — Z n

Repas *(fermé 1er au 16 mai, 4 au 23 janv., le midi sauf dim. et fériés, vend. et sam. du 24 sept. au 11 juil.)* (85) - 110/190, enf. 60 – 36 – **27 ch** 230/350 – ½ P 265/275.

Grille, 2 pl. F. Euzières ✆ 04 92 53 84 84, *Fax 04 92 52 42 38* – cuisinette, ch, AE GB — Z r

Repas *(fermé dim. soir et lundi sauf août)* 90/220, enf. 58 – 36 – **29 ch** 280/340 – ½ P 340.

Clos, par ① *rte Grenoble et chemin privé* ✆ 04 92 51 37 04, *Fax 04 92 52 41 06*, – P. GB

Repas *(fermé dim. soir et lundi sauf du 15 juil. au 15 août)* 100/180 – 35 – **31 ch** 250/350 – ½ P 270/300.

Ibis, bd G. Pompidou ✆ 04 92 53 57 57, *Fax 04 92 53 38 15* – – 25 à 70. AE GB — Y x

Repas (75) - 95, enf. 39 – 37 – **61 ch** 298/315.

Climat de France sans rest, par ③ : *2,5 km (près piscine), rte Marseille* ✆ 04 92 51 57 82, *Fax 04 92 51 56 52*, – P. AE GB

35 – **27 ch** 270/305.

Inter Service H., par ③ : *2 km rte Marseille* ✆ 04 92 53 53 52, *Fax 04 92 53 56 23*, – P – 25. AE GB

Repas (70) - 90, enf. 45 – 48 – **40 ch** 290 – ½ P 260.

Ferme Blanche sans rest, par ① *et D 92 : 2 km* ✆ 04 92 51 03 41, *Fax 04 92 51 35 39*, ≤, – P – 25. AE GB

38 – **27 ch** 170/305.

Paix sans rest, 1 pl. F. Euzières ✆ 04 92 51 03 29, *Fax 04 92 52 19 87* – GB — Z v

32 – **23 ch** 140/260.

XXX **Patalain,** 7 av. Alpes (près gare) ✆ 04 92 52 30 83 – AE GB — Y d

fermé 4 au 27 juil., sam. midi et dim. – **Repas** 120/265 et carte 160 à 310.

XX **Roseraie,** par ① *et D 92 : 2 km* ✆ 04 92 51 43 08, *Fax 04 92 53 80 21*, – P. AE GB

fermé dim. soir et lundi – **Repas** 130/400, enf. 60.

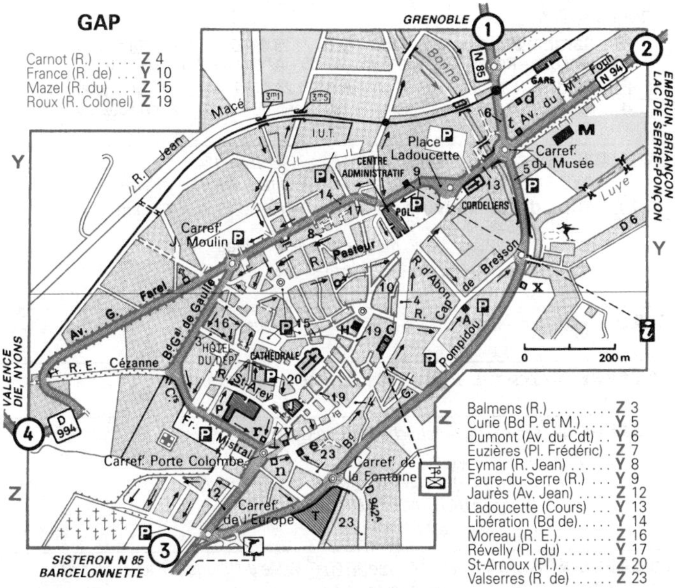

Grangette, 1 av. Foch ✆ 04 92 52 39 82 – GB — Y t
fermé 13 au 28 juin, 11 au 21 janv., lundi sauf le midi en juil.-août et dim. soir – **Repas** 102/170.

Pique Feu, par ③ : *2,5 km, (près piscine) rte Marseille* ✆ 04 92 52 16 06, , – P. GB
fermé nov., dim. soir et lundi – **Repas** 99/140 ♀.

Petite Marmite, 79 r. Carnot ✆ 04 92 51 14 20 – GB — Z e
Repas 85/120, enf. 55.

à la Freissinouse *par ④ : 9 km – 365 h. alt. 965 – ✉ 05000 :*

Azur, D 994 ✆ 04 92 57 81 30, *Fax 04 92 57 92 37*, parc, – TV ☎ P. GB
Repas 85/170, enf. 50 – 30 – **45 ch** 240/300 – ½ P 270/310.

AUDI, VOLKSWAGEN Gar. Gap, rte de Briançon ✆ 04 92 52 25 56
BMW, FIAT Transalp-Auto, 85-86 av. d'Embrun ✆ 04 92 52 02 57
CITROEN France-Auto, Tokoro Leplan de Gap par ② ✆ 04 92 53 88 11
FORD Gar. Europ-Auto, rte de Briançon ✆ 04 92 52 05 46
HONDA E.G.S., 8 c bd d'Orient Espace Tokoro ✆ 04 92 52 74 67
HYUNDAI MERCEDES D.A.G.A., 3 av. Mar.-Foch ✆ 04 92 52 62 00
LANCIA Gar. Rouit, 52 av. de Provence Fontreyne ✆ 04 92 51 18 26
MAZDA Alpes Motor Service, bd d'Orient Espace Tokoro ✆ 04 92 53 77 78
NISSAN Alpes-Sport-Autos, 5 r. de Tokoro ✆ 04 92 51 18 65
OPEL T.A.G., Espace Tokoro ✆ 04 92 52 09 99
PEUGEOT France-Alpes, rte de Marseille par ③ ✆ 04 92 52 15 17 N ✆ 05 49 75 75 75
RENAULT Gap-Automobiles, 90 av. d'Embrun par ② ✆ 04 92 53 96 96 N ✆ 04 92 40 52 60
ROVER Gar. de Verdun, 25 av. J.-Jaurès ✆ 04 92 51 26 18
TOYOTA Balagna-Fougairolle, Espace Tokoro ✆ 04 92 51 12 97

Barneaud Pneus, 15 rte de St-Jean ✆ 04 92 51 00 59
Euromaster, av. d'Embrun ✆ 04 92 52 20 28
Meizenq-Pneus-Point S, Espace Tokoro 74 av. d'Embrun ✆ 04 92 52 22 33

GARABIT (Viaduc de)★★ *15 Cantal 76 ⑭ G. Auvergne – ✉ 15320 Ruynes-en-Margeride.*

Env. *Maison du paysan★ à Loubaresse S : 7 km – Belvédère de Mallet ≤★★ SO : 13 km puis 10 mn.*

Paris 525 – Aurillac 88 – Mende 68 – Le Puy-en-Velay 90 – St-Flour 14.

Beau Site, N 9 ✆ 04 71 23 41 46, *Fax 04 71 23 46 34*, ≤ viaduc et lac, , , – cuisinette TV ☎ P. GB
Pâques-1er nov. – **Repas** (55) - 72/180 ♀, enf. 45 – 36 – **20 ch** 200/270 – ½ P 250/270.

Garabit-H., ✆ 04 71 23 42 75, *Fax 04 71 23 49 60*, ←, 🏊 – |$| 📺 ☎ 🚗 🅿. GB
avril-oct. – **Repas** 72/175, enf. 45 – ☕ 35 – **47 ch** 185/350 – ½ P 220/290.

Viaduc, N 9 ✆ 04 71 23 43 20, *Fax 04 71 23 45 19*, ←, 🏊, 🌳, 🎾 – ☎ 🅿. GB
3 avril-2 nov. – **Repas** 60 (déj.), 75/180 ♀, enf. 45 – ☕ 32 – **25 ch** 180/260 – ½ P 198/250.

GARANCIÈRES *78890 Yvelines 60 ⑧, 106 ⑮ – 1 923 h alt. 124.*

Paris 50 – Dreux 33 – Mantes-la-Jolie 23 – Rambouillet 26 – Versailles 31.

XX **Aub. de la Malvina**, la Haute Perruche, Sud : 1,5 km ✆ 01 34 86 45 76, *Fax 01 34 86 46 11*, 🍽 – GB
fermé 1er au 12 sept., janv., merc. soir et jeudi – **Repas** 160.

PEUGEOT S E G C, 18 r. du Gén. Leclerc ✆ 01 34 86 41 20

GARCHES *92 Hauts-de-Seine 55 ⑳, 101 ⑭ – voir à Paris, Environs.*

La GARDE *04 Alpes-de-H.-P. 81 ⑱, 114 ⑩ – rattaché à Castellane.*

La GARDE *48 Lozère 76 ⑮ – rattaché à St-Chély-d'Apcher.*

Pour les grands voyages d'affaires ou de tourisme,
Guide Rouge ***MICHELIN : EUROPE.***

La GARDE-ADHÉMAR *26700 Drôme 81 ① G. Vallée du Rhône – 1 108 h alt. 178.*

Voir *Église*★ – ←★ *de la terrasse.*

Paris 624 – Montélimar 21 – Nyons 40 – Pierrelatte 6.

XX **Logis de l'Escalin** 🐦 avec ch, Nord : 1 km par D 572 ✆ 04 75 04 41 32, *Fax 04 75 04 40 05*, 🍽, 🌳 – 🅿. GB. ✗
fermé 26 au 30 avril, 25 au 31 oct. et 4 au 10 janv. – **Repas** *(fermé dim. soir et lundi)* 108 (déj.), 155/340 – ☕ 45 – **8 ch** 250/350 – ½ P 350/400.

La GARDE-FREINET *83310 Var 84 ⑰, 114 ㊱ G. Côte d'Azur – 1 465 h alt. 380.*

Paris 852 – Fréjus 42 – Brignoles 46 – Hyères 55 – Toulon 73 – St-Tropez 21 – Ste-Maxime 21.

X **Faücado**, ✆ 04 94 43 60 41, 🍽, « Terrasse fleurie » – GB
fermé 18 janv. au 10 mars et mardi sauf fériés et hors saison – **Repas** 150/298 et carte le soir 180 à 350.

La GARDE-GUÉRIN *48800 Lozère 80 ⑦ G. Gorges du Tarn.*

Voir *Donjon* ✻★.

Paris 616 – Alès 62 – Aubenas 69 – Florac 73 – Langogne 36 – Mende 56 – Vallon-Pont-d'Arc 64.

Aub. Régordane 🐦, ✆ 04 66 46 82 88, *Fax 04 66 46 90 29*, 🍽, « Demeure du 16e siècle » – ☎ 📞. GB
10 avril-2 nov. – **Repas** 98/180 ♀, enf. 55 – ☕ 36 – **15 ch** 275/345 – ½ P 285/315.

GARDOUCH *31 H.-Gar. 82 ⑲ – rattaché à Villefranche-de-Lauragais..*

La GARENNE-COLOMBES *92 Hauts-de-Seine 55 ⑳, 101 ⑭ – voir à Paris, Environs.*

GARETTE *79 Deux-Sèvres 71 ② G. Poitou Vendée Charentes – ✉ 79270 Sansais.*

Paris 419 – La Rochelle 59 – Fontenay-le Comte 28 – Niort 12 – St-Jean-d'Angély 58.

XX **Mangeux de Lumas**, ✆ 05 49 35 93 42, *Fax 05 49 35 82 89*, 🍽 – GB
fermé 4 au 26 janv., lundi soir et mardi sauf juil.-août – **Repas** 128/295, enf. 65.

GARNACHE *85 Vendée 67 ⑫ – rattaché à Challans.*

GARONS *30 Gard 80 ⑲ – rattaché à Nîmes.*

GASNY *27620 Eure* 55 ⑱ *– 2 957 h alt. 36.*
Paris 74 – Rouen 72 – Évreux 43 – Magny-en-Vexin 17 – Mantes-la-Jolie 22 – Vernon 10 – Versailles 65.

XX **Aub. du Prieuré Normand,** 1 pl. République ✆ 02 32 52 10 01, 🍴 – GB
fermé 4 au 24 août, vacances de fév., mardi soir et merc. – **Repas** 85/170 ♀.

GASSIN *83580 Var* 84 ⑰, 114 ㊲ *G. Côte d'Azur – 2 622 h alt. 200.*
Voir *Boulevard circulaire* ≤★ – *Moulins de Paillas* ✻★★ *SE : 3,5 km.*
Paris 872 – Fréjus 34 – Brignoles 66 – Le Lavandou 32 – St-Tropez 11 – Ste-Maxime 14 – Toulon 70.

XX **Aub. la Verdoyante,** Nord : 2 km par rte St-Tropez et chemin privé ✆ 04 94 56 16 23, *Fax 04 94 56 43 10*, ≤, 🍴 – P. GB
fin mars-début nov. et fermé merc. sauf le soir en juil.-août – **Repas** 140/185.

XX **Carat,** carrefour D 61-D 98, Nord : 3,5 km ✆ 04 94 56 50 10, 🍴, 🏊 – P. GB
fermé 15 nov. au 15 déc., dim. soir et lundi hors saison – **Repas** 99 (déj.)/155 ♀, enf. 49.

GAUDENT *65 H.-Pyr.* 85 ⑳ *– rattaché à St-Bertrand-de-Comminges.*

GAURIAC *33710 Gironde* 71 ⑧ *– 809 h alt. 50.*
Paris 552 – Bordeaux 42 – Blaye 10 – Jonzac 56 – Libourne 37.

X **Filadière,** Ouest : 2 km sur D 669E1 ✆ 05 57 64 94 05, *Fax 05 57 64 94 06*, ≤, 🍴, « Au bord de l'estuaire » – P. GB
fermé 15 au 30 nov. et merc. du 15 sept. au 15 juin – **Repas** 90/240, enf. 50.

GAVARNIE *65120 H.-Pyr.* 85 ⑱ *G. Pyrénées Aquitaine – 177 h alt. 1350 – Sports d'hiver : 1 350/ 2 400 m* ≰ *11* ⛷.
Voir *Cirque de Gavarnie*★★★ *S : 3 h 30.*
Env. *Pic de Tantes* ✻★★ *SO : 11 km.*
ℹ *Office de Tourisme* ✆ *05 62 92 49 10, Fax 05 62 92 46 12.*
Paris 863 – Pau 91 – Lourdes 51 – Luz-St-Sauveur 20 – Tarbes 69.

🏠 **Marboré,** ✆ 05 62 92 40 40, *Fax 05 62 92 40 30*, ≤, 🍴 – TV ☎ P. AE GB
fermé 15 nov. au 15 déc. – **Repas** *(83)* - 98/170 ♀ – ☕ 32 – **24 ch** 240/295 – 1/2 P 295.

X **Ruade,** ✆ 05 62 92 48 49, *Fax 05 62 92 48 49*, 🍴 – GB
mi-juin-mi-sept. – **Repas** 85/170 ♀, enf. 40.

à Gèdre *Nord : 8,5 km par D 921 – 317 h. alt. 1000 – ✉ 65120 :*

🏠 **A La Brèche de Roland,** ✆ 05 62 92 48 54, *Fax 05 62 92 46 05*, ≤, 🌳 – ☎ P. GB.
✻ rest
1er mai-1er oct., week-ends et vacances scolaires du 26 déc. au 20 avril – **Repas** 100/180 ♀ – ☕ 33 – **28 ch** 290/310 – 1/2 P 245.

GAVRINIS (Ile) *56 Morbihan* 63 ⑫ *G. Bretagne.*
Voir *Cairn*★★ *15 mn en bateau de Larmor-Baden.*

GÈDRE *65 H.-Pyr.* 85 ⑱ *– rattaché à Gavarnie.*

GÉMENOS *13420 B.-du-R.* 84 ⑭, 114 ㉚ *G. Provence – 5 025 h alt. 150.*
Voir *Parc de St-Pons*★ *E : 3 km – Aubagne : musée de la Légion Etrangère*★ *O : 5 km – Forêt de la Ste-Baume*★★ *NE.*
ℹ *Office de Tourisme Cours Pasteur* ✆ *04 42 32 18 44.*
Paris 790 – Marseille 24 – Toulon 50 – Aix-en-Provence 38 – Brignoles 49.

🏨 **Relais de la Magdeleine** 🐦, ✆ 04 42 32 20 16, *Fax 04 42 32 02 26*, 🍴, « Elégante demeure avec mobilier ancien, parc », 🏊 – |‡| TV ☎ P – 🏛 30. GB
15 mars-1er déc. – **Repas** 160/255 ♀ – ☕ 75 – **24 ch** 485/860 – 1/2 P 640/750.

🏠 **Parc** 🐦, Vallée St Pons par D 2 : 1 km ✆ 04 42 32 20 38, *Fax 04 42 32 10 26*, 🍴, 🌳 – ☎ P – 🏛 30. AE GB
Repas *(65)* - 90/240 – ☕ 35 – **11 ch** 280/350 – 1/2 P 275.

XX **Baron Brisse,** 48 chemin Jouques (D 42) ✆ 04 42 32 00 60, *Fax 04 42 32 09 60*, 🍴 – P. AE GB
fermé 17 au 31 août, vacances de fév., dim. soir et lundi – **Repas** 165/350.

XX **Fer à Cheval,** pl. Mairie ✆ 04 42 32 20 97, *Fax 04 42 32 23 27*, 🍴 – ▤. AE ⓓ GB
fermé 10 au 30 août, 1er au 6 janv., sam. midi, dim. soir et lundi soir – **Repas** 105 (déj.)/170 bc, enf. 70.

GENAS *69740 Rhône* 74 ⑫, 110 ㉖ *– 9 316 h alt. 218.*

Syndicat d'Initiative de la Plaine du Lyonnais 55 r. de la République ☎ 04 72 47 65 49, Fax 04 78 90 04 16.

Paris 473 – Lyon 13 – Meyzieu 9 – Pont-de-Chéruy 18 – St-Priest 7.

Forum H., 1 r. R. Salengro ☎ 04 78 40 60 50, *Fax 04 78 40 17 85* – 60. AE GB

Repas *(65)* - 92/139 ♀, enf. 59 – 49 – **76 ch** 280/360 – ½ P 260.

GÉNÉRARGUES *30 Gard* 80 ⑰ *– rattaché à Anduze.*

GENESTON *44140 Loire-Atl.* 67 ③ *– 1 958 h alt. 28.*

Paris 401 – Nantes 19 – La Roche-sur-Yon 46 – Cholet 60.

Pélican, 13 pl. G. Gaudet ☎ 02 40 04 77 88, *Fax 02 40 26 10 48* – GB.

fermé 3 au 28 août, dim. soir, lundi soir et merc. – **Repas** 130/190 ♀, enf. 45.

Le GENESTOUX *63 P.-de-D.* 73 ⑬ *– rattaché au Mont-Dore.*

GENÈVE *Suisse* 74 ⑥, 217 ⑪.

Ressources hôtelières : *voir Guide Rouge Michelin* ***Suisse/Schweiz/Svizzera***

GENILLÉ *37460 I.-et-L.* 64 ⑯ *G. Châteaux de la Loire – 1 428 h alt. 88.*

Paris 239 – Tours 47 – Amboise 30 – Blois 57 – Loches 11 – Montrichard 21.

Agnès Sorel avec ch, ☎ 02 47 59 50 17, – ☎. GB

fermé janv., dim. soir et lundi sauf juil.-août et fériés – **Repas** 100/250 ♀, enf. 50 – 36 – **3 ch** 210/240 – ½ P 260/290.

GÉNIN (Lac de) *01 Ain* 74 ④ *– rattaché à Oyonnax.*

GENLIS *21110 Côte-d'Or* 66 ⑫ ⑬ *– 5 241 h alt. 199.*

Paris 328 – Dijon 18 – Auxonne 16 – Dole 34 – Gray 45.

à Labergement Foigney *Nord-Est : 3 km par D 25 – 407 h. alt. 203 – ✉ 21110 Genlis :*

Aub. des Mésanges, ☎ 03 80 31 22 33 – GB

fermé 15 au 31 juil., mardi soir (sauf hôtel) et dim. soir – **Repas** 76/199 ♀, enf. 54.

à Échigey *Sud : 8 km par D 25 et D 34 – 184 h. alt. 197 – ✉ 21110 :*

Place-Rey avec ch, ☎ 03 80 29 74 00, *Fax 03 80 29 79 55,* – ☎ P. AE GB

fermé 27 juil. au 4 août, 2 janv. au 1er fév., dim. soir et lundi – **Repas** 75/230 ♀ – 35 – **13 ch** 120/210 – ½ P 230/250.

PEUGEOT Gar. Bourbon, ☎ 03 80 31 35 41 N ☎ 03 80 31 35 41

RENAULT Côte-d'Or Auto., ☎ 03 80 37 81 04 N ☎ 06 07 31 41 72

GENNES *49350 M.-et-L.* 64 ⑫ *G. Châteaux de la Loire – 1 867 h alt. 28.*

Voir Église★★ de Cunault SE : 2,5 km – Église★ de Trèves-Cunault SE : 3 km.

Office de Tourisme (mai-sept.) Square de l'Europe ☎ 02 41 51 84 14, Fax 02 41 51 83 48.

Paris 304 – Angers 33 – Bressuire 65 – Cholet 60 – La Flèche 46 – Saumur 16.

Aux Naulets d'Anjou , ☎ 02 41 51 81 88, *Fax 02 41 38 00 78,* ←, , , – ☎ P. GB

fermé 15 au 28 fév. – **Repas** *(fermé merc. et le midi sauf dim. et fériés)* 98/160 ♀ – 32 – **19 ch** 220/280 – ½ P 260.

L'Aubergade, ☎ 02 41 51 81 07, *Fax 02 41 38 07 85* – GB

fermé vacances de fév., dim. soir hors saison, mardi soir et merc. – **Repas** 108/220 ♀, enf. 60.

GÉNOLHAC *30450 Gard* 80 ⑦ *G. Gorges du Tarn – 827 h alt. 490.*

Office de Tourisme ☎ 04 66 61 18 32, Fax 04 66 61 12 69.

Paris 641 – Alès 37 – Florac 48 – La Grand-Combe 25 – Nîmes 81 – Villefort 17.

Mont Lozère, D 906 ☎ 04 66 61 10 72, *Fax 04 66 61 23 91,* – ☎ P. GB

fermé du 30 déc. au 10 fév. et merc. du 15 sept. au 15 juin – **Repas** 85/165 , enf. 45 – 34 – **14 ch** 190/270 – ½ P 230/270.

GENSAC *33890 Gironde* 75 ⑬ – *752 h alt. 78.*

Paris 567 – Bergerac 39 – Bordeaux 63 – Libourne 32 – La Réole 39.

XX **Remparts** M avec ch, 16 r. Château ✆ 05 57 47 43 46, *Fax 05 57 47 46 76*, ≤, – TV ☎ P. GB

fermé 15 nov. au 4 déc., 15 au 28 fév., dim. soir et lundi – **Repas** 145/240 ♀, enf. 50 – ☕ 38 – **7 ch** 260/320 – ½ P 290.

au Nord-Ouest *par D 233 et D 130 : 3 km* – ✉ *33890 Gensac :*

XX **Belvédère,** ✆ 05 57 47 40 33, *Fax 05 57 47 48 07*, ≤, – P. AE ⓓ GB

fermé oct., mardi soir et merc. sauf juil.-août – **Repas** 99 bc (déj.), 145/330 ♀, enf. 50.

GENTILLY *94 Val-de-Marne* 60 ⑩, 101 ㉖ – *voir à Paris, Environs.*

voir à Paris, Environs.

GÉRARDMER *88400 Vosges* 62 ⑰ *G. Alsace Lorraine – 8 951 h alt. 669 – Sports d'hiver : 750/1 150 m* 20 – *Casino* **AZ.**

Voir Site★★ – Lac★ – Saut des Cuves★ E : 3 km par ①.

ℹ *Office de Tourisme pl. des Déportés* ✆ *03 29 27 27 27, Fax 03 29 26 23 25.*

Paris 424 ③ – Colmar 52 ① – Épinal 40 ③ – Belfort 79 ② – St-Dié 28 ① – Thann 50 ②.

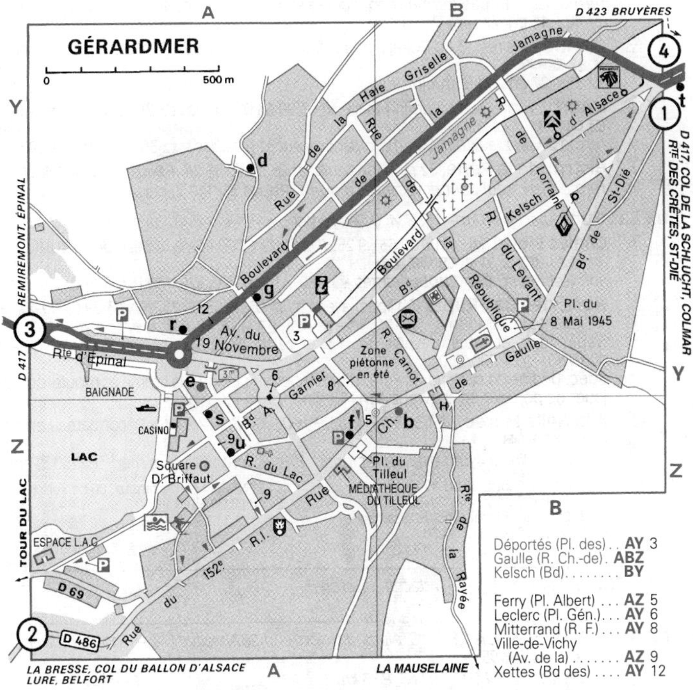

Grand Hôtel, pl. Tilleul ✆ 03 29 63 06 31, *Fax 03 29 63 46 81*, « Parc », – TV ☎ P. – 25 à 60. AE ⓓ GB **AZ f**

Grand Cerf : **Repas** 130/400 ♀, enf. 70 – ☕ 60 – **56 ch** 400/750, 6 appart – ½ P 420/520.

Manoir au Lac sans rest, par ③ : *1 km rte d'Épinal* ✆ 03 29 27 10 20, *Fax 03 29 63 11 77*, ≤ lac, parc – TV ☎ P. AE GB.

☕ 70 – **7 ch** 700/1100.

Jamagne, 2 bd Jamagne ✆ 03 29 63 36 86, *Fax 03 29 60 05 87*, – TV ☎ P – 50. GB. rest **AY g**

fermé 16 mars au 9 avril et 12 nov. au 17 déc. – **Repas** 80/200 ♀, enf. 50 – ☕ 42 – **48 ch** 300/440 – ½ P 290/340.

Beau Rivage, esplanade du Lac ✆ 03 29 63 22 28, *Fax 03 29 63 29 83,* ≤, 🍴, 🏊 – 🛗 📺 ☎ 🅿. GB. ⚹ ch — AY e
fermé 1er au 6 mars, 15 au 28 mars, 20 au 27 juin, mi-oct. à mi-déc., dim soir et lundi – **Repas** 105 (déj.), 120/250, enf. 60 – ☕ 55 – **19 ch** 500/740 – ½ P 390/470.

Loges du Parc, 12 av. Ville de Vichy ✆ 03 29 63 32 43, *Fax 03 29 63 17 03,* 🍴, 🏊 – 📺 ☎ 🅿. AE GB. ⚹ ch — AZ u
4 avril-mi-oct. et 19 déc.-3 mars – **Repas** 105/260 🍷, enf. 65 – ☕ 44 – **30 ch** 270/350 – ½ P 295/335.

Paix, 6 av. Ville de Vichy ✆ 03 29 63 38 78, *Fax 03 29 63 18 53,* 🍴 – 🛗 📺 ☎ 📞 🅿. AE GB
Repas 100/178 🍷, enf. 60 – ☕ 45 – **26 ch** 270/420 – ½ P 300/375. — AZ s

Lac' H. et rest. Bleu Marine, Esplanade du Lac ✆ 03 29 63 38 23, *Fax 03 29 60 01 49,* ≤, 🍴 – 🛗 📺 ☎ 📞. AE ⓓ GB — AY r
fermé 15 nov. au 22 déc. – **Repas** *(fermé dim. soir et lundi sauf vacances scolaires)* 75/155 🍷 – ☕ 43 – **14 ch** 330/370 – ½ P 315/333.

Relais de la Mauselaine 🐌, au pied des pistes, Sud-Est : 2,5 km rte de la Rayée - **BZ** ✆ 03 29 60 06 60, *Fax 03 29 60 81 08,* ≤, 🍴 – ⇹ 📺 ☎ 🅿. GB. ⚹
fermé 22 mars au 19 avril et 25 sept. au 15 déc. – **Repas** *(fermé merc. hors saison)* 86/250 🍷, enf. 48 – ☕ 43 – **16 ch** 340 – ½ P 310.

Chalet du Lac, par ③ : *1 km rte Épinal* ✆ 03 29 63 38 76, *Fax 03 29 60 91 63,* ≤ lac, 🌳 – 📺 ☎ 🅿. GB
fermé oct. – **Repas** *(fermé vend. hors saison sauf vacances scolaires)* 90/320 🍷, enf. 60 – ☕ 40 – **11 ch** 300 – ½ P 290.

Clarine sans rest, 3 bd Colmar ✆ 03 29 60 81 81, *Fax 03 29 63 12 98* – 🛗 cuisinette 📺 ☎ 📞 ♿. AE GB — BY t
☕ 35 – **27 ch** 290, 3 studios.

L'Abri 🐌 sans rest, chemin Miselle ✆ 03 29 63 02 94, *Fax 03 29 60 93 29,* 🌳 – 📺 ☎ 🅿. AE GB. ⚹ — AY d
fermé 20 sept. au 10 oct. et merc. sauf vacances scolaires – ☕ 30 – **14 ch** 180/290.

Bistrot de la Perle, 32 r. Ch. de Gaulle ✆ 03 29 60 86 24, *Fax 03 29 60 86 24,* 🍴 – GB
fermé merc. sauf août et vacances d'hiver – **Repas** 85/110 🍷, enf. 40. — BZ b

aux Bas Rupts *par ② : 4 km – ✉ 88400 Gérardmer :*

Chalet Fleuri Ⓜ, ✆ 03 29 63 09 25, *Fax 03 29 63 00 40,* ≤, « Beau décor rustique », 🏊, 🌳, 🎾 – 📺 ☎ 📞 🅿. AE GB JCB
voir rest. ***Host. Bas-Rupts*** ci-après – ☕ 80 – **13 ch** 750/820 – ½ P 700/800.

Host. des Bas-Rupts (Philippe) avec ch, ✆ 03 29 63 09 25, *Fax 03 29 63 00 40,* ≤, 🍴, « Élégante installation », 🏊, 🌳, 🎾 – ▤ rest, 📺 ☎ 🅿. AE GB JCB
Repas (dim. et fêtes prévenir) 160/400 et carte 290 à 500 🍷, enf. 100 – ☕ 80 – **17 ch** 400/680 – ½ P 500/650
Spéc. Dodine de caille au foie gras d'oie. Tripes au riesling à la crème et moutarde. Civet de joues de porcelet en chevreuil. **Vins** Riesling, Tokay-Pinot gris.

A la Belle Marée, ✆ 03 29 63 06 83, *Fax 03 29 63 20 76,* ≤, « Décor bateau en acajou » – 🅿. AE ⓓ GB
fermé 22 juin au 4 juil., dim. soir et lundi – **Repas** - produits de la mer - 95/250 🍷, enf. 65.

CITROEN Gar. Cabut, 87 bd d'Alsace ✆ 03 29 60 03 34
PEUGEOT Gar. Thiébaut, bd de la Jamagne, la Croisette ✆ 03 29 63 14 50
RENAULT Gar. Defranoux, 60 bd Kelsch ✆ 03 29 63 01 95

GÉTIGNÉ *44 Loire-Atl.* 67 ④ – *rattaché à Clisson.*

Les GETS *74260 H.-Savoie* 74 ⑧ *G. Alpes du Nord – 1 287 h alt. 1170 – Sports d'hiver : 1 170/2 002 m* 🚡 5 ⛷ 55 ⛷.
🏌 *des Gets* ✆ *04 50 75 87 63, E : 3 km.*
ℹ *Office de Tourisme* ✆ *04 50 75 80 80, Fax 04 50 79 76 90.*
Paris 584 – Thonon-les-Bains 37 – Annecy 72 – Bonneville 32 – Chamonix-Mont-Blanc 63 – Cluses 22 – Morzine 7.

Labrador Ⓜ 🐌, rte La Turche ✆ 04 50 75 80 00, *Fax 04 50 79 87 03,* ≤, 🍴, 🏋, 🏊, 🏊, 🌳, 🎾 – 🛗, ▤ rest, 📺 ☎ 🚗 🅿. AE ⓓ GB. ⚹ rest
20 juin-6 sept. et 19 déc.-10 avril – ***St-Laurent :*** **Repas** 98/230, enf. 60 – ☕ 50 – **23 ch** 500/800 – ½ P 520/650.

Marmotte Ⓜ, ✆ 04 50 75 80 33, *Fax 04 50 75 83 26,* ≤, « Décor de chalet savoyard », 🏋, 🏊 – 🛗 📺 ☎ 🚗 🅿 – 🏛 30. AE ⓓ GB JCB. ⚹ rest
27 juin-13 sept. et 19 déc.-11 mars – **Repas** 95 (déj.), 125/150 – ☕ 50 – **43 ch** 680/1300, 5 duplex – ½ P 520/780.

Mont Chéry, ✆ 04 50 75 80 75, *Fax 04 50 79 70 13*, ≤, 😂, ⛱ (été), 🚗 – |‡|, ▤ rest, 📺 ☎ 🚗 🅿. AE GB. ✗ rest
1er juil.-31 août et 15 déc.-15 avril – **Repas** 99/250 ♀ – **26 ch** ☕ 440/850 – ½ P 700.

Crychar ⛰ sans rest, par rte La Turche ✆ 04 50 75 80 50, *Fax 04 50 79 83 12*, ≤, ⛱ (été), 🏋, 🚗 – 📺 ☎ 🚗 🅿. AE ⓓ GB. ✗
juil.-août et 20 déc.-15 avril – ☕ 55 – **12 ch** 560/615.

Alpages, rte La Turche ✆ 04 50 75 80 88, *Fax 04 50 79 76 98*, ≤, 🏋, ⛱ – |‡| 📺 ☎ 🚗 🅿. AE GB
1er juil.-31 août et 20 déc.-10 avril – **Repas** 80/190 – ☕ 60 – **22 ch** 400/900 – ½ P 400/800.

Alissandre Ⓜ sans rest, ✆ 04 50 79 80 65, ≤, 🚗 – 📺 ☎ 🅿. AE GB
☕ 30 – **14 ch** 400/650.

Alpina ⛰, par rte La Turche ✆ 04 50 75 80 22, *Fax 04 50 75 83 48*, ≤, 🚗 – |‡| ☎ 🚗 🅿. AE GB. ✗ rest
1er juin - 20 sept. et 20 déc. - 20 avril – **Repas** 90 (dîner), 94/130 – ☕ 33 – **31 ch** 300/480 – ½ P 395/415.

Régina, ✆ 04 50 75 80 44, *Fax 04 50 79 87 29*, ≤ – 📺 ☎ 🚗 🅿. AE ⓓ GB. ✗ rest
hôtel : 1er juil.-31 août et 15 déc.-18 avril ; rest. : 15 déc.-18 avril – **Repas** 75/180 – ☕ 38 – **21 ch** 360/420 – ½ P 370/410.

Maroussia ⛰, à La Turche ✆ 04 50 75 80 85, *Fax 04 50 75 87 62*, ≤ – ☎ 🅿. GB. ✗ rest
28 juin-6 sept. et 20 déc.-mi-avril – **Repas** 95/130 ♀, enf. 45 – ☕ 43 – **22 ch** 350/490 – ½ P 320/410.

PEUGEOT Gar. de la Colombière, ✆ 04 50 79 75 64

GEVREY-CHAMBERTIN *21220 Côte-d'Or* 66 ⑫ *G. Bourgogne – 2 825 h alt. 275.*
ℹ *Office de Tourisme pl. Mairie ✆ 03 80 34 38 40, Fax 03 80 34 17 27 et (hors saison) Mairie ✆ 03 80 34 30 35.*
Paris 313 – Beaune 32 – Dijon 12 – Dole 60.

Grands Crus ⛰ sans rest, ✆ 03 80 34 34 15, *Fax 03 80 51 89 07*, « Jardin fleuri » – ☎ 📞 🅿. GB
fermé 5 déc. au 26 fév. – ☕ 47 – **24 ch** 360/440.

Arts et Terroirs sans rest, N 74 ✆ 03 80 34 30 76, *Fax 03 80 34 11 79*, 🚗 – 📺 ☎ 📞 🅿. AE ⓓ GB
☕ 45 – **16 ch** 280/580.

Vendanges de Bourgogne, N 74 ✆ 03 80 34 30 24, *Fax 03 80 58 55 44* – 📺 ☎ 📞. GB
Repas *(fermé dim.)* 69/99 ♀ – ☕ 34 – **14 ch** 229/299 – ½ P 240.

Les Millésimes (Sangoy), 25 r. Église ✆ 03 80 51 84 24, *Fax 03 80 34 12 73*, 😂, « Cave aménagée, décor élégant » – 🅿. GB
fermé 20 déc. au 25 janv., merc. midi et mardi – **Repas** 335/620 et carte 450 à 550
Spéc. Petite salade de foie gras, homard, champignons et truffes. Confit d'échalote aux escargots de Bourgogne. Bar en croûte de sel à la lie de vin. **Vins** Chassagne-Montrachet, Gevrey-Chambertin.

Rôtisserie du Chambertin, ✆ 03 80 34 33 20, *Fax 03 80 34 12 30*, « Caves anciennes aménagées, petit musée » – ▤ 🅿. GB JCB
fermé 2 au 18 août, 9 fév. au 3 mars, dim. soir et lundi sauf fériés – **Repas** 210/330 et carte 260 à 390 ♀, enf. 80 - ***Le Bonbistrot*** ✆ 03 80 34 33 02 **Repas** - carte environ 140 ♀.

Sommellerie, 7 r. Souvert ✆ 03 80 34 31 48, *Fax 03 80 58 52 20* – ▤. GB
fermé 28 juin au 7 juil., 21 déc. au 11 janv., vacances de fév., lundi midi de nov. à août et dim. – **Repas** 97 (déj.), 155/370.

Sangoy Côté Cour, N 74 ✆ 03 80 58 53 58, *Fax 03 80 58 52 73*, 😂 – GB
fermé 20 déc. au 5 janv. – **Repas** 75/175 ♀, enf. 55.

GEX SP *01170 Ain* 70 ⑮ ⑯ *G. Jura* (plan) – *6 615 h alt. 626.*
ℹ *Office de Tourisme Square Jean Clerc, ✆ 04 50 41 53 85, Fax 04 50 41 81 00.*
Paris 492 – Genève 20 – Lons-le-Saunier 94 – Pontarlier 113 – St-Claude 43.

Parc, av. Alpes ✆ 04 50 41 50 18, *Fax 04 50 42 37 29*, 😂, « Terrasse fleurie », 🚗 – 📺 ☎ 🅿. AE GB. ✗ ch
fermé 20 sept. au 1er oct., 26 déc. au 1er fév., dim. soir et lundi – **Repas** 120 (déj.), 180/335 – ☕ 45 – **17 ch** 260/350.

à Echenevex *Sud : 4 km par D 984c – 997 h. alt. 580 – ✉ 01170 Gex :*

Aub. des Chasseurs ⛰, ✆ 04 50 41 54 07, *Fax 04 50 41 90 61*, ≤, 😂, « Terrasse fleurie, jardin », ⛱, 🎾 – 📺 ☎ 🅿 – 🏛 40. AE GB
1er mars-1er nov. et fermé dim. soir sauf juil.-août et lundi – **Repas** (prévenir) 100 (déj.), 165/280 ♀, enf. 80 – ☕ 55 – **15 ch** 480/650 – ½ P 480/600.

à Chevry *Sud : 7 km par D 984c – 733 h. alt. 500 – ✉ 01170 :*

XX **Aub. Gessienne,** ℘ 04 50 41 01 67, 🏞 – **P**. GB
fermé 1er au 23 août, dim. soir et lundi – **Repas** 75 (déj.), 135/220.

CITROEN DAPG, ZA la Plaine à Cessy ℘ 04 50 41 66 50
FORD Gar. Piron, Le Martinet Cessy ℘ 04 50 41 50 94
MAZDA Gar. Dago, à Cessy ℘ 04 50 41 55 52
RENAULT Gar. Bevalot, N 5 à Cessy ℘ 04 50 41 55 17 **N** ℘ 08 00 05 15 15
ROVER, VOLVO Gar. Jordan-Meille, à Sauverny ℘ 04 50 41 18 14
Gar. Modernes Husson, Les Vertes Campagnes ℘ 04 50 41 54 24

GICOURT-AGNETZ *60 Oise* 56 ① *– rattaché à Clermont.*

GIEN *45500 Loiret* 65 ② *G. Châteaux de la Loire – 16 477 h alt. 162.*

Voir *Château★ : musée de la Chasse★★* **Z M** *– Pont ≤★* **Z.**
Env. *Pont-canal★★ de Briare SE : 10 km par ②.*
🅸 *Office de Tourisme Centre Anne-de-Beaujeu ℘ 02 38 67 25 28, Fax 02 38 38 23 16.*
Paris 149 ① – Orléans 69 ④ – Auxerre 87 ② – Bourges 78 ③ – Cosne-sur-Loire 42 ② – Vierzon 73 ③.

GIEN

Gambetta (R.)	Z 6
Thiers (R.)	Z 23
Victor-Hugo (R.)	Z 24
Anne-de-Beaujeu (R.)	Z 2
Bildstein (R.)	Y 3
Briqueteries (R. des)	Y
Château (Pl. du)	Z
Clemenceau (R. G.)	Z 5
Curie (Place)	Y
Hôtel-de-Ville (R. de l')	Z 7
Jean-Jaurès (Pl.)	Z 9
Jeanne-d'Arc (R.)	YZ
Joffre (Q. du Mar.)	Z
Leclerc (Av. du Mar.)	Z 12
Lenoir (Quai)	Z
Louis-Blanc (R.)	Z 13
Marienne (R. de l'Adj.-Chef)	Z 15
Montbricon (R. de)	YZ
Noé (R. de)	Y
Paris (R. de)	YZ
Paul-Bert (R.)	Z 16
Président-Wilson (Av.)	Y 17
République (Av. de la)	Y 19
Verdun (R. de)	Y
Vieille-Boucherie (R.)	Z 25
Villejean (Av. J.)	Y

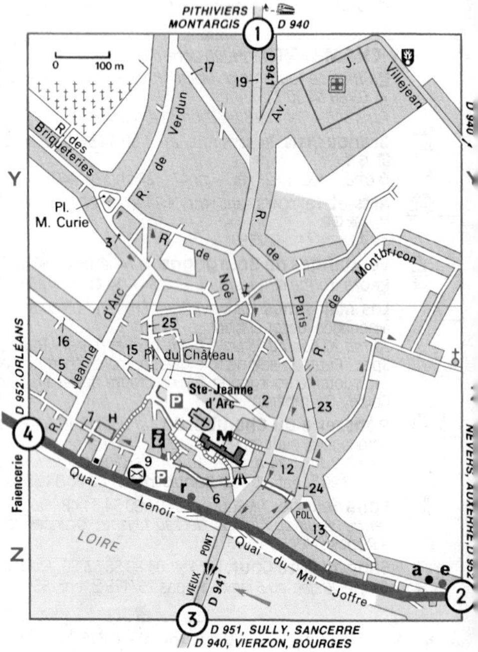

Pour un bon usage des plans de villes, voir les signes conventionnels dans l'introduction.

🏨 ✿ **Rivage,** 1 quai Nice ℘ 02 38 37 79 00, *Fax 02 38 38 10 21,* ≤ – ▤ rest, TV ☎ **P**. AE ⓞ GB JCB **Z a**
fermé 15 fév. au 22 mars (sauf hôtel), dim. soir et lundi midi du 1er nov. au 31 mars – **Repas** 140/390 et carte 290 à 370 ♀ – ☕ 48 – **16 ch** 298/520, 3 appart
Spéc. Sandre de Loire rôti, "bonbons" de champignons et jus de volaille (saison). Râble de lapereau aux tomates confites et basilic. Gâteau chocolat "Guanaja". **Vins** Sancerre, Pouilly-Fumé.

🏨 **Axotel** M sans rest, r. Bosserie Nord : 3 km par ① ℘ 02 38 67 11 99, *Fax 02 38 38 16 61,* 🏊, 🌳 – ⇔ ▤ TV ☎ ☏ ♿ **P** – 🏛 35. AE ⓞ GB
☕ 45 – **48 ch** 290/330.

Anne de Beaujeu M sans rest, 10 rte Bourges par ③ ℘ 02 38 29 39 39, *Fax 02 38 38 27 29* – |‡| TV ☎ ♿ P – 🏔 30. AE GB
☕ 45 – **30 ch** 270/350.

Sanotel, 21 quai Sully par ③ ℘ 02 38 67 61 46, *Fax 02 38 67 13 01*, ←, – |‡| TV ☎ ♿ P – 🏔 60. GB. ✂ rest
Repas snack *(fermé sam. et dim.)* (dîner seul.) 100 bc ♀ – ☕ 37 – **60 ch** 180.

Poularde avec ch, 13 quai Nice ℘ 02 38 67 36 05, *Fax 02 38 38 18 78* – ▤ rest, TV ☎. AE ⓓ GB Z e
fermé 1er au 15 janv., dim. soir et lundi du 1er nov. au 31 janv. – **Repas** 88/295, enf. 54 – ☕ 35 – **9 ch** 270/290 – ½ P 250.

Côté Jardin, 14 rte Bourges par ③ ℘ 02 38 38 24 67, – ▤. GB
fermé 1er au 10 juil., vacances de fév. et lundi – **Repas** (prévenir) 103/215 ♀.

Loire, 18 quai Lenoir ℘ 02 38 67 00 75 – GB. ✂ Z r
fermé 14 au 27 nov., 1er au 21 fév., mardi soir et merc. – **Repas** 85/170.

CITROEN S.A.G.V.R.A., rte de Bourges à Poilly-lez-Gien par ③ ℘ 02 38 67 30 82
PEUGEOT S.A.G., rte de Bourges à Poilly-lez-Gien par ③ ℘ 02 38 29 58 58 N ℘ 08 00 44 24 24
RENAULT Gar. Reverdy, rte de Bourges à Poilly-lez-Gien par ③ ℘ 02 38 29 30 30
Euromaster, r. J.-César ℘ 02 38 67 42 08

GIENS *83 Var* 84 ⑯, 114 ㊻ *G. Côte d'Azur* – ✉ *83400 Hyères.*
Voir *Ruines du château* ✻★★ X.
Paris 858 – Toulon 26 – Carqueiranne 10 – Draguignan 88 – Hyères 10.

Voir plan de Giens à Hyères.

Provençal, ℘ 04 94 58 20 09, *Fax 04 94 58 95 44*, ←, , « Parc ombragé et fleuri en terrasses », , , – |‡| TV ☎ P – 🏔 50. AE ⓓ GB. ✂ rest X s
4 avril-25 oct. – **Repas** 130/220, enf. 65 – ☕ 65 – **41 ch** 335/650 – ½ P 465/600.

Tire Bouchon, ℘ 04 94 58 24 61, ←, – ▤. AE GB X a
fermé 12 au 25 oct., 14 au 27 déc., mardi soir et merc. de sept. à juin, merc. midi et mardi en juil.-août – **Repas** 140/250, enf. 65.

L'Eau Salée, au Port Niel ℘ 04 94 58 92 33, *Fax 04 94 58 92 33*, ←, – AE GB X e
fermé 11 au 31 janv., dim. soir et lundi sauf fériés – **Repas** 130/185.

La GIETTAZ *73590 Savoie* 74 ⑦ – *506 h alt. 1120.*
Paris 577 – Chamonix-Mont-Blanc 53 – Albertville 28 – Annecy 43 – Bonneville 36 – Chambéry 78 – Flumet 7 – Megève 17.

Flor'Alpes, ℘ 04 79 32 90 88, ←, – ☎ P. AE GB
15 juin-15 sept. et 20 déc.-20 avril – **Repas** 65 (déj.), 85/98 – ☕ 30 – **11 ch** 175/235.

GIFFAUMONT-CHAMPAUBERT *51290 Marne* 61 ⑨ *G. Champagne* – *227 h alt. 130.*
Voir *Lac du Der-chantecoq*★★.
ℹ *Office de Tourisme Lac du Der Chante Coq, Maison du Lac* ℘ *03 26 72 62 80, Fax 03 26 72 64 69.*
Paris 206 – Bar-le-Duc 49 – Chaumont 72 – Joinville 36 – Montier-en-Der 9 – St-Dizier 24 – Vitry-le-François 29.

Cheval Blanc ⛰, ℘ 03 26 72 62 65, *Fax 03 26 73 96 97*, – TV ☎ P – 🏔 25. AE GB. ✂ ch
fermé 6 au 29 sept., 1er au 13 janv., dim. soir et lundi – **Repas** 120/320 ♀, enf. 55 – ☕ 35 – **16 ch** 250/300 – ½ P 270.

GIGARO *83 Var* 84 ⑰,, 114 ㊲ – *rattaché à La Croix-Valmer.*

GIGNAC *34150 Hérault* 83 ⑥ *G. Gorges du Tarn* – *3 652 h alt. 53.*
ℹ *Office de Tourisme pl. Gén.-Claparède* ℘ *04 67 57 58 83, Fax 04 67 57 67 95.*
Paris 725 – Montpellier 29 – Béziers 52 – Clermont-l'Hérault 12 – Lodève 26 – Sète 44.

à Aniane *Nord-Est : 5 km sur D 32 – 1 725 h. alt. 62 –* ✉ *34150 :*
Voir *Grotte de Clamouse*★★ *et gorges de l'Hérault*★ *NO : 4 km – St-Guilhem-le-Désert : site*★★, *église abbatiale*★ *NO : 9 km.*

Host. St Benoit ⛰, rte St-Guilhem ℘ 04 67 57 71 63, *Fax 04 67 57 47 10*, , – ☎ P – 🏔 30. GB
fermé 20 déc. au 1er mars – **Repas** 99/170, enf. 45 – ☕ 40 – **30 ch** 275/320 – ½ P 265/285.

GIGONDAS *84190 Vaucluse* **81** ② *– 612 h alt. 313.*
Paris 663 – Avignon 38 – Nyons 30 – Orange 18 – Vaison-la-Romaine 15.

XX **Les Florets** avec ch, Est : 1,5 km par rte secondaire ✆ 04 90 65 85 01, *Fax 04 90 65 83 80*, – TV ☎ P. AE ① GB
fermé janv., fév., mardi soir et merc. hors saison – **Repas** (100) - 120/230 ♀, enf. 60 – ☐ 55 – **13 ch** 410 – ½ P 415.

à Montmirail *Sud : 6 km par D 7, D 8 et rte secondaire – ✉ 84190 Gigondas :*

Montmirail , ✆ 04 90 65 84 01, *Fax 04 90 65 81 50*, , , – TV ☎ ♿ P. GB
15 mars-30 oct. – **Repas** 99 (déj.), 160/200 ♀ – ☐ 50 – **45 ch** 300/450 – ½ P 420/440.

GILETTE *06830 Alpes-Mar.* **81** ⑳ *G. Côte d'Azur – 1 024 h alt. 420.*
Voir ≤★ *des ruines du château.*
Paris 949 – Antibes 43 – Nice 36 – St-Martin-Vésubie 44.

à Vescous *par rte de Rosquesteron (D 17) : 9 km – ✉ 06830 Gilette :*

X **Capeline,** ✆ 04 93 08 58 06, – P. GB
fermé d'oct. à janv. sauf week-ends et fériés, lundi et mardi – **Repas** (prévenir) 108 (déj.), 128/158.

GILLY-LÈS-CÎTEAUX *21 Côte-d'Or* **65** ⑳ *– rattaché à Vougeot.*

GIMBELHOF *67 B.-Rhin* **57** ⑲ *– rattaché à Lembach.*

GIMONT *32200 Gers* **82** ⑥ *G. Pyrénées Aquitaine – 2 819 h alt. 180.*
Las Martines ✆ 05 62 07 27 12, E par N 124 : 23 km.
Syndicat d'Initiative 83 rte Nationale ✆ 05 62 67 77 87, Fax 05 62 79 86.
Paris 718 – Auch 24 – Agen 87 – Castelsarrasin 57 – Montauban 68 – St-Gaudens 74 – Toulouse 53.

Château de Larroque , rte Toulouse ✆ 05 62 67 77 44, *Fax 05 62 67 88 90*, ≤, , « Parc », , – TV ☎ P – 80. AE ① GB
fermé 1er au 20 janv., dim. soir et lundi d'oct. à avril – **Repas** 140/295 ♀ – ☐ 65 – **14 ch** 480/900 – ½ P 500/800.

Coin du Feu M, bd Nord ✆ 05 62 67 71 56, *Fax 05 62 67 88 28*, , – TV ☎ ♿ P – 120. GB
Repas 75/250 ♀ – ☐ 44 – **25 ch** 220/300, 3 appart – ½ P 260/290.

GINCLA *11140 Aude* **86** ⑰ *– 49 h alt. 570.*
Paris 840 – Foix 86 – Perpignan 66 – Carcassonne 76 – Quillan 24.

Host. du Grand Duc , ✆ 04 68 20 55 02, *Fax 04 68 20 61 22*, , – TV ☎ P. GB
1er avril-12 nov. – **Repas** *(fermé merc. midi sauf juil-août)* 120/260 ♀ – ☐ 40 – **9 ch** 250/320 – ½ P 290/320.

GIROMAGNY *90200 Ter.-de-Belf.* **66** ⑧ *G. Jura – 3 226 h alt. 495.*
Office de Tourisme Parc du Paradis des Loups ✆ 03 84 29 09 00.
Paris 418 – Épinal 81 – Mulhouse 46 – Belfort 14 – Lure 29 – Masevaux 21 – Thann 34 – Le Thillot 32.

à Auxelles-Bas *Ouest : 4 km par D 12 – 353 h. alt. 480 – ✉ 90200 :*

XX **Vieux Relais,** ✆ 03 84 29 31 80, *Fax 03 84 29 56 13* – GB
fermé dim. soir et lundi – **Repas** 85 (déj.), 130/300 ♀.

rte du Ballon d'Alsace *Nord : 7 km par D 465 – alt. 701 – ✉ 90200 Giromagny :*

XX **Saut de la Truite** avec ch, ✆ 03 84 29 32 64, *Fax 03 84 29 57 42*, ≤, , « Frais jardin dans le vallon » – TV ☎ P. AE ① GB
fermé 1er déc. au 1er fév. et vend. sauf juil.-août – **Repas** 90/180 ♀, enf. 38 – ☐ 35 – **7 ch** 180/250 – ½ P 280.

GIROUSSENS *81 Tarn* **82** ⑨ *– rattaché à Lavaur.*

GISORS *27140 Eure* **55** ⑧ ⑨ *G. Normandie Vallée de la Seine – 9 481 h alt. 60.*
Voir *Château fort★★ – Église St-Gervais et St-Protais★.*
Office de Tourisme 4 r. du Gén.-de-Gaulle ✆ 02 32 27 60 63, Fax 02 32 27 60 75.
Paris 71 – Rouen 58 – Beauvais 33 – Évreux 64 – Mantes-la-Jolie 40 – Pontoise 38.

XX **Cygne,** 8 pl. Blanmont ✆ 02 32 55 23 76, *Fax 02 32 27 05 68* – GB
fermé jeudi midi et merc. – **Repas** (120) - 165/210 ♀, enf. 75.

XX **Cappeville,** 17 r. Cappeville ✆ 02 32 55 11 08, *Fax 02 32 55 93 92* – AE GB
fermé 20 août au 10 sept., 5 au 22 janv., mardi soir et merc. – **Repas** 120/250.

à Bazincourt-sur-Epte *Nord : 6 km par D 14 – 496 h. alt. 55 – ✉ 27140 :*

Château de la Rapée ⑤, Ouest : 2 km par rte secondaire ✆ 02 32 55 11 61, *Fax 02 32 55 95 65,* ≤, « Parc », ⛵ – TV ☎ 📞 P – 🏊 30. AE ⓓ GB. ✗
fermé fév. – **Repas** *(fermé 15 au 30 août, fév. et merc.)* 165/225 ♀ – ☕ 55 – **12 ch** 450/580 – 1/2 P 405/445.

à St-Denis-le-Ferment *Nord-Ouest : 12 km par rte de Rouen, D 14 bis et D 17 – 405 h. alt. 70 – ✉ 27140 :*

XXX **Aub. de l'Atelier,** ✆ 02 32 55 24 00, *Fax 02 32 55 10 20,* 🍽 – P. GB
fermé 1er au 15 oct., mardi d'oct. à fév., dim. soir et lundi sauf fériés – **Repas** 135/260 ♀.

CITROEN SAGA, r. de la Libération ✆ 02 32 27 04 00 N ✆ 02 32 27 92 79
RENAULT Gar. Dumorlet, 38 rte de Dieppe ✆ 02 32 55 22 56
RENAULT Gar. Lemoine, 2 r. de Dieppe ✆ 02 32 55 22 29 N ✆ 08 00 05 15 15

Ⓟ Berry-Pneus, 34 fg Cappeville ✆ 02 32 55 27 64
Euromaster, 4 r. Pré-Nattier ✆ 02 32 55 17 51

GIVERNY *27620 Eure* 55 ⑱ *G. Normandie Vallée de la Seine – 548 h alt. 17.*
Voir *Maison de Claude Monet★ – Musée américain★.*
Paris 72 – Rouen 66 – Beauvais 67 – Évreux 35 – Mantes-la-Jolie 20.

XXX **Jardins de Giverny,** D 5 ✆ 02 32 21 60 80, *Fax 02 32 51 93 77,* 🍽, parc – P. AE GB
fermé 1er au 15 nov., fév., le soir (sauf sam.) et lundi – **Repas** (90) - 130/230 ♀.

GIVET *08600 Ardennes* 53 ⑨ *G. Champagne – 7 775 h alt. 103.*
Voir *≤★ du fort de Charlemont★ – Site nucléaire de Chooz★ S : 6 km.*
ℹ *Office de Tourisme pl. de la Tour ✆ 03 24 42 03 54, Fax 03 24 40 10 70.*
Paris 279 – Charleville-Mézières 54 – Fumay 23 – Rocroi 39.

Val St-Hilaire Ⓜ sans rest, 7 quai des Fours ✆ 03 24 42 38 50, *Fax 03 24 42 07 36* – ⇔ TV ☎ 📞 ♿ P – 🏊 25. AE GB. ✗
fermé 20 déc. au 5 janv. – ☕ 45 – **20 ch** 295/345.

Roosevelt sans rest, 78 av. Roosevelt ✆ 03 24 42 14 14, *Fax 03 24 42 15 15* – ⇔ TV ☎ 📞 ♿ P. GB
☕ 50 – **12 ch** 250/320.

Rivhôtel sans rest, 14 quai Remparts ✆ 03 24 42 66 66, *Fax 03 24 42 15 15* – ⇔ TV ☎ 📞. GB
☕ 50 – **8 ch** 290/330.

XXX **Méhul Gourmand,** 10 r. Flayelle ✆ 03 24 42 78 37, *Fax 03 24 42 78 37* – AE GB
fermé 17 août au 8 sept., 16 fév. au 3 mars, dim. soir et lundi – **Repas** 140/275 et carte 230 à 350 ♀.

AUDI, VOLKSWAGEN Gar. Henocq, 19 quai du Fort de Rome ✆ 03 24 42 04 53

RENAULT Gar. Franco Belge, 23 av. Roosevelt ✆ 03 24 42 01 85 N ✆ 03 24 42 08 74

GIVORS *69700 Rhône* 74 ⑪, 110 ㉝ *G. Vallée du Rhône – 19 777 h alt. 156.*
Paris 482 – Lyon 24 – Rive-de-Gier 16 – Vienne 13.

à Loire-sur-Rhône *: 5 km par N 86, rte de Condrieu – 1 927 h. alt. 140 – ✉ 69700 :*

XX **Camerano,** ✆ 04 78 07 96 36, *Fax 04 72 49 99 94,* 🍽 – AE ⓓ GB
fermé 2 au 24 août, 26 déc. au 4 janv., lundi soir et dim. – **Repas** 100/280.

PEUGEOT Gar. Moret, 31 r. de Dobëln, les Vernes ✆ 04 78 73 01 69
RENAULT Givors autom., 42 r. J.-Ligonnet ✆ 04 78 73 09 80

Ⓟ Comptoir du Pneu, 16 r. M.-Cachin ✆ 04 78 73 15 13

GIVRY *71640 S.-et-L.* 69 ⑨ *G. Bourgogne – 3 340 h alt. 247.*
Paris 342 – Chalon-sur-Saône 9 – Autun 48 – Chagny 14 – Mâcon 65 – Montceau-les-Mines 37.

X **Halle** avec ch, pl. Halle ✆ 03 85 44 32 45, *Fax 03 85 44 49 45* – ☎. GB
fermé 21 déc. au 5 janv., dim. soir et lundi – **Repas** 98/200 – ☕ 35 – **7 ch** 230 – 1/2 P 230.

GLANDELLES *77 S.-et-M.* 61 ⑫ *– rattaché à Nemours.*

GLUIRAS *07190 Ardèche* 76 ⑲ *– 380 h alt. 800.*

Paris 609 – Valence 47 – Le Cheylard 20 – Lamastre 41 – Privas 33.

Relais de Sully, *04 75 66 63 41, Fax 04 75 64 69 88,* – GB
fermé vacances de fév., dim. soir et merc. de sept. à mai – **Repas** 90/210.

Le GOLFE-JUAN *06 Alpes-Mar.* 84 ⑨, 115 ㉟ ㊴ *G. Côte d'Azur* – ✉ *06220 Vallauris.*

Office de Tourisme 84 av. Liberté 04 93 63 73 12, Fax 04 93 63 95 01.

Paris 909 – Cannes 6 – Antibes 4 – Grasse 21 – Nice 30.

pour **Vallauris** voir plan de **Cannes**.

Beau Soleil M, impasse Beau-Soleil par N 7 (direction Antibes) 04 93 63 63 63, *Fax 04 93 63 02 89,* – . GB.
25 mars-15 oct. – **Repas** *(fermé merc. midi)* 89 (déj.), 98/135 – 50 – **30 ch** 500/570 – 1/2 P 395/430.

Lauvert sans rest, impasse des Hameaux de Beau-Soleil par N 7 (direction Antibes) 04 93 63 46 06, *Fax 04 93 63 28 57,* – cuisinette P. GB
1er fév.-15 oct. – 28 – **28 ch** 430.

Palm H., 17 av. Palmeraie (N 7) 04 93 63 72 24, *Fax 04 93 63 18 45,* – P. AE GB. rest
fermé nov. – **Repas** 75 bc (déj.), 95/160, enf. 45 – 35 – **28 ch** 400/450 – 1/2 P 300/340.

Tétou, à la plage 04 93 63 71 16, *Fax 04 93 63 16 77,* – P
15 mars-15 oct. et fermé merc. – **Repas** - produits de la mer - carte 450 à 660
Spéc. Bouillabaisse. Langouste grillée. Poisson au four. **Vins** Bellet, Côtes de Provence.

Bistrot du Port, au port 04 93 63 70 64 – . AE GB
fermé mardi soir et merc. sauf du 15 juin au 15 sept. – **Repas** (85) - 100 (déj.), 155/200.

Nounou, à la plage 04 93 63 71 73, *Fax 04 93 63 46 91,* – P. AE GB
fermé 11 nov. au 25 déc., dim. soir et lundi sauf juil.-août – **Repas** - produits de la mer - 175/230.

à Vallauris *Nord-Ouest : 2,5 km par D 135 – 24 325 h. alt. 120 –* ✉ *06220 :*

Voir *Musée national "la Guerre et la Paix" (château) – Musée de l'Automobile★ NO : 4 km.*

Office de Tourisme sq. du 8 Mai 45,parking (Sud) 04 93 63 82 58.

Val d'Auréa sans rest. et sans, 11 bis bd M. Rouvier 04 93 64 64 29 – . AE GB
27 ch 270/400. V k

Gousse d'Ail, 11 av. Grasse 04 93 64 10 71 – . AE GB V y
fermé 29 juin au 5 juil., 9 nov. au 9 déc., lundi soir d'oct. à juin, merc. soir de janv. à Pâques et mardi – **Repas** 110/170, enf. 72.

COMETZ-LE-CHATEL *91 Essonne* 60 ⑩, 106 ㉚, 101 ㉝ *– voir à Paris, Environs.*

GORBIO *06920 Alpes-Mar.* 84 ⑩ *G. Côte d'Azur – 930 h alt. 360.*

Voir *Site★.*

Paris 959 – Monaco 15 – Menton 9 – Monte-Carlo 13 – Nice 30.

Aub. du Village, r. Gambetta 04 93 35 87 83 – GB
fermé 10 nov. au 10 déc. et lundi – **Repas** 98/150.

GORDES *84220 Vaucluse* 81 ⑬ *G. Provence – 2 031 h alt. 372.*

Voir *Site★ – Château : cheminée★, musée Vasarely★ – Village des Bories★ SO : 2 km par D 15 puis 15 mn – Abbaye de Sénanque★★ NO : 4 km – Pressoir★ dans le musée des Moulins à huile S : 5 km.*

Office de Tourisme pl. du Château 04 90 72 02 75, Fax (Mairie) 04 90 72 04 39.

Paris 713 – Apt 21 – Avignon 38 – Carpentras 25 – Cavaillon 17 – Sault 37.

Les Bories M, rte Vénasque : 2 km 04 90 72 00 51, *Fax 04 90 72 01 22,* le Luberon, , parc, – P. AE GB
15 fév.-12 nov. – **Repas** *(fermé mardi midi et lundi sauf juil.-août)* (prévenir) 200 (déj.), 240/410 et carte 390 à 480 – 90 – **18 ch** 840/1980 – 1/2 P 620/1170
Spéc. Daurade royale cuite entière au sel de Guérande. "Cataplana" de carré d'agneau cuit à l'étouffée. "Guet-apens" au chocolat, crème glacée à la lavande. **Vins** Côtes du Ventoux, Côtes du Luberon.

Bastide de Gordes M sans rest, 04 90 72 12 12, *Fax 04 90 72 05 20,* le Luberon, – P. AE GB
20 mars-3 nov. – 82 – **18 ch** 740/1180.

Gordos sans rest, rte Cavaillon : 1,5 km 04 90 72 00 75, *Fax 04 90 72 07 00,* – P. AE GB
20 mars-3 nov. – 64 – **19 ch** 570/840.

Les Romarins sans rest, rte Sénanque 04 90 72 12 13, *Fax 04 90 72 13 13*, ←, – TV ☎ ♿ P. AE GB JCB.
fermé 10 janv. au 15 fév. – 55 – **10 ch** 470/770.

Gacholle, rte Murs par D 15 : 1,5 km 04 90 72 01 36, *Fax 04 90 72 01 81*, ←, , , , – TV ☎ P. GB.
15 mars-15 nov. – **Repas** 165 (déj.)/260 – 60 – **12 ch** (1/2 pens. seul.) – 1/2 P 510/590.

par D 2 *Est : rte d'Apt – ✉ 84220 Gordes :*

Aub. de Carcarille, à 4 km 04 90 72 02 63, *Fax 04 90 72 05 74*, , , – TV ☎ P. GB.
fermé 15 nov. au 28 déc. et vend. sauf le soir d'avril à sept. – **Repas** 98/200 ♀, enf. 55 – 45 – **11 ch** 335/385 – 1/2 P 350/380.

Ferme de la Huppe, à 5 km 04 90 72 12 25, *Fax 04 90 72 01 83*, , « Ferme provençale du 18e siècle », – ch, TV ☎ P. GB.
27 mars-4 nov. – **Repas** *(fermé jeudi et le midi sauf dim.)* 150/210, enf. 110 – 25 – **8 ch** 500/700 – 1/2 P 340/490.

rte des Imberts *Sud-Ouest : 4 km par D 2 – ✉ 84220 Gordes :*

Mas de la Senancole M sans rest, 04 90 76 76 55, *Fax 04 90 76 70 44*, – TV ☎ ♿ P. AE GB
28 mars-12 nov. – 50 – **21 ch** 500/940.

XX **Mas Tourteron**, 04 90 72 00 16, *Fax 04 90 72 09 81*, – P. AE GB
1er mars-15 nov. et fermé mardi midi sauf juil.-août, dim. soir et lundi – **Repas** 150 (déj.), 200/295 ♀, enf. 100.

Gagnez du temps et de l'argent.

*Consultez **3615** ou **3617 MICHELIN** :*
*vos meilleurs itinéraires sur **Minitel** ou sur **télécopie.***

Bonne route !

GORGES voir au nom propre des gorges.

GORZE *57680 Moselle 57 ⑬ G. Alsace Lorraine – 1 389 h alt. 300.*

Paris 313 – Metz 20 – Jarny 21 – Pont-à-Mousson 22 – St-Mihiel 42 – Verdun 53.

XX **Host. du Lion d'Or** avec ch, 03 87 52 00 90, *Fax 03 87 52 09 62*, , – TV ☎ – 25. GB
fermé dim. soir d'oct. à avril et lundi – **Repas** 90/280 ♀, enf. 60 – 38 – **18 ch** 160/320 – 1/2 P 280/360.

GOSNAY *62 P.-de-C. 51 ⑭ – rattaché à Béthune.*

GOUESNACH *29950 Finistère 58 ⑮ – 1 769 h alt. 33.*

Paris 564 – Quimper 15 – Bénodet 6 – Concarneau 20 – Pont-l'Abbé 16 – Rosporden 26.

Aux Rives de l'Odet, 02 98 54 61 09, *Fax 02 98 54 73 21*, – TV ☎ P. GB
fermé 22 déc. au 4 janv. – **Repas** 100 bc/130, enf. 52 – 29 – **33 ch** 165/290 – 1/2 P 205/270.

La GOUESNIÈRE *35350 I.-et-V. 59 ⑥ – 942 h alt. 22.*

Paris 409 – St-Malo 13 – Dinan 24 – Dol-de-Bretagne 13 – Lamballe 56 – Rennes 64 – St-Cast 37.

H. Tirel-Guérin, à la Gare (rte Cancale) : 1,5 km D 76 02 99 89 10 46, *Fax 02 99 89 12 62*, « Jardin fleuri », , , – rest, TV ☎ ♿ P – 100. AE GB
fermé 20 déc. au 12 janv. – **Repas** *(fermé dim. soir d'oct. à Pâques)* (dim. et fêtes prévenir) 128/400 et carte 220 à 390, enf. 85 – 55 – **61 ch** 420/750 – 1/2 P 355/480
Spéc. Tête de veau aux aromates, primeur de petits légumes du Blot. Homard breton braisé. Saint-Pierre en bigarade au citron vert et fruits de la passion, mousseline de fenouil.

GOUJOUNAC *46250 Lot 79 ⑦ G. Périgord Quercy – 174 h alt. 250.*

Paris 575 – Cahors 28 – Gourdon 31 – Villeneuve-sur-Lot 52.

X **Host. de Goujounac** avec ch, 05 65 36 68 67, *Fax 05 65 36 60 54*, – TV ☎. GB
fermé 17 nov. au 7 déc., 26 janv. au 13 fév., lundi sauf le midi en juil.-août et dim. soir de sept. à juin – **Repas** 95 bc/230 ♀ – 35 – **5 ch** 255/280 – 1/2 P 255/300.

GOUMOIS *25470 Doubs* 66 ⑱ *– 136 h alt. 490.*

Voir *Corniche de Goumois★★*, **G. Jura.**

Paris 509 – Besançon 93 – Biel 43 – Montbéliard 53 – Morteau 47.

Taillard ⋙, alt. 605 ☎ 03 81 44 20 75, *Fax 03 81 44 26 15*, ≤, – 🅿 – 25. AE GB
1er mars-mi-nov. – **Repas** *(fermé merc. midi sauf juil.-août et merc. en mars, oct. et nov.)* 135/370 ♀, enf. 70 – ☐ 54 – **20 ch** 275/490, 4 duplex – ½ P 390/520.

Moulin du Plain ⋙, Nord : 5 km par rte secondaire ☎ 03 81 44 41 99, *Fax 03 81 44 45 70*, ≤ – ☎ 🅿. GB
début mars-début nov. – **Repas** 110/195 ⅁, enf. 58 – ☐ 38 – **22 ch** 210/320 – ½ P 240/280.

GOURDON ⟨SP⟩ *46300 Lot* 75 ⑱ *G. Périgord Quercy* **(plan)** *– 4 851 h alt. 250.*

Voir *Rue du Majou★ – Cuve baptismale★ dans l'église des Cordeliers – Esplanade ✻★ – Grottes de Cougnac★ NO : 3 km.*

Office de Tourisme r. du Majou ☎ 05 65 41 06 40, Fax 05 65 41 44 74.

Paris 544 – Cahors 44 – Sarlat-la-Canéda 26 – Bergerac 89 – Brive-la-Gaillarde 65 – Figeac 64 – Périgueux 93.

Domaine du Berthiol M ⋙, Est : 1 km par D 704 ☎ 05 65 41 33 33, *Fax 05 65 41 14 52*, ≤, parc, – rest, 🅿 – 25. AE GB. ch
1er avril-30 oct. et fermé lundi sauf juil.-août – **Repas** 100 (déj.), 170/270 – ☐ 55 – **27 ch** 310/440 – ½ P 410.

Host. de la Bouriane ⋙, pl. Foirail ☎ 05 65 41 16 37, *Fax 05 65 41 04 92*, – rest, 🅿. AE GB
fermé 15 janv. au 10 mars, lundi sauf le soir de Pâques à oct. et dim. soir de nov. à Pâques – **Repas** 85/250 ♀, enf. 58 – ☐ 40 – **20 ch** 360/455 – ½ P 340.

Bissonnier La Bonne Auberge, bd Martyrs ☎ 05 65 41 02 48, *Fax 05 65 41 44 67* – AE GB. ch
fermé 1er déc. au 15 janv. et dim. soir du 1er oct. au 15 avril – **Repas** 80/250 ♀ – ☐ 45 – **25 ch** 250/405 – ½ P 300/350.

CITROEN Espace Autos, rte de Cahors ☎ 05 65 41 12 03
RENAULT S.A.B.A.G., rte du Vigan ☎ 05 65 41 10 24 N ☎ 05 65 41 09 09

Garrigue-Vulco, rte de Salviac ☎ 05 65 41 00 71

GOURDON *06620 Alpes-Mar.* 84 ⑧ *G. Côte d'Azur – 294 h alt. 800.*

Voir *Site★★ – ≤★★ du chevet de l'église – Château : musée de Peintures naïves★, ≤★★ des jardins.*

Paris 923 – Cannes 26 – Castellane 57 – Grasse 14 – Nice 39 – Vence 26.

Au Vieux Four, r. Basse (au village) ☎ 04 93 09 68 60
fermé 4 au 13 juin, 1er déc. au 5 janv. et sam. sauf vacances scolaires – **Repas** (déj. seul.)(prévenir) 89 ⅁, enf. 55.

GOURETTE *64 Pyr.-Atl.* 85 ⑰ *G. Pyrénées Aquitaine – alt. 1400 – Sports d'hiver : 1 400/2 400 m 3 23 – ✉ 64440 Eaux Bonnes.*

Voir *Site★ – Col d'Aubisque ✻★★ N : 4 km.*

Office de Tourisme pl. Sarrière ☎ 05 59 05 12 17, Fax 05 59 05 12 56 et à Eaux-Bonnes ☎ 05 59 05 33 08, Fax 05 59 05 32 58.

Paris 829 – Pau 53 – Argelès-Gazost 36 – Eaux-Bonnes 8 – Laruns 14 – Lourdes 47.

Boule de Neige ⋙, ☎ 05 59 05 10 05, *Fax 05 59 05 11 81*, ≤ – ☎. GB.
1er juil.-6 sept. et 20 déc.-fin avril – **Repas** (55) - 85 (déj.), 99/180 ♀, enf. 48 – ☐ 42 – **20 ch** 390/430 – ½ P 350.

Pene Blanque, ☎ 05 59 05 11 29, *Fax 05 59 05 10 85*, ≤, (été) – ☎ 🅿. GB. rest
1er juil.-1er sept. et 20 déc.-Pâques – **Repas** (55) - 80/180, enf. 50 – ☐ 45 – **24 ch** 270/420 – ½ P 280/360.

Routes enneigées

Pour tous renseignements pratiques, consultez les cartes Michelin « **Grandes Routes** » 918, 919, 915 ou 989.

GOURNAY-EN-BRAY *76220 S.-Mar. 55 ⑧ G. Normandie Vallée de la Seine – 6 147 h alt. 94.*

Office de Tourisme Square P. Petit ✆ 02 35 90 28 34, Fax 02 35 09 62 07.

Paris 95 ③ – Rouen 51 ⑤ – Amiens 80 ① – Les Andelys 38 ④ – Beauvais 31 ② – Dieppe 76 ⑤ – Gisors 25 ③.

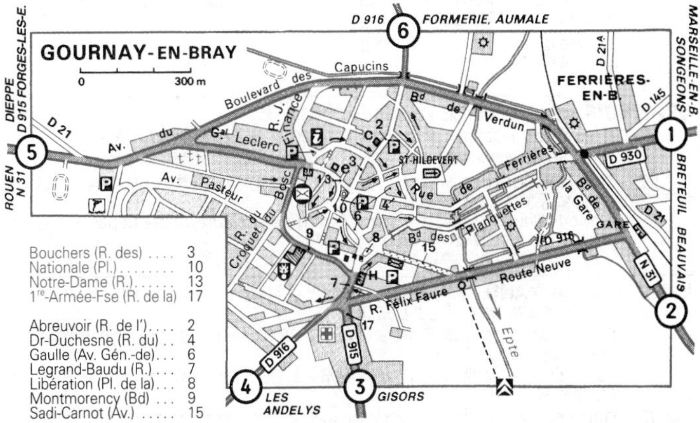

Cygne sans rest, 20 r. Notre Dame **(e)** ✆ 02 35 90 27 80, *Fax 02 35 90 59 00* – ⊕ TV ☎ P. AE ① GB JCB
☐ 35 – **30 ch** 275/330.

CITROEN Central Gar., 30 r. F.-Faure ✆ 02 35 90 00 75

Mouquet Pneus - Point S, 2 av. Europe ZI ✆ 02 35 90 01 50

GOUSSAINVILLE *95 Val-d'Oise 56 ①, 101 ⑦ – voir à Paris, Environs.*

GOUVIEUX *60 Oise 56 ⑪, 106 ⑦ ⑧ – rattaché à Chantilly.*

GOUZON *23230 Creuse 73 ① – 1 370 h alt. 378.*

de la Jonchère ✆ 05 55 62 23 05, N : 2 km par D 997 et D 7.

Paris 360 – Aubusson 29 – La Châtre 56 – Guéret 31 – Montluçon 34.

Lion d'Or, ✆ 05 55 62 28 54, *Fax 05 55 62 21 63* – TV ☎. GB. ch
fermé 8 au 19 juin, 13 nov. au 2 déc., 6 au 17 janv., lundi sauf juil.-août et dim. soir – **Repas** 85/250 – ☐ 40 – **11 ch** 170/280 – 1/2 P 280.

GRADIGNAN *33 Gironde 71 ⑨ – rattaché à Bordeaux.*

GRAMAT *46500 Lot 75 ⑲ G. Périgord Quercy – 3 526 h alt. 305.*

Office de Tourisme (hors saison de 14 h à 18 h) pl. de la République ✆ 05 65 38 73 60, Fax 05 65 33 46 38.

Paris 535 – Cahors 55 – Brive-la-Gaillarde 55 – Figeac 34 – Gourdon 37 – St-Céré 22.

Lion d'Or, pl. République ✆ 05 65 38 73 18, *Fax 05 65 38 84 50,* – ⊕ ≡ TV ☎. AE ① GB
fermé 15 déc. au 15 janv. – **Repas** (59) - 100/300 – ☐ 50 – **15 ch** 270/420 – 1/2 P 360.

Relais des Gourmands M, av. Gare ✆ 05 65 38 83 92, *Fax 05 65 38 70 99,* – TV ☎. ① GB
fermé vacances de fév., dim. soir et lundi midi sauf juil.-août et fériés – **Repas** 85/220, enf. 50 – ☐ 45 – **16 ch** 310/460 – 1/2 P 380/460.

Centre, pl. République ✆ 05 65 38 73 37, *Fax 05 65 38 73 66* – ≡ rest, TV ☎. AE ① GB
fermé 15 au 25 nov., 15 au 25 fév. et sam. sauf vacances scolaires – **Repas** (65) - 80/200, enf. 40 – ☐ 40 – **14 ch** 250/350 – 1/2 P 300/350.

à Lavergne *Nord-Est : 4 km par D 677 – 387 h. alt. 320 – ✉ 46500 :*

Limargue, ✆ 05 65 38 76 02 – P. GB
fermé 15 au 28 oct., mardi soir et merc. hors saison – **Repas** 55 (déj.), 70/160, enf. 40.

rte de Brive *4,5 km par N 140 et rte secondaire – ✉ 46500 Gramat :*

Château de Roumégouse ⛰, ☎ 05 65 33 63 81, *Fax 05 65 33 71 18*, ≤ Causse de Gramat, « Château du 19e siècle dans un parc », – TV ☎ P. AE GB
6 avril-20 oct. – **Repas** *(fermé mardi sauf juil.-août)* 105 (déj.), 185/350 ♀ – ☕ 65 – **16 ch** 600/1000 – ½ P 760/920.

RENAULT Gar. Barat, ☎ 05 65 38 72 15 N ☎ 05 65 38 72 15

Garrigue-Vulco, ☎ 05 65 38 77 61

GRAMBOIS *84240 Vaucluse 81 ⑭ – 903 h alt. 390.*

Syndicat d'Initiative r. de la Mairie ☎ 04 90 77 96 29, Fax 04 90 77 94 68.

Paris 758 – Digne-les-Bains 81 – Aix-en-Provence 33 – Apt 38 – Manosque 22.

Clos des Sources M ⛰, D 122 ☎ 04 90 77 93 55, *Fax 04 90 77 92 96*, ≤, – TV ☎ ♿ P. AE GB. rest
fermé 1er janv. au 15 fév., dim. soir et lundi du 1er oct. au 1er mars – **Repas** 150 (déj.), 180/320, enf. 70 – ☕ 60 – **12 ch** 620/700 – ½ P 570.

Le GRAND-BORNAND *74450 H.-Savoie 74 ⑦ G. Alpes du Nord – 1 925 h alt. 934 – Sports d'hiver : 1 000/2 100 m 2 38.*

Office de Tourisme pl. Église ☎ 04 50 02 78 00, Fax 04 50 02 78 01 et (saison) annexe du Chinaillon ☎ 04 50 02 78 02.

Paris 566 – Annecy 32 – Chamonix-Mont-Blanc 78 – Albertville 46 – Bonneville 23 – Megève 34.

Delta M sans rest, L'Envers de Villeneuve ☎ 04 50 02 26 25, *Fax 04 50 02 32 71* – TV ☎ ♿ P. GB
15 juin-15 sept. et 15 déc.-30 avril – ☕ 35 – **15 ch** 240/300.

Glaïeuls, à la télécabine la Joyère ☎ 04 50 02 20 23, *Fax 04 50 02 25 00*, ≤ – TV ☎ P. GB. rest
15 juin-15 sept. et 20 déc.-15 avril – **Repas** 90/240, enf. 54 – ☕ 38 – **21 ch** 380 – ½ P 350.

Croix St-Maurice, face église ☎ 04 50 02 20 05, *Fax 04 50 02 35 37* – TV ☎. GB
25 juin-13 sept. (sauf rest) et 20 déc.-15 avril – **Repas** 90/160 ♀, enf. 50 – ☕ 37 – **21 ch** 240/310 – ½ P 300/340.

Les Écureuils, à la télécabine la Joyère ☎ 04 50 02 20 11, *Fax 04 50 02 39 47*, ≤, – TV ☎ P. GB
20 juin-14 sept. et 19 déc.-10 avril – **Repas** 68/140, enf. 43 – ☕ 34 – **20 ch** 220/320 – ½ P 315/335.

au Chinaillon *Nord : 5,5 km par D 4 – ✉ 74450 Le Grand-Bornand :*

Cortina, ☎ 04 50 27 00 22, *Fax 04 50 27 06 31*, ≤ montagnes et pistes, – TV ☎ P. GB
25 juin-6 sept. et 19 déc.-10 avril – **Repas** 75 (déj.), 98/180, enf. 55 – ☕ 39 – **30 ch** 275/340 – ½ P 335/365.

Les Cîmes M sans rest, ☎ 04 50 27 00 38, *Fax 04 50 27 08 46*, ≤, non-fumeurs exclusivement – P. GB
15 juin-30 sept. et 15 nov.-30 avril – **10 ch** ☕ 550/650.

GRANDCAMP-MAISY *14450 Calvados 54 ③ – 1 881 h alt. 5.*

Paris 293 – Cherbourg 74 – St-Lô 42 – Caen 60.

Duguesclin, ☎ 02 31 22 64 22, *Fax 02 31 22 34 79*, ≤, – TV ☎ P. AE GB
fermé 12 au 19 août et 15 janv. au 8 fév. – **Repas** 65/100 ♀, enf. 50 – ☕ 30 – **25 ch** 150/300 – ½ P 200/300.

Marée, ☎ 02 31 21 41 00, *Fax 02 31 21 44 55*, ≤, – GB
fermé 1er au 15 déc., 2 au 31 janv., mardi et merc. d'oct. à mars – **Repas** 125/249 ♀.

La GRAND-COMBE *30110 Gard 80 ⑦ ⑧ – 7 107 h alt. 185.*

Paris 682 – Alès 13 – Aubenas 77 – Florac 55 – Nîmes 59 – Vallon-Pont-d'Arc 51 – Villefort 42.

au Nord-Ouest *: 6 km par rte de Florac – ✉ 30110 La Grand-Combe :*

du Lac, ☎ 04 66 34 12 85, – ☎ P. GB
fermé 23 au 29 nov., fév. et merc. – **Repas** 75/135, enf. 45 – ☕ 28 – **12 ch** 125/220 – ½ P 165/205.

GRAND'COMBE-CHÂTELEU *25 Doubs 70 ⑦ – rattaché à Morteau.*

La GRANDE-MOTTE *34280 Hérault* 83 ⑧ *G. Gorges du Tarn* **(plan)** *– 5 016 h alt. 1 – Casino.*

18 de la Grande-Motte ✆ 04 67 56 05 00.

Office de Tourisme av. J. Bene ✆ 04 67 56 40 50, Fax 04 67 56 78 30, place Mairie ✆ 04 67 29 03 37, Fax 04 67 29 03 45 et pavillon d'accueil – entrée de la ville ✆ 04 67 56 00 61, en saison : Espace Levant et Espace Roxim.

Paris 750 – Montpellier 22 – Aigues-Mortes 10 – Lunel 16 – Nîmes 45 – Palavas-les-Flots 14 – Sète 44.

Grand M'Hôtel, quartier Point Zéro ✆ 04 67 29 13 13, *Fax 04 67 29 14 74*, ≤ le littoral, institut de thalassothérapie, – 50. GB.
fermé 20 déc. au 16 janv. – **Repas** 120/180 – 50 – **39 ch** 555/770, 3 appart – ½ P 570/620.

Frantour M, av. Golf ✆ 04 67 29 88 88, *Fax 04 67 29 17 01*, ≤, – 50. AE GB
1er avril-1er oct. – **Repas** 120, enf. 50 – 50 – **81 ch** 421/502 – ½ P 401.

Mercure, r. du Port ✆ 04 67 56 90 81, *Fax 04 67 56 92 29*, ≤ le littoral, – 90. AE GB
Repas *(fermé 15 oct. au 31 mars) (100)* - 125, enf. 55 – 58 – **135 ch** 550/1210.

Europe sans rest, près de la poste ✆ 04 67 56 62 60, *Fax 04 67 56 93 07*, – AE GB.
40 – **34 ch** 390/450.

Azur, sans rest, esplanade de la Capitainerie ✆ 04 67 56 56 00, *Fax 04 67 29 81 26*, ≤, – GB.
45 – **20 ch** 395/595.

XXX **Alexandre**, esplanade de la Capitainerie ✆ 04 67 56 63 63, *Fax 04 67 29 74 69*, ≤ – AE GB.
fermé 4 janv. au 10 fév., dim. soir et lundi sauf juil.-août – **Repas** *(120)* - 195/380 et carte 310 à 360, enf. 85.

X **Cuisine du Marché**, 89 r. Casino ✆ 04 67 29 90 11, – GB
fermé 12 nov. au 20 déc., mardi midi et lundi de sept. à juin – **Repas** 139/179.

Le GRAND-PRESSIGNY *37350 I.-et-L.* 68 ⑤ *G. Châteaux de la Loire – 1 120 h alt. 63.*

Voir *Musée de Préhistoire★ dans le château.*

Office de Tourisme ✆ 02 47 94 96 82, Fax 02 47 91 04 77.

Paris 303 – Poitiers 67 – Le Blanc 44 – Châteauroux 80 – Châtellerault 30 – Loches 34 – Tours 59.

X **Aub. Savoie-Villars** avec ch, ✆ 02 47 94 96 86, *Fax 02 47 91 07 81*, – GB
fermé 15 janv. au 15 fév. et mardi – **Repas** 60 (déj.), 95/180 – 30 – **7 ch** 170/250 – ½ P 180/210.

CITROEN Gar. Viet, ✆ 02 47 94 90 25 N ✆ 02 47 94 90 25
RENAULT Gar. Jouzeau, ✆ 02 47 94 90 65

Le GRAND-QUEVILLY *76 S.-Mar.* 55 ⑥ *– rattaché à Rouen.*

GRAND-VILLAGE-PLAGE *17 Char.-Mar.* 71 ⑭ *– voir à Oléron (île d').*

GRANDVILLARS *90600 Ter.-de-Belf.* 66 ⑧ *– 2 874 h alt. 357.*

Paris 434 – Besançon 95 – Mulhouse 55 – Basel 55 – Belfort 19 – Montbéliard 18.

XX **Choix de Sophie**, N 19 ✆ 03 84 27 76 03 – GB.
fermé 24 déc. au 5 janv., 15 au 31 août, sam. soir et dim. – **Repas** 89/220.

GRANDVILLERS *88600 Vosges* 62 ⑯ *– 666 h alt. 365.*

Paris 404 – Épinal 21 – Lunéville 49 – Gérardmer 29 – Remiremont 37 – St-Dié 28.

Europe et Commerce M, ✆ 03 29 65 71 17, *Fax 03 29 65 85 23*, – 25. GB
Repas *(fermé vend. soir et dim. soir) (65)* - 75/220, enf. 60 – 30 – **20 ch** 220/320 – ½ P 220/240.

CITROEN Gar. Keller, ✆ 03 29 65 71 25

GRANE *26400 Drôme* 77 ⑫ *– 1 384 h alt. 175.*

Paris 591 – Valence 30 – Crest 9 – Montélimar 33 – Privas 28.

XXX **Patrick Giffon** avec ch, ✆ 04 75 62 60 64, *Fax 04 75 62 70 11*, – rest, – 30. AE GB
fermé dim. soir d'oct. à avril et lundi – **Repas** 130 (déj.), 175/380 – 60 – **13 ch** 270/600 – ½ P 380/480.

GRANGES-LÈS-BEAUMONT *26 Drôme 77 ② – rattaché à Romans-sur-Isère.*

Les GRANGETTES *25160 Doubs 70 ⑥ – 169 h alt. 864.*

Paris 455 – Besançon 71 – Champagnole 40 – Morez 49 – Pontarlier 11.

Bon Repos , 03 81 69 62 95, *Fax 03 81 69 66 61,* – P. AE GB.
fermé 22 mars au 3 avril, 20 oct. au 20 déc., mardi soir et merc. hors saison – Repas 69/169 ♀, enf. 42 – 30 – **16 ch** 164/244 – ½ P 217/261.

If you are held up on the road - from 6pm onwards - confirm your hotel booking by telephone. It is safer and quite an accepted practice.

GRANVILLE *50400 Manche 59 ⑦ G. Normandie Cotentin – 12 413 h alt. 10 – Casino* **Z** *et à St.Pair sur Mer.*

Voir Site★ – Le tour des remparts★ : place de l'Isthme ≤★ **Z** *– Pointe du Roc : site★* **Y.**

9 18 *02 33 50 23 06, à Bréville par ① : 5,5 km;* 9 *de Bréhal* *02 33 51 58 88, par ① : 15 km.*

Office de Tourisme 4 cours Jonville *02 33 91 30 03, Fax 02 33 91 30 19.*

Paris 338 ② – St-Lô 56 ① – St-Malo 93 ③ – Avranches 26 ③ – Caen 107 ② – Cherbourg 105 ① – Coutances 28 ① – Vire 55 ②.

GRANVILLE

Clemenceau (R. G.) . Z 3
Couraye (R.) . . . . Z
Juifs (R. des) . . . . . . Z
Lecampion (R.) . . . . . Z
Leclerc (R. Gén.) . . . Y
Poirier (R. Paul) . . . . Z 15

Briand (Av. A.) . . . . . Y 2
Corsaires (Pl. aux) . . Z 4
Corsaires (R. aux) . . Z 6
Desmaisons (R. C.) . Z 7
Granvillais (Bd des Amiraux) . Z 8
Hauteserve (Bd d') . Z 9
Parvis Notre-Dame (Montée du) . . . . . Z 12
St-Sauveur (R.) . . . . . Z 16
Ste-Geneviève (R.) . Z 17
Saintonge (R.) . . . . . . Z 18
Terreneuviers (Bd) . . Y 21
Vaufleury (Bd) . . . . . . Y 22
2e et 202e de Ligne (Bd des) . . . . Z 25

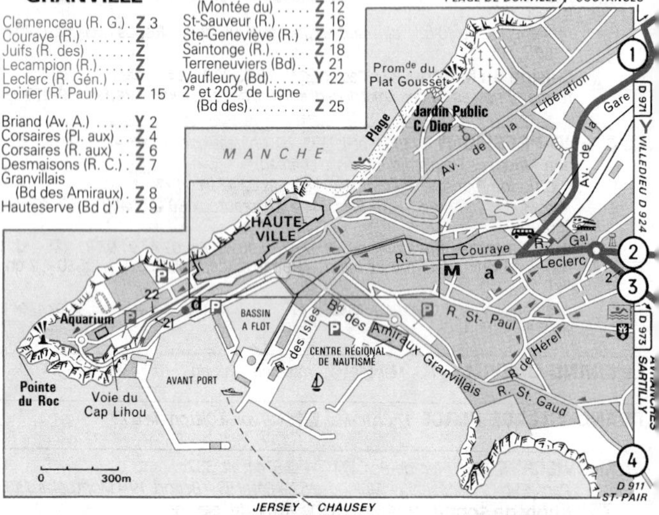

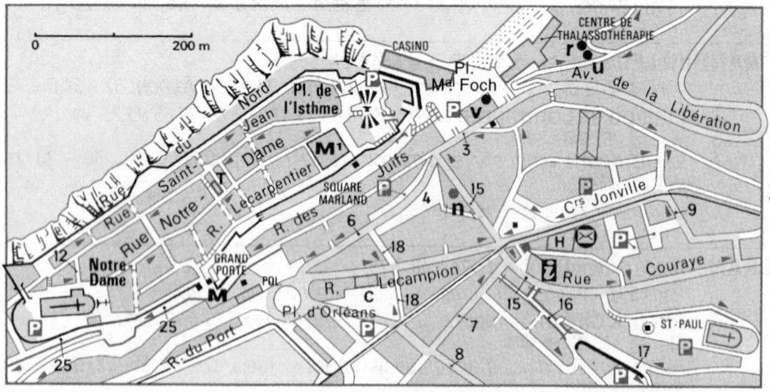

Grand Large Ⓜ, 5 r. Falaise ☎ 02 33 91 19 19, *Fax 02 33 91 19 00*, ≤, centre de thalassothérapie, – cuisinette – 40. AE GB.
Repas (résidents seul.) *(85)* - 115/135, enf. 45 – ☕ 45 – **38 ch** 455/550, 9 duplex – ½ P 370/420.

Bains, 19 r. G. Clemenceau ☎ 02 33 50 17 31, *Fax 02 33 50 89 22*, ≤ – – 25. AE GB Z v
1er mars-15 nov. – **Repas** *(fermé dim. soir et lundi hors saison)* 98/250 bc – ☕ 39 – **47 ch** 220/850 – ½ P 380/680.

Michelet sans rest, 5 r. J. Michelet ☎ 02 33 50 06 55, *Fax 02 33 50 12 25* – AE GB. Z u
☕ 32 – **19 ch** 130/290.

Gentilhommière, 152 r. Couraye ☎ 02 33 50 17 99 – GB Y a
fermé 2 au 19 mars, dim. soir et lundi sauf juil.-août – **Repas** (nombre de couverts limité, prévenir) 98/220 et carte 230 à 300.

Normandy Chaumière avec ch, 20 r. Paul Poirier ☎ 02 33 50 01 71, *Fax 02 33 50 15 34* – AE GB Z n
fermé mardi soir et merc. du 15 sept. au 30 avril – **Repas** 78/288 – ☕ 32 – **6 ch** 240/370 – ½ P 290.

Citadelle, 34 r. Port ☎ 02 33 50 34 10, *Fax 02 33 50 15 36*, ≤, – AE GB Z d
fermé fév., mardi soir et merc. sauf juil.-août – **Repas** 79/190, enf. 60.

par ① *4,5 km rte de Coutances* – ✉ *50290 Bréville-sur-Mer :*

Beaumonderie, ☎ 02 33 50 36 36, *Fax 02 33 50 36 45*, ≤, parc, « Maison bougeoise face aux îles Anglo-Normandes », – 250. AE GB. rest
fermé 15 au 28 fév. – ***L'Orangerie*** *(fermé dim. soir et lundi midi du 15 oct. au 31 mars)* **Repas** 110/315 – ☕ 50 – **13 ch** 330/870 – ½ P 340/610.

CITROEN Manche Auto, ZI par ② ☎ 02 33 50 69 76 N ☎ 02 33 70 84 24
MERCEDES Durey, N 24 bis à St-Planchers ☎ 02 33 51 65 54
PEUGEOT Automobiles Sud Manche, rte de Villedieu par ② ☎ 02 33 50 11 92 N ☎ 02 33 50 11 92

RENAULT S.O.R.E.V.A., av. des Vendéens par ③ ☎ 02 33 90 64 99 N ☎ 02 33 90 18 28

Schmitt Pneus Vulco, ZI du Mesnil ☎ 02 33 50 02 55

La guida cambia, cambiate la guida ogni anno.

GRASSE

06130 Alpes-Mar. 84 ⑧, 114 ⑬, 115 ㉔ *G. Côte d'Azur* – *41 388 h alt. 250.*

Voir *Vieille ville★ : Place du Cours★* **Z**, *musée d'Art et d'Histoire de Provence★* **Z M1** (≤★) – *Toiles★ de Rubens dans l'ancienne cathédrale Notre-Dame* **Z B** – *Salle Fragonard★ dans la Villa-Musée Fragonard* **Z M2** – *Parc de la Corniche* ≤★★ *30 mn* **Z** – *Jardin de la Princesse Pauline* ≤★ **X K** – *Musée de la Parfumerie★* **Z M3**.

Env. *Montée au col du Pilon* ≤★★ *9 km par* ④.

Opio-Valbonne ☎ 04 93 12 00 08 par D 4 : 11 km **X** ; *Victoria Golf Club ☎ 04 93 12 23 26 par D 4, D 3 et D 103 : 13 km ; de la Grande Bastide à Opio ☎ 04 93 77 70 08, E : 6 km par D 7 ; de St-Donat ☎ 04 93 09 76 60 par* ② *: 5.*

Office de Tourisme 22 cours H. Cresp ☎ 04 93 36 03 56, Fax 04 93 36 86 36.

Paris 906 ② – *Cannes 17* ② – *Digne-les-Bains 117* ④ – *Draguignan 56* ③ – *Nice 41* ②.

Plan page suivante

Panorama sans rest, 2 pl. Cours ☎ 04 93 36 80 80, *Fax 04 93 36 92 04* – cuisinette . AE GB Z u
☕ 40 – **36 ch** 350/480.

du Patti Ⓜ, pl. Patti ☎ 04 93 36 01 00, *Fax 04 93 36 36 40*, – – 50. AE GB JCB Y a
Repas *(fermé dim.)* 95/195, enf. 48 – ☕ 40 – **50 ch** 330/460 – ½ P 310.

Bastide St-Antoine (Chibois) avec ch, 48 av. H. Dunant (par bd Mar. Leclerc) 1,5 km ☎ 04 93 09 16 48, *Fax 04 92 42 03 42*, ≤, , parc, « Bastide du 18e siècle dans une oliveraie », – . AE GB JCB
Repas 210 (déj.), 380/550 et carte 450 à 610 – ☕ 125 – **12 ch** 950/1450.
Spéc. Papillon de langoustines en chiffonnade de basilic. Poularde aux girolles, mitonnée de pois gourmands. Millefeuille de pommes sautées, sauce caramel.

Baltus, 15 r. Fontette ☎ 04 93 36 32 90 Y k
fermé merc. soir et sam. midi – **Repas** (nombre de couverts limité, prévenir) *(75)* - 98/180.

Amphitryon, 16 bd V. Hugo ☎ 04 93 36 58 73, *Fax 04 93 40 06 18* – . AE GB JCB Z s
fermé 3 août au 3 sept., 21 déc. au 4 janv., dim. et fêtes – **Repas** 122/254, enf. 82.

GRASSE

Jeu-de-Ballon (Bd) **YZ**
Ossola (R. Jean) . . . . **Z** 38
Thiers (Av.) . . . . **Y**

Barri (Pl. du) . . . . **Z** 4
Bellevue (Bd) . . . . . . **X** 5
Charabot (Bd) . . . . . . **Y** 6
Conte (R. D.) . . . . . . **Y** 7
Cresp (Cours H.) . . . **Z** 8
Crouët (Bd J.) . . . . . . **X** 10
Droite (R.) . . . . **Y** 12
Duval (Av. M.) . . . . . **X** 14
Fontette (R. de) . . . . **Y** 15
Foux (Pl. de la) . . . . . **Y** 17
Fragonard (Bd) . . . . . **Z** 18
Gaulle (Av. Gén.-de) **X** 20
Gazan (R.) . . . . **Z** 22
Herbes (Pl. aux) . . . . **Y** 23
Journet (R. M.) . . . **YZ** 26
Juin (Av. Mar.) . . . . . **Y** 27
Lattre-de-Tassigny (Av. Mar.-de) . . . . . **X** 28
Leclerc (Bd Mar.) . . . **X** 30
Libération (Av.) . . . . . **X** 32
Mougins-Roquefort (R.) . . . . **Z** 33
Onze-Novembre (R. du) . . . . **XY** 34
Oratoire (R. de l') . . . **Y** 35
Petit-Puy (Pl. du) . . . **Z** 42
Prés.-Kennedy (Bd) . **X** 45
Reine-Jeanne (Bd) . . **X** 48
Rothschild (Bd de) . . **X** 49
St-Martin (Traverse) . **Z** 50
Sémard (Av. P.) . . . . **X** 53
Tracastel (R.) . . . . **Z** 57
Touts-Petits (Trav.) . . **Z** 58
Victor-Hugo (Bd) . . **XZ** 59
Victoria (Av.) . . . . **X** 60

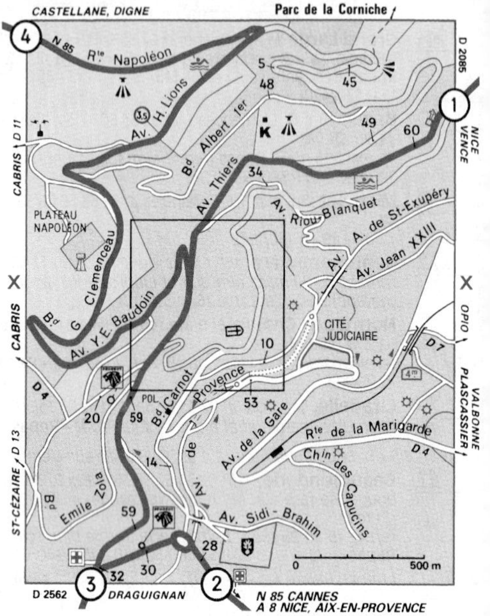

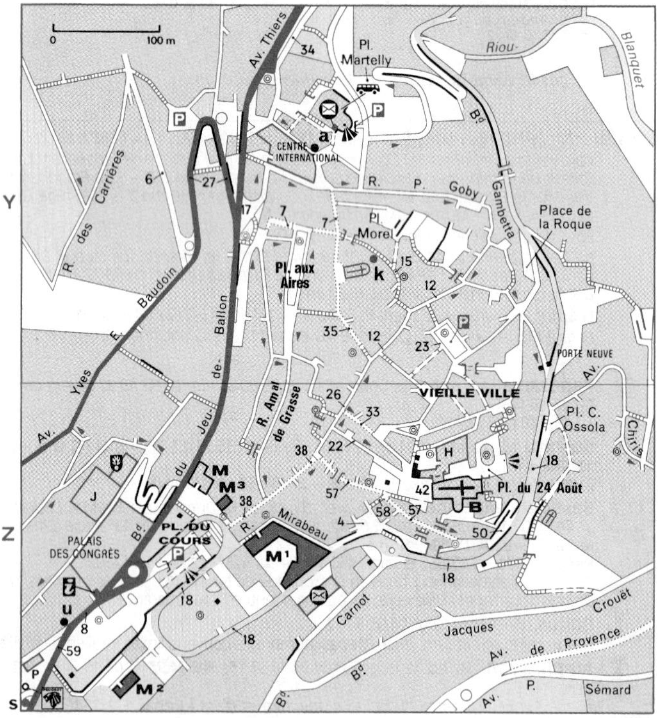

à Magagnosc *par ① rte de Nice : 5 km – ✉ 06520 :*

Voir ←★ du cimetière de l'Église St-Laurent – Le Bar-sur-Loup : site★, danse macabre★ dans l'église St-Jacques, place de l'Église ←★ NE : 3,5 km.

XXX **Toque Blanche,** ✆ 04 93 36 20 64, *Fax 04 93 36 16 67,* 余 – GB
fermé fév., dim. soir et lundi sauf fériés – **Repas** 130 (déj.), 195/310 et carte 230 à 320 ♀.

X **Petite Auberge,** ✆ 04 93 42 75 32 – P. GB
fermé juil., vacances de fév. et merc. – **Repas** 86/125 ♁.

au Val de Tignet *par ③ rte de Draguignan : 8 km par D 2562 – ✉ 06530 Peymeinade :*

XX **Aub. Chantegrill,** ✆ 04 93 66 12 33, *Fax 04 93 66 02 31,* 余 – ▤ P. AE ① GB
fermé 15 au 30 nov. et lundi d'oct. à avril – **Repas** 98/230.

à Cabris *5 km par D 4 X – 1 307 h. alt. 550 – ✉ 06530 :*

Voir Site★ – ←★★ des ruines du château.

Horizon ⛰ sans rest, ✆ 04 93 60 51 69, *Fax 04 93 60 56 29,* ←, « Terrasse panoramique », ⛱ – |‡| TV ☎ ✆ P. AE ① GB. ✂
1er avril-15 oct. – ☕ 50 – **22 ch** 330/650.

XX **Vieux Château** ⛰ avec ch, ✆ 04 93 60 50 12, *Fax 04 93 60 50 12,* 余 – TV ☎. GB
fermé mardi soir et merc. sauf du 1er juil. au 10 sept. – **Repas** 115/200 ♀, enf. 80 – ☕ 48 – **4 ch** 450/550 – ½ P 370/440.

X **Aub. Petit Prince,** ✆ 04 93 60 51 40, *Fax 04 93 60 51 40,* 余 – AE ① GB JCB
fermé 15 nov. au 15 déc., mardi soir d'oct. à juin et merc. sauf le soir d'oct. à juin et fériés – **Repas** 114/240 ♀.

X **Chèvre d'Or,** 1 pl. Puits ✆ 04 93 60 54 22, 余 – GB
Repas 95/199.

par rte de Digne (N 85) *puis rte de Cabris (D 11) : 6 km – ✉ 06130 Grasse :*

Grasse Country Club M ⛰, ✆ 04 93 60 55 44, *Fax 04 93 60 55 19,* ←, 余, « Parc et golf », ⛱ – |‡| ▤ TV ☎ ♿ P – 🏔 40. AE GB JCB
Repas *(fermé lundi hors saison)* (98) - 150 ♀ – ☕ 60 – **15 ch** 750/1200 – ½ P 675/805.

PEUGEOT Gar. d'Opio, D3 à Opio ✆ 04 93 77 27 99
RENAULT Gar. Balavoine, rte de Cannes par ② ✆ 04 93 70 64 38 N ✆ 06 07 73 68 64
Gar. Ortelli, 16 av. Mar.-Leclerc ✆ 04 92 42 42 42 N ✆ 08 00 44 24 24
Ⓜ Euromaster, 249 rte de Pégomas ✆ 04 93 70 66 65
Gar. Gambetta Europneu, 17 bd Gambetta ✆ 04 93 36 33 70
Tosello, 132 rte Marigarde Le Moulin de Brun ✆ 04 93 70 16 48

GRATENTOUR *31 H.-Gar.* 82 ⑧ – *rattaché à Toulouse.*

GRATOT *50 Manche* 54 ⑫ – *rattaché à Coutances.*

Le GRAU-D'AGDE *34 Hérault* 83 ⑮ – *rattaché à Agde.*

Le GRAU-DU-ROI *30240 Gard* 83 ⑧ *G. Provence – 5 253 h alt. 2.*

ℹ Office de Tourisme r. M.-Rédares ✆ 04 66 51 67 70, Fax 04 66 51 06 80, et (saison) Maison des Services, Nouveau Port de Pêche ✆ 04 66 53 14 06.

Paris 752 – Montpellier 28 – Aigues-Mortes 6 – Arles 55 – Lunel 21 – Nîmes 48 – Sète 50.

à Port Camargue *Sud : 3 km par D 62B – ✉ 30240 Le Grau-du-Roi :*

ℹ Office de Tourisme (Pâques-sept.) Carrefour 2000 ✆ 04 66 51 71 68.

Mercure M ⛰, rte Marines ✆ 04 66 73 60 60, *Fax 04 66 73 60 50,* ←, centre de thalassothérapie, ⛱, 🎾 – |‡| ⇆ ▤ TV ☎ ♿ P – 🏔 100. AE ① GB. ✂ rest
fermé 29 nov. au 19 déc. – **Repas** 150/170, enf. 55 – ☕ 65 – **92 ch** 540/660.

Spinaker ⛰, pointe Môle ✆ 04 66 53 36 37, *Fax 04 66 53 17 47,* ←, 余, ⛱ – ▤ rest, TV ☎ P – 🏔 40. AE GB
2 avril-1er nov. – **Repas** *(fermé lundi midi et mardi midi de juin à août, dim. soir et lundi de sept. à mai)* 130/395 ♀, enf. 75 – ☕ 55 – **21 ch** 480/580 – ½ P 475/590.

Relais de l'Oustau Camarguen ⛰, 3 rte Marines ✆ 04 66 51 51 65, *Fax 04 66 53 06 65,* 余, ⛱, 🌳 – ▤ rest, TV ☎ P. AE ① GB. ✂ rest
hôtel : 1er avril-12 oct. ; rest. : 1er mai-12 oct. – **Repas** 167/196 – ☕ 55 – **38 ch** 530 – ½ P 410/450.

XX **L'Amarette,** centre commercial Camargue 2000 ✆ 04 66 51 47 63, ←, 余 – GB
fermé déc., janv. et merc. hors saison – **Repas** (115) - 185/255 ♀.

GRAUFTHAL *67 B.-Rhin 57 ⑰ – rattaché à La Petite-Pierre.*

GRAULHET *81300 Tarn 82 ⑩ G. Pyrénées Roussillon – 13 523 h alt. 166.*

18 des Étangs de Fiac ✆ 05 65 70 64 70, S : D 84 et D 49, O : 18 km.

Office de Tourisme square Foch ✆ 05 63 34 75 09, Fax 05 63 34 75 09.

Paris 691 – Toulouse 61 – Albi 34 – Castelnaudary 62 – Castres 31 – Gaillac 21.

XX **Rigaudié,** Est : 1,5 km par D 26 (rte St-Julien-du-Puy) ✆ 05 63 34 50 07, parc – P. AE GB.
fermé 1er au 31 août et 28 déc. au 3 janv. – **Repas** 78 (déj.), 110/240 ♀, enf. 60.

CITROEN Graulhet Autom., 49 av. Ch.-de-Gaulle ✆ 05 63 34 51 44
FORD Gar. Arquier, 15 bis av. de l'Europe ✆ 05 63 34 70 41
RENAULT Parayre et Fils, rte de Réalmont ✆ 05 63 42 83 42
Euromaster, 78 bd de Genève ✆ 05 63 42 06 21

La GRAVE *05320 H.-Alpes 77 ⑦ G. Alpes du Nord – 455 h alt. 1526 – Sports d'hiver : 1 400/3 550 m 2 2.*

Voir *Situation★★ – Téléphérique ≤★★★.*

Env. *Oratoire du Chazelet ≤★★★ NO : 6 km – Combe de Malaval★ O : 6 km.*

Office de Tourisme ✆ 04 76 79 90 05, Fax 04 76 79 91 65.

Paris 644 – Briançon 39 – Gap 127 – Grenoble 79 – Col du Lautaret 11 – St-Jean-de-Maurienne 67.

Meijette M, ✆ 04 76 79 90 34, *Fax 04 76 79 94 76,* ≤, – TV P. GB JCB. rest
1er juin-30 sept., 15 fév.-1er mai et fermé mardi sauf juil.août – **Repas** 120/170 – 38 – **18 ch** 290/480 – ½ P 310/430.

GRAVELINES *59820 Nord 51 ③ G. Flandres Artois Picardie – 12 336 h.*

Office de Tourisme 11 r. République ✆ 03 28 65 21 28, Fax 03 28 65 58 19.

Paris 289 – Calais 27 – Cassel 35 – Dunkerque 21 – Lille 88 – St-Omer 34.

Host. du Beffroi, pl. Ch. Valentin ✆ 03 28 23 24 25, *Fax 03 28 65 59 71,* – TV – 30. AE GB
- La Tour *(fermé sam. midi et dim.)* **Repas** 98/165, enf. 50 – 37 – **40 ch** 330/350 – ½ P 250/258.

CITROEN Gar. Herant, 11 r. de Dunkerque ✆ 03 28 23 06 56
PEUGEOT Gar. Vauban, r. des Islandais ✆ 03 28 23 11 51 N ✆ 03 28 23 11 51
RENAULT Gar. Rabat, r. des Islandais ✆ 03 28 23 13 50

GRAVESON *13690 B.-du-R. 80 ⑳ G. Provence – 2 752 h alt. 14.*

Voir *Musée Auguste-chabaud★.*

Paris 699 – Avignon 13 – Carpentras 38 – Cavaillon 26 – Marseille 101 – Nîmes 38.

Moulin d'Aure sans rest, rte de Châteaurenard ✆ 04 90 95 84 05, *Fax 04 90 95 73 84,* – P. GB.
25 mars-30 oct. – 38 – **14 ch** 290/340.

Mas des Amandiers, rte d'Avignon : 1,5 km ✆ 04 90 95 81 76, *Fax 04 90 95 85 18,* – TV P – 30. AE GB
15 mars-15 oct. – **Repas** (dîner seul.) 98/145, enf. 68 – 40 – **25 ch** 300/320 – ½ P 280/290.

Cadran Solaire sans rest, r. Cabaret Neuf ✆ 04 90 95 71 79, *Fax 04 90 90 55 04,* – P. GB
fermé 12 au 30 nov. – 37 – **12 ch** 240/290.

RENAULT Gar. Eletti et Massacèse, ✆ 04 90 95 74 27

GRAY *70100 H.-Saône 66 ⑭ G. Jura – 6 916 h alt. 220.*

Voir *Collection de dessins★ de Prud'hon au musée Baron-Martin* **Y M**1.

Office de Tourisme Ile Sauzay ✆ 03 84 65 14 24 et (saison) Chalet quai Mavia.

Paris 336 ⑤ – Besançon 46 ③ – Dijon 49 ⑤ – Dole 44 ④ – Langres 56 ① – Vesoul 56 ②.

Plan page ci-contre

Fer à Cheval sans rest, 9 av. Carnot ✆ 03 84 65 32 55, *Fax 03 84 65 42 63* – TV P. AE GB JCB Y n
fermé 22 déc. au 5 janv. – 33 – **46 ch** 195/260.

à Rigny *par ① D 70 et D 2 : 5 km – 529 h. alt. 196 – ✉ 70100 :*

Château de Rigny, ✆ 03 84 65 25 01, *Fax 03 84 65 44 45,* ≤, « Parc aménagé en bordure de la Saône », – TV P – 25. AE GB. rest
fermé 5 au 30 janv. – **Repas** 120 bc (déj.), 190/350 – 60 – **25 ch** 340/1200 – ½ P 465/650.

GRAY

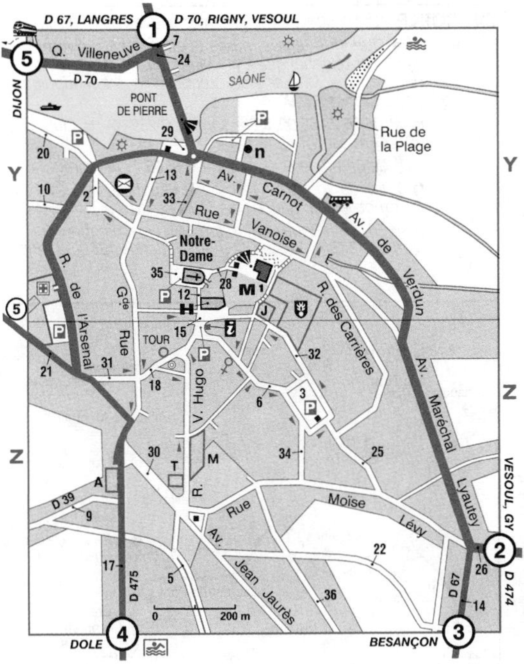

à Nantilly *par ① et D 2 : 5 km – 456 h. alt. 200 – ✉ 70100 :*

Château de Nantilly Ⓜ ⚘, ☎ 03 84 67 78 00, *Fax 03 84 67 78 01*, ←, 🍽, parc, ⛹, ⛱, ⚔ – 🛗 📺 ☎ ♿ 🅿 – 🏄 25 à 60. AE ⓓ GB
1er avril-30 oct. et 22 déc.-4 janv. – **Repas** (dîner seul.) 200/360, enf. 80 – ☕ 90 – **30 ch** 450/800, 4 appart, 7 duplex – ½ P 515/640.

CITROEN Gar. Comtois, Chemin Neuf ☎ 03 84 65 65 30 🅽 ☎ 03 84 31 20 02
PEUGEOT Gar. Boffy, à Arc-lès-Gray par ① ☎ 03 84 64 80 79

Ⓜ Bailly, 15 chaussée d'Arc ☎ 03 84 65 07 06

GRENADE-SUR-L'ADOUR *40270 Landes* 82 ① – *2 187 h alt. 55.*
Paris 720 – Mont-de-Marsan 15 – Aire-sur-l'Adour 18 – Orthez 50 – St-Sever 14 – Tartas 33.

Pain Adour et Fantaisie (Garret) Ⓜ, 14 pl. Tilleuls ☎ 05 58 45 18 80, *Fax 05 58 45 16 57*, ←, 🍽, « Terrasse au bord de l'eau » – ▤ ch, 📺 ☎ – 🏄 25. AE ⓓ GB
✿ *fermé vacances de fév., dim. soir et lundi sauf fériés* – **Repas** 150 bc/360 et carte 250 à 360 🍷 – ☕ 75 – **10 ch** 420/800
Spéc. Fritots d'anchois à l'estragon et chipirons grillés à la vinaigrette de piquillos. Caneton croisé cuit au fumet de résine. Tarte tiède au vin de fruits, glace fondante à la réglisse. **Vins** Jurançon, Madiran.

✗✗ **France,** 3 pl. Tilleuls ☎ 05 58 45 19 02, *Fax 05 58 45 11 48*, 🍽 – GB
fermé 1er au 15 janv., dim. soir et lundi sauf du 15 juil. au 20 août et fériés – **Repas** 70/210.

GRENDELBRUCH *67190 B.-Rhin* 62 ⑧ ⑨ – *918 h alt. 500.*
Voir *Signal de Grendelbruch* ✵★ *SO : 2 km puis 15 mn*, **G. Alsace Lorraine.**
ℹ *Office de Tourisme Mairie* ☎ *03 88 97 40 79 Accueil (juil.-août)* ☎ *03 88 97 47 50.*
Paris 488 – Strasbourg 44 – Erstein 32 – Molsheim 18 – Obernai 17 – Sélestat 37.

Couronne, rte Schirmeck ☎ 03 88 97 40 94, *Fax 03 88 97 49 27*, 🍽 – ☎ 🅿. GB
fermé mi-nov. à mi-déc., dim. soir et lundi – **Repas** 65/160 🍷, enf. 35 – ☕ 32 – **8 ch** 170/245 – ½ P 195/220.

GRENOBLE Ⓟ 38000 Isère 77 ⑤ *G. Alpes du Nord – 150 758 h Agglo. 404 733 h alt. 213.*

Voir *Site*** – Église-musée St-Laurent** : crypte St-Oyand** **FY** *– Fort de la Bastille ※** par téléphérique* **EY** *– Vieille ville** **EY** *: Palais de Justice** **EY J** *– Patio* de l'hôtel de ville* **FZ** *– Musées : de Grenoble**** **FY**, *Dauphinois** **EY**, *de la Résistance et de la Déportation** **FZ M⁵**.

18 ☎ 04 76 73 65 00, à Bresson par D 269 **BX** *; 18 Club de Grenoble Charmeil ☎ 04 76 93 67 28, 23 km par ⑤.*

✈ de Grenoble-St-Geoirs ☎ 04 76 65 48 48, par ⑥ : 45 km.

Office de Tourisme 14 r. de la République ☎ 04 76 42 41 41, Fax 04 76 51 28 69 – Automobile Club Dauphinois 4 pl. Grenette ☎ 04 76 44 41 54, Fax 04 76 51 93 92.

Paris 567 ⑥ – Bourg-en-Bresse 148 ⑥ – Chambéry 56 ② – Genève 145 ② – Lyon 105 ⑥ – Marseille 272 ⑥ – Nice 332 ④ – St-Étienne 153 ⑥ – Torino 238 ② – Valence 93 ⑥.

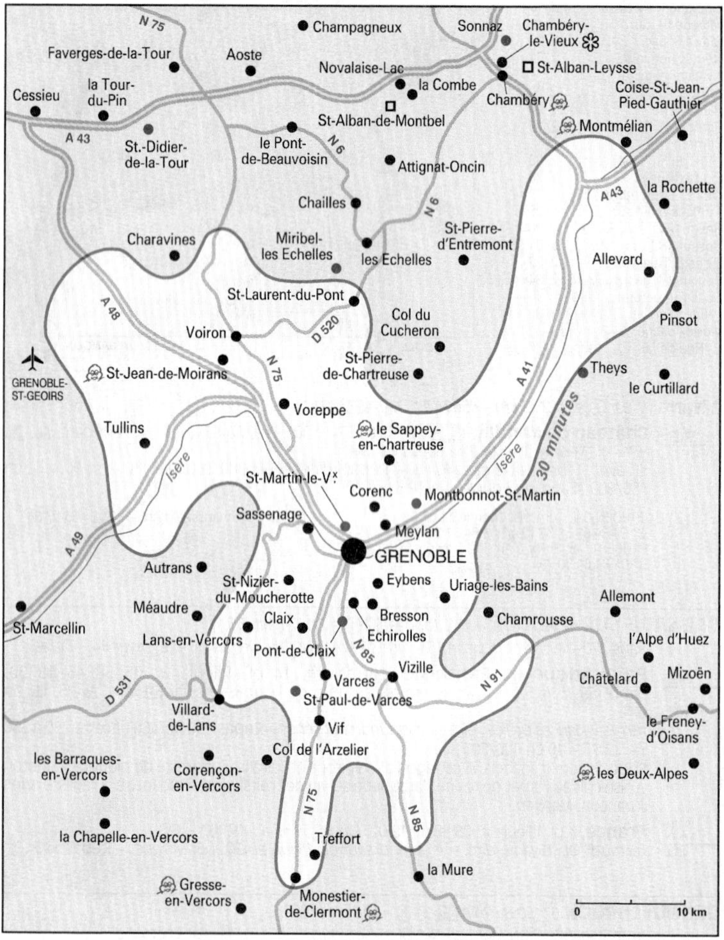

Park H. Ⓜ, 10 pl. Paul Mistral ☎ 04 76 85 81 23, *Fax 04 76 46 49 88*, « Beaux aménagements intérieurs » – 60. AE GB JCB **FZ w**
fermé 1er au 23 août et 24 déc. au 3 janv. – ***La Ripaille*** *(fermé dim. midi et fériés le midi)*
Repas *(110)*-195/245 ♀, enf. 60 – ☐ 65 – **42 ch** 850/1300, 10 appart.

Holiday Inn M, 11 r. Gén. Mangin ✉ 38100 ☎ 04 76 56 26 56, *Fax 04 76 56 26 82,* – ch, – 120. AE GB JCB AX y
Repas 105/145 – 55 – **105 ch** 465/630.

Novotel Atria M, à Europole, pl. R. Schuman ☎ 04 76 70 84 84, *Fax 04 76 70 24 93* – – 550. AE GB AV r
Repas 95/150, enf. 50 – 55 – **118 ch** 535/650.

Mercure Centre M, 12 bd Mar. Joffre ☎ 04 76 87 88 41, *Fax 04 76 47 58 52* – – 300. AE GB JCB EZ d
Repas (88) - 108, enf. 49 – 55 – **88 ch** 475/540.

Angleterre M sans rest, 5 pl. V.-Hugo ☎ 04 76 87 37 21, *Fax 04 76 50 94 10* – . AE GB. EZ z
60 – **66 ch** 430/690.

Porte de France sans rest, 27 quai C. Bernard ☎ 04 76 86 68 68, *Fax 04 76 50 95 03* – . AE GB DY k
fermé 22 déc. au 3 janv. – 38 – **40 ch** 300/400.

Splendid sans rest, 22 r. Thiers ☎ 04 76 46 33 12, *Fax 04 76 46 35 24* – P. AE GB JCB DZ q
32 – **45 ch** 245/455.

Patinoires sans rest, 12 r. Marie Chamoux ✉ 38100 ☎ 04 76 44 43 65, *Fax 04 76 44 44 77* – . AE GB JCB GZ b
30 – **35 ch** 225/320.

Alpes sans rest, 45 av. F. Viallet ☎ 04 76 87 00 71, *Fax 04 76 56 95 45* – . AE GB DY z
30 – **67 ch** 240/300.

Bastille sans rest, 25 av. F. Viallet ☎ 04 76 43 10 27, *Fax 04 76 87 52 69* – . GB DY b
30 – **54 ch** 230/290.

Ibis, 5 r. Miribel - centre commercial les Trois Dauphins ☎ 04 76 47 48 49, *Fax 04 76 47 78 22* – – 60. AE GB EY f
Repas (75) - 100, enf. 40 – 36 – **71 ch** 325/340.

Tilleuls sans rest, 236 cours Libération ✉ 38100 ☎ 04 76 09 17 34, *Fax 04 76 40 64 56* – . AE GB AX s
25 – **39 ch** 205/235.

Trianon sans rest, 3 r. P. Arthaud ☎ 04 76 46 21 62, *Fax 04 76 46 37 56* – . AE GB JCB DZ m
fermé 4 au 14 août – 35 – **38 ch** 220/390.

Gambetta M, 59 bd Gambetta ☎ 04 76 87 22 25, *Fax 04 76 87 40 94* – , rest, . AE GB EZ a
Repas 75/110 – 35 – **44 ch** 195/320 – ½ P 220/240.

Paris-Nice sans rest, 61 bd J. Vallier ✉ 38100 ☎ 04 76 96 36 18, *Fax 04 76 48 07 79* – . AE GB AVX t
33 – **29 ch** 150/260.

Gallia sans rest, 7 bd Mar. Joffre ☎ 04 76 87 39 21, *Fax 04 76 87 65 76* – . AE GB EZ s
fermé 25 juil. au 17 août – 27 – **35 ch** 160/280.

Aub. Napoléon, 7 r. Montorge ☎ 04 76 87 53 64, *Fax 04 76 86 03 90* – . AE GB EY b
fermé 27 juil. au 17 août, lundi midi et dim. – **Repas** (nombre de couverts limité, prévenir) 178/440 bc et carte 240 à 350, enf. 70.

L'Escalier, 6 pl. Lavalette ☎ 04 76 54 66 16, *Fax 04 76 63 01 58* – AE GB JCB FY p
fermé sam. midi et dim. – **Repas** 140 (déj.), 190/450.

Brasserie de Strasbourg, 11 av. Alsace-Lorraine ☎ 04 76 46 18 03, *Fax 04 76 46 18 03* – . AE GB DEZ x
fermé 1er au 15 août, lundi soir et dim. – **Repas** (80) - 95/140.

A ma Table, 92 cours J. Jaurès ☎ 04 76 96 77 04 – . GB DZ t
fermé 1er août au 1er sept., sam. midi, dim. et lundi – **Repas** (nombre de couverts limité, prévenir) carte environ 240.

Table d'Ernest, 2 r. Doudart de Lagrée ☎ 04 76 43 19 56 – GB DEZ v
fermé 25 juil. au 20 août, 24 déc. au 5 janv., lundi soir et dim. – **Repas** (rest. non-fumeurs) (nombre de couverts limité, prévenir) (100) - 130/200.

Madelon, 55 av. Alsace-Lorraine ☎ 04 76 46 36 90 – AE GB. DZ n
fermé sam. midi et dim. – **Repas** 98/150.

CORENC

Eygala (Av. de l') .... **BV**
Grésivaudan (Av. du) ..... **BCV**

ÉCHIROLLES

États-Généraux (Av. des) .. **AX** 30
Grugliasco (Av. de) .... **AX**
Jaurès (Cours J.) .... **AX**

EYBENS

Innsbruck (Av. d') .... **BX** 38
Jaurès (Av. J.) .... **BX**
Mendès-France (R.) .... **BX**
Poisat (Av. de) .... **BX** 47

FONTAINE

Briand (Av. A.) .... **AV**
Joliot-Curie (Bd) .... **AV**
Vercors (Av. du) .... **AV**

GRENOBLE

Blanchard (R. P.) .... **EYZ**
Bonne (R. de) .... **EY** 12
Foch (Bd Mar.) .... **DEZ**
Grande-Rue .... **EY** 37
Grenette (Pl.) .... **EY**
Lafayette (R.) .... **EY** 39
Poulat (R. F.) .... **EZ** 48
Victor-Hugo (Pl.) .... **EZ**

Alliés (R. des) .... **AX**
Alsace-Lorraine (Av.) ..... **DYZ** 3
Ampère (R.) .... **AV**
Augereau (R.) .... **DZ**
Bayard (R.) .... **FY** 6
Belgique (Av. Albert-Ier de). **EFZ** 7
Belgrade (R. de) .... **EY** 9
Berriat (Cours de) ..... **AV-DZ**
Bernard (Q. Cl.) .... **DY**
Berthelot (Av. M.) .... **BX**
Bistesi (R.) .... **FZ** 10
Bizanet (R.) .... **FGY**
Blum (Av. L.) .... **AX**
Boissieux (R. B.-de) .... **EZ**
Brenier (R. C.) .... **DY** 13
Briand (Pl. A.) .... **DY**
Brocherie (R.) .... **EY** 15
Casimir-Périer (R.) .... **EZ** 16
Champollion (R.) .... **FZ** 17
Champon (Av. Gén.) .... **FZ**
Chanrion (R. J.) .... **FYZ**
Chenoise (R.) .... **FY** 18
Claudel (R. P.) .... **BX** 20
Clemenceau (Bd) .... **FGZ**
Clot-Bey (R.) .... **EZ** 21
Condillac (R.) .... **EZ**
Condorcet (R.) .... **DZ**
Créqui (Q.) .... **DEY**
Diables-Bleus (Bd des) ..... **FZ** 24
Diderot (R.) .... **AV** 25
Dr-Girard (Pl.) .... **FY** 26
Driant (Bd Col.) .... **FZ** 27
Dubedout (Pl. H.) .... **DY** 28
Esclangon (R. F.) .... **AV** 29
Esmonin (Av. E.) .... **AX**
Fantin-Latour (R.) .... **FZ**
Faure (R. E.) .... **FZ**
Flandrin (R. J.) .... **GZ**
Fourier (R.) .... **FZ** 33
France (Q. de) .... **DEY**
Gambetta (Bd) .... **DEZ**
Gaulle (Av. Gén.-de) .... **BX** 34
Graille (Q. de la) .... **DY**
Gueymard (R. E.) .... **DY**
Haxo (R.) .... **FZ**
Hébert (R.) .... **FY**
Hoche (R.) .... **EZ**
Jaurès (Cours J.) .... **DYZ**
Jay (Q. S.) .... **EY**
Jeanne-d'Arc (Av.) .... **GZ**
Joffre (Bd Mar.) .... **EZ**
Jongking (Q.) .... **FY**
Jouhaux (R. L.) .... **BX**
Jouvin (Q. X.) .... **FY**
Lafontaine (Cours) .... **EZ**
Lakanal (R.) .... **EZ**
Lavalette (Pl.) .... **FY** 40
Leclerc (Av. Mar.) .... **FY**
Lesdiguières (R.) .... **EZ**
L'Herminier (R. Cdt) .... **FY** 41
Libération (Crs de la) ...... **AX**
Lyautey (Bd Mar.) .... **EZ** 42
Lyon (Rte de) .... **DY**
Malakoff (R.) .... **FGZ**
Mallifaud (R.) .... **EFZ**
Martyrs (R. des) .... **AV**
Mistral (Pl. P.) .... **FZ**
Montorge (R.) .... **EY** 43
Mortillet (R. de) .... **FGY**
Moyrand (R.) .... **FGZ**
Notre-Dame (Pl.) .... **FY**
Pain (Bd J.) .... **FZ**
Palanka (R.) .... **EY** 44
Pasteur (Pl.) .... **FZ** 45
Perrière (Q.) .... **EY** 46
Perrot (Av. J.) .... **BX-FZ**
Prévost (R. J.) .... **DZ**
Randon (Av. Mar.) .... **FY**
Rey (Bd Ed.) .... **EY**
Reynier (R. A.) .... **AX** 49
Reynoard (Av. M.) .... **BX** 50
Rhin-et-Danube (Av.) .... **AX** 52
Rivet (Pl. G.) .... **EZ** 53
Rousseau (R. J.-J.) .... **EY** 55
Sablon (Pont du) .... **GY**
St-André (Pl.) .... **EY** 56
Ste-Claire (Pl.) .... **EY** 57
Sembat (Bd A.) .... **EZ**
Servan (R.) .... **FY** 59
Stalingrad (R. de) .... **AX** 60
Strasbourg (R. de) .... **FZ** 62
Thiers (R.) .... **DZ**

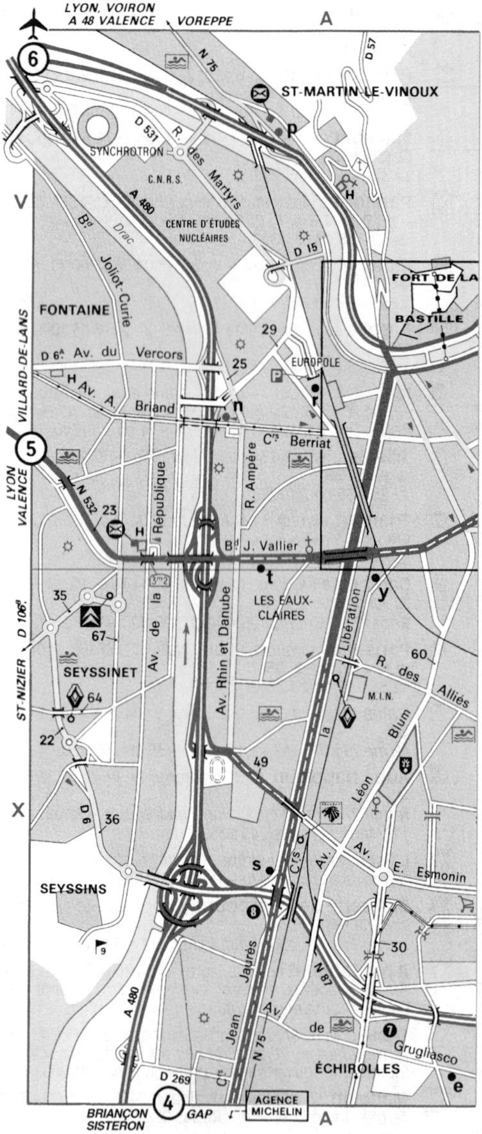

Très-Cloîtres (R.) . . . . **FY** 63
Turenne (R.) . . . . **DZ**
Vallès (Av. J.) . . . . **BV**
Vallier (Bd J.) . . . . **AVX**
Valmy (Av. de) . . . . **GZ**
Verdun (Pl.) . . . . **FZ**
Viallet (Av. F.) . . . . **DEY**
Vicat (R.) . . . . **EZ** 66
Villars (R. D.) . . . . **FZ**
Voltaire (R.) . . . . **FY** 68

MEYLAN

Vercors (Av. du) . . . . **CV**
Verdun (Av. de) . . . . **CV**

SEYSSINET

Coubertin (Av. P. de) . . . . **AX** 22
Desaire (Bd des Frères) . **AV** 23
Gaulle (Av. Gén.-de) . . . . **AX** 35
République (Av. de la) . **AVX**
Tuilerie (R.) . . . . **AX** 64
Victor-Hugo (Av.) . . . . **AX** 67

SEYSSINS

Gaulle (Av. Gén.-de) . . . . **AX** 36

ST-MARTIN-D'HÈRES

Antoine (R.) . . . . **CX**

Cachin (Av. M.) . . . . **BX**
Croizat (Av. A.) . . . . **BCV**
Galochère (Av. de la) . . . . **CX**
Jaurès (Av. J.) . . . . **CX**
Péri (Av. G.) . . . . **BCV**
Poitié (Av.) . . . . **BX**
Prévert (Av. J.) . . . . **CX**
Romain-Rolland (Av.) . . . . **CX** 54

LA TRONCHE

Chantourne (Bd de la) . . . **BV** 19
Grande-Rue . . . . **BV**
Maquis-de-Grésivaudan (Av. des) . . . . **BV**

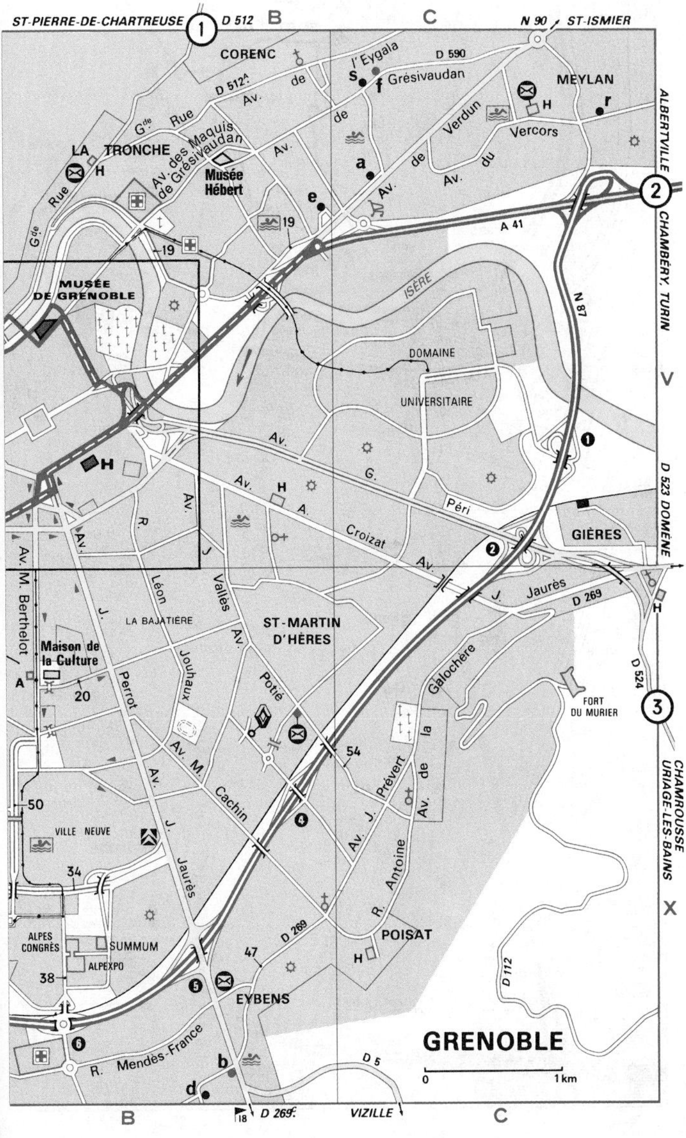

GRENOBLE

Blanchard (R. P.) . . . . EYZ
Bonne (R. de) . . . . EY 12
Foch (Bd Mar.) . . . . DEZ
Grande-Rue . . . . EY 37
Grenette (Pl.) . . . . EY

Lafayette (R.) . . . . EY 39
Poulat (R. F.) . . . . EZ 48
Victor-Hugo (Pl.) . . . . EZ

Alsace-Lorraine (Av.) . . . . DZ 3
Bayard (R.) . . . . FY 6
Belgique
(Av. Albert-Ier-de) . . . . . EFZ 7

Belgrade (R. de) . . . . EY 9
Bistesi (R.) . . . . FZ 10
Brenier (R. C.) . . . . DY 13
Brocherie (R.) . . . . EY 15
Casimir-Perier (R.) . . . . . . EZ 16
Champollion (R.) . . . . FZ 17
Chenoise (R.) . . . . FY 18
Clot-Bey (R.) . . . . EZ 21

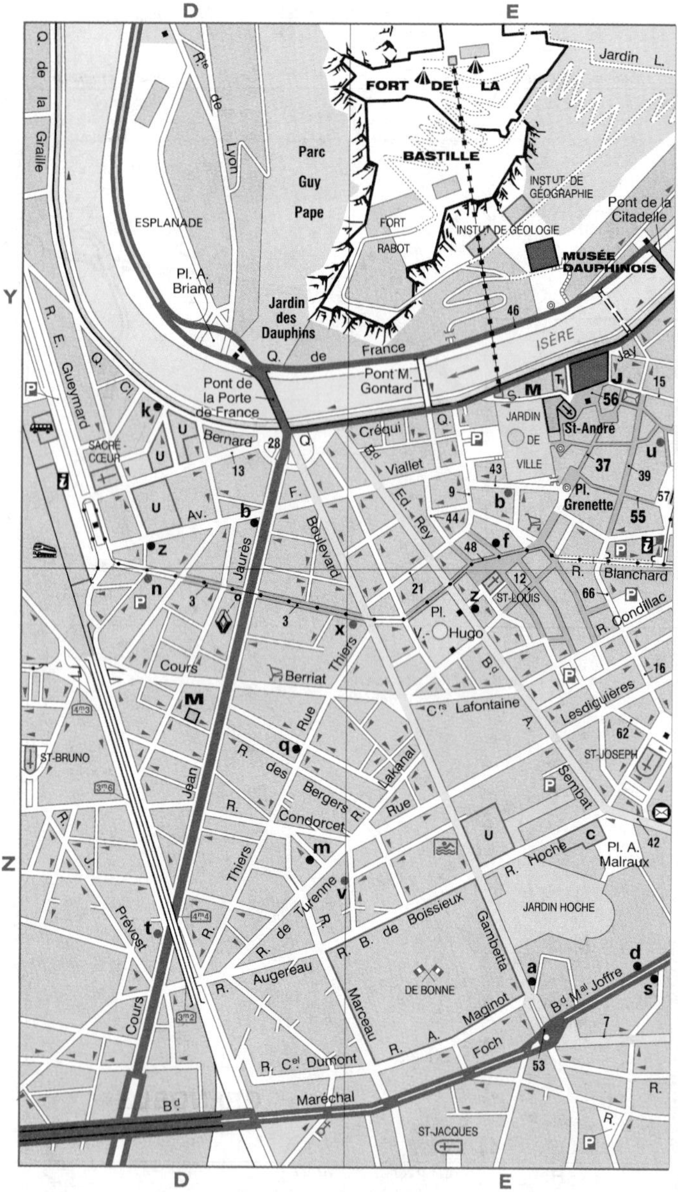

Diables-Bleus (Bd des)	FZ 24
Dr-Girard (Pl.)	FY 26
Driant (Bd Col.)	FZ 27
Dubedout (Pl. H.)	DY 28
Fantin-Latour (R.)	FZ 31
Flandrin (R. J.)	GZ 32
Fourier (R.)	FZ 33
Lavalette (Pl.)	FY 40
L'Herminier (R. Cdt)	FY 41
Lyautey (Bd Mar.)	EZ 42
Montorge (R.)	EY 43
Palanka (R.)	EY 44
Pasteur (Pl.)	FZ 45
Perrière (Q.)	EY 46
Rivet (Pl. G.)	EZ 53
Rousseau (R. J.-J.)	EY 55
St-André (Pl.)	EY 56
Ste-Claire (Pl.)	EY 57
Servan (R.)	FY 59
Strasbourg (R. de)	FZ 62
Très-Cloîtres (R.)	FY 64
Vicat (R.)	EZ 66
Voltaire (R.)	FY 68

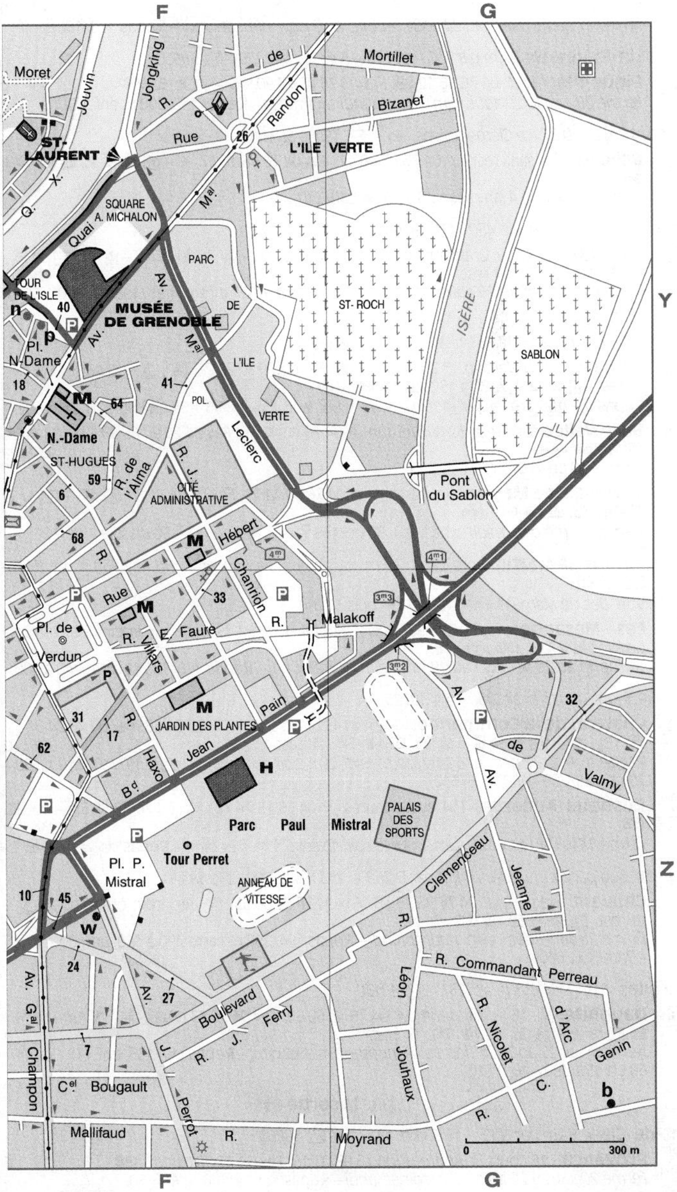

X **L'Arche,** 4 r. P. Duclot ✆ 04 76 44 22 62, *Fax 04 76 44 70 04*, 🏛 – AE ⓓ GB EY u
fermé 24 août au 7 sept., 4 au 18 janv., dim. sauf le midi d'oct. à avril et lundi – **Repas** *(75 bc)* - 105/195 ♁.

X **Bistrot des Musées,** 6 pl. Lavalette ✆ 04 76 42 27 66, *Fax 04 76 51 50 93* – AE GB
fermé sam. midi et dim. – **Repas** *(75)* - 99 (déj.), 125/140 ♀. FY n

X **Bistrot Lyonnais,** 168 cours Berriat ✆ 04 76 21 95 33, *Fax 04 76 21 95 33*, 🏛 – GB AV n
fermé 17 au 25 mai, 9 au 24 août, 24 déc. au 5 janv., dim. et lundi – **Repas** 120/150 ♀.

à St-Martin-le-Vinoux *2 km par A 48 et N 75 – 5 139 h. alt. 250 – ✉ 38950 :*

XXX **Pique-Pierre,** ✆ 04 76 46 12 88, *Fax 04 76 46 43 90*, 🏛 – ▤ P. AE GB AV p
fermé 29 juil. au 20 août, dim. soir et lundi sauf fériés – **Repas** 130/300 ♀, enf. 65.

au Nord *4 km par D 57 rte Clémencières - AV – ✉ 38950 St-Martin-le-Vinoux :*

🏠 **Bellevue** ⛰ sans rest, ✆ 04 76 87 68 17, *Fax 04 76 46 18 37*, ← – TV ☎ ✆ P. AE ⓓ GB. ✻
fermé 23 déc. au 4 janv. – ☕ 30 – **23 ch** 230/270.

à Corenc *3 km – 3 356 h. alt. 450 – ✉ 38700 :*

🏨 **Trois Roses,** 32 av. Grésivaudan ✆ 04 76 90 35 09, *Fax 04 76 90 71 72* – 🛗 ⇸ TV ☎ P – 🎤 45. AE ⓓ GB. ✻ rest CV s
Repas *(fermé 1er au 16 août, 24 déc. au 3 janv., dim. midi et sam.)* 125/198 – ☕ 50 – **50 ch** 435/460.

à Meylan *3 km par N 90 – 17 863 h. alt. 331 – ✉ 38240 :*

🏨 **Alpha** M, 34 av. Verdun ✆ 04 76 90 63 09, *Fax 04 76 90 28 27*, 🏛, 🏊 – 🛗 cuisinette ⇸, ▤ rest, TV ☎ P – 🎤 80 à 150. AE ⓓ GB JCB BV e
Repas *(fermé sam. en juil.-août)* *(65)* - 80/165 ♀, enf. 45 – ☕ 55 – **59 ch** 395/520, 26 studios.

🏠 **Belle Vallée** sans rest, 32 av. Verdun ✆ 04 76 90 42 65, *Fax 04 76 90 65 98* – ▤ TV ☎ P. AE ⓓ GB JCB CV a
☕ 35 – **30 ch** 270/350.

🏠 **Les Relais de Meylan,** 6 av. Granier ✆ 04 76 90 44 22, *Fax 04 76 41 04 60*, 🏛 – TV ☎ ♿ P – 🎤 35. AE ⓓ GB JCB CV r
Repas *(fermé dim. midi)* 68 bc (déj.), 90 bc/135 ♀, enf. 48 – ☕ 35 – **50 ch** 290 – 1/2 P 265.

à Montbonnot-St-Martin *Nord-Est : 7 km par av. de Verdun et N 90 – 2 808 h. alt. 310 – ✉ 38330 :*

Voir *Bec de Margain* ←** *NE : 13 km puis 30 mn.*

XXX **Les Mésanges,** ✆ 04 76 90 21 57, *Fax 04 76 90 94 48*, 🏛, « Jardin et terrasse ombragés » – AE GB JCB
fermé 1er au 20 août, 11 au 19 janv., dim. soir et lundi – **Repas** 110/380 et carte 240 à 390.

à Eybens *5 km – 8 013 h. alt. 230 – ✉ 38320 :*

🏨 **Château de la Commanderie** ⛰, av. Échirolles ✆ 04 76 25 34 58, *Fax 04 76 24 07 31*, 🏛, 🏊, 🌳 – TV ☎ ✆ P – 🎤 25. AE ⓓ GB. ✻ rest BX d
Repas *(fermé 22 déc. au 6 janv., sam. midi, dim. soir et lundi)* 165 (déj.), 197/300 ♀ – ☕ 60 – **25 ch** 425/700 – 1/2 P 445/540.

XX **Rustique Auberge,** 134 av. J. Jaurès ✆ 04 76 25 24 70, *Fax 04 76 62 39 53* – ▤. AE GB BX b
fermé 13 juil. au 1er août, sam. (sauf le soir de sept. à mai) et dim. – **Repas** *(75)* - 95/220 ♀.

à Bresson *Sud par av. J. Jaurès : 8 km par D 269c – 753 h. alt. 300 – ✉ 38320 :*

XXXX **Chavant** avec ch, ✆ 04 76 25 25 38, *Fax 04 76 62 06 55*, 🏛, « Jardin ombragé », 🏊 – ▤ rest, TV ☎ P. AE ⓓ GB. ✻ rest
fermé 26 au 31 déc., sam. midi et lundi – **Repas** 194/250 et carte 290 à 380, enf. 80 – ☕ 65 – **7 ch** 500/680.

à Échirolles *4 km – 34 435 h. alt. 237 – ✉ 38130 :*

🏨 **Dauphitel** M, 16 av. Kimberley ✆ 04 76 33 60 60, *Fax 04 76 33 60 00*, 🏛, 🏊, 🎾 – 🛗 ⇸ ▤ TV ☎ P – 🎤 25. AE ⓓ GB. ✻ rest AX e
fermé 1er au 17 août, 23 déc. au 4 janv., sam. midi et dim. – **Repas** *(98)* - 133, enf. 60 – ☕ 45 – **68 ch** 350/390 – 1/2 P 310.

par la sortie ④ :

à Pont-de-Claix *8 km par N 75 – 11 871 h. alt. 240 – ✉ 38800 :*

X **Provençal,** 16 cours St-André ✆ 04 76 98 01 16, *Fax 04 76 98 01 16* – GB CV f
fermé 20 juil. au 20 août, dim. soir et lundi – **Repas** *(58)* - 89/180 ♁, enf. 50.

à Claix *9 km par A 480, sortie 9 – 6 960 h. alt. 300 – ✉ 38640 :*

Primevère Ⓜ, 2 r. Europe ✆ 04 76 98 84 54, *Fax 04 76 98 66 22*, – ▤ ▣ ☎ ✆
♿ 🅿 – 35. AE ⓓ GB. rest
Repas 85/186 , enf. 45 – ☕ 36 – **45 ch** 295.

à Varces *13 km par N 75 – 4 592 h. alt. 274 – ✉ 38760 :*

Relais L'Escale avec ch, ✆ 04 76 72 80 19, *Fax 04 76 72 92 58*, « Chalets dans un jardin ombragé », – ▤ ch, ▣ ☎ 🅿. AE GB
fermé vacances de Toussaint, mardi de juin à août, dim. soir et lundi de sept. à fin mai – **Repas** 145/298 et carte 230 à 370 – ☕ 70 – **7 ch** 490/540, (chalets) – ½ P 525/545.

par la sortie ⑥ :

à Sassenage *5 km par A 480 – 9 788 h. alt. 209 – ✉ 38360 :*

Office de Tourisme pl. Libération ✆ 04 76 53 17 17.

Relais de Sassenage, Z.I. l'Argentière ✆ 04 76 27 20 21, *Fax 04 76 53 56 04*,
– ▤ rest, ▣ ☎ ♿ 🅿 – 40. AE GB
Repas *(fermé sam. midi)* 79 (dîner), 119/179 , enf. 77 – ☕ 48 – **47 ch** 285/315.

MICHELIN, Agence, 5 r. A.-Bergès, ZI des Iles, Le Pont de Claix par ④ ✆ 04 76 98 51 54

PEUGEOT Bernard Libération, 237 cours Libération ✆ 04 76 69 62 00 N ✆ 08 00 30 94 05
PEUGEOT Bernard Bastille, 53 rte de Lyon ✆ 04 76 46 71 67 N ✆ 08 00 30 94 05
RENAULT Splendid-Gar., 4 r. E.-Delacroix ✆ 04 76 42 74 72
RENAULT Galtier Jaurès, 22 Crs J.-Jaurès ✆ 04 76 87 55 27 N ✆ 04 76 74 06 32
RENAULT Galtier Libération, 73 Crs de la Libération ✆ 04 76 70 39 40 N ✆ 04 76 74 06 32

Euromaster, 86 Crs J.-Jaurès ✆ 04 76 46 00 91
Vulco, 27 r. Pierre Semard ✆ 04 76 70 90 30
Vulco, Angle r. des Iles et r. Abattoirs à St-Égrève ✆ 04 76 75 82 95

Périphérie et environs

AUDI, VOLKSWAGEN Gar. Guillaumin, 57 bd P.-Langevin à Fontaine ✆ 04 76 53 55 55
CITROEN Gar. Imbert, 104 Crs St-Andre à Pont-de-Claix par ④ ✆ 04 76 98 84 62 N ✆ 04 76 98 84 62
CITROEN I.D.A., 4 AV. Gén.-de-Gaulle à Seyssinet-Pariset ✆ 04 76 70 16 16
CITROEN S.A.D.A., 38 av. J.-Jaurès à Eybens par D 269c ✆ 04 76 24 20 63
FORD Gar. Gauduel, ZI r. du Béal à St-Martin d'Hères ✆ 04 76 25 75 45 N ✆ 08 00 00 50 05
FORD Gar. Gauduel, 46 av A.-Croizat à Fontaine ✆ 04 76 26 00 18
NISSAN Challenge Auto 38, rte de Lyon à St-Egrève ✆ 04 76 75 03 36
RENAULT Esso-Sce du Moucherotte, 117 Crs J.-Jaurès à Echirolles par ④ ✆ 04 76 09 16 24
RENAULT Gar. Lambert, 24 av. de Romans à Sassenage par ⑤ ✆ 04 76 27 40 62
RENAULT Percevalière Autom., 11 r. Tuilerie à Seyssinet-Pariset ✆ 04 76 48 57 99 N ✆ 04 76 21 86 74
RENAULT Auto Losange, bd P.-Langevin à Fontaine par ⑤ ✆ 04 76 28 22 22 N ✆ 08 00 05 15 15
RENAULT Auto Dauphiné, ZA Pré Ruffier à St-Martin d'Hères ✆ 04 76 62 42 22 N ✆ 08 00 05 15 15
RENAULT Galtier Sud, r. J.P.-Timbaud à Echirolles par av. du 8 Mai ✆ 04 76 33 78 78 N ✆ 04 76 74 06 32

Euromaster, 96 Crs J.-Jaurès à Echirolles ✆ 04 76 09 11 95 N ✆ 04 76 29 55 49
Euromaster, 91 av. G.-Péri à St-Martin d'Hères ✆ 04 76 42 10 59
Euromaster, 71 Crs J.-Jaurès à Echirolles ✆ 04 76 09 33 45
Euromaster, 39 bd P.-Langevin à Fontaine ✆ 04 76 26 32 45 N ✆ 04 76 29 55 49
Euromaster, ZI av. de l'Ile Brune à St-Egrève ✆ 04 76 75 86 69
Gonthier Frères, 1 r. de Chamechaude à Sassenage ✆ 04 76 27 11 11
Gonthier Frères-Point S, 131 av. G.-Péri à St-Martin-d'Hères ✆ 04 76 54 36 83

GRÉOUX-LES-BAINS *04800 Alpes-de-H.-P.* 84 ④ ⑤, 114 ⑤ *G. Alpes du Sud – 1 718 h alt. 386 – Stat. therm. (23 fév.-19 déc.).*

Office de Tourisme 5 av. Marronniers ✆ 04 92 78 01 08, Fax 04 92 78 13 00.

Paris 764 – Digne-les-Bains 65 – Aix-en-Provence 54 – Brignoles 56 – Manosque 14 – Salernes 50.

Crémaillère , rte Riez ✆ 04 92 70 40 04, *Fax 04 92 78 19 80*, – ▣ ☎ ♿ 🅿 – 40. AE ⓓ GB
1er mars-30 nov. – **Repas** *(95)* - 145/175 – ☕ 50 – **51 ch** 390 – ½ P 470.

Villa Borghèse , av. Thermes ✆ 04 92 78 00 91, *Fax 04 92 78 09 55*, – ▤ ▣ ☎ ✆ 🅿 – 80. AE ⓓ GB. rest
21 mars-25 nov. – **Repas** 155/240 – ☕ 55 – **67 ch** 380/670 – ½ P 435/520.

Gd Jardin (annexe 7 ch. fermé 20 déc. au 2 janv.), av. Thermes ✆ 04 92 70 45 45, *Fax 04 92 74 24 79*, – ▣ ☎ 🅿 – 30. AE ⓓ GB. rest
15 mars-20 nov. – **Repas** 85 (dîner), 95/200 – ☕ 35 – **90 ch** 190/320 – P 245/320.

Chêneraie Ⓜ , Les Hautes Plaines ✆ 04 92 78 03 23, *Fax 04 92 78 11 72*, ←, –
▣ ☎ ♿ 🅿. AE GB
fermé fin nov. à mi-fév. – **Repas** 90/168 , enf. 50 – ☕ 40 – **20 ch** 280/360 – P 350/370.

Alpes, av. Alpes ✆ 04 92 74 24 24, *Fax 04 92 74 24 26*, ⛱, ⛱ – TV ☎ P – 🏞 30. AE GB
mars-nov. – **Repas** 85/160 – ☕ 35 – **33 ch** 240/320 – ½ P 240/270.

Colonnes, av. des Marronniers ✆ 04 92 70 46 46, *Fax 04 92 77 64 37*, ⛱ – TV ☎ P. GB
15 mars-10 nov. – **Repas** 70/135 🍷 – ☕ 35 – **34 ch** 220/270 – ½ P 252/280.

RENAULT Gar. Gallégo, ✆ 04 92 78 00 50 N ✆ 04 92 78 00 50

GRESSE-EN-VERCORS *38650 Isère* 77 ⑭ *G. Alpes du Nord – 265 h alt. 1205 – Sports d'hiver : 1 300/1 700 m 16.*

Voir *Col de l'Allimas* ≤★ *S : 2 km.*

Office de Tourisme ✆ 04 76 34 33 40, Fax 04 76 34 31 26.

Paris 612 – Grenoble 47 – Clelles 21 – Monestier-de-Clermont 14 – Vizille 43.

Chalet M, ✆ 04 76 34 32 08, *Fax 04 76 34 31 06*, ≤, ⛱, ⛱, 🎾 – TV ☎ 🚗 P – 🏞 25. GB.
7 mai-2 nov. et 20 déc.-30 mars – **Repas** 97/300, enf. 58 – ☕ 45 – **25 ch** 220/420 – ½ P 350/390.

Rochas, ✆ 04 76 34 31 20 – ☎. GB. ch
fermé 20 oct. au 15 déc. – **Repas** 75/125 🍷 – ☕ 32 – **7 ch** 165/265 – ½ P 230.

GRESSWILLER *67190 B.-Rhin* 87 ⑮ *– 1 181 h alt. 200.*

Paris 480 – Strasbourg 33 – Obernai 14 – Saverne 31 – Sélestat 36.

Écu d'Or, Z.A. : 1 km par D 217 ✆ 03 88 50 16 00, *Fax 03 88 50 15 11* – TV ☎ ♿ P. GB
Repas 49 (déj.), 79/229 🍷, enf. 49 – ☕ 40 – **25 ch** 290/315 – ½ P 280.

CITROEN Gar. Fritsch, ✆ 03 88 50 04 10

Une réservation confirmée par écrit ou par fax est toujours plus sûre.

GRESSY *77 S.-et-M.* 56 ⑫, 101 ⑩ *– voir à Paris, Environs.*

GRÉSY-SUR-AIX *73 Savoie* 74 ⑮ *– rattaché à Aix-les-Bains.*

GRÉSY-SUR-ISÈRE *73740 Savoie* 74 ⑯ *– 890 h alt. 350.*

Env. *Site★★ et ≤★★ du château de Miolans★ SO : 7 km, G. Alpes du Nord.*

Paris 600 – Albertville 19 – Aiguebelle 12 – Chambéry 38 – St-Jean-de-Maurienne 47.

Tour de Pacoret avec ch, Nord-Est : 1,5 km par D 201 ✉ 73460 Frontenex ✆ 04 79 37 91 59, *Fax 04 79 37 93 84*, ≤ vallée et montagnes, ⛱, parc, ⛱ – TV ☎ P. GB JCB. rest
mi-avril-mi-nov. – **Repas** *(fermé lundi en oct. et nov. et mardi sauf le soir en juil.-août)* (nombre de couverts limité, prévenir) 90 (déj.), 120/245 🍷 – ☕ 50 – **9 ch** 300/435 – ½ P 350/380.

GRÉZIEU-LA-VARENNE *69290 Rhône* 74 ⑪, 110 ⑫ *– 3 256 h alt. 332.*

Paris 460 – Lyon 14 – L'Arbresle 17 – Villefranche-sur-Saône 31.

Host. de la Varenne, 9 r. É. Evellier ✆ 04 78 57 31 05, *Fax 04 78 57 31 05*, ⛱ – AE GB
fermé dim. soir et lundi – **Repas** 95 (déj.), 145/345 et carte 190 à 280 🍷, enf. 70.

La GRIÈRE *85 Vendée* 71 ⑪ *– rattaché à La Tranche-sur-Mer.*

GRIGNAN *26230 Drôme* 81 ② *G. Provence* (plan) *– 1 300 h alt. 198.*

Voir *Château★★ : ✻★.*

Paris 630 – Crest 47 – Montélimar 23 – Nyons 24 – Orange 48 – Pont-St-Esprit 34 – Valence 72.

Roseraie, rte Valréas ✆ 04 75 46 58 15, *Fax 04 75 46 91 55*, ⛱, « Élégant manoir dans un parc, ⛱, 🎾 » – cuisinette TV ☎ ♿ P. AE ⓓ GB
fermé 5 janv. au 14 fév. et lundi hors saison – **Repas** (prévenir) 195/250 – ☕ 90 – **15 ch** 690/1100 – ½ P 670/865.

Relais de Grignan, rte Montélimar D 541 : 1 km ✆ 04 75 46 57 22, *Fax 04 75 46 92 96*, ⛱, 🌳 – P. AE GB
fermé 2 au 8 janv., merc. soir sauf juil.-août, dim. soir et lundi – **Repas** 100/315, enf. 56.

CITROEN Gar. Ferretti, ✆ 04 75 46 51 78 N ✆ 04 75 46 51 78

GRIMAUD *83310 Var* **84** ⑰, **114** ㊲ *G. Côte d'Azur – 3 322 h alt. 105.*

Office de Tourisme bd des Aliziers ✆ 04 94 43 26 98, Fax 04 94 43 32 40 et annexe (saison) St-Pons-les-Mures.

Paris 862 – Fréjus 31 – Brignoles 56 – Le Lavandou 33 – St-Tropez 10 – Ste-Maxime 11 – Toulon 64.

Boulangerie sans rest, Ouest : 2 km par D 14 et rte secondaire ✆ 04 94 43 23 16, *Fax 04 94 43 38 27*, ≤, parc, – P. AE GB
Pâques-10 oct. – 60 – **11 ch** 680/820.

Athénopolis M, Ouest : 3,5 km par rte La Garde Freinet ✆ 04 94 43 24 24, *Fax 04 94 43 37 05*, – TV P. AE GB. rest
hôtel : Pâques-fin oct. ; rest. : mai-fin sept. – **Repas** grill (dîner seul.)(résidents seul.) 120/150 – 48 – **11 ch** 610/660 – 1/2 P 453.

Host. Coteau Fleuri, ✆ 04 94 43 20 17, *Fax 04 94 43 33 42*, ≤, – AE GB. rest
fermé 15 nov. au 15 déc., 5 au 20 janv. et mardi sauf juil.-août – **Repas** 150 (déj.)/190 – 45 – **14 ch** 400/550 – 1/2 P 420/495.

Les Santons (Girard), ✆ 04 94 43 21 02, *Fax 04 94 43 24 92*, « Cadre provençal » – AE GB JCB
15 mars-1er nov., 23 déc.-1er janv. et fermé merc. sauf le soir en juil.-août – **Repas** 215 bc (déj.), 260/420 et carte 380 à 510, enf. 110
Spéc. Selle d'agneau de Sisteron. Poissons du golfe en petite bourride. Gibier (15 sept. au 1er janv.). **Vins** Bandol, Cassis.

Bretonnière, pl. Pénitents ✆ 04 94 43 25 26 – GB
fermé 1er au 15 déc., le midi du 15 juin au 15 sept., dim. soir et lundi du 15 sept. au 15 juin – **Repas** 155 (déj.), 190/330.

Aude-Point S, N 98, Valensole à Cogolin ✆ 04 94 54 13 11

Les pastilles numérotées des plans de ville ①, ②, ③ sont répétées sur les ***cartes Michelin*** *à 1/200 000.*

Elles facilitent ainsi le passage entre les ***cartes*** *et les* ***guides Michelin.***

GRIS-NEZ (Cap) ★★ *62 P.-de-C.* **51** ① *G. Flandres Artois Picardie – ✉ 62179 Audinghen.*

Paris 279 – Calais 31 – Arras 126 – Boulogne-sur-Mer 20 – Marquise 13 – St-Omer 59.

Mauves, ✆ 03 21 32 96 06, – P. GB.
1er avril-15 nov. – **Repas** 118/230 – 42 – **16 ch** 320/520 – 1/2 P 320/440.

Sirène, ✆ 03 21 32 95 97, *Fax 03 21 32 74 75*, ≤ mer – P. AE GB
fermé 14 déc. au 29 janv., le soir sauf sam. de sept. à Pâques, dim. soir et lundi sauf juil.-août – **Repas** 113/194, enf. 44.

La GRIVE *38 Isère* **74** ⑬ – *rattaché à Bourgoin-Jallieu.*

GROIX (Ile de) ★ *56590 Morbihan* **58** ⑫ *G. Bretagne – 2 472 h alt. 38.*

Voir Site★ de Port-Lay – Trou de l'Enfer★.

Accès *par transports maritimes pour* **Port-Tudy** *(en été* réservation recommandée *pour le passage des véhicules).*

depuis **Lorient.** *Traversée 45 mn – Tarifs, se renseigner : Cie Morbihannaise et Nantaise de Navigation, bd A.-Pierre ✆ 02 97 64 77 64 - Fax 02 97 64 77 69.*

depuis **Doëlan** *service saisonnier- Traversée 1h- Renseignements et tarifs: Vedettes Glenn ✆ 02 98 97 10 31.*

Office de Tourisme Mairie ✆ 02 97 86 53 08 et (saison) Port Tudy ✆ 02 97 86 54 96.

Marine, au Bourg ✆ 02 97 86 80 05, *Fax 02 97 86 56 37*, – GB
fermé 5 janv. au 5 fév., dim. soir et lundi hors saison sauf vacances scolaires – **Repas** 80/140, enf. 50 – 45 – **22 ch** 237/470 – 1/2 P 270/375.

Ty Mad, au port ✆ 02 97 86 80 19, *Fax 02 97 86 50 79*, – TV AE GB JCB.
Repas *(fermé janv. à mars)* 78/160, enf. 55 – 40 – **32 ch** 260/380 – 1/2 P 250/350.

GRON *18800 Cher* **69** ② – *341 h alt. 226.*

Paris 222 – Bourges 30 – Montluçon 103 – Nevers 42 – St-Amand-Montrond 72 – Sancerre 29.

Aub. de la Butte, pl. Église ✆ 02 48 68 50 04, *Fax 02 48 68 52 71*, « Jolie maison villageoise » – GB
fermé 2 au 20 janv., lundi et mardi sauf fériés – **Repas** *(120)* - 134/174, enf. 60.

GROSLÉE *01680 Ain* 74 ⑭ *– 286 h alt. 280.*
Paris 497 – Belley 21 – Bourg-en-Bresse 71 – Lyon 71 – La Tour-du-Pin 27 – Vienne 69 – Voiron 44.

XX **Penelle,** à Port de Groslée Sud-Ouest : 1 km sur D 19 ✆ 04 74 39 71 01, *Fax 04 74 39 70 93,* ≤, 斋 – 🅿. GB
fermé 28 juin au 7 juil., 3 janv. au 3 fév., lundi et mardi – **Repas** 85/210.

GROTTE voir au nom propre de la grotte.

Les GROUËTS *41 L.-et-Ch.* 64 ⑦ *– rattaché à Blois.*

GROUIN (Pointe du) *35 I.-et-V.* 59 ⑥ *– rattaché à Cancale.*

GRUISSAN *11430 Aude* 86 ⑩ *G. Pyrénées Roussillon – 2 170 h alt. 2 – Casino.*
Office de Tourisme bd du Pech Maynaud ✆ 04 68 49 03 25, Fax 04 68 49 33 12.
Paris 804 – Perpignan 76 – Carcassonne 73 – Narbonne 15.

Corail M, quai Ponant, au port ✆ 04 68 49 04 43, *Fax 04 68 49 62 89,* ≤, 斋 – |‡| ▤ TV ☎ 🅿. AE ① GB
2 fév.-2 nov. – **Repas** 92/200 ♀, enf. 45 – ☕ 45 – **32 ch** 380/420 – ½ P 335/345.

Plage sans rest, à la Plage ✆ 04 68 49 00 75 – ☎ 🅿. GB. ✻
Pâques-mi-sept. – ☕ 35 – **17 ch** 260.

XX **L'Estagnol,** au village ✆ 04 68 49 01 27, *Fax 04 68 49 96 66,* ≤, 斋 – ▤. GB
avril-fin oct. et fermé lundi – **Repas** 98 (déj.), 138/165 ♀, enf. 45.

X **Lamparo,** au village ✆ 04 68 49 93 65, 斋 – ▤. GB
fermé 28 sept. au 6 oct., 5 au 31 janv., dim. soir et lundi sauf juil.-août – **Repas** *(75)* - 99/180, enf. 45.

Le GUA *17 Char.-Mar.* 71 ⑭ *– rattaché à Saujon.*

GUAGNO-LES-BAINS *2A Corse-du-Sud* 90 ⑮ *– voir à Corse.*

GUEBERSCHWIHR *68420 H.-Rhin* 62 ⑱ ⑲ *G. Alsace Lorraine – 703 h alt. 260.*
Paris 486 – Colmar 12 – Guebwiller 17 – Mulhouse 35 – Strasbourg 85.

Relais du Vignoble et rest. Belle Vue 🐌, ✆ 03 89 49 22 22, *Fax 03 89 49 27 82,* ≤, 斋 – |‡| TV ☎ ✆ ♿ 🅿 – 🏛 40. GB
fermé 1er fév. au 6 mars – **Repas** *(fermé merc. soir du 15 nov. au 1er avril et jeudi)* 80/250 ♀ – ☕ 45 – **30 ch** 260/450 – ½ P 280/300.

GUEBWILLER SP *68500 H.-Rhin* 62 ⑱ *G. Alsace Lorraine* **(plan)** – *10 942 h alt. 300.*
Voir *Église St-Léger★ : façade Ouest★★ – Intérieur★★ de l'église N.-Dame★ : Assomption★★ – Hôtel de Ville★ – Musée du Florival : décor★ d'une salle de bains, vase★ – Vallée de Guebwiller★★ NO – Buhl : retable de Buhl★★ dans l'église N : 3 km par D 430.*
Env. *Église★ de Lautenbach SE : 7 km.*
Office de Tourisme Hôtel de Ville ✆ 03 89 76 10 63, Fax 03 89 76 52 72.
Paris 475 – Mulhouse 23 – Belfort 52 – Colmar 26 – Épinal 101 – Strasbourg 103.

Château de la Prairie 🐌 sans rest, allée Marronniers ✆ 03 89 74 28 57, *Fax 03 89 74 71 88,* parc – ⇎ TV ☎ ✆ 🅿. AE ①
☕ 50 – **17 ch** 350/590.

Ange, 4 r. Gare ✆ 03 89 76 22 11, *Fax 03 89 76 50 08* – |‡| TV ☎ ♿ 🅿 – 🏛 30. AE GB
Repas *(fermé lundi sauf le soir en saison et dim. soir)* *(48)* - 60/300 ♀ – ☕ 40 – **36 ch** 225/285 – ½ P 300/393.

à Murbach *Nord-Ouest : 5 km par D 40ᴵ – 116 h. alt. 420 – ✉ 68530 :*
Voir *Église★★.*

Host. St-Barnabé 🐌, ✆ 03 89 62 14 14, *Fax 03 89 62 14 15,* 斋, « Maison fleurie dans le vallon, jardin », ✂ – ▤ rest, TV ☎ 🅿 – 🏛 30. AE ① GB
fermé 10 janv. au 6 mars, merc. midi et lundi midi d'avril à oct. et dim. soir – **Repas** 128/348 ♀ – ☕ 70 – **26 ch** 480/610 – ½ P 549/615.

à Jungholtz *Sud-Ouest : 6 km par D 51 – 677 h. alt. 332 – ✉ 68500 :*

Résidence Les Violettes ⛰, à Thierenbach ☎ 03 89 76 91 19, *Fax 03 89 74 29 12*, ≤, « Collection de voitures anciennes », – TV ☎ P. AE ⓓ GB
Repas *(fermé lundi soir et mardi)* 170/410 ♀ – ☕ 70 – **25 ch** 480/750.

Host. de Thierenbach "Les Iris" ⛰, à Thierenbach ☎ 03 89 76 93 01, *Fax 03 89 74 37 45*, – TV ☎ P. GB
fermé 15 déc. au 1er mars et lundi – **Repas** 90 (déj.), 118/300 ♀ – ☕ 55 – **16 ch** 385/550 – 1/2 P 380/430.

Biebler avec ch, ☎ 03 89 76 85 75, *Fax 03 89 74 91 45*, « Jardin fleuri » – TV ☎ P. AE ⓓ GB JCB
fermé merc. – **Repas** 80/280 ♀ – ☕ 50 – **7 ch** 250/350 – 1/2 P 270.

à Hartmannswiller *Sud : 7 km par D 5 – 503 h. alt. 255 – ✉ 68500 :*

Meyer, sur D 5 ☎ 03 89 76 73 14, *Fax 03 89 76 79 57*, – TV ☎. AE ⓓ GB.
fermé 15 au 30 mars, 15 au 31 oct., sam. midi et vend. – **Repas** 70/300 ♀, enf. 40 – ☕ 38 – **12 ch** 220/340 – 1/2 P 245/320.

à Rimbach-près-Guebwiller *Ouest : 11 km par D 51 – 223 h. alt. 550 – ✉ 68500 :*

Aigle d'Or ⛰, ☎ 03 89 76 89 90, *Fax 03 89 74 32 41*, « Jardin » – ☎ P. AE ⓓ GB
fermé 19 fév. au 12 mars – **Repas** *(fermé lundi d'oct. à juin)* 50 (déj.), 75/175 ♀, enf. 40 – ☕ 30 – **20 ch** 100/250 – 1/2 P 180/250.

PEUGEOT Gar. du Parc, 11 rte de Soultz ☎ 03 89 76 83 15

RENAULT Gar. du Florival, Pénétrante N 83 ☎ 03 89 62 16 16 N ☎ 06 07 59 29 91

Find out how long your journey will take before setting out.
The ***Michelin Map*** *no* **911** *helps you gain time.*

GUÉCELARD *72230 Sarthe* 64 ⑬ *– 2 261 h alt. 45.*

Paris 216 – Le Mans 18 – Château-du-Loir 38 – La Flèche 26 – Le Grand-Lucé 38.

Botte d'Asperges, ☎ 02 43 87 29 61, *Fax 02 43 87 29 61* – ⓓ GB
fermé 20 juil. au 10 août, dim. soir et lundi sauf fériés – **Repas** *(70)* - 98/150, enf. 45.

PEUGEOT Gar. du Bas Bordage, ☎ 02 43 87 95 06

RENAULT Gar. Lambourg, ☎ 02 43 87 12 65

GUÉMENE-SUR-SCORFF *56160 Morbihan* 59 ⑪ *– 1 332 h alt. 180.*

Paris 483 – Vannes 69 – Concarneau 71 – Lorient 45 – Pontivy 21 – Rennes 135 – St-Brieuc 69.

Bretagne, r. J. Peres ☎ 02 97 51 20 08, *Fax 02 97 39 30 49*, – TV ☎ P – 30. GB
fermé 1er au 20 sept., 20 déc. au 15 janv. et sam. hors saison – **Repas** 59/195 ♀, enf. 35 – ☕ 32 – **19 ch** 175/300 – 1/2 P 194/241.

GUENROUËT *44530 Loire-Atl.* 63 ⑮ *– 2 383 h alt. 30.*

Paris 407 – Nantes 59 – Redon 22 – St-Nazaire 42 – Vannes 70.

Relais St-Clair, rte Nozay ☎ 02 40 87 66 11, *Fax 02 40 87 71 01* – . GB
fermé 2 au 8 nov., 4 au 10 janv. et vacances de fév. – **Repas** *(fermé dim. soir et lundi sauf juil.-août, mardi soir et merc. soir d'oct. à avril)* 95 (déj.), 135/355 ♀, enf. 70.

RENAULT Gar. Richard, ☎ 02 40 87 60 79

GUÉRANDE *44350 Loire-Atl.* 63 ⑭ *G. Bretagne* (plan) *– 11 665 h alt. 54.*

Voir *Le tour des remparts★ – Collégiale St-Aubin★.*

Office de Tourisme 1 pl. Marché aux Bois ☎ 02 40 24 96 71, Fax 02 40 62 04 24.

Paris 456 – Nantes 83 – La Baule 7 – St-Nazaire 21 – Vannes 66.

Voyageurs, pl. du 8 Mai 1945 ☎ 02 40 24 90 13, *Fax 02 40 62 06 64*, – TV ☎. GB
fermé 20 déc. au 10 janv. et lundi sauf juil.-août – **Repas** *(fermé le soir d'oct. à mars)* 57/225, enf. 38 – ☕ 32 – **12 ch** 260/290 – 1/2 P 290.

des Remparts avec ch, bd Nord ☎ 02 40 24 90 69, *Fax 02 40 62 17 99* – TV ☎. GB
fermé 1er déc. au 31 janv., lundi (sauf hôtel) et dim. soir sauf juil.-août – **Repas** *(fermé le soir du 3 nov. au 15 mars)* *(95)* - 105/250 ♀, enf. 60 – ☕ 35 – **8 ch** 280/300 – 1/2 P 290.

CITROEN Gar. Mercier, 2 r. Letilly ☎ 02 40 24 90 35
PEUGEOT Gar. Cottais, rte de la Turballe ☎ 02 40 24 90 39 N ☎ 02 40 24 94 28

RENAULT Gar. Guihard, r. de l'Océan à St-Molf ☎ 02 40 62 51 75 N ☎ 02 40 62 51 75

La GUERCHE-DE-BRETAGNE *35130 I.-et-V. 63 ⑧ G. Bretagne – 4 123 h alt. 77.*

Paris 325 – Châteaubriant 30 – Laval 54 – Redon 84 – Rennes 42 – Vitré 22.

XX **Calèche** M avec ch, 16 av. Gén. Leclerc ☏ 02 99 96 21 63, *Fax 02 99 96 49 52,* – TV ☎ P. GB
fermé 3 au 24 août, dim. soir et lundi – **Repas** (65) - 75/115 ♀ – 45 – **10 ch** 205/280 – ½ P 215.

Billon-Pneus, rte de Vitré ☏ 02 99 96 22 51

GUÉRET P *23000 Creuse 72 ⑨ G. Berry Limousin – 14 706 h alt. 457.*

Voir *Salle du Trésor d'orfèvrerie* du musée de la Sénatorerie* **Z M**[1].

Office de Tourisme 1 av. Ch.-de-Gaulle ☏ 05 55 52 14 29, Fax 05 55 41 19 38.

Paris 353 ① – Limoges 89 ② – Bourges 125 ① – Châteauroux 90 ① – Clermont-Ferrand 134 ① – Montluçon 66 ③ – Tulle 128 ④.

GUÉRET

Ancienne-Mairie (R. de l') . **Z** 4
Grande-Rue . . . . . **Z** 15
Piquerelle (Pl.) . . . . . **Y** 22

Allende (R. Salvador) . . . . . **Y** 2
Bonnyaud (Pl.) . . . . . **Z** 5
Corneille (R. Pierre) . . . . . **Y** 7
Ducouret (R.) . . . . . **Z** 9
Gare (Rond-Point de la) . . . . . **Y** 12
Grand (R. Alfred) . . . . . **Y** 13
Jaurès (R. Jean) . . . . . **Z** 16
Londres (R. de) . . . . . **Y** 17
Musset (R. Alfred-de) . . . **Y** 19
Pasteur (Av.) . . . . . **YZ** 20
Poitou (Av. du) . . . . . **Y** 23
Rollinat (R. Maurice) . . . . . **Y** 25
Roosevelt (R. Franklin) . . . **Y** 26
St-Pardoux (Bd) . . . . . **Y** 28
Verdun (R. de) . . . . . **Z** 29
Zola (Bd Émile) . . . . . **Y** 30

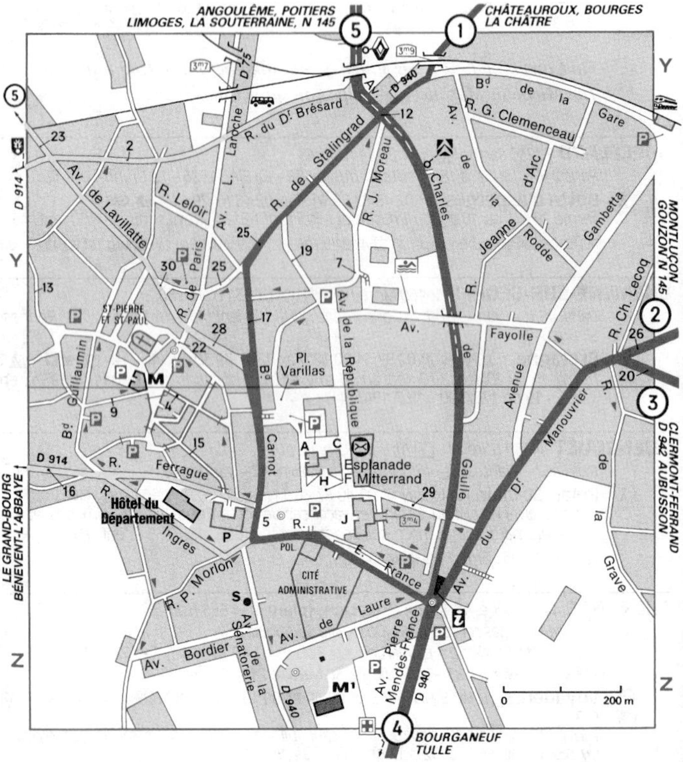

Auclair, 19 av. Sénatorerie ☏ 05 55 41 22 00, *Fax 05 55 52 86 89,* – TV ☎. GB
Repas 90/230 ♀ – 39 – **32 ch** 200/300 – ½ P 275.

Campanile, av. R. Cassin vers ④ *par av. Ch. de Gaulle* ☏ 05 55 51 54 00, *Fax 05 55 52 56 16,* – TV ☎ P – 25. AE GB
Repas (66) - 84 bc/107 bc, enf. 39 – 34 – **48 ch** 278.

à Ste-Feyre *par ③ : 7 km – 2 250 h. alt. 450 – ✉ 23000 :*
Voir *Château du Théret★ SE : 3 km.*

XX **Touristes**, ✆ 05 55 80 00 07, *Fax 05 55 81 11 04* – GB.
fermé mardi soir et merc. – **Repas** 89/215 ♁, enf. 50.

AUDI, VOLKSWAGEN, SKODA Gar. St-Christophe, rte de Paris à Cherdemont ✆ 05 55 51 97 50 N ✆ 05 55 51 97 50
CITROEN ASC, 21 av. Ch.-de-Gaulle ✆ 05 55 52 48 52 N ✆ 05 55 52 48 52
FIAT, LANCIA Gar. Bellevue, Le Verger N 145 à Ste-Feyre ✆ 05 55 52 43 65
PEUGEOT Gar. Daraud, rte de Montluçon à Ste-Feyre par ② ✆ 05 55 52 52 00 N ✆ 05 55 61 31 42
RENAULT Gén. Autom. Creusoise, 31 av. Gén.-de-Gaulle ✆ 05 55 52 06 60 N ✆ 05 55 42 82 93
TOYOTA Gar. de l'Avenir, ZA Les Varennes ✆ 05 55 52 73 73

Vulco, 27 av. Ch.-de-Gaulle ✆ 05 55 52 01 65

GUÉTHARY *64210 Pyr.-Atl. 78 ⑪ ⑱ G. Pyrénées Aquitaine – 1 105 h alt. 15.*

Office de Tourisme pl. du Fronton ✆ 05 59 26 56 60, Fax 05 59 54 92 67.
Paris 784 – Biarritz 9 – Bayonne 18 – Pau 125 – St-Jean-de-Luz 6.

Brikéténia sans rest, ✆ 05 59 26 51 34, *Fax 05 59 54 71 55*, ≤, – TV ☎ P. GB
1er mars-15 nov. – 40 – **21 ch** 300/400.

Le GUÉTIN *18 Cher 69 ③ – ✉ 18150 La Guerche-sur-l'Aubois.*

Paris 238 – Bourges 57 – La Guerche-sur-l'Aubois 10 – Nevers 12 – St-Pierre-le-Moutier 27.

XX **Aub. du Pont-Canal**, D 976 ✆ 02 48 80 40 76, *Fax 02 48 80 45 11*, – GB
fermé 4 au 24 janv. et lundi sauf juil.-août – **Repas** (déj. seul. de nov. à mars sauf sam.) 75 (déj.), 120/170 ♁, enf. 39.

GUEUGNON *71130 S.-et-L. 69 ⑰ – 9 697 h alt. 243.*

Paris 339 – Moulins 61 – Autun 52 – Bourbon-Lancy 26 – Digoin 16 – Mâcon 87 – Montceau-les-Mines 29.

Centre, 34 r. Liberté ✆ 03 85 85 21 01, *Fax 03 85 85 02 67* – ▤ rest, TV ☎ P. AE ⓞ GB
Repas *(fermé dim. soir)* 79/180 ♀, enf. 55 – 38 – **20 ch** 155/270.

XX **Relais Bourguignon** avec ch, 47 r. Convention ✆ 03 85 85 25 23, *Fax 03 85 84 47 22* – TV ☎ P. AE ⓞ GB
fermé 13 juil. au 4 août, dim. soir et lundi – **Repas** 100 bc/240 ♁, enf. 70 – 35 – **7 ch** 170/220.

CITROEN Gar. Milli, rte de Digoin ✆ 03 85 85 06 02 N ✆ 03 85 85 06 02

Goesin, ZA rte de Rigny-sur-Arroux ✆ 03 85 85 25 40

GUEWENHEIM *68116 H.-Rhin 87 ⑲ – 1 140 h alt. 323.*

Paris 443 – Mulhouse 20 – Altkirch 21 – Belfort 24 – Thann 9.

XX **Gare**, ✆ 03 89 82 51 29, *Fax 03 89 82 84 62*, – P. GB
fermé 22 juil. au 14 août, vacances de fév., mardi et merc. – **Repas** 50 (déj.), 140/320 ♀.

PEUGEOT Gar. Maranzana, ✆ 03 89 82 50 69

GUIGNIÈRE *37 I.-et-L. 64 ⑭ ⑮ – rattaché à Tours.*

GUILHERAND-GRANGES *07 Ardèche 77 ⑫ – rattaché à Valence (26 Drôme).*

GUILLESTRE *05600 H.-Alpes* 77 ⑱ *G. Alpes du Sud – 2 000 h alt. 1000.*

Voir *Porche* de l'église – Pied-la-Viste ≤* E : 2 km – Peyre-Haute ≤* S : 4 km puis 15 mn.*
Env. *Combe du Queyras** NE : 5,5 km.*
Office de Tourisme pl. Salva ℘ 04 92 45 04 37, Fax 04 95 45 19 09.
Paris 717 – Briançon 37 – Gap 61 – Barcelonnette 52 – Digne-les-Bains 116.

Les Barnières II ⑤, ℘ 04 92 45 04 87, *Fax 04 92 45 28 74*, ≤ vallée et montagnes, ⚐, ⛱, ⛲, ✂ – ⚘ ⛌ 📺 ☎ P. GB. ✂ rest
fermé 15 oct. au 15 déc. – **Repas** 100/200 – ☕ 45 – **45 ch** 400/440 – ½ P 410/420.

Les Barnières I ⑤, ℘ 04 92 45 05 07, *Fax 04 92 45 28 74*, ≤, ⛱, ⛲, ✂ – 📺 ☎ P. GB. ✂ rest
1er juin-15 sept. – **Repas** 100/200 – ☕ 45 – **35 ch** 350/400 – ½ P 390.

Catinat Fleuri, ℘ 04 92 45 07 62, *Fax 04 92 45 28 88*, ⛱, ⛲, ✂ – 📺 ☎ P. AE ⓘ GB
Repas 86/170, enf. 40 – ☕ 37 – **31 ch** 365/395 – ½ P 330/350.

Epicurien, ℘ 04 92 45 20 02, ⛱ – GB
fermé 1er au 15 juin, 15 au 30 nov., lundi soir et mardi sauf été – **Repas** 130/200 ♨, enf. 55.

à Mont-Dauphin gare *Nord-Ouest : 4 km par D 902A et N 94 – 73 h. alt. 1050 – ✉ 05600 :*
Voir *Charpente* de la caserne Rochambeau.*

Lacour et rest. Gare, ℘ 04 92 45 03 08, *Fax 04 92 45 40 09*, ⛲ – 📺 ☎ ✆ P. GB
fermé sam. du 1er mai au 30 juin et du 1er sept. au 20 déc. – **Repas** 80/180 ♨, enf. 45 – ☕ 36 – **46 ch** 320 – ½ P 200/276.

à La Maison du Roy *Nord-Est : 5,5 km par D 902 – ✉ 05600 Guillestre :*

Maison du Roy, ℘ 04 92 45 08 34, *Fax 04 92 45 44 45*, ≤, ⛱, ⛲, ✂ – ☎ P. ⓘ GB. ✂ rest
fermé 1er au 8 mai, 27 oct. au 20 déc. et lundi en mai, juin, sept. et oct. – **Repas** 82/155 ♀, enf. 56 – ☕ 47 – **30 ch** 220/365 – ½ P 270/330.

PEUGEOT Gar. du Tourisme, à Mont-Dauphin ℘ 04 92 45 07 09

GUILLIERS *56490 Morbihan* 63 ④ *– 1 207 h alt. 86.*
Paris 413 – Vannes 60 – Dinan 64 – Lorient 91 – Ploërmel 13 – Rennes 67.

Relais du Porhoët, ℘ 02 97 74 40 17, *Fax 02 97 74 45 65*, ⛲ – 📺 ☎ P. AE ⓘ GB
Repas 70/190 ♀ – ☕ 35 – **12 ch** 220/250 – ½ P 220/230.

GUILVINEC *29730 Finistère* 58 ⑭ *G. Bretagne – 3 365 h alt. 5.*
Paris 586 – Quimper 31 – Douarnenez 39 – Pont-l'Abbé 12.

Centre, r. Gén. de Gaulle ℘ 02 98 58 10 44, *Fax 02 98 58 31 05*, ⛲ – 📺 ☎ P. GB
fermé dim. soir et lundi d'oct. à mars – **Repas** 68/240 ♀, enf. 48 – ☕ 36 – **9 ch** 200/320 – ½ P 270/300.

Chandelier, 16 r. Marine ℘ 02 98 58 91 00 – GB
fermé vacances de Toussaint, mardi soir et lundi sauf juil.-août – **Repas** 85/230.

à Treffiagat *Nord-Est : 3 km – 2 333 h. alt. 20 – ✉ 29730 Guilvinec :*

Gentilhommière ⑤ sans rest, Nord : 1 km sur D 153 ℘ 02 98 58 13 29, ⛱, ⛲ – ☎ P. AE GB – ☕ 38 – **6 ch** 240/330.

GUINGAMP SP *22200 C.-d'Armor* 59 ② *G. Bretagne – 7 905 h alt. 81 –* Voir *Basilique** B.
Office de Tourisme pl. du Champ au Roy ℘ 02 96 43 73 89, Fax 02 96 40 01 95.
Paris 483 ③ – St-Brieuc 32 ③ – Carhaix-Plouguer 47 ⑥ – Lannion 30 ⑦ – Morlaix 52 ⑦ – Pontivy 62 ④.

Plan page ci-contre

Armor sans rest, 44 bd Clemenceau ℘ 02 96 43 76 16, *Fax 02 96 43 89 62* – 📺 ☎ ✆. AE ⓘ GB. ✂ B s
☕ 36 – **23 ch** 280/315.

Relais du Roy ⑤ avec ch, pl. Centre ℘ 02 96 43 76 62, *Fax 02 96 44 08 01* – 📺 ☎ – 🏛 25. AE ⓘ GB A e
fermé vacances de Noël et dim. du 15 nov. au 15 mars – **Repas** 120/250 et carte 200 à 360 ♀ – ☕ 55 – **6 ch** 450/680 – ½ P 425.

CITROEN Gar. Kerambrun, ZI de Bellevue à Ploumagoar par ③ ℘ 02 96 43 79 07 N ℘ 06 80 04 90 14
PEUGEOT Gds Gar. de Guingamp, ZI r. de Porsmin à Grâces par ⑥ ℘ 02 96 40 68 20 N ℘ 02 96 43 17 95
RENAULT Gar. Menguy, 9 r. Carmélites ℘ 02 96 40 68 10 N ℘ 06 07 40 97 60
Guingamp services, 22 bd de la Marne ℘ 02 96 43 74 71 N ℘ 02 96 43 74 71

Vulco, ZI de Grâces-Guingamp ℘ 02 96 43 96 82

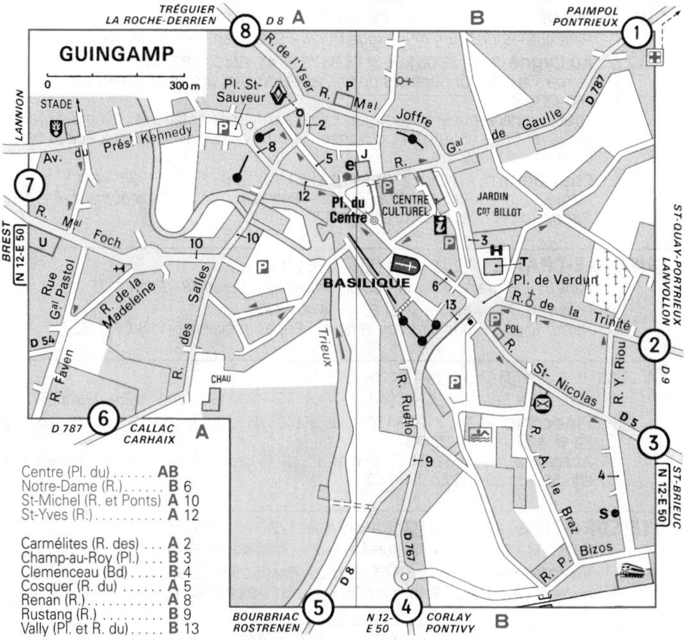

Centre (Pl. du) . . . . . . **AB**
Notre-Dame (R.) . . . . . . **B** 6
St-Michel (R. et Ponts) **A** 10
St-Yves (R.) . . . . **A** 12

Carmélites (R. des) . . . **A** 2
Champ-au-Roy (Pl.) . . . **B** 3
Clemenceau (Bd) . . . . . **B** 4
Cosquer (R. du) . . . . . . **A** 5
Renan (R.) . . . . **A** 8
Rustang (R.) . . . . **B** 9
Vally (Pl. et R. du) . . . . . **B** 13

GUISE *02120 Aisne* 53 ⑮ *G. Flandres Artois Picardie – 5 976 h alt. 97 –* **Voir** *Château★.*
Office de Tourisme ☎ 03 23 60 45 71, Fax 03 23 05 60 15.
Paris 175 – St-Quentin 28 – Avesnes-sur-Helpe 39 – Cambrai 50 – Hirson 38 – Laon 38.

Champagne Picardie, 41 r. A. Godin ☎ 03 23 60 43 44, – TV ☎ P – 25. GB. ch
fermé 3 au 9 août (sauf rest.), vacances de fév., lundi (sauf hôtel) et dim. soir – **Repas** grill 60 (déj.), 80/140, enf. 45 – 25 – **12 ch** 240/290 – ½ P 180/205.

Guise avec ch, 103 pl. Lesur ☎ 03 23 61 17 58 – TV ☎. GB
Repas *(fermé Noël au Jour de l'An, sam. en hiver, vend. soir et dim. soir)* 75/150 – 25 – **8 ch** 185/240 – ½ P 220.

PEUGEOT Donnay Autom., 35 r. de Flavigny ☎ 03 23 61 09 43

GUJAN-MESTRAS *33470 Gironde* 78 ② *G. Pyrénées Aquitaine – 11 433 h alt. 5.*
Voir *Parc ornithologique du Teich★ E : 5 km.*
18 9 *☎ 05 56 66 86 36, S par N 250 puis D 652 : 5 km.*
Office de Tourisme 19 av. de Lattre-de-Tassigny ☎ 05 56 66 12 65, Fax 05 56 66 94 44.
Paris 639 – Bordeaux 62 – Andernos-les-Bains 26 – Arcachon 16.

Guérinière, à Gujan ☎ 05 56 66 08 78, *Fax 05 56 66 13 39,* – TV ☎ P – 25. AE GB
Repas *(fermé dim. soir d'oct. à Pâques)* 120/350 – 50 – **27 ch** 450/490 – ½ P 450.

à La Hume – ✉ *33470 :*

Les Deux Écluses, 58 rte des lacs ☎ 05 56 66 77 12, *Fax 05 56 66 73 73,* – AE GB
fermé 15 fév. au 1er mars, dim. soir et lundi du 15 sept. au 15 juin – **Repas** 95/130, enf. 50.

GUNDERSHOFFEN *67110 B.-Rhin* **57** ⑲ *– 3 377 h alt. 180.*

Paris 466 – Strasbourg 47 – Haguenau 16 – Sarreguemines 63 – Wissembourg 39.

XXX ✿ **Au Cygne** (Paul), 35 Gd Rue ✆ 03 88 72 96 43, *Fax 03 88 72 86 47* – ▤. GB
fermé 3 au 24 août, vacances de fév., jeudi soir, dim. soir et lundi – **Repas** 185/295 et carte 280 à 330 ♀
Spéc. Schneckenudle à l'escargot, sauce aux herbes potagères. Trilogie de foie gras à la purée de figue et au confit d'oignon. Selle de chevreuil, sauce aux épices douces. **Vins** Edelzwicker, Pinot noir.

XX **Chez Gérard,** à la Gare ✆ 03 88 72 91 20, *Fax 03 88 72 89 25,* ☂ – GB
fermé 27 juil. au 9 août et 18 au 31 janv. – **Repas** *(fermé lundi soir et mardi) (50)* - 110/270 ♂ -
Bahnstuebel : **Repas** carte environ 120.

GURCY-LE-CHÂTEL *77520 S.-et-M.* **61** ③ *– 352 h alt. 129.*

Paris 83 – Fontainebleau 34 – Coulommiers 47 – Melun 38 – Provins 23.

X ☺ **Loiseau,** 21 r. Ampère ✆ 01 60 67 34 00 – GB
fermé 10 au 31 août, dim. soir et lundi – **Repas** (prévenir) 56 (déj.), 67/135 ♂.

GY *70700 H.-Saône* **66** ⑭ *G. Jura – 943 h alt. 237.*

Paris 355 – Besançon 32 – Dijon 68 – Dôle 50 – Gray 19 – Langres 75 – Vesoul 37.

🏠 **Pinocchio** Ⓜ ⛰, ✆ 03 84 32 95 95, *Fax 03 84 32 95 75,* ☂, ⛱, 🌳, 🎾 – cuisinette ✈
TV ☎ ♿ P – 🏋 35. AE GB
Absolut ✆ 03 84 32 84 32 *(fermé 1er au 15 sept., dim. soir et lundi)* **Repas** 90/240 ♀, enf. 50 – ☕ 30 – **12 ch** 280/650.

GYÉ-SUR-SEINE *10250 Aube* **61** ⑱ *– 485 h alt. 172.*

Paris 208 – Troyes 43 – Bar-sur-Aube 42 – Châtillon-sur-Seine 24 – Tonnerre 45.

X ☺ **Voyageurs** avec ch, ✆ 03 25 38 20 09, *Fax 03 25 38 25 37,* ☂ – GB
fermé 1er au 15 fév. – **Repas** 72/175 ♀ – ☕ 31 – **9 ch** 120/165 – ½ P 170.

HABÈRE-POCHE *74420 H.-Savoie* **70** ⑰ *– 662 h alt. 945 – Sports d'hiver : 930/1 600 m ⛷ 9 ⛷.*

Voir *Col de Cou*★ *NO : 4 km,* G. **Alpes du Nord.**

ℹ *Syndicat d'Initiative ✆ 04 50 39 54 46, Fax 04 50 39 56 62.*

Paris 566 – Thonon-les-Bains 23 – Annecy 62 – Bonneville 32 – Genève 36.

🏠 **Chardet** ⛰, à Ramble, Nord : 2,5 km ✆ 04 50 39 51 46, *Fax 04 50 39 57 18,* ≤, ☂, ⛱, ⛱, 🌳, 🎾 – 🛗 TV ☎ P. GB
week-ends de printemps (sauf hôtel), 1er juin-15 oct. et 20 déc.-10 avril – **Repas** 98/190, enf. 39 – ☕ 40 – **32 ch** 290/390 – ½ P 280/330.

X **Tiennolet,** ✆ 04 50 39 51 01, *Fax 04 50 39 58 15,* ☂ – GB
fermé juin, 15 oct. au 15 nov., mardi soir et merc. – **Repas** 90 (déj.), 125/198 ♀, enf. 65.

L'HABITARELLE *48 Lozère* **76** ⑯ *– ✉ 48170 Châteauneuf-de-Randon.*

Paris 598 – Mende 28 – Le Puy-en-Velay 62 – Langogne 19.

🏠 ☺ **Poste,** ✆ 04 66 47 90 05, *Fax 04 66 47 91 41* – TV ☎ 📞 ♿ 🚗 P. GB
fermé 23 oct. au 3 nov., 20 déc. au 31 janv., vend. soir et sam. midi sauf juil.-août – **Repas** *(48)* - 85/170 ♀, enf. 28 – ☕ 40 – **16 ch** 260/300 – ½ P 260/270.

HAGENTHAL-LE-HAUT *68220 H.-Rhin* **87** ⑩ *– 428 h alt. 400.*

Paris 481 – Mulhouse 35 – Altkirch 27 – Basel 14 – Colmar 71.

XX ✿ **Ancienne Forge,** ✆ 03 89 68 56 10, *Fax 03 89 68 17 38* – GB
fermé 17 au 31 août, 24 déc. au 4 janv., dim. et lundi – **Repas** 190 (déj.), 290/390 et carte 320 à 450
Spéc. Cuisses de grenouilles poêlées, risotto et crème de cresson. Jarret de veau de lait de Corrèze mijoté en cocotte. Volaille de bresse en ballotine aux truffes et nouilles.

HAGETMAU *40700 Landes* **78** ⑦ *G. Pyrénées Aquitaine – 4 449 h alt. 96.*

Paris 738 – Mont-de-Marsan 29 – Aire-sur-l'Adour 34 – Dax 46 – Orthez 25 – Pau 56 – Tartas 30.

XXX ☺ **Jambon** Ⓜ ⛰ avec ch, r. Carnot ✆ 05 58 79 32 02, *Fax 05 58 79 34 78* – ▤ rest, TV ☎. GB. ✻ ch
fermé dim. soir et lundi midi – **Repas** 85/220 et carte 130 à 260 ♀ – ☕ 35 – **7 ch** 270/300 – ½ P 320.

CITROEN Gar. Lacourrège, ✆ 05 58 79 31 80
PEUGEOT Michel's Autom., ✆ 05 58 79 58 58
RENAULT Gar. Labadie, ✆ 05 58 79 38 11

HAGONDANGE *57300 Moselle 57 ④ G. Alsace Lorraine – 8 222 h alt. 160.*

Syndicat d'Initiative pl. Jean Burger ☎ 03 87 70 35 27, Fax 03 87 71 31 27.

Paris 327 – Metz 17 – Briey 22 – Saarlouis 54 – Thionville 14.

Agena Ⓜ, 50 r. 11 Novembre ☎ 03 87 70 21 32, *Fax 03 87 70 11 48*, – TV ☎ ♿ P – 25. AE GB

fermé dim. soir et sam. – **Repas** 77 (déj.), 99/177 ♀, enf. 47 – ☕ 35 – **41 ch** 280/340 – 1/2 P 220/240.

RENAULT Sallet Auto Diffusion, rte de Metz ☎ 03 87 71 70 54

HAGUENAU SP *67500 B.-Rhin 57 ⑲ G. Alsace Lorraine – 27 675 h alt. 150.*

Voir *Musée historique★* **BZ M**[1].

de Soufflenheim Baden-Baden ☎ 03 88 05 77 00 par ② et D138 : 14 km.

Office de Tourisme pl. de la Gare ☎ 03 88 93 70 00, Fax 03 88 93 69 89 et Musée Alsacien, 1 pl. J. Thierry ☎ 03 88 73 30 41.

Paris 480 ④ – Strasbourg 33 ④ – Baden-Baden 42 ② – Épinal 151 ④ – Karlsruhe 61 ② – Lunéville 120 ④ – Nancy 138 ④ – St-Dié 122 ④ – Sarreguemines 78 ⑥.

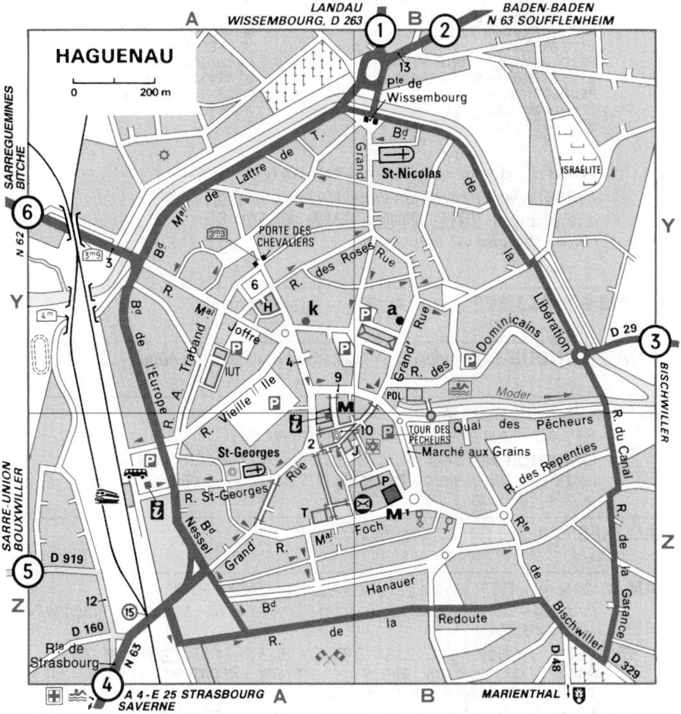

Armes (Pl. d') .... **AZ** 2	Bitche (Rte de) .... **AY** 3	République (Pl. de la) .. **ABZ** 10
Château (R. du).......... **AY** 4	Gaulle (Pl. Ch.-de)....... **AY** 6	Schweighouse (Rte de).. **AZ** 12
Grand-Rue .... **ABYZ**	Moder (R. de la) .... **AY** 9	Soufflenheim (Rte de)... **BY** 13

Europe, 15 av. Prof. René Leriche par ④ ☎ 03 88 93 58 11, *Fax 03 88 06 05 43*, – TV ☎ P – 40. GB. rest

Repas 55/165, enf. 29 – ☕ 35 – **82 ch** 235/310 – 1/2 P 238.

Kaiserhof, 119 Gd Rue ☎ 03 88 73 43 43, *Fax 03 88 73 28 91*, – TV ☎ ♿. AE GB. ch **BY a**

fermé 1er au 15 sept., vacances de fév., dim. soir et lundi – **Repas** 59 (déj.), 115/225 ♀, enf. 49 – ☕ 42 – **15 ch** 275/340 – 1/2 P 265.

Pins, 112 rte Strasbourg par ② ☎ 03 88 93 68 40, *Fax 03 88 93 34 14*, – TV ☎ P. AE GB. rest
Repas *(fermé 1er au 15 août, 1er au 15 janv., sam. midi et dim.)* 95/280 ♀ – ☕ 40 – **23 ch** 310 – ½ P 250.

Barberousse, 8 pl. Barberousse ☎ 03 88 73 31 09, *Fax 03 88 73 45 14*, – GB
fermé 28 juil. au 18 août, mardi soir, dim. soir et lundi – **Repas** 60/240 ♀, enf. 40. AY k

à Marienthal *Sud-Est par D 48 : 5 km – ✉ 67500 :*

Cyf, 1 r. Rothbach ☎ 03 88 93 17 17, *Fax 03 88 93 17 00*, – ▤. AE GB
fermé 15 au 28 fév., sam. midi, dim. soir et lundi – **Repas** 95 (déj.), 195/250 et carte 240 à 320 ♀.

à Schweighouse-sur-Moder *par ⑤ : 4 km – 4 354 h. alt. 150 – ✉ 67590 :*

Aub. Cheval Blanc avec ch, 46 r. Gén. de Gaulle ☎ 03 88 72 76 96, *Fax 03 88 72 07 32* – TV P. GB
fermé 1er au 18 août, 26 déc. au 5 janv., dim. soir (sauf hôtel) et sam. – **Repas** 78/210 ♀, enf. 55 – ☕ 33 – **8 ch** 140/220.

BMW L'Espace, 81 rte de Bischwiller ☎ 03 88 93 49 49
CITROEN Sodifa, 101 rte de Marienthal par D 48 ☎ 03 88 90 60 60 N ☎ 03 88 93 14 17
FIAT Gar. Gloeckler, 1 bd de l'Europe ☎ 03 88 73 41 00
FORD Gar. Wolff, 91 rte de Bischwiller ☎ 03 88 05 40 40 N ☎ 03 88 93 12 13
PEUGEOT Nord Alsace Autom., 121a rte de Strasbourg par ④ ☎ 03 88 63 86 86 N ☎ 03 88 26 54 77
RENAULT Gar. Grasser, 134 rte de Weitbruch par D 48 BZ ☎ 03 88 06 16 26 N ☎ 03 88 53 72 12

Euromaster, 4 ch. des Prairies ☎ 03 88 73 30 79
Kautzmann, 105 rte de Strasbourg ☎ 03 88 93 11 38
Pneus et Services D.K., 2 rte de Strasbourg ☎ 03 88 93 93 59

La HAIE FOUASSIÈRE *44 Loire-Atl.* 67 ④ – *rattaché à Nantes.*

La HAIE-TONDUE *14 Calvados* 55 ③ – *rattaché à Beaumont-en-Auge.*

Les HALLES *69610 Rhône* 73 ⑲ – *259 h alt. 650.*

Paris 479 – St-Étienne 53 – Lyon 48 – Montbrison 41.

Charreton avec ch, ☎ 04 74 26 63 05, *Fax 04 74 26 63 05* – GB. ch
fermé dim. soir et merc. – **Repas** 125/220 ♀ – ☕ 30 – **5 ch** 250/300.

HALLINES *62 P.-de-C.* 52 ① – *rattaché à St-Omer.*

HAM *80400 Somme* 53 ⑬ *G. Flandres Artois Picardie – 5 532 h alt. 65.*

Paris 124 – Compiègne 42 – St-Quentin 20 – Amiens 70 – Noyon 20 – Péronne 24 – Roye 26 – Soissons 57.

Valet, 58 r. Noyon ☎ 03 23 81 10 87, *Fax 03 23 81 24 76* – TV ☎ P. GB
fermé 24 déc. au 4 janv., sam. soir et dim. soir – **Repas** *(40)* - 60 bc (déj.)/150 🍷, enf. 40 – ☕ 30 – **23 ch** 145/240 – ½ P 150/210.

France avec ch, 5 pl. H. de Ville ☎ 03 23 81 00 22 – TV ☎. GB. ch
fermé dim. soir – **Repas** *(60)* - 110/155 ♀ – ☕ 30 – **6 ch** 210/260 – ½ P 275.

CITROEN Gar. de Picardie, 7 r. de Noyon ☎ 03 23 81 01 86
MAZDA, OPEL Gar. Secret, 46 r. de Noyon ☎ 03 23 36 45 97

HAMBACH *57910 Moselle* 57 ⑯ – *2 152 h alt. 230.*

Paris 396 – Strasbourg 97 – Metz 68 – St-Avold 31 – Saarbrücken 26 – Saverne 55 – Sarreguemines 8.

Host. St-Hubert M, La Verte Forêt ☎ 03 87 98 39 55, *Fax 03 87 98 39 57*, , , – TV ☎ P. AE GB
Repas 130/170 ♀, enf. 38 – ☕ 35 – **53 ch** 345/450.

HAMBYE *50450 Manche* 54 ⑬ *G. Normandie Cotentin – 1 218 h alt. 111.*

Voir *Ruines de l'abbaye** S : 5 km.*

Paris 313 – St-Lô 25 – Coutances 20 – Granville 29 – Tessy-sur-Vire 16 – Villedieu-les-Poêles 17.

à l'Abbaye *Sud : 3,5 km par D 51 – ✉ 50450 Hambye :*

XXX **Aub. de l'Abbaye** avec ch, ✆ 02 33 61 42 19, *Fax 02 33 61 00 85,* – TV ☎ P. AE GB

fermé 20 sept. au 10 oct., 10 au 25 fév., dim. soir et lundi sauf fériés – **Repas** (week-ends prévenir) 100/290 et carte 180 à 300, enf. 50 – ☕ 40 – **7 ch** 290 – 1/2 P 280.

HANAU (Étang-de) *57 Moselle* 57 ⑱ *– rattaché à Philippsbourg.*

HARDELOT-PLAGE *62 P.-de-C.* 51 ⑪ *G. Flandres Artois Picardie* – ✉ 62152 Neufchâtel-Hardelot.

18 18 ✆ *03 21 83 73 10, E : 1 km.*

Paris 252 – Calais 54 – Arras 111 – Boulogne-sur-Mer 15 – Montreuil 32 – Le Touquet-Paris-Plage 24.

Parc M, 111 av. François 1er ✆ 03 21 33 22 11, *Fax 03 21 83 29 71,* – rest, TV ☎ ♿ P – 25 à 100. AE GB JCB

fermé 21 déc. au 4 janv. – **Repas** (95) - 105 (déj.), 135/180, enf. 50 – ☕ 57 – **81 ch** 545/750 – 1/2 P 491/541.

Régina, av. François 1er ✆ 03 21 83 81 88, *Fax 03 21 87 44 01* – TV ☎ P – 40. AE GB

15 fév.-15 nov. – **Repas** *(fermé dim. soir et lundi sauf juil.-août)* 100/160 ♀, enf. 49 – ☕ 38 – **40 ch** 345 – 1/2 P 302.

HARFLEUR *76 S.-Mar.* 55 ③ *– rattaché au Havre.*

HARTMANNSWILLER *68 H.-Rhin* 66 ⑨ *– rattaché à Guebwiller.*

HASPARREN *64240 Pyr.-Atl.* 85 ③ *G. Pyrénées Aquitaine – 5 399 h alt. 50.*

Env. *Grottes d'Oxocelhaya et d'Isturits** SE : 11 km.*

Office de Tourisme 2 pl. Saint-Jean ✆ 05 59 29 62 02, Fax 05 59 29 13 80.

Paris 787 – Biarritz 34 – Bayonne 23 – Cambo-les-Bains 9 – Pau 107 – Peyrehorade 36 – St-Jean-Pied-de-Port 34.

Les Tilleuls (annexe Relais M - ♿ 30, 15 ch), pl. Verdun ✆ 05 59 29 62 20, *Fax 05 59 29 13 58* – TV ☎. GB.

fermé 10 au 25 oct. – **Repas** *(fermé dim. soir et sam. du 4 oct. à fin juin)* (58) - 78/150 ♀ – ☕ 32 – **25 ch** 200/250 – 1/2 P 210/260.

HASPRES *59198 Nord* 53 ④ *– 2 715 h alt. 44.*

Paris 198 – Lille 67 – Avesnes-sur-Helpe 48 – Cambrai 17 – Valenciennes 15.

XX **Aub. St-Hubert,** rte Denain (D 955) ✆ 03 27 25 70 97, *Fax 03 27 25 76 21,* – P. AE GB

fermé août, dim. soir et lundi sauf fériés – **Repas** 110/250 bc.

HAUTERIVES *26390 Drôme* 77 ② *G. Vallée du Rhône – 1 202 h alt. 299.*

Voir *Le Palais Idéal*.*

Office de Tourisme pl. de la Galaure ✆ 04 75 68 86 82, Fax 04 75 68 92 96.

Paris 532 – Valence 47 – Grenoble 74 – Lyon 75 – Vienne 44.

Relais, ✆ 04 75 68 81 12, *Fax 04 75 68 92 42,* – ☎ P. GB

fermé mi-janv. à fin fév., lundi sauf hôtel en juil.-août et dim. soir de sept. à juin – **Repas** 70/160 – ☕ 35 – **17 ch** 220/270 – 1/2 P 280.

Die im ***Michelin-Führer***

verwendeten Zeichen und Symbole haben – dünn oder **fett** gedruckt, in einer Kontrastfarbe oder **schwarz** – jeweils eine andere Bedeutung.

Lesen Sie daher die Erklärungen aufmerksam durch.

Les HAUTES-RIVIÈRES 08800 Ardennes 53 ⑲ G. Champagne – 2 077 h alt. 175.

Voir Croix d'Enfer ≤★ S : 1,5 km par D 13 puis 30 mn – Vallon de Linchamps★ N : 4 km.

Paris 254 – Charleville-Mézières 22 – Dinant 67 – Sedan 38.

Aub. en Ardenne, ✆ 03 24 53 41 93, Fax 03 24 53 60 10, – TV ☎. GB
fermé 27 déc. au 10 janv. – **Repas** (fermé dim. soir sauf juil.-août) 64/143 , enf. 55 – ☕ 34 – **14 ch** 185/285 – ½ P 215/255.

Les Saisons, ✆ 03 24 53 40 94, Fax 03 24 54 57 51 – AE GB
fermé fév., dim. soir et lundi sauf fériés – **Repas** 80/180 .

HAUTEVILLE-LÈS-DIJON 21 Côte-d'Or 65 ⑳ – rattaché à Dijon.

HAUTEVILLE-LOMPNES 01110 Ain 74 ④ – 3 895 h alt. 825 – Sports d'hiver : 920/1 200 m 6 .

Voir Chute et gorges de l'Albarine★, G. Jura.

Office de Tourisme 15 r. Nationale ✆ 04 74 35 39 73, Fax 04 74 35 24 68.

Paris 483 – Aix-les-Bains 55 – Belley 33 – Bourg-en-Bresse 54 – Lyon 90 – Nantua 33.

Host. de Mazières , 380 r. Fontaine d'Orcet ✆ 04 74 35 18 73, Fax 04 74 35 29 50, – TV ☎ P. GB. rest
fermé 11 au 25 janv. – **Repas** (fermé dim. soir et lundi du 15 sept. au 15 mai) 80/160 , enf. 65 – ☕ 35 – **20 ch** 190/320 – ½ P 245.

Chapelle, r. Chapelle ✆ 04 74 35 20 11, Fax 04 74 35 13 99, – TV ☎ P. GB
fermé 7 au 17 sept., 21 déc. au 4 janv., dim. soir et lundi – **Repas** 60/125 , enf. 50 – ☕ 25 – **18 ch** 160/200 – ½ P 215.

CITROEN Gar. Deschombeck, ✆ 04 74 35 30 45
HYUNDAI, LADA Gar. Lay, ✆ 04 74 35 37 80
PEUGEOT Gar. Miguet, ✆ 04 74 35 35 74
RENAULT Gar. Depierre, ✆ 04 74 35 31 15 N ✆ 04 74 35 31 15

Le pastiglie numerate delle piante di città ①, ②, ③ sono riportate anche sulle ***carte stradali Michelin*** *in scala 1/200 000.*

Questi riferimenti, comuni nella guida e nella carta stradale, facilitano il passaggio di una pubblicazione all'altra.

Le HAVRE 76600 S.-Mar. 55 ③ G. Normandie Vallée de la Seine – 195 854 h Agglo. 253 627 h alt. 4.

Voir Port★★ **EZ** – Quartier moderne★ **EFYZ** : intérieur★★ de l'église St-Joseph★ **EZ**, pl. de l'Hôtel-de-Ville★ **FY** 47, Av. Foch★ **EFY** – Fort de Ste-Adresse ★★ **EY E** – Bd Président-Félix-Faure : table d'Orientation ★ à Ste-Adresse **A F** – Musée des Beaux-Arts★ (fermé pour travaux) **EZ**.

Env. Pont de Normandie★★ par ④ : 17 km. Péage : 32 F pour autos, 40 à 80 F pour autocars et gratuit pour motos.

18 ✆ 02 35 46 36 50, N par ① : 10 km.

du Havre-Octeville : ✆ 02 35 54 65 00 **A**.

Office de Tourisme Forum Hôtel de Ville ✆ 02 32 74 04 04, Fax 02 35 42 38 39 et 186 bd Clémenceau – Automobile Club 3 r. Racine ✆ 02 35 42 39 32.

Paris 198 ④ – Amiens 184 ③ – Caen 85 ④ – Lille 294 ③ – Nantes 372 ④ – Rouen 88 ③.

Plans pages suivantes

Mercure M, chaussée d'Angoulême ✆ 02 35 19 50 50, Fax 02 35 19 50 99 – TV ☎ – 25 à 100. AE GB — GZ b
Repas (99) - 129/159 , enf. 49 – ☕ 60 – **96 ch** 545/645.

Bordeaux sans rest, 147 r. L. Brindeau ✆ 02 35 22 69 44, Fax 02 35 42 09 27 – TV ☎. AE GB — FZ v
☕ 47 – **31 ch** 400/530.

Marly sans rest, 121 r. Paris ✆ 02 35 41 72 48, Fax 02 35 21 50 45 – TV ☎. AE GB JCB — FZ n
☕ 42 – **37 ch** 280/420.

Clarine M, quai Colbert ✆ 02 35 26 49 49, Fax 02 35 25 10 13 – TV ☎ – 25 à 60. AE GB — HZ m
Repas 78/130 , enf. 39 – ☕ 35 – **84 ch** 310/335 – ½ P 370.

Ibis M, r. 129e Régt d'Infanterie ✆ 02 35 22 29 29, Fax 02 35 21 00 00 – TV ☎ P – 60. AE GB — GZ a
Repas (75) - 95 , enf. 39 – ☕ 35 – **91 ch** 340/360.

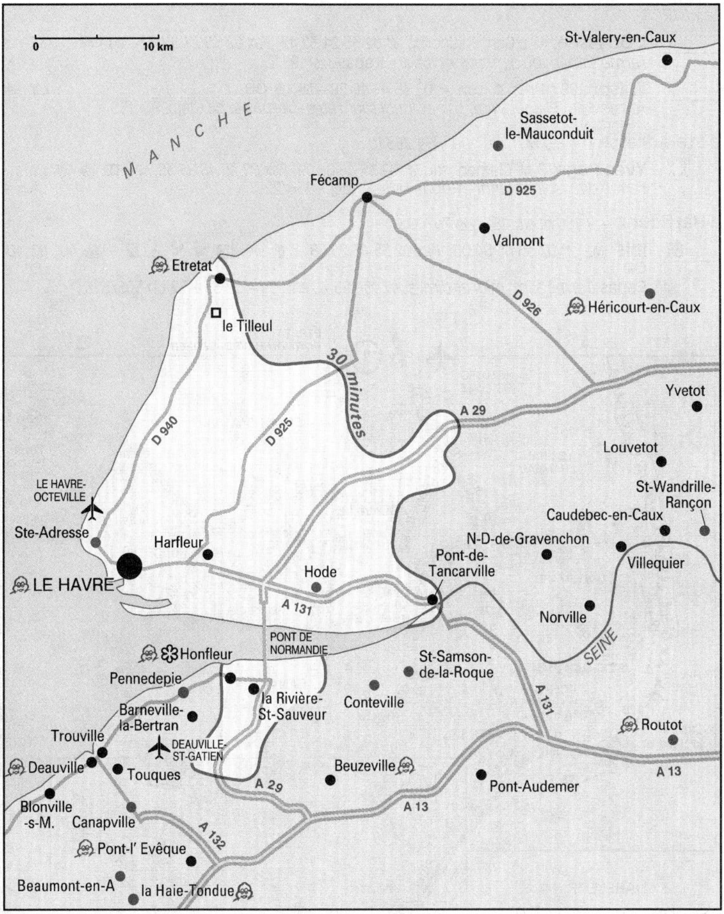

Petit Vatel sans rest, 86 r. L.-Brindeau ✆ 02 35 41 72 07, *Fax 02 35 21 37 86* – TV ☎ ✆. AE GB FZ t
☕ 30 – **27 ch** 200/280.

Parisien sans rest, 1 cours République ✆ 02 35 25 23 83, *Fax 02 35 25 05 06* – |‡| TV ☎ ✆. AE ⓓ GB JCB HZ e
☕ 35 – **22 ch** 230/280.

Celtic sans rest, 106 r. Voltaire ✆ 02 35 42 39 77, *Fax 02 35 21 67 65* – TV ☎. AE GB
fermé 24 déc. au 5 janv. – ☕ 35 – **14 ch** 195/270. FZ k

Richelieu sans rest, 132 r. Paris ✆ 02 35 42 38 71, *Fax 02 35 21 07 28* – TV ☎. AE ⓓ GB
☕ 30 – **19 ch** 160/320. FZ f

XXX **Petit Bedon,** 39 r. L. Brindeau ✆ 02 35 41 36 81, *Fax 02 35 21 09 24* – ▤. AE ⓓ GB JCB
fermé 3 au 23 août, vacances de fév., sam. midi et dim. sauf fêtes – **Repas** 158 et carte 290 à 390 ♀. EZ d

XX **Petite Auberge,** 32 r. Ste-Adresse ✆ 02 35 46 27 32, *Fax 02 35 48 26 15* – ▤. AE GB EY r
fermé 3 au 24 août, 23 fév. au 2 mars, dim. soir et lundi sauf fêtes – **Repas** 118/215.

XX **Sorrento,** 77 quai Southampton ✆ 02 35 22 55 84, ☂ – AE GB FZ a
fermé 15 août au 5 sept., sam. midi et dim. soir – **Repas** - cuisine italienne - 120/160.

✕ **L'Odyssée,** 41 r. Gén. Faidherbe ✆ 02 35 21 32 42, *Fax 02 35 21 32 42* – AE GB — GZ s
fermé sam. midi, dim. soir et lundi – **Repas** 125/195 ♀.

✕ **Wilson,** 98 r. Prés. Wilson ✆ 02 35 41 18 28 – AE ⊙ GB — EY k
fermé 3 au 23 août, dim. soir et lundi sauf fêtes – **Repas** 65 bc (déj.), 95/155.

à Ste-Adresse A – *8 047 h. alt. 100* – ✉ *76310* :

✕✕ **Yves Page,** 7 pl. Clemenceau ✆ 02 35 46 06 09, *Fax 02 35 46 85 38,* ← – AE ⊙ GB — A s
fermé dim. soir et lundi – **Repas** *(98)* - 130 (déj.), 158/225.

à Harfleur D – *9 180 h. alt. 18* – ✉ *76700* :

🏠 **Ibis** Ⓜ, ✆ 02 35 45 54 00, *Fax 02 35 45 25 58* – |‡| ⇔ TV ☎ ✆ ♿ P – 🎤 40. AE ⊙ GB — D e
Repas *(fermé sam. midi et dim. soir) (75)* - 95 🍷, enf. 39 – ☕ 35 – **72 ch** 305/325.

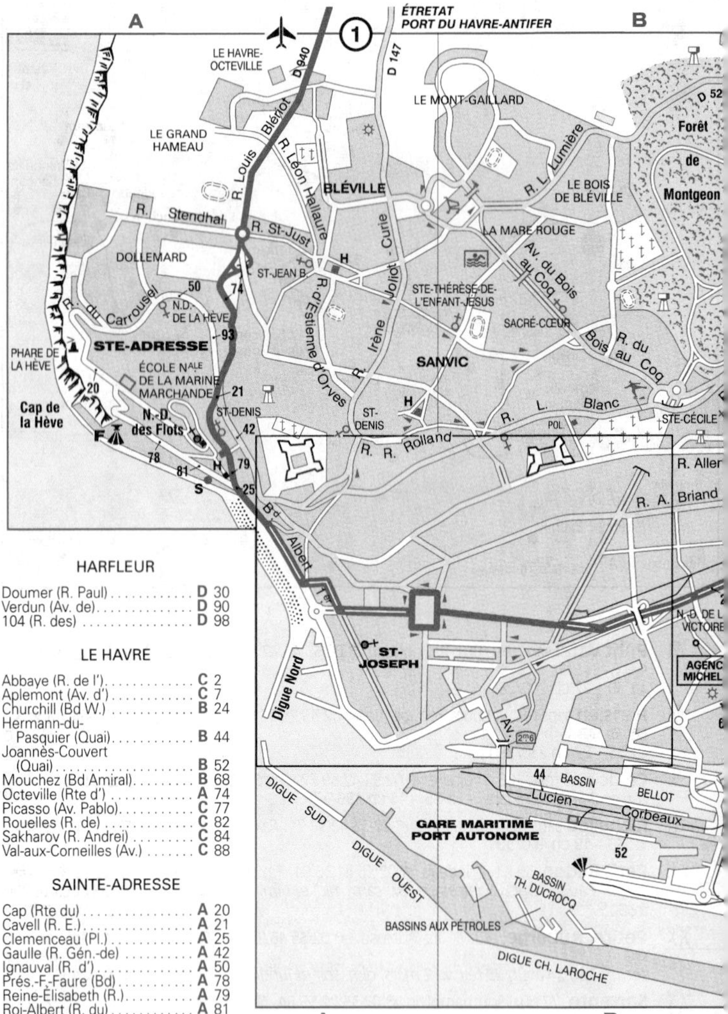

HARFLEUR

Doumer (R. Paul) . . . . D 30
Verdun (Av. de) . . . . D 90
104 (R. des) . . . . D 98

LE HAVRE

Abbaye (R. de l') . . . . C 2
Aplemont (Av. d') . . . . C 7
Churchill (Bd W.) . . . . B 24
Hermann-du-Pasquier (Quai) . . . . B 44
Joannès-Couvert (Quai) . . . . B 52
Mouchez (Bd Amiral) . . . . B 68
Octeville (Rte d') . . . . A 74
Picasso (Av. Pablo) . . . . C 77
Rouelles (R. de) . . . . C 82
Sakharov (R. Andrei) . . . . C 84
Val-aux-Corneilles (Av.) . . . . C 88

SAINTE-ADRESSE

Cap (Rte du) . . . . A 20
Cavell (R. E.) . . . . A 21
Clemenceau (Pl.) . . . . A 25
Gaulle (R. Gén.-de) . . . . A 42
Ignauval (R. d') . . . . A 50
Prés.-F.-Faure (Bd) . . . . A 78
Reine-Élisabeth (R.) . . . . A 79
Roi-Albert (R. du) . . . . A 81
Vitantal (R. de) . . . . A 93

ALFA ROMEO, SEAT Gar. des Halles, 14 bis r. Berthelot ✆ 02 35 24 08 64
AUDI, VOLKSWAGEN Gar. Le Troadec, 447 r. Curie Zone Emploi Montgaillard ✆ 02 35 54 61 61
BMW Auto 76, 19 r. G.-Braque ✆ 02 35 22 69 69
CITROEN Alteam 3, 50 r. Dr.-Piasceki ✆ 02 35 24 60 60
FIAT S.N.D.A., 216 bd de Graville ✆ 02 35 53 27 27
FORD Cazaux Autom., 32 r. Lamartine ✆ 02 35 24 60 30
LANCIA, MITSUBISHI JFR Autom., 58 r. Dicquemare ✆ 02 35 41 21 91
MERCEDES Lamartine Autom., 10-12 r. Lamartine ✆ 02 35 24 46 06
NISSAN Gar. Lesueur, 109 r. Dr.-Piasceki ✆ 02 35 24 44 82
PEUGEOT S.I.A. du Havre, 94 r. Denfert-Rochereau ✆ 02 35 25 25 05 **N** ✆ 06 08 23 89 46
RENAULT Succursale, 239 à 273 bd de Graville ✆ 02 35 53 42 42 **N** ✆ 08 00 05 15 15

Euromaster, 26 r. Lesueur ✆ 02 35 22 40 14
Euromaster, 161 bd de Graville ✆ 02 35 25 32 85
Euromaster, Centre Routier à Gonfreville-l'Orcher ✆ 02 35 53 36 74
Legay Pneus, 34 r. Fleurus ✆ 02 35 25 07 89
Norais Pneus - Point S, 203 bd de Graville ✆ 02 35 26 50 68
Renov Pneus, 141 bd Amiral-Mouchez ✆ 02 35 26 64 64
Vulco, Hangar 72 Quai de la Gironde ✆ 02 35 53 19 89

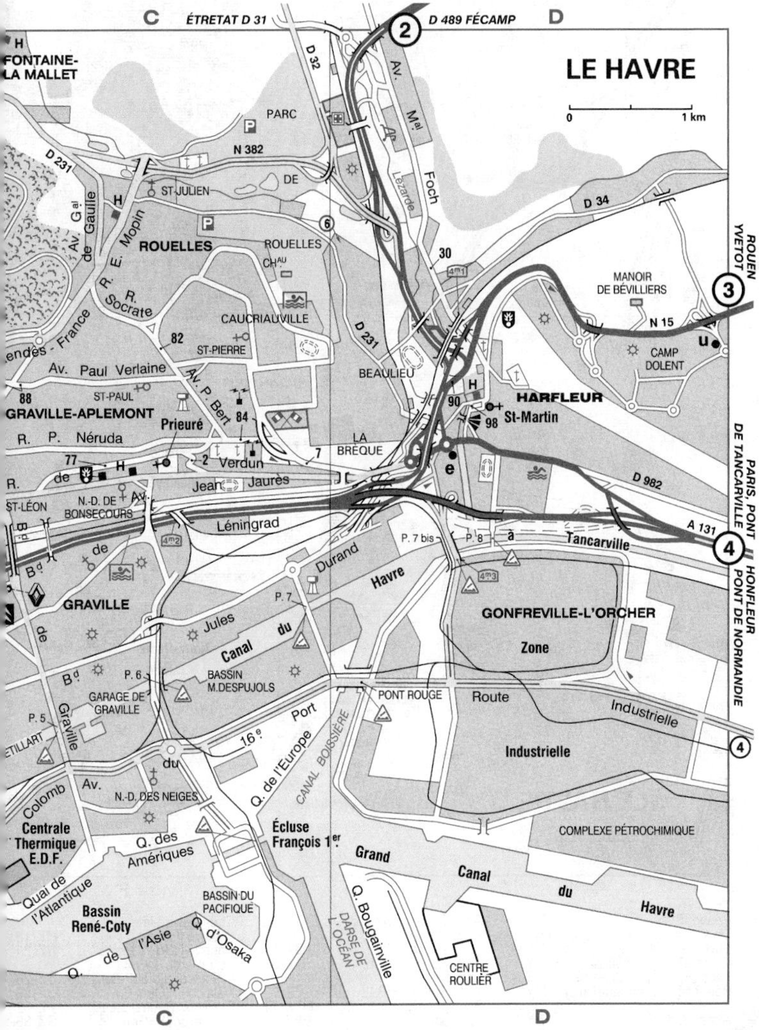

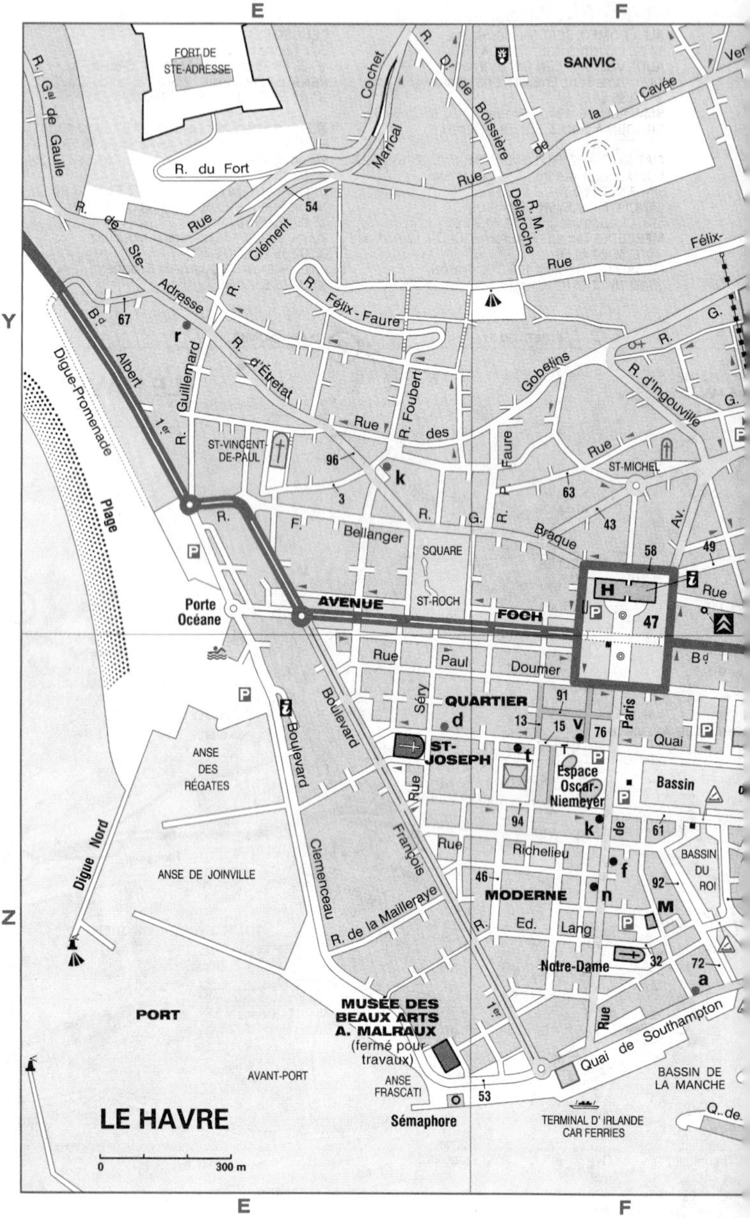

Briand (R. A.) . . . . **HY**
Delavigne (R. C.) . . . . **GHY**
Étretat (R. d') . . . . **EY**
Joffre (R. Maréchal) . . . . . . **GHY**
Paris (R. de) . . . . **FZ**
République (Cours de la) . . . . **HY**

Alma (R. de l') . . . . **EY** 3

Anfray (R.) . . . . **GZ** 5
Angoulême (Chaussée d') . . . . **GZ** 6
Archinard (Av. Gén.) . . . . **GZ** 9
Bernardin-de-St-Pierre (R.) . . . . **FZ** 13
Bretagne (R. de) . . . . **FGZ** 14
Brindeau (R. L.) . . . . **EFZ** 15

Chevalier-de-la-Barre (Cours) . . . . **HZ** 18
Churchill (Bd W.) . . . . **HZ** 24
Commerce (Passerelle du) . . . . **GZ** 26
Delavigne (Quai C.) . . . . **GZ** 29
Drapiers (R. des) . . . . **FZ** 32
Faidherbe (R. Gén.) . . . . **GZ** 36

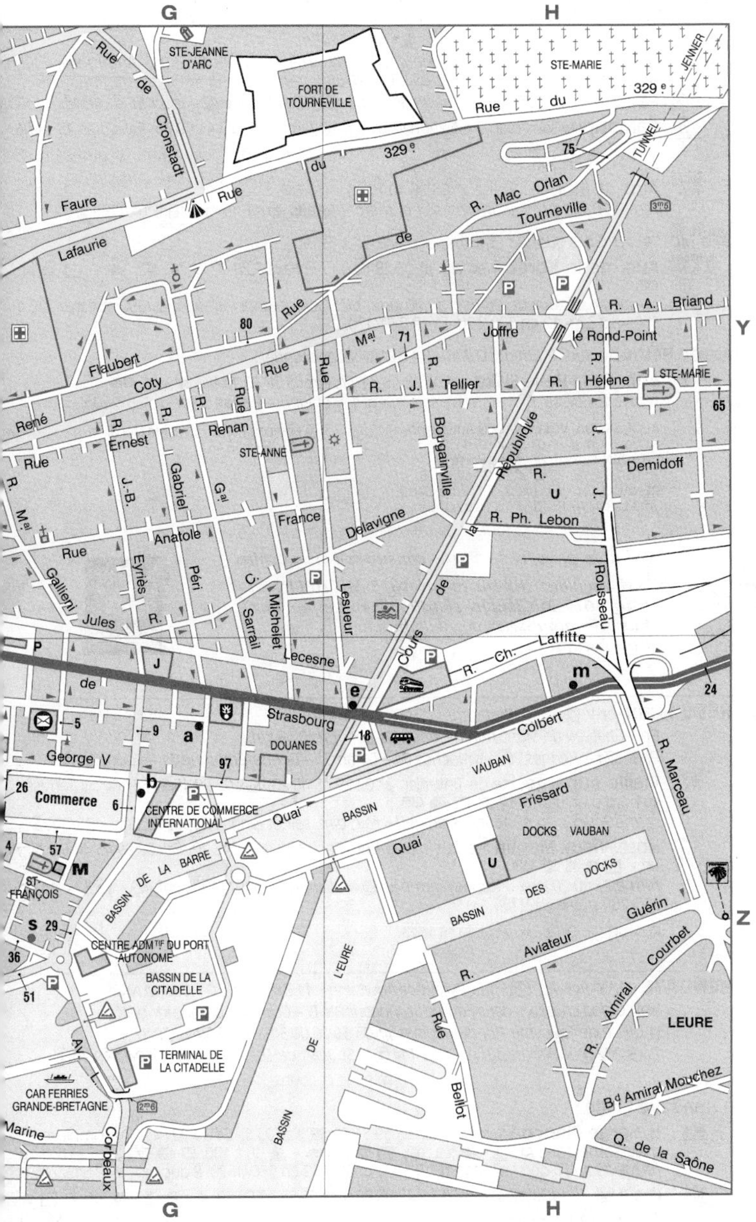
G
H
Y
Z
STE-JEANNE D'ARC
FORT DE TOURNEVILLE
STE-MARIE
JENNER
Rue du 329 e
Rue de Cronstadt
Rue Faure
Rue Lafaurie
TUNNEL
75
R. Mac Orlan
Rue de Tourneville
R. A. Briand
Joffre
le Rond-Point
Mal 71
80
Flaubert
Rue René Coty
R. J. Tellier
R. Hélène
STE-MARIE
65
R. Ernest Renan
R. Gabriel
STE-ANNE
Bougainville
République
R. Demidoff
Rue
R. Mal
J.-B. Eyriès
Gal
France
Delavigne
R. Ph. Lebon
Anatole
Rue Gallieni
Péri
C. Sarrail
Michelet
Lesueur
Cours de la
Rousseau
Jules
R. Lecesne
R. Ch. Laffitte
m
24
J
de Strasbourg
e
5
9
a
18
DOUANES
Colbert
George V
97
VAUBAN
26
Commerce
6
b
CENTRE DE COMMERCE INTERNATIONAL
Quai
BASSIN
Frissard
R. Marceau
DOCKS VAUBAN
4
57
M
ST-FRANÇOIS
BASSIN DE LA BARRE
Quai
U
BASSIN DES DOCKS
S 29
36
CENTRE ADM TIF DU PORT AUTONOME
BASSIN DE LA CITADELLE
51
L'EURE
Guérin
R. Aviateur
Courbet
R. Amiral
LEURE
TERMINAL DE LA CITADELLE
CAR FERRIES GRANDE-BRETAGNE
Av. L.
Marine
Corbeaux
BASSIN DE
Rue Bellot
Bd Amiral Mouchez
Q. de la Saône

HAZEBROUCK *59190 Nord* 51 ④ *G. Flandres Artois Picardie – 20 567 h alt. 25.*

Env. *Cassel : site★ et jardin public ※★★ NO : 14 km.*

Office de Tourisme Hôtel de Ville ☎ 03 28 49 59 89, Fax 03 28 49 53 04 – Automobile-Club Auto-Scanner 12 r. Nationale ☎ 03 28 41 92 66.

Paris 240 – Calais 63 – Armentières 30 – Arras 60 – Dunkerque 42 – Ieper 35 – Lille 43.

Gambrinus sans rest, 2 r. Nationale (rue face gare) ☎ 03 28 41 98 79, *Fax 03 28 43 11 06* – TV ☎. GB.
35 – **15 ch** 290.

Aub. St-Éloi, 60 r. Église ☎ 03 28 40 70 23 – . GB
fermé 20 juil. au 19 août, dim. soir et merc. – **Repas** *(78 bc)* - 108 bc (déj.), 140/225 ♀.

à la Motte-au-Bois *Sud-Est : 5,5 km par D 946 – ✉ 59190 :*

Aub. de la Forêt avec ch, ☎ 03 28 48 08 78, *Fax 03 28 40 77 76,* – TV ☎ P. GB
fermé 17 au 25 août, 26 déc. au 20 janv., dim. soir et lundi – **Repas** 135/350 et carte 220 à 350 – 38 – **12 ch** 200/320 – ½ P 270/420.

rte de Béthune *Sud : 7 km par D 916 – ✉ 59189 Steenbecque :*

Aub. de la Belle Siska, ☎ 03 28 43 61 77, *Fax 03 28 42 10 84,* – P. GB
fermé 15 fév. au 1er mars, dim. soir, mardi soir et lundi – **Repas** 98 (déj.), 155/280 ♀.

AUDI, SKODA, VOLKSWAGEN Auto Expo, av. de St-Omer ☎ 03 28 41 55 46
CITROEN Autocit, 88 rte de Borre ☎ 03 28 42 92 92 N ☎ 03 28 42 92 96
RENAULT Gar. de la Lys, 223 r. Notre-Dame ☎ 03 28 41 87 85 N ☎ 03 28 02 07 69
François Pneus, 199 r. de Merville ☎ 03 28 41 59 46

HÉDÉ *35630 I.-et-V.* 59 ⑯ *G. Bretagne – 1 500 h alt. 90.*

Env. *Château de Montmuran★ et église des Iffs★ O : 8 km.*

Paris 371 – Rennes 26 – Avranches 64 – Dinan 31 – Dol-de-Bretagne 31 – Fougères 49.

Vieille Auberge, rte de Tinténiac ☎ 02 99 45 46 25, *Fax 02 99 45 51 35,* « Terrasse au bord d'un étang » – P. AE GB
fermé 24 août au 31 août, 18 janv. au 8 fév., dim. soir et lundi – **Repas** 90 (déj.), 130/300 ♀.

Host. Vieux Moulin avec ch, rte de Tinténiac ☎ 02 99 45 45 70, *Fax 02 99 45 44 86,* – TV ☎ P. AE GB
fermé 1er au 20 janv. – **Repas** *(fermé lundi midi)* 79 (déj.), 110/240 ♀, enf. 45 – 37 – **14 ch** 250/280 – ½ P 250/280.

RENAULT Gar. Delacroix, ☎ 02 99 45 46 23

HENDAYE *64700 Pyr.-Atl.* 85 ① *G. Pyrénées Aquitaine – 11 578 h alt. 30 – Casino* **AX.**

Voir *Grand crucifix★ dans l'église St-Vincent* **BY B** – *Corniche basque★★ par* ①.

Office de Tourisme 12 r. Aubépines ☎ 05 59 20 00 34, Fax 05 59 20 79 17.

Paris 802 ② – Biarritz 30 ② – Pau 144 ② – St-Jean-de-Luz 12 ② – San Sebastián 26 ③.

Plan page ci-contre

à Hendaye Plage :

H. Serge Blanco M, bd Mer ☎ 05 59 51 35 35, *Fax 05 59 51 36 00,* ≤, , complexe de thalassothérapie, , – , rest, TV ☎ – 30 à 100. AE GB **AX e**
fermé 19 au 26 déc. – **Repas** 180/250 – 55 – **82 ch** 560/1520, 8 duplex – ½ P 645/765.

Ibaïa M, 76 av. Mimosas ☎ 05 59 48 88 88, *Fax 05 59 48 88 89,* ≤, , – TV ☎ – 25. AE GB **AX n**
Enbata *(1er mai-30 sept. et fermé dim. soir et lundi sauf juil.-août)* **Repas** 135/210 ♀, enf. 60 – ***Taverne*** *(fermé dim. soir et lundi sauf juil.-août)* **Repas** 80/110 ♀, enf. 36 – 60 – **60 ch** 820/910 – ½ P 600/645.

Paris sans rest, 68 bd Gén. Leclerc ☎ 05 59 20 05 06, *Fax 05 59 48 02 82* – ☎ P. AE GB **BX a**
1er mai-30 sept. – 35 – **37 ch** 220/420.

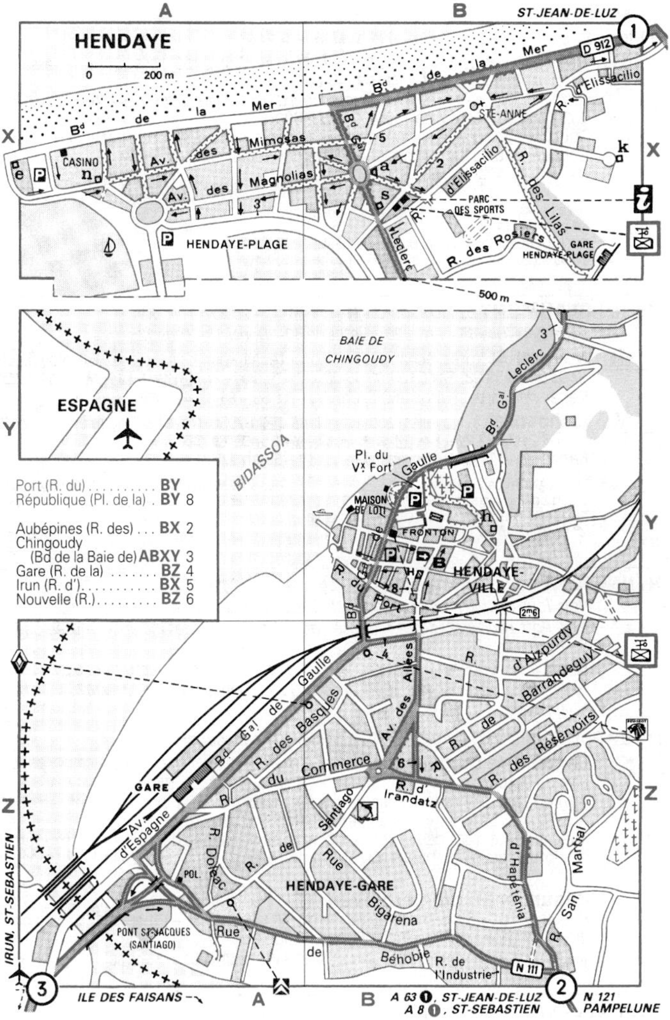

Les Buissonnets sans rest, 29 r. Seringats ✆ 05 59 20 04 75, *Fax 05 59 20 79 72*, ←, – TV ☎. AE GB — BX k
fermé déc. – ☕ 35 – **16 ch** 330/380.

à Hendaye Ville :

Chez Antoinette sans rest, pl. Pellot ✆ 05 59 20 08 47, *Fax 05 59 48 11 64* – TV ☎ P. AE GB. — BY h
1er avril-fin sept. – ☕ 32 – **16 ch** 260.

Annexe Gitanilla sans rest, bd Gén. Leclerc à Hendaye-Plage ✆ 05 59 20 04 65 – ☎. GB. — BX s
15 juin-15 sept. – ☕ 30 – **7 ch** 220/380.

Campanile, 102 rte Béhobie par ② ✆ 05 59 48 06 48, *Fax 05 59 48 05 83* – , ▤ rest, TV ☎ ✆ ♿ P – 25. AE GB
Repas *(66)* - 84 bc/107 bc, enf. 39 – ☕ 34 – **49 ch** 298.

à Biriatou *par ② et D 258 : 4 km – 694 h. alt. 60 – ✉ 64700 :*

XX ✿ **Bakéa** (Duval) avec ch, ✆ 05 59 20 76 36, *Fax 05 59 20 58 21,* ≤, 🏠, « Terrasse ombragée sur la vallée » – TV ☎. AE ⓓ GB. ✂ ch
fermé 10 janv. au 11 fév., dim. soir et lundi d'oct. à mars sauf fériés – **Repas** 145/210 et carte 230 à 350 – ☕ 50 – **7 ch** 240/400 – ½ P 390/420
Spéc. Lasagne d'anchois frais marinés au basilic (juin à sept.). Foie chaud des "soeurs Tatin". Côte de veau de lait du pays en cocotte. **Vins** Jurançon, Irouléguy.

CITROEN Gar. de la Place, 41 r. de Santiago ✆ 05 59 20 00 86
PEUGEOT Gar. Laguillon, ZI Joncaux, r. Industrie ✆ 05 59 20 18 63
RENAULT Gar. Hendaye, 49 bd Ch.-de-Gaulle ✆ 05 59 20 78 61 N ✆ 06 09 71 31 61
Ⓜ Barbosa Pneus, N 111 à Béhobie ✆ 05 59 20 66 52

HÉNIN-BEAUMONT *62110 P.-de-C.* 51 ⑮, 111 ㉚ *– 26 257 h alt. 30.*
Paris 194 – Lille 33 – Arras 20 – Béthune 30 – Douai 13 – Lens 12.

Novotel Ⓜ, près échangeur Autoroute A1, par N 43 ✉ 62950 Noyelles-Godault ✆ 03 21 08 58 08, *Fax 03 21 08 58 00,* 🏠, 🏊, 🌳 – ⇔ TV ☎ ♿ P – 🏛 30 à 80. AE ⓓ GB
Repas *(79)* - carte environ 160 ♀, enf. 50 – ☕ 55 – **81 ch** 420/480.

Campanile, à Noyelles-Godault, N 43 ✉ 62950 Noyelles-Godault ✆ 03 21 76 26 26, *Fax 03 21 75 22 21* – ⇔ TV ☎ ✆ ♿ P – 🏛 25. AE ⓓ GB
Repas *(66)* - 84 bc/107 bc, enf. 39 – ☕ 34 – **53 ch** 278.

FIAT, LANCIA Gar. Hanot-Mariani, ZI Sud bd Darchicourt ✆ 03 21 79 30 20
PEUGEOT Beaumont Autom., ZI la Peupleraie ✆ 03 21 75 16 50
RENAULT Gar. Sandrah, 1230 bd A.-Schweitzer ✆ 03 21 75 03 78 N ✆ 03 21 69 07 89

HENNEBONT *56700 Morbihan* 63 ① *G. Bretagne – 13 624 h alt. 15.*
Voir *Tour-clocher★ de la basilique N.-D.-de-Paradis.*
Env. *Port-Louis : citadelle★★ (musée de la Compagnie des Indes★★, musée de l'Arsenal★) S : 13 km.*
ℹ *Office de Tourisme 9 pl. Maréchal Foch ✆ 02 97 36 24 52, Fax 02 97 36 21 91.*
Paris 491 – Vannes 48 – Concarneau 56 – Lorient 11 – Pontivy 47 – Quiberon 41 – Quimperlé 27.

rte de Port-Louis *Sud : 4 km par D 781 – ✉ 56700 Hennebont :*

✿ **Château de Locguénolé** 🔇, ✆ 02 97 76 29 04, *Fax 02 97 76 82 35,* ≤, 🏠, « Dans un parc en bordure de rivière », 🏊, 🎾 – TV ☎ ✆ P – 🏛 50. AE ⓓ GB. ✂ rest
fermé 3 janv. au 6 fév. – **Repas** *(fermé lundi sauf d'avril à sept.)* 180/490 et carte 300 à 480 ♀ – ☕ 82 – **18 ch** 790/1480, 4 appart – ½ P 857/1202
Spéc. Velouté glacé de haricots verts, ravioles d'araignée de mer et tourteau. Turbot étuvé, charlottes farcies de bulots. Craquelin de fruits rouges, sorbet vanille-champagne (mai à sept.).

Chaumières de Kerniaven 🏠 🔇 sans rest, à 3 km ✆ 02 97 81 14 14, *Fax 02 97 76 82 35,* « Ancienne ferme du 17e siècle », 🌳 – TV ☎ ✆ P. AE ⓓ GB
10 avril-1er nov. – ☕ 72 – **7 ch** 460/680, 4 duplex.

Ⓜ Jubin Pneus, ZI Kerandré r. D.-Papin ✆ 02 97 36 16 88 N ✆ 02 97 36 16 88

HERBAULT *41190 L.-et-Ch.* 64 ⑥ *– 926 h alt. 138.*
Paris 196 – Tours 44 – Blois 16 – Château-Renault 17 – Montrichard 36 – Vendôme 27.

XX **Trois Marchands,** ✆ 02 54 46 12 18 – ⓓ GB
fermé 16 nov. au 18 déc., dim. soir, lundi soir et mardi – **Repas** 74/200 🍷, enf. 50.

RENAULT Gar. Mantois, ✆ 02 54 46 12 16 N ✆ 02 54 46 12 16

Write us...

If you have any comments on the contents of this Guide.

Your praise as well as your criticisms will receive careful consideration and, with your assistance, we will be able to add to our stock of information and, where necessary, amend our judgments.

Thank you in advance!

Les HERBIERS *85500 Vendée* 67 ⑮ *G. Poitou Vendée Charentes – 13 413 h alt. 110.*

Voir *Mont des Alouettes ≤★★ N : 2 km.*

Env. *Le Puy du Fou : Cinéscénie★★★, le Grand Parcours★★ (parc de loisirs), écomusée de la Vendée★ O : 13 km.*

Office de Tourisme 4 Grand Rue ✆ 02 51 92 92 92 et (juil.-août) Mont des Alouettes ✆ 02 51 67 18 39.

Paris 375 – La Roche-sur-Yon 40 – Bressuire 47 – Chantonnay 24 – Cholet 25 – Clisson 35.

Relais, 18 r. Saumur ✆ 02 51 91 01 64, *Fax 02 51 67 36 50* – TV ☎. AE ⓓ GB
Cotriade *(fermé dim. soir et lundi)* **Repas** (73)-90/200 ♀, enf. 45 – ▭ 35 – **26 ch** 220/250 – 1/2 P 255.

Chez Camille, rte de Mouchamps Sud : 2 km ✆ 02 51 91 07 57, *Fax 02 51 67 19 28* – ▤ rest, TV ☎ ✆ ♿ P. AE GB
Repas 75/180 ♀ – ▭ 36 – **13 ch** 240/300 – 1/2 P 275/305.

rte de Cholet *Nord : 3 km sur N 160 – ✉ 85500 Les Herbiers :*

Mont des Alouettes, ✆ 02 51 67 02 18, *Fax 02 51 67 03 22,* ≤ – P. GB
fermé 23 fév. au 11 mars, 5 au 21 oct. et lundi sauf le midi du 1er avril au 30 sept. – **Repas** 68 (déj.), 90/180 ♀.

CITROEN Gar. Martineau, 40 av. G.-Clemenceau ✆ 02 51 91 07 50
PEUGEOT Gar. du Bocage, rte de Cholet ✆ 02 51 91 04 12
RENAULT Herbretaise, 2, r. Industrie ✆ 02 51 91 01 71 N ✆ 08 00 05 15 15
Euromaster, ZA de la Buzenière ✆ 02 51 91 19 08

Rauchen bei Tisch verändert den Geschmack und stört die Nachbarn. Denken Sie im Restaurant daran.

HERBIGNAC *44410 Loire-Atl.* 63 ⑭ *– 4 175 h alt. 18.*

Paris 452 – Nantes 79 – La Baule 22 – Redon 36 – St-Nazaire 29.

rte de Guérande *Sud : 7 km sur D 774 – ✉ 44410 Herbignac :*

Aub. L'Eau de Mer, ✆ 02 40 91 32 36, 斋, « Chaumière briéronne », 🛲 – P. GB
fermé 2 au 20 janv., dim. soir et lundi – **Repas** (nombre de couverts limité, prévenir) 98 (déj.), 120/240.

PEUGEOT Gar. Eonnet, 2 bd de la Brière ✆ 02 40 88 90 47
RENAULT Gar. Hervy, ✆ 02 40 88 90 05 N ✆ 02 40 88 90 60

HÈRICOURT-EN-CAUX *76560 S.-Mar.* 52 ⑬ *– 730 h alt. 65.*

Paris 180 – Le Havre 59 – Rouen 46 – Bolbec 25 – Dieppe 48 – Fécamp 30 – Yvetot 10.

Saint-Denis, ✆ 02 35 96 55 23 – P. GB
fermé mardi soir et merc. – **Repas** (70) - 82/255 ♀.

Les HERMAUX *48340 Lozère* 80 ④ *– 111 h alt. 1045.*

Paris 599 – Mende 51 – Espalion 59 – Florac 73 – Millau 72 – Rodez 79 – St-Flour 88.

Vergnet ⛰, ✆ 04 66 32 60 78, *Fax 04 66 32 68 13* – TV ☎ ✆ ♿
Repas 55/120 ♀ – ▭ 25 – **12 ch** 200 – 1/2 P 200.

HERMENT *63470 P.-de-D.* 73 ⑫ *– 350 h alt. 824.*

Paris 409 – Clermont-Ferrand 54 – Aubusson 52 – Le Mont-Dore 37 – Montluçon 79 – Ussel 45.

Souchal, ✆ 04 73 22 10 55, *Fax 04 73 22 13 63,* 斋 – TV ☎ P. AE ⓓ GB
Repas 60/185 ♀ – ▭ 28 – **26 ch** 220/225 – 1/2 P 200.

HÉROUVILLE *95300 Val-d'Oise* 55 ⑳ *– 439 h alt. 120.*

Paris 43 – Compiègne 72 – Beauvais 48 – Chantilly 31 – L'Isle-Adam 9 – Pontoise 7 – Taverny 12.

Vignes Rouges, pl. Église ✆ 01 34 66 54 73, *Fax 01 34 66 20 88,* 斋 – AE GB
fermé 1er au 8 mai, 15 août au 1er sept., 1er au 12 janv., dim. soir et lundi – **Repas** 174/245.

HÉROUVILLE-ST-CLAIR *14 Calvados* 55 ⑫ *– rattaché à Caen.*

HESDIN *62140 P.-de-C.* 51 ⑫ ⑬ *G. Flandres Artois Picardie – 2 713 h alt. 27.*
Paris 208 – Calais 88 – Abbeville 37 – Arras 55 – Boulogne-sur-Mer 62 – Lille 88.

Trois Fontaines , 16 rte Abbeville à Marconne ✆ 03 21 86 81 65, *Fax 03 21 86 33 34*, – TV ☎ P. AE GB
fermé 23 déc. au 2 janv. et lundi midi – **Repas** 70 (déj.), 95/180 ♀ – ☕ 40 – **10 ch** 280/320 – 1/2 P 270.

Flandres, r. Arras ✆ 03 21 86 80 21, *Fax 03 21 86 28 01* – TV ☎ P. GB
fermé 27 juin au 8 juil. et 20 déc. au 10 janv. – **Repas** 92/132 ♀, enf. 48 – ☕ 43 – **14 ch** 250/340 – 1/2 P 300.

CITROEN Gar. St-Christophe, ✆ 03 21 86 91 74
PEUGEOT Gar. Faustin, 24 av. de Boulogne ✆ 03 21 86 92 96 N ✆ 03 21 86 93 96
RENAULT Gar. Hesdinois, à Marconne ✆ 03 21 86 96 44 N ✆ 03 21 86 96 44
RENAULT Gar. Bailleul, à St-Pol-sur-Ternoise ✆ 03 21 03 06 55 N ✆ 06 07 57 94 66
La Maison du Pneu, ✆ 03 21 86 86 19

HESDIN L'ABBÉ *62 P.-de-C.* 51 ⑪ – *rattaché à Boulogne-sur-Mer.*

HÉSINGUE *68 H.-Rhin* 66 ⑩ – *rattaché à St-Louis.*

HEUDICOURT-SOUS-LES-CÔTES *55 Meuse* 57 ⑫ – *rattaché à St-Mihiel.*

HEUGUEVILLE-SUR-SIENNE *50200 Manche* 54 ⑫ – *476 h alt. 15.*
Paris 333 – St-Lô 39 – Avranches 50 – Coutances 9 – Cherbourg 81 – Vire 60.

XX **Mascaret,** ✆ 02 33 45 86 09, *Fax 02 33 07 90 01*, , – P. AE GB
fermé 1er au 15 fév., dim. soir et lundi – **Repas** 90 (déj.), 124/250 ♀, enf. 45.

HEYRIEUX *38540 Isère* 74 ⑫, 110 ㉗ – *3 872 h alt. 220.*
Paris 487 – Lyon 26 – Pont-de-Chéruy 20 – La Tour-du-Pin 36 – Vienne 23.

XXX **L'Alouette,** rte St-Jean-de-Bournay : 3 km ✆ 04 78 40 06 08, *Fax 04 78 40 54 74* – P. AE GB
fermé 15 août au 7 sept., 2 au 11 janv., dim. soir et lundi – **Repas** 135 (déj.), 190/280 et carte 230 à 360, enf. 95.

HINSINGEN *67260 B.-Rhin* 57 ⑯ – *82 h alt. 220.*
Paris 406 – St-Avold 34 – Sarrebourg 34 – Sarreguemines 21 – Strasbourg 93.

X **Grange du Paysan,** ✆ 03 88 00 91 83, *Fax 03 88 00 93 23* – P. GB
fermé lundi – **Repas** 65/265 ♀.

HIRMENTAZ *74 H.-Savoie* 70 ⑰ – *rattaché à Bellevaux.*

HIRTZBACH *68 H.-Rhin* 66 ⑨ – *rattaché à Altkirch.*

Le HODE *76 S.-Mar.* 55 ④ – ✉ *76430 St-Vigor-d'Ymonville.*
Office de Tourisme.
Paris 180 – Le Havre 20 – Bolbec 20 – Évreux 103 – Honfleur 18 – Pont-Audemer 30.

XX **Aub. des Falaises,** sur D 902 ✆ 02 35 20 06 97, *Fax 02 35 30 21 02* – P. AE GB
fermé sam. midi, dim. soir, lundi soir et mardi soir – **Repas** 95 (déj.), 110/200 ♀.

HOERDT *67720 B.-Rhin* 87 ④ – *3 836 h alt. 135.*
Paris 484 – Strasbourg 17 – Haguenau 15 – Molsheim 39 – Saverne 42.

X **A la Charrue,** 30 r. République ✆ 03 88 51 31 11, *Fax 03 88 51 32 55*, – P. GB
fermé 4 au 24 août, Noël au Jour de l'An, lundi et le soir sauf sam. de juin à mars – **Repas** (spéc. d'asperges en avril et mai) 60/195 ♀.

HOHRODBERG *68 H.-Rhin 62 ⑱ G. Alsace Lorraine – alt. 750 – ✉ 68140 Munster.*
Voir ≤★★.
Paris 461 – Colmar 27 – Gérardmer 37 – Guebwiller 36 – Munster 7 – Le Thillot 58.

Panorama ⛰, ☎ 03 89 77 36 53, *Fax 03 89 77 03 93*, ≤ vallée et montagnes, ⛱ – 🛗 📺 ☎ 🅿. AE GB
fermé 12 nov. au 18 déc. – **Repas** 95/210 🍷, enf. 42 – ☕ 48 – **30 ch** 250/360 – ½ P 240/310.

Roess ⛰, ☎ 03 89 77 36 00, *Fax 03 89 77 01 95*, ≤ vallée et montagnes, 🌳 – 🛗 📺 ☎ ♿ 🅿. GB. ✗ ch
fermé 8 nov. au 19 déc. – **Repas** 106/198 🍷 – ☕ 35 – **31 ch** 200/310 – ½ P 250/300.

Le HOHWALD *67140 B.-Rhin 62 ⑨ G. Alsace Lorraine – 360 h alt. 570 – Sports d'hiver : 600/1 100 m ⛷3 ⛷.*
Env. *Le Neuntelstein ≤★★ N : 6 km puis 30 mn – Champ du Feu ✳★★ SO : 14 km.*
ℹ *Office de Tourisme ☎ 03 88 08 33 92, Fax 03 88 08 32 05.*
Paris 424 – Strasbourg 50 – Lunéville 88 – Molsheim 30 – St-Dié 48 – Sélestat 25.

Clos Ermitage Ⓜ ⛰, à 1,5 km par rte secondaire ☎ 03 88 08 31 31, *Fax 03 88 08 34 99*, 🍽, « En lisière de forêt », ⛱, 🌳 – 📺 ☎ 📞 ♿ 🅿. GB
fermé 5 janv. au 8 fév., mardi midi et jeudi – **Repas** carte 130 à 220 🍷 – ☕ 50 – **5 ch** 380, 14 studios 550 – ½ P 340.

Petite Auberge, ☎ 03 88 08 33 05, *Fax 03 88 08 34 62*, 🍽 – 🅿. GB
fermé 22 juin au 3 juil., 1er janv. au 5 fév., mardi soir et merc. – **Repas** 85/145 et carte le dim. 150 à 260 🍷, enf. 40.

HOLNON *02 Aisne 53 ⑬ – rattaché à St-Quentin.*

Le HÔME *14 Calvados 55 ② – rattaché à Cabourg.*

HOMPS *11200 Aude 83 ⑬ – 611 h alt. 48.*
Paris 814 – Carcassonne 33 – Lézignan-Corbières 10 – Narbonne 27 – Perpignan 86.

Aub. de l'Arbousier Ⓜ ⛰, av. Carcassonne ☎ 04 68 91 11 24, *Fax 04 68 91 12 61*, ≤, 🍽 – ☎ 🅿. AE ⓓ GB
fermé nov. et vacances de fév. – **Repas** *(fermé lundi en juil.-août, dim. soir et merc. de sept. à juin)* 80/205 🍷, enf. 45 – ☕ 35 – **7 ch** 210/300 – ½ P 210/245.

HONFLEUR *14600 Calvados 55 ③ ④ G. Normandie Vallée de la Seine – 8 272 h alt. 5.*
Voir *le vieux Honfleur★★ : Vieux bassin★★* **AZ**, *église Ste-Catherine★* **AY** *et clocher★* **AY B** – *Côte de Grâce★★***AY** *: calvaire ✳★★.*
Env. *Pont de Normandie★★ par ① : 4 km. Péage : 32 F pour autos, 40 à 80 F pour autocars et gratuit pour motos.*
ℹ *Office de Tourisme pl. A.-Boudin ☎ 02 31 89 23 30, Fax 02 31 89 31 82.*
Paris 185 ① – Caen 66 ② – Le Havre 23 ① – Lisieux 36 ② – Rouen 74 ①.

Plan page suivante

Ferme St-Siméon ⛰, r. A. Marais par ③ ☎ 02 31 89 23 61, *Fax 02 31 89 48 48*, ≤, 🍽, « Parc ombragé dominant l'estuaire », 🏋, ⛱ – 🛗 📺 ☎ ♿ 🅿 – 🎤 50. AE GB JCB. ✗ ch
Repas 240 (déj.), 420/590 et carte 490 à 670 🍷 – ☕ 95 – **31 ch** 990/3510, 3 appart – ½ P 1095/3400
Spéc. Langoustines sautées, vinaigrette de coriandre et artichaut poivrade. Meunière de homard, côte de romaine et farci de tomate au riz parfumé. Côtelettes d'agneau de pré-salé farcies, ris de veau et foie gras.

L'Ecrin ⛰ sans rest, 19 r. E. Boudin ☎ 02 31 14 43 45, *Fax 02 31 89 24 41*, « Demeure du 18e siècle », 🌳 – 📺 ☎ 📞 🅿. AE ⓓ GB. ✗ — AZ k
☕ 50 – **21 ch** 450/950.

Manoir du Butin ⛰, r. A. Marais par ③ ☎ 02 31 81 63 00, *Fax 02 31 89 59 23*, ≤, 🍽, parc – 📺 ☎ 📞. AE GB JCB
fermé mardi midi et lundi – **Repas** 128/265 🍷 – ☕ 65 – **9 ch** 640/1970 – ½ P 565/1230.

Diligence sans rest, 53 r. République ☎ 02 31 14 47 47, *Fax 02 31 98 83 87* – 📺 ☎ 🅿. AE ⓓ GB JCB — AZ m
☕ 45 – **21 ch** 450/750.

Mercure sans rest, r. Vases ☎ 02 31 89 50 50, *Fax 02 31 89 58 77* – 🛗 📺 ☎ ♿ – 🎤 25. AE ⓓ GB — BZ q
☕ 55 – **56 ch** 580.

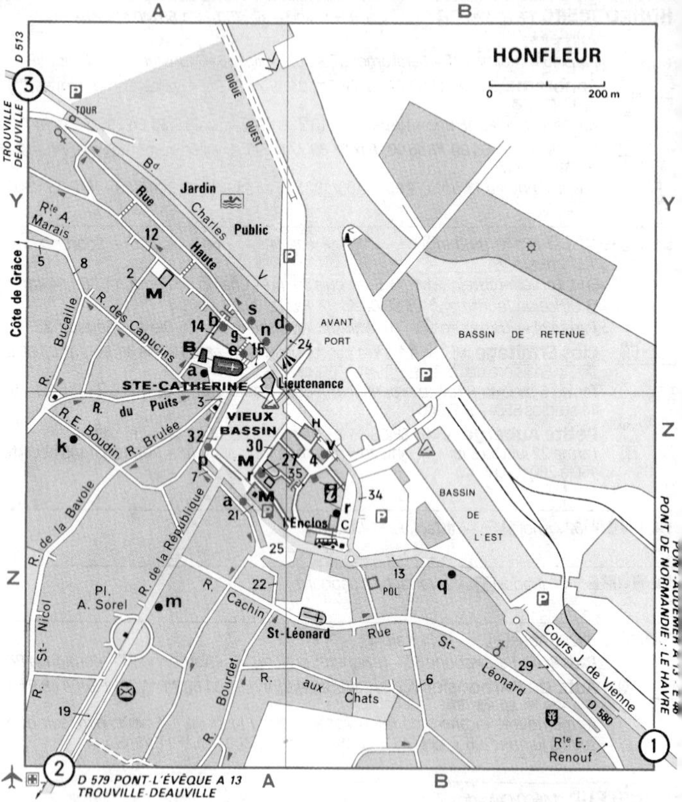

Cachin (R.) . . . . AZ
Dauphin (R. du) . . . . AZ 7
Hamelin (Pl.) . . . . AY 9
République (R. de la) . . . . AZ

Albert-Ier (R.) . . . . AY 2
Berthelot (Pl. P.) . . . . AZ 3
Boudin (Pl. A.) . . . . BZ 4
Charrière-de-Grâce . . . . . . AY 5
Charrière-St-Léonard (R.) BZ 6
Delarue-Mardrus (R. L.) . AY 8
Homme-de-Bois (R.) . . . . AY 12
Le-Paulmier (Q.) . . . . BZ 13
Lingots (R. des) . . . . AY 14
Logettes (R. des) . . . . . . AY 15
Manuel (Cours A.) . . . . . AZ 19
Montpensier (R.) . . . . AZ 21
Notre-Dame (R.) . . . . AZ 22
Passagers (Q. des) . . . ABY 24
Porte-de-Rouen (Pl. de la) . . . . AZ 25
Prison (R. de la) . . . . AZ 27
Revel (R. J.) . . . . BZ 29
St-Étienne (Quai) . . . . . . AZ 30
Ste-Catherine (Quai) . . . AZ 32
Tour (Quai de la) . . . . BZ 34
Ville (R. de la) . . . . BZ 35

Host. Lechat, pl. Ste-Catherine ✆ 02 31 14 49 49, *Fax 02 31 89 28 61* – TV ☎. AE ⓓ GB JCB. ⊭ ch — AY a
fermé janv. – **Repas** *(fermé merc. soir et jeudi hors saison)* 150/235 – ☕ 50 – **22 ch** 440/550 – ½ P 370/445.

Tour sans rest, 3 quai Tour ✆ 02 31 89 21 22, *Fax 02 31 89 53 51* – |‡| TV ☎. AE GB JCB — BZ r
fermé 15 nov. au 26 déc. – ☕ 37 – **44 ch** 340/460, 4 duplex.

Otelinn, 62 cours A. Manuel par ② ✆ 02 31 89 41 77, *Fax 02 31 89 48 09,* 🏞 – TV ☎ ♿ P. AE ⓓ GB
Repas *(66)* - 86/115 ♁, enf. 40 – ☕ 36 – **50 ch** 306 – ½ P 270.

✿ **Assiette Gourmande** (Bonnefoy), quai Passagers ✆ 02 31 89 24 88, *Fax 02 31 89 90 17* – ▤. AE ⓓ GB — ABY d
fermé dim. soir du 15 nov. au 1er mars et lundi sauf juil.-août – **Repas** 165/415 et carte 340 à 450
Spéc. Petit boudin de tourteau aux aromates. Poitrine de pigeon rôti, jus au cacao. Crémeux à la réglisse et croustillants d'amandes.

L'Absinthe avec ch, 10 quai Quarantaine ✆ 02 31 89 39 00, *Fax 02 31 89 53 60,* 🏞, « Chambres dans un ancien presbytère du 16e siècle » – TV ☎ ♿ 🚗. ⓓ GB JCB
fermé 15 au 15 déc. – **Repas** 165/330 et carte 380 à 480 ♀ – ☕ 55 – **7 ch** 500/700. — BZ v

XX **Au Vieux Honfleur,** 13 quai St-Étienne ✆ 02 31 89 15 31, *Fax 02 31 89 92 04,* 🏠 – AE ⓘ GB JCB AZ r
fermé janv. – **Repas** 160/350.

XX **Aub. du Vieux Clocher,** 9 r. de l'Homme de Bois ✆ 02 31 89 12 06, *Fax 02 31 89 44 75* – AE ⓘ GB AY b
fermé janv., dim. soir et merc. sauf juil.-août – **Repas** 120/230 ♀.

XX **L'Ancrage,** 12 r. Montpensier ✆ 02 31 89 00 70, *Fax 02 31 89 92 78* – GB AZ a
fermé 16 nov. au 4 déc., 8 au 30 janv., mardi soir sauf juil.-août et merc. – **Repas** 98 ♀.

XX **Champlain,** 6 pl. Hamelin ✆ 02 31 89 14 91, *Fax 02 31 89 91 84* – AE GB AY n
fermé 1er janv. au 15 fév., merc. midi et jeudi – **Repas** 98/158 ♀.

X **Terrasse de l'Assiette,** 8 pl. Ste-Catherine ✆ 02 31 89 31 33, *Fax 02 31 89 90 17,* 🏠 – GB AY e
fermé 15 déc. au 15 janv., mardi soir et merc. de sept. à juin et lundi en juil.-août – **Repas** 129.

X **Au P'tit Mareyeur,** 4 r. Haute ✆ 02 31 98 84 23, *Fax 02 31 89 99 32* – GB AY s
fermé 15 au 30 nov., 10 au 25 janv., lundi soir et mardi – **Repas** 120.

X **Ascot,** 76 quai Ste-Catherine ✆ 02 31 98 87 91, 🏠 – GB AZ p
fermé fin nov. au 25 déc., merc. soir et jeudi d'oct. à fin avril – **Repas** 120/165.

à la Rivière-St-Sauveur *par ① : 2 km – 1 584 h. alt. 1 – ✉ 14600 :*

Antarès Ⓜ, Les 4 Francs ✆ 02 31 89 10 10, *Fax 02 31 89 58 57,* ≤, Ƒ₺, 🏊 – 🛗 TV ☎ ♿ P – 🏛 60. AE ⓘ GB
hôtel : fermé 2 au 25 janv. et rest. : ouvert 1er juil.-30 sept. – **Repas** *(fermé vend., sam. et dim.)* (dîner seul.) 98 ♀ – ☕ 50 – **38 ch** 540, 10 duplex – ½ P 413.

à Barneville-la-Bertran *par ②, D 62 et D 279 : 5 km – 124 h. alt. 48 – ✉ 14600 :*

Aub. de la Source 🌿, ✆ 02 31 89 25 02, *Fax 02 31 89 44 40,* 🏠, « Jardin fleuri » – TV ☎ P. GB. ✗
15 fév.-4 nov. – **Repas** (dîner seul.)(résidents seul.) – **16 ch** (½ pens. seul.) – ½ P 320/430.

par ③ *rte de Trouville : 3 km – ✉ 14600 Vasouy :*

Chaumière 🌿, rte du Littoral ✆ 02 31 81 63 20, *Fax 02 31 89 59 23,* ≤, 🏠, parc – TV ☎ P. AE GB JCB. ✗ ch
fermé merc. midi et mardi – **Repas** (nombre de couverts limité, prévenir) 190/380 – ☕ 85 – **9 ch** 990/2400 – ½ P 945/1650.

à Pennedepie *par ③ : 5 km – 234 h. alt. 20 – ✉ 14600 :*

X **Moulin St-Georges,** ✆ 02 31 81 48 48, 🏠 – GB
fermé mi-fév. à mi-mars, mardi soir et merc. – **Repas** 78/139 ♀, enf. 38.

par ③ *rte de Trouville et rte secondaire : 8 km – ✉ 14600 Honfleur :*

Romantica 🌿, chemin Petit Paris ✆ 02 31 81 14 00, *Fax 02 31 81 54 78,* ≤, 🏠, 🏊, 🌳 – TV ☎ ♿ P – 🏛 25. AE ⓘ GB. ✗ rest
fermé 1er au 20 déc. – **Repas** *(fermé jeudi midi et merc. sauf vacances scolaires)* 120/250 ♀ – ☕ 40 – **25 ch** 300/480, 8 appart 295/450.

RENAULT Gar. Senecal, rte de Genneville à Ablon ✆ 02 31 98 75 10 N ✆ 02 31 98 75 10

Vulco, ✆ 02 31 89 20 37

L'HÔPITAL-CAMFROUT *29460 Finistère* 58 ⑤ – *1 505 h alt. 20.*

Voir *Daoulas : enclos paroissial★ et cloître★ de l'abbaye N : 4,5 km,* G. Bretagne.

Paris 566 – Brest 24 – Morlaix 57 – Quimper 49.

Diverres-Bernicot, ✆ 02 98 20 01 01, *Fax 02 98 20 06 91* – ☎. GB
fermé 15 au 30 sept., vend. soir et dim. soir sauf juil.-août – **Repas** 68/200 🍷, enf. 40 – ☕ 35 – **16 ch** 140/260 – ½ P 160/230.

L'HÔPITAL-ST-BLAISE *64130 Pyr.-Atl.* 85 ⑤ *G. Pyrénées Aquitaine – 76 h alt. 145.*

Paris 811 – Pau 51 – Cambo-les-Bains 73 – Oloron-Ste-Marie 16 – Orthez 35 – St-Jean-Pied-de-Port 54.

Aub. du Lausset 🌿, ✆ 05 59 66 53 03, 🏠 – ☎. GB. ✗ ch
fermé 15 oct. au 15 nov. et lundi du 15 sept. au 30 juin – **Repas** 55 (déj.), 88/150 ♀, enf. 40 – ☕ 30 – **7 ch** 240 – ½ P 230/240.

L'HÔPITAL-SUR-RHINS *42 Loire* 73 ⑧ – ✉ *42132 St-Cyr-de-Favières.*

Paris 399 – Roanne 9 – Lyon 77 – Montbrison 58 – St-Étienne 77 – Thizy 27.

Favières, ☎ 04 77 64 80 30, – GB
fermé 4 au 25 janv., lundi hors saison et dim. soir – **Repas** (60) - 82/235 ♀.

Les HÔPITAUX-NEUFS *25370 Doubs* 70 ⑦ *G. Jura – 369 h alt. 1000 – Sports d'hiver : voir Métabief.*

Paris 462 – Besançon 78 – Champagnole 47 – Morez 49 – Mouthe 17 – Pontarlier 18.

Robbe sans rest, ☎ 03 81 49 11 05, *Fax 03 81 49 28 56* – ☎ P. GB
28 juin-5 sept. et 20 déc.-1er avril – ☐ 31 – **16 ch** 180/200.

CITROEN Gar. Drezet, ☎ 03 81 49 10 56 N ☎ 03 81 49 10 56

HORBOURG *68 H.-Rhin* 62 ⑲ – *rattaché à Colmar.*

L'HORME *42 Loire* 73 ⑲ – *rattaché à St-Chamond.*

L'HOSPITALET-PRÈS-L'ANDORRE *09390 Ariège* 86 ⑮ – *146 h alt. 1446.*

Paris 836 – Font-Romeu-Odeillo-Via 38 – Andorra-la-Vella 42 – Ax-les-Thermes 19 – Bourg-Madame 26 – Foix 60.

Puymorens, ☎ 05 61 05 20 03 – ☎ P. GB
Repas 89/110 – ☐ 27 – **12 ch** 140/205.

HOSSEGOR *40150 Landes* 78 ⑰ *G. Pyrénées Aquitaine – alt. 4 – Casino.*

Voir *Le lac*★.

18 ☎ *05 58 43 56 99, SE : 0,5 km.*

Office de Tourisme pl. des Halles ☎ 05 58 41 79 00, Fax 05 58 41 79 09.

Paris 754 – Biarritz 28 – Mont-de-Marsan 89 – Bayonne 20 – Bordeaux 177 – Dax 37.

Beauséjour , av. Tour du lac ☎ 05 58 43 51 07, *Fax 05 58 43 70 13*, , , – TV ☎ P – 25. AE GB
29 avril-15 oct. – **Repas** 140/175 ♀, enf. 80 – ☐ 65 – **45 ch** 500/650 – ½ P 535/680.

Les Hortensias du Lac sans rest, av. Tour du Lac ☎ 05 58 43 99 00, *Fax 05 58 43 42 81*, ←, – TV ☎ P. GB.
fermé déc. et janv. – ☐ 40 – **20 ch** 390/430, 10 duplex.

Lacotel, av. Touring Club ☎ 05 58 43 93 50, *Fax 05 58 43 49 49*, ←, , – TV ☎ P – 40. GB
fermé 15 déc. au 15 janv. – **Repas** *(fermé dim. soir et lundi du 15 janv. au 30 mars)* 90/120, enf. 50 – ☐ 40 – **42 ch** 510 – ½ P 395/430.

Gar. de l'**Avenue**, à Soorts ☎ 05 58 43 50 38

La HOUBE *57 Moselle* – ✉ *57850 Dabo.*

Paris 454 – Strasbourg 44 – Baccarat 71 – Lunéville 85 – Phalsbourg 18 – Sarrebourg 26 – Saverne 25.

Vosges , ☎ 03 87 08 80 44, *Fax 03 87 08 85 96*, ←, – ☎ P. GB. ch
fermé 20 janv. au 1er mars, mardi soir et merc. hors saison – **Repas** 70/170 ♀, enf. 50 – ☐ 30 – **11 ch** 160/300 – ½ P 220/250.

Les HOUCHES *74310 H.-Savoie* 74 ⑧ *G. Alpes du Nord – 1 947 h alt. 1004 – Sports d'hiver : 1 010/1 900 m 2 15 .*

Office de Tourisme pl. Église ☎ 04 50 55 50 62, Fax 04 50 55 53 16.

Paris 605 – Chamonix-Mont-Blanc 10 – Annecy 88 – Bonneville 48 – Megève 30.

Mont Alba M, La Griaz ☎ 04 50 54 50 35, *Fax 04 50 55 50 87*, ←, , – TV ☎ P – 40. AE GB JCB
hôtel : fermé 1er nov. au 14 déc. ; rest. : fermé 1er oct. au 14 déc. – **Repas** (dîner seul. hors saison) 98/135, enf. 60 – ☐ 45 – **43 ch** 480 – ½ P 450.

Aub. Beau Site et rest. Le Pèle, près Église ☎ 04 50 55 51 16, *Fax 04 50 54 53 11*, ←, « Terrasse fleurie » – TV ☎ P. AE GB JCB. rest
15 mai-10 oct., 10 déc.-20 avril et fermé merc. sauf du 15 juin au 15 sept. – **Repas** (68) - 100/160 – ☐ 45 – **18 ch** 410 – ½ P 370.

Chris-Tal, ☎ 04 50 54 50 55, *Fax 04 50 54 45 77*, ←, , – TV ☎ P. AE GB JCB
20 mai-30 sept. et 19 déc.-15 avril – **Repas** (90) - 110/180, enf. 55 – ☐ 45 – **18 ch** 480, 5 appart – ½ P 350/395.

au Prarion *par télécabine* – ✉ *74170 St-Gervais-les-Bains :*

Voir ✻★★ *30 mn.*

Prarion ⟡, alt.1 860 ✆ 04 50 54 40 07, *Fax 04 50 54 40 03,* ⛱, « ✻ sommets, glaciers et vallées » – ☎. GB. ✂ ch
20 juin-15 sept. et Noël-Pâques – **Repas** (self au déj. en hiver) 120/200 – 50 – **15 ch** 300/570 – 1/2 P 490.

HOUDAN *78550 Yvelines* 60 ⑧, 106 ⑭ *G. Ile de France* **(plan)** – *2 912 h alt. 104.*

des Yvelines ✆ *01 34 86 48 89, Est par N 12 : 12 km;* *de la Vaucouleurs à Civry-la-Forêt* ✆ *01 34 87 62 29; sortie Est N 12, N 183 et D 166 : 10 km.*

Syndicat d'Initiative à la Mairie ✆ *01 30 59 60 19.*

Paris 61 – Chartres 54 – Dreux 20 – Évreux 49 – Mantes-la-Jolie 28 – Rambouillet 28 – Versailles 42.

XXX **Poularde** (Vandenameele), 24 av. République ✆ 01 30 59 60 50, *Fax 01 30 59 79 71,* ⛱, « Jardin » – P. GB. ✂
✿ *2 avril-30 sept.* – **Repas** (80) - 150/280 ♀, enf. 100
Spéc. Salade du coquetier. Aumonière de poulette truffée sauce suprême. Autour d'une pomme.

X **Donjon,** 14 r. Epernon (près église) ✆ 01 30 59 79 14, *Fax 01 30 88 12 31* – ▤. AE GB
fermé 8 au 29 août, dim. soir et lundi – **Repas** 139/220.

HOUDEMONT *54 M.-et-M.* 62 ⑤ – *rattaché à Nancy.*

HOULGATE *14510 Calvados* 55 ② *G. Normandie Vallée de la Seine* – *1 654 h alt. 11* – *Casino.*

Voir *Falaise des Vaches Noires★ au NE.*

de Beuzeval ✆ *02 31 24 80 49.*

Office de Tourisme bd Belges ✆ *02 31 24 34 79, Fax 02 31 24 42 27.*

Paris 212 – Caen 33 – Deauville 14 – Lisieux 32 – Pont-l'Évêque 23.

X **Mon Castel** avec ch, 1 bd Belges ✆ 02 31 24 83 47, *Fax 02 31 28 50 36* – ☎. GB. ✂ ch
fermé oct., mardi soir et merc. sauf juil.-août – **Repas** 62/185 ♀, enf. 42 – 32 – **10 ch** 180/220 – 1/2 P 200/230.

HUELGOAT *29690 Finistère* 58 ⑥ *G. Bretagne* **(plan)** – *1 742 h alt. 149.*

Voir *Site★★ – Rochers★★ – Forêt★.*

Env. *St-Herbot : clôture★★ de l'église★ SO : 7 km.*

Office de Tourisme pl. de la Mairie ✆ *02 98 99 72 32, Fax 02 98 99 75 72.*

Paris 522 – Brest 66 – Carhaix-Plouguer 17 – Châteaulin 36 – Landerneau 46 – Morlaix 29 – Quimper 56.

du Lac, ✆ 02 98 99 71 14, *Fax 02 98 99 70 91,* ≤ – TV ☎ P. GB
fermé mi-nov. à mi-déc. – **Repas** 75 (déj.), 100/150, enf. 45 – 38 – **15 ch** 250/300 – 1/2 P 320.

La HUME *33 Gironde* 71 ⑳ – *rattaché à Gujan-Mestras.*

HUNAWIHR *68150 H.-Rhin* 87 ⑰ *G. Alsace Lorraine* – *503 h alt. 260.*

Voir *Centre de réintroduction des cigognes.*

Paris 436 – Colmar 14 – Gérardmer 61 – Ribeauvillé 2 – St-Dié 112 – Sélestat 15.

X **Relais du Poête,** ✆ 03 89 73 60 14, *Fax 03 89 73 36 86,* ⛱ – P. GB
fermé 1er janv. à mi-mars, dim. soir et lundi – **Repas** 95/150 ♀.

CITROEN Gar. Wickersheim, 29 rte de Ribeauvillé ✆ 03 89 73 62 02

HUNINGUE *68 H.-Rhin* 66 ⑩ – *rattaché à St-Louis.*

HUSSEREN-LES-CHÂTEAUX *68420 H.-Rhin* 62 ⑲ *G. Alsace Lorraine* – *377 h alt. 380.*

Paris 482 – Colmar 9 – Belfort 68 – Gérardmer 55 – Guebwiller 22 – Mulhouse 44.

Husseren-les-Châteaux M ⟡, r. Schlossberg ✆ 03 89 49 22 93, *Fax 03 89 49 24 84,* ≤, ⛱, Fā, ▣, ✂ – ⇕ ⇆, ▤ rest, TV ☎ ♿ P – 🏔 120. AE ⓓ GB
Repas 110/335 ♀ – 68 – **38 ch** 540/900 – 1/2 P 556.

HYÈRES GIENS

Denis (Av. A.) . . . . . . Y
Dr-Perron (Av.) . . . . . Z 14
Gambetta (Av.) . . . . . Z
Gaulle (Av. de) . . . . . Y 16
Iles-d'Or (Av.) . . . . . . Z
Massillon
(Pl. et R.) . . . . Y 29

Almanarre
(Route de l') . . . . . X 2
Barbacane (R.) . . . . . Y 3
Barruc (R.) . . . . Y 4
Belgique (Av. de) . . . Y 5
Bourgneuf (R.) . . . . . Y 6
Chateaubriand
(Bd) . . . . Y 7
Clemenceau (Pl.) . . . Y 9
Clotis (Av. J.) . . . . Z 10
Costebelle (Mtée) . . V 12
Degioanni Route
(R.) . . . . X 13
Foch (Av. Mar.) . . . . . Z 15
Geoffroy
St-Hilaire (Av.) . . . V 17
Godillot (Av. A.) . . . . V 18
Herriot (Bd E.) . . . . . X 20
Lattre-de-T. (Av. de). V 22
Lefebvre (Pl. Th.) . . . Z 23
Macri
(Ch. Soldat) . . . . . V 25
Madrague (Rte) . . . . X 26
Mangin (Av. Gén.) . . Y 28
Millet (Av. E.) . . . . . . Z 32
Moulin-Premier-
(Ch. du) . . . . V 33
Noailles (Mtée de). . Y 35
Palyvestre (Ch. du) . V 36
Paradis (R.) . . . . Y 37
Plaine-de-
Bouisson (Ch.) . . . X 40
Provence (R. de) . . . Z 41
Rabaton (R.) . . . . Y 42
République (Pl. et R.) Y 43
Riquier (Av. O.) . . . . . V 44
Roubaud (Ch.) . . . . . V 45
St-Bernard (R.) . . . . . Y 46
St-Esprit (R.) . . . . Y 47
St-Paul (Pl., R.) . . . . . Y 49
Ste-Catherine (R.) . . Y 50
Ste-Claire (R.) . . . . . . Y 51
Strasbourg (Crs) . . . . Y 52
Victoria (Av.) . . . . Z 53
11-Novembre (Pl.) . . V 56
15e-Corps (Av. du) . . V 57

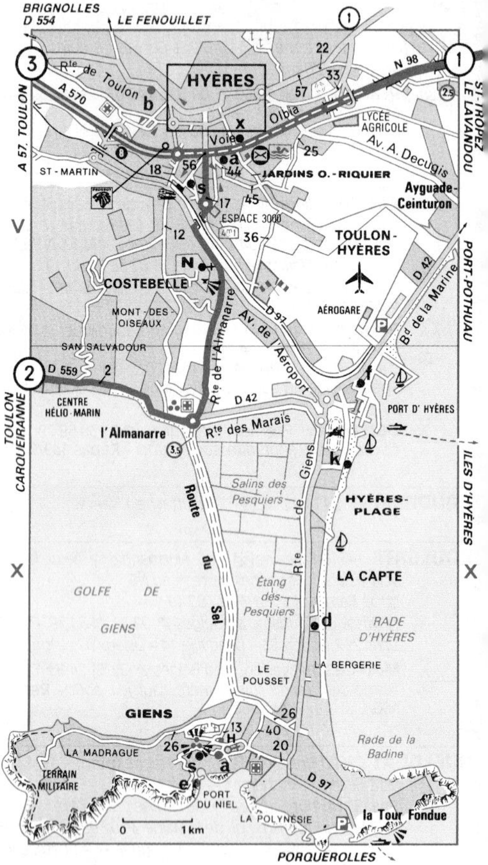

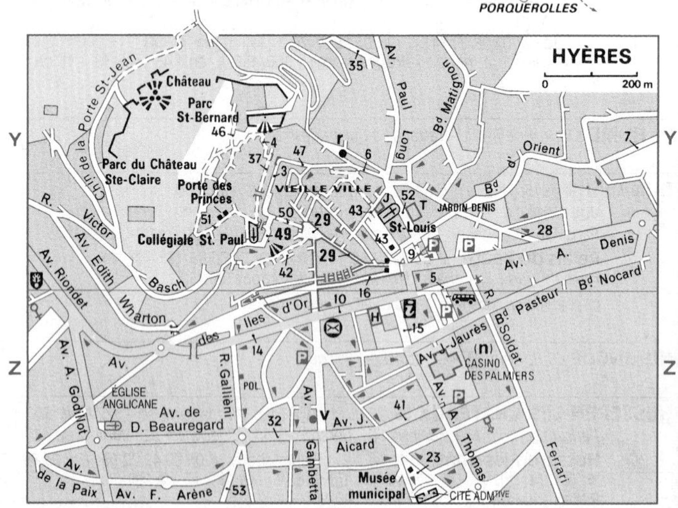

HYÈRES *83400 Var* 84 ⑮ ⑯, 114 ㊻ ㊼ *G. Côte d'Azur – 48 043 h alt. 40 – Casino des Palmiers* **Z**.

Voir ≤★ de la place St-Paul **Y 49** – Jardins Olbius Riquier★ **V** – ≤★ du parc St-Bernard **Y** – Chapelle N.-D. de Consolation★ **V N** : verrières★, ≤★ de l'esplanade S : 3 km – Sommet du Fenouillet ※★ NO : 4 km puis 30 mn.

✈ de Toulon-Hyères : ☎ 04 94 22 81 60, SE : 4 km **V**.

Office de Tourisme Rotonde J.-Salusse, av. Belgique ☎ 04 94 65 18 55, Fax 04 94 35 85 05.

Paris 852 ③ – Toulon 20 ③ – Aix-en-Provence 100 ③ – Cannes 122 ③ – Draguignan 79 ③.

Plan page ci-contre

Mercure, 19 av. A. Thomas ☎ 04 94 65 03 04, *Fax 04 94 35 58 20*, ⛱, 🏊 – 🛗 ✈ ▤ 📺 ☎ ♿ 🅿 – 🏛 100. AE ⓓ GB — **V x**
Repas grill 95/200 🍷, enf. 42 – ☕ 54 – **84 ch** 445/595.

Casino des Palmiers Ⓜ, 1 r. A. Thomas ☎ 04 94 12 80 80, *Fax 04 94 65 01 99*, ⛱ – 🛗 ✈ ▤ 📺 ☎ ♿ 🅿 – 🏛 400. AE GB. ✻ rest — **Z n**
Repas (dîner seul.) 135/200 – ☕ 45 – **15 ch** 490/890.

Ibis, av. J. Moulin ☎ 04 94 38 83 38, *Fax 04 94 38 57 24*, ⛱ – 🛗 ✈, ▤ rest, 📺 ☎ ♿ 🚗 🅿 – 🏛 30. AE ⓓ GB — **V a**
L'Atrium *(fermé dim. d'oct. à mars)* **Repas** *(79)*-99/139 🍷, enf. 65 – ☕ 38 – **46 ch** 365/475.

Centrotel sans rest, 45 av. E. Cawell ☎ 04 94 38 38 10, *Fax 04 94 38 37 73* – ▤ 📺 ☎ ♿ 🚗. AE ⓓ GB — **V s**
☕ 35 – **24 ch** 330/420.

Soleil sans rest, r. Rempart ☎ 04 94 65 16 26, *Fax 04 94 35 46 00* – ☎. AE GB — **Y r**
☕ 38 – **20 ch** 230/420.

Crèche Provençale, 15 rte Toulon ☎ 04 94 65 30 28 – ▤. AE GB — **V b**
fermé sam. midi et lundi – **Repas** 140/195.

Jardin de Bacchus, 32 av. Gambetta ☎ 04 94 65 77 63, *Fax 04 94 65 71 19* – ▤. AE GB — **Z v**
fermé sam. midi et lundi midi en été et dim. soir en hiver – **Repas** 145/300, enf. 60.

à Hyères-Plage *Sud-Est : 5 km* - **X** – ✉ *83400 Hyères :*

Les Pins d'Argent, ☎ 04 94 57 63 60, *Fax 04 94 38 33 65*, ⛱, parc, 🏊 – 📺 ☎ 🅿. AE GB — **X f**
fermé 20 déc. au 3 janv. – **Repas** *(ouvert 10 avril-30 sept. et fermé dim. soir et lundi sauf juil.-août)* 100/220, enf. 50 – ☕ 45 – **20 ch** 530/530 – ½ P 440/485.

Rose des Mers sans rest, 3 allée E. Gérard ☎ 04 94 58 02 73, *Fax 04 94 58 06 16*, ≤, 🏖 – 📺 ☎ 🅿. GB. ✻ — **X k**
25 mars-15 oct. – ☕ 45 – **20 ch** 290/450.

à La Capte *Sud-Est : 8 km* – ✉ *83400 Hyères :*

Ibis Thalassa Ⓜ, allée Mer ☎ 04 94 58 00 94, *Fax 04 94 58 09 35*, ≤, ⛱, centre de thalassothérapie, 🏋, 🏊, 🏖, 🌳 – ✈ ▤ 📺 ☎ ♿ 🅿 – 🏛 35. AE ⓓ GB. ✻ rest — **X d**
fermé 3 au 24 janv. – **Repas** 135 🍷, enf. 50 – ☕ 43 – **96 ch** 490/600 – ½ P 435/450.

NISSAN Gar. Lafosse, quai St-Gervais rte de Toulon La Bayorre ☎ 04 94 65 20 79

PEUGEOT Les Gds Gar. du Var, Zac la Crestade r. st-Joseph ☎ 04 94 12 40 40 🅽 ☎ 04 91 97 34 41

IBARRON *64 Pyr.-Atl.* 85 ② – *rattaché à St-Pée-sur-Nivelle.*

IF (Ile du Château d') *13 B.-du-R.* 84 ⑬, 114 ㉗ *G. Provence.*

⛴ *au départ de* **Marseille** *pour le château d'If★★ (※★★★) 1 h 30.*

IGÉ *71960 S.-et-L.* 70 ⑪ – *729 h alt. 265.*

Paris 399 – Mâcon 14 – Cluny 13 – Tournus 31.

Château d'Igé 🐚, ☎ 03 85 33 33 99, *Fax 03 85 33 41 41*, ⛱, 🌳 – 📺 ☎ 🅿 – 🏛 60. AE ⓓ GB
✿ *mars-nov.* – **Repas** *(fermé mardi midi sauf fériés)* 155 (déj.), 195/365 et carte 280 à 450 🍷 – ☕ 70 – **7 ch** 585/750, 6 appart 1125 – ½ P 538/665
Spéc. Petit civet d'écrevisses au vin d'Igé. Noisette de filet de boeuf à la lie de vin rouge. Pain d'épice perdu aux pommes rôties. **Vins** Saint-Véran.

ILAY *39 Jura* 70 ⑮ *G. Jura* – ✉ *39150 St-Laurent-en-Grandvaux.*
Voir *Cascades du Hérisson*★★★.
Office de Tourisme ✆ *03 84 60 15 25.*
Paris 440 – Champagnole 19 – Lons-le-Saunier 37 – Morez 22 – St-Claude 40.

Aub. du Hérisson, carrefour D 75-D 39 ✆ 03 84 25 58 18, *Fax 03 84 25 51 11* – ☎ P. GB
fermé 11 nov. au 1er fév. – **Repas** 69/250 ♀, enf. 45 – ☕ 39 – **16 ch** 180/300 – ½ P 195/270.

ILE voir nom propre de l'île (sauf si nom de commune).

ILE AUX MOINES ★ *56780 Morbihan* 63 ⑫ ⑬ *G. Bretagne* – *617 h alt. 16.*
Accès *par transports maritimes.*
depuis **Port-Blanc.** *Traversée 5 mn - Renseignements et tarifs : IZENAH S.A.R.L.* ✆ *02 97 26 31 45, Fax 02 97 26 31 01.*
depuis **Vannes.** *Service Saisonnier - Traversée 30 mn - Renseignements et tarifs : Navix Bretagne - Gare Maritime* ✆ *02 97 46 60 00, Fax 02 97 46 60 29.*

XX **San Francisco** avec ch, au port ✆ 02 97 26 31 52, *Fax 02 97 26 35 59*, ←, – TV ☎ . AE GB
25 mars-2 nov. – **Repas** *(fermé jeudi sauf de juin à août)* 110/235 ♀, enf. 60 – ☕ 55 – **8 ch** 450/540 – ½ P 315/395.

L'ILE BOUCHARD *37220 I.-et-L.* 68 ④ *G. Châteaux de la Loire* – *1 800 h alt. 41.*
Voir *Chapiteaux*★ *dans le prieuré St-Léonard – Cathèdre*★ *dans l'église St-Maurice – Tavant : fresques*★ *dans l'église O : 3 km.*
Env. *Champigny-sur-Veude : vitraux*★★ *de la Ste-Chapelle*★ *SO : 10,5 km.*
Paris 284 – Tours 51 – Châteauroux 118 – Chinon 17 – Châtellerault 49 – Saumur 43.

XXX **Aub. de l'Ile,** ✆ 02 47 58 51 07, *Fax 02 47 58 51 07*, – GB
fermé 2 au 31 janv., dim. soir et lundi – **Repas** 98/300 et carte 180 à 290 ♀, enf. 50.

ILE-D'AIX ★ *17123 Char.-Mar.* 71 ⑬ *G. Poitou Vendée Charentes* – *199 h.*
Accès *par transports maritimes.*
depuis *la* **Pointe de la Fumée** *(2,5 km NO de Fouras). Traversée 25 mn - Renseignements et tarifs à Société Fouras-Aix,* ✆ *05 46 84 60 50, Fax 05 46 84 69 88.*
depuis **La Rochelle.** *Services saisonniers - Traversée 1 h - Renseignements : Croisières Inter Iles,* ✆ *05 46 50 51 88 (La Rochelle).*
depuis **Boyardville** *(Ile d'Oléron). Services saisonniers - Traversée 30 mn - Renseignements Inter Iles* ✆ *05 46 47 01 45 (Boyarville).*
depuis **la Tranche-sur-Mer.** *Services saisonniers - Traversée 2 h 30 mn - Renseignements et tarifs : Inter Iles* ✆ *02 51 27 43 04.*
depuis **Sablanceaux.** *Service saisonnier - Agence Inter Iles de Sablanceaux - Renseignements et tarifs* ✆ *05 46 09 87 27.*

ÎLE-D'ARZ *56840 Morbihan* 63 ⑬ *G. Bretagne* – *256 h alt. 25.*
Accès *par transports maritimes.*
depuis **Barrarach et Conleau.** *Traversée 20 mn - Renseignements auprès de la Sté le Didroux-Gillard* ✆ *02 97 66 92 06.*
depuis **Vannes.** *Services quotidiens - Traversée 30 mn - Renseignements : Navix Bretagne, Gare Maritime* ✆ *02 97 46 60 00 (Vannes), Fax 02 97 46 60 29.*

ILE-DE-BATZ *29253 Finistère* 58 ⑥ *G. Bretagne* – *746 h.*
Accès *par transports maritimes.*
depuis **Roscoff.** *Traversée 15 mn - Renseignements et tarifs : Cie Finistérienne d'Aconage, BP 10 - 29253 Ile de Batz* ✆ *02 98 61 78 87, Fax 02 98 61 75 94.*

ILE-DE-BRÉHAT ★ *22870 C.-d'Armor* 59 ② *G. Bretagne* – *461 h alt. 7.*
Voir *Tour de l'île*★★ *en vedette 1 h – Phare du Paon*★ *– Croix de Maudez* ←★ *– Chapelle St-Michel* ←★ *– Bois de la citadelle* ←★.
Accès *par transports maritimes, pour* **Port-Clos.**
depuis *la* **Pointe de l'Arcouest.** *Traversée 15 mn - Renseignements et tarifs : Vedettes de Bréhat (Ile de Bréhat)* ✆ *02 96 55 86 99, Fax 02 96 55 73 96.*
depuis **St-Quay-Portrieux.** *Service saisonnier - Traversée 1 h 15 mn - Renseignements et tarifs : Voir ci-dessus.*
depuis **Binic.** *Service saisonnier- Traversée 1 h 30 mn - Renseignements et tarifs: voir Pointe de l'Arcouest.*

Bellevue ⚘, Port-Clos ☎ 02 96 20 00 05, *Fax 02 96 20 06 06*, ≤, 🌳, 🍴 – ⇕ TV ☎. GB
fermé 4 janv. au 5 fév. – **Repas** (89) - 115/175 ♀, enf. 70 – ☕ 52 – **17 ch** 430/530 – ½ P 395/445.

Vieille Auberge ⚘, au bourg ☎ 02 96 20 00 24, *Fax 02 96 20 05 12*, 🌳 – ☎. GB. ✗ ch
3 avril-3 nov. – **Repas** 90/300, enf. 55 – ☕ 40 – **14 ch** 450 – ½ P 370/450.

ILE D'HOUAT *56 Morbihan 63 ⑫ G. Bretagne – 390 h alt. 31 – ✉ 56170 Quiberon.*

Accès *par transports maritimes.*

⛴ *depuis* **Quiberon.** *Traversée 40 mn - Renseignements et tarifs : Cie Morbihannaise et Nantaise de Navigation ☎ 02 97 50 06 90 (Quiberon), Fax 02 97 50 11 40.*

Sirène ⚘, ☎ 02 97 30 66 73, *Fax 02 97 30 66 94*, 🌳 – TV ☎ 📞. AE GB
30 mars-15 oct. – **Repas** 98/250 – **14 ch** (½ pens. seul.) – ½ P 400.

L'ILE-ROUSSE *2B H.-Corse 90 ⑬ – voir à Corse.*

Las ILLAS *66 Pyr.-Or. 86 ⑲ – rattaché à Maureillas-las-Illas.*

ILLHAEUSERN *68970 H.-Rhin 62 ⑲ – 578 h alt. 173.*

Paris 446 – Colmar 16 – Artzenheim 14 – St-Dié 54 – Sélestat 14 – Strasbourg 63.

Clairière M ⚘ sans rest, rte Guémar ☎ 03 89 71 80 80, *Fax 03 89 71 86 22*, 🏊, 🎾 – ⇕ ⊁ TV ☎ P. GB
fermé janv. et fév. – ☕ 75 – **26 ch** 450/1100.

Hirondelles, rte Guémar ☎ 03 89 71 83 76, *Fax 03 89 71 86 40*, 🍴 – ▤ ch, TV ☎ 📞 P. GB. ✗ rest
fermé 1er fév. au 10 mars – **Repas** *(fermé dim. soir)* (dîner seul.)(résidents seul.) – ☕ 38 – **19 ch** 250/300 – ½ P 260/280.

XXXXX ✿✿✿ **Auberge de l'Ill** (Haeberlin), ☎ 03 89 71 89 00, *Fax 03 89 71 82 83*, « Élégante installation au bord de l'Ill, ≤ jardins fleuris » – ▤ P. AE ◑ GB
fermé 1er fév. au 5 mars, lundi sauf le midi en saison et mardi – **Repas** (prévenir) 530 (déj.), 630/740 et carte 460 à 690
Spéc. Salade de langoustines, beignet et brandade de morue. Filet d'esturgeon, choucroute à la crème de caviar. Grande assiette d'oie non grasse sous toutes ses façons. **Vins** Riesling, Tokay-Pinot gris.

H. des Berges M ⚘, ☎ 03 89 71 87 87, *Fax 03 89 71 87 88*, ≤, « Reconstitution d'un séchoir à tabac du Ried », 🍴 – ⇕, ▤ ch, TV ☎ ♿ 🚗. AE ◑ GB
fermé lundi soir et mardi – voir rest. ***Aub. de l'Ill*** – ☕ 130 – **11 ch** 1500/1750.

CITROEN Gar. Krimm, 20 r. du Mar.-Leclerc à Elsenheim ☎ 03 88 92 56 64

ILLIERS-COMBRAY *28120 E.-et-L. 60 ⑰ G. Châteaux de la Loire – 3 329 h alt. 160.*

ℹ *Syndicat d'Initiative 5 r. Henri Germond ☎ 02 37 24 21 79.*

Paris 115 – Chartres 26 – Châteaudun 28 – Le Mans 92 – Nogent-le-Rotrou 36.

XX **Florent,** 13 pl. Marché (près église) ☎ 02 37 24 10 43, *Fax 02 37 24 11 78* – AE GB
fermé dim. soir et lundi – **Repas** (70) - 98/356 ♀, enf. 52.

CITROEN Gar. Troquet, 26 r de Chartres ☎ 02 37 24 00 53 N ☎ 02 37 24 00 53

PEUGEOT Gar. Ringuedé, 59 r. de Chartres ☎ 02 37 24 33 41

ILLKIRCH-GRAFFENSTADEN *67 B.-Rhin 62 ⑩ – rattaché à Strasbourg.*

IMSTHAL (Étang d') *67 B.-Rhin 57 ⑰ ⑱ – rattaché à La Petite-Pierre.*

INGERSHEIM *68 H.-Rhin 87 ⑰ – rattaché à Colmar.*

INGWILLER *67340 B.-Rhin 87 ⑬ – 3 753 h alt. 185.*

ℹ *Office de Tourisme Hôtel de Ville, r. du Gén. Goureau ☎ 03 88 89 23 45, Fax 03 88 89 23 45.*

Paris 447 – Strasbourg 45 – Haguenau 28 – Sarrebourg 43 – Sarreguemines 54 – Saverne 24.

XX ⊛ **Aux Comtes de Hanau** avec ch, 139 r. Gén. de Gaulle ☎ 03 88 89 42 27, *Fax 03 88 89 51 18*, 🌳 – ⊁ TV ☎ 📞 P – 🏛 25. AE ◑ GB
Repas *(fermé merc. soir et lundi)* (39) - 58/270 🍷, enf. 49 – ☕ 27 – **11 ch** 240/485 – ½ P 260/300.

CITROEN Gar. Stehly, rte de Bouxwiller ☎ 03 88 89 42 41

RENAULT Gar. Braunecker, ZI r. Bellevue ☎ 03 88 89 43 78 N ☎ 03 88 89 43 78

INNENHEIM *67880 B.-Rhin* 62 ⑨ *– 840 h alt. 150.*

Paris 488 – Strasbourg 22 – Molsheim 13 – Obernai 10 – Sélestat 32.

Au Cep de Vigne, N 422 ☎ 03 88 95 75 45, *Fax 03 88 95 79 73,* – 🅿 – 40. GB
fermé 15 au 28 fév. – **Repas** *(fermé lundi)* 95/255, enf. 60 – ☐ 38 – **40 ch** 180/450 – ½ P 220/300.

INOR *55700 Meuse* 56 ⑩ *– 183 h alt. 180.*

Paris 249 – Charleville-Mézières 50 – Carignan 14 – Longwy 61 – Sedan 27 – Verdun 53.

Aub. du Faisan Doré, ☎ 03 29 80 35 45, *Fax 03 29 80 37 92,* – 🅿. AE GB. ch
Repas 68/180 – ☐ 30 – **13 ch** 200/250 – ½ P 250/280.

INXENT *62 P.-de-C.* 51 ⑫ *– rattaché à Montreuil.*

ISIGNY-SUR-MER *14230 Calvados* 54 ⑬ *G. Normandie Cotentin – 3 018 h alt. 4.*

Paris 295 – Cherbourg 62 – St-Lô 30 – Bayeux 33 – Caen 63 – Carentan 11.

France, 13 r. E. Demagny ☎ 02 31 22 00 33, *Fax 02 31 22 79 19* – 🅿 – 25. AE GB
15 fév.-15 nov. et fermé vend. soir et sam. hors saison sauf fériés – **Repas** (55) - 69/185, enf. 40 – ☐ 32 – **19 ch** 180/310 – ½ P 210/290.

PEUGEOT Gar. Etasse, ☎ 02 31 22 02 52 N ☎ 02 31 22 02 52
RENAULT Isigny Gar., ☎ 02 31 22 02 33 N ☎ 02 31 22 02 33

L'ISLE-ADAM *95290 Val-d'Oise* 55 ⑳ *G. Ile de France – 9 979 h alt. 28.*

Voir *Chaire★ de l'église St-Martin.*

l'Isle Adam ☎ 01 34 08 11 11, NE : 5 km.

Office de Tourisme Maison des Joséphites 46 Grande Rue ☎ 01 34 69 41 09, Fax 01 34 08 09 79.

Paris 38 – Compiègne 66 – Beauvais 48 – Chantilly 24 – Pontoise 19 – Taverny 14.

XX **Gai Rivage,** 11 r. Conti ☎ 01 34 69 01 09, *Fax 01 34 69 30 37,* – GB
fermé vacances de Toussaint, de fév., dim. soir et lundi – **Repas** (155) - 220/285.

X **Relais Fleuri,** 61 bis r. St-Lazare ☎ 01 34 69 01 85, – AE GB
fermé 16 au 31 août, lundi soir et mardi – **Repas** 155/210 bc.

CITROEN Gar. Crocqfer, 6 Grande-Rue ☎ 01 34 69 00 01
PEUGEOT Gar. Pétillon 12 r. de Beaumont ☎ 01 34 69 01 13 N ☎ 08 00 44 24 24
RENAULT Gar. de l'Ile de France, 60 av. de Paris ☎ 01 34 69 05 66

L'ISLE-D'ABEAU *38 Isère* 74 ⑬,, 110 ㉙ *– rattaché à Bourgoin-Jallieu.*

L'ISLE-JOURDAIN *32600 Gers* 82 ⑥ ⑦ *G. Pyrénées Aquitaine – 5 029 h alt. 116.*

Voir *Centre-musée d'art campanaire★.*

Las Martines ☎ 05 62 07 27 12, N : 4,5 km.

Paris 699 – Auch 42 – Toulouse 36 – Montauban 56.

Host. du Lac, Ouest : 1 km par rte d'Auch ☎ 05 62 07 03 91, *Fax 05 62 07 04 37,* – 🅿 – 30. GB
Repas 60 bc/235 – ☐ 30 – **27 ch** 205/245 – ½ P 200/225.

à Pujaudran *Est : 8 km par N 124 – 816 h. alt. 302 – ✉ 32600 :*

XXX **Puits St-Jacques** (Retureau), ☎ 05 62 07 41 11, *Fax 05 62 07 44 09,* – AE GB
✿ *fermé 9 au 31 août, vacances de fév., dim. et lundi sauf fériés* – **Repas** (sam. et dim. prévenir) 110 (déj.), 160/270 et carte 270 à 360, enf. 75
Spéc. Poêlée de foie gras de canard du Gers aux griottines. Suprêmes de pigeon dorés au miel et épices. Figues confites au bouillon d'Armagnac et garnies de glace vanille. **Vins** Madiran.

rte de Toulouse *par N 124 : 11 km – ✉ 32600 L'Isle-Jourdain :*

XXX **Frachengues,** ☎ 05 62 07 40 63, *Fax 05 62 07 42 16,* – 🅿. AE GB
fermé 17 au 31 août, 4 au 25 janv., dim. soir, mardi midi et lundi – **Repas** 100/250 et carte 190 à 340, enf. 65.

CITROEN Gar. de L'Esplanade, ☎ 05 62 07 02 57
FORD Gar. St-Germier, 39 av. de Toulouse ☎ 05 62 07 00 13
PEUGEOT Gar. Rigal, ☎ 05 62 07 03 16 N ☎ 05 62 07 03 16
RENAULT Gar. Gascogne-Sce, ☎ 05 62 07 13 07 N ☎ 05 62 07 13 07
Rivière-Point S, ☎ 05 62 07 08 46

L'ISLE-JOURDAIN *86150 Vienne 72 ⑤ G. Poitou Vendée Charentes – 1 269 h alt. 142.*

Office de Tourisme (saison) pl. de l'Ancienne Gare ✆ 05 49 48 80 36 Fax 05 49 48 80 36 et à la Mairie ✆ 05 49 48 70 54.

Paris 387 – Poitiers 53 – Confolens 27 – Niort 101.

au Port de Salles *Sud : 7 km par D 8 et rte secondaire – ✉ 86150 Le Vigeant :*

Val de Vienne M sans rest, ✆ 05 49 48 27 27, *Fax 05 49 48 47 47*, ≤, – TV ☎ ♿ P. GB
fermé 10 janv. au 1er fév. – 45 – **20 ch** 480.

Grimolée, ✆ 05 49 48 75 22, *Fax 05 49 48 59 99*, , « Jardin au bord de la Vienne » – GB
fermé 10 janv. au 1er fév., dim. soir et lundi de nov. à avril – **Repas** 90/195, enf. 50.

CITROEN Gar. Foussier, ✆ 05 49 48 88 24
PEUGEOT Gar. Gaudineau, ✆ 05 49 48 70 37
RENAULT Gar. Perrin, ✆ 05 49 48 70 22 N ✆ 05 49 48 70 22

L'ISLE-SUR-LA-SORGUE *84800 Vaucluse 81 ⑫ ⑬ G. Provence* (plan) *– 15 564 h alt. 57.*

Voir *Décoration intérieure★ de l'église – Église★ du Thor O : 5 km.*

Provence Country Club ✆ 04 90 20 20 65, E : 4 km sur D 25.

Office de Tourisme pl. Église ✆ 04 90 38 04 78, Fax 04 90 38 35 43.

Paris 694 – Avignon 22 – Apt 34 – Carpentras 16 – Cavaillon 10 – Orange 40.

Araxe M, rte Apt : 1,5 km ✆ 04 90 38 40 00, *Fax 04 90 20 84 74*, , « Jardin en bordure de la Sorgue », , – cuisinette TV ☎ ♿ P – 50. AE GB
Repas 128 – 55 – **51 ch** 270/800, 4 duplex – ½ P 295/560.

Cantosorgue M sans rest, cours de la Pyramide (rte Carpentras) ✆ 04 90 20 81 81, *Fax 04 90 38 40 30* – TV ☎ ♿ P – 30. GB
55 – **39 ch** 285.

Prévôte (Mercier), 4 r. J.-J. Rousseau (derrière l'église) ✆ 04 90 38 57 29, – GB JCB
fermé nov., 15 au 28 fév., dim. soir en hiver et lundi – **Repas** 125 (déj.), 210/320
Spéc. Cannelloni de saumon au chèvre frais. Fleurs de courgette farcies (juil. à sept.). Cannette laquée au miel de lavande. **Vins** Côtes du Luberon.

au Nord *6 km par D 938 et rte secondaire – ✉ 84740 Velleron :*

Host. La Grangette, ✆ 04 90 20 00 77, *Fax 04 90 20 07 06*, , « Demeure provençale dans un parc, », – TV ☎ P – 80. AE GB. rest
fermé 14 nov. au 7 déc. – **Repas** 165/230 – 70 – **16 ch** 650/1050 – ½ P 505/755.

rte d'Apt *Sud-Est : 6 km par N 100 – ✉ 84800 L'Isle-sur-la-Sorgue :*

Mas des Grès, ✆ 04 90 20 32 85, *Fax 04 90 20 21 45*, , , – ☎ P. GB.
1er mars-15 nov. – **Repas** (dîner seul. sauf juil.-août) (résidents seul.) 95 (déj.)/150, enf. 75 – 65 – **14 ch** 500/600 – ½ P 500/600.

à Petit-Palais *Sud-Est : 6 km par D 31 ou par N 100 et D 24 – ✉ 84800 L'Isle-sur-la-Sorgue :*

Bernard Auzet, ✆ 04 90 38 09 74, *Fax 04 90 20 91 26*, , – P. GB
fermé 15 au 30 nov., dim. soir hors saison et merc. – **Repas** 109 (déj.), 168/280, enf. 80.

au Sud-Ouest *3 km par rte de Caumont sur D 25 et rte secondaire – ✉ 84800 L'isle-sur-la-Sorgue :*

Mas de Cure Bourse avec ch, ✆ 04 90 38 16 58, *Fax 04 90 38 52 31*, , « Ancien mas au milieu des vergers, », – TV ☎ P – 50. GB
Repas *(fermé 9 au 30 nov., 6 au 20 janv., mardi midi et lundi)* 165/260, enf. 98 – 45 – **13 ch** 400/600 – ½ P 420/520.

PEUGEOT Gar. Manni, 7 quai Charité ✆ 04 90 21 28 88
RENAULT Relais de l'Automobile, rte de Pernes-les-Fontaines, quartier la Rode ✆ 04 90 38 68 68 N ✆ 08 00 05 15 15
Magnan-Pneus, ZA Grande Marine, rte du Thor ✆ 04 90 38 00 89

L'ISLE-SUR-SEREIN *89440 Yonne* 65 ⑥ *– 533 h alt. 190.*

Paris 210 – Auxerre 50 – Avallon 16 – Montbard 32 – Tonnerre 40.

XX **Aub. Pot d'Étain** avec ch, ✆ 03 86 33 88 10, *Fax 03 86 33 90 93*, – rest, TV ☎. GB

fermé 19 au 25 oct., fév., dim. soir et lundi hors saison – **Repas** 98/298 ♀, enf. 55 – 38 – **8 ch** 250/390 – ½ P 290/350.

RENAULT Gar. Cervo, ✆ 03 86 33 84 87

ISOLA 2000 *06420 Alpes-Mar.* 81 ⑩, 115 ⑤ *G. Alpes du Sud – alt. 2000 – Sports d'hiver : 1 800/ 2 610 m 2 22.*

Voir *Vallon de Chastillon★ O.*

Club Isola 2000, ✆ 04 93 23 90 10.

Office de Tourisme ✆ 04 93 23 15 15, Fax 04 93 23 14 25.

Paris 820 – Barcelonnette 82 – Nice 90 – St-Martin-Vésubie 56.

Chastillon, ✆ 04 93 23 26 00, *Fax 04 93 23 26 12*, ≤, – TV ☎ P – 40 à 150. AE GB JCB. rest

mi-déc.-mi-avril – **Repas** 120 (déj.), 150/195 – **54 ch** 1045/1430 – ½ P 810.

ISPE *40 Landes* 78 ⑬ *– rattaché à Biscarrosse.*

Les ISSAMBRES *83380 Var* 84 ⑱, 114 ㊳ *G. Côte d'Azur.*

Paris 879 – Fréjus 10 – Draguignan 37 – St-Raphaël 12 – Ste-Maxime 11 – Toulon 102.

à San-Peire-sur-Mer – ✉ *83380 Les Issambres :*

Provençal, N 98 ✆ 04 94 96 90 49, *Fax 04 94 49 62 48*, ≤, – TV ☎ P. AE GB

14 fév.-20 oct. – **Repas** *(fermé mardi sauf le midi de juin à sept.)* 146/210 ♀, enf. 62 – 40 – **27 ch** 400/570 – ½ P 413/473.

au parc des Issambres – ✉ *83380 Les Issambres :*

Villa-St-Elme M, N 98 ✆ 04 94 49 52 52, *Fax 04 94 49 63 18*, ≤, , « En bordure de mer », , , – TV ☎ P. AE GB JCB

fermé 6 janv. au 6 fév. – **Repas** *(fermé jeudi midi et merc. du 1er oct. au 15 avril)* 250 bc (déj.), 350/500 ♀, enf. 50 – 85 – **14 ch** 1650/3700, 3 appart – ½ P 2100/2400.

Quiétude, N 98 ✆ 04 94 96 94 34, *Fax 04 94 49 67 82*, ≤, , , – TV ☎ P. GB

22 fév.-10 oct. – **Repas** 93/175, enf. 53 – 37 – **19 ch** 320/365 – ½ P 332/360.

à la calanque des Issambres – ✉ *83380 Les Issambres :*

XX **Chante-Mer,** au village ✆ 04 94 96 93 23, – . GB

fermé 15 déc. au 31 janv., dim. soir et lundi sauf juil.-août – **Repas** 130/210.

à la pointe de la Calle – ✉ *83380 Les Issambres :*

XXX **Au Jardin Gourmand,** N 98 ✆ 04 94 49 61 10, *Fax 04 94 49 61 10*, ≤, – P. AE GB

fermé 3 janv. au 20 fév., dim. soir et lundi hors saison – **Repas** 95/295 et carte 260 à 400, enf. 75.

ISSENHEIM *68500 H.-Rhin* 87 ⑱ *– 2 838 h alt. 245.*

Paris 473 – Mulhouse 21 – Belfort 50 – Colmar 23 – Épinal 106 – Guebwiller 3 – Strasbourg 101.

XX **Aub Jean-Luc Wahl,** 58 rte Rouffach ✆ 03 89 76 86 68, *Fax 03 89 76 93 19*, , « Auberge alsacienne du 18e siècle »

fermé 1er au 15 août, 1er au 10 janv., dim. soir et lundi – **Repas** 125/400 bc, enf. 80.

ISSIGEAC *24560 Dordogne* 75 ⑮ *G. Périgord Quercy – 638 h alt. 106.*

Syndicat d'Initiative pl. 8 Mai ✆ 05 53 58 79 62.

Paris 554 – Périgueux 66 – Bergerac 19 – Bordeaux 110 – Cahors 89 – Villeneuve-sur-Lot 45.

Brucelière, ✆ 05 53 58 72 28, – TV ☎. GB

fermé nov., fév., dim. soir et lundi – **Repas** 65 (déj.), 80/175 ♀, enf. 50 – 35 – **6 ch** 200/320 – ½ P 205/265.

ISSOIRE 63500 *P.-de-D.* 73 ⑭ ⑮ *G. Auvergne – 13 559 h alt. 400.*

Voir *Anc. abbatiale St-Austremoine★★ : chevet★★* Z.

Env. *Puy d'Yssou ※★ SO : 10 km par D 32.*

Office de Tourisme pl. Gén.-de-Gaulle ℘ 04 73 89 15 90 et (saison) Aire de Veyre et du Lembron.

Paris 451 ① – Clermont-Ferrand 37 ① – Aurillac 124 ③ – Le Puy-en-Velay 94 ③ – Rodez 179 ③ – St-Étienne 177 ① – Thiers 56 ① – Tulle 172 ①.

ISSOIRE

Berbiziale (R. de la) . . . Y
Châteaudun (R. de) . . . Z 5
Gambetta (R.) . . . Z 6
Pont (R. du) . . . Z 14
Ponteil (R. du) . . . Y 16
République (Pl. de la) . . . Z

Altaroche (Pl.) . . . Z 2
Ambert (R. d') . . . Y
Ancienne-Caserne (R. de l') . . . Z 3
Buisson (Bd A.) . . . Y
Cerf-Volant (R. du) . . . Y 4
Cibrand (Bd J.) . . . Y
Dr Sauvat (R.) . . . Z
Duprat (Pl. Ch.) . . . Y
Espagnon (R. d') . . . Z
Foirail (Pl. du) . . . Y
Fours (R. des) . . . Z
Gare (Av. de la) . . . Z 10
Gaulle (Pl. du Gén. de) . . . Y
Gauttier (R. E.) . . . Y
Haïnl (Bd G.) . . . Z
Hauterive (R. E. d') . . . Z
Manlière (Bd de la) . . . Z
Mas (R. du) . . . Y
Montagne (Pl. de la) . . . Y
Notre-Dame-des-Filles (R.) . . . Z 12
Palais (R. du) . . . Y
Pomel (Pl. N.) . . . Z 13
Postillon (R. du) . . . Z
St-Avit (Pl.) . . . Y 22
Sous-Préfecture (Bd de la) . . . Z
Terraille (R. de la) . . . Z 24
Triozon-Bayle (Bd) . . . YZ 25
Verdun (Pl. de) . . . Z 26

Une réservation confirmée par écrit est toujours plus sûre.

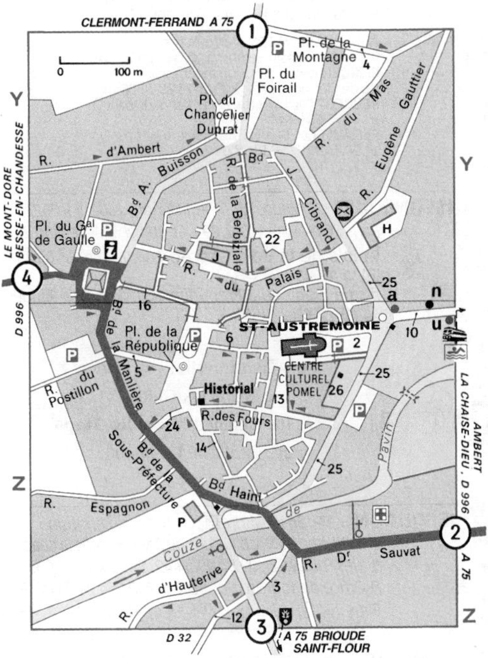

Campanile, ZAC des Listes (C. Comm. Continent) Nord-Est 1,5 km par D 716 et D 9 ℘ 04 73 89 00 27, *Fax 04 73 89 95 00*, – TV ☎ P – 30. AE GB
Repas *(66)* - 84 bc/107 bc, enf. 39 – ☐ 34 – **42 ch** 278.

Tourisme sans rest, 13 av. Gare ℘ 04 73 89 23 68, *Fax 04 73 89 65 28* – TV ☎. AE GB — YZ n
fermé 1er au 15 oct. – ☐ 32 – **13 ch** 220/280.

Grilotel, ZAC des Prés (C. Comm. Continent) Nord-Est : 1,5 km par D 716 ou D 9 ℘ 04 73 89 60 76, *Fax 04 73 89 41 83*, – TV ☎ P. AE GB
Repas *(fermé dim. midi du 1er nov. à Pâques)* 59 (déj.), 79/145, enf. 30 – ☐ 32 – **36 ch** 230 – ½ P 220.

Relais avec ch, 1 av. Gare ℘ 04 73 89 16 61, *Fax 04 73 89 55 62* – TV ☎. GB. rest
fermé 6 au 13 juil., 25 oct. au 4 nov., 15 au 28 fév., dim. soir et lundi hors saison – **Repas** *(48)* - 59/160 ♀ – ☐ 32 – **6 ch** 179/290 – ½ P 195/235. — YZ a

Parc avec ch, 2 av. Gare ℘ 04 73 89 23 85, *Fax 04 73 89 44 76*, – TV ☎. GB
Repas *(fermé sam. midi)* 104/230 – ☐ 50 – **5 ch** 300/310. — Z u

à Parentignat *par ② : 4 km – 398 h. alt. 314 – ✉ 63500 :*

Tourette, ℘ 04 73 55 01 78, *Fax 04 73 89 65 62*, – TV ☎ P. GB. ch
fermé vacances de Toussaint et de Noël, vend. soir et sam. sauf du 1er juil. au 15 sept. – **Repas** *(62)* - 86/210 – ☐ 35 – **36 ch** 225/305 – ½ P 265/275.

à Sarpoil *par ② et D 999 : 10 km – ✉ 63490 St-Jean-en-Val :*

XXX **Bergerie,** ☎ 04 73 71 02 54 – P. AE ⊙ GB
fermé vacances de Toussaint, janv., mardi et merc. de sept. à mai – **Repas** (nombre de couverts limité, prévenir) 120/330 ♀.

à Perrier *par ④ et D 996 : 5 km – 727 h. alt. 415 – ✉ 63500 :*

X **Cour Carrée,** ☎ 04 73 55 15 55, 余 – P. GB
fermé 20 déc. au 6 janv., vacances de fév., dim. soir, soirs fériés et sam. sauf juil.-août – **Repas** 110 (déj.), 160/270 ♀, enf. 65.

AUDI, VOLKSWAGEN Issoire-Autos, rte de St-Germain-Lembron ☎ 04 73 89 23 08
CITROEN Issoire diffusion automobiles, rte de Clermont par ① ☎ 04 73 89 76 86
PEUGEOT Gar. Morette, 66 av. Kennedy par ① ☎ 04 73 55 02 44
RENAULT Gar. Granval, rte de Clermont par ① ☎ 04 73 89 22 56 N ☎ 04 73 55 41 48

Ⓜ Euromaster, 63 bd Kennedy ☎ 04 73 89 18 83
Pneu Service Issoirien, 42 av. de la Libération ☎ 04 73 89 05 27

ISSONCOURT *55 Meuse 56 ⑳ – 119 h alt. 260 – ✉ 55220 Souilly.*

Paris 264 – Bar-le-Duc 29 – St-Mihiel 30 – Verdun 27.

XX **Relais de la Voie Sacrée** avec ch, ☎ 03 29 70 70 46, *Fax 03 29 70 75 75,* 余, 🌳 – TV ☎ 📞 🚗. AE GB
fermé 2 janv. au 28 fév., dim. soir de nov. à Pâques et lundi – **Repas** 85/300 ♀, enf. 70 – ☕ 40 – **7 ch** 270 – ½ P 330.

When travelling in **France**
use with this Guide
the detailed **Michelin Maps**
at a scale of 1:200 000.

ISSOUDUN *36100 Indre 68 ⑨ G. Berry Limousin – 13 859 h alt. 130.*

Voir Musée St-Roch : arbre de Jessé★ dans la chapelle et apothicairerie★ **AB.**
des Sarrays ☎ 02 54 49 54 49, S : 12 km par ⑤.
Office de Tourisme pl. St-Cyr ☎ 02 54 21 74 02, Fax 02 54 03 03 36.
Paris 244 ① – Bourges 36 ② – Châteauroux 29 ⑤ – Tours 126 ① – Vierzon 34 ①.

Plan page ci-contre

H. La Cognette M, r. Minimes ☎ 02 54 21 21 83, *Fax 02 54 03 13 03* – TV ☎ ♿ 🚗. AE ⊙ GB — A e
fermé janv. voir rest. ***La Cognette*** ci-après – ☕ 70 – **11 ch** 350/600, 3 appart – ½ P 420/600.

France et rest. Les Trois Rois, 3 r. P. Brossolette ☎ 02 54 21 00 65, *Fax 02 54 21 50 61,* 余 – TV ☎ P. AE GB — A s
fermé 13 au 30 sept., 26 janv. au 1er fév., mardi (sauf hôtel) de sept. à juin et dim. soir – **Repas** 90/160 ♀, enf. 65 – ☕ 40 – **17 ch** 190/280 – ½ P 230.

Campanile M, par ② : *N 151* ☎ 02 54 21 06 40, *Fax 02 54 21 20 33,* 余 – ⇔ TV ☎ 📞 ♿ P – 🏛 25. AE ⊙ GB
Repas *(66)* - 84 bc/107 bc, enf. 39 – ☕ 34 – **40 ch** 278.

XXX **Rest. La Cognette** -Hôtel La Cognette- (Nonnet), bd Stalingrad ☎ 02 54 21 21 83, *Fax 02 54 03 13 03* – ▤. AE ⊙ GB — A z
✿ *fermé janv., dim. soir et lundi hors saison* – **Repas** (prévenir) *(125)* - 155/395 et carte 270 à 570 ♀
Spéc. Crème de lentilles d'Issoudun aux truffes. Goujonnettes de soles et raviole aux lentins de chêne. Filet de veau en rognonade, crépinette de fraise et pied de veau "Albufera". **Vins** Reuilly, Quincy.

à Diou *par ① : 12 km sur D 918 – 212 h. alt. 130 – ✉ 36260 :*

XX **L'Aubergeade,** rte Issoudun ☎ 02 54 49 22 28, 余, 🌳 – P. GB
fermé merc. soir et dim. soir – **Repas** 100/200.

PEUGEOT Gar. Fougere, rte de Châteauroux à St-Aoustrille par ⑤ ☎ 02 54 21 03 24

Ⓜ Euromaster, N 151, rte de Bourges ☎ 02 54 21 02 68
Lesèche pneus, ZAC r. de Lattre de Tassigny ☎ 02 54 21 38 91

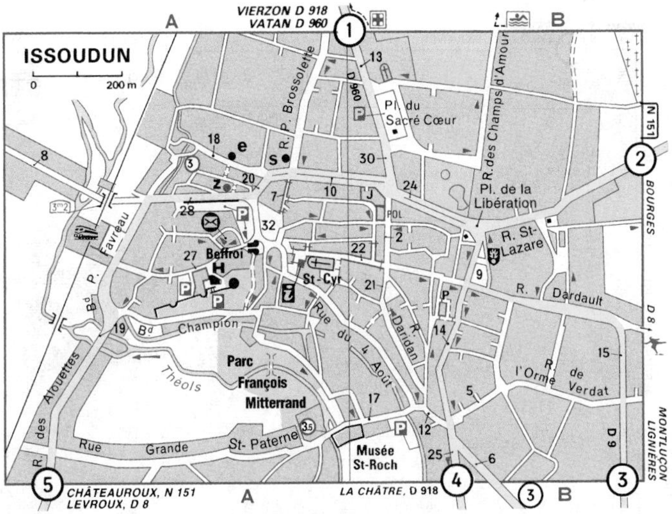

Casanova (R. D.) .... A 7
Dormoy (Bd M.) .... A 10
République (R. de la) .... AB 22
10-Juin (Pl. du) .... A 32

Avenir (R. de l') .... B 2
Bons-Enfants (R. des) .... B 5
Capucins (R. des) .... B 6
Chinault (Av. de) .... A 8
Croix-de-Pierre (Pl. de la) .... B 9
Entrée-de-Villatte (R.) .... B 12
Estienne-d'Orves (R. d') . B 13
Fossés-de-Villatte (R. des) .... B 14
Gaulle (Av. Ch. de) ...... B 15
Hospices St-Roch (R.) .... B 17
Minimes (R. des) .... A 18
Ponts (R. des) .... A 19
Poterie (R. de la) .... A 20
Quatre-Vents (R. des) ..... B 21
Roosevelt (Bd Prés.) ...... B 24
St-Martin (R.) .... B 25
Semard (R. P.) .... A 27
Stalingrad (Bd de) .... A 28
Trois-Places (R. des) ...... B 30

Participez à notre effort permanent
de mise à jour

Adressez-nous vos remarques
et vos suggestions.

Cartes et guides Michelin

46 avenue de Breteuil - 75324 Paris Cedex 07

ISSY-LES-MOULINEAUX *92 Hauts-de-Seine* 60 ⑩, 101 ㉕ *– voir à Paris, Environs.*

ISTRES *13800 B.-du-R.* 84 ① *G. Provence – 35 163 h alt. 32.*

Office de Tourisme 30 allées J.-Jaurès ✆ 04 42 55 51 15, Fax 04 42 56 59 50.

Paris 740 ③ – Marseille 54 ② – Arles 44 ③ – Martigues 14 ② – St-Rémy-de-Provence 40 ① – Salon-de-Provence 21 ②.

Plan page suivante

Castellan sans rest, pl. Ste-Catherine ✆ 04 42 55 13 09, *Fax 04 42 56 91 36,* – TV ☎ P. AE GB. — AX a
34 – **17 ch** 260/300.

Peyreguet sans rest, bd J.J. Prat ✆ 04 42 55 04 52, *Fax 04 42 55 66 41* – TV ☎ P. AE GB — AY b
30 – **24 ch** 170/230.

St-Martin, Port des Heures Claires, Sud-Est : 3 km ✆ 04 42 56 07 12, *Fax 04 42 56 04 59,* <, – . GB — BZ e
fermé 15 au 30 nov., mardi soir et merc. – **Repas** 95/160.

CITROEN Gar. Clavel, bd J.-J.-Prat ✆ 04 42 11 01 01 N ✆ 04 91 97 02 56
RENAULT S.I.D.A., Carrefour F. Gouin et Radoff Zell, ✆ 04 42 56 91 22 N ✆ 08 00 05 15 15

Morcel Pneus, 12 ch. de Tivoli ✆ 04 42 56 34 46

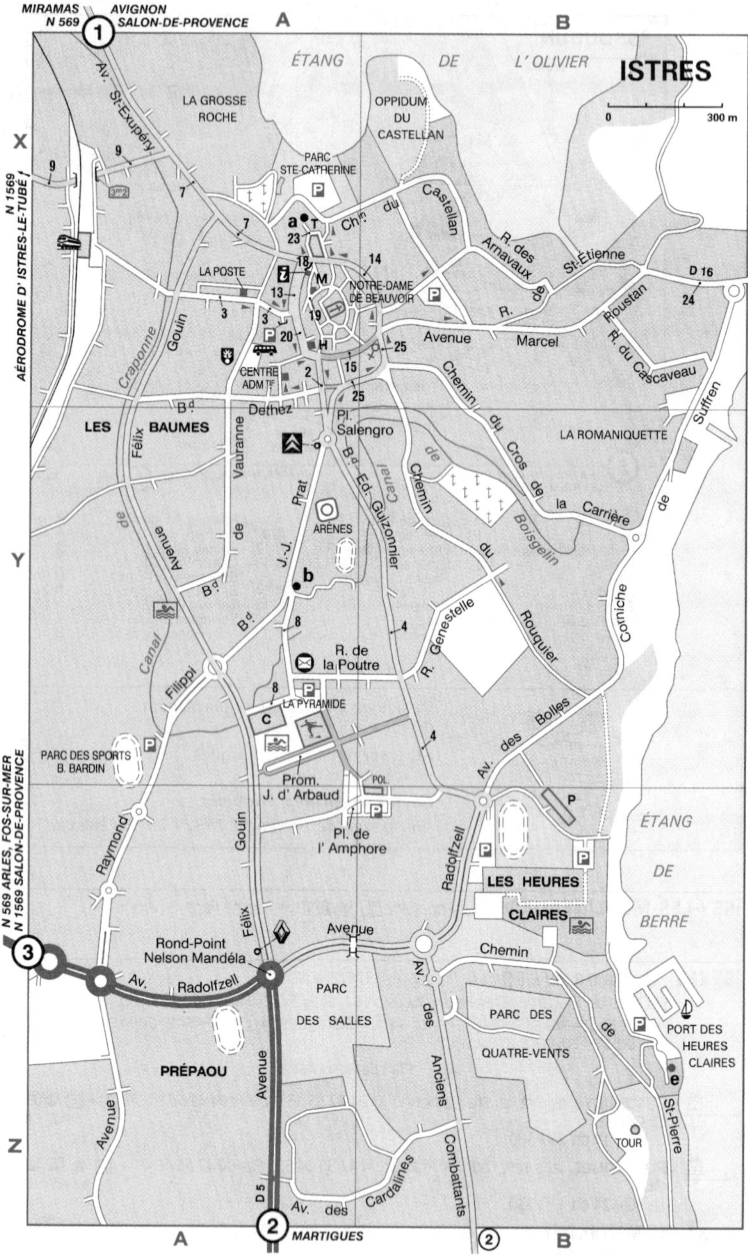

Boucher (Av. H.) . . . . **AX** 2	Guynemer (Av. G.) . . . . **AX** 9	Puits-Neuf (Pl. du) . . . . **AX** 19
Briand (Av. A.) . . . . **AX** 3	Jaurès (Allée J.) . . . . **AX** 13	République (Bd de la) . . . . **AX** 20
Chave (Av. Alderic) . . . . **BY** 4	Mistral (Bd F.) . . . . **ABX** 14	Ste-Catherine (R.) . . . . **AX** 23
Craponne (Av. A. de) . . . . . . **AX** 7	Painlevé (Bd P.) . . . . **ABX** 15	St-Chamas (Rte de) . . . . . . **BX** 24
Equerre (R. de l') . . . . **BY** 8	Porte d'Arles (Pl. de la) . . . . **AX** 18	Victor-Hugo (Bd) . . . . **ABX** 25

ITTERSWILLER *67140 B.-Rhin 62 ⑨ G. Alsace Lorraine – 248 h alt. 235.*
Paris 499 – Strasbourg 44 – Erstein 23 – Mittelbergheim 5 – Molsheim 24 – Sélestat 15 – Villé 14.

Arnold M, ☎ 03 88 85 50 58, *Fax 03 88 85 55 54*, ≤, – TV ☎ P – 40. AE GB. ch
- ***Winstub Arnold*** *(fermé dim. soir de nov. à mai et lundi)* **Repas** 130/365, enf. 65 – 48 – **28 ch** 450/650 – ½ P 420/535.

ITTEVILLE *91760 Essonne 61 ①, 106 ㊸ – 4 685 h alt. 72.*
Paris 45 – Fontainebleau 36 – Arpajon 14 – Corbeil-Essonnes 21 – Étampes 19 – Melun 28.

Aub. de l'Épine, Nord : 3 km, au domaine de l'Épine (29 r. Gén.-Leclerc) ☎ 01 64 93 10 75, *Fax 01 64 93 09 89*, – P. GB
fermé août, 4 au 11 janv., lundi soir, mardi soir et merc. – **Repas** 155/215.

ITXASSOU *64250 Pyr.-Atl. 85 ③ G. Pyrénées Aquitaine – 1 563 h alt. 39.*
Voir *Église*★.
Paris 791 – Biarritz 24 – Bayonne 22 – Cambo-les-Bains 5 – Pau 121 – St-Jean-de-Luz 34 – St-Jean-Pied-de-Port 33.

Fronton, ☎ 05 59 29 75 10, *Fax 05 59 29 23 50*, ≤, – TV ☎ P. AE GB. ch
fermé 1er janv. au 15 fév. et merc. hors saison – **Repas** 85/208, enf. 44 – 32 – **25 ch** 255/300 – ½ P 275/298.

Chêne avec ch, près église ☎ 05 59 29 75 01, *Fax 05 59 29 27 39*, ≤, – ☎ P. GB. rest
fermé 1er janv. au 1er mars, lundi et mardi sauf juil.-août – **Repas** 80/190, enf. 45 – 33 – **16 ch** 170/230 – ½ P 250.

IVRY-LA-BATAILLE *27540 Eure 55 ⑰, 106 ⑬ G. Normandie Vallée de la Seine – 2 563 h alt. 54.*
Paris 77 – Anet 5 – Dreux 21 – Évreux 33 – Mantes-la-Jolie 25 – Pacy-sur-Eure 17.

Moulin d'Ivry, ☎ 02 32 36 40 51, *Fax 02 32 26 05 15*, « Jardin et terrasse au bord de l'Eure » – P. AE GB
fermé fév., lundi soir et mardi sauf fériés – **Repas** 165/300 et carte 240 à 380.

IVRY-SUR-SEINE *94 Val-de-Marne 61 ①, 101 ㉖ – voir à Paris, Environs.*

IZERNORE *01580 Ain 74 ④ – 1 170 h alt. 452.*
Paris 477 – Bourg-en-Bresse 51 – Lyon 91 – Nantua 10 – Oyonnax 12.

Michaillard, ☎ 04 74 76 96 46 – ☎ P. GB. ch
fermé 20 août au 10 sept., dim. soir (sauf hôtel) et lundi soir – **Repas** 70/170 – 30 – **13 ch** 130/190 – ½ P 152/175.

JARGEAU *45150 Loiret 64 ⑩ – 3 561 h alt. 104.*
Office de Tourisme "La Chanterie", bd Carnot ☎ 02 38 59 83 42, Fax 02 38 59 92 62.
Paris 149 – Orléans 25 – Bourges 98 – Châteauneuf-sur-Loire 8 – Gien 48 – Montargis 54.

Aub. Jeanne d'Arc, 15 bd Porte Madeleine ☎ 02 38 59 99 09, *Fax 02 38 59 78 71* – GB
fermé 20 juil. au 9 août, vacances de fév., dim. soir, mardi soir et merc. – **Repas** 99/270.

JARNAC *16200 Charente 72 ⑫ G. Poitou Vendée Charentes – 4 786 h alt. 26.*
Voir *Donation François-Mitterrand – Maison Courvoisier – Maison Louis-Royer.*
Office de Tourisme pl. Château ☎ 05 45 81 09 30, Fax 05 45 36 52.
Paris 455 – Angoulême 29 – Barbezieux 30 – Bordeaux 114 – Cognac 14 – Jonzac 39 – Ruffec 55.

Château, pl. Château ☎ 05 45 81 07 17, *Fax 05 45 35 35 71* – . AE GB
fermé août, vacances de fév., dim. soir., merc. soir et lundi – **Repas** 98 (déj.), 150/220.

à Bourg-Charente *Ouest : 6 km par N 141 et rte secondaire – 722 h. alt. 14 – ✉ 16200 :*

Ribaudière (Verrat), ☎ 05 45 81 30 54, *Fax 05 45 81 28 05*, « Terrasse face à la Charente », – P. AE GB
fermé 10 au 25 nov., 26 janv. au 18 fév., dim. soir et lundi – **Repas** 135/310 et carte 220 à 360
Spéc. Soupe de cèpes et foie gras de canard poêlé (sept. à fév.). Brochette de grosses langoustines grillées, artichaut sauté à cru. Carré d'agneau rôti en croûte de pain et fleurs de thym. **Vins** Haut Poitou.

à Bassac *Sud-Est : 7 km par N 141 et D 22 – 464 h. alt. 20 – ✉ 16120 :*
Voir Église★ de l'abbaye de Bassac.

L'Essille ⛰, ☎ 05 45 81 94 13, *Fax 05 45 81 97 26*, parc – TV ☎ P. GB
Repas *(fermé dim. soir)* 100/220, enf. 60 – ☕ 38 – **10 ch** 270/360 – ½ P 300/340.

à Vibrac *Sud-Est : 11 km par N 141 et D 22 – 223 h. alt. 25 – ✉ 16120 :*

Les Ombrages ⛰, rte Angeac ☎ 05 45 97 32 33, *Fax 05 45 97 32 05*, ... – TV ☎ ✆ P. GB.
fermé dim. soir et lundi d'oct. à avril – **Repas** 75/200 – ☕ 40 – **10 ch** 275/325 – ½ P 235/285.

PEUGEOT Gar. Forgeau, ☎ 05 45 81 18 35

JARNAC-CHAMPAGNE *17520 Char.-Mar.* 71 ⑤ *– 713 h alt. 55.*
Paris 506 – Angoulême 57 – Blaye 63 – Bordeaux 101 – Cognac 20 – La Rochelle 112 – Royan 54 – Saintes 35.

Relais de Jarnac-Champagne M, ☎ 05 46 49 55 44 – TV ☎ ♿ 🚗. AE GB
fermé vacances de fév. et merc. – **Repas** 70 bc/180 🍷, enf. 45 – ☕ 25 – **7 ch** 170/190 – ½ P 190.

JARVILLE-LA-MALGRANGE *54 M.-et-M.* 62 ⑤ *– rattaché à Nancy.*

JAVRON *53 Mayenne* 60 ① *– 1 400 h alt. 176 – ✉ 53250 Javron-les-Chapelles.*
Paris 226 – Alençon 35 – Bagnoles-de-l'Orne 21 – Le Mans 67 – Mayenne 25.

XXX **Terrasse,** N 12 ☎ 02 43 03 41 91 – GB
fermé vacances de fév., mardi soir et merc. – **Repas** 98/250 et carte 210 à 260, enf. 60.

JERSEY (Ile de)★★ *Ile* 54 ⑤ *G. Normandie Cotentin* – ✪ 0.
Accès *par transports maritimes pour* **St-Hélier (réservation indispensable).**
⛴ *depuis* **St-Malo.** *(réservation obligatoire) : par* **car-ferry** - *Traversée 70 mn. Renseignements et tarifs à Emeraude Lines, Terminal Ferry du Naye (St-Malo) ☎ 02 99 40 48 40, Fax 02 99 40 04 43 - par* **Catamaran Trident** *(traversée 75 mn). Renseignements et tarifs à Emeraude Lines, gare maritime de la Bourse (St-Malo) ☎ 02 99 40 48 40, Fax 02 99 40 57 47 – par* **Hydroglisseur** *(Condor Ferries) - Traversée 1 h. Renseignements et tarifs à Morvan Fils Voyages, gare maritime de la Bourse (St-Malo) ☎ 02 99 20 03 00, Fax 02 99 56 39 27.*
⛴ *depuis* **Granville.** *Catamaran rapide (traversée 70 mn) par Emeraude Lines ☎ 02 33 50 16 36, Fax 02 33 50 87 80 - depuis* **Carteret.** *Catamaran (traversée 35 mn - Gorey, 55 mn - St-Hélier) par Emeraude Lines ☎ 02 33 52 61 39, Fax 02 33 53 51 57.*
Service aérien avec Paris Roissy I ☎ 01 42 96 02 44 et Dinard ☎ 02 99 46 22 81 par Jersey European Airways, avec Cherbourg ☎ 02 33 22 91 32 et Dinard ☎ 02 99 46 70 28 par Aurigny Air Services.

Ressources hôtelières : *voir Guide Rouge Michelin :* **Great Britain and Ireland**

JOIGNY *89300 Yonne* 65 ④ *G. Bourgogne – 9 697 h alt. 79.*
Voir Vierge au sourire★ dans l'église St-Thibault **A E** *– Côte St-Jacques ≤★ 1,5 km par D 20* **A** *–* **Env.** *Laduz : musée rural des arts populaires★ S : 15 km.*
⛳18 *du Roncemay ☎ 03 86 73 69 87, 18 km par ④.*
ℹ *Office de Tourisme 4 quai H.-Ragobert ☎ 03 86 62 11 05, Fax 03 86 91 76 38.*
Paris 143 ⑤ – Auxerre 27 ③ – Gien 74 ⑤ – Montargis 59 ⑤ – Sens 33 ⑥ – Troyes 76 ②.

Plan page suivante

Côte St-Jacques (Lorain) M ⛰, 14 fg Paris ☎ 03 86 62 09 70, *Fax 03 86 91 49 70*, ≤, « Belle décoration intérieure », ... – TV ☎ ✆ 🚗 P – 🎤 30. AE ⓓ GB — A r
fermé 4 au 21 janv. – **Repas** (dim. prévenir) 340 bc (déj.)/740 et carte 610 à 950, enf. 180 – ☕ 120 – **25 ch** 740/1780, 4 appart – ½ P 1100/1450
Spéc. Huîtres bretonnes en petite terrine océane. Noix de Saint-Jacques, endives et chanterelles, jus de champignons monté en cappuccino (oct. à avril). Canard croisé rôti entier, sauce aux petits fruits, tarte fine de légumes nouveaux. **Vins** Bourgogne Irancy.

Rive Gauche M ⛰, r. Port au Bois ☎ 03 86 91 46 66, *Fax 03 86 91 46 93*, ≤, ... – TV ☎ ✆ ♿ P – 🎤 25 à 50. AE GB — A s
Repas 98/200 🍷, enf. 40 – ☕ 50 – **42 ch** 260/660 – ½ P 320/420.

Modern'H. Godard, 17 av. R. Petit ☎ 03 86 62 16 28, *Fax 03 86 62 44 33*, ... – TV ☎ 🚗 P – 🎤 30. AE ⓓ GB JCB — A e
fermé dim. soir et lundi du 19 oct. au 30 avril sauf fériés – **Repas** 140/360 🍷, enf. 60 – ☕ 45 – **21 ch** 195/500 – ½ P 470.

JOIGNY

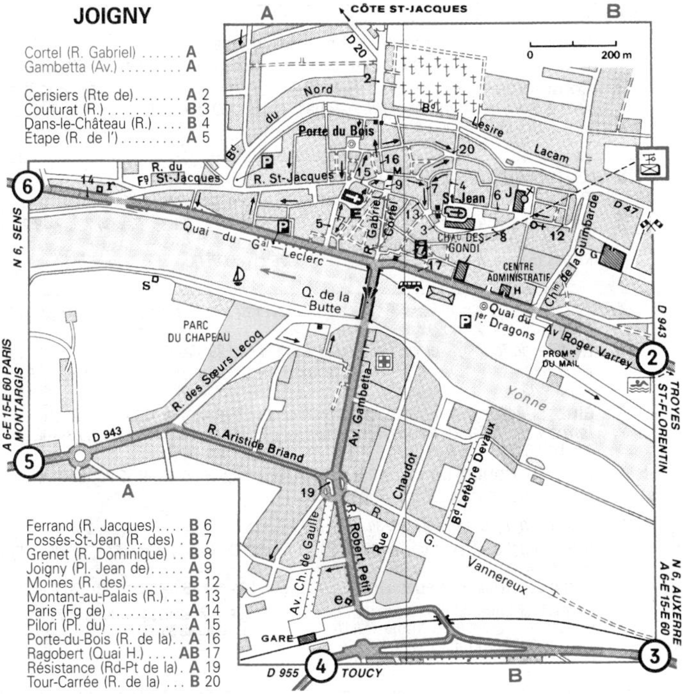

à Épineau-les-Voves *par* ③ *: 7,5 km – 659 h. alt. 92 – ✉ 89400 :*

XX **L'Orée des Champs,** N 6 ✆ 03 86 91 20 39, *Fax 03 86 91 24 92,* ⛱, 🚗 – 🅿. GB
fermé 25 août au 7 sept., vacances de fév., lundi soir, mardi soir et merc. – **Repas** 73/175 ♀, enf. 40.

AUDI, VOLKSWAGEN Autom. Fournet, 29 r. A.-Briand ✆ 03 86 62 09 21
CITROEN Joigny Automobiles, N 6 à Champlay par ③ ✆ 03 86 62 06 45
RENAULT Gar. Busset, 31 r. d'Aillant-sur-Tholon à Senan par ④ ✆ 03 86 63 41 66 N ✆ 03 86 63 41 66

RENAULT Gar. Moutardier, à Sépeaux par ⑤ ✆ 03 86 73 13 25
RENAULT Jovinienne Auto Saja, Rte de Migennes par ② ✆ 03 86 62 22 00 N ✆ 08 00 05 15 15

Jeandot, 9 av. R.-Petit ✆ 03 86 62 18 84

JOINVILLE *52300 H.-Marne* 62 ① *G. Champagne – 4 755 h alt. 195.*

Voir *Château du Grand Jardin*★.

Office de Tourisme Pl. Saunoise ✆ 03 25 94 17 90.

Paris 239 – Bar-le-Duc 45 – Bar-sur-Aube 47 – Chaumont 42 – Neufchâteau 51 – St-Dizier 31 – Toul 76 – Troyes 94.

Soleil d'Or, 9 r. Capucins ✆ 03 25 94 15 66, *Fax 03 25 94 39 02* – ▤ TV ☎ 📞 ♿ 🚗. AE ⓓ GB
fermé 3 au 9 août, 22 au 28 fév., lundi (sauf hôtel) et dim. soir – **Repas** 100/320 ♀ – ☕ 55 – **17 ch** 220/440 – ½ P 260/330.

XX **Poste** avec ch, pl. Grève ✆ 03 25 94 12 63, *Fax 03 25 94 36 23* – TV ☎ 📞 🚗. AE ⓓ GB
fermé 10 janv. au 10 fév. et dim. soir en hiver – **Repas** 80/220 🌡, enf. 45 – ☕ 28 – **10 ch** 200/280.

JOINVILLE-LE-PONT *94 Val-de-Marne* 61 ①, 101 ㉗ *– voir à Paris, Environs.*

Les prix Pour toutes précisions sur les prix indiqués dans ce guide, reportez-vous aux pages explicatives.

JONCY *71460 S.-et-L.* 69 ⑱ *– 424 h alt. 236.*
Env. *Mont St-Vincent* ✱★★ *O : 12 km,* G. Bourgogne.
Paris 368 – Chalon-sur-Saône 33 – Mâcon 52 – Montceau-les-Mines 22 – Paray-le-Monial 44.

XX **Commerce** M avec ch, ✆ 03 85 96 27 20, *Fax 03 85 96 21 76,* – TV ☎ ✆ P. GB
fermé 4 oct. au 4 nov. et vend. – **Repas** (60) - 88/260 ♀, enf. 55 – ☕ 36 – **9 ch** 240/340 – ½ P 240/300.

JONS *69330 Rhône* 74 ⑫, 110 ⑰ *– 1 001 h alt. 205.*
Paris 477 – Lyon 27 – Meyzieu 9 – Montluel 7 – Pont-de-Chéruy 13.

Aub. de Jons M, rte de Montluel : 1 km ✆ 04 78 31 29 85, *Fax 04 72 02 48 24,* , ,
– rest, TV ☎ P – 40. AE ⓓ GB
Repas *(fermé dim. soir)* 130/330 – ☕ 45 – **25 ch** 400/600.

JONZAC *17500 Char.-Mar.* 71 ⑥ *G. Poitou Vendée Charentes – 3 998 h alt. 40 – Stat. therm. (23 fév.-29 nov.).*
Office de Tourisme pl. du Château ✆ 05 46 48 49 29, Fax 05 46 48 51 07.
Paris 513 – Angoulême 57 – Bordeaux 86 – Cognac 35 – Libourne 82 – Royan 59 – Saintes 43.

Club, pl. Église ✆ 05 46 48 02 27, *Fax 05 46 48 17 15* – TV ☎ ✆ P. GB. ✗ ch
fermé 1er au 20 janv. – **Repas** *(fermé sam. et dim. de déc. à avril)* 58 (déj.), 78/108 – ☕ 28 – **11 ch** 200/280 – ½ P 260.

X **Aub. du Moulin,** par rte de Pons : 2 km sur D 142 ✆ 05 46 48 39 76, – P. GB
fermé merc. sauf juil. août – **Repas** 64 bc/148 ♀.

à Clam *Nord : 6 km par D 142 – 237 h. alt. 67 – ✉ 17500 :*

XX **Vieux Logis** M avec ch, ✆ 05 46 70 20 13, *Fax 05 46 70 20 64,* , , – TV ☎ ✆ ♿ P. GB. ✗ ch
fermé 4 au 20 janv. – **Repas** 85 (déj.)/190 ♀, enf. 58 – ☕ 35 – **10 ch** 220/290 – ½ P 210/245.

CITROEN Gar. Mallet, ✆ 05 46 48 00 04
PEUGEOT Gar. Belot, Pl du Champ de Foire ✆ 05 46 48 08 77 N ✆ 05 46 97 36 32
RENAULT Gar. Martin, ✆ 05 46 48 06 11
Euromaster, 30 av. du 19 Mai 1962 ✆ 05 46 48 35 05

JOSSELIN *56120 Morbihan* 63 ④ *G. Bretagne* **(plan)** *– 2 338 h alt. 58.*
Voir *Château★★ – Basilique N.-D.-du-Roncier★.*
de Ploermel - Lac au Duc ✆ 02 97 73 64 65, E : 12 km par N 24.
Office de Tourisme pl. Congrégation ✆ 02 97 22 36 43, Fax 02 97 22 20 44.
Paris 427 – Vannes 44 – Dinan 84 – Lorient 74 – Rennes 80 – St-Brieuc 77.

France, pl. Notre-Dame ✆ 02 97 22 23 06, *Fax 02 97 22 35 78* – TV ☎ ✆ P. GB
fermé janv., dim. soir et lundi hors saison – **Repas** 81/196, enf. 52 – ☕ 35 – **20 ch** 230/320 – ½ P 249/305.

Château, ✆ 02 97 22 20 11, *Fax 02 97 22 34 09,* ≤ – TV ☎ P. AE ⓓ GB
fermé 23 au 30 déc. et 1er fév. au 1er mars – **Repas** 90/180 – ☕ 38 – **36 ch** 220/320 – ½ P 280/350.

CITROEN Gar. Joubard, ✆ 02 97 22 23 04

JOUARRE *77 S.-et-M.* 56 ⑬ *– rattaché à La Ferté-sous-Jouarre.*

JOUCAS *84220 Vaucluse* 81 ⑬ *– 258 h alt. 263.*
Paris 717 – Apt 14 – Avignon 42 – Carpentras 31 – Cavaillon 21.

Host. le Phébus , rte Murs ✆ 04 90 05 78 83, *Fax 04 90 05 73 61,* ≤ le Luberon, , , , – ch, TV ☎ ♿ P. AE GB. ✗ rest
15 mars-15 oct. – **Repas** 180/300 – ☕ 85 – **17 ch** 735/1200, 5 appart – ½ P 780/995.

Mas des Herbes Blanches , rte Murs : 2,5 km ✆ 04 90 05 79 79, *Fax 04 90 05 71 96,* ≤ le Luberon, , , , – ch, TV ☎ P. AE ⓓ GB JCB
fermé 2 janv. au 12 mars – **Repas** 200/395 et carte 300 à 460 – ☕ 95 – **16 ch** 850/1840, 3 appart – ½ P 810/1305
Spéc. Barigoule d'artichauts poivrade, fricassée d'escargots relevée de réglisse (printemps). Fricassée de Saint-Pierre, grosses gambas à la sauge (été). Lièvre à la royale, coings fondants (automne). **Vins** Côtes du Luberon, Côtes du Ventoux.

Mas du Loriot , rte Murs : 4 km ✆ 04 90 72 62 62, *Fax 04 90 72 62 54,* ≤ le Luberon, , – TV ☎ P. GB
fermé 18 déc. au 5 janv. et fév. – **Repas** (prévenir)(dîner seul.) 180 ♀ – ☕ 70 – **6 ch** 550 – ½ P 365/498.

JOUÉ-LÈS-TOURS *37 I.-et-L.* 64 ⑮ *– rattaché à Tours.*

JOUGNE *25370 Doubs* 70 ⑦ *G. Jura – 1 162 h alt. 1001 – Sports d'hiver : voir Métabief.*
Paris 464 – Besançon 80 – Champagnole 49 – Lausanne 48 – Morez 51 – Pontarlier 20.

Couronne, ✆ 03 81 49 10 50, *Fax 03 81 49 19 77,* – ☎. GB
fermé 24 oct. au 30 nov., dim. soir et lundi soir hors saison – **Repas** 95/195 ♀, enf. 50 – ☕ 35 – **14 ch** 200/270 – ½ P 245/270.

à Entre-lès-Fourg *Sud-Est : 4,5 km par D 423 – ✉ 25370 Les Hôpitaux-Neufs :*

Petits Gris ⛰, ✆ 03 81 49 12 93, *Fax 03 81 49 13 93,* ←, – ☎. GB. ✗ ch
fermé 21 sept. au 10 oct. – **Repas** *(fermé merc.)* 80/160 &, enf. 53 – ☕ 45 – **13 ch** 245/260 – ½ P 280/320.

La JOUVENTE *35 I.-et-V.* 59 ⑤ *– rattaché à Dinard.*

JOYEUSE *07260 Ardèche* 80 ⑧ *G. Vallée du Rhône – 1 411 h alt. 180.*
Voir *Corniche du Vivarais Cévenol★★ O.*
Office de Tourisme D 104 ✆ 04 75 39 56 76, Fax 04 75 39 58 87.
Paris 650 – Alès 54 – Mende 95 – Privas 53.

Cèdres, ✆ 04 75 39 40 60, *Fax 04 75 39 90 16,* – ▤ TV ☎ & P – 30. AE GB
15 avril-15 oct. – **Repas** 75/180, enf. 45 – ☕ 39 – **45 ch** 260/315 – ½ P 320.

RENAULT Gar. Duplan, ✆ 04 75 39 43 91 — THOMAS, ✆ 04 75 39 40 00

JUAN-LES-PINS *06160 Alpes-Mar.* 84 ⑨, 115 ㉟ ㊴ *G. Côte d'Azur – alt. 2 – Casino Eden Beach* **B.**
Office de Tourisme 51 bd Ch. Guillaumont ✆ 04 92 90 53 05.
Paris 912 ② – Cannes 9 ③ – Aix-en-Provence 160 ② – Nice 24 ①.

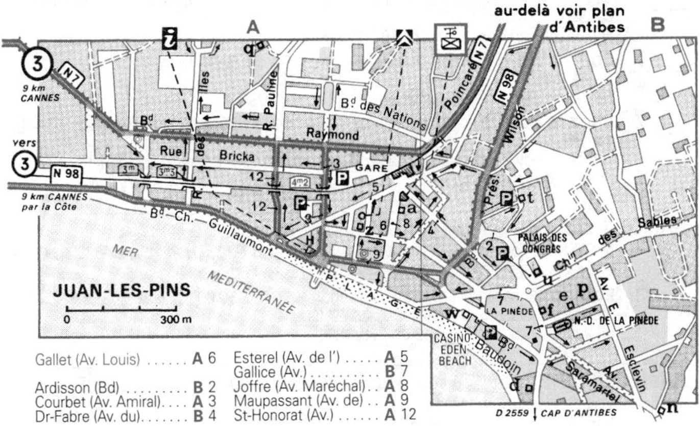

Gallet (Av. Louis) . . . . . . **A** 6	Esterel (Av. de l') . . . . . **A** 5
	Gallice (Av.) . . . . **B** 7
Ardisson (Bd) . . . . **B** 2	Joffre (Av. Maréchal) . . **A** 8
Courbet (Av. Amiral) . . . . **A** 3	Maupassant (Av. de) . . **A** 9
Dr-Fabre (Av. du) . . . . **B** 4	St-Honorat (Av.) . . . . . . **A** 12

Juana et rest. La Terrasse ⛰, la Pinède, av. G. Gallice ✆ 04 93 61 08 70, *Fax 04 93 61 76 60,* ←, – ▤ ch, TV ☎ P – 25. AE GB — B f
Pâques-fin oct. – **Repas** *(fermé merc. sauf juil.-août et fériés)* 275 (déj.), 420/640 et carte 540 à 750 – ☕ 95 – **45 ch** 950/2050, 5 appart – ½ P 940/1520
Spéc. Cannelloni de supions et palourdes à l'encre de seiche. Selle d'agneau de Pauillac cuite en terre d'argile de Vallauris. Fruits de saison cuits au parfum de vanille, mousseline briochée. **Vins** Bellet, côtes de Provence.

Belles Rives, bd E. Baudoin ✆ 04 93 61 02 79, *Fax 04 93 67 43 51,* ← mer et massif de l'Estérel, , « En bord de mer, plage aménagée » – ▤ TV ☎. AE GB. ✗ rest — B d
1er avril-10 oct. – **Repas** (dîner seul.) 290/360 ♀ - ***Plage Belles Rives :*** **Repas** (déj. seul.) 190, enf.95, – ☕ 110 – **41 ch** 780/2550, 4 appart – ½ P 1175/1665.

Garden Beach H. M, 15 bd Baudoin ✆ 04 92 93 57 57, *Fax 04 92 93 57 56,* ←, , – ▤ TV ☎ & – 150. AE GB. ✗ rest — B w
Frégate : Repas 165/180, enf. 65 – ***Brasserie de la Plage*** *(avril-oct.)* Repas carte environ 200 ♀, enf. 65 – ☕ 105 – **174 ch** 1000/1800, 4 appart – ½ P 755/955.

Ambassadeur M, 50 chemin des Sables ✆ 04 92 93 74 10, *Fax 04 93 67 79 85*, ☂, Fo, ⛱ – |‡| ⇸ ▤ TV ☎ ♿ – 🚣 150. AE ⓞ GB JCB — B u
Cézanne *(mai-sept.)* **Repas** 190, enf. 75 – ***Brasserie Gauguin*** **: Repas** (98)-carte environ 200 ♀ – ☕ 95 – **235 ch** 1250/1350 – ½ P 705.

Beauséjour ⛯ sans rest, av. Saramartel ✆ 04 93 61 07 82, *Fax 04 93 61 86 78*, ⛱, ⛩ – |‡| ▤ TV ☎ P. AE GB — B n
3 avril-30 sept. – ☕ 50 – **30 ch** 700/1100.

Mimosas ⛯ sans rest, r. Pauline ✆ 04 93 61 04 16, *Fax 04 92 93 06 46*, « Parc », ⛱ – TV ☎ P. AE GB. ✻ — A q
1er mai-30 sept. – ☕ 50 – **34 ch** 500/680.

Ste-Valérie ⛯, r. Oratoire ✆ 04 93 61 07 15, *Fax 04 93 61 47 52*, ☂, ⛱, ⛩ – |‡|, ▤ ch, TV ☎ ✆ P. AE ⓞ GB JCB. ✻ rest — B p
25 avril-30 sept. – **Repas** 120 – ☕ 45 – **30 ch** 520/840 – ½ P 430/565.

Astoria M, 15 av. Mar. Joffre ✆ 04 93 61 23 65, *Fax 04 93 67 10 40* – |‡| ⇸ ▤ TV ☎ P – 🚣 25. AE ⓞ GB. ✻ rest — A a
Repas 120, enf. 50 – ☕ 60 – **49 ch** 580/750 – ½ P 540.

Pré Catelan ⛯ sans rest, 22 av. Lauriers ✆ 04 93 61 05 11, *Fax 04 93 67 83 11*, ⛩ – TV ☎ P. AE ⓞ GB. ✻ — B t
1er mars-31 oct. – ☕ 45 – **18 ch** 450/550.

Eden H. sans rest, 16 av. L. Gallet ✆ 04 93 61 05 20, *Fax 04 92 93 05 31* – TV ☎. GB
15 fév.-5 nov. – ☕ 28 – **17 ch** 290/390. — A z

Juan Beach ⛯, r. Oratoire ✆ 04 93 61 02 89, *Fax 04 93 61 16 63*, ☂ – TV ☎ P. GB. ✻ rest — B e
1er avril-1er nov. – **Repas** 120/190 – ☕ 40 – **27 ch** 300/420 – ½ P 345/390.

CITROEN Gar. St-Charles, 8 r. St-Charles ✆ 04 93 61 08 16

JULIÉNAS *69840 Rhône* 74 ① *G. Vallée du Rhône – 703 h alt. 276.*
Paris 404 – Mâcon 14 – Bourg-en-Bresse 49 – Lyon 65 – Villefranche-sur-Saône 32.

Vignes ⛯ sans rest, rte St-Amour : 0,5 km ✆ 04 74 04 43 70, *Fax 04 74 04 41 95* – ☎ ♿ P. GB
fermé dim. soir en hiver – ☕ 38 – **22 ch** 220/290.

Coq au Vin, pl. Marché ✆ 04 74 04 41 98, *Fax 04 74 04 41 44*, ☂ – AE ⓞ GB
fermé fin déc. à début fév. et merc. – **Repas** 98/230.

Chez la Rose avec ch, pl. Marché ✆ 04 74 04 41 20, *Fax 04 74 04 49 29*, ☂ – TV ☎. AE ⓞ GB
fermé 16 nov. au 17 déc., 20 fév. au 3 mars, lundi (sauf hôtel en juil.-août) et mardi midi sauf fériés – **Repas** 98/300 ♀, enf. 70 – ☕ 45 – **10 ch** 220/400 – ½ P 260/475.

JULLOUVILLE *50610 Manche* 59 ⑦ *G. Normandie Cotentin – 2 046 h alt. 60.*
ℹ Office de Tourisme (juil.-août) av. Mar.-Leclerc ✆ 02 33 61 82 48, Fax 02 33 61 52 99.
Paris 343 – St-Lô 63 – St-Malo 90 – Avranches 23 – Granville 9.

Equinoxe sans rest, 28 av. Libération ✆ 02 33 50 60 82, *Fax 02 33 50 87 71*, « Beaux meubles anciens », ⛩ – TV ☎ ♿ P. AE GB
1er avril-1er nov. – ☕ 35 – **12 ch** 260/280.

JUMIÈGES *76118 S.-Mar.* 55 ⑤ *G. Normandie Vallée de la Seine – 1 641 h alt. 25.*
Voir *Ruines de l'abbaye***.*
Bac: *de Jumièges : renseignements ✆ 02 35 37 24 23.*
Paris 158 – Rouen 27 – Caudebec-en-Caux 15.

Aub. des Ruines, ✆ 02 35 37 24 05, ☂ – AE GB
fermé 17/08 au 6/09, 20/12 au 10/01, le soir sauf vend. et sam. du 1er nov. au 28 fév., dim. soir et lundi – **Repas** 88/250.

JUNGHOLTZ *68 H.-Rhin* 66 ⑨ *– rattaché à Guebwiller.*

Les JUNIES *46150 Lot* 79 ⑦ *G. Périgord Quercy – 255 h alt. 115.*
Paris 579 – Cahors 24 – Gourdon 35 – Villeneuve-sur-Lot 55.

Ribote, rte Goujounac 2 km ✆ 05 65 36 25 55, *Fax 05 65 36 28 91*, ☂, « Ancien moulin », ⛩ – P. AE ⓞ GB
fermé 5 janv. au 12 fév. et merc. du 15 sept. au 30 juin – **Repas** 95/295.

JURANÇON *64 Pyr.-Atl.* 85 ⑥ *– rattaché à Pau.*

JUVIGNAC *34 Hérault* 83 ⑦ – *rattaché à Montpellier.*

JUVIGNY-SOUS-ANDAINE *61140 Orne* 60 ① – *1 105 h alt. 200.*
Paris 241 – Alençon 50 – Argentan 47 – Bagnoles-de-l'Orne 10 – Domfront 11 – Mayenne 33.

Forêt, ✆ 02 33 38 11 77 – ☎. GB
fermé 26 déc. au 15 janv. – **Repas** 80/150 – ☕ 35 – **23 ch** 190/270 – ½ P 220/300.

Au Bon Accueil avec ch, ✆ 02 33 38 10 04, *Fax 02 33 37 44 92* – TV ☎. GB
fermé fév., dim. soir et lundi sauf juil. et août – **Repas** *(68)* - 80 (déj.), 105/280 ♀, enf. 70 – ☕ 40 – **8 ch** 250/320.

KATZENTHAL *68230 H.-Rhin* 87 ⑰ – *505 h alt. 280.*
Paris 471 – Colmar 6 – Gérardmer 56 – Munster 18 – St-Dié 51.

A l'Agneau, ✆ 03 89 80 90 25, *Fax 03 89 27 59 58,* – ☎ P. GB. ch
fermé 22 au 30 juin et 21 déc. au 4 mars – **Repas** *(fermé mardi sauf le soir d'avril à oct. et lundi) (50)* - 70 (déj.), 95/290 ♀, enf. 45 – ☕ 35 – **13 ch** 260/320 – ½ P 260/290.

KAYSERSBERG *68240 H.-Rhin* 62 ⑱ *G. Alsace Lorraine* **(plan)** – *2 755 h alt. 242.*
Voir *Église* ★ *: retable* ★★ *– Hôtel de ville* ★ *– Pont fortifié* ★ *– Maison Brief* ★.
Office du Tourisme 39 r. du Gén.-de-Gaulle ✆ *03 89 78 22 78, Fax 03 89 78 11 12.*
Paris 465 – Colmar 11 – Gérardmer 50 – Guebwiller 35 – Munster 23 – St-Dié 44 – Sélestat 26.

Chambard et sa Résidence (Irrmann) M, r. Gén. de Gaulle ✆ 03 89 47 10 17, *Fax 03 89 47 35 03* – TV ☎ P. AE GB JCB
fermé 3 au 24 janv. – **Repas** *(fermé mardi midi et lundi)* 250/450 et carte 340 à 460 ♀ - ***Bistrot*** *(fermé mardi midi et lundi)* **Repas** 120 ♀, enf. 60 – ☕ 60 – **20 ch** 300/750 – ½ P 420/650
Spéc. Pot-au-feu de foie d'oie au sel de Guérande. Citronnade de rouget barbet, gnocchi d'aubergines. Trois mousses au chocolat. **Vins** Riesling, Tokay-Pinot gris.

Arbre Vert (annexe Belle Promenade 14 ch), ✆ 03 89 47 11 51, *Fax 03 89 78 13 40* – ☎. GB
fermé janv. – **Repas** *(fermé lundi)* 115/250 ♀ – ☕ 45 – **36 ch** 280/400 – ½ P 360/385.

Remparts sans rest (annexe Les Terrasses M 15 ch), ✆ 03 89 47 12 12, *Fax 03 89 47 37 24* – cuisinette TV ☎ P – 25. AE GB
☕ 40 – **42 ch** 320/440.

Constantin M sans rest, 10 r. Père Kohlman ✆ 03 89 47 19 90, *Fax 03 89 47 37 82* – TV ☎ – 25. GB.
☕ 40 – **20 ch** 330/380.

Au Lion d'Or, ✆ 03 89 47 11 16, *Fax 03 89 47 19 02,* – AE GB
fermé 1er au 25 janv., mardi soir de nov. à avril et merc. – **Repas** 85/280 ♀.

Vieille Forge, 1 r. Écoles ✆ 03 89 47 17 51, *Fax 03 89 78 13 53* – GB
fermé 6 au 26 juil., vacances de fév., mardi et merc. – **Repas** 115/280 ♀, enf. 55.

Château avec ch, ✆ 03 89 78 24 33, *Fax 03 89 47 37 82* – ☎. GB
fermé 2 au 10 juil., 20 fév. au 12 mars, merc. soir de nov. à juin (sauf hôtel) et jeudi – **Repas** 83/190 ♀ – ☕ 36 – **8 ch** 140/310 – ½ P 230/300.

à Kientzheim *Est : 3 km par D 28 – 933 h. alt. 225 – ✉ 68240 :*
Voir *Pierres tombales* ★ *dans l'église.*

Host. Abbaye d'Alspach sans rest, ✆ 03 89 47 16 00, *Fax 03 89 78 29 73,* « Ancien couvent du 13e siècle » – TV ☎ P. AE GB
fermé 5 janv. au 7 mars – ☕ 48 – **29 ch** 340/440.

Schwendi, ✆ 03 89 47 30 50, *Fax 03 89 49 04 49,* – TV ☎. AE GB
hôtel : fermé 2 janv. au 15 mars et mardi soir – **Repas** *(fermé 23 déc. au 15 mars et mardi soir)* 98/350 ♀, enf. 49 – ☕ 36 – **17 ch** 320/400 – ½ P 331/371.

PEUGEOT Gar. Hiltenfinck, ✆ 03 89 78 23 08 N ✆ 03 89 47 13 00
RENAULT Gar. Flesch, ✆ 03 89 47 10 43

KEMBS-LOÉCHLÉ *68680 H.-Rhin* 87 ⑨ – *alt. 245.*
Paris 491 – Mulhouse 25 – Altkirch 26 – Basel 14 – Belfort 69 – Colmar 57.

Les Écluses, 8 r. Rosenau ✆ 03 89 48 37 77, *Fax 03 89 48 49 31,* – P. GB
fermé vacances de Toussaint, de fév., mardi soir et merc. – **Repas** *(60)* - 70 (déj.), 90/250 ♀.

KIENTZHEIM *68 H.-Rhin* 62 ⑱ ⑲ – *rattaché à Kaysersberg.*

KILSTETT *67840 B.-Rhin* 87 ④ *– 1 406 h alt. 130.*
Paris 490 – Strasbourg 14 – Haguenau 24 – Saverne 51 – Wissembourg 60.

Oberlé, 11 rte Nationale ☎ 03 88 96 21 17, *Fax 03 88 96 62 29* – TV ☎ ♿ P. GB
fermé 13 août au 5 sept. et vacances de fév. – **Repas** *(fermé vend. midi et jeudi)* 55 (déj.), 105/210 ♀ – ☕ 25 – **23 ch** 170/330 – ½ P 205/235.

Le KREMLIN-BICÊTRE *94 Val-de-Marne* 61 ①, 101 ㉖ *– voir à Paris, Environs.*

KRUTH *68820 H.-Rhin* 62 ⑱ *– 976 h alt. 498.*
Voir *Cascade St-Nicolas★ SO : 3 km par D 13^{b1} – Musée du textile et des costumes de Haute-Alsace à Husseren-Wesserling SE : 6 km,* G. Alsace Lorraine.
Paris 449 – Épinal 65 – Mulhouse 39 – Colmar 60 – Gérardmer 31 – Thann 19 – Le Thillot 25.

Aub. de France, rte Oderen ☎ 03 89 82 28 02, *Fax 03 89 82 24 05,* – TV ☎ P. GB
fermé 15 au 28 juin, 1er nov. au 10 déc. et jeudi – **Repas** 85/210 ♀ – ☕ 35 – **16 ch** 180/230 – ½ P 200/210.

RENAULT Gar. du Lac, ☎ 03 89 82 26 90 N ☎ 03 89 82 26 90

KUTZENHAUSEN *67250 B.-Rhin* 87 ③ *– 740 h alt. 160.*
Paris 498 – Strasbourg 52 – Haguenau 19 – Sarreguemines 81 – Saverne 57 – Wissembourg 17.

Ferme des Fleckenstein avec ch, 26 rte Soultz ☎ 03 88 80 69 10, *Fax 03 88 80 69 09,* , (hôtel : ☎ 03 88 80 69 00), « Ancienne ferme fortifiée du 16e siècle » – cuisinette TV ☎ ♿ P. GB
Repas *(fermé 5 au 20 janv., mardi midi et lundi)* 95/180 ♀, enf. 60 – ☕ 25 – **7 ch** 250/350.

LABAROCHE *68910 H.-Rhin* 62 ⑱ *– 1 676 h alt. 750.*
Paris 469 – Colmar 17 – Gérardmer 50 – Munster 23 – St-Dié 48.

Tilleul , ☎ 03 89 49 84 46, *Fax 03 89 78 91 88,* – TV ☎ P. GB. rest
fermé janv. – **Repas** 75/120 ♀ – ☕ 35 – **32 ch** 280 – ½ P 240.

Gar. Girard, Les Correaux ☎ 03 89 49 82 68

LABARTHE-SUR-LEZE *31 H.-Gar.* 82 ⑱ *– rattaché à Muret.*

LABASTIDE-BEAUVOIR *31450 H.-Gar.* 82 ⑲ *– 599 h alt. 260.*
Paris 717 – Toulouse 25 – Carcassonne 75 – Castres 56 – Pamiers 51.

Aub. du Courdil, ☎ 05 61 81 82 55, – P. GB
fermé 5 au 20 janv., dim. soir et lundi – **Repas** 55/150 .

LABASTIDE-MURAT *46240 Lot* 75 ⑱ *G. Périgord Quercy – 610 h alt. 447.*
Paris 553 – Cahors 33 – Sarlat-la-Canéda 48 – Brive-la-Gaillarde 73 – Figeac 48 – Gourdon 23.

Climat de France, ☎ 05 65 21 18 80, *Fax 05 65 21 10 97,* – TV ☎ ♿. AE GB
fermé 15 déc. au 15 janv. – **Repas** 89/129 – ☕ 35 – **20 ch** 340.

LABATUT *40300 Landes* 78 ⑦ *– 952 h alt. 45.*
Paris 754 – Biarritz 62 – Pau 69 – Auch 178 – Bayonne 51 – Dax 24.

Bousquet, N 117 ☎ 05 58 98 14 44, , – P. GB
fermé mi-mars à mi-avril, mardi soir et merc. – **Repas** 91/230, enf. 45.

LABÈGE *31 H.-Gar.* 82 ⑱ *– rattaché à Toulouse.*

LABERGEMENT-FOIGNEY *21 Côte-d'Or* 66 ⑬ *– rattaché à Genlis.*

LAC voir au nom propre du lac.

LACABARÈDE *81240 Tarn* 83 ⑫ *– 304 h alt. 325.*
Paris 756 – Béziers 70 – Carcassonne 67 – Castres 36 – Mazamet 18 – Narbonne 61.

Demeure de Flore , ☎ 05 63 98 32 32, *Fax 05 63 98 47 56,* , parc, – TV ☎ ♿ P. GB
fermé déc. – **Repas** 95/125 – ☕ 56 – **10 ch** 370/480 – ½ P 396/421.

LACANAU-OCÉAN *33680 Gironde* **71** ⑱ *G. Pyrénées Aquitaine.*
Voir *Lac de Lacanau★ E : 5 km.*
de Lacanau ✆ 05 56 03 92 98, E : 2 km ; la Méjanne ✆ 05 56 03 28 80.
Paris 637 – Bordeaux 60 – Andernos-les-Bains 44 – Arcachon 87 – Lesparre-Médoc 52.

Aplus M, rte Baganais ✆ 05 56 03 91 00, *Fax 05 56 03 91 10*, parc, – TV – 50. AE GB. rest
15 mars-15 nov. – **Repas** 145, enf. 60 – 50 – **59 ch** 520/590 – ½ P 470.

Golf, au golf ✆ 05 56 03 92 92, *Fax 05 56 26 30 57*, ← – TV – 50. AE GB
Repas *(fermé le midi) (65)* - 150 – 50 – **50 ch** 500/600 – ½ P 500/600.

Étoile d'Argent, pl. Europe ✆ 05 56 03 21 07, *Fax 05 56 03 25 29*, – TV. AE GB
fermé 1er déc. au 31 janv. et lundi sauf vacances scolaires – **Repas** 70/250, enf. 55 – 35 – **14 ch** 270/370 – ½ P 300/350.

LACAPELLE-MARIVAL *46120 Lot* **75** ⑲ ⑳ *G. Périgord Quercy – 1 201 h alt. 375.*
Office de Tourisme (hors saison de 10h à 12h) pl. Halle ✆ 05 65 40 81 11.
Paris 555 – Cahors 63 – Aurillac 67 – Figeac 20 – Gramat 20 – Rocamadour 30 – Tulle 79.

Terrasse avec ch, ✆ 05 65 40 80 07, *Fax 05 65 40 99 45*, – TV. GB
fermé 2 janv. au 1er mars, dim. soir et lundi hors saison – **Repas** *(70)* - 90/225, enf. 55 – 37 – **9 ch** 235/275 – ½ P 255/270.

LACAPELLE-VIESCAMP *15150 Cantal* **76** ⑪ *– 438 h alt. 550.*
Paris 549 – Aurillac 19 – Figeac 59 – Laroquebrou 11 – St-Céré 50.

Lac, ✆ 04 71 46 31 57, *Fax 04 71 46 31 64*, ← – TV. GB
fermé fév. – **Repas** 65/195, enf. 40 – 35 – **23 ch** 280/320 – ½ P 260/275.

LACAUNE *81230 Tarn* **83** ③ *G. Gorges du Tarn – 3 117 h alt. 793 – Casino.*
Office de Tourisme pl. Gén.-de-Gaulle ✆ 05 63 37 04 98, Fax 05 63 37 03 01.
Paris 712 – Albi 68 – Béziers 84 – Castres 46 – Lodève 72 – Millau 70 – Montpellier 130.

Fusiès, r. République ✆ 05 63 37 02 03, *Fax 05 63 37 10 98*, – TV – 30. AE GB JCB
fermé 3 au 21 janv., vend. soir et dim. soir du 15 nov. au 15 mars – **Repas** 80/350, enf. 62 – 44 – **52 ch** 250/350 – ½ P 310/340.

Calas avec ch, pl. Vierge ✆ 05 63 37 03 28, *Fax 05 63 37 09 19*, – TV. AE GB JCB
fermé 20 déc. au 15 janv., vend. soir et sam. midi de nov. à fév. – **Repas** *(57)* - 75/210, enf. 54 – 28 – **16 ch** 240/300 – ½ P 300.

CITROEN Gar. Milhau, ✆ 05 63 37 06 08
PEUGEOT Gar. Rouquette, ✆ 05 63 37 00 16 N ✆ 05 63 37 00 16
Nicouleau Pneus, ✆ 05 63 37 02 48

LACAVE *46200 Lot* **75** ⑱ *– 241 h alt. 130.*
Voir *Grottes★ – Site★ du château de Belcastel O : 2,5 km,* **G. Périgord Quercy.**
Paris 528 – Brive-La-Gaillarde 49 – Sarlat-La-Canéda 42 – Cahors 57 – Gourdon 26 – Rocamadour 11.

Château de la Treyne, Ouest : 3 km par D 43 et voie privée ✆ 05 65 27 60 60, *Fax 05 65 27 60 70*, ←, « Dans un parc dominant la Dordogne », – ch, TV. AE GB
début mars-mi-nov. – **Repas** *(fermé mardi midi et merc. midi sauf juil.-août)* 220 bc (déj.), 290/360 – 80 – **14 ch** 980/1600 – ½ P 910/1320.

Pont de l'Ouysse (Chambon) avec ch, ✆ 05 65 37 87 04, *Fax 05 65 32 77 41*, ←, « Promenade aménagée au bord de la rivière », – ch, TV. AE GB
début mars-11 nov., 15 déc.-1er janv. et fermé lundi sauf le soir en saison – **Repas** 160/500 et carte 420 à 650 – 65 – **13 ch** 650 – ½ P 700
Spéc. Foie de canard "Bonne Maman". Papillote de pied de porc aux écrevisses (juin à nov.). Pigeonneau de ferme rôti, fricassée de champignons. **Vins** Cahors blanc et rouge.

LACHASSAGNE *69 Rhône* **74** ①, **110** ② *– rattaché à Anse.*

LACROIX-FALGARDE *31 H.-Gar.* **82** ⑱ *– rattaché à Toulouse.*

LACROST *71 S.-et-L.* **69** ⑳ *– rattaché à Tournus.*

LADOIX-SERRIGNY *21 Côte-d'Or* 69 ⑨ – *rattaché à Beaune.*

LADON *45270 Loiret* 61 ⑪ – *1 212 h alt. 100.*
Paris 109 – Châteauneuf-sur-Loire 30 – Gien 53 – Montargis 15 – Orléans 57 – Pithiviers 29.

Cheval Blanc avec ch, ✆ 02 38 95 51 79 – P. GB
fermé Noël au Jour de l'An, dim. soir et lundi – **Repas** 60/135 ♀ – ☕ 30 – **9 ch** 110/170.

LAGARDE-ENVAL *19150 Corrèze* 75 ⑨ – *766 h alt. 480.*
Paris 489 – Brive-la-Gaillarde 36 – Aurillac 73 – Mauriac 70 – St-Céré 50 – Tulle 14.

Central avec ch, ✆ 05 55 27 16 12 – TV ☎. GB. ch
fermé sept. et lundi – **Repas** 65 (déj.), 100/120 – ☕ 28 – **7 ch** 180/220 – ½ P 250/280.

LAGARRIGUE *47 L.-et-G.* 79 ⑭ – *rattaché à Aiguillon.*

LAGARRIGUE *81 Tarn* 83 ① – *rattaché à Castres.*

LAGNY-SUR-MARNE *77 S.-et-M.* 56 ⑫, 101 ⑳ – *voir à Paris, Environs (Marne-la-Vallée).*

En haute saison, et surtout dans les stations,
il est prudent de retenir à l'avance.

LAGUÉPIE *82250 T.-et-G.* 79 ⑳ – *787 h alt. 149.*
Office de Tourisme pl. du Foirail ✆ 05 63 30 20 34.
Paris 639 – Rodez 75 – Albi 38 – Montauban 65 – Villefranche-de-Rouergue 34.

Les Deux Rivières, ✆ 05 63 31 41 41, *Fax 05 63 30 20 91* – TV ☎ ♿. GB
fermé vacances de fév., dim. soir et lundi soir du 15 sept. à Pâques – **Repas** 60 (déj.), 95/185 ♀, enf. 45 – ☕ 40 – **8 ch** 190/260 – ½ P 210.

LAGUIAN-MAZOUS *32170 Gers* 85 ⑨ – *237 h alt. 254.*
Voir *Puntous de Laguian* ✻★★ *O : 2 km*, **G. Pyrénées Aquitaine.**
Paris 786 – Auch 43 – Aire-sur-l'Adour 62 – Lannemezan 46 – Mirande 19 – St-Gaudens 74 – Tarbes 31.

Relais des Puntous, Ouest : 1,5 km ✆ 05 62 67 52 51, – P. GB
fermé vacances de fév., lundi soir et mai – **Repas** 98, enf. 50.

LAGUIOLE *12210 Aveyron* 76 ⑬ *G. Gorges du Tarn – 1 264 h alt. 1004 – Sports d'hiver : 1 100/1 400 m* 12 .
Voir *Église* ✻★.
de Mezeyrac à Soulages Bonneval ✆ 05 65 44 02 21 par D 541 et 213.
Office de Tourisme pl. du Foirail, ✆ 05 65 44 35 94, Fax 05 65 54 10 29.
Paris 578 – Aurillac 77 – Rodez 52 – Espalion 22 – Mende 83 – St-Flour 60.

Gd Hôtel Auguy, ✆ 05 65 44 31 11, *Fax 05 65 51 50 81*, – TV ☎ ♿ . GB
fermé 8 au 14 juin, 25 nov. au 25 janv., dim. soir et lundi sauf vacances scolaires. – Repas 130/290 ♀, enf. 48 – ☕ 45 – **26 ch** 240/400 – ½ P 245/315.

Régis, ✆ 05 65 44 30 05, *Fax 05 65 48 46 44*, – TV ☎ P. AE GB
fermé 15 au 25 déc., dim. soir et lundi du 1er déc. au 28 fév. – **Repas** 87/133 , enf. 59 – ☕ 29 – **23 ch** 230/340 – ½ P 225/255.

à l'Est *6 km par rte d'Aubrac (D 15) – ✉ 12210 Laguiole :*

Michel Bras M , ✆ 05 65 44 32 24, *Fax 05 65 48 47 02*, « Au sommet d'une colline, vue panoramique sur les paysages de l'Aubrac » – , rest, TV ☎ ♿ P. AE GB.
début avril-31 oct. et fermé mardi soir (sauf hôtel) et lundi sauf juil.-août – **Repas** (nombre de couverts limité, prévenir) 210/650 et carte 370 à 550, enf. 110 – ☕ 95 – **15 ch** 980/1700
Spéc. "Gargouillou" de jeunes légumes. Viandes et volailles de pays. Biscuit de chocolat "coulant". **Vins** Marcillac, Gaillac.

à Soulages-Bonneval *Ouest : 5 km par D 541 – 259 h. alt. 830 – ✉ 12210 :*

Aub. du Moulin , ✆ 05 65 44 32 36, *Fax 05 65 54 11 01*, , – P. GB
fermé week-ends en janv. – **Repas** *(fermé vend. soir d'oct. à avril)* 60/120 – ☕ 25 – **12 ch** 120/160 – ½ P 150/170.

CITROEN Gar. Charles, ✆ 05 65 44 34 40

RENAULT Gar. Troussillie, ✆ 05 65 44 32 21

La LAIGNE *17170 Char.-Mar.* **71** ② *– 243 h alt. 12.*

Paris 438 – La Rochelle 33 – Fontenay-le-Comte 37 – Niort 31 – Rochefort 42.

XX **Aub. Aunisienne,** ✆ 05 46 51 08 00, 🏞 – AE ⓓ GB
fermé 12 au 19 nov., 8 au 18 fév. et mardi soir du 10 sept. au 30 juin – **Repas** 78 (dîner), 90/180 🍷, enf. 65.

à l'Ouest *: 4 km par N 11 – ✉ 17170 Courçon :*

🏨 **Relais de Benon** 🐎, carrefour N 11 et D 116 ✆ 05 46 01 61 63, *Fax 05 46 01 70 89*, 🏞, parc, 🏊, 🎾 – 🛗 📺 ☎ 🅿 – 🏄 150. AE ⓓ GB
Repas 89/240 🍷, enf. 57 – ☕ 50 – **30 ch** 360/450 – ½ P 390.

LALACELLE *61320 Orne* **60** ② *– 251 h alt. 300.*

Env. *Château de Carrouges★ N : 11 km,* **G. Normandie Cotentin.**

Paris 211 – Alençon 19 – Argentan 35 – Carrouges 12 – Domfront 42 – Falaise 58 – Mayenne 41.

X **Lentillère,** rte d'Alençon : 1,5 km sur N 12 ✆ 02 33 27 38 48, *Fax 02 33 27 38 30*, 🏞, 🌳 – 🚗 🅿. AE ⓓ GB
fermé 10 janv. au 10 fév., dim. soir et lundi – **Repas** (64) - 77/220 🍷, enf. 48.

LALINDE *24150 Dordogne* **75** ⑮ *G. Périgord Quercy – 3 029 h alt. 46.*

Voir *<★ de la chapelle St-Front-de-Colubri S : 1 km.*

Paris 540 – Périgueux 60 – Bergerac 22 – Brive-La-Gaillarde 99 – Cahors 90 – Villeneuve-sur-Lot 59.

🏨 **Château** M 🐎, ✆ 05 53 61 01 82, *Fax 05 53 24 74 60*, <, 🏞, « En bordure de la Dordogne » – 📺 ☎. AE ⓓ GB
fermé 17 au 24 sept., janv. et dim. soir de nov. à mars – **Repas** *(fermé dim. soir en hiver et lundi sauf le soir en juil.-août)* 110/295 – ☕ 65 – **7 ch** 410/820 – ½ P 320/620.

🏠 **Périgord,** pl. 14-Juillet ✆ 05 53 61 19 86, *Fax 05 53 61 27 49*, 🏞 – 📺 ☎. AE ⓓ GB
fermé 15 au 31 déc., 30 mars au 5 avril, vend. soir et dim. soir sauf juil.-août – **Repas** 65 (déj.), 75/300 🍷, enf. 50 – ☕ 50 – **20 ch** 230/420 – ½ P 250/320.

à St-Capraise-de-Lalinde *Ouest, rte de Bergerac : 4 km – 584 h. alt. 42 – ✉ 24150 :*

XX **Relais St-Jacques** avec ch, ✆ 05 53 63 47 54, *Fax 05 53 73 33 52* – ▤ rest, ☎ 📞. ⓓ GB. 🐕
fermé vacances de fév. et merc. – **Repas** 89 bc (déj.), 115/190, enf. 55 – ☕ 45 – **5 ch** 220/280 – ½ P 230/280.

LALLEYRIAT *01130 Ain* **74** ④ *– 191 h alt. 850.*

Paris 486 – Bourg-en-Bresse 60 – Genève 61 – Nantua 12 – Oyonnax 19.

XX **Aub. Gentianes,** ✆ 04 74 75 31 80, *Fax 04 74 75 30 60*, 🏞 – GB
fermé dim. soir et merc. – **Repas** 99/185 🍷.

LALOUVESC *07520 Ardèche* **76** ⑨ *G. Vallée du Rhône – 514 h alt. 1050.*

Voir ✳★.

Paris 556 – Valence 58 – Annonay 24 – Lamastre 25 – Privas 79 – St-Agrève 26 – Tournon-sur-Rhône 38 – Yssingeaux 43.

X **Poste** avec ch, ✆ 04 75 67 82 84, *Fax 04 75 67 85 08* – ☎. GB. 🐕 rest
hôtel : 15 avril-11 nov. et fermé dim. et lundi – **Repas** *(fermé déc., dim. soir et lundi du 15 oct. à juin)* 70/165 🍷, enf. 40 – ☕ 28 – **12 ch** 150/220 – ½ P 215/230.

LAMAGDELAINE *46 Lot* **79** ⑧ *– rattaché à Cahors.*

LAMALOU-LES-BAINS *34240 Hérault* **83** ④ *G. Gorges du Tarn – 2 194 h alt. 200 – Stat. therm. (fév./mi-déc.) – Casino.*

Voir *Église de St-Pierre-de-Rhèdes★ SO : 1,5 km.*

⛳9 *de la Trébouline ✆ 04 67 95 15 15, SE : 2 km par D 908.*

ℹ *Office de Tourisme 2 av. Dr-Ménard ✆ 04 67 95 70 91, Fax 04 67 95 64 52.*

Paris 737 – Montpellier 80 – Béziers 39 – Lacaune 53 – Lodève 38 – St-Affrique 79 – St-Pons-de-Thomières 35.

L'Arbousier et Paix, ✆ 04 67 95 63 11, *Fax 04 67 95 67 78*, – TV ☎ P. AE GB
Repas 80/250, enf. 50 – 38 – **31 ch** 220/300 – P 335/365.

Belleville, ✆ 04 67 95 57 00, *Fax 04 67 95 64 18* – ☎ P. GB
Repas *(69)* - 80/195, enf. 42 – 34 – **62 ch** 145/320 – P 250/320.

CITROEN Gar. Marsal, ✆ 04 67 95 60 38 RENAULT Gar. Gayout, ✆ 04 67 95 64 22

LAMARCHE-SUR-SAÔNE *21 Côte-d'Or* 66 ⑬ – *rattaché à Auxonne.*

LAMASTRE *07270 Ardèche* 76 ⑲ *G. Vallée du Rhône* – *2 717 h alt. 375.*

Env. *Ruines du château de Rochebloine* ≤** *12 km par D 236 puis15 mn.*

Office de Tourisme pl. Montgolfier ✆ *04 75 06 48 99, Fax 04 75 06 37 53.*

Paris 572 – Valence 38 – Privas 55 – Le Puy-en-Velay 72 – St-Étienne 90 – Vienne 85.

Château d'Urbilhac, Sud-Est : 2 km par rte Vernoux-en-Vivarais ✆ 04 75 06 42 11, *Fax 04 75 06 52 75*, ≤ montagnes, parc, « Élégante installation, mobilier ancien », – ☎ P. AE GB
1er mai-1er oct. – **Repas** *(fermé le midi sauf sam. et dim.)* 230 – 65 – **13 ch** 500/700 – ½ P 550/625.

Midi (Perrier), pl. Seignobos ✆ 04 75 06 41 50, *Fax 04 75 06 49 75*, – TV ☎. AE GB JCB
fermé début déc. à début mars, lundi (sauf le soir en juil.-août) et dim. soir – **Repas** 150/435 – 70 – **12 ch** 315/490 – ½ P 430/485
Spéc. Salade tiède de foie gras de canard aux champignons des bois. Pain d'écrevisses sauce cardinal (juin à déc.). Soufflé glacé aux marrons de l'Ardèche. **Vins** Saint-Joseph blanc et rouge.

PEUGEOT Rugani, ✆ 04 75 06 42 20 N ✆ 04 75 06 42 20
RENAULT Gar. des Stades, ✆ 04 75 06 49 91 N ✆ 04 75 06 43 58

LAMBALLE

Bario (R.) 3
Cartel (R. Ch.) 8
Dr-A.-Calmette (R. du) 15
Leclerc (R. Gén.) 29
Martray (Pl. du)
Val (R. du)
Villedeneu (R.) 45
Augustins (R. des) 2
Blois (R. Ch. de) 5
Boucouets (R. des) 7
Charpentier (R. Y.) 14
Dr-Lavergne (R. du) 16
Foch (R. Mar.) 19
Gesle (Ch. de la) 23
Grand Boulevard (R. du) 24
Hurel (R. du Bg) 25
Jeu-de-Paume (R. du) 26
Marché (Pl. du) 30
Mouëxigné (R.) 31
N.-Dame (R.) 33
Poincaré (R.) 34
Préville (R.) 35
St-Jean (R.) 37
St-Lazare (R.) 38
Tour-aux-Chouettes (R.) 42

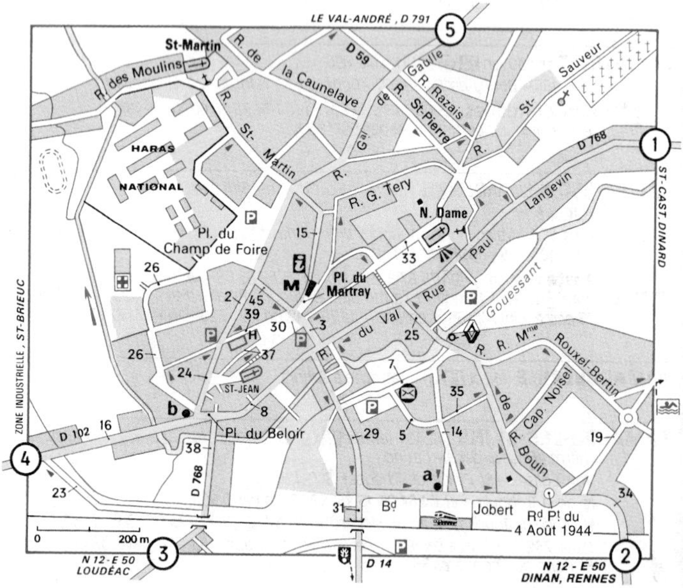

LAMBALLE *22400 C.-d'Armor 59 ④ ⑭ G. Bretagne – 9 894 h alt. 55.*

Voir Haras*.

Office de Tourisme pl. Martray ✆ 02 96 31 05 38, Fax 02 96 50 01 96.

Paris 431 ② – St-Brieuc 20 ④ – Dinan 40 ② – Pontivy 65 ③ – Rennes 81 ② – St-Malo 52 ① – Vannes 108 ③.

Plan page ci-contre

Alizés, Z.I., par ④ : *2 km* ✆ 02 96 31 16 37, *Fax 02 96 31 23 89,* – TV ☎ & P – 60. AE GB

fermé 23 déc. au 8 janv. – **Repas** *(fermé dim.)* 68 (déj.), 87/159 ♀, enf. 58 – 45 – **32 ch** 275/310 – ½ P 250.

Angleterre, 29 bd Jobert **(a)** ✆ 02 96 31 00 16, *Fax 02 96 31 91 54* – TV ☎. AE GB JCB

fermé fév. et hôtel : dim. soir de nov. à mars ; rest. : dim. soir et lundi midi sauf du 15 juil. au 31 août – **Repas** *(70)* - 95/350 ♀, enf. 50 – 40 – **19 ch** 300/360 – ½ P 295.

Tour d'Argent, 2 r. Dr Lavergne **(b)** ✆ 02 96 31 01 37, *Fax 02 96 31 37 59* – rest, TV ☎ – 50. AE GB

Repas *(fermé dim. soir d'oct. à mars) (55)* - 85/205 ♀, enf. 52 – 40 – **31 ch** 280/380 – ½ P 260/300.

PEUGEOT Gar. Léna, 26 r. Dr-Lavergne par ④ ✆ 02 96 31 01 40
RENAULT Gar. Le Moal Poirier, 1 r. Bouin ✆ 02 96 31 02 83 N ✆ 06 09 33 29 94

Simon Pneus, 4 r. de la ville es Lan ✆ 02 96 50 04 10
Vulco, rte de St-Brieuc ✆ 02 96 31 05 33

LAMOTTE-BEUVRON *41600 L.-et-Ch. 64 ⑨ – 4 247 h alt. 114.*

Paris 171 – Orléans 36 – Blois 59 – Gien 57 – Romorantin-Lanthenay 38 – Salbris 21.

Tatin, face gare ✆ 02 54 88 00 03, *Fax 02 54 88 96 73,* – TV ☎ P. AE GB

fermé 8 au 18 mars, 18 janv. au 10 fév., dim. soir et lundi – **Repas** 135/280, enf. 55 – 45 – **13 ch** 280/450.

AUDI, VOLKSWAGEN Gar. Gorin, ✆ 02 54 88 00 21
CITROEN Gar. Germain, ✆ 02 54 88 04 49
PEUGEOT Gar. Labé, ✆ 02 54 88 07 70

LAMOURA *39310 Jura 70 ⑮ – 388 h alt. 1156 – Sports d'hiver : voir aux Rousses.*

Paris 478 – Genève 52 – Gex 30 – Lons-le-Saunier 74 – St-Claude 16.

Spatule ✆ 03 84 41 20 23, *Fax 03 84 41 24 16,* ←, – ☎ P. GB

30 mai-12 oct., 19 déc.-Pâques et fermé dim. soir et lundi hors saison – **Repas** 75/145 ♀ – 35 – **25 ch** 260/280 – ½ P 260/270.

LAMPAUL-GUIMILIAU *29 Finistère 58 ⑤ – rattaché à Landivisiau.*

LAMURE-SUR-AZERGUES *69870 Rhône 73 ⑨ – 782 h alt. 383.*

Paris 446 – Mâcon 52 – Roanne 52 – Chauffailles 27 – Lyon 53 – Tarare 35 – Villefranche-sur-Saône 29.

Ravel, ✆ 04 74 03 04 72, *Fax 04 74 03 05 26,* – TV ☎ P. GB

fermé nov. et vend. d'oct. à mai – **Repas** 76/230 – 27 – **8 ch** 150/275 – ½ P 320.

LANARCE *07660 Ardèche 76 ⑰ – 248 h alt. 1180.*

Paris 585 – Le Puy-en-Velay 48 – Aubenas 43 – Langogne 18 – Privas 71.

Provence, ✆ 04 66 69 46 06, *Fax 04 66 69 41 56* – TV ☎ & P. GB

1er avril-15 nov. – **Repas** 75/170, enf. 40 – 30 – **15 ch** 150/240 – ½ P 190/215.

Sapins, ✆ 04 66 69 46 08, *Fax 04 66 69 42 87,* – TV ☎ & P. AE GB

fermé 15 nov. au 10 fév., mardi soir et merc. d'oct. à mars – **Repas** 74/180 ♀, enf. 38 – 32 – **17 ch** 150/240 – ½ P 190/220.

LANAU *15 Cantal 76 ⑭ – rattaché à Chaudes-Aigues.*

LANCIEUX *22 C.-d'Armor 59 ⑤ – rattaché à St-Briac-sur-mer.*

LANCRANS *01 Ain 74 ⑤ – rattaché à Bellegarde-sur-Valserine.*

LANDÉAN *35 I.-et-V. 59 ⑱ – rattaché à Fougères.*

LANDERNEAU *29800 Finistère* 58 ⑤ *G. Bretagne – 14 269 h alt. 10.*

Voir *Enclos paroissial★ de Pencran S : 3,5 km* **Z** – *Enclos paroissial★ de la Roche-Maurice NE : 5 km par* ①.

Brest-Iroise ✆ 02 98 85 16 17, SE : 5 km par r. J.-L.-Rolland **Z.**

Office de Tourisme Pont de Rohan ✆ 02 98 85 13 09, Fax 02 98 21 39 27.

Paris 575 ③ – Brest 22 ③ – Carhaix-Plouguer 60 ② – Morlaix 39 ③ – Quimper 63 ③.

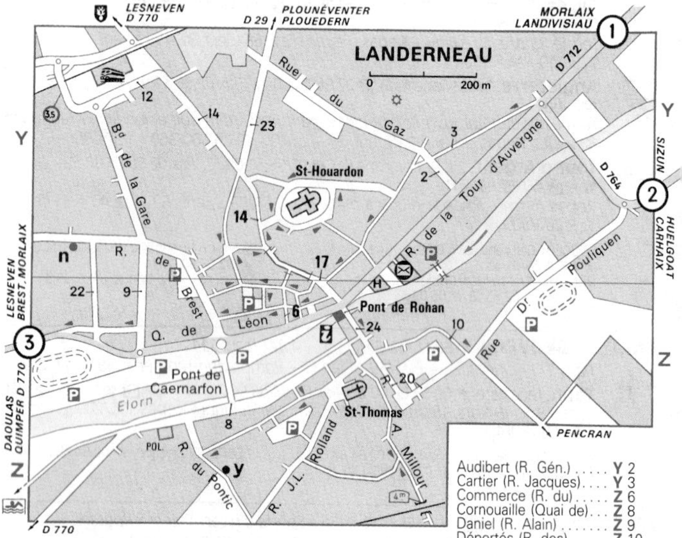

Audibert (R. Gén.)	Y	2
Cartier (R. Jacques)	Y	3
Commerce (R. du)	Z	6
Cornouaille (Quai de)	Z	8
Daniel (R. Alain)	Z	9
Déportés (R. des)	Z	10
Donnart (Av. M.)	Y	12
Libération (R. de la)	Z	20
Paix (R. de la)	Z	22
Pengam (R. F.)	Y	23
Brest (R. de)	YZ	
Fontaine-Blanche (R. de la)	Y	14
Gaulle (Pl. Gén.-de)	Y	17
Léon (Quai de)	Z	
Pont (R. du)	Z	24

Clos du Pontic ⛰, r. Pontic ✆ 02 98 21 50 91, *Fax 02 98 21 34 33*, parc – ⇔ TV ☎ ♿ P – 🏛 30. GB
Repas *(fermé dim. soir sauf juil.-août, sam. midi et lundi midi)* (75) - 95/280 🍷, enf. 60 – ☕ 40 – **32 ch** 350/390 – ½ P 275/285.

Ibis ⛰, Nord : 1,5 km par ③ *et rte Lannion* ✆ 02 98 21 85 00, *Fax 02 98 21 67 61* – ⇔ TV ☎ ♿ P. AE ⓓ GB
fermé 24 déc. au 2 janv. – ***Trois Rouleaux*** ✆ 02 98 21 85 05 *(fermé sam. et dim.)* **Repas** 98/200, enf. 75 – ☕ 35 – **42 ch** 280/310.

Amandier avec ch, 55 r. Brest ✆ 02 98 85 10 89, *Fax 02 98 85 34 14* – TV ☎. GB. ⇔ rest Y n
Repas *(fermé dim. soir et lundi)* (85) - 105/170 🍷 – ☕ 35 – **8 ch** 250/320 – ½ P 280.

AUDI, VOLKSWAGEN Gar. Le Lannier, 4 bd de la gare ✆ 02 98 85 00 29 **N** ✆ 02 98 85 00 29
PEUGEOT S.B.G.B., rte de Sizun par ② ✆ 02 98 21 41 80 **N** ✆ 02 98 62 21 26

Euromaster, 27 bis r. H.-de-Guebriant ✆ 02 98 85 01 56

LANDERSHEIM *67700 B.-Rhin* 87 ⑭ *– 151 h alt. 200.*

Paris 460 – Strasbourg 24 – Haguenau 33 – Molsheim 21 – Saverne 13.

Aub. du Kochersberg ⛰ avec ch, ✆ 03 88 69 91 58, *Fax 03 88 69 91 42*, 🏞, « Belles salles à manger dans le style alsacien », 🌳 – ▤ rest, TV ☎ 📞 🚗 P – 🏛 30 à 150. AE ⓓ GB
Repas *(fermé dim. soir et lundi)* 195 bc (déj.), 250/430 et carte 290 à 410, enf. 120 - ***D'Landerstueb*** ✆ 03 88 69 90 90 *(fermé lundi)* **Repas** (52)-88bc(déj.)/140 🍷 – ☕ 70 – **18 ch** 350/530 – ½ P 480.

LANDEVANT *56690 Morbihan 63 ② – 2 083 h alt. 29.*

Paris 485 – Vannes 36 – Auray 18 – Hennebont 14 – Lorient 24.

XX **Forestière,** rte de Nostang : 1 km ✆ 02 97 56 90 55, *Fax 02 97 56 90 55,* – P. GB

fermé 1er au 15 oct., 15 fév. au 15 mars, dim. soir et lundi – **Repas** 130/250, enf. 70.

LANDIVISIAU *29400 Finistère 58 ⑤ G. Bretagne – 8 254 h alt. 75.*

Voir Porche★ de l'église St-Thivisiau.

Office de Tourisme 14 av. Mar.-Foch ✆ 02 98 68 03 50, Fax 02 98 68 41 98.

Paris 559 – Brest 37 – Landerneau 16 – Morlaix 23 – Quimper 72 – St-Pol-de-Léon 23.

Clarine, Z.A. Le Vern par rte Roscoff : 2 km ✆ 02 98 24 42 42, *Fax 02 98 24 42 00,* – TV ☎ & P – 30. AE GB

fermé du 20 déc. au 4 janv. – **Repas** grill (59) - 78/130 ♀, enf. 39 – 43 – **52 ch** 290/330 – ½ P 270/350.

à Lampaul Guimiliau *Sud-Est : 4 km par D 11 – 2 037 h. alt. 103 – ✉ 29400 :*

Voir Enclos paroissial★ : intérieur★★ de l'église.

L'Enclos, ✆ 02 98 68 77 08, *Fax 02 98 68 61 06* – TV ☎ P. AE GB

fermé vend. soir , sam. midi et dim. soir du 1er nov. au 31 mars – **Repas** 69/98 ♀, enf. 48 – 32 – **36 ch** 232/270 – ½ P 262.

RENAULT Renault Landivisiau, 31-33 r. de la Tour d'Auvergne ✆ 02 98 68 91 85 N ✆ 02 98 68 91 85

Simon Pneus, av. Foch ✆ 02 98 68 13 88

LANDOUZY-LA-VILLE *02140 Aisne 53 ⑯ – 578 h alt. 200.*

18 du Domaine du Tilleul ✆ 03 23 98 48 00.

Paris 190 – St-Quentin 61 – Charleville-Mézières 55 – Hirson 10 – Laon 47 – Vervins 12.

Domaine du Tilleul , Nord : 2 km par D 36 ✆ 03 23 98 48 00, *Fax 03 23 98 46 46,* , « Dans un grand parc, golf 18 trous », – TV ☎ P – 25. AE GB

fermé 15 au 29 janv. – **Repas** 95 (déj.), 145/200 ♀ – 50 – **26 ch** 400/600 – ½ P 450/550.

LANDSER *68 H.-Rhin 87 ⑲ – rattaché à Mulhouse.*

LANGEAC *43300 H.-Loire 76 ⑤ G. Auvergne – 4 195 h alt. 505.*

Office de Tourisme pl. A.-Briand ✆ 04 71 77 05 41, Fax 04 71 77 19 93.

Paris 513 – Le Puy-en-Velay 45 – Brioude 29 – Mende 92 – St-Chély-d'Apcher 60 – St-Flour 53.

à Reilhac *Nord : 3 km par D 585 – ✉ 43300 Mazeyrat d'Allier :*

Val d'Allier M, ✆ 04 71 77 02 11, *Fax 04 71 77 19 20* – TV ☎ P. GB. rest

Pâques-15 nov. – **Repas** (85) - 115/260 ♀, enf. 65 – 38 – **22 ch** 290/330 – ½ P 290.

RENAULT S.A.M.V.A.L., ✆ 04 71 77 04 07

Carlet Pneus, ✆ 04 71 77 10 40

LANGEAIS *37130 I.-et-L. 64 ⑭ G. Châteaux de la Loire – 3 960 h alt. 41.*

Voir Château★★ : appartements★★★ – Parc★ du château de Cinq-Mars-la-Pile NE : 5 km par N 152.

Office de Tourisme pl. du 14 juillet ✆ 02 47 96 58 22, Fax 02 47 96 83 41.

Paris 262 – Tours 25 – Angers 95 – Château-la-Vallière 31 – Chinon 27 – Saumur 41.

Hosten, 2 r. Gambetta ✆ 02 47 96 82 12, *Fax 02 47 96 56 72* – TV ☎ . AE GB

fermé 11 janv. au 8 fév., dim. soir et lundi d'oct. à avril – **Repas** 125/245 bc – 55 – **10 ch** 280/550.

à St-Patrice *Ouest : 10 km par rte de Bourgueil – 593 h. alt. 39 – ✉ 37130 Langeais :*

Château de Rochecotte M , ✆ 02 47 96 16 16, *Fax 02 47 96 90 59,* ←, « Jardin à la française, parc », – TV ☎ P – 40. AE GB JCB. rest

fermé fév. – **Repas** 195/295 ♀, enf. 90 – 70 – **29 ch** 580/950, 3 appart – ½ P 505/690.

Robles Pneus, ✆ 02 47 96 81 60

LANGOGNE *48300 Lozère* 76 ⑰ *G. Gorges du Tarn – 3 380 h alt. 913* – **Voir** *Intérieur★ de l'église.*

Office de Tourisme bd Capucins ✆ 04 66 69 01 38, Fax 04 66 69 16 79.

Paris 580 – Mende 47 – Le Puy-en-Velay 43 – Alès 98 – Aubenas 61 – Villefort 44.

Domaine de Barres M, rte Mende : 3 km par N 88 ✆ 04 66 69 71 00, *Fax 04 66 69 71 29,* « Décor contemporain, parc et golf », – – 50. AE GB

13 mars-15 nov. et fermé dim. soir (sauf hôtel) et lundi sauf du 15 juin au 15 sept. – **Repas** 140/320 ♀, enf. 80 – ☕ 50 – **20 ch** 360/520 – ½ P 390/440.

RENAULT Gar. Blanquet, ✆ 04 66 69 11 55 N ✆ 04 66 69 11 55

Carlet Pneus, ✆ 04 66 69 17 33
Prouhèze, ✆ 04 66 69 09 30
R.I.P.A., ✆ 04 66 69 05 45 N ✆ 04 66 69 05 45

LANGON SP *33210 Gironde* 79 ② *G. Pyrénées Aquitaine – 5 842 h alt. 10.*

Env. *Château de Roquetaillade★★ S : 7 km.*

18 *des Graves et du Sauternais ✆ 05 56 62 25 43 par D 116 : 5 km.*

Office de Tourisme 11 allées J.-Jaurès ✆ 05 56 62 34 00, Fax 05 56 63 42 46.

Paris 626 – Bordeaux 49 – Bergerac 82 – Libourne 54 – Marmande 46 – Mont-de-Marsan 85.

Claude Darroze, 95 cours Gén. Leclerc ✆ 05 56 63 00 48, *Fax 05 56 63 41 15,* – TV – 40. AE GB

fermé 15 oct. au 6 nov. et 5 au 25 janv. – **Repas** 210/450 et carte 280 à 410 – ☕ 60 – **16 ch** 320/450 – ½ P 450/500

Spéc. Cassolette de poissons fins et coquillages en petite nage au basilic. Foie de canard chaud aux pommes caramélisées. Gibier (saison). **Vins** Graves rouge et blanc.

à St-Macaire *Nord : 2 km – 1 459 h. alt. 15 – ✉ 33490 :*

Voir *Verdelais : calvaire ≤★ N : 3 km – Ste-Croix-du-Mont : ≤★, grottes★ NO : 5 km.*

Abricotier, N 113 ✆ 05 56 76 83 63, *Fax 05 56 76 28 51,* , – P. GB

fermé 12 nov. au 10 déc., lundi soir et mardi soir – **Repas** 110/230, enf. 45.

CITROEN Gar. d'Aquitaine, N 113 à Toulenne ✆ 05 56 63 55 37
PEUGEOT Doux et Trouillot, ✆ 05 56 63 50 47 N ✆ 05 56 76 06 44
RENAULT Autom. Mazères, à Mazères ✆ 05 56 63 44 69 N ✆ 08 00 05 15 15
TOYOTA SOGIDA ✆ 05 56 62 30 52

Euromaster, ✆ 05 56 62 33 44
Euromaster, av. Libération à Beguey ✆ 05 56 62 17 61
Media pneu-Vulco, ZA à Beguey ✆ 05 56 62 90 83
Saphore-Point S, ✆ 05 57 98 01 36

LANGRES SP *52200 H.-Marne* 66 ③ *G. Champagne – 9 987 h alt. 466.*

Voir *Site★★ – Promenade des remparts★★ – Cathédrale St-Mammès★* **Y** *– Section gallo-romaine★ au musée d'art et d'histoire.*

Office de Tourisme square Olivier Lahalle ✆ 03 25 87 67 67, Fax 03 25 88 99 07.

Paris 284 ④ – Chaumont 34 ④ – Auxerre 157 ④ – Besançon 101 ③ – Dijon 77 ③ – Dole 116 ③ – Épinal 115 ① – Nancy 133 ① – Troyes 120 ④ – Vesoul 78 ②.

Plan page ci-contre

Cheval Blanc, 4 r. Estres ✆ 03 25 87 07 00, *Fax 03 25 87 23 13* – TV . AE GB
fermé 15 au 30 nov. – **Repas** *(fermé mardi soir et merc. midi)* 115/270 ♀, enf. 85 – ☕ 40 – **17 ch** 275/430 – ½ P 280/350. Z a

Gd H. de l'Europe, 23 r. Diderot ✆ 03 25 87 10 88, *Fax 03 25 87 60 65* – TV P. GB Z e
fermé lundi (sauf hôtel) et dim. soir du 1er nov. au 30 avril – **Repas** 78/230 ♀, enf. 60 – ☕ 36 – **27 ch** 235/330 – ½ P 270.

Poste sans rest, 10 pl. Ziegler ✆ 03 25 87 10 51, *Fax 03 25 88 46 18* – TV P. GB Y u
☕ 35 – **35 ch** 160/240. Z s

au Lac de la Liez *par ②, N 19 et D 284 : 4 km – ✉ 52200 Langres :*

Aub. des Voiliers avec ch, au bord du Lac ✆ 03 25 87 05 74, *Fax 03 25 87 24 22,* ≤, – TV . GB
fermé 1er fév. au 15 mars, dim. soir du 1er oct. au 1er mai et lundi – **Repas** 80 (déj.), 100/250 ♀, enf. 40 – ☕ 35 – **8 ch** 220/300 – ½ P 255/355.

à Sts-Geosmes *par ③ : 4 km – 872 h. alt. 440 – ✉ 52200 Langres :*

Aub. des Trois Jumeaux avec ch, ✆ 03 25 87 03 36, *Fax 03 25 87 58 68,* – TV . AE GB
fermé 15 nov. au 3 déc., dim. soir du 15 nov. au 1er mai et lundi – **Repas** 85/300 ♀, enf. 40 – ☕ 40 – **10 ch** 200/300.

AUDI, VOLKSWAGEN Gar. Europe, rte de Chaumont La Collinière ✆ 03 25 87 03 78
CITROEN Gar. Lingon, rte de Dijon à Sts-Geosmes par ③ ✆ 03 25 87 11 83 N ✆ 03 25 87 11 83
PEUGEOT Automobiles Boffy, ✆ 03 25 84 50 50 N ✆ 03 80 61 68 03

Langres Pneus 1 av. Capit.-Baudoin ✆ 03 25 87 36 31

LANGRES

Diderot (R.) . . . . YZ
Roussat (R. Jean) . . . . Y 35
Ziegler (Pl.) . . . . Y 45

Barbier-d'Aucourt (R.) . . . . Y 3
Belle-Allée (La) . . . . Y 4
Beligné (R. Ch.) . . . . Y 5
Boillot (R.) . . . . Y 6
Boulière (R.) . . . . Y 7
Canon (R.) . . . . Y 8
Centenaire (Pl. du) . . . . Y 10
Chambrûlard (R.) . . . . Y 12
Chavannes (R. des) . . . . Z 13
Crémaillère (R. de la) . . . . Y 14
Croc (R. du) . . . . Y 15
Denfert-Rochereau (R.) . . . . Z 16
Durand (R. Pierre) . . . . Y 17
Gambetta (R.) . . . . Y 18
Grand-Bie (R. du) . . . . Y 19
Grand-Cloître (R. du) . . . . Y 20
Grouchy (Pl. Col.-de) . . . . Z 21
Lambert-Payen (R.) . . . . Y 24
Leclerc (R. Général) . . . . Y 25
Lescornel (R.) . . . . Y 26
Longe-Porte (R.) . . . . X 27
Mance (Square J.) . . . . Y 28
Minot (R.) . . . . Z 31
Morlot (R. Card.) . . . . Y 32
Roger (R.) . . . . Y 33
St-Didier (R.) . . . . Y 36
Terreaux (R. des) . . . . Y 37
Tournelle (R. de la) . . . . Y 39
Turenne (R. de) . . . . Y 41
Ursulines (R. des) . . . . Y 43
Walferdin (R.) . . . . Y 44

PORTES

Boulière . . . . Y
Gallo-Romaine . . . . Y
Henri-IV . . . . Y
Hôtel-de-Ville (de l') . . . . Y
Longe-Porte X
Moulins (des) . . . . Z
Neuve . . . . Y

TOURS

Navarre et d'Orval (de) . . . . Z
Petit-Saut (du) X
Piquante X
St-Ferjeux . . . . Z
St-Jean X
Sous-Murs (de) . . . . Y
Virot . . . . Y

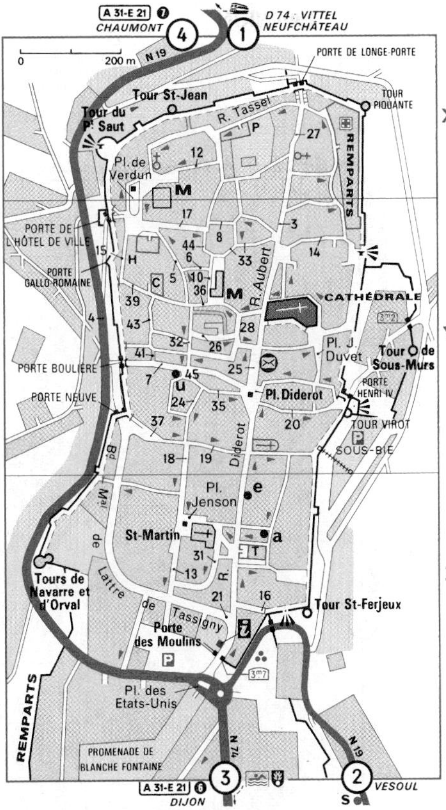

LANGUIMBERG *57810 Moselle* 62 ⑦ *– 189 h alt. 290.*

Paris 411 – Nancy 58 – Lunéville 43 – Metz 78 – Sarrebourg 19 – Saverne 47.

XX **Chez Michèle,** ☎ 03 87 03 92 25, *Fax 03 87 03 93 47* – GB
fermé 24 déc. au 7 janv., merc. sauf le soir de mai à sept. et mardi soir d'oct. à avril – **Repas** 130/300 ♀, enf. 50.

LANNILIS *29870 Finistère* 58 ④ *– 4 272 h alt. 48.*

Syndicat d'initiative 1 pl. de l'Église ☎ 02 98 04 05 43, Fax 02 98 04 12 47.

Paris 601 – Brest 22 – Landerneau 32 – Morlaix 65 – Quimper 88.

XX **Aub. des Abers,** pl. Gén. Leclerc (près église) ☎ 02 98 04 00 29 – AE GB
fermé 21 sept. au 5 oct., dim. soir, lundi soir et le midi sauf dim. – **Repas** (nombre de couverts limité, prévenir) 145/350 bc.

Gar. du Flescou, 75 r. de La Roche ☎ 02 98 04 00 96

LANNION SP *22300 C.-d'Armor* 59 ① *G. Bretagne – 16 958 h alt. 12.*

Voir *Maisons anciennes★ (pl. Général Leclerc* **Y 17**) *– Église de Brélévenez★* **Y.**

18 de St-Samson ☎ 02 96 23 87 34, par ① et D 11 : 9,5 km.

de Lannion : T.A.T. ☎ 02 96 48 42 92, N par ① : 2 km.

Office de Tourisme quai d'Aiguillon ☎ 02 96 46 41 00, Fax 02 96 37 19 64.

Paris 514 ③ – St-Brieuc 63 ③ – Brest 96 ⑤ – Morlaix 39 ⑤.

Plan page suivante

Graal, 30 av. Gén. de Gaulle ☎ 02 96 37 03 67, *Fax 02 96 46 45 83,* – TV – 40. AE GB Z a
Repas *(fermé sam. soir et dim.)* 75/170, enf. 40 – 34 – **42 ch** 310/350 – 1/2 P 250.

LANNION

Augustins (R. des) .... Z 3
Leclerc (Pl. Gén.) .... Y 17
Pont-Blanc
(R. Geoffroy-de) .... Z 25

Aiguillon (Quai d') .... Z 2
Buzulzo (R. de) .... Z 4
Chapeliers (R. des) ..... Y 6
Cie-Roger-de-Barbé (R.) . Y 7
Coudraie (R. de la) ...... Y 8
Du Guesclin (R.) .... Z 9
Frères-Lagadec (R. des) . Z 12
Keriavily (R. de) .... Z 14
Kermaria (R. et Pont) .... Z 16
Le-Dantec (R. F.) .... Y 18
Le-taillandier (R. E.) ..... Z 20
Mairie (R. de la) .... Y 21
Palais-de-Justice
(Allée du) .... Z 24
Pors an Prat (R. de) ..... Y 26
Roud Ar Roc'h (R. de) ... Z 28
St-Malo (R. de) .... Z 29
St-Nicolas (R.) .... Z 30
Trinité (R. de la) .... Y 32

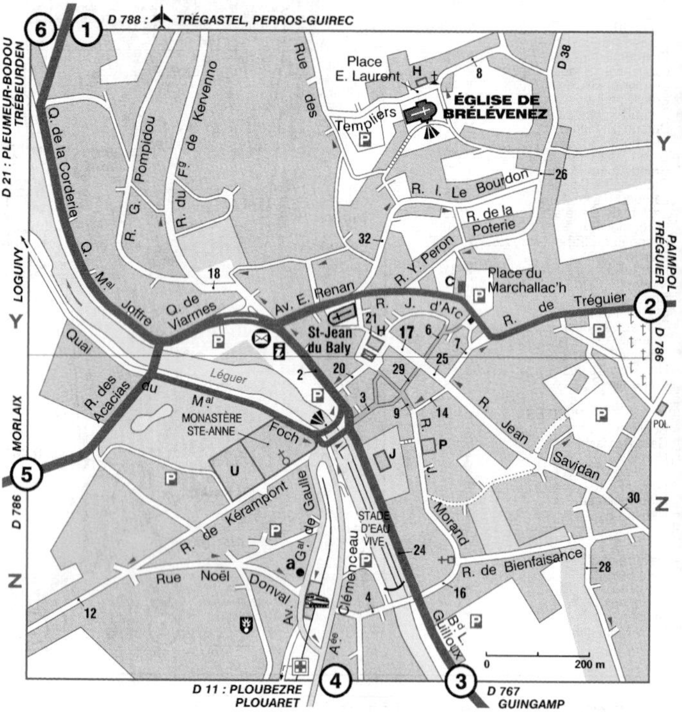

rte de Perros-Guirec *par* ① *D 788 : 5 km* – ✉ *22300 Lannion :*

Arcadia Ⓜ, ✆ 02 96 48 45 65, *Fax 02 96 48 15 68*, 🏊, 🌳 – TV ☎ 📞 ♿ P – 🏢 25. AE GB.
✻ rest

Repas *(fermé dim. sauf juil.-août)* (dîner seul.) 78 🍷 – ☕ 36 – **14 ch** 310/360, 5 duplex – ½ P 270.

à La Ville-Blanche *par* ② *: 5 km sur D 786* – ✉ *22300 Lannion :*

XXX ✿ **Ville Blanche** (Jaguin), ✆ 02 96 37 04 28, *Fax 02 96 46 57 82* – P. AE ⓞ GB JCB
fermé 12 au 19 oct., 4 janv. au 12 fév., dim. soir sauf juil.-août et lundi – **Repas** (week-end prévenir) 110/340 et carte 220 à 310 🍷, enf. 80

Spéc. Homard breton rôti au beurre salé (mars à nov.). Lotte au cidre et aux primeurs du pays. Millefeuille aux pommes caramélisées.

CITROEN Gar. Sobreva, rte de Morlaix par r. Frères Lagadec ✆ 02 96 37 04 33 N ✆ 02 96 37 04 33
PEUGEOT Gd Gar. de Lannion, rte de Perros-Guirec par ① ✆ 02 96 48 52 71 N ✆ 06 08 91 68 85

RENAULT Gar. des Côtes d'Armor, rte de Guingamp par ③ ✆ 02 96 46 64 64 N ✆ 06 07 75 27 66

Teilen Sie uns Ihre Meinung
über die von uns empfohlenen Restaurants,
ihre Spezialitäten und die angebotenen Landweine mit.

LANS-EN-VERCORS *38250 Isère* 77 ④ – *1 451 h alt. 1120 – Sports d'hiver : 1 020/1 880 m 19.*
Office de Tourisme pl. Église 04 76 95 42 62, Fax 04 76 95 49 70.
Paris 580 – Grenoble 25 – Villard-de-Lans 9 – Voiron 40.

Val Fleuri, 04 76 95 41 09, ≤, – P. GB. rest
20 juin-10 sept. et 20 déc.-20 mars – **Repas** (résidents seul.) 107/180 – 37 – **14 ch** 195/310 – ½ P 229/300.

Au Bon Accueil, D 531 04 76 95 42 02, *Fax 04 76 95 44 32,* , – P. GB
fermé 6 au 13 juin, 17 au 24 déc., vend. soir et sam. hors saison – **Repas** 98/230 – 38 – **18 ch** 200/290 – ½ P 235/280.

Source, à Bouilly, Sud-Ouest : 3 km par D 531 04 76 95 42 52, *Fax 04 76 95 41 29,* – cuisinette P. AE GB. rest
fermé 15 oct. au 1er déc., dim. soir et lundi sauf vacances scolaires – **Repas** *(fermé le midi sauf de juin à sept. et vacances scolaires)* 95/150 , enf. 50 – 36 – **18 ch** 280/320 – ½ P 265.

LANSLEBOURG-MONT-CENIS *73480 Savoie* 77 ⑨ *G. Alpes du Nord – 647 h alt. 1399 – Sports d'hiver : 1 400/2 100 m 1 22.*
Office de Tourisme de Val Cenis 04 79 05 23 66, Fax 04 79 05 82 17.
Paris 687 – Albertville 113 – Briançon 85 – Chambéry 125 – St-Jean-de-Maurienne 54 – Torino 96 – Val-d'Isère 50.

Alpazur, 04 79 05 93 69, *Fax 04 79 05 86 55* – . AE GB. rest
5 juin-20 sept. et 20 déc.-20 avril – **Repas** 100/260 – 40 – **24 ch** 290/400 – ½ P 330/363.

Vieille Poste, 04 79 05 93 47, *Fax 04 79 05 86 85* – . AE GB
15 mai-1er nov. et 26 déc.-15 avril – **Repas** 70 bc/120 , enf. 40 – 38 – **19 ch** 230/270 – ½ P 340.

CITROEN Alp' autos, 04 79 05 82 00 — RENAULT Gar. Burdin, 04 79 05 94 33

LANSLEVILLARD *73480 Savoie* 77 ⑨ *G. Alpes du Nord – 392 h alt. 1500 – Sports d'hiver (voir à Lanslebourg-Mont-Cenis).*
Voir *Peintures murales★ dans la chapelle St-Sébastien.*
Office de Tourisme, sous l'Église 04 79 05 90 10.
Paris 690 – Albertville 116 – Briançon 91 – Chambéry 128 – Val-d'Isère 47.

Les Mélèzes, 04 79 05 93 82, ≤, – P.
20 juin-8 sept. et 20 déc.-20 avril – **Repas** (en été dîner seul.) 95/150 – 34 – **16 ch** 305 – ½ P 245/276.

Grand Signal, 04 79 05 91 24, *Fax 04 79 05 82 47,* ≤, – P. GB
21 juin-6 sept. et 20 déc.-4 avril – **Repas** 97/160, enf. 44 – 37 – **18 ch** 290/300 – ½ P 340.

LANVOLLON *22290 C.-d'Armor* 59 ② – *1 427 h alt. 90.*
Paris 474 – St-Brieuc 26 – Guingamp 16 – Lannion 42 – Paimpol 19 – St-Quay-Portrieux 12.

Lucotel M, rte de St-Quay-Portrieux (par D 9 : 1 km) 02 96 70 01 17, *Fax 02 96 70 08 84,* – rest, P – 30. AE GB
Repas *(fermé dim. soir du 1er oct. au 28 fév.)* 74/230 , enf. 45 – 36 – **25 ch** 250/340 – ½ P 280/300.

LAON P *02000 Aisne* 56 ⑤ *G. Flandres Artois Picardie – 26 490 h alt. 181.*
Voir *Site★★ – Cathédrale Notre-Dame★★ : nef★★★* **CYZ** – *Rempart du Midi et porte d'Ardon★* **CZ R** – *Abbaye St-Martin★* **AZ D** – *Porte de Soissons★* **AZ E** – *Rue Thibesard* ≤★ **BZ 51** – *Musée et chapelle des Templiers★* **CZ M** – *Circuit du Laonnois★ par D 7* **X.**
18 *de l'Ailette 03 23 24 83 99, S : 16 km par ④.*
Office de Tourisme pl. du Parvis de la Cathédrale 03 23 20 28 62 Fax 03 23 20 68 11.
Paris 142 ⑤ – Reims 60 ③ – St-Quentin 47 ① – Amiens 123 ① – Charleville-Mézières 93 ① – Compiègne 73 ⑤ – Soissons 37 ⑤.

Plan page suivante

Host. St-Vincent, av. Ch. de Gaulle 03 23 23 42 43, *Fax 03 23 79 22 55,* – P – 30. AE GB — X e
Repas *(fermé sam. midi et dim. soir)* 69/158 , enf. 49 – 37 – **47 ch** 295/345 – ½ P 240.

Petite Auberge, 45 bd Brossolette 03 23 23 02 38, *Fax 03 23 23 31 01,* – AE GB
fermé 10 au 16 août, vacances de fév., sam. midi et dim. sauf fériés – **Repas** (139) - 149/200 et carte 250 à 380 - ***Bistrot St-Amour :*** **Repas** (59) - 75/139 , enf.40. — BY a

Bannière de France avec ch, 11 r. F. Roosevelt 03 23 23 21 44, *Fax 03 23 23 31 56* – – 25 à 40. AE GB. — BY t
fermé 18 déc. au 17 janv. – **Repas** (90) - 120/315 , enf. 50 – 42 – **18 ch** 235/380 – ½ P 270/320.

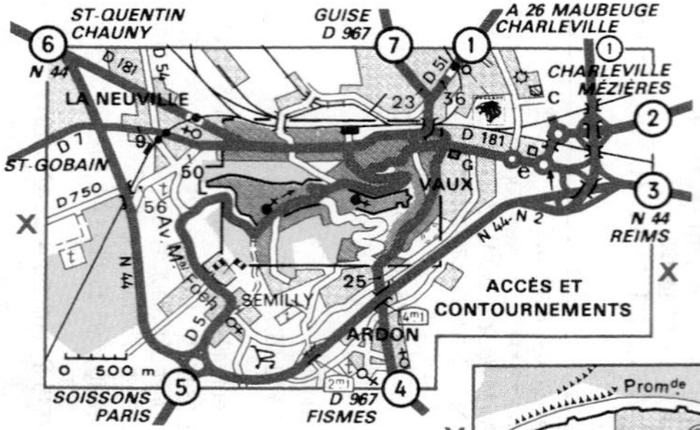

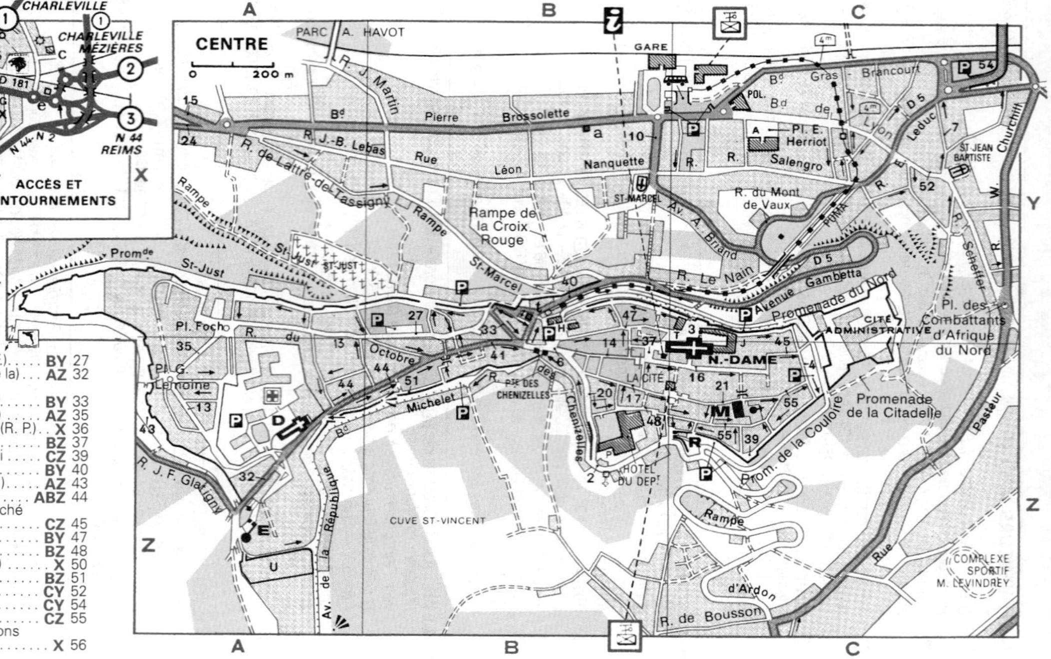

LAON

Bourg (R. du) . . . . BZ 6
Carnot (Av.) . . . . BY 10
Châtelaine (R.) . . . . BZ 14
Leduc (R. Eugène) . . . . CY
St-Jean (R.) . . . . BZ 41

Arquebuse (R. de l') . . BZ 2
Aubry (Pl.) . . . . CY 3
Bleuet (R. M.) . . . . CZ 4
Bossus (R. de l'Abbé) . . . . . . CY 7
Cadeau (R. Robert) . . . . X 9
Ceccaldi (R. P.) . . . . AZ 13
Christ (R. Fernand) . . . AY 15
Cloître (R. du) . . . . CZ 16
Cordeliers (R. des) . . . . BZ 17
Doumer (R. Paul) . . . . . BZ 20
Ermant (R. G.) . . . . CZ 21
Gallet (R. Jacques) . . . . X 23
Gréhant (R. Nestor) . . . AY 24
Houssaye (R. Arsène) . . . . X 25
Kennedy (R. J.-F.) . . . . . BY 27
Libération (R. de la) . . . . AZ 32
Marquette (R. du Père) . . . . BY 33
Martin (R. Henri) . . . . . . AZ 35
Mendès-France (R. P.) . . X 36
Parvis (Pl. du) . . . . BZ 37
Rempart-du-Midi . . . . . CZ 39
Roosevelt (R. F.) . . . . . . BY 40
St-Martin (Prom.) . . . . . AZ 43
St-Martin (R.) . . . . ABZ 44
St-Pierre-au-Marché (R.) . . . . CZ 45
Serurier (R.) . . . . BY 47
Signier (R. de) . . . . BZ 48
Tarpin (R. Daniel) . . . . . . X 50
Thibesard (R.) . . . . BZ 51
Thuillart (R. F.) . . . . CY 52
Victor-Hugo (Pl.) . . . . . . CY 54
Vinchon (R.) . . . . CZ 55
2e-Régt-de-Dragons (R. du) . . . . X 56

à Samoussy *par ② et D 977 : 7 km – 410 h. alt. 84 – ✉ 02840 :*

XXX **Relais Charlemagne,** ✆ 03 23 22 21 50, *Fax 03 23 22 18 75,* – AE GB
fermé 20 juil. au 5 août, 16 fév. au 1er mars, merc. soir, dim. soir et lundi – **Repas** 150/350 et carte 330 à 450.

BMW Gar. Bachelet, 50 r. Porte de Laon à Bruyères-et-Montberault ✆ 03 23 24 66 66 N ✆ 06 08 41 18 50
FIAT, LANCIA Gar. Colbeaux, ZAC Ile-de-France ✆ 03 23 26 26 26
FORD S.I.C.B., 121 av. M.-France ✆ 03 23 79 14 08 N ✆ 03 23 23 73 73
G.M. OPEL Relais de Champagne, 23b-34b av. Charles-de-Gaulle ✆ 03 23 23 48 96
NISSAN Gar. Petetin, rte de Fismes à Bruyères-et-Montbérault ✆ 03 23 24 70 36
PEUGEOT Tuppin, 132 av. M.-France ✆ 03 23 27 16 70
RENAULT S.O.D.A.L., av. M.-France par ① ✆ 03 23 27 35 35 N ✆ 06 07 15 18 63
TOYOTA Gar. A4 Motors, r. Porte de Laon à Bruyères-et-Montbérault ✆ 03 23 24 66 67 N ✆ 03 23 69 63 30

Dupont Pneus, 21 r. P.-Bourdan, ZI ✆ 03 23 79 49 44
Euromaster, 10 r. des Minimes, ZI ✆ 03 23 23 01 17
Euromaster, 5 bd Gras Brancourt ✆ 03 23 23 02 27

LAPALISSE *03120 Allier* 73 ⑥ *G. Auvergne – 3 603 h alt. 280.*

Voir *Château*★★.

Office de Tourisme 3 r. du Prés. Roosevelt ✆ 04 70 99 08 39.

Paris 340 – Moulins 49 – Digoin 45 – Mâcon 123 – Roanne 49 – St-Pourçain-sur-Sioule 30.

XXX **Galland** avec ch, pl. République ✆ 04 70 99 07 21, *Fax 04 70 99 34 64* – ☎ P. GB
fermé 18 nov. au 3 déc., vacances de fév., dim. soir du 15 nov. au 15 mars (sauf hôtel) et merc. – **Repas** (dim. et fêtes, prévenir) 128/275 et carte 230 à 290 – ☕ 38 – **8 ch** 250/350.

CITROEN Désormière, ✆ 04 70 99 19 68 N ✆ 04 70 99 28 15
PEUGEOT Cantat-Bardon, ✆ 04 70 99 00 77
PEUGEOT Gar. Gabard, ✆ 04 70 99 26 99
RENAULT Gar. Dupereau, ✆ 04 70 99 01 01

LAPOUTROIE *68650 H.-Rhin* 62 ⑱ *G. Alsace Lorraine – 1 981 h alt. 420.*

Paris 457 – Colmar 20 – Munster 24 – Ribeauvillé 20 – St-Dié 36 – Sélestat 35.

du Faudé, ✆ 03 89 47 50 35, *Fax 03 89 47 24 82,* (été), – TV ☎ P. AE GB
fermé 1er au 18 mars et 2 nov. au 3 déc. – **Repas** 78/380 ♀, enf. 55 – ☕ 45 – **29 ch** 280/475 – ½ P 340/485.

XX **Les Alisiers** avec ch, Sud-Ouest : 3 km par rte secondaire ✆ 03 89 47 52 82, *Fax 03 89 47 22 38,* , rest. non-fumeurs exclusivement, « Restaurant panoramique, ≤ vallon », – ☎ P. GB
fermé 30 juin au 6 juil., 22 au 25 déc., 4 janv. au 4 fév. – **Repas** *(fermé lundi soir et mardi)* (dim., prévenir) 80/215 ♀, enf. 50 – ☕ 45 – **13 ch** 280/450 – ½ P 310/400.

XX **Host. A La Bonne Truite** avec ch, à Hachimette, Est par N 415 : 1 km ✆ 03 89 47 50 07, *Fax 03 89 47 25 35* – TV ☎ P. AE GB
fermé 22 juin au 3 juil., 8 au 28 nov., janv., mardi et merc. d'oct. à juin – **Repas** 110/210 ♀, enf. 48 – ☕ 40 – **10 ch** 250/290 – ½ P 275/295.

X **L'Ancienne Gare,** à Hachimette, ESt : 1 km par N 415 ✆ 03 89 47 56 69, *Fax 03 89 47 59 28* – GB
fermé vend. soir et sam. midi – **Repas** 52 (déj.), 135 bc/195 ♀, enf. 50.

RENAULT Canton Vert Automobiles, ✆ 03 89 47 54 44 N ✆ 03 89 47 56 57

LAQUEUILLE *63820 P.-de-D.* 73 ⑬ *– 382 h alt. 1000.*

Paris 461 – Clermont-Ferrand 41 – Aubusson 76 – Mauriac 72 – Le Mont-Dore 15 – Ussel 44.

à la gare *Ouest : 3 km par D 98 et D 82 :*

Clarines, ✆ 04 73 22 00 43, *Fax 04 73 22 06 10,* – TV ☎ – 25. AE GB
4 avril-15 nov. et vacances scolaires de fév. – **Repas** (dîner seul.) 120 ♀, enf. 58 – ☕ 38 – **12 ch** 250/320 – ½ P 240/280.

LARAGNE-MONTÉGLIN *05300 H.-Alpes* 81 ⑤ *– 3 371 h alt. 571.*

Paris 689 – Digne-les-Bains 56 – Gap 41 – Barcelonnette 90 – Sault 58 – Serres 17 – Sisteron 17.

Chrisma sans rest, rte de Grenoble ✆ 04 92 65 09 36, *Fax 04 92 65 08 12,* – ☎ P. GB
15 mars-10 nov. et fermé dim. sauf juil.-août – ☕ 40 – **17 ch** 220/280.

Terrasses, av. Provence ✆ 04 92 65 08 54, *Fax 04 92 65 21 08,* – TV ☎ P. AE GB. rest
1er avril-1er nov. – **Repas** (dîner seul.) 110/145 , enf. 60 – ☕ 40 – **15 ch** 170/300 – ½ P 270/290.

FORD Gar. Audibert, ✆ 04 92 65 09 71 N ✆ 04 92 65 09 71
PEUGEOT Gar. Moderne, ✆ 04 92 65 00 26
RENAULT Gar. Lambert, ✆ 04 92 65 00 05

Gar. des Alpes, ✆ 04 92 65 04 79

Bernaudon-Pneus, ✆ 04 92 65 16 91

LARÇAY *37 I.-et-L.* 64 ⑮ *– rattaché à Tours.*

LARCEVEAU *64 Pyr.-Atl.* 85 ④ *– 406 h alt. 147 – ✉ 64120 Larceveau-Arros-Cibits.*

Paris 803 – Biarritz 59 – Bayonne 56 – Pau 88 – St-Jean-Pied-de-Port 16 – St-Palais 15.

Espellet, ✆ 05 59 37 81 91, *Fax 05 59 37 86 09,* – rest, P. AE GB
fermé 8 au 31 déc. et mardi de nov. à mai sauf fériés – **Repas** 60/140, enf. 45 – 32 – **19 ch** 140/250 – ½ P 200/220.

Trinquet avec ch, ✆ 05 59 37 81 57, *Fax 05 59 37 80 06,* – TV. GB
fermé 12 nov. au 1er déc. et lundi sauf juil.-août et fériés – **Repas** 58/160, enf. 35 – 30 – **10 ch** 160/220 – ½ P 205/215.

PEUGEOT Gar. Thambo, ✆ 05 59 37 80 37 N ✆ 05 59 37 80 37

Le LARDIN-ST-LAZARE *24570 Dordogne* 75 ⑦ *– 2 047 h alt. 86.*

Paris 484 – Brive-la-Gaillarde 27 – Lanouaille 38 – Périgueux 47 – Sarlat-la-Canéda 31.

Sautet, ✆ 05 53 51 45 00, *Fax 05 53 51 45 09,* « Parc fleuri », – cuisinette TV P. GB
31 mars-11 nov. – **Repas** *(fermé sam. midi et lundi midi)* 79 (déj.), 100/230 – 42 – **29 ch** 285/390 – ½ P 310/370.

au Sud *4 km par D 704, D 62 et rte secondaire – ✉ 24570 Condat-sur-Vézère :*

Château de la Fleunie , ✆ 05 53 51 32 74, *Fax 05 53 50 58 98,* « Château du 15e siècle dans un parc », – TV P – 80. AE GB
5 avril-1er nov. – **Repas** 120/350 – 50 – **24 ch** 350/800 – ½ P 360/660.

à Coly *Sud-Est : 6 km par D 62 – 193 h. alt. 113 – ✉ 24120 :*

Voir *Église** de St-Amand-de-Coly SO : 3 km,* G. Périgord Quercy.

Manoir d'Hautegente , ✆ 05 53 51 68 03, *Fax 05 53 50 38 52,* « Bel aménagement interieur, jardin », – TV P. AE GB
début avril-début nov. – **Repas** *(fermé lundi midi, mardi midi et merc. midi sauf juil.-août)* 150 (déj.), 220/380 – 65 – **14 ch** 720/970 – ½ P 520/730.

LARGENTIÈRE *07110 Ardèche* 80 ⑧ *G. Vallée du Rhône – 1 990 h alt. 240.*

Office de Tourisme pl. des Récollets ✆ 04 75 39 14 28, Fax 04 75 39 23 66.

Paris 645 – Alès 65 – Aubenas 18 – Privas 48.

à Rocher *Nord : 4 km par D 5 – 260 h. alt. 353 – ✉ 07110 Largentière :*

Chêne Vert , ✆ 04 75 88 34 02, *Fax 04 75 88 33 85,* – TV P. GB
3 avril-2 nov. – **Repas** 85/190 – 40 – **22 ch** 300/380 – ½ P 270/320.

RENAULT Gar. Soboul, ✆ 04 75 39 13 66

LARMOR-PLAGE *56260 Morbihan* 63 ① *G. Bretagne – 8 078 h alt. 4.*

Paris 508 – Vannes 63 – Lorient 5 – Quimper 72.

Les Mouettes M , Anse de Kerguélen, Ouest : 1 km ✆ 02 97 65 50 30, *Fax 02 97 33 65 33,* – rest, TV P. AE GB. rest
Repas 90/280 – 40 – **21 ch** 350/420 – ½ P 360.

Dons de Comus, 2 bis bd Toulhars ✆ 02 97 65 46 64 – GB
fermé 1er au 15 janv., lundi midi et dim. – **Repas** 100/250, enf. 60.

LARRAU *64560 Pyr.-Atl.* 85 ⑭ *– 241 h alt. 636.*

Paris 833 – Pau 77 – Oloron-Ste-Marie 42 – St-Jean-Pied-de-Port 47 – Sauveterre-de-Béarn 55.

Etchemaïté , ✆ 05 59 28 61 45, *Fax 05 59 28 72 71,* – GB. ch
fermé lundi hors saison – **Repas** 95/160, enf. 50 – 40 – **16 ch** 160/250 – ½ P 190/235.

Despouey , ✆ 05 59 28 60 82, – P. AE GB.
15 fév.-15 nov. – **Repas** (résidents seul.) – 30 – **10 ch** 150/200 – ½ P 180/200.

LARUNS *64440 Pyr.-Atl.* 85 ⑯ – *1 466 h alt. 523.*

Paris 815 – Pau 39 – Argelès-Gazost 50 – Lourdes 51 – Oloron-Ste-Marie 33.

Aub. Bellevue, ☎ 05 59 05 31 58, ←, 🌳 – P. GB
fermé 8 janv. au 15 fév., mardi soir et merc. – **Repas** 78/180 ♀.

RENAULT Gar. d'Ossau, ☎ 05 59 05 34 64 N ☎ 05 59 05 34 64

LATTES *34 Hérault* 83 ⑦ – *rattaché à Montpellier.*

LAUTARET (Col du) *05 H.-Alpes* 77 ⑦ *G. Alpes du Nord* – ✉ *05220 Le Monetier-les-Bains.*

Voir ※★★ – *Jardin alpin*★.

Env. *Col du Galibier* ※★★★ *N : 7,5 km.*

Paris 655 – Briançon 28 – Grenoble 90 – Lanslebourg-Mont-Cenis 82 – St-Jean-de-Maurienne 56.

Glaciers ⛰, ☎ 04 92 24 42 21, *Fax 04 92 24 44 81,* ←, 🌳 – ☎ P. GB. ✗ rest
1er mai-30 sept. – **Repas** 89 ♀, enf. 39 – ☕ 35 – **35 ch** 230/260 – ½ P 200.

LAUTERBOURG *67630 B.-Rhin* 57 ⑳ – *2 372 h alt. 115.*

Paris 530 – Strasbourg 58 – Haguenau 39 – Karlsruhe 21 – Wissembourg 20.

Poêle d'Or, 35 r. Gén. Mittelhauser ☎ 03 88 94 84 16, *Fax 03 88 54 62 30,* 🌳 – ▤. AE ⓓ GB
fermé 3 au 13 août, 4 au 31 janv., merc. et jeudi – **Repas** 170 (déj.), 220/460 et carte 270 à 430 🍷, enf. 80.

LAUTREC *81440 Tarn* 82 ⑩ *G. Pyrénées Roussillon* – *1 527 h alt. 294.*

Office de Tourisme Mairie ☎ 05 63 75 31 40.

Paris 703 – Toulouse 76 – Albi 31 – Castelnaudary 55 – Castres 16 – Gaillac 35.

Champ d'Allium, 4 rte Castres ☎ 05 63 70 52 41, *Fax 05 63 75 34 36* – ▤. GB
fermé 1er au 15 oct., 1er au 15 janv., dim. soir de sept. à juil. et lundi – **Repas** (prévenir) (100) - 125/275 ♀.

CITROEN Gar. Berbie, ☎ 05 63 75 97 31 — PEUGEOT Gar. Barthe, ☎ 05 63 75 90 12

LAVAL P *53000 Mayenne* 63 ⑩ *G. Normandie Cotentin* – *50 473 h alt. 65.*

Voir *Vieux château*★ **Z** : *charpente*★★ *du donjon, musée d'Art naïf*★ – *Vieille ville*★ **YZ** – *Les quais*★ – *Jardin de la Perrine*★ **Z** – *Chevet*★ *de la basilique N.-D. d'Avesnières* **X** – *Église N.-D.-des Cordeliers*★ : *retables*★★ **X**.

18 *la Chabossière, à Changé ☎ 02 43 53 16 03, N par ① : 8 km.*

Office de Tourisme 1 r. du Vieux Saint-Louis ☎ 02 43 49 46 46, Fax 02 43 49 46 21 et Halte Fluviale, 100 r. Vieux St-Louis ☎ 02 43 53 31 01 – Automobile Club 7 pl. J.-Moulin ☎ 02 43 56 47 54.

Paris 278 ① – Angers 78 ④ – Caen 148 ① – Le Havre 227 ① – Le Mans 84 ① – Nantes 131 ⑤ – Rennes 74 ⑦ – St-Nazaire 152 ⑤.

Plan page suivante

Gd H. de Paris M sans rest, 22 r. Paix ☎ 02 43 53 76 20, *Fax 02 43 56 91 83* – |‡| TV ☎ 📞 🚗. AE ⓓ GB — Y a
☕ 35 – **40 ch** 250/450.

Ibis, rte Mayenne par ① : *3 km* ☎ 02 43 53 81 82, *Fax 02 43 53 11 19,* 🌳 – ⅹ TV ☎ 📞 ♿ P – 🏛 60. AE ⓓ GB
Repas (75) - 95 🍷, enf. 39 – ☕ 35 – **51 ch** 295/315.

Marin'H. sans rest, 102 av. R. Buron ☎ 02 43 53 09 68, *Fax 02 43 56 95 35* – |‡| TV ☎ 📞 ♿. AE GB — X d
☕ 35 – **25 ch** 225/300.

Campanile, rte Fougères par ⑦ : *3 km* ☎ 02 43 69 04 00, *Fax 02 43 02 89 25* – ⅹ TV ☎ 📞 ♿ P. AE ⓓ GB
Repas (66) - 84 bc/107 bc, enf. 39 – ☕ 34 – **39 ch** 278.

Bistro de Paris (Lemercier), 67 r. Val de Mayenne ☎ 02 43 56 98 29, *Fax 02 43 56 52 85,* « Décor "Art Nouveau" » – ▤. GB. ✗ — Y k
fermé 9 au 31 août, sam. midi et dim. – **Repas** 135/245 et carte environ 280, enf. 85
Spéc. Petites entrées gourmandes. Sifflets de sole au jus de homard. Rognon de veau rôti et tête de veau aux épices. **Vins** Anjou, Savennières.

Capucin Gourmand, 66 r. Vaufleury ☎ 02 43 66 02 02, *Fax 02 43 26 25 05* – AE GB — X s
fermé 3 au 24 août, dim. soir et lundi – **Repas** (98 bc) - 110/250 et carte 200 à 280.

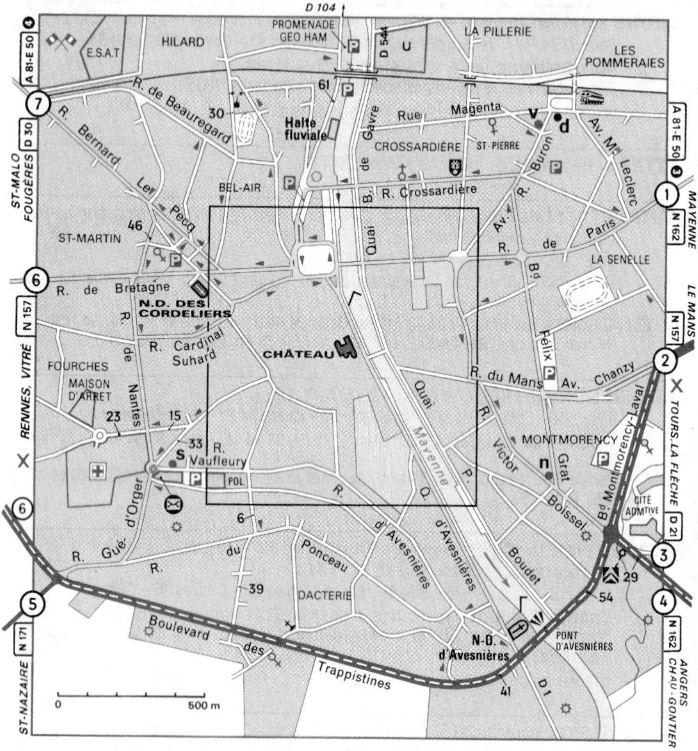
D 104
PROMENADE GEO HAM
D 544
U
LA PILLERIE
LES POMMERAIES
HILARD
E.S.A.T.
A 81-E 50
ST-MALO FOUGÈRES
D 30
R. de Beauregard
R. Bernard Le Pecq
30
61
Halte fluviale
Rue Magenta
v
d
CROSSARDIÈRE
ST-PIERRE
B. de Gavre
R. Crossardière
Av. R. Buron
Av. Mal Leclerc
A 81-E 50
MAYENNE
N 162
BEL-AIR
46
ST-MARTIN
Quai
R. de Paris
LA SENELLE
R. de Bretagne
N.D. DES CORDELIERS
R. Cardinal Suhard
CHÂTEAU
Bd Félix
LE MANS
N 157
RENNES, VITRÉ
FOURCHES
MAISON D'ARRET
R. de Nantes
R. du Mans
Av. Chanzy
23
15
33
R. Vaufleury
S
POL.
Quai Mayenne
R. Victor
MONTMORENCY
n
Grat
Bd Montmorency-Laval
TOURS, LA FLÈCHE
CITÉ ADMTIVE
D 21
R. Gué-d'Orger
R. d'Avesnières
Q. d'Avesnières
P. Boissel
6
R. du Ponceau
Boudet
29
54
39
DACTERIE
5
Boulevard des Trappistines
N.-D. d'Avesnières
PONT D'AVESNIÈRES
ANGERS CHÂU-GONTIER
N 171
ST-NAZAIRE
41
D 1
0
500 m
X

LAVAL

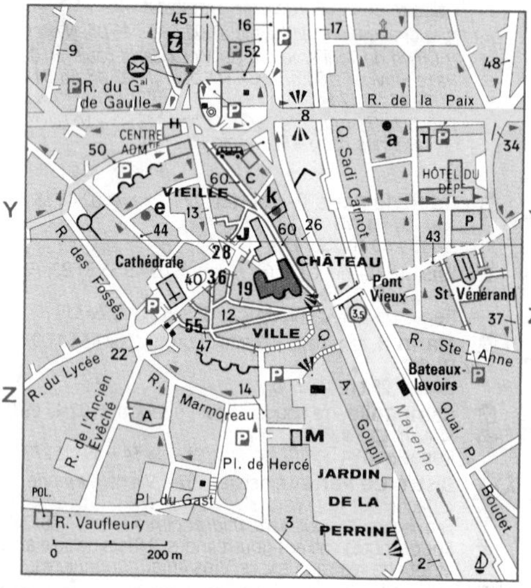
45
16
17
9
52
48
R. du Gal de Gaulle
R. de la Paix
8
H
CENTRE ADMTIF
50
a
T
34
60
C
VIEILLE
k
Q. Sadi Carnot
HÔTEL DU DÉPt
e
13
44
60
26
43
R. des Fossés
J
28
Cathédrale
CHÂTEAU
40
36
19
Pont Vieux
St-Vénérand
12
VILLE
55
35
37
22
47
R. Ste Anne
R. du Lycée
Q. A. Goupil
Bateaux-lavoirs
R. de l'Ancien Évêché
R. Marmoreau
14
A
M
Quai P. Boudet
Mayenne
Pl. de Hercé
JARDIN DE LA PERRINE
POL.
Pl. du Gast
R. Vaufleury
3
2
0
200 m
Y
Z

XX **Gerbe de Blé** avec ch, 83 r. V.-Boissel ☎ 02 43 53 14 10, *Fax 02 43 49 02 84* – TV ☎ 📞. AE GB X n
fermé lundi (sauf hôtel) et dim. soir – **Repas** 95 (déj.), 135/270 – ☕ 50 – **8 ch** 320/465 – ½ P 345/450.

XX **Bonne Auberge** avec ch, 170 r. Bretagne par ⑥ ☎ 02 43 69 07 81, *Fax 02 43 91 15 02* – TV ☎ 🚗 P. GB
fermé 1er au 23 août, vacances de fév., vend. soir du 15 nov. au 15 mars, dim. soir et sam. – **Repas** 85/260 🍷 – ☕ 36 – **11 ch** 225/285.

XX **L'Antiquaire,** 5 r. Béliers ☎ 02 43 53 66 76, *Fax 02 43 56 92 18* – ▤. GB Y e
fermé 10 au 30 juil., sam. midi et merc. – **Repas** 98/205, enf. 45.

X **Edelweiss,** 99 av. R. Buron ☎ 02 43 53 11 00 – GB X v
fermé 15 au 30 août, dim. soir et lundi – **Repas** 79/165 🍾, enf. 50.

à Changé *au Nord par D 104 : 4 km – 4 323 h. alt. 55 – ✉ 53810 :*

XX **Table Ronde,** pl. Mairie ☎ 02 43 53 43 33, *Fax 02 43 49 05 60,* 🏖 – GB
fermé dim. soir et lundi – **Repas** 118/225 🍷 - ***Le Bistrot :*** **Repas** 78/100 🍷.

CITROEN LDA, 12 r. Henri Batard ZA des Alignées par ⑥ ☎ 02 43 69 19 00
CITROEN Gar. Barais, 40 bd Francis Le Basser ☎ 02 43 53 23 54
MERCEDES, HONDA Delourmel, rte du Mans à Bonchamp-les-Laval ☎ 02 43 53 17 58
PEUGEOT Gd Gar. du Maine, av. de Paris à St-Berthevin par ⑥ ☎ 02 43 01 24 24 N ☎ 02 43 96 42 85
RENAULT Laval Autom., av. de Paris à St-Berthevin par ⑥ ☎ 02 43 01 22 22 N ☎ 08 00 05 15 15
VOLVO Defrance, rte de Rennes à St-Berthevin ☎ 02 43 68 01 44
Gar. Leray, 140 rte de Fougères ☎ 02 43 90 70 88

Ⓜ Euromaster, 10 bd des Loges à St-Berthevin ☎ 02 43 69 15 08
Euromaster, 4 r. du Laurier ☎ 02 43 53 10 04

Le LAVANCHER *74 H.-Savoie* **74** ⑨ – *rattaché à Chamonix.*

Le LAVANDOU *83980 Var* **84** ⑯, **114** ㊽ *G. Côte d'Azur – 5 212 h alt. 1.*

Office de Tourisme quai G.-Péri ☎ 04 94 71 00 61, Fax 04 94 64 73 79.
Paris 874 ② – Fréjus 62 ① – Cannes 100 ① – Draguignan 75 ① – Ste-Maxime 42 ① – Toulon 42 ②.

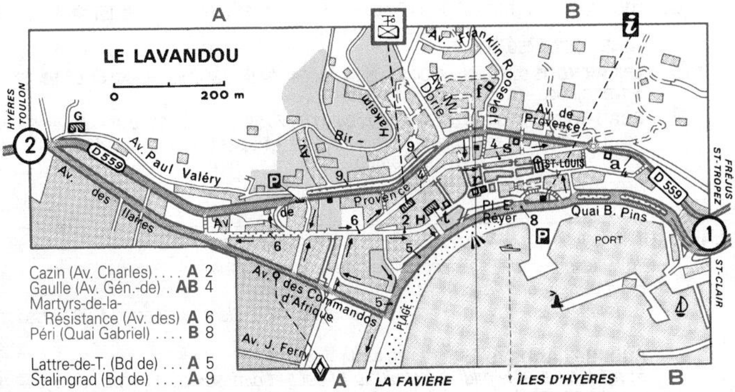

🏨 **Aub. de la Calanque,** 62 av. Gén. de Gaulle ☎ 04 94 71 05 96, *Fax 04 94 71 20 12,* ≤, 🏖, 🏊, 🌳 – 🛗 TV ☎ – 🔺 25. AE ⓓ GB B a
15 mars-1er nov. – ***L'Algue Bleue*** *(fermé merc. sauf juil.-août)* **Repas** 200/390, enf. 100 – ☕ 60 – **37 ch** 550/1200 – ½ P 530/605.

🏨 **Petite Bohème** 🐚, av. F.-Roosevelt ☎ 04 94 71 10 30, *Fax 04 94 64 73 92,* 🏖, 🌳 – ⛔ TV ☎. AE GB B f
1er mars-30 nov. – **Repas** 95 (déj.), 120/165, enf. 45 – ☕ 40 – **20 ch** 410/460 – ½ P 395/415.

🏨 **L'Espadon,** pl. E. Reyer ☎ 04 94 71 00 20, *Fax 04 94 64 79 19* – 🛗 ▤ TV ☎. AE GB
hôtel : fermé fév. ; rest. : ouvert 15 mars-15 sept. – **Repas** (dîner seul.) 88/168 – ☕ 40 – **21 ch** 440/600 – ½ P 370/450. A t

🏠 **L'Escapade,** chemin du Vannier ☎ 04 94 71 11 52, *Fax 04 94 71 22 14,* 🏖 – ▤ ch, TV ☎ P. GB. 🐕 B s
hôtel : 1er avril-4 oct. ; rest : 15 juin-19 sept. et fermé dim. – **Repas** (dîner seul.) 100/120 🍾 – ☕ 40 – **16 ch** 250/380 – ½ P 335/350.

Ramade, r. Patron Ravello ✆ 04 94 71 20 40, *Fax 04 94 15 22 55*, – cuisinette, ch, . AE GB AB r
fermé 30 oct. au 27 déc. – **Repas** *(fermé jeudi sauf le soir de juin à oct. et lundi midi de juin à oct.)* 78 (déj.), 98/168, enf. 58 – 38 – **6 ch** 320/420, 8 appart 660/760 – ½ P 328/358.

Krill, r. Patron Ravello ✆ 04 94 71 06 43, *Fax 04 94 15 10 56*, – . AE GB B r
fermé nov. au 15 déc. et lundi hors saison – **Repas** 95 (déj.), 135/155 ♀.

à la Favière *Sud : 2 km* - **A** – ✉ *83230 Bormes-les-Mimosas :*

Plage, ✆ 04 94 71 02 74, *Fax 04 94 71 77 22*, , – rest, . AE GB. rest
avril-sept. – **Repas** 78/150 ♀, enf. 56 – 40 – **45 ch** 290/370 – ½ P 290/330.

à St-Clair *par ① : 2 km* – ✉ *83980 Le Lavandou :*

Roc H. sans rest, ✆ 04 94 71 12 07, *Fax 04 94 15 06 00*, ← – . GB.
28 mars-10 oct. – 39 – **26 ch** 460/590.

Belle Vue , ✆ 04 94 71 01 06, *Fax 04 94 71 64 72*, ←, – . AE GB.
hôtel : avril-oct. ; rest. : 31 mai-fin sept. – **Repas** (dîner seul.) 180/200 – 60 – **19 ch** 320/750 – ½ P 400/670.

Tamaris sans rest, ✆ 04 94 71 79 19, *Fax 04 94 71 88 64* – . AE GB
3 avril-3 nov. – 40 – **41 ch** 450/500.

Méditerranée , ✆ 04 94 71 02 18, *Fax 04 94 71 33 47*, ←, – ch, . GB. rest
hôtel : 15 mars-20 oct. ; rest. : Pâques-fin sept. – **Repas** 115 ♀ – 38 – **21 ch** 375/550 – ½ P 360/430.

à La Fossette-Plage *par ① : 3 km* – ✉ *83980 Le Lavandou :*

83 Hôtel M, ✆ 04 94 71 20 15, *Fax 04 94 71 63 42*, ← côte et mer, , , , , – . GB
début mai-fin sept. – **Repas** 180/250, enf. 85 – 80 – **28 ch** 680/880 – ½ P 600/700.

à Aiguebelle *par ① : 4,5 km* – ✉ *83980 Le Lavandou :*

Les Roches M , ✆ 04 94 71 05 07, *Fax 04 94 71 08 40*, ← mer et les îles, , « Agréables terrasses en bordure de mer », , , – – 25. AE GB. rest
avril-oct. – **Repas** 270 (déj.), 320/495 ♀ – **39 ch** 1900/3500, 6 appart – ½ P 1250/1550.

Hydra M sans rest, ✆ 04 94 71 65 46, *Fax 04 94 15 08 07*, – . AE GB JCB
45 – **26 ch** 450/580.

Les Alcyons sans rest, ✆ 04 94 05 84 18, *Fax 04 94 05 70 89*, ← – . AE GB
5 avril-mi-oct. – 38 – **24 ch** 450/530.

Beau Soleil, ✆ 04 94 05 84 55, *Fax 04 94 05 70 89*, – – 25. AE GB
hôtel : Pâques-fin sept. ; rest : 15 mai- fin sept. – **Repas** (snack le midi) 120/185 ♀, enf. 48 – 35 – **17 ch** 250/400 – ½ P 350/400.

MERCEDES, RENAULT Gar. St-Christophe, ✆ 04 94 71 14 90

LAVAUDIEU *43100 H.-Loire* 76 ⑤ *G. Auvergne – 238 h alt. 465.*

Voir *Fresques★ de l'église et cloître★ de l'ancienne abbaye.*

Office de Tourisme ✆ 04 71 76 46 00.

Paris 494 – Le Puy-en-Velay 59 – Brioude 10 – Clermont-Ferrand 80 – Issoire 42 – St-Flour 62.

Aub. de l'Abbaye, ✆ 04 71 76 44 44 – GB
fermé lundi sauf le midi du 15 juil. au 31 août et dim. soir du 1er sept. au 15 juil. – **Repas** 75 (déj.), 95/175 ♀.

Les LAVAULTS *89 Yonne* 65 ⑯ *– rattaché à Quarré-les-Tombes.*

LAVAUR *81500 Tarn* 82 ⑨ *G. Pyrénées Roussillon – 8 148 h alt. 140.*

Voir *Cathédrale St-Alain★.*

des Étangs de Fiac ✆ 05 63 70 64 70, E : 11 km par D 112.

Office de Tourisme Tour des Rondes ✆ 05 63 58 02 00.

Paris 698 – Toulouse 44 – Albi 50 – Castelnaudary 62 – Castres 39 – Montauban 58.

à Giroussens *Nord-Ouest : 10 km par D 87 – 1 051 h. alt. 204* – ✉ *81500 :*

L'Échauguette avec ch, ✆ 05 63 41 63 65, *Fax 05 63 41 63 13*, ←, – AE GB
fermé 15 au 30 sept., 1er au 21 fév., dim. soir et lundi d'oct. à juin – **Repas** 60/260 ♀ – 27 – **5 ch** 160/270.

AUDI, VOLKSWAGEN Gar. Rigal, rte de Castres ☎ 05 63 58 03 83
RENAULT Vauréenne Autom., rte de Toulouse ☎ 05 63 83 18 00 **N** ☎ 06 09 71 17 03

Lavaur Pneus, rte de Castres ☎ 05 63 58 25 48

LAVELANET *09300 Ariège* **86** ⑤ *– 7 740 h alt. 512.*

Office de Tourisme Maison de Lavelanet ☎ 05 61 01 22 20, Fax 05 61 03 06 39.

Paris 792 – Foix 26 – Carcassonne 71 – Castelnaudary 53 – Limoux 47 – Pamiers 42.

à Palot *Ouest : 10 km par rte de Foix – ✉ 09300 Roquefixade :*

XX **Relais des Trois Châteaux** avec ch, D 117 ☎ 05 61 01 33 99, *Fax 05 61 01 73 73,* – TV ☎ P. GB

fermé 16 nov. au 1er déc., 18 janv. au 9 fév., dim. soir de nov. à mars et mardi – **Repas** 69/210 ♀ – 45 – **7 ch** 280/350 – ½ P 225/260.

Gar. Vidal, 51 av. Alsace Lorraine ☎ 05 61 01 00 84

Lautier Pneus, 94 av. Gén.-de-Gaulle ☎ 05 61 01 03 58

LAVENTIE *62840 P.-de-C.* **51** ⑮ *– 4 410 h alt. 18.*

Paris 226 – Lille 26 – Armentières 13 – Arras 45 – Béthune 17 – Dunkerque 64 – Ieper 36 – St-Omer 44.

XX **Cerisier,** 3 r. Gare ☎ 03 21 27 60 59, *Fax 03 21 65 35 85* – GB

fermé août, vacances de fév., dim. soir et lundi – **Repas** 150/295, enf. 80.

LAVERGNE *46 Lot* **75** ⑲ *– rattaché à Gramat.*

LAVILLEDIEU *07 Ardèche* **80** ⑨ *– rattaché à Aubenas.*

LAVIOLLE *07530 Ardèche* **76** ⑱ *– 119 h alt. 650.*

Env. *Mézilhac : Piton de la Croix* ≤★★ *N : 9 km* **G. Vallée du Rhône.**

Paris 638 – Le Puy-en-Velay 67 – Aubenas 20 – Lamastre 51 – Mézilhac 8 – Privas 40.

Plantades , rte Antraigues Sud : 2 km sur D 578 ☎ 04 75 38 71 58, ≤, , – P

fermé début janv. au 1er fév., mardi soir et merc. de nov. à Pâques – **Repas** 65/150 – 25 – **10 ch** 180/260 – ½ P 170/210.

LAXOU *54 M.-et-M.* **62** ⑤ *– rattaché à Nancy.*

LAYE *05 H.-Alpes* **77** ⑯ *– rattaché à Bayard (Col).*

La LÉCHÈRE *73260 Savoie* **74** ⑰ *G. Alpes du Nord – 1 936 h alt. 461 – Stat. therm. (24 mars-18 oct.).*

Office de Tourisme (en saison) av. de l'Isère ☎ 04 79 22 51 60.

Paris 605 – Albertville 22 – Celliers 15 – Chambéry 69 – Moûtiers 7.

Radiana M , ☎ 04 79 22 61 61, *Fax 04 79 22 65 25,* ≤, parc – , rest, TV ☎ P – 30. AE GB. rest

hôtel : 29 mars-25 oct. et vacances de fév. ; rest. : 29 mars-25 oct. – **Repas** 105/155 ♀ – 50 – **87 ch** 340/760 – ½ P 400/555.

Les LECQUES *83 Var* **84** ⑭, **114** ㊸ *– rattaché à St-Cyr-sur-Mer.*

LECTOURE *32700 Gers* **82** ⑤ *G. Pyrénées Aquitaine – 4 034 h alt. 155.*

Voir *Site★ – Promenade du bastion ≤★ – Musée municipal★.*

Office de Tourisme cours Hôtel de Ville ☎ 05 62 68 76 98, Fax 05 62 68 79 30.

Paris 748 – Agen 38 – Auch 36 – Condom 25 – Montauban 72 – Toulouse 96.

de Bastard , r. Lagrange ☎ 05 62 68 82 44, *Fax 05 62 68 76 81,* , – TV ☎ – 25 à 40. AE GB

fermé 24 au 29 déc. et 2 janv. au 4 fév. – **Repas** 90/270 ♀, enf. 50 – 45 – **29 ch** 240/360 – ½ P 270/350.

RENAULT Gar. Franczak, ☎ 05 62 68 71 81 **N** ☎ 05 62 68 84 94

LEIGNÉ-LES-BOIS *86450 Vienne* 68 ⑤ *– 500 h alt. 125.*

Paris 320 – Poitiers 55 – Le Blanc 35 – Châtellerault 17 – Loches 60 – La Roche-Posay 10.

XX **Bernard Gautier,** ☎ 05 49 86 53 82, *Fax 05 49 86 58 05* – GB

fermé 11 nov. au 1er déc., fév., dim. soir et lundi – **Repas** 110/260.

LELEX *01410 Ain* 70 ⑮ *– 232 h alt. 900 – Sports d'hiver : voir au Col de la Faucille.*

Paris 492 – Bourg-en-Bresse 91 – Gex 28 – Morez 38 – Nantua 44 – St-Claude 31.

Crêt de la Neige, ☎ 04 50 20 90 15, *Fax 04 50 20 94 46,* – ☎ P. AE GB. rest

20 juin-13 sept. et 19 déc.-15 avril – **Repas** 85/147, enf. 50 – 33 – **28 ch** 189/340 – ½ P 244/322.

Centre, ☎ 04 50 20 90 81, *Fax 04 50 20 93 97* – ☎ P. GB

10 juil.-20 sept. et 20 déc.-30 avril – **Repas** 88/135 – 33 – **19 ch** 270/322 – ½ P 290/320.

LEMBACH *67510 B.-Rhin* 57 ⑲ *G. Alsace Lorraine – 1 710 h alt. 190.*

Env. *Château de Fleckenstein★★ NO : 7 km.*

Office de Tourisme 23 rte de Bitche ☎ 03 88 94 43 16, Fax 03 88 94 20 04.

Paris 470 – Strasbourg 58 – Bitche 33 – Haguenau 25 – Niederbronn-les-Bains 23 – Wissembourg 15.

Heimbach sans rest, 15 rte Wissembourg ☎ 03 88 94 43 46, *Fax 03 88 94 20 85* – ☎ P 35 – **19 ch** 285/395.

Vosges du Nord sans rest, 59 rte Bitche ☎ 03 88 94 43 41, *Fax 03 88 94 23 08* – P.

fermé fév. et lundi – 28 – **7 ch** 260/275.

XXXX **Aub. Cheval Blanc** (Mischler), 4 rte Wissembourg ☎ 03 88 94 41 86, *Fax 03 88 94 20 74,* « Ancien relais de poste », – P. AE GB

fermé 6 au 24 juil., 1er au 26 fév., lundi et mardi – **Repas** 185/440 et carte 300 à 420, enf. 125

Spéc. Foie gras d'oie poché au pinot noir et aux épices. Raviole ouverte de grenouilles aux herbes du Buttergarte. Médaillons de dos de chevreuil à la moutarde de fruits rouges (15 mai à fin fév.). **Vins** Riesling, Pinot blanc.

à Gimbelhof *Nord : 10 km par D 3, D 925 et rte forestière – ✉ 67510 Lembach :*

X **Gimbelhof** avec ch, ☎ 03 88 94 43 58, *Fax 03 88 94 23 30,* – ☎ P. GB

fermé 18 nov. au 26 déc. et vacances de fév. – **Repas** *(fermé lundi et mardi)* 65 (déj.)/120, enf. 35 – 20 – **7 ch** 150/240 – ½ P 170/200.

CITROEN Gar. Weisbecker, ☎ 03 88 94 41 96 N ☎ 03 88 94 41 96

LENCLOITRE *86140 Vienne* 68 ③ *G. Poitou Vendée Charentes – 2 222 h alt. 71.*

Paris 319 – Poitiers 29 – Châtellerault 18 – Mirebeau 12 – Richelieu 24.

XX **Champ de Foire,** ☎ 05 49 90 74 91 – GB.

fermé 15 au 30 juin, 22 au 28 déc., 15 au 28 fév., dim. soir et lundi sauf fériés – **Repas** 90/210.

CITROEN Gar. Raison, ☎ 05 49 90 70 31

LENS SP *62300 P.-de-C.* 51 ⑮, 111 ㉘ *– 35 017 h Agglo. 323 174 h alt. 38.*

Env. *Mémorial canadien de Vimy★ 9 km par ④ – N.-D.-de-Lorette ★ SO : 11 km,* G. Flandres Artois Picardie.

Office de Tourisme 26r. de la Paix ☎ 03 21 67 66 66, Fax 03 21 67 65 66 – Automobile Club ZI du Gard ☎ 03 21 28 34 89, Fax 03 21 28 34 89.

Paris 199 ③ – Lille 36 ① – Arras 19 ③ – Béthune 19 ④ – Douai 24 ② – St-Omer 69 ④.

Plan page ci-contre

Lensotel, centre commercial Lens 2 par ⑤ : *3,5 km* ✉ 62880 Vendin-le-Vieil ☎ 03 21 79 36 36, *Fax 03 21 79 36 00,* – TV ☎ P – 25 à 100. AE GB

Repas 95/160 – 40 – **70 ch** 340/380 – ½ P 270.

Espace Bollaert M, 13C rte Béthune ☎ 03 21 78 30 30, *Fax 03 21 78 24 83* – rest, TV ☎ P – 60. AE GB A e

Repas *(fermé dim. soir et lundi)* 105/200 – 36 – **54 ch** 290/350 – ½ P 350.

XX **L'Arcadie,** 13 r. Decrombecque ☎ 03 21 70 32 22, *Fax 03 21 70 32 22* – GB A r

fermé 7 au 31 août, dim. soir, lundi soir et soirs fériés – **Repas** 79/290.

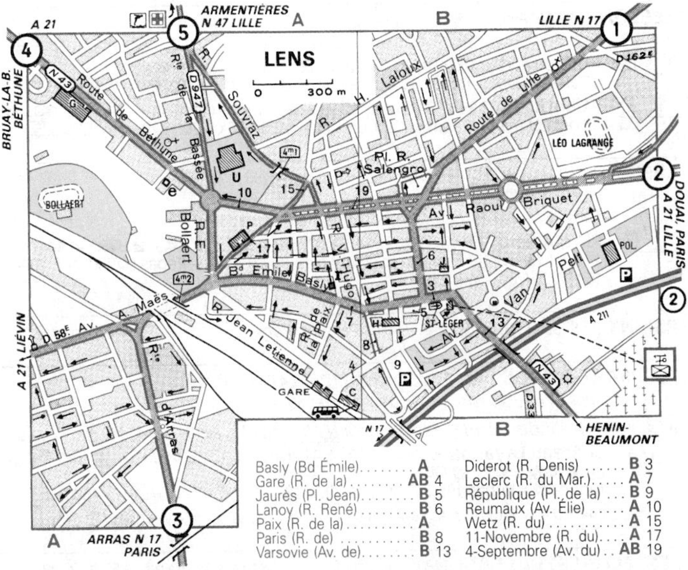

Basly (Bd Émile)	A	Diderot (R. Denis)	B 3
Gare (R. de la)	AB 4	Leclerc (R. du Mar.)	A 7
Jaurès (Pl. Jean)	B 5	République (Pl. de la)	B 9
Lanoy (R. René)	B 6	Reumaux (Av. Élie)	A 10
Paix (R. de la)	A	Wetz (R. du)	A 15
Paris (R. de)	B 8	11-Novembre (R. du)	A 17
Varsovie (Av. de)	B 13	4-Septembre (Av. du)	AB 19

AUDI, VOLKSWAGEN S.A.M.A., 267 bd Martel à Avion ☎ 03 21 28 18 16
CITROEN Sté Nouvelle SOCALE, 2 rte de Béthune à Loos-en-Gohelle par ④ ☎ 03 21 13 02 10 🅽 ☎ 06 09 65 90 11
HONDA, TOYOTA Gar. Barre, 247 rte de Béthune ☎ 03 21 42 42 21 🅽 ☎ 03 28 09 10 76
OPEL Gar. Thirion, 60 av. A.-Maes ☎ 03 21 79 45 40
PEUGEOT Gar. Wantiez, N à Loison par ① ☎ 03 21 70 17 65
RENAULT Gar. Lensois, 50 rte de Lille à Loison par ① ☎ 03 21 70 19 68 🅽 ☎ 03 21 69 07 89
RENAULT Gar. Derache, bd M.-Thorez à Avion par ③ ☎ 03 21 42 35 35
SEAT Sarels Auto, 79 av. Van-Pelt ☎ 03 21 74 87 77

Euromaster, 81 av. Van-Pelt ☎ 03 21 28 60 54
La Maison du Pneu, rte de loison ☎ 03 21 78 62 78

LÉON *40550 Landes* 78 ⑯ *– 1 330 h alt. 9.*

Voir Courant d'Huchet en barque NO : 1,5 km,* **G. Pyrénées Aquitaine.**

la Côte d'Argent ☎ 05 58 48 54 65, SO par D 652 puis D 117 : 8 km.

Office de Tourisme Grand Rue ☎ 05 58 48 76 03 et (hors saison) Mairie ☎ 05 58 49 20 00.

Paris 725 – Mont-de-Marsan 80 – Castets 14 – Dax 29 – Mimizan 41 – St-Vincent-de-Tyrosse 32.

Lac, au Lac Nord-Ouest : 1,5 km ☎ 05 58 48 73 11, ← – ☎. GB. ch
15 mars-31 oct. – **Repas** 75/160, enf. 40 – 28 – **13 ch** 160/350 – ½ P 260/310.

CITROEN Gar. Ducasse, ☎ 05 58 48 73 10 RENAULT Gar. Bidou, ☎ 05 58 48 74 34

LÉRÉ *18240 Cher* 65 ⑫ *G. Berry Limousin – 1 161 h alt. 145.*

Paris 174 – Auxerre 75 – Bourges 65 – Montargis 64 – Nevers 61 – Orléans 105.

Lion d'Or avec ch, ☎ 02 48 72 60 12, *Fax 02 48 72 56 18* – rest, TV ☎. GB
fermé dim. soir du 15 sept. au 15 mars – **Repas** 95/295 – 35 – **7 ch** 240 – ½ P 250.

LÉRINS (Iles de) *06 Alpes-Mar.* 84 ⑨ *– voir à Ste-Marguerite et St-Honorat.*

LESCAR *64 Pyr.-Atl.* 85 ⑥ *– rattaché à Pau.*

Un conseil ***Michelin*** *:*
pour réussir vos voyages, préparez-les à l'avance.
Les ***cartes*** *et* ***guides Michelin,*** *vous donnent toutes indications utiles sur : itinéraires, visite des curiosités, logement, prix, etc.*

LESCONIL *29740 Finistère* 58 ⑭ *G. Bretagne.*
Paris 582 – Quimper 27 – Douarnenez 41 – Guilvinec 7 – Loctudy 7 – Pont-l'Abbé 9.

Port, au port ☎ 02 98 87 81 07, *Fax 02 98 87 85 23,* ← – ☎. GB
15 avril-30 sept. – **Repas** 86/160, enf. 40 – ☕ 35 – **24 ch** 260/330 – ½ P 285/335.

Atlantic, ☎ 02 98 87 81 06, *Fax 02 98 87 88 04,* « Jardin fleuri » – ☎ P. AE GB. ✗ rest
15 oct.-31 mars – **Repas** 85/220, enf. 45 – ☕ 35 – **23 ch** 200/320 – ½ P 295/325.

LESCUN *64490 Pyr.-Atl.* 85 ⑮ *G. Pyrénées Aquitaine – 198 h alt. 900.*
Voir ✱★★ *30 mn.*
Paris 854 – Pau 70 – Lourdes 88 – Oloron-Ste-Marie 36.

Pic d'Anie ⌂, ☎ 05 59 34 71 54, *Fax 05 59 34 53 22,* ←, ⛱ – ☎. GB. ✗ ch
1er avril-15 sept. et fermé le midi sauf dim. en juil.-août – **Repas** 95/200, enf. 70 – ☕ 35 – **10 ch** 220/280 – ½ P 250/270.

ÉSIGNY *77 S.-et-M.* 61 ②, 101 ㉙ – *voir à Paris, Environs.*

LESPARRE-MÉDOC ⓈⓅ *33340 Gironde* 71 ⑰ – *4 661 h alt. 12.*
Paris 541 – Bordeaux 66 – Soulac-sur-Mer 30.

à Gaillan-en-Médoc *Nord-Ouest : 5 km par N 215 – 1 773 h. alt. 9 – ✉ 33340 :*

Château Layauga avec ch, ☎ 05 56 41 26 83, *Fax 05 56 41 19 52,* ⛱, ⛵ – ✗, ▤ rest, TV ☎ ✆ ♿ 🚗 P. AE GB
fermé fév. – **Repas** 195/345 et carte 400 à 480 – ☕ 65 – **7 ch** 575 – ½ P 600.

CITROEN PHR Autom., ☎ 05 56 41 09 08 — Médoc Pneus, à Gaillan ☎ 05 56 41 06 73

LESTELLE-BÉTHARRAM *64800 Pyr.-Atl.* 85 ⑦ *G. Pyrénées Aquitaine – 865 h alt. 299.*
Voir *Sanctuaire et Grottes de Bétharram★★ S : 5 km.*
Paris 804 – Pau 27 – Laruns 35 – Lourdes 16 – Nay 8 – Oloron-Ste-Marie 43.

Touristes, ☎ 05 59 71 93 05, ⛱ – ☎ ✆ P. GB. ✗
fermé 2 janv. au 15 fév., dim. soir et lundi du 10 sept. au 30 juin – **Repas** 70/190 🍷, enf. 50 – ☕ 32 – **14 ch** 130/260 – ½ P 180/230.

Central avec ch, ☎ 05 59 71 92 88, ⛱ – ☎ ♿. AE ⓓ GB JCB
fermé 16 au 29 oct. – **Repas** 70 bc/180 🍷 – ☕ 30 – **18 ch** 180/250 – ½ P 180/220.

au Sud-Est *3 km par D 937 et rte des Grottes – ✉ 64800 Lestelle-Bétharram :*

Vieux Logis ⌂, ☎ 05 59 71 94 87, *Fax 05 59 71 96 75,* ←, ⛱, « Parc », 🏊 – |‡| TV ☎ ♿ P – 🏛 30. AE GB
fermé 28 oct. au 2 nov., 25 janv. au 1er mars, dim. soir et lundi hors saison – **Repas** 90/210 🍷, enf. 45 – ☕ 35 – **40 ch** 210/270, 5 chalets – ½ P 250/280.

RENAULT Gar. Guiraud, à St-Pé-de-Bigorre ☎ 05 62 41 89 88

LEUCATE *11370 Aude* 86 ⑩ *G. Pyrénées Roussillon – 2 177 h alt. 21.*
Voir ←★ *du sémaphore du Cap E : 2 km.*
ℹ *Office de Tourisme Municipal Espace Culturel ☎ 04 68 40 91 31, Fax 04 68 40 24 76.*
Paris 828 – Perpignan 35 – Carcassonne 87 – Narbonne 37 – Port-la-Nouvelle 18.

Jouve Ⓜ avec ch, sur la plage ☎ 04 68 40 02 77, ←, ⛱ – TV ☎. AE GB. ✗ ch
4 avril-4 oct. – **Repas** *(fermé lundi sauf le soir en juil.-août et dim. soir de sept. à juin)* 110/220 – ☕ 40 – **7 ch** 360/440 – ½ P 350/390.

Village, au village, 129 av. J. Jaurès ☎ 04 68 40 06 91 – ▤. GB
fermé 3 au 31 janv., dim. soir et lundi sauf juil.-août – **Repas** 80/155 🍷, enf. 45.

à Port-Leucate *Sud : 7 km par D 627 – ✉ 11370 :*

Deux Golfs Ⓜ ⌂ sans rest, sur le port ☎ 04 68 40 99 42, *Fax 04 68 40 79 79* – |‡| TV ☎ ♿ P. AE ⓓ GB
1er mars-30 nov. – ☕ 40 – **30 ch** 295/395.

LEVALLOIS-PERRET *92 Hauts-de-Seine* 55 ⑳, 101 ⑮ – *voir à Paris, Environs.*

LEVENS *06670 Alpes-Mar.* 84 ⑲, 115 ⑯ *G. Côte d'Azur – 2 686 h alt. 600.*
Voir ←★.
Env. *Saut des Français ←★★ N : 8 km – Utelle : retable★ de l'église N : 22 km – Madonne d'Utelle ✱★★★ N : 29 km.*
Paris 949 – Antibes 43 – Cannes 53 – Nice 23 – Puget-Théniers 49 – St-Martin-Vésubie 37.

Vigneraie , rte St-Blaise 1,5 km ✆ 04 93 79 70 46, , – TV ☎ P. GB
début fév.-mi-oct. – **Repas** (dîner pour résidents seul.) 100/150 – ☕ 30 – **18 ch** 180/200 – 1/2 P 250.

Les Santons, au village ✆ 04 93 79 72 47, – GB
fermé 29 juin au 8 juil., 28 sept. au 7 oct., 4 janv. au 10 fév., merc. et le soir sauf sam. – **Repas** (prévenir) 100/195.

LEVERNOIS *21 Côte-d'Or* 69 ⑨ *– rattaché à Beaune.*

LEVROUX *36110 Indre* 68 ⑧ *G. Berry Limousin – 3 045 h alt. 142.*

Voir *Collégiale St-Sylvain★ : stalles★, buffet d'orgues★.*

Env. *Château de Bouges★★, parc★ NE : 9,5 km.*

Office de Tourisme r. Gambetta ✆ 02 54 35 63 39 et (hors saison) Mairie ✆ 02 54 35 70 54.

Paris 262 – Blois 80 – Châteauroux 20 – Châtellerault 95 – Loches 54 – Vierzon 54.

Cloche, 3 r. Nationale ✆ 02 54 35 70 43, *Fax 02 54 35 67 43* – GB. ch
fermé fév., lundi soir et mardi – **Repas** 85/240 ♀ – ☕ 29 – **26 ch** 170/320.

Relais St-Jean, 34 r. Nationale ✆ 02 54 35 81 56, *Fax 02 54 35 36 09,* – AE GB
fermé 22 fév. au 8 mars, dim. soir et merc. soir – **Repas** 85/205, enf. 65.

PEUGEOT Gar. Tricoche, 101 rte de Châteauroux ✆ 02 54 35 71 42 N ✆ 02 54 35 71 42
RENAULT Gar. Tranchant, 95 rte de Châteauroux ✆ 02 54 35 71 45
Car. Bailly, 35 av. du Gén.-de-Gaulle ✆ 02 54 35 70 30 N ✆ 02 54 35 70 30

Entrate nell'albergo o nel ristorante con la Guida alla mano, dimostrando in tal modo la fiducia in chi vi ha indirizzato.

LÉZIGNAN-CORBIÈRES *11200 Aude* 83 ⑬ *– 7 881 h alt. 51.*

Office de Tourisme 9 cours de la République ✆ 04 68 27 05 42, Fax 04 68 27 62 47.

Paris 815 – Perpignan 81 – Carcassonne 39 – Narbonne 22 – Prades 125.

Rest. Tournedos et H. Tassigny avec ch, pl. de Lattre-de-Tassigny ✆ 04 68 27 11 51, *Fax 04 68 27 67 31* – rest, TV ☎ . GB
fermé 5 au 12 oct., lundi (sauf hôtel) et dim. soir – **Repas** (65) - 75/220, enf. 38 – ☕ 35 – **19 ch** 200/270 – 1/2 P 200.

PEUGEOT Gar. Belmas, ZI de Gaujac, rte de Fabrézan ✆ 04 68 27 01 66 N ✆ 04 68 27 01 66
RENAULT Lézignan-Auto, 63 av. G.-Clémenceau ✆ 04 68 27 74 00 N ✆ 08 00 05 15 15
Belotti Pneus, 35 av. Mar.-Joffre ✆ 04 68 27 01 72

LEZOUX *63190 P.-de-D.* 73 ⑮ *G. Auvergne – 4 819 h alt. 340.*

Voir *Moissat-Bas : châsse de St-Lomer★★ dans l'église S : 5 km.*

Syndicat d'Initiative à la Mairie ✆ 04 73 73 01 00.

Paris 443 – Clermont-Ferrand 30 – Ambert 58 – Issoire 43 – Riom 28 – Thiers 16 – Vichy 41.

Voyageurs avec ch, pl. de la Mairie ✆ 04 73 73 10 49, *Fax 04 73 73 92 60* – TV ☎ . GB
fermé 28 sept. au 12 oct., 4 au 11 janv., dim. soir et lundi – **Repas** (70) - 90/200, enf. 60 – ☕ 30 – **9 ch** 180/290 – 1/2 P 160/180.

à Bort-l'Étang *Sud-Est : 8 km par D 223 et D 309 – 409 h. alt. 420 – ✉ 63190 :*

Voir *★ de la terrasse du château★ à Ravel O : 5 km.*

Château de Codignat , Ouest : 1 km ✆ 04 73 68 43 03, *Fax 04 73 68 93 54,* <, , parc, « Château du 15e siècle décoré avec raffinement », , , – TV ☎ P – 40. AE GB
20 mars-2 nov. – **Repas** 285/345 ♀, enf. 180 – ☕ 80 – **15 ch** 870/1300, 4 appart – 1/2 P 730/1050.

PEUGEOT Limagne Autom., ✆ 04 73 73 10 98

LIBOURNE SP *33500 Gironde* 75 ⑫ *G. Pyrénées Aquitaine – 21 012 h alt. 7.*

de Bordeaux-Cameyrac ✆ 05 56 72 96 79 par ④ et N 89 : 16 km; de Teynac ✆ 05 56 72 85 62 par ④ et N 89 : 15 km.

Office de Tourisme pl. A.-Surchamp ✆ 05 57 51 15 04, Fax 05 57 25 00 58.

Paris 578 ⑤ – Bordeaux 31 ④ – Agen 130 ③ – Angoulême 98 ① – Bergerac 62 ③ – Périgueux 93 ② – Royan 118 ⑤.

Bistrot Chanzy, 16 r. Chanzy ✆ 05 57 51 84 26, *Fax 05 57 51 84 89* – GB BY a
fermé 9 au 23 août, lundi soir et dim. – **Repas** 95 ♀.

LIBOURNE

Ferry (R. J.) . . . . **AZ** 7
Gambetta (R.) . . . . **ABY**
Jaurès (R. J.) . . . . **ABZ**
Montaigne (R. M.) . . . . **BZ** 21
Montesquieu (R.) . . . . **BY** 23

Prés.-Carnot (R. du) . . . . . **ABY**
Surchamp (Pl. A.) . . . . **AZ**
Thiers (R.) . . . . **AZ**

Amade (Q. du Gén. d') . . . . **AZ** 4
Clemenceau (Av. G.) . . . . . . **BY** 5
Decazes (Pl.) . . . . **BY** 6
Foch (Av. du Mar.) . . . . **BY** 8

J.-J.-Rousseau (R.) . . . . . . **ABZ** 10
Lattre-de-Tassigny (Pl. du Mar.-de) . . . . **AZ** 14
Prés.-Doumer (R. du) . . . . **ABY** 28
Prés.-Wilson (R. du) . . . . **BY** 29
Princeteau (Pl.) . . . . **ABY** 30
Salinières (Quai des) . . . . . . **AY** 35
Waldeck-Rousseau (R.) . . . . **AY** 45

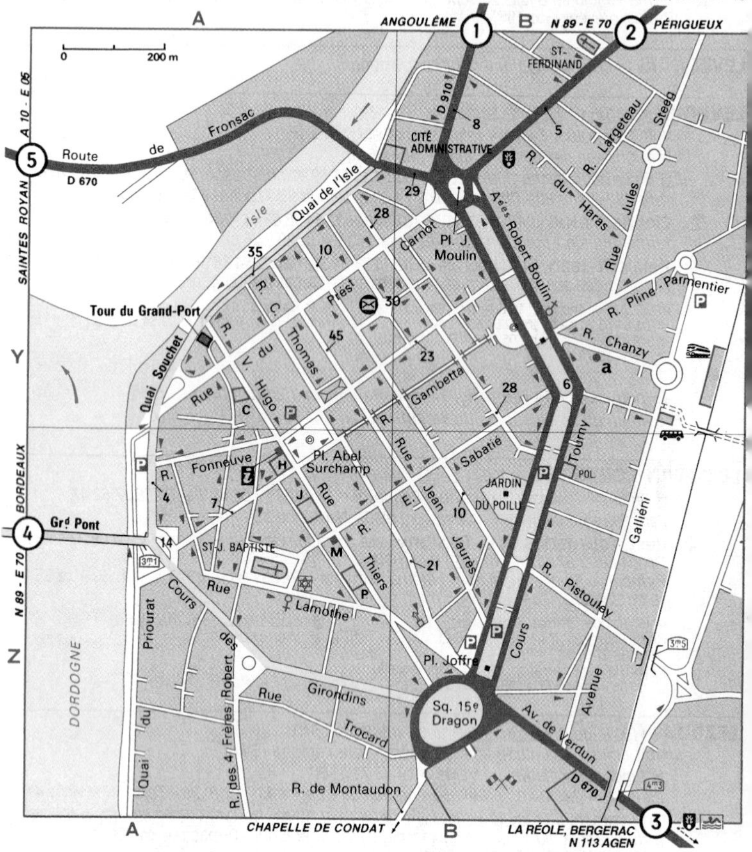

à l'aérodrome d'Artigues *par ② et N 89 : 12 km – ✉ 33570 Les Artigues de Lussac :*

XX **Chez Servais,** ✆ 05 57 24 31 95, – P. GB
fermé 10 au 25 août, vacances de fév., dim. soir et lundi – **Repas** 125.

CITROEN Libourne Autom., 140 av. Ch.-de-Gaulle par ③ ✆ 05 57 55 32 32 **N** ✆ 06 03 09 12 07
PEUGEOT Gar. Leauté, 142 av. Gén.-de-Gaulle par ③ ✆ 05 57 51 40 81 **N** ✆ 06 08 69 98 38
RENAULT Gar. Bastide, ZI Ballastière, rte d'Angoulême par ① ✆ 05 57 25 60 60 **N** ✆ 05 56 76 04 08

Da Silva Pneu-Point S, rte de Bordeaux Port-du-Noyer à Arveyres ✆ 05 57 51 54 56

Da Silva Pneu-Point S, av. de Gaulle, rte de Castillon ✆ 05 57 51 66 03
Euromaster, 113 av. G.-Pompidou ✆ 05 57 51 24 24
Inter Pneus, 9 Q. des Salinières ✆ 05 57 51 03 22
Service du Pneu-Point S, rte de Bergerac à Castillon la Bataille ✆ 05 57 40 38 38

Europe — Si le nom d'un hôtel figure en petits caractères demandez, à l'arrivée, les conditions à l'hôtelier.

LIÈPVRE *68660 H.-Rhin* 62 ⑱ *– 1 558 h alt. 272.*
Paris 421 – Colmar 34 – Ribeauvillé 20 – St-Dié 30 – Sélestat 14.

Aub. Frankenbourg, à La Vancelle Nord-Est : 2,5 km par rte secondaire ✉ 67730 ☎ 03 88 57 93 90, *Fax 03 88 57 91 31*, – GB
fermé 30 juin au 10 juil., 15 fév. au 11 mars, mardi soir et merc. – **Repas** *(56)* - 125/250 ♀ – ☐ 36 – **11 ch** 220/260 – ½ P 235/245.

Élisabeth, à La Vancelle Nord-Est : 2,5 km par rte secondaire ✉ 67730 ☎ 03 88 57 90 61, *Fax 03 88 57 91 51*, – – 25. GB. rest
fermé 24 août au 5 sept. et 2 au 23 janv. – **Repas** *(fermé sam. midi et lundi)* 58 (déj.), 90/240 , enf. 42 – ☐ 50 – **12 ch** 250/280 – ½ P 240.

A la Vieille Forge, à Bois-l'Abbesse, Est : 3 km par rte Sélestat ☎ 03 89 58 92 54, *Fax 03 89 58 43 58* – AE GB
fermé 7 au 26 juil., dim. soir et lundi – **Repas** 130/280 ♀.

TOYOTA Gar. Gerber, ☎ 03 89 58 92 03

LIESSIES *59740 Nord* 53 ⑥ *G. Flandres Artois Picardie – 531 h alt. 165.*
Voir *Lac du Val Joly★ E : 5 km.*
Paris 218 – St-Quentin 74 – Avesnes-sur-Helpe 14 – Charleroi 47 – Hirson 24 – Maubeuge 24.

Château de la Motte, Sud : 1 km par rte secondaire ☎ 03 27 61 81 94, *Fax 03 27 61 83 57*, parc – – 50. GB. rest
fermé 20 déc. au 6 fév., lundi soir et mardi soir hors saison et dim. soir – **Repas** *(80)* - 100/200 ♀, enf. 60 – ☐ 38 – **10 ch** 160/390 – ½ P 230/340.

Carillon, ☎ 03 27 61 80 21, *Fax 03 27 61 82 34* – AE GB
fermé 18 nov. au 2 déc., 6 au 20 janv., dim. soir sauf juil.-août et merc. – **Repas** 85 bc/198 ♀.

LIEUSAINT *77 S.-et-M.* 56 ①, 101 ㊳ *– voir à Paris, Environs.*

LIEZ (Lac de la) *52 H.-Marne* 66 ③ *– rattaché à Langres.*

LIGNAN-SUR-ORB *34 Hérault* 83 ⑭ *– rattaché à Béziers.*

LIGNY-EN-CAMBRÉSIS *59191 Nord* 53 ⑭ *– 1 835 h alt. 127.*
Paris 194 – St-Quentin 33 – Arras 51 – Cambrai 16 – Valenciennes 41.

Château de Ligny M, ☎ 03 27 85 25 84, *Fax 03 27 85 79 79*, parc – – 80 à 200. AE GB.
fermé vacances de fév. – **Repas** 220/360 – ☐ 80 – **13 ch** 650/1500 – ½ P 545/970.

LIGNY-LE-CHÂTEL *89144 Yonne* 65 ⑤ *G. Bourgogne – 1 122 h alt. 130.*
Paris 181 – Auxerre 22 – Sens 59 – Tonnerre 29 – Troyes 63.

Relais St-Vincent, ☎ 03 86 47 53 38, *Fax 03 86 47 54 16*, – – 50. AE GB JCB
Repas 78/160 ♀, enf. 55 – ☐ 43 – **15 ch** 240/385 – ½ P 230/310.

LIGUEIL *37240 I.-et-L.* 68 ⑤ *G. Châteaux de la Loire – 2 201 h alt. 85.*
Paris 277 – Tours 44 – Le Blanc 56 – Châteauroux 79 – Châtellerault 37 – Chinon 50 – Loches 19.

Colombier, pl. Gén. Leclerc ☎ 02 47 59 60 83, *Fax 02 47 59 61 12* – GB
fermé 1er au 15 sept., 2 janv. au 15 fév., dim. soir et vend. – **Repas** 62/190 ♀, enf. 45 – ☐ 30 – **11 ch** 240 – ½ P 220/260.

à Cussay *Sud-Ouest : 3,5 km par D 31 – 551 h. alt. 105 – ✉ 37240 :*

Aub. du Pont Neuf avec ch, ☎ 02 47 59 66 37, – AE GB
fermé fév. et lundi – **Repas** 80/195 ♀ – ☐ 38 – **7 ch** 145/245 – ½ P 220/240.

RENAULT Gar. Chapet, ☎ 02 47 59 64 10 N ☎ 02 47 59 64 10

LILLE

P 59000 Nord 51 ⑯ 111 ㉒ *G. Flandres Artois Picardie*
172 142 h. - Agglo. 952 234 h - alt. 10.
Paris 223 ⑩ – Bruxelles 120 ⑧ – Gent 76 ② – Luxembourg 309 ⑧ – Strasbourg 526 ⑧

OFFICE DE TOURISME

Palais Rihour ☎ 03 20 21 94 21, Fax 03 20 21 94 20
Automobile Club du Nord, 8 r. Quenette ☎ 03 20 55 21 41.

RENSEIGNEMENTS PRATIQUES

TRANSPORTS

Auto-train ☎ 08 36 35 35 35

AÉROPORT

Lille-Lesquin ☎ 03 20 49 68 68 par A1 : 8 km HT.

QUELQUES GOLFS

⛳9 *des Flandres (privé) ☎ 03 20 72 20 74 par N 350 : 4,5 km* HS
⛳18 *de Sart (privé) ☎ 03 20 72 02 51 par N 356 / 7 km* HS
⛳18 *de Brigode à Villeneuve-d'Ascq ☎ 03 20 91 17 86 par D 146 : 9 km* JS
⛳18 ⛳18 *de Bondues ☎ 03 20 23 20 62 par N 17 : 9,5 km* HR.

CURIOSITÉS

AUTOUR DU BEFFROI DE LA CHAMBRE DE COMMERCE

Le Vieux-Lille★★ EY *: Vieille Bourse★★, rue de la Monnaie★, hospice Comtesse★ (voûte en carène★★).*
Maison natale du Général de Gaulle EY *- Église St-Maurice★* EFY*.*

AUTOUR DU BEFFROI DE L'HÔTEL DE VILLE

Quartier St-Sauveur FZ *: porte de Paris★, ≤★ du beffroi.*
Musée des Beaux-Arts★★★ EZ*.*

L'OEUVRE DE VAUBAN

Citadelle★ BV.

LES QUARTIERS QUI BOUGENT

Place du Général-de-Gaulle (Grand'Place)★ EY *- Place Rihour* EY *- Rue de Béthune (cinémas)* EYZ *- Euralille (tour du Crédit Lyonnais★).*
et autour de la gare Lille-Flandres FY*.*

...ET AUX ENVIRONS

Villeneuve d'Ascq : musée d'Art moderne★★ HS M.
Bondues : château du Vert-Bois★ HR*.*
Bouvines : vitraux de l'église et évocation de la bataille JT*.*

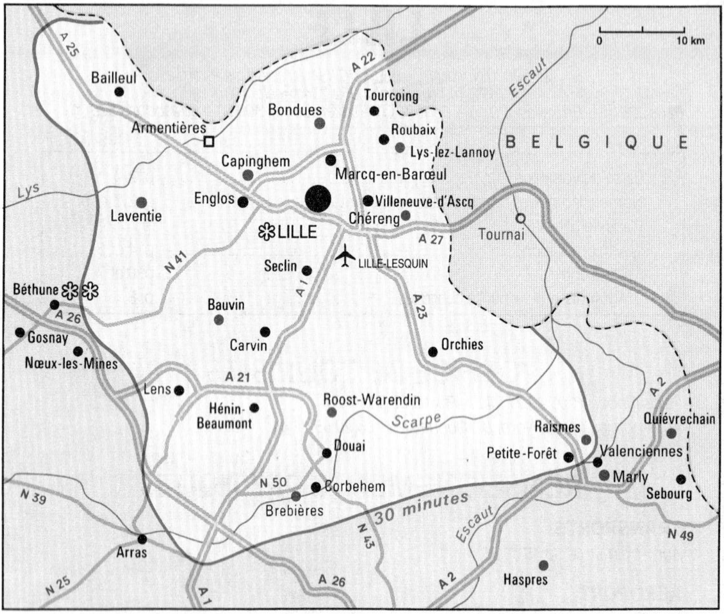

Carlton, 3 r. Paris ✉ 59800 ☎ 03 20 13 33 13, *Fax 03 20 51 48 17* – 25 à 100. AE GB JCB p. 8 **EY u**
Clos Opéra (1er étage) *(fermé dim. soir et lundi)* **Repas** *(95)*-135/195 – ***Brasserie Jean*** (sous-sol) *(fermé août, sam. midi et dim. midi)* **Repas** 135 – 75 – **57 ch** 1025/1310, 3 appart.

Alliance M, 17 quai du Wault ✉ 59800 ☎ 03 20 30 62 62, *Fax 03 20 42 94 25*, « Ancien couvent du 17e siècle » – 35 à 80. AE GB JCB. rest p. 6 **BV d**
Repas 110/160, enf. 45 – 70 – **80 ch** 655/900, 8 appart – 1/2 P 400.

Novotel Centre M, 116 r. Hôpital Militaire ✉ 59800 ☎ 03 20 30 65 26, *Fax 03 20 30 04 04* – 30 à 50. AE GB p. 8 **EY s**
Repas carte environ 170, enf. 55 – 57 – **102 ch** 555/620.

Mercure Royal M sans rest, 2 bd Carnot ✉ 59800 ☎ 03 20 14 71 47, *Fax 03 20 14 71 48* – 25. AE GB p. 8 **EY h**
55 – **102 ch** 450/580.

Holiday Inn Express M, 75 bis r. Gambetta ☎ 03 20 42 90 90, *Fax 03 20 51 14 24* – 25 à 100. AE GB JCB p. 8 **EZ e**
Repas 98/160, enf. 42 – **98 ch** 420.

Paix sans rest, 46 bis r. Paris ✉ 59800 ☎ 03 20 54 63 93, *Fax 03 20 63 98 97* – AE GB p. 8 **EY r**
40 – **35 ch** 340/430.

Treille M sans rest, 7 pl. L. de Bettignies ✉ 59800 ☎ 03 20 55 45 46, *Fax 03 20 51 51 69* – AE GB p. 8 **EY d**
48 – **40 ch** 360/390.

Lille Europe M sans rest, av. Le Corbusier ☎ 03 20 21 41 51, *Fax 03 20 21 41 59* – AE GB p. 8 **FY m**
40 – **97 ch** 350.

Ibis Centre, av. Ch. St-Venant ✉ 59800 ☎ 03 20 55 44 44, *Fax 03 20 31 06 25*, – 25 à 60. AE GB p. 8 **FYZ a**
Repas *(75)* - 95, enf. 40 – 35 – **151 ch** 360.

Clarine, 46 r. Fg d'Arras ☎ 03 20 53 53 40, *Fax 03 20 53 20 95* – 40. AE GB p. 4 **GT a**
Repas *(59)* - 98, enf. 39 – 32 – **80 ch** 280/350.

XXXX **A L'Huîtrière,** 3 r. Chats Bossus ✉ 59800 ✆ 03 20 55 43 41, *Fax 03 20 55 23 10,* « Original décor de céramiques dans la poissonnerie » – ▤. AE ⓓ GB p. 8 EY g
✿ *fermé 20 juil. au 20 août, dim. soir et soirs fériés* – **Repas** 260 (déj.)/600 et carte 310 à 510 ♀
Spéc. Huîtres et produits de la mer. Lotte rôtie à l'andouille et à la bière, ravioles au fromage de Roncq. Turbotin en croûte de pomme de terre, beurre crémeux de champignons et de truffes.

XXX **Sébastopol,** 1 pl. Sébastopol ✆ 03 20 57 05 05, *Fax 03 20 40 11 31* – AE GB p. 8 EZ a
fermé 9 au 17 août, dim. en juil.-août et sam. midi – **Repas** 160/265 et carte 290 à 400.

XXX **Laiterie,** 138 av. Hippodrome à Lambersart Nord-Ouest : 2 km ✉ 59130 Lambersart ✆ 03 20 92 79 73, *Fax 03 20 22 16 19,* 🏠, 🌳 – 🅿. AE GB p. 6 AV s
fermé dim. soir et lundi – **Repas** 160/270 et carte 300 à 430.

XX **Baan Thaï,** 22 bd J.-B. Lebas ✆ 03 20 86 06 01, *Fax 03 20 86 03 23* – AE ⓓ GB p. 8 EZ s
fermé 20 juil. au 17 août, dim. soir et lundi – **Repas** - cuisine thaïlandaise - 140 (déj.), 150/200.

XX **Clément Marot,** 16 r. Pas ✉ 59800 ✆ 03 20 57 01 10, *Fax 03 20 57 39 69* – ▤. AE ⓓ GB JCB p. 8 EY n
fermé 1er au 25 août, Noël au Jour de l'An, lundi soir et dim. – **Repas** 135 (déj.), 185/235 ♀.

XX **Champlain,** 13 r. N. Leblanc ✆ 03 20 54 01 38, *Fax 03 20 40 07 28,* 🏠 – AE ⓓ GB. ✻ p. 8 EZ u
fermé 3 au 18 août, sam. midi et dim. soir – **Repas** 145 bc (déj.), 165/360 bc.

XX **Cour des Grands,** 61 r. Monnaie ✉ 59800 ✆ 03 20 06 83 61, *Fax 03 20 14 03 75* – AE ⓓ GB p. 8 EY v
fermé 1er au 19 août, 1er au 10 janv., sam. midi, lundi midi et dim. – **Repas** (nombre de couverts limité, prévenir) 185/295.

XX **Cardinal,** 84 façade Esplanade ✉ 59800 ✆ 03 20 06 58 58, *Fax 03 20 51 42 59* – AE GB p. 6 BU x
fermé 10 au 16 août et dim. – **Repas** 160/320 bc.

XX **Varbet,** 2 r. Pas ✉ 59800 ✆ 03 20 54 81 40, *Fax 03 20 57 55 18* – AE ⓓ GB p. 8 EY t
fermé 14 juil. au 15 août, 25 déc. au 1er janv., dim., lundi et fériés – **Repas** 165/400.

XX **Bistrot Tourangeau,** 61 bd Louis XIV ✉ 59800 ✆ 03 20 52 74 64, *Fax 03 20 85 06 39* – ▤. AE GB p. 8 FZ t
fermé dim. – **Repas** *(110)* - 149 ♀.

XX **Queen, Écume des Mers,** 10 r. Pas ✉ 59800 ✆ 03 20 54 95 40, *Fax 03 20 54 96 66* – ▤. AE GB JCB p. 8 EY n
fermé 26 juil. au 18 août, dim. midi en juil. et dim. soir – **Repas** *(98)* - 130 (dîner)et carte 170 à 270 ♀.

X **Coquille,** 60 r. St-Étienne ✉ 59800 ✆ 03 20 54 29 82, *Fax 03 20 54 29 82* – GB
fermé 1er au 23 août, sam. midi et dim. – **Repas** *(99)* - 130 bc (déj.), 160/239 🍷. p. 8 EY e

à Bondues *Nord : 9 km par N 17 – 10 281 h. alt. 37 – ✉ 59910 :*

XX **Val d'Auge,** 805 av. Gén. de Gaulle ✆ 03 20 46 26 87, *Fax 03 20 37 43 78* – 🅿. AE GB
fermé 28 juil. au 25 août, vacances de fév., dim. soir, mardi soir et merc. – **Repas** 150 bc (déj.)/195 🍷. p. 5 HR a

à Marcq-en-Baroeul *au Nord-Est – 36 601 h. alt. 15 – ✉ 59700 :*

🏨 **Sofitel** Ⓜ, av. Marne, par N 350 : 5 km ✆ 03 20 72 17 30, *Fax 03 20 89 92 34* – 🛗 ✈ ▤ 📺 ☎ 📞 ♿ 🅿 – 🏛 30 à 200. AE ⓓ GB JCB p. 5 HS s
Europe : Repas 110 ♀, enf. 45 – ☕ 90 – **124 ch** 880.

XXX **Septentrion,** parc du château Vert-Bois, par N 17 : 9 km ✆ 03 20 46 26 98, *Fax 03 20 46 38 33,* 🏠, « Dans un parc, pièce d'eau » – 🅿. AE ⓓ GB p. 5 HR n
fermé 2 au 24 août, vacances de fév., jeudi soir, dim. soir et lundi – **Repas** 150/290 et carte 180 à 310 ♀.

XXX **Épicurien,** 18 av. Flandre par N 350 : 4 km ✆ 03 20 45 82 15, *Fax 03 20 72 21 45,* 🏠 – 🅿. AE GB JCB p. 5 HS e
fermé dim. soir – **Repas** 150/290 et carte 200 à 280.

XX **Aub. de la Garenne,** 17 chemin de Ghesles ✆ 03 20 46 20 20, *Fax 03 20 46 32 33,* 🏠, 🌳 – 🅿. AE GB p. 5 HR x
fermé 3 au 24 août, vacances de fév., mardi soir en hiver, dim. soir et lundi – **Repas** 95/390 bc, enf. 88.

HAUBOURDIN

Carnot (R. Sadi) . . . . GT 22
Vanderhaghen (R. A.) . . . . GT 157

HELLEMMES-LILLE

Salengro (R. Roger) . . . . . HS 142

HEM

Clemenceau . . . . JS 28
Croix (R. de) . . . . JS 40
Gaulle (Av. Ch. de) . . . . JS 64

LAMBERSART

Hippodrome (Av. de l') . . . GS 76

LANNOY

Leclerc (R. du Gén.) . . . . . JS 97
Tournai (R. de) . . . . JS 153

LILLE

Arras (R. du Fg-d') . . . . GT 4
Lambret (Av. Oscar) . . . . . GT 90
Postes (R. du Fg-des) . . GST 129

LOMME

Dunkerque (Av. de) . . . . . GS 52

LOOS

Doumer (R. Paul) . . . . GT 49
Foch (R. du Mar.) . . . . . . GST 58
Potié (R. Georges) . . . . . . GT 130

LYS-LEZ-LANNOY

Guesde (R. Jules) . . . . JS 75
Lebas (R. J.-B.) . . . . JS 94

MADELEINE (LA)

Gambetta (R.) . . . . GS 63
Gaulle (R. du Gén.-de) . . . HS 69
Lalau (R.) . . . . HS 87

MARCQ-EN-BARŒUL

Clemenceau . . . . HS 30
Couture (R. de la) . . . . HS 39
Foch (Av. Mar.) . . . . HS 57
Nationale (Rue) . . . . HS 122

MARQUETTE-LEZ-LILLE

Lille (R. de) . . . . GS 103
Menin (R. de) . . . . HS 117

MONS-EN-BARŒUL

Gaulle (R. du Gén.-de) . . . HS 70

MOUVAUX

Carnot (Bd) . . . . HR 21

ST-ANDRE

Lattre-de-Tassigny (Av. du Mar. de) . . . . GS 91
Leclerc (R. du Gén.) . . . . . GS 99

TOUFFLERS

Déportés (R. des) . . . . JS 48

TOURCOING

Yser (R. de l') . . . . JR 165
3 Pierres (R. des) . . . . JR 166

VILLENEUVE-D'ASCQ

Ouest (Bd de l') . . . . HS 124
Ronsse (R. Ch.) . . . . JT 136
Tournai (Bd de) . . . . JT 151

WAMBRECHIES

Marquette (R. de) . . . . GS 108

WATTIGNIES

Clemenceau (R.) . . . . GT 31
Gaulle (R. du Gén.-de) . . . GT 72
Victor-Hugo (R.) . . . . GT 160

WATTRELOS

Carnot (R.) . . . . JRS 24
Jaurès (R. J.) . . . . JR 82
Lebas (R. J.-B.) . . . . JR 96
Mont-à-Leux (R. du) . . . . . JR 121

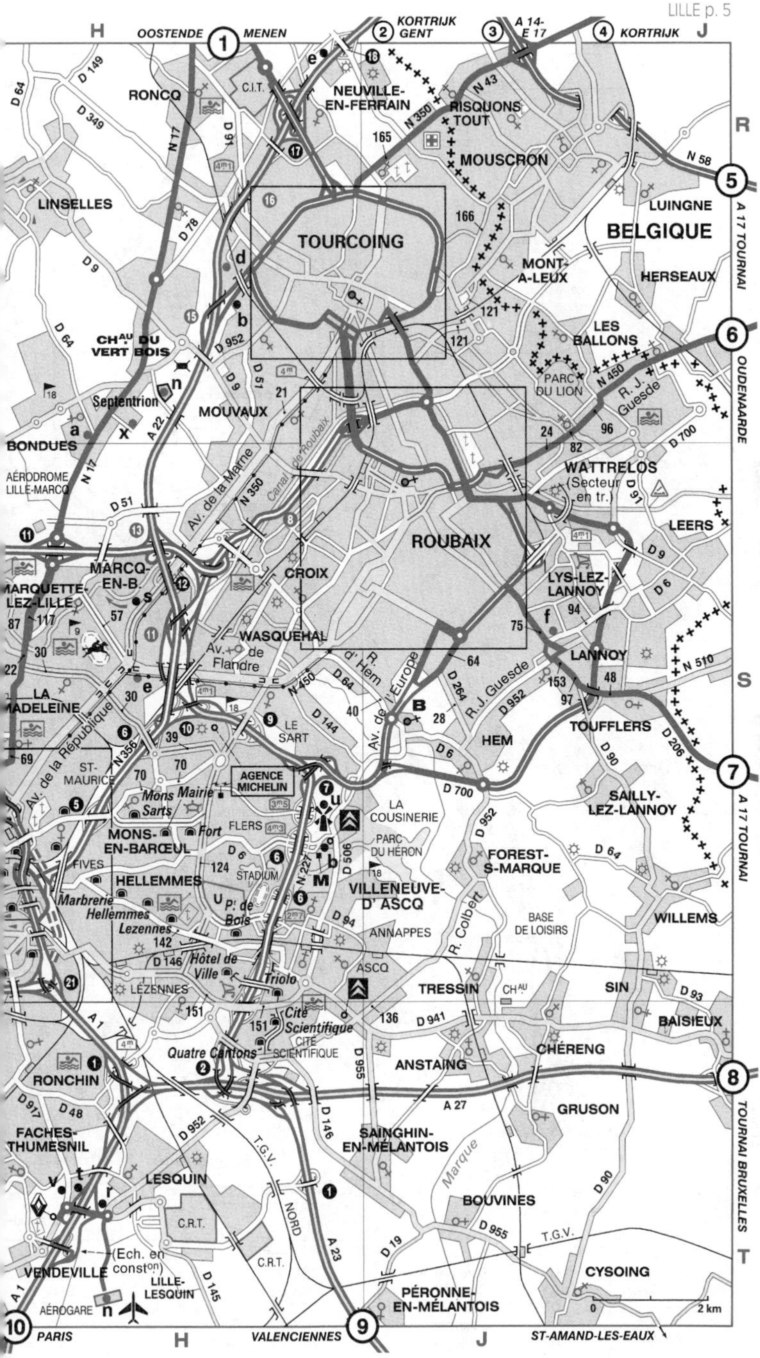
OOSTENDE
MENEN
KORTRIJK GENT
A 14-E 17
KORTRIJK
RONCQ
NEUVILLE-EN-FERRAIN
RISQUONS TOUT
MOUSCRON
LINSELLES
TOURCOING
BELGIQUE
LUINGNE
MONT-A-LEUX
HERSEAUX
LES BALLONS
CH.AU DU VERT BOIS
Septentrion
MOUVAUX
PARC DU LION
BONDUES
AÉRODROME LILLE-MARCQ
WATTRELOS (Secteur en tr.)
LEERS
ROUBAIX
MARCQ-EN-B.
CROIX
LYS-LEZ-LANNOY
MARQUETTE-LEZ-LILLE
WASQUEHAL
LANNOY
LA MADELEINE
HEM
TOUFFLERS
LE SART
AGENCE MICHELIN
ST-MAURICE
LA COUSINERIE
SAILLY-LEZ-LANNOY
Mons Sarts
Mairie
Fort
FLERS
MONS-EN-BARŒUL
PARC DU HÉRON
FOREST-S-MARQUE
FIVES
HELLEMMES
STADIUM
VILLENEUVE-D' ASCQ
Marbrerie Hellemmes
Lezennes
Pt de Bois
ANNAPPES
BASE DE LOISIRS
WILLEMS
Hôtel de Ville
Triolo
ASCQ
LÉZENNES
TRESSIN
SIN
BAISIEUX
Cité Scientifique
CITÉ SCIENTIFIQUE
ANSTAING
CHÉRENG
RONCHIN
Quatre Cantons
GRUSON
FACHES-THUMESNIL
SAINGHIN-EN-MÉLANTOIS
LESQUIN
BOUVINES
C.R.T.
(Ech. en constᵒⁿ)
VENDEVILLE
LILLE-LESQUIN
AÉROGARE
CYSOING
PÉRONNE-EN-MÉLANTOIS
PARIS
VALENCIENNES
ST-AMAND-LES-EAUX
A 17 TOURNAI
OUDENAARDE
TOURNAI BRUXELLES
Av. de la Marne
Canal de Roubaix
Av. de Flandre
Av. de la République
R. d' Hem
Av. de l'Europe
R. J. Guesde
R. Colbert
Marque
T.G.V.
NORD
2 km

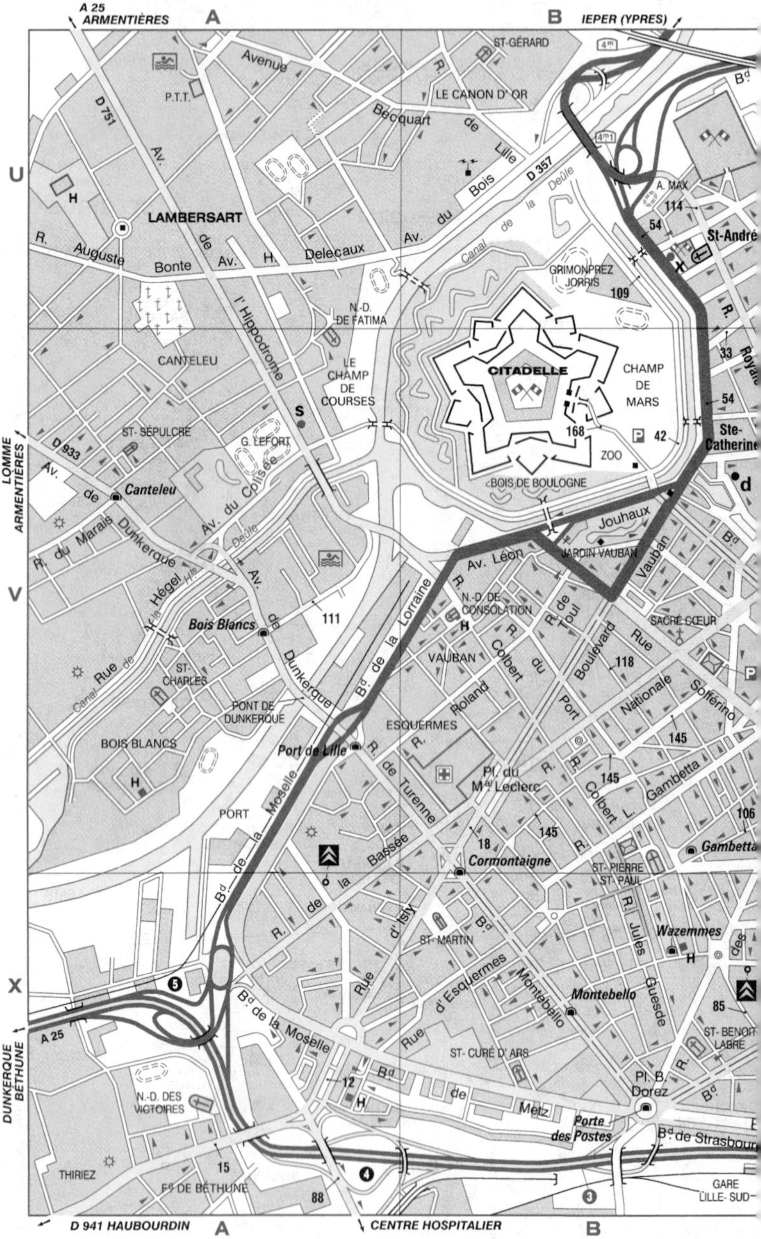

Bapaume (R. de) . . . . CX 7
Beethoven (Av.) . . . . AX 12
Bernos (R.) . . . . DV 13
Béthune
(R. du Fg-de) . . . . AX 15
Bigo-Danel (Bd) . . . . BV 18
Carrel (R. Armand) . . . . CX 25
Colpin (R. du Lt) . . . . BV 33
Courmont (R.) . . . . CX 37
Cuvier (Av.) . . . . BV 42
Esplanade
(Façade de l') . . . . BUV 54
Fébvrier (Pl. J.) . . . . CX 56
Fontenoy (R. de) . . . . CX 60
Gaulle (R. du Gén.-de) . . . . . CU 67

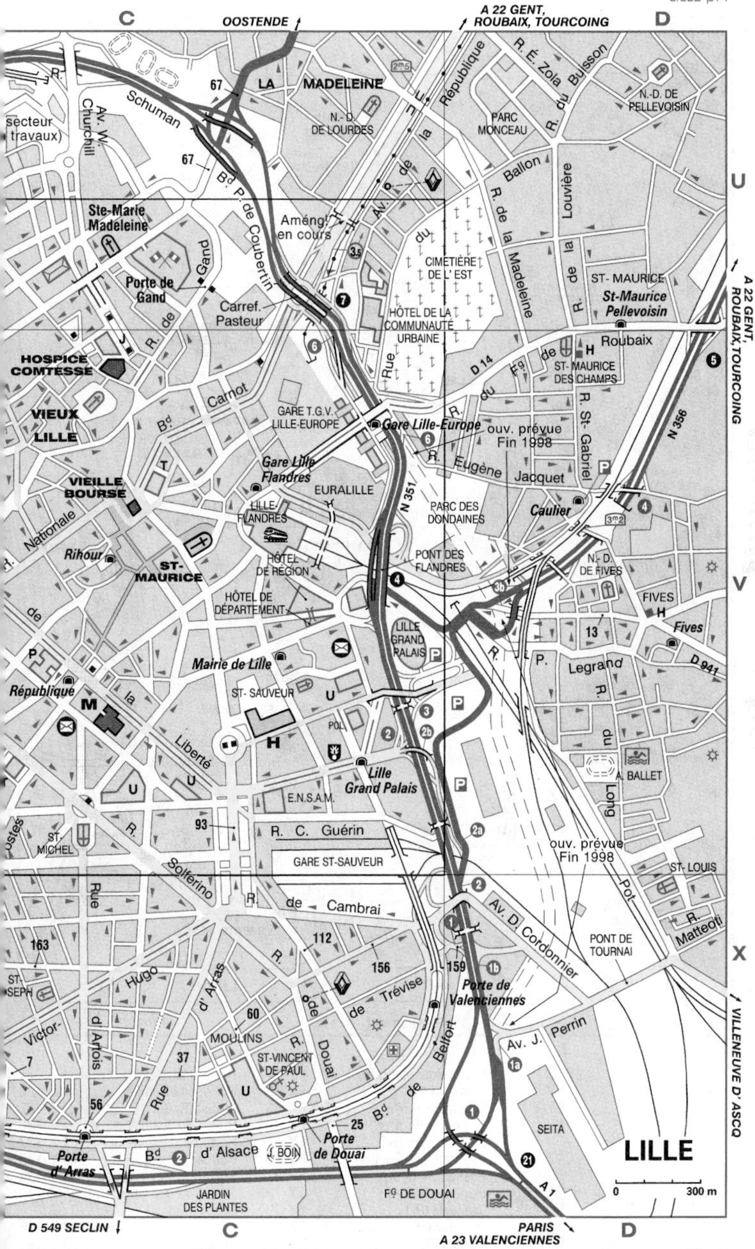
C
OOSTENDE
A 22 GENT, ROUBAIX, TOURCOING
D
LA MADELEINE
N.-D. DE LOURDES
Av. de la République
R. E. Zola
R. du Buisson
N.-D. DE PELLEVOISIN
PARC MONCEAU
Ballon
R. de la Madeleine
R. de la Louvière
U
secteur travaux)
Av. W. Churchill
Schuman
67
Bd P. de Coubertin
Ste-Marie Madeleine
Porte de Gand
R. de Gand
Carref. Pasteur
Améng! en cours
Rue du
CIMETIÈRE DE L' EST
HÔTEL DE LA COMMUNAUTÉ URBAINE
ST- MAURICE
St-Maurice Pellevoisin
A 22 GENT, ROUBAIX, TOURCOING
D 14
Fg de Roubaix
ST- MAURICE DES CHAMPS
HOSPICE COMTESSE
VIEUX LILLE
Bd Carnot
GARE T.G.V. LILLE-EUROPE
Gare Lille-Europe
ouv. prévue Fin 1998
R. Eugène Jacquet
R. St-Gabriel
N 356
Gare Lille Flandres
EURALILLE
N 351
PARC DES DONDAINES
Caulier
VIEILLE BOURSE
LILLE-FLANDRES
Nationale
Rihour
ST- MAURICE
HÔTEL DE RÉGION
PONT DES FLANDRES
N.-D. DE FIVES
V
HÔTEL DE DÉPARTEMENT
FIVES
Fives
LILLE GRAND PALAIS
13
R. P. Legrand
D 941
République
M
Mairie de Lille
ST- SAUVEUR
U
H
POL
R. de la Liberté
Lille Grand Palais
R. du Long Pot
A. BALLET
E.N.S.A.M.
93
ST- MICHEL
R. Solferino
R. C. Guérin
GARE ST-SAUVEUR
ouv. prévue Fin 1998
ST- LOUIS
R. de Cambrai
Av. D. Cordonnier
R. Matteoti
PONT DE TOURNAI
X
Rue Victor-Hugo
163
ST- JOSEPH
112
156
159
R. d'Arras
R. de Trévise
Porte de Valenciennes
VILLENEUVE D'ASCQ
Rue d'Artois
60
MOULINS
R. de Douai
ST-VINCENT DE PAUL
Bd de Belfort
Av. J. Perrin
7
37
U
56
25
Porte de Douai
SEITA
Porte d'Arras
Bd d' Alsace
J. BOIN
LILLE
A 1
0
300 m
JARDIN DES PLANTES
Fg DE DOUAI
D 549 SECLIN
C
PARIS A 23 VALENCIENNES
D

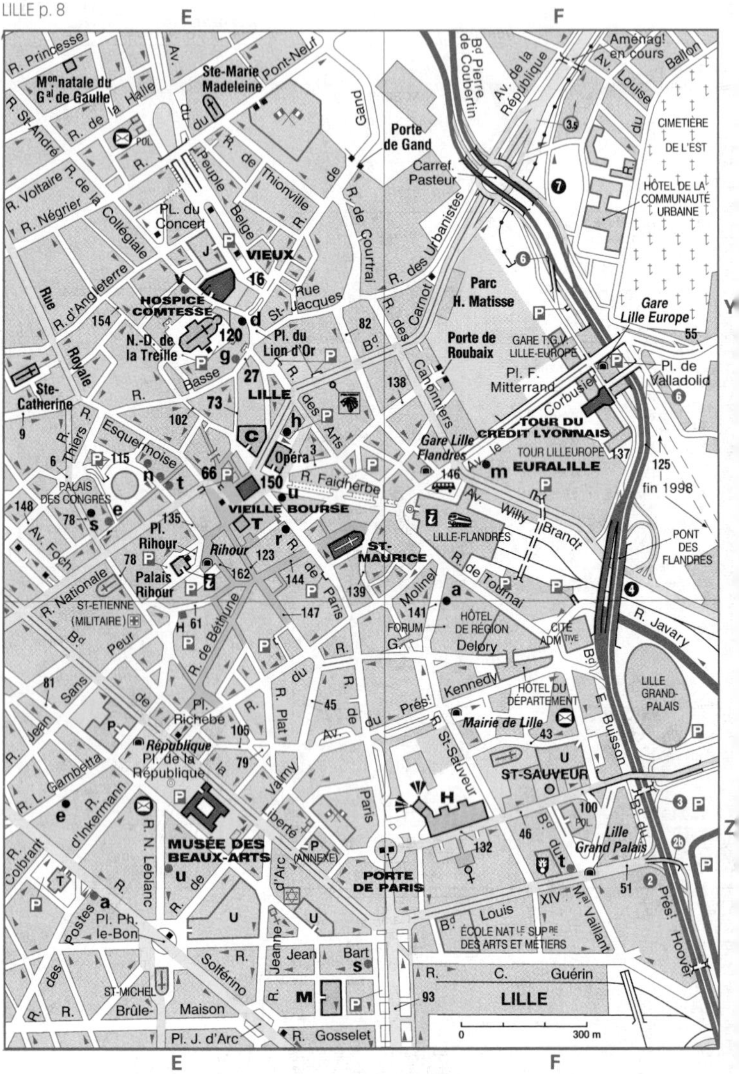

Béthune (R. de) . . . . **EYZ**
Esquermoise (R.) . . . . **EY**
Faidherbe (R.) . . . . **EY**
Gambetta (R. Léon) . . . . . . **EZ**
Gaulle (Pl. Gén.-de) (Grand Place) . . . . **EY** 66
Grande Chaussée (R. de la) . . . . **EY** 73
Monnaie (R. de la) . . . . **EY** 120
Nationale (R.) . . . . **EYZ**
Neuve (R.) . . . . **EY** 123

Anatole-France (R.) . . . . **EY** 3
Arsenal (Pl. de l') . . . . **EY** 6
Barre (R. de la) . . . . **EY** 9
Bettignies (Pl. L. de) . . . . . . **EY** 16
Chats-Bossus (R. des) . . . . . **EY** 27
Debierre (R. Ch.) . . . . **FZ** 43
Delesalle (R. E.) . . . . **EZ** 45
Déportés (R. des) . . . . **FY** 46
Dr.-Calmette (Bd) . . . . **FY** 51
Faubourg-de-Roubaix . . . . . . **FY** 55
Fosses (R. des) . . . . **EYZ** 61
Hôpital-Militaire (R.) . . . . **EY** 78
Jacquart (Pl.) . . . . **EZ** 79
Jacquemars-Giélée (R.) . . . . **EZ** 81
Jardins (R. des) . . . . **EY** 82
Lebas (Bd J.-B.) . . . . **FZ** 93
Lefèvre (R. G.) . . . . **FZ** 100
Lepelletier (R.) . . . . **EY** 102
Maillotte (R.) . . . . **EZ** 105
Mendès-France (Pl.) . . . . **EY** 115
Pasteur (Bd L.) . . . . **FY** 125
Philippe-le-Bon (Pl.) . . . . . . **EZ** 126
Réduit (R. du) . . . . **FZ** 132
Roisin (R. Jean) . . . . **EY** 135
Rotterdam (Parvis de) . . . . **FY** 137
Roubaix (R. de) . . . . **EFY** 138
St-Génois (R.) . . . . **EY** 139
St-Venant (Av. Ch.) . . . . . . **FYZ** 141
Sec-Arembault (R. du) . . . . **EY** 144
Suisses (Pl. des) . . . . **FY** 146
Tanneurs (R. des) . . . . **EYZ** 147
Tenremonde (R.) . . . . **EY** 148
Théâtre (Pl. du) . . . . **EY** 150
Trois-Mollettes (R. des) . . . **EY** 154
Vieille-Comédie (R. de la) . **EY** 162

à Villeneuve d'Ascq *Est : 7 km par N 356 et autoroute Roubaix (sortie Recueil-La Cousinerie) – 65 320 h. alt. 26 – ✉ 59650 :*

Campanile, av. Canteleu, La Cousinerie ☎ 03 20 91 83 10, *Fax 03 20 67 21 18* – AE GB p. 5 **HS** b
Repas *(66)* - 84 bc/107 bc, enf. 39 – ☐ 34 – **46 ch** 278.

à l'aéroport de Lille-Lesquin *8 km par A 1 – ✉ 59810 Lesquin :*

Mercure Aéroport, ☎ 03 20 87 46 46, *Fax 03 20 87 46 47*, – 25 à 700. AE GB JCB p. 5 **HT** r
Grill La Flamme : Repas 151/205, enf. 40 – ***Poêlon*** *(fermé le soir et week-ends)* Repas 60/123, enf. 40 – ☐ 56 – **212 ch** 505/590.

Novotel Aéroport, ☎ 03 20 62 53 53, *Fax 03 20 97 36 12*, – 25 à 120. AE GB JCB p. 5 **HT** t
Repas carte environ 160 ♀, enf. 55 – ☐ 56 – **92 ch** 480/505.

Agena sans rest, ✉ 59155 Faches-Thumesnil ☎ 03 20 60 13 14, *Fax 03 20 97 31 79* – AE GB JCB p. 5 **HT** v
☐ 50 – **40 ch** 350/380.

Septième Ciel, niveau supérieur de l'aérogare ☎ 03 20 87 52 05, *Fax 03 20 87 52 05*, – AE GB JCB p. 5 **HT** n
fermé dim. soir – **Repas** 165/230 ♀ - ***Zingue*** brasserie **Repas** carte environ 140 ♀, enf. 55.

à Englos *Ouest : 10 km par A 25 (sortie Lomme) – 510 h. alt. 46 – ✉ 59320 :*

Novotel Englos, ☎ 03 20 10 58 58, *Fax 03 20 10 58 59*, – 30 à 120. AE GB p. 4 **GS** s
Repas carte environ 150 ♀, enf. 50 – ☐ 56 – **124 ch** 430/490.

à Capinghem *Ouest : 8 km par D 933 – 1 170 h. alt. 50 – ✉ 59160 :*

Marmite, 93 r. Poincaré ☎ 03 20 92 12 41, « Cadre rustique » – AE GB
fermé mi-juil. à mi-août, dim. soir et lundi – **Repas** carte 120 à 200 ♀. p. 4 **GS** v

MICHELIN, Agence, 30 r. de la Couture, ZI de la Pilaterie à Wasquehal **HS** ☎ 03 20 98 40 48

AUDI, VOLKSWAGEN Castel Auto, 57 bd de Strasbourg ☎ 03 20 42 02 02
CITROEN Succursale, 143-145 r. de Wazemmes ☎ 03 20 15 55 15 N ☎ 08 00 05 24 24
PEUGEOT S.I.A. Nord, 50 bd Carnot ☎ 03 20 42 39 00 N ☎ 06 07 83 25 15
RENAULT Gar. Crépin, 95 r. de Douai ☎ 03 20 52 52 48
RENAULT Succursale, 140 av. République à La Madeleine ☎ 03 20 42 40 40 N ☎ 03 20 60 50 50

Euromaster, 20 r. d'Isly ☎ 03 20 09 19 69
Gar. Laloyer, 62 r. Abelard ☎ 03 20 29 85 10
Pneus et Services D.K., 148 bis r. d'Esquermes ☎ 03 20 93 71 36

Périphérie et environs

AUDI, VOLKSWAGEN Gar. du Château, 100 av. Champollion à Villeneuve-d'Ascq ☎ 03 20 47 30 00 N ☎ 03 20 75 40 03
BMW Autolille, 873 av. République à Marcq-en-Baroeul ☎ 03 20 66 27 27
CITROEN Gar. Fayen, 186 r. des Fusillés à Villeneuve-d'Ascq ☎ 03 20 41 23 05
CITROEN Succursale, 449-453 av. de Dunkerque à Lomme ☎ 03 20 08 54 54
FERRARI Auto 2000, 122 av. de la République à La Madeleine ☎ 03 20 14 01 40
MERCEDES C.I.C.A., 1033 av. République à Marcq-en-Baroeul ☎ 03 20 72 39 39 N ☎ 03 20 44 94 94
PEUGEOT S.I.A.N. Lille Sud, 225 av. Clémenceau à Wattignies ☎ 03 20 16 11 11 N ☎ 06 07 83 08 80
RENAULT Succursale 1 rte de Vendeville à Faches-Thumesnil ☎ 03 20 88 59 59 N ☎ 03 20 60 50 50
RENAULT Gar. de la Lys, à Englos ☎ 03 20 09 25 55 N ☎ 06 07 11 65 71

Euromaster, Ctre Routier-r. Croix-Bougard à Lesquin ☎ 03 20 87 90 60
Euromaster, 261 bis av. République à La Madeleine ☎ 03 20 55 52 70
Euromaster, 322 r. Gén.-de-Gaulle à Mons-en-Baroeul ☎ 03 20 04 88 08
François-Pneus, 331 av. Gén.-de-Gaulle à Hallennes ☎ 03 20 48 48 48
Gar. Wattelle, 111 r. Gén.-de-Gaulle à La Madeleine ☎ 03 20 55 67 55
Pneus et Services D.K., 2 r. Croix-Bougard à Lesquin ☎ 03 20 87 82 72

Dans ce guide
un même symbole, un même caractère,
*imprimé en couleur ou en **noir**, en maigre ou en **gras**,*
n'ont pas tout à fait la même signification.
Lisez attentivement les pages explicatives.

LIMEUIL *24510 Dordogne* 75 ⑯ *G. Perigord Quercy – 335 h alt. 65.*

Voir *Site*★.

Paris 528 – Périgueux 48 – Sarlat-la-Canéda 40 – Bergerac 42 – Brive-la-Gaillarde 79.

XX **Terrasses de Beauregard** avec ch, rte de Trémolat 1,5 km ☎ 05 53 63 30 85, *Fax 05 53 24 53 55,* ≤ vallée, , – ☎ P. GB

1er mai-fin sept. – **Repas** *(fermé mardi midi et vend. midi)* 90/300 ♀ – ▭ 45 – **8 ch** 265/285 – 1/2 P 320/330.

LIMOGES P *87000 H.-Vienne* 72 ⑰ *G. Berry Limousin – 133 464 h Agglo. 170 065 h alt. 300.*

Voir *Cathédrale St-Etienne*★ **DZ** – *Église St-Michel-des-Lions*★ **CZ** – *Cour du temple*★ **CZ 61** – *Jardins de l'évêché*★ **DZ** – *Musée A. Dubouché*★★ *(porcelaines)* **BY** – *Musée municipal*★ **DZ M¹**.

Env. *Solignac : église abbatiale*★★ *S : 13 km.*

18 ☎ *05 55 30 21 02, par ⑤ : 3 km ;* 18 *de la Porcelaine* ☎ *05 55 31 10 69, par ②, N 421 puis rte secondaire : 9 km.*

✈ *de Limoges-Bellegarde :* ☎ *05 55 43 30 30, par ⑦ : 10 km.*

Office de Tourisme bd Fleurus ☎ *05 55 34 46 87, Fax 05 55 34 19 12 – Automobile Club Limousin 209 r. de Toulouse* ☎ *05 55 06 27 81, Fax 05 55 06 23 75.*

Paris 392 ① – Angoulême 104 ⑦ – Brive-la-Gaillarde 93 ④ – Châteauroux 125 ① – Clermont-Ferrand 178 ② – Périgueux 94 ⑤.

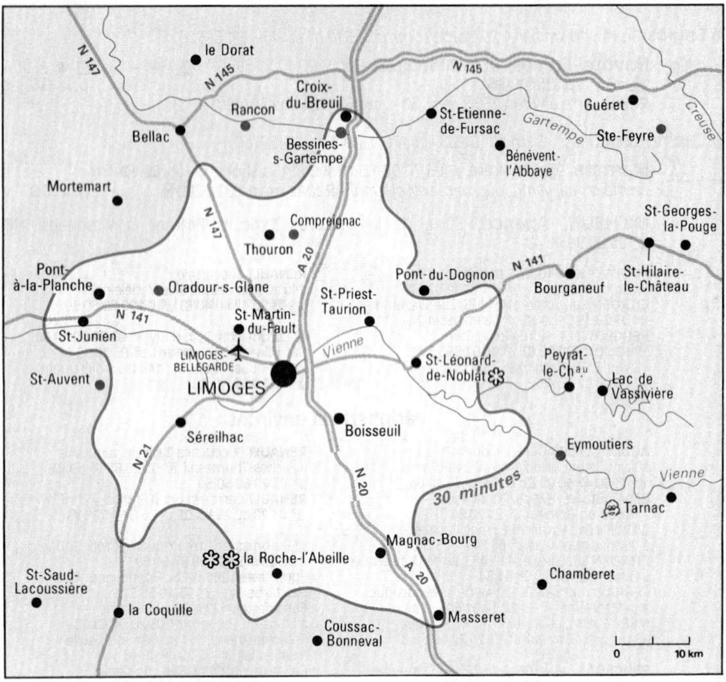

Royal Limousin M sans rest, 1 pl. République ☎ 05 55 34 65 30, *Fax 05 55 34 55 21* – TV ☎ – 150. AE GB CY u
▭ 50 – **76 ch** 440/680.

Richelieu M sans rest, 40 av. Baudin ☎ 05 55 34 22 82, *Fax 05 55 32 48 73* – TV ☎ P – 100. AE GB CZ k
▭ 48 – **32 ch** 315/480.

Luk H. sans rest, 29 pl. Jourdan ☎ 05 55 33 44 00, *Fax 05 55 34 33 57* – TV ☎. AE GB DY x
▭ 30 – **57 ch** 250/380.

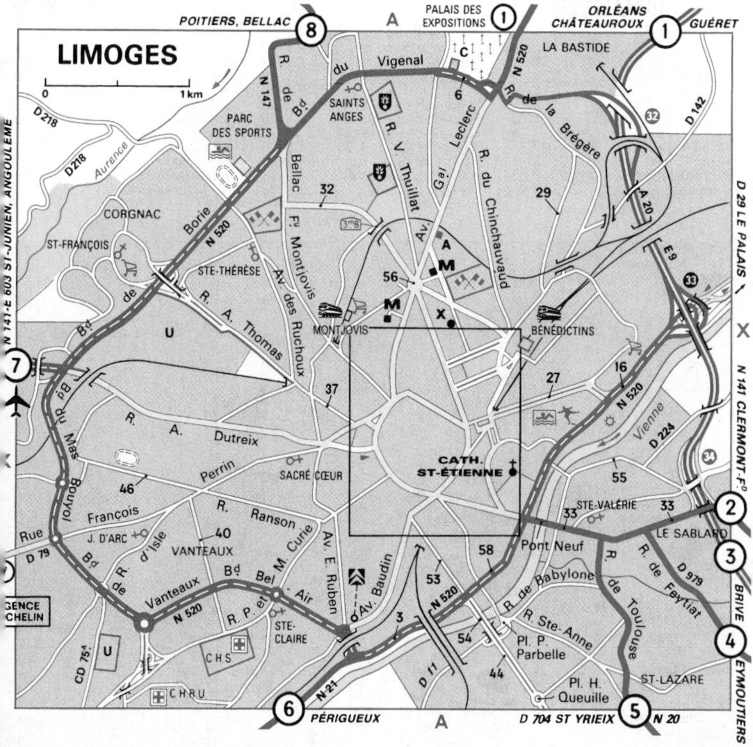

Caravelle sans rest, 21 r. A. Barbès ✆ 05 55 77 75 29, *Fax 05 55 79 27 60* – AE ⓓ GB JCB — AX x
▭ 40 – **30 ch** 290/370.

Jeanne-d'Arc sans rest, 17 av. Gén. de Gaulle ✆ 05 55 77 67 77, *Fax 05 55 79 86 75* – P – 30. AE ⓓ GB — DY s
fermé 19 déc. au 4 janv. – ▭ 40 – **50 ch** 260/450.

Petit Paris sans rest, 48 bis av. Garibaldi ✆ 05 55 77 39 82, *Fax 05 55 77 23 99* – GB — CY n
fermé 10 au 16 août, 21 déc. au 4 janv., vend., sam. et dim. hors saison – ▭ 35 – **24 ch** 250/270.

Musset, 5 r. du 71e Mobiles ✆ 05 55 34 34 03, *Fax 05 55 32 45 28,* « Salle à manger au décor 1900 » – P. AE ⓓ GB JCB — DZ b
fermé 16 oct. au 3 nov., vend. soir, sam. et dim. – **Repas** 100/250 ♀ – ▭ 30 – **28 ch** 280/300 – 1/2 P 360.

Paix sans rest, 25 pl. Jourdan ✆ 05 55 34 36 00, *Fax 05 55 32 37 06,* « Collection de phonographes » – GB — DY r
▭ 30 – **31 ch** 200/330.

XXX **Philippe Redon,** 3 r. d'Aguesseau ✆ 05 55 34 66 22, *Fax 05 55 34 18 05* – AE ⓓ GB — BZ t
fermé 1er au 15 août, 1er au 15 janv., lundi midi et dim. – **Repas** 140/240.

XX **Amphitryon,** 26 r. Boucherie ✆ 05 55 33 36 39, *Fax 05 55 32 98 50* – AE GB. — CZ u
fermé 23 août au 7 sept., lundi midi et dim. – **Repas** *(85)* - 120 (déj.), 140/190 ♀.

LIMOGES

Clocher (R. du) . . . . **CZ** 18
Consulat (R. du) . . . . **CZ**
Gambetta (Bd) . . . . **BCZ**
Jaurès (R. J.) . . . . **BYZ**
Louis-Blanc (Bd) . . . . **CZ**
République (Pl. de la) . . . . . . **CY** 52

Aine (Pl. d') . . . . **BZ** 2
Allois (R. des) . . . . **DZ** 4
Amphithéâtre (R. de l') . . . . **BY** 5
Bénédictins (Av. des) . . . . . . **DY** 8
Barreyrette (Pl. de la) . . . . . . **CZ** 7
Betoulle (Pl. L.) . . . . **CZ** 9
Boucherie (R. de la) . . . . **CZ** 10
Cathédrale (R. de la) . . . . **DZ** 15
Coopérateurs (R. des) . . . . . **BY** 19
Dupuytren (R.) . . . . **CZ** 20
Ferrerie (R.) . . . . **CZ** 23
Fonderie (R. de la) . . . . **BY** 25
Fontaine-des-Barres (Pl.) . . . **CY** 26
Giraudoux (Sq. J.) . . . . **CY** 28
Haute-Cité (R.) . . . . **DZ** 30
Louvrier-de-Lajolais (R.) . . . . **BY** 34
Manigne (Pl.) . . . . **CZ** 35
Maupas (R. du) . . . . **DY** 36
Michels (R. Charles) . . . . **CZ** 38
Motte (Pl. de la) . . . . **CZ** 39
Périn (Bd G.) . . . . **CY** 42
Préfecture (R. de la) . . . . **CY** 45
Raspail (R.) . . . . **DZ** 49
Réforme (R. de la) . . . . **CY** 51
St-Maurice (Bd) . . . . **DZ** 59
Stalingrad (Pl.) . . . . **CY** 60
Temple (Cour du) . . . . **CZ** 61
Temple (R. du) . . . . **CZ** 62
Victor-Hugo (Bd) . . . . **BY** 63
Vigne-de-Fer (R.) . . . . **CZ** 64
71e-Mobile (R. du) . . . . **DZ** 66

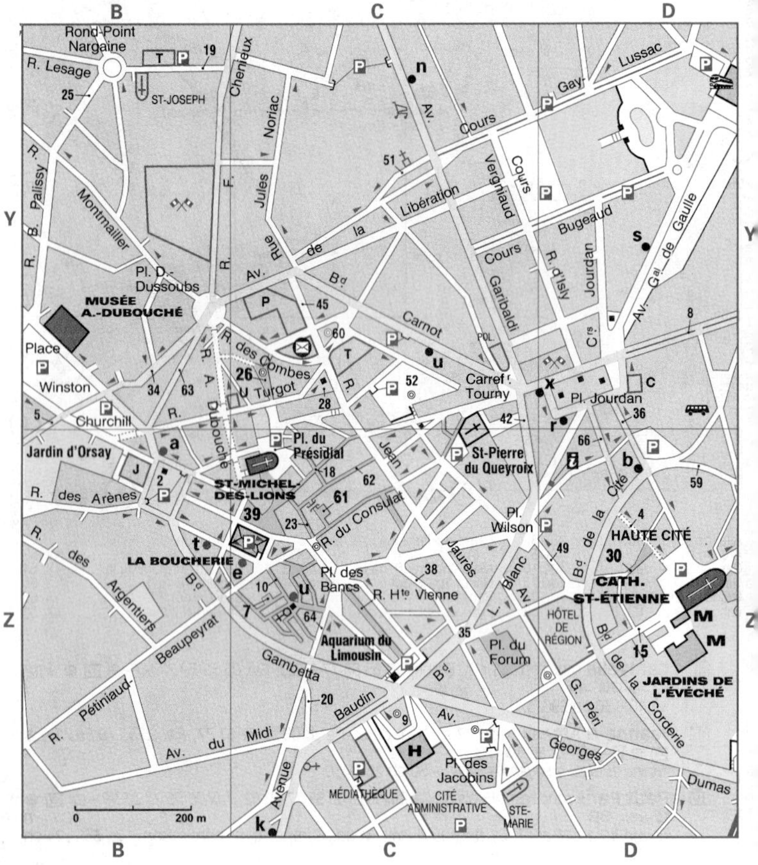

Les Petits Ventres, 20 r. Boucherie ✆ 05 55 33 34 02, « Maison du 15e siècle » – GB
fermé 12 au 15 juil., lundi midi et dim. – **Repas** *(65)* - 99/189 ♀. CZ u

Versailles, 20 pl. Aine ✆ 05 55 34 13 39, *Fax 05 55 32 84 73*, brasserie – ▤. GB BZ a
Repas *(60)* - 75/129 ♀, enf. 35.

Chez Alphonse, 5 pl. Motte ✆ 05 55 34 34 14, *Fax 05 55 34 36 06*, bistrot – GB CZ e
fermé 3 au 23 août, dim. et fériés – **Repas** 89 bc (déj.) et carte 150 à 220.

Z.I. Nord *par ① et A 20 (sortie Lac d'Uzurat) : 5 km* – ✉ *87280 Beaubreuil :*

Novotel Ⓜ, ✆ 05 55 37 20 98, *Fax 05 55 37 06 12*, – ▤ TV –
P – 25 à 80. AE GB
Repas carte environ 170 ♀, enf. 50 – 55 – **90 ch** 445/485.

rte de Paris *par ① et A 20 (sortie Beaune-les-Mines) : 9 km – ✉ 87280 Beaune-les-Mines :*

Résidence, ☎ 05 55 39 90 47, *Fax 05 55 39 28 85,* parc – 🅿 – 80. AE GB
Repas *(fermé dim. soir et soirs fériés)* 60 bc (déj.), 90/190 ♀, enf. 35 – ☕ 30 – **20 ch** 180/210 – ½ P 210.

rte de Toulouse *par ③ et A 20 (sortie Z.I. Magré-Romanet) : 6 km – ✉ 87220 Feytiat :*

Climat de France Ⓜ, ☎ 05 55 06 14 60, *Fax 05 55 06 38 93,* – 🅿 – 25. AE GB
Repas 69 (déj.), 88/115 ♂, enf. 40 – ☕ 35 – **50 ch** 280.

rte d'Eymoutiers *par ④ sur D 979 : 12 km – ✉ 87220 Feytiat :*

Aub. du Bonheur, ☎ 05 55 00 28 19, parc, « Maison limousine, collection d'objets anciens » – 🅿. GB
fermé 15 au 31 août, dim. soir et lundi sauf fériés – **Repas** 80 (déj.), 140/240.

au golf municipal *par ⑤ et rte secondaire : 3 km – ✉ 87000 Limoges :*

Albatros Ⓜ, ☎ 05 55 06 00 00, *Fax 05 55 06 23 49,* ←, « A l'orée du golf » – 🅿 – 30 à 80. GB
Repas *(fermé dim. soir)* 72/130 ♂, enf. 35 – ☕ 39 – **34 ch** 303/320 – ½ P 255.

à St-Martin-du-Fault *par ⑦, N 141 et D 20 : 13 km – ✉ 87510 Nieul :*

Chapelle St-Martin ☎ 05 55 75 80 17, *Fax 05 55 75 89 50,* ←, « Gentilhommière dans un parc », – 🅿 – 25. AE ⓓ GB JCB. ⚙ rest
Repas *(fermé 1er janv. au 10 fév. et lundi)* (nombre de couverts limité, prévenir) 160 (déj.), 250/300 – ☕ 75 – **9 ch** 590/980, 3 appart – ½ P 750/950.

rte de Bellac *par ⑧ sur N 147 : 12 km – ✉ 87150 Nieul :*

Les Justices avec ch, ☎ 05 55 75 84 54, – 🅿. GB
fermé dim. soir, lundi et soirs fériés – **Repas** (nombre de couverts limité, prévenir) 156/196 – ☕ 40 – **3 ch** 250/265.

MICHELIN, Agence, Voie communale n° 7, ZI Les Courrières à Isle par D 79 **AX** ☎ 05 55 05 18 18 ☎ 05 55 05 07 20

AUDI, VOLKSWAGEN Gar. Auto-Sport, à Feytiat ☎ 05 55 31 23 85
AUDI, VOLKSWAGEN Gar. Auto-Sport, r. Serpollet ZI Nord ☎ 05 55 35 01 00
BMW Gar. Fraisseix, 213 r. de Toulouse ☎ 05 55 30 42 70
CITROEN Midi Auto 87, r. de Feytiat par ④ ☎ 05 55 06 42 00 🅽 ☎ 05 55 06 31 00
CITROEN Gar. Baudin, 176 av. Baudin ☎ 05 55 34 15 74
FORD Gar. Fraisseix, N 20 à Crochat ☎ 05 55 30 46 47
FORD Limousin Nord Autom., r. Serpollet ZI Nord ☎ 05 55 38 93 38
MERCEDES Gar. Launay, av. L.-Armand, ZI Nord ☎ 05 55 38 16 17 🅽 ☎ 08 00 24 24 30
NISSAN Gar. Fourniou, r. de Feytiat Zone Bellevue ☎ 05 55 06 22 21
PEUGEOT Gds Gar. Limousin, ZI Magre par ④ ☎ 05 55 31 44 44 🅽 ☎ 05 55 38 01 28
RENAULT Gar. Boissou, 45 av. Pasteur à Aixe-sur-Vienne par ⑥ ☎ 05 55 70 20 59 🅽 ☎ 05 55 42 15 39
RENAULT Renault Limoges, av. L.-Armand, ZI Nord par ⑤ ☎ 05 55 04 48 48 🅽 ☎ 08 00 05 15 15
ROVER Drakkar Autom., 3 av. Carnot à Panazol ☎ 05 55 30 45 02
TOYOTA Gar. Carnot, 34 av. L.-Armand ☎ 05 55 37 37 38

Ⓜ Aixe Pneu Sce, 23 bis av. J.-Rebier à Aixe-sur-Vienne ☎ 05 55 70 17 58
Euromaster, 56 av. Gén.-Leclerc ☎ 05 55 38 42 43
Euromaster, ZI du Ponteix à Feytiat ☎ 05 55 06 06 47
Euromaster, 5-9 r. A.-Comte, ZI Nord ☎ 05 55 38 10 71
Faucher Pneus, 55-59 r. Th.-Bac ☎ 05 55 77 27 02
Pneus et Caoutchouc, 230 av. Baudin ☎ 05 55 34 51 21
Talandier Pneus, Mas Sarrazin, N 147 à Couzeix ☎ 05 55 77 52 42

CONSTRUCTEUR : Renault Véhicules Industriels, rte du Palais par D 29 **AX** ☎ 05 55 77 58 35

LIMONEST *69 Rhône* 74 ⑪, 110 ⑬ *– rattaché à Lyon.*

LIMOUX SP *11300 Aude* 86 ⑦ *G. Pyrénées Roussillon – 9 665 h alt. 172.*

ℹ *Office de Tourisme promenade du Tivoli ☎ 04 68 31 11 82, Fax 04 68 31 87 14.*

Paris 789 – Foix 69 – Carcassonne 25 – Perpignan 101 – Toulouse 93.

Gd H. Moderne et Pigeon, 1 pl. Gén. Leclerc ☎ 04 68 31 00 25, *Fax 04 68 31 12 43,* – 🅿. AE ⓓ GB
fermé 1er déc. au 15 janv. – **Repas** *(fermé sam. midi et lundi)* 150/225 ♀, enf. 75 – ☕ 55 – **19 ch** 320/520 – ½ P 330/415.

sur rte de Castelnaudary *Nord-Ouest : 13 km par D 623 – ✉ 11240 Belvèze-du-Razès :*

XX **Fricassou-Relais Touristique de Belvèze** avec ch, carrefour D 623 - D 18 ✆ *04 68 69 08 78, Fax 04 68 69 07 65*, ☂, ☂ – ▤ rest, TV ☎ ✆ P. AE ⓓ GB
Repas 85/250 ♀ – ☐ 27 – **7 ch** 200 – 1/2 P 245.

AUDI, VOLKSWAGEN, Gar. Bardavio, 22 av. A.-Chenier ✆ 04 68 31 02 43
CITROEN Formenty, rte d'Alet ✆ 04 68 31 06 00
FORD Gar. Huillet, 25 av. Fabre-d'Eglantine ✆ 04 68 31 01 48
PEUGEOT Gar. de Flassian, rte de Carcassonne ✆ 04 68 31 21 92 N ✆ 08 00 75 75 75
RENAULT SODAC, rte de Carcassonne ✆ 04 68 31 08 87 N ✆ 08 00 05 15 15
Ⓜ Belotti Pneus, av. de Catalogne ✆ 04 68 31 13 84

LINAS *91 Essonne* 60 ⑩, 101 ㉟ *– voir à Paris, Environs.*

LINGOLSHEIM *67 B.-Rhin* 62 ⑩ *– rattaché à Strasbourg.*

LIOCOURT *57590 Moselle* 57 ⑭ *– 107 h alt. 290.*
Paris 361 – Metz 28 – Nancy 32 – Château-Salins 15 – Pont-à-Mousson 26 – St-Avold 41.

XX **Au Savoy,** ✆ *03 87 01 36 72, Fax 03 87 01 42 94* – P. GB
fermé fév., dim. soir et lundi sauf fériés – **Repas** 96/225 ♀, enf. 55.

Le LIOUQUET *13 B.-du-R.* 84 ⑭, 114 ㊸ *– rattaché à La Ciotat.*

LIPSHEIM *67 B.-Rhin* 87 ⑤ *– rattaché à Strasbourg.*

LISIEUX SP *14100 Calvados* 55 ⑬ *G. Normandie Vallée de la Seine – 23 703 h alt. 51 Pèlerinage (fin septembre).*
Voir *Cathédrale St-Pierre★* **BY** – *CERZA (Centre d'Élevage et de Reproduction Zoologique Augeron)★ 12 km par ② et D 510.*
Env. *Château★ de St-Germain-de-Livet 7 km par ④.*
🅸 *Office de Tourisme 11 r. Alençon ✆ 02 31 62 08 41, Fax 02 31 62 35 22.*
Paris 176 ② – Caen 55 ⑥ – Alençon 93 ④ – Argentan 57 ④ – Cherbourg 186 ⑥ – Dieppe 142 ① – Évreux 73 ② – Le Havre 55 ① – Le Mans 142 ④ – Rouen 82 ②.

Plan page ci-contre

Mercure M, par ② *: 2,5 km sur N 13* ✆ *02 31 61 17 17, Fax 02 31 32 33 43*, ☂, ⛱ – |♦| TV ☎ ✆ ♿ P – 🏛 25 à 70. AE ⓓ GB
Repas (98) - 118/148 ♀, enf. 58 – ☐ 55 – **69 ch** 370/470.

Azur M sans rest, 15 r. au Char ✆ 02 31 62 09 14, *Fax 02 31 62 16 06* – |♦| TV ☎ ✆. AE GB. ✻ — BYZ b
☐ 45 – **15 ch** 380/460.

Gd H. de l'Espérance et rest. Pays d'Auge, 16 bd Ste Anne ✆ 02 31 62 17 53, *Fax 02 31 62 34 00* – |♦| ⊬ TV ☎ ✆ 🚗. AE ⓓ GB — BZ e
15 avril-15 oct. – **Repas** 89/156 ♀ – ☐ 39 – **100 ch** 320/450 – 1/2 P 280/350.

Régina, 14 r. Gare ✆ 02 31 31 15 43, *Fax 02 31 31 71 83* – |♦| TV ☎ P. GB — BZ a
fermé janv. – **Repas** (68) - 75/138 ♀ – ☐ 40 – **45 ch** 260/380 – 1/2 P 260.

Terrasse H., 25 av. Ste Thérèse ✆ 02 31 62 17 65, *Fax 02 31 62 20 25* – TV ☎. AE GB
fermé 23 déc. au 5 fév., vend. soir, sam. soir et dim. soir du 15 déc. au 1er mars – **Repas** 92/160, enf. 46 – ☐ 36 – **17 ch** 200/290 – 1/2 P 228/273. — BZ r

St-Louis sans rest, 4 r. St-Jacques ✆ 02 31 62 06 50 – TV ☎. GB — BZ s
fermé 1er au 15 fév. – ☐ 35 – **17 ch** 190/290.

XXX **Parc,** 21 bd H. Fournet ✆ 02 31 62 08 11, *Fax 02 31 62 79 55*, « Salle à manger néo-gothique » – P. GB — BY t
fermé dim. soir – **Repas** 98/295 et carte 220 à 340.

XX **Ferme du Roy,** par ① *: 2 km* ✆ 02 31 31 33 98, ☂, « Ancienne ferme, jardin » – P. AE GB
fermé dim. soir et lundi – **Repas** (prévenir) 105/285 ♀.

XX **Aux Acacias,** 13 r. Résistance ✆ 02 31 62 10 95, *Fax 02 31 32 91 36* – ▤. GB — BZ d
fermé dim. soir et lundi sauf fériés – **Repas** 90/280 ♀, enf. 50.

X **Aub. du Pêcheur,** 2 bis r. Verdun ✆ 02 31 31 16 85, *Fax 02 31 31 76 80* – AE ⓓ GB JCB
fermé 15 déc. au 15 janv., mardi et merc. – **Repas** 115/225 ♀. — BZ u

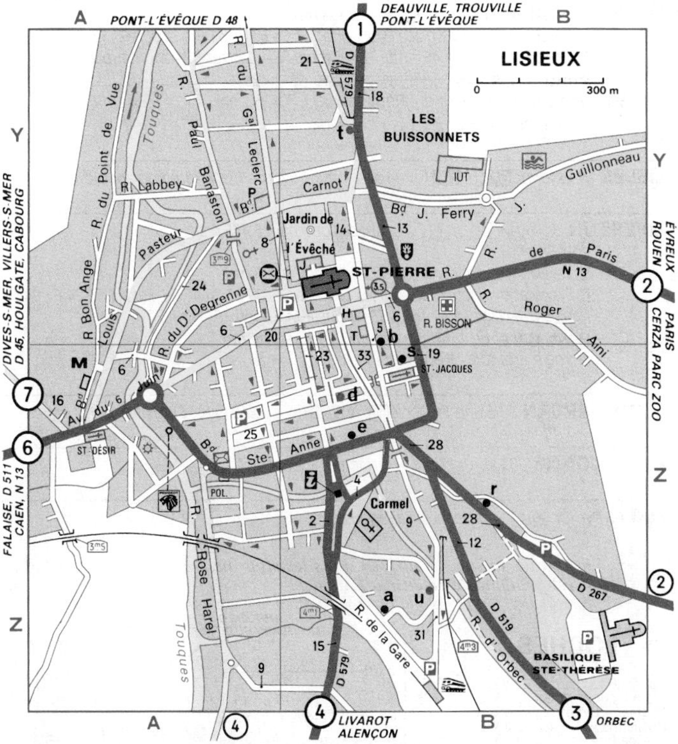

Char (R. au) .... BY 5
Chéron (R. Henry) ... ABY 6
Mitterrand (Pl. F.) .... ABY 20
Pont-Mortain (R.) ...... BZ 23
Victor-Hugo (Av.) ...... BZ 33

Alençon (R. d') .... BZ 2
Carmel (R. du) .... BZ 4
Condorcet (R.) .... AY 8
Creton (R.) .... ABZ 9
Dr-Lesigne (R.) .... BZ 10
Dr-Ouvry (R.) .... BZ 12
Duchesne-Fournet (Bd) BY 13
Foch (R. Mar.) .... BY 14
Fournet (R.) .... BZ 15
Guizot (R.) .... AZ 16
Herbet-Fournet (Bd) ... BY 18
Jeanne-d'Arc (Bd) ..... BZ 19
Oresme (Bd N.) .... BY 21
Remparts (Quai des)... AY 24
République (Pl. de la) .... ABZ 25
Ste-Thérèse (Av.) ...... BZ 28
Verdun (R. de) .... BZ 31

À Ouilly-du-Houley *par ②, D 510 et D 262 : 10 km – 183 h. alt. 55 – ✉ 14590 Moyaux :*

XX **Paquine,** rte Moyaux ✆ 02 31 63 63 80, *Fax 02 31 63 63 80,* 🏠, « Auberge fleurie » – P. GB. ✂
fermé 15 nov. au 1er déc., 15 au 28 fév., mardi soir sauf du 14 juil. au 31 août et merc. – **Repas** 169/350.

à Manerbe *par ⑦ : 7 km – 498 h. alt. 58 –* ✉ *14340 :*

XX **Pot d'Étain,** ✆ 02 31 61 00 94, 🏠, « Jardin fleuri » – P. AE GB
fermé 15 nov. au 1er déc., mardi soir et merc. – **Repas** *(100)* - 160/260 ♀, enf. 55.

AUDI, VOLKWAGEN Gar. Lepelletier, r. P.-Cornu ✆ 02 31 31 49 58
FORD Gar. des Loges, 24 r. Fournet ✆ 02 31 62 25 17
MERCEDES Gar. Christophe, ZI Nord Est ✆ 02 31 62 99 28 N ✆ 02 31 62 99 28
NISSAN Gar. Ehanno, ZI de La Vallée r. P.-Cornu ✆ 02 31 62 69 35
PEUGEOT Gar. Jonquard-Mary, 61 bd Ste-Anne ✆ 02 31 31 00 71 N ✆ 06 07 02 10 65
RENAULT Gar. de la Vallée, ZA r. P.-Cornu par bd Oresme ✆ 02 31 32 44 44 N ✆ 02 31 65 52 73

Ollitrault Pneus Point S, 5 r. G.-Bouffay ✆ 02 31 62 29 10
Renov. Pneu, 29 r. de Paris ✆ 02 31 62 03 04

LISLE-SUR-TARN *81310 Tarn* 82 ⑨ *– 3 588 h alt. 127.*

Office de Tourisme place Paul Saiffac ☎ 05 63 40 31 85, Fax 05 63 33 36 18.

Paris 668 – Toulouse 45 – Albi 32 – Cahors 88 – Castres 57 – Montauban 45.

Romuald, 6 r. Port ☎ 05 63 33 38 85, – GB

fermé dim. soir et lundi – **Repas** 65 (déj.), 80/160, enf. 40.

RENAULT Gar. Fauroux, ☎ 05 63 33 35 06

LISSES *91 Essonne* 61 ①, 106 ㉜ *– voir à Paris, Environs (Évry Agglomération d').*

LIVERDUN *54460 M.-et-M.* 62 ④ *G. Alsace Lorraine – 6 435 h alt. 205.*

Voir *Site★.*

18 de Nancy-Aingeray ☎ 03 83 24 53 87, SO : 2 km.

Syndicat d'Initiative (saison) Porte Haute ☎ 03 83 24 46 76, Fax 03 83 24 61 64.

Paris 342 – Nancy 15 – Metz 53 – Pont-à-Mousson 26 – Toul 20.

Host. Gare, pl. Gare ☎ 03 83 24 44 76 – AE GB

fermé mardi soir – **Repas** 95/250.

LIVRY-GARGAN *93 Seine-St-Denis* 56 ⑪, 101 ⑱ *– voir à Paris, Environs.*

La LLAGONNE *66 Pyr.-Or.* 86 ⑯ *– rattaché à Mont-Louis.*

LLO *66 Pyr.-Or.* 86 ⑯ *– rattaché à Saillagouse.*

En haute saison, et surtout dans les stations, il est prudent de retenir à l'avance.

LOCHES

Balzac (R.) .... **YZ**
Blé (Pl. au) .... **Y** 3
Château (R. du) .... **YZ** 5
Descartes (R.) .... **Y** 7
Grande-Rue .... **Y** 13
Marne (Pl. de la) .... **Y**
Picois (R.) .... **Y**
République (R. de la) .... **Y**
St-Antoine (R.) .... **Y** 21

Auguste (Bd Ph.) .... **Z**
Bas-Clos (Av. des) .... **Y** 2
Donjon (Mail du) .... **Z**
Droulin (Mail) .... **Z**
Filature (Q. de la) .... **Y** 8
Foulques-Nerra (R.) .... **Z** 9
Gaulle (Av. Gén.-de) .... **Y** 10
Grand Mail (Pl. du) .... **Y** 12
Lansyer (R.) .... **Z** 14
Mazerolles (Pl.) .... **Y** 15
Moulins (R. des) .... **Y** 16
Pactius (R. T.) .... **Z** 17
Poterie (Mail de la) .... **Z**
Ponts (R. des) .... **Y** 18
Porte-Poitevine (R. de la) .... **Z** 19
Quintefol (R.) .... **YZ**
Ruisseaux (R. des) .... **Z** 20
St-Ours (R.) .... **Z** 22
Tours (R. de) .... **Y**
Verdun (Pl. de) .... **Y**
Victor-Hugo (R.) .... **Y**
Vigny (R. A.-de) .... **Y**
Wermelskirchen (Pl. de) . **Y** 29

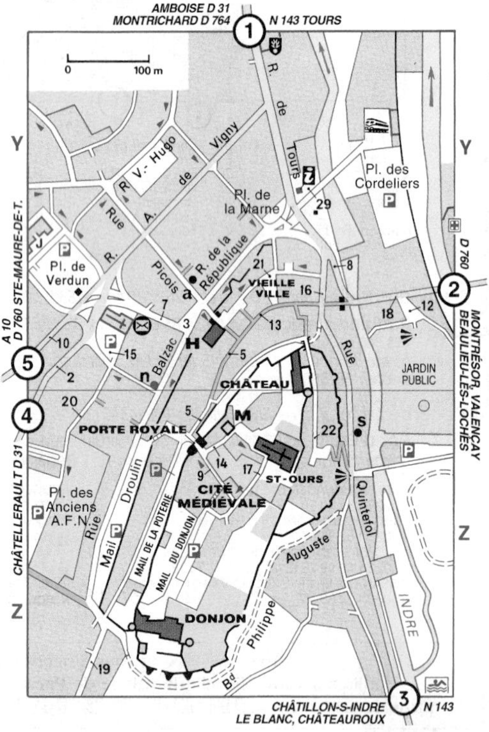

Dans la liste des rues des plans de villes, les noms en rouge indiquent les principales voies commerçantes.

LOCHES 37600 I.-et-L. 68 ⑥ *G. Châteaux de la Loire – 6 544 h alt. 80.*

Voir *Cité médiévale** : château**, donjon**, église St-Ours*, Porte Royale* – Hôtel de ville** Y H.

Env. *Portail* de la Chartreuse du Liget E : 10 km par ②.*

Office de Tourisme du Pays pl. Wermelskirchen ☎ 02 47 59 07 98, Fax 02 47 91 61 50.

Paris 258 ① – Tours 42 ① – Blois 71 ① – Châteauroux 71 ③ – Châtellerault 56 ④.

Plan page ci-contre

George Sand, 39 r. Quintefol ☎ 02 47 59 39 74, *Fax 02 47 91 55 75,* – TV ☎. GB
Repas 95/290, enf. 60 – ☕ 38 – **20 ch** 270/650 – ½ P 250/415. Z s

Luccotel, r. Lézards, par ⑤ : *1 km* ☎ 02 47 91 30 30, *Fax 02 47 91 30 35,* – rest, TV ☎ & P – 100. GB
Repas *(fermé 20 déc. au 12 janv. et sam. midi)* 75/220 ♀, enf. 50 – ☕ 36 – **42 ch** 330 – ½ P 275.

France, 6 r. Picois ☎ 02 47 59 00 32, *Fax 02 47 59 28 66,* – TV ☎. GB
fermé 6 janv. au 11 fév., lundi sauf le soir en juil.-août et dim. soir – **Repas** 85/260 – ☕ 35 – **19 ch** 230/350 – ½ P 255/310. Y a

Gerbe d'Or, 22 r. Balzac ☎ 02 47 59 06 38, *Fax 02 47 59 37 83,* – GB Y n
fermé fév., lundi soir et mardi – **Repas** 100 bc/130, enf. 50.

CITROEN Loches Autom., La Cloutière à Perrusson ☎ 02 47 91 24 24
PEUGEOT Gar. Lorillou, Zone ciale de Tivoli par ③ ☎ 02 47 59 00 41
RENAULT Sud Touraine Autom., r. Fontaine Charbonnelle par ① ☎ 02 47 91 38 38 N ☎ 02 47 40 91 43

Super Pneus, 1 r. Les Marcos ZA à Perrusson ☎ 02 47 59 26 26

LOCMARIAQUER *56740 Morbihan* 63 ⑫ *G. Bretagne – 1 309 h alt. 5.*

Voir *Ensemble mégalithique ** puis dolmens de Mané Lud* et de Mané Rethual* – Tumulus de Mané-er-Hroech* S : 1 km – Dolmen des Pierres Plates* SO : 2 km – Pointe de Kerpenhir ←* SE : 2 km.*

Office de Tourisme (avril-sept.) r. de la Victoire ☎ 02 97 57 33 05.

Paris 489 – Vannes 31 – Auray 13 – Quiberon 31 – La Trinité-sur-Mer 9.

Trois Fontaines M sans rest, rte Auray ☎ 02 97 57 42 70, *Fax 02 97 57 30 59,* – TV ☎ & P. GB
3 avril-2 nov. – ☕ 50 – **18 ch** 350/600.

Lautram, ☎ 02 97 57 31 32, *Fax 02 97 57 37 87* – ☎. GB
début avril-fin sept. – **Repas** 80/220, enf. 40 – ☕ 35 – **29 ch** 190/350 – ½ P 250/325.

Neptune M sans rest, port du Guilven ☎ 02 97 57 30 56, ← – TV ☎ & P
1er avril-25 sept. – ☕ 35 – **12 ch** 280/400.

LOCMINÉ *56500 Morbihan* 63 ③ *G. Bretagne – 3 346 h alt. 108.*

Paris 453 – Vannes 28 – Concarneau 95 – Lorient 50 – Pontivy 25 – Quimper 111 – Rennes 106.

Aub. Ville au Vent, r. O. de Clisson ☎ 02 97 60 08 40 – P. AE GB
fermé 10 au 24 nov., dim. soir et lundi – **Repas** 85/350 ♀, enf. 60.

à Bignan *Est : 5 km par D 1 – 2 567 h. alt. 148 – ✉ 56500 :*

Aub. La Chouannière, ☎ 02 97 60 00 96, *Fax 02 97 44 24 58* – GB
fermé 1er au 7 juil., 14 au 28 sept., vacances de fév., dim. soir et lundi – **Repas** 100/290 et carte 240 à 320.

Moréac Pneus-Point S, ZA le Barderff à Moréac ☎ 02 97 60 57 18

Rio Pneus, ☎ 02 97 60 01 24

LOCQUIREC *29241 Finistère* 58 ⑦ *G. Bretagne – 1 226 h alt. 15.*

Voir *Église* – Tour de la Pointe de Locquirec* 30 mn – Table d'orientation de Marc'h Sammet ←* O : 3 km.*

Office de Tourisme pl. du Port ☎ 02 98 67 40 83, Fax 02 98 79 32 50.

Paris 534 – Brest 79 – Guingamp 51 – Lannion 22 – Morlaix 22.

Gd H. des Bains, ☎ 02 98 67 41 02, *Fax 02 98 67 44 60,* « Dans un jardin en bordure de mer, ← la baie », – TV ☎ & P. AE GB. rest
fermé 5 janv. au 1er mars – **Repas** 160 – ☕ 50 – **36 ch** 650/1000 – ½ P 475/640.

St-Quirec, rte Plestin : 1,5 km ☎ 02 98 67 41 07 – P. GB
fermé 12 nov. au 17 déc., mardi soir et merc. sauf juil.-août – **Repas** (80) - 105/250.

LOCRONAN *29180 Finistère* 58 ⑮ *G. Bretagne – 796 h alt. 105.*

Voir *Place*** – *Église et chapelle du Pénity*** – *Montagne de Locronan* ✻* *E : 2 km – Kergoat : vitraux* de la chapelle NE : 3,5 km.*

Env. *Guengat : vitraux* de l'église S : 10 km par D 63 et D 56.*

Office de Tourisme pl. de la Mairie ☎ 02 98 91 70 14, Fax 02 98 51 81 20.

Paris 578 – Quimper 17 – Brest 65 – Briec 20 – Châteaulin 17 – Crozon 34 – Douarnenez 11.

Prieuré, ☎ 02 98 91 70 89, *Fax 02 98 91 77 60,* – TV ☎ P. GB
15 mars-15 nov. – **Repas** *(60)* - 70/200 ♀, enf. 40 – ☐ 37 – **14 ch** 280/340 – ½ P 300/320.

au Nord-Ouest *: 3 km par C 10 – ✉ 29550 Plonévez-Porzay :*

Manoir de Moëllien ⛰, ☎ 02 98 92 50 40, *Fax 02 98 92 55 21,* ←, – TV ☎ P. AE ⓓ GB
25 mars-15 nov. et 15 déc.-2 janv. – **Repas** *(fermé mardi midi, merc. midi et jeudi midi de mars à mi-juin et de mi-sept. à nov.)* 126/300 ♀, enf. 56 – ☐ 50 – **18 ch** 360 – ½ P 370/570.

LODÈVE SP *34700 Hérault* 83 ⑤ *G. Gorges du Tarn – 7 602 h alt. 165.*

Voir *Anc. cathédrale St-Fulcran* – Musée Fleury*.*

Office de Tourisme 7 pl. République ☎ 04 67 88 86 44, Fax 04 67 44 01 84.

Paris 699 ② – Montpellier 54 ② – Alès 96 ① – Béziers 65 ② – Millau 58 ① – Pézenas 40 ②.

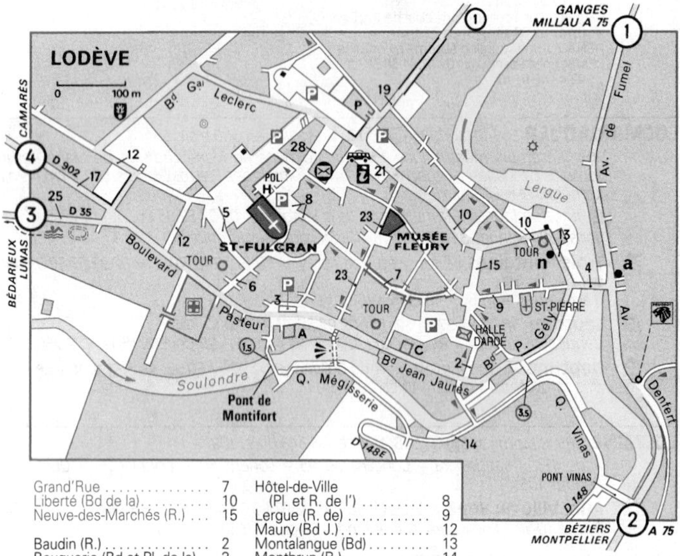

Grand'Rue	7	Hôtel-de-Ville (Pl. et R. de l')	8	République (R.)	23
Liberté (Bd de la)	10	Lergue (R. de)	9	Vallot (Av. J.)	25
Neuve-des-Marchés (R.)	15	Maury (Bd J.)	12	4-Septembre (R. du)	28
Baudin (R.)	2	Montalangue (Bd)	13		
Bouquerie (Bd et Pl. de la)	3	Montbrun (R.)	14		
Bourse (Pont de la)	4	Railhac (Bd J.)	17		
Galtier (R. J.)	5	République (Av. de la)	19		
Gambetta (Bd)	6	République (Pl.)	21		

Paix, 11 bd Montalangue **(n)** ☎ 04 67 44 07 46, *Fax 04 67 44 30 47* – ☎ GB
fermé 1er janv. au 18 mars, dim. soir et lundi d'oct. à mars sauf vacances scolaires – **Repas** 70/250, enf. 50 – ☐ 35 – **21 ch** 230/300 – ½ P 220/255.

Croix Blanche, 6 av. Fumel **(a)** ☎ 04 67 44 10 87, *Fax 04 67 44 38 33,* – ☎ P. GB. rest
1er avril-30 nov. – **Repas** *(fermé vend. midi)* 70/160, enf. 45 – ☐ 30 – **30 ch** 140/230 – ½ P 180/220.

PEUGEOT Gar. Ryckwaert, 6 av. Denfert ☎ 04 67 44 02 49 N ☎ 04 67 96 07 31

LODS *25930 Doubs* 70 ⑥ *G. Jura – 284 h alt. 361.*

Paris 441 – Besançon 36 – Baume-les-Dames 52 – Levier 22 – Pontarlier 23 – Vuillafans 5.

Truite d'Or, ☎ 03 81 60 95 48, *Fax 03 81 60 95 73,* – TV ☎ P. AE GB
fermé 15 déc. au 1er fév., dim. soir et lundi d'oct. à avril – **Repas** 100/260 ♀, enf. 55 – ☐ 32 – **11 ch** 260 – ½ P 280.

LOGELHEIM *68 H.-Rhin* 62 ⑲ *– rattaché à Colmar.*

Les LOGES-EN-JOSAS *78 Yvelines* 60 ⑩, 101 ㉓ *– voir à Paris, Environs.*

LOGNES *77 S.-et-M.* 56 ⑫, 101 ㉙ *– voir à Paris, Environs (Marne-la-Vallée).*

LOGUIVY-DE-LA-MER *22 C.-d'Armor* 59 ② *– rattaché à Paimpol.*

LOHÉAC *35550 I.-et-V.* 63 ⑥ *– 508 h alt. 50.*

Voir *Manoir de l'automobile*★, G. Bretagne.

Paris 380 – Rennes 35 – Châteaubriant 50 – Ploërmel 46 – Redon 33.

Gibecière, ✆ 02 99 34 06 14, *Fax 02 99 34 10 37* – TV ☎ ✆ ♿ P. AE GB
Repas 68/235 ♀ – ☕ 35 – **18 ch** 210/280 – ½ P 290/340.

Town plans: *roads most used by traffic and those on which Guide-listed hotels and restaurants stand are fully drawn; the beginning only of lesser roads is indicated.*

LOIRÉ *49440 M.-et-L.* 63 ⑲ *– 747 h alt. 39.*

Paris 321 – Angers 46 – Ancenis 34 – Châteaubriant 34 – Laval 64 – Nantes 72 – Rennes 85.

Aub. de la Diligence, ✆ 02 41 94 10 04, *Fax 02 41 94 10 04* – GB
fermé 16 août au 7 sept., 3 au 11 janv., sam. midi et lundi – **Repas** 68 (déj.), 105/225 ♀.

LOIRE-SUR-RHÔNE *69 Rhône* 74 ⑪ *– rattaché à Givors.*

LOMENER *56 Morbihan* 58 ⑫ *– rattaché à Ploemeur.*

La LONDE-LES-MAURES *83250 Var* 84 ⑯, 114 ㊼ *– 7 151 h alt. 24.*

ℹ *Office de Tourisme av. Albert Roux* ✆ *04 94 01 53 10, Fax 04 94 01 53 19.*

Paris 862 – Toulon 30 – Hyères 11 – Fréjus 64 – Le Lavandou 12 – St-Tropez 41.

Jardin Provençal, 18 av. G. Clemenceau ✆ 04 94 66 57 34, *Fax 04 94 66 57 34*, – GB
fermé 12 nov. au 10 déc., dim. soir et lundi sauf juil.-août – **Repas** 185/220.

LONDINIÈRES *76660 S.-Mar.* 52 ⑮ *– 1 119 h alt. 78.*

Paris 146 – Amiens 76 – Blangy-sur-Bresle 22 – Dieppe 27 – Neufchâtel-en-Bray 15 – Le Tréport 32.

Aub. du Pont avec ch, ✆ 02 35 93 80 47, *Fax 02 32 97 00 57*, – TV ☎ P – 25. GB
fermé 1er au 15 fév. – **Repas** (39) - 52/190 ♀, enf. 39 – ☕ 30 – **10 ch** 150/220 – ½ P 147/182.

CITROEN Gar. Hardiville, ✆ 02 35 93 80 22 N ✆ 02 35 93 80 22
RENAULT Gar. Courtaud, ✆ 02 35 93 80 81 N ✆ 02 35 93 80 81
Parin Pneus, ✆ 02 35 93 80 27

LONGCHAMP *73 Savoie* 74 ⑰ *– rattaché à St-François-Longchamp.*

LONGJUMEAU *91 Essonne* 60 ⑩, 101 ㉟ *– voir à Paris, Environs.*

LONGUES *63 P.-de-D.* 73 ⑭ *– rattaché à Vic-le-Comte.*

LONGUYON *54260 M.-et-M.* 57 ② *– 6 064 h alt. 213.*

ℹ *Office de Tourisme pl. Allende* ✆ *03 82 39 21 21, Fax 03 82 26 44 37.*

Paris 315 – Metz 80 – Nancy 113 – Sedan 71 – Thionville 59 – Verdun 48.

Mas et H. Lorraine avec ch, face gare ✆ 03 82 26 50 07, *Fax 03 82 39 26 09*, – TV ☎ – 40. AE GB JCB
fermé 4 janv. au 6 fév. et lundi du 20 sept. au 30 juin – **Repas** 120/380 et carte 330 à 420 – ☕ 35 – **14 ch** 235/310 – ½ P 310.

à Rouvrois-sur-Othain *(Meuse) Sud : 7,5 km par N 18 – 201 h. alt. 223 – ✉ 55230 :*

X **Marmite,** ✆ 03 29 85 90 79, *Fax 03 29 85 99 23* – ▤. GB. ⚘
fermé 24 au 31 août, dim. soir et lundi sauf fériés – **Repas** 95/250 ♀.

PEUGEOT Gar. de l'Est, 75 r. Hôtel-de-Ville ✆ 03 82 26 50 67

LONGWY *54400 M.-et-M.* 57 ② *G. Alsace Lorraine – 15 439 h alt. 262.*

ℹ *Office de Tourisme (hiver) Hôtel de ville, Longwy Haut ✆ 03 82 24 27 17 et (été) Puits de Siège, Longwy Haut ✆ 03 82 24 94 54.*

Paris 331 ③ – Luxembourg 35 ① – Metz 64 ② – Sedan 76 ③ – Thionville 43 ② – Verdun 63 ③.

à Longwy-Haut :

Nord, pl. Darche (a) ✆ 03 82 23 40 81, *Fax 03 82 23 17 73* – TV ☎. AE GB
Repas *(fermé dim. et fêtes)* 90/120 ♀ – ☕ 35 – **19 ch** 250/300.

à Cosnes-et-Romain *Ouest : 2 km par D 43 – 2 053 h. alt. 378 – ✉ 54400 :*

X **Aub. des Trois Canards,** 69 rue de Lorraine ✆ 03 82 24 35 36, *Fax 03 82 25 66 40* – AE ⓓ GB JCB
fermé 16 août au 6 sept., vacances de fév., dim. soir et lundi – **Repas** (80) - 114/209 ♀.

CITROEN Gar. Inglebert, 50 r. Alsace-Lorraine à Longlaville par ① ✆ 03 82 24 33 96 N ✆ 03 82 25 68 57
PEUGEOT Gar. Bailly-Fensch, 12 r. du Colonel-Merlin ✆ 03 82 25 04 04
RENAULT Longwy Espace Autom., N à Mexy par ② ✆ 03 82 26 09 01 N ✆ 08 00 05 15 15
ROVER Gar. Pacci, 22 r. J.-B.-Blondeau à Mont-St-Martin ✆ 03 82 23 35 05 N ✆ 03 82 23 35 05

Euromaster, ZI à Cosnes-et-Romain ✆ 03 82 23 94 77
Leclerc Pneu, 36 r. Chiers ✆ 03 82 24 40 79

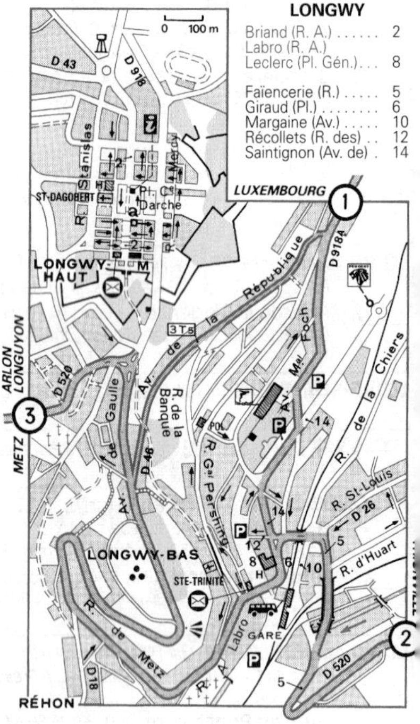

LONS-LE-SAUNIER P *39000 Jura* 70 ④ ⑭ *G. Jura – 19 144 h alt. 255 – Stat. therm. (avril-fin oct.) – Casino.*

Voir *Rue du Commerce*★ **Y** – *Grille*★ *de l'hôpital* **Y.**

Env. *Creux de Revigny*★ *7,5 km par* ②.

⛳18 *Val de Sorne, ✆ 03 84 43 04 80, S : 6 km par D 117 et D 41.*

ℹ *Office de Tourisme Pl. du 11 Novembre ✆ 03 84 24 65 01, Fax 03 84 43 22 59 – Automobile Club Jurassien ✆ 03 84 24 20 63, Fax 03 84 43 04 22.*

Paris 413 ③ – Chalon-sur-Saône 62 ③ – Besançon 85 ① – Bourg-en-Bresse 61 ③ – Dijon 100 ① – Dole 51 ① – Mâcon 78 ③ – Pontarlier 82 ②.

Plan page ci-contre

Nouvel H., 50 r. Lecourbe ✆ 03 84 47 20 67, *Fax 03 84 43 27 49* – TV ☎ ✆ P. AE ⓓ GB. ⚘ rest **Y r**
fermé 22 déc. au 10 janv. – **Repas** *(fermé vend., sam. et dim.)* (dîner seul.) 65 ♀ – ☕ 35 – **26 ch** 195/295 – ½ P 148/198.

XX **Comédie,** 65 r. Agriculture ✆ 03 84 24 20 66, 🌳 – ▤. GB **Y e**
fermé vacances de printemps, 26 juil. au 18 août, lundi soir et dim. – **Repas** 98/155 ♀.

XX **Relais d'Alsace,** 74 rte Besançon par ① ✆ 03 84 47 24 70, *Fax 03 84 47 24 70,* 🌳 – P. GB
fermé vacances de fév., dim. soir et lundi – **Repas** 98/245 ♀, enf. 35.

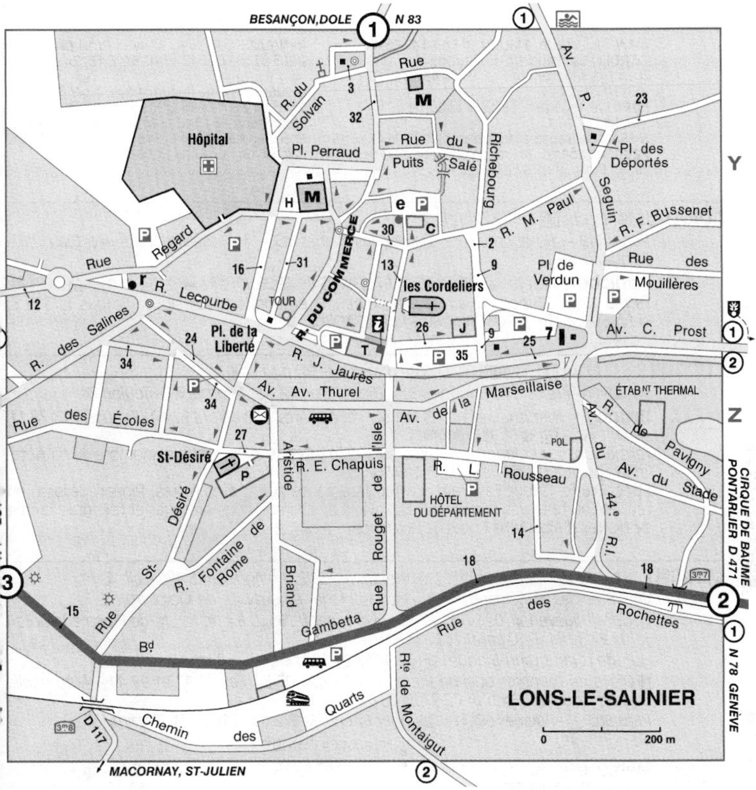

Commerce (R. du) . . . . Y
Jean-Jaurès (R.) . . . . YZ
Lafayette (R.) . . . . Y 16
Lecourbe (R.) . . . . Y
Liberté (Pl. de la) . . . . Y
Moulin (Av. J.) . . . . Y 25
Anc.-Collège (Pl. de l') . . . . Y 2

Bichat (Pl.) . . . . Y 3
Chevalerie (Prom. de la) . . . . . Y 7
Chevalerie (R. de la) . . . . Y 9
Colbert (Cours) . . . . Y 12
Cordeliers (R. des) . . . . Y 13
Curé-Marion (R. du) . . . . Z 14
Ferry (Bd J.) . . . . Z 15
Lattre-de-T. (Bd Mar. de) . . . . Z 18

Mendès-France (Av. P.) . . . . . . Y 23
Monot (R. E.) . . . . Y 24
Pasteur (R.) . . . . Y 26
Préfecture (R. de la) . . . . Z 27
Sébile (R.) . . . . Y 30
Tamisier (R.) . . . . Y 31
Trouillot (R. G.) . . . . Y 32
Vallière (R. de) . . . . YZ 34
11-Novembre (Pl. du) . . . . Y 35

à Chille par ① *rte de Besançon et D 157 : 3 km – 217 h. alt. 330 – ✉ 39570 :*

Parenthèse et Thélème M, ✆ 03 84 47 55 44, *Fax 03 84 24 92 13*, parc, – 30. AE GB
Repas *(fermé 15 fév. au 1er mars, dim. soir et lundi midi)* *(70)* - 85/260 ♀, enf. 50 – 42 – **31 ch** 300/650 – ½ P 345/390.

au Sud *6 km par D 117 et D 41 – ✉ 39570 Vernantois :*

Golf M, ✆ 03 84 43 04 80, *Fax 03 84 47 31 21*, ≤, « Sur le golf », – rest, – 50. GB
Repas *(fermé dim. soir)* *(75)* - 98/155 – 55 – **36 ch** 530 – ½ P 450.

à Courlans par ③ *rte de Chalon, N 78 : 6 km – 640 h. alt. 227 – ✉ 39570 :*

XXX **Aub. de Chavannes** (Carpentier), ✆ 03 84 47 05 52, *Fax 03 84 43 26 53*, – P. GB.
✿ *fermé 29 juin au 7 juil., janv., dim. soir et lundi* – **Repas** (nombre de couverts limité, prévenir) *(130)* - 165/265 et carte 300 à 400 ♀
Spéc. Paupiettes de morteau aux escargots et chou croquant. Suprême de poularde de Bresse en rouelles, morilles farcies et gnocchi de polenta. Filet de pigeon rôti. **Vins** L'Etoile, Arbois-Pupillin.

BMW Gar. Parizon, à Messia ✆ 03 84 47 05 45
CITROEN Gar. Baud, Bd de l'Europe ZI par r. des Mouillères Y ✆ 03 84 43 18 17 N ✆ 08 00 05 24 24
FORD Gar. Lecourbe, 58 bis r. Lecourbe ✆ 03 84 47 20 13
NISSAN Gar. Labet, à Montmorot ✆ 03 84 47 46 18
PEUGEOT Sonalp, 281 rte de Conliège à Perrigny par av. Prost ✆ 03 84 24 37 96
RENAULT S.O.R.E.C.A., 47 av. C.-Prost par ② ✆ 03 84 35 66 55 N ✆ 03 84 35 66 55

Jurassienne du Pneumatique, ZI r. V.-Bérard ✆ 03 84 24 01 59 N ✆ 03 84 44 24 33
Lédo Pneus, 96 r. St-Désiré ✆ 03 84 47 09 75
Pneu Services, 32 av. C.-Prost ✆ 03 84 43 16 91
Vulco, 6 bd Duparchy ✆ 03 84 47 12 63

LORAY *25390 Doubs 66 ⑰ – 372 h alt. 745.*

Paris 449 – Besançon 44 – Baume-les-Dames 35 – Montbéliard 62 – Morteau 21 – Pontarlier 39.

XX **Robichon** avec ch, ✆ 03 81 43 21 67, *Fax 03 81 43 26 10*, – TV ☎ P – 30. GB
fermé 12 au 20 oct., 12 au 20 janv., dim. soir et lundi sauf juil.-août – **Repas** 75/365 ♀, enf. 65 – ☕ 40 – **11 ch** 240/280 – ½ P 250/270.

LORGUES *83510 Var 84 ⑥, 114 ㉒ G. Côte d'Azur – 6 340 h alt. 200.*

Paris 841 – Fréjus 39 – Brignoles 32 – Draguignan 12 – St-Raphaël 41 – Toulon 74.

XXX **Bruno** avec ch, Sud-Est : 3 km par rte des Arcs ✆ 04 94 73 92 19, *Fax 04 94 73 78 11*, ←, – TV ☎ P. AE ⓓ GB
fermé dim. soir et lundi du 15 sept. au 15 juin – **Repas** (menu unique) (nombre de couverts limité, prévenir) 280 – ☕ 60 – **3 ch** 450/750
Spéc. Truffe "Tuber Eastivum" en feuilleté, sauce aux truffes noires. Pigeon désossé en feuilleté au foie gras et aux truffes. Raviole de champignons sauvages et foie gras, crème de truffes d'Alba. **Vins** Côtes de Provence.

LORIENT 56100 *Morbihan 63 ① G. Bretagne – 59 271 h Agglo. 115 488 h alt. 4.*

Voir *Base des sous-marins*★ **AZ** – *Intérieur*★ *de l'église N.-D.-de-Victoire* **BY E**.

18 *du Val Quéven ✆ 02 97 05 17 96, 8 km N par D 765, D 6 à dr.* **AY** ; 18 *de Ploemeur-Océan ✆ 02 97 32 81 82, O par D 162 : 13 km.*

de Lorient Lann-Bihoué : ✆ 02 97 87 21 50, par D 162 : 8 km **AZ**.

Office de Tourisme quai de Rohan ✆ 02 97 21 07 84, Fax 02 97 21 99 44 – Automobile Club 61 r. du Mar.-Foch ✆ 02 97 21 03 07.

Paris 503 ③ – Vannes 58 ③ – Quimper 67 ③ – St-Brieuc 114 ③ – St-Nazaire 135 ③.

Plan page ci-contre

Mercure M sans rest, 31 pl. J. Ferry ✆ 02 97 21 35 73, *Fax 02 97 64 48 62* – TV ☎ – 30. AE ⓓ GB — BZ m
☕ 52 – **58 ch** 415/465.

Centre sans rest, 30 r. Du Couëdic ✆ 02 97 64 13 27, *Fax 02 97 64 17 39* – TV ☎ P. AE ⓓ GB — BY x
☕ 35 – **34 ch** 220/300.

Léopol sans rest, 11 r. W. Rousseau ✆ 02 97 21 23 16, *Fax 02 97 84 93 27* – TV ☎. AE GB — BY r
fermé 24 déc. au 5 janv. – ☕ 30 – **26 ch** 180/260.

Astoria sans rest, 3 r. Clisson ✆ 02 97 21 10 23, *Fax 02 97 21 03 55* – TV ☎. AE ⓓ GB — BY q
☕ 30 – **39 ch** 230/290.

H. Victor-Hugo sans rest, 36 r. L. Carnot ✆ 02 97 21 16 24, *Fax 02 97 84 95 13* – TV ☎. AE ⓓ GB — BZ f
☕ 35 – **30 ch** 160/260.

Cléria sans rest, 27 bd Mar. Franchet d'Esperey ✆ 02 97 21 04 59, *Fax 02 97 64 19 10* – TV ☎ – 25. AE GB — AY k
☕ 27 – **33 ch** 220/240.

XXX **Poisson d'Or**, 1 r. Maître Esvelin ✆ 02 97 21 57 06, *Fax 02 97 64 65 42* – AE ⓓ GB — BZ m
fermé janv., sam. midi et dim. sauf fériés – **Repas** 100/300 et carte 210 à 360 ♀.

XX **Jardin Gourmand**, 46 r. J. Simon ✆ 02 97 64 17 24, *Fax 02 97 64 15 75*, – AE GB
fermé 2 au 12 août, vacances de fév., lundi soir de sept. à juin et dim. sauf fériés – **Repas** 90/150 dîner à la carte 160 à 220 ♀. — AY t

XX **Pic**, 2 bd Mar. Franchet d'Esperey ✆ 02 97 21 18 29, *Fax 02 97 21 92 64* – GB — AY b
fermé sam. midi et dim. – **Repas** *(70)* - 95/195 ♀, enf. 65.

XX **Rest. Victor-Hugo**, 36 r. L. Carnot ✆ 02 97 64 26 54, *Fax 02 97 64 24 87* – AE ⓓ GB JCB — BZ f
fermé sam. midi et dim. – **Repas** 85/210 ♀, enf. 65.

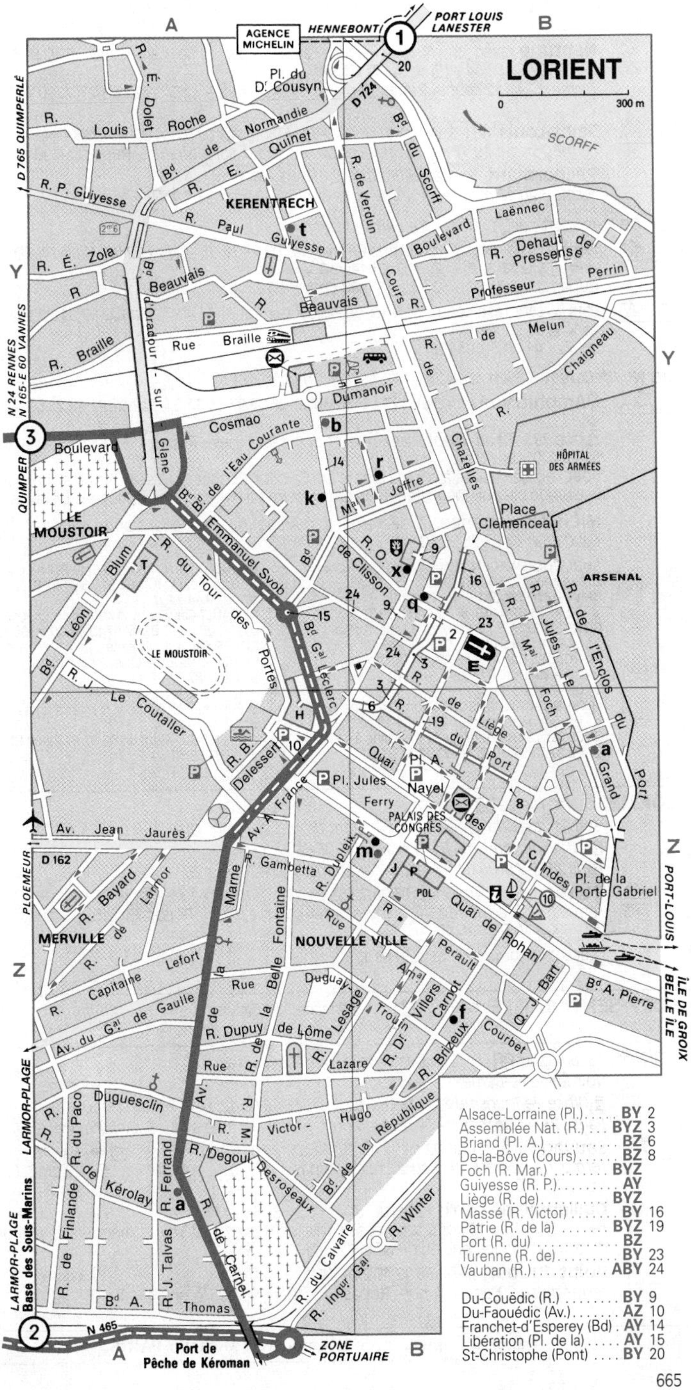

Alsace-Lorraine (Pl.) . . . . . **BY** 2
Assemblée Nat. (R.) . . . **BYZ** 3
Briand (Pl. A.) . . . . **BZ** 6
De-la-Bôve (Cours) . . . . . . **BZ** 8
Foch (R. Mar.) . . . . **BYZ**
Guiyesse (R. P.) . . . . **AY**
Liège (R. de) . . . . **BYZ**
Massé (R. Victor) . . . . . . **BY** 16
Patrie (R. de la) . . . . . . **BYZ** 19
Port (R. du) . . . . **BZ**
Turenne (R. de) . . . . **BY** 23
Vauban (R.) . . . . **ABY** 24

Du-Couëdic (R.) . . . . **BY** 9
Du-Faouëdic (Av.) . . . . **AZ** 10
Franchet-d'Esperey (Bd) . **AY** 14
Libération (Pl. de la) . . . . . **AY** 15
St-Christophe (Pont) . . . . **BY** 20

XX **Neptune** avec ch, 15 av. Perrière au Sud par r. de Carnel AZ ✆ 02 97 37 04 56, *Fax 02 97 87 07 54* – TV ☎ ✆. AE ⓓ GB
fermé 1er au 12 sept. – **Repas** *(fermé dim.)* 75/220 ⅀ – ☕ 32 – **23 ch** 220/280 – ½ P 235/245.

X **Saint-Louis,** 48 r. J. Le Grand ✆ 02 97 21 50 45, *Fax 02 97 84 00 77* – GB BZ a
fermé 25 août au 17 sept., vacances de fév., mardi soir et merc. – **Repas** 62/190.

X **Pécharmant,** 5 r. Carnel ✆ 02 97 21 33 86 – GB AZ a
fermé 3 au 10 mai, 19 juil. au 17 août et dim. – **Repas** 88/138 ⅀.

Z.I. de Kerpont *par ① : 6 km – ✉ 56850 Caudan :*

Novotel M, centre hôtelier de Bellevue ✆ 02 97 76 02 16, *Fax 02 97 76 00 24*, – TV ☎ ✆ ♿ P – 120. AE ⓓ GB JCB
Repas (85) - 100, enf. 50 – ☕ 55 – **88 ch** 415/470.

Ibis M sans rest, centre hôtelier de Bellevue ✆ 02 97 76 40 22, *Fax 02 97 81 28 56* – TV ☎ ✆ ♿ P. AE ⓓ GB JCB
☕ 35 – **41 ch** 300/340.

au Nord-Ouest *3,5 km par D 765 – ✉ 56100 Lorient :*

XXX **L'Amphitryon** (Abadie), 127 r. Col. Müller ✆ 02 97 83 34 04, *Fax 02 97 37 25 02* – ▤. GB.
fermé 28 août au 5 sept., sam. midi et dim. sauf fériés – **Repas** 115 (déj.), 160/390 et carte 310 à 400, enf. 75
Spéc. Homard sauté à cru à la crème (avril à oct.). Rouget juste saisi, "fouillis" de saveurs et ficelles de blé noir. Dégustation de chocolat noir amer et crème glacée à la pistache.

MICHELIN, Agence, ZI de Kerpont, r. Arago, dir. Hennebont après Lanester par ① à Caudan ✆ 02 97 76 03 60

AUDI, VOLKSWAGEN Atlantic Auto, ZI Kerpont à Lanester ✆ 02 97 76 89 89
BMW Auto Port, Rd-Pt du Plénéno ✆ 02 97 83 87 41 N ✆ 02 97 37 03 33
CITROEN S.C.A.O., ZI Kerpont à Lanester par ① ✆ 02 97 81 19 81 N ✆ 02 97 81 45 12
MERCEDES Gar. Allanic, Rte de Quimperlé, ZI de Keryado ✆ 02 97 83 00 90 N ✆ 02 97 37 03 33
MITSUBITSCHI, PORSCHE Sport Bretagne Autom., ZI Kerpont à Lanester ✆ 02 97 81 19 20
OPEL Gar. L'Automobile, 42 r. Trudaine à Lanester, ✆ 02 97 76 92 69 N ✆ 02 97 37 03 33
PEUGEOT Gar. Chrétien, ZC de Bellevue à Caudan par ① ✆ 02 97 76 97 97 N ✆ 08 00 44 24 24
RENAULT Gar. Court, ZI Kerpont à Caudan par ① ✆ 02 97 87 67 67 N ✆ 08 00 05 15 15
ROVER Gar. Auto Océane, Rd-Pt Base Sous Marine, 1 r. F.-Toullec ✆ 02 97 87 07 07

Euromaster, 68 av. A.-Croizat à Lanester ✆ 02 97 76 03 02
Vulco, 1 bd L.-Blum ✆ 02 97 87 72 00 N ✆ 02 97 65 33 38

LORMES *58140 Nièvre 65 ⑯ G. Bourgogne – 1 464 h alt. 420.*

Voir *Terrasse du cimetière* ✻★ – *Mont de la Justice* ✻★ *NO : 1,5 km.*
Office de Tourisme 5 r. d'Avallon ✆ 03 86 22 82 74.
Paris 241 – Autun 63 – Avallon 29 – Clamecy 35 – Nevers 76.

Perreau, 8 rte Avallon ✆ 03 86 22 53 21, *Fax 03 86 22 82 15* – TV ☎ P. GB
fermé 5 janv. au 15 fév., dim. soir et lundi d'oct. à mars – **Repas** 75/210 – ☕ 30 – **17 ch** 260/300 – ½ P 230/240.

PEUGEOT Gar. Orgueil, ✆ 03 86 22 83 43

LORP-SENTARAILLE *09 Ariège 86 ③ – rattaché à St-Girons.*

LORRIS *45260 Loiret 65 ① G. Châteaux de la Loire – 2 620 h alt. 126.*

Voir *Église N.-Dame*★.
Office de Tourisme 2 pl. des Halles ✆ 02 38 94 81 42, Fax 02 38 94 88 00.
Paris 123 – Orléans 53 – Gien 27 – Montargis 22 – Pithiviers 44 – Sully-sur-Loire 18.

XX **Sauvage** avec ch, ✆ 02 38 92 43 79, *Fax 02 38 94 82 46* – ▤ rest, TV ☎. ⓓ GB
fermé 7 au 24 oct. et 3 au 27 fév. – **Repas** 115/280, enf. 50 – ☕ 35 – **8 ch** 260/350 – ½ P 275/310.

XX **Guillaume de Lorris,** Gde rue ✆ 02 38 94 83 55 – GB
fermé 27 juil. au 13 août, vacances de fév., dim. soir, mardi soir et merc. – **Repas** (nombre de couverts limité, prévenir) 115/145 ⅀, enf. 75.

X **Point du Jour,** ✆ 02 38 92 40 21 – GB
fermé 1er au 20 janv. et lundi – **Repas** 60 bc (déj.), 95/195 ⅀, enf. 45.

LOUBRESSAC *46130 Lot* 75 ⑲ *G. Périgord Quercy – 449 h alt. 320.*

Voir Site★ du château.

Office de Tourisme ☎ 05 65 10 82 18 (hors saison) St-Céré ☎ 05 65 38 11 85, Fax 05 65 38 38 71.

Paris 530 – Brive-la-Gaillarde 48 – Cahors 72 – Figeac 41 – Gourdon 54 – Gramat 17 – St-Céré 9.

Relais de Castelnau M, ☎ 05 65 10 80 90, *Fax 05 65 38 22 02,* ≤ vallée, – TV ☎ P. AE GB
20 mars-11 nov. et fermé dim. soir et lundi du 5 oct. au 28 avril sauf week-ends fériés – **Repas** 89 (déj.), 105/170, enf. 58 – 45 – **40 ch** 390/550 – ½ P 360/435.

Lou Cantou, ☎ 05 65 38 20 58, *Fax 05 65 38 25 37,* ≤, – rest, TV ☎ P. AE GB
fermé 25 oct. au 15 nov., 6 au 13 fév. et lundi (sauf rest.) d'oct. à mars – **Repas** 75/190 ♀, enf. 45 – 40 – **12 ch** 290/360 – ½ P 290/350.

à Py *au Nord-Ouest : 3,5 km par D 118 et D 14 – ✉ 46130 Loubressac :*

Calèches de Py M sans rest, ☎ 05 65 39 75 06, *Fax 05 65 38 61 04* – ☎ P. GB
1er avril-3 nov. – 35 – **9 ch** 260/280.

LOUDÉAC *22600 C.-d'Armor* 58 ⑲ *G. Bretagne – 9 820 h alt. 155.*

Syndicat d'Initiative (juin-sept.) Pl. Gén.-de-Gaulle ☎ 02 96 28 25 17, Fax 02 96 28 05 13.

Paris 437 – St-Brieuc 41 – Carhaix-Plouguer 68 – Dinan 75 – Pontivy 21 – Rennes 87.

Voyageurs, 10 r. Cadélac ☎ 02 96 28 00 47, *Fax 02 96 28 22 30* – TV ☎ – 40. AE GB
fermé 24 déc. au 2 janv. – **Repas** *(fermé sam.)* 72/250 ♀, enf. 50 – 34 – **28 ch** 220/295 – ½ P 195/240.

France, 1 r. Cadélac ☎ 02 96 66 00 15, *Fax 02 96 28 61 94* – TV ☎ P – 100. AE GB
fermé Noël au Jour de l'An – **Repas** *(fermé dim. sauf le soir en juil.-août)* (57) - 72/170 ♀, enf. 42 – 35 – **39 ch** 180/320 – ½ P 190/250.

à La Prénessaye *Est : 7 km sur N 164 – 854 h. alt. 109 – ✉ 22210 Plémet :*

Motel d'Armor, ☎ 02 96 25 90 87, *Fax 02 96 25 76 72,* – TV ☎ P. GB
fermé vacances de fév. – ***Boléro*** *(fermé dim. soir)* **Repas** 78/230 ♀ – 35 – **10 ch** 225/280 – ½ P 240/300.

AUDI, WOLKSWAGEN Gar. Lebreton, 23 r. de Pontivy ☎ 02 96 28 00 59
PEUGEOT Centre auto Loudeac, bd Victor Etienne ☎ 02 96 28 23 83 N ☎ 02 96 28 66 33
RENAULT Gar. Triballier, bd. des Peupliers ☎ 02 96 28 00 07 N ☎ 08 00 05 15 15
Vulco, ZI de Kersuguet ☎ 02 96 28 05 73

LOUDUN *86200 Vienne* 67 ⑨ *G. Poitou Vendée Charentes – 7 854 h alt. 120.*

Voir Tour carrée ★ **AY.**

18 ☎ *05 49 98 78 06 par av. d'Anjou* **BY** *: 16,5 km.*

Office de Tourisme à l'Hôtel de Ville ☎ 05 49 98 15 96, Fax 05 49 98 12 88.

Paris 311 ① – Angers 78 ④ – Châtellerault 46 ① – Parthenay 55 ④ – Poitiers 55 ④ – Tours 72 ①.

Plan page suivante

Host. de la Roue d'Or, 1 av. Anjou ☎ 05 49 98 01 23, *Fax 05 49 22 31 05* – TV ☎ P. AE GB — **BY e**
fermé dim. soir hors saison – **Repas** 75/215, enf. 60 – 35 – **14 ch** 280/380.

Renaudot sans rest, 40 av. de Leuze ☎ 05 49 98 19 22, *Fax 05 49 98 94 22* – TV ☎. GB — **BY a**
45 – **29 ch** 290/320.

Ricordeau, 6 pl. Boeuffeterie ☎ 05 49 98 51 42, *Fax 05 49 98 62 24* – GB — **BY s**
fermé lundi sauf juil.-août et dim. soir – **Repas** 85/195 ♀.

AUDI, VOLKSWAGEN Autom. Loudunaise, 9 bd G.-Chauvet ☎ 05 49 98 15 57
CITROEN Gar. Terradillos, r. Artisans **AZ** ☎ 05 49 98 34 30
Loudun Pneus, ZI Nord, 6 av. de Ouagadougou ☎ 05 49 98 19 39

LOUDUN

Porte-de-Chinon (R.) . . . . BY

Anjou (Av. d') . . . . BY 2
Château (R. du) . . . . AY 3
Chevreau (R. U.) . . . . BZ 4
Collège (R. du) . . . . BZ 6
Croix-Bruneau (R. de la) . . . . AY 7
Grand-Cour . . . . BY 8
Leuze (Av. de) . . . . BY 10
Meures (R. des) . . . . BY 12
Palais (R. du) . . . . BYZ 13
Portail-Chaussé (R. du) . . . . BY 14
Poitou (Av. du) . . . . BZ 15
Porte de Chinon (Pl.) . . . . . . BY 16
Porte Mirebeau (Pl.) . . . . BZ 18
Porte Mirebeau (R.) . . . . BZ 19
Porte St-Nicolas (R.) . . . . AY 20
Renaudot (R.) . . . . BY 22
Touraine (Av. de) . . . . BY 23
Vieille Charité (R.) . . . . BZ 25
Vieille porte du Martray . . . . AY 26

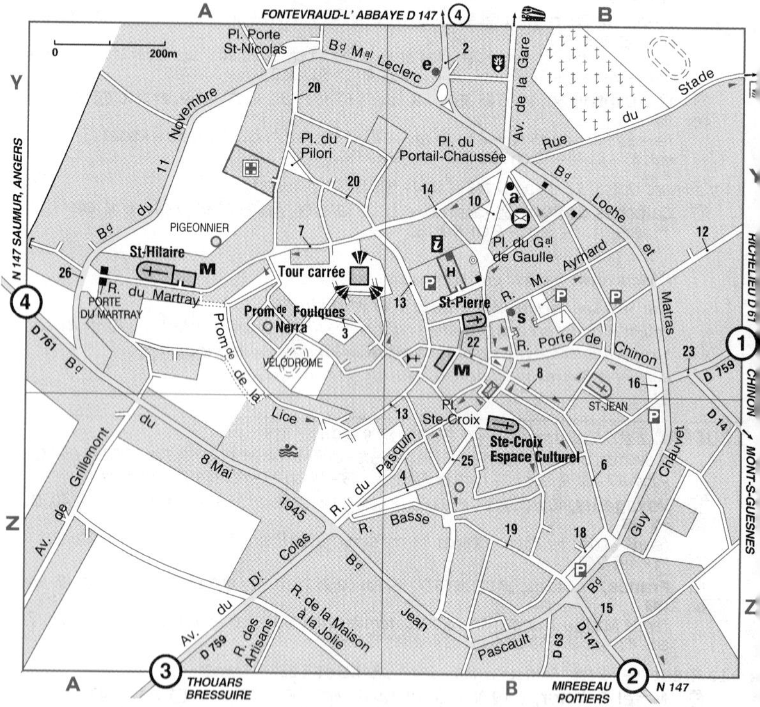

LOUÉ *72540 Sarthe* 60 ⑫ – *1 929 h alt. 112.*

Paris 229 – Le Mans 29 – Laval 57 – Rennes 126 – Sillé-le-Guillaume 26.

Ricordeau, 13 r. Libération ☎ 02 43 88 40 03, *Fax 02 43 88 62 08,* – TV ☎ P. AE GB
fermé 1er au 24 fév., dim. soir et lundi du 1er oct. au 30 avril – **Repas** 98 (déj.), 115/330 ♀, enf. 60 – ☕ 45 – **17 ch** 346/504, 4 appart – ½ P 380/495.

LOUHANS ⟨SP⟩ *71500 S.-et-L.* 70 ⑬ *G. Bourgogne – 6 140 h alt. 179.*

Voir *Grande-Rue*★.

Office de Tourisme Arcade St-Jean ☎ 03 85 75 05 02, Fax 03 85 76 01 69.

Paris 377 – Chalon-sur-Saône 36 – Bourg-en-Bresse 52 – Dijon 86 – Dole 70 – Tournus 30.

Moulin de Bourgchâteau, r. Guidon (rte Chalon) ☎ 03 85 75 37 12, *Fax 03 85 75 45 11,* parc, « Ancien moulin sur la Seille » – TV ☎ P. AE GB
fermé 20 déc. au 20 janv., dim. d'oct. à Pâques, mardi midi de Pâques à oct. et lundi midi – **Repas** (nombre de couverts limités, prévenir) 100/210 – ☕ 45 – **18 ch** 230/650.

Host. du Cheval Rouge, 5 r. Alsace ☎ 03 85 75 21 42, *Fax 03 85 75 44 48,* – TV ☎ . GB
fermé 15 au 21 juin, mardi midi et lundi sauf juil.-août – **Repas** 85/220 ♂, enf. 50 – ☕ 35 – **12 ch** 130/280 – ½ P 220/270.

Cotriade, 4 r. Alsace ☎ 03 85 75 19 91, *Fax 03 85 75 19 91* – AE GB
fermé 16 au 30 nov., 1er au 7 fév. et mardi soir sauf juil.-août – **Repas** 70/198 ♀, enf. 45.

à **Beaurepaire-en-Bresse** *Est : 14 km par N 78 – 502 h. alt. 147 – ✉ 71580 :*

Aub. de la Croix Blanche, ✆ 03 85 74 13 22, *Fax 03 85 74 13 25,* – TV ☎ P. GB
fermé 12 nov. au 5 déc., 23 au 30 sept., dim. soir et lundi hors saison – **Repas** *(72)* - 88/205 ♀, enf. 58 – ☕ 43 – **13 ch** 212/282 – ½ P 265/295.

CITROEN Gar. Chevrier, ✆ 03 85 75 70 10
PEUGEOT Gar. Hengy, ✆ 03 85 76 32 60
Bayle Pneus, Châteaurenaud ✆ 03 85 75 04 41
Collet Vulco, Châteaurenaud ✆ 03 85 75 12 82
Relais Pneus, 79 r. des Bordes ✆ 03 85 76 01 80

La LOUPE *28240 E.-et-L.* 60 ⑥ *– 3 820 h alt. 248.*
Paris 131 – Chartres 39 – Dreux 42 – Mortagne-au-Perche 41 – Nogent-le-Rotrou 23.

Chêne Doré, pl. H. de Ville ✆ 02 37 81 06 71 – TV ☎ P. AE ⓓ GB
fermé lundi (sauf hôtel) et dim. soir – **Repas** *(65)* - 99/152 ♂, enf. 46 – ☕ 28 – **12 ch** 196/246.

CITROEN Gar. Leproust, ✆ 02 37 81 00 69
FIAT Gar. Malbet, ✆ 02 37 81 07 63
PEUGEOT Gar. Gonsard, ✆ 02 37 81 08 05
RENAULT St-Thibault Auto, ✆ 02 37 81 06 23 N ✆ 02 37 81 02 77

When looking for a hotel or restaurant use the most efficient method.
Look for the names of towns ***underlined in red***
on the ***Michelin maps*** *scale: 1:200 000.*
But make sure you have an up-to-date map!

LOURDES *65100 H.-Pyr.* 85 ⑱ *G. Pyrénées Aquitaine – 16 300 h alt. 420 Grand centre de pèlerinage.*
Voir Château fort★ **AY** *: musée pyrénéen★ – Musée Grévin de Lourdes★* **AZ M¹** *– Basilique souterraine St-Pie X* **AYZ B** *– Pic du Jer ✻★★ 1,5 km par ③ et funiculaire puis 20 mn – Le Béout ✻★ 1 km par ③ et téléphérique.*
Lourdes Golf Club ✆ 05 62 42 02 06, par ④ : 3 km.
de Tarbes-Ossun-Lourdes : ✆ 05 62 32 92 22, par ① : 11 km.
Office de Tourisme pl. Peyramale ✆ 05 62 42 77 40, Fax 05 62 94 60 95.
Paris 806 ① – Pau 41 ⑤ – Bayonne 147 ⑤ – St-Gaudens 83 ② – Tarbes 18 ①.

Plan page suivante

Gd H. de la Grotte, 66 r. Grotte ✆ 05 62 94 58 87, *Fax 05 62 94 20 50,* ≤, – |‡| TV ☎ P. AE ⓓ GB JCB — AZ y
1er avril-29 oct. – **Repas** 80 (déj.)/180 ♀ – ☕ 60 – **77 ch** 350/580, 3 appart – ½ P 380/475.

Paradis M, 15 av. Paradis ✆ 05 62 42 14 14, *Fax 05 62 94 64 04,* ≤ – |‡|, rest, ☎ ♿ – 🏛 150. AE GB — AZ n
début avril-fin oct. – **Repas** 129 – ☕ 55 – **300 ch** 450/520 – ½ P 380/410.

Jeanne d'Arc, 1 r. Alsace-Lorraine ✆ 05 62 94 35 42, *Fax 05 62 94 96 52* – |‡|, rest, ☎ ♿ – 🏛 70. AE GB — AZ w
début avril-fin oct. – **Repas** 129 – ☕ 55 – **158 ch** 450/520 – ½ P 380/410.

Solitude M, 3 passage St-Louis ✆ 05 62 42 71 71, *Fax 05 62 94 40 65,* ≤ – |‡|, rest, ☎ ♿ – 🏛 100. AE ⓓ GB — AZ s
1er mars-1er déc. – **Repas** *(59)* - 90 ♀ – ☕ 50 – **291 ch** 360/700 – ½ P 340/370.

Impérial M, 3 av. Paradis ✆ 05 62 94 06 30, *Fax 05 62 94 48 04,* – |‡|, rest, TV ☎ ♿. AE ⓓ GB — AZ u
1er avril-15 oct. – **Repas** 95 ♀ – ☕ 60 – **93 ch** 350/460 – ½ P 365.

Alba, 27 av. Paradis ✆ 05 62 42 70 70, *Fax 05 62 94 54 52,* ≤, – |‡|, rest, ☎ ♿ – 🏛 70. AE GB — AZ f
fin mars-fin oct. – **Repas** 75/140 – ☕ 35 – **237 ch** 305/430 – ½ P 285/330.

Roissy, 16 av. Mgr Schoepfer ✆ 05 62 94 13 04, *Fax 05 62 94 72 76* – |‡| ☎ ♿ – 🏛 70. GB. ch — AZ d
8 avril-18 oct. – **Repas** 90 – ☕ 37 – **187 ch** 385 – ½ P 320.

Excelsior, 83 bd Grotte ✆ 05 62 94 02 05, *Fax 05 62 94 82 88* – |‡| ☎. AE ⓓ GB JCB
9 avril-20 oct. – **Repas** 110/125 – ☕ 45 – **80 ch** 320/430 – ½ P 320. — AY h

Christ-Roi, 9 r. Mgr Rhodain ✆ 05 62 94 24 98, *Fax 05 62 94 17 65* – |‡|, rest, ☎ ♿ – 🏛 30. AE ⓓ GB. rest — AZ t
Pâques-15 oct. – **Repas** 90 – ☕ 35 – **180 ch** 265/370, 8 duplex – ½ P 310.

Espagne M, 9 av. Paradis ✆ 05 62 94 50 02, *Fax 05 62 94 58 15,* ≤ – |‡|, rest, ☎ ♿ – 🏛 25. AE ⓓ GB. — AZ e
Pâques-30 oct. – **Repas** 98/104 – ☕ 37 – **129 ch** 459 – ½ P 306.

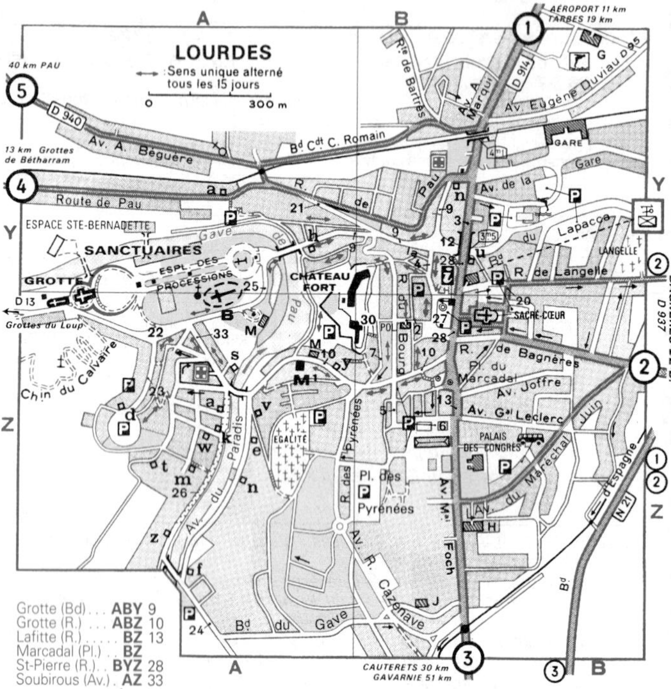

Grotte (Bd) . . . **ABY** 9
Grotte (R.) . . . **ABZ** 10
Lafitte (R.) . . . . . **BZ** 13
Marcadal (Pl.) . . **BZ**
St-Pierre (R.) . . **BYZ** 28
Soubirous (Av.) . **AZ** 33

Baron-Duprat (R.) . . . . **BZ** 2
Baran-Maransin (Av. Gén.) . . . . **BY** 3
Basse (R.) . . . . **BY** 4
Bourg (Chaussée du) . . . . . **BZ** 5
Champ-Commun (Pl. du) . . **BZ** 6
Fort (R. du) . . . . **BZ** 7
Jeanne-d'Arc (Pl.) . . . . . **BY** 12
Lasserre (R. Henri) . . . . . **BZ** 20
Latour-de-Brie (R.) . . . . . **AY** 21
Mgr-Laurence (Pl.) . . . . . **AZ** 22
Mgr-Schœffer (R.) . . . . . **AZ** 23
Paradis (Espl. du) . . . . . . **AZ** 24
Père R. Sempe (Bd) . . . . **AY** 25
Peyramale (Av.) . . . . **AZ** 26
Peyramale (Pl.) . . . . **BZ** 27
Sarrasins (Escalier des) . . . . **BZ** 30

Miramont, 40 av. Peyramale ☎ 05 62 94 70 00, *Fax 05 62 94 50 17,* ← – |‡|, ▤ rest, TV ☎ ♿. GB. ✂ rest — AZ z
1er avril-30 oct. – **Repas** 85/95 – ☕ 35 – **94 ch** 290/400 – ½ P 300/330.

Aneto, 5 r. St Félix ☎ 05 62 94 23 19, *Fax 05 62 42 31 26* – |‡| ☎. GB. ✂ rest — AZ m
1er avril-30 oct. – **Repas** 85 ♀ – ☕ 35 – **79 ch** 240/360 – ½ P 270/300.

St-François d'Assise, 14 av. Peyramale ☎ 05 62 94 20 79, *Fax 05 62 94 61 59,* ← – |‡|, ▤ rest, ☎ ♿. AE ⓓ GB — AZ k
mars-oct. – **Repas** 70/90 ♀, enf. 50 – ☕ 30 – **60 ch** 180/210 – ½ P 220.

N.-D. de France, 8 av. Peyramale ☎ 05 62 94 91 45, *Fax 05 62 94 57 21,* ← – |‡|, ▤ rest,. AE GB JCB. ✂ rest — AZ a
6 avril-10 oct. – **Repas** 85/90 – ☕ 32 – **73 ch** 240/350, 3 duplex – ½ P 270/290.

Campanile, rte Tarbes par ① ☎ 05 62 94 07 07, *Fax 05 62 94 77 31,* 🍴 – ⇔, ▤ rest, TV ☎ ✆ ♿ P – 🏛 25. AE ⓓ GB
Repas *(66)* - 84 bc/107 bc, enf. 39 – ☕ 34 – **49 ch** 298.

Nevers, 13 av. Maransin ☎ 05 62 94 90 88, *Fax 05 62 94 84 23* – |‡|, ▤ rest, TV ☎ P. AE GB — BY u
hôtel : Pâques-4 nov. et 5 au 13 fév. ; rest : Pâques-4 nov. – **Repas** (résidents seul.) 95 – ☕ 38 – **38 ch** 260/310 – ½ P 258.

Acropolis, 5 bd Grotte ☎ 05 62 94 23 18, *Fax 05 62 42 23 25* – |‡| ⇔ TV ☎ ✆. AE ⓓ GB. ✂ rest — BY n
fermé 30 nov. au 6 fév. – **Repas** *(avril-oct.)* 60 bc/130 bc – ☕ 35 – **25 ch** 250/330 – ½ P 235/260.

N.-D.-de Lorette, 12 rte Pau ☎ 05 62 94 12 16 – |‡| ☎ P. GB. ✂ — AY a
5 avril-15 oct. – **Repas** 99 – ☕ 27 – **20 ch** 150/248 – ½ P 195/230.

à Saux *par ① : 3 km – ✉ 65100 Lourdes :*

XXX **Relais de Saux** avec ch, ☎ 05 62 94 29 61, *Fax 05 62 42 12 64*, ←, ☂, 🌳 – TV ☎ P. AE ① GB JCB. ✗
Repas 140/310 et carte 210 à 350 – ☕ 45 – **7 ch** 460/590 – ½ P 340/460.

à Adé *par ① : 4,5 km – 637 h. alt. 428 – ✉ 65100 :*

Virginia, ☎ 05 62 94 66 18, *Fax 05 62 94 61 32*, ☂, 🌳 – ▮, ≡ rest, TV ☎ 📞 🚗 P. AE GB
Repas 95/160, enf. 50 – ☕ 34 – **45 ch** 260/350 – ½ P 240/280.

Dupouey-Lopez, ☎ 05 62 94 29 62, *Fax 05 62 94 60 32*, ☂ – ☎ ♿ P. GB. ✗
fermé 23 déc. au 1er fév. et lundi d'oct. à avril – **Repas** 79/169 ♀, enf. 38 – ☕ 26 – **38 ch** 145/255 – ½ P 175/235.

à Orincles *Nord-Est : 12 km par D 937 et D 407 – 236 h. alt. 360 – ✉ 65380 :*

Miramont sans rest, ☎ 05 62 45 41 02, *Fax 05 62 45 47 25*, ⛱, 🌳 – ☎ 📞 P. GB
☕ 29 – **9 ch** 245.

CITROEN Tarbes Autom., rte de Tarbes par ① ☎ 05 62 94 32 32
FORD Gar. Fabre, 46-48 av. A.-Marqui ☎ 05 62 42 11 11
PEUGEOT Alliance Autom., 102 av. A.-Marqui par ① ☎ 05 62 94 75 68
RENAULT Gar. Renopac, 25 av. Lagardère par ③ ☎ 05 62 42 74 74
Vulco, 27 av. Fr.-Lagardère ☎ 05 62 94 06 70

LOURMARIN *84160 Vaucluse* 84 ③, 114 ② *G. Provence – 1 108 h alt. 224.*

Voir *Château★ – Cadenet : fonts baptismaux★ dans l'église N : 5 km.*
Env. *Abbaye de Silvacane★★ SO : 11 km.*
Office de Tourisme 8 av. Ph.-de-Girard ☎ 04 90 68 10 77.
Paris 732 – Digne-les-Bains 112 – Apt 19 – Aix-en-Provence 32 – Cavaillon 33 – Manosque 42 – Salon-de-Provence 34.

Moulin de Lourmarin (Loubet) M, r. Temple ☎ 04 90 68 06 69, *Fax 04 90 68 31 76*, ☂ – ▮ ≡ TV ☎ ♿. AE ① GB JCB
✿ *fermé 8 janv. au 15 fév.* – **Repas** *(fermé merc. midi et mardi hors saison)* 195/420 et carte 350 à 570 ♀ – ☕ 85 – **20 ch** 600/1300 – ½ P 800/1000
Spéc. Vive de roche au tabac du Lubéron (printemps-été). Pigeon des Alpilles au petit lait de roquette du Ventoux (printemps-automne). Millefeuille de framboises tiédi à la cardamone (été). **Vins** Côtes du Lubéron.

de Guilles, rte Vaugines : 2 km ☎ 04 90 68 30 55, *Fax 04 90 68 37 41*, ←, ☂, « Mas provençal au milieu des vignes et vergers », ⛱, 🌳, 🎾 – TV ☎ P – 🏛 25. AE ① GB
fermé 2 nov. au 19 déc. et 2 janv. au 1er mars – ***L'Agneau Gourmand*** ☎ 04 90 68 21 04 *(1er/03-22/10 et fermé merc. sauf le soir en juil.-août et jeudi midi)* **Repas** *(108)* - 145 (déj., 190/320 ♀, enf. 90 – ☕ 65 – **28 ch** 400/620.

XXX **Fenière** (Mme Sammut) M avec ch, Sud, rte de Cadenet par D 943 : 2 km ☎ 04 90 68 11 79, *Fax 04 90 68 18 60*, ← plaine de la Durance, ☂, parc, ⛱ – ≡ TV ☎ 📞 ♿ 🚗 P. AE ① GB JCB
✿ *fermé janv.* – **Repas** *(fermé lundi sauf le soir de mai à sept.)* 190/490 et carte 370 à 490 ♀ – ☕ 80 – **7 ch** 500/950
Spéc. Truffe entière en croûte d'épeautre, huile d'olive et fleur de sel (hiver). Tarte fine aux pommes de terre et morue façon tatin (printemps-été). Pieds et paquets marseillais. **Vins** Côtes du Luberon.

LOURY *45470 Loiret* 60 ⑲ ⑳ *– 1 810 h alt. 128.*

Paris 105 – Orléans 20 – Chartres 72 – Châteauneuf-sur-Loire 19 – Étampes 56 – Pithiviers 23.

X **Relais de la Forge** avec ch, N 152 ☎ 02 38 65 60 27, *Fax 02 38 52 77 56*, 🌳 – TV ☎ 🚗 P. GB
fermé 15 au 21 juil., dim. soir et lundi – **Repas** 95/195 🍷 – ☕ 40 – **5 ch** 200/280 – ½ P 250.

LOUVECIENNES *78 Yvelines* 55 ⑳, 101 ⑬ *– voir à Paris, Environs.*

LOUVETOT *76490 S.-Mar.* 52 ⑬, 54 ⑨, 55 ⑤ *– 562 h alt. 137.*

Paris 165 – Le Havre 55 – Rouen 43 – Bolbec 22 – Fécamp 34 – Yvetot 8.

Louvhôtel-Au Grand Méchant Loup, carr. D 131 - D 33 ☎ 02 35 95 46 56, *Fax 02 35 95 33 73* – TV ☎ ♿ P – 🏛 40 à 100. AE GB
Repas *(fermé vend. soir et dim. soir)* 58/159 ♀, enf. 43 – ☕ 30 – **24 ch** 250/260 – ½ P 226.

LOUVIE-JUZON *64260 Pyr.-Atl.* 85 ⑯ *– 1 014 h alt. 425.*

Paris 802 – Pau 28 – Laruns 11 – Lourdes 40 – Oloron-Ste-Marie 22.

Forestière ⑤, rte Pau ☎ 05 59 05 62 28, *Fax 05 59 05 75 74*, ←, 🌳, 🍽 – ⇔ TV ☎ P. AE ⓪ GB

Repas 120/180 – ☕ 60 – **11 ch** 400/600 – ½ P 460/600.

FORD Gar. Loustaunau, ☎ 05 59 05 84 87

PEUGEOT Gar. Bersans, ☎ 05 59 05 62 14 N ☎ 05 59 05 62 14

LOUVIERS *27400 Eure* 55 ⑯ ⑰ *G. Normandie Vallée de la Seine – 18 658 h alt. 15.*

Voir *Église N.-Dame★ : oeuvres d'art★* **BY.**

18 *du Vaudreuil (privé) ☎ 02 32 59 02 60, NE par ② : 6,5 km.*

Office de Tourisme 10 r. Mar.-Foch ☎ 02 32 40 04 41.

Paris 101 ③ – Rouen 31 ② – Les Andelys 22 ③ – Bernay 51 ⑤ – Lisieux 75 ⑤ – Mantes-la-Jolie 49 ③.

LOUVIERS

Foch (R. Mar.) . . . . **BZ** 8
Gaulle (R. Gén.-de) . . . **AZ** 9
Matrey (R. du) . . . . **AZ** 14
Quai (R. du) . . . . **BY**

Anc.-Combattants-d'Afrique-du-N. (R.) . . **BY** 2
Beaulieu (R. de) . . . . **AZ** 3
Coq (R. au) . . . . **ABY** 5
Dr-Postel (Bd du) . . . . . . **BZ** 6
Flavigny (R.) . . . . **AZ** 7
Halle-aux-Drapiers (Pl.) . **AZ** 10

Huet (R. J.) . . . . **AZ** 12
Mendès-France (R. P.) . . **AY** 15
Pénitents (R. des) . . . . . **BY** 16
Poste (R. de la) . . . . **BY** 18
Quatre-Moulins (R. des) **BY** 21
Thorel (Pl. E.) . . . . **AY** 22
Vexin (Chaussée du) . . . **BY** 24

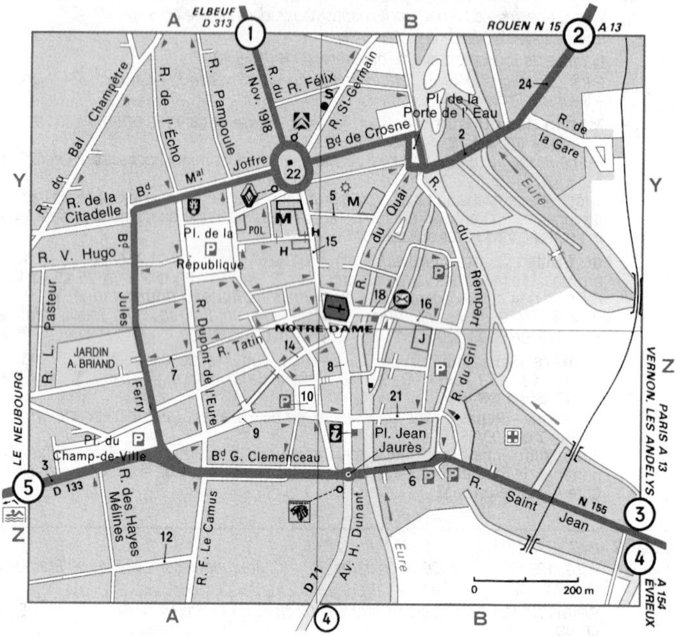

Pré-St-Germain ⑤, 7 r. St-Germain ☎ 02 32 40 48 48, *Fax 02 32 50 75 60*, 🌳 – 🛗 TV ☎ ♿ P – 🏛 70. AE GB **BY** s

fermé sam. midi et dim. – **Repas** 110/180 ♀, enf. 70 – ☕ 50 – **34 ch** 380/500 – ½ P 370.

à St-Pierre-du-Vauvray *par ② : 8 km – 1 113 h. alt. 20 – ✉ 27430 :*

Host. St-Pierre ⑤, bords de Seine ☎ 02 32 59 93 29, *Fax 02 32 59 41 93*, ←, 🍽 – 🛗 TV ☎ P. AE GB

15 mars-17 nov. et 18 déc.-2 janv. – **Repas** *(fermé merc. midi du 1er oct. au 14 mai et mardi sauf le soir du 15 mai au 30 sept.)* 125/195 ♀, enf. 85 – ☕ 60 – **14 ch** 550/890 – ½ P 500/650.

à Vironvay *par ③ : 5 km – 276 h. alt. 119 – ✉ 27400.*
Voir Église★.

XXX **Les Saisons** ⛝ avec ch, ☎ 02 32 40 02 56, *Fax 02 32 25 05 26*, ☂, « Pavillons dans un jardin », ⛱, 🎾 – TV ☎ ♿ P – 🏋 30. AE ⓓ GB. ✂
fermé 19 janv. au 17 fév., dim. soir et lundi – **Repas** 135/390 et carte 270 à 360 – ☕ 60 – **10 ch** 350/600 – ½ P 370/620.

CITROEN Cambour Autom., 4 pl. E.-Thorel ☎ 02 32 40 37 01
PEUGEOT Gar. Dubreuil, 4 pl. J.-Jaurés ☎ 02 32 40 02 28 N ☎ 06 08 90 92 03
RENAULT Gar. Duchemin, 1 pl. E.-Thorel ☎ 02 32 40 91 92 N ☎ 08 00 05 15 15
Ⓜ Euromaster, 49 rte de Paris ☎ 02 32 40 21 16

LOUVIGNY *14 Calvados* 55 ⑪ – *rattaché à Caen.*

LUBBON *40240 Landes* 79 ⑫ ⑬ – *99 h alt. 140.*
Paris 702 – Mont-de-Marsan 49 – Aire-sur-l'Adour 61 – Condom 41 – Nérac 35.

Le Bon Coin "Chez Jeanne", D 933 ☎ 05 58 93 60 43, *Fax 05 58 93 61 42*, ⛱, 🌳 – ☎ P. AE GB JCB
fermé 27 juin au 12 juil., 2 au 25 janv., vend. soir et sam. sauf juil.-août – **Repas** 65/220 ♀, enf. 40 – ☕ 28 – **7 ch** 180/220 – ½ P 220.

Le LUC *83340 Var* 84 ⑯ *G. Côte d'Azur – 6 929 h alt. 160.*
ℹ *Office de Tourisme Le Château des Vintimille ☎ 04 94 60 74 51 et (hors saison) à la Mairie ☎ 04 94 60 70 03, Fax 04 94 60 93 67.*
Paris 837 – Fréjus 41 – Cannes 73 – Draguignan 29 – St-Raphaël 44 – Ste-Maxime 46 – Toulon 58.

XX **Gourmandin**, pl. L. Brunet ☎ 04 94 60 85 92, *Fax 04 94 47 91 10* – ▤. AE GB
fermé 1er au 10 mars, 20 août au 10 sept., dim. soir et lundi – **Repas** (nombre de couverts limité, prévenir) 106 (déj.), 140/240.

à l'Ouest *4 km par N 7 – ✉ 83340 Le Luc :*

Grillade au Feu de Bois ⛝, ☎ 04 94 69 71 20, *Fax 04 94 59 66 11*, ☂, parc, antiquités, ⛱ – |♦|, ▤ rest, TV ☎ P. AE GB JCB
Repas 180/250 ♀ – ☕ 50 – **15 ch** 400/900.

LUCÉ *28 E.-et-L.* 60 ⑦ – *rataché à Chartres.*

LUCELLE *68480 H.-Rhin* 66 ⑲ – *71 h alt. 640.*
Paris 468 – Altkirch 29 – Basel 36 – Belfort 52 – Colmar 93 – Delémont 18 – Montbéliard 47.

au Nord-Est *4,3 km par D 41 et rte secondaire – ✉ 68480 Lucelle :*

Petit Kohlberg ⛝, ☎ 03 89 40 85 30, *Fax 03 89 40 89 40*, ⩽, ☂, 🌳 – |♦| TV ☎ ♿ P – 🏋 40. GB
fermé vacances de Toussaint et de fév. – **Repas** *(fermé mardi)* 85/245 ♀, enf. 65 – ☕ 60 – **35 ch** 250/305 – ½ P 310.

LUCEY *54 M.-et-M.* 62 ④ – *rattaché à Toul.*

LUCHÉ-PRINGÉ *72800 Sarthe* 64 ③ *G. Châteaux de la Loire – 1 486 h alt. 34.*
Paris 237 – Angers 65 – Le Mans 39 – La Flèche 14 – Le Lude 9.

Aub. du Port des Roches ⛝, au Port des Roches Est : 2,5 km par D 13 et D 214 ☎ 02 43 45 44 48, *Fax 02 43 45 39 61*, ☂, 🌳 – ☎ P. GB
fermé fév., lundi midi en juil.-août, dim. soir et lundi de sept. à juin – **Repas** 115/190 – ☕ 32 – **12 ch** 240/300 – ½ P 250/290.

LUCHON *31 H.-Gar.* 85 ⑳ – *voir Bagnères-de-Luchon.*

Utilisez toujours les **cartes Michelin** récentes.
Pour une dépense minime vous aurez des informations sûres.

LUÇON *85400 Vendée* **71** ⑪ *G. Poitou Vendée Charentes – 9 099 h alt. 8.*
Voir *Cathédrale N.-Dame★ – Jardin Dumaine★.*
Office de Tourisme square E.-Herriot ✆ 02 51 56 36 52, Fax 02 51 56 03 56.
Paris 436 – La Rochelle 41 – La Roche-sur-Yon 32 – Cholet 86 – Fontenay-le-Comte 32.

XX **Mirabelle,** 89 bis r. de Gaulle, rte des Sables d'Olonne ✆ 02 51 56 93 02, *Fax 02 51 56 35 92,* – . AE GB
fermé vacances de Toussaint, de fév., sam. midi et mardi du 25 août au 10 juil. – **Repas** 78/275 ♀.

XX **Boeuf Couronné** avec ch, rte de la Roche-sur-Yon : 2 km ✆ 02 51 56 11 32, *Fax 02 51 56 98 25,* – TV ☎ ♿ P. AE GB
fermé dim. soir et lundi – **Repas** 67/159 ♀ – ☕ 31 – **4 ch** 260/270.

CITROEN Les Gges Murs, 99 av. Mar.-de-Lattre-de-Tassigny ✆ 02 51 56 01 29
FORD Gar. Marratier, 2, quai Ouest ✆ 02 51 56 01 17
PEUGEOT Gar. Grelé, rte des Sables ✆ 02 51 56 04 71 N ✆ 06 08 25 00 33
RENAULT Gar. Rallet, 162 av. Mar.-de-Lattre-de-Tassigny ✆ 02 51 56 18 21

LUC-SUR-MER *14530 Calvados* **54** ⑯ *G. Normandie Cotentin – 2 902 h – Casino.*
Voir *Parc municipal★.*
Office de Tourisme r. Dr-Charcot ✆ 02 31 97 33 25, Fax 02 31 96 65 09.
Paris 248 – Caen 17 – Arromanches-les-Bains 22 – Bayeux 29 – Cabourg 29.

Thermes et du Casino, ✆ 02 31 97 32 37, *Fax 02 31 96 72 57,* ≤, , , , – TV ☎ ♿ P – 50. AE GB
fin mars-fin oct. – **Repas** 125/360 – ☕ 45 – **48 ch** 440/490 – ½ P 380/405.

Le LUDE *72800 Sarthe* **64** ③ *G. Châteaux de la Loire – 4 424 h alt. 48.*
Voir *Château★★.*
Office de Tourisme pl. F.-de-Nicolay ✆ 02 43 94 62 20, Fax 02 43 94 48 46.
Paris 243 – Le Mans 45 – Angers 65 – Chinon 61 – La Flèche 19 – Saumur 51 – Tours 51.

Maine, 17 av. Saumur ✆ 02 43 48 31 31, *Fax 02 43 94 19 74,* – TV ☎ P – 30. GB
fermé sam. d'oct. à avril – **Repas** (60) - 75/210 ♀ – ☕ 35 – **22 ch** 160/260 – ½ P 185/225.

AUDI, VOLKSWAGEN Gar. Grosbois, à La Pointe ✆ 02 43 94 60 89
RENAULT Gar. Charpentier, av. de Talhouet ✆ 02 43 94 63 13 N ✆ 02 43 94 63 13

LUGON ET L'ILE-DU-CARNEY *33 Gironde* **71** ⑧ – *1 026 h alt. 36* – ✉ *33240 St-André-de-Cubzac.*
Paris 567 – Bordeaux 32 – Libourne 11 – St-André-de-Cubzac 10.

Host. Château du Vieux Raquine sans rest, Sud : 0,8 km par D 138 et rte secondaire ✆ 05 57 84 42 77, *Fax 05 57 84 83 77,* ≤, – TV ☎ P. GB.
fermé 10 janv. au 10 fév. – ☕ 55 – **9 ch** 440/630.

LUGOS *33830 Gironde* **78** ③ – *476 h alt. 40.*
Paris 641 – Bordeaux 64 – Arcachon 42 – Bayonne 139.

X **Bonne Auberge** avec ch, ✆ 05 57 71 95 28, *Fax 05 57 71 94 32,* , – P. GB
fermé nov., dim. soir et lundi hors saison – **Repas** 70/160 ♀ – ☕ 25 – **10 ch** 220/260 – ½ P 240.

LUGRIN *74500 H.-Savoie* **70** ⑱ – *2 025 h alt. 413.*
Voir *Site★ de Meillerie E : 4 km,* **G. Alpes du Nord.**
Paris 585 – Thonon-les-Bains 17 – Annecy 90 – Évian-les-Bains 7 – St-Gingolph 11.

Tour Ronde sans rest, à Tourronde Nord-Ouest : 1,5 km ✆ 04 50 76 00 23, ≤ – ☎ P. GB
mi-fév.-mi-oct. et fermé dim. soir et lundi de mi-fév. à fin mai – ☕ 34 – **25 ch** 205/275.

LUMBRES *62380 P.-de-C.* **51** ③ – *3 944 h alt. 45.*
Paris 258 – Calais 43 – Arras 78 – Boulogne-sur-Mer 38 – Dunkerque 53 – St-Omer 11.

Moulin de Mombreux M , Ouest : 2 km par rte Boulogne, D 225 et rte secondaire ✆ 03 21 39 13 13, *Fax 03 21 93 61 34,* « Parc sur les rives du Bléquin » – TV ☎ ♿ P – 25. AE GB
fermé 20 au 29 déc. et 18 au 24 janv. – **Repas** 220 bc/560 bc – ☕ 60 – **24 ch** 500/720.

CITROEN Gar. Pouchain, ✆ 03 21 39 63 54
PEUGEOT Gar. Rebergue Stoppe, ✆ 03 21 39 64 32
RENAULT Gar. Basquin, ✆ 03 21 39 64 25

LUNEL *34400 Hérault* 83 ⑧ *– 18 404 h alt. 6.*

Office de Tourisme pl. Martyrs-de-la-Résistance ☎ 04 67 71 01 37, Fax 04 67 71 26 67.

Paris 735 – Montpellier 25 – Aigues-Mortes 16 – Alès 57 – Arles 57 – Nîmes 31.

XX **Chodoreille,** 140 r. Lakanal ☎ 04 67 71 55 77, *Fax 04 67 83 19 97,* – . AE GB

fermé 15 au 31 août et dim. sauf fériés – **Repas** 125/320.

AUDI, VOLKSWAGEN, Gar. des Fournels, rte de Montpellier, ZI ☎ 04 67 71 10 59
CITROEN Gar. Brunel, 121 r. Boutonnet ☎ 04 67 71 11 48
FORD Fenouillet Autom., av. du Vidourle, rte de Nîmes ☎ 04 67 83 02 12
RENAULT Gar. Autovia, rte de la Mer ☎ 04 67 71 00 06

Lunel Pneus, ZI Fournels, rte de Montpellier ☎ 04 67 71 14 95
Mateu, 103 bd Gén.-de-Gaulle ☎ 04 67 71 11 75

En juin et en septembre,
les hôtels sont moins chers qu'en pleine saison, le service est plus soigné.

LUNÉVILLE 54300 *M.-et-M.* 62 ⑥ *G. Alsace Lorraine – 20 711 h alt. 224.*

Voir *Château*★ A – *Parc des Bosquets*★ AB – *Boiseries*★ *de l'église St-Jacques* A.

Office de Tourisme au Château ☎ 03 83 74 06 55, Fax 03 83 73 57 95.

Paris 341 ④ – Nancy 36 ④ – Épinal 64 ③ – Metz 95 ① – Neufchâteau 80 ④ – St-Dié 54 ② – Strasbourg 130 ②.

LUNÉVILLE

Banaudon (R.) . . . . A 2
Carnot (R.) . . . . B 6
Castara (R.) . . . . A 7
Chanzy (R.) . . . . A 9
Charité (R. de la) . . . . A 10
Gambetta (R.) . . . . B 15
Leclerc (R. Gén.) . . . . A 18
Léopold (Pl.) . . . . AB 20

Alsace (R. d') . . . . B
Basset (R. R.) . . . . B
Bosquets (R. des) . . . . B
Carmes (Pl. des) . . . . A
Château (R. du) . . . . A 13
Girardet (R.) . . . . A
Guérin (R. Ch.) . . . . B
Lattre-de-T. (Av. de) . . . . B
Lorraine (R. de) . . . . AB
Ménagerie (Ch. de la) . . . . B
Petits Bosquets (Q. des) . . . . AB
République (R.) . . . . A 24
St-Rémy (Pl.) . . . . A 31
Sarrebourg (R. de) . . . . A 34
Villebois Mareuil (R.) . . . . B
Viller (R. de) . . . . A 38
Vue (R. Ch.) . . . . B
2e-Div.-de-Cavalerie (Pl. de la) . . . . A 39

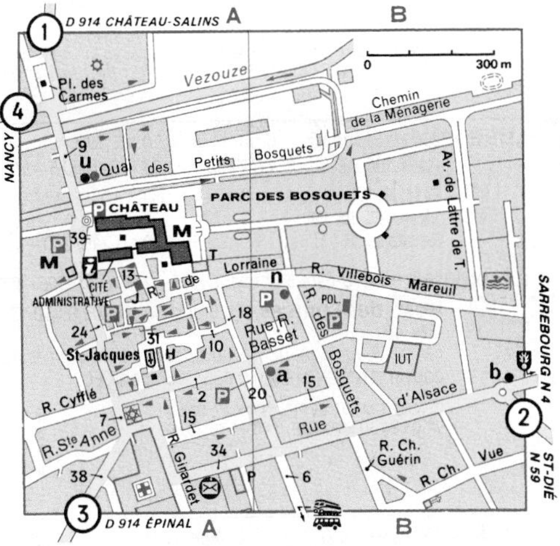

Oasis M sans rest, 3 av. Voltaire ☎ 03 83 73 52 85, *Fax 03 83 73 02 28* – . AE GB — B b

35 – **32 ch** 265/290.

des Pages, 5 quai Petits Bosquets ☎ 03 83 74 11 42, *Fax 03 83 73 46 63,* – – 40. AE GB — A u

Petit Comptoir ☎ 03 83 73 14 55 *fermé 21 au 27 déc. et dim.* **Repas** *(70)*-98/120, enf. 50 – 35 – **30 ch** 230/420 – ½ P 245/265.

XX **Floréal,** 1 pl. Léopold (1er étage) ☎ 03 83 73 39 80, *Fax 03 83 73 39 80* – AE GB — B a

fermé dim. soir et lundi – **Repas** 80/210, enf. 50.

X **Les Bosquets,** 2 r. Bosquets ☎ 03 83 74 00 14 – AE GB — B n

fermé 18 août au 6 sept. et sam. – **Repas** (prévenir) 89 (déj.), 139/199.

à Moncel-lès-Lunéville *par ② : 2,5 km – 364 h. alt. 234 – ✉ 54300 :*

XX **Relais St-Jean,** N 59 ☎ 03 83 74 08 65 – . AE GB

fermé 11 juil. au 11 août, dim. soir et vend. – **Repas** 89/245.

à l'Échangeur Lunéville-Z.I. *par ② : 3 km – ✉ 54300 Moncel-lès-Lunéville :*

Acacia M, ☎ 03 83 73 49 00, *Fax 03 83 73 46 51* – . AE GB

Repas 75/130, enf. 35 – 30 – **42 ch** 220/240 – ½ P 225/265.

au Sud par ③ *puis av. G. Pompidou et cités Ste-Anne : 5 km – ✉ 54300 Lunéville :*

Château d'Adomenil (Million) M, ☎ 03 83 74 04 81, *Fax 03 83 74 21 78*, « Belle demeure dans un parc », – TV ☎ P. AE ⓓ GB
fermé 4 au 20 janv., dim. et lundi du 1er nov. au 15 avril – **Repas** *(fermé dim. soir du 1er nov. au 15 avril, lundi sauf le soir du 16 avril au 31 oct. et mardi midi)* (nombre de couverts limité, prévenir) 250/465 et carte 370 à 490, enf. 100 – 75 – **8 ch** 680/900, 4 duplex – ½ P 775/950
Spéc. Croustillant de langoustines, jus de crustacés. Omelette de grenouilles, beurre d'herbes. Cornet craquant de mirabelles, liqueur de lait. **Vins** Côtes de Toul.

AUDI, VOLKSWAGEN Gar. Fleurantin, Zac r. Denis-Papin à Chanteheux ☎ 03 83 73 40 75
CITROEN Nouveau Gar., ZA "Ecosseuse" à Moncel-lès-Lunéville par ② ☎ 03 83 73 00 75
OPEL Gar!; du Champ-de-Mars, à Chanteheux ☎ 03 83 74 11 13
PEUGEOT S.I.A.L., 18 r. de la Pologne par ③ ☎ 03 87 73 10 78
RENAULT SODIAL, 95 fg de Menil par ③ ☎ 03 83 76 25 21 N ☎ 03 83 76 51 80

LURBE-ST-CHRISTAU

64660 Pyr.-Atl. 85 ⑥ G. Pyrénées Aquitaine – 214 h alt. 260 – Stat. therm. à St-Christau (fin mars -oct.).
Paris 827 – Pau 43 – Laruns 31 – Lourdes 60 – Oloron-Ste-Marie 9 – Tardets-Sorholus 28.

Au Bon Coin M, rte des Thermes ☎ 05 59 34 40 12, *Fax 05 59 34 46 40*, – TV ☎ ♿ P – 25. GB
fermé lundi du 10 oct. au 1er avril – **Repas** 85/235 ♀, enf. 40 – 35 – **18 ch** 280/380 – ½ P 270.

CITROEN Gar. Camsuzou, à Asasp Arros ☎ 05 59 34 41 57 N ☎ 05 59 34 41 57
RENAULT Gar. Grégoire, à Sarrance ☎ 05 59 34 54 74 N ☎ 05 59 34 54 85

LURE

70200 H.-Saône 66 ⑥ G. Jura – 8 843 h alt. 290.
Paris 386 – Besançon 83 – Belfort 33 – Épinal 75 – Montbéliard 34 – Vesoul 29.

Eric H. M, 92 av. République ☎ 03 84 30 03 03, *Fax 03 84 62 76 62*, – TV ☎ ♿ P – 40. AE ⓓ GB
Repas 55/160 ♀, enf. 37 – 30 – **40 ch** 210/240 – ½ P 170.

à **Froideterre** *Nord-Est : 3 km par D 486 – 278 h. alt. 306 – ✉ 70200 :*

Host. des Sources, 4 r. Grand Bois ☎ 03 84 30 13 91, *Fax 03 84 30 29 87*, – P. AE GB.
fermé 3 au 10 août, 11 au 28 janv., dim. soir et lundi sauf fériés – **Repas** (nombre de couverts limité, prévenir) 105/295 ♀, enf. 60.

RENAULT Mauffrey Frères, rte de Belfort ☎ 03 84 30 20 00 N ☎ 03 84 30 20 00
Hyper Pneus, 67 av. de la République ☎ 03 84 30 17 08
Servi Pneus-Point S, ZI des Cloyes ☎ 03 84 62 86 12

LURS

04700 Alpes-de-H.P. 81 ⑮ G. Alpes du Sud – 320 h alt. 600.
Voir *Site*★.
Syndicat d'Initiative Allée A. Gouin, ☎ 04 92 79 10 20 (hors Saison) Mairie ☎ 04 92 79 95 24.
Paris 738 – Digne-les-Bains 39 – Forcalquier 12 – Manosque 24 – Sisteron 32.

Bello Visto, ☎ 04 92 79 95 09, *Fax 04 92 79 11 34*, ← – GB
fermé oct., merc. et le soir de nov. à mars – **Repas** 80/230.

LUSIGNAN

86600 Vienne 68 ⑬ G. Poitou Vendée Charentes – 2 749 h alt. 134.
Paris 360 – Poitiers 26 – Angoulême 94 – Confolens 74 – Niort 52.

Chapeau Rouge, r. Nationale ☎ 05 49 43 31 10, *Fax 05 49 43 31 20* – TV ☎ P. GB
fermé 15 au 30 oct., vacances de fév., dim. soir et lundi – **Repas** 80/170 ♀, enf. 45 – 30 – **8 ch** 220/270 – ½ P 220/250.

CITROEN Gar. des Promenades, ☎ 05 49 43 31 28

Les **cartes Michelin** sont constamment tenues à jour.

LUSSAC-LES-CHÂTEAUX *86320 Vienne* 68 ⑮ *G. Poitou Vendée Charentes – 2 297 h alt. 104.*

Env. *Nécropole mérovingienne★ de Civaux NO : 6 km sur D 749.*

Office de Tourisme ✆ 05 49 84 57 73, Fax 05 49 84 57 73.

Paris 372 – Poitiers 38 – Bellac 41 – Châtellerault 52 – Montmorillon 12 – Niort 109 – Ruffec 51.

Montespan sans rest, ✆ 05 49 48 41 42, *Fax 05 49 84 96 10* – TV ☎ P. AE GB
fermé 20 déc. au 10 janv. et sam. hors saison – ☕ 30 – **22 ch** 207/268.

Aub. du Connestable Chandos avec ch, au pont de Lussac, Ouest : 2 km sur rte Poitiers (N 147) ✆ 05 49 48 40 24, *Fax 05 49 84 07 89* – TV ☎ P. AE ⓓ GB
fermé 16 nov. au 1er déc., 8 fév. au 2 mars, dim. soir et lundi sauf fériés – **Repas** (dim. prévenir) *(80)* - 110/250 – ☕ 35 – **7 ch** 185/250 – ½ P 260/280.

LUSSAULT-SUR-LOIRE *37400 I.-et-L.* 64 ⑯ *– 665 h alt. 60.*

Voir *Aquarium de Touraine★*, G. Châteaux de la Loire.

Paris 227 – Tours 20 – Amboise 5 – Blois 40 – Loches 38 – Vierzon 96.

Val de Loire, ✆ 02 47 23 22 95 – AE GB
fermé mardi soir et merc. sauf juil.-août – **Repas** 110/205.

LUTTER *68 H.-Rhin* 66 ⑩ ⑳ *– rattaché à Ferrette.*

LUTZELBOURG *57820 Moselle* 62 ⑧ *G. Alsace Lorraine – 705 h alt. 212.*

Voir *Plan-incliné★ de St-Louis-Arzviller SO : 3,5 km.*

Paris 438 – Strasbourg 49 – Metz 110 – Obernai 50 – Sarrebourg 18 – Sarreguemines 52.

des Vosges avec ch, ✆ 03 87 25 30 09, *Fax 03 87 25 42 22,* – TV ☎ P. GB
fermé 17 nov. au 6 déc., 13 janv. au 8 fév. et vend. sauf juil.-août – **Repas** 80/180 ♀, enf. 45 – ☕ 35 – **14 ch** 180/270 – ½ P 190/260.

LUXÉ *16 Charente* 72 ③ *– rattaché à Mansle.*

LUXEUIL-LES-BAINS *70300 H.-Saône* 66 ⑥ *G. Jura – 8 790 h alt. 305 – Stat. therm. – Casino.*

Voir *Hôtel Cardinal Jouffroy★* **B** – *Hôtel des Échevins★* **M** – *Anc. Abbaye St-Colomban★* – *Maison François 1er★* **F**.

Luxeuil Golf Club ✆ 03 84 95 82 00 à Genevrey, par ③ : 11 km.

Office de Tourisme 1 av. Thermes ✆ 03 84 40 06 41, Fax 03 84 93 74 47.

Paris 377 ④ – Épinal 57 ① – Belfort 52 ③ – St-Dié 89 ① – Vesoul 30 ③ – Vittel 69 ④.

Beau Site, 18 r. G. Moulimard **(u)** ✆ 03 84 40 14 67, *Fax 03 84 40 50 25,* « Jardin fleuri », – TV ☎ P. GB. rest
fermé 25 au 31 déc., vend. soir, sam. midi et dim. soir de nov. à mars – **Repas** 85/150 ♀, enf. 40 – ☕ 40 – **33 ch** 160/340 – ½ P 225/280.

France, 6 r. G. Clemenceau **(s)** ✆ 03 84 40 13 90, *Fax 03 84 40 33 12,* – TV ☎ P. GB
Repas *(fermé vend. soir et dim. soir d'oct. à Pâques)* 70/170, enf. 40 – ☕ 35 – **17 ch** 180/270 – ½ P 190/220.

La Maison du Pneu Mariotte, r. Martyrs-de-la-Résistance
✆ 03 84 40 27 01 N ✆ 03 84 40 54 08

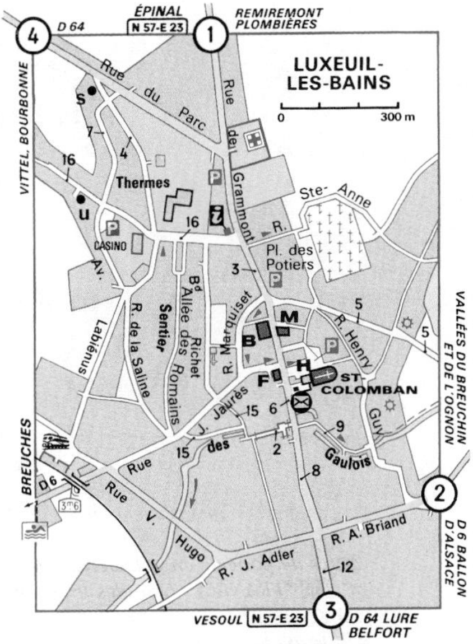

Carnot (R.)	3	Gambetta (R.)	5
Genoux (R. V.)	6	Hoche (R.)	7
Jeanneney (R. J.)	8	Lavoirs (R. des)	9
		Maroselli (Allées A.)	12
Cannes (R. des)	2	Morbief (R. du)	15
Clemenceau (R. G.)	4	Thermes (Av. des)	16

LUYNES *37230 I.-et-L.* 64 ⑭ *G. Châteaux de la Loire – 4 128 h alt. 60.*
Voir *Église★ au Vieux-Bourg de St-Etienne de Chigny O : 3 km.*
Office de Tourisme Maison du XVè ☎ 02 47 55 77 14, Fax (Mairie) 02 47 55 52 56.
Paris 249 – Tours 12 – Angers 111 – Château-la-Vallière 28 – Chinon 42 – Langeais 16 – Saumur 56.

Domaine de Beauvois ⛰, Nord-Ouest : 4 km par D 49 ☎ 02 47 55 50 11, *Fax 02 47 55 59 62*, ←, parc, ⛱, 🎾 – ⬍ ☐ ☎ P – 🏠 40. AE ⓓ GB JCB. rest
fermé 15 janv. au 15 mars – **Repas** *(140)* - 230 bc (déj.), 260/360 ⵖ, enf. 100 – ☐ 85 – **38 ch** 970/1480 – ½ P 925/1180.

LUZ-ST-SAUVEUR *65120 H.-Pyr.* 85 ⑱ *G. Pyrénées Aquitaine – 1 173 h alt. 710 – Stat. therm. (mai-oct.) – Sports d'hiver : 710/2 450 m ≴ 19.*
Voir *Église fortifiée★ – Vallée de Gavarnie★★ S.*
Office de Tourisme pl. 8-Mai ☎ 05 62 92 81 60, Fax 05 62 92 87 19.
Paris 844 – Pau 72 – Argelès-Gazost 19 – Cauterets 23 – Lourdes 31 – Tarbes 49.

à Esquièze-Sère : *au Nord – 500 h. alt. 710 – ✉ 65120 :*

Montaigu M ⛰, rte Vizos ☎ 05 62 92 81 71, *Fax 05 62 92 94 11*, ←, ⛱ – ⬍ ☐ ☎ P – 🏠 30. AE GB. rest
fermé 15 oct.-1er déc. – **Repas** 70/150 ⵖ – ☐ 45 – **35 ch** 280/500 – ½ P 280/330.

CITROEN Gar. Crepel, à Sassis ☎ 05 62 92 83 58 N ☎ 05 62 92 91 80

PEUGEOT Gar. des Pyrénées, à Esquièze-Sère ☎ 05 62 92 80 87

LYON

P 69000 Rhône 74 ⑪ ⑫ 110 ⑭ G. Vallée du Rhône
415 487 h. - Agglo. 1 262 223 h - alt. 175.

Paris 459 ⑩ – Genève 151 ② – Grenoble 107 ④ – Marseille 314 ⑥ – St-Étienne 60 ⑥ – Torino 309 ④

pl. Bellecour ℘ 04 72 77 69 69, Fax 04 78 37 02 06

Bureau d'Accueil (lundi au sam.) Centre d'échanges de Perrache Mail Piéton Lyon 2e

(lundi au sam.) av. A. Marx Lyon 5e

(lundi au sam.) 3 av. A. Briand, Villeurbanne ℘ 04 78 68 13 20, Fax 04 78 69 94 64

Automobile Club du Rhône 7 r. Grôlée ℘ 04 78 42 51 01, Fax 04 78 37 73 74

RENSEIGNEMENTS PRATIQUES

TRANSPORTS

Auto-train ℘ 08 36 35 35 35

AÉROPORT

Lyon-Satolas ℘ 04 72 22 72 21 par ④ : 27 km.

QUELQUES GOLFS

18 de Lyon-Verger, à St-Symphorien-d'Ozon ℘ 04 78 02 84 20 par ⑥ : 14 km

18 18 de Lyon-Chassieu à Chassieu ℘ 04 78 90 84 77, E : 12 km par D 29

18 de Salvagny (privé) à la Tour de Salvagny ℘ 04 78 48 83 60, sortie Lyon-Ouest : 8 km par ⑨

18 18 Golf Club de Lyon à la Villette-d'Anthon par ③.

CURIOSITÉS

LE SITE

≤★★★ de la basilique Notre-Dame de Fourvière **EX**.

Les montées escaladent la colline de Fourvière tout en offrant des vues plongeantes sur la vieille ville : montée du Garillan★ **EX**.

≤★ sur la Saône et la presqu'île depuis la place Rouville **EV**.

LYON ROMAIN ET GALLO-ROMAIN

Théâtres romains et l'Odéon **EY** *- Aqueducs romains* **EY** *- Musée de la Civilisation gallo-romaine★★ : table claudienne★★★* **EY M³**.

LE VIEUX LYON

Il se compose des quartiers St-Jean, St-Paul et St-Georges (ensemble★★★) **EFXY**. *Une promenade à pied permet de voir la rue St-Jean★ (cour★★ au n° 28).*

la rue du Boeuf (maison du Crible★ au n° 16), rue Juiverie (galerie★★ de l'hôtel Bullioud au n° 8) - Primitiale St-Jean★ (choeur★★) **EFY**.

Hôtel de Gadagne★ **EX M¹** *: musée historique de Lyon★ et musée de la Marionnette★ - Théâtre "le Guignol de Lyon"* **FX N**.

LA PRESQU'ILE

Place Bellecour, l'une des plus vastes de France FY - *Fontaine*★ *de la place des Terreaux* FX - *Palais St-Pierre*★ *et son musée des Beaux-Arts*★★ FX **M**[4].

Musées : musée historique des Tissus★★★ FY **M**[2], *musée de l'Imprimerie et de la Banque*★★ FX **M**[6] - *musée des Arts décoratifs*★★ FY **M**[5].

LA CROIX ROUSSE

Aux origines de la soierie lyonnaise

Mur des Canuts FV **R** - *Maison des Canuts* FV **M**[11] - *Ateliers de Soierie vivante*★ FV **F**.

RIVE GAUCHE DU RHÔNE

Quartiers : les Brotteaux, la Guillotière, Gerland, la Part-Dieu.

Parc de la Tête d'Or★ *et sa grande roseraie*★ GHV - *Musée Guimet d'Histoire naturelle*★★ GV **M**[7] - *Centre d'Histoire de la Résistance et de la Déportation*★ FZ **M**[9].

Musée d'Art contemporain GU - *Musée urbain Tony-Garnier (bd des États-Unis* - CQ*)* - *Halle Tony-Garnier* BQR - *Château Lumière* CQ **M**[12] - *La Part-Dieu*

ENVIRONS

Musée de l'automobile Henri-Malartre★★ *à Rochetaillée-sur-Saône 12 km par* ⑫

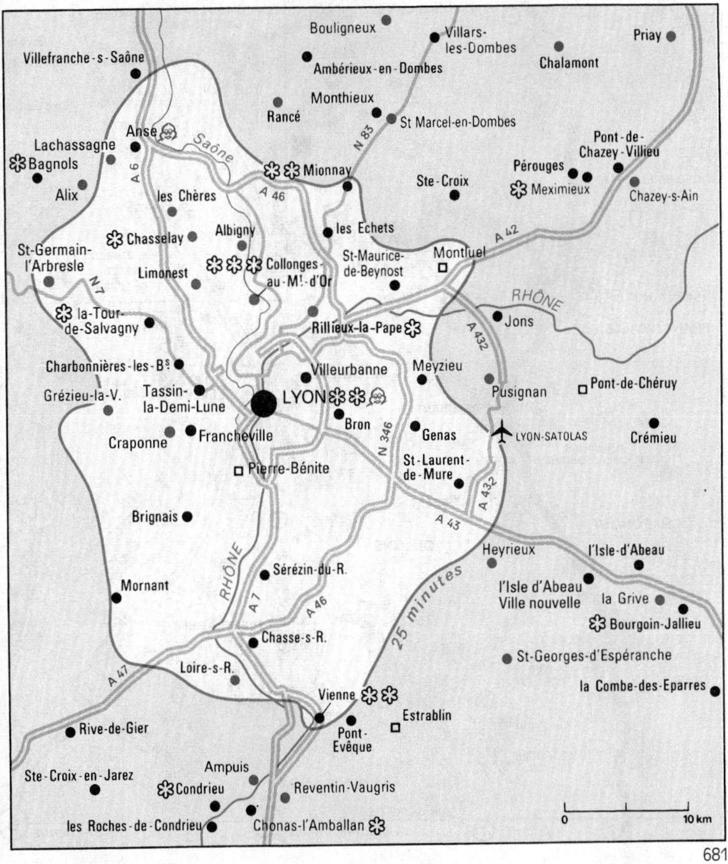

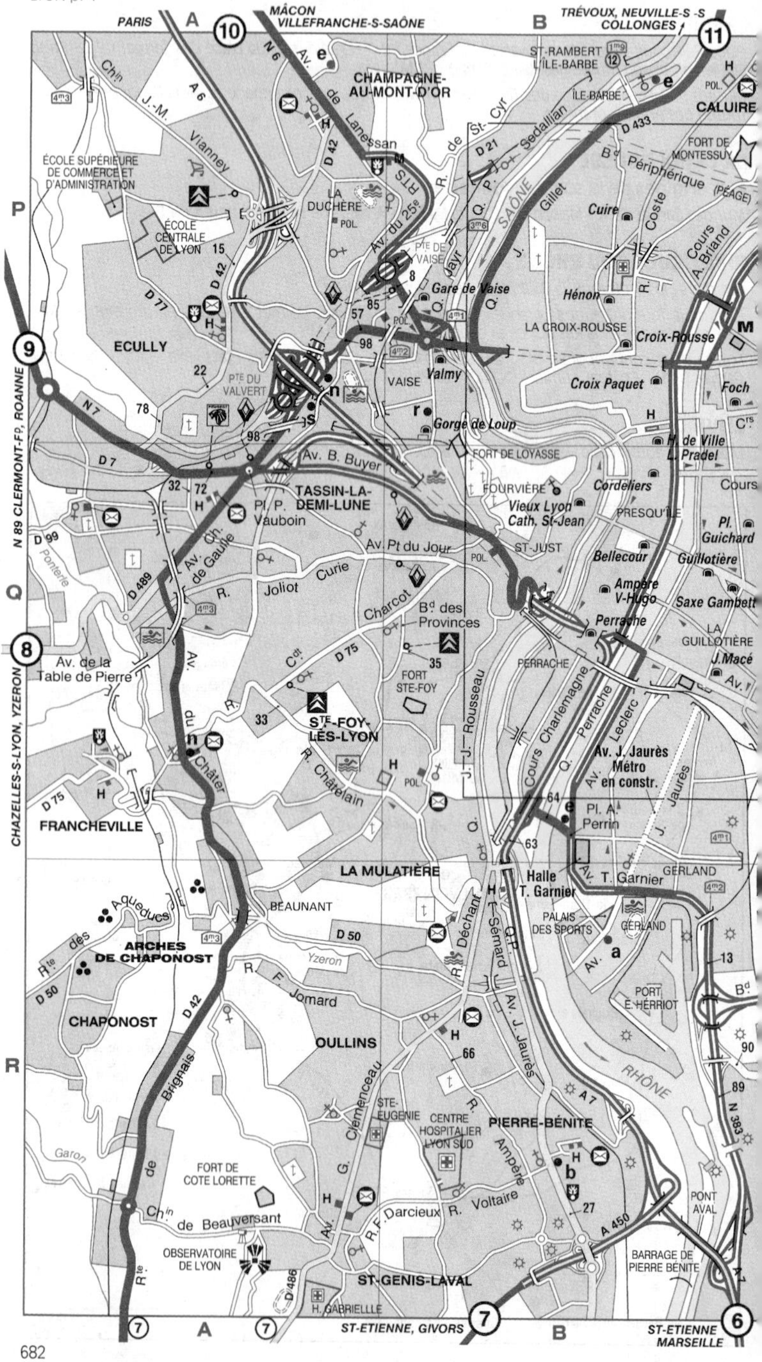
PARIS
MÂCON
VILLEFRANCHE-S-SAÔNE
TRÉVOUX, NEUVILLE-S-S
COLLONGES
A
B
P
Q
R
10
11
9
8
7
6
A 6
N 6
ST-RAMBERT
L'ÎLE-BARBE
ÎLE-BARBE
CHAMPAGNE-
AU-MONT-D'OR
CALUIRE
FORT DE
MONTESSUY
Av. de Lanessan
D 42
D 433
D 21
R. de St-Cyr
Sedallian
Bd Périphérique (PÉAGE)
ÉCOLE SUPÉRIEURE
DE COMMERCE ET
D'ADMINISTRATION
Ch. J.-M. Vianney
LA
DUCHÈRE
POL.
Av. du 25e RTS
Q. P. Jayr
SAÔNE
Q. Gillet
Cuire
Coste
Cours A. Briand
ÉCOLE
CENTRALE
DE LYON
15
D 77
PTE DE
VAISE
8
Gare de Vaise
85
57
Hénon
LA CROIX-ROUSSE
Croix-Rousse
M
9
N 89 CLERMONT-FD, ROANNE
ECULLY
98
VAISE
Valmy
PTE DU
VALVERT
22
78
N 7
n
s
r
Gorge de Loup
Croix Paquet
Foch
H. de Ville
L. Pradel
Cordeliers
FORT DE LOYASSE
FOURVIÈRE
Vieux Lyon
Cath. St-Jean
PRESQU'ÎLE
D 7
Av. B. Buyer
TASSIN-LA-
DEMI-LUNE
Pl. P.
Vauboin
32
72
D 99
Ponterie
D 489
Av. de Gaulle
Av. Pt du Jour
ST-JUST
Pl.
Guichard
Bellecour
Guillotière
R. Joliot Curie
Charcot
Bd des
Provinces
Ampère
V-Hugo
Saxe Gambetta
Perrache
LA
GUILLOTIÈRE
J.Macé
CHAZELLES-S-LYON, YZERON
Av. de la
Table de Pierre
Cdt
D 75
35
FORT
STE-FOY
PERRACHE
Av.
33
STE-FOY-
LÈS-LYON
J.-J. Rousseau
Cours Charlemagne
Q. Perrache
Av. Leclerc
Av. J. Jaurès
Métro
en constr.
Av. du Châter
R. Châtelain
D 75
FRANCHEVILLE
64
e
Pl. A.
Perrin
J. Jaurès
63
LA MULATIÈRE
Halle
T. Garnier
Av. T. Garnier
GERLAND
Aqueducs
BEAUNANT
PALAIS
DES SPORTS
GERLAND
a
Rte des
ARCHES
DE CHAPONOST
D 50
Yzeron
R. F. Jomard
R. Déchant
Sémard
Q.P.
13
PORT
E. HERRIOT
Bd
D 50
CHAPONOST
D 42
OULLINS
66
90
RHÔNE
89
N 383
Rte de Brignais
Av. G. Clemenceau
STE-
EUGÉNIE
CENTRE
HOSPITALIER
LYON SUD
PIERRE-BÉNITE
R. Ampère
A 7
Garon
FORT DE
COTE LORETTE
b
PONT
AVAL
Chin de Beauversant
R. F. Darcieux
R. Voltaire
27
A 450
OBSERVATOIRE
DE LYON
BARRAGE DE
PIERRE BÉNITE
D 486
ST-GENIS-LAVAL
H. GABRIELLE
ST-ETIENNE, GIVORS
ST-ETIENNE
MARSEILLE

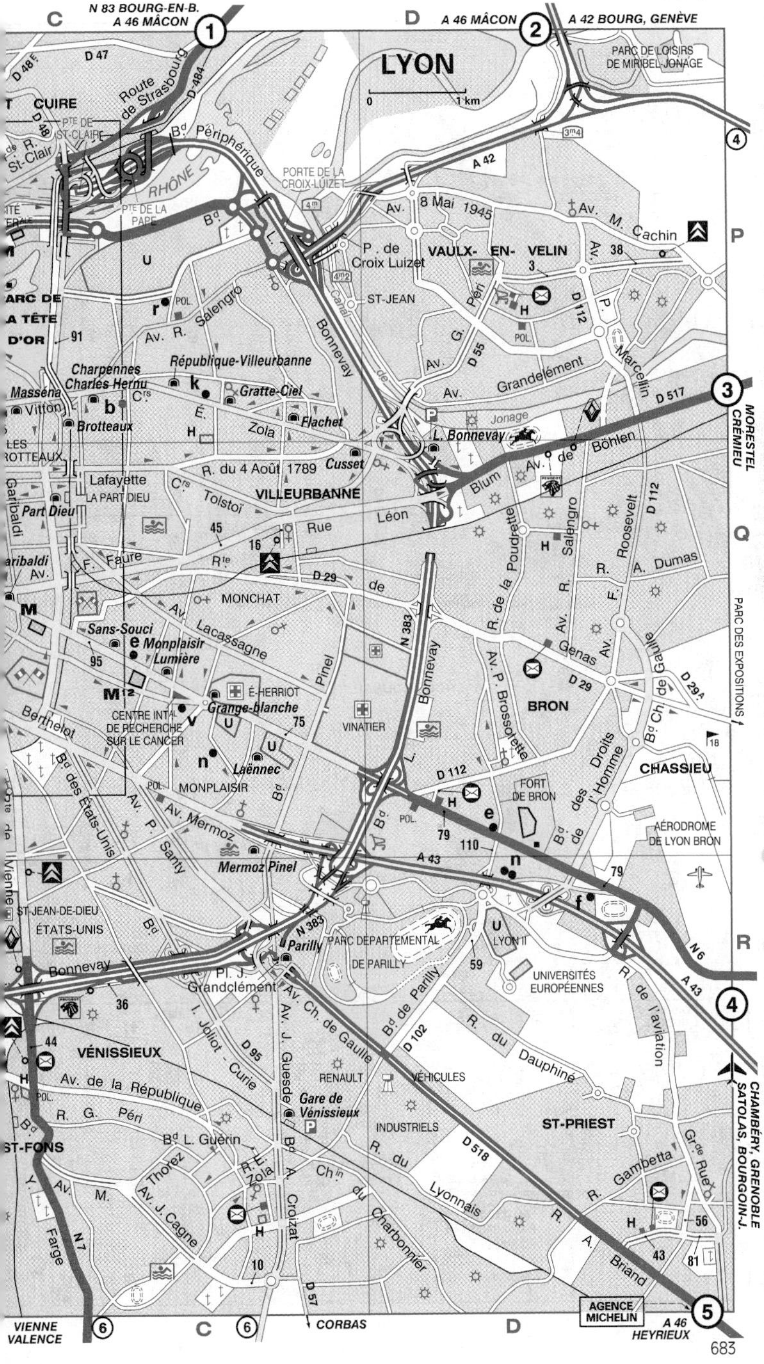
N 83 BOURG-EN-B.
A 46 MÂCON
A 46 MÂCON
A 42 BOURG, GENÈVE
PARC DE LOISIRS DE MIRIBEL-JONAGE
LYON
0
1 km
CUIRE
Route de Strasbourg
Bd Périphérique
RHÔNE
PORTE DE LA CROIX-LUIZET
PTE DE LA PAPE
A 42
Av. 8 Mai 1945
Av. M. Cachin
P. de Croix Luizet
VAULX-EN-VELIN
ST-JEAN
Canal
Bonnevay
Av. R. Salengro
PARC DE LA TÊTE D'OR
Charpennes Charles Hernu
République-Villeurbanne
Gratte-Ciel
Masséna
Vitton
Brotteaux
Flachet
Cusset
L. Bonnevay
Av. Grandclément
Jonage
Av. de Böhlen
MORESTEL CRÉMIEU
LES BROTTEAUX
Lafayette
LA PART DIEU
Part Dieu
Garibaldi
R. du 4 Août 1789
Crs Tolstoï
VILLEURBANNE
Rue Léon Blum
Rte de Genas
F. Faure
MONCHAT
Av. Lacassagne
Pinel
N 383
Bonnevay
R. de la Poudrette
Av. R. Salengro
Roosevelt
R. A. Dumas
Av. F. Roosevelt
PARC DES EXPOSITIONS
Sans-Souci
Monplaisir Lumière
É-HERRIOT
Grange-blanche
CENTRE INTAL DE RECHERCHE SUR LE CANCER
VINATIER
Av. P. Brossolette
BRON
Bd Ch. de Gaulle
Berthelot
Bd des États-Unis
Laënnec
MONPLAISIR
Av. Mermoz
Mermoz Pinel
Av. P. Santy
FORT DE BRON
Bd des Droits de l'Homme
CHASSIEU
AÉRODROME DE LYON BRON
A 43
ST-JEAN-DE-DIEU
ÉTATS-UNIS
Bonnevay
Parilly
PARC DÉPARTEMENTAL DE PARILLY
LYON II
UNIVERSITÉS EUROPÉENNES
N6
A 43
R. de l'aviation
Pl. J. Grandclément
Av. Ch. de Gaulle
Bd de Parilly
R. du Dauphiné
VÉNISSIEUX
Av. de la République
R. G. Péri
J. Joliot-Curie
Av. J. Guesde
RENAULT
VÉHICULES
INDUSTRIELS
Gare de Vénissieux
CHAMBÉRY, GRENOBLE SATOLAS, BOURGOIN-J.
ST-FONS
Bd L. Guérin
R. E. Zola
Bd A. Croizat
Chin du Charbonnier
R. du Lyonnais
ST-PRIEST
R. Gambetta
R. A. Briand
Av. J. Cagne
Farge
N7
D 57
CORBAS
AGENCE MICHELIN
A 46 HEYRIEUX
VIENNE VALENCE

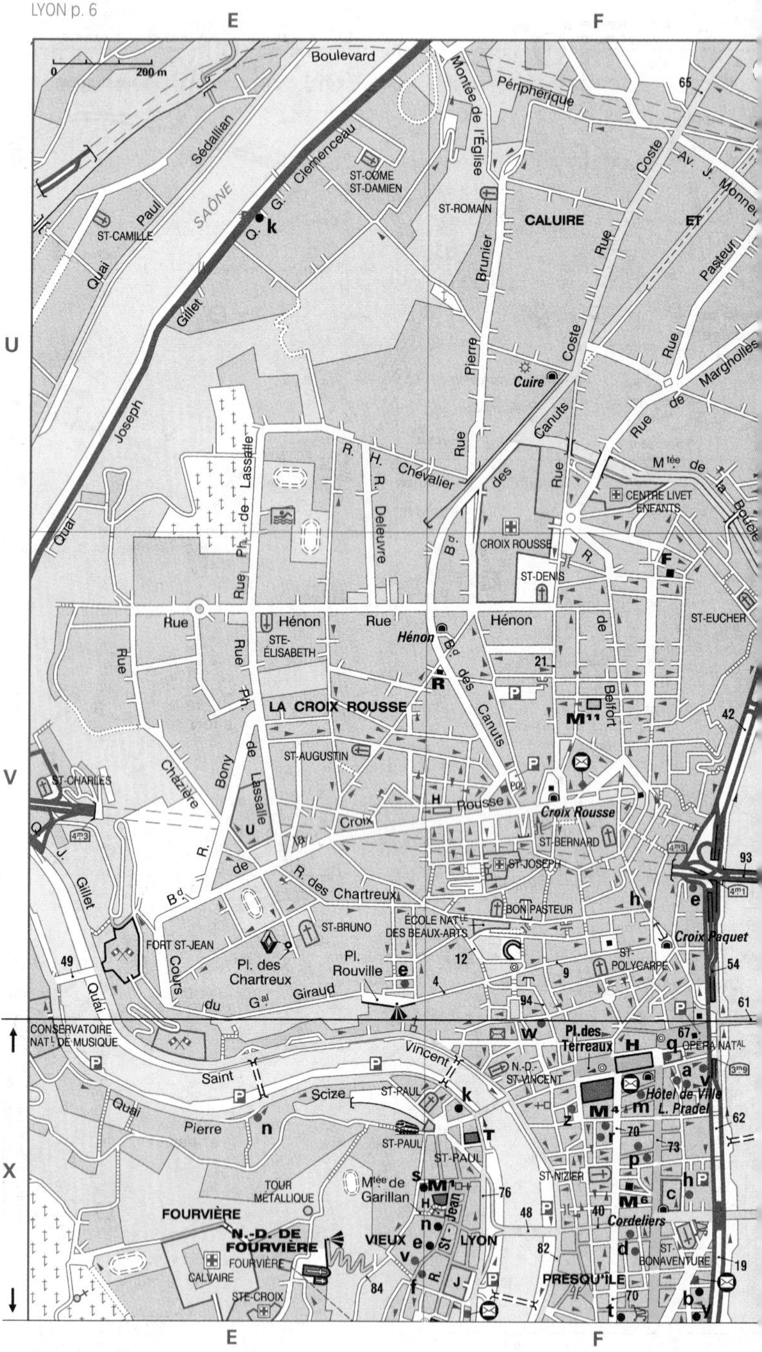
E
F
U
V
X
0
200 m
Boulevard
Périphérique
SAÔNE
Quai Paul Sédallian
Q. G. Clemenceau
Quai Joseph Gillet
ST-CÔME ST-DAMIEN
ST-CAMILLE
Montée de l'Église
ST-ROMAIN
CALUIRE
ET
Rue Pierre Brunier
Rue Coste
Av. J. Monnet
Pasteur
Rue de Margnolles
Cuire
Rue des Canuts
R. H. Chevalier
R. Deleuvre
Rue Ph. de Lassalle
Mtée de la Boucle
CENTRE LIVET ENFANTS
CROIX ROUSSE
ST-DENIS
ST-EUCHER
Rue Hénon
Hénon
STE-ÉLISABETH
Bd des Canuts
R. de Belfort
LA CROIX ROUSSE
ST-AUGUSTIN
Rue Bony
Rue Chazière
ST-CHARLES
Croix Rousse
ST-BERNARD
ST-JOSEPH
Bd de la Croix Rousse
R. des Chartreux
BON PASTEUR
ÉCOLE NATLE DES BEAUX-ARTS
ST-BRUNO
FORT ST-JEAN
Pl. des Chartreux
Pl. Rouville
Cours du Gal Giraud
ST-POLYCARPE
Croix Paquet
CONSERVATOIRE NATL DE MUSIQUE
Pl. des Terreaux
OPÉRA NATAL
Quai Saint Vincent
N.-D.-ST-VINCENT
Hôtel de Ville L. Pradel
Quai Pierre Scize
ST-PAUL
TOUR MÉTALLIQUE
Mtée de Garillan
ST-NIZIER
Cordeliers
FOURVIÈRE
N.-D. DE FOURVIÈRE
VIEUX LYON
R. St-Jean
ST-BONAVENTURE
CALVAIRE
STE-CROIX
PRESQU'ÎLE

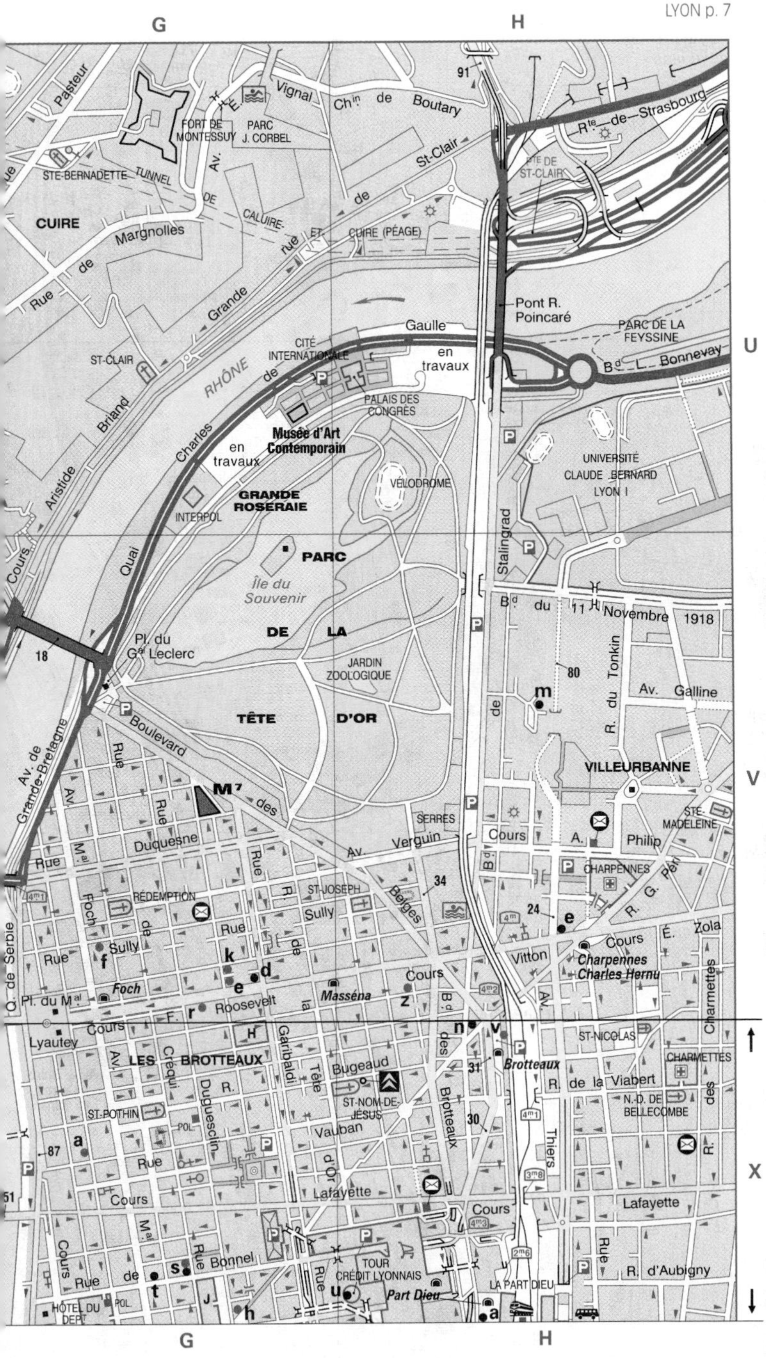
G
H
U
V
X
FORT DE MONTESSUY
PARC J. CORBEL
Pasteur
Vignal
Ch^in de Boutary
R^te de Strasbourg
P^te DE ST-CLAIR
STE-BERNADETTE
TUNNEL DE CALUIRE-ET-CUIRE (PÉAGE)
Av. de St-Clair
CUIRE
Rue de Margnolles
Grande rue
Pont R. Poincaré
PARC DE LA FEYSSINE
B^d L. Bonnevay
ST-CLAIR
RHÔNE
CITÉ INTERNATIONALE
Gaulle
en travaux
PALAIS DES CONGRÈS
Musée d'Art Contemporain
Quai Charles de
Cours Aristide Briand
INTERPOL
GRANDE ROSERAIE
VÉLODROME
UNIVERSITÉ CLAUDE BERNARD LYON I
Stalingrad
PARC DE LA TÊTE D'OR
Île du Souvenir
B^d du 11 Novembre 1918
Pl. du Gal Leclerc
JARDIN ZOOLOGIQUE
R. du Tonkin
Av. Galline
Boulevard des Belges
VILLEURBANNE
Av. de Grande-Bretagne
SERRES
Cours Verguin
A. Philip
STE-MADELEINE
CHARPENNES
R. G. Péri
Rue Duquesne
Rue M^al Foch
RÉDEMPTION
ST-JOSEPH
Rue de Sully
Cours É. Zola
Vitton
Charpennes Charles Hernu
Q. de Serbie
Pl. du M^al Lyautey
Foch
Masséna
Cours F. Roosevelt
LES BROTTEAUX
Av. Créqui
R. Duguesclin
Garibaldi
Tête d'Or
Bugeaud
ST-NOM-DE-JÉSUS
B^d des Brotteaux
Brotteaux
ST-NICOLAS
R. de la Viabert
CHARMETTES
N.-D. DE BELLECOMBE
R. des Charmettes
ST-POTHIN
Vauban
Thiers
Cours Lafayette
Rue Bonnel
R. d'Aubigny
TOUR CRÉDIT LYONNAIS
Part Dieu
LA PART DIEU
HÔTEL DU DÉP^T
G
H

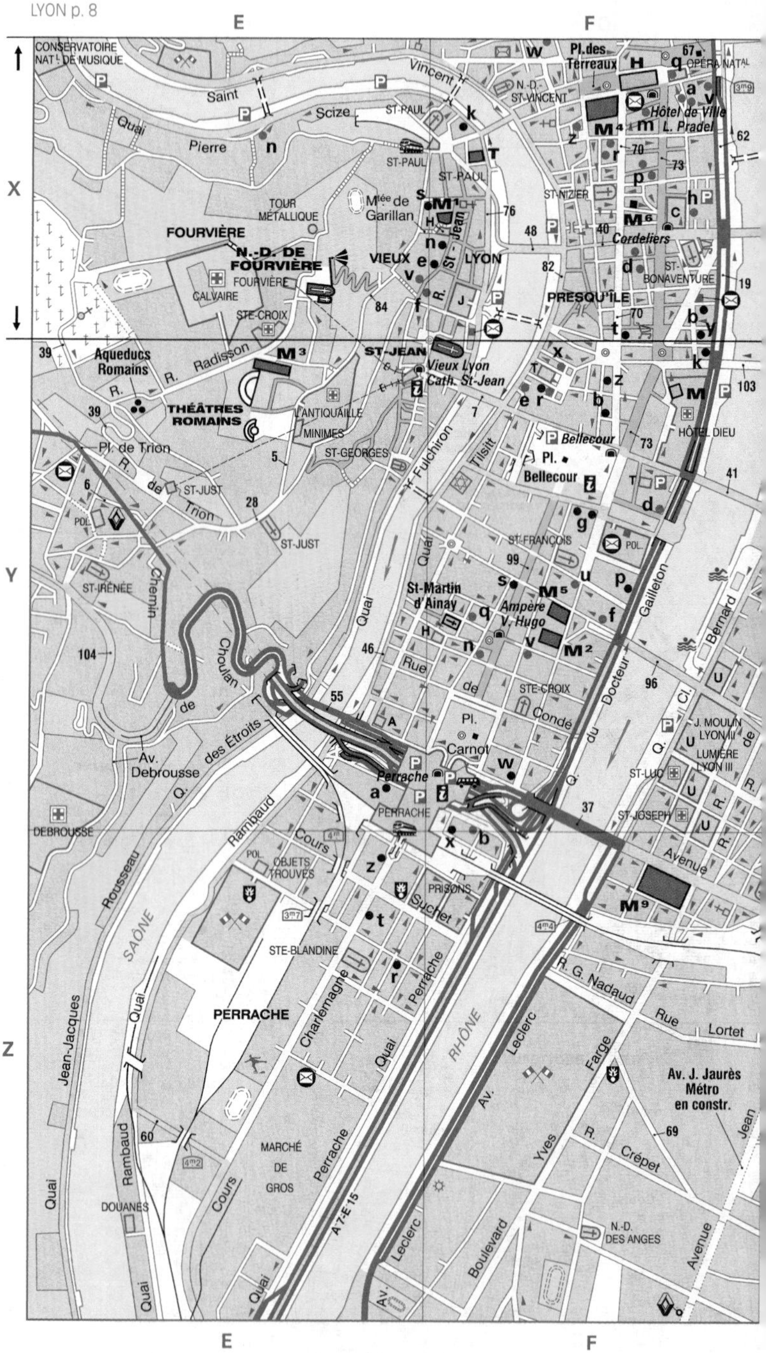
E
F
X
Y
Z
CONSERVATOIRE NATL DE MUSIQUE
Quai Saint Vincent
Quai Pierre Scize
ST-PAUL
Pl. des Terreaux
OPÉRA NATAL
N.-D. ST-VINCENT
Hôtel de Ville L. Pradel
ST-NIZIER
TOUR MÉTALLIQUE
Mtée de Garillan
FOURVIÈRE
N.-D. DE FOURVIÈRE
VIEUX LYON
R. St-Jean
Cordeliers
ST-BONAVENTURE
PRESQU'ÎLE
CALVAIRE
STE-CROIX
Aqueducs Romains
R. Radisson
ST-JEAN
Vieux Lyon Cath. St-Jean
THÉÂTRES ROMAINS
L'ANTIQUAILLE
MINIMES
ST-GEORGES
Pl. de Trion
R. de Trion
ST-JUST
Quai Fulchiron
Tilsitt
Bellecour
Pl. Bellecour
HÔTEL DIEU
ST-FRANÇOIS
ST-IRÉNÉE
Chemin de Choulan
St-Martin d'Ainay
Ampère V. Hugo
Rue de Condé
STE-CROIX
Quai du Docteur Gailleton
Bernard
Cl. Bernard
J. MOULIN LYON III
LUMIÈRE LYON III
ST-LUC
ST-JOSEPH
Pl. Carnot
Perrache
PERRACHE
Av. Debrousse
Q. des Étroits
DEBROUSSE
Cours Rambaud
OBJETS TROUVÉS
PRISONS
Cours Suchet
Avenue
STE-BLANDINE
Quai Rousseau
SAÔNE
RHÔNE
R. G. Nadaud
Rue Lortet
Quai Jean-Jacques Rousseau
Quai Rambaud
Charlemagne
Quai Perrache
Av. Leclerc
Yves Farge
Av. J. Jaurès Métro en constr.
R. Crépet
Jean Jaurès
MARCHÉ DE GROS
Cours Perrache
A 7-E 15
DOUANES
Boulevard Yves Farge
N.-D. DES ANGES
Avenue Jean Jaurès

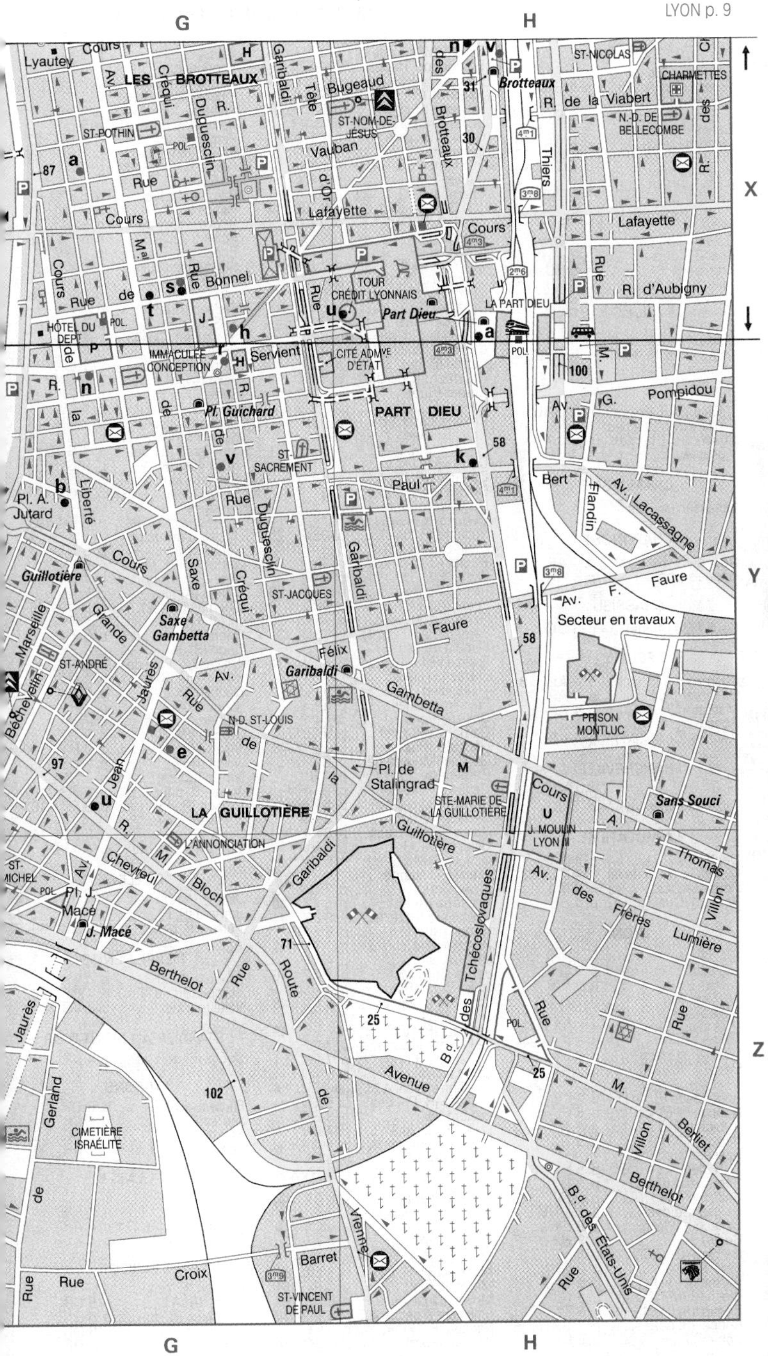
G
H
X
Y
Z
LES BROTTEAUX
Cours Lyautey
Av. Créqui
Garibaldi
Tête d'Or
Bugeaud
ST-NOM-DE-JÉSUS
Vauban
des Brotteaux
Brotteaux
R. de la Viabert
ST-NICOLAS
CHARMETTES
N.-D. DE BELLECOMBE
R. des Charmettes
ST-POTHIN
POL.
R. Duguesclin
Rue
Cours Lafayette
Thiers
Lafayette
Cours M.al
Rue Bonnel
Rue de
Cours de la Liberté
HÔTEL DU DÉPT
TOUR CRÉDIT LYONNAIS
Part Dieu
LA PART DIEU
R. d'Aubigny
Rue M.
IMMACULÉE CONCEPTION
Servient
CITÉ ADMve D'ÉTAT
R.
Pl. Guichard
PART DIEU
Av. G. Pompidou
ST-SACREMENT
Paul Bert
Av. Lacassagne
Flandin
Pl. A. Jutard
Liberté
Rue Duguesclin
Cours
Saxe
Créqui
ST-JACQUES
Garibaldi
Av. F. Faure
Faure
Secteur en travaux
Guillotière
Saxe Gambetta
Grande
Marseille
ST-ANDRÉ
Av.
Félix
Garibaldi
Gambetta
Jaurès
Rue
PRISON MONTLUC
Béchevelin
N.-D. ST-LOUIS
de
Pl. de Stalingrad
M
STE-MARIE DE LA GUILLOTIÈRE
Cours
U
J. MOULIN LYON III
Sans Souci
Jean
la
LA GUILLOTIÈRE
Guillotière
A. Thomas
L'ANNONCIATION
Av.
Av. des Frères Lumière
Villon
ST-MICHEL
POL.
Pl. J. Macé
J. Macé
Chevreul
M. Bloch
Garibaldi
Tchécoslovaques
Berthelot
Rue
Route
des
Bd
Rue
Rue
Jaurès
Avenue
M. Berliet
Gerland
de
CIMETIÈRE ISRAÉLITE
Villon
Berthelot
Bd des États-Unis
Vienne
Barret
Croix
Rue
Rue
ST-VINCENT DE PAUL
Rue
87
97
102
71
25
58
100
30
31
a
b
e
h
k
n
r
s
t
u
v
2m6
3m8
3m9
4m1
4m3

RÉPERTOIRE DES RUES DU PLAN DE LYON

BRON

- Bonnevay (Bd L.) .... p. 5 **DQ**
- Brossolette (Av. P.) .. p. 5 **DQ**
- Droits-de-l'Homme (Bd des) .... p. 5 **DQ**
- Genas (Rte de) ...... p. 3 **CDQ**
- Mendès-France (Av. P.) p. 5 **DR** 59
- Pinel (Bd) .... p. 5 **CQ**
- Roosevelt (Av. F.) .... p. 5 **DQR** 79
- 8-Mai-1945 (R. du) ... p. 5 **DQ** 110

CALUIRE ET CUIRE

- Boutary (Ch. de) ..... p. 7 **HU**
- Briand (Cours A.) .... p. 7 **GUV**
- Brunier (R. P.) .... p. 6 **FU**
- Canuts (Bd des) ..... p. 6 **FU**
- Chevalier (R. H.) ..... p. 6 **EFU**
- Clemenceau (Quai G.) p. 6 **EU**
- Coste (Rue) .... p. 6 **FU**
- Église (Montée de l'). p. 6 **FU**
- Margnolles (R. de) .... **FGU**
- Monnet (Av. J.) ..... p. 6 **FU**
- Pasteur (R.) .... **FGU**
- St-Clair (Grande R. de) .... p. 7 **GHU**
- Soldats (Montée des) p. 7 **HU** 91
- Strasbourg (Rte de) .. p. 5 **CP**
- Vignal (Av. E.) .... p. 7 **GU**

CHAMPAGNE

- Lanessan (Av. de) ... p. 4 **AP**

CHAPONOST

- Aqueducs (Rte des) . p. 4 **AR**
- Brignais (Rte de) .... p. 4 **AR**

CHASSIEU

- Gaulle (Bd Ch.-de) ... p. 5 **DQ**

ÉCULLY

- Champagne (Rte de). p. 4 **AP** 15
- Dr-Terver (Av.) ...... p. 4 **AP** 22
- Marietton (Rue) ..... p. 4 **AP** 57
- Roosevelt (Av. F.) .... p. 4 **AP** 78
- Vianney (Chin J.-M.) . p. 4 **AP**

FRANCHEVILLE

- Chater (Av. du) ...... p. 4 **AQ**
- Table-de-Pierre (Av.) . p. 4 **AQ**

LA MULATIÈRE

- Dechant (R. S.) ...... p. 4 **BR**
- Mulatière (Pont de la) p. 4 **BQ** 63
- Rousseau (Quai J.-J.) p. 4 **BQ**
- Semard (Quai P.) .... p. 4 **BR**

LYON

- Guillotière (Grande R. de la) .. p. 9 **GYZ**
- Jaurès (Av. J.) .... p. 9 **GY**
- La Part Dieu .... p. 9 **HXY**
- République (R. de la) .... p. 8 **FXY** 73
- Terme (Rue) .... p. 6 **FV** 94
- Victor-Hugo (Rue) ... p. 8 **FY** 99
- Vitton (Cours) .... p. 7 **HV**

- Annonciade (R. de l') . p. 6 **FV** 4
- Antiquaille (R. de l') .. p. 8 **EY** 5
- Aubigny (R. d') ...... p. 7 **HX**
- Barret (R. Croix) ..... p. 9 **GZ**
- Basses-Vercheres (R. des) .... p. 8 **EY** 6
- Béchevelin (R.) .... p. 9 **GY**
- Belfort (R. de) .... p. 6 **FV**
- Belges (Bd des) ..... p. 7 **GHV**
- Bellecour (Place) .... p. 8 **FY**
- Berliet (R. M.) .... p. 9 **HZ**
- Bernard (Quai Cl.) ... p. 8 **FY**
- Bert (R. P.) .... p. 9 **GHY**
- Berthelot (Av.) .... p. 9 **GHZ**
- Bloch (R. M.) .... p. 9 **GZ**
- Bonaparte (Pont) .... p. 8 **FY** 7
- Bonnel (R. de) ...... p. 7 **GX**
- Bony (R.) .... p. 6 **EV**
- Boucle (Montée de la). p. 6 **FU**
- Bourgogne (R. de) ... p. 4 **BP** 8
- Brotteaux (Bd des) .. p. 7 **HVX**
- Bugeaud (R.) .... p. 7 **HX**
- Burdeau (Rue) ...... p. 6 **FV** 9
- Buyer (Av. B.) .... p. 4 **AQ**
- Canuts (Bd des) ..... p. 6 **FUV**
- Carmélites (Montée des) ..... p. 6 **FV** 12
- Carnot (Pl.) .... p. 8 **FY**
- Chambaud de la Bruyère (Bd) .... p. 4 **BR** 13
- Charcot (R. Cdt) ..... p. 4 **ABQ**
- Charlemagne (Cours) .... p. 8 **EZ**
- Charmettes (R. des) . p. 7 **HVX**
- Chartreux (Pl. des) ... p. 6 **EV**
- Chartreux (R. des) ... p. 6 **EV**
- Chazière (Rue) ...... p. 6 **EV**
- Chevreul (Rue) ...... p. 9 **GYZ**
- Choulans (Ch. de) ... p. 8 **EY**
- Churchill (Pt W.) ..... p. 7 **GV** 18
- Condé (R. de) .... p. 8 **FY**
- Courmont (Quai J.) .. p. 6 **FX** 19
- Crepet (Rue) .... p. 8 **FZ**
- Créqui (R. de) .... **GVY**
- Croix-Rousse (Bd) ... p. 6 **EFV**
- Croix-Rousse (Grande R. de la) .. p. 6 **FV** 21
- Debrousse (Av.) ..... p. 8 **EY**
- Deleuvre (R.) .... p. 6 **EUV**
- Dr-Gailleton (Quai) ... p. 8 **FY**
- Duguesclin (Rue) .... p. 7 **GVY**
- Duquesne (Rue) ..... p. 7 **GV**
- Épargne (R. de l') .... p. 9 **HZ** 25
- États-Unis (Bd des) .. p. 5 **CQR**
- Étroits (Quai des) .... p. 8 **EY**
- Farge (Bd Y.) .... p. 8 **FZ**
- Farges (R. des) ...... p. 8 **EY** 28
- Faure (Av. F.) .... p. 9 **GHY**
- Favre (Bd J.) .... p. 7 **HX** 30
- Ferry (Pl. J.) .... p. 7 **HX** 31
- Flandin (R. M.) ...... p. 9 **HXY**
- France (Bd A.) .... p. 7 **HV** 34
- Frères-Lumière (Av. des) .... p. 9 **HZ**
- Fulchiron (Quai) ..... p. 8 **EY**
- Gallieni (Pont) ...... p. 8 **FY** 37
- Gambetta (Cours) ... p. 9 **GHY**
- Garibaldi (Rue) .... **GVZ**
- Garillan (Montée de) . p. 6 **EFX**
- Garnier (Av. T.) ...... p. 4 **BR**
- Gaulle (Q. Ch.-de) ... p. 7 **GHU**
- Genas (Rte de) ...... p. 5 **CDQ**
- Gerland (R. de) ...... p. 9 **GZ**
- Gerlier (R. Cardinal) .. p. 8 **EY** 39
- Gillet (Quai J.) ...... p. 6 **EUV**
- Giraud (Cours Gén.) . p. 6 **EV**
- Grande-Bretagne (Av. de) .... p. 7 **GV**
- Grenette (Rue) ...... p. 6 **FX** 40
- Guillotière (Pt de la) .. p. 8 **FY** 41
- Hénon (Rue) .... p. 6 **EFV**
- Herbouville (Cours d'). p. 6 **FV** 42
- Jayr (Quai) .... p. 4 **BP**
- Joffre (Quai Mar.) ... p. 8 **EY** 46
- Joliot-Curie (Rue) .... p. 4 **AQ**
- Juin (Pt Alphonse) ... p. 6 **FX** 48
- Jutard (Pl. A.) .... p. 9 **GY**
- Koening (Pt Gén.) ... p. 6 **EV** 49
- La Fayette (Cours) ... p. 7 **GHX**
- La Fayette (Pont) .... p. 7 **GX** 51
- Lacassagne (Av.) .... p. 5 **CQ**
- Lassagne (Quai A.) .. p. 6 **FV** 54
- Lassalle (R. Ph. de) .. p. 6 **EUV**
- Leclerc (Av.) .... p. 8 **EFZ**
- Leclerc (Pl. Gén.) .... p. 7 **GV**
- Liberté (Cours de la) . p. 9 **GXY**
- Lortet (Rue) .... p. 8 **FZ**
- Lyautey (Pl. Mar.) .... p. 7 **GVX**
- Marchand (Pt Kitchener) ..... p. 8 **EY** 55
- Marius-Vivier-Merle (Bd) .... p. 9 **HY** 58
- Marseille (R. de) .... p. 9 **GY**
- Mermoz (Av.) .... p. 5 **CQ**
- Montrochet (R. P.) ... p. 8 **EZ** 60
- Morand (Pont) ...... p. 6 **FVX** 61
- Moulin (Quai J.) ..... p. 6 **FX** 62
- Mulatière (Pont de la). p. 4 **BQ** 63
- Nadaud (R. G.) ...... p. 8 **FZ**
- Pasteur (Pont) ...... p. 4 **BQ** 64
- Peissel (R. F.) .... p. 6 **FU** 65
- Périphérique (Bd) .. p. 6 **EHU**
- Perrache (Quai) .... p. 8 **EZ**
- Pinel (Bd) .... p. 5 **CQ**
- Point-du-Jour (Av.) .. p. 4 **ABQ**
- Pompidou (Av. G.) .. p. 9 **HY**
- Pradel (Pl. L.) ...... p. 6 **FX** 67
- Pré-Gaudry (Rue) ... p. 8 **FZ** 69
- Prés.-Herriot (R. du) p. 6 **FX** 70
- Radisson (R. R.) .... p. 8 **EY**
- Rambaud (Quai) .... p. 8 **EYZ**
- Repos (R. du) ...... p. 9 **GZ** 71
- Rockefeller (Av.) .... p. 5 **CQ** 75
- Rolland (Quai R.) ... p. 6 **FX** 76
- Roosevelt (Cours F.) p. 7 **GVX**
- St-Antoine (Quai) ... p. 6 **FX** 82
- St-Bartélemy (Montée) .... p. 6 **EX** 84
- St-Jean (Rue) ...... p. 6 **FX**
- St-Simon (R.) ...... p. 4 **ABP** 85
- St-Vincent (Quai) ... p. 6 **EFX**
- Santy (Av. P.) ...... p. 5 **CQ**
- Sarrail (Quai Gén.) .. p. 7 **GX** 87
- Saxe (Av. Mar. de) .. p. 9 **GXY**
- Scize (Quai P.) ..... p. 6 **EX**
- Sedallian (Quai P.) .. p. 6 **EU**
- Serbie (Quai de) .... p. 7 **GV**
- Servient (R.) .... p. 9 **GY**
- Stalingrad (Bd de) .. p. 7 **GHU**
- Stalingrad (Pl. de) .. p. 9 **GHY**
- Suchet (Cours) ..... p. 8 **EFZ**
- Sully (Rue) .... p. 7 **GV**
- Tassigny (Pt de-Lattre-de) . p. 6 **FV** 93
- Tchécoslovaques (Bd des) .... p. 9 **HZ**
- Terreaux (Pl. des) ... p. 6 **FX**
- Tête d'Or (Rue) .... p. 7 **GVX**
- Thiers (Av.) .... p. 7 **HVX**
- Thomas (Crs A.) .... p. 5 **CQ** 95
- Tilsitt (Quai) .... p. 8 **FY**
- Trion (Pl. de) .... p. 8 **EY**
- Trion (R. de) .... p. 8 **EY**
- Université (Pont de l') p. 8 **FY** 96
- Université (R. de l') . p. 9 **GY** 97
- Vauban (Rue) .... p. 7 **GHX**
- Verguin (Av.) .... p. 7 **HV**
- Viabert (R. de la) ... p. 7 **HX**
- Vienne (Rte de) .... p. 9 **GZ**
- Villette (R. de la) ... p. 9 **HY** 100
- Villon (Rue) .... p. 9 **HZ**
- Vitton (Cours) ...... p. 7 **HV**
- Vivier (R. du) .... p. 9 **GZ** 102
- Wilson (Pont) ...... p. 8 **FY** 103
- Ire-Div.-Fr.-Libre (Av.) .... p. 8 **EY** 104
- 25e-R.T.S. (Av. du) .. p. 4 **ABP**

OULLINS

- Jaurès (Av. J.) ..... p. 4 **BR**
- Jomard (R. F.) ...... p. 4 **AR**
- Perron (R. du) ...... p. 4 **BR** 66

PIERRE-BÉNITE

- Ampère (Rue) ..... p. 4 **BR**
- Europe (Bd de l') ... p. 4 **BR** 27
- Voltaire (Rue) ...... p. 4 **BR**

ST-DIDIER-AU-MONT-D'OR

- St-Cyr (R. de) ...... p. 4 **BP**

ST-FONS

- Farge (Bd Y.) ...... p. 5 **CR**
- Jaurès (Av. J.) ..... p. 5 **CR** 44
- Semard (Bd P.) ..... p. 4 **BR** 89
- Sembat (R. M.) ..... p. 4 **BR** 90

ST-GENIS-L.

- Beauversant (Ch. de) .... p. 4 **AR**
- Clemenceau (Av. G.) p. 4 **AR**
- Darcieux (R. F.) ..... p. 4 **ABR**

ST-PRIEST

- Aviation (R. de l') ... p. 5 **DR**
- Briand (R. A.) ...... p. 5 **DR**
- Dauphiné (R. du) ... p. 5 **DR**
- Gambetta (Rue) .... p. 5 **DR**
- Grande Rue .... p. 5 **DR**

Liste alphabétique des hôtels et restaurants

Hôtels

Centre-ville (Bellecour-Terreaux) :

Sofitel M, 20 quai Gailleton ✉ 69002 ☎ 04 72 41 20 20, *Fax 04 72 40 05 50*, ← – |‡| ⇸ ▤ TV ☎ ✆ ♿ 🚗 – 🏛 200. AE ⓪ GB JCB — p. 8 FY p
Les Trois Dômes (au 8e étage) ☎ 04 72 41 20 97 **Repas** 180/350, enf. 70 – ***Sofi Shop*** (rez-de-chaussée) ☎ *04 72 41 20 80* **Repas** *(95) bc*-130 ♀, enf. 44 – ☕ 90 – **138 ch** 1030/1530, 29 appart.

Gd H. Concorde, 11 r. Grolée ✉ 69002 ☎ 04 72 40 45 45, *Fax 04 78 37 52 55* – |‡| ⇸ ▤ TV ☎ ♿ – 🏛 60. AE ⓪ GB JCB. ⚘ rest — p. 8 FX y
Fiorelle : ☎ 04 78 42 99 84 *(fermé 10 au 24 août, sam. midi et dim. midi)* **Repas** 98/128, 🍷 – ☕ 75 – **143 ch** 720/980.

Royal, 20 pl. Bellecour ✉ 69002 ☎ 04 78 37 57 31, *Fax 04 78 37 01 36* – |‡| ⇸ ▤ TV ☎. AE ⓪ GB JCB — p. 8 FY g
Repas *(fermé sam.) (78)* - 128/142 ♀ – ☕ 72 – **80 ch** 640/980.

Carlton sans rest, 4 r. Jussieu ✉ 69002 ☎ 04 78 42 56 51, *Fax 04 78 42 10 71* – |‡| ▤ TV ☎ ✆. AE ⓪ GB JCB — p. 8 FX b
☕ 59 – **83 ch** 440/830.

Plaza République M sans rest, 5 r. Stella ✉ 69002 ☎ 04 78 37 50 50, *Fax 04 78 42 33 34* – |‡| ⇸ ▤ TV ☎ ✆ ♿ – 🏛 35. AE ⓪ GB JCB — p. 8 FY k
☕ 59 – **78 ch** 535/795.

Beaux-Arts sans rest, 75 r. Prés. E. Herriot ✉ 69002 ☎ 04 78 38 09 50, *Fax 04 78 42 19 19* – |‡| ⇸ ▤ TV ☎ ✆. AE ⓪ GB JCB — p. 8 FX t
☕ 59 – **75 ch** 440/640.

Globe et Cécil sans rest, 21 r. Gasparin ✉ 69002 ☎ 04 78 42 58 95, *Fax 04 72 41 99 06* – |‡| TV ☎. AE ⓪ GB JCB — p. 8 FY b
☕ 55 – **60 ch** 400/590.

Artistes sans rest, 8 r. G. André ✉ 69002 ☎ 04 78 42 04 88, *Fax 04 78 42 93 76* – |‡| ▤ TV ☎. AE ⓪ GB — p. 8 FY r
☕ 48 – **45 ch** 355/475.

Résidence sans rest, 18 r. V. Hugo ✉ 69002 ☎ 04 78 42 63 28, *Fax 04 78 42 85 76* – |‡| TV ☎. AE ⓪ GB — p. 8 FY s
☕ 35 – **65 ch** 300/330.

Élysée H. sans rest, 92 r. Prés. E. Herriot ✉ 69002 ☎ 04 78 42 03 15, *Fax 04 78 37 76 49* – |‡| TV ☎ ✆. AE ⓪ GB — p. 8 FY z
☕ 39 – **29 ch** 294/387.

Bayard sans rest, 23 pl. Bellecour ✉ 69002 ☎ 04 78 37 39 64, *Fax 04 72 40 95 51* – TV ☎. AE ⓪ GB — p. 8 FY g
☕ 35 – **15 ch** 274/387.

Perrache :

Château Perrache, 12 cours Verdun ✉ 69002 ☎ 04 72 77 15 00, *Fax 04 78 37 06 56*, « Décor Art Nouveau » – |‡| ⇸ ▤ TV ☎ ♿ 🚗 – 🏛 250. AE ⓪ GB — p. 8 EY a
Les Belles Saisons : **Repas** 140/180 ♀, enf. 60 – ☕ 70 – **121 ch** 515/870.

Charlemagne M, 23 cours Charlemagne ✉ 69002 ☎ 04 72 77 70 00, *Fax 04 78 42 94 84*, 🌳 – |‡| ▤ TV ☎ ✆ – 🏛 120. AE ⓪ GB — p. 8 EZ t
Repas *(fermé week-ends)* 90/150 🍷 – ☕ 52 – **116 ch** 395/545.

Axotel et rest. Le Chalut M, 12 r. Marc-Antoine Petit ✉ 69002 ☎ 04 72 77 70 70, *Fax 04 72 40 00 65*, 🌳 – |‡|, ▤ rest, TV ☎ – 🏛 100. AE ⓪ GB — p. 8 EZ r
hôtel : fermé Noël au Jour de l'An ; rest. : fermé 3 au 23 août, Noël au Jour de l'An, sam. midi et dim. – **Repas** 140/200 🍷 – ☕ 43 – **128 ch** 315/340 – ½ P 280.

Verdun sans rest, 82 r. Charité ✉ 69002 ☎ 04 78 37 34 71, *Fax 04 78 37 45 35* – |‡| TV ☎. AE ⓪ GB — p. 6 FY w
☕ 30 – **32 ch** 150/405.

Berlioz sans rest, 12 cours Charlemagne ✉ 69002 ☎ 04 78 42 30 31, *Fax 04 72 40 97 58* – |‡| TV ☎. AE ⓪ GB JCB — p. 8 EZ z
☕ 35 – **38 ch** 313/346.

Normandie sans rest, 3 r. Bélier ✉ 69002 ☎ 04 78 37 31 36, *Fax 04 72 40 98 56* – |‡| TV ☎. AE ⓪ GB JCB — p. 8 FZ x
☕ 29 – **39 ch** 160/299.

à Vaise :

Saphir M, 18 r. L. Loucheur ✉ 69009 ✆ 04 78 83 48 75, *Fax 04 78 83 30 81* – – 50. AE GB p. 4 BP r
Repas 97/189 – 50 – **110 ch** 450/470.

Vieux-Lyon :

Villa Florentine M, 25 montée St-Barthélémy ✉ 69005 ✆ 04 72 56 56 56, *Fax 04 72 40 90 56*, ≤ Lyon, , – P. AE GB JCB. ch
Les Terrasses de Lyon : Repas 170 (déj.), 290/400 et carte 380 à 520 – 100 – **16 ch** 1300/1900, 3 appart p. 6 EFX s
Spéc. Moelleux d'anchois mariné aux épices, symphonie de poissons en basquaise (mai à sept.). Courgette fleur farcie à la mousse de homard (mai à sept.). Couronne d'agneau des Alpes de Haute-Provence cloutée aux anchois de Collioure. **Vins** Saint-Joseph, Crozes-Hermitage.

Cour des Loges M, 6 r. Boeuf ✉ 69005 ✆ 04 72 77 44 44, *Fax 04 72 40 93 61*, « Décoration contemporaine originale dans des maisons du Vieux Lyon », – – 40. AE GB JCB p. 6 FX n
Repas carte 260 à 340 – 110 – **53 ch** 1150/1800, 10 appart.

Tour Rose (Chavent) M, 22 r. Boeuf ✉ 69005 ✆ 04 78 37 25 90, *Fax 04 78 42 26 02*, « Maison du 17e siècle, élégante décoration sur le thème de la soie » – – 35. AE GB JCB p. 6 EFX e
Repas *(fermé dim.)* 295/595 et carte 440 à 580 – 95 – **8 ch** 1200/2800, 6 appart, 4 duplex
Spéc. Saumon mi-cuit au fumoir servi tiède au naturel. Foie chaud de canard, filets de rougets barbets poêlés aux lentilles confites à l'ail. Ris de veau rôtis au pain d'épices, morilles au beurre. **Vins** Brouilly, Viognier.

Phénix H. M sans rest, 7 quai Bondy ✉ 69005 ✆ 04 78 28 24 24, *Fax 04 78 28 62 86* – – 35. AE GB p. 6 FX k
60 – **36 ch** 620/1080.

La Croix-Rousse (bord de Saône) :

Lyon Métropole M, 85 quai J. Gillet ✉ 69004 ✆ 04 72 10 44 44, *Fax 04 78 39 99 20*, , , – P – 350. AE GB p. 6 EU k
Les Eaux Vives *✆ 04 72 10 44 30 (fermé 2 au 24 août, 22 déc. au 3 janv., dim. soir et lundi)* Repas *(150)*-175/430 – ***Grill :*** Repas *(90)* - 130bc, enf. 50 – 80 – **118 ch** 590/2000.

Les Brotteaux :

Holiday Inn Garden Court M sans rest, 114 bd Belges ✉ 69006 ✆ 04 78 24 44 68, *Fax 04 78 24 82 36* – . AE GB p. 7 HX n
45 – **55 ch** 565/685.

Olympique sans rest, 62 r. Garibaldi ✉ 69006 ✆ 04 78 89 48 04, *Fax 04 78 89 49 97* – . AE GB p. 7 GV d
31 – **23 ch** 230/270.

La Part-Dieu :

Holiday Inn Crowne Plaza M, 29 r. Bonnel ✉ 69003 ✆ 04 72 61 90 90, *Fax 04 72 61 17 54*, – – 250. AE GB JCB p. 7 GX t
Repas 105/200 – 90 – **155 ch** 1400/1500.

Méridien M, 129 r. Servient (32e étage) ✉ 69003 ✆ 04 78 63 55 00, *Fax 04 78 63 55 20*, ≤ Lyon et vallée du Rhône – – 170. AE GB JCB p. 7 GX u
L'Arc-en-Ciel *(fermé 15 juil. au 26 août et sam. midi)* Repas *(155)* - 170/210 , enf. 95 – ***Bistrot de la Tour*** (rez-de-chaussée) *(fermé vend. soir, sam. soir et dim.)* Repas 110 , enf. 60 – 70 – **245 ch** 795/1100.

Mercure La Part-Dieu M, 47 bd Vivier-Merle ✉ 69003 ✆ 04 72 13 51 51, *Fax 04 72 13 51 99* – – 80. AE GB JCB p. 9 HX a
Repas *(fermé sam. midi et dim. midi) (90)* - 115/165 – 59 – **124 ch** 607.

Créqui M, 158 r. Créqui ✉ 69003 ✆ 04 78 60 20 47, *Fax 04 78 62 21 12*, – . AE GB. rest p. 7 GX s
Repas *(fermé août, sam. et dim.) (78)* - 98 – 42 – **28 ch** 360/390.

Ibis La Part-Dieu Gare, pl. Renaudel ✉ 69003 ✆ 04 78 95 42 11, *Fax 04 78 60 42 85*, – – 40. AE GB JCB p. 7 HY k
Repas *(75)* - 95 , enf. 39 – 35 – **144 ch** 345.

La Guillotière :

Wilson M sans rest, 6 r. Mazenod ✉ 69003 ✆ 04 78 60 94 94, *Fax 04 78 62 72 01* – AE GB JCB
60 – **54 ch** 470/520.

Bleu Marine M sans rest, 4 r. Mortier ✉ 69003 ✆ 04 78 60 03 09, *Fax 04 78 60 01 95* – 40. AE GB p. 9 GY b
60 – **129 ch** 360/600.

Ibis Université sans rest, 51 r. Université ✉ 69007 ✆ 04 78 72 78 42, *Fax 04 78 69 24 36* – AE GB p. 9 GY u
36 – **53 ch** 345.

Gerland :

Mercure Gerland M, 70 av. Leclerc ✉ 69007 ✆ 04 72 71 11 11, *Fax 04 72 71 11 00*, – 200. AE GB JCB p. 4 BQ e
Repas 100 , enf. 45 – 59 – **194 ch** 535/750.

Montchat-Monplaisir :

Mercure Lumière M, 69 cours A. Thomas ✆ 04 78 53 76 76, *Fax 04 72 36 97 65* – 30. AE GB JCB p. 3 CQ e
Repas *(fermé 1er au 16 août et sam.)* (80) - 100 (déj.)/140 , enf. 45 – 57 – **78 ch** 480/540.

Relais Mercure Park H., 4 r. Prof. Calmette ✉ 69008 ✆ 04 78 74 11 20, *Fax 04 78 01 43 38*, – AE GB JCB p. 5 CQ v
fermé 24 déc. au 2 janv. – **Repas** *(fermé dim. midi, vend. soir et sam.)* 85/120 , enf. 45 –
50 – **72 ch** 525/555.

Laënnec sans rest, 36 r. Seignemartin ✉ 69008 ✆ 04 78 74 55 22, *Fax 04 78 01 00 24* – AE GB p. 5 CQ n
39 – **14 ch** 310/405.

à Villeurbanne – *116 872 h. alt. 168* – ✉ *69100 :*

Mercure Charpennes M, 7 pl. Ch. Hernu ✆ 04 72 44 46 46, *Fax 04 78 89 10 14* – 100. AE GB p. 7 HV e
Repas *(fermé 8 au 16 août, dim. midi du 12 juil. au 23 août et sam. midi)* 98/152 , enf. 50 –
56 – **94 ch** 555/695.

Congrès, pl. Cdt Rivière ✆ 04 72 69 16 16, *Fax 04 78 94 64 86* – 130. AE GB JCB p. 7 HV m
Repas *(fermé 24 déc. au 1er janv.)* (120) - 155/295 – 60 – **134 ch** 390/420.

Ariana M sans rest, 163 cours É. Zola ✆ 04 78 85 32 33, *Fax 04 78 03 02 82* – AE GB p. 5 CP k
48 – **102 ch** 265/398.

Holiday Inn Garden Court M, 130 bd 11 Nov. 1918 ✆ 04 78 89 95 95, *Fax 04 72 43 91 55* – 100. AE GB JCB p. 5 CP r
Repas 95/120 , enf. 38 – 55 – **79 ch** 420/460.

à Bron – *39 683 h. alt. 204* – ✉ *69500 :*

Novotel Bron M, av. J. Monnet ✆ 04 72 15 65 65, *Fax 04 72 15 09 09*, – 25 à 800. AE GB p. 5 DR f
Repas carte environ 180 , enf. 50 – 55 – **189 ch** 525.

Ibis Bron Eurexpo, r. M. Bastié ✆ 04 72 37 01 46, *Fax 04 78 26 65 43*, – ch, – 40. AE GB p. 5 DR n
Repas (75) - 95 , enf. 39 – 35 – **79 ch** 320.

Dau Ly sans rest, 28 r. Prévieux ✆ 04 78 26 04 37, *Fax 04 78 26 62 47* – AE GB p. 5 DQ e
32 – **22 ch** 310/335.

Relais Porte des Alpes, r. Col. Chambonnet ✆ 04 72 37 00 14, *Fax 04 78 26 95 05*, – AE GB p. 5 DR n
Repas *(fermé dim.)* 98/190 – 36 – **44 ch** 275/290.

à Pierre-Bénite – *9 574 h. alt. 167* – ✉ *69310 :*

Europe sans rest, 67 bd Europe ✆ 04 78 50 55 55, *Fax 04 78 50 16 01* – AE GB p. 4 BR b
32 – **34 ch** 250/270.

à Francheville – *10 863 h. alt. 240* – ✉ *69340 :*

Aub. de la Vallée, 39 av. Chater ✆ 04 78 59 11 88, *Fax 04 78 59 47 16*, – AE GB p. 4 AQ n
Repas *(fermé 1er au 21 août, vacances de fév., dim. soir et lundi)* 72 (déj.), 115/275 – 30 – **12 ch** 190/300 – 1/2 P 215/230.

Restaurants

XXXXX ✿✿✿ **Paul Bocuse,** au pont de Collonges Nord : 12 km par bords Saône (D 433, D 51) ✉ 69660 Collonges-au-Mont-d'Or ☎ 04 72 42 90 90, *Fax 04 72 27 85 87*, « Fresque "Rue des Grands Chefs" » – ▤ P. AE ⦿ GB JCB p. 4 BP
Repas 410 (déj.), 510/740 et carte 450 à 640, enf. 110
Spéc. Soupe aux truffes. Rouget barbet en écailles de pommes de terre. Volaille de Bresse en vessie. **Vins** Saint-Véran, Brouilly.

XXXX ✿✿ **Léon de Lyon** (Lacombe), 1 r. Pleney ✉ 69001 ☎ 04 78 28 11 33, *Fax 04 78 39 89 05* – ▤. AE GB JCB p. 8 FX r
fermé 9 au 18 août, lundi midi et dim. – **Repas** 290 (déj.), 520/660 et carte 470 à 600
Spéc. Cochon fermier, foie gras, oignons confits en "terrine rustique". Quenelles de brochet de la Dombes, sauce Nantua. Six petits desserts sur le thème de la praline de Saint-Genix. **Vins** Saint-Véran, Chiroubles.

XXXX ✿ **Pierre Orsi,** 3 pl. Kléber ✉ 69006 ☎ 04 78 89 57 68, *Fax 04 72 44 93 34*, 🏠, « Décor élégant » – ▤. AE GB JCB p. 7 GV e
fermé dim. sauf le midi en hiver – **Repas** 240 (déj.), 320/600 et carte 420 à 570 ♀
Spéc. Ravioles de foie gras au jus de porto et truffes. Homard et rouget en barigoule. Pigeonneau rôti en cocotte aux gousses d'ail confites. **Vins** Mâcon-Clessé, Saint-Amour.

XXX **Christian Têtedoie,** 54 quai Pierre Scize ✉ 69005 ☎ 04 78 29 40 10, *Fax 04 72 07 05 65* – ▤ P. AE GB p. 6 EX n
fermé 1er au 24 août, sam. midi et dim. sauf fériés – **Repas** 165/295 et carte 250 à 360.

XXX ✿ **Mère Brazier,** 12 r. Royale ✉ 69001 ☎ 04 78 28 15 49, *Fax 04 78 28 63 63*, « Ambiance lyonnaise » – AE ⦿ GB. ✂ p. 6 FV e
fermé 25 juil. au 25 août, sam. sauf le soir d'août à mai, dim. et fériés – **Repas** 170 (déj.), 250/300 et carte 210 à 310 ♀
Spéc. Fond d'artichaut au foie gras de canard. Quenelle au gratin. Volaille de Bresse "demi-deuil". **Vins** Brouilly, Côtes du Rhône.

XXX **Saint Alban,** 2 quai J. Moulin ✉ 69001 ☎ 04 78 30 14 89, *Fax 04 72 00 88 82* – ▤. AE GB p. 6 FX v
fermé 20 juil. au 20 août, vacances de fév., sam. midi, dim. et fériés – **Repas** 155/320 et carte 240 à 330.

XXX **Fernand Duthion,** 18 r. D. Vincent ✉ 69410 Champagne-au-Mont-d'Or ☎ 04 78 35 04 78, *Fax 04 78 35 59 58*, 🏠, 🌳 – P. GB p. 4 AP e
fermé 10 au 16 avril, 17 août au 4 sept., dim. soir et lundi – **Repas** 118 (déj.), 155/295 et carte 270 à 380 ♀.

XXX **Garioud,** 14 r. Palais Grillet ✉ 69002 ☎ 04 78 37 04 71, *Fax 04 72 40 98 07* – ▤. AE ⦿ GB JCB p. 8 FX d
fermé 10 au 16 août, sam. midi et dim. – **Repas** 126/250 bc.

XX **Passage,** 8 r. Plâtre ✉ 69001 ☎ 04 78 28 11 16, *Fax 04 72 00 84 34* – ▤. AE GB
fermé sam. midi, dim. et fériés – **Repas** 95 (déj.), 125/185 ♀. p. 8 FX r

XX **Cazenove,** 75 r. Boileau ✉ 69006 ☎ 04 78 89 82 92, *Fax 04 72 44 93 34*, « Évocation Belle Époque » – ▤. AE GB p. 7 GV k
fermé août, sam., dim. – **Repas** 200/280 ♀.

XX **J.-C. Pequet,** 59 pl. Voltaire ✉ 69003 ☎ 04 78 95 49 70, *Fax 04 78 62 85 26* – ▤. AE ⦿ GB p. 9 GY v
fermé 1er au 23 août, sam. et dim. – **Repas** 150/185.

XX ✿ **Aub. de l'Ile** (Ansanay-Alex), sur l'Ile Barbe ✉ 69009 ☎ 04 78 83 99 49, *Fax 04 78 47 80 46* – P. AE GB. ✂ p. 4 BP e
fermé 10 au 25 août, vacances de fév., dim. soir et lundi – **Repas** 160 (déj.), 190/390 et carte 310 à 480 ♀
Spéc. Velouté de châtaignes aux "sot-l'y-laisse" et truffes (15 déc.-15 mars). Omble chevalier à la peau croustillante et mousserons (15 mars-15 juin). Soufflé chaud à la pêche blanche (15 juin-15 sept.). **Vins** Condrieu, Morgon.

XX **Gourmet de Sèze,** 129 r. Sèze ✉ 69006 ☎ 04 78 24 23 42, *Fax 04 78 24 66 81* – ▤. AE GB p. 7 HV z
fermé 15 juil. au 15 août, dim. et lundi – **Repas** (nombre de couverts limité, prévenir) 130 (déj.), 180/300 bc.

XX **Fleur de Sel,** 3 r. Remparts d'Ainay ✉ 69002 ☎ 04 78 37 40 37, *Fax 04 78 37 26 37* – GB p. 8 FY q
fermé mi-juil. à mi-août, sam. et dim. – **Repas** 148 (déj.), 228/295 ♀.

XX **Thierry Gache,** 37 r. Thibaudière ✉ 69007 ☎ 04 78 72 81 77, *Fax 04 78 72 01 75* – ▤. AE GB p. 9 GY e
fermé lundi soir et dim. – **Repas** 99 bc (déj.)/265.

XX **Philippe B.,** 42 r. P. Corneille ☎ 04 78 52 19 13, *Fax 04 72 74 99 14* – AE GB p. 7 GX a
fermé 1er au 24 août, sam. midi et dim. – **Repas** *(98)* - 135/210.

XX **Alex Chevallier,** 40 r. Sergent Blandan ✉ 69001 ☎ 04 78 28 19 83, *Fax 04 78 29 42 32* – AE GB. ⅍ p. 6 FX w
fermé 20 juil. au 20 août, mardi midi et lundi – **Repas** 90 bc (déj.), 105/250 ♀, enf. 80.

XX **Vivarais,** 1 pl. Gailleton ✉ 69002 ☎ 04 78 37 85 15, *Fax 04 78 37 59 49* – ▤. AE ⓓ GB JCB p. 8 FY f
fermé 19 juil. au 17 août, 24 déc. au 4 janv. et dim. – **Repas** 115 (déj.), 140/170 🌡.

XX **Brunoise,** 4 r. A. Boutin ✉ 69100 Villeurbanne ☎ 04 78 52 07 77 – ▤. GB p. 5 CP b
fermé août, week-ends et le soir sauf jeudi – **Repas** 110/195.

XX **L'Alexandrin,** 83 r. Moncey ✉ 69003 ☎ 04 72 61 15 69, *Fax 04 78 62 75 57* – ▤. AE GB
fermé 1er au 4 mai, 8 au 11 mai, 2 au 24 août, 24 déc. au 4 janv., dim., lundi et fériés – **Repas** 160/360. p. 7 GX h

XX **Le Nord,** 18 r. Neuve ✉ 69002 ☎ 04 72 10 69 69, *Fax 04 72 10 69 68,* 🏠 – ▤. AE GB JCB
Repas brasserie 105/158 ♀, enf. 48. p. 8 FX p

XX **Tassée,** 20 r. Charité ✉ 69002 ☎ 04 72 77 79 00, *Fax 04 72 40 05 91* – ▤. AE ⓓ GB JCB p. 8 FY u
fermé sam. en juil.-août et dim. – **Repas** 110 (déj.), 130/260, enf. 70.

XX **Argenson,** 40 allée P. de Coubertin ✉ 69007 ☎ 04 78 72 64 53, *Fax 04 78 61 78 02,* 🏠 – P. AE ⓓ GB p. 4 BR a
fermé le soir d'oct. à mai, sam. midi et dim. – **Repas** 98 bc (déj.), 125/170 ♀.

XX **Les Oliviers - J.-P. Bergier,** 20 r. Sully ✉ 69006 ☎ 04 78 89 07 09, *Fax 04 78 89 89 94* – AE ⓓ GB p. 7 GV f
fermé 31 juil. au 24 août, sam. midi et dim. – **Repas** 130/265 ♀.

XX **Brasserie Georges,** 30 cours Verdun ✉ 69002 ☎ 04 72 56 54 54, *Fax 04 78 42 51 65,* brasserie 1925 – AE ⓓ GB JCB p. 8 FZ b
Repas *(71)* - 85/150 ♀, enf. 49.

XX **Boeuf d'Argent,** 29 r. Boeuf ✉ 69005 ☎ 04 78 42 21 12, *Fax 04 72 40 24 65* – AE GB. ⅍ p. 8 EFX f
fermé 14 juil. au 12 août, vacances de fév., sam. midi et dim. – **Repas** 80 bc/300 ♀.

XX **Tante Alice,** 22 r. Remparts d'Ainay ✉ 69002 ☎ 04 78 37 49 83, *Fax 04 78 37 49 83* – ▤. AE GB p. 8 FY v
fermé 25 juil. au 25 août, vend. soir et sam. – **Repas** 94/194 ♀.

XX **Chez Jean-François,** 2 pl. Célestins ✉ 69002 ☎ 04 78 42 08 26, *Fax 04 72 40 04 51* – ▤. AE GB JCB p. 8 FY x
fermé 25 juil. au 24 août, dim. et fériés – **Repas** (prévenir) 90/170 ♀.

XX **Romanée,** 19 r. Rivet ✉ 69001 ☎ 04 72 00 80 87, *Fax 04 72 07 88 44* – ▤. GB
fermé août, sam. midi, dim. soir et lundi – **Repas** (prévenir) 98/195 ♀. p. 6 EV e

XX **La Voûte - Chez Léa,** 11 pl. A. Gourju ✉ 69002 ☎ 04 78 42 01 33, *Fax 04 78 37 36 41* – ▤. AE ⓓ GB p. 8 FY e
fermé dim. – **Repas** 115 bc (déj.), 133/176 ♀.

X **Assiette et Marée,** 49 r. Bourse ✉ 69002 ☎ 04 78 37 36 58, *Fax 04 78 38 20 35* – ▤. AE GB p. 6 FX h
fermé dim. – **Repas** - produits de la mer - 100 bc (déj.)et carte 150 à 200.

X **Assiette et Marée,** 26 r. Servient ✉ 69003 ☎ 04 78 62 89 94, *Fax 04 78 38 20 35* – ▤. AE GB p. 9 GY n
fermé 9 au 16 août, sam. midi et dim. – **Repas** - produits de la mer - carte 150 à 210.

X **L'Est,** Gare des Brotteaux, 14 pl. J. Ferry ✉ 69006 ☎ 04 37 24 25 26, *Fax 04 37 24 25 25,* 🏠 – ▤ p. 7 HX v
Repas brasserie 105/158 ♀, enf. 48.

X **Francotte,** 8 pl. Célestins ✉ 69002 ☎ 04 78 37 38 64, *Fax 04 78 38 20 35* – ▤. AE GB
fermé dim. – **Repas** *(100 bc)* - carte 150 à 200 ♀. p. 8 FY r

X **Le Sud,** 11 pl. Antonin Poncet ✉ 69002 ☎ 04 72 77 80 00, *Fax 04 72 77 80 01,* 🏠 – ▤. AE GB p. 8 FY d
Repas (prévenir) 105/158 ♀, enf. 48.

X **Maison Villemanzy,** 25 montée St-Sébastien ✉ 69001 ☎ 04 78 39 37 00, *Fax 04 78 30 44 69,* ≤, 🏠 – AE GB p. 6 FV h
fermé 2 au 20 janv., dim. et fériés – **Repas** *(98)* - 128 ♀.

X **Grenadin,** 27 r. Franklin ✉ 69002 ☎ 04 78 37 80 94, *Fax 04 72 41 81 06* – ▤. AE ⓓ GB JCB p. 8 FY n
fermé août, lundi midi et dim. – **Repas** 95/175 ♀.

X **Bistrot du Palais,** 220 r. Duguesclin ✉ 69003 ☎ 04 72 61 96 16, *Fax 04 78 60 59 97* – AE GB p. 9 GY r
fermé 9 au 25 août, dim. et fériés – **Repas** 118 ♀.

X **Les Muses de l'Opéra,** pl. Comédie, au 7e étage de l'Opéra ✉ 69001 ✆ 04 72 00 45 58, *Fax 04 78 29 34 01,* ≤ Fourvière, 🍽, « Décor contemporain » – ▤. AE GB p. 8 FX q
fermé dim. – **Repas** 129 (déj.)/159 ♀.

X **Bernachon Passion,** 42 cours Franklin-Roosevelt ✉ 69006 ✆ 04 78 52 23 65 – ▤. GB
fermé 26 juil. au 24 août, dim. et fériés – **Repas** (nombre de couverts limité, prévenir)(déj. seul.) carte 180 à 250. p. 7 GV r

X **Les Adrets,** 30 r. Boeuf ✉ 69005 ✆ 04 78 38 24 30, *Fax 04 78 42 79 52* – GB
fermé août, 1er au 7 janv., sam. et dim. – **Repas** 78 bc (déj.), 100/178, enf. 55. p. 6 EX v

LES BOUCHONS : *dégustation de vins régionaux et cuisine locale dans une ambiance typiquement lyonnaise*

X **Garet,** 7 r. Garet ✉ 69001 ✆ 04 78 28 16 94, *Fax 04 72 00 06 84* – ▤. AE GB p. 6 FX a
fermé 15 juil. au 16 août, 24 déc. au 2 janv., sam. et dim. – **Repas** (prévenir) 95/118 ♀.

X **Meunière,** 11 r. Neuve ✉ 69001 ✆ 04 78 28 62 91 – AE ⓓ GB p. 8 FX p
fermé 11 juil. au 17 août, dim., lundi et fériés – **Repas** (prévenir) 95 (déj.), 110/150.

X **Café des Fédérations,** 8 r. Major Martin ✉ 69001 ✆ 04 78 28 26 00 – ▤. GB
fermé août, sam. et dim. – **Repas** (prévenir) 118 (déj.)/148. p. 6 FX z

X **Daniel et Denise,** 156 r. Créqui ✉ 69003 ✆ 04 78 60 66 53, *Fax 04 78 60 66 53* – ▤ GB p. 7 GX s
fermé août, sam. et dim. – **Repas** carte 100 à 150 ♀.

X **Jura,** 25 r. Tupin ✉ 69002 ✆ 04 78 42 20 57 – GB p. 8 FX d
fermé 1er au 24 août, vacances de fév., lundi midi d'oct. à avril, sam. de mai à sept. et dim. – **Repas** (prévenir) 98/200 ♀.

X **Au Petit Bouchon "chez Georges",** 8 r. Garet ✉ 69001 ✆ 04 78 28 30 46 – GB p. 6 FX a
fermé août, sam. et dim. – **Repas** 86/115 dîner à la carte environ 170.

X **Chez Hugon,** 12 rue Pizay ✉ 69001 ✆ 04 78 28 10 94 – GB p. 6 FX m
fermé août, sam. et dim. – **Repas** (prévenir) 120/210 et carte 120 à 210.

Environs

à Tassin-la-Demi-Lune : *5 km par D 407 – 15 460 h. alt. 220 – ✉ 69160 :*

Novotel Tassin Ⓜ, 13 D av. V. Hugo ✆ 04 78 64 68 69, *Fax 04 78 64 61 11,* 🍽, 🏊 – |‡| ⇆ ▤ TV ☎ ♿ 🚗 P – 🏠 25 à 60. AE ⓓ GB p. 4 AP n
Repas carte environ 170 ♀ – ☕ 55 – **104 ch** 460.

Campanile Tassin, 12 r. Montribloud ✆ 04 78 36 69 69, *Fax 04 78 36 02 68* – |‡| ⇆, ▤ rest, TV ☎ ✆ ♿ P – 🏠 25 à 50. AE ⓓ GB p. 4 AP s
Repas *(66)* - 84 bc/107 bc, enf. 39 – ☕ 34 – **94 ch** 290.

à Collonges-au-Mont-d'Or *Nord : 12 km par bords de Saône (D 433, D 51) – 3 165 h. alt. 176 – ✉ 69660 :*

voir XXXXX ✿✿✿ **Paul Bocuse** *à Lyon*

par la sortie ① :

à Rillieux-la-Pape : *7 km par N 83 et N 84 – 30 791 h. alt. 269 – ✉ 69140 :*

XXX ✿ **Larivoire** (Constantin), chemin des Iles ✆ 04 78 88 50 92, *Fax 04 78 88 35 22,* 🍽 – P. AE GB
fermé 17 au 23 août, lundi soir et mardi – **Repas** 170/420 et carte 320 à 430
Spéc. Brochet en deux façons, quenelles et filets sauce homardine. Gibier (saison). Oeufs à la coque "vieux rhum et chocolat" (dessert). **Vins** Chardonnay du Bugey.

par la sortie ②

à St-Maurice-de-Beynost *par A 42 sortie n° 5 : 16 km – 3 468 h. alt. 200 – ✉ 01700 :*

Mercure Lyon Est, ✆ 04 78 55 90 90, *Fax 04 78 55 90 05* – |‡| ⇆ ▤ TV ☎ ✆ ♿ 🚗 P – 🏠 100. AE ⓓ GB
Repas *(fermé sam. midi et dim. midi)* 105 bc (déj.), 110/150 🍷, enf. 45 – ☕ 52 – **82 ch** 435/465.

par la sortie ④ :

à l'aérogare de Satolas *: 27 km par A 43 – ✉ 69125 Lyon Satolas Aéroport :*

Sofitel Lyon Aéroport Ⓜ sans rest, 3e étage ✆ 04 72 23 38 00, *Fax 04 72 23 98 00,* ≤ – |‡| ⇆ ▤ TV ☎ ♿. AE ⓓ GB JCB
☕ 90 – **120 ch** 880/920.

Climat de France Satolas Ⓜ, zone de frêt ✆ 04 72 23 90 90, *Fax 04 72 23 80 32* – |‡|, ▤ rest, TV ☎ ♿ P – 🏠 40. AE ⓓ GB
Repas 90/110 🍷, enf. 39 – ☕ 35 – **84 ch** 330.

XXX **Grande Corbeille,** 1er étage ✆ 04 72 22 71 76, *Fax 04 72 22 71 72,* ≤ – ▤. AE ⓓ GB JCB
fermé août, sam. et dim. – **Repas** *(140)* - 185 et carte 200 à 290.

X **Bouchon,** 1er étage ✆ 04 72 22 71 86, *Fax 04 72 22 71 72* – ▤. AE ⓓ GB JCB
Repas brasserie *(95)* - 105/160, enf. 57.

par la sortie ⑨

à Charbonnières-les-Bains : *8 km par N 7 – 4 033 h. alt. 233 – ✉ 69260 :*
Voir *Parc Lacroix Laval : château de la Poupée*★.

Mercure Charbonnières, N 7 ✆ 04 78 34 72 79, *Fax 04 78 34 88 94,* ☂, ⛱ – ⇹, ▤ ch, TV ☎ ⇔ P – 🏛 30 à 150. AE ⓓ GB
Repas *(fermé sam. et dim.) (85)* - 115 – ☕ 55 – **60 ch** 415/440.

Beaulieu sans rest, 19 av. Gén. de Gaulle ✆ 04 78 87 12 04, *Fax 04 78 87 00 62* – |‡| ⇹ TV ☎ ✆ P – 🏛 40. AE ⓓ GB JCB
☕ 29 – **42 ch** 240/290.

X **L'Orée du Parc,** 8 av. Victoire ✆ 04 78 87 14 51, *Fax 04 78 87 63 62* – GB
fermé août, dim. soir et lundi – **Repas** 98/195 ♀.

à La Tour-de-Salvagny : *11 km par N 7 – 3 226 h. alt. 356 – ✉ 69890 :*

Golf M, allée du Levant ✆ 04 78 87 29 87, *Fax 04 78 87 29 89,* ☂, Fø, ⛱, ⛟ – |‡| ⇹ ▤ TV ☎ ♿ P – 🏛 100. AE ⓓ GB
Repas 120/160 ♂, enf. 55 – ☕ 50 – **71 ch** 450/500.

XXXX **Rotonde,** au Casino Le Lyon Vert ✆ 04 78 87 00 97, *Fax 04 78 87 81 39,* « Cadre art-déco » – ▤. AE ⓓ GB. ✂
✿ *fermé août, dim. soir et lundi* – **Repas** 180 (déj.), 210/480 et carte 330 à 490 ♀
Spéc. Quatre foies pressés, salade de fonds d'artichauts. Tajine de homard aux petits farcis, cassolette de semoule à l'aubergine confite. Cannelloni de chocolat amer, glace de crème brûlée. **Vins** Mâcon, Crozes Hermitage.

par la sortie ⑩ :

Porte de Lyon - *Échangeur A6 N 6 sortie Limonest Nord : 10 km – ✉ 69570 Dardilly :*

Novotel Lyon Nord M, ✆ 04 72 17 29 29, *Fax 04 78 35 08 45,* ☂, ⛱, ⛟ – |‡| ⇹ ▤ TV ☎ P – 🏛 80. AE ⓓ GB
Repas *(92)* - 130 ♀, enf. 50 – ☕ 60 – **107 ch** 480/520.

Relais Mercure Lyon Nord M, ✆ 04 78 35 28 05, *Fax 04 78 47 47 15,* ☂, ⛱, ✂ – |‡| ⇹, ▤ rest, TV ☎ P – 🏛 30 à 80. AE ⓓ GB JCB
Repas 95 bc/125 ♀, enf. 48 – ☕ 52 – **115 ch** 435/460.

Ibis Lyon Nord, ✆ 04 78 66 02 20, *Fax 04 78 47 47 93,* ☂, ⛱, ⛟ – ⇹ TV ☎ ✆ ♿ P – 🏛 30. AE ⓓ GB
Repas *(75)* - 95/150 ♀, enf. 40 – ☕ 38 – **64 ch** 335/365.

à Limonest : *13 km par A 6 et D 42 – 2 459 h. alt. 390 – ✉ 69760 :*

X **Puy d'Or,** carrefour N 6 et D 42 ✆ 04 78 35 12 20, *Fax 04 78 64 55 15,* ☂ – AE GB
fermé 16 août au 6 sept., dim. soir, mardi soir et lundi – **Repas** 115 (déj.), 145/315, enf. 80.

MICHELIN, Agence, ZI, r. Nicéphore Niepce à St-Priest par ⑤ ✆ 04 72 28 55 10

CONSTRUCTEUR : Renault Véhicules Industriels, Tour du Crédit Lyonnais, 129 r. Servient (3e) Lyon ✆ 04 78 63 72 50 et Vénissieux ✆ 04 72 96 81 11

1e Arrondissement

RENAULT Gar. Haond, 12 pl. Chartreux ✆ 04 78 28 62 33

3e Arrondissement

AUDI Gar. Bouteille Excelsior, 195 av. F.-Faure ✆ 04 72 13 13 13
BMW 6e Avenue, 82 bd Vivier Merle ✆ 04 78 63 55 66
VOLVO, Faure Autom., 87 av. F.-Faure ✆ 04 72 60 01 01

Ⓜ Chaussende Pneus, 13 r. Louise ✆ 04 78 54 47 91

Chaussende Pneus, 19 r. F.-Garcin ✆ 04 78 95 25 74
Euromaster, 234 Crs Lafayette ✆ 04 72 33 68 77
Gaudry Pneu Point S, 43-45 crs A.-Thomas ✆ 04 78 53 25 73
Métifiot Pneus, 70 r. Rancy ✆ 04 78 60 36 93

4e et 5e Arrondissements

RENAULT Gar. Choulans, 25 r. Basses-Verchères (5e) ✆ 04 78 36 24 11
RENAULT Gar. Point du Jour, 55 bis av. Point-du-Jour (5e) ✆ 04 78 25 02 52

RENAULT Gar. Mondon, 31 av. B.-Buyer (5e) ✆ 04 78 25 29 18 N ✆ 04 78 36 88 57

Ⓜ Charcot Pneus, 20 r. Jeunet ✆ 04 78 36 05 29

6e Arrondissement

CITROEN Gar. Métropole, 115 r. Bugeaud ✆ 04 78 52 01 10 N ✆ 04 78 84 55 56

Ⓜ Euromaster, 55 bd des Brotteaux ✆ 04 78 52 04 89

7e Arrondissement

CITROEN Succursale, 35 r. de Marseille
✆ 04 72 72 57 57 **N** ✆ 08 00 05 24 24
FORD Galliéni Autom., 47 av. Berthelot
✆ 04 72 76 72 00
HONDA Gar. Clamagirand, 32 r. Aguesseau
✆ 04 78 72 40 27
LANCIA City Autom., 56 rte de Vienne
✆ 04 72 76 86 86
OPEL Gar. Stala, 136 av. Berthelot
✆ 04 72 73 21 21
RENAULT Gar. Prost, 244 av. J.-Jaurès
✆ 04 78 72 61 46
RENAULT Gar. AD. Paulauto, 39 r. Béchevelin
✆ 04 78 72 93 89

Euromaster, 190 av. Berthelot
✆ 04 78 72 41 76

8e Arrondissement

AUDI, VOLKSWAGEN Central Autos, 185 av. P.-Santy ✆ 04 72 78 88 00
FORD Veyet Autom., 60 r. M.-Berliet
✆ 04 78 78 30 30
PEUGEOT Gar. Poulet, 322 av. Berthelot
✆ 04 78 74 18 09

Euromaster, 22 bis r. A.-Lumière
✆ 04 78 00 73 25
Métifiot Pneus, 71 av. J.-Mermoz
✆ 04 78 78 82 82

9e Arrondissement

MERCEDES Vega Autom., 65-73 r. du Bourbonnais
✆ 04 72 19 15 50 **N** ✆ 08 00 24 24 30
RENAULT Succursale, 5 r. St-Simon
✆ 04 72 20 72 20 **N** ✆ 08 00 05 15 15

Euromaster, 48 r. de Bourgogne
✆ 04 78 83 77 76

Brignais

Métifiot Pneus, rte d'Irigny, ZI Nord ✆ 04 78 05 33 04

Caluire

Gaudry Pneus, 102 av. Gén.-Leclerc ✆ 04 78 08 45 45

Champagne-au-Mont-d'Or

PEUGEOT S.L.I.C.A. Lyon Nord, 15 av. Gén-de-Gaulle ✆ 04 78 43 89 89

Chassieu

CITROEN Gar. Gallien, 29 av. du Progrès à l'Ouest par N 6 **DQ** ✆ 04 78 90 13 18

Dardilly

Euromaster, r. Moulin Carron, ZI le Paisy ✆ 04 78 35 58 50

Decines Charpieu

BMW Gar. Verne, 129 av. J.-Jaurès ✆ 04 78 49 07 42

Ecully

CITROEN Succursale, 5 r. J.-M.-Vianney ✆ 04 72 18 77 00 **N** ✆ 04 78 35 26 50

Limonest

FORD Gauduel Lyon Nord, r. de l'étang N 6 ✆ 04 78 35 77 99

Meyzieu

PEUGEOT Gar. des Servizières, 116 r. République, ZI par ③ ✆ 04 78 31 40 59

Oullins

Comptoir du Pneu, 44 ch. des Célestins ✆ 04 78 51 04 06

Rillieux

PEUGEOT Gar. Slica, 971 av. Hippodrome par D 48E **CP** ✆ 04 72 01 30 50 **N** ✆ 04 78 88 39 19

Métifiot Pneus, 257 r. H.-Boucher/ZA Champ du Roy ✆ 04 78 88 18 18

Saint-Fons

CITROEN Gar. J.-Jaurès, 52 av. J.-Jaurès
✆ 04 78 70 94 61

Gar. du Centre, 12 av. G.-Péri ✆ 04 78 70 94 62

Saint-Priest

AUDI, VOLKSWAGEN Central Autos, 77 r. A.-Briand par D 518 ✆ 04 72 28 96 96
CITROEN Gar. Mathian, 138 rte d'Heyrieux par ⑤
✆ 04 78 20 23 92
PEUGEOT Gar. Laval, 30 rte de Lyon par ⑤
✆ 04 78 20 07 85
RENAULT Gar. CNN Autom., 37 rte d'Heyrieux par ⑤ ✆ 04 78 20 19 59

Comptoir du Pneu, 10 bis r. A.-Briand
✆ 04 78 20 29 28
Euromaster, 52 r. L.-Pradel, ZI à Corbas
✆ 04 78 20 98 56
Gaudry Pneu Point S, 200 rte de Grenoble
✆ 04 78 90 73 77
Métifiot Pneus, ZI Lyder,rte de Lyon
✆ 04 72 28 90 90

Sainte-Foy-lès-Lyon

CITROEN Gar. de la Plaine, 117 bis r. Cdt-Charcot ℘ 04 78 59 62 15
CITROEN Gar. des Provinces, 2 r. Franche Comté ℘ 04 78 25 67 79

RENAULT FLB Autom., 27 av. des Acqueducs ℘ 04 72 39 76 76

Tassin-la-Demi-Lune

PEUGEOT Tassin Autom., 100 av. République ℘ 04 78 34 31 36
RENAULT Gar. Méjat, 11 pl. P.-Vauboin ℘ 04 78 34 23 50

Vulco, 142 av. Ch.-de-Gaulle ℘ 04 78 34 33 00

Vaulx-en-Velin

AUDI Gar. Bouteille Excelsior, 1 r. J.-M.-Merle ℘ 04 78 80 68 93
CITROEN Succursale, 15 av. Ch.-de-Gaulle ℘ 04 78 79 42 42 N ℘ 08 00 05 24 24
PEUGEOT S.L.I.C.A., 40 av. de Bohlen ℘ 04 72 37 13 13

RENAULT Succursale Lyon Est, 52 av. de Bohlen ℘ 04 72 35 30 30 N ℘ 08 00 05 15 15

Euromaster, 178 av. R.-Salengro ℘ 04 72 37 54 35

Villeurbanne

CITROEN Gar. Badel, 38 r. F.-Chirat ℘ 04 78 54 58 50

Ayme Pneus, r. du Boulevard ℘ 04 78 89 78 08
Chaussende Pneus, 51 r. A.-France ℘ 04 78 68 33 34
Cintas Pneus, 10 r. Sylvestre ℘ 04 78 52 59 42
La Maison des Pneus, 42 à 46 r. A.-Perrin ℘ 04 78 53 28 52
Rhône Pneus, 80 Crs Tolstoï ℘ 04 78 84 95 24

Vénissieux

CITROEN Gar. Montveneur, 329 rte de Vienne ℘ 04 78 00 80 93
MERCEDES Alcia Lyon Sud, bd L.-Bonnevay-Allée des Savoies ℘ 04 78 78 50 78
PEUGEOT S.L.I.C.A., 2 r. Frères Bertrand ℘ 04 78 77 30 30 N ℘ 04 72 29 89 46

RENAULT Succursale Lyon Sud, 364 rte de Vienne ℘ 04 78 77 78 77 N ℘ 08 00 05 15 15

Euromaster, 69 r. A.-Sentuc, ZAC l'Arsenal ℘ 04 72 51 05 08

LYONS-LA-FORÊT *27480 Eure 55 ⑧ G. Normandie Vallée de la Seine – 701 h alt. 88.*

Voir *Forêt★★ : hêtre de la Bunodière★ – N.-D.-de la Paix ←★ O : 1,5 km.*

Office de Tourisme Mairie ℘ 02 32 49 31 65, Fax 02 32 49 29 79.

Paris 103 – Rouen 34 – Les Andelys 20 – Forges-les-Eaux 30 – Gisors 29 – Gournay-en-Bray 25.

Licorne ℘ 02 32 49 62 02, *Fax 02 32 49 80 09,* « Jardin fleuri » – TV ☎ P – 30. AE GB. ch
fermé 15 déc. au 20 janv., dim. soir et lundi d'oct à mars – **Repas** *(132)* - 190/260 ♀ – ☕ 70 – **12 ch** 390/800, 6 appart – ½ P 410/560.

LYS-LEZ-LANNOY *59 Nord 51 ⑯, 111 ⑮ – rattaché à Roubaix.*

MACÉ *61 Orne 60 ③ – rattaché à Sées.*

MACHILLY *74140 H.-Savoie 70 ⑯ – 829 h alt. 525.*

Paris 550 – Thonon-les-Bains 19 – Annemasse 11 – Genève 20.

XX **Refuge des Gourmets,** ℘ 04 50 43 53 87, *Fax 04 50 43 53 87,* cadre d'inspiration Belle Époque – P. AE GB
fermé 12 juil. au 7 août, 2 au 7 janv., dim. soir et lundi – **Repas** *(100)* - 180/280, enf. 70.

La MACHINE (Col de) *26 Drôme 77 ⑬ – rattaché à St-Jean-en-Royans.*

MACINAGGIO *2B H.-Corse 90 ① – voir à Corse.*

Eine gute Ergänzung
zum vorliegenden Hotelführer
sind die gelben **Michelin-Abschnittskarten**
im Maßstab 1 : 200 000.

MÂCON P 71000 S.-et-L. 69 ⑲ *G. Bourgogne – 37 275 h alt. 175.*

Voir *Musée municipal des Ursulines*★ **BY M**[1] – *Musée Lamartine* **BZ M**[2] – *Apothicairerie*★ *de l'Hôtel-Dieu* **BY**.

Env. *Roche de Solutré*★★ *O : 9 km – Clocher*★ *de l'église de St-André de Bagé E : 8,5 km.*

de la Commanderie ☎ 03 85 30 44 12, par ② : 7 km ; de la Salle ☎ 03 85 36 09 71, 14 kms par ①.

Office de Tourisme 187 r. Carnot ☎ 03 85 39 71 37, Fax 03 85 39 72 19 – Maison Mâconnaise des Vins (dégustation et machon bourguignon, ventes de vin AOC à emporter) 484 av. de-Lattre-de-Tassigny ☎ 03 85 38 36 70, Fax 03 85 38 62 51 **BY**.

Paris 391 ① – Bourg-en-Bresse 37 ② – Chalon-sur-Saône 59 ① – Lyon 73 ③ – Roanne 96 ③.

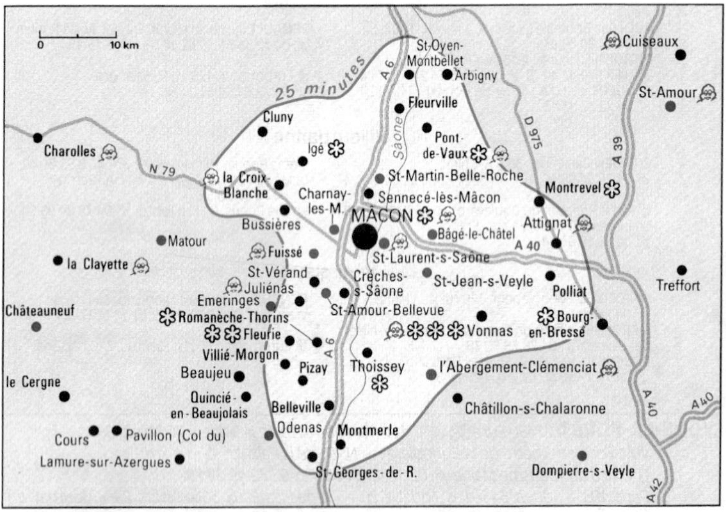

Mercure Bord de Saône M, 26 r. Coubertin par ① : *0,5 km* ☎ 03 85 38 28 06, *Fax 03 85 39 11 45*, ←, – 80. AE ⓓ GB
St-Vincent : Repas (95)-125, enf. 50 – ☐ 58 – **64 ch** 500/550.

Bellevue, 416 quai Lamartine ☎ 03 85 21 04 04, *Fax 03 85 21 04 02* – P. AE ⓓ GB JCB — BZ u
Repas *(fermé dim. sauf le soir en été)* 140/290 ♀, enf. 75 – ☐ 56 – **24 ch** 410/620 – ½ P 330/430.

Terminus, 91 r. V. Hugo ☎ 03 85 39 17 11, *Fax 03 85 38 02 75*, rest, – 35. AE ⓓ GB — AZ t
Repas 94/175, enf. 48 – ☐ 42 – **48 ch** 280/395 – ½ P 300/310.

Bourgogne M, 6 r. V. Hugo ☎ 03 85 38 36 57, *Fax 03 85 38 65 92* – – 25. AE ⓓ GB JCB — AYZ n
La Perdrix ☎ 03 85 39 07 05 *(fermé 15 nov. au 6 déc., lundi midi et dim. d'oct. à mai)*
Repas 60 (déj.), 90/140 ♀, enf. 40 – ☐ 46 – **48 ch** 282/396 – ½ P 293/322.

Nord sans rest, 313 quai J. Jaurès ☎ 03 85 38 08 68, *Fax 03 85 39 01 92* – P. AE GB
fermé dim. de nov. à fév. sauf vacances scolaires – ☐ 30 – **21 ch** 190/220. — BY a

Concorde sans rest, 73 r. Lacretelle ☎ 03 85 34 21 47, *Fax 03 85 29 21 79* – . GB — AY d
☐ 30 – **15 ch** 170/250.

XX **Rocher de Cancale,** 393 quai J. Jaurès ☎ 03 85 38 07 50, *Fax 03 85 38 70 47* – . AE GB — BZ r
fermé dim. soir et lundi sauf fériés – Repas 98/220 ♀, enf. 65.

XX **Pierre** (Gaulin), 7 r. Dufour ☎ 03 85 38 14 23, *Fax 03 85 39 84 04* – . AE ⓓ GB — BZ k
✿ *fermé 1er au 8 mars, 22 juin au 6 juil., dim. soir et lundi* – Repas 110/330 et carte 230 à 310 ♀, enf. 75
Spéc. Quenelle de brochet et champignons noirs. Croustade de truffes noires et champignons des sous-bois, sauce périgourdine. Tournedos Charolais poêlé, gratin dauphinois.
Vins Mâcon.

MÂCON

Barre (Pl. de la)	**AYZ**	2
Barre (R. de la)	**BZ**	3
Laguiche (R. Ph.)	**BZ**	8
Lamartine (R.)	**BYZ**	9
Poissonnière (Pl.)	**BZ**	13
Pont (R. du)	**BZ**	14
Sigorgne (R.)	**BZ**	19
Dombey (R.)	**BZ**	5
Dufour (R.)	**BZ**	6
Gaulle (Av. Gén.-de)	**BY**	7
Paix (Square de la)	**BY**	10
Perrier (R.)	**AY**	12
Préfecture (R. de la)	**BY**	15
St-Étienne (Pl.)	**BY**	17
St-Nizier (R.)	**BZ**	18
Strasbourg (R. de)	**BY**	20
Ursulines (R. des)	**BY**	21
11-Nov.-1918 (R. du)	**ABY**	22
28-Juin-1944 (R.)	**BY**	24

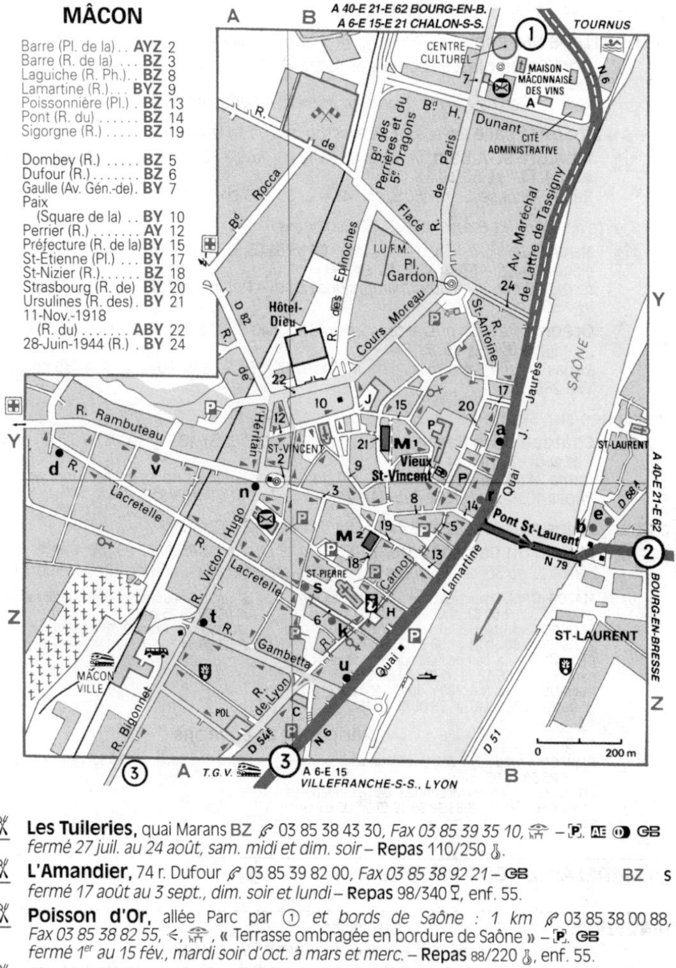

Les Tuileries, quai Marans BZ ℘ 03 85 38 43 30, *Fax 03 85 39 35 10,* – P. AE ⓓ GB
fermé 27 juil. au 24 août, sam. midi et dim. soir – **Repas** 110/250.

L'Amandier, 74 r. Dufour ℘ 03 85 39 82 00, *Fax 03 85 38 92 21* – GB BZ s
fermé 17 août au 3 sept., dim. soir et lundi – **Repas** 98/340, enf. 55.

Poisson d'Or, allée Parc par ① *et bords de Saône : 1 km* ℘ 03 85 38 00 88, *Fax 03 85 38 82 55,* ≤, , « Terrasse ombragée en bordure de Saône » – P. GB
fermé 1er au 15 fév., mardi soir d'oct. à mars et merc. – **Repas** 88/220, enf. 55.

Charollais, 71 r. Rambuteau ℘ 03 85 38 36 23 – GB AY v
fermé 10 au 30 juin, dim. soir et lundi – **Repas** 76/195.

à St-Laurent-sur-Saône *(Ain), rive gauche - Est du plan – 1 710 h. alt. 176 – ✉ 01750 St-Laurent :*

Les Capucines, 47 r. J. Jaurès ℘ 03 85 39 11 05, *Fax 03 85 38 29 60* – . AE GB
fermé 1er au 15 juil., vacances de fév., dim. soir et lundi – **Repas** 75 (déj.), 98/285 et carte 170 à 270, enf. 60. BZ e

Saint-Laurent, 1 quai Bouchacourt ℘ 03 85 39 29 19, *Fax 03 85 38 29 77,* ≤, , cadre bistrot – AE ⓓ GB BZ b
fermé 15 nov. au 15 déc. – Repas 100/230, enf. 80.

à l'échangeur A6-N6 de Mâcon-Nord *par ① : 7 km – ✉ 71000 Mâcon :*

Novotel M, ℘ 03 85 20 40 00, *Fax 03 85 20 40 33,* , , – TV P – 25 à 120. AE ⓓ GB
Repas 120, enf. 50 – 55 – **115 ch** 425/535.

à Sennecé-lès-Mâcon *par ① : 7,5 km – ✉ 71000 Mâcon :*

de la Tour, ℘ 03 85 36 02 70, *Fax 03 85 36 03 47,* – TV P. GB
fermé fév. et dim. soir d'oct. à mars – **Repas** 86 (déj.), 113/210, enf. 55 – 40 – **24 ch** 190/270.

à St-Martin-Belle-Roche *par ① : 10 km – 1 150 h. alt. 208 – ✉ 71118 :*

XX **Port St-Nicolas,** en bordure de Saône ☎ 03 85 36 00 86, *Fax 03 85 37 53 20*, ≤, 🏞 – 🅿. GB
fermé 15 janv. au 15 fév., mardi soir et merc. – **Repas** 100/250 ♨, enf. 60.

sur A 6 aire de la Salle *(en venant de Paris) ou par ① : 14 km – ✉ 71260 Lugny :*

Mercure St-Albain Ⓜ, ☎ 03 85 33 19 00, *Fax 03 85 33 13 13*, 🏞, 🏊, 🌳 – |♦| ⇔ ▤ TV ☎ ✆ ♿ 🅿 – 🏔 50. AE ⓓ GB
Repas (dîner seul.) 97/150 ♀, enf. 45 – ☕ 55 – **93 ch** 320/530.

par ② *rte de Bourg-en-Bresse – ✉ 01750 Replonges :*

Huchette Ⓜ, à 4,5 km sur N 79 ☎ 03 85 31 03 55, *Fax 03 85 31 10 24*, 🏞, parc, « Décor élégant », 🏊 – TV ☎ ✆ 🅿. AE ⓓ GB
fermé 26 oct. au 9 nov., mardi midi et lundi – **Repas** 160/250 – ☕ 60 – **13 ch** 500/630 – ½ P 550.

Oréon Ⓜ, à 5 km près accès sortie n°3 sur A40 ☎ 03 85 31 00 10, *Fax 03 85 31 00 90*, 🏞, 🏊 – TV ☎ 🅿 – 🏔 70. AE GB
Repas *(fermé sam. midi, dim. et fériés)* 80/150 ♀, enf. 60 – ☕ 35 – **35 ch** 270/300 – ½ P 265.

à Crèches-sur-Saône *par ③ : 8 km – 2 531 h. alt. 180 – ✉ 71680 :*

Château de la Barge, par rte gare T.G.V. ☎ 03 85 37 12 04, *Fax 03 85 37 17 18*, 🏞, parc – |♦| ☎ 🅿 – 🏔 40. AE ⓓ GB
fermé 24 oct. au 2 nov., 18 déc. au 4 janv., sam. et dim. de nov. à avril et lundi en juil.-août – **Repas** 100/220, enf. 50 – ☕ 44 – **24 ch** 240/320 – ½ P 260/315.

à Charnay-lès-Mâcon *Ouest : 2,5 km – 6 102 h. alt. 217 – ✉ 71850 :*

XX **Moulin du Gastronome,** ☎ 03 85 34 16 68, *Fax 03 85 34 37 25*, 🏞 – ▤ 🅿. AE GB
fermé 22 au 30 juil., vacances de fév., dim. soir et lundi sauf fériés – **Repas** 100/310 ♀.

MAZDA, OPEL Chauvot Autom., N 6 rte de Lyon ☎ 03 85 32 82 60 🅽 ☎ 03 85 32 82 60
PEUGEOT Nomblot, 89 rte de Lyon par ③ ☎ 03 85 29 60 60 🅽 ☎ 03 85 29 60 63
RENAULT Filiale, carr.de l'Europe et r. de Lyon par ③ ☎ 03 85 32 78 00 🅽 ☎ 08 00 05 15 15
RENAULT Filiale, N 6, 360 r. du KM 400 par ① ☎ 03 85 32 78 00 🅽 ☎ 08 00 05 15 15

Ⓜ Cintas Pneus, 120 r. des Flandines ☎ 03 85 29 25 04
Gaudry Pneu-Point S, 71 rte de Lyon ☎ 03 85 34 70 10

Périphérie et environs

BMW Gar. Favède, N 6 ZAC des Plâtières à Sance ☎ 03 85 38 46 05
CITROEN Autom. du Maconnais, ZAC des Plâtières à Sancé par ① ☎ 03 85 38 58 40 🅽 ☎ 03 85 38 84 96

FORD Gar. Corsin, N 6 à Sancé ☎ 03 85 38 73 33

La MADELAINE-SOUS-MONTREUIL *62 P.-de-C.* 51 ⑫ – *rattaché à Montreuil.*

MADIÈRES *30 Gard* 80 ⑯ – ✉ *34190 Ganges.*
Paris 709 – Montpellier 63 – Lodève 30 – Nîmes 78 – Le Vigan 20.

Château de Madières Ⓜ 🐌, ☎ 04 67 73 84 03, *Fax 04 67 73 55 71*, ≤, 🏞, parc, « Ancienne place forte surplombant les gorges de la Vis », 🏋, 🏊 – TV ☎ 🅿. AE ⓓ GB
3 avril-1er nov. – **Repas** 195/395 – ☕ 80 – **12 ch** 680/1200 – ½ P 680/925.

MADIRAN *65700 H.-Pyrénées* 82 ② – *553 h alt. 125.*
Paris 752 – Pau 47 – Aire-sur-l'Adour 28 – Auch 72 – Mirande 52 – Tarbes 41.

Prieuré 🐌, ☎ 05 62 31 92 50, *Fax 05 62 31 90 66*, 🏞, 🌳 – TV ☎ 🅿. AE GB
fermé janv., dim. soir et lundi de sept. à mai – **Repas** 95/170 ♀, enf. 65 – ☕ 35 – **10 ch** 240/300 – ½ P 275.

MAFFLIERS *95560 Val-d'Oise* 55 ⑳, 106 ⑦ – *1 168 h alt. 145.*
Paris 31 – Compiègne 73 – Beaumont-sur-Oise 12 – Beauvais 54 – Senlis 43.

Novotel Château de Maffliers Ⓜ 🐌, ☎ 01 34 08 35 35, *Fax 01 34 69 97 49*, 🏞, centre équestre, « Parc », 🏊, 🎾 – ⇔ TV ☎ ✆ ♿ 🅿 – 🏔 100. AE ⓓ GB
Repas carte environ 180 ♀, enf. 50 – ☕ 63 – **80 ch** 530/570.

MAGAGNOSC *06 Alpes-Mar.* 84 ⑧, 114 ⑬ – *rattaché à Grasse.*

MAGESCQ *40140 Landes* 78 ⑯ – *1 218 h alt. 28.*

Paris 723 – Biarritz 60 – Mont-de-Marsan 66 – Bayonne 47 – Castets 15 – Dax 16 – Soustons 10.

Relais de la Poste (Coussau) M, 05 58 47 70 25, *Fax 05 58 47 76 17*, parc, – rest, P. AE GB JCB
fermé 11 nov. au 20 déc., lundi midi en juil.-août, lundi soir et mardi de sept. à juin – **Repas** (week-ends, prévenir) 300/410 et carte 320 à 430 – 60 – **12 ch** 500/700 – ½ P 750/910
Spéc. Foie gras de canard chaud aux raisins. Langoustines poêlées aux girolles (mars à déc.). Gibier (saison). **Vins** Tursan.

Cabanon, Nord : 0,8 km sur ancienne N 10 05 58 47 71 51, *Fax 05 58 47 75 19*, « Demeure landaise rustique », – P. GB
fermé 15 sept. au 15 oct., dim. soir sauf du 14 juil. au 20 août et lundi – **Repas** 136/200 -
Grange au Canard : Repas 250/320, enf. 65.

MAGNAC-BOURG *87380 H.-Vienne* 72 ⑱ – *857 h alt. 444.*

Paris 419 – Limoges 30 – St-Yrieix-la-Perche 27 – Uzerche 26.

Midi, 05 55 00 80 13, *Fax 05 55 48 70 96*, – P. AE GB
fermé 15 janv. au 15 fév. et lundi hors saison sauf fêtes – **Repas** 85/250, enf. 50 – 35 – **13 ch** 220/290 – ½ P 280.

Voyageurs avec ch, 05 55 00 80 36, *Fax 05 55 00 56 37* – . AE GB
fermé 10 au 22 juin, 12 au 26 sept., 2 au 20 janv., sam. sauf vacances scolaires et mardi soir – **Repas** 87/210, enf. 70 – 45 – **7 ch** 210/250 – ½ P 240.

Aub. de l'Étang avec ch, 05 55 00 81 37, *Fax 05 55 48 70 74*, – – 30. GB
fermé 19 au 26 oct., 23 déc. au 23 janv., dim. soir et lundi de nov. à mars – **Repas** 80/230, enf. 50 – 32 – **14 ch** 240/320 – ½ P 250/290.

Les pages explicatives de l'introduction
vous aideront à mieux profiter de votre ***guide Michelin***

MAGNY-COURS *58 Nièvre* 69 ③ ④ – *rattaché à Nevers.*

MAÎCHE *25120 Doubs* 66 ⑱ *G. Jura – 4 168 h alt. 777.*

Paris 479 – Besançon 74 – Baume-les-Dames 55 – Montbéliard 42 – Morteau 28 – Pontarlier 60.

Panorama, 03 81 64 04 78, *Fax 03 81 64 08 95*, – cuisinette P. GB
fermé 11 au 24 janv., dim. soir et vend. d'oct. à mars sauf vacances scolaires – **Repas** *(65)* - 100/245, enf. 55 – 39 – **32 ch** 220/340, 6 studios – ½ P 230/310.

PEUGEOT Gar. Glasson, 03 81 64 00 12
TOYOTA Gar. Schell, 03 81 64 08 73 N 03 81 64 08 73
Gar. Boibessot, 03 81 64 09 21

MAILLANE *13 B.-du-R.* 81 ⑪ ⑫ – *rattaché à St-Rémy-de-Provence.*

MAILLEZAIS *85420 Vendée* 71 ① *G. Poitou Vendée Charentes – 930 h alt. 6.*

Voir *Ancienne abbaye de Maillezais*★.

Office de Tourisme 02 51 87 23 01, Fax 02 51 87 29 10.

Paris 432 – La Rochelle 44 – Fontenay-le-Comte 14 – Niort 26 – La Roche-sur-Yon 70.

St-Nicolas sans rest, 02 51 00 74 45, *Fax 02 51 87 29 10* – P. GB
15 fév. – 15 nov. – 38 – **16 ch** 230/340.

MAILLY-LE-CHÂTEAU *89660 Yonne* 65 ⑤ *G. Bourgogne – 555 h alt. 180.*

Voir ★ *de la terrasse.*

Paris 194 – Auxerre 29 – Avallon 32 – Clamecy 21 – Cosne-sur-Loire 67.

Castel avec ch, près Eglise 03 86 81 43 06, *Fax 03 86 81 49 26*, – . GB
15 mars-15 nov. et fermé merc. – **Repas** 75/200 – 37 – **12 ch** 230/400 – ½ P 320.

Les MAILLYS *21 Côte-d'Or* 66 ⑬ – *rattaché à Auxonne.*

MAISON-DU-ROY *05 H.-Alpes* 77 ⑱ – *rattaché à Guillestre.*

MAISON-JEANNETTE *24140 Dordogne* 75 ⑤.
Paris 508 – Périgueux 25 – Angoulême 109 – Bergerac 23 – Libourne 79 – Mussidan 24 – Ste-Foy-la-Grande 46.

Tropicana, N 21 ✆ 05 53 82 98 31, *Fax 05 53 80 45 50,* – TV ☎ P. GB
fermé vacances de printemps, 20 déc. au 6 janv., vend. soir et sam. hors saison – **Repas** 70/265, enf. 45 – 45 – **23 ch** 240/300 – ½ P 215/255.

MAISON NEUVE *16 Charente* 72 ⑭ – *rattaché à Angoulême.*

MAISONNEUVE *15 Cantal* 76 ⑭ – *rattaché à Chaudes-Aigues.*

MAISONS-ALFORT *94 Val-de-Marne* 61 ①, 101 ㉗ – *voir à Paris, Environs.*

MAISONS-DU-BOIS *25 Doubs* 70 ⑦ – *rattaché à Montbenoit.*

MAISONS-LAFFITTE *78 Yvelines* 55 ⑳, 101 ⑬ – *voir à Paris, Environs.*

MAISONS-LÈS-CHAOURCE *10 Aube* 61 ⑰ – *rattaché à Chaource.*

MALAKOFF *92 Hauts-de-Seine* 60 ⑩, 101 ㉕ – *voir à Paris, Environs.*

MALAUCÈNE *84340 Vaucluse* 81 ③ *G. Provence – 2 172 h alt. 333.*
Voir *O : Dentelles de Montmirail*★.
Env. *Mont Ventoux* ✻★★★ *E : 21 km.*
Office de Tourisme pl. Mairie ✆ 04 90 65 22 59, Fax 04 90 65 22 59.
Paris 674 – Avignon 44 – Carpentras 18 – Vaison-la-Romaine 9.

Host. La Chevalerie avec ch, ✆ 04 90 65 11 19, *Fax 04 90 12 69 22,* – ☎. AE GB
fermé 1er au 8 juil., 15 fév. au 3 mars, mardi soir hors saison et merc. – **Repas** 92 (déj.), 145/200, enf. 50 – 35 – **6 ch** 235/300 – ½ P 250/260.

CITROEN Gar. Meffre, ✆ 04 90 65 20 26

MALAY *71460 S.-et-L.* 70 ⑪ *G. Bourgogne – 200 h alt. 242.*
Voir *Château de Cormatin*★★ *: cabinet de Ste-Cécile*★★★ *S : 3 km.*
Paris 366 – Chalon-sur-Saône 31 – Mâcon 39 – Montceau-les-Mines 39 – Paray-le-Monial 54.

Place M, sur D 981 ✆ 03 85 50 15 08, *Fax 03 85 50 13 23,* – TV ☎ P – 40. GB
fermé janv., dim. soir et lundi soir de nov. à avril – **Repas** 78/190, enf. 50 – 44 – **30 ch** 260/280 – ½ P 260.

MALAY-LE-PETIT *89 Yonne* 61 ⑭ – *rattaché à Sens.*

MALBUISSON *25160 Doubs* 70 ⑥ *G. Jura – 366 h alt. 900.*
Voir *Lac de St-Point*★.
Office de Tourisme Lac St-Point ✆ 03 81 69 31 21, Fax 03 81 69 71 94.
Paris 457 – Besançon 75 – Champagnole 42 – Pontarlier 15 – St-Claude 73 – Salins-les-Bains 49.

Lac, ✆ 03 81 69 34 80, *Fax 03 81 69 35 44,* – TV ☎ P. GB
fermé 17 nov. au 18 déc. sauf week-ends – **Repas** (85) - 105/245, enf. 50 - ***Rest. du Fromage*** (cuisine fromagère) **Repas** 105/120, enf. 46 – 50 – **54 ch** 230/380 – ½ P 240/300.

annexe Beau Site M sans rest, ✆ 03 81 69 70 70 – cuisinette TV ☎ P. GB
fermé 17 nov. au 18 déc. sauf week-ends – 40 – **14 ch** 170/200, 3 duplex.

Terrasses, 17 Gde Rue ✆ 03 81 46 33 33, *Fax 03 81 69 32 78,* – TV ☎ P. AE GB
fermé 15 nov. au 31 janv. – **Repas** 98/210, enf. 65 – 39 – **10 ch** 250/450 – ½ P 260/350.

XXX **Jean-Michel Tannières** avec ch, 03 81 69 30 89, *Fax 03 81 69 39 16*, GB
fermé 14 au 30 avril, 21 déc. au 13 fév., dim. soir et mardi midi d'oct. à avril, et lundi – **Repas** 135/395 et carte 260 à 390 ♀, enf. 75 – ☕ 50 – **6 ch** 250/300 – ½ P 350/390.

XX **Bon Accueil** avec ch, 03 81 69 30 58, *Fax 03 81 69 37 60*, GB
fermé 20 au 27 avril, 14 déc. au 14 janv., dim. soir d'oct. à mars, mardi midi et lundi – **Repas** (135 bc) - 165/280, enf. 75 – ☕ 45 – **12 ch** 250/380 – ½ P 270/330.

La MALÈNE *48210 Lozère* 80 ⑤ *G. Gorges du Tarn – 188 h alt. 450.*

Voir *O : les Détroits★★ et cirque des Baumes★★ (en barque).*

Syndicat d'Initiative (mi-juin-mi-sept.) 04 66 48 50 77 et (hors saison) 04 66 48 53 44, Fax 04 66 48 58 51.

Paris 614 – Mende 41 – Florac 41 – Millau 45 – Sévérac-le-Château 32 – Le Vigan 74.

Manoir de Montesquiou, 04 66 48 51 12, *Fax 04 66 48 50 47*, « Belle demeure du 15e siècle », GB
1er avril-30 oct. – **Repas** 170/255 ♀, enf. 70 – ☕ 60 – **12 ch** 420/750 – ½ P 440/630.

au Nord-Est *5,5 km sur D 907bis – ✉ 48210 Ste-Énimie :*

Château de la Caze, 04 66 48 51 01, *Fax 04 66 48 55 75*, « Château du 15e siècle au bord du Tarn, parc », GB. rest
15 mars-25 nov. et fermé jeudi midi (sauf du 30 avril au 15 oct.) et merc. (sauf du 1er juin au 30 sept.) – **Repas** 130 (déj.), 175/310 ♀, enf. 80 – ☕ 65 – **13 ch** 600/950, 6 appart – ½ P 500/675.

MALESHERBES *45330 Loiret* 61 ⑪ *G. Ile de France – 5 778 h alt. 108.*

Office de Tourisme 2 r. de la Pilonne 02 38 34 81 94.

Paris 80 – Fontainebleau 27 – Étampes 26 – Montargis 61 – Orléans 61 – Pithiviers 18.

Écu de France, pl. Martroi 02 38 34 87 25, *Fax 02 38 34 68 99* – GB
Repas *(fermé jeudi soir)* 100/240 ♀, enf. 40 - ***Brasserie de l'Écu*** *(fermé jeudi soir)* **Repas** carte environ 140 ♀, enf. 40 – ☕ 35 – **13 ch** 140/350 – ½ P 180/265.

à Buthiers *(77 S.-et-M.) Sud-Est : 2 km – 668 h. alt. 75 – ✉ 77760 :*

XX **Roches Gourmandes,** 01 64 24 14 00 – GB
fermé 7 au 30 sept., lundi et mardi – **Repas** 90/180, enf. 60.

CITROEN Gar. Amant, 20 av. Gén.-Leclerc 02 38 34 84 56
PEUGEOT Gar. Thomas, 17 r. A.-Cochery 02 38 34 81 41
RENAULT Gar. Central, 39 av. Gén.-Patton 02 38 34 60 36 N 08 00 05 15 15

MALICORNE-SUR-SARTHE *72270 Sarthe* 64 ② *G. Châteaux de la Loire – 1 659 h alt. 39.*

Paris 234 – Le Mans 32 – Château-Gontier 52 – La Flèche 16.

XX **Petite Auberge,** au pont 02 43 94 80 52, *Fax 02 43 94 31 37*, GB
fermé 20 déc. au 5 janv., 15 fév. au 15 mars, dim. soir, mardi soir et lundi du 16 août au 30 juin – **Repas** (déj. seul. d'oct. à fin mars sauf vend. et sam.) 80/280, enf. 60.

RENAULT Gar. Georget, 02 43 94 80 20

MALO-LES-BAINS *59 Nord* 51 ④ *– rattaché à Dunkerque.*

MALROY *57 Moselle* 57 ⑭ *– rattaché à Metz.*

Le MALZIEU-VILLE *48140 Lozère* 76 ⑮ *– 947 h alt. 860.*

Paris 547 – Le Puy-en-Velay 75 – Mende 51 – Millau 108 – Rodez 123 – St-Flour 37.

Voyageurs, rte Saugues 04 66 31 70 08, *Fax 04 66 31 80 36* – GB.
15 mars-15 déc. et fermé dim. soir et fériés hors saison – **Repas** (45) - 75/150 ♀, enf. 39 – ☕ 39 – **19 ch** 220/300 – ½ P 280.

CITROEN Gar. Vidal, 04 66 31 71 85

MAMERS 72600 Sarthe 60 ⑭ *G. Normandie Vallée de la Seine – 6 071 h alt. 128.*
Office de Tourisme 29 Pl. Carnot ☎ 02 43 97 60 63.
Paris 184 – Alençon 25 – Le Mans 44 – Mortagne-au-Perche 24 – Nogent-le-Rotrou 39.

Dauphin, 54 r. Fort ☎ 02 43 34 24 24 – AE GB
Repas 60/155 – 35 – **12 ch** 165/230 – ½ P 150/185.

Bon Laboureur avec ch, 1 r. P.-Bert ☎ 02 43 31 15 10, *Fax 02 43 31 15 25* – 25. AE GB
fermé 21 déc. au 11 janv., dim. soir et lundi midi – **Repas** 62 (déj.), 80/180, enf. 48 – 30 – **9 ch** 180/225 – ½ P 205/225.

au Pérou *(61 Orne) Est : 7 km par rte de Bellême – 61360 Chemilly :*

Petite Auberge, ☎ 02 33 73 11 34, – GB
fermé lundi soir et mardi – **Repas** 70/270, enf. 50.

AUDI, VOLKSWAGEN Poirier Autom., Les Fosses ☎ 02 43 97 13 80
CITROEN Autos du Saosnois, 103 rte du Mans ☎ 02 43 97 60 17 ☎ 02 43 97 60 17
PEUGEOT Gar. du Saosnois, rte de Bellême à Suré ☎ 02 43 97 64 92
RENAULT Gar. Foullon Dagron, ZI Bellevue bd de l'Europe ☎ 02 43 97 63 03 ☎ 02 43 97 63 03

MANCIET *32 Gers* 82 ③ – *rattaché à Nogaro.*

MANDELIEU-LA-NAPOULE *06210 Alpes-Mar.* 84 ⑧, 114 ㉖, 115 ㉞ *G. Côte d'Azur – 16 493 h alt. 4 – Casino.*
Voir N : Route de Mandelieu ★★.
de Mandelieu ☎ 04 93 49 55 39, S : 2 km ; Riviera Golf Club, ☎ 04 92 97 67 67, SO : 2 km.
Office de Tourisme av. Cannes ☎ 04 92 97 86 46, Fax 04 92 97 67 79, bd H-Clews ☎ 04 93 49 95 31, sortie autoroute ☎ 04 92 97 99 27 et r. J. Monnet ☎ 04 93 49 14 39.
Paris 892 – Cannes 9 – Fréjus 30 – Brignoles 87 – Draguignan 53 – Nice 37 – St-Raphaël 31.

Domaine d'Olival sans rest, 778 av. Mer ☎ 04 93 49 31 00, *Fax 04 92 97 69 28,* « Jardin », – AE GB JCB
fermé 31 oct. au 15 janv. – 58 – **7 ch** 935, 11 appart 1510/1780.

Host. du Golf M, 780 av. Mer ☎ 04 93 49 11 66, *Fax 04 92 97 04 01,* – – 25. AE GB
Repas *(95)* - 145/205 – 40 – **39 ch** 570/640, 16 appart – ½ P 480/560.

Les Bruyères M sans rest, 1400 av. Fréjus ☎ 04 93 49 92 01, *Fax 04 93 49 21 55,* – cuisinette AE GB
45 – **14 ch** 440/560.

Acadia sans rest, 681 av. Mer ☎ 04 93 49 28 23, *Fax 04 92 97 55 54,* – AE GB.
fermé 15 nov. au 26 déc. – 40 – **29 ch** 390/590, 6 appart.

La Napoule – 06210.
Voir Site★ du château-musée.
Paris 895 – Cannes 8 – Mandelieu-la-Napoule 3 – Nice 40 – St-Raphaël 34.

Royal H. Casino M, 605 av. Gén. de Gaulle (N 98) ☎ 04 92 97 70 00, *Fax 04 93 49 51 50,* casino, – 500. AE GB JCB
Le Féréol : Repas 230/280 – 105 – **201 ch** 1280/1650, 9 duplex – ½ P 810/985.

Ermitage du Riou, av. H.-Clews ☎ 04 93 49 95 56, *Fax 04 92 97 69 05,* – ch, – 25. AE GB JCB
Repas 240 bc/450 – 80 – **41 ch** 990/1600 – ½ P 685/990.

Parisiana sans rest, r. Argentière ☎ 04 93 49 93 02, *Fax 04 93 49 62 32* – AE GB
fermé 1er nov. au 15 déc. – 35 – **13 ch** 250/390.

Corniche d'Or sans rest, pl. Fontaine ☎ 04 93 49 92 51 –
25 avril-25 oct. – 28 – **12 ch** 175/295.

L'Oasis, r. J. H. Carle ☎ 04 93 49 95 52, *Fax 04 93 49 64 13,* « Patio ombragé et fleuri » – AE GB
Repas 210 (déj.), 290/650 et carte 490 à 630
Spéc. Asperges violettes du pays et morilles à l'oseille (printemps). Risotto de daurade royale aux palourdes, thym et citron (été). Selle de chevreuil en noisettes aux myrtilles et poires rôties à la cannelle (automne-hiver). **Vins** Côtes de Provence.

L'Armorial, bd H. Clews ☎ 04 93 49 91 80, *Fax 04 93 93 28 50,* – GB
fermé 15 nov. au 15 déc. et merc. sauf juil.-août et vacances scolaires – **Repas** 140/185.

XX **Brocherie II,** au Port ✆ 04 93 49 80 73, *Fax 04 93 49 70 51,* ≤, 🏠, décor marin – AE GB
fermé 5 janv. au 5 fév. – **Repas** 190.

XX **Pomme d'Amour,** 209 av. 23-Août ✆ 04 93 49 95 19, 🏠 – GB
fermé 15 nov. au 15 déc., sam. midi de juil. à sept., mardi sauf le soir de juil. à sept. et merc. midi – **Repas** 125/165.

MANDEREN *57 Moselle* 57 ④ – *rattaché à Sierck-les-Bains.*

MANERBE *14 Calvados* 55 ⑬ – *rattaché à Lisieux.*

MANIGOD *74230 H.-Savoie* 74 ⑦ – *636 h alt. 950.*

Voir *Vallée de Manigod*★★, G. Alpes du Nord.

Office de Tourisme Chef Lieu ✆ 04 50 44 92 44, Fax 04 50 44 94 68.

Paris 559 – Annecy 26 – Chamonix-Mont-Blanc 70 – Albertville 38 – Bonneville 36 – La Clusaz 12 – Megève 34 – Thônes 5.

rte du col de la Croix-Fry *: 5,5 km :*

Chalet H. Croix-Fry ⊗, ✆ 04 50 44 90 16, *Fax 04 50 44 94 87,* ≤ montagnes, 🏠, ⛱, 🌳, ✗ – TV ☎ 🚗 P. AE GB
15 juin-15 sept. et 20 déc.-15 avril – **Repas** 145/385, enf. 60 – ☕ 80 – **7 ch** 850/1500, 4 duplex – ½ P 550/900.

au col de la Croix-Fry *Nord-Est : 7 km – ✉ 74230 Thônes :*

Rosières ⊗, ✆ 04 50 44 90 27, *Fax 04 50 44 94 70,* ≤, 🏠 – TV ☎ P – 🏛 25. GB
fermé 13 avril au 4 mai et 23 oct. au 3 nov. – **Repas** *(fermé lundi soir hors saison)* 72/140 ♀, enf. 40 – ☕ 30 – **17 ch** 250 – ½ P 320.

MANOSQUE *04100 Alpes-de-H.-P.* 81 ⑮, 114 ⑤ *G. Alpes du Sud – 19 107 h alt. 387.*

Voir *Porte Saunerie*★ – *Sarcophage*★ *dans l'église N.-D. de Romigier – Fondation Carzou*★ M – ≤★ *du Mont d'Or NE : 1,5 km* – ≤★ *de la chapelle St-Pancrace 2 km par* ③.

de Pierrevert (privé) ✆ 04 92 72 17 19 ; SO : 7 km par ③ *et D 6.*

Office de Tourisme pl. Dr. P.-Joubert ✆ 04 92 72 16 00, Fax 04 92 72 58 98.

Paris 757 ③ – *Digne-les-Bains 59* ① – *Aix-en-Provence 55* ② – *Avignon 92* ③ – *Grenoble 193* ① – *Marseille 86* ②.

MANOSQUE

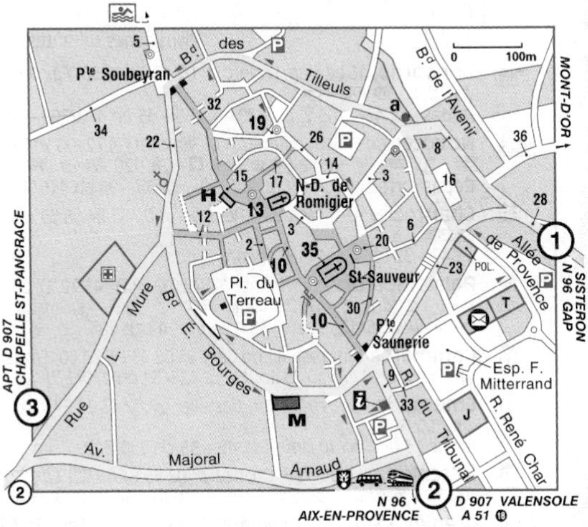

Pré St-Michel M ⊗, Nord : 1,5 km par bd M. Bret et rte Dauphin ✆ 04 92 72 14 27, *Fax 04 92 72 53 04,* ⛱ – TV ☎ ♿ P – 🏛 25. AE GB
voir rest. ***la Source*** ci-après – ☕ 36 – **24 ch** 315/350 – ½ P 280/310.

Campanile, par ① ✆ 04 92 87 59 00, *Fax 04 92 87 43 78,* 🏠 – ⇆ TV ☎ ✆ P – 🏛 25. AE ◑ GB
Repas *(66)* - 84 bc/107 bc, enf. 39 – ☕ 34 – **31 ch** 278.

Sud, bd Gén. de Gaulle ✆ 04 92 87 78 58, *Fax 04 92 72 66 60*, – |♦|, ch, TV ☎ ✆ ♿ P – 🏋 50. AE GB
Repas 80/169 ♀, enf. 47 – ☐ 30 – **36 ch** 252/276 – ½ P 244.

Source, Nord : 1,5 km par bd M. Bret et rte Dauphin ✆ 04 92 72 12 79, *Fax 04 92 72 12 79*, – P. GB – *fermé sam. midi et lundi* – **Repas** 98/174, enf. 55.

Rôtisserie, 43 bd Tilleuls **(a)** ✆ 04 92 72 32 28, *Fax 04 92 72 32 28* – AE ⓓ GB JCB
fermé mi-juil. à mi-août, vacances de fév., merc. soir et dim. sauf fériés – **Repas** (92) - 150 ♀, enf. 50.

à La Fuste *Sud-Est : 6,5 km par rte de Valensole – ✉ 04210 Valensole :*

Host. de la Fuste (Jourdan) ✆ 04 92 72 05 95, *Fax 04 92 72 92 93*, ←, , « Parc fleuri », , – TV ☎ ♿ P. AE ⓓ GB JCB
fermé 12 janv. au 13 fév., dim. soir et lundi d'oct. à juin sauf fériés – **Repas** (nombre de couverts limité, prévenir) 250/450 et carte 330 à 590, enf. 130 – ☐ 90 – **14 ch** 600/1100 – ½ P 750/950
Spéc. Légumes de Provence (saison). Agneau des Alpes de Haute-Provence. Gibier et truffes (début oct. à fin mars). **Vins** Côtes de Luberon, Coteaux d'Aix-en-Provence.

ALFA ROMEO, FIAT, LANCIA Pédinielli, ZI St-Joseph ✆ 04 92 72 31 07
CITROEN Alpes de Provence Autom., rte de Marseille par ② ✆ 04 92 72 09 94
RENAULT SEPAL, rte d'Aix-en-Provence par ② ✆ 04 92 70 14 70
ROVER Gar. Staiano, 45 r. G.-Pompidou ✆ 04 92 72 55 03
Gar. de la Durance, 240 av. du Lubéron ✆ 04 92 72 34 99

Euromaster, rte de la Durance ✆ 04 92 87 72 00
Meizenq Pneus-Point S, ZI de St-Joseph 144 av. 1er-Mai ✆ 04 92 72 36 61

Le MANS

P *72000 Sarthe 60 ⑬, 64 ③ G. Châteaux de la Loire – 145 502 h Agglo. 189 107 h alt. 80.*

Voir *Cathédrale St-Julien★★ : chevet★★★ – Le Vieux Mans★★ : maison de la Reine Bérengère★* **BV M2** *– Église de la Couture★ : Vierge★★ – Église Ste-Jeanne-d'Arc★ – Musée de Tessé★ – Abbaye de l'Épau★ : 4 km par D 152* **Z** *– Musée de l'Automobile★★ : 5 km par ⑤.*
18 ✆ 02 43 42 00 36, par ⑤ : 11 km ; 18 de Sargé ✆ 02 43 76 25 07, 6 km par ①.
Circuit des 24 heures et circuit Bugatti *: 5 km par ⑤.*
Office de Tourisme Hôtel des Ursulines, r. Étoile ✆ 02 43 28 17 22, Fax 02 43 23 37 19 – Automobile Club de l'Ouest Circuit des 24 heures ✆ 02 43 40 24 24, Fax 02 45 63 20 13.
Paris 201 ② – Angers 96 ⑤ – Le Havre 197 ⑧ – Nantes 186 ⑤ – Rennes 153 ⑦ – Tours 83 ④.

Plans pages suivantes

Concorde, 16 av. Gén. Leclerc ✆ 02 43 24 12 30, *Fax 02 43 24 85 74*, – |♦| TV ☎ – 🏋 70. AE ⓓ GB JCB AX b
Repas (95) - 130/205 ♀, enf. 70 – ☐ 55 – **55 ch** 480/700 – ½ P 425/535.

Novotel, bd R. Schumann (Z.A.C. Sablons) ✉ 72100 ✆ 02 43 85 26 80, *Fax 02 43 75 31 76*, , , – |♦| TV ☎ ✆ ♿ P – 🏋 120. AE ⓓ GB Z a
Repas carte environ 160 ♀, enf. 50 – ☐ 55 – **94 ch** 445/485.

Chantecler sans rest, 50 r. Pelouse ✆ 02 43 24 58 53, *Fax 02 43 77 16 28* – |♦| TV ☎ ✆ P. AE GB AY f
☐ 47 – **32 ch** 335/445, 3 appart.

Relais Mercure, 17 r. Pointe ✉ 72100 ✆ 02 43 72 27 20, *Fax 02 43 85 96 06*, , – |♦| TV ☎ ✆ ♿ P – 🏋 25. AE ⓓ GB Z b
Repas (68) - 85/125 ♀, enf. 38 – ☐ 35 – **42 ch** 285.

Commerce sans rest, 41 bd Gare ✆ 02 43 83 20 20, *Fax 02 43 83 20 21* – TV ☎ ✆. AE GB. – *fermé 14 juil. au 15 août* – ☐ 42 – **31 ch** 220/270. AY d

Emeraude sans rest, 18 r. Gastelier ✆ 02 43 24 87 46, *Fax 02 43 24 60 64* – |♦| TV ☎ ✆. AE GB AY z
fermé 23 déc. au 10 janv. – ☐ 45 – **33 ch** 250/310.

L'Escale sans rest, 72 r. Chanzy ✆ 02 43 84 55 92, *Fax 02 43 84 76 82* – |♦| TV ☎ ✆ P. AE ⓓ GB – *fermé 19 déc. au 5 janv.* – ☐ 30 – **46 ch** 220/280. BY u

Grenier à Sel, 26 pl. Éperon ✆ 02 43 23 26 30, *Fax 02 43 77 00 80* – . AE GB AX x
fermé 1er au 20 août et dim. soir – **Repas** 100/210 et carte 210 à 260 ♀, enf. 60.

Hippolyte, 12 r. H. Lecornué ✆ 02 43 87 51 00, *Fax 02 43 87 51 01* – . GB AX v
Repas brasserie (79) - 102 ♀, enf. 51.

Chez Jean, 9 r. Dorée ✆ 02 43 28 22 96, *Fax 02 43 28 22 96*, – AE ⓓ GB JCB AX e
fermé 16 août au 8 sept., 1er au 12 janv., dim. soir et lundi – **Repas** (92) - 142/180 ♀, enf. 42.

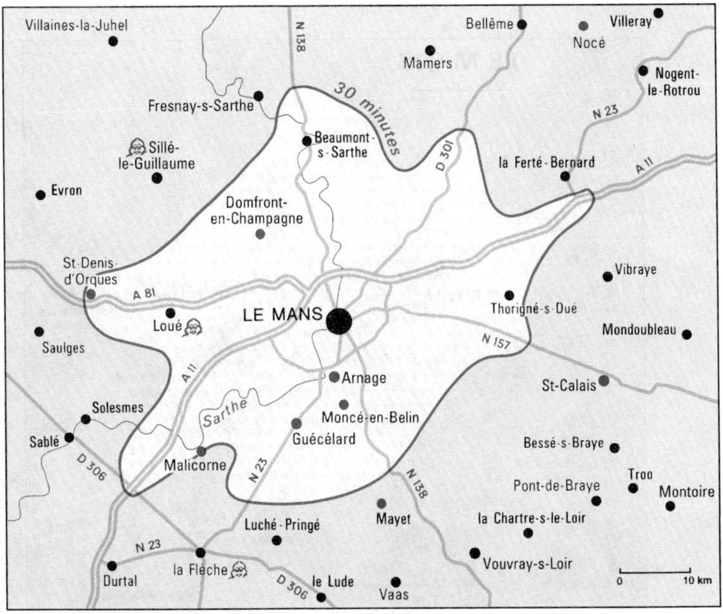

Les pastilles numérotées des plans de ville ①, ②, ③
sont répétées sur les ***cartes Michelin*** *à 1/200 000.*

Elles facilitent ainsi le passage entre les ***cartes*** *et les* ***guides Michelin.***

LE MANS

Ambroise-Paré (R.) . . . . **Z** 2
Ballon (R. de) . . . . **Z** 3
Bertinière (R. de la) . . . . **Z** 4
Bollée (Av.) . . . . **Z** 6
Brossolette (Bd P.) . . . . **Z** 7
Carnot (Bd) . . . . **Z** 8
Cogner (R. du) . . . . **Z** 10
Cugnot (Bd N.) . . . . **Z** 12
Demorieux (Bd) . . . . **Z** 13
Dr-Mac (Av. du) . . . . **Z** 15
Estienne-d'Orves (Bd d') . . . **Z** 17
Gèneslay (Av. F.) . . . . **Z** 19
Grande-Maison (R. de la) . . . **Z** 20
Heuzé (Av. Olivier) . . . . **Z** 21
Isaac (R. d') . . . . **Z** 22
Maillets (R. des) . . . . **Z** 23
Mariette (R. de la) . . . . **Z** 24
Monthéard (R. de) . . . . **Z** 25
Pied-Sec (R. de) . . . . **Z** 27
Polygone (Rue du) . . . . **Z** 28
Rhin-et-Danube (Av.) . . . . . . **Z** 29
Riffaudières (Bd) . . . . **Z** 31
Rubillard (Av.) . . . . **Z** 32
St-Lazare (⊞) . . . . **Z** 35
St-Martin (⊞) . . . . **Z** 36
Victimes du Nazisme (R. des) . . . . **Z** 39

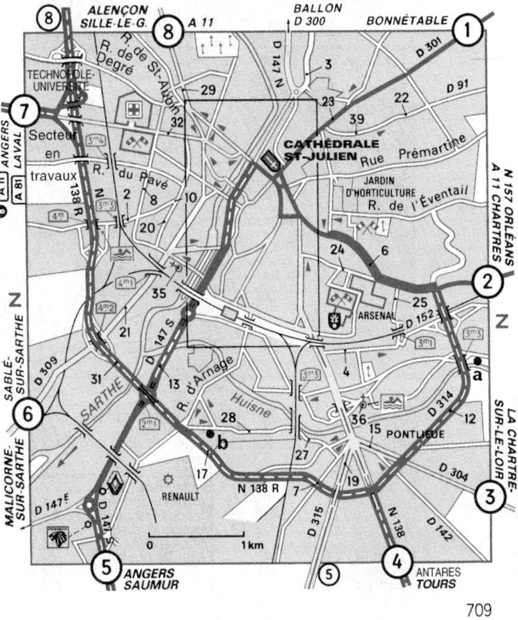

Pas de publicité payée dans ce guide.

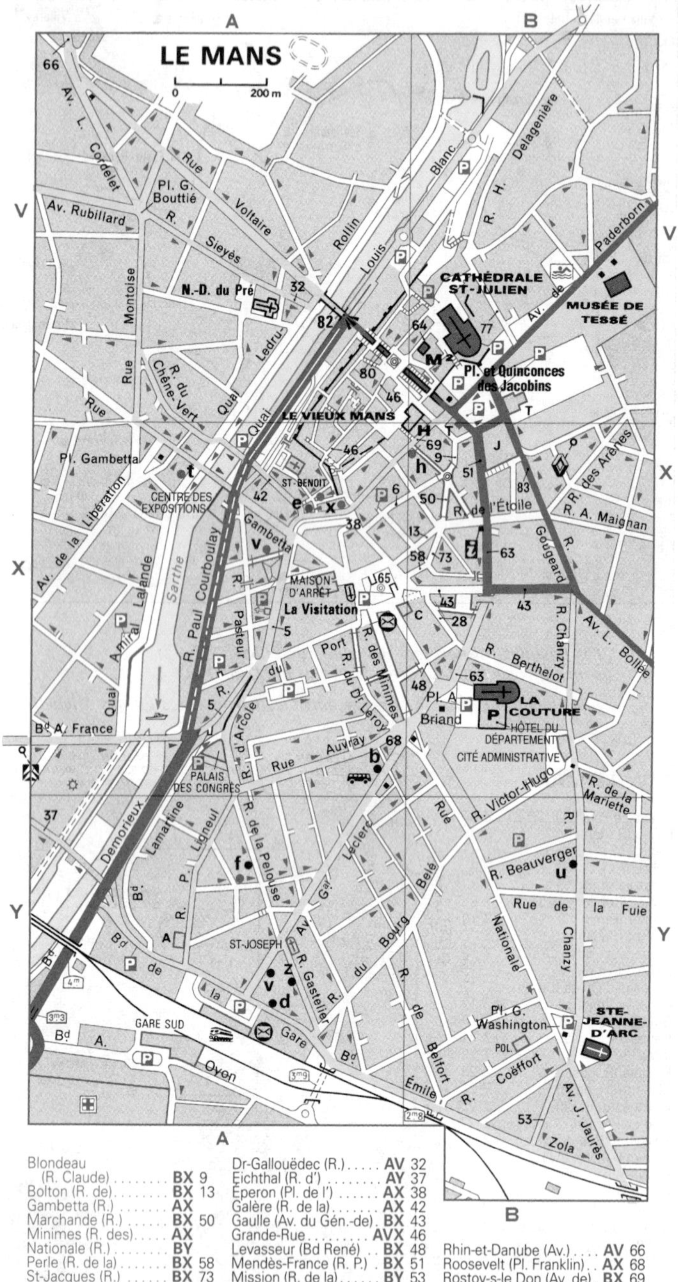

Blondeau (R. Claude)	**BX**	9
Bolton (R. de)	**BX**	13
Gambetta (R.)	**AX**	
Marchande (R.)	**BX**	50
Minimes (R. des)	**AX**	
Nationale (R.)	**BY**	
Perle (R. de la)	**BX**	58
St-Jacques (R.)	**BX**	73
Barbier (R.)	**AX**	5
Barillerie (R. de la)	**AX**	6
Courthardy (R.)	**BX**	28
Dr-Gallouëdec (R.)	**AV**	32
Eichthal (R. d')	**AY**	37
Éperon (Pl. de l')	**AX**	38
Galère (R. de la)	**AX**	42
Gaulle (Av. du Gén.-de)	**BX**	43
Grande-Rue	**AVX**	46
Levasseur (Bd René)	**BX**	48
Mendès-France (R. P.)	**BX**	51
Mission (R. de la)	**BY**	53
Mitterrand (Av. F.)	**BX**	63
Reine-Bérengère (R. de la)	**BV**	64
République (Pl. de la)	**AX**	65
Rhin-et-Danube (Av.)	**AV**	66
Roosevelt (Pl. Franklin)	**AX**	68
Rostov-s-le Don (Av. de)	**BX**	69
Triger (R. Robert)	**BV**	77
Wright (R. Wilbur)	**AV**	80
Yssoir (Pont)	**AV**	82
33e-Mobiles (R. du)	**BX**	83

Feuillantine, 19 bis r. Foisy ✆ 02 43 28 00 38, *Fax 02 43 23 22 31* – AE GB — AY f
fermé 9 au 24 août, 19 déc. au 4 janv., sam. midi et dim. – **Repas** 75/300 bc ♀.

Beaulieu, 24 r. Ponts Neufs ✆ 02 43 87 78 37, *Fax 02 43 87 78 27* – AE GB — BX h
fermé 1er août au 1er sept., sam. midi et dim. sauf fériés – **Repas** 100 (déj.), 145/350.

Ciboulette, 14 r. Vieille Porte ✆ 02 43 24 65 67, *Fax 02 43 87 51 18* – ▤. AE GB — AX x
fermé 1er au 21 août, sam. midi et dim. – **Repas** (95) - 115/165 ♀.

St-Lô, 97 av. Gén. Leclerc ✆ 02 43 24 71 85, *Fax 02 43 23 32 52,* – GB — AY v
fermé 1er au 16 août, dim. soir et sam. – **Repas** 70/150 ♀.

Grand Cerf, 8 quai Amiral Lalande ✆ 02 43 24 16 83, *Fax 02 43 23 98 72,* – GB
fermé 9 au 17 août, sam. midi, dim. soir et lundi – **Repas** 75/169 ♀. — AX t

par ④ *sur N 138 : 4 km* – ✉ *72100 Le Mans :*

Green 7 M, 447 av. G. Durand (rte de Tours) ✆ 02 43 85 05 73, *Fax 02 43 86 62 78,* , – TV ☎ ♿ P – 40. GB
Repas *(fermé 1er au 20 août, vend. soir et dim. soir)* 80/199 , enf. 50 – ☕ 49 – **50 ch** 270/330 – ½ P 251.

à Arnage *par* ⑤ *: 10 km – 5 600 h. alt. 42* – ✉ *72230 :*

Aub. des Matfeux, Sud sur D 147 ✆ 02 43 21 10 71, *Fax 02 43 21 25 23* – P. AE ⓓ GB
fermé 2 au 26 août, 2 au 19 janv., dim. soir, lundi et soirs fériés – **Repas** 115/348 et carte 270 à 470 ♀.

par ⑦ *et N 157 : 4 km* – ✉ *72000 Le Mans :*

Aub. de la Foresterie M, rte de Laval ✆ 02 43 51 25 12, *Fax 02 43 28 54 58,* , , – , ▤ rest, TV ☎ ♿ P – 60. AE ⓓ GB
Repas *(fermé dim. soir)* (99 bc) - 142/189 bc – ☕ 50 – **29 ch** 330/540 – ½ P 320/415.

AUDI, VOLKSWAGEN, SKODA Gar. Robineau, ZI Sud rte d'Allonnes ✆ 02 43 78 50 50 N ✆ 02 43 85 66 99
BMW Le Mans Autom., ZI Sud rte d Allonnes ✆ 02 43 85 00 11 N ✆ 02 43 85 66 99
CITROEN Gar. Loinard, 49-51 bd A.-France ✆ 02 43 28 12 84
CITROEN Alteam, bd P.-Lefaucheux ZI Sud par ⑤ ✆ 02 43 84 20 90
MAZDA S.O.V.M.A., 124 r. Chanzy/84 r.Bazeilles ✆ 02 43 84 53 08
MERCEDES Sarthe Autom., 425 av. Bollée ✆ 02 43 72 72 33 N ✆ 03 88 72 00 94
NISSAN A.M.S., bd Estienne d'Orves rocade Sud ✆ 02 43 39 93 40
OPEL Espace Mulsanne, ZI Sud rte d'Allonnes ✆ 02 43 50 22 02 N ✆ 02 43 85 66 99
PEUGEOT Gar. Cottereau, 125 av. G.-Durand par ④ ✆ 02 43 84 05 99
PEUGEOT Gar. de la Sarthe, bd P.-Lefaucheux ZI Sud par D147 ✆ 02 43 50 65 06 N ✆ 06 09 17 66 71
RENAULT Gar. des Jacobins, 8 r. du Cirque ✆ 02 43 81 73 50
RENAULT Succursale, 261 bd Demorieux ✆ 02 43 78 78 78 N ✆ 08 00 05 72 72
ROVER Gar. Soupizet, 153 bd P.-Lefaucheux à Arnage ✆ 02 43 21 68 50

Ⓜ Equipneu, rte de Parigne ✆ 02 43 84 30 05
Euromaster, 6 pl. Gambetta ✆ 02 43 24 27 74
Euromaster, r. des Frères Voisins ZI Nord ✆ 02 43 28 50 01
Sofrap Point S, 30 av. O.-Heuzé ✆ 02 43 24 75 82
Tours Pneus Vulco, ZI Sud rte d'Allonnes ✆ 02 43 85 84 31

MANSLE *16230 Charente* 72 ③ ④ – *1 601 h alt. 65.*

Paris 421 – Angoulême 26 – Cognac 53 – Limoges 92 – Poitiers 86 – St-Jean-d'Angély 61.

Trois Saules , à St-Groux, Nord Ouest : 3 km ✆ 05 45 20 31 40, *Fax 05 45 22 73 81,* – TV ☎ P. GB
fermé 25 oct. au 9 nov., 22 au 28 fév., dim. soir et lundi midi de fin sept. à fin mai – **Repas** 63/170 , enf. 30 – ☕ 28 – **10 ch** 180/235 – ½ P 200/210.

à Luxé *Nord-Ouest : 9 km par D 739 – 733 h. alt. 70* – ✉ *16230 :*

Cheval Blanc, à la gare ✆ 05 45 22 23 62 – GB
fermé fév., dim. soir et lundi – **Repas** 65 bc (déj.), 95/175 ♀, enf. 45.

MANTES-LA-JOLIE SP *78200 Yvelines* 55 ⑱, 106 ⑮ *G. Ile de France – 45 087 h alt. 34.*

Voir *Collégiale Notre-Dame*** **BB.**

18 18 *du Prieuré à Sailly-en-Vexin ✆ 01 34 76 70 12, par* ① *: 12 km;* 18 *de Guerville ✆ 01 30 92 45 45, SE : 6 km par* ③ *puis D 158;* 18 *Moisson (Base de Loisirs) ✆ 01 34 79 39 00 par N 13 et D 124 : 14 km.*

ℹ *Office de Tourisme 5 pl. Jean-XXIII ✆ 01 34 77 10 30, Fax 01 30 98 61 49.*

Paris 54 ③ *– Beauvais 69* ① *– Chartres 78* ④ *– Évreux 45* ④ *– Rouen 79* ④ *– Versailles 46* ③

Plan page suivante

Galiote, 1 r. Fort (hauteur 18 quai Cordeliers) ✆ 01 34 77 03 02, *Fax 01 34 77 07 90* – AE GB — B e
fermé dim. soir et lundi soir – **Repas** (nombre de couverts limité, prévenir) 175/285 ♀.

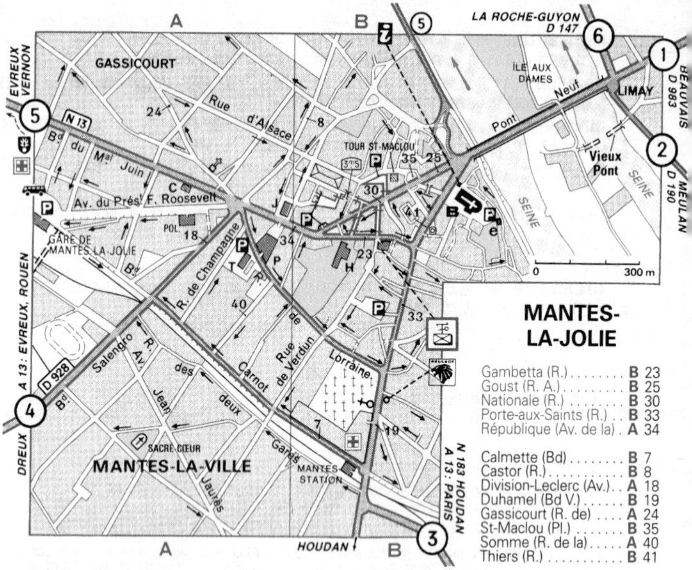

MANTES-LA-JOLIE

Gambetta (R.)	B	23
Goust (R. A.)	B	25
Nationale (R.)	B	30
Porte-aux-Saints (R.)	B	33
République (Av. de la)	A	34
Calmette (Bd)	B	7
Castor (R.)	B	8
Division-Leclerc (Av.)	A	18
Duhamel (Bd V.)	B	19
Gassicourt (R. de)	A	24
St-Maclou (Pl.)	B	35
Somme (R. de la)	A	40
Thiers (R.)	B	41

à Mantes-la-Ville *par ③ : 2 km – 19 081 h. alt. 36 – ✉ 78200 :*

XXX **Moulin de la Reillère,** 171 rte Houdan ✆ 01 30 92 22 00, 🏠, « Jardin fleuri » – P. AE GB
fermé dim. soir et lundi – **Repas** 140/265 et carte 270 à 390.

à Rosay *par ③ : 10 km – 348 h. alt. 98 – ✉ 78790 :*

XX ✿ **Aub. de la Truite** (Lemoine), ✆ 01 34 76 30 52, *Fax 01 34 76 30 65*, 🏠 – AE GB
fermé dim. soir et lundi – **Repas** 145/290 et carte 340 à 450 ♀
Spéc. Foie gras de canard landais à la fleur de sel. Grosses langoustines rôties au beurre salé. Rhubarbe confite, tuile dentelle aux noix (mai à sept.).

à Dennemont *par ⑥ : 3 km – ✉ 78520 :*

XX **Port Maria,** 35 r. J. Jaurès ✆ 01 34 77 18 22, *Fax 01 34 97 57 58*, 🏠, « Terrasse au bord de la Seine » – P. AE GB
fermé lundi soir – **Repas** 145 ♀, enf. 80.

à St-Martin-la-Garenne *par ⑥ et D 147 : 7 km – 654 h. alt. 125 – ✉ 78520 Limay :*

XX **Aub. St-Martin,** ✆ 01 34 77 58 45 – P. GB
fermé 28 juil. au 28 août, lundi et mardi – **Repas** 130/160.

CITROEN Nord-Ouest Autom., 87 bd Salengro à Mantes-la-Ville par ④ ✆ 01 34 77 04 30
FORD Gar. Chantereine, 2 r. Chantereine à Mantes-la-Ville ✆ 01 34 77 31 75
MERCEDES **TOYOTA** Gar. Mongazons, av. de l'Europe à Magnanville ✆ 01 34 77 10 75
PEUGEOT Ste Mantaise Automobile, 13 bd Duhamel ✆ 01 34 77 08 27
RENAULT Succursale, 6 r. Ouest à Mantes-la-Jolie par ④ ✆ 01 30 98 28 28 N ✆ 08 00 05 15 15

RENAULT Phénix Autom., 21 av. de Paris à Gargenville ✆ 01 30 93 63 12

Ⓜ Euromaster, 125 bd R.-Salengro à Mantes-la-Ville ✆ 01 30 92 49 49
Euromaster, 141 bd Mar.-Juin ✆ 01 30 94 07 40
Nony Pneus, N 190 à Gargenville ✆ 01 30 93 65 27
Vulco, 121 bd Pasteur à Limay ✆ 01 30 98 49 19

MANTES-LA-VILLE *78 Yvelines 55 ⑱ – rattaché à Mantes-la-Jolie.*

MANZAC-SUR-VERN *24110 Dordogne 75 ⑤ – 488 h alt. 80.*
Paris 501 – Périgueux 18 – Bergerac 34 – Bordeaux 110.

XX **Lion d'Or** avec ch, ✆ 05 53 54 28 09, *Fax 05 53 54 25 50*, 🏠, 🌳 – ☎ – 🎪 25. AE ⓓ GB
fermé 15 janv. au 15 fév., dim. soir de sept. à juin et lundi sauf fériés – **Repas** 72 (déj.), 105/200, enf. 52 – ☕ 32 – **7 ch** 200 – ½ P 250.

MARANS *17230 Char.-Mar.* **71** ⑫ *G. Poitou Vendée Charentes – 4 170 h alt. 1.*
Paris 462 – La Rochelle 23 – La Roche-sur-Yon 58 – Fontenay-le-Comte 26 – Niort 48.

Porte Verte, 20 quai Foch ✆ 05 46 01 09 45, – GB
fermé vacances de fév., dim. soir du 15 sept. au 15 juin et merc. – **Repas** (nombre de couverts limité, prévenir) 85/165.

MARBOUÉ *28 E.-et-L.* **60** ⑰ – *rattaché à Châteaudun.*

MARÇAY *37 I.-et-L.* **67** ⑨ – *rattaché à Chinon.*

MARCENAY *21330 Côte-d'Or* **65** ⑧ – *130 h alt. 220.*
Paris 232 – Auxerre 72 – Chaumont 72 – Dijon 97 – Montbard 34 – Troyes 67.

Santenoy, au Lac : 1 km ✆ 03 80 81 40 08, *Fax 03 80 81 43 05*, ←, – 30. GB
Repas 74 bc/198, enf. 52 – 30 – **18 ch** 142/250 – ½ P 170/225.

MARCILLAC-LA-CROISILLE *19320 Corrèze* **75** ⑩ *G. Berry Limousin – 787 h alt. 550.*
Paris 502 – Aurillac 80 – Argentat 26 – Égletons 17 – Mauriac 40 – Tulle 27.

au Pont du Chambon *Sud-Est : 15 km par D 978 et D 13 – ✉ 19320 St-Merd-de-Lapleau :*

Fabry *(Au Rendez-vous des Pêcheurs)* avec ch, ✆ 05 55 27 88 39, *Fax 05 55 27 83 19*, ←, – GB
15 fév.-12 nov. et fermé vend. soir et sam. midi du 1er oct. au 1er avril – **Repas** 78/230 – 38 – **8 ch** 240/275 – ½ P 260/270.

MARCILLY-EN-VILLETTE *45 Loiret* **64** ⑨ – *1 714 h alt. 124 – ✉ 45240 La Ferté-St-Aubin.*
Paris 154 – Orléans 18 – Blois 69 – Romorantin-Lanthenay 55 – Salbris 41.

Aub. de la Croix Blanche avec ch, 118 pl. Église ✆ 02 38 76 10 14, *Fax 02 38 76 10 67* – GB
fermé 16 au 31 août, 5 au 25 fév. et vend. – **Repas** 88/170, enf. 50 – 28 – **7 ch** 140/220 – ½ P 196/226.

MARCOUSSIS *91 Essonne* **60** ⑩, **106** ㉚, **101** ㉞ – *voir à Paris, Environs.*

MARCQ-EN-BAROEUL *59 Nord* **51** ⑯, **111** ⑬ – *rattaché à Lille.*

MARENNES *17320 Char.-Mar.* **71** ⑭ *G. Poitou Vendée Charentes – 4 634 h alt. 10.*
Voir ☀★ *de la tour de l'église.*
Env. *Remparts★★ de Brouage NE : 6,5 km.*
Pont de la Seudre : passage gratuit.
Office de Tourisme pl. Chasseloup-Laubat ✆ 05 46 85 04 36, Fax 05 46 85 14 20.
Paris 497 – La Rochelle 59 – Royan 31 – Rochefort 22 – Saintes 40.

à Bourcefranc-le-Chapus *Nord-Ouest : 5 km – 2 851 h. alt. 5 – ✉ 17560.*
Voir *A la pointe du Chapus ←★ sur le pont d'Oléron NO : 3 km.*

Terminus, au port du Chapus ✆ 05 46 85 02 42, *Fax 05 46 85 32 39*, ← – GB. ch
fermé 12 au 30 janv. – **Repas** 80/160, enf. 40 – 30 – **10 ch** 280 – ½ P 280/300.

Vulco, ✆ 05 46 85 00 08

MAREUIL-SUR-OURCQ *60890 Oise* **56** ⑬ – *1 411 h alt. 69.*
Paris 79 – Compiègne 41 – Beauvais 93 – Meaux 26 – Senlis 41 – Soissons 38.

Aub. de l'Ourcq, r. Thury ✆ 03 44 87 24 14, *Fax 03 44 87 44 20* – GB
fermé 27 juil. au 10 août, 18 janv. au 9 fév., le soir (sauf vend. et sam.) et lundi – **Repas** 75 (déj.), 125/205, enf. 60.

MARGAUX *33460 Gironde* **71** ⑧ *G. Pyrénées Aquitaine – 1 387 h alt. 16.*
Paris 602 – Bordeaux 31 – Lesparre-Médoc 41.

Pavillon de Margaux, ✆ 05 57 88 77 54, *Fax 05 57 88 77 73* – AE GB
hôtel : fermé 5 au 25 janv. – **Repas** *(fermé 5 janv. au 8 fév. lundi soir et mardi de nov. à avril)* 90/290, enf. 60 – 60 – **14 ch** 350/550 – ½ P 330/430.

Savoie, ✆ 05 57 88 31 76, *Fax 05 57 88 31 76*, –
fermé vacances de fév., lundi soir hors saison, dim. et fériés – Repas 85/130.

à Arcins *Nord-Ouest : 6 km sur D 2 – 304 h. alt. 10 – ✉ 33460 :*

✗ **Lion d'Or,** ✆ 05 56 58 96 79 – ▤. AE GB
fermé juil., 23 déc. au 1er janv., dim. et lundi – **Repas** (nombre de couverts limité, prévenir) 66 bc, sam. soir carte seul. 150 à 230, enf. 48.

MARGUERITTES *30 Gard* 80 ⑲ *– rattaché à Nîmes.*

MARIENTHAL *67 B.-Rhin* 57 ⑲ *– rattaché à Haguenau.*

MARIGNANE *13700 B.-du-R.* 84 ⑫, 114 ㉗ *G. Provence – 32 325 h alt. 10.*
Voir *Canal souterrain du Rove★ SE : 3 km.*
✈ *de Marseille-Provence : ✆ 04 42 14 14 14.*
ℹ *Office de Tourisme 4 bd F.-Mistral ✆ 04 42 09 78 83, Fax 04 42 31 49 39 – Automobile Club 8 av. Europe ✆ 04 42 88 99 64.*
Paris 756 – Marseille 27 – Aix-en-Provence 26 – Martigues 16 – Salon-de-Provence 33.

à l'aéroport *au Nord – ✉ 13700 :*

Sofitel Ⓜ, ✆ 04 42 78 42 78, *Fax 04 42 78 42 70,* – AE GB JCB
Cenadou (fermé 25 juil. au 17 août et sam.) **Repas** *(140)* - 195 – ***Café*** : **Repas** *(110)* bc et carte 130 à 185 ♀ – ☕ 85 – **176 ch** 850/990, 3 appart.

Primotel, ✉ 13127 Vitrolles ✆ 04 42 79 79 19, *Fax 04 42 89 69 18,* – 100. AE GB
Repas *(75)* - 122 ♂, enf. 55 – ☕ 50 – **120 ch** 380.

Ibis Ⓜ, ✆ 04 42 79 61 61, *Fax 04 42 89 93 13,* – 50. AE GB
Repas *(75)* - 95 ♂, enf. 39 – ☕ 35 – **85 ch** 330.

✗✗ **Romarin,** Aérogare Terminal 1 ✆ 04 42 14 23 64, *Fax 04 42 14 22 20* – ▤. AE GB
Repas (déj. seul.) *(95)* - 165 ♀.

à l'aéroport *au Nord – ✉ 13700 Marignane :*

Z.I. Les Estroublans *Nord-Est : 4 km par D 9 (rte Vitrolles) – ✉ 13127 Vitrolles :*

Novotel Ⓜ, 5e Rue ✆ 04 42 89 90 44, *Fax 04 42 79 07 04,* – 200. AE GB
Repas carte environ 170 ♀, enf. 50 – ☕ 55 – **140 ch** 460/500.

CITROEN SADAM, 67 Av. du 8 Mai 1945 ✆ 04 42 46 20 00 🅽 ✆ 04 91 43 80 37
PEUGEOT Provence Autom., 45 av. 8 Mai 1945 ✆ 04 42 31 71 71
RENAULT Marignane Autom., av. 8 Mai 1945 ✆ 04 42 10 12 12 🅽 ✆ 08 00 05 15 15
RENAULT Vitrolles Autom., r. Bastide Blanche ZAC Griffon à Vitrolles ✆ 04 42 89 92 99 🅽 ✆ 08 00 05 15 15

Ayme Pneus, 2e av. N 4 ZI Estroublans à Vitrolles ✆ 04 42 79 04 00
Denizon Pneu, av. 8 Mai 1945 à St-Victoret ✆ 04 42 79 79 42
Euromaster, 11 r. 2è av. ZI à Vitrolles ✆ 04 42 79 70 23
Gay Pneus, 29 1e av. ZI à Vitrolles ✆ 04 42 15 99 15

MARIGNY-ST-MARCEL *74150 H.-Savoie* 74 ⑤ *– 581 h alt. 404.*
Paris 538 – Annecy 18 – Aix-les-Bains 20 – Bellegarde-sur-Valserine 42 – Rumilly 6.

✗✗ **Blanc,** ✆ 04 50 01 09 50, *Fax 04 50 64 58 05* – 🅿. AE GB
fermé sam. – **Repas** 80 (déj.), 110/300.

MARINGUES *63350 P.-de-D.* 73 ⑤ *G. Auvergne – 2 345 h alt. 315.*
Paris 414 – Clermont-Ferrand 30 – Lezoux 16 – Riom 21 – Thiers 24 – Vichy 28.

✗✗ **Clos Fleuri** avec ch, rte Clermont ✆ 04 73 68 70 46, *Fax 04 73 68 75 58,* « Jardin ombragé » – 🅿. GB
fermé 15 fév. au 8 mars, dim. soir et lundi du 15 sept. au 15 juin – **Repas** *(55)* - 75/170 ♀ – ☕ 32 – **15 ch** 180/290 – 1/2 P 200/250.

PEUGEOT Gar. Larzat et Meyronne, ✆ 04 73 68 70 50

MARLENHEIM *67520 B.-Rhin 62 ⑨ – 2 956 h alt. 195.*

Paris 467 – Strasbourg 20 – Haguenau 36 – Molsheim 12 – Saverne 18.

Le Cerf (Husser), ✆ 03 88 87 73 73, *Fax 03 88 87 68 08,* « Hostellerie fleurie » – rest, **P**. AE GB JCB
fermé mardi et merc. – **Repas** 250 bc (déj.), 295/550 et carte 360 à 500 ♀, enf. 85 – 65 – **17 ch** 285/850
Spéc. Presskopf de tête de veau poêlée en croustille. Choucroute au cochon de lait et foie gras fumé. Aumônière aux griottines et glace au fromage blanc. **Vins** Pinot noir, Riesling.

Host. Reeb, ✆ 03 88 87 52 70, *Fax 03 88 87 69 73,* – rest, **P** – 25. AE GB. ch
fermé lundi de nov. à mars et dim. soir – **Repas** 160/280 ♀ - ***La Crémaillère*** : **Repas** 55(déj.), 98/160 ♀, enf. 50 – 40 – **35 ch** 265/285 – ½ P 275.

CITROEN Gar. Kah-Fuchs, 10 rte de Strasbourg à Furdenheim ✆ 03 88 69 01 39
FORD Gar. Schaeffer, rte de Kirschheim ✆ 03 88 87 55 64 **N** ✆ 03 88 87 55 64
PEUGEOT Gar. Eberle, 3 r. du Gén. de Gaulle ✆ 03 88 87 71 79
RENAULT Gar. Baehrel, 32 r. du Gén. de Gaulle ✆ 03 88 87 52 41

MARLY *59 Nord 53 ⑤ – rattaché à Valenciennes.*

MARLY-LE-ROI *78 Yvelines 55 ⑲ ⑳,, 101 ⑫ ⑬ – voir à Paris, Environs.*

MARMAGNE *71710 S.-et-L. 69 ⑧ – 1 339 h alt. 310.*

Paris 307 – Chalon-sur-Saône 45 – Autun 20 – Le Creusot 9 – Mâcon 97 – Montceau-les-Mines 22.

Vieux Jambon avec ch, rte Creusot ✆ 03 85 78 20 32, *Fax 03 85 78 29 91* – **P**. GB
fermé 17 nov. au 1er déc., dim. soir et lundi midi – **Repas** *(58)* - 75/200 ♀ – 35 – **13 ch** 155/250.

RENAULT Gar. Détang, D 61 à St-Symphorien-de-Marmagne ✆ 03 85 54 40 43 **N** ✆ 03 85 54 40 43

MARMANDE *47200 L.-et-G. 79 ③ G. Pyrénées Aquitaine – 17 568 h alt. 30.*

9 ✆ 05 53 20 87 60, E : 4 km.

Office de Tourisme bd Gambetta ✆ 05 53 64 44 44, Fax 05 53 20 17 19.

Paris 667 ④ – Agen 67 ② – Bergerac 56 ① – Bordeaux 90 ③ – Libourne 66 ④.

Plan page suivante

Capricorne, rte Agen par ② ✆ 05 53 64 16 14, *Fax 05 53 20 80 18,* – **P**. AE GB
fermé 18 déc. au 3 janv. – ***Trianon*** ✆ 05 53 20 80 94 *(fermé 1er au 8 janv., sam. midi et dim.)* **Repas** 78/220, – 36 – **34 ch** 260/280 – ½ P 230.

Europ'H. sans rest, pl. Couronne ✆ 05 53 20 93 93, *Fax 05 53 64 46 31* – AE GB B r
40 – **21 ch** 230/260.

à l'Est *par ①, D 933 et D 267 : 7 km – ✉ 47200 Virazeil :*

Aub. du Moulin d'Ané, ✆ 05 53 20 18 25, *Fax 05 53 89 67 99,* – **P**. AE GB
fermé 7 au 21 oct., 6 au 20 janv., mardi midi et merc. midi en juil.-août, mardi soir et merc. de sept. à juin – **Repas** 90/200, enf. 45.

par *③ près échangeur A 62 : 9 km – ✉ 47430 Sainte-Marthe :*

Les Rives de l'Avance M sans rest, ✆ 05 53 20 60 22, *Fax 05 53 20 98 76,* parc – **P**. GB
35 – **16 ch** 200/290.

rte de Bordeaux *par ④ : 2,5 km – ✉ 47200 Marmande :*

Campanile, ✆ 05 53 94 39 80, *Fax 05 53 20 77 49,* – , rest, **P** – 25. AE GB
Repas *(66)* - 84 bc/107 bc, enf. 39 – 34 – **52 ch** 278.

CITROEN Gar. Baudrin, rte de Bordeaux à Ste-Bazeille par ④ ✆ 05 53 64 80 00
PEUGEOT Guyenne et Gascogne Autom., 95 av. J.-Jaurès par ④ ✆ 05 53 64 34 47
RENAULT A.M.C., rte de Bordeaux à Ste-Bazeille par ④ ✆ 05 53 20 80 80 **N** ✆ 05 53 89 92 64
Martinet Pneus, 37 av. J.-Jaurès ✆ 05 53 64 23 52
Relais Marmandais, 123 av. J.-Jaurès ✆ 05 53 89 26 74

MARMANDE

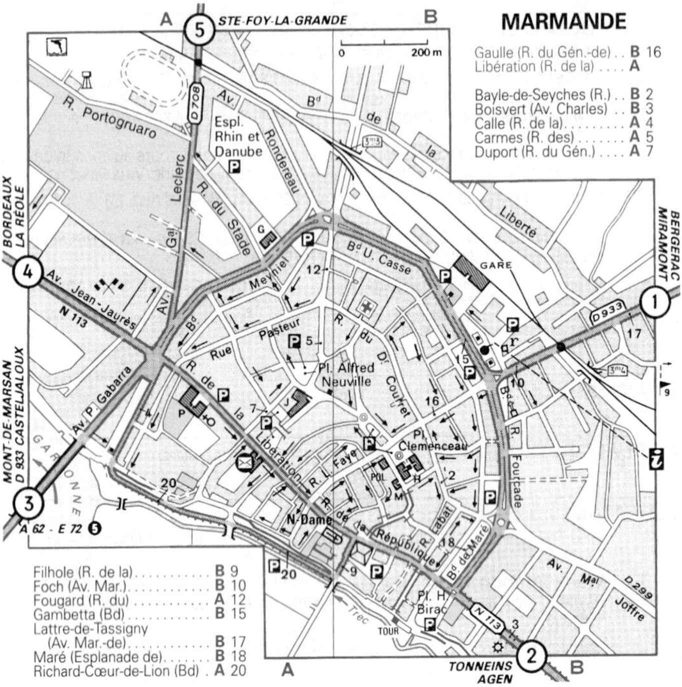

Gaulle (R. du Gén.-de) . . B 16
Libération (R. de la) . . . . A

Bayle-de-Seyches (R.) . . B 2
Boisvert (Av. Charles) . . B 3
Calle (R. de la). . . . . A 4
Carmes (R. des) . . . . . . A 5
Duport (R. du Gén.) . . . . A 7

Filhole (R. de la). . . . . B 9
Foch (Av. Mar.). . . . . B 10
Fougard (R. du) . . . . A 12
Gambetta (Bd) . . . . B 15
Lattre-de-Tassigny (Av. Mar.-de). . . . . B 17
Maré (Esplanade de). . . . . . . B 18
Richard-Cœur-de-Lion (Bd) . A 20

Les **guides Rouges**, les **guides Verts** et les **cartes Michelin**
sont complémentaires.
Utilisez-les ensemble.

MARNE-LA-VALLÉE *77 S.-et-M.* 56 ⑫, 101 ⑲ *– voir à Paris, Environs.*

MARQUAY *24620 Dordogne* 75 ⑰ *– 473 h alt. 175.*

Paris 510 – Brive-la-Gaillarde 57 – Périgueux 60 – Sarlat-la-Canéda 12 – Les Eyzies-de-Tayac 13.

Bories sans rest, ☎ 05 53 29 67 02, *Fax 05 53 29 64 15,* ←, ⛱, – ☎ ♿. GB
1er avril-2 nov. – ☕ 33 – **30 ch** 180/280.

Condamine, rte Meyrals : 1 km ☎ 05 53 29 64 08, *Fax 05 53 28 81 59,* ←, ⛱, – ☎ ♿ P. AE GB
Pâques-2 nov. – **Repas** (dîner seul.) 90/180 – ☕ 35 – **22 ch** 230/270 – ½ P 260/280.

MARQUISE *62250 P.-de-C.* 51 ① *– 4 453 h alt. 57.*

Paris 270 – Calais 22 – Arras 113 – Boulogne-sur-Mer 14 – St-Omer 48.

XX **Grand Cerf,** 34 av. Ferber ☎ 03 21 87 55 05, *Fax 03 21 33 61 09* – P. AE GB
fermé dim. soir et lundi – **Repas** *(95)* - 130/320 ♀.

MARSANNAY-LA-CÔTE *21 Côte-d'Or* 66 ⑫ *– rattaché à Dijon.*

MARSEILLAN *34340 Hérault* 83 ⑯ *G. Gorges du Tarn – 4 950 h alt. 3.*

Paris 758 – Montpellier 46 – Agde 7 – Béziers 31 – Pézenas 21 – Sète 23.

XX **Table d'Emilie,** 8 pl. Couverte ☎ 04 67 77 63 59, *Fax 04 67 01 72 02* – GB
fermé 12 au 30 nov., vacances de fév., lundi midi du 20 juin au 15 sept. et merc. hors saison
– **Repas** 95/270.

MARSEILLE

🄿 *13000 B.-du-R.* **84** ⑬ **114** ㉘ *G. Provence - 800 550 h. - Agglo. 1 230 936 h.*

Paris 770 ④ – Lyon 313 ④ – Nice 198 ② – Torino 379 ② – Toulon 63 ② – Toulouse 405 ④

OFFICES DE TOURISME

4 la Canebière (1er) ✆ 04 91 13 89 00, Fax 04 91 13 89 20
Gare St-Charles (1er) ✆ 04 91 50 59 18
Annexe (été) Vieux Port (Quai des Belges)
Annexe (été) Le Panier, 20 r. des Pistoles
Automobile Club de Provence 149 bd Rabatau (10e) ✆ 04 91 78 83 00, Fax 04 91 25 74 38

RENSEIGNEMENTS PRATIQUES

TRANSPORTS

Auto-train ✆ 08 36 35 35 35.
Tunnel Prado-Carénage : Péage 1996, tarif normal : 13 F.

TRANSPORTS MARITIMES

Pour la Corse : Société Nationale Corse-Méditerrannée (S.N.C.M.), 61 bd des Dames (2è). Renseignements ✆ 04 91 56 30 10 **DS**. *Réservations ✆ 04 91 56 30 30, Fax 04 91 56 35 86.*

AÉROPORT

Marseille-Provence ✆ 04 42 78 21 00 par ① : 28 km.

QUELQUES GOLFS

18 *de Marseille-Aix ✆ 04 42 24 20 41 par ① : 22 km*
9 *d'Allauch-Fonvieille (privé) ✆ 04 91 07 28 22, sortie Marseille Est : 15 km par D 2 et D 4^A*
18 *Country Club de la Salette ✆ 04 91 27 12 16 par ② : 10 km.*

CURIOSITÉS

LE SITE

✻★★★ du parvis de la basilique N.-D.-de-la-Garde - ⋞★ depuis le belvédère St-Laurent **DT**.

AUTOUR DU VIEUX PORT

Le vieux port★★ - Quai des Belges (marché aux poissons) **ET 5** *-Musée d'Histoire de Marseille★* **ET M**[1] *- Musée du Vieux Marseille* **DET M**[2].

Musée des Docks romains★ **DT M**[3].

QUARTIER DU PANIER

Centre de la Vieille Charité★★ (archéologie méditerranéenne) **DS R** *- Ancienne cathédrale de la Major★* **DS N**.

N.-D.-DE-LA-GARDE

⋞★★★ du parvis de la basilique de N.-D.-de-la-Garde **EV** *- Basilique St-victor★ (crypte★★)* **DU**

LA CANEBIÈRE

De la rue Longue-des-Capucins au cours Julien : place du Marché-des-Capucins, rue du Musée, rue Rodolphe-Pollack, rue d'Aubagne **FTU** *- rue St-Ferréol* **FTU**.

Musée Cantini★ **FU M**[5].

QUARTIER LONGCHAMP

Musée Grobet-Labadié★★ **GS M**[7] *- Palais Longchamp★* **GS** *: musée des Beaux-Arts★ et musée d'Histoire naturelle★.*

QUARTIERS SUD

Corniche Président-J.-F.-Kennedy★★ **AYZ** *- Parc du Pharo* **DU**.

AUTOUR DE MARSEILLE

Visite du port★★ - Château d'If★★ : ✻★★★ sur le site de Marseille - Massif des Calanques★★ - Musée de la faïence★.

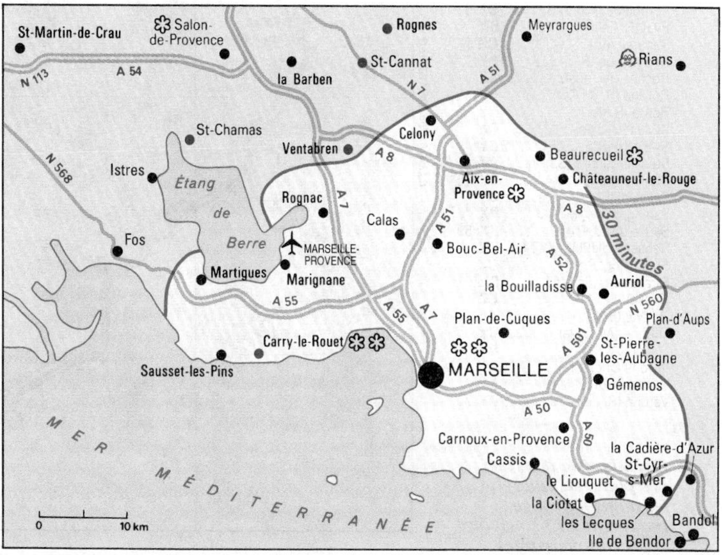

MARSEILLE

Aix (R. d') . . . . **BY**
Canebière (La). . . . . **BY**
Paradis (R.) . . . . **BYZ**

Anthoine (R. d') . . . . **AX**
Baille (Bd) . . . . **BCY**
Belsunce (Cours) . . . . **BY**
Blancarde (Bd de la). . . . . . **CY**
Bompard (Bd). . . . . **AYZ**
Briançon (Bd de). . . . . **BX** 14
Cadenat (Pl. B.). . . . . **BX**
Cantini (Av. Jules) . . . . . . **BCZ**
Capelette (Av. de la). . . . . . **CZ**
Castellane (Pl.) . . . . **BY**
Catalans (R. des). . . . . **AY** 16
Chartreux (Av. des). . . . . . . **CY** 17
Chutes-Lavie (Av.) . . . . **CX**
Corniche-Président J.-F.-Kennedy . . . . **AZ**
Dunkerque (Bd de) . . . . . . **AX**
Endoume (R. d') . . . . **AY**
Estrangin (Bd G.) . . . . **BZ**
Foch (Av. Mar.) . . . . **CY**
Guesde (Pl. Jules) . . . . **BY** 35
Guibal (R.) . . . . **BX**
Guigou (Bd). . . . . **BX** 36
Jaurès (Pl. Jean). . . . . **BY**
Jeanne-d'Arc (Bd). . . . . **CY**
Lazaret (Quai du) . . . . **AX**
Leclerc (Av. Gén.). . . . . **BY**
Lesseps (Bd F. de) . . . . **AX** 40
Lieutaud (Cours). . . . . **BY**
Livon (Bd Charles) . . . . **AY**
Mazargues (Av. de). . . . . . . **BZ**
Michelet (Bd). . . . . **BZ**
Moulin (Bd Jean) . . . . **CY** 47
Notre-Dame (Bd) . . . . **BY**
Paris (Bd de) . . . . **BX**
Pelletan (Av. C.). . . . . **BXY**
Périer (Bd) . . . . **BZ**
Plage (Prom. de la). . . . . **BZ**
Plombières (Bd de) . . . . . . **BX**
Pologne (Pl. de) . . . . **CY** 51
Pompidou (Prom. G.) . . . . . **BZ** 52
Pyat (R. Félix) . . . . **BX**
Rabatau (Bd) . . . . **CZ**
République (R.) . . . . **ABY**
Roches (Av. des). . . . . **AZ**
Rolland (R. du Cdt) . . . . **BZ**
Rome (R. de). . . . . **BY**
St-Just (Av. de) . . . . **CX**
St-Pierre (R.). . . . . **BCY**
Ste-Marguerite (Bd) . . . . . . **CZ**
Ste-Marthe (Ch. de) . . . . . . **BX**
Sakakini (Bd) . . . . **CY**
Salengro (Av. R.). . . . . **BX**
Sartre (Av. J.-P.) . . . . **CX** 59
Sébastopol (Pl.). . . . . **CY**
Schlœsing (Bd) . . . . **CZ**
Strasbourg (Bd) . . . . **BX** 61
Teisseire (Bd R.) . . . . **CZ**
Tellène (Bd) . . . . **AY**
Timone (Av. de la). . . . . **CY**
Toulon (Av. de) . . . . **BY**
Vallon-l'Oriol (Ch.). . . . . **AZ**
Vauban (Bd). . . . . **BY**
Verdun (R. de). . . . . **BY** 70

Dans la liste des rues des plans de villes, les ***noms en rouge*** *indiquent les principales voies commerçantes.*

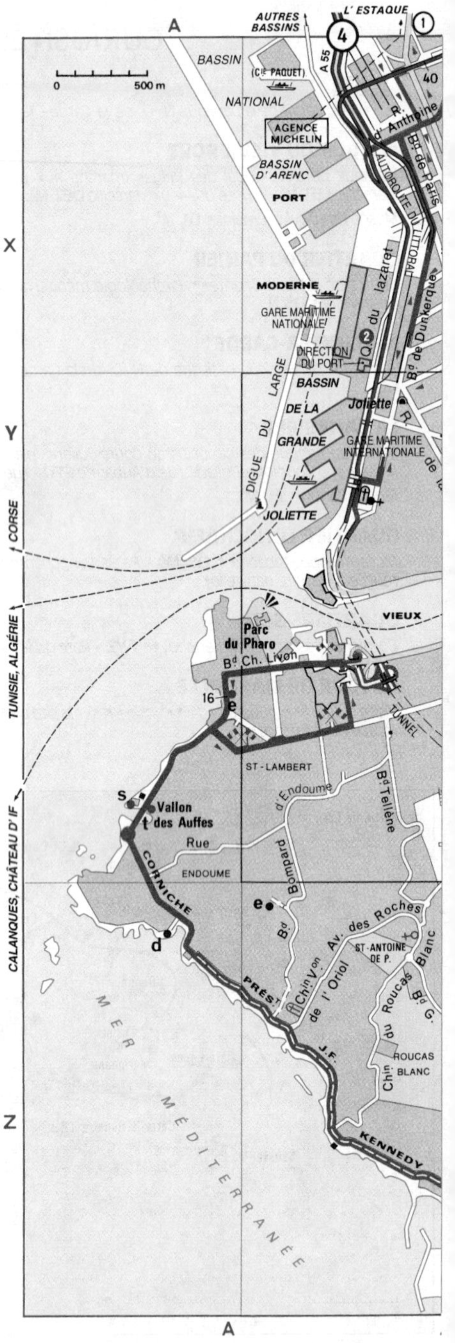

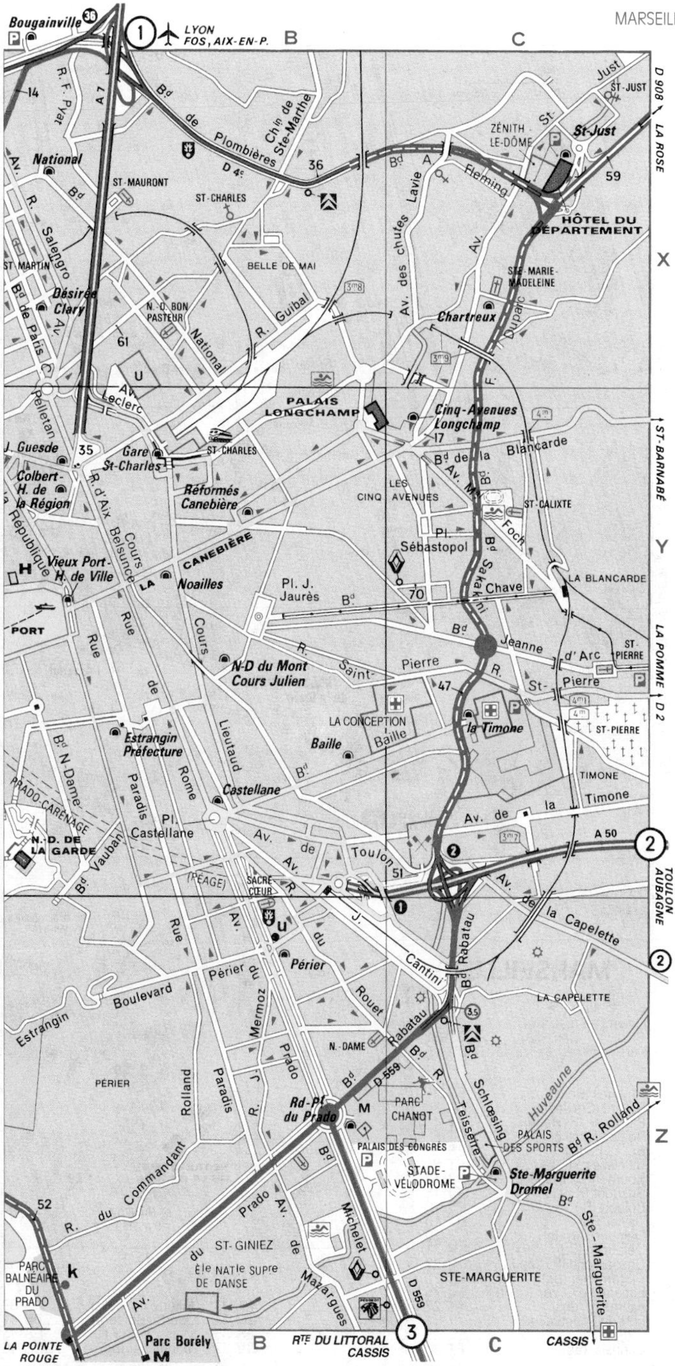
Bougainville
36
1
LYON
FOS, AIX-EN-P.
B
C
D 908
LA ROSE
St-Just
ST-JUST
ZÉNITH
LE-DÔME
59
HÔTEL DU
DÉPARTEMENT
X
Bd de Plombières
D 4c
Chin de Ste-Marthe
36
Bd A. Fleming
R. F. Pyat
A 7
14
National
ST-MAURONT
ST-CHARLES
Bd
R. Salengro
ST-MARTIN
Désirée
Clary
Bd de Paris
BELLE DE MAI
Av. des chutes Lavie
STE-MARIE-
MADELEINE
Chartreux
Av. Duparc
N.-D. BON
PASTEUR
National
R. Guibal
61
U
Av. Leclerc
Pelletan
PALAIS
LONGCHAMP
Cinq-Avenues
Longchamp
17
Bd de la Blancarde
ST-BARNABÉ
J. Guesde
35
Gare
St-Charles
ST-CHARLES
Colbert-
H. de
la Région
R. d'Aix
Réformés
Canebière
LES
CINQ AVENUES
Av. Mal Foch
ST-CALIXTE
République
Cours Belsunce
LA CANEBIÈRE
Pl.
Sébastopol
Bd Sakakini
Y
H
Vieux Port-
H. de Ville
LA
Noailles
Pl. J.
Jaurès
Bd
70
Chave
LA BLANCARDE
PORT
Rue
Cours
Bd Jeanne d'Arc
ST-PIERRE
LA POMME
R. Saint-Pierre
N-D du Mont
Cours Julien
47
R. St-Pierre
D 2
Rue de Rome
LA CONCEPTION
Baille
la Timone
ST-PIERRE
Bd N.-Dame
Estrangin
Préfecture
Lieutaud
Baille
Bd
TIMONE
PRADO-CARÉNAGE
Paradis
Castellane
Av. de la Timone
N.-D. DE
LA GARDE
Bd Vauban
Pl.
Castellane
Av. de Toulon
A 50
2
TOULON
AUBAGNE
(PÉAGE)
SACRÉ
CŒUR
51
1
Av. de la Capelette
Rue
Av. du Prado
R. J. Cantini
Bd Rabatau
2
U
Périer
Boulevard Périer
Estrangin
Rouet
LA CAPELETTE
Mermoz
Rabatau
3.5
N.-DAME
Bd
Bd
D 559
Huveaune
PÉRIER
Rolland
Paradis
Prado
R. J.
Rd-Pt
du Prado
M
PARC
CHANOT
R. Teisseire
Bd Schlœsing
Bd R. Rolland
Z
PALAIS
DES SPORTS
PALAIS DES CONGRÈS
STADE-
VÉLODROME
Ste-Marguerite
Dromel
Bd
R. du Commandant Rolland
52
Prado
Av.
Michelet
Bd Ste-Marguerite
ST-GINIEZ
Éle Natle Supre
DE DANSE
Av. de Mazargues
PARC
BALNÉAIRE
DU
PRADO
k
Av.
D 559
STE-MARGUERITE
LA POINTE
ROUGE
Parc Borély
M
B
RTE DU LITTORAL
CASSIS
3
C
CASSIS

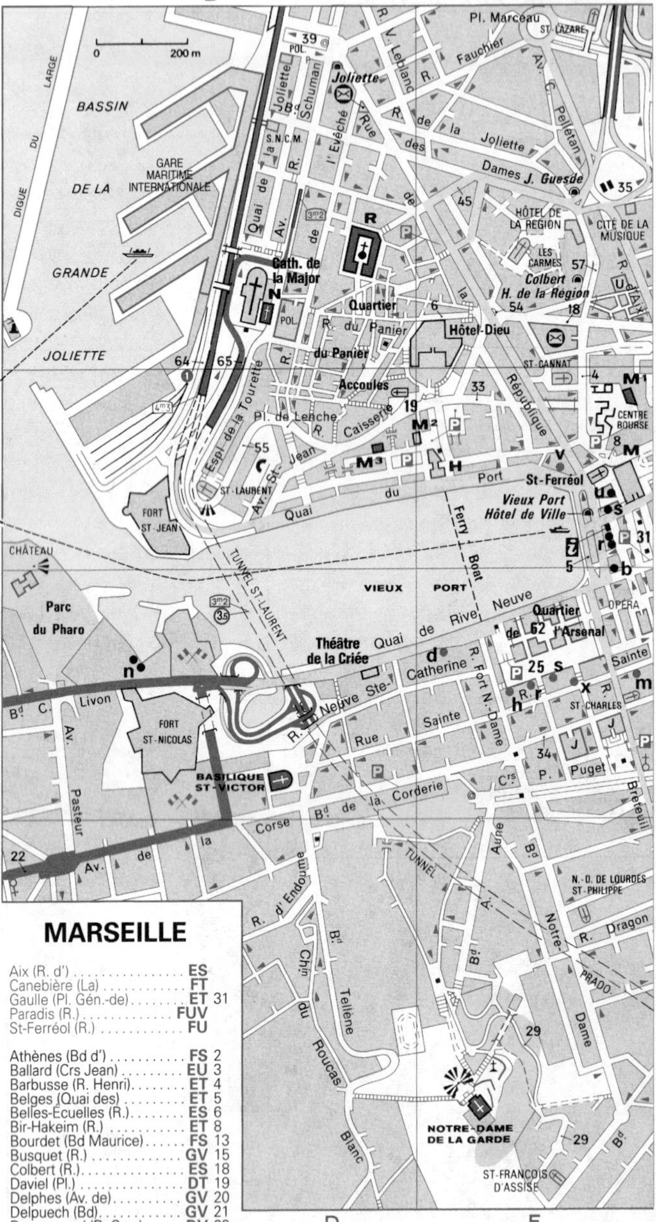

D E

MARSEILLE

Aix (R. d') . . . . ES
Canebière (La) . . . . FT
Gaulle (Pl. Gén.-de) . . . . ET 31
Paradis (R.) . . . . FUV
St-Ferréol (R.) . . . . FU

Athènes (Bd d') . . . . FS 2
Ballard (Crs Jean) . . . . EU 3
Barbusse (R. Henri) . . . . ET 4
Belges (Quai des) . . . . ET 5
Belles-Écuelles (R.) . . . . ES 6
Bir-Hakeim (R.) . . . . ET 8
Bourdet (Bd Maurice) . . . . . . FS 13
Busquet (R.) . . . . GV 15
Colbert (R.) . . . . ES 18
Daviel (Pl.) . . . . DT 19
Delphes (Av. de) . . . . GV 20
Delpuech (Bd) . . . . GV 21
Dessemond (R. Cap.) . . . . . . DV 22
Dugommier (Bd) . . . . FT 23
Estienne-d'Orves (Crs d') . . EU 25
Fabres (R. des) . . . . FT 27
Fort-du-Sanctuaire
(R. du) . . . . EV 29
Garibaldi (Bd) . . . . FT 30

Grand'Rue . . . . ET 33
Grignan (R.) . . . . EU 34
Guesde (Pl. J.) . . . . ES 35
Iéna (R. d') . . . . GV 37

Joliette (Pl. de la) . . . . . . DS 39
Liberté (Bd de la) . . . . FS 42
Moisson (R. F.) . . . . ES 45
Montricher (Bd) . . . . GS 46

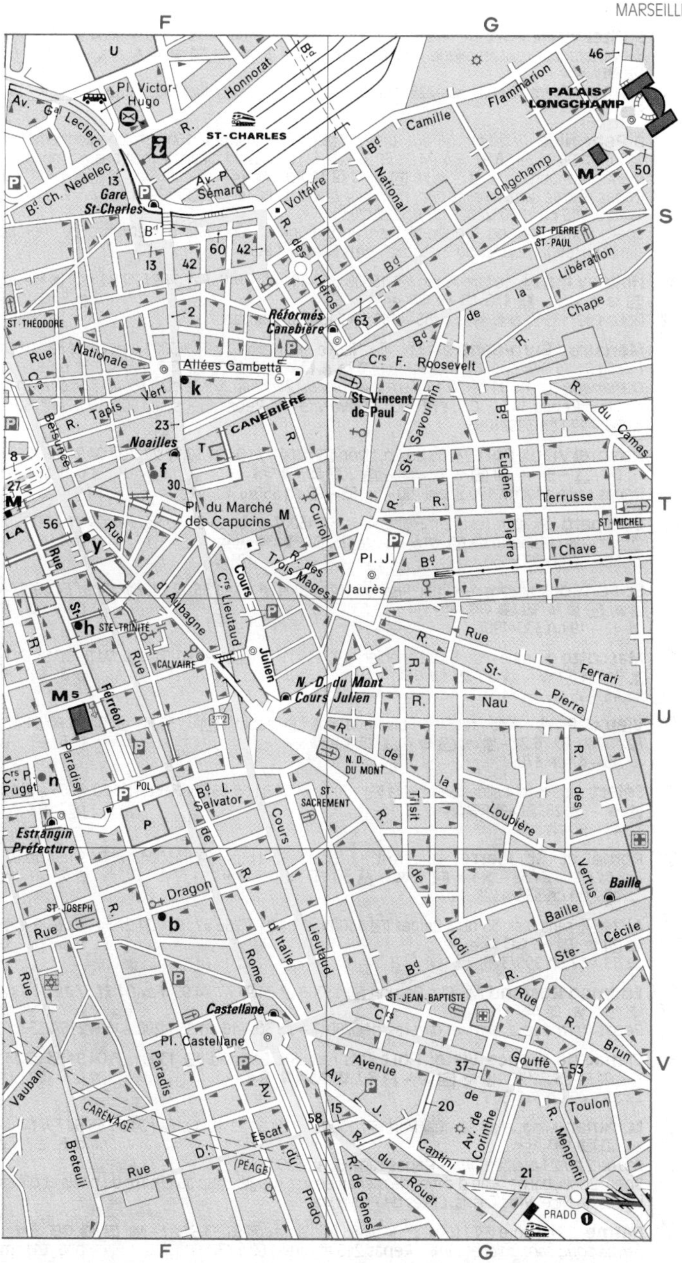
F
G
S
T
U
V
Pl. Victor-Hugo
Av. Gal Leclerc
R. Honnorat
ST-CHARLES
Bd Ch. Nedelec
Gare St-Charles
Av. P. Sémard
Flammarion
PALAIS LONGCHAMP
Camille
Bd National
Longchamp
R. Voltaire
R. des Héros
ST-PIERRE ST-PAUL
Bd de la Libération
R. Chape
ST-THÉODORE
Réformés Canebière
Rue Nationale
Allées Gambetta
Crs F. Roosevelt
Cours Belsunce
R. Tapis Vert
CANEBIÈRE
St-Vincent de Paul
R. St-Savournin
Bd Eugène Pierre
R. du Camas
Noailles
R. Curiol
R. Terrusse
Pl. du Marché des Capucins
Pl. J. Jaurès
Bd Chave
ST-MICHEL
R. des Trois Mages
Cours Julien
Crs Lieutaud
Rue d'Aubagne
STE-TRINITÉ
CALVAIRE
Rue St-Ferréol
Rue Ferrari
R. St-Pierre
N.-D. du Mont Cours Julien
R. Nau
N. D. DU MONT
R. de la Loubière
R. des Vertus
Crs P. Puget
Paradis
Bd L. Salvator
ST-SACREMENT
Cours Lieutaud
R. Tilsit
Estrangin Préfecture
R. de Rome
Dragon
Cours d'Italie
Baille
Bd Baille
R. Ste-Cécile
R. de Lodi
ST-JOSEPH
Rue
ST-JEAN-BAPTISTE
Castellane
Pl. Castellane
Crs Gouffé
R. Brun
Vauban
Paradis
Avenue de Toulon
Av. J. Cantini
Av. de Corinthe
R. Menpenti
CARÉNAGE
Breteuil
Rue Escat
Av. du Prado
R. du Rouet
R. de Gênes
(PÉAGE)
PRADO

Sofitel Vieux Port M, 36 bd Ch. Livon ✉ 13007 ✆ 04 91 15 59 00, *Fax 04 91 15 59 50*, ≤, « Restaurant panoramique ≤ vieux port », – 🛗 – 🔧 130. AE ① GB JCB p. 6 DU n
Les Trois Forts : **Repas** (155) 225, enf. 95 – ☕ 85 – **127 ch** 790/1190, 3 appart – ½ P 715/865.

à Petit Nice (Passédat) M, anse de Maldormé (hauteur 160 corniche Kennedy) ✉ 13007 ✆ 04 91 59 25 92, *Fax 04 91 59 28 08*, « Villas dominant la mer, beaux aménagements intérieurs, ≤ », – 🛗 P. AE ① GB JCB p. 4 AZ d
✿✿
Repas *(fermé sam. midi et dim. de nov. à mars)* 350 bc (déj.), 620/790 et carte 540 à 840 – ☕ 120 – **13 ch** 1200/2200 – ½ P 1280/2630
Spéc. Compressé de "bouille-abaisse port d'Orient". Beignets d'anémones de mer et tempura (été). Loup "Lucie Passédat". **Vins** Bandol, Cassis.

Holiday Inn M, 103 av. Prado ✉ 13008 ✆ 04 91 83 10 10, *Fax 04 91 79 84 12* – 🛗 – 🔧 170. AE ① GB JCB p. 5 BZ u
Repas 90/135 ♀, enf. 39 – ☕ 55 – **115 ch** 510/650, 4 appart.

Mercure Euro-Centre M, r. Neuve St-Martin ✉ 13001 ✆ 04 91 39 20 00, *Fax 04 91 56 24 57*, ≤, – 🛗 P – 🔧 200. AE ① GB JCB p. 6 EST g
Oursinade : ✆ 04 91 39 20 14 *(fermé le midi du 20/12 au 5/1 et du 14/7 au 8/9, dim. midi et sam.)* **Repas** 140/250 ♀, enf. 80 – ***Oliveraie*** grill **Repas** (déj. seul.) 50/110 🍷, enf. 60 – ☕ 65 – **199 ch** 399/1085.

Novotel Vieux Port M, 36 bd Ch. Livon ✉ 13007 ✆ 04 91 59 22 22, *Fax 04 91 31 15 48*, ≤, – 🛗 – 🔧 200. AE ① GB p. 6 DU n
Repas carte environ 170 ♀, enf. 50 – ☕ 55 – **90 ch** 550/630.

Bompard sans rest, 2 r. Flots Bleus ✉ 13007 ✆ 04 91 52 10 93, *Fax 04 91 31 02 14*, – 🛗 cuisinette P – 🔧 25. AE ① GB JCB p. 4 AZ e
☕ 50 – **46 ch** 500/550.

St-Ferréol's M sans rest, 19 r. Pisançon ✉ 13001 ✆ 04 91 33 12 21, *Fax 04 91 54 29 97* – 🛗. AE ① GB JCB p. 7 FU h
☕ 42 – **19 ch** 330/490.

Mascotte M sans rest, 5 La Canebière ✉ 13001 ✆ 04 91 90 61 61, *Fax 04 91 90 95 61* – 🛗 – 🔧 30. AE ① GB p. 6 ET s
☕ 45 – **45 ch** 350/420.

Vieux Port sans rest, 3 bis r. Reine Élisabeth ✉ 13001 ✆ 04 91 90 51 42, *Fax 04 91 90 76 24* – 🛗 – 🔧 25. AE ① GB JCB p. 6 ET u
☕ 45 – **47 ch** 370.

Sélect sans rest, 4 allées Gambetta ✉ 13001 ✆ 04 91 50 65 50, *Fax 04 91 50 45 56* – 🛗 – 🔧 25. AE ① GB JCB p. 7 FS k
☕ 45 – **60 ch** 390.

Rome et St Pierre sans rest, 7 cours St Louis ✉ 13001 ✆ 04 91 54 19 52, *Fax 04 91 54 34 56* – 🛗 – 🔧 30. AE ① GB JCB p. 7 FT y
☕ 45 – **49 ch** 336/432.

Alizé M sans rest, 35 quai Belges ✉ 13001 ✆ 04 91 33 66 97, *Fax 04 91 54 80 06*, ≤ – 🛗. AE ① GB JCB p. 6ETU b
☕ 35 – **37 ch** 295/375.

Edmond Rostand M, 31 r. Dragon ✉ 13006 ✆ 04 91 37 74 95, *Fax 04 91 57 19 04* – 🛗, rest. AE GB p. 7 FV b
Repas *(fermé août, sam. et dim.)* 55 (déj.)/60 🍷 – ☕ 30 – **16 ch** 250/290 – ½ P 215/235.

Climat de France Vieux Port sans rest, 6 r. Beauvau ✉ 13001 ✆ 04 91 33 02 33, *Fax 04 91 33 21 34* – 🛗 – 🔧 30. AE ① GB JCB p. 6 ET r
☕ 38 – **49 ch** 355/365.

Miramar (Minguella), 12 quai Port ✉ 13002 ✆ 04 91 91 10 40, *Fax 04 91 56 64 31*, –. AE ① GB JCB p. 6 ET v
✿
fermé 2 au 23 août et dim. – **Repas** carte 330 à 520 ♀
Spéc. Bouillabaisse. Flan d'orties de mer au beurre rouge. Loup au beurre de pisala et olives noires de Nice. **Vins** Cassis, Côtes de Provence.

Ferme, 23 r. Sainte ✉ 13001 ✆ 04 91 33 21 12, *Fax 04 91 33 81 21* –. AE ① GB JCB
fermé août, sam. midi et dim. – **Repas** 215 et carte 260 à 330. p. 6 EU m

Au Pescadou, 19 pl. Castellane ✉ 13006 ✆ 04 91 78 36 01, *Fax 04 91 83 02 94* –. AE ① GB JCB p. 7 FV v
fermé 25 juil. au 31 août, dim. soir de sept. à janv., lundi soir et dim. de janv. à juil. – **Repas** - produits de la mer - 168/210.

XX **L'Épuisette,** Vallon des Auffes ✉ 13007 ☎ 04 91 52 17 82, *Fax 04 91 59 18 80,* ← – ▤. AE ⓓ GB p. 4 AY s
fermé 24 août au 6 sept., vacances de fév. et dim. soir – **Repas** - produits de la mer - 195/320.

XX **Michel-Brasserie des Catalans,** 6 r. Catalans ✉ 13007 ☎ 04 91 52 30 63, *Fax 04 91 59 23 05* – ▤. AE GB p. 4 AY e
Repas - produits de la mer - carte 270 à 430.

XX **Chez Fonfon,** 140 vallon des Auffes ✉ 13007 ☎ 04 91 52 14 38, *Fax 04 91 59 27 32,* ← – AE ⓓ GB JCB p. 4 AY t
fermé 1er au 17 janv. et dim. soir – **Repas** - produits de la mer - 190 et carte 230 à 460, enf. 70.

XX **Les Échevins,** 44 r. Sainte ✉ 13001 ☎ 04 91 33 08 08, *Fax 04 91 54 08 21* – ▤. AE ⓓ GB JCB p. 6 EU x
fermé 14 juil. au 15 août, sam. midi et dim. sauf juin – **Repas** 110/310 ♀.

XX **Les Arcenaulx,** 25 cours d'Estienne d'Orves ✉ 13001 ☎ 04 91 59 80 30, *Fax 04 91 54 76 33,* 🏠, « Restaurant-librairie dans un décor ancien » – ▤. AE ⓓ GB JCB
fermé 10 au 17 août et dim. – **Repas** 135/280 ♀. p. 6 EU s

XX **Les Mets de Provence "Chez Maurice Brun",** 18 quai de Rive Neuve (2e étage) ✉ 13007 ☎ 04 91 33 35 38, *Fax 04 91 33 05 69* – ▤. GB p. 6 EU d
fermé lundi midi et dim. – **Repas** 200 bc (déj.), 220/290.

XX **L'Ambassade des Vignobles,** 42 pl. aux Huiles ✉ 13001 ☎ 04 91 33 00 25, *Fax 04 91 54 25 60* – ▤. AE GB p. 6 EU h
fermé août, 24 au 30 déc., sam. midi et dim. – **Repas** 120/250 ♀.

XX **René Alloin,** 9 pl. Amiral Muselier (par prom. G. Pompidou) ✉ 13008 ☎ 04 91 77 88 25, *Fax 04 91 77 76 84,* 🏠 – ▤. AE GB p. 5 BZ k
fermé dim. midi en août, sam. midi, dim. soir et soirs fériés de sept. à juil. – **Repas** 135 (déj.), 195/270.

XX **Maris Caupona,** 11 r. Gustave Ricard ☎ 04 91 33 58 07 – ▤. AE GB p. 7 FU n
fermé août, sam. midi et dim. – **Repas** 160 bc/380 bc.

X **Chez Soi,** 5 r. Papère ✉ 13001 ☎ 04 91 54 25 41 – AE GB p. 7 FT f
fermé 1er au 21 août, dim. soir en juil.-août et lundi – **Repas** 64 🍷.

X **Côte de Boeuf,** 35 cours d'Estienne d'Orves ✉ 13001 ☎ 04 91 54 89 08, *Fax 04 91 54 25 60* – ▤. AE GB p. 6 EU r
fermé 15 juil. au 15 août, dim. et fériés – **Repas** 130/180 ♀.

à Plan-de-Cuques *Nord-Est : 10 km par La Rose et D 908 – 9 847 h. alt. 70 – ✉ 13380 :*

🏨 **Caesar** Ⓜ 🐕, av. G. Pompidou ☎ 04 91 07 25 25, *Fax 04 91 05 37 16,* 🏠, 🏋, 🏊, 🌳 – |‡| ▤ 📺 ☎ ♿ 🅿 – 🏛 30. AE ⓓ GB
Repas *(fermé dim. soir)* 120/220 – ☕ 49 – **30 ch** 380/450 – ½ P 350/400.

à l'Est par ② *et sortie La Penne-St-Menet : 11,5 km – ✉ 13011 Marseille :*

🏨 **Novotel La Valentine** Ⓜ, ☎ 04 91 43 90 60, *Fax 04 91 27 06 74,* 🏠, 🏊, 🌳, 🎾 – |‡| 🚭 ▤ 📺 ☎ ♿ 🅿 – 🏛 150. AE ⓓ GB
Repas carte environ 160 ♀, enf. 50 – ☕ 55 – **131 ch** 540/600.

au centre commercial Bonneveine *par corniche Kennedy : 8 km AZ – ✉ 13008 Marseille :*

🏨 **Mercure Bonneveine** Ⓜ, av. E. Triolet ☎ 04 91 22 96 00, *Fax 04 91 25 20 02,* 🏠, 🏊, 🎾 – |‡| 🚭 ▤ 📺 ☎ 📞 ♿ 🚗 🅿 – 🏛 50. AE ⓓ GB
Repas 110/200 ♀, enf. 50 – ☕ 60 – **60 ch** 435/665, 9 appart.

🏨 **Ibis Bonneveine** Ⓜ, av. E. Triolet ☎ 04 91 72 34 34, *Fax 04 91 25 32 78,* 🏠, 🏊, 🎾 – |‡| 🚭 ▤ 📺 ☎ 📞 ♿ 🚗 – 🏛 45. AE ⓓ GB JCB
Repas (75) - 95 🍷, enf. 39 – ☕ 35 – **88 ch** 500.

MICHELIN, Agence, Acti Parc à La Penne-sur-Huveaune par ② ☎ 04 91 19 30 10

1er et 2e Arrondissements

BMW Gar. Station 7, 42 bd de Dunkerque (2e) ☎ 04 91 91 92 42 🅽 ☎ 04 91 47 90 90

3e et 4e Arrondissements

CITROEN Succursale, 53 bd Guigou (3e) ☎ 04 91 28 26 26

Ⓜ Ayme Pneus, 6 r. Esperandieu (4e) ☎ 04 91 50 71 07

Denizon, 34 bd Battala (3e) ☎ 04 91 02 40 40
Pneus 13, 26 bd d'Arras (4e) ☎ 04 91 49 02 51
Vulco, 19 à 23 bd de Briançon (3e) ☎ 04 91 50 77 91 🅽 ☎ 04 91 50 77 91

5e Arrondissement

RENAULT Gar. de Verdun, 11 r. de Verdun ☎ 04 91 94 91 25

6e et 7e Arrondissements

AUDI,VOLKSWAGEN Gar. Bernabeu, 50 av. Prado (6e) ☎ 04 91 37 74 34

MERCEDES Paris Méditerranée Auto, 166 Crs Lieutaud (6e) ☎ 04 91 94 91 40

8e Arrondissement

CITROEN Succursale, 96 bd Rabatau ☎ 04 91 17 56 00 **N** ☎ 04 91 17 56 00
FIAT Sud Autom., 110-116 av. Cantini ☎ 04 91 78 12 11
LANCIA, ALFA ROMEO Inter Map France, 241 av. Prado (8e) ☎ 04 91 80 91 44
OPEL Auto Sce Réparation, 3-5 bd Rabatau (8e) ☎ 04 91 83 57 57
PEUGEOT Filiale SIAP Prado Michelet, 204 bd Michelet (8e) ☎ 04 91 22 92 92 **N** ☎ 04 91 77 24 24
RENAULT Succursale Michelet, 134 bd Michelet ☎ 04 91 30 33 00 **N** ☎ 08 00 05 15 15

Central Pneus II, 265 av. de Mazargues (8e) ☎ 04 91 22 04 77
Central-Pneus, 104 av. Cantini (8e) ☎ 04 91 79 79 86
Euromaster, 4 r. R.-Teissère/pl. Rabatau (8e) ☎ 04 91 79 18 12
V.S.D. Pneus, 25 bd du Sablier (8e) ☎ 04 91 73 32 22

9e, 10e et 11e Arrondissements

BMW Gd Sud Auto, Centre Gd V Traverse La Montre (11e) ☎ 04 91 18 15 15
FERRARI, HONDA Gar. Pagani, 47 bd Cabot (9e) ☎ 04 91 82 06 66
FORD Agence Centrale, 33 av. de la Capelette (10e) ☎ 04 91 17 43 17
MERCEDES M.A.S.A., 108 bd Pont-de-Vivaux (10e) ☎ 04 91 79 56 56
PEUGEOT SIAP Lombard, 37 av. J.-Lombard (11e) par D 2 **CY** ☎ 04 91 18 13 13 **N** ☎ 04 91 97 34 39

Alberola Pneus, 167 bd R.-Rolland (10e) ☎ 04 91 79 75 81
Ayme Pneus, 322 bd R.-Rolland (9e) ☎ 04 91 26 16 17
Ayme Pneus, 7 av. de la Capelette (10e) ☎ 04 91 80 15 15
Euromaster, 37 r. Capitaine Galinat (10e) ☎ 04 91 78 10 13

12e, 13e et 14e Arrondissements

AUDI, VOLSWAGEN S.O.D.R.A., 5 av. de Ste-Marthe (14e) ☎ 04 91 50 19 30
RENAULT Cap Provence Automobile, 79 av. de la Rose (13e) par l'av. J.P. Sartre **CX** ☎ 04 91 10 05 05 **N** ☎ 08 00 05 15 15

Ayme Pneus, 80 bd Barry St-Just (13e) ☎ 04 91 66 25 12
Euromaster, 15 bd Gay-Lussac ☎ 04 91 98 90 11
Gay Pneus, 47 bd Burel (14e) ☎ 04 91 95 91 13
Sirvent Pneus, 194 bd D.-Casanova (14e) ☎ 04 91 67 22 20

15e et 16e Arrondissements

FORD Marseille Nord Autom., 64 r. de Lyon (15e) ☎ 04 91 95 90 42
PEUGEOT Gar. Gastaldi, 48 av de St-Antoine (15e) par N 8 **AX** ☎ 04 91 51 32 37
PEUGEOT Filiale-SIAP NORD, 55 r de lyon (15e) **BX** ☎ 04 91 62 89 89 **N** ☎ 08 00 44 24 24
RENAULT Gar. Lodi, 124 N la Viste (15e) par N 8 **AX** ☎ 04 91 69 90 71
RENAULT Cap Pinède Autom., av. du Cap Pinède (15e) par av. R. Salengro **ABX** ☎ 04 91 11 68 68 **N** ☎ 08 00 05 15 15

Comptoir du Pneu, 428 N St-Antoine (15e) ☎ 04 91 51 24 13

Banlieue

Morillas Pneus, Septemes les Vallons ☎ 04 91 51 01 20
Morillas Pneus, 8 av. Enjolras à Plan-de-Cuques ☎ 04 91 68 18 08

MARTEL *46600 Lot* **75** ⑱ *G. Périgord Quercy* (plan) – *1 462 h alt. 225.*

Voir *Place des Consuls★ – Belvédère de Copeyre ≤★ sur cirque de Montvalent★ SE : 4 km – Site★ de Gluges S : 5 km par N 140.*

Office de Tourisme Palais de la Raymondie ☎ 05 65 37 43 44, Fax 05 65 37 37 27.

Paris 511 – Brive-la-Gaillarde 32 – Cahors 79 – Figeac 58 – Gourdon 44 – St-Céré 32 – Sarlat-la-Canéda 44.

Relais Ste-Anne M sans rest, ☎ 05 65 37 40 56, *Fax 05 65 37 42 82*, « Jardin fleuri », – TV ☎ P. GB
2 avril-15 nov. – 55 – **13 ch** 260/780.

MARTIGUES *13500 B.-du-R.* **84** ⑫ *G. Provence* – *42 678 h alt. 1.*

Voir *Pont St-Sébastien ≤★* **Z B** – *Étang de Berre★* **Z** – *Viaduc autoroutier de Caronte★ – Chapelle N.-D.-des-Marins ★ 3,5 km par ④.*

Office de Tourisme 2 quai P.-Doumer ☎ 04 42 42 31 10, Fax 04 42 42 31 11, Annexe Galerie Marchande Auchan, Annexe (été) La Couronne Village, Annexe (été) Maison de Carro.

Paris 754 ② – Marseille 41 ② – Aix-en-Provence 48 ② – Arles 53 ④ – Salon-de-Provence 35 ①.

Plan page ci-contre

St-Roch, av. G. Braque ☎ 04 42 80 19 73, *Fax 04 42 80 01 80*, , , – TV ☎ P – 30. AE GB Y X
Repas 115/155 – 45 – **39 ch** 420/545 – ½ P 315/405.

Campanile, par ① : *1,5 km rte Istres* ☎ 04 42 80 14 00, *Fax 04 42 80 01 72* – , rest, TV ☎ P – 25. AE GB
Repas *(66)* - 84 bc/107 bc, enf. 39 – 34 – **43 ch** 278.

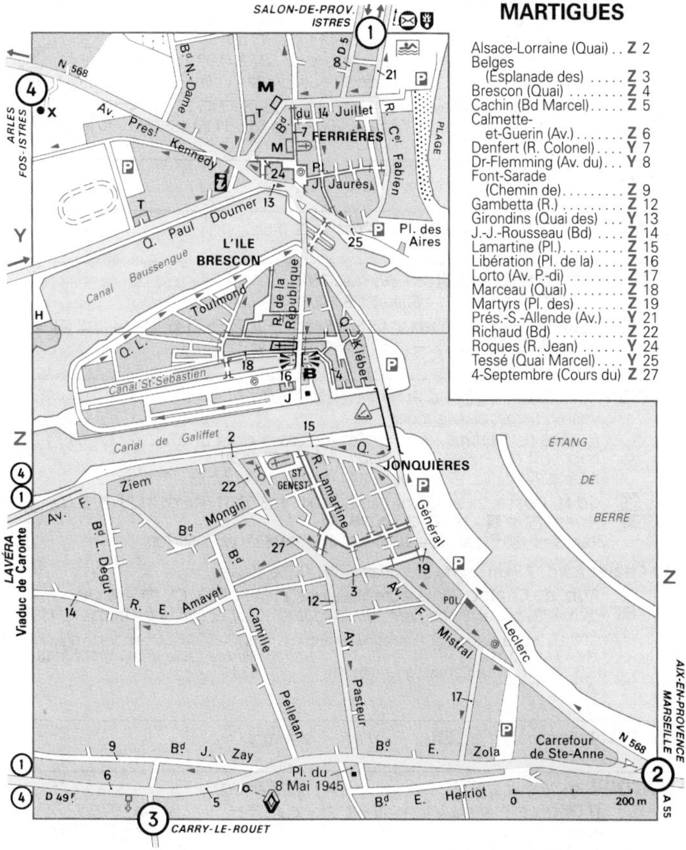

MARTIGUES

RENAULT Gar. Aragon, av. J.-Macé ✆ 04 42 07 03 54

Euromaster, N 568, Puits de Pouane ✆ 04 42 06 63 27

Maison du Pneu, ZI Sud 17 av. J.-Nodre ✆ 04 42 07 07 71
Morcel Pneus, av. Fleming ✆ 04 42 80 44 49
PGE Autos, 11 r. de Verdun ✆ 04 42 80 58 33

MARTIN-ÉGLISE *76 S.-Mar.* 52 ④ – *rattaché à Dieppe.*

MARVEJOLS *48100 Lozère* 80 ⑤ *G. Gorges du Tarn* **(plan)** – *5 476 h alt. 650.*

Voir *Porte de Soubeyran*★.

Office de Tourisme pl. du Soubeyran ✆ 04 66 32 02 14, Fax (Mairie) 04 66 32 33 50.

Paris 578 – Mende 28 – Espalion 63 – Florac 50 – Millau 69 – Rodez 84 – St-Chély-d'Apcher 33.

Gare et Rochers, pl. Gare ✆ 04 66 32 10 58, *Fax 04 66 32 30 63*, ≤ – GB
fermé 15 nov. au 10 janv. – **Repas** *(fermé sam. hors saison)* 75/140 ♀, enf. 60 – ☕ 36 – **30 ch** 250/310 – ½ P 255/290.

Viz Club, rte du Nord ✆ 04 66 32 17 69 – P
fermé 2 au 30 janv. et dim. soir – **Repas** (nombre de couverts limité, prévenir) 110/250 ♀.

CITROEN Rel du Gévaudan, rte de St-Flour ✆ 04 66 32 15 62 N ✆ 04 66 32 15 62
FIAT Auto Performance, bd T.-Roussel ✆ 04 66 32 28 98
PEUGEOT Gar. Rouvière, ✆ 04 66 32 00 88

Gar. Covinhes, 9 bd de Chambrun ✆ 04 66 32 17 00
Vulc Lozérienne-Point S, 26 bd de Chambrun ✆ 04 66 32 07 11

MASEVAUX *68290 H.-Rhin* 66 ⑧ *G. Alsace Lorraine – 3 267 h alt. 425.*
Env. *Descente du col du Hundsrück* ≤★★ *NE : 13 km.*
Office de Tourisme Fossé Flagellants ✆ 03 89 82 41 99, Fax 03 89 82 49 44.
Paris 439 – Mulhouse 29 – Altkirch 30 – Belfort 22 – Colmar 56 – Thann 15 – Le Thillot 39.

Host. Alsacienne avec ch, r. Mar. Foch ✆ 03 89 82 45 25 – ☎. GB
Repas *(fermé dim. soir et lundi)* 89/200 – 33 – **11 ch** 185/290 – ½ P 280.

MASLACQ *64 Pyr.-Atl.* 78 ⑧ *– rattaché à Orthez.*

La MASSANA 86 ⑭ *– voir à Andorre (Principauté d').*

MASSERET *19510 Corrèze* 72 ⑱ *– 669 h alt. 380.*
Paris 431 – Limoges 41 – Guéret 128 – Tulle 48 – Ussel 86.

Tour, pl. M. Champeix ✆ 05 55 73 40 12, *Fax 05 55 73 49 41* – rest, ☎. GB
Repas 80/200, enf. 50 – 30 – **16 ch** 250 – ½ P 230/250.

MASSIAC *15500 Cantal* 76 ④ *G. Auvergne – 1 881 h alt. 534.*
Voir N : *Gorges de l'Alagnon*★.
Office de Tourisme 97 av. du Gén.-de-Gaulle ✆ 04 71 23 07 76, Fax 04 71 23 08 50 et (saison) pl. des Pupilles de la Nation ✆ 04 71 23 11 38.
Paris 488 – Aurillac 87 – Brioude 23 – Issoire 36 – Murat 35 – St-Flour 29.

Gd H. Poste, 26 av. Ch. de Gaulle ✆ 04 71 23 02 01, *Fax 04 71 23 09 23*, – , rest, ☎ – 60. AE GB JCB
Repas 73/180, enf. 45 – 40 – **32 ch** 200/335 – ½ P 255/320.

au Chalet *Nord : 2,5 km par rte secondaire – ✉ 15500 Massiac :*

Aub. de Chalet, Chapelle Ste-Madeleine ✆ 04 71 23 00 67, – P. GB
fermé 29 sept. au 6 oct., merc. du 15 août au 10 juil. et dim. soir – **Repas** 75/135, enf. 40.

CITROEN Brunet Autom., pl. Pupilles de la Nation ✆ 04 71 23 02 23
PEUGEOT Gar. Richard, 20 av. Gén.-de-Gaulle ✆ 04 71 23 02 25
RENAULT Gar. Delmas, N 9 Le Gravairas, 103 av. Gén.-de-Gaulle ✆ 04 71 23 02 11 N ✆ 04 71 23 02 11

MASSY *91 Essonne* 60 ⑩, 101 ㉕ *– voir à Paris, Environs.*

MATOUR *71520 S.-et-L.* 69 ⑱ *G. Bourgogne – 1 003 h alt. 500.*
Office de Tourisme Maison du Patrimoine ✆ 03 85 59 72 24, Fax 03 85 59 74 15.
Paris 407 – Mâcon 37 – Charolles 28 – Cluny 25 – Lapalisse 80 – Lyon 92 – Roanne 59.

Christophe Clément, rte St-Pierre-le-Vieux ✆ 03 85 59 74 80, *Fax 03 85 59 75 77* – GB
fermé 27 sept. au 15 oct., dim. soir et lundi – **Repas** 70 bc (déj.), 100 bc/205 bc.

Gar. Dubuis, ✆ 03 85 59 70 85

MAUBEUGE *59600 Nord* 53 ⑥ *G. Flandres Artois Picardie – 34 989 h Agglo. 102 772 h alt. 134.*
Office de Tourisme Porte de Mons ✆ 03 27 62 11 93, Fax 03 27 64 10 23 – Automobile Club Porte de France av. Gare ✆ 03 27 64 62 34.
Paris 243 ⑤ – Charleville-Mézières 96 ④ – Mons 21 ① – St-Quentin 77 ④ – Valenciennes 39 ⑤.

Plan page ci-contre

Campanile, av. J. Jaurès ✆ 03 27 64 00 91, *Fax 03 27 65 34 47*, – ☎ P – 25. AE GB — B b
Repas (66) - 84 bc/107 bc, enf. 39 – 34 – **38 ch** 278.

Primevère, av. J. Jaurès par ⑤ ✆ 03 27 62 15 00, *Fax 03 27 65 64 70* – ☎ P – 30. AE GB JCB
Repas 75/109, enf. 46 – 33 – **42 ch** 290 – ½ P 250.

rte d'Avesnes-sur-Helpe *par ④ et N 2 : 6 km – ✉ 59330 Beaufort :*

Aub. de l'Hermitage, ✆ 03 27 67 89 59, *Fax 03 27 67 89 59* – P. AE GB
fermé 26 juil. au 14 août, dim. soir et lundi – **Repas** 140/340, enf. 80.

CITROEN Gar. Deshayes, 18 bd de Jeumont ✆ 03 27 53 70 40
RENAULT S.A.F.D.A., 124 rte de Valenciennes à Feignies par ⑤ ✆ 03 27 53 18 88 N ✆ 03 27 69 33 33
Pneus et Sces D.K., 13 porte de Paris ✆ 03 27 62 17 65

MAUBEUGE

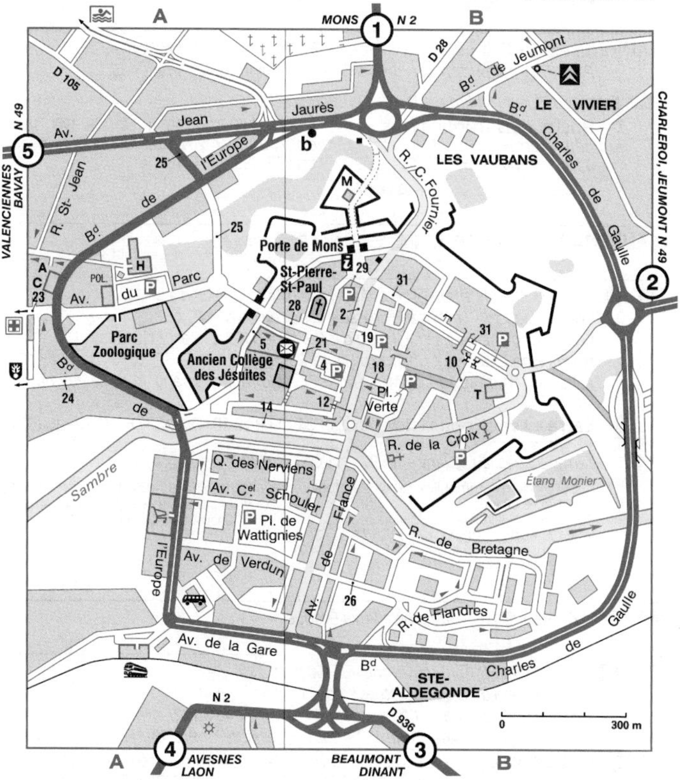

Le Guide change, changez de guide tous les ans.

MAULÉON *79700 Deux-Sèvres* 67 ⑥ ⑯ *G. Poitou Vendée Charentes – 8 779 h alt. 180.*

Office de Tourisme 27 Grand'Rue ✆ 05 49 81 95 22.

Paris 362 – Cholet 22 – Nantes 80 – Niort 81 – Parthenay 55 – La Roche-sur-Yon 64 – Thouars 53.

Terrasse, 7 pl. Terrasse ✆ 05 49 81 47 24, *Fax 05 49 81 65 04*, – TV ☎ P. GB
fermé 16/5 au 24/5, 26/7 au 6/8, 24/12 au 4/1, weeks-end d'oct. à mai et dim. (sauf hôtel) de juin à sept. – **Repas** 85/185, enf. 55 – 35 – **14 ch** 230/300 – ½ P 230/245.

Europe, 15 r. Hôpital ✆ 05 49 81 40 33, *Fax 05 49 81 62 47* – GB
fermé 4 au 10 janv. et dim. soir – **Repas** 75/160, enf. 45.

CITROEN Gar. Olivier, ✆ 05 49 81 47 75 N ✆ 05 49 81 47 75

MAULÉON-LICHARRE *64130 Pyr.-Atl.* 85 ④ ⑤ *G. Pyrénées Aquitaine – 3 533 h alt. 140.*

Office de Tourisme de Soule 10 r. J-Baptiste Heugas ✆ 05 59 28 02 37, Fax 05 59 28 02 21.

Paris 803 – Pau 60 – Oloron-Ste-Marie 30 – Orthez 39 – St-Jean-Pied-de-Port 40 – Sauveterre-de-Béarn 25.

Bidegain, r. Navarre ✆ 05 59 28 16 05, *Fax 05 59 28 09 96*, – ☎. AE GB
fermé fin déc. à fin janv. et dim. soir – **Repas** *(fermé vend. soir, sam. midi et dim. soir sauf juil.-août)* 70/140, enf. 50 – 35 – **30 ch** 200/300 – ½ P 225/250.

PEUGEOT Gar. Sarlang, ✆ 05 59 28 07 61 🄽 ✆ 05 59 28 07 61
RENAULT Gar. Jaury, ✆ 05 59 28 15 13
RENAULT Gar. le Rallye, ✆ 05 59 28 13 70 🄽 ✆ 05 59 28 13 70

Euromaster, 3 av. Mar.-Harispe ✆ 05 59 28 07 90

MAUREILLAS-LAS-ILLAS *66400 Pyr.-Or.* 86 ⑲ *G. Pyrénées Roussillon – 2 037 h alt. 130.*
Paris 879 – Perpignan 28 – Gerona 70 – Port-Vendres 32 – Prades 55.

à Las Illas *Sud-Ouest : 11 km par D 13 – ✉ 66480 :*

Hostal dels Trabucayres avec ch, ✆ 04 68 83 07 56, ←, – P. GB. ch
hôtel : fermé 1/10 au 31/4 ; rest. : fermé 10/2 au 10/3, 20 au 28/11, mardi et merc. de sept. à juin – **Repas** 60 bc/225 bc – 25 – **5 ch** 155/185 – ½ P 185.

CITROEN Gar. Coste, ✆ 04 68 83 06 10

MAUREPAS *78 Yvelines* 60 ⑨,, 101 ㉑ – *voir à Paris, Environs.*

MAURIAC 15200 *Cantal* 76 ① *G. Auvergne* **(plan)** – *4 224 h alt. 722.*
Voir *Basilique★ – Le Vigean : châsse★ dans l'église NE : 2 km.*
Env. *Barrage de l'Aigle★★ : 11 km par D 678 et D105,* **G. Berry Limousin.**
Office de Tourisme r. Chappe d'Haute-Roche ✆ 04 71 67 30 26, Fax 04 71 68 12 39.
Paris 493 – Aurillac 54 – Le Mont-Dore 77 – Clermont-Ferrand 112 – Le Puy-en-Velay 177 – Tulle 67.

Serre sans rest, r. du 11 Novembre ✆ 04 71 68 19 10, *Fax 04 71 68 17 77* – TV P. GB.
fermé 25 déc. au 15 janv. – 27 – **11 ch** 240/370.

PEUGEOT Riom automobiles, rte de Clermont ✆ 04 71 68 06 24
RENAULT Gar. Balmisse, au Vigean ✆ 04 71 68 06 77 🄽 ✆ 04 71 68 06 77
Gar. Dutuel, av. A.-Chauvet ✆ 04 71 68 15 24 🄽 ✆ 04 71 68 15 24

Haag Pneus, r. du 19 Mars ✆ 04 71 68 09 81
Vizet pneus service, 10 r. Longchamp, av. A.-Chauvet ✆ 04 71 68 03 00

MAUROUX *46 Lot* 79 ⑥ – *rattaché à Puy-l'Évêque.*

MAURS *15600 Cantal* 76 ⑪ *G. Auvergne – 2 350 h alt. 290.*
Voir *Buste-reliquaire★ et statues★ dans l'église.*
Office de Tourisme pl. Champ-de-Foire ✆ 04 71 46 73 72.
Paris 570 – Aurillac 44 – Rodez 60 – Entraygues-sur-Truyère 48 – Figeac 22 – Tulle 94.

Châtelleraie M, à St-Étienne, Nord-Est : 1,5 km par rte Aurillac ✆ 04 71 49 09 09, *Fax 04 71 49 07 07,* , « Demeure du 16e siècle dans un parc », , – TV P. GB. rest
4 avril-1er nov. – **Repas** *(fermé merc. midi)* (résidents seul.) – 40 – **33 ch** 450 – ½ P 310/380.

CITROEN Gar. Balitrand, ✆ 04 71 49 02 04
RENAULT Gar. Lavigne, ✆ 04 71 49 00 20

MAUSSAC *19 Corrèze* 73 ⑪ – *rattaché à Meymac.*

MAUSSANE-LES-ALPILLES *13520 B.-du-R.* 84 ① – *1 886 h alt. 32.*
Paris 712 – Avignon 29 – Arles 19 – Marseille 76 – Martigues 44 – St-Rémy-de-Provence 10 – Salon-de-Provence 28.

Val Baussenc M, av. Vallée des Baux ✆ 04 90 54 38 90, *Fax 04 90 54 33 36,* , , – TV P. AE GB. rest
fermé 1er janv. au 1er mars – **Repas** *(1er mars-1er nov. et fermé merc.)* (dîner seul.) 180/240 , enf. 70 – 60 – **21 ch** 540/650 – ½ P 450/500.

Pré des Baux M sans rest, r. Vieux Moulin ✆ 04 90 54 40 40, *Fax 04 90 54 53 07,* – TV P. AE GB JCB
14 mars-16 nov. – 60 – **10 ch** 580/680.

Les Magnanarelles, av. Vallée des Baux ✆ 04 90 54 30 25, *Fax 04 90 54 50 04,* , – . GB
fermé 15 au 30 nov. et 2 janv. au 15 fév. – **Repas** *(fermé merc. sauf de mai à août)* 80/200 – 35 – **18 ch** 230/320 – ½ P 290/300.

XX **Petite France** (Maffre-Bogé), av. Vallée des Baux ✆ 04 90 54 41 91, *Fax 04 90 54 52 50* – ▤. GB
fermé 18 au 26 nov., 2 au 31 janv., jeudi midi et merc. – **Repas** 175/350 et carte 260 à 330, enf. 80
Spéc. Ravioles d'olives vertes à la ricotte et à la sauge. Crépinette de pieds de cochon aux morilles. Fondant chaud au chocolat, crème vanille. **Vins** Coteaux d'Aix-en-Provence.

au Paradou *Ouest : 2 km par D 17, rte d'Arles – 926 h. alt. 21 – ✉ 13520 :*

X **Bistrot du Paradou,** ✆ 04 90 54 32 70 – ▤ P. GB
fermé 31 oct. au 1er déc., le midi du 1er juil. au 30 sept., le soir d'oct. à juin et dim. – **Repas** (prévenir)(menu unique) 160 bc (déj.)/200 bc.

MAUVEZIN *32120 Gers* 82 ⑥ – *1 671 h alt. 153.*
Paris 700 – Auch 30 – Agen 74 – Montauban 55 – Toulouse 61.

X **Rapière,** ✆ 05 62 06 80 08, *Fax 05 62 06 80 08,* – ▤. AE ⓓ GB JCB. ✂
fermé 15 juin au 3 juil., 1er au 15 oct., mardi soir et merc. – **Repas** 68 (déj.), 110/260, enf. 50.

MAUZAC *31410 H.-Gar.* 82 ⑰ – *562 h alt. 190.*
Paris 724 – Toulouse 32 – Auterive 21 – Foix 61 – St-Gaudens 63.

XX **Chaumine,** Nord-Ouest : 2 km par D 53 et rte secondaire ✆ 05 61 56 30 41, *Fax 05 61 56 30 41,* – P. GB
fermé mardi soir, jeudi soir et merc. – **Repas** 80 bc/210.

Se cercate un albergo tranquillo,
oltre a consultare le carte dell'introduzione,
rintracciate nell'elenco degli esercizi quelli con il simbolo.

MAUZAC *24 Dordogne* 75 ⑮ ⑯ – *958 h alt. 49 – ✉ 24150 Mauzac-et-Grand-Castang.*
Paris 536 – Périgueux 50 – Bergerac 28 – Brive-la-Gaillarde 94 – Sarlat-la-Canéda 57.

Métairie, rte de Trémolat, 3 km ✆ 05 53 22 50 47, *Fax 05 53 22 52 93,* ←, , « Dans un parc surplombant la Dordogne », – TV ☎ P. ⓓ GB. ✂ rest
1er avril-31 oct. – **Repas** 120 (déj.), 150/260 – 60 – **10 ch** 550/1050 – 1/2 P 550/700.

Poste, ✆ 05 53 22 50 52, *Fax 05 53 23 36 81,* ←, – ☎ P. AE GB
1er avril-31 oct. et fermé lundi sauf du 1er juin au 31 août – **Repas** 65/180 – 30 – **18 ch** 160/280 – 1/2 P 250.

MAUZÉ-SUR-LE-MIGNON *79210 Deux-Sèvres* 71 ② – *2 378 h alt. 30.*
Paris 430 – La Rochelle 41 – Niort 22 – Rochefort 39.

X **France** avec ch, 54 Grande Rue (rte Niort) ✆ 05 49 26 30 15, *Fax 05 49 26 72 80* – TV ☎ P. GB
fermé 26 au 31 déc. et dim. de sept. à Pâques – **Repas** 65 (déj.), 85/185, enf. 50 – 30 – **7 ch** 140/200 – 1/2 P 200.

MAYENNE SP *53100 Mayenne* 59 ⑳ *G. Normandie Cotentin – 13 549 h alt. 124.*
Voir *Ancien château* ←★.
Office de Tourisme (fermé après-midi hors saison) Quai de Waiblingen ✆ 02 43 04 19 37, Fax 02 43 30 21 10.
Paris 282 – Alençon 60 – Flers 56 – Fougères 47 – Laval 33 – Le Mans 88.

Gd Hôtel, 2 r. A. de Loré ✆ 02 43 00 96 00, *Fax 02 43 32 08 49* – TV ☎ P. AE GB
fermé 24 déc. au 1er janv. – **Repas** 91/203, enf. 50 – 40 – **27 ch** 257/389 – 1/2 P 267/335.

XXX **Croix Couverte** avec ch, rte Alençon : 2 km sur N 12 ✆ 02 43 04 32 48, *Fax 02 43 04 43 69,* , – TV ☎ P. GB
fermé 2 au 11 janv., vend. soir et dim. d'oct. à juin – **Repas** 70/195 et carte 160 à 260, enf. 48 – 35 – **11 ch** 220/280 – 1/2 P 230/265.

rte de Laval *N 162 – ✉ 53100 Mayenne :*

Campanile, à 4 km ✆ 02 43 00 71 71, *Fax 02 43 04 58 58,* – TV ☎ P – 25. AE ⓓ GB
Repas (66) - 84 bc/107 bc, enf. 39 – 34 – **39 ch** 278.

XXX **Marjolaine** M avec ch, à 6,5 km, au domaine du Bas-Mont ✆ 02 43 00 48 42, *Fax 02 43 08 10 58,* parc – TV ☎ P – 30. GB
fermé 23 au 30 déc., vacances de fév. et dim. soir – **Repas** (75) - 95/300 et carte 220 à 300, enf. 70 – 35 – **12 ch** 270/340 – 1/2 P 320/380.

XX **Beau Rivage** avec ch, à 4 km ☎ 02 43 00 49 13, *Fax 02 43 04 43 69*, ←, « Terrasse au bord de l'eau », – TV ☎ P. GB
fermé vacances de fév., dim. soir (sauf hôtel) d'oct. à juin et lundi – **Repas** - grillades - 84/172 ♀, enf. 48 – ☐ 32 – **3 ch** 200/260 – ½ P 220/270.

CITROEN SODIAM, 250 rte de Rennes ☎ 02 43 04 36 71 N ☎ 08 00 05 24 24
RENAULT Mayenne Autom., rte du Mans ☎ 02 43 30 44 44 N ☎ 02 43 90 82 01
Euromaster, 412 bd P.-Lintier ☎ 02 43 04 19 47
Vulco, ZI de la Peyennière ☎ 02 43 00 01 95

MAYET *72360 Sarthe 64 ③ – 2 877 h alt. 74.*

Env. Forêt de Bercé★ E : 6 km, G. Châteaux de la Loire.
Paris 226 – Le Mans 31 – Château-la-Vallière 26 – La Flèche 32 – Tours 58 – Vendôme 74.

X **Aub. des Tilleuls,** pl. H. de Ville ☎ 02 43 46 60 12 – GB
fermé fév., mardi soir, dim., lundi et merc. – **Repas** 52/147 ♀.

Le MAYET-DE-MONTAGNE *03250 Allier 73 ⑥ G. Auvergne – 1 609 h alt. 535.*

Office de Tourisme Chalet Cantonal pl. aux Foires ☎ 04 70 59 38 40.
Paris 363 – Clermont-Ferrand 74 – Lapalisse 23 – Moulins 72 – Roanne 48 – Thiers 42 – Vichy 26.

X **Relais du Lac** avec ch, Sud : 0,5 km sur D 7 ☎ 04 70 59 70 23 – TV ☎ P. ch
fermé oct. – **Repas** 65/190 ♁, enf. 45 – ☐ 33 – **6 ch** 250/280 – ½ P 240/250.

RENAULT Gar. Tartarin, ☎ 04 70 59 70 61

Wenn Sie ein ruhiges Hotel suchen,
benutzen Sie zuerst die Karten in der Einleitung
oder wählen Sie im Text ein Hotel mit dem Zeichen .

MAZAGRAN *57 Moselle 57 ⑭ – rattaché à Metz.*

MAZAMET *81200 Tarn 83 ⑪ ⑫ G. Gorges du Tarn – 11 481 h alt. 241.*

de la Barouge (privé) ☎ 05 63 61 06 72, par ① : 3,5 km.
de Castres-Mazamet : T.A.T. ☎ 05 63 70 32 62, par ③ : 14 km.
Office de Tourisme r. des Casernes ☎ 05 63 61 27 07, Fax 05 63 98 24 16 et (juil.-août) Le Plô de La Bise ☎ 05 63 61 25 54.
Paris 766 ④ – Toulouse 83 ③ – Albi 62 ④ – Béziers 88 ① – Carcassonne 49 ② – Castres 19 ④.

Plan page ci-contre

H. Jourdon, 7 av. A. Rouvière (e) ☎ 05 63 61 56 93, *Fax 05 63 61 83 38* – TV ☎. GB.
Repas *(fermé dim. sauf fériés)* 70/190 bc ♁, enf. 50 – ☐ 40 – **11 ch** 200/400 – ½ P 250/300.

à Bout-du-Pont-de-Larn *par ① et D 54 : 2 km – 1 053 h. alt. 280 – ✉ 81660 :*

Métairie Neuve , ☎ 05 63 97 73 50, *Fax 05 63 61 94 75*, ←, , , – TV ☎ P – 25. GB
fermé 15 déc. au 1er fév. – **Repas** *(fermé sam. et dim. d'oct. à avril)* (dîner seul.) *(90)* - 130 ♀, enf. 50 – ☐ 50 – **14 ch** 350/480 – ½ P 375/400.

par ① *D 109 et D 54 : 5 km – ✉ 81660 Pont-de-Larn :*

Host. du Château de Montlédier , ☎ 05 63 61 20 54, *Fax 05 63 98 22 51*, ←, , « Demeure du 12e siècle dans un parc », – TV ☎ P – 50. AE GB
fermé janv., dim. soir et lundi – **Repas** 120/210 – ☐ 52 – **11 ch** 370/590 – ½ P 420.

à St-Amans-Soult *par ① : 9 km – 1 677 h. alt. 283 – ✉ 81240 :*

XX **Host. des Cèdres** avec ch, N 112 ☎ 05 63 98 36 73, *Fax 05 63 98 26 18*, , parc – ☎ . AE GB
fermé dim. soir et lundi – **Repas** 87/230 – ☐ 45 – **12 ch** 155/355 – ½ P 290/400.

CITROEN S.M.A., Bout du Pont de Larn par ③ ☎ 05 63 61 39 41 N ☎ 05 63 61 39 41
HONDA, OPEL Auto Garage, 11 r. Cormouls-Houlès ☎ 05 63 61 06 94
PEUGEOT Gd Gar. de la Gare, av. Ch.-Sabatier ☎ 05 63 61 01 89
RENAULT Montagne Noire Autom., N 112 La Chevalière ☎ 05 63 97 58 30 N ☎ 05 63 72 75 47
Cousinié Pneus, à Aussillon ☎ 05 63 61 80 17
Euromaster, N 112, La Richarde ☎ 05 63 61 08 98

MAZAMET

Barbey (R. Édouard)
Brenac (R. Paul) 3
Gambetta (Pl.) 9
Olombel (Pl. Ph.) 16

Arnette (R. de l') 2
Caville (R. du Pont de) 4
Champ-de-la-Ville (R. du) 5
Chamson (Pl. A.) 6
Chevalière (Av. de la) 7
Galibert-Ferret (R.) 8
Guynemer (Av. G.) 10
Lattre-de-Tassigny
(Bd de) 13
Nouvela (R. du) 14
Reille (Cours R.) 17
St-Jacques (R.) 19
Tournier (Pl. G.) 20
Tournier (R. Alphonse) 22

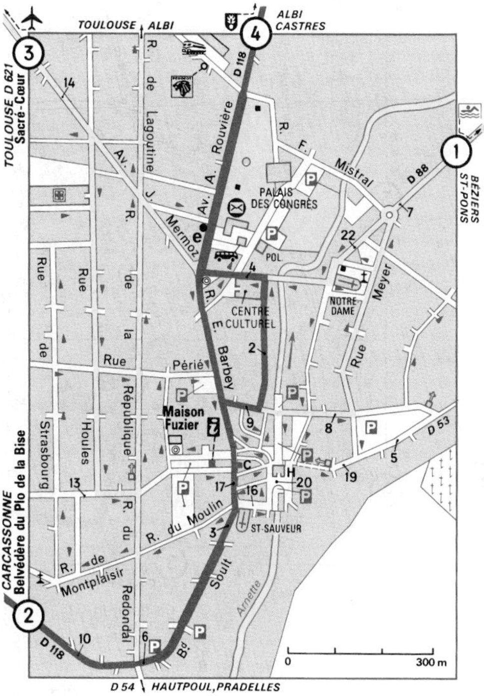

Les plans de villes sont orientés le Nord en haut.

Pour un bon usage des plans de villes, voir les signes conventionnels dans l'introduction.

Ask your bookseller for the catalogue of ***Michelin publications.***

MAZAN *84 Vaucluse* 81 ⑬ *– rattaché à Carpentras.*

MAZAYE *63230 P.-de-D.* 73 ⑬ *– 537 h alt. 760.*
Paris 442 – Clermont-Fd 24 – Le Mont-Dore 36 – Pontaumur 26 – Pontgibaud 7.

Aub. de Mazaye Ⓜ, à Mazayes-basses ☏ 04 73 88 93 30, *Fax 04 73 88 93 80,* – TV ☎ P. GB
fermé 4 au 30 janv., jeudi de sept. à mai et vend. midi – **Repas** 80/150, enf. 50 – ☕ 35 – **8 ch** 210/270.

MAZET-ST-VOY *43520 H.-Loire* 76 ⑧ *– 1 077 h alt. 1060.*
Paris 578 – Le Puy-en-Velay 39 – Lamastre 36 – St-Étienne 64 – Yssingeaux 18.

Escuelle, ☏ 04 71 65 00 51 – ☎
fermé 3 janv. au 16 fév., dim. soir et lundi du 15 sept. au 30 juin – **Repas** 80/150 – ☕ 30 – **11 ch** 220/250 – ½ P 230/280.

MÉAUDRE *38 Isère* 77 ④ *– rattaché à Autrans.*

MEAUX *77100 S.-et-M.* 56 ⑫ ⑬, 106 ㉒ *G. Ile de France – 48 305 h alt. 51.*
Voir *Centre épiscopal** **ABY** : *cathédrale** **B**, ≤* *de la terrasse des remparts.*
18 de Meaux-Boutigny (privé) ☏ 01 60 25 63 98, par ③ ; 9 du Lac de Germigny ☏ 01 64 35 02 87, par ① : 10 km ; 18 de Crécy-la-Chapelle ☏ 01 64 04 70 75, S : 16 km par ③.
Office de Tourisme 2 r. St-Rémy ☏ 01 64 33 02 26, Fax 01 64 33 24 86.
Paris 53 ③ – Compiègne 67 ⑤ – Melun 54 ③ – Reims 97 ②.

Plan page suivante

Richemont sans rest, quai Grande Ile ☏ 01 60 25 12 10, *Fax 01 60 25 18 27* – TV ☎ AE GB **AZ s**
☕ 30 – **42 ch** 250/270.

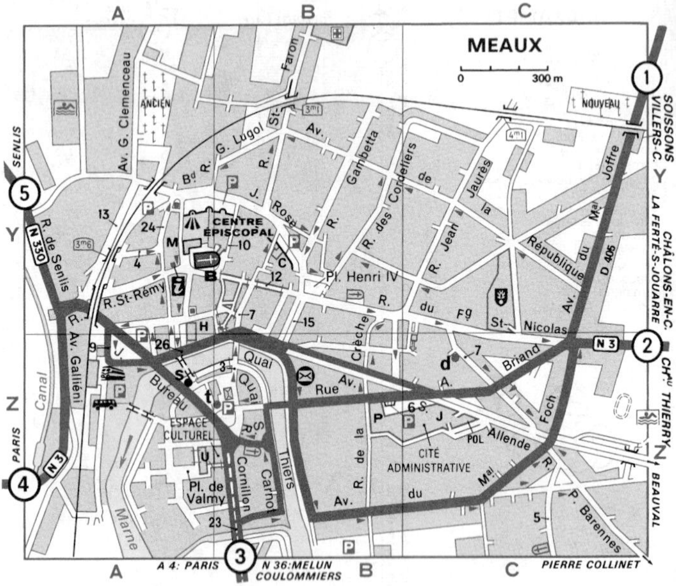

Berge (R. Cdt) . . . . **BZ** 3
Grand-Cerf (R. du) . . . . . **BY** 7
Leclerc-et-de la-2e-D.-B. (R. Gén.) . . **BY** 12
St-Étienne (Pl. et ⊞) . **ABY B**
St-Nicolas (R. du Fg) . . . **CY**
St-Rémy (R.) . . . . **AY**
Courteline (R. G.) . . . . . . **AY** 4
Dunant (Av. H.) . . . . **CZ** 5
Europe (Pl. de) . . . . **BCZ** 6
Fublaines (R. de) . . . . . . **CZ** 7
Lafayette (Pl.) . . . . **AZ** 9
Notre-Dame (R.) . . . . **BY** 10
N.-D.-du-Marché (⊞) . . **BZ**
Pinteville (Cours) . . . . . . **AY** 13
Raoult (Cours) . . . . **BY** 15
St-Jean-Bosco (⊞) . . . . **CZ**
St-Nicolas (⊞) . . . . **BY**
Tessan (R. F.-de) . . . . . . **BZ** 23
Ursulines (R. des) . . . . . . **AY** 24
Victor-Hugo (Quai) . . . . . **AZ** 26

XX **Marinone,** 30 pl. Marché ✆ 01 64 33 57 37 – AE ⓓ GB — ABZ t
fermé 3 au 25 août, dim. soir et lundi – **Repas** 120/280, enf. 50.

X **Grignotière,** 36 r. Sablonnière ✆ 01 64 34 21 48, *Fax 01 64 33 93 93* – ▤. AE GB — CZ d
fermé août, sam. midi, mardi soir et merc. – **Repas** 95/169 ♀.

à Varreddes *par ① : 6 km – 1 520 h. alt. 53 – ✉ 77910 :*

XXX **Aub. Cheval Blanc** avec ch, D 405 ✆ 01 64 33 18 03, *Fax 01 60 23 29 68,* 🏠, 🚗 – TV ☎ P. AE ⓓ GB
fermé 1er au 24 août, vacances de fév., dim. soir et lundi – **Repas** 198/298 et carte 290 à 380, enf. 98 – ☕ 49 – **8 ch** 328/380.

XX **Aub. du Petit Nain,** 7 r. Orsoy ✆ 01 64 33 18 12, *Fax 01 64 34 39 60,* 🏠 – AE GB
fermé 15 au 31 juil., 15 au 31 janv., mardi soir, jeudi soir et merc. – **Repas** 120/295, enf. 65.

à Poincy *par ② et D 17A : 5 km – 591 h. alt. 53 – ✉ 77470 :*

XXX **Moulin de Poincy,** ✆ 01 60 23 06 80, *Fax 01 60 23 12 56,* 🏠, 🚗 – P. AE GB JCB
fermé 1er au 15 sept., 7 au 16 janv., mardi soir et merc. – **Repas** 165/345 et carte 240 à 370 ♀.

à Nanteuil-lès-Meaux *par ③ et D 228 : 4 km – 4 339 h. alt. 95 – ✉ 77100 :*

X **Montier,** 30 r. Pasteur ✆ 01 64 33 01 74, *Fax 01 64 33 01 74,* 🏠 – GB
fermé 31 août au 17 sept., 31 déc. au 12 janv., dim. soir et lundi – **Repas** 95/170.

ALFA ROMEO, TOYOTA Gar. Troublé, 17 av. de la Foulée à Nanteuil-les-Meaux ✆ 01 64 35 22 22
AUDI, VOLKSWAGEN Carnot Autom., 67 av. F.-Roosevelt ✆ 01 60 25 10 66
BMW Gar. Verdier, 12 r. Buttes-Blanches ZI ✆ 01 60 09 35 35 N ✆ 01 40 25 89 00
CITROEN Victoire Autom., 101 av. Victoire, ZI par ② ✆ 01 60 09 99 10
FORD Gar. Brie et Picardie, 44 r. Crèche ✆ 01 64 34 06 51
MERCEDES Compagnie de l'Est, 137 av. Victoire ✆ 01 64 33 05 52 N ✆ 03 88 72 00 94
OPEL Meaux Autom., 71-73 av. F.-Roosevelt ✆ 01 60 25 32 00
PEUGEOT Gar. Métin, 81 av. Roosevelt par ② ✆ 01 64 35 26 00 N ✆ 08 00 44 24 24
RENAULT Gar. Vance, 37 av. Roosevelt par ② ✆ 01 64 34 90 76 N ✆ 08 00 05 15 15

Ⓜ Central Pneus, ZI 57 av. Victoire ✆ 01 64 34 12 67
Vernières Pneus, 101 r. Fg-St-Nicolas ✆ 01 64 34 44 48
Vulco, 17 av. de Meaux à Poincy ✆ 01 64 33 41 41

MEGÈVE *74120 H.-Savoie* 74 ⑦ ⑧ *G. Alpes du Nord – 4 750 h alt. 1113 – Sports d'hiver : 1 040/ 2 350 m* 7 35 *– Casino* **AY**.

Voir *Mont d'Arbois au terminus de la télécabine* ※*** **BZ**.

18 *du Mont d'Arbois* ☏ *04 50 21 29 79, E : 2 km* **BZ**.

Altiport de Megève-Mont-d'Arbois ☏ *04 50 21 33 67, SE : 7 km* **BZ**.

Office de Tourisme, Maison des Frères ☏ *04 50 21 27 28, Fax 04 50 93 03 09.*

Paris 600 ① *– Chamonix-Mont-Blanc 36* ① *– Albertville 31* ② *– Annecy 61* ② *– Genève 70* ①.

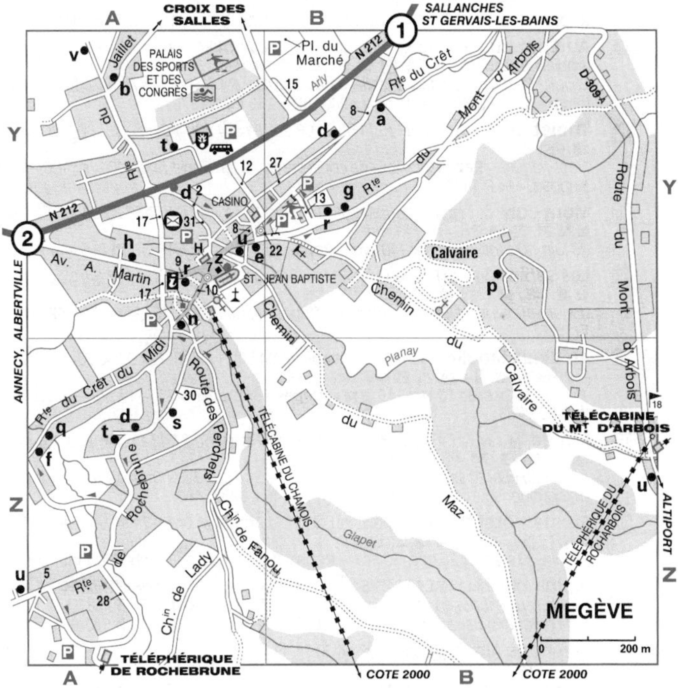

Arly (R. d') . . . . **AY** 2
Bouchet (Rte du) . . . . . . **AZ** 5
Église (Pl. de l') . . . . **AY** 7
Feige (R. Ch.) . . . . **ABY** 8
Martin (R. A.) . . . . **AY** 9
Monseigneur-Conseil (R.) . **AY** 10
Muffat-de-St-Amour (R. du Gén.) . . . . **AY** 12
Oberstdorf (R.) . . . . **BY** 13
Palais des Sports (Rte du) . . . . **ABY** 15
Poste (R. de la) . . . . **AY** 17
Résistance (Pl. de) . . . . . **AY** 22
St-François (R.) . . . . . . **ABY** 27
Téléphérique (Rte du) . . . . **AZ** 28
Verte (Allée) . . . . **AZ** 30
5-Rues (Passage des) . . **AY** 31

Les Fermes de Marie M, chemin de Riante Colline par ② ☏ 04 50 93 03 10, *Fax 04 50 93 09 84*, ≤, « Anciennes fermes savoyardes reconstituées en hameau », – 70. AE GB
hôtel : 15 juin-15 sept. et 15 déc.-15 avril ; rest. : 25 juin-31 août et 20 déc.-5 avril – carte 280 à 400 ♀ - ***La Rôtisserie*** *(25 juin-31 août et 20 déc.-5 avril)* **Repas** (dîner seul.) 250 ♀ – 80 – **63 ch** 820/3300, 6 appart, 3 duplex – ½ P 580/1800.

Chalet du Mont d'Arbois M, rte Mt-d'Arbois ☏ 04 50 21 25 03, *Fax 04 50 21 24 79*, ≤, – AE GB **BY p**
mi-juin-fin sept. et mi-déc.-fin mars – **Repas** 200/600 – 100 – **20 ch** 1660/3560 – ½ P 1270/1420.

Fer à Cheval, rte Crêt ☏ 04 50 21 30 39, *Fax 04 50 93 07 60*, « Élégant décor rustique », rest, – 40 à 80. AE GB. rest **BY a**
27 juin-6 sept. et 19 déc.-4 avril – **Repas** *(4 juil.-29 août et 19 déc.-4 avril)* 225 bc/255 (déj. à la carte) ♀ – 60 – **33 ch** 820/1325, 8 appart – ½ P 715/920.

Mont-Blanc M sans rest, pl. Église ☏ 04 50 21 20 02, *Fax 04 50 21 45 28*, – 30. AE GB JCB **AY r**
fermé 24 avril au 15 juin – 80 – **31 ch** 1290/1790, 9 appart.

Chalet St-Georges M, carrefour Rochebrune ✆ 04 50 93 07 15, *Fax 04 50 21 51 18*, « Décoration montagnarde soignée » – rest AY n
20 juin-15 sept. et 19 déc.-10 avril – ***La Table du Pêcheur*** *(20 juin-1er sept. et 20 déc.-15 avril)* **Repas** 160/220, enf.85 – ***La Table du Trappeur*** ✆ 04 50 21 15 73 *(fermé 15 avril au 20 juin, oct., mardi et merc. hors saison)* **Repas** 130/200, enf.70 – 80 – **20 ch** 700/1400, 4 appart – 1/2 P 725/1000.

Grange d'Arly M, 10 r. Allobroges ✆ 04 50 58 77 88, *Fax 04 50 93 07 13*, « Belle décoration intérieure » – AY t
hôtel : fin juin-11 nov. et mi-déc.-fin avril ; rest. : 1er juil.-début sept. et mi-déc.-début avril – **Repas** (dîner seul.) 90/130 – 50 – **22 ch** 880/970, 3 appart – 1/2 P 665/680.

Au Coin du Feu, rte Rochebrune ✆ 04 50 21 04 94, *Fax 04 50 21 20 15*, « Décor et ambiance savoyards » – rest AZ t
25 juil.-31 août et 20 déc.-6 avril – ***Saint Nicolas*** ✆ 04 50 21 41 75 *(20 déc.-31 mars)* **Repas** (dîner seul.) 250/400 – **23 ch** 940/1420 – 1/2 P 710/870.

Triolet, rte Bouchet ✆ 04 50 21 08 96, *Fax 04 50 74 68 75*, – rest AZ u
Noël-Pâques – **Repas** (nombre de couverts limité, prévenir) 300/440 – 100 – **10 ch** 1050, 3 appart – 1/2 P 1300.

Mont-Joly, rte Crêt du Midi ✆ 04 50 21 26 14, *Fax 04 50 58 75 20*, – rest AZ q
20 juin-10 sept. et 18 déc.-10 avril – **Repas** 190/340 – 54 – **22 ch** 760 – 1/2 P 750.

Les Sapins, rte Rochebrune ✆ 04 50 21 02 79, *Fax 04 50 93 07 54*, – rest AZ s
25 juin-10 sept. et 20 déc.-18 avril – **Repas** 195/325, enf. 105 – 47 – **18 ch** 394/620 – 1/2 P 565.

Au Vieux Moulin, 188 r. A. Martin ✆ 04 50 21 22 29, *Fax 04 50 93 07 91*, – 25. AY h
1er juin-15 oct. et 20 déc.-15 avril – **Repas** 95/190, enf. 50 – 60 – **36 ch** 750/1250 – 1/2 P 660/785.

Prairie M, av. Ch. Feige ✆ 04 50 21 48 55, *Fax 04 50 21 42 13*, – 25. rest BY d
hôtel : 20 juin-20 sept. et 12 déc.-mi avril ; rest. : 6 juil.-30 août et 19 déc.-fin mars – **Repas** snack (dîner seul.) carte environ 130 – 46 – **32 ch** 480/870.

Ferme Hôtel Duvillard, plateau du Mt d'Arbois ✆ 04 50 21 14 62, *Fax 04 50 21 42 82*, – BZ u
20 juin-20 sept. et 20 déc.-20 avril – **Repas** 152 – 60 – **19 ch** 737/1185 – 1/2 P 606/746.

Alpina, pl. Casino ✆ 04 50 21 54 77, *Fax 04 50 21 53 79* – AY e
hôtel : fermé lundi en mai, juin, oct. et nov. – ***Le Savoyard*** ✆ 04 50 58 71 72 *(fermé mardi midi et lundi hors saison)* **Repas** 75/200, enf. 60 – 30 – **14 ch** 570/650.

Fleur des Alpes, rte Jaillet ✆ 04 50 21 11 42, *Fax 04 50 91 93 42*, – rest AY b
20 mai-15 sept. et 15 déc.-15 avril – **Repas** 90/200 – 35 – **19 ch** 410/550 – 1/2 P 455/475.

Week-End sans rest, rte Rochebrune ✆ 04 50 21 26 49, *Fax 04 50 58 90 40*, – AZ d
fermé 10 au 17 mai et 17 au 24 nov. – 35 – **16 ch** 480/550.

Beauregard, 187 rte Mt-d'Arbois ✆ 04 50 21 05 56, *Fax 04 50 58 96 78* – rest BY g
1er juil.-31 août (sauf rest.) et 15 déc.-30 mars – **Repas** (dîner seul.)(résidents seul.) – 50 – **26 ch** (1/2 pens. seul.) – 1/2 P 575/800.

Coeur de Megève, av. Ch. Feige ✆ 04 50 21 25 30, *Fax 04 50 91 91 27* – AY u
Repas *(ouvert juil.-août et 20 déc. au 30 mars)* 90 (déj.)/149, enf. 45 – 40 – **40 ch** 490/830 – 1/2 P 430/600.

L'Auguille sans rest, chemin de l'Auguille ✆ 04 50 21 40 00, *Fax 04 50 58 78 78*, – AY v
1er juin-30 sept. et 15 déc.-25 avril – 35 – **11 ch** 320/350.

Mourets, rte d'odier par ① *: 1 km* ✆ 04 50 21 04 76, *Fax 04 50 58 78 78*, – rest
26 mai-8 sept. et 19 déc.-5 avril – **Repas** 100 – 38 – **24 ch** 390 – 1/2 P 395.

Gai Soleil, rte Crêt du Midi ✆ 04 50 21 00 70, *Fax 04 50 58 74 50*, – rest AZ f
15 juin-15 sept. et 20 déc.-15 avril et fermé le midi en juin et sept. – **Repas** 80/140 – 42 – **21 ch** 420/450 – 1/2 P 390.

Rond-Point d'Arbois, rte Mt-d'Arbois ✆ 04 50 21 17 50, *Fax 04 50 58 90 24,* – TV ☎. AE GB BY r
hôtel : 1er juin-15 oct. et 1er déc.-1er mai ; rest. : 1er juil.-15 sept. et 20 déc.-15 avril – **Repas** (dîner seul.) 85 – ☐ 30 – **13 ch** 390/460 – ½ P 345.

Michel Gaudin, carrefour d'Arly ✆ 04 50 21 02 18 – GB AY d
fermé lundi, mardi et merc. hors saison – **Repas** 115/380 ♀.

Prieuré, pl. Eglise ✆ 04 50 21 01 79, – AE GB AY z
fermé 1er au 26 juin, 26 oct. au 12 déc., dim. soir et lundi de mi-avril à fin mai et de mi-sept. à fin oct. – **Repas** 119/189 ♀.

à Petit Bois *par ① : 3 km – ✉ 74120 :*

Princesse de Megève M sans rest, les Poëx ✆ 04 50 93 08 08, *Fax 04 50 21 45 65,* ←, (été), « Bel aménagement dans une ancienne ferme savoyarde », – TV ☎ P. AE GB
27 juin-31 août, 19 déc.-5 avril et week-ends hors saison – ☐ 80 – **11 ch** 850/2680.

au sommet du Mont d'Arbois *par télécabine du Mt d'Arbois ou télécabine de la Princesse – ✉ 74170 St-Gervais :*

Igloo M , ✆ 04 50 93 05 84, *Fax 04 50 21 02 74,* , (été), « ☼ chaîne du Mont Blanc » – TV ☎ – 25. AE GB JCB
15 juin-20 sept. et 18 déc.-20 avril – **Repas** 125/230 ♀, enf. 77 – ☐ 70 – **11 ch** (½ pens. seul.) – ½ P 600/950.

voir aussi *à St-Gervais-les Bains :* **Chez la Tante**

à l'altiport *Sud-Est : 7,5 km par rte Mont d'Arbois - BZ – alt. 1450 – ✉ 74120 Megève :*

Côte 2000, ✆ 04 50 21 31 84, *Fax 04 50 21 59 25,* ←, , « Authentique chalet savoyard » – AE GB
1er juil.-31 août et 21 déc.-15 avril – **Repas** carte 180 à 330 ♀.

à Leutaz *Sud-Ouest : 4 km par rte du Bouchet AZ – ✉ 74120 Megève :*

Sauvageonne, ✆ 04 50 91 90 81, *Fax 04 50 58 75 44,* , « Ancienne ferme aménagée » – GB
1er juil.-20 sept., 20 oct.-11 nov. et 10 déc.-20 avril – **Repas** 140 et carte 230 à 340.

AUDI, VOLKSWAGEN Muffat Méridol, rte d'Albertville ✆ 04 50 21 00 27 N ✆ 04 50 58 40 00

FIAT, LANCIA Gar. Gachet, 444 av. Ch.-Feige ✆ 04 50 21 21 23

MEHUN-SUR-YÈVRE *18500 Cher 64 ⑳ G. Berry Limousin – 7 227 h alt. 130.*

Office de Tourisme pl. 14-Juillet ✆ 02 48 57 35 51.
Paris 224 – Bourges 18 – Cosne-sur-Loire 67 – Gien 76 – Issoudun 32 – Vierzon 16.

Les Abiès, rte Vierzon ✆ 02 48 57 39 31, *Fax 02 48 57 00 70,* – P. AE GB
fermé vacances de fév., dim. soir et lundi – **Repas** 102/180 et carte 170 à 260.

CITROEN Gar. Charles VII, av. R. Aladenize ✆ 02 48 57 31 74

PEUGEOT Gar. des Aillis, 185 av. R. Aladenize ✆ 02 48 57 30 53

MÉJANNES-LÈS-ALÈS *30 Gard 80 ⑱ – rattaché à Alès.*

MÉLISEY *70270 H.-Saône 66 ⑦ G. Jura – 1 805 h alt. 330.*

Office de tourisme du Canton de Melisey pl. de la Gare ✆ 03 84 63 22 80.
Paris 397 – Épinal 63 – Belfort 33 – Besançon 96 – Lure 12 – Luxeuil-les-Bains 21.

Bergeraine, ✆ 03 84 20 82 52, *Fax 03 84 20 04 47,* – P. GB
fermé 25 juin. au 10 juil., 25 au 31 déc., dim. soir, mardi soir et merc. – **Repas** 65 (déj.), 75/210 .

PEUGEOT Gar. Boffy, rte des Vosges ✆ 03 84 20 82 04

MELUN P *77000 S.-et-M. 61 ②, 106 ㊺ G. Ile de France – 35 319 h Agglo. 107 705 h alt. 43.*

Env. *Vaux-le-Vicomte : château★★ et jardins★★★ 6 km par ②.*
la Croix des Anges à Réau ✆ 01 60 60 18 76, par ⑨ N 105 : 8,5 km.
Office de tourisme 2 av. Gallieni ✆ 01 64 37 11 31, Fax 01 64 10 03 25.
Paris 48 ⑧ – Fontainebleau 17 ⑤ – Châlons-en-Champagne 146 ① – Chartres 102 ⑧ – Meaux 54 ② – Orléans 104 ⑥ – Reims 145 ② – Sens 73 ⑤ – Troyes 126 ③.

Plan page suivante

Bleu Marine, par ⑤ : *2,5 km rte Fontainebleau* ✆ 01 64 39 04 40, *Fax 01 64 39 94 10,* , parc, , , – TV ☎ P – 150. AE GB
Repas *(125)* - 145 ♀, enf. 49 – ☐ 60 – **50 ch** 390/580 – ½ P 420/435.

Melunoise, 5 r. Gâtinais ✆ 01 64 39 68 27, *Fax 01 64 39 81 81* – GB X b
fermé août, vacances de fév. et sam. – **Repas** (déj. seul.) 140/180, enf. 75.

MELUN

Carnot (R.) . . . . **AY** 6
Doumer (R. Paul) . . **BY** 13
Miroir (R. du) . . . . . . **AY** 25
Pouteau (R. René) . **BY** 34
St-Ambroise (R.) . . . **AZ**
St-Aspais (R.) . . . . . . **BY** 41
St-Étienne (R.) . . . . . **AZ** 43

Alsace-Lorr. (Q.) . . . **BZ** 2
Chartrettes (Rte de) . **X** 3
Chasse (R. de la) . . . . **X** 7
Corbeil (Av. de) . . . . . . **X** 8
Courtille (R. de la) . . **BZ** 9
Europe (Rd-Pt de l') . . **X** 14
Godin (Av. E.) . . . . . . **AZ** 19
Jaurès (Av. J.) . . . . **X** 20
Leclerc (Av. Gén.) . . . . **X** 22
Libération (Av. de la) . **X** 23
Montagne-du-Mée (R. de la) . . . . **AY** 26
N.-Dame (Pl.) . . . . . . **BZ** 32
Pompidou (Av. G.) . . . **X** 33
Prés.-Despatys (R.) . **AY** 35
Rossignol (Q. H.) . . . . **X** 39
St-Liesne (R.) . . . . **X** 44
Vaux (R. de) . . . . **X** 45
Voisenon (Rte de) . . . . **X** 46
13e-Dragons (Av.) . . . . **X** 49
31e-d'Inf. (Av. du) . . . . **X** 50

LE MÉE-SUR-SEINE

Courtilleraies (Av.) . . . **X** 10
Dauvergne (Av. M.) . . **X** 12

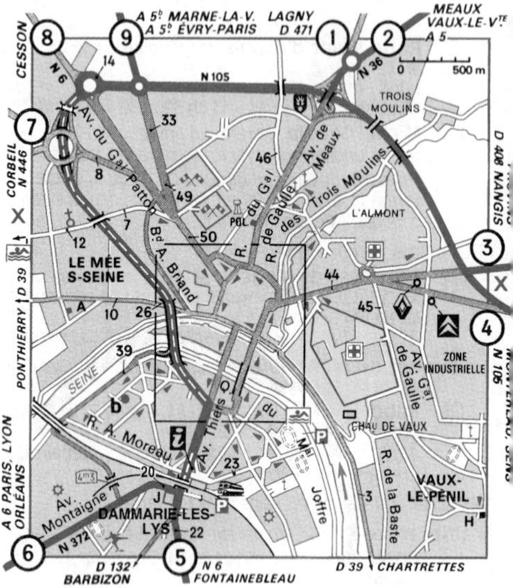

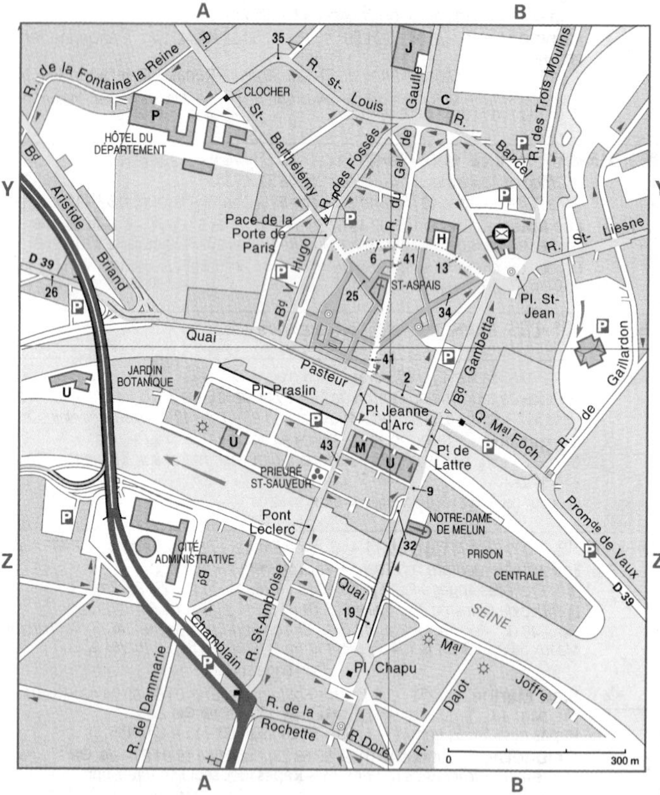

à Crisenoy *par ② : 10 km – 580 h. alt. 89 – ✉ 77390 :*

XXX **Aub. de Crisenoy,** Gde Rue ✆ 01 64 38 83 06, *Fax 01 64 38 83 06,* – AE GB
fermé 3 au 17 août, Noël au Jour de l'An, vacances de fév., merc. soir, dim. soir et lundi – **Repas** 105 (déj.), 162/220 et carte 230 à 330, enf. 60.

à Vaux-le-Pénil *Sud-Est : 3 km – 8 143 h. alt. 60 – ✉ 77000 :*

XXX **Table St-Just,** r. Libération (près Château) ✆ 01 64 52 09 09, *Fax 01 64 52 52 35* – P. GB
fermé 10 au 31 août, 21 déc. au 4 janv., sam. midi et dim. – **Repas** 145/250 et carte 230 à 380.

au Plessis-Picard *par ⑧ : 8 km – ✉ 77550 :*

XXX **Mare au Diable,** ✆ 01 64 10 20 90, *Fax 01 64 10 20 91,* – P. AE GB
fermé dim. soir et lundi – **Repas** (95) - 155/350 et carte 230 à 400, enf. 55.

à Pouilly-le-Fort *par ⑨ : 6 km – ✉ 77240 :*

XXX **Pouilly,** r. Fontaine ✆ 01 64 09 56 64, *Fax 01 64 09 56 64,* « Ancienne ferme briarde », – P. AE GB JCB
fermé 10 août au 2 sept., 23 au 28 déc., dim. soir et lundi – **Repas** 165/380 et carte 320 à 420.

CITROEN Sogame, 100 rte de Montereau à Vaux-le-Pénil ✆ 01 64 83 51 80 N ✆ 06 08 91 64 31
FORD Gar. de la Gare, 38 N6 à Vert-St-Denis ✆ 01 60 68 22 57
MERCEDES Gar. Techstar, 140 N6 à Vert-St-Denis ✆ 01 64 14 15 16
PEUGEOT Duport Autom., 61 N6 à Vert-St-Denis par ⑧ ✆ 01 60 68 69 70 N ✆ 08 00 44 24 24
RENAULT Gar. Redele, 23 rte de Montereau ✆ 01 64 39 95 77 N ✆ 08 00 05 15 15

SEAT, NISSAN AREVA, 548 av. Montaigne à Dammarie-les-Lys ✆ 01 64 83 56 26

Euromaster, 11 r. de Ponthierry ✆ 01 64 37 20 99
Euromaster, 22 r. Mar.-Juin, ZI à Vaux-le-Pénil ✆ 01 64 39 12 63
Vaysse Pneus, r. des Frères Thibault à Dammarie-les-Lys ✆ 01 64 37 50 07

La MEMBROLLE-SUR-CHOISILLE *37 I.-et-L.* 64 ⑮ – *rattaché à Tours.*

MENDE P *48000 Lozère* 80 ⑤ ⑥ *G. Gorges du Tarn* – *11 286 h alt. 731.*

Voir Cathédrale★ – Pont N.-Dame★ – Route du col de Montmirat★★ par ③.

Office de Tourisme bd Henri Bourrillon ✆ et Fax 04 66 65 02 69 – Automobile Club 3 r. Chapitre ✆ 04 66 49 20 54, Fax 04 66 29 05 41.

Paris 592 ① – Alès 103 ③ – Aurillac 156 ① – Gap 308 ② – Issoire 140 ① – Millau 96 ③ – Montélimar 153 ② – Le Puy-en-Velay 90 ② – Rodez 111 ③ – Valence 180 ②.

Plan page suivante

Lion d'Or, 12 bd Britexte par ② ✆ 04 66 49 16 46, *Fax 04 66 49 23 31,* – TV P – 30. AE GB JCB
fermé 6 janv. au 1er mars – **Repas** *(fermé dim. hors saison)* 120/240, enf. 75 – 45 – **40 ch** 290/490 – ½ P 330/400.

Urbain V sans rest, 9 bd Th. Roussel **(s)** ✆ 04 66 49 14 49, *Fax 04 66 49 20 42* – TV P – 30. GB
35 – **60 ch** 250/380.

Pont Roupt, av. 11-Novembre par ③ ✆ 04 66 65 01 43, *Fax 04 66 65 22 96,* – TV P – 25. GB
fermé mars, dim. soir et lundi – **Repas** 89 bc (déj.), 120/260 bc – 48 – **26 ch** 295/490 – ½ P 305/420.

France, 9 bd L. Arnault **(v)** ✆ 04 66 65 00 04, *Fax 04 66 49 30 47,* – TV P. GB
fermé 20 déc. au 31 janv. – **Repas** *(fermé lundi sauf le soir en saison et dim. soir hors saison)* (65) - 95/150, enf. 40 – 36 – **28 ch** 250/400 – ½ P 265/305.

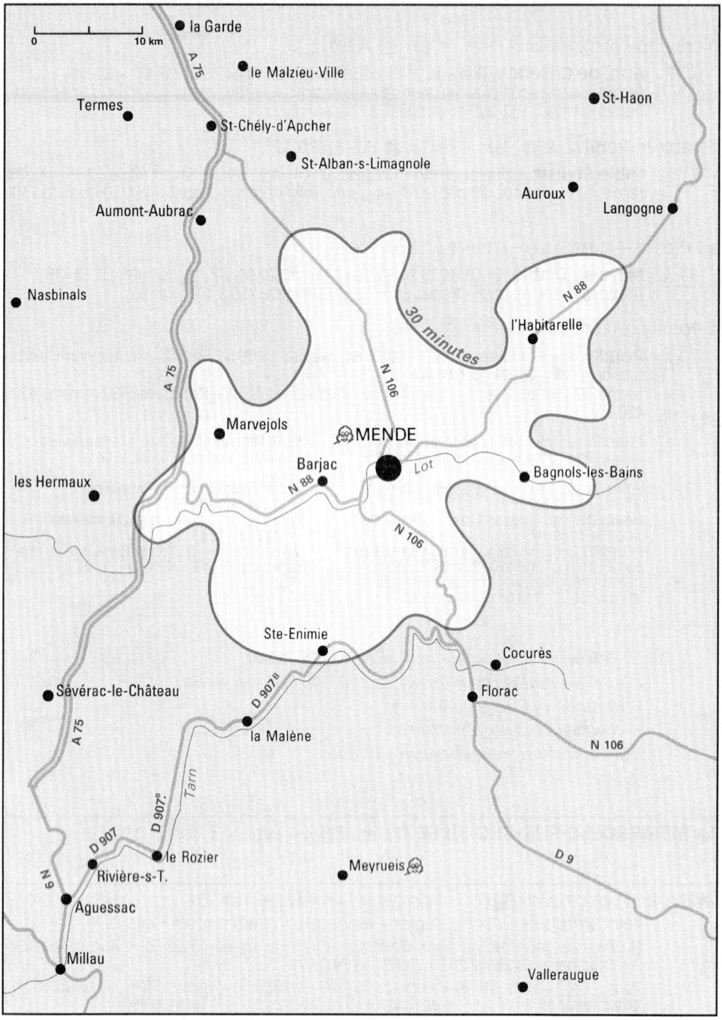

Mimat sans rest, 7 quai Petite Roubeyrolle **(n)** ✆ 04 66 49 13 65, *Fax 04 66 65 38 61* – TV ☎ ✆ P. GB. ⌧
fermé 20 déc. au 2 janv. – ☐ 38 – **12 ch** 280/330.

Mazel, 25 r. Collège **(a)** ✆ 04 66 65 05 33 – ▤. GB
fermé 18 au 28 nov., 25 fév. au 14 mars, lundi soir et mardi – **Repas** 79/140 ♁.

à Chabrits *Nord-Ouest par ③ et D 42 : 5 km – ✉ 48000 Mende :*

Safranière, ✆ 04 66 49 31 54, cadre moderne – GB
fermé mars, dim. soir et lundi – **Repas** (prévenir) 100/235 ♀.

AUDI, SEAT, VOLKSWAGEN Lozère Autom., ZA 1 r. de la Crête ✆ 04 66 85 19 14
PEUGEOT Gar. Giral, 7 allée des Soupirs ✆ 04 66 49 00 15 N ✆ 04 66 49 91 34
RENAULT Gar. Lozère, rte du Puy par ② ✆ 04 66 65 64 63
Gar. Charbonnel, 24 av. du Père Coudrin ✆ 04 66 65 08 22

Gar. Covinhes, 25 av. Gorges-du-Tarn ✆ 04 66 49 11 13
Lozérienne-Point S, 9 bd Britexte ✆ 04 66 65 03 98
Vulco, 31 av. Gorges-du-Tarn ✆ 04 66 65 08 69

MENDE

Angiran (R. d') 4
Beurre (Pl. au) 5
Droite (R.) 15
Estoup (Pl. René) 22
République (Pl. et R.) 30
Soubeyran (R. du) 34

Aigues-Passes (R. d') 2
Ange (R. de l') 3
Blé (Pl. au) 6
Britexte (Bd) 7
Capucins (Bd des) 8
Carmes (R. des) 9
Chanteronne (R. de) 12
Chaptal (R.) 13
Chastel (R. du) 14
Collège (R. du) 18
Écoles (R. des) 20
Épine (R. de l') 21
Gaulle (Pl. Ch.-de) 23
Montbel (R. du Fg) 24
Piencourt (Allée) 25
Planche (Pont de la) 26
Pont N.-Dame (R. du) 27
Roussel (Pl. Th.) 32
Soubeyran (Bd du) 33
Soupirs (Allée des) 36
Urbain V (Place) 37

Pour un bon usage des plans de villes, voir les signes conventionnels dans l'introduction.

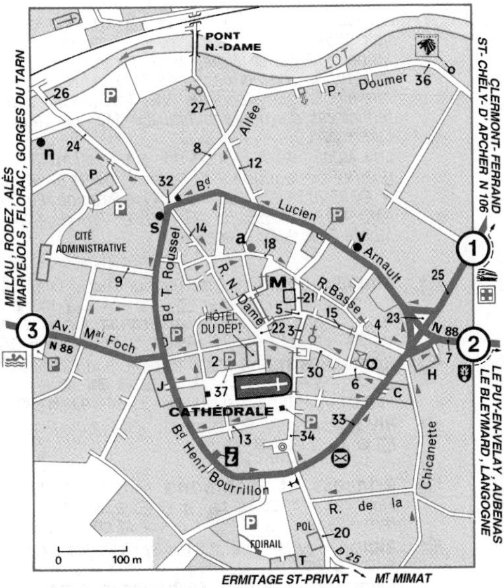

MÉNERBES *84560 Vaucluse* 81 ⑬ *G. Provence – 1 118 h alt. 224.*

Voir ≤★ du chevet de l'église.

Paris 714 – Avignon 40 – Aix-en-Provence 55 – Apt 23 – Carpentras 36 – Cavaillon 16 – Salon-de-Provence 40.

Host. du Roy Soleil ⑤, Nord : 2 km par D 103 ✆ 04 90 72 25 61, *Fax 04 90 72 36 55*, ≤, ⛱, ⛱, ☗, ✂ – ▤ ch, TV ☎ ♿ P. AE GB. ✂ rest
15 mars-15 nov. – **Repas** 160 (déj.), 195/250 – ☕ 75 – **19 ch** 580/980 – ½ P 640/840.

MÉNESQUEVILLE *27850 Eure* 55 ⑦ *G. Normandie Vallée de la Seine – 358 h alt. 65.*

Paris 99 – Rouen 28 – Les Andelys 15 – Évreux 58 – Gournay-en-Bray 33 – Lyons-la-Forêt 8.

Relais de la Lieure, ✆ 02 32 49 06 21, *Fax 02 32 49 53 87*, ⛱, ☗ – TV ☎ ✆ ♿ P. GB
fermé 22 déc. au 5 janv. – **Repas** *(fermé dim. et lundi du 1er oct. au 1er avril)* 85/275 ♀, enf. 65 – ☕ 40 – **16 ch** 250/330 – ½ P 290/350.

MÉNESTEROL *24 Dordogne* 75 ③ ⑬ – *rattaché à Montpon-Ménesterol.*

Le MÉNIL *88 Vosges* 66 ⑧ – *rattaché au Thillot.*

La MÉNITRÉ *49250 M.-et-L.* 64 ⑪ – *1 780 h alt. 21.*

Paris 299 – Angers 27 – Baugé 23 – Saumur 25.

Aub. de l'Abbaye, port St-Maur ✆ 02 41 45 64 67, *Fax 02 41 45 64 67* – P. AE ⓞ GB
fermé 1er au 15 sept., 21 au 28 déc., dim. soir et lundi – **Repas** 90/235 ♀.

MENTHON-ST-BERNARD *74290 H.-Savoie* 74 ⑥ *G. Alpes du Nord – 1 517 h alt. 482.*

Voir Château de Menthon★ : ≤★ E : 2 km.

Office de Tourisme (fermé après-midi oct.-mai) ✆ 04 50 60 14 30, Fax 04 50 60 22 19.

Paris 547 – Annecy 10 – Albertville 37 – Bonneville 43 – Megève 52 – Talloires 3 – Thônes 13.

Beau Séjour ⑤, ✆ 04 50 60 12 04, *Fax 04 50 60 05 56*, ⛱, parc – ☎ P. ✂ rest
hôtel : Pâques-fin sept. ; rest. : juil.-août – **Repas** (dîner seul.) 150/200 – ☕ 40 – **18 ch** 400 – ½ P 400.

MENTON 06500 Alpes-Mar. 84 ⑩ ⑳, 115 ㉘ *G. Côte d'Azur – 29 141 h – Casino du Soleil* **AZ.**

Voir *Site*★★ – *Bord de mer et vieille ville*★★ : *Promenade du Soleil*★★ **ABYZ**, *Parvis St-Michel*★★, *Église St-Michel*★ **BY F**, *Façade*★ *de la Chapelle de la Conception* **BYB**, ≤★ *de la jetée* **BV**, ≤★ *du Vieux cimetière* **BXD** – *Musée du Palais Carnolès*★ **AXM1** – *Garavan*★ **BV** – *Jardin botanique exotique*★ **BVE** – *Salle des mariages*★ *de l'Hôtel de Ville* **BYH** – *Statuettes féminines*★ *du musée municipal* **BYM2** – ≤★ *du jardin des Colombières* **BV** – *Vallée du Careï*★ *par* ①.

Env. *Monastère de l'Annonciade* ☼★ *N : 6 km* **AV.**

Office de Tourisme 8 av. Boyer ✆ 04 93 57 57 00, Fax 04 93 57 51 00, et Port Public ✆ 04 93 28 26 27 – Automobile Club Palais de l'Europe 8 av. Boyer ✆ 04 93 35 77 39.

Paris 958 ③ – *Monaco 11* ③ – *Aix-en-Provence 206* ① – *Cannes 62* ① – *Cuneo 100* ① – *Monte-Carlo 10* ③ – *Nice 30* ①.

Plan page ci-contre

Ambassadeurs M, 3 rue Partouneaux ✆ 04 93 28 75 75, *Fax 04 93 35 62 32*, « Élégante installation » – ascenseur, TV ☎ ♿ – 🅿 100. AE ⓓ GB JCB. ✗ rest AY k
fermé 3 janv. au 5 fév. – ***La Véranda*** *(fermé le midi en juil.-août et dim. soir)* **Repas** 185/250, enf. 110 – ☐ 75 – **49 ch** 760/950 – ½ P 640/750.

Royal Westminster M, 1510 prom. du Soleil ✆ 04 93 28 69 69, *Fax 04 92 10 12 30*, ≤, Fō, 🌳 – ascenseur TV ☎ ♿ – 🅿 40. AE ⓓ GB. ✗ BY t
fermé nov. – **Repas** (78) - 120 bc – ☐ 36 – **92 ch** 380/740 – ½ P 430/540.

Riva M sans rest, 600 prom. du Soleil ✆ 04 92 10 92 10, *Fax 04 93 28 87 87*, ≤ – ascenseur TV ☎ ♿. AE ⓓ GB. ✗ AZ n
☐ 45 – **40 ch** 600.

Princess et Richmond sans rest, 617 prom. du Soleil ✆ 04 93 35 80 20, *Fax 04 93 57 40 20*, ≤, Fō – ascenseur TV ☎. AE ⓓ GB AZ s
fermé 28 sept. au 17 déc. – ☐ 40 – **46 ch** 460/560.

Aiglon, 7 av. Madone ✆ 04 93 57 55 55, *Fax 04 93 35 92 39*, 🏠, ⛱, 🌳 – ascenseur, ch, TV ☎ 🅿. AE ⓓ GB AZ b
fermé 5 nov. au 20 déc. – ***Le Riaumont*** *(fermé merc. midi)* **Repas** (100)-180/300 ♀, enf. 80 – ☐ 38 – **27 ch** 428/685, 3 appart – ½ P 435/555.

Napoléon, 29 Porte de France ✆ 04 93 35 89 50, *Fax 04 93 35 49 22*, ≤, ⛱ – ascenseur TV ☎ 🅿. AE ⓓ GB. ✗ rest BV s
fermé 10 nov. au 21 déc. – **Repas** 120/280 – ☐ 40 – **40 ch** 500/620 – ½ P 410/470.

Prince de Galles, 4 av. Gén. de Gaulle ✆ 04 93 28 21 21, *Fax 04 93 35 92 91*, ≤, 🏠 – ascenseur TV ☎ – 🅿 30. AE ⓓ GB. ✗ ch AX e
Petit Prince : ✆ 04 93 28 88 08 **Repas** 120/185, enf. 50 – ☐ 42 – **68 ch** 325/560 – ½ P 342/417.

Chambord sans rest, 6 av. Boyer ✆ 04 93 35 94 19, *Fax 04 93 41 30 55* – ascenseur TV ☎ 🚗. AE ⓓ GB JCB AYZ a
☐ 35 – **40 ch** 365/530.

Méditerranée, 5 r. République ✆ 04 93 28 25 25, *Fax 04 93 57 88 38* – ascenseur, rest, TV ☎ 🚗 – 🅿 30. AE ⓓ GB. ✗ rest BY m
fermé 8 nov. au 4 déc. – **Repas** (80) - 100/120 🍷, enf. 45 – ☐ 35 – **90 ch** 400/465 – ½ P 312/332.

Dauphin, 28 av. Gén. de Gaulle ✆ 04 93 35 76 37, *Fax 04 93 35 31 74*, ≤, 🏠 – ascenseur, ch, TV ☎. AE ⓓ GB AZ y
fermé 21 oct. au 19 déc. – **Repas** snack *(fermé dim.)* 80 ♀ – ☐ 35 – **29 ch** 290/475 – ½ P 230/340.

Climat de France M, 57 av. Sospel ✆ 04 93 28 28 38, *Fax 04 92 10 00 92*, 🏠 – ascenseur TV ☎ ♿ 🅿. AE ⓓ GB. ✗ rest ABV d
Repas *(fermé 5 au 25 janv.)* 80, enf. 50 – ☐ 35 – **37 ch** 340 – ½ P 290.

Narev's H. M sans rest, 12bis r. Lorédan Larchey ✆ 04 93 35 21 31, *Fax 04 93 35 21 20* – ascenseur TV ☎ ♿ 🚗. AE ⓓ GB BY u
☐ 35 – **35 ch** 350/500.

Paris Rome, 79 Porte de France ✆ 04 93 35 73 45, *Fax 04 93 35 29 30* – TV ☎. AE ⓓ GB. ✗ ch BV n
fermé 10 nov. au 26 déc. – **Repas** *(fermé 15 nov. au 15 déc. et lundi)* 90/130 🍷 – ☐ 42 – **22 ch** 340/450.

Amirauté sans rest, 3 Porte de France ✆ 04 93 35 59 41, *Fax 04 93 57 74 44* – ascenseur TV ☎. GB BX s
fermé 7 au 20 janv. – ☐ 37 – **18 ch** 300/360.

Galion, port de Garavan ✆ 04 93 35 89 73, 🏠 – GB BV u
fermé 15 nov. au 15 déc., 5 au 30 janv., mardi soir et merc. – **Repas** carte 210 à 300.

Chaudron, 28 r. St Michel ✆ 04 93 35 90 25 – GB BY h
fermé 1er au 7 juil., 5 nov. au 20 déc., lundi soir hors saison et mardi – **Repas** (prévenir) 89/150 🍷, enf. 65.

Au Pistou, 9 quai Gordon Bennett ✆ 04 93 57 45 89, 🏠 – GB JCB BY f
fermé 15 au 30 nov. et lundi – **Repas** 85 🍷.

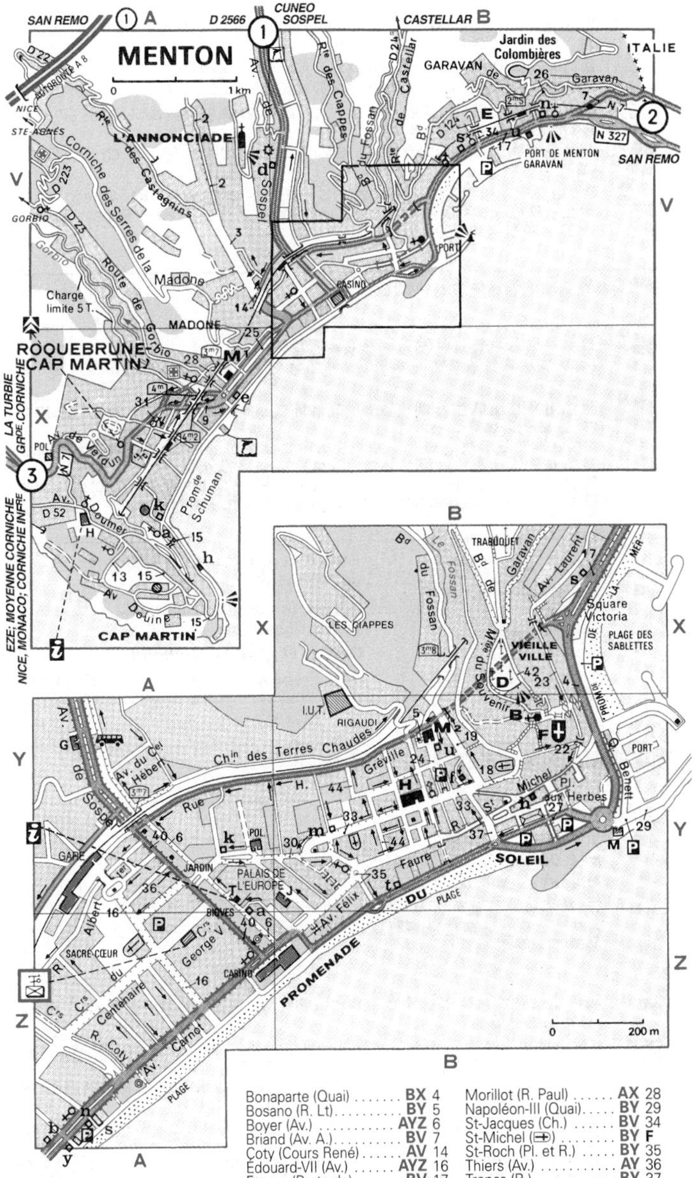

- Félix-Faure (Av.) ...... **ABY**
- Partouneaux (R.) ...... **BY** 30
- République (R. de la) ... **BY** 33
- St-Michel (R.) .... **BY**
- Verdun (Av. de) .... **AYZ** 40

- Acacias (Av. des) ...... **AV** 2
- Alliés (Av. des) .... **AV** 3
- Bonaparte (Quai) .... **BX** 4
- Bosano (R. Lt) .... **BY** 5
- Boyer (Av.) .... **AYZ** 6
- Briand (Av. A.) .... **BV** 7
- Coty (Cours René) ...... **AV** 14
- Édouard-VII (Av.) ...... **AYZ** 16
- France (Porte de) .... **BV** 17
- Gallieni (R. Gén.) .... **BY** 18
- Guyau (R.) .... **BY** 19
- Logettes (R. des) .... **BY** 22
- Longue (R.) .... **BX** 23
- Lorédan-Larchey (R.) .... **BY** 24
- Madone (Av. de la) ...... **AX** 25
- Mansfield (Av. K.) .... **BV** 26
- Monléon (Quai de) ...... **BY** 27
- Morillot (R. Paul) .... **AX** 28
- Napoléon-III (Quai) ..... **BY** 29
- St-Jacques (Ch.) .... **BV** 34
- St-Michel (✠) .... **BY F**
- St-Roch (Pl. et R.) ..... **BY** 35
- Thiers (Av.) .... **AY** 36
- Trenca (R.) .... **BY** 37
- Vieux-Château (R.) ..... **BX** 42
- Villarey (R.) .... **BY** 44

ROQUEBRUNE

- Briand (Av. A.) .... **AX** 9
- Centrale (Av.) .... **AX** 13
- Churchill (Av. W.) ...... **AX** 15
- Pasteur (Av. L.) .... **AX** 31

Les plans de villes sont orientés le Nord en haut.

Les MENUIRES *73 Savoie* 77 ⑦ ⑧ *G. Alpes du Nord – Sports d'hiver : 1 800/3 200 m 10 38 – ✉ 73440 St-Martin-de-Belleville.*

Office de Tourisme ℘ 04 79 00 73 00, Fax 04 79 00 75 06.

Paris 633 – Albertville 50 – Chambéry 97 – Moûtiers 23.

L'Ours Blanc Ⓜ, à Reberty 2000 ℘ 04 79 00 61 66, *Fax 04 79 00 63 67*, ←, – P. AE GB. ✻ rest
5 déc.-24 avril – **Repas** 80 (déj.), 160/230 ♀, enf. 70 – ☕ 55 – **47 ch** 680/710 – ½ P 465/495.

Carla, ℘ 04 79 00 73 73, *Fax 04 79 00 73 76*, ← – GB. ✻ rest
hôtel : 1er juil.-31 août et 1er déc.-30 avril ; rest. : 1er déc.-30 avril – **Repas** 100/150, enf. 48 – ☕ 35 – **32 ch** 430/630 – ½ P 430.

MERCUÈS *46 Lot* 79 ⑧ – *rattaché à Cahors.*

MERCUREY *71640 S.-et-L.* 69 ⑨ – *1 276 h alt. 269.*

Paris 340 – Beaune 29 – Chalon-sur-Saône 13 – Autun 40 – Chagny 12 – Le Creusot 28 – Mâcon 73.

Hôtellerie du Val d'Or (Cogny), Grande-Rue ℘ 03 85 45 13 70, *Fax 03 85 45 18 45*, – P. GB. ✻ ch
✿ *fermé 24 au 27 août, 13 déc. au 15 janv., mardi midi et lundi* – **Repas** 120 bc (déj.), 165/345 et carte 210 à 420 – ☕ 55 – **13 ch** 350/430 – ½ P 395/435
Spéc. Tarte aux fruits au foie de canard poêlé. Pièce de boeuf du Charolais "Maitre de chai". Chiboust au citron, griottines chaudes au kirsch. **Vins** Rully, Mercurey.

Participez à notre effort permanent de mise à jour

Adressez-nous vos remarques et vos suggestions.

Cartes et guides Michelin

46 avenue de Breteuil - 75324 Paris Cedex 07

MÉRÉVILLE *54 M.-et-M.* 62 ⑤ – *rattaché à Nancy.*

MÉRIBEL *73550 Savoie* 74 ⑱ *G. Alpes du Nord.*

Voir Sommet de la Saulire ✻★★ SE par télécabine.

18 ℘ *04 79 00 52 67, NE : 4,5 km.*

Altiport ℘ *04 79 08 61 33, NE.*

Office de Tourisme de la Vallée des Allues ℘ 04 79 08 60 01, Fax 04 79 00 59 61.

Paris 625 ① – Albertville 42 ① – Annecy 88 ① – Chambéry 89 ① – Grenoble 120 ① – Moûtiers 15 ①.

Plan page ci-contre

à la station de Méribel – *alt. 1170 – Sports d'hiver : 1 450/2 950 m 16 34 – ✉ 73550 Méribel-les-Allues*

L'Antarès Ⓜ, rte du Belvédère **(z)** ℘ 04 79 23 28 23, *Fax 04 79 23 28 18*, ← montagnes, – P. – 30. AE GB
✿ *12 juil.-30 août et 13 déc.-15 avril* – ***Le Cassiopée :*** **Repas** 105(déj.), 310/460 et carte 350 à 460 ♀, enf. 90 – ***L'Altaïr*** *(13 déc.-15 avril)* **Repas** (dîner seul.) carte 250 à 330 ♀, enf. 90 – ☕ 120 – **63 ch** 1960/2280, 13 appart – ½ P 1480/1560
Spéc. Rosace de Saint-Jacques et "boursette au caviar" (hiver). Millefeuille de poireaux et esturgeon fumé aux truffes fraîches (hiver). Gigot de chevreau de lait rôti à la persillade aux noix de Grenoble (15 fév. à Pâques). **Vins** Chignin-Bergeron, Mondeuse.

Chalet, au Belvédère **(b)** ℘ 04 79 23 28 23, *Fax 04 79 00 56 22*, ← montagnes, , « Belle décoration intérieure », – P. AE GB
13 déc.-15 avril – **Repas** 180 (déj.)/310 ♀, enf. 90 – ☕ 120 – **29 ch** 1960/2280, 6 appart – ½ P 1480/1560.

Grand Coeur, **(a)** ℘ 04 79 08 60 03, *Fax 04 79 08 58 38*, ←, , (été), – P. AE GB JCB
19 déc.-14 avril – **Repas** 165/330 – ☕ 90 – **41 ch** 1400/3300 – ½ P 1450/2500.

Allodis Ⓜ, au Belvédère **(d)** ✆ 04 79 00 56 00, *Fax 04 79 00 59 28*, ←, – 100. GB
1er juil.-15 sept. et 15 déc.-20 avril – **Repas** 120 (déj.), 220/280 – ☕ 60 – **37 ch** 1100/1900, , 4 duplex – ½ P 1150/1350.

Yeti Ⓜ, rd-pt des Pistes **(p)** ✆ 04 79 00 51 15, *Fax 04 79 00 51 73*, ←, (été) – – 25. GB.
15 déc.-20 avril et juil.-août – **Repas** 98 (déj.), 175/295, enf. 60 – ☕ 60 – **25 ch** 1460/1500, 5 appart, 3 duplex – ½ P 990.

Alba Ⓜ, rd-pt des Pistes **(f)** ✆ 04 79 08 55 55, *Fax 04 79 00 55 63*, ←, – . GB JCB. rest
15 déc.-15 avril – **Repas** 130 (déj.), 168/290 – ☕ 70 – **20 ch** 800/1400 – ½ P 810/890.

Marie-Blanche Ⓜ, rte Renarde **(h)** ✆ 04 79 08 65 55, *Fax 04 79 08 57 07*, ←, – . AE GB. rest
28 juin-10 sept. et 13-déc.-1er mai – **Repas** 180 et carte 130 à 220 – ☕ 60 – **19 ch** 930/1960 – ½ P 860/960.

Mérilys sans rest, rd-pt des Pistes **(m)** ✆ 04 79 08 69 00, *Fax 04 79 08 68 99*, ← – . GB
27 juin-1er sept. et 15 déc.-30 avril – **28 ch** ☕ 618/1100.

Tremplin Ⓜ sans rest, **(v)** ✆ 04 79 00 38 50, *Fax 04 79 08 57 75*, ←, , – . GB
15 juin-30 sept. et 1er déc.-1er mai – ☕ 70 – **41 ch** 750/1200.

Orée du Bois , rd-pt des Pistes **(k)** ✆ 04 79 00 50 30, *Fax 04 79 08 57 52*, ←, , (été) – . AE GB.
juil.-août et Noël-Pâques – **Repas** *(90)* - 200/220, enf. 70 – ☕ 70 – **35 ch** 710/910 – ½ P 640/740.

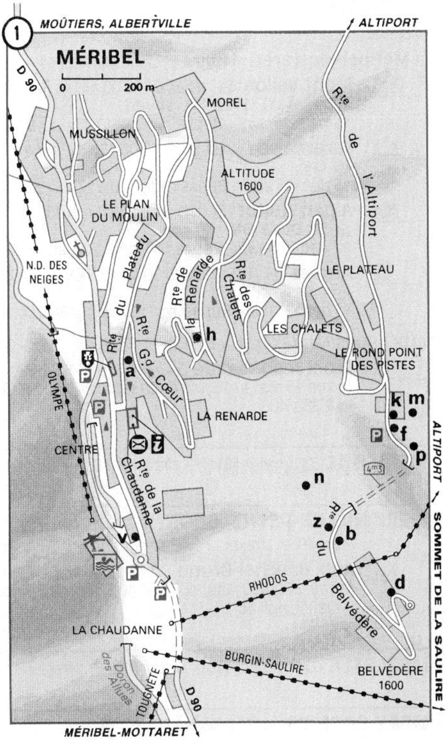

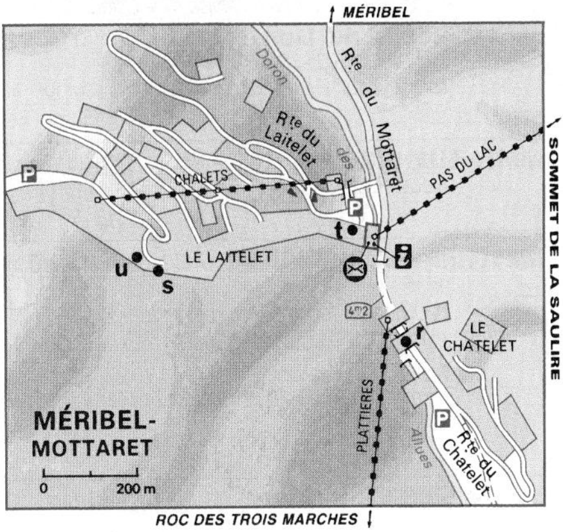

Adray Télé-Bar , sur les pistes (accès piétonnier) **(n)** ✆ 04 79 08 60 26, *Fax 04 79 08 53 85*, ← montagnes et pistes, – . GB
20 déc.-20 avril – **Repas** 180 – ☕ 65 – **24 ch** 750/1050 – ½ P 700/850.

à l'altiport *Nord-Est : 4,5 km* – ✉ *73550 Méribel-les-Allues :*

Altiport H. , ✆ 04 79 00 52 32, *Fax 04 79 08 57 54*, ← montagnes, , (été), , – – 30. GB. rest
fin juin-mi-sept. et mi-déc.-fin avril – **Repas** 130 (déj.)/280, enf. 100 – ☕ 75 – **41 ch** 975/1380 – ½ P 990.

à Méribel-Mottaret : *6 km – ✉ 73550 Méribel-les-Allues :*

Mont Vallon ⛰, (r) ☎ 04 79 00 44 00, *Fax 04 79 00 46 93*, ≤, 🍽, Lб, 🏊 – 🏢 ✈ 📺 ☎ 🚗 – 🏛 80. AE ⓓ GB. ✂ rest
15-déc.-15-avril – **Repas** (120) - 180/280 – ☕ 90 – **88 ch** 1650/1750, 4 appart – ½ P 925.

Tarentaise ⛰, (s) ☎ 04 79 00 42 43, *Fax 04 79 00 46 99*, ≤, 🍽, Lб – 🏢 📺 ☎ – 🏛 30. AE ⓓ GB
15 déc.-15 avril – **Repas** carte 180 à 270 – ☕ 50 – **45 ch** 970/1200 – ½ P 720/750.

Alpen Ruitor ⛰, (t) ☎ 04 79 00 48 48, *Fax 04 79 00 48 31*, ≤, 🍽 – 🏢 📺 ☎ 🚗 – 🏛 30. AE ⓓ GB
mi-déc.-mi-avril – **Repas** 170 (déj.)/220, enf. 65 – ☕ 60 – **43 ch** 1040/1380 – ½ P 800/850.

Arolles ⛰, (u) ☎ 04 79 00 40 40, *Fax 04 79 00 45 50*, ≤, 🍽, Lб, 🏊 – 🏢 📺 ☎ ♿. GB JCB. ✂ rest
15 déc.-1er mai – **Repas** (80) - 100 (déj.), 120/200, enf. 65 – ☕ 50 – **60 ch** 1300 – ½ P 870.

aux Allues *Nord : 7 km par D 915A – 1 570 h. alt. 1125 – ✉ 73550 :*

Croix Jean-Claude ⛰, ☎ 04 79 08 61 05, *Fax 04 79 00 32 72*, 🍽 – 📺 ☎. GB
fermé 10 mai au 26 juin et 20 sept. au 30 oct. – **Repas** 120/240 – ☕ 45 – **18 ch** 300/460 – ½ P 380/480.

MÉRIGNAC *33 Gironde* 71 ⑨ – *rattaché à Bordeaux.*

MERKWILLER-PECHELBRONN *67250 B.-Rhin* 57 ⑲ *G. Alsace Lorraine – 825 h alt. 160.*
Paris 496 – Strasbourg 49 – Haguenau 16 – Wissembourg 19.

XX **Aub. Baechel-Brunn**, ☎ 03 88 80 78 61, *Fax 03 88 80 75 20*, 🍽 – GB. ✂
fermé 15 au 30 janv., 15 août au 6 sept., dim. soir sauf fêtes, lundi soir et mardi – **Repas** 95/280 🍷, enf. 50.

MERLETTE *05 H.-Alpes* 77 ⑰ – *rattaché à Orcières.*

MERY-CORBON *14370 Calvados* 54 ⑰ – *873 h alt. 10.*
Paris 218 – Caen 26 – Falaise 37 – Lisieux 29.

XX **Relais du Lion d'Or**, au Lion d'Or Sud : 3 km sur N 13 ☎ 02 31 23 65 30, *Fax 02 31 23 65 30* – 🅿. GB JCB
fermé 4 au 18 janv., dim. soir et lundi sauf juil.-août – **Repas** 98/208 🍷.

MÉRY-SUR-OISE *95 Val-d'Oise* 55 ⑳, 106 ③ – *voir à Paris, Environs (Cergy-Pontoise Ville Nouvelle).*

MESCHERS-SUR-GIRONDE *17132 Char.-Mar.* 71 ⑮ *G. Poitou Vendée Charentes – 1 862 h alt. 5.*
ℹ *Office de Tourisme pl. de Verdun ☎ 05 46 02 70 39, Fax 05 46 02 51 65.*
Paris 508 – Royan 12 – Blaye 74 – La Rochelle 89 – Saintes 41.

X **Forêt**, rte Talmont ☎ 05 46 02 79 87, *Fax 05 46 02 61 45* – 🅿. ⓓ GB JCB
fermé 2 janv. au 28 fév., lundi et mardi sauf juil.-août – **Repas** - produits de la mer - 90/195 🍷, enf. 38.

MESNIÈRES-EN-BRAY *76 S.-Mar.* 52 ⑮ – *rattaché à Neufchâtel-en-Bray.*

Le MESNIL-AMELOT *77 S.-et-M.* 56 ⑪, 101 ⑨ – *voir à Paris, Environs.*

MESNIL-ST-PÈRE *10140 Aube* 61 ⑰ *G. Champagne – 287 h alt. 131.*
Paris 195 – Troyes 22 – Bar-sur-Aube 33 – Châtillon-sur-Seine 54 – St-Dizier 72 – Vitry-le-François 70.

XXX **Aub. du Lac Au Vieux Pressoir** avec ch, ☎ 03 25 41 27 16, *Fax 03 25 41 57 59*, 🍽 – 📺 ☎ 📞 ♿ 🅿. GB
fermé 12 nov. au 7 déc., dim. soir et lundi du 15 sept. au 15 mars – **Repas** 120 (déj.), 170/295 et carte 220 à 350 – ☕ 48 – **15 ch** 350/450 – ½ P 360/430.

MESNIL-SELLIERES *10 Aube* 61 ⑰ *– rattaché à Troyes.*

Le MESNIL-SUR-OGER *51190 Marne* 56 ⑯ *G. Champagne – 1 118 h alt. 119.*

Voir Musée de la vigne et du vin (maison Launois).

Paris 144 – Reims 40 – Châlons-en-Champagne 30 – Épernay 14 – Vertus 6.

XXX **Mesnil,** ✆ 03 26 57 95 57, *Fax 03 26 57 78 57* – ▤. GB
fermé 16 août au 5 sept., 23 janv. au 6 fév., lundi soir et merc. – **Repas** 100/350 et carte 240 à 320 ♀, enf. 70.

RENAULT Gar. Ewen, ✆ 03 26 57 52 25

MESNIL-VAL *76 S.-Mar.* 52 ⑤ – ✉ *76910 Criel-sur-Mer.*

Paris 181 – Amiens 91 – Dieppe 26 – Le Tréport 6.

Royal Albion ⛰ sans rest, ✆ 02 35 86 21 42, *Fax 02 35 86 78 51*, Parc, « Bel aménagement intérieur » – ⇔ TV ☎ ✆ ♿ P. AE ⓓ GB. ✂
☐ 40 – **20 ch** 370/650.

Host. de la Vieille Ferme ⛰, ✆ 02 35 86 72 18, *Fax 02 35 86 12 67*, 🌳, ⛱ – TV ☎ P. AE ⓓ GB
fermé 4 au 26 janv., dim. soir et lundi hors saison – **Repas** 109/239 ♀, enf. 45 – ☐ 40 – **33 ch** 300/520 – ½ P 310/370.

Les MESNULS *78490 Yvelines* 60 ⑨, 106 ㉘ *– 793 h alt. 120.*

Paris 46 – Dreux 40 – Mantes-la-Jolie 34 – Rambouillet 15 – Versailles 27.

XXX ✿ **Toque Blanche** (Philippe), 12 Gde Rue ✆ 01 34 86 05 55, *Fax 01 34 86 82 18*, 🌳 – P. AE GB
fermé 10 au 24 août, dim. soir et lundi – **Repas** 250 (déj.)/370 et carte 340 à 540 ♀
Spéc. Ravioli de langoustines. Poulet de Houdan poché aux champignons des bois. Feuillantine de fraises et framboises à la crème de pistache.

MÉTABIEF *25370 Doubs* 70 ⑥ *G. Jura – 504 h alt. 960 – Sports d'hiver : 980/1 430 m* ⛷ *30* ⛷.

Voir Le Morond ✻★ *S par télésiège.*

Env. Mont d'Or ✻★★ *S : 8 km puis 30 mn.*

ℹ *Office de Tourisme pl. de la Mairie ✆ 03 81 49 13 81, Fax 03 81 49 09 27.*

Paris 461 – Besançon 79 – Champagnole 46 – Lausanne 54 – Pontarlier 19.

Étoile des Neiges sans rest, ✆ 03 81 49 11 21, *Fax 03 81 49 26 91* – ⇔ ☎ P. GB
fermé 15 juin au 8 juil. et 15 nov. au 15 déc. – ☐ 33 – **14 ch** 190/255.

*voir aussi ressources hôtelières des **Hôpitaux-Neufs** et de **Jougne**.*

METZ P *57000 Moselle* 57 ⑬ ⑭ *G. Alsace Lorraine – 119 594 h Agglo. 193 117 h alt. 173.*

Voir Cathédrale St-Etienne★★★ **CDV** *– Porte des Allemands★* **DV** *– Esplanade★* **CV** *: église St-Pierre-aux-Nonnains★* **CX E** *– Place St-Louis★* **DVX** *– Église St-Maximin★* **DVX** *– Narthex★ de l'église St-Martin* **DX** *– ≤★ du Moyen Pont* **CV** *– La Cour d'Or, musées★★ : section archéologique★★★* **DV M¹**.

Env. Walibi Schtroumf★ N : 15 km par ①.

⛳18 *de Metz-Cherisey ✆ 03 87 52 70 18 par ⑤ : 14 km;* ⛳18 *de Metz Technopole ✆ 03 87 20 33 11, par ③ : 5 km;* ⛳18 *de la Grange-aux-Ormes, ✆ 03 87 63 10 62, S par D 5 : 3 km.*

✈ *de Metz-Nancy-Lorraine : ✆ 03 87 56 70 00, par ③ : 23 km.*

🚗 *✆ 08 36 35 35 35.*

ℹ *Office de Tourisme pl. d'Armes ✆ 03 87 55 53 76, Fax 03 87 36 59 43 et Bureaux Gare et Autoroutier de l'Est de la France – Automobile Club de la Moselle 10 r. Ferme St-Ladre à Marly ✆ 03 8766 80 15, Fax 03 87 62 75 87.*

Paris 333 ① – Bonn 273 ① – Bruxelles 274 ① – Dijon 269 ④ – Lille 368 ① – Luxembourg 62 ① – Nancy 56 ④ – Reims 191 ① – Saarbrücken 69 ③ – Strasbourg 163 ②.

Plan page suivante

Novotel Centre M, pl. Paraiges ✆ 03 87 37 38 39, *Fax 03 87 36 10 00*, 🌳, ⛱ – |‡| ⇔ ▤ TV ☎ ✆ ♿ 🚗 – 🏛 150. AE ⓓ GB — DV t
Repas carte environ 170 ♀, enf. 50 – ☐ 57 – **120 ch** 490/550.

Bleu Marine, 23 av. Foch ✆ 03 87 66 81 11, *Fax 03 87 56 13 16*, 🏋 – |‡| ⇔ TV ☎ ✆ – 🏛 50. AE ⓓ GB — DX s
Repas (125) - 145 ♀, enf. 49 - ***Caveau*** **: Repas** (79)bc - 99 bc, enf. 49 – ☐ 60 – **60 ch** 370/900, 58 appart.

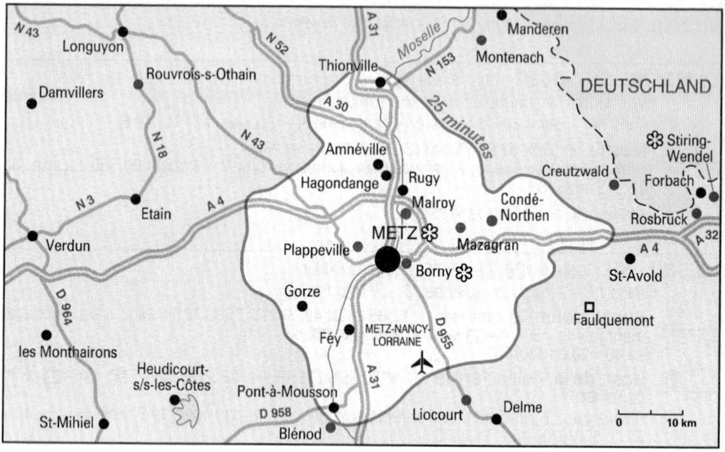

Mercure Centre St-Thiébault M, 29 pl. St-Thiébault ☎ 03 87 38 50 50, *Fax 03 87 75 48 18* – 25 à 120. AE GB JCB DX d
Repas (100) - 130/200 ♀, enf. 52 – ☕ 57 – **112 ch** 470/520.

Cathédrale sans rest, 25 pl. Chambre ☎ 03 87 75 00 02, *Fax 03 87 75 40 75*, Maison du 17e siècle – AE GB. CV v
☕ 50 – **20 ch** 340/490.

Gd H. de Metz sans rest, 3 r. Clercs ☎ 03 87 36 16 33, *Fax 03 87 74 17 04* – 25. AE GB CV e
☕ 35 – **62 ch** 295/425.

Cécil sans rest, 14 r. Pasteur ☎ 03 87 66 66 13, *Fax 03 87 56 96 02* – AE GB. CX x
fermé 26 déc. au 2 janv. – ☕ 35 – **39 ch** 260/290.

Foch sans rest, 8 pl. R. Mondon ☎ 03 87 74 40 75, *Fax 03 87 74 49 90* – AE GB CX v
☕ 32 – **38 ch** 188/310.

Métropole sans rest, 5 pl. Gén. de Gaulle ☎ 03 87 66 26 22, *Fax 03 87 66 29 91* – AE GB DX q
☕ 30 – **80 ch** 160/280.

Moderne sans rest, 1 r. La Fayette ☎ 03 87 66 57 33, *Fax 03 87 55 98 59* – AE GB CX m
☕ 30 – **43 ch** 150/295.

Ibis Cathédrale, 47 r. Chambière, quartier Pontiffroy ☎ 03 87 31 01 73, *Fax 03 87 31 25 46*, – 25. AE GB DV e
Repas (75) - 95 ♁, enf. 39 – ☕ 35 – **79 ch** 300.

XXX **Maire**, 1 r. Pont des Morts ☎ 03 87 32 43 12, *Fax 03 87 31 16 75*, « Salle à manger surplombant la Moselle » – AE GB CV f
Repas 150/380 et carte 280 à 390 ♀.

XXX **Arcadia**, 22 pl. St-Simplice ☎ 03 87 37 32 81, *Fax 03 87 36 70 89*, – AE GB
fermé 15 août au 7 sept., 14 au 28 fév., dim. soir et lundi – **Repas** 150 bc/250 (déj.) et carte 180 à 260 ♀. DV u

XX **Ville de Lyon**, 7 r. Piques ☎ 03 87 36 07 01, *Fax 03 87 74 47 17* – P. AE GB DV a
fermé 27 juil. au 24 août, dim. soir et lundi – **Repas** 115/300 ♀, enf. 45.

XX **Roches**, 29 r. Roches ☎ 03 87 74 06 51, *Fax 03 87 75 40 04*, « Terrasse au bord de la Moselle » – AE GB JCB CV n
fermé dim. soir – **Repas** 140/300 - ***Marée d'Isis*** ☎ 03 87 74 11 51 **Repas** 90/110 ♁.

XX **Flo**, 2 bis r. Gambetta ☎ 03 87 55 94 95, *Fax 03 87 38 09 26*, – AE GB CX b
Repas brasserie 112 bc/153 bc.

XX **Chat Noir**, 30 r. Pasteur ☎ 03 87 56 99 19, *Fax 03 87 66 67 64* – AE GB AZ e
fermé 24 déc. au 5 janv., sam. midi et dim. – **Repas** 118 ♁.

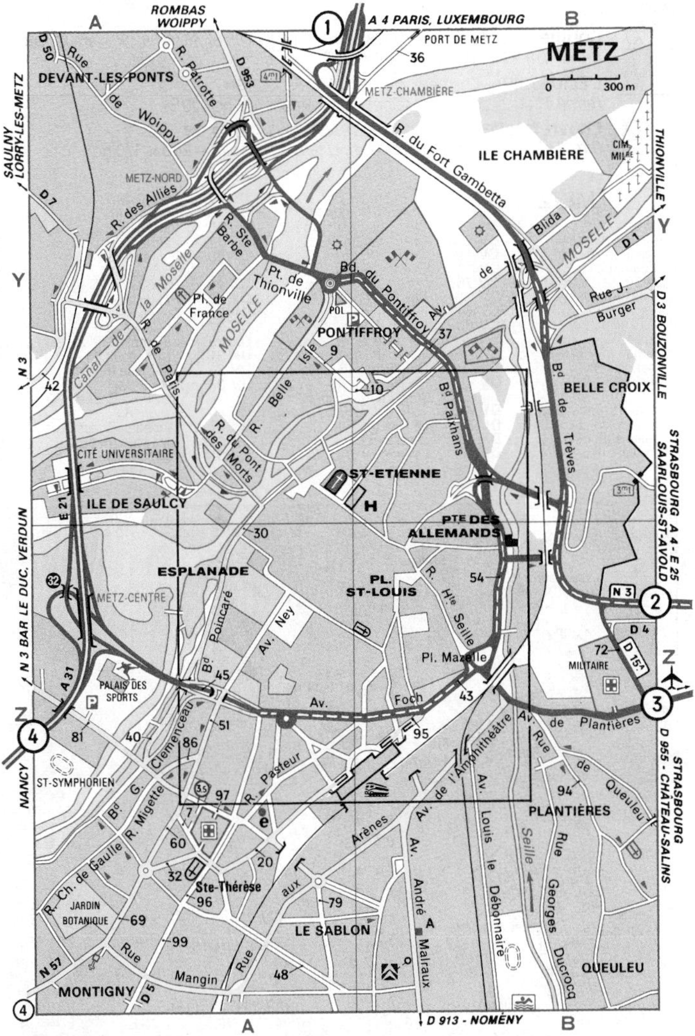

Barbé-des-Marbois (R.)	AZ	7	Henri-II (Av.)	AY	42	St-Pierre (R.)	AZ	79
Bénédictins (R. des)	AY	9	Jean-XXIII (Av.)	BZ	43	St-Symphorien (Bd)	AZ	81
Chambière (R.)	BY	10	Joffre (Av.)	AZ	45	Salis (R. de)	AZ	86
Clovis (R.)	AZ	20	Lagneau (R. Jules)	AZ	48	Trois-Évêchés (R.)	BZ	94
Garde (R. de la)	AYZ	30	Lattre-de-T. (Av. de)	AZ	51	Vauban (R.)	BZ	95
Goethe (R.)	AZ	32	Maginot (R. André)	BZ	54	Verdun (R. de)	AZ	96
Grange-aux-Dames (R.)	BY	36	Nancy (Av. de)	AZ	60	Verlaine (R.)	AZ	97
Grilles (Pont des)	BY	37	Pont-à-Mousson (R.)	AZ	69	20e-Corps-Américain (R.)	AZ	99
Hegly (Allée V.)	AZ	40	Pont-Rouge (R. du)	BZ	72			

Pour vos voyages, en complément de ce guide, utilisez :

- Les **guides Verts Michelin** régionaux paysages, monuments et routes touristiques.
- Les **cartes Michelin** à 1/1 000 000 grands itinéraires
  1/200 000 cartes détaillées.

XX **Goulue,** 24 pl. St-Simplice ✆ 03 87 75 10 69, *Fax 03 87 36 94 05,* 🍽 – ▤. AE GB DV s
fermé dim. et lundi – **Repas** 180/250 ♀.

XX **L'Écluse,** 45 pl. Chambre ✆ 03 87 75 42 38 – AE GB CV r
fermé 1er au 22 août, dim. soir et lundi – **Repas** 165 bc/220 ♀.

X **Chèvrefeuille,** 27 r. Taison ✆ 03 87 74 29 53 – AE ◑ GB DV r
fermé 10 au 20 août, vacances de fév., sam. soir et dim. – **Repas** 120 bc/220 bc.

METZ

Ambroise-Thomas (R.) . . . . . **CV** 2
Clercs (R. des) . . . . **CV**
En Fournirue . . . . **DV**
Fabert (R.) . . . . **CV** 26
Jardins (R. des) . . . . **DV**
Palais (R. du) . . . . **CV** 64
Petit-Paris (R. du) . . . . **CV** 65
St-Louis (Pl.) . . . . **DVX**
Schuman (Av. R.) . . . . **CX**
Serpenoise (R.) . . . . **CV**
Tête d'Or (R. de la) . . . . **DV**

Allemands (R. des) . . . . **DV** 4
Armes (Pl. d') . . . . **DV** 5
Augustins (R. des) . . . . **DX** 6
Chambière (R.) . . . . **DV** 10
Chambre (Pl. de) . . . . **CV** 12
Champé (R. du) . . . . **DV** 13
Chanoine-Collin (R.) . . . . **DV** 15
Charlemagne (R.) . . . . **CX** 17
Chèvre (R. de la) . . . . **DX** 19
Coëtlosquet
(R. du) . . . . **CX** 22
Coislin (Pl.) . . . . **DX** 23
Enfer (R. d') . . . . **DV** 25
Faisan (R. du) . . . . **CV** 27
Fontaine (R. de la) . . . . **DX** 29
Gaulle (Pl. du Gén.-de) . . . . . **DX** 31
Gde-Armée (R. de la) . . . . . . **DV** 34
Hache (R. de la) . . . . **DV** 39
Juge-Pierre-Michel
(R. du) . . . . **CV** 46
La Fayette (R.) . . . . **CX** 47
Lasalle (R.) . . . . **DX** 49
Lattre-de-T. (Av. de) . . . . **CX** 51
Leclerc-de-H. (Av.) . . . . **CX** 52
Mondon (Pl. R.) . . . . **CX** 57
Paix (R. de la) . . . . **CV** 61
Parmentiers (R. des) . . . . . . **DX** 62
Pierre-Hardie
(R. de la) . . . . **CV** 66
Prés.-Kennedy (Av.) . . . . **CX** 73
République (Pl. de la) . . . . . . **CX** 75
St-Eucaire (R.) . . . . **DV** 76
St-Gengoulf (R.) . . . . **CX** 78
St-Simplice (Pl.) . . . . **DV** 80
St-Thiébault (Pl.) . . . . **DX** 82
Ste-Marie (R.) . . . . **CV** 84
Salis (R. de) . . . . **CX** 86
Sérot (Bd Robert) . . . . **CV** 87
Taison (R.) . . . . **DV** 88
Tanneurs (R. des) . . . . **DV** 90
Trinitaires (R. des) . . . . **DV** 93
Verlaine (R.) . . . . **CX** 97

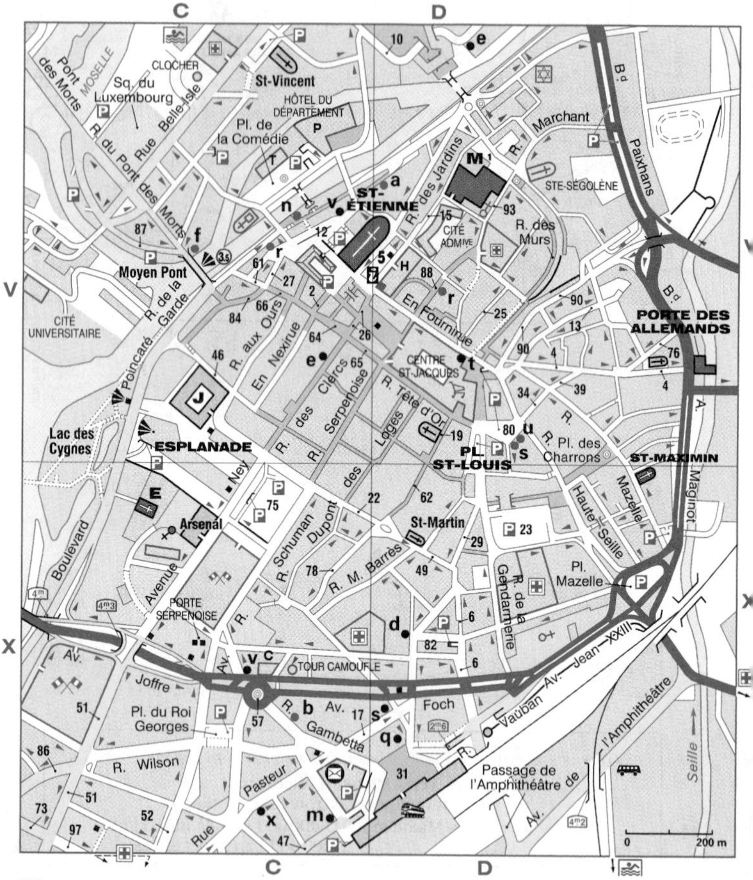

par ① et A 31 sortie la Maxe : 5 km – ✉ 57140 Woippy :

Relais Mercure Metz-Nord M, ✆ 03 87 34 20 00, Fax 03 87 32 73 11, 佘 – 🛗 ⇆ ▤ TV ☎ ♿ P – 🔬 25 à 130. AE ⓓ GB JCB
Repas (85) - 125 ♀, enf. 45 – ☕ 55 – **83 ch** 400/440.

par ① et A 31 sortie Maizières-lès-Metz : 10 km – ✉ 57280 Maizières-lès-Metz :

Novotel-Hauconcourt M, ✆ 03 87 80 18 18, Fax 03 87 80 36 00, 佘, 🏊, ⛱ – 🛗 ⇆ ▤ TV ☎ ✆ ♿ P – 🔬 25 à 120. AE ⓓ GB
Repas 95/115 ♀, enf. 50 – ☕ 55 – **132 ch** 430/490.

à Malroy Nord : 8 km par D 1 – 304 h. alt. 180 – ✉ 57640 :

Aux 3 Capitaines, ✆ 03 87 77 77 07, Fax 03 87 77 89 78, 佘 – AE GB
fermé 1er au 15 août, 1er au 15 janv. et lundi – **Repas** 78/165 ♀, enf. 47.

à Rugy Nord : 12 km par D 1 – ✉ 57640 Argancy :

Bergerie ⛰, ✆ 03 87 77 82 27, Fax 03 87 77 87 07, 佘, « Décor rustique« , ⛱ – ▤ rest, TV ☎ P – 🔬 80 à 100. GB
fermé 22 déc. au 3 janv. – **Repas** 150/250 – ☕ 45 – **48 ch** 330/390 – 1/2 P 350/375.

par ② direction Vallières : 3 km – ✉ 57070 Metz :

Crinouc (Lamaze), 79 r. Gén. Metman ✆ 03 87 74 12 46, Fax 03 87 36 96 92 – P. AE ⓓ GB
✿ fermé 21 juil. au 10 août, 2 au 11 janv., sam. midi, dim. soir et lundi – **Repas** 190/260 et carte 260 à 430 ♀
Spéc. Gourmandise de ris de veau et de foie gras. Gratin de queues de langoustines. Soufflé chaud au chocolat noir. **Vins** Côtes de Toul.

à Mazagran par ② et D 954 : 13 km – ✉ 57530 Courcelles-Chaussy :

Aub. de Mazagran, ✆ 03 87 76 62 47 – P. AE GB
fermé mardi soir et merc. – **Repas** (65) - 160 bc/280.

à Borny par ③ et rte Strasbourg : 3 km – ✉ 57070 Metz :

Jardin de Bellevue (Krompholtz), 58 r. Claude Bernard (près Technopole Metz 2000) ✆ 03 87 37 10 27, Fax 03 87 37 15 45, 佘 – P. GB
✿ fermé 2 au 21 août, dim. soir, mardi soir et lundi sauf fériés – **Repas** (95) - 115/225 et carte 190 à 310 ♀
Spéc. Saumon fumé tiède en salade, vinaigrette au raifort. Véritable bouchée à la reine "Tradition Lorraine". Poêlé de Saint-Jacques, choucroute croquante au lard fumé et genièvre (nov. à mars). **Vins** Vins de Moselle.

à Technopole 2000 par ③ et rte de Strasbourg : 5 km – ✉ 57070 Metz :

Holiday Inn M ⛰, 1 r. F. Savart ✆ 03 87 39 94 50, Fax 03 87 39 94 55, 佘, 🏊 – 🛗 ⇆ ▤ TV ☎ ✆ ♿ P – 🔬 25 à 100. AE ⓓ GB JCB
Repas (100) - 140/180 🍷, enf. 60 – ☕ 55 – **90 ch** 475/610.

à Fey par ④, A 31 sortie Fey : 11 km – 487 h. alt. 227 – ✉ 57420 :

Tuileries M ⛰, ✆ 03 87 52 03 03, Fax 03 87 52 84 24, 佘, ⛱ – ⇆ TV ☎ ✆ ♿ P – 🔬 25 à 90. AE ⓓ GB
Repas (fermé dim. soir) 110/350 ♀, enf. 70 – ☕ 45 – **41 ch** 305/325 – 1/2 P 270/328.

à Plappeville par av. Henri II - AY : 7 km – 2 130 h. alt. 280 – ✉ 57050 :

Grignotière, 50 r. Gén. de Gaulle ✆ 03 87 30 36 68, Fax 03 87 31 11 98, 佘 – AE GB
fermé 3 au 17 août, 16 au 23 fév., dim. soir et lundi – **Repas** 120 (déj.), 195/295 ♀.

ALFA ROMEO Gar. Jacquot, 17 r. R.-Schumann à Longeville-les-Metz ✆ 03 87 32 53 06
AUDI, VOLKSWAGEN Eurauto, 191 r. Gén.-Metman Actipole Borny ✆ 03 87 74 95 82
BMW Gar. Molinari, 19 r. de Paris à Rozerieulles ✆ 03 87 60 42 40
CITROEN Succursale, 71 av. A.-Malraux ✆ 03 87 38 55 55
MERCEDES Gar. de l'Etoile, A31 Campus d'Activités à La Maxe ✆ 03 87 31 85 85
PEUGEOT Gar. Bailly-Jacquot, 2 r. P.-Boileau par D 953 ✆ 03 87 32 52 90 N ✆ 03 87 32 52 90
PEUGEOT Gar. Bailly-Briey, av. Albert-1er à Briey ✆ 03 82 47 15 15
PEUGEOT Gar. Bailly-Jacquot, 199 r. Gén.-Metman par ② ✆ 03 87 74 17 90 N ✆ 03 87 74 17 90
RENAULT Auto Losange, 50 r. Gén.-Metman par ② ✆ 03 87 39 40 40 N ✆ 08 00 05 15 15
RENAULT Gar. Chevalier, 57 bd St-Symphorien à Longeville par D 157A à l'Ouest ✆ 03 87 66 80 22 N ✆ 08 00 05 15 15

ROVER Gar. Corroy, 6 r. Chaponost à Moulins-les-Metz ✆ 03 87 62 32 15

Euromaster, 11 r. des Coutelliers ✆ 03 87 75 30 78
Laglasse Pneus, 53 r. Haute-Seille ✆ 03 87 36 00 42
Leclerc Pneus, 57 av. Abbaye St-Eloy ✆ 03 87 32 53 17
Leclerc Pneus, 3 pl. Mondon ✆ 03 87 65 49 33
Leclerc Pneus, ZI Nord à Hauconcourt ✆ 03 87 80 49 80
Leclerc Pneus, 59 av. République à Jarny (54) ✆ 03 82 33 44 59
Metz Pneus-Point S, 100 av. Strasbourg ✆ 03 87 74 16 28

CONSTRUCTEUR : Renault Véhicules Industriels, à Batilly ✆ 03 82 20 34 99

METZERAL *68380 H.-Rhin* 62 ⑱ *– 1 041 h alt. 480.*

Paris 463 – Colmar 25 – Gérardmer 39 – Guebwiller 30 – Thann 44.

du Pont, ☎ 03 89 77 60 84, – cuisinette TV ☎ P. GB
fermé 20 nov. au 21 déc. et lundi – **Repas** 90/300 ♀, enf. 50 – ☐ 40 – **8 ch** 200/270, 8 studios 300 – ½ P 280.

XX **Deux Clefs** avec ch, ☎ 03 89 77 61 48, *Fax 03 89 77 63 88*, <, – P. GB
fermé mardi de nov. à mai – **Repas** (résidents seul.) 90/280 ♀ – ☐ 40 – **15 ch** 200/300 – ½ P 280.

MEUDON *92 Hauts-de-Seine* 60 ⑩, 101 ㉔ *– voir à Paris, Environs.*

MEULAN *78250 Yvelines* 55 ⑲, 106 ④ ⑯ *– 8 101 h alt. 25.*

18 de Gadancourt ☎ 01 34 66 12 77, par D 913 et D 43 : 13 km ; 18 de Seraincourt ☎ 01 34 75 47 28, par D 913 : 3,5 km.

Paris 42 – Beauvais 62 – Mantes-la-Jolie 20 – Pontoise 21 – Rambouillet 49 – Versailles 34.

Mercure M, l'Ile Belle (dir. Mureaux) ☎ 01 34 74 63 63, *Fax 01 34 74 00 98*, <, – TV ☎ P – 40. AE GB
Repas 150/186 ♀, enf. 54 – ☐ 57 – **56 ch** 530, 13 appart.

CITROEN Mureaux Autom., 14 r. Ampère ☎ 01 34 74 01 95
FORD Gar. de Chantereine, Les Sablons Rocade Ouest ☎ 01 34 74 88 88
PEUGEOT Basse Seine Autom., 2 av. Seine ☎ 01 30 99 77 11
RENAULT P.H.P. Autom., 4 r. A.-Briand ☎ 01 34 74 17 92
RENAULT Carnot Autom., 8 bd Carnot à Hardricourt ☎ 01 34 74 01 80
Euromaster, 41 bis av. Gambetta ☎ 01 34 74 84 44

MEURSAULT *21 Côte-d'Or* 69 ⑨ *– rattaché à Beaune.*

Le MEUX *60 Oise* 56 ② *– rattaché à Compiègne.*

MEXIMIEUX *01800 Ain* 74 ③, 110 ⑧ *– 6 230 h alt. 245.*

Paris 459 – Lyon 36 – Bourg-en-Bresse 39 – Chambéry 92 – Genève 117 – Grenoble 121.

XXX **Claude Lutz** avec ch, 17 r. Lyon ☎ 04 74 61 06 78, *Fax 04 74 34 75 23* – TV ☎ P – 80. AE GB
fermé 14 au 22 juil., 19 oct. au 10 nov. et vacances de fév. – **Repas** *(fermé dim. soir et lundi)* (prévenir) 160/220 et carte 230 à 320 ♀, enf. 70 – ☐ 43 – **14 ch** 195/320
Spéc. Salade de la Dombes. Civet de turbot au gamay du Bugey. Poulet de Bresse à la crème et morilles. **Vins** Gamay du Bugey.

au Pont de Chazey-Villieu *Est : 3 km sur N 84 – ✉ 01800 Meximieux :*

XXX **Mère Jacquet** avec ch, ☎ 04 74 61 94 80, *Fax 04 74 61 92 07*, , « Jardin fleuri », –
TV ☎ P. GB
fermé 20 déc. au 5 janv. – **Repas** *(fermé dim. soir et lundi)* 130/380 et carte 280 à 390 – ☐ 50 – **19 ch** 300/440.

PEUGEOT Gar. du Centre, 3 av. du Docteur Berthier ☎ 04 74 61 06 00
PEUGEOT Gar. Chabran, rte de Genève ☎ 04 74 61 18 09
RENAULT Gar. Paviot, 74 r. de Lyon ☎ 04 74 61 07 89

MEYLAN *38 Isère* 77 ⑤ *– rattaché à Grenoble.*

MEYMAC *19250 Corrèze* 73 ⑪ *G. Berry Limousin – 2 796 h alt. 702.*

Voir *Vierge noire★ dans l'église abbatiale.*

Office de Tourisme pl. Hôtel-de-Ville ☎ 05 55 95 18 43, Fax 05 55 46 19 99.

Paris 445 – Aubusson 57 – Limoges 96 – Neuvic 30 – Tulle 50 – Ussel 17.

à Maussac *Sud : 9 km par D 36 et N 89 – 397 h. alt. 615 – ✉ 19250 :*

Europa M, sur N 89 ☎ 05 55 94 25 21, *Fax 05 55 94 26 08*, – rest, TV ☎ P. AE GB
Repas 70/150 ♀, enf. 50 – ☐ 30 – **24 ch** 200/250 – ½ P 250.

CITROEN Gar. Vergne, ☎ 05 55 95 11 36
RENAULT Gar. Mauriange, ☎ 05 55 95 10 54 N ☎ 05 55 95 60 23

MEYRALS *24220 Dordogne 75 ⑯ – 417 h alt. 150.*
Paris 521 – Périgueux 55 – Sarlat-la-Canéda 16 – Bergerac 60 – Cahors 74 – Fumel 60 – Gourdon 40.

au Nord-Est *: 4 km par rte de Sarlat et rte de Marquay – ✉ 24220 Meyrals :*

Ferme Lamy Ⓜ sans rest, ✆ 05 53 29 62 46, *Fax 05 53 59 61 41*, ←, – TV ☎ ♿ P. AE GB
40 – **12 ch** 330/800.

MEYRARGUES *13650 B.-du-R. 84 ③, 114 ⑯ G. Provence – 2 814 h alt. 247.*
Paris 749 – Marseille 48 – Aix-en-Provence 17 – Avignon 76 – Cavaillon 52 – Digne-les-Bains 95 – Manosque 36 – Salon-de-Provence 40.

Château de Meyrargues, ✆ 04 42 63 49 90, *Fax 04 42 63 49 92*, ←, parc, « Château fortifié dominant la vallée », – ▤ ch, TV ☎ P. AE GB JCB.
Repas *(fermé dim. soir et lundi)* 250/420 – 65 – **11 ch** 700/1300 – ½ P 600/900.

MEYRUEIS *48150 Lozère 80 ⑤ ⑮ G. Gorges du Tarn – 907 h alt. 698.*
Voir *NO : Gorges de la Jonte★★.*
Env. *Aven Armand★★★ NO : 11 km – Grotte de Dargilan★★ NO : 8,5 km.*
Office de Tourisme Tour de l'Horloge ✆ 04 66 45 60 33, Fax 04 66 45 65 27.
Paris 639 – Mende 57 – Florac 35 – Millau 43 – Rodez 93 – Sévérac-le-Château 50 – Le Vigan 49.

Château d'Ayres, Est : 1,5 km par D 57 ✆ 04 66 45 60 10, *Fax 04 66 45 62 26*, ←, « Demeure du 12e siècle, parc », – TV ☎ P. AE GB. rest
30 mars-15 nov. – **Repas** 110 (déj.), 155/255 ♀, enf. 82 – 65 – **21 ch** 510/840, 6 appart – ½ P 429/594.

Mont Aigoual, r. Barrière ✆ 04 66 45 65 61, *Fax 04 66 45 64 25*, – ☎ P. AE GB. rest
fin mars-début nov. – **Repas** 95/180 ♀, enf. 50 – 40 – **30 ch** 390/460 – ½ P 280/320.

Europe, ✆ 04 66 45 60 05, *Fax 04 66 45 65 31* – ☎ P. GB
Pâques-1er nov. – **Repas** (70) - 78/95 ♀, enf. 40 – 33 – **29 ch** 225 – ½ P 245.

Family H., ✆ 04 66 45 60 02, *Fax 04 66 45 66 54*, – TV ☎ P – 30. GB
5 avril-1er nov. – **Repas** 75 ♀, enf. 45 – 35 – **48 ch** 220/250 – ½ P 250.

Gd H. de France, ✆ 04 66 45 60 07, *Fax 04 66 45 67 62*, – TV ☎ P. GB
hôtel : 12 avril-1er oct. ; rest. : 15 mai-1er oct. – **Repas** 95/120, enf. 38 – 38 – **45 ch** 290 – ½ P 260.

CITROEN Gar. Giraud, ✆ 04 66 45 60 04

MÉYZIEU *69330 Rhône 74 ⑫, 110 ⑯ – 28 077 h alt. 201.*
Paris 468 – Lyon 17 – Pont-de-Chéruy 14 – St-Priest 13 – Vienne 36.

Mont Joyeux, r. V. Hugo (près lac du Gd Large) ✆ 04 78 04 21 32, *Fax 04 72 02 85 72*, – TV ☎ ♿ P. AE GB
Repas 130/275 ♀ – 55 – **20 ch** 415/475 – ½ P 450.

Petite Auberge du Pont d'Herbens, 32 r. V. Hugo ✆ 04 78 31 41 09, *Fax 04 78 04 34 93*, – P. AE GB
fermé mars, dim. soir et lundi sauf fériés – **Repas** 80 (déj.), 110/250.

Euromaster, 34 r. Paul-Cézanne ✆ 04 78 04 30 29
Le Pneu Lyonnais, 14 bis r. du Périgord ✆ 04 78 04 18 24

MÈZE *34140 Hérault 83 ⑯ G. Gorges du Tarn – 6 502 h alt. 20.*
Office de Tourisme r. A. Massaloup ✆ 04 67 43 93 08.
Paris 750 – Montpellier 33 – Agde 20 – Béziers 39 – Lodève 51 – Pézenas 19 – Sète 18.

à Bouzigues *Nord-Est : 4 km par N 113 et rte secondaire – 907 h. alt. 3 – ✉ 34140 :*

Côte Bleue, ✆ 04 67 78 31 42, *Fax 04 67 78 35 49*, ←, – TV ☎ P – 40. AE GB. ch
Repas ✆ 04 67 78 30 87 -produits de la mer- *(fermé fin janv. à fin fév., mardi soir et merc. sauf juil.-août)* 98 (déj.), 148/250 – 38 – **32 ch** 280/350.

Thau Pneus, 35 rte de Pézenas ✆ 04 67 43 93 38

MÉZIÈRES-EN-BRENNE *36290 Indre* 68 ⑥ *G. Berry Limousin – 1 194 h alt. 88.*

Office de Tourisme "Le Moulin" 1 r. du Nord ☎ 02 54 38 12 24, Fax 02 54 38 09 83.

Paris 304 – Le Blanc 27 – Châteauroux 43 – Châtellerault 59 – Poitiers 81 – Tours 88.

Boeuf Couronné avec ch, ☎ 02 54 38 04 39, *Fax 02 54 38 02 84* – AE GB. ch
fermé 22 juin au 29 juin, 1er au 16 oct., 2 au 18 janv., dim. soir et lundi sauf fériés – **Repas** 70/245, enf. 40 – 32 – **8 ch** 165/235 – ½ P 198.

RENAULT Gar. Fradet, ☎ 02 54 38 00 02 N ☎ 02 54 38 13 97

MIEUSSY *74440 H.-Savoie* 74 ⑦ *G. Alpes du Nord – 1 346 h alt. 636.*

Office de Tourisme ☎ 04 50 43 02 72, Fax 04 50 43 01 87 Mairie ☎ 04 50 43 01 67.

Paris 566 – Chamonix-Mont-Blanc 58 – Thonon-les-Bains 49 – Annecy 61 – Bonneville 21 – Genève 36 – Megève 46 – Morzine 25.

Accueil Savoyard, ☎ 04 50 43 01 90, *Fax 04 50 43 09 59,* – P. GB
fermé 20 oct. au 8 nov., sam. (sauf hôtel) et vend. soir sauf vacances scolaires – **Repas** 72/165, enf. 45 – 35 – **19 ch** 195/290 – ½ P 210/300.

RENAULT Gar. Jacquard, ☎ 04 50 43 00 86 N ☎ 04 50 43 00 86

MIGENNES *89400 Yonne* 65 ⑤ *– 8 235 h alt. 87.*

Office de Tourisme pl. E.-Laporte ☎ 03 86 80 03 70, Fax 03 86 92 95 32.

Paris 153 – Auxerre 22 – Joigny 10 – Nogent-sur-Seine 73 – St-Florentin 16 – Seignelay 12.

Paris avec ch, 57 av. J. Jaurès ☎ 03 86 80 23 22, *Fax 03 86 80 31 04* – rest, TV . GB
fermé 25 juil. au 23 août, 2 au 17 janv., vend. soir, sam. midi et dim. soir – **Repas** 85/160, enf. 50 – 30 – **9 ch** 180/350 – ½ P 250/300.

RENAULT Gar. Picot, 148 av. J.-Jaurès ☎ 03 86 80 35 15

MILLAU *12100 Aveyron* 80 ⑭ *G. Gorges du Tarn – 21 788 h alt. 372.*

Voir *Site★ sur Millau (belvédère) par ③ du plan (N 9) – Musée de Millau : poteries★, maison de la Peau et du Gant (1er étage)* **BZ M.**

Env. *Gorges du Tarn★★★ 21 km par ① – Canyon de la Dourbie★★ 8 km par ②.*

Office de Tourisme 1av. A.-Merle ☎ 05 65 60 02 42, Fax 05 65 61 36 08.

Paris 642 ① – Mende 96 ① – Rodez 65 ⑤ – Albi 108 ④ – Alès 134 ③ – Béziers 123 ③ – Montpellier 113 ③.

Plan page ci-contre

International, 1 pl. Tine ☎ 05 65 59 29 00, *Fax 05 65 59 29 01,* salon panoramique au 8e étage – rest, TV P – 30 à 120. AE GB — BY y
Repas *(fermé dim. soir et lundi hors saison)* (60) - 125/350, enf. 68 – 48 – **92 ch** 300/450 – ½ P 257/398.

Cévenol H. et rest. Pot d'Etain, 115 r. Rajol ☎ 05 65 60 74 44, *Fax 05 65 60 85 99,* – TV P. GB — BY k
mars-nov. – **Repas** *(fermé vend. midi de juil. à mi-sept., lundi midi et dim. de mi-sept. à juin)* 97/139 – 37 – **42 ch** 299/320 – ½ P 296/308.

Millau Hôtel Club M, par ④ *et rte Montpellier* ☎ 05 65 59 71 33, *Fax 05 65 59 71 67,* – TV P. AE GB
Repas grill *(fermé lundi d'oct. à mai)* 60/120, enf. 40 – 35 – **36 ch** 270 – ½ P 225.

Campanile, par ⑤ *: 1,5 km (au centre commercial)* ☎ 05 65 59 17 60, *Fax 05 65 59 17 66,* – rest, TV P – 25. AE GB
Repas (66) - 84 bc/107 bc, enf. 39 – 34 – **49 ch** 278.

Capelle sans rest, 7 pl. Fraternité ☎ 05 65 60 14 72 – . GB. — BY b
vacances de printemps-1er oct. – 32 – **46 ch** 150/260.

Causses, 56 av. J. Jaurès ☎ 05 65 60 03 19, *Fax 05 65 60 86 90* – TV . AE GB
Repas *(fermé 1er au 12 mai, 23 déc. au 2 janv., dim. soir de sept. à juin et sam.)* 65/160 – 35 – **22 ch** 228/270 – ½ P 240/250. — BY s

Terrasse, 15 r. St-Martin ☎ 05 65 60 74 89 – GB — AZ v
fermé 1er au 15 oct., dim. soir et lundi – **Repas** 75 (déj.), 98/180.

Square, 10 r. St-Martin ☎ 05 65 61 26 00, – AE GB — AZ t
fermé 4 au 27 mars et merc. sauf juil.-août – **Repas** 92/188, enf. 45.

Braconne, 7 pl. Mar. Foch ☎ 05 65 60 30 93, – GB — BZ r
fermé 13 au 20 mai, dim. soir et lundi – **Repas** 98/195.

Capion, 3 r. J.-F. Alméras ☎ 05 65 60 00 91, *Fax 05 65 60 42 13* – AE GB — AY f
fermé janv. et merc. hors saison – **Repas** 65 bc (déj.), 89/178, enf. 38.

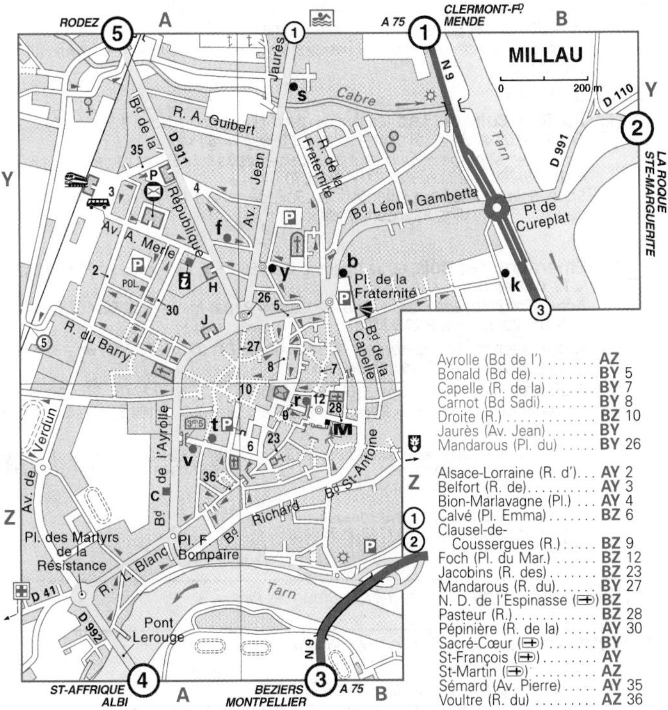

par ④ *rte St-Affrique : 2 km :*

Château de Creissels 🐌, ☎ 05 65 60 16 59, *Fax 05 65 61 24 63,* ←, 🏞, 🏞 – TV ☎ ♿ P. AE ⓓ GB JCB
hôtel : fermé 28 déc. au 11 fév. et dim. du 16 nov. au 15 mars – **Repas** *(fermé 28 déc. au 11 fév., dim. soir et lundi midi d'oct. à avril)* 121/220 ♀, enf. 58 – ☕ 45 – **31 ch** 290/410 – ½ P 285/390.

FIAT, LANCIA Gar. Soulié, ZA 148 r. A.-Lavoisier ☎ 05 65 61 01 50
PEUGEOT Gar. Pujol, 85 av. J.-Jaurès par ① ☎ 05 65 60 40 90

Lassale Pneus, 275 r. E.-Delmas ☎ 05 65 60 27 85

Pneus 2000, 8 av. Martel ☎ 05 65 60 09 77
Treillet Pneus-Point S, Cap du Crès ☎ 05 65 60 05 56 **N** ☎ 05 65 60 23 04

MILLY-LA-FORÊT *91490 Essonne* 61 ⑪, 106 ㊹ *G. Ile de France – 4 307 h alt. 68.*

Voir *Parc de Courances*** *N : 5 km.*

Office de Tourisme 60 r. Jean Cocteau ☎ 01 64 98 83 17, Fax 01 64 98 94 80.

Paris 60 – Fontainebleau 19 – Étampes 26 – Évry 32 – Melun 23 – Nemours 27.

à Auvers *(S.-et-M.) Sud : 4 km par D 948 – ✉ 77123 Noisy-sur-École :*

Aub. d'Auvers Galant, ☎ 01 64 24 51 02, *Fax 01 64 24 56 40,* 🏞 – AE GB
fermé 31 août au 10 sept., 16 fév. au 10 mars, dim. soir et lundi – **Repas** 130/280.

For your travels in **France***, use with this Guide*
- the **Michelin Green Guides** (regions of France) picturesque scenery - buildings - scenic routes
- the **Michelin Maps :** main road map (scale 1:1 000 000) regional maps (scale 1:200 000)

MIMIZAN *40200 Landes* 78 ⑭ *G. Pyrénées Aquitaine – 6 710 h alt. 13 – Casino.*
Paris 683 – Mont-de-Marsan 76 – Arcachon 66 – Bayonne 101 – Bordeaux 106 – Dax 71 – Langon 104.

à Mimizan-Bourg :

XXX ✿ **Au Bon Coin du Lac** (Caule) avec ch, au lac : Nord 1,5 km ✆ 05 58 09 01 55, *Fax 05 58 09 40 84,* ≤, – rest, . AE GB
fermé fév., dim. soir et lundi sauf juil.-août – **Repas** 160/350 et carte 340 à 430 – 65 – **4 ch** 495/660, 4 appart 580/700 – ½ P 650
Spéc. Sole soufflée aux langoustines. Foie de canard poêlé, compote d'oignons. Grand dessert "Folie". **Vins** Jurançon, Madiran.

Plage Sud :

Émeraude des Bois, 68 av. Courant ✆ 05 58 09 05 28, *Fax 05 58 09 35 73,* – P. GB. rest
hôtel : 4 avril-30 sept. ; rest. : 23 mai-20 sept. – **Repas** (dîner seul.) 98/160, enf. 55 – 35 – **15 ch** 320/380 – ½ P 275/310.

Airial sans rest, 6 r. Papeterie ✆ 05 58 09 46 54, *Fax 05 58 09 32 10,* – P. GB
1er avril-30 oct. – 35 – **16 ch** 260/300.

Plaisance, 10 r. Cormorans ✆ 05 58 09 08 06, *Fax 05 58 09 27 05,* – . GB.
fermé 24 déc. au 31 janv. – **Repas** *(fermé merc. et jeudi)* 79/185, enf. 45 – 32 – **12 ch** 350 – ½ P 300.

CITROEN Auto Mimizanaise, 15 av. de Bordeaux à Mimizan-Bourg ✆ 05 58 09 09 81
PEUGEOT Gar. Dupiau, rte de Bayonne ✆ 05 58 09 00 37
RENAULT Gar. Poisson, 48 av. de Bordeaux à Mimizan-Bourg ✆ 05 58 09 08 73 N ✆ 08 00 05 15 15
RENAULT Gar. Caignieu, 13 av. de la Plage ✆ 05 58 09 03 98 N ✆ 08 00 05 15 15

MINDIN *44 Loire-Atl.* 67 ① *– rattaché à St-Brévin-les-Pins.*

MINERVE *34210 Hérault* 83 ⑬ *G. Gorges du Tarn – 104 h alt. 227.*
Voir *Site*★★ – *Village*★.
Syndicat d'Initiative Mairie ✆ 04 68 91 81 43.
Paris 815 – Béziers 45 – Carcassonne 45 – Narbonne 32 – St-Pons 30.

X **Relais Chantovent** avec ch, ✆ 04 68 91 14 18, *Fax 04 68 91 81 99,* ≤, – GB
hôtel : 15 mars-15 nov. ; rest. : 15 mars-15 déc. et fermé dim. soir sauf juil.-août et lundi – **Repas** 100/230, enf. 38 – 32 – **10 ch** 200/260 – ½ P 320.

MIONNAY *01390 Ain* 74 ②, 110 ⑤ *– 1 103 h alt. 276.*
Paris 457 – Lyon 22 – Bourg-en-Bresse 46 – Meximieux 25 – Montluel 11 – Villefranche-sur-Saône 32.

XXXX ✿✿ **Alain Chapel** avec ch, ✆ 04 78 91 82 02, *Fax 04 78 91 82 37,* , « Jardin fleuri » – P. AE GB
fermé janv., mardi midi et lundi sauf fêtes – **Repas** 380 bc (déj.), 595/795 et carte 510 à 650 – 90 – **13 ch** 750/800
Spéc. Foie gras chaud au fenouil et hydromel. Rouget en crapaudine, farce croustillante (printemps-été). Poulette en vessie. **Vins** Mâcon-Clessé.

MIRABEL-AUX-BARONNIES *26 Drôme* 81 ③ *– rattaché à Nyons.*

MIRAMAR *06 Alpes-Mar.* 84 ⑧ *– rattaché à Théoule-sur-Mer.*

MIRANDE *32300 Gers* 82 ⑭ *G. Pyrénées Aquitaine – 3 565 h alt. 173.*
Voir *Musée des Beaux-Arts*★.
Office de Tourisme r. de l'Évêché ✆ 05 62 66 68 10, 05 62 66 78 89.
Paris 783 – Auch 25 – Mont-de-Marsan 98 – Tarbes 49 – Toulouse 101.

Pyrénées, av. d'Etigny ✆ 05 62 66 51 16, *Fax 05 62 66 79 96,* – P – 30. GB
fermé 15 au 30 nov. – **Repas** *(fermé dim. soir hors saison et lundi)* 90/220 – 40 – **28 ch** 200/400 – ½ P 250/330.

RENAULT Gar. Dufour, ✆ 05 62 66 50 19

MIRANDOL-BOURGNOUNAC *81 Tarn* 80 ⑪ *– rattaché à Carmaux.*

MIREBEAU-SUR-BÈZE *21310 Côte-d'Or* 66 ⑬ – *1 464 h alt. 202.*
Paris 335 – Dijon 25 – Châtillon-sur-Seine 107 – Dole 44 – Gray 24 – Langres 66.

XX **Aub. Marronniers** avec ch, ✆ 03 80 36 71 05, *Fax 03 80 36 75 92*, – TV ☎. AE GB.
fermé 22 déc. au 8 janv., vend. soir du 1er oct. au 30 avril et dim. soir – **Repas** 61/170 ♀, enf. 38 – ☕ 25 – **16 ch** 160/230 – ½ P 176/201.

à Bèze *Nord : 9 km par D 959 G. Bourgogne – 569 h. alt. 217 – ✉ 21310 :*

Bourguignon, ✆ 03 80 75 34 51, *Fax 03 80 75 37 06*, – TV ☎ ♿ P. AE ⓓ GB
Repas 87/200 ♀, enf. 50 – ☕ 35 – **25 ch** 150/250 – ½ P 235.

RENAULT Gar. Hinsinger, ✆ 03 80 36 71 15 N ✆ 03 80 36 71 15

MIRECOURT *88500 Vosges* 62 ⑮ *G. Alsace Lorraine – 6 900 h alt. 285.*
Paris 363 – Épinal 34 – Lunéville 51 – Luxeuil-les-Bains 73 – Nancy 47 – Neufchâteau 41 – Vittel 24.

Luth , rte Neufchâteau ✆ 03 29 37 12 12, *Fax 03 29 37 23 44*, – TV ☎ P – 25. AE GB
hôtel : fermé vend. soir et sam. hors saison – **Repas** *(fermé 26 juil. au 14 août, 26 déc. au 3 janv., vend. soir et sam.)* 80/165 ♀, enf. 50 – ☕ 45 – **27 ch** 220/295 – ½ P 250.

MIREPOIX *09500 Ariège* 86 ⑤ *G. Pyrénées Roussillon – 2 993 h alt. 308.*
Voir *Place principale*★★.
Office de Tourisme pl. Mar.-Leclerc ✆ 05 61 68 83 76, Fax 05 61 68 89 48.
Paris 773 – Foix 37 – Carcassonne 52 – Castelnaudary 34 – Limoux 33 – Pamiers 25 – Quillan 46.

Maison des Consuls sans rest, 6 pl. Couverts ✆ 05 61 68 81 81, *Fax 05 61 68 81 15*, « Maison du 14e siècle » – cuisinette TV ☎. GB
☕ 40 – **8 ch** 480/680.

RENAULT Gar. Jean, ✆ 05 61 68 15 64 N ✆ 05 61 68 26 48
Gar. de l'Hers, ✆ 05 61 68 15 76

*Un conseil **Michelin** :*
pour réussir vos voyages, préparez-les à l'avance.
*Les **cartes** et **guides Michelin**, vous donnent toutes indications utiles sur : itinéraires, visite des curiosités, logement, prix, etc.*

MIRIBEL-LES-ECHELLES *38380 Isère* 74 ⑭ – *1 607 h alt. 600.*
Paris 539 – Grenoble 39 – Chambéry 29 – Le Pont-de-Beauvoisin 16.

X **Les Trois Biches,** ✆ 04 76 55 28 02, *Fax 04 76 55 49 37* – ⓓ GB
fermé 20 au 30 juin, 1er au 10 sept., 20 fév. au 1er mars et merc. sauf juil.-août – **Repas** 65/160 ♀, enf. 55.

PEUGEOT Gar. Montagnat, ✆ 04 76 55 27 38

MIRMANDE *26 Drôme* 77 ⑫ – *rattaché à Saulce-sur-Rhône.*

MISSILLAC *44780 Loire-Atl.* 63 ⑮ *G. Bretagne – 3 915 h alt. 44.*
Voir *Retable*★ *dans l'église – Site*★ *du château de la Bretesche O : 1 km.*
18 de la Bretesche ✆ 02 51 76 86 86, O : 2 km.
Paris 438 – Nantes 65 – Redon 24 – St-Nazaire 37 – Vannes 53.

Bretesche , rte La Baule : 1 km ✆ 02 51 76 86 96, *Fax 02 40 66 99 47*, ←, , parc, , – TV ☎ ♿ P – 30. AE ⓓ GB JCB. rest
fermé fév., dim. soir et lundi du 15 oct.au 15 mars – **Repas** 160 (déj.), 195/380 ♀ – ☕ 65 – **29 ch** 520/1200 – ½ P 495/835.

RENAULT Gar. de Bretagne, à Pontchâteau ✆ 02 40 01 62 27 N ✆ 02 40 90 75 72

MISY-SUR-YONNE *77130 S.-et-M.* 61 ⑬, 106 ㊽ – *515 h alt. 72.*
Paris 89 – Fontainebleau 32 – Auxerre 99 – Montereau-Fault-Yonne 12 – Nemours 34 – Sens 27.

XX **Gaule,** chemin de Halage ✆ 01 64 31 31 11, – GB
fermé 23 déc. au 3 janv., dim. soir et merc. – **Repas** 95/240.

MITTELBERGHEIM 67140 B.-Rhin 62 ⑨ G. Alsace Lorraine – 628 h alt. 220.

Paris 495 – Strasbourg 40 – Barr 2 – Erstein 22 – Molsheim 20 – Sélestat 17.

XX **Winstub Gilg** avec ch, ☎ 03 88 08 91 37, *Fax 03 88 08 45 17* – TV ☎ P. AE ⓓ GB
fermé 29 juin au 15 juil. et 4 au 27 janv., mardi soir et merc. – **Repas** 102/360 – 35 – **15 ch** 215/400.

XX **Am Lindeplatzel,** ☎ 03 88 08 10 69, *Fax 03 88 08 45 08* – ▤. AE ⓓ GB
fermé 20 au 31 août, vacances de fév., merc. soir et jeudi – **Repas** 110/260 ♀, enf. 55.

MITTELHAUSBERGEN 67 B.-Rhin 87 ④ – rattaché à Strasbourg.

MITTELHAUSEN 67170 B.-Rhin 62 ⑨, 87 ④ – 490 h alt. 185.

Paris 468 – Strasbourg 22 – Haguenau 18 – Saverne 22.

A l'Étoile, 12 r. La Hey ☎ 03 88 51 28 44, *Fax 03 88 51 24 79,* – ▤ rest, TV ☎ ♿ P. AE GB
Repas *(fermé 13 juil. au 6 août, 2 au 13 janv., dim. soir et lundi)* (50) - 60/230 ♀ – 30 – **23 ch** 110/290 – ½ P 215/265.

MITTERSHEIM 57930 Moselle 57 ⑯ – 627 h alt. 230.

Paris 411 – Nancy 62 – Metz 83 – Sarrebourg 22 – Sarre-Union 16 – Saverne 38.

XX **Escale** avec ch, rte Dieuze ☎ 03 87 07 67 01, *Fax 03 87 07 54 57,* ≤, – TV ☎ P. AE ⓓ GB. ch
fermé fév. – **Repas** *(fermé merc. sauf juil.-août)* (85) (déj.), 130/165 ♀ – 35 – **13 ch** 200/280 – ½ P 250/280.

MIZOËN 38 Isère 77 ⑥ – rattaché au Freney-d'Oisans.

MODANE 73500 Savoie 77 ⑧ G. Alpes du Nord – 4 250 h alt. 1057 – Sports d'hiver La Norma : 1 350/2 750 m 1 16.

Tunnel du Fréjus : *Péage en 1997 aller simple : autos 95, 145 ou 188 F, P.L. 455, 693 ou 917 F - Tarifs spéciaux AR (Validité limitée).*

Office de Tourisme pl. Replaton ☎ 04 79 05 22 35, Fax 04 79 05 27 69.

Paris 664 – Albertville 90 – Chambéry 101 – Lanslebourg-Mont-Cenis 23 – Col du Lautaret 59 – St-Jean-de-Maurienne 31.

Perce Neige, cours J. Jaurès ☎ 04 79 05 00 50, *Fax 04 79 05 12 92* – TV ☎. GB.
fermé 1er au 15 mai et 18 oct. au 3 nov. – **Repas** 82/113, enf. 50 – 30 – **18 ch** 243/332 – ½ P 233/276.

CITROEN Gar. Ragona, 32 av. Jean Jaurès ☎ 04 79 05 33 04
FIAT, LANCIA, TOYOTA, Gar. Durieux, 36 av. de la Liberté à Fourneaux ☎ 04 79 05 07 74

PEUGEOT Gar. Bellussi, 10 r. de la République ☎ 04 79 05 07 68 N ☎ 04 79 05 07 68

MOËLAN-SUR-MER 29350 Finistère 58 ⑪ ⑫ G. Bretagne – 6 596 h alt. 58.

Office de Tourisme r. des Moulins ☎ 02 98 39 67 28, Fax 02 98 96 50 11.

Paris 523 – Quimper 45 – Carhaix-Plouguer 67 – Concarneau 27 – Lorient 24 – Quimperlé 10.

Les Moulins du Duc, Nord-Ouest : 2 km ☎ 02 98 39 60 73, *Fax 02 98 39 75 56,* ≤, « Moulins dans un cadre de verdure, parc », – TV ☎ P – 25. AE GB
fermé 29 nov. au 17 déc. – **Repas** 150/360, enf. 60 – 50 – **22 ch** 450/820, 5 appart – ½ P 525/820.

Manoir de Kertalg sans rest, rte Riec-sur-Belon, Ouest : 3 km par D 24 et chemin privé ☎ 02 98 39 77 77, *Fax 02 98 39 72 07,* ≤, « Exposition de peintures, parc forestier » – TV ☎ P. GB.
12 avril-5 nov. – 60 – **9 ch** 490/980.

MOERNACH 68 H.-Rhin 66 ⑨ – rattaché à Ferrette.

MOIRANS-EN-MONTAGNE *39260 Jura* 70 ⑭ *G. Jura – 2 018 h alt. 627.*
Voir *Belvédère du Regardoir* <★ *NO : 3 km puis 15 mn.*
Paris 450 – Bourg-en-Bresse 81 – Lons-le-Saunier 38 – Nantua 40 – St-Claude 21.

Host. Lacuzon M, r. Jura ☎ 03 84 42 33 22, *Fax 03 84 42 38 34* – TV ☎ & AE GB
Repas *(fermé 17 au 30/08, 23/12 au 4/01, sam. midi et dim. soir du 1/07 au 15/08, vend. soir et sam. du 16/08 au 30/06)* 85/230 – ☐ 34 – **12 ch** 280/365 – 1/2 P 265/275.

CITROEN Gar. Messin, 41 r. Roussin ☎ 03 84 42 00 47
RENAULT Gar. Dalloz, 36 r. Voltaire ☎ 03 84 42 01 24

MOISSAC *82200 T.-et-G.* 79 ⑯ ⑰ *G. Pyrénées Roussillon – 11 971 h alt. 76.*
Voir *Église St-Pierre*★ *: portail méridional*★★★*, cloître*★★*.*
Env. *Boudou* ✻★ *7 km par* ③.
Golf Club d'Espalais ☎ 05 63 29 04 56, par ③ N 113 : 20 km.
Office de Tourisme pl. Durand-de-Bredon ☎ 05 63 04 01 85, Fax 05 63 04 27 10.
Paris 643 ① – Agen 42 ③ – Cahors 62 ① – Auch 85 ② – Montauban 31 ① – Toulouse 73 ②.

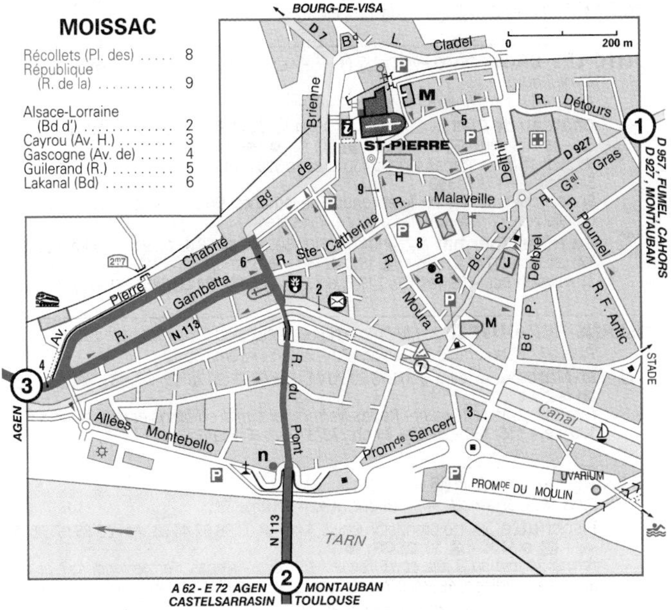

Chapon Fin, pl. Récollets **(a)** ☎ 05 63 04 04 22, *Fax 05 63 04 58 44,* – rest, TV ☎. GB
Repas 95/180 – ☐ 35 – **27 ch** 200/310 – 1/2 P 202/277.

Pont Napoléon avec ch, 2 allées Montebello **(n)** ☎ 05 63 04 01 55, *Fax 05 63 04 34 44* – TV ☎. GB. rest
fermé vacances de fév. et merc. (sauf hôtel de mai à oct.) – **Repas** 139/310 – ***34 Bis'trot*** *(fermé merc. du 15 oct. au 31 mars, dim. et fériés)* **Repas** (déj. seul.)(59) - 79 – ☐ 45 – **12 ch** 185/370 – 1/2 P 295/380.

Taquipneu, La Dérocade ☎ 05 63 04 07 85

MOISSAC-BELLEVUE *83630 Var* 84 ⑥, 114 ⑧ *– 148 h alt. 599.*
Paris 815 – Digne-les-Bains 69 – Aix-en-Provence 85 – Castellane 77 – Draguignan 35 – Manosque 56.

Bastide du Calalou , ☎ 04 94 70 17 91, *Fax 04 94 70 50 11,* <, , , , – TV ☎ P. AE GB
15 mars-15 oct. et 20 déc.-10 janv. – **Repas** 135/250 – ☐ 50 – **34 ch** 440/740 – 1/2 P 450/550.

MOLINES-EN-QUEYRAS *05350 H.-Alpes* 77 ⑲ *G. Alpes du Sud – 336 h alt. 1750 – Sports d'hiver : 1 750/2 580 m* 15.
Env. *Château-Queyras : site*★*, fort Queyras*★*, espace géologique*★ *NO : 8 km.*
Office de Tourisme ✆ *04 92 45 83 22, Fax 04 92 45 80 79.*
Paris 724 – Briançon 44 – Gap 87 – Guillestre 26 – St-Véran 6.

Cognarel, au Coin Est : 3 km par D 205 et rte secondaire ✆ 04 92 45 81 03, *Fax 04 92 45 81 17*, ≤, – ☎ – 30. AE GB
1er juin-18 sept. et 18 déc.-20 avril – **Repas** *(fermé lundi)* 100/170 ♀, enf. 55 – ☐ 42 – **21 ch** 309/395 – ½ P 370.

L'Équipe, rte St-Véran ✆ 04 92 45 83 20, *Fax 04 92 45 81 85*, ≤, – ☎ P. AE GB
29 mai-3 nov. et 19 déc.-31 mars – **Repas** *(fermé dim. soir et lundi soir en sept.)* 74/158 ♀, enf. 40 – ☐ 40 – **21 ch** 300/320 – ½ P 300.

Chamois, ✆ 04 92 45 83 71, *Fax 04 92 45 80 58*, ≤ – ☎ P. AE GB
1er mai-30 sept. et 18 déc.-Pâques – **Repas** *(fermé sam. midi sauf vacances scolaires et lundi)* 80/153, enf. 55 – ☐ 44 – **17 ch** 300 – ½ P 300.

MOLINEUF *41 L.-et-Ch.* 64 ⑦ *– rattaché à Blois.*

MOLITG-LES-BAINS *66500 Pyr.-Or.* 86 ⑰ *G. Pyrénées Roussillon – 185 h alt. 607 – Stat. therm. (avril-2 nov.).*
Paris 905 – Perpignan 51 – Prades 8 – Quillan 54.

Château de Riell M, ✆ 04 68 05 04 40, *Fax 04 68 05 04 37*, ≤ Canigou, parc, – cuisinette TV ☎ P – 70. AE GB. rest
1er avril-1er nov. – **Repas** 195 bc/430 et carte 320 à 400 ♀, enf. 150 – ☐ 90 – **19 ch** 750/1350, 3 appart – P 1030/1330
Spéc. Coque de ratatouille et fondue de légumes. Dorade cuite en croûte de sel. Gâteau moelleux au chocolat. **Vins** Collioure, Rivesaltes.

Gd Hôtel Thermal, ✆ 04 68 05 00 50, *Fax 04 68 05 02 91*, ≤, « Parc », – rest, TV ☎ P – 150. AE GB. rest
30 mars-31 oct. – **Repas** 137/218 ♀, enf. 73 – ☐ 47 – **54 ch** 295/590 – P 323/481.

MOLLANS-SUR-OUVÈZE *26170 Drôme* 81 ③ *G. Alpes du Sud – 782 h alt. 280.*
Paris 677 – Carpentras 30 – Nyons 20 – Vaison-la-Romaine 12.

St-Marc, pl. Gare ✆ 04 75 28 70 01, *Fax 04 75 28 78 63*, – ☎. GB. rest
fermé 1er janv. au 15 mars – **Repas** *(fermé mardi midi en saison et dim. et lundi hors saison)* 100 (déj.), 135/180 – ☐ 48 – **31 ch** 270/370 – ½ P 309/340.

MOLLKIRCH *67190 B.-Rhin* 62 ⑨ *– 552 h alt. 320.*
Paris 481 – Strasbourg 41 – Molsheim 12 – Saverne 33.

Fischhutte, rte Grendelbruch : 3,5 km ✆ 03 88 97 42 03, *Fax 03 88 97 51 85*, ≤, – TV ☎ P – 30. AE GB.
fermé 26 juin au 9 juil. et 15 fév. au 15 mars – **Repas** *(fermé lundi soir et mardi sauf juil.-août)* 98 (dîner), 150/300 ♀, enf. 70 – ☐ 38 – **17 ch** 230/340 – ½ P 250/340.

RENAULT Gar. Holtz, ✆ 03 88 50 15 53 N ✆ 03 88 50 10 14

MOLSHEIM *67120 B.-Rhin* 62 ⑨ *G. Alsace Lorraine – 7 973 h alt. 180 –* Voir La Metzig★ **D**.
Office de Tourisme pl. Hôtel de Ville ✆ *03 88 38 11 61, Fax 03 88 49 80 40.*
Paris 476 ① – Strasbourg 25 ③ – Lunéville 90 ④ – St-Dié 67 ④ – Saverne 27 ① – Sélestat 34 ③.

Diana M, pont de la Bruche **(n)** ✆ 03 88 38 51 59, *Fax 03 88 38 87 11*, – TV ☎ – 25 à 150. AE GB JCB
Repas 150/295 – ***Taverne*** : **Repas** 80/130, enf. 50 – ☐ 50 – **60 ch** 410/445 – ½ P 400.

Bugatti M sans rest, r. Commanderie par ③ ✆ 03 88 49 89 00, *Fax 03 88 38 36 00* – TV ☎ P – 40. AE GB JCB
☐ 35 – **45 ch** 260/290.

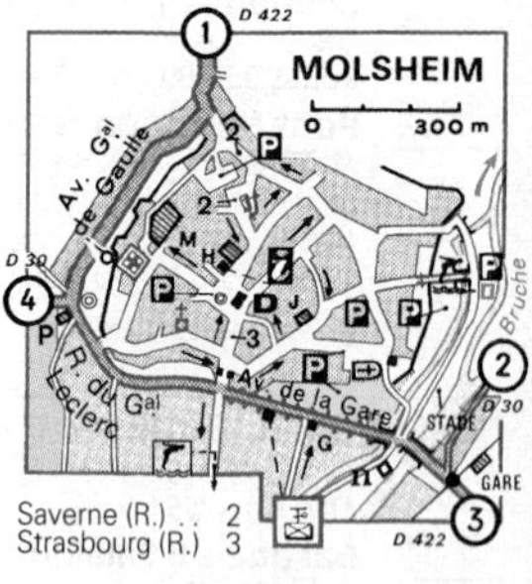

CITROEN Gar. Krantz, 6 av. Gare ✆ 03 88 38 11 57 N ✆ 03 88 38 11 57

RENAULT Gar. Wietrich, N 422 par ③ ✆ 03 88 47 91 91 N ✆ 03 88 49 38 88

Les MOLUNES *39310 Jura* 70 ⑮ – *93 h alt. 1274.*

Paris 487 – Genève 52 – Gex 32 – Lons-le-Saunier 74 – St-Claude 15.

Pré Fillet , rte Moussières ✆ 03 84 41 62 89, *Fax 03 84 41 64 75*, ← – ☎ 📞 🚗 P – 🏔 25. GB
fermé 15 oct. au 1er déc. – Repas *(fermé dim. soir hors saison)* 65 bc/160 ♀, enf. 30 – ☕ 30 – **19 ch** 220/250 – ½ P 195/210.

MONACO (Principauté de) 84 ⑩, 115 ㉗ ㉘ *G. Côte d'Azur – 29 972 h alt. 65 – Casino.*

Beausoleil *06240 Alpes-Mar. – 12 326 h alt. 89.*

Voir *Mont des Mules* ✳★ *N : 1 km puis 30 mn.*

Paris 949 ⑤ – Monaco 3 ③ – Menton 13 ② – Nice 20 ③ – San Remo 38 ①.

Olympia sans rest, 17 bis bd Gén. Leclerc ✆ 04 93 78 12 70, *Fax 04 93 41 85 04* – |♦| ▤ TV ☎. GB DX f
☕ 34 – **32 ch** 260/315.

Sera Technic Pneu, 38 r. des Martyrs ✆ 04 93 78 59 16

Cap d'Ail *06320 Alpes-Mar. – 4 859 h alt. 51.*

Office de Tourisme 104 av. du 3-septembre, Centre G.-Apollinaire ✆ *04 93 78 02 33, Fax 04 92 10 74 36.*

Ramada M, au port ✆ 04 92 10 67 67, *Fax 04 92 10 67 00*, ←, 🏝, 🏊 – |♦| ✈ ▤ TV ☎ 📞 ♿ 🚗 – 🏔 200. AE ⓓ GB JCB AV n
Repas 155 et carte 160 à 270 ♀, enf. 80 – ☕ 90
174 ch 640/990, 12 appart.

Monaco Capitale de la Principauté – ✉ *98000.*

Voir *Jardin exotique*★★ **CZ** : ←★ – *Grotte de l'Observatoire*★ **CZ B** – *Jardins St-Martin*★ **DZ** – *Ensemble de primitifs niçois*★★ *dans la cathédrale* **DZ** – *Christ gisant*★ *dans la chapelle de la Miséricorde* **D D** – *Place du Palais*★ **CZ** – *Palais du Prince*★ : *musée napoléonien et des archives monégasques*★ **CZ** – *Musées : océanographique*★★★ **DZ** *(aquarium*★★, ←★★ *de la terrasse), d'anthropologie préhistorique*★ **CZ M**[1], – *Collection princière de voitures anciennes*★ **CZ M**[2].

Circuit automobile urbain – *A.C.M. 23 bd Albert-1er* ✆ *(00-377) 93 15 26 00, Fax (00-377) 93 25 80 08.*

Paris 951 ⑤ – Menton 11 ② – Nice 21 ③ – San Remo 42 ①.

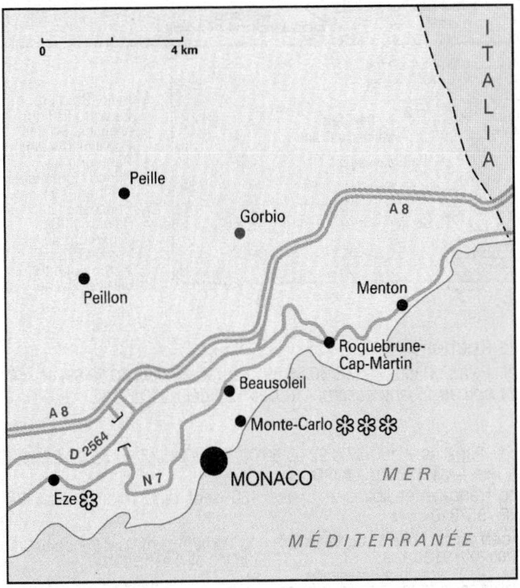

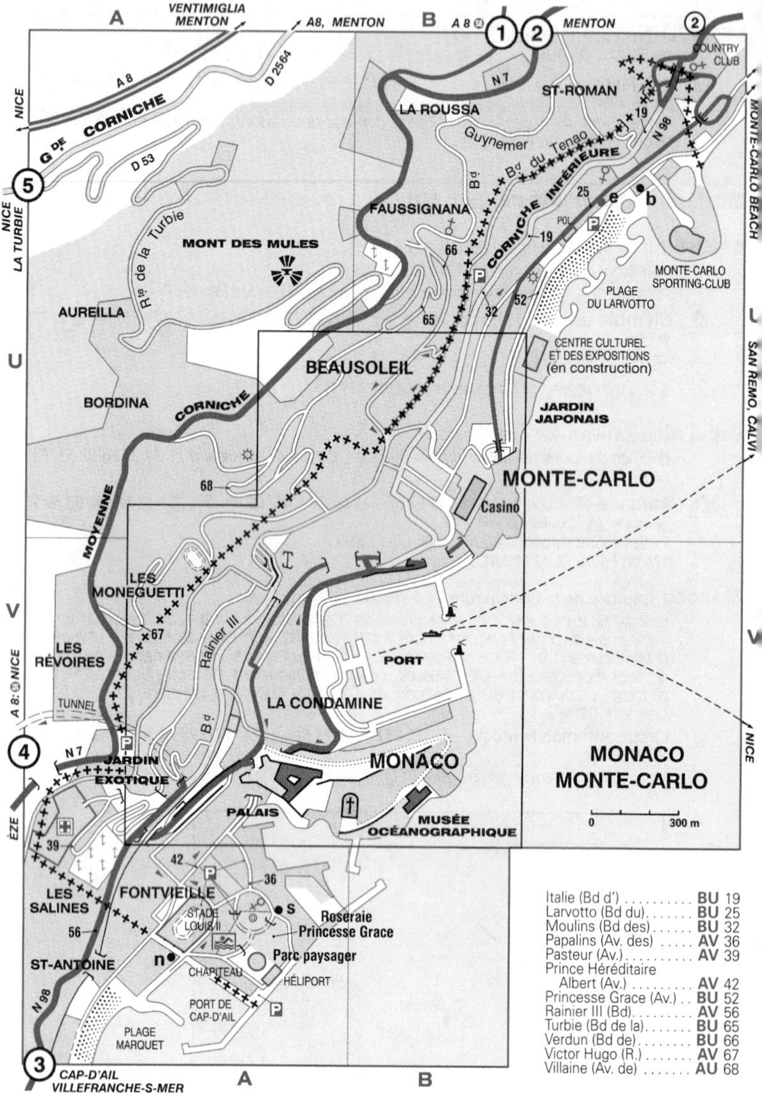

Italie (Bd d') .... **BU** 19
Larvotto (Bd du).......... **BU** 25
Moulins (Bd des) .... **BU** 32
Papalins (Av. des) .... **AV** 36
Pasteur (Av.) .... **AV** 39
Prince Héréditaire
Albert (Av.) .... **AV** 42
Princesse Grace (Av.) .. **BU** 52
Rainier III (Bd).......... **AV** 56
Turbie (Bd de la).......... **BU** 65
Verdun (Bd de).......... **BU** 66
Victor Hugo (R.) .... **AV** 67
Villaine (Av. de) .... **AU** 68

à Monaco Ville, sur le Rocher :

Castelroc, pl. Palais ☎ (00-377) 93 30 36 68, *Fax (00-377) 93 30 59 88,* ←, – AE GB JCB – *fermé 21 nov. au 15 janv. et sam.* – **Repas** 125 (déj.)/230 ⅀.

à Fontvieille :

Abela M, 23 av. Papalins ☎ (00-377) 92 05 90 00, *Fax (00-377) 92 05 91 67,* ←, – 150. AE GB JCB AV s
Repas - cuisine française et libanaise - *(115)* - 160 (sauf dim. midi) ⅀ – 105 – **192 ch** 880/1100 – ½ P 755/810.

AUDI, VOLKSWAGEN Gar. du Pont, 35 bd Rainier III à Ste-Dévote ☎ (00-377) 93 30 82 03
MERCEDES S.A.M.G.F., 25 av. Prince Héréditaire Albert ☎ (00-377) 92 05 65 65 N ☎ 03 88 72 00 94

Portier Tiberti, 4 av. Princesse Grâce ☎ (00-377) 93 15 90 21

CZ p

Albert-1er (Bd) . . . . CYZ
Grimaldi (R.) . . . . CYZ
Moulins (Bd des) . . . . DX 32
Ostende (Av. d') . . . . DY 34
Pcesse Caroline (R.) . . . . . CZ 48
Pcesse Charlotte (Bd) . DXY
Prince Pierre (Av.) . . . . CZ 44
Princesse Antoinette (Av.) . . . . CY 46
Pcesse Marie-de Lorraine (R.) . . . . DZ 54
République (Bd de la) . . . . DX 58
Spélugues (Av. des) . . . . DX 62
Ste-Dévote (Pl.) . . . . CY 63
Suffren-Reymond (R.) . . . . CZ 64

Armes (Pl. d') . . . . CZ 2
Basse (R.) . . . . CDZ 3
Castro (R. Col.-de) . . . . . . CZ 7
Comte-Félix-Gastaldi (R.) DZ 10
Crovetto-Frères (Av.) . . . . CZ 12
Gaulle (Av. du Gén.-de) . . DX 14
Kennedy (Av. J.-F.) . . . . . . DY 23
Larvotto (Bd du) . . . . DX 25
Leclerc (Bd du Gén.) . . . . DX 26
Libération (Pl. de la) . . . . . DX 27
Madone (Av. de la) . . . . . . DX 28
Major (Rampe) . . . . CZ 29
Monte-Carlo (Av. de) . . . . DY 30
Notari (R. L.) . . . . CYZ 33
Palais (Pl. du) . . . . CZ 35
Papalins (Av. des) . . . . CZ 36
Pêcheurs (Ch. des) . . . . . DZ 40
Porte-Neuve (Av. de la) . . DZ 41
Prince Héréditaire Albert (Av.) . . . . CZ 42

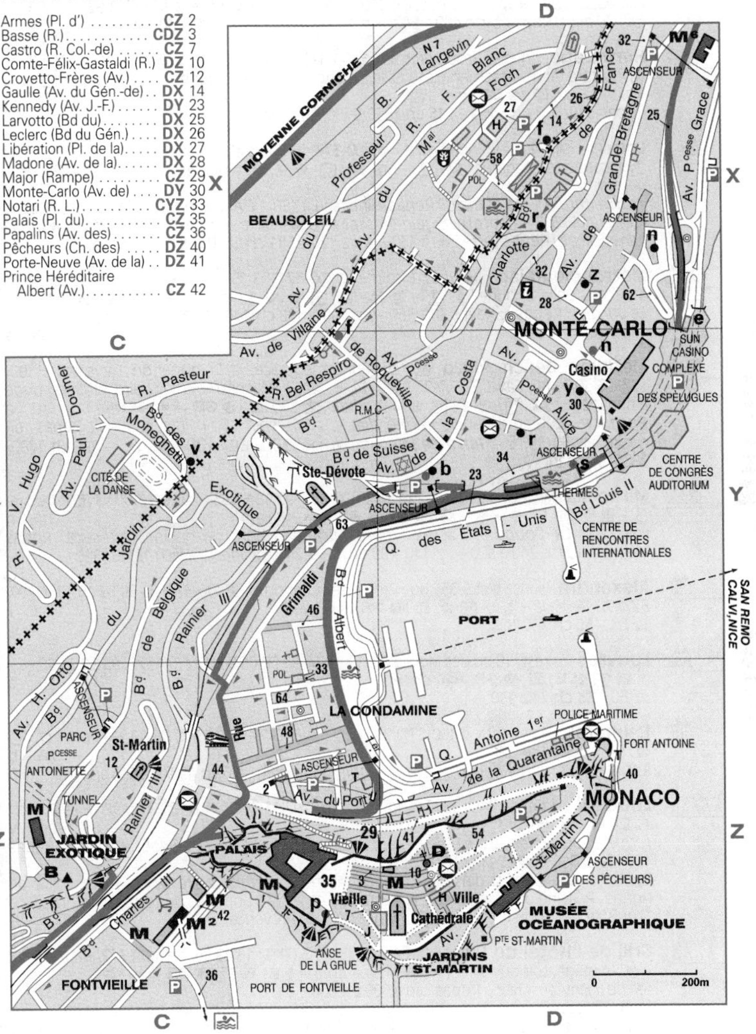

Monte-Carlo Centre mondain de la Principauté – *Casinos : Grand Casino* **DY**, *Monte-Carlo Sporting Club* **BU**, *Sun Casino* **DX** – ✉ *98000*.

Voir *Terrasse★★ du Grand casino* **DXY** – *Musée de poupées et automates★* **DX M**5 – *Jardin japonais★* **U**.

18 de Monte-Carlo ☎ 04 93 41 09 11, par ④ : 11 km.

Office de Tourisme 2 A bd des Moulins ☎ (00-377) 92 16 61 66, Fax (00-377) 92 16 60 00.

Paris 948 ⑤ – Monaco 2 ② – Menton 10 ② – Nice 19 ③ – San Remo 40 ①.

Paris, pl. Casino ✆ (00-377) 92 16 30 00, *Fax (00-377) 92 16 38 50*, ≤, centre de thalassothérapie, – ⊞ 70. AE ① GB JCB. rest DY y
voir rest. ***Louis XV*** et ***Grill*** ci-après - ***Côté Jardin*** ✆ (00-377) 92 16 68 44 (déj. seul.) *(fermé 4 juil. au 30 août)* **Repas** 300 et carte 310 à 420 – ***Salle Empire*** ✆ (00-377) 92 16 29 52 *(4 juil.-30 août)* **Repas** carte 480 à 940 – 150 – **160 ch** 2300/3200, 40 appart.

Hermitage, square Beaumarchais ✆ (00-377) 92 16 40 00, *Fax (00-377) 92 16 38 52*, ≤, centre de thalassothérapie, « Salle à manger de style baroque », – – 80. AE ① GB JCB. DY r
Repas 340/450 – 150 – **215 ch** 1850/2750, 16 appart.

Loews M, 12 av. Spélugues ✆ (00-377) 93 50 65 00, *Fax (00-377) 93 30 01 57*, ≤, casino et cabaret, – – 1 100. AE ① GB JCB. rest DX e
Truffe *(fermé lundi et mardi)* **Repas** (dîner seul.) 380 – ***L'Argentin*** *(15 juin-15 sept.)* **Repas** (dîner seul.) 365 – ***Pistou*** *(15 juin-15 sept.)* **Repas** carte 250 à 370 – ***Café de la Mer*** *(15 juin-15 sept.)* **Repas** carte 200 à 330 – 120 – **581 ch** 1550/1950, 38 appart.

Métropole Palace M, 4 av. Madone ✆ (00-377) 93 15 15 15, *Fax (00-377) 93 25 24 44*, « Décor ''Belle Époque'' », – – 220. AE ① GB JCB.
Le Jardin : **Repas** 225(déj.), 300/350 – 140 – **138 ch** 1400/2000, 12 appart – ½ P 1150/1350. DX z

Méridien Beach Plaza M, av. Princesse Grace, à la plage du Larvotto ✆ (00-377) 93 30 98 80, *Fax (00-377) 93 50 23 14*, ≤, « Bel ensemble balnéaire, piscines, plage aménagée », – – 500. AE ① GB JCB. rest BU b
Pergola - cuisine italienne *(fermé dim. du 16 sept. au 30 juin et lundi)* **Repas** (dîner seul.) 250/350 – ***Terrasse :*** **Repas** (150)-190/250, enf.120 – 125 – **295 ch** 1780/2835, 9 appart.

Mirabeau M, 1 av. Princesse Grace ✆ (00-377) 92 16 65 65, *Fax (00-377) 93 50 84 85*, ≤, – – 80. AE ① GB JCB. rest DX n
voir rest. ***La Coupole*** ci-après - ***Café Mirabeau*** bord de piscine *(mai-sept.)* **Repas** (déj. seul.)carte 240 à 300 – 140 – **99 ch** 1450/2400, 4 appart – ½ P 1315/1590.

Alexandra sans rest, 35 bd Princesse Charlotte ✆ (00-377) 93 50 63 13, *Fax (00-377) 92 16 06 48* – . AE ① GB JCB. DX r
65 – **56 ch** 700/850.

Louvre sans rest, 16 bd des Moulins ✆ (00-377) 93 50 65 25, *Fax (00-377) 93 30 23 68*, ≤ – . AE ① GB JCB. DX a
60 – **33 ch** 740/930.

Balmoral, 12 av. Costa ✆ (00-377) 93 50 62 37, *Fax (00-377) 93 15 08 69*, ≤ – , ch, . AE ① GB JCB. DY b
Repas snack *(fermé nov., dim. soir et lundi)* 150 – 80 – **66 ch** 450/1000, 6 appart.

Louis XV - Hôtel de Paris, pl. Casino ✆ (00-377) 92 16 30 01, *Fax (00-377) 92 16 69 21* – P. AE ① GB JCB. DY y
fermé 1er au 27 déc., 2 au 17 fév., merc. sauf le soir du 17 juin au 26 août et mardi – **Repas** 480 (déj.), 810/920 et carte 650 à 950
Spéc. Légumes des jardins de Provence mijotés à la truffe noire râpée, huile d'olive de Ligurie. Poitrine de pigeonneau, foie gras de canard et pommes de terre sur la braise. Le ''Louis XV'' au croustillant de pralin. **Vins** Côtes de Provence.

Grill de l'Hôtel de Paris, pl. Casino ✆ (00-377) 92 16 29 66, *Fax (00-377) 92 16 38 40*, « Au 8e étage, toit ouvrant et ≤ la Principauté » – P. AE ① GB JCB.
fermé 4 janv. au 4 fév. – **Repas** carte 500 à 1 000 DY y
Spéc. Grosses langoustines rôties, légumes au parfum de coriandre. Tronçon de turbot sur la braise, artichauts et asperges cuisinés à l'huile d'olive. Quartier d'agneau de lait rôti à la broche, petits légumes farcis (printemps). **Vins** Côtes de Provence.

La Coupole - Hôtel Mirabeau, 1 av. Princesse Grace ✆ (00-377) 92 16 65 65, *Fax (00-377) 93 50 84 85* – . AE ① GB JCB. DX n
fermé le midi en juil.-août – **Repas** 310/450 et carte 390 à 540
Spéc. Cannelloni de chèvre frais, vinaigrette de langoustines aux lardons de Parme (15 juin-15 sept.). Filets de petits rougets, compotée de tomates et fenouil au basilic. Cake au chocolat, crème fondante au safran, glace au "gianduja". **Vins** Côtes de Provence.

L'Hirondelle (Thermes Marins), 2 av. Monte-Carlo ✆ (00-377) 92 16 49 47, *Fax (00-377) 92 16 49 49*, ≤ port et le Rocher, – . AE ① GB JCB. DY s
fermé dim. soir – **Repas** (prévenir) 285 et carte 330 à 380.

XXX **Saint Benoit,** 10 ter av. Costa ✆ (00-377) 93 25 02 34, *Fax (00-377) 93 30 52 64,* ≤ port et le Rocher, 🏠 – ▤. AE ⓓ GB JCB DY b
fermé 20 déc. au 4 janv. et lundi sauf le soir de juil. à sept. – **Repas** 168/235 et carte 250 à 420.

XX **Café de Paris,** pl. Casino ✆ (00-377) 92 16 20 20, *Fax (00-377) 92 16 38 58,* 🏠, « Evocation de brasserie 1900 » – ▤. AE ⓓ GB JCB. ✗ DY n
Repas carte 210 à 370.

XX **Chez Gianni,** 39 av. Princesse Grace ✆ (00-377) 93 30 46 33, *Fax (00-377) 93 30 46 33,* 🏠 – AE ⓓ GB BU e
fermé sam. midi et dim. – **Repas** - cuisine italienne - carte 200 à 310 ♀.

X **Polpetta,** 2 r. Paradis ✆ (00-377) 93 50 67 84 – ▤. AE GB CY f
fermé 15 au 30 oct., 1er au 21 fév., sam. midi et mardi – **Repas** - cuisine italienne - 150/250.

à Monte-Carlo-Beach *(06 Alpes-Mar.) Nord-Est* **BU** *: 2,5 km* – ✉ *06190 Roquebrune-Cap-Martin :*

Monte-Carlo Beach H. Ⓜ ♨, av. Princesse Grace ✆ 04 93 28 66 66, *Fax 04 93 78 14 18,* ≤ mer et Monaco, 🏠, « Beau complexe de loisirs balnéaires », ⛱, ⛵ – |♦|, ▤ ch, TV ☎ ♿ P – 🏃 40. AE ⓓ GB JCB. ✗ rest
3 avril-4 oct. – ***Salle à Manger*** (dîner seul.)(résidents seul.) **Repas** carte 310 à 440 – ***Potinière*** (déj. seul.) *(29 mai-14 sept.)* **Repas** carte 320 à 440 – ***Rivage*** (déj. seul.) **Repas** carte 220 à 340 – ***Vigie*** -buffet- *(26 juin-31 août)* **Repas** (déj. seul.) 280 – ☕ 150 – **44 ch** 2400/2700.

ROVER, JAGUAR British Motors, 15 bd Princesse Charlotte ✆ (00-377) 93 25 64 84

MONCÉ-EN-BELIN *72230 Sarthe* 64 ③ *– 2 257 h alt. 60.*

Paris 213 – Le Mans 15 – La Flèche 35 – Le Grand-Lucé 22.

XX **Belinois,** bd Avocats ✆ 02 43 42 01 18, *Fax 02 43 42 22 16* – P. GB
fermé 15 juil. au 13 août, lundi et le soir sauf vend. et sam. – **Repas** 80 (déj.), 135/230.

MONCEL-LÈS-LUNÉVILLE *54 M.-et-M.* 62 ⑥ *– rattaché à Lunéville.*

MONCRABEAU *47600 L.-et-G.* 79 ⑭ *– 789 h alt. 150.*

Paris 718 – Agen 37 – Condom 11 – Mont-de-Marsan 86 – Nérac 13.

XX **Phare** ♨ avec ch, ✆ 05 53 65 42 08, *Fax 05 53 97 04 87,* 🏠, 🌳 – TV ☎. AE ⓓ GB
fermé oct., 20 fév. au 15 mars, dim. soir et lundi sauf juil.-août – **Repas** *(60)* - 88/198 ♖, enf. 48 – ☕ 32 – **8 ch** 235/385 – 1/2 P 270/340.

MONDEVILLE *14 Calvados* 55 ⑫ *– rattaché à Caen.*

MONDOUBLEAU *41170 L.-et-Ch.* 60 ⑮ ⑯ *G. Châteaux de la Loire – 1 557 h alt. 170.*

Paris 168 – Le Mans 64 – Blois 62 – Chartres 81 – Châteaudun 39 – Orléans 89.

🏠 **Grand Monarque,** pl. Marché ✆ 02 54 80 92 10, *Fax 02 54 80 77 40,* 🏠, 🌳 – TV ☎ 🚗 P. AE GB
fermé dim. soir et lundi – **Repas** 85/185 ♀ – ☕ 36 – **13 ch** 240/270 – 1/2 P 310/325.

MONDRAGON *84430 Vaucluse* 81 ① *– 3 118 h alt. 40.*

Paris 642 – Avignon 45 – Montélimar 41 – Nyons 41 – Orange 17.

XX **Beaugravière** avec ch, N 7 ✆ 04 90 40 82 54, *Fax 04 90 40 91 01,* 🏠 – ▤ rest, ☎ P. GB
fermé 15 au 30 sept., lundi soir d'oct. à juin et dim. soir – **Repas** 95 (déj.), 135/395 bc – ☕ 40 – **3 ch** 265/395.

MONESTIER *24240 Dordogne* 75 ⑭ – *325 h alt. 100.*
Paris 555 – Périgueux 67 – Bergerac 19 – Duras 18 – Ste-Foy-la-Grande 17.

au Nord-Ouest *7 km par D 4 et D 18 – ✉ 24240 Monestier :*

Château des Vigiers ⑤, au golf des Vigiers ✆ 05 53 61 50 00, *Fax 05 53 61 50 20*, ≤, parc, « Château du 16e siècle, golf », Fō, ⛱, ✗ – |♯| TV ☎ ♿ P – 🎪 50. AE GB. ✗
fermé janv. et fév. – ***Les Fresques* :** Repas (dîner seul.) 250/395 – ***Brasserie Le Chai* :** Repas 100 ♀ – ☕ 85 – **36 ch** 790/1280, 11 appart – 1/2 P 655/870.

MONESTIER-DE-CLERMONT *38650 Isère* 77 ⑭ *G. Alpes du Nord – 905 h alt. 825.*
Syndicat d'Initiative (en saison, matin seul.) Parc Municipal ✆ 04 76 34 15 99.
Paris 598 – Grenoble 34 – La Mure 30 – Serres 74 – Sisteron 108.

Au Sans Souci ⑤, à St-Paul-lès-Monestier Nord-Ouest : 2 km sur D 8 - alt. 800 ✆ 04 76 34 03 60, *Fax 04 76 34 17 38*, ≤, ⛱, ✗ – TV ☎ 🚗 P. GB
fermé 15 déc. à fin janv., dim. soir et lundi sauf juil.-août – Repas 89/230 ♂, enf. 52 – ☕ 36 – **11 ch** 180/320 – 1/2 P 300.

Piot ⑤, ✆ 04 76 34 07 35, *Fax 04 76 34 12 74*, ⛱, parc – ☎ P. GB
fermé 15 nov. au 15 janv., mardi soir et merc. hors saison – Repas 80/150 ♀, enf. 50 – ☕ 37 – **18 ch** 150/290 – 1/2 P 195/265.

PEUGEOT Gar. des Alpes, ✆ 04 76 34 08 20 N ✆ 04 76 34 14 08

RENAULT Gar. Charvet, ✆ 04 76 34 05 13 N ✆ 04 76 34 05 13

Le MONETIER-LES-BAINS *05 H.-Alpes* 77 ⑦ – *rattaché à Serre-Chevalier.*

La MONGIE *65 H.-Pyr.* 85 ⑱ ⑲ *G. Pyrénées Aquitaine – Sports d'hiver : 1 800/2 500 m* 2 31 – *✉ 65200 Bagnères-de-Bigorre.*
Voir *Le Taoulet ≤★★ N par téléphérique – Col du Tourmalet ✻★★ O : 4 km.*
Env. *Pic du Midi de Bigorre ✻★★★, accès par le col du Tourmalet puis par route à péage ouverte en été NO : 10 km.*
Office de Tourisme ✆ 05 62 91 94 15, Fax 05 62 95 33 13.
Paris 840 – Bagnères-de-Luchon 71 – Pau 87 – Arreau 38 – Bagnères-de-Bigorre 25 – Lourdes 49 – Luz-St-Sauveur 22 – Tarbes 45.

Pourteilh, ✆ 05 62 91 93 33, *Fax 05 62 91 90 88* – |♯| TV ☎ 🚗. AE GB. ✗ rest
15 juin-15 sept. (sauf rest.) et 15 déc.-fin avril – Repas 98/160 – ☕ 48 – **42 ch** 430/490 – 1/2 P 360/390.

Annexe Le Taoulet 🏠, ✆ 05 62 91 92 16, *Fax 05 62 91 90 88* – ☎. AE GB
15 juin-15 sept. et 15 déc.-fin avril – Repas 85/160 – ☕ 38 – **28 ch** 220/280 – 1/2 P 230/260.

Pic d'Espade, ✆ 05 62 91 98 98, *Fax 05 62 91 90 64*, ≤, ⛱ – TV ☎. AE GB
1er juin-30 sept. et 1er déc.-30 avril – Repas 75/85 ♀ – ☕ 45 – **34 ch** 300/400 – 1/2 P 300/400.

MONNAIE *37380 I.-et-L.* 64 ⑮ – *2 829 h alt. 113.*
Paris 226 – Tours 17 – Château-Renault 15 – Vouvray 11.

Soleil Levant, ✆ 02 47 56 10 34, *Fax 02 47 56 45 22* – AE GB
fermé 3 au 18 août, 18 janv. au 2 fév., mardi soir, dim. soir et lundi – Repas 95/260 ♀, enf. 50.

La-MONNERIE-LE-MONTEL *63 P.-de-D.* 73 ⑥ – *rattaché à Thiers.*

MONPAZIER *24540 Dordogne* 75 ⑯ *G. Périgord Quercy* (plan) – *531 h alt. 180.*
Voir *Place centrale★.*
Syndicat d'Initiative pl. des Cornières ✆ 05 53 22 68 59, Fax 05 53 74 30 08.
Paris 555 – Périgueux 75 – Sarlat-la-Canéda 49 – Bergerac 45 – Fumel 29 – Villeneuve-sur-Lot 44.

Edward 1er ⑤ sans rest, ✆ 05 53 22 44 00, *Fax 05 53 22 57 99*, ≤, « Demeure du 19e siècle », ⛱ – TV ☎ ♿ P. AE ⓓ GB
1er avril-1er nov. – ☕ 65 – **13 ch** 370/1000.

MONSÉGUR *33580 Gironde* 79 ③ – *1 537 h alt. 62.*
Paris 627 – Bergerac 53 – Castillonnès 47 – Langon 35 – Libourne 49 – Marmande 23 – La Réole 16.

Grand Hôtel, ✆ 05 56 61 60 28, *Fax 05 56 61 63 89* – TV ☎ 🚗. GB. ✗ ch
Repas *(fermé lundi midi en oct.)* 55/170 ♂ – ☕ 25 – **11 ch** 120/250 – 1/2 P 190/220.

MONT voir au nom propre du mont.

MONTAGNY *42840 Loire* 73 ⑧, 110 ㉓ – *1 124 h alt. 530.*

Paris 402 – Roanne 15 – Lyon 74 – Montbrison 77 – St-Étienne 97 – Thizy 8.

XX **Philippe Degoulange,** ☎ 04 77 66 11 31, *Fax 04 77 66 15 63* – ▤. GB
fermé 14 au 21 avril, 3 au 25 août, jeudi soir, dim. soir et lundi – **Repas** 125/260 ♀.

MONTAGNY-LÈS-BEAUNE *21 Côte-d'Or* 69 ⑨ – *rattaché à Beaune.*

MONTAIGU *85600 Vendée* 67 ④ – *4 323 h alt. 40.*

Env. *Mémorial de vendée ★★ : le logis de la Chabotterie★ (salles historiques★★) SO : 14 km, le chemin de la Mémoire des Lucs★ SO : 24 km* G. Poitou Vendée Charentes.

Paris 386 – Nantes 33 – La Roche-sur-Yon 38 – Cholet 35 – Fontenay-le-Comte 87 – Noirmoutier 90.

au Pont de Sénard *Nord : 7 km par N 137 et D 77 –* ✉ *85600 St-Hilaire-de-Loulay :*

Pont de Sénard M ⛰, ☎ 02 51 46 49 50, *Fax 02 51 94 11 11,* 🏞 – TV ☎ ♿ P – 🏛 30. AE ⓓ GB. ✂ rest
fermé 26 déc. au 4 janv. et dim. soir – **Repas** 90/340 ♀ – ☕ 35 – **23 ch** 250/380 – ½ P 280/310.

AUDI, VOLKSWAGEN Gar. Richomme, 15 r. Amiral Duchaffault ☎ 02 51 94 00 92
CITROEN Gar. Douaud, ZA de Mirville à Bouffére ☎ 02 51 94 15 97
FIAT, LANCIA Maine Autom., ZA Mirville à Boufféré ☎ 02 51 46 35 52 N ☎ 02 51 46 35 52
PEUGEOT Beauvois Autom., ZI rte de Nantes ☎ 02 51 94 04 97

Le pastiglie numerate delle piante di città ①, ②, ③
sono riportate anche sulle **carte stradali Michelin** *in scala 1/200 000.*

Questi riferimenti, comuni nella guida e nella carta stradale, facilitano il passaggio di una pubblicazione all'altra.

MONTARGIS SP *45200 Loiret* 61 ⑫ *G. Bourgogne* – *15 020 h alt. 95.*

Voir *Collection Girodet★ du musée* **Z M**[1].

18 *de Vaugouard-Montargis* ☎ *02 38 95 81 52 par ① : 9 km.*

ℹ *Office de Tourisme pl. du 18 juin* ☎ *02 38 98 00 87, Fax 02 38 89 32 34.*

Paris 110 ① – Auxerre 80 ② – Autun 203 ② – Bourges 117 ④ – Chartres 116 ⑤ – Chaumont 214 ② – Fontainebleau 51 ① – Nevers 124 ④ – Orléans 73 ⑤ – Sens 50 ②.

Plan page suivante

Ibis M, 2 pl. V. Hugo ☎ 02 38 98 00 68, *Fax 02 38 89 14 37* – 🛗 TV ☎ ♿ 🚗 P – 🏛 25. AE ⓓ GB Z b
Brasserie de la Poste : Repas *(70)* - 110/150 ♀, enf. 42 – ☕ 35 – **49 ch** 300.

XXX **Gloire** avec ch, 74 av. Gén. de Gaulle ☎ 02 38 85 04 69, *Fax 02 38 98 52 32* – ▤ rest, TV ☎ 🚗. GB Y m
✿ *fermé 12 au 26 août, vacances de fév., mardi soir et merc.* – **Repas** 160/280 et carte 260 à 380 ♀, enf. 70 – ☕ 35 – **12 ch** 250/350
Spéc. Salades de homard. Raviole ouverte de rouget, purée d'olives de Nyons. Pastilla de pigeonneau aux abats et dés de ris de veau. **Vins** Sancerre, Menetou-Salon.

X **Chez Pierre,** 22 r. J. Jaurès ☎ 02 38 85 22 65 – ▤ P. GB Y a
fermé 27 juil. au 21 août, 1er au 15 fév., dim. soir et lundi – **Repas** 90/160 ♀.

rte de Ferrières *par ①, N 7 et rte secondaire –* ✉ *45210 Fontenay-sur-Loing :*

Domaine de Vaugouard ⛰, ☎ 02 38 95 81 52, *Fax 02 38 95 79 78,* ≤, 🏞, parc, « Au milieu d'un golf », 🏊, ✂ – cuisinette TV ☎ ♿ P – 🏛 120. AE ⓓ GB
Repas *(fermé dim. soir de nov. à mars)* 140 ♀, enf. 50 – ☕ 50 – **16 ch** 450/550, 13 duplex – ½ P 430/550.

à Amilly *par ③ : 5 km – 11 029 h. alt. 110 –* ✉ *45200 :*

Belvédère sans rest, 192 r. J. Ferry ☎ 02 38 85 41 09, *Fax 02 38 98 75 63,* 🌳 – ⅹ TV ☎ 📞 P. GB
☕ 49 – **24 ch** 189/270.

XX **Aub. de l'Écluse,** r. Ponts (au bord du Canal) ☎ 02 38 85 44 24, *Fax 02 38 85 44 24,* 🏞 – P. GB. ✂
fermé dim. soir et lundi sauf fêtes – **Repas** 145/225.

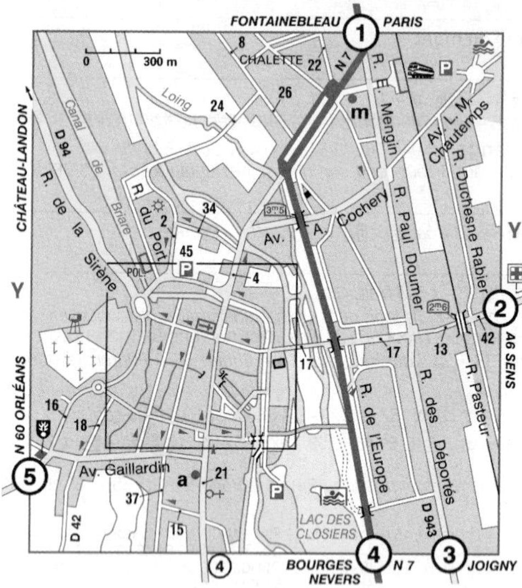

MONTARGIS

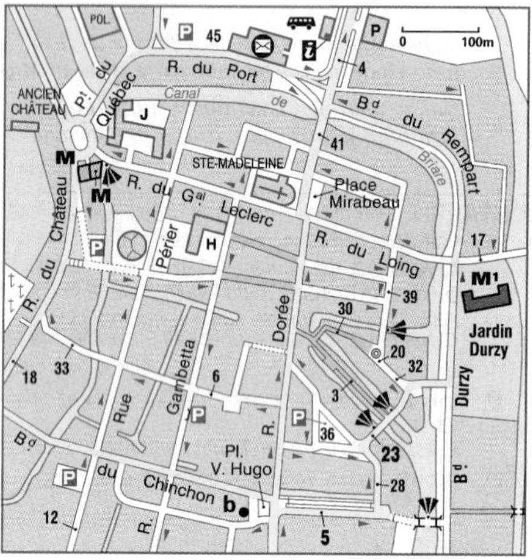

par ④ et N 7 – ✉ 45200 Montargis :

🏨 **Climat de France** Ⓜ, av. Antibes (centre commercial) : 3 km ☎ 02 38 98 20 21, *Fax 02 38 89 19 16,* 🏞 – TV ☎ ♿ 🅿 – 🏊 30. GB
Repas *(fermé dim. soir d'oct. à mars)* 89/115 🍷, enf. 39 – ☕ 35 – **41 ch** 285.

✕ **Relais du Miel,** rte Nevers : 6,5 km ☎ 02 38 85 32 02, *Fax 02 38 98 47 60,* 🏞 – 🅿. GB
Repas *(70)* - 100/160 🍷, enf. 41.

Ⓜ Dominicé-Point S, 64 r. J.-Jaurés ☎ 02 38 93 38 33

CITROEN S.M.A., 1176 av. d'Antibes à Amilly par ④ ☎ 02 38 95 05 20
MERCEDES, TOYOTA Gar. Jousselin, r. des Aubépines à Amilly ☎ 02 38 98 82 82
PEUGEOT Corre Autom., N 60 à Villemandeur par ⑤ ☎ 02 38 85 03 29 **N** ☎ 02 38 71 60 86

Euromaster, N 7, 3 rte de Nevers ☎ 02 38 85 12 80

RENAULT Gar. Basty, 1400 av. d'Antibes à Amilly par ③ ☎ 02 38 95 15 15 **N** ☎ 02 38 90 62 88

Ⓜ La Maison du Pneu, 180 rte de Viroy à Amilly ☎ 02 38 85 09 52

Le MONTAT *46 Lot* 79 ⑱ – *rattaché à Cahors.*

MONTAUBAN P 82000 *T.-et-G.* 79 ⑰ ⑱ *G. Pyrénées Roussillon – 51 224 h alt. 98.*

Voir *La vieille ville★ : portail★ de l'hôtel Lefranc-de-Pompignan* **Z E** – *Musée Ingres★* **Z** – *Place Nationale★* **Z** – *Dernier Centaure mourant★ (bronze de Bourdelle)* **Z B**.

Env. *Pente d'eau de Montech★ SO : 15 km par ③ et D 928.*

des Aiguillons ✆ 05 63 31 35 40, N par D 959 : 8 km.

Office de Tourisme Ancien Collège pl. Prax ✆ 05 63 63 60 60, Fax 05 63 63 65 12.

Paris 640 ① – Toulouse 54 ③ – Agen 74 ④ – Albi 72 ② – Auch 84 ③ – Cahors 60 ①.

MONTAUBAN

Nationale (Pl.) . . . . Z
République (R. de la) . . . . . Z 63
Résistance (R. de la) . . . . . . Z 64

Abbaye (R. de l') . . . . Z
Alsace-Lorraine (Bd) . . . . X 3
Banque (R. de la) . . . . Z
Barbazan (R.) . . . . Z
Bourdelle (Pl.) . . . . Z 4
Bourjade (Pl. L.) . . . . Z 6
Briand (Av. A.) . . . . Y 7
Cambon (R.) . . . . Z 9
Carmes (R. des) . . . . Z 10
Chamier (Av.) . . . . Y 12
Cladel (R. L.) X
Comédie (R. de la) . . . . Z 13
Consul-Dupuy (Allée du) . . Z 14
Coq (Pl. du) . . . . Z 16
Dr-Alibert (R.) X
Dr-Lacaze (R. du) . . . . Z 19
Doumerc (Bd B.) X
Foch (Pl. du Mar.) . . . . Z
Fort (R. du) . . . . Z
Gambetta (Av.) . . . . YZ
Garrisson (Bd G.) . . . . YZ
Gaulle (Av. Ch.-de) . . . . Y 25
Grand'Rue Sapiac . . . . Z
Grand'Rue Villenouvelle . . X 28
Guibert (Pl.) . . . . Z 29
Herriot (Av. E.) . . . . Y 30
Hôtel-de-Ville (R. de l') . . . . Z 31
Ingres (R.) . . . . YZ
Jourdain (R. A.) . . . . Z
Lacapelle (Fg) . . . . YZ
Lafon (R. Mary) . . . . Z 32
Lafon (R. du Pasteur L.) . . . . . . Y 34
Lagrange (R. L.) . . . . YZ 35
Libération (Pl. de la) X
Lycée (R. du) . . . . Z
Malcousinat (R.) . . . . Z 36
Mandoune (R. de la) . . . . . . Z
Marceau-Hamecher (Av.) . . . . Y 37
Marre (R. H.) . . . . Z
Marty (Pl. A.) . . . . XY
Martyrs (Carrefour des) . . . Z 46
Mayenne (Av.) . . . . Y 50
Michelet (R.) . . . . Z 51
Midi-Pyrénées (Bd) . . . . Z 52
Monet (R. J.) . . . . Z 53
Montauriol (Bd) . . . . Y
Montmurat (Q. de) . . . . Z 54
Mortarieu (Allées de) . . . . . Z 56
Moustier (Fg du) . . . . Z
Notre-Dame (R.) . . . . Z 60
Piquard (Sq. Gén.) . . . . Z 62
Prax-Paris (Pl.) . . . . Z
Roosevelt (Pl. F.) . . . . Z 66
St-Jean (R.) . . . . X 67
Ste-Claire (R.) . . . . Z
Sapiac (Pont de) . . . . YZ 68
Sarrail (R. Gén.) . . . . Y 70
Verdun (Q. de) . . . . Z 71
10e-Dragons (Av. du) X
11e-Rég.-d'Infanterie (Av. du) . . . . X 73
19-Août-1944 (Av. du) . . . . X 75
22-Septembre (Pl.du) . . . . . Z 76

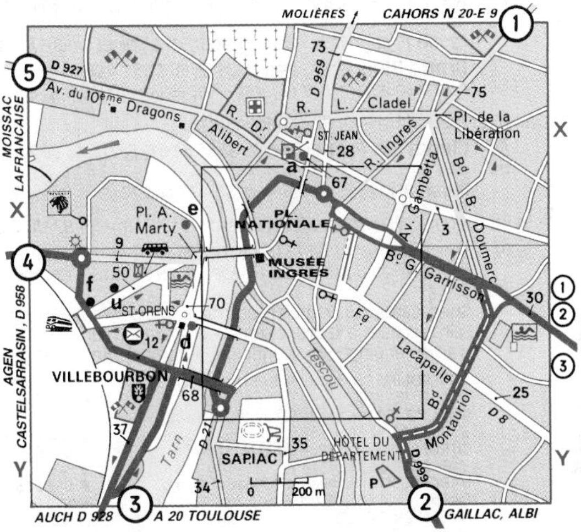

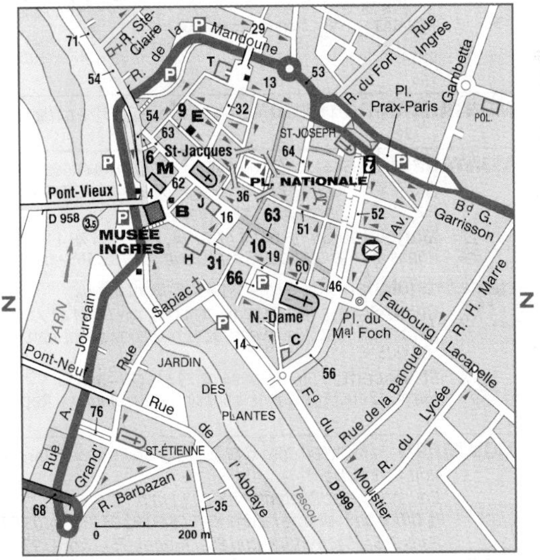

Ingres M sans rest, 10 av. Mayenne ✆ 05 63 63 36 01, *Fax 05 63 66 02 90*, – ⬚ ▤ TV ☎ ✆ 🚗. AE ⓞ GB – ☕ 45 – **31 ch** 310/470. Y u

Host. des Coulandrières, rte Castelsarrasin par ④ : *4 km* ✉ 82290 Montbeton ✆ 05 63 67 47 47, *Fax 05 63 67 46 45*, « Parc fleuri, piscine » – ▤ rest, TV ☎ P – 🏛 100. ⓞ GB. ✗ rest
fermé janv. – **Repas** *(fermé dim. soir)* 125/195 ♀ – ☕ 50 – **22 ch** 380/440 – 1/2 P 360.

XXX **Cuisine d'Alain et H. Orsay** avec ch, face gare ✆ 05 63 66 06 66, *Fax 05 63 66 19 39*, – |♦| TV ☎ ✆ P. AE ⓘ GB JCB Y f
fermé 10 au 23 août, 23 déc. au 5 janv., lundi midi et dim. et fériés – **Repas** 125 bc (déj.), 150/320 et carte 250 à 350 ♀, enf. 70 – ☕ 38 – **20 ch** 290/340 – ½ P 270.

XX **Au Chapon Fin,** 1 pl. St-Orens ✆ 05 63 63 12 10, *Fax 05 63 20 47 43* – ▤. GB Y d
fermé 26 juil. au 23 août, vend. soir et sam. – **Repas** 82/260 ♀, enf. 60.

XX **Au Fil de l'Eau,** 14 quai Dr Lafforgue ✆ 05 63 66 11 85, *Fax 05 63 66 11 85* – ▤. GB X e
fermé 1er au 11 janv., 10 au 17 août, dim. soir et lundi – **Repas** *(89)* - 120/270 ♁, enf. 55.

X **Grand Bleu,** 6 r. St-Jean ✆ 05 63 66 37 51 – GB X a
fermé août, dim. soir et lundi – **Repas** *(65)* - 100/150 ♁, enf. 50.

par ① *et N 20 : 4 km* – ✉ *82000 Montauban :*

Climat de France, ✆ 05 63 66 51 61, *Fax 05 63 66 70 80*, – ▤ rest, TV ☎ ✆ ♿ P. GB
Repas 85/125 ♀, enf. 39 – ☕ 34 – **37 ch** 270.

à Brial *par* ③ *et A 20 (sortie 67, Z.I. Bressols) : 10,5 km* – ✉ *82710 Bressols :*

XXX **Depeyre,** ✆ 05 63 23 05 06, *Fax 05 63 02 18 18*, , parc – ▤ P. AE ⓘ GB
✿ *fermé 1er au 8 juil., 1er au 8 sept., 15 au 31 janv., dim. soir et lundi* – **Repas** 110 (déj.), 160/310 ♁
Spéc. Carpaccio de thon rouge mariné au poivre vert (printemps à automne). Ragoût fin de Saint-Jacques à la brunoise de légumes (automne à printemps). Gigot de pigeon au miel d'acacia et gingembre confit (été-automne). **Vins** Côtes du Frontonnais.

ALFA ROMEO Gar. Suères, 44-46 r. L.-Cladel ✆ 05 63 03 42 06
BMW, ROVER Gar. Escat, 382 av. de Toulouse ✆ 05 63 63 34 97
CITROEN Midi Auto 82, N 20, ZI Nord par ① ✆ 05 63 92 67 00
MERCEDES Gar. Hamecher, ZI Albasud 40 imp. Taillefer ✆ 05 63 23 07 70
NISSAN Gar. Sabatié, 963 r. de l'Abbaye ✆ 05 63 63 08 00
PEUGEOT Gar. Macard, r. Bac ✆ 05 63 66 31 31 N ✆ 06 08 23 95 77
RENAULT Tarn-et-Garonne Autom., 200 rte du Nord par ① ✆ 05 63 03 23 23 N ✆ 06 09 72 09 94

Gar. Almayrac et Despoux, 200 r. M.-Delpouy ✆ 05 63 63 44 52

Doumerc Pneus, 281 av. de Toulouse ✆ 05 63 63 09 76
Le Palais du Pneu, 17 pl. Lalaque ✆ 05 63 63 15 80
Pereira Pneus, 52 av. du 10e-Dragon ✆ 05 63 03 53 98
Taquipneu, 590 rte de Paris N 20 ✆ 05 63 20 37 00
Taquipneu, 69 av. Gambetta ✆ 05 63 03 30 14

MONTAUBAN-DE-LUCHON *31 H.-Garonne* 85 ⑳ – *rattaché à Bagnères-de-Luchon.*

MONTAUROUX *83440 Var* 84 ⑧, 114 ⑫ ㉕, 115 ㉓ *G. Côte d'Azur – 2 773 h alt. 364.*

Office de Tourisme pl. du Clos ✆ 04 94 47 75 90, Fax (Mairie) 04 94 47 60 03.
Paris 892 – Cannes 33 – Draguignan 42 – Fréjus 29 – Grasse 21.

Marjolaine , ✆ 04 94 47 72 78, *Fax 04 94 76 43 13*, ←, , – |♦| ☎ P. GB
Repas *(fermé lundi du 15 sept. au 1er juin)* 85/165 – ☕ 35 – **17 ch** 140/280 – ½ P 195/240.

rte de Draguignan *Sud : 3 km* – ✉ *83440 Montauroux :*

XX **Bécassière,** D 562 ✆ 04 94 76 43 96, *Fax 04 94 47 77 19*, , – P. AE ⓘ GB
fermé oct., le soir sauf vend. et sam. de nov. à avril, dim. soir sauf juil.-août et lundi – **Repas** 100/205.

X **St-Vincent,** D 562 ✆ 04 94 47 75 41, – P. GB
fermé 12 au 27 nov., dim. soir hors saison et lundi – **Repas** 110/185.

MONTBARD SP *21500 Côte-d'Or* 65 ⑦ *G. Bourgogne* **(plan)** – *7 108 h alt. 221.*

Voir *Parc Buffon*★.
Env. *Abbaye de Fontenay*★★★ *E : 6 km par D 905.*
Office de Tourisme r. Carnot ✆ 03 80 92 03 75, Fax 03 80 92 03 75.
Paris 235 – Dijon 81 – Autun 89 – Auxerre 75 – Troyes 99.

Gare sans rest, 10 av. Mar. Foch ✆ 03 80 92 02 12, *Fax 03 80 92 41 72*, parc – TV ☎ ✆ P. GB
fermé 20 déc. au 1er fév. – ☕ 42 – **36 ch** 245/360.

L'Écu, 7 r. A. Carré ✆ 03 80 92 11 66, *Fax 03 80 92 14 13*, – TV ☎ P. AE ⓘ GB
Repas 120/270 ♀ – ☕ 47 – **24 ch** 270/420 – ½ P 330/400.

XX **Cyclamen,** 6 av. Mar. Foch ✆ 03 80 92 06 46, *Fax 03 80 92 08 62*, – GB
fermé 11 au 31 janv., dim. soir et lundi – **Repas** 75/178 ♀, enf. 51.

à Fain-lès-Montbard *Sud-Est : 6 km par N 905 – 341 h. alt. 220 – ✉ 21500 :*

Château de Malaisy ⑤, ✆ 03 80 89 46 54, *Fax 03 80 92 30 16*, parc, ⚒, ⛱ – TV ☎ ✆ ♿ P – 🧑‍🏫 25 à 150. GB. ✂
Repas 125 (déj.), 150/245, enf. 70 – ☕ 48 – **24 ch** 290/595 – ½ P 326/475.

CITROEN Gar. Monnet, rte de Dijon ✆ 03 80 92 06 09 N ✆ 03 80 92 06 09

RENAULT S.O.C.A., 39 r. Abrantès ✆ 03 80 92 06 23 N ✆ 06 08 30 39 37

MONTBAZON 37250 *I.-et-L.* 64 ⑮ *G. Châteaux de la Loire – 3 354 h alt. 59.*

Office de Tourisme "La Grange Rouge" - N10 - ✆ 02 47 26 97 87, Fax 02 47 34 01 78.
Paris 247 – Tours 14 – Châtellerault 58 – Chinon 40 – Loches 33 – Montrichard 41 – Saumur 67.

Château d'Artigny ⑤, Sud-Ouest : 2 km par D 17 ✆ 02 47 34 30 30, *Fax 02 47 34 30 39*, 🏞, « Parc, ≤ l'Indre », ⚒, ⛱, 🎾 – |‡| TV ☎ P – 🧑‍🏫 60. AE ⓓ GB JCB
fermé 29 nov. au 9 janv. – **Repas** 290/450 ♀ – ☕ 90 – **41 ch** 850/1670 – ½ P 775/1285.

Port Moulin au Fil de l'Eau,, « Pavillon au bord de la rivière » – TV. AE ⓓ GB JCB
fermé 29 nov. au 9 janv. – **Repas** voir ***Château d'Artigny*** – ☕ 90 – **9 ch** 500/600.

Domaine de la Tortinière ⑤, Nord : 2 km par N 10 et D 287 ✆ 02 47 34 35 00, *Fax 02 47 65 95 70*, 🏞, « Dans un parc ≤ vallée de l'Indre », ⛱, 🎾 – TV ☎ ♿ P – 🧑‍🏫 30. GB. ✂ rest
fermé 21 déc. au 28 fév. – **Repas** (prévenir) 220 bc (déj.), 285/370 ♀, enf. 110 – ☕ 75 – **15 ch** 590/990, 6 appart – ½ P 570/810.

Relais de Touraine, Nord : 2 km rte Tours ✆ 02 47 26 06 57, *Fax 02 47 26 18 40*, 🏞, 🪑 – TV ☎ P – 🧑‍🏫 50. GB
fermé janv., dim. soir et lundi – **Repas** 145/190 ♀ – ☕ 45 – **21 ch** 260/340 – ½ P 320.

Chancelière, 1 pl. Marronniers ✆ 02 47 26 00 67, *Fax 02 47 73 14 82*, « Élégant décor » – ▤. GB
fermé 23 août au 2 sept., 8 fév. au 4 mars, mardi midi, dim. soir et lundi – **Repas** 330/450 - ***Le Jeu de Cartes :*** Repas ‑150/220
Spéc. Cuisses de grenouilles en cromesquis et crème d'ail. Sandre rôti à la graine de moutarde. Pomme de ris de veau braisé au beurre de tilleul. **Vins** Vouvray, Montlouis.

Courtille, av. Gare ✆ 02 47 26 28 26 – GB
fermé 16 juil. au 13 août, dim. soir et merc. – **Repas** 100/210.

Ouest : *5 km par N 10, D 287 et D 87 – ✉ 37250 Montbazon :*

Moulin Fleuri ⑤ avec ch, ✆ 02 47 26 01 12, *Fax 02 47 34 04 71*, ≤, « Ancien moulin au bord de l'Indre », 🪑 – TV ☎ P. AE GB
fermé 1er fév. au 9 mars et lundi sauf fériés – **Repas** *(100)* - 170/305 ♀, enf. 60 – ☕ 43 – **12 ch** 195/290 – ½ P 258/348.

PEUGEOT Gar. Rousseau, ✆ 02 47 26 06 50

MONTBÉLIARD ⟨SP⟩ 25200 *Doubs* 66 ⑧ *G. Jura – 29 005 h Agglo. 117 510 h alt. 325.*

Voir *Le Vieux Montbéliard*★ **AZ** : *hôtel Beurnier-Rossel*★.
de Prunevelle ✆ 03 81 98 11 77, par ③ : 10 km.
Office de Tourisme 1 rue H.-Mouhot ✆ 03 81 94 45 60, Fax 03 81 32 12 07.
Paris 420 ④ – Besançon 83 ④ – Mulhouse 59 ② – Basel 96 ③ – Belfort 22 ② – Pontarlier 101 ④ – Vesoul 62 ①.

Plan page suivante

Bristol sans rest, 2 r. Velotte ✆ 03 81 94 43 17, *Fax 03 81 94 15 29* – ⇆ TV ☎ ✆ P. AE GB. ✂ AZ b
fermé 1er août au 30 sept. et 27 déc. au 4 janv. – ☕ 34 – **43 ch** 200/425.

Balance, 40 r. Belfort ✆ 03 81 96 77 41, *Fax 03 81 91 47 16* – |‡| TV ☎ ✆ ♿ P – 🧑‍🏫 25. AE ⓓ GB. ✂ rest AZ s
Repas 69 (déj.), 75/195 ♀, enf. 40 – ☕ 40 – **42 ch** 270/400 – ½ P 275/310.

Joffre, 34 bis av. Mar. Joffre ✆ 03 81 94 44 64, *Fax 03 81 94 37 40* – |‡| ⇆ TV ☎ ✆ ♿ P – 🧑‍🏫 30. AE ⓓ GB AX a
Repas snack *(fermé août, vend., sam. et dim.)* (diner seul.) 95/120 🍷 – ☕ 43 – **62 ch** 250/320 – ½ P 245.

Les Relais Verts, le Pied des Gouttes ✆ 03 81 90 10 69, *Fax 03 81 90 15 18*, 🏞 – |‡| TV ☎ ✆ ♿ P – 🧑‍🏫 25. AE ⓓ GB JCB. ✂ AX v
Repas 78 ♀, enf. 45 – ☕ 50 – **42 ch** 285/310.

Ibis, le Pied des Gouttes ✆ 03 81 90 21 58, *Fax 03 81 90 44 37*, 🏞 – ⇆, ▤ rest, TV ☎ ✆ ♿ P – 🧑‍🏫 30. AE ⓓ GB AX v
Repas *(75)* - 95 🍷, enf. 39 – ☕ 35 – **62 ch** 295.

MONTBÉLIARD

Cuvier (R.) .... AZ
Denfert-Rochereau (Pl.) AZ 10
Febvres (R. des) .... AZ 14

Albert-Thomas (Pl.) .... AZ 2
Audincourt (R. d') .... AXY 4
Belchamp (R. de) ...... AY 5
Besançon (Fg de) ..... AX 7
Chabaud-Latour (Av.) .. AX 9
Dorian (Pl.) .... AZ 12
Epinal (R. d') .... AX 13
Gambetta (Av.) .... AX 15
Helvétie (Av. d') ..... AXZ 18
Jean-Jaurès (Av.) ...... AY 20
Joffre (Av. du Mar.) ... AXZ 22
Lattre-de-Tassigny (Av. du Mar.) .... AZ 23
Leclerc (R. Gén.) ...... AZ 24
Ludwigsburg (Av. de) .. AX 26
Petite-Hollande (R.) .. AXY 28
St-Georges (Pl.) .... AZ 29
Schliffre (R. de) .... AZ 32
Toussain (R. P.) .... AX 36
Valentigney (R. de) ..... AY 40

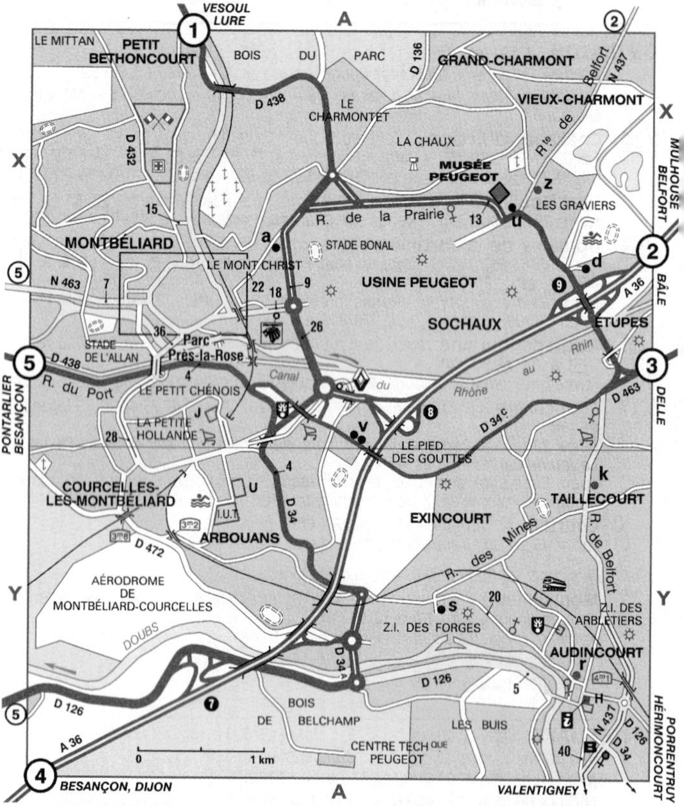

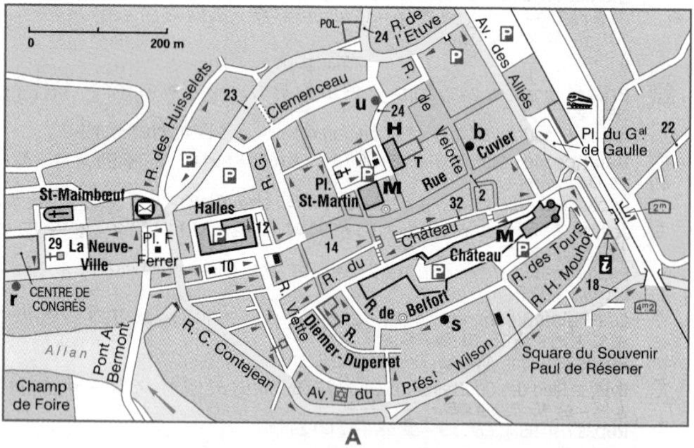

XXX **Tour Henriette,** 59 fg Besançon ☎ 03 81 91 03 24, *Fax 03 81 96 71 43* – AE ⓓ GB AZ r
fermé août, dim. soir et sam. – **Repas** 100 (déj.), 149 bc/250 bc et carte 280 à 380 ♀.

XX **St-Martin,** 1 r. Gén. Leclerc ☎ 03 81 91 18 37, *Fax 03 81 91 18 37* – AE GB AZ u
fermé vacances de Printemps, 1er au 23 août, sam. et dim. – **Repas** 180.

ALFA ROMEO, FIAT Gar. Mercier, 1 r. Keller à Arbouans ☎ 03 81 35 57 62
CITROEN Gar. Nedey, ZA la Cray à Voujeaucourt par D 126 ☎ 03 81 90 78 00 N ☎ 03 80 61 72 14
PEUGEOT Succursale, 16 av. Helvétie ☎ 03 81 99 14 00 N ☎ 08 00 44 24 24
RENAULT Filiale, r. Champs Cerf, Rd-Pt Pied-Goutte ☎ 03 81 32 66 00 N ☎ 06 07 85 55 58

Pneus et Services D.K., 7a r. Port ☎ 03 81 98 25 29
Pneus et services D.K., ZI du Charmontet ☎ 03 81 95 38 33

MONTBENOIT 25650 Doubs 70 ⑦ *G. Jura – 238 h alt. 804.*

Voir *Ancienne abbaye★ : stalles★★, niche abbatiale★.*
Office de Tourisme ☎ *03 81 38 10 32.*
Paris 465 – Besançon 60 – Morteau 17 – Pontarlier 14.

à Maisons-du-Bois *Sud-Ouest : 4 km sur D 437 – 461 h. alt. 810 –* ✉ *25650 :*

X **Saugeais** avec ch, ☎ 03 81 38 14 65, *Fax 03 81 38 11 27* – TV ☎ P. GB. ch
fermé 2 au 15 janv., dim. soir et lundi midi sauf vacances scolaires – **Repas** 68/165 ♀, enf. 38 – ☕ 40 – **7 ch** 200/280 – ½ P 240/260.

PEUGEOT Gar Querry, ☎ 03 81 38 11 89 N ☎ 03 81 38 10 99

*Die auf den **Michelin-Karten** im Maßstab 1 : 200 000 rot unterstrichenen Orte sind in diesem Führer erwähnt.*

Nur eine neue Karte gibt Ihnen die aktuellsten Hinweise.

MONT-BLANC (Tunnel du) 74 H.-Savoie 74 ⑧ ⑨ – *voir à Chamonix-Mont-Blanc.*

MONTBONNOT-ST-MARTIN 38 Isère 77 ⑤ – *rattaché à Grenoble.*

MONTBOUCHER-SUR-JABRON 26 Drôme 81 ① – *rattaché à Montélimar.*

MONTBRISON SP 42600 Loire 73 ⑰ *G. Vallée du Rhône* (plan) – *14 064 h alt. 391.*

Voir *Intérieur★ de l'église N.-D.-d'Espérance.*
Superflu Golf Club ☎ *04 77 76 00 14, à St-Romain, SE : 8 km par D 8;* *de Savigneux* ☎ *04 77 58 70 74, E : 4 km par D 496 et VO.*
Office de Tourisme Cloître des Cordeliers ☎ *04 77 96 08 69, Fax 04 77 58 00 16.*
Paris 515 – St-Étienne 36 – Lyon 76 – Le Puy-en-Velay 104 – Roanne 67 – Thiers 69.

Host. Lion d'Or, 14 quai Eaux Minérales ☎ 04 77 58 34 66, *Fax 04 77 58 73 13,* – TV ☎ – 30. AE GB
fermé 26 déc. au 12 janv. et dim. soir – **Repas** *(fermé dim. soir sauf juil.-août, sam. soir de nov. à avril et sam. midi)* 80/285 ♀ – ☕ 45 – **19 ch** 240/380 – ½ P 255/330.

Gil de France M, 18 bis bd Lachèze ☎ 04 77 58 06 16, *Fax 04 77 58 73 78,* – TV ☎ P. AE GB
Repas 68 (déj.), 90/170 , enf. 45 – ☕ 35 – **28 ch** 250/280 – ½ P 238.

à Savigneux *Est : 1,5 km par D 496 – 2 391 h. alt. 382 –* ✉ *42600 :*

Marytel sans rest, 95 rte Lyon ☎ 04 77 58 72 00, *Fax 04 77 58 42 81* – TV ☎ P – 40. AE ⓓ GB
☕ 35 – **33 ch** 240/260.

XX **Yves Thollot,** 93 rte Lyon ☎ 04 77 96 10 40, *Fax 04 77 58 31 92,* – P. AE GB
fermé 27 juil. au 13 août, vacances de fév., dim. soir et lundi – **Repas** 110/300.

à Champdieu *Nord : 4,5 km par D 8 – 1 355 h. alt. 340 –* ✉ *42600.*
Voir *Église★.*

XX **Prieuré,** ☎ 04 77 58 31 21, *Fax 04 77 58 50 54* – P. GB
fermé 3 au 23 août, dim. soir et jeudi – **Repas** 72/240.

OPEL Forez-Autos, av. P.-Cézanne, Beauregard par D 69 ☏ 04 77 58 02 59
RENAULT Gar. Mathieu, 8 av. de St-Etienne ☏ 04 77 58 30 48 **N** ☏ 04 77 44 14 03

Ⓜ Chasseing Pneus, rte de Lyon à Savigneux ☏ 04 77 96 06 06

MONTBRON *16220 Charente* **72** ⑮ *G. Poitou Vendée Charentes – 2 422 h alt. 141.*
Paris 460 – Angoulême 30 – Nontron 23 – Rochechouart 36 – La Rochefoucauld 14.

Host. Château Ste-Catherine ⛷, au Sud : 4,5 km par rte Marthon ☏ 05 45 23 60 03, *Fax 05 45 70 72 00*, ≤, « Demeure du 17ᵉ siècle dans un parc », – TV ☎ P. AE GB
fermé fév. – **Repas** *(fermé dim. soir du 1ᵉʳ nov. au 31 mars)* 120 (déj.), 160/220 – 49 – **14 ch** 350/550 – 1/2 P 350/450.

CITROEN Gar. Marchat, ☏ 05 45 23 61 63

MONTCEAU-LES-MINES *71300 S.-et-L.* **69** ⑰ ⑱ *G. Bourgogne – 22 999 h alt. 285.*
Env. *Mont-St-Vincent : tour ✶★★ 12 km par ③.*
Golf du Château d'Avoise à Montchanin ☏ 03 85 78 19 19 par ②.
Office de Tourisme 1 pl. Hôtel de Ville ☏ 03 85 57 38 51, Fax 03 85 58 15 33 Annexe (dim. et jours fériés mi-avril- mi-sept.) Musée archéologie J. Régnier.
Paris 328 ② – Chalon-sur-Saône 45 ② – Autun 42 ① – Mâcon 70 ③ – Moulins 90 ④ – Roanne 91 ④.

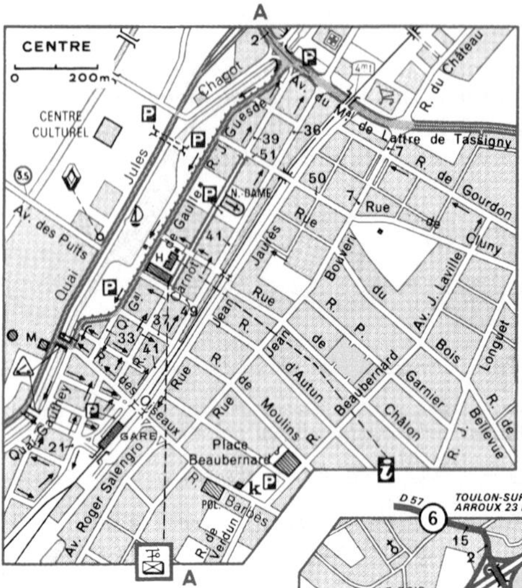

MONTCEAU-LES-MINES

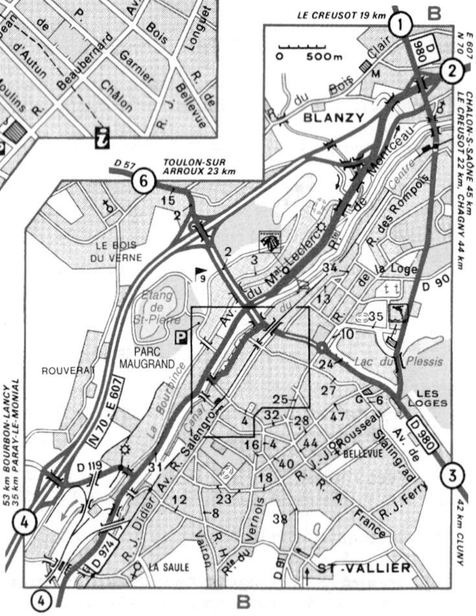

XX **France** avec ch, 7 pl. Beaubernard ✆ 03 85 57 26 64, *Fax 03 85 58 36 21* – ▤ rest, TV ☎. GB A k
fermé 28 juil. au 21 août et lundi – **Repas** 110 bc (déj.)/290 – ☕ 35 – **10 ch** 210/280.

par ③ *et D 980 : 4 km* – ✉ *71300 Gourdon :*

Aub. Plain-Joly, ✆ 03 85 57 24 74, ⛱, ✂ – TV ☎ P. AE GB
Repas 73/135 ♀ – ☕ 34 – **8 ch** 150/280 – ½ P 190.

à Galuzot *Sud-Ouest : 5 km par D 974* – ✉ *71230 St-Vallier :*

X **Moulin de Galuzot,** ✆ 03 85 57 18 85 – P. AE GB
fermé 25 juil. au 14 août, mardi soir et merc. – **Repas** 88/200 ♂.

PEUGEOT Gar. Rebeuf-Garnier, av Mar. Leclerc ✆ 03 85 57 29 30
RENAULT Gar. Central, quai J.-Chagot ✆ 03 85 67 76 16 N ✆ 03 85 77 32 70
Goésin Pneus, av. Mar.-Leclerc ✆ 03 85 57 36 01
Okrzesik Pneus, bd Maugrand ✆ 03 85 57 47 00

MONTCHAUVET *78790 Yvelines 55 ⑱ – 236 h alt. 100.*

Paris 65 – Dreux 34 – Évreux 47 – Mantes-la-Jolie 16 – Rambouillet 39 – Versailles 45.

X **Jument Verte,** pl.Église ✆ 01 30 93 43 60, *Fax 01 30 93 49 20* – AE GB
fermé 31 août au 14 sept. et vacances de fév. – **Repas** 135/195.

MONTCHAUVROT *39230 Jura 70 ④.*

Fontaine, ✆ 03 84 85 50 02, *Fax 03 84 85 56 18*, parc – TV ☎ P – 🚶 40. GB
fermé 23 déc. au 1er fév., dim. soir et lundi du 20 sept. au 30 juin – **Repas** 85 (déj.), 90/260 ♀ – ☕ 38 – **20 ch** 230/350 – ½ P 320.

MONTCHENOT *51 Marne 56 ⑯ – rattaché à Reims.*

MONT-DAUPHIN GARE *05 H.-Alpes 77 ⑱ – rattaché à Guillestre.*

MONT-DE-MARSAN P *40000 Landes 82 ① G. Pyrénées Aquitaine – 28 328 h alt. 43.*

Voir *Musée Despiau-Wlérick*★.

Golf Club Stade Montois ✆ *05 58 75 63 05, par* ① *: 10 km.*

Office de Tourisme 6 pl. Gén.-Leclerc ✆ *05 58 05 87 37, Fax 05 58 05 87 36 – Automobile Club av. Corps Franc Pommiès à St-Pierre-du-Mont* ✆ *05 58 75 03 24, fax 05 58 46 28 00.*

Paris 708 ① *– Agen 109* ① *– Bayonne 105* ⑥ *– Bordeaux 131* ① *– Pau 85* ③ *– Tarbes 102* ③.

Plan page suivante

Renaissance M ⛰, rte Villeneuve par ② : *2 km* ✆ 05 58 51 51 51, *Fax 05 58 75 29 07*, ⛱, 🏊, ⛱ – TV ☎ ♿ P – 🚶 25 à 40. AE ⦿ GB
Repas *(fermé dim. soir et sam.)* 115/170 – ☕ 50 – **29 ch** 290/430 – ½ P 295/350.

Abor M, rte Grenade par ④ : *3 km* ✉ 40280 St-Pierre-du-Mont ✆ 05 58 51 58 00, *Fax 05 58 75 78 78*, ⛱, 🏊 – 🛗 ⚟ ▤ TV ☎ ✆ ♿ P – 🚶 80. AE GB
Repas *(fermé sam. midi sauf juil.-août)* 88/130 ♀, enf. 48 – ☕ 38 – **68 ch** 278/341 – ½ P 260/295.

Richelieu, 3 r. Wlerick ✆ 05 58 06 10 20, *Fax 05 58 06 00 68* – 🛗, ▤ rest, TV ☎ 🚗 – 🚶 50. AE ⦿ GB JCB BY r
Repas *(fermé sam. sauf fériés)* 86/185 ♀ – ☕ 34 – **42 ch** 245/290 – ½ P 245/270.

Siesta, 8 pl. J. Jaurès ✆ 05 58 06 44 44, *Fax 05 58 06 09 30* – ⚟ TV ☎ ✆. GB BZ e
Repas *(fermé dim. soir du 10 nov. au 15 avril)* 69/150 ♀, enf. 40 – ☕ 33 – **16 ch** 220/260 – ½ P 230.

X **Zanchettin** avec ch, rte Villeneuve par ② : *3 km* ✆ 05 58 75 19 52, *Fax 05 58 85 92 04*, ⛱, ⛱ – TV ☎ P. GB. ✂ ch
fermé 16 août au 7 sept. – **Repas** *(fermé dim. soir et lundi)* 70/165 ♀ – ☕ 26 – **9 ch** 150/250 – ½ P 170/190.

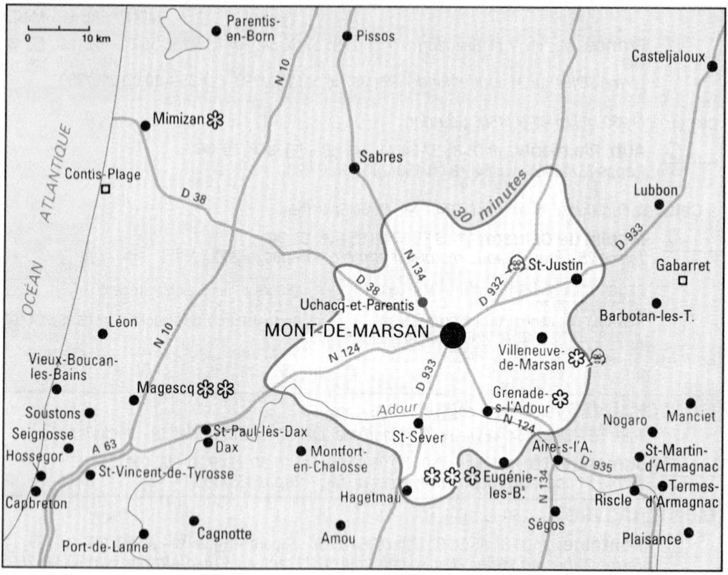

Dans ce guide
un même symbole, un même caractère,
imprimé en couleur ou en ***noir****, en maigre ou en* ***gras****,*
n'ont pas tout à fait la même signification.
Lisez attentivement les pages explicatives.

MONT-DE-MARSAN

Bastiat (R. F.) . . . . **ABZ**
Gambetta (R. L.) . . . . **BZ** 12
Lesbazeilles (R. A.) . . . . **BZ** 18

Alsace-Lorraine (R. d') . . . . **AZ** 2
Bosquet (R. Mar.) . . . . **AZ** 3
Briand (R. A.) . . . . **BY** 4
Brouchet (Allées) . . . . **BZ** 5
Carnot (Av. Sadi) . . . . **BZ** 6
Delamarre (Bd) . . . . **BZ** 8
Despiau (R. Ch.) . . . . **AZ** 9
Farbos (R.) . . . . **BZ** 10
Gaulle (Pl. Ch.-de) . . . . **BY** 13
Gourgues (R. D.-de) . . . . **BY** 14
Landes (R. L. des) . . . . **BZ** 15
Lasserre (R. Gén.) . . . . **AZ** 16
Lattre-de-Tassigny (Bd de) . . . . . **BY** 17
Martinon (R.) . . . . **BZ** 19
Pancaut (Pl. J.) . . . . **AZ** 20
Poincaré (Pl. R.) . . . . **AY** 21
Président-Kennedy
(Av. du) . . . . **BZ** 22
St-Jean-d'Août (R.) . . . . **AY** 24
St-Roch (Pl.) . . . . **BZ** 25
Victor-Hugo (R.) . . . . **BY** 26
8-Mai-1945 (R. du) . . . . **BY** 27
34e-d'Inf. (Av. du) . . . . **BZ** 28

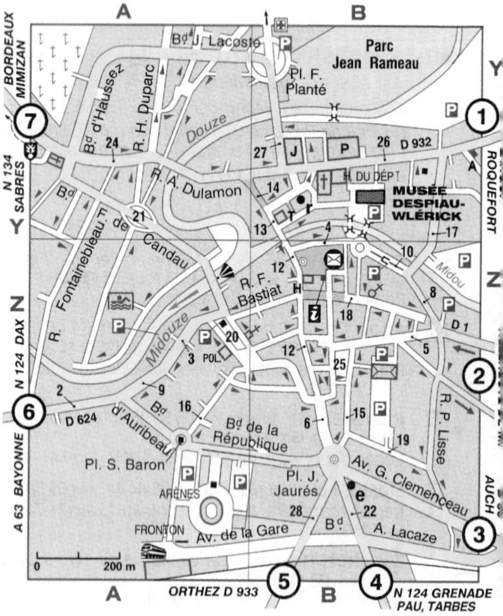

Dans la liste des rues
des plans de villes,
les noms en rouge
indiquent les principales
voies commerçantes.

à Uchacq-et-Parentis *par ⑦ : 7 km – 403 h. alt. 50 – ✉ 40090 :*

Didier Garbage, N 134 ✆ 05 58 75 33 66, *Fax 05 58 75 22 77,* – ▤ P. AE GB
fermé 2 au 10 janv., dim. soir et lundi sauf juil.-août – **Repas** 98 (déj.), 140/380 ♀, enf. 80.

CITROEN Mont-de-Marsan Autom., 1596 av. Mar.-Juin par ① ✆ 05 58 75 12 10 N ✆ 08 00 05 24 24
CITROEN Gar. Castandet, 35 av. de Sabres ✆ 05 58 75 09 12
FORD La Hiroire-Auto, 995 bd Alingsas ✆ 05 58 75 36 62 N ✆ 05 58 06 16 16
NISSAN Gar. Moquette, 1068 av. Mar.-Juin ✆ 05 58 06 83 33
PEUGEOT Gar. Labarthe, av. C.-F.-Pommiès à St-Pierre-du-Mont par ⑥ ✆ 05 58 51 55 55 N ✆ 06 07 84 37 73
RENAULT Gar. Sodiam, 935 av. Mar.-Juin par ① ✆ 05 58 46 60 00 N ✆ 05 58 06 73 08
ROVER Gar. Continental, 839 av. Mar.-Foch ✆ 05 58 06 32 32

Pédarré Pneus, 7 allée Oranger, av. Mar.-Juin ✆ 05 58 05 50 50
Pédarré Pneus, 14 bd Candau ✆ 05 58 75 01 18

MONTDIDIER

MONTDIDIER SP *80500 Somme* 52 ⑲ *G. Flandres Artois Picardie – 6 262 h alt. 82.*

Syndicat d'Initiative 4 r. Jean Dupuy ✆ 03 22 78 92 00, Fax 03 22 78 00 88.
Paris 108 – Amiens 40 – Compiègne 36 – Beauvais 49 – Péronne 47 – St-Quentin 64.

Dijon, 1 pl. 10-Août-1918 (rte de Rouen) ✆ 03 22 78 01 35, *Fax 03 22 78 27 24* – TV ☎ P. GB
fermé en août, vacances de fév., sam. (sauf hôtel) et dim. soir – **Repas** 85/138 ♀ – ☕ 35 – **14 ch** 230/310.

Montdy Pneus, 30 av. M.-Leconte ✆ 03 22 37 08 67

Restaurants serving a good but moderately priced meal are distinguished in the Guide by the symbol

Le MONT-DORE

Le MONT-DORE *63240 P.-de-D.* 73 ⑬ *G. Auvergne – 1 975 h alt. 1050 – Stat. therm. (15 mai-10 oct.) – Sports d'hiver : 1 070/1 840 m 2 18 – Casino* **Z.**

Voir Puy de Sancy ✱★★★ 5 km par ② puis 1 h. AR de téléphérique et de marche – Cascade du Queureuilh★ 2 km par ① puis 30 mn.
Env. Col de Guéry ←★★ sur roches Tuilière et Sanadoire★★ et lac★ 9 km par ① – Col de la Croix-St-Robert ✱★★ 6,5 km par ②.
9 ✆ 04 73 65 00 79, par ③ : 2,5 km.
Office de Tourisme av. Libération ✆ 04 73 65 20 21, Fax 04 73 65 05 71.
Paris 471 ① – Clermont-Ferrand 47 ① – Aubusson 89 ⑤ – Issoire 51 ① – Mauriac 77 ④ – Ussel 57 ④.

Plan page suivante

Panorama ⛰, av. Libération ✆ 04 73 65 11 12, *Fax 04 73 65 20 80,* ←, ⚒, ▣, – ▮ TV ☎ P. GB. ✻ rest — Z u
12 mai-8 oct. et 25 déc.-15 mars – **Repas** 130/250, enf. 70 – ☕ 62 – **39 ch** 350/440 – ½ P 370/390.

Castelet, av. M. Bertrand ✆ 04 73 65 05 29, *Fax 04 73 65 27 95,* , ▣, – ▮ TV ☎ P. ⓞ GB. ✻ rest — Y t
15 mai-30 sept. et 20 déc.-30 mars – **Repas** *(69)* - 95/192, enf. 48 – ☕ 35 – **35 ch** 261/323 – ½ P 299.

Annexe Wilson M sans rest, ✆ 04 73 65 00 06, – ▮ cuisinette TV ☎ ♿ P. GB — Y r
☕ 35 – **4 ch** 371, 12 appart 510.

Parc, r. Meynadier ✆ 04 73 65 02 92, *Fax 04 73 65 28 36* – ▮ TV ☎. AE GB. ✻ rest — Z k
9 avril-3 oct., 26 déc.-20 mars et fermé mardi hors saison – **Repas** 85 (déj.), 90/110 ♀, enf. 40 – ☕ 35 – **33 ch** 300 – ½ P 255.

Paix, r. Rigny ✆ 04 73 65 00 17, *Fax 04 73 65 00 31* – ▮ TV ☎. GB — Z n
fermé 10 oct. au 22 déc. – **Repas** 82/140, enf. 30 – ☕ 32 – **36 ch** 220/250 – ½ P 225.

Paris, 11 pl. Panthéon ✆ 04 73 65 01 79, *Fax 04 73 65 20 98,* , ⚒ – ▮ TV ☎. GB. ✻ rest — Z v
fermé 15 avril au 4 mai et 15 oct. au 20 déc. – **Repas** *(59)* - 69/159 ♀, enf. 35 – ☕ 30 – **23 ch** 250/300 – ½ P 260.

Les Charmettes sans rest, 30 av. G. Clemenceau par ② ✆ 04 73 65 05 49, *Fax 04 73 65 20 28* – ☎ ♿ P. GB. ✻
15 mai-30 sept., vacances de Noël, de fév. et week-ends en hiver – ☕ 28 – **21 ch** 260.

MONT-DORE

Favart (R.) . . . . Y 12
Panthéon (Pl. du) . . . . . Z 22
République
(Pl. de la) . . . . Z 26
Rigny (R.) . . . . Z 28

Apollinaire (R. S.) . . . . . Y 2
Artistes
(Promenade des) . . . Z
Belges (Av. des) . . . . . . Y
Bertrand (Av. M.) . . . . . Y
Chazotte
(R. Capitaine) . . . . . . Y 4
Clemenceau (Av.) . . . . . Z 5
Clermont (Av. de) . . . . Y 8
Crouzets (Av. des) . . . . Y
Dr-Claude (R.) . . . . Y
Duchâtel (R.) . . . . Z 9
Ferry (Av. J.) . . . . YZ
Gaulle (Pl. Ch.-de) . . . . Y 14
Guyot-Dessaigne
(Av.) . . . . Y 15
Leclerc
(Av. du Gén.) . . . . . . Y
Libération
(Av. de la) . . . . YZ
Melchi-Roze
(Promenade) . . . . Y
Meynadier (R.) . . . . . . YZ
Mirabeau (Bd) . . . . Y 18
Montlosier (R.) . . . . Y 19
Ramond (R.) . . . . Z 24
Sand (Allée G.) . . . . . YZ 29
Verrier (R. P.) . . . . Y
Wilson (Av.) . . . . Y 30
19-Mars-1962 (R. du) . Y 32

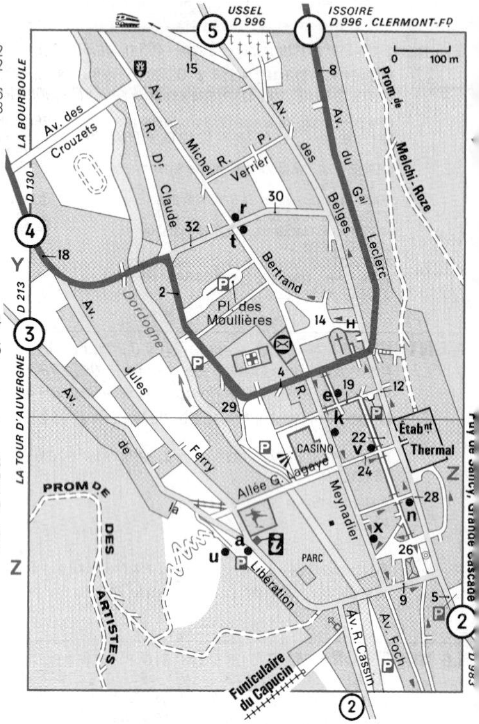

Michelin n'accroche pas de panonceau aux hôtels et restaurants qu'il signale.

Londres sans rest, r. Meynadier ☎ 04 73 65 01 12 – ☎. AE GB — Z x
21 mars-15 nov. – ☕ 28 – **20 ch** 195/230.

Madalet sans rest, av. Libération ☎ 04 73 65 03 13, *Fax 04 73 65 00 93* – ☎. AE GB
14 mai-30 sept. et Noël-Pâques – ☕ 26 – **17 ch** 165/240. — Z a

Mon Clocher, r. M. Sauvagnat ☎ 04 73 65 05 41, *Fax 04 73 65 20 80* – TV ☎. GB — Y e
15 mai-28 sept. et 1er fév.-15 mars – **Repas** 70/100, enf. 50 – ☕ 34 – **30 ch** 170/310 – 1/2 P 215/250.

au Genestoux *par ⑤ : 3,5 km sur D 996 – ✉ 63240 Le Mont-Dore :*

Pitsounet, ☎ 04 73 65 00 67, *Fax 04 73 65 06 22,* – P. GB
fermé 14 au 30 avril, fin nov. au 13 déc. et lundi sauf juil.-août et fév. – **Repas** 75/170 ♀, enf. 45.

Gar. Morange, ☎ 04 73 65 20 71

MONTE-CARLO Principauté de Monaco 84 ⑩., 115 ㉗ ㉘ – *voir à Monaco.*

MONTÉLIER *26120 Drôme 77 ⑫ – 2 738 h alt. 219.*
Paris 566 – Valence 12 – Crest 26 – Romans-sur-Isère 12.

Martinière, rte Chabeuil ☎ 04 75 59 60 65, *Fax 04 75 59 69 20,* – TV ☎ P – 40. GB
Repas 85/250 ♀ – ☕ 33 – **30 ch** 220/280 – 1/2 P 240.

Circulez autour de Paris avec les **cartes Michelin**
101 à 1/50 000 - **Banlieue de Paris**
106 à 1/100 000 - **Environs de Paris**
237 à 1/200 000 - **Ile de France**

MONTÉLIMAR *26200 Drôme* 81 ① *G. Vallée du Rhône – 29 982 h alt. 90.*

Env. *Site★★ du Château de Rochemaure, 7 km par ④ – Viviers : vieille ville★, S : 11 km par D 73 – Défilé de Donzère★★ S : 11 km.*

18 la Valdaine ☎ 04 75 01 86 66 par D 540 : 4 km ; 9 la Drôme Provençale à Clansayes ☎ 04 75 98 57 03 par ② : 21 km.

Office de Tourisme allées Champ-de-Mars ☎ 04 75 01 00 20, Fax 04 75 52 33 69.

Paris 603 ① – Valence 45 ① – Aix-en-Provence 155 ② – Alès 101 ② – Avignon 83 ② – Nîmes 109 ② – Le Puy-en-Velay 131 ③ – Salon-de-Provence 120 ②.

MONTÉLIMAR

Julien (R. Pierre) . . . . YZ

Alexis (Chemin des) . . . Z
Armes (Pl. d') . . . . Y
Aygu (Av.) . . . . Z 4
Blanc (Pl. L.) . . . . Z 6
Briand (Bd Aristide) . . . . Y
Clercs (Pl. des) . . . . Y
Daujat (R. R.) . . . . Y
Desmarais (Bd Marre) . Y 7
Dormoy (Pl. M.) . . . . . . Z 8
Espoulette (Av. d') . . . . Z 9
Europe (Pl. de l') . . . . . . Z
Fust (Bd du) . . . . Z
Fust (Pl. du) . . . . Y 10
Gaulle (Bd Gén. de) . . . . Z
Loubet (Pl. Émile) . . . . . Z 12
Marché (Pl. du) . . . . Y
Meyer (R. M.) . . . . Y 14
Meynot (Bd) . . . . Z
Monnaie-Vieille (R.) . . . Y 15
Montant-au-Château (R.) . . . . Y 16
Planel (Pl. A.) . . . . Z 17
Poyol (R. R.) . . . . Z
Provençales (Allées) . . Y
Rochemaure (Av. de) . . . . Y 18
Roubion (Pl. du) . . . . . . Z
St-Gaucher (R.) . . . . Y
St-Martin (Av.) . . . . Y
St-Martin (Montée) . . . . Y 20
St-Martin-Pl.) . . . . Y
St-Martin (R.) . . . . Y
Théâtre (Pl. du) . . . . Z
Villeneuve (Av. de) . . . . Y 24
Quatre-Alliances (R.) . . Y

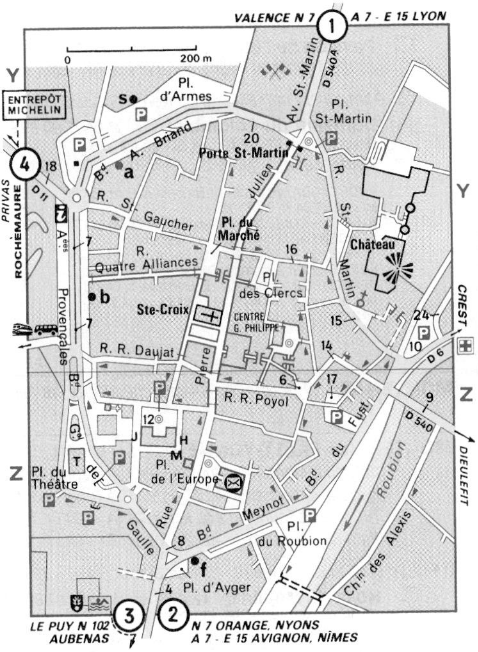

Relais de l'Empereur, pl. Marx Dormoy ☎ 04 75 01 29 00, *Fax 04 75 01 32 21,* – TV ☎ P. AE GB JCB — Z f
fermé 11 nov. au 12 déc. – **Repas** 139/450 – 42 – **33 ch** 260/570 – ½ P 400/450.

Sphinx sans rest, 19 bd Desmarais ☎ 04 75 01 86 64, *Fax 04 75 52 34 21* – TV ☎ P. AE GB — Y b
fermé 24 déc. au 3 janv. – 35 – **24 ch** 240/320.

Printemps, 8 chemin Manche par ① ☎ 04 75 01 32 63, *Fax 04 75 46 03 14,* – TV ☎ P. AE GB JCB
fermé 29 nov. au 14 déc. et dim. soir de nov. à janv. – **Repas** (dîner seul.) 95/195 ♀, enf. 55 – 49 – **12 ch** 350/450 – ½ P 390.

Crémaillère sans rest, 138 av. J. Jaurès par ② ☎ 04 75 01 87 46, *Fax 04 75 52 36 87,* – TV ☎ P. AE GB
fermé 20 au 31 déc. et dim. soir – 35 – **20 ch** 240/310.

Beausoleil sans rest, 14 bd Pêcher ☎ 04 75 01 19 80, *Fax 04 75 01 08 17* – TV ☎ P. GB — Y s
32 – **16 ch** 180/280.

Provence sans rest, rte Marseille par ② ☎ 04 75 01 11 67 – ☎ P
fermé 15 janv. au 15 fév. et sam. de nov. à fév. – 32 – **16 ch** 155/250.

Francis, rte Marseille par ② : *2,5 km* ☎ 04 75 01 43 82 – P. GB
fermé 22 juil. au 19 août, mardi soir et merc. – **Repas** (prévenir) 88/158 ♀, enf. 63.

Moderne, 25 bd A. Briand ☎ 04 75 01 31 90 – AE GB — Y a
fermé 26 oct. au 4 nov., 24 déc. au 3 janv., vend. soir hors saison et lundi – **Repas** 68/138 ♀, enf. 50.

à Montboucher-sur-Jabron *Sud-Est par D 940 : 4 km – 1 278 h. alt. 124 – ✉ 26740 :*

Château du Monard M ⛰, au golf de la Valdaine ☎ 04 75 00 71 30, *Fax, Fax 04 75 00 71 31*, ≤, parc, ⛹, ⛱, ✈ – ⧉ ▤ TV ☎ ♿ P – 🎓 40. AE ⓓ GB
Repas *(fermé dim. soir de nov. à mars)* 145/398 ⚱, enf. 75 – ☕ 70 – **32 ch** 655/1070 – ½ P 625/955.

Château de Montboucher ⛰, ☎ 04 75 46 08 16, *Fax 04 75 01 44 09*, ≤, ⛱, ✈ – TV ☎ P. AE GB
fermé lundi midi sauf juil.-août – **Repas** 98 (déj.), 149/245, enf. 70 – ☕ 48 – **12 ch** 490/980 – ½ P 400/620.

sur N 7 par ② *: 7,5 km – ✉ 26780 Chateauneuf-du-Rhône :*

Pavillon de l'Étang, ☎ 04 75 90 76 82, *Fax 04 75 90 72 39*, – P. AE GB
fermé 31 août au 7 sept., vacances de fév., dim. soir et lundi – **Repas** 95/290 ♀, enf. 60.

par ② *: 9 km par N 7 et D 844, rte Donzère – ✉ 26780 Malataverne :*

Domaine du Colombier ⛰, ☎ 04 75 90 86 86, *Fax 04 75 90 79 40*, ≤, « Jardin fleuri, ⛱ » – TV ☎ P – 🎓 30. AE ⓓ GB
Repas 150 (déj.), 190/360 ♀, enf. 90 – ☕ 70 – **22 ch** 450/860, 3 appart – ½ P 485/860.

AUDI, SKODA, VOLKSWAGEN Génin Autom., ZA du Meyrol ☎ 04 75 00 82 92
BMW Gar. Fourel, ZA du Meyrol ☎ 04 75 00 87 87
CITROEN Gar. Magne, bd des Présidents ☎ 04 75 01 20 55 N ☎ 08 00 05 24 24
FORD Croullet Autom., ZI Sud ☎ 04 75 51 02 31
PEUGEOT Gar. Moulin, rte de Marseille, le Grand Pélican par ② ☎ 04 75 00 83 83 N ☎ 04 75 00 83 83
RENAULT Gar. Jean, rte de Valence par ① ☎ 04 75 00 87 00 N ☎ 04 75 53 11 48
RENAULT H.-Jean Autom., ZI Sud av. de Gournier ☎ 04 75 01 30 40

Ⓜ Ayme Pneus, ZI Sud av. Gournier ☎ 04 75 01 32 77
Euromaster, 112 av. J.-Jaurès ☎ 04 75 01 88 11
Vulco, ZA Meyrol 6 av. G.-Verniet ☎ 04 75 01 50 21

MONTENACH *57 Moselle* 57 ④ *– rattaché à Sierck-les-Bains.*

MONTEREAU-FAULT-YONNE *77130 S.-et-M.* 61 ⑬, 106 ㊼ *G. Ile de France – 18 657 h alt. 53.*
Voir au N Montereau-Surville : ≤★ sur le confluent de la Seine et de l'Yonne, 15 mn.
⛳18 *de la Forteresse ☎ 01 60 96 95 10 à Thoury par N 105 et D 21.*
ℹ *Office de Tourisme 2 pl. René Cassin ☎ 01 64 32 07 76, Fax 01 64 70 31 03.*
Paris 81 – Fontainebleau 22 – Meaux 81 – Melun 30 – Sens 42 – Troyes 96.

à Flagy *Sud-Ouest : 10 km par rte Nemours et D 120 – 415 h. alt. 77 – ✉ 77940 :*

Host. du Moulin ⛰ avec ch, ☎ 01 60 96 67 89, *Fax 01 60 96 69 51*, « Moulin du 13e siècle », – ☎ P. AE ⓓ GB
fermé 13 au 25 sept., 20 déc. au 22 janv., dim. soir sauf fériés et lundi – **Repas** 160/250 et carte 190 à 300 ♀, enf. 75 – ☕ 52 – **10 ch** 260/500 – ½ P 392/464.

PEUGEOT Coffre Sud, 11 r. Châtelet par av. Gén.-de-Gaulle ☎ 01 64 70 57 57
RENAULT Gar. Coulet, av. 8-Mai-1945 à Varennes-sur-Seine ☎ 01 60 73 55 65 N ☎ 06 07 84 20 57
Agrinel Espace Auto, 30 rte du Petit Fossard à Varennes-sur-Seine ☎ 01 64 70 51 00

Ⓜ Sovic - Point S, ZI carr. Central, 7 r. des Clomarts ☎ 01 64 32 11 98

MONTEUX *84 Vaucluse* 81 ⑫ *– rattaché à Carpentras.*

MONTFAUCON *25 Doubs* 66 ⑮ *– rattaché à Besançon.*

MONTFAVET *84 Vaucluse* 81 ⑫ *– rattaché à Avignon.*

MONTFERRAT *83131 Var* 84 ⑦ *– 629 h alt. 466.*
Voir S : Gorges de Châteaudouble★, G. Côte d'Azur.
Paris 876 – Castellane 43 – Draguignan 15 – Toulon 100.

Ferme du Baudron, Sud : 1 km par D 955 ☎ 04 94 70 91 03, « Cadre rustique », ⛱, ✈ – P
fermé janv. fév., le midi en juil.-août, le soir sauf sam. de sept. à juin et merc. – **Repas** (nombre de couverts limités, prévenir) 98/113 et carte le dim. ♀.

MONTFORT-EN-CHALOSSE *40380 Landes* 78 ⑦ *G. Pyrénées Aquitaine – 1 116 h alt. 110.*

Voir *Musée de la Chalosse★.*

Paris 741 – Mont-de-Marsan 40 – Aire-sur-l'Adour 59 – Dax 19 – Hagetmau 28 – Orthez 29 – Tartas 16.

Aux Tauzins , Est : 1,5 km par D 32 et D 2 ☎ 05 58 98 60 22, *Fax 05 58 98 45 79*, , , – TV ☎ P – 30. GB. ch
fermé 1er au 15 oct., janv., dim. soir et lundi sauf juil-août – **Repas** 100/190 ₸, enf. 50 – 30 – **16 ch** 230/275 – ½ P 250/260.

MONTFORT-L'AMAURY *78490 Yvelines* 60 ⑨, 106 ㉗ *G. Ile de France* **(plan)** *– 2 651 h alt. 185.*

Voir *Église★ – Ancien charnier★ (au cimetière) – Ruines du château ≤★.*

Office de Tourisme 6 r. Amaury ☎ 01 34 86 87 96.

Paris 47 – Dreux 36 – Houdan 17 – Mantes-la-Jolie 30 – Rambouillet 19 – Versailles 27.

XXX **Aub. de l'Arrivée** (Habans), D 76 (à Méré) ☎ 01 34 86 00 28, *Fax 01 34 86 84 94*, , – AE GB JCB.
✿ *fermé 17 août au 19 sept., 20 fév. au 10 mars, lundi soir et mardi* – **Repas** carte 330 à 450
Spéc. Foie gras de canard, gelée au sauternes. Cassolette de homard breton. Fondant au chocolat, crème pistache.

XX **Chez Nous,** 22 r. Paris ☎ 01 34 86 01 62 – GB
fermé dim. soir et lundi sauf fériés – **Repas** *(90)* - 140 ₸.

PEUGEOT Gar. du Grand Cèdre, 18 av. du Gal.-de-Gaulle ☎ 01 34 86 10 27

MONTGENÈVRE *05100 H.-Alpes* 77 ⑱ *G. Alpes du Sud – 519 h alt. 1850 – Sports d'hiver : 1 860/ 2 700 m 2 22 .*

9 ☎ 04 92 21 94 23.

Office de Tourisme ☎ 04 92 21 52 52, Fax 04 92 21 92 45.

Paris 709 – Briançon 12 – Gap 101 – Lanslebourg-Mont-Cenis 74 – Torino 103.

Valérie , ☎ 04 92 21 90 02, *Fax 04 92 21 81 43* – TV ☎. GB. rest
15 juin-15 sept. et 15 déc.-20 avril – **Repas** 110/130 – 40 – **20 ch** 400/450 – ½ P 375/415.

MONTGRÉSIN *60 Oise* 56 ⑪., 106 ⑧ *– rattaché à Chantilly.*

Les MONTHAIRONS *55 Meuse* 57 ⑪ *– rattaché à Verdun.*

MONTHERMÉ *08800 Ardennes* 53 ⑱ *G. Champagne* **(plan)** *– 2 866 h alt. 180.*

Voir *Roche aux Sept Villages ≤★★ S : 3 km – Roc de la Tour ≤★★ E : 3,5 km puis 20 mn – Longue Roche ≤★★ NO : 2,5 km puis 30 mn – Roche à Sept Heures ≤★ N : 2 km – Roche de Roma ≤★ S : 4 km – Les Dames de Meuse★ NO : 5 km – Rocher des Quatre Fils Aymon★ SE : 5 km – E : Vallée de la Semoy★.*

Env. *Roches de Laifour★ NO : 6 km.*

Office de Tourisme 38 r. Pasteur ☎ 03 24 53 02 11 Bureau d'acceuil (juil.-sept) pl. J.-B. Clément.

Paris 250 – Charleville-Mézières 17 – Fumay 28.

Franco-Belge, 2 r. Pasteur ☎ 03 24 53 01 20, *Fax 03 24 53 54 49* – rest, TV ☎ P. GB. ch
fermé 24 déc. au 15 janv., sam. du 15 nov. au 28 fév. et dim. soir – **Repas** 94/264 – 35 – **15 ch** 250/320 – ½ P 255/280.

PEUGEOT Modern Gar., ☎ 03 24 53 00 46

MONTHIEUX *01390 Ain* 74 ②, 110 ⑤ *– 344 h alt. 295.*

Paris 438 – Lyon 30 – Bourg-en-Bresse 41 – Meximieux 25 – Villefranche-sur-Saône 23.

Gouverneur M , Le Château du Breuil, rte Ambérieux-en-Dombes : 1,5 km par D 82 et D 6 ☎ 04 72 26 42 00, *Fax 04 72 26 42 20*, ≤, , parc, « Au milieu d'un golf », , – TV ☎ – 90. AE GB
fermé 15 au 30 déc. – **Repas** *(fermé dim. soir et lundi)* 105 (déj.), 145/360 – 60 – **53 ch** 540/900 – ½ P 415.

MONTICELLO *2B H.-Corse* 90 ⑬ *– voir à Corse.*

MONTIGNAC *24290 Dordogne* 75 ⑦ *G. Périgord Quercy – 2 938 h alt. 77.*

Voir *Lascaux II★★ SE : 2,5 km.*

Env. *Le Thot, espace cro-magnon★ S : 7 km – Église★★ de St-Amand de Coly E : 7 km.*

Office de Tourisme pl. Bertrand-de-Born ☎ 05 53 51 82 60, Fax 05 53 50 49 72.

Paris 491 – Brive-la-Gaillarde 37 – Périgueux 48 – Sarlat-la-Canéda 25 – Bergerac 88 – Limoges 101.

Château de Puy Robert ⑤, Sud-Ouest : 1,5 km par D 65 ☎ 05 53 51 92 13, *Fax 05 53 51 80 11*, ←, parc, « Élégante décoration intérieure », [piscine] – [ascenseur] [TV] ☎ [P] – [salle] 30. AE ⓓ GB
1er mai-15 oct. et fermé merc. midi – **Repas** 195 (déj.)/415 et carte 340 à 520 ♀, enf. 85 – ☐ 85 – **36 ch** 660/1350, , 4 duplex – ½ P 765/1290
Spéc. Croustillant de pomme de terre aux queues de langoustines. Blanquette de cuisses de grenouilles aux cèpes. Ragoût paysan de foie de cochon et langue d'agneau aux truffes.
Vins Bergerac.

Roseraie ⑤, pl. d'Armes ☎ 05 53 50 53 92, *Fax 05 53 51 02 23*, [terrasse], « Demeure ancienne aménagée avec soin », [piscine], [jardin] – [TV] ☎. GB
hôtel : Pâques-1er nov. ; rest. : Pâques-18 oct. – **Repas** *(fermé lundi midi)* 100 (déj.), 130/250 ♀, enf. 65 – ☐ 50 – **14 ch** 450 – ½ P 350/395.

Relais du Soleil d'Or, r. 4-Septembre ☎ 05 53 51 80 22, *Fax 05 53 50 27 54*, « Parc », [piscine] – [TV] ☎ [P] – [salle] 40. AE ⓓ GB
fermé 19 janv. au 15 fév. – **Repas** *(fermé dim. soir et lundi hors saison)* 130/250 – ☐ 55 – **28 ch** 320/450, 4 appart – ½ P 355/395.

RENAULT Gar. Vinette, ☎ 05 53 51 87 16

MONTIGNY *76 S.-Mar.* 55 ⑥ *– rattaché à Rouen.*

MONTIGNY-AUX-AMOGNES *58130 Nièvre* 69 ④ *– 498 h alt. 218.*

Paris 241 – Château-Chinon 55 – Decize 36 – Nevers 13 – Prémery 19.

Aub. des Amognes, ☎ 03 86 58 61 97, [terrasse] – [P]. GB
fermé 1er au 8 fév., dim. soir d'oct. à mars et lundi – **Repas** 80/184 ♀, enf. 60.

MONTIGNY-LA-RESLE *89230 Yonne* 65 ⑤ *– 548 h alt. 155.*

Paris 173 – Auxerre 14 – St-Florentin 18 – Tonnerre 34.

Soleil d'Or Ⓜ, ☎ 03 86 41 81 21, *Fax 03 86 41 86 88* – [TV] ☎ [handicapés] [P]. AE ⓓ GB
Repas 79 bc (déj.), 98/325 ♀, enf. 58 – ☐ 40 – **16 ch** 280/310 – ½ P 280.

MONTIGNY-LE-BRETONNEUX *78 Yvelines* 60 ⑨., 101 ㉒ *– voir à Paris, Environs (St-Quentin-en-Yvelines).*

MONTIGNY-LE-ROI *52140 H.-Marne* 62 ⑬ *– 2 167 h alt. 404.*

Paris 296 – Chaumont 35 – Bourbonne-les-Bains 22 – Langres 24 – Neufchâteau 57 – Vittel 50.

Moderne, carrefour D74 et D417 ☎ 03 25 90 30 18, *Fax 03 25 90 71 80* – [air conditionné] rest, [TV] ☎ [téléphone] [handicapés] [garage] [P] – [salle] 25. AE ⓓ GB
Repas 88/230 ♀, enf. 68 – ☐ 42 – **26 ch** 260/340 – ½ P 265/295.

PEUGEOT Gar. Flagez, ☎ 03 25 90 30 34 N ☎ 03 25 90 71 71

RENAULT Gar. Rabert, ☎ 03 25 90 31 15 N ☎ 03 25 90 37 19

MONTIGNY-SUR-AVRE *28270 E.-et-L.* 60 ⑥ *– 276 h alt. 140.*

Paris 111 – Alençon 85 – Argentan 87 – Chartres 50 – Dreux 32 – Verneuil-sur-Avre 8.

Moulin des Planches Ⓜ ⑤, Nord-Est : 1,5 km par D 102 ☎ 02 37 48 25 97, *Fax 02 37 48 35 63*, ←, [terrasse], parc, [tennis] – [TV] ☎ [téléphone] [P] – [salle] 80. AE GB. [chiens]
fermé 2 au 31 janv., dim. soir et lundi – **Repas** 98/196, enf. 75 – ☐ 45 – **19 ch** 240/390 – ½ P 263/288.

MONT-L'ÉVÊQUE *60 Oise* 56 ⑫ *– rattaché à Senlis.*

MONTLIOT *21 Côte-d'Or* 65 ⑧ *– rattaché à Châtillon-sur-Seine.*

MONT-LOUIS *66210 Pyr.-Or.* 86 ⑯ *G. Pyrénées Roussillon – 200 h alt. 1565.*

Voir *Remparts*★.

Office de Tourisme r. du Marché ☏ 04 68 04 21 97.

Paris 934 – Font-Romeu-Odeillo-Via 9 – Andorra-la-Vella 89 – Carcassonne 121 – Foix 105 – Perpignan 81 – Prades 36.

Lou Rouballou avec ch, ☏ 04 68 04 23 26, *Fax 04 68 04 14 09*, « Auberge rustique » – AE GB. ✻
fin mai-30 sept., 1er janv.-15 avril et fermé merc. hors saison – **Repas** 125/195 – ☕ 35 – **14 ch** 160/230 – ½ P 230/270.

à la Llagonne *Nord : 3 km par D 118 – 243 h. alt. 1600 – ✉ 66210 Mont-Louis :*

Corrieu ♨, ☏ 04 68 04 22 04, *Fax 04 68 04 16 63*, ≤, ✻ – ☎ P. AE GB. ✻ rest
6 juin-26 sept. et 21 déc.-28 mars – **Repas** 92/156 ♨, enf. 52 – ☕ 42 – **28 ch** 162/420 – ½ P 225/330.

PEUGEOT Gar. Giraud, carr. Monument Brousse à la Cabanasse ☏ 04 68 04 20 22 N ☏ 04 68 04 20 22

MONTLOUIS-SUR-LOIRE *37270 I.-et-L.* 64 ⑮ *G. Châteaux de la Loire – 8 309 h alt. 60.*

Office de Tourisme ☏ 02 47 45 00 16, Mairie ☏ 02 47 45 85.

Paris 234 – Tours 13 – Amboise 12 – Blois 47 – Château-Renault 34 – Loches 41 – Montrichard 32.

de la Ville, pl. Mairie ☏ 02 47 50 84 84, *Fax 02 47 45 08 43*, 🍴 – TV ☎ P. GB
Repas *(fermé 20 déc. au 20 janv.)* 90/250 ♀, enf. 50 – ☕ 35 – **29 ch** 210/350 – ½ P 205/255.

MONTLUÇON SP *03100 Allier* 69 ⑪ ⑫ *G. Auvergne – 44 248 h alt. 220.*

Voir *Le Vieux Montluçon*★ **BCZ** : *intérieur*★ *de l'église St-Pierre (sainte Madeleine*★★*)* **CYZ**, *esplanade du château* ≤★ *– Collection de vielles*★ *au musée municipal* **CZ M.**

du Val de Cher ☏ 04 70 06 71 15, N : 20 km par N 144.

Office de Tourisme 5 pl. Piquand ☏ 04 70 05 11 44, Fax 04 70 03 89 91 – Automobile Club 10 r. Michelet ☏ 04 70 64 70 38, Fax 04 70 03 71 04.

Paris 329 ① – Moulins 80 ② – Bourges 97 ① – Clermont-Ferrand 110 ① – Limoges 153 ⑤ – Poitiers 206 ⑥.

Plan page suivante

Domaine Château St-Jean ♨, près hippodrome par ③ ☏ 04 70 05 04 65, *Fax 04 70 05 97 75*, 🍴, « Belle demeure en bordure d'un parc », 🏊 – |‡| TV ☎ P – 🏛 25 à 100. AE GB
Repas 195/320 ♀ – ☕ 60 – **16 ch** 400/590, 4 appart – ½ P 550/750.

Ibis M, quai Favières ☏ 04 70 28 48 42, *Fax 04 70 28 58 62* – |‡| ✻, ▤ rest, TV ☎ ♿ P – 🏛 40. AE ⓞ GB — BY b
Repas *(75)* - 95 ♨, enf. 39 – ☕ 35 – **63 ch** 295.

Grenier à Sel avec ch, pl. des Toiles ☏ 04 70 05 53 79, *Fax 04 70 05 87 91*, 🍴, « Hôtel particulier du vieux Montluçon », 🍴 – TV ☎ ☏. AE ⓞ GB. ✻ rest — CZ n
fermé dim. soir et lundi sauf juil.-août et fériés – **Repas** 120/390 et carte 280 à 400 – ☕ 55 – **4 ch** 350/500.

Safran d'Or, 12 pl. des Toiles ☏ 04 70 05 09 18, *Fax 04 70 05 55 60* – AE GB — CZ u
fermé 17 août au 6 sept., dim. soir et lundi – **Repas** 85/148 ♀, enf. 48.

par ① *: 5 km sur N 144 – ✉ 03410 St-Victor :*

Primevère, rte Bourges ☏ 04 70 28 88 88, *Fax 04 70 28 87 73*, 🍴, 🍴 – ✻ TV ☎ ☏ ♿ P – 🏛 25. AE ⓞ GB
Repas *(68)* - 83/105 ♀, enf. 46 – ☕ 35 – **42 ch** 270.

ALFA ROMEO Gar. Andrieu, 21 r. H.-Berlioz ☏ 04 70 28 41 34
AUDI, VOLKSWAGEN Europe Gar., 18 q. Forey ☏ 04 70 05 31 33 N ☏ 04 70 05 39 10
CITROEN Gar. Montluçonnais, r. de Pasquis ZA par r. C.-Desmoulins **AX** ☏ 04 70 08 23 30
FORD Barrat Autom., r. de Pasquis ☏ 04 70 05 68 11
MAZDA, ROVER Gar. Nord Ouest, ZA r. de Pasquis ☏ 04 70 03 09 70
MERCEDES, HONDA Gar. Auvity, 23 à 27 q. Stalingrad ☏ 04 70 29 07 93
OPEL S.I.V.R.A.C., 162 av. Gén.-de-Gaulle ☏ 04 70 28 39 01
PEUGEOT Gar. Bourbonnais, 10 r. P.-Sémard **AX** ☏ 04 70 05 34 37 N ☏ 04 70 05 34 37
RENAULT D.I.A.M., 24 r. Camille Desmoulins ☏ 04 70 08 13 27 N ☏ 04 70 02 40 38
TOYOTA S.A.G.A., q. de Stalingrad ☏ 04 70 28 88 80

Euromaster, 1 r. de Blanzat ☏ 04 70 03 74 30
Vulco, r. E.-Sue ZI ☏ 04 70 29 64 85

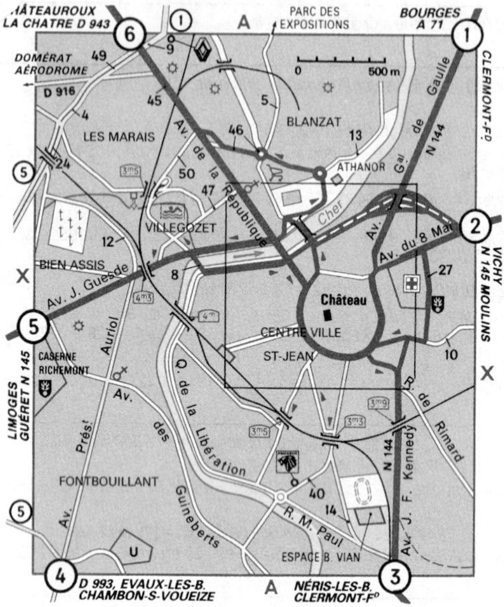

MONTLUÇON

Barathon (R.) ..... CZ 2
Courtais (Bd de) . BCZ
République (Av.) .. BY
St-Pierre (R. Fg) .. BY 35

Beaulieu (R. de) .. AX 4
Blanzat (R. de) ... AX 5
Château (R. du) ... CZ 6
Châtelet (Pont du) ...... AX 8
Desmoulins (R. C.) AX 9
Dienat (R. du) .... AX 10
Egalité (R. de l') .. AX 12
Einstein (R. A.) ... AX 13
Faucheroux (R.) .. AX 14
Favières (Q.) ..... BY 15
Fontaine (R. de la). CZ 16
Forges (R. Porte) .. CZ 17
Jaurès (Pl. Jean) .. CZ 18
Menut (R. L.) ..... CY 22
Nègre (Av. J.) .... AX 24
Notre-Dame (Pl.) .. CZ 25
Notre-Dame (R.) .. CZ 26
Pamparoux (R.) ... AX 27
Petit (R. P.) ...... CY 30
Picasso (R. P.) .... CY 31
Piquand (R. E.) .... BZ 32
St-Pierre (Pl.) .... BCZ 36
St-Roch (R.) ...... BCZ 38
Semard (R. P.) .... AX 40
Serruriers (R.) ... BCZ 42
Thomas (Av. A.) .. AX 45
Verrerie (R. et Pl. de la) . AX 46
Victor-Hugo (R.) .. AX 47
Villon (R. P.) ...... AX 49
Voltaire (R.) ...... AX 50
5 Piliers (R. des) .. CZ 52

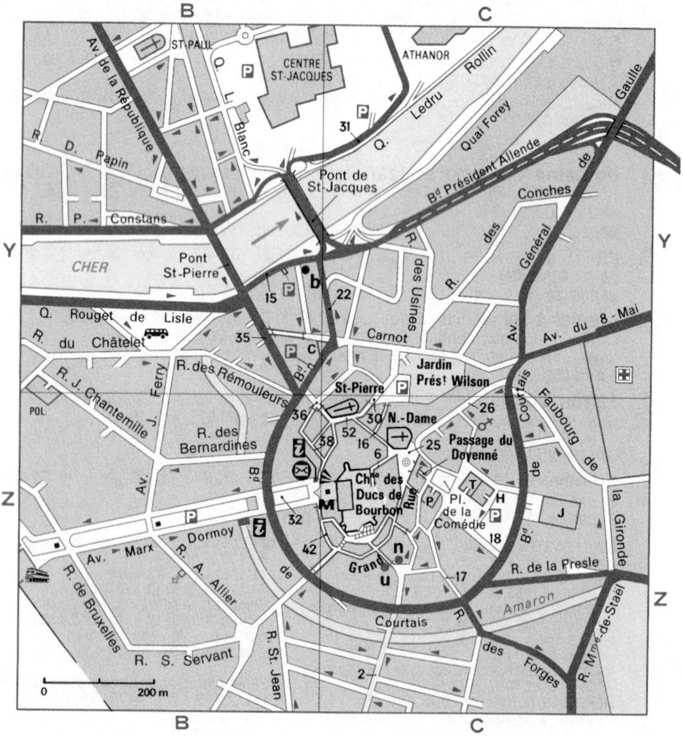

MONTLUEL *01120 Ain* 74 ② *– 5 954 h alt. 190.*

Paris 471 – Lyon 24 – Bourg-en-Bresse 48 – Chalamont 20 – Meximieux 14 – Villefranche-sur-Saône 46.

Petit Casset sans rest, à La Boisse Sud-Ouest : 2 km ✆ 04 78 06 21 33, *Fax 04 78 06 55 20* – GB
39 – **14 ch** 299/330.

à Ste-Croix *Nord : 5 km par D 61 – 365 h. alt. 263 – ✉ 01120 :*

Chez Nous, ✆ 04 78 06 60 60, *Fax 04 78 06 63 26*, – 40. GB
fermé 1er au 16 janv. – **Repas** *(fermé sam. midi du 15 nov. au 15 mars, dim. soir et lundi)* 78/255 – 34 – **31 ch** 180/280 – ½ P 200/250.

Relais Pneus, ZA du Petit Rosait à la Boisse ✆ 04 78 06 41 01

MONTMARAULT *03390 Allier* 69 ⑬ *– 1 597 h alt. 480.*

Paris 349 – Moulins 45 – Gannat 39 – Montluçon 31 – St-Pourçain-sur-Sioule 28.

France avec ch, 1 r. Marx Dormoy ✆ 04 70 07 60 26, *Fax 04 70 07 68 45* – GB
fermé vacances de printemps – **Repas** 88/160 – 36 – **8 ch** 240/270.

PEUGEOT Gar. Mercadal, ✆ 04 70 07 61 06
RENAULT Gar. Maillard, ✆ 04 70 07 67 97

MONTMÉDY *55600 Meuse* 57 ① *G. Alsace Lorraine* **(plan)** *– 1 943 h alt. 193.*

Voir *Remparts*★.

Env. *Basilique*★★ *et Recevresse*★ *d'Avioth N : 8 km.*

Office de Tourisme (fév.-nov. sauf vacances de Noël) Ville Haute ✆ 03 29 80 15 90, Fax 03 29 80 05 79.

Paris 259 – Charleville-Mézières 67 – Longwy 39 – Metz 101 – Verdun 48 – Vouziers 60.

Mâdy, ✆ 03 29 80 10 87, *Fax 03 29 80 02 40*, – AE GB
fermé 10 janv. au 10 fév., dim. soir et lundi sauf fériés – **Repas** 70/230, enf. 55 – 35 – **11 ch** 250/290 – ½ P 230/300.

PEUGEOT Gar. Bigorgne, ✆ 03 29 80 10 34

MONTMÉLIAN *73800 Savoie* 74 ⑯ *G. Alpes du Nord – 3 930 h alt. 307.*

Voir ✱★ *du rocher.*

Syndicat d'Initiative Mairie ✆ 04 79 84 07 31, Fax 04 79 84 08 20.

Paris 576 – Grenoble 50 – Albertville 40 – Allevard 24 – Chambéry 14 – St-Jean-de-Maurienne 63.

Primevère, N 6 ✆ 04 79 84 12 01, *Fax 04 79 84 23 01*, – 30. AE GB
Repas *(59)* - 86/107, enf. 45 – 32 – **42 ch** 290.

George sans rest, N 6 ✆ 04 79 84 05 87, *Fax 04 79 84 40 14* – GB.
30 – **12 ch** 160/200.

Host. des Cinq Voûtes, N 6 ✆ 04 79 84 05 78, *Fax 04 79 84 28 85*, « Voûtes moyenâgeuses » – AE GB JCB
fermé 16 août au 5 sept., dim. soir, soirs fériés et lundi – **Repas** 100 (déj.), 175/380 bc.

L'Arlequin (Centre technique hôtelier), N 6 ✆ 04 79 84 21 54, *Fax 04 79 84 25 77* – GB
fermé 6 juil. au 17 août, vacances de Noël et sam. – **Repas** (déj. seul.) 80/190, enf. 50.

Viboud avec ch, Vieux Montmélian ✆ 04 79 84 07 24, *Fax 04 79 84 44 07* – AE GB
fermé 30 juin au 8 juil., 29 sept. au 30 nov., 1er au 10 janv. dim. soir et lundi – **Repas** *(80)* - 105/120 – 35 – **8 ch** 160/195 – ½ P 200.

NISSAN Gar. Joguet, à Francin ✆ 04 79 84 23 78
RENAULT Gar. Novel, ✆ 04 79 84 04 52

MONTMERLE-SUR-SAÔNE *01090 Ain* 74 ① *– 2 596 h alt. 170.*

Paris 421 – Mâcon 28 – Bourg-en-Bresse 45 – Chauffailles 46 – Lyon 45 – Villefranche-sur-Saône 13.

Rivage, au pont ✆ 04 74 69 33 92, *Fax 04 74 69 49 21*, – 30. AE GB
fermé nov., lundi sauf le soir de juin à sept. et dim. d'oct. à mai – **Repas** 110/300, enf. 70 – 38 – **21 ch** 280/380 – ½ P 350/370.

Sorgfältig zubereitete, preiswerte Mahlzeiten : **Repas** 100/130

MONTMEYRAN *26120 Drôme* 77 ⑫ *– 2 360 h alt. 189.*

Paris 576 – Valence 15 – Crest 15 – Romans-sur-Isère 26.

XX **Vieille Ferme,** Les Dorelons, Est : 1,5 km par D 125 ✆ 04 75 59 31 64, *Fax 04 75 59 49 17,* « Intérieur rustique, jardin » – P. GB
fermé en août, dim. soir et mardi – **Repas** (prévenir) 115 (déj.), 175/210 ♀.

MONTMIRAIL *84 Vaucluse* 81 ⑫ *– rattaché à Gigondas.*

MONTMOREAU-ST-CYBARD *16190 Charente* 75 ③ *G. Poitou Vendée Charentes – 1 120 h alt. 90.*

Syndicat d'Initiative Mairie ✆ 05 45 24 04 07.

Paris 481 – Angoulême 31 – Bordeaux 97 – Chalais 16 – Périgueux 68.

X **Plaisir d'Automne,** ✆ 05 45 60 39 40, – GB
fermé 17 janv. au 2 fév., dim. soir (sauf juil.-août) et lundi – **Repas** 65 bc (déj.), 90/185, enf. 40.

RENAULT Montmoreau Autom., ✆ 05 45 24 02 24

MONTMORENCY *95 Val-d'Oise* 56 ⑪, 101 ⑤ *– voir Paris, Environs.*

MONTMORILLON *86500 Vienne* 68 ⑮ *G. Poitou Vendée Charentes – 6 667 h alt. 100.*

Voir *Église Notre-Dame : fresques★ dans la crypte Ste-Catherine.*

Paris 357 – Poitiers 51 – Bellac 43 – Châtellerault 56 – Limoges 83 – Niort 122.

XX **Lucullus et H. de France** M avec ch, ✆ 05 49 84 09 09, *Fax 05 49 84 58 68* – TV GB
Repas *(fermé dim. soir et lundi)* 115/250 ♀, enf. 60 - ***Bistrot*** *(fermé dim. et lundi)* **Repas** (déj. seul.) carte environ 100 – 40 – **10 ch** 230/350 – ½ P 320/410.

MONTMORT *51270 Marne* 56 ⑮ ⑯ *G. Champagne – 583 h alt. 210.*

Env. *Fromentières : retable★★ de l'église SO : 11 km.*

Paris 124 – Reims 44 – Châlons-en-Champagne 47 – Épernay 19 – Montmirail 24 – Sézanne 26.

Cheval Blanc, ✆ 03 26 59 10 03, *Fax 03 26 59 15 88* – TV P. GB
fermé vend. soir du 1er nov. au 1er avril – **Repas** 85/300 ♀ – 35 – **19 ch** 170/350 – ½ P 240/290.

MONTOIRE-SUR-LE-LOIR *41800 L.-et-Ch.* 64 ⑤ *G. Châteaux de la Loire* **(plan)** *– 4 065 h alt. 65.*

Voir *Chapelle St-Gilles★ : peintures murales★★ – Pont ≤★.*

Syndicat d'Initiative 16 pl. Clemenceau ✆ 02 54 85 23 30, Fax 02 54 85 23 87.

Paris 187 – Le Mans 68 – Blois 44 – Château-Renault 21 – La Flèche 80 – St-Calais 23 – Vendôme 20.

XX **Cheval Rouge** avec ch, pl. Foch ✆ 02 54 85 07 05, *Fax 02 54 85 17 42* – TV AE GB
fermé 11 au 27 nov., 19 janv. au 5 fév., mardi soir et merc. sauf juil-août – **Repas** (dim. prévenir) 90 (déj.), 128/245 ♀, enf. 49 – 31 – **15 ch** 150/265 – ½ P 226/273.

PEUGEOT Gar. Hervio, ✆ 02 54 85 02 40 N ✆ 02 54 85 02 40

Find your way in PARIS using the following **Michelin publications :**

No 9 for public transport

No 10 the town plan on one sheet with No 12, a street index.

No 11 the town plan, in atlas form, with street index, useful addresses and a public transport leaflet.

No 14 the town plan, in atlas form, with street index.

For sightseeing in **Paris** : the **Green Tourist Guide**

These publications are designed to be used in conjunction with each other.

MONTPELLIER 🅟 *34000 Hérault* 83 ⑦ *G. Gorges du Tarn – 207 996 h Agglo. 248 303 h alt. 27.*

Voir *Vieux Montpellier*★★ : *hôtel de Varennes*★ **FY M1**, *hôtel des Trésoriers de la Bourse*★ **FY X**, *rue de l'Ancien Courrier*★ **EFY 4** – *Promenade du Peyrou*★★ : ≤★ *de la terrasse supérieure* **AU** – *Quartier Antigone*★ – *Musée Fabre*★★ **FY** – *Musée Atger*★ *(dans la faculté de médecine)* **EX** – *Musée languedocien*★ *(dans l'hôtel des trésoriers de France)* **FY M²** – *Château de Flaugergues*★ *E : 3 km.*

Env. *Parc zoologique de Lunaret*★ *6 km par av. Bouisson-Bertrand* **ABT** – *Château de la Mogère*★ *E : 5 km par D 24* **DU**.

18 *de Coulondres* ✆ *04 67 84 13 75, 12 km par* ⑦ ; 18 9 *de Fontcaude à Juvignac* ✆ *04 67 03 34 30, 9 km par* ⑥ ; 18 *de Massane à Baillargues* ✆ *04 67 87 87 87, 13 km par* ①.

✈ *de Montpellier-Méditerranée* ✆ *04 67 20 85 00 SE par* ③ : *7 km.*

🅘 *Office de Tourisme Triangle Comédie allée du Tourisme* ✆ *04 67 58 67 58, Fax 04 67 58 67 59 et 78 av. du Pirée* ✆ *04 67 22 06 16, Fax 04 67 22 38 10 Annexe (saison) gare SNCF r. J.-Ferry* ✆ *04 67 92 90 03 et Rd-Pt des Prés D'Arènes* ✆ *04 67 22 08 80 – Automobile-Club Hérault-Aveyron 3 r. Maguelone* ✆ *04 67 58 44 12, Fax 04 67 58 26 39.*

Paris 756 ② – *Marseille 171* ② – *Nice 327* ② – *Nîmes 52* ② – *Toulouse 241* ⑤.

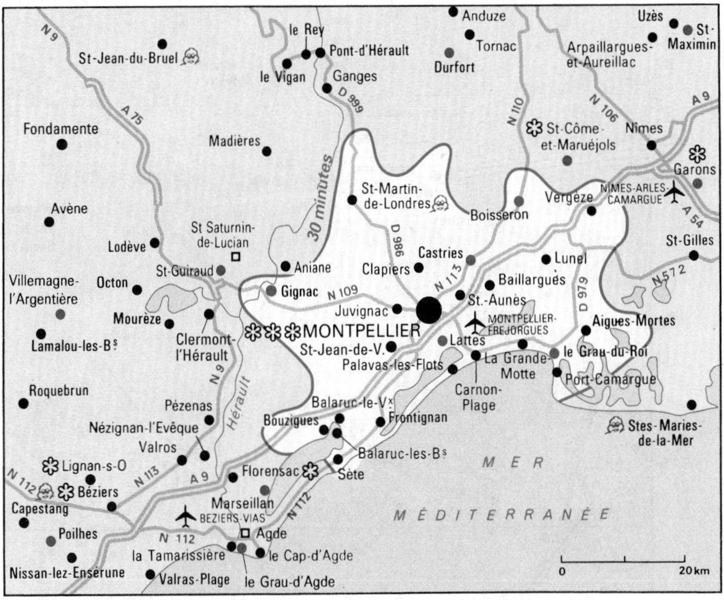

Holiday Inn Métropole, 3 r. Clos René ✆ 04 67 58 11 22, *Fax 04 67 92 13 02*, – ⎮⎮ ⊠ ▤ 📺 ☎ – 🏊 60. AE ⓓ GB JCB FZ a
Repas *(fermé sam. et dim.)* carte environ 180 – ☕ 70 – **77 ch** 680/1400, 4 appart.

Sofitel Antigone Ⓜ sans rest, 1 r. Pertuisanes ✆ 04 67 99 72 72, *Fax 04 67 65 17 50*, « Piscine sur le toit » – ⎮⎮ ⊠ ▤ 📺 ☎ ♿ – 🏊 130. AE ⓓ GB JCB CU v
☕ 85 – **89 ch** 760/960.

Astron Méditerranée Ⓜ sans rest, 45 av. Pirée ✆ 04 67 20 57 57, *Fax 04 67 20 58 58*, – ⎮⎮ cuisinette ⊠ ▤ 📺 ☎ ♿ 🅟. AE ⓓ GB JCB DU t
☕ 85 – **23 ch** 390/640, 115 appart 640/980.

Mercure Ⓜ, 285 bd de l'Aéroport International ✆ 04 67 20 63 63, *Fax 04 67 20 63 64*, – ⎮⎮ ⊠ ▤ 📺 ☎ ♿ – 🏊 80. AE ⓓ GB DU k
Repas *(90)* - 140 bc/180 bc, enf. 45 – ☕ 57 – **108 ch** 440/490, 6 appart.

Maison Blanche Ⓜ, 1796 av. Pompignane ✆ 04 67 79 60 25, *Fax 04 67 79 53 39*, , – ▤ ch, 📺 ☎ ♿ 🅟 – 🏊 30. AE ⓓ GB JCB. rest DT r
Repas *(fermé 24 déc. au 1er janv., sam. midi et dim.)* 100/270 – ☕ 50 – **38 ch** 350/490 – ½ P 395.

Parc sans rest, 8 r. A. Bège ✆ 04 67 41 16 49, *Fax 04 67 54 10 05* – ▤ 📺 ☎ 🅟. AE GB BT k
☕ 40 – **19 ch** 230/380.

MONTPELLIER

Polygone (Le) . . . . **CU**

Anatole-France (R.) . . . . . . **BU** 3
Antonelli (Av. Prof. E.) . **CDV** 5
Arceaux (Bd des) . . . . **AU** 7
Bazille (R. F.) . . . . **BCV** 12
Blum (R. Léon) . . . . **CU** 13
Broussonnet (R. A.) . . . . . **AT** 18
Chancel (Av.) . . . . **AT** 25
Citadelle (Allée) . . . . **CU** 26
Clapiès (R.) . . . . **AU** 28
Comte (R. A.) . . . . **AU** 29
Délicieux (R. B.) . . . . **CT** 31
Etats-du-Languedoc (Av.) **CU** 35
Fabre-de-Morlhon (Bd) . . **BV** 36

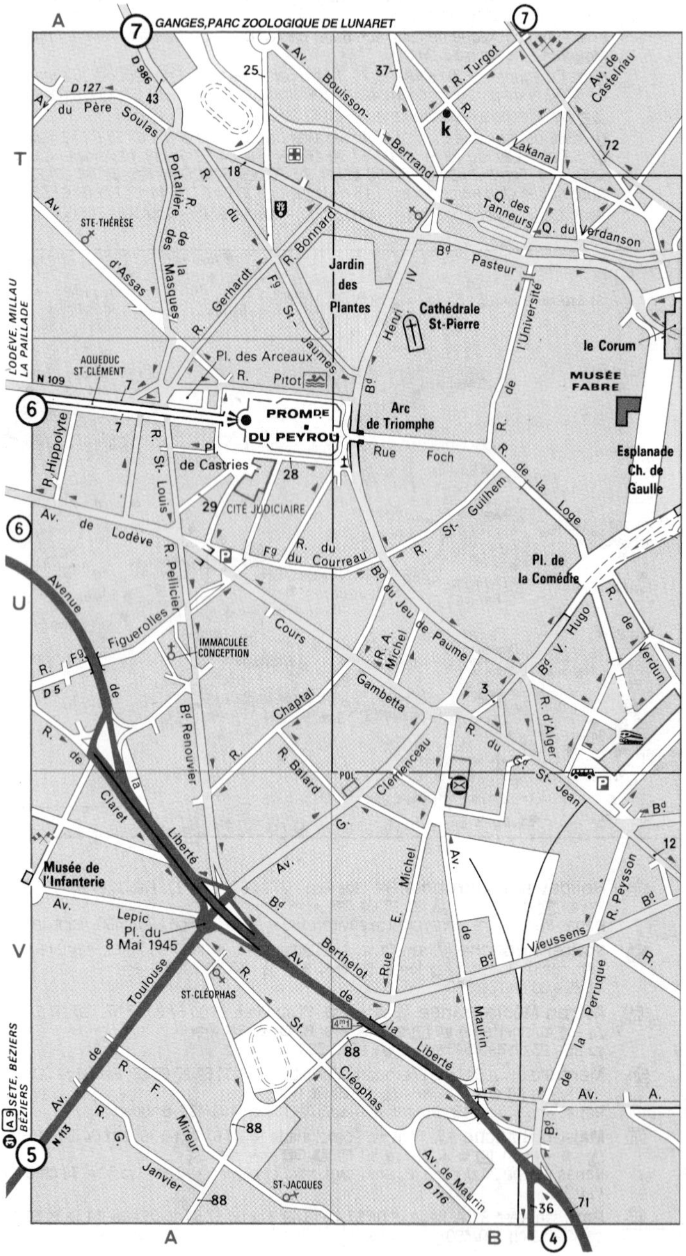

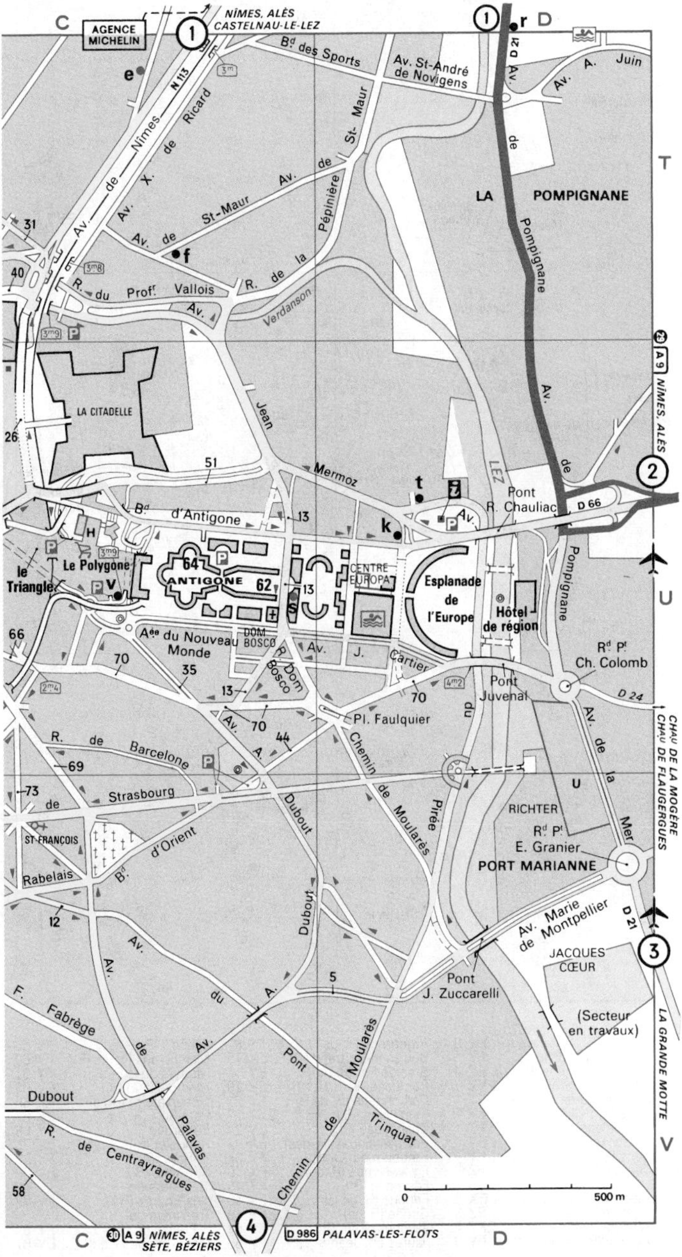
NÎMES, ALÈS
CASTELNAU-LE-LEZ
AGENCE MICHELIN
C
D
T
U
V
Bd des Sports
Av. St-André de Novigens
Av. A. Juin
D 21
Av. de Nîmes
N 113
Av. X. de Ricard
Av. de St-Maur
Av. de St-Maur
R. de la Pépinière
LA POMPIGNANE
Av. de Pompignane
R. du Profr Vallois
Verdanson
LA CITADELLE
Jean Mermoz
Bd d'Antigone
LEZ
Pont R. Chauliac
D 66
A 9 NÎMES, ALÈS
le Triangle
Le Polygone
ANTIGONE
CENTRE EUROPA
Esplanade de l'Europe
Hôtel de région
Aée du Nouveau Monde
DOM BOSCO
R. Dom Bosco
Av. J. Cartier
Rd Pt Ch. Colomb
Pont Juvénal
D 24
CHAU DE LA MOGÈRE
CHAU DE FLAUGERGUES
Pl. Faulquier
R. de Barcelone
Chemin de Moularès
Av. de la Mer
Strasbourg
ST-FRANÇOIS
Rabelais
Bd d'Orient
Dubout
RICHTER
Rd Pt E. Granier
PORT MARIANNE
Av. Marie de Montpellier
JACQUES CŒUR
Pont J. Zuccarelli
(Secteur en travaux)
LA GRANDE MOTTE
F. Fabrège
Av. du Pont
Av. de Palavas
Moularès
Trinquat
R. de Centrayrargues
Chemin
0
500 m
A 9 NÎMES, ALÈS
SÈTE, BÉZIERS
D 986 PALAVAS-LES-FLOTS

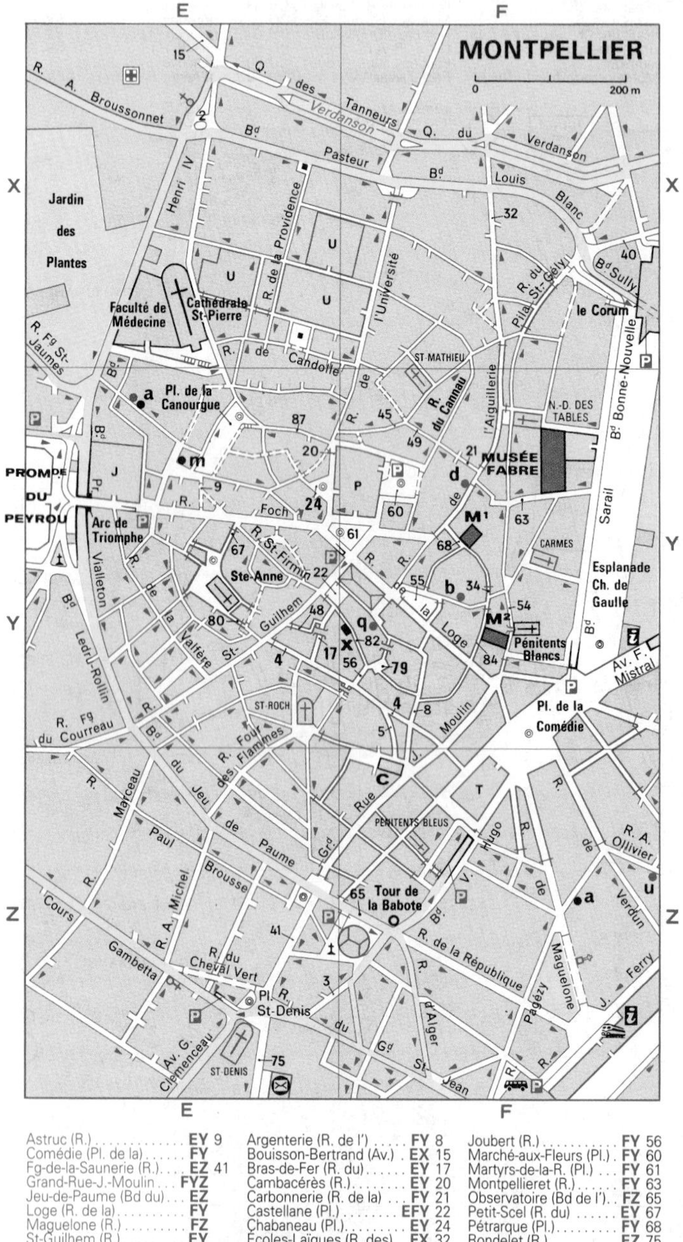

Astruc (R.)	EY	9	Argenterie (R. de l')	FY	8	Joubert (R.)	FY	56
Comédie (Pl. de la)	FY		Bouisson-Bertrand (Av.)	EX	15	Marché-aux-Fleurs (Pl.)	FY	60
Fg-de-la-Saunerie (R.)	EZ	41	Bras-de-Fer (R. du)	EY	17	Martyrs-de-la-R. (Pl.)	FY	61
Grand-Rue-J.-Moulin	FYZ		Cambacérès (R.)	EY	20	Montpellieret (R.)	FY	63
Jeu-de-Paume (Bd du)	EZ		Carbonnerie (R. de la)	FY	21	Observatoire (Bd de l')	FZ	65
Loge (R. de la)	FY		Castellane (Pl.)	EFY	22	Petit-Scel (R. du)	EY	67
Maguelone (R.)	FZ		Chabaneau (Pl.)	EY	24	Pétrarque (Pl.)	FY	68
St-Guilhem (R.)	EY		Écoles-Laïques (R. des)	FX	32	Rondelet (R.)	EZ	75
Sarrail (Bd)	FY		Embouque-d'Or (R.)	FY	34	St-Ravy (Pl.)	FY	79
Verdun (R. de)	FZ		Fg-de-Nîmes (R. du)	FX	40	Ste-Anne (R.)	EY	80
			Fournarié (R.)	FY	45	Trésoriers-de-la-Bourse (R.)	FY	82
Albert-Ier (Pl.)	EX	2	Friperie (R. de la)	EY	48			
Anatole-France (R.)	EZ	3	Girone (R. de)	FY	49	Trésoriers-de-France (R. des)	FY	84
Ancien-Courrier (R.)	EFY	4	Jacques-Cœur (R.)	FY	54			
Aragon (R. Jacques d')	FY	6	Jaurès (Pl. Jean)	FY	55	Vieille-Intendance (R.)	EY	87

Guilhem sans rest, 18 r. J.-J. Rousseau 04 67 52 90 90, *Fax 04 67 60 67 67* – AE GB JCB EY a
49 – **33 ch** 360/650.

Palais sans rest, 3 r. Palais 04 67 60 47 38, *Fax 04 67 60 40 23* – GB
50 – **26 ch** 270/400. EY m

Les Troënes sans rest, 17 av. Émile Bertin Sans par av. Bouisson Bertrand AT 04 67 04 07 76, *Fax 04 67 61 04 43* – GB
34 – **14 ch** 260/305.

Ulysse sans rest, 338 av. St Maur 04 67 02 02 30, *Fax 04 67 02 16 50* – AE GB JCB CT f
40 – **30 ch** 285/350.

Jardin des Sens (Jacques et Laurent Pourcel) M avec ch, 11 av. St-Lazare 04 67 79 63 38, *Fax 04 67 72 13 05*, « Élégant décor contemporain » – rest, AE GB JCB CT e
fermé 2 au 15 janv. – **Repas** *(fermé lundi midi et dim.)* (nombre de couverts limité, prévenir) 210 (déj.), 370/580 et carte 420 à 560 – 90 – **13 ch** 650/1150
Spéc. Petits encornets farcis de langoustines. Petite baudroie rôtie, tarte à la tomate. Côte de veau rôtie aux morilles. **Vins** Coteaux du Languedoc, Minervois.

Chandelier, 267 r. L. Blum (6e étage) 04 67 15 34 38, *Fax 04 67 15 34 33*, « Restaurant panoramique sous une coupole » – AE GB CU s
fermé lundi midi et dim. – **Repas** 100 (déj.), 200/400 et carte 310 à 440.

Cercle des Anges, 6 r. Embouque d'Or 04 67 66 35 13, *Fax 04 67 66 35 27*, – AE GB FY b
fermé lundi midi et dim. – **Repas** 110 (déj.), 150/300.

Petit Jardin, 20 r. J.-J. Rousseau 04 67 60 78 78, *Fax 04 67 66 16 79*, « Agréable terrasse ombragée » – AE GB EY a
fermé 2 janv. au 1er fév. et lundi – **Repas** 80 (déj.), 110/170.

Castel Ronceray, 130 r. Castel Ronceray par ⑤ 34070 04 67 42 46 30, *Fax 04 67 27 41 96*, – AE GB
fermé 4 au 26 août, vacances de fév., lundi soir et dim. – **Repas** 130 (déj.), 168/220.

Brasserie Flo - Le Corum, Esplanade Ch. de Gaulle 04 67 72 60 96, *Fax , Fax 04 67 72 60 60*, – AE GB FX v
Repas 79/159 bc.

L'Olivier (Breton), 12 r. A. Ollivier 04 67 92 86 28 – AE GB FZ u
fermé 28 juil. au 3 sept., dim., lundi et fériés – **Repas** (prévenir) 160/198 et carte 250 à 330
Spéc. Queues de langoustines grillées aux aubergines croustillantes. Loup rôti au four, pistou de légumes et coquillages. Suprême de pigeon en croûte au foie gras à la truffe fraîche (hiver). **Vins** Faugères, Coteaux du Languedoc.

Maison de la Lozère, 27 r. Aiguillerie 04 67 66 46 36, *Fax 04 67 60 33 22*, « Salle voûtée du 13e siècle » – AE GB FY d
fermé 3 au 28 août, lundi midi et dim. – **Repas** *(85)* - 125 bc (déj.), 155/275.

Louvre, 2 r. Vieille 04 67 60 59 37, – AE GB FY q
fermé sam. midi du 1er juin au 30 sept., lundi sauf le soir du 1er juin au 30 sept. et dim. – **Repas** 150.

Le Millénaire *par ② : 1 km – 34000 Montpellier :*

Campanile, 04 67 64 85 85, *Fax 04 67 22 19 25*, – rest, – 25. AE GB
Repas *(66)* - 84 bc/107 bc, enf. 39 – 34 – **82 ch** 278.

rte de Carnon-Pérols *par ③ : 6 km – 34470 Pérols :*

Eurotel, ZAC Le Fenouillet 04 67 50 27 27, *Fax 04 67 50 23 27*, – – 70. AE GB
Repas 72/159, enf. 32 – 30 – **42 ch** 300/350 – 1/2 P 270.

à l'échangeur A9-Montpellier-sud *par ④ : 2 km – 34000 Montpellier :*

Novotel, 125 bis av. Palavas 04 67 64 04 04, *Fax 04 67 65 40 88*, – – 100. AE GB
Repas *(78)* - carte environ 170, enf. 50 – 55 – **162 ch** 655/710.

à Lattes *par ④ : 5 km – 10 203 h. alt. 3 – 34970 :*

Domaine de Soriech, dans Z.A.C. Soriech, près rd-pt D 189 et D 21, face Castorama 04 67 15 19 15, *Fax 04 67 15 58 21*, « Parc » – AE GB
fermé 1er au 7 janv., vacances de fév., dim. soir et lundi soir – **Repas** 180 (déj.), 290/420 et carte 310 à 420.

Mazerand, rte Fréjorgues CD 172 04 67 64 82 10, *Fax 04 67 20 10 73*, « Terrasses ombragées ouvrant sur le parc » – AE GB
fermé sam. midi et lundi – **Repas** 165/320 et carte 250 à 350.

à St-Jean-de-Védas *par ⑤ et N 112 : 6 km – 5 390 h. alt. 49 – ✉ 34430 :*

Yan's, Parc St Jean ☎ 04 67 47 07 45, *Fax 04 67 47 16 90,* 🏖, 🏊 – ▤ 📺 ☎ 🅿 – 🏛 30. AE ⓓ GB JCB
Repas *(fermé 23 déc. au 2 janv., sam. sauf le soir en juil.-août et dim.)* 88/145 🍷 – ☕ 40 – **40 ch** 350/400 – ½ P 270.

par ⑥ *rte de Lodève : 5 km – ✉ 34080 Montpellier :*

Abélia sans rest, 70 rte Lodève ☎ 04 67 03 17 77, *Fax 04 67 03 28 19* – 📺 ☎ 🅿. GB
fermé dim. soir d'oct. à avril – ☕ 33 – **12 ch** 210/280.

à Juvignac *par ⑥, rte de Millau : 6 km – 4 221 h. alt. 32 – ✉ 34990 :*

Golf H. de Fontcaude Ⓜ 🐦, au golf international, Nord-Ouest : 3 km ☎ 04 67 03 34 10, *Fax 04 67 03 34 51,* ←, 🏖 – 🛗 ▤ 📺 ☎ ♿ 🅿 – 🏛 40. AE ⓓ GB
Repas *(72 bc)* - 92/130 🍷, enf. 50 – ☕ 50 – **46 ch** 420/510 – ½ P 395.

à Clapiers *par ⑦ et D 65 : 8 km – 3 478 h. alt. 25 – ✉ 34830 :*

Les Pins - Paladien Ⓜ 🐦, chemin Romarins ☎ 04 67 59 33 00, *Fax 04 67 59 33 99,* ←, 🏖, « Dans une pinède », 🏋, 🏊, 🎾 – 🛗 cuisinette, ▤ rest, 📺 ☎ 🅿 – 🏛 80. AE ⓓ GB
21 mars-15 déc. – **Repas** (en juil.-août dîner seul., résidents seul.) 120 🍷 – ☕ 40 – **69 ch** 475 – ½ P 398.

au Nord *: 5 km par r. Proudhon* **BT** *et D 17 – ✉ 34980 Montferrier-sur-Lez :*

Heliotel, rte de Mende, rd-pt Agropolis ☎ 04 67 41 54 00, *Fax 04 67 41 54 54,* 🏖 – cuisinette ▤ 📺 ☎ 📞 ♿ 🅿 – 🏛 40. AE GB
Repas *(70)* - 89/125 🍷, enf. 42 – ☕ 35 – **49 ch** 370/390 – ½ P 290.

MICHELIN, Agence, 120 av. M.-Dassault à Castelnau-le-Lez par ① ☎ 04 67 79 50 79

AUDI, VOLKSWAGEN Cerf Autom., Rd-Pt Rieucoulon à St-Jean-de-Védas ☎ 04 67 07 83 83 🅽 ☎ 04 67 92 22 18
AUDI, VOLKSWAGEN Cerf Autom., 145 rte de Nîmes au Crès ☎ 04 67 70 50 00 🅽 ☎ 08 00 00 24 24
BMW Auto Méditerranée, ZI 361 r. Industrie ☎ 04 67 92 97 29
CITROEN Succursale, 730-838 av. des Prés d'Arènes par ④ ☎ 04 67 12 67 67 🅽 ☎ 04 67 22 06 17
FORD Gar. Imbert, rte de Sète à St-Jean-de-Védas ☎ 04 67 07 08 50 🅽 ☎ 047 67 92 22 18
FORD Fenouillet Autom., ZC Fenouillet rte de Carnon à Pérols ☎ 04 67 50 34 20
MERCEDES SODIRA, ZA de l'Aube Rouge à Castelnau-le-Lez ☎ 04 67 79 40 50 🅽 ☎ 03 23 72 11 08
MITSUBISHI, PORSCHE Gar. Mourier, ZI av. Mas-d'Argelliers ☎ 04 67 06 13 13
NISSAN A.B.C. Auto, 55 rte de Béziers à St-Jean-de-Védas ☎ 04 67 27 55 46
NISSAN Gar. Clémenceau, r. Montels L'Eglise à Lattes ☎ 04 67 92 95 47
OPEL France Auto, 56 av. du Marché-Gare ☎ 04 67 06 80 80
OPEL France Auto, Parc de l'Aube Rouge à Castelnau-le-Lez ☎ 04 67 72 20 40
PEUGEOT Gar. de l'Hérault, 905 r. Industrie par ④ ☎ 04 67 06 25 25 🅽 ☎ 08 00 44 24 24
RENAULT Paillade Autos, av. de l'Europe par ⑥ ☎ 04 67 84 74 74 🅽 ☎ 04 67 84 74 74
RENAULT Succursale, 700 r. de l'Industrie, ZI par av. des P. d'Arène ☎ 04 67 07 87 87 🅽 ☎ 04 67 04 95 12
TOYOTA P.H.F. Auto, 1678 av. de Toulouse ☎ 04 67 27 23 62
TOYOTA P.H.F. Auto, 500 av. de l'Europe à Castelnau-le-Lez ☎ 04 67 79 44 76
SODAM, ZI av. du Mas d'Argelliers ☎ 04 67 06 13 13
SODAM, 1532 av. des Platanes à Lattes ☎ 04 67 65 78 80

Ⓜ Ayme Pneus, 49 av. de Toulouse ☎ 04 67 42 82 25
Ayme Pneus, 210 rte de Nîmes au Crés ☎ 04 67 70 80 01
Ayme Pneus, av. Mas-d'Argelliers ZI ☎ 04 67 92 72 62
Euromaster, ZI av. Mas-d'Argelliers ☎ 04 67 92 05 93
Mendez Pneus, 18 r. St-Louis ☎ 04 67 58 54 50
Vulco, 685 r. Industrie ☎ 04 67 92 00 30

MONTPON-MÉNESTEROL *24700 Dordogne 75 ③ ⑬ – 5 481 h alt. 93.*

Paris 535 – Bergerac 40 – Libourne 38 – Périgueux 55 – Ste-Foy-la-Grande 23.

à Ménesterol *Nord : 1 km par D 708, D 730 et D^{E1} – ✉ 24700 Montpon-Ménesterol :*

Aub. de l'Éclade, ☎ 05 53 80 28 64, *Fax 05 53 80 50 07,* 🏖 – ▤. GB
fermé 1er au 15 mars, 1er au 15 oct., mardi soir et merc. – **Repas** 70 (déj.), 120/210 🍷.

CITROEN Montpon Autom., 1 av. G.-Pompidou ☎ 05 53 80 31 00
PEUGEOT Gar. Bonnet, 51 av. J. Moulin ☎ 05 53 80 33 57

Ⓜ Sce du Pneu-Point S, 72 rte de Bordeaux ☎ 05 53 80 37 21

MONTRÉAL *32250 Gers 79 ⑬ G. Pyrénées Aquitaine – 1 221 h alt. 131.*

Paris 724 – Agen 57 – Auch 58 – Condom 15 – Mont-de-Marsan 65 – Nérac 27.

Chez Simone, face église ☎ 05 62 29 44 40, *Fax 05 62 29 49 94* – AE ⓓ GB
fermé dim. soir et lundi – **Repas** 70/130 🍷.

Ⓜ Maribon Pneus, ☎ 05 62 29 44 47

MONTREDON *11 Aude* 83 ⑪ – *rattaché à Carcassonne.*

MONTRÉJEAU *31210 H.-Gar.* 85 ⑳ *G. Pyrénées Aquitaine – 2 857 h alt. 468.*

Voir ≤★.

Office de Tourisme pl. V.-Abeille ☎ 05 61 95 80 22, annexe Mairie ☎ 05 61 95 84 17.

Paris 798 – Bagnères-de-Luchon 38 – Auch 78 – Lannemezan 17 – St-Gaudens 14 – Toulouse 106.

Leclerc, av. St-Gaudens ☎ 05 61 95 80 43, *Fax 05 61 95 45 78,* ≤ Pyrénées – TV ☎ . GB
fermé nov. – **Repas** *(fermé dim. soir et lundi midi d'oct. à Pâques sauf vacances scolaires)* 70/160 ♀ – ☕ 32 – **19 ch** 110/280 – ½ P 185/245.

MONTREUIL SP *62170 P.-de-C.* 51 ⑫ *G. Flandres Artois Picardie* **(plan)** – *2 450 h alt. 54.*

Voir *Site★ – Citadelle★ : ≤★★ – Remparts★ – Mobilier★ de la chapelle de l'Hôtel-Dieu – Église St-Saulve★.*

Office de Tourisme 21 r. Carnot ☎ 03 21 06 04 27, Fax 03 21 06 04 27.

Paris 228 – Calais 72 – Abbeville 48 – Arras 79 – Boulogne-sur-Mer 39 – Lille 117 – St-Omer 54.

Château de Montreuil (Germain) , chaussée Capucins ☎ 03 21 81 53 04, *Fax 03 21 81 36 43,* , « Belle demeure dans un jardin fleuri » – TV ☎ P. AE ⓓ GB
fermé 13 déc. au 4 fév., lundi de sept. à mai sauf fériés et jeudi midi – **Repas** 200 (déj.), 300/400, enf. 130 – ☕ 70 – **13 ch** 810/910 – ½ P 825/875
Spéc. Parmentier de petits gris et d'andouille à la sauge. Grosse sole de ligne cuite au gros sel, beurre fouetté au citron. Grouse d'Ecosse au sang de betteraves rouges (12 août à mi-nov.).

Darnétal avec ch, pl. Darnetal ☎ 03 21 06 04 87, *Fax 03 21 86 64 67* – AE ⓓ GB. ch
fermé 24 juin au 9 juil., 20 au 29 déc., lundi soir et mardi – **Repas** 100/200 – ☕ 30 – **4 ch** 220/330.

à La Madelaine-sous-Montreuil *Ouest : 2,5 km par D 917 et D 139 – 147 h. alt. 7 – ✉ 62170 Madelaine-sous-Montreuil :*

Aub. La Grenouillère (Gauthier) avec ch, ☎ 03 21 06 07 22, *Fax 03 21 86 36 36,* , « Cadre rustique agrémenté de peintures originales des années 20 », – ☎ P. AE ⓓ GB
fermé 2 au 30 janv., mardi et merc. sauf juil.-août – **Repas** 150/400 et carte 330 à 430 – ☕ 50 – **3 ch** 450
Spéc. Cuisses de grenouilles à l'ail et au persil frit. Agneau de pré-salé de la baie de Somme (juin à déc.). Crêpes Suzette.

à Attin *Nord-Ouest : 4 km par N 39 – 560 h. alt. 11 – ✉ 62170 :*

Aub. du Bon Accueil, ☎ 03 21 06 04 21 – GB
fermé 17 août au 7 sept., vacances de fév., merc. soir de sept. à avril, dim. soir et lundi – **Repas** *(78)* - 90 bc/175 bc, enf. 50.

au Moulinel *Ouest : 9 km par D 139 – ✉ 62170 St-Josse :*

Aub. du Moulinel, ☎ 03 21 94 79 03 – P. GB
fermé 22 au 28 juin, 30 nov. au 20 déc., lundi et mardi hors saison – **Repas** 95 (déj.), 130/280 ♀.

à Inxent *Nord : 9 km sur D 127 – 157 h. alt. 28 – ✉ 62170 :*

Aub. d'Inxent avec ch, ☎ 03 21 90 71 19, *Fax 03 21 86 31 67,* , – TV ☎ P. GB
fermé 5 au 31 janv., mardi soir et merc. sauf juil.-août – **Repas** 79/195 ♀, enf. 40 – ☕ 35 – **6 ch** 255/350 – ½ P 270/290.

Pneus Lagrange, à St-Justin ☎ 03 21 06 09 97

MONTREUIL *93 Seine-St-Denis* 56 ⑪, 101 ⑰ – *voir à Paris, Environs.*

MONTREUIL-BELLAY *49260 M.-et-L.* 67 ⑧ *G. Châteaux de la Loire* **(plan)** – *4 041 h alt. 50.*

Voir *Château★★ – Site★.*

Office de Tourisme (avril-sept.) Pl. de la Concorde ☎ 02 41 52 32 39, Fax 02 41 52 32 35.

Paris 334 – Angers 52 – Châtellerault 70 – Chinon 39 – Cholet 58 – Poitiers 80 – Saumur 16.

Splendid, r. Dr Gaudrez ☎ 02 41 53 10 00, *Fax 02 41 52 45 17,* – TV ☎ P. GB
Repas *(fermé dim. soir du 15 oct. au 15 mars)* 80/210 ♀, enf. 40 – ☕ 40 – **20 ch** 150/300 – ½ P 290/350.

Annexe Relais du Bellay sans rest, , – TV ☎ P. GB
☕ 50 – **42 ch** 270/400.

Host. St-Jean, 432 r. Nationale ☎ 02 41 52 30 41 – P. GB
fermé 2 au 9 mars, dim. soir et lundi sauf fériés – **Repas** 75/180 ♀.

MONTREUIL-L'ARGILLÉ *27390 Eure* 55 ⑭ – *706 h alt. 170.*

Paris 153 – L'Aigle 26 – Argentan 50 – Bernay 21 – Évreux 55 – Lisieux 33 – Vimoutiers 28.

✕ **Aub. de la Truite,** ✆ 02 32 44 50 47, *Fax 02 32 44 00 66,* « Collection d'orgues de Barbarie » – GB

fermé 22 juin au 5 juil., 15 janv. au 15 fév., mardi soir et merc. – **Repas** 89/200.

MONTREVEL-EN-BRESSE *01340 Ain* 70 ⑫ – *1 973 h alt. 215.*

Paris 395 – Mâcon 23 – Bourg-en-Bresse 17 – Pont-de-Vaux 21 – St-Amour 24 – Tournus 35.

✕✕ ✿ **Léa** (Monnier), ✆ 04 74 30 80 84, *Fax 04 74 30 85 66* – GB

fermé 26 juin au 10 juil., 23 déc. au 12 janv., dim. soir et merc. – **Repas** (nombre de couverts limité, prévenir) 150/300 et carte 250 à 350 ꟸ

Spéc. Ragoût d'escargots et champignons sauvages. Suprême de volaille sauce fleurette au foie gras. Grenouilles sautées au beurre persillé. **Vins** Seyssel, Montagnieu.

✕ **Comptoir,** ✆ 04 74 25 45 53 – ▤. GB

fermé 26 juin au 10 juil., 23 déc. au 12 janv., mardi soir et merc. – **Repas** 75 (déj.), 88/115 ꟸ.

rte de Bourg-en-Bresse *Sud : 2 km sur D 975 – ✉ 01340 Montrevel-en-Bresse :*

Pillebois Ⓜ, ✆ 04 74 25 48 44, *Fax 04 74 25 48 79,* ☂, ⛱, ⛰ – TV ☎ ✆ ♿ P – 🏛 30. AE GB

fermé dim. soir du 1er oct. au 1er mai – ***L'Aventure*** *(fermé dim. soir et lundi d'oct. à mai)* **Repas** *(65)* - 95/245 ꟸ, enf. 65 – ☕ 35 – **30 ch** 250/290 – ½ P 260/280.

CITROEN Gar. Berret, ✆ 04 74 30 80 06
FIAT, LANCIA Gar. Roux, ✆ 04 74 25 45 46
PEUGEOT Gar. Petit, ✆ 04 74 30 82 22
Ⓜ Relais Pneus, ✆ 04 74 25 66 87

MONTRICHARD *41400 L.-et-Ch.* 64 ⑯ ⑰ *G. Châteaux de la Loire – 3 786 h alt. 62.*

Voir *Donjon★ : ✳★★.*

ℹ *Office de Tourisme (Rameaux-sept.) 1r. du Pont ✆ 02 54 32 05 10, Fax 02 54 32 28 80.*

Paris 218 – Tours 42 – Blois 36 – Châteauroux 84 – Châtellerault 95 – Loches 32 – Vierzon 73.

Château de la Menaudière ⛰, Nord Ouest : 2,5 km par rte Amboise D 115 ✆ 02 54 71 23 45, *Fax 02 54 71 34 58,* ≤, ☂, parc, ⛱, ✂ – TV ☎ ✆ P – 🏛 25. AE ⓓ GB

fermé 5 janv. au 28 fév. – **Repas** *(fermé dim. soir et lundi d'oct. à avril)* 90 (déj.), 190/290 ꟸ, enf. 60 – ☕ 60 – **26 ch** 400/800 – ½ P 540/765.

Tête Noire, 24 r. Tours ✆ 02 54 32 05 55, *Fax 02 54 32 78 37* – ☎ ✆ P. GB

fermé 4 janv. au 2 fév. – **Repas** 96/260 ꟸ, enf. 55 – ☕ 36 – **36 ch** 195/330 – ½ P 280/345.

Croix Blanche sans rest, 64 r. Nationale ✆ 02 54 32 30 87, *Fax 02 54 32 48 06* – TV ☎. AE ⓓ GB JCB – *1er avril-12 nov.* – ☕ 30 – **19 ch** 175/275.

à Chissay en Touraine *Ouest : 4 km par D 176 – 871 h. alt. 63 – ✉ 41400 :*

Château de Chissay ⛰, ✆ 02 54 32 32 01, *Fax 02 54 32 43 80,* ≤, ☂, « Château du 15e siècle, parc, ⛱ » – |‡| ☎ P – 🏛 30 à 100. AE ⓓ GB. ✂ rest

15 mars-15 nov. – **Repas** 160 bc (déj.), 185/310 ꟸ – ☕ 65 – **24 ch** 590/920, 7 appart – ½ P 535/700.

PEUGEOT Gar. Ferrand, ✆ 02 54 32 00 61

MONTRICOUX *82800 T.-et-G.* 79 ⑱ ⑲ *G. Périgord Quercy – 909 h alt. 113.*

Voir *Bruniquel : site★, vieux bourg★, château ≤★ SE : 5 km.*

Paris 631 – Cahors 50 – Gaillac 38 – Montauban 24 – Villefranche-de-Rouergue 57.

✕✕✕ **Les Gorges de l'Aveyron,** Le Bugarel ✆ 05 63 24 50 50, *Fax 05 63 24 50 52,* ☂, « Parc surplombant l'Aveyron » – P. GB

fermé dim. soir et lundi du 10 sept. au 15 mars – **Repas** 148/250 et carte 250 à 390.

MONTROC-LE-PLANET *74 H.-Savoie* 74 ⑨ – *rattaché à Argentière.*

MONTROND-LES-BAINS *42210 Loire* 73 ⑱ *G. Vallée du Rhône – 3 627 h alt. 356 – Stat. therm. (avril-nov.) – Casino .*

⛳18 *du Forez ✆ 04 77 30 86 85 à Craintilleux, S : 12 km par N 82 et D 16.*

ℹ *Syndicat d'Initiative 1 r. des Écoles ✆ 04 77 94 64 74, Fax 04 77 54 51 96.*

Paris 497 – St-Étienne 31 – Lyon 61 – Montbrison 15 – Roanne 58 – Thiers 81.

✿✿ **Host. La Poularde** (Etéocle), ✆ 04 77 54 40 06, *Fax 04 77 54 53 14* – ▤ TV ☎ 🚗 – 🏛 30. AE ⓓ GB JCB

fermé 2 au 15 janv., mardi midi et lundi sauf fériés – **Repas** (dim. prévenir) 225/580 et carte 480 à 750 ꟸ – ☕ 80 – **11 ch** 340/560, 3 duplex

Spéc. Lobe de foie gras poché à la lie de vin. Ecrevisses et huîtres poêlées aux senteurs de noisettes. Pigeonneau amandine entre chair et peau. **Vins** Condrieu, Saint-Joseph.

Motel du Forez sans rest, 37 rte Roanne 04 77 54 42 28, *Fax 04 77 94 66 58* – TV P. AE GB
30 – **18 ch** 240/280.

Cirius, bd Château, rte St-Étienne 04 77 54 89 22, *Fax 04 77 54 84 32* – TV P – 25. AE GB.
Repas snack 78/93, enf. 45 – 35 – **46 ch** 250/300 – ½ P 250.

Vieux Logis, 4 rte Lyon 04 77 54 42 71, *Fax 04 77 54 42 71*, – GB
fermé 1er au 15 mars, 1er au 15 sept., dim. soir et lundi – **Repas** 110/250.

CITROEN Gar. Protière, 04 77 54 44 28 N 04 77 88 34 54
RENAULT Gar. Decultieux, 04 77 54 41 32

MONTROUGE *92 Hauts-de-Seine* 60 ⑩, 101 ㉕ – *voir à Paris, Environs.*

MONTS *37260 I.-et-L.* 64 ⑮ – *6 221 h alt. 50.*
Paris 253 – Tours 20 – Azay-le-Rideau 13 – Chenonceaux 39 – Chinon 33 – Ste-Maure-de-Touraine 23.

Aub. du Moulin, au Vieux Bourg 02 47 26 76 86, *Fax 02 47 26 76 86* – P. GB
fermé 19 au 31 juil., lundi soir et mardi – **Repas** 90/210.

Le MONT-ST-MICHEL *50116 Manche* 59 ⑦ *G. Normandie Cotentin, G. Bretagne – 72 h alt. 10.*
Voir *Abbaye*** – Remparts** – Grande-Rue* – Jardins de l'abbaye* – Musée historique : coqs de montres* – Le Mont n'est entouré d'eau qu'aux grandes marées.*
Office de Tourisme Corps de Garde des Bourgeois 02 33 60 14 30.
Paris 354 – St-Malo 56 – Alençon 134 – Avranches 22 – Dinan 54 – Fougères 42 – Rennes 70.

Saint Pierre et Logis du Chapeau Blanc, 02 33 60 14 03, *Fax 02 33 48 59 82*, – TV. AE GB JCB
fermé 15 déc. au 10 fév. – **Repas** (70) - 88/290, enf. 48 – 50 – **20 ch** 390/580 – ½ P 380/440.

Croix Blanche avec ch, 02 33 60 14 04, *Fax 02 33 48 59 82*, – TV. AE GB JCB
fermé 15 nov. au 20 déc. et mardi d'oct. à mars – **Repas** 76/255, enf. 48 – 50 – **9 ch** 450/505 – ½ P 380/410.

à la Digue *Sud : 2 km sur D 976 :*

Relais du Roy, 02 33 60 14 25, *Fax 02 33 60 37 69* – TV P. AE GB. ch
21 mars-30 nov. – **Repas** 90/200, enf. 47 – 50 – **27 ch** 350/440 – ½ P 360/410.

Digue, 02 33 60 14 02, *Fax 02 33 60 37 59*, – rest, TV P. AE GB. ch
25 mars-15 nov. – **Repas** 85/210, enf. 48 – 50 – **36 ch** 350/440 – ½ P 325/385.

à Beauvoir *Sud : 4 km par D 976 – 426 h. – 50170 Pontorson :*

Beauvoir, 02 33 60 09 39, *Fax 02 33 48 59 65* – TV P. GB
fermé 15 nov. au 31 janv. – **Repas** (69) - 90/250, enf. 50 – 42 – **18 ch** 340 – ½ P 292.

MONTSALVY *15120 Cantal* 76 ⑫ *G. Auvergne – 970 h alt. 800.*
Voir *Puy-de-l'Arbre * NE : 1,5 km.*
Office de Tourisme r. du Tour de Ville 04 71 49 21 43.
Paris 602 – Aurillac 31 – Rodez 59 – Entraygues-sur-Truyère 13 – Figeac 57.

Nord, 04 71 49 20 03, *Fax 04 71 49 29 00*, – TV P. AE GB JCB
8 avril-31 déc. – **Repas** 88/250, enf. 42 – 40 – **20 ch** 255/330 – ½ P 270/310.

PEUGEOT Gar. Cazal, 04 71 49 26 65 N 04 71 47 80 56

MONTSAUCHE-LES-SETTONS *58230 Nièvre* 65 ⑯ *G. Bourgogne – 714 h alt. 574.*
Voir *Lac des Settons* SE : 5 km.*
Office de Tourisme pl. de l'Ancienne Gare 03 86 84 55 90, Fax 03 86 84 55 90.
Paris 254 – Autun 42 – Avallon 40 – Château-Chinon 25 – Clamecy 56 – Nevers 88 – Saulieu 25.

Idéal, 03 86 84 51 26, , – P. GB
fermé 1er janv. au 1er mars et lundi du 1er oct. au 1er mai – **Repas** (50) - 60 bc/140, enf. 40 – 30 – **15 ch** 160/260 – ½ P 195/220.

CITROEN Gar. Bouché-Pillon, 03 86 84 52 26

MONT-SAXONNEX *74130 H.-Savoie* 74 ⑦ *G. Alpes du Nord – 880 h alt. 1000 – Sports d'hiver : 1 100/1 570 m ≴7.*

Voir *Église* ✱★★ *15 mn.*

Syndicat d'Initiative ✆ 04 50 96 97 27, Fax 04 50 96 92 08 et (hors saison) Mairie ✆ 04 50 96 90 56.

Paris 566 – Chamonix-Mont-Blanc 51 – Thonon-les-Bains 54 – Annecy 49 – Bonneville 9 – Cluses 11 – Megève 40 – Morzine 40.

Jalouvre ⛰, ✆ 04 50 96 90 67, – ☎ P. GB. rest
fermé 3 mai au 1er juin et 15 sept. au 1er nov. – **Repas** (50) - 95/160 ♀, enf. 45 – ☕ 42 – **14 ch** 150/240 – ½ P 250/265.

Les MONTS-DE-VAUX *39 Jura* 70 ④ *– rattaché à Poligny.*

MONTSOREAU *49730 M.-et-L.* 64 ⑫ ⑬ *G. Châteaux de la Loire – 561 h alt. 77.*

Voir ✱★★ – *Église*★ *de Candes-St-Martin SE : 1,5 km.*

Paris 295 – Angers 73 – Châtellerault 65 – Chinon 18 – Poitiers 81 – Saumur 12 – Tours 58.

Diane de Méridor, ✆ 02 41 51 70 18, *Fax 02 41 38 15 93,* ≤ – P. GB
fermé 15 déc. au 31 janv., lundi soir et mardi d'oct. à mai – **Repas** 85/240 ♀, enf. 55.

MORANGIS *91 Essonne* 61 ①, 101 ㉟ *– voir à Paris, Environs.*

MORESTEL *38510 Isère* 74 ⑭ *G. Vallée du Rhône – 2 972 h alt. 220.*

Paris 498 – Bourg-en-Bresse 72 – Chambéry 50 – Grenoble 68 – Lyon 60 – La Tour-du-Pin 15.

France, Gde rue ✆ 04 74 80 04 77, *Fax 04 74 33 07 47* – TV ☎ P – 25. AE GB
Repas *(fermé dim. soir et lundi)* 95/250, enf. 80 – ☕ 39 – **11 ch** 260/425 – ½ P 245/265.

Grille, N 75 ✆ 04 74 80 02 88, *Fax 04 74 80 05 10* – P. AE GB
fermé dim. soir d'oct. à mars – **Repas** 80 bc/205 ♀, enf. 60.

PEUGEOT Gar. Grégot, Les Avenières ✆ 04 74 33 60 10 N ✆ 04 74 33 60 10
RENAULT Gar. du Parc, Les Avenières ✆ 04 74 33 61 30 N ✆ 04 74 33 61 30
Vulco, ✆ 04 74 80 24 82

MORET-SUR-LOING *77250 S.-et-M.* 61 ⑫, 106 ㊻ *G. Ile de France* (plan) *– 4 174 h alt. 50.*

Voir *Site*★.

Office de Tourisme pl. Samois ✆ 01 60 70 41 66, Fax 01 60 70 82 52.

Paris 74 – Fontainebleau 10 – Melun 27 – Montereau-Fault-Yonne 12 – Nemours 17 – Sens 44.

Aub. de la Palette, av. J. Jaurès ✆ 01 60 70 50 72, *Fax 01 64 31 17 99* – GB
fermé 13 au 23 avril, 17 août au 3 sept., 2 au 14 janv., mardi soir et merc. – **Repas** 102/270, enf. 50.

à Veneux-les-Sablons *Ouest : 3,5 km – 4 298 h. alt. 76 – ✉ 77250 :*

Rôtisserie Bon Abri, av. Fontainebleau ✆ 01 60 70 55 40, *Fax 01 64 31 12 27* – AE GB
fermé 27 juil. au 9 août, mardi soir, dim. soir et lundi – **Repas** 169/254, enf. 50.

MORGAT *29 Finistère* 58 ⑭ *G. Bretagne – ✉ 29160 Crozon.*

Voir *Phare* ≤★ – *Grandes Grottes*★.

Office de Tourisme (saison) bd de la Plage ✆ 02 98 27 29 49, Fax 02 98 27 24 89.

Paris 588 – Quimper 53 – Brest 60 – Châteaulin 36 – Douarnenez 45 – Morlaix 82.

Gd H. de la Mer M, ✆ 02 98 27 02 09, *Fax 02 98 27 02 39,* ≤, « Parc », – TV ☎ P – 35. GB.
28 mars-3 nov. – **Repas** 100/195 ♀, enf. 80 – ☕ 55 – **78 ch** 485/585 – ½ P 432.

Ville d'Ys ⛰, ✆ 02 98 27 06 49, *Fax 02 98 26 21 88,* ≤ – ☎ P. GB. rest
Vacances de printemps-30 sept. – **Repas** (dîner seul.) 95/240 ♀, enf. 45 – ☕ 42 – **41 ch** 295/420 – ½ P 260/340.

Julia ⛰, ✆ 02 98 27 05 89, *Fax 02 98 27 23 00,* – ☎ P. AE GB
fermé 3 nov. au 20 déc., 5 janv. au 20 fév. et lundi sauf vacances scolaires – **Repas** 80/210, enf. 48 – ☕ 33 – **21 ch** 180/295 – ½ P 250/320.

MORIÈRES-LÈS-AVIGNON *84 Vaucluse* 81 ⑫ *– rattaché à Avignon.*

MORILLON *74 H.-Savoie* 74 ⑧ *– rattaché à Samoëns.*

MORLAAS *64160 Pyr.-Atl. 85 ⑦ G. Pyrénées Aquitaine – 3 094 h alt. 287.*
Paris 769 – Pau 12 – Tarbes 37.

XX **Bourgneuf** avec ch, ✆ 05 59 33 44 02, *Fax 05 59 33 07 74*, – P. GB
fermé 20 oct. au 5 nov. – **Repas** *(fermé dim. soir et lundi midi)* 90 bc/250, enf. 50 – ☕ 25 – **12 ch** 220/260 – ½ P 180.

CITROEN Gar. Saubade, ✆ 05 59 33 40 09 N ✆ 05 59 33 40 09

RENAULT Gar. du Bourg-Neuf, à St-Jammes ✆ 05 59 33 41 44

MORLAIX SP *29600 Finistère 58 ⑥ G. Bretagne – 16 701 h alt. 7.*
Voir *Viaduc★* **ABY** – *Grand'Rue★* **BZ** – *Maison "de la Reine Anne" : intérieur★* **BZ B** – *Vierge★ dans l'église St-Mathieu* **BZ** – *Musée★* **BZ M.**
Env. *Calvaire★★ de Plougonven SE : 12 km par D 9* **BZ.**
ℹ *Office de Tourisme pl. des Otages ✆ 02 98 62 14 94, Fax 02 98 63 84 87.*
Paris 538 ② – Brest 58 ② – Quimper 76 ② – St-Brieuc 87 ②.

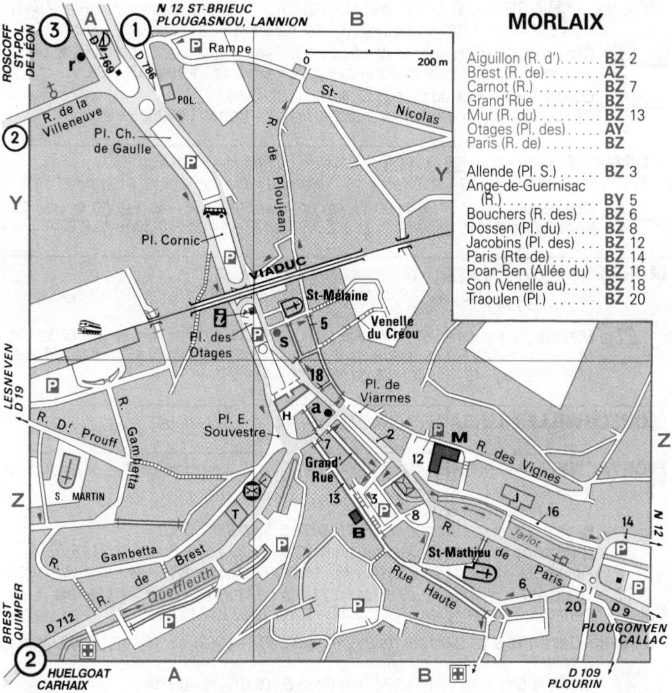

Europe, 1 r. Aiguillon ✆ 02 98 62 11 99, *Fax 02 98 88 83 38* – ☎ – 30. AE GB
Repas 80/150, enf. 64 - ***Le Lof*** (brasserie) ✆ 02 98 88 81 15 **Repas** 80/150 – ☕ 40 – **60 ch** 195/360 – ½ P 260/330. **BZ a**

Les Bruyères sans rest, par rte de Plouigneau Est sur D 712 : 3 km ✉ 29610 Plouigneau ✆ 02 98 88 08 68, *Fax 02 98 88 66 54*, – ☎ P. GB
fermé 15 déc. au 30 janv. – ☕ 32 – **32 ch** 185/260.

Fontaine, ZA la Boissière par ① *et rte Lannion : 3 km* ✆ 02 98 62 09 55, *Fax 02 98 63 82 51* – ☎ P. AE GB
fermé 22 déc. au 5 janv. – **Repas** *(fermé dim. midi)* (48) - 60/160 – ☕ 35 – **35 ch** 230/260 – ½ P 220.

du Port sans rest, 3 quai de Léon ✆ 02 98 88 07 54, *Fax 02 98 88 43 80* – ☎. AE GB
☕ 28 – **25 ch** 170/230. **AY r**

Campanile, Z.A. du Launay par r. de la Villeneuve **AY** *Ouest : 3 km* ✆ 02 98 63 34 63, *Fax 02 98 63 35 66* – ☎ P – 25. AE GB
Repas (66) - 84 bc/107 bc, enf. 39 – ☕ 34 – **52 ch** 278.

Minimote sans rest, derrière C. Com. Géant par r. de la Villeneuve **AY** *Ouest : 3 km* ✉ 29600 St-Martin-des-Champs ✆ 02 98 88 35 30, *Fax 02 98 63 33 99* – TV ☎. AE ⓓ GB
☕ 35 – **21 ch** 260/280.

Marée Bleue, 3 rampe St Mélaine ✆ 02 98 63 24 21 – GB BY s
fermé oct., fév., dim. soir et lundi sauf juil.-août – **Repas** 78/235 ♀, enf. 48.

AUDI, VOLKSWAGEN Gar. Beyou, rte de Plouvorn à St Martin des Champs ✆ 02 98 88 23 80
BMW Ouest Autom., ZA la Boissière ✆ 02 98 63 30 30
CITROEN SOMODA, bd St-Martin à St-Martin-des-Champs par r. de la Villeneuve AY ✆ 02 98 62 09 68 N ✆ 02 98 62 09 68
FORD Gar. Bourven, rte de Paris, La Roseraie ✆ 02 98 88 18 02 N ✆ 02 98 88 18 02
HONDA, NISSAN Gar. Allain, ZI de Keriven à St-Martin-des-Champs ✆ 02 98 88 06 16
PEUGEOT Gar. de Bretagne, La Croix Rouge par rte de Paris **BZ** ✆ 02 98 62 03 11 N ✆ 08 00 44 24 24
RENAULT Gar. Huitric, La Croix Rouge par rte de Paris **BZ** ✆ 02 98 62 04 22 N ✆ 08 00 05 15 15

Simon Pneus, rte de St-Sève à St-Martin-des-Champs ✆ 02 98 88 01 43

MORNAC-SUR-SEUDRE *17113 Char.-Mar.* 71 ⑭ ⑮ *G. Poitou Vendée Charentes* – *640 h alt. 5.*
Paris 503 – *Royan 12* – *Marennes 23* – *Rochefort 35* – *La Rochelle 72* – *Saintes 36.*

Gratienne, rte Breuillet ✆ 05 46 22 73 90, *Fax 05 46 22 66 22,* 🏡, – P. GB
1er avril-1er oct. et fermé mardi et merc. sauf juil.-août – **Repas** 136/198.

Colombière, face au port ✆ 05 46 22 62 22 – GB
Pâques-fin sept. et fermé mardi sauf juil.-août – **Repas** 120/260 ♀, enf. 52.

MORNANT *69440 Rhône* 74 ⑪, 110 ㉒ *G. Vallée du Rhône* – *3 900 h alt. 380.*
Paris 478 – *Lyon 25* – *St-Étienne 36* – *Givors 11* – *Rive-de-Gier 13* – *Vienne 23.*

Poste avec ch, ✆ 04 78 44 00 40, *Fax 04 78 44 19 07,* 🏡 – ▤ rest, TV ☎ 🚗. AE ⓓ GB
Repas *(fermé dim. soir)* 69/175 ⅄, enf. 55 – ☕ 32 – **14 ch** 140/300 – ½ P 200.

MORNAS *84550 Vaucluse* 81 ① *G. Provence* – *2 087 h alt. 37.*
Paris 647 – *Avignon 41* – *Bollène 10* – *Montélimar 46* – *Nyons 45* – *Orange 13* – *Pont-St-Esprit 11.*

Manoir, N 7 ✆ 04 90 37 00 79, *Fax 04 90 37 10 34,* 🏡 – ▤ rest, ☎ 🚗 P. AE GB
fermé 12 nov. au 8 déc., 8 janv. au 10 fév., dim. soir et lundi du 15 sept. au 30 mai – **Repas** 100/180 ♀, enf. 45 – ☕ 40 – **25 ch** 180/310 – ½ P 295.

MORSCHWILLER-LE-BAS *68 H.-Rhin* 87 ⑲ – *rattaché à Mulhouse.*

MORTAGNE-AU-PERCHE SP *61400 Orne* 60 ④ *G. Normandie Vallée de la Seine* (plan) – *4 584 h alt. 260.*
Voir *Boiseries★ de l'église N.-Dame.*
18 *de Bellême-St-Martin ✆ 02 33 73 00 07, S par D 938 : 17 km.*
Office de Tourisme pl. Gén.-de-Gaulle ✆ 02 33 85 11 18, Fax 02 33 83 76 76.
Paris 157 – *Alençon 39* – *Chartres 80* – *Lisieux 88* – *Le Mans 73* – *Verneuil-sur-Avre 40.*

Tribunal, 4 pl. Palais ✆ 02 33 25 04 77, *Fax 02 33 83 60 83,* 🏡 – TV ☎. GB
Repas *(68)* - 90/190 ⅄, enf. 55 – ☕ 40 – **12 ch** 220/320 – ½ P 320.

au Pin-la-Garenne *Sud : 9 km par rte Bellême sur D 938* – *620 h. alt. 158* – ✉ *61400 Mortagne-au-Perche :*

Croix d'Or, ✆ 02 33 83 80 33, *Fax 02 33 83 06 03* – P. ⓓ GB
fermé vacances de fév., mardi soir et merc. – **Repas** 55/210 ♀, enf. 45.

AUDI, VOLKSWAGEN Gar. Poirier, N 12, Gaillons à St-Hilaire-le-Châtel ✆ 02 33 25 30 88
CITROEN S.R.A.N., ✆ 02 33 25 06 66 N ✆ 02 33 25 33 09
FORD Gar. du Panorama, ✆ 02 33 25 37 45
PEUGEOT Gar. du Valdieu, à St-Langis-lès-Mortagne ✆ 02 33 25 27 00 N ✆ 02 33 29 22 22
RENAULT Thibault autom., ✆ 02 33 25 21 45 N ✆ 02 33 25 21 45

MORTAGNE-SUR-GIRONDE *17120 Char.-Mar.* 71 ⑥ *G. Poitou Vendée Charentes* – *972 h alt. 51.*
Voir *Chapelle★ de l'Ermitage St-Martial S : 1,5 km.*
Syndicat d'Initiative 1 pl. des Halles ✆ 05 46 90 52 90, Fax 05 46 90 61 25.
Paris 509 – *Royan 33* – *Blaye 54* – *Jonzac 30* – *Pons 25* – *La Rochelle 115* – *Saintes 35* – *Saujon 31.*

Aub. de la Garenne 🐦, ✆ 05 46 90 63 69, *Fax 05 46 90 50 93,* 🏡, 🏊, – TV ☎ P. GB
fermé 20 oct. au 15 nov., dim. soir et lundi d'oct. à avril – **Repas** 70/200 ♀, enf. 42 – ☕ 30 – **11 ch** 178/300 – ½ P 195/238.

MORTAGNE-SUR-SÈVRE *85290 Vendée* 67 ⑤ *G. Poitou Vendée Charentes – 5 724 h alt. 115.*
Office de Tourisme av. de la Gare ☏ 02 51 65 11 32, Fax 02 41 71 17 24.
Paris 359 – Angers 70 – La Roche-sur-Yon 55 – Bressuire 41 – Cholet 9 – Nantes 62.

France, pl. Dr Pichat ☏ 02 51 65 03 37, *Fax 02 51 65 27 83*, – rest TV ☎. AE GB
fermé 27 juil. au 10 août, 20 déc. au 6 janv. et sam. d'oct. à mai – ***Taverne :*** Repas 165/326 ♀, enf. 48 – ***Petite Auberge :*** Repas 80/100 ♀, enf. 48 – ☕ 45 – **25 ch** 250/420 – ½ P 320/395.

PEUGEOT Gar. Fièvre, ZI du Puy Nardon rte de Poitiers ☏ 02 51 65 83 42 N ☏ 02 51 65 00 96
RENAULT Gar. Soulard, ☏ 02 51 65 02 33

MORTAIN *50140 Manche* 59 ⑨ *G. Normandie Cotentin* (plan) – *2 416 h alt. 232.*
Voir *Site★ – Grande Cascade★ – Petite chapelle ≤★.*
Office de Tourisme (1er avril-30 oct) Grande-Rue ☏ 02 33 59 19 74, et (hors saison) à la Mairie ☏ 02 33 79 30 30, Fax 02 33 59 75 70.
Paris 318 – Avranches 35 – Domfront 26 – Flers 34 – Mayenne 53 – Le Mont-St-Michel 49 – St-Lô 64 – Villedieu-les-Poêles 35.

Poste, pl. Arcades ☏ 02 33 59 00 05, *Fax 02 33 69 53 89*, – TV ☎ P. GB
fermé 5 au 11 oct., 1er au 15 fév., vend. soir et dim. soir hors saison – Repas 96/240 ♁, enf. 64 – ☕ 38 – **27 ch** 140/400 – ½ P 195/310.

CITROEN Dubois-Helleux, ☏ 02 33 59 01 63 N ☏ 02 33 59 01 63
PEUGEOT Gar. Prieur, Le Neufbourg ☏ 02 33 59 00 14 N ☏ 02 33 59 00 14
RENAULT Gar. Langlois, 27 r. Rocher ☏ 02 33 59 00 53

MORTEAU *25500 Doubs* 70 ⑦ *G. Jura* (plan) – *6 458 h alt. 780.*
Office de Tourisme pl. Gare ☏ 03 81 67 18 53.
Paris 468 – Besançon 63 – Basel 127 – Belfort 89 – Montbéliard 70 – Neuchâtel 40 – Pontarlier 32.

Aub. de la Roche (Feuvrier), au Pont de la Roche Sud-Ouest : 3 km par D 437 ✉ 25570 Gd Combe Chateleu ☏ 03 81 68 80 05, *Fax 03 81 68 87 64*, – P. GB.
fermé 29 juin au 9 juil., 14 au 21 sept., 11 au 31 janv., dim. soir et lundi sauf fériés le midi – Repas 135/420 et carte 260 à 380 ♀
Spéc. Jambonnettes de grenouilles et grenouilles désossées, émulsion de cresson. Aumonière de morilles noires, crème de savagnin. Méli-mélo de cailles désossées et farcies. **Vins** Arbois blanc et rouge.

à Grand'Combe-Châteleu *Sud-Ouest : 5 km par D 437 et D 47 – 1 301 h. alt. 760 – ✉ 25570.*
Voir *Fermes anciennes★.*

Faivre, ☏ 03 81 68 84 63, *Fax 03 81 68 87 80* – GB
fermé 4 au 30 août, 4 au 11 janv., dim. soir et lundi – Repas 92 (déj.), 130/330 ♀.

FORD Gar. Franc-Comtois, La Tanche-les-Fins ☏ 03 81 67 07 99
PEUGEOT Gar. Central, 40 r. Louhière ☏ 03 81 68 55 20 N ☏ 03 81 68 55 24
Pneus Roland-Point S, 7 av. Ch.-de-Gaulle ☏ 03 81 67 31 50

MORTEMART *87330 H.-Vienne* 72 ⑥ *G. Berry Limousin – 152 h alt. 300.*
Paris 389 – Limoges 39 – Bellac 14 – Confolens 30 – St-Junien 20.

Relais avec ch, ☏ 05 55 68 12 09, *Fax 05 55 68 12 09*, – GB
fermé vacances de fév., mardi soir sauf du 15 juil. au 31 août et merc. – Repas 96/260 ♀ – ☕ 40 – **5 ch** 230/300 – ½ P 320.

MORZINE *74110 H.-Savoie* 74 ⑧ *G. Alpes du Nord – 2 967 h alt. 960 – Sports d'hiver : 1 000/2 460 m 6 60.*
Voir *Le Pléney ※★ S : par téléphérique.*
Env. *Col de Joux Plane ※★★ S : 10 km* B.
Morzine-Avoriaz ☏ 04 50 74 17 08, E : 12 km par D 338.
Office de Tourisme pl. de la Crusaz ☏ 04 50 74 72 72, Fax 04 50 79 03 48.
Paris 591 ② – Thonon-les-Bains 33 ① – Annecy 79 ② – Chamonix-Mont-Blanc 70 ② – Cluses 29 ② – Genève 61 ②.

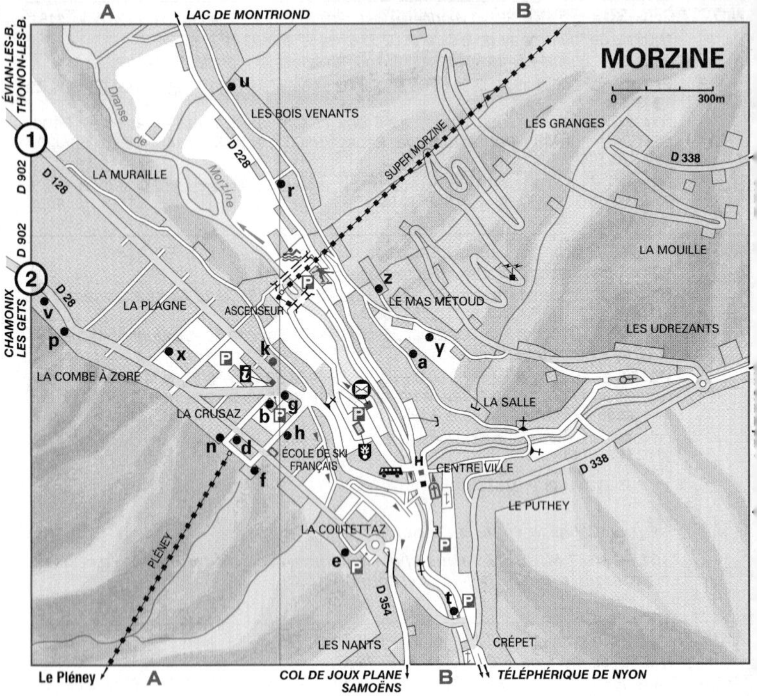

Dahu 🙞, ☏ 04 50 75 92 92, *Fax 04 50 75 92 50*, ≤, 🏔, Ls, ⛱, 🏊, 🌳 – |⇕| TV ☎ P –
🏋 25. GB. ⚡ rest B z
15 juin-10 sept. et 20 déc.-10 avril – **Repas** *(fermé mardi en hiver)* 160/300 – ☕ 60 – **40 ch** 500/1030, 4 duplex – ½ P 650/850.

Champs Fleuris, ☏ 04 50 79 14 44, *Fax 04 50 79 27 75*, ≤, 🏔, Ls, 🏊, 🌳, 🎾 – |⇕| TV ☎
🚗 P – 🏋 30. GB. ⚡ rest A f
15 juin-15 sept. et 15 déc.-15 avril – **Repas** 160 🍷 – ☕ 55 – **45 ch** 480/1000 – ½ P 580/860.

Les Airelles, ☏ 04 50 74 71 21, *Fax 04 50 79 17 49*, ≤, 🏔, Ls, 🏊, 🌳 – |⇕| cuisinette TV
☎ P – 🏋 30 à 50. 🅞 GB JCB. ⚡ rest A b
hôtel : 15 mai-25 sept. et 1er déc.-20 avril ; rest. : 15 mai-25 sept. et 10 déc.-20 avril – **Repas** (65) - 90/350, enf. 48 – ☕ 60 – **47 ch** 650/850, 9 studios – ½ P 650/790.

Bergerie sans rest, ☏ 04 50 79 13 69, *Fax 04 50 75 95 71*, ≤, « Intérieur savoyard », Ls,
⛱, 🌳 – |⇕| cuisinette TV ☎ 🚗. GB B h
fin juin-15 sept. et 20 déc.-15 avril – ☕ 60 – **5 ch** 400/600, 22 studios 800/1000.

Tremplin, ☏ 04 50 79 12 31, *Fax 04 50 75 95 70*, ≤, 🏔, 🌳 – |⇕| TV ☎ 🚗 P. GB.
⚡ rest A n
13 juin-13 sept. et 18 déc.-18 avril – **Repas** 180/260 🍷 – ☕ 70 – **34 ch** 500/1000 – ½ P 600/750.

Samoyède, ☏ 04 50 79 00 79, *Fax 04 50 79 07 91*, ≤, 🏔, 🌳 – |⇕| TV ☎ P. AE 🅞 GB
JCB. ⚡ rest B g
15 juin-fin sept. et 15 déc.-fin avril – **Repas** 110/230 🍷, enf. 60 – ☕ 50 – **27 ch** 350/650 – ½ P 450/700.

Clef des Champs 🙞, ☏ 04 50 79 10 13, *Fax 04 50 79 08 18*, ≤, Ls, ⛱, 🌳 – TV ☎ P.
GB. ⚡ rest B e
hôtel : 20 juin-10 sept. et 20 déc.-5 avril ; rest. : 1er juil.-10 sept. et 20 déc.-5 avril – **Repas** 130/150 – ☕ 45 – **27 ch** 400/450 – ½ P 380.

Bel'Alpe, ☏ 04 50 79 05 50, *Fax 04 50 79 22 76*, ≤, ⛱, 🌳 – ☎ P. AE 🅞 GB.
⚡ rest A x
1er juil.-7 sept. et 20 déc.-7 avril – **Repas** 120/160 – ☕ 38 – **22 ch** 300/390 – ½ P 345.

Carlina, 04 50 79 01 03, *Fax 04 50 75 94 11,* – TV. AE GB — A d
fermé début mai à début juil. et mi-nov. au 1er déc. – **Repas** *(début juil.-fin août et 20 déc.-15 avril)* 110 (déj.), 130/200 ♀, enf. 55 – 40 – **16 ch** 360/460 – ½ P 400/450.

Côtes, 04 50 79 09 96, *Fax 04 50 75 97 38,* ←, – cuisinette TV P. GB. rest — B a
28 juin-10 sept. et 20 déc.-18 avril – **Repas** (dîner seul.) 100/120 – 48 – **6 ch** 280/320, 19 studios 400/585 – ½ P 320/340.

Combe Humbert sans rest, 04 50 79 06 70, *Fax 04 50 79 25 03,* ←, – TV P. AE GB — A p
35 – **10 ch** 250.

Ours Blanc, 04 50 79 04 02, *Fax 04 50 75 97 82,* ←, – TV P. GB. rest — A u
25 juin-7 sept. et Noël-Pâques – **Repas** 110/130 – 40 – **23 ch** 200/340 – ½ P 310/330.

Renardière, 04 50 79 03 50, *Fax 04 50 79 03 50,* ←, – TV P. GB. rest
1er juil.-10 sept. et 20 déc.-10 avril – **Repas** (en hiver dîner seul.) 100/250 – 40 – **15 ch** 250/320 – ½ P 300/350. — A v

Soly et rest. Le Varnay, 04 50 79 09 45, *Fax 04 50 74 71 82,* ←, (été), – P. AE GB JCB — B t
20 juin-13 sept. et 19 déc.-14 avril – **Repas** 78/140 – 40 – **19 ch** 250/320 – ½ P 380.

Hermine Blanche, 04 50 75 76 55, *Fax 04 50 74 72 47,* ←, – P. GB. rest — B y
15 juin-10 sept. et 20 déc.-18 avril – **Repas** 95 – 35 – **25 ch** 265/430 – ½ P 320.

Beau Regard, 04 50 79 11 05, *Fax 04 50 79 07 41,* ←, – P. AE GB. rest — B r
hôtel : fin-juin-début sept. et Noël-Pâques ; rest. : juil.-août et Noël-fin mars – **Repas** 120/130 – 50 – **33 ch** 320/460 – ½ P 360/400.

Chamade, 04 50 79 13 91, *Fax 04 50 79 27 48,* – GB — A k
fermé 1er au 15 juin, 25 sept. au 5 oct., dim. soir et lundi – **Repas** (Rez-de-chaussée) carte 220 à 310 ♀.

MOSNAC *17 Char.-Mar.* **71** ⑥ – *rattaché à Pons.*

MOTHERN *67470 B.-Rhin* **57** ⑳ – *1 721 h alt. 115.*
Paris 525 – Strasbourg 53 – Haguenau 34 – Karlsruhe 27 – Wissembourg 24.

A L'Ancre, 2 rte Lauterbourg 03 88 94 81 99, *Fax 03 88 54 67 74,* – TV P. GB
Repas *(fermé 1er au 15 mars, 1er au 15 nov., mardi soir et merc.)* 87/149 ♀, enf. 45 – 36 – **16 ch** 220/280 – ½ P 220/250.

La MOTTE *83920 Var* **84** ⑦ – *1 993 h alt. 79.*
St-Endréol 04 94 99 22 99, Fax 04 94 81 84 48.
Paris 857 – Fréjus 21 – Brignoles 51 – Cannes 55 – Draguignan 10 – St-Raphaël 24 – Ste-Maxime 27.

Les Pignatelles, Est : 1 km par D 47 04 94 70 25 70, *Fax 04 94 70 26 55,* – P. AE GB
fermé dim. soir de mi-sept. à mi-juin et merc. – **Repas** 108/195.

La MOTTE-AU-BOIS *59 Nord* **51** ⑭ – *rattaché à Hazebrouck.*

MOTTEVILLE *76 S.-Mar.* **52** ⑬ – *rattaché à Yvetot.*

Le MOTTIER *38260 Isère* **74** ⑬ – *468 h alt. 475.*
Paris 528 – Bourgoin-Jallieu 23 – Grenoble 48 – St-Étienne-de-St-Geoirs 12 – Vienne 44.

Les Donnières, près Mairie 04 74 54 42 06 – AE
fermé 14 juil. au 15 août, dim. soir, merc. et jeudi – **Repas** (nombre de couverts limité, prévenir) carte 90 à 135.

MOUANS-SARTOUX *06370 Alpes-Mar.* **84** ⑧, **114** ⑬, **115** ㉔ – *7 989 h alt. 120.*
Paris 907 – Cannes 10 – Antibes 15 – Grasse 7 – Mougins 4 – Nice 34.

Relais de la Pinède, rte La Roquette-sur-Siagne 1,5 km par D 409 04 93 75 28 29, – P
fermé fév., merc. et le midi en saison – **Repas** (prévenir) 99/170.

MOUCHAMPS 85640 Vendée 67 ⑮ *G. Poitou Vendée Charentes – 2 398 h alt. 81.*
Paris 387 – La Roche-sur-Yon 35 – Bressuire 49 – Cholet 37 – Nantes 68.

Canotier, ✆ 02 51 66 28 49, *Fax 02 51 66 26 78,* – AE GB
fermé 1er au 10 août, 25 déc. au 4 janv., dim. soir et lundi – **Repas** 89/250 ♀.

MOUCHARD 39330 Jura 70 ④ ⑤ – *997 h alt. 285.*
Paris 394 – Besançon 39 – Arbois 10 – Dole 36 – Lons-le-Saunier 47 – Salins-les-Bains 8.

Chalet Bel'Air avec ch, ✆ 03 84 37 80 34, *Fax 03 84 73 81 18,* – rest, TV ☎ P. AE ⓓ GB
fermé 17 au 24 juin, 18 nov. au 9 déc. et merc. sauf vacances scolaires – **Repas** *(140)* - 180/380 ♀ **- *Rôtisserie :*** **Repas** carte environ 130 – 40 – **9 ch** 245/400 – ½ P 263/340.

à Port-Lesney *: 4 km par D 472, D 83 et D 48 G. Jura – 431 h. alt. 251 – ✉ 39600 :*
Voir Village★.

Parc , ✆ 03 84 73 85 85, *Fax 03 84 73 88 88,* « Ancienne demeure dans un parc, beaux aménagements » – TV ☎ P – 25. AE GB. rest
fermé 3 janv. au 1er mars – **Repas** *(fermé mardi)* 140 (déj.), 195/295, enf. 80 – 60 – **14 ch** 600/1000 – ½ P 650/750.

RENAULT Gar. Conry, ✆ 03 84 37 82 43 N ✆ 03 84 37 82 43

MOUGINS 06250 Alpes-Mar. 84 ⑨, 115 ㉔ ㊳ *G. Côte d'Azur – 13 014 h alt. 260.*
Voir Site★ – Ermitage N.-D. de Vie : site★, ≤★ SE : 3,5 km.

de Cannes-Mougins ✆ 04 93 75 79 13, E : 2 km ; Royal Mougins Golf Club ✆ 04 92 92 49 69, O : 2,5 km.

Office de Tourisme (fermé dim. et lundi d'oct. à juin) av. J. Ch. Mallet ✆ 04 93 75 87 67, Fax 04 92 92 04 03.

Paris 905 – Cannes 7 – Antibes 13 – Grasse 11 – Nice 31 – Vallauris 8.

H. de Mougins M , 205 av. Golf (rte Antibes) 2,5 km ✆ 04 92 92 17 07, *Fax 04 92 92 17 08,* – TV ☎ P – 40. AE ⓓ GB
Repas *(fermé 23 nov. au 26 déc. et dim. soir de janv. à mars)* 150 (déj.), 190/250 ♀ – 88 – **51 ch** 1020/1020 – ½ P 680.

Mas Candille , bd Rebuffel ✆ 04 93 90 00 85, *Fax 04 92 92 85 56,* ≤, – ch, TV ☎ P. AE ⓓ GB JCB. rest
16 mars-9 nov. – **Repas** *(fermé merc. midi et mardi sauf juil.-août)* 165 (déj.), 185/270 ♀ – 85 – **23 ch** 680/1200 – ½ P 630/805.

Manoir de l'Étang , Bois de Font-Merle (rte Antibes) - allée du Manoir 2 km ✆ 04 93 90 01 07, *Fax 04 92 92 20 70,* ≤, , parc, « Isolé dans la campagne », – TV ☎ P. AE GB JCB.
fermé nov. au 29 déc., 3 au 31 janv. et lundi d'oct. à mars – **Repas** 150 (déj.), 190/250 – 60 – **16 ch** 600/1000.

Arc H., rte Valbonne ✆ 04 93 75 77 33, *Fax 04 92 92 20 57,* – TV ☎ P – 40. AE ⓓ GB. rest
Repas *(85)* - 100 (déj.), 120/180, enf. 70 – 41 – **44 ch** 530/580.

Moulin de Mougins (Vergé) avec ch, à Notre-Dame-de-Vie, Sud-Est : 2,5 km par D 3 ✆ 04 93 75 78 24, *Fax 04 93 90 18 55,* , « Ancien moulin à huile du 16e siècle », – TV ☎ P. AE ⓓ GB
fermé 29 janv. au 8 mars – **Repas** *(fermé lundi)* 250/740 et carte 430 à 800 – 75 – **3 ch** 800/900, 4 appart
Spéc. Poupeton de fleur de courgette à la truffe noire de Valréas. Médaillons de dos de baudroie en coulis frais de légumes (été-automne). Petits légumes farcis et ravioles niçoises à l'estouffade d'agneau (printemps-été). **Vins** Côtes de Provence.

Ferme de Mougins, à St-Basile (rte de Valbonne) ✆ 04 93 90 03 74, *Fax 04 92 92 21 48,* – P. AE GB
fermé dim. soir et lundi du 15 sept. au 15 juin, sam. midi, lundi midi et merc. midi du 15 juin au 15 sept. – **Repas** 165 (déj.), 250/360 et carte 340 à 510 ♀.

Les Muscadins avec ch, au village ✆ 04 92 28 28 28, *Fax 04 92 92 88 23,* ≤, – ch, TV ☎ P. AE ⓓ GB
fermé 1er au 15 mars et 10 au 27 déc. – **Repas** *(fermé mardi) (130)* - 175/290 et carte 280 à 380 ♀ – 60 – **8 ch** 750/1200 – ½ P 575/800.

Feu Follet, au village ✆ 04 93 90 15 78, *Fax 04 92 92 92 62,* – AE GB
Repas 128/158 ♀.

Bistrot de Mougins, au village ✆ 04 93 75 78 34, *Fax 04 93 75 25 52* – . AE GB
fermé mi-nov. à mi-déc. et merc. midi – **Repas** (prévenir) *(100)* - 125 (déj.), 165/220 ♀.

XX **L'Amandier de Mougins,** au village ☎ 04 93 90 00 91, *Fax 04 92 92 89 95*, 🏞 – AE ⓓ GB
Repas 140/180 ♀, enf. 68.

XX **Clos St-Basile,** à St-Basile (rte de Valbonne) ☎ 04 92 92 93 03, *Fax 04 92 92 19 34*, 🏞 – P. AE GB
fermé fin fév. à fin mars, mardi soir et merc. de sept. à juin, merc. midi et sam. midi en juil.-août – **Repas** *(120)* - 140 (déj.), 195/245 ♀.

PEUGEOT Gar. Ortelli Côte-d'Azur, 235 rte du Cannet (bretelle autoroute) ☎ 04 93 69 60 60 N ☎ 08 00 44 24 24

MOULIN-DU-PONT *29 Finistère* 58 ⑮ *– rattaché à Quimper.*

MOULINS P *03000 Allier* 69 ⑭ *G. Auvergne – 22 799 h alt. 240.*

Voir *Cathédrale Notre-Dame★ : triptyque★★★, vitraux★★* **DY** *– Jacquemart★* **DY** *– Mausolée du duc de Montmorency★ (chapelle du lycée)* **CDY B** *– Musée d'Art et d'Archéologie★ : oeuvres médiévales★★, collection de faïences★* **DY M**[2].

des Avenelles ☎ 04 70 20 00 95, par ④ N 7 : 7 km.

Office de Tourisme 11 r. F. Péron ☎ 04 70 44 14 14, Fax 04 70 34.

Paris 291 ① – Bourges 100 ① – Chalon-sur-Saône 132 ③ – Châteauroux 150 ① – Clermont-Ferrand 102 ⑤ – Mâcon 134 ③ – Montluçon 80 ⑥ – Nevers 55 ① – Roanne 98 ④ – Vichy 55 ④.

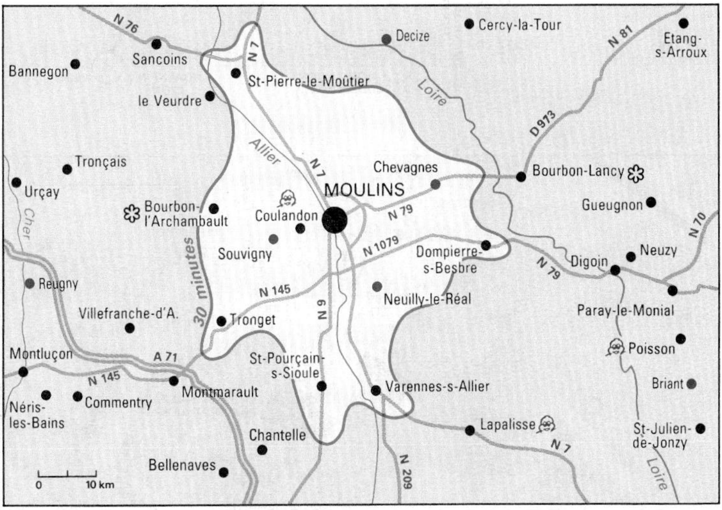

Paris-Jacquemart, 21 r. Paris ☎ 04 70 44 00 58, *Fax 04 70 34 05 39*, 🏞, 🏊 – 🛗, ▤ rest, TV ☎ ✆ P. AE ⓓ GB JCB — **DY p**
hôtel : fermé 12 janv. au 2 fév. – **Repas** *(fermé 20/07 au 3/08, 12/01 au 2/02, dim. soir et lundi)* 160/440 ♀ – ☕ 55 – **27 ch** 350/800 – ½ P 430/555.

Parc, 31 av. Gén. Leclerc ☎ 04 70 44 12 25, *Fax 04 70 46 79 35* – ▤ rest, TV ☎ ✆ P. GB — **BX a**
fermé 10 au 25 juil., 2 au 10 oct. et 23 déc. au 3 janv. – **Repas** *(fermé sam.)* 98/210 🍷 – ☕ 37 – **28 ch** 200/330 – ½ P 250.

XXX **des Cours,** 36 cours J. Jaurès ☎ 04 70 44 32 56, *Fax 04 70 44 80 31* – ▤. AE GB — **DY e**
fermé 25 mars au 2 avril, 1er au 23 juil., 2 au 10 déc., mardi et merc. – **Repas** 96 (déj.), 130/305 et carte 210 à 340 ♀.

rte de Paris *par ① : 8 km – ✉ 03460 Trevol :*

Relais Mercure M, ☎ 04 70 46 84 84, *Fax 04 70 46 84 80*, 🏞, parc, 🏊 – 🛗 ⇹ TV ☎ ✆ P – 🧑‍🏫 150. AE ⓓ GB
Repas 115/150 🍷, enf. 52 – ☕ 45 – **42 ch** 350/400.

MOULINS

Allier (Pl. d') . . . . **CDZ**
Allier (R. d') . . . . **DYZ**
Flèche (R. de la). . . . . **DZ** 20
Horloge (R. de l') . . . . **DZ** 26

Alsace-Lorraine (Av. d') . . . . **BX** 3
Ancien-Palais (R.) . . . . **DY** 4
Bourgogne (R. de) . . . . **DY** 6
Bréchimbault (R.) . . . . **DZ** 7
Cerf-Volant (R.) . . . . **BV** 8
Clermont-Ferrand (Rte de). . . . . **AX** 10
Desboutins (R.) . . . . **BX** 16
Fausses-Braies (R. des) . . . . **DY** 19
Grenier (R.). . . . . **DY** 25
Hôtel-de-Ville (Pl. de l') . . . . **DY** 27
Jeu-de-Paume (R. du). . . . . **BV** 28
Laussédat (Pl. du Col.). . . . . **DY** 29
Leclerc (Av. Gén.) . . . . **BX** 30
Libération (Av. de la). . . . . **AX** 31
Montilly (Rte de) . . . . **AX** 32
Orfèvres (R. des) . . . . **DY** 33
Pascal (R. Blaise-) . . . . **CZ** 34
Péron (R. F.) . . . . **DY** 35
République (Av.) . . . . **BX** 36
Tanneries (R. des) . . . . **DY** 38
Tinland (R.M.). . . . . **CY** 39
Vert-Galant (R. du) . . . . **CDY** 40
4-Septembre (R.). . . . . **DZ** 42

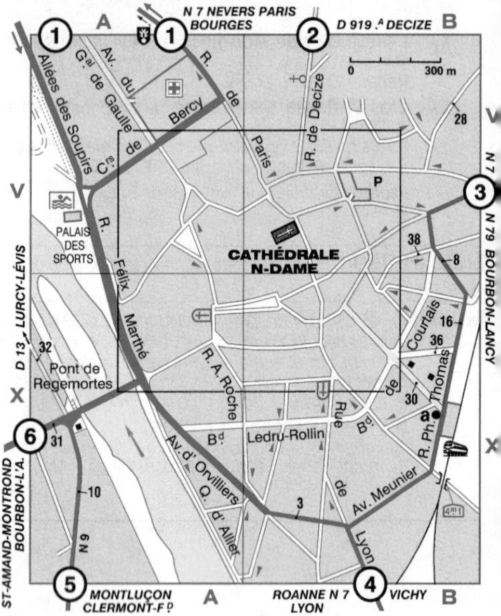

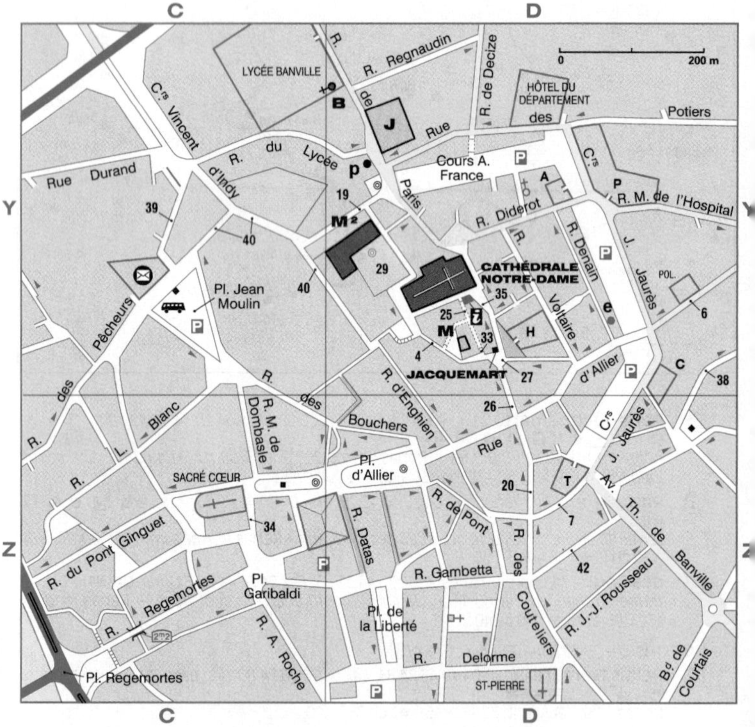

à Coulandon *par ⑥, D 945 et rte secondaire : 7 km – 554 h. alt. 250 – ✉ 03000 :*

Chalet ⛰, ✆ 04 70 44 50 08, *Fax 04 70 44 07 09*, ≤, 🏞, « Parc », 🏊 – 📺 ☎ 📞 ♿ 🅿. AE ⓓ GB
fermé 16 déc. au 31 janv. – ***Montegut :*** Repas 120/250, enf. 60 – ☕ 48 – **28 ch** 310/480 – 1/2 P 355/420.

BMW Gar. Thévenin, 29 r. Ch.-Rispal ✆ 04 70 44 60 81
CITROEN Dubois-Dallois, Le Pré Vert N 7 par ① ✆ 04 70 44 44 44 🅽 ✆ 04 70 44 38 38
FORD Barrat Autom., ZI Moulins Sud RN 7 à Toulon-Sur-Allier ✆ 04 70 44 99 55
NISSAN Gar. Courtais, 28 r. de Lyon ✆ 04 70 20 06 17
RENAULT Gar. Paris-Lyon, N 7 à Avermes par ① ✆ 04 70 44 30 12 🅽 ✆ 04 70 44 30 12
RENAULT Gar. Vernet, 63 rte de Bourgogne à Yzeure par ③ ✆ 04 70 46 07 55
SEAT Gar. St-Christophe, 119 r. de Paris ✆ 04 70 44 13 60

Ⓜ Euromaster, 36 rte de Moulins à Avermes ✆ 04 70 44 11 55
Euromaster, 103 rte de Lyon ✆ 04 70 46 31 42

MOULINS-ENGILBERT *58290 Nièvre 69 ⑥ G. Bourgogne – 1 711 h alt. 215.*

Paris 293 – Autun 50 – Château-Chinon 17 – Corbigny 39 – Moulins 72 – Nevers 58.

Bon Laboureur, ✆ 03 86 84 20 55, *Fax 03 86 84 35 52* – 📺 ☎. GB
fermé 15 au 31 janv. – **Repas** 65/265 🍷, enf. 50 – ☕ 32 – **23 ch** 185/350 – 1/2 P 180/275.

Cadran, ✆ 03 86 84 33 44, 🏞 – GB
fermé fév., merc. soir et lundi hors saison – **Repas** 58 (déj.), 89/230 🍷, enf. 45.

PEUGEOT Gar. Perraudin, ✆ 03 86 84 23 55
RENAULT Gar. Pessin, ✆ 03 86 84 25 13

MOULINS-LA-MARCHE *61380 Orne 60 ④ – 816 h alt. 257.*

Paris 158 – Alençon 43 – L'Aigle 18 – Argentan 47 – Mortagne-au-Perche 17.

Dauphin, ✆ 02 33 34 50 55, *Fax 02 33 34 25 35* – 🅿. AE GB
fermé 7 au 30 sept., 27 janv. au 10 fév., dim. soir et lundi – **Repas** 65 (déj.), 85/190 🍷, enf. 43.

RENAULT Gar. Bazin, ✆ 02 33 34 55 33 🅽 ✆ 02 33 34 55 33

Le MOULLEAU *33 Gironde 78 ② ⑫ – rattaché à Arcachon.*

MOURÈZE *34800 Hérault 83 ⑤ G. Gorges du Tarn – 100 h alt. 200.*

Voir *Cirque★★.*

Paris 726 – Montpellier 49 – Bédarieux 23 – Clermont-l'Hérault 8.

Hauts de Mourèze ⛰ sans rest, ✆ 04 67 96 04 84, *Fax 04 67 96 25 85*, ≤, parc, 🏊 – 🅿. GB. ✗
26 mars-1er nov. – ☕ 30 – **16 ch** 250/350.

MOUSTERLIN (Pointe de) *29 Finistère 58 ⑮ – rattaché à Fouesnant.*

MOUSTIERS-STE-MARIE *04360 Alpes-de-H.-P. 81 ⑰, 114 ⑧ G. Alpes du Sud* (plan) *– 580 h alt. 631.*

Voir *Site★★ – Eglise★ – Musée de la Faïence★.*

ℹ *Office de Tourisme (fermé matin hors saison) Hôtel-Dieu ✆ 04 92 74 67 84, Fax 04 92 74 60 65.*

Paris 770 – Digne-les-Bains 47 – Aix-en-Provence 90 – Castellane 45 – Draguignan 61 – Manosque 50.

Bastide de Moustiers Ⓜ ⛰, au sud du village, par D 952 et rte secondaire ✆ 04 92 70 47 47, *Fax 04 92 70 47 48*, ≤, 🏞, parc, « Accueillante auberge aménagée dans une bastide du 17e siècle », 🏊 – ▤ 📺 ☎ 📞 🅿. AE GB. ✗ ch
hôtel : fermé 16 nov. au 4 fév. ; rest. : ouvert 12 mars-16 nov. – **Repas** (nombre de couverts limité, prévenir) 195/260 🍷 – ☕ 75 – **7 ch** 900/1300.

Colombier ⛰ sans rest, rte Castellane : 0,5 km ✆ 04 92 74 66 02, *Fax 04 92 74 66 70*, ≤, 🌳, 🎾 – 📺 ☎ ♿ 🅿. GB. ✗
fermé 14 déc. au 13 fév. – ☕ 32 – **22 ch** 250/330.

Les Santons (Abert), pl. Église ✆ 04 92 74 66 48, *Fax 04 92 74 63 67*, 🏞 – AE ⓓ GB
fermé 1er déc. au 31 janv., lundi soir sauf du 15 juil. au 15 sept. et mardi – **Repas** (nombre de couverts limité, prévenir) 220/300 et carte 350 à 520 🍷
Spéc. Nouilles fraîches au foie gras et aux truffes. Poulet fermier au miel de lavande. Carré d'agneau de Sisteron rôti dans son jus. **Vins** Côtes de Provence.

RENAULT Gar. Honorat, ✆ 04 92 74 66 30 🅽 ✆ 04 92 74 66 30
Gar. Achard, ✆ 04 92 74 66 24

MOUTHIER-HAUTE-PIERRE *25920 Doubs* **70** ⑥ *G. Jura – 356 h alt. 450.*

Voir *Belvédère de Mouthier ⩽★★ SE : 2,5 km – Gorges de Nouailles★ SE : 3,5 km – Roche de Haute-Pierre ⩽★ N : 5 km puis 30 mn.*

Paris 443 – Besançon 38 – Baume-les-Dames 52 – Levier 27 – Pontarlier 21 – Salins-les-Bains 42.

Cascade, ☎ 03 81 60 95 30, *Fax 03 81 60 94 55*, ⩽ vallée, rest. non-fumeurs exclusivement – TV ☎ & P. AE GB.
20 fév.-13 nov. – **Repas** 110/280 – ☐ 42 – **19 ch** 280/360 – ½ P 289/330.

MOÛTIERS *73600 Savoie* **74** ⑰ *G. Alpes du Nord – 4 295 h alt. 480.*

☎ *08 36 35 35 35.*

Office de Tourisme pl. St-Pierre ☎ 04 79 24 04 23, Fax 04 79 24 56 05.

Paris 610 – Albertville 27 – Chambéry 74 – St-Jean-de-Maurienne 86.

Ibis, colline Champoulet ☎ 04 79 24 27 11, *Fax 04 79 24 30 03*, ⩽ – TV ☎ P. AE GB
Repas *(75)* - 95 , enf. 39 – ☐ 35 – **61 ch** 280/320.

PEUGEOT Arly Autom., ☎ 04 79 24 10 66 **N** ☎ 04 79 22 93 73
RENAULT Moutiers Autom., ☎ 04 79 24 61 61 **N** ☎ 04 79 09 54 37
La Maison du Pneu, ☎ 04 79 24 21 95

Les MOÛTIERS-EN-RETZ *44580 Loire-Atl.* **67** ② *G. Poitou Vendée Charentes – 739 h alt. 5.*

Paris 429 – Nantes 44 – Challans 35 – St.-Nazaire 40.

Bonne Auberge, av. Mer ☎ 02 40 82 72 03, *Fax 02 40 64 68 37* – GB.
fermé mi-nov. à mi-déc., vacances de fév., dim soir et lundi – **Repas** 110/295 ♀, enf. 65.

MOUX-EN-MORVAN *58230 Nièvre* **65** ⑰ *– 744 h alt. 502.*

Paris 263 – Autun 30 – Château-Chinon 31 – Clamecy 70 – Nevers 93 – Saulieu 16.

Beau Site, ☎ 03 86 76 11 75, *Fax 03 86 76 15 84*, , parc – P. GB. rest
hôtel : fermé 30 nov. au 15 mars – **Repas** *(fermé 21 déc. au 30 janv., dim. soir et lundi du 15 nov. au 20 mars)* 67/190 ♀, enf. 50 – ☐ 32 – **20 ch** 140/290 – ½ P 190/250.

CITROEN Gar. Bureau, ☎ 03 86 76 14 05 **N** ☎ 03 86 76 14 05

MOUZON *08210 Ardennes* **56** ⑩ *G. Champagne – 2 637 h alt. 160.*

Voir *Église Notre-Dame★.*

Paris 265 – Charleville-Mézières 40 – Carignan 7 – Longwy 62 – Sedan 17 – Verdun 63.

Échevins, 33 r. Ch. de Gaulle ☎ 03 24 26 10 90, *Fax 03 24 29 05 95* – GB
fermé 3 au 27 août, 18 janv. au 4 fév., dim. soir et lundi sauf fériés le midi – **Repas** 95/185.

PEUGEOT Gar. Fédricq, ☎ 03 24 26 13 87 **N** ☎ 03 24 26 13 87
RENAULT Gar. Rogier, ☎ 03 24 26 11 84 **N** ☎ 03 24 26 11 84

MOYE *74 H.-Savoie* **74** ⑤ *– rattaché à Rumilly.*

MUHLBACH-SUR-MUNSTER *68380 H.-Rhin* **62** ⑱ *G. Alsace Lorraine – 631 h alt. 460.*

Paris 462 – Colmar 24 – Gérardmer 37 – Guebwiller 32.

Perle des Vosges, ☎ 03 89 77 61 34, *Fax 03 89 77 74 40*, ⩽, – ☎ P. GB JCB. rest
fermé 15 nov. au 1er déc. et 2 janv. au 2 fév. – **Repas** 70/200 ♀ – ☐ 35 – **45 ch** 220/335 – ½ P 215/265.

Write us...

If you have any comments on the contents of this Guide.

Your praise as well as your criticisms will receive careful consideration and, with your assistance, we will be able to add to our stock of information and, where necessary, amend our judgments.

Thank you in advance!

MULHOUSE SP *68100 H.-Rhin* 66 ⑨ ⑩ *G. Alsace Lorraine – 108 357 h Agglo. 223 856 h alt. 240.*

Voir *Parc zoologique et botanique*★★ **CV** – *Place de la Réunion*★ **EFY** *113 : Hôtel de Ville*★★ **FY H** *(musée historique*★★ **M**[1]) – *Vitraux*★ *du temple St-Étienne* **FY D** – *Musée de l'automobile-collection Schlumpf*★★★ **BU** – *Musée français du chemin de fer*★★★ **AV** – *Musée de l'Impression sur étoffes*★ **FZ M**[2] – *Electropolis : musée de l'énergie électrique*★ **AV M**[8].

Env. *Musée du Papier peint*★ *: collection*★★ *à Rixheim E : 6 km* **DV M**[7].

18 *du Rhin à Chalampé ☎ 03 89 26 07 86, par ② : 19 km ;* 9 *des Bouleaux à Wittelsheim ☎ 03 89 55 55 07, par ⑥ : 4 km.*

✈ *de Bâle-Mulhouse (Euro-Airport) par ③ : 27 km, ☎ 03 89 90 31 11 à St-Louis et* ✪ *061 ☎ 325 31 11 à Bâle (Suisse).*

☎ 08 36 35 35 35.

Office de Tourisme 9 av. Mar.-Foch ☎ 03 89 45 68 31, Fax 03 89 45 66 16 – Automobile Club Résidence du Parc, 15 bd Europe ☎ 03 89 45 38 72, Fax 03 89 56 40 85.

Paris 464 ⑤ – Basel 35 ③ – Belfort 42 ⑤ – Besançon 136 ⑤ – Colmar 43 ① – Dijon 218 ⑤ – Freiburg-im-Breisgau 57 ② – Nancy 175 ① – Reims 366 ⑥ – Strasbourg 117 ①.

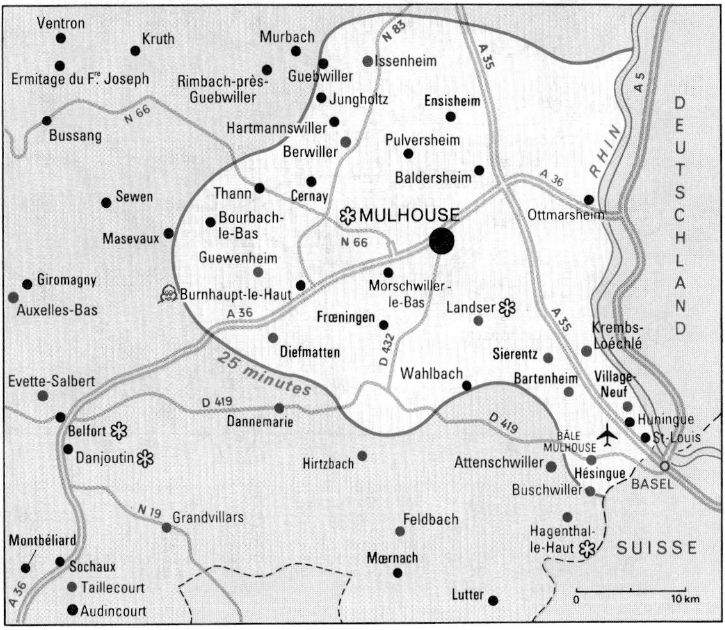

Parc M, 26 r. Sinne ☎ 03 89 66 12 22, *Fax 03 89 66 42 44* – ▮ ▤ TV ☎ ✆ ♿ – 🅰 80. AE ⓓ GB — FZ a

Repas *(fermé dim.)* 160 ♀ – ☕ 90 – **76 ch** 650/2900.

Mercure Centre, 4 pl. Gén. de Gaulle ☎ 03 89 36 29 39, *Fax 03 89 36 29 49,* ☂ – ▮ ⇔ ▤ TV ☎ ✆ – 🅰 100. AE ⓓ GB — FZ b

Repas *(74)* - 99/145 ♀, enf. 50 – ☕ 55 – **96 ch** 355/490.

Bristol sans rest, 18 av. Colmar ☎ 03 89 42 12 31, *Fax 03 89 42 50 57* – ▮ ⇔ TV ☎ P – 🅰 30. AE ⓓ GB JCB. — FY e

☕ 42 – **70 ch** 350/420.

Bourse sans rest, 14 r. Bourse ☎ 03 89 56 18 44, *Fax 03 89 56 60 51,* ☂ – ▮ ⇔ TV ☎ ✆. AE ⓓ GB — FZ d

fermé 22 déc. au 4 janv. – ☕ 50 – **50 ch** 310/460.

Ibis Centre Filature, 34 allée Nathan Katz ☎ 03 89 56 09 56, *Fax 03 89 45 53 57,* ☂ – ▮ ⇔, ▤ rest, TV ☎ ✆ ♿ – 🅰 35. AE ⓓ GB — CU e

Repas *(75)* - 95 ♀, enf. 39 – ☕ 35 – **70 ch** 305.

Bâle sans rest, 19 passage Central ☎ 03 89 46 19 87, *Fax 03 89 66 07 06* – TV ☎. GB — FY p

☕ 36 – **32 ch** 175/295.

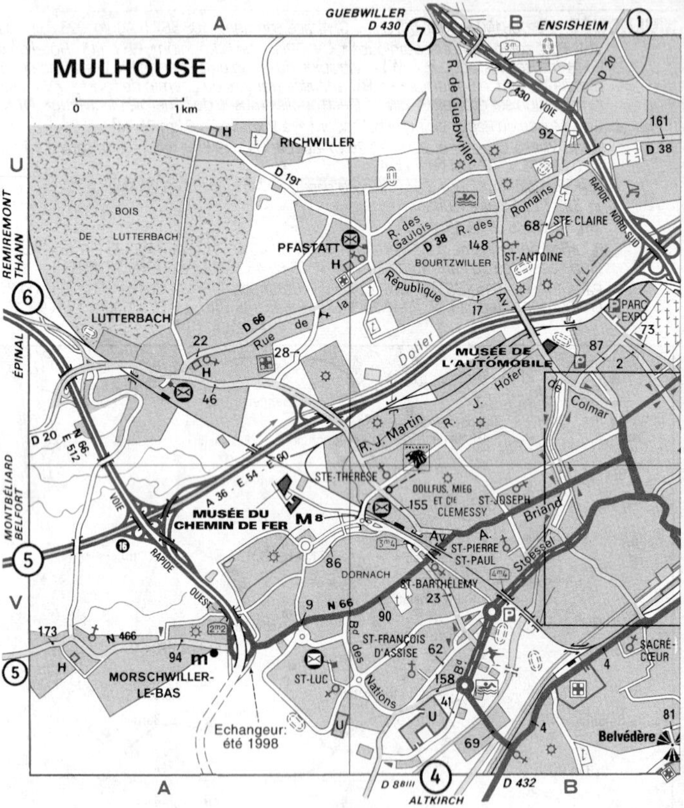

Agen (R. d') . . . . . BU 2
Altkirch (Av.) . . . . . BV 4
Bâle (Rte de) . . . . . CU 7
Bartholdi (R.) . . . . . CV 8
Belfort (R. de) . . . . . AV 9
Belgique (Av. de) . . . . . CU 12
Bourtz (R. Sébastien) . . . BU 17
Briand (R. Aristide) . . . . . AU 22
Brunstatt (R. de) . . . . . BV 23
Dollfus (Av. Gustave) . . . . CV 27
Dornach (R. de) . . . . . AU 28
Fabrique (R. de la) . . . . . CU 36
Frères Lumière (R. des) . BV 41
Gambetta (Bd Léon) . . . . CV 42
Gaulle (R. du Gén.-de) . . AU 46
Hardt (R. de la) . . . . . CV 51
Hollande (Av. de) . . . . . CU 57
Ile-Napoléon (R. de l') . . . . . CU 58
Illberg (R. de l') . . . . . BV 62
Ilot (R. de l') . . . . . DU 63
Jardin-Zoologique (R.) . . . CV 64
Juin (R. A.) . . . . . CU 66
Katz (Allée Nathan) . . . . . CU 67

XXX **Parc,** 8 r. V. Hugo à Illzach-Modenheim ✉ 68110 Illzach ✆ 03 89 56 61 67, *Fax 03 89 56 13 85*, 🏖, 🌳 – P. GB CU k
fermé sam. midi, dim. soir et lundi – **Repas** 155/350 et carte 330 à 410 ♀.

XXX ✿ **Poste** (Kieny), 7 r. Gén. de Gaulle à Riedisheim ✉ 68400 Riedisheim ✆ 03 89 44 07 71, *Fax 03 89 64 32 79* – P. AE GB CV d
fermé 27 juil. au 17 août, vacances de fév., dim. soir et lundi – **Repas** 135/400 et carte 280 à 410 ♀
Spéc. Terrine moelleuse de ris de veau braisé à la bière. Cochon de lait braisé au rouge d'Alsace. Suprême d'amandes au citron jaune.

XX ✿ **Aub. de la Tonnelle** (Hirtzlin), 61 r. Mar.-Joffre à Riedisheim ✉ 68400 Riedisheim ✆ 03 89 54 25 77, *Fax 03 89 64 29 85* – ⓓ GB CV u
fermé merc. – **Repas** 172 ♀
Spéc. Friture de carpes, sauce mousseline. Florentine de brochet. Délice au kirsch, griottines. **Vins** Pinot blanc et gris.

X ⓢ **Aux Caves du Vieux Couvent,** 23 r. Couvent ✆ 03 89 46 28 79, *Fax 03 89 66 47 87*, 🏖, Taverne – ▤. AE ⓓ GB EY n
fermé dim. soir et lundi – **Repas** 55/150 bc.

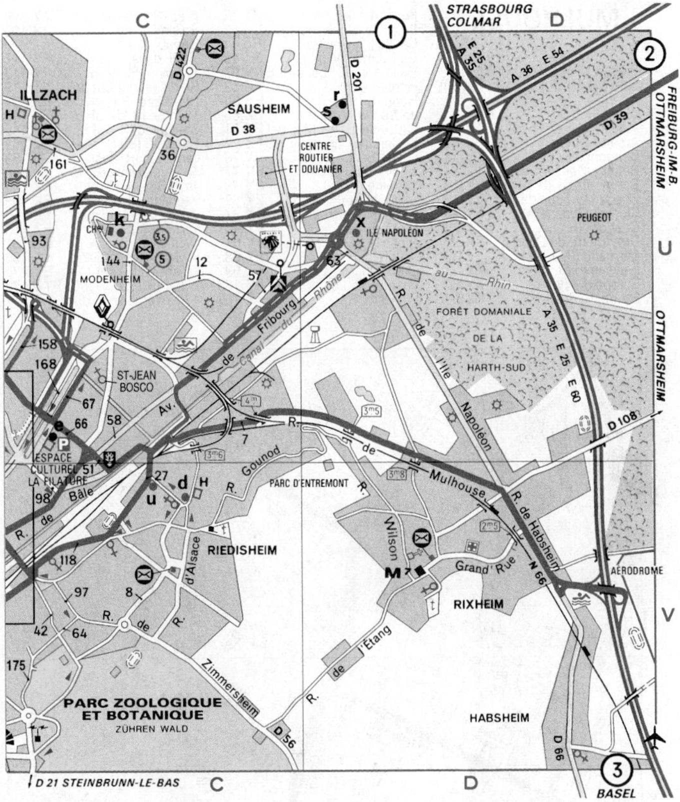

Kingersheim (R. de) ... **BU** 68	Mulhouse (R. de) ILLZACH.......... **CU** 93	Sausheim (R. de) .... **CU** 144
Lagrange (R. Léo) ..... **BV** 69	Mulhouse (R. de) MORSCHWILLER-LE-BAS .... **AV** 94	Soultz (R. de) .... **BU** 148
Lefèbvre (R.) .... **BU** 73	Noelting (R. Émilio) ... **CV** 97	Thann (R. de)............ **BV** 155
Lustig (R. Auguste).... **BV** 81	Nordfeld (R. du)...... **CV** 98	Vauban (R.) .... **CU** 158
Mer-Rouge (R. de la)... **AV** 86	Riedisheim (Av. de)... **CV** 118	Vosges (R. des) .... **BCU** 161
Mertzau (R. de la) ..... **BU** 87		Wyler (Allée William)...... **CU** 168
Mitterrand (Av. F.) ..... **BV** 90		Ire-Armée-Française (R.).... **AV** 173
Mulhouse (Fg de) ..... **BU** 92		9e-Div.-d'Infanterie Col. (R.). **CV** 175

au Nord-Est : île Napoléon – ✉ *68110 Illzach :*

XXX **Closerie,** ✆ 03 89 61 88 00, *Fax 03 89 61 95 49* – ▤ P. GB — DU x
fermé 13 juil. au 2 août, 24 déc. au 5 janv., sam. midi, lundi soir et dim. – **Repas** 220/320 et carte 260 à 370 ♀, enf. 75.

au Nord-Est par D 201 – ✉ *68390 Sausheim :*

Mercure, ✆ 03 89 61 87 87, *Fax 03 89 61 88 40,* ⛱, 🏊, 🎾 – |♦| ⇔ ▤ TV ☎ ✆ ♿ P – 🏃 60. AE ⓞ GB — DU r
Repas *(84)* - 97/105 ♀, enf. 58 – ☕ 55 – **100 ch** 435/470.

Novotel, r. Ile Napoléon ✆ 03 89 61 84 84, *Fax 03 89 61 77 99,* ⛱, 🏊 – ⇔ ▤ TV ☎ P – 🏃 80. AE ⓞ GB — DU s
Repas 98 ♀, enf. 50 – ☕ 52 – **77 ch** 465/495.

à Baldersheim *par ① : 8 km – 2 238 h. alt. 226 –* ✉ *68390 :*

Cheval Blanc, ✆ 03 89 45 45 44, *Fax 03 89 56 28 93,* 🏊 – |♦| ⇔, ▤ rest, TV ☎ ✆ ♿ P – 🏃 30. GB
fermé 23 déc. au 3 janv. – **Repas** *(fermé dim. soir) (50)* - 88/240 ♀ – ☕ 42 – **83 ch** 230/365 – ½ P 250/275.

MULHOUSE

Colmar (Av. de) . . . . . . EXY
Prés.-Kennedy (Av. du) EFY
Sauvage (R. du) . . . . FY 145

Alpes (R. des) . . . . EXY 3
Altkirch (Av. et Pt d') . . . FZ 4
Arsenal (R. de l') . . . . . . EY 5
Bonbonnière (R.) . . . . . . EY 13
Bonnes-Gens (R. des) . . FZ 14
Bons-Enfants (R. des) . . EY 18
Briand (Av. Aristide) . . . . EY 19
Cloche (Quai de la) . . . . EY 24
Coehorn (R.) . . . . EFX 25
Dreyfus (R. du Capit.) . . FX 29
Ehrmann (R. Jules) . . . . . FZ 32
Ensisheim (R. d') . . . . . . FY 33
Europe (Pl. de l') . . . . . . FY 34
Fleurs (R. des) . . . . EZ 37
Foch (Av. du Mar.) . . . . . FZ 38
Franciscains (R. des) . . . EY 40
Gaulle (Pl. Gén.-de) . . . . FZ 43
Guillaume-Tell (Pl.) . . . . . FZ 48
Heilmann (R. Josué) . . EXY 52
Henner (R. J.-J.) . . . . FZ 53
Henriette (R.) . . . . EY 56
Joffre (Av. du Mar.) . . . . . FZ 65
Lattre-de-T. (Av. Mar. de) FY 71
Leclerc (Av. du Gén.) . . . FZ 72
Loi (R. de la) . . . . EY 76
Loisy (R. du Lt de) . . . . . FX 77
Lorraine (R. de) . . . . EY 78
Maréchaux (R. des) . . . . EY 82
Mertzau (R. de la) . . . . . EX 87
Metz (R. de) . . . . FY 88
Moselle (R. de la) . . . . . . FY 91
Nordfeld (R. du) . . . . FY 98
Oran (Quai d') . . . . FZ 99
Pasteur (R. Louis) . . . . . . FY 103
Poincaré (R.) . . . . FZ 107
Prés.-Roosevelt (Bd) EXY 108
Raisin (R. du) . . . . EY 109
République (Pl. de la) . . . . FY 112
Réunion (Pl. de la) . . . . FY 113
Riedisheim (Pont de) . . FZ 119
Ste-Claire (R.) . . . . EZ 137
Somme (R. de la) . . . . . FY 146
Stalingrad (R. de) . . . . . FY 149
Stoessel (Bd Charles) . EZ 152
Tanneurs (R. des) . . . . . EY 153
Tour-du-Diable (R.) . . . . EZ 156
Trois-Rois (R. des) . . . . EZ 157
Vauban (Pl.) . . . . FX 159
Wicky (Av. Auguste) . . FZ 165
Wilson (R.) . . . . FZ 166
Wolf (R. du) . . . . FX 167
Wyler (Allée William) . . FX 168
Zillisheim (R. de) . . . . . EZ 170
Zuber (R.) . . . . FYZ 172
17-Novembre (R. du) . . FZ 177

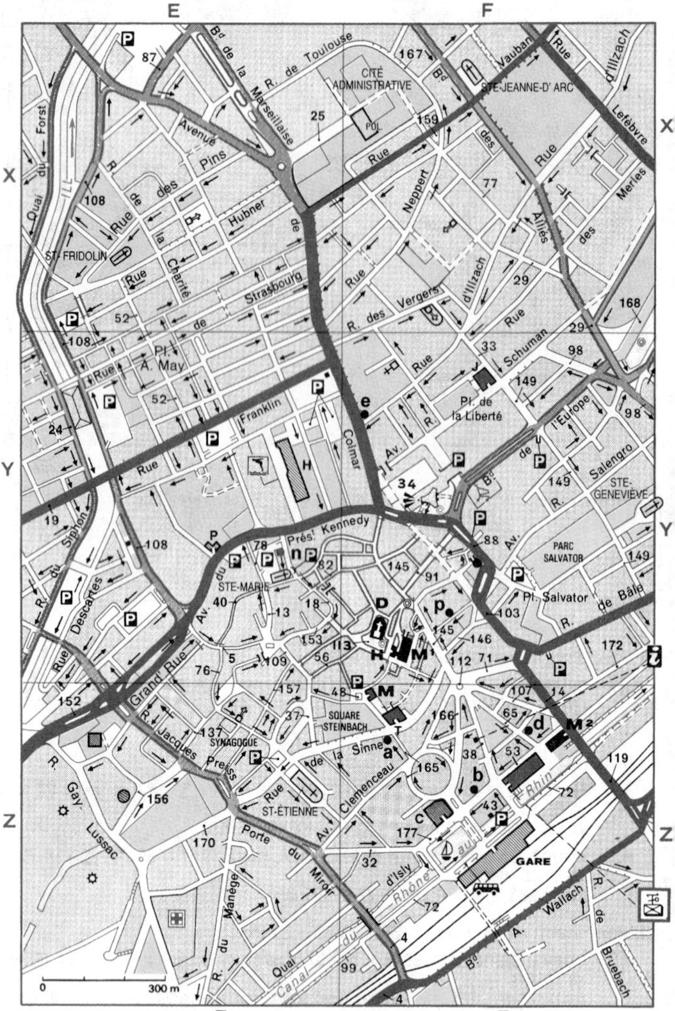

à Landser *Sud-Est : 11 km par rte parc zoologique, Bruebach, D 21 et D 6B – 1 941 h. alt. 230 – ✉ 68440 :*

XXX **Host. Paulus,** 4 pl. Paix ✆ 03 89 81 33 30, *Fax 03 89 26 81 85* – P. GB
fermé 3 au 17 août, 1er au 18 janv., sam. midi, dim. soir et lundi – **Repas** (nombre de couverts limité, prévenir) 200 bc (déj.), 220/340 ♀
Spéc. Tartare de filet de carpe du Sundgau à la salade de pommes de terre. Pigeon fermier rôti au gratin de blettes. Croustillant pur arabica et son sablé au chocolat amer.

à Froeningen *Sud-Ouest : 9 km par D 8BIII* - **BV** *– 467 h. alt. 256 – ✉ 68720 :*

XX **Aub. de Froeningen** avec ch, ✆ 03 89 25 48 48, *Fax 03 89 25 57 33,* « Maison fleurie », – ✆ P. GB
fermé 11 au 24 août, 5 au 25 janv., dim. soir et lundi – **Repas** 80 (déj.), 135/355 ♀ – 45 – **7 ch** 325/400 – ½ P 430/450.

à Morschwiller-le-Bas *Ouest : 5,5 km par N 66 – 2 445 h. alt. 265 – ✉ 68790 :*

Campanile, ✆ 03 89 59 87 87, *Fax 03 89 43 81 82,* – TV ☎ ✆ ♿ P – 25. AE ⓓ GB AV m
Repas *(66)* - 84 bc/107 bc, enf. 39 – 34 – **49 ch** 278.

AUDI, VOLKSWAGEN Gar. Schelcher, 27 fg de Mulhouse à Kingersheim ✆ 03 89 52 45 22
CITROEN Succursale, av. de Suisse à Illzach ✆ 03 89 31 33 40 N ✆ 08 00 05 24 24
FIAT, LANCIA Gar. Hess, 1 bis r. de Sausheim à Illzach ✆ 03 89 66 57 66
FORD Gar. Bollwerk, Parc Activité Ouest av. de Hollande à Illzach ✆ 03 89 31 09 60
HONDA, VOLVO Porte Ouest Automobiles, 21C r. Thann ✆ 03 89 33 27 28
NISSAN France Autom., 83 av. de Colmar ✆ 03 89 60 25 50
OPEL Gar. Muller, 23 r. Thann ✆ 03 89 33 27 27
PEUGEOT S.I.A.M, 7 r. de Berne à Illzach ✆ 03 89 31 06 60 N ✆ 08 00 44 24 24
PEUGEOT S.I.A.M., 22 r. Thann ✆ 03 89 59 65 65 N ✆ 08 00 44 24 24
RENAULT Gar. Mulhousien, r. Sausheim à Illzach ✆ 03 89 36 22 22
TOYOTA S.D.A.R., 64 rte de Mulhouse à Rixheim ✆ 03 89 44 40 50
Gar. Manu Est, 26 r. Manulaine ✆ 03 89 52 35 80

Euromaster, 3 r. L.-Pasteur ✆ 03 89 56 64 24
Euromaster, ZA les Pylones, 11-15 r. de Londres à Illzach ✆ 03 89 61 78 78
Kautzmann, 2 r. A.-Hertzog ✆ 03 89 33 17 33
Pneus et Services D.K., 14 av. de Hollande ZI à Illzach ✆ 03 89 61 76 76

MUNSTER *68140 H.-Rhin* 62 ⑱ *G. Alsace Lorraine – 4 657 h alt. 400.*

Env. *Soultzbach-les-Bains : autels★★ dans l'église E : 7 km.*
Office de Tourisme pl. du Marché ✆ 03 89 77 31 80, Fax 03 89 77 07 17.
Paris 457 – Colmar 20 – Gérardmer 33 – Guebwiller 29 – Mulhouse 60 – St-Dié 53 – Strasbourg 91.

Verte Vallée M, 10 r. A. Hartmann, parc de la Fecht ✆ 03 89 77 15 15, *Fax 03 89 77 17 40,* , , – , rest, TV ☎ ✆ ♿ P – 25 à 100. AE ⓓ GB
fermé 5 au 28 janv. – **Repas** 90/265 ♀, enf. 70 – 56 – **107 ch** 420 – ½ P 365.

Deux Sapins, 49 r. 9e Zouaves par rte Gérardmer ✆ 03 89 77 33 96, *Fax 03 89 77 03 90* – TV ☎ P. AE ⓓ GB
fermé 16 au 23 mars, 22 nov. au 14 déc., dim. soir et lundi d'oct. à avril – **Repas** 70/200 ♀, enf. 42 – 32 – **25 ch** 240/320 – ½ P 230/270.

Deybach, rte Comar, D 417 : 1 km ✆ 03 89 77 32 71, *Fax 03 89 77 52 41* – TV ☎ ♿. GB
fermé 30 mai au 12 juin, 5 au 30 oct., 23 déc. au 6 janv., dim. soir et lundi – **Repas** *(45)* - 78/190 ♀, enf. 40 – 32 – **16 ch** 220/260 – ½ P 245.

X **Nouvelle Auberge,** rte Colmar, sur D 417, Est : 6 km ✆ 03 89 71 07 70 – P. GB
fermé vacances de Toussaint, de fév., lundi soir et mardi du 1er oct. au 31 mars – **Repas** 50 (déj.), 90/245 ♀, enf. 35.

FORD Gar. Sary, ✆ 03 89 77 33 44
PEUGEOT Gar. Schmidt, ✆ 03 89 77 40 78 N ✆ 03 89 77 40 78
RENAULT Gar. Gissler, ✆ 03 89 77 37 44

MURAT *15300 Cantal* 76 ③ *G. Auvergne* (plan) *– 2 409 h alt. 930.*

Voir *Site★★ – Église★ de Bredons S : 2,5 km.*
Office de Tourisme 2 r. du Fg Notre-Dame ✆ 04 71 20 09 47, Fax 04 71 20 21 94.
Paris 523 – Aurillac 52 – Brioude 58 – Issoire 72 – Le Puy-en-Velay 119 – St-Flour 23.

Les Messageries, ✆ 04 71 20 04 04, *Fax 04 71 20 02 81,* , – TV ☎ ✆ ♿. GB
fermé 4 nov. au 25 déc. – **Repas** 75/130 , enf. 40 – 40 – **36 ch** 230/270 – ½ P 250.

à l'Est *par N 122, rte de Clermont-Ferrand : 4 km – ✉ 15300 Murat :*

XXX **Jarrousset,** ✆ 04 71 20 10 69, *Fax 04 71 20 15 26,* , , – P. GB
fermé 2 au 30 janv., merc. sauf juil.-août et lundi soir – **Repas** *(95)* - 135/360 et carte 210 à 520 ♀.

CITROEN Gar. Meissonnier, Le Martinet ✆ 04 71 20 13 87 N ✆ 04 71 20 05 55
PEUGEOT Gar. Delrieu, ✆ 04 71 20 06 22 N ✆ 04 71 20 06 22
RENAULT Gar. Dolly, ✆ 04 71 20 03 93

MURBACH *68 H.-Rhin 62 ⑱ – rattaché à Guebwiller.*

MUR-DE-BARREZ *12600 Aveyron 76 ⑫ G. Gorges du Tarn – 1 109 h alt. 790.*

Paris 574 – Aurillac 39 – Rodez 76 – St-Flour 57.

Aub. du Barrez Ⓜ, ✆ 05 65 66 00 76, *Fax 05 65 66 07 98*, – TV ☎ ♿ P. AE GB
fermé 4 au 31 janv. – **Repas** *(fermé dim. soir de nov. à Pâques et lundi sauf du 30 juin au 14 sept. et fériés)* 65/195 – ☕ 37 – **18 ch** 200/480 – ½ P 255/340.

PEUGEOT Gar. Manhes, ✆ 05 65 66 02 25 N ✆ 05 65 66 16 70

Gar. Yerles, ✆ 05 65 66 02 24 N ✆ 05 65 66 16 94

MUR-DE-BRETAGNE *22530 C.-d'Armor 58 ⑲ G. Bretagne – 2 049 h alt. 225.*

Voir *Rond-Point du lac* ≤★ – *Lac de Guerlédan*★★ *O : 2 km.*

ℹ *Office de Tourisme (Pâques-sept.) pl. de l'église ✆ 02 96 28 51 41, Fax 02 96 26 09 12.*

Paris 457 – St-Brieuc 44 – Carhaix-Plouguer 49 – Guingamp 45 – Loudéac 20 – Pontivy 16 – Quimper 100.

Aub. Grand'Maison (Guillo) avec ch, ✆ 02 96 28 51 10, *Fax 02 96 28 52 30* – TV ☎. AE ⓓ GB JCB
fermé 1er au 25 oct., vacances de fév., dim. soir et lundi – **Repas** (nombre de couverts limité, prévenir) 150 (déj.), 200/400 et carte 320 à 470 – ☕ 80 – **12 ch** 300/650 – ½ P 450/625
Spéc. Profiteroles de foie gras au coulis de truffes. Menu "tout homard". Croustillant "chapeau breton", glace au miel de blé noir.

La MURE *38350 Isère 77 ⑮ G. Alpes du Nord – 5 480 h alt. 890.*

Paris 605 – Grenoble 40 – Gap 64.

Murtel, ✆ 04 76 30 96 10, *Fax 04 76 30 91 38*, – TV ☎ P. GB
Repas 75/165, enf. 44 – ☕ 30 – **40 ch** 260/280 – ½ P 210/230.

CITROEN Gar. Gay, ✆ 04 76 81 02 57
PEUGEOT Gar. Reynier, ✆ 04 76 81 03 78 N ✆ 04 76 81 03 78

RENAULT Gar. du Nord, ✆ 04 76 81 01 69 N ✆ 04 76 81 01 69

Les MUREAUX *78130 Yvelines 55 ⑲ – 33 089 h alt. 28.*

Paris 41 – Mantes-la-Jolie 19 – Pontoise 22 – Rambouillet 49 – Versailles 33.

Climat de France, quartier Grand Ouest (près échangeur A 13 par rte Bouafle) ✆ 01 34 74 72 50, *Fax 01 30 99 39 04*, – TV ☎ ♿ P. AE ⓓ GB
Repas 91/150, enf. 39 – ☕ 36 – **41 ch** 305.

MURET *31600 H.-Gar. 82 ⑰ G. Pyrénées Roussillon – 18 134 h alt. 169.*

Paris 714 – Toulouse 22 – Auch 72 – St-Gaudens 72 – Pamiers 50.

Aragon sans rest, 15 r. Aragon ✆ 05 61 56 18 19 – ☎
fermé dim. – ☕ 22 – **20 ch** 125/168.

à Labarthe-sur-Lèze *Est : 6 km par D 19 – 3 772 h. alt. 162 – ✉ 31860 :*

Rose des Vents, carrefour D 19-D 4 ✆ 05 61 08 67 01, *Fax 05 61 08 85 84*, – P. AE ⓓ GB
fermé 18 août au 4 sept., dim. soir et lundi – **Repas** 90/195.

Poêlon, ✆ 05 61 08 68 49, *Fax 05 61 08 78 48*, – GB
fermé dim. soir et lundi – **Repas** 89/210.

CITROEN Gar. Dedieu, à Rieumes ✆ 05 61 91 81 28
CITROEN G.A.M., N 117 ✆ 05 62 11 60 40
FIAT Sud Garonne Autom., 7 r. A.-Berges, ZI Marclan ✆ 05 61 56 82 82
MERCEDES Antras Autom., 44 av. de l'Europe ✆ 05 61 51 80 20 N ✆ 03 23 72 11 01
PEUGEOT SO.NO.MA., 50 av. de Toulouse ✆ 05 61 51 81 81 N ✆ 05 62 22 29 32

RENAULT S.A.D.A.M., 254 av. des Pyrénées ✆ 05 61 51 05 44 N ✆ 05 61 17 76 50

Muret Pneus, ZI Joffrery ✆ 05 61 51 09 39
Vialatte Pneus-Point S, 179 av. de Toulouse ✆ 05 61 51 48 34

MUROL *63790 P.-de-D.* 73 ⑬ ⑭ *G. Auvergne* (plan) – *606 h alt. 830.*

Voir Château★★.

Office de Tourisme r. de Jassaguet ✆ 04 73 88 62 62, Fax 04 73 88 60 23.

Paris 462 – Clermont-Ferrand 37 – Besse-en-Chandesse 10 – Condat 37 – Issoire 32 – Le Mont-Dore 20.

Volcans sans rest, ✆ 04 73 88 60 77, – TV ☎ P. AE GB
15 juin-30 sept., vacances de Noël, de fév. et de printemps – 35 – **10 ch** 220/260.

RENAULT Gar. Dabert, ✆ 04 73 88 63 43

MUSSIDAN *24400 Dordogne* 75 ④ *G. Périgord Quercy* – *2 985 h alt. 50.*

Syndicat d'Initiative pl. de la République ✆ 05 53 81 73 87.

Paris 525 – Périgueux 38 – Angoulême 85 – Bergerac 26 – Libourne 55 – Ste-Foy-la-Grande 28.

Midi, à la gare ✆ 05 53 81 01 77, *Fax 05 53 82 90 14*, – TV ☎ P. GB. ch
fermé 4 au 10 mai, vacances de Toussaint, de fév., week-ends en hiver, vend. soir et sam. hors saison sauf fêtes – **Repas** 70/170 ♀, enf. 48 – 35 – **10 ch** 250/300 – ½ P 250/260.

Relais de Gabillou, rte de Périgueux ✆ 05 53 81 01 42, – P. GB
fermé janv. et lundi – **Repas** 85/300 ♀, enf. 50.

à Sourzac *Est : 4 km par N 89 – 1 011 h. alt. 50 – ✉ 24400 :*

Chaufourg, ✆ 05 53 81 01 56, *Fax 05 53 82 94 87*, « Ambiance guesthouse », – TV ☎ P. AE GB
Repas *(avril-oct.)* (dîner seul.) (résidents seul.) carte 230 à 340 ♀ – 80 – **10 ch** 720/1200.

PEUGEOT Gar. Rousseau, ✆ 05 53 81 04 47

MUTRECY *14220 Calvados* 54 ⑮ – *219 h alt. 113.*

Paris 246 – Caen 18 – Falaise 35 – Lisieux 56 – St-Pierre-sur-Dives 39.

Aub. des Pommiers, ✆ 02 31 79 32 03, *Fax 02 31 79 32 03* – ☎ P. GB
Repas *(fermé merc. du 15 oct. au 15 mai)* 55 bc (déj.), 79/155 – 30 – **10 ch** 170/240 – ½ P 175/200.

MUTZIG *67190 B.-Rhin* 62 ⑨ *G. Alsace Lorraine* – *4 552 h alt. 190.*

Paris 478 – Strasbourg 31 – Obernai 12 – Saverne 29 – Sélestat 35.

Host. de la Poste, pl. Fontaine ✆ 03 88 38 38 38, *Fax 03 88 49 82 05*, – rest, TV ☎ . GB
Repas 100/320 ♀ – 39 – **19 ch** 210/320 – ½ P 263/310.

Aub. Alsacienne "au Nid de Cigogne", r. 18-Novembre ✆ 03 88 38 11 97 – GB
fermé mardi soir et merc. – **Repas** 135/235 ♀, enf. 55.

Kautzmann, ✆ 03 88 38 61 78

NAINTRÉ *86 Vienne* 68 ④ – *rattaché à Châtellerault.*

NAJAC *12270 Aveyron* 79 ⑳ *G. Gorges du Tarn* – *766 h alt. 315.*

Voir Site★★ – Ruines du château★ : ≤★.

Office de Tourisme pl. Faubourg ✆ 05 65 29 72 05, Fax 05 65 29 79 29.

Paris 624 – Rodez 76 – Albi 49 – Cahors 86 – Gaillac 49 – Montauban 69 – Villefranche-de-Rouergue 19.

Belle Rive, Nord-Ouest : 3 km par D 39 ✆ 05 65 29 73 90, *Fax 05 65 29 76 88*, ≤, « Dans les gorges de l'Aveyron », – ☎ P. GB JCB
Pâques-Toussaint et fermé dim. soir en avril et oct. (sauf Pâques) – **Repas** *(65)* - 80/155 ♀, enf. 50 – 45 – **35 ch** 200/300 – ½ P 275/290.

Oustal del Barry avec ch, ✆ 05 65 29 74 32, *Fax 05 65 29 75 32*, ≤, « Jardin » – TV ☎. AE GB
1er nov.-5 avril et fermé lundi d'avril à juin et en oct. sauf fériés – **Repas** 95 (déj.), 130/250 et carte 240 à 360 ♀, enf. 65 – 48 – **20 ch** 260/450 – ½ P 335/360.

au Nord-Est *: 8 km par D 39, D 339 et D 638 – ✉ 12270 Najac :*

Longcol, ✆ 05 65 29 63 36, *Fax 05 65 29 64 28*, ≤, parc, « Ancienne ferme du 17e siècle aménagée avec élégance », – TV ☎ P – 40. AE GB. rest
Pâques-15 nov. – **Repas** *(fermé lundi midi sauf du 15 juin au 15 sept.)* (nombre de couverts limité, prévenir) 145/245 – 70 – **17 ch** 700/900 – ½ P 620/665
Spéc. Cou de canard farci au foie gras. Carré d'agneau, panoufle rôti à la broche. Flognarde à la recuite de brebis.

au Nord-Ouest : *7 km par D 39 et rte secondaire – ✉ 12270 Najac :*

✗ **Aub. de Cournaille,** ✆ 05 65 29 71 39, ☂, ⚘ – 🅿. GB
fermé 24 au 31 août, 16 nov. au 28 fév., le midi sauf juil.-août, dim. soir et lundi – **Repas** (nombre de couverts limité, prévenir) 120/170 ♀.

NANCY 🅿 *54000 M.-et-M.* 62 ⑤ *G. Alsace Lorraine – 99 351 h Agglo. 329 447 h alt. 206.*

Voir *Ensemble 18e s. : Place Stanislas★★★* **BY** *, Arc de Triomphe★* **BY B** *– Place de la Carrière★* **BY** *et Palais du Gouvernement★* **BX W** *– Palais ducal★★* **BX** *: musée Historique lorrain★★★ – Église et Couvent des Cordeliers★* **BX** *: gisant de Philippe de Gueldre★★ – Porte de la Craffe★* **AX F** *– Église N.-D.-de-Bon-Secours★* **EX** *– Façade★ de l'église St-Sébastien* **BY** *– Musées : Beaux-Arts★★* **BY M2**, *Ecole de Nancy★★* **DX M3**, *Zoologie (aquarium tropical★)* **CY M4**.

Env. *Basilique★★ de St-Nicolas-de-Port par ② : 12 km.*

⛳18 *de Nancy-Aingeray ✆ 03 83 24 53 87, par ⑥ : 17 km ;* ⛳18 *de Pulnoy ✆ 03 83 18 10 18, E : 7 km par ① puis D 83.*

✈ *de Metz-Nancy-Lorraine : ✆ 03 87 56 70 00, par ⑥ : 43 km.*

🚗 *✆ 08 36 35 35 35.*

ℹ *Office de Tourisme 14 pl. Stanislas ✆ 03 83 35 22 41, Fax 03 83 35 90 10 – Automobile Club Lorrain bd. Barthou ✆ 03 83 50 12 12, Fax 03 83 50 12 19.*

Paris 308 ⑤ – Chaumont 118 ④ – Dijon 217 ⑤ – Metz 57 ⑥ – Reims 194 ⑤ – Strasbourg 149 ①.

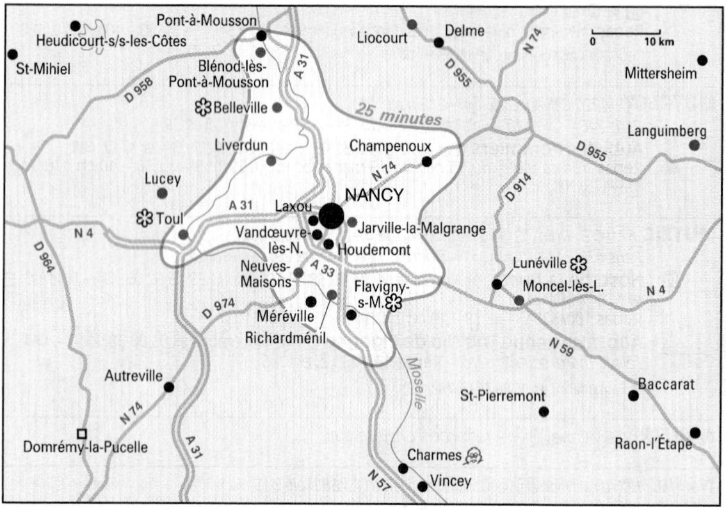

Gd H. de la Reine et rest. Stanislas, 2 pl. Stanislas ✆ 03 83 35 03 01, *Fax 03 83 32 86 04,* ☂, « Palais du 18e siècle sur la place Stanislas » – |‡| TV ☎ ♿ – 🏛 25 à 40. AE ⊕ GB JCB **BY d**
Repas 180 (déj.), 240/360 et carte 280 à 350, enf. 80 – ☕ 80 – **42 ch** 600/1490, 6 appart.

Mercure Centre Thiers, 11 r. R. Poincaré ✆ 03 83 39 75 75, *Fax 03 83 32 78 17* – |‡| ⚡ ▤ TV ☎ – 🏛 30 à 150. AE ⊕ GB JCB **AY r**
La Toison d'Or *(fermé 15 juil. au 1er sept. et dim. soir)* **Repas** 160 ♀, enf. 75 – ***Le Rendez-Vous*** *(fermé dim. midi, vend. soir et sam.)* **Repas** *(95)* - 130 ♀, enf. 75 – ☕ 55 – **192 ch** 625/675.

Mercure Centre Stanislas sans rest, 5 r. Carmes ✆ 03 83 30 92 60, *Fax 03 83 32 92 49* – |‡| ⚡ ▤ TV ☎ 🚗. AE ⊕ GB JCB **BY m**
☕ 52 – **80 ch** 450/465.

Albert 1er-Astoria sans rest, 3 r. Armée Patton ✆ 03 83 40 31 24, *Fax 03 83 28 47 78* – |‡| ⚡ TV ☎ 🅿. AE ⊕ GB JCB **AY d**
☕ 40 – **85 ch** 295/390.

Crystal sans rest, 5 r. Chanzy ✆ 03 83 17 54 00, *Fax 03 83 17 54 30* – |‡| TV ☎. AE ⊕ GB **AY a**
☕ 45 – **38 ch** 295/450.

Ibis Centre Ste-Catherine M, 42 av. 20e Corps ✆ 03 83 37 10 10, *Fax 03 83 37 66 33* – AE O GB 30 à 80. AE O GB CY v
Repas *(fermé sam. midi et dim.)* (69) - 82/145, enf. 40 – 35 – **60 ch** 335/365.

Résidence sans rest, 30 bd J. Jaurès ✆ 03 83 40 33 56, *Fax 03 83 90 16 28* – AE O GB JCB DEX a
40 – **22 ch** 290/350.

Portes d'Or sans rest, 21 r. Stanislas ✆ 03 83 35 42 34, *Fax 03 83 32 51 41* – AE O GB JCB BY b
fermé 26 juil. au 17 août – 40 – **20 ch** 250/310.

XXX **Table des Mengin,** 27 r. Ponts ✆ 03 83 35 17 25, *Fax 03 83 35 72 49* – AE GB. BY e
fermé 10 au 16 août, dim. et lundi – **Repas** 120/340 bc et carte 240 à 320 ♀.

XXX **Capucin Gourmand,** 31 r. Gambetta ✆ 03 83 35 26 98, *Fax 03 83 35 75 32*, « Décor Modern'style » – GB BY m
fermé 1er au 20 août, dim. et lundi – **Repas** 170/550 et carte environ 340 ♀.

XXX **Cap Marine,** 60 r. Stanislas ✆ 03 83 37 05 03, *Fax 03 83 37 01 32* – AE GB BY t
fermé 3 au 23 août, sam. midi et dim. – **Repas** - produits de la mer - 140/215.

XX **Excelsior Flo,** 50 r. H. Poincaré ✆ 03 83 35 24 57, *Fax 03 83 35 18 48*, brasserie, « Décor "École de Nancy" » – AE O GB AY v
Repas 112/153, enf. 48.

XX **Pavillon Anatole,** 62 av. A. France ✆ 03 83 40 63 30, *Fax 03 83 40 63 30*, – AE GB DVX b
fermé 27 avril au 5 mai, 1er au 26 août, sam. midi, dim. soir et lundi – **Repas** 155/320.

XX **Mirabelle,** 24 r. Héré ✆ 03 83 30 49 69, *Fax 03 83 32 78 93* – GB BY f
fermé 2 au 24 août, vacances de Toussaint, sam. midi, dim. soir et lundi – **Repas** 95 (déj.), 125/310 ♀.

XX **Toque Blanche,** 1 r. Mgr Trouillet ✆ 03 83 30 17 20, *Fax 03 83 32 60 24* – GB ABY z
fermé 27 juil. au 9 août, 8 au 21 fév., dim. soir et merc. – **Repas** 125/320.

XX **Les Agaves,** 2 r. Carmes ✆ 03 83 32 14 14, *Fax 03 83 37 13 31* – AE O GB BY u
fermé vacances de fév., lundi soir et dim. – **Repas** carte 180 à 250 ♀.

XX **Chine,** 31 r. Ponts ✆ 03 83 30 13 89 – AE O GB BY r
fermé 4 au 24 août, dim. soir et lundi – **Repas** - cuisine chinoise - 145/185.

XX **L'Amandier,** 24 pl. Arsenal ✆ 03 83 32 11 01, *Fax 03 83 32 11 01* – AE GB AX s
fermé 1er au 15 août, 24 déc. au 2 janv., sam. midi et dim. – **Repas** 142/179.

XX **Mignardise,** 28 r. Stanislas ✆ 03 83 32 20 22, *Fax 03 83 32 19 20*, – AE GB BY n
fermé 24 juil. au 9 août, 26 oct. au 1er nov., 4 au 12 janv., dim. soir et lundi – **Repas** 75 (déj.), 120/300.

X **Pissenlits,** 25 bis r. Ponts ✆ 03 83 37 43 97, *Fax 03 83 35 72 49* – GB BY e
fermé dim. et lundi – **Repas** 99 ♀.

X **Petits Gobelins,** 18 r. Primatiale ✆ 03 83 35 49 03, *Fax 03 83 37 41 49* – AE O GB
fermé 23 déc. au 6 janv. et dim. – **Repas** 75 (déj.), 98/220 ♀, enf. 60. CY z

X **V'Four,** 10 r. St-Michel ✆ 03 83 32 49 48, *Fax 03 83 32 49 48*, – AE GB BX r
fermé 1er au 15 oct., vacances de fév., dim. sauf le midi de sept. à juin et lundi – **Repas** (nombre de couverts limité, prévenir) 85 (déj.), 115/160 ♀.

X **Petite Marmite,** 8 r. Gambetta ✆ 03 83 35 25 63, *Fax 03 83 35 25 63* – AE GB BY b
fermé 15 au 31 juil., 11 au 17 janv. et dim. – **Repas** 71/175 ♀.

X **Nouveaux Abattoirs,** 4 bd Austrasie ✆ 03 83 35 46 25, *Fax 03 83 35 13 64* – GB
fermé 20 juil. au 15 août, sam., dim. et fériés – **Repas** 90/270 ♀. EV s

X **Bouchon Lyonnais,** 15 r. Maréchaux ✆ 03 83 37 55 77, *Fax 03 83 35 28 71* – AE GB
Repas 88/135 ♀. BY g

X **Wagon,** 57 r. Chaligny ✆ 03 83 32 32 16, *Fax 03 83 35 68 36*, « Ancien wagon-restaurant » – P. AE O GB EV k
fermé 11 juil. au 3 août, vacances de fév., sam., dim. et fériés – **Repas** 85/200 ♀.

X **Chez Lize,** 52 r. H. Déglin ✆ 03 83 30 36 26, *Fax 03 83 30 18 93* – GB AY v
fermé dim. du 15 juin au 15 oct. – **Repas** 100/150 ♀.

à Jarville-la-Malgrange *Sud-Est : 3 km par av. Strasbourg* - **EX** – *9 992 h. alt. 210* – ✉ *54140* :

XX **Les Chanterelles,** 27 av. Malgrange ✆ 03 83 51 43 17, *Fax 03 83 51 43 17* – GB
fermé 15 au 31 août, sam. midi et dim. soir – **Repas** 95/145 ♀, enf. 47. EX n

à Houdemont *Sud : 6 km vers ③ par A 330* - **EY** – *1 836 h. alt. 270* – ✉ *54180* :

Novotel Nancy Sud M, près centre commercial ✆ 03 83 56 10 25, *Fax 03 83 57 62 20*, , , – P – 25 à 80. AE O GB JCB EY s
Repas (90) - carte environ 180 ♀, enf. 50 – 55 – **86 ch** 440/480.

NANCY

Dominicains (R. des). BY 29
Gambetta (R.) . . . . . . BY 35
Grande-Rue. . . . . . . BXY 37
Héré (R.) . . . . BY 40
Mazagran (R.). . . . . . . AY 54
Mengin (Pl. Henri) . . . BY 55
Mouja (R. du Pont) . . BY 64
Poincaré (R. R.) . . . . . AY 70
Point-Central . . . . BY 72
Ponts (R. des) . . . . . BYZ 73
Raugraff (R.). . . . . BY 75
St-Dizier (R.). . . . . BY
St-Georges (R.) . . . . . CY
St-Jean (R.) . . . . BY
Stanislas (R.) . . . . BY 100
Trois-Maisons
(R. du Fg des) . . . . . AX 104

Adam (R. Sigisbert). . BX 2
Albert-Ier (Bd) . . . . DV 3
Alliance (Pl. d'). . . . . . CY 4
Anatole-France (Av.). DV 6
Armée-Patton (R.). . . DV 7
Auxonne (R. d') . . . . . DV 8
Barrès (R. Maurice). . CY 10
Bazin (R. H.) . . . . CY 13
Benit (R.) . . . . BY 14
Blandan
(R. du Sergent) . . . DX 15
Braconnot (R.) . . . . . . BX 19
Carmes (R. des). . . . . BY 20
Chanoine-Jacob (R.) . AX 23
Chanzy (R.) . . . . AY 24
Cheval-Blanc
(R. du) . . . . BY 25
Clemenceau (Bd G.) . EX 26
Craffe (R. de la) . . . . . AX 27
Croix de Bourgogne
(Espl.) . . . . AZ 28
Foch (Av.) . . . . DV 33
Gaulle (Pl. Gén.-de) . . BX 36
Haussonville (Bd d') . DX 38
Haut-Bourgeois (R.) . AX 39
Ile de Corse
(R. de l') . . . . CY 41
Jaurès (Bd Jean) . . . . EX 43
Jeanne-d'Arc (R.) . . DEX 44
Keller (R. Ch.) . . . . . . AX 46
Linnois (R.). . . . . EX 49
Louis (R. Baron) . . . AXY 50
Loups (R. des) . . . . . . AX 51
Majorelle (R. Louis) . DX 52
Maréchaux (R. des). . BY 53
Molitor (R.) . . . . CZ 60
Mon-Désert (R. de) ABZ 61
Monnaie (R. de la). . . BY 62
Nabécor (R. de) . . . . . EX 65
Oudinot
(R. Maréchal) . . . . . EX 68
Poincaré (R. H.) . . . . . AY 69
Primatiale (R. de la) . . CY 74

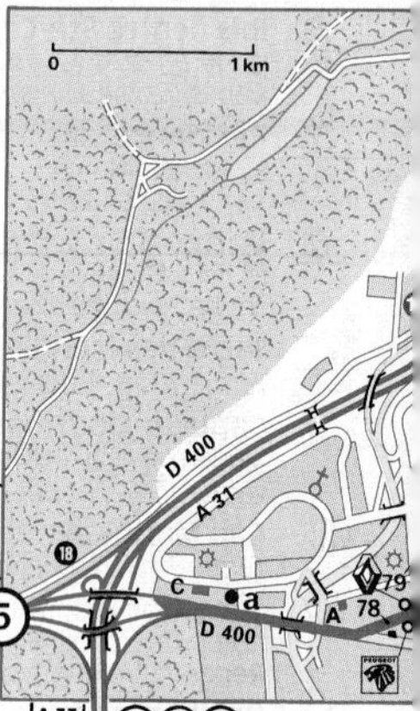

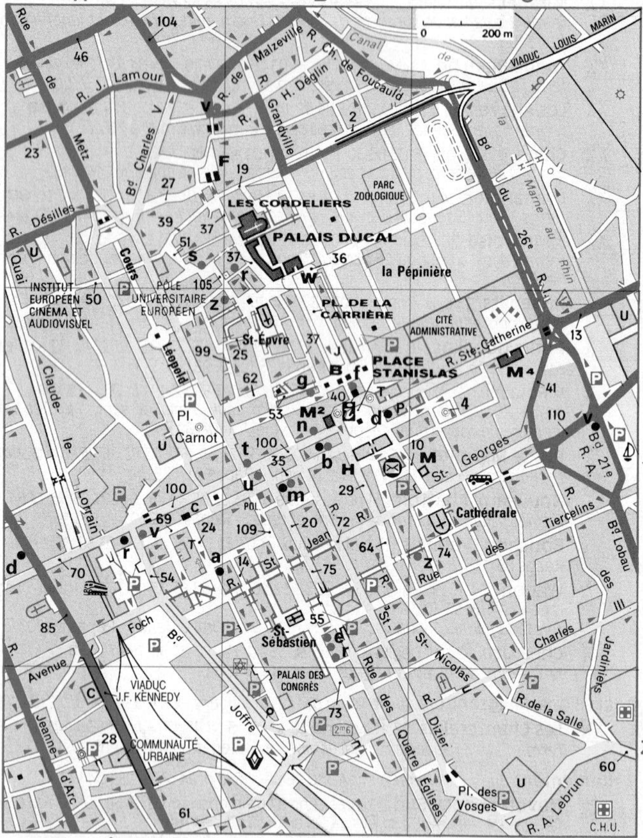

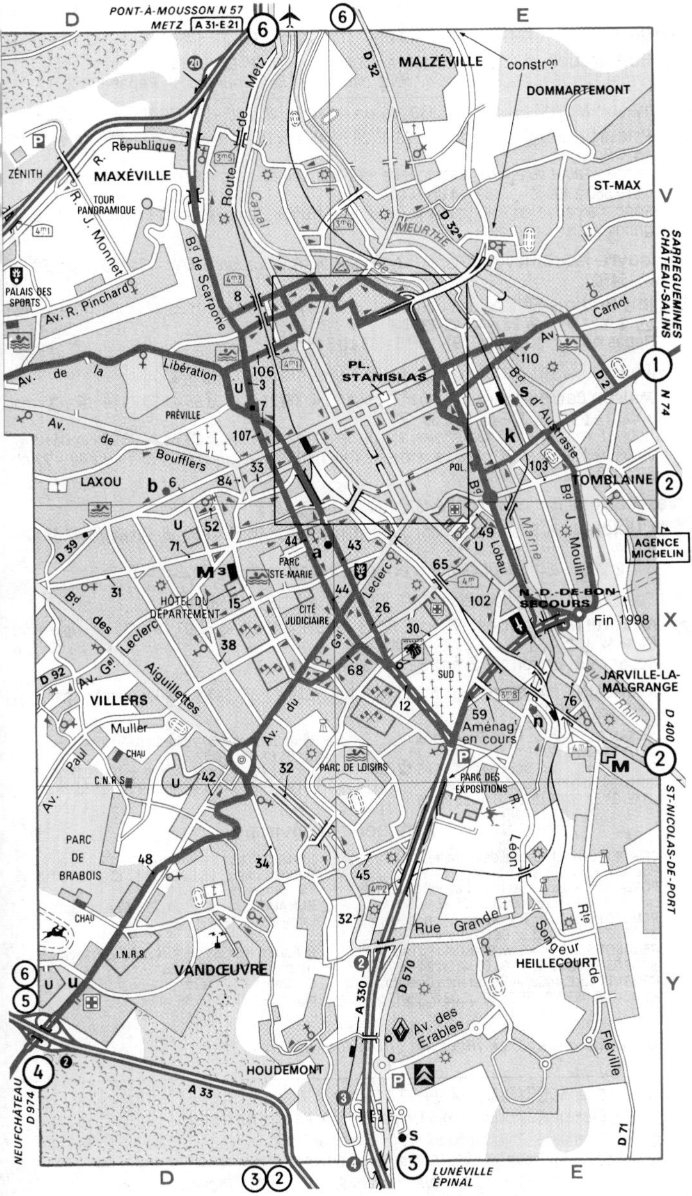

- St-Lambert (R.) .... **DV** 84
- St-Léon (R.) .... **AY** 85
- Source (R. de la) ...... **AY** 99
- Strasbourg (Av. de) .... **EX** 102
- Tomblaine (R. de) ...... **EV** 103
- Trouillet (R.) .... **AXY** 105
- Verdun (R. de) .... **DV** 106
- Victor-Hugo (R.) .... **DV** 107
- Visitation (R. de la) .... **BY** 109
- XXe-Corps (Av. du) .... **EV** 110

JARVILLE

- République (R. de la) ... **EX** 76

LAXOU

- Europe (Av. de l') ...... **DX** 31
- Poincaré (R. R.) .... **DX** 71
- Résistance (Av. de la) .... **CV** 78
- Rhin (Av. du) .... **CV** 79

VANDŒUVRE

- Barthou (Bd L.) .... **EX** 12
- Doumer (Av. P.) .... **EX** 30
- Europe (Bd de l') ...... **DEY** 32
- Frère (R. Gén.) .... **DY** 34
- Jaurès (Av. Jean) ..... **DXY** 42
- Jeanne-d'Arc (Av.) .... **DEY** 45
- Leclerc (Av. Gén.) ..... **DY** 48
- Mirecourt (Route de) ... **EX** 59

à Richardménil *par ③, A 330 et D 570 : 12 km – 3 040 h. alt. 230 – ✉ 54630 :*

XX **Bon Accueil,** ☎ 03 83 25 62 10, *Fax 03 83 25 62 10* – P. AE ① GB
fermé 3 au 16 mars, 28 juil. au 17 août, dim. soir et lundi sauf fériés – **Repas** 120/230 ♁.

à Flavigny-sur-Moselle *par ③ et A 330 : 16 km – 1 609 h. alt. 240 – ✉ 54630 :*

XXX **Prieuré** (Roy) M ⛰ avec ch, ☎ 03 83 26 70 45, *Fax 03 83 26 75 51*, – TV ☎. AE ① GB
✿ *fermé 24 août au 2 sept., vacances de fév., dim. soir et merc.* – **Repas** 200 (déj.), 300/420 et carte 360 à 490 ♀ – ☕ 60 – **4 ch** 600
Spéc. Carpaccio de foie gras à la vinaigrette truffée. Saint-Pierre rôti à la compote d'oignons. Assiette mirabelle.

à Vandoeuvre-lès-Nancy *Sud-Ouest : 4 km par av. Gén. Leclerc* - **DY** – *34 105 h. alt. 300* – ✉ *54500 :*

Ibis Brabois M, allée de Bourgogne ☎ 03 83 44 55 77, *Fax 03 83 44 21 44*, – TV ☎ & P – 25 à 40. AE ① GB DY u
Repas *(75)* - 95/110 ♁, enf. 39 – ☕ 35 – **68 ch** 315.

à Méréville *par ③, A 330, D 570 et D 115 : 16 km – 1 289 h. alt. 250 – ✉ 54850 :*

Maison Carrée ⛰ (rest. à 100 m.), ☎ 03 83 47 09 23, *Fax 03 83 47 50 75*, ←, (mai à août) – TV ☎ P – 25 à 80. GB
hôtel : fermé 24 au 30 déc. et dim. soir de déc. à fév. – **Repas** ☎ 03 83 47 08 02 Fax 03 83 47 66 08 *(fermé 24 au 30 déc., vacances de fév., dim. soir et lundi)* 138/350 ♀ – ☕ 42 – **22 ch** 300/420 – 1/2 P 340.

à Neuves-Maisons *par ④ : 14 km – 6 432 h. alt. 230 – ✉ 54230 :*

XX **L'Union,** 1 r. A. Briand, près pont de chemin de fer ☎ 03 83 47 30 46, *Fax 03 83 47 33 42* – GB
fermé 20 juil. au 15 août, dim. soir et lundi – **Repas** 100 bc (déj.), 128/194 ♀.

à Laxou *Ouest : 4 km par av. Libération* - **DV** – *15 490 h. alt. 258* – ✉ *54520 :*

Novotel Nancy Ouest M, ☎ 03 83 93 45 45, *Fax 03 83 98 57 07*, – TV ☎ & P – 25 à 200. AE ① GB JCB CV a
Repas carte environ 170 ♀, enf. 50 – ☕ 55 – **119 ch** 450/540.

MICHELIN, Agence, Parc d'Activité Solère à Saulxures-lès-Nancy par ① ☎ 03 83 18 35 10

NISSAN Gar. Lorraine-Auto, 39 av. Garenne ☎ 03 83 40 22 57
OPEL S.A.N.E., 11 r. Tapis-Vert ☎ 03 83 39 06 40
Roth, 29 bd Joffre building Joffre ☎ 03 83 32 96 03 N ☎ 03 83 32 96 03

Le Circulaire, 37 r. Sigisbert-Adam ☎ 03 83 37 06 23
Leclerc-Pneu, 4 r. M.-Barrès ☎ 03 83 37 06 57
Leclerc-Pneu, 11 r. A.-Krug ☎ 03 83 35 28 31

Périphérie et environs

CITROEN Central Autom. de Lorraine, D 570 à Houdemont ☎ 03 83 51 29 30
FORD Nancy-Laxou Autom., 21 av. Résistance à Laxou ☎ 03 83 95 50 00 N ☎ 03 83 95 50 00
PEUGEOT S.I.A.L., av. P.-Doumer à Vandoeuvre ☎ 03 83 50 38 00 N ☎ 08 00 44 24 24
PEUGEOT S.I.A.L., 1 à 3 av. Résistance à Laxou ☎ 03 83 95 80 80 N ☎ 08 00 44 24 24
RENAULT Succursale, av. Résistance Direction Paris à Laxou ☎ 03 83 95 33 33 N ☎ 08 00 05 15 15

RENAULT Succursale, D 570 rte d'Épinal à Houdemont ☎ 03 83 95 32 32 N ☎ 08 00 05 15 15
RENAULT Leclerc Autom., 18-32 r. de Metz à Jarny ☎ 03 82 47 13 30

Euromaster, 53 r. E.-Levassor, Zi Franclos à Ludres ☎ 03 83 25 77 33
Euromaster, 27 bis rte de Frouard à Champigneulles ☎ 03 83 38 14 64

Le Guide change, changez de guide tous les ans.

NANGIS *77370 S.-et-M.* 61 ③, 106 ㊱ ㊽ – *7 013 h alt. 127.*
Voir *Église*★ *de Rampillon E : 4,5 km par D 62*, G. Ile de France.
de Fontenailles ☎ 01 64 60 51 52, O : 5 km par D 408.
Syndicat d'Initiative 23 r. des Fontaines ☎ 01 64 08 12 95.
Paris 71 – Fontainebleau 36 – Coulommiers 35 – Melun 26 – Provins 22 – Sens 53.

XX **Dauphin** avec ch, 9 bis r. A. Briand ☎ 01 64 08 00 27, *Fax 01 64 08 12 97* – TV ☎ P. AE ① GB
fermé 27 juil. au 16 août, vacances de fév., dim. soir et merc. – **Repas** *(85)* - 100/195 ♀, enf. 52 – ☕ 38 – **13 ch** 190/300 – 1/2 P 215/270.

CITROEN S.N.M.A., 3 av. Gén. de Gaulle ☎ 01 64 08 00 48 N ☎ 01 64 08 00 48
Nangis Accessoires Pièces, 31 r. des Fontaines ☎ 01 64 08 73 21

A.P.P. Pneus, N 19 ☎ 01 64 08 35 14

NANS-LES-PINS *83860 Var* 84 ⑭, 114 ㉛ *– 2 485 h alt. 380.*

Paris 796 – Aix-en-Provence 44 – Brignoles 26 – Marseille 42 – Rians 35 – Toulon 71.

Domaine de Châteauneuf ⑤, au Châteauneuf Nord : 3,5 km par D 80 et N 560 ✆ 04 94 78 90 06, *Fax 04 94 78 63 30*, « Demeure du 18e siècle dans un parc, golf », – TV ☎ P – 30. AE ⓓ GB
1er mars-30 nov. et fermé lundi hors saison – **Repas** 170 (déj.), 230/380 ♀, enf. 110 – ☕ 75 – **25 ch** 600/1200, 5 appart – 1/2 P 620/910.

RENAULT Gar. Cardillo, ✆ 04 94 78 92 53

NANS-SOUS-STE-ANNE *25330 Doubs* 70 ⑤ *G. Jura – 142 h alt. 367.*

Voir *Source du Lison★★ 15 mn, Grotte Sarrazine★★ 30 mn, Creux Billard ★ 30 mn, SE : 3 km.*

Paris 416 – Besançon 42 – Pontarlier 36 – Salins-les-Bains 13.

Poste ⑤, ✆ 03 81 86 62 57, *Fax 03 81 86 55 32*, ≤, – ☎. GB
fermé 20 déc. au 20 janv., mardi soir et merc. du 15 oct. au 31 mars – **Repas** 85/160, enf. 45 – ☕ 32 – **8 ch** 220 – 1/2 P 235.

NANTERRE *92 Hauts-de-Seine* 55 ⑳,, 101 ⑭ *– voir Paris, Environs.*

NANTES

🅿 44000 Loire-Atl. 67 ③ G. Bretagne - 244 995 h. - Agglo. 496 078 h - alt. 8.

Paris 383 ② – Angers 91 ② – Bordeaux 319 ④ – Lyon 617 ② – Quimper 234 ⑥ – Rennes 109 ⑦

OFFICE DE TOURISME

pl. du Commerce ✆ 02 40 20 60 00, Fax 02 40 89 11 99
(dim.) Château du Ducs de Bretagne
Automobile Club 6 bd G. Guiisth'au ✆ 02 40 48 56 19, Fax 02 51 82 26 12

RENSEIGNEMENTS PRATIQUES

TRANSPORTS

Auto-train ✆ 08 36 35 35 35.

AÉROPORT

International Nantes-Atlantique ✆ 02 40 84 80 00 par D 85 : 8,5 km BX

QUELQUES GOLFS

18 *✆ 02 40 63 25 82 par D 81 : 16 km* AV

18 *de Nantes-Erdre ✆ 02 40 59 21 21, N : 6 km par D 69* BV.

CURIOSITÉS

SOUVENIRS DES DUCS DE BRETAGNE

Château★★ HY *: tour de la Couronne d'Or★★, puits★★, musée d'Art populaire régional★.*

Intérieur★★ de la cathédrale St-Pierre-et-St-Paul HY *: tombeau de François II★★.*

NANTES DU 18e S.

Quai de la Fosse EFZ *: Hôtel Durbé - Ancienne île Feydeau★* GZ

LA VILLE DU 19e S.

Place Royale GZ *- Rue Crébillon* GZ *- Passage Pommeraye★* GZ *- Place Graslin* FZ *- Cours Cambronne★* FZ *- Jardin des Plantes★* HY

MUSÉES

Musée des Beaux-Arts★★ HY M1 *- Muséum d'histoire naturelle★★*FZ M2 *- Palais Dobrée★* FZ *- Musée archéologique★* M3.

Musée Jules-Verne★ BX M5.

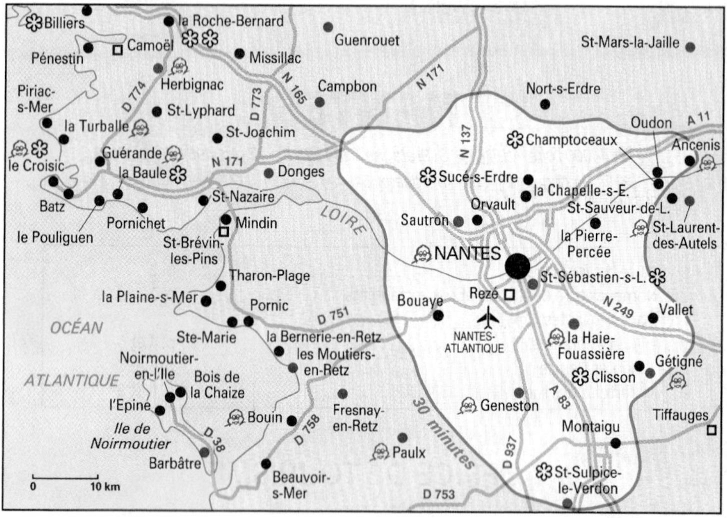

Gd H. Mercure M, 4 r. Couëdic ✆ 02 51 82 10 00, *Fax 02 51 82 10 10* – cuisinette – 180. AE GB p. 7 **GZ** m
Repas *(72)* - 98, enf. 40 – 60 – **134 ch** 600/690, 4 appart, 24 studios.

Novotel Cité des Congrès M, 3 r. Valmy ✆ 02 51 82 00 00, *Fax 02 51 82 07 40*, – – 30. AE GB p. 7 **HZ** t
Repas *(70)* - carte environ 170 ♀, enf. 50 – 57 – **105 ch** 490/515.

Mercure Beaulieu M, Ile Beaulieu ✉ 44200 ✆ 02 40 47 61 03, *Fax 02 40 48 23 83*, ≤, , , – – 80. AE GB JCB p. 5 **CX** a
Repas *(85)* - 115, enf. 42 – 55 – **98 ch** 480/540.

Holiday Inn Garden Court M, 1 bd Martyrs Nantais ✉ 44200 ✆ 02 40 47 77 77, *Fax 02 40 47 36 52* – – 35. AE GB JCB p. 7 **HZ** v
Repas *(fermé sam. midi et dim. midi) (78)* - 98/198 ♀, enf. 50 – 60 – **108 ch** 490/690.

La Pérouse M sans rest, 3 allée Duquesne ✆ 02 40 89 75 00, *Fax 02 40 89 76 00*, « Décor contemporain » – . AE GB p. 7 **GY** k
50 – **47 ch** 420/495.

Jules Verne M sans rest, 3 r. Couëdic ✆ 02 40 35 74 50, *Fax 02 40 20 09 35* – . AE GB p. 7 **GZ** h
50 – **65 ch** 395/440.

Amiral sans rest, 26 bis r. Scribe ✆ 02 40 69 20 21, *Fax 02 40 73 98 13* – . AE GB p. 6 **FZ** a
36 – **49 ch** 309.

Gd Hôtel sans rest, 2 r. Santeuil ✆ 02 40 73 46 68, *Fax 02 40 69 65 98* – . AE GB p. 7 **GZ** p
fermé 20 déc. au 5 janv. – 35 – **41 ch** 260/400.

Vendée sans rest, 8 allée Cdt Charcot ✆ 02 40 74 14 54, *Fax 02 40 74 77 68* – – 30. AE GB JCB p. 7 **HY** n
40 – **93 ch** 240/320.

Graslin sans rest, 1 r. Piron ✆ 02 40 69 72 91, *Fax 02 40 69 04 44* – . AE GB p. 6 **FZ** v
35 – **47 ch** 250/400.

Cholet sans rest, 10 r. Gresset ✆ 02 40 73 31 04, *Fax 02 40 73 78 82* – . AE GB p. 6 **FZ** n
30 – **38 ch** 225/248.

Paris sans rest, 2 r. Boileau ✆ 02 40 48 78 79, *Fax 02 40 47 63 75* – . AE GB p. 7 **GZ** x
30 – **50 ch** 260/290.

Gare sans rest, 5 allée Cdt Charcot ✆ 02 40 74 37 25, *Fax 02 40 93 33 71* – . AE GB p. 7 **HY** z
25 – **28 ch** 190/240.

Ibis Centre, 3 allée Baco ☎ 02 40 20 21 20, *Fax 02 40 48 24 64* – 35. AE GB p. 7 HZ q
Repas *(75)* - 95 , enf. 39 – 37 – **104 ch** 315.

Fourcroy sans rest, 11 r. Fourcroy ☎ 02 40 44 68 00 – p. 6 FZ k
fermé 21 déc. au 2 janv. – 26 – **19 ch** 150/178.

L'Atlantide, Quai Renaud ✉ 44100 ☎ 02 40 73 23 23, *Fax 02 40 73 76 46,* ← – . AE GB p. 6 EZ a
fermé 2 au 23 août, sam. midi et dim. – **Repas** 144 (déj.)/320 et carte 300 à 390.

San Francisco, 3 chemin Bateliers ✉ 44300 ☎ 02 40 49 59 42, *Fax 02 40 68 99 16,* – P. AE GB p. 5 CX s
fermé août, dim. soir et lundi – **Repas** 155/280 et carte 230 à 310.

Gavroche, 139 r. Hauts Pavés ☎ 02 40 76 22 49, *Fax 02 40 76 37 80,* – P. AE GB p. 6 EY u
fermé 25 juil. au 25 août, dim. soir et lundi – **Repas** 120/280 et carte 200 à 320.

Aub. du Château, 5 pl. Duchesse Anne ☎ 02 40 74 31 85, *Fax 02 40 37 97 57* – GB
fermé 2 au 24 août, 23 déc. au 2 janv., dim. et lundi – **Repas** (nombre de couverts limité, prévenir) 134/230. p. 7 HY f

Esquinade, 7 r. St-Denis ☎ 02 40 48 17 22, *Fax 02 40 48 17 22* – AE GB p. 7 GY t
fermé 20 juil. au 18 août, lundi soir et dim. – **Repas** 79 (déj.), 98/210, enf. 65.

L'Océanide, 2 r. P. Bellamy ☎ 02 40 20 32 28, *Fax 02 40 48 08 55* – AE GB
fermé 8 au 24 août, sam. midi en juil.-août et dim. – **Repas** - produits de la mer - *(80)* - 100/200. p. 7 GY n

Cigale, 4 pl. Graslin ☎ 02 51 84 94 94, *Fax 02 51 84 94 95,* « Brasserie 1900 » – GB
Repas *(75)* - 135 (déj.)/150, enf. 39. p. 6 FZ d

Coin du Champ de Mars, 11 r. Fouré ☎ 02 40 47 01 18 – GB p. 7 HZ s
fermé 1er au 23 août, 19 déc. au 3 janv., sam. et dim. – **Repas** (déj. seul.) 135.

Paludier, 2 r. Santeuil ☎ 02 40 69 44 06 – AE GB p. 7 GZ u
fermé 1er au 20 août, merc. soir et dim. – **Repas** *(75 bc)* - 98/220, enf. 45.

Palombière, 13 bd Stalingrad ☎ 02 40 74 05 15 – AE GB p. 5 CX x
fermé 3 au 23 août, dim. sauf le midi de nov. à avril et sam. midi – **Repas** *(69)* - 95/220.

Pressoir, 11 allée Turenne ☎ 02 40 35 31 10 – AE GB p. 7 GZ s
fermé 20 juil. au 20 août, lundi soir, sam. midi et dim. – **Repas** carte 160 à 230.

Christophe Bonnet, 6 r. Mazagran ☎ 02 40 69 03 39, *Fax 02 40 69 04 10* – GB FZ x
fermé 2 au 24 août, 3 au 11 janv., sam. midi et dim. – **Repas** 120/190.

Bouchon, 7 r. Bossuet ☎ 02 40 20 08 44, *Fax 02 40 35 41 21,* – AE GB p. 7 GY v
fermé sam. midi et dim. – **Repas** 135/155.

Capucines, 11 bis r. Bastille ☎ 02 40 20 41 58, *Fax 02 51 72 02 96* – AE GB p. 6 FY b
fermé 1er au 23 août, vacances de fév., sam. midi et dim. – **Repas** 64/182.

Environs

au Nord

à la Chapelle-sur-Erdre *9 km par D 39* - **EV** – *14 830 h. alt. 29* – ✉ *44240* :

Westotel M, ☎ 02 51 81 36 36, *Fax 02 51 12 35 99,* , , – cuisinette, rest, P – 55. AE GB
Repas *(79)* - 109 – 55 – **289 ch** 490/1025, 6 appart, 20 duplex.

à Sucé-sur-Erdre : *16 km par D 69 – 4 806 h. alt. 14* – ✉ *44240* :.

Office de Tourisme Quai de Criklade ☎ 02 40 77 70 66.

Chataigneraie (Delphin), 156 rte Carquefou ☎ 02 40 77 90 95, *Fax 02 40 77 90 08,* ←, , « Manoir du 19e siècle dans un parc au bord de l'Erdre » – P. AE GB
fermé 27 juil. au 3 août, 4 au 25 janv., dim. soir et lundi sauf fêtes – **Repas** 175/420 et carte 300 à 390, enf. 100
Spéc. Sandre au beurre blanc nantais. Filet de pigeon en croûte, compote de chou et foie gras. Tartare de fraises à l'estragon (été). **Vins** Muscadet sur lie, Anjou.

Cordon Bleu avec ch, ☎ 02 40 77 71 34, *Fax 02 40 77 73 44,* – . AE GB
fermé vacances de fév., dim. soir et lundi midi – **Repas** 78/190, enf. 50 – 40 – **8 ch** 220/280 – ½ P 250/280.

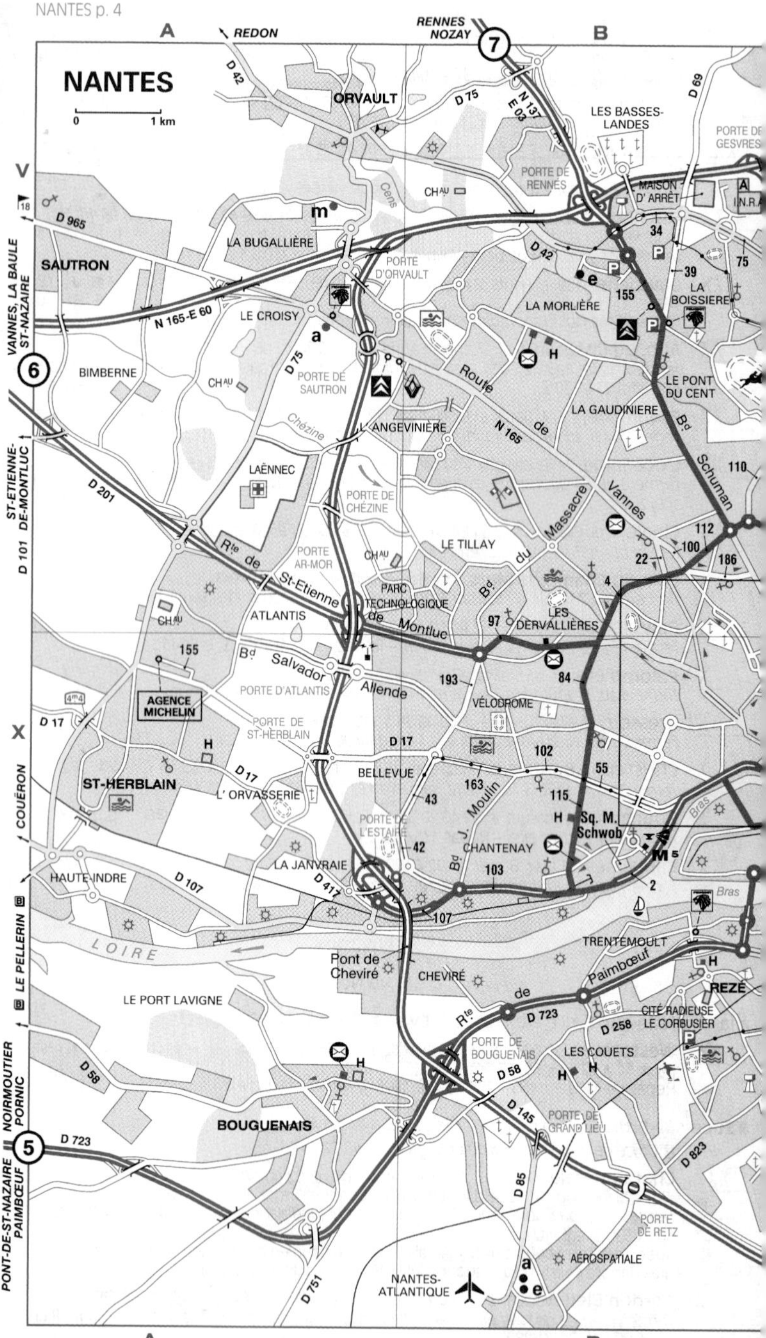
NANTES
0
1 km
A
B
V
X
REDON
RENNES
NOZAY
7
6
5
ORVAULT
LES BASSES-LANDES
PORTE DE RENNES
MAISON D' ARRÊT
I.N.R.A
LA BUGALLIÈRE
SAUTRON
PORTE D'ORVAULT
LE CROISY
LA MORLIÈRE
LA BOISSIERE
BIMBERNE
PORTE DE SAUTRON
LE PONT DU CENT
LA GAUDINIERE
L'ANGEVINIÈRE
LAËNNEC
PORTE DE CHÉZINE
LE TILLAY
PORTE AR-MOR
PARC TECHNOLOGIQUE
ATLANTIS
LES DERVALLIÈRES
PORTE D'ATLANTIS
VÉLODROME
AGENCE MICHELIN
PORTE DE ST-HERBLAIN
BELLEVUE
ST-HERBLAIN
L' ORVASSERIE
PORTE DE L'ESTAIRE
CHANTENAY
Sq. M. Schwob
HAUTE-INDRE
LA JANVRAIE
LOIRE
Pont de Cheviré
CHEVIRÉ
TRENTEMOULT
REZÉ
CITÉ RADIEUSE LE CORBUSIER
LE PORT LAVIGNE
PORTE DE BOUGUENAIS
LES COUETS
BOUGUENAIS
PORTE DE GRAND LIEU
PORTE DE RETZ
AÉROSPATIALE
NANTES-ATLANTIQUE
N 165-E 60
N 137 E 03
N 165
Route de Vannes
Rte de St-Etienne de Montluc
Bd Salvador Allende
Bd du Massacre
Bd Schuman
Bd J. Moulin
Rte de Paimbœuf
VANNES, LA BAULE ST-NAZAIRE
ST-ETIENNE-DE-MONTLUC
D 101
COUËRON
LE PELLERIN
NOIRMOUTIER PORNIC
PONT-DE-ST-NAZAIRE PAIMBŒUF
D 965
D 42
D 75
D 69
D 201
D 17
D 107
D 417
D 723
D 258
D 58
D 145
D 85
D 751
D 823

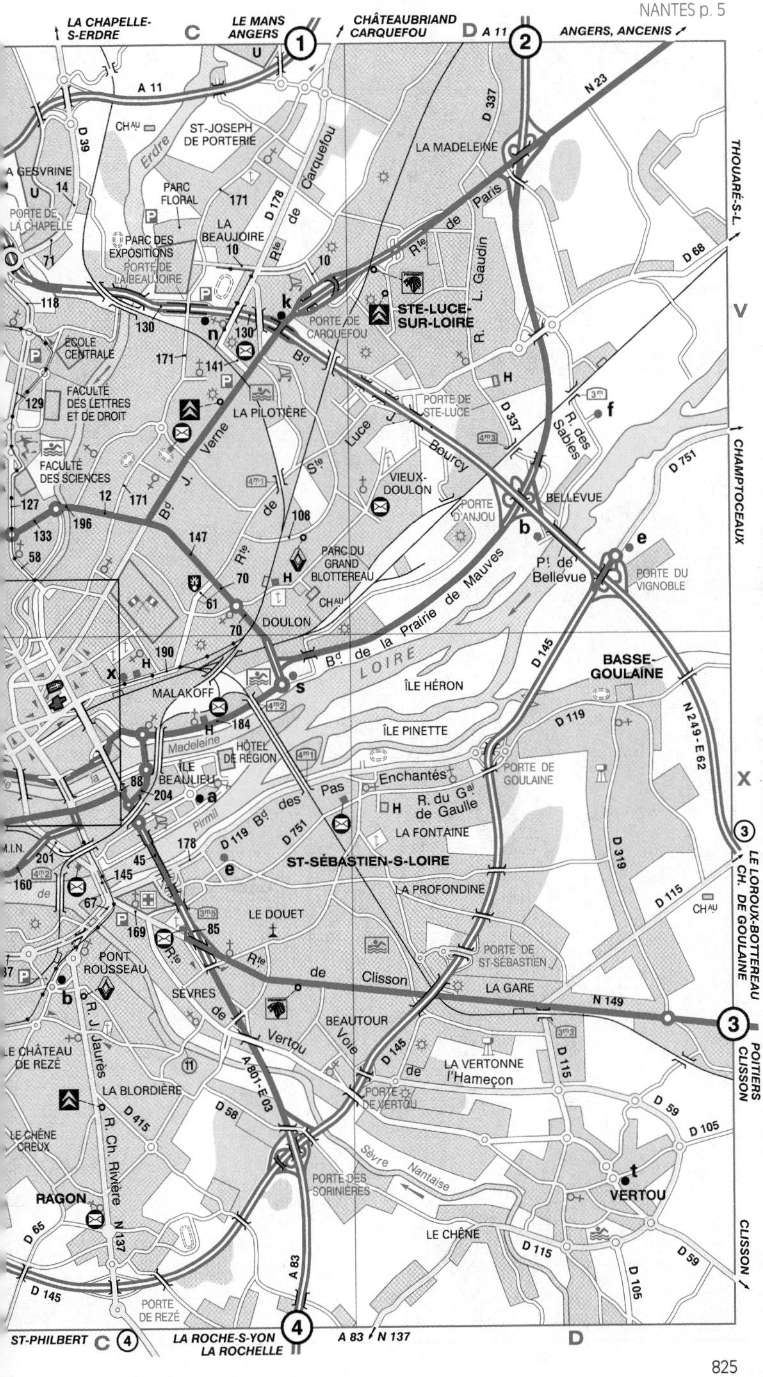
LA CHAPELLE-S-ERDRE
LE MANS ANGERS
CHÂTEAUBRIAND CARQUEFOU
A 11
ANGERS, ANCENIS
N 23
D 337
ST-JOSEPH DE PORTERIE
LA MADELEINE
THOUARÉ-S-L.
LA GESVRINE
PARC FLORAL
PORTE DE LA CHAPELLE
LA BEAUJOIRE
PARC DES EXPOSITIONS
PORTE DE LA BEAUJOIRE
Rte de Carquefou
Rte de Paris
R. L. Gaudin
D 68
STE-LUCE-SUR-LOIRE
PORTE DE CARQUEFOU
ÉCOLE CENTRALE
FACULTÉ DES LETTRES ET DE DROIT
LA PILOTIÈRE
PORTE DE STE-LUCE
R. des Sables
FACULTÉ DES SCIENCES
Bd J. Verne
Rte de Ste Luce
Bd J. Bourcy
VIEUX-DOULON
PORTE D'ANJOU
BELLEVUE
CHAMPTOCEAUX
D 751
PARC DU GRAND BLOTTEREAU
Pt de Bellevue
PORTE DU VIGNOBLE
DOULON
Bd de la Prairie de Mauves
LOIRE
ÎLE HÉRON
BASSE-GOULAINE
D 145
MALAKOFF
ÎLE PINETTE
D 119
N 249-E 62
HÔTEL DE RÉGION
ÎLE BEAULIEU
Madeleine
Pirmil
PORTE DE GOULAINE
Bd des Pas Enchantés
R. du Gal de Gaulle
LA FONTAINE
D 751
ST-SÉBASTIEN-S-LOIRE
D 319
LE LOROUX-BOTTEREAU CH. DE GOULAINE
M.I.N.
LA PROFONDINE
D 115
CHAU
LE DOUET
PONT ROUSSEAU
Rte de Clisson
PORTE DE ST-SÉBASTIEN
LA GARE
N 149
SÈVRES
Rte de Vertou
BEAUTOUR
Voie de l'Hameçon
LA VERTONNE
POITIERS CLISSON
LE CHÂTEAU DE REZÉ
R. J. Jaurès
LA BLORDIÈRE
A 801-E 03
D 415
D 58
PORTE DE VERTOU
D 59
D 105
LE CHÊNE CREUX
R. Ch. Rivière
Sèvre Nantaise
PORTE DES SORINIÈRES
VERTOU
RAGON
N 137
LE CHÊNE
D 115
D 59
CLISSON
D 65
D 145
A 83
PORTE DE REZÉ
ST-PHILBERT
LA ROCHE-S-YON LA ROCHELLE
A 83 N 137

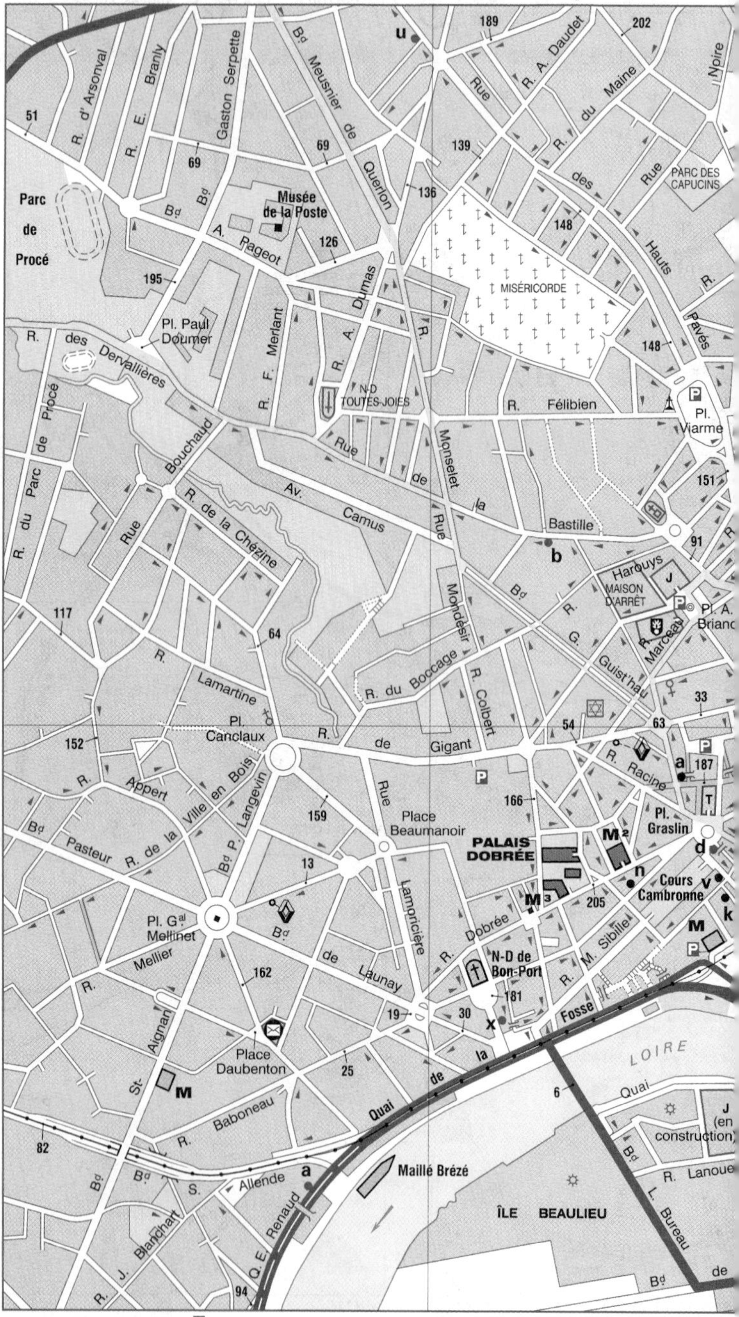
E
F
Y
Z
Parc de Procé
Musée de la Poste
MISÉRICORDE
PARC DES CAPUCINS
Pl. Paul Doumer
N-D TOUTES-JOIES
Pl. Viarme
MAISON D'ARRÊT
Pl. A. Briand
Pl. Canclaux
Place Beaumanoir
PALAIS DOBRÉE
Pl. Graslin
Cours Cambronne
Pl. Gal Mellinet
N-D de Bon-Port
Place Daubenton
LOIRE
Maillé Brézé
ÎLE BEAULIEU
J (en construction)
R. des Dervallières
Av. Camus
R. de Gigant
Bd de Launay
Bd Pasteur
Quai de la Fosse
Bd Meusnier de Querlon
R. du Boccage
R. Lamartine
Rue Bouchaud
R. de la Chézine
R. Félibien
Rue de la Bastille
Rue Monselet
R. Mondésir
R. Colbert
R. Racine
R. Dobrée
R. M. Sibille
Rue Lamoricière
Bd P. Langevin
R. Appert
R. de la Ville en Bois
R. Mellier
R. St-Aignan
R. Baboneau
Bd S. Allende
Q. E. Renaud
R. J. Blanchart
Bd L. Bureau
R. Lanoue
R. G. Guist'hau
R. Harouys
R. A. Daudet
R. du Maine
Rue des Hauts Pavés
R. F. Merlant
R. A. Dumas
Bd A. Rageot
R. d'Arsonval
R. E. Branly
Gaston Serpette
R. du Parc de Procé
R. Marceau
Rue Noire
51
69
136
126
195
189
202
139
148
151
91
117
64
152
159
13
162
166
54
63
33
187
205
181
19
30
25
82
94
6
u
b
a
d
n
v
k
x
M
M2
M3
J
T
P

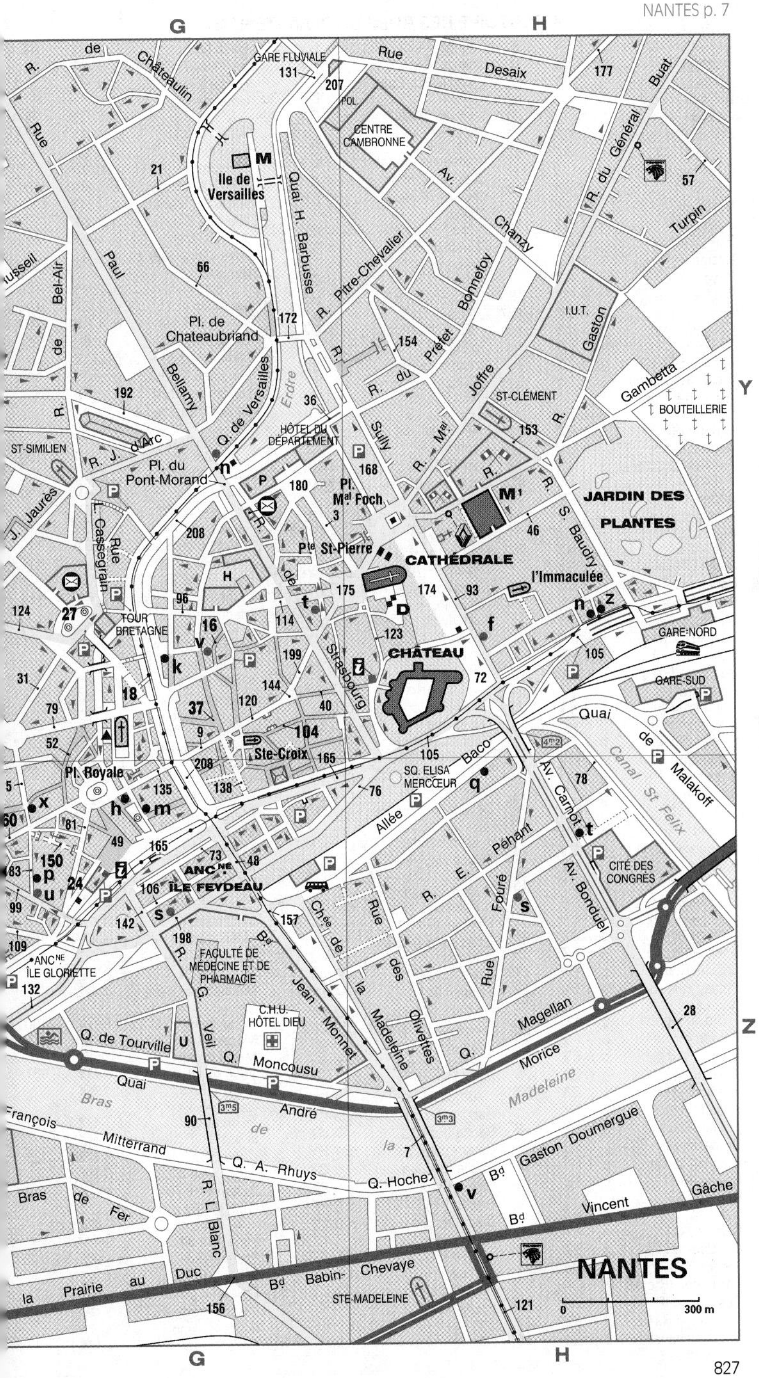
G
H
Y
Z
NANTES
0
300 m
GARE FLUVIALE
Rue Desaix
R. de Châteaulin
CENTRE CAMBRONNE
POL.
Ile de Versailles
M
Quai H. Barbusse
Av. Chanzy
R. du Général Buat
Turpin
R. Paul Bellamy
Pl. de Chateaubriand
R. Pitre-Chevalier
Bonnefoy
R. du Préfet
Joffre
I.U.T.
Gaston
Gambetta
BOUTEILLERIE
ST-CLÉMENT
Bel-Air
Q. de Versailles
Erdre
HÔTEL DU DÉPARTEMENT
Sully
R. Mal
ST-SIMILIEN
R. J. d'Arc
Pl. du Pont-Morand
Pl. Mal Foch
JARDIN DES PLANTES
R. S. Baudry
M1
J. Jaurès
L. Cassegrain
Rue
Pte St-Pierre
CATHÉDRALE
l'Immaculée
TOUR BRETAGNE
R. de Strasbourg
D
CHÂTEAU
GARE-NORD
GARE-SUD
Quai de Malakoff
Canal St Félix
Ste-Croix
Pl. Royale
SQ. ELISA MERCŒUR
Allée Baco
Av. Carnot
ANCNE ÎLE FEYDEAU
R. E. Péhant
Fouré
CITÉ DES CONGRÈS
Av. Bondu
Chée de la Madeleine
Rue des Olivettes
Rue
ANCNE ÎLE GLORIETTE
FACULTÉ DE MÉDECINE ET DE PHARMACIE
R. G. Veil
Bd Jean Monnet
C.H.U. HÔTEL DIEU
Q. de Tourville
Q. Moncousu
Quai André
Q. Magellan
Morice
Madeleine
Bras de
Quai François Mitterrand
Q. A. Rhuys
Q. Hoche
Bd Gaston Doumergue
Bd Vincent Gâche
Bras de Fer
R. L. Blanc
la Prairie au Duc
Bd Babin-Chevaye
STE-MADELEINE
3m5
3m3
4m2
131
207
177
57
21
66
172
154
192
36
153
168
180
3
46
208
124
27
96
16
114
175
174
93
105
123
31
18
199
144
72
79
37
120
40
104
9
52
208
138
165
105
76
78
5
60
81
135
49
165
73
48
150
183
24
106
142
198
157
99
109
132
28
90
7
156
121
x
h
m
k
v
t
f
n
z
q
s
p
u
U

RÉPERTOIRE DES RUES DU PLAN DE NANTES

Barillerie (R. de la)	p. 7	**GY**	9
Boileau (R.)	p. 7	**GZ**	15
Budapest (R. de)	p. 7	**GY**	31
Calvaire (R. du)	p. 6	**FY**	33
Crébillon (R.)	p. 6, 7	**FGZ**	60
Feltre (R. de)	p. 7	**GY**	79
Fosse (R. de la)	p. 7	**GZ**	81
J.-J.-Rousseau (R.)	p. 6, 7	**FGZ**	99
Juiverie (R. de la)	p. 7	**GY**	104
Marne (R. de la)	p. 7	**GY**	120
Orléans (R. d')	p. 7	**GZ**	135
Paix (R. de la)	p. 7	**GZ**	138
Racine (R.)	p. 6	**FZ**	
Royale (Pl.)	p. 7	**GZ**	
Santeuil (R.)	p. 7	**GZ**	183
Scribe (R.)	p. 6	**FZ**	187
Verdun (R. de)	p. 7	**GY**	199
Aiguillon (Q. d')	p. 4	**BX**	2
Albert (R. du Roi)	p. 7	**GY**	3
Alexandre-Dumas (R.)	p. 6	**EY**	
Allende (Bd S.)	p. 6	**EZ**	
Anglais (Bd des)	p. 4	**BV**	4
Anne-de-Bretagne (Pont)	p. 6	**FZ**	6
Appert (R.)	p. 6	**EZ**	
Arsonval (R. d')	p. 6	**EY**	
Audibert (Pont Gén.)	p. 7	**HZ**	7
Babin-Chevaye (Bd)	p. 7	**GHZ**	
Baboneau (R.)	p. 6	**EZ**	
Baco (Allée)	p. 7	**HYZ**	
Barbusse (Quai H.)	p. 7	**GY**	
Bastille (R. de la)	p. 6	**EFY**	
Baudry (R. S.)	p. 7	**HY**	
Beaujoire (Bd de la)	p. 5	**CV**	10
Beaujoire (Pont de la)	p. 5	**CV**	
Beaumanoir (Pl.)	p. 6	**EZ**	
Bel-Air (R. de)	p. 7	**GY**	
Belges (Bd des)	p. 5	**CV**	12
Bellamy (R. P.)	p. 7	**GY**	
Belleville (R. de)	p. 6	**EZ**	13
Blanchart (R. J.)	p. 6	**EZ**	
Boccage (R. du)	p. 6	**EFY**	
Bocquerel (Bd H.)	p. 5	**CV**	14
Bonduel (R. J.)	p. 7	**HZ**	
Bossuet (R.)	p. 7	**GY**	16
Bouchaud (R.)	p. 6	**EY**	
Boucherie (R. de la)	p. 7	**GY**	18
Bouhier (Pl. R.)	p. 6	**EZ**	19
Bouille (R. de)	p. 7	**GY**	21
Boulay Paty (Bd)	p. 4	**BV**	22
Bourcy (Bd Joseph)	p. 5	**CDV**	
Bourse (Pl. de la)	p. 7	**GZ**	24
Branly (R. É.)	p. 6	**EY**	
Brasserie (R. de la)	p. 6	**EZ**	25
Bretagne (Pl. de)	p. 7	**GY**	27
Briand (Pl. A.)	p. 6	**FY**	
Briand (Pont A.)	p. 7	**HZ**	28
Brunellière (R. Ch.)	p. 6	**FZ**	30
Buat (R. du Gén.)	p. 7	**HY**	
Bureau (Bd L.)	p. 6	**FZ**	
Cambronne (Cours)	p. 6	**FZ**	
Camus (Av.)	p. 6	**EY**	
Canclaux (Pl.)	p. 6	**EZ**	
Carnot (Av.)	p. 7	**HYZ**	
Carquefou (Rte de)	p. 5	**CV**	
Cassegrain (R. L.)	p. 7	**GY**	
Cassin (Bd R.)	p. 4	**BV**	34
Ceineray (Quai)	p. 7	**GY**	36
Change (Pl. du)	p. 7	**GY**	37
Chanzy (Av.)	p. 7	**HY**	
Chapelle-sur-Erdre (Rte)	p. 4	**BV**	39
Château (R. du)	p. 7	**GY**	40
Chateaubriand (Pl. de)	p. 7	**GY**	
Châteaulin (R. de)	p. 7	**GY**	
Cheviré (Pont de)	p. 4	**ABX**	
Chézine (R. de la)	p. 6	**EY**	
Cholet (Bd Bâtonnier)	p. 4	**BX**	42
Churchill (Bd W.)	p. 4	**BX**	43
Clemenceau (Pont G.)	p. 5	**CX**	45
Clemenceau (R. G.)	p. 7	**HY**	46
Clisson (Crs Olivier de)	p. 7	**GZ**	48
Colbert (R.)	p. 6	**FYZ**	
Commerce (Pl. du)	p. 7	**GZ**	49
Constant (Bd Clovis)	p. 6	**EY**	51
Contrescarpe (R. de la)	p. 7	**GY**	52
Copernic (R.)	p. 6	**FZ**	54
Coty (Bd R.)	p. 4	**BX**	55
Coulmiers (R. de)	p. 7	**HY**	57
Courbet (Bd Amiral)	p. 5	**CV**	58
Dalby (Bd E.)	p. 5	**CV**	61
Daubenton (Pl.)	p. 6	**EZ**	
Daudet (R. A.)	p. 6	**FY**	
Delorme (Pl.)	p. 6	**FY**	63
Dervallières (R. des)	p. 6	**EY**	
Desaix (R.)	p. 7	**HY**	
Desgrées-du-Lou (R. du Col.)	p. 6	**EY**	64
Distillerie (R. de la)	p. 7	**GY**	66
Dobrée (R.)	p. 6	**FZ**	
Dos-d'Ane (R.)	p. 5	**CX**	67
Douet Garnier (R. du)	p. 6	**EY**	69
Doulon (Bd de)	p. 5	**CV**	70
Doumer (Pl. P.)	p. 6	**EY**	
Doumergue (Bd G.)	p. 7	**HZ**	
Dreyfus (R. Commandant A.)	p. 5	**CV**	71
Duchesse Anne (Pl.)	p. 7	**HY**	72
Duguay-Trouin (Allée)	p. 7	**GZ**	73
Einstein (Bd A.)	p. 4	**BV**	75
Estienne-d'Orves (Crs d')	p. 7	**HZ**	76
Favre (Quai F.)	p. 7	**HYZ**	78
Félibien (R.)	p. 6	**FY**	
Foch (Pl. Mar.)	p. 7	**HY**	
Fosse (Quai de la)	p. 6	**EFZ**	
Fouré (R.)	p. 7	**HZ**	
Frachon (Bd B.)	p. 6	**EZ**	82
Fraternité (Bd de la)	p. 4	**BX**	84
Gabory (Bd E.)	p. 5	**CX**	85
Gâche (Bd V.)	p. 7	**HZ**	
Gambetta (R.)	p. 7	**HY**	
Gaulle (Bd Gén.-de)	p. 5	**CX**	87
Gigant (R. de)	p. 6	**EFZ**	
Graslin (Pl.)	p. 6	**FZ**	
Guist'hau (Bd G.)	p. 6	**FY**	
Hameçon (Voie de l')	p. 5	**CDX**	
Harouys (R.)	p. 6	**FY**	
Haudaudine (Pont)	p. 7	**GZ**	90
Hauts-Pavés (R. des)	p. 6	**FY**	
Hélie (R. F.)	p. 6	**FY**	91
Henri IV (R.)	p. 7	**HY**	93
Hermitage (R. de l')	p. 6	**EZ**	94
Hoche (Q.)	p. 7	**HZ**	
Hôtel-de-Ville (R. de l')	p. 7	**GY**	98
Ingres (Bd J.)	p. 4	**BX**	97
Jeanne-d'Arc (R.)	p. 7	**GY**	
Jean-Jaurès (R.)	p. 6, 7	**FGY**	
Jean XXIII (Bd)	p. 4	**BV**	100
Joffre (R. Mar.)	p. 7	**HY**	
Jouhaux (Bd L.)	p. 4	**BX**	102
Juin (Bd Mar.)	p. 4	**BX**	103
Jules-Verne (Bd)	p. 5	**CV**	
Kennedy (Cours J.-F.)	p. 7	**HY**	105
Kervégan (R.)	p. 7	**GZ**	106
Koenig (Bd Gén.)	p. 4	**BX**	107
Lamartine (R.)	p. 6	**EY**	
Lamoricière (R.)	p. 6	**EZ**	
Landreau (R. du)	p. 5	**CV**	108
Langevin (Bd P.)	p. 6	**EZ**	
Lanoue Bras-de-Fer (R.)	p. 6, 7	**FGZ**	
Lattre-de-Tassigny (R. Mar.-de)	p. 6, 7	**FGZ**	109
Launay (Bd de)	p. 6	**EZ**	
Lauriol (Bd G.)	p. 4	**BV**	110
Le Lasseur (Bd)	p. 4	**BV**	112
Leclerc (R. Mar.)	p. 7	**GY**	114
Liberté (Bd de la)	p. 4	**BX**	115
Littré (R.)	p. 6	**EY**	117
Louis-Blanc (R.)	p. 7	**GZ**	
Luther-King (Bd M.)	p. 5	**CV**	118
Madeleine (Chée de la)	p. 7	**GHZ**	
Magellan (Quai)	p. 7	**HZ**	
Maine (R. du)	p. 6	**FY**	
Malakoff (Quai de)	p. 7	**HZ**	
Marceau (R.)	p. 6	**FY**	
Martyrs-Nantais-de-la-Résist. (Bd)	p. 7	**HZ**	121
Mathelin-Rodier (R.)	p. 7	**HY**	123
Mellier (R.)	p. 6	**EZ**	
Mellinet (Pl. Gén.)	p. 6	**EZ**	
Mercœur (R.)	p. 6, 7	**FGY**	124
Merlant (R. F.)	p. 6	**EY**	
Merson (Bd L.-O.)	p. 6	**EY**	126
Meusnier-de-Querlon (Bd)	p. 6	**EY**	
Michelet (Bd)	p. 5	**CV**	127
Mitterrand (Q. F.)	p. 6, 7	**FGZ**	
Mollet (Bd G.)	p. 5	**CV**	129
Moncousu (Quai)	p. 7	**GZ**	
Mondésir (R.)	p. 6	**FY**	
Monnet (Bd Jean)	p. 7	**GZ**	
Monod (Bd du Prof.-J.)	p. 5	**CV**	130
Monselet (R. Ch.)	p. 6	**EFY**	
Motte Rouge (Q. de la)	p. 7	**GY**	131
Moulin (Bd J.)	p. 4	**BX**	
Nations-Unies (Bd des)	p. 7	**GZ**	132
Olivettes (R. des)	p. 7	**HZ**	
Orieux (Bd E.)	p. 5	**CV**	133
Pageot (Bd A.)	p. 6	**EY**	
Painlevé (R. Paul)	p. 6	**EY**	136
Parc de Procé (R. du)	p. 6	**EY**	
Paris (Rte de)	p. 5	**DV**	
Pasteur (Bd)	p. 6	**EZ**	
Péhant (R. E.)	p. 7	**HZ**	
Pelleterie (R. de la)	p. 6	**EFY**	139
Petite Baratte (R.)	p. 5	**CV**	141
Petite-Hollande (Pl.)	p. 7	**GZ**	142

Pilori (Pl. du) .... p. 7 **GY** 144
Pirmil (Pont de) .... p. 5 **CX** 145
Pitre-Chevalier (R.) . p. 7 **GHY**
Poilus (Bd des) ..... p. 5 **CV** 147
Poitou (R. du) ...... p. 6 **FY** 148
Pommeraye (Pas.) .. p. 7 **GZ** 150
Pont-Morand (Pl. du) .... p. 7 **GY**
Porte-Neuve (R.) ... p. 6 **FGY** 151
Prairie-au-Duc (Bd) .... p. 6, 7 **FGZ**
Prairie de Mauves (Bd de la) .... p. 5 **DV**
Préfet Bonnefoy (R. du) .... p. 7 **HY**
Raspail (R.) .... p. 6 **EYZ** 152
Refoulais (R. L. de la) ...... p. 7 **HY** 153
Reine Margot (Allée de la) ..... p. 7 **HY** 154
Renaud (Quai E.) ... p. 6 **EZ**
République (Pl. de la) .... p. 7 **GZ** 156
Rhuys (Quai A.) .... p. 7 **GZ**
Ricordeau (Pl. A.) ... p. 7 **GZ** 157
Riom (R. Alfred) .... p. 6 **EZ** 159
Roch (Bd Gustave) . p. 5 **CX** 160
Rollin (R.) .... p. 6 **EZ** 162
Romanet (Bd E.) ... p. 4 **BX** 163
Roosevelt (Crs F.) .. p. 7 **GZ** 165
Rosière d'Artois (R.) .... p. 6 **FZ** 166
Rue Noire (R.) ..... p. 6 **FY**
Russeil (R.) .... p. 6, 7 **FGY**
St-Aignan (Bd) ..... p. 6 **EZ**
St-André (Cours) ... p. 7 **HY** 168
St-Jacques (R.) .... p. 5 **CX** 169
St-Joseph (Rte de) . p. 5 **CV** 171
St-Mihiel (Pont) .... p. 7 **GY** 172
St-Pierre (Cours) ... p. 7 **HY** 174
St-Pierre (Pl.) ...... p. 7 **GY** 175
St-Rogatien (R.) .... p. 7 **HY** 177
St-Sébastien (Côte). p. 5 **CX** 178
Ste-Luce (Rte de) .. p. 5 **CV**
Salengro (Pl. R.) .... p. 7 **GY** 180
Sanitat (Pl. du) ..... p. 6 **FZ** 181
Sarrebrück (Bd de) . p. 5 **CX** 184
Say (R. L.) .... p. 4 **BV** 186
Schuman (Bd R.) ... p. 4 **BV**
Serpette (Bd G.) ... p. 6 **EY**
Sibille (R. M.) ...... p. 6 **FZ**
Simon (R. Jules) ... p. 6 **EY** 189
Stalingrad (Bd de) .. p. 5 **CX** 190
Strasbourg (R. de) .. p. 7 **GY**
Sully (R.) .... p. 7 **HY**
Talensac (R.) .... p. 7 **GY** 192
Tertre (Bd du) ...... p. 4 **BX** 193
Thomas (Bd A.) .... p. 6 **EY** 195
Tortière (Pont de la) ...... p. 5 **CV** 196
Tourville (Quai de) .. p. 7 **GZ**
Turenne (Allée de) .. p. 7 **GZ** 198
Turpin (R. Gaston) .. p. 6 **HY**
Vannes (Rte de) .... p. 4 **BV**
Veil (R. G.) .... p. 7 **GZ**
Versailles (Quai de) . p. 7 **GY**
Vertou (Rte de) .... p. 5 **CX**
Viarme (Pl.) .... p. 6 **FY**
Victor-Hugo (Bd) ... p. 5 **CX** 201
Ville-en-Bois (R. de la) .... p. 6 **EZ**
Villebois-Mareuil (R.) .... p. 6 **FY** 202
Viviani (R. René) ... p. 5 **CX** 204
Voltaire (R.) .... p. 6 **FZ** 205
Waldeck-Rousseau (Pl.) .... p. 7 **GHY** 207
50-Otages (Crs des) .... p. 7 **GYZ** 208

BOUGUENAIS

Paimbœuf (Rte de) . p. 4 **BX**

ORVAULT

Rennes (Rte de) ... p. 4 **BV** 155

REZE

Gaulle (Bd Gén.-de). p. 5 **CX** 87
J.-Jaurès (R.) ...... p. 5 **CX**
Rivière (R. Ch.) ..... p. 5 **CX**

ST-HERBLAIN

Allende (Bd S.) ..... p. 4 **ABX**
Massacre (Bd du) .. p. 4 **BV**
Rémouleur (R. du) .. p. 4 **AX** 155
St-Étienne-de-Montluc (Rte de) ..... p. 4 **AV**

St-SÉBASTIEN-S-LOIRE

Clisson (Rte de) .... p. 5 **CDX**
Gaulle (R. du Gén.-de) .. p. 5 **DX**
Pas-Enchantés (Bd des) .... p. 5 **CDX**

STE-LUCE-S-LOIRE

Bellevue (Pont de) .. p. 5 **DV**
Gaudin (R. L.) ...... p. 5 **DV**
Sables (R. des) ..... p. 5 **DV**

au Nord-Est

à La Beaujoire : *7 km – ✉ 44300 Nantes :*

Otelinn, 45 bd Batignolles ✆ 02 40 50 07 07, *Fax 02 40 49 41 40* – 🛗 TV ☎ ✆ ♿ P – 🏛 100. AE ① GB — p. 5 CV n
Repas *(56)* - 70/250 ♀ – ☕ 44 – **60 ch** 310/350 – ½ P 275/295.

rte de Paris *vers ② : 7 km – ✉ 44300 Nantes :*

Ibis Beaujoire, allée Champ de Tir ✆ 02 40 93 22 22, *Fax 02 40 52 17 73*, 🌳 – 🛗 ⇸ TV ☎ ✆ ♿ P – 🏛 30. AE ① GB — p. 5 CV k
Repas *(55)* - 95 🍷, enf. 39 – ☕ 35 – **64 ch** 390.

par D 178 *et rte de la Chanterie : 11 km* - **CV**

XXX **Manoir de la Régate,** 155 rte Gachet ✉ 44300 Nantes ✆ 02 40 18 02 97, *Fax 02 40 25 23 36*, 🌳, parc – P. AE GB
fermé dim. soir – **Repas** 97/395 bc et carte 210 à 320 ♀, enf. 72.

XX **Aub. du Vieux Gachet,** rte Gachet ✉ 44470 Carquefou ✆ 02 40 25 10 92, *Fax 02 40 18 03 92*, ≤, 🌳, « Terrasse en bordure de l'Erdre » – P. AE GB
fermé 17 août au 7 sept., dim. soir et lundi – **Repas** 90 (déj.), 140/220.

rte d'Angers *par N 23* - **DV** – ✉ *44470 Carquefou :*

Novotel Carquefou 🐎, Z.I. Belle Étoile-Antarès : 12 km ✆ 02 40 52 64 64, *Fax 02 40 93 70 78*, 🌳, 🏊, 🌲 – ⇸, ▤ rest, TV ☎ ✆ ♿ P – 🏛 100. AE ① GB JCB
Repas carte environ 160, enf. 50 – ☕ 57 – **90 ch** 545/615.

Belle Étoile, à la Belle Étoile : 11,5 km ✆ 02 40 68 01 69, *Fax 02 40 68 07 27*, 🌲 – ▤ rest, TV ☎ ✆ ♿ P. GB
Repas *(fermé août, 24 déc. au 1er janv., sam. et dim.)* 75/160 🍷 – ☕ 30 – **37 ch** 260/280.

par A 11 *sortie Bellevue puis r. des Sables : 11 km – ✉ 44980 Ste-Luce-sur-Loire :*

XX **Bénureau,** Le Grand Plessis ✆ 02 40 25 95 25, *Fax 02 40 25 84 17*, 🌳, « Demeure du 19e siècle dans un parc » – P. GB — p. 5 DV f
fermé dim. soir et lundi – **Repas** 155/265.

à l'Est

au pont de Bellevue *: 9 km par A 11 – ✉ 44980 Ste-Luce-sur-Loire :*

XXX **Beauséjour,** ✆ 02 40 25 60 39, *Fax 02 40 25 60 30,* ≤ – AE ⓓ GB p. 5 DV b
fermé 15 au 31 juil., vacances de fév., dim. soir et lundi – **Repas** 80/285 et carte 200 à 270 ♀, enf. 80.

par A 11 *N 249 et D 751 (rte des Bords de Loire)* **DV** – ✉ *44450 St-Julien-de-Concelles :*

XX **Aub. Nantaise,** à 13 km, au Bout des Ponts ✆ 02 40 54 10 73, *Fax 02 40 36 83 28,* ≤ – ▤. AE GB
fermé 25 août au 5 sept., sam. midi, dim. soir et lundi soir – **Repas** 110/245, enf. 60.

X **Divate,** à 11 km, à Boire-Courant ✆ 02 40 54 19 66, *Fax 02 40 36 58 39* – P. GB
fermé 24 août au 6 sept., vacances de fév., dim. soir et merc. – **Repas** 72/165 ♀, enf. 55.

au Sud-Est

à St-Sébastien-sur-Loire *: 4 km – 22 202 h. alt. 24 – ✉ 44230 :*

XXX **Manoir de la Comète** (Thomas-Trophime), 21 av. Libération ✆ 02 40 34 15 93, *Fax 02 40 34 46 23,* « Élégant cadre contemporain » – ▤ P. AE GB p. 5 CX e
✿ *fermé 1er au 20 août, sam. midi et dim. sauf fériés* – **Repas** 150/300 et carte 230 à 410 ♀
Spéc. Tartare de bar et tomates, crème de cerfeuil (mai à oct.). Civet de lamproie aux poireaux (15 janv. à fin mars). Pigeonneau du pays de Retz rôti au carvi. **Vins** Muscadet, Bourgueil.

à La Haie-Fouassière *par ③, N 149 et D 74 : 15 km – 2 911 h. alt. 25 – ✉ 44690 :*

XX **Cep de Vigne,** à la Gare Nord : 1 km par D 74 ✆ 02 40 36 93 90, 余 – GB
fermé 15 au 30 juil., vacances de fév., dim. soir, mardi soir et merc. – **Repas** 100/305 ♀.

au Sud

rte de La Roche-sur-Yon *par ④ et D 178 : 12 km – ✉ 44840 Les Sorinières :*

Abbaye de Villeneuve ⛰, ✆ 02 40 04 40 25, *Fax 02 40 31 28 45,* ≤, 余, « Demeure du 18e siècle dans un parc », ⛱ – ⇔ TV ☎ P – 🏛 100. AE ⓓ GB. ✂ rest
Repas 95 (déj.), 140/380 ♀ – ☕ 70 – **17 ch** 390/890, 3 appart – ½ P 410/925.

à Rézé *: 6 km – 33 262 h. alt. 8 – ✉ 44400 :*

Cheval Blanc sans rest, 50 r. Commune de 1871 ✆ 02 40 75 65 07, *Fax 02 40 75 92 48* – ⇔ TV ☎ ✆ P. AE ⓓ GB p. 5 CX b
fermé 1er au 24 août – ☕ 31 – **20 ch** 240/300.

au Sud-Ouest

à l'aéroport *10 km par rte de Pornic – ✉ 44340 Bouguenais :*

Océania Ⓜ, ✆ 02 40 05 05 66, *Fax 02 40 05 12 03,* 余, Fa, ⛱, ✂ – |‡| ⇔ ▤ TV ☎ ♿ P – 🏛 80. AE ⓓ GB p. 4 BX e
Repas *(fermé dim. midi d'oct. à fin avril)* 110/200 ♀ – ☕ 52 – **87 ch** 480/520.

Mascotte sans rest, ✆ 02 40 32 14 14, *Fax 02 40 32 14 13,* ✂ – |‡| ⇔ TV ☎ ✆ ♿ P – 🏛 30. AE ⓓ GB p. 4 BX a
☕ 40 – **73 ch** 320/350.

à Bouaye *par D 751 : 13 km -* **AX** *– 4 815 h. alt. 16 – ✉ 44830 :*

Les Champs d'Avaux, sur D 751A ✆ 02 40 65 43 50, *Fax 02 40 32 64 83,* 余, ⛱, 🌳, ✂ – TV ☎ ✆ ♿ P – 🏛 80. AE GB
Repas *(fermé dim. soir sauf juil.-août)* 88/275 ♀ – ☕ 50 – **44 ch** 300/370 – ½ P 275.

au Nord-Ouest

rte de Vannes *vers ⑥ - P35BV*

Phénicien ⛰ sans rest, à 4 km, av. R. Chastelaud ✉ 44700 Orvault ✆ 02 40 40 25 06, *Fax 02 51 83 80 67* – ⇔ TV ☎ ✆ P. GB
☕ 35 – **27 ch** 260/310.

XXX **Pavillon,** à 7 km ✉ 44800 St-Herblain ✆ 02 40 94 99 99, *Fax 02 40 94 96 07* – P. AE GB
fermé 2 au 23 août, sam. midi et dim. – **Repas** 130 bc/280 et carte 240 à 340, enf. 85.
p. 4 AV a

rte de Vannes *par ⑥ et N 165 : 17 km – ✉ 44360 Vigneux-de-Bretagne :*

Mercure Atlantel, ✆ 02 40 57 10 80, *Fax 02 40 57 13 30,* 余, ⛱, 🌳, ✂ – ⇔, ▤ rest, TV ☎ ♿ P – 🏛 150. AE ⓓ GB
Repas carte 120 à 250 ♂, enf. 48 – ☕ 51 – **86 ch** 385/420.

à Sautron *: 11 km -* **AV** *– 6 026 h. alt. 64 – ✉ 44880 :*

XX **Romarin,** 79 r. Bretagne (D 965) ✆ 02 40 63 15 87, *Fax 02 40 63 39 24* – ⓓ GB
fermé 1er au 25 août, dim. soir et lundi – **Repas** 100 bc/200 ♀.

à Orvault ABV – *23 115 h. alt. 45 – ✉ 44700 :*

Domaine d'Orvault ⑤, par N 137 et voie pavillonnaire : 6 km ☎ 02 40 76 84 02, *Fax 02 40 76 04 21*, « Hostellerie dans un parc », – rest, – 25. AE GB p. 4 BV e
Repas *(fermé vacances de fév. et lundi midi)* 170/360 – 70 – **25 ch** 380/750 – 1/2 P 625/850.

Orée du Bois, rte Garenne : 9 km ☎ 02 40 63 63 54, *Fax 02 40 63 91 79*, « Terrasse avec pièce d'eau », – P. GB p. 4 AV m
fermé dim. soir et lundi – **Repas** 125/385 et carte 220 à 300.

par ⑦, *rte de Rennes sortie Ragon-Tourneuve – ✉ 44119 Treillères :*

Relais Mercure, Parc d'Activité Ragon-Treillères ☎ 02 40 72 87 88, *Fax 02 40 72 85 07*, – P – 50. AE GB JCB
Repas *(fermé vend. soir, dim. midi et sam.)* (59) - 79/98, enf. 32 – 37 – **48 ch** 305.

MICHELIN, Agence, 13 r. du Rémouleur, ZI à St-Herblain **AX** ☎ 02 40 92 52 10

AUDI, VOLKSWAGEN Gar. de l'Ouest, 8 r. Sully ☎ 02 40 29 40 00
CITROEN Centre de gros automobiles, 14 r. Marché Commun ☎ 02 40 49 65 97
CITROEN Citroën Nantes/Est, 215 bd J.-Verne ☎ 02 40 52 54 00 N ☎ 02 40 74 66 66
PEUGEOT Atlantique autos, 170 rte de Clisson ☎ 02 40 34 27 43 N ☎ 02 40 40 22 40
PEUGEOT Gar. Dugast, 105 r. Gén.-Buat ☎ 02 40 74 18 04
PEUGEOT S.I.A.O., 7 bd Martyrs-Nantais ☎ 02 40 35 16 16
PEUGEOT Gar. Charpentier, 78 r. de Rennes ☎ 02 40 76 69 66
PEUGEOT S.I.A.O., 40 r. de Monaco, centre de gros, rte de Paris ☎ 02 40 93 96 96 N ☎ 08 00 44 24 24
PEUGEOT S.I.A.O Reze, bd Mar. de Lattre de Tassigny ☎ 02 40 32 21 21 N ☎ 08 00 44 24 24
RENAULT Gar.de l'Abbaye Chesneau, 19 r. de Belleville ☎ 02 40 69 62 20
RENAULT Gar. Lizé, 82 r. du Landreau ☎ 02 40 49 49 17
RENAULT Gar. Copernic, 5 r. Copernic ☎ 02 40 73 34 04
ROVER Gar. Lemoigne, 18 allée Baco ☎ 02 40 47 77 16

Euromaster, 13 bd Martyrs-Nantais-de-la-Résistance ☎ 02 40 47 87 14
Nantes-Pneumatiques, 83 rte de Paris ☎ 02 40 52 57 57
Sofrap-Point S, 10 quai H.-Barbusse ☎ 02 40 74 05 69
Vulco, 58 r. Fouré ☎ 02 40 89 52 00

Périphérie et environs

CITROEN Succursale, 9 r. Ch.-Rivière à Rezé ☎ 02 40 84 70 00 N ☎ 02 40 74 66 66
CITROEN Succursale, 351 rte de Vannes à St-Herblain ☎ 02 40 16 74 00 N ☎ 02 40 74 66 66
CITROEN ROBIN Autom., 133 rte de Rennes à Orvault ☎ 02 40 76 81 50
CITROEN Maisonneuve Autom., 40 r. M.-L.-King à Chapelle-sur-Erdre par D69 ☎ 02 40 29 76 66
FORD San-Mustière Autom., 365 rte de Vannes à St-Herblain ☎ 02 40 16 11 12 N ☎ 02 40 40 22 40
MERCEDES Gar. Paris-Maine, Le Croisy à Orvault ☎ 02 40 16 81 81
OPEL Lonchamp Autom., 260 rte de Vannes à Orvault ☎ 02 40 67 68 21
PEUGEOT S.I.A.O., rte de Vannes le Croisy à Orvault ☎ 02 40 67 76 76
RENAULT Gar. Cora, 100 rte Sorinières à Rezé par r. J.-Jaurès ☎ 02 40 84 49 49 N ☎ 02 51 70 21 21
RENAULT Succursale, rte de Vannes-les-Lions à St-Herblain ☎ 02 40 67 27 27 N ☎ 08 00 05 15 15
RENAULT Gar. Moinet, 25 r. J.-Jaurès à Rezé ☎ 02 40 04 04 00
RENAULT La Conraie Autom., 3 av. Boussicaut à Orvault ☎ 02 40 94 32 62
RENAULT Plaisance Auto, rte de Machecoul à St-Philbert-de-Grand-Lieu par D 65 ☎ 02 40 78 77 71 N ☎ 02 40 78 77 71

Euromaster, Zone Atlantis 155 bd S. Allendé à St-Herblain ☎ 02 40 92 00 05
Euromaster, 36 r. Grande Bretagne à Carquefou ☎ 02 40 25 25 05
Euromaster, 262 rte de Vannes à Orvault ☎ 02 51 77 82 30
Lemaux-Pneu, 67 r. A.-Briand à Rezé ☎ 02 40 75 84 16
Vulco, ZI 10 r. des Petites Industries à Carquefou ☎ 02 40 30 31 13

NANTEUIL-LÈS-MEAUX *77 S.-et-M.* 56 ⑬ – *rattaché à Meaux.*

NANTILLY *70 H.-Saône* 66 ⑬ – *rattaché à Gray.*

NANTUA *01130 Ain* 74 ④ *G. Jura* **(plan)** – *3 602 h alt. 479.*

Voir *Cluse** – Lac* – Bords du lac ≤*.*

Office de Tourisme pl. de la Déportation ☎ 04 74 75 00 05, Fax 04 74 75 06 83.

Paris 477 – Aix-les-Bains 79 – Annecy 67 – Bourg-en-Bresse 51 – Genève 65 – Lyon 91.

France, 44 r. Dr Mercier ☎ 04 74 75 00 55, *Fax 04 74 75 26 22* – P. AE GB
fermé 1er nov. au 20 déc. et mardi sauf le soir en août – **Repas** 130/198 – 35 – **17 ch** 250/405.

L'Embarcadère, av. Lac ☎ 04 74 75 22 88, *Fax 04 74 75 22 25*, ≤ – P – 30. GB. rest
fermé 20 déc. au 20 janv. – **Repas** *(fermé lundi)* 105/295, enf. 55 – 33 – **50 ch** 225/330 – 1/2 P 280/300.

à Brion *Nord-Ouest : 5 km par N 84 et D 979 – 587 h. alt. 475 – ✉ 01460 :*

XX **Bernard Charpy,** 1 r. Croix-Chalon ✆ 04 74 76 24 15, *Fax 04 74 76 22 36*, – P. GB
fermé 3 au 24 août, 26 déc. au 11 janv., dim. soir et lundi – **Repas** 98 (déj.), 140/230 ♀.

à La Cluse *Nord-Ouest : 3,5 km par N 84 – ✉ 01460 Montréal-la-Cluse :*

Lac H. sans rest, 22 av. Bresse ✆ 04 74 76 29 68, *Fax 04 74 76 13 70* – TV ☎ & P. GB.
☕ 27 – **28 ch** 169/200.

PEUGEOT Gar. Tarrare, à Montréal La Cluse ✆ 04 74 76 01 61
RENAULT Gar. du Lac, 16 rte de Lyon à Port ✆ 04 74 76 07 33 N ✆ 04 74 76 07 33

Vulco, 3 fg St-Nicolas à Cluses ✆ 04 50 98 75 90

La NAPOULE *06 Alpes-Mar.* 84 ⑧., 114 ㉖ – *voir à Mandelieu-La-Napoule.*

NARBONNE SP *11100 Aude* 83 ⑭ *G. Pyrénées Roussillon – 45 849 h alt. 13.*

Voir *Cathédrale St-Just*** *(Trésor : tapisserie représentant la Création**)* **BY B** – *Donjon Gilles Aycelin* (✱*)* **BY M** – *Choeur* de la basilique St-Paul* **AZ** – *Palais des Archevêques** **BY M** : *musée d'Art* et musée archéologique*** – *Musée lapidaire** **BZ M**[1].

Env. *Abbaye de Fontfroide** 14 km par* ④.

✆ *04 68 65 41 31 et 32.*

Office de Tourisme pl. R.-Salengro ✆ 04 68 65 15 60, Fax 04 68 65 59 12.

Paris 794 ② – *Perpignan 64* ③ – *Béziers 27* ① – *Carcassonne 61* ③ – *Montpellier 92* ②.

Plan page ci-contre

Novotel M, par ③ *rte Perpignan : 3 km* ✆ 04 68 42 72 00, *Fax 04 68 42 72 10*, , , – ⎙ ⧆ ▤ TV ☎ & P – 25 à 150. AE ⦿ GB JCB
Repas carte environ 180 ♀, enf. 50 – ☕ 55 – **96 ch** 440/490.

d'Occitanie M, av. Mer par ② : *2 km* ✆ 04 68 65 23 71, *Fax 04 68 65 09 17*, , , , – ⎙ cuisinette ▤ TV ☎ & P – 100. AE ⦿ GB
Le Silène *(fermé dim. soir et lundi de sept. à juin)* **Repas** 75 (déj.), 92/198 ♁, enf. 50 – ☕ 50 – **55 ch** 250/430 – ½ P 360.

Résidence sans rest, 6 r. 1er-Mai ✆ 04 68 32 19 41, *Fax 04 68 65 51 82*, « Bel aménagement intérieur » – ⎙ ▤ TV ☎ . AE GB JCB AY r
☕ 45 – **26 ch** 320/415.

Languedoc, 22 bd Gambetta ✆ 04 68 65 14 74, *Fax 04 68 65 81 48* – ⎙ TV ☎ – 25. AE ⦿ GB JCB BY b
La Petite Cour ✆ 04 68 90 48 03 **Repas** 65 bc (déj.), 110/160 ♀, enf. 50 – ☕ 38 – **37 ch** 200/450, 3 appart – ½ P 220/320.

Lion d'Or sans rest, 39 av. P. Sémard ✆ 04 68 32 06 92, *Fax 04 68 65 51 13* – ☎. AE ⦿ GB BX k
Pâques-30 sept. et fermé dim. hors saison – ☕ 30 – **27 ch** 170/220.

France sans rest, 6 r. Rossini ✆ 04 68 32 09 75, *Fax 04 68 65 50 30* – TV . GB BZ s
fermé dim. de nov. à juin – ☕ 30 – **15 ch** 120/250.

XXX **Table St-Crescent** (Giraud), au Palais du Vin par ③ ✆ 04 68 41 37 37, *Fax 04 68 41 01 22*, – P. AE ⦿ GB
✿ *fermé dim. soir et lundi* – **Repas** *(100)* - 148/248 et carte 220 à 390 ♀
Spéc. Tarte chaude de foie gras aux figues et noix. Galette croustillante aux pieds de cochon et marrons. "Cappuccino" au chocolat froid en noir et blanc.

XX **Rest. Alsace,** 2 av. P. Sémard ✆ 04 68 65 10 24, *Fax 04 68 90 79 45* – ▤. AE GB BX a
fermé lundi soir – **Repas** - produits de la mer - 98/240, enf. 70.

X **L'Estagnol,** 5 bis cours Mirabeau ✆ 04 68 65 09 27, *Fax 04 68 32 23 38*, , brasserie – ▤. GB BZ t
fermé 25 au 31 janv. et dim. sauf le midi en hiver – **Repas** *(60)* - 98/132 ♀, enf. 38.

à Coursan *par* ① *: 7 km – 5 137 h. alt. 6 – ✉ 11110 .*

Office de Tourisme 10 av. J.Jaurès ✆ 04 68 33 60 86.

XX **L'Os à Moelle,** rte Salles d'Aude ✆ 04 68 33 55 72, *Fax 04 68 33 35 39*, , – P. GB
fermé vacances de fév., dim. soir sauf juil.-août et lundi – **Repas** 112/192 ♁.

sur aire A 9 de Narbonne-Vinassan Nord *Est : 6 km par D 68 – ✉ 11110 Vinassan :*

Aude H. M, ✆ 04 68 45 25 00, *Fax 04 68 45 25 20* – ⎙ ▤ TV ☎ & P. AE ⦿ GB
Repas (dîner seul.) 75/125 ♀, enf. 45 – ☕ 35 – **59 ch** 290/360 – ½ P 265/285.

NARBONNE

Droite (R.)	BY
Hôtel-de-Ville (Pl. de l')	BY 19
Jaurès (R. Jean)	ABY 21
Pt-des-Marchands (R. du)	BYZ 35
République (Crs de la)	BYZ 39
Anatole France (Av.)	AY 2
Ancien Courrier (R. de)	BY 3
Ancienne Porte de Béziers (R. de l')	BY 4
Blum (Sq. Th.-Léon)	BX 6
Cabirol (R.)	AZ 7
Concorde (Pont de la)	AY 8
Condorcet (Bd)	BX 9
Courier (R. P.-L.)	BZ 10
Crémieux (R. B.)	BZ 12
Escoute (Pont de l')	AY 13
Fabre (R. Gustave)	AY 14
Foch (Av. Mar.)	BX 16
Garibaldi (R.)	BY 17
Gaulle (Bd Gén. de)	BY 18
Jacobins (R. des)	BZ 23
Joffre (Bd Mar.)	AY 24
Liberté (Pont de la)	BZ 25
Louis-Blanc (R.)	BY 26
Luxembourg (R. du)	AZ 27
Major (R. de la)	BY 28
Maraussan (R.)	AZ 30
Michelet (R.)	BY 32
Mirabeau (Cours)	BZ 33
Pyrénées (Av. des)	AY 36
Pyrénées (Pl. des)	AZ 37
Rabelais (R.)	AZ 38
Salengro (Pl. R.)	BY 41
Toulouse (Av. de)	AZ 42
Voltaire (Pont)	AY 45
1848 (Bd de)	BX 46

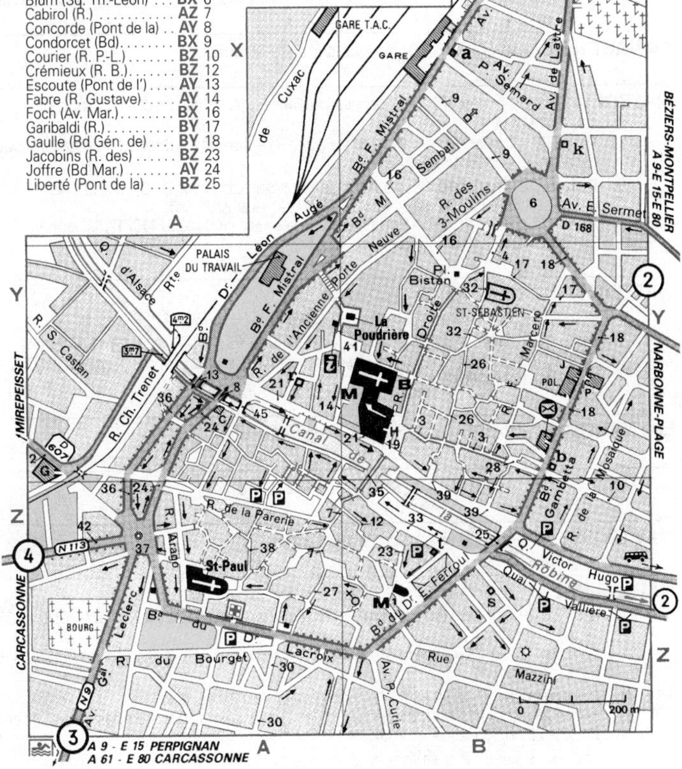

à l'Hospitalet *par ② et rte de Narbonne-Plage (D 168) : 10 km – ✉ 11100 Narbonne :*

Aub. des Vignes M, 04 68 45 28 50, *Fax 04 68 45 28 78*, ←, parc, « Dans un domaine vinicole », – rest, – 40. AE GB. ch
1er avril-31 oct. – ***La Grange des Mizels*** *(fermé dim. soir de sept. à juin et lundi sauf le soir en juil.-août)* **Repas** 89 bc (déj.), 120/165, enf. 45 – ***L'Olivet*** *(dim. soir et lundi)* **Repas** 95 bc/250 bc, enf. 45 – 50 – **22 ch** 390/690 – 1/2 P 410/510.

à Bages *par ③ et D 105 : 8 km – 694 h. alt. 30 – ✉ 11100 :*

XX **Portanel,** 04 68 42 81 66, *Fax 04 68 41 75 93*, ←
. AE GB
fermé vacances de Toussaint, dim. soir hors saison et lundi – **Repas** 98/255, enf. 65.

à Ornaisons *par ④ et D 24 : 14 km – 943 h. alt. 34 – ✉ 11200 :*

Relais du Val d'Orbieu, 04 68 27 10 27, *Fax 04 68 27 52 44*, – AE GB
Repas 125 (déj.), 195/295 ♀, enf. 85 – 70 – **14 ch** 440/720, 6 appart – 1/2 P 595/745.

BMW Passion Auto, ZI Croix Sud rte de Perpignan ✆ 04 68 58 14 14
CITROEN Gar. Tressol, N 9 rte de Perpignan ✆ 04 68 42 72 72 **N** ✆ 04 68 41 96 60
OPEL Narbonauto, rte de Perpignan ✆ 04 68 41 14 81
PEUGEOT Audoise Autom., rte de Perpignan le Peyrou par ③ ✆ 04 68 42 54 25
RENAULT Languedoc Auto, Croix Sud rte de Perpignan ✆ 04 68 42 50 00 **N** ✆ 08 00 05 15 15
SKODA, Croix Sud Autom., ZI Croix Sud ✆ 04 68 41 43 87
Brunel, 31-33 bd Mar.-Joffre ✆ 04 68 42 27 53
Gar. Occitan, 38 av. de Bordeaux ✆ 04 68 42 11 44

Ayme Pneus, ZI Croix Sud ✆ 04 68 41 36 14
Escande, 1 av. de Toulouse ✆ 04 68 41 01 03
Euromaster, ZI rte de Perpignan ✆ 04 68 41 23 24
Gastou-Pneus, ZI Croix Sud ✆ 04 68 41 69 03

La NARTELLE *83 Var* **84** ⑰., **114** ㊲ – *rattaché à Ste-Maxime.*

NASBINALS *48260 Lozère* **76** ⑭ *G. Gorges du Tarn – 503 h alt. 1180 – Sports d'hiver : 1 240/1 320 m ≴1 ⛷.*

Paris 578 – Aurillac 103 – Mende 57 – Rodez 64 – Aumont-Aubrac 23 – Chaudes-Aigues 27 – Espalion 33 – St-Flour 55.

Relais de l'Aubrac ⛰, au Pont de Gournier (carrefour D 12 - D 112), Nord : 4 km par D 12 ✆ 04 66 32 52 06, *Fax 04 66 32 56 58*, – ☎ ♿ P. GB
fermé 11 nov. au 10 fév. – **Repas** (carte le soir) *(60)* - 100 (déj.), 110/170, enf. 40 – ☕ 35 – **22 ch** 220/260 – ½ P 215/255.

NATZWILLER *67130 B.-Rhin* **62** ⑧ *– 634 h alt. 500.*

Paris 416 – Strasbourg 60 – Barr 33 – Molsheim 31 – St-Dié 44.

Aub. Metzger, ✆ 03 88 97 02 42, *Fax 03 88 97 93 59*, – TV ☎ P. GB
fermé 23 au 30 juin, 7 au 20 janv., dim. soir et lundi sauf juil.-août – **Repas** 60/280 ♀, enf. 45 – ☕ 40 – **10 ch** 240/280 – ½ P 290.

Les NAUDINS *18 Cher* **65** ⑪ – *rattaché à Aubigny-sur-Nère.*

NAUZAN *17 Char.-Mar.* **71** ⑮ – *voir St-Palais-sur-Mer et Royan.*

NAVAROSSE *40 Landes* **78** ⑬ – *rattaché à Biscarrosse.*

NAVARRENX *64190 Pyr.-Atl.* **85** ⑤ *G. Pyrénées Aquitaine – 1 036 h alt. 125.*

Office de Tourisme (hors saison) Porte St-Antoine ✆ 05 59 66 10 22 (juil.-août) ✆ 05 59 66 14 93.

Paris 784 – Pau 43 – Oloron-Ste-Marie 21 – Orthez 22 – St-Jean-Pied-de-Port 62 – Sauveterre-de-Béarn 21.

Commerce, ✆ 05 59 66 50 16, *Fax 05 59 66 52 67* – ☎. GB
fermé 23 oct. au 11 nov., 23 déc. au 15 janv., dim. soir et sam. – **Repas** 64/180, enf. 48 – ☕ 30 – **28 ch** 195/230 – ½ P 245.

CITROEN Gar. Labrit, ✆ 05 59 66 16 32 **N** ✆ 05 59 34 36 75

NAY *64800 Pyr.-Atl.* **85** ⑦ *– 3 591 h alt. 300.*

Paris 797 – Pau 21 – Laruns 34 – Lourdes 24 – Oloron-Ste-Marie 37 – Tarbes 31.

Aub. Chez Lazare ⛰, Les Labassères Sud-Ouest : 3 km par D 36 et D 287 ✆ 05 59 61 05 26, *Fax 05 59 61 25 11*, – TV ☎ P. GB
fermé lundi (sauf hôtel) et dim. soir hors saison – **Repas** 75 (déj.)/140 – ☕ 30 – **7 ch** 230 – ½ P 230.

CITROEN Gar. du Centre, ZA Samadet ✆ 05 59 92 91 00
PEUGEOT Gar. Manuel, ✆ 05 59 61 27 67
RENAULT Gar. Fouraa, ✆ 05 59 61 06 18 **N** ✆ 05 59 61 06 18
RENAULT Gar. Bonnasse-Gahot, à Bénéjacq ✆ 05 59 61 07 25 **N** ✆ 05 59 61 26 99

NÉANT-SUR-YVEL *56430 Morbihan* **63** ④ *– 882 h alt. 54.*

Paris 409 – Rennes 64 – Dinan 61 – Loudéac 40 – Ploërmel 11 – Vannes 58.

Aub. de la Table Ronde avec ch, ✆ 02 97 93 03 96, *Fax 02 97 93 05 26* – ☎. GB
fermé 13 au 23 sept., 3 au 27 janv., dim. et lundi sauf juil.-août – **Repas** 46 (déj.), 58/175 ♀, enf. 35 – ☕ 28 – **9 ch** 130/220 – ½ P 130/175.

NEAUPHLE-LE-CHÂTEAU *78640 Yvelines* **60** ⑨, **106** ⑯ *G. Ile de France – 2 499 h alt. 185.*
Paris 39 – Dreux 44 – Mantes-la-Jolie 29 – Rambouillet 24 – St-Nom-la-Bretèche 12 – Versailles 19.

Domaine du Verbois , 38 av. République ☎ 01 34 89 11 78, *Fax 01 34 89 57 33*, ←, , « Parc », – ☎ – 40. AE GB
fermé 10 au 22 août et 21 au 27 déc. – **Repas** *(fermé dim. soir)* 155/235 – 68 – **20 ch** 490/590 – 1/2 P 468/518.

Griotte, 58 av. République ☎ 01 34 89 19 98, *Fax 01 34 89 68 86*, , « Jardin fleuri » – AE GB
fermé dim. soir et lundi – **Repas** 160.

PEUGEOT Gar. Cabailh, 7 r. des Frères-Lumière à Plaisir ☎ 01 30 55 53 45 ☎ 01 30 55 53 45

RENAULT Gar. St-Nicolas, 17 r. des Soupirs ☎ 01 34 89 36 36

NÉGRON *37 I.-et-L.* **64** ⑯ *– rattaché à Amboise.*

NEMOURS *77140 S.-et-M.* **61** ⑫ *G. Ile de France – 12 072 h alt. 60.*
Voir *Musée de Préhistoire de l'Ile de France★ à l'Est.*
Office de Tourisme 41 Quai V. Hugo ☎ 01 64 28 03 95, Fax 01 64 45 09 67.
Paris 78 – Fontainebleau 17 – Melun 33 – Montargis 35 – Orléans 90 – Sens 48.

Autoroute A 6 *sur l'aire de service, Sud-Est 2 km accès par A 6 ou par ② D 225 – ✉ 77140 Nemours :*

Relais Mercure sans rest, ☎ 01 64 28 10 32, *Fax 01 64 28 60 59*, – cuisinette ☎ . AE GB
45 – **102 ch** 330/360.

à Glandelles *au Sud : 7 km par N 7 – ✉ 77167 Bagneaux-sur-Loing :*

Glandelière, Sud : 1 km sur N 7 ☎ 01 64 28 10 20, *Fax 01 64 28 10 20*, – . GB
fermé 15 sept. au 10 oct., lundi soir, jeudi soir et mardi – **Repas** 115/225, enf. 45.

Les Marronniers, N 7 ☎ 01 64 28 07 04, *Fax 01 64 29 29 91* – AE GB
fermé 20 au 27 mai, 17 août au 2 sept., mardi soir et merc. – **Repas** (73) - 95/210, enf. 50.

CITROEN Nemours Autom., ZI r. d'Egreville ☎ 01 64 28 11 17
PEUGEOT Gar. Coffre, 18 av. Kennedy ☎ 01 64 45 59 29
RENAULT S.N.C.A., 107 av. Carnot à St-Pierre par ⑤ ☎ 01 64 28 01 50
Gar. Bohec, 16 av. Gén-de-Gaulle ☎ 01 64 28 29 10

Pneu Sce, 45 av. Carnot à St-Pierre-lès-Nemours ☎ 01 64 28 04 67
Sovic-Point S, 16 r. d'Égrevile ☎ 01 64 28 11 21

NÉRAC *47600 L.-et-G.* **79** ⑭ *G. Pyrénées Aquitaine* **(plan)** *– 7 015 h alt. 65.*
d'Albret à Barbaste ☎ 05 53 65 53 69, NO par D 930 : 8 km.
Office de Tourisme av. Mondenard ☎ 05 53 65 27 75.
Paris 705 – Agen 27 – Bordeaux 128 – Condom 21 – Marmande 52.

d'Albret, 42 allées d'Albret ☎ 05 53 97 41 10, *Fax 05 53 65 20 26*, – ☎ – 25. GB
fermé 2 au 9 mars, 23 nov. au 7 déc. et lundi de sept. à mai – **Repas** 65/270 – 35 – **23 ch** 200/480 – 1/2 P 220.

du Château, 7 av. Mondenard ☎ 05 53 65 09 05, *Fax 05 53 65 89 78* – ☎. GB. ch
fermé 2 au 17 janv. – **Repas** *(fermé vend. soir, sam. midi et dim. soir d'oct. à mai)* 68/240 – 28 – **17 ch** 200/250 – 1/2 P 225.

NÉRIS-LES-BAINS *03310 Allier* **73** ② *G. Auvergne – 2 831 h alt. 364 – Stat. therm. (avril/mi-oct.) – Casino .*
Ste-Agathe ☎ 04 70 03 21 77 par ③ : 4 km.
Office de Tourisme carrefour des Arènes ☎ 04 70 03 11 03, Fax 04 70 03 11 03.
Paris 340 ③ – Moulins 74 ① – Clermont-Ferrand 83 ② – Montluçon 9 ③ – St-Pourçain-sur-Sioule 56 ①.

Plan page suivante

Garden, 12 av. Marx Dormoy **(d)** ☎ 04 70 03 21 16, *Fax 04 70 03 10 67*, , « Jardin fleuri » – ☎ – 25. AE GB
fermé 2 au 31 janv. – **Repas** 78/210, enf. 45 – 32 – **19 ch** 240/325 – P 305/343.

Parc des Rivalles , r. Parmentier **(k)** ☎ 04 70 03 10 50, *Fax 04 70 03 11 05*, parc – ☎ . GB. rest
16 avril-6 oct. – **Repas** 85/250, enf. 50 – 33 – **26 ch** 160/260 – P 242/292.

NÉRIS-LES-BAINS

Arènes (Bd des) 2
Boisrot-Desserviers (R.) 3
Constans (R.). 5
Cuvier (R.) 7
Dormoy (Av. Marx). 8
Gaulle (R. du Gén.-de) 9
Kars (R. des) 10
Marceau (R.) 12
Migat (R. du Capitaine) 14
Molière (R.) 15
Parmentier (R.) 18
Reignier (Av.). 19
République (Pl. de la). 21
Rieckötter (R.). 23
St-Joseph (R.) 25
Thermes (Pl. des) 27
Voltaire (R.) 29

Ne voyagez pas aujourd'hui avec une carte d'hier.

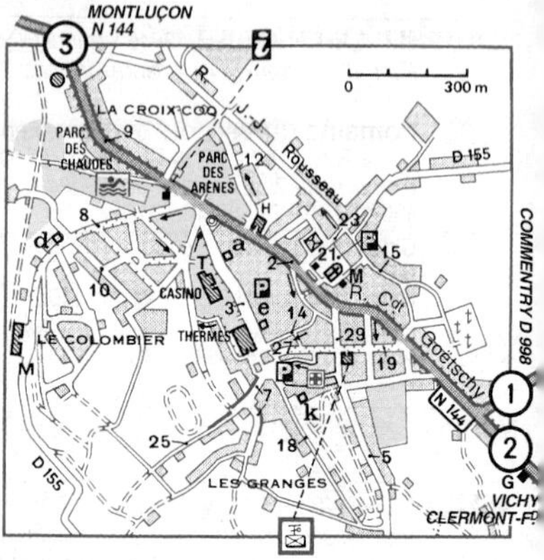

Promenade, 38 r. Boisrot-Desserviers (e) ☎ 04 70 03 26 26, *Fax 04 70 03 25 62* – |‡| ⇔ ▤ TV ☎ P. AE GB. ✻
6 avril-17 oct. – **Repas** 100/220, enf. 50 – ☐ 40 – **40 ch** 240/320 – P 300/330.

Terrasse, 52 r. Boisrot-Desserviers (a) ☎ 04 70 03 10 42, *Fax 04 70 03 15 41* – |‡| TV ☎. GB. ✻ rest
15 avril-15 oct. – **Repas** *(63)* - 85/100 – ☐ 34 – **22 ch** 220/270 – P 280/300.

NÉRONDES *18350 Cher* 69 ② – *1 521 h alt. 200.*

Vallée de Germigny ☎ 02 48 80 23 43 à Saint-Hilaire-de-Gondilly, NE.

Paris 237 – Bourges 36 – Montluçon 84 – Nevers 33 – St-Amand-Montrond 44.

XX **Lion d'Or** avec ch, pl. Mairie ☎ 02 48 74 87 81 – ▤ rest, ☎. GB
fermé 21 au 30 oct., 8 fév. au 4 mars, dim. soir et merc. de nov. à mars – **Repas** 86/208 ♀, enf. 50 – ☐ 35 – **11 ch** 140/265 – ½ P 188/311.

CITROEN Gar. de la Gare, ☎ 02 48 74 80 25

NESTIER *65150 H.-Pyr.* 85 ⑳ – *196 h alt. 500.*

Paris 807 – Bagnères-de-Luchon 47 – Auch 75 – Lannemezan 14 – St-Gaudens 23 – Toulouse 115.

XX **Relais du Castéra** avec ch, ☎ 05 62 39 77 37, *Fax 05 62 39 77 29*, ⛱ – ☎ P. AE GB. ✻ ch
fermé 2 au 10 juin, 2 au 20 janv., dim. soir sauf juil.-août et lundi – **Repas** 100 (déj.), 138/250, enf. 55 – ☐ 40 – **7 ch** 200/280 – ½ P 240/260.

Le NEUBOURG *27110 Eure* 55 ⑯ *G. Normandie Vallée de la Seine* – *3 639 h alt. 130.*

Voir *Château du Champ de Bataille★ NO : 4 km.*

Paris 123 – Rouen 38 – Bernay 29 – Conches-en-Ouche 22 – Évreux 25.

X **Côté Jardin,** 10 r. Dr Couderc ☎ 02 32 35 81 89, ⛱ – ▤. GB
fermé dim. soir et lundi – **Repas** *(100)* - 170/230.

RENAULT Gar. Levasseur, ☎ 02 32 35 01 56

Euromaster, rte d'Elbeuf à Vitot ☎ 02 32 35 10 47

NEUF-BRISACH *68600 H.-Rhin* 62 ⑲ *G. Alsace Lorraine* – *2 092 h alt. 197.*

du Rhin à Chalampé ☎ 03 89 26 07 86, S par D 468 : 25 km.

Office de Tourisme 6 pl. d'Armes ☎ 03 89 72 56 66, Fax 03 89 72 91 73.

Paris 492 – Colmar 15 – Basel 63 – Belfort 79 – Freiburg-im-Breisgau 35 – Mulhouse 39 – Sélestat 31 – Thann 48.

X **Petite Palette,** ☎ 03 89 72 73 50, *Fax 03 89 72 61 93* – ▤. GB
fermé 3 au 11 août, lundi soir et mardi soir – **Repas** *(80)* - 155/490 bc.

à Biesheim *Nord : 3 km par D 468 – 2 125 h. alt. 189 – ✉ 68600 :*

Aux Deux Clefs, ☎ 03 89 72 51 20, *Fax 03 89 72 92 94*, ⛱, « Jardin » – TV ☎ ☎ P – 25. AE ⓓ GB
fermé 1er au 15 janv. – **Repas** 100/250 ♀, enf. 60 – ☐ 45 – **28 ch** 320/470 – ½ P 320.

à Vogelgrün *Est : 5 km par N 415 – 415 h. alt. 192 – ✉ 68600.*

Voir *Bief hydro-électrique★ – ≤★ du pont-frontière.*

L'Européen Ⓜ, à la frontière, sur l'île du Rhin ✆ 03 89 72 51 57, *Fax 03 89 72 74 54*, – 40. AE GB
fermé 17 au 31 janv. – **Repas** 230/470 bc – 60 – **45 ch** 350/600 – ½ P 360/520.

FORD Gar. Ebelin, ✆ 03 89 72 51 76
RENAULT Biesheim Autom., ZI CD 52 à Biesheim ✆ 03 89 72 54 83 N ✆ 06 07 83 38 87
RENAULT Gar. Venturini, ✆ 03 89 72 69 11 N ✆ 03 89 72 69 11

NEUFCHÂTEAU SP *88300 Vosges* 62 ⑬ *G. Alsace Lorraine – 7 803 h alt. 300.*

Voir *Escalier★ de l'hôtel de ville* **H** – *Groupe en pierre★ dans l'église St-Nicolas* **K.**

Office de Tourisme 3 parking des Grandes Ecuries ✆ 03 29 94 10 95, Fax 03 29 94 10 89.

Paris 321 ① – Chaumont 57 ⑥ – Belfort 155 ④ – Épinal 75 ③ – Langres 81 ⑤ – Verdun 105 ①.

Eden Ⓜ, r. 1ere Armée Française **(f)** ✆ 03 29 95 61 30, *Fax 03 29 94 03 42* – – 25. AE GB.
Repas 120/250 ♀, enf. 50 – 35 – **27 ch** 265/490 – ½ P 255.

St-Christophe, 1 av. Grande-Fontaine **(a)** ✆ 03 29 94 38 71, *Fax 03 29 06 02 09* – , rest, – 40. GB
Repas 120/210 ♀ – 35 – **34 ch** 300 – ½ P 300.

Romain, rte de Chaumont ✆ 03 29 06 18 80, *Fax 03 29 06 18 80*, – P. GB
fermé 1er au 9 sept., dim. soir et lundi – **Repas** 75 (déj.), 115/190 ♀, enf. 42.

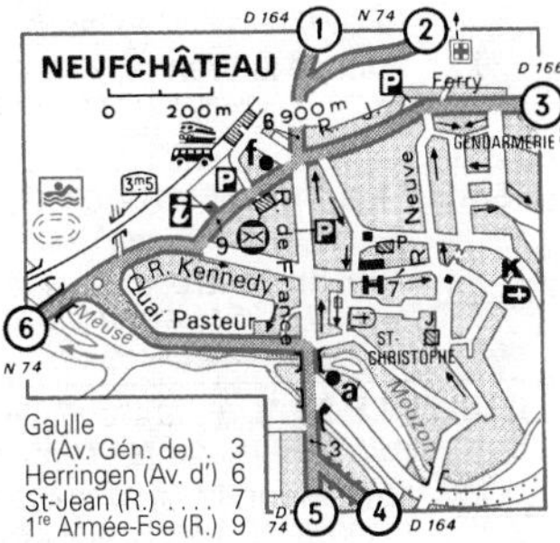

à Rouvres-la-Chétive *par ③ : 10 km – 378 h. alt. 390 – ✉ 88170 :*

Frezelle , ✆ 03 29 94 51 51, *Fax 03 29 94 69 10* – . AE GB. ch
fermé 22 déc. au 4 janv. – **Repas** *(fermé sam.)* 79/220 ♀ – 30 – **7 ch** 230/340 – ½ P 205/265.

CITROEN CB Autom., rte de Langres par ⑤ ✆ 03 29 94 10 33
PEUGEOT Gar. Meny, rte de Langres ✆ 03 29 94 88 88
RENAULT Gar. Reuchet, 95 av. Gén.-de-Gaulle par ⑤ ✆ 03 29 94 19 20 N ✆ 03 29 06 20 43
RENAULT Gar. Reuchet, rte de Nancy par ② ✆ 03 29 94 05 57 N ✆ 03 29 06 20 43
Néo-Pneu, ZI rte de Frebécourt ✆ 03 29 94 10 47 N ✆ 03 29 06 01 06

NEUFCHÂTEL-EN-BRAY *76270 S.-Mar.* 52 ⑮ *G. Normandie Vallée de la Seine – 5 322 h alt. 99.*

Env. *Forêt d'Eawy★★ 10 km au SO.*

de Saint-Saëns ✆ 02 35 34 25 24, SO : 17 km par N 28 et D 929.

Office de Tourisme 6 pl. Notre-Dame ✆ 02 35 93 22 96.

Paris 132 – Amiens 70 – Rouen 50 – Abbeville 57 – Dieppe 40 – Gournay-en-Bray 37.

Les Airelles avec ch, 2 passage Michu ✆ 02 35 93 14 60, *Fax 02 35 93 89 03*, – . AE GB
fermé 20 déc. au 11 janv., lundi (sauf hôtel) et dim. soir du 15 nov. au 15 mars – **Repas** 89/208 ♀, enf. 58 – 32 – **14 ch** 220/270 – ½ P 250/280.

à Mesnières-en-Bray *Nord-Ouest : 5,5 km par D 1 – 609 h. alt. 65 – ✉ 76270 :*

Voir *Château★.*

Aub. du Bec Fin, ✆ 02 35 94 15 15, *Fax 02 35 94 42 14*, – GB
fermé oct. et lundi sauf fériés – **Repas** 88 (déj.), 148/280 ♀.

AUDI, VOLKSWAGEN Gar. Duparc, 9 rte de Foucarmont ✆ 02 35 93 02 66 N ✆ 02 35 93 02 66
RENAULT Gar. Sibra, 31 Gde r. St-Pierre ✆ 02 32 97 55 55 N ✆ 06 07 56 72 03
Euromaster, 16 bd Mar.-Joffre ✆ 02 35 94 15 01

NEUFCHATEL-SUR-AISNE *02190 Aisne* 56 ⑥ – *483 h alt. 59.*
Env. Asfeld : église St-Didier★ NE : 10 km, G. Champagne.
Paris 164 – Reims 21 – Laon 45 – Rethel 32 – Soissons 60.

XX **Jardin,** 22 r. Principale ☎ 03 23 23 82 00, *Fax 03 23 23 84 05,* – AE ⓓ GB
fermé 15 au 31 janv., dim. soir, mardi soir et lundi – **Repas** *(80)* - 95/320 ♀, enf. 65.

NEUF-MARCHÉ *76220 S.-Mar.* 55 ⑧ – *568 h alt. 86.*
Paris 88 – Rouen 53 – Les Andelys 35 – Beauvais 32 – Gisors 18 – Gournay-en-Bray 7.

XX **Aub. du Puits de Corval,** ☎ 02 35 09 12 25, *Fax 02 35 09 24 17* – GB
fermé merc. soir et mardi sauf fériés – **Repas** 115/260.

X **André de Lyon,** D 915 ☎ 02 35 90 10 01 – GB
fermé 17 août au 5 sept., 10 au 28 fév. et merc. – **Repas** carte 120 à 280 ♀.

NEUILLÉ-LE-LIERRE *37380 I.-et-L.* 64 ⑮ ⑯ – *514 h alt. 92.*
Paris 217 – Tours 26 – Amboise 14 – Château-Renault 10 – Montrichard 33 – Reugny 5.

XX **Aub. de la Brenne,** ☎ 02 47 52 95 05, *Fax 02 47 52 29 43* – P. AE GB
fermé 20 janv. au 10 mars, mardi soir et merc. – **Repas** (dim. prévenir) 95/210, enf. 60.

NEUILLY-EN-THELLE *60530 Oise* 55 ⑳ – *2 683 h alt. 130.*
Paris 50 – Compiègne 55 – Beaumont-sur-Oise 10 – Beauvais 32 – Pontoise 32 – Senlis 24.

X **Aub. du Centre,** ☎ 03 44 26 70 01 – GB
fermé 4 au 25 août et lundi – **Repas** 64 /99 ♂.

NEUILLY-LE-REAL *03340 Allier* 69 ⑭ – *1 287 h alt. 260.*
Paris 306 – Moulins 16 – Mâcon 129 – Roanne 82 – Vichy 47.

XX **Logis Henri IV,** ☎ 04 70 43 87 64, « Ancien relais de chasse du 16e siècle » – AE GB
fermé 1er au 8 sept., vacances de fév., dim. soir et lundi sauf fériés – **Repas** 98 (déj.), 140/245.

NEUILLY-SUR-SEINE *92 Hauts-de-Seine* 55 ⑳,, 101 ⑮ – *voir à Paris, Environs.*

NEUNG-SUR-BEUVRON *41210 L.-et-Ch.* 64 ⑲ – *1 152 h alt. 102.*
Paris 183 – Orléans 48 – Blois 39 – Bracieux 21 – Romorantin-Lanthenay 21 – Salbris 26.

Les Tilleuls, 5 pl. A. Prudhomme ☎ 02 54 83 63 30, *Fax 02 54 83 74 91,* – ☎. AE GB. ch
fermé 15 fév. au 15 mars, mardi soir et merc. sauf juil.-août – **Repas** 75/160 ♂, enf. 50 – ☕ 35 – **7 ch** 200/210 – ½ P 215/225.

NEUVÉGLISE *15260 Cantal* 76 ⑭ – *1 078 h alt. 938.*
Env. Château d'Alleuze★★ : site★★ NE : 14 km, G. Auvergne.
Office de Tourisme Le Bourg ☎ 04 71 23 85 43, Fax 04 71 23 86 40.
Paris 535 – Aurillac 77 – Entraygues-sur-Truyère 70 – Espalion 67 – St-Chély-d'Apcher 43 – St-Flour 17.

à Cordesse *Est : 1,5 km sur D 921 – ✉ 15260 Neuvéglise :*

XX **Relais de la Poste** M avec ch, ☎ 04 71 23 82 32, *Fax 04 71 23 86 23,* – TV ☎ P. AE GB
15 mars-15 nov. – **Repas** 70/210 ♂, enf. 42 – ☕ 35 – **8 ch** 250/350 – ½ P 240/310.

RENAULT Gar. Mabit, ☎ 04 71 23 81 53

Gar. Sauret, ☎ 04 71 23 80 90 N ☎ 04 71 23 84 47

NEUVES-MAISONS *54 M.-et-M.* 62 ⑤ – *rattaché à Nancy.*

NEUVILLE-AUX-BOIS *45170 Loiret* 60 ⑲ – *3 870 h alt. 127.*
Env. Château de Chamerolles★ E : 9 km, G. Châteaux de la Loire.
Paris 93 – Orléans 27 – Chartres 63 – Étampes 44 – Pithiviers 21.

L'Hostellerie M, 48 pl. Gén. Leclerc ☎ 02 38 75 50 00, *Fax 02 38 91 86 81,* – TV ☎ P – 25 à 80. AE ⓓ GB
Repas *(70)* - 85/135 ♀, enf. 50 – ☕ 40 – **32 ch** 340/390 – ½ P 248.

NEUVILLE-DE-POITOU *86170 Vienne 68 ⑬ – 3 840 h alt. 116.*
Paris 332 – Poitiers 15 – Châtellerault 32 – Parthenay 39 – Saumur 82 – Thouars 50.

XX **St-Fortunat,** 4 r. Bangoura-Moridé ✆ 05 49 54 56 74 – AE ⓓ GB
fermé 16 au 31 août, 4 au 25 janv., dim. soir, lundi et soirs fériés – **Repas** 98/220.

NEUVILLE-ST-AMAND *02 Aisne 53 ⑭ – rattaché à St-Quentin.*

NEUVILLE-SUR-SAONE *69250 Rhône 74 ①, 110 ⑭ G. Vallée du Rhône – 6 762 h alt. 177.*
Paris 445 – Lyon 15 – Bourg-en-Bresse 53 – Villefranche-sur-Saône 19.

à Albigny-sur-Saône *par rive droite : 2,5 km – 2 836 h. alt. 170 – ✉ 69250 :*

XXX **Cellier,** quai Saône ✆ 04 78 98 26 16, *Fax 04 72 08 90 10,* 余 – P. AE GB
fermé 10 au 25 août, 20 déc. au 5 janv., dim. soir et lundi – **Repas** 130/330 et carte 230 à 300.

NEUVY-SAUTOUR *89 Yonne 61 ⑮ – rattaché à St-Florentin.*

NEUZY *71 S.-et-L. 69 ⑯ – rattaché à Digoin.*

NEVERS P *58000 Nièvre 69 ③ ④ G. Bourgogne – 41 968 h alt. 194 Pèlerinage de Ste Bernadette d'avril à octobre : couvent St-Gildard.*
Voir Cathédrale St-Cyr-et-Ste-Julitte★★ Z – Palais ducal★ Z – Église St-Étienne★ Y – Porte du Croux★ Z – Faïences de Nevers★ du musée municipal Frédéric Blandin Z M[1].
18 du Nivernais ✆ 03 86 58 18 30, à Magny-Cours par ④.
Circuit Automobile permanent à Magny-Cours par ④ *: 12 km.*
Office de Tourisme Palais Ducal, r. Sabatier ✆ 03 86 68 46 00, Fax 03 86 68 45 98 et (saison) Parc R. Salengro (face au couvent St-Gildard).
Paris 234 ① – Bourges 68 ④ – Chalon-sur-Saône 157 ③ – Clermont-Ferrand 156 ④ – Dijon 189 ③ – Montargis 124 ① – Montluçon 104 ④ – Moulins 56 ④ – Orléans 165 ① – Roanne 153 ④.

Plan page suivante

Loire, quai Médine ✆ 03 86 61 50 92, *Fax 03 86 59 43 29* – ▮ ⇔, ▤ rest, TV ☎ P – 🏠 80. AE ⓓ GB — Z a
fermé 14 déc. au 16 janv. et sam. – **Repas** 110/240 ♀ – ☐ 42 – **58 ch** 350/460 – ½ P 377/512.

Diane, 38 r. Midi ✆ 03 86 57 28 10, *Fax 03 86 59 45 08* – ▮ TV ☎ ✆ ⟲. AE ⓓ GB JCB
fermé 20 déc. au 10 janv. – **Repas** *(fermé lundi midi et dim.)* 79/152 ♀, enf. 36 – ☐ 50 – **30 ch** 390/590. — Z u

Climat de France M, 35 bd V. Hugo ✆ 03 86 71 95 95, *Fax 03 86 36 08 16* – ▮ TV ☎ ♿ P – 🏠 40. AE ⓓ GB JCB — V f
Repas 89/125 ♁, enf. 39 – ☐ 35 – **54 ch** 295.

Ibis, rte de Moulins par ④ ✆ 03 86 37 56 00, *Fax 03 86 37 64 48,* 余 – ⇔ TV ☎ ✆ ♿ P – 🏠 30. AE GB
Repas *(75)* - 110 ♁, enf. 39 – ☐ 35 – **56 ch** 298/328.

Molière ⛰ sans rest, 25 r. Molière ✆ 03 86 57 29 96, *Fax 03 86 36 00 13* – ⇔ TV ☎ ✆ P. ⓓ GB. ✈ — V k
fermé 3 au 14 août et 21 déc. au 3 janv. – ☐ 33 – **18 ch** 230/280.

Villa du Parc sans rest, 16 ter r. Lourdes ✆ 03 86 61 09 48, *Fax 03 86 57 85 17* – TV ☎. AE GB — Y d
☐ 30 – **26 ch** 140/275.

Clèves sans rest, 8 r. St-Didier ✆ 03 86 61 15 87, *Fax 03 86 57 13 80* – TV ☎. AE ⓓ GB — Z x
☐ 29 – **15 ch** 179/269.

XXX **Les Jardins de la Porte du Croux,** 17 r. Porte du Croux ✆ 03 86 57 12 71, *Fax 03 86 36 08 80,* 余, « Terrasse avec ≤ les remparts » – AE GB — Z e
fermé janv., dim. soir et lundi d'oct. à mai – **Repas** 118/230 bc et carte 190 à 280.

XX **Jean-Michel Couron,** 21 r. St-Etienne ✆ 03 86 61 19 28, *Fax 03 86 36 02 96* – GB
✿ *fermé 20 juil. au 10 août, 2 au 12 janv., dim. soir et lundi* – **Repas** 109/230 et carte 190 à 300 ♀ — Y r
Spéc. Tarte de tomate au lard grillé et chèvre fermier. Pièce de boeuf charolais rôtie. Soupe tiède de chocolat aux épices. **Vins** Pouilly Fumé, Sancerre.

XX **Botte de Nevers,** r. Petit Château ✆ 03 86 61 16 93, *Fax 03 86 36 42 22,* « Cadre d'inspiration médiévale » – AE GB — Y n
fermé août, dim. soir et lundi – **Repas** *(70)* - 105/250 ♀.

NEVERS

Ardilliers (R. des) . . . Y 2
Barre (R. de la) . . . . . Y 4
Francs-Bourgeois (R.) . . . . Y 14
Gaulle (Av. Gén.-de) . . . YZ
Mitterrand (R. F.) . . YZ
Nièvre (R. de) . . . . . . Y 21
Pelleterie (R. de la) . Y 24
Préfecture (R. de la) . . . . Y 27
Remigny (R. de) . . . . Y 23
St-Martin (R.) . . . . . . Y 40
14-Juillet (R. du) . . . . Z 45

Banlay (R. du) . . . . . . V 3
Bourgeois (R. Mlle) . V 5
Champ-de-Foire (R. du) . . . . Z 6
Charnier (R. du) . . . . Y 7
Chauvelles (R. des) . V 8
Cloître-St-Cyr (R. du) . . . . Z 9
Colbert (Av.) . . . . Y 10
Coquille (Pl. G.) . . . . Y 12
Docks (R. des) . . . . . V 13
Gautron-du-Coudray (Bd) . . Y 15
Jacobins (R. des) . . . Z 16
Lattre-de-Tassigny (Bd Mar. de) . . . . . . V 17
Mantoue (Quai de) . Z 18
Marceau (Av.) . . . . . . Y 19
Midi (R. du) . . . . Z 20
Ouches (R. des) . . YZ 22
Petit-Mouësse (R. du) . . . . X 26
Renardats (R. des) . V 30
République (Bd de la) . . . . X 32
République (Pl. de la) . . . . Z 34
Roy (R.C.) . . . . Y 36
Tillier (R.C.) . . . . Z 38
Vaillant-Couturier (R. Paul) . . . . V 42

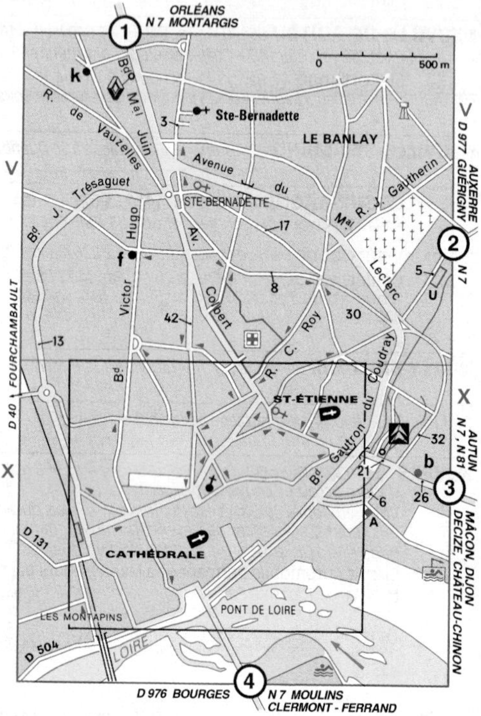

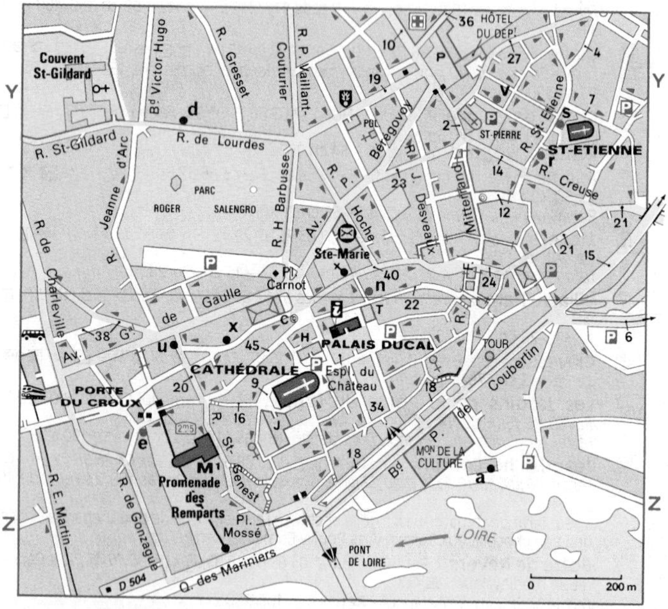

XX **Cour St-Étienne,** 33 r. St-Étienne ✆ 03 86 36 74 57 – GB Y s
fermé 3 au 25 août, 2 au 18 janv., dim. soir et lundi – **Repas** (nombre de couverts limité, prévenir) 82/148 ♀.

XX **Morvan,** 28 r. Mouësse ✆ 03 86 61 14 16, *Fax 03 86 21 47 75* – ▤ P. AE GB X b
fermé 15 au 31 juil., vacances de fév. et dim. soir hors saison – **Repas** (75) - 105/240 ♀, enf. 55.

XX **Puits de St-Pierre,** 21 r. Mirangron ✆ 03 86 59 28 88, *Fax 03 86 61 29 81* – AE GB Y v
fermé 20 juil. au 9 août, vacances de fév., dim. soir et lundi – **Repas** 90/225 ♀, enf. 50.

rte de Paris *par ① – ✉ 58640 Varennes-Vauzelles :*

Campanile, à 3 km par N 7 ✆ 03 86 21 40 44, *Fax 03 86 57 73 33,* – TV ☎ ♿ P – 30. AE GB
Repas (66) - 84 bc/107 bc, enf. 39 – ☕ 34 – **48 ch** 278.

X **Relais du Bengy,** à 4,5 km sur N 7 ✆ 03 86 38 02 84, *Fax 03 86 38 29 00,* – GB
fermé 22 juil. au 12 août et vacances de fév. – **Repas** 82/235 ♀.

rte de Moulins *par ④ : 3 km sur N 7 – ✉ 58000 Challuy :*

XX **Gabare,** ✆ 03 86 37 54 23, *Fax 03 86 37 64 49,* – P. GB
fermé 2 au 24 août, 29 oct. au 6 nov., vacances de fév., sam. midi et dim. – **Repas** 98/205.

à Magny-Cours *par ④ rte Moulins : 12 km – 1 483 h. alt. 205 – ✉ 58470 :*

Holiday Inn M, ✆ 03 86 21 22 33, *Fax 03 86 21 22 03,* ≤, , « A côté du circuit et du golf », ▤ TV ☎ ♿ P – 25 à 140. AE GB JCB
Repas 98 ♀, enf. 55 – ☕ 60 – **70 ch** 460.

XXX **Renaissance** (Dray) M avec ch, au village ✆ 03 86 58 10 40, *Fax 03 86 21 22 60,* – TV ☎ P. GB
✿ *fermé 30 juil. au 13 août, 14 fév. au 11 mars, dim. soir et lundi* – **Repas** 230/450 et carte 390 à 560 – ☕ 80 – **9 ch** 450/900
Spéc. Cuisses de grenouilles sautées au vin de Pouilly et beurre d'échalote. Coffres de langoustines rôtis sur lit de petites pâtes. Tournedos de lotte grillé sur escalope de foie gras de canard. **Vins** Pouilly Fumé, Sancerre.

ALFA ROMEO Gar. Tenailles Autom., 18 r. Pasteur ✆ 03 86 59 28 55
AUDI, VOLKSWAGEN Gds Champs Autom., ZAC des Gds Champs, ✆ 03 86 59 58 44 N ✆ 08 00 00 24 24
BMW, CHRYSLER Gar. Verma, 4 av. Colbert ✆ 03 86 61 03 32
CITROEN Gar. Vincent, N 7 Les Bourdons à Varennes-Vauzelles par ① ✆ 03 86 68 22 00
CITROEN Gar. André, 8 bis r. de Nièvre ✆ 03 86 61 17 11
FIAT Gar. Tenailles Autom., 18 r. Ch. Roy ✆ 03 86 36 00 28
FORD Auto Hall, N 81 la Baratte à St Eloi ✆ 03 86 71 85 00
LANCIA Gar. de la Cité, r. M.-Turpin à Vauzelles ✆ 03 86 57 15 45
MERCEDES Gar. Bezin, N 7 à Sermoise ✆ 03 86 68 21 70 N ✆ 08 00 24 24 30
NISSAN Gar. Doulet, 203 rte de Lyon à Challuy ✆ 03 86 37 61 07
OPEL SORAMA, N 7, Le Bengy à Varennes-Vauzelles ✆ 03 86 38 02 94
PEUGEOT CATAR, 102 r. H. Bouquillard par D 40 X ✆ 03 86 57 36 80
RENAULT Gar. Decelle, 39-49 bd Mar.-Juin ✆ 03 86 59 84 00 N ✆ 08 00 05 15 15
RENAULT Gar. Cottet, rte de Busserolles à Marzy par D 131 X ✆ 03 86 36 62 90
VOLVO Gar. Jacquey, 139 fg du Gd Mouesse ✆ 03 86 61 12 47

Euromaster, 3 r. du Petit Mouësse ✆ 03 86 57 76 33
Vulco, 1 r. Petit-Mouësse ✆ 03 86 61 02 51

NÉZIGNAN-L'ÉVÈQUE *34 Hérault* 83 ⑮ – *rattaché à Pézenas.*

Avant de prendre la route, consultez votre Minitel
*Votre meilleur itinéraire sur **3615 MICHELIN***
*et sur **3617 MICHELIN** (feuille de route par **fax**)*
et de très nombreux conseils hôteliers
et touristiques.

NICE

🅿 06000 Alpes-Mar. 84 ⑨ ⑩ 115 **2627** G. Côte d'Azur
342 439 h. - Agglo. 516 740 h - alt. 6.

Paris 928 ⑥ – Cannes 33 ⑥ – Genova 194 ① – Lyon 471 ⑥ – Marseille 190 ⑥ – Torino 212 ①

OFFICES DE TOURISME

av. Thiers ☎ 04 93 87 07 07, Fax 04 93 16 85 16
5, promenade des Anglais ☎ 04 93 87 60 60
Aéroport de Nice (T.1) ☎ 04 93 21 41 11
Nice Ferber (près aéroport) promenade des Anglais ☎ 04 93 83 32 64, Fax 04 93 72 08 27
Automobile Club 9 r. Massenet ☎ 04 93 87 18 17, Fax 04 93 88 90 00.

RENSEIGNEMENTS PRATIQUES

TRANSPORTS

Auto-train ☎ 08 36 35 35 35.

TRANSPORTS MARITIMES

Pour la Corse : S.N.C.M. - Ferryterranée, quai du Commerce ☎ 04 93 13 66 66, Fax 04 93 13 66 81 **JZ.**

AÉROPORT

Nice-Côte-d'Azur ☎ 04 93 21 30 12, 7 km **AU.**

CURIOSITÉS

SITE ET LE FRONT DE MER

Site★★ - Promenade des Anglais★★ **EFZ** *- Musée Masséna★* **FZ M**[1].

LE VIEUX NICE

≤★★ du château **JZ** *- Intérieur★ de l'église St-Martin-St-Augustin* **HY** *- Église St-Jacques★* **HZ** *- Escalier monumental★ du palais Lascaris* **HZ K.**

Intérieur★ de la cathédrale Ste-Réparate **HZ** *- Décors★ de la chapelle de l'Annonciation* **HZ R** *- Retables★ de la chapelle de la Miséricorde★* **HZ S.**

CIMIEZ

Musée Marc-Chagall★★ **GX** *- Musée Matisse★★* **HV M**[2] *- Monastère★ : primitifs niçois★★ dans l'église* **HV Q** *- Site archéologique gallo-romain★* **HV.**

LES QUARTIERS OUEST

Musée des Beaux-Arts (Jules Chéret)★★ **DZ** *- Musée d'Art naïf A. Jakovsky★* **AU M**[10] *- Parc Phoenix★* **AU.**

PROMENADE DU PAILLON

Musée d'Art moderne et d'Art contemporain★★ **HY M**[9] *- Palais des Arts, du Tourisme et des Congrès (Acropolis)★* **HJX.**

AUTRES CURIOSITÉS

Cathédrale orthodoxe russe St-Nicolas★ **EXY** *- Mosaïque★ de Chagall dans la faculté de Droit* **DZ U.**

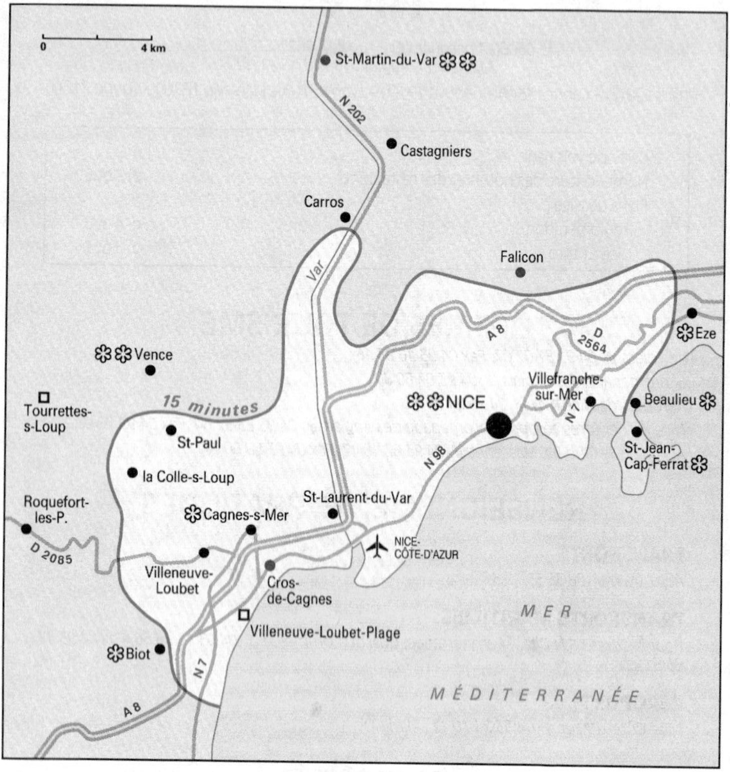

Négresco, 37 promenade des Anglais ✆ 04 93 16 64 00, *Fax 04 93 88 35 68*, ≤, « Mobilier d'époque : 17e et 18e siècle, Empire, Napoléon III » – 🛗 ▤ TV ☎ – 50 à 200. AE ⓓ GB JCB p. 6 FZ k
voir rest. ***Chantecler*** ci-après - ***Rotonde :*** **Repas** 170, carte le dim. ♀ – ☕ 130 – **122 ch** 1700/2450, 18 appart.

Palais Maeterlinck Ⓜ, 6 km par corniche inférieure ✉ 06300 ✆ 04 92 00 72 00, *Fax 04 92 04 18 10*, ≤ littoral, « Piscine, jardin et terrasses dominant la mer », – 🛗 cuisinette ▤ TV ☎ ♿ 🅿 – 25. AE ⓓ GB p. 5 CU t
fermé 5 janv. au 13 mars – ***Mélisande*** ✆ 04 92 00 72 01 **Repas** 200 bc (déj.), 240/700, enf. 150 – ☕ 160 – **9 ch** 2000/2500, 13 appart 3500/10000, 9 duplex.

Radisson SAS Ⓜ, 223 promenade des Anglais ✉ 06200 ✆ 04 93 37 17 17, *Fax 04 93 71 21 71*, « Piscine sur le toit ≤ baie », – 🛗 ▤ TV ☎ – 30 à 180. AE ⓓ GB JCB p. 4 AU n
Les Mosaïques : **Repas** 155(déj.), 195/250, enf. 75 – ***La Terrasse-Les Jardins*** grill *(juin-sept.)* **Repas** 155(déj.), 195/250, enf. 75 – ☕ 95 – **316 ch** 1000/1365, 12 appart.

Méridien, 1 promenade des Anglais ✆ 04 93 82 25 25, *Fax 04 93 16 08 90*, « Piscine sur le toit ≤ baie » – 🛗 ▤ TV ☎ – 25 à 200. AE ⓓ GB JCB p. 6 FZ d
Colonial Café : **Repas** carte 210 à 260, ♀, enf. 80 – ***Terrasse*** *(1er mai-15 oct.)* **Repas** 130/210 – ☕ 95 – **314 ch** 1250/2850, 8 appart.

Élysée Palace Ⓜ, 2. Sauvan ✆ 04 93 86 06 06, *Fax 04 93 44 50 40*, « Piscine sur le toit ≤ la ville » – 🛗 ▤ TV ☎ ♿ – 45. AE ⓓ GB JCB p. 6 EZ d
Repas *(105)* - 190 ♀ – ☕ 100 – **143 ch** 1150/1300.

Plaza Concorde, 12 av. Verdun ✆ 04 93 16 75 75, *Fax 04 93 88 61 11*, ≤, « Terrasse sur le toit » – 🛗 ▤ TV ☎ – 260. AE ⓓ GB JCB p. 7 GZ f
Repas *(110)* - 155/250 ♀ – ☕ 80 – **173 ch** 1100/1500, 10 appart.

Sofitel M, 2-4 parvis de l'Europe ✉ 06300 ✆ 04 92 00 80 00, *Fax 04 93 26 27 00*, « Piscine panoramique sur le toit », – ▮ ⇹ ▤ TV ☎ ✆ ♿ – 🅰 30. AE ◐ GB JCB p. 7 JX t
Repas 98 ♀ – ☕ 95 – **152 ch** 990/1090.

Beau Rivage M, 24 r. St-François-de-Paule ✉ 06300 ✆ 04 93 80 80 70, *Fax 04 93 80 55 77*, – ▮ ⇹ ▤ TV ☎ ✆ ♿ – 🅰 35. AE ◐ GB JCB p. 7 GZ y
Bistrot du Rivage *(oct.-avril et fermé dim. soir)* Repas *(98)*- carte 170 à 280 – ***Plage*** *(mai-sept.)* Repas carte environ 220 – ☕ 95 – **118 ch** 850/1800 – 1/2 P 660/1135.

Splendid, 50 bd V. Hugo ✆ 04 93 16 41 00, *Fax 04 93 16 42 70*, « Piscine sur le toit ≤ la ville » – ▮ ⇹ ▤ TV ☎ ✆ – 🅰 30 à 100. AE ◐ GB JCB. ✱ rest p. 6 FYZ g
Repas 120/150 ♀ – ☕ 80 – **114 ch** 950/1250, 14 appart – 1/2 P 615/765.

West End, 31 promenade des Anglais ✆ 04 92 14 44 00, *Fax 04 93 88 85 07*, ≤, – ▮ ⇹ ▤ TV ☎ ✆ – 🅰 120. AE ◐ GB JCB p. 6 FZ p
Repas 120/185 ♀ – ☕ 75 – **120 ch** 600/1350, 6 appart – 1/2 P 540/880.

Westminster Concorde, 27 promenade des Anglais ✆ 04 92 14 86 86, *Fax 04 93 82 45 35*, – ▮, ▤ ch, TV ☎ – 🅰 150. AE ◐ GB JCB. ✱ rest p. 6 FZ m
Le Farniente *(fermé dim.)* Repas *(150)*-200 ♀ – ☕ 100 – **102 ch** 950/1300.

La Pérouse ⛰, 11 quai Rauba-Capéu ✉ 06300 ✆ 04 93 62 34 63, *Fax 04 93 62 59 41*, « ≤ Nice et la Baie des Anges », – ▮, ▤ ch, TV ☎ ✆. AE ◐ GB JCB. ✱ rest p. 7 HZ k
Repas grill *(15 mai-16 sept.)* carte 200 à 260 ♀ – ☕ 90 – **64 ch** 545/1380.

Mercure Centre Notre Dame M sans rest, 28 av. Notre-Dame ✆ 04 93 13 36 36, *Fax 04 93 62 61 69*, ≤, « Jardin suspendu au 2e étage, au 8e » – ▮ ⇹ ▤ TV ☎ ✆ ♿ – 🅰 25 à 120. AE ◐ GB JCB p. 6 FXY q
☕ 75 – **200 ch** 595/795.

Holiday Inn M, 20 bd V. Hugo ✆ 04 93 16 55 00, *Fax 04 93 16 55 55*, – ▮ ⇹ ▤ TV ☎ ✆ ♿ – 🅰 90. AE ◐ GB JCB p. 6 FY a
Repas *(125)* - 155/178 ♀ – ☕ 70 – **131 ch** 750/1200.

Atlantic, 12 bd V. Hugo ✆ 04 93 88 40 15, *Fax 04 93 88 68 60*, – ▮ ⇹ ▤ TV ☎ – 🅰 50. AE ◐ GB JCB p. 6 FY d
Repas 120/150 ♀ – ☕ 80 – **123 ch** 750/900 – 1/2 P 545/570.

Novotel, 8-10 Parvis de l'Europe ✉ 06300 ✆ 04 93 13 30 93, *Fax 04 93 13 09 04*, « Piscine panoramique sur le toit », – ▮ ⇹ ▤ TV ☎ ✆ ♿ – 🅰 80. AE ◐ GB JCB p. 7 JX v
Repas carte environ 180 ♀, enf. 50 – ☕ 58 – **173 ch** 570/750.

Mercure Promenade des Anglais M sans rest, 2 r. Halévy ✆ 04 93 82 30 88, *Fax 04 93 82 18 20* – ▮ ⇹ ▤ TV ☎ ✆ – 🅰 25. AE ◐ GB JCB p. 6 FZ v
☕ 75 – **122 ch** 660/930.

Napoléon sans rest, 6 r. Grimaldi ✆ 04 93 87 70 07, *Fax 04 93 16 17 80* – ▮ ▤ TV ☎. AE ◐ GB JCB p. 6 FZ r
☕ 65 – **83 ch** 655/820.

Mercure Masséna M sans rest, 58 r. Gioffredo ✆ 04 93 85 49 25, *Fax 04 93 62 43 27* – ▮ ⇹ ▤ TV ☎. AE ◐ GB JCB p. 7 GZ k
☕ 70 – **116 ch** 595/830.

Petit Palais ⛰ sans rest, 10 av. E. Bieckert ✆ 04 93 62 19 11, *Fax 04 93 62 53 60*, ≤ Nice et mer – ▮ TV ☎. AE ◐ GB JCB p. 7 HX p
☕ 50 – **25 ch** 530/780.

Apogia M sans rest, 26 r. Smolett ✉ 06300 ✆ 04 93 89 18 88, *Fax 04 93 89 16 06* – ▮ ⇹ ▤ TV ☎ ✆ ♿. AE ◐ GB JCB p. 7 JY e
☕ 55 – **101 ch** 490.

Grimaldi sans rest, 15 r. Grimaldi ✆ 04 93 87 73 61, *Fax 04 93 88 30 05* – ▮ ▤ TV ☎. AE ◐ GB JCB p. 6 FY s
☕ 50 – **24 ch** 450/800.

Windsor, 11 r. Dalpozzo ✆ 04 93 88 59 35, *Fax 04 93 88 94 57*, – ▮, ▤ ch, TV ☎ ✆. AE ◐ GB. ✱ rest p. 6 FZ f
Repas (snack) *(fermé dim.)* carte environ 170 – ☕ 40 – **57 ch** 525/680 – 1/2 P 415/480.

Gounod sans rest, 3 r. Gounod ✆ 04 93 88 26 20, *Fax 04 93 88 23 84* – ▮ ▤ TV ☎ P. AE ◐ GB JCB p. 6 FYZ g
fermé 20 nov. au 15 déc. – ☕ 35 – **41 ch** 520/590, 6 appart.

RÉPERTOIRE DES RUES

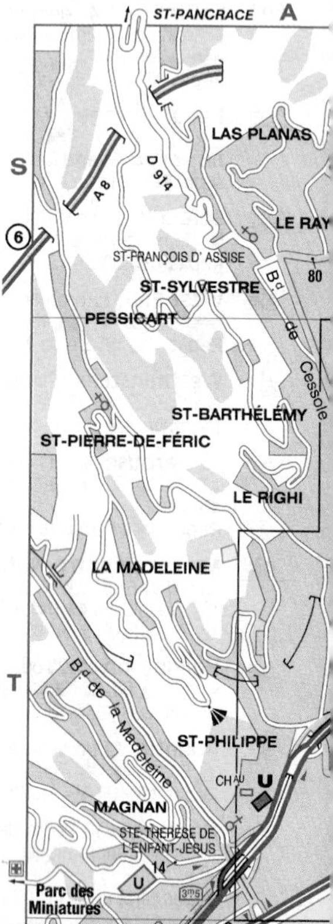

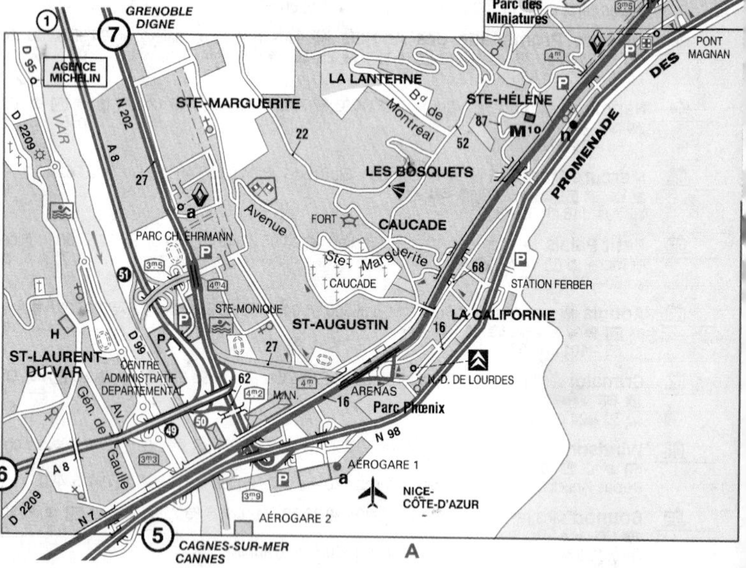

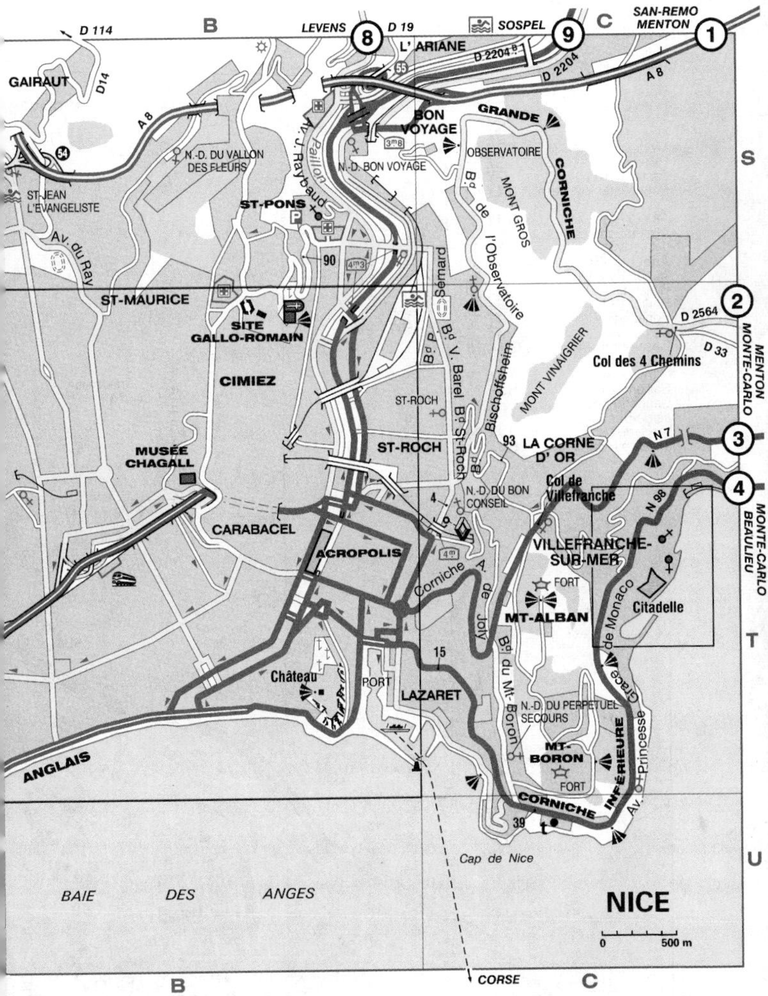

D 114
B
LEVENS
D 19
8
SOSPEL
9
C
SAN-REMO
MENTON
1
L' ARIANE
D 2204 B
D 2204
A 8
GAIRAUT
D14
A 8
54
55
BON
VOYAGE
GRANDE
3m8
N.-D. DU VALLON
DES FLEURS
N.-D. BON VOYAGE
OBSERVATOIRE
CORNICHE
MONT GROS
S
ST-JEAN
L'EVANGELISTE
ST-PONS
Av. J. Raybaud
Paillon
Bd de l'Observatoire
Av. du Ray
90
4m3
Sémard
ST-MAURICE
SITE
GALLO-ROMAIN
2
D 2564
Bd P.
Bd V. Barel
Bischoffsheim
MONT VINAIGRIER
D 33
MENTON
MONTE-CARLO
Col des 4 Chemins
CIMIEZ
ST-ROCH
Bd St-Roch
93
LA CORNE
D' OR
N 7
3
MUSÉE
CHAGALL
ST-ROCH
Bd des 2 Corniches
Col de
Villefranche
4
N 98
N.-D. DU BON
CONSEIL
MONTE-CARLO
BEAULIEU
CARABACEL
4m
VILLEFRANCHE-
SUR-MER
ACROPOLIS
Corniche A. de Joly
FORT
MT-ALBAN
Citadelle
T
15
Bd du Mt-Boron
de Monaco
Grace
Château
PORT
LAZARET
N.-D. DU PERPETUEL
SECOURS
Princesse
MT-
BORON
INFÉRIEURE
ANGLAIS
FORT
CORNICHE
Av.
39
Cap de Nice
U
BAIE
DES
ANGES
NICE
0
500 m
CORSE
B
C

NICE

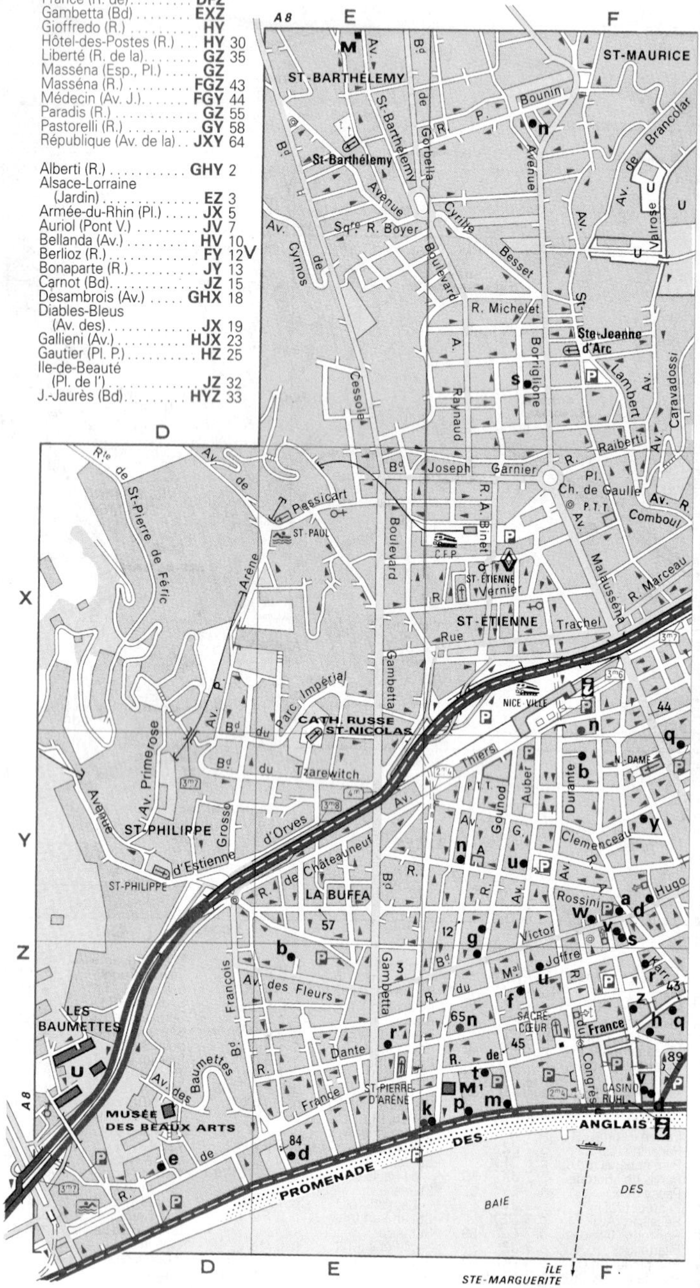

A 8
E
F
D
V
X
Y
Z
ST-MAURICE
ST-BARTHÉLEMY
St-Barthélemy
Av. de Brancolar
Av. Valrose
Bd de Gorbella
Avenue St-Barthélemy
Sq^re R. Boyer
Av. Cyrnos
Boulevard
Av. Cyrille Besset
R. Michelet
Ste-Jeanne d'Arc
Borriglione
Raynaud
Cessole
Av. Lambert
Av. Caravadossi
R. Raiberti
Bd Joseph Garnier
Pl. Ch. de Gaulle
Av. R. Comboul
P.T.T.
Av. Malausséna
R. Marceau
Av. de Pessicart
ST-PAUL
C.F.P.
R. A. Binet
ST-ÉTIENNE
R. Vernier
ST-ÉTIENNE
Rue Trachel
Rte de St-Pierre de Féric
Av. P. Arène
Bd du Parc Impérial
CATH. RUSSE ST-NICOLAS
Bd du Tzarewitch
Gambetta
NICE-VILLE
Av. Thiers
N.-DAME
Durante
Auber
Gounod
Av. G. Clemenceau
Av. Primerose
Avenue
ST-PHILIPPE
Grosso
Av. d'Orves
d'Estienne
R. de Châteauneuf
LA BUFFA
Bd
Rossini
Hugo
Victor
Joffre
Karr
R. du M^al
SACRÉ-CŒUR
du Congrès
France
Av. des Fleurs
François
Bd Gambetta
Dante
R. de France
ST-PIERRE-D'ARÈNE
CASINO RUHL
ANGLAIS
DES
PROMENADE
LES BAUMETTES
Bd Baumettes
Av. des Baumettes
MUSÉE DES BEAUX ARTS
BAIE
DES
ÎLE STE-MARGUERITE

Phocéens (Av. des) . . . . . **GZ** 59
Rivoli (R. de) . . . . **FZ** 65
St-François-de-Paule (R.) . . . . **GHZ** 72
St-Jean-Baptiste (Av.) . . . **HY** 73
Saleya (Cours). . . . . **HZ** 82
Sauvan (R. H.) . . . . **EZ** 84
Verdun (Av. de). . . . . **FGZ** 89
Walesa (Bd Lech). . . . . . **JYZ** 91
Wilson (Pl.) . . . . **HY** 92

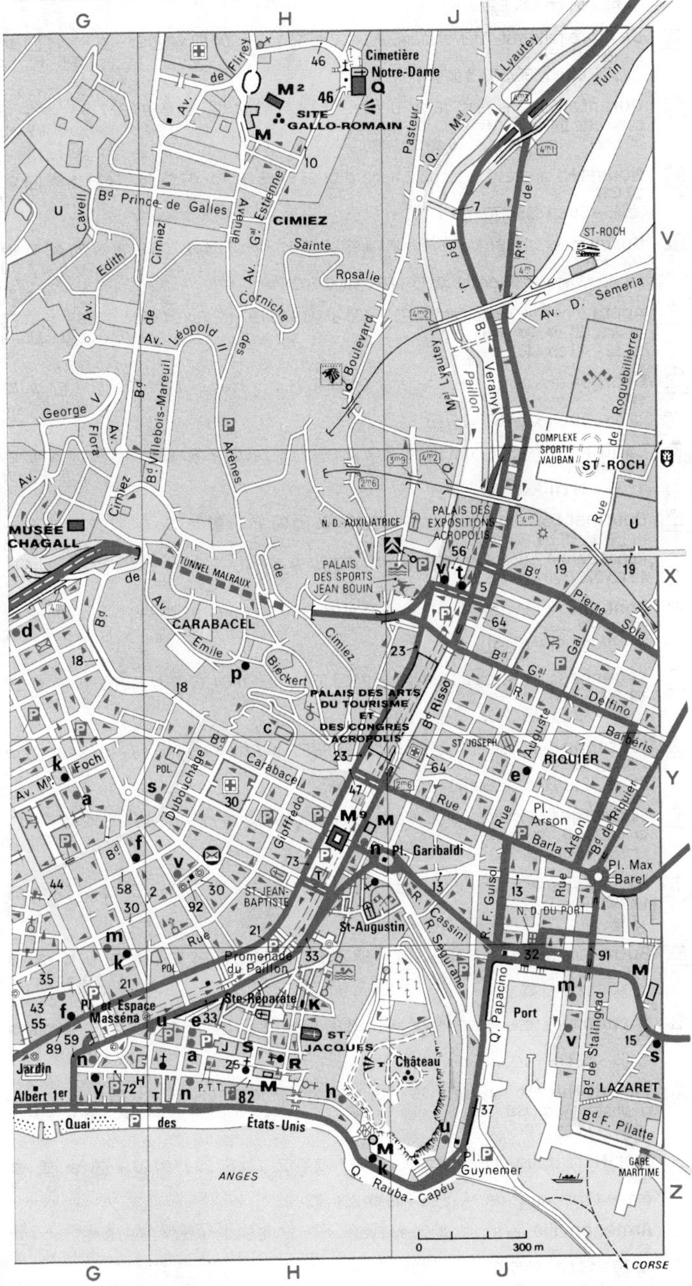

Vendôme sans rest, 26 r. Pastorelli ✆ 04 93 62 00 77, *Fax 04 93 13 40 78* – AE GB
p. 7 GY f
45 – **51 ch** 495/550, 5 duplex.

de Flore sans rest, 2 r. Maccarani ✆ 04 92 14 40 20, *Fax 04 92 14 40 21* – AE GB JCB
p. 6 FZ z
55 – **60 ch** 380/570, 3 appart.

Durante sans rest, 16 av. Durante ✆ 04 93 88 84 40, *Fax 04 93 87 77 76*, – cuisinette. GB.
p. 6 FY b
1er fév.-1er nov. – 45 – **26 ch** 380/480.

Nouvel H. sans rest, 19 bis bd V. Hugo ✆ 04 93 87 15 00, *Fax 04 93 16 00 67* – AE GB
p. 6 FY v
15 – **56 ch** 355/470.

Busby sans rest, 38 r. Mar. Joffre ✆ 04 93 88 19 41, *Fax 04 93 87 73 53* – AE GB JCB
p. 6 FZ u
fermé 15 nov. au 20 déc. – 35 – **80 ch** 500/700.

Agata sans rest, 46 bd Carnot ✉ 06300 ✆ 04 93 55 97 13, *Fax 04 93 55 67 38* – AE GB JCB
p. 7 JZ s
32 – **45 ch** 440.

Georges sans rest, 3 r. H. Cordier ✆ 04 93 86 23 41, *Fax 04 93 44 02 30* – AE GB
p. 6 DZ e
35 – **18 ch** 320/450.

Carlton sans rest, 26 bd V. Hugo ✆ 04 93 88 87 83, *Fax 04 93 88 18 87* – AE GB JCB
p. 6 FY w
35 – **29 ch** 300/600.

Gourmet Lorrain, 7 av. Santa Fior ✉ 06100 ✆ 04 93 84 90 78, *Fax 04 92 09 11 25*, – AE GB JCB
p. 6 FV n
Repas *(fermé 20 juil. au 17 août, 4 au 11 janv., dim. soir et lundi)* 75 (déj.), 95/150 – 40 – **11 ch** 270/320 – ½ P 320.

Fontaine sans rest, 49 r. France ✆ 04 93 88 30 38, *Fax 04 93 88 98 11* – AE GB JCB
p. 6 FZ t
40 – **29 ch** 350/550.

Régence sans rest, 21 r. Masséna ✆ 04 93 87 75 08, *Fax 04 93 82 41 31* – AE GB JCB
p. 6 FZ q
35 – **39 ch** 355/380.

Lausanne sans rest, 36 r. Rossini ✆ 04 93 88 85 94, *Fax 04 93 88 15 88* – AE GB
p. 6 FY n
fermé 20 au 26 déc. – 40 – **35 ch** 350/400.

St-Georges sans rest, 7 av. G. Clemenceau ✆ 04 93 88 79 21, *Fax 04 93 16 22 85* – AE GB.
p. 6 FY y
35 – **30 ch** 280/330.

Harvey sans rest, 18 av. de Suède ✆ 04 93 88 73 73, *Fax 04 93 82 53 55* – AE GB JCB
p. 6 FZ h
15 fév.-31 oct. – 30 – **62 ch** 330/420.

Buffa sans rest, 56 r. Buffa ✆ 04 93 88 77 35, *Fax 04 93 88 83 39* – AE GB
p. 6 EZ r
30 – **13 ch** 280/380.

Trianon sans rest, 15 av. Auber ✆ 04 93 88 30 69, *Fax 04 93 88 11 35* – AE GB
p. 6 FY u
35 – **32 ch** 260/320.

Villa St-Hubert sans rest, 26 r. Michel-Ange ✆ 04 93 84 66 51, *Fax 04 93 84 70 96* – cuisinette. GB.
p. 6 FV s
30 – **13 ch** 270/340.

Star H. sans rest, 14 r. Biscarra ✆ 04 93 85 19 03, *Fax 04 93 13 04 23* – AE GB
p. 7 GY k
fermé 1er nov. au 1er déc. – 25 – **19 ch** 200/300.

Armenonville sans rest, 20 av. Fleurs ✆ 04 93 96 86 00, *Fax 04 93 96 86 00*, – GB.
p. 6 EZ b
30 – **13 ch** 230/510.

XXXX **Chantecler** - Hôtel Négresco, 37 promenade des Anglais ☎ 04 93 16 64 00, *Fax 04 93 88 35 68* – ▤. AE ⓞ GB JCB p. 6 FZ k
✿✿ *fermé 16 nov. au 15 déc.* – **Repas** 280 bc (déj.), 415/590 et carte 460 à 680
Spéc. Tatin de courgettes, beurre au miel, langoustines rôties (mai à fin août). Filets de rougets poêlés, panisses "façon socca" Pigeon au poêlon, ravioli d'abats poêlés, tranche de foie gras chaud. **Vins** Côtes de Provence.

XXX **L'Ane Rouge,** 7 quai Deux-Emmanuel ✉ 06300 ☎ 04 93 89 49 63, *Fax 04 93 89 49 63* – ▤. AE ⓞ GB p. 7 JZ m
fermé 29 juil. au 4 août, 7 au 21 janv. et merc. – **Repas** 148/248 et carte 220 à 360 ♀.

XX **Boccaccio,** 7 r. Masséna ☎ 04 93 87 71 76, *Fax 04 93 82 09 06,* ☂, « Décor de Caravelle » – ▤. AE ⓞ GB JCB p. 7 GZ f
Repas - produits de la mer - 140 (déj.)/200 ♀.

XX **Les Dents de la Mer,** 2 r. St-François-de-Paule ✉ 06300 ☎ 04 93 80 99 16, *Fax 04 93 85 05 78,* ☂, « Décor original de galion englouti » – ▤. AE ⓞ GB p. 7 HZ n
Repas - produits de la mer - 148/199.

XX **Flo,** 4 r. S. Guitry ☎ 04 93 13 38 38, *Fax 04 93 13 38 39,* brasserie, « Ancien théatre » – ▤. AE ⓞ GB p. 7GYZ m
Repas 112 bc/153 bc, enf. 48.

XX **Don Camillo,** 5 r. Ponchettes ✉ 06300 ☎ 04 93 85 67 95, *Fax 04 93 13 97 43* – ▤. AE GB p. 7 HZ h
fermé lundi midi et dim. – **Repas** - cuisine niçoise et italienne - 200/350.

XX **L'Univers de Christian Plumail,** 54 bd J. Jaurès ✉ 06300 ☎ 04 93 62 32 22, *Fax 04 93 62 55 69* – ▤. AE ⓞ GB JCB p. 7 HZ u
fermé 15 juil. au 1er août, sam. midi et dim. sauf fériés – **Repas** (100) - 170/290 ♀.

XX **L'Allegro,** 6 pl. Guynemer ✉ 06300 ☎ 04 93 56 62 06, *Fax 04 93 56 38 28,* « Fresques représentant les personnages de la "Comedia Dell'Arte" » – ▤. AE GB p. 7 JZ u
fermé sam. midi et dim. – **Repas** - cuisine italienne - 120/200 et carte le soir 190 à 280.

XX **Fleur de Sel,** 10 bd Dubouchage ☎ 04 93 13 45 45, ☂ – ▤. AE GB p. 7 HY s
Ⓡ *fermé 20 déc. au 20 janv., sam. et dim.* – **Repas** 79/160 ♀.

XX **Les Épicuriens,** 6 pl. Wilson ☎ 04 93 80 85 00, *Fax 04 93 85 65 00,* ☂ – ▤. GB
fermé 2 au 23 août, sam. midi et dim. – **Repas** carte 190 à 300. p. 7 HY v

XX **Toque Blanche,** 40 r. Buffa ☎ 04 93 88 38 18, *Fax 04 93 88 38 18* – ▤. GB
fermé dim. sauf midi de sept. à juin et lundi – **Repas** (nombre de couverts limités, prévenir) 145/290 ♀. p. 6 FZ n

X **Bông-Laï,** 14 r. Alsace-Lorraine ☎ 04 93 88 75 36 – ▤. AE ⓞ JCB p. 6 FX n
fermé 22 juin au 15 juil., lundi et mardi – **Repas** - cuisine vietnamienne - carte 160 à 220.

X **Les Pêcheurs,** 18 quai des Docks ☎ 04 93 89 59 61, *Fax 04 93 55 47 50* – AE GB p. 7 JZ v
fermé nov. à mi-déc., jeudi midi de mai à oct., mardi soir de déc. à avril et merc. – **Repas** - produits de la mer - 155.

X **Chez Rolando,** 3 r. Desboutins ✉ 06300 ☎ 04 93 85 76 79 – ▤. AE GB p. 7 GZ n
fermé juil., le midi en août, dim. et fériés – **Repas** - cuisine italienne - carte 160 à 310 ♀.

X **Casbah,** 3 r. Dr Balestre ☎ 04 93 85 58 81 – ▤. GB p. 7 GY a
Ⓡ *fermé 1er août au 1er oct., dim. soir et lundi midi* – **Repas** 75/180 bc.

X **L'Olivier,** 2 pl. Garibaldi ✉ 06300 ☎ 04 93 26 89 09, *Fax 04 93 26 89 09,* ☂ – ▤. AE GB. ✂ p. 7 HY n
fermé août, lundi soir, merc. soir et dim. – **Repas** 120/180 ♀.

X **Mireille,** 19 bd Raimbaldi ☎ 04 93 85 27 23 – ▤. GB p. 7 GX d
fermé 8 juin au 12 juil., 28 sept. au 6 oct., lundi et mardi – **Repas** - plat unique : paella - 115/155.

X **Merenda,** 4 r. Terrasse ✉ 06300 – ▤ p. 7 HZ a
fermé 13 au 26 avril, 27 juil. au 17 août, vacances de Noël, de fév., sam., dim. et fériés – **Repas** - cuisine niçoise - (nombre de couverts limité, prévenir) carte 150 à 180 ♀.

X **Lou Pistou,** 4 r. Terrasse ☎ 04 93 62 21 82 – ▤. GB
fermé sam. et dim. – **Repas** carte 150 à 220.

à l'aéroport *: 7 km – ✉ 06200 Nice :*

XXX **Ciel d'Azur,** aérogare 1, 2e étage ☎ 04 93 21 36 36, *Fax 04 93 21 35 31* – ▤. AE ⓞ GB JCB p. 4 AU a
Repas (déj. seul.) 170/300.

MICHELIN, Agence, ZI quartier des Pugets à St-Laurent-du-Var par ⑥ AU ☎ 04 93 31 66 09

AUDI, VOLKSWAGEN S.M.A., 140 rte de Turin ☏ 04 92 00 35 35 N ☏ 04 93 29 87 87
BMW Gar. Azur-Autos, Nice la Plaine 1 Contre Allée N 202 ☏ 04 93 18 22 00
CITROEN Succursale, 74, bd R.-Cassin ☏ 04 93 72 66 66 N ☏ 04 93 89 80 89
CITROEN Succursale, Complexe J. Bouin - Palais des Sports ☏ 04 93 13 67 67 N ☏ 04 93 89 80 89
FORD Alpes Auto, 69 bd. René Cassin ☏ 04 93 18 22 93
MITSUBISHI, PORSCHE Somédia, 1 et 3 av. Notre-Dame ☏ 04 93 92 44 12
OPEL Détroit-Motors, 87 r. de France ☏ 04 93 87 62 45
PEUGEOT Gds Gar. Nice et Littoral, 132 bd Pasteur ☏ 04 93 72 67 26 N ☏ 04 92 06 36 25
RENAULT Gar. Macagno, 17 av. de la Californie ☏ 04 93 86 59 81
RENAULT Gar. des Résidences, 9 r. Combattants en AFN ☏ 04 93 88 18 59
RENAULT Succursale, 254 rte de Grenoble ☏ 04 93 14 22 22 N ☏ 08 00 05 15 15
RENAULT Succursale de Nice Riquier 2 bd Armée-des-Alpes ☏ 04 93 14 20 20 N ☏ 08 00 05 15 15

Cagnol, 3 r. Gare-du-Sud 7 bd J.-Garnier ☏ 04 93 84 52 29
Euromaster, angle R.-Nicot de Villemain et 17 bd P.-Montel ☏ 04 93 83 10 92
Euromaster, 29 bd St-Roch ☏ 04 93 26 28 03
Nice-Pneu, 14 r. L.-Ackermann ☏ 04 93 87 49 07
Office du Pneu, 116 bd Gambetta ☏ 04 93 88 45 84
Vulca-202, 762 rte de Grenoble ☏ 04 93 08 14 84

NIEDERBRONN-LES-BAINS *67110 B.-Rhin* 57 ⑱ ⑲ *G. Alsace Lorraine – 4 372 h alt. 190 – Stat. therm. (mars -déc.) – Casino .*

Office de Tourisme 2 pl. Hôtel de Ville ☏ 03 88 80 89 70, Fax 03 88 80 37 01.

Paris 460 – Strasbourg 53 – Haguenau 22 – Sarreguemines 57 – Saverne 42 – Wissembourg 38.

Muller M, av. Libération ☏ 03 88 63 38 38, *Fax 03 88 63 38 39*, – P – 25 à 50. AE GB. rest
fermé janv. et lundi – **Repas** (dim. prévenir) 58/232 – 42 – **43 ch** 265/428 – ½ P 285/345.

Grand Hôtel sans rest, av. Foch ☏ 03 88 80 84 48, *Fax 03 88 80 84 40*, – P. AE GB – 70 – **58 ch** 300/580.

Cully, r. République ☏ 03 88 09 01 42, *Fax 03 88 09 05 80*, – P. AE GB
Repas *(fermé 15 au 28 fév., mardi soir et merc. hors saison)* 57/250 – 42 – **40 ch** 190/300 – ½ P 230/270.

Bristol, pl. H. de Ville ☏ 03 88 09 61 44, *Fax 03 88 09 01 20* – , rest, P. AE GB JCB
fermé janv. – **Repas** *(fermé merc.)* 75/350 – 35 – **27 ch** 200/305 – ½ P 280/360.

Parc, pl. Thermes ☏ 03 88 80 84 84, *Fax 03 88 80 84 80*, – AE GB
fermé 25 janv. au 20 fév. et jeudi – **Repas** 190/330 et carte 220 à 370 - ***Bierstubel :*** Repas 60/120.

Les Acacias, 35 r. Acacias ☏ 03 88 09 00 47, *Fax 03 88 80 83 33*, – P. AE GB
fermé 4 au 11 sept., 28 déc. au 2 janv., 25 janv. au 14 fév., dim. soir de sept. à mars, sam. midi et vend. – **Repas** 65 (déj.), 90/280, enf. 55.

CITROEN Gar. Krebs, 6 r. des Romains ☏ 03 88 09 03 66

NIEDERHASLACH *67280 B.-Rhin* 62 ⑨ *G. Alsace Lorraine – 1 088 h alt. 255.*

Voir *Église*★.

Paris 480 – Strasbourg 43 – Molsheim 14 – St-Dié 58 – Saverne 32.

Pomme d'Or, face église ☏ 03 88 50 90 21, *Fax 03 88 50 95 17* – . GB. ch
fermé 22 au 28 juin, 2 fév. au 2 mars, dim. soir et lundi (sauf hôtel de juin à août) – **Repas** 61 (déj.), 90/160 – 30 – **20 ch** 170/240 – ½ P 250.

RENAULT Gar. Ludwig, ☏ 03 88 50 90 08 N ☏ 03 88 50 90 08

NIEDERSCHAEFFOLSHEIM *67500 B.-Rhin* 57 ⑲ *– 1 267 h alt. 185.*

Paris 474 – Strasbourg 24 – Haguenau 7 – Saverne 32.

Au Boeuf Rouge avec ch, ☏ 03 88 73 81 00, *Fax 03 88 73 89 71*, – P – 30. AE GB
fermé 13 juil. au 3 août, vacances de fév., dim. soir et lundi – **Repas** 125/330 et carte 250 à 370, enf. 55 – 40 – **15 ch** 270/330 – ½ P 270.

NIEDERSTEINBACH *67510 B.-Rhin* 57 ⑲ *G. Alsace Lorraine – 161 h alt. 225.*

Paris 461 – Strasbourg 67 – Bitche 24 – Haguenau 34 – Lembach 9 – Wissembourg 24.

Cheval Blanc , ☏ 03 88 09 55 31, *Fax 03 88 09 50 24*, , , , – P. GB. rest
fermé 20 au 30 juin, 1er au 10 déc. et fév. – **Repas** *(fermé jeudi)* (50) - 94/290, enf. 65 – 46 – **26 ch** 280/330 – ½ P 290/320.

à Wengelsbach *Nord-Ouest : 5 km par D 190 – ✉ 67510 :*

Au Wasigenstein, ☏ 03 88 09 50 54, *Fax 03 88 09 50 54*,
fermé 11 janv. au 14 fév., lundi de nov. à mars et mardi – **Repas** 72/178.

NIEUIL *16270 Charente* 72 ⑤ *– 954 h alt. 150.*
Paris 438 – Angoulême 41 – Confolens 26 – Limoges 65 – Nontron 50 – Ruffec 36.

Château de Nieuil (Mme Bodinaud) ⛨, à l'Est par D 739 et rte secondaire ☎ 05 45 71 36 38, *Fax 05 45 71 46 45*, ≤, ⛱, « Belle demeure Renaissance dans un parc », 🏊, 🎾 – ▤ 📺 ☎ 🚗 🅿 – 🏢 50. AE ⓓ GB
25 avril-2 nov. – **Repas** *(fermé dim. soir et lundi sauf juil.-août)* *(195 bc)* - 250/340 et carte 300 à 400 ♀ - ***Grange aux Oies*** *(ouvert 13 déc.-13 avril et fermé dim. soir et lundi)* **Repas** 180 bc, enf. 90 – ☕ 80 – **11 ch** 630/1500, 3 appart – 1/2 P 760/1135
Spéc. Filet d'agneau en papillote de petite farce au thym. Chaudrée à la rochelaise, sauce mouclade au pineau. Noix et noisettes de veau de Chalais à la ventrèche fumée.

NÎMES 🅿 *30000 Gard* 80 ⑲ *G. Provence – 128 471 h Agglo. 138 527 h alt. 39.*

Voir Arènes★★★ **CV** *– Maison Carrée★★★* **CU** *: musée des Antiques★ – Jardin de la Fontaine★★* **AX** *: Tour Magne★, ≤★ – Intérieur★ de la chapelle des Jésuites* **DU B** *– Carré d'Art★* **CU** *– Musées : Archéologie★* **DU M**[1], *Beaux-Arts★* **ABY M**[2], *Vieux Nîmes★* **CU M**[3], *Taurin* **CV**.

⛳18 de Nîmes-Arles-Camargue ☎ 04 66 70 17 37, par ⑤ : 11 km; ⛳18 des Hauts-de-Nîmes à Vacquerolles ☎ 04 66 23 33 33, E : 6 km par ⑦.

✈ de Nîmes-Arles-Camargue : ☎ 04 66 70 06 88, par ⑤ : 8 km.

🅸 Office de Tourisme 6 r. Auguste ☎ 04 66 67 29 11, Fax 04 66 21 81 04 et àla Gare SNCF ☎ 04 66 84 18 13 et 3 r. C. Brousson ☎ – Automobile Club 5 Bd Talabot ☎ 04 66 29 12 54.

Paris 709 ② – Montpellier 52 ⑤ – Aix-en-Provence 108 ④ – Avignon 45 ② – Clermont-Ferrand 326 ② – Grenoble 247 ② – Lyon 251 ② – Marseille 124 ④ – Nice 281 ④ – St-Étienne 269 ②.

NÎMES

Gambetta (Bd) .... **ABX**
République (R. de la) .... **AYZ**
Briçonnet (R.) .... **BY** 8
Cirque-Romain (R. du) .... **AY** 13
Fontaine (Q. de la) .... **AX** 20
Gamel (Av. P.) .... **BZ** 22
Générac (R. de) .... **AYZ** 23
Mallarmé (R. Steph.) .... **AX** 34
Martyrs-de-la-R. (Pl.) .... **AZ** 36
Mendès-France (Av. P.) .... **BZ** 39
Ste-Anne (R.) .... **AY** 46
Verdun (R. de) .... **AY** 47

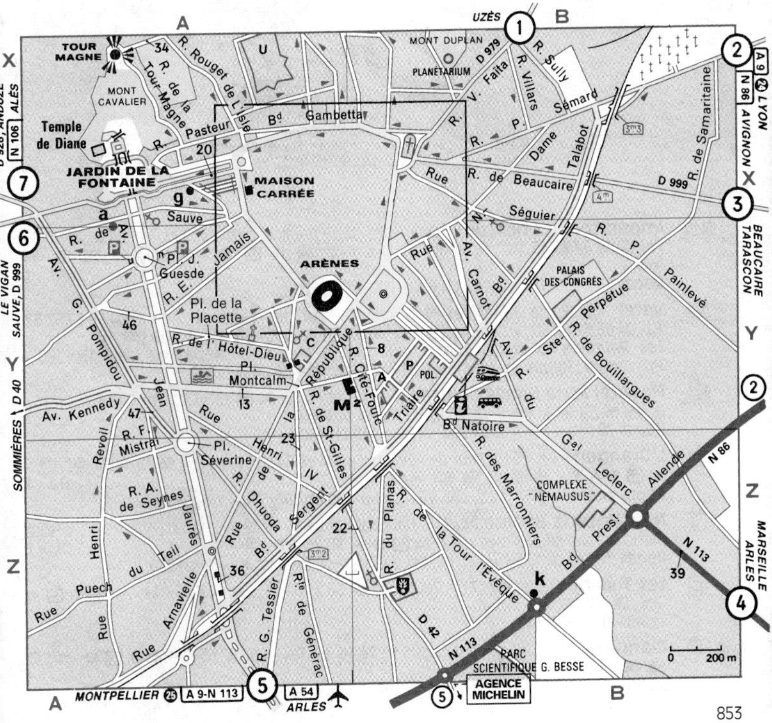

NÎMES

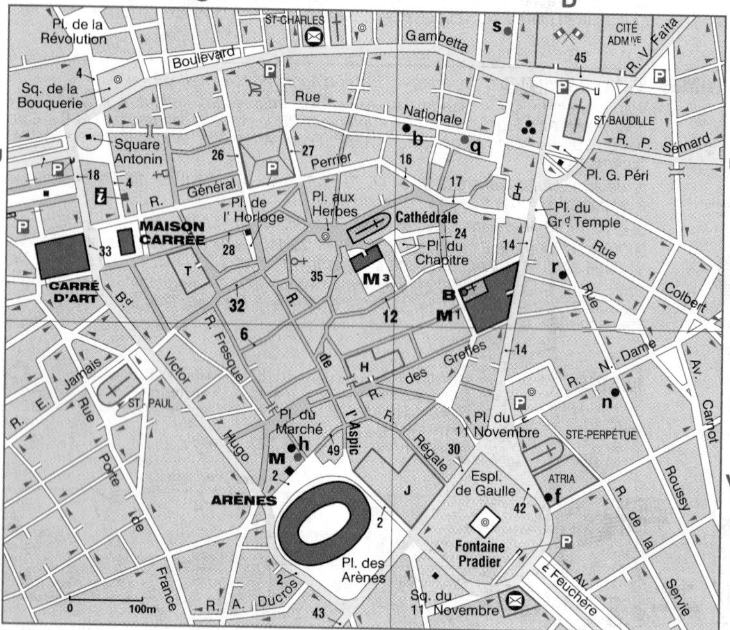

Imperator Concorde, quai de la Fontaine ✉ 30900 ☎ 04 66 21 90 30, *Fax 04 66 67 70 25*, « Jardin fleuri » – |‡|, ≡ ch, TV ☎ – 40. AE ⓓ GB JCB AX g
Repas 165/330 – ☕ 65 – **62 ch** 600/1000 – ½ P 600.

Vatel M (École hôtelière), 140 r. Vatel par av. Kennedy **AY** ☎ 04 66 62 57 57, *Fax 04 66 62 57 50*, <, – |‡| ≡ TV ☎ & P – 150. AE ⓓ GB JCB
Les Palmiers (6e étage) *(fermé août, dim. soir et lundi)* **Repas** 110 (déj.) 130/190 – ***Provençal :*** Repas *(85)*-110/138 🍷, enf. 48 – ☕ 48 – **46 ch** 660/880.

Novotel Atria Nîmes Centre M, 5 bd Prague ☎ 04 66 76 56 56, *Fax 04 66 76 26 36* – |‡| ≡ TV ☎ & – 25 à 480. AE ⓓ GB JCB DV f
Repas 79 (déj.)/135 🍷, enf. 50 – ☕ 55 – **119 ch** 490/540.

L'Orangerie M, 755 r. Tour de l'Évêque ☎ 04 66 84 50 57, *Fax 04 66 29 44 55*, – ≡ TV ☎ & P – 30. AE ⓓ GB JCB BZ k
Repas 110 (déj.), 145/195 🍷, enf. 75 – ☕ 50 – **30 ch** 390/530 – ½ P 345.

New Hôtel la Baume M, 21 r. Nationale ☎ 04 66 76 28 42, *Fax 04 66 76 28 45*, « Hôtel particulier du Vieux Nîmes » – |‡| ≡ TV ☎ &. AE ⓓ GB JCB DU b
Repas *(fermé dim.) (65 bc)* - 85 bc (déj.)/105 🍷, enf. 36 – ☕ 40 – **33 ch** 360.

Les Tuileries sans rest, 22 r. Roussy ☎ 04 66 21 31 15, *Fax 04 66 67 48 72* – |‡| ≡ TV ☎. AE ⓓ GB JCB DV n
☕ 40 – **9 ch** 280/370.

Clarine sans rest, 10 r. Roussy ☎ 04 66 76 16 20, *Fax 04 66 67 65 99* – |‡| ≡ TV ☎. AE ⓓ GB JCB DU r
☕ 48 – **28 ch** 285/320.

Amphithéâtre sans rest, 4 r. Arènes ✆ 04 66 67 28 51, *Fax 04 66 67 07 79* – TV ☎. AE GB CV h
fermé 20 déc. au 20 janv. – ☕ 34 – **17 ch** 180/260.

Magister, 5 r. Nationale ✆ 04 66 76 11 00, *Fax 04 66 67 21 05* – ▤. AE GB JCB DU q
fermé 28 juil. au 17 août, vacances de fév., sam. midi et dim. – **Repas** 150/270 ♀.

Jardin d'Hadrien, 11 r. Enclos Rey ✆ 04 66 21 86 65, *Fax 04 66 21 54 42,* – AE GB DU s
fermé 23/08 au 3/09, vacances de Toussaint, de fév., merc. de sept. à juin et dim. sauf le midi de sept. à juin – **Repas** 95/145, enf. 65.

Bouchon et l'Assiette, 5 bis r. de Sauve ✆ 04 66 62 02 93, *Fax 04 66 62 02 93* – ▤. GB AXY a
fermé 20 juil. au 20 août, lundi soir et merc. – **Repas** 95 (déj.), 175/215 ♀.

Lisita, 2 bd Arènes ✆ 04 66 67 29 15, *Fax 04 66 67 25 32* – GB CV h
fermé 20 juil. au 20 août et sam. – **Repas** 125/170.

à Marguerittes *par ② et N 86 : 8 km – 7 548 h. alt. 60 – ✉ 30320 :*

L'Hacienda ⛪, Le Mas de Brignon, Sud-Est : 2 km par rte secondaire ✆ 04 66 75 02 25, *Fax 04 66 75 45 58,* – TV ☎ P. GB. ✗ rest
fermé janv. et fév. – **Repas** 140 (déj.), 195/255, enf. 80 – ☕ 70 – **12 ch** 550 – ½ P 495/520.

à Garons *par ⑤, D 42 et D 442 : 9 km – 3 648 h. alt. 90 – ✉ 30128 :*

Alexandre (Kayser), ✆ 04 66 70 08 99, *Fax 04 66 70 01 75,* « Jardin arboré » – ▤ P. AE GB JCB. ✗
✿ *fermé vacances de fév. et dim. sauf le midi de sept. à juin* – **Repas** 170 bc (déj.), 275/435 et carte 370 à 490
Spéc. Ile flottante aux truffes sur un velouté de cèpes (sept. à mai). Poisson, rouille, bouille et piste à la pointe d'ail (mai à sept.). Pied d'agneau farci et aligot à ma façon. **Vins** Costières de Nîmes, Châteauneuf-du-Pape.

près échangeur A9 - A54 *parc hôtelier Ville Active par ⑤ : 3 km – ✉ 30900 Nîmes :*

Mercure Nîmes-Ouest, ✆ 04 66 70 48 00, *Fax 04 66 70 48 01,* – ▤ TV ☎ P – 25 à 80. AE GB JCB
Repas *(fermé sam. sauf le soir de mars à oct. et dim. midi)* (90) - 120/200 ♀, enf. 50 – ☕ 55 – **100 ch** 420/480.

Holiday Inn, ✆ 04 66 29 86 87, *Fax 04 66 84 72 76,* – ▤ TV ☎ P – 400. AE GB JCB
Repas 84/225 – ☕ 50 – **54 ch** 420.

Nimotel, ✆ 04 66 38 13 84, *Fax 04 66 38 14 06,* – ▤ TV ☎ P – 80. AE GB JCB
Repas 85/175 ♀, enf. 50 – ☕ 38 – **180 ch** 255/299.

à St-Côme-et-Maruéjols *Ouest : 15 km par av. Kennedy* **AY** *, D 40, D 14 et D 1 – 410 h. alt. 62 – ✉ 30870 :*

Vaunage (Villenueva), ✆ 04 66 81 33 29, *Fax 04 66 63 40 33,* – GB. ✗
✿ *fermé 1er au 20 mars, 1er au 20 sept., lundi et mardi* – **Repas** carte 230 à 330
Spéc. Parmentière de homard. Marinière de turbot aux parfums des garrigues. Coffret de compote de pommes, caramel de cidre. **Vins** Costières de Nîmes, Coteaux du Languedoc.

CITROEN K 2 Auto, 2290 rte de Montpellier par ⑤ ✆ 04 66 38 78 78 N ✆ 06 09 39 95 18
FORD Méditerranée-Autom., 655 av. Mar.-Juin ✆ 04 66 04 38 04
MERCEDES SODIRA, 328 rte d'Avignon ✆ 04 66 26 04 99 N ✆ 08 00 24 24 30
PEUGEOT Gds Gar. du Gard, 1667 av. Mar.-Juin par ⑥ ✆ 04 66 84 69 11 N ✆ 04 66 20 90 67
RENAULT Succursale, 1412 av. Mar.-Juin par ⑥ ✆ 04 66 62 72 72 N ✆ 04 66 87 94 61
TOYOTA Gar. Veyrunes, bd Périphérique Sud, r. F.-Cantier ✆ 04 66 26 40 40

Ayme Pneus, 2500 rte de Montpellier ✆ 04 66 84 94 21
Pneus Service Folcher, 2722 rte de Montpellier ✆ 04 66 84 85 40
Pneus Service Folcher, 55 bd Talabot ✆ 04 66 67 94 17
Vulco, 2 et 4 r. République ✆ 04 66 67 32 72
Vulco, bd Périphérique Sud ✆ 04 66 84 02 01
Vulco, 120 rte de Nîmes à Caissargues ✆ 04 66 84 88 88

In questa guida

uno stesso simbolo, uno stesso carattere stampati a colori o in **nero**, in magro o in **grassetto** hanno un significato diverso.

Leggete attentamente le pagine esplicative.

NIORT 🅿 *79000 Deux-Sèvres* 71 ② *G. Poitou Vendée Charentes – 57 012 h alt. 24.*
Voir *Donjon★ : salle de la chamoiserie et de la ganterie★* **AY** – *Le Pilori★* **BY**.
Env. *Château du Coudray-Salbart★ 10 km par* ①.
Club Niortais ✆ 05 49 09 01 41, S : 3 km près de l'hippodrome.
Office de Tourisme pl. de la Poste ✆ 05 49 24 18 79, Fax 05 49 24 98 90 – Automobile Club 1 av. République ✆ 05 49 24 90 80, Fax 05 49 24 23 18.
Paris 408 ② – La Rochelle 64 ⑤ – Angoulême 114 ③ – Bordeaux 184 ④ – Limoges 161 ③ – Nantes 141 ⑥ – Poitiers 76 ② – Rochefort 62 ⑤.

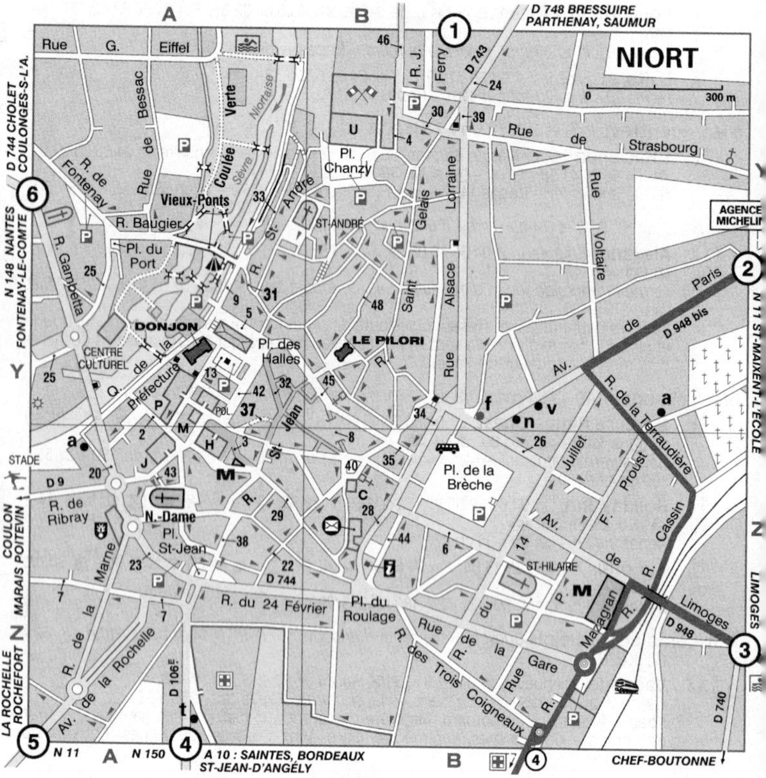

Mercure Porte Océane M, 17 r. Bellune ✆ 05 49 24 29 29, *Fax 05 49 28 00 90*, – ch, – 80. AE GB **BY a**
Repas 100/160, enf. 50 – 52 – **60 ch** 460/690.

Gd Hôtel sans rest, 32 av. Paris ✆ 05 49 24 22 21, *Fax 05 49 24 42 41*, – . AE GB **BY v**
45 – **38 ch** 335/435.

Moulin Ⓜ sans rest, 27 r. Espingole ☎ 05 49 09 07 07, *Fax 05 49 09 19 40* – |$| TV ☎ ♿ P. AE GB. ✂ AZ a
fermé Noël au Jour de l'An – ☕ 30 – **34 ch** 250/280.

Paris sans rest, 12 av. Paris ☎ 05 49 24 93 78, *Fax 05 49 28 27 57* – cuisinette TV ☎. GB BY n
fermé 23 déc. au 4 janv. – ☕ 35 – **44 ch** 250/380.

Avenue sans rest, 43 av. St-Jean-d'Angély ☎ 05 49 79 28 42, *Fax 05 49 73 10 85* – TV ☎ P. AE GB AZ t
☕ 31 – **20 ch** 125/260.

XXX **Belle Étoile,** 115 quai M. Métayer (près périph. ouest) - **AY**- *Ouest : 2,5 km* ☎ 05 49 73 31 29, *Fax 05 49 09 05 59,* ☂, ☂ – P. AE ⓓ GB
fermé 1er au 24 août, dim. soir et lundi – **Repas** 150/420 et carte 240 à 360.

XXX **Relais St-Antoine** (Cardin), 1 av. Martyrs de la Résistance (pl. Brèche) ☎ 05 49 24 02 76, *Fax 05 49 24 79 11* – AE ⓓ GB BY f
✿ *fermé vacances de Toussaint, de fév., sam. sauf le soir de sept. à juin et dim.* – **Repas** (95) - 130/360 et carte 260 à 420 ♀, enf. 50
Spéc. Foie gras de canard et gelée au pineau. Tartare d'huitres et de saumon aux fines herbes. Pigeonneau rôti aux gousses d'ail confites. **Vins** Anjou, Fiefs Vendéens.

par ② : *5 km sur N 11* – ✉ *79180 Chauray :*

Solana Ⓜ sans rest, ☎ 05 49 33 33 33, *Fax 05 49 33 33 33* – TV ☎ ♿ P – 🏛 30. AE ⓓ GB
☕ 40 – **50 ch** 282/315.

sur autoroute A 10 *aire Les Ruralies ou accès de Niort par* ③ *et rte secondaire : 9 km* – ✉ *79230 Prahecq :*

Les Ruralies Ⓜ, ☎ 05 49 75 67 66, *Fax 05 49 75 80 29* – |$|, ≡ ch, TV ☎ ♿ P – 🏛 25 à 50. AE ⓓ GB
Mijotière (rest. d'autoroute) **Repas** 80/120 ♁, enf. 46 – ☕ 35 – **51 ch** 290/350.

rte de La Rochelle *par* ⑤ *: 4,5 km sur N 11* – ✉ *79000 Niort :*

Reix H. sans rest, ☎ 05 49 09 15 15, *Fax 05 49 09 14 13,* ⛱ – TV ☎ ♿ P. AE ⓓ GB
fermé 22 déc. au 2 janv. – ☕ 35 – **36 ch** 270/310.

Espace, ☎ 05 49 09 08 07, *Fax 05 49 09 16 07* – TV ☎ ♿ P – 🏛 25. AE GB
Repas *(fermé dim.)* 75/150 ♁ – ☕ 35 – **31 ch** 220/290 – ½ P 200.

MICHELIN, Agence, 11 r. J.B.-Colbert par ② ☎ 05 49 33 00 42

ALFA ROMEO Gar. de Paris, 55 bis r. Terraudière ☎ 05 49 24 72 40
AUDI, VOLKSWAGEN International Gar., ZI Mendès-France ☎ 05 49 17 85 25
BMW Gar. Tapy, 45 r. des Maisons Rouges, ZA ☎ 05 49 33 01 46 N ☎ 05 49 73 37 70
CITROEN Niort Autom., Espace M.-France r. Cousinet par ② ☎ 05 49 17 85 00
FORD Gar. Genève, 119 av. de Nantes ☎ 05 49 77 23 92 N ☎ 05 49 73 55 10
LANCIA Gar. Beauchamp, ZC Mendès France r. Cail ☎ 05 49 24 25 05
MERCEDES S.A.V.I.A., r. Pied de Fond ZI St-Liguaire ☎ 05 49 73 41 90 N ☎ 08 00 24 24 30
OPEL Gar. Hurtaud, ZI Mendès-France ☎ 05 49 17 85 40
PEUGEOT Automobilis, ZI Mendès-France par ② ☎ 05 49 33 02 05 N ☎ 05 49 05 49 04
PEUGEOT Gar. Bailly, rte de Niort à St-Martin-les-Melle par ③ ☎ 05 49 27 00 70
RENAULT Gar. St-Christophe, 214 av. de Paris par ② ☎ 05 49 33 34 22 N ☎ 08 00 05 15 15
Gar. Aumonier, 630 rte de Niort à Aiffres ☎ 05 49 32 02 57

◉ Chouteau Pneus, 36 av. de Paris ☎ 05 49 77 23 00
Chouteau Pneus, 640 rte de Paris à Chauray ☎ 05 49 33 08 63
Pneumatec, ZC Trente Ormeaux, r. Vaumorin ☎ 05 49 33 12 08
Vulco, r. Pied de Fond ZI St-Liguaire ☎ 05 49 09 03 38

NISSAN-LEZ-ENSÉRUNE *34440 Hérault* 83 ⑭ *G. Gorges du Tarn – 2 835 h alt. 21.*

Voir *Oppidum d'Ensérune*★ : *musée*★, ≤★ *NO : 5 km.*
ℹ *Office de Tourisme 17 square René Dez* ☎ *04 67 37 14 12, Fax 04 67 37 63 00.*
Paris 781 – Montpellier 79 – Béziers 12 – Capestang 9 – Narbonne 16 – St-Pons-de-Thomières 49.

Résidence, ☎ 04 67 37 00 63, *Fax 04 67 37 68 63,* ☂ – ☎ . GB. ✂
fermé nov. et déc. – **Repas** *(fermé sam.)* (dîner seul.) (résidents seul.) 90/110 ♁, enf. 50 – ☕ 37 – **18 ch** 250/290 – ½ P 250/260.

NITRY *89310 Yonne* 65 ⑥ *– 336 h alt. 240.*

Paris 193 – Auxerre 33 – Avallon 22 – Vézelay 31.

Axis sans rest, échangeur A 6 ☎ 03 86 33 60 92, *Fax 03 86 33 64 14* – TV ☎ ♿ P. AE GB
☕ 35 – **40 ch** 180/220.

X **Aub. la Beursaudière,** ☎ 03 86 33 62 51, *Fax 03 86 33 65 21,* ☂, « Cadre rustique » – P. AE ⓓ GB
Repas 88/240 ♁, enf. 50.

NOCÉ *61 Orne* 60 ⑮ *– rattaché à Bellême.*

NOÉ *31410 H.-Gar.* 82 ⑰ *– 1 975 h alt. 198.*

Paris 727 – Toulouse 35 – Auch 85 – Auterive 21 – Foix 61 – St-Gaudens 59 – St-Girons 68.

L'Arche de Noé, ✆ 05 61 87 40 12, *Fax 05 61 87 06 67*, – GB
Repas 68/160, enf. 45 – 32 – **19 ch** 175/275 – ½ P 195/230.

NOEUX-LES-MINES *62290 P.-de-C.* 51 ⑭ *G. Flandres Artois Picardie – 12 351 h alt. 29.*

Paris 208 – Lille 38 – Arras 24 – Béthune 5 – Bully-les-Mines 7 – Doullens 48 – Lens 16.

Tourterelles avec ch, 374 r. Nationale ✆ 03 21 66 90 75, *Fax 03 21 26 98 98*, – AE GB. ch
Repas *(fermé sam. midi, dim. soir et soirs fériés)* 110 (dîner), 170/240 – 35 – **20 ch** 220/350 – ½ P 220/280.

Paix, 115 r. Nationale ✆ 03 21 26 37 66 – GB
fermé 27 juil. au 27 août et sam. – **Repas** (déj. seul.) *(70)* - 95/190.

NOGARO *32110 Gers* 82 ② *– 2 008 h alt. 98.*

Paris 731 – Mont-de-Marsan 45 – Agen 88 – Auch 63 – Pau 74 – Tarbes 66.

Commerce, pl. Cordeliers ✆ 05 62 09 00 95, *Fax 05 62 09 14 40*, – . GB.
fermé 20 déc. au 20 janv., vend. soir et sam. midi du 15 oct. au 30 juin – **Repas** 60 bc/160, enf. 40 – 25 – **19 ch** 180/220 – ½ P 185/200.

à Manciet *Nord-Est : 9 km par N 124 – 784 h. alt. 131 – ✉ 32370 :*

Bonne Auberge avec ch, ✆ 05 62 08 50 04, *Fax 05 62 08 58 84* – – 25. AE GB.
Repas *(fermé dim. soir sauf fériés)* 90/270 – 40 – **14 ch** 250/400 – ½ P 235/260.

à St-Martin-d'Armagnac *Sud-Ouest : 8 km par D 25 et rte secondaire – 205 h. alt. 115 – ✉ 32110 :*

Aub. du Bergerayre avec ch, ✆ 05 62 09 08 72, *Fax 05 62 09 09 74*, « Jardin ouvert sur la campagne », – GB
fermé mardi soir et merc. de nov. à fin fév. – **Repas** (résidents seul. en été) (de nov. à mars dîner sur réservation) 80 bc/200, enf. 50 – 35 – **12 ch** 300/425 – ½ P 255/325.

CITROEN Gar. Bounet, ✆ 05 62 09 00 39
CITROEN Gar. Requena, 48 av. des Pyrénées à Eauze ✆ 05 62 09 95 90 N ✆ 05 62 09 97 00
CITROEN Gar. Fitte, à Manciet ✆ 05 62 08 50 15
PEUGEOT Gar. Ducos, ZI av. des Pyrénées à Eauze ✆ 05 62 09 86 21
RENAULT Gar. Ducourneau, ✆ 05 62 09 00 80
RENAULT Gar. Gourgues, 19 bd Gén.-Ballon à Eauze ✆ 05 62 09 93 15 N ✆ 08 00 05 15 15
RENAULT Gar. Catherine, rte de Condom à Eauze ✆ 05 62 09 78 21 N ✆ 05 62 09 72 26

Euromaster, 23 rte de Gascogne à Eauze ✆ 05 62 09 81 52

NOGENT *52800 H.-Marne* 62 ⑫ *G. Champagne – 4 754 h alt. 410.*

Voir *Musée de la coutellerie de l'espace Pelletier – Musée du patrimoine coutelier.*

Syndicat d'Initiative ✆ 03 25 03 69 18, Fax 03 25 31 44 70.

Paris 286 – Chaumont 21 – Bourbonne-les-Bains 37 – Langres 23 – Neufchâteau 55 – Vittel 65.

Commerce, pl. Gén. de Gaulle (face Mairie) ✆ 03 25 31 81 14, *Fax 03 25 31 74 00* – GB
Repas *(fermé dim. soir du 1er nov. à Pâques)* 100/250 – 38 – **19 ch** 180/280 – ½ P 230/250.

Gar. Ponce, ✆ 03 25 31 80 44

NOGENT-LE-ROI *28210 E.-et-L.* 60 ⑧, 106 ㉖ *G. Ile de France – 3 832 h alt. 93.*

de Maintenon ✆ 02 37 27 18 09, SE : 8 km par D 983.

Paris 76 – Chartres 29 – Ablis 34 – Dreux 19 – Maintenon 9 – Mantes-la-Jolie 49 – Rambouillet 27.

Relais des Remparts, 2 pl. Marché aux Légumes ✆ 02 37 51 40 47, *Fax 02 37 51 40 47*, – GB
fermé 5 au 27 août, vacances de fév., mardi soir, dim. soir et merc. – **Repas** 87/225.

CITROEN Gar. Jeunesse, à Chaudon ✆ 02 37 51 41 47
OPEL Gar. Bento, 41 Gde rue à Coulombs ✆ 02 37 51 42 05 N ✆ 02 37 51 42 05
RENAULT Gar. Bourinet, 19 r. de Verdun à Lormaye ✆ 02 37 51 42 95

NOGENT-LE-ROTROU 28400 E.-et-L. 60 ⑮ G. Normandie Vallée de la Seine – 11 591 h alt. 116.

du Perche ✆ 02 37 29 17 33, par ③ : 9 km.

Office de Tourisme 4 r. Villette-Gaté ✆ 02 37 29 68 86, Fax 02 37 29 68 69.

Paris 146 ① – Alençon 65 ⑤ – Le Mans 71 ④ – Chartres 54 ① – Châteaudun 54 ③ – Mortagne-au-Perche 35 ⑤.

NOGENT-LE-ROTROU

Villette-Gaté (R.) .... Y 25

Bouchers (R. des) .... Z 2
Bourg-le-Comte (R.) .... Z 3
Bretonnerie (R.) .... Z
Château-St-Jean (R.) .... Z
Croix-la-Comtesse (R.) .... Y 6
Deschanel (R.) .... YZ
Dr-Desplantes (R.) .... Z 8
Foch (Av. Mar.) .... Y 9
Fuye (R. de la) .... YZ 10
Giroust (R.) .... Y 12
Gouverneur (R.) .... YZ 13
Paty (R. du) .... Z 15
Poupardières (R. des) .... Z 16
Prés (Av. des) .... Y
République (Av. de la) .... Z 17
Rhône (R. du) .... Z 18
St-Hilaire (R.) .... Y
St-Laurent (R.) .... Z 20
St-Martin (R.) .... Y
Sully (R. de) .... YZ 23

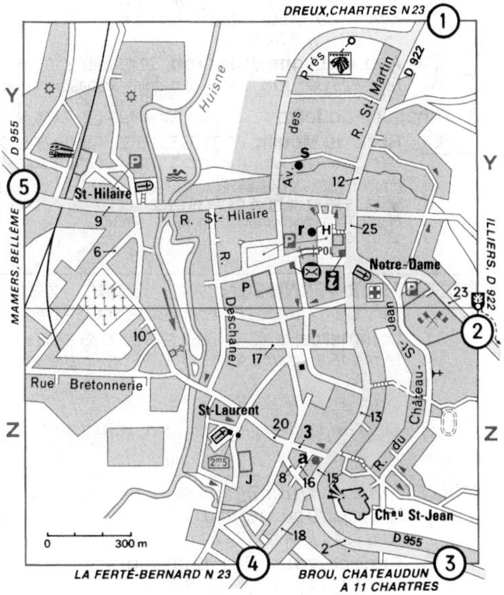

Si vous êtes retardé sur la route, dès 18 h, confirmez votre réservation par téléphone, c'est plus sûr... et c'est l'usage.

Sully M sans rest, 51 rue Viennes ✆ 02 37 52 15 14, *Fax 02 37 52 15 20* – TV ☎ ✆ & – 30. GB — Y s
fermé 18 déc. au 3 janv. – ☐ 36 – **42 ch** 275/295.

Lion d'Or, 28 pl. St-Pol ✆ 02 37 52 01 60, *Fax 02 37 52 23 82* – TV ☎ ✆ P. GB. ch
fermé 4 au 26 août, 22 déc. au 6 janv., lundi (sauf hôtel) et dim. soir – **Repas** 110/250, enf. 68 – ☐ 38 – **14 ch** 260/360 – ½ P 300/350. — Y r

Host. de la Papotière, 3 r. Bourg le Comte ✆ 02 37 52 18 41, *Fax 02 37 52 94 71,* « Maison du 16e siècle » – GB — Z a
fermé dim. soir et lundi – **Repas** 150/200 – ***Bistrot :*** **Repas** 75, enf. 50.

à Villeray *(61 Orne) par ① D 918 et D 10 : 11 km* – ✉ *61110 Condeau :*

Moulin de Villeray avec ch, ✆ 02 33 73 30 22, *Fax 02 33 73 38 28,* ←, « Parc au bord de l'Huisne », – TV ☎ ✆ P. AE GB
fermé 1er au 27 fév. – **Repas** 145 (déj.), 180/350 et carte 280 à 390 – ☐ 75 – **16 ch** 450/1050 – ½ P 590/950.

CITROEN Répar. Autos Nogentaise, rte d'Alençon par ⑤ ✆ 02 37 53 47 48 N ✆ 02 37 52 42 84
FORD Gar. de l'Huisne, av. des Prés à Margon ✆ 02 37 52 05 97
PEUGEOT Gar. Thibault, av. des Prés à Margon ✆ 02 37 52 13 26
RENAULT Auto du Perche, 1 bis r. G.-Hayes par Centre Cial des Gauchetières Z ✆ 02 37 52 18 91

RENAULT N.A.S.A., av. de Paris à Margon par ① ✆ 02 37 52 58 70 N ✆ 02 37 29 81 93

Perche Pneus, 1 r. du Croc Quartier Paty ✆ 02 37 52 33 70

NOGENT-SUR-AUBE 10240 Aube 61 ⑦ – 311 h alt. 99.

Paris 174 – Troyes 31 – Châlons-en-Champagne 64 – Romilly-sur-Seine 47.

Assiette Champenoise, D 441 ✆ 03 25 37 66 74, *Fax 03 25 37 51 08,* , « Jardin fleuri ouvert sur la campagne » – P. AE GB
fermé sam. midi en hiver et dim. soir – **Repas** (dîner sur réservation) 95/235.

RENAULT MCA Autom., ✆ 03 25 37 62 08 N ✆ 03 25 37 62 08

NOGENT-SUR-MARNE *94 Val-de-Marne* 56 ⑪., 101 ㉗ – *voir Paris, Environs.*

NOGENT-SUR-SEINE SP *10400 Aube* 61 ④ ⑤ *G. Champagne – 5 505 h alt. 67.*

Paris 106 – Troyes 57 – Châlons-en-Champagne 93 – Épernay 83 – Fontainebleau 65 – Provins 18 – Sens 43.

XX **Beau Rivage** avec ch, r. Villiers-aux-Choux, près piscine ☎ 03 25 39 84 22, *Fax 03 25 39 18 32,* – TV ☎. GB. ch
fermé 3 au 17 fév. – **Repas** *(fermé dim. soir et lundi sauf fériés)* 80/195 – 35 – **7 ch** 250/290 – ½ P 240/245.

XX **Aub. du Cygne de la Croix,** 22 r. Ponts ☎ 03 25 39 91 26, *Fax 03 25 39 81 79,* – GB
fermé 25 déc. au 5 janv. et dim. soir – **Repas** 84 bc/195 ♀.

à la Chapelle-Godefroy *Est : 3 km par N 19 – ✉ 10400 Nogent-sur-Seine :*

XX **Host. du Moulin,** ☎ 03 25 39 88 32, *Fax 03 25 39 06 02,* , parc – P. AE GB
fermé merc. (sauf le midi d'oct. à mai) et mardi soir – **Repas** 140/288, enf. 60.

CITROEN Gar. Legrand, 48 bis av. Pasteur ☎ 03 25 39 87 09 N ☎ 03 25 39 05 98
PEUGEOT Gar. St-Laurent, 11 bis av. J.-C.-Perrier ☎ 03 25 39 83 17
RENAULT Gar. Corbin, 16-20 av. Gén.-de-Gaulle ☎ 03 25 39 84 39

NOGENT-SUR-VERNISSON *45290 Loiret* 65 ② – *2 357 h alt. 125.*

Paris 126 – Auxerre 76 – Bonny-sur-Loire 35 – Gien 23 – Montargis 16 – Orléans 73.

X **Commerce,** ☎ 02 38 97 60 37, *Fax 02 38 97 65 62* – GB
fermé 16 août au 6 sept., 15 au 28 fév., mardi soir, merc. soir et jeudi – **Repas** 70/185 ♀, enf. 52.

The Guide changes, so renew your Guide every year.

NOIRÉTABLE *42440 Loire* 73 ⑯ *G. Auvergne – 1 719 h alt. 720.*

Syndicat d'Initiative pl. de la Condamine ☎ 04 77 24 93 04.

Paris 474 – Roanne 47 – Ambert 48 – Lyon 115 – Montbrison 44 – St-Étienne 91 – Thiers 24.

Rendez-vous des Chasseurs, Ouest : 2 km par D 53 ☎ 04 77 24 72 51, *Fax 04 77 24 93 40,* ← – TV ☎ P. GB
fermé 13 sept. au 5 oct., vacances de fév., dim. soir et lundi d'oct. à juin – **Repas** 60/200 – 30 – **14 ch** 125/260 – ½ P 165/200.

RENAULT Gar. Dejob, ☎ 04 77 24 70 31 N ☎ 04 77 24 70 31

NOIRLAC (Abbaye de) *18 Cher* 69 ⑪ – *rattaché à St-Amand-Montrond.*

NOIRMOUTIER (Ile de) *85 Vendée* 67 ① *G. Poitou Vendée Charentes – alt. 8.*

Accès : par le pont routier au départ de Fromentine : Passage gratuit.

- par le passage du Gois★★ : 4,5 km.

- pendant le premier ou le dernier quartier de la lune par beau temps (vents hauts) d'une heure et demie environ avant la basse mer, à une heure et demie environ après la basse mer.

- pendant la pleine lune ou la nouvelle lune par temps normal : deux heures avant la basse mer à deux heures après la basse mer.

- en toutes périodes par mauvais temps (vents bas) ne pas s'écarter de l'heure de la basse mer.

La Barbatre *85630 – 1 269 h alt. 5.*

Paris 463 – Nantes 77 – La Roche-sur-Yon 77 – Cholet 115.

X **Bistrot des Iles,** Pointe de la Fosse, au pied du pont, au Sud par D 95 : 5 km ☎ 02 51 39 68 95, *Fax 02 51 35 80 64,* ←, – P. GB
1er avril-1er nov. et fermé mardi soir sauf juil.-août – **Repas** 75/295 ♀.

L'Épine *– 1 653 h alt. 2 – ✉ 85740 .*

Paris 472 – Nantes 86 – La Roche-sur-Yon 86 – Cholet 124 – Noirmoutier-en-l'Ile 4.

Punta Lara , Sud : 2 km par D 95 et rte secondaire ✉ 85680 La Guérinière ☎ 02 51 39 11 58, *Fax 02 51 39 69 12,* ←, , parc, « Dans une pinède en bordure de mer », , – ☎ P – 100. AE GB
1er avril-11 oct. – **Repas** 95 (déj.), 220/290 ♀ – 65 – **63 ch** 695/1200 – ½ P 610/860.

Noirmoutier-en-l'Ile – *4 846 h alt. 8 – ✉ 85330.*

Voir *Collection de faïences anglaises★ au château.*

Office de Tourisme (Pâques – août et vacances scolaires) Annexe: Quai J. Bart ☎ 02 51 39 12 42.

Paris 473 – Nantes 87 – La Roche-sur-Yon 87 – Cholet 125.

Fleur de Sel M, ☎ 02 51 39 21 59, *Fax 02 51 39 75 66*, « Jardin fleuri », – TV ☎ & P – 25. AE GB
mi-fév.-Toussaint – **Repas** *(fermé lundi midi en fév., mars et oct.)* (99) - 125/170 ♀, enf. 70 – ☕ 50 – **35 ch** 480/630 – ½ P 470/670.

Les Douves, 11 r. Douves (face au Château) ☎ 02 51 39 02 72, *Fax 02 51 39 73 09*, – TV ☎ P – 25. AE ⓓ GB
fermé janv. – **Repas** 100/198, enf. 52 – ☕ 40 – **22 ch** 390/455 – ½ P 364/390.

XX **Grand Four,** 1 r. Cure (derrière le Château) ☎ 02 51 39 61 97, *Fax 02 51 39 61 97* – AE GB
fermé 22 nov. au 18 déc., 3 janv. au 3 fév., dim. soir et lundi du 27 sept. au 31 mars – **Repas** 99/295 ♀, enf. 80.

XX **Etier,** rte L'Épine Sud-Ouest : 1 km ☎ 02 51 39 10 28, *Fax 02 51 39 23 00* – P. AE GB
15 fév.-fin sept., vacances de Toussaint et fermé lundi hors saison – **Repas** 75/180 ♀, enf. 45.

XX **Côté Jardin,** 1 bis r. Grand Four (derrière le château) ☎ 02 51 39 03 02, *Fax 02 51 39 24 46* – AE GB
fermé 3 janv. au 7 fév., dim. soir, jeudi soir et lundi sauf vacances scolaires – **Repas** 93/191 ♀, enf. 42.

au Bois de la Chaize *Est : 2 km – ✉ 85330 Noirmoutier.*

Voir *Bois★.*

Les Prateaux, ☎ 02 51 39 12 52, *Fax 02 51 39 46 28*, « Jardin fleuri » – TV ☎ & P. AE ⓓ GB. ✗ ch
15 fév.-15 nov. – **Repas** 150/300 – ☕ 65 – **22 ch** 680/780 – ½ P 430/620.

St-Paul, ☎ 02 51 39 05 63, *Fax 02 51 39 73 98*, « Jardin fleuri », – TV ☎. AE GB. ✗ rest
hôtel : 15 fév.-3 nov. ; rest. : mi-mars-3 nov. – **Repas** 135/315 – ☕ 50 – **37 ch** 510/690 – ½ P 660/690.

Les Capucines (annexe -11 ch), ☎ 02 51 39 06 82, *Fax 02 51 39 33 10*, – TV ☎ & P. AE ⓓ GB. ✗ ch
15 fév.-15 nov. et fermé jeudi midi et merc. d'oct. à mars – **Repas** 59 (déj.), 78/180 ♀, enf. 45 – ☕ 38 – **21 ch** 290/420 – ½ P 300/370.

NOISY-LE-GRAND *93 Seine-St-Denis* 56 ⑪, 101 ⑱ – *voir à Paris, Environs.*

NOIZAY *37 I.-et-L.* 64 ⑮ – *rattaché à Vouvray.*

NOLAY *21340 Côte-d'Or* 69 ⑨ *G. Bourgogne – 1 551 h alt. 299.*

Voir *site★ du Château de la Rochepot E : 5 km – Site★ du Cirque du Bout-du-Monde NE : 5 km.*

Office de Tourisme (juin-sept.) pl. des Halles ☎ 03 80 21 80 73, Fax 03 80 21 72 99.

Paris 312 – Beaune 20 – Chalon-sur-Saône 33 – Autun 29 – Dijon 65.

Halles sans rest, ☎ 03 80 21 76 37, *Fax 03 80 21 76 37* – GB
☕ 35 – **14 ch** 170/250.

XX **Burgonde,** 35 r. République ☎ 03 80 21 71 25, *Fax 03 80 21 88 06* – AE GB
fermé 22 au 29/6, 1 au 15/1, mardi soir, merc. soir et jeudi soir du 15 janv. au 31 mars, dim. soir et lundi – **Repas** 79/278 ♀, enf. 50.

Les NONIÈRES *26 Drôme* 77 ⑭ – *✉ 26410 Châtillon-en-Diois.*

Env. *Cirque d'Archiane★★ O : 9,5 km,* G. Alpes du Sud.

Paris 636 – Die 24 – Gap 84 – Grenoble 71 – Valence 91.

Mont-Barral, ☎ 04 75 21 12 21, *Fax 04 75 21 12 70*, ←, – ☎ P – 25. GB
fermé 15 nov. au 26 déc., mardi soir et merc. – **Repas** 90/200 ♀, enf. 40 – ☕ 36 – **22 ch** 235/280 – ½ P 240/283.

NONTRON 24300 Dordogne 72 ⑮ G. Berry Limousin – 3 558 h alt. 260.

Office de Tourisme 5 r. de Verdun ☏ 05 53 56 25 50, Fax 05 53 60 92 62.

Paris 454 – Angoulême 43 – Libourne 115 – Limoges 65 – Périgueux 49 – Rochechouart 41.

Grand Hôtel, 3 pl. A. Agard (ville haute) ☏ 05 53 56 11 22, *Fax 05 53 56 59 94,* – ☎ P. GB

fermé dim. soir de nov. à mars – **Repas** 85/250 ⚲ – ☐ 34 – **25 ch** 190/310 – ½ P 240/280.

CITROEN Gar. Limousin ☏ 05 53 56 01 42 PEUGEOT Gar. Bayer, ☏ 05 53 56 00 21

NORT-SUR-ERDRE 44390 Loire-Atl. 63 ⑰ – 5 362 h alt. 13.

Paris 371 – Nantes 32 – Ancenis 26 – Châteaubriant 36 – Rennes 81 – St-Nazaire 63.

Bretagne M avec ch, 41 r. A. Briand ☏ 02 40 72 21 95, *Fax 02 40 72 25 07,* – TV ☎ P. GB. ch

fermé vacances de fév., dim. soir et lundi – **Repas** (65) - 80/210 ⚲, enf. 50 – ☐ 35 – **7 ch** 210/280 – ½ P 250.

NORVILLE 76330 S.-Mar. 55 ⑤ – 827 h alt. 50.

Voir *Château d'Etelan★ S : 1 km,* **G. Normandie Vallée de la Seine.**

Paris 170 – Le Havre 45 – Rouen 46 – Bolbec 19 – Honfleur 43 – Lisieux 72.

Aub. de Norville avec ch, ☏ 02 35 39 91 14, *Fax 02 35 38 47 08* – TV ☎. GB

Repas *(fermé dim. soir et lundi)* 70/200, enf. 50 – ☐ 25 – **10 ch** 190/240.

NOTRE-DAME-DE-BONDEVILLE 76 S.-Mar. 55 ⑥ – *rattaché à Rouen.*

NOTRE-DAME-DE-GRAVENCHON 76330 S.-Mar. 55 ⑤ G. Normandie Vallée de la Seine – 8 901 h alt. 35.

Paris 175 – Le Havre 41 – Rouen 50 – Bolbec 14 – Yvetot 25.

Pascal Saunier, 1 r. Amiral Grasset ☏ 02 35 38 60 67, *Fax 02 35 38 30 64,* – TV ☎ P. AE GB

Repas *(fermé 27 juil. au 14 août et dim. soir)* 98/195 ⚲ – **28 ch** ☐ 320/380 – ½ P 470.

PEUGEOT Gar. Patin, r. H.-Dunant ☏ 02 35 38 64 17
RENAULT Gar. Poret, r. D.-Papin ZI ☏ 02 35 38 62 38
Pain Pneu, 30 ter, r. de la République à Lillebonne ☏ 02 35 38 28 90

NOTRE-DAME-DE-MONTS 85690 Vendée 67 ⑪ – 1 333 h alt. 6.

Voir *La Barre-de-Monts : Centre de découverte du Marais breton-vendéen N : 6 km* **G. Poitou Vendée Charentes.**

Paris 458 – La Roche-sur-Yon 64 – Challans 22 – Nantes 72 – Noirmoutier-en-l'Ile 26 – Pornic 45.

Plage, ☏ 02 51 58 83 09, *Fax 02 51 58 97 12,* ←, – TV ☎. AE GB

1er avril-4 oct. – **Repas** 120/380 ⚲, enf. 55 – ☐ 43 – **49 ch** 230/485 – ½ P 326/445.

Centre, pl. Église ☏ 02 51 58 83 05, *Fax 02 51 59 16 62,* – TV ☎ P. GB

fermé 1er janv. au 20 fév. – **Repas** *(fermé le soir du 1er janv. au 20 fév. et lundi)* 68/180, enf. 47 – ☐ 37 – **19 ch** 231/284 – ½ P 242/294.

NOTRE-DAME-DU-HAMEL 27390 Eure 55 ⑭ – 186 h alt. 200.

Paris 152 – L'Aigle 20 – Argentan 51 – Bernay 29 – Évreux 55 – Lisieux 41 – Vimoutiers 29.

Marigotière, ☏ 02 32 44 58 11, *Fax 02 32 44 78 62,* , « Parc en bordure de rivière » – P. GB

fermé 5 au 15 oct., 22 au 28 fév., dim. soir, mardi soir et merc. – **Repas** 149/330 et carte 270 à 370 ⚲.

NOUAN-LE-FUZELIER 41600 L.-et-Ch. 64 ⑲ – 2 274 h alt. 113.

Office de Tourisme pl. de la Gare ☏ 02 54 88 76 75, Fax 02 54 88 19 91.

Paris 177 – Orléans 44 – Blois 58 – Cosne-sur-Loire 72 – Gien 55 – Lamotte-Beuvron 8 – Salbris 13.

Les Charmilles sans rest, D 122-rte Pierrefitte-sur-Sauldre ☏ 02 54 88 73 55, « Parc » – TV ☎ P. GB.

1er avril-30 nov. – ☐ 35 – **13 ch** 240/400.

Moulin de Villiers, rte Chaon, Nord Est : 3 km par D 44 ☏ 02 54 88 72 27, *Fax 02 54 88 78 87,* ←, « En forêt, étang privé », – TV ☎ P. GB.

fermé 1er au 15 sept., 3 janv. au 23 mars, merc. et jeudi en nov. et en déc. – **Repas** 78/190 ⚲ – ☐ 40 – **16 ch** 360 – ½ P 200/300.

XX **Dahu,** 14 r. H. Chapron ✆ 02 54 88 72 88, *Fax 02 54 88 72 88*, « Jardin » – P. GB
fermé 15 fév. au 20 mars, mardi soir et merc. sauf juil.-août – **Repas** (98) - 127/250.

XX **Raboliot,** av. Mairie ✆ 02 54 94 40 00, *Fax 02 54 94 40 04* – ▤. AE GB
fermé 19 janv. au 24 fév., mardi soir de déc. à mars et merc. sauf fériés – **Repas** 90/220 ♀, enf. 55.

Le NOUVION-EN-THIÉRACHE *02170 Aisne 53 ⑮ – 2 905 h alt. 185.*

Paris 196 – St-Quentin 48 – Avesnes-sur-Helpe 19 – Le Cateau 19 – Guise 21 – Hirson 27 – Laon 59 – Vervins 28.

Paix, r. J. Vimont-Vicary ✆ 03 23 97 04 55, *Fax 03 23 98 98 39*, – TV ☎ P. GB
fermé vacances de fév., lundi (sauf hôtel) et dim. soir – **Repas** (75) - 90/220 ♀, enf. 55 – ☕ 35 – **16 ch** 160/300 – ½ P 210/270.

NOUZERINES *23 Creuse 68 ⑳ – rattaché à Boussac.*

NOUZONVILLE *08700 Ardennes 53 ⑱ G. Champagne – 6 970 h alt. 120.*

Paris 240 – Charleville-Mézières 7 – Givet 51 – Rocroi 26.

XX **Potinière,** Nord : 1 km rte Joigny-sur-Meuse ✆ 03 24 53 13 88, *Fax 03 24 53 36 19*, « Jardin fleuri » – P. GB
fermé 17 août au 4 sept., vacances de fév., lundi sauf fériés et dim. soir – **Repas** 100/240.

CITROEN Gar. Brunet, 14 bd J.-B.-Clément ✆ 03 24 53 82 08 N ✆ 03 24 52 91 13

NOVALAISE *73 Savoie 74 ⑮ – rattaché à Aiguebelette-le-Lac.*

NOVES *13550 B.-du-R. 81 ⑫ G. Provence – 4 021 h alt. 97.*

Paris 688 – Avignon 13 – Arles 36 – Carpentras 25 – Cavaillon 15 – Marseille 90 – Orange 33.

Aub. de Noves (Lalleman) ⛰, rte Châteaurenard, 2 km par D 28 ✆ 04 90 24 28 28, *Fax 04 90 24 28 00*, ←, « Belle demeure dans un parc », ⛱, 🎾 – |‡| ▤ TV ☎ P – 🔬 40. AE ⓓ GB JCB
Repas 225/525 et carte 370 à 500 ♀, enf. 140 – ☕ 100 – **19 ch** 1150/1650, 4 appart – ½ P 1120/1370
Spéc. Soufflé d'ail doux sur ''petits gris''. Poulet à l'ail et au cumin. Gratin de fraises des bois, sauce au Grand Marnier. **Vins** Châteauneuf-du-Pape blanc, Lirac.

NOYAL-SUR-VILAINE *35 I.-et-V. 59 ⑰ – rattaché à Rennes.*

NOYON *60400 Oise 56 ③ G. Flandres Artois Picardie* (plan) *– 14 426 h alt. 52.*

Voir *Cathédrale Notre-Dame★★ – Abbaye d'Ourscamps★ 5 km par N 32.*
Env. *Blérancourt : musée national de la coopération franco-américaine SE : 14 km.*
Office de Tourisme pl. Hôtel de Ville ✆ 03 44 44 21 88, Fax 03 44 93 36 39.
Paris 104 – Compiègne 22 – St-Quentin 40 – Amiens 68 – Laon 52 – Péronne 44 – Soissons 40.

Cèdre M, 8 r. Évêché ✆ 03 44 44 23 24, *Fax 03 44 09 53 79*, – TV ☎ ♿ P – 🔬 60. AE GB
Repas 80/130 ♁ – ☕ 38 – **34 ch** 290/350 – ½ P 250.

XXX **Saint-Eloi** avec ch, 81 bd Carnot ✆ 03 44 44 01 49, *Fax 03 44 09 20 90* – TV ☎ P – 🔬 80. AE GB
fermé 20 juil. au 12 août, 26 au 30 déc. et dim. soir – **Repas** 120/230 et carte 210 à 310 ♀ – ☕ 45 – **22 ch** 220/290 – ½ P 290/330.

XX **Dame Journe,** 2 bd Mony ✆ 03 44 44 01 33, *Fax 03 44 09 59 68* – ▤. AE GB
fermé 17 au 31 août, 2 au 8 janv., dim. soir, lundi soir et mardi soir – **Repas** 82/260 ♀.

à Pont l'Évêque *Sud : 3 km par N 32 et D 165 – 659 h. alt. 35 – ✉ 60400 :*

XX **L'Auberge,** ✆ 03 44 44 05 17, *Fax 03 44 44 39 50*, – P. GB
fermé 22 fév. au 8 mars, mardi soir, dim. soir et lundi – **Repas** 105/195 ♀.

AUDI, VOLKSWAGEN Gar. Thiry, 82 bd Carnot ✆ 03 44 44 02 78
CITROEN Gar. Wargnier, 15 av. J.-Jaurès ✆ 03 44 44 05 40
PEUGEOT T.D.A., 69 av. Jean-Jaurès ✆ 03 44 93 57 10
Euromaster, 5 bd E.-Noël ✆ 03 44 44 01 59

NUAILLÉ *49 M.-et-L. 67 ⑥ – rattaché à Cholet.*

NUITS-ST-GEORGES *21700 Côte-d'Or* 66 ⑫ *G. Bourgogne – 5 569 h alt. 243.*

Office de Tourisme r. Sonoys ✆ 03 80 61 22 47, Fax 03 80 61 30 98.

Paris 319 – Beaune 21 – Dijon 22 – Chalon-sur-Saône 45 – Dole 67.

Host. St-Vincent M, r. Gén. de Gaulle ✆ 03 80 61 14 91, *Fax 03 80 61 24 65* – 25 à 40. AE GB JCB
Repas *(fermé 24 au 31 déc., mardi midi et lundi)* 119/230 – 45 – **22 ch** 360/450.

Gentilhommière, rte Meuilley Ouest : 1,5 km ✆ 03 80 61 12 06, *Fax 03 80 61 30 33*, « Parc avec rivière », – 30. AE GB
fermé mi-déc. à mi-janv. – ***Chef Coq*** *(fermé merc. midi et mardi)* **Repas** 140 (déj.), 195/275 – 50 – **20 ch** 390.

à l'échangeur *Autoroute A 31 - carrefour de l'Europe – ✉ 21700 Nuits-St-Georges :*

St-Georges (annexe M 17 ch.), ✆ 03 80 61 15 00, *Fax 03 80 61 23 80*, – rest, – 30. AE GB
Repas 118/350, enf. 50 – 48 – **47 ch** 290/365 – ½ P 300/335.

à Curtil-Vergy *Nord-Ouest : 7 km par D 25, D 35 et rte secondaire – 78 h. alt. 350 – ✉ 21220 :*

Manassès M sans rest, ✆ 03 80 61 43 81, *Fax 03 80 61 42 79*, ≤, « Musée de la vigne et du vin », – AE GB
1er mars-30 nov. – 50 – **7 ch** 400.

Aub. La Ruéllée, ✆ 03 80 61 44 11, *Fax 03 80 61 44 11*, – GB
fermé déc. et lundi – **Repas** 62/142, enf. 50.

MERCEDES Gar. Aubin, ✆ 03 80 61 03 85 ✆ 06 07 62 92 14

PEUGEOT Gar. des Gds Crus, ✆ 03 80 61 02 23 ✆ 03 80 61 02 23

NYONS *26110 Drôme* 81 ③ *G. Provence – 6 353 h alt. 271.*

Voir *Rue des Grands Forts★ – Pont Roman★.*

Office de Tourisme pl. Libération ✆ 04 75 26 10 35, Fax 04 75 26 01 57.

Paris 654 ④ – Alès 108 ③ – Gap 104 ① – Orange 42 ③ – Sisteron 98 ① – Valence 96 ④.

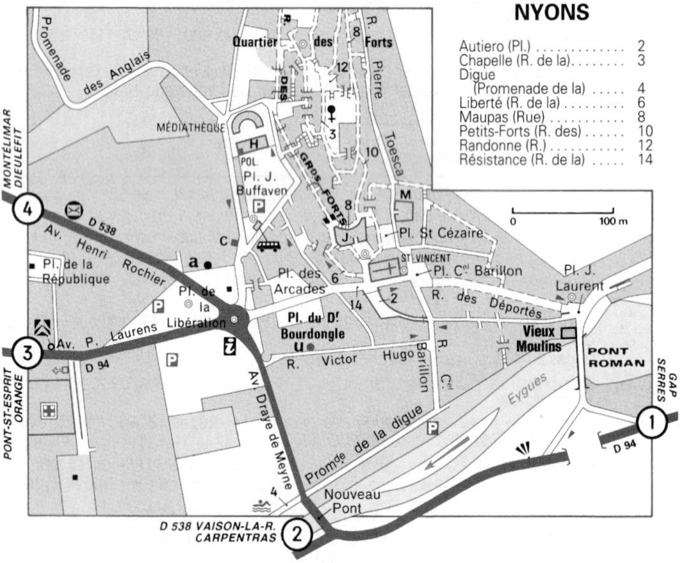

NYONS

Autiero (Pl.)	2
Chapelle (R. de la)	3
Digue (Promenade de la)	4
Liberté (R. de la)	6
Maupas (Rue)	8
Petits-Forts (R. des)	10
Randonne (R.)	12
Résistance (R. de la)	14

Colombet, pl. Libération **(a)** ✆ 04 75 26 03 66, *Fax 04 75 26 42 37* – rest, GB
fermé 18 nov. au 12 janv. – **Repas** 89/240, enf. 66 – 39 – **27 ch** 180/480 – ½ P 240/330.

Caravelle sans rest, r. Antignans par prom. Digue ✆ 04 75 26 07 44, *Fax 04 75 26 23 79*, – GB
fermé 16 nov. au 15 déc. – 48 – **11 ch** 320/395.

Picholine , prom. Perrière par prom. des Anglais Nord : 1 km ✆ 04 75 26 06 21, *Fax 04 75 26 40 72*, ←, , , – TV ☎ P. GB
fermé 19 oct. au 3 nov. et fév. – **Repas** *(fermé lundi soir d'oct. à mai et mardi)* 135/195, enf. 65 – ☕ 42 – **16 ch** 310/390 – ½ P 330/375.

Petit Caveau, 9 r. V. Hugo (u) ✆ 04 75 26 20 21, *Fax 04 75 26 07 28* – . AE GB
fermé déc., dim. soir et lundi sauf fêtes – **Repas** 110/240 ♀.

rte de Gap *par ① : 7 km sur D 94 – ✉ 26110 Nyons :*

Charrette Bleue, ✆ *04 75 27 72 33, Fax 04 75 26 05 72,* – P. GB
fermé 4 janv. au 5 fév., mardi soir sauf juil.-août et merc. – **Repas** 94/172 ♀, enf. 46.

à Mirabel-aux-Baronnies *par ② et D 538 : 7 km – 1 276 h. alt. 263 – ✉ 26110 :*

Coloquinte, av. Résistance ✆ 04 75 27 19 89, *Fax 04 75 27 19 99,* – GB
fermé vacances de fév., jeudi midi et merc. – **Repas** 95 (déj.), 119/169 ♀.

rte d'Orange *par ③ : 6 km sur D 94 – ✉ 26110 Nyons :*

Croisée des Chemins, ✆ 04 75 27 61 19, *Fax 04 75 27 68 55,* – P. GB
fermé 20 au 28 juin, 15 nov. au 21 déc., jeudi soir et vend. – **Repas** 85 (déj.), 115/215 ♀, enf. 45.

CITROEN Central Gar., ✆ 04 75 26 12 11 N ✆ 04 75 26 12 11

OBERHASLACH *67280 B.-Rhin 62 ⑨ G. Alsace Lorraine – 1 333 h alt. 270.*
Paris 479 – Strasbourg 36 – Molsheim 15 – Saverne 31 – St-Dié 59.

Host. St-Florent M, ✆ 03 88 50 94 10, *Fax 03 88 50 99 61* – , rest, TV ☎ ♿ P – 35. AE GB
fermé 1er au 25 janv., dim. soir et lundi – **Repas** 50 (déj.), 85/250 ♀ – ☕ 35 – **24 ch** 220/275 – ½ P 250/275.

OBERNAI *67210 B.-Rhin 62 ⑨ G. Alsace Lorraine* (plan) *– 9 610 h alt. 185.*
Voir *Place du Marché★★ – Hôtel de ville★ – Tour de la Chapelle★ – Ancienne halle aux blés★ – Maisons anciennes★ – Place★ de Boersch NO : 4 km.*
Office de Tourisme Chapelle du Beffroi ✆ 03 88 95 64 13, Fax 03 88 49 90 84.
Paris 487 – Strasbourg 32 – Colmar 48 – Erstein 15 – Molsheim 12 – Sélestat 26.

Parc M , 169 r. Gén. Gouraud ✆ 03 88 95 50 08, *Fax 03 88 95 37 29*, , , , , – TV ☎ ♿ P – 60 à 120. AE GB
fermé 6 au 12 juil. et déc. – **Repas** *(fermé dim. soir et lundi)* 180 (déj.), 200/365, enf. 95 – ☕ 75 – **44 ch** 650/1100, 6 appart – ½ P 550/800.

A la Cour d'Alsace M , 3 r. Gail ✆ 03 88 95 07 00, *Fax 03 88 95 19 21*, , – TV ☎ ♿ P – 60. AE GB JCB.
fermé 23 déc. au 23 janv. – ***Jardin des Remparts*** *(fermé sam. midi, dim. soir et lundi)* **Repas** *(130)*-150(déj.), 198/365♀, enf. 80 – ***Caveau de Gail*** *(fermé merc.)* **Repas** *(130)*-150(déj.), 155/165♀, enf. 80 – ☕ 60 – **43 ch** 680/830 – ½ P 650.

Grand Hôtel sans rest, r. Dietrich ✆ 03 88 95 51 28, *Fax 03 88 95 50 93* – TV ☎ – 80. AE GB JCB
☕ 45 – **44 ch** 400.

Les Jardins d'Adalric M sans rest, r. Mar. Koenig ✆ 03 88 49 90 90, *Fax 03 88 49 91 80*, , – TV ☎ ♿ P – 25. AE GB
☕ 44 – **46 ch** 305/560.

Diligence sans rest, 23 pl. Mairie ✆ 03 88 95 55 69, *Fax 03 88 95 42 46* – TV ☎ P. AE GB
☕ 50 – **26 ch** 247/410.

Annexe Résidence Bel Air   sans rest, à 1 km, – TV ☎ P. AE GB
☕ 50 – **14 ch** 280/327.

Vosges, 5 pl. Gare ✆ 03 88 95 53 78, *Fax 03 88 49 92 65*, – TV ☎ P. GB
fermé 22 juin au 6 juil., 4 au 25 janv., dim. soir hors saison et lundi – **Repas** 87/300 ♀, enf. 50 – ☕ 50 – **22 ch** 270/320 – ½ P 320.

Host. Duc d'Alsace sans rest, 6 r. Gare ✆ 03 88 95 55 34, *Fax 03 88 95 00 92* – TV ☎ – 25. AE GB
fermé fév. voir rest. ***Winstub de Bruno Sohn*** ci-après – ☕ 50 – **19 ch** 330/490.

Winstub de Bruno Sohn, 6 r. Gare ✆ 03 88 48 33 38, *Fax 03 88 95 44 39*, – GB
fermé 26 juil. au 10 août, 1er au 20 janv., dim. et lundi – **Repas** 150 (déj.)/215 ♀.

Cour des Tanneurs, ruelle du canal de l'Ehn ✆ 03 88 95 15 70, *Fax 03 88 95 43 84* – . AE GB
fermé 25 juin au 9 juil., 24 déc. au 14 janv., mardi soir et merc. – **Repas** 60 (déj.), 85/185 ♀.

à Ottrott *Ouest : 4 km – 1 501 h. alt. 268 – ✉ 67530.*

Voir *Couvent de Ste-Odile : ※★★ de la terrasse, chapelle de la Croix★ SO : 11 km - pèlerinage 13 décembre.*

Host. des Châteaux Ⓜ, Ottrott-le-Haut ☎ 03 88 48 14 14, *Fax 03 88 95 95 20*, ≤, , , , – ▣ TV ☎ ♿ P – 🏛 30 à 100. AE ⓓ GB
fermé fév. – **Repas** *(fermé dim. soir et lundi)* 160/450 ♀, enf. 90 – ☕ 65 – **56 ch** 650/880, 6 appart – ½ P 555/825.

Clos des Délices Ⓜ, rte Klingenthal Nord-Ouest : 1 km par D 426 ☎ 03 88 95 81 00, *Fax 03 88 95 97 71*, , « Parc », – ▣ TV ☎ P – 🏛 80. AE ⓓ GB
fermé dim. soir et merc. – **Repas** 120/380 ♀, enf. 85 – ☕ 70 – **23 ch** 480/680 – ½ P 430/520.

A l'Ami Fritz Ⓜ, Ottrott-le-Haut ☎ 03 88 95 80 81, *Fax 03 88 95 84 85*, – TV ☎ ♿ P. AE ⓓ GB
fermé 29 juin au 11 juil. – **Repas** *(fermé merc.)* 125/310 ♀, enf. 50 – ☕ 50 – **22 ch** 330/490 – ½ P 350/410.

Beau Site Ⓜ, Ottrott-le-Haut ☎ 03 88 95 80 61, *Fax 03 88 95 86 41*, – TV ☎ P. AE GB
fermé fév. – **Repas** *(fermé dim. soir et mardi)* 100/260 ♀, enf. 55 – ☕ 55 – **18 ch** 420/900 – ½ P 410/650.

Domaine Le Moulin, rte Klingenthal, Nord-Ouest : 1 km par D 426 ☎ 03 88 95 87 33, *Fax 03 88 95 98 03*, , « Parc », – ▣ TV ☎ ♿ P – 🏛 25. GB
fermé 20 déc. au 15 janv. – **Repas** *(fermé dim. soir de sept. à mai et sam. midi)* 110/260 ♀, enf. 90 – ☕ 42 – **20 ch** 300/420, 3 duplex – ½ P 330/370.

Résidence A l'Ami Fritz sans rest, Ottrott-le-Haut ☎ 03 88 95 87 39, *Fax 03 88 95 84 85*, ≤, – TV ☎ P – 🏛 25. AE ⓓ GB
fermé 29 juin au 11 juil. – ☕ 50 – **17 ch** 275/365.

à Boersch *Ouest : 4 km par D 322 – 1 892 h. alt. 225 – ✉ 67530 :*

Chatelain, ☎ 03 88 95 83 33, *Fax 03 88 95 80 63*, , « Décor rustique, petit musée du tonnelier » – P. AE ⓓ GB
fermé 22 janv. au 12 fév., mardi midi et lundi – **Repas** 120 (déj.), 195/360 ***Winstub :*** Repas carte environ 170 🍷.

CITROEN Gar. Dagorn, 24 A r. Gén.-Gouraud ☎ 03 88 95 52 78
FIAT, LANCIA Gar. Haus, r. Gén.-Leclerc ☎ 03 88 95 53 72 N ☎ 03 88 95 53 72
NISSAN, VOLVO Gar. Gruss, 202 A r. Gén.-Gouraud ☎ 03 88 95 58 48
PEUGEOT Maison-Rouge Autom., 10 r. Gén.-Gouraud ☎ 03 88 49 98 98
RENAULT Wietrich Auto, ZA Sud - 2 r. de l'Artisanat ☎ 03 88 95 36 36 N ☎ 03 88 49 38 88

OBERSTEIGEN *67 B.-Rhin 62 ⑧ G. Alsace Lorraine – ✉ 67710 Wangenbourg.*

Voir *Vallée de la Mossig★ E : 2 km.*

Paris 459 – Strasbourg 38 – Molsheim 27 – Sarrebourg 31 – Saverne 16 – Wasselonne 13.

Host. Belle Vue , ☎ 03 88 87 32 39, *Fax 03 88 87 37 77*, ≤, , , , – ▣ TV ☎ P – 🏛 40. AE GB. ✗ rest
fermé 6 janv. au 8 avril, dim. soir et lundi hors saison – **Repas** 85/290 ♀, enf. 60 – ☕ 50 – **32 ch** 300/400, 6 appart – ½ P 380/480.

OBERSTEINBACH *67510 B.-Rhin 57 ⑱ ⑲ G. Alsace Lorraine – 199 h alt. 239.*

Paris 459 – Strasbourg 68 – Bitche 22 – Haguenau 36 – Wissembourg 26.

Anthon avec ch, ☎ 03 88 09 55 01, *Fax 03 88 09 50 52*, , – ☎ P. GB
fermé janv., mardi et merc. – **Repas** 125/370 et carte 280 à 360 🍷, enf. 70 – ☕ 55 – **9 ch** 300/330 – ½ P 450.

OBJAT *19130 Corrèze 75 ⑧ – 3 163 h alt. 131.*

Paris 470 – Brive-la-Gaillarde 21 – Arnac-Pompadour 22 – Limoges 81 – Tulle 47 – Uzerche 30.

France, av. G. Clemenceau (vers la gare) ☎ 05 55 25 80 38, *Fax 05 55 25 91 87* – rest, TV ☎ P. GB
Repas *(fermé 15 sept. au 5 oct., 24 déc. au 2 janv. et dim. hors saison)* 75/220 ♀ – ☕ 35 – **30 ch** 130/220 – ½ P 180/220.

Pré Fleuri, par rte de Vignols ☎ 05 55 84 13 46, – GB
fermé 25 août au 8 sept., vacances de fév., dim. soir sauf juil.-août et lundi – **Repas** 80/150.

Chez Tony, pl. Gare ☎ 05 55 25 02 23 – GB
fermé juin, dim. soir et lundi – **Repas** 70/180 🍷, enf. 50.

à St-Aulaire *par rte des 4 Chemins : 3 km – 707 h. alt. 251 – ✉ 19130 :*

Bellevue ⑤, ✆ 05 55 25 81 39, *Fax 05 55 84 12 01*, ≤, 🏞 – ☎ 🅿. AE ⓓ GB. ✂ ch
fermé janv., dim. soir et lundi hors saison – **Repas** (49) - 65/150 🍷, enf. 35 – ☕ 35 – **9 ch** 150/270 – ½ P 190/220.

OCHIAZ *01 Ain* 74 ⑤ – *rattaché à Bellegarde-sur-Valserine.*

OCTON *34800 Hérault* 83 ⑤ – *350 h alt. 185.*
Paris 714 – Montpellier 55 – Béziers 57 – Lodève 14.

Mas de Clergues ⑤, ✆ 04 67 96 08 84, ≤, 🏊 – 🅿
Pâques-15 oct. – **Repas** 170 bc, enf. 80 – ☕ 35 – **8 ch** 290/320 – ½ P 310.

ODEILLO *66 Pyr.-Or.* 86 ⑯ – *rattaché à Font-Romeu.*

ODENAS *69460 Rhône* 74 ① – *750 h alt. 300.*
Paris 427 – Mâcon 32 – Bourg-en-Bresse 53 – Lyon 48 – Villefranche-sur-Saône 14.

Christian Mabeau, ✆ 04 74 03 41 79, *Fax 04 74 03 49 40*, 🏞, « Terrasse en bordure des vignes » – GB
fermé dim. soir et lundi – **Repas** 105/320 🍷, enf. 77.

RENAULT Gar. Bénétullière, Le Perréon ✆ 04 74 03 22 67

OGNES *02 Aisne* 56 ③ – *rattaché à Chauny.*

OIE *85140 Vendée* 67 ⑮ – *852 h alt. 102.*
Paris 388 – La Roche-sur-Yon 29 – Cholet 38 – Nantes 62 – Niort 92.

Grand Turc Ⓜ, ✆ 02 51 66 08 74, *Fax 02 51 66 14 13*, 🏊 – 🛗 TV ☎ 📞 🅿. AE ⓓ GB
fermé dim. soir – **Repas** 95/170 🍷, enf. 45 – ☕ 35 – **19 ch** 245/310 – ½ P 285.

CITROEN Gar. SEBA, ✆ 02 51 66 13 98

OIRON *79100 Deux-Sèvres* 68 ② *G. Poitou Vendée Charentes* – *1 009 h alt. 95.*
Voir *Château★ : galerie★★ – Collégiale★.*
Paris 327 – Poitiers 55 – Loudun 15 – Parthenay 41 – Thouars 13.

Relais du Château Ⓜ avec ch, ✆ 05 49 96 54 96, *Fax 05 49 96 54 45*, 🏞 – TV ☎ 📞 ♿. GB
fermé vacances de fév., dim. soir et lundi midi – **Repas** 75/225 🍷 – ☕ 30 – **14 ch** 200/230 – ½ P 148/180.

OISLY *41 L.-et-Ch.* 64 ⑰ – *rattaché à Contres.*

OLARGUES *34390 Hérault* 83 ③ *G. Gorges du tarn* – *512 h alt. 183.*
ℹ *Office de Tourisme (juil.-août) av. de la Gare ✆ 04 67 97 71 26.*
Paris 753 – Béziers 50 – Castres 72 – Lodève 54 – Montpellier 96 – St-Affrique 76.

Domaine de Rieumégé ⑤, 2,5 km par rte St-Pons ✆ 04 67 97 73 99, *Fax 04 67 97 78 52*, 🏞, 🏊, 🌳, 🎾 – ☎ 🅿. AE GB
4 avril-1er nov. – **Repas** 100 (déj.), 160/185 🍷, enf. 60 – ☕ 65 – **14 ch** 395/865 – ½ P 445/520.

OLEMPS *12 Aveyron* 80 ② – *rattaché à Rodez.*

OLÉRON (Ile d') ★ *17 Char.-Mar.* 71 ⑬ ⑭ *G. Poitou Vendée Charentes.*
⛳9 *d'Oléron ✆ 05 46 47 11 59, S par D 126 : 2 km.*
Accès *par le pont viaduc.* **Passage gratuit.**

Boyardville – ✉ *17190 St-Georges-d'Oléron.*
⛳9 *d'Oléron ✆ 05 46 47 11 59, S par D 126 : 2 km.*
Paris 520 – La Rochelle 82 – Marennes 23 – Rochefort 45 – Saintes 64.

Bains avec ch, au port ✆ 05 46 47 01 02, *Fax 05 46 47 16 90* – TV ☎. AE ⓓ GB
21 mai-20 sept. – **Repas** *(fermé merc. en mai et juin.)* 100/150 🍷, enf. 59 – ☕ 35 – **11 ch** 207/265 – ½ P 280/330.

Le Château-d'Oléron – *3 544 h alt. 9* – ✉ *17480*.

Office de Tourisme pl. République ☏ 05 46 47 60 51, Fax 05 46 47 73 65.
Paris 508 – La Rochelle 71 – Royan 40 – Marennes 12 – Rochefort 33 – Saintes 52.

France et rest. Fleur de Sel, 11 r. Mar. Foch ☏ 05 46 47 60 07, *Fax 05 46 75 21 55*, – TV ☎. AE GB
fermé 24 déc. au 15 janv., dim. soir et lundi sauf vacances scolaires – **Repas** 88/195, enf. 55 – 32 – **11 ch** 260/275 – ½ P 280/300.

RENAULT Gar. S.O.A., ☏ 05 46 47 67 22

La Cotinière – ✉ *17310 St-Pierre-d'Oléron.*

Paris 513 – La Rochelle 82 – Royan 51 – Marennes 23 – Rochefort 44 – Saintes 63.

Motel Ile de Lumière sans rest, av. Pins ☏ 05 46 47 10 80, *Fax 05 46 47 30 87*, ←, « Dans les dunes », – cuisinette TV ☎ P. GB
Pâques-fin sept. – **45 ch** 670.

L'Écailler avec ch, 65 r. Port ☏ 05 46 47 10 31, *Fax 05 46 47 10 23*, ←, – TV ☎. AE GB JCB
5 fév.-2 nov. et fermé dim. soir et lundi en oct. – **Repas** 105/387 ♀, enf. 58 – 44 – **8 ch** 445 – ½ P 445.

Grand-Village-Plage *17370 – 718 h alt. 6.*

Voir *Maison de la coiffe et du costume oléronais*★.
Paris 509 – La Rochelle 72 – Royan 41 – Marennes 13 – Rochefort 34 – Saintes 53.

Relais des Salines, au port des Salines, petit village ☏ 05 46 75 82 42, *Fax 05 46 75 21 55*, « Reconstitution d'une cabane ostréicole » – AE GB
15 mars-30 sept. – **Repas** carte 140 à 190, enf. 40.

La Remigeasse – ✉ *17550 Dolus-d'Oléron.*

Paris 515 – La Rochelle 78 – Royan 47 – Marennes 19 – Rochefort 40 – Saintes 59.

Gd Large et rest. Amiral, à la plage ☏ 05 46 75 37 89, *Fax 05 46 75 49 15*, ←, parc, « Dans les dunes, face à la mer », – TV ☎ P. AE GB
fin avril-fin sept. – **Repas** *(fermé lundi midi, mardi midi et merc. midi de fin avril à mi-juin)* 180 (déj.), 280/390 ♀ – 95 – **21 ch** 820/1790, 5 appart – ½ P 845/1315.

St-Georges-d'Oléron *17190 – 3 144 h alt. 10.*

Office de Tourisme pl. de l'Église ☏ 05 46 76 63 75.
Paris 523 – La Rochelle 86 – Marennes 27 – Rochefort 48 – Saintes 67.

aux Sables Vignier *Sud-Ouest : 6 km par rte de Chéray et rte secondaire* – ✉ *17719 0St-Georges-d'Oléron :*

Hermitage, ☏ 05 46 76 52 56, *Fax 05 46 76 67 76*, – rest, TV ☎ P. GB
1er avril-30 sept. – **Repas** *(1er avril-15 sept.)* 89/250, enf. 39 – 36 – **26 ch** 280/360 – ½ P 355.

CITROEN Gar. Verrat, Cheray ☏ 05 46 76 50 14 RENAULT Gar. Levol Jacky, ☏ 05 46 76 51 42

St-Pierre-d'Oléron – *5 365 h alt. 8* – ✉ *17310*.

Voir *Église* ✲★.
Office de Tourisme pl. Gambetta ☏ 05 46 47 11 39, Fax 05 46 47 10 41 et (Pâques-août) à la Cotinière ☏ 05 46 47 09 08.
Paris 518 – La Rochelle 80 – Royan 49 – Marennes 21 – Rochefort 43 – Saintes 62.

Campagne, D 734 ☏ 05 46 47 25 42, *Fax 05 46 75 16 04*, – P. AE GB.
avril-fin nov. et fermé dim. soir et lundi – **Repas** 145/265 et carte 320 à 400.

Moulin du Coivre, D 734 ☏ 05 46 47 44 23 – P. GB
fermé dim. et lundi du 1er sept. au 15 juil. sauf fériés – **Repas** 145/178, enf. 49.

St-Trojan-les-Bains – *1 490 h alt. 5* – ✉ *17370*.

Office de Tourisme carrefour du Port ☏ 05 46 76 00 86, Fax 05 46 76 17 64.
Paris 512 – La Rochelle 75 – Royan 44 – Marennes 16 – Rochefort 37 – Saintes 56.

Novotel M, plage de Gatseau Sud : 2,5 km ☏ 05 46 76 02 46, *Fax 05 46 76 09 33*, ←, centre de thalassothérapie, « En forêt près de la mer », – ch, TV ☎ P – 25. AE GB
fermé 29 nov. au 12 déc. – **Repas** 150, enf. 65 – 65 – **80 ch** 790/840 – ½ P 590/615.

Forêt M, bd P. Wiehn ☏ 05 46 76 00 15, *Fax 05 46 76 14 67*, – rest, TV ☎ P. GB
hôtel : 4 avril-11 nov. ; rest : 4 avril-30 sept. – **Repas** 90/300, enf. 55 – 40 – **43 ch** 310/600 – ½ P 305/450.

L'Albatros, 11 bd Dr Pineau ✆ 05 46 76 00 08, *Fax 05 46 76 03 58*, ←, 🏞 – ▤ rest, TV ☎ P. GB
8 fév.-11 nov. – **Repas** 90/215, enf. 62 – ☕ 46 – **13 ch** 320/359 – ½ P 339/358.

Belle Cordière, 76 r. République ✆ 05 46 76 12 87, 🏞 – AE GB
fermé 15 au 30 mars, 15 nov. au 15 déc., mardi soir et merc. du 1er oct. au 15 juin – **Repas** 90/245 ♀, enf. 55.

Marée, au port ✆ 05 46 76 04 96, *Fax 05 46 76 08 95*, 🏞 – AE ⓓ GB
4 avril-4 oct. et fermé lundi sauf du 15 juin au 14 sept. – **Repas** 78/168 ♀, enf. 48.

OLIVET *45 Loiret* 64 ⑨ *– rattaché à Orléans.*

Les OLLIÈRES-SUR-EYRIEUX *07360 Ardèche* 76 ⑲ ⑳ *– 769 h alt. 200.*
Paris 595 – Valence 33 – Le Cheylard 28 – Lamastre 33 – Montélimar 53 – Privas 19.

Aub. de la Vallée avec ch, ✆ 04 75 66 20 32, *Fax 04 75 66 20 63* – ▤ rest, TV ☎ P. GB. ✻
fermé 22 au 29 sept., 2 fév. au 14 mars, dim. soir et lundi hors saison sauf fériés – **Repas** 98/320 ♀, enf. 65 – ☕ 42 – **7 ch** 250/340 – ½ P 260/310.

*Die numerierten Ausfallstraßen auf den Stadtplänen ①, ②, ③ finden Sie ebenfalls auf den **Michelin-Karten** in Maßstab 1 : 200 000.*

Dadurch wird das Auffinden der Anschlußstrecke erleichtert.

OLLIOULES *83190 Var* 84 ⑭, 114 ㊹ *G. Côte d'Azur – 10 398 h alt. 52.*
Voir *Gorges d'Ollioules*★.
Office de Tourisme (juil.-août) 16 r. Nationale ✆ 04 94 63 11 74, Fax 04 94 63 11 74.
Paris 827 – Toulon 10 – Aix-en-Provence 75 – Marseille 55.

L'Assiette Gourmande, pl. H. Duprat (parvis de l'église) ✆ 04 94 63 04 61, 🏞 – GB
fermé sam. midi et merc. midi en juil.-août, mardi soir et merc. de sept. à juin – **Repas** (nombre de couverts limité, prévenir) *(80)* - 130/195 ♀, enf. 55.

AUDI, VOLKSWAGEN Gar. Star, quart. Lagoubran, chemin des Canniers ✆ 04 94 09 23 12

OLONNE-SUR-MER *85340 Vendée* 67 ⑫ *– 8 546 h alt. 40.*
Paris 448 – La Roche-sur-Yon 34 – Les Sables-d'Olonne 5 – St-Gilles-Croix-de-Vie 25.

au Nord-Ouest *sur D 80 : 7 km – ✉ 85340 Olonne-sur-Mer :*

Aub. de la Forêt, ✆ 02 51 90 52 29, *Fax 02 51 20 11 89*, 🏞 – P. AE ⓓ GB
fermé mi-nov. à mi-déc., lundi et mardi sauf juil.-août – **Repas** 120/320 ♀, enf. 55.

RENAULT Central Garage, 6 av. Ch.-de-Gaulle ✆ 02 51 21 01 07 N ✆ 06 07 56 57 12

OLORON-STE-MARIE SP *64400 Pyr.-Atl.* 85 ⑤ ⑥ *G. Pyrénées Aquitaine – 11 067 h alt. 224.*
Voir *Portail*★★ *de l'église Ste-Marie* **A.**
Office de Tourisme pl. Résistance ✆ 05 59 39 98 00, Fax 05 59 39 43 97.
Paris 818 ⑤ – Pau 34 ② – Bayonne 94 ⑤ – Dax 81 ⑤ – Lourdes 59 ② – Mont-de-Marsan 95 ①.

Plan page suivante

Alysson M, bd Pyrénées ✆ 05 59 39 70 70, *Fax 05 59 39 24 47*, ←, 🏞, 🏊 – |‡|, ▤ rest, TV ☎ ♿ P – 🏛 35. AE GB
Repas *(fermé 23 nov. au 14 déc., dim. soir hors saison et sam. sauf le soir en saison)* 85 (déj.), 120/220, enf. 65 – ☕ 55 – **34 ch** 320/440 – ½ P 330/380.

Brun, pl. Jaca ✆ 05 59 39 64 90, *Fax 05 59 39 12 28* – |‡| TV ☎ ♿. AE GB
Repas snack *(fermé vend. soir et sam.)* 60/120 ♀ – ☕ 25 – **20 ch** 230/260 – ½ P 210.

Paix sans rest, 24 av. Sadi-Carnot ✆ 05 59 39 02 63, *Fax 05 59 39 98 20* – TV ☎ P. GB. ✻
fermé 15 oct. au 15 nov. et dim. d'oct. à juin – ☕ 30 – **24 ch** 150/260. A n

ALFA ROMEO, FIAT Gar. Guiraud, av. Ch.-Moureu ✆ 05 59 39 02 43
AUDI, VOLKSWAGEN Gar. Loustanau, 71 av. d'Espagne à Bidos ✆ 05 59 39 26 55
CITROEN Atomic Garage, 5 av. 14-Juillet ✆ 05 59 39 53 00
PEUGEOT Gar. Tristan, av. de Lattre-de-Tassigny ✆ 05 59 39 10 73 N ✆ 05 59 38 82 44
RENAULT Gar. Haurat, 41 r. Carrérot ✆ 05 59 39 01 93 N ✆ 05 59 38 81 25
RENAULT Gar. Biscay, à Ledeuix par ① ✆ 05 59 39 12 08

Barbosa Pneus, 9 av. du 14 Juillet ✆ 05 59 39 65 00

OLORON-STE-MARIE

Barthou (R. Louis) .... B
Camou (R.) .... B
Gambetta (Pl.) .... B 12
Résistance (Pl. de la) .... B 20

Bellevue (Promenade) .... B 2
Biscondau .... B 3
Bordelongue (R. A.) ..... B 4
Casamayor-Dufaur (R.) .. A 5
Cathédrale (R.) .... A 6
Dalmais (R.) .... B 7
Derème (Av. Tristan) .... A 8
Despourins (R.) .... A 9
Gabe (Pl. Amédée) ...... B 10
Jaca (Pl. de) .... A 13
Jeliotte (R.) .... B 14
Mendiondou (Pl.) .... B 15
Moureu (Av. Charles et Henri) .. A 16
Oustalots (Pl. des) ...... A 18
Pyrénées (Bd. des) .... A 19
St-Grat (Rue) .... A 22
Tassigny (Av. de Lattre de) ..... A 23
Toulet (R. Paul-Jean) .... A 24
Vigny (Av. Alfred de) ..... A 26
4-Septembre (Av. du) .... A 28
14-Juillet (Av. du) .... A 30

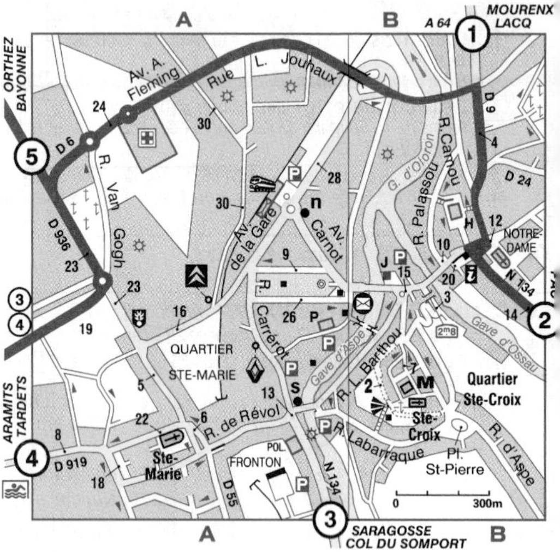

Utilisez toujours les **cartes Michelin** récentes.
Pour une dépense minime vous aurez des informations sûres.

OMAHA BEACH *14 Calvados 54 ④ ⑭ – voir à Vierville-sur-Mer.*

OMONVILLE-LA-PETITE *50440 Manche 54 ① – 137 h alt. 33.*

Paris 380 – Cherbourg 25 – Barneville-Carteret 45 – Nez de Jobourg 7 – St-Lô 103.

Fossardière sans rest, au hameau de la Fosse ✆ 02 33 52 19 83 – ☎ P. GB
15 mars-15 nov. – ☕ 40 – **10 ch** 260/370.

ONZAIN *41150 L.-et-Ch. 64 ⑯ – 3 080 h alt. 69.*

Voir *Château*★★ *de Chaumont-sur-Loire S : 3 km,* G. Châteaux de la Loire.

Golf de la carte à Chouzy-sur-Cisse, N 152 ✆ 02 54 20 49 99.

Paris 198 – Tours 47 – Amboise 21 – Blois 16 – Château-Renault 23 – Montrichard 21.

Domaine des Hauts de Loire M, Nord-Ouest : 3 km par D 1 et voie privée ✆ 02 54 20 72 57, *Fax 02 54 20 77 32,* , « Élégant relais de chasse dans un grand parc », , – TV ☎ & P – 70. AE ① GB.
fermé 1er déc. au 5 fév. – **Repas** *(fermé mardi midi et lundi en mars, nov. et février)* (nombre de couverts limité, prévenir) 310/395 et carte 310 à 560 ♀ – ☕ 88 – **25 ch** 950/1450, 10 appart – ½ P 950/1250
Spéc. Salade d'anguille croustillante à la vinaigrette d'échalotes. Filet de boeuf poché au vin de Montlouis. Pigeonneau du Vendômois rôti, jus de presse à la livèche. **Vins** Touraine.

Château des Tertres sans rest, Ouest : 1,5 km par D 58 ✆ 02 54 20 83 88, *Fax 02 54 20 89 21,* « Gentilhommière dans un parc » – ☎ P. AE GB.
4 avril-11 nov. – ☕ 44 – **14 ch** 400/520.

Host. Les Couronnes , au golf de la Carte, Sud-Est : 4,5 km sur N 152 ✆ 02 54 20 49 00, *Fax 02 54 20 43 78,* , , – TV ☎ & P – 30. AE GB
fermé 1er janv. au 15 mars – **Repas** *(fermé dim . soir et lundi sauf du 1er mai au 1er nov.)* 85/170 ♀ – ☕ 45 – **10 ch** 450/650, 10 duplex – ½ P 400/500.

PEUGEOT Gar. Guyader, ✆ 02 54 20 70 37

OPIO *06650 Alpes-Mar. 84 ⑳, 115 ㉔ – 1 792 h alt. 300.*

Syndicat d'Initiative Mairie ✆ 04 93 77 70 11.

Paris 913 – Cannes 16 – Digne-les-Bains 125 – Draguignan 74 – Grasse 8 – Nice 30.

Mas des Géraniums, à San Peyre Est : 1 km sur D 7 ✆ 04 93 77 23 23, *Fax 04 93 77 76 05,* , « Terrasse ombragée », – P. GB
fermé début déc. à début janv., mardi soir et merc. hors saison – **Repas** 145/185, enf. 65.

ORADOUR-SUR-GLANE *87520 H.-Vienne* 72 ⑥ ⑦ *G. Berry Limousin – 1 998 h alt. 275.*

Voir *"Village martyr" dont la population a été massacrée en juin 1944.*

Paris 409 – Limoges 22 – Angoulême 83 – Bellac 26 – Confolens 34 – Nontron 65.

Milord, ☎ 05 55 03 10 35, *Fax 05 55 03 21 76,* – AE GB

fermé 15 au 30 nov., dim. soir et merc. soir de sept. à juin – **Repas** 60/190 , enf. 35.

ORANGE *84100 Vaucluse* 81 ⑪ ⑫ *G. Provence – 26 964 h alt. 97.*

Voir *Théâtre antique**** **BZ** *– Arc de Triomphe*** **AY** *– Colline St-Eutrope ≤** **BZ.**

du Moulin ☎ 04 90 34 34 04, par ② : 4 km.

Office de Tourisme Cours A.-Briand ☎ 04 90 34 70 88, Fax 04 90 34 99 62 et (avril-sept.) pl. Frères Mounet.

Paris 656 ⑤ – Avignon 31 ⑤ – Alès 83 ⑤ – Carpentras 24 ③ – Montélimar 55 ⑤ – Nîmes 56 ⑤.

ORANGE

République (R. de la) ...... **BY** 9
St-Martin (R.) .... **AY** 13

Arc-de-Triomphe (Av. de l') .... **AY**
Artaud (Av. A.) .... **ABY**
Blanc (R. A.) .... **BZ**
Briand (Crs A.) .... **AYZ**
Caristie (R.) .... **BY** 2
Châteauneuf (R. de) .... **BZ** 3
Clemenceau (Pl. G.) .... **BY** 4
Concorde (R. de la) .... **BY**
Contrescarpe (R. de la) .... **BY**
Daladier (Bd E.) .... **ABY**
Fabre (Av. H.) .... **BY**
Frères-Mounet (Pl. des) .... **BY** 5
Guillaume-le Taciturne (Av.) .... **BY**
Lacour (R.) .... **AY**
Leclerc (Av. Gén.) .... **BZ**
Levade (R. de la) .... **BY**
Mistral (Av. F.) .... **BY** 6
Noble (R. du) .... **ABY**
Pourtoules (Cours) .... **BZ**
Pourtoules (R.) .... **BZ** 7
Princes d'Orange-Nassau (Mtée des) ...... **AZ**
République (Pl. de la) ...... **BY** 8
Roch (R. Madeleine) .... **BZ** 10
St-Clement (Rue) .... **AZ**
St-Florent (R.) .... **BY** 12
St-Jean (Rue) .... **AY**
Tanneurs (R. des) .... **AY** 16
Thermes (Av. des) .... **AZ**
Tourre (R. de) .... **AZ** 20
Victor-Hugo (Rue) .... **AY**

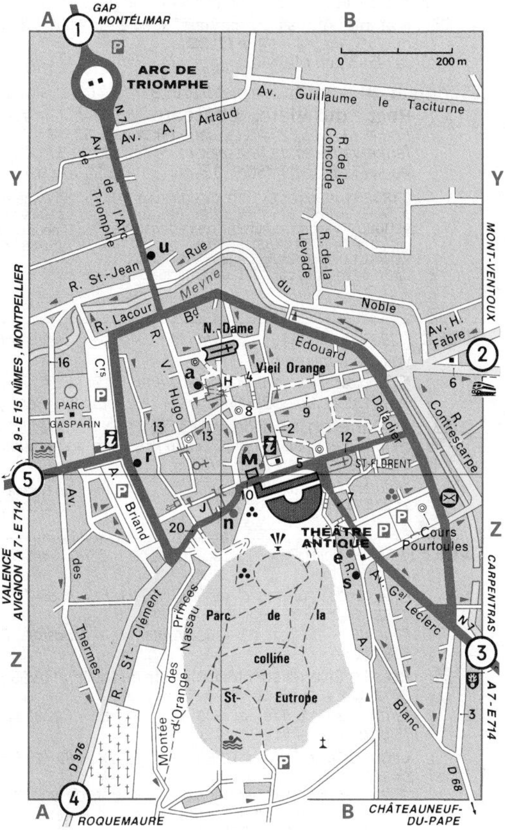

Promeneurs, campeurs, fumeurs,
Soyez prudents !
Le feu est le plus terrible ennemi de la forêt.

Mercure, rte Caderousse par ⑤ ☎ 04 90 34 24 10, *Fax 04 90 34 85 48,* – – 30 à 150. AE GB JCB
Repas *(80)* - 120/160, enf. 55 – 52 – **99 ch** 450/595.

Arène sans rest, pl. Langes ☎ 04 90 11 40 40, *Fax 04 90 11 40 45* – . AE GB JCB — AY a
fermé 8 au 30 nov. – 45 – **30 ch** 440/500.

Glacier sans rest, 46 cours A. Briand ☎ 04 90 34 02 01, *Fax 04 90 51 13 80* – . AE GB JCB — AY r
fermé 22 déc. au 1er fév. et dim. de nov. à Pâques – 40 – **28 ch** 260/300.

Ibis, rte Caderousse par ⑤ ☎ 04 90 34 35 35, *Fax 04 90 34 96 47*, 🌳, 🏊 – ⇔, ▤ ch, TV ☎ ♿ P – 🏛 30. AE ⓓ GB
Repas *(75)* - 95 ♀, enf. 39 – ☕ 35 – **72 ch** 290/320.

St-Jean sans rest, 7 cours Pourtoules ☎ 04 90 51 15 16, *Fax 04 90 11 05 45* – TV ☎ P. GB
☕ 30 – **23 ch** 260/300. BZ s

Campanile, rte Caderousse par ⑤ ☎ 04 90 51 68 68, *Fax 04 90 34 04 67*, 🌳 – ⇔, ▤ rest, TV ☎ ☏ ♿ P. AE ⓓ GB
Repas *(66)* - 84 bc/107 bc, enf. 39 – ☕ 34 – **39 ch** 278.

Parvis, 3 cours Pourtoules ☎ 04 90 34 82 00, *Fax 04 90 51 18 19*, 🌳 – ▤. AE ⓓ GB
fermé 9 nov. au 2 déc., 20 janv. au 1er fév., dim. soir (sauf juil.-août) et lundi – **Repas** 105/225 ♀. BZ e

Yaca, 24 pl. Silvain ☎ 04 90 34 70 03, 🌳 – GB BZ n
fermé nov., mardi soir d'oct. à juin et merc. – **Repas** 65/125 ♀, enf. 45.

par ① *N 7 et rte secondaire : 4 km – ✉ 84100 Orange :*

Mas des Aigras 🐦 sans rest, ☎ 04 90 34 81 01, *Fax 04 90 34 05 66*, « Joli mas provençal », 🏊, 🌲, 🎾 – TV ☎ P. GB
☕ 50 – **11 ch** 410/460.

à Sérignan-du-Comtat *par ① et D 976 : 8 km – 2 069 h. alt. 80 – ✉ 84830 :*

Host. du Vieux Château 🐦 avec ch, rte Ste-Cécile ☎ 04 90 70 05 58, *Fax 04 90 70 05 62*, 🌳, 🏊, 🌲 – TV ☎ ♿ P. AE GB
fermé vacances de Toussaint et de fév., 20 au 31 déc., dim. soir et lundi d'oct. à avril – **Repas** 100 bc (déj.), 150/350 ♀, enf. 60 – ☕ 50 – **7 ch** 400/800 – ½ P 340/540.

CITROEN Gar. Bernard, N 7 rte d'Avignon par ③ ☎ 04 90 11 48 48
PEUGEOT Orangeoise-Autom., rte de Jonquières par ③ ☎ 04 90 34 61 83
RENAULT Orange Services Autom., 956 bd de Lattre-de-Tassigny par ① ☎ 04 90 11 15 15 N ☎ 08 00 05 15 15

Ⓜ Ayme-Pneus, rte de Caderousse ☎ 04 90 34 24 65
Pneus Service, 280 av. de Lattre-de-Tassigny ☎ 04 90 34 14 66

ORBEC *14290 Calvados* 55 ⑭ *G. Normandie Vallée de la Seine – 2 642 h alt. 110.*
Voir *Vieux manoir★.*
Syndicat d'Initiative r. Guillonnière, ☎ 02 31 32 87 15.
Paris 170 – L'Aigle 38 – Alençon 79 – Argentan 52 – Bernay 17 – Caen 76 – Lisieux 22.

Au Caneton, r. Grande ☎ 02 31 32 73 32, *Fax 02 31 62 48 91* – AE GB JCB
fermé 31 août au 7 sept., 2 au 16 janv., dim. soir et lundi sauf fêtes – **Repas** (nombre de couverts limité, prévenir) 98/330.

CITROEN Gar. Decaux, à la Vespière ☎ 02 31 32 80 49

Ⓜ Normandie Pneu Maintenance, à la Vespière ☎ 02 31 32 28 20

ORBEY *68370 H.-Rhin* 62 ⑱ *G. Alsace Lorraine – 3 282 h alt. 550 – Sports d'hiver Voir "Le Bonhomme".*
Office de Tourisme ☎ 03 89 71 30 11, Fax 03 89 71 34 11 et (mi-juin/mi-sept.) Wagon d'Accueil ☎ 03 89 47 53 11.
Paris 460 – Colmar 21 – Gérardmer 41 – Munster 20 – Ribeauvillé 22 – St-Dié 40 – Sélestat 37.

Bois Le Sire et son Motel, r. Ch. de Gaulle ☎ 03 89 71 25 25, *Fax 03 89 71 30 75*, 🏊 – TV ☎ ♿ P – 🏛 25. AE GB
fermé 3 janv. au 4 fév. et lundi sauf juil.-août – **Repas** 54 (déj.), 90/310 ♀, enf. 50 – ☕ 50 – **35 ch** 260/380 – ½ P 290/335.

Croix d'Or, r. Église ☎ 03 89 71 20 51, *Fax 03 89 71 35 60*, 🌳 – ▤ rest, TV ☎. AE ⓓ GB. ✂ rest
1er avril-16 nov., week-ends en déc., vacances de Noël et de fév. et fermé merc. hors saison – **Repas** *(fermé merc. sauf le soir en saison et lundi en saison)* 80/180 ♀, enf. 59 – ☕ 45 – **19 ch** 270/300 – ½ P 285/320.

Aux Bruyères, r. Ch. de Gaulle ☎ 03 89 71 20 36, *Fax 03 89 71 35 30* – ⇅ TV ☎ P. AE ⓓ GB
fermé 26 oct. au 19 déc., 3 janv. au 10 fév. et 26 fév. au 3 avril – **Repas** 75/165 ♀, enf. 48 – ☕ 38 – **29 ch** 260/350 – ½ P 245/305.

à Basses-Huttes *Sud : 4 km par D 48 – ✉ 68370 Orbey :*

Wetterer 🐦, ☎ 03 89 71 20 28, *Fax 03 89 71 36 50* – ☎ P. GB. ✂
fermé 9 nov. au 18 déc. et merc. sauf vacances scolaires – **Repas** *(fermé mardi soir sauf vacances scolaires et merc. sauf le soir en saison)* 85/195 ♀, enf. 45 – ☕ 38 – **16 ch** 200/280 – ½ P 245/255.

à Pairis *Sud-Ouest : 3 km sur D 48ᴵᴵ – ✉ 68370 Orbey.*
Voir *Lac Noir★ : ≤★ 30 mn O : 5 km.*

Bon Repos, ✆ 03 89 71 21 92, *Fax 03 89 71 24 51*, – ☎ P. GB
fermé 12 nov. au 20 déc. et merc. sauf le soir en juil.-août – **Repas** 80/160, enf. 48 – 35 – **18 ch** 160/235 – ½ P 250.

CITROEN Gar. Eberlé, ✆ 03 89 71 20 35 N ✆ 03 89 71 23 45

ORCHAMPS-VENNES *25390 Doubs 66 ⑰ G. Jura – 1 497 h alt. 795.*
Voir *Grandfontaine-Fournets : tuyé★ de la ferme du Montagnon E : 4 km.*
Env. *La Roche du Prêtre ≤★★★ sur le Cirque de Consolation★★ NE : 13 km.*
Paris 453 – Besançon 48 – Baume-les-Dames 41 – Montbéliard 70 – Morteau 18 – Pontarlier 36.

Barrey, pl. Église ✆ 03 81 43 50 97, *Fax 03 81 43 62 68*, – TV ☎. GB
fermé 18 au 25 janv., dim. soir et lundi – **Repas** 70 (déj.), 95/260 ♀, enf. 45 – 40 – **11 ch** 220 – ½ P 240.

CITROEN Gar. Cartier, ✆ 03 81 43 60 52 N ✆ 03 81 43 57 72
RENAULT Gar. Gaiffe, ✆ 03 81 43 52 36 N ✆ 03 81 43 54 75

ORCHIES *59310 Nord 51 ⑯, 111 ㉝ – 6 945 h alt. 40.*
Paris 217 – Lille 28 – Denain 28 – Douai 19 – St-Amand-les-Eaux 19 – Tournai 18 – Valenciennes 30.

Manoir M, Ouest par rte Seclin ✆ 03 20 64 68 68, *Fax 03 20 64 68 69*, – TV ☎ P – 30. AE GB
Repas *(fermé dim. soir et soirs fériés)* (60) - 75/300 ♀, enf. 55 – 55 – **34 ch** 300/550 – ½ P 270/350.

Chaumière, Sud : 3 km D 957, rte Marchiennes ✆ 03 20 71 86 38, *Fax 03 20 61 65 91*, , – P. AE GB
fermé fév., dim. soir et lundi – **Repas** 80/320 bc.

ORCIÈRES *05170 H.-Alpes 77 ⑰ G. Alpes du Sud – 841 h alt. 1446 – Sports d'hiver à Orcières-Merlette : 1 450/2 650 m 2 25 .*
Env. *Vallée du Drac Blanc★★ NO : 14 km.*
Office de Tourisme ✆ 04 92 55 89 89, Fax 04 92 55 89 75.
Paris 680 – Briançon 112 – Gap 33 – Grenoble 116 – La Mure 76 – St-Bonnet-en-Champsaur 26.

Poste, ✆ 04 92 55 70 04, *Fax 04 92 55 73 38*, – ☎. AE GB
Repas *(fermé dim. soir et lundi soir en mai et du 8 sept. au 14 déc.)* (50) - 90/160, enf. 45 – 35 – **21 ch** 290/340 – ½ P 285/295.

à Merlette *Nord : 5 km par D 76 – ✉ 05170 Orcières :*

Les Gardettes, ✆ 04 92 55 71 11, *Fax 04 92 55 77 26*, ≤ – TV ☎ P. GB
15 juin-15 sept. et 1er déc.-30 avril – **Repas** 88/128 ♀ – 38 – **15 ch** 330/410 – ½ P 310/355.

ORCINES *63 P.-de-D. 73 ⑭ – rattaché à Clermont-Ferrand.*

ORCIVAL *63210 P.-de-D. 73 ⑬ G. Auvergne – 283 h alt. 840.*
Voir *Basilique Notre-Dame★★.*
Syndicat d'Initiative ✆ 04 73 65 92 25.
Paris 447 – Clermont-Ferrand 27 – Aubusson 85 – Le Mont-Dore 18 – Rochefort-Montagne 6 – Ussel 57.

Roche sans rest, ✆ 04 73 65 82 31 – ☎. GB.
fermé 15 nov. au 20 déc. et vend. hors saison – 30 – **9 ch** 165/250.

Les Bourelles sans rest, ✆ 04 73 65 82 28, ≤, – P.
Pâques-1er oct. – 27 – **7 ch** 135/175.

RENAULT Gar. Bony, N 89 Massagettes à St-Pierre-Roche ✆ 04 73 65 99 00 N ✆ 04 73 65 88 64

ORDINO *86 ⑭ – voir à Andorre (Principauté d').*

ORGEVAL *78 Yvelines 55 ⑲,, 101 ⑪ – voir à Paris, Environs.*

ORGNAC-L'AVEN *07150 Ardèche* 80 ⑨ *– 327 h alt. 190.*
*Voir Aven d'Orgnac*** *NO : 2 km,* **G. Vallée du Rhône.**
Paris 656 – Alès 44 – Aubenas 52 – Pont-St-Esprit 22.

Stalagmites, ✆ 04 75 38 60 67, *Fax 04 75 38 66 02,* – ☎ P
avril-oct. – **Repas** 72/148 ♀, enf. 45 – ☕ 26 – **24 ch** 150/250 – 1/2 P 180/218.

ORINCLES *65 H.-Pyr.* 85 ⑧ *– rattaché à Lourdes.*

ORLÉANS P *45000 Loiret* 64 ⑨ *G. Châteaux de la Loire – 105 111 h Agglo. 243 153 h alt. 100.*
Voir *Cathédrale Ste-Croix** **EY** *: boiseries*** *– Maison de Jeanne d'Arc** **DZ E** *– Quai Fort-des-Tourelles ≤** **EZ 60** *– Musée des Beaux-Arts*** **EY M**[1] *– Musée Historique** **EZ M**[2] *– Muséum d'histoire naturelle** **EY M**[3].
Env. *Olivet : parc floral de la Source*** *SE : 8 km* **CZ.**
18 *d'Orléans Donnery* ✆ *02 38 59 25 15, E : 17 km par N 460* **CY**; 18 *Parc de Limere* ✆ *02 38 63 89 40, S : 9 km par D 326* **BZ**; 18 *de Marcilly* ✆ *02 38 76 11 73, SE par D 14 et D 108 : 18 km.*
Office de Tourisme et Accueil de France pl. Albert-1er ✆ *02 38 24 05 05, Fax 02 38 54 49 84 – Automobile Club du Loiret r. A.-Brillat-Savarin, Expo-Sud* ✆ *02 38 66 50 50, Fax 02 38 66 30 31.*
Paris 130 ⑪ – Caen 272 ⑪ – Clermont-Ferrand 298 ⑥ – Dijon 299 ③ – Limoges 268 ⑥ – Le Mans 141 ⑩ – Reims 266 ③ – Rouen 207 ⑪ – Tours 115 ⑨.

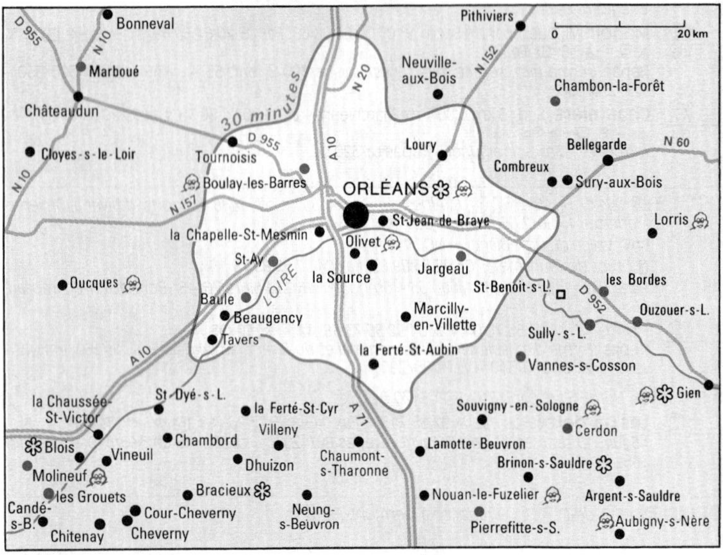

Mercure M, 44 quai Barentin ✆ 02 38 62 17 39, *Fax 02 38 53 95 34,* ≤, – TV ☎ & P – 100. AE GB JCB DZ t
Le Gourmandin : **Repas** 145 ♀, enf. 55 – ☕ 57 – **105 ch** 505/555.

Terminus sans rest, 40 r. République ✆ 02 38 53 24 64, *Fax 02 38 53 24 18* – TV ☎ – 25. AE GB EY z
fermé 23 déc. au 6 janv. – ☕ 40 – **47 ch** 320/370.

d'Arc sans rest, 37 r. République ✆ 02 38 53 10 94, *Fax 02 38 81 77 47* – TV ☎. AE GB JCB EY g
☕ 50 – **35 ch** 360/450.

Sanotel sans rest, 16 quai St-Laurent ✆ 02 38 54 47 65, *Fax 02 38 62 05 91* – TV ☎ P – 100. AE GB DZ q
☕ 35 – **50 ch** 296/370.

des Cèdres sans rest, 17 r. Mar. Foch ✆ 02 38 62 22 92, *Fax 02 38 81 76 46,* – TV ☎. AE GB JCB DY b
☕ 35 – **35 ch** 250/380.

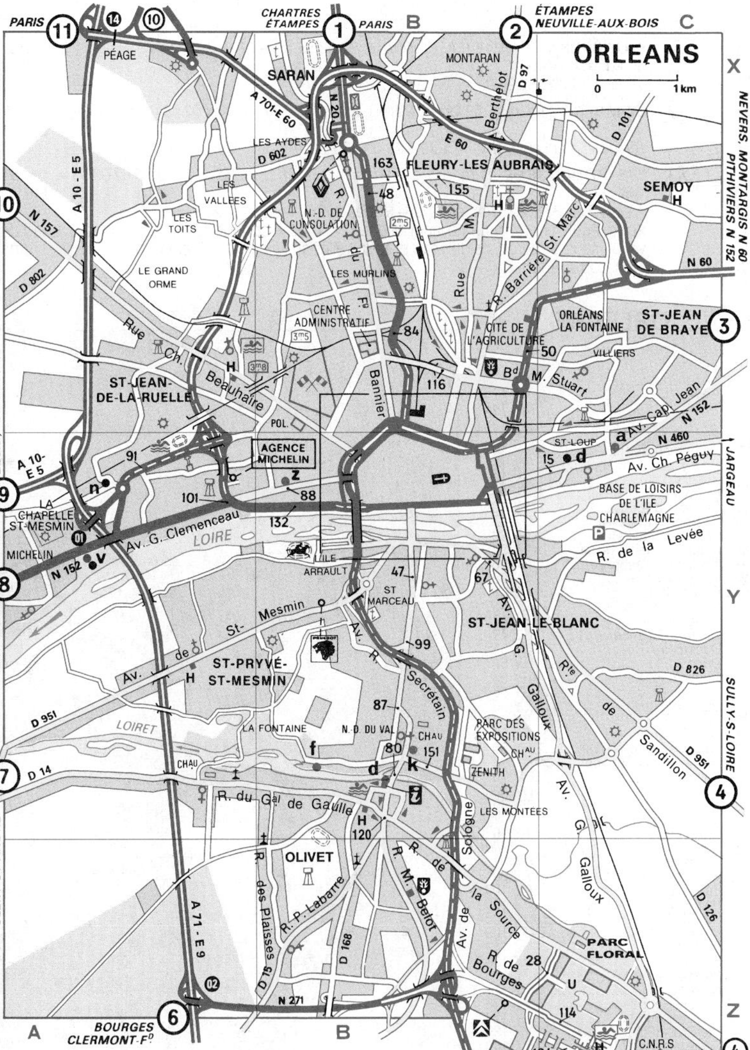

ORLÉANS

- Bourgogne (R. Fg-de) . . CY 15
- Dauphine (Av.) . . . . BY 47
- Droits-de-l'Homme (Av. des) . . . . BCX 50
- Libération (Av. de la) . . . BX 84
- Madeleine (R. Fg) . . . . . BY 88
- Olivet (Rte d') . . . . BY 99
- Québec (Bd de) . . . . BX 116
- St-Laurent (Quai) . . . . ABY 132

FLEURY-LES-AUBRAIS

- Dessaux (R. André) . . . . BX 48
- Verdun (R. de) . . . . BX 155
- 11-Octobre (R. du) . . . . . BX 163

OLIVET

- Leclerc (Pont Mar.) . . . . BY 80
- Loiret (Av. du) . . . . BY 87
- République (Pl.) . . . . BY 120
- Verdun (Av. de) . . . . BY 151

ST JEAN-DE-LA-RUELLE

- Mendès-France (Av. P.) . AY 91
- Paul-Bert (Pl.) . . . . AY 101

ST JEAN-LE-BLANC

- Gaulle (R. du Gén.-de) . . BY 67

LA SOURCE

- Bolière (Av. de la) . . . . . . CZ 10
- Chateaubriand (R.) . . . . . CZ 26
- Châteauroux (R. de) . . . BCZ 28
- Concyr (Av. de) . . . . CZ 40
- George-Sand (R.) . . . . . . CZ 69
- Hôpital (Av. de l') . . . . . . BZ 71
- Montesquieu (Av.) . . . . . CZ 93
- Prés.-Kennedy (Av.) . . . . CZ 114
- Recherche Scientifique (Av. de la) . . . . CZ 119
- Romain-Rolland (R.) . . . . CZ 124

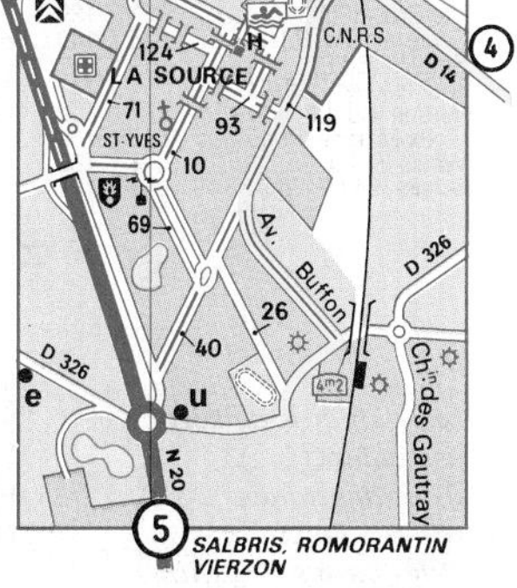

d'Orléans sans rest, 6 r. A. Crespin ☎ 02 38 53 35 34, *Fax 02 38 53 68 20* – |‡| TV ☎ . AE ① GB EY t
☕ 38 – **18 ch** 260/390.

St-Martin sans rest, 52 bd A. Martin ☎ 02 38 62 47 47, *Fax 02 38 81 13 28* – TV ☎. GB. EY r
fermé 23 déc. au 2 janv. – ☕ 30 – **22 ch** 135/300.

XXX ✿ **Les Antiquaires** (Bardau), 2 r. au Lin ☎ 02 38 53 52 35, *Fax 02 38 62 06 95* – ▤. AE GB EZ d
fermé 2 au 24 août, dim. et lundi – **Repas** 200/320 et carte 230 à 380
Spéc. Petits choux farcis de langoustines à la moelle et fleur de sel (oct. à fin fév.). Quasi de veau "sous la mère", ris de veau et tagliatelles au foie gras. Gibier (1er oct. à fin janv.). **Vins** Menetou, Chinon.

ORLÉANS

Bannier (R.) **DY**
Jeanne-d'Arc (R.) **EY**
République (R. de la) **EY**
Royale (R.) **EZ** 125
Tabour (R. du) **EZ** 145

Antigna (R.) **DY** 4
Bothereau (R. R.) **FY** 14
Bourgogne (R. Fg-de) **FZ** 15
Brésil (R. du) **FY** 16
Bretonnerie (R. de la) **DEY** 17
Briand (Bd A.) **FY** 19
Champ-de-Mars (Av.) **DZ** 25
Châtelet (Square du) **EZ** 32
Charpenterie (R. de la) **EZ** 34
Chollet (R. Théophile) **EY** 36
Claye (R. de la) **FY** 38
Coligny (R.) **FZ** 39
Croix-de-la-Pucelle (R.) **EZ** 43
Dauphine (Av.) **EZ** 47
Dolet (R. Étienne) **EZ** 49
Ducerceau (R.) **EZ** 51
Dunois (Pl.) **DY** 52
Dupanloup (R.) **EFY** 53
Escures (R. d') **EY** 55
Étape (Pl. de l') **EY** 56
Ételon (R. de l') **FY** 57
Folie (R. de la) **FZ** 58
Fort-des-Tourelles (Q.) **EZ** 60
Gaulle (Pl. du Gén.-de) **DZ** 65
Hallebarde (R. de la) **DY** 70
Madeleine (R. Fg) **DZ** 88
Manufacture (R. de la) **FY** 89
Motte-Sanguin (Bd de la) **FZ** 95
Notre-Dame-de-Recouvrance (R.) **DZ** 97
Oriflamme (R. de l') **FZ** 98
Parisie (R.) **EZ** 100
Poirier (R. du) **EZ** 106
Pte-Madeleine (R.) **DY** 108
Pte-St-Jean (R.) **DY** 109
Pothier (R.) **EZ** 112
Prague (Quai) **DZ** 113
Pressoir (R. du) **FY** 115
Rabier (R. F.) **EY** 117
St-Euverte (Bd) **FYZ** 126
St-Euverte (R.) **FY** 127
Ste-Croix (Pl.) **EYZ** 139
Secrétain (Av. R.) **DZ** 140
Segellé (Bd P.) **FY** 141
Tour Neuve (R. de la) **FZ** 147
Verdun (Bd de) **DY** 152
Vieux-Marché (Pl.) **DZ** 159
Weiss (R. L.) **FY** 160
6-Juin-1944 (Pl. du) **FY** 162

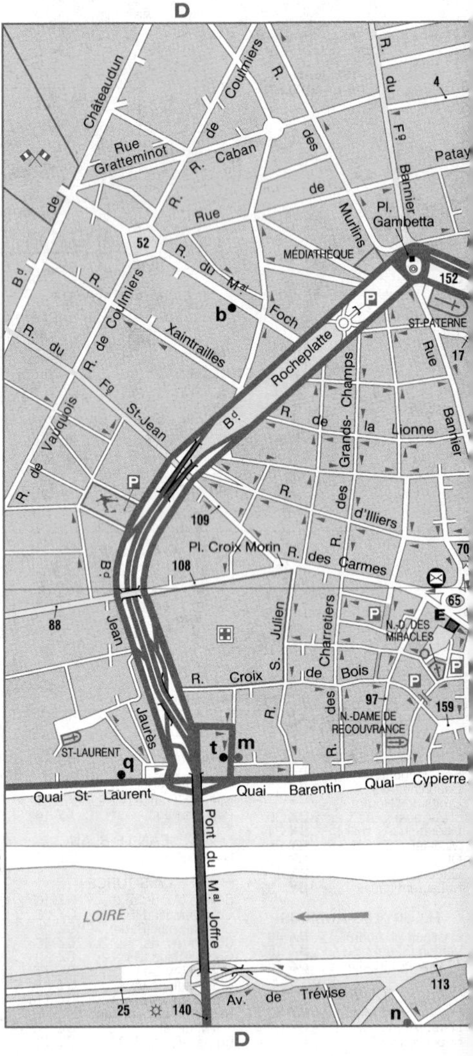

Les numéros de sorties des villes ①, ②... sont identiques sur les ***plans*** *et les* ***cartes Michelin.***

XXX **Poutrière** (Le Bras), 8 r. Brèche ✉ 45100 ☎ 02 38 66 02 30, *Fax 02 38 51 19 38*, –
✿ AE ⓓ GB JCB EZ s
fermé 24 déc. au 15 janv., dim. soir et lundi – **Repas** (nombre de couverts limité, prévenir) 189/265 et carte 240 à 410
Spéc. Terrines de gibier (oct. à janv.). Homard breton rôti à la coque, flambé au whisky. Croquant de pommes tièdes caramélisées, sorbet abricot. **Vins** Sancerre.

XX **Florian,** 70 bd A. Martin ☎ 02 38 53 08 15, *Fax 02 38 53 08 49*, – AE ⓓ GB EY p
fermé 9 au 30 août et dim. – **Repas** 120/210 ♀.

XX **Eugène,** 24 r. Ste-Anne ☎ 02 38 53 82 64, *Fax 02 38 54 31 89* – AE GB EY u
fermé 2 au 24 août, 24 au 30 déc., sam. midi, lundi midi et dim. – **Repas** (nombre de couverts limité, prévenir) 125/180.

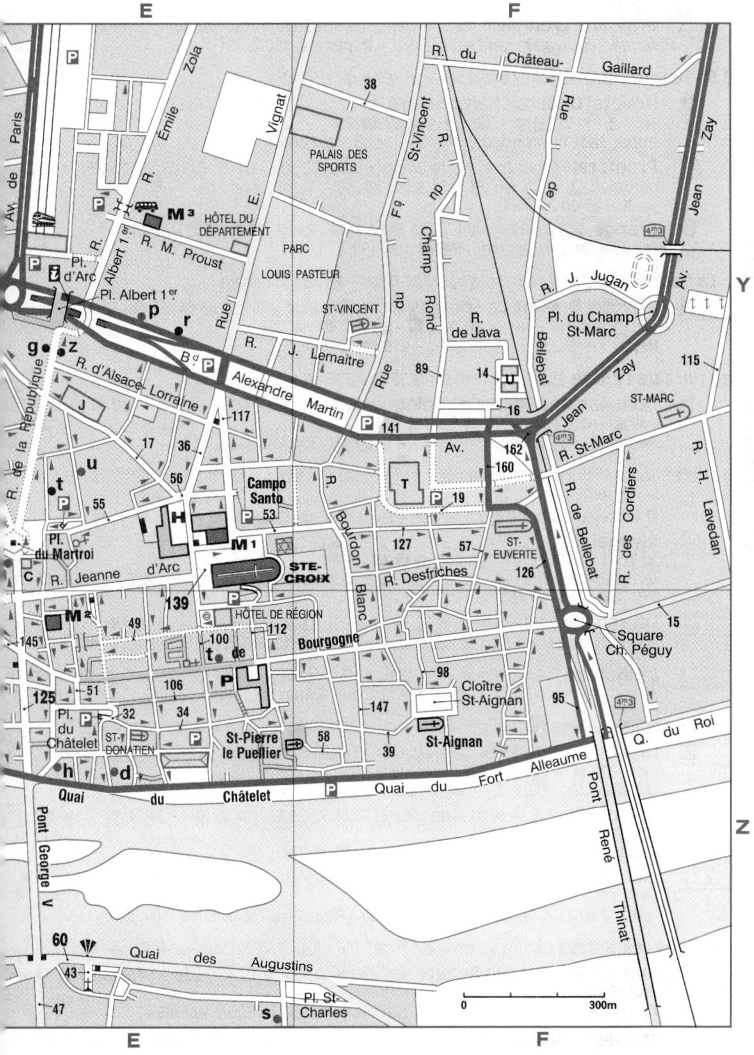

XX **L'Archange,** 66 r. fg Madeleine ☎ 02 38 88 64 20, *Fax 02 38 43 08 81*, 🏞 – ◑ GB
fermé 3 au 24 août, vacances de fév., mardi soir de sept. à juin, dim. sauf le midi de sept. à juin et lundi – **Repas** 80/194 ♀, enf. 60. BY z

XX **L'Ambroisie,** 222 r. Bourgogne ☎ 02 38 68 13 33, *Fax 02 38 75 00 03* – ▤. AE GB
fermé dim. – **Repas** *(65 bc)* - 145 ♀. EZ t

XX **Chancellerie,** pl. Martroi ☎ 02 38 53 57 54, *Fax 02 38 77 09 92*, 🏞 – AE GB EY a
fermé vacances de fév. et dim. – **Repas** 130/148 ♀, enf. 45 - ***Brasserie :*** Repas carte 120 à 220 ♀, enf.45.

X **Loire,** 6 r. J. Hupeau ☎ 02 38 62 76 48 – AE ◑ GB EZ h
fermé 3 au 17 août, sam. midi et dim. – **Repas** 100/290 ♀, enf. 60.

X **des Plantes,** 44 r. Tudelle ☎ 02 38 56 65 55, *Fax 02 38 51 33 27* – ▤. AE GB DZ n
fermé 1er au 8 mai, 27 juil. au 18 août, sam. midi, lundi soir et dim. – **Repas** (prévenir) 105/230.

X **Brasserie Lyonnaise,** 82 r. Turcies ☎ 02 38 53 15 24, *Fax 02 38 54 67 54* – ▤. AE GB
fermé 9 au 16 août, sam. midi et dim. – **Repas** *(79)* - 110 ♀. DZ m

à St-Jean-de-Braye *Est : 4 km* - **CXY** – *16 387 h. alt. 108* – ✉ *45800 :*

Novotel Orléans Charbonnière, N 152 ☎ 02 38 84 65 65, *Fax 02 38 84 66 61*, 🏞, 🏊, 🌳 – |♦| ⇔ ▤ TV ☎ ♿ P – 🏛 150. AE ◑ GB
Repas carte environ 170 ♀, enf. 50 – ☕ 55 – **107 ch** 440/495.

Promotel M sans rest, 117 fg Bourgogne ☎ 02 38 53 64 09, *Fax 02 38 62 70 62*, « Jardin ombragé, 🏊 » – |♦| ⇔ TV ☎ 📞 ♿ P. GB. ✗ CY d
☕ 40 – **83 ch** 260/350.

XX **Grange,** 205 fg Bourgogne ☎ 02 38 86 43 36, *Fax 02 38 61 52 15* – AE GB CY a
fermé août, dim. et lundi – **Repas** 105/150.

à La Source *Sud-Est : 11 km carrefour N 20-D 326* – ✉ *45100 Orléans :*

Novotel Orléans La Source M, r. H. de Balzac ☎ 02 38 63 04 28, *Fax 02 38 69 24 04*, 🏞, 🏊, 🌳, 🎾 – ⇔ ▤ TV ☎ ♿ P – 🏛 200. AE ◑ GB CZ u
Repas 103/120 ♀, enf. 50 – ☕ 55 – **119 ch** 425/495.

au parc de Limère *Sud-Est : 13 km par N 20 et D 326* – ✉ *45160 Ardon :*

Domaine des Portes de Sologne M 🐌, ☎ 02 38 49 99 99, *Fax 02 38 49 99 00*, 🏞, 🌳, 🎾 – |♦| TV ☎ ♿ P – 🏛 300. AE GB CZ e
Repas 125/175 ♀, enf. 60 – ☕ 60 – **117 ch** 460/700 – 1/2 P 445/535.

à Olivet *Sud : 5 km par av. Loiret et bords du Loiret G. Châteaux de la Loire – 17 572 h. alt. 100 –* ✉ *45160.*

🅘 *Office de Tourisme 333 r. du Gén-de-Gaulle* ☎ *02 38 63 49 68, Fax 02 38 64 06 14.*

Rivage M 🐌, 635 r. Reine Blanche ☎ 02 38 66 02 93, *Fax 02 38 56 31 11*, 🏞, « Terrasse au bord de l'eau », 🌳, 🎾 – TV ☎ P. AE ◑ GB BY f
fermé 26 déc. au 20 janv. et dim. soir du 1er nov. au 1er avril – **Repas** 155/300 – ☕ 50 – **17 ch** 370/490 – 1/2 P 450/500.

XX **Laurendière,** 68 av. Loiret ☎ 02 38 51 06 78, *Fax 02 38 56 36 20* – AE ◑ GB BY k
fermé 1er au 4 mars, 5 au 22 juil. et merc. – **Repas** 110/245 ♀, enf. 60.

XX **L'Eldorado,** 10 r. M. Belot ☎ 02 38 64 29 74, *Fax 02 38 69 14 33*, 🏞, 🌳 – P. AE ◑ GB
fermé 3 au 24 août, vacances de fév. et lundi – **Repas** (déj. seul.) 100/220. BY d

à la Chapelle-St-Mesmin *Ouest : 4 km* - **AY** – *8 207 h. alt. 101* – ✉ *45380 :*

Orléans Parc H. M 🐌 sans rest, 55 rte Orléans ☎ 02 38 43 26 26, *Fax 02 38 72 00 99*, ←, parc – TV ☎ 📞 ♿ P. AE GB AY v
fermé 24 déc. au 2 janv. – ☕ 45 – **34 ch** 320/600.

Campanile, Z.A. Les Portes de Micy ☎ 02 38 72 23 23, *Fax 02 38 88 21 81*, 🏞 – ⇔ TV ☎ 📞 ♿ P – 🏛 30. AE ◑ GB AY n
Repas *(66)* - 84 bc/107 bc, enf. 39 – ☕ 34 – **48 ch** 278.

XXX **Ciel de Loire,** 55 rte Orléans ☎ 02 38 72 29 51, *Fax 02 38 72 29 67*, 🏞, parc – P. GB AY v
fermé 2 au 23 août, sam. midi et dim. soir – **Repas** 115/238 et carte 250 à 320.

à Boulay-les-Barres *par* ⑩ : 12 km – *466 h. alt. 126* – ✉ *45140 St-Jean-de-la-Ruelle :*

XX **Aub. du Relais de la Beauce,** Les Barres (D 955) ☎ 02 38 75 36 04, *Fax 02 38 75 33 39* – AE ◑ GB
fermé août, dim. soir, lundi soir et mardi soir – **Repas** 99/300 ♀, enf. 65.

MICHELIN, Agence, 1 allée des Mistigris à St-Jean-de-la-Ruelle **AY** ☎ 02 38 88 02 20

BMW Gar. Dupont, 34 fg Madeleine ✆ 02 38 71 71 71
FIAT SNDA, rte de Paris ✆ 02 38 24 51 51
MERCEDES Gar. Jousselin, 12 r. Jousselin ✆ 02 38 53 61 04
PEUGEOT Agence Générale Autom., 22 av. St-Mesmin ✆ 02 38 66 10 97 **N** ✆ 02 38 78 21 60
VOLVO Stalter, 10 av. des Droits de l'Homme ✆ 02 38 65 31 31
VOLVO Stalter, 10 av. Droits de l'Homme ✆ 02 38 65 31 31

Euromaster, 5 r. Rape ✆ 02 38 53 57 18
Orléans-Pneu, 42 quai St-Laurent ✆ 02 38 62 24 54

Périphérie et environs

ALFA ROMEO, LANCIA Prestige Autom., ZAC des Aulnaies à Olivet ✆ 02 38 69 65 65
AUDI, VOLKSWAGEN Gar. Pillon, 20 r. A.-Dessaux à Fleury-les-Aubrais ✆ 02 38 22 87 22 **N** ✆ 02 38 86 49 62
AUDI, VOLKSWAGEN Gar. Gomez, 25 rte d'Orléans à La Chapelle-St-Mesmin ✆ 02 38 71 40 00
CITROEN France et Delaroche, N 20 à Saran par ①
✆ 02 38 52 29 29
CITROEN France et Delaroche, r. de Bourges à Olivet ✆ 02 38 63 02 62
FORD ASFIR Sud, 764 r. du Rosier à Olivet ✆ 02 38 69 32 88
MITSUBISHI, PORSCHE Loire Auto, r. Bergeresse ZAC Aulnaies à Olivet ✆ 02 38 69 33 69
NISSAN Auto Val de Loire, 26 r. A.-Dessaux à Fleury-les-Aubrais ✆ 02 38 22 88 66
RENAULT Succursale, 539 fg Bannier à Saran ✆ 02 38 79 30 30 **N** ✆ 02 38 79 30 30

Euromaster, ZA r. d'Alsace à Olivet ✆ 02 38 63 41 64
Super Pneus, r. du Clos St-Gabriel à St-Jean-de-la-Ruelle ✆ 02 38 72 54 00
Vulco, ZI de Montaran à Saran ✆ 02 38 73 13 13

ORLY (Aéroports de Paris) *94 Val-de-Marne* **61** ①, **101** ㉖ – *voir à Paris, Proche banlieue.*

ORMOY-LA-RIVIÈRE *91 Essonne* **60** ⑳, **106** ㊷ – *rattaché à Étampes.*

ORNAISONS *11 Aude* **83** ⑬ – *rattaché à Narbonne.*

ORNANS *25290 Doubs* **66** ⑯ *G. Jura* **(plan)** – *4 016 h alt. 355.*

Voir Grand Pont ≤★ – *Miroir de la Loue*★ – *Musée Courbet* – *O : Vallée de la Loue*★★ – *Le Château* ≤★ *N : 2,5 km.*

Office de Tourisme (avril-sept.) r.P. Vernier ✆ *03 81 62 21 50.*

Paris 430 – Besançon 25 – Baume-les-Dames 42 – Morteau 53 – Pontarlier 34 – Salins-les-Bains 36.

France, r. P. Vernier ✆ 03 81 62 24 44, *Fax 03 81 62 12 03*, – TV ☎ P. GB. ch
fermé déc., janv. et dim. soir – **Repas** *(fermé dim. soir et lundi d'oct. au 1er juin)* 115/300 ♀ – 45 – **31 ch** 160/400 – ½ P 400/420.

rte de Bonnevaux-le-Prieuré *Nord-Ouest : 8 km par D 67 et D 280* – ✉ *25620 Bonnevaux :*

XXX **Moulin du Prieuré** avec ch, ✆ 03 81 59 21 47, *Fax 03 81 59 28 79*, – TV ☎ ♿ P. AE GB
fermé 15 nov. au 10 fév., merc. midi et mardi – **Repas** 150/350 et carte 200 à 420 ♀ – 30 – **8 ch** 350/380 – ½ P 370/570.

PEUGEOT Pernot Autom. Services ✆ 03 81 62 15 24 **N** ✆ 03 81 57 40 40
RENAULT Gar. de la Vallée, ✆ 03 81 62 18 68 **N** ✆ 03 81 62 21 35

OROUET *85 Vendée* **67** ⑫ – *rattaché à St-Jean-de-Monts.*

ORPIERRE *05700 H.-Alpes* **81** ⑤ *G. Alpes du Sud* – *335 h alt. 682.*

Paris 691 – Digne-les-Bains 70 – Gap 56 – Château-Arnoux 45 – Serres 20 – Sisteron 32.

aux Bégües *Sud-Ouest : 4,5 km* – ✉ *05700 Orpierre :*

Céans, ✆ 04 92 66 24 22, *Fax 04 92 66 28 29*, ≤, – TV ☎ P. AE GB. rest
15 mars-30 oct. – **Repas** 85/200 ♀, enf. 50 – 35 – **22 ch** 230/280 – ½ P 245.

ORSAY *91 Essonne* **60** ⑩, **101** ㉞ – *voir à Paris, Environs.*

ORTHEZ *64300 Pyr.-Atl.* **78** ⑧ *G. Pyrénées Aquitaine* – *10 159 h alt. 55.*

Voir Pont Vieux★ **AZ.**

de Salies-de-Béarn ✆ *05 59 38 37 59, par* ④ *: 17 km.*

Office de Tourisme Maison Jeanne-d'Albret ✆ *05 59 69 02 75, Fax 05 59 69 12 00.*

Paris 763 ⑤ – *Pau 48* ② – *Bayonne 74* ④ – *Dax 39* ⑤ – *Mont-de-Marsan 53* ①.

ORTHEZ

Briand (R. Aristide) .... BY 8
Jacobins (R. des) .... BZ 22
St-Gilles (R.) .... BZ

Albret (R. Jeanne-d') .... BZ 2
Aquitaine (Av. d') .... AY 3
Argote (R. Daniel) .... AZ 4
Armes (Pl. d') .... BZ 5
Baillères (R. Paul) .... BZ 6
Bourg-Vieux (R.) .... AZ 7
Brossers (Pl.) .... BZ 9
Corps-Franc-Pommiès (Av. du) .... AY 12
Darget (R. Xavier) .... BZ 13
Foy (R. du Gén.) .... BY 14
Frères-Reclus (R. des) .... AZ 16
Horloge (R. de l') .... BY 21
Jammes (Av. Francis) .... BZ 23
Lasserre (R. Pierre) .... ABZ 26
Moncade (R.) .... BY 28
Moulin (R. du) .... BZ 29
Moutète (Pl. de la) .... AZ 30
Pont-Neuf (Av. du) .... ABZ 32
Poustelle (Pl. de la) .... BY 33
St-Pierre (Pl. et ⊟) .... AY 35
St-Pierre (R.) .... AY 36
Tilleuls (Av. des) .... BY 38
Viaduc (R. du) .... AY 40

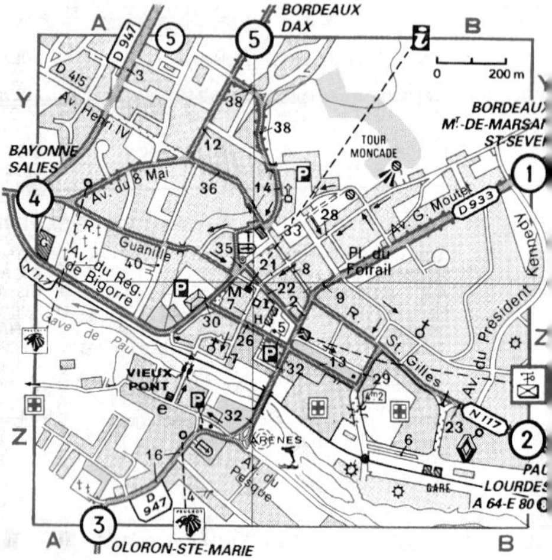

🏠 **Au Temps de la Reine Jeanne** ⛰, 44 r. Bourg-Vieux ✆ 05 59 67 00 76, *Fax 05 59 69 09 63* – TV ☎ ♿. AE GB BZ r
fermé 15 au 21 fév. – **Repas** 85/180 ♀, enf. 40 – ☕ 30 – **20 ch** 230/300 – ½ P 250/270.

XX **Aub. St-Loup**, 20 r. Pont Vieux ✆ 05 59 69 15 40, *Fax 05 59 67 13 19*, 🏕 – AE GB
fermé 2 au 15 janv., dim. soir et lundi – **Repas** 98/148 ♀, enf. 48. AZ e

à Maslacq *par ② : 9 km – 738 h. alt. 74 – ✉ 64300 Orthez :*

🏠 **Maugouber** ⛰, ✆ 05 59 38 78 00, *Fax 05 59 38 78 29*, 🏊, 🌳 – ▤ rest, TV ☎ ♿. GB. ✗ rest
Repas *(fermé 23 déc. au 2 janv., vend. soir et sam. d'oct. au 30 avril)* 64/180 ♀ – ☕ 36 – **22 ch** 240/330 – ½ P 220/250.

AUDI, VOLKSWAGEN Gar. des Vallées, rte de Pau ✆ 05 59 67 03 11
CITROEN Béarn Auto, rte de Bayonne par ④ ✆ 05 59 38 79 00
PEUGEOT Paloise Autom., 19 av. du 8 mai ✆ 05 59 69 08 22
RENAULT Gar. Mousques, 10 av. F.-Jammes ✆ 05 59 69 09 78

RENAULT Autom. Orthezienneś, N 117, ZI des Soarns par ② ✆ 05 59 67 00 00 N ✆ 08 00 05 15 15

Ⓜ Pédarré Pneus, N 117 à Castétis ✆ 05 59 69 06 15

ORVAULT *44 Loire-Atl.* 67 ③ – *rattaché à Nantes.*

OSNY *95 Val-d'Oise* 55 ⑲, 106 ⑤, 101 ② – *voir à Paris, Environs (Cergy-Pontoise Ville Nouvelle).*

OSQUICH (Col d') *64 Pyr.-Atl.* 85 ④ *G. Pyrénées Aquitaine.*

Voir ✲★.

Paris 806 – Biarritz 69 – Mauléon-Licharre 14 – Oloron-Ste-Marie 44 – Pau 75 – St-Jean-Pied-de-Port 26.

🏠 **Col d'Osquich** ⛰, ✉ 64130 Mauléon ✆ 05 59 37 81 23, *Fax 05 59 37 86 81*, ≤, 🏕, 🌳 – TV ☎ ♿ P. GB
1er juin-20 nov. et fermé lundi en juin – **Repas** 70/180 🍷, enf. 50 – ☕ 28 – **18 ch** 160/220 – ½ P 220.

OSSÈS *64780 Pyr.-Atl.* 85 ③ – *692 h alt. 102.*

Paris 809 – Biarritz 42 – Cambo-les-Bains 23 – Pau 130 – St-Étienne-de-Baïgorry 11 – St-Jean-Pied-de-Port 15.

🏠 **Mendi Alde,** pl. église ✆ 05 59 37 71 78, *Fax 05 59 37 77 22*, 🏕 – ▤ rest, TV ☎ P. GB
fermé 5 nov. au 15 déc., dim. soir et lundi de déc. à mai – **Repas** 75/150 ♀ – ☕ 35 – **16 ch** 260 – ½ P 240/270.

Une réservation confirmée par écrit ou par fax est toujours plus sûre.

OSTHOUSE *67150 B.-Rhin* 87 ⑤ *– 884 h alt. 155.*
Paris 501 – Strasbourg 28 – Obernai 18 – Offenburg 41 – Sélestat 23.

XX **Aigle d'Or,** ✆ 03 88 98 06 82, *Fax 03 88 98 81 75* – ▤ P. AE GB
fermé 4 au 25 août, vacances de fév., lundi soir et mardi – **Repas** *(43)* - 160/385 ♀.

OSTWALD *67 B.-Rhin* 62 ⑩ *– rattaché à Strasbourg.*

OTTMARSHEIM *68490 H.-Rhin* 87 ⑨ *G. Alsace Lorraine – 1 897 h alt. 220.*
Voir Centrale hydro-électrique★ – Église★.
Paris 480 – Mulhouse 18 – Basel 34 – Colmar 45 – Freiburg im Breisgau 46.

Als'Hôtel M, carrefour de la Vierge ✆ 03 89 26 06 07, *Fax 03 89 26 23 12,* – TV ☎ ♿ P – 50. AE GB
Route Romane ✆ 03 89 26 05 05 *(fermé 24 déc. au 2 janv., sam. midi et dim. soir d'oct. à mars)* **Repas** *(55)*-70/150 ♀, enf. 50 – 35 – **40 ch** 250/320 – ½ P 230.

OTTROTT *67 B.-Rhin* 62 ⑨ *– rattaché à Obernai.*

OUCHAMPS *41120 L.-et-Ch.* 64 ⑰ *– 648 h alt. 92.*
Voir Château de Fougères-sur-Bièvre★ NO : 5 km, **G. Châteaux de la Loire.**
Paris 199 – Tours 55 – Blois 18 – Montrichard 18 – Romorantin-Lanthenay 39.

Relais des Landes , Nord : 1,5 km ✆ 02 54 44 40 40, *Fax 02 54 44 03 89*, parc – TV ☎ P – 30. AE GB JCB
15 fév.-30 nov. – **Repas** *(120)* - 180/280 ♀, enf. 65 – 60 – **28 ch** 495/765 – ½ P 542/677.

OUCQUES *41290 L.-et-Ch.* 64 ⑦ *– 1 473 h alt. 127.*
Paris 161 – Orléans 58 – Beaugency 29 – Blois 28 – Châteaudun 30 – Vendôme 20.

XX **Commerce** avec ch, ✆ 02 54 23 20 41, *Fax 02 54 23 02 88* – ▤ rest, TV ☎ . AE GB
fermé 20 déc. au 15 janv., dim. soir et lundi sauf fêtes – **Repas** (dim. prévenir) 95/265, enf. 63 – 40 – **12 ch** 220/300 – ½ P 320.
RENAULT Gar. Pean, ✆ 02 54 23 20 25 N ✆ 02 54 23 20 25

OUDON *44521 Loire-Atl.* 63 ⑱ *– 2 353 h alt. 11.*
Paris 354 – Nantes 31 – Ancenis 8 – Clisson 37 – Nort-sur-Erdre 25.

XX **Port** avec ch, 10 pl. Port ✆ 02 40 83 68 58, *Fax 02 40 83 69 79,* – TV ☎ . AE GB
fermé dim. soir – **Repas** *(75)* - 90/190 ♀ – 30 – **6 ch** 260/320 – ½ P 250.

OUESSANT (Ile d') ★★ *29242 Finistère* 58 ② *G. Bretagne – 1 062 h alt. 23.*
Voir Rochers★★★ – Phare du Stiff ★★ – Pointe de Pern★.
Accès par transports maritimes.
depuis **Brest** *(1er éperon/ Port de commerce) avec escales au Conquet et à Molène. Traversée 2 h 15 - Renseignements : Cie Maritime Penn Ar Bed ✆ 02 98 80 24 68 (Brest), Fax 02 98 33 10 08.*
Office de Tourisme pl. de l'Eglise ✆ 02 98 48 85 83, Fax 02 98 48 87 09.

Océan , à Lampaul ✆ 02 98 48 80 03, *Fax 02 98 48 80 03* – ☎. GB
Repas *(fermé lundi d'oct. à mars)* 88/136 – 35 – **13 ch** 180/280 – ½ P 255/320.

OUHANS *25520 Doubs* 70 ⑥ *– 287 h alt. 600.*
Voir Source de la Loue★★★ N : 2,5 km puis 30 mn – Belvédère du Moine de la Vallée ★★ NO : 5 km – Belvédère de Renédale ★ NO : 4 km puis 15 mn, **G. Jura.**
Paris 453 – Besançon 49 – Pontarlier 16 – Salins-les-Bains 40.

Sources de la Loue, ✆ 03 81 69 90 06, *Fax 03 81 69 93 17* – TV ☎ P. AE GB
fermé 24 oct. au 6 nov., 20 déc. au 1er fév. et merc. soir hors saison – **Repas** 70 bc/195 ♀, enf. 45 – 30 – **15 ch** 180/200 – ½ P 230.

OUILLY-DU-HOULEY *14 Calvados* 55 ⑭ *– rattaché à Lisieux.*

OUISTREHAM *14150 Calvados* 55 ② *G. Normandie Cotentin* **(plan)** *– 6 709 h – Casino (Riva Bella).*
Voir Église St-Samson★.
18 de Caen ✆ 02 31 94 72 09, S par D 514 : 13 km.
Office de Tourisme Jardin du Casino ✆ 02 31 97 18 63, Fax 02 31 96 87 33.
Paris 233 – Caen 15 – Arromanches-les-Bains 32 – Bayeux 42 – Cabourg 19.

au Port d'Ouistreham :

XXX **Normandie** avec ch, 71 av. M. Cabieu ✆ 02 31 97 19 57, *Fax 02 31 97 20 07* – TV ☎ P. AE ⓓ GB
fermé 22 déc. au 10 janv., dim. soir et lundi de nov. à mars – **Repas** 88/340 et carte 180 à 320 ♀ – ☕ 40 – **22 ch** 320/340 – ½ P 340.

à Riva-Bella :

Thermes Riva-Bella Normandie, av. Cdt Kieffer ✆ 02 31 96 40 40, *Fax 02 31 96 45 45*, ≤, centre de thalassothérapie, Ⅰ₆, ▢ – ⎮ ⇌ TV ☎ ♿ P – 🏛 35. AE ⓓ GB. ✗ rest
fermé 4 au 17 janv. – **Repas** 110/230 ♀, enf. 60 – ☕ 55 – **46 ch** 450/650, 4 appart – ½ P 550.

X **Métropolitain,** 1 rte Lion ✆ 02 31 97 18 61, « Évocation d'un wagon de métropolitain 1900 » – AE ⓓ GB
fermé 23 nov. au 6 déc., lundi soir et mardi d'oct. à mai – **Repas** 70/192.

à Colleville-Montgomery bourg *Ouest : 3,5 km par D 35ᴬ – 1 926 h. alt. 10 – ✉ 14880 :*

XX **Ferme St-Hubert,** ✆ 02 31 96 35 41, *Fax 02 31 97 45 79*, 🌳, 🌳 – P. AE ⓓ GB
fermé 23 déc. au 14 janv., dim. soir et lundi de sept. à juin sauf fériés – **Repas** 90/255.

Les OURSINIÈRES *83 Var* 84 ⑮, 114 ㊻ – *rattaché au Pradet.*

OUST *09140 Ariège* 86 ③ – *449 h alt. 500.*
Paris 800 – Foix 59 – Tarascon-sur-Ariège 49 – St-Girons 17.

Host. de la Poste, ✆ 05 61 66 86 33, *Fax 05 61 66 86 33*, 🌳, ⛱, 🌳 – ☎ P. GB
Pâques-5 nov. et fermé lundi et mardi midi sauf du 15 juin au 15 sept. – **Repas** 115/250 ♀, enf. 60 – ☕ 40 – **25 ch** 160/320 – ½ P 260/350.

OUZOUER-SUR-LOIRE *45570 Loiret* 65 ① – *2 310 h alt. 140.*
Paris 141 – Orléans 52 – Gien 17 – Montargis 43 – Pithiviers 54 – Sully-sur-Loire 9.

XX **L'Abricotier,** 106 r. Gien ✆ 02 38 35 07 11, *Fax 02 38 35 63 63* – GB
fermé 24 au 31 déc., lundi sauf fériés, merc. soir et dim. soir – **Repas** *(100)* - 135/220, enf. 52.

OYE-ET-PALLET *25160 Doubs* 70 ⑥ – *467 h alt. 853.*
Paris 454 – Besançon 67 – Champagnole 43 – Morez 54 – Pontarlier 7.

Parnet, ✆ 03 81 89 42 03, *Fax 03 81 89 41 47*, ≤, parc, ⛱, 🎾 – TV ☎ 🚗 P. GB. ✗
fermé 20 déc. au 4 fév. – **Repas** *(fermé dim. soir et lundi sauf du 1ᵉʳ juil. au 15 sept.)* 100/260 ♀ – ☕ 45 – **16 ch** 295/350 – ½ P 350/385.

OYONNAX *01100 Ain* 70 ⑭ *G. Jura – 23 869 h alt. 540.*
Office de Tourisme 1 r. Bichat ✆ 04 74 77 94 46, Fax 04 74 77 68 27.
Paris 488 ③ – Bellegarde-sur-Valserine 31 ② – Bourg-en-Bresse 62 ④ – Lons-le-Saunier 61 ① – Nantua 21 ③.

Plan page ci-contre

Gdes Roches et rest. Les Feuillantines 🐦, rte Bourg par ④ : *1,5 km* ✆ 04 74 77 27 60, *Fax 04 74 73 89 87*, ≤, 🌳 – ⎮ TV ☎ P – 🏛 50. AE ⓓ GB
Repas *(fermé sam. midi et dim. soir sauf en été)* 95/175 🍷, enf. 50 – ☕ 35 – **38 ch** 295/420 – ½ P 320/380.

Ibis M, r. Bichat ✆ 04 74 73 90 15, *Fax 04 74 77 23 19* – ⎮ ⇌ TV ☎ ♿ – 🏛 60. AE ⓓ GB
Repas *(fermé dim.) (75)* - 95 ♀, enf. 39 – ☕ 35 – **53 ch** 305. Y b

Buffard, pl. Eglise ✆ 04 74 77 86 01, *Fax 04 74 73 77 68* – ⎮ TV ☎. AE GB YZ e
Repas *(fermé 29 juil. au 14 août, dim. soir, vend. soir et sam.)* 70/195 🍷 – ☕ 35 – **25 ch** 180/320 – ½ P 220/260.

XX **Toque Blanche,** 11 pl. Église St-Léger ✆ 04 74 73 42 63, *Fax 04 74 73 76 48* – ▤. AE GB Z a
fermé 2 au 30 août, 4 au 10 janv., sam. midi et dim. soir – **Repas** 98/300 ♀, enf. 65.

au Lac Génin *par ② et D 13 : 10 km – ✉ 01130 Charix.*
Voir *Site★ du lac.*

X **Aub. du Lac Genin** 🐦 avec ch, ✆ 04 74 75 52 50, *Fax 04 74 75 51 15*, ≤, 🌳 – TV ☎ P. AE GB. ✗ ch
fermé 15 oct. au 1ᵉʳ déc., dim. soir et lundi – **Repas** 65/110 ♀, enf. 35 – ☕ 28 – **5 ch** 130/250.

OYONNAX

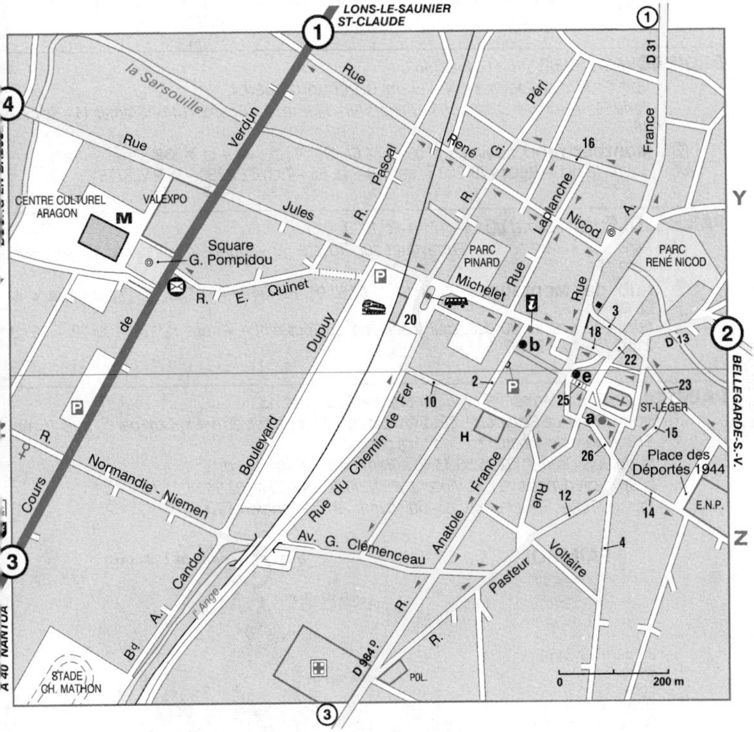

CITROEN D.A.R.A., 86 r. Castellion ☎ 04 74 77 31 22
HONDA, MITSUBISHI Gar. Capelli, 178 r. A.-France ☎ 04 74 77 18 86
PEUGEOT S.I.C.M.A., rte de la Forge à Bellignat ☎ 04 74 77 45 09 [N] ☎ 04 72 12 55 73
RENAULT Gar. du Lac, rte de St-Claude, ZI Nord par ① ☎ 04 74 77 46 42 [N] ☎ 04 74 76 07 33

Gar. Oyonnaxien, 9 r. Vaugelas ☎ 04 74 73 59 77
Gar. Vailloud, à Bellignat par D 85 ☎ 04 74 77 24 30

Alain Pneu-Point S, 53 Crs de Verdun ☎ 04 74 73 51 88
Ayme Pneus, 53 r. B.-Savarin ☎ 04 74 77 88 88

OZOIR-LA-FERRIÈRE *77 S.-et-M.* 61 ②, 106 ㉝, 101 ㉚ – *voir à Paris, Environs.*

PACY-SUR-EURE *27120 Eure* 55 ⑰, 106 ① *G. Normandie Vallée de la Seine – 4 295 h alt. 40.*
Paris 79 – Rouen 61 – Dreux 37 – Évreux 19 – Louviers 31 – Mantes-la-Jolie 27 – Vernon-sur-Eure 15.

Altina M, rte Paris ☎ 02 32 36 13 18, *Fax 02 32 26 05 11* – TV ☎ & P – 30. AE GB
Repas *(fermé 2 au 23 août, dim. soir et lundi midi)* 65/175 ♀ – 34 – **29 ch** 280/294 – 1/2 P 260.

à Caillouet *Ouest : 6 km par N 13 et rte secondaire – 336 h. alt. 122 – ✉ 27120 :*

Deux Tilleuls, ☎ 02 32 36 90 48, *Fax 02 32 36 90 48,* – P. GB
fermé 1er au 15 mars, 1er au 15 sept., lundi soir et merc. – **Repas** 78/245.

à Cocherel *Nord-Ouest : 6,5 km par D 836 – ✉ 27120 Pacy-sur-Eure :*

XXX **Ferme de Cocherel** avec ch, ☎ 02 32 36 68 27, *Fax 02 32 26 28 18,* – P. AE ⓓ GB JCB
fermé 31 août au 11 sept, 2 au 22 janv., mardi et merc. sauf fériés – **Repas** 195 et carte 250 à 450 – **3 ch** 325/400.

PEUGEOT Gar. de la Prudence, ☎ 02 32 36 10 44 N ☎ 02 32 36 10 44 RENAULT Gar. Bonneau, ☎ 02 32 36 11 88

PADIRAC *46500 Lot* 75 ⑲ *– 160 h alt. 360.*
Voir *Gouffre de Padirac*** N : 2,5 km, G. Périgord Quercy.*
Paris 532 – Brive-la-Gaillarde 51 – Cahors 66 – Figeac 38 – Gourdon 44 – Gramat 11 – St-Céré 16.

Montbertrand, au village ☎ 05 65 33 64 47, – ☎ P. GB
4 avril-18 oct. – **Repas** 79/200, enf. 68 – 35 – **7 ch** 225/280 – ½ P 225/251.

PAILHEROLS *15800 Cantal* 76 ⑬ *– 171 h alt. 1000.*
Paris 567 – Aurillac 34 – Entraygues-sur-Truyère 50 – Murat 44 – Raulhac 12 – Vic-sur-Cère 13.

Aub. des Montagnes , ☎ 04 71 47 57 01, *Fax 04 71 49 63 83,* – ☎ P. GB
fermé 12 oct. au 20 déc. sauf week-end de Toussaint – **Repas** 72/125 – 28 – **26 ch** 215/270 – ½ P 240/265.

PAIMPOL *22500 C.-d'Armor* 59 ② *G. Bretagne – 7 856 h alt. 15.*
Voir *Abbaye de Beauport* SE : 2 km par ② – Tour de Kerroc'h ≤* 3 km par ① puis 15 mn.*
Env. *Pointe de Minard** SE : 11 km par ②.*
18 du Bois-Gelin ☎ 02 96 55 33 40 à Tréméven, par ③ : 12 km.
Syndicat d'Initiative r. St-Vincent ☎ 02 96 20 83 16, Fax 02 96 55 11 12.
Paris 493 ② – St-Brieuc 45 ② – Guingamp 29 ④ – Lannion 33 ⑤.

PAIMPOL
Circulation réglementée l'été

Martray (Pl. du)	13
République (Pl. de la)	16
Bertho (R. Sylvain)	2
Botrel (Sq. T.)	3
Église (R. de l')	4
Fromal (R. H.)	5
Gaulle (Av. Gén.-de)	7
Islandais (R. des)	8
Labenne (R. de)	9
Leclerc (R. Gén.)	10
Marne (R. de la)	12
Morand (Quai)	14
Pasteur (R.)	15
St-Vincent (R.)	17
Verdun (Pl. de)	19
18-Juin (R. du)	22

Les plans de villes sont orientés le Nord en haut.

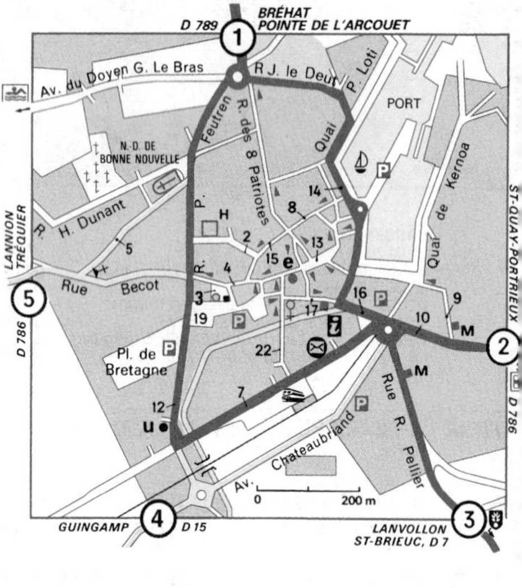

Paimpol-Eurotel, par ③ : *1 km* ☎ 02 96 20 81 85, *Fax 02 96 20 48 24* – ☎ P – 25. AE GB
fermé 1er nov. au 15 déc., sam. soir et dim. du 1er oct. au 1er avril – **Repas** 90/145, enf. 50 – 45 – **30 ch** 245/330 – ½ P 260/280.

Motel Nuit et Jour sans rest, rte Ile-de-Bréhat par ① : *2 km* ✉ 22620 Ploubazlanec ☎ 02 96 20 97 97, – cuisinette ☎ P. GB
37 – **20 ch** 275/335.

Marne avec ch, 30 r. Marne (u) ✆ 02 96 20 82 16, *Fax 02 96 20 92 07* – rest, TV ☎ P. AE GB
fermé vacances de fév., dim. soir et lundi sauf juil.-août et fériés – **Repas** 98/420 bc, enf. 70 – 40 – **12 ch** 300/340 – ½ P 280/320.

Vieille Tour, 13 r. Église (e) ✆ 02 96 20 83 18, *Fax 02 96 20 90 41* – GB
fermé lundi midi en juil.-août, dim. soir et merc. de sept. à juin – **Repas** 110/260 ♀, enf. 75.

à Pors-Even *par ① : 5 km – ✉ 22620 Ploubazlanec :*

Pension Bocher, r. P. Loti ✆ 02 96 55 84 16 – ☎ P. GB.
5 avril-5 nov. – **Repas** 110/240, enf. 60 – 32 – **15 ch** 160/400 – ½ P 240/320.

à Loguivy-de-la-Mer *par ① et D 15 : 5 km – ✉ 22620 Ploubazlanec :*

Au Grand Large avec ch, ✆ 02 96 20 90 18, *Fax 02 96 20 87 10*, – TV ☎. AE GB
fermé 15 au 30 oct., 15 au 31 janv., dim. soir et lundi d'oct. à Pâques – **Repas** 85/195, enf. 50 – 38 – **6 ch** 300/350 – ½ P 340/380.

à la Pointe de l'Arcouest *par ① : 6 km – ✉ 22620 Ploubazlanec.*
Voir ≤★★.

Barbu , ✆ 02 96 55 86 98, *Fax 02 96 55 73 87*, ≤ Ile de Bréhat, , – TV ☎ ♿ P. AE GB
fermé 3 janv. au 15 fév. – **Repas** *(fermé lundi du 15 nov. au 20 déc. et du 15 fév. au 30 mars)* 95 (déj.), 150/200 ♀ – 60 – **18 ch** 450/700 – ½ P 650.

CITROEN Gar. Landais, rte de Lanvollon par ③ ✆ 02 96 55 33 80 N ✆ 02 96 55 33 80
RENAULT Gar. Poidevin, rte de Lanvollon par ③ ✆ 02 96 55 35 35 N ✆ 06 07 53 37 91

Vulco, r. R.-Pellier ✆ 02 96 22 03 18

Come districarsi nei sobborghi di Parigi?
Utilizzando la **carta stradale Michelin** *n.* **101**,
e le **piante** n. **17-18**, **19-20**, **21-22**, **23-24**, **25** *: chiare, precise ed aggiornate.*

PAIMPONT *35380 I.-et-V.* 63 ⑤ *G. Bretagne – 1 385 h alt. 159.*
Voir *Forêt de Paimpont★.*
Paris 389 – Rennes 42 – Dinan 59 – Ploërmel 23 – Redon 47.

Relais de Brocéliande, ✆ 02 99 07 81 07, *Fax 02 99 07 80 60*, , – TV ☎ P – 35. AE GB. rest
fermé 15 au 31 déc. – **Repas** *(80)* - 120/290 ♀ – 38 – **24 ch** 185/290 – ½ P 260/300.

PAIRIS *68 H.-Rhin* 62 ⑱ *– rattaché à Orbey.*

PAJAY (Roches de) *38 Isère* 77 ② *– rattaché à Beaurepaire.*

PALAGACCIO *2B H.-Corse* 90 ③ *– voir à Corse (Bastia).*

LE PALAIS *56 Morbihan* 63 ⑪ *– voir à Belle-Ile-en-Mer.*

PALAISEAU *91 Essonne* 60 ⑩,, 101 ㉞ *– voir à Paris, Environs.*

PALAVAS-LES-FLOTS *34250 Hérault* 83 ⑦ ⑰ *G. Gorges du Tarn – 4 748 h alt. 1 – Casino .*
Voir *Ancienne cathédrale★ de Maguelone SO : 4 km.*
Office de Tourisme 1 bd Joffre ✆ 04 67 07 73 34, Fax 04 67 07 73 58.
Paris 763 – Montpellier 12 – Aigues-Mortes 24 – Nîmes 59 – Sète 30.

Amérique H. sans rest, av. F. Fabrège ✆ 04 67 68 04 39, *Fax 04 67 68 07 83*, – TV ☎ ♿. AE GB
37 – **49 ch** 300/330.

Brasilia sans rest, bd Joffre ✆ 04 67 68 00 68, *Fax 04 67 68 40 41* – TV ☎. AE GB
33 – **22 ch** 230/380.

L'Escale, 5 bd Sarrail ✆ 04 67 68 24 17, *Fax 04 67 68 24 17*, ≤ – AE GB
Repas 120 (déj.), 160/380 et carte 230 à 350, enf. 60.

La PALUD-SUR-VERDON *04120 Alpes-de-H.-P. 81 ⑰ G. Alpes du Sud – 243 h alt. 930.*

Env. *Belvédères : Trescaïre★★ (5 km), l'Escalès★★★ (7 km) à l'Est par D 952 puis D 23 – Point Sublime★★★ (≤ sur le Grand Canyon du Verdon) NE : 7,5 km puis 15 mn.*

Paris 797 – Digne-les-Bains 65 – Castellane 25 – Draguignan 59 – Manosque 67.

Gorges du Verdon, Sud : 1 km ☎ 04 92 77 38 26, *Fax 04 92 77 35 00*, ≤, – TV ☎ P – 25. AE GB
4 avril-18 oct. – **Repas** 120/180 ♀, enf. 59 – ☕ 60 – **27 ch** (1/2 pens. seul.) – 1/2 P 400/475.

Aub. des Crêtes, Est : 1 km sur D 952 ☎ 04 92 77 38 47, *Fax 04 92 77 30 40*, – ☎ P. GB
1er avril-4 oct. – **Repas** *(fermé jeudi sauf vacances scolaires et fériés)* 85/120 ♀, enf. 50 – ☕ 36 – **12 ch** 258/283 – 1/2 P 260/272.

PAMIERS ⟨SP⟩ *09100 Ariège 86 ④ ⑤ G. Pyrénées Roussillon – 12 965 h alt. 280.*

Office de Tourisme bd Delcassé ☎ 05 61 67 52 52, Fax 05 61 67 22 40.

Paris 755 – Foix 20 – Auch 132 – Carcassonne 76 – Castres 98 – Toulouse 63.

France, 5 cours Rambaud ☎ 05 61 60 20 88, *Fax 05 61 67 29 48* – , rest, TV ☎ P – 30. AE ⓓ GB
Repas *(fermé vacances de Noël et dim. de début oct. à fin mai)* 68 (déj.), 88/230, enf. 50 – ☕ 36 – **30 ch** 260/350 – 1/2 P 250/275.

ALFA ROMEO, LADA Gar. Brillas, rte de Mirepoix, la Tour-du-Crieu ☎ 05 61 60 13 31
CITROEN Gar. Lopez, Côtes de la Cavalerie ☎ 05 61 67 11 45
PEUGEOT Gar. Labail, N 20 à St-Jean-du-Falga ☎ 05 61 68 01 00
RENAULT Pamiers Autom., N 20 à St-Jean-du-Falga ☎ 05 61 68 01 41 N ☎ 05 61 68 51 20

Euromaster, ZI du Pic 16 av. de la Rijole ☎ 05 61 67 62 26

PANISSIÈRES *42360 Loire 73 ⑱ – 2 867 h alt. 641.*

Office de Tourisme ☎ 04 77 28 67 70.

Paris 477 – Roanne 46 – Lyon 59 – Montbrison 42 – St-Étienne 57 – Thiers 84 – Vienne 73.

Poste, ☎ 04 77 28 64 00, *Fax 04 77 28 69 94*, – TV ☎ P. GB
Repas *(fermé dim. soir et lundi)* (55) - 85/170 ♀ – ☕ 35 – **12 ch** 210/230 – 1/2 P 200.

CITROEN Bailly Fouillat, ☎ 04 77 28 63 53
PEUGEOT Gar. Bailly, ☎ 04 77 28 64 31

A good moderately priced meal : **Repas** 100/130

PANTIN *93 Seine-St-Denis 56 ⑪, 101 ⑯ – voir à Paris, Environs.*

Le PARADOU *13 B.-du-R. 83 ⑩ – rattaché à Maussane-les-Alpilles.*

PARAMÉ *35 I.-et-V. 59 ⑥ – voir à St-Malo.*

PARAY-LE-MONIAL *71600 S.-et-L. 69 ⑰ G. Bourgogne – 9 859 h alt. 245.*

Voir *Basilique du Sacré-Coeur★★ – Hôtel de ville★* **H** *– Tympan★ du musée du Hiéron* **M**.

Office de Tourisme av. Jean-Paul-II ☎ 03 85 81 10 92, Fax 03 85 88 35 61.

Paris 362 ⑤ – Moulins 67 ⑤ – Autun 76 ⑤ – Mâcon 66 ② – Montceau-les-Mines 36 ① – Roanne 54 ④.

Plan page ci-contre

Trois Pigeons, 2 r. Dargaud **(v)** ☎ 03 85 81 03 77, *Fax 03 85 81 58 59*, – ☎ . AE GB
1er mars-30 nov. – **Repas** 80/220 – ☕ 35 – **44 ch** 225/320 – 1/2 P 252/275.

Terminus, 27 av. Gare **(s)** ☎ 03 85 81 59 31, *Fax 03 85 81 38 31*, – TV ☎ P. GB. ch
Repas *(fermé dim. soir et sam.)* 120/275 ♀, enf. 48 – ☕ 35 – **16 ch** 220/380 – 1/2 P 280/360.

Basilique, 18 r. Visitation **(a)** ☎ 03 85 81 11 13, *Fax 03 85 88 83 70* – , rest, ☎. AE ⓓ GB JCB
15 mars-31 oct. – **Repas** 70/250 ♀, enf. 45 – ☕ 32 – **58 ch** 185/290 – 1/2 P 205/250.

Vendanges de Bourgogne, 5 r. D. Papin **(e)** ☎ 03 85 81 13 43, *Fax 03 85 88 87 59*, – TV ☎ P. AE ⓓ GB
fermé 5 janv. au 2 fév., dim. soir et lundi du 1er oct. au 1er mai – **Repas** 72/195 ♀, enf. 55 – ☕ 34 – **17 ch** 175/250 – 1/2 P 240/280.

PARAY-LE-MONIAL

République (R.) 27
Victor-Hugo (R.) 29

Alsace-Lorraine (Pl.) 2
Billet (R.) 3
Chapelains (Allée des) 5
Charolles (av. de) 6
Commerce (Quai du) 7
Dauphin-Louis (Bd) 8
Derischard (R. Louis) 9
Deux-Ponts (R.) 12
Dr. Griveaud (R.) 13
Four (R. du) 14
Gaulle (Av. Ch.-de) 15
Guignaud (Pl.) 17
Industrie (Quai de l') 18
Jaurès (Cours Jean) 20
Lamartine (Pl.) 21
Marché (R. du) 22
Paix (R. de la) 23
Regnier (Bd H. de) 26
St-Vincent (R.) 28
Visitation (R.) 30

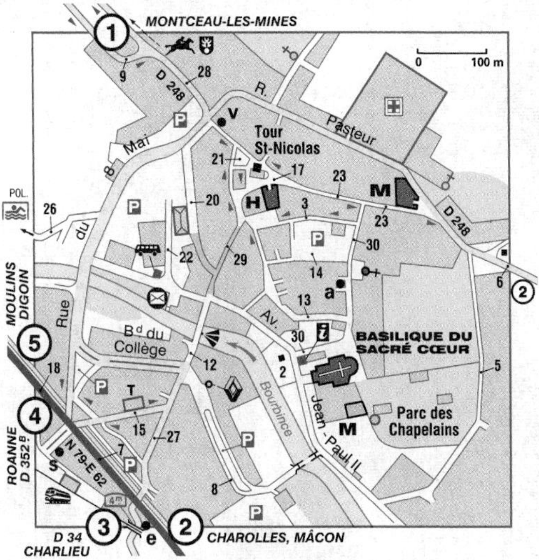

à l'Est : *par ② : 3 km sur D 248 – ✉ 71600 Paray-le-Monial :*

Val d'Or, ✆ 03 85 81 05 07, *Fax 03 85 88 84 46*, – TV ☎ P. AE GB
fermé dim. soir et lundi midi hors saison – **Repas** 65 (déj.), 80/230, enf. 40 – ☕ 30 – **15 ch** 155/260 – ½ P 175/240.

à Poisson *par ③ : 8 km sur D 34 – 578 h. alt. 300 – ✉ 71600 :*

XX **Poste et H. La Reconce** M avec ch, ✆ 03 85 81 10 72, *Fax 03 85 81 64 34*, –
rest, TV ☎ P. AE GB
fermé 27 sept. au 15 oct., 1er au 20 fév., mardi (sauf hôtel) et lundi soir de sept. à juin – **Repas** 120/480 bc, enf. 60 – ☕ 50 – **7 ch** 300/400.

par ⑤ : *4 km sur N 79 – ✉ 71600 Paray-le-Monial :*

Motel Grill Le Charollais M, ✆ 03 85 81 03 35, *Fax 03 85 81 50 31*, – TV ☎ P. AE GB
Repas grill 92, enf. 38 – ☕ 38 – **20 ch** 289/360 – ½ P 215.

FIAT Gar. Lauferon, 16 r. Deux-Ponts ✆ 03 85 81 13 41
PEUGEOT Gar. de la Beluze, La Beluze par av. de Charolles à Volesvres ✆ 03 85 81 43 45
RENAULT Gar. Taillardat, 13 bd Dauphin Louis ✆ 03 85 81 44 12 N ✆ 03 85 26 70 54

PARCEY *39 Jura* 70 ③ – *rattaché à Dole.*

PARENT *63 P.-de-D.* 73 ⑭ ⑮ – *rattaché à Vic-le-Comte.*

PARENTIGNAT *63 P.-de-D.* 73 ⑮ – *rattaché à Issoire.*

PARENTIS-EN-BORN *40160 Landes* 78 ③ *G. Pyrénées Aquitaine – 4 056 h alt. 32.*
Office de Tourisme pl. Gén.-de-Gaulle ✆ 05 58 78 43 60.
Paris 659 – Bordeaux 82 – Mont-de-Marsan 76 – Arcachon 41 – Mimizan 24.

X **Poste,** av. 8-Mai-1945 ✆ 05 58 78 40 23, *Fax 05 58 78 40 23* – GB
fermé dim. soir et lundi sauf juil.-août – **Repas** 55 bc/130.

X **Cousseau** avec ch, r. St-Barthélemy ✆ 05 58 78 42 46 – P. GB
fermé 11 au 17 mai, 12 oct. au 1er nov., vend. soir et dim. soir – **Repas** 68/300 – ☕ 30 – **10 ch** 160/260.

CITROEN Gar. Dumartin, ✆ 05 58 78 43 00 N ✆ 05 58 78 40 40
RENAULT Gar. Larrieu, ✆ 05 58 78 43 50 N ✆ 05 58 78 43 50

PARIS et ENVIRONS

P 75 Plans : 10, 11, 12 et 14 *G. Paris – 2 152 333 h.*
Région d'Ile-de-France 10 651 000 h. – alt. Observatoire 60 m
Place de la Concorde 34 m.

ARRONDISSEMENTS

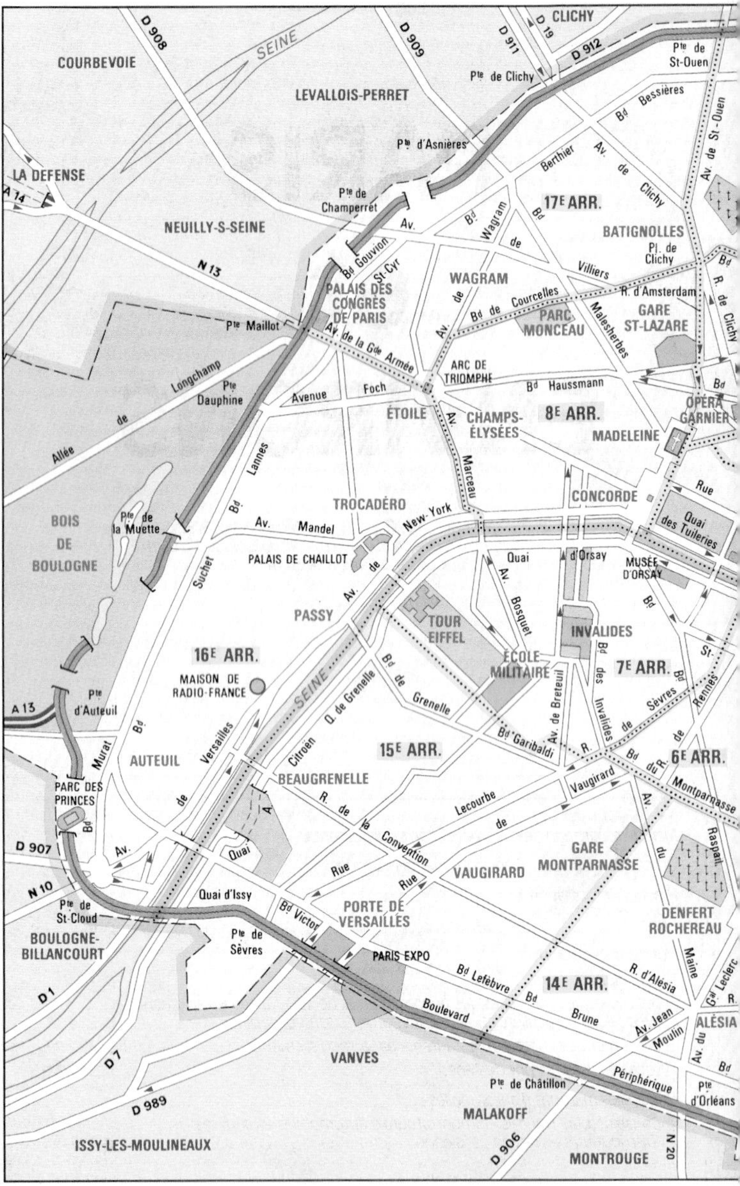

ET QUARTIERS

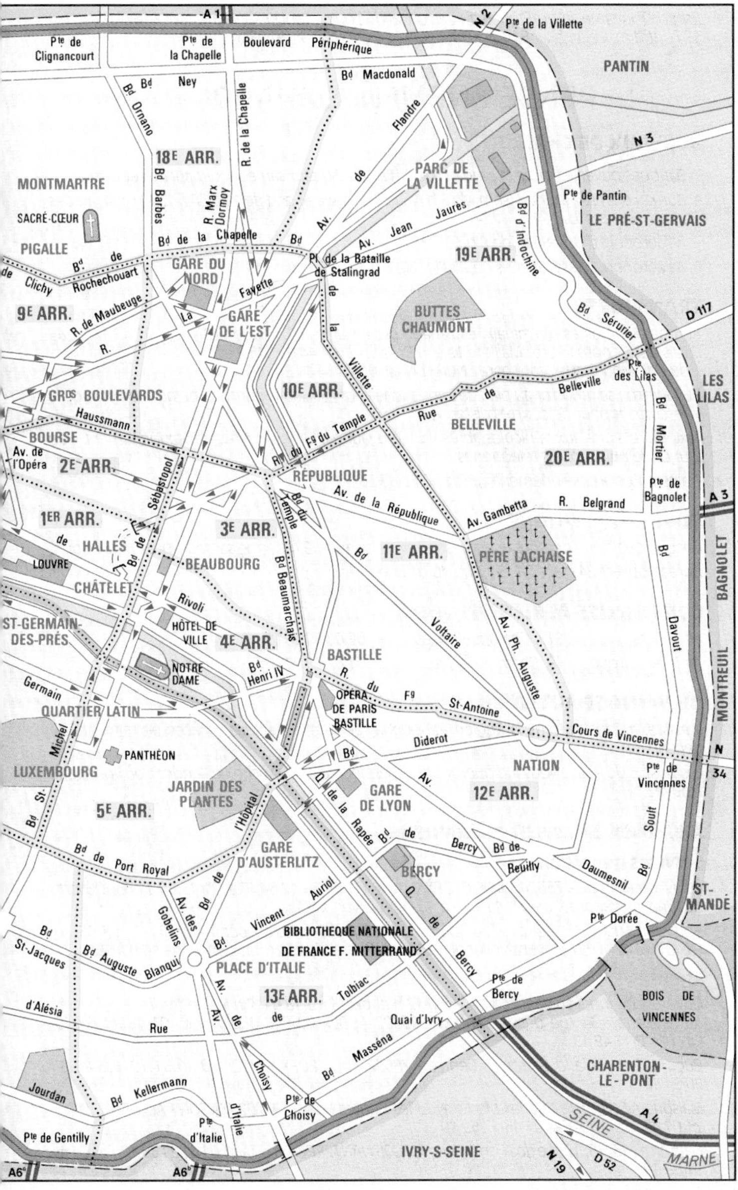

OFFICES DE TOURISME

Office de Tourisme de Paris : (Informations, réservations d'hôtels et change) (Tous les jours de 9 à 20 h) , 127 av. des Champs-Élysées (8e) ☎ 01.49 52 53 54, Fax 01 49 52 53 00

Bureaux Annexes (fermés dim.) : Gare de Lyon ☎ 01 43 43 33 24, Gare du Nord ☎ 01 45 26 94 82 et Tour Eiffel ☎ 01 45 51 22 15 (de mai à sept. de 11 h à 18 h).

Espace Tourisme Ile-de-France du Carrousel du Louvre (ouvert en sem. sauf mardi de 10 h à 19 h, et dim. de 11 h à 18 h) ☎ 01 44 50 19 98 et 08 03 03 19 98

RENSEIGNEMENTS PRATIQUES

BUREAUX DE CHANGE

– Banques ouvertes, pour la plupart, de 9 h à 16 h 30 sauf samedis, dimanches et fêtes.

– Bureau ouvert 7 jours/7 (sem. de 8 h 45 à 17 h, le week-end de 10 h 30 à 18 h) : 154, av. des Champs-Élysées (U.B.P.).

– A l'aéroport d'Orly-Sud : de 6 h 30 à 23 h

– A l'aéroport Roissy-Charles de Gaulle : de 6 h 30 à 23 h 30

TRANSPORTS

Aérogares urbaines (Terminal) : esplanade des Invalides (7e) - liaison Orly - ☎ 01 43 17 21 65
Palais des Congrès Porte Maillot - liaison Roissy - ☎ 01 44 09 51 52 et
r. du Cdt-Mouchotte, côté gare SNCF (14e) ☎ 01 48 64 14 24

Bus-Métro : se reporter au plan de Paris Michelin n° 11. Le bus permet une bonne vision de la ville, surtout pour de courtes distances

Taxi : faire signe aux véhicules libres (lumière jaune allumée) - Aires de stationnement - de jour et de nuit : appels téléphonés

Trains-autos : renseignements ☎ 01 36 35 35 35

POSTES-TÉLÉPHONE

Chaque quartier a un bureau de Poste ouvert jusqu'à 19 h, fermé samedi après-midi et dim.

Bureau ouvert 24 h sur 24 : 52, rue du Louvre.

COMPAGNIES AÉRIENNES

Air France :	*119, Champs-Élysées*	*☎ 08 02 80 28 02*
Air Inter Europe :	*49, Champs-Élysées*	*☎ 01 42 99 21 01*

DÉPANNAGE AUTOMOBILE

Il existe, à Paris et dans la Région Parisienne, des ateliers et des services permanents de dépannage.

Les postes de Police vous indiqueront le dépanneur le plus proche de l'endroit où vous vous trouvez.

MICHELIN à Paris et en banlieue

Services généraux :

46 av. de Breteuil - 75324 PARIS CEDEX 07 - ☎ 01 45 66 12 34, Fax 01 45 66 11 63. Ouverts du lundi au vendredi de 8 h 45 à 16 h 30 (16 h le vendredi)

Boutique Michelin : 32, av. de l'Opéra - 75002 PARIS (métro Opéra) - ☎ 01 42 68 05 20, Fax 01 47 42 10 50. Ouverte le lundi de 12 h à 19 h et du mardi au samedi de 10 h à 19 h

Agences :

Ouvertes du lundi au vendredi de 8 h à 12 h et de 13 h à 18 h (17 h le vendredi)
Aubervilliers : 34 rue des Gardinoux - 93302 AUBERVILLIERS CEDEX - ☎ 01 48 11 49 10, Fax 01 48 11 49 19

Buc : 417 av. Roland Garros, ZI Centre - 78532 BUC CEDEX - ☎ 01 39 20 51 10, Fax 01 39 20 51 19

Maisons-Alfort : rue Charles Martigny, ZI les Petites Haies - 94702 MAISONS ALFORT CEDEX - ☎ 01 45 17 69 10, Fax 01 45 17 69 19

Nanterre : 13, 15, 17 rue des Fondrières - 92005 NANTERRE CEDEX - ☎ 01 41 91 58 10, Fax 01 41 91 58 19

PRACTICAL INFORMATION

TOURIST INFORMATION

Paris "Welcome" Office (Office de Tourisme de Paris : 127 Champs-Elysées, 8th ☏ 01 49 52 53 54, Fax 01 49 52 53 00

American Express : 11 rue Scribe, 9 th ☏ 01 47 14 50 00, Fax 01 42 68 17 17

FOREIGN EXCHANGE OFFICES

Banks : close at 4.30 pm and at weekends.

Orly Sud Airport : daily 6.30 am to 11 pm

Charles-de-Gaulle Airport : daily 6.30 am to 11.30 pm

TRANSPORT

Taxis : may be hailed in the street when showing the illuminated sign-available day and night at taxi ranks or called by telephone

Bus-Métro (subway) : for full details see the Michelin Plan de Paris n° 11.
The métro is quickest but the bus is good for sightseeing and practical for short distances

POSTAL SERVICES

Local post offices : open Mondays to Fridays 8 am to 7 pm ; Saturdays 8 am to noon

General Post Office : 52 rue du Louvre, 1st, open 24 hours

AIRLINES

AMERICAN AIRLINES : 109 r. Fg. St-Honoré, 8th, ☏ 01 69 32 73 07

DELTA AIRLINES : 4 r. Scribe, 9th, ☏ 01 47 68 92 92

UNITED AIRLINES : 55 r. Raspail - 92532 LEVALLOIS PERRET CEDEX, ☏ 01 41 40 30 30

T.W.A. : 6 r. Christophe-Colomb, 8th, ☏ 01 49 19 20 00

BRITISH AIRWAYS : 12 r. de Castiglione, 1st, ☏ 01 47 78 14 14

AIR FRANCE : 119 Champs-Élysées, 8th, ☏ 08 02 80 28 02

AIR INTER EUROPE : 49 Champs-Élysées, 8th, ☏ 01 42 99 21 01

BREAKDOWN SERVICE

Certain garages in central and outer Paris operate a 24-hour breakdown service. If you break down the police are usually able to help by indicating the nearest one.

TIPPING

In France, in addition to the usual people who are tipped (the barber or ladies' hairdresser, hat-check girl, taxi-driver, doorman, porter, et al.), the ushers in Paris theaters and cinemas, as well as the custodians of the "men's" and "ladies" in all kinds of establishments, expect a small gratuity.

In restaurants, the tip ("service") is always included in the bill to the tune of 15 %. However you may choose to leave in addition the small change in your plate, especially if it is a place you would like to come back to, but there is no obligation to do so.

CURIOSITÉS

quelques idées pour profiter au mieux d'un séjour à Paris :

PARIS VU D'EN HAUT

Tour Eiffel★★★ - Tour Montparnasse★★★ - Tour Notre-Dame★★★ - Dôme du Sacré Coeur★★★ - Plate-forme de l'Arc de Triomphe★★★.

PERSPECTIVES CÉLÈBRES DE PARIS

≤★★★ depuis l'Obélisque au centre de la place de la Concorde : Champs-Elysées, Arc de Triomphe, Grande Arche de la Défense.

≤★★ depuis l'Obélisque au centre de la place de la Concorde : La Madeleine, Assemblée nationale.

≤★★★ depuis la terrasse du Palais de Chaillot : Tour Eiffel, Ecole Militaire, Trocadéro.

≤★★ depuis le pont Alexandre III : Invalides, Grand et Petit Palais.

QUELQUES MONUMENTS HISTORIQUES

Le Louvre★★★ (cour carrée, colonnade de Perrault, la pyramide) - Tour Eiffel★★★ - Notre-Dame★★★ - Sainte-Chapelle★★★ - Arc de Triomphe★★★ - Invalides ★★★ (Tombeau de Napoléon) - Palais-Royal★★ - Opéra★★ - Conciergerie★★ - Panthéon★★ - Luxembourg ★★ (Palais et Jardins).

Églises :

La Madeleine★★ - Sacré-Coeur★★ - St-Germain-des-Prés★★ - St-Étienne-du-Mont★★ - St-Germain-l'Auxerrois★★.

Dans le Marais :

Place des Vosges★★ - Hôtel Lamoignon★★ - Hôtel Guénégaud★★ (musée de la Chasse) - Palais Soubise★★ (musée de l'Histoire de France).

QUELQUES MUSÉES

Le Louvre★★★ - Orsay★★★ (milieu du 19e s. jusqu'au début du 20e s.) - Art moderne ★★★ (au Centre Georges-Pompidou) - Armée★★★ (aux Invalides) - Arts décoratifs★★ (107, rue de Rivoli).

Musée National du Moyen Âge, Thermes et Hôtel de Cluny★★ - Rodin★★ (Hôtel de Biron) - Carnavalet★★ (Histoire de Paris) - Picasso★★ - Cité des Sciences et de l'Industrie★★★ (La Villette) - Marmottan★★ (collection de peintres impressionnistes) - Orangerie★★ (des Impressionnistes à 1930) - Jacquemart-André★★.

MONUMENTS CONTEMPORAINS

La Défense★★ (C.N.I.T., la Grande Arche) - Centre Georges-Pompidou★★ - Forum des Halles - Institut du Monde Arabe★ - Opéra de Paris-Bastille★ - Bercy (Palais Omnisports, Ministère des Finances).

Bibliothèque Nationale de France à Tolbiac.

QUARTIERS PITTORESQUES

Montmartre★★★ - Île St-Louis★★ - les Quais★★ (entre le Pont des Arts et le Pont de Sully) - Quartier St-Séverin★★.

LE SHOPPING

Grands magasins :

Boulevard Haussmann, Rue de Rivoli, Rue de Sèvres.

Commerce de luxe :

Faubourg St-Honoré, Rue de la Paix, Rue Royale, av. Montaigne.

Occasions et antiquités :

Marché aux Puces (Porte de Clignancourt), Village Suisse (av. de la Motte-Picquet) - Louvre des Antiquaires.

Liste alphabétique des hôtels et restaurants

A

B

C

D

E

F

G

H - I

J - K

L

M

N

O

P

S

T

U - V

W - Y - Z

Restaurants de Paris et de la banlieue

Les bonnes tables... à étoiles

✿✿✿

62	XXXXX	Lucas Carton *(Senderens)* - 8e
62	XXXXX	Taillevent *(Vrinat)* - 8e
81	XXXX	Alain Ducasse - 16e
46	XXXX	Ambroisie (L') *(Pacaud)* - 4e
55	XXXX	Arpège *(Passard)* - 7e
62	XXXX	Pierre Gagnaire - 8e

✿✿

62	XXXXX	Ambassadeurs (Les) - 8e
42	XXXXX	Espadon (L') - 1er
62	XXXXX	Lasserre - 8e
62	XXXXX	Laurent - 8e
62	XXXXX	Ledoyen - 8e
51	XXXXX	Tour d'Argent - 5e
42	XXXX	Carré des Feuillants - 1er
62	XXXX	Élysées (Les) - 8e
81	XXXX	Faugeron - 16e
42	XXXX	Gérard Besson - 1er
42	XXXX	Goumard-Prunier - 1er
42	XXXX	Grand Vefour - 1er
86	XXXX	Guy Savoy - 17e
56	XXXX	Le Divellec - 7e
86	XXXX	Michel Rostang - 17e
68	XXXX	Rest. Opéra - 9e
122	XXXX	Trois Marches (Les) Versailles
81	XXXX	Vivarois - 16e
86	XXX	Apicius - 17e
81	XXX	Jamin - 16e
98	XXX	Relais Ste-Jeanne Cergy-Pontoise Ville Nouvelle

✿

62	XXXXX	Bristol - 8e
62	XXXXX	Régence - 8e
63	XXXX	Astor (L') - 8e
76	XXXX	Célébrités (Les) - 15e
63	XXXX	Chiberta - 8e
63	XXXX	Clovis - 8e
96	XXXX	Comte de Gascogne (Au) Boulogne-Billancourt
42	XXXX	Drouant - 2e
86	XXXX	Étoile d'Or (L') - 17e
83	XXXX	Grande Cascade - 16e
55	XXXX	Jules Verne - 7e
63	XXXX	Marée (La) - 8e
42	XXXX	Meurice (Le) - 1er
76	XXXX	Montparnasse 25 - 14e
68	XXXX	Muses (Les) - 9e
83	XXXX	Pré Catelan - 16e
81	XXXX	Prunier-Traktir - 16e
86	XXX	Amphyclès - 17e
89	XXX	Beauvilliers - 18e
56	XXX	Cantine des Gourmets - 7e
42	XXX	Céladon - 2e
98	XXX	Chiquito Cergy-Pontoise Ville Nouvelle
63	XXX	Copenhague - 8e
76	XXX	Duc (Le) - 14e
86	XXX	Faucher - 17e
42	XXX	Il Cortile - 1er
51	XXX	Jacques Cagna - 6e
63	XXX	Jardin - 8e
112	XXX	Maxim's Orly (Aéroports de Paris)

51	XXX	Paris - 6^{e}
56	XXX	Paul Minchelli - 7^{e}
82	XXX	Pergolèse - 16^{e}
82	XXX	Port Alma - 16^{e}
71	XXX	Pressoir (Au) - 12^{e}
81	XXX	Relais d'Auteuil - 16^{e}
51	XXX	Relais Louis XIII - 6^{e}
86	XXX	Sormani - 17^{e}
68	XXX	Table d'Anvers - 9^{e}
106	XXX	Tastevin Maisons-Laffitte
86	XXX	Timgad - 17^{e}
56	XXX	Violon d'Ingres - 7^{e}
101	XX	Aub. du Château "Table des Blot" Dampierre-en-Yvelines
56	XX	Bellecour - 7^{e}
46	XX	Benoît - 4^{e}
87	XX	Braisière - 17^{e}
82	XX	Conti - 16^{e}
64	XX	Marius et Janette - 8^{e}
86	XX	Petit Colombier - 17^{e}
43	XX	Pierre Au Palais Royal - 1er
56	XX	Récamier - 7^{e}
51	XX	Timonerie - 5^{e}
71	XX	Trou Gascon (Au) - 12^{e}
111	XX	Truffe Noire Neuilly-sur-Seine

Pour souper après le spectacle

(Nous indiquons entre parenthèses l'heure limite d'arrivée)

68	XXX	Charlot "Roi des Coquillages" - 9e (1 h)
76	XXX	Dôme - 14e (0 h 30)
82	XXX	Pavillon Noura - 16e (0 h)
43	XXX	Pierre " A la Fontaine Gaillon " - 2e (0 h 30)
51	XXX	Procope (Le) - 6e (1 h)
63	XXX	Yvan - 8e (0 h)
64	XX	Alsace (L') - 8e (jour et nuit)
87	XX	Ballon des Ternes - 17e (0 h 30)
76	XX	Bistro 121 - 15e (0 h)
47	XX	Blue Elephant - 11e (0 h)
47	XX	Bofinger - 4e (1 h)
68	XX	Brasserie Café de la Paix - 9e (0 h)
68	XX	Brasserie Flo - 10e (1 h 30)
76	XX	Coupole (La) - 14e (2 h)
68	XX	Grand Café Capucines - 9e (jour et nuit)
43	XX	Gallopin (0 h 30)
43	XX	Grand Colbert - 2e (1 h)
68	XX	Julien - 10e (1 h 30)
117	XX	Pavillon Joséphine (0 h) Rueil-Malmaison
68	XX	Petit Riche (Au) - 9e (0 h 15)
64	XX	Pichet (Le) - 8e (0 h)
43	XX	Pied de Cochon (Au) - 1er (jour et nuit)
43	XX	Pierre Au Palais Royal - 1er (0 h)
117	XX	Régency 1925 (1 h) St-Maur-des-Fossés
43	XX	Rôtisserie Monsigny - 2e (0 h)
68	XX	Terminus Nord - 10e (0 h 30)
43	XX	Vaudeville - 2e (2 h)
64	XX	Village d'Ung et Li Lam - 8e (0 h)
76	XX	Vin et Marée - 14e (0 h)
82	XX	Zébra Square - 16e (0 h)
53	X	Balzar - 5e (0 h 30)
69	X	Bistro des Deux Théâtres - 9e (0 h 30)
83	X	Bistrot de l'Étoile - 16e (0 h)
52	X	Bookinistes (Les) - 6e (0 h)
52	X	Bouillon Racine - 6e (1 h)
82	X	Butte Chaillot - 16e (0 h)
43	X	Café Marly - 1er (1 h)
64	X	Cap Vernet - 8e (0 h)
69	X	I Golosi - 9e (0 h)
72	X	Paul (Chez) - 13e (0 h)
77	X	Père Claude (0 h)
47	X	Petit Bofinger - 4e (0 h)
111	X	Petit Bofinger (0 h) Neuilly-sur-Seine
44	X	Poule au Pot - 1er (5 h)
78	X	Régalade (La) - 14e (0 h)
52	X	Rotonde - 6e (1 h 15)
72	X	Sipario - 12e (0 h)
57	X	Thoumieux - 7e (0 h)

Le plat que vous recherchez

Une andouillette

46 Ambassade d'Auvergne - 3e
47 Anjou-Normandie - 11e
87 Caves Petrissans - 17e
47 Chardenoux - 11e
78 Château Poivre - 14e
76 Coupole - 14e
72 Escapade en Touraine (L') - 12e
64 Ferme des Mathurins - 8e
57 Fontaine de Mars - 7e
77 Gauloise - 15e
43 Georges (Chez) - 2e
47 Grizzli - 4e
52 Marty - 5e
53 Moissonnier - 5e
72 Paul (Chez) - 13e
78 Petit Mâchon - 15e
71 Petit Marguery - 13e
43 Pied de Cochon (Au) - 1er
77 Pierre (Chez) - 15e
115 Pouilly Reuilly (Au) à Le Pré St-Gervais
72 Rhône - 13e
83 Scheffer - 16e
78 St-Vincent - 15e

Du boudin

46 Ambassade d'Auvergne - 3e
72 Aub. Etchégorry - 13e
47 Bascou (Au) - 3e
56 Chez Eux (D') - 7e
57 Fontaine de Mars - 7e
52 Marlotte - 6e
53 Moissonnier - 5e
72 Paul (Chez) - 13e
115 Pouilly Reuilly (Au) à Le Pré St-Gervais
72 Rhône - 13e

Une bouillabaisse

52 Arrosée (L') - 6e
86 Augusta - 17e
68 Charlot "Roi des Coquillages" - 9e
76 Dôme - 14e
71 Frégate - 12e
42 Goumard-Prunier - 1er
111 Jarrasse à Neuilly-sur-Seine
82 Marius - 16e
76 Moniage Guillaume - 14e
122 Orée du Bois à Vélizy-Villacoublay
77 Senteurs de Provence (Aux) - 15e

Un cassoulet

72 Aub. Etchégorry - 13e
46 Benoît - 4e
56 Chez Eux (D') - 7e
77 Gastroquet - 15e
68 Julien - 10e
87 Léon (Chez) - 17e
76 Lous Landès - 14e
43 Pays de Cocagne - 2e
68 Quercy - 9e
72 Quincy - 12e
63 Sarladais - 8e
47 Sousceyrac (A) - 11e
106 St-Pierre à Longjumeau
120 Table d'Antan à Ste-Geneviève-des-Bois
57 Thoumieux - 7e
71 Trou Gascon (Au) - 12e
52 Truffière - 5e
77 Vendanges (Les) - 14e

Une choucroute

64 Alsace (L') - 8e
69 Alsaco Winstub (L') - 9e
47 Bofinger - 4e
68 Brasserie Flo - 10e
76 Coupole - 14e
68 Terminus Nord - 10e

Un confit

72 Aub. Etchégorry - 13e
102 Aub. Landaise à Enghien-les-Bains
47 Bascou (Au) - 3e
117 Capucins (Aux) à St-Mandé
117 Cazaudehore à St-Germain-en-Laye
56 Chez Eux (D') - 7e
69 Comme Chez Soi - 9e
69 Deux Canards (Aux) - 10e
95 Escargot (A l') à Aulnay-sous-Bois
72 Françoise (Chez) - 13e
77 Gastroquet - 15e
44 Lescure - 1er
76 Lous Landès - 14e
47 Monde des Chimères - 4e
82 Paul Chêne - 16e
43 Pays de Cocagne - 2e
68 Quercy - 9e
69 Relais Beaujolais - 9e
69 Saintongeais - 9e

Un coq au vin

Des coquillages, crustacés, poissons

Des escargots

Une paëlla

Une grillade

De la tête de veau

Des tripes

47 Anjou-Normandie - 11e
52 Bistrot d'Alex - 6e
47 Chardenoux - 11e
47 Fernandises (Les) - 11e
43 Pharamond - 1er
43 Pied de Cochon (Au) - 1er
57 Thoumieux - 7e

Des fromages

64 Androuët - 8e

CUISINE VÉGÉTARIENNE

44 Entre Ciel et Terre - 1er
44 Victoire Suprême du Coeur - 1er

Spécialités étrangères

Anglaises

79		Bertie's (H. Baltimore) - 16e

Chinoises, Thailandaises et Vietnamienne

76	XXX	Chen - 15e
82	XXX	Ngo (Chez) - 16e
82	XXX	Tsé-Yang - 16e
47	XX	Blue Elephant - 11e
100	XX	Bonheur de Chine à Chennevières-sur-Marne
116	XX	Bonheur de Chine à Rueil-Malmaison
77	XX	Erawan - 15e
57	XX	Foc Ly - 7e
111	XX	Foc Ly à Neuilly-sur-Seine
64	XX	Kok Ping - 8e
96	XX	Lotus de Brou à Brou-sur-Chantereine
98	XX	Panoramic de Chine à Carrière-sur-Seine
69	XX	P'tite Tonkinoise - 10e
57	XX	Tan Dinh - 7e
82	XX	Tang - 16e
64	XX	Village d'Ung et Li Lam - 8e
53	X	Palanquin - 6e

Espagnoles

111	XXX	San Valero à Neuilly-sur-Seine
83	X	Rosimar - 16e

Grecques

51	XX	Mavrommatis - 5e
57	X	Apollon - 7e

Hongroises

68	XX	Paprika - 9e

Indiennes

63	XXX	Indra - 8e
76	XX	Lal Qila - 15e
76	XX	Vishnou - 14e
51	XX	Yugaraj - 6e

Italiennes

42	XXX	Il Cortile - 1er
86	XXX	Il Ristorante - 17e
100	XXX	Romantica à Clichy
86	XXX	Sormani - 17e
56	XX	Beato - 7e
82	XX	Bellini - 16e
68	XX	Chateaubriant (Au) - 10e
82	XX	Conti - 16e
56	XX	Gildo - 7e
82	XX	Giulio Rebellato - 16e
107	XX	Ribot à Maisons-Laffitte
64	XX	Stresa - 8e
82	XX	Villa Vinci - 16e
53	X	Bauta - 6e
53	X	Cafetière - 6e
77	X	Fontana Rosa - 15e
69	X	I Golosi - 9e
72	X	Sipario - 12e
58		Carpaccio (H. Royal Monceau) - 8e

Japonaises

52	XX	Inagiku - 5e
43	XX	Kinugawa - 1er
64	XX	Kinugawa - 8e
64	XX	Suntory - 8e
73		Benkay (H. Nikko) - 15e
84		Yamato (H. Méridien) - 17e

Libanaises

82	XXX	Pavillon Noura - 16e

Nord-Africaines

86	XXX	Timgad - 17e
82	XX	Al Mounia - 16e
77	XX	Caroubier - 14e
63	XX	El Mansour - 8e
111	XX	Riad (Le) à Neuilly-sur-Seine
94	XX	Tour de Marrakech à Antony
69	XX	Wally Le Saharien - 9e
47	X	Mansouria - 11e

Portugaises

43	XX	Saudade - 1er

Russes

52	X	Dominique - 6e

Scandinaves

63	XXX	Copenhague - 8e
69	X	Petite Sirène de Copenhague - 9e
63		Flora Danica (Copenhague) - 8e

Dans la tradition : bistrots et brasseries

Les bistrots

Les brasseries

1er arrondissement

43 XX Pied de Cochon (Au)

2e arrondissement

43 XX Gallopin
43 XX Grand Colbert
43 XX Vaudeville

4e arrondissement

47 XX Bofinger

5e arrondissement

52 XX Marty
53 X Balzar

6e arrondissement

52 X Bouillon Racine
52 X Rotonde

7e arrondissement

57 X Thoumieux

8e arrondissement

64 XX Alsace (L')

9e arrondissement

68 XX Brasserie Café de la Paix
68 XX Grand Café Capucines

10e arrondissement

68 XX Brasserie Flo
68 XX Julien
68 XX Terminus Nord

12e arrondissement

71 XXX Train Bleu

14e arrondissement

76 XXX Dôme
76 XX Coupole (La)

15e arrondissement

73 Brasserie (H. Sofitel Porte de Sèvres)
73 Brasserie Pont Mirabeau (H. Nikko)

17e arrondissement

87 XX Ballon des Ternes

BANLIEUE

Issy-les-Moulineaux

104 X Coquibus

Restaurants proposant des menus de 100 F à 160 F

1er arrondissement

43	XX	Bonne Fourchette
43	X	Bistrot St-Honoré
44	X	Entre Ciel et Terre
44	X	Lescure
44	X	Poule au Pot
44	X	Victoire Suprême du Coeur

2e arrondissement

43	XX	Gallopin
43	XX	Grand Colbert
43	XX	Pays de Cocagne
43	XX	Rôtisserie Monsigny

3e arrondissement

47	X	Clos du Vert Bois

4e arrondissement

47	XX	Excuse (L')
47	X	Grizzli
47	X	Monde des Chimères
47	X	Petit Bofinger
47	X	Relais St-Paul

5e arrondissement

52	XX	Aub. des Deux Signes
52	XX	Inagiku
51	XX	Mavrommatis
52	X	Bouchons de François Clerc (Les)
52	X	Campagne et Provence
53	X	Moissonnier
53	X	Reminet

6e arrondissement

52	XX	Arrosée (L')
51	XX	Maître Paul (Chez)
53	X	Bauta
52	X	Bistrot d'Alex
52	X	Bouillon Racine
52	X	Dominique
53	X	Palanquin

7e arrondissement

57	XX	Champ de Mars
57	XX	Foc Ly
56	XX	Gildo
57	X	Apollon
57	X	Bon Accueil (Au)
57	X	Calèche
57	X	Collinot (Chez)
57	X	Florimond
57	X	Maupertu
57	X	Oeillade (L')
57	X	P'tit Troquet
57	X	Sédillot
57	X	Thoumieux

8e arrondissement

64	XX	Kok Ping
64	XX	Village d'Ung et Li Lam
64	X	Ferme des Mathurins

9e arrondissement

68	XX	Bistrot Papillon
69	XX	Comme Chez Soi
68	XX	Paprika
68	XX	Quercy
69	XX	Saintongeais
69	X	Alsaco Winstub (L')
69	X	Bistro de Gala
69	X	Excuse Mogador (L')
69	X	Paludier
69	X	Petit Batailley
69	X	Petite Sirène de Copenhague
69	X	Pré Cadet

10e arrondissement

68	XX	Chateaubriant (Au)
69	XX	P'tite Tonkinoise

11e arrondissement

47	XX	Péché Mignon
47	X	Anjou-Normandie
47	X	Astier
47	X	Fernandises (Les)

12e arrondissement

71	XX	Frégate
72	XX	Traversière
72	X	Escapade en Touraine (L')
72	X	Jean-Pierre Frelet
72	X	la Biche au Bois (A)
72	X	Sipario
72	X	Temps des Cerises
72	X	Zygomates (Les)

13e arrondissement

72	X	Anacréon
72	X	Aub. Etchégorry
72	X	Avant Goût (L')

Plein air

1er arrondissement
43 XX **Palais Royal**

7e arrondissement
56 XX **Mais.on de l'Amérique Latine (La)**

8e arrondissement
62 XXXXX **Laurent**
63 XX **Cercle Ledoyen**

14e arrondissement
76 XXX **Pavillon Montsouris**

16e arrondissement
83 XXXX **Grande Cascade**
83 XXXX **Pré Catelan**

19e arrondissement
89 XXX **Pavillon Puebla**

BANLIEUE

Asnières-sur-Seine
94 XXX **Van Gogh (Le)**

Chennevières-sur-Marne
100 XXX **Écu de France**

Maisons-Lafitte
106 XXX **Tastevin**

Montreuil
107 XXX **Gaillard**

St-Germain-en-Laye
117 XXX **Cazaudehore**

Vaucresson
122 XX **Poularde**

Le Vésinet
122 XX **Pavillon de l'Ile aux Ibis**

Restaurants avec salons particuliers

1er arrondissement

42	XXXX	Carré des Feuillants
42	XXXX	Goumard-Prunier
42	XXXX	Grand Vefour
42	XXX	Macéo
43	XX	Kinugawa
43	XX	Palais Royal
43	XX	Pauline (Chez)
43	XX	Pharamond
43	XX	Pied de Cochon (Au)
43	X	la Grille St-Honoré (A)

2e arrondissement

42	XXXX	Drouant
42	XXX	Céladon
43	XXX	Pierre " A la Fontaine Gaillon "
43	XX	Rôtisserie Monsigny

3e arrondissement

46	XXX	Ambassade d'Auvergne

4e arrondissement

46	XX	Benoît
47	XX	Bofinger

5e arrondissement

51	XXXXX	Tour d'Argent
52	XX	Aub. des Deux Signes
52	XX	Marty
53	X	Moissonnier

6e arrondissement

51	XXX	Procope
51	XXX	Relais Louis XIII
52	XX	Bastide Odéon
51	XX	Maître Paul (Chez)
52	XX	Rond de Serviette

7e arrondissement

55	XXXX	Arpège
56	XXX	Cantine des Gourmets
57	XX	Champ de Mars
56	XX	Ferme St-Simon
56	XX	Maison de l'Amérique Latine
56	XX	Récamier
57	X	Bistrot de Paris
57	X	Thoumieux

8e arrondissement

62	XXXXX	Lasserre
62	XXXXX	Laurent
62	XXXXX	Ledoyen
62	XXXXX	Lucas Carton
62	XXXXX	Taillevent
64	XX	Bistrot du Sommelier
64	XX	Marius et Janette

9e arrondissement

68	XXX	Table d'Anvers
68	XX	Petit Riche (Au)

11e arrondissement

47	XX	Aiguière (L')

12e arrondissement

71	XXX	Pressoir (Au)

14e arrondissement

76	XXX	Moniage Guillaume
76	XXX	Pavillon Montsouris
76	XX	Chaumière des Gourmets
76	XX	Coupole (La)
76	XX	Vin et Marée

15e arrondissement

76	XXXX	Célébrités (Les)
76	XXX	Chen
77	XX	Gauloise

16e arrondissement

81	XXXX	Faugeron
83	XXXX	Grande Cascade
83	XXXX	Pré Catelan
81	XXX	Jamin
82	XXX	Port Alma
83	X	Vin et Marée

17e arrondissement

86	XXXX	Guy Savoy
86	XXXX	Michel Rostang
86	XXX	Amphyclès
86	XXX	Manoir de Paris
87	XX	Ballon des Ternes
87	XX	Beudant
87	XX	Léon (Chez)
86	XX	Petit Colombier
87	XX	Petite Auberge

18e arrondissement

89	XXX	Beauvilliers

19e arrondissement

89	XXX	Pavillon Puebla

Restaurants ouverts samedi et dimanche

16e arrondissement

17e arrondissement

BANLIEUE

Antony

Asnières-sur-Seine

Aulnay-sous-Bois

Brou-sur-Chantereine

Carrières-sur-Seine

Chennevières-sur-Marne

Dampierre-en-Yvelines

Maisons-Laffitte

Marne-la-Vallée

Neuilly-sur-Seine

Quincy-sous-Sénart

Rueil-Malmaison

Savigny-sur-Orge

St-Germain-en-Laye

St-Maur-des-Fossés

Viroflay

METROPOLITAIN

PARIS
Hôtels - Restaurants
par arrondissements

(Liste alphabétique des Hôtels et Restaurants, voir p. 7 à 21)

G 12 : Ces lettres et chiffres correspondent au carroyage du **Plan de Paris** Michelin n° 10, **Paris Atlas** n° 11, **Plan avec répertoire** n° 12 et **Plan de Paris** n° 14.

En consultant ces quatre publications vous trouverez également les parkings les plus proches des établissements cités.

Opéra - Palais-Royal
Halles - Bourse

1er et 2e arrondissements

1er : ✉ 75001 - 2e : ✉ 75002

Ritz, 15 pl. Vendôme (1er) ℘ 01 43 16 30 30, *Fax 01 43 16 31 78,* « Belle piscine et luxueux centre de remise en forme » – AE ⓓ GB JCB G 12
voir rest. ***Espadon*** ci-après - ***Bar Vendôme*** (déj. seul.) **Repas** carte 360 à 540 ♀ – ☕ 190 – **142 ch** 3300/4300, 45 appart.

Meurice, 228 r. Rivoli (1er) ℘ 01 44 58 10 10, *Fax 01 44 58 10 15* – ch, TV ☎ – 100. AE ⓓ GB JCB. rest G 12
voir rest. ***Le Meurice*** ci-après – ☕ 150 – **134 ch** 2800/3900, 46 appart.

Inter - Continental, 3 r. Castiglione (1er) ℘ 01 44 77 11 11, *Fax 01 44 77 14 60,* – TV ☎ – 500. AE ⓓ GB JCB. rest G 12
Brasserie 234 Rivoli ℘ 01 44 77 10 40 **Repas** carte 200 à 400 – ***Terrasse Fleurie*** ℘ 01 44 77 10 44 *(ouvert mai-sept. et fermé sam. et dim.)* **Repas** 280 ♀ – ☕ 195 – **415 ch** 2600/3000, 30 appart.

Castille Ⓜ, 37 r. Cambon (1er) ℘ 01 44 58 44 58, *Fax 01 44 58 44 00,* – TV ☎ – 30. AE ⓓ GB JCB. rest G 12
voir rest. ***Il Cortile*** ci-après – ☕ 140 – **107 ch** 2100/2750, 7 appart, 14 duplex.

Westminster, 13 r. Paix (2e) ℘ 01 42 61 57 46, *Fax 01 42 60 30 66* – ch, TV ☎ – 60. AE ⓓ GB JCB G 12
voir rest. ***Céladon*** ci-après – ☕ 110 – **84 ch** 1850/2600, 18 appart.

Costes, 239 r. St-Honoré (1er) ℘ 01 42 44 50 00, *Fax 01 42 44 50 01,* « Bel hôtel particulier décoré avec élégance », – TV ☎ – 30. AE ⓓ GB JCB G 12
Repas carte 250 à 440 – ☕ 130 – **85 ch** 1750/3250.

du Louvre, pl. A. Malraux (1er) ℘ 01 44 58 38 38, *Fax 01 44 58 38 01,* – TV ☎ – 100. AE ⓓ GB JCB H 13
Brasserie Le Louvre : **Repas** *(140 bc)*-180 (dîner) et carte 190 à 370 – ☕ 120 – **194 ch** 1650/2800, 5 appart.

Lotti, 7 r. Castiglione (1er) ℘ 01 42 60 37 34, *Fax 01 40 15 93 56* – TV ☎. AE ⓓ GB JCB G 12
Repas 160/220 et carte 260 à 430 ♀ – ☕ 120 – **129 ch** 1710/3330.

Édouard VII sans rest, 39 av. Opéra (2e) ℘ 01 42 61 56 90, *Fax 01 42 61 47 73* – TV ☎. AE ⓓ GB G 13
☕ 100 – **65 ch** 1400/1600, 4 appart.

Opéra Richepanse M sans rest, 14 r. Richepanse (1er) ✆ 01 42 60 36 00, *Fax 01 42 60 13 03* – AE GB JCB G 12
☕ 70 – **35 ch** 1250/1450, 3 appart.

Normandy, 7 r. Échelle (1er) ✆ 01 42 60 30 21, *Fax 01 42 60 45 81* – 30. AE GB JCB H 13
***L'Échelle** (fermé sam. et dim.)* **Repas** 150, enf. 85 – ☕ 68 – **111 ch** 1155/1510, 4 appart.

Royal St-Honoré M sans rest, 221 r. St-Honoré (1er) ✆ 01 42 60 32 79, *Fax 01 42 60 47 44* – AE GB JCB. G 12
☕ 95 – **67 ch** 1500/2000, 5 appart.

Régina, 2 pl. Pyramides (1er) ✆ 01 42 60 31 10, *Fax 01 40 15 95 16*, « Hall "Art Nouveau" » – 30. AE GB JCB. rest H 13
Repas *(fermé août, sam., dim. et fériés) (130)* - 170/270 bc – ☕ 95 – **116 ch** 1650/2250, 14 appart.

Stendhal sans rest, 22 r. D. Casanova (2e) ✆ 01 44 58 52 52, *Fax 01 44 58 52 00* – AE GB JCB G 12
☕ 95 – **20 ch** 1380/1560.

L'Horset Opéra M sans rest, 18 r. d'Antin (2e) ✆ 01 44 71 87 00, *Fax 01 42 66 55 54* – AE GB JCB G 13
☕ 80 – **54 ch** 990/1350.

Cambon M sans rest, 3 r. Cambon (1er) ✆ 01 44 58 93 93, *Fax 01 42 60 30 59* – AE GB JCB G 12
☕ 80 – **40 ch** 1680.

Mansart sans rest, 5 r. Capucines (1er) ✆ 01 42 61 50 28, *Fax 01 49 27 97 44* – AE GB JCB. G 12
☕ 55 – **57 ch** 700/980.

Novotel Les Halles M, 8 pl. M.-de-Navarre (1er) ✆ 01 42 21 31 31, *Fax 01 40 26 05 79*, – 120. AE GB JCB H 14
Repas *(89)* - carte environ 170 ♀, enf. 50 – ☕ 68 – **280 ch** 1075/1145, 5 appart.

de Noailles M sans rest, 9 r. Michodière (2e) ✆ 01 47 42 92 90, *Fax 01 49 24 92 71*, décor contemporain – AE GB JCB G 13
☕ 50 – **58 ch** 880.

Favart sans rest, 5 r. Marivaux (2e) ✆ 01 42 97 59 83, *Fax 01 40 15 95 58* – AE GB JCB F 13
☕ 20 – **37 ch** 495/600.

Violet M sans rest, 7 r. J. Lantier (1er) ✆ 01 42 33 45 38, *Fax 01 40 28 03 56* – AE GB JCB. J 14
☕ 50 – **30 ch** 550/730.

Relais du Louvre sans rest, 19 r. Prêtres-St-Germain-L'Auxerrois (1er) ✆ 01 40 41 96 42, *Fax 01 40 41 96 44* – AE GB JCB H 14
☕ 50 – **20 ch** 600/950.

Place du Louvre M sans rest, 21 r. Prêtres-St-Germain-L'Auxerrois (1er) ✆ 01 42 33 78 68, *Fax 01 42 33 09 95* – AE GB JCB H 14
☕ 50 – **20 ch** 510/830.

Malte Opéra sans rest, 63 r. Richelieu (2e) ✆ 01 44 58 94 94, *Fax 01 42 86 88 19* – AE GB JCB. G 13
☕ 80 – **54 ch** 890/990, 5 duplex.

Louvre St-Honoré M sans rest, 141 r. St-Honoré (1er) ✆ 01 42 96 23 23, *Fax 01 42 96 21 61* – AE GB JCB H 14
☕ 75 – **40 ch** 670/880.

Britannique sans rest, 20 av. Victoria (1er) ✆ 01 42 33 74 59, *Fax 01 42 33 82 65* – AE GB JCB. J 14
☕ 55 – **40 ch** 659/898.

Molière sans rest, 21 r. Molière (1er) ✆ 01 42 96 22 01, *Fax 01 42 60 48 68* – AE GB JCB G 13
☕ 70 – **32 ch** 530/820.

Gd H. de Champagne sans rest, 17 r. J.-Lantier (1er) ✆ 01 42 36 60 00, *Fax 01 45 08 43 33* – AE GB JCB J 14
☕ 55 – **43 ch** 715/1230.

Gd H. de Besançon M sans rest, 56 r. Montorgueil (2e) ✆ 01 42 36 41 08, *Fax 01 45 08 08 79* – AE GB JCB. G 14
☕ 60 – **20 ch** 620/680.

Baudelaire Opéra sans rest, 61 r. Ste Anne (2e) ✆ 01 42 97 50 62, *Fax 01 42 86 85 85* – AE GB JCB G 13
☕ 39 – **24 ch** 480/670, 5 duplex.

Ducs de Bourgogne sans rest, 19 r. Pont-Neuf (1er) ✆ 01 42 33 95 64, *Fax 01 40 39 01 25* – AE GB JCB H 14
☕ 45 – **50 ch** 495/740.

Vivienne sans rest, 40 r. Vivienne (2e) ✆ 01 42 33 13 26, *Fax 01 40 41 98 19* – GB F 14
☕ 40 – **44 ch** 365/505.

L'Espadon - Hôtel Ritz, 15 pl. Vendôme (1er) ✆ 01 43 16 30 80, *Fax 01 43 16 33 75,* – AE GB JCB. G 12
Repas 390 (déj.)/750 et carte 490 à 850
Spéc. Pastilla de foie gras chaud en gelée de poulette. Noix de Saint-Jacques (oct. à avril). Suprême de volaille de Bresse.

Grand Vefour, 17 r. Beaujolais (1er) ✆ 01 42 96 56 27, *Fax 01 42 86 80 71,* « Ancien café du Palais Royal fin 18e siècle » – AE GB JCB. G 13
fermé août, sam. et dim. – **Repas** 335 (déj.)/750 et carte 590 à 850
Spéc. Ravioles de foie gras à l'émulsion de crème truffée. Noisettes d'agneau panées au moka, jus de café, pulpe d'aubergine confite. Tourte d'artichaut et légumes confits, sorbet aux amandes amères (dessert).

Le Meurice - Hôtel Meurice, 228 r. Rivoli (1er) ✆ 01 44 58 10 50, *Fax 01 44 58 10 15* – AE GB JCB. G 12
Repas 290 (déj.), 430 bc/550 et carte 370 à 520
Spéc. Homard breton en vinaigrette d'herbes de mer. Tronçon de turbot rôti, sabayon acidulé de carottes à la badiane. Pigeon de Bretagne en cocotte, farce d'herbes et de pignons.

Goumard-Prunier, 9 r. Duphot (1er) ✆ 01 42 60 36 07, *Fax 01 42 60 04 54* – AE GB JCB G 12
fermé 10 au 23 août, dim. et lundi – **Repas** - produits de la mer - 390 bc et carte 420 à 800
Spéc. Soupe tiède de homard breton aux cocos. Coquilles Saint-Jacques cuites au ''repère''. Daurade royale grillée aux tomates confites.

Carré des Feuillants (Dutournier), 14 r. Castiglione (1er) ✆ 01 42 86 82 82, *Fax 01 42 86 07 71* – AE GB JCB G 12
fermé août, sam. midi et dim. – **Repas** 285 (déj.) et carte 480 à 680
Spéc. Velouté de châtaignes à la truffe blanche (oct. à nov.). Langoustines à la nougatine d'ail doux. Noisettes de brebis en croûte parfumée.

Drouant, pl. Gaillon (2e) ✆ 01 42 65 15 16, *Fax 01 49 24 02 15,* « Siège de l'Académie Goncourt depuis 1914 » – AE GB JCB G 13
Repas 290 (déj.)/650 et carte 560 à 720 - ***Café Drouant :*** **Repas** 200 et carte 280 à 360
Spéc. Salade de homard à l'huile pimentée. Bar rôti à la tapenade et pissala, légumes confits au basilic. Canette fermière de Challans en cabessal (automne-hiver).

Gérard Besson, 5 r. Coq Héron (1er) ✆ 01 42 33 14 74, *Fax 01 42 33 85 71* – AE GB JCB H 14
fermé sam. sauf le soir du 15 sept. au 15 juin et dim. – **Repas** (200) - 280 (déj.), 420/550 et carte 430 à 660
Spéc. Cocotte de queue et pinces de homard. Gibier (saison). Fenouil confit aux épices, glace vanille et nougatine aux amandes.

Céladon - Hôtel Westminster, 15 r. Daunou (2e) ✆ 01 42 61 77 42, *Fax 01 42 61 33 78* – AE GB JCB G 12
fermé août, sam., dim. et fériés – **Repas** 260/390 et carte 340 à 500
Spéc. Risotto de cèpes au lard paysan. Tronçon de turbot en cocotte au céleri rave et parfum de truffes. Mirliton d'Aix aux fruits rouges, glace au basilic.

Macéo, 15 r. Petits-Champs (1er) ✆ 01 42 96 98 89, *Fax 01 42 96 08 89* – GB G 13
fermé dim. – **Repas** 185 (déj.), 200/240.

Il Cortile - Hôtel de Castille, 37 r. Cambon (1er) ✆ 01 44 58 45 67, *Fax 01 44 58 44 00* G 12
fermé sam. et dim. – **Repas** - cuisine italienne - carte 240 à 340
Spéc. Farfalle à l'encre, crustacés et coquillages au basilic. Picatta de veau à la sauge. Tartelette chocolat et noisette du Piémont.

XXX **Pierre " A la Fontaine Gaillon "**, pl. Gaillon (2e) ✆ 01 47 42 63 22, *Fax 01 47 42 82 84*, – ▤. AE ⓓ GB JCB G 13
fermé août, sam. midi et dim. – **Repas** 165 et carte 220 à 380 ♀.

XX **Pierre Au Palais Royal**, 10 r. Richelieu (1er) ✆ 01 42 96 09 17, *Fax 01 42 96 09 62* – ▤. AE ⓓ GB JCB H 13
✿ *fermé 24 déc. au 1er janv. et dim.* – **Repas** carte 200 à 300 ♀
Spéc. Escalope de foie gras de canard. Quenelles de brochet à la Nantua. Boeuf ficelle à la ménagère.

XX **Palais Royal**, 110 Galerie de Valois - Jardin du Palais Royal (1er) ✆ 01 40 20 00 27, *Fax 01 40 20 00 82*, , « Terrasse dans le jardin du Palais Royal » – AE ⓓ GB JCB G 13
fermé 22 déc. au 2 janv., sam. midi et dim. de sept. à mai – **Repas** carte 200 à 310 ♀.

XX **Chez Pauline**, 5 r. Villédo (1er) ✆ 01 42 96 20 70, *Fax 01 49 27 99 89* – AE ⓓ GB JCB G 13
fermé sam. sauf le soir d'oct. à mars et dim. – **Repas** 220 et carte 290 à 480 ♀.

XX **Pays de Cocagne**, -Espace Tarn- 111 r. Réaumur (2e) ✆ 01 40 13 81 81, *Fax 01 40 13 87 70* – AE GB JCB G 14
fermé 3 au 22 août, sam. midi, dim. et fériés – **Repas** 138/190 ♀.

XX **Rôtisserie Monsigny**, 1 r. Monsigny (2e) ✆ 01 42 96 16 61, *Fax 01 42 97 40 97* – ▤. AE GB JCB G 13
fermé 10 au 20 août et sam. midi – **Repas** *(100)* - 160 et carte 190 à 350 ♀.

XX **Kinugawa**, 9 r. Mont Thabor (1er) ✆ 01 42 60 65 07, *Fax 01 42 60 45 21* – ▤. AE ⓓ GB JCB. ✂ G 12
fermé vacances de Noël et dim. – **Repas** - cuisine japonaise - 510/700 et carte 180 à 400 ♀.

XX **Pharamond**, 24 r. Grande-Truanderie (1er) ✆ 01 42 33 06 72, *Fax 01 40 28 01 81*, bistrot, « Authentique décor 1900 » – AE ⓓ GB G 14
fermé lundi midi et dim. – **Repas** 200 bc (déj.)/310 bc et carte 250 à 450.

XX **Au Pied de Cochon** (ouvert jour et nuit), 6 r. Coquillière (1er) ✆ 01 40 13 77 00, *Fax 01 40 13 77 09*, , brasserie – ▤. AE ⓓ GB H 14
Repas 178 et carte 200 à 380.

XX **Gallopin**, 40 r. N.-D.-des-Victoires (2e) ✆ 01 42 36 45 38, *Fax 01 42 36 10 32*, « Brasserie fin 19e siècle » – AE ⓓ GB G 14
fermé sam. midi et dim. – **Repas** 149 et carte 160 à 300 ♀.

XX **Vaudeville**, 29 r. Vivienne (2e) ✆ 01 40 20 04 62, *Fax 01 49 27 08 78*, brasserie – AE ⓓ GB G 14
Repas *(123 bc)* - 169 bc et carte 160 à 300.

XX **Grand Colbert**, 2 r. Vivienne (2e) ✆ 01 42 86 87 88, *Fax 01 42 86 82 65*, brasserie – AE ⓓ GB JCB G 13
fermé 10 au 25 août – **Repas** 155 et carte 190 à 280 ♀.

XX **Poquelin**, 17 r. Molière (1er) ✆ 01 42 96 22 19, *Fax 01 42 96 05 72* – AE ⓓ GB JCB G 13
fermé 1er au 20 août, sam. midi et dim. – **Repas** 189 et carte 250 à 380 ♀.

XX **Bonne Fourchette**, 320 r. St Honoré, au fond de la cour (1er) ✆ 01 42 60 45 27 – ▤. ⓓ GB. ✂ G 12
fermé août, vacances de fév., dim. midi et sam. – **Repas** *(100)* - 130/170 et carte 200 à 300 ♀.

XX **Saudade**, 34 r. Bourdonnais (1er) ✆ 01 42 36 30 71, *Fax 01 42 36 27 77* – ▤. AE GB JCB. ✂ H 14
fermé dim. – **Repas** - cuisine portugaise - 129 (déj.) et carte 170 à 310.

X **A la Grille St-Honoré**, 15 pl. Marché St-Honoré (1er) ✆ 01 42 61 00 93, *Fax 01 47 03 31 64*, – ▤. AE ⓓ GB G 12
fermé 1er au 25 août, 24 déc. au 2 janv., dim. et lundi – **Repas** 180/250.

X **Bistrot St-Honoré**, 10 r. Gomboust (1er) ✆ 01 42 61 77 78, *Fax 01 42 61 77 78* – AE GB G 13
fermé 10 au 16 août et dim. – **Repas** 130 et carte 180 à 360 ♀.

X **Chez Georges**, 1 r. Mail (2e) ✆ 01 42 60 07 11, bistrot – AE GB G 14
fermé 1er au 24 août, dim. et fêtes – **Repas** carte 190 à 340.

X **Café Marly**, 93 r. Rivoli - Cour Napoléon (1er) ✆ 01 49 26 06 60, *Fax 01 49 26 07 06*, , « Décor original dans le Grand Louvre, terrasse » – ▤. AE ⓓ GB H 13
Repas carte 180 à 220 ♀.

X **L'Ardoise**, 28 r. Mont-Thabor (1er) ✆ 01 42 96 28 18 – GB G 12
fermé 10 au 31 août et lundi – **Repas** 165 ♀.

X **Willi's Wine Bar**, 13 r. Petits-Champs (1er) ✆ 01 42 61 05 09, *Fax 01 47 03 36 93* – GB. ✂ G 13
fermé dim. – **Repas** 145 (déj.), 180/195 ♀.

✗ **Poule au Pot,** 9 r. Vauvilliers (1er) ✆ 01 42 36 32 96, bistrot – GB. ✗ **H 14**
Repas (dîner seul.) 160 et carte 210 à 280.

✗ **Souletin,** 6 r. Vrillière (1er) ✆ 01 42 61 43 78, *Fax 01 42 61 43 78*, bistrot – GB **G 14**
fermé dim. et fériés – **Repas** carte environ 190 🍷.

✗ **Lescure,** 7 r. Mondovi (1er) ✆ 01 42 60 18 91, bistrot – GB **G 11**
fermé 1er au 25 août, 22 déc. au 5 janv., sam. soir et dim. – **Repas** 100 bc et carte 100 à 200 🍷.

✗ **Entre Ciel et Terre,** 5 r. Hérold (1er) ✆ 01 45 08 49 84, rest. exclusivement non-fumeurs – GB **G 14**
fermé 25 juil. au 30 août, sam. et dim. – **Repas** - cuisine végétarienne - *(69)* - 87 et carte environ 120.

✗ **Victoire Suprême du Coeur,** 41 r. Bourdonnais (1er) ✆ 01 40 41 93 95, *Fax 01 40 41 94 57* – GB **H 14**
fermé 15 au 31 août et dim. – **Repas** - café végétarien - *(49)* - 71 (déj.), 87/131 et carte 100 à 140.

Bastille - République Hôtel de Ville

3e, 4e et 11e arrondissements

3e : ✉ 75003 - 4e : ✉ 75004 - 11e : ✉ 75011

Pavillon de la Reine sans rest, 28 pl. Vosges (3e) ☏ 01 40 29 19 19, *Fax 01 40 29 19 20*, « Belle décoration intérieure » – AE GB JCB J17
110 – **31 ch** 1650/2000, 14 appart, 10 duplex.

Holiday Inn M, 10 pl. République (11e) ☏ 01 43 55 44 34, *Fax 01 47 00 32 34* – – 200. AE GB JCB G 17
Belle Époque : Repas carte 170 à 260 – 125 – **318 ch** 2300/2995.

Jeu de Paume sans rest, 54 r. St-Louis-en-l'Ile (4e) ☏ 01 43 26 14 18, *Fax 01 40 46 02 76*, « Ancien jeu de paume du 17e siècle » – – 30. AE GB JCB K 16
80 – **32 ch** 895/1385.

Bretonnerie sans rest, 22 r. Ste-Croix-de-la-Bretonnerie (4e) ☏ 01 48 87 77 63, *Fax 01 42 77 26 78* – GB. J 16
fermé 31 juil. au 27 août – 50 – **27 ch** 650/790, 3 appart.

Little Palace M, 4 r. Salomon de Caus (3e) ☏ 01 42 72 08 15, *Fax 01 42 72 45 81* – AE GB G 15
Repas *(fermé 17 juil. au 17 août, sam. et dim.)* carte 120 à 190 – 50 – **57 ch** 650/750, .

Meslay République sans rest, 3 r. Meslay (3e) ☏ 01 42 72 79 79, *Fax 01 42 72 76 94* – AE GB JCB. G 16
40 – **39 ch** 580/680.

Axial Beaubourg sans rest, 11 r. Temple (4e) ☏ 01 42 72 72 22, *Fax 01 42 72 03 53* – AE GB JCB. J 15
38 – **39 ch** 480/650.

Caron de Beaumarchais M sans rest, 12 r. Vieille-du-Temple (4e) 01 42 72 34 12, *Fax 01 42 72 34 63* – TV. AE GB JCB. J 16
54 – **19 ch** 690/770.

Beaubourg sans rest, 11 r. S. Le Franc (4e) 01 42 74 34 24, *Fax 01 42 78 68 11* – TV. AE GB JCB. H 15
40 – **28 ch** 620/720.

Verlain sans rest, 97 r. St-Maur (11e) 01 43 57 44 88, *Fax 01 43 57 32 06* – TV. AE GB G 19
40 – **38 ch** 520/580.

Lutèce sans rest, 65 r. St-Louis-en-l'Ile (4e) 01 43 26 23 52, *Fax 01 43 29 60 25* – TV. AE GB. K 16
47 – **23 ch** 840/860.

Deux Iles sans rest, 59 r. St-Louis-en-l'Ile (4e) 01 43 26 13 35, *Fax 01 43 29 60 25* – TV. AE GB K 16
48 – **17 ch** 730/850.

Bel Air M sans rest, 5 r. Rampon (11e) 01 47 00 41 57, *Fax 01 47 00 21 56* – TV. AE GB JCB G 17
45 – **48 ch** 540/610.

Rivoli Notre Dame sans rest, 19 r. Bourg Tibourg (4e) 01 42 78 47 39, *Fax 01 40 29 07 00* – TV. AE GB JCB. J 16
42 – **31 ch** 525/715.

Vieux Saule sans rest, 6 r. Picardie (3e) 01 42 72 01 14, *Fax 01 40 27 88 21* – TV. AE GB JCB. H 17
50 – **31 ch** 390/540.

Nord et Est sans rest, 49 r. Malte (11e) 01 47 00 71 70, *Fax 01 43 57 51 16* – TV. AE GB. G 17
fermé août et 24 déc. au 2 janv. – 35 – **45 ch** 320/360.

Grand Prieuré sans rest, 20 r. Grand Prieuré (11e) 01 47 00 74 14, *Fax 01 49 23 06 64* – TV. AE GB. G 17
30 – **32 ch** 330/370.

Croix de Malte M sans rest, 5 r. Malte (11e) 01 48 05 09 36, *Fax 01 43 57 02 54* – TV. AE GB JCB H 17
45 – **29 ch** 510/570.

de Nice sans rest, 42 bis r. Rivoli (4e) 01 42 78 55 29, *Fax 01 42 78 36 07* – TV. GB. J 16
35 – **23 ch** 400/500.

Prince Eugène sans rest, 247 bd Voltaire (11e) 01 43 71 22 81, *Fax 01 43 71 24 71* – TV. AE GB JCB K 21
32 – **35 ch** 345/405.

Allegro République M sans rest, 39 r. J.-P. Timbaud (11e) 01 48 06 64 97, *Fax 01 48 05 03 38* – TV. AE GB G 18
40 – **42 ch** 410/470.

Campanile sans rest, 9 r. Chemin Vert (11e) 01 43 38 58 08, *Fax 01 43 38 52 28* – TV. AE GB J 18
36 – **157 ch** 420.

Beauséjour M sans rest, 71 av. Parmentier (11e) 01 47 00 38 16, *Fax 01 43 55 47 89* – TV. AE GB H 18
30 – **31 ch** 290/350.

XXXX ✿✿✿ **L'Ambroisie** (Pacaud), 9 pl. des Vosges (4e) 01 42 78 51 45 – AE GB. J 17
fermé 3 au 23 août, vacances de fév., dim. et lundi – **Repas** carte 690 à 1 160
Spéc. Feuillantine de queues de langoustines aux graines de sésame, sauce au curry. Pigeon confit à l'ail doux, ragoût de févettes à la sarriette. Tarte fine sablée au chocolat.

XXX **Miravile,** 72 quai Hôtel de Ville (4e) 01 42 74 72 22, *Fax 01 42 74 67 55* – AE GB J 15
fermé 3 au 25 août, 15 au 22 fév., sam. midi et dim. – **Repas** 240 et carte 330 à 400.

XXX **Ambassade d'Auvergne,** 22 r. Grenier St-Lazare (3e) 01 42 72 31 22, *Fax 01 42 78 85 47* – AE GB JCB H 15
Repas 170 et carte 170 à 300 ♀.

XX ✿ **Benoît,** 20 r. St-Martin (4e) 01 42 72 25 76, *Fax 01 42 72 45 68*, bistrot – J 15
fermé août – **Repas** 200 (déj.) et carte 350 à 460 ♀
Spéc. Saumon fumé mariné, salade tiède de pommes de terre. Daube de joues de boeuf au vin de Beaujolais. Filet de rouget barbet rôti, canapé d'aubergine et tapenade.

XX **Bofinger,** 5 r. Bastille (4e) ✆ 01 42 72 87 82, *Fax 01 42 72 97 68*, brasserie, « Décor Belle Époque » – ▤. AE ⓓ GB J 17
Repas *(119 bc)* - 169 bc et carte 160 à 300.

XX **L'Aiguière,** 37 bis r. Montreuil (11e) ✆ 01 43 72 42 32, *Fax 01 43 72 96 36* – AE ⓓ GB JCB K 20
fermé sam. midi et dim. – **Repas** 135 bc/248 bc (sauf vend. soir et sam. soir)et carte 270 à 380.

XX **A Sousceyrac,** 35 r. Faidherbe (11e) ✆ 01 43 71 65 30, *Fax 01 40 09 79 75* – ▤. AE ⓓ GB J 19
fermé sam. midi et dim. – **Repas** 180 et carte 210 à 330 ♀.

XX **L'Excuse,** 14 r. Charles V (4e) ✆ 01 42 77 98 97, *Fax 01 42 77 88 55* – AE GB J 16
fermé 2 au 20 août et dim. – **Repas** *(120 bc)* - 150/185 et carte 270 à 360 ♀.

XX **Vin et Marée,** 276 bd Voltaire (11e) ✆ 01 43 72 31 23, *Fax 01 40 09 05 24* – ▤. AE GB JCB K 21
Repas - produits de la mer - carte environ 170 ♀.

XX **Blue Elephant,** 43 r. Roquette (11e) ✆ 01 47 00 42 00, *Fax 01 47 00 45 44*, « Décor typique » – ▤. AE ⓓ GB J 18
fermé sam. midi – **Repas** - cuisine thaïlandaise - 150 (déj.), 275/300 et carte environ 270 ♀.

XX **L'Alisier,** 26 r. Montmorency (3e) ✆ 01 42 72 31 04, *Fax 01 42 72 74 83* – GB H 16
fermé août, sam. et dim. – **Repas** *(145 bc)* - 185 bc/195.

XX **Péché Mignon,** 5 r. Guillaume Bertrand (11e) ✆ 01 43 57 68 68 – GB H 19
fermé août, dim. soir et lundi – **Repas** *(100 bc)* - 139.

XX **Les Amognes,** 243 r. Fg St-Antoine (11e) ✆ 01 43 72 73 05 – GB K 20
fermé 3 au 23 août, lundi midi et dim. – **Repas** 190 ♀.

XX **Repaire de Cartouche,** 99 r. Amelot (11e) ✆ 01 47 00 25 86 – GB. ✂ H 17
fermé 15 juil. au 15 août, dim. et lundi – **Repas** carte 150 à 220 ♀.

X **Bistrot du Dôme,** 2 r. Bastille (4e) ✆ 01 48 04 88 44, *Fax 01 48 04 00 59* – ▤. AE GB J 17
Repas - produits de la mer - carte 180 à 230 ♀.

X **Petit Bofinger,** 6 r. Bastille (4e) ✆ 01 42 72 05 23, *Fax 01 42 72 97 68* – ▤. AE ⓓ GB J 17
Repas *(89 bc)* - 128 ♀.

X **Chardenoux,** 1 r. J. Vallès (11e) ✆ 01 43 71 49 52, bistrot, « Décor début de siècle » – AE ⓓ GB K 20
fermé août, sam. midi et dim. – **Repas** carte 160 à 260 ♀.

X **Relais St-Paul,** 33 r. F. Miron (4e) ✆ 01 48 87 34 20 – GB J 16
fermé 1er au 23 août, sam. midi, dim. et fériés – **Repas** 90/135 et carte 190 à 240.

X **Mansouria,** 11 r. Faidherbe (11e) ✆ 01 43 71 00 16, *Fax 01 40 24 21 97* – ▤. GB K 19
fermé lundi midi – **Repas** - cuisine marocaine - *(99)* - 172/195 et carte 200 à 300.

X **Au Bascou,** 38 r. Réaumur (3e) ✆ 01 42 72 69 25, bistrot – AE GB G 16
fermé août, Noël au Jour de l'An, sam. midi et dim. – **Repas** *(90)* - carte 180 à 250 ♀.

X **Grizzli,** 7 r. St-Martin (4e) ✆ 01 48 87 77 56, 🏠, bistrot – AE GB JCB J 15
fermé dim. – **Repas** 120 (déj.)/160 et carte environ 180 ♀.

X **Astier,** 44 r. J.-P. Timbaud (11e) ✆ 01 43 57 16 35, bistrot – GB G 18
fermé vacances de printemps, sam. et dim. – **Repas** 110 (déj.)/135.

X **Monde des Chimères,** 69 r. St-Louis-en-L'Ile (4e) ✆ 01 43 54 45 27, *Fax 01 43 29 84 88* – GB K 16
fermé dim. et lundi – **Repas** *(65)* - 89/160 et carte 250 à 350.

X **Clos du Vert Bois,** 13 r. Vert Bois (3e) ✆ 01 42 77 14 85 – GB G 16
fermé 1er au 25 août, lundi soir et sam. midi – **Repas** 78 (déj.), 98/175 bc et carte 180 à 260 ♀.

X **Anjou-Normandie,** 13 r. Folie-Méricourt (11e) ✆ 01 47 00 30 59, *Fax 01 47 00 30 59* – GB H 18
fermé sam. et dim. – **Repas** (déj. seul.) 137/150 et carte 150 à 200 🍼, enf. 60.

X **Les Fernandises,** 19 r. Fontaine au Roi (11e) ✆ 01 48 06 16 96, bistrot – GB G 18
fermé 1er au 24 août, dim. et lundi – **Repas** 100/130 et carte 150 à 260 ♀.

Quartier Latin - Luxembourg St-Germain-des-Prés

5e et 6e arrondissements

5e : ✉ 75005 - 6e : ✉ 75006

ELEPHANT HOTEL - WEIMAR
03643 8020 - PH
03643-802-610 FAX

Lutétia, 45 bd Raspail (6e) ✆ 01 49 54 46 46, *Fax 01 49 54 46 00* – 300. AE GB JCB K 12
voir rest. ***Paris*** ci-après - ***Brasserie Lutétia*** ✆ 01 49 54 46 76 **Repas** 189/245 ♀, enf. 65 – 135 – **220 ch** 1190/2050, 30 appart.

Relais Christine M sans rest, 3 r. Christine (6e) ✆ 01 40 51 60 80, *Fax 01 40 51 60 81*, « Élégante décoration intérieure » – AE GB JCB J 14
110 – **36 ch** 1650/2000, 15 duplex.

Relais St-Germain M sans rest, 9 carrefour de l'Odéon (6e) ✆ 01 43 29 12 05, *Fax 01 46 33 45 30*, « Bel aménagement intérieur » – cuisinette AE GB JCB K 13
22 ch 1290/2000.

Relais Médicis M sans rest, 23 r. Racine (6e) ✆ 01 43 26 00 60, *Fax 01 40 46 83 39* – AE GB JCB K 13
16 ch 1230/1595.

d'Aubusson sans rest, 33 r. Dauphine (6e) ✆ 01 43 29 43 43, *Fax 01 43 29 12 62* – AE GB. J 13
80 – **49 ch** 1900/2100.

de l'Abbaye sans rest, 10 r. Cassette (6e) ✆ 01 45 44 38 11, *Fax 01 45 48 07 86* – AE GB. K 12
42 ch 1050/1600, 4 duplex.

Left Bank St-Germain sans rest, 9 r. Ancienne Comédie (6e) ✆ 01 43 54 01 70, *Fax 01 43 26 17 14* – AE GB JCB K 13
30 ch 980/1100.

Victoria Palace sans rest, 6 r. Blaise-Desgoffe (6e) ✆ 01 45 49 70 00, *Fax 01 45 49 23 75* – 30. AE GB JCB L 11
95 – **76 ch** 992/2000, 3 appart.

Madison M sans rest, 143 bd St-Germain (6e) ✆ 01 40 51 60 00, *Fax 01 40 51 60 01* – AE GB JCB J 13
55 ch 800/2000.

Holiday Inn Saint Germain des Prés M sans rest, 92 r. Vaugirard (6e) ✆ 01 42 22 00 56, *Fax 01 42 22 05 39* – 50. AE GB JCB L 12
80 – **134 ch** 1050/1230.

Angleterre sans rest, 44 r. Jacob (6e) ✆ 01 42 60 34 72, *Fax 01 42 60 16 93* – AE GB JCB. J 13
52 – **24 ch** 680/1200, 3 appart.

Sainte Beuve M sans rest, 9 r. Ste-Beuve (6e) ✆ 01 45 48 20 07, *Fax 01 45 48 67 52* – AE GB JCB. L 12
90 – **22 ch** 760/1600.

Littré sans rest, 9 r. Littré (6e) ✆ 01 45 44 38 68, *Fax 01 45 44 88 13* – 25. AE GB JCB L 11
70 – **93 ch** 720/1000, 4 appart.

St-Grégoire M sans rest, 43 r. Abbé Grégoire (6e) ✆ 01 45 48 23 23, *Fax 01 45 48 33 95* – AE GB JCB. L 12
60 – **20 ch** 790/1390.

Villa M sans rest, 29 r. Jacob (6e) ✆ 01 43 26 60 00, *Fax 01 46 34 63 63*, « Original décor contemporain » – AE GB. J 13
80 – **29 ch** 1100/2000, 3 appart.

Alliance St-Germain-des-Prés M sans rest, 7-11 r. St-Benoit (6e) ✆ 01 42 61 53 53, *Fax 01 49 27 09 33* – AE GB JCB J 13
75 – **117 ch** 1190/1290.

St-Germain-des-Prés sans rest, 36 r. Bonaparte (6e) ✆ 01 43 26 00 19, *Fax 01 40 46 83 63* – AE GB. J 13
50 – **30 ch** 750/1350.

Rives de Notre-Dame M sans rest, 15 quai St-Michel (5e) ✆ 01 43 54 81 16, *Fax 01 43 26 27 09*, ≤, « Maison du 16e siècle, décor provençal » – AE GB JCB J 14
85 – **10 ch** 995/2500.

Ferrandi sans rest, 92 r. Cherche-Midi (6e) ✆ 01 42 22 97 40, *Fax 01 45 44 89 97* – AE GB JCB L 11
65 – **41 ch** 580/1280.

Villa des Artistes M sans rest, 9 r. Grande Chaumière (6e) ✆ 01 43 26 60 86, *Fax 01 43 54 73 70* – AE GB JCB. L 12
40 – **59 ch** 1200.

Régent M sans rest, 61 r. Dauphine (6e) ✆ 01 46 34 59 80, *Fax 01 40 51 05 07* – AE GB JCB. J 13
55 – **25 ch** 750/1000.

de Buci M sans rest, 22 r. Buci (6e) ✆ 01 43 26 89 22, *Fax 01 46 33 80 31* – AE GB JCB. J 13
70 – **24 ch** 950/1400.

Relais St-Jacques sans rest, 3 r. Abbé de l'Épée (5e) ✆ 01 53 73 26 00, *Fax 01 43 26 17 81* – AE GB JCB. L 14
66 – **23 ch** 1080/1300.

Résidence Henri IV M sans rest, 50 r. Bernardins (5e) ✆ 01 44 41 31 81, *Fax 01 46 33 93 22* – cuisinette AE GB JCB. K 15
40 – **8 ch** 630/800, 5 appart.

Odéon H. M sans rest, 3 r. Odéon (6e) ✆ 01 43 25 90 67, *Fax 01 43 25 55 98* – AE GB JCB. K 13
60 – **33 ch** 756/1412.

de Fleurie sans rest, 32 r. Grégoire de Tours (6e) ✆ 01 53 73 70 00, *Fax 01 53 73 70 20* – AE GB. K 13
50 – **29 ch** 680/1200.

Saints-Pères sans rest, 65 r. des Sts-Pères (6e) ✆ 01 45 44 50 00, *Fax 01 45 44 90 83* – AE GB. J 12
55 – **36 ch** 750/1250, 3 appart.

Select M sans rest, 1 pl. Sorbonne (5e) ✆ 01 46 34 14 80, *Fax 01 46 34 51 79* – AE GB JCB — K 14
30 – **67 ch** 650/890.

Panthéon sans rest, 19 pl. Panthéon (5e) ✆ 01 43 54 32 95, *Fax 01 43 26 64 65* – AE GB JCB. — L 14
fermé 3 au 24 août – 45 – **34 ch** 680/800.

Grands Hommes sans rest, 17 pl. Panthéon (5e) ✆ 01 46 34 19 60, *Fax 01 43 26 67 32*, ≤ – AE GB JCB. — L 14
45 – **32 ch** 680/800.

Sully St-Germain M sans rest, 31 r. Écoles (5e) ✆ 01 43 26 56 02, *Fax 01 43 29 74 42*, – AE GB JCB. — K 15
50 – **56 ch** 700/1200.

Relais St-Sulpice M sans rest, 3 r. Garancière (6e) ✆ 01 46 33 99 00, *Fax 01 46 33 00 10* – AE GB JCB. — K 13
55 – **26 ch** 1120/1490.

Royal St-Michel M sans rest, 3 bd St-Michel (5e) ✆ 01 44 07 06 06, *Fax 01 44 07 36 25* – AE GB JCB — K 14
45 – **39 ch** 990/1160.

Belloy St-Germain M sans rest, 2 r. Racine (6e) ✆ 01 46 34 26 50, *Fax 01 46 34 66 18* – GB JCB — K 14
50 – **50 ch** 690/910.

Jardins du Luxembourg M sans rest, 5 imp. Royer-Collard (5e) ✆ 01 40 46 08 88, *Fax 01 40 46 02 28* – AE GB JCB. — L 14
55 – **26 ch** 1025.

Au Manoir St-Germain des Prés sans rest, 153 bd St-Germain (6e) ✆ 01 42 22 21 65, *Fax 01 45 48 22 25* – AE GB JCB — J 12
32 ch 1100/1300.

de l'Odéon sans rest, 13 r. St-Sulpice (6e) ✆ 01 43 25 70 11, *Fax 01 43 29 97 34*, « Maison du 16e siècle » – AE GB JCB — K 13
55 – **29 ch** 680/970.

Jardin de l'Odéon M sans rest, 7 r. Casimir Delavigne (6e) ✆ 01 46 34 23 90, *Fax 01 43 25 28 12* – AE GB JCB — K 13
55 – **41 ch** 650/1050.

Clos Médicis M sans rest, 56 r. Monsieur Le Prince (6e) ✆ 01 43 29 10 80, *Fax 01 43 54 26 90* – AE GB JCB — K 14
60 – **38 ch** 790/1200.

Parc St-Séverin sans rest, 22 r. Parcheminerie (5e) ✆ 01 43 54 32 17, *Fax 01 43 54 70 71* – AE GB. — K 14
50 – **27 ch** 500/1500.

St-Christophe sans rest, 17 r. Lacépède (5e) ✆ 01 43 31 81 54, *Fax 01 43 31 12 54* – AE GB — L 15
50 – **31 ch** 550.

Notre Dame sans rest, 1 quai St-Michel (5e) ✆ 01 43 54 20 43, *Fax 01 43 26 61 75*, ≤ – AE GB JCB — K 14
40 – **23 ch** 620/820, 3 duplex.

Jardin de Cluny sans rest, 9 r. Sommerard (5e) ✆ 01 43 54 22 66, *Fax 01 40 51 03 36* – AE GB JCB. — K 14
50 – **40 ch** 690/1200.

Millésime H. sans rest, 15 r. Jacob (6e) ✆ 01 44 07 97 97, *Fax 01 46 34 55 97* – AE GB. — J 13
55 – **21 ch** 800/950.

Bréa sans rest, 14 r. Bréa (6e) ✆ 01 43 25 44 41, *Fax 01 44 07 19 25* – AE GB. — L 12
55 – **23 ch** 650/840.

Agora St-Germain sans rest, 42 r. Bernardins (5e) ✆ 01 46 34 13 00, *Fax 01 46 34 75 05* – AE GB JCB. — K 15
50 – **39 ch** 590/720.

Pas-de-Calais sans rest, 59 r. Sts-Pères (6e) ✆ 01 45 48 78 74, *Fax 01 45 44 94 57* – AE GB JCB — J 12
45 – **41 ch** 600/820.

Marronniers sans rest, 21 r. Jacob (6e) ✆ 01 43 25 30 60, *Fax 01 40 46 83 56* – GB. — J 13
50 – **37 ch** 755/985.

California sans rest, 32 r. Écoles (5e) ✆ 01 46 34 12 90, *Fax 01 46 34 75 52* – |‡| TV ☎ ✆. AE ⓓ GB. ✻ K 14-15
☕ 45 – **44 ch** 650/1200.

Sèvres Azur sans rest, 22 r. Abbé-Grégoire (6e) ✆ 01 45 48 84 07, *Fax 01 42 84 01 55* – |‡| TV ☎ ✆. AE ⓓ GB JCB K 11-12
☕ 38 – **31 ch** 445/500.

Familia sans rest, 11 r. Écoles (5e) ✆ 01 43 54 55 27, *Fax 01 43 29 61 77* – |‡| TV ☎. AE ⓓ GB. ✻ L-K 15
☕ 35 – **30 ch** 380/520.

Maxim M sans rest, 28 r. Censier (5e) ✆ 01 43 31 16 15, *Fax 01 43 31 93 87* – |‡| ⇔ TV ☎. AE ⓓ GB JCB M 15
☕ 45 – **36 ch** 510/570.

Albe sans rest, 1 r. Harpe (5e) ✆ 01 46 34 09 70, *Fax 01 40 46 85 70* – |‡| ⇔ ▤ TV ☎ ✆. AE ⓓ GB JCB. ✻ K 14
☕ 47 – **45 ch** 540/800.

Pierre Nicole sans rest, 39 r. Pierre Nicole (5e) ✆ 01 43 54 76 86, *Fax 01 43 54 22 45* – |‡| ☎. AE ⓓ GB. ✻ M 13
☕ 35 – **33 ch** 330/430.

Sorbonne sans rest, 6 r. Victor Cousin (5e) ✆ 01 43 54 58 08, *Fax 01 40 51 05 18* – |‡| TV ☎. AE GB K 14
☕ 35 – **37 ch** 425/500.

XXXXX ✿✿ **Tour d'Argent** (Terrail), 15 quai Tournelle (5e) ✆ 01 43 54 23 31, *Fax 01 44 07 12 04*, ≤ Notre-Dame, « Petit musée de la table. Dans les caves, spectacle historique sur le vin » – ▤. AE ⓓ GB JCB K 16
fermé lundi – **Repas** 350 (déj.) et carte 750 à 980
Spéc. Quenelles de brochet "André Terrail". Caneton "Tour d'Argent". Flambée de pêches à l'eau de vie de framboise.

XXX ✿ **Jacques Cagna,** 14 r. Grands Augustins (6e) ✆ 01 43 26 49 39, *Fax 01 43 54 54 48*, « Maison du Vieux Paris » – ▤. AE ⓓ GB JCB J 14
fermé 1er au 26 août, 24 déc. au 2 janv., sam. midi et dim. – **Repas** 240 (déj.)/470 et carte 430 à 700
Spéc. Escargots "petits gris" en surprise. Poularde de Houdan en deux services. Gibier (saison).

XXX ✿ **Paris** - Hôtel Lutétia, 45 bd Raspail (6e) ✆ 01 49 54 46 90, *Fax 01 49 54 46 00*, « Décor inspiration "Art-Déco" » – ▤. AE ⓓ GB K 12
fermé 27 juil. au 24 août, sam., dim. et fériés – **Repas** (190) - 275 (déj.), 375/565 et carte 390 à 540
Spéc. Turbot cuit dans le sel de Guérande et algues bretonnes. Jarret de veau cuit en cocotte. Le "tout chocolat".

XXX ✿ **Relais Louis XIII** (Martinez), 8 r. Grands Augustins (6e) ✆ 01 43 26 75 96, *Fax 01 44 07 07 80*, « Maison historique, caveau du 16e siècle » – ▤. AE GB JCB J 14
fermé 12 au 20 avril, 3 au 25 août, lundi midi et dim. – **Repas** 195/250 et carte 270 à 390 ♀
Spéc. Soufflé de poularde et ris de veau aux écrevisses (sept. à déc.). Tronçon de turbot de ligne cuisiné comme une matelote. Millefeuille tiède à la vanille.

XXX **Closerie des Lilas,** 171 bd Montparnasse (6e) ✆ 01 40 51 34 50, *Fax 01 43 29 99 94*, ⛱, « Ancien café littéraire » – AE ⓓ GB JCB M 13
Repas 250 bc (déj.), 350/450 et carte 300 à 420 - ***Brasserie :*** **Repas** 180 bc/300 bc.

XXX **Procope,** 13 r. Ancienne Comédie (6e) ✆ 01 40 46 79 00, *Fax 01 40 46 79 09*, « Ancien café littéraire du 18e siècle » – ▤. AE ⓓ GB K 13
Repas 109 (déj.)/178 et carte 170 à 320 ♀.

XX **Yugaraj,** 14 r. Dauphine (6e) ✆ 01 43 26 44 91, *Fax 01 46 33 50 77* – ▤. AE ⓓ GB JCB ✻ J 14
fermé lundi midi – **Repas** - cuisine indienne - 130 (déj.), 170/220 et carte 220 à 350.

XX **Mavrommatis,** 42 r. Daubenton (5e) ✆ 01 43 31 17 17, *Fax 01 43 36 13 08* – ▤. GB ✻ M 15
fermé lundi – **Repas** - cuisine grecque - 150 et carte 170 à 270.

XX ✿ **Timonerie** (de Givenchy), 35 quai Tournelle (5e) ✆ 01 43 25 44 42 – ▤. GB K 15
fermé 2 au 31 août, lundi midi et dim. – **Repas** 250 (déj.)/350 ♀
Spéc. Tarte de pain et pomme de terre à la tomme de montagne. Poitrine de porc rôtie et sa croûte de pain farcie. Tarte au chocolat.

XX **Chez Maître Paul,** 12 r. Monsieur-le-Prince (6e) ✆ 01 43 54 74 59, *Fax 01 46 34 58 33* – ▤. AE ⓓ GB K 13
Repas 160/195 bc et carte 210 à 320 ♀.

XX **Truffière,** 4 r. Blainville (5e) ℘ 01 46 33 29 82, *Fax 01 46 33 64 74*, « Maison du 17e siècle » – ▤. AE ⓪ GB JCB. ⊁ L 15
fermé lundi – **Repas** *(98)* - 110 (déj.) (sauf dim.) 240 ♀.

XX **Chat Grippé,** 87 r. Assas (6e) ℘ 01 43 54 70 00, *Fax 01 43 26 42 05* – ▤. AE GB. ⊁ LM 13
fermé 27 juil. au 28 août, sam. midi et lundi – **Repas** 140 (déj.)/200 et carte 220 à 300 ♀.

XX **Marty,** 20 av. Gobelins (5e) ℘ 01 43 31 39 51, *Fax 01 43 37 63 70*, brasserie, « Cadre des années 30 » – AE ⓪ GB JCB M 15
Repas *(95)* - 168 bc/195 et carte 180 à 310 ♀.

XX **Inagiku,** 14 r. Pontoise (5e) ℘ 01 43 54 70 07, *Fax 01 40 51 74 44* – ▤. GB K 15
fermé 1er au 15 août et dim. – **Repas** - cuisine japonaise - 88 (déj.), 148/248 et carte 230 à 300.

XX **L'Arrosée,** 12 r. Guisarde (6e) ℘ 01 43 54 66 59, *Fax 01 43 54 66 59*, « Maison du 18e siècle » – ▤. AE ⓪ GB JCB. ⊁ K 13
fermé sam. midi et dim. midi – **Repas** 150/210 et carte 270 à 450 ♀.

XX **Bastide Odéon,** 7 r. Corneille (6e) ℘ 01 43 26 03 65, *Fax 01 44 07 28 93* – GB K 13
fermé 3 au 23 août, dim. et lundi – **Repas** *(150)* - 190 ♀.

XX **Aub. des Deux Signes,** 46 r. Galande (5e) ℘ 01 43 25 46 56, *Fax 01 46 33 20 49*, « Cadre médiéval » – AE ⓪ GB JCB K 14
fermé août, sam. midi et dim. – **Repas** 150/230 et carte 290 à 450, enf. 100.

XX **Rond de Serviette,** 97 r. Cherche-Midi (6e) ℘ 01 45 44 01 02, *Fax 01 42 22 50 10* – ▤. AE ⓪ GB JCB L 11
fermé 1er au 23 août, sam. midi et dim. – **Repas** *(98)* - 138 bc (déj.), 178/270 bc.

XX **Chez Toutoune,** 5 r. Pontoise (5e) ℘ 01 43 26 56 81, *Fax 01 40 46 80 34* – AE GB K 15
fermé lundi midi – **Repas** 178/198 ♀.

XX **Atelier Maître Albert,** 1 r. Maître Albert (5e) ℘ 01 46 33 13 78, *Fax 01 44 07 01 86* – ▤. AE GB K 15
fermé lundi midi et dim. – **Repas** *(130)* - 180/240 bc.

X **Campagne et Provence,** 25 quai Tournelle (5e) ℘ 01 43 54 05 17, *Fax 01 43 29 74 93* – ▤. GB K 15
fermé 1er au 15 août, lundi midi, sam. midi et dim. – **Repas** 125/220 ♀.

X **Bouillon Racine,** 3 r. Racine (6e) ℘ 01 44 32 15 60, *Fax 01 44 32 15 61*, brasserie, « Cadre "Art Nouveau" » – ▤. AE GB K 14
Repas *(69)* - 98 (déj.)/159 et carte 170 à 260 ♀.

X **Les Bouchons de François Clerc,** 12 r. Hôtel Colbert (5e) ℘ 01 43 54 15 34, *Fax 01 46 34 68 07*, « Maison du vieux Paris » – ▤. AE GB K 15
fermé sam. midi et dim. – **Repas** 117/219.

X **Les Bookinistes,** 53 quai Grands Augustins (6e) ℘ 01 43 25 45 94, *Fax 01 43 25 23 07* – ▤. AE GB JCB J 14
fermé sam. midi et dim. midi – **Repas** 190 bc (déj.) et carte 200 à 260 ♀.

X **Dominique,** 19 r. Bréa (6e) ℘ 01 43 27 08 80, *Fax 01 43 26 88 35* – ▤. AE ⓪ GB JCB
fermé 18 juil. au 18 août, lundi midi et dim. – **Repas** - cuisine russe - (dîner seul.) 160 bc et carte 230 à 270 ♀. L 12

X **L'O à la Bouche,** 157 bd Montparnasse (6e) ℘ 01 43 26 26 53, *Fax 01 43 26 43 40* – GB M 13
fermé 6 au 12 avril, 3 au 23 août, 4 au 10 janv., dim. et lundi – **Repas** *(150)* - 190 ♀.

X **Rotonde,** 105 bd Montparnasse (6e) ℘ 01 43 26 48 26, *Fax 01 46 34 52 40*, brasserie – ▤. AE GB JCB L 12
Repas *(140)* - 180.

X **Rôtisserie d'en Face,** 2 r. Christine (6e) ℘ 01 43 26 40 98, *Fax 01 43 54 54 48* – ▤. AE ⓪ GB JCB J 14
fermé sam. midi et dim. – **Repas** *(135)* - 159 (déj.)/210 ♀.

X **Marlotte,** 55 r. Cherche-Midi (6e) ℘ 01 45 48 86 79, *Fax 01 45 44 34 80* – ▤. AE ⓪ GB JCB. ⊁ K 12
fermé août, sam. midi et dim. – **Repas** carte 190 à 300.

X **Rôtisserie du Beaujolais,** 19 quai Tournelle (5e) ℘ 01 43 54 17 47, *Fax 01 44 07 12 04* – ▤. GB K 15
fermé lundi – **Repas** carte 160 à 250 ♀.

X **Bistrot d'Alex,** 2 r. Clément (6e) ℘ 01 43 54 09 53, *Fax 01 43 25 77 66* – ▤. AE GB JCB K 13
fermé 9 au 16 août, 24 déc. au 2 janv., sam. midi et dim. – **Repas** 140/170 et carte 170 à 280 ♀.

X **Joséphine "Chez Dumonet",** 117 r. Cherche-Midi (6e) ℘ 01 45 48 52 40, *Fax 01 42 84 06 83*, bistrot – AE GB L 11
fermé août, sam. et dim. – carte 200 à 370 - ***Rôtisserie :*** broche et grillades au feu de bois ℘ 01 42 22 81 19 *(fermé juil., lundi et mardi)* **Repas** 128/210 ♀.

L'Épi Dupin, 11 r. Dupin (6e) ✆ 01 42 22 64 56, *Fax 01 42 22 30 42* – AE GB — K 12
fermé 1er au 23 août, sam. et dim. – **Repas** *(110 bc)* - 165.

Bauta, 129 bd Montparnasse (6e) ✆ 01 43 22 52 35, *Fax 01 43 22 10 99* – ▤. GB — M 12
fermé 9 au 23 août, sam. midi, dim. et fériés – **Repas** - cuisine italienne - 150/200 et carte 210 à 300 ♀.

Cafetière, 21 r. Mazarine (6e) ✆ 01 46 33 76 90, *Fax 01 43 25 76 90* – GB — J 13
fermé 9 au 30 août, 21 déc. au 4 janv. et dim. – **Repas** - cuisine italienne - carte 200 à 310 ♀.

Allard, 41 r. St-André-des-Arts (6e) ✆ 01 43 26 48 23, *Fax 01 46 33 04 02*, bistrot – ▤. AE ⓓ GB JCB — K 14
fermé août et dim. – **Repas** *(150)* - 200 et carte 250 à 420.

Moulin à Vent "Chez Henri", 20 r. Fossés-St-Bernard (5e) ✆ 01 43 54 99 37, bistrot – GB. ✻ — K 15
fermé fin juil. à fin août, dim. et lundi – **Repas** carte 230 à 320.

Balzar, 49 r. Écoles (5e) ✆ 01 43 54 13 67, *Fax 01 44 07 14 91*, brasserie – ▤. AE GB — K 14
fermé août – **Repas** carte 140 à 280 ♀.

Moissonnier, 28 r. Fossés-St-Bernard (5e) ✆ 01 43 29 87 65, bistrot – GB — K 15
fermé août, dim. soir et lundi – **Repas** 150 et carte 170 à 290.

Reminet, 3 r. Grands Degrés (5e) ✆ 01 44 07 04 24, *Fax 01 44 07 17 37* – AE GB — K 15
fermé 10 au 25 août, 1er au 14 janv., mardi midi et lundi – **Repas** 85 (déj.)/110 et carte 170 à 210 ♀.

Palanquin, 12 r. Princesse (6e) ✆ 01 43 29 77 66 – GB — K 13
fermé dim. – **Repas** - cuisine vietnamienne - 70 (déj.), 110/148 et carte 150 à 240 ♀.

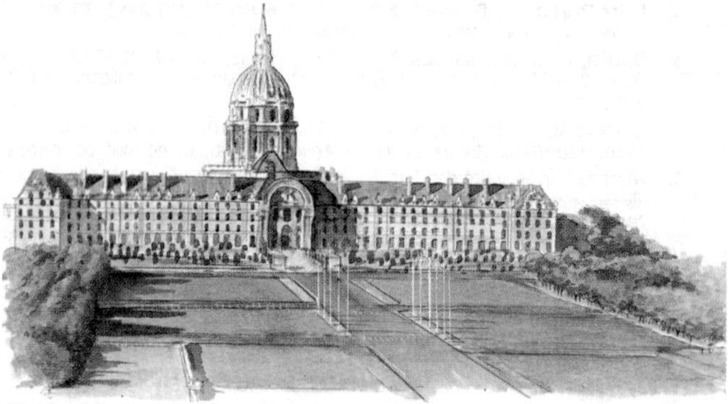

Faubourg St-Germain
Invalides - École Militaire

7e arrondissement

7e : ✉ 75007

Montalembert Ⓜ, 3 r. Montalembert ✆ 01 45 49 68 68, *Fax 01 45 49 69 49*, « Décoration originale » – 25. J 12
Repas carte 250 à 350 – ☕ 100 – **51 ch** 1695/2200, 5 appart.

Duc de Saint-Simon sans rest, 14 r. St-Simon ✆ 01 44 39 20 20, *Fax 01 45 48 68 25*, « Belle décoration intérieure » – J 11
☕ 70 – **29 ch** 1075/1475, 5 appart.

Cayré sans rest, 4 bd Raspail ✆ 01 45 44 38 88, *Fax 01 45 44 98 13* – J 12
☕ 80 – **119 ch** 1200.

Tourville Ⓜ sans rest, 16 av. Tourville ✆ 01 47 05 62 62, *Fax 01 47 05 43 90* – J 9
☕ 60 – **30 ch** 790/1690.

Bellechasse Ⓜ sans rest, 8 r. Bellechasse ✆ 01 45 50 22 31, *Fax 01 45 51 52 36* – H 11
☕ 75 – **41 ch** 910/975.

La Bourdonnais, 111 av. La Bourdonnais ✆ 01 47 05 45 42, *Fax 01 45 55 75 54* – J 9
voir rest. ***Cantine des Gourmets*** ci-après – ☕ 45 – **57 ch** 580/780, 3 appart.

Lenox Saint-Germain sans rest, 9 r. Université ✆ 01 42 96 10 95, *Fax 01 42 61 52 83* – J 12
☕ 45 – **29 ch** 650/1200.

Splendid Ⓜ sans rest, 29 av. Tourville ✆ 01 45 51 29 29, *Fax 01 44 18 94 60* – J 9
☕ 46 – **45 ch** 590/990.

Bourgogne et Montana sans rest, 3 r. Bourgogne ✆ 01 45 51 20 22, *Fax 01 45 56 11 98* – H 11
☕ 70 – **28 ch** 690/1060, 6 appart.

Les Jardins d'Eiffel M sans rest, 8 r. Amélie ✆ 01 47 05 46 21, *Fax 01 45 55 28 08* – AE GB JCB H 9
☕ 60 – **80 ch** 710/970.

Eiffel Park H. M sans rest, 17 bis r. Amélie ✆ 01 45 55 10 01, *Fax 01 47 05 28 68* – 25. AE GB JCB. J 9
☕ 55 – **36 ch** 650/700.

Verneuil St-Germain sans rest, 8 r. Verneuil ✆ 01 42 60 82 14, *Fax 01 42 61 40 38* – AE GB. J 12
26 ch ☕ 650/950.

Muguet M sans rest, 11 r. Chevert ✆ 01 47 05 05 93, *Fax 01 45 50 25 37* – AE GB J 9
☕ 47 – **45 ch** 460/530.

du Cadran M sans rest, 10 r. Champ-de-Mars ✆ 01 40 62 67 00, *Fax 01 40 62 67 13* – AE GB. J 9
☕ 50 – **42 ch** 850/920.

Relais Bosquet sans rest, 19 r. Champ-de-Mars ✆ 01 47 05 25 45, *Fax 01 45 55 08 24* – AE GB J 9
☕ 53 – **40 ch** 700/850.

Sèvres Vaneau sans rest, 86 r. Vaneau ✆ 01 45 48 73 11, *Fax 01 45 49 27 74* – AE GB JCB K 11
☕ 75 – **39 ch** 825/890.

St-Germain sans rest, 88 r. Bac ✆ 01 49 54 70 00, *Fax 01 45 48 26 89* – AE GB. J 11
☕ 50 – **29 ch** 450/800.

de Varenne sans rest, 44 r. Bourgogne ✆ 01 45 51 45 55, *Fax 01 45 51 86 63* – AE GB J 10
☕ 48 – **24 ch** 590/720.

Derby Eiffel H. sans rest, 5 av. Duquesne ✆ 01 47 05 12 05, *Fax 01 47 05 43 43* – AE GB J 9
☕ 65 – **43 ch** 690/750.

Beaugency sans rest, 21 r. Duvivier ✆ 01 47 05 01 63, *Fax 01 45 51 04 96* – AE GB J 9
☕ 40 – **30 ch** 600/700.

Bersoly's sans rest, 28 r. Lille ✆ 01 42 60 73 79, *Fax 01 49 27 05 55* – AE GB J 13
fermé août – ☕ 50 – **16 ch** 600/750.

Chomel sans rest, 15 r. Chomel ✆ 01 45 48 55 52, *Fax 01 45 48 89 76* – AE GB JCB. K 12
☕ 50 – **23 ch** 595/880.

Londres sans rest, 1 r. Augereau ✆ 01 45 51 63 02, *Fax 01 47 05 28 96* – AE GB JCB J 8
☕ 45 – **30 ch** 495/595.

France sans rest, 102 bd La Tour Maubourg ✆ 01 47 05 40 49, *Fax 01 45 56 96 78* – AE GB JCB J 9
☕ 35 – **60 ch** 385/500.

Champ-de-Mars sans rest, 7 r. Champ-de-Mars ✆ 01 45 51 52 30, *Fax 01 45 51 64 36* – AE GB JCB. J 9
☕ 35 – **25 ch** 355/420.

L'Empereur sans rest, 2 r. Chevert ✆ 01 45 55 88 02, *Fax 01 45 51 88 54* – AE GB J 9
☕ 37 – **38 ch** 420/500.

Turenne sans rest, 20 av. Tourville ✆ 01 47 05 99 92, *Fax 01 45 56 06 04* – AE GB. J 9
☕ 38 – **34 ch** 340/550.

XXXX ✿ **Jules Verne,** 2e étage Tour Eiffel, ascenseur privé pilier sud ✆ 01 45 55 61 44, *Fax 01 47 05 29 41*, ≤ Paris – AE GB JCB. J 7
Repas 290/680 et carte 520 à 680 ♀
Spéc. Langoustines et gros homard poêlés, jus aux agrumes. Entrecôte de veau de Corrèze aux champignons du moment. Cristalline aux framboises, sorbet au vin de Brouilly.

XXXX ✿✿✿ **Arpège** (Passard), 84 r. Varenne ✆ 01 45 51 47 33, *Fax 01 44 18 98 39* – AE GB JCB J 10
fermé sam. et dim. – **Repas** 390 (déj.)/690 et carte 540 à 780 ♀
Spéc. Consommé de crustacés et ravioles d'oignons au citron et basilic. Dragée de pigeonneau vendéen à l'hydromel. Tomate confite farcie aux douze saveurs (dessert).

XXXX ✿✿ **Le Divellec,** 107 r. Université ✆ 01 45 51 91 96, *Fax 01 45 51 31 75* – ▤. AE ⓓ GB JCB. ✈ **H 10**
fermé 23 déc. au 3 janv., dim. et lundi – **Repas** - produits de la mer - 290/390 et carte 460 à 760
Spéc. Homard à la presse avec son corail. Sole braisée au coulis d'écrevisses. Blanc de turbot braisé aux truffes.

XXX ✿ **Paul Minchelli,** 54 bd La Tour Maubourg ✆ 01 47 05 89 86, *Fax 01 45 56 03 84* – ▤. GB. ✈ **J 9**
fermé août, 21 déc. au 6 janv., dim. et lundi – **Repas** - produits de la mer - carte 440 à 630 ♀
Spéc. Rougets grillés à l'ail et au genièvre. Escalopes de thon blanc. Ventrèche de thon à la tomate confite.

XXX ✿ **Violon d'Ingres** (Constant), 135 r. St-Dominique ✆ 01 45 55 15 05, *Fax 01 45 55 48 42* – ▤. AE GB **J 8**
fermé août, dim. et lundi – **Repas** 240 (déj.), 290/400 bc et carte 260 à 380 ♀
Spéc. Mousseline d'oeufs brouillés. Tatin de pied de porc caramélisé, moelleux de pomme ratte. Tarte sablée au chocolat noir, glace vanille.

XXX ✿ **Cantine des Gourmets,** 113 av. La Bourdonnais ✆ 01 47 05 47 96, *Fax 01 45 51 09 29* – ▤. AE GB **J 9**
Repas 240 bc (déj.), 320/420 et carte 340 à 470 ♁
Spéc. Rémoulade de langoustines et tourteaux , vinaigrette de corail. Saint-Pierre à l'étouffée , poireaux-pommes à la marjolaine. Pintade rôtie vanillée, endives meunière au vieux vinaigre.

XXX **Boule d'Or,** 13 bd La Tour Maubourg ✆ 01 47 05 50 18, *Fax 01 47 05 91 21* – ▤. AE ⓓ GB **H 10**
fermé sam. midi – **Repas** 175/210 ♀.

XXX **Petit Laurent,** 38 r. Varenne ✆ 01 45 48 79 64, *Fax 01 45 44 15 95* – AE ⓓ GB **J 11**
fermé août, sam. midi et dim. – **Repas** 185/250 et carte 260 à 420 ♀.

XX ✿ **Bellecour** (Goutagny), 22 r. Surcouf ✆ 01 45 51 46 93, *Fax 01 45 50 30 11* – ▤. AE ⓓ GB **H 9**
fermé août, sam. midi et dim. – **Repas** 160 (déj.)/220
Spéc. Tartare d'huîtres et Saint-Jacques, crème de beaufort. Saint-Jacques rôties, févettes et courgettes à la vinaigrette d'andouille au cidre. Quenelles de brochet, bisque de langoustines.

XX ✿ **Récamier** (Cantegrit), 4 r. Récamier ✆ 01 45 48 86 58, *Fax 01 42 22 84 76*, ⛱ – ▤. AE ⓓ GB JCB **K 12**
fermé dim. – **Repas** 300 bc et carte 280 à 450 ♀
Spéc. Oeufs en meurette. Mousse de brochet sauce Nantua. Sauté de boeuf bourguignon.

XX **Maison de l'Amérique Latine,** 217 bd St-Germain ✆ 01 45 49 33 23, *Fax 01 40 49 03 94*, ⛱, « Dans un hôtel particulier du 18e siècle, terrasse ouverte sur le jardin » – AE ⓓ GB. ✈ **J 11**
fermé 1er au 23 août, 25 déc. au 3 janv., le soir de nov. à avril, sam., dim. et fériés – **Repas** 225 (déj.) et carte environ 340.

XX **Beato,** 8 r. Malar ✆ 01 47 05 94 27, *Fax 01 45 55 64 41* – ▤. AE GB **H 9**
fermé août, Noël au Jour de l'An et dim. – **Repas** - cuisine italienne - *(115)* - 145 (déj.) et carte 250 à 350 ♀.

XX **Ferme St-Simon,** 6 r. St-Simon ✆ 01 45 48 35 74, *Fax 01 40 49 07 31* – ▤. AE ⓓ GB J 11
fermé 1er au 17 août, sam. midi et dim. – **Repas** 170 (déj.)/190 et carte 250 à 370.

XX **6 Bosquet,** 6 av. Bosquet ✆ 01 45 56 97 26, *Fax 01 45 56 98 44* – ▤. AE GB **H 9**
fermé 1er au 24 août, vacances de Noël, sam. et dim. – **Repas** *(125 bc)* - 165.

XX **Vin sur Vin,** 18 r. Monttessuy ✆ 01 47 05 14 20, *Fax 01 47 05 05 55* – ▤. GB **H 8**
fermé 1er au 9 mai, 1er au 16 août, 24 déc. au 3 janv., sam. midi, lundi midi et dim. – **Repas** carte 270 à 360.

XX **Les Glénan,** 54 r. Bourgogne ✆ 01 47 05 96 65, *Fax 01 45 51 05 79* – ▤. AE GB **J 10**
fermé août, vacances de fév., sam. et dim. – **Repas** - produits de la mer - 200 bc et carte 290 à 360 ♀.

XX **Bamboche,** 15 r. Babylone ✆ 01 45 49 14 40, *Fax 01 45 49 14 44* – ▤. AE GB **K 11**
fermé 3 au 16 août, sam. et dim. – **Repas** 190/320 et carte 300 à 430 ♀.

XX **Gildo,** 153 r. Grenelle ✆ 01 45 51 54 12, *Fax 01 45 51 54 12* – ▤. AE GB JCB **J 9**
fermé 25 juil. au 25 août, lundi midi et dim. – **Repas** - cuisine italienne - 149 bc et carte 250 à 390.

XX **D'Chez Eux,** 2 av. Lowendal ✆ 01 47 05 52 55, *Fax 01 45 55 60 74* – AE ⓓ GB **J 9**
fermé 1er au 20 août et dim. – **Repas** 270/570 bc et carte 300 à 410.

XX **Bar au Sel,** 43 quai d'Orsay ✆ 01 45 51 58 58, *Fax 01 45 56 98 42* – AE ⓓ GB **H 9**
Repas - produits de la mer - 190 et carte 200 à 340 ♀.

XX **Foc Ly,** 71 av. Suffren ✆ 01 47 83 27 12, *Fax 01 46 24 48 46* – ▤. AE GB — K 8
fermé lundi en juil.-août – **Repas** - cuisine chinoise et thaïlandaise - *(88)* - 160 et carte 150 à 240 🍷, enf. 70.

XX **Tan Dinh,** 60 r. Verneuil ✆ 01 45 44 04 84, *Fax 01 45 44 36 93* — J 12
fermé août et dim. – **Repas** - cuisine vietnamienne - carte 270 à 310.

XX **Champ de Mars,** 17 av. La Motte-Picquet ✆ 01 47 05 57 99, *Fax 01 44 18 94 69* – AE ◐ GB — J 9
fermé 19 juil. au 19 août et lundi – **Repas** 155 bc/198 bc et carte 180 à 310.

X **Gaya Rive Gauche,** 44 r. Bac ✆ 01 45 44 73 73, *Fax 01 45 44 73 73* – AE GB — J 12
fermé 26 juil. au 24 août et dim. – **Repas** - produits de la mer - carte 250 à 350 🍷.

X **P'tit Troquet,** 28 r. Exposition ✆ 01 47 05 80 39, *Fax 01 47 05 80 39*, bistrot – GB — J 9
fermé août, dim. et lundi – **Repas** 153/183.

X **Les Olivades,** 41 av. Ségur ✆ 01 47 83 70 09, *Fax 01 42 73 04 75* – AE GB — K 9
fermé août, lundi midi, sam. midi et dim. – **Repas** *(130)* - 169 et carte 210 à 290 🍷.

X **Bistrot de Paris,** 33 r. Lille ✆ 01 42 61 16 83, *Fax 01 49 27 06 09*, évocation bistrot 1900 – AE GB — J 12
Repas *(145)* - 185 🍷.

X Bib **Thoumieux** avec ch, 79 r. St-Dominique ✆ 01 47 05 49 75, *Fax 01 47 05 36 96*, brasserie – ▤ rest, TV ☎. AE GB — H 9
Repas 82/160 bc et carte 170 à 250 🍷 – ☕ 35 – **10 ch** 550/600.

X **Maupertu,** 94 bd La Tour Maubourg ✆ 01 45 51 37 96 – GB — J 10
fermé 8 au 31 août, sam. midi et dim. – **Repas** 135 et carte 190 à 280 🍷.

X **Clémentine,** 62 av. Bosquet ✆ 01 45 51 41 16, *Fax 01 45 55 76 79* – AE GB JCB — J 9
fermé août, sam. midi et dim. – **Repas** carte environ 170 🍷.

X **L'Oeillade,** 10 r. St-Simon ✆ 01 42 22 01 60 – ▤. GB — J 11
fermé 15 au 31 août, sam. midi et dim. – **Repas** 158 et carte 190 à 330.

X **Chez Collinot,** 1 r. P. Leroux ✆ 01 45 67 66 42 – GB — K 11
fermé août, sam. sauf le soir d'oct. à juin et dim. – **Repas** *(100)* - 135 🍷.

X **Fontaine de Mars,** 129 r. St-Dominique ✆ 01 47 05 46 44, *Fax 01 47 05 11 13*, 🏠, bistrot – AE GB — J 9
fermé dim. – **Repas** carte 170 à 300 🍷.

X **Table d'Eiffel,** 39 av. La Motte-Picquet ✆ 01 45 55 90 20, *Fax 01 44 18 36 73* – AE ◐ GB JCB — J 9
Repas 175 bc.

X **Sédillot,** 2 r. Sédillot ✆ 01 45 51 95 82, « Décor Art Nouveau » – AE GB — H 8
fermé sam. et dim. – **Repas** 95/130 et carte 160 à 280 🍷.

X **Calèche,** 8 r. Lille ✆ 01 42 60 24 76, *Fax 01 47 03 31 10* – ▤. AE ◐ GB JCB — J 12
fermé 10 au 31 août, 25 déc. au 1er janv., sam. et dim. – **Repas** 100/175 et carte 170 à 280 🍷.

X **Aub. Bressane,** 16 av. La Motte-Picquet ✆ 01 47 05 98 37, *Fax 01 47 05 92 21* – ▤. AE GB JCB — J 9
fermé 10 au 20 août et sam. midi – **Repas** 139 bc (déj.) et carte 190 à 290.

X **Du Côté 7ème,** 29 r. Surcouf ✆ 01 47 05 81 65, bistrot – AE ◐ GB JCB — H 9-10
fermé 9 au 17 août et lundi – **Repas** *(130)* - 185 bc.

X **Florimond,** 19 av. La Motte-Picquet ✆ 01 45 55 40 38 – GB — J 9
fermé 1er au 24 août, sam. midi et dim. – **Repas** 98/157 et carte 190 à 260.

X **Au Bon Accueil,** 14 r. Monttessuy ✆ 01 47 05 46 11 – GB. ✂ — H 8
fermé août, sam. midi et dim. – **Repas** 120 (déj.)/145 et carte 250 à 320 🍷.

X **Apollon,** 24 r. J. Nicot ✆ 01 45 55 68 47, *Fax 01 47 05 13 60* — H 9
fermé 20 déc. au 10 janv. – **Repas** - cuisine grecque - *(72)* - 128 bc (déj.), 150 bc/200 bc et carte 150 à 220.

Champs-Élysées
St-Lazare - Madeleine

8e arrondissement

8e : ✉ 75008

Plaza Athénée, 25 av. Montaigne ✆ 01 53 67 66 65, *Fax 01 53 67 66 66*, 余, ⅠⅠ – |‡| ▤ TV ☎ ✆ – 🏛 30 à 100. AE ⓓ GB JCB. ✗ G 9
voir rest. ***Régence*** ci-après - ***Relais-Plaza*** ✆ 01 53 67 64 00 **Repas** 165/290 et carte 310 à 470 – ***La Cour Jardin*** (terrasse) *(mai-sept.)* **Repas** 400/500 – ☐ 160 – **163 ch** 3700/4650, 42 appart.

Crillon, 10 pl. Concorde ✆ 01 44 71 15 00, *Fax 01 44 71 15 02*, ⅠⅠ – |‡| ⇔ ▤ TV ☎ – 🏛 30 à 60. AE ⓓ GB JCB G 11
voir rest. ***Les Ambassadeurs*** ci-après - ***L'Obélisque*** ✆ 01 44 71 15 15 *(fermé août et fériés)* **Repas** 270 ♀, enf. 155 – ☐ 230 – **118 ch** 2950/4200, 45 appart.

Bristol, 112 r. Fg St-Honoré ✆ 01 53 43 43 00, *Fax 01 53 43 43 01*, ⅠⅠ, ⊡, 余 – |‡|, ▤ ch, TV ☎ ✆ ⇔ – 🏛 30 à 60. AE ⓓ GB JCB. ✗ F 10
voir rest. ***Bristol*** ci-après – ☐ 170 – **153 ch** 2500/3950, 42 appart.

Royal Monceau, 37 av. Hoche ✆ 01 42 99 88 00, *Fax 01 42 99 89 90*, 余, « Piscine et centre de remise en forme » – |‡| ⇔ ▤ TV ☎ ✆ ⇔ – 🏛 25 à 100. AE ⓓ GB JCB ✗ E 8
voir rest. ***Le Jardin*** ci-après - ***Carpaccio*** ✆ 01 42 99 98 90, fax 01 42 99 89 94 cuisine italienne (fermé août) **Repas** 280 (dîner) et carte 320 à 390 – ☐ 150 – **180 ch** 2800/3600.

Prince de Galles, 33 av. George-V ✆ 01 53 23 77 77, *Fax 01 53 23 78 78*, 余 – |‡| ⇔ ▤ TV ☎ – 🏛 25 à 100. AE ⓓ GB JCB. ✗ rest G 8
Jardin des Cygnes ✆ 01 53 23 78 50 **Repas** 260 ♀, enf. 120 – ☐ 155 – **138 ch** 2495/3660, 30 appart.

Vernet, 25 r. Vernet ✆ 01 44 31 98 00, *Fax 01 44 31 85 69* – |‡| ▤ TV ☎. AE ⓓ GB JCB. ✗ rest F 8
voir rest. ***Les Élysées*** ci-après – ☐ 130 – **54 ch** 1950/2550, 3 appart.

de Vigny M sans rest, 9 r. Balzac ✆ 01 42 99 80 80, *Fax 01 42 99 80 40*, « Élégante installation » – AE GB JCB F 8
90 – **25 ch** 1900/2200, 12 appart.

Lancaster, 7 r. Berri ✆ 01 40 76 40 76, *Fax 01 40 76 40 00*, – ch, AE GB JCB F 9
Repas (résidents seul.) carte environ 290 – 120 – **52 ch** 1650/2650, 8 appart.

San Régis, 12 r. J. Goujon ✆ 01 44 95 16 16, *Fax 01 45 61 05 48*, « Bel aménagement intérieur » – AE GB JCB. G 9
Repas 200/250 (sauf week-ends) et carte 280 à 420 – 110 – **34 ch** 1700/2950, 10 appart.

Astor M, 11 r. d'Astorg ✆ 01 53 05 05 05, *Fax 01 53 05 05 30*, – ch, AE GB JCB F 11
voir rest. ***L'Astor*** ci-après – 140 – **130 ch** 1650/1850, 4 appart.

Trémoille, 14 r. La Trémoille ✆ 01 47 23 34 20, *Fax 01 40 70 01 08* – – 25. AE GB JCB G 9
Louis d'Or *(fermé août, sam., dim. et fériés)* **Repas** 220 et carte 240 à 330 – 110 – **104 ch** 1960/2950, 3 appart.

Élysées Star M sans rest, 19 r. Vernet ✆ 01 47 20 41 73, *Fax 01 47 23 32 15* – – 30. AE GB F8
90 – **38 ch** 1700/2100.

Balzac M, 6 r. Balzac ✆ 01 44 35 18 00, *Fax 01 44 35 18 05* – ch, AE GB JCB F 8
voir rest. ***Pierre Gagnaire*** ci-après – 90 – **56 ch** 1950/2200, 14 appart.

Marriott M, 70 av. Champs-Élysées ✆ 01 53 93 55 00, *Fax 01 53 93 55 01*, – – 150. AE GB JCB. F 9
Pavillon ✆ 01 53 93 55 44 **Repas** 250/270 – 175 – **174 ch** 2800/3200, 18 appart.

Sofitel Arc de Triomphe, 14 r. Beaujon ✆ 01 53 89 50 50, *Fax 01 53 89 50 51* – – 40. AE GB JCB F 8
voir rest. ***Clovis*** ci-après – 120 – **135 ch** 2400/3150.

Hyatt Regency M, 24 bd Malhesherbes ✆ 01 55 27 12 34, *Fax 01 55 27 12 35*, – AE GB JCB F 11
Café M ✆ 01 55 27 12 57 **Repas** 230/280 (déj.) et carte 260 à 310 – 150 – **86 ch** 2400/2800.

Golden Tulip St-Honoré M, 218 r. Fg St-Honoré ✆ 01 49 53 03 03, *Fax 01 40 75 02 00* – cuisinette – 140. AE GB JCB E 8
Relais Vermeer *(fermé sam., dim. et fériés)* **Repas** *(165)* - 210 – 110 – **54 ch** 1600/1900, 18 appart.

Château Frontenac sans rest, 54 r. P. Charron ✆ 01 53 23 13 13, *Fax 01 53 23 13 01* – – 25. AE GB. G 9
85 – **100 ch** 980/1500, 4 appart.

Bedford, 17 r. de l'Arcade ✆ 01 44 94 77 77, *Fax 01 44 94 77 97* – – 50. AE GB. rest F 11
Repas *(fermé 1er au 30 août, sam. et dim.)* (déj. seul.) 170 et carte 200 à 330 – 70 – **135 ch** 830/1050, 11 appart.

Warwick M, 5 r. Berri ✆ 01 45 63 14 11, *Fax 01 45 63 75 81* – – 30 à 110. AE GB JCB. rest F 9
La Couronne ✆ 01 45 61 82 08 *(fermé août, sam. midi, dim. et fériés)* **Repas** 250 et carte 290 à 410 – 110 – **142 ch** 2100/2600, 5 appart.

California, 16 r. Berri ✆ 01 43 59 93 00, *Fax 01 45 61 03 62*, « Importante collection de tableaux » – – 25 à 80. AE GB JCB. F 9
Repas *(fermé août, sam. et dim.)* (déj. seul.) *(145)* - 175 – 120 – **157 ch** 2100/2450.

Résidence du Roy M sans rest, 8 r. François 1er ✆ 01 42 89 59 59, *Fax 01 40 74 07 92* – cuisinette – 25. AE GB JCB G 9
95, 28 appart 1300/1800, 4 studios, 3 duplex.

Concorde St-Lazare, 108 r. St-Lazare ✆ 01 40 08 44 44, *Fax 01 42 93 01 20*, « Hall fin 19e siècle, superbe salon de billards » – – 25 à 150. AE GB JCB E 12
Café Terminus : **Repas** 148/198, enf. 45 – 105 – **274 ch** 1350/1950, 5 appart.

Napoléon sans rest, 40 av. Friedland ✆ 01 47 66 02 02, *Fax 01 47 66 82 33* – – 30 à 60. AE GB JCB F 8
110 – **70 ch** 1300/2100, 32 appart.

Queen Elizabeth, 41 av. Pierre-1er-de-Serbie ✆ 01 53 57 25 25, *Fax 01 53 57 25 26* – – 30. AE GB JCB G 8
Repas *(fermé août, sam. et dim.)* (déj. seul.) *(120)* - 170/230 bc – 95 – **50 ch** 1300/2000, 12 appart.

Beau Manoir sans rest, 6 r. de l'Arcade ✆ 01 42 66 03 07, *Fax 01 42 68 03 00*, « Bel aménagement intérieur » – AE GB JCB F 11
29 ch 1100/1300, 3 appart.

Sofitel Champs-Élysées M, 8 r. J. Goujon ✆ 01 40 74 64 64, *Fax 01 40 74 64 99*, – – 200. AE GB JCB G 9
Les Saveurs ✆ 01 40 74 64 94 *(fermé 1er au 25 août, sam. et dim.)* **Repas** 230, enf. 100 – 125 – **40 ch** 1850/2500.

Claridge-Bellman, 37 r. François 1er ✆ 01 47 23 54 42, *Fax 01 47 23 08 84* – AE GB. G 9
Repas *(fermé août, sam. et dim.)* carte 170 à 280 – 70 – **42 ch** 1150/1350.

Rochester Champs-Élysées M sans rest, 92 r. La Boétie ✆ 01 43 59 96 15, *Fax 01 42 56 01 38* – – 25. AE GB. F 9
85 – **90 ch** 900/1200.

Montaigne M sans rest, 6 av. Montaigne ✆ 01 47 20 30 50, *Fax 01 47 20 94 12* – AE GB JCB G 9
95 – **29 ch** 1340/1900.

Royal H. M sans rest, 33 av. Friedland ✆ 01 43 59 08 14, *Fax 01 45 63 69 92* – AE GB JCB F 8
105 – **58 ch** 1200/1950.

Chateaubriand M sans rest, 6 r. Chateaubriand ✆ 01 40 76 00 50, *Fax 01 40 76 09 22* – AE GB JCB F 9
80 – **28 ch** 1500.

Royal Alma sans rest, 35 r. J. Goujon ✆ 01 53 93 63 00, *Fax 01 45 63 68 64* – AE GB JCB. G 9
95 – **61 ch** 1380/1620, 3 appart.

Élysées-Ponthieu et Résidence sans rest, 24 r. Ponthieu ✆ 01 53 89 58 58, *Fax 01 53 89 59 59* – cuisinette AE GB JCB F 9
75 – **92 ch** 985/1050, 6 appart.

Powers sans rest, 52 r. François 1er ✆ 01 47 23 91 05, *Fax 01 49 52 04 63* – AE GB JCB G 9
65 – **53 ch** 826/1392.

Résidence Monceau sans rest, 85 r. Rocher ✆ 01 45 22 75 11, *Fax 01 45 22 30 88* – AE GB JCB. E 11
55 – **51 ch** 940.

Concortel sans rest, 19 r. Pasquier ✆ 01 42 65 45 44, *Fax 01 42 65 18 33* – AE GB F 11
50 – **46 ch** 570/770.

Mathurins M sans rest, 43 r. Mathurins ✆ 01 44 94 20 94, *Fax 01 44 94 00 44* – AE GB F 11
65 – **33 ch** 1000/1200, 3 appart.

New Roblin et rest. le Mazagran, 6 r. Chauveau-Lagarde ✆ 01 44 71 20 80, *Fax 01 42 65 19 49* – AE GB JCB F 11
Repas *(fermé sam., dim. et fériés)* 92/155 – 60 – **77 ch** 920/1050.

L'Arcade M sans rest, 9 r. de l'Arcade ✆ 01 53 30 60 00, *Fax 01 40 07 03 07* – – 25. AE GB JCB F 11
55 – **37 ch** 780/960, 4 duplex.

de l'Élysée sans rest, 12 r. Saussaies ✆ 01 42 65 29 25, *Fax 01 42 65 64 28* – AE GB JCB. F 11
65 – **32 ch** 780/1180.

West-End sans rest, 7 r. Clément-Marot ✆ 01 47 20 30 78, *Fax 01 47 20 34 42* – AE GB JCB G 9
65 – **53 ch** 820/1330.

Lido M sans rest, 4 passage Madeleine ✆ 01 42 66 27 37, *Fax 01 42 66 61 23* – AE GB JCB F 11
32 ch 980/1100.

Étoile Friedland sans rest, 177 r. Fg St-Honoré ✆ 01 45 63 64 65, *Fax 01 45 63 88 96* – AE GB JCB F 9
75 – **40 ch** 1300.

Queen Mary M sans rest, 9 r. Greffulhe ✆ 01 42 66 40 50, *Fax 01 42 66 94 92* – AE GB JCB. F 12
85 – **35 ch** 765/935.

Galiléo sans rest, 54 r. Galilée ✆ 01 47 20 66 06, *Fax 01 47 20 67 17* – AE GB JCB. F 8
50 – **27 ch** 800/950.

Franklin Roosevelt sans rest, 18 r. Clément-Marot ✆ 01 47 23 61 66, *Fax 01 47 20 44 30* – AE GB JCB. G 9
80 – **45 ch** 945/1400.

Élysées Mermoz M sans rest, 30 r. J. Mermoz ✆ 01 42 25 75 30, *Fax 01 45 62 87 10* – AE GB F 10
47 – **21 ch** 720/890, 5 appart.

Relais Mercure Opéra Garnier M sans rest, 4 r. de l'Isly ✆ 01 43 87 35 50, *Fax 01 43 87 03 29* – AE GB JCB F 12
65 – **141 ch** 985/1315.

Flèche d'Or M sans rest, 29 r. Amsterdam ✆ 01 48 74 06 86, *Fax 01 48 74 06 04* – AE GB E 12
40 – **61 ch** 580/780.

Cordélia sans rest, 11 r. Greffulhe ✆ 01 42 65 42 40, *Fax 01 42 65 11 81* – AE GB F 12
50 – **30 ch** 740/850.

Atlantic H. sans rest, 44 r. Londres ✆ 01 43 87 45 40, *Fax 01 42 93 06 26* – AE GB JCB. E 12
52 – **87 ch** 530/805.

Mayflower sans rest, 3 r. Chateaubriand ✆ 01 45 62 57 46, *Fax 01 42 56 32 38* – AE GB F 9
50 – **24 ch** 660/970.

Newton Opéra sans rest, 11 bis r. de l'Arcade ✆ 01 42 65 32 13, *Fax 01 42 65 30 90* – AE GB JCB. F 11
60 – **31 ch** 700/830.

Fortuny sans rest, 35 r. de l'Arcade ✆ 01 42 66 42 08, *Fax 01 42 66 00 32* – AE GB JCB F 11
50 – **30 ch** 700/730.

Plaza Élysées sans rest, 177 bd Haussmann ✆ 01 45 63 93 83, *Fax 01 45 61 14 30* – AE GB JCB F 9
40 – **41 ch** 705/815.

Bradford Élysées sans rest, 10 r. St-Philippe-du-Roule ✆ 01 45 63 20 20, *Fax 01 45 63 20 07* – AE GB JCB. F 9
70 – **50 ch** 1090.

Astoria sans rest, 42 r. Moscou ✆ 01 42 93 63 53, *Fax 01 42 93 30 30* – AE GB JCB. D 11
70 – **86 ch** 890/990.

Lord Byron sans rest, 5 r. Chateaubriand ✆ 01 43 59 89 98, *Fax 01 42 89 46 04* – AE GB JCB. F 9
50 – **31 ch** 660/920.

Arc Élysée M sans rest, 45 r. Washington ✆ 01 45 63 69 33, *Fax 01 45 63 76 25* – AE GB JCB F 9
50 – **23 ch** 796/922.

St-Augustin sans rest, 9 r. Roy ✆ 01 42 93 32 17, *Fax 01 42 93 19 34* – AE GB JCB. F 11
50 – **62 ch** 570/795.

L'Orangerie sans rest, 9 r. Constantinople ✆ 01 45 22 07 51, *Fax 01 45 22 16 49* – AE GB JCB. E 11
35 – **29 ch** 450/550.

Colisée sans rest, 6 r. Colisée ✆ 01 43 59 95 25, *Fax 01 45 63 26 54* – AE GB JCB F 9
45 – **45 ch** 750/850.

Rond-Point des Champs-Elysées sans rest, 10 r. Ponthieu ✆ 01 53 89 14 14, *Fax 01 45 63 99 75* – AE GB JCB. F 10
50 – **44 ch** 566/880.

Madeleine Haussmann M sans rest, 10 r. Pasquier ✆ 01 42 65 90 11, *Fax 01 42 68 07 93* – AE GB F 11
40 – **36 ch** 600.

Ministère sans rest, 31 r. Surène ✆ 01 42 66 21 43, *Fax 01 42 66 96 04* – AE GB JCB F 11
35 – **28 ch** 410/610.

New Orient sans rest, 16 r. Constantinople ☎ 01 45 22 21 64, *Fax 01 42 93 83 23* – 🛗 📺 ☎. AE ⓓ GB — E 11
▭ 38 – **30 ch** 395/590.

XXXXX ✿✿ **Les Ambassadeurs** - Hôtel Crillon, 10 pl. Concorde ☎ 01 44 71 16 16, *Fax 01 44 71 15 02*, « Cadre 18e siècle » – ▤. AE ⓓ GB JCB. ✗ — G 11
Repas 340 (déj.)/630 et carte 510 à 750
Spéc. Saumon fumé, chantilly au caviar et croustillant de pommes de terre. Turbot rôti et poché au lait fumé, confiture d'oignons rouges et céleri rave. Truffe glacée à la fleur de thym frais, ganache fondue et violettes cristalisées.

XXXXX ✿✿✿ **Taillevent** (Vrinat), 15 r. Lamennais ☎ 01 44 95 15 01, *Fax 01 42 25 95 18* – ▤. AE ⓓ GB JCB. ✗ — F 9
fermé 25 juil. au 25 août, sam., dim. et fériés – **Repas** (nombre de couverts limité, prévenir) carte 570 à 700
Spéc. Cannelloni de tourteau. Pigeon rôti en bécasse. Fondant au thé fumé.

XXXXX ✿✿ **Lasserre**, 17 av. F.-D.-Roosevelt ☎ 01 43 59 53 43, *Fax 01 45 63 72 23*, « Toit ouvrant » – ▤. AE GB JCB. ✗ — G 10
fermé 2 au 31 août, lundi midi et dim. – **Repas** carte 550 à 710
Spéc. Poêlée de petits gris aux herbes fraîches. Côte de veau de lait fermier, lardons à la moëlle. Truffes en beignet, sabayon au muscat.

XXXXX ✿✿✿ **Lucas Carton** (Senderens), 9 pl. Madeleine ☎ 01 42 65 22 90, *Fax 01 42 65 06 23*, « Authentique décor 1900 » – ▤. AE ⓓ GB JCB. ✗ — G 11
fermé 1er au 24 août, sam. midi et dim. – **Repas** 395 (déj.), 650/1200 et carte 650 à 970
Spéc. Homard de Bretagne et sa polenta au corail. Selle d'agneau cuite dans sa panoufle, aubergine au masala. Ananas rôti aux clous de girofle et son petit baba aux épices.

XXXXX ✿✿ **Ledoyen**, carré Champs-Élysées (1er étage) ☎ 01 53 05 10 01, *Fax 01 47 42 55 01* – voir aussi rest. ***Le Cercle*** – ▤ 🅿. AE ⓓ GB JCB. ✗ — G 10
fermé août, sam. et dim. – **Repas** 300/530 et carte 500 à 780 ♀
Spéc. Truffe en feuilleté de pomme de terre (déc. à fév.). Turbot rôti à la bière de garde, oignons frits. Mousse chaude au cacao aux deux cuissons, glace à la kriek.

XXXXX ✿✿ **Laurent**, 41 av. Gabriel ☎ 01 42 25 00 39, *Fax 01 45 62 45 21*, ☂, « Agréable terrasse d'été » – AE ⓓ GB. ✗ — G 10
fermé sam. midi, dim. et fériés – **Repas** 390/650 et carte 540 à 970
Spéc. Homard entier en salade. Pigeonneau rôti à la broche. Crêpes Suzette.

XXXXX ✿ **Bristol** - Hôtel Bristol, 112 r. Fg St-Honoré ☎ 01 53 43 43 40, *Fax 01 53 43 43 01*, ☂ – ▤. AE ⓓ GB JCB. ✗ — F 10
Repas 360/600 et carte 650 à 780 ♀
Spéc. Lobe de foie gras de canard rôti et servi froid (automne-hiver). Pavé de turbot rôti, têtes de cèpes poêlées au magret fumé et noix fraîches (automne). Pigeon cuit à la broche, escalope de foie gras poêlée, jus aux truffes.

XXXXX ✿ **Régence** - Hôtel Plaza Athénée, 25 av. Montaigne ☎ 01 53 67 65 00, *Fax 01 53 67 66 76* – ▤. AE ⓓ GB JCB. ✗ — G 9
Repas 310 (déj.), 480/620 et carte 430 à 680 ♀
Spéc. Gelée d'oursins en coque au fondant de fenouil (oct.-avril). Pavé de lieu aux aubergines, jus léger à la poutargue. Ris de veau meunière au beurre salé et au citron confit (oct.-avril)..

XXXX ✿✿ **Les Élysées** - Hôtel Vernet, 25 r. Vernet ☎ 01 44 31 98 98, *Fax 01 44 31 85 69*, « Belle verrière » – ▤. AE ⓓ GB JCB. ✗ — F 8
fermé 14 au 17/4, 1 au 8/5, 27/7 au 30/8, 9 au 13 nov., 21 au 30/12, sam., dim. et fériés – **Repas** 330 (déj.), 430/790 et carte 470 à 720 ♀
Spéc. Epeautre du pays de Sault cuisiné comme un risotto à l'encre de seiche. Turbot côtier du Guilvinec doré aux câpres, citron et truffe écrasée. Chausson feuilleté au chocolat amer, crème glacée aux fèves de cacao torréfiées.

XXXX ✿✿✿ **Pierre Gagnaire** - Hôtel Balzac, 6 r. Balzac ☎ 01 44 35 18 25, *Fax 01 44 35 18 37* – ▤. AE ⓓ GB — F 8
fermé 14 juil. au 15 août, vacances de fév., dim. midi et sam. – **Repas** 450 (déj.), 520/860 et carte 550 à 940 ♀
Spéc. Grosses langoustines en scampi, feuilles croustillantes de légumes. Pièce de turbot de ligne poêlée au vadouvan. Soufflé au chocolat pur Caraïbe, parfait de Sicile et fromage blanc glacé.

XXXX ✿ **L'Astor** - Hôtel Astor, 11 rue d'Astorg ☎ 01 53 05 05 20, *Fax 01 53 05 05 30* – ▤. AE ⓓ GB JCB F 11
fermé sam. et dim. – **Repas** 290 bc/600 et carte 280 à 510 ♀
Spéc. Araignée de mer en gelée anisée à la crème de fenouil. Blanc de bar cuit en peau, sauce verjutée. Cristalline à la pomme verte, crème croustillante au thé.

XXXX ✿ **Chiberta,** 3 r. Arsène-Houssaye ☎ 01 45 63 77 90, *Fax 01 45 62 85 08* – ▤. AE ⓓ GB JCB F 8
fermé août, sam.et dim. – **Repas** 290 bc et carte 340 à 590 ♀
Spéc. Ravioli de poireaux aux truffes. Salade de pigeonneau aux petits épeautres. Fondant au chocolat chaud, sorbet cacao.

XXXX ✿ **La Marée,** 1 r. Daru ☎ 01 43 80 20 00, *Fax 01 48 88 04 04* – ▤. AE ⓓ GB E 8
fermé 1er août au 2 sept., sam. midi et dim. – **Repas** - produits de la mer - carte 350 à 560
Spéc. Belons au champagne (mi-sept. à mai). Langoustines poêlées aux carottes confites. Cabillaud à la diable, purée de pommes de terre "minute".

XXXX ✿ **Clovis** - Hôtel Sofitel Arc de Triomphe, 14 r. Beaujon ☎ 01 53 89 50 53, *Fax 01 53 89 50 51* – AE ⓓ GB JCB F 8
fermé 25 juil. au 25 août, 23 déc. au 2 janv., sam., dim. et fériés – **Repas** 250/520 et carte 300 à 430 ♀
Spéc. Marbré de lapin au ris de veau, langue écarlate. Tronçon de lotte à la livèche, mousseline de céleri. Cristallines d'ananas, sorbet coco.

XXX **Maison Blanche,** 15 av. Montaigne (6e étage) ☎ 01 47 23 55 99, *Fax 01 47 20 09 56*, ≤, terrasse, « Décor contemporain » – ▤. AE GB G 9
fermé août, sam. midi et dim. – **Repas** carte 400 à 540.

XXX ✿ **Jardin** - Hôtel Royal Monceau, 37 av. Hoche ☎ 01 42 99 98 70, *Fax 01 42 99 89 94*, terrasse – ▤. AE ⓓ GB JCB. ✗ E 8
fermé sam. et dim. sauf août – **Repas** 290/440 et carte 420 à 590
Spéc. Cocotte de langoustines rôties au poivre frais. Carré d'agneau grillé aux pignons de pin et sarriette. Figues noires rôties dans leurs feuilles aux épices.

XXX ✿ **Copenhague,** 142 av. Champs-Élysées (1er étage) ☎ 01 44 13 86 26, *Fax 01 42 25 83 10*, terrasse – ▤. AE ⓓ GB JCB. ✗ F 8
fermé 3 au 30 août, 4 au 10 janv., sam. midi, dim. et fériés – **Repas** - cuisine danoise - 250 bc et carte 280 à 420 - ***Flora Danica :*** **Repas** 170 et carte 270 à 380
Spéc. Carrelet poêlé à la danoise. Mignons de renne aux saveurs nordiques. Crêpes aux mûres jaunes.

XXX **Marcande,** 52 r. Miromesnil ☎ 01 42 65 19 14, *Fax 01 40 76 03 27*, terrasse – AE GB F 10
fermé 8 au 24 août, sam., dim. et fêtes – **Repas** 240 et carte 270 à 400.

XXX **Yvan,** 1bis r. J. Mermoz ☎ 01 43 59 18 40, *Fax 01 42 89 30 95* – ▤. AE ⓓ GB JCB F-G 10
fermé sam. midi et dim. – **Repas** 178/288 et carte 240 à 370 ♀.

XXX **Indra,** 10 r. Cdt-Rivière ☎ 01 43 59 46 40, *Fax 01 44 07 31 19* – ▤. AE ⓓ GB F 9
fermé dim. – **Repas** - cuisine indienne - 195 (déj.), 220/300 et carte 180 à 220.

XXX **Le 30 - Fauchon,** 30 pl. Madeleine ☎ 01 47 42 56 58, *Fax 01 47 42 96 02*, terrasse – ▤. AE ⓓ GB JCB F 12
fermé dim. – **Repas** 245/259 bc et carte 300 à 400.

XX **Luna,** 69 r. Rocher ☎ 01 42 93 77 61, *Fax 01 40 08 02 44* – ▤. AE GB E 11
fermé dim. – **Repas** - produits de la mer - carte 270 à 500 ♀.

XX **Chez Tante Louise,** 41 r. Boissy-d'Anglas ☎ 01 42 65 06 85, *Fax 01 42 65 28 19* – ▤. AE ⓓ GB JCB F 11
fermé août, sam. et dim. – **Repas** 190 et carte 250 à 360 ♀.

XX **Cercle Ledoyen,** carré Champs-Élysées (rez-de-chaussée) ☎ 01 53 05 10 02, *Fax 01 47 42 55 01*, terrasse – ▤. AE ⓓ GB JCB. ✗ G 10
fermé dim. – **Repas** carte 220 à 280 ♀.

XX **El Mansour,** 7 r. Trémoille ☎ 01 47 23 88 18 – AE GB. ✗ G 9
fermé lundi midi et dim. – **Repas** - cuisine marocaine - carte 250 à 350.

XX **Sarladais,** 2 r. Vienne ☎ 01 45 22 23 62, *Fax 01 45 22 23 62* – ▤. AE GB E 11
fermé sam. sauf le soir de sept. à juin et dim. – **Repas** 155 (dîner), 200/300 et carte 220 à 330 ♀.

XX **Grenadin,** 46 r. Naples ☎ 01 45 63 28 92, *Fax 01 45 61 24 76* – ▤. AE GB E 11
fermé sam. midi et dim. – **Repas** *(200)* - 250/330 ♀.

XX **Pavillon Élysée,** 10 av. Champs Élysées ☎ 01 42 65 85 10, *Fax 01 42 65 76 23*, terrasse – ▤. AE ⓓ GB JCB G 10
fermé sam. midi et dim. – **Repas** 200 et carte 240 à 350.

XX **Hédiard,** 21 pl. Madeleine ☎ 01 43 12 88 99, *Fax 01 43 12 88 98* – ▤. AE ⓓ GB F 11
fermé dim. – **Repas** carte 230 à 310 ♀.

XX **Fermette Marbeuf 1900,** 5 r. Marbeuf ✆ 01 53 23 08 00, *Fax 01 53 23 08 09*, « Décor 1900, céramiques et vitraux d'époque » – ▤. AE ⓓ GB G 9
Repas 178 et carte 190 à 370 ♀.

XX ✿ **Marius et Janette,** 4 av. George-V ✆ 01 47 23 41 88, *Fax 01 47 23 07 19*, 🏕 – ▤. AE ⓓ GB JCB G 8
Repas - produits de la mer - 300 bc et carte 360 à 570
Spéc. Ravioles de langoustines au persil plat. Merlan frit, sauce tartare. Blanc de Saint-Pierre, huile d'olive et anchois.

XX **Androuët,** 6 r. Arsène Houssaye ✆ 01 42 89 95 00, *Fax 01 42 89 68 44* – ▤. AE ⓓ GB F 8
fermé sam. midi et dim. – **Repas** - fromages et cuisine fromagère - *(140)* - 210 (déj.), 230/300 et carte 220 à 330 ♀.

XX **Suntory,** 13 r. Lincoln ✆ 01 42 25 40 27, *Fax 01 45 63 25 86* – ▤. AE ⓓ GB JCB. ✻ F 9
Repas - cuisine japonaise - 145 (déj.), 430/630 et carte 270 à 400 ♀.

XX **Shozan,** 11 r. de la Trémoille ✆ 01 47 23 37 32, *Fax 01 47 23 67 30* – ▤. AE ⓓ GB JCB G 9
fermé 2 au 19 août, 25 au 30 déc., sam. midi et dim. – **Repas** - cuisine franco-japonaise - 90 (déj.), 200/400 et carte 280 à 410 ♀.

XX **Stella Maris,** 4 r. Arsène Houssaye ✆ 01 42 89 16 22, *Fax 01 42 89 16 01* – AE ⓓ GB JCB. ✻ F 8
fermé 1er au 15 août, fériés le midi, sam. midi et dim. – **Repas** - produits de la mer - 175/480 et carte 300 à 430.

XX **Stresa,** 7 r. Chambiges ✆ 01 47 23 51 62 – ▤. AE ⓓ GB. ✻ G 9
fermé 11 au 31 août, 20 déc. au 4 janv., sam. soir et dim. – **Repas** - cuisine italienne - (prévenir) carte 380 à 450.

XX **Kinugawa,** 4 r. St-Philippe du Roule ✆ 01 45 63 08 07, *Fax 01 42 60 45 21* – ▤. AE ⓓ GB JCB. ✻ F 9
fermé vacances de Noël et dim. – **Repas** - cuisine japonaise - *(155)* - 510/700 et carte 180 à 400 ♀.

XX **Bistrot du Sommelier,** 97 bd Haussmann ✆ 01 42 65 24 85, *Fax 01 53 75 23 23* – ▤. AE GB F 11
fermé août, Noël au Jour de l'An, sam. et dim. – **Repas** 390 (dîner seul.) et carte 280 à 360 ♀.

XX **Les Bouchons de François Clerc,** 7 r. Boccador ✆ 01 47 23 57 80, *Fax 01 47 23 74 54* – AE GB G 9
fermé sam. midi et dim. – **Repas** 195.

XX **Village d'Ung et Li Lam,** 10 r. J. Mermoz ✆ 01 42 25 99 79, *Fax 01 42 25 12 06* – ▤. AE ⓓ GB F 10
Repas - cuisine chinoise et thaïlandaise - 118/178 et carte 160 à 220.

XX **Le Pichet,** 68 r. P. Charron ✆ 01 43 59 50 34, *Fax 01 42 89 68 91* – ▤. AE ⓓ GB G 9-F 9
fermé sam. sauf le soir de sept. à juin et dim. – **Repas** carte 280 à 510.

XX **Bistro de l'Olivier,** 13 r. Quentin Bauchart ✆ 01 47 20 17 00, *Fax 01 47 20 17 04* – ▤. AE ⓓ GB G 8
fermé 1er au 30 août, sam. midi et dim. – **Repas** (nombre de couverts limité, prévenir) *(130)* - 190 ♀.

XX **L'Alsace** (ouvert jour et nuit), 39 av. Champs-Élysées ✆ 01 53 93 97 00, *Fax 01 53 93 97 09*, 🏕, brasserie – ▤. AE ⓓ GB F 9
Repas 123 bc (dîner)/178 et carte 180 à 270 ♀.

XX **Kok Ping,** 4 r. Balzac ✆ 01 42 25 28 85, *Fax 01 53 75 11 49* – ▤. AE ⓓ GB. ✻ F 8
fermé sam. midi et dim. midi – **Repas** - cuisine chinoise et thaïlandaise - 89/135 et carte 130 à 270 ♀.

X **Cap Vernet,** 82 av. Marceau ✆ 01 47 20 20 40, *Fax 01 47 20 95 36*, 🏕 – ▤. AE GB JCB F 8
Repas - produits de la mer - carte 200 à 280 ♀.

X **L'Appart',** 9 r. Colisée ✆ 01 53 75 16 34, *Fax 01 53 76 15 39* – ▤. AE GB JCB F 9
Repas 175 et carte 210 à 270 ♀.

X **Ferme des Mathurins,** 17 r. Vignon ✆ 01 42 66 46 39 – ⓓ GB JCB F 12
fermé août, dim. et fériés – **Repas** 160/210 et carte 190 à 330 ♀.

X **Boucoléon,** 10 r. Constantinople ✆ 01 42 93 73 33, *Fax 01 42 93 17 44* – GB E 11
fermé août, sam. et dim. – **Repas** (nombre de couverts limité, prévenir) carte environ 140 ♀.

Opéra - Gare du Nord
Gare de l'Est - Grands Boulevards

9e et 10e arrondissements

9e : ✉ 75009 - 10e : ✉ 75010

Grand Hôtel Inter-Continental, 2 r. Scribe (9e) ✆ 01 40 07 32 32, *Fax 01 42 66 12 51*, – ☐ – 300. AE ⓞ GB JCB. ✻ rest **F 12**
voir ***Rest. Opéra*** et ***Brasserie Café de la Paix*** ci-après **- *La Verrière*** ✆ 01 40 07 31 00 *(fermé août et sam.) (déj. seul.)* **Repas** 285 – ☐ 160 – **488 ch** 1750/3600, 22 appart.

Scribe Ⓜ, 1 r. Scribe (9e) ✆ 01 44 71 24 24, *Fax 01 44 71 24 42* – – 50. AE ⓞ GB JCB **F 12**
voir rest. ***Les Muses*** ci-après **- *Jardin des Muses :*** **Repas** *(130)*-160 ♀ – ☐ 110 – **206 ch** 1600/2450, 11 appart.

Ambassador, 16 bd Haussmann (9e) ✆ 01 44 83 40 40, *Fax 01 40 22 08 74* – – 110. AE ⓞ GB JCB **F 13**
Venantius ✆ 01 48 00 06 38, fax 01 42 46 19 84 *(fermé sam. et dim.)* **Repas** 160 ♀ – ☐ 110 – **288 ch** 1500/2200.

Millennium Commodore, 12 bd Haussmann (9e) ✆ 01 42 46 72 82, *Fax 01 47 70 23 81* – – 25. AE ⓞ GB JCB **F 13**
Brasserie Haussmann : : **Repas** 120/250 ♀, enf. 90 – ☐ 110 – **159 ch** 2000/2600, 5 appart.

Terminus Nord Ⓜ sans rest, 12 bd Denain (10e) ✆ 01 42 80 20 00, *Fax 01 42 80 63 89* – – 80. AE ⓞ GB JCB **E 16**
☐ 75 – **236 ch** 985/1500.

Lafayette Ⓜ sans rest, 49 r. Lafayette (9e) ✆ 01 42 85 05 44, *Fax 01 49 95 06 60* – . AE ⓞ GB JCB **F 14**
☐ 75 – **96 ch** 1075, 7 appart.

St-Pétersbourg, 33 r. Caumartin (9e) ✆ 01 42 66 60 38, *Fax 01 42 66 53 54* – – 25. AE ⓞ GB JCB. ✻ rest **F 12**
Le Relais *(fermé août, sam. et dim.)* **Repas** *(98)*-140 ♀ – ☐ 70 – **100 ch** 875/975.

Brébant, 32 bd Poissonnière (9e) ✆ 01 47 70 25 55, *Fax 01 42 46 65 70* – 🛗 ⇆ ▤ TV ☎ – 🎓 25 à 100. AE ⓞ GB JCB F 14
Vieux Pressoir : Repas 98/198 ♀ – ☐ 48 – **122 ch** 760/1050.

L'Horset Pavillon, 38 r. Échiquier (10e) ✆ 01 42 46 92 75, *Fax 01 42 47 03 97* – 🛗 ⇆ ▤ TV ☎ ✆. AE ⓞ GB JCB F 15
Repas *(fermé sam. midi et dim.)* 90/180 bc, enf. 50 – ☐ 80 – **92 ch** 890/990.

Richmond Opéra sans rest, 11 r. Helder (9e) ✆ 01 47 70 53 20, *Fax 01 48 00 02 10* – 🛗 ▤ TV ☎. AE ⓞ GB JCB. ✻ F 13
☐ 40 – **58 ch** 710/840.

Bergère Opéra sans rest, 34 r. Bergère (9e) ✆ 01 47 70 34 34, *Fax 01 47 70 36 36* – 🛗 ▤ TV ☎ – 🎓 40. AE ⓞ GB JCB. ✻ F 14
☐ 70 – **134 ch** 790/990.

Franklin sans rest, 19 r. Buffault (9e) ✆ 01 42 80 27 27, *Fax 01 48 78 13 04* – 🛗 ⇆ TV ☎ ♿. AE ⓞ GB JCB E 14
☐ 75 – **68 ch** 825/890.

Blanche Fontaine ⊗ sans rest, 34 r. Fontaine (9e) ✆ 01 44 63 54 95, *Fax 01 42 81 05 52* – 🛗 ⇆ TV ☎ 🚗. AE ⓞ GB JCB. ✻ D 13
☐ 45 – **45 ch** 507/570, 4 appart.

Carlton's H. sans rest, 55 bd Rochechouart (9e) ✆ 01 42 81 91 00, *Fax 01 42 81 97 04*, « Sur le toit, terrasse panoramique avec ⩽ Paris » – 🛗 TV ☎. AE ⓞ GB JCB D 14
☐ 47 – **103 ch** 619/688.

Anjou-Lafayette sans rest, 4 r. Riboutté (9e) ✆ 01 42 46 83 44, *Fax 01 48 00 08 97* – 🛗 TV ☎ ✆. AE ⓞ GB JCB E 14
☐ 50 – **39 ch** 490/680.

Frantour Paris-Est M sans rest, 4 r. 8 Mai 1945 (cour d'Honneur gare de l'Est) (10e) ✆ 01 44 89 27 00, *Fax 01 44 89 27 49* – 🛗 ▤ TV ☎ ✆ – 🎓 250. AE GB E 16
☐ 55 – **45 ch** 535/1055.

Albert 1er M sans rest, 162 r. Lafayette (10e) ✆ 01 40 36 82 40, *Fax 01 40 35 72 52* – 🛗 ▤ TV ☎ ✆. AE ⓞ GB JCB. ✻ E 16
☐ 45 – **57 ch** 500/698.

Opéra Cadet M sans rest, 24 r. Cadet (9e) ✆ 01 53 34 50 50, *Fax 01 53 34 50 60* – 🛗 ▤ TV ☎ ✆ ♿ 🚗. AE ⓞ GB JCB F 14
☐ 65 – **82 ch** 755/980, 3 appart.

Touraine Opéra sans rest, 73 r. Taitbout (9e) ✆ 01 48 74 50 49, *Fax 01 42 81 26 09* – 🛗 ⇆ TV ☎. AE ⓞ GB JCB E 13
☐ 75 – **39 ch** 825/990.

Paix République sans rest, 2 bis bd St-Martin (10e) ✆ 01 42 08 96 95, *Fax 01 42 06 36 30* – 🛗 ⇆ TV ☎. AE ⓞ GB JCB. ✻ G 16
☐ 40 – **45 ch** 550/980.

Gd H. Haussmann sans rest, 6 r. Helder (9e) ✆ 01 48 24 76 10, *Fax 01 48 00 97 18* – 🛗 ▤ TV ☎. AE ⓞ GB JCB. ✻ F 13
☐ 49 – **59 ch** 502/786.

Mercure Monty sans rest, 5 r. Montyon (9e) ✆ 01 47 70 26 10, *Fax 01 42 46 55 10* – 🛗 ⇆ TV ☎ – 🎓 50. AE ⓞ GB JCB F 14
☐ 60 – **71 ch** 990.

Corona ⊗ sans rest, 8 cité Bergère (9e) ✆ 01 47 70 52 96, *Fax 01 42 46 83 49* – 🛗 TV ☎ ♿. AE ⓞ GB JCB F 14
☐ 45 – **56 ch** 580/700, 4 appart.

Français sans rest, 13 r. 8-Mai 1945 (10e) ✆ 01 40 35 94 14, *Fax 01 40 35 55 40* – 🛗 TV ☎. AE ⓞ GB JCB E 16
☐ 30 – **71 ch** 420/460.

du Pré sans rest, 10 r. P. Sémard (9e) ✆ 01 42 81 37 11, *Fax 01 40 23 98 28* – 🛗 TV ☎. AE ⓞ GB E 15
☐ 50 – **41 ch** 445/580.

Résidence du Pré sans rest, 15 r. P. Sémard (9e) ✆ 01 48 78 26 72, *Fax 01 42 80 64 83* – 🛗 TV ☎. AE ⓞ GB E 15
☐ 50 – **40 ch** 425/495.

Gotty sans rest, 11 r. Trévise (9e) ✆ 01 47 70 12 90, *Fax 01 47 70 21 26* – 🛗 TV ☎. AE ⓞ GB JCB F 14
☐ 45 – **44 ch** 680.

Acadia M sans rest, 4 r. Geoffroy Marie (9e) ✆ 01 40 22 99 99, *Fax 01 40 22 01 82* – AE GB JCB. F 14
☐ 70 – **36 ch** 890/990.

Axel sans rest, 15 r. Montyon (9e) ✆ 01 47 70 92 70, *Fax 01 47 70 43 37* – AE GB JCB F 14
☐ 48 – **38 ch** 690/790.

Trinité Plaza sans rest, 41 r. Pigalle (9e) ✆ 01 42 85 57 00, *Fax 01 45 26 41 20* – AE GB JCB E 13
☐ 40 – **42 ch** 580/670.

Monterosa M sans rest, 30 r. La Bruyère (9e) ✆ 01 48 74 87 90, *Fax 01 42 81 01 12* – AE GB JCB E 13
☐ 35 – **36 ch** 360/500.

Printania sans rest, 19 r. Château d'Eau (10e) ✆ 01 42 01 84 20, *Fax 01 42 39 55 12* – AE GB. F 16
☐ 45 – **51 ch** 560/780.

Moulin M sans rest, 39 r. Fontaine (9e) ✆ 01 42 81 93 25, *Fax 01 40 16 09 90* – AE GB JCB D 13
☐ 75 – **50 ch** 600/960.

Celte La Fayette sans rest, 25 r. Buffault (9e) ✆ 01 49 95 09 49, *Fax 01 49 95 01 88* – AE GB JCB E 14
☐ 51 – **50 ch** 530/680.

Peyris sans rest, 10 r. Conservatoire (9e) ✆ 01 47 70 50 83, *Fax 01 40 22 95 91* – AE GB F 14
☐ 40 – **50 ch** 500/600.

Gare du Nord sans rest, 33 r. St-Quentin (10e) ✆ 01 48 78 02 92, *Fax 01 45 26 88 31* – AE GB. E 16
☐ 45 – **47 ch** 400/580.

Sudotel Promotour sans rest, 42 r. Petites-Écuries (10e) ✆ 01 42 46 91 86, *Fax 01 40 22 90 85* – AE GB JCB F 15
☐ 58 – **45 ch** 520/750.

Athènes sans rest, 21 r. d'Athènes (9e) ✆ 01 48 74 00 55, *Fax 01 42 81 04 75* – AE GB JCB. E 12
☐ 50 – **36 ch** 560/660.

Capucines sans rest, 6 r. Godot de Mauroy (9e) ✆ 01 47 42 25 05, *Fax 01 42 68 05 05* – AE GB JCB F 12
☐ 38 – **45 ch** 520/550.

Amiral Duperré sans rest, 32 r. Duperré (9e) ✆ 01 42 81 55 33, *Fax 01 44 63 04 73* – AE GB JCB D 13
☐ 45 – **52 ch** 540/570.

Riboutté-Lafayette sans rest, 5 r. Riboutté (9e) ✆ 01 47 70 62 36, *Fax 01 48 00 91 50* – AE GB JCB E 14
☐ 35 – **24 ch** 475.

Suède sans rest, 106 bd Magenta (10e) ✆ 01 40 36 10 12, *Fax 01 40 36 11 98* – AE GB JCB E 15-16
☐ 45 – **52 ch** 510/570.

Ibis Gare de l'Est sans rest, 197 r. Lafayette (10e) ✆ 01 44 65 70 00, *Fax 01 44 65 70 07* – AE GB E 17
☐ 41 – **165 ch** 420/470.

Modern' Est sans rest, 91 bd Strasbourg (10e) ✆ 01 40 37 77 20, *Fax 01 40 37 17 55* – GB. E 16
☐ 35 – **30 ch** 380/460.

Alba sans rest, 34 ter r. La Tour d'Auvergne (9e) ✆ 01 48 78 80 22, *Fax 01 42 85 23 13* – cuisinette AE GB JCB. E 14
☐ 40 – **24 ch** 500/1400.

Trois Poussins sans rest, 15 r. Clauzel (9e) ✆ 01 53 32 81 81, *Fax 01 53 32 81 82* – AE GB. E 13
☐ 38 – **40 ch** 350/490.

Ibis Lafayette sans rest, 122 r. Lafayette (10e) ✆ 01 45 23 27 27, *Fax 01 42 46 73 79* – AE GB E 16
☐ 39 – **70 ch** 420/470.

St-Laurent sans rest, 5 r. St-Laurent (10e) 01 42 09 59 79, *Fax 01 42 09 83 50* – AE GB JCB E-F 16
45 – **44 ch** 750.

Champagne-Mulhouse sans rest, 87 bd Strasbourg (10e) 01 42 09 12 28, *Fax 01 42 09 48 12* – AE GB JCB E 15
45 – **31 ch** 570.

Montréal sans rest, 23 r. Godot-de-Mauroy (9e) 01 42 65 99 54, *Fax 01 49 24 07 33* – AE GB JCB F 12
40 – **14 ch** 290/550, 5 appart.

Rest. Opéra - Grand Hôtel Inter-Continental, pl. Opéra (9e) 01 40 07 30 10, *Fax 01 40 07 33 86*, « Cadre Second Empire » – AE GB JCB. F 12
fermé août, sam., dim. et fériés – **Repas** 240 (déj.)/345 bc et carte 380 à 600
Spéc. Grosses langoustines croustillantes, émulsion d'agrumes à l'huile d'olive. Blanc de turbot braisé, rattes écrasées au beurre de truffe. Noix de ris de veau poêlée au beurre d'herbes.

Les Muses - Hôtel Scribe, 1 r. Scribe (9e) 01 44 71 24 26, *Fax 01 44 71 24 64* – AE GB JCB. F 12
fermé août, sam., dim. et fériés – **Repas** 250/320
Spéc. Parmentier de foie gras de canard chaud. Noisettes de biche poêlées au macis, poire au vin rouge et palets de charlotte (oct. à fév.). Tarte chocolat "Manjari", soupe d'oranges aux fleurs séchées.

Table d'Anvers (Conticini), 2 pl. d'Anvers (9e) 01 48 78 35 21, *Fax 01 45 26 66 67* – AE GB JCB D 14
fermé sam. midi et dim. – **Repas** 180 (déj.)/270 et carte 440 à 630
Spéc. "Céviche" de langoustines. Saint-Pierre au "nuoc-mâm". Croquettes au chocolat coulant.

Charlot "Roi des Coquillages", 12 pl. Clichy (9e) 01 53 20 48 00, *Fax 01 53 20 48 09* – AE GB D 12
Repas - produits de la mer - 178 et carte 240 à 360.

Au Chateaubriant, 23 r. Chabrol (10e) 01 48 24 58 94, *Fax 01 42 47 09 75*, collection de tableaux – AE GB JCB E 15
fermé août, dim. et lundi – **Repas** - cuisine italienne - *(118)* - 159 et carte 230 à 330.

Brasserie Café de la Paix - Grand Hôtel Inter-Continental, 12 bd Capucines (9e) 01 40 07 30 20, *Fax 01 40 07 33 86* – AE GB JCB F 12
Repas *(139)* - 179 et carte 220 à 360, enf. 80.

Julien, 16 r. Fg St-Denis (10e) 01 47 70 12 06, *Fax 01 42 47 00 65*, « Brasserie "Belle Époque" » – AE GB F 15
Repas *(123 bc)* - 169 bc (déj.)/183 bc bc et carte 160 à 300.

Grand Café Capucines (ouvert jour et nuit), 4 bd Capucines (9e) 01 43 12 19 00, *Fax 01 43 12 19 09*, brasserie, « Décor "Belle Époque" » – AE GB F 13
Repas 178 et carte 190 à 340.

Grange Batelière, 16 r. Grange Batelière (9e) 01 47 70 85 15, *Fax 01 47 70 85 15* – AE GB F 14
fermé août, sam. midi, dim. et fériés – **Repas** 190/300 et carte 270 à 360.

Quercy, 36 r. Condorcet (9e) 01 48 78 30 61, *Fax 01 48 78 16 29* – AE GB JCB E 14
fermé août, dim. et fériés – **Repas** *(128)* - 152 et carte 190 à 310.

Bistrot Papillon, 6 r. Papillon (9e) 01 47 70 90 03, *Fax 01 48 24 05 59* – AE GB E 15
fermé 1er au 20 avril, 8 au 30 août, sam. et dim. – **Repas** 150 et carte 200 à 250.

Au Petit Riche, 25 r. Le Peletier (9e) 01 47 70 68 68, *Fax 01 48 24 10 79*, bistrot, « Cadre fin 19e siècle » – AE GB JCB F 13
fermé dim. – **Repas** 135 (dîner)/175 et carte 170 à 300.

Brasserie Flo, 7 cour Petites-Écuries (10e) 01 47 70 13 59, *Fax 01 42 47 00 80*, « Cadre 1900 » – AE GB F 15
Repas *(123 bc)* - 169 et carte 160 à 300.

Terminus Nord, 23 r. Dunkerque (10e) 01 42 85 05 15, *Fax 01 40 16 13 98*, brasserie – AE GB E 16
Repas *(123 bc)* - 169 bc et carte 160 à 300.

Paprika, 28 av. Trudaine (9e) 01 44 63 02 91, *Fax 01 44 63 09 62* – GB E 14
fermé lundi soir et dim. – **Repas** - cuisine hongroise - 75 (déj.), 120/180 et carte 210 à 330.

XX **Saintongeais,** 62 r. Fg Montmartre (9e) ℘ 01 42 80 39 92 – AE ⓓ GB E 14
fermé 15 au 25 août, sam. et dim. – **Repas** 135/168 et carte 180 à 260.

XX **Comme Chez Soi,** 20 r. Lamartine (9e) ℘ 01 48 78 00 02, *Fax 01 42 85 09 78* – ▤. AE GB JCB E 14
fermé août, sam. et dim. – **Repas** 90/140 et carte 220 à 310.

XX **Wally Le Saharien,** 36 r. Rodier (9e) ℘ 01 42 85 51 90, *Fax 01 45 86 08 35* – ▤. ✂ E 14
fermé lundi midi et dim. – **Repas** - cuisine nord-africaine - 140 (déj.)/240 et carte 160 à 230.

XX **P'tite Tonkinoise,** 56 r. Fg Poissonnière (10e) ℘ 01 42 46 85 98 – AE ⓓ GB JCB F 15
fermé 25 juil. au 3 sept., 24 déc. au 15 janv., sam. midi et dim. – **Repas** - cuisine vietnamienne - 135 et carte environ 170.

X **Pré Cadet,** 10 r. Saulnier (9e) ℘ 01 48 24 99 64 – ▤. AE ⓓ GB JCB F 14
fermé 1er au 8 mai, 5 au 25 août, 24 au 31 déc., sam. midi et dim. – **Repas** (prévenir) 150 et carte 190 à 290 🍷.

X **Paludier,** 5 r. Clichy (9e) ℘ 01 48 74 32 13, *Fax 01 48 74 32 13* – ▤. AE GB E 12
fermé sam. et dim. – **Repas** 158/171 et carte environ 250 🍷.

X **L'Oenothèque,** 20 r. St-Lazare (9e) ℘ 01 48 78 08 76, *Fax 01 40 16 10 27* – ▤. AE GB JCB E 13
fermé 4 au 10 mai, 10 au 30 août, sam. et dim. – **Repas** carte 240 à 380 🍷.

X **Chez Jean,** 8 r. St-Lazare (9e) ℘ 01 48 78 62 73, *Fax 01 48 78 35 30* E 14
fermé 18 au 24 mai, 17 au 23 août, sam. midi et dim. – **Repas** 165 🍷.

X **Bistro de Gala,** 45 r. Fg Montmartre (9e) ℘ 01 40 22 90 50, *Fax 01 40 22 90 50* – ▤. AE ⓓ GB JCB F 14
fermé sam. midi et dim. – **Repas** 160 et carte 160 à 230 🍷.

X **I Golosi,** 6 r. Grange Batelière (9e) ℘ 01 48 24 18 63, *Fax 01 45 23 18 96*, « Décor de style vénitien » – ▤. GB F 14
fermé août, sam. soir et dim. – **Repas** - cuisine italienne - carte 160 à 240 🍷.

X **Aux Deux Canards,** 8 r. Fg Poissonnière (10e) ℘ 01 47 70 03 23 – AE ⓓ GB F 15
fermé 31 juil. au 23 août, sam. midi et dim. – **Repas** carte 150 à 250 🍷.

X **Bistro des Deux Théâtres,** 18 r. Blanche (9e) ℘ 01 45 26 41 43, *Fax 01 48 74 08 92* – ▤. AE GB E 12
Repas 169 bc.

X **Chez Michel,** 10 r. Belzunce (10e) ℘ 01 44 53 06 20, *Fax 01 44 53 61 31* – GB F 15
fermé 26 juil. au 26 août, 20 déc. au 2 janv., dim. et lundi – **Repas** 170 🍷.

X **Casa Olympe,** 48 r. St-Georges (9e) ℘ 01 42 85 26 01, *Fax 01 45 26 49 33* – ▤. ✂ E 13
fermé août, 23 déc. au 2 janv., sam. et dim. – **Repas** 190/280 bc.

X **Petite Sirène de Copenhague,** 47 r. N.-D. de Lorette (9e) ℘ 01 45 26 66 66 – GB E 13
fermé août, dim. et lundi – **Repas** - cuisine danoise - (prévenir) 120 et carte 170 à 240 🍷.

X **Relais Beaujolais,** 3 r. Milton (9e) ℘ 01 48 78 77 91, bistrot – GB E 14
fermé août, sam. et dim. – **Repas** *(119)* - carte 130 à 220 🍷.

X **Petit Batailley,** 26 r. Bergère (9e) ℘ 01 47 70 85 81 – AE ⓓ GB JCB F 14
fermé 25 juil. au 24 août, 19 au 28 déc., sam. midi, dim. et fériés – **Repas** 145.

X **L'Alsaco Winstub,** 10 r. Condorcet (9e) ℘ 01 45 26 44 31 – AE GB E 15
fermé août, sam. midi et dim. – **Repas** 79 (déj.), 87/170 bc et carte 120 à 230 🍷.

X **Chez Catherine - Le Poitou,** 65 r. Provence (9e) ℘ 01 45 26 72 88, *Fax 01 42 80 96 88*, bistrot – GB F 13
fermé août, 1er au 11 janv., lundi soir, sam. et dim. – **Repas** carte 170 à 200 🍷.

X **L'Excuse Mogador,** 21 r. Joubert (9e) ℘ 01 42 81 98 19 – GB F 12
fermé août, lundi soir, sam. et dim. – **Repas** 75 (déj.)/95 et carte 110 à 170 🍷.

Bastille - Gare de Lyon
Place d'Italie - Bois de Vincennes

12^e^ et 13^e^ arrondissements

12^e^ : ✉ 75012 - 13^e^ : ✉ 75013

Holiday Inn Bastille Ⓜ sans rest, 11 r. Lyon (12^e^) ☏ 01 53 02 20 00, *Fax 01 53 02 20 01* – 📶 ⇷ ▤ 📺 ☎ 📞 – 🏛 80. AE ⓪ GB JCB — **L 18**
☕ 80 – **125 ch** 1130/1330.

Novotel Bercy Ⓜ, 85 r. Bercy (12^e^) ☏ 01 43 42 30 00, *Fax 01 43 45 30 60*, ☂ – 📶 ⇷ ▤ 📺 ☎ 📞 ♿ 🚗 – 🏛 80. AE ⓪ GB — **M 19**
Repas carte environ 170 ♀, enf. 50 – ☕ 68 – **128 ch** 720/760.

Holiday Inn Tolbiac Ⓜ sans rest, 21 r. Tolbiac (13^e^) ☏ 01 45 84 61 61, *Fax 01 45 84 43 38* – 📶 ⇷ ▤ 📺 ☎ ♿ – 🏛 25. AE ⓪ GB JCB — **P 18**
☕ 65 – **71 ch** 890.

Mercure Pont de Bercy Ⓜ sans rest, 6 bd Vincent Auriol (13^e^) ☏ 01 45 82 48 00, *Fax 01 45 82 19 16* – 📶 ▤ 📺 ☎ 📞 ♿ – 🏛 60. AE ⓪ GB JCB — **M 18**
☕ 60 – **90 ch** 810.

Mercure Vincent Auriol Ⓜ sans rest, 178 bd Vincent Auriol (13^e^) ☏ 01 44 24 01 01, *Fax 01 44 24 07 07* – 📶 ⇷ 📺 ☎ ♿ – 🏛 50. AE ⓪ GB — **N 16**
☕ 62 – **70 ch** 680/785.

Mercure Blanqui Ⓜ sans rest, 25 bd Blanqui (13e) ☏ 01 45 80 82 23, *Fax 01 45 81 45 84* – 📶 ⇷ ▤ 📺 ☎ 📞 ♿. AE ⓪ GB JCB — **P 15**
☕ 60 – **50 ch** 790.

Pavillon Bastille Ⓜ sans rest, 65 r. Lyon (12e) ☏ 01 43 43 65 65, *Fax 01 43 43 96 52*, « Élégant décor contemporain » – 📶 ⇷ ▤ 📺 ☎ 📞 ♿. AE ⓪ GB JCB — **K 18**
☕ 65 – **24 ch** 955.

Paris Bastille Ⓜ sans rest, 67 r. Lyon (12e) ☏ 01 40 01 07 17, *Fax 01 40 01 07 27* – 📶 ▤ 📺 ☎ ♿ – 🏛 25. AE ⓪ GB JCB. ⚟ — **K 18**
☕ 55 – **30 ch** 766/950.

Allegro Nation M sans rest, 33 av. Dr A. Netter (12e) ☎ 01 40 04 90 90, *Fax 01 40 04 99 20* – AE GB. M 12
40 – **49 ch** 500/610.

Ibis Gare de Lyon M sans rest, 43 av. Ledru-Rollin (12e) ☎ 01 53 02 30 30, *Fax 01 53 02 30 31* – 25. AE GB K 18
40 – **119 ch** 450.

Relais de Lyon sans rest, 64 r. Crozatier (12e) ☎ 01 43 44 22 50, *Fax 01 43 41 55 12* – AE GB. K 19
40 – **34 ch** 350/480.

Relais Mercure Bercy M, 77 r. Bercy (12e) ☎ 01 53 46 50 50, *Fax 01 53 46 50 99*, – 160. AE GB M 19
Repas (59) - 89/125 ₸, enf. 45 – 50 – **368 ch** 550/600.

Résidence Vert Galant, 43 r. Croulebarbe (13e) ☎ 01 44 08 83 50, *Fax 01 44 08 83 69* – AE GB JCB. ch N 15
voir rest. ***Aub. Etchegorry*** ci-après – 40 – **15 ch** 400/500.

Slavia sans rest, 51 bd St-Marcel (13e) ☎ 01 43 37 81 25, *Fax 01 45 87 05 03* – AE GB. M 16
38 – **37 ch** 357/390, 6 appart.

Terminus-Lyon sans rest, 19 bd Diderot (12e) ☎ 01 43 43 24 03, *Fax 01 43 44 09 00* – AE GB JCB L 18
48 – **60 ch** 560.

Ibis Place d'Italie M sans rest, 25 av. Stephen Pichon (13e) ☎ 01 44 24 94 85, *Fax 01 44 24 20 70* – AE GB N 16
39 – **58 ch** 415/455.

Ibis Italie Tolbiac M sans rest, 177 r. Tolbiac (13e) ☎ 01 45 80 16 60, *Fax 01 45 80 95 80* – AE GB P 15
39 – **60 ch** 380/420.

Touring H. Magendie M sans rest, 6 r. Corvisart ☎ 01 43 36 13 61, *Fax 01 43 36 47 48* – 30. GB N 14
112 ch 325/395.

Nouvel H. sans rest, 24 av. Bel Air (12e) ☎ 01 43 43 01 81, *Fax 01 43 44 64 13* – AE GB L 21
40 – **28 ch** 360/555.

Arts sans rest, 8 r. Coypel (13e) ☎ 01 47 07 76 32, *Fax 01 43 31 18 09* – AE GB N 16
30 – **37 ch** 280/360.

Viator sans rest, 1 r. Parrot (12e) ☎ 01 43 43 11 00, *Fax 01 43 43 10 89* – AE GB. L 18
35 – **45 ch** 320/370.

XXX ✿ **Au Pressoir** (Seguin), 257 av. Daumesnil (12e) ☎ 01 43 44 38 21, *Fax 01 43 43 81 77* – AE GB M 22
fermé août, sam. et dim. – **Repas** 400 et carte 360 à 610
Spéc. Millefeuille de champignons aux truffes. Pot-au-feu de homard. Lièvre à la royale (oct. à nov.).

XXX **Train Bleu,** Gare de Lyon (12e) ☎ 01 43 43 09 06, *Fax 01 43 43 97 96*, brasserie, « Cadre 1900 - fresques évoquant le voyage de Paris à la Méditerranée » – AE GB JCB L 18
Repas (1er étage) 250 bc et carte 220 à 370 ₸, enf. 75.

XXX **L'Oulette,** 15 pl. Lachambeaudie (12e) ☎ 01 40 02 02 12, *Fax 01 40 02 04 77*, – AE GB N 20
fermé sam. midi et dim. – **Repas** 165/245 bc et carte environ 340 ₸.

XX ✿ **Au Trou Gascon,** 40 r. Taine (12e) ☎ 01 43 44 34 26, *Fax 01 43 07 80 55* – AE GB JCB M 21
fermé août, Noël au Jour de l'An, sam. midi et dim. – **Repas** (nombre de couverts limité, prévenir) 190 (déj.)/285 et carte 290 à 410
Spéc. Chipirons sautés façon pibale (juin à sept.). Petit pâté chaud de cèpes au jus de persil (saison). Volaille de Chalosse rôtie, jus clair.

XX **Frégate,** 30 av. Ledru-Rollin (12e) ☎ 01 43 43 90 32 – AE GB L 18
fermé sam. et dim. – **Repas** - produits de la mer - 160/220 et carte 280 à 410 ₸.

XX **Gourmandise,** 271 av. Daumesnil (12e) ☎ 01 43 43 94 41, *Fax 01 43 43 94 41* – AE GB M 22
fermé 1er au 10 mai, 3 au 23 août, lundi soir et dim. – **Repas** (125 bc) - 165/199 bc et carte 250 à 370, enf. 90.

XX **Petit Marguery,** 9 bd. Port-Royal (13e) ☎ 01 43 31 58 59, bistrot – AE GB M 15
fermé août, 23 déc. au 2 janv., dim. et lundi – **Repas** 165 (déj.), 210/270 ₸.

XX **Traversière,** 40 r. Traversière (12e) ✆ 01 43 44 02 10, *Fax 01 43 44 64 20* – AE ⓓ GB JCB K 18
fermé août, dim. soir et lundi soir – **Repas** *(100)* - 130/170 et carte 260 à 360, enf. 70.

XX **Les Marronniers,** 53 bis bd Arago (13e) ✆ 01 47 07 58 57, *Fax 01 43 36 85 20* – ▤. AE ⓓ GB JCB N 14
fermé août, 1er au 8 mars et dim. – **Repas** *(150)* - 230/300 et carte 180 à 290.

X **Bistrot de la Porte Dorée,** 5 bd Soult (12e) ✆ 01 43 43 80 07, *Fax 01 43 42 32 66* – ▤. GB N 22
Repas 185 bc.

X **Jean-Pierre Frelet,** 25 r. Montgallet (12e) ✆ 01 43 43 76 65 – ▤. GB L 20
fermé fin juil. à fin août, sam. midi et dim. – **Repas** *(98)* - 140 et carte 200 à 250.

X **Quincy,** 28 av. Ledru-Rollin (12e) ✆ 01 46 28 46 76, bistrot – ▤ L 17
fermé 8 août au 10 sept., sam., dim. et lundi – **Repas** carte 220 à 370.

X **Aub. Etchégorry,** 41 r. Croulebarbe (13e) ✆ 01 44 08 83 51, *Fax 01 44 08 83 69*, bistrot – ▤. AE ⓓ GB JCB N 15
fermé dim. – **Repas** - cuisine du Sud-Ouest - 145/220 bc et carte 210 à 380.

X **Chez Jacky,** 109 r. du Dessous-des-Berges (13e) ✆ 01 45 83 71 55, *Fax 01 45 86 57 73* – ▤. GB P 18
fermé août, sam. et dim. – **Repas** 188 et carte 230 à 390.

X **L'Escapade en Touraine,** 24 r. Traversière (12e) ✆ 01 43 43 14 96 – GB L 18
fermé août, sam., dim. et fériés – **Repas** 110/140 et carte 140 à 250 ♀.

X **Anacréon,** 53 bd St-Marcel (13e) ✆ 01 43 31 71 18, *Fax 01 43 31 94 94* – ▤. AE ⓓ GB. ⚘ M 16
fermé août, 20 fév. au 2 mars, dim. et lundi – **Repas** 120/180.

X **L'Avant Goût,** 26 r. Bobillot (13e) ✆ 01 53 80 24 00, bistrot – GB P 15
fermé 2 au 24 août, 3 au 8 janvier, dim. et lundi – **Repas** (nombre de couverts limité, prévenir) *(59 bc)* - 135.

X **Temps des Cerises,** 216 r. Fg St-Antoine (12e) ✆ 01 43 67 52 08, *Fax 01 43 67 60 91* – ▤. AE GB JCB K 20
fermé 10 au 24 août et lundi – **Repas** 97/230 ♁.

X **A la Biche au Bois,** 45 av. Ledru-Rollin (12e) ✆ 01 43 43 34 38 – AE ⓓ GB K 18
fermé sam. et dim. – **Repas** 105/125 et carte 110 à 220 ♀.

X **St-Amarante,** 4 r. Biscornet (12e) ✆ 01 43 43 00 08, bistrot – GB K 18
fermé 14 juil. au 15 août, sam. et dim. – **Repas** (nombre de couverts limité, prévenir) carte environ 180 ♀.

X **Chez Françoise,** 12 r. Butte aux Cailles (13e) ✆ 01 45 80 12 02, *Fax 01 45 65 13 67*, bistrot – AE ⓓ GB JCB. ⚘ P 15
fermé 31 juil. au 27 août, 25 déc. au 1er janv. et dim. – **Repas** 69/146 et carte 160 à 250 ♀.

X **Sipario,** 69 r. Charenton (12e) ✆ 01 43 45 70 26 – AE ⓓ GB JCB K 18
fermé 10 au 17 août, sam. midi et dim. – **Repas** - cuisine italienne - 70 (déj.), 95/250 et carte 160 à 250.

X **Rhône,** 40 bd Arago (13e) ✆ 01 47 07 33 57, 🏖 – GB N 14
fermé août, sam., dim. et fêtes – **Repas** 75/165 et carte 180 à 210.

X **Chez Paul,** 22 r. Butte aux Cailles (13e) ✆ 01 45 89 22 11, bistrot – GB. ⚘ P 15
Repas carte 170 à 260.

X **Michel,** 20 r. Providence (13e) ✆ 01 45 89 99 27, *Fax 01 45 89 99 27* – GB P 15
fermé 2 au 16 août et dim. – **Repas** 120/190 et carte 190 à 320 ♁.

X **Les Zygomates,** 7 r. Capri (12e) ✆ 01 40 19 93 04, *Fax 01 44 73 46 63*, bistrot – GB ⚘ N 21
fermé 24 déc. au 3 janv., sam. midi et dim. – **Repas** 75 (déj.)/130 et carte 160 à 210.

Vaugirard - Gare Montparnasse Grenelle - Denfert-Rochereau

14e et 15e arrondissements

14e : ✉ 75014 - 15e : ✉ 75015

Hilton, 18 av. Suffren (15e) ✆ 01 44 38 56 00, *Fax 01 44 38 56 10*, – – 400. AE GB JCB **J 7**
La Terrasse : **Repas** *(105)*-144(déj.), 167/179 ♀ 28, enf. 75 – ☕ 120 – **453 ch** 1650/2250, 9 appart.

Nikko M, 61 quai Grenelle (15e) ✆ 01 40 58 20 00, *Fax 01 40 58 24 44*, ←, – – 600. AE GB JCB **K 6**
voir rest. ***Les Célébrités*** ci-après - ***Brasserie Pont Mirabeau :*** **Repas** 170 ♀, enf.85 – ***Benkay*** cuisine japonaise **Repas** 135(déj.), 340/750 – ☕ 110 – **755 ch** 1900/2500, 9 appart.

Sofitel Forum Rive Gauche M, 17 bd St-Jacques (14e) ✆ 01 40 78 79 80, *Fax 01 45 88 43 93*, centre de conférences, – – 25 à 1 200. AE GB JCB **N 13-14**
Le Café Français (déj. seul.) *(fermé 25 juil. au 24 août, sam. et dim.)* **Repas** 169 ♀ – ***La Table et la Forme*** (menu basses calories) *(fermé 18 juil. au 17 août)* **Repas** *(85)*-175 – ***Patio*** *(déj. seul.)* **Repas** *(118)*-135 ♀, enf. 51 – ☕ 110 – **772 ch** 1250/1500, 13 appart.

Sofitel Porte de Sèvres M, 8 r. L. Armand (15e) ✆ 01 40 60 30 30, *Fax 01 45 57 04 22*, ←, – – 450. AE GB JCB. rest **N 5**
Relais de Sèvres ✆ 01 40 60 33 66 *(fermé août, 24 déc. au 1er janv., sam., dim. et fêtes)* **Repas** 385 bc et carte 290 à 410 – - ***La Brasserie :*** **Repas** *(110)*-140 et carte environ 210,♀, enf. 60 – ☕ 115 – **524 ch** 1500/2200, 14 appart.

Méridien Montparnasse, 19 r. Cdt Mouchotte (14e) ✆ 01 44 36 44 36, *Fax 01 44 36 49 00*, ←, – – 25 à 1 000. AE GB JCB **M 11**
voir rest. ***Montparnasse 25*** ci-après - ***Justine*** ✆ 01 44 36 44 00 **Repas** 198 et carte 200 à 320 – ☕ 115 – **918 ch** 1875/2075, 35 appart.

Novotel Porte d'Orléans M, 15-19 bd R. Rolland (14e) ☎ 01 41 17 26 00, *Fax 01 41 17 26 26* – ... – 100. AE GB S 12
Repas (94) - 132 ♀, enf. 50 – 67 – **150 ch** 720/780.

Novotel Vaugirard M, 257 r. Vaugirard (15e) ☎ 01 40 45 10 00, *Fax 01 40 45 10 10*, ... – 300. AE GB JCB M 9
Transatlantique : Repas (95) - 170 ♀, enf. 50 – 75 – **184 ch** 820/880, 3 appart.

Mercure Montparnasse M, 20 r. Gaîté (14e) ☎ 01 43 35 28 28, *Fax 01 43 27 98 64* – ..., rest, ... – 50. AE GB JCB M 11
Bistrot de la Gaîté ☎ 01 43 22 86 46 **Repas** 135bc/175bc , enf. 55 – 75 – **181 ch** 1080, 4 appart.

L'Aiglon sans rest, 232 bd Raspail (14e) ☎ 01 43 20 82 42, *Fax 01 43 20 98 72* – ... AE GB JCB M 12
40 – **38 ch** 610/740, 9 appart.

Mercure Porte de Versailles M, 69 bd Victor (15e) ☎ 01 44 19 03 03, *Fax 01 48 28 22 11* – ... – 250. AE GB N 7
Repas 105/160 – 72 – **91 ch** 1162/1240.

Mercure Tour Eiffel M sans rest, 64 bd Grenelle (15e) ☎ 01 45 78 90 90, *Fax 01 45 78 95 55* – ... – 25. AE GB JCB K 7
70 – **64 ch** 1200.

Raspail Montparnasse sans rest, 203 bd Raspail (14e) ☎ 01 43 20 62 86, *Fax 01 43 20 50 79* – ... AE GB JCB. M 12
50 – **38 ch** 520/1160.

Lenox Montparnasse sans rest, 15 r. Delambre (14e) ☎ 01 43 35 34 50, *Fax 01 43 20 46 64* – ... AE GB JCB M 12
45 – **46 ch** 540/650, 6 appart.

Bailli de Suffren sans rest, 149 av. Suffren (15e) ☎ 01 47 34 58 61, *Fax 01 45 67 75 82* – ... AE GB L 9
65 – **25 ch** 625/800.

Delambre M sans rest, 35 r. Delambre (14e) ☎ 01 43 20 66 31, *Fax 01 45 38 91 76* – ... AE GB M 12
38 – **30 ch** 440/490.

Apollinaire sans rest, 39 r. Delambre (14e) ☎ 01 43 35 18 40, *Fax 01 43 35 30 71* – ... AE GB JCB M 12
45 – **36 ch** 500/700.

Tour Eiffel Dupleix M sans rest, 11 r. Juge (15e) ☎ 01 45 78 29 29, *Fax 01 45 78 60 00* – ... AE GB JCB K 7
43 – **40 ch** 480/670.

Mercure Paris XV M sans rest, 6 r. St-Lambert (15e) ☎ 01 45 58 61 00, *Fax 01 45 54 10 43* – ... – 30. AE GB JCB M 7
55 – **56 ch** 870.

Alizé Grenelle sans rest, 87 av. É. Zola (15e) ☎ 01 45 78 08 22, *Fax 01 40 59 03 06* – ... AE GB JCB L 7
39 – **50 ch** 420/510.

Orléans Palace H. sans rest, 185 bd Brune (14e) ☎ 01 45 39 68 50, *Fax 01 45 43 65 64* – ... – 25. AE GB JCB R 11
50 – **92 ch** 630/810.

Alésia Montparnasse sans rest, 84 r. R. Losserand (14e) ☎ 01 45 42 16 03, *Fax 01 45 42 11 60* – ... AE GB JCB N 10
45 – **45 ch** 580.

Abaca Messidor sans rest, 330 r. Vaugirard (15e) ☎ 01 48 28 03 74, *Fax 01 48 28 75 17*, ... AE GB JCB M 8
70 – **72 ch** 520/855.

Beaugrenelle St-Charles sans rest, 82 r. St-Charles (15e) ☎ 01 45 78 61 63, *Fax 01 45 79 04 38* – ... AE GB JCB K 7
39 – **51 ch** 390/500.

Arès sans rest, 7 r. Gén. de Larminat (15e) ☎ 01 47 34 74 04, *Fax 01 47 34 48 56* – ... AE GB K 8
45 – **42 ch** 530/700.

Versailles sans rest, 213 r. Croix-Nivert (15e) ☎ 01 48 28 48 66, *Fax 01 45 30 16 22* – ... AE GB N 7
50 – **41 ch** 495/575.

Terminus Vaugirard sans rest, 403 r. Vaugirard (15e) ☎ 01 48 28 18 72, *Fax 01 48 28 56 34* – ... – 25. GB. N 7
fermé 16 au 26 déc. – 45 – **89 ch** 600/900.

Daguerre M sans rest, 94 r. Daguerre (14e) ✆ 01 43 22 43 54, *Fax 01 43 20 66 84* – AE ⓓ GB JCB. N 11
40 – **30 ch** 400/600.

Lilas Blanc M sans rest, 5 r. Avre (15e) ✆ 01 45 75 30 07, *Fax 01 45 78 66 65* – AE ⓓ GB K 8
35 – **32 ch** 380/455.

Ibis Brancion M sans rest, 105 r. Brancion (15e) ✆ 01 42 50 86 00, *Fax 01 42 50 99 63* – AE ⓓ GB P 8-9
39 – **71 ch** 410/430.

Acropole sans rest, 199 bd Brune (14e) ✆ 01 45 39 64 17, *Fax 01 45 42 18 21* – AE ⓓ GB. R 12
30 – **43 ch** 356/402.

Sèvres-Montparnasse sans rest, 153 r. Vaugirard (15e) ✆ 01 47 34 56 75, *Fax 01 40 65 01 86* – AE ⓓ GB. L 10
40 – **35 ch** 420/540.

Istria sans rest, 29 r. Campagne Première (14e) ✆ 01 43 20 91 82, *Fax 01 43 22 48 45* – AE ⓓ GB JCB M 12
40 – **26 ch** 470/590.

du Lion sans rest, 1 av. Gén. Leclerc (14e) ✆ 01 40 47 04 00, *Fax 01 43 20 38 18* – AE ⓓ GB JCB N 12
40 – **33 ch** 390/570.

Apollon Montparnasse sans rest, 91 r. Ouest (14e) ✆ 01 43 95 62 00, *Fax 01 43 95 62 10* – AE ⓓ GB JCB N 10-11
35 – **33 ch** 395/470.

Ariane Montparnasse sans rest, 35 r. Sablière (14e) ✆ 01 45 45 67 13, *Fax 01 45 45 39 49* – AE ⓓ GB N 11
35 – **30 ch** 375/460.

Carladez Cambronne sans rest, 3 pl. Gén. Beuret (15e) ✆ 01 47 34 07 12, *Fax 01 40 65 95 68* – AE ⓓ GB M 9
36 – **27 ch** 385/435.

Parc sans rest, 60 r. Beaunier (14e) ✆ 01 45 40 77 02, *Fax 01 45 40 81 99* – AE GB R 12
30 – **24 ch** 350/390.

Modern H. Val Girard sans rest, 14 r. Pételi (15e) ✆ 01 48 28 53 96, *Fax 01 48 28 69 94* – AE ⓓ GB JCB M 8
35 – **39 ch** 385/450.

Châtillon H. sans rest, 11 square Châtillon (14e) ✆ 01 45 42 31 17, *Fax 01 45 42 72 09* – GB. P 11
32 – **31 ch** 330/360.

Aberotel sans rest, 24 r. Blomet (15e) ✆ 01 40 61 70 50, *Fax 01 40 61 08 31* – AE ⓓ GB L 9
40 – **28 ch** 430/630.

de la Paix sans rest, 225 bd Raspail (14e) ✆ 01 43 20 35 82, *Fax 01 43 35 32 63* – AE GB. M 12
35 – **39 ch** 420/530.

Fondary sans rest, 30 r. Fondary (15e) ✆ 01 45 75 14 75, *Fax 01 45 75 84 42* – AE GB L 8
38 – **20 ch** 390/425.

Résidence St-Lambert sans rest, 5 r. E. Gibez (15e) ✆ 01 48 28 63 14, *Fax 01 45 33 45 50* – AE ⓓ GB JCB N 8
42 – **48 ch** 490/590.

Pasteur sans rest, 33 r. Dr Roux (15e) ✆ 01 47 83 53 17, *Fax 01 45 66 62 39* – GB M 10
fermé 26 juil. au 31 août – 40 – **19 ch** 315/440.

XXXX ✿ **Les Célébrités** - Hôtel Nikko, 61 quai Grenelle (15e) ☎ 01 40 58 20 00, *Fax 01 40 58 24 44*, ≤ – ▤. AE ⓓ GB JCB K 6
fermé août – **Repas** 290/390 et carte 400 à 670
Spéc. Royale de crustacés et soupe de poissons crémeuse. Tronçon poêlé de gros turbot de Saint-Guénolé, girolles sautées. Ris de veau de lait braisé aux langoustines, mousserons des prés.

XXXX ✿ **Montparnasse 25** - Hôtel Méridien Montparnasse, 19 r. Cdt Mouchotte (14e) ☎ 01 44 36 44 25, *Fax 01 44 36 49 03* – ▤ P. AE ⓓ GB JCB. ✻ M 25
fermé août, 21 au 27 déc., sam. et dim. – **Repas** 240 (déj.), 300/390 et carte 390 à 500 ♀
Spéc. Tourte de pommes de terre, truffes fraîches au pied de porc et foie gras (janv. à mars). Darne de bar au confit de coco, jus acidulé (sept. à déc.). Colvert légèrement laqué aux épices (sept. à déc.).

XXX **Morot Gaudry,** 6 r. Cavalerie (15e) (8e étage) ☎ 01 45 67 06 85, *Fax 01 45 67 55 72*, ☂ – ⇅ ▤. AE ⓓ GB K 8
fermé 8 au 23 août, sam. et dim. – **Repas** 180 (déj.)/340 et carte 340 à 450 ♀.

XXX **Mille Colonnes,** 20 bis r. Gaîté (14e) ☎ 01 40 47 08 34, *Fax 01 40 64 37 49*, ☂ – ▤. AE ⓓ GB JCB M 11
fermé 26 juil. au 23 août, 21 au 30 déc., sam. midi et dim. – **Repas** *(102)* - 165 ♀.

XXX ✿ **Le Duc,** 243 bd Raspail (14e) ☎ 01 43 20 96 30, *Fax 01 43 20 46 73* – ▤. AE ⓓ GB JCB M 12
fermé sam. midi, dim., lundi et fériés – **Repas** - produits de la mer - 260 (déj.) et carte 350 à 450
Spéc. Poissons crus. Aiguillettes de bar au citron vert. Queue de lotte aux branches de fenouil.

XXX **Pavillon Montsouris,** 20 r. Gazan (14e) ☎ 01 45 88 38 52, *Fax 01 45 88 63 40*, ≤, ☂, « Pavillon 1900 en bordure du parc » – P. GB. ✻ R 14
Repas 198, enf. 90.

XXX **Moniage Guillaume,** 88 r. Tombe-Issoire (14e) ☎ 01 43 22 96 15, *Fax 01 43 27 11 79* – AE ⓓ GB JCB P 12
fermé dim. – **Repas** 185/245 et carte 300 à 430 ♀.

XXX **Dôme,** 108 bd Montparnasse (14e) ☎ 01 43 35 25 81, *Fax 01 42 79 01 19*, brasserie – ▤. AE ⓓ GB LM 12
Repas - produits de la mer - carte 280 à 460.

XXX **Chen,** 15 r. Théâtre (15e) ☎ 01 45 79 34 34, *Fax 01 45 79 07 53* – ▤. AE GB JCB K 6
fermé dim. – **Repas** - cuisine chinoise - 190 bc (déj.), 250/450 et carte 260 à 380.

XX **Lous Landès,** 157 av. Maine (14e) ☎ 01 45 43 08 04, *Fax 01 45 45 91 35* – ▤. AE ⓓ GB N 11
fermé août, sam. midi et dim. – **Repas** 195/320 et carte 270 à 410.

XX **Lal Qila,** 88 av. É. Zola (15e) ☎ 01 45 75 68 40, *Fax 01 45 79 68 61*, « Décor original » – ▤. AE GB L 7
Repas - cuisine indienne - 55 (déj.), 125/250 et carte 150 à 250.

XX **Philippe Detourbe,** 8 r. Nicolas Charlet (15e) ☎ 01 42 19 08 59, *Fax 01 45 67 09 13* – ▤. GB L 10
fermé août, sam. midi et dim. – **Repas** 180 (déj.)/220.

XX **Yves Quintard,** 99 r. Blomet (15e) ☎ 01 42 50 22 27, *Fax 01 42 50 22 27* – ▤. GB M 8
fermé 15 août au 1er sept., sam. midi et dim. – **Repas** 135 (déj.), 185/235.

XX **La Dînée,** 85 r. Leblanc (15e) ☎ 01 45 54 20 49, *Fax 01 40 60 73 76* – AE GB M 5
fermé 2 au 23 août, sam. midi et dim. – **Repas** 210/450 et carte 250 à 410 ♀.

XX **Monsieur Lapin,** 11 r. R. Losserand (14e) ☎ 01 43 20 21 39, *Fax 01 43 21 84 86* – ▤ GB N 11
fermé août, sam. midi et lundi – **Repas** 170/300 et carte 270 à 390 ♀.

XX **Chaumière des Gourmets,** 22 pl. Denfert-Rochereau (14e) ☎ 01 43 21 22 59 – AE GB N 12
fermé 2 au 23 août, sam. midi et dim. – **Repas** 165/245 et carte environ 300 ♀.

XX **Vin et Marée,** 108 av. Maine (14e) ☎ 01 43 20 29 50, *Fax 01 43 27 84 11* – ▤. AE GB JCB N 11
Repas - produits de la mer - carte 170 à 280 ♀.

XX **Vishnou,** 13 r. Cdt Mouchotte (14e) ☎ 01 45 38 92 93, *Fax 01 44 07 31 19* – AE ⓓ GB
fermé dim. – **Repas** - cuisine indienne - 150 bc (déj.), 175/220 et carte 180 à 240. M 11

XX **Bistro 121,** 121 r. Convention (15e) ☎ 01 45 57 52 90, *Fax 01 45 57 14 69* – ▤. AE ⓓ GB JCB M 7
Repas *(138)* - 168/250 bc et carte 210 à 300 ♀.

XX **La Coupole,** 102 bd Montparnasse (14e) ☎ 01 43 20 14 20, *Fax 01 43 35 46 14*, « Brasserie parisienne des années 20 » – ▤. AE ⓓ GB L 12
Repas *(123 bc)* - 169 bc et carte 160 à 300.

XX **Dernière Valse,** 11 pl. Commerce (15e) ✆ 01 42 50 56 07 – GB. ⅌ L 7
fermé août, sam. midi et dim. – **Repas** 130 et carte 200 à 300 ♁.

XX **Napoléon et Chaix,** 46 r. Balard (15e) ✆ 01 45 54 09 00, *Fax 01 45 58 00 78* – ▤. AE GB M 5
fermé août, 31 déc. au 7 janv., sam. midi et dim. – **Repas** *(148)* - carte 190 à 310 ♀.

XX **Caroubier,** 122 av. Maine (14e) ✆ 01 43 20 41 49 – ▤. GB N 11
fermé 26 juil. au 17 août – **Repas** - cuisine nord-africaine - *(88)* - 140 et carte 150 à 180 ♀.

XX **Erawan,** 76 r. Fédération (15e) ✆ 01 47 83 55 67, *Fax 01 47 34 85 98* – ▤. AE GB. ⅌ K 8
fermé août et dim. – **Repas** - cuisine thaïlandaise - carte 170 à 250.

XX **Aux Senteurs de Provence,** 295 r. Lecourbe (15e) ✆ 01 45 57 11 98, *Fax 01 45 58 66 84* – AE ⓓ GB JCB M 6
fermé 10 au 23 août, sam. midi et dim. – **Repas** - produits de la mer - *(110)* - 148 et carte 190 à 280.

XX **L'Etape,** 89 r. Convention (15e) ✆ 01 45 54 73 49, *Fax 01 45 58 20 91* – ▤. GB M 6
fermé 15 au 25 août, sam. midi et dim. – **Repas** 160/230 et carte 180 à 250.

XX **Petite Bretonnière,** 2 r. Cadix (15e) ✆ 01 48 28 34 39, *Fax 01 48 28 20 90* – AE ⓓ GB JCB N 7
fermé 2 au 24 août, sam. midi et dim. – **Repas** 150/220 ♀.

XX **Copreaux,** 15 r. Copreaux (15e) ✆ 01 43 06 83 35 – GB M 9
fermé août, sam. midi et dim. – **Repas** 115/180 et carte 170 à 250 ♀.

XX **Clos Morillons,** 50 r. Morillons (15e) ✆ 01 48 28 04 37, *Fax 01 48 28 70 77* – AE GB N 8
fermé sam. midi et dim. – **Repas** *(135 bc)* - 165/275 et carte 260 à 310 ♀.

XX **Les Vendanges,** 40 r. Friant (14e) ✆ 01 45 39 59 98, *Fax 01 45 39 74 13* – AE GB R 11
fermé août, sam. midi et dim. – **Repas** *(150)* - 200 ♀.

XX **Filoche,** 34 r. Laos (15e) ✆ 01 45 66 44 60 – ▤. GB. ⅌ K 8
fermé 20 juil. au 25 août, sam. et dim. – **Repas** 160 et carte 190 à 290.

XX **Pierre Vedel,** 19 r. Duranton (15e) ✆ 01 45 58 43 17, *Fax 01 45 58 42 65*, bistrot – GB M 6
fermé Noël au Jour de l'An, sam. sauf le soir d'oct. à avril et dim. – **Repas** 195 ♀.

XX **Gauloise,** 59 av. La Motte-Picquet (15e) ✆ 01 47 34 11 64, *Fax 01 40 61 09 70*, 🏠 – AE GB K 8
Repas *(125)* - 155 et carte 180 à 330 ♀, enf. 75.

X **Chaumière,** 54 av. F. Faure (15e) ✆ 01 45 54 13 91, *Fax 01 45 54 41 96* – AE ⓓ GB M 7
Repas carte 200 à 250 ♀.

X **de la Tour,** 6 r. Desaix (15e) ✆ 01 43 06 04 24 – GB J 8
fermé sam. midi et dim. – **Repas** *(105)* - 138 (déj.), 185/230 et carte 220 à 330.

X **Fontana Rosa,** 28 bd Garibaldi (15e) ✆ 01 45 66 97 84 – AE GB L 9
Repas - cuisine italienne - *(89)* - 120 et carte 200 à 290 ♀.

X **L'Épopée,** 89 av. É. Zola (15e) ✆ 01 45 77 71 37 – AE GB JCB L 7
fermé août, sam. midi et dim. – **Repas** 185 ♀.

X **Bistrot du Dôme,** 1 r. Delambre (14e) ✆ 01 43 35 32 00, *Fax 01 48 04 00 59* – ▤. AE GB M 12
Repas - produits de la mer - carte 170 à 280 ♀.

X **Petit Plat,** 49 av. É. Zola (15e) ✆ 01 45 78 24 20, *Fax 01 45 78 23 13* – ▤. GB L 6
fermé 1er au 17 août, Noël au Jour de l'An, dim. et lundi – **Repas** 140 et carte 180 à 290 ♀.

X **Gastroquet,** 10 r. Desnouettes (15e) ✆ 01 48 28 60 91, *Fax 01 45 33 23 70* – AE GB N 7
fermé août, sam. et dim. – **Repas** *(125)* - 155 et carte 200 à 250 ♀.

X **Les Cévennes,** 55 r. Cévennes (15e) ✆ 01 45 54 33 76, *Fax 01 44 26 46 95* – AE GB L 6
fermé 1er au 20 août, sam. midi et dim. – **Repas** *(138)* - 165/350 et carte environ 240 ♀.

X **Contre-Allée,** 83 av. Denfert-Rochereau (14e) ✆ 01 43 54 99 86, *Fax 01 43 25 05 28* – AE GB N 13
fermé dim. – **Repas** *(150)* - 200 bc.

X **L'Armoise,** 67 r. Entrepreneurs (15e) ✆ 01 45 79 03 31, *Fax 01 45 79 44 69* – ▤. GB L 7
fermé 1er au 19 août, sam. midi et dim. – **Repas** *(98)* - 138.

X **Chez Pierre,** 117 r. Vaugirard (15e) ✆ 01 47 34 96 12, *Fax 01 47 34 96 12*, bistrot – ▤. AE GB L 11
fermé 1er au 25 août, sam. sauf le soir d'oct. à mars, dim. et fériés – **Repas** *(85)* - 140/165 et carte 180 à 250 ♀.

X **Père Claude,** 51 av. La Motte-Picquet (15e) ✆ 01 47 34 03 05, *Fax 01 40 56 97 84* – AE GB K 8
Repas 110/165 et carte 210 à 440 ♀.

X **Château Poivre,** 145 r. Château (14e) ℘ 01 43 22 03 68 – AE GB N 11
fermé 9 au 23 août, 23 déc. au 3 janv. et dim. – **Repas** 89 et carte 140 à 270 Y.

X **Les P'tits Bouchons de François Clerc,** 32 bd Montparnasse (15e) ℘ 01 45 48 52 03, *Fax 01 45 48 52 17*, bistrot – AE GB L 11
fermé sam. midi et dim. – **Repas** 169.

X **Quercy,** 5 r. Mouton-Duvernet (14e) ℘ 01 45 39 39 61, *Fax 01 45 39 39 61* – GB N 12
fermé août, dim. soir et lundi – **Repas** *(69)* - 149 Y.

X **Régalade,** 49 av. J. Moulin (14e) ℘ 01 45 45 68 58, *Fax 01 45 40 96 74*, bistrot – ▤ GB R 11
fermé août, dim. et lundi – **Repas** (prévenir) 170.

X **L'Os à Moelle,** 3 r. Vasco de Gama (15e) ℘ 01 45 57 27 27, *Fax 01 45 57 27 27*, bistrot – AE GB. ※ M 6
fermé 25 juil. au 25 août, dim. et lundi – **Repas** 145/190 Y.

X **L'Agape,** 281 r. Lecourbe (15e) ℘ 01 45 58 19 29 – GB. ※ M 7
fermé août, sam. midi et dim. – **Repas** *(95)* - 120 Y.

X **Les Gourmands,** 101 r. Ouest (14e) ℘ 01 45 41 40 70 – AE GB N 10
fermé août, dim. et lundi – **Repas** *(103)* - 143 Y.

X **St-Vincent,** 26 r. Croix-Nivert (15e) ℘ 01 47 34 14 94, *Fax 01 45 66 02 80*, bistrot – ▤. AE GB. ※ L 8
fermé 10 au 16 août, sam. midi et dim. – **Repas** 165 bc et carte 150 à 240 Y.

X **Petit Mâchon,** 123 r. Convention (15e) ℘ 01 45 54 08 62, bistrot – GB. ※ N 7
fermé 1er au 25 août et dim. – **Repas** 85 (déj.), 135/200 et carte 170 à 270.

X **Les Coteaux,** 26 bd Garibaldi (15e) ℘ 01 47 34 83 48, bistrot – GB L 9
fermé août , lundi soir , sam. et dim. – **Repas** *(90 bc)* - 130.

X **L'Amuse Bouche,** 186 r. Château (14e) ℘ 01 43 35 31 61 – GB N 11
fermé 3 au 23 août, sam. midi et dim. – **Repas** (nombre de couverts limité, prévenir) *(138)* - 168.

Passy - Auteuil - Chaillot
Bois de Boulogne

16e arrondissement

16e : ✉ 75016 ou 75116

Parc Ⓜ, 55 av. R. Poincaré ✉ 75116 ☎ 01 44 05 66 66, *Fax 01 44 05 66 00*, « Atmosphère de belle demeure anglaise » – 30 à 250. AE GB JCB. G 6
voir rest. ***Alain Ducasse*** ci-après - ***Relais du Parc*** ☎ 01 44 05 66 10 **Repas** 220/600 – 140 – **116 ch** 1990/2650, 3 duplex.

Raphaël, 17 av. Kléber ✉ 75116 ☎ 01 44 28 00 28, *Fax 01 45 01 21 50*, « Élégant cachet ancien, beau mobilier » – 50. AE GB JCB F 7
La Salle à Manger *(fermé août, sam. et dim.)* **Repas** 298/450 et carte 300 à 440 – 165 – **75 ch** 1950/2350, 25 appart.

St-James Paris, 43 av. Bugeaud ✉ 75116 ☎ 01 44 05 81 81, *Fax 01 44 05 81 82*, « Bel hôtel particulier du 19e siècle », – 25. AE GB JCB F 5
Repas *(fermé week-ends et fériés)* (résidents seul.) 250 et carte 310 à 410 – 110 – **20 ch** 1900/2150, 20 appart 2650/3800, 8 duplex 2400.

Baltimore Ⓜ, 88 bis av. Kléber ✉ 75116 ☎ 01 44 34 54 54, *Fax 01 44 34 54 44*, « Belle décoration intérieure » – 30 à 100. AE GB JCB G 7
Bertie's ☎ 01 44 34 54 34 - cuisine anglaise *(fermé 1er au 15 août)* **Repas** *(190)* - 220 et carte 220 à 400 – 140 – **105 ch** 1990/3500.

K. Palace Ⓜ sans rest, 81 av. Kléber ✉ 75116 ☎ 01 44 05 75 75, *Fax 01 44 05 74 74*, « Décoration contemporaine », – 40. AE GB JCB G 7
115 – **83 ch** 1790/2690.

Villa Maillot Ⓜ sans rest, 143 av. Malakoff ✉ 75116 ☎ 01 53 64 52 52, *Fax 01 45 00 60 61* – 25. AE GB JCB F 6
110 – **39 ch** 1580/1800, 3 appart.

Square M, 3 r. Boulainvilliers ✉ 75016 ✆ 01 44 14 91 90, *Fax 01 44 14 91 99*, « Décor contemporain » – ch, TV ☎ . AE GB JCB. ch K 5
Repas voir rest ***Zébra Square*** ci-après – 90 – **22 ch** 1350/2500.

Pergolèse M sans rest, 3 r. Pergolèse ✉ 75116 ✆ 01 40 67 96 77, *Fax 01 45 00 12 11*, « Décor contemporain » – TV ☎. AE GB JCB E 6
80 – **40 ch** 950/1700.

Majestic sans rest, 29 r. Dumont d'Urville ✉ 75116 ✆ 01 45 00 83 70, *Fax 01 45 00 29 48* – TV ☎. AE GB JCB F 7
70 – **27 ch** 1200/1500, 3 appart.

Élysées Régencia M sans rest, 41 av. Marceau ✉ 75016 ✆ 01 47 20 42 65, *Fax 01 49 52 03 42*, « Belle décoration » – TV ☎. AE GB JCB. G 8
115 – **41 ch** 1260/1860.

Garden Élysée M sans rest, 12 r. St-Didier ✉ 75116 ✆ 01 47 55 01 11, *Fax 01 47 27 79 24* – TV ☎. AE GB JCB. G 7
85 – **48 ch** 1100/1600.

Alexander sans rest, 102 av. V. Hugo ✉ 75116 ✆ 01 45 53 64 65, *Fax 01 45 53 12 51* – TV ☎. AE GB JCB. G 6
85 – **62 ch** 840/1600.

Rond-Point de Longchamp sans rest, 86 r. Longchamp ✉ 75116 ✆ 01 45 05 13 63, *Fax 01 47 55 12 80* – TV ☎ – 50. AE GB G 6
70 – **57 ch** 1006/2012.

Élysées Sablons M sans rest, 32 r. Greuze ✉ 75116 ✆ 01 47 27 10 00, *Fax 01 47 27 47 10* – TV ☎. AE GB JCB G 6
75 – **41 ch** 910/1125.

Frémiet sans rest, 6 av. Frémiet ✉ 75016 ✆ 01 45 24 52 06, *Fax 01 42 88 77 46* – TV ☎. AE GB JCB J 6
50 – **34 ch** 697/990.

Élysées Bassano sans rest, 24 r. Bassano ✉ 75116 ✆ 01 47 20 49 03, *Fax 01 47 23 06 72* – TV ☎. AE GB JCB G 8
75 – **40 ch** 920/1270.

Union H. Étoile sans rest, 44 r. Hamelin, ✉ 75116 ✆ 01 45 53 14 95, *Fax 01 47 55 94 79* – cuisinette TV ☎. AE GB JCB G 7
42 – **29 ch** 715/830, 13 appart.

Résidence Impériale M sans rest, 155 av. Malakoff ✉ 75116 ✆ 01 45 00 23 45, *Fax 01 45 01 88 82* – TV ☎. AE GB E 6
55 – **37 ch** 740/850.

Les Jardins du Trocadéro M sans rest, 35 r. Franklin ✉ 75116 ✆ 01 53 70 17 70, *Fax 01 53 70 17 80* – TV ☎. AE GB JCB. H 6
75 – **18 ch** 1350/1550.

Floride Étoile sans rest, 14 r. St-Didier ✉ 75116 ✆ 01 47 27 23 36, *Fax 01 47 27 82 87* – TV ☎ – 40. AE GB JCB. G 7
45 – **60 ch** 850/950.

Kléber sans rest, 7 r. Belloy ✉ 75116 ✆ 01 47 23 80 22, *Fax 01 49 52 07 20* – TV ☎. AE GB JCB G 7
60 – **23 ch** 790/890.

Victor Hugo sans rest, 19 r. Copernic ✉ 75116 ✆ 01 45 53 76 01, *Fax 01 45 53 69 93* – TV ☎. AE GB JCB. G 7
65 – **75 ch** 740/890.

Sévigné sans rest, 6 r. Belloy ✉ 75116 ✆ 01 47 20 88 90, *Fax 01 40 70 98 73* – TV ☎. AE GB JCB G 7
50 – **30 ch** 650/750.

Résidence Chambellan Morgane sans rest, 6 r. Keppler ✉ 75116 ✆ 01 47 20 35 72, *Fax 01 47 20 95 69* – TV ☎. AE GB JCB GF 8
50 – **20 ch** 650/900.

Holiday Inn Garden Court M sans rest, 21 r. Gudin ✉ 75016 ✆ 01 46 51 99 22, *Fax 01 46 51 07 24* – TV ☎. AE GB JCB M 3
65 – **47 ch** 980.

Étoile Maillot sans rest, 10 r. Bois de Boulogne (angle r. Duret) ✉ 75116 ✆ 01 45 00 42 60, *Fax 01 45 00 55 89* – TV ☎. AE GB F 6
45 – **28 ch** 570/750.

Royal Élysées sans rest, 6 av. V. Hugo ✉ 75116 ✆ 01 45 00 05 57, *Fax 01 45 00 13 88* – TV ☎. AE GB JCB F 7
50 – **35 ch** 1107/1214.

Passy Eiffel sans rest, 10 r. Passy ✉ 75016 ☎ 01 45 25 55 66, *Fax 01 42 88 89 88* – |‡| ▤ TV ☎. AE ⓓ GB JCB — J 6
☕ 40 – **48 ch** 580/850.

Massenet sans rest, 5 bis r. Massenet ✉ 75116 ☎ 01 45 24 43 03, *Fax 01 45 24 41 39* – |‡| TV ☎. AE ⓓ GB JCB. ✻ — J 6
☕ 40 – **41 ch** 500/760.

Régina de Passy sans rest, 6 r. Tour ✉ 75116 ☎ 01 45 24 43 64, *Fax 01 40 50 70 62* – |‡| TV ☎ ☏. AE ⓓ GB — H-J 6
☕ 58 – **62 ch** 540/830.

Résidence Foch sans rest, 10 r. Marbeau ✉ 75116 ☎ 01 45 00 46 50, *Fax 01 45 01 98 68* – |‡| TV ☎. AE ⓓ GB — F 6
☕ 50 – **25 ch** 800.

Résidence Marceau sans rest, 37 av. Marceau ✉ 75116 ☎ 01 47 20 43 37, *Fax 01 47 20 14 76* – |‡| TV ☎. AE ⓓ GB JCB. ✻ — G 8
☕ 35 – **30 ch** 560/650.

Murat sans rest, 119 bis bd Murat ✉ 75016 ☎ 01 46 51 12 32, *Fax 01 46 51 70 01* – |‡| TV ☎. AE ⓓ GB. ✻ — M 3
☕ 45 – **28 ch** 600/700.

Hameau de Passy Ⓜ ♨ sans rest, 48 r. Passy ✉ 75016 ☎ 01 42 88 47 55, *Fax 01 42 30 83 72* – TV ☎. AE ⓓ GB JCB — J 5-6
☕ 30 – **32 ch** 510/550.

Palais de Chaillot Ⓜ sans rest, 35 av. R. Poincaré ✉ 75016 ☎ 01 53 70 09 09, *Fax 01 53 70 09 08* – |‡| TV ☎ ☏. AE ⓓ GB JCB. ✻ — G 6
☕ 39 – **28 ch** 460/590.

Eiffel Kennedy sans rest, 12 r. Boulainvilliers ✉ 75016 ☎ 01 45 24 45 75, *Fax 01 42 30 83 32* – |‡| ⇔ ▤ TV ☎. AE ⓓ GB JCB — K 5
☕ 45 – **30 ch** 480/700.

Nicolo sans rest, 3 r. Nicolo ✉ 75116 ☎ 01 42 88 83 40, *Fax 01 42 24 45 41* – |‡| TV ☎. AE GB JCB — J 6
☕ 35 – **28 ch** 380/450.

XXXX ✿✿✿ **Alain Ducasse**, 59 av. R. Poincaré ✉ 75116 ☎ 01 47 27 12 27, *Fax 01 47 27 31 22*, « Bel hôtel particulier de style "Art Nouveau" » – ▤. AE ⓓ GB JCB. ✻ — G 6
fermé 17 juil. au 17 août, 24 déc. au 4 janv., sam., dim. et fériés – **Repas** 480 (déj.)/920 et carte 760 à 1 100 ♀
Spéc. Pâtes mi-séchées crémées et truffées au ris de veau, crêtes et rognons de coq. Lard paysan croustillant aux pommes de terre caramélisées, tête de porc en salade d'herbes amères truffée. Coupe glacée de saison.

XXXX ✿✿ **Faugeron**, 52 r. Longchamp ✉ 75116 ☎ 01 47 04 24 53, *Fax 01 47 55 62 90*, « Décor élégant » – ▤. AE GB JCB. ✻ — G 7
fermé août, 23 déc. au 3 janv., sam. sauf le soir de sept. à avril et dim. – **Repas** (250) - 320 (déj.), 470/550 bc et carte 490 à 600 ♀
Spéc. Oeufs coque à la purée de truffes. Truffes (janv. à mars). Gibier (15 oct. au 10 janv.).

XXXX ✿ **Prunier-Traktir**, 16 av. V. Hugo ✉ 75116 ☎ 01 44 17 35 85, *Fax 01 44 17 90 10*, « Cadre "Art Déco" » – ▤. AE ⓓ GB JCB — F 7
fermé 19 juil. au 17 août, lundi midi et dim. – **Repas** - produits de la mer - carte 420 à 670 ♀
Spéc. Soupe crémeuse de homard aux haricots blancs et chorizo. Gros filets de sole cuits au beurre demi-sel et aux herbes fraîches. Petits pots de crème Emile Prunier.

XXXX ✿✿ **Vivarois** (Peyrot), 192 av. V. Hugo ✉ 75116 ☎ 01 45 04 04 31, *Fax 01 45 03 09 84* – ▤. AE ⓓ GB JCB — G 5
fermé août, sam. et dim. – **Repas** 345 (déj.) et carte 430 à 700 ♀
Spéc. Terrine de ris de veau, pied de veau, queue de boeuf et lentilles. Turbot viennoise. Gâteau de pommes au miel et à l'orange (saison).

XXX ✿ **Relais d'Auteuil** (Pignol), 31 bd. Murat ✉ 75016 ☎ 01 46 51 09 54, *Fax 01 40 71 05 03* – ▤. AE GB — L 3
fermé 3 au 28 août, sam. midi et dim. – **Repas** 250 (déj.), 440/540 et carte 390 à 560
Spéc. Amandine de foie gras. Dos de bar au poivre. Madeleines au miel de bruyère , glace miel et noix..

XXX ✿✿ **Jamin** (Guichard), 32 r. Longchamp ✉ 75116 ☎ 01 45 53 00 07, *Fax 01 45 53 00 15* – ▤. AE ⓓ GB — G 7
fermé 25 juil. au 17 août, sam. et dim. – **Repas** 280/375 et carte 300 à 420
Spéc. Fantaisie d'araignée de mer (avril à sept.). Fricassée de langoustines. Fine volaille fermière cuite à l'étouffée.

XXX **Tsé-Yang,** 25 av. Pierre 1er de Serbie ✉ 75016 ☎ 01 47 20 70 22, *Fax 01 49 52 03 68,* « Cadre élégant » – ▤. AE ⓓ GB JCB. ✻ G 8
Repas - cuisine chinoise - 115 (déj.), 245/340 et carte 190 à 320.

XXX ✿ **Port Alma** (Canal), 10 av. New York ✉ 75116 ☎ 01 47 23 75 11, *Fax 01 47 20 42 92* – ▤. AE ⓓ GB H 8
fermé août et dim. – **Repas** - produits de la mer - 200 et carte 290 à 440
Spéc. Croustillant de langoustines. Bar en croûte de sel de Guérande. Rouget poêlé au vinaigre, trilogie de poivrons.

XXX **Pavillon Noura,** 21 av. Marceau ✉ 75116 ☎ 01 47 20 33 33, *Fax 01 47 20 60 31* – ▤. AE ⓓ GB. ✻ G 8
Repas - cuisine libanaise - 168 (déj.), 245/350 et carte 200 à 250 ♀.

XXX ✿ **Pergolèse** (Corre), 40 r. Pergolèse ✉ 75116 ☎ 01 45 00 21 40, *Fax 01 45 00 81 31* – AE GB F 6
fermé août, sam. et dim. – **Repas** 230 et carte 310 à 440
Spéc. Carpaccio de jambon d'agneau fumé. Saint-Jacques en robe des champs (hiver). Moelleux au chocolat, glace vanille.

XXX **Chez Ngo,** 70 r. Longchamp ✉ 75116 ☎ 01 47 04 53 20, *Fax 01 47 04 53 20* – ▤. AE ⓓ GB JCB G 6
Repas - cuisine chinoise et thaïlandaise - 98 bc (déj.)/168 bc et carte 110 à 230.

XX **Zébra Square,** 3 pl. Clément Ader ✉ 75016 ☎ 01 44 14 91 91, *Fax 01 45 20 46 41,* « Décor moderne original » – AE ⓓ GB JCB K 5
Repas *(115)* - carte 210 à 280 ♀.

XX **Al Mounia,** 16 r. Magdebourg ✉ 75116 ☎ 01 47 27 57 28 – ▤. AE GB. ✻ G 7
fermé 10 juil. au 31 août et dim. – **Repas** - cuisine marocaine - (le soir, prévenir) carte 200 à 300.

XX ✿ **Conti,** 72 r. Lauriston ✉ 75116 ☎ 01 47 27 74 67, *Fax 01 47 27 37 66* – ▤. AE ⓓ GB G 7
fermé 3 au 24 août, 25 déc. au 3 janv., sam., dim. et fériés – **Repas** - cuisine italienne - 198 (déj.) et carte 310 à 420
Spéc. Tortellini au crabe (20 avril au 31 oct.). Cacciuco à la livournaise. Agneau de lait sauté aux poivrades et romarin (1er mars au 30 juin).

XX **Giulio Rebellato,** 136 r. Pompe ✉ 75116 ☎ 01 47 27 50 26 – ▤. AE GB. ✻ G 6
fermé 26 juil. au 16 août – **Repas** - cuisine italienne - carte 270 à 410.

XX **Tang,** 125 r. de la Tour ✉ 75116 ☎ 01 45 04 35 35, *Fax 01 45 04 58 19* – AE GB. ✻ H 5
fermé 11 au 15 juil., août, sam. midi et lundi – **Repas** - cuisine chinoise et thaïlandaise - 200 et carte 250 à 360.

XX **Marius,** 82 bd Murat ✉ 75016 ☎ 01 46 51 67 80, *Fax 01 47 43 10 24,* 🏠 – AE GB M 2
fermé 3 au 23 août, sam. midi et dim. – **Repas** carte 200 à 290 ♀.

XX **Villa Vinci,** 23 r. P. Valéry ✉ 75116 ☎ 01 45 01 68 18 – ▤. AE GB F 7
fermé août, sam. et dim. – **Repas** - cuisine italienne - 182 et carte 250 à 370 ♀.

XX **Paul Chêne,** 123 r. Lauriston ✉ 75116 ☎ 01 47 27 63 17, *Fax 01 47 27 53 18* – ▤. AE ⓓ GB G 6
fermé 3 au 23 août, 24 déc. au 1er janv., sam. midi et dim. – **Repas** 200/250 et carte 220 à 380.

XX **Fontaine d'Auteuil,** 35bis r. La Fontaine ✉ 75016 ☎ 01 42 88 04 47, *Fax 01 42 88 95 12* – ▤. AE ⓓ GB K 5
fermé 2 au 23 août, sam. midi et dim. – **Repas** 175 (déj.), 230/350 et carte 240 à 370 ♀.

XX **Chez Géraud,** 31 r. Vital ✉ 75016 ☎ 01 45 20 33 00, *Fax 01 45 20 46 60,* « Belle fresque en faïence de Longwy » – AE GB H 5
fermé août, dim. soir et sam. – **Repas** 180 et carte 230 à 340.

XX **Detourbe Duret,** 23 r. Duret ✉ 75016 ☎ 01 45 00 10 26, *Fax 01 45 00 10 16* – ▤ GB F 6
fermé sam. midi et dim. – **Repas** menu unique *(150)* - 180 (déj.)/220.

XX **Petite Tour,** 11 r. de la Tour ✉ 75116 ☎ 01 45 20 09 31 – AE ⓓ GB JCB H 6
fermé 1er au 25 août et dim. sauf en juin – **Repas** carte 310 à 440 ♀.

XX **Bellini,** 28 r. Lesueur ✉ 75116 ☎ 01 45 00 54 20, *Fax 01 45 00 11 74* – ▤. AE GB F 7
fermé sam. midi et dim. – **Repas** - cuisine italienne - 180 et carte 240 à 320 ♀.

X **Beaujolais d'Auteuil,** 99 bd Montmorency ✉ 75016 ☎ 01 47 43 03 56, *Fax 01 46 51 27 81,* bistrot – ▤. GB K 3
fermé 10 au 16 août – **Repas** 127 bc/147 bc et carte 180 à 220.

X **Butte Chaillot,** 110 bis av. Kléber ✉ 75116 ☎ 01 47 27 88 88, *Fax 01 47 04 85 70* – ▤. AE GB JCB G 7
Repas 150/195 et carte 210 à 280 ♀.

X **Cuisinier François,** 19 r. Le Marois ✉ 75016 ☎ 01 45 27 83 74, *Fax 01 45 27 83 74* – AE GB M 3
fermé août, vacances de fév., merc. soir, dim. soir et lundi – **Repas** 160 et carte 310 à 400 ₰.

X **Rosimar,** 26 r. Poussin ✉ 75016 ☎ 01 45 27 74 91, *Fax 01 45 20 75 05* – ▤. AE GB JCB K 3
fermé août, 21 au 27 déc., sam. midi, dim. et fériés – **Repas** - poissons et spécialités espagnoles - *(100)* - 175 et carte 190 à 270 ♀.

X **Driver's,** 6 r. G. Bizet ✉ 75016 ☎ 01 47 23 61 15, *Fax 01 47 23 80 17*, « Collection d'objets du sport automobile » – ▤. AE GB G 8
fermé sam. midi et dim. – **Repas** *(96)* - carte 140 à 210 ₰.

X **Vin et Marée,** 2 r. Daumier ✉ 75016 ☎ 01 46 47 91 39, *Fax 01 46 47 69 07* – ▤. AE ⓓ GB JCB M 3
Repas - produits de la mer - carte 160 à 270 ♀.

X **Bistrot de l'Étoile,** 19 r. Lauriston ✉ 75016 ☎ 01 40 67 11 16, *Fax 01 45 00 99 87* – ▤. AE GB JCB F 7
fermé sam. midi et dim. – **Repas** *(135)* - 165 (déj.) et carte 200 à 250 ♀.

X **Scheffer,** 22 r. Scheffer ✉ 75016 ☎ 01 47 27 81 11, bistrot – AE GB H 6
fermé sam., dim. et fériés – **Repas** carte 140 à 190.

au Bois de Boulogne :

XXXX ✿ **Pré Catelan,** rte Suresnes ✉ 75016 ☎ 01 44 14 41 14, *Fax 01 45 24 43 25*, 余, 🛏 – P. AE ⓓ GB JCB H 2
fermé vacances de fév., dim. soir et lundi – **Repas** 295 (déj.), 550/750 et carte 530 à 830
Spéc. Choux-fleurs et artichauts à la grecque (avril à sept.). Fricassée de grosses langoustines aux pommes de terre. Poire rôtie, petite gaufre caramélisée, crème glacée à la bergamote.

XXXX ✿ **Grande Cascade,** allée de Longchamp (face hippodrome) ✉ 75016 ☎ 01 45 27 33 51, *Fax 01 42 88 99 06*, 余, « Pavillon Napoléon III » – P. AE ⓓ GB
fermé 20 déc. au 20 janv. – **Repas** 295/600 et carte 450 à 700
Spéc. Macaroni aux germes de blé fourrés au foie gras et céleri, lamelles de truffes glacées au porto. Dos de Saint-Pierre clouté de citrons confits. Caneton de Challans aux épices, rôti à la broche, en aigre-doux.

XXX **Terrasse du Lac,** rte Suresnes ✉ 75016 ☎ 01 40 67 11 56, *Fax 01 45 00 31 24*, ≤, 余 – P. AE GB JCB G 4
fermé 24 déc. au 4 janv., dim. soir du 4 mai au 3 oct., week-ends et le soir du 3 oct. au 4 mai – **Repas** 210/380 et carte 270 à 400 ♀.

Batignolles - Ternes
Wagram

17e arrondissement

17e : ✉ 75017

Concorde La Fayette Ⓜ, 3 pl. Gén. Koenig ✆ 01 40 68 50 68, *Fax 01 40 68 50 43*, « Bar panoramique au 33e étage ≤ Paris » – ▯ ⇔ ▤ TV ☎ – 🔼 40 à 2 000. AE ⓓ GB JCB. ✂ ch E 6
voir rest. ***L'Étoile d'Or*** ci-après - ***L'Arc-en-Ciel*** ✆ 01 40 68 51 25 *(fermé août et 21 fév. au 1er mars)* **Repas** 194/225 ♀, enf. 102 – ***Les Saisons*** (coffee shop) ✆ 01 40 68 51 19 **Repas** *(130 bc)* - 159 ♀, enf. 50 – ☕ 133 – **943 ch** 1750/2150, 27 appart.

Meridien Ⓜ, 81 bd Gouvion St-Cyr ✆ 01 40 68 34 34, *Fax 01 40 68 31 31* – ▯ ⇔, ▤ rest, TV ☎ ♿ – 🔼 50 à 1 500. AE ⓓ GB JCB E 6
Café Arlequin ✆ 01 40 68 30 85 **Repas** 165, enf. 55 – ***Le Yamato*** ✆ 01 40 68 30 41, cuisine japonaise *(fermé août, 4 au 10 janv., sam. midi, dim., lundi et fériés)* **Repas** 160 (dîner) et carte 160 à 250 – ☕ 115 – **1 008 ch** 2000/2600, 17 appart.

Splendid Étoile sans rest, 1 bis av. Carnot ✆ 01 45 72 72 00, *Fax 01 45 72 72 01* – ▯ ▤ TV ☎. AE ⓓ GB. ✂ F 7
☕ 85 – **57 ch** 980/1300.

Balmoral sans rest, 6 r. Gén. Lanrezac ✆ 01 43 80 30 50, *Fax 01 43 80 51 56* – ▯ ⇔ ▤ TV ☎. AE ⓓ GB E 7
☕ 40 – **57 ch** 550/800.

Quality Inn Pierre Ⓜ sans rest, 25 r. Th.-de-Banville ✆ 01 47 63 76 69, *Fax 01 43 80 63 96* – ▯ ⇔ TV ☎ ♿ – 🔼 30. AE ⓓ GB JCB D 8
☕ 70 – **50 ch** 720/1500.

Regent's Garden sans rest, 6 r. P. Demours ✆ 01 45 74 07 30, *Fax 01 40 55 01 42*, « Jardin » – ▯ ▤ TV ☎. AE ⓓ GB JCB. ✂ E 7
☕ 50 – **39 ch** 830/980.

Ternes Arc de Triomphe Ⓜ sans rest, 97 av. Ternes ✆ 01 53 81 94 94, *Fax 01 53 81 94 95* – ▯ ⇔ ▤ TV ☎ ♿. AE ⓓ GB JCB E 6
☕ 68 – **39 ch** 690/1120.

Étoile St-Ferdinand sans rest, 36 r. St-Ferdinand ✆ 01 45 72 66 66, *Fax 01 45 74 12 92* – ▯ ▤ TV ☎. AE ⓓ GB JCB E 6-7
☕ 50 – **42 ch** 900/1100.

Magellan sans rest, 17 r. J.B.-Dumas ✆ 01 45 72 44 51, *Fax 01 40 68 90 36*, – TV ☎. AE ⓓ GB. D 7
45 – **75 ch** 595/635.

Champerret Elysées M sans rest, 129 av. Villiers ✆ 01 47 64 44 00, *Fax 01 47 63 10 58* – TV ☎. AE ⓓ GB JCB D 7
60 – **45 ch** 515/665.

Banville sans rest, 166 bd Berthier ✆ 01 42 67 70 16, *Fax 01 44 40 42 77* – TV ☎. AE ⓓ GB D 8
60 – **38 ch** 735/860.

Mercure Étoile M sans rest, 27 av. Ternes ✆ 01 47 66 49 18, *Fax 01 47 63 77 91* – TV ☎. AE ⓓ GB E 8
70 – **56 ch** 880.

de Neuville sans rest, 3 r. Verniquet ✆ 01 43 80 26 30, *Fax 01 43 80 38 55* – TV ☎. AE ⓓ GB JCB C 8
55 – **28 ch** 750.

Cheverny sans rest, 7 Villa Berthier ✆ 01 43 80 46 42, *Fax 01 47 63 26 62* – TV ☎ – 50. AE ⓓ GB JCB. D 7
55 – **48 ch** 530/670.

Neva M sans rest, 14 r. Brey ✆ 01 43 80 28 26, *Fax 01 47 63 00 22* – TV ☎ ♿. AE ⓓ GB E 8
45 – **31 ch** 520/790.

Mercédès sans rest, 128 av. Wagram ✆ 01 42 27 77 82, *Fax 01 40 53 09 89* – TV ☎. AE ⓓ GB D 9
55 – **37 ch** 590/740.

Étoile Park H. sans rest, 10 av. Mac Mahon ✆ 01 42 67 69 63, *Fax 01 43 80 18 99* – TV ☎. AE ⓓ GB JCB E 8
fermé 24 déc. au 1er janv. – 52 – **28 ch** 450/650.

Harvey sans rest, 7 bis r. Débarcadère ✆ 01 55 37 20 00, *Fax 01 40 68 03 56* – TV ☎. AE ⓓ GB JCB E 6
40 – **32 ch** 590/720.

Monceau sans rest, 7 r. Rennequin ✆ 01 47 63 07 52, *Fax 01 47 66 84 44* – TV ☎. AE ⓓ GB JCB E 8
75 – **25 ch** 645/890.

Tilsitt Étoile sans rest, 23 r. Brey ✆ 01 43 80 39 71, *Fax 01 47 66 37 63* – TV ☎. AE ⓓ GB JCB E 8
60 – **39 ch** 610/850.

Monceau Étoile sans rest, 64 r. de Levis ✆ 01 42 27 33 10, *Fax 01 42 27 59 58* – TV ☎. AE GB D 10
35 – **26 ch** 600/650.

Royal Magda sans rest, 7 r. Troyon ✆ 01 47 64 10 19, *Fax 01 47 64 02 12* – TV ☎. AE ⓓ GB. E 8
45 – **26 ch** 650/730, 11 appart.

Abrial M sans rest, 176 r. Cardinet ✆ 01 42 63 50 00, *Fax 01 42 63 50 03* – TV ☎ ♿. AE GB. C 11
55 – **80 ch** 646/692.

Étoile Péreire sans rest, 146 bd Péreire ✆ 01 42 67 60 00, *Fax 01 42 67 02 90* – TV ☎. AE ⓓ GB JCB. D 7
54 – **21 ch** 590/790, 5 duplex.

Monceau Élysées sans rest, 108 r. Courcelles ✆ 01 47 63 33 08, *Fax 01 46 22 87 39* – TV ☎. AE ⓓ GB E 9
50 – **29 ch** 650/790.

Astrid sans rest, 27 av. Carnot ✆ 01 44 09 26 00, *Fax 01 44 09 26 01* – TV ☎. AE ⓓ GB JCB E 7
50 – **40 ch** 470/750.

Palma sans rest, 46 r. Brunel ✆ 01 45 74 74 51, *Fax 01 45 74 40 90* – TV ☎. AE GB E 7
35 – **37 ch** 390/500.

Campanile, 4 bd Berthier ✆ 01 46 27 10 00, *Fax 01 46 27 00 57*, – TV ☎ ♿ – 40. AE ⓓ GB B 10
Repas *(72)* - 92 bc/119 bc, enf. 39 – 36 – **247 ch** 416.

Champerret-Héliopolis sans rest, 13 r. Héliopolis ✆ 01 47 64 92 56, *Fax 01 47 64 50 44* – TV ☎. AE ⓓ GB D 7
38 – **22 ch** 350/495.

XXXX ✿✿ **Guy Savoy,** 18 r. Troyon ℘ 01 43 80 40 61, *Fax 01 46 22 43 09* – ▤. AE GB JCB E 8
fermé 13 au 19 juil., sam. midi et dim. – **Repas** 500/1000 et carte 570 à 770 Y
Spéc. Huîtres en nage glacée. Soupe d'artichauts à la truffe. Bar en écailles grillées aux épices douces.

XXXX ✿✿ **Michel Rostang,** 20 r. Rennequin ℘ 01 47 63 40 77, *Fax 01 47 63 82 75*, « Cadre élégant » – ▤. AE ⓓ GB JCB D 8
fermé 1er au 16 août, sam. midi et dim. – **Repas** 325 (déj.), 595/795 et carte 640 à 880 Y
Spéc. Brochettes de langoustines au romarin, grappes de tomates farcies. Canette au sang en deux services. Carte des truffes (15 déc. au 15 mars).

XXXX ✿ **L'Étoile d'Or** - Hôtel Concorde La Fayette, 3 pl. Gén. Koenig ℘ 01 40 68 51 28, *Fax 01 40 68 50 43* – ▤. AE ⓓ GB JCB E 6
fermé août, sam. et dim. – **Repas** 270 et carte 330 à 580 Y
Spéc. Marinière de moules aux épices (avril à sept.). Joue de boeuf aux choux en ravigote. Soufflé chaud au chocolat.

XXX ✿✿ **Apicius** (Vigato), 122 av. Villiers ℘ 01 43 80 19 66, *Fax 01 44 40 09 57* – ▤. AE ⓓ GB JCB D 8
fermé août, sam. et dim. – **Repas** 450 (déj.), 550/750 et carte 380 à 560 Y
Spéc. Foie gras et canard rôti aux poivres noirs, orange et chocolat (hiver-printemps). Crème de cèpes et sabayon de truffes blanches (oct. à déc.). Blanc-manger au lait d'amandes.

XXX ✿ **Amphyclès** (Groult), 78 av. Ternes ℘ 01 40 68 01 01, *Fax 01 40 68 91 88* – ▤. AE ⓓ GB JCB E 7
fermé sam. midi et dim. – **Repas** 260 (déj.), 540/680 et carte 440 à 600 Y
Spéc. Délicat fondant frais d'artichauts à la crème d'oursins. Petits gris de garrigue, pignons de pin et basilic. Cocotte lutée de langoustes "puces" aux truffes et foie gras.

XXX ✿ **Sormani** (Fayet), 4 r. Gén. Lanrezac ℘ 01 43 80 13 91, *Fax 01 40 55 07 37* – ▤. GB E 7
fermé 13 au 17 avril, 1er au 21 août, 23 déc. au 2 janv., sam., dim. et fériés – **Repas** - cuisine italienne - 250 (déj.) et carte 330 à 400
Spéc. Gratin de pommes de terre au parmesan, oeufs et truffes blanches (1er oct. au 15 déc.). Ravioli de canard aux navets (oct. à mars). Chaud-froid de macaroni farcis d'asperges et de foie gras à la crème de basilic (avril à mai).

XXX ✿ **Faucher,** 123 av. Wagram ℘ 01 42 27 61 50, *Fax 01 46 22 25 72* – AE GB D 8
fermé sam. midi et dim. – **Repas** 390 et carte 240 à 440 Y
Spéc. Millefeuille de boeuf. Montgolfière de Saint-Jacques aux cèpes (1er oct.-31 mars). Canette rôtie et ses filets laqués.

XXX **Pétrus,** 12 pl. Mar. Juin ℘ 01 43 80 15 95, *Fax 01 43 80 06 96* – ▤. AE ⓓ GB D 8
Repas - produits de la mer - 250 et carte 310 à 450 Y.

XXX ✿ **Timgad,** 21 r. Brunel ℘ 01 45 74 23 70, *Fax 01 40 68 76 46*, « Décor mauresque » – ▤. AE ⓓ GB. ⚘ E 7
Repas - cuisine nord-africaine - carte 250 à 380
Spéc. Couscous princier. Pastilla. Tagine.

XXX **Manoir Detourbe,** 6 r. P. Demours ℘ 01 45 72 25 25, *Fax 01 45 74 80 98* – ▤. GB E 7
fermé août , sam. midi et dim. – **Repas** 230 et carte 230 à 270 Y.

XXX **Augusta,** 98 r. Tocqueville ℘ 01 47 63 39 97, *Fax 01 42 27 21 71* – ▤. GB C 9
fermé 3 au 24 août, sam. sauf le soir d'oct. à avril et dim. – **Repas** - produits de la mer - carte 320 à 540 Y.

XXX **Il Ristorante,** 22 r. Fourcroy ℘ 01 47 54 91 48, *Fax 01 47 63 34 00* – ▤. AE GB D 8
fermé 10 au 23 août, sam. midi et dim. – **Repas** - cuisine italienne - 165 (déj.) et carte 220 à 370 Y.

XX ✿ **Petit Colombier** (Fournier), 42 r. Acacias ℘ 01 43 80 28 54, *Fax 01 44 40 04 29* – AE GB E 7
fermé 1er au 20 août, sam. et dim. du 1er mai au 15 sept. – **Repas** 190 (déj.)/360 et carte 280 à 460 Y
Spéc. Oeufs à la broche aux truffes fraîches (15 déc. au 15 mars). Pigeonneau fermier, farce fine à la croque au sel et jus truffé. Lièvre à la royale (oct. à déc.).

XX **Table de Pierre,** 116 bd Péreire ℘ 01 43 80 88 68, *Fax 01 47 66 53 02* – ▤. AE GB D 8
fermé sam. midi et dim. – **Repas** carte 220 à 370.

XX **Graindorge,** 15 r. Arc de Triomphe ℘ 01 47 54 00 28, *Fax 01 47 54 00 28* – AE GB JCB E 7
fermé 1er au 15 août, sam. midi et dim. – **Repas** *(138)* - 168 (déj.), 188/230 et carte 210 à 330.

XX **Les Béatilles,** 11 bis r. Villebois-Mareuil ℘ 01 45 74 43 80, *Fax 01 45 74 43 81* – ▤. AE GB E 7
fermé 1er au 21 août, vacances de Noël, sam. et dim. – **Repas** 170/290 et carte 240 à 330 Y.

XX **Truite Vagabonde,** 17 r. Batignolles ℘ 01 43 87 77 80, *Fax 01 43 87 31 50*, ☂ – AE GB JCB D 11
fermé dim. soir – **Repas** 190 et carte 270 à 380.

XX **Billy Gourmand,** 20 r. Tocqueville ✆ 01 42 27 03 71 – AE GB D 10
fermé 1er au 25 août, sam. sauf le soir du 15 sept. au 15 juin, dim. et fériés – **Repas** 165 et carte 250 à 300 ♀.

XX **Beudant,** 97 r. des Dames ✆ 01 43 87 11 20, *Fax 01 43 87 27 35* – ▤. AE ⓓ GB JCB D 11
fermé 8 au 27 août, sam. midi, lundi soir et dim. – **Repas** 160/300 et carte 200 à 360 ♀.

XX **Aub. des Dolomites,** 38 r. Poncelet ✆ 01 42 27 94 56, *Fax 01 47 66 38 54* – AE GB E 8
fermé 24 juil. au 23 août, sam. midi et dim. – **Repas** *(108)* - 139/188 et carte 210 à 330 ♀.

XX **Les Marines de Pétrus,** 27 av. Niel ✆ 01 47 63 04 24, *Fax 01 44 15 92 20* – ▤. AE ⓓ GB D 8
fermé dim. – **Repas** - produits de la mer - 200/250 et carte 220 à 310 ♀.

XX **Dessirier,** 9 pl. Mar. Juin ✆ 01 42 27 82 14, *Fax 01 47 66 82 07* – AE ⓓ GB D 8
Repas - produits de la mer - 198 et carte 270 à 460.

XX **Braisière** (Vaxelaire), 54 r. Cardinet ✆ 01 47 63 40 37, *Fax 01 47 63 04 76* – AE GB. ✻
✿ *fermé avril, sam. et dim.* – **Repas** 185 et carte 260 à 340 ♀ D 9
Spéc. Saint-Jacques aux patates et fleur de sel (oct. à avril). Saint-Pierre à la peau et olives noires. Rognon de veau à la lie de vin.

XX **Taïra,** 10 r. Acacias ✆ 01 47 66 74 14, *Fax 01 47 66 74 14* – ▤. AE ⓓ GB E 7
fermé 15 au 31 août, sam. midi et dim. – **Repas** - produits de la mer - 170/330 et carte 280 à 370 ♀.

XX **Petite Auberge,** 38 r. Laugier ✆ 01 47 63 85 51, *Fax 01 47 63 85 81* – GB D 7-8
fermé août, lundi midi et dim. – **Repas** (nombre de couverts limité, prévenir) 160 et carte 200 à 310 ♀.

XX **Chez Guyvonne,** 14 r. Thann ✆ 01 42 27 25 43, *Fax 01 42 27 25 43* – ▤. AE GB JCB ✻ D 10
fermé 3 au 31 août, 24 déc. au 4 janv., sam. et dim. – **Repas** *(120)* - 150/180 et carte 280 à 400 ♀.

XX **Soupière,** 154 av. Wagram ✆ 01 42 27 00 73 – ▤. AE GB D 9
fermé 10 au 23 août, sam. midi et dim. – **Repas** 138/165 et carte 200 à 340.

XX **Chez Georges,** 273 bd Péreire ✆ 01 45 74 31 00, *Fax 01 45 74 02 56*, bistrot – GB JCB. ✻ E 6
Repas carte 210 à 310 ♀.

XX **Epicure 108,** 108 r. Cardinet ✆ 01 47 63 50 91 – GB D 10
fermé 10 au 22 août, sam. midi et dim. – **Repas** *(135 bc)* - 175/250.

XX **Ballon des Ternes,** 103 av. Ternes ✆ 01 45 74 17 98, *Fax 01 45 72 18 84*, brasserie – AE GB JCB E 6
fermé 1er au 21 août – **Repas** carte 180 à 290 ♀.

XX **Chez Léon,** 32 r. Legendre ✆ 01 42 27 06 82, bistrot – ⓓ GB D 10
fermé août, sam. et dim. – **Repas** *(145)* - 185 ♀.

X **Rôtisserie d'Armaillé,** 6 r. Armaillé ✆ 01 42 27 19 20, *Fax 01 40 55 00 93* – ▤. AE ⓓ GB JCB E 7
fermé 8 au 16 août, sam. midi et dim. – **Repas** *(165)* - 218 ♀.

X **L'Impatient,** 14 passage Geffroy Didelot ✆ 01 43 87 28 10 – GB D 10-11
fermé 10 au 22 avril, 8 au 31 août, lundi soir, sam. et dim. – **Repas** 102 (déj.), 120/158 et carte 210 à 320.

X **Caves Petrissans,** 30 bis av. Niel ✆ 01 42 27 52 03, *Fax 01 40 54 87 56*, ⛱, bistrot – AE GB D 8
fermé 31 juil. au 23 août, sam., dim. et fériés – **Repas** 170 et carte 220 à 400 ♀.

X **Troyon,** 4 r. Troyon ✆ 01 40 68 99 40, *Fax 01 40 68 99 57* – AE GB. ✻ E 8
fermé 2 au 23 août, sam. midi et dim. – **Repas** (prévenir) carte 160 à 260 ♀.

X **Bistro du 17e,** 108 av. Villiers ✆ 01 47 63 32 77, *Fax 01 42 27 67 66* – ▤. AE GB D 8
Repas 169 bc.

X **Bistrot d'à Côté Flaubert,** 10 r. G. Flaubert ✆ 01 42 67 05 81, *Fax 01 47 63 82 75* – AE GB D 8
Repas carte 210 à 310.

X **Café d'Angel,** 16 r. Brey ✆ 01 47 54 03 33, *Fax 01 47 54 03 33*, bistrot – GB E 8
fermé 1er au 15 août, 23 déc. au 2 janv., sam. et dim. – **Repas** *(78)* - 92 (déj.)/165 ♀.

X **Bistrot de l'Étoile,** 13 r. Troyon ✆ 01 42 67 25 95, *Fax 01 46 22 43 09* – ▤. AE GB JCB E 8
fermé en août, sam. et dim. – **Repas** 180 et carte environ 250 ♀.

X **L'Huitrier,** 16 r. Saussier-Leroy ✆ 01 40 54 83 44, *Fax 01 40 54 83 86* – AE GB E 8
fermé août, dim. soir et lundi – **Repas** - produits de la mer - carte 220 à 340 ♀.

X **Petite Provence,** 69 rue des Dames ✆ 01 45 22 03 03 – GB D 11
fermé août, sam. midi et lundi – **Repas** *(98)* - 135 et carte 190 à 260 ♀.

Montmartre
La Villette - Belleville

18e, 19e et 20e arrondissements

18e : ✉ 75018 - 19e : ✉ 75019 - 20e : ✉ 75020

Terrass'H. M, 12 r. J. de Maistre (18e) ✆ 01 46 06 72 85, *Fax 01 42 52 29 11*, « Terrasse sur le toit, ≤ Paris » – ⎮ ✈ ☰ TV ☎ – 🏛 160. AE ◑ GB JCB C 13
La Terrasse ✆ 01 44 92 34 00 **Repas** 130bc/168, enf. 60 – ☐ 70 – **88 ch** 840/1430, 13 appart.

Holiday Inn M, 216 av. J. Jaurès (19e) ✆ 01 44 84 18 18, *Fax 01 44 84 18 20*, – ⎮ ✈ ☰ TV ☎ ♿ – 🏛 180. AE ◑ GB JCB C 21
Repas 89/110 ♀, enf. 45 – ☐ 75 – **174 ch** 890, 8 appart.

Mercure Montmartre sans rest, 3 r. Caulaincourt (18e) ✆ 01 44 69 70 70, *Fax 01 44 69 70 71* – ⎮ ✈ ☰ TV ☎ ♿ – 🏛 120. AE ◑ GB D 12
☐ 68 – **308 ch** 895/1220.

Roma Sacré Coeur sans rest, 101 r. Caulaincourt (18e) ✆ 01 42 62 02 02, *Fax 01 42 54 34 92* – ⎮ TV ☎. AE ◑ GB JCB C 14
☐ 37 – **57 ch** 410/480.

Laumière sans rest, 4 r. Petit (19e) ✆ 01 42 06 10 77, *Fax 01 42 06 72 50* – ⎮ TV ☎ GB D 19
☐ 32 – **54 ch** 285/370.

Regyn's Montmartre sans rest, 18 pl. Abbesses (18e) ✆ 01 42 54 45 21, *Fax 01 42 23 76 69* – ⎮ TV ☎. AE GB D 13
☐ 40 – **22 ch** 380/460.

Palma sans rest, 77 av. Gambetta (20e) ☎ 01 46 36 13 65, *Fax 01 46 36 03 27* – |‡| TV ☎. AE ⓓ GB — G 21
☕ 33 – **32 ch** 345/395.

Super H. sans rest, 208 r. Pyrénées (20e) ☎ 01 46 36 97 48, *Fax 01 46 36 26 10* – |‡| TV ☎. AE ⓓ GB JCB — G 21
fermé août – ☕ 35 – **32 ch** 250/520.

Eden H. sans rest, 90 r. Ordener (18e) ☎ 01 42 64 61 63, *Fax 01 42 64 11 43* – |‡| TV ☎. AE ⓓ GB JCB — B 14
☕ 35 – **35 ch** 380/420.

Damrémont sans rest, 110 r. Damrémont (18e) ☎ 01 42 64 25 75, *Fax 01 46 06 74 64* – |‡| TV ☎. AE ⓓ GB JCB — B 13
☕ 40 – **35 ch** 440/490.

Crimée sans rest, 188 r. Crimée (19e) ☎ 01 40 36 75 29, *Fax 01 40 36 29 57* – |‡| TV ☎. AE GB — C 18
☕ 35 – **31 ch** 310/350.

des Arts sans rest, 5 r. Tholozé (18e) ☎ 01 46 06 30 52, *Fax 01 46 06 10 83* – |‡| TV ☎. AE GB. — D 13
☕ 35 – **50 ch** 460/500.

Abricotel sans rest, 15 r. Lally Tollendal (19e) ☎ 01 42 08 34 49, *Fax 01 42 40 83 95* – TV ☎ ♿. AE ⓓ GB. — D 18
☕ 33 – **39 ch** 295/400.

Beauvilliers (Carlier), 52 r. Lamarck (18e) ☎ 01 42 54 54 42, *Fax 01 42 62 70 30*, « Décor original, terrasse » – ▤. AE ⓓ GB JCB. — C 14
fermé lundi midi et dim. – **Repas** 185/400 bc et carte 430 à 580
Spéc. "Cul" d'artichaut frais au tourteau, jus de moutarde à la pistache. Escalopines de foie de canard poêlées aux pêches de vigne (juin à octobre). Timbale de macaroni aux ris de veau et morilles.

Pavillon Puebla, Parc Buttes-Chaumont, entrée : av Bolivar, r. Botzaris (19e) ☎ 01 42 08 92 62, *Fax 01 42 39 83 16*, « Agréable situation dans le parc » – P. AE GB — E 19
fermé 9 au 24 août, dim. et lundi – **Repas** 180/250 et carte 380 à 460.

Cottage Marcadet, 151 bis r. Marcadet (18e) ☎ 01 42 57 71 22 – ▤. GB. — C 13
fermé 12 au 19 avril, 25 juil. au 24 août et dim. – **Repas** *(120)* - 160 (déj.)/215 bc et carte 230 à 320.

Les Allobroges, 71 r. Grands-Champs (20e) ☎ 01 43 73 40 00 – AE GB — K 22
fermé 12 au 21 avril, 31 juil. au 25 août, dim., lundi et fériés – **Repas** 95/169 et carte 200 à 340.

Relais des Buttes, 86 r. Compans (19e) ☎ 01 42 08 24 70, *Fax 01 42 03 20 44*, – GB — E 20
fermé 8 au 31 août, sam. midi et dim. – **Repas** 178 et carte 230 à 320 ♀.

Chaumière, 46 av. Secrétan (19e) ☎ 01 42 06 54 69, *Fax 01 42 06 28 12* – ▤. AE ⓓ GB JCB — E 18
fermé 15 au 31 août et dim. soir – **Repas** 143/198 bc et carte 180 à 340 ♀.

Au Clair de la Lune, 9 r. Poulbot (18e) ☎ 01 42 58 97 03 – AE ⓓ GB JCB — D 14
fermé 17 août au 6 sept., lundi midi et dim. – **Repas** 165 et carte 210 à 320.

Eric Frechon, 10 r. Gén. Brunet (19e) ☎ 01 40 40 03 30, *Fax 01 40 40 03 30* – ▤. GB — E 20
fermé août, dim. et lundi – **Repas** 200 ♀.

Poulbot Gourmet, 39 r. Lamarck (18e) ☎ 01 46 06 86 00 – GB — C 14
fermé dim. sauf le midi d'oct. à mai – **Repas** *(115)* - 170 et carte 210 à 300.

L'Étrier, 154 r. Lamarck (18e) ☎ 01 42 29 14 01, bistrot – ▤. GB — C 12
fermé 9 au 31 août, dim. et lundi – **Repas** (nombre de couverts limité, prévenir) *(65)* - 76 (déj.)/160 ♀.

Bistrot du 19e, 45 r. Alouettes (19e) ☎ 01 42 00 84 85 – GB — E 20
fermé août, dim. soir et lundi – **Repas** *(75)* - 165.

Aucune Idée ?, 2 pl. St-Blaise (20e) ☎ 01 40 09 70 67, *Fax 01 43 56 12 34* – AE GB JCB — H 22
fermé 3 au 17 août, dim. soir et lundi – **Repas** 175 et carte 180 à 260 ♀.

Marie-Louise, 52 r. Championnet (18e) ☎ 01 46 06 86 55, bistrot – ⓓ GB — B 15
fermé 31 juil. au 1er sept., vacances de Pâques, dim., lundi et fériés – **Repas** 130 et carte 150 à 260.

ENVIRONS
Hôtels - Restaurants
40 km environ autour de Paris

F 15 : Ces lettres et ces chiffres correspondent au carroyage des **plans Michelin Banlieue de Paris** n° 18, n° 20, n° 22, n° 24.

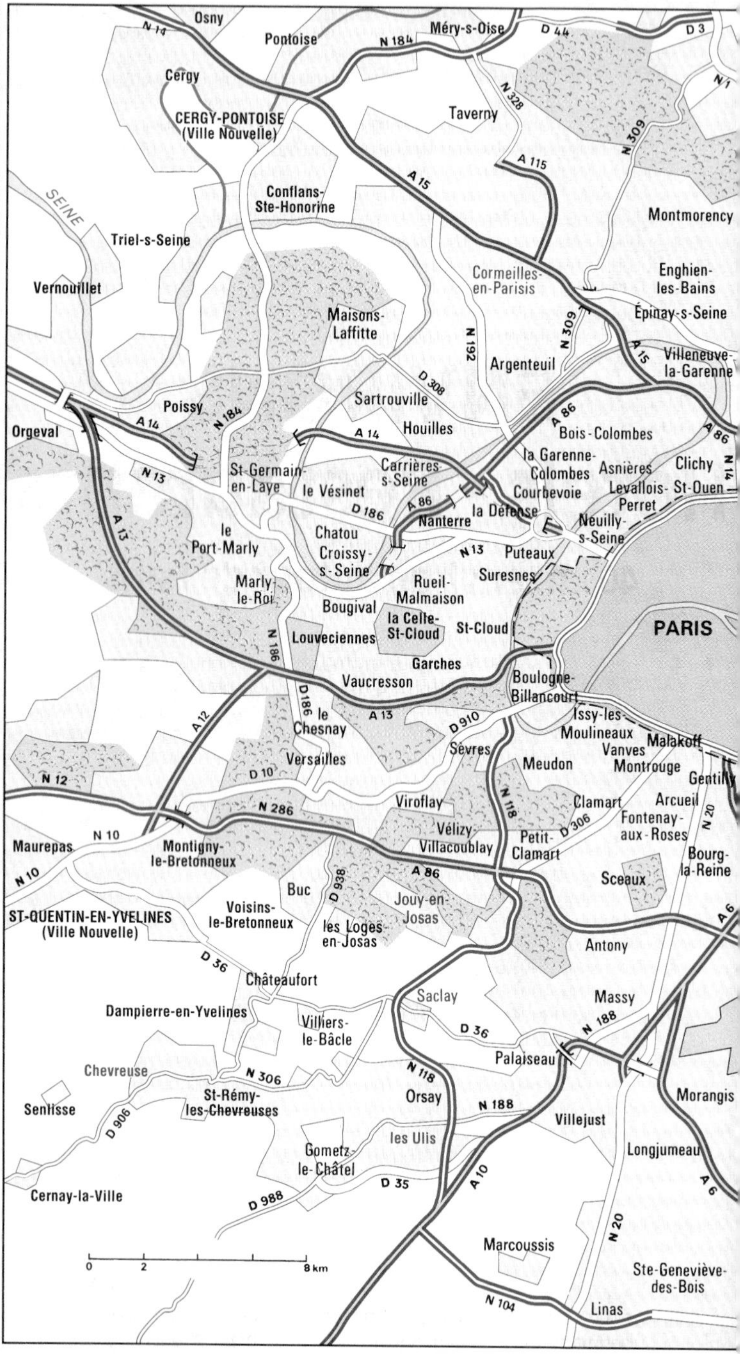
Osny
N 14
Pontoise
N 184
Méry-s-Oise
D 44
D 3
Cergy
N 328
N 1
CERGY-PONTOISE
(Ville Nouvelle)
Taverny
N 309
A 115
A 15
SEINE
Conflans-
Ste-Honorine
Montmorency
Triel-s-Seine
Cormeilles-
en-Parisis
Enghien-
les-Bains
Vernouillet
Maisons-
Laffitte
Épinay-s-Seine
N 192
N 309
Argenteuil
Villeneuve-
la-Garenne
D 308
Sartrouville
Poissy
N 184
A 14
A 86
Orgeval
A 14
Houilles
Bois-Colombes
la Garenne-
Colombes
Asnières
Clichy
N 14
St-Germain-
en-Laye
Carrières-
s-Seine
Levallois-
Perret
St-Ouen
N 13
le Vésinet
Courbevoie
A 86
D 186
Nanterre
la Défense
Neuilly-
s-Seine
A 13
le
Port-Marly
Chatou
Croissy-
s-Seine
N 13
Puteaux
Suresnes
Marly-
le-Roi
Rueil-
Malmaison
Bougival
la Celle-
St-Cloud
St-Cloud
PARIS
N 186
Louveciennes
Garches
Vaucresson
Boulogne-
Billancourt
A 12
D 186
le
Chesnay
A 13
D 910
Issy-les-
Moulineaux
Malakoff
Vanves
Sèvres
Meudon
Montrouge
Gentilly
Versailles
D 10
N 12
N 286
Viroflay
N 118
Clamart
Arcueil
D 306
N 20
Fontenay-
aux-Roses
Vélizy-
Villacoublay
N 10
Maurepas
Montigny-
le-Bretonneux
Petit-
Clamart
Bourg-
la-Reine
N 10
A 86
Sceaux
D 938
Buc
Jouy-en-
Josas
A 6
ST-QUENTIN-EN-YVELINES
(Ville Nouvelle)
Voisins-
le-Bretonneux
les Loges-
en-Josas
Antony
D 36
Châteaufort
Saclay
Massy
Dampierre-en-Yvelines
Villiers-
le-Bâcle
D 36
N 188
Palaiseau
Chevreuse
N 306
N 118
Senlisse
St-Rémy-
les-Chevreuses
Orsay
N 188
Morangis
D 906
Villejust
les Ulis
Gometz-
le-Châtel
Longjumeau
A 10
D 35
A 6
Cernay-la-Ville
D 988
N 20
Marcoussis
0
2
8 km
Ste-Geneviève-
des-Bois
N 104
Linas

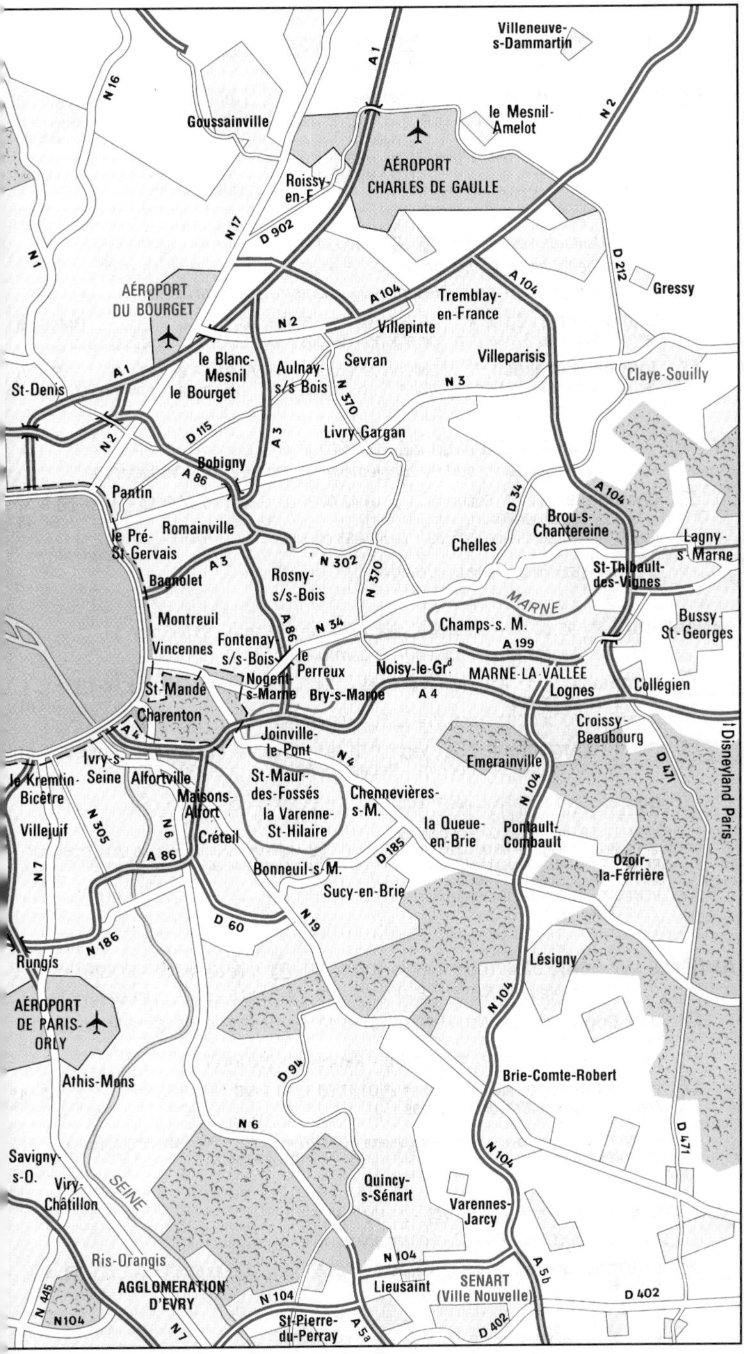
Villeneuve-s-Dammartin
Goussainville
le Mesnil-Amelot
AÉROPORT CHARLES DE GAULLE
Roissy-en-F
AÉROPORT DU BOURGET
Gressy
Tremblay-en-France
Villepinte
Sevran
Villeparisis
Claye-Souilly
le Blanc-Mesnil
le Bourget
Aulnay-s/s Bois
St-Denis
Livry-Gargan
Bobigny
Pantin
Romainville
le Pré-St-Gervais
Bagnolet
Brou-s-Chantereine
Chelles
Lagny-s-Marne
St-Thibault-des-Vignes
Rosny-s/s-Bois
Montreuil
Vincennes
Fontenay-s/s-Bois
le Perreux
Champs-s. M.
Bussy-St-Georges
MARNE
Noisy-le-Grd
MARNE-LA-VALLÉE
Lognes
Collégien
St-Mandé
Nogent-s-Marne
Bry-s-Marne
Charenton
Joinville-le-Pont
Croissy-Beaubourg
Emerainville
Ivry-s-Seine
Alfortville
le Kremlin-Bicêtre
Maisons-Alfort
St-Maur-des-Fossés
la Varenne-St-Hilaire
Chennevières-s-M.
Villejuif
Créteil
la Queue-en-Brie
Pontault-Combault
Ozoir-la-Ferrière
Bonneuil-s-M.
Sucy-en-Brie
Disneyland Paris
Rungis
Lésigny
AÉROPORT DE PARIS-ORLY
Athis-Mons
Brie-Comte-Robert
Savigny-s-O.
Viry-Châtillon
SEINE
Quincy-s-Sénart
Varennes-Jarcy
Ris-Orangis
AGGLOMERATION D'EVRY
Lieusaint
SENART (Ville Nouvelle)
St-Pierre-du-Perray
N 16
A 1
N 2
N 17
D 902
N 1
A 104
D 212
N 3
N 370
D 115
A 3
A 86
D 34
N 302
N 34
A 199
A 4
N 4
N 104
D 471
N 305
N 6
D 185
D 60
N 19
N 186
N 7
D 94
A 5b
A 5a
N 445
D 402

Alfortville 94140 Val-de-Marne 101 ㉗, 24, 25 – 36 119 h alt. 32.

Paris 10 – Créteil 5 – Maisons-Alfort 1 – Melun 40.

Chinagora H. M sans rest, centre Chinagora, 1 pl. Confluent France-Chine ☎ 01 43 53 58 88, *Fax 01 49 77 57 17* – 200. AE GB JCB
BE 55
50 – **177 ch** 490/550, 4 appart.

CITROEN Gar. des Quais 2 r. Ch.-de-Gaulle ☎ 01 43 78 50 34 N ☎ 06 07 97 57 69

Antony 92160 Hauts-de-Seine 101 ㉕, 22, 25 – 57 771 h alt. 80.

Office de Tourisme pl. Auguste-Mounie ☎ 01 42 37 57 77, Fax 01 46 66 30 80.

Paris 12 – Bagneux 8 – Corbeil-Essonnes 25 – Nanterre 24 – Versailles 16.

L'Amandier, 8 r. Église ☎ 01 46 66 22 02 – AE GB. BM45-46
fermé 23 déc. au 2 janv., dim. soir et lundi – **Repas** *(110)* - 155/220 et carte 200 à 330.

Tour de Marrakech, 72 av. Division Leclerc ☎ 01 46 66 00 54 – GB. BN 46
fermé août et lundi – **Repas** - cuisine nord-africaine - 140 (déj.) et carte environ 200.

Arcueil 94110 Val-de-Marne 101 ㉖, 22, 25 – 20 334 h alt. 65.

Paris 7 – Boulogne-Billancourt 9 – Longjumeau 14 – Montrouge 3 – Versailles 20.

Campanile, 73 av. A. Briand, N 20 ☎ 01 47 40 87 09, *Fax 01 45 47 51 93* – 30. AE GB
BF 48
Repas *(72)* - 92 bc/119 bc, enf. 39 – 36 – **83 ch** 340.

Equipneu, 32 r. de la Gare ☎ 01 46 65 10 44

Argenteuil 95100 Val-d'Oise 101 ⑭, 18, 25 *G. Ile de France* – 93 096 h alt. 33.

Paris 17 – Chantilly 35 – Pontoise 19 – St-Germain-en-Laye 18.

Campanile M, 1 r. Ary Scheffer ☎ 01 39 61 34 34, *Fax 01 39 61 44 20* – 40. AE GB
AR 41
Repas *(72)* - 92 bc/119 bc, enf. 39 – 36 – **100 ch** 360.

Ferme d'Argenteuil, 2 bis r. Verte ☎ 01 39 61 00 62, *Fax 01 30 76 32 31* – AE GB AP 41
fermé lundi soir, mardi soir et dim. – **Repas** 175/300 bc et carte 250 à 380.

FORD Gar. des Grandes Fontaines, 70 bd J. Allemane ☎ 01 39 81 61 61
RENAULT S.R.P.A., 181 bd Général-Delambre ☎ 01 39 81 51 95 N ☎ 08 00 02 83 07
RENAULT Rousseau Argenteuil, 139 bis bd J.-Allemane ☎ 01 39 25 95 95
RENAULT Succursale, 219 r. H.-Barbusse ☎ 01 39 96 41 41
SKODA Gar. Busson, 21 r. Chapeau-Rouge à Sannois ☎ 01 39 81 43 27

Monteils Pneumatiques, 48-50 av. Stalingrad ☎ 01 34 11 44 44

Asnières-sur-Seine 92600 Hauts-de-Seine 101 ⑮, 18, 25 *G. Ile de France* – 71 850 h alt. 37.

Paris 9 – Argenteuil 8 – Nanterre 8 – Pontoise 28 – St-Denis 6 – St-Germain-en-Laye 19.

Van Gogh, Port Van Gogh ☎ 01 47 91 05 10, *Fax 01 47 93 00 93,* – P. AE GB
AT 46
fermé 10 août au 1er sept., sam. et dim. – **Repas** carte 250 à 410.

Petite Auberge, 118 r. Colombes ☎ 01 47 93 33 94 – GB AT 44
fermé 4 au 24 août et lundi – **Repas** 150.

PEUGEOT Gar. Hôtel-de-Ville, 18 r. P.-Brossolette ☎ 01 47 33 02 60
RENAULT Gar. Cretaz, 34 r. de Colombes ☎ 01 47 93 23 90

Athis-Mons 91200 Essonne 101 ㊱, 25 – 29 123 h alt. 85.

Paris 18 – Créteil 13 – Évry 12 – Fontainebleau 48.

Rotonde sans rest, 25 bis r. H. Pinson ☎ 01 69 38 97 78, *Fax 01 69 38 48 02* – P. GB.
30 – **22 ch** 300/340.

BMW VP Automobiles, 111 r. R.-Schumann ☎ 01 69 38 64 36

Aulnay-sous-Bois *93600 Seine-St-Denis 101 ⑱, 20, 25 – 82 314 h alt. 46.*

Paris 19 – Bobigny 8 – Lagny-sur-Marne 23 – Meaux 31 – St-Denis 16 – Senlis 38.

Novotel M, rte Gonesse N 370 ℘ 01 48 66 22 97, *Fax 01 48 66 99 39*, – AE GB **AM 62**
Repas carte environ 170 ♀, enf. 50 – ☕ 60 – **139 ch** 480/495.

Aub. des Saints Pères, 212 av. Nonneville ℘ 01 48 66 62 11, *Fax 01 48 66 25 22* – AE GB **AS 62**
fermé 4 au 25 août, sam. midi, dim. soir et lundi – **Repas** 195/360 et carte 340 à 430.

A l'Escargot, 40 rte Bondy ℘ 01 48 66 88 88, *Fax 01 48 68 26 91* – AE GB **AR 62**
fermé août, 1er au 10 janv. et lundi – **Repas** (dîner, prévenir) (80) - 130/180 et carte environ 250 ♀, enf. 90.

CITROEN Gar. des Petits Ponts, 153 rte de Mitry ℘ 01 43 83 70 81 N ℘ 01 48 60 60 30
CITROEN Gar. Nonneville, 205 av. de Nonneville ℘ 01 48 66 40 01
FORD Gar. Bocquet, 37 av. A.-France ℘ 01 48 66 47 33
RENAULT Paris Nord Autos, r. J.-Duclos N 370 ℘ 01 48 66 30 65 N ℘ 08 00 05 15 15

Auvers-sur-Oise *95430 Val-d'Oise 101 ③, 106 ⑥ G. Ile de France – 6 129 h alt. 30.*

Voir *Maison de Van Gogh* ★ – *Parcours-spectacle "voyage au temps des Impressionnistes"* ★ *au château de Léry.*

Office de Tourisme Manoir des Colombières r. de La Sansonne ℘ 01 30 36 10 06, Fax 01 34 48 08 47.

Paris 33 – Compiègne 71 – Beauvais 55 – Chantilly 29 – L'Isle-Adam 7 – Pontoise 7 – Taverny 7.

Host. du Nord, r. Gén. de Gaulle ℘ 01 30 36 70 74, *Fax 01 30 36 72 75*, – P. GB
fermé août, dim. soir et lundi – **Repas** 120/190.

Aub. Ravoux, face Mairie ℘ 01 30 36 60 60, *Fax 01 30 36 60 61*, « Ancien café d'artistes dit "Maison de Van Gogh" » – AE GB JCB.
fermé dim. soir et lundi – **Repas** (nombre de couverts limité, prévenir) (145) - 185.

Bagnolet *93170 Seine-St-Denis 101 ⑰, 20, 25 – 32 600 h alt. 96.*

Paris 8 – Bobigny 10 – Lagny-sur-Marne 32 – Meaux 38.

Novotel Porte de Bagnolet, av. République, échangeur porte de Bagnolet ℘ 01 49 93 63 00, *Fax 01 43 60 83 95*, – 600. AE GB **AZ 56**
Repas carte environ 170 ♀, enf. 50 – ☕ 65 – **611 ch** 790/840.

Campanile M, 30 av. Gén. de Gaulle, échangeur Porte de Bagnolet ℘ 01 48 97 36 00, *Fax 01 48 97 95 60* – 200. AE GB **AZ 56**
Repas (72) - 92 bc/119 bc, enf. 39 – ☕ 36 – **274 ch** 395.

Le Blanc-Mesnil *93150 Seine-St-Denis 101 ⑰, 20, 25 – 46 956 h alt. 48.*

Paris 19 – Bobigny 5 – Lagny-sur-Marne 26 – St-Denis 9 – Senlis 38.

Bleu Marine M, 219 av. Descartes ℘ 01 48 65 52 18, *Fax 01 45 91 07 75*, – P – 45. AE GB JCB **AN 60**
Repas 145 ♀, enf. 49 – ☕ 60 – **128 ch** 650/680.

voir aussi ***Le Bourget***

Bobigny *93000 Seine-St-Denis 101 ⑰, 20, 25 – 44 659 h alt. 42.*

Paris 12 – St-Denis 11.

Campanile M, 304 av. Paul Vaillant-Couturier ℘ 01 48 31 37 55, *Fax 01 48 31 53 30* – P – 30. AE GB **AU 59**
Repas (72) - 92 bc/119 bc, enf. 39 – ☕ 36 – **120 ch** 340.

PEUGEOT SIA Paris Nord, 97-103 av. Galliéni à Bondy ℘ 01 48 47 31 19

Bois-Colombes *92270 Hauts-de-Seine 101 ⑮, 18, 25 – 24 415 h alt. 37.*

Paris 12 – Nanterre 8 – Pontoise 25 – St-Denis 9 – St-Germain-en-Laye 18.

Bouquet Garni, 7 r. Ch. Chefson ℘ 01 47 80 55 51, *Fax 01 47 60 15 55* – AE GB **AT 44**
fermé août, sam. et dim. – **Repas** 170/205.

Chefson, 17 r. Ch. Chefson ℘ 01 42 42 12 05, *Fax 01 42 42 12 05*, bistrot – GB **AT 44**
fermé 2 au 24 août, vacances de fév., sam. et dim. – **Repas** (nombre de couverts limité, prévenir) 70 (déj.), 112/160 et carte 180 à 240.

CITROEN Gar. Central, 17 bis av. Gambetta ℘ 01 42 42 11 00
CITROEN Gar. Messager, 249 av. d'Argenteuil ℘ 01 47 81 42 22

Bonneuil-sur-Marne *94380 Val-de-Marne 101 ㉗, 24, 25 – 13 626 h alt. 50.*

Paris 17 – Chennevières-sur-Marne 6 – Créteil 4 – Lagny-sur-Marne 28 – St-Maur-des-Fossés 4.

Campanile, ZI Petits Carreaux, 2 av. Bleuets ☎ 01 43 77 70 29, *Fax 01 43 99 42 96,* – P – 25. AE GB — BL 62
Repas *(66)* - 84 bc/107 bc, enf. 39 – 34 – **58 ch** 278.

Aub. du Moulin Bateau, imp. Moulin Bateau ☎ 01 43 77 00 10, *Fax 01 43 77 36 39,* « Terrasse en bordure de Marne » – P. AE GB — BJ 63
fermé sam. midi et dim. soir – **Repas** 120/195 et carte environ 250.

CITROEN Soulard et Faure, av. du 19 Mars 1962 ☎ 01 43 39 63 66
MERCEDES Gar. Val des Nations, ZA des Petits Carreaux ☎ 01 43 39 70 11
RENAULT Central Gar., 11 r. du Colonel-Fabien ☎ 01 43 39 62 76
RENAULT Central Gar., 3 av. de Boissy ☎ 01 43 39 62 39

Bougival *78380 Yvelines 101 ⑬, 18, 25 G. Ile de France – 8 552 h alt. 40.*

Syndicat d'Initiative Hôtel-de-Ville - r. Joffre ☎ 01 39 69 01 15.
Paris 20 – Rueil-Malmaison 5 – St-Germain-en-Laye 6 – Versailles 7 – Le Vésinet 8.

Forest Hill M, 10-12 r. Yvan Tourgueneff ☎ 01 39 18 17 16, *Fax 01 39 18 15 80,* – rest, – 150. AE GB JCB — AZ 32
Repas 79/134 bc, enf. 39 – 55 – **175 ch** 690.

Maréchaux sans rest, 10 côte de la Jonchère ☎ 01 30 82 77 11, *Fax 01 30 82 78 40,* parc, – P – 120. AE GB
42 – **40 ch** 550/630.

Camélia, 7 quai G. Clemenceau ☎ 01 39 18 36 06, *Fax 01 39 18 00 25* – . AE GB — AZ 31
fermé 26 juil. au 18 août, 20 au 29 déc., dim. soir et lundi – **Repas** *(135)* - 185.

Boulogne-Billancourt *92100 Hauts-de-Seine 101 ㉔, 22, 25 G. Ile de France – 101 743 h alt. 35.*

Voir *Musée départemental Albert-Kahn★ : jardin★ – Musée Paul Landowski★.*
Paris 9 – Nanterre 12 – Versailles 11.

Latitudes M, 37 pl. René Clair ☎ 01 49 10 49 10, *Fax 01 46 08 27 09,* – – 150. AE GB JCB — BC 42
L'Entracte ☎ 01 49 10 49 50 **Repas** 150 déj. et carte 170 à 240 – 75 – **180 ch** 1150/1250.

Acanthe M sans rest, 9 rd-pt Rhin et Danube ☎ 01 46 99 10 40, *Fax 01 46 99 00 05* – . AE GB JCB — BB 39
75 – **69 ch** 860/995.

Adagio M, 20 r. Abondances ☎ 01 48 25 80 80, *Fax 01 48 25 33 13,* – – 60. AE GB JCB — BB 40
Repas *(fermé vend. soir, dim. midi et sam.)* 150 – 65 – **75 ch** 770/815.

Paris sans rest, 104 bis r. Paris ☎ 01 46 05 13 82, *Fax 01 48 25 10 43* – . AE GB — BB40-41
38 – **31 ch** 345/420.

Sélect H. sans rest, 66 av. Gén.-Leclerc ☎ 01 46 04 70 47, *Fax 01 46 04 07 77* – P. AE GB JCB — BC 40
40 – **63 ch** 480/540.

Olympic H. sans rest, 69 av. V. Hugo ☎ 01 46 05 20 69, *Fax 01 46 04 04 07* – . AE GB — BC 41
30 – **36 ch** 340/430.

Bijou H. sans rest, 15 r. V. Griffuelhes, pl. Marché ☎ 01 46 21 24 98, *Fax 01 46 21 12 98* – . AE GB JCB — BC 41
27 – **50 ch** 270/350.

Au Comte de Gascogne (Charvet), 89 av. J.-B. Clément ☎ 01 46 03 47 27, *Fax 01 46 04 55 70,* « Jardin d'hiver » – . AE GB JCB — BB 40
fermé 9 au 17 août, sam. midi et dim. – **Repas** 260 (déj.)/350 et carte 430 à 590
Spéc. Dégustation de foie gras de canard. Ragoût de homard breton, ravioli de légumes. Pigeon désossé farci et confit (oct. à mai).

L'Auberge, 86 av. J.-B. Clément ☎ 01 46 05 67 19, *Fax 01 46 05 23 16* – . AE GB — BB 40
fermé août, sam. midi et dim. – **Repas** 150/190 et carte 220 à 340.

Ferme de Boulogne, 1 r. Billancourt ☎ 01 46 03 61 69, *Fax 01 46 04 55 70* – AE GB — BB 40
fermé 8 au 24 août, sam. midi et dim. – **Repas** *(140)* - 175 (dîner)/235 et carte 200 à 290.

AUDI, VOLKSWAGEN Aguesseau Autom., 183 r. Galliéni ☏ 01 46 05 62 60
BMW Zol'Auto, 24 r. du Chemin Vert ☏ 01 46 09 91 43 N ☏ 01 46 08 23 00
CITROEN Gar. Augustin, 53 r. Danjou ☏ 01 46 10 43 10 N ☏ 08 00 05 24 24
FIAT, LANCIA C.F.B.A., 58 r. Rochereau et 65 r. du Château ☏ 01 46 99 45 45
JAGUAR, ROVER Adam Clayton, 77 av. P.-Grenier ☏ 01 46 09 15 32
OPEL, SAAB Cap Ouest Autom., 6 bis r. de la Ferme ☏ 01 46 94 07 06
PEUGEOT Paris Ouest Autom., 21-23 q. A.-Le Gallo ☏ 01 46 05 43 43 N ☏ 08 00 44 24 24
RENAULT Succursale, 577 av. Gén.-Leclerc ☏ 01 47 61 39 39 N ☏ 08 00 05 15 15
SAAB, TOYOTA Paris Boulogne Auto, 6 r. de la Ferme ☏ 01 46 94 09 09

Cent Mille Pneus, 117 rte de la Reine ☏ 01 46 99 98 78
Etter Pneus, 57 r. Thiers ☏ 01 46 20 18 55

Le Bourget *93350 Seine-St-Denis* 101 ⑰, 20, 25 *G. Ile de France – 11 699 h alt. 47.*

Voir *Musée de l'Air et de l'Espace★★.*

Paris 12 – Bobigny 7 – Chantilly 37 – Meaux 41 – St-Denis 6 – Senlis 37.

Novotel M, ZA pont Yblon au Blanc Mesnil ✉ 93150 ☏ 01 48 67 48 88, *Fax 01 45 91 08 27*, – 25 à 200. AE GB JCB **AM 59**
Repas carte environ 170 ♀, enf. 50 – ☕ 60 – **143 ch** 490/550.

Bleu Marine M, aéroport du Bourget - Zone aviation d'affaires ☏ 01 49 34 10 38, *Fax 01 49 34 10 35* – 60. AE GB **AM 58**
Repas *(125)* - 145 ♀, enf. 49 – ☕ 60 – **86 ch** 650.

CITROEN Gar. de l'Angelus, 205-207 av.P.-V.-Couturier à Blanc-Mesnil ☏ 01 48 66 81 54

Euromaster, 190 av. Ch.-Floquet à Blanc-Mesnil ☏ 01 48 67 17 40 N ☏ 01 48 60 60 30

Bourg-la-Reine *92340 Hauts-de-Seine* 101 ㉕, 22, 25 *– 18 499 h alt. 56.*

Office de Tourisme 1 bd Carnot ☏ 01 46 61 36 41.

Paris 10 – Boulogne-Billancourt 17 – Évry 23 – Versailles 17.

Alixia M sans rest, 82 av. Gén. Leclerc ☏ 01 46 60 56 56, *Fax 01 46 60 57 34* – AE GB **BJ 47**
☕ 45 – **41 ch** 530/550.

PEUGEOT Gar. Sireine Autos, 12 bis av. Gén.-Leclerc ☏ 01 46 11 15 15
RENAULT Gar. des Cottages, 19 av. des Cottages ☏ 01 43 50 13 75

Vaysse, 30 av. du Gén.-Leclerc ☏ 01 46 65 67 69

Brie-Comte-Robert *77170 S.-et-M.* 101 ㊴ *G. Ile de France – 11 501 h alt. 90.*

Voir *Verrière★ du chevet de l'église.*

Syndicat d'Initiative (ouvert mer. et sam. après-midi, dim. matin) pl. Jeanne d'Évreux ☏ 01 64 05 30 09.

Paris 31 – Brunoy 10 – Évry 20 – Melun 18 – Provins 63.

A la Grâce de Dieu M, 79 r. Gén. Leclerc (N 19) ☏ 01 64 05 00 76, *Fax 01 64 05 60 57* – AE GB
fermé 1er au 15 août – **Repas** *(fermé dim. soir)* 99/200 ♀, enf. 60 – ☕ 30 – **18 ch** 185/260 – ½ P 225.

CITROEN Pasquier Autom., 6 av. Gén.-Leclerc ☏ 01 64 05 00 94
PEUGEOT Metin, 7 r. Gén.-Leclerc ☏ 01 64 05 05 50 N ☏ 06 07 52 88 27
RENAULT Gar. Redelé Brie, 17 av. Gén.-Leclerc ☏ 01 60 62 50 50 N ☏ 08 00 05 15 15

Interpneu Mélia Vulco, 75 r. Gén.-Leclerc ☏ 01 64 05 88 99

Brou-sur-Chantereine *77177 S.-et-M.* 101 ⑲, 25 *– 4 469 h alt. 120.*

Paris 27 – Coulommiers 39 – Meaux 28 – Melun 47.

Lotus de Brou, 2 ter r. Carnot ☏ 01 64 21 01 44 – GB.
fermé août et lundi – **Repas** - cuisine chinoise et thaï - carte 150 à 220.

RAVM, 12 r. de Chantereine ☏ 01 60 20 99 05

Bry-sur-Marne *94360 Val-de-Marne* 101 ⑱, 25 *– 13 826 h alt. 40.*

Paris 15 – Créteil 11 – Joinville-le-Pont 6 – Nogent-sur-Marne 4 – Vincennes 8.

Aub. du Pont de Bry, 3 av. Gén. Leclerc ☏ 01 48 82 27 70 – AE GB **BC 65**
fermé 1er au 21 août, dim. soir et lundi – **Repas** 145.

Buc *78530 Yvelines* 101 ㉓, 22, 25 *– 5 434 h alt. 130.*

Paris 28 – Bièvres 8 – Chevreuse 13 – Versailles 5.

Campanile, Z.A.C. du Pré Clos ☏ 01 39 56 26 26, *Fax 01 39 56 26 27*, – 25. AE GB **BM 30**
Repas *(66)* - 84 bc/107 bc, enf. 39 – ☕ 34 – **49 ch** 278.

RENAULT Succursale, ZI, 2-4 r. R.-Garros ☏ 01 30 84 60 00 N ☏ 08 00 05 15 15

Carrières-sur-Seine *78420 Yvelines* 101 ⑭, 18, 25 – *11 469 h alt. 52.*

Paris 19 – Argenteuil 9 – Asnières-sur-Seine 11 – Courbevoie 9 – Nanterre 9 – Pontoise 30 – St-Germain-en-Laye 6.

XX **Panoramic de Chine,** 1 r. Fermettes ✆ 01 39 57 64 58, *Fax 01 39 15 17 68,* – P. AE ⓓ GB. AT 36

Repas - cuisine chinoise et thaï - 88/150 et carte 120 à 160 ♖.

La Celle-St-Cloud *78170 Yvelines* 101 ⑬, 18, 25 – *22 834 h alt. 115.*

Paris 21 – Rueil-Malmaison 7 – St-Germain-en-Laye 7 – Versailles 6 – Le Vésinet 9.

X **Au Petit Chez Soi,** pl. Église, au bourg ✆ 01 39 69 69 51, *Fax 01 39 18 30 42,* , bistrot – AE GB BA 32

fermé 25 déc. au 1er janv., dim. soir et lundi de sept. à avril – **Repas** 163.

Cergy-Pontoise Ville Nouvelle P *95 Val-d'Oise* 55 ⑳, 106 ⑤, 101 ② *G. Ile de France.*

Golf d'Ableiges ✆ 01 34 66 06 05 à Pontoise ; ✆ 01 34 21 03 48, O : 7 km par D 922 à Cergy.

Paris 34 – Mantes-la-Jolie 39 – Pontoise 2 – Rambouillet 60 – St-Germain-en-Laye 19 – Versailles 34.

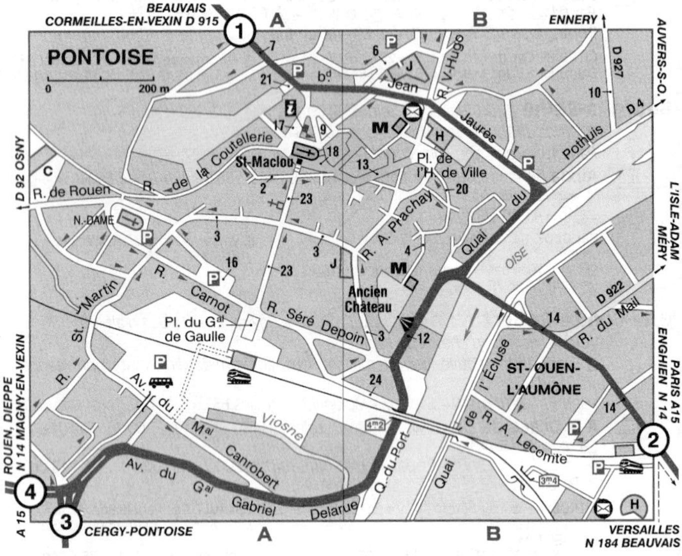

Hôtel-de-Ville (R. de l') . . . **B** 13	Flamel (Pl. N.) . . . . **B** 6	Parc-aux-Charrettes (Pl. du) **A** 16
Thiers (R.) . . . . **A** 23	Gisors (R. de) . . . . **A** 7	Petit-Martroy (Pl. du) . . . . . **A** 17
	Grand-Martroy (Pl. du) . . . **A** 9	Pierre-aux-Poissons (R.) . . **A** 18
Bretonnerie (R. de la) . . . . **A** 2	Hermitage (R. de l') . . . . . **B** 10	Roche (R. de la) . . . . **B** 20
Butin (R. Pierre) . . . . **AB** 3	Hôtel-Dieu (R. de l') . . . . . **B** 12	Souvenir (Pl. du) . . . . **A** 21
Château (R. du) . . . . **B** 4	Leclerc (R. du Gén.) . . . . . **B** 14	Vert-Buisson (R. du) . . . . . . **B** 24

Cergy – *48 226 h. alt. 30 –* ✉ *95000 :*

Astrée sans rest, 3 r. Chênes Émeraude par bd Oise ✆ 01 34 24 94 94, *Fax 01 34 24 95 15* – 60. AE ⓓ GB

☐ 48 – **55 ch** 520/650.

Novotel, 3 av. Parc, près préfecture ✆ 01 30 30 39 47, *Fax 01 30 30 90 46,* – ch, P – 100. AE ⓓ GB

Repas carte environ 170 ♀, enf. 50 – ☐ 60 – **191 ch** 640/675.

Campanile, Parc d'activités St-Christophe (sortie échangeur n° 11) r. Petit Albi ✆ 01 34 24 02 44, *Fax 01 30 73 99 96,* – P – 25. AE ⓓ GB

Repas *(66)* - 84 bc/107 bc, enf. 39 – ☐ 34 – **46 ch** 278.

XXX **Les Coupoles,** 1 r. Chênes Emeraude par bd Oise ✆ 01 30 73 13 30, *Fax 01 30 73 46 90* – . AE ⓓ GB

fermé sam. et dim. – **Repas** 168 bc/258 bc et carte 260 à 350.

Cormeilles-en-Véxin – *802 h. alt. 111 – ✉ 95830 :*

XXX ✿✿ **Relais Ste-Jeanne** (Cagna), sur ancienne D 915 ✆ 01 34 66 61 56, *Fax 01 34 66 40 31*, « Jardin » – P. AE GB
fermé 25 juil. au 18 août, 23 au 28 déc., dim. et lundi – **Repas** 220/600 bc
Spéc. Paupiettes de sole au persil plat et champignons sylvestres. Douceur de homard aux aromates à l'huile d'olive. Pigeon de Bretagne aux griottes et jus acidulé.

Méry-sur-Oise – *6 179 h. alt. 29 – ✉ 95540 :.*

Syndicat d'Initiative 30 av. M. Perrin ✆ 01 34 64 85 15.

XXX ✿ **Chiquito** (Mihura), rte Pontoise 1,5 km par D922 ✆ 01 30 36 40 23, *Fax 01 30 36 42 22*, – P. AE GB
fermé 16 fév. au 2 mars, sam. midi, dim. soir et lundi – **Repas** (prévenir) 300/370
Spéc. Ragoût de petits gris et grenouilles. Homard rôti à l'infusion de porto au pistou. Assiette "Saint-Hubert" (oct. à déc.).

Osny – *12 195 h. alt. 37 – ✉ 95520 :*

XX **Moulin de la Renardière,** r. Gd Moulin ✆ 01 30 30 21 13, *Fax 01 34 25 04 98*, « Ancien moulin dans un parc » – P. AE GB
fermé dim. soir et lundi – **Repas** 169.

Pontoise P – *27 150 h. alt. 48 – ✉ 95300 :.*

Office de Tourisme 6 pl. du Petit-Matroy ✆ 01 30 38 24 45, Fax 01 30 73 54 84.

Campanile, r. P. de Coubertin par ④ ✆ 01 30 38 55 44, *Fax 01 30 30 48 87*, – TV P – 25. AE GB
Repas *(66)* - 84 bc/107 bc, enf. 39 – 34 – **80 ch** 278.

CITROEN Pontoise Cergy Autos, 17 r. d'Anjou ZI de Béthune à St-Ouen-l'Aumône par r.du Mail ✆ 01 34 20 15 15
CITROEN Pontoise Cergy Autos, 21 ch. J.-César ✆ 01 30 30 28 29
FORD Rémy Goudé Auto, 15 r. de la Pompe à Cergy ✆ 01 34 33 32 31
LANCIA Gar. SOGEL, 10 r. Séré-Depoin à Pontoise ✆ 01 30 75 33 00
PEUGEOT Cergy-Pontoise Autom., 8 ch. J.-César par ⑥ à Osny ✆ 01 30 30 12 12
N ✆ 08 00 44 24 24
RENAULT Rousseau, 2 ch. J.-César par ⑥ à Osny ✆ 01 34 41 95 95

Euromaster, 121 av. du Gén.-Leclerc à Pierrelaye ✆ 01 34 64 07 50
Inter Pneu Melia Vulco, ZA 67 r. F.-Combes ✆ 01 30 30 11 91
Vaysse, 15 rte de Gisors D 915 à Osny ✆ 01 34 24 85 88

Cernay-la-Ville *78720 Yvelines* 101 ㉛, 106 ㉙ – *1 757 h alt. 170.*

Voir *Abbaye* des Vaux-de-Cernay O : 2 km*, **G.Île de France.**
Paris 45 – Chartres 53 – Longjumeau 27 – Rambouillet 12 – Versailles 23.

Abbaye des Vaux de Cernay, Ouest : 2,5 km par D 24 ✆ 01 34 85 23 00, *Fax 01 34 85 11 60*, <, « Ancienne abbaye cistercienne du 12e siècle dans un grand parc », – P – 500. AE GB. rest
Repas 160 (déj.), 255/415, enf. 90 – 80 – **55 ch** 390/1590, 3 appart – 1/2 P 700/800.

PEUGEOT Gar. Vallée, ✆ 01 34 85 21 27 N ✆ 08 00 44 24 24

Charenton-le-Pont *94220 Val-de-Marne* 101 ㉗, 24, 25 – *21 872 h alt. 45.*

Paris 8 – Alfortville 4 – Ivry-sur-Seine 4.

Novotel Atria M, 5 pl. Marseillais (r. Paris) ✆ 01 46 76 60 60, *Fax 01 49 77 68 00*, – TV – 25 à 180. AE GB JCB **BD 55**
Repas *(95)* - 125 ♀, enf. 55 – 65 – **133 ch** 775/850.

XX **L'Amphitryon,** 21 av. Mar. de Lattre de Tassigny ✆ 01 49 77 65 65 – GB **BE 56**
fermé 10 au 25 août, dim. et lundi – **Repas** - produits de la mer - *(130)* - 175 ♀.

Chatou *78400 Yvelines* 101 ⑬, 18, 25 *G. Île de France – 27 977 h alt. 30.*

Paris 16 – Maisons-Laffitte 11 – Pontoise 32 – St-Germain-en-Laye 5 – Versailles 13.

XX **Canotiers,** 16 av. Mar. Foch ✆ 01 30 71 58 69, *Fax 01 30 53 27 28* – . AE GB JCB **AW 33**
fermé dim. soir et lundi – **Repas** *(85)* - 120 (déj.), 160/260 et carte 240 à 360 ♀.

RENAULT Gar. de la Résidence, 40 et 119 av. du Mar. Foch ✆ 01 30 15 77 77 N ✆ 08 00 05 15 15

Chelles *77500 S.-et-M.* 101 ⑲, 20, 25 – *45 365 h alt. 45.*

Office de Tourisme 51 bis av. de la Résistance ✆ 01 60 08 12 24, Fax 01 60 20 63 03.
Paris 24 – Coulommiers 42 – Meaux 26 – Melun 45.

Climat de France, D 34, rte Claye-Souilly ✆ 01 60 08 75 58, *Fax 01 60 08 90 94* – TV P – 50. GB **AX 72**
Repas *(55)* - 65 (déj.), 89/125 ♀, enf. 39 – 35 – **44 ch** 305.

AUDI, VOLKSWAGEN Gar. Lourdin, 33 r. G.-Nast ☎ 01 60 08 38 42
CITROEN Gar. Pacha, 59-61 av. Mar.-Foch ☎ 01 64 26 64 26
FORD Gar. Dubos, 92 av. Mar.-Foch ☎ 01 60 20 43 42
NISSAN Gar. Pirrot, 34 à 40 r. A.-Meunier ☎ 01 60 08 85 95
OPEL Chelles Autom., ZI, 6 av. de Sylvie ☎ 01 60 08 53 02
PEUGEOT Gar. Metin, 53 av. Mar.-Foch ☎ 01 64 21 87 00 **N** ☎ 08 00 44 24 24
RENAULT Gar. de Chelles, 9 av. du Marais ☎ 01 64 21 19 81 **N** ☎ 01 60 26 15 88

Euromaster, 41 r. A.-Meunier ☎ 01 60 08 07 68

Chennevières-sur-Marne *94430 Val-de-Marne 101 ㉘, 24, 25 – 17 857 h alt. 108.*

d'Ormesson ☎ 01 45 76 20 71, SE : 3 km.
Paris 18 – Coulommiers 49 – Créteil 9 – Lagny-sur-Marne 20.

XXX **Écu de France,** 31 r. Champigny ☎ 01 45 76 00 03, ≤, « Cadre rustique, terrasse fleurie en bordure de rivière », – P. GB. **BG 65**
fermé 1er au 7 sept., dim. soir et lundi – **Repas** carte 230 à 360.

XX **Bonheur de Chine,** r. Amboile (centre comm. du Moulin) ☎ 01 45 93 32 30 – AE GB **BH 66**
Repas - cuisine chinoise - 89/130 .

BMW Gar. du Bac, 2 et 4 r. Lavoisier ☎ 01 49 62 03 30 **N** ☎ 01 40 25 59 00
FIAT Carrefour des Nations, 2 rte de la Libération ☎ 01 45 76 56 05
RENAULT SOVEA, 96 rte de la Libération ☎ 01 49 62 21 21 **N** ☎ 08 00 05 15 15
VOLVO Élysées Est Autos, 102 rte de la Libération ☎ 01 45 93 04 00

Clamart *92140 Hauts-de-Seine 101 ㉕, 22, 25 – 47 227 h alt. 102.*

Office de Tourisme 22 rue P.-V.-Couturier ☎ 01 46 42 17 95, Fax 01 46 42 44 30.
Paris 10 – Boulogne-Billancourt 5 – Issy-les-Moulineaux 3 – Nanterre 15 – Versailles 13.

du Trosy sans rest, 41 r. P. Vaillant-Couturier ☎ 01 47 36 37 37, *Fax 01 47 36 88 38* – AE GB **BG 42**
35 – **40 ch** 400.

AUDI, VOLKSWAGEN S.T.N.A., 154 av. V.-Hugo ☎ 01 46 42 20 61
PEUGEOT Gar. Claudis, 182 av. Gén.-de-Gaulle ☎ 01 41 07 90 20 **N** ☎ 08 00 44 24 24
RENAULT Clamart Autom., 185 av. V.-Hugo ☎ 01 46 44 38 03 **N** ☎ 08 00 05 15 15

Clamart Pneus, 329 av. Gén.-de-Gaulle ☎ 01 46 31 12 04

Clichy *92110 Hauts-de-Seine 101 ⑮, 18, 25 – 48 030 h alt. 30.*

Office de Tourisme 61 r. Martre ☎ 01 47 15 31 61.
Paris 9 – Argenteuil 8 – Nanterre 9 – Pontoise 28 – St-Germain-en-Laye 20.

Sovereign sans rest, 14 r. Dagobert ☎ 01 47 37 54 24, *Fax 01 47 30 05 80* – AE GB **AU 46**
40 – **42 ch** 390/450.

des Chasses sans rest, 49 r. Pierre Bérégovoy ☎ 01 47 37 01 73, *Fax 01 47 31 40 98* – AE GB JCB. **AU 46**
40 – **35 ch** 360/400.

L'Europe sans rest, 52 bd Gén. Leclerc ☎ 01 47 37 13 10, *Fax 01 40 87 11 06* – 25. AE GB **AU 47**
40 – **43 ch** 450.

XXX **Romantica,** 73 bd J. Jaurès ☎ 01 47 37 29 71, *Fax 01 47 37 76 32,* – AE GB **AU 46**
fermé sam. midi et dim. – **Repas** - cuisine italienne - 195 (déj.), 220/350 et carte 250 à 400.

XX **Barrière de Clichy,** 1 r. Paris ☎ 01 47 37 05 18, *Fax 01 47 37 77 05* – AE GB **AV 47**
fermé 8 au 31 août, sam. midi et dim. – **Repas** 160/270 et carte 200 à 360.

BMW G.P.M., 8 rue de Belfort ☎ 01 47 39 99 40
CITROEN Centre Citroën Clichy, 125 bd J.-Jaurès ☎ 01 42 70 17 17
CITROEN Succursale, 15-17 r. Fournier ZAC ☎ 01 47 37 30 02
FORD Gar. Sadeva, 129 bd Jean-Jaurès ☎ 01 47 39 71 13

Central Pneumatique, 22 r. Dr.-Calmette ☎ 01 42 70 99 94

Dans ce guide
un même symbole, un même caractère,
*imprimé en couleur ou en **noir,** en maigre ou en **gras**,*
n'ont pas tout à fait la même signification.
Lisez attentivement les pages explicatives.

Conflans-Ste-Honorine *78700 Yvelines* 101 ③ *G. Ile de France* (plan) – *31 467 h alt. 25 Pardon national de la Batellerie (fin juin).*

Voir ≤★ *de la terrasse du parc – Musée de la Batellerie.*

Office de Tourisme 23 r. Maurice-Berteaux ☎ 01 34 90 99 09.

Paris 39 – Mantes-la-Jolie 41 – Poissy 12 – Pontoise 8 – St-Germain-en-Laye 14 – Versailles 28.

XX **Au Confluent de l'Oise,** 15 cours Chimay ☎ 01 39 72 60 31, *Fax 01 39 19 99 90*, ≤, – P. AE GB
fermé 16 août au 3 sept., vacances de fév., dim. soir et lundi sauf fériés – **Repas** *(88)* - 159/198 bc.

X **Au Bord de l'Eau,** 15 quai Martyrs-de-la-Résistance ☎ 01 39 72 86 51 –
fermé 17 au 24 août, vend. midi, sam. midi et lundi – **Repas** 159.

Gar. Foch, 188 av. Foch ☎ 01 39 19 44 80

Courbevoie *92400 Hauts-de-Seine* 101 ⑮, 18, 25 *G. Ile de France – 65 389 h alt. 28.*

Paris 10 – Asnières-sur-Seine 4 – Levallois-Perret 5 – Nanterre 5 – St-Germain-en-Laye 18.

George Sand sans rest, 18 av. Marceau ☎ 01 43 33 57 04, *Fax 01 47 88 59 38*, « Décor évoquant l'époque de George Sand » – TV ☎. AE GB — AV 41
40 – **31 ch** 410/500.

Clarine sans rest, 85 bd St-Denis ☎ 01 47 88 28 58, *Fax 01 47 88 24 80* – TV ☎. AE GB — AV42-43
40 – **33 ch** 460.

Central sans rest, 99 r. Cap. Guynemer ☎ 01 47 89 25 25, *Fax 01 46 67 02 21* – TV ☎ P. AE GB JCB — AV 41
32 – **55 ch** 360/420.

Quartier Charras :

Mercure La Défense 5 M, 18 r. Baudin ☎ 01 49 04 75 00, *Fax 01 47 68 83 32* – TV ☎ – 25 à 250. AE GB JCB — AV 41
Charleston Brasserie ☎ 01 49 04 75 85 **Repas** *(98)*-138 ♀, enf. 50 – 75 – **510 ch** 920/970, 5 appart.

au Parc de Bécon :

XX **Trois Marmites,** 215 bd St-Denis ☎ 01 43 33 25 35 – . AE GB — AV 43
fermé août, sam., dim. et le soir – **Repas** *(160)* - 190.

HONDA Japauto Autom., 96-102 bd de Verdun ☎ 01 41 88 30 30
RENAULT Succursale, 8 bd G.-Clémenceau ☎ 01 46 67 55 55 N ☎ 08 00 05 15 15
Cenci Pneu Point S, 8 r. de Bitche ☎ 01 43 33 25 36

Créteil P *94000 Val-de-Marne* 101 ㉗, 24, 25 *G. Ile de France – 82 088 h alt. 48.*

Voir *Hôtel de ville★ : parvis★.*

Office de Tourisme 1 r. F.-Mauriac ☎ 01 48 98 58 18, Fax 01 42 07 09 65.

Paris 14 – Bobigny 20 – Évry 22 – Lagny-sur-Marne 29 – Melun 35.

Novotel M , au lac ☎ 01 42 07 91 02, *Fax 01 48 99 03 48*, , – TV ☎ P – 80. AE GB — BJ 58
Repas carte environ 170 ♀, enf. 50 – 60 – **110 ch** 510/650.

CITROEN Gar. des Quais, 30 r. de Valenton ☎ 01 42 07 21 00 N ☎ 08 00 05 24 24
PEUGEOT SCA-SVICA, 89 av. Gén.-de-Gaulle ☎ 01 45 17 94 94
RENAULT SVAC, ZI Petites Haies, 37 r. de Valenton ☎ 01 45 17 98 00
Euromaster, 54 av. H.-Barbusse à Valenton ☎ 01 43 89 06 54
Vulco, Ferme de la Grange à Yerres ☎ 01 69 83 90 20

Croissy-sur-Seine *78290 Yvelines* 101 ⑬, 18, 25 – *9 098 h alt. 24.*

Paris 20 – Maisons-Laffitte 11 – Pontoise 28 – St-Germain-en-Laye 5 – Versailles 10.

X **Buissonnière,** 9 av. Mar. Foch (près église) ☎ 01 39 76 73 55 – GB — AX 32
fermé 15 août au 15 sept., dim. soir et lundi – **Repas** 150 et carte 180 à 270.

Dampierre-en-Yvelines *78720 Yvelines* 101 ㉛ – *1 030 h alt. 100.*

Voir *Château de Dampierre★★*, G. Ile de France.

Paris 43 – Chartres 57 – Longjumeau 28 – Rambouillet 16 – Versailles 18.

XX ✿ **Aub. du Château "Table des Blot"** avec ch, 1 Grande rue ☎ 01 30 47 56 56, *Fax 01 30 47 51 75* – TV ☎. GB
fermé dim. soir et lundi – **Repas** 170 et carte le dim. environ 230 – 50 – **15 ch** 350/400
Spéc. Soupe crémeuse aux crustacés. Filet de boeuf sauce vin rouge, pommes macaire. Savarin tiède au chocolat.

XX **Écuries du Château,** au château ✆ 01 30 52 52 99, *Fax 01 30 52 59 90* – P. AE ① GB
fermé vacances de fév. et mardi – **Repas** 220/320 et carte 250 à 350.

XX **Aub. St-Pierre,** 1 r. Chevreuse ✆ 01 30 52 53 53, *Fax 01 30 52 58 57* – AE GB
fermé dim. soir et lundi – **Repas** *(140)* - 180.

La Défense *92 Hauts-de-Seine* 101 ⑭, 18, 25 *G. Paris* – ✉ *92400 Courbevoie.*

Voir *Quartier** : perspective* du parvis.*

Paris 9 – Courbevoie 1 – Nanterre 4 – Puteaux 1.

Sofitel CNIT M, 2 pl. Défense ✆ 01 46 92 10 10, *Fax 01 46 92 10 50* – ch, – 70. AE ① GB JCB AV-AW40
voir rest. ***Les Communautés*** ci-après – 100 – **141 ch** 1500, 6 appart.

Sofitel La Défense M, 34 cours Michelet, par bd circulaire sortie La Défense 4 ✉ 92060 Puteaux ✆ 01 47 76 44 43, *Fax 01 47 76 72 20*, – – 80. AE ① GB AW 41
Les 2 Arcs *(fermé vend. soir, dim. midi et sam.)* **Repas** 295 (déj.) et carte 190 à 300 ♀ – ***Le Botanic*** *(fermé le soir sauf vend. et sam.)* **Repas** 160 ♀ – 105 – **149 ch** 1450.

Renaissance M, 60 Jardin de Valmy, par bd circulaire, sortie La Défense 7 ✉ 92918 Puteaux ✆ 01 41 97 50 50, *Fax 01 41 97 51 51*, – – 200. AE ① GB AW 40
Repas 170 ♀ – 95 – **314 ch** 1400/1600, 20 appart.

Novotel La Défense M, 2 bd Neuilly ✆ 01 41 45 23 23, *Fax 01 41 45 23 24*, – – 25 à 150. AE ① GB JCB AW 42
Repas *(89)* - carte environ 170 ♀, enf. 50 – 70 – **280 ch** 810/850.

Ibis La Défense M, 4 bd Neuilly ✆ 01 41 97 40 40, *Fax 01 41 97 40 50*, – – 50. AE GB AW 42
Repas *(72)* - carte 100 à 130 ♀ – 39 – **284 ch** 530.

XXX **Les Communautés** - Hôtel Sofitel CNIT, 2 pl. Défense, 5e étage ✆ 01 46 92 10 30, *Fax 01 46 92 10 50* – . AE ① GB JCB AV-AW40
fermé sam. et dim. – **Repas** 190 (dîner) et carte 290 à 340 ♀.

Enghien-les-Bains *95880 Val-d'Oise* 101 ⑤, 18, 25 *G. Ile de France* – *10 077 h alt. 45* – *Stat. therm.* – *Casino.*

Voir *Lac** – *Deuil-la-Barre : chapiteaux historiés* de l'église N.-Dame NE : 2 km.*

18 *de Domont Montmorency ✆ 01 39 91 07 50, N : 8 km.*

Office de Tourisme pl. du Mar. Foch ✆ 01 34 12 41 15, Fax 01 39 34 05 76.

Paris 18 – Argenteuil 5 – Chantilly 32 – Pontoise 21 – St-Denis 7 – St-Germain-en-Laye 23.

Grand Hôtel, 85 r. Gén. de Gaulle ✆ 01 39 34 10 00, *Fax 01 39 34 10 01*, , , – P – 35. AE ① GB AL 46
Repas *(145)* - 185 et carte 200 à 350 ♀, enf. 60 – 80 – **44 ch** 670/740, 3 appart.

Lac M, 89 r. Gén. de Gaulle ✆ 01 39 34 11 00, *Fax 01 33 34 11 01*, , – cuisinette – 120. AE ① GB JCB AL 46
Repas 155 bc/190 ♀ – 70 – **106 ch** 550/590, 3 appart.

X **Aub. Landaise,** 32 bd d'Ormesson ✆ 01 34 12 78 36 – . AE GB JCB AK 47
fermé août, vacances de fév., dim. soir et merc. – **Repas** carte 160 à 230.

BMW Enghien Autom., 211 av. Division Leclerc ✆ 01 39 89 14 17
NISSAN Gar. Andréoli, 14 r. J.-Ferry ✆ 01 39 64 70 32
RENAULT Relais des Courses, 4 av. Kellermann à Eaubonne ✆ 01 39 59 89 45

Épinay-sur-Seine *93800 Seine-St-Denis* 101 ⑮, 18, 25 – *48 762 h alt. 34.*

Paris 15 – Argenteuil 5 – Bobigny 19 – Pontoise 21 – St-Denis 5.

Myriades, 127 rte St-Leu ✆ 01 42 35 81 63, *Fax 01 42 35 81 62* – , rest, P – 30. GB AN 49
Repas *(fermé dim. soir)* *(62)* - 81/147, enf. 44 – 36 – **46 ch** 290 – ½ P 246.

Ibis, 1 av. 18-Juin-1940 ✆ 01 48 29 83 41, *Fax 01 48 22 93 03*, – – 25 à 50. AE ① GB AM 46
Repas *(75)* - 95 ♀, enf. 39 – 36 – **91 ch** 360.

Euromaster, 123-125 av. Mar.-de-Lattre-de-Tassigny ✆ 01 48 41 43 75

Évry (Agglomération d') *91 Essonne* 101 ㊲

du Coudray ✆ 01 64 93 81 76, par ③ : 7,5 kms ; de St-Germain-les-Corbeil ✆ 01 60 75 81 54, par N 7 et N104 : 7 kms.

Office de Tourisme de l'Agglomération d'Evry 23 cours B. Pascal, Evry Centre ✆ 01 60 78 79 99, Fax 01 60 78 03 01.

Paris 32 – Fontainebleau 36 – Chartres 80 – Créteil 30 – Étampes 36 – Melun 23 – Versailles 38.

Évry P *G. Ile de France – 45 531 h. alt. 54 – ✉ 91000.*

Voir *Cathédrale de la Résurrection★.*

Mercure M, 52 bd Coquibus (face cathédrale) ✆ 01 69 47 30 00, *Fax 01 69 47 30 10*, – rest, – 120. AE GB
Repas *(fermé dim. midi et sam.) (85)* - 170 – 60 – **114 ch** 520/550.

Novotel M, Z.I. Évry, quartier Bois Briard, 3 r. Mare Neuve ✆ 01 69 36 85 00, *Fax 01 69 36 85 10*, – 250. AE GB
Repas carte environ 170, enf. 50 – 60 – **174 ch** 510/540.

Ibis, Z.I. Évry, quartier Bois Briard, 1 av. Lac ✆ 01 60 77 74 75, *Fax 01 60 78 06 03* – AE GB
Repas *(75)* - 95, enf. 39 – 35 – **90 ch** 320.

à Lisses – *6 860 h. alt. 86 – ✉ 91090 :*

Léonard de Vinci M, av. Parcs ✆ 01 64 97 66 77, *Fax 01 64 97 59 21*, centre de balnéothérapie, – 100. AE GB
Repas *(80)* - 130/250 – 50 – **76 ch** 485/570.

RENAULT Gar. de l'Agora, à Courcouronnes par ④ ✆ 01 64 97 94 95

Vaysse, Angle N 7, bd Champs Elysées ✆ 01 60 77 19 39

Fontenay-aux-Roses *92260 Hauts-de-Seine* 101 ㉕, 22, 25 – *23 322 h alt. 120.*

Paris 9 – Boulogne-Billancourt 8 – Nanterre 19 – Versailles 14.

Climat de France, 32 av. J. M. Dolivet ✆ 01 43 50 02 04, *Fax 01 46 83 81 20* – – 40. AE GB — BH 45
Repas 92/138, enf. 39 – 37 – **58 ch** 360.

CITROEN B.F.A., 98 r. Boucicaut ✆ 01 46 61 21 75
FORD Gar. Mécanoel, 2 r. des Benards angle av. Lombart ✆ 01 46 61 11 14
RENAULT Gar. Beck, 17 av. Jean-Moulin ✆ 01 43 50 61 90

Fontenay-sous-Bois *94120 Val-de-Marne* 101 ⑰, 20, 24 – *51 868 h alt. 70.*

Office de Tourisme 4 bis av. Charles Garcia ✆ 01 43 94 33 48, Fax 01 43 94 02 93.

Paris 11 – Créteil 13 – Lagny-sur-Marne 24 – Villemomble 8 – Vincennes 4.

Mercure M, av. Olympiades ✆ 01 49 74 88 88, *Fax 01 43 94 17 73* – – 90. AE GB — BA 62
Repas *(109)* - 149, enf. 50 – 60 – **133 ch** 680/720.

Musardière, 61 av. Mar. Joffre ✆ 01 48 73 96 13 – AE GB — BA 62
fermé 10 au 16 août, lundi soir et dim. – **Repas** 149 et carte 180 à 300.

MERCEDES Etoile des Nations, 189 av. Mar.-De-Lattre-de-Tassigny ✆ 01 48 77 09 09

Garches *92380 Hauts-de-Seine* 101 ⑭, 22, 25 – *17 957 h alt. 114.*

de St-Cloud (92) ✆ 01 47 01 01 85, parc de Buzenval 60 r. 19-Janv.

Paris 15 – Courbevoie 9 – Nanterre 8 – St-Germain-en-Laye 15 – Versailles 9.

Tardoire, 136 Grande Rue ✆ 01 47 41 41 59 – GB — BB 36
fermé 15 juil. au 15 août, 2 au 10 janv., dim. soir et lundi – **Repas** 100 (déj.), 150/170 et carte 170 à 260.

CITROEN Gar. Magenta, 4 bd Gén.-de-Gaulle ✆ 01 47 10 91 50

La Garenne-Colombes *92250 Hauts-de-Seine* 101 ⑭, 18, 25 – *21 754 h alt. 40.*

Office de Tourisme 24 r. E.-d'Orves ✆ 01 47 85 09 90.

Paris 12 – Argenteuil 6 – Asnières-sur-Seine 4 – Courbevoie 2 – Nanterre 2 – Pontoise 27 – St-Germain-en-Laye 15.

Aub. du 14 Juillet, 9 bd République ✆ 01 42 42 21 79, *Fax 01 42 42 24 56* – AE GB — AU 42
fermé août, sam., dim. et fériés – **Repas** 180 et carte 210 à 390.

PEUGEOT Succursale, 9 bd National ✆ 01 41 19 55 00 N ✆ 08 00 44 24 24

Gentilly *94250 Val-de-Marne* 101 ㉖, 24, 25 – *17 093 h alt. 46.*
Paris 7 – Créteil 15.

Mercure M, 51 av. Raspail ☎ 01 47 40 87 87, *Fax 01 47 40 15 88,* – 🅟 – 40. AE ⓓ GB BE 50
Repas *(fermé vend. soir, sam. et dim.)* (95) - 130 , enf. 50 – 57 – **87 ch** 675/715.

Gometz-le-Chatel *91940 Essonne* 101 ㉝ – *1 763 h alt. 168.*
Paris 32 – Arpajon 21 – Évry 30 – Rambouillet 25 – Versailles 22.

Mancelière, 83 rte Chartres ☎ 01 60 12 30 10, *Fax 01 60 12 53 10* – AE GB.
fermé 13 juil. au 17 août, sam. midi et dim. – **Repas** 155 et carte 220 à 310.

Goussainville *95190 Val-d'Oise* 101 ⑦ – *24 812 h alt. 95.*
Paris 28 – Chantilly 24 – Pontoise 32 – Senlis 30.

Médian M, 2 av. F. de Lesseps (par D 47) ☎ 01 39 88 93 93, *Fax 01 39 88 75 65,* – P – 30. AE ⓓ GB
Repas (59) - 78/137 , enf. 39 – 35 – **49 ch** 390/420, 6 appart.

Gressy *77410 S.-et-M.* 101 ⑩ – *868 h alt. 98.*
Paris 33 – Meaux 20 – Melun 57 – Senlis 35.

Manoir de Gressy M, ☎ 01 60 26 68 00, *Fax 01 60 26 45 46,* – rest, P – 100. AE ⓓ GB JCB
Repas 195/300 , enf. 80 – 95 – **88 ch** 1250/1500.

Issy-les-Moulineaux *92130 Hauts-de-Seine* 101 ㉕, 22, 25 – *46 127 h alt. 37.*
Office de Tourisme Esplanade de l'Hôtel-de-Ville ☎ 01 40 95 65 43, Fax 01 40 95 67 33.
Paris 7 – Boulogne-Billancourt 3 – Clamart 3 – Nanterre 14 – Versailles 12.

Campanile, 213 r. J.-J. Rousseau ☎ 01 47 36 42 00, *Fax 01 47 36 88 93* – – 45. AE ⓓ GB BD 42
Repas (72) - 92 bc/119 bc, enf. 39 – 36 – **168 ch** 360.

Manufacture, 20 espl. Manufacture (face au 30 r. E. Renan) ☎ 01 40 93 08 98, *Fax 01 40 93 57 22,* – . AE GB BD 44
fermé 4 au 19 août, sam. midi et dim. – **Repas** (155) - 180 .

Coquibus, 16 av. République ☎ 01 46 38 75 80, *Fax 01 41 08 95 80,* brasserie – AE GB BD 43
fermé 1er au 25 août, sam. midi et dim. – **Repas** (130) - 170/270 .

ALFA-ROMEO, FIAT, LANCIA C.A.R. France, 41-45 q. Prés.-Roosevelt ☎ 01 46 62 78 78 N ☎ 08 00 31 14 11
R.A.V.M., 56 av. du Bas-Meudon ☎ 01 46 38 81 77
RAVM, 11 av. Bourgain ☎ 01 47 36 51 59

Cent Mille Pneus, 30 r. A.-Briand ☎ 01 46 48 88 88

Ivry-sur-Seine *94200 Val-de-Marne* 101 ㉖, 24, 25 – *53 619 h alt. 60.*
Paris 7 – Créteil 10 – Lagny-sur-Marne 29.

L'Oustalou, 9 bd Brandebourg ☎ 01 46 72 24 71, *Fax 01 46 70 36 86* – AE GB BE 54
fermé 31 juil. au 16 août, sam. et dim. – **Repas** (107 bc) - 158 .

Pneu Service, 14-16 bd Brandebourg ☎ 01 46 72 16 47

Joinville-le-Pont *94340 Val-de-Marne* 101 ㉗, 24, 25 – *16 657 h alt. 49.*
Syndicat d'Initiative 23 r. de Paris ☎ 01 42 83 41 16, Fax 01 49 76 92 28.
Paris 11 – Créteil 6 – Lagny-sur-Marne 24 – Maisons-Alfort 4 – Vincennes 5.

Bleu Marine M, 16 av. Gén. Gallièni ☎ 01 48 83 11 99, *Fax 01 48 89 51 58,* – – 100. AE ⓓ GB BE 61
Repas (95) - 145 , enf. 49 – 60 – **91 ch** 420/480.

Cinépole sans rest, 8 av. Platanes ☎ 01 48 89 99 77, *Fax 01 48 89 43 92* – . AE ⓓ GB BE 61
30 – **34 ch** 290.

AUDI, VOLKSWAGEN Gar. Bonnet, 134 av. R.-Salengro à Champigny-sur-Marne ☎ 01 48 81 90 10
PEUGEOT Sabrie, 49-57 av. Gén.-Galliéni ☎ 01 45 11 75 75 N ☎ 06 80 12 68 48
RENAULT Gar. Girardin, 118 av. R.-Salengro à Champigny-sur-Marne ☎ 01 48 82 11 05
SEAT C O V A C, 26 bis 30 r. J.-Jaurès à Champigny-sur-Marne ☎ 01 47 06 19 60

Euromaster, 146 av. R.-Salengro N4 à Champigny-sur-Marne ☎ 01 48 81 32 12
Inter Pneu Melia Vulco, 33 av. Gén.-de-Gaulle à Champigny-sur-Marne ☎ 01 48 83 66 67

Le Kremlin-Bicêtre *94270 Val-de-Marne* 101 ㉖, 24, 25 – *19 348 h alt. 60.*
Paris 5 – Boulogne-Billancourt 10 – Évry 28 – Versailles 23.

Campanile, bd Gén. de Gaulle (pte d'Italie) ✆ 01 46 70 11 86, *Fax 01 46 70 64 47*, – TV ☎ – 100. AE GB BE 51
Repas *(72)* - 92 bc/119 bc, enf. 39 – 36 – **150 ch** 360.

Lésigny *77150 S.-et-M.* 101 ㉙, 25 – *7 865 h alt. 95.*
Paris 33 – Brie-Comte-Robert 8 – Évry 28 – Melun 25 – Provins 62.

au golf *par rte secondaire, Sud : 2 km ou par Francillienne : sortie nº 19 – ✉ 77150 Lésigny :*

Réveillon, ferme des Hyverneaux ✆ 01 60 02 25 26, *Fax 01 60 02 03 84*, ←, golf – TV ☎ P – 80. AE GB
Repas *(110)* - 145/165, enf. 51 – 45 – **46 ch** 310/355.

Levallois-Perret *92300 Hauts-de-Seine* 101 ⑮, 18, 25 – *47 548 h alt. 30.*
Paris 8 – Argenteuil 10 – Nanterre 9 – Pontoise 30 – St-Germain-en-Laye 20.

Espace Champerret sans rest, 26 r. Louise Michel ✆ 01 47 57 20 71, *Fax 01 47 57 31 39* – TV ☎. AE GB AW 45
35 – **36 ch** 325/450.

Parc sans rest, 18 r. Baudin ✆ 01 47 58 61 60, *Fax 01 47 48 07 92* – TV ☎. GB AV 44
20 – **52 ch** 380/465.

ABC Champerret sans rest, 63 r. Danton ✆ 01 47 57 01 55, *Fax 01 47 57 54 23* – TV ☎. AE GB AW 44
32 – **39 ch** 330/380.

Splendid'H. sans rest, 73 r. Louise Michel ✆ 01 47 37 47 03, *Fax 01 47 37 50 01* – TV ☎. AE GB JCB AW 45
37 – **47 ch** 385/429.

Champagne H. M sans rest, 20 r. Baudin ✆ 01 47 48 96 00, *Fax 01 47 58 13 29* – TV ☎. AE GB AV 44
35 – **30 ch** 320/410.

Hermès sans rest, 22 r. Baudin ✆ 01 47 59 96 00, *Fax 01 47 48 90 84* – TV ☎. AE GB AV 44
40 – **33 ch** 360/450.

Rôtisserie, 24 r. A. France ✆ 01 47 48 13 82 – ▤. AE GB AW 45
fermé sam. midi et dim. – **Repas** 155 ♀.

Jardin, 9 pl. Jean Zay ✆ 01 47 39 54 02, *Fax 01 47 39 59 99* – AE GB AV 45
fermé 10 au 31 août, sam. midi et dim. – **Repas** *(135)* - 175.

L'Instant Gourmand, 113 r. L. Rouquier ✆ 01 47 37 13 43, *Fax 01 47 37 79 68* – ▤. AE GB AW 45
fermé 1er au 25 août, sam. et dim. – **Repas** *(128)* - 155 ♀.

Petit Poste, 39 r. Rivay ✆ 01 47 37 34 46, bistrot – AE GB AV 45
fermé 15 juil. au 15 août, lundi soir, sam. midi et dim. – **Repas** 170.

ALFA ROMEO, FIAT, LANCIA Fiat Auto France, 80-82 q. Michelet ✆ 01 41 27 56 56
BMW Gar. Pozzi, 114-116 r. A.-Briand ✆ 01 47 70 81 33
CHRYSLER, MITSUBISHI, PORSCHE Sonauto Levallois, 53 r. Marjolin ✆ 01 47 39 97 40
FERRARI Gar. Pozzi, 109. r. A.-Briand ✆ 01 47 39 96 50 N ✆ 01 46 42 41 78
JAGUAR Gar. Wilson, 116 r. Prés.-Wilson ✆ 01 47 39 92 50
JAGUAR Franco Britannic Autom., 25 r. P.-V.-Couturier ✆ 01 47 57 50 80 N ✆ 01 46 42 41 78
NISSAN France Carrosserie Autom., 49 r. A.-France ✆ 01 47 57 23 93

Coudert Pneus, 2 r. de Bretagne ✆ 01 47 37 89 16
Euromaster, 101 r. A.-France ✆ 01 47 58 56 70

Lieusaint *77127 S.-et-M.* 101 ㊳ – *5 200 h alt. 89.*
Paris 36 – Brie-Comte-Robert 11 – Évry 11 – Melun 13.

Flamboyant M, 98 r. Paris (près N 6) ✆ 01 60 60 05 60, *Fax 01 60 60 05 32*, – , ▤ rest, TV ☎ P – 45. AE GB
Repas 105/205 ♀, enf. 50 – 35 – **72 ch** 310/380.

Linas *91310 Essonne* 101 ㉟ – *4 767 h alt. 55.*
Autodrome permanent de Linas-Montlhéry.
Paris 26 – Arpajon 6 – Évry 15 – Montlhéry 1.

L'Escargot de Linas, 136 av. Div. Leclerc ✆ 01 69 01 00 30, *Fax 01 69 01 00 30*, – AE GB
fermé août, vacances de fév., lundi soir, merc. soir et dim. – **Repas** *(140)* - 180 et carte 250 à 420 ♀.

Livry-Gargan *93190 Seine-St-Denis* 101 ⑱, 20, 25 – *35 387 h alt. 60.*

Office de Tourisme 5 pl. F.-Mitterand ☎ 01 43 30 61 60, Fax 01 43 30 48 41.
Paris 18 – Aubervilliers 16 – Aulnay-sous-Bois 4 – Bobigny 7 – Meaux 27 – Senlis 39.

XX **Petite Marmite,** 8 bd République ☎ 01 43 81 29 15, *Fax 01 43 02 69 59,* – GB AU 65
fermé 8 au 31 août, dim. soir et merc. – **Repas** carte 190 à 340 ♀, enf. 100.

OPEL Gar. Guiot, 1-3 av. A.-Briand ☎ 01 43 02 63 31
Bonnet-Point S, 4 av. C.-Desmoulins ☎ 01 43 81 53 13

Les Loges-en-Josas *78350 Yvelines* 101 ㉓, 22, 25 – *1 506 h alt. 160.*
Paris 29 – Bièvres 7 – Chevreuse 14 – Palaiseau 12 – Versailles 6.

Relais de Courlande M, 23 av. Div. Leclerc ☎ 01 30 83 84 00, *Fax 01 39 56 06 72,* – – 100. AE GB BL 31
Repas 155/360 ♀, enf. 90 – 47 – **49 ch** 450/540, 3 appart.

RENAULT Gar. de la Halte, rte du Petit Jouy ☎ 01 39 07 12 50 N ☎ 08 00 05 15 15

Longjumeau *91160 Essonne* 101 ㉟, 25 – *19 864 h alt. 78.*
Paris 20 – Chartres 69 – Dreux 85 – Évry 15 – Melun 38 – Orléans 111 – Versailles 26.

Relais des Chartreux, à Saulxier, Sud Ouest : 2 km, sur N 20 ☎ 01 69 09 34 31, *Fax 01 69 34 57 70,* , parc, – , rest, – 100. AE GB BX 44
Repas 210/470 – 45 – **100 ch** 280/330.

XX **St-Pierre,** 42 Grande Rue (F. Mitterand) ☎ 01 64 48 81 99, *Fax 01 69 34 25 53* – . AE GB BV 45
fermé 27 juil. au 17 août, lundi soir et dim. – **Repas** 135/170 et carte 240 à 300 ♀, enf. 98.

à Saulx-les-Chartreux *Sud-Ouest par D 118 – 4 141 h. alt. 75 – ✉ 91160 :*

St-Georges , rte de Montlhéry : 1 km ☎ 01 64 48 36 40, *Fax 01 64 48 89 48,* , , parc, – – 150. AE GB BX42-43
fermé mi-juil. à mi-août – **Repas** 150/450 et carte 190 à 330 – 40 – **40 ch** 380/430.

Euromaster, 5 rte de Versailles, Petit Champlan ☎ 01 69 34 11 50

Louveciennes *78430 Yvelines* 101 ⑬, 25 *G. Ile de France – 7 446 h alt. 125.*
Paris 21 – St-Germain-en-Laye 6 – Versailles 10.

XX **Aux Chandelles,** 12 pl. Église ☎ 01 39 69 08 40, , – AE GB
fermé 17 au 23 août, sam. midi et merc. – **Repas** 120/280 bc.

Maisons-Alfort *94700 Val-de-Marne* 101 ㉗, 24, 25 *G. Ile de France – 53 375 h alt. 37.*
Paris 10 – Créteil 4 – Évry 34 – Melun 39.

XX **Bourgogne,** 164 r. J. Jaurès ☎ 01 43 75 12 75, *Fax 01 43 68 05 86* – . AE GB BG 57
fermé sam. et dim. – **Repas** 180 et carte 210 à 420.

RENAULT M.A.E.S.A., 8 av. Prof. Cadiot ☎ 01 43 76 63 70
Vaysse Pneus, 249 av. de la République ☎ 01 42 07 36 85
Legros Point S, 19 av. G.-Clémenceau ☎ 01 41 79 09 99

Maisons-Laffitte *78600 Yvelines* 101 ⑬, 18, 25 *G. Ile de France – 22 173 h alt. 38.*
Voir *Château*★.
Office de Tourisme 41 av. de Longueil ☎ 01 39 62 63 64, Fax 01 39 12 02 89.
Paris 22 – Argenteuil 11 – Mantes-la-Jolie 38 – Poissy 9 – Pontoise 20 – St-Germain-en-Laye 7 – Versailles 24.

Climat de France M, 2 r. Paris (accès par av. Verdun) ☎ 01 39 12 20 20, *Fax 01 39 62 45 54,* , – – 25. AE GB
Repas *(69)* - 89/111 ♀, enf. 39 – 35 – **66 ch** 338.

XXX ✿ **Tastevin** (Blanchet), 9 av. Eglé ☎ 01 39 62 11 67, *Fax 01 39 62 73 09,* , – . AE GB JCB AN 32
fermé 11 août au 5 sept., vacances de fév., lundi soir et mardi – **Repas** 420 et carte 370 à 460
Spéc. Escalope de foie gras chaud poêlé au vinaigre de cidre, pomme confite au miel. Gibier (saison). Sanciaux aux pommes (sept. à avril).

XX **Rôtisserie Vieille Fontaine,** 8 av. Grétry ☎ 01 39 62 01 78, *Fax 01 39 62 13 43,* , parc – AE GB JCB AM 33
fermé 17 au 23 août et lundi – **Repas** 172.

XX **Ribot,** 5 av. St-Germain ℘ 01 39 62 01 53, *Fax 01 39 62 01 53* – AE GB — AN 32
fermé 15 au 31 août, mardi midi et lundi – **Repas** - cuisine italienne - 140/185 et carte 190 à 260 ♀.

RENAULT Gar. de la Station, 5, r. du Fossé ℘ 01 39 62 05 45

Malakoff *92240 Hauts-de-Seine* 101 ㉕, 22, 25 – *30 959 h alt. 67.*

Paris 6 – Boulogne-Billancourt 5 – Évry 29 – Versailles 16.

Climat de France sans rest, 122 av. P. Brossolette ℘ 01 46 56 11 52, *Fax 01 46 56 18 57* – BE 47
– AE GB
35 – **53 ch** 440.

PEUGEOT Gar. Parisud Malakoff, 105 bd G.-Péri ℘ 01 40 92 55 00

PEUGEOT Gar. Blond, 28-30 bd de Stalingrad ℘ 01 46 55 22 36

Marcoussis *91460 Essonne* 101 ㉞ *G. Île de France – 5 680 h alt. 79.*

Voir *Vierge*★ *en marbre dans l'église.*

Paris 29 – Arpajon 10 – Étampes 27 – Évry 17 – Montlhéry 3.

X **Bellejame,** 97 r. A. Dubois ℘ 01 69 80 66 47 – AE GB
fermé jeudi soir, dim. soir et lundi – **Repas** (55) - 79/180 et carte 170 à 230, enf. 30.

PEUGEOT Gar. du Gay, rte d'Orsay ℘ 01 69 01 16 91

Marly-le-Roi *78160 Yvelines* 101 ⑫ ⑬, 18, 25 *G. Ile de France – 16 741 h alt. 90.*

Voir *Parc*★.

Paris 23 – Saint-Germain-en-Laye 4 – Versailles 9.

XX **Village,** 3 Grande Rue ℘ 01 39 16 28 14, *Fax 01 39 58 62 60* – GB — AZ 28
fermé 26 juil. au 18 août, 2 au 10 janv., sam. midi, dim. soir et lundi soir – **Repas** (nombre de couverts limité, prévenir) 135 bc (déj.)/170 et carte 180 à 250, enf. 80.

Marne-la-Vallée *77206 S.-et-M.* 101 ⑲ ⑳, 24 *G. Ile de France.*

18 *de Bussy-St-Georges (privé)* ℘ *01 64 66 00 00;* 18 9 *de Disneyland Paris* ℘ *01 60 45 68 04.*

Maison du Tourisme d'Ile-de-France, Disney Village ℘ *01 60 43 33 33, Fax 01 60 43 36 91.*

Paris 27 – Meaux 28 – Melun 39.

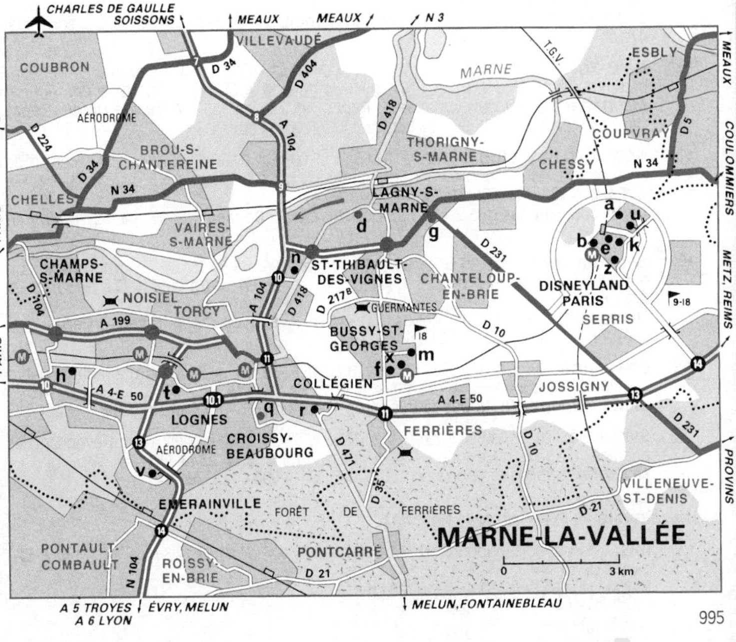

à Bussy-St-Georges – *1 545 h. alt. 105 – ✉ 77600 :*

Holiday Inn M, 39 bd Lagny **(f)** ☎ 01 64 66 35 65, *Fax 01 64 66 03 10,* – – 65. AE GB JCB. rest
Repas 150, enf. 60 – 70 – **120 ch** 685/755.

Golf H. M, 15 av. Golf **(m)** ☎ 01 64 66 30 30, *Fax 01 64 66 04 36,* – P – 120. AE GB
Repas *(69)* - 78/158, enf. 47 – 65 – **94 ch** 470/595.

Sol Inn Paris Bussy M, 44 bd A. Giroust **(x)** ☎ 01 64 66 11 11, *Fax 01 64 66 29 05,* – – 90. AE GB JCB
Repas *(68)* - 89/150, enf. 58 – 48 – **87 ch** 420/540.

à Champs-sur-Marne – *21 611 h. alt. 80 – ✉ 77420.*

Voir *Château★ (salon chinois★★) et parc★★.*

Ibis, cité Descartes, bd Newton **(h)** ☎ 01 64 68 00 83, *Fax 01 64 68 02 60,* – – 45. AE GB
Repas *(75)* - 95 – 39 – **110 ch** 275/305.

à Collégien – *2 331 h. alt. 105 – ✉ 77090 :*

Novotel, à l'échangeur de Lagny A 4 **(r)** ☎ 01 64 80 53 53, *Fax 01 64 80 48 37,* – P – 250. AE GB
Repas *(98)* - 118, enf. 60 – 70 – **197 ch** 610/690.

à Croissy-Beaubourg – *2 396 h. alt. 102 – ✉ 77183 :*

XXX **L'Aigle d'Or,** 8 r. Paris **(q)** ☎ 01 60 05 31 33, *Fax 01 64 62 09 39,* – P. AE GB JCB
fermé dim. soir et lundi soir – **Repas** 180/450 et carte 350 à 450.

à Disneyland Paris *accès par autoroute A 4 et bretelle Disneyland.*

Voir *Disneyland Paris★★★ (voir Guide Vert Disneyland Paris).*

Disneyland Hôtel M, **(b)** ☎ 01 60 45 65 00, *Fax 01 60 45 65 33,* « Bel ensemble de style victorien à l'entrée du parc d'attractions », – P – 25 à 50. AE GB JCB.
California : Repas 195/275, enf. 75 – ***Inventions*** self **Repas** 180 (déj.)/250, enf. 140 – **478 ch** 2250/3500, 18 appart.

New-York M, **(e)** ☎ 01 60 45 73 00, *Fax 01 60 45 73 33,* « Ambiance du Manhattan des années 30 », – P – 1 500. AE GB JCB.
Manhattan Restaurant (dîner seul.) **Repas** 195/260, enf. 55 – ***Parkside Diner :*** **Repas** carte environ 150, enf. 55 – **532 ch** 1400/1600, 31 appart.

Newport Bay Club M, **(z)** ☎ 01 60 45 55 00, *Fax 01 60 45 55 33,* centre de conférences, « Évocation du bord de mer de la Nouvelle Angleterre », – P – 5 000. AE GB JCB.
Cape Cod : **Repas** 145, enf. 55 – ***Yacht Club :*** **Repas** 150/195, enf. 55 – **1 077 ch** 1180/1580, 15 appart.

Séquoia Lodge M, **(k)** ☎ 01 60 45 51 00, *Fax 01 60 45 51 33,* « Atmosphère d'un hôtel des Montagnes Rocheuses », – P – 35. AE GB JCB.
Hunter's Grill (dîner seul.) **Repas** 150, enf. 55 – ***Beaver Creek Tavern :*** **Repas** *(115)*-150, enf. 55 – **997 ch** 1060/1260, 14 appart.

Cheyenne, **(a)** ☎ 01 60 45 62 00, *Fax 01 60 45 62 33,* « Reconstitution d'une petite ville du Far-West » – rest, P. AE GB JCB.
Chuck Wagon Café : **Repas** carte environ 150, enf. 55 – **1 000 ch** 925.

Santa Fé, **(u)** ☎ 01 60 45 78 00, *Fax 01 60 45 78 33,* « Construction évoquant les pueblos du Nouveau Mexique » – rest, P. AE GB JCB.
La Cantina : **Repas** carte environ 130, enf. 55 – **1 000 ch** 780.

à Émerainville – *6 766 h. alt. 109 – ✉ 77184 :*

Ibis, ZI Pariest bd Beaubourg **(v)** ☎ 01 60 17 88 39, *Fax 01 64 62 12 34* – P – 80. AE GB
Repas *(75)* - 95, enf. 39 – 39 – **80 ch** 335.

à Lagny-sur-Marne – *18 643 h. alt. 51 – ✉ 77400.*

Voir *Château de Guermantes★ S : 3 km par D 35.*

Office de Tourisme 1pl. de la Fontaine ✆ 01 64 02 15 15, Fax 01 64 30 42 52.

XXX **Egleny,** 13 av. Gén. Leclerc **(d)** ✆ 01 64 30 52 69, *Fax 01 60 07 56 79,* – P. AE ① GB *fermé 9 au 20 août, 2 au 7 janv., dim. soir et lundi* – **Repas** 180/390 et carte 340 à 390 ♀.

X **Relais Fleuri,** 1 av. Stade **(g)** ✆ 01 64 30 06 42, *Fax 01 64 30 06 42,* – P. GB *fermé août, lundi et le soir sauf sam.* – **Repas** 70/260 et carte 180 à 360.

à Lognes – *12 973 h. alt. 97 – ✉ 77185 :*

Frantour, 55 bd Mandinet **(t)** ✆ 01 64 80 02 50, *Fax 01 64 80 02 70,* – | TV ☎ P – 60. AE ① GB
Repas *(fermé le midi du 1er au 16 août, sam. midi, dim. midi et fériés le midi)* (69) - 104 (déj.)/186 ♀, enf. 52 – 60 – **85 ch** 448/493, 28 duplex.

à St-Thibault-des-Vignes – *4 207 h. alt. 80 – ✉ 77400 :*

Clarine, Parc de l'Esplanade **(n)** ✆ 01 64 02 02 44, *Fax 01 64 02 40 70,* – TV ☎ P – 30. AE GB
Repas 78/129 ♀, enf. 49 – 38 – **66 ch** 310/340.

CITROEN Gar. Yvois, 57 av. Leclerc à St-Thibault-des-Vignes ✆ 01 64 30 53 67
FORD Gar. Jamin, 34 av. Gén.-Leclerc à Lagny-sur-Marne ✆ 01 64 30 02 90
MERCEDES Cie de l'Est, 5-7 allée des Frènes à Champs-sur-Marne ✆ 01 64 68 70 87
PEUGEOT Métin Marne, 2 av. Gén.-Leclerc à Pomponne ✆ 01 64 12 78 00 N ✆ 08 00 44 24 24
RENAULT Gar. du Fort du Bois, 9-11 r. du Plateau à Lagny-sur-Marne ✆ 01 64 02 40 75
RENAULT Gar. Brie des Nations, 4-6 av. P.-M.-France à Noisiel ✆ 01 60 05 92 92

Euromaster, 6-8 r. C.-Chappé à Lagny-sur-Marne ✆ 01 64 30 55 00

Massy *91300 Essonne* 101 ㉕, 22, 25 – *38 574 h alt. 78.*

Paris 19 – Arpajon 19 – Évry 20 – Palaiseau 3 – Rambouillet 46.

Mercure M, 21 av. Carnot (gare T.G.V.) ✆ 01 69 32 80 20, *Fax 01 69 32 80 25* – | TV ☎ – 100. AE ① GB **BS 43**
Repas *(fermé dim. midi, sam. et fériés)* (98) - 118 – 60 – **116 ch** 660.

XX **Pavillon Européen,** 5 av. Gén. de Gaulle ✆ 01 60 11 17 17, *Fax 01 69 20 05 60* – GB **BR 43**
Repas (95) - 150/350.

CITROEN Succursale, rte de Chilly CD120 ✆ 01 69 55 55 84
RENAULT Villaine Autom., 8 r. de Versailles ✆ 01 69 30 08 26
RENAULT Massy Autom., av. de l'Europe ✆ 01 69 53 77 00

Euromaster, 12 r. M.-Paul ZI de la Bonde ✆ 01 69 20 38 20

Maurepas *78310 Yvelines* 101 ㉑ – *19 718 h alt. 165.*

Voir *France Miniature★ NE : 3km,* G. Île de France.

Paris 36 – Houdan 30 – Palaiseau 32 – Rambouillet 16 – Versailles 17.

Mercure M, N 10 ✆ 01 30 51 57 27, *Fax 01 30 66 70 14,* – | rest, TV ☎ P – 100. AE ① GB JCB **BM 15**
Repas (90 bc) - 130, enf. 45 – 60 – **91 ch** 470.

RENAULT Succursale, bd des Arpents ✆ 01 34 82 31 64 N ✆ 08 00 05 15 15
VOLVO Pariwest Autom., ZA 8 r. du Commerce ✆ 01 30 50 67 00

Le Mesnil-Amelot *77990 S.-et-M.* 101 ⑨ – *705 h alt. 80.*

Paris 31 – Bobigny 21 – Goussainville 12 – Meaux 28 – Melun 66 – Senlis 25.

Radisson M, La Pièce du Gué ✆ 01 60 03 63 00, *Fax 01 60 03 74 40,* – | TV ☎ P – 300. AE ① GB JCB
Repas 165, enf. 55 – 80 – **240 ch** 800/1100.

Meudon *92190 Hauts-de-Seine* 101 ㉔, 22, 25 *G. Ile de France* **(plan)** – *45 339 h alt. 100.*

Voir *Terrasse★ : ★ – Forêt de Meudon★.*

Paris 10 – Boulogne-Billancourt 3 – Clamart 3 – Nanterre 12 – Versailles 9.

XX **Relais des Gardes,** à Bellevue, 42 av. Gallieni ✆ 01 45 34 11 79, *Fax 01 45 34 44 32,* – AE ① GB JCB **BE 40**
fermé sam. midi et dim. soir – **Repas** 190.

au sud *à Meudon-la-Forêt – ✉ 92360 :*

Mercure Ermitage de Villebon Ⓜ, rte Col. Moraine ☎ 01 46 01 46 86, *Fax 01 46 01 46 95,* – ♦, ▤ ch, TV ☎ ♿ – P – 🏛 60. AE ⓓ GB **BH 39**
Repas *(fermé dim. soir et soirs fériés)* (140) - 190 – ☕ 55 – **63 ch** 800.

Forest Hill, 40 av. Mar. de Lattre de Tassigny ☎ 01 46 30 22 55, *Fax 01 46 32 16 54,* – ♦ TV ☎ ♿ – 🏛 150. AE ⓓ GB JCB **BJ39-40**
Repas 79/134 bc 🍷, enf. 39 – ☕ 55 – **155 ch** 650.

CITROEN Gar. Rabelais, 31 bd Nations-Unies ☎ 01 46 26 45 50 N ☎ 08 00 05 15 15
RENAULT Gar. de l'Orangerie, 16 r. de l'Orangerie ☎ 01 45 34 27 18 N ☎ 08 00 05 15 15
RENAULT Gar. Biguet, 5 r. Docteur Arnaudet ☎ 01 46 26 27 80 N ☎ 08 00 05 15 15
RENAULT Gar. Biguet, 1 av. Gén.-de-Gaulle ☎ 01 46 31 65 40 N ☎ 08 00 05 15 15

Montmorency *95160 Val-d'Oise* 101 ⑤, 25 *G. Ile de France – 20 920 h alt. 82.*

Voir *Collégiale St-Martin★.*

Env. *Château d'Écouen★★ : musée de la Renaissance★★ (tenture de David et de Bethsabée★★★).*

de Domont Montmorency à Domont ☎ 01 39 91 07 50 par D 124.

Office de Tourisme 1 av. Foch ☎ 01 39 64 42 94.

Paris 19 – Enghien-les-Bains 3 – Pontoise 25 – St-Denis 9.

Au Coeur de la Forêt, av. Repos de Diane et accès par chemin forestier ☎ 01 39 64 99 19, *Fax 01 34 28 17 52,* – P. GB
fermé 15 août au 6 sept., jeudi soir, dim. soir et lundi – **Repas** 130/190 et carte 250 à 350.

RENAULT Gar. Rousseau, 150 av. Div.-Leclerc ☎ 01 39 34 95 95
Gar. des Loges, 242 r. J.-Ferry à Montmagny ☎ 01 34 28 60 00

Montreuil *93100 Seine-St-Denis* 101 ⑰, 20, 25 *G. Ile de France – 94 754 h alt. 70.*

Office de Tourisme 1 r. Kléber ☎ 01 42 87 38 09, Fax 01 42 87 27 13.

Paris 7 – Bobigny 9 – Lagny-sur-Marne 31 – Meaux 38 – Senlis 46.

Gaillard, 28 r. Colbert ☎ 01 48 58 17 37, *Fax 01 48 70 09 74,* – P. AE GB **AZ 57**
fermé 9 au 24 août, dim. soir et lundi soir – **Repas** 160/220 et carte 230 à 360 🍷.

CITROEN Succursale, 224-226 bd A.-Briand ☎ 01 48 59 64 00
RENAULT Succursale, 57 r. A.-Carrel ☎ 01 49 20 38 38 N ☎ 08 00 05 15 15
RENAULT Gar. de la Mairie, 25 bd Couturier ☎ 01 42 87 07 20
Franor Vulco, 97 bd de Chanzy ☎ 01 42 87 39 60
Pneu-Service, 65 r. de St-Mandé ☎ 01 48 51 93 79

Montrouge *92120 Hauts-de-Seine* 101 ㉕, 22, 25 *– 38 106 h alt. 75.*

Paris 5 – Boulogne-Billancourt 6 – Longjumeau 17 – Nanterre 14 – Versailles 22.

Mercure Ⓜ, 13 r. F.-Ory ☎ 01 46 57 11 26, *Fax 01 47 35 47 61* – ♦ ▤ TV ☎ ♿ – 🏛 120. AE ⓓ GB. rest **BE 48**
Repas (103) - 133 🍷, enf. 50 – ☕ 65 – **186 ch** 710/910, 6 appart.

CITROEN Verdier-Montrouge Autom., 99 av. Verdier ☎ 01 46 57 12 00
MERCEDES Succursale, 15-17 r. Barbès ☎ 01 46 12 70 00
NISSAN Paris Sud Sce, 83 av. A.-Briand ☎ 01 46 55 71 24
RENAULT Colin-Montrouge, 59 av. République ☎ 01 46 55 26 20

Morangis *91420 Essonne* 101 ㉟, 25 *– 10 043 h alt. 85.*

Paris 21 – Évry 13 – Longjumeau 4 – Versailles 23.

Sabayon, 15 r. Lavoisier ☎ 01 69 09 43 80, *Fax 01 64 48 27 28* – ▤. GB
fermé 8 au 20 août, sam. midi et dim. – **Repas** 178/330 et carte 200 à 320 🍷.

RENAULT Gar. Richard, rte de Savigny ☎ 01 69 09 47 50

Dans ce guide

un même symbole, un même caractère, imprimé en couleur ou en **noir**, en maigre ou en **gras** n'ont pas tout à fait la même signification.

Lisez attentivement les pages explicatives.

Nanterre P 92000 *Hauts-de-Seine* 101 ⑭, 18, 25 – *84 565 h alt. 35.*

Office de Tourisme 4 r. du Marché ☎ 01 47 21 58 02, Fax 01 47 25 99 02.

Paris 12 – Beauvais 81 – Rouen 121 – Versailles 15.

Mercure La Défense M, r. des 3 Fontanot ☎ 01 46 69 68 00, *Fax 01 47 25 46 24* – 130. AE GB JCB — AV 39
Repas *(fermé dim. midi et sam.)* 135/180 – 70 – **97 ch** 820/850.

Quality Inn M, 2 av. B. Frachon ☎ 01 46 95 08 08, *Fax 01 46 95 01 24* – rest, – 30. AE GB — AV 37
Repas *(fermé sam. et dim.)* *(105)* - 120 ♀ – 60 – **85 ch** 680/850.

Rôtisserie, 180 av. G. Clemenceau ☎ 01 46 97 12 11, *Fax 01 46 97 12 09,* – AE GB — AW 38
fermé sam. midi et dim. – **Repas** (prévenir) 155.

CITROEN Succursale, 100 av. F.-Araago ☎ 01 41 19 35 00

Euromaster, 74 av. V.-Lénine ☎ 01 47 24 61 01

Neuilly-sur-Seine *92200 Hauts-de-Seine* 101 ⑮, 18, 25 *G. Ile de France* – *61 768 h alt. 34.*

Paris 8 – Argenteuil 12 – Nanterre 5 – Pontoise 31 – St-Germain-en-Laye 15 – Versailles 17.

Jardin de Neuilly sans rest, 5 r. P. Déroulède ☎ 01 46 24 51 62, *Fax 01 46 37 14 60* – AE GB JCB. — AX 44
90 – **30 ch** 600/1200.

Paris Neuilly M sans rest, 1 av. Madrid ☎ 01 47 47 14 67, *Fax 01 47 47 97 42* – AE GB — AX 42
70 – **80 ch** 740/790.

Parc sans rest, 4 bd Parc ☎ 01 46 24 32 62, *Fax 01 46 40 77 31* – GB — AV 43
43 – **69 ch** 380/470.

Roule sans rest, 37 bis av. Roule ☎ 01 46 24 60 09, *Fax 01 40 88 37 89* – AE GB — AX 44
35 – **35 ch** 390/480.

San Valero, 209 ter av. Ch. de Gaulle ☎ 01 46 24 07 87, *Fax 01 47 47 83 17* – AE GB. — AW 42
fermé 9 au 23 août, 24 déc. au 1er janv., sam. midi, dim. et fériés – **Repas** - cuisine espagnole - 150 (déj.)/190 et carte 220 à 320.

Truffe Noire (Jacquet), 2 pl. Parmentier ☎ 01 46 24 94 14, *Fax 01 46 37 27 02* – AE GB. — AX 44
fermé 3 au 23 août, sam. et dim. – **Repas** 195/250 et carte 260 à 350 ♀
Spéc. Menu champignons (15 sept. au 30 oct.). Mousseline de brochet au beurre blanc. "Beuchelle tourangelle" (oct. à nov.).

Le Riad, 42 av. Ch. de Gaulle ☎ 01 46 24 42 61 – AE GB. — AX 44
fermé 25 juil. au 23 août, 26 au 31 déc., sam. midi et dim. – **Repas** - cuisine marocaine - carte 280 à 340.

Foc Ly, 79 av. Ch. de Gaulle ☎ 01 46 24 43 36, *Fax 01 46 24 48 46* – AE GB — AW 42
fermé lundi en juil.-août – **Repas** - cuisine chinoise - *(99)* - carte 150 à 240 ♀, enf. 75.

Jarrasse, 4 av. Madrid ☎ 01 46 24 07 56, *Fax 01 40 88 35 60* – AE GB — AX 42
fermé août et dim. – **Repas** - produits de la mer - 195 et carte 290 à 530.

Les Feuilles Libres, 34 r. Perronet ☎ 01 46 24 41 41, *Fax 01 46 40 77 61* – AE GB — AW 43
fermé 5 au 25 août, sam. midi et dim. – **Repas** 220 et carte environ 250 ♀.

Carpe Diem, 10 r. Église ☎ 01 46 24 95 01, *Fax 01 46 40 15 61* – AE GB — AW 43
fermé août, sam. midi et dim. – **Repas** 180 et carte 280 à 450 ♀.

Bistrot d'à Côté Neuilly, 4 r. Boutard ☎ 01 47 45 34 55, *Fax 01 47 45 15 08* – AE GB — AX 42
fermé sam. midi et dim. – **Repas** 129 (déj.)/189 ♀.

Catounière, 4 r. Poissonniers ☎ 01 47 47 14 33, *Fax 01 47 47 14 33* – AE GB — AX 43
fermé 1er au 26 août, sam. midi et dim. – **Repas** 178.

Petit Bofinger, 18 av. Ch. de Gaulle ☎ 01 47 22 37 25, *Fax 01 46 24 95 35,* bistrot – AE GB — E 6
Repas *(89 bc)* - 128 et carte 140 à 220 ♀, enf. 45.

CITROEN Succursale, 124 av. A.-Peretti ☎ 01 40 88 26 00 N ☎ 08 00 05 24 24

Maillot Pneus, 69 av. Gén.-de-Gaulle ☎ 01 46 24 33 69

Nogent-sur-Marne <SP> *94130 Val-de-Marne* 101 ㉗, 24, 25 *G. Ile de France – 25 248 h alt. 59.*

Office de Tourisme 5 av. Joinville ✆ 01 48 73 73 97, Fax 01 48 73 75 90.

Paris 13 – Créteil 9 – Montreuil 4 – Vincennes 4.

Mercure Nogentel M, 8 r. Port ✆ 01 48 72 70 00, *Fax 01 48 72 86 19*, – – 25 à 200. AE GB BC 62
Le Canotier : **Repas** *(135)*-165 – 60 – **60 ch** 510/560.

Campanile, quai du port (Pt de Nogent) ✆ 01 48 72 51 98, *Fax 01 48 72 05 09*, – , ch, – – 30. AE GB BC62-63
Repas *(72)* - 92 bc/119 bc, enf. 39 – 36 – **91 ch** 340.

PEUGEOT Gar. Royal Nogent, 44 Gde r. Ch.-de-Gaulle ✆ 01 48 73 68 90

Noisy-le-Grand *93160 Seine-St-Denis* 101 ⑱, 24, 25 *G. Île de France – 54 032 h alt. 82.*

Office de Tourisme Ancienne Mairie, 167 r. P.-Brossolette ✆ 01 43 04 51 55.

Paris 20 – Bobigny 15 – Lagny-sur-Marne 17 – Meaux 37.

Mercure M, 2 bd Levant ✆ 01 45 92 47 47, *Fax 01 45 92 47 10*, , – – 150. AE GB BB 67
Les Météores *(fermé dim. midi et sam.)* **Repas** *(135)*-165(déj.) carte environ 200, enf. 70 – 60 – **192 ch** 500/630.

Novotel Atria M, 2 allée Bienvenüe-quartier Horizon ✆ 01 48 15 60 60, *Fax 01 43 04 78 83*, , – – 250. AE GB BB-BC67
Repas *(100)* - 130, enf. 50 – 60 – **144 ch** 510/560.

Amphitryon, 56 av. A. Briand ✆ 01 43 04 68 00, *Fax 01 43 04 68 10* – . GB AA 48
fermé août et dim. soir sauf fériés – **Repas** 110 (déj.), 145/210.

AUDI, VOLKSWAGEN Gar. de la Pointe, 65 av. E.-Cossonneau ✆ 01 48 15 58 30
PEUGEOT Gar. Métin Noisy, 56 av. du Pavé Neuf ✆ 01 48 15 95 00

Orgeval *78630 Yvelines* 101 ⑪ *– 4 509 h alt. 100.*

Paris 31 – Mantes-la-Jolie 25 – Pontoise 25 – Rambouillet 47 – St-Germain-en-Laye 11 – Versailles 22.

Moulin d'Orgeval , r. Abbaye, Sud : 1,5 km ✆ 01 39 75 85 74, *Fax 01 39 75 48 52*, , « Parc ombragé avec étang », – – 30. AE GB
Repas *(fermé 20 au 30 déc. et dim. soir du 1er nov. au 31 mars) (140)* - 210/350 – 60 – **14 ch** 600/800.

Orly (Aéroports de Paris) *94310 Val-de-Marne* 101 ㉖, 24, 25 *– 21 646 h alt. 89.*

✆ *01 49 75 15 15.*

Paris 16 – Corbeil-Essonnes 19 – Créteil 11 – Longjumeau 13 – Villeneuve-St-Georges 9.

Hilton Orly M, près aérogare ✉ 94544 ✆ 01 45 12 45 12, *Fax 01 45 12 45 00*, – – 300. AE GB JCB BR 51
Repas 195/245 – 95 – **357 ch** 1080/1500.

Mercure M, N 7, Z.I. Nord, Orlytech ✉ 94547 ✆ 01 46 87 23 37, *Fax 01 46 87 71 92* – – 40. AE GB
Repas *(105)* - carte 160 à 230, enf. 50 – 67 – **190 ch** 695/865.

Aérogare d'Orly Ouest :

Maxim's, 2e étage ✉ 94547 ✆ 01 49 75 16 78, *Fax 01 46 87 05 39* – . AE GB
fermé 31 juil. au 30 août, 25 déc. au 3 janv., sam., dim. et fériés – **Repas** 230/480 et carte 290 à 420
Spéc. Terrine de canard "Alex Humbert". Sole braisée au vermouth. Filet de boeuf aux pommes Maxim's.

à Orly ville *– 21 646 h. alt. 71.*

Air Plus M, 58 voie Nouvelle (près Parc G. Méliès) ✆ 01 41 80 75 75, *Fax 01 41 80 12 12*, – . AE GB BN 54
Repas *(fermé sam. midi et dim. midi) (65)* - 85/129 – 50 – **72 ch** 440/510.

Voir aussi à ***Rungis***

RENAULT S.A.P.A., Bât.225, Aérogares ✆ 01 41 73 08 00

Orsay *91400 Essonne* 101 ㉞, 25 *G. Ile de France – 14 863 h alt. 90.*

Paris 28 – Arpajon 19 – Évry 28 – Rambouillet 32.

Boudin Sauvage, 6 r. Versailles ✆ 01 69 28 42 93, *Fax 01 69 86 19 48*, , « Jardin fleuri » – AE GB JCB
fermé août et week-ends – **Repas** 200 bc (déj.), 350/450 et carte 400 à 500.

CITROEN Gd Gar. d'Orsay, 8 pl. de la République ✆ 01 69 28 40 26

Ozoir-la-Ferrière *77330 S.-et-M.* **101** ㉚, **106** ㉝ – *19 031 h alt. 110.*

Syndicat d'Initiative pl. de la Mairie, 43 av. du Gén.-de-Gaulle ✆ 01 64 40 10 20, Fax 01 64 40 09 91.

Paris 34 – Coulommiers 41 – Lagny-sur-Marne 17 – Melun 30 – Sézanne 82.

XXX **Gueulardière,** 66 av. Gén. de Gaulle ✆ 01 60 02 94 56, *Fax 01 60 02 98 51,* – AE GB
fermé août, vacances de fév., dim. et lundi – **Repas** 150/230 et carte 300 à 420.

XX **Relais d'Ozoir,** 73 av. Gén. de Gaulle ✆ 01 60 02 91 33, *Fax 01 64 40 40 91* – GB
fermé 14 juil. au 4 août, dim. soir et lundi – **Repas** *(78 bc)* - 97/245.

FIAT Couffignal, 38 av. Gén.-de-Gaulle ✆ 01 60 02 60 77

Palaiseau SP *91120 Essonne* **101** ㉞, **22**, **25** – *28 395 h alt. 101.*

Paris 22 – Arpajon 19 – Chartres 71 – Évry 20 – Rambouillet 48.

Novotel M, Z.I. de Massy ✆ 01 69 20 84 91, *Fax 01 64 47 17 80,* – 180. AE GB — BS 43
Repas carte environ 170 ♀, enf. 50 – ☕ 60 – **147 ch** 625/720.

CITROEN J.-Jaurès Autom., 33 av. J.-Jaurès ✆ 01 60 14 03 92

Pantin *93500 Seine-St-Denis* **101** ⑯, **20**, **25** – *47 303 h alt. 26.*

Voir *Centre international de l'Automobile*★, **G. Île de France.**

Office de Tourisme 25 ter r. du Pré-St-Gervais ✆ 01 48 44 93 72, Fax 01 48 44 18 51.

Paris 8 – Bobigny 4 – Montreuil 6 – St-Denis 5.

Référence H. M, 22 av. J. Lolive ✆ 01 48 91 66 00, *Fax 01 48 44 12 17,* – 80. AE GB JCB.
Repas *(fermé août, week-ends et fêtes) (120)* - 180 ♀ – ☕ 75 – **120 ch** 795/860, 3 appart.

Mercure Porte de Pantin M, r. Scandicci ✆ 01 48 46 70 66, *Fax 01 48 46 07 90* – 25 à 100. AE GB — AV-AW54
Repas *(80)* - 100 ♀, enf. 55 – ☕ 60 – **129 ch** 635, 9 appart.

CITROEN Succursale, 68-70 av. Gén.-Leclerc ✆ 01 49 15 10 00
RENAULT Succursale, 13 av. Gén.-Leclerc ✆ 01 48 10 42 19
Maillot Pneus, 160 av. J.-Jaurès ✆ 01 48 45 25 85
Steier-Pneus - Point S, 217 av. J.-Lolive ✆ 01 48 44 36 80

Le Perreux-sur-Marne *94170 Val-de-Marne* **101** ⑱, **24**, **25** – *28 477 h alt. 50.*

Office de Tourisme pl. R.-Belvaux ✆ 01 43 24 26 58.

Paris 16 – Créteil 12 – Lagny-sur-Marne 23 – Villemomble 9 – Vincennes 6.

XXX **Les Magnolias,** 48 av. de Bry ✆ 01 48 72 47 43, *Fax 01 48 72 22 28* – AE GB — BC 63
fermé 10 au 30 août, sam. midi et dim. – **Repas** 190/230 et carte 300 à 390.

CITROEN S.A.G.A., 131 av. P.-Brossolette, niv. A4 ✆ 01 43 24 13 50
PEUGEOT Gar. Sabrié, 9-15 av. République à Fontenay-sous-Bois ✆ 01 48 75 10 00 **N** ✆ 08 00 44 24 24
RENAULT Gar. Hoel, 44 46 av. Bry ✆ 01 43 24 52 00 **N** ✆ 08 00 05 15 15
RENAULT Rel. des Nations, 258 av. République à Fontenay-sous-Bois ✆ 01 48 76 42 72
Maison du Pneu 94, 103 bd Alsace-Lorraine ✆ 01 43 24 41 43

Petit-Clamart *92 Hauts-de-Seine* **101** ㉔, **22**, **25** – ✉ *92140 Clamart.*

Voir *Bièvres : Musée français de la photographie*★ *S : 1 km,* **G. Ile de France.**

Paris 13 – Antony 8 – Clamart 5 – Meudon 5 – Nanterre 18 – Sèvres 9 – Versailles 8.

XX **Au Rendez-vous de Chasse,** 1 av. du Gén. Eisenhower ✆ 01 46 31 11 95, *Fax 01 40 94 11 40* – AE GB — BK 40
fermé dim. soir – **Repas** *(130)* - 170 et carte 220 à 380 ♀, enf. 95.

Poissy *78300 Yvelines* **101** ⑫ *G. Île de France.*

Voir *Collégiale Notre-Dame*★.

(privé) Bethemont Chisan Country Club ✆ 01 39 75 51 13.

Office de Tourisme 132 r. du Gén.-de-Gaulle ✆ 01 30 74 60 65, Fax 01 39 65 07 00.

Paris 33 ③ – Mantes-la-Jolie 30 ④ – Pontoise 20 ② – Rambouillet 49 ④ – St-Germain-en-Laye 6 ③.

Plan page suivante

XX **L' Esturgeon,** 6 cours 14-Juillet **(a)** ✆ 01 39 65 00 04, ← – AE GB
fermé août, dim. soir et jeudi – **Repas** 200 et carte 280 à 410.

XX **Bon Vivant,** 30 av. É. Zola **(e)** ✆ 01 39 65 02 14, *Fax 01 39 65 28 05,* ← – GB
fermé août, vacances de fév., dim. soir et lundi – **Repas** 200/230.

XX **Clos du Roy,** 36 bd Robespierre **(s)** ✆ 01 39 65 52 52, *Fax 01 39 79 46 36* – GB
fermé 4 au 26 août, dim. soir et lundi – **Repas** (nombre de couverts limité, prévenir) 130.

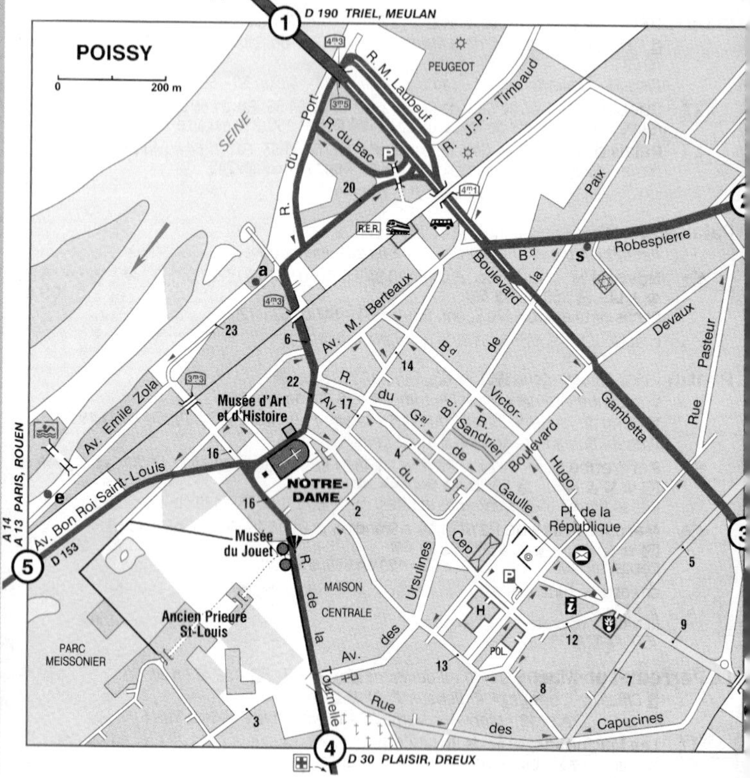

Cep (Av. du)
Gambetta (Bd)
Gaulle (R. Gén.-de)
Victor-Hugo (Bd)

Abbaye (R. de l') 2
Blanche-de-Castille (Av.) 3
Bœuf (R. du) 4
Foch (Av. Mar.) 5
Gare (R. de la) 6
Grands-Champs (R. des) 7
Joly (Av. A.) 8
Lefebvre (Av. F.) 9
Lemelle (Bd L.) 12
Libération (R. de la) 13
Mary (R. J.-Cl.) 14
Meissonier (Av.) 16
Pain (R. au) 17
Pont-Ancien (R. du) 20
St-Louis (R.) 22
14-Juillet (Cours du) 23

FORD Gar. Gambetta, 45 bd Gambetta ✆ 01 39 65 17 67
RENAULT Gar. Pihan, 88 bd Robespierre par ② ✆ 01 39 65 40 94 N ✆ 01 39 11 50 00

Euromaster, 40 bd Robespierre ✆ 01 39 65 29 09

CONSTRUCTEUR : P.S.A. 45 r. J.P.-Timbaud ✆ *01 30 19 30 00*

Pontault-Combault *77340 S.-et-M.* **101** ㉙, **24**, **25** *– 26 804 h alt. 94.*

Paris 28 – Créteil 24 – Lagny-sur-Marne 16 – Melun 32.

Saphir H. M, aire des Berchères sur N 104 ✆ 01 64 43 45 47, *Fax 01 64 40 52 43*, – 150. AE GB
Jardin grill **Repas** *(87)* - 117/160, enf. 50 – 52 – **159 ch** 485/550, 20 appart.

Le Port-Marly *78560 Yvelines* **101** ⑬, **18**, **25** *– 4 181 h alt. 30.*

Paris 21 – St-Germain-en-Laye 2 – Versailles 11.

Aub. du Relais Breton, 27 r. Paris ✆ 01 39 58 64 33, *Fax 01 39 58 35 75*, – AE GB **AX 29**
fermé août, dim. soir et lundi – **Repas** 159/229 bc et carte 200 à 370.

MERCEDES CPMB Autom., 10 r. St-Germain ✆ 01 39 17 31 17

Le Pré St-Gervais *93310 Seine-St-Denis* 101 ⑯, 20, 25 – *15 373 h alt. 82.*
Paris 9 – Bobigny 5 – Lagny-sur-Marne 30 – Meaux 37 – Senlis 45.

X **Au Pouilly Reuilly,** 68 r. A. Joineau ✆ 01 48 45 14 59, bistrot – AE ⓓ GB — AW 55
fermé fin juil. à début sept., sam. et dim. – **Repas** carte 150 à 300.

Puteaux *92800 Hauts-de-Seine* 101 ⑭, 18, 25 – *42 756 h alt. 36.*
Paris 9 – Nanterre 4 – Pontoise 30 – St-Germain-en-Laye 13 – Versailles 16.

Syjac M sans rest, 20 quai de Dion-Bouton ✆ 01 42 04 03 04, *Fax 01 45 06 78 69,* « Élégante installation » – TV ☎ & – 30. AE ⓓ GB — AX 41
60 – **33 ch** 570/980.

Princesse Isabelle M sans rest, 72 r. J. Jaurès ✆ 01 47 78 80 06, *Fax 01 47 75 25 20,* – TV ☎. AE ⓓ GB — AX 41
50 – **29 ch** 685.

Dauphin M sans rest, 45 r. J. Jaurès ✆ 01 47 73 71 63, *Fax 01 46 98 08 82,* – TV ☎. AE ⓓ GB — AX 41
40 – **30 ch** 470/560.

XX **Chaumière,** 127 av. Prés. Wilson - rd-pt des Bergères ✆ 01 47 75 05 46, *Fax 01 47 75 05 46* – AE GB — AX 39
fermé 9 au 29 août, sam. midi, dim. soir et lundi soir – **Repas** 155 et carte 200 à 310.

Maison André, 20 r. des Fusillés ✆ 01 47 75 36 31

La Queue-en-Brie *94510 Val-de-Marne* 101 ㉙, 24, 25 – *9 897 h alt. 95.*
Paris 23 – Coulommiers 50 – Créteil 14 – Lagny-sur-Marne 21 – Melun 32 – Provins 66.

Relais de Pincevent, av. Hippodrome ✆ 01 45 94 61 61, *Fax 01 45 93 32 69,* – TV ☎ & P – 80. GB — BH 68
Repas 96/132 – 35 – **56 ch** 280.

XXX **Aub. du Petit Caporal,** 42 r. Gén. de Gaulle (N 4) ✆ 01 45 76 30 06 – AE GB — BJ 70
fermé mardi soir, merc. soir et dim. – **Repas** 160 et carte 260 à 370 ♀.

Quincy-sous-Sénart *91480 Essonne* 101 ㊳ – *7 079 h alt. 76.*
Paris 33 – Brie-Comte-Robert 8 – Évry 11 – Melun 20.

X **Lisière de Sénart,** 33 r. Libération ✆ 01 69 00 87 15, – AE GB
fermé vacances de fév., mardi soir et merc. – **Repas** 90/175 et carte 210 à 340 ♀.

Roissy-en-France (Aéroports de Paris) *95700 Val-d'Oise* 101 ⑧ – *2 054 h alt. 85.*
Charles-de-Gaulle ✆ 01 48 62 22 80.
Paris 26 – Chantilly 26 – Meaux 36 – Pontoise 36 – Senlis 27.

à Roissy-ville :

Copthorne M, allée Verger ✆ 01 34 29 33 33, *Fax 01 34 29 03 05,* – TV ☎ & – 150. AE ⓓ GB JCB
Repas *(fermé dim. midi et sam.)* *(99 bc)* - 160 bc (déj.), 200/250 – 85 – **237 ch** 1050/1450.

Mercure, allée Verger ✆ 01 34 29 40 00, *Fax 01 34 29 00 18,* – TV ☎ & P – 90. AE ⓓ GB
Repas *(76 bc)* - 146 bc, enf. 50 – 70 – **202 ch** 800, 4 appart.

Bleu Marine M, Z.A. parc de Roissy ✆ 01 34 29 00 00, *Fax 01 34 29 00 11,* – TV ☎ & P – 80. AE ⓓ GB JCB
Repas *(95)* - 145 ♀, enf. 49 – 60 – **153 ch** 610.

Campanile M, Z.A. parc de Roissy ✆ 01 34 29 80 40, *Fax 01 34 29 80 39,* – TV ☎ & P – 100. AE ⓓ GB
Repas *(72)* - 92 bc/119 bc, enf. 39 – 36 – **269 ch** 400.

Ibis M, av. Raperie ✆ 01 34 29 34 34, *Fax 01 34 29 34 19* – TV ☎ & P – 70. AE ⓓ GB
Repas *(75)* - 95 bc et carte environ 140, enf. 39 – 42 – **291 ch** 650.

à l'aérogare n° 2 :

Sheraton M, Aérogare n° 2 ✆ 01 49 19 70 70, *Fax 01 49 19 70 71,* <, « Architecture contemporaine originale », – TV ☎ & – 80. AE ⓓ GB JCB
Les Étoiles *(fermé août, sam. et dim.)* Repas 310 – ***Les Saisons :*** Repas *(200)* - 260 ♀ – 130 – **242 ch** 1500/3700, 14 appart.

à Roissypole :

Hilton M, 01 49 19 77 77, *Fax 01 49 19 77 78*, – 500. AE GB JCB. rest
Gourmet *(fermé 14 juil. au 15 août, sam. et dim.)* **Repas** 220/400, enf. 55 – ***Aviateurs*** - brasserie **Repas** 79/185, enf. 55 – ***Oyster bar*** - produits de la mer *(fermé 14 juil. au 15 août, dim. et lundi)* **Repas** carte environ 250, enf. 55 – 95 – **378 ch** 1450/1800, 4 appart.

Sofitel M, Zone centrale Ouest 01 49 19 29 29, *Fax 01 49 19 29 00*, – 150. AE GB JCB
Repas brasserie *(99)* - 145 bc – 100 – **344 ch** 980/1520, 8 appart.

Novotel M, 01 49 19 27 27, *Fax 01 49 19 27 99* – – 60. AE GB JCB
Repas carte environ 170, enf. 50 – 65 – **201 ch** 860/900.

Ibis M, 01 49 19 19 19, *Fax 01 49 19 19 21*, – – 80. AE GB. rest
Repas *(75)* - 95, enf. 39 – 39 – **556 ch** 425.

Z.I. Paris Nord II – *95912* :

Hyatt Regency M, 351 av. Bois de la Pie 01 48 17 12 34, *Fax 01 48 17 17 17*, « Original décor contemporain », – – 300. AE GB
Repas 185/220 – 105 – **383 ch** 1500, 5 appart.

Voir aussi *ressources hôtelières au* **Mesnil-Amelot (77 S.-et-M.)**

Romainville *93230 Seine-St-Denis 101 ⑰, 20, 25 – 23 563 h alt. 110.*

Paris 10 – Bobigny 3 – St-Denis 16 – Vincennes 5.

XXX **Chez Henri,** 72 rte Noisy 01 48 45 26 65, *Fax 01 48 91 16 74* – . AE GB — AV 57
fermé 2 au 24 août, lundi soir, sam. midi, dim. et fériés – **Repas** 160 et carte 270 à 360.

Rosny-sous-Bois *93110 Seine-St-Denis 101 ⑰, 20, 25 – 37 489 h alt. 80.*

9 01 48 94 01 81.

Paris 13 – Bobigny 9 – Le Perreux-sur-Marne 4 – St-Denis 16.

Holiday Inn Garden Court, 4 r. Rome 01 48 94 33 08, *Fax 01 48 94 30 05*, – , rest, – 25 à 150. AE GB JCB — AY 61
Vieux Carré **: Repas** *(120)*-149, enf. 60 – 50 – **97 ch** 510.

Comfort Inn, 1 r. Lisbonne 01 48 94 78 78, *Fax 01 45 28 83 69* – , rest, – 80. AE GB — AX 61
Repas *(fermé août, sam. et dim.) (87 bc)* - 128 – 45 – **100 ch** 390/420.

Euromaster, 183 bd d'Alsace-Lorraine 01 45 28 15 96

Rueil-Malmaison *92500 Hauts-de-Seine 101 ⑭, 18, 25 G. Ile de France – 66 401 h alt. 40.*

Voir *Château de Bois-Préau★ – Buffet d'orgues★ de l'église – Malmaison : musée★★ du château.*

9 01 47 49 64 67.

Office de Tourisme 160 av. Paul Doumer 01 47 32 35 75.

Paris 14 – Argenteuil 11 – Nanterre 3 – St-Germain-en-Laye 9 – Versailles 12.

Novotel Atria M, 21 av. Ed. Belin 01 47 16 60 60, *Fax 01 47 51 09 29* – – 140. AE GB JCB — AW 34
Repas *(120)* - 150, enf. 51 – 60 – **118 ch** 705/755, 4 appart.

Cardinal sans rest, 1 pl. Richelieu 01 47 08 20 20, *Fax 01 47 08 35 84* – . AE GB — AY 35
50 – **63 ch** 585/690.

Arts sans rest, 3 bd Mar. Joffre 01 47 52 15 00, *Fax 01 47 14 90 19* – . AE GB — AX 35
40 – **33 ch** 490/540.

XX **Rastignac,** 1 pl. Europe 01 47 32 92 29, *Fax 01 47 32 93 35* – . AE GB — AW 34
fermé 8 au 23 août, 24 déc. au 3 janv., sam. sauf le soir de sept. à juin et dim. – **Repas** 189/395 et carte 220 à 310.

XX **Bonheur de Chine,** 6 allée A. Maillol 01 47 49 88 88 – AE GB — AZ 37
Repas - cuisine chinoise - 89 (déj.)/130 et carte environ 180.

XX **Relais de St-Cucufa,** 114 r. Gén. Miribel ☎ 01 47 49 79 05, *Fax 01 47 14 96 58*, 🏞 – AE GB AZ 34
fermé 10 au 20 août, dim. soir et lundi soir – **Repas** 250 bc et carte 280 à 430.

XX **Pavillon Joséphine,** 191 av. Napoléon Bonaparte ☎ 01 47 49 96 96, *Fax 01 47 49 07 88*, 🏞 – ▤. AE ⓓ GB JCB AY 34
Repas 125/289 bc et carte 150 à 220 ♀.

Rungis *94150 Val-de-Marne* 101 ㉖, 24, 25 – *2 939 h alt. 80 Marché d'Intérêt National.*
Paris 14 – Antony 5 – Corbeil-Essonnes 27 – Créteil 10 – Longjumeau 10.

à Pondorly : *accès : de Paris, A6 et bretelle d'Orly ; de province, A6 et sortie Rungis*

Gd H. Mercure Orly M, 20 av. Ch. Lindbergh ✉ 94656 ☎ 01 46 87 36 36, *Fax 01 46 87 08 48*, ⛱ – |‡| ⇎ ▤ TV ☎ 🚗 P – 🏛 180. AE ⓓ GB BM 50
La Rungisserie : Repas (130) - 190 ♀, enf. 65 – ☕ 66 – **190 ch** 830/930.

Holiday Inn M, 4 av. Ch. Lindbergh ✉ 94656 ☎ 01 46 87 26 66, *Fax 01 45 60 91 25* – |‡| ⇎ ▤ TV ☎ ♿ P – 🏛 150. AE ⓓ GB BM 50
Repas (95) - 140 ♀ – ☕ 70 – **172 ch** 860/1060.

Novotel M, Zone du Delta, 1 r. Pont des Halles ☎ 01 45 12 44 12, *Fax 01 45 12 44 13*, 🏞, ⛱ – |‡| ⇎ ▤ TV ☎ 📞 ♿ P – 🏛 150. AE ⓓ GB
Repas carte environ 170 ♀, enf. 55 – ☕ 65 – **181 ch** 680/850.

Ibis, 1 r. Mondétour ✉ 94656 ☎ 01 46 87 22 45, *Fax 01 46 87 84 72*, 🏞 – |‡| ⇎ TV ☎ ♿ P – 🏛 60. AE ⓓ GB BM 50
Repas (75) - 95 ♀, enf. 39 – ☕ 39 – **119 ch** 350.

à Rungis-ville :

XX **Charolais,** 13 r. N.-Dame ☎ 01 46 86 16 42 – AE ⓓ GB BN 50
fermé 12 août au 2 sept., sam. et dim. – **Repas** (118) - 150 et carte 260 à 390.

Euromaster, 2 r. des Transports Centre Routier ☎ 01 46 86 46 01

St-Cloud *92210 Hauts-de-Seine* 101 ⑭, 22, 25 *G. Ile de France – 28 597 h alt. 63.*
Voir *Parc★★ (Grandes Eaux★★) – Église Stella Matutina★.*
18 18 *(privé) ☎ 01 47 01 01 85 parc de Buzenval à Garches, O : 4 km ;* 9 *Paris Country Club (Hippodrome) ☎ 01 47 71 39 22.*
Paris 12 – Nanterre 7 – Rueil-Malmaison 5 – St-Germain 17 – Versailles 11.

Villa Henri IV et rest. Le Bourbon, 43 bd République ☎ 01 46 02 59 30, *Fax 01 49 11 11 02* – |‡| TV ☎ 📞 P. AE ⓓ GB BB 38
Repas *(fermé 25 juil. au 24 août et dim. soir)* (90) - 120/178 ♀ – ☕ 48 – **36 ch** 460/550.

Quorum M, 2 bd République ☎ 01 47 71 22 33, *Fax 01 46 02 75 64*, 🏞 – |‡|, ▤ rest, TV ☎ ♿ 🚗. AE ⓓ GB BB 38
Repas *(fermé sam. midi et dim.)* (78) - 98 🍷 – ☕ 40 – **58 ch** 460/500.

St-Denis SP *93200 Seine-St-Denis* 101 ⑯, 20, 25 *G. Ile de France – 89 988 h alt. 33.*
Voir *Basilique★★★.*
ℹ *Office de Tourisme 1 r. de la République ☎ 01 55 87 08 70, Fax 01 48 20 24 11.*
Paris 10 – Argenteuil 10 – Beauvais 72 – Bobigny 11 – Chantilly 42 – Pontoise 27 – Senlis 42.

Campanile M, 14 r. J. Jaurès ☎ 01 48 20 74 31, *Fax 01 48 20 74 26* – |‡| ⇎ TV ☎ 📞 ♿ 🚗 – 🏛 25. AE ⓓ GB AP 51
Repas (72) - 92 bc/119 bc, enf. 39 – ☕ 36 – **99 ch** 340.

CITROEN Succursale, 43 bd Libération ☎ 01 49 33 10 00
FORD Gar. Bocquet, 13 bis bd Carnot ☎ 01 48 22 20 95
PEUGEOT Gar. Neubauer, 227 bd A.-France ☎ 01 49 33 60 60
RENAULT Succursale, 93 r. de la Convention à La Courneuve ☎ 01 49 92 65 65 N ☎ 08 00 05 15 15

S.M.J., 64 bd M.-Sembat ☎ 01 42 43 31 20

Bertrand Pneus Vulco, 29 r. R.-Salengro à Villetaneuse ☎ 01 48 21 20 24
Pégaud Pneus Vulco, 16 av. R.-Semat ☎ 01 48 22 12 14
St-Denis Pneus, 20 bis r. G.-Péri ☎ 01 48 20 10 77

St-Germain-en-Laye SP *78100 Yvelines* 101 ⑬, 18, 25 *G. Ile de France – 39 926 h alt. 78.*
Voir *Terrasse★★* **BY** – *Jardin anglais★* **BY** – *Château★* **BZ** *: musée des Antiquités nationales★★ – Musée du Prieuré★* **AZ.**
9 18 *(privé) ☎ 01 39 10 30 30, par ④ : 3 km ;* 9 9 9 *de Fourqueux (privé) ☎ 01 34 51 41 47, par r. de Mareil* **AZ.**
ℹ *Office de Tourisme 38 r. Au Pain ☎ 01 34 51 05 12, Fax 01 34 51 36 01.*
Paris 24 ③ – Beauvais 81 ① – Chartres 81 ③ – Dreux 69 ③ – Mantes-la-Jolie 35 ④ – Versailles 13 ③.

ST-GERMAIN EN-LAYE

Bonnenfant (R.A.) . . . . . **AZ** 3
Marché-Neuf (Pl. du) . . . **AZ**
Pain (R. au) . . . . **AZ** 20
Paris (R. de) . . . . **AZ**
Poissy (R. de) . . . . **AZ** 22
Vieux-Marché (R. du) . . . **AZ** 33

Coches (R. des) . . . . **AZ** 4
Denis (R. M.) . . . . **AZ** 5
Detaille (Pl.) . . . . **AY** 6
Giraud-Teulon (R.) . . . . . **BZ** 9
Gde-Fontaine (R.) . . . . **AZ** 10
Loges (Av. des) . . . . **AY** 14
Malraux (Pl. A.) . . . . **BZ** 16
Mareil (Pl.) . . . . **AZ** 19
Pologne (R. de) . . . . **AY** 23
Surintendance (R. de la) . **AY** 28
Victoire (Pl. de la) . . . . **AY** 30
Vieil-Abreuvoir (R. du) . . . **AZ** 32

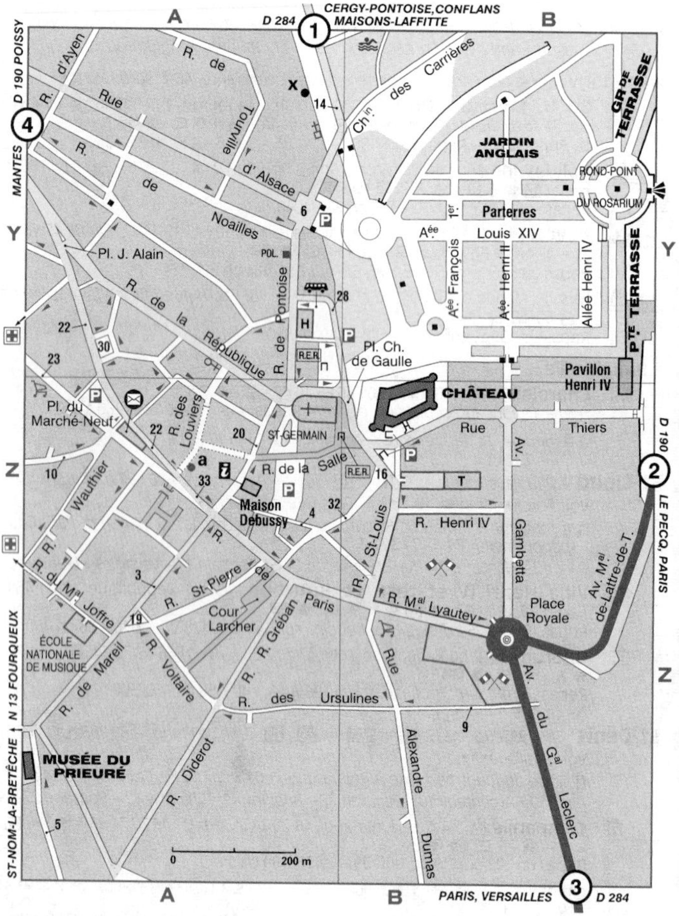

Ermitage des Loges Ⓜ, 11 av. Loges ✆ 01 39 21 50 90, *Fax 01 39 21 50 91*, 🍽 – 🛗 📺 — AY x
☎ 📞 ♿ 🅿 – 🏫 30 à 150. AE ⓓ GB. ✂
Repas *(98)* - 160 🍷, enf. 60 – ☕ 58 – **56 ch** 550/660.

Feuillantine, 10 r. Louviers ✆ 01 34 51 04 24 – ▤. AE GB — AZ a
Repas *(85)* - 130 🍷.

par ① *et D 284 : 2,5 km – ✉ 78100 St-Germain-en-Laye :*

Forestière Ⓜ 🐚, 1 av. Prés. Kennedy ✆ 01 39 10 38 38, *Fax 01 39 73 73 88*, « En lisière de forêt » – 🛗 📺 ☎ 🅿 – 🏫 30. AE GB JCB
voir rest. ***Cazaudehore*** ci-après – ☕ 75 – **25 ch** 790/990, 5 appart.

Cazaudehore, 1 av. Prés. Kennedy ✆ 01 34 51 93 80, *Fax 01 39 73 73 88*, 🍽, « Jardin fleuri » – 🅿. AE GB JCB
fermé lundi sauf fériés – **Repas** *(190)* - 290 bc (déj.), 370 bc/500 bc et carte 260 à 420.

CITROEN Ouest Autom., 45 r. de Mantes N 13 à Chambourcy par ④ ✆ 01 30 74 90 00
PEUGEOT Vauban Autom., pl. Vauban par ④ ✆ 01 30 87 15 15
RENAULT Gar. Adde, 112 r. du Prés.-Roosevelt ✆ 01 39 73 32 64

Relais du Pneu - Point S, 22 r. Péreire ✆ 01 34 51 19 33

St-Mandé *94160 Val-de-Marne* 101 ㉗, 24, 25 *G. Ile de France – 18 684 h alt. 50.*

Paris 6 – Créteil 10 – Lagny-sur-Marne 28 – Maisons-Alfort 5 – Vincennes 2.

X **Aux Capucins,** 44 av. Gén. de Gaulle ✆ 01 43 28 23 93, *Fax 01 43 28 10 90* – AE GB — BB 56
fermé 1er au 21 août, sam. midi et dim. – **Repas** 125/170 ♀.

PORSCHE Fast Autom., 8-12 av V.-Hugo ✆ 01 43 28 18 18

Gar. Drécourt, 186 av. Gallieni ✆ 01 43 28 30 21

St-Maur-des-Fossés *94100 Val-de-Marne* 101 ㉗, 24, 25 – *77 206 h alt. 38.*

Office de Tourisme 70 av. République ✆ 01 42 83 84 74, Fax 01 42 83 84 74.
Paris 13 – Créteil 6 – Nogent-sur-Marne 5.

XX **Aub. de la Passerelle,** 37 quai de la Pie ✆ 01 48 83 59 65, *Fax 01 48 89 91 24* – ▤. AE GB — BH 61
fermé 15 au 31 août, dim. soir et lundi – **Repas** 190/260 et carte 200 à 340, enf. 110.

XX **Gourmet,** 150 bd Gén. Giraud (quartier de la Pie) ✆ 01 48 86 86 96, *Fax 01 48 86 86 96,* ⛱ – GB — BH 62
fermé dim. soir et lundi – **Repas** *(99 bc)* - 130/200 et carte 190 à 260 ♁.

à La Varenne-St-Hilaire – ✉ *94210 :*

XXX **Bretèche,** 171 quai Bonneuil ✆ 01 48 83 38 73, *Fax 01 42 83 63 19,* ⛱ – ▤. AE GB — BJ 64
fermé 15 au 28 fév., dim. soir et lundi – **Repas** 160 et carte 220 à 350.

XX **Régency 1925,** 96 av. Bac ✆ 01 48 83 15 15, *Fax 01 48 89 99 74* – ▤. AE ⓓ GB — BH 65
Repas 140 et carte 180 à 310.

X **Gargamelle,** 23-25 av. Ch. Péguy ✆ 01 48 86 04 40, ⛱ – AE ⓓ GB — BG 65
fermé 16 au 31 août, dim. soir et lundi – **Repas** *(85)* - 155 bc/185 ♀.

AUDI, VOLKSWAGEN SMCDA, 48 r. de la Varenne ✆ 01 48 86 41 42
CITROEN Gar. Léglise, 7 bis av. Foch ✆ 01 48 83 06 83
FORD Avantage Sce Ford, 9-11 bd M.-Berteaux ✆ 01 42 83 64 41

MITSUBISHI Sélection Auto Sce, 102 av. Foch ✆ 01 48 85 45 55
RENAULT Gar. Chevant, 2 bd Gén.-Giraud ✆ 01 48 83 05 43

Selz Pneus, 5 av. L.-Blanc ✆ 01 48 85 27 33

St-Ouen *93400 Seine-St-Denis* 101 ⑯, 18, 25 – *42 343 h alt. 36.*

Office de Tourisme pl. République ✆ 01 40 11 77 36, Fax 01 40 11 01 70.
Paris 9 – Bobigny 14 – Chantilly 45 – Meaux 49 – Pontoise 27 – St-Denis 3.

Sovereign M, 54 quai Seine ✆ 01 40 12 91 29, *Fax 01 40 10 89 49* – |$| TV ☎ ♿ 🚗 P – 🎪 45. AE ⓓ GB JCB — AS 49
Repas *(fermé dim. et fériés) (75)* - 85/110 ♀ – ☕ 37 – **104 ch** 305/340.

XX **Coq de la Maison Blanche,** 37 bd J. Jaurès ✆ 01 40 11 01 23, *Fax 01 40 11 67 68,* ⛱ – ▤. AE ⓓ GB — AT 49
fermé dim. – **Repas** 180 et carte 210 à 360 ♀.

FORD Gar. Bocquet, 45-57 av. Michelet ✆ 01 40 11 13 10

Sté Nlle du Pneumatique, 87 bd V.-Hugo ✆ 01 40 11 08 66

St-Pierre-du-Perray *91100 Essonne* 101 ㊳ – *3 342 h alt. 88.*

Paris 41 – Brie-Comte-Robert 16 – Évry 9 – Melun 17.

Novotel M 🐎, ✆ 01 69 89 75 75, *Fax 01 69 89 75 50,* ⛱, 🏋, 🏊, 🌳 – |$| ⊁ ▤ TV ☎ 📞 ♿ P – 🎪 120. AE ⓓ GB JCB
Repas *(98)* - carte environ 180 ♀, enf. 50 – ☕ 60 – **78 ch** 520/620.

St-Quentin-en-Yvelines *78 Yvelines* 101 ㉑, 25 *G. Ile de France.*

Paris 33 – Houdan 32 – Palaiseau 21 – Rambouillet 20 – Versailles 13.

Montigny-le-Bretonneux – *31 687 h. alt. 162* – ✉ *78180*

Mercure M, 9 pl. Choiseul ✆ 01 30 57 00 57, *Fax 01 30 57 15 22,* ⛱ – |$| ⊁ TV ☎ ♿ 🚗 – 🎪 70. AE ⓓ GB — BJ 23
Repas *(fermé vend. soir, dim. midi et sam.)* 120/175, enf. 55 – ☕ 60 – **74 ch** 580/630.

Aub. du Manet 🐎, 61 av. Manet ✆ 01 30 64 89 00, *Fax 01 30 64 55 10,* ⛱, 🏋 – ⊁ TV ☎ ♿ P. AE ⓓ GB — BL 21
Repas 130/205 ♀, enf. 50 – ☕ 56 – **31 ch** 390/550, 4 appart – 1/2 P 405/450.

Voisins-le-Bretonneux – *11 220 h. alt. 163 – ✉ 78960*

Novotel St-Quentin Golf National Ⓜ, au Golf National, Est : 2 km par D 36 ✉ 78114 Magny-lès-Hameaux ✆ 01 30 57 65 65, *Fax 01 30 57 65 00*, ≤, – 200. AE GB JCB **BN 25**
Repas *(89)* - carte environ 170 ♀, enf. 50 – ☐ 60 – **130 ch** 550/630.

Relais de Voisins Ⓜ, av. Grand-Pré ✆ 01 30 44 11 55, *Fax 01 30 44 02 04*, – 40. GB. **BM 23**
fermé 1er au 16 août – **Repas** *(fermé dim. soir)* 79/159 – ☐ 32 – **54 ch** 310/370.

Port Royal sans rest, 20 r. H. Boucher ✆ 01 30 44 16 27, *Fax 01 30 57 52 11*, – GB **BM 24**
☐ 32 – **40 ch** 270/290.

AUDI, VOLKSWAGEN M.B.A., ZAS 10 av. des Prés ✆ 01 30 44 12 12
FIAT Sodiam 78, 1 r. N. Copernic à Guyancourt ✆ 01 30 43 39 39
PEUGEOT SOVEDA, N 286 à Montigny-le-Bretonneux ✆ 01 30 45 09 42 🅽 ✆ 08 00 44 24 24
RENAULT Gar. Cedam, 43 av. de Manet à Montigny-le-Bretonneux ✆ 01 30 43 25 79 🅽 ✆ 08 00 05 15 15

St-Rémy-lès-Chevreuse *78470 Yvelines* **101** ㉜ – *5 589 h alt. 73.*
Voir *Chevreuse : site★ – Vallée de Chevreuse★.*
Env. *Château de Breteuil★★ SO : 8 km,* **G. Ile de France.**
de Chevry II ✆ 01 60 12 40 33, SE : 4,5 km.
Office de Tourisme 1 r. Ditte ✆ 01 30 52 22 49 (ouvert merc., sam., dim. et jours fériés) Bureau d'Accueil en face de la Gare du RER.
Paris 38 – Chartres 60 – Longjumeau 22 – Rambouillet 22 – Versailles 16.

Cressonnière, 46 r. de Port Royal, direction Milon ✆ 01 30 52 00 41, *Fax 01 30 47 28 31*, – AE GB
fermé 16 au 31 août, dim. soir de nov. à avril, mardi et merc. – **Repas** 190/400.

TOYOTA Gar. du Claireau ✆ 01 30 52 41 00

Ste-Geneviève-des-Bois *91700 Essonne* **101** ㉟ ㊱ *G. Ile de France – 31 286 h alt. 78.*
Office de Tourisme Le Donjon 8 av. du Château ✆ 01 60 16 29 33, Fax 01 60 15 56 78.
Paris 27 – Arpajon 11 – Corbeil-Essonnes 15 – Étampes 30 – Évry 9 – Longjumeau 10.

Table d'Antan, 38 av. Gde Charmille, près H. de Ville ✆ 01 60 15 71 53, *Fax 01 60 15 71 53* – GB
fermé mi-août à mi-sept., dim. soir, merc. soir et lundi sauf fériés – **Repas** 145/280 et carte 220 à 310.

AUDI, VOLKSWAGEN Gar. du Donjon, 107 rte de Corbeil ✆ 01 60 15 11 82
FIAT, MERCEDES Gar. du Parc, 51 av. G.-Péri ✆ 01 69 46 00 55
OPEL Gar. du Château, 166 rte de Corbeil ✆ 01 60 15 29 27
RENAULT Gar. Hippeau, 110 rte de Corbeil ✆ 01 60 15 37 78
SEAT Gar. Atlantico, 17-19 rte de Corbeil ✆ 01 69 04 39 55

Sartrouville *78500 Yvelines* **101** ⑬, **18**, **25** – *50 329 h alt. 46.*
Paris 21 – Argenteuil 9 – Maisons-Laffitte 2 – Pontoise 22 – St-Germain-en-Laye 8 – Versailles 20.

Jardin Gourmand, 109 rte Pontoise (N 192) ✆ 01 39 13 18 88 – AE GB JCB **AN 37**
fermé dim. soir – **Repas** 140/280 et carte 230 à 320, enf. 60.

C.B. Maintenance, 34 av. G.-Clémenceau ✆ 01 39 13 56 18

Savigny-sur-Orge *91600 Essonne* **101** ㊱ – *33 295 h alt. 81.*
Paris 22 – Arpajon 18 – Corbeil-Essonnes 16 – Évry 11 – Longjumeau 5.

Au Menil, 24 bd A. Briand ✆ 01 69 05 47 48, *Fax 01 69 44 09 44* – AE GB
fermé 20 juil. au 15 août, lundi soir et mardi – **Repas** 99 bc/240.

CITROEN Essauto Diffusion, 91 rte de Corbeil à Morsang-sur-Orge ✆ 01 69 04 21 68
RENAULT Gar. Sard, 10 bd A.-Briand ✆ 01 69 05 04 50

Sceaux *92330 Hauts-de-Seine* **101** ㉕, **22**, **25** *G. Ile de France – 18 052 h alt. 101.*
Voir *Parc★★ et Musée de l'Ile-de-France★ – L'Hay-les-Roses : roseraie★★ E : 3 km – Châtenay-Malabry : église St-Germain l'Auxerrois★, Maison de Chateaubriand★ SO : 3 km.*
Office de Tourisme 70 r. Houdan ✆ 01 46 61 19 03.
Paris 12 – Antony 4 – Bagneux 4 – Corbeil-Essonnes 30 – Nanterre 22 – Versailles 15.

BMW Gar. Loiseau, 3 r. de la Flèche ✆ 01 47 02 72 50
Vaysse, 77 r. V.-Fayo à Châtenay-Malabry ✆ 01 46 61 14 18

Senlisse *78720 Yvelines* 101 ㉛ – *425 h alt. 103.*
Paris 47 – Chartres 54 – Longjumeau 28 – Rambouillet 14 – Versailles 21.

Aub. du Gros Marronnier avec ch, pl. Église ✆ 01 30 52 51 69, *Fax 01 30 52 55 91*, AE GB
fermé 30 nov. au 31 janv., dim. soir et lundi du 15 oct. au 15 mars – **Repas** 130/295 – 40 – **15 ch** 335/385 – ½ P 320/345.

Sevran *93270 Seine-St-Denis* 101 ⑱, 20, 25 – *48 478 h alt. 50.*
Paris 22 – Bobigny 10 – Meaux 27 – Villepinte 4.

Campanile, 5 r. A. Léonov ✆ 01 43 84 67 77, *Fax 01 43 83 27 40* – 25. AE GB AN 65
Repas *(72)* - 92 bc/119 bc, enf. 39 – 36 – **58 ch** 340.

Otico Sevran, 7 allée du Mar.-Bugeaud ✆ 01 43 84 36 30

Sèvres *92310 Hauts-de-Seine* 101 ㉔, 22, 25 *G. Ile de France – 21 990 h alt. 48.*
Voir *Musée National de céramique*★★ – *Étangs*★ *de Ville d'Avray O : 3 km.*
Paris 12 – Boulogne-Billancourt 3 – Nanterre 10 – St-Germain-en-Laye 19 – Versailles 7.

Novotel M, 13 Grande Rue ✆ 01 46 23 20 00, *Fax 01 46 23 02 32*, rest, – 120. AE GB BD 39
Repas *(98)* - 125, enf. 50 – 65 – **95 ch** 770/835.

Aub. Garden, 24 rte Pavé des Gardes ✆ 01 46 26 50 50, *Fax 01 46 26 58 58*, – AE GB BF 38
fermé 1er au 23 août, sam. midi et dim. soir – **Repas** 168.

CITROEN Gar. Pont de Sèvres, ZAC, 2 av. Cristallerie ✆ 01 45 34 01 93 N ✆ 08 00 05 24 24

Sucy-en-Brie *94370 Val-de-Marne* 101 ㉘, 24, 25 – *25 839 h alt. 96.*
Voir *Château de Gros Bois*★ *: mobilier*★★ *S : 5 km,* **G. Ile de France.**
Paris 18 – Créteil 7 – Chennevières-sur-Marne 4.

quartier les Bruyères *Sud-Est : 3 km :*

Tartarin, carrefour de la Patte d'Oie ✆ 01 45 90 42 61, *Fax 01 45 90 52 55*, – 30. GB BM 68
Repas *(fermé août, mardi soir, merc. soir, jeudi soir et lundi)* 120/260 et carte 200 à 310 – 30 – **11 ch** 295/310.

Terrasse Fleurie, 1 r. Marolles ✆ 01 45 90 40 07, *Fax 01 45 90 40 07*, – AE GB BM 68
fermé 3 au 26 août, 4 au 12 janv., le soir (sauf vend. et sam.) et merc. – **Repas** 120/220 et carte 210 à 310, enf. 75.

PEUGEOT Gar. Paulmier, 89 r. Gén.-Leclerc ✆ 01 49 82 96 96

RENAULT Boissy Autom., 51 av. Gén. Leclerc à Boissy-St-Léger ✆ 01 45 10 30 00 N ✆ 08 00 05 15 15

Suresnes *92150 Hauts-de-Seine* 101 ⑭, 18, 25 *G. Ile de France – 35 998 h alt. 42.*
Voir *Fort du Mont Valérien (Mémorial National de la France combattante).*
Office de Tourisme 50 bd Henri-Sellier ✆ 01 48 18 18 76, Fax 01 41 18 18 78.
Paris 11 – Nanterre 4 – Pontoise 34 – St-Germain-en-Laye 14 – Versailles 13.

Novotel M, 7 r. Port aux Vins ✆ 01 40 99 00 00, *Fax 01 45 06 60 06* – 25 à 100. AE GB AY 40
Repas *(91)* - 155 bc – 65 – **107 ch** 740/770.

Atrium M sans rest, 68 bd H. Sellier ✆ 01 42 04 60 76, *Fax 01 46 97 71 61*, – 60. AE GB JCB AZ 39
55 – **42 ch** 610/715.

Astor sans rest, 19 bis r. Mt Valérien ✆ 01 45 06 15 52, *Fax 01 42 04 65 29* – AE GB AY 39
30 – **51 ch** 350.

Les Jardins de Camille, 70 av. Franklin Roosevelt ✆ 01 45 06 22 66, *Fax 01 47 72 42 25*, – AE GB JCB AY 39
fermé dim. soir – **Repas** 160.

Euromaster, 4 r. E.-Nieuport ✆ 01 47 72 43 21

Taverny *95150 Val-d'Oise* 101 ④ *G. Ile de France – 25 151 h alt. 92.*
Voir *église*★.
Paris 26 – Beauvais 60 – Chantilly 30 – L'Isle-Adam 14 – Pontoise 12.

Campanile, centre commercial les Portes de Taverny ✆ 01 30 40 10 85, *Fax 01 30 40 10 87*, – P – 25. AE GB
Repas *(66)* - 84 bc/107 bc, enf. 39 – 34 – **76 ch** 278.

CITROEN Gar. Vincent, 183 r. d'Herblay ℘ 01 39 95 44 00
HYUNDAI Gar. Autocat, 201 r. d'Herblay ℘ 01 34 13 10 52
PEUGEOT Gar. des Lignières, 29 r. de Beauchamp ℘ 01 39 60 13 58
RENAULT Gar. de la Diligence, 75 r. d'Herblay ℘ 01 39 60 75 68

Tremblay-en-France *93290 Seine-St-Denis* 101 ⑱, 20, 25 – *31 385 h alt. 60.*

Paris 24 – Aulnay-sous-Bois 7 – Bobigny 13 – Villepinte 4.

au Tremblay-Vieux-Pays :

XX **Cénacle,** 1 r. Mairie ℘ 01 48 61 32 91, *Fax 01 48 60 43 89* – AE GB JCB — AJ 68
fermé août, sam. midi et dim. – **Repas** 175 bc/340 et carte 300 à 420, enf. 100.

Triel-sur-Seine *78510 Yvelines* 101 ① ② *G. Ile de France – 9 615 h alt. 20.*

Voir *Église St-Martin*★.

Paris 39 – Mantes-la-Jolie 27 – Pontoise 14 – Rambouillet 55 – St-Germain-en-Laye 12 – Versailles 25.

X **St-Martin,** 2 r. Galande (face Poste) ℘ 01 39 70 32 00, *Fax 01 39 74 30 34* – GB
fermé 5 au 25 août, dim. soir et merc. – **Repas** (nombre de couverts limité, prévenir) 98/180, enf. 50.

RENAULT Bagros Heid, 1 r. du Pont ℘ 01 39 70 60 29

Vanves *92170 Hauts-de-Seine* 101 ㉕, 22, 25 – *25 967 h alt. 61.*

Paris 7 – Boulogne-Billancourt 4 – Nanterre 15.

Mercure Porte de la Plaine, 36 r. Moulin ℘ 01 46 48 55 55, *Fax 01 46 48 56 56* – – 260. AE GB JCB — BD 45
Repas *(90)* - carte 140 à 260, enf. 45 – ☕ 61 – **384 ch** 880/940, 4 appart.

Parc des Expositions M sans rest, 18 r. E. Baudouin ℘ 01 41 46 06 46, *Fax 01 41 46 06 47* – – 30. AE GB — BD 44
☕ 58 – **55 ch** 680/780.

Ibis M sans rest, 43 r. J. Bleuzen ℘ 01 40 95 80 00, *Fax 01 40 95 96 99* – . AE GB — BD 45
☕ 39 – **71 ch** 395/430.

XXX **Pavillon de la Tourelle,** 10 r. Larmeroux ℘ 01 46 42 15 59, *Fax 01 46 42 06 27*, – P. AE GB JCB — BE 44
fermé 27 juil. au 24 août, 15 au 22 fév., dim. soir et lundi – **Repas** 200/260 bc et carte 350 à 460.

XX **Pyramide,** 9 r. Gaudray ℘ 01 46 45 42 76, *Fax 01 46 45 88 70* – AE GB — BD 45
fermé août, dim. soir et lundi – **Repas** 120 et carte 190 à 290, enf. 80.

Varennes-Jarcy *91480 Essonne* 101 ㊳ – *1 687 h alt. 55.*

Paris 30 – Brunoy 6 – Évry 15 – Melun 23.

XX **Host. de Varennes,** ℘ 01 69 00 97 03, *Fax 01 69 00 80 08*, , parc – P. AE GB
fermé août, 4 au 10 janv., lundi soir et mardi – **Repas** 125/195 ♀.

Vaucresson *92420 Hauts-de-Seine* 101 ㉓, 22, 25 – *8 118 h alt. 160.*

Voir *Etang de St-Cucufa*★ *NE : 2,5 km – Institut Pasteur - Musée des Applications de la Recherche*★ *à Marnes-la-Coquette SO : 4 km*, **G. Ile de France.**

Paris 17 – Mantes-la-Jolie 44 – Nanterre 12 – St-Germain-en-Laye 11 – Versailles 5.

Voir plan de Versailles.

XX **Poularde,** 36 bd Jardy (près autoroute) D 182 ℘ 01 47 41 13 47, *Fax 01 47 01 41 32*, – P. AE GB — U a
fermé août, vacances de fév., dim. soir, mardi soir et merc. – **Repas** 175 et carte 250 à 380.

RENAULT Gar. Moriceau, 106 bd République ℘ 01 47 41 12 40 N ℘ 08 00 05 15 15

Vaujours *93410 Seine-St-Denis* 101 ⑱, 25 – *5 214 h alt. 61.*

Paris 22 – Bobigny 12 – Chelles 8 – Meaux 25 – St-Denis 24 – Senlis 42.

XX **Relais de Vaujours,** 1 pl. Fêtes ℘ 01 48 60 10 20, *Fax 01 48 60 10 20*, – GB — P 49
fermé août, 17 au 24 fév., mardi soir, sam. midi, dim. soir et lundi – **Repas** 178 et carte 220 à 330.

Vélizy-Villacoublay *78140 Yvelines* 101 ㉔, 22, 25 – *20 725 h alt. 164.*

Paris 24 – Antony 13 – Chartres 77 – Meudon 8 – Versailles 6.

Holiday Inn M, av. Europe, près centre commercial Vélizy II ℘ 01 39 46 96 98, *Fax 01 34 65 95 21*, – – 25 à 250. AE GB JCB — BJ 39
Repas 139/225 ♀, enf. 65 – ☕ 75 – **182 ch** 895/1100.

XX **Orée du Bois,** 2 r. M. Sembat ☎ 01 39 46 38 40, *Fax 01 30 70 88 67,* – P. AE GB BH 35
fermé 3 au 23 août, sam. et dim. – **Repas** 180 et carte 200 à 330.

RENAULT BSE-Vélizy, av. L.-Bréguet ☎ 01 39 46 96 03 N ☎ 08 00 05 15 15

Vernouillet *78540 Yvelines* 101 ① *G. Île de France – 8 676 h alt. 24.*

Voir *Clocher* de l'église.*

Paris 37 – Mantes-la-Jolie 25 – Pontoise 16 – Rambouillet 53 – St-Germain-en-Laye 17 – Versailles 28.

XX **Charmilles** avec ch, 38 av. P. Doumer ☎ 01 39 71 64 02, *Fax 01 39 65 98 62,* , – TV ☎ P – 30. GB
Repas *(fermé dim. soir et lundi)* 140/210 – 32 – **9 ch** 190/330 – ½ P 292/317.

Versailles P *78000 Yvelines* 101 ㉓, 22, 25 *G. Ile de France – 87 789 h alt. 130.*

Voir *Château*** **Y** – *Jardins**** *(Grandes Eaux*** et fêtes de nuit*** en été)* **V** – *Ecuries Royales** **Y** – *Trianon*** **V** – *Musée Lambinet** **Y M.**

Env. *Jouy-en-Josas : la "Diège"* (statue) dans l'église, 7 km par* ③.

9 18 18 *de la Boulie (privé)* ☎ *01 39 50 59 41, par* ③ *: 2,5 km.*

Office de Tourisme 7 r. des Réservoirs ☎ *01 39 50 36 22, Fax 01 39 50 68 07 et (fermé lundi) îlot des Manèges, 6 av. du Gén.-de-Gaulle* ☎ *01 39 53 31 63.*

Paris 26 ① *– Beauvais 95* ⑦ *– Dreux 61* ⑥ *– Évreux 89* ⑦ *– Melun 59* ③ *– Orléans 121* ③.

Plans pages suivantes

Trianon Palace M, 1 bd Reine ☎ 01 30 84 38 00, *Fax 01 39 49 00 77,* ≤, parc, « Élégant décor début de siècle », – , ch, TV ☎ P – 30. AE GB JCB X r
voir rest. ***Les Trois Marches*** ci-après - ***Brasserie La Fontaine*** ☎ 01 30 84 38 47 **Repas** *(120)* et carte 180 à 290 – 140 – **163 ch** 1400/2100, 27 appart.

Sofitel Château de Versailles M, 2 av. Paris ☎ 01 39 07 46 46, *Fax 01 39 07 46 47,* – TV ☎ – 150. AE GB JCB Y a
Repas *(150)* - 195/320 et carte 260 à 450, enf. 80 – 105 – **146 ch** 1200, 6 appart.

Versailles M sans rest, 7 r. Ste-Anne (Petite place) ☎ 01 39 50 64 65, *Fax 01 39 02 37 85* – TV ☎ P. AE GB JCB Y p
57 – **46 ch** 480/580.

Résidence du Berry M sans rest, 14 r. Anjou ☎ 01 39 49 07 07, *Fax 01 39 50 59 40* – TV ☎. AE GB JCB Z s
50 – **38 ch** 420/750.

Relais Mercure M sans rest, 19 r. Ph. de Dangeau ☎ 01 39 50 44 10, *Fax 01 39 50 65 11* – TV ☎ – 35. AE GB JCB Y n
42 – **60 ch** 410/430.

Ibis sans rest, 4 av. Gén. de Gaulle ☎ 01 39 53 03 30, *Fax 01 39 50 06 31* – TV ☎. AE GB Y u
39 – **85 ch** 390/490.

Paris sans rest, 14 av. Paris ☎ 01 39 50 56 00, *Fax 01 39 50 21 83* – TV ☎. AE GB JCB YZ e
39 – **37 ch** 300/380.

Home St-Louis sans rest, 28 r. St-Louis ☎ 01 39 50 23 55, *Fax 01 30 21 62 45* – TV ☎. AE GB JCB Z d
32 – **25 ch** 220/320.

XXXX **Les Trois Marches** (Vié), 1 bd Reine ☎ 01 39 50 13 21, *Fax 01 30 21 01 25,* ≤, – P. AE GB JCB X r
fermé 1er août au 2 sept. – **Repas** 270 (déj.)/610 et carte 470 à 740
Spéc. Gâteau de poireaux, mousse de morilles, escalope de foie gras. Homard rôti aux aromates. Côte de veau rôtie en cocotte "grand-mère".

XXX **Rescatore,** 27 av. St-Cloud ☎ 01 39 25 06 34, *Fax 01 39 51 68 11* – AE GB Y s
fermé août, sam. midi et dim. – **Repas** - produits de la mer - *(150)* - 180 et carte 280 à 340.

XX **Valmont,** 20 r. au Pain ☎ 01 39 51 39 00, *Fax 01 30 83 90 99* – . AE GB Y v
fermé dim. soir et lundi – **Repas** *(118)* - 160.

XX **Potager du Roy,** 1 r. Mar.-Joffre ☎ 01 39 50 35 34, *Fax 01 30 21 69 30* – . AE GB Z r
fermé dim. soir et lundi – **Repas** *(120)* - 169.

XX **Marée de Versailles,** 22 r. au Pain ☎ 01 30 21 73 73, *Fax 01 39 50 55 87* – . AE GB
fermé 3 au 15 août, 22 au 25 déc., vacances de fév., lundi soir et dim. – **Repas** - produits de la mer - 260 et carte 200 à 280. Y t

VERSAILLES

Bellevue (Av. de) . . . . U 2
Coste (R.). . . . . V 9
Dr-Schweitzer (Av. du). . . U 12
Franchet-d'Esperey
(Av. du Mar.) . . . . U 15
Glatigny (Bd de). . . . . U 19
Leclerc (Av. du Gén.) . . . . V 22
Marly-le-Roi (R. de) . . . . . U 26
Mermoz (R. Jean). . . . . . . V 27
Moxouris (R.) . . . . U 29
Napoléon III (Rte). . . . . . . U 30
Pelin (R. L.) . . . . U 32
Porchefontaine
(Av. de) . . . . V 33
Pottier (R.) . . . . U 35
Rocquencourt (Av. de). . . . U 39
St-Antoine (Allée) . . . . V 40
Sports (R. des) . . . . U 43
Vauban (R.) . . . . V 45

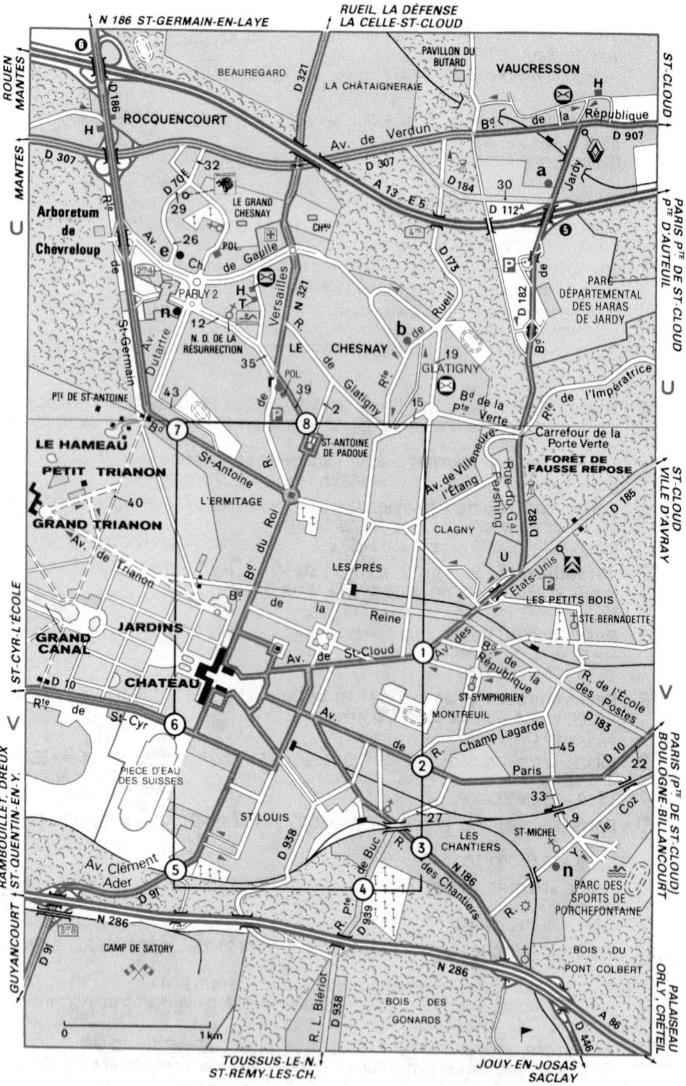

Les **guides Rouges,** les **guides Verts** et les **cartes Michelin**
sont complémentaires.
Utilisez-les ensemble.

VERSAILLES

Carnot (R.) . . . . Y
Clemenceau
(R. Georges) . . . . Y 7
États-Généraux (R. des). . Z
Foch (R. du Mar.) . . . . . . XY
Hoche (R.) . . . . Y

Leclerc (R. du Gén.) . . . . . Z 24
Orangerie (R. de l') . . . . . YZ
Paroisse (R. de la). . . . . . . Y
Royale (R.) . . . . Z
Satory (R. de) . . . . YZ 42
Vieux-Versailles (R. du) . YZ 47

Chancellerie (R. de la) . . . Y 3
Chantiers (R. des) . . . . Z 5

Cotte (R. Robert-de) . . . . . . Y 10
Europe (Av. de l') . . . . Y 14
Gambetta (Pl.) . . . . Y 17
Gaulle (Av. Gén.-de) . . . . . YZ 18
Indép. Américaine (R. de l') Y 20
Mermoz (R. Jean) . . . . Z 27
Nolhac (R. Pierre-de) . . . . . Y 31
Porte de Buc (R. de la) . . . . Z 34
Rockefeller (Av.) . . . . Y 37

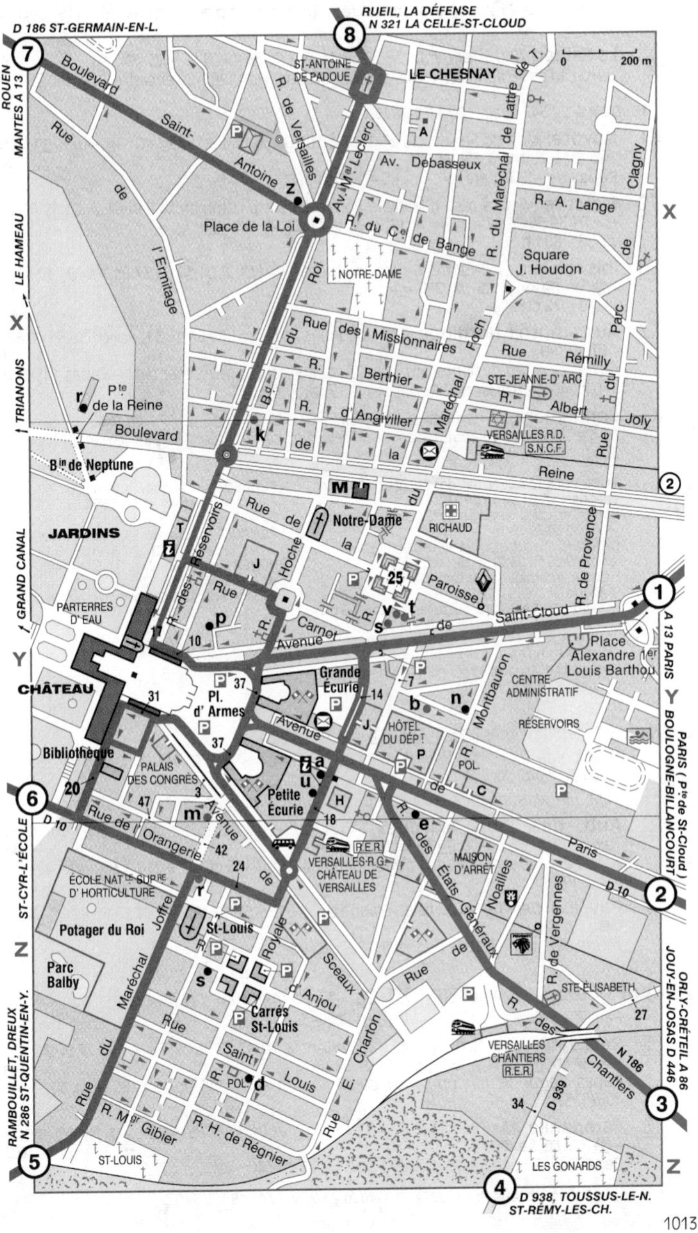

XX **Étape Gourmande,** 125 r. Yves Le Coz ☎ 01 30 21 01 63, – GB — V n
fermé dim. soir et merc. – **Repas** 98 (déj.)/138 et carte 150 à 280 ♀.

X **Cuisine Bourgeoise,** 10 bd Roi ☎ 01 39 53 11 38, *Fax 01 39 53 25 26* – AE GB — XY k
fermé 9 au 24 août, sam. midi et dim. – **Repas** *(110)* - 168/290 bc et carte 250 à 340 ♀.

X **Chevalet,** 6 r. Ph. de Dangeau ☎ 01 39 02 03 13, *Fax 01 39 50 81 41* – GB JCB — Y b
fermé 10 au 25 août, vacances de fév., lundi soir et dim. – **Repas** *(89)* - 118 (déj.), 145/180 ♀.

X **Le Falher,** 22 r. Satory ☎ 01 39 50 57 43, *Fax 01 39 49 04 66* – AE GB. — Y m
fermé 14 au 26 août, sam. midi et dim. – **Repas** *(110)* - 128/180 et carte 220 à 300 ♀.

au Chesnay – *29 542 h. alt. 120* – ✉ *78150 :*

Novotel M, 4 bd St-Antoine ☎ 01 39 54 96 96, *Fax 01 39 54 94 40* – – 25 à 150. AE GB — X z
Repas *(95)* - 120 ♀, enf. 50 – 60 – **105 ch** 560.

Mercure M sans rest, r. Marly-le-Roi, face centre commercial Parly II ☎ 01 39 55 11 41, *Fax 01 39 55 06 22* – P. AE GB JCB — U e
55 – **80 ch** 580.

Ibis sans rest, av. Dutartre, centre commercial Parly II ☎ 01 39 63 37 93, *Fax 01 39 55 18 66* – AE GB JCB — U n
39 – **72 ch** 390.

XX **Au Comptoir Nordique,** 6 av. Rocquencourt ☎ 01 39 55 13 31, *Fax 01 39 55 40 57,* – P. AE GB — U r
fermé vacances de printemps, 2 au 23 août, vacances de Noël et dim. – **Repas** 145 et carte 170 à 240 ♀ - ***Brasserie :*** Repas *(65)* - 90 ♀, enf. 49.

XX **Connemara,** 41 rte Rueil ☎ 01 39 55 63 07, *Fax 01 39 55 63 07* – AE GB — U b
fermé 20 juil. au 15 août, vacances de fév., dim. soir et lundi – **Repas** *(135)* - 170/300 et carte 200 à 290, enf. 85.

AUDI, VOLKSWAGEN Gar. des Chantiers, 58 r. des Chantiers ☎ 01 39 50 04 97
BMW Gar. Lostanlen, 10 r. de la Celle Au Chesnay ☎ 01 39 54 75 20
CITROEN Succursale, 124 av. des Etats-Unis ☎ 01 39 25 11 95 N ☎ 08 00 05 24 24
HONDA International Autom., 36-40 av. de St-Cloud ☎ 01 39 07 24 01
JAGUAR, NISSAN Paris-Versailles Autom., 60 bis r. de Versailles Au Chesnay ☎ 01 39 63 35 37
LANCIA Gar. de Versailles, 18-22 r. de Conde ☎ 01 39 51 06 68
OPEL, SAAB Espace Vergennes, 18 r. de Vergennes ☎ 01 30 21 56 56
PEUGEOT Le Chesnay Autom., 36 r. Moxouris Parly 2 Au Chesnay ☎ 01 39 54 52 76 N ☎ 08 00 44 24 24
RENAULT Succursale, 81 r. de la Paroisse ☎ 01 30 84 60 00 N ☎ 08 00 05 15 15
ROVER Espace Franklin, 9 r. Benjamin-Franklin ☎ 01 39 07 11 50
Espace Franklin-Clagny, 15 r. de Clagny ☎ 01 39 07 11 30

Euromaster, 77 r. des Chantiers ☎ 01 30 21 24 25

Le Vésinet *78110 Yvelines* 101 ⑬, 18, 25 – *15 945 h alt. 44.*

Office de Tourisme Hôtel-de-Ville, 60 bd Carnot ☎ 01 30 15 47 00 et 3 av. des Pages ☎ 01 30 15 47 80.

Paris 18 – Maisons-Laffitte 9 – Pontoise 24 – St-Germain-en-Laye 3 – Versailles 15.

Aub. des Trois Marches, 15 r. J. Laurent (pl. Église) ☎ 01 39 76 10 30, *Fax 01 39 76 62 58* – AE GB — AW 31
fermé 9 au 16 août – **Repas** *(fermé dim. soir) (105)* - 145 et carte 210 à 300 – 40 – **15 ch** 450/510.

XX **Pavillon de l'Ile aux Ibis,** Grand Lac ☎ 01 39 52 10 38, *Fax 01 39 52 82 66,* – AE GB — AV 31
fermé dim. soir – **Repas** *(155)* - 195/290, enf. 85.

Villejuif *94800 Val-de-Marne* 101 ㉖, 22, 25 – *48 405 h alt. 100.*

Paris 7 – Créteil 11 – Orly 7 – Vitry-sur-Seine 3.

Relais Mercure Timing, 116 r. Éd. Vaillant ☎ 01 47 26 06 06, *Fax 01 46 77 80 21,* – ch, P – 150. AE GB — BH 50
Repas *(fermé le midi du 14 juil. au 23 août) (115 bc)* - 145 bc, enf. 55 – 60 – **148 ch** 495/535.

Campanile, 20 r. Dr Pinel ☎ 01 46 78 10 11, *Fax 01 46 77 88 94,* – P – 50. AE GB — BG 50
Repas *(72)* - 92 bc/119 bc, enf. 39 – 36 – **72 ch** 340.

La Pneumathèque-Point S, 21 r. de Verdun ☎ 01 46 77 06 06

Villejust *91140 Essonne* 101 ㉞ – *1 324 h alt. 162.*
Paris 24 – Chartres 65 – Étampes 31 – Évry 21 – Longjumeau 4 – Melun 42 – Versailles 23.

à Courtaboeuf 7 *sur D 118 : 2 km – ✉ 91971 :*

Campanile, av. des Deux Lacs ☎ 01 69 31 16 17, *Fax 01 69 31 07 18,* – P. AE GB
Repas (72) - 86/99 ♀, enf. 39 – ☐ 34 – **79 ch** 280.

Villeneuve-la-Garenne *92390 Hauts-de-Seine* 101 ⑮, 20, 25 – *23 824 h alt. 30.*
Paris 12 – Nanterre 13 – Pontoise 25 – St-Denis 2 – St-Germain-en-Laye 23.

Les Chanteraines, av. 8 Mai 1945 ☎ 01 47 99 31 31, *Fax 01 41 21 31 17,* ←, – P. AE GB **AP 48**
fermé 10 au 30 août, dim. soir et sam. – **Repas** 180 et carte 260 à 340 ♀.

RENAULT Gar. Raynal, 16 av. Sangnier ☎ 01 47 94 09 09
Euromaster, 8 av. de la Redoute ZI ☎ 01 47 94 22 85

Villeneuve-sous-Dammartin *77230 S.-et-M.* 101 ⑨ – *413 h alt. 70.*
Paris 35 – Bobigny 25 – Goussainville 17 – Meaux 26 – Melun 71 – Senlis 28.

Host. du Château M sans rest, 28 r. Paris ☎ 01 60 54 60 80, *Fax 01 60 54 61 00,* parc – P. GB
☐ 55 – **6 ch** 600, 6 duplex 1200.

Amarande, 28 r. Paris ☎ 01 60 54 92 92, *Fax 01 60 54 92 92,* , parc – P. AE GB
fermé 3 au 24 août, dim. soir et lundi – **Repas** 145 (déj.), 170/295 et carte 310 à 420.

Villeparisis *77270 S.-et-M.* 101 ⑲, 25 – *18 790 h alt. 72.*
Paris 25 – Bobigny 14 – Chelles 9 – Tremblay-en-France 5.

Relais du Parisis, Z.I. L'Ambrésis ☎ 01 64 27 83 83, *Fax 01 64 27 94 49,* – P. AE GB
Repas *(fermé dim. soir)* 82/210 ♀, enf. 45 – ☐ 42 – **44 ch** 280.

Villepinte *93420 Seine-St-Denis* 101 ⑧, 20, 25 – *30 303 h alt. 60.*
Paris 24 – Bobigny 13 – Meaux 29 – St-Denis 21.

Campanile, 2 r. J. Fourgeaud ☎ 01 48 60 35 47, *Fax 01 48 61 49 33,* – P – 25. AE GB **AL 68**
Repas (66) - 84 bc/107 bc, enf. 39 – ☐ 34 – **53 ch** 278.

Parc des Expositions *Paris Nord II – ✉ 93420 Villepinte :*

Ibis M, sortie visiteurs ☎ 01 48 63 89 50, *Fax 01 48 63 23 10* – P – 30. AE GB **AL 64**
Repas (75) - 95/135 ♀, enf. 39 – ☐ 39 – **124 ch** 495/560.

RENAULT Gar. Verdier, 4 av. G.-Clémenceau ☎ 01 48 61 96 65 N ☎ 08 00 05 15 15

Villiers-le-Bâcle *91190 Essonne* 101 ㉓, 22, 25 – *953 h alt. 153.*
Paris 31 – Arpajon 26 – Rambouillet 29 – Versailles 11.

Petite Forge, ☎ 01 60 19 03 88, – AE GB **BS 30**
fermé sam. midi et dim. – **Repas** 250 et carte 320 à 410 ♀.

Vincennes *94300 Val-de-Marne* 101 ⑰, 24, 25 – *42 267 h alt. 51.*
Voir *Château★★ – Bois de Vincennes★★ : Zoo★★, Parc floral de Paris★★, Musée des Arts d'Afrique et d'Océanie★,* **G. Paris.**
Office de Tourisme 11 av. Nogent ☎ 01 48 08 13 00, Fax 01 43 74 81 01.
Paris 7 – Créteil 11 – Lagny-sur-Marne 26 – Meaux 39 – Melun 50 – Montreuil 2 – Senlis 48.

St-Louis M sans rest, 2 bis r. R. Giraudineau ☎ 01 43 74 16 78, *Fax 01 43 74 16 49* – – 25. AE GB **BB 57**
☐ 45 – **25 ch** 550/850.

Daumesnil Vincennes sans rest, 50 av. Paris ☎ 01 48 08 44 10, *Fax 01 43 65 10 94* – AE GB JCB **BB 57**
☐ 38 – **50 ch** 370/470.

Donjon sans rest, 22 r. Donjon ☎ 01 43 28 19 17, *Fax 01 49 57 02 04* – GB **BB 57**
fermé 25 juil. au 24 août – ☐ 30 – **25 ch** 280/370.

Rigadelle, 26 r. Montreuil ☎ 01 43 28 04 23 – AE GB **BB 57**
fermé août, dim. soir et lundi – **Repas** (nombre de couverts limité, prévenir) (120) - 160/270 et carte 200 à 330 ♀.

CITROEN Succursale, 120 av. de Paris ☎ 01 49 57 96 96
FORD Gar. Deshayes, 230 r. de Fontenay ☎ 01 43 74 97 40
OPEL Démaria, 2-4 av. P.-Déroulède ☎ 01 43 28 16 33
PEUGEOT Gar. Sabrie, 3 av. de Paris ☎ 01 43 28 37 54 N ☎ 08 00 44 24 24
Pneu Service, 12 r. de Fontenay ☎ 01 43 28 14 79

Viroflay *78220 Yvelines* 101 ㉔, 22 – *14 689 h alt. 115.*

Paris 16 – Antony 15 – Boulogne-Billancourt 8 – Versailles 4.

XX **Aub. la Chaumière,** 3 av. Versailles ✆ 01 30 24 48 76, *Fax 01 30 24 59 69,* – GB BG 34

fermé 11 au 17 août et lundi – **Repas** *(140)* - 170/270.

PEUGEOT Gar. de l'Ile-de-France 17 av. du Gén.-Leclerc ✆ 01 30 84 87 00 N ✆ 08 00 44 24 24

Euromaster, 199 av. du Gén.-Leclerc ✆ 01 30 24 49 96

Viry-Châtillon *91170 Essonne* 101 ㊱ – *30 580 h alt. 34.*

Paris 26 – Corbeil-Essonnes 15 – Évry 8 – Longjumeau 9 – Versailles 31.

XXX **Dariole de Viry,** 21 r. Pasteur ✆ 01 69 44 22 40, *Fax 01 69 96 88 87* – . AE GB

fermé 1er au 19 août, 23 déc. au 5 janv., sam. midi et dim. – **Repas** 200.

MERCEDES Gar. de L'Essonne, 137 av. Gén.-de-Gaulle ✆ 01 69 21 35 90

PEUGEOT Besse et Guilbaud, 38 av. cour France à Juvisy-sur-Orge ✆ 01 69 21 55 33

RENAULT Come et Bardon, 119 av. Gén.-de-Gaulle ✆ 01 69 54 53 53 N ✆ 08 00 05 15 15

SEAT Gar. Marchand, 113 av. Gén.-de-Gaulle ✆ 01 69 05 38 49

Euromaster, 134 Nationale 7 ✆ 01 69 44 30 07

Les pastilles numérotées des plans de ville ①, ②, ③ sont répétées sur les ***cartes Michelin*** *à 1/200 000.*

Elles facilitent ainsi le passage entre les ***cartes*** *et les* ***guides Michelin.***

LES PRINCIPALES MARQUES D'AUTOMOBILES

Constructeurs Français

Citroën
62 bd Victor-Hugo, 92200 Neuilly ✆ 01 47 48 41 41
Magasin d'Exposition : 42 av. Champs-Elysées, 75008 Paris ✆ 01 42 89 30 20

Matra Automobiles
Parc d'activités de Pissaloup, 8 av. Jean-d'Alembert, BP 2, 78191 Trappes Cedex ✆ 01 30 68 30 68

Peugeot (Automobiles)
Siège et services commerciaux : 75 av. Gde-Armée, 75116 Paris ✆ 01 40 66 55 11
Magasin d'Exposition : 136 av. Champs-Elysées, 75008 Paris ✆ 01 45 62 70 20

Renault
8 av. Émile-Zola, BP 103, 92109 Boulogne-Billancourt ✆ 01 41 04 04 04
Magasin d'Exposition : 49 av. Champs-Elysées, 75008 Paris ✆ 01 42 25 54 44

Renault V.I.
40 rue Pasteur, BP 302, 92156 Suresnes ✆ 01 40 99 71 11

Importateurs

(Agents en France : demander la liste aux adresses ci-dessous)

Aro France
2 rte d'Oigny, 02600 Villers-Cotterêts ✆ 03 23 96 29 29

BMW
3 av. Ampère, Montigny-le-Bretonneux 78886 St-Quentin-en-Yvelines Cedex ✆ 01 30 43 93 00

Chrysler France (Jeep-Rover-Chrysler)
122 av. du Gén. Leclerc, 92100 Boulogne Billancourt ✆ 01 41 22 34 00

Daewoo
33/49 av. du Bois de la Pie, ZAC Paris Nord II, BP 50069, 95947 Roissy CDG Cedex ✆ 01 48 63 15 21, Fax 01 48 63 23 56

Ferrari
Ch. Pozzi S.A., 109 r. Aristide-Briand, 92300 Levallois-Perret ✆ 01 47 39 96 50

Fiat-Auto France (Lancia - Alfa Romeo)
80/82 quai Michelet, 92532 Levallois-Perret Cedex ✆ 01 47 30 50 00

Ford France
344 av. Napoléon-Bonaparte, 92506 Rueil-Malmaison Cedex ✆ 01 47 32 60 00

General Motors France (Chevrolet-Pontiac-Buick-Opel)
1-9 av. du Marais, 95101 Argenteuil Cedex ✆ 01 34 26 30 00

Honda France
Parc d'Activité Paris-Est-La Madeleine, BP 46, allée du Ier Mai, 77312 Marne-la-Vallée Cedex 2 ✆ 01 60 37 30 00

Inchcape France
Mazda (Sté France-Motors), Daihatsu-France, Kia-Proton, Z.I. Moimont II, 95670 Marly-la-Ville ✆ 01 34 72 13 00

Jaguar France
231 rue du 1er Mai, BP 309, 92003 Nanterre Cedex ✆ 01 41 19 59 00

Kia France
Roissypôle, 2 pl. de Londres, BP 10716 Roissy CDG Cedex ✆ 01 48 62 92 81

Korauto (Ssangyong)
100 bd de Verdun, 92400 Courbevoie ✆ 01 41 88 30 40

Lada France
10 bd des Martyrs-de-Châteaubriant, 95103 Argenteuil Cedex ✆ 01 34 11 44 44

Lotus V 2000
100 bd de Verdun, 92400 Courbevoie ✆ 01 41 88 30 20

Mercedes-Benz
Parc de Rocquencourt, 78153 Le Chesnay Cedex ✆ 01 39 23 56 00
Magasin d'Exposition : 118 av. Champs-Elysées, 75008 Paris ✆ 01 45 62 24 04

Morgan-Ford
J. Savoye, 237 bd Pereire, 75017 Paris ✆ 01 45 74 82 80

Nissan France S.A.
Parc de Pissaloup, 13 av. Jean-d'Alembert, 78194 Trappes Cedex ✆ 01 30 69 25 00

Porsche-Mitsubishi-Hyundai
Sonauto, 1 av. du Fief, Z.A. des Béthunes de St-Ouen-l'Aumône, 95005 Cergy-Pontoise Cedex ✆ 01 34 30 60 60

Rolls-Royce, Bentley
Franco-Britannic, 25 r. P. Vaillant-Couturier, 92300 Levallois-Perret ✆ 01 47 57 90 24

Rover France (Land Rover)
R. Ambroise-Croizat, Z.I., 95102 Argenteuil ✆ 01 39 98 40 40

Saab France S.A.
12 r. des Peupliers, Parc d'Activités du Petit Nanterre, 92007 Nanterre Cedex ✆ 01 47 86 72 22

Subaru France S.A.
21 rue des Peupliers, 92000 Nanterre ✆ 01 46 49 18 20

Suzuki France S.A. (Santana)
8 av. des Frères Lumières, 78190 Trappes ✆ 01 34 82 14 00

SVF (VW-Skoda-Seat-Audi)
11 av. de Boursonnes, 02600 Villers-Cotterêts ✆ 03 23 73 80 80

Toyota France
20-30 bd de la République, 92420 Vaucresson Cedex ✆ 01 47 10 81 00

Volvo Automobiles France S.A.
55 av. des Champs Pierreux, 92757 Nanterre Cedex ✆ 01 55 17 55 17

PARTHENAY ⟨SP⟩ *79200 Deux-Sèvres* **67** ⑱ *G. Poitou Vendée Charentes – 10 809 h alt. 175.*

Voir *Site★ : ←★ du Pont-Neuf – Pont et porte St-Jacques★* **Y B** – *Rue de la Vaux-St-Jacques★* **Y** – *Église★ de Parthenay-le-Vieux par* ④ *: 1,5 km.*

18 du Petit Chêne à Mazières ✆ 05 49 63 20 95, par ④ : 18 km; 9 9 9 du Château des Forges ✆ 05 49 69 91 77,E : 23 km par D 59 **Z.**

Office de Tourisme 8 r. de la Vau St-Jacques ✆ 05 49 64 24 24, Fax 05 49 94 61 94.

Paris 375 ② – Poitiers 48 ② – Bressuire 32 ① – Châtellerault 75 ② – Fontenay-le-Comte 52 ④ – Niort 41 ④ – Thouars 39 ①.

Aiguillon (R. Louis) . **Z** 2
Jaurès (R. Jean) . . . **Z** 17

Bombarde (R.) . . . . **YZ** 4
Château (R. du) . . . . **Y** 6
Citadelle (R. de la) . **Y** 8
Férolle (R.) . . . . **Y** 14
Féron (R. le) . . . . **Z** 15
Godineau (R. de) . . . **Y** 16
Meilleraie (Bd de la) . . . . . . **YZ** 22
Mendès-France (Av. P.) . . . . **Z** 23
Niquet (R. Gaston) . **Z** 26
Picard (Pl. Georges) **Z** 27
Place (R. de la) . . . **YZ** 29
Poste (R. de la) . . . . **Z** 30
Saunerie (R. de la) . **Z** 31
Sires-de-Parthenay (Bd des) . . . . **Z** 34
Vau-vert (Pl. du) . . . . **Y** 35
8-Mai-1945 (Bd du) . **Z** 36

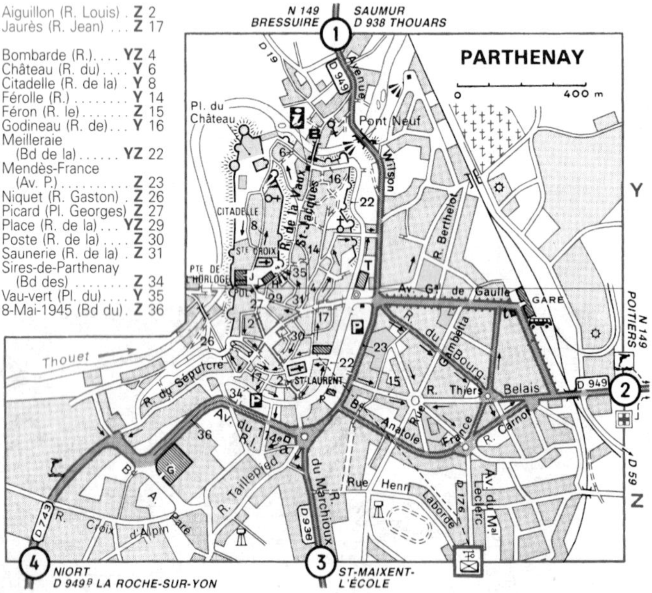

St-Jacques sans rest, 13 av. 114e R.I. ✆ 05 49 64 33 33, *Fax 05 49 94 00 69* – |‡| TV ☎ ♿ P. AE GB JCB Z a
☕ 40 – **46 ch** 200/355.

Nord avec ch, 86 av. Gén. de Gaulle ✆ 05 49 94 29 11, *Fax 05 49 64 11 72* – ▤ rest, TV ☎. AE ⓓ GB JCB Z t
fermé 20 déc. au 8 janv. et sam. – **Repas** 78/230 ♁, enf. 50 – ☕ 32 – **10 ch** 265/300 – ½ P 255.

FORD Gar. Thoron, 52 av. A.-Briand ✆ 05 49 64 10 91
RENAULT Gâtine Espace Autom., 114 av. A.-Briand ✆ 05 49 94 04 00 N ✆ 08 00 05 15 15

Vulco, pl. Martyrs-de-la-Résistance ✆ 05 49 94 34 22

PASSENANS *39 Jura* **70** ④ *– rattaché à Poligny.*

PATRIMONIO *2B H.-Corse* **90** ③ *– voir à Corse.*

Avant de prendre la route, consultez la ***carte Michelin n° 911 "FRANCE - Grands Itinéraires".***
Vous y trouverez :
- votre kilométrage,
- votre temps de parcours,
- les zones à "bouchons" et les itinéraires de dégagement,
- les stations-service ouvertes 24 h/24...
Votre route sera plus économique et plus sûre.

PAU P 64000 *Pyr.-Atl.* **85** ⑥ ⑦ *G. Pyrénées Aquitaine – 82 157 h Agglo. 144 674 h alt. 207 – Casino .*

Voir *Boulevard des Pyrénées* ≤★★★ **ABZ** – *Château*★★ *: tapisseries*★★★ **AZ** – *Musée des Beaux-Arts*★ **BY M.**

Pau Golf Club ☎ *05 59 32 02 33* **AVX** ; *Béarn Golf Club à Artiguelouve* ☎ *05 59 83 09 29 par* ④ *: 11 km.*

Circuit automobile urbain.

✈ *de Pau-Pyrénées :* ☎ *05 59 33 33 00, par* ⑥ *: 12 km.*

Office de Tourisme pl. Royale ☎ *05 59 27 27 08, Fax 05 59 27 03 21 et pl. Monnaie* ☎ *05 59 27 41 24 – Automobile Club Basco-Béarnais 1 bd Aragon* ☎ *05 59 27 01 94, Fax 05 59 27 61 69.*

Paris 777 ⑥ *– Bayonne 112* ⑤ *– Bordeaux 200* ⑥ *– Toulouse 197* ② *– Zaragoza 239* ④*.*

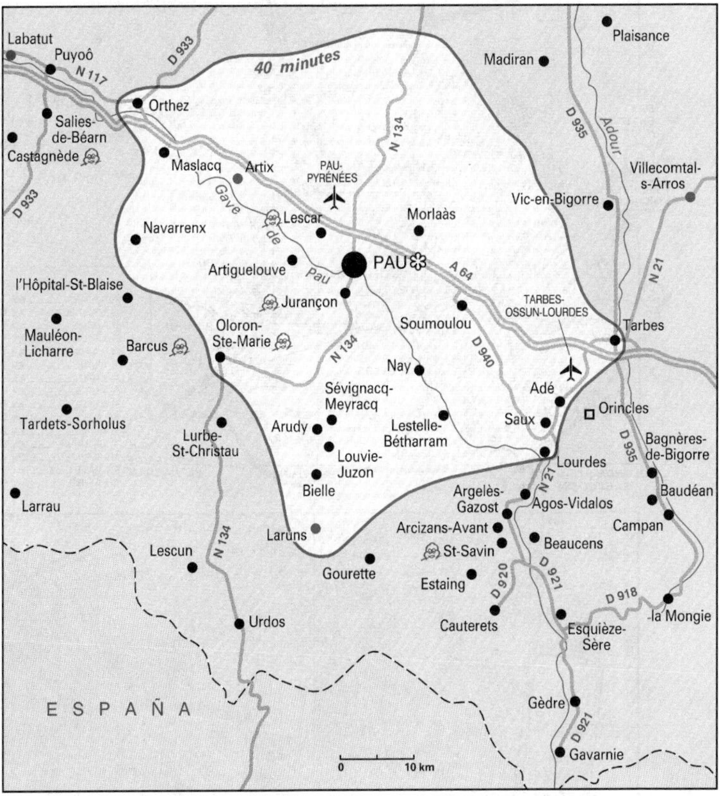

Continental, 2 r. Mar. Foch ☎ 05 59 27 69 31, *Fax 05 59 27 99 84* – |‡| TV ☎ 🚗 – 🏛 90. AE ⓓ GB JCB — BY e
Repas 130/165 🍷 – ☕ 40 – **80 ch** 325/500 – ½ P 340/390.

Clarine 🐎 sans rest, 80 r. E. Garet ☎ 05 59 82 58 00, *Fax 05 59 27 30 20* – |‡| TV ☎ 📞 P – 🏛 35. AE ⓓ GB — BY n
☕ 35 – **41 ch** 300/380.

de Gramont M sans rest, 3 pl. Gramont ☎ 05 59 27 84 04, *Fax 05 59 27 62 23* – |‡| ⚡ TV ☎ 📞 ♿. AE ⓓ GB — AY t
☕ 35 – **36 ch** 200/495.

Roncevaux sans rest, 25 r. L. Barthou ☎ 05 59 27 08 44, *Fax 05 59 82 92 79* – |‡| TV ☎ P. AE ⓓ GB — AZ f
☕ 40 – **40 ch** 315/390.

PAU

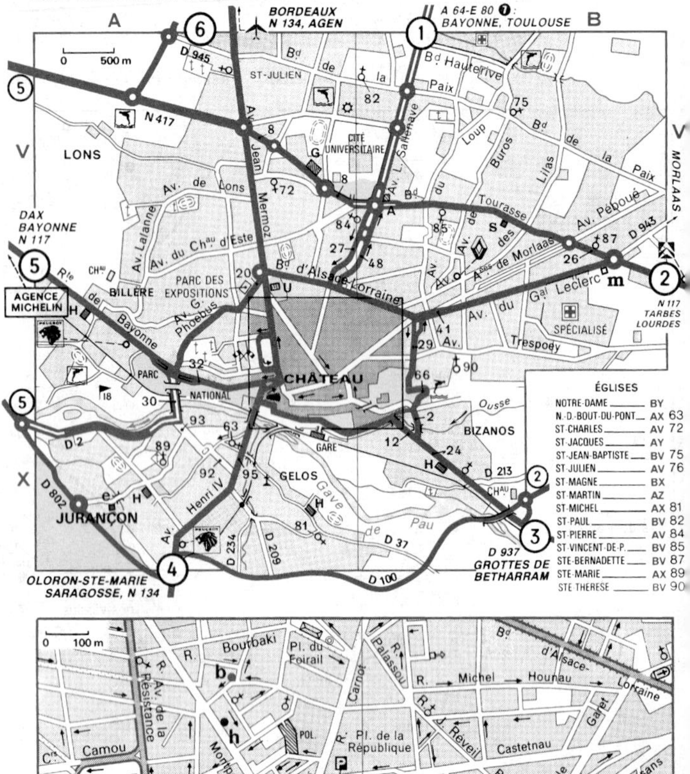

ÉGLISES

NOTRE-DAME .... BY
N.-D.-BOUT-DU-PONT .... AX 63
ST-CHARLES .... AV 72
ST-JACQUES .... AY
ST-JEAN-BAPTISTE .... BV 75
ST-JULIEN .... AV 76
ST-MAGNE .... BX
ST-MARTIN .... AZ
ST-MICHEL .... AX 81
ST-PAUL .... BV 82
ST-PIERRE .... AV 84
ST-VINCENT-DE-P. .... BV 85
STE-BERNADETTE .... BV 87
STE-MARIE .... AX 89
STE THÉRÈSE .... BV 90

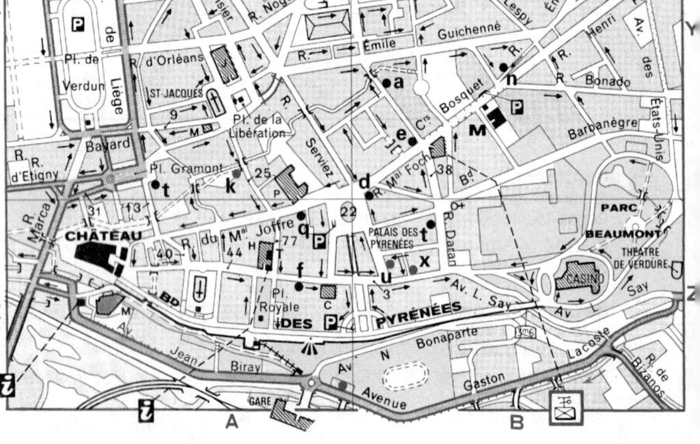

Commerce, 9 r. Mar. Joffre ✆ 05 59 27 24 40, *Fax 05 59 83 81 74,* – 30 à 70. AE GB AZ q
Repas *(fermé dim.)* 90/150 – 35 – **51 ch** 270/320 – 1/2 P 252/265.

Navarre, 9 av. Gén. Leclerc ✆ 05 59 30 25 39, *Fax 05 59 02 63 95,* – GB BV m
Repas snack carte 90 à 130 – 30 – **31 ch** 260/280 – 1/2 P 225.

Montpensier sans rest, 36 r. Montpensier ✆ 05 59 27 42 72, *Fax 05 59 27 70 95* – AE GB AY h
35 – **22 ch** 240/360.

Bourbon sans rest, 12 pl. Clemenceau ✆ 05 59 27 53 12, *Fax 05 59 82 90 99* – . AE GB BY d
37 – **33 ch** 270/330.

Ibis sans rest, 26 r. Samonzet ✆ 05 59 83 71 83, *Fax 05 59 83 82 51* – – 40. AE GB BY a
35 – **60 ch** 295/310.

Central sans rest, 15 r. L. Daran ✆ 05 59 27 72 75, *Fax 05 59 27 33 28* – . AE GB BZ t
35 – **28 ch** 185/300.

Chez Pierre, 16 r. L. Barthou ✆ 05 59 27 76 86, *Fax 05 59 27 08 14* – . AE GB JCB BZ x
fermé 1er au 15 août, 2 au 9 janv., sam. midi et dim. sauf fériés – **Repas** 185 et carte 220 à 420.

Viking (David), 33 bd Tourasse ✆ 05 59 84 02 91 – . AE GB. BV s
fermé 14 juil. au 15 août, vacances de fév., sam. et dim. – **Repas** (nombre de couverts limité, prévenir) 160 et carte 250 à 350
Spéc. Huîtres chaudes à la Nantaise. Médaillons de lotte aux trompettes d'abondance. Noisettes d'agneau "Laurette". **Vins** Jurançon, Madiran.

Au Fin Gourmet, face gare ✆ 05 59 27 47 71, *Fax 05 59 82 96 77,* – AE GB
fermé 20 juil. au 10 août, dim. soir et lundi – **Repas** 95/180 . AZ v

Michodière, 34 r. Pasteur ✆ 05 59 27 53 85 – . GB AY b
fermé 26 juil. au 18 août et dim. – **Repas** 68 (déj.), 85/130.

Table d'Hôte, 1 r. Hédas ✆ 05 59 27 56 06, *Fax 05 59 27 56 06,* – GB AY k
fermé vacances, de printemps, de Toussaint, sam. midi et dim. – **Repas** 118/149 , enf. 45.

Brasserie Le Berry, 4 r. Gachet ✆ 05 59 27 42 95, – . GB BZ u
fermé 1er au 12 mars – **Repas** carte 90 à 190 .

par ① *près échangeur A 64, sortie n° 10 : 5 km* – ✉ *64000 Pau :*

Mercure M, ✆ 05 59 84 29 70, *Fax 05 59 84 56 11,* , – – 30 à 160. AE GB JCB
Repas carte 160 à 300 , enf. 58 – 58 – **92 ch** 550/580.

à Jurançon *: 2 km – 7 538 h. alt. 177 –* ✉ *64110 :*

Castel du Pont d'Oly avec ch, 2 av. Rauski par ④ ✆ 05 59 06 13 40, *Fax 05 59 06 10 53,* , , – . GB
Repas *(fermé dim. soir)* 165/368 et carte 250 à 410 – 50 – **6 ch** 450 – 1/2 P 380.

Ruffet, 3 av. Ch. Touzet ✆ 05 59 06 25 13, cadre rustique – GB AX e
fermé août, dim. soir et lundi – **Repas** 100 et carte 140 à 310.

rte de Bayonne *par* ⑤ *: 6 km –* ✉ *64230 Lescar :*

Novotel M, centre commercial ✆ 05 59 32 17 32, *Fax 05 59 32 34 98,* , , – – 30 à 60. AE GB JCB
Repas *(63)* - carte environ 150 , enf. 50 – 55 – **89 ch** 415/490.

à Lescar *par* ⑤ *: 7,5 km – 5 793 h. alt. 179 –* ✉ *64230 :*

Terrasse, 1 r. Maubec ✆ 05 59 81 02 34, *Fax 05 59 81 08 77,* – – 30. AE GB
fermé 23 déc. au 3 janv. – **Repas** *(fermé sam. midi, dim. et fériés)* 80/200 – 30 – **24 ch** 245/275 – 1/2 P 228.

rte de Bordeaux *par* ⑥ *: 4 km –* ✉ *64000 Pau :*

Climat de France M, centre commercial ✆ 05 59 72 74 00, *Fax 05 59 72 74 01,* – , rest, – 30 à 50. AE GB
Repas 59/135 , enf. 39 – 35 – **58 ch** 285.

MICHELIN, Agence, av. Lavoisier, ZI Induspal à Lons par ⑤ ✆ 05 59 32 56 33

BMW Gar. Bochet, ZA r. B.-Palissy à Lescar ✆ 05 59 81 18 00
CITROEN Gar. Domingue, Rte de Tarbes ✆ 05 59 02 75 18
CITROEN Gar. Brandam, à Jurançon ✆ 05 59 06 16 04
CITROEN Gar. Domingue, 11 r. des Entrepreneurs à Billère ✆ 05 59 62 83 73
FORD Gar. Petit, rte de Bayonne à Lescar ✆ 05 59 81 30 00
MERCEDES SOPAVIA, 108 rte de Bayonne à Lons ✆ 05 59 62 64 64 N ✆ 08 00 24 24 30
OPEL Navarre Autom., 129 r. du Gén.-de-Gaulle à Lons ✆ 05 59 32 04 50
PEUGEOT Gar. Dubroca, à Jurançon ✆ 05 59 06 06 52
PEUGEOT Paloise Autom., 7 rte de Bayonne à Billère ✆ 05 59 72 79 70 N ✆ 08 00 44 24 24
RENAULT Gar. P.P.D.A., Rte de Tarbes par ② ✆ 05 59 92 77 77 N ✆ 08 00 05 15 15
RENAULT Gar. des Lilas, 19 av. des Lilas ✆ 05 59 02 88 11
RENAULT Gar. Barat, rte de Gan à Jurançon par ④ ✆ 05 59 06 22 09
RENAULT Gar. Layus, 284 bd Cami Salie par ① ✆ 05 59 02 65 14
RENAULT Gar. P.P.D.A., Av. Santos Dumont à Lescar ✆ 05 59 62 36 44
ROVER Gar. Morin, ZAC Monhauba à Lescar ✆ 05 59 81 18 81
VOLVO Gar. Davan, 12 bd Corps-Franc-Pommiès ✆ 05 59 02 70 20

Atlantique Pneus, r. Thimonier à Lons ✆ 05 59 32 99 30
Baudorre Pneus, 171 av. J.-Mermoz à Lons ✆ 05 59 32 43 85
Dours Pneus Vulco, Rd-Pt Bilaa, N 117 à Lescar ✆ 05 59 81 22 32
Euromaster, 3 r. Chênes à Billère ✆ 05 59 32 42 99
Euromaster, 31 r. Carnot ✆ 05 59 30 30 68
Euromaster, r. de la Vallée-d'Ossau à Serres-Castet ✆ 05 59 33 78 98
Manaute Pneus, r. J.-Zay Parc Activités ✆ 05 59 30 58 50

PAUILLAC *33250 Gironde* 71 ⑦ *G. Pyrénées Aquitaine – 5 670 h alt. 20.*
Voir *château Mouton Rothschild* : musée** NO : 2 km.*
Office de Tourisme la Verrerie ✆ 05 56 59 03 08, Fax 05 56 59 23 38.
Paris 559 – Bordeaux 52 – Arcachon 114 – Blaye 16 – Lesparre-Médoc 23.

Château Cordeillan Bages M, Sud : 1 km par D 2 ✆ 05 56 59 24 24, *Fax 05 56 59 01 89*, – TV ☎ P. AE GB
fermé 4 déc. au 2 fév. – **Repas** *(fermé sam. midi et lundi)* (150) - 185/380 et carte 320 à 460 ♀ – 75 – **25 ch** 900/1250 – ½ P 770/1085
Spéc. Agneau de Pauillac rôti à la broche. Foie gras chaud poêlé sur pêche confite. Biscuit au chocolat, croquant aux épices. **Vins** Pauillac, Saint-Estèphe.

France et Angleterre, 3 quai A. Pichon ✆ 05 56 59 01 20, *Fax 05 56 59 02 31*, – TV ☎ – 25. AE GB JCB
fermé 20 déc. au 10 janv. – **Repas** *(fermé dim. soir et lundi d'oct. à avril)* 85/220 ♀, enf. 46 – 35 – **29 ch** 300/350 – ½ P 250.

La PAULINE *83 Var* 84 ⑮ – *rattaché à Toulon.*

PAULX *44270 Loire-Atl.* 67 ② – *1 311 h alt. 15.*
Paris 421 – Nantes 39 – La Roche-sur-Yon 47 – Challans 17 – St-Nazaire 62.

Voyageurs, pl. Église ✆ 02 40 26 02 76, *Fax 02 40 26 02 77* – AE GB
fermé 24 août au 7 sept., vacances de fév., dim. soir et lundi – **Repas** 98 bc/275 ♀, enf. 85.

PAVILLON (col du) *69 Rhône* 73 ⑧ – *rattaché à Cours-la-Ville.*

PAVIN (Lac) *63 P.-de-D.* 73 ⑬ ⑭ – *rattaché à Besse-en-Chandesse.*

PAYRAC *46350 Lot* 75 ⑱ – *492 h alt. 320.*
Paris 531 – Cahors 48 – Sarlat-la-Canéda 31 – Bergerac 102 – Brive-la-Gaillarde 52 – Figeac 61.

Host. de la Paix, ✆ 05 65 37 95 15, *Fax 05 65 37 90 37*, – TV ☎ P – 25. AE GB
fermé 2 janv. au 19 fév. – **Repas** 75/160 ♀, enf. 45 – 32 – **50 ch** 290/340 – ½ P 300.

PÉAULE *56130 Morbihan* 63 ⑭ – *2 188 h alt. 82.*
Paris 457 – Ploërmel 44 – Redon 25 – La Roche-Bernard 10 – Vannes 36.

Aub. Armor Vilaine, pl. Ste-Anne (près église) ✆ 02 97 42 91 03, *Fax 02 97 42 82 27* – TV ☎. AE GB
fermé janv., dim. soir et lundi sauf juil.-août et fériés – **Repas** 70/245 ♀, enf. 55 – 40 – **17 ch** 200/250 – ½ P 240/290.

Une réservation confirmée par écrit ou par fax est toujours plus sûre.

PÉCY *77970 S.-et-M.* 61 ③ *– 565 h alt. 132.*

Paris 69 – Coulommiers 22 – Meaux 45 – Melun 36 – Provins 25 – Sézanne 51.

Aub. Paysanne avec ch, à Cornefève, Sud : 3 km par rte secondaire 01 64 60 25 70, *Fax 01 64 01 54 12*, , parc – P. GB
fermé vacances de fév. – **Repas** 100/180, enf. 50 – 38 – **10 ch** 145/180 – ½ P 200/240.

PÉGOMAS *06580 Alpes-Mar.* 84 ⑧, 114 ㉖, 115 ㉞ *– 4 618 h alt. 18.*

Paris 899 – Cannes 9 – Draguignan 59 – Grasse 9 – Nice 38 – St-Raphaël 38.

Bosquet sans rest, chemin des Périssols - rte Mouans-Sartoux 04 92 60 21 20, *Fax 04 92 60 21 49*, parc, , – cuisinette P. GB.
fermé 10 fév. au 1er mars – 30 – **16 ch** 270/320, 7 studios.

Relais du Pas de l'Aï, rte de Tanneron Sud-Ouest par D 109 et D 309 : 2 km 04 93 60 98 47, *Fax 04 93 42 81 84*, <, – P. AE GB
fermé 16 au 27 nov., dim. soir, lundi soir et mardi soir d'oct. à mai – **Repas** 128 (déj.), 165/260.

L'Écluse, au bord de la Siagne - Ouest : 1,5 km par rte secondaire 04 93 42 22 55, *Fax 04 93 40 72 65*, <, – AE GB
fermé 15 oct. au 15 nov. et en semaine d'oct. au 15 avril – **Repas** 80/160, enf. 40.

à St-Jean *Sud-Est : 2 km par D 9 – ✉ 06650 La Roquette-sur-Siagne :*

Chasseurs sans rest, 04 92 19 18 00, *Fax 04 92 19 19 61* – cuisinette P. GB.
fermé 1er au 15 nov. – 35 – **17 ch** 200/240, 3 studios.

PEILLE *06440 Alpes-Mar.* 84 ⑲ *G. Côte d'Azur – 1 836 h alt. 630.*

Voir *Le bourg★ – Monument aux morts <★.*

Syndicat d'Initiative 04 93 91 71 71 Mairie 04 93 79 90 32.

Paris 955 – Monaco 19 – L'Escarène 14 – Menton 27 – Nice 26 – Sospel 35.

Aub. du Seuillet avec ch, rte de La Turbie : 2,5 km par D 53 04 93 41 17 39, *Fax 04 93 41 17 39*, – P. GB.
hôtel : fermé de mi-oct. à janv. et merc. – **Repas** *(fermé début nov. à mi-déc., mardi et le soir de mi-oct. à janv. et merc.)* 112/148 – 35 – **5 ch** 260 – ½ P 260.

PEILLON *06440 Alpes-Mar.* 84 ⑩, 115 ㉗ *G. Côte d'Azur – 1 139 h alt. 200.*

Voir *Village★ – Fresques★ dans la chapelle des Pénitents Blancs.*

Syndicat d'Initiative à la Mairie 04 93 79 91 04.

Paris 949 – Monaco 28 – Contes 13 – L'Escarène 13 – Menton 37 – Nice 20 – Sospel 34.

Aub. de la Madone , 04 93 79 91 17, *Fax 04 93 79 99 36*, <, , « Au pied d'un village pittoresque, terrasse fleurie et jardin », – P. GB. ch
fermé 20 oct. au 20 déc., 7 au 24 janv. et merc. – **Repas** *(140 bc)* - 200 (déj.), 220/350 – 60 – **20 ch** 440/800 – ½ P 460/700.

Annexe Lou Pourtail sans rest,, <,
1er avril-20 oct. et fermé merc. – 60 – **6 ch** 200/330.

PEISEY-NANCROIX *73210 Savoie* 74 ⑱ *G. Alpes du Nord – 521 h alt. 1320.*

Office de Tourisme 04 79 07 94 28, Fax 04 79 07 95 34.

Paris 639 – Albertville 56 – Bourg-St-Maurice 13.

Vanoise , à Plan Peisey : 4 km 04 79 07 92 19, *Fax 04 79 07 97 48*, <, , (été) – P. GB
20 juin-6 sept. et 20 déc.-20 avril – **Repas** 89/120, enf. 50 – 36 – **34 ch** 220/300 – ½ P 300/360.

Ancolie, à Nancroix Sud-Est : 2 km 04 79 07 93 20, *Fax 04 79 07 91 65*, – GB
fin juin-15 sept. et 20 déc.-3 mai et fermé lundi en hiver – **Repas** (prévenir) 145/202 .

PÉLUSSIN *42410 Loire* 76 ⑩ *G. Vallée du Rhône – 3 132 h alt. 420.*

Paris 513 – St-Étienne 40 – Annonay 29 – Tournon-sur-Rhône 58 – Vienne 27.

Guy Chenavier avec ch, 04 74 87 61 51, *Fax 04 74 87 63 96*, – rest, P. GB. rest
fermé 10 au 16 juil. – **Repas** *(fermé dim. soir hors saison)* 80 bc (déj.), 110/270 , enf. 62 – 30 – **7 ch** 170/250 – ½ P 200/250.

PELVOUX (Commune de) *05340 H.-Alpes* 77 ⑰ *G. Alpes du Sud – 335 h alt. 1260 – Sports d'hiver : 1 250/2 300 m 6.*

Voir *Route des Choulières : ←★★ E.*

Paris 703 – Briançon 23 – L'Argentière-la-Bessée 12 – Gap 86 – Guillestre 33.

Le Sarret :

Condamine, ☎ 04 92 23 35 48, *Fax 04 92 23 49 71*, ←, – P. AE GB. rest

1er juin-15 sept. et 20 déc.-31 mars – **Repas** 80/150 ♀, enf. 60 – 45 – **19 ch** 200/350 – ½ P 290.

Ailefroide – *alt. 1510.*

Voir *Pré de Madame Carle : paysage★★ NO : 6 km.*

Chalet H. Rolland, ☎ 04 92 23 32 01, *Fax 04 92 23 49 97*, ←, – P. GB. rest

13 juin-6 sept. – **Repas** 75 (déj.), 90/168, enf. 50 – 35 – **24 ch** 300 – ½ P 250.

PÉNESTIN *56760 Morbihan* 63 ⑭ *– 1 394 h alt. 20.*

Voir *Pointe du Bile ←★ S : 5 km,* **G. Bretagne.**

Office de Tourisme allée du Grand Pré ☎ 02 99 90 37 74, Fax 02 99 90 47 08.

Paris 460 – Nantes 87 – Vannes 45 – La Baule 30 – La Roche-Bernard 17 – St-Nazaire 44.

Loscolo, Pointe de Loscolo Sud-Ouest : 4 km ☎ 02 99 90 31 90, *Fax 02 99 90 32 14*, ←, – TV P. GB

9 avril-1er nov. – **Repas** *(fermé mardi midi et merc. midi sauf juil.-août)* 150/380 ♀, enf. 100 – 60 – **16 ch** 380/600 – ½ P 410/510.

PENHORS *29 Finistère* 58 ⑭ *– rattaché à Pouldreuzic.*

PENNEDEPIE *14 Calvados* 55 ③ *– rattaché à Honfleur.*

PENVÉNAN *22710 C.-d'Armor* 59 ① *– 2 489 h alt. 70.*

Paris 509 – St-Brieuc 61 – Guingamp 32 – Lannion 20 – Perros-Guirec 15 – La Roche-Derrien 9 – Tréguier 8.

Crustacé, ☎ 02 96 92 67 46 – GB

fermé 14 au 30 oct. et 15 janv. au 16 fév., mardi soir et merc. sauf juil.-août – **Repas** 82/320 ♀, enf. 58.

RENAULT Gar. Henry, ☎ 02 96 92 65 22

PENVINS *56 Morbihan* 63 ⑬ *– rattaché à Sarzeau.*

PÉRIGNAC *17 Char.-Mar.* 71 ⑤ *– rattaché à Pons.*

PÉRIGNAT-LÈS-SARLIÈVE *63 P.-de-D.* 73 ⑭ *– rattaché à Clermont-Ferrand.*

PÉRIGNY *86 Vienne* 68 ⑬ *– rattaché à Poitiers.*

PÉRIGUEUX P *24000 Dordogne* 75 ⑤ *G. Périgord Quercy – 30 280 h alt. 86.*

Voir *Cathédrale St-Front★ : retable★★ dans l'abside* **BZ** *– Église St-Étienne de la Cité★* **AZ K** *– Quartier du Puy St-Front★ : rue Limogeanne★* **BY** *, escalier★ de la maison Lajoubertie* **BY E** *– Galerie Daumesnil★ face au n° 3 de la rue Limogeanne* **YZ** *38 – Musée du Périgord★* **BY M¹.**

18 ☎ *05 53 53 02 35, par ⑤ : 5 km.*

Office de Tourisme Rond-Point de la Tour Mataguerre ☎ 05 53 53 10 63, Fax 05 53 09 02 50 – Automobile Club 14 r. Wilson ☎ 05 53 53 35 19, Fax 05 53 53 56 76.

Paris 483 ① – Agen 139 ③ – Albi 235 ② – Angoulême 85 ⑤ – Bordeaux 123 ④ – Brive-la-Gaillarde 74 ② – Limoges 94 ① – Pau 265 ③ – Poitiers 197 ⑤ – Toulouse 256 ②.

Plan page ci-contre

Bristol sans rest, 37 r. A. Gadaud ☎ 05 53 08 75 90, *Fax 05 53 07 00 49* – TV P. AE GB **AY u**

fermé 19 déc. au 4 janv. – 36 – **29 ch** 270/370.

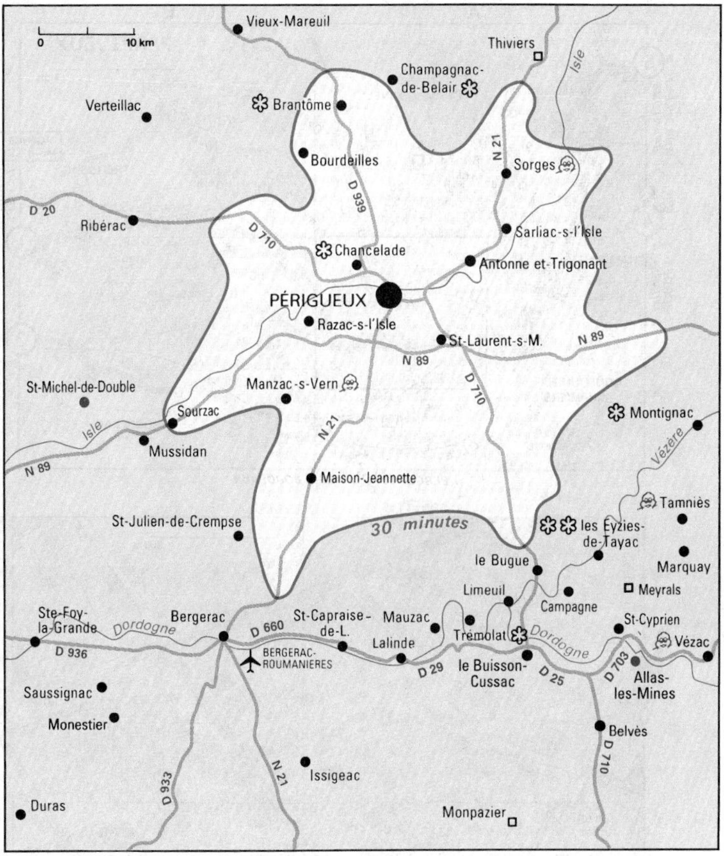

Périgord, 74 r. V. Hugo ✆ 05 53 53 33 63, *Fax 05 53 08 19 74,* ⛱, 🚘 – TV ☎ 🚗 – 🏛 30. GB. ✂ ch AY r
fermé 19 oct. au 3 nov., vacances de fév. et vend. sauf rest. d'oct. à fév. – **Repas** *(fermé dim. soir et sam. d'oct. à fév.)* 78 (déj.), 92/165 ♀, enf. 50 – ☕ 35 – **20 ch** 215/275 – ½ P 235/240.

Ibis M, 8 bd Saumade ✆ 05 53 53 64 58, *Fax 05 53 07 51 79,* ⛱ – 🛗 ✂ TV ☎ 📞 – 🏛 25. AE ⊙ GB BZ a
Repas *(75)* - 95 ♀, enf. 39 – ☕ 35 – **89 ch** 295/320.

Rocher de l'Arsault, 15 r. L'Arsault ✆ 05 53 53 54 06, *Fax 05 53 08 32 32* – P. AE GB BX s
fermé 15 juil. au 5 août, vacances de fév. et dim. sauf fériés – **Repas** 100/295, enf. 65.

Le 8, 8 r. Clarté ✆ 05 53 35 15 15, ⛱ – AE BZ n
fermé juil.-août, sam. midi et dim. – **Repas** (nombre de couverts limité, prévenir) 110 bc (déj.), 165/400 ♀.

L'Univers, 3 r. Eguillerie ✆ 05 53 53 34 79, *Fax 05 53 06 70 76,* ⛱ – GB BY e
fermé vacances de Noël, dim. soir sauf juil.-août et fériés – **Repas** 85/185.

à Antonne-et-Trigonant *par ① : 10,5 km – 1 050 h. alt. 106 – ✉ 24420.*
Voir *Architecture intérieure★ du château des Bories NE : 2 km.*

Host. L'Écluse 🐎, ✆ 05 53 06 00 04, *Fax 05 53 06 06 39,* « Dans un parc au bord de l'Isle », 🎾 – 🛗 TV ☎ P – 🏛 120. AE GB
Repas *(95)* - 130/180 ♀ – ☕ 40 – **41 ch** 225/265, 4 appart – ½ P 260/300.

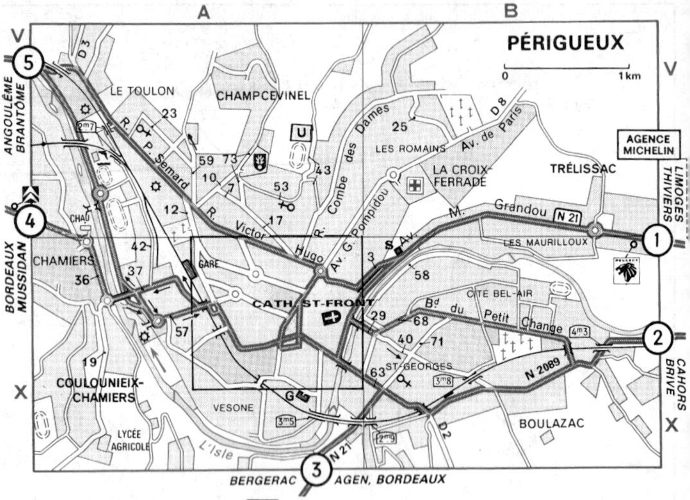

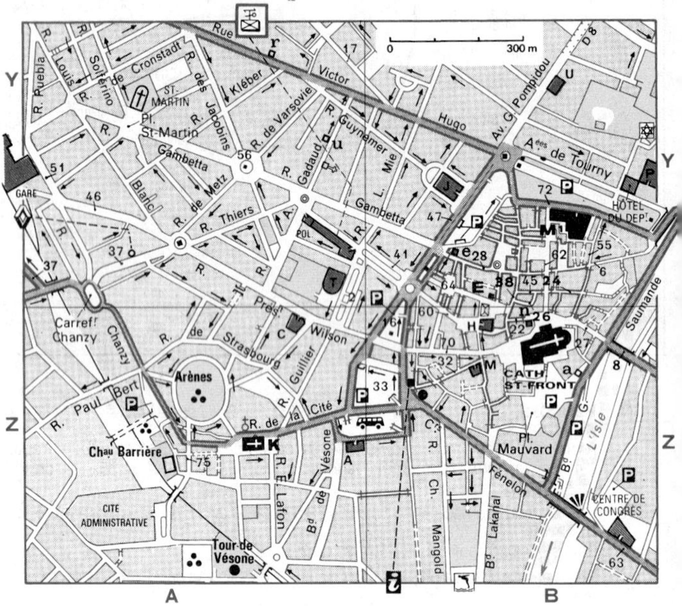

Bugeaud (Pl.) .... **BZ** 16
Fénelon (Cours) .... **BZ**
Limogeanne (R.) .... **BY** 38
Montaigne (Bd, Crs, Pl.) **BY** 47
Prés.-Wilson (R.) ..... **AYZ**
République (R. de la) ... **BZ** 60
Taillefer (R.) .... **BZ** 70

Aquitaine (Av. d') ...... **AY** 2
Arsault (R. de l') .... **BX** 3
Barbecane (R.) .... **BY** 6
Barnalier (R. Roger) .... **AV** 7
Barris (Pont des) .... **BZ** 8
Basch (R. Victor) .... **AV** 10
Blanc (R. Louis) .... **AV** 12
Chassaing (R. Clos) .... **AY** 17
Churchill (Av. Winston) . **AX** 19

Clarté (R. de la) .... **BZ** 22
Cluzeau (R. du) .... **AV** 23
Constitution (R. de la) .. **BY** 24
Coubertin (R. Pierre de) **BV** 25
Daumesnil (Galerie) .. **BYZ** 26
Daumesnil (Pl. et R. A.) . **BZ** 27
Eguillerie (R.) .... **BY** 28
Faidherbe (Pl.) .... **BX** 29
Farges (R. des) .... **BZ** 32
Francheville (Pl.) .... **BZ** 33
Gaulle (Av. Gén.-de) ... **AX** 36
Juin (Av. du Mar.) ...... **AX** 37
Magne (R. Pierre) ...... **BX** 40
Maurois (Pl. A.) .... **BY** 41
Maziéras (R. A.) .... **AX** 42
Mazy (R. Paul) .... **AV** 43
Miséricorde (R. de la) .. **BY** 45

Mobiles-de-Coulmiers (R.) .... **AY** 46
Papin (R. Denis) .... **AY** 51
Pascal (Bd Blaise) ...... **AV** 53
Plantier (R. du) .... **BY** 55
Plumancy (Pl.) .... **AY** 56
Port (Allée du) .... **AX** 57
Prés (R. des) .... **BX** 58
Puyrousseau (Bd du) .... **AV** 59
St-Front (R.) .... **BY** 62
St-Georges (Cours) ..... **BZ** 63
St-Silain (Pl.) .... **BY** 64
Stalingrad (Bd de) ...... **BX** 68
Talleyrand-Périgord (R.) .. **BX** 71
Tourny (Cours) .... **BY** 72
Trarieux (R. Ludovic) .... **AV** 73
50e-Régt-Inf. (Av.) .... **AZ** 75

à St-Laurent-sur-Manoire *par ②, N 89 et rte secondaire : 6 km – 706 h. alt. 110 – ✉ 24330 :*

St-Laurent ⛭, ✆ 05 53 04 99 99, *Fax 05 53 54 34 40*, ←, parc, ⛹, ⛱, % – |‡| ☎ ✆ ♿ ⇔ 🅿 – 🏛 70. AE GB
Repas 148/185 ♀ – ☕ 37 – **37 ch** 290/490, 13 duplex – ½ P 349.

à Chancelade *par ⑤, D 710 et D 1 : 5,5 km – 3 718 h. alt. 88 – ✉ 24650.*
Voir *Abbaye*★.

Château des Reynats et rest. l'Oison ⛭, ✆ 05 53 03 53 59, *Fax 05 53 03 44 84*, parc, ⛱, % – |‡| ☎ ♿ 🅿 – 🏛 80. AE ⓓ GB JCB. ⛌ ch
fermé fév. – **Repas** *(fermé lundi sauf le soir en juil.-août et mardi midi hors saison)* 140 (déj.), 190/350 – ☕ 60 – **32 ch** 450/640, 5 appart – ½ P 480/650
Spéc. Crème de cèpes en cappuccino. Salade de truffes fraîches (déc. à janv.). Filet de boeuf en croûte de cèpes. **Vins** Pécharmant, Bergerac.

à Razac-sur-l'Isle *par ⑤, D 939, D 710 et D 3 : 14 km – 2 212 h. alt. 75 – ✉ 24430 :*

Château de Lalande ⛭, ✆ 05 53 54 52 30, *Fax 05 53 07 46 67*, parc, ⛱ – ☎ 🅿 – 🏛 25. AE ⓓ GB
15 mars-15 nov. – **Repas** *(fermé merc. midi hors saison)* (98) - 148/310, enf. 50 – ☕ 42 – **22 ch** 270/470 – ½ P 330/420.

BMW Gar. Madronnet, rd-pt Agora à Boulazac ✆ 05 53 08 99 30
CITROEN S.O.V.R.A., 74 av. Gén.-de-Gaulle à Chamiers ✆ 05 53 08 31 02 🅽 ✆ 05 53 02 70 15
CITROEN Gar. Deluc, rte de Limoges à Trélissac par ① ✆ 05 53 02 70 10 🅽 ✆ 05 53 02 70 10
FIAT, LANCIA Gar. Rebière, 228 av. Grandou à Trélissac ✆ 05 53 35 76 20
HONDA Gar. Borie, 156 av. Mar.-Juin ✆ 05 53 53 60 16
MERCEDES, TOYOTA Gar. Magot, 192 rte de Lyon à Boulazac ✆ 05 53 02 34 34
NISSAN, ROVER Gar. Pradier, 5 r. A.-Gadaud ✆ 05 53 53 53 94
PEUGEOT Gar. Serreau, 202 rte de Limoges à Trélissac par ① ✆ 05 53 09 42 42 🅽 ✆ 05 53 03 09 49
RENAULT S.A.R.D.A., 74 av. Mar.-Juin ✆ 05 53 53 43 43 🅽 ✆ 05 53 03 05 14
RENAULT S.A.R.D.A., rte de Limoges à Trélissac par ① ✆ 05 53 02 41 41 🅽 ✆ 05 53 03 05 14
VOLVO Gar. BG Sport, rte de Bordeaux à Marsac ✆ 05 53 03 96 52

Barrier Pneus, N 21 Les Jalots à Trélissac ✆ 05 53 53 54 17
Distripneus-Point S, rte de Bordeaux à Marsac-sur-l'Isle ✆ 05 53 04 13 48
Périgord Pneus-Point S, à Trélissac ✆ 05 53 54 41 27 🅽 ✆ 05 53 04 36 54
Réparpneu, ZAE av. L.-Suder à Marsac ✆ 05 53 04 95 52
Réparpneu, 145 bd Petit Change ✆ 05 53 53 46 83
Vulco, r. M.-Paul ZAC à Boulezac ✆ 05 53 45 58 48

PERNES-LES-FONTAINES *84210 Vaucluse* 81 ⑫ *G. Provence* (plan) – *8 304 h alt. 75.*

Voir *Porte Notre-Dame*★.
ℹ *Office de Tourisme Pl. du Contat Venaissin ✆ 04 90 61 31 04, Fax 04 90 61 33 23.*
Paris 686 – Avignon 22 – Apt 44 – Carpentras 6 – Cavaillon 20.

L'Hermitage ⛭ sans rest, rte Carpentras : 2 km ✆ 04 90 66 51 41, *Fax 04 90 61 36 41*, parc, ⛱ – 📺 ☎ ✆ ♿ 🅿 – 🏛 25. AE ⓓ GB
fermé 6 au 21 janv. – ☕ 45 – **20 ch** 380/450.

Au Fil du Temps (Robert), pl. L. Giraud (face centre culturel) ✆ 04 90 66 48 61 – ⓓ GB
fermé 1er au 15 nov., 7 au 17 janv., mardi soir d'oct. à fév. et merc. – **Repas** 95 (déj.), 180/280
Spéc. Escalope de foie gras chaud au risotto d'épeautre. Canette rôtie au miel. Tarte chaude aux pommes, sauce caramel.

PÉRONNE ⟨SP⟩ *80200 Somme* 53 ⑬ *G. Flandres Artois Picardie – 8 497 h alt. 52.*

Voir *Historial de la Grande Guerre*★.
ℹ *Office de Tourisme 1 r. Louis XI ✆ 03 22 84 42 38, Fax 03 22 84 51 25.*
Paris 140 ② – St-Quentin 31 ① – Amiens 53 ② – Arras 48 ① – Doullens 54 ③.

Plan page suivante

Quenouille, 4 av. Australiens N 17 par ① ✆ 03 22 84 00 62, *Fax 03 22 84 67 50*, – 🅿. AE GB
fermé 27 avril au 15 mai, 27 août au 5 sept., dim. soir et lundi – **Repas** 95/185 ♀.

Host. des Remparts avec ch, 21 r. Beaubois (a) ✆ 03 22 84 01 22, *Fax 03 22 84 31 96*, – 📺 ☎ ⇔. AE ⓓ GB JCB
Repas (75) - 90 bc (déj.)/280 ♀ – ☕ 35 – **16 ch** 220/450 – ½ P 225/300.

à Rancourt *par ① et N 17 : 10 km – 143 h. alt. 143 – ✉ 80360 :*

Prieuré Ⓜ, ✆ 03 22 85 04 43, *Fax 03 22 85 06 69*, % – 📺 ☎ 🅿 – 🏛 30 à 100. AE ⓓ GB
Repas *(fermé dim. soir)* 78/240 ♀ – ☕ 35 – **27 ch** 280/310.

rte de Paris *par ② : 3 km – ✉ 80200 Péronne :*

Campanile, ✆ 03 22 84 22 22, *Fax 03 22 84 16 86*, – ⛌ 📺 ☎ ✆ ♿ 🅿 – 🏛 25. AE ⓓ GB
Repas (66) - 84 bc/107 bc, enf. 39 – ☕ 34 – **39 ch** 278.

PÉRONNE

Daudré (Pl. du Cdt) 9
Gare (Av. de la) . . . .
St-Sauveur (R.) 22

Ancien Collège (R. de l') 2
Anglais (Bd des) . . . .
Audinot (Pl. A.) 3
Béranger (R.) . . . .
Bouchers (R. des) 4
Boulanger (Av. Ch.) . . . .
Caisse-d'Épargne
(R. de la) 5
Chanoines (R. des) 7
Clemenceau (R. G.) . . . .
Danicourt (Av.) . . . .
Gladimont (R. du) 12
Hugo (R. V.) . . . .
Mermoz (R. J.) . . . .
Noir-Lion (R. du) 14
Pasteur (R.) 17
Poilu (Bd du) . . . .
République (Av. de la) . . . .
St-Fursy (R.) . . . .
St-Jean (R.) 18
St-Quentin-
Capelle (R.) 21
Tourelles (R. des) . . . .
Verne (R. J.) . . . .

Les rues sont sélectionnées en fonction de leur importance pour la circulation et le repérage des établissements cités. Les rues secondaires ne sont qu'amorcées.

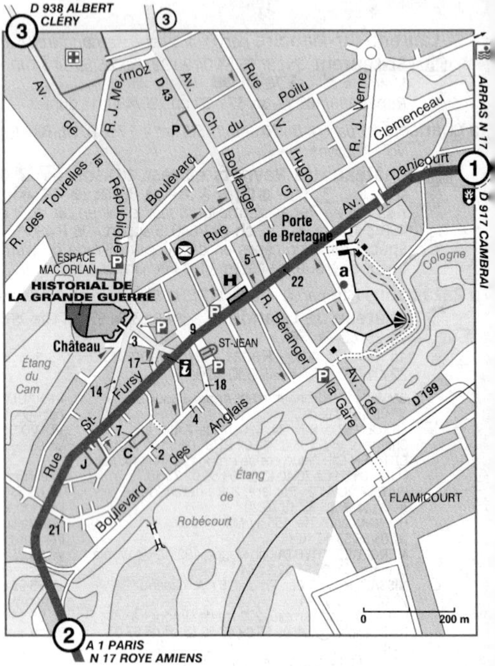

Aire d'Assevillers *sur A 1 par ②, rte d'Amiens (N 29) et rte secondaire : 15 km – ✉ 80200 Péronne :*

[hôtel] **Mercure,** ✆ 03 22 85 78 30, *Fax 03 22 85 78 31,* – [lift] [no-smoking] [TV] [phone] [disabled] [parking] – [conference] 30 à 60. AE ⓓ GB
Repas *(89)* - 115/162 [wine], enf. 39 – [breakfast] 50 – **69 ch** 350/495.

CITROEN Gar. de Picardie, av. des Australiens, Mont-St-Quentin par ① ✆ 03 22 73 34 34 [N] ✆ 08 00 05 24 24
OPEL Gar. du Château, 6 fg de Paris ✆ 03 22 84 75 35

RENAULT Péronne Autos., rte de Roisel par ① *puis D 6* ✆ 03 22 83 50 00 [N] ✆ 03 22 83 71 41

PÉROUGES *01800 Ain* **74** ② ③, **110** ⑧ *G. Vallée du Rhône* **(plan)** *– 851 h alt. 290.*

Voir *Cité★★ : place de la Halle★★★.*

ℹ *Syndicat d'Initiative Entrée de la Cité ✆ 04 74 61 01 14.*

Paris 460 – Lyon 36 – Bourg-en-Bresse 41 – St-André-de-Corcy 20 – Villefranche-sur-Saône 58.

[hôtel] **Ostellerie du Vieux Pérouges** [calme], ✆ 04 74 61 00 88, *Fax 04 74 34 77 90,* « Intérieur vieux bressan », – [phone] [garage] [parking] – [conference] 25. GB
Repas 200/500 [wine], enf. 100 – [breakfast] 70 – **15 ch** 750/1100.

Pavillon [hôtel] [calme], – [TV] [phone]. GB
voir rest. ci-dessus – [breakfast] 70 – **13 ch** 420/700.

Besonders angenehme Hotels oder Restaurants
sind im Führer **rot gekennzeichnet**.
Sie können uns helfen,
wenn Sie uns die Häuser angeben,
in denen Sie sich besonders wohl gefühlt haben.
Jährlich erscheint eine komplett überarbeitete Ausgabe
aller Roten **Michelin-Führer**.

[hôtels] ... [hôtel]
XXXXX ... X

PERPIGNAN P 66000 Pyr.-Or. 86 ⑲ *G. Pyrénées Roussillon – 105 983 h Agglo. 157 873 h alt. 60.*

Voir *Le Castillet*★ **BY** – *Loge de mer*★ **BY E** – *Hôtel de Ville*★ **BY H** – *Cathédrale St-Jean*★ **BCY** – *Palais des Rois de Majorque*★ **BCZ** – *Musée numismatique Joseph-Puig*★ **AY** – *Cabestany : tympan*★ *de l'église SE : 4 km par D 22* **CZ.**

9 18 *de Saint-Cyprien* ✆ *04 68 37 63 63.*

✈ *de Perpignan-Rivesaltes :* ✆ *04 68 52 60 70, par* ① *: 6 km.*

Office de Tourisme Palais des Congrès, pl. A. Lanoux ✆ *04 68 66 30 30, Fax 04 68 66 30 26 Bureau (saison) Hôtel de Ville – Automobile Club du Roussillon 28 cours Palmarole* ✆ *04 68 34 30 22, Fax 04 68 34 37 30.*

Paris 855 ① *– Andorra la Vella 170* ⑥ *– Béziers 93* ① *– Montpellier 153* ① *– Toulouse 204* ①.

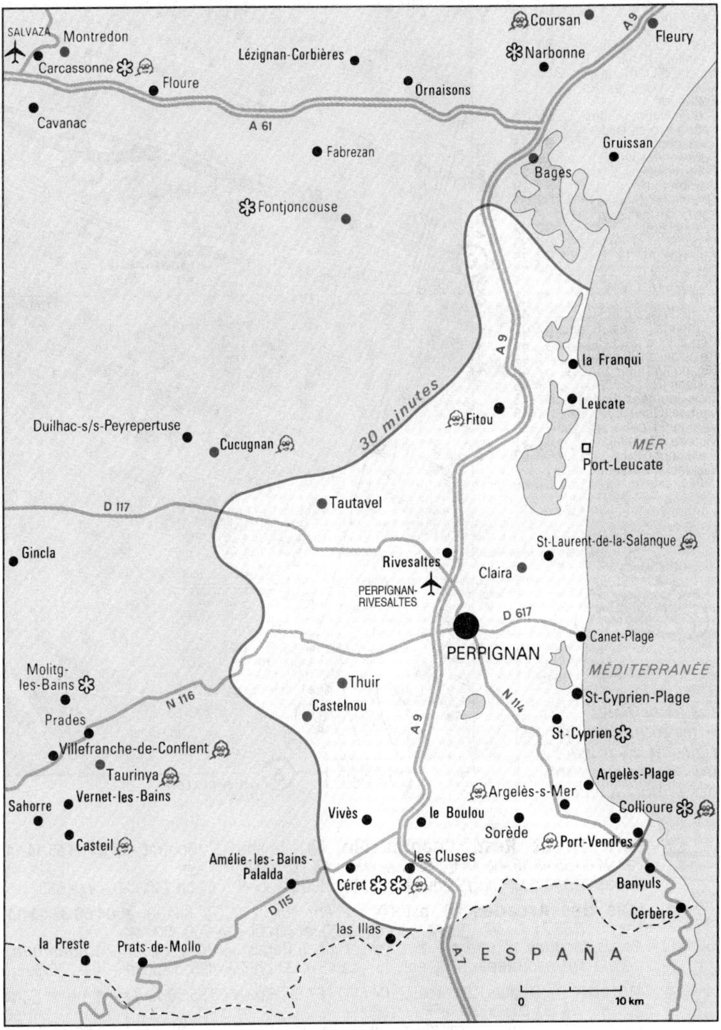

Villa Duflot M, 109 av. V. Dalbiez par ④ *puis direction autoroute : 3 km* ✆ 04 68 56 67 67, *Fax 04 68 56 54 05,* , parc, « Patio », – TV ☎ ♿ P – 25 à 100.

AE GB JCB

Repas carte 190 à 280 ♀ – 55 – **24 ch** 590/790 – ½ P 530/630.

PERPIGNAN

Alsace-Lorraine (R. d') . . . **BY** 2
Arago (Pl.) . . . . **BZ** 5
Argenterie (R. de l') . . . . . **BY** 6
Barre (R. de la) . . . . **BY** 7
Clemenceau (Bd G.) . . . . **BY**
Louis-Blanc (R.) . . . . **BY** 34
Marchands (R. des) . . . . . **BY** 35
Mirabeau (R.) . . . . **BY** 37
Péri (Pl. Gabriel) . . . . **BZ** 39
Théâtre (R. du) . . . . **BZ** 47

Anciens-Combattants d'Indochine (Pl. des) . . **BY** 3
Ange (R. de l') . . . . **BZ** 4
Bartissol (R. E.) . . . . **BY** 8
Batllo (Quai F.) . . . . **BY** 9
Carnot (Quai Sadi) . . . . . . **BY** 20
Castillet (R. du) . . . . **BY** 21
Cloche d'Or (R. de la) . . **BYZ** 22
Côte des Carmes (R.) . . . **CZ** 23
Fabriques d'En Nabot (R. des) . . . **BY** 24
Fabrique d'en Nadal (R. des) . . . . **BY** 25
Fontaine-Neuve (R.) . . . . . **CZ** 26
Fonfroide (R.) . . . . **BY** 27
Gambetta (Pl.) . . . . **BY** 28
Grande-la-Monnaie (R.) . . **BZ** 31
Lattre-de-Tassigny (Quai de) . . . . **BZ** 32
Loge (R. et pl. de la) . . . . . **BY** 33
Mermoz (Av. J.) . . . . **CZ** 36
Payra (R. J.) . . . . **BY** 38
Petite-la-Monnaie (R.) . . . . **BZ** 40
Porte-d'Assaut (R.) . . . . . . **BZ** 41
Remparts-la-Réal (R. des) **BZ** 42
République (R. de la) . . . . **BZ** 43
Résistance (Pl. de la) . . . . **BY** 44
Rigaud (Pl.) . . . . **BZ** 45
St-Jean (R.) . . . . **BY** 46
Trois-Journées (R. des) . . **BY** 48
Vauban (Quai) . . . . **BY** 49
Verdun (Pl. de) . . . . **BY** 50
Victoire (Pl. de la) . . . . **BY** 51
Vielledent (R. J.) . . . . **CZ** 52
Waldeck-Rousseau (R.) . . . . **CZ** 55

Les principales voies commerçantes figurent en rouge au début de la liste des plans de villes.

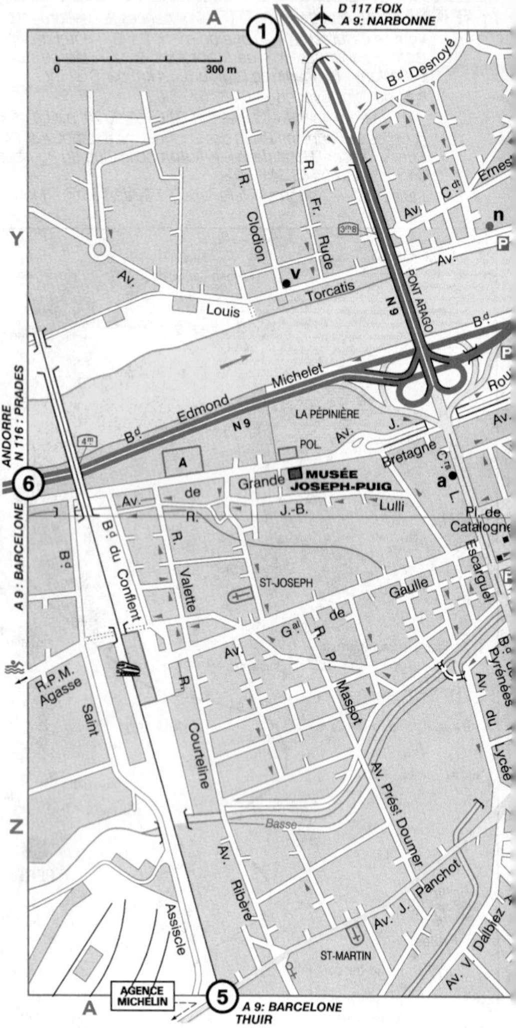

Park H. et Rest. Chapon Fin M, 18 bd J. Bourrat ☎ 04 68 35 14 14, *Fax 04 68 35 48 18* – 70. AE GB JCB CY y
Repas *(fermé du 1er au 15 janv. et dim.)* 125/300 – 40 – **67 ch** 230/480 – ½ P 350.

Mas des Arcades M, par ④ : *2 km sur N 9* ✉ 66100 ☎ 04 68 85 11 11, *Fax 04 68 85 21 41*, – 200. GB.
Relais Jacques 1er : *(fermé dim. soir et lundi)* **Repas** 160/490, enf. 85 – ***L'Aquarium*** : *(fermé dim. midi)* **Repas** 95, enf. 45 – 45 – **137 ch** 336/496, 3 appart – ½ P 276/326.

Mercure M, 5 cours Palmarole ☎ 04 68 35 67 66, *Fax 04 68 35 58 13*, – 50. AE GB JCB BY b
Repas *(fermé sam. et dim. d'oct. à juin)* (90) - 110/170, enf. 45 – 55 – **55 ch** 450, 5 duplex.

Windsor sans rest, 8 bd Wilson ☎ 04 68 51 18 65, *Fax 04 68 51 01 00* – 50. AE GB BY t
45 – **50 ch** 250/470, 5 appart.

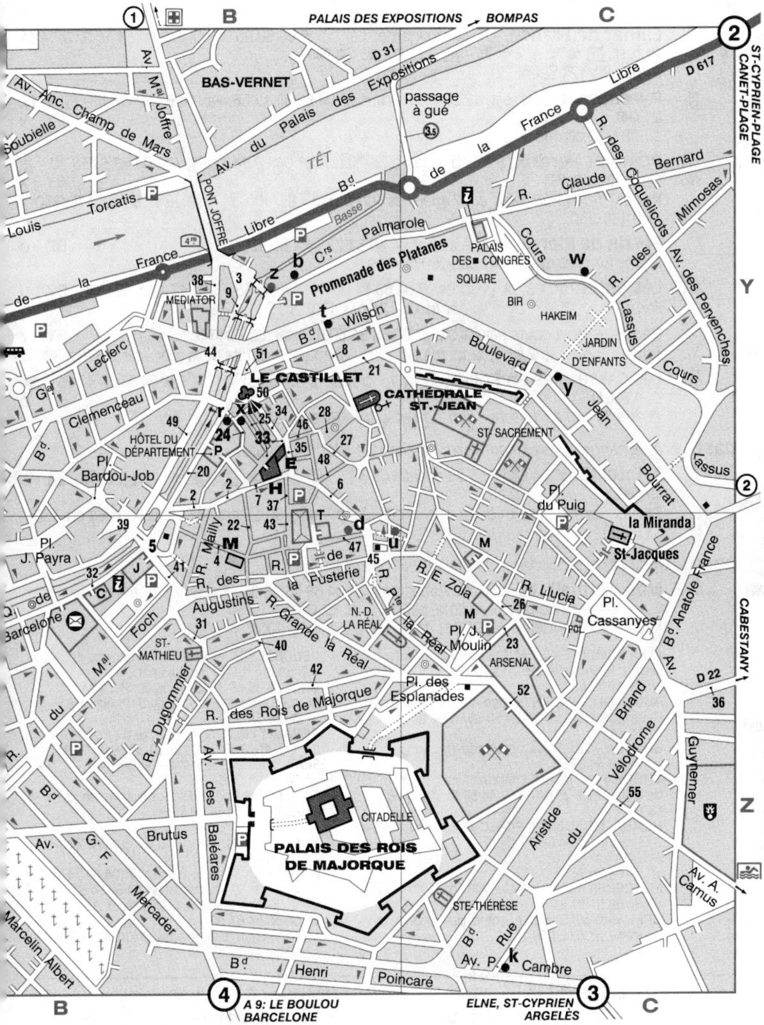

New Christina Ⓜ, 51 cours Lassus ✆ 04 68 35 12 21, *Fax 04 68 35 67 01*, – ... CY w
Repas 100 ♀, enf. 50 – 38 – **25 ch** 350/370 – ½ P 305.

France et rest. l'Echanson, 16 quai Sadi-Carnot ✆ 04 68 34 92 81, *Fax 04 68 34 26 01* – ..., rest, ... – 50. AE GB JCB BY r
fermé 1er juil. au 30 août et dim. – **Repas** 100/250 ♀ – 40 – **31 ch** 260/390, 4 appart – ½ P 223.

Ibis, 16 cours Lazare Escarguel ✆ 04 68 35 62 62, *Fax 04 68 35 13 38* – ... – 250. AE GB AY a
Repas *(60)* - 95 ♨, enf. 39 – 35 – **100 ch** 350.

Kennedy Ⓜ sans rest, 9 av. P. Cambres ✉ 66100 ✆ 04 68 50 60 02, *Fax 04 68 67 55 10* – ... AE GB CZ k
29 – **25 ch** 235/285.

Climat de France, 170 av. Guynemer par ③ ✆ 04 68 66 00 00, *Fax 04 68 66 02 02* – rest, – 25 à 80. AE GB
Repas 89/121 ♀, enf. 39 – 38 – **90 ch** 300.

Pyrénées H. sans rest, 122 av. L. Torcatis ✆ 04 68 61 19 66, *Fax 04 68 52 48 97* – AE GB AY v
28 – **20 ch** 140/315.

Poste et Perdrix, 6 r. Fabriques-d'En-Nabot ✆ 04 68 34 42 53, *Fax 04 68 34 58 20* – AE GB BY x
Repas *(fermé 25 janv. au 2 mars et lundi)* *(60)* - 85/100 ♀ – 28 – **38 ch** 170/230 – ½ P 180/230.

Festin de Pierre, 7 r. Théâtre ✆ 04 68 51 28 74 – AE GB BZ d
fermé lundi et mardi – **Repas** 150 bc/300.

Les Antiquaires, pl. Desprès ✆ 04 68 34 06 58, *Fax 04 68 35 04 47* – AE GB BZ u
fermé 2 au 17 juin, dim. soir et lundi – **Repas** 130/210 ♀.

Passerelle, 1 cours Palmarole ✆ 04 68 51 30 65 – AE GB BY z
fermé 24 déc. au 2 janv., lundi midi et dim. – **Repas** - produits de la mer - carte 170 à 280 ♀.

Les Casseroles en Folies, 72 av. L. Torcatis ✆ 04 68 52 48 03, *Fax 04 68 52 47 96* – AE GB AY n
fermé 15 juin au 15 sept., dim. soir et lundi – **Repas** 130 bc/300 bc, enf. 50.

par ① *près échangeur Perpignan-Nord : 10 km – 66600 Rivesaltes :*

Ariotel M, ✆ 04 68 38 55 38, *Fax 04 68 38 55 66*, – 80. AE GB
Repas *(fermé sam. midi et dim. d'oct. à avril)* *(75)* - 90 ♀, enf. 45 – 40 – **64 ch** 350 – ½ P 390.

par ② *, D 617 et rte secondaire : 5 km – 66000 Perpignan :*

Mas Vermeil, Traverse de Cabestany ✆ 04 68 66 95 96, *Fax 04 68 66 89 13*, parc, « Ancienne exploitation vinicole, patio » – P. AE GB
Repas *(85)* - 120 (déj.), 160/200 et carte 210 à 320, enf. 100.

ALFA ROMEO, FIAT, LANCIA Perpignan Autom., Espace Autom che. de la Fauceille ✆ 04 68 54 63 54
AUDI, VOLKSWAGEN Europe Auto, rte de Thuir, r. P.-Langevin, ZI 1km ✆ 04 68 85 01 92 N ✆ 04 68 61 15 64
BMW Gar. Alart, 20 av. de Grande-Bretagne ✆ 04 68 34 07 83
CITROEN Gar. Tressol-Chabrier, Espace Autom. ch. de la Fauceille ✆ 04 68 68 34 34 N ✆ 04 68 67 63 51
HONDA, MITSUBISHI, PORSCHE Gar. Coll, 1085 av. d'Espagne ✆ 04 68 85 17 25
MAZDA Gar. Valauto, 2 bd des Pyrénées ✆ 04 68 56 96 96
MERCEDES Gar. Monopole, 2463 av. du Languedoc ✆ 04 68 61 22 93
OPEL Auto 66, Espace Automobiles, che. de la Fauceille ✆ 04 68 68 16 16
PEUGEOT SCA les Gds Gar. Pyrénéens, 1007 av. d'Espagne rte du Perthus par ④ ✆ 04 68 85 68 85 N ✆ 08 00 44 24 24
PEUGEOT Gar. Merino, 57 av. J.-Panchot par ⑤ ✆ 04 68 54 68 79
RENAULT Filiale, N 9, km 3 rte du Perthus par ④ ✆ 04 68 56 24 24 N ✆ 08 00 05 15 15
SEAT Catalauto, 56 r. Paul-Langevin ✆ 04 68 54 08 66
TOYOTA Gar. Sudria, Espace Autom. ch. de la Fauceille ✆ 04 68 68 15 00

Ayme Pneus, 156 av. du Languedoc ZIN ✆ 04 68 61 26 38
Euromaster, 33 av. V.-Dalbiez ✆ 04 68 54 57 78
Euromaster, ZI St-Charles ✆ 04 68 54 30 11
Saint-Charles Pneus, r. Levavasseur ZI St-Charles ✆ 04 68 54 67 30
Vulco, Km 4, rte de Prades ✆ 04 68 56 65 34

Le PERRAY-EN-YVELINES *78610 Yvelines 60 ⑨, 106 ㉘ – 4 645 h alt. 180.*

Paris 47 – Chartres 47 – Arpajon 36 – Mantes-la-Jolie 45 – Rambouillet 6 – Versailles 27.

Aub. des Bréviaires, aux Bréviaires : 3,5 km par D 61 ✆ 01 34 84 98 47, *Fax 01 34 84 65 88*, – AE GB
fermé 20 juil. au 13 août, vacances de fév., lundi soir et mardi – **Repas** 210 bc/260 et carte 230 à 400 ♀.

Le PERREUX-SUR-MARNE *94 Val-de-Marne 56 ⑪, 106 ⑰ ⑱, 101 ⑱ – voir à Paris, Environs.*

PERRIER *63 P.-de-D. 73 ⑭ – rattaché à Issoire.*

Si vous cherchez un hôtel tranquille,
consultez d'abord les cartes de l'introduction
ou repérez dans le texte les établissements indiqués avec le signe

PERROS-GUIREC 22700 *C.-d'Armor* 59 ① *G. Bretagne* – *7 497 h alt. 60* – *Casino* **A**.

Voir Nef romane★ de l'église **B** – *Pointe du château* ⩽★ **B** – *Table d'orientation* ⩽★ **B E** – *Sentier des douaniers★★* **A** – *Chapelle N.-D. de la Clarté★ 3 km par* ② – *Sémaphore* ⩽★ *3,5 km par* ②.

de St-Samson ☏ *02 96 23 87 34, SO : 7 km.*

Office de Tourisme 21 pl. de l'Hôtel de Ville ☏ *02 96 23 21 15, Fax 02 96 23 04 72.*

Paris 517 ① – *St-Brieuc 69* ① – *Lannion 11* ① – *Tréguier 18* ①.

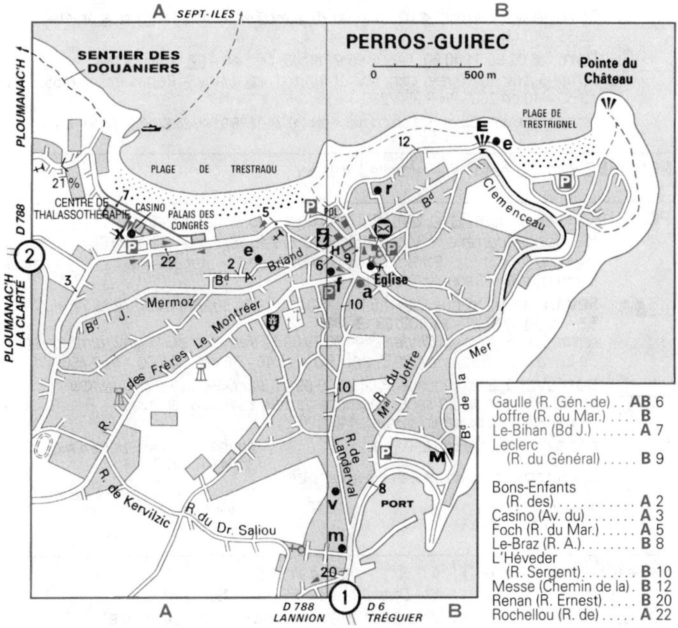

Gaulle (R. Gén.-de)	AB	6
Joffre (R. du Mar.)	B	
Le-Bihan (Bd J.)	A	7
Leclerc (R. du Général)	B	9
Bons-Enfants (R. des)	A	2
Casino (Av. du)	A	3
Foch (R. du Mar.)	A	5
Le-Braz (R. A.)	B	8
L'Héveder (R. Sergent)	B	10
Messe (Chemin de la)	B	12
Renan (R. Ernest)	B	20
Rochellou (R. de)	A	22

Manoir du Sphinx ⑤, 67 chemin de la Messe ☏ 02 96 23 25 42, *Fax 02 96 91 26 13*, ⩽ mer et les îles, ☗ – |‡| ▭ ☎ ✆ ♿ P. AE GB. ✗ **B e**
fermé 5 janv. au 20 fév. – **Repas** *(fermé dim. soir et lundi midi d'oct. à mars)* 150/280, enf. 85 – ▭ 46 – **20 ch** 570/600 – ½ P 570/600.

Printania Ⓜ ⑤, 12 r. Bons Enfants ☏ 02 96 49 01 10, *Fax 02 96 91 16 36*, ⩽ mer et les îles, ☗, ✗ – |‡| ▭ ☎ ✆ P. AE ⓓ GB. ✗ rest **A e**
fermé 18 déc. au 11 janv. – **Repas** *(fermé 18 déc. au 18 janv., dim. soir et lundi du 25 sept. au 30 avril)* 130/185 – ▭ 55 – **33 ch** 694 – ½ P 493/550.

Relais Mercure Ⓜ sans rest, 100 av. Casino ☏ 02 96 91 22 11, *Fax 02 96 91 24 78* – |‡| ▭ ☎ ♿. AE ⓓ GB **A x**
▭ 40 – **49 ch** 400/480.

Au Bon Accueil, 11 r. Landerval ☏ 02 96 23 25 77, *Fax 02 96 23 12 66*, ☗ – ▭ ☎ P. AE GB **B v**
Repas *(fermé dim. soir sauf juil.-août)* 90/250 ♀ – ▭ 38 – **21 ch** 295/380 – ½ P 350.

France ⑤, 14 r. Rouzic ☏ 02 96 23 20 27, *Fax 02 96 91 19 57*, ⩽, ☗ – ▭ ☎ P. GB. ✗ **B r**
4 avril-4 oct. – **Repas** 99/165 ♀ – ▭ 44 – **30 ch** 280/390 – ½ P 305/340.

Sternes sans rest, rd-pt Perros-Guirec par ① ☏ 02 96 91 03 38, *Fax 02 96 23 13 01*, ⚹ – ▭ ☎ ✆ ♿ P. AE ⓓ GB
▭ 35 – **20 ch** 230/290.

Hermitage ⑤, 20 r. Frères Le Montréer ☏ 02 96 23 21 22, *Fax 02 96 91 16 56*, ☗ – ▭ ☎ P. AE GB. ✗ rest **B f**
15 mai-20 sept. – **Repas** (dîner seul.) (résidents seul.) 98/120 – ▭ 32 – **23 ch** 240/300 – ½ P 270/290.

Levant, 91 r. E. Renan (sur le Port) ✆ 02 96 23 20 15, *Fax 02 96 23 36 31,* ← – |$| TV ☎ P. GB — B m
Repas *(fermé 21 au 27 déc., dim. soir et vend. sauf juil.-août)* 79/185 ⅋, enf. 50 – ☕ 31 – **22 ch** 250/310 – ½ P 275/313.

Crémaillère, pl. Église ✆ 02 96 23 22 08 – AE ⓓ GB — B a
fermé 15 nov. au 5 déc. et lundi hors saison – **Repas** 95/185 ⅋, enf. 45.

à Ploumanach *par ② : 6 km – ✉ 22700 Perros-Guirec.*
Voir *Rochers★★ – Parc municipal★★.*

Europe Ⓜ sans rest, ✆ 02 96 91 40 76, *Fax 02 96 91 49 74* – TV ☎ ♿ P. GB
☕ 33 – **18 ch** 330.

Parc, ✆ 02 96 91 40 80, *Fax 02 96 91 60 48,* ⛱, 🌳 – TV ☎ P. AE GB
fermé 5 janv. au 10 fév., dim. soir et lundi d'oct. à janv. – **Repas** (60) - 75/155 ⅋, enf. 46 – ☕ 30 – **10 ch** 260 – ½ P 250/280.

PEUGEOT Gar. de la Clarté, 127 bd Corniche par ② ✆ 02 96 91 46 23 N ✆ 02 96 91 46 23

PERTHES *52 H.-Marne* 61 ⑨ *– rattaché à St-Dizier.*

PERTUIS *84120 Vaucluse* 84 ③, 114 ③ *G. Provence – 15 791 h alt. 246.*
Office de Tourisme pl. Mirabeau ✆ 04 90 79 15 56, Fax 04 90 09 59 06.
Paris 747 – Digne-les-Bains 95 – Aix-en-Provence 21 – Apt 35 – Avignon 71 – Cavaillon 45 – Manosque 35 – Salon-de-Provence 46.

Sevan, rte Manosque Est : 1,5 km ✆ 04 90 79 19 30, *Fax 04 90 79 35 77,* ←, ⛱, 🏊, 🌳, 🎾 – |$| TV ☎ ✆ P – 🏛 100. AE ⓓ GB
fermé 2 au 31 janv. – ***L'Olivier*** ✆ 04 90 79 08 19 *(fermé 1er au 15 janv., dim. soir et lundi sauf de juin à sept.)* **Repas** 95/180 ⅋, enf. 60 – ☕ 46 – **36 ch** 450/600 – ½ P 450/475.

Boulevard, 50 bd Pecout ✆ 04 90 09 69 31, *Fax 04 90 09 09 48* – ▤. GB
fermé 23 août au 10 sept., vacances de fév., dim. soir et merc. – Repas (nombre de couverts limité, prévenir) 98 (déj.), 140/190.

FIAT Gar. Moullet, 159 bd J.B.-Pecout ✆ 04 90 79 01 70
RENAULT Gar. SEPAL, rte d'Aix-en-Provence N 556 ✆ 04 90 79 09 66
ROVER Gar. Staiano, D 9 à Sannes ✆ 02 99 77 75 61
ROVER Gar. Staiano, ZA rte d'Aix ✆ 04 90 79 20 02

Ⓜ Meysson-Pneu, Point S, rte d'Aix-en-Provence ✆ 04 90 79 07 31

PESMES *70140 H.-Saône* 66 ⑭ *G. Jura – 1 006 h alt. 205.*
Paris 360 – Besançon 40 – Dijon 49 – Dole 25 – Gray 19.

France 🐦 avec ch, ✆ 03 84 31 20 05, 🌳 – TV ☎ ✆ P – 🏛 30. GB
Repas 90 bc/180 ⅋ – ☕ 35 – **10 ch** 190/240 – ½ P 240/280.

PESSAC *33 Gironde* 71 ⑨ *– rattaché à Bordeaux.*

PETIT-CLAMART *92 Hauts-de-Seine* 60 ⑩., 101 ⑭ *– voir à Paris, Environs.*

PETITE-FORÊT *59 Nord* 53 ④ *– rattaché à Valenciennes.*

La PETITE-PIERRE *67290 B.-Rhin* 57 ⑰ *G. Alsace Lorraine – 623 h alt. 340.*
Paris 433 – Strasbourg 57 – Haguenau 42 – Sarrebourg 31 – Sarreguemines 48 – Sarre-Union 25.

Clairière Ⓜ 🐦, rte d'Ingwiller (D 7) : 1,5 km ✆ 03 88 71 75 00, *Fax 03 88 70 41 05,* ⛱, 🏋, 🏊 – |$|, ▤ rest, TV ☎ ✆ ♿ P – 🏛 100. AE ⓓ GB
Repas 132/335 ⅋, enf. 68 – ☕ 55 – **50 ch** 400/650 – P 413/553.

Aux Trois Roses 🐦, ✆ 03 88 89 89 00, *Fax 03 88 70 41 28,* ←, ⛱, 🏊, 🌳, 🎾 – |$|, ▤ rest, TV ☎ – 🏛 30. AE ⓓ GB
Repas *(fermé dim. soir et lundi soir)* 98/265 ⅋, enf. 53 – ☕ 53 – **43 ch** 300/590 – ½ P 340/460.

Vosges, ✆ 03 88 70 45 05, *Fax 03 88 70 41 13,* ←, 🏋, 🌳 – |$|, ▤ rest, TV ☎ ♿ P – 🏛 25. AE GB JCB
fermé fév. – **Repas** 100/290 ⅋, enf. 65 – ☕ 52 – **33 ch** 290/490 – ½ P 300/470.

Lion d'Or, ✆ 03 88 70 45 06, *Fax 03 88 70 45 56,* ←, ⛱, 🏊, 🌳, 🎾 – |$| TV ☎ P. AE GB
fermé 29 juin au 10 juil. et du 5 au 28 janv. – **Repas** (50) - 98/230 ⅋, enf. 65 – ☕ 55 – **40 ch** 290/450 – ½ P 370/400.

à l'Étang d'Imsthal *Sud-Est : 3,5 km par D 178 – ✉ 67290 La Petite-Pierre :*

Aub. d'Imsthal ⛺, ☎ 03 88 01 49 00, *Fax 03 88 70 40 26*, ←, ⛱, ₺, 🌳 – |‡| TV ☎ P – ⛹ 25. AE ⓓ GB JCB. ⚘ rest
Repas 85/240 ♀ – ☕ 50 – **23 ch** 240/660 – ½ P 320/480.

à Graufthal *Sud-Ouest : 11 km par D 122 – ✉ 67320 :*

Vieux Moulin ⛺, ☎ 03 88 70 17 28, *Fax 03 88 70 11 25*, ←, ⛱, 🌳 – TV ☎ ♿ P. GB
fermé 13 au 28 oct. et 20 janv. au 11 fév. – **Repas** *(fermé lundi soir et mardi)* 49 (déj.), 100/189 ♀, enf. 40 – ☕ 30 – **14 ch** 210/368 – ½ P 245/315.

RENAULT Gar. Letscher, 68 r. Division Leclerc à Petersbach ☎ 03 88 70 45 53 N ☎ 03 88 70 45 53

PETIT-PALAIS *84 Vaucluse* 81 ⑫ ⑬ – *rattaché à L'Isle-sur-la-Sorgue.*

Le PETIT-PRESSIGNY *37350 I.-et-L.* 68 ⑤ – *394 h alt. 80.*
Paris 287 – Poitiers 74 – Le Blanc 40 – Châtellerault 36 – Châteauroux 73 – Tours 61.

XXX ✿ **Promenade** (Dallais), ☎ 02 47 94 93 52, *Fax 02 47 91 06 03* – ▤. GB
fermé 21 sept. au 6 oct., 4 au 27 janv., dim. soir, mardi midi et lundi – **Repas** 140/380 et carte 300 à 370 ♀
Spéc. Consommé froid de tomates au caviar (été). Chevreau rôti, sauté d'artichaut à cru et coriandre (mars à juin). Lièvre à la royale (oct. à janv.). **Vins** Touraine blanc et rouge.

Le PETIT QUEVILLY *76 S.-Mar.* 55 ⑥ – *rattaché à Rouen.*

PETRETO-BICCHISANO *2A Corse-du-Sud* 90 ⑰ – *voir à Corse.*

PEYRAT-LE-CHÂTEAU *87470 H.-Vienne* 72 ⑲ *G. Berry Limousin – 1 194 h alt. 426.*
Paris 417 – Limoges 54 – Aubusson 44 – Guéret 52 – Tulle 76 – Ussel 79 – Uzerche 57.

Aub. Bois de l'Étang, ☎ 05 55 69 40 19, *Fax 05 55 69 42 93*, 🌳 – ▤ rest, ☎ P – ⛹ 40. AE GB
fermé 15 déc. au 15 janv., dim. soir et lundi du 15 nov. au 31 mars – **Repas** 75/195 ♀, enf. 45 – ☕ 30 – **27 ch** 160/280 – ½ P 170/230.

Bellerive, ☎ 05 55 69 40 67, *Fax 05 55 69 47 96*, ←, ⛱ – ⋈ ☎ ✆ 🚗 P. GB
3 avril-12 nov. et fermé dim. soir et lundi d'oct. à avril – **Repas** (59) - 79/245 ♀, enf. 50 – ☕ 35 – **10 ch** 220/250 – ½ P 180/230.

Voyageurs, ☎ 05 55 69 40 02, *Fax 05 55 69 49 69* – ☎ P. GB. ⚘
1er mars-30 sept. – **Repas** 75/140 ₰ – ☕ 35 – **14 ch** 180/280 – ½ P 200/240.

au Lac de Vassivière – ✉ *87470 Peyrat-le-Château.*
Voir *Centre d'art contemporain de l'île de Vassivière*★★.

Golf du Limousin ⛺, ☎ 05 55 69 41 34, *Fax 05 55 69 49 16*, ⛱, 🌳 – TV ☎ P. GB. ⚘ rest
5 avril-fin oct. – **Repas** 86/160 ₰ – ☕ 35 – **18 ch** 225/285 – ½ P 245/268.

PEYREHORADE *40300 Landes* 78 ⑦ ⑰ *G. Pyrénées Aquitaine – 3 056 h alt. 19.*
ℹ *Office de Tourisme promenade du Sablot* ☎ *05 58 73 00 52, Fax 05 58 73 16 53.*
Paris 756 – Biarritz 52 – Bayonne 41 – Cambo-les-Bains 45 – Dax 25 – Oloron-Ste-Marie 62 – Pau 78.

Central M, pl. A. Briand ☎ 05 58 73 03 22, *Fax 05 58 73 17 15* – |‡| TV ☎ – ⛹ 25. AE ⓓ GB
fermé dim. soir et lundi sauf juil.-août – **Repas** 79/220 ♀ – ☕ 40 – **15 ch** 320/350 – ½ P 340.

PEUGEOT Gar. Lannot-Vergé, ☎ 05 58 73 00 29

PEYRENS *11 Aude* 82 ⑳ – *rattaché à Castelnaudary.*

PÉZENAS *34120 Hérault* 83 ⑮ *G. Gorges du Tarn* **(plan)** – *7 613 h alt. 15.*
Voir *Vieux Pézenas*★★ *: Hôtels de Lacoste*★, *d'Alfonce*★, *de Malibran*★.
ℹ *Office de Tourisme pl. Gambetta* ☎ *04 67 98 35 45, Fax 04 67 98 96 80.*
Paris 739 – Montpellier 52 – Agde 20 – Béziers 25 – Lodève 40 – Sète 36.

à Nézignan-l'Évêque *Sud : 5 km par N 9 et D 13 – 753 h. alt. 40 – ✉ 34120 Pézenas :*

Host. de St-Alban Ⓜ, 31 rte Agde ☎ 04 67 98 11 38, *Fax 04 67 98 91 63*, – . GB.
Repas *(110)* - 145/300 ♀, enf. 55 – ☕ 60 – **14 ch** 350/530 – ½ P 450/520.

au Nord-Est *11 km par N 9, N 113 et D 32 – ✉ 34230 Paulhan :*

Château de Rieutort , ☎ 04 67 25 00 61, *Fax 04 67 25 29 92*, , parc, « Ancienne demeure de maître », – .
1er avril-31 oct. – **Repas** (dîner seul.)(résidents seul.) 160 – ☕ 50 – **7 ch** 380/510 – ½ P 400/460.

CITROEN Gar. Tressol, Rd-Pt d'Agde ☎ 04 67 90 43 00
PEUGEOT Gd Gar. Piscenois, 36 av. de Verdun ☎ 04 67 90 42 90 N ☎ 04 67 90 42 90
RENAULT Occitane Autos, N 113, rte de Béziers par ② ☎ 04 67 98 97 73 N ☎ 08 00 05 15 15

Gautrand-Pneus Vulco, 26 av. de Verdun ☎ 04 67 98 12 17

PÉZENS *11 Aude* 83 ⑫ – *rattaché à Carcassonne.*

PFAFFENHOFFEN *67350 B.-Rhin* 57 ⑱ *G. Alsace Lorraine – 2 285 h alt. 170.*
Voir *Musée de l'Imagerie peinte et populaire alsacienne★.*
Paris 468 – Strasbourg 37 – Haguenau 16 – Sarrebourg 51 – Sarre-Union 51 – Saverne 28.

A l'Agneau avec ch, ☎ 03 88 07 72 38, *Fax 03 88 72 20 24*, – . GB.
fermé 15 au 30 août, vacances de fév., dim. soir et lundi – **Repas** 80/320 ♀ – ☕ 35 – **17 ch** 200/300 – ½ P 265/350.

RENAULT Gar. Keller, ☎ 03 88 07 71 01

PFULGRIESHEIM *67370 B.-Rhin* 87 ④ – *1 081 h alt. 135.*
Paris 473 – Strasbourg 10 – Haguenau 27 – Molsheim 22 – Saverne 27.

Bürestubel, 8 r. Lampertheim ☎ 03 88 20 01 92, *Fax 03 88 20 48 97*, – GB
fermé 3 au 11 août, lundi et mardi – **Repas** 80/120 ♀.

PHALSBOURG *57370 Moselle* 57 ⑰ *G. Alsace Lorraine – 4 189 h alt. 365.*
Office de Tourisme r. Lobau ☎ 03 87 24 29 97, Fax 03 87 24 29 97.
Paris 435 – Strasbourg 60 – Metz 107 – Sarrebourg 15 – Sarreguemines 49.

Erckmann-Chatrian, pl. d'Armes ☎ 03 87 24 31 33, *Fax 03 87 24 27 81*, – – 25. GB
Repas *(fermé mardi midi et lundi)* 58/255 ♀ – ☕ 37 – **18 ch** 205/270.

Au Soldat de l'An II (Schmitt), 1 rte Saverne ☎ 03 87 24 16 16, *Fax 03 87 24 18 18*, , « Ancienne grange au décor rustique » – GB.
fermé 3 au 17 nov., 5 au 23 janv., dim. soir et lundi – **Repas** 185 bc (déj.), 240/440 et carte 370 à 460 ♀, enf. 85
Spéc. Grenouilles aux knepfles. Pralin de foie gras d'Alsace. Veau de lait aux truffes. **Vins** Muscat d'Alsace, Moselle.

à Bonne-Fontaine *Est : 4 km par N 4 et rte secondaire – ✉ 57370 Phalsbourg :*

Notre-Dame , ☎ 03 87 24 34 33, *Fax 03 87 24 24 64*, – – 40. AE GB
fermé 12 au 31 janv. – **Repas** 86/270 bc ♀, enf. 54 – ☕ 44 – **34 ch** 265/450 – ½ P 290/350.

PEUGEOT Gar. Klein, 6 r. 23 Novembre ☎ 03 87 24 35 36 N ☎ 03 87 24 24 24

PHILIPPSBOURG *57230 Moselle* 57 ⑱ – *504 h alt. 215.*
Paris 452 – Strasbourg 60 – Haguenau 29 – Wissembourg 46.

Tilleul, ☎ 03 87 06 50 10, *Fax 03 87 06 58 89*, – . AE GB
fermé 9 au 25 nov., 12 janv. au 5 fév., mardi soir et merc. – **Repas** 60 (déj.), 98/300 ♀, enf. 50.

à l'étang de Hanau *Nord-Ouest : 5 km par N 62 et rte secondaire – ✉ 57230 Philippsbourg.*
Voir *Étang★*, G. Alsace Lorraine.

Beau Rivage sans rest, ☎ 03 87 06 50 32, *Fax 03 87 06 57 46*, – – 25. GB
fermé fév. – ☕ 45 – **27 ch** 175/600.

PIANA *2A Corse-du-Sud* 90 ⑮ – *voir à Corse.*

Le PIAN-MÉDOC *33290 Gironde* 71 ⑧ – *5 078 h alt. 36.*
Paris 596 – Bordeaux 25 – Lesparre-Médoc 55.

Pont Bernet, à Louens ✆ 05 56 70 20 19, *Fax 05 56 70 22 90,* , parc, , – TV ☎ – 🅿 – 30. AE ⓓ GB
Repas *(fermé dim. soir et lundi du 1er nov. au 31 mars)* 120/300, enf. 50 – ☕ 45 – **18 ch** 320/350 – 1/2 P 350.

PICHERANDE *63113 P.-de-D.* 73 ⑬ – *491 h alt. 1116.*
Paris 483 – Clermont-Ferrand 64 – Issoire 48 – Le Mont-Dore 30.

Central Hôtel, ✆ 04 73 22 30 79, *Fax 04 73 22 37 02* – GB
fermé oct. et nov. – **Repas** 70/150 ♀ – ☕ 25 – **18 ch** 80/150 – 1/2 P 160.

PIERRE-BÉNITE *69 Rhône* 74 ⑪., 110 ㉔ – *rattaché à Lyon.*

PIERRE-DE-BRESSE *71270 S.-et-L.* 70 ③ *G. Bourgogne – 1 981 h alt. 202.*
Voir *Château*★.
Office de Tourisme de Louhans (15 avril-15 sept.) pl. du Château ✆ 03 85 76 24 95.
Paris 355 – Beaune 48 – Chalon-sur-Saône 42 – Dole 35 – Lons-le-Saunier 37.

Poste, face Château ✆ 03 85 76 24 47 – ☎ 🅿. GB
Repas *(fermé 24 déc. au 5 janv.)* 70 (déj.), 90/200 ♀ – ☕ 30 – **13 ch** 160/285 – 1/2 P 200/230.

à Charette-Varennes *Nord-Ouest : 6,5 km par D 73 – 316 h. alt. 182 – ✉ 71270 :*

Doubs Rivage , ✆ 03 85 76 23 45, *Fax 03 85 72 89 18,* , – ☎ 🅿. GB
fermé 20 déc. au 7 janv., fév., dim. soir et lundi sauf juil.-août – **Repas** 90/245 , enf. 50 – ☕ 38 – **10 ch** 180/240 – 1/2 P 245/260.

PIERREFEU *06910 Alpes-Mar.* 81 ⑳, 115 ⑮ – *207 h alt. 690.*
Paris 864 – Antibes 54 – Castellane 71 – Grasse 72 – Nice 48 – St-Martin-Vésubie 55.

Baous Redou, à Vieux Pierrefeu 4,5 km ✆ 04 93 08 54 41
fermé merc. sauf juil.-août et jeudi – **Repas** (prévenir) (menu unique) *(90)* - 130/150 ♀.

PIERREFITTE-SUR-SAULDRE *41300 L.-et-Ch.* 64 ⑳ – *835 h alt. 125.*
Paris 185 – Bourges 55 – Orléans 52 – Aubigny-sur-Nère 22 – Blois 72 – Salbris 13.

Lion d'Or, ✆ 02 54 88 62 14, *Fax 02 54 88 62 14,* « Cadre rustique », – GB
fermé 2 au 10 mars, 1er au 23 sept., lundi et mardi – **Repas** 132/250.

PIERREFONDS *60350 Oise* 56 ③ *G. Flandres Artois Picardie – 1 548 h alt. 81.*
Voir *Château*★★ – *St-Jean-aux-Bois : église*★ *O : 6 km.*
Office de Tourisme pl. de l'Hôtel-de-Ville ✆ 03 44 42 81 44.
Paris 90 – Compiègne 15 – Beauvais 74 – Soissons 32 – Villers-Cotterêts 17.

Blés d'Or avec ch, 8 r. J. Michelet ✆ 03 44 42 85 91, *Fax 03 44 42 98 94,* – TV ☎ . AE GB
fermé janv. et merc. de sept. à mai – **Repas** 120/210 – ☕ 35 – **6 ch** 250/360 – 1/2 P 270.

PIERREFONTAINE-LES-VARANS *25510 Doubs* 66 ⑰ – *1 505 h alt. 695.*
Paris 456 – Besançon 51 – Montbéliard 52 – Morteau 30 – Pontarlier 45.

Commerce avec ch, ✆ 03 81 56 10 50, *Fax 03 81 56 01 89* – TV ☎. GB
fermé 20 déc. au 20 janv., dim. soir et lundi sauf juil.-août – **Repas** 60/190 ♀, enf. 40 – ☕ 35 – **10 ch** 110/260 – 1/2 P 220/250.

PIERREFORT *15230 Cantal* 76 ⑬ – *1 017 h alt. 950.*
Paris 547 – Aurillac 61 – Entraygues-sur-Truyère 54 – Espalion 60 – St-Chély-d'Apcher 59 – St-Flour 30.

Midi Ⓜ, ✆ 04 71 23 30 20, *Fax 04 71 23 39 34* – TV ☎ . GB. rest
Repas 75/160 ♀ – ☕ 35 – **13 ch** 270/280 – 1/2 P 270/290.

PIERRELATTE *26700 Drôme* 81 ① – *11 770 h alt. 50.*
Office de Tourisme pl. Champs-de-Mars ✆ 04 75 04 07 98, Fax 04 75 98 40 65.
Paris 625 – Bollène 16 – Montélimar 22 – Nyons 44 – Orange 34 – Pont-St-Esprit 16 – Valence 67.

Centre sans rest, 6 pl. Église ✆ 04 75 04 28 59, *Fax 04 75 98 83 29* – 🛗 📺 ☎ 🅿. GB
☕ 35 – **21 ch** 230/285.

Tricastin sans rest, r. Caprais-Favier ✆ 04 75 04 05 82, *Fax 04 75 04 19 36* – 📺 ☎ 🚗 🅿. GB
☕ 34 – **13 ch** 224/265.

Les Recollets, 6 pl. Église ✆ 04 75 96 83 10, *Fax 04 75 96 46 18* – ▤ 🅿. AE ⓓ GB
fermé 4 au 28 août, vacances de fév., vend. soir et sam. – **Repas** 85/150 🍷, enf. 40.

PEUGEOT Gar. du Midi, rte de St-Paul ✆ 04 75 04 00 27

La PIERRE-PERCÉE *44 Loire-Atl.* 63 ⑱ – *rattaché à La Chapelle-Basse-Mer.*

PIETRANERA *2B H.-Corse* 90 ② ③ – *voir à Corse (Bastia).*

PILAT-PLAGE *33 Gironde* 78 ⑫ – *voir à Pyla-sur-Mer.*

Le PIN-LA-GARENNE *61 Orne* 60 ④ – *rattaché à Mortagne-au-Perche.*

PINSOT *38 Isère* 77 ⑥ – *rattaché à Allevard.*

PIOGGIOLA *2B H.-Corse* 90 ⑬ – *voir à Corse.*

PIRIAC-SUR-MER *44420 Loire-Atl.* 63 ⑬ *G. Bretagne* – *1 442 h alt. 7.*

Voir *Pointe du Castelli* ≤★ *SO : 1 km.*

Paris 468 – Nantes 95 – La Baule 19 – La Roche-Bernard 32 – St-Nazaire 33.

Poste, 26 r. Plage ✆ 02 40 23 50 90, *Fax 02 40 23 68 96* – ☎ 📞. AE GB
hôtel : Pâques-11 nov. ; rest. : 20 avril-20 oct. – **Repas** *(fermé lundi du 15 sept. au 15 mai)* 80/220 – ☕ 37 – **15 ch** 230/320 – ½ P 250/295.

PISIEU *38270 Isère* 77 ② – *362 h alt. 400.*

Paris 517 – Annonay 44 – Grenoble 68 – Romans-sur-Isère 44 – Tournon-sur-Rhône 58 – Vienne 29.

Aub. de Pisieu, ✆ 04 74 84 57 94 – ▤. GB
fermé mardi soir et merc. soir de sept. à mai – **Repas** 60 bc (déj.), 90/150 🍷, enf. 45.

PISSOS *40410 Landes* 78 ④ *G. Pyrénées Aquitaine* – *970 h alt. 46.*

Paris 660 – Mont-de-Marsan 55 – Biscarrosse 34 – Bordeaux 83 – Castets 62 – Mimizan 43.

Café de Pissos avec ch, ✆ 05 58 08 90 16, *Fax 05 58 08 96 89,* 🏖 – 🅿. GB
fermé 15 au 30 nov., mardi soir et merc. sauf juil.-août – **Repas** 72 (déj.), 100/240 – ☕ 30 – **5 ch** 200/300 – ½ P 200/230.

PITHIVIERS SP *45300 Loiret* 60 ⑳ *G. Châteaux de la Loire* – *9 327 h alt. 115.*

ℹ *Office de Tourisme Mail-Ouest Gare Routière ✆ 02 38 30 50 02, Fax 02 38 30 55 00.*

Paris 82 ① – Fontainebleau 45 ② – Orléans 43 ⑤ – Chartres 72 ⑥ – Châteaudun 76 ⑥ – Montargis 45 ④.

Plan page ci-contre

Relais Saint-Georges, av. du 8 Mai **(d)** ✆ 02 38 30 40 25, *Fax 02 38 30 09 05,* 🏖 – 🚭 📺 ☎ ♿ 🅿 – 🏛 25. AE ⓓ GB
Repas *(fermé dim. et soirs fériés)* 75 (dîner), 98/250 🍷, enf. 50 – ☕ 36 – **42 ch** 290/370 – ½ P 263/303.

Aux Remparts, 2 Mail Nord **(a)** ✆ 02 38 30 34 99, *Fax 02 38 30 64 52* – GB
fermé 15 au 29 juil., 21 déc. au 4 janv., lundi soir, merc. soir et mardi – **Repas** 100 bc (déj.), 115/250.

AUDI, VOLKSWAGEN Gar. Delafoy-Caillette, rte d'Etampes ✆ 02 38 30 16 05
CITROEN Gar. Molvaut, 6 av. République ✆ 02 38 30 19 22
PEUGEOT Gar. Balançon-Malidor, 76 fg d'Orléans par ⑤ ✆ 02 38 34 53 53
RENAULT Beauce Gâtinais Autom., av. 11 Novembre ✆ 02 38 34 51 34

Ⓟ Euromaster, r. Gare de Marchandises ✆ 02 38 30 20 08
Euromaster, à Toury ✆ 02 37 90 51 61

Couronne (R. de la) 3
Martroi (Pl. du) 14

Croissant (Fg du) 6
Gambetta (Av.) 7
Gare de Marchandises
(R. de la) 12

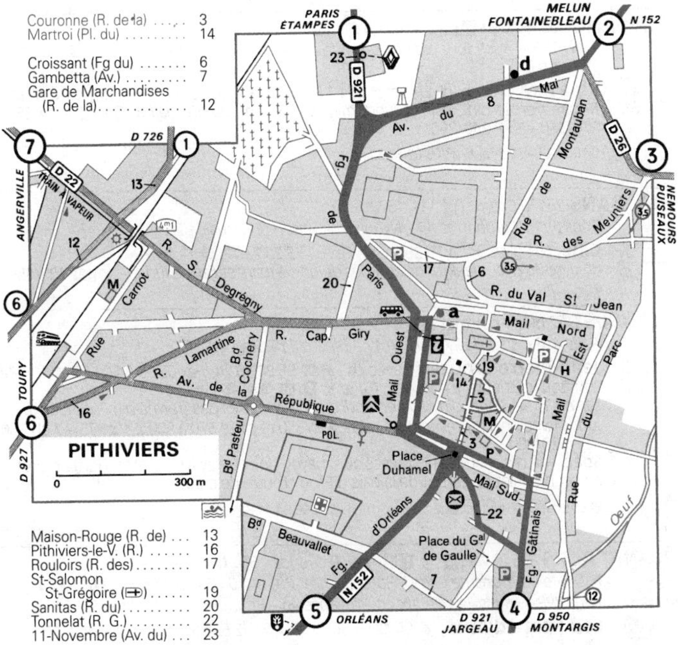

Maison-Rouge (R. de) . . . 13
Pithiviers-le-V. (R.) 16
Rouloirs (R. des) 17
St-Salomon
St-Grégoire (⊞) 19
Sanitas (R. du) 20
Tonnelat (R. G.) 22
11-Novembre (Av. du) . . . 23

*Un conseil **Michelin** :*
pour réussir vos voyages, préparez-les à l'avance.

*Les **cartes** et **guides Michelin**, vous donnent toutes indications utiles sur : itinéraires, visite des curiosités, logement, prix, etc.*

PIZAY *69 Rhône* 74 ①., 110 ⑦ – *rattaché à Belleville.*

La PLAGNE *73 Savoie* 74 ⑱ *G. Alpes du Nord – Sports d'hiver : 1 250/3 250 m* 🚡 *9* ⛷ *104* ⛷ *–*
✉ *73210 Macot-La-Plagne.*
Voir *La Grande Rochette* ✻★★ *(accès par télécabine) – Télécabine de Bellecôte* ≤★★ *à Plagne-Bellecôte E : 3 km.*
ℹ *Office de Tourisme Le Chalet* ✆ *04 79 09 79 79, Fax 04 79 09 70 10.*
Paris 639 – Albertville 55 – Bourg-St-Maurice 22 – Chambéry 103 – Moûtiers 28.

🏨 **Graciosa** 🐚, ✆ 04 79 09 00 18, *Fax 04 79 09 04 08*, ≤ – TV ☎ P. ⓓ GB JCB. ✂ rest
déc.-fin avril – **Repas** 185 (déj.), 195/245 – ☕ 58 – **14 ch** 480/550 – ½ P 550/580.

La PLAINE-SUR-MER *44770 Loire-Atl.* 67 ① *– 2 104 h alt. 26.*
Voir *Pointe de St-Gildas*★ *O : 5 km,* **G. Poitou Vendée Charentes.**
Paris 443 – Nantes 57 – Pornic 8 – St-Michel-Chef-Chef 6 – St-Nazaire 28.

🏨 **Anne de Bretagne** M 🐚, au Port de Gravette Nord-Ouest : 3 km ✆ 02 40 21 54 72, *Fax 02 40 21 02 33*, ≤, 🏖, 🏊, 🌳, 🎾 – TV ☎ 📞 P – 🏛 30. AE GB
fermé 4 au 26 janv. – **Repas** *(fermé lundi sauf le soir en juil.-août et dim. soir d'oct. à avril)* 105/350 🍷, enf. 75 – ☕ 56 – **25 ch** 430/650 – ½ P 480/590.

PLAISANCE *12550 Aveyron* 83 ② *– 228 h alt. 400.*
Paris 712 – Albi 42 – Millau 68 – Rodez 73.

✗✗ **Magnolias** 🐚 avec ch, ✆ 05 65 99 77 34, *Fax 05 65 99 70 57*, 🏖, « Maison du 14e siècle », 🌳 – TV ☎. AE ⓓ GB
1er avril-31 déc. et fermé lundi du 15 oct. au 31 déc. – **Repas** 120/295 🍷, enf. 68 – ☕ 48 – **6 ch** 270/350 – ½ P 270/300.

PLAISANCE *32160 Gers* 82 ③ – *1 657 h alt. 131.*

Paris 753 – Auch 59 – Mont-de-Marsan 61 – Pau 60 – Aire-sur-l'Adour 30 – Condom 65 – Tarbes 45.

XX **Ripa Alta** avec ch, pl. Église ☎ 05 62 69 30 43, *Fax 05 62 69 36 99* – TV ☎ P. AE ⓓ GB
Repas *(fermé dim. soir et lundi midi du 15 sept. au 15 mai)* 80/240 – ☐ 35 – **12 ch** 170/330 – 1/2 P 230/260.

CITROEN Gar. Lenfant, ☎ 05 62 69 32 13

PLAISIANS *26170 Drôme* 81 ③ – *157 h alt. 612.*

Paris 691 – Carpentras 44 – Nyons 34 – Vaison-la-Romaine 26.

X **Clue,** pl. Église ☎ 04 75 28 01 17, *Fax 04 75 28 29 17,* – P
1er avril-30 oct., week-ends et fériés de nov. à mars et fermé lundi – **Repas** 125/150.

PLANCOËT *22130 C.-d'Armor* 59 ⑤ – *2 507 h alt. 41.*

Paris 416 – St-Malo 27 – Dinan 17 – Dinard 21 – St-Brieuc 45.

XXX **Jean-Pierre Crouzil** M avec ch, ☎ 02 96 84 10 24, *Fax 02 96 84 01 93,* « Belle décoration intérieure » – rest, TV ☎ P. AE GB. ch
fermé 1er au 8 oct., dim. soir et lundi d'oct. à avril – **Repas** *(fermé dim. soir sauf juil.-août et lundi)* (week-ends prévenir) 185 (déj.), 290/550 et carte 370 à 500 – ☐ 75 – **7 ch** 650/950 – 1/2 P 520/800
Spéc. Huîtres chaudes et glacées au sabayon de vouvray à la carotte. Homard breton brûlé au lambic. Filet de turbot de la baie d'Erquy fourré de crabe.

Emeraude Pneumatiques, à St-Iormel ☎ 02 96 84 11 82

PLAN-D'AUPS *83640 Var* 84 ⑭, 114 ㉚ *G. Provence* – *361 h alt. 670.*

Office de Tourisme pl.de L'Hôtel de Ville ☎ 04 42 04 50 10, Fax 04 42 62 55 24.

Paris 798 – Marseille 44 – Aix-en-Provence 46 – Brignoles 36 – Toulon 73.

Lou Pebre d'Aï, ☎ 04 42 04 50 42, *Fax 04 42 62 55 52,* – TV ☎ P. AE ⓓ GB
fermé 2 janv. au 2 fév., mardi soir et merc. hors saison – **Repas** 100/280, enf. 60 – ☐ 35 – **12 ch** 270/380 – 1/2 P 280/335.

PLAN-DE-CUQUES *13 B.-du-R.* 84 ⑬., 114 ㉘ – *rattaché à Marseille.*

PLAN-DE-LA-TOUR *83120 Var* 84 ⑰, 114 ㊱ – *1 991 h alt. 69.*

Paris 859 – Fréjus 29 – Cannes 75 – Draguignan 37 – St-Tropez 19 – Ste-Maxime 9.

Mas des Brugassières sans rest, Sud : 1,5 km par rte Grimaud ☎ 04 94 43 72 42, *Fax 04 94 43 00 20,* – ☎ P. GB
20 mars-10 oct. – ☐ 43 – **11 ch** 480/550.

X **Au Vieux Moulin,** ☎ 04 94 43 02 07, – . ⓓ GB
1er mars-1er nov. et fermé merc. sauf juil.-août – **Repas** 165.

à Courruero *Sud : 3,5 km par rte Grimaud – ✉ 83120 Plan de la Tour :*

Parasolis sans rest, ☎ 04 94 43 76 05, *Fax 04 94 43 77 09,* – ☎ P.
15 mars-15 oct. – ☐ 40 – **9 ch** 390/550, 3 studios.

PLAN-D'ORGON *13750 B.-du-R.* 84 ① – *2 294 h alt. 85.*

Paris 698 – Avignon 23 – Aix-en-Provence 61 – Arles 38 – Marseille 77 – Nîmes 56.

Flamant Rose, rte St-Rémy ☎ 04 90 73 10 17, *Fax 04 90 73 19 61,* – rest, TV ☎ P. GB
fermé 1er janv. au 1er mars – **Repas** 69/165, enf. 48 – ☐ 38 – **28 ch** 290/350 – 1/2 P 278/308.

PLAN-DU-VAR *06 Alpes-Mar.* 84 ⑲, 115 ⑯ – ✉ *06670 Levens.*

Voir *Gorges de la Vésubie**** *NE – Défilé du Chaudan*** *N : 2 km.*

Env. *Bonson : site**, ** *de la terrasse de l'église, retable de St-Benoît** *dans l'église NO : 9 km,* G. Côte d'Azur.

Paris 866 – Antibes 39 – Cannes 49 – Nice 32 – Puget-Théniers 34 – St-Étienne-de-Tinée 61 – Vence 27.

XX **Cassini,** rte Nationale ☎ 04 93 08 91 03, *Fax 04 93 08 45 48,* – AE GB
fermé 8 au 22 juin, 2 au 17 fév., dim. soir et lundi – **Repas** *(85)* - 130/240, enf. 60.

PLAPPEVILLE *57 Moselle* 57 ⑬ – *rattaché à Metz.*

PLATEAU D'ASSY *74480 H.-Savoie* 74 ⑧ *G. Alpes du Nord.*

Voir *✻★★★ – Église★ : décoration★★ – Pavillon de Charousse ✻★★ O : 2,5 km puis 30 mn – Lac Vert★ NE : 5 km.*

Env. *Plaine-Joux ≤★★ NE : 5,5 km.*

Office de Tourisme av. J.-Arnaud ☏ 04 50 58 80 52, Fax 04 50 93 83 74.

Paris 601 – Chamonix-Mont-Blanc 28 – Annecy 84 – Bonneville 44 – Megève 22 – Sallanches 12.

Tourisme sans rest, ☏ 04 50 58 80 54, *Fax 04 50 93 82 11,* ≤, – ☎ P. GB
fermé 16 juin au 3 juil., 15 au 31 oct. et lundi – 28 – **14 ch** 130/250.

PEUGEOT Gar. Legon, à Passy ☏ 04 50 78 33 74
RENAULT Gar. Ducoudray, à Chedde Passy ☏ 04 50 78 33 77

PLÉNEUF-VAL-ANDRÉ *22370 C.-d'Armor* 59 ④ – *3 600 h alt. 52 – Casino au Val-André.*

18 Pléneuf Val André ☏ 02 96 63 01 12.

Paris 446 – St-Brieuc 28 – Dinan 42 – Erquy 9 – Lamballe 16 – St-Cast 30 – St-Malo 53.

au Val-André *Ouest : 2 km, G. Bretagne* – ✉ *22370 Pléneuf-Val-André.*

Voir *Pointe de Pléneuf★ N 15 mn – Le tour de la Pointe de Pléneuf ≤★★ N 30 mn.*

Office de Tourisme 1 r. W.-Churchill ☏ 02 96 72 20 55, Fax 02 96 63 00 34.

Gd H. du Val André, r. Amiral Charner ☏ 02 96 72 20 56, *Fax 02 96 63 00 24,* ≤ – TV ☎ P – 30. GB. rest
14 mars-11 oct. – **Repas** *(4 avril-27 sept. et fermé dim. soir et lundi sauf juil.-août)* 90/170, enf. 55 – 46 – **39 ch** 380/430 – ½ P 386/426.

Clemenceau sans rest, 131 r. Clemenceau ☏ 02 96 72 23 70 – TV ☎ P. GB
fermé 1er au 15 mars et 1er au 15 oct. – 40 – **23 ch** 270/370.

Au Biniou, 121 r. Clemenceau ☏ 02 96 72 24 35, *Fax 02 96 63 03 23* – GB
fermé janv., mardi soir et merc. hors saison – **Repas** 92/200 ♀.

Mer avec ch, r. Amiral Charner ☏ 02 96 72 20 44, *Fax 02 96 72 85 72* – ☎ P. AE GB
fermé 25 nov. au 7 déc., 5 janv. au 4 fév. et mardi du 15 oct. au 31 mars – **Repas** 69 (déj.), 89/265, enf. 45 – 30 – **13 ch** 140/270 – ½ P 325.

Annexe Nuit et Jour sans rest, (à 400 m.) – cuisinette TV ☎ P. AE GB
30 – **8 ch** 270/300.

PLESSIS-PICARD *77 S.-et-M.* 61 ① ②, 106 ㉝ – *rattaché à Melun.*

PLESTIN-LES-GRÈVES *22310 C.-d'Armor* 58 ⑦ *G. Bretagne* – *3 237 h alt. 45.*

Voir *Lieue de Grève★ – Corniche de l'Armorique★ N : 2 km.*

Office de Tourisme pl. de la Mairie ☏ 02 96 35 61 93.

Paris 528 – Brest 78 – Guingamp 45 – Lannion 18 – Morlaix 21 – St-Brieuc 77.

Côtes d'Armor, rte Corniche Nord : 4 km par D 42 ☏ 02 96 35 63 11, *Fax 02 96 35 67 04,* ≤, – TV ☎ P. AE GB
15 mars-15 nov. – **Repas** *(fermé lundi sauf le soir en saison)* (90) - 120/200 ♀, enf. 55 – 45 – **20 ch** 330/370 – ½ P 335/350.

PLEURS *51230 Marne* 61 ⑥ – *713 h alt. 90.*

Paris 125 – Troyes 53 – Châlons-en-Champagne 49 – Épernay 49 – Sézanne 13 – Vitry-le-François 56.

Paix avec ch, ☏ 03 26 80 10 14, *Fax 03 26 80 12 69* – rest, TV ☎ P. GB
fermé 18 juil. au 6 août, 26 déc. au 11 janv., dim. soir et lundi – **Repas** 70/265, enf. 50 – 24 – **7 ch** 190 – ½ P 200.

PLÉVEN *22130 C.-d'Armor* 59 ⑤ – *578 h alt. 80.*

Voir *Ruines du château de la Hunaudaie★ SO : 4 km,* G. Bretagne.

Paris 423 – St-Malo 36 – Dinan 23 – Dinard 31 – St-Brieuc 37.

Manoir de Vaumadeuc, ☏ 02 96 84 46 17, *Fax 02 96 84 40 16,* « Manoir du 15e siècle dans un parc » – ☎ P. AE GB. rest
Pâques-4 janv. – **Repas** *(1er juil.-30 sept.)*(dîner seul.)(nombre de couverts limité, prévenir) (résidents seul. hors saison) 195/310 ♀ – 50 – **14 ch** 590/1050 – ½ P 490/720.

PLEYBER-CHRIST *29410 Finistère 58 ⑥ G. Bretagne – 2 828 h alt. 131.*

Paris 548 – Brest 54 – Châteaulin 47 – Landivisiau 17 – Morlaix 10 – Quimper 67 – St-Pol-de-Léon 26.

Gare, ☎ 02 98 78 43 76, *Fax 02 98 78 49 78,* – TV ☎ P. AE GB.
fermé 19 déc. au 5 janv., sam. midi et dim. soir sauf juil-août – **Repas** 62 (déj.), 90/170 – 32 – **8 ch** 210/245 – 1/2 P 225.

PLOEMEUR *56270 Morbihan 58 ⑫ – 17 637 h alt. 45.*

18 de Ploemeur-Océan ☎ 02 97 32 81 82, O par D 162E : 8 km.
Paris 506 – Vannes 61 – Concarneau 50 – Lorient 5 – Quimper 66.

à Lomener *Sud : 4 km par D 163 – ✉ 56270 Ploemeur :*

Vivier, ☎ 02 97 82 99 60, *Fax 02 97 82 88 89,* ← île de Groix – TV ☎ P. AE GB JCB
fermé 16 au 31 oct. – Repas *(fermé dim. soir sauf juil.-août)* 110/350, enf. 65 – 48 – **14 ch** 330/470 – 1/2 P 400/450.

PLOËRMEL *56800 Morbihan 63 ④ – 6 996 h alt. 93.*

9 du Lac au Duc ☎ 02 97 73 64 65.
Office de Tourisme 5 r. du Val ☎ 02 97 74 02 70, Fax 02 97 73 31 82.
Paris 416 – Vannes 47 – Lorient 87 – Loudéac 43 – Rennes 68.

Roi Arthur M, au lac au Duc : 1,5 km par D 8 ☎ 02 97 73 64 64, *Fax 02 97 73 64 50,* ←, parc, « Au bord d'un lac et d'un golf », – cuisinette, rest, TV ☎ P – 100. AE GB
Repas *(fermé dim. soir du 1er nov. au 28 fév.)* 100 (déj.), 125/220 – 55 – **46 ch** 380/480, 12 duplex – 1/2 P 375/405.

AUDI, VOLKSWAGEN Gar. Cedam, ZI Route de Rennes ☎ 02 97 74 07 73
CITROEN Gar. Payoux, ZI du Bois Vert ☎ 02 97 74 05 07 N ☎ 02 97 74 05 07
FORD Broceliande Auto., ZA du bois vert ☎ 02 97 74 00 51
RENAULT Gar. Triballier, rte de Rennes ☎ 02 97 74 01 66 N ☎ 02 97 01 68 85

Euromaster, 60 bd St-Anne à Malestroit ☎ 02 97 75 23 04
Ploermel Pneus-Point S, ZI r. Thimonier ☎ 02 97 93 62 62

PLOEUC-SUR-LIÉ *22150 C.-d'Armor 58 ⑩ – 2 932 h alt. 207.*

Paris 455 – St-Brieuc 21 – Lamballe 26 – Loudéac 23.

Commerce, ☎ 02 96 42 10 36, *Fax 02 96 42 85 77,* – ☎. AE GB
fermé 5 au 19 oct., fév., dim. soir et lundi de nov. à mars – **Repas** *(55)* - 65 (déj.), 75/148, enf. 45 – 30 – **42 ch** 200/230 – 1/2 P 220/235.

PLOGOFF *29770 Finistère 58 ⑬ – 1 902 h alt. 70.*

Paris 612 – Quimper 47 – Audierne 10 – Douarnenez 30 – Pont-l'Abbé 42.

Ker-Moor (après travaux, réouverture au printemps), rte Audierne : 2,5 km ☎ 02 98 70 62 06, *Fax 02 98 70 32 69,* ← – TV ☎ P. AE GB
Repas *(fermé lundi midi et dim. soir d'oct. à mars sauf vacances scolaires)* 80/278, enf. 50 – 38 – **16 ch** 180/365 – 1/2 P 276/366.

PLOMBIÈRES-LES-BAINS *88370 Vosges 62 ⑯ G. Alsace Lorraine – 2 084 h alt. 429 – Stat. therm. (avril- oct.) – Casino .*

Voir *La Feuillée Nouvelle* ←★ *5 km par ②.*
Office de Tourisme 16 r. Stanislas ☎ 03 29 66 01 30, Fax 03 29 66 01 94.
Paris 380 ④ – Épinal 37 ④ – Belfort 74 ② – Gérardmer 42 ① – Vesoul 53 ② – Vittel 61 ④.

Plan page ci-contre

Beauséjour, 26 av. L. Français **(a)** ☎ 03 29 66 01 50, *Fax 03 29 66 09 45,* – TV ☎. AE GB. rest
1er avril-15 oct. – **Repas** 117/250 – 45 – **23 ch** 215/360 – 1/2 P 260/300.

Commerce, r. Hôtel de Ville **(v)** ☎ 03 29 66 00 47, *Fax 03 29 30 01 18,* – TV ☎. GB
2 avril-25 oct. – **Repas** *(60)* - 85/170, enf. 47 – 28 – **42 ch** 195/225 – 1/2 P 178/218.

Host. Les Rosiers, par ② : *1 km* ☎ 03 29 66 02 66, *Fax 03 29 66 09 36,* ←, – ☎ P. AE GB
fermé janv. – **Repas** *(fermé lundi du 1er oct. au 1er mai)* 100/250, enf. 55 – 35 – **20 ch** 170/280 – 1/2 P 260/280.

PLOMBIÈRES-LES-BAINS

Église (Pl. de l') 3
Français (Av. Louis) 4
Franche-Comté (Av. de) 5
Gaulle (Av. du Gén.-de) 8
Hôtel-de-Ville (Rue de l') ... 9
Léopold (Av. du Duc) 10
Liétard (R.) 13
Stanislas (R.) 16

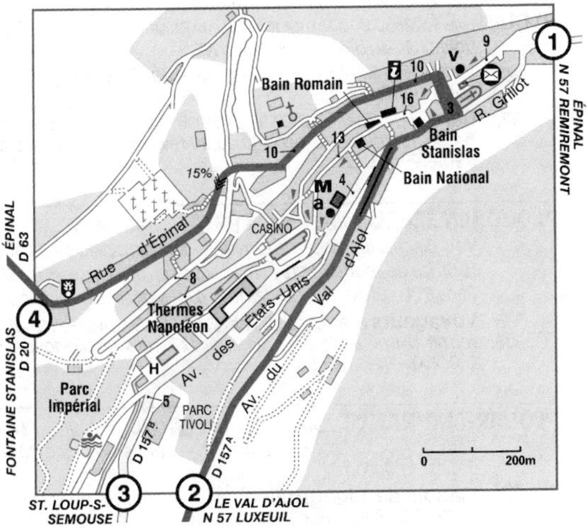

Pour un bon usage des plans de villes voir les signes conventionnels dans l'introduction.

près de la Fontaine Stanislas *par ④ et D 20 : 4 km – alt. 600 – ✉ 88370 Plombières-les-B. :*

Fontaine Stanislas ⛰, ✆ 03 29 66 01 53, *Fax 03 29 30 04 31*, ⩽, « En forêt, jardin » – ☎ 🚗 P. AE GB. ✻ rest
1er avril-15 oct. – **Repas** 94/270 ♀, enf. 57 – ☕ 39 – **19 ch** 130/315 – 1/2 P 215/275.

PLOMEUR *29120 Finistère* 58 ⑭ *G. Bretagne* – *3 272 h alt. 33.*
Paris 580 – Quimper 25 – Douarnenez 33 – Pont-l'Abbé 6.

Ferme du Relais Bigouden ⛰ sans rest, à Pendreff, rte Guilvinec : 2,5 km ✆ 02 98 58 01 32, *Fax 02 98 82 09 62*, 🌳 – TV ☎ P. GB
fermé janv. – ☕ 34 – **16 ch** 270/305.

PLOMODIERN *29550 Finistère* 58 ⑮ – *1 912 h alt. 60.*
Voir *Retables★ de la chapelle Ste-Marie-du-Ménez-Hom N : 3,5 km – Charpente★ de la chapelle St-Côme NO : 4,5 km.*
Env. *Ménez-Hom* ✻★★★ *N : 7 km par D 47,* G. Bretagne.
ℹ *Office de Tourisme (juil.-août) pl. de l'Eglise* ✆ *02 98 81 27 37.*
Paris 589 – Quimper 27 – Brest 61 – Châteaulin 13 – Crozon 23 – Douarnenez 20.

Porz-Morvan ⛰ sans rest, Est : 3 km ✆ 02 98 81 53 23, *Fax 02 98 81 28 61*, 🌳, 🎾 – TV ☎ P. GB
1er avril-30 sept., vacances scolaires et week-ends – ☕ 35 – **12 ch** 300/320.

Aub. des Glazicks, ✆ 02 98 81 52 32 – GB
fermé 21 sept. au 8 oct., fév., mardi sauf le soir en été et lundi – **Repas** 120/300.

PLONÉOUR-LANVERN *29720 Finistère* 58 ⑭ – *4 619 h alt. 71.*
Paris 579 – Quimper 24 – Douarnenez 25 – Guilvinec 14 – Plouhinec 21 – Pont-l'Abbé 7.

Voyageurs, derrière l'église ✆ 02 98 87 61 35, *Fax 02 98 82 62 82* – ▤ rest, TV ☎ 📞 P. ⓓ GB
fermé vend. soir et sam. midi hors saison – **Repas** 71 (déj.), 81/320 ♀, enf. 52 – ☕ 36 – **12 ch** 206/295 – 1/2 P 270/295.

Ty Didrouz ⛰, r. Croas ar Bléon ✆ 02 98 87 62 30, *Fax 02 98 82 62 43* – TV ☎ 📞 ♿ P. GB. ✻
fermé 20 déc. au 20 janv., vend. soir, sam. soir et dim. soir hors saison – **Repas** 52 bc (déj.), 68/240 🍷 – ☕ 30 – **15 ch** 225/245 – 1/2 P 245.

PLOUBALAY *22650 C.-d'Armor* 59 ⑤ *G. Bretagne – 2 334 h alt. 32.*

Voir *Château d'eau* ✵★★ *: 1 km NE.*

Paris 416 – St-Malo 16 – Dinan 18 – Dol-de-Bretagne 34 – Lamballe 35 – St-Brieuc 55 – St-Cast-le-Guildo 16.

XX **Gare,** 4 r. Ormelets ℘ 02 96 27 25 16, *Fax 02 96 27 25 16,* 余 – AE GB. ✻
fermé 15 nov. au 15 déc., 10 au 20 fév., mardi soir et merc. sauf du 15 juil. au 15 août – **Repas** 99/400 bc.

PLOUDALMÉZEAU *29830 Finistère* 58 ③ *– 4 874 h alt. 57.*

Voir *Clocher-porche★ de Lampaul-Ploudalmézeau N : 3 km,* G. Bretagne.

☐ *Office de Tourisme (15 juin-15 sept.) pl. de l'Église ℘ 02 98 48 11 88, Fax 02 98 48 11 88.*

Paris 611 – Brest 25 – Landerneau 42 – Morlaix 75 – Quimper 94.

X **Voyageurs** avec ch, pl. Église ℘ 02 98 48 10 13, *Fax 02 98 48 19 92* – TV ☎ ☏. GB
fermé 12 nov. au 15 déc., dim. soir et lundi sauf juil.-août – **Repas** 79/200 ♁ – ☐ 33 – **9 ch** 150/250 – ½ P 195/240.

PLOUER-SUR-RANCE *22490 C.-d'Armor* 59 ⑥ *G. Bretagne – 2 438 h alt. 62.*

Paris 407 – St-Malo 22 – Dinan 11 – Dol-de-Bretagne 20 – Lamballe 51 – St-Brieuc 68 – St-Cast-le-Guildo 32.

Manoir de Rigourdaine ⑤ sans rest, rte de Langrolay puis rte secondaire : 3 km ℘ 02 96 86 89 96, *Fax 02 96 86 92 46,* ≤, parc, « Ancienne ferme dominant l'estuaire de la Rance » – TV ☎ ☏ ♿ P. AE GB. ✻
3 avril-15 nov. – ☐ 38 – **19 ch** 300/420.

PLOUESCAT *29430 Finistère* 58 ⑤ *G. Bretagne – 3 689 h alt. 30.*

☐ *Office de Tourisme (juin-août) 8 r.de la Mairie ℘ 02 98 69 62 18, Fax 02 98 61 91 74 et (hors saison) à la mairie ℘ 02 98 69 60 13.*

Paris 570 – Brest 48 – Brignogan-Plages 16 – Morlaix 33 – Quimper 92 – St-Pol-de-Léon 15.

X **L'Azou,** r. Gén. Leclerc ℘ 02 98 69 60 16, *Fax 02 98 61 91 26* – AE ⓓ GB
fermé 28 sept. au 22 oct., merc. midi et mardi sauf juil.-août – **Repas** (65) - 80/295 ♀, enf. 50.

CITROEN Gar. Rouxel, ℘ 02 98 69 60 03 N ℘ 02 98 69 83 43

PEUGEOT Gar. Bossard, ℘ 02 98 69 65 26

RENAULT Gar. Quillec, ℘ 02 98 69 61 10 N ℘ 02 98 69 61 10

PLOUFRAGAN *22 C.-d'Armor* 59 ③ *– rattaché à St-Brieuc.*

PLOUGASTEL-DAOULAS *29470 Finistère* 58 ④ *G. Bretagne – 11 139 h alt. 113.*

Voir *Calvaire★★ – Site★ de la chapelle St-Jean NE : 5 km – Kernisi* ✵★ *SO : 4,5 km.*

Env. *Pointe de Kerdéniel* ✵★★ *SO : 8,5 km puis 15 mn.*

Paris 594 – Brest 11 – Morlaix 58 – Quimper 62.

Kastel Roc'h, à l'échangeur de la D 33 ℘ 02 98 40 32 00, *Fax 02 98 04 25 40,* 余 – |‡| TV ☎ P – 🔺 80. AE ⓓ GB
Repas grill *(fermé dim. soir)* 75/135 ♁, enf. 59 – ☐ 38 – **48 ch** 235/300.

XX **Chevalier de l'Auberlac'h,** r. Mathurin Thomas ℘ 02 98 40 54 56, *Fax 02 98 40 65 16,* 余 – AE GB
fermé dim. soir – **Repas** 78 (déj.), 130/140.

CITROEN Gar. Boulouard, 2 r. Neuve ℘ 02 98 40 36 23

PLOUGUERNEAU *29880 Finistère* 58 ④ *– 5 255 h alt. 60.*

Paris 604 – Brest 26 – Landerneau 36 – Morlaix 68 – Quimper 92.

à la Plage de Lilia *Nord-Ouest : 5 km par D 71 :*

Castel Ac'h, ℘ 02 98 04 70 11, *Fax 02 98 04 58 43,* ≤ – TV ☎ ♿ P. AE GB
Repas 62 (déj.), 85/205, enf. 48 – ☐ 40 – **29 ch** 200/305 – ½ P 260/320.

PLOUHINEC *29780 Finistère* 58 ⑭ *– 4 524 h alt. 101.*

Paris 595 – Quimper 32 – Audierne 5 – Douarnenez 17 – Pont-l'Abbé 28.

Ty Frapp, r. de Rozavot ℘ 02 98 70 89 90, *Fax 02 98 70 81 04* – TV ☎ ☏ P. GB. ✻ ch
fermé 5 au 19 oct., 22 déc. au 21 janv., dim. soir et lundi sauf juil.-août – **Repas** 68/180 ♁, enf. 50 – ☐ 36 – **16 ch** 280 – ½ P 320.

PLOUMANACH *22 C.-d'Armor* 59 ① *– rattaché à Perros-Guirec.*

PLOUNÉRIN *22780 C.-d'Armor* 58 ⑦ *– 649 h alt. 208.*

Paris 513 – St-Brieuc 62 – Carhaix-Plouguer 49 – Lannion 24 – Morlaix 23.

XX **Patrick Jeffroy** avec ch, ✆ 02 96 38 61 80, *Fax 02 96 38 66 29* – ☎ P. GB. ⚘ ch
✿ *fermé 16 au 22 nov., 25 au 31 janv., dim. soir et lundi sauf en été* – **Repas** 140 (déj.), 200/420 et carte 220 à 360 ♀, enf. 85 – ☕ 48 – **3 ch** 300/350 – ½ P 381/467
Spéc. Salade tiède de homard et coeur d'artichaut, huile de crustacés. Volaille fermière au sang. Figues fraîches rôties au ratafia de fruits rouges (mi-juil. à mi-oct.).

PLUGUFFAN *29 Finistère* 58 ⑮ *– rattaché à Quimper.*

POCÉ-SUR-CISSE *37 I.-et-L.* 64 ⑯ *– rattaché à Amboise.*

Le POËT-LAVAL *26 Drôme* 81 ② *– rattaché à Dieulefit.*

POILHES *34 Hérault* 83 ⑭ *– rattaché à Capestang.*

POINCY *77 S.-et-M.* 56 ⑬ *– rattaché à Meaux.*

POINTE voir au nom propre de la pointe.

POINT-SUBLIME *04 Alpes-de-H.-P.* 84 ⑥, 114 ⑨ *G. Alpes du Sud* – ✉ *04120 Castellane.*

Voir *<*** sur Grand Canyon du Verdon 15 mn – Couloir Samson** S : 1,5 km – Rougon <* N : 2,5 km – Clue de Carejuan* E : 4 km.*

Env. *Belvédères SO : de l'Escalès*** 9 km, de Trescaïre** 8 km, du Tilleul** 10 km, des Glacières** 11 km, de l'Imbut** 13 km.*

Paris 795 – Digne-les-Bains 72 – Castellane 18 – Draguignan 52 – Manosque 75 – Salernes 64 – Trigance 13.

X **Aub. Point Sublime** avec ch, ✆ 04 92 83 60 35, *Fax 04 92 83 74 31*, <, 🏠 – ☎ P. GB
1er avril-1er nov. – **Repas** 91/192 ♀, enf. 51 – ☕ 37 – **14 ch** 237/290 – ½ P 245/265.

Le POIRÉ-SUR-VIE *85170 Vendée* 67 ⑬ *– 5 326 h alt. 42.*

Paris 434 – La Roche-sur-Yon 16 – Cholet 68 – Nantes 53 – Les Sables-d'Olonne 42.

🏠 **Centre,** ✆ 02 51 31 81 20, *Fax 02 51 31 88 21*, 🏊, 🌳 – TV ☎. AE GB
Repas *(fermé dim. soir hors saison)* 63/248 – ☕ 38 – **26 ch** 159/330 – ½ P 178/254.

MERCEDES SAGA, 8 rte de Nantes ✆ 02 51 45 28 28 N ✆ 08 00 24 24 30
PEUGEOT Gar. Piveteau, 2 r. Ecoliers ✆ 02 51 31 80 42
RENAULT Gar. Bretaudeau, ✆ 02 51 06 45 00 N ✆ 02 51 06 45 00

POISSON *71 S.-et-L.* 69 ⑰ *– rattaché à Paray-le-Monial.*

POISSY *78 Yvelines* 55 ⑲, 106 ⑰, 101 ⑫ *– voir à Paris, Environs.*

POITIERS P *86000 Vienne* 68 ⑬ ⑭ *G. Poitou Vendée Charentes – 78 894 h Agglo. 107 625 h alt. 116.*

Voir *Église N.-D.-la-Grande** : façade**** **DY** *– Église St-Hilaire-le-Grand*** **CZ** *– Cathédrale St-Pierre** **DZ** *– Église Ste-Radegonde** **DZ Q** *– Baptistère St-Jean** **DZ** *– Grande salle* du Palais de Justice* **DY J** *– Boulevard Coligny <** **BVX** *– Musée Ste-Croix*** **DZ.**

Env. *Le Futuroscope** : Images-Studio*** 12 km par ①.*

🏌18 *du Haut-Poitou ✆ 05 49 62 53 62, par ① N 10 : 22 km ;* 🏌18 *Golf Club Poitevin ✆ 05 49 46 70 27 à Mignaloux-Beauvoir par ③.*

✈ *de Poitiers-Biard : ✆ 05 49 30 04 40* **AV.**

ℹ *Office de Tourisme 8 r. Grandes-Écoles ✆ 05 49 41 21 24, Fax 05 49 88 65 84 – Automobile Club 2 r. Claveurier ✆ 05 49 41 65 27, Fax 05 49 88 70 93.*

Paris 336 ① – Angers 132 ⑥ – Limoges 120 ③ – Nantes 183 ⑥ – Niort 74 ⑤ – Tours 103 ①.

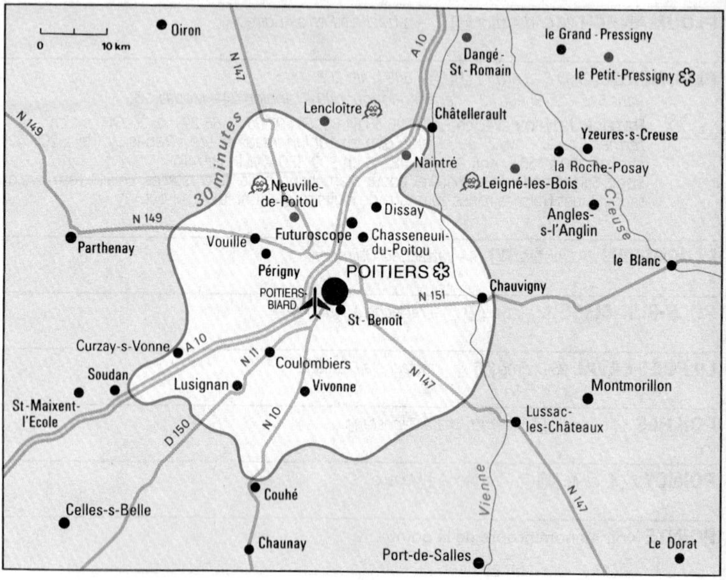

Europe sans rest, 39 r. Carnot ✆ 05 49 88 12 00, *Fax 05 49 88 97 30*, – ▮ TV ☎ ✆ ♿ 🚗 P. AE ⓓ GB — CZ n
☕ 38 – **88 ch** 300/480.

Grand Hôtel Ⓜ sans rest, 28 r. Carnot ✆ 05 49 60 90 60, *Fax 05 49 62 81 89* – ▮ TV ☎ ✆ ♿ 🚗. AE GB — CZ k
☕ 48 – **42 ch** 490, 5 appart.

Frémont sans rest, 32 bd Abbé Frémont ✆ 05 49 37 31 31, *Fax 05 49 37 67 42* – TV ☎ ♿ P. GB JCB — DY h
fermé 22 déc. au 5 janv. – ☕ 40 – **10 ch** 330/390.

Mascotte Ⓜ, Z.I. République 2 ✆ 05 49 88 42 42, *Fax 05 49 88 42 44*, – TV ☎ ✆ ♿ P – 30. AE GB — AV d
Repas *(fermé sam. midi et dim. midi)* *(58)* - 98/150 ♀, enf. 50 – ☕ 34 – **46 ch** 265/310 – ½ P 275/300.

Ibis Beaulieu, quartier Beaulieu ✆ 05 49 61 11 02, *Fax 05 49 01 72 76* – TV ☎ ✆ ♿ P – 40. AE GB — BX t
Repas *(67)* - 77 ♁, enf. 39 – ☕ 35 – **47 ch** 280/330.

Gibautel sans rest, rte Nouaillé ✆ 05 49 46 16 16, *Fax 05 49 46 85 97* – TV ☎ ♿ P – 25. AE GB — BX b
☕ 33 – **36 ch** 250/310.

Plat d'Étain sans rest, 7 r. Plat d'Étain ✆ 05 49 41 04 80, *Fax 05 49 52 25 84* – TV ☎ P. AE GB — DY s
fermé 19 déc. au 9 janv. – ☕ 45 – **24 ch** 255/350.

Maxime, 4 r. St-Nicolas ✆ 05 49 41 09 55, *Fax 05 49 41 09 55* – ▤. AE GB — DZ u
fermé 13 au 19 juil., 3 au 16 août, sam. et dim. – **Repas** 100/250 ♀.

des 3 Piliers (Massonnet), 37 r. Carnot ✆ 05 49 55 07 03, *Fax 05 49 50 16 03*, – ▤. AE GB — CZ n
fermé vacances de fév., dim. soir et lundi sauf fériés – **Repas** 130/240 et carte 250 à 400 ♀
Spéc. Foie gras chaud de canard du Poitou à la rhubarbe (juin à août). Côte de veau de lait rôtie au jus, pommes soufflées. Moelleux au chocolat amer, glace au miel et gingembre confit. **Vins** Haut-Poitou.

St Hilaire, 65 r. T. Renaudot ✆ 05 49 41 15 45, *Fax 05 49 60 20 32*, « Salle voûtée du 12e siècle, ambiance médiévale » – ⓓ GB — CZ b
fermé 1er au 10 janv., mardi midi et dim. – **Repas** 110/280 ♀.

Pavé de la Villette, 21 r. Carnot ✆ 05 49 60 49 49, *Fax 05 49 50 63 41* – ▤. AE ⓓ GB — CZ v
fermé sam. midi et dim. – **Repas** 100/127 ♀, enf. 49.

POITIERS

Aérospatiale (R. de l') . . . . . . AV 3
Allende (R. Salvador) . . . . . . BX 7
Blaiserie (R. de la). . . . . AV 9
Ceuille-Mirebalaise (R.) . . . . AV 19
Coligny (Bd). . . . . BX 23
Demi-Lune (Carref. de la) . . AV 27
Fg-Ceuille-Mirebalaise (R. du). . . . . . AV 29
Fg-du-Pont-Neuf (R. du) . . . BX 30
Fg-St-Cyprien (R. du) . . . . . . AX 31
Fief-de-Grimoire (R.) . . . . . . AX 33
Gibauderie (R. de la). . . . . . . BX 39
Guynemer (R.) . . . . AX 43
Maillochon (R. de) . . . . AX 52
Miletrie (R. de la) . . . . BX 56
Montbernage (R. de) . . . . . . BV 58
Montmidi (R. de) . . . . AX 62
Pierre-Levée (R.). . . . . BX 69
Rataudes (R. des). . . . . AX 70
Schuman (Av. R.) . . . . BV 88
Vasles (Rte de) . . . . AX 93

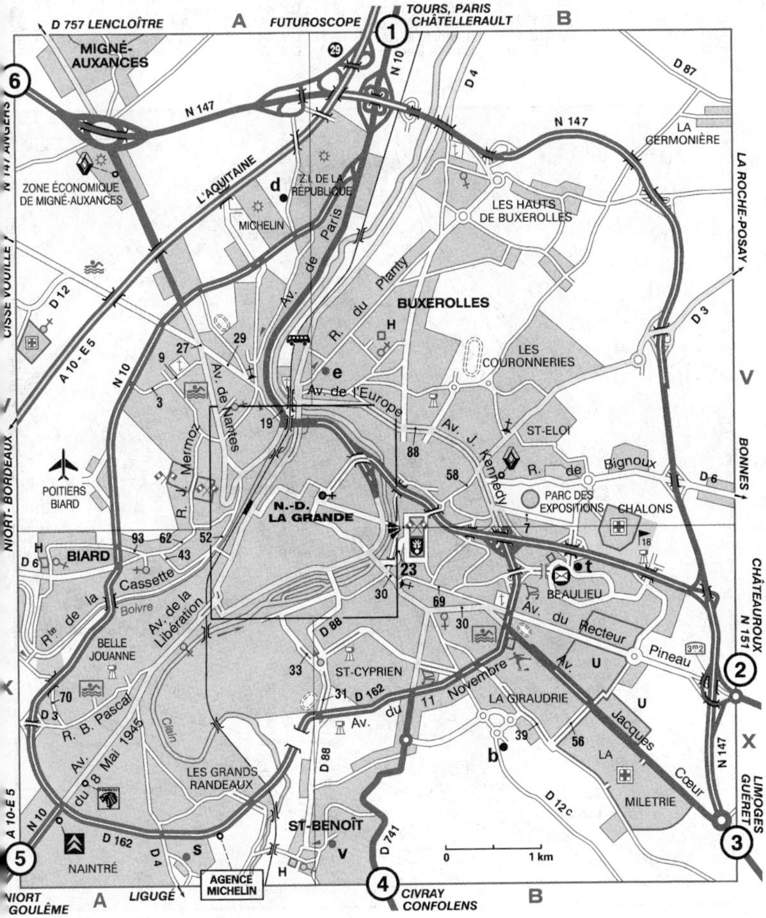

à Chasseneuil-du-Poitou *par ① : 9 km – 3 002 h. alt. 75 – ✉ 86360 :*

Office de Tourisme 5, r. de la Poste ☎ 05 49 52 83 64 (hors saison) ☎ 05 49 52 77 19.

Mercure Ⓜ, N 10 ☎ 05 49 52 90 41, *Fax 05 49 52 51 72,* – 🅿 – 25 à 110. AE GB
Repas 90/130, enf. 65 – ☕ 52 – **89 ch** 455/555.

Château Clos de la Ribaudière, au village ☎ 05 49 52 86 66, *Fax 05 49 52 86 32,* parc – 80. AE GB JCB. rest
Repas 115 (déj.), 150/285 – ☕ 55 – **41 ch** 380/720 – 1/2 P 530.

au Futuroscope *par ① : 12 km – ✉ 86360 Chasseneuil-du-Poitou*

Novotel Futuroscope Ⓜ, ☎ 05 49 49 91 91, *Fax 05 49 49 91 90,* – cuisinette – 30 à 170. AE GB
Repas 92/123 ♀, enf. 70 – ☕ 55 – **110 ch** 570/685, 18 studios.

POITIERS

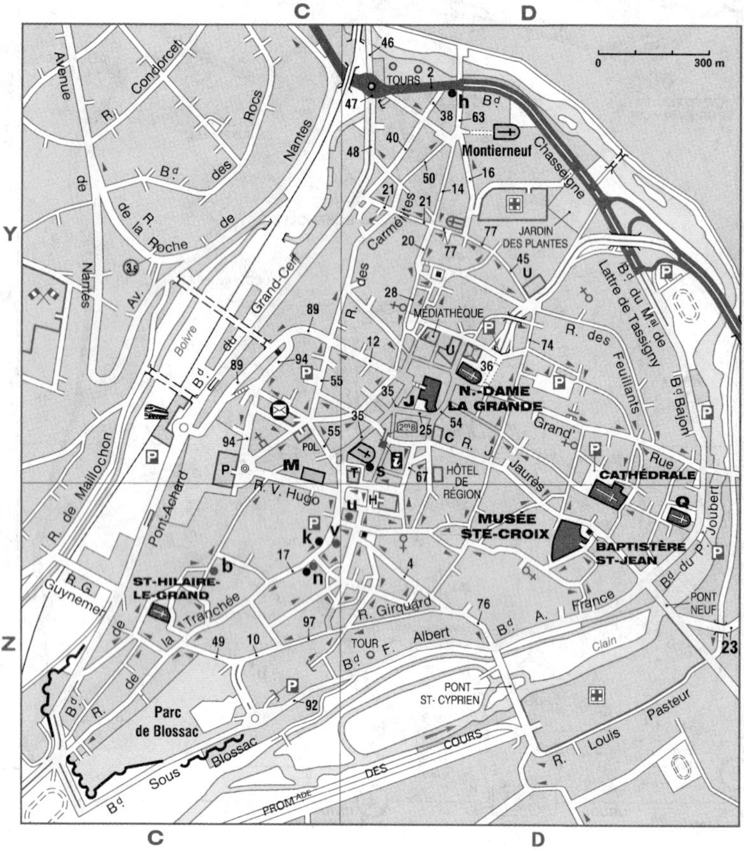

Aquatis M, ✆ 05 49 49 55 00, *Fax 05 49 49 55 01* – ▮ ⇹ ▤ TV ☎ ✆ ♿ P – 🏋 50. AE ⓓ GB
Repas 79 (déj.), 97/118 ꝟ, enf. 40 – ☕ 45 – **84 ch** 330/395.

Deltasun M, ✆ 05 49 49 01 01, *Fax 05 49 49 01 10*, ⛱, 🏊 – ▮ ▤ TV ☎ ♿ P – 🏋 25 à 60. AE ⓓ GB
Repas 95/150 ꝟ, enf. 45 – ☕ 40 – **75 ch** 350/390.

Météor, ✆ 05 49 49 09 10, *Fax 05 49 49 09 11*, ⛱, 🏊 – ▮ ▤ TV ☎ ✆ ♿ P – 🏋 30 à 70. AE ⓓ GB
Repas 82/110 ꝟ, enf. 49 – ☕ 42 – **300 ch** 370/560.

Ibis Futuroscope, ✆ 05 49 49 90 00, *Fax 05 49 49 90 09*, ⛱, 🏊 – ▮ ⇹ ▤ TV ☎ ✆ ♿ P – 🏋 40. AE ⓓ GB
Repas *(75)* - 95, enf. 40 – ☕ 35 – **140 ch** 295/395.

rte de Limoges *par ③, N 147 et rte secondaire : 10 km – ✉ 86800 Poitiers :*

Manoir de Beauvoir Ⓜ ⟡, ✆ 05 49 55 47 47, *Fax 05 49 55 31 95*, ←, ⟡, « Parc et golf » – |⇕| cuisinette ▣ ☎ ♿ [P] – 🏃 25 à 80. AE GB. ⟡ rest
fermé 20 déc. au 5 janv. – **Repas** 100/250, enf. 52 – ☕ 45 – **43 ch** 430/600, 3 appart.

à St-Benoît-Bourg *Sud du plan par D 88 : 4 km – 5 843 h. alt. 77 – ✉ 86280 .*

ℹ *Office de Tourisme salle de l'Abbaye ✆ 05 49 88 42 12.*

XXX **Chalet de Venise** Ⓜ ⟡ avec ch, 6 r. Square ✆ 05 49 88 45 07, *Fax 05 49 52 95 44*, ⟡, « Élégante installation, jardin et terrasse au bord de l'eau » – ▣ ☎ ✆ ♿ [P]. AE ⓓ GB BX V
Repas *(fermé 24 au 31 août, 15 fév. au 1er mars, dim. soir et lundi)* 150 (déj.), 175/295 et carte 300 à 380, enf. 85 – ☕ 45 – **12 ch** 300/400 – ½ P 375.

au Sud du plan *par av. Libération* **AX** *et rte Ligugé (D 4) : 4 km – ✉ 86280 St-Benoît :*

XX **A l'Orée des Bois** avec ch, ✆ 05 49 57 11 44, *Fax 05 49 43 21 40* – ▣ ☎ [P]. GB AX s
fermé lundi (sauf hôtel) et dim. soir – **Repas** 85/295 ⟡, enf. 60 – ☕ 40 – **16 ch** 210/350 – ½ P 300.

rte d'Angoulême *par ⑤ :*

Bois de la Marche, à 7 km par N 10 (intersection N 10-N 11) ✆ 05 49 53 10 10, *Fax 05 49 55 32 25*, ⟡, parc, ⟡ – |⇕| ▣ ☎ ✆ ♿ [P] – 🏃 40 à 100. AE ⓓ GB JCB
Repas 105/260 – ☕ 45 – **53 ch** 300/520 – ½ P 350/450.

Ibis Sud, à 3 km sur N 10 ✆ 05 49 53 13 13, *Fax 05 49 53 03 73*, ⟡, ⟡ – |⇕| ⟡ ▤ ▣ ☎ ✆ ♿ [P] – 🏃 25 à 50. AE ⓓ GB
Repas (75) - 95 ⟡, enf. 39 – ☕ 35 – **82 ch** 295/360.

Mondial sans rest, à 6 km par N 10 (sortie Hauts-de-Croutelle) ✆ 05 49 55 44 00, *Fax 05 49 55 33 49*, ⟡ – ▣ ☎ ♿ [P] – 🏃 30. AE ⓓ GB JCB
☕ 38 – **40 ch** 270/450.

XXX **Chênaie,** à 6 km par N 10 (sortie Hauts-de-Croutelle) ✆ 05 49 57 11 52, *Fax 05 49 52 68 66*, ⟡, « Jolie salle à manger ouvrant sur le jardin » – [P]. AE GB
fermé 25 au 31 janv., dim. soir et lundi sauf fériés – **Repas** 125/220 et carte 220 à 330 ⟡.

à Périgny *par ⑥, N 149 et rte secondaire : 17 km – ✉ 86190 Vouillé :*

Château de Périgny ⟡, ✆ 05 49 51 80 43, *Fax 05 49 51 90 09*, ←, ⟡, « Anciennes demeures dans un grand parc », ⟡, ⟡ – |⇕| ▣ ☎ [P] – 🏃 25 à 80. AE ⓓ GB
fermé 19 déc. au 3 janv., vacances de fév., lundi midi et dim. de janv. à fin mars – **Repas** 120 (déj.), 145/240 – ☕ 75 – **38 ch** 420/860, 4 appart – ½ P 490/680.

AUDI, VOLKSWAGEN Brillant Autom., ZI Demi-Lune, rte de Nantes ✆ 05 49 37 60 60
BMW Gar. Futurauto, Rte de Saumur à Migné-Auxances ✆ 05 49 54 04 04
CITROEN Diffusion Autom. du Poitou, 157 av. 8 Mai 1945 ✆ 05 49 55 80 80 🅽 ✆ 05 49 44 63 11
CITROEN S.E.D.P. Auto, à Croutelle par ⑤ ✆ 05 49 53 06 14
FORD R.M.-Autom., rte de Saumur à Migné-Auxances ✆ 05 49 51 69 09
MERCEDES Gar. Etoile 86, 230 rte de Paris ✆ 05 49 37 37 73 🅽 ✆ 08 00 24 24 30
NISSAN Gar. Bourgoin, 12 rte Torchaise à Vouneuil-sous-Biard ✆ 05 49 57 10 07
PEUGEOT Autom. du Poitou, 137 av. 8 Mai 1945 ✆ 05 49 53 04 51 🅽 ✆ 06 07 68 41 65
RENAULT Gar. Maillet, 14 r. Chanterie à Nieul l'Espoir ✆ 05 49 42 64 02
RENAULT Poitevine Autom., 17 r. de Bignoux ✆ 05 49 56 11 11
RENAULT S.A.C.O.A. des Nations, rte de Saumur à Migné-Auxances ✆ 05 49 51 61 61 🅽 ✆ 06 09 38 91 72
ROVER Auto Sport, N 147 à Migné-Auxances ✆ 05 49 51 57 57

⟡ Chouteau Pneus, rte du Moulin à St-Benoit ✆ 05 49 57 20 77
Euromaster, 27 bd Pont-Joubert ✆ 05 49 01 83 11
Euromaster, 174 av. 8 Mai 1945 ✆ 05 49 57 25 82
Vulco, r. de Talweg, ZI République ✆ 05 49 88 11 92

POIX-DE-PICARDIE *80290 Somme* 52 ⑰ *G. Flandres Artois Picardie – 2 191 h alt. 106.*

Paris 129 – Amiens 27 – Abbeville 43 – Beauvais 46 – Dieppe 85 – Forges-les-Eaux 42.

Cardinal, pl. République ✆ 03 22 90 08 23, *Fax 03 22 90 18 61* – ▣ ☎ ✆ – 🏃 30 à 100. AE GB
Repas 78/195 – ☕ 33 – **35 ch** 230/260 – ½ P 225.

à Caulières *Ouest : 7 km par N 29 – 188 h. alt. 185 – ✉ 80590 :*

XX **Aub. de la Forge,** ✆ 03 22 38 00 91, *Fax 03 22 38 08 48* – GB
fermé vacances de fév. – **Repas** (dim.-prévenir) 80 (déj.), 90/260 ⟡, enf. 50.

Évitez de fumer au cours du repas :
vous altérez votre goût et vous gênez vos voisins.

POLIGNY *39800 Jura* 70 ④ *G. Jura* (plan) – *4 714 h alt. 373.*

Voir *Statues★ dans la collégiale – Culée de Vaux★ S : 2 km.*

Env. *Cirque de Ladoye ≤★★ S : 8 km.*

Office de Tourisme cour des Ursulines ☎ 03 84 37 24 21, Fax 03 84 37 22 37.

Paris 397 – Besançon 58 – Chalon-sur-Saône 75 – Dole 37 – Lons-le-Saunier 29 – Pontarlier 64.

Paris, 7 r. Travot ☎ 03 84 37 13 87, *Fax 03 84 37 23 39,* – ☎. GB
2 fév.-2 nov. – **Repas** *(fermé mardi midi)* (70) - 90/195 ♀, enf. 55 – ☕ 38 – **22 ch** 220/330 – ½ P 310/340.

aux Monts de Vaux *Sud-Est : 4,5 km par rte de Genève – ✉ 39800 Poligny.*

Voir ≤★.

Host. Monts de Vaux , ☎ 03 84 37 12 50, *Fax 03 84 37 09 07,* ≤, , parc, – TV ☎ . AE GB
fermé fin oct. à fin déc., mardi sauf le soir en juil.-août et merc. midi de sept. à juin – **Repas** 180/400 ♀ – ☕ 70 – **7 ch** 700/950, 3 appart – ½ P 750/850.

à Passenans *Sud-Ouest : 11 km par N 83 et D 57 – 281 h. alt. 320 – ✉ 39230 :*

Revermont , ☎ 03 84 44 61 02, *Fax 03 84 44 64 83,* ≤, , parc, , – TV ☎ – 25. AE GB
fermé 1er janv. au 1er mars, dim. soir et lundi d'oct. à mars – **Repas** 100/280 ♀ – ☕ 45 – **28 ch** 325/415 – ½ P 305/350.

RENAULT Comte Autom., ☎ 03 84 73 77 77 N ☎ 06 07 73 30 79
Chevassu Pneus, ☎ 03 84 37 15 67

POLLIAT *01310 Ain* 74 ② – *2 025 h alt. 260.*

Paris 413 – Mâcon 25 – Bourg-en-Bresse 11 – Lyon 74 – Villefranche-sur-Saône 53.

Place, ☎ 04 74 30 40 19, *Fax 04 74 30 42 34* – ☎. GB
fermé 8 au 15 juin, 1er au 16 oct., lundi (sauf hôtel) et dim. soir – **Repas** 85/250 ♀, enf. 50 – ☕ 32 – **8 ch** 130/280 – ½ P 200/260.

Coq Bressan, ☎ 04 74 30 40 16, *Fax 04 74 25 75 91* – GB
fermé 18 juin au 5 juil., 15 au 31 oct., merc. soir et jeudi – **Repas** 80/180.

RENAULT Gar. Guigue, à Presles ☎ 04 74 30 41 63 N ☎ 08 00 05 15 15

POLMINHAC *15800 Cantal* 76 ⑫ – *1 135 h alt. 650.*

Paris 559 – Aurillac 16 – Murat 36 – Vic-sur-Cère 5.

Bon Accueil, près gare ☎ 04 71 47 40 21, *Fax 04 71 47 40 13,* ≤, , – rest, ☎ . GB.
fermé 15 oct. au 1er déc., dim. soir et lundi midi sauf vacances scolaires – **Repas** 62/135 , enf. 40 – ☕ 38 – **23 ch** 240/285 – ½ P 230/255.

PONS *17800 Char.-Mar.* 71 ⑤ *G. Poitou Vendée Charentes* – *4 412 h alt. 39.*

Voir *Donjon★ de l'ancien château – Hospice des Pèlerins★ SO par D 732 – Boiseries★ du château d'Usson 1 km par D 249.*

Syndicat d'Initiative (15juin-15sept.) Donjon de Pons ☎ 05 46 96 13 31 Point d'Acceuil 31 r. E.Combes ☎ 05 46 96 11 92.

Paris 494 – Royan 42 – Blaye 59 – Bordeaux 97 – Cognac 22 – La Rochelle 100 – Saintes 22.

Aub. Pontoise (Chat), 23 av. Gambetta ☎ 05 46 94 00 99, *Fax 05 46 91 33 40,* – rest, TV ☎ . GB
fermé 19 déc. au 1er fév., lundi midi du 1er juil. au 15 sept., dim. soir et lundi du 15 sept. au 1er juil. – **Repas** 160/350 et carte 280 à 440 ♀ – ☕ 60 – **22 ch** 280/480 – ½ P 350/450
Spéc. Homard tronçonné, sauté en casserole à l'ail et au persil plat. Lamproie au vin de Bordeaux et blanc de poireaux. Gâteau de pommes de terre à la truffe et au foie gras.

Bordeaux, 1 av. Gambetta ☎ 05 46 91 31 12, *Fax 05 46 91 22 25,* – TV ☎ . AE GB
fermé sam. midi, lundi midi et dim. d'oct. à mars – **Repas** 85/190 – ☕ 40 – **15 ch** 190/250 – ½ P 230.

à St-Léger *Nord-Ouest : 5 km par N 137 et D 249 – 461 h. alt. 56 – ✉ 17800 :*

Rustica, ☎ 05 46 96 91 75, – . GB
fermé 12 nov. au 4 déc., 15 au 28 fév., dim. soir et lundi sauf juil.-août – **Repas** 68/240 ♀, enf. 38.

à Pérignac *Nord-Est : 8 km par rte de Cognac – 964 h. alt. 41 – ✉ 17800 :*

Gourmandière, ☎ 05 46 96 36 01, *Fax 05 46 96 36 01,* , – GB
fermé 2 au 9 mars, 5 au 21 oct., lundi (sauf juil.-août) et dim. soir – **Repas** 85 (déj.), 100/210.

à Mosnac *Sud : 11 km par rte Bordeaux et D 134 – 431 h. alt. 23 – ✉ 17240 :*

Moulin de Marcouze Ⓜ, ✆ 05 46 70 46 16, *Fax 05 46 70 48 14,* « Élégante hostellerie au bord de la Seugne », – TV ☎ P. AE GB JCB
fermé 15 au 25 nov. et fév. – **Repas** 160/420 – ☕ 75 – **10 ch** 530/700 – ½ P 780.

RENAULT Relais de Saintonge, 7 cours Alsace-Lorraine ✆ 05 46 91 32 47

PONTAILLAC *17 Char.-mar.* **71** ⑮ – *rattaché à Royan.*

Le PONT-À-LA-PLANCHE *87 H.-Vienne* **72** ⑥ – *rattaché à St-Junien.*

PONT-A-MOUSSON *54700 M.-et-M.* **57** ⑬ *G. Alsace Lorraine* **(plan)** – *14 645 h alt. 180.*
Voir *Place Duroc★ – Anc. abbaye des Prémontrés★.*
Office de Tourisme 52 pl. Duroc ✆ 03 83 81 06 90, Fax 03 83 82 45 84.
Paris 327 – Metz 31 – Nancy 29 – Toul 48 – Verdun 65.

Bagatelle sans rest, 47 r. Gambetta ✆ 03 83 81 03 64, *Fax 03 83 81 12 63* – TV ☎ P. AE ⓓ GB JCB
fermé 25 déc. au 1er janv. – ☕ 40 – **18 ch** 270/360.

Primevère, av. Etats-Unis ✆ 03 83 81 08 57, *Fax 03 83 81 08 43,* – TV ☎ P – 30. AE ⓓ GB
Repas *(79)* - 89/109 ♀, enf. 46 – ☕ 33 – **39 ch** 275.

à Blénod-lès-Pont-à-Mousson *Sud : 2 km par N 57 – 4 768 h. alt. 189 – ✉ 54700 :*

Aub. des Thomas, 100 av. V. Claude (N 57) ✆ 03 83 81 07 72, *Fax 03 83 82 34 94,* – AE ⓓ GB
fermé 2 au 26 août, vacances de fév., merc. soir, dim. soir et lundi – **Repas** (nombre de couverts limité, prévenir) 100/250 ♀.

CITROEN Europ Auto RM, Av. des États-Unis ✆ 03 83 81 01 31
PEUGEOT Gar. André, r. pt Mouja à Blénod ✆ 03 83 81 01 08
RENAULT P.A.M. Autom., Rte de Briey ✆ 03 83 81 38 32
Euromaster, 111 r. R.-Blum ✆ 03 83 81 15 35

PONTARLIER SP *25300 Doubs* **70** ⑥ *G. Jura* – *18 104 h alt. 838.*
Voir *Vitraux modernes★ de l'église St-Bénigne* B – *Les Rosiers ≤★★ 2 km par ② – Cluse★★ de Pontarlier 4 km par ② – Château de Joux★ 4 km par ②.*
Env. *Grand Taureau ✻★★ par ② : 11 km.*
Office de Tourisme 14 bis r. de la Gare ✆ 03 81 46 48 33, Fax 03 81 46 83 32.
Paris 448 ③ – Besançon 58 ④ – Basel 158 ① – Beaune 150 ③ – Belfort 126 ④ – Dole 89 ③ – Genève 117 ② – Lausanne 68 ② – Lons-le-Saunier 82 ③ – Neuchâtel 55 ②.

Plan page suivante

Parc sans rest, 1 r. Moulin Parnet ✆ 03 81 46 85 92 – TV ☎ P. AE ⓓ GB — A s
fermé 1er au 10 oct. – ☕ 34 – **20 ch** 240/350.

Campanile, par ③ : *1 km* ✆ 03 81 46 66 66, *Fax 03 81 39 51 56* – TV ☎ P – 40. AE ⓓ GB
Repas *(66)* - 84 bc/107 bc, enf. 39 – ☕ 34 – **48 ch** 278.

Gourmandine, 1 av. Armée de l'Est ✆ 03 81 46 65 89, *Fax 03 81 39 08 75* – GB — B e
fermé 29 juin au 20 juil., mardi soir et merc. – **Repas** *(90)* - 115/370 ♀, enf. 85.

à Doubs *par ④ : 2 km – 1 677 h. alt. 813 – ✉ 25300 :*

Doubs Passage, 11 Gde Rue, D 130 ✆ 03 81 39 72 71 – GB
fermé lundi – **Repas** 85/175 ♀, enf. 50.

CITROEN Gar. Bardi, 8 r. Donnet Zedel par ③ ✆ 03 81 38 40 40 N ✆ 03 81 38 40 44
FIAT Gar. Dornier, 55 r. Salins ✆ 03 81 39 09 85
OPEL Gar. Belle Rive, 78 r. de Besançon ✆ 03 81 39 14 42
PEUGEOT Gar. Beau-Site, 29 av. Armée de l'Est par ② ✆ 03 81 39 23 95 N ✆ 03 81 39 23 95
RENAULT Gar. Deffeuille, r. Fée Verte ZI par ③ ✆ 03 81 39 81 05 N ✆ 06 07 56 44 41
TOYOTA Gar. Graber, 73 r. de Besançon ✆ 03 81 39 17 80
La Maison du Pneu, 8 bis r. des Lavaux ✆ 03 81 39 19 01
Pneu Pontissalien, 35 r. Eiffel ✆ 03 81 39 33 87
Vulco, Centre Commercial à Houtaud ✆ 03 81 46 57 88

PONTARLIER

République (R. de la) . . . AB
St-Étienne (R. du Fg) . . . . B
St-Pierre (Pl.) . . . . A
Ste-Anne (R.) . . . . AB 35

Arçon (Pl. d') . . . . A 2
Augustins (R. des) . . . . . . B 3
Bernardines (Pl. des) . . . AB 4
Bernardines (R. des) . . . . B 6
Capucins (R. des) . . . . A 7
Crétin (Pl.) . . . . B 8
Ecorces (R. des) . . . . A 12
Gambetta (R.) . . . . B 13
Halle (R. de la) . . . . A 15
Lattre-de-Tassigny (Pl. Mar.) . . . . B 19
Mathez (R. Jules) . . . . B 26
Mirabeau (R.) . . . . B 27
Moulin Parnet (R. du) . . . . A 29
Pagnier (Pl. J.) . . . . B 30
Parc (R. du) . . . . A 31
Salengro (Pl. R.) . . . . A 36
Tissot (R.) . . . . AB 37
Vanolles (R. de) . . . . B 38
Vieux-Château (R. du) . . . A 39
Villingen-Schwenningen (Pl. de) A 40

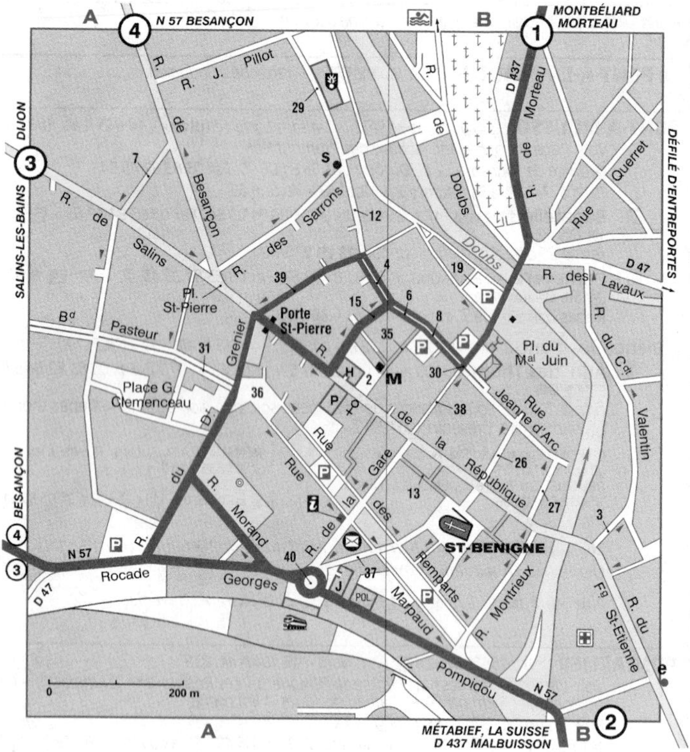

Une réservation confirmée par écrit ou par fax est toujours plus sûre.

PONTAUBAULT *50220 Manche* 59 ⑧ – *492 h alt. 25.*

Paris 340 – St-Malo 61 – Avranches 8 – Dol-de-Bretagne 35 – Fougères 36 – Rennes 73 – St-Lô 66.

le Val-St-Père *Nord : 1,5 km sur D 7 G. Normandie Cotentin – 1 609 h. alt. 16 – ✉ 50300 :*

Treize Assiettes, ✆ 02 33 58 14 03, *Fax 02 33 68 28 41* – TV ☎ 📞 P. AE GB
fermé fév. – **Repas** *(65)* - 89/370 🍷, enf. 45 – ☕ 38 – **34 ch** 300/350 – ½ P 330/350.

au Sud-Ouest *: 2,5 km sur D 43 – ✉ 50220 Céaux :*

Relais du Mont, ✆ 02 33 70 92 55, *Fax 02 33 70 94 57,* 🌳 – TV ☎ ♿ P – 🏛 50. AE GB
Repas 79/198 🍷, enf. 45 – ☕ 38 – **30 ch** 330/400 – P 290/330.

à Céaux *Ouest : 4 km sur D 43 – 397 h. alt. 20 – ✉ 50220 :*

Au P'tit Quinquin, ✆ 02 33 70 97 20, *Fax 02 33 70 97 42* – TV ☎ P. GB
fermé 5 janv. au 15 fév., dim. soir et lundi du 15 fév. au 15 juin – **Repas** 72/170 🍷, enf. 42 – ☕ 31 – **20 ch** 155/255 – ½ P 195/250.

PONTAUBERT *89 Yonne* 65 ⑯ – *rattaché à Avallon.*

PONT-AUDEMER *27500 Eure* 55 ④ *G. Normandie Vallée de la Seine – 8 975 h alt. 15.*

Voir *Vitraux★ de l'église St-Ouen.*

🅘 *Office de Tourisme pl. Maubert ✆ 02 32 41 08 21, Fax 02 32 57 11 12.*

Paris 162 ① – Le Havre 41 ① – Rouen 51 ① – Caen 74 ⑤ – Évreux 68 ② – Lisieux 36 ④.

PONT-AUDEMER

Clemencin (R. Paul) 5
Gambetta (R.) 13
Jaurès (R. Jean) 18
République (R. de la) 27
Thiers (R.) 32
Victor-Hugo (Pl.) 35

Canel (R. Alfred) 2
Carmélites (R. des) 3
Cordeliers (R. des) 6
Delaquaize (R. S.) 7
Déportés (R. des) 8
Épée (Impasse de l') 9
Félix-Faure (Quai)
Ferry (R. Jules)
Gaulle (Pl. Général de) 14
Gillain (Pl. Louis) 16
Goulley (Pl. J.)
Joffre (R. Mar.) 20
Kennedy (Pl.)
Leblanc (Quai R.) 21
Maquis-Surcouf (R.) 22
Maubert (Pl.) 23
N.-D. du Pré (R.)
Pasteur (Bd)
Pot-d'Étain (Pl. du) 25
Président-Coty (R. du) 26
Président-Pompidou (Av. du)
Sadi-Carnot (R.)
St-Ouen (Impasse) 29
Seule (Rue de la) 30
Verdun (Pl. de) 34

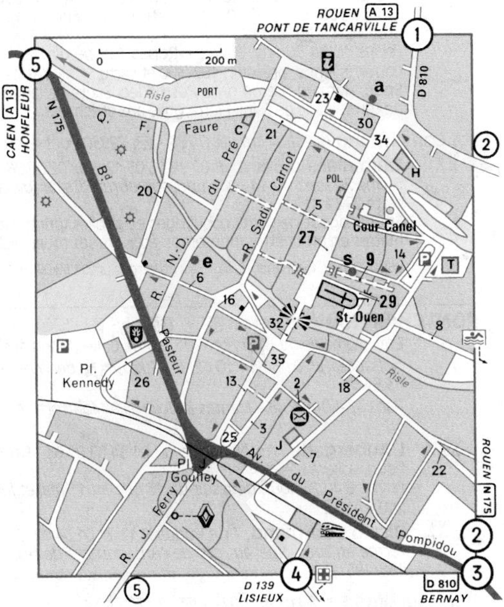

Les plans de villes sont orientés le Nord en haut.

XX **Aub. du Vieux Puits** avec ch, 6 r. N.-D.-du-Pré **(e)** ✆ 02 32 41 01 48, *Fax 02 32 42 37 28,* « Maison normande du 17ᵉ siècle, bel intérieur rustique », – TV ☎ ♿ P. GB. ✻ ch
fermé 20 déc. au 1ᵉʳ fév., mardi sauf le soir en saison et lundi – **Repas** 215/310 ♀ – ☕ 46 –
12 ch 280/430.

XX **Erawan,** 4 r. Seüle **(a)** ✆ 02 32 41 12 03, – GB. ✻
fermé août et merc. – **Repas** - cuisine thaïlandaise - 125/230.

X **Victor,** 4 r. A. Briand **(s)** ✆ 02 32 42 27 29 – GB
fermé dim. soir et lundi – **Repas** *(60)* - 78/145 ♁, enf. 40.

AUDI, VOLKSWAGEN Gar. Durfort, 10 rte de Rouen ✆ 02 32 41 01 57
CITROEN Gar. Roulin, ZI r. Gén.-Koening par ② ✆ 02 32 41 01 56
CITROEN Gar. Testu, à Lieurey ✆ 02 32 57 93 47
FIAT Gar. Hauchecorne, 16 r. Maquis Surcouf ✆ 02 32 41 03 04
PEUGEOT Gar. Delamare, ZI Rocade Sud par ② ✆ 02 32 41 00 47
RENAULT Gar. Sovère, rte d'Honfleur à St-Germain-Village par r. J.-Ferry ✆ 02 32 41 31 64 N ✆ 02 32 43 81 45

RENAULT Gar. Lidor, rte de Cormeilles à Lieurey ✆ 02 32 57 90 67

Euromaster, rte de Bernay à St-Germain-Village ✆ 02 32 42 15 46
Sube Pneurama Point S, r. des Fossés ✆ 02 32 41 14 89

PONTAULT-COMBAULT *77 S.-et-M.* 61 ② ⑩, 101 ㉙ – *voir à Paris, Environs.*

PONTAUMUR *63380 P.-de-D.* 73 ⑬ – *859 h alt. 535.*

Paris 401 – Clermont-Ferrand 42 – Aubusson 49 – Le Mont-Dore 55 – Montluçon 68 – Ussel 60.

🏠 **Poste,** ✆ 04 73 79 90 15, *Fax 04 73 79 73 17* – TV ☎ – 25. GB. ✻ ch
fermé 15 déc. au 1ᵉʳ fév., dim. soir et lundi sauf juil.-août – **Repas** 88/250 ♀, enf. 55 – ☕ 34 –
15 ch 230/260 – ½ P 210/230.

PONT-AVEN *29930 Finistère 58 ⑪ ⑯ G. Bretagne – 3 031 h alt. 18.*

Voir *Promenade au Bois d'Amour★.*

Office de Tourisme 5 pl. Hôtel de Ville ✆ 02 98 06 04 70, Fax 02 98 06 17 25.

Paris 534 – Quimper 34 – Carhaix-Plouguer 62 – Concarneau 16 – Quimperlé 17 – Rosporden 15.

XXX ✿ **Moulin de Rosmadec** (Sébilleau) M avec ch, près pont centre ville ✆ 02 98 06 00 22, *Fax 02 98 06 18 00,* ≤, « Ancien moulin sur l'Aven, décor et mobilier bretons » – TV ☎. GB
fermé 15 au 30 nov. et fév. – **Repas** *(fermé dim. soir hors saison et merc.)* (nombre de couverts limité, prévenir) 162/300 et carte 310 à 420 ♀ – ☕ 44 – **4 ch** 480
Spéc. Homard breton grillé Rosmadec. Sauté de langoustines en millefeuille de pommes de terre. Blanc de Saint-Pierre grillé aux artichauts.

rte Concarneau *Ouest : 4 km par D 783 – ✉ 29930 Pont-Aven :*

XXX ✿ **Taupinière** (Guilloux), ✆ 02 98 06 03 12, *Fax 02 98 06 16 46,* – ▤ P. AE ⓓ GB. ✂
fermé 20 sept. au 14 oct., lundi soir et mardi sauf juil.-août – **Repas** (prévenir) 265/465 et carte 290 à 410
Spéc. Ragoût de petits coquillages et girolles (printemps-été). Queues de langoustines et huîtres en brochettes (printemps-été). Fraises rôties glace à la pistache (printemps-été).

PEUGEOT Gar. Quénéhervé, à Croissant-Kergoz ✆ 02 98 06 03 11

PONTCHARTRAIN *78 Yvelines 60 ⑨, 106 ⑯ – ✉ 78760 Jouars-Pontchartrain.*

Env. *Domaine de Thoiry★★ NO : 12 km,* G. Ile de France.

Isabella ✆ 01 30 54 10 62, E : 3 km ; des Yvelines ✆ 01 34 86 48 89, O par N 12 : 13,5 km.

Paris 37 – Dreux 43 – Mantes-la-Jolie 31 – Montfort-l'Amaury 9 – Rambouillet 22 – Versailles 18.

XXX **L'Aubergade,** rte Nationale ✆ 01 34 89 02 63, *Fax 01 34 89 85 72,* , « Beau jardin fleuri, volière » – P. GB
fermé 8 au 26 août, dim. soir du 15 oct. au 1er mai et lundi soir – **Repas** *(165)* - 185 et carte 210 à 410 ♀.

XX **Bistro Gourmand,** 7 rte Pontel N 12 ✆ 01 34 89 25 36 – GB
fermé en août, Noël au Jour de l'An, vacances de fév., dim. soir et lundi – **Repas** 95 (déj.), 138/195 ♁.

à Ste-Apolline *Est : 3 km sur D912 – ✉ 78370 Plaisir :*

XXX **Maison des Bois,** ✆ 01 30 54 23 17, *Fax 01 30 68 92 26,* , « Demeure rustique, jardin » – P. AE GB
fermé jeudi soir de sept. à juil., lundi en août et dim. soir – **Repas** 280 bc (déj.)et carte 250 à 380.

à Ergal *Sud-Est : 5 km par D 15 et D 23 – ✉ 78760 Jouars-Pontchartrain :*

XX **Aub. d'Ergal,** 2 r. Chambord ✆ 01 34 89 87 87, *Fax 01 34 89 55 65,* , « Jardin ombragé » – P. AE GB
fermé 15 août au 10 sept., dim. soir et lundi – **Repas** 140/190 ♀.

CITROEN Gar. Palazzi, 24 rte de Paris ✆ 01 34 89 02 68

Le PONT-DE-BEAUVOISIN *38480 Isère 74 ⑭ ⑮ G. Alpes du Nord – 2 369 h alt. 280.*

Paris 524 – Grenoble 57 – Chambéry 35 – Bourg-en-Bresse 97 – Lyon 79 – La Tour-du-Pin 21.

Morris, Sud-Est : 2 km par D 82 rte Voiron ✆ 04 76 37 02 05, *Fax 04 76 32 92 88,* , – ☎ P. GB
Repas 70/200 ♁, enf. 45 – ☕ 32 – **14 ch** 180/290 – ½ P 200/240.

CITROEN Gar. Chaboud, ✆ 04 76 37 03 10 N ✆ 04 76 37 03 10
FORD Angelin Autom., ✆ 04 76 37 25 49 N ✆ 04 76 37 25 49
LADA ROVER Gar. Termoz, ✆ 04 76 37 05 60 N ✆ 04 76 37 21 04
PEUGEOT Gar. Cloppet, ✆ 04 76 37 25 63
RENAULT Autos Isère, ✆ 04 76 37 04 18

Prieur Pneus-Point S, ✆ 04 76 37 34 38

PONT-DE-BRAYE *72 Sarthe 64 ⑤ – rattaché à Bessé-sur-Braye.*

PONT-DE-BRIQUES *62 P.-de-C. 51 ⑪ – rattaché à Boulogne-sur-Mer.*

PONT-DE-CHAZEY-VILLIEU *01 Ain 74 ③ – rattaché à Meximieux.*

PONT-DE-CHERUY *38230 Isère 74 ⑬, 110 ⑱ – 4 700 h alt. 220.*

Golf Club de Lyon à Villette d'Anthon ✆ 8 02 31 11 33, NO : 10 km.

Paris 482 – Lyon 31 – Belley 57 – Bourgoin-Jallieu 27 – Grenoble 88 – Meximieux 24 – Vienne 41.

Bergeron sans rest, près Église ✆ 04 78 32 10 08, *Fax 04 78 32 11 70* – ☎ P. GB
☕ 30 – **16 ch** 130/260.

CITROEN Gar. Garnier, à Tignieu par D 517 ✆ 04 78 32 11 46
PEUGEOT Gar. Maunand, ✆ 04 78 32 11 07
Relais Pneus, à Tignieu ✆ 04 72 02 93 76
Roudinsky Pneus, à Tignieu ✆ 04 78 32 22 21

PONT-DE-CLAIX *38 Isère 77 ⑤ – rattaché à Grenoble.*

PONT-DE-DORE *63 P.-de-D. 73 ⑮ – rattaché à Thiers.*

PONT-DE-FILLINGES *74 H.-Savoie 74 ⑦ – rattaché à Bonne.*

PONT-DE-L'ARCHE *27340 Eure 55 ⑥ G. Normandie Vallée de la Seine – 3 022 h alt. 20.*

Paris 112 – Rouen 19 – Les Andelys 28 – Elbeuf 14 – Évreux 34 – Gournay-en-Bray 56 – Louviers 11.

Tour M sans rest, 41 quai Foch ✆ 02 35 23 00 99, *Fax 02 35 23 46 22,* – TV ☎ P. AE GB.
☕ 35 – **16 ch** 280/320.

Pomme, aux Damps 1,5 km au bord de l'Eure ✆ 02 35 23 00 46, *Fax 02 35 23 52 09,* – P. AE GB
fermé 2 au 9 mars, 3 au 25 août, dim. soir, mardi soir et merc. – **Repas** 118/185 ♀.

*Towns underlined in red on the **Michelin maps** at a scale of 1 : 200 000 are included in this Guide.*

Use the latest map to take full advantage of this information.

PONT-DE-L'ISÈRE *26 Drôme 77 ② – rattaché à Valence.*

Le PONT-DE-PACÉ *35 I.-et-V. 59 ⑯ – rattaché à Rennes.*

PONT-DE-PANY *21410 Côte d'Or 66 ⑪.*

Paris 291 – Dijon 23 – Avallon 87 – Beaune 35 – Saulieu 55.

Château La Chassagne , au Nord par D 33 et rte secondaire : 2 km ✆ 03 80 49 76 00, *Fax 03 80 49 76 19,* , « Château du 19e siècle dans un parc », , , – TV ☎ P – 25. AE GB. rest
fermé 1er mars au 9 avril – **Repas** *(fermé lundi)* 145/320 ♀ – ☕ 80 – **12 ch** 780/1350 – ½ P 655/1215.

Pont de Pany avec ch, ✆ 03 80 23 60 59, *Fax 03 80 23 68 90,* – ☎ P. AE GB
fermé dim. soir et lundi hors saison – **Repas** 110/230 ♀, enf. 55 – ☕ 28 – **7 ch** 200 – ½ P 270.

PONT-DE-POITTE *39130 Jura 70 ⑭ G. Jura – 638 h alt. 450.*

Paris 428 – Champagnole 35 – Genève 91 – Lons-le-Saunier 16.

Ain avec ch, ✆ 03 84 48 30 16, *Fax 03 84 48 36 95* – rest, TV ☎ . GB
fermé 15 déc. au 31 janv., dim. soir de sept. à juin, mardi midi en juil.-août et lundi – **Repas** 115/300 – ☕ 40 – **10 ch** 220/300 – ½ P 240/300.

PONT-DE-ROIDE *25150 Doubs 66 ⑱ G. Jura – 4 983 h alt. 351.*

Paris 473 – Besançon 78 – Belfort 36 – La Chaux-de-Fonds 55 – Porrentruy 29.

Voyageurs sans rest, 15 pl. Gén. de Gaulle ✆ 03 81 96 92 07, *Fax 03 81 92 27 80* – TV ☎ P. GB
fermé dim. – ☕ 28 – **16 ch** 155/230.

Tannerie, 1 pl. Gén. de Gaulle ✆ 03 81 92 48 21, – GB
fermé 21 déc. au 6 janv., merc. d'oct. à juin et dim. soir – **Repas** 52 (déj.), 85/190 , enf. 37.

PEUGEOT Gar. du Lion, ✆ 03 81 92 42 27

PONT-DE-SALARS *12290 Aveyron* 80 ③ – *1 422 h alt. 700.*

Paris 653 – Rodez 25 – Albi 88 – Millau 47 – St-Affrique 56 – Villefranche-de-Rouergue 70.

Voyageurs, ✆ 05 65 46 82 08, *Fax 05 65 46 89 99* – rest, TV ☎ P. AE GB JCB
fermé fév., dim. soir et lundi d'oct. à mai – **Repas** (60) - 78 bc/280 bc – 29 – **27 ch** 210/310 – ½ P 215/250.

RENAULT Gar. Capoulade, ✆ 05 65 46 83 16 N ✆ 05 65 46 83 16

PONT-DE-VAUX *01190 Ain* 70 ⑫ – *1 913 h alt. 177.*

Paris 380 – Mâcon 23 – Bourg-en-Bresse 39 – Lons-le-Saunier 61 – St-Amour 37 – Tournus 20.

Raisin (Chazot) avec ch, ✆ 03 85 30 30 97, *Fax 03 85 30 67 89* – TV ☎ P. AE GB
fermé 5 janv. au 5 fév., dim. soir de sept. à mai et lundi – **Repas** 115/325 et carte 280 à 310 ♀, enf. 70 – 40 – **18 ch** 270/320
Spéc. Grenouilles fraîches à la "Maître d'Hôtel". Crêpes "Parmentier". Poulet de Bresse aux morilles et à la crème. **Vins** Mâcon, Brouilly.

Commerce avec ch, ✆ 03 85 30 30 56, *Fax 03 85 30 65 04* – TV ☎. GB
fermé merc. – **Repas** 110/260 ♀ – 35 – **10 ch** 220/250.

CITROEN Gar. Grospellier, ✆ 03 85 30 31 13 N ✆ 03 85 30 31 13

PONT-D'HÉRAULT *30 Gard* 80 ⑯ – *rattaché au Vigan.*

PONT-D'OUILLY *14690 Calvados* 55 ⑪ *G. Normandie Cotentin* – *1 002 h alt. 65.*

Voir *Roche d'Oëtre*★★ *S : 6,5 km.*

Syndicat d'Initiative ✆ *02 31 69 39 54.*

Paris 267 – Caen 41 – Briouze 25 – Falaise 19 – Flers 20 – Villers-Bocage 36 – Vire 39.

Commerce, ✆ 02 31 69 80 16, *Fax 02 31 69 78 08,* – TV ☎ P. AE GB
fermé 1er au 10 oct., 15 janv. au 10 fév., dim. soir et lundi de sept. à juin – **Repas** (65) - 75/190 ♀, enf. 45 – 30 – **16 ch** 180/250 – ½ P 220/240.

à St-Christophe *Nord : 2 km par D 23 – ✉ 14690 Pont d'Ouilly :*

Aub. St-Christophe avec ch, ✆ 02 31 69 81 23, *Fax 02 31 69 26 58,* – TV ☎ P. AE GB
fermé 19 oct. au 4 nov., 1er au 24 fév., dim. soir et lundi – **Repas** 95/250, enf. 58 – 42 – **7 ch** 280 – ½ P 295.

PONT-DU-BOUCHET *63 P.-de-D.* 73 ③ – *✉ 63380 Pontaumur.*

Env. *Méandre de Queuille*★★ *NE : 11,5 km puis 15 mn,* **G. Auvergne.**

Paris 393 – Clermont-Ferrand 39 – Pontaumur 13 – Riom 36 – St-Gervais-d'Auvergne 19.

Crémaillère , ✆ 04 73 86 80 07, *Fax 04 73 86 93 17,* , « Jardin » – TV ☎ P. GB.
fermé 15 déc. au 15 janv., vend. soir et sam. hors saison – **Repas** 72/220 ♀ – 32 – **16 ch** 250/330 – ½ P 235/250.

PONT-DU-CHAMBON *19 Corrèze* 75 ⑩ – *rattaché à Marcillac-la-Croisille.*

PONT-DU-CHÂTEAU *63430 P.-de-D.* 73 ⑮ *G. Auvergne* – *8 562 h alt. 365.*

Syndicat d'Initiative Mairie ✆ *04 73 83 20 02, Fax 04 73 83 15 00.*

Paris 422 – Clermont-Ferrand 16 – Billom 12 – Riom 17 – Thiers 30.

Pierre Villeneuve, r. Poste ✆ 04 73 83 50 03, *Fax 04 73 83 59 36* – GB
fermé 3 au 26 août, dim. soir, soirs fériés et lundi – **Repas** 95 (déj.), 145/225 ♀.

PEUGEOT Gar. Vigier, 20 bis r. Croix Blanche ✆ 04 73 83 25 24

Gar. Cottier, N 89 ✆ 04 73 83 22 85 N ✆ 04 73 83 22 85

PONT-DU-DOGNON *87 H.-Vienne* 72 ⑧ *G. Berry Limousin* – *✉ 87400 Le Châtenet-en-Dognon.*

Paris 387 – Limoges 28 – Bellac 52 – Bourganeuf 28 – La Jonchère-St-Maurice 9 – La Souterraine 51.

Chalet du Lac , ✆ 05 55 57 10 53, *Fax 05 55 57 11 46,* – ☎ P. AE GB
fermé janv. – **Repas** *(fermé dim. soir sauf juil.-août)* 95/230 – 35 – **17 ch** 250/350 – ½ P 250.

PONT-DU-GARD *30 Gard* 80 ⑲ *G. Provence* – ✉ *30210 Remoulins.*

Voir *Pont-aqueduc romain★★★.*

Office de Tourisme ✆ 04 66 37 00 02, (hors saison) ✆ 04 66 21 02 51.

Paris 690 – Avignon 25 – Alès 48 – Arles 37 – Nîmes 26 – Orange 37 – Pont-St-Esprit 41 – Uzès 14.

Colombier, Est : 0,8 km par D 981 (rive droite) ✆ 04 66 37 05 28, *Fax 04 66 37 35 75*, – TV ☎ P. AE GB

Repas 68 bc (déj.), 90/160 ♀, enf. 50 – 38 – **10 ch** 200/290 – ½ P 245/270.

au Nord-Ouest *: 4 km sur D 981 – ✉ 30210 Vers-Pont-du-Gard :*

Bégude St Pierre M, ✆ 04 66 63 63 63, *Fax 04 66 22 73 73*, « Bégude du 17e siècle », – TV ☎ P – 30. AE GB JCB

Repas *(fermé dim. soir et lundi de nov. à mars)* 150/280 ♀ – 60 – **26 ch** 350/800, 3 appart – ½ P 385/610.

à Castillon-du-Gard *Nord-Est : 4 km par D 19 et D 228 – 759 h. alt. 90 – ✉ 30210 :*

Vieux Castillon, ✆ 04 66 37 61 61, *Fax 04 66 37 28 17*, patio, « Au coeur d'un village médiéval », – TV ☎ P – 30 à 60. AE GB JCB

fermé début janv. à mi-fév. – **Repas** 270/550 et carte 420 à 670 – 90 – **33 ch** 850/1550 – ½ P 975/1325

Spéc. Rouget barbet au jus de bouillabaisse. Confit d'agneau des Alpilles en croûte de pain. Petite fougasse de morue à la tomate et brandade nimoise. **Vins** Côtes du Rhône, Lirac.

à Collias *Ouest : 7 km par D 981 et D 112 – 756 h. alt. 45 – ✉ 30210 Remoulins :*

Host. Le Castellas, Grand'rue ✆ 04 66 22 88 88, *Fax 04 66 22 84 28*, « Décor original dans une ancienne demeure gardoise », – ch, TV ☎ P. AE GB JCB

fermé début janv. à début mars – **Repas** *(fermé dim. soir et lundi d'oct. à mai, lundi midi et mardi midi de juin à sept.) (130)* - 178/360 ♀, enf. 85 – 70 – **17 ch** 460/600 – ½ P 590/760.

PONTEMPEYRAT *43 H.-Loire* 76 ⑦ – ✉ *43500 Craponne-sur-Arzon.*

Paris 529 – Le Puy-en-Velay 44 – Ambert 40 – Montbrison 49 – St-Étienne 54 – Yssingeaux 41.

Mistou M, ✆ 04 77 50 62 46, *Fax 04 77 50 66 70*, « Parc au bord de l'Ance », – TV ☎ P – 25. AE GB. rest

Pâques-1er nov. – **Repas** *(fermé le midi sauf juil.-août, week-ends et fériés)* 125/315, enf. 75 – 50 – **14 ch** 440/620 – ½ P 460/560.

Le PONTET *84 Vaucluse* 81 ⑫ – *rattaché à Avignon.*

PONT-ÉVÊQUE *38 Isère* 74 ⑫, 110 ㉟ – *rattaché à Vienne.*

PONT-FARCY *14380 Calvados* 59 ⑨ – *487 h alt. 72.*

Paris 293 – St-Lô 24 – Caen 62 – Villedieu-les-Poêles 18 – Villers-Bocage 35 – Vire 18.

Coq Hardi, ✆ 02 31 68 86 03 – GB

fermé vend. soir et dim. soir – **Repas** 57/113.

PONTGIBAUD *63230 P.-de-D.* 73 ⑬ *G. Auvergne – 801 h alt. 735.*

Paris 435 – Clermont-Ferrand 23 – Aubusson 68 – Le Mont-Dore 41 – Riom 25 – Ussel 69.

Poste, ✆ 04 73 88 70 02, *Fax 04 73 88 79 74* – rest, ☎. AE GB

fermé 1er au 15 oct., janv., dim. soir et lundi sauf juil.-août – **Repas** 80/260, enf. 50 – 34 – **10 ch** 175/200 – ½ P 195/205.

à La Courteix *Est : 4 km sur D 941B – ✉ 63230 St-Ours :*

Ours des Roches, ✆ 04 73 88 92 80, *Fax 04 73 88 75 07*, « Décor original » – P. AE GB JCB

fermé 4 au 18 janv., dim. soir et lundi sauf fériés – **Repas** 125/340 et carte 280 à 350 ♀.

PONTHIERRY *77 S.-et-M.* 61 ①, 106 ㊹ – ✉ *77310 St-Fargeau-Ponthierry.*

Paris 44 – Fontainebleau 19 – Corbeil-Essonnes 12 – Étampes 34 – Melun 11.

Aub. du Bas Pringy, à Pringy - N 7 ✆ 01 60 65 57 75, *Fax 01 60 65 48 57*, – P. AE GB

fermé août, lundi soir et mardi sauf fêtes – **Repas** 98/250 ♀, enf. 55.

PEUGEOT Gar. des Bordes, 107 av. de Fontainebleau à St-Fargeau ✆ 01 60 65 71 13 N ✆ 01 64 09 99 97

RENAULT Gar. Tractaubat, 48-50 av. de Fontainebleau à St Fargeau ✆ 01 60 65 70 39 N ✆ 01 60 65 70 39

PONTIVY ⟨SP⟩ *56300 Morbihan* 58 ⑲ *G. Bretagne – 13 140 h alt. 99.*

Voir *Maisons anciennes★ (rues du Fil, du Pont, du Dr-Guépin Y) – Stival : vitraux★ de la chapelle St-Mériadec NO : 3,5 km par ⑥.*

de Rimaison ✆ 02 97 27 74 03, S : 15 km par D 768.

Office de Tourisme 61 r. Gén.-de-Gaulle ✆ 02 97 25 04 10, Fax 02 97 27 87 09.

Paris 462 ① – Vannes 54 ② – Concarneau 85 ③ – Lorient 59 ② – Rennes 115 ① – St-Brieuc 57 ①.

PONTIVY

Nationale (R.) .... YZ
Pont (R. du) .... Y 28

Anne-de-Bretagne (Pl.) .... Y 2
Caïnain (R.) .... Z 3
Couvent (Q. du) .... Y 4
Dr-Guépin (R. du) .... Y 5
Fil (R. du) .... Y 6
Friedland (R.) .... Y 8
Gaulle (R. du Gén. de) .... Y 9
Jaurès (R. Jean) .... Z 10
Lamennais (R. J.-M.-de) .... Z 13
Le Goff (R.) .... Z 16
Lorois (R.) .... Y 17
Marengo (R.) .... Z 19
Martray (Pl. du) .... Y 20
Niémen (Q.) .... Y 27
Presbourg (Q.) .... Y 32
Recollets (Q. des) .... Y 33
Viollard (Bd) .... Z 38

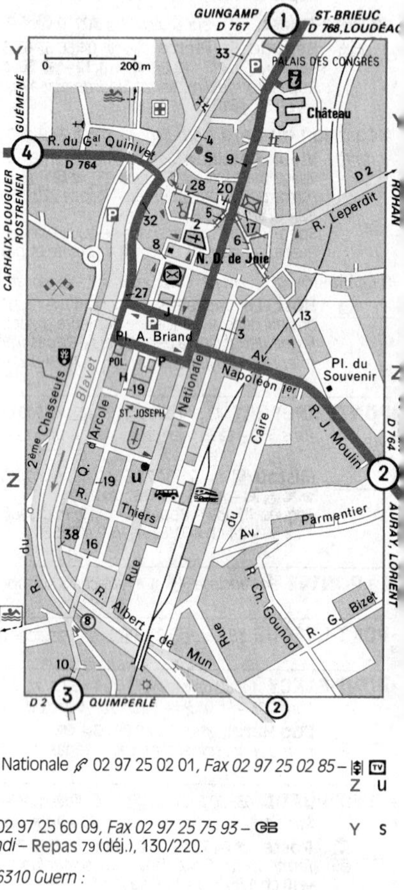

Rohan Wesseling sans rest, 90 r. Nationale ✆ 02 97 25 02 01, *Fax 02 97 25 02 85* – ☎ ♿ P – 50. AE GB — Z u
40 – **18 ch** 305/390.

Pommeraie, 17 quai Couvent ✆ 02 97 25 60 09, *Fax 02 97 25 75 93* – GB — Y s
fermé 15 au 31 août, dim. soir et lundi – **Repas** 79 (déj.), 130/220.

à Quelven *par ③, D 2 et D 2^B : 10 km – ✉ 56310 Guern :*

Aub. de Quelven M sans rest, à la Chapelle ✆ 02 97 27 77 50, *Fax 02 97 27 77 51* – TV ☎ P. GB
fermé 15 au 30 sept. et merc. – 30 – **10 ch** 250/280.

CITROEN Gar. Somodia, r. J.-Moulin par ②
✆ 02 97 25 30 56 N ✆ 06 07 88 36 65
PEUGEOT Gar. Lainé, 40 r. Colbert
✆ 02 97 25 12 19 N ✆ 02 97 25 12 19
RENAULT Centre Bretagne Renault, av. des Otages
par ⑥ ✆ 02 97 28 50 00 N ✆ 02 97 28 60 22

Gar. Piété, 6 r. de Mun et r. Guynemer
✆ 02 97 25 02 77
Vulco, rte de Lorient par ④ ✆ 02 97 25 41 70

PONT-L'ABBÉ *29120 Finistère* 58 ⑭ ⑮ *G. Bretagne* – *7 374 h alt. 5.*

Voir *Manoir de Kerazan-en-Loctudy★ 3,5 km par ②.*

Env. *Calvaire★★ de la chapelle N.-D.-de-Tronoën O : 8 km.*

Office de Tourisme 3 r. du Château ☎ 02 98 82 37 99, Fax 02 98 66 10 82.

Paris 574 ① – Quimper 19 ① – Douarnenez 32 ④.

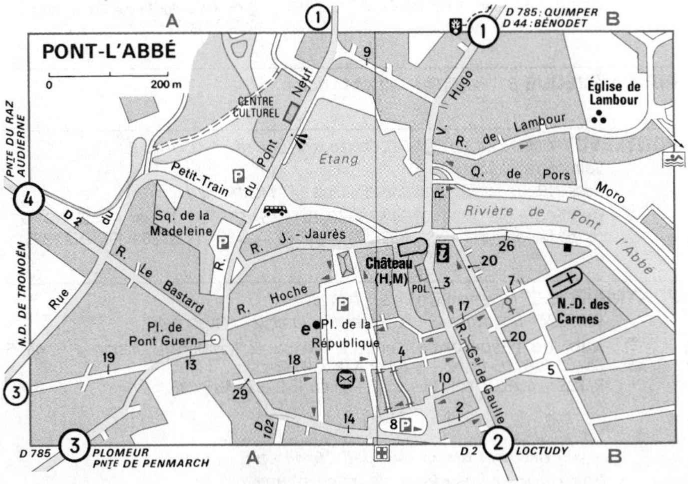

Château (R. du)	B	3	Cariou (R.)	B	2	Kerentrée (R. de)	A	13
Gaulle (R. Gén.-de)	B		Danton (R.)	B	4	Marceau (R.)	B	17
J.-J.-Rousseau (R.)	B	10	Delessert (Pl. B.)	B	5	Michelet (R.)	A	18
Lamartine (R.)	A	14	Église (R. de l')	B	7	Moulin (R. J.)	A	19
Simon (R. Jules)	A	29	Gambetta (Pl.)	B	8	Pasteur (R.)	B	20
Victor-Hugo (R.)	B		Gare (R. de la)	A	9	St-Laurent (Q.)	B	26

Château de Kernuz ⚐, par ③ *et rte secondaire : 3 km* ☎ 02 98 87 01 59, *Fax 02 98 66 02 36,* « Demeure du 16e siècle dans un parc », ⛱, 🎾 – ☎ P. AE GB JCB. ⚡
1er avril-30 sept. – **Repas** 150, enf. 80 – ☐ 40 – **17 ch** 400/600 – ½ P 410.

Bretagne, 24 pl. République ☎ 02 98 87 17 22, *Fax 02 98 82 39 31,* 🏠 – TV ☎ 📞 P. AE GB. ⚡ ch — A e
fermé 15 janv. au 4 fév. – **Repas** *(fermé lundi hors saison et dim. soir)* 75 (déj.), 120/240 ♀ – ☐ 40 – **18 ch** 250/400 – ½ P 315/365.

Relais de Ty-Boutic, par ③ *: 3 km* ☎ 02 98 87 03 90, *Fax 02 98 87 30 63,* 🏠 – P. GB
fermé 8 au 15 sept., 10 fév. à fin mars, lundi en juil.-août, mardi soir et merc. hors saison – **Repas** 135/235 🍷 - ***Le Buffet*** *(fermé le soir de sept. à juin)* **Repas** *(60)*-75/125 🍷.

CITROEN Gar. Chapalain, rte de Plomeur à Kerouan par ③ ☎ 02 98 87 16 37
RENAULT Gar. l'Helgoualc'h, 24 r. Gén.-de-Gaulle à Loctudy ☎ 02 98 87 53 55
RENAULT Gar. Chatalen, rte de Quimper à Kermaria par ① ☎ 02 98 66 03 70 N ☎ 06 07 11 79 75

PONT (Lac de) *21 Côte-d'Or* 65 ⑰ ⑱ – *rattaché à Semur-en-Auxois.*

PONT-LES-MOULINS *25 Doubs* 66 ⑯ – *rattaché à Baume-les-Dames.*

PONT-L'ÉVÊQUE *14130 Calvados* 55 ③ *G. Normandie Vallée de la Seine* – *3 843 h alt. 12.*

Voir *La belle époque de l'automobile★ au Sud par D 48.*

9 18 de St-Julien ☎ 02 31 64 30 30, SE par D 579 : 3 km.

Office de Tourisme r. St-Michel ☎ 02 31 64 12 77, Fax 02 31 64 76 96.

Paris 189 – Caen 48 – Le Havre 38 – Rouen 79 – Trouville-sur-Mer 11.

Aub. de l'Aigle d'Or, 68 r. Vaucelles ☎ 02 31 65 05 25, *Fax 02 31 65 12 03,* 🏠, « Ancien relais de poste du 16e siècle » – P. AE GB
fermé vacances de fév., dim. soir du 11 nov. au 30 janv. et merc. sauf août – Repas 130/430 ♀.

Aub. de la Touques, pl. Église ☎ 02 31 64 01 69 – AE GB
fermé 7 au 26 déc., 4 au 25 janv., mardi sauf août et lundi soir – **Repas** 80/170 ♀.

à la base de loisirs *Sud-Est : 2 km par D 48 – ✉ 14130 Pont-l'Évêque :*

Climat de France, ☎ 02 31 64 64 00, *Fax 02 31 64 12 28*, ≤, ☂, ⊼ – TV ☎ ✆ ♿ P – 🏔 60. AE ⓓ GB
Repas 80/130 ♁, enf. 39 – ☕ 35 – **50 ch** 360 – ½ P 260/298.

CITROEN Gar. Dupuits, 5 r. St-Mélaine ☎ 02 31 64 01 86

Pont l'Evêque Pneus, ZI r. P.-Gamare ☎ 02 31 65 00 67

PONT-L'ÉVÊQUE *60 Oise* 56 ③ *– rattaché à Noyon.*

PONTLEVOY *41400 L.-et-Ch.* 64 ⑰ *G. Châteaux de la Loire – 1 423 h alt. 99.*

Voir *Ancienne abbaye★.*

Paris 210 – Tours 50 – Amboise 25 – Blois 27 – Montrichard 8.

de l'École avec ch, ☎ 02 54 32 50 30, *Fax 02 54 32 33 58*, ☂, ⊼ – ☎ P. GB.
fermé fév. et mardi – **Repas** 99/238 ♀, enf. 63 – ☕ 45 – **11 ch** 280/395 – ½ P 325.

PONTMAIN *53220 Mayenne* 59 ⑲ *– 935 h alt. 164.*

Paris 324 – Domfront 40 – Fougères 17 – Laval 52 – Mayenne 43.

Aub. de l'Espérance (Centre d'Aide par le Travail), 9 r. Grange ☎ 02 43 05 08 10, *Fax 02 43 05 03 19*, ⊼ – TV ☎ ♿ P. GB. ch
Repas 58 bc/85 ♀, enf. 35 – ☕ 25 – **11 ch** 153/232 – ½ P 198.

If you are held up on the road - from 6pm onwards -
confirm your hotel booking by telephone.
It is safer and quite an accepted practice.

PONTOISE *95 Val-d'Oise* 55 ⑳, 106 ⑤ ⑥, 101 ③ *– voir à Paris, Environs (Cergy-Pontoise Ville Nouvelle).*

PONTORSON *50170 Manche* 59 ⑦ *G. Normandie Cotentin – 4 376 h alt. 15.*

Office de Tourisme pl. Église ☎ 02 33 60 20 65.

Paris 354 – St-Malo 47 – Avranches 22 – Dinan 45 – Fougères 39 – Rennes 61.

Bretagne, r. Couesnon ☎ 02 33 60 10 55, *Fax 02 33 58 20 54* – TV ☎ ✆. AE GB
fermé 10 janv. au 15 fév. et lundi hors sais. – **Repas** 85/260 ♀, enf. 45 – ☕ 35 – **12 ch** 230/380 – ½ P 235/300.

Relais Clemenceau, bd Clemenceau ☎ 02 33 60 10 96, *Fax 02 33 60 25 71* – TV ☎ P. GB
fermé 10 janv. au 10 fév., dim. soir et lundi du 15 oct. à Pâques – **Repas** *(60)* - 87/180 ♀, enf. 40 – ☕ 35 – **18 ch** 130/280 – ½ P 180/230.

CITROEN Gar. Jamin, 14 r. Libération ☎ 02 33 60 00 29

PONT-RÉAN *35170 I.-et-V.* 63 ⑥.

Paris 360 – Rennes 16 – Châteaubriant 52 – Fougères 66 – Nozay 56 – Vitré 51.

Aub. de Réan avec ch, ☎ 02 99 42 24 80, *Fax 02 99 42 28 66*, ☂ – TV ☎. GB.
fermé vacances de fév. – **Repas** *(fermé dim. soir et lundi)* 85/250 – ☕ 45 – **7 ch** 195/245 – ½ P 280.

PONT-ST-ESPRIT *30130 Gard* 80 ⑩ *G. Provence* **(plan)** *– 9 277 h alt. 59.*

Voir *Maison des Chevaliers : cour royale de Justice★.*

Office de Tourisme 1 r. Vauban ☎ 04 66 39 44 45, Fax 04 66 39 51 81.

Paris 644 – Avignon 45 – Alès 63 – Montélimar 38 – Nîmes 68 – Nyons 45.

St-Jean-Baptiste sans rest, rte Nîmes ☎ 04 66 39 33 24, *Fax 04 66 39 10 46*, ⊼ – TV ☎ ♿ P. AE ⓓ GB
☕ 35 – **28 ch** 296.

PONT-ST-PIERRE *27360 Eure* 55 ⑦ *G. Normandie Vallée de la Seine – 882 h alt. 15.*

Voir *Boiseries* ★ *de l'église – Côte des Deux-Amants* ≤★★ *SO : 4,5 km puis 15 mn – Ruines de l'abbaye de Fontaine-Guérard* ★ *NE : 3 km.*

Paris 105 – Rouen 21 – Les Andelys 19 – Évreux 46 – Louviers 22 – Pont-de-l'Arche 11.

XXX **Bonne Marmite** avec ch, ✆ 02 32 49 70 24, *Fax 02 32 48 12 41* – TV ☎ – 25. AE GB JCB. ch
fermé 20 juil. au 13 août, 20 fév. au 10 mars, dim. soir et lundi sauf fériés – **Repas** 98 (déj.), 145/490 bc et carte 260 à 380 ♀ – ☕ 45 – **9 ch** 370/550 – ½ P 320/415.

XX **Aub. de l'Andelle,** ✆ 02 32 49 70 18 – AE GB
Repas *(75)* - 105/250 ♀.

CITROEN Gar. Grandserre, à Neuville-Chant-d'Oisel ✆ 02 35 79 91 91

Brunel Pneus, Le Petit Nojeon à Fleury-sur-Andelle ✆ 02 32 49 01 22

PONT-STE-MARIE *10 Aube* 61 ⑰ *– rattaché à Troyes.*

Les PONTS-NEUFS *22 C.-d'Armor* 59 ③ *– ✉ 22120 Hillion.*

Paris 441 – St-Brieuc 15 – Dinan 50 – Dinard 54 – Lamballe 10 – St-Malo 60.

X **Cascade,** sur D 786 ✆ 02 96 32 82 20, ≤ – P. GB
fermé dim. soir (sauf juil.-août) et lundi – **Repas** 60 (déj.), 95/160.

PONT-SUR-YONNE *89140 Yonne* 61 ⑭ *– 3 212 h alt. 75.*

Paris 106 – Fontainebleau 42 – Auxerre 83 – Montereau-Faut-Yonne 12 – Nemours 44 – Sens 12.

X **Host. de l'Écu** avec ch, ✆ 03 86 67 01 00, *Fax 03 86 96 31 20,* – AE GB
fermé fév., dim. soir et lundi sauf en été – **Repas** 65 (déj.), 86/205 ♀ – ☕ 30 – **6 ch** 160/200 – ½ P 180/240.

RENAULT Gar. Ristick, N 6, av. du Gén.-Leclerc ✆ 03 86 67 11 87 N ✆ 03 86 96 36 33

Le PORGE *33680 Gironde* 78 ① *– 1 230 h alt. 8.*

Paris 627 – Bordeaux 52 – Andernos-les-Bains 18 – Lacanau-Océan 26 – Lesparre-Médoc 53.

XX **Vieille Auberge,** ✆ 05 56 26 50 40, *Fax 05 56 26 50 40,* , « Jardin » – P. GB
fermé 23 nov. au 6 déc., 25 janv. au 7 fév., mardi soir sauf juil.-août et merc. – **Repas** 130.

PORNIC *44210 Loire-Atl.* 67 ① *G. Poitou Vendée Charentes* **(plan)** *– 9 815 h alt. 20 – Casino le Môle.*

18 ✆ *02 40 82 06 69, O : 1 km.*

Office de Tourisme à la Gare ✆ 02 40 82 04 40, Fax 02 40 82 90 12.

Paris 435 – Nantes 49 – La Roche-s-Yon 80 – Les Sables-d'Olonne 94 – St-Nazaire 30.

Alliance M, plage de la Source, Sud : 1 km ✆ 02 40 82 21 21, *Fax 02 40 82 80 89,* ≤, centre de thalassothérapie, – TV ☎ P – 70. AE GB JCB. rest
Repas *(85)* - 165 ♀ – ☕ 70 – **90 ch** 570/900 – ½ P 570/685.

Relais St-Gilles, 7 r. F. de Mun ✆ 02 40 82 02 25 – TV ☎. GB. rest
hôtel : 1er avril-10 oct. ; rest. : 10 juin-20 sept. – **Repas** (dîner seul.) 118 – ☕ 36 – **27 ch** 295/360 – ½ P 270/310.

Alizés M sans rest, 44 r. Gén. de Gaulle ✆ 02 40 82 00 51, *Fax 02 40 82 87 32* – TV ☎ P. GB
☕ 36 – **29 ch** 290/350.

Beau Soleil sans rest, 70 quai Leray ✆ 02 40 82 34 58, *Fax 02 40 82 43 00* – TV ☎. GB
☕ 32 – **18 ch** 300/340.

XX **Beau Rivage,** plage Birochère, Sud-Est : 2,5 km ✆ 02 40 82 03 08, *Fax 02 51 74 04 24,* ≤ – AE GB
fermé déc., janv., dim. soir et lundi sauf juil.-août – **Repas** 125/340 ♀, enf. 65.

à Ste-Marie *Ouest : 3 km – ✉ 44210 Pornic :*

Les Sablons, ✆ 02 40 82 09 14, *Fax 02 40 82 04 26,* – TV ☎ P. GB.
Repas *(fermé dim. soir et lundi hors saison)* 100/250, enf. 50 – ☕ 40 – **26 ch** 390/420 – ½ P 330/360.

CITROEN Gar. du Môle, 26 quai Leray ✆ 02 40 82 00 08
PEUGEOT Route Bleue Autom., rte Bleue ✆ 02 40 82 00 26

RENAULT Gar. Guitteny, 7 r. Gén.-de-Gaulle ✆ 02 40 82 01 17
RENAULT DIFA, ZI des Terres Jarries ✆ 02 40 64 08 08 N ✆ 02 40 82 66 66

PORNICHET 44380 Loire-Atl. 63 ⑭ *G. Bretagne – 8 133 h alt. 12 – Casino.*

Office de Tourisme 3 bd République ☏ 02 40 61 33 33, Fax 02 40 11 60 88 et (juil.-août) pl. de la Gare ☏ 02 40 61 08 92.

Paris 447 – Nantes 75 – La Baule 6 – St-Nazaire 10.

Sud Bretagne M, 42 bd République ☏ 02 40 11 65 00, *Fax 02 40 61 73 70*, « Jolie décoration intérieure », – 40. AE GB JCB
Repas (135) - 195 – 60 – **24 ch** 600/1200, 3 appart – ½ P 650/1050.

Villa Flornoy M, 7 av. Flornoy (près Hôtel de Ville) ☏ 02 40 11 60 00, *Fax 02 40 61 86 47*, – AE GB. rest
hôtel : vacances de fév.-vacances de Toussaint ; rest : Pâques-fin sept. – **Repas** *(fermé lundi hors sais.)* (dîner seul.) 140 – 40 – **21 ch** 390/520 – ½ P 360/410.

Ibis, 66 bd Océanides ☏ 02 40 61 52 52, *Fax 02 40 61 74 74*, centre de thalassothérapie – – 30. AE GB
Repas (85) - 120, enf. 40 – 42 – **86 ch** 495/560.

PORQUEROLLES (Ile de) ★★★ 83400 Var 84 ⑯, 114 ㊼ *G. Côte d'Azur.*

Accès *par transports maritimes.*

depuis **La Tour Fondue** *(presqu'île de Giens). Traversée 20 mn - Renseignements et tarifs : Transport et Vision Sous-Marine ☏ 04 94 58 95 14, Fax 04 94 58 91 73 (La Tour Fondue).*

depuis **Cavalaire.** *(traversée 1 h 40 mn) ou* **Le Lavandou** *(traversée 50 mn) ou* **La Croix Valmer** *(traversée 1 h 30) Renseignements et tarifs : "Vedettes Iles d'Or" 15 quai Gabriel Péri ☏ 04 94 71 01 02 (Le Lavandou), Fax 04 94 71 78 95.*

depuis **Miramar.** *Service saisonnier - Traversée 25 mn - Renseignements et tarifs : Voir ci-dessus.*

depuis **Toulon.** *Services saisonniers - Traversée 1 h - Renseignements et tarifs : Transmed 2000 quai Kronstadt ☏ 04 94 92 96 82.*

Mas du Langoustier, Ouest : 3,5 km du port ☏ 04 94 58 30 09, *Fax 04 94 58 36 02*, parc, « Dans un site sauvage dominant le littoral », – 60. AE GB
fin avril-début oct. – **Repas** 330 bc/500 et carte 320 à 450 – 85 – **50 ch** (½ pens. seul.), 3 appart – ½ P 1026/1289
Spéc. Filet de rougets poêlés, purée d'amandes. Ravioli ouverts aux artichauts et pistou. Pigeon rôti au miel d'eucalyptus et réglisse. **Vins** Côtes de Provence, Porquerolles.

PORS ÉVEN 22 C.-d'Armor 59 ② – *rattaché à Paimpol.*

PORT-BRILLET 53410 Mayenne 59 ⑲ – *1 813 h alt. 122.*

Paris 293 – Fougères 37 – Laval 18 – Mayenne 48 – Rennes 61.

Brillet-Pontin M avec ch, r. Forges ☏ 02 43 01 28 00, *Fax 02 43 01 28 01*, – GB. ch
fermé dim. soir et lundi – **Repas** 51 (déj.), 85/110 – 30 – **4 ch** 180 – ½ P 230.

PORT-CAMARGUE 30 Gard 83 ⑱ – *rattaché au Grau-du-Roi.*

PORT-CROS (Ile de) ★★ 83400 Var 84 ⑯ ⑰, 114 ㊽ ㊾ *G. Côte d'Azur.*

Accès *par transports maritimes.*

depuis **Le Lavandou.** *Traversée 35 mn - ou* **La Croix Valmer.** *Traversée 1 h Renseignements et tarifs : "Vedettes Iles d'Or" 15 quai Gabriel Péri ☏ 04 94 71 01 02 (Le Lavandou), Fax 04 94 71 78 95.*

depuis **Cavalaire.** *Traversée 45 min- ou* **Miramar** *Traversée 45 mn - services saisonniers - Renseignements et tarifs : Voir ci-dessus.*

depuis le **Port de la Plage d'Hyères.** *Traversée 1 h – Renseignements et tarifs : Transport et Vision Sous-Marine ☏ 04 94 58 95 14, Fax 04 94 58 91 73.*

Le Manoir, ☏ 04 94 05 90 52, *Fax 04 94 05 90 89*, parc, – GB.
11 avril-4 oct. – **Repas** *(8 mai-4 oct.)* 260/320, enf. 150 – 65 – **18 ch** (½ pens. seul.), 4 duplex – ½ P 830/1030.

PORT-DE-CARHAIX 29 Finistère 58 ⑰ – *rattaché à Carhaix.*

PORT-DE-GAGNAC 46 Lot 75 ⑲ – *rattaché à Bretenoux.*

PORT-DE-LA-MEULE 85 Vendée 67 ⑪ – *voir à Yeu (île d').*

PORT-DE-LANNE *40300 Landes* 78 ⑰ *– 665 h alt. 28.*

Paris 753 – Biarritz 36 – Mont-de-Marsan 75 – Bayonne 29 – Dax 22 – Peyrehorade 7 – St-Vincent-de-Tyrosse 22.

XX **Vieille Auberge** avec ch, ☎ 05 58 89 16 29, *Fax 05 58 89 12 89*, « Auberge rustique avec jardin fleuri et petit musée des traditions locales », – TV ☎ P. rest

15 mai-fin sept. – **Repas** *(fermé lundi midi et mardi midi)* 120/250 ♀ – 45 – **10 ch** 250/450 – 1/2 P 320/450.

PORT-DONNANT *56 Morbihan* 63 ⑪ *– voir à Belle-Ile-en-Mer.*

PORT-EN-BESSIN *14 Calvados* 54 ⑭ *G. Normandie Cotentin – 2 308 h alt. 10 – ✉ 14520 Port-en-Bessin-Huppain.*

Paris 271 – Caen 38 – St-Lô 46 – Bayeux 9 – Cherbourg 94.

Chenevière M, Sud : 1,5 km par D 6 ☎ 02 31 51 25 25, *Fax 02 31 51 25 20*, parc, « Demeure du 19e siècle » – TV ☎ P – 40. AE GB JCB

1er mars-30 nov. – **Repas** 148 (déj.), 198/380 ♀, enf. 85 – **17 ch** 890/1390 – 1/2 P 788.

Mercure M, sur le Golf, Ouest : 2 km par D 514 ☎ 02 31 22 44 44, *Fax 02 31 22 36 77*, ≤, – TV ☎ P – 40. AE GB

1er mars-15 nov. – **Repas** *(72)* - 110/155 ♀, enf. 48 – 50 – **39 ch** 495/595, 7 duplex.

RENAULT Gar. David, rte de Bayeux ☎ 02 31 21 72 34 N ☎ 02 31 21 72 34

Les PORTES-EN-RÉ *17 Char.-Mar.* 71 ⑫ *– voir à Ré (Ile de).*

PORTET-SUR-GARONNE *31 H.-Gar.* 82 ⑱ *– rattaché à Toulouse.*

PORT-GOULPHAR *56 Morbihan* 63 ⑪ *– voir à Belle-Ile-en-Mer.*

PORT-GRIMAUD *83 Var* 84 ⑰, 114 ㊲ *G. Côte d'Azur – ✉ 83310 Cogolin.*

Voir ≤★ *de la tour de l'Église oecuménique.*

Paris 866 – Fréjus 27 – Brignoles 61 – Hyères 47 – St-Tropez 8 – Ste-Maxime 7 – Toulon 67.

Giraglia, sur la plage ☎ 04 94 56 31 33, *Fax 04 94 56 33 77*, ≤ golfe, « Au bord de la mer », – TV ☎ – 25. AE GB

Pâques-15 oct. – **Repas** 145 (déj.), 190/260 – **49 ch** 950/1600 – 1/2 P 820/1020.

XX **Tartane**, ☎ 04 94 56 38 32, – AE GB

fermé 15 nov. au 20 déc. – **Repas** 160/220 ♀, enf. 65.

à La Foux *Sud : 2 km sur N 98 – ✉ 83310 Cogolin :*

XX **Port Diffa**, ☎ 04 94 56 29 07, – P. AE GB.

fermé 3 nov. au 23 déc. et lundi sauf juil.-août – **Repas** - cuisine marocaine - 173.

PORTICCIO *2A Corse-du-Sud* 90 ⑰ *– voir à Corse.*

PORTICCIOLO *2B H.-Corse* 90 ② *– voir à Corse.*

PORTIVY *56 Morbihan* 63 ⑫ *– rattaché à Quiberon.*

PORT-JOINVILLE *85 Vendée* 67 ⑪ *– voir à Yeu (Ile d').*

PORT-LAUNAY *29 Finistère* 58 ⑮ *– rattaché à Châteaulin.*

PORT-LESNEY *39 Jura* 70 ⑤ *– rattaché à Mouchard.*

PORT-LEUCATE *11 Aude* 86 ⑩ *– rattaché à Leucate.*

PORT-MANECH *29 Finistère* 58 ⑪ *G. Bretagne – ✉ 29920 Névez.*

Paris 546 – Quimper 42 – Carhaix-Plouguer 71 – Concarneau 18 – Pont-Aven 13 – Quimperlé 30.

du Port, ☎ 02 98 06 82 17, *Fax 02 98 06 62 70*, – ☎. GB. ch

Pâques-fin sept. et fermé lundi midi – **Repas** 90/290 ♀, enf. 55 – 38 – **30 ch** 340/400 – 1/2 P 315/330.

PORT MARLY *78 Yvelines 55 ⑳, 106 ⑱, 101 ⑬ – voir à Paris, Environs.*

PORT-MORT *27940 Eure 55 ⑰, 106 ① – 839 h alt. 19.*

Paris 86 – Rouen 55 – Les Andelys 10 – Évreux 32 – Vernon-sur-Eure 11.

XX **Aub. des Pêcheurs,** ✆ 02 32 52 60 43, *Fax 02 32 52 07 62,* – P. GB

fermé 3 au 28 août, 26 janv. au 13 fév., lundi soir et mardi – **Repas** 100/195 ♀.

PORT NAVALO *56 Morbihan 63 ⑫ – rattaché à Arzon.*

PORTO *2A Corse-du-Sud 90 ⑮ – voir à Corse.*

PORTO-POLLO *2A Corse-du-Sud 90 ⑱ – voir à Corse.*

PORTO-VECCHIO *2A Corse-du-Sud 90 ⑧ – voir à Corse.*

PORTS *37800 I.-et-L. 68 ④ – 343 h alt. 42.*

Paris 283 – Tours 49 – Châtellerault 26 – Chinon 33 – Loches 45.

X **Grillon,** Le Bec des Deux Eaux, Sud-Est : 2 km ✆ 02 47 65 02 74 – GB.

fermé 27 juin au 11 juil., 18 sept. au 2 oct., jeudi soir et vend. – **Repas** *(60)* - 80/225 ♀, enf. 40.

PORT-SUR-SAÔNE *70170 H.-Saône 66 ⑤ – 2 521 h alt. 228.*

Paris 346 – Besançon 64 – Bourbonne-les-Bains 46 – Épinal 77 – Gray 54 – Jussey 24 – Langres 64 – Vesoul 14.

à Vauchoux *Sud : 3 km par D 6 – 108 h. alt. 210 – ✉ 70170 :*

XXX **Château de Vauchoux,** ✆ 03 84 91 53 55, *Fax 03 84 91 65 38,* , parc, , – P. AE GB

fermé fév. – **Repas** 160/420 et carte 370 à 580.

PORT-VENDRES *66660 Pyr.-Or. 86 ⑳ G. Pyrénées Roussillon – 5 370 h alt. 3.*

Env. *Tour Madeloc* ✻★★ *SO : 8 km puis 15 mn.*

Office de Tourisme quai P.-Forgas ✆ 04 68 82 07 54, Fax 04 68 82 53 48.

Paris 891 – Perpignan 33.

St-Elme sans rest, 2 quai P. Forgas ✆ 04 68 82 01 07 – ☎. AE GB

35 – **30 ch** 185/320.

XX **Côte Vermeille,** quai Fanal ✆ 04 68 82 05 71, *Fax 04 68 82 05 71,* ← – . AE GB

fermé 15 nov. au 5 déc. et lundi sauf juil.-août – **Repas** 105 (déj.), 138/225 ♀.

PORT-VILLEZ *78 Yvelines 55 ⑱ – rattaché à Vernon (27 Eure).*

La POSTE-DE-BOISSEAUX *28 E.-et-L. 60 ⑲ – rattaché à Angerville (91 Essonne).*

POUDENAS *47170 L.-et-G. 79 ⑬ – 274 h alt. 83.*

Paris 714 – Agen 45 – Aire-sur-l'Adour 64 – Condom 20 – Mont-de-Marsan 68 – Nérac 17.

XX **Moulin de la Belle Gasconne** M avec ch, ✆ 05 53 65 71 58, *Fax 05 53 65 87 39,* , – TV ☎ P. AE GB

fermé 4 janv. au 12 fév., dim. soir et lundi d'oct. à juin – **Repas** *(160)* - 180/295 ♀ – 65 – **7 ch** 420/600 – ½ P 620/695.

POUILLY-EN-AUXOIS *21320 Côte-d'Or 65 ⑱ G. Bourgogne – 1 372 h alt. 390.*

18 Château de Chailly ✆ 03 80 90 30 40.

Paris 271 – Dijon 44 – Avallon 66 – Beaune 47 – Montbard 60.

à Chailly-sur-Armançon *Ouest : 6,5 km par D 977bis – 193 h. alt. 387 – ✉ 21320 Pouilly-en-Auxois :*

Château de Chailly M , ✆ 03 80 90 30 30, *Fax 03 80 90 30 00,* , , – TV ☎ P – 80. AE GB JCB

fermé 13 déc. au 1er mars – ***Armançon*** *(fermé mardi midi et lundi)* **Repas** 200/450 ♀, enf. 105 – ***Rubillon*** *(fermé le soir sauf lundi)* **Repas** 110/205 ♀, enf. 85 – 80 – **42 ch** 1270/3000, 3 appart – ½ P 892/1034.

à Vandenesse-en-Auxois *Sud-Est : 7 km par N 81 et D 977 bis – 220 h. alt. 360 – ⊠ 21320 :*

X **de l'Auxois,** ✆ 03 80 49 22 36, *Fax 03 80 49 22 36,* 🍴, 🌳 – GB
fermé 20 déc. au 26 janv., dim. soir et lundi d'oct. à avril – **Repas** 75/190 🍷, enf. 45.

à Ste-Sabine *Sud-Est : 8 km par N 81, D 977bis et D 970 – 183 h. alt. 365 – ⊠ 21320 Pouilly-en-Auxois :*

Host. du Château Ste-Sabine 🐦, ✆ 03 80 49 22 01, *Fax 03 80 49 20 01,* ≤, « Parc agrémenté d'animaux », ⛱ – 🛗 📺 ☎ 📞 🅿 – 👥 25. GB. 🐕
fermé 5 janv. au 28 fév. – **Repas** 150/350 bc, enf. 85 – ☕ 50 – **16 ch** 355/740 – 1/2 P 340/544.

AUDI, VOLKSWAGEN Gar. Jeannin, ✆ 03 80 90 82 11 🅽 ✆ 03 80 90 82 11
FORD Gar. Omont, ✆ 03 80 90 73 21 🅽 ✆ 03 80 90 73 21
PEUGEOT Gar. Poisot, r. Gén.-de-Gaulle ✆ 03 80 90 81 75
RENAULT Pouilly Autom., à Créancey ✆ 03 80 90 80 45 🅽 ✆ 03 80 90 80 45

POUILLY-LE-FORT *77 S.-et-M.* 61 ② – *rattaché à Melun.*

POUILLY-SOUS-CHARLIEU *42720 Loire* 73 ⑧ – *2 834 h alt. 264.*

Paris 376 – Roanne 14 – Charlieu 5 – Digoin 42 – Vichy 74.

XXX **de la Loire,** ✆ 04 77 60 81 36, *Fax 04 77 60 76 06,* 🍴, 🌳 – 🅿. AE GB
fermé 6 au 12 juil., vacances de fév., dim. soir et lundi – **Repas** 98/300 et carte 180 à 300 🍷.

FIAT Gar. Coudert, ✆ 04 77 60 70 23 🅽 ✆ 04 77 60 98 33

POUILLY-SUR-LOIRE *58150 Nièvre* 65 ⑬ *G. Bourgogne – 1 708 h alt. 168.*

🅸 *Office de Tourisme 6 r. W.-Rousseau ✆ 03 86 39 03 75, Fax 03 86 39 18 30.*

Paris 196 – Bourges 57 – Château-Chinon 102 – Clamecy 58 – Cosne-sur-Loire 15 – Nevers 38 – Vierzon 78.

Relais de Pouilly Ⓜ, près échangeur Sud : 2 km ✆ 03 86 39 03 00, *Fax 03 86 39 07 47,* 🍴, 🌳 – 📺 ☎ 📞 ♿ 🅿. AE ⓓ GB
Repas *(69)* - 85/165 🍷, enf. 48 – ☕ 39 – **24 ch** 250/365 – 1/2 P 300/325.

XX **Coq Hardi et H. Relais Fleuri** avec ch, Sud-Est : 0,5 km ✆ 03 86 39 12 99, *Fax 03 86 39 14 15,* 🍴, « Jardin fleuri et ≤ la Loire » – 📺 ☎ 📞 🚗 🅿. AE ⓓ GB
fermé 20 nov. au 10 déc., mardi soir et merc. sauf juil.-août – **Repas** 108/240 🍷, enf. 45 – ☕ 42 – **9 ch** 290/450 – 1/2 P 315.

CITROEN Gar. Prulière, ✆ 03 86 39 14 44 🅽 ✆ 03 86 39 14 44
PEUGEOT Gar. SAPL, ✆ 03 86 39 14 65 🅽 ✆ 03 86 39 16 44

POULAINS (Pointe des) *56 Morbihan* 63 ⑪ ⑫ – *voir à Belle-Ile-en-Mer.*

POULDREUZIC *29710 Finistère* 58 ⑭ – *1 854 h alt. 51.*

Paris 588 – Quimper 25 – Audierne 17 – Douarnenez 17 – Pont-l'Abbé 16.

Ker Ansquer 🐦, à Lababan, Nord-Ouest : 2 km par D 2 ✆ 02 98 54 41 83, *Fax 02 98 54 32 24,* sculptures régionales, 🌳 – cuisinette 📺 ☎ 📞 🅿. GB
1er avril-30 oct. – **Repas** *(fermé le midi sauf sam. et dim.)* (sur réservation seul.) 110 (dîner), 120/300 🍷, enf. 65 – ☕ 40 – **11 ch** 370, 5 studios – 1/2 P 355.

à Penhors *Ouest: 4 km par D 40 – ⊠ 29710 Plogastel-St-Germain :*

Breiz Armor Ⓜ 🐦, à la plage ✆ 02 98 51 52 53, *Fax 02 98 51 52 30,* ≤, 🍴, 🏋, 🌳 – 📺 ☎ ♿ 🅿 – 👥 50. GB
hôtel : début avril-début oct. et vacances de Toussaint ; rest. : fermé janv., fév. et lundi sauf juil.-août – **Repas** 74 (déj.), 105/256 🍷, enf. 45 – ☕ 42 – **26 ch** 420 – 1/2 P 375/400.

Le POULDU *29 Finistère* 58 ⑫ *G. Bretagne – ⊠ 29360 Clohars-Carnoët.*

Env. *St-Maurice : site★ et ≤★ du pont NE : 7 km.*

🅸 *Office de Tourisme bd de l'Océan ✆ 02 98 39 93 42, Fax 02 98 96 90 99.*

Paris 521 – Quimper 55 – Concarneau 37 – Lorient 23 – Moëlan-sur-Mer 10 – Quimperlé 14.

Armen, ✆ 02 98 39 90 44, *Fax 02 98 39 98 69,* 🌳 – 🛗 📺 ☎ 🅿. AE ⓓ GB. 🐕 rest
fin avril-fin sept. – **Repas** 90/230, enf. 52 – ☕ 55 – **37 ch** 330/480 – 1/2 P 370/450.

Panoramique Ⓜ sans rest, au Kérou-plage ✆ 02 98 39 93 49, *Fax 02 98 96 90 16* – ☎ ♿ 🅿. GB
1er avril-2 nov. – ☕ 35 – **25 ch** 320/350.

POULIGNY-NOTRE-DAME *36 Indre 68 ⑲ – rattaché à La Châtre.*

Le POULIGUEN *44510 Loire-Atl. 63 ⑭ G. Bretagne – 4 912 h alt. 4.*

18 9 de La Baule à St-André-des-Eaux ☎ 02 40 60 46 18, NE : 10 km.

Office de Tourisme Port Sterwitz ☎ 02 40 42 31 05, Fax 02 40 62 22 27.

Paris 456 – Nantes 83 – La Baule 4 – Guérande 8 – St-Nazaire 21.

Voir plan de La Baule.

Beau Rivage, 11 r. J. Benoit ☎ 02 40 42 31 61, *Fax 02 40 42 82 98*, ≤, – 25. GB. rest AZ r
Pâques-début nov. – **Repas** 110/250 – 42 – **65 ch** 420/550 – ½ P 380/450.

A l'Orée du Bois sans rest, r. Mar. Foch ☎ 02 40 42 32 18, *Fax 02 40 62 23 73* – . GB. AZ t
fermé dim. hors saison – 38 – **15 ch** 235/295.

Voile d'Or, 14 av. Plage ☎ 02 40 42 31 68, *Fax 02 40 62 33 72*, ≤, – AE GB AZ x
fermé 15 au 30 nov., mardi sauf juil.-août et lundi – **Repas** 145/295, enf. 70.

POURVILLE-SUR-MER *76 S.-Mar. 52 ④ – rattaché à Dieppe.*

POUZAUGES *85700 Vendée 67 ⑯ G. Poitou Vendée Charentes* **(plan)** *– 5 473 h alt. 225.*

Voir *Puy Crapaud ✳★★ SE : 2,5 km – Moulins du Terrier-Marteau★ : ≤★ sur le bocage O : 1 km par D 752 – Bois de la Folie ≤★ NO : 1 km.*

Office de Tourisme r. Georges Clemenceau ☎ 02 51 91 82 46.

Paris 386 – La Roche-sur-Yon 54 – Bressuire 28 – Chantonnay 21 – Cholet 38 – Nantes 84.

Aub. de la Bruyère , rte La Pommeraie ☎ 02 51 91 93 46, *Fax 02 51 57 08 18*, ≤, , – – 50. AE GB
Repas *(fermé dim. soir et sam. d'oct. à mai)* (54) - 80/175, enf. 45 – 38 – **28 ch** 245/365 – ½ P 250/310.

POUZAY *37 I.-et-L. 68 ④ – rattaché à Ste-Maure-de-Touraine.*

Le POUZIN *07250 Ardèche 76 ⑳ G. Vallée du Rhône – 2 693 h alt. 90.*

Paris 584 – Valence 26 – Avignon 107 – Die 59 – Montélimar 27 – Privas 14.

Avenue, ☎ 04 75 63 80 43, *Fax 04 75 85 93 27* – . AE GB
fermé 1er au 8 mai, 12 sept. au 4 oct., 20 au 31 déc., sam. d'oct. à juin et dim. – **Repas** snack *(fermé sam. et dim.)* 70 – 28 – **14 ch** 195/230 – ½ P 210.

CITROEN Gar. Pheby, ☎ 04 75 63 80 16 N ☎ 04 75 85 95 56

RENAULT Gar. Combe, ☎ 04 75 85 98 16 N ☎ 08 00 05 15 15

PRADES *66500 Pyr.-Or. 86 ⑰ G. Pyrénées Roussillon – 6 009 h alt. 360.*

Voir *Abbaye St-Michel-de-Cuxa★ S : 3 km – Village d'Eus★ NE : 7 km.*

Env. *Prieuré de Serrabone★★ E : 28 km.*

Office de Tourisme 4 r. V.-Hugo ☎ 04 68 05 41 02, Fax 04 68 05 21 79.

Paris 899 – Perpignan 45 – Mont-Louis 36 – Olette 16 – Vernet-les-Bains 11.

Pradotel M sans rest, av. Festival, sur la rocade ☎ 04 68 05 22 66, *Fax 04 68 05 23 22*, ≤, , – – 25. GB
fermé dim. du 1er nov. au 31 mars – 36 – **39 ch** 270/350.

Hexagone M sans rest, rd-pt de Molitg, sur la rocade ☎ 04 68 05 31 31, *Fax 04 68 05 24 89* – . GB
fermé 16 au 30 nov. – 38 – **30 ch** 280/315.

Festival, av. Festival, sur la rocade ☎ 04 68 05 22 96, *Fax 04 68 05 22 96*, – . GB
fermé 25 au 31 oct., 15 au 28 fév., dim. soir et lundi d'oct. à juin – **Repas** 68/128, enf. 35.

à Taurinya *Sud : 6 km par D 27 – 248 h. alt. 545 – ✉ 66500 :*

Aub. des Deux Abbayes, ☎ 04 68 96 49 53, , – GB
fermé le soir (sauf sam.) du 1er nov. au 31 mars, mardi soir et merc. – **Repas** 110/220, enf. 45.

RENAULT Gar. Bosom, ☎ 04 68 96 11 14

Pneu Service, ☎ 04 68 96 43 23

Le PRADET *83220 Var* 84 ⑮, 114 ㊻ *G. Côte d'Azur – 9 704 h alt. 1.*

Voir *Musée de la mine de Cap Garonne : grande salle★, 3 km au Sud par D 86.*

Office de Tourisme pl. Gén.-de-Gaulle ✆ 04 94 21 71 69, Fax 04 94 08 56 96.

Paris 843 – Toulon 11 – Draguignan 77 – Hyères 11.

Azur, 163 av. Raimu ✆ 04 94 21 68 50, *Fax 04 94 08 27 00*, – 30. AE GB
Repas 105/180 – 50 – **20 ch** 350/590 – ½ P 360/410.

aux Oursinières *Sud : 3 km par D 86 – ✉ 83220 Le Pradet :*

L'Escapade sans rest, ✆ 04 94 08 39 39, *Fax 04 94 08 31 30*, « Jardin fleuri », – . AE GB JCB.
Pâques-mi-oct. – 60 – **14 ch** 695/1200.

Chanterelle, ✆ 04 94 08 52 60, *Fax 04 94 08 52 60*, – GB
fermé janv., fév. et merc. d'oct. à Pâques – **Repas** 160/240.

PRALOGNAN-LA-VANOISE *73710 Savoie* 74 ⑱ *G. Alpes du Nord – 667 h alt. 1425 – Sports d'hiver : 1 410/2 360 m 1 13 .*

Voir *Site★ – Parc national de la Vanoise★★ – La Chollière★ SO : 1,5 km puis 30 mn – Mont Bochor ≤★ par téléphérique.*

Office de Tourisme ✆ 04 79 08 79 08, Fax 04 79 08 76 74.

Paris 638 – Albertville 55 – Chambéry 102 – Moûtiers 28.

Les Airelles, les Darbelays, Nord : 1 km ✆ 04 79 08 70 32, *Fax 04 79 08 73 51*, ≤, – P. GB. rest
6 juin-20 sept. et 19 déc.-20 avril – **Repas** 89/130 – 45 – **22 ch** 385/430 – ½ P 325/390.

Grand Bec, ✆ 04 79 08 71 10, *Fax 04 79 08 72 22*, ≤, (été), – . GB. rest
15 mai-30 sept. et 20 déc.-15 avril – **Repas** 130/200, enf. 50 – 55 – **39 ch** 480 – ½ P 400.

Capricorne, ✆ 04 79 08 71 63, *Fax 04 79 08 76 25*, ≤ – P. GB JCB
juin-sept. et 15 déc.-20 avril – **Repas** 110/165, enf. 40 – 35 – **15 ch** 360 – ½ P 320.

Parisien, ✆ 04 79 08 72 31, *Fax 04 79 08 76 26*, ≤, – . GB. rest
1er juin-20 sept. et 20 déc.-20 avril – **Repas** 66/150 – 32 – **24 ch** 145/350 – ½ P 230/300.

PRA-LOUP *04 Alpes-de-H.-P.* 81 ⑧ *– rattaché à Barcelonnette.*

PRAMOUSQUIER *83 Var* 84 ⑰,, 114 ㊾ *– rattaché à Cavalière.*

Le PRARION *74 H.-Savoie* 74 ⑧ *– rattaché aux Houches.*

PRATS-DE-MOLLO-LA-PRESTE *66230 Pyr.-Or.* 86 ⑱ *G. Pyrénées Roussillon* (plan) *– 1 102 h alt. 740.*

Voir *Ville haute★.*

Office de Tourisme pl. Le Foiral ✆ 04 68 39 70 83, Fax 04 68 39 74 51.

Paris 912 – Perpignan 61 – Céret 32.

Touristes, ✆ 04 68 39 72 12, *Fax 04 68 39 79 22*, – P. GB
1er avril-31 oct. – **Repas** 100/180, enf. 48 – 45 – **28 ch** 210/300 – ½ P 255/280.

Bellevue, ✆ 04 68 39 72 48, *Fax 04 68 39 78 04* – rest, P. GB
30 mars-2 nov. et vacances scolaires – **Repas** 90/180, enf. 55 – 33 – **18 ch** 170/260 – ½ P 180/245.

Costabonne, ✆ 04 68 39 70 24, *Fax 04 68 39 77 52* – . GB
Repas 75/150, enf. 45 – 35 – **18 ch** 150/230 – ½ P 200/225.

Ausseil, ✆ 04 68 39 70 36, – . GB
fév.-oct. – **Repas** 78/98, enf. 45 – 30 – **12 ch** 120/200 – ½ P 185.

à La Preste *: 8 km – Stat. therm. (avril- oct.) – ✉ 66230 Prats-de-Mollo-La-Preste :*

Val du Tech, ✆ 04 68 39 71 12, *Fax 04 68 39 78 07* – . GB
29 mars-25 oct. – **Repas** 70/120, enf. 45 – 34 – **38 ch** 170/300 – ½ P 244/314.

Ribes, ✆ 04 68 39 71 04, *Fax 04 68 39 78 02*, ≤ vallée, – P. GB. rest
1er avril-31 oct. – **Repas** 60/155, enf. 40 – 37 – **24 ch** 165/335 – ½ P 185/245.

CITROEN Gar. Pagès Xatart, ✆ 04 68 39 71 34

Le PRAZ *73 Savoie* 74 ⑱ *– rattaché à Courchevel.*

Les PRAZ-DE-CHAMONIX *74 H.-Savoie* 74 ⑧ ⑨ *– rattaché à Chamonix.*

PRAZ-SUR-ARLY *74120 H.-Savoie* 74 ⑦ *– 922 h alt. 1036 – Sports d'hiver : 1 036/2 000 m* 14 .

Office de Tourisme pl. de l'Église ☎ 04 50 21 90 57, Fax 04 50 21 98 08.

Paris 604 – Chamonix-Mont-Blanc 41 – Albertville 27 – Chambéry 77 – Megève 5.

Edelweiss sans rest, rte Megève ☎ 04 50 21 93 87, ←, – TV ☎ P. GB. 40 – **16 ch** 420/500.

FORD Gar. du Crêt du Midi, ☎ 04 50 21 90 30 N ☎ 04 50 21 90 30

PRÉCY-SOUS-THIL *21390 Côte-d'Or* 65 ⑰ *G. Bourgogne – 603 h alt. 323.*

Paris 244 – Dijon 65 – Auxerre 84 – Avallon 39 – Beaune 80 – Montbard 33 – Saulieu 15.

Loriot, ☎ 03 80 64 56 33, *Fax 03 80 64 47 50,* , – TV ☎ P. GB
fermé dim. soir et lundi midi d'oct. à juin – **Repas** 90/190 ♀, enf. 50 – 35 – **11 ch** 280/350 – ½ P 250.

RENAULT Gar. Orset, rte de Sémur ☎ 03 80 64 50 56

PRÉCY-SUR-OISE *60460 Oise* 56 ⑪, 106 ⑦ *– 3 137 h alt. 33.*

Voir Église★ de St-Leu-d'Esserent NE : 3,5 km, G. Ile de France.

Paris 45 – Compiègne 47 – Beauvais 36 – Chantilly 9 – Creil 12 – Pontoise 35 – Senlis 17.

Condor, 14 r. Wateau ☎ 03 44 27 60 77, *Fax 03 44 27 62 18* – . AE GB
fermé 15 au 31 août, vacances de fév., mardi soir et merc. – **Repas** 98/258 ♀, enf. 58.

PRÉ-EN-PAIL *53140 Mayenne* 60 ② *– 2 422 h alt. 230.*

Paris 215 – Alençon 24 – Argentan 39 – Domfront 37 – Laval 69 – Mayenne 36.

Bretagne, r. A. Briand (N 12) ☎ 02 43 03 13 00, *Fax 02 43 03 16 71* – TV ☎ P. GB
fermé 15 déc. au 15 janv. et dim. soir – **Repas** 72/165 ♀ – 30 – **18 ch** 190/250 – ½ P 230/275.

PEUGEOT Gar. Huet, ☎ 02 43 03 00 12 N ☎ 02 43 03 00 12

PREIGNAC *33210 Gironde* 71 ⑩ *– 1 992 h alt. 8.*

Paris 615 – Bordeaux 40 – Langon 5 – Libourne 48.

Cap Horn, ☎ 05 56 63 27 38, *Fax 05 56 63 27 38,* , parc, « Au bord de la Garonne » – P. GB
fermé 15 au 31 oct., vacances de fév., dim. soir et lundi – **Repas** 100/140 ♀.

La PRENESSAYE *22 C.-d'Armor* 58 ⑳ *– rattaché à Loudéac.*

PRENOIS *21 Côte-d'Or* 65 ⑲ *– rattaché à Val-Suzon.*

Le PRÉ-ST-GERVAIS *93 Seine-St-Denis* 56 ⑪,, 101 ⑯ *– voir à Paris, Environs.*

La PRESTE *66 Pyr.-Or.* 86 ⑰ *– rattaché à Prats-de-Mollo.*

PRIAY *01160 Ain* 74 ③, 110 ⑨ *– 948 h alt. 300.*

Paris 455 – Lyon 51 – Bourg-en-Bresse 28 – Nantua 39.

Mère Bourgeois, ☎ 04 74 35 61 81, *Fax 04 74 35 43 49,* – . GB
fermé 16 fév. au 16 mars, mardi soir et merc. sauf juil.-août – **Repas** 95/290 .

PRIVAS P *07000 Ardèche* 76 ⑲ *G. Vallée du Rhône – 10 080 h alt. 300.*

Office de Tourisme 3 r. E.-Reynier ☎ 04 75 64 33 35, Fax 04 75 64 73 95.

Paris 598 ② – Valence 40 ② – Alès 105 ④ – Mende 141 ④ – Montélimar 33 ③ – Le Puy-en-Velay 91 ④.

Plan page ci-contre

Chaumette, av. Vanel ☎ 04 75 64 30 66, *Fax 04 75 64 88 25,* , – TV ☎ P – 45. AE GB B e
Repas *(fermé sam. midi)* 115/220 ♀ – 45 – **36 ch** 320/405 – ½ P 360/380.

Gourmandin, angle r. P. Filliat ☎ 04 75 64 51 52, *Fax 04 75 64 77 83,* – . GB
fermé 16 août au 3 sept., dim. soir et merc. – **Repas** 95/235 , enf. 42. B v

PRIVAS

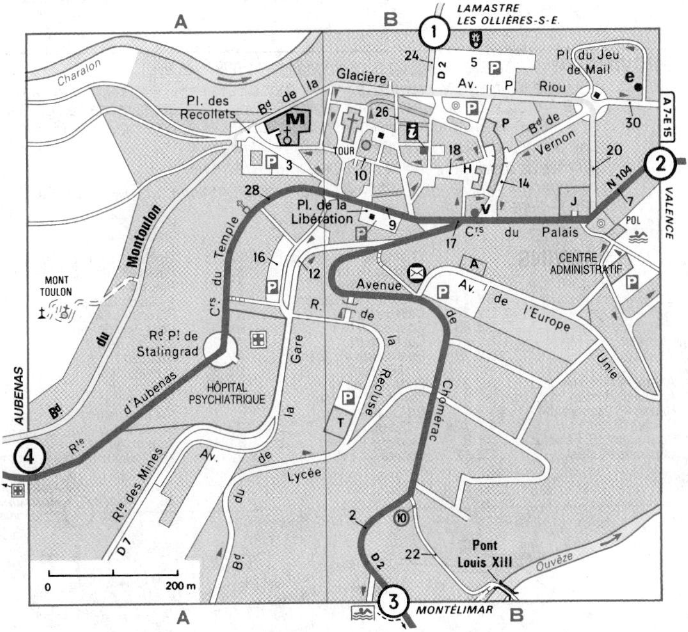

à Alissas *par ③ : 5 km – 720 h. alt. 210 – ✉ 07210 :*

XX **Lous Esclos,** sur D 2 ☎ 04 75 65 12 73, 🍽 – ▤ P. GB
fermé 24 juil. au 31 août, 23 déc. au 10 janv., sam. midi, dim. soir, merc. soir et lundi – **Repas** 97/165 ♀.

à Chomérac *par ③ : 8 km – 2 306 h. alt. 169 – ✉ 07210 :*

XX **du Molière,** sur D 2 ☎ 04 75 65 07 07, *Fax 04 75 65 09 73,* 🍽 – ▤ P. AE ⓓ GB
fermé 6 au 12 juil., 4 au 10 janv., dim. soir et merc. – **Repas** *(75)* - 98/230 ♀.

au col de l'Escrinet *par ④ : 13 km – ✉ 07000 Privas :*

Panoramic Escrinet ⛰, ☎ 04 75 87 10 11, *Fax 04 75 87 10 34,* ≤ vallée, ⛱, 🌳 – ▤ rest, TV ☎ P. AE ⓓ GB. ✗ rest
15 mars-15 nov. – **Repas** *(fermé dim. soir et lundi midi sauf du 15 juin au 30 sept.)* 130/300, enf. 70 – ☕ 38 – **20 ch** 250/350 – 1/2 P 320/400.

PEUGEOT Gds Gar. Midi, N 104 à Coux par ② ☎ 04 75 64 23 33 N ☎ 04 75 53 18 30
RENAULT Diffusion Privadoise, rte de Montélimar ☎ 04 75 64 33 01

Ⓜ R.I.P.A., ZI du Lac ☎ 04 75 64 05 56 N ☎ 04 75 64 05 56

PROPRIANO *2A Corse-du-Sud* 90 ⑱ *– voir à Corse.*

*Un conseil **Michelin** :*
pour réussir vos voyages, préparez-les à l'avance.
*Les **cartes** et **guides Michelin,** vous donnent toutes indications utiles sur : itinéraires, visite des curiosités, logement, prix, etc.*

PROVENCHÈRES-SUR-FAVE *88490 Vosges* **62** ⑱ *G. Alsace Lorraine – 733 h alt. 404.*

Paris 407 – Colmar 54 – Épinal 64 – St-Dié 15 – Sélestat 34 – Strasbourg 81.

Aub. du Spitzemberg ⛰, à la Petite Fosse, Nord Ouest : 7 km par D 45 et voie forestière ✆ 03 29 51 20 46, *Fax 03 29 51 10 12*, ≤, « Dans la forêt vosgienne », – TV ☎ P. GB

fermé 6 au 29 janv. – **Repas** *(fermé mardi)* 85/150 ♀, enf. 51 – ☕ 42 – **10 ch** 260/390 – 1/2 P 225/270.

PROVINS SP *77160 S.-et-M.* **61** ④ *G. Champagne – 11 608 h alt. 91.*

Voir *Ville Haute*★★ **AY** : *remparts* ★★ **AY**, *tour de César*★★ : ≤★ **BY**, *Grange aux Dîmes*★ **AY E** – *Groupe de statues*★★ *dans l'église St-Ayoul* **CZ** – *Choeur*★ *de l'église St-Quiriace* **AY** – *Musée du Provinois : collections*★ *de sculptures et de céramiques* **AY M.**

Env. *St-Loup-de-Naud : portail*★★ *de l'église*★ *7 km par* ④.

ℹ *Office de Tourisme* ✆ *01 64 60 26 26, Fax 01 64 60 11 97.*

Paris 89 ⑤ – *Fontainebleau 57* ④ – *Châlons-en-Champagne 99* ② – *Meaux 65* ⑤ – *Melun 48* ⑤ – *Sens 46* ④.

PROVINS

Cordonnerie (R. de la) . . . . . **BY** 24
Friperie (R. de la) . . . . **BY** 37
Hugues le Grand (R.) . . . . . . **BZ** 43
Leclerc (Pl. du Mar.) . . . . **BY** 47
Val (R. du) . . . . **BY** 79

Anatole-France (Av.) . . . . **AZ** 2
Arnoul (R. Victor) . . . . **BZ** 3
Balzac (Pl. Honoré de) . . . . **BYZ** 4
Bordes (R. des) . . . . **BZ** 7
Bourquelot (R. Félix) . . . . . . **BY** 8
Capucins (R. des) . . . . **BZ** 12
Champbenoist (Rte de) . . . . **BZ** 13
Changis (R. de) . . . . **BZ** 14
Châtel (Pl. du) . . . . **AY** 18
Chomton (Bd Gilbert) . . . . . . **AZ** 19
Collège (R. du) . . . . **ABY** 23
Courloison (R.) . . . . **BY** 27
Couverte (R.) . . . . **AY** 28
Desmarets (R. Jean) . . . . **AY** 29
Dr.-Masson (R.) . . . . **BZ** 30
Ferté (Av. de la) . . . . **BY** 33
Garnier (R. Victor) . . . . **BZ** 39
Gd-Quartier-Gén. (Bd du) . . . . **BZ** 42
Jacobins (R. des) . . . . **BY** 44
Nocard (R. Edmond) . . . . . **BYZ** 54
Opoix (R. Christophe) . . . . . . **BY** 57
Palais (R. du) . . . . **AY** 59
Plessier (Bd du Gén.) . . . . **BYZ** 64
Pompidou (Av. G.) . . . . **BY** 67
Pont-Pigy (R. du) . . . . **BY** 68
Prés (R. des) . . . . **BY** 69
Remparts (Allée des) . . . . **AY** 72
St-Ayoul (Pl.) . . . . **BY** 73
St-Jean (R.) . . . . **AY** 74
St-Quiriace (Pl.) . . . . **AY** 77
Souvenir (Av. du) . . . . **BY** 78
Verdun (Av. de) . . . . **BY** 82
29ᵉ-Dragons (Pl. du) . . . . **BY** 84

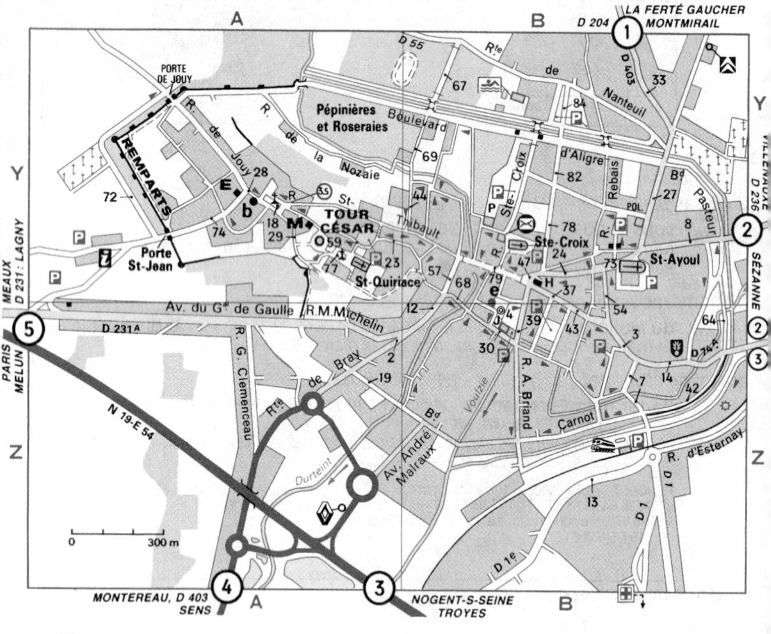

Aux Vieux Remparts M ⛰, 3 r. Couverte - Ville Haute ✆ 01 64 08 94 00, *Fax 01 60 67 77 22*, – ☎ TV ☎ ♿ P – 🏛 25. AE GB **AY b**
Repas 145/350 – ☕ 50 – **25 ch** 390/650 – 1/2 P 420/480.

Médiéval, 6 pl. H. de Balzac ✆ 01 64 00 01 19, *Fax 01 64 00 01 19*, – AE GB **BYZ e**
fermé 1er au 15 mars, 1er au 15 juil., dim. soir et lundi – **Repas** 98/178 ♀, enf. 55.

CITROEN SPDA, 32 rampe St Syllas ✆ 01 64 08 92 70
FORD Auto Sces du Dome, 5 av. A. France ✆ 01 64 00 00 95
OPEL Gar. de Champagne, 2 r. A.-Briand ✆ 01 64 00 04 86
PEUGEOT Autom. de la Brie, 1 av. Voulzie, ZI par rte de Champbenoist BZ ✆ 01 60 58 51 50 N ✆ 06 07 28 36 28
RENAULT Gar. Briard, ZAC Parc des Deux Rivières ✆ 01 64 60 20 20 N ✆ 01 64 60 20 20

Agricopneu, 11 av. Patton à St-Brice ✆ 01 64 08 92 55
Erric, à Jutigny ✆ 01 64 08 62 10
Euromaster, ZAC des Bordes, rte de Champbenoist ✆ 01 64 00 03 23

PUGET-THÉNIERS *06260 Alpes-Mar.* 81 ⑲, 115 ⑬ ⑭ *G. Alpes du Sud* **(plan)** – *1 703 h alt. 405.*

Voir *Vieille ville★ – Groupe sculpté★ et retable de N.-D.-de-Secours★ dans l'église – Statue★ de Maillol.*

Env. *Entrevaux : Site★★, Ville forte★, ≤★ de la citadelle O : 7 km.*

Office de Tourisme (saison) ✆ 04 93 05 05 05.

Paris 832 – Barcelonnette 92 – Cannes 81 – Digne-les-Bains 88 – Draguignan 92 – Manosque 129 – Nice 65.

Alizé sans rest, N 202 ✆ 04 93 05 06 20, *Fax 04 93 05 14 14,* – ☎ ♿ P. GB
38 – **16 ch** 235/280.

CITROEN Gar. Casalengo, Quartier St-Roch ✆ 04 93 05 00 25 N ✆ 04 93 05 00 25
RENAULT Gar. Richerme, N 202 ✆ 04 93 05 00 11

***Town plans:** roads most used by traffic and those on which Guide-listed hotels and restaurants stand are fully drawn; the beginning only of lesser roads is indicated.*

PUILLY-ET-CHARBEAUX *08370 Ardennes* 56 ⑩ – *258 h alt. 274.*

Paris 277 – Charleville-Mézières 52 – Carignan 9 – Sedan 30 – Verdun 71.

X **Aub. de Puilly,** à Puilly ✆ 03 24 22 09 58, *Fax 03 24 22 09 58*
fermé 4 au 11 mars, 17 au 28 août et merc. – **Repas** 50/215.

PUJAUDRAN *32 Gers* 82 ⑦ – *rattaché à l'Isle-Jourdain.*

PUJOLS *47 L.-et-G.* 79 ⑤ – *rattaché à Villeneuve-sur-Lot.*

PULIGNY-MONTRACHET *21 Côte-d'Or* 69 ⑨ – *rattaché à Beaune.*

PULVERSHEIM *68840 H.-Rhin* 87 ⑱ – *2 021 h alt. 235.*

Paris 470 – Mulhouse 11 – Belfort 48 – Colmar 32 – Guebwiller 12 – Thann 17.

à l'Écomusée *Nord-Ouest : 2,5 km – ✉ 68190 Ungersheim :*

Loges de l'Écomusée M, ✆ 03 89 74 44 95, *Fax 03 89 74 44 68,* – cuisinette TV ☎ ♿ P – 40. GB
Taverne ✆ 03 89 74 44 49 **Repas** 98/158 – 30 – **30 ch** 330/360, 10 studios.

PUPILLIN *39 Jura* 70 ④ – *rattaché à Arbois..*

PUSIGNAN *69330 Rhône* 74 ⑫, 110 ⑰ – *2 720 h alt. 221.*

Paris 473 – Lyon 22 – Montluel 13 – Meyzieu 5 – Pont-de-Chéruy 9.

XXX **Closerie,** ✆ 04 78 04 40 50, *Fax 04 78 04 44 05,* – P. AE GB
fermé 3 au 23 août, dim. soir et lundi – **Repas** 95 (déj.), 120/230 et carte 210 à 380 ♀.

PUTANGES-PONT-ECREPIN *61210 Orne* 60 ② *G. Normandie Cotentin – 1 032 h alt. 230.*

Paris 212 – Alençon 57 – Argentan 20 – Briouze 15 – Falaise 16 – La Ferté-Macé 25 – Flers 31.

Lion Verd, ✆ 02 33 35 01 86, *Fax 02 33 39 53 32* – ☎ P. GB
fermé 23 déc. au 31 janv. – **Repas** *(fermé vend. soir de nov. à mars)* 75/280 ♀, enf. 45 – 24 – **19 ch** 180/320 – 1/2 P 240/260.

PUTEAUX *92 Hauts-de-Seine* 55 ⑳., 101 ⑭ – *voir à Paris, Environs.*

Le PUY-EN-VELAY Ⓟ *43000 H.-Loire* **76** ⑦ *G. Vallée du Rhône – 21 743 h alt. 629 Pèlerinage (15 août).*

Voir *Site*★★★ *– La cité épiscopale*★★★ **BY** *: Cathédrale Notre-Dame*★★*, cloître*★★ *(trésor d'Art religieux*★★ *dans la salle des États du Velay) – Chapelle St-Michel d'Aiguilhe*★★ **AY** *– Vieille ville*★ *– Rocher Corneille* ≤★ **BY** *– Musée Crozatier : section lapidaire*★*, dentelles*★ **AZ** *– Espaly St-Marcel :* ≤★ *du rocher St-Joseph 2 km par D 589.*

Env. *Ruines du château de Polignac*★ *:* ✳★ *6 km par* ③ *– Christ*★ *dans l'église de Lavoûte-sur-Loire et souvenirs de famille*★ *dans le château de Lavoûte-Polignac 13 km par* ①.

du Cros-du-Loup ☎ 04 71 09 17 77 à Ceyssac, par D 590 : 7 km.

Office de Tourisme pl. du Breuil ☎ 04 71 09 38 41, Fax 04 71 05 22 62 et (juil.-août) r. des Tables ☎ 04 71 05 99 02.

Paris 545 ③ *– Alès 140* ② *– Aurillac 171* ③ *– Avignon 201* ② *– Clermont-Ferrand 131* ③ *– Grenoble 228* ① *– Lyon 135* ① *– Mende 89* ② *– St-Étienne 77* ① *– Valence 111* ①.

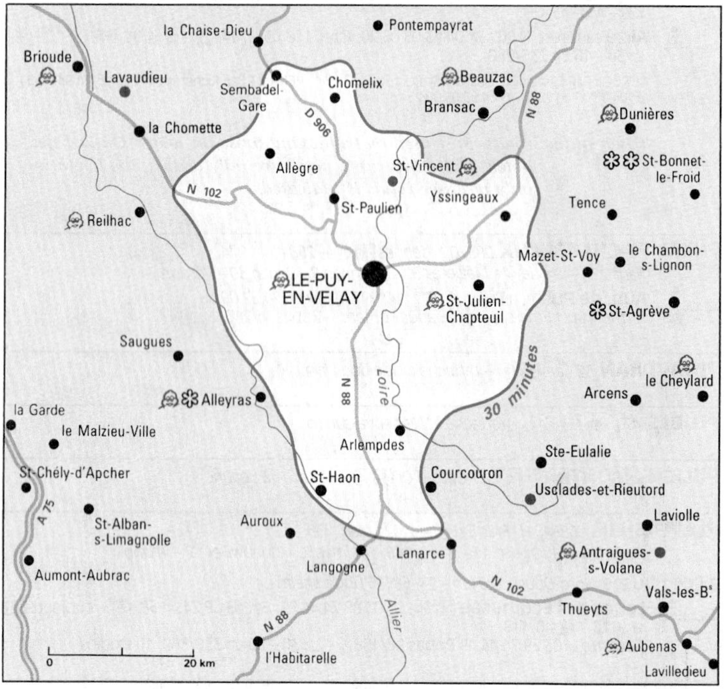

Chris'tel, 15 bd A.-Clair par D 31 **AX** ☎ 04 71 09 95 95, *Fax 04 71 02 71 31* – 🛗 ⇔ TV ☎ 📞 🅿 – 🧑‍🏫 25. AE GB. ✂ rest
fermé 20 déc. au 4 janv. – **Repas** *(fermé sam. et dim. de nov. à fév.)* (55 bc) - 75/115 ♀ – ☕ 45 – **30 ch** 295/495 – ½ P 355/425.

Parc sans rest, 4 av. C. Charbonnier ☎ 04 71 02 40 40, *Fax 04 71 02 18 72* – 🛗 TV ☎ 📞. AE ⓓ GB **AZ** s
☕ 36 – **24 ch** 270/365.

Regina, 34 bd Mar. Fayolle ☎ 04 71 09 14 71, *Fax 04 71 09 18 57* – 🛗 ⇔ TV ☎ 📞 ♿ 🚗 – 🧑‍🏫 50. AE ⓓ GB **BZ** d
Repas (78) - 98/160 ♀ – ☕ 40 – **30 ch** 250/350 – ½ P 315/350.

Brivas Ⓜ, à Vals-près-du-Puy par D31 ✉ 43750 ☎ 04 71 05 68 66, *Fax 04 71 05 65 88*, – 🛗 ⇔ TV ☎ 📞 ♿ 🅿 – 🧑‍🏫 40. AE GB JCB
fermé 26 au 31 déc. – **Repas** *(fermé sam. midi et dim. soir du 15 oct. au 15 avril)* (68) - 85 (déj.), 95/190 🍷, enf. 56 – ☕ 38 – **50 ch** 264/310 – ½ P 270/310.

LE PUY-EN-VELAY

Aiguières (R. Porte) . . . . . AZ 2
Chaussade (R.) . . . . BZ
Fayolle (Bd Mar.) . . . . BZ
Foch (Av. Mar.) . . . . BZ
Pannessac (R.) . . . . AY
Raphaël (R.) . . . . AY 39
St-Gilles (R.) . . . . AZ
St-Louis (Bd) . . . . AZ

Becdelièvre (R.) . . . . AY 3
Bouillon (R. du) . . . . BY 5
Card.-de-Polignac (R.) . . BY 8
Chamarlenc (R. du) . . . . AY 10
Chênebouterie (R.) . . . . AY 13
Collège (R. du) . . . . BZ 17
Consulat (R. du) . . . . AY 19
Courrerie (R.) . . . . AZ 20
Crozatier (R.) . . . . BZ 23
Dr-Chantemesse (Bd) . . AY 24
For (Pl. du) . . . . BY 27
Gambetta (Bd) . . . . AY 30
Gouteyron (R.) . . . . AY 31
Grangevieille (R.) . . . . . . AY 32
Martouret (Pl. du) . . . . ABZ 34
Monteil (R. A. de) . . . . . . AY 35
Philibert (R.) . . . . AY 36
Pierret (R.) . . . . BZ 37
Plot (Pl. du) . . . . AZ 38
République (Bd. de la) . . BY 40
Roche-Taillade (R.) . . . . . AY 42
St-François Régis (R.) . . BY 43
St-Georges (R.) . . . . BY 45
St-Jean (R. du Fg) . . . . . BY 46
St-Maurice (Pl.) . . . . AY 47
Séguret (R.) . . . . AY 48
Tables (Pl. des) . . . . AY 49
Tables (R. des) . . . . AY 52
Vallès (R. J.) . . . . BY 54
Vaneau (R.) . . . . AY 55
Verdun (R.) . . . . BY 58

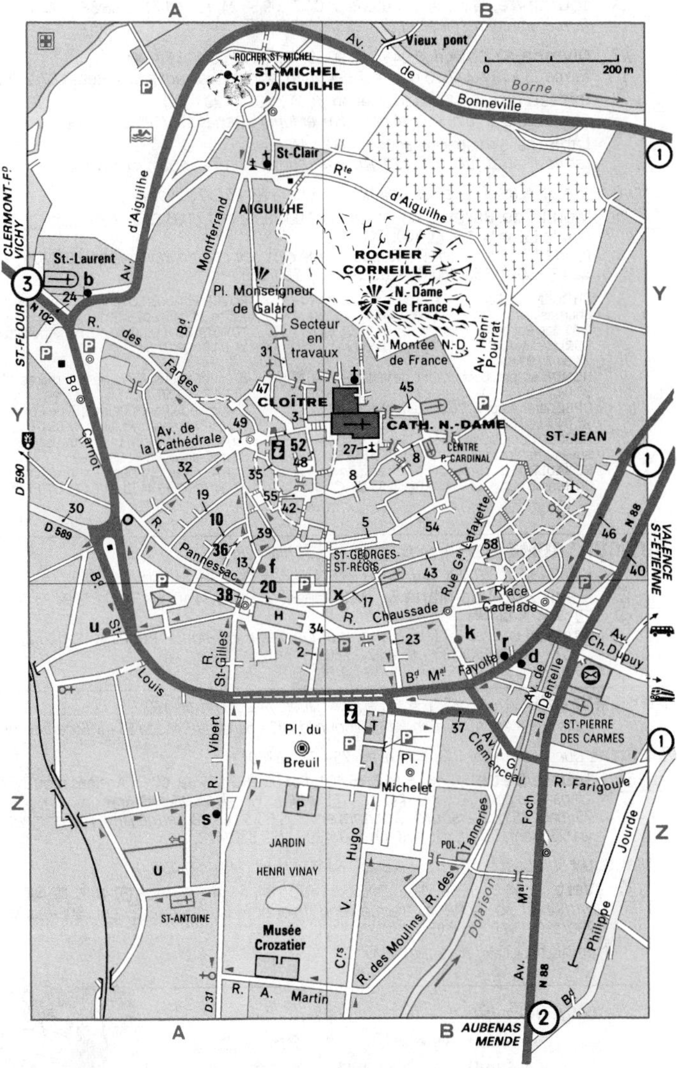

Dans la liste des rues des plans de villes,
les noms en rouge indiquent les principales voies commerçantes.

Val Vert, rte Mende par ② : *1,5 km sur N 88* ✆ 04 71 09 09 30, *Fax 04 71 09 36 49* – AE GB
fermé 22 au 29 déc. et sam. midi de nov. à mars – **Repas** (55) - 104/165 ♀, enf. 50 – ☕ 40 – **23 ch** 250/300 – ½ P 272.

Ibis St-Laurent, 1 av. Aiguilhe ✆ 04 71 02 22 22, *Fax 04 71 09 22 96* – – 25. AE GB — AY b
Repas 95 ♁, enf. 39 – ☕ 35 – **57 ch** 280/320.

Dyke H. sans rest, 37 bd Mar. Fayolle ✆ 04 71 09 05 30, *Fax 04 71 02 58 66* – . GB JCB — BZ r
fermé 24 déc. au 2 janv. – ☕ 30 – **15 ch** 190/250.

Tournayre, 12 r. Chênebouterie ✆ 04 71 09 58 94, *Fax 04 71 02 68 38* – GB
fermé janv., dim. soir et lundi – **Repas** 110/260 ♀. — AY f

Olympe, 8 r. Collège ✆ 04 71 05 90 59, *Fax 04 71 05 90 59* – GB — BZ x
fermé 13 au 27 avril, 23 nov. au 7 déc., dim. soir et lundi sauf août – **Repas** 87/272 ♀.

Bateau Ivre, 5 r. Portail d'Avignon ✆ 04 71 09 67 20 – GB — BZ k
fermé 23 au 27 juin, 3 au 14 nov., dim. et lundi – **Repas** 105/185 ♀, enf. 60.

Lapierre, 6 r. Capucins ✆ 04 71 09 08 44 — AZ u
fermé 1er au 20 juin, 1er au 20 oct., jeudi soir et mardi – **Repas** (70) - 90/160 ♁.

par ① : *9 km par N 88 et rte de Chaspinhac-Rosières* – ✉ *43700 Blavozy* :

Moulin de Barette , ✆ 04 71 03 00 88, *Fax 04 71 03 00 51*, , parc, , – cuisinette – 100. GB
fermé 15 janv. au 15 fév. – **Repas** *(fermé dim. soir et lundi hors saison)* 89/220 ♀, enf. 52 – ☕ 38 – **30 ch** 250/330, 12 studios – ½ P 260/330.

CITROEN Gar. Pouderoux, ZI de Corsac à Brives-Charensac par ① ✆ 04 71 05 44 88
FIAT Gar. Roche, 53 r. Gazelle ✆ 04 71 05 64 64
FORD Velay-Autom., ZI à Brives-Charensac ✆ 04 71 09 61 35
HONDA Autom. Gachet, 21 r. de la Gazelle ✆ 04 71 02 44 00
OPEL Gar. Trescarte, 26 bd République ✆ 04 71 05 56 44
PEUGEOT Gd Gar. de Corsac, ZI de Corsac à Brives-Charensac par ① ✆ 04 71 09 39 55
RENAULT Gd Gar. Velay, ZI de Corsac à Brives-Charensac par ① ✆ 04 71 02 36 55 N ✆ 04 71 05 15 15
ROVER Philibois Schiano Autom., 25 bd Mar. Joffre ✆ 04 71 02 91 91
TOYOTA Gar. Escudero, 18 bd République ✆ 04 71 09 02 81

Carlet Pneus, 45 av. de la Bernarde à Espaly ✆ 04 71 02 38 40
Chaussende Pneus Point S, ZI de Corsac à Brives-Charensac ✆ 04 71 02 05 01
Puy Pneus Services, La Chartreuse à Brives-Charensac ✆ 04 71 09 35 89
R.I.P.A., 44 av. Ch.-Dupuy à Brives-Charensac ✆ 04 71 02 13 41 N ✆ 04 71 02 13 41

PUY-GUILLAUME *63290 P.-de-D.* 73 ⑤ – *2 634 h alt. 285.*

Paris 421 – Clermont-Ferrand 51 – Lezoux 27 – Riom 34 – Thiers 15 – Vichy 22.

Relais Hôtel de Marie M, av. E. Vaillant ✆ 04 73 94 18 88, *Fax 04 73 94 73 98*, – . GB
fermé 25 janv. au 28 fév., dim. soir et lundi sauf juil.-août – **Repas** 60 bc/180 ♀, enf. 32 – ☕ 37 – **16 ch** 230/280 – ½ P 220/260.

PUY-L'ÉVÊQUE *46700 Lot* 79 ⑦ *G. Périgord Quercy* – *2 209 h alt. 130.*

Paris 589 – Agen 71 – Cahors 30 – Gourdon 42 – Sarlat-la-Canéda 56 – Villeneuve-sur-Lot 43.

à Touzac *Ouest : 8 km par D 8 – 412 h. alt. 75* – ✉ *46700* :

Source Bleue , ✆ 05 65 36 52 01, *Fax 05 65 24 65 69*, , « Anciens moulins dans un joli parc au bord du Lot », , – – 25. AE GB JCB
25 mars-25 déc. – ***Source Enchantée*** ✆ 05 65 30 63 18 *(fermé janv., fév. et merc.)* **Repas** 100/230, enf. 55 – ☕ 35 – **16 ch** 300/480 – ½ P 320/420.

à Mauroux *Sud-Ouest : 12 km par D 8 et D 5 – 371 h. alt. 213* – ✉ *46700* :

Vert , ✆ 05 65 36 51 36, *Fax 05 65 36 56 84*, ≤, , , – . AE GB
14 fév.-11 nov. – **Repas** *(fermé vend. midi et jeudi)* 100/165 ♀, enf. 50 – ☕ 38 – **7 ch** 290/390 – ½ P 315/365.

RENAULT Gar. Cros, ✆ 05 65 21 30 49

Ne confondez pas :

Confort des hôtels	:	...
Confort des restaurants	:	XXXXX ... X
Qualité de la table	:	✿✿✿, ✿✿, ✿,

PUYMIROL *47270 L.-et-G.* 79 ⑮ *G. Pyrénées Aquitaine – 777 h alt. 153.*

Paris 627 – Agen 17 – Moissac 33 – Villeneuve-sur-Lot 30.

Les Loges de l'Aubergade (Trama) M, 52 r. Royale ✆ 05 53 95 31 46, *Fax 05 53 95 33 80,* « Maison des 13e et 17e siècles » – 25 à 40. AE GB

fermé vacances de fév. et lundi (sauf le soir en saison et fériés) – **Repas** 680 et carte 420 à 730 – 90 – **10 ch** 1235/1410 – ½ P 1050

Spéc. Papillote de pomme de terre au fumet de truffes. Brandade de homard, jus corraillé. Double corona "Trama", feuille de tabac au poivre. **Vins** Buzet, Côtes de Duras.

PUYOO *64270 Pyr.-Atl.* 78 ⑦ ⑧ *– 1 007 h alt. 40.*

Paris 762 – Pau 63 – Dax 29 – Orthez 14 – Peyrehorade 16 – Salies-de-Béarn 9 – Tartas 51.

des Voyageurs, N 117 ✆ 05 59 65 12 83, *Fax 05 59 65 15 42,* – P. GB

fermé vacances de Noël, dim. soir et lundi – **Repas** 80/160 – 30 – **15 ch** 150/250 – ½ P 250.

PUY-ST-VINCENT *05290 H.-Alpes* 77 ⑰ *G. Alpes du Sud – 235 h alt. 1325 – Sports d'hiver : 1 400/2 700 m 1 14.*

Voir *Les Prés* ≤★ *SE : 2 km – Église★ de Vallouise N : 4 km.*

Office de Tourisme Les Alberts, Chapelle St-Jacques ✆ 04 92 23 35 80, Fax 04 92 23 45 23.

Paris 701 – Briançon 21 – Gap 84 – L'Argentière-la-Bessée 10 – Guillestre 31 – Pelvoux (Commune de) 6.

Pendine, aux Prés Est : 1 km par D 4 ✆ 04 92 23 32 62, *Fax 04 92 23 46 63,* ≤, – P. GB.

20 juin-3 sept. et 15 déc.-10 avril – **Repas** 85/200 – 46 – **28 ch** 185/350 – ½ P 260/330.

Saint-Roch, aux Prés Est : 1 km par D 4 ✆ 04 92 23 32 79, *Fax 04 92 23 45 11,* ≤ vallée et montagnes, (été) – GB.

13 juin-3 sept. et 16 déc.-5 avril – **Repas** (self le midi en hiver) 130/260 – 50 – **15 ch** 370 – ½ P 360/399.

PYLA-SUR-MER *33115 Gironde* 78 ⑫ *G. Pyrénées Aquitaine – alt. 7.*

Syndicat d'Initiative Rd-Point du Figuier ✆ 05 56 54 02 22, Fax 05 56 22 58 84 et Pavillon de la Grande Dune ✆ 05 56 22 12 85.

Paris 650 – Bordeaux 72 – Arcachon 8 – Biscarrosse 34.

Voir plan d'Arcachon agglomération.

Maminotte sans rest, allée Acacias ✆ 05 56 54 55 73, *Fax 05 57 52 24 30* – GB
45 – **12 ch** 430/490. AY n

Côté Sud avec ch, 4 av. Figuier ✆ 05 56 83 25 00, *Fax 05 56 83 24 13,* – AE GB AY s

début fév.-11 nov. – **Repas** - produits de la mer - 98/150, enf. 68 – 39 – **9 ch** 370/450.

Chez Moussours, bd Océan ✆ 05 56 54 07 94, *Fax 05 56 83 20 98,* – GB

12 fév.-17 nov. et fermé dim. soir et lundi sauf juil.-août – **Repas** 120 (déj.), 180/220, enf. 45. AY e

à Pilat-Plage *Sud : 3 km par D 218 – 33115 Pyla-sur-Mer.*

Voir *Dune★★ : ★★.*

Corniche avec ch, ✆ 05 56 22 72 11, *Fax 05 56 22 70 21,* ≤ plage et océan, – GB

Pâques-1er nov. – **Repas** *(fermé merc. sauf juil.-août)* (75) - 93/149, enf. 59 – 45 – **15 ch** 250/580 – ½ P 320/490.

QUARRÉ-LES-TOMBES *89630 Yonne* 65 ⑯ *G. Bourgogne – 735 h alt. 457.*

Paris 232 – Auxerre 72 – Avallon 18 – Château-Chinon 47 – Clamecy 49 – Dijon 117 – Saulieu 28.

Morvan, ✆ 03 86 32 24 83, *Fax 03 86 32 24 83* – AE GB

fermé 20 déc. au 1er mars, dim. soir et lundi du 10 sept. au 30 juin – **Repas** 105/245, enf. 58.

aux Lavaults *Sud-Est 5 km par D 10 – 89630 Quarré-les-Tombes :*

Aub. de l'Âtre (Salamolard) avec ch, ✆ 03 86 32 20 79, *Fax 03 86 32 28 25,* « Jardin fleuri » – P. AE GB JCB

fermé 25 nov. au 10 déc., 20 janv. au 5 mars, mardi soir et merc. du 10 sept. au 14 juil. – **Repas** (prévenir) 145/295 et carte 230 à 350, enf. 70 – 50 – **7 ch** 380/600

Spéc. Oeufs en meurette aux petits lardons fumés. Eventail de sandre grillé au cerfeuil. Fondant de pommes à la morvandelle. **Vins** Vezelay, Coulanges la Vineuse.

aux Brizards *Sud-Est : 8 km par D 55 et D 355 – ✉ 89630 :*

Aub. des Brizards Ⓜ (annexe 14 ch), ✆ 03 86 32 20 12, *Fax 03 86 32 27 40*, « Dans la campagne, parc avec étang, jardin fleuri », – TV ☎ P. AE ⓓ GB
fermé janv. – **Repas** 100 bc/300, enf. 60 – ☕ 50 – **23 ch** 220/500, 4 duplex – ½ P 280/510.

Les QUATRE-CROIX *45 Loiret* 61 ⑬ – *rattaché à Courtenay.*

QUATRE-ROUTES-D'ALBUSSAC *19 Corrèze* 75 ⑨ – *alt. 600* – ✉ *19380 Albussac.*

Voir *Roche de Vic* ✻★ *S : 2 km puis 15 mn*, **G. Berry Limousin.**

Paris 495 – Brive-la-Gaillarde 26 – Aurillac 72 – Mauriac 68 – St-Céré 40 – Tulle 19.

Roche de Vic, ✆ 05 55 28 15 87, *Fax 05 55 28 01 09*, – TV ☎ P. GB
fermé janv., fév., dim. soir et lundi sauf juil.-août et fériés – **Repas** 85/170 ♀, enf. 48 – ☕ 35 – **13 ch** 170/260 – ½ P 250.

QUÉDILLAC *35290 I.-et-V.* 59 ⑮ – *1 018 h alt. 85.*

Paris 389 – Rennes 39 – Dinan 29 – Lamballe 44 – Loudéac 57 – Ploërmel 45.

Relais de la Rance avec ch, ✆ 02 99 06 20 20, *Fax 02 99 06 24 01* – TV ☎ P. AE ⓓ GB
fermé 24 déc. au 10 janv. et dim. soir – **Repas** *(77)* - 105/330 et carte 200 à 350 ♀, enf. 57 – ☕ 35 – **13 ch** 230/350.

Les QUELLES *67 B.-Rhin* 62 ⑧ – *rattaché à Schirmeck.*

QUELVEN *56 Morbihan* 59 ⑫ – *rattaché à Pontivy.*

QUEMIGNY-POISOT *21220 Côte-d'Or* 65 ⑲ – *167 h alt. 397.*

Paris 301 – Beaune 30 – Dijon 22 – Avallon 97 – Saulieu 65.

L'Orée du Bois, ✆ 03 80 49 78 77, *Fax 03 80 49 74 56* – GB
1er avril-30 oct. et fermé dim. soir en oct. et lundi – **Repas** 80/180, enf. 55.

QUENZA *2A Corse-du-Sud* 90 ⑦ – *voir à Corse.*

QUESTEMBERT *56230 Morbihan* 63 ④ *G. Bretagne – 5 076 h alt. 100.*

ℹ *Office de Tourisme Hôtel Belmont ✆ 02 97 26 56 00, Fax 02 97 26 54 55.*

Paris 445 – Vannes 27 – Ploërmel 32 – Redon 34 – Rennes 98 – La Roche-Bernard 22.

Bretagne (Paineau) Ⓜ avec ch, r. St-Michel ✆ 02 97 26 11 12, *Fax 02 97 26 12 37*, – TV ☎ ♿ P. AE GB JCB
fermé 5 au 31 janv., mardi midi et lundi sauf juil.-août et fériés – **Repas** (prévenir) 210 (déj.), 295/490 et carte 410 à 630 – ☕ 95 – **9 ch** 780/1200 – ½ P 980/1200
Spéc. Huîtres en paquets à la vapeur d'estragon. Thon rouge poêlé, compote de rhubarbe, vinaigrette au jus de palourde. Choux farcis de homard à l'effiloché de tomate. **Vins** Muscadet.

AUDI, VOLKSWAGEN Gar. Cedam, ZI de Lenruit ✆ 02 97 26 50 55
CITROEN Gar. Le Ray Robert, ✆ 02 97 26 10 43 N ✆ 06 09 35 49 75
PEUGEOT Gar. Le Ray J.-Pierre, ZC de Lenruit ✆ 02 97 26 17 69

RENAULT Gar. Marquer, ✆ 02 97 26 10 41 N ✆ 06 09 49 26 00

Questembert Pneus, ZA de Lenruit ✆ 02 97 26 67 72

QUETTEHOU *50630 Manche* 54 ③ *G. Normandie Cotentin – 1 395 h alt. 14.*

ℹ *Office de Tourisme pl. de la Mairie ✆ 02 33 43 63 21.*

Paris 344 – Cherbourg 28 – Barfleur 10 – St-Lô 67 – Valognes 16.

Demeure du Perron, ✆ 02 33 54 56 09, *Fax 02 33 43 69 28*, – TV ☎ ♿ P. GB
fermé dim. du 15 nov. au 31 mars sauf fériés – **Repas** *(fermé dim. soir du 15 sept. au 30 juin sauf fériés et lundi midi)* 82/220 ♀, enf. 45 – ☕ 42 – **15 ch** 235/290 – ½ P 230/295.

Chaumière avec ch, ✆ 02 33 54 14 94, *Fax 02 33 44 09 87* – TV ☎. GB
fermé vacances de Toussaint, de fév., dim. soir et merc. sauf juil.-août – **Repas** 58/200 – ☕ 25 – **5 ch** 130/200 – ½ P 215/250.

CITROEN Gar. Godefroy, ✆ 02 33 54 13 50 N ✆ 02 33 54 13 50

La QUEUE-EN-BRIE *94 Val-de-Marne* 61 ① ②, 101 ㉙ – *voir à Paris, Environs.*

QUIBERON *56170 Morbihan* 63 ⑫ *G. Bretagne – 4 623 h alt. 10 – Casino .*
Voir *Côte sauvage*★★ *NO : 2,5 km.*
Office de Tourisme 14 r. Verdun ✆ 02 97 50 07 84, Fax 02 97 30 58 22.
Paris 504 ① – Vannes 46 ① – Auray 27 ① – Concarneau 98 ① – Lorient 47 ①.

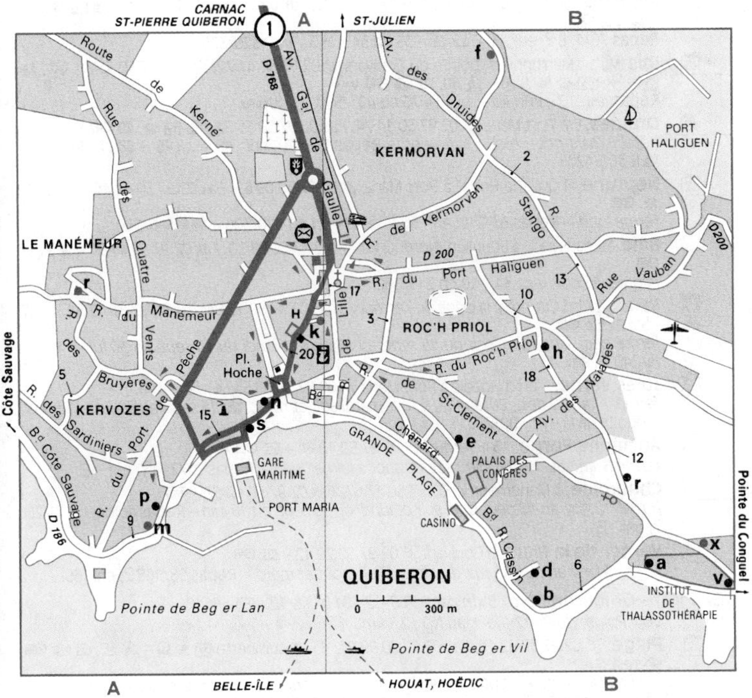

Corsaires (R. des) . . . . B 2
France (Bd A.) . . . . B 3
Genêts (R. des) . . . . A 5
Goviro (Bd du) . . . . B 6
Houat (Quai de) . . . . A 9
Korrigans (R. des) . . . . B 10
Marronniers (Av. des) . . . . B 12
Peupliers (R. des) . . . . B 13
Port-Maria (R. de) . . . . A 15
Repos (Pl. du) . . . . B 17
Sirènes (R. des) . . . . B 18
Verdun (R. de) . . . . A 20

Sofitel Diététique M, pointe de Goulvars ✆ 02 97 50 20 00, *Fax 02 97 30 47 63*, ←, centre de thalassothérapie, – AE GB. rest — B v
fermé 25 janv. au 8 fév. – **Repas** - cuisine diététique seul. - (résidents seul.) 220/300 – 70 – **78 ch** (pension seul.) – P 1330/2200.

Sofitel Thalassa, pointe du Goulvars ✆ 02 97 50 20 00, *Fax 02 97 50 46 32*, ←, centre de thalassothérapie, – – 30. AE GB. rest — B a
fermé du 3 au 31 janv. – **Repas** 190/490 ♀, enf. 65 – 80 – **133 ch** 815/1710 – ½ P 870/1170.

Europa M, à Port-Haliguen, Est : 2 km par D 200 ✆ 02 97 50 25 00, *Fax 02 97 50 39 30*, ←, – – 25. GB. rest
5 avril-5 nov. – **Repas** 100/250 ♀, enf. 65 – 60 – **53 ch** 520/670 – ½ P 450/515.

Ker Noyal, 51 ch. des Dunes ✆ 02 97 50 08 41, *Fax 02 97 30 58 20*, « Jardin » – – 40. AE GB. — B e
15 mars-15 oct. – **Repas** 110 (déj.), 150/390 – 50 – **82 ch** 575/685 – ½ P 575.

Bellevue, r. Tiviec ✆ 02 97 50 16 28, *Fax 02 97 30 44 34*, – AE GB. rest — B d
début avril-fin sept. – **Repas** 100/145 ♀, enf. 65 – 50 – **36 ch** 505/705 – ½ P 405/525.

Roch Priol, r. Sirènes ✆ 02 97 50 04 86, *Fax 02 97 30 50 09* – GB — B h
15 fév.-15 nov. – **Repas** 68/165, enf. 42 – 38 – **45 ch** 290/380 – ½ P 360/390.

Petite Sirène, 15 bd R. Cassin ✆ 02 97 50 17 34, *Fax 02 97 50 03 73,* ≤ – cuisinette TV ☎ P. GB. ✂ B b
25 mars-3 nov. – Repas *(fermé merc. sauf juil.-août)* 100/265 ₸ – ☕ 40 – **14 ch** 340/430, 4 appart, 15 studios 531/828.

Albatros M, 19 r. Port-Maria ✆ 02 97 50 15 05, *Fax 02 97 50 27 61,* ≤, 🍽 – |☰| TV ☎ ♿ P – 🏛 25. GB A s
Repas 76/128 ₸, enf. 40 – ☕ 38 – **35 ch** 345/450 – ½ P 320/375.

Ibis M, av. Marronniers, pointe du Goulvars ✆ 02 97 30 47 72, *Fax 02 97 30 55 78,* 🍽, 🏋, – ✂ TV ☎ ✆ ♿ P – 🏛 60. AE ⓓ GB JCB B r
Repas (85) - 105, enf. 40 – ☕ 42 – **75 ch** 495/590, 20 duplex.

Druides, 6 r. Port Maria ✆ 02 97 50 14 74, *Fax 02 97 50 35 72* – |☰| TV ☎. AE GB A n
hôtel : mars-oct. ; rest. : avril-sept. – **Repas** 80/170, enf. 48 – ☕ 45 – **33 ch** 340/580 – ½ P 360/420.

Neptune, 4 quai de Houat à Port Maria ✆ 02 97 50 09 62, *Fax 02 97 50 41 44,* ≤ – |☰| TV ☎. GB A p
fermé lundi – **Repas** 85/210, enf. 50 – ☕ 39 – **21 ch** 320/390 – ½ P 340/360.

Baie sans rest, à St-Julien, Nord : 2 km ✆ 02 97 50 08 20, *Fax 02 97 50 41 51* – ☎ P. AE GB
Pâques-15 nov. – ☕ 34 – **19 ch** 215/360.

Relax, 27 bd Castero à la plage de Kermorvan ✆ 02 97 50 12 84, *Fax 02 97 50 12 84,* ≤, 🍽 – P. AE ⓓ GB B f
fermé déc., janv., dim. soir du 15 sept. au 30 avril et lundi du 15 sept. au 30 juin – **Repas** 78/240 🍷, enf. 48.

Jules Verne, 1 bd d'Hoëdic à Port-Maria ✆ 02 97 30 55 55, ≤, 🍽 – GB A m
fermé 1er au 20 déc., 20 janv. au 9 fév., mardi soir et merc. du 15 sept. au 30 juin – **Repas** - produits de la mer - 90/280.

Ancienne Forge, 20 r. Verdun ✆ 02 97 50 18 64 – AE GB A k
fermé 5 janv. au 10 fév., dim. soir de sept. à juin et lundi – **Repas** 92/250 ₸, enf. 48.

Chaumine, à Manémeur ✆ 02 97 50 17 67, *Fax 02 97 50 17 67* – GB A r
fermé 12 nov. au 18 déc., dim. soir et lundi du 15 sept. au 15 juin – **Repas** 80 (déj.), 140/260 ₸, enf. 55.

Verger de la Mer, bd Goulvars ✆ 02 97 50 29 12 – AE GB B x
fermé 3 janv. au 19 fév., mardi soir sauf juil.-août et merc. – **Repas** 95/165 ₸, enf. 65.

à St-Pierre-Quiberon *Nord : 5 km par D 768 – 2 184 h. alt. 12 – ✉ 56510 .*
Voir *Pointe du Percho* ≤ ★ *au NO : 2,5 km.*

Plage, ✆ 02 97 30 92 10, *Fax 02 97 30 99 61,* ≤ – |☰| cuisinette TV ☎ P – 🏛 25. AE ⓓ GB. ✂ rest
Pâques-fin sept. – **Repas** *(fermé merc. midi hors saison sauf vacances scolaires)* (72) - 92 (déj.), 110/160 ₸, enf. 50 – ☕ 46 – **46 ch** 410/590 – ½ P 360/500.

St-Pierre, ✆ 02 97 50 26 90, *Fax 02 97 50 37 98* – TV ☎ ✆ ♿ P. AE ⓓ GB
Pâques-oct. – **Repas** 50/185 ₸ – ☕ 42 – **30 ch** 300/380 – ½ P 345/390.

à Portivy *Nord : 6 km par D 768 et rte secondaire – ✉ 56170 :*

Taverne, ✆ 02 97 30 91 61, *Fax 02 97 30 72 52,* ≤ – GB
fermé 11 nov. au début fév. et mardi du 15 sept. au 15 juin – **Repas** 89/340, enf. 50.

CITROEN Gar. Corveste, 21 av. Gén.-de-Gaulle par ① ✆ 02 97 50 07 71
PEUGEOT Gar. Le Garrec, 6 av. Gén.-de-Gaulle par ① ✆ 02 97 50 08 01
RENAULT Marquer Autom., 10 av. Gén.-de-Gaulle par ① ✆ 02 97 50 07 42

QUIÉVRECHAIN *59 Nord* 53 ⑤ *– rattaché à Valenciennes.*

QUILINEN *29 Finistère* 58 ⑮ *– rattaché à Quimper.*

QUILLAN *11500 Aude* 86 ⑦ *G. Pyrénées Roussillon – 3 818 h alt. 291.*
Voir *Défilé de Pierre Lys*★ *S : 5 km.*
ℹ *Office de Tourisme pl. Gare* ✆ *04 68 20 07 78, Fax 04 68 20 04 91.*
Paris 816 – Foix 62 – Andorra la Vella 115 – Carcassonne 52 – Limoux 27 – Perpignan 76 – Prades 62.

Pierre Lys, av. Carcassonne ✆ 04 68 20 08 65, 🍽, 🌳 – ☎ P. GB
fermé mi-nov. à mi-déc. – **Repas** 70/235, enf. 50 – ☕ 35 – **16 ch** 190/300 – ½ P 220/230.

Cartier, bd Ch. de Gaulle ✆ 04 68 20 05 14, *Fax 04 68 20 22 57* – |☰| TV ☎. AE GB
15 mars-15 déc. – **Repas** *(fermé sam. d'oct. à avril)* 80/200, enf. 42 – ☕ 38 – **30 ch** 180/350 – ½ P 270/300.

AUDI, VOLKSWAGEN, Gar. Dubois, ZA rte de Carcassonne ℘ 04 68 20 07 92
CITROEN Gar. Gilsa, rte de Carcassonne ℘ 04 68 20 04 27
PEUGEOT Gar. Roosli, 4 bd Ch.-de-Gaulle ℘ 04 68 20 01 01
RENAULT Gar. de la Haute Vallée, ZA rte de Carcassonne ℘ 04 68 20 06 66 **N** ℘ 04 68 20 01 79

QUIMPER P *29000 Finistère* 58 ⑮ *G. Bretagne – 59 437 h alt. 41.*

Voir *Cathédrale St-Corentin*★★ **BZ** – *Le vieux Quimper*★ : *Rue Kéréon*★ **ABY** – *Jardin de l'Évêché* ≤★ **BZ K** – *Mont-Frugy* ≤★ **ABZ** – *Musée des Beaux-Arts*★★ **BY M³** – *Musée départemental breton*★ **BZ M¹** – *Musée de la faïence Jules Verlingue*★ **AX M²** – *Descente de l'Odet*★★ *en bateau 1 h 30 – Festival de Cornouaille (fin juillet).*

Env. *Calvaire de Quilinen*★ *N : 10 km par D 770.*

de l'Odet ℘ 02 98 54 87 88 à Clohars-Fouesnant : 12 km.

de Quimper-Cornouaille ℘ 02 98 94 30 30, par D 40 : 8 km **AX.**

Office de Tourisme pl. Résistance ℘ 02 98 53 04 05, Fax 02 98 53 31 33 – Automobile Club (jeudi) ℘ 02 98 53 04 05.

Paris 564 ③ – Brest 71 ① – Lorient 67 ③ – Rennes 216 ③ – St-Brieuc 128 ① – Vannes 119 ③.

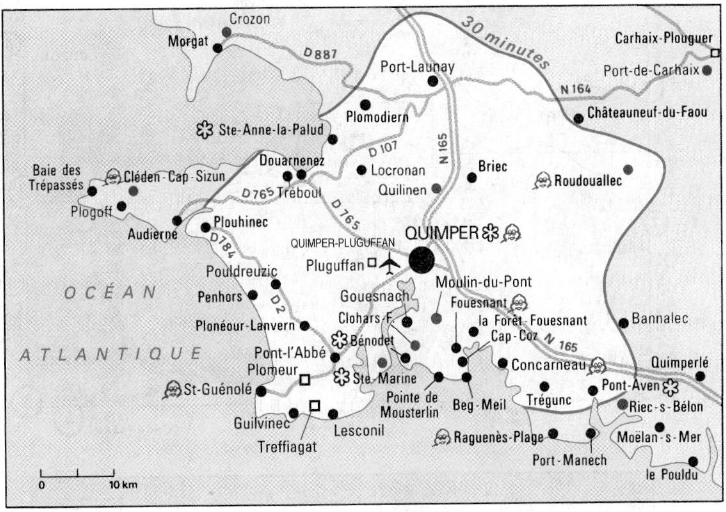

Novotel, par bd Le Guennec, près centre commercial de Kerdrezec ℘ 02 98 90 46 26, *Fax 02 98 53 01 96*, – rest, – 100. AE GB JCB — **AX n**
Repas *(72)* - 100 (déj.), 115/155 ♀, enf. 50 – ☕ 52 – **92 ch** 440/500.

Mascotte M, 6 r. Th. Le Hars ℘ 02 98 53 37 37, *Fax 02 98 90 31 51* – – 25. AE GB — **BZ d**
Repas *(fermé sam. et dim. sauf juil.-août)* (dîner seul.) *(75)* - 95 – ☕ 42 – **63 ch** 325/480.

Tour d'Auvergne, 13 r. Réguaires ℘ 02 98 95 08 70, *Fax 02 98 95 17 31* – AE GB — **BZ e**
Repas *(fermé sam. midi du 1er mai au 15 juil., sam. soir et dim. d'oct. à avril)* 125/270, enf. 70 – ☕ 55 – **41 ch** 410/550 – ½ P 455/475.

Gradlon sans rest, 30 r. Brest ℘ 02 98 95 04 39, *Fax 02 98 95 61 25* – AE GB. — **BY a**
fermé 12 janv. au 20 déc. – ☕ 56 – **22 ch** 380/500.

Relais Mercure sans rest, 21 bis av. gare ℘ 02 98 90 31 71, *Fax 02 98 53 09 81* – – 30. AE GB — **BX a**
☕ 40 – **63 ch** 275/395.

Ibis M, r. G. Eiffel ℘ 02 98 90 53 80, *Fax 02 98 52 18 41* – – 40. AE GB — **BV f**
Repas *(75)* - 85 bc (déj.)/95 ♀, enf. 39 – ☕ 35 – **72 ch** 325/405.

QUIMPER

Astor (R.) . . . . AYZ 2
Chapeau-Rouge (R.) . . AY 9
Kéréon (R.) . . . . AY
Kerguélen (Bd de) . . . . BZ 23
Parc (R. du) . . . . ABZ 34
St-François (R.) . . . . BZ 45
St-Mathieu (R.) . . . . AZ 47

Bécharles (Av. de) . . . . BV 3
Beurre (Pl. au) . . . . BY 4
Boucheries (R. des) . . . BY 6
Concarneau (R. de) . . . BX 10
Gare (Av. de la) . . . . . . BX 15
Guéodet (R. du) . . . . . . BY 16
Gutenberg (Bd) . . . . . . BX 17
Jacob (Pont Max) . . . . AZ 18
Le Hars (R. Th.) . . . . . . BZ 24
Libération (Av. de la) . . BX 25
Locmaria (Allées) . . . . . . AZ 26
Luzel (R.) . . . . BY 28
Mairie (R. de la) . . . . BY 29
Moulin-Vert (R. du) . . . . AV 30
Pont-l'Abbé (R. de) . . . . AX 35
Potiers (Ch. des) . . . . . . BX 37
Poulguinan (Bd de) . . . . AX 38
Résistance-et-du-Gén. de-Gaulle (Pl. de la) . . AZ 40
Ronarc'h (R. Amiral) . . . . . AZ 42
St-Corentin (Pl.) . . . . BZ 43
Ste-Catherine (R.) . . . . BZ 48
Ste-Thérèse (R.) . . . . BZ 50
Sallé (R. du) . . . . BY 52
Steir (Q. du) . . . . AZ 53
Terre-au-Duc (Pl.) . . . . AY 54
Tour-d'Auvergne (R.) . . . . BX 58
Ty-Nay (Rte de) . . . . BV 60

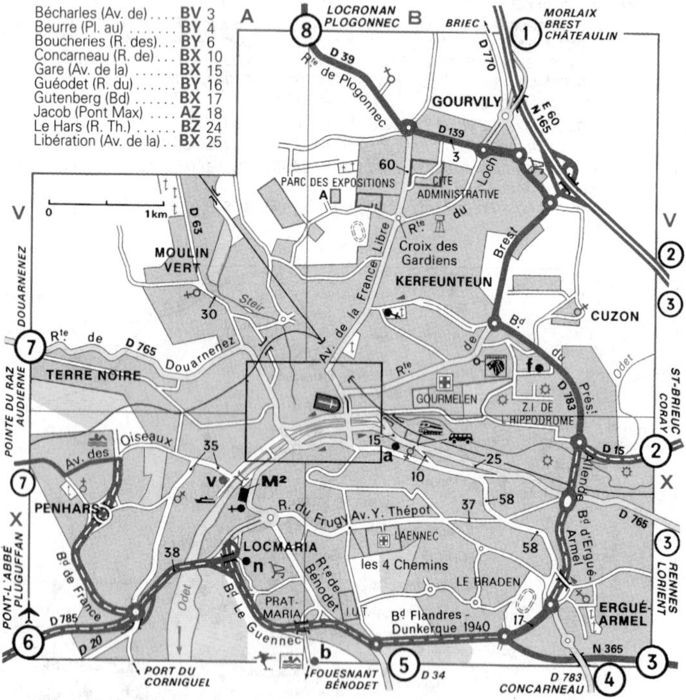

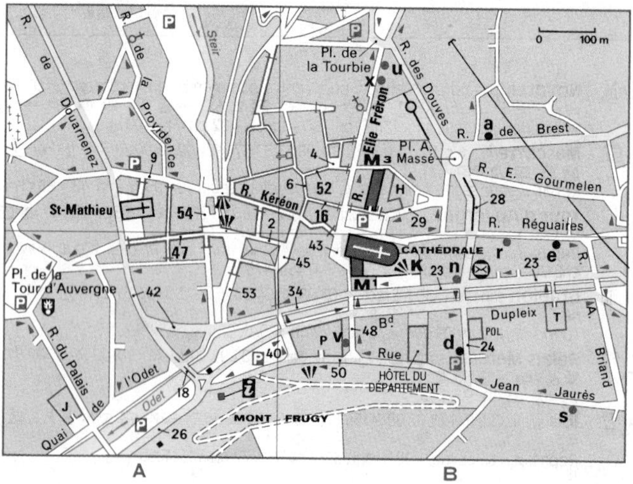

XXX **Capucin Gourmand,** 29 r. Réguaires ☎ 02 98 95 43 12, *Fax 02 98 95 13 34* – AE GB BZ r
fermé 2 au 10 oct., 2 au 24 janv., dim. soir et lundi – **Repas** *(95 bc)* - 115/360 et carte 250 à 350 ♀.

XXX **Acacias,** bd Creac'h Gwen ☎ 02 98 52 15 20, *Fax 02 98 10 11 48* – P. GB BX b
fermé 3 au 21 août, sam. midi et dim. soir – **Repas** 98/250 et carte 210 à 300 ♀.

XX **L'Ambroisie** (Guyon), 49 r. Elie Fréron ☎ 02 98 95 00 02, *Fax 02 98 95 88 06* – GB
fermé 22 juin au 4 juil., vacances de Toussaint et lundi sauf le soir en été – **Repas** 105/300 et carte 220 à 280, enf. 65 BY u
Spéc. Coquilles Saint-Jacques aux champignons (saison). Sole braisée aux artichauts. Crêpe aux fruits.

XX **Fleur de Sel,** 1 quai Neuf ☎ 02 98 55 04 71, *Fax 02 98 55 04 71* – GB. ✻ AX v
fermé sam. midi et dim. – **Repas** *(88)* - 110/195 ♀.

XX **Clos de la Tourbie,** 43 r. Élie Fréron ☎ 02 98 95 45 03, *Fax 02 98 95 45 03* – AE ⓓ GB BY x
fermé sam. midi et merc. – **Repas** 74/180 ♀.

X **Folle Blanche,** 39 bd Kerguelen ☎ 02 93 95 76 76, 🏠 – AE GB. ✻ BZ n
fermé 1er au 15 mai, mardi soir hors saison et dim. – **Repas** 80/120 ♀.

X **Rive Gauche,** 9 r. Ste-Catherine ☎ 02 98 90 06 15 – GB BZ v
fermé 1er au 15 juin, vacances de Toussaint et dim. – **Repas** 74/150.

X **L'Assiette,** 5 bis r. J. Jaurès ☎ 02 98 53 03 65 – GB BZ s
fermé 24 juil. au 24 août, dim., lundi et fériés – **Repas** *(60)* - 78 ♀.

à Quilinen *par ① et D 770 : 11 km – ✉ 29510 Landrevarzec :*

X **Aub. de Quilinen,** ☎ 02 98 57 93 63 – GB
fermé 2 août au 1er sept., dim. soir et lundi – **Repas** 87/170 ♀, enf. 50.

à Moulin-du-Pont *par ⑤, rte de Bénodet : 9 km – ✉ 29000 Quimper :*

XXX **Pins d'Argent,** ☎ 02 98 54 74 24, *Fax 02 98 51 71 47* – P. AE ⓓ GB
fermé dim. soir hors saison et lundi – **Repas** 98/250 et carte 250 à 390 ♀, enf. 65.

au Sud-Ouest *par ⑥, rte de Pont-l'Abbé - sortie Z.A. Bel Air : 5 km – ✉ 29700 Pluguffan :*

XXX **Roseraie de Bel Air,** ☎ 02 98 53 50 80, *Fax 02 98 53 50 80,* « Maison bretonne du 19e siècle », 🌳 – P. AE GB
fermé dim. soir et lundi – **Repas** 138/265 et carte 230 à 310.

à Pluguffan *par ⑥ puis D 40 : 7 km – 3 238 h. alt. 90 – ✉ 29700 :*

🏠 **Coudraie** 🐌 sans rest, impasse du Stade ☎ 02 98 94 03 69, *Fax 02 98 94 08 42,* 🌳 – TV ☎ P. GB
fermé vacances de Toussaint, de fév. et dim. en hiver – ☕ 30 – **11 ch** 220/280.

AUDI, VOLKSWAGEN Gar. Honoré, KM 4 rte de Rosporden ☎ 02 98 94 63 00
CITROEN S.C.A.F. Diffusion Autom., rte de Bénodet à Ménez-Bily par ⑤ ☎ 02 98 90 33 47 N ☎ 02 98 90 28 05
FIAT, LANCIA Ouest Atlantique Autom., 136 av. Ty Bos, rte de Concarneau ☎ 02 98 90 84 00
FORD Bretagne-Autom., 105 av. de Ty-Bos ☎ 02 98 90 32 00 N ☎ 02 98 90 24 24
MERCEDES Gar. Belléguic, ZI rte de Coray, ☎ 02 98 90 03 69 N ☎ 02 98 90 24 24
PEUGEOT Gar. Nédélec, 66 rte de Brest ☎ 02 98 95 42 74 N ☎ 02 98 62 20 74
RENAULT Gar. de l'Odet, ZI Kernevez 1 r. Nobel ☎ 02 98 55 80 00 N ☎ 06 07 40 02 91
ROVER Kemper Autom., 13 av. Libération ☎ 02 98 90 50 00 N ☎ 02 98 90 24 24

Ⓜ Bégot Pneus, 79 rte de Brest ☎ 02 98 95 09 33
CAP Pneus, r. Lebon ZI Hippodrome ☎ 02 98 90 18 87
Euromaster, ZA la Salle Verte à Ergué-Gabéric ☎ 02 98 59 67 67
Simon Pneus, Le Melenec, rte d'Elliant à Ergué-Gabéric ☎ 02 98 90 17 73
Vulco, 1 r. O.-de-Serre ZI Hippodrome ☎ 02 98 53 35 26

QUIMPERLÉ *29300 Finistère* 58 ⑫ ⑰ *G. Bretagne* (plan) – *10 748 h alt. 30.*

Voir *Église Ste-Croix*★★ – *Rue Dom-Morice*★.

18 *du Val Quéven ☎ 02 97 05 17 96 à Gestel : SE, 18 km par RN 165.*

Office de Tourisme Le Bourgneuf ☎ 02 98 96 04 32, Fax 02 98 96 16 12.

Paris 518 – Quimper 47 – Carhaix-Plouguer 55 – Concarneau 31 – Pontivy 54 – Rennes 171 – St-Brieuc 109 – Vannes 73.

🏠 **Novalis** M, rte Concarneau : 2,5 km ☎ 02 98 39 24 00, *Fax 02 98 39 12 10* – TV ☎ ♿ P – 🧑‍🏫 30 à 60. AE GB
Repas *(fermé le midi du 15 juil. au 15 août, sam. midi et dim.)* 58 (déj.), 70/145 ♀, enf. 45 – ☕ 38 – **25 ch** 260/370 – ½ P 225/300.

Kervidanou M, zone commerciale de Kervidanou par rte Concarneau : 4 km ✆ 02 98 39 18 00, *Fax 02 98 96 35 11* – 25 à 30. AE GB
fermé 20 déc. au 5 janv. – **Repas** grill *(fermé vend., sam. et dim.)* (dîner seul.) 65/99 ♀ – **44 ch** 245/430.

Bistro de la Tour, 2 r. Dom. Morice ✆ 02 98 39 29 58, *Fax 02 98 39 21 77* – GB
fermé dim. soir sauf du 14 juil. au 31 août et sam. midi – **Repas** 70 (déj.), 99/360 bc.

Relais du Roch, rte du Pouldu par D 49 : 2 km ✆ 02 98 96 12 97, *Fax 02 98 39 22 40,* – P. GB
fermé 1er au 15 janv., dim. soir et lundi – **Repas** 87/260, enf. 40.

AUDI, VOLKSWAGEN Gar. Quimperlois, 39 41 r. de Lorient ✆ 02 98 39 32 24
CITROEN Gar. Gaudart, rte de Quimper à Roz-Glass ✆ 02 98 96 20 30 N ✆ 06 08 28 31 56
FIAT Central Auto, 22 rte de Lorient ✆ 02 98 39 08 39
RENAULT Sodiqa, 117 r. de Pont-Aven ✆ 02 98 39 34 55 N ✆ 08 00 05 15 15
Vulco, ZAC Kergoaler, rte de Pont Aven ✆ 02 98 96 01 39

QUINCIÉ-EN-BEAUJOLAIS *69430 Rhône 73 ⑨ – 1 059 h alt. 325.*
Paris 427 – Mâcon 32 – Roanne 68 – Beaujeu 6 – Bourg-en-Bresse 53 – Lyon 59.

Mont-Brouilly, Est : 2,5 km par D 37 ✆ 04 74 04 33 73, *Fax 04 74 69 00 72,* – rest, P – 25. AE GB
fermé 21 au 28 déc., fév., dim. soir d'oct. à mars et lundi sauf le soir d'avril à sept. – **Repas** 90/250 ♀, enf. 50 – 36 – **29 ch** 260/330 – ½ P 260/290.

QUINCY-SOUS-SÉNART *91 Essonne 61 ①, 101 ㊳ – voir Paris, Environs.*

QUINÉVILLE *50310 Manche 54 ③ G. Normandie Cotentin – 306 h alt. 29.*
Paris 336 – Cherbourg 36 – Barfleur 21 – Carentan 32 – St-Lô 60.

Château de Quinéville , ✆ 02 33 21 42 67, *Fax 02 33 21 05 79,* parc, « Château du 17e siècle » – P. AE GB
fermé 5 janv. au 30 mars – **Repas** 120/320 ♀ – 45 – **24 ch** 460/560 – ½ P 390/410.

QUINSAC *33360 Gironde 75 ⑪ – 1 866 h alt. 80.*
Paris 589 – Bordeaux 14 – Langon 33 – Libourne 39.

au Port Neuf *Nord : 4 km par D 10 et D 14 – ✉ 33360 Camblanès-et-Meymac :*

Maison du Fleuve, ✆ 05 56 20 06 40, *Fax 05 56 20 01 04,* ←, , « Au bord de la Garonne » – P. AE GB
fermé janv., dim. soir et lundi d'oct. à mars – **Repas** (prévenir) 85 (déj.), 135/240 ♀.

QUINSON *04500 Alpes-de-H.-P. 84 ⑤, 114 ⑦ – 274 h alt. 370.*
Paris 785 – Digne-les-Bains 62 – Aix-en-Provence 75 – Brignoles 43 – Castellane 73.

Relais Notre-Dame, ✆ 04 92 74 40 01, *Fax 04 92 74 02 10,* – P. AE GB. ch
15 mars-15 déc. et fermé dim. soir et lundi sauf juil.-aout – **Repas** 95/210 ♀, enf. 45 – 38 – **14 ch** 160/300 – ½ P 220/277.

QUINT-FONSEGRIVES *31 H.-Gar. 82 ⑧ – rattaché à Toulouse.*

QUINTIN *22800 C.-d'Armor 59 ⑫ ⑬ G. Bretagne – 2 602 h alt. 180.*
Paris 463 – St-Brieuc 18 – Guingamp 31 – Lamballe 34 – Loudéac 31.

Commerce avec ch, r. Rochonen ✆ 02 96 74 94 67, *Fax 02 96 74 00 94* – . GB
fermé 20 déc. au 20 janv. – **Repas** *(fermé dim. soir et lundi midi sauf juil.-août)* 69/189, enf. 49 – 32 – **13 ch** 170/290 – ½ P 188/230.

RAGUENÈS-PLAGE *29 Finistère 58 ⑪ G. Bretagne – ✉ 29920 Névez.*
Paris 545 – Quimper 41 – Carhaix-Plouguer 70 – Concarneau 17 – Pont-Aven 12 – Quimperlé 29.

Chez Pierre , ✆ 02 98 06 81 06, *Fax 02 98 06 62 09,* , « Jardin » – P. GB. rest
4 avril-27 sept. – **Repas** *(fermé merc. du 10 juin au 16 sept.)* (79) - 100/280, enf. 77 – 35 – **35 ch** 215/428 – ½ P 252/366.

Men Du sans rest, ✆ 02 98 06 84 22, *Fax 02 98 06 76 69,* ←, – P. GB.
Pâques-fin sept. – 38 – **14 ch** 280/350.

RAISMES *59 Nord* 53 ④ *– rattaché à Valenciennes.*

RAMATUELLE *83350 Var* 84 ⑰, 114 ㊲ *G. Côte d'Azur – 1 945 h alt. 136.*

Voir *Col de Collebasse* ≤★ *S : 4 km.*

Paris 873 – Fréjus 35 – Hyères 51 – Le Lavandou 36 – St-Tropez 9 – Ste-Maxime 15 – Toulon 71.

Baou ⓢ, ☎ 04 94 79 20 48, *Fax 04 94 79 28 36,* ≤ village et campagne, ⛱, ⛲, ⚘ – |♦|, ▤ ch, TV ☎ – 🏊 60. AE ⓓ GB
1er avril-31 oct. – ***Terrasse :*** Repas 190/280, enf. 90 – ***Jardin aux Herbes*** *(ouvert juil.-août)* Repas (dîner seul.)160 b.c, enf. 90 – ☕ 65 – **41 ch** 700/1700 – ½ P 585/1085.

Vigne de Ramatuelle Ⓜ ⓢ, Sud-Ouest : 1,5 km par D 93 ☎ 04 94 79 12 50, *Fax 04 94 79 13 20,* ≤, parc, ⛲ – ▤ ch, TV ☎ 🅿. AE ⓓ GB
4 avril-2 nov. – ***Petite Table*** (dîner seul.) *(4 juil.-30 août)* Repas 175, enf. 85 – ☕ 75 – **14 ch** 1200/1350.

Ferme d'Hermès ⓢ sans rest, rte l'Escalet, Sud-Est : 2,5 km ☎ 04 94 79 27 80, *Fax 04 94 79 26 86,* « Demeure provençale dans le vignoble », ⛲, ⚘ – cuisinette TV ☎ 🅿. GB
1er avril-1er nov. et 27 déc.-10 janv. – ☕ 80 – **8 ch** 750/880.

Forge, r. Victor Léon ☎ 04 94 79 25 56 – ▤. AE GB
1er mars-15 nov. – **Repas** *(fermé le midi en juil.-août et merc. de sept. à juin)* 165.

à la Bonne Terrasse *Est : 5 km par D 93 et rte de Camarat –* ✉ *83350 Ramatuelle :*

Chez Camille, ☎ 04 94 79 80 38, ≤, ⛱ – 🅿. GB
1er avril-10 oct. et fermé mardi sauf le soir en juil.-août – **Repas** - produits de la mer - (week-end et saison, prévenir) 185/420.

Entrate nell'albergo o nel ristorante con la Guida alla mano, dimostrando in tal modo la fiducia in chi vi ha indirizzato.

RAMBOUILLET SP *78120 Yvelines* 60 ⑧ ⑨, 106 ㉗ ㉘ *G. Ile de France – 24 343 h alt. 160.*

Voir *Boiseries★ du château* Z – *Parc★* YZ : *laiterie de la Reine★* Z **B**, *chaumière des coquillages★* Z **E** – *Bergerie nationale★* Z – *Forêt de Rambouillet★.*

ℹ *Office de Tourisme à l'Hôtel de Ville* ☎ *01 34 83 21 21, Fax 01 34 57 34 58.*

Paris 52 ① *– Chartres 41* ③ *– Étampes 39* ③ *– Mantes-la-Jolie 50* ① *– Orléans 89* ③ *– Versailles 32* ①.

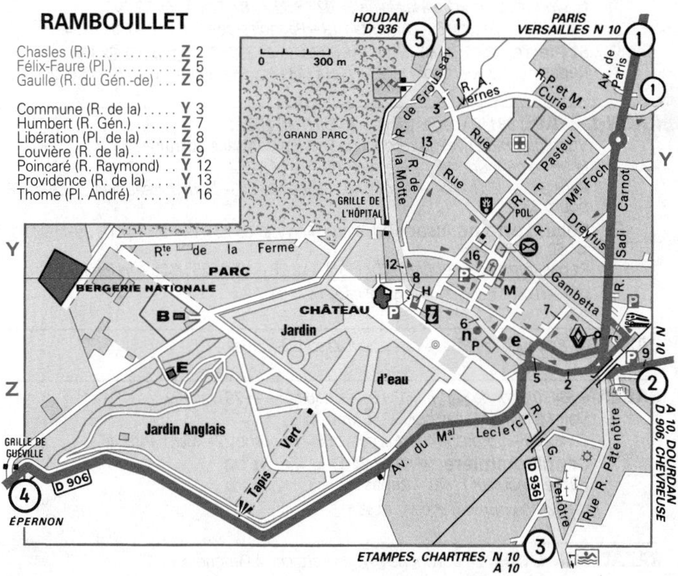

XX **Cheval Rouge,** 78 r. Gén. de Gaulle ☎ 01 30 88 80 61, *Fax 01 34 83 91 60* – ▤. AE GB Z n
fermé 12 juil. au 14 août, dim. soir et mardi – **Repas** 98/180.

X **Poste,** 101 r. Gén. de Gaulle ☎ 01 34 83 03 01 – AE GB Z e
fermé 28 déc. au 10 janv., dim. soir et lundi sauf fêtes – **Repas** 106/194 ♀.

AUDI, VOLKSWAGEN Gar. Sofriga, 122 r. de Clairefontaine ☎ 01 30 41 87 68
BMW Soravia, 29 r. Pâtenôtre ☎ 01 34 85 77 77
CITROEN Gar. Van de Maele, r. G.-Lenôtre par ③ ☎ 01 30 41 81 81 N ☎ 08 00 05 24 24
PEUGEOT Gar. Préhel, 56 r. Le Nôtre, Le Bel Air par ③ ☎ 01 30 41 01 70 N ☎ 08 00 05 24 24
RENAULT Gar. de la Gare, 9 r. Sadi-Carnot ☎ 01 30 59 89 42 N ☎ 08 00 05 15 15

RANCÉ *01390 Ain* 74 ⑩, 110 ④ – *410 h alt. 282.*
Paris 440 – Lyon 32 – Bourg-en-Bresse 46 – Villefranche-sur-Saône 13.

XX **Rancé,** ☎ 04 74 00 81 83, *Fax 04 74 00 87 08* – ▤. AE GB
fermé lundi soir et mardi soir sauf juil.-août – **Repas** 80/295 ♀, enf. 65.

RANÇON *87290 H.-Vienne* 72 ⑦ *G. Berry Limousin* – *544 h alt. 217.*
Paris 370 – Limoges 39 – Bellac 13 – La Souterraine 34.

X **L'Oie et le Gril,** ☎ 05 55 68 15 06, *Fax 05 55 68 15 06* – GB
fermé 21 sept. au 15 oct., mardi soir et merc. – **Repas** 65 (déj.)/125.

RANCOURT *80 Somme* 53 ⑬ – *rattaché à Péronne.*

RANDAN *63310 P.-de-D.* 73 ⑤ *G. Auvergne* – *1 429 h alt. 407.*
Voir *Villeneuve-les-Cerfs : pigeonnier★ O : 2 km.*
Syndicat d'Initiative à la Mairie ☎ 04 70 41 50 02, Fax 04 70 56 14 79.
Paris 406 – Clermont-Ferrand 40 – Aigueperse 13 – Gannat 21 – Riom 25 – Thiers 29 – Vichy 14.

XX **Centre** avec ch, ☎ 04 70 41 50 23, *Fax 04 70 56 14 78* – ☎. GB
fermé 19 oct. au 29 nov., mardi soir et merc. sauf juil.-août – **Repas** 58/220, enf. 45 – ☕ 30 – **8 ch** 160/260 – ½ P 170/215.

CITROEN Gar. Elambert, ☎ 04 70 41 51 62

RÂNES *61150 Orne* 60 ② *G. Normandie Cotentin* – *1 015 h alt. 237.*
Syndicat d'Initiative à la Mairie ☎ 02 33 39 73 87, Fax 02 33 39 79 77.
Paris 215 – Alençon 39 – Argentan 19 – Bagnoles-de-l'Orne 19 – Falaise 34.

St Pierre, ☎ 02 33 39 75 14, *Fax 02 33 35 49 23,* – TV ☎. AE GB
Repas *(fermé vend. soir)* 75/200 ♀, enf. 48 – ☕ 38 – **12 ch** 245/345 – ½ P 285.

RAON-L'ÉTAPE *88110 Vosges* 62 ⑦ – *6 780 h alt. 284.*
Voir *Église★ d'Etival-Clairefontaine S : 6 km,* **G. Alsace Lorraine.**
Office de Tourisme r. J.-Ferry ☎ 03 29 41 83 25.
Paris 372 – Épinal 44 – Nancy 68 – Lunéville 36 – Neufchâteau 111 – St-Dié 18 – Sarrebourg 53.

Relais Lorraine Alsace M, 31 r. J. Ferry ☎ 03 29 41 61 93, *Fax 03 29 41 93 09,* – TV ☎. AE GB JCB
Repas *(fermé nov. et lundi)* 70/158 ♀ – ☕ 28 – **10 ch** 255/305 – ½ P 230/250.

CITROEN Gar. Jacquel, ZI du Hagis ☎ 03 29 41 47 79

RASTEAU *84 Vaucluse* 81 ② – *rattaché à Vaison-la-Romaine.*

RAUZAN *33420 Gironde* 75 ⑫ *G. Pyrénées Aquitaine* – *978 h alt. 69.*
Voir *Moulin de Labarthe★ SE : 6 km.*
Paris 600 – Bordeaux 40 – Bergerac 58 – Libourne 22 – Marmande 46.

XX **Gentilhommière,** ☎ 05 57 84 13 42 – P. GB
fermé lundi sauf fériés – **Repas** 65 (déj.), 112/250 ♀.

RENAULT Gar. Nardou, ☎ 05 57 84 13 17

RAZAC-SUR-L'ISLE *24 Dordogne* 75 ⑤ – *rattaché à Périgueux.*

RAZ (Pointe du) ★★★ *29 Finistère* 58 ⑬ *G. Bretagne.*

Voir ☼★★.

Paris 617 – Quimper 52 – Douarnenez 35 – Pont-l'Abbé 47.

à La Baie des Trépassés *par D 784 et rte secondaire : 3,5 km :*

Relais de la Pointe du Van ⑤, ✉ 29770 Cléden-Cap-Sizun ☎ 02 98 70 62 79, *Fax 02 98 70 35 20,* ←, – ☎ ♿ P. GB

1er avril-30 sept. – **Repas** 100/210 ♀, enf. 43 – ☕ 40 – **25 ch** 252/376 – ½ P 307/369.

Baie des Trépassés ⑤, ✉ 29770 Plogoff ☎ 02 98 70 61 34, *Fax 02 98 70 35 20,* ← – TV ☎ P. GB

fermé 5 janv. au 13 fév. – **Repas** 100/285 ♀, enf. 43 – ☕ 40 – **27 ch** 276/370 – ½ P 275/373.

RÉ (Ile de) ★ *17 Char.-Mar.* 71 ⑫ *G. Poitou Vendée Charentes.*

Accès : *par le pont routier (voir à La Rochelle).*

Ars-en-Ré – *1 165 h alt. 4* – ✉ *17590.*

Office de Tourisme pl. Carnot ☎ 05 46 29 46 09, Fax 05 46 29 68 30.

Paris 505 – La Rochelle 35 – Fontenay-le-Comte 83 – Luçon 72.

Martray, Le Martray, Est : 3 km par D 735 ☎ 05 46 29 40 04, *Fax 05 46 29 41 19,* – rest, TV ☎ P. AE ⓓ GB

1er avril-2 nov. – **Repas** 140/180 ♀, enf. 60 – ☕ 40 – **14 ch** 320/400 – ½ P 380/390.

Parasol ⑤, rte St-Clément-des-Baleines, Nord Ouest : 1 km ☎ 05 46 29 46 17, *Fax 05 46 29 05 09,* – cuisinette TV ☎ ♿ P. GB

4 mars-3 nov. – **Repas** *(fermé mardi en oct. et nov.)* 125/180 – ☕ 40 – **29 ch** 365, 20 studios 450 – ½ P 343/385.

Bistrot de Bernard, 1 quai Criée ☎ 05 46 29 40 26, *Fax 05 46 29 28 99,* – GB

fermé 11 nov. au 20 déc., 4 janv. au 15 fév., lundi soir et mardi d'oct. à mars – **Repas** 130/175 ♀.

CITROEN Gar. de Beauregard, ☎ 05 46 29 40 43

Bois-Plage-en-Ré – *2 014 h alt. 5* – ✉ *17580.*

Office de Tourisme 18 r. de l'Eglise ☎ 05 46 09 23 26, Fax 05 46 09 13 15.

Paris 492 – La Rochelle 23 – Fontenay-le-Comte 70 – Luçon 59.

Gollandières ⑤, ☎ 05 46 09 23 99, *Fax 05 46 09 09 84,* – TV ☎ P – 25. AE ⓓ GB

1er avril-1er nov. – **Repas** 125/190 ♀, enf. 60 – ☕ 42 – **32 ch** 350/450 – ½ P 395/430.

L'Océan, 172 r. St-Martin ☎ 05 46 09 23 07, *Fax 05 46 09 05 40,* – TV ☎ P. AE GB

fermé 5 janv. au 5 fév. – **Repas** *(fermé merc. sauf vacances scolaires)* 130/180 ♀, enf. 50 – ☕ 45 – **24 ch** 380/450 – ½ P 340/380.

La Flotte – *2 452 h alt. 4* – ✉ *17630.*

Office de Tourisme quai Sénac ☎ 05 46 09 60 38, Fax 05 46 09 64 88.

Paris 486 – La Rochelle 17 – Fontenay-le-Comte 64 – Luçon 54.

Richelieu M ⑤, ☎ 05 46 09 60 70, *Fax 05 46 09 50 59,* ←, centre de thalassothérapie, – TV ☎ ♿ P – 60. AE GB

Repas *(fermé 5 janv. au 10 fév.)* 300/420 et carte 330 à 470 ♀ – ☕ 100 – **39 ch** 800/2000, 3 appart – ½ P 800/2500

Spéc. Homard grillé, beurre de corail. Bar braisé au beurre de thym. Salade de coquilles Saint-Jacques pôelées. **Vins** Blanc et rouge de Ré.

Hippocampe sans rest, r. Château des Mauléons ☎ 05 46 09 60 68 – ☎. GB

☕ 25 – **15 ch** 127/253.

Lavardin, r. H. Lainé ☎ 05 46 09 68 32, *Fax 05 46 09 54 03* – . GB

fermé 16 nov. au 16 déc., 4 au 31 janv., mardi soir et merc. hors saison – **Repas** 100 bc/235 ♀.

L'Écailler, 3 quai Senac ☎ 05 46 09 56 40, – GB

Pâques-1er nov. et fermé lundi sauf vacances scolaires et fériés – **Repas** - produits de la mer seul. - carte 220 à 290 ♀.

Les Portes-en-Ré – *660 h alt. 4* – ✉ *17880.*

Trousse Chemise ☎ 05 46 29 69 37, S par D 101 : 3,5 km.

Office de Tourisme r. de Trousse-Chemise ☎ 05 46 29 52 71, Fax 05 46 29 52 81.

Paris 513 – La Rochelle 43 – Fontenay-le-Comte 91 – Luçon 80.

XX **Aub. de la Rivière,** Ouest : 1 km sur D 101 ☎ 05 46 29 54 55, *Fax 05 46 29 40 32*, – P. AE GB
15 mars-15 nov. et fermé mardi soir et merc. sauf vacances scolaires – **Repas** 130 bc/350 ♀, enf. 55.

Rivedoux-Plage – *1 163 h alt. 2* – ✉ *17940*.
Office de Tourisme pl. République ☎ 05 46 09 80 62, Fax 05 46 09 80 62.
Paris 481 – La Rochelle 12 – Fontenay-le-Comte 60 – Luçon 49.

Aub. de la Marée, rte St-Martin ☎ 05 46 09 80 02, *Fax 05 46 09 88 25*, ≤, « Jardin fleuri et piscine » – ch, TV ☎ ♿ P. GB
hôtel : 4 avril-11 nov. ; rest. : 20 mai-20 sept. – **Repas** *(fermé le midi sauf dim.)* 160/330, enf. 70 – ☕ 50 – **30 ch** 390/800 – 1/2 P 390/650.

Rivotel M, 154 av. Dunes ☎ 05 46 09 89 51, *Fax 05 46 09 89 04*, ≤, – TV ☎ ♿ P. AE GB
3 avril-2 nov. – ***Lamparo*** *(10 avril-27 sept.)* **Repas** 120/260, enf. 65 – ☕ 50 – **33 ch** 410/780 – 1/2 P 410/660.

St-Clément-des-Baleines – *607 h alt. 2* – ✉ *17590*.
Voir *L'Arche de Noé (parc d'attractions) : Naturama★ (collection d'animaux naturalisés) – Phare des Baleines ✵★ N : 2,5 km.*
Office de Tourisme 200 r. du Centre ☎ 05 46 29 24 19, Fax 05 46 29 08 14.
Paris 508 – La Rochelle 39 – Fontenay-le-Comte 86 – Luçon 75.

Chat Botté sans rest, 2 pl. Église ☎ 05 46 29 21 93, *Fax 05 46 29 29 97*, – TV ☎ P. GB
fermé 1er au 15 déc. et 5 janv. au 10 fév. – ☕ 62 – **19 ch** 380/600.

XX **Chat Botté,** ☎ 05 46 29 42 09, *Fax 05 46 29 29 77*, – AE GB
fermé 20 nov. au 20 déc., 5 janv. au 5 fév. et lundi – **Repas** 130/370 ♀.

St-Martin-de-Ré – *2 512 h alt. 14* – ✉ *17410*.
Voir *Fortifications★.*
Office de Tourisme av. V.-Bouthillier ☎ 05 46 09 20 06, Fax 05 46 09 06 18.
Paris 492 – La Rochelle 22 – Fontenay-le-Comte 70 – Luçon 59.

Jetée M sans rest, quai G. Clemenceau ☎ 05 46 09 36 36, *Fax 05 46 09 36 06* – TV ☎ ♿ – 25. GB
☕ 40 – **31 ch** 470/590.

Galion M, allée Guyane ☎ 05 46 09 03 19, *Fax 05 46 09 13 26*, ≤ – TV ☎ ♿. AE GB
hôtel : fermé 15 nov. au 9 déc ; rest : fermé dim. soir et lundi d'oct. à mars – **Repas** 100/160 – ☕ 45 – **31 ch** 450/600.

Port sans rest, 29 quai Poithevinière ☎ 05 46 09 21 21, *Fax 05 46 09 06 85* – TV ☎. GB
☕ 36 – **35 ch** 380/420.

Colonnes, 19 quai Job-Foran ☎ 05 46 09 21 58, *Fax 05 46 09 21 49*, ≤, – TV ☎ P. GB
Repas *(fermé 15 déc. au 2 fév. et merc.) (98)* - 125/195 ♀, enf. 45 – ☕ 45 – **30 ch** 450.

RENAULT Gar. Neveur, ☎ 05 46 09 44 22

Ste-Marie-de-Ré *17740* 71 ⑫ – *1 806 h alt. 9.*
Office de Tourisme pl. d'Artioche ☎ 05 46 30 22 92, Fax 05 46 30 01 68.
Paris 485 – La Rochelle 16 – Fontenay-le-Comte 63 – Luçon 52.

Atalante, ☎ 05 46 30 22 44, *Fax 05 46 30 13 49*, ≤, centre de thalassothérapie, – TV ☎ ♿ P – 80. AE GB
fermé 4 au 31 janv. – **Repas** 140/240 ♀ – ☕ 35 – **65 ch** 485/1120 – 1/2 P 425/680.

PEUGEOT Gar. Montanari -Charles, ☎ 05 46 30 21 08

RÉALMONT *81120 Tarn* 83 ① – *2 631 h alt. 212.*
Paris 705 – Toulouse 79 – Albi 20 – Castres 24 – Graulhet 18 – Lacaune 56 – St-Affrique 85.

XXX **Noël** avec ch, r. H. de Ville ☎ 05 63 55 52 80, *Fax 05 63 55 69 91*, – TV ☎ – 50. AE GB.
fermé vacances d'hiver, dim. soir et lundi de sept. à juil. – **Repas** 95/250 et carte 230 à 310 ♀, enf. 65 – ☕ 28 – **8 ch** 195/320 – 1/2 P 220/260.

RENAULT Gar. Conrazier, ☎ 05 63 55 51 38

Les prix Pour toutes précisions sur les prix indiqués dans ce guide, reportez-vous aux pages explicatives.

REDON SP 35600 *I.-et-V.* 63 ⑤ *G. Bretagne – 9 260 h alt. 10.*

Voir Tour★ de l'église St-Sauveur Y.

Office de Tourisme pl. de la République ✆ 02 99 71 06 04, Fax 02 99 71 01 59.

Paris 411 ① – Châteaubriant 58 ② – Nantes 81 ② – Ploërmel 45 ① – Rennes 66 ① – St-Nazaire 53 ② – Vannes 57 ③.

REDON

Douves (R. des) . . . . YZ
États (R. des). . . . . Y 12
Grande-Rue . . . . Z 23
Notre-Dame (R.) . . . . Y 32
Victor-Hugo (R.) . . . . Y 50

Bonne-Nouvelle (Bd) . . . . Y 2
Bretagne (Pl. de). . . . . Y 3
Desmars (R. Joseph) . . . . Y 5
Douves (Pont des) . . . . Z 6
Duchesse-Anne (Pl.) . . . . Y 7
Duguay-Trouin (Quai) . . . . Z 8
Duguesclin (R.). . . . . YZ 9
Enfer (R. d') . . . . Z 13
Foch (R. du Mar.) . . . . Y 16
Gare (Av. de la) . . . . Y 17
Gascon (Av. E.) . . . . Y 19
Jeanne-d'Arc (R.) . . . . Z 25
Jeu-de-Paume (R. du). . . . . Z 26
Liberté (Bd de la) . . . . Y 30
Parlement (Pl. du). . . . . Y 31
Plessis (R. du) . . . . Z 33
Port (R. du). Z 36
Richelieu (R.). . . . . Y 39
St-Nicolas (Pont) . . . . Z 43

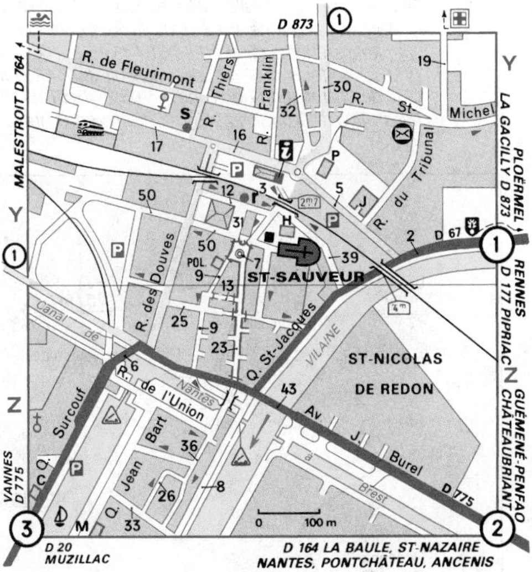

Bel Hôtel sans rest, 42 av. J. Burel à St-Nicolas-de-Redon par ② ✉ 44460 St-Nicolas-de-Redon ✆ 02 99 71 10 10, *Fax 02 99 72 33 03* – TV ☎ P. GB
☕ 34 – **33 ch** 185/305.

XXX **Jean-Marc Chandouineau** avec ch, 10 av. Gare ✆ 02 99 71 02 04, *Fax 02 99 71 08 81* – TV ☎ ✆ P. AE ⓓ GB Y s
fermé 27 avril au 4 mai, 17 au 24 août, dim. soir et sam., sauf juil.-août – **Repas** 135/325 et carte 250 à 370 – ☕ 50 – **7 ch** 320/450 – ½ P 410/460.

XX **Bogue,** 3 r. des Etats ✆ 02 99 71 12 95 – AE GB Y r
fermé 24 au 31 août, vacances de fév., dim. sauf le midi du 1er avril au 31 oct., et sam. midi – **Repas** 75/295 ♀.

rte de La Gacilly *par ① et D 873 : 3 km – ✉ 35600 Redon :*

XXX **Moulin de Via,** ✆ 02 99 71 05 16, *Fax 02 99 71 08 36,* ☂, ☂ – P. GB
fermé 31 août au 6 sept., 4 au 24 janv., dim. soir et lundi – **Repas** 95 (déj.), 120/290 ♀, enf. 70.

AUDI, SKODA, VOLKSWAGEN Gar. Mazarguil, 120 r. de Vannes ✆ 02 99 71 17 81 N ✆ 02 99 71 27 80
CITROEN Gar. Vinouze, ZA de la Porte par ① ✆ 02 99 71 00 36
FORD Gar. Rouxel, 8 r. de la Barre ✆ 02 99 71 17 65
PEUGEOT Huray Autom., rte de Rennes par ① ✆ 02 99 72 36 36

RENAULT Gar. Ménard, zone Briangaud, rte de Rennes ✆ 02 99 70 52 27 N ✆ 06 07 31 39 18

Euromaster, ZI Portuaire, rte de Vannes ✆ 02 99 71 18 50

REICHSFELD *67140 B.-Rhin* 62 ⑨ *– 295 h alt. 336.*

Paris 502 – Strasbourg 46 – Barr 8 – Sélestat 19 – Molsheim 27 – Villé 14.

X **Bleesz** ⛰ avec ch, ✆ 03 88 85 50 61 – P. GB
fermé janv. et fév. – **Repas** *(fermé merc. soir et jeudi)* 120/330 ♀ – ☕ 35 – **8 ch** 240/265 – ½ P 250.

REICHSTETT *67 B.-Rhin* 62 ⑩ *– rattaché à Strasbourg.*

REILHAC *43 H.-Loire* 76 ⑤ *– rattaché à Langeac.*

REIMS 51100 Marne 56 ⑥ ⑯ *G. Champagne – 180 620 h Agglo. 206 437 h alt. 85.*

Voir *Cathédrale Notre-Dame*★★★ **BY** – *Basilique St-Remi*★★ **CZ** : *intérieur*★★★ – *Palais du Tau*★★ **BY S** – *Caves de Champagne*★★ **BCX, CZ** – *Place Royale*★ **BY** – *Porte Mars*★ **BX** – *Hôtel de la Salle*★ **BY E** – *Chapelle Foujita*★ **BX** – *Bibliothèque*★ *de l'ancien Collège des Jésuites* **BZ W** – *Musée St-Rémi*★★ **CZ** M^3 – *Musée-hôtel Le Vergeur*★ **BX** M^2 – *Musée des Beaux-Arts*★ **BY** M^1.

Env. *Fort de la Pompelle : casques allemands*★ *9 km par* ③.

Reims-Champagne ☎ 03 26 05 46 10, à Gueux par ⑦ *: 9,5 km.*

Reims-Champagne ☎ 03 26 07 15 15, par ⑩ : 6 km.

Office de Tourisme 2 r. G.-de-Machault ☎ 03 26 77 45 25, Fax 03 26 77 45 27 – Automobile Club de Champagne 7 bd Lundy ☎ 03 26 47 34 76, Fax 03 26 88 52 24.

Paris 144 ⑦ *– Bruxelles 231* ⑩ *– Châlons-en-Champagne 47* ④ *– Lille 206* ⑨ *– Luxembourg 211* ④.

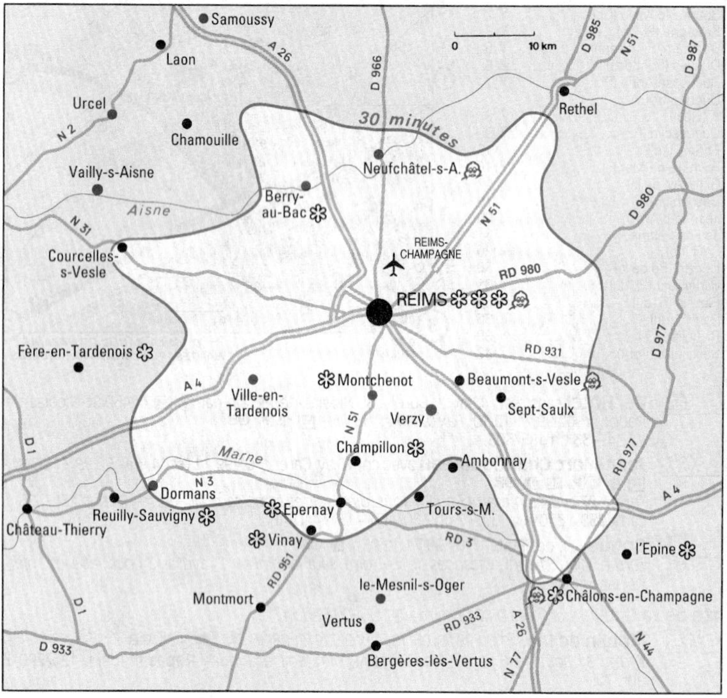

Boyer "Les Crayères" M, 64 bd Vasnier ☎ 03 26 82 80 80, *Fax 03 26 82 65 52*, ≤, « Élégante demeure dans un parc », – P. AE GB CZ a
fermé 21 déc. au 11 janv. – **Repas** *(fermé mardi midi et lundi)* (nombre de couverts limité, prévenir) 950 bc et carte 650 à 720 – ☐ 110 – **16 ch** 1250/1950, 3 appart
Spéc. Pied de porc farci au foie gras, braisé en cocotte. Filet de Saint-Pierre poêlé, crème de chou-fleur. Canon d'agneau truffé en croûte feuilletée, pommes rattes. **Vins** Champagne.

Templiers sans rest, 22 r. Templiers ☎ 03 26 88 55 08, *Fax 03 26 47 80 60*, – P. AE GB BX a
☐ 85 – **17 ch** 950/1400.

Assiette Champenoise M, à Tinqueux, 40 av. Paul Vaillant-Couturier ✉ 51430 ☎ 03 26 84 64 64, *Fax 03 26 04 15 69*, « Parc », – rest, P – 50. AE GB V e
Repas 250 (déj.), 295/460 – ☐ 70 – **60 ch** 505/770 – ½ P 715/930.

Holiday Inn Garden Court M, 46 r. Buirette ☎ 03 26 47 56 00, *Fax 03 26 47 45 75*, – – 30. AE GB JCB AY f
Repas *(fermé sam. et dim.)* (89) - 105/130, enf. 49 – ☐ 55 – **80 ch** 480.

REIMS

Berthelot (Bd M.) . . . . U 5
Brébant (Av.) . . . . U 8
Brimontel (R. de) . . . . U 10
Carré (R. du Gén.) . . . . UV 20
Champagne (Av. de) . . . . V 22
Cognacq-Jay (R.) . . . . V 25
Danton (R.) . . . . U 30
Dr-Lemoine (R.) . . . . U 35
Europe (Av. de l') . . . . V 42
Farman (Av. Henri) . . . . V 43
Maison-Blanche (R.) . . . . V 64
Paris (Av. de) . . . . V 69
Pompidou (Av. G.) . . . . V 71
Robespierre (Bd) . . . . U 74
Tinqueux (R. de) . . . . V 87
Vaillant-Couturier (Av.) . . . . . . V 89
Witry (Route de) . . . . U 91
Zola (R. Émile) . . . . U 92

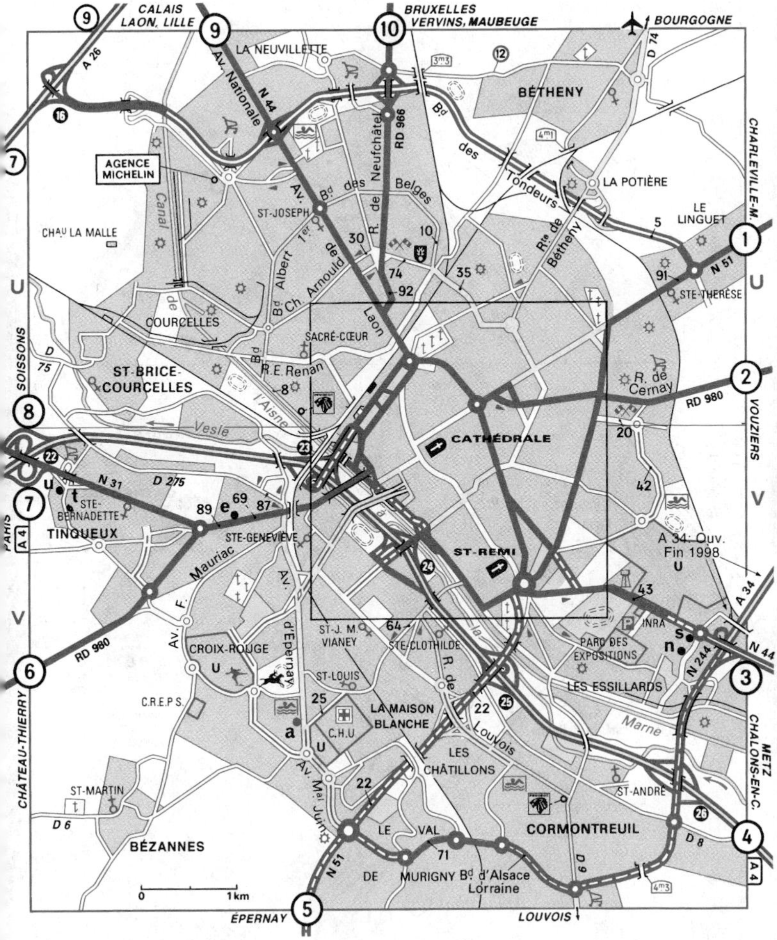

Mercure-Cathédrale, 31 bd P. Doumer ✆ 03 26 84 49 49, *Fax 03 26 84 49 84* – |‡| cuisinette – 150. AE GB AY v
Repas *(fermé sam. midi et dim. midi) (100)* - 140/185 ♀, enf. 50 – ☐ 55 – **120 ch** 430/520, 4 appart.

Paix, 9 r. Buirette ✆ 03 26 40 04 08, *Fax 03 26 47 75 04,* – |‡| – 50 à 100. AE GB JCB AY q
Repas brasserie 95 et carte 130 à 250 ♀, enf. 58 – ☐ 53 – **105 ch** 390/680.

Quality H. M, 37 bd P. Doumer ✆ 03 26 40 01 08, *Fax 03 26 40 34 13* – |‡| – 40. AE GB AY t
Orphée *(fermé sam. midi et dim.)* **Repas** *(95) bc* - 170/250 ♀, enf. 58 – ☐ 55 – **79 ch** 400/475.

Porte Mars sans rest, 2 pl. République ✆ 03 26 40 28 35, *Fax 03 26 88 92 12* – |‡| TV. AE GB AX k
☐ 40 – **24 ch** 290/395.

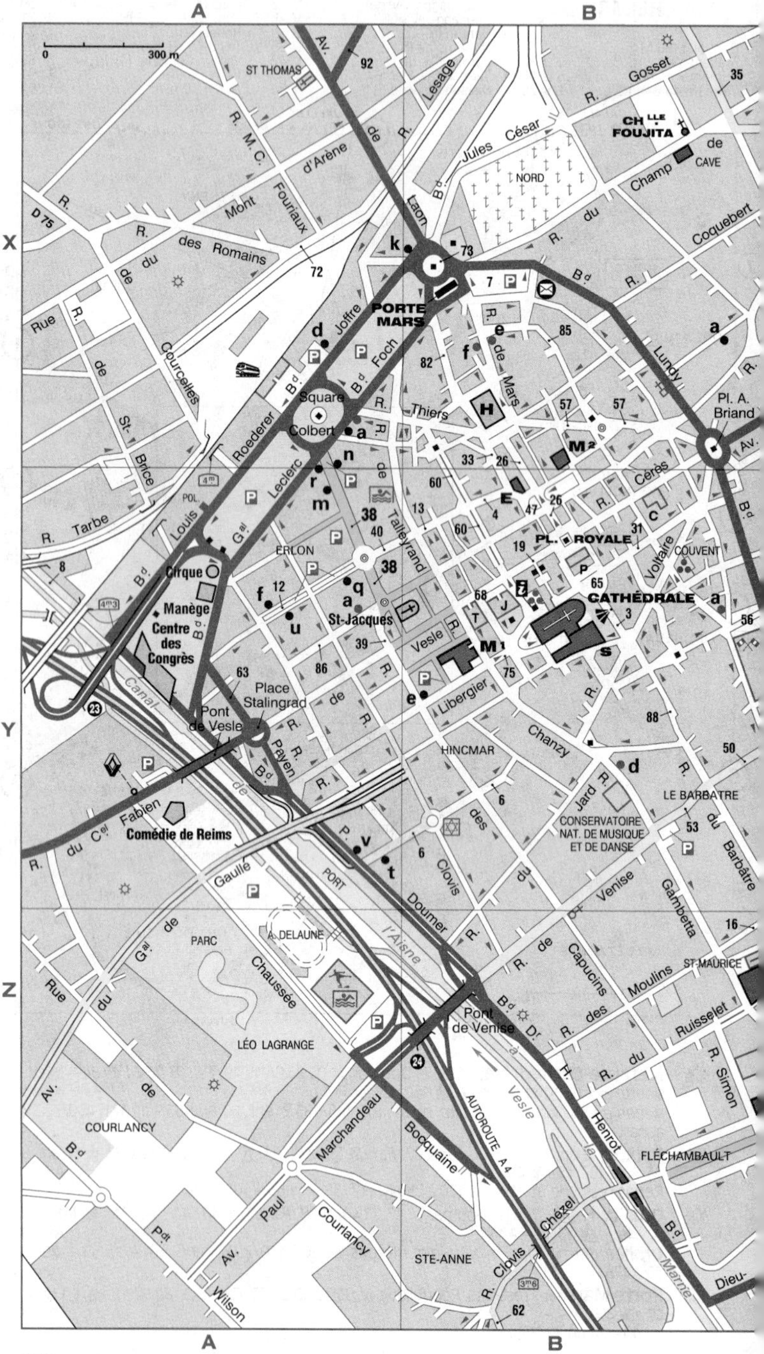
A
B
X
Y
Z
0
300 m
ST THOMAS
Av. de Laon
92
R. Lesage
R. M. C. d'Arène
R. Mont Fouriaux
D 75
R. du des Romains
72
Bd. Jules César
NORD
R. Gosset
CH LLE FOUJITA
CAVE
R. du Champ de
R. Coquebert
35
k
73
7
PORTE MARS
Rue de St-Brice
R. Courcelles
Bd. Joffre
d
Bd. Foch
82
f
e
R. de Mars
85
a
Bd. Lundy
Square Colbert
R. Thiers
H
57
M2
Pl. A. Briand
Av.
Bd. Roederer
n
r
m
R. de Talleyrand
33
26
60
E
47
R. Cérès
C
R. Tarbe
POL.
Louis
Gal Leclerc
38
40
13
4
PL. ROYALE
31
19
COUVENT
R. Voltaire
8
Bd.
ERLON
Cirque
38
f
12
u
q
a
St-Jacques
68
J
T
65
CATHÉDRALE
a
3
56
Manège
Centre des Congrès
39
R. Vesle
M1
s
75
86
63
Place Stalingrad
Pont de Vesle
R. de Payen
e
R. Libergier
R. Chanzy
88
23
Canal
HINCMAR
R. Jard
d
50
LE BARBATRE
R. du Barbâtre
Comédie de Reims
R. du Cel Fabien
v
t
6
R. des Clovis
CONSERVATOIRE NAT. DE MUSIQUE ET DE DANSE
53
Gaulle
PORT
R. Doumer
Bd. Venise
R. Gambetta
PARC
A. DELAUNE
l'Aisne
R. de Capucins
16
ST-MAURICE
Rue du
Chaussée
R. des Moulins
Pont de Venise
R. du Ruisselet
Bd. Dr. H. Henrot
LÉO LAGRANGE
24
R. Simon
Av. de
AUTOROUTE A4
la Vesle
COURLANCY
Marchandeau
Bocquaine
FLÉCHAMBAULT
Bd.
Av. Paul
Courlancy
Pdt Wilson
STE-ANNE
R. Clovis Chézel
la Marne
Dieu-
62

REIMS

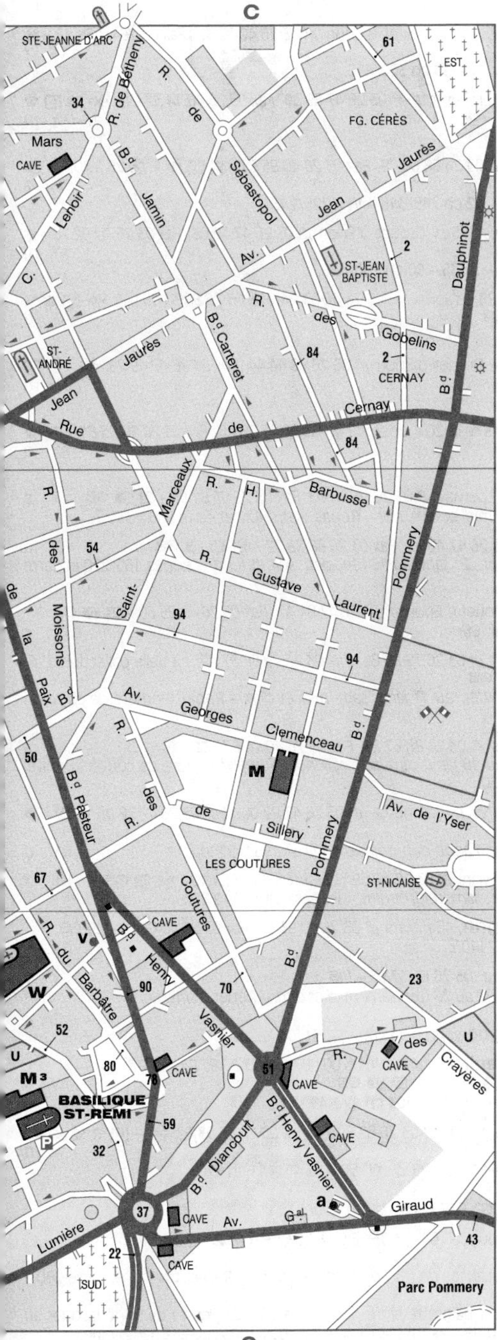

C
STE-JEANNE-D'ARC
R. de Bétheny
R. de Sébastopol
FG. CÉRÈS
EST
Av. Jean Jaurès
Mars
CAVE
Bd Jamin
Lenoir
ST-JEAN BAPTISTE
Dauphinot
R. des Gobelins
ST-ANDRÉ
Bd Carteret
CERNAY
Rue de Cernay
Jean Jaurès
Marceaux
R. H. Barbusse
Pommery
R. Gustave Laurent
R. des Moissons
Bd Saint-
Bd de la Paix
Av. Georges Clemenceau
R. des
R. de Sillery
M
Av. de l'Yser
Bd Pasteur
LES COUTURES
Bd Pommery
ST-NICAISE
Coutures
CAVE
R. du Barbâtre
V
Bd Henry
W
Vasnier
U
M3
BASILIQUE ST-REMI
R. des Crayères
Bd Henry Vasnier
Bd Diancourt
Av. Gal Giraud
Lumière
SUD
Parc Pommery
X
Y
Z

Continental sans rest, 93 pl. Drouet-d'Erlon ✆ 03 26 40 39 35, *Fax 03 26 47 51 12* – AE GB JCB AXY r
fermé 19 au 28 déc. – 47 – **50 ch** 320/490.

Europe M sans rest, 29 r. Buirette ✆ 03 26 47 39 39, *Fax 03 26 40 14 37* – – 30. AE GB JCB AY u
48 – **54 ch** 420.

Univers, 41 bd Foch ✆ 03 26 88 68 08, *Fax 03 26 40 95 61* – – 25 à 70. AE GB JCB AX a
Repas 80/195 – 35 – **42 ch** 265/315 – 1/2 P 225/245.

Gd H. du Nord sans rest, 75 pl. Drouet-d'Erlon ✆ 03 26 47 39 03, *Fax 03 26 40 92 26* – . AE GB AY m
fermé 20 déc. au 3 janv. – 35 – **50 ch** 250/320.

Ibis Centre sans rest, 28 bd Joffre ✆ 03 26 40 03 24, *Fax 03 26 88 33 19* – – 25 à 60. AE GB AX d
35 – **92 ch** 315/415.

Crystal sans rest, 86 pl. Drouet-d'Erlon ✆ 03 26 88 44 44, *Fax 03 26 47 49 28,* – . AE GB AXY n
35 – **31 ch** 230/360.

de la Cathédrale sans rest, 20 r. Libergier ✆ 03 26 47 28 46, *Fax 03 26 88 65 81* – . AE GB AY e
40 – **17 ch** 245/335.

Chardonnay, 184 av. Épernay ✆ 03 26 06 08 60, *Fax 03 26 05 81 56* – AE GB V a
fermé 3 au 9 août, sam. midi et dim. soir – **Repas** 150 bc/420 et carte 260 à 330.

Foch, 37 bd Foch ✆ 03 26 47 48 22, *Fax 03 26 88 78 22* – . AE GB AX a
fermé 16 août au 1er sept., 26 janv. au 10 fév., dim. soir et lundi – **Repas** 165/220 et carte 230 à 300.

Continental, 95 pl. Drouet d'Erlon ✆ 03 26 47 01 47, *Fax 03 26 40 95 60* – AE GB AXY r
Repas *(79)* - 98/185, enf. 66.

Vigneron, pl. P. Jamot ✆ 03 26 79 86 86, *Fax 03 26 79 86 87,* , « Belle collection d'affiches anciennes » – . GB BY a
fermé 1er au 15 août, 24 déc. au 1er janv., sam. midi et dim. – **Repas** (nombre de couverts limité, prévenir) 160/350.

Vigneraie, 14 r. Thillois ✆ 03 26 88 67 27, *Fax 03 26 40 26 67* – AE GB AY a
fermé 2 au 24 août, 2 au 18 janv., dim. soir et lundi – **Repas** (nombre de couverts limité, prévenir) 90 (déj.), 130/260.

Vonelly-Gambetta, 13 r. Gambetta ✆ 03 26 47 22 00, *Fax 03 26 47 22 43* – AE GB
Repas *(fermé 31 juil. au 14 août, dim. soir et lundi) (65)* - 95 bc/210. BY d

Petit Comptoir, 17 r. Mars ✆ 03 26 40 58 58, *Fax 03 26 47 26 19* – . AE GB BX f
fermé 24 déc. au 15 janv., sam. midi et dim. – **Repas** carte 170 à 230.

Brasserie Le Boulingrin, 48 r. Mars ✆ 03 26 40 96 22, *Fax 03 26 40 03 92* – AE GB
fermé dim. – **Repas** 100/140. BX e

Charmes, 11 r. Brûlart ✆ 03 26 85 37 63 – GB CZ v
fermé 25 juil. au 2 août, 22 au 28 fév., sam. midi et dim. – **Repas** 95/160.

rte de Châlons-en-Champagne *vers ③ : 3 km – ✉ 51100 Reims :*

Mercure Cormontreuil M, ✆ 03 26 05 00 08, *Fax 03 26 85 64 72,* , – , rest, – 25 à 100. AE GB V s
Repas *(92)* - 120, enf. 49 – 54 – **103 ch** 420/490.

Reflets Bleus, 12 R. G. Voisin ✆ 03 26 82 59 79, *Fax 03 26 82 53 92,* – – 25. AE GB V n
Repas *(fermé dim. soir) (79)* - 95/199, enf. 50 – 45 – **41 ch** 270.

à Montchenot *par ⑤ : 11 km – ✉ 51500 Rilly-la-Montagne :*

Grand Cerf (Giraudeau), N 51 ✆ 03 26 97 60 07, *Fax 03 26 97 64 24,* , – . AE GB
fermé 10 au 30 août, vacances de fév., dim. soir et merc. – **Repas** 170/410 et carte 260 à 420
Spéc. Homard melon en vinaigrette aigre-douce (mai à août). Tourte de Saint-Jacques au homard (oct. à avril). Pied de cochon farci aux ris de veau. **Vins** Ludes, Champagne.

par ⑦, *autoroute A 4 sortie Tinqueux : 6 km – ✉ 51430 Tinqueux :*

Novotel Ⓜ, ✆ 03 26 08 11 61, *Fax 03 26 08 72 05*, 🏞, 🏊 – ⇆ ▤ 📺 ☎ 📞 ♿ 🅿 – 🏛 180. AE ⓓ GB V u
Repas *(87)* - 90/160 ⚱, enf. 52 – ☕ 55 – **127 ch** 460/490.

Ibis, ✆ 03 26 04 60 70, *Fax 03 26 84 24 40* – ⇆ 📺 ☎ 📞 ♿ 🅿 – 🏛 35. AE GB V u
Repas *(fermé 24 déc. au 2 janv. et dim.)* (dîner seul.) *(75)* - 95 ⚱, enf. 39 – ☕ 37 – **75 ch** 295/315.

Campanile-Ouest, ZA Sarah Bernhardt ✆ 03 26 04 09 46, *Fax 03 26 84 25 87*, 🏞 – ⇆ 📺 ☎ 📞 ♿ 🅿 – 🏛 25. AE ⓓ GB V t
Repas *(66)* - 84 bc/107 bc, enf. 39 – ☕ 34 – **49 ch** 278.

par ⑧ *et rte de Soissons (N 31) : 7 km – ✉ 51370 Champigny-sur-Vesle :*

Garenne, ✆ 03 26 08 26 62, *Fax 03 26 84 24 13* – ▤ 🅿. AE ⓓ GB
fermé 27 juil. au 17 août, dim. soir et lundi – **Repas** 160/400 et carte 260 à 410, enf. 60.

MICHELIN, Agence, Chemin de St-Thierry, ZI des 3 Fontaines à St-Brice-Courcelles U ✆ 03 26 09 19 32

ALFA ROMEO Venise Auto, 86 r. de Venise ✆ 03 26 82 20 02
AUDI, VOLKSWAGEN Gar. du Rhône, 412 av. de Laon ✆ 03 26 87 13 61
BMW P.W.A., 16 av. de Paris ✆ 03 26 08 63 68 🅽 ✆ 03 26 09 08 08
FORD Gar. St-Christophe, 35 r. Col.-Fabien ✆ 03 26 08 24 66
LANCIA Gar. Fornage, 397 av. de Laon ✆ 03 26 50 40 00
MERCEDES Gar. Ténédor, 6 r. J.-Vergnier-Val Murigny ✆ 03 26 49 97 77 🅽 ✆ 08 00 24 24 30
NISSAN Murigny Auto, ZI de Murigny r. Ed.-Rostand ✆ 03 26 50 29 00
PEUGEOT Gds Gar. de Champagne, 16 av. Brébant ✆ 03 26 77 31 31 🅽 ✆ 03 26 09 08 08
PEUGEOT Gds Gar. de Champagne, rte de Louvois, Cormontreuil ✆ 03 26 77 31 31
RENAULT Succursale, 8 r. Col.-Fabien ✆ 03 26 50 60 70 🅽 ✆ 03 26 02 89 71
Gar. Tellier, 56 r. Ruinart Brimont ✆ 03 26 47 12 66

Ⓜ Euromaster, 12 r. du Cloître ✆ 03 26 47 48 47
Leclerc Pneus, 19 r. Magdeleine ✆ 03 26 88 20 77
Leclerc Pneus, ZI Sud-Est,bd Val-de-Vesle ✆ 03 26 05 03 45
Legros Point S, 27 r. du Champ de Mars ✆ 03 26 88 30 15

Périphérie et environs

CITROEN Succursale, 38 av. P.V.-Couturier à Tinqueux ✆ 03 26 50 67 65 🅽 ✆ 03 26 36 45 16
OPEL Reims Autom., 2 av. R.-Salengro à Tinqueux ✆ 03 26 08 21 08
VOLVO Gar. Delhorbe, 35 av. Nationale à La Neuvillette ✆ 03 26 77 50 60

Ⓜ Euromaster, 2 av. A.-Margot à la Neuvillette ✆ 03 26 47 70 52

REIPERTSWILLER *67340 B.-Rhin* 87 ⑬ *G. Alsace Lorraine – 946 h alt. 230.*

Paris 443 – Strasbourg 56 – Bitche 21 – Haguenau 35 – Sarreguemines 49 – Saverne 35.

Couronne Ⓜ 🐦, 13 r. Wimmenau ✆ 03 88 89 96 21, *Fax 03 88 89 98 22*, 🌳 – 📺 ☎ 📞 🅿. GB
fermé 11 au 20 nov. et fév. – **Repas** *(fermé dim. soir du 11 nov. à Pâques, lundi soir et mardi)* 87 (déj.), 140/185 ♀ – ☕ 35 – **16 ch** 295/350 – ½ P 265/295.

PEUGEOT Gar. Schmitt, 10 r. de la Gare à Wimmenau ✆ 03 88 89 71 39

Le RELECQ-KERHUON *29 Finistère* 58 ④ *– rattaché à Brest.*

La REMIGEASSE *17 Char.-Mar.* 71 ⑭ *– voir à Oléron (Ile d').*

REMIREMONT *88200 Vosges* 62 ⑯ *G. Alsace Lorraine – 9 068 h alt. 400.*

Voir Rue Ch.-de-Gaulle★ **AB** – *Crypte*★ *de l'abbatiale St-Pierre* **A**.

ℹ *Office de Tourisme 2 r. Charles-de-Gaulle ✆ 03 29 62 23 70, Fax 03 29 23 96 79.*

Paris 394 ⑤ – Épinal 26 ⑤ – Belfort 69 ② – Colmar 80 ① – Mulhouse 80 ② – Vesoul 65 ④.

Plan page suivante

Poste, 67 r. Ch. de Gaulle ✆ 03 29 62 55 67, *Fax 03 29 62 34 90* – 📺 ☎ 🚗. AE ⓓ GB
fermé 18 au 31 août, 20 déc. au 11 janv., vend. soir et sam. d'oct. à mars – **Repas** 92 (déj.), 97/205 ♀ – ☕ 35 – **21 ch** 255/345 – ½ P 255/300. B a

Cheval de Bronze sans rest, 59 r. Ch. de Gaulle ✆ 03 29 62 52 24, *Fax 03 29 62 34 90* – 📺 ☎. AE GB B s
☕ 35 – **35 ch** 165/345.

Clos Heurtebise, 13 chemin des Capucins par r. Capit. Flayelle B ✆ 03 29 62 08 04, *Fax 03 29 62 38 80*, 🏞, 🌳 – 🅿. AE GB. 🐕
fermé 1er au 15 juin, dim. soir et lundi – **Repas** 90/260 ♀.

REMIREMONT

Courtine (R. de la) . . . . . . A
Gaulle (R. Ch.-de) . . . . . AB
Xavée (R. de la) . . . . A 16
Abbaye (Pl. de l') . . . . A 2
Calvaire (Av. du) . . . . A 3
Écoles (R. des) . . . . A 5
États-Unis (R. des) . . . . A 6
Franche-Pierre (R.) . . . . A 7
Prêtres (R. des) . . . . B 14
Utard (Pl. H.) . . . . A 15
5e-et-15e-B.C.P. (R. des) . . . B 18

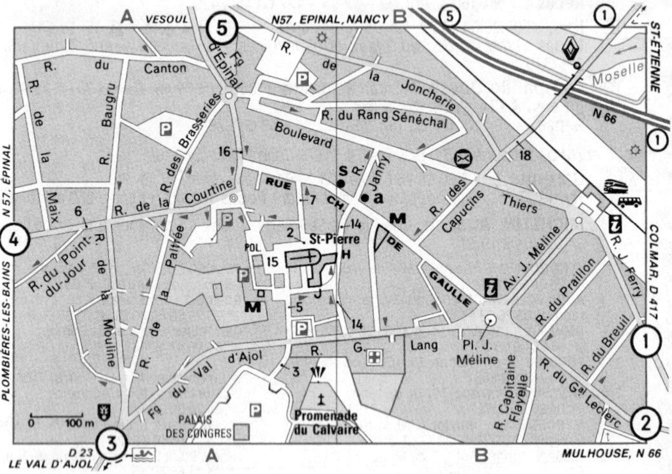

à St-Étienne-lès-Remiremont *par ① : 2 km – 4 085 h. alt. 400 – ✉ 88200 :*

XX **Chalet Blanc** avec ch, 34 r. Pêcheurs (face centre commercial) ✆ 03 29 26 11 80, *Fax 03 29 26 11 81* – TV ☎ ✆ ♿ P. GB
Repas *(fermé dim. soir et lundi)* 105/320 ♀ – ☕ 40 – **7 ch** 280/320 – ½ P 295/345.

à Fallières *par ④ et D 3 : 4 km – ✉ 88200 :*

Logis des Prés Braheux, ✆ 03 29 62 23 67, *Fax 03 29 62 01 40,* – TV ☎ ✆ P. AE GB.
fermé 27 juil. au 4 août, 2 au 9 nov., 2 au 11 janv., lundi (sauf hôtel) et dim. soir – **Repas** 95/225 ♀, enf. 45 – ☕ 38 – **14 ch** 195/340 – ½ P 275/310.

CITROEN Gar. Remiremont Anotin, Les Bruyères, rte de Mulhouse par ② ✆ 03 29 23 29 45 N ✆ 03 29 23 00 07
PEUGEOT Choux Autom., à St-Etienne-les-Remiremont par ② *et D 23* ✆ 03 29 23 18 28 N ✆ 03 29 23 18 28
RENAULT Gar. Pierre, Parc économique à St Etienne les Remiremont ✆ 03 29 62 55 95

Comptoir du Pneu, 2 r. J.-Ferry ✆ 03 29 23 23 32
Pneu Villaume, Ranfaing à St-Nabord ✆ 03 29 62 23 13

REMOULINS *30210 Gard* 80 ⑲ ⑳ *G. Provence – 1 771 h alt. 27.*

Paris 686 – Avignon 22 – Alès 50 – Arles 34 – Nîmes 23 – Orange 34 – Pont-St-Esprit 41.

Moderne, pl. des Gds Jours ✆ 04 66 37 20 13, *Fax 04 66 37 01 85* – TV ☎ ✆. GB
fermé 30 oct. au 15 nov., vend. soir d'oct. à mars et sam. d'oct. à juin – **Repas** *(60)* - 77 (déj.), 87/125 ♁, enf. 45 – ☕ 36 – **22 ch** 250/320 – ½ P 280/300.

à St-Hilaire-d'Ozilhan *Nord-Est : 4,5 km par D792 – 618 h. alt. 55 – ✉ 30210 :*

L'Arceau ⑤, ✆ 04 66 37 34 45, *Fax 04 66 37 33 90,* – TV ☎ P. AE GB
fermé 25 nov. au 15 fév., dim. soir et lundi du 1er oct. à Pâques – **Repas** 100/225 ♀ – ☕ 38 – **24 ch** 320/350 – ½ P 260.

CITROEN Gar. Julien, ✆ 04 66 37 08 31 N ✆ 04 66 37 41 27

RENAISON *42370 Loire* 73 ⑦ *– 2 563 h alt. 387.*

Voir *Bourg★ de St-Haon-le-Châtel N : 2 km – Barrage de la Tache : rocher-belvédère★ O : 5 km,* G. Vallée du Rhône.

Paris 380 – Roanne 11 – Chauffailles 45 – Lapalisse 40 – St-Étienne 92 – Thiers 58 – Vichy 57.

XX **Jacques Coeur** avec ch, ✆ 04 77 64 25 34, *Fax 04 77 64 43 88,* – TV ☎. GB
fermé vacances de printemps, dim. soir et lundi – **Repas** 90/190 – 37 – **8 ch** 220/295 – 1/2 P 230/265.

RENNES P *35000 I.-et-V.* 59 ⑰ *G. Bretagne – 197 536 h Aggl. 245 065 h alt. 40.*

Voir *Le Vieux Rennes★★* **ABY** – *Jardin du Thabor★★* **BY** – *Retable★★ à l'intérieur★ de la cathédrale St-Pierre* **AY** – *Musées* **BY M** : *de Bretagne★★, des Beaux-Arts★★ – Ecomusée du pays de Rennes★* **VD**.

9 18 *de Rennes-St-Jacques ✆ 02 99 30 18 18, Chavagne, par ⑦ : 6 km ;* 18 *de la Freslonnière au Rheu ✆ 02 99 14 84 09, par ⑧ : 7 km ;* 18 *de Cicé-Blossac à Bruz ✆ 02 99 52 79 79, par ⑦ : 10 km.*

✈ *de Rennes-St-Jacques : ✆ 02 99 29 60 00, par ⑦ : 7 km.*

Office de Tourisme Pont de Nemours ✆ 02 99 79 01 98, Fax 02 99 79 31 38 et Gare SNCF ✆ 02 99 53 23 23, Fax 02 99 53 82 22 – Automobile Club 28 r. Lanjuinais ✆ 02 99 78 25 80.

Paris 348 ③ – Angers 128 ④ – Brest 245 ⑨ – Caen 176 ② – Le Mans 154 ③ – Nantes 110 ⑥.

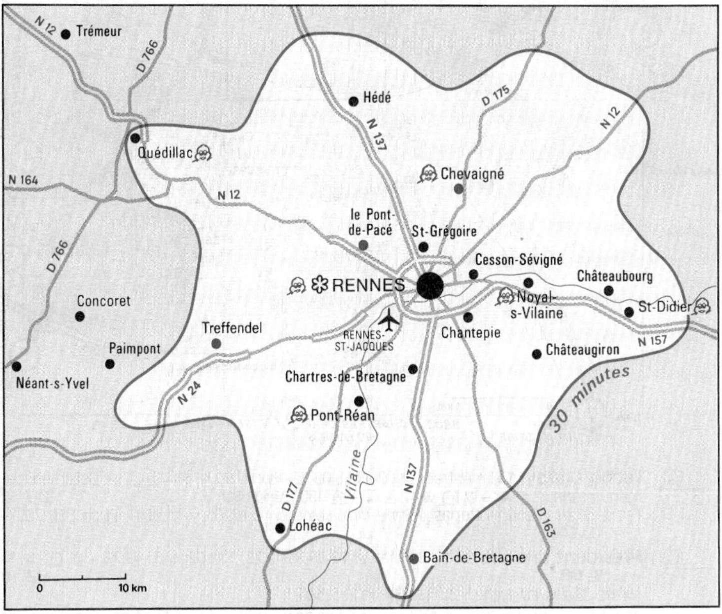

Novotel M, av. Canada, près centre commercial Alma ✉ 35200 ✆ 02 99 86 14 14, *Fax 02 99 86 14 15,* – TV ☎ P – 90. AE GB **CV e**
Repas carte environ 160, enf. 50 – 55 – **96 ch** 450/485.

Mercure Colombier, 1 r. Cap. Maignan ✆ 02 99 29 73 73, *Fax 02 99 30 06 30* – TV ☎ – 150. AE GB JCB **ABZ m**
Repas 105/110 bc, enf. 45 – 55 – **140 ch** 615/645.

Mercure Pré Botté M sans rest, r. Paul Louis Courier ✆ 02 99 78 32 32, *Fax 02 99 78 33 44* – TV ☎ – 25. AE GB **BZ t**
55 – **104 ch** 620/650.

Anne de Bretagne sans rest, 12 r. Tronjolly ✆ 02 99 31 49 49, *Fax 02 99 30 53 48* – TV ☎. AE GB JCB **AZ q**
43 – **42 ch** 425/505.

RENNES

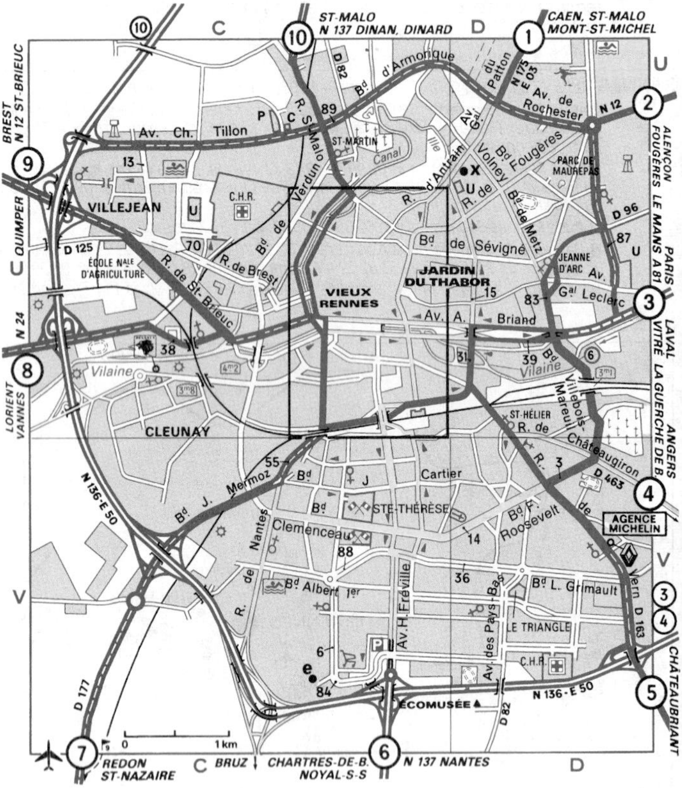

Lecoq-Gadby, 156 r. Antrain ✆ 02 99 38 05 55, *Fax 02 99 38 53 40*, « Bel aménagement intérieur », – ▯ ☎ ♿ 150. AE ◑ GB DU x
fermé 3 au 7 août – **Repas** *(fermé dim. soir)* (90) - 130/260 – ☕ 60 – **11 ch** 550/750 – ½ P 500/600.

Président sans rest, 27 av. Janvier ✆ 02 99 65 42 22, *Fax 02 99 65 49 77* – ▯ ☎. AE GB BZ n
fermé 23 déc. au 4 janv. – ☕ 38 – **34 ch** 295/380.

Astrid Ⓜ sans rest, 32 av. L. Barthou ✆ 02 99 30 82 38, *Fax 02 99 31 88 55* – ▯ ☎ ♿. AE ◑ GB JCB BZ u
☕ 35 – **30 ch** 290/350.

Brest sans rest, 15 pl. Gare ✆ 02 99 30 35 83, *Fax 02 99 30 08 60* – ▯ ☎. GB BZ e
☕ 40 – **48 ch** 230/300.

Garden-H. sans rest, 3 r. Duhamel ✆ 02 99 65 45 06, *Fax 02 99 65 02 62* – ▯ ☎. AE GB BZ r
☕ 33 – **24 ch** 240/310.

Nemours sans rest, 5 r. Nemours ✆ 02 99 78 26 26, *Fax 02 99 78 25 40* – ▯ ☎. GB AZ s
☕ 35 – **26 ch** 240/315.

Lanjuinais sans rest, 11 r. Lanjuinais ✆ 02 99 79 02 03, *Fax 02 99 79 03 97* – ▯ ☎. AE ◑ GB AZ v
☕ 38 – **33 ch** 199/320.

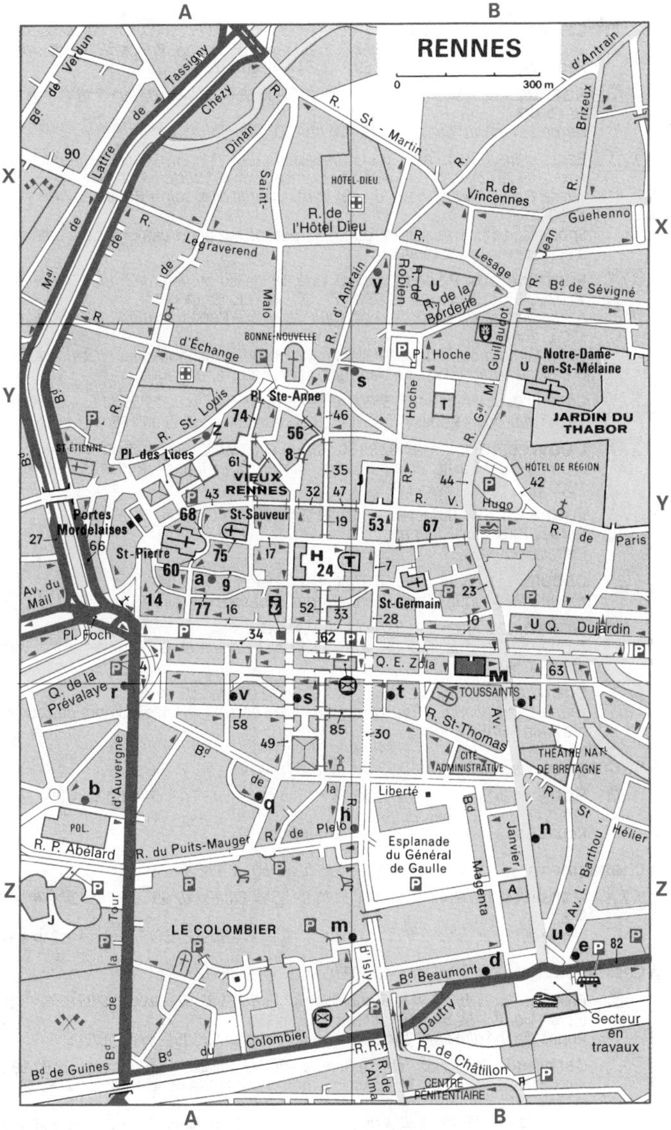

Du-Guesclin (R.) . . . . . . **AY** 17
Estrées (R. d') . . . . **AY** 19
Jaurès (R. Jean) . . . . . . **BY** 28
Joffre (R. Mar.) . . . . **BZ** 30
La-Fayette (R.) . . . . **AY** 32
Le-Bastard (R.) . . . . **AY** 35
Liberté (Bd de la) . . . **ABZ**
Monnaie (R. de la) . . . . **AY** 43
Motte-Fablet (R.) . . . . . **AY** 46
Nationale (R.) . . . . . . **ABY** 47
Nemours (R. de) . . . . . **AZ** 49
Orléans (R. d') . . . . **AY** 52
Palais (Pl. du) . . . . **BY** 53
Vasselot (R.) . . . . **AZ** 85

Bretagne (Pl. de) . . . . . . **AY** 4
Cavell (R. Edith) . . . . **BY** 7
Champ-Jacquet (R. du) . **AY** 8
Chapitre (R. du) . . . . **AY** 9
Chateaubriand (Quai) . . **BY** 10
Dames (R. des) . . . . **AY** 14
Duguay-Trouin (Quai) . . . **AY** 16
Gambetta (R.) . . . . **BY** 23
Hôtel-de-Ville (Pl. de l') . **AY** 24
Ille-et-Rance (Quai) . . . . **AY** 27
Lamartine (Quai) . . . . . **ABY** 33
Lamennais (Quai) . . . . . . **AY** 34
Martenot (R.) . . . . **BY** 42
Motte (Cont. de la) . . . . **BY** 44

Pont-aux-Foulons (R.) . . **AY** 56
Poullain-Duparc (R.) . . . . **AZ** 58
Psalette (R. de la) . . . . . . **AY** 60
Rallier-du-Baty (R.) . . . . . **AY** 61
République (Pl. de la) . . . **AY** 62
Richemont (Q. de) . . . . . **BY** 63
St-Cast (Quai) . . . . **AY** 66
St-Georges (R.) . . . . **BY** 67
St-Guillaume (R.) . . . . **AY** 68
St-Michel (R.) . . . . **AY** 74
St-Sauveur (R.) . . . . **AY** 75
St-Yves (R.) . . . . **AY** 77
Solférino (Bd) . . . . **BZ** 82
41e-d'Infanterie (R.) . . . . **AX** 90

Campanile Atalante, par ③ *Zone Universitaire de Beaulieu, r. A. de Becquerel* 35700 02 99 38 37 27, *Fax 02 99 38 27 93,* – 50. AE GB
Repas (66) - 84 bc/107 bc, enf. 39 – 34 – **42 ch** 278.

Atlantic sans rest, 31 bd Beaumont 02 99 30 36 19, *Fax 02 99 65 10 17* – AE GB BZ d
fermé 23 déc. au 3 janv. – 35 – **24 ch** 230/320.

Escu de Runfao (Duhoux-Delabrosse), 11 r. Chapitre 02 99 79 13 10, *Fax 02 99 79 43 80,* , « Maison à colombage du 17ᵉ siècle » – AE GB JCB AY a
fermé 8 au 24 août, 2 au 10 janv., sam. midi et dim. soir – **Repas** 128/410 et carte 320 à 420
Spéc. Nage d'huîtres, sole et rouget. Turbot rôti aux petits oignons, cidre émulsionné. Pain d'épice perdu, glace caramel.

Fontaine aux Perles (Gesbert), quartier de la Poterie par ④ *(96 r. Poterie)* 35200 02 99 53 90 90, *Fax 02 99 53 47 77,* , – AE GB
fermé dim. sauf le midi de sept. à juil. et lundi – **Repas** 100 (déj.), 130/350 et carte 240 à 320 , enf. 68
Spéc. Mimosa de ris de veau et foie gras chaud aux langoustines rôties. Civet de homard breton au layon. Galette de blanc de turbot breton à l'andouille.

Corsaire, 52 r. Antrain 35700 02 99 36 33 69, *Fax 02 99 36 33 69* – AE GB.
fermé dim. soir – **Repas** (100) - 110/195 et carte 230 à 350 , enf. 65. BX y

L'Ouvrée, 18 pl. Lices 02 99 30 16 38, *Fax 02 99 30 16 38* – AE GB JCB AY z
fermé 6 au 13 avril, 1ᵉʳ au 15 août, sam. midi et lundi – **Repas** 80/190 et carte 220 à 300 .

Four à Ban, 4 r. St-Mélaine 02 99 38 72 85, *Fax 02 99 38 72 85* – GB BY s
fermé 27 juil. au 16 août et dim.
Repas (78) - 98/245 .

Chouin, 12 r. Isly 02 99 30 87 86, *Fax 02 99 31 39 72* – GB BZ h
fermé 2 au 24 août, dim. et lundi – **Repas** - poissons et fruits de mer - 99/129 .

Florian, 12 r. Arsenal 02 99 67 25 35 – GB AZ b
fermé dim. sauf le midi de sept. à juin et lundi – **Repas** (nombre de couverts limité, prévenir) 96/216.

Gourmandin, 4 pl. Bretagne 02 99 30 42 01 – . AE GB AYZ r
fermé 1ᵉʳ au 24 août, 10 au 17 fév., sam. midi et dim. – Repas (nombre de couverts limité, prévenir) 82/158 .

à St-Grégoire *Nord : 5,5 km par D 82* **CU** *– 5 809 h. alt. 45 – 35760 :*

Brit, 6 av. St-Vincent 02 99 68 76 76, *Fax 02 99 68 83 01,* – – 30. AE GB
Repas (59) - 85/135 , enf. 55 – 40 – **56 ch** 289.

à Chevaigné *par ① : 12 km par N 175 – 1 335 h. alt. 60 – 35250 :*

Marinière, rte Mont-St-Michel 02 99 55 74 64, *Fax 02 99 55 89 65,* , – . AE GB
fermé dim. soir, lundi soir et soirs fériés – **Repas** 90 (déj.), 130/320 et carte 210 à 340 .

à Cesson-Sévigné *par ③ : 6 km – 12 708 h. alt. 28 – 35510 :*

Floréal , N 157, Z.A. La Rigourdière 02 99 83 82 82, *Fax 02 99 83 89 62* – , rest, – 50. GB
Repas *(fermé dim.)* (59) - 70/135 – 40 – **48 ch** 270/295 – 1/2 P 210/295.

Germinal avec ch, 9 cours de la Vilaine, au bourg 02 99 83 11 01, *Fax 02 99 83 45 16,* , , « Ancien moulin sur la Vilaine » – . AE GB JCB. rest
hôtel : fermé 23 déc. au 2 janv. ; rest. : fermé 10 au 16 août, 23 déc. au 2 janv. et dim. – Repas 100/280 , enf. 60 – 45 – **20 ch** 335/440.

à Noyal-sur-Vilaine *par ③ : 12 km – 4 089 h. alt. 75 – 35530 :*

Aub. du Pont d'Acigné, rte d'Acigné : 3 km 02 99 62 52 55, *Fax 02 99 62 21 70,* – . AE GB
fermé 10 au 25 août, sam. midi, dim. soir et lundi – **Repas** 85 (déj.), 155/240 et carte 210 à 290 .

Host. les Forges avec ch, 02 99 00 51 08, *Fax 02 99 00 62 02* – – 25. AE GB
fermé 10 au 23 août, dim. soir et soirs fériés – Repas 95/198 – 35 – **11 ch** 225/310.

à Chantepie *par ④ : 5 km – 5 898 h. alt. 40 – ✉ 35135 :*

Relais Bleus, Z.I. Sud-Est - r. Bignon ✆ 02 99 32 34 34, *Fax 02 99 53 57 26* – 30. AE GB
Repas *(fermé dim. midi et sam.)* (67) - 82 – 35 – **50 ch** 280.

à Chartres-de-Bretagne *par ⑥ : 10 km – 5 543 h. alt. 37 – ✉ 35131 :*

Chaussairie M sans rest, sur ancienne rte de Nantes ✆ 02 99 41 14 14, *Fax 02 99 41 33 44* – 30. AE GB.
37 – **33 ch** 260/320.

Braise, 92 r. Nationale ✆ 02 99 41 21 29, *Fax 02 99 41 33 80,* – P. AE GB
fermé 1er au 21 août, dim. soir et lundi – **Repas** 89/280 ♀.

rte de Lorient *par ⑧, N 24 : 6 km – ✉ 35650 Le Rheu :*

Manoir du Plessis, ✆ 02 99 14 79 79, *Fax 02 99 14 69 60,* , « Demeure du 18e siècle dans un parc » – P. AE GB
fermé 28 déc. au 4 janv., lundi sauf fériés et dim. soir – **Repas** 98 (déj.), 135/220 et carte 250 à 320.

au Pont-de-Pacé *par ⑨ : 10 km – ✉ 35740 Pacé :*

Griotte, r. Dr Léon ✆ 02 99 60 15 15, *Fax 02 99 60 26 84,* – P. AE GB
fermé 28 juil. au 26 août, 1er au 10 mars, dim. soir, mardi soir et merc. – **Repas** (80) - 100/275 et carte 160 à 290 ♀, enf. 85.

rte de St-Malo *par ⑩* - sortie St-Grégoire : 6,5 km – *✉ 35760 St-Grégoire :*

Mascotte M, Espace Performance Alphasis ✆ 02 99 23 78 78, *Fax 02 99 23 78 33,* – P. AE GB
Repas *(fermé sam. et dim.)* (79) - 95/161 ♀, enf. 45 – 45 – **48 ch** 370/490.

ALFA-ROMEO, FIAT, LANCIA Sobredia, 9 r. de Paris à Cesson-Sévigné ✆ 02 99 83 40 00
AUDI, VOLKSWAGEN Gar. Floc, 53 bis r. de Rennes à Cesson-Sévigné ✆ 02 99 83 94 94 N ✆ 08 00 00 24 24
BMW Gar. Huchet, 316 rte de St-Malo ✆ 02 99 25 06 06 N ✆ 06 07 78 59 67
CITROEN Succursale, 4 r. Breillou ZI Sud-Est à Chantepie par ④ ✆ 02 99 26 18 18 N ✆ 02 99 26 18 18
FORD Gar. Europe, 73 av. du Mail ✆ 02 99 59 83 15
FORD Gar. Sévigné, 73 r. de Rennes à Cesson-Sévigné ✆ 02 99 83 19 19
HONDA Sport Autom., r. Mesliers ZI Sud-Est à Cesson-Sévigné ✆ 02 99 26 16 66
JAGUAR, SAAB Gar. du Mail, 17 r. Doyen Leroy ✆ 02 99 59 12 24
MERCEDES Delourmel-Autom., 9 r. Cerisaie, ZI à St-Grégoire ✆ 02 99 87 40 35 N ✆ 08 00 24 24 30
NISSAN Gar. Espace 3, 2 r. du petit Marais à Cesson-Sévigné ✆ 02 99 83 59 59
OPEL Arc Autom., ZAC des Peupliers à Cesson-Sévigné ✆ 02 99 83 51 00
OPEL Langlois Mermoz Autom., à St-Jacques-de-la-Lande ✆ 02 99 65 22 00
PEUGEOT Gar. Sourget, 14 r. J.-Vallès ✆ 02 99 67 02 67 N ✆ 06 08 30 33 03
PEUGEOT Filiale, rte de Paris à Cesson-Sévigné par ③ ✆ 02 99 83 16 06 N ✆ 06 08 27 11 24
RENAULT Succursale, rte de Fougères, Les Longs-Champs par ② ✆ 02 99 87 67 67 N ✆ 08 00 05 15 15
RENAULT Gar. Celta Ouest, 145 rte de Lorient ✆ 02 99 54 03 63 N ✆ 06 07 35 22 03
RENAULT Gar. Bagot Landry, 57 bd Mar.-de-Lattre-de-Tassigny ✆ 02 99 59 55 48
ROVER Gar. Huchet, 316 rte de St-Malo ✆ 02 99 25 06 00
SEAT Excel Auto, 1 r du Petit Marais à Cesson-Sévigné ✆ 02 99 83 84 84
TOYOTA Pelve Autom., 1 r. Mesliers ZI Sud-Est à Cesson-Sévigné ✆ 02 99 26 17 00
VOLVO Defrance Autom., 40 av. Sergent-Maginot ✆ 02 99 67 21 11

Euromaster, ZI rte de Lorient, 67 r. Manoir-de-Servigné ✆ 02 99 59 13 47
Euromaster, r. Charmilles à Cesson-Sévigné ✆ 02 99 53 77 77
Euromaster, 70 av. Mail ✆ 02 99 59 35 29
Vulco, 30 r. du Bignon ZI Sud-Est à Chantepie ✆ 02 99 53 71 00

La RÉOLE *33190 Gironde 75 ⑬ – 4 273 h alt. 44.*

Paris 624 – Bordeaux 74 – Casteljaloux 42 – Duras 25 – Libourne 46 – Marmande 33.

Fontaines, 24 r. A. Bénac ✆ 05 56 61 15 25, *Fax 05 56 61 15 25* – AE GB
fermé 15 nov. au 1er déc., dim. soir et lundi sauf fériés – **Repas** (nombre de couverts limité, prévenir) 75/240, enf. 50.

RESTONICA (Gorges de la) *2B H.-Corse 90 ⑤ – voir à Corse (Corte).*

RETHEL *08300 Ardennes 56 ⑦ G. Champagne – 7 923 h alt. 80.*

Syndicat d'Initiative Hôtel de Ville ✆ 03 24 38 52 16 Chalet du bureau du tourisme r. Gambetta ✆ 03 24 39 51 46.

Paris 186 – Charleville-Mézières 45 – Reims 40 – Laon 58 – Verdun 107.

Moderne, pl. Gare ✆ 03 24 38 44 54, *Fax 03 24 38 37 84* – rest, P – 70. AE GB
Repas 89/160 ♀, enf. 55 – 35 – **22 ch** 210/260 – 1/2 P 225.

CITROEN Rethel Autom., Rue de la Sucrerie ✆ 03 24 39 52 00 N ✆ 03 24 72 94 95
FORD S.R.A., r. A.-Berquet ✆ 03 24 38 19 48
PEUGEOT Dachy Auto Loisirs, r. Comtesse, ZI de Pargny ✆ 03 24 38 51 88 N ✆ 08 00 44 24 24
RENAULT Centre Auto Rethelois, r. de la Sucrerie ✆ 03 24 38 19 20

Ardennes Sud Auto, 34 r. des Trois Châteaux à Acy-Romance ✆ 03 24 38 62 62

Euromaster, ZI de Pargny, r. de Bastogne ✆ 03 24 38 01 70

RETHONDES *60 Oise* 56 ③,, 106 ⑪ *– rattaché à Compiègne.*

REUGNY *03190 Allier* 69 ⑫ *– 263 h alt. 204.*

Paris 315 – Moulins 63 – Bourbon-l'Archambault 42 – Montluçon 15 – Montmarault 45.

X **Table de Reugny**, ✆ 04 70 06 70 06, *Fax 04 70 06 70 06*, 🏡, ⛱ – GB
fermé 1er au 17 sept., 20 déc. au 13 janv., dim. soir et lundi – **Repas** 105/215.

REUILLY-SAUVIGNY *02850 Aisne* 56 ⑮ *– 189 h alt. 78.*

Paris 111 – Reims 49 – Épernay 33 – Château-Thierry 16 – Meaux 64 – Soissons 46 – Troyes 115.

XXX ✿ **Aub. Le Relais** (Berthuit) avec ch, ✆ 03 23 70 35 36, *Fax 03 23 70 27 76*, ⛱ – ▤ TV ☎ 📞 P. AE ⓓ GB. ✂ ch
fermé 16 août au 2 sept., mi-fév. à mi-mars, mardi et merc. – **Repas** 160/415 et carte 360 à 450 – ☕ 54 – **7 ch** 270/405
Spéc. Carpaccio de Saint-Jacques à la vinaigrette de truffes (oct. à mars). Langoustines rôties aux abricots secs, jus acidulé. Pigeon rôti aux épices et au foie gras, en habit vert. **Vins** Cumières.

REVEL *31250 H.-Gar.* 82 ⑳ *G. Gorges du Tarn – 7 520 h alt. 210.*

ℹ *Office de Tourisme pl. Philippe-VI-de-Valois ✆ 05 61 83 50 06, Fax 05 62 18 06 21.*
Paris 743 – Toulouse 50 – Carcassonne 46 – Castelnaudary 21 – Castres 28 – Gaillac 63.

🏨 **Midi**, 34 bd Gambetta ✆ 05 61 83 50 50, *Fax 05 61 83 34 74*, 🏡 – TV ☎ 📞. GB
Repas *(fermé 12 nov. au 5 déc. et dim. soir d'oct. à mars)* 90/180 🍷, enf. 60 – ☕ 35 – **17 ch** 220/400 – ½ P 190/230.

XXX **Lauragais**, 25 av. Castelnaudary ✆ 05 61 83 51 22, *Fax 05 62 18 91 79*, 🏡, « Intérieur rustique », ⛱ – P. AE GB
Repas 125/350 et carte 250 à 500 🍷.

au Nord *par rte de Castres : 3 km – ✉ 31250 Revel :*

XX 😊 **Mazies** 🐌 avec ch, ✆ 05 61 27 69 70, *Fax 05 62 18 06 37*, 🏡, « Jardin » – TV ☎ 📞 P. AE ⓓ GB. ✂ ch
fermé 28 déc. au 26 janv. – **Repas** *(fermé dim. soir et lundi)* 85/250 🍷, enf. 50 – ☕ 32 – **7 ch** 255/300 – ½ P 240/250.

à St-Ferréol *Sud-Est : 3 km par D 629 – ✉ 31250.*

Voir *Bassin de St-Ferréol★.*

🏨 **du Lac** 🐌, ✆ 05 62 18 70 80, *Fax 05 62 18 71 13*, ←, 🏡, ⛱ – cuisinette TV ☎ ♿ P – 🎓 50. GB. ✂ ch
Repas ✆ 05 61 27 56 89, Fax 05 61 27 56 89 *(fermé 2 janv. au 1er fév., dim. soir et lundi sauf juil.-août)* 68 (déj.), 88/168 – ☕ 32 – **19 ch** 290/320, 4 duplex.

🏠 😊 **Hermitage** 🐌, ✆ 05 61 83 52 61, *Fax 05 62 71 28 20*, ←, 🏡, ⛱ – ☎ P. GB
Repas (résidents seul.) 85/150 – ☕ 35 – **14 ch** 250/320 – ½ P 210/245.

PEUGEOT Gar. Baylet, 29 av. de Castres ✆ 05 62 71 30 11
RENAULT Distribution et Services Autos, 58 rte de Castres ✆ 05 61 27 65 33

Espace Pneu, Av. de Castelnaudary ✆ 05 62 71 30 30

REVENTIN-VAUGRIS *38 Isère* 74 ⑪ *– rattaché à Vienne.*

REVIGNY-SUR-ORNAIN *55800 Meuse* 56 ⑲ *– 3 528 h alt. 144.*

Paris 237 – Bar-le-Duc 18 – St-Dizier 30 – Vitry-le-François 36.

XXX ✿ **Agapes et Maison Forte** (Joblot) avec ch, pl. Henriot du Coudray ✆ 03 29 70 56 00, *Fax 03 29 70 59 30*, « Maison du 17e siècle », – TV ☎ ♿ P. AE ① GB

fermé dim. soir – **Repas** 95 (déj.), 165/235 et carte 210 à 320 ♀, enf. 60 – ☕ 50 – **7 ch** 280/650

Spéc. Pot-au-feu de foie gras au vinaigre balsamique. Lièvre à la royale (nov.). Tarte aux mirabelles et amandes. **Vins** Chardonnay, Pinot noir.

RÉVILLE *50760 Manche* 54 ③ *– 1 205 h alt. 12.*

Voir *La Pernelle* ✻★★ *du blockhaus O : 3 km – Pointe de Saire : blockhaus* ≤★ *SE : 2,5 km,* G. Normandie Cotentin.

Paris 350 – Cherbourg 33 – Carentan 46 – St-Lô 74 – Valognes 22.

X **Au Moyne de Saire** avec ch, ✆ 02 33 54 46 06, *Fax 02 33 54 14 99* – ☎ P. GB. ✻ rest

fermé 1er fév. au 15 mars et dim. soir hors saison – **Repas** 82/199, enf. 40 – ☕ 30 – **11 ch** 275 – 1/2 P 200/300.

REY *30 Gard* 80 ⑯ *– rattaché au Vigan.*

REZÉ *44 Loire-Atl.* 67 ③ *– rattaché à Nantes.*

Le RHIEN *70 H.-Saône* 66 ⑦ *– rattaché à Ronchamp.*

RHINAU *67860 B.-Rhin* 62 ⑩ *– 2 286 h alt. 158.*

Paris 510 – Strasbourg 36 – Marckolsheim 26 – Molsheim 35 – Obernai 27 – Sélestat 25.

XXX ✿ **Au Vieux Couvent** (Albrecht), ✆ 03 88 74 61 15, *Fax 03 88 74 89 19*, – AE ① GB

fermé 2 au 15 janv., mardi et merc. – **Repas** 160/490 et carte 280 à 450 ♀

Spéc. Foie gras d'oie maison, kouglopf toasté aux figues. Canard en trois façons, choucroute au cumin. Le grand dessert de "Jean Albrecht". **Vins** Tokay-Pinot gris, Pinot noir.

PEUGEOT Gar. du Rhin, ✆ 03 88 74 60 59

RIANS *83560 Var* 84 ④, 114 ⑰ ⑱ *– 2 720 h alt. 406.*

🅸 *Office de Tourisme pl. du Posteuil ✆ 04 94 80 33 37.*

Paris 771 – Marseille 70 – Aix-en-Provence 33 – Avignon 98 – Draguignan 70 – Manosque 33 – Toulon 80.

Esplanade, au village ✆ 04 94 80 31 12, ≤ – TV ☎. AE GB

fermé sam. hors saison – **Repas** 75/120 ♁, enf. 35 – ☕ 30 – **9 ch** 150/220 – 1/2 P 160/190.

XX **Roquette,** rte Manosque ✆ 04 94 80 32 58, – P. GB

fermé 16 nov. au 1er déc., dim. soir et lundi sauf fériés – **Repas** 140/260 ♀, enf. 55.

au Sud *: 5 km par rte de St-Maximin – ✉ 83560 Rians :*

XXX **Bois St-Hubert** M avec ch, ✆ 04 94 80 31 00, *Fax 04 94 80 55 71*, , parc, « Belle décoration intérieure », ⛱, ✻ – TV ☎ P – 🏛 30. AE GB

fermé 1er janv. au 15 mars, lundi soir et mardi d'oct. à mai – **Repas** 130 (déj.), 170/270 ♀, enf. 95 – ☕ 70 – **9 ch** 600/900 – 1/2 P 600/700.

RENAULT Gar. Sepulveda, N 561, quartier St-Esprit ✆ 04 94 80 30 78 N ✆ 04 94 80 39 37

RIBEAUVILLÉ SP *68150 H.-Rhin* 62 ⑱ ⑲ *G. Alsace Lorraine – 4 774 h alt. 240.*

Voir *Grand'Rue*★★ **AB** *: tour des Bouchers*★ **A.**

🅸 *Office de Tourisme 1 Grand'Rue ✆ 03 89 73 62 22, Fax 03 89 73 36 61.*

Paris 434 ⑤ – Colmar 14 ③ – Gérardmer 61 ④ – Mulhouse 59 ④ – St-Dié 43 ⑤ – Sélestat 13 ②.

Plan page suivante

Clos St-Vincent , Nord-Est : 1,5 km par rte secondaire ✆ 03 89 73 67 65, *Fax 03 89 73 32 20*, , « Dans le vignoble, ≤ la plaine d'Alsace », ⛱, – |‡| TV ☎ P. GB **B u**

1er mars-15 nov. – **Repas** *(fermé mardi et merc.)* 185/260 ♀ – **12 ch** ☕ 725/1000, 3 appart – 1/2 P 630/705.

Ménestrel M sans rest, 27 av. Gén. de Gaulle par ④ ✆ 03 89 73 80 52, *Fax 03 89 73 32 39*, Ⓛ, – |‡| TV ☎ ♿ P – 🏛 30. AE GB

fermé 15 fév. au 15 mars – ☕ 70 – **28 ch** 390/470.

RIBEAUVILLÉ

Grand'Rue . . . . **AB**

Abbé Kremp (R. de l') . . . . . **A** 2
Bergheim (Rte de) . . . . **B**
Château (R. du) . . . . **A** 3
Flesch (R.) . . . . **B** 5
Fontaine (R. de la) . . . . **A** 6
Frères-Mertian (R. des) . . . **A** 7
Gaulle (Av. du Gén.-de) . . . **B** 9
Gouraud (Pl.) . . . . **B** 10
Halle-aux-Blés (R.) . . . . **B** 12
Juifs (R. des) . . . . **B**
Klée (R.) . . . . **B**
Klobb (R.) . . . . **A**
Lutzelbach (R. du) . . . . **A**
Mairie (Pl. de la) . . . . **A** 13
Marne (R. de la) . . . . **A**
Rempart-de-la-Streng (R. du) . . . **AB**
République (Pl. de la) . . . . . **A**
Sainte-Marie-aux-Mines (Rte) . . . . **A** 15
Sinne (Pl. de la) . . . . **A** 16
Tanneurs (R. des) . . . . **B** 18
Vignoble (R. du) . . . . **A**
Ire-Armée (Pl. de la) . . . . . . **B**
3-Décembre (R. du) . . . . . **AB**

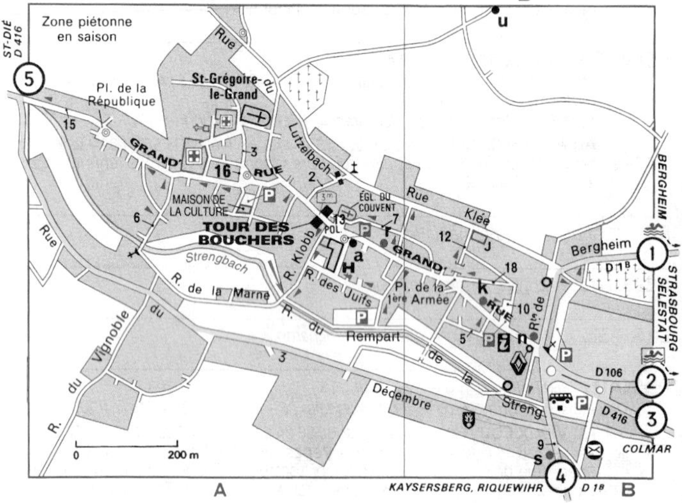

Tour sans rest, 1 r. Mairie ✆ 03 89 73 72 73, *Fax 03 89 73 38 74*, – ▮ TV ☎ P. GB. A a
fermé 1er janv. au 12 mars – ☕ 40 – **35 ch** 310/430.

Haut-Ribeaupierre, 1 rte Bergheim ✆ 03 89 73 62 64, *Fax 03 89 73 62 64* – ▤. GB B n
fermé mardi soir et merc. – **Repas** 130/360 et carte 240 à 410 ♀.

Relais des Ménétriers, 10 av. Gén. de Gaulle ✆ 03 89 73 64 52, *Fax 03 89 73 69 94* – GB B s
fermé 29 juin au 13 juil., 24 au 29 déc., jeudi soir hors saison, dim. soir et lundi – **Repas** 58 (déj.), 95/165 ♀.

Aub. A l'Étoile, 46 Gd'Rue ✆ 03 89 73 36 46, – GB A r
fermé 15 nov. au 15 déc., lundi soir et mardi – Repas 80/230 ♀.

Wistub Zum Pfifferhüs, 14 Gd'rue ✆ 03 89 73 62 28, *Fax 03 89 73 80 34*, rest. non-fumeurs exclusivement, « Cadre typiquement alsacien » – GB. B k
fermé 1er au 20 mars, 1er au 10 juil., merc. et jeudi – **Repas** (prévenir) carte 150 à 240 ♀.

RENAULT Gar. Jessel, ✆ 03 89 73 61 33 N ✆ 03 89 73 61 33
RENAULT Gar. des Trois Cantons, 42 rte de Guemar par ② ✆ 03 89 73 61 07

RIBÉRAC *24600 Dordogne* 75 ④ *G. Périgord Quercy – 4 118 h alt. 68.*
Env. *Aubeterre-sur-Dronne : église monolithe★★ O : 17 km.*
Office de Tourisme pl. Gén.-de-Gaulle ✆ 05 53 90 03 10, Fax 05 53 90 66 05.
Paris 505 – Périgueux 39 – Angoulême 59 – Barbezieux 58 – Bergerac 53 – Libourne 66 – Nontron 50.

Rêv'H. M, rte de Périgueux : 1,5 km ✆ 05 53 91 62 62, *Fax 05 53 91 48 96* – TV ☎ ♿ P. GB
Repas *(59)* - 69 bc/158, enf. 40 – ☕ 28 – **17 ch** 190/240 – 1/2 P 205.

France, r. M. Dufraisse ✆ 05 53 90 00 61, *Fax 05 53 91 06 05*, – TV ☎ – 40. GB
Repas *(fermé 15 nov. au 15 mars)* 70/200, enf. 45 – ☕ 35 – **20 ch** 150/230 – 1/2 P 150/215.

CITROEN Gar. Lafargue, ✆ 05 53 90 05 38
PEUGEOT Gar. Fargeout, ✆ 05 53 90 01 09 N ✆ 05 53 90 01 09
Périgord Pneus-Point S, ✆ 05 53 90 05 06 N ✆ 05 53 04 36 54

Les RICEYS *10340 Aube* 61 ⑰ *G. Champagne – 1 421 h alt. 180.*
Paris 211 – Troyes 46 – Bar-sur-Aube 53 – Châtillon-sur-Seine 32 – St-Florentin 57 – Tonnerre 38.

XX **Magny** avec ch, D 452 ✆ 03 25 29 38 39, *Fax 03 25 29 11 72* – TV ☎ P. GB
fermé 31 août au 5 sept., 25 janv. au 20 fév., mardi soir et merc. – **Repas** 70/200, enf. 45 – 35 – **7 ch** 230/250 – ½ P 250/270.

RENAULT Gar. Roy, ✆ 03 25 29 30 33

RICHARDMÉNIL *54 M.-et-M.* 62 ⑤ *– rattaché à Nancy.*

RIEC-SUR-BELON *29340 Finistère* 58 ⑪ ⑯ *– 4 014 h alt. 65.*
Office de Tourisme (fermé après-midi hors saison) pl.Église ✆ 02 98 06 97 65, Fax 02 98 06 93 73.
Paris 529 – Quimper 38 – Carhaix-Plouguer 60 – Concarneau 20 – Quimperlé 13.

au Port de Belon *Sud : 4 km par C 3 et C 5 – ✉ 29340 Riec-sur-Belon :*

X **Chez Jacky,** ✆ 02 98 06 90 32, *Fax 02 98 06 49 72,* ≤, « En bordure du Belon » – GB
Pâques-fin sept. et fermé lundi sauf fériés – **Repas** - produits de la mer seul. - (en saison, prévenir) 100/400 ♀.

If you are held up on the road - from 6pm onwards - confirm your hotel booking by telephone. It is safer and quite an accepted practice.

RIEUPEYROUX *12240 Aveyron* 80 ① *– 2 348 h alt. 750.*
Paris 623 – Rodez 39 – Albi 54 – Carmaux 38 – Millau 93 – Villefranche-de-Rouergue 23.

Commerce, ✆ 05 65 65 53 06, *Fax 05 65 65 56 58,* – TV ☎ P. AE GB
fermé 16 déc. au 18 janv., dim. soir et lundi de sept. à fin mai – **Repas** (60) - 85/170, enf. 50 – 30 – **21 ch** 240/290 – ½ P 260.

RENAULT Gar. Costes, ✆ 05 65 65 54 15

RIEUX-MINERVOIS *11160 Aude* 83 ⑫ *G. Pyrénées Roussillon – 1 868 h alt. 115.*
Voir *Église*★.
Paris 827 – Carcassonne 28 – Narbonne 40 – Perpignan 99.

X **Logis de Merinville** avec ch, ✆ 04 68 78 12 49, *Fax 04 68 78 12 49* – GB.
fermé 12 nov. au 10 déc., 1er fév. au 15 mars, mardi soir et merc. sauf du 12 juil. au 20 août – **Repas** 68 (déj.), 110/180 ♀, enf. 45 – 28 – **7 ch** 230/280 – ½ P 210/225.

RIEZ *04500 Alpes de H.P.* 81 ⑯, 114 ⑦ *G. Alpes du Sud* (plan) *– 1 707 h alt. 520.*
Voir *Baptistère*★ *– Echassier fossile*★ *au musée "Nature en Provence" – Mont St-Maxime* ★ *NE : 2 km.*
Office de Tourisme 4 allée Louis Gardiol ✆ 04 92 77 82 80, Fax 04 92 77 79 67.
Paris 772 – Digne-les-Bains 41 – Brignoles 65 – Castellane 58 – Manosque 34 – Salernes 45.

Carina sans rest, ✆ 04 92 77 85 43, *Fax 04 92 77 74 93* – ☎ P. GB.
Pâques-1er nov. – 33 – **30 ch** 250/300.

Gar. Marchandy, ✆ 04 92 77 80 60
Gar. Oberti, ✆ 04 92 77 80 16 N ✆ 04 92 77 80 16

RIGNAC *12390 Aveyron* 80 ① *– 1 668 h alt. 500.*
Paris 609 – Rodez 28 – Aurillac 89 – Figeac 39 – Villefranche-de-Rouergue 29.

Marre, rte Belcastel ✆ 05 65 64 51 56, – ☎ P. GB
fermé vacances de printemps, de Noël, dim. soir et lundi – **Repas** 120 ♀, enf. 48 – 28 – **13 ch** 180/220 – ½ P 190/210.

Delhon, rte Belcastel ✆ 05 65 64 50 27 – ☎. GB
fermé fêtes – **Repas** *(fermé dim. soir et sam. d'oct. à mai)* (50) - 75/130 ♀ – 28 – **18 ch** 120/220 – ½ P 200.

RIGNY *70 H.-Saône* 66 ⑭ *– rattaché à Gray.*

RILLÉ *37340 I.-et-L.* 64 ⑬ *– 275 h alt. 82.*

Paris 274 – Tours 38 – Angers 73 – Chinon 38 – Saumur 38.

Logis du Lac ⑤, Ouest : 2 km par D 49 ✆ 02 47 24 66 61, ☂, ☂ – ☎ P. GB
fermé 12 au 24 nov., 9 fév. au 9 mars, merc. et dim. de mi-sept. à mi-juin – **Repas** 70 bc/143, enf. 45 – ☕ 35 – **6 ch** 200/235 – ½ P 198.

RILLIEUX-LA-PAPE *69 Rhône* 74 ⑪ ⑫, 110 ⑮ *– rattaché à Lyon.*

RILLY-SUR-LOIRE *41150 L.-et-Ch.* 64 ⑯ *– 321 h alt. 66.*

Paris 203 – Tours 38 – Amboise 14 – Blois 22 – Montrichard 19.

Château de la Haute-Borde, rte Blois : 1,5 km ✆ 02 54 20 98 09, *Fax 02 54 20 97 16,* ☂, « Parc » – ☎ P – 🏛 35. AE GB
fermé 15 déc. au 31 janv. – **Repas** 84/170, enf. 50 – ☕ 32 – **18 ch** 141/320 – ½ P 218/300.

Aub. des Voyageurs, ✆ 02 54 20 98 85, *Fax 02 54 20 98 48,* ☂ – ☎ ✆ P. GB
Repas 50/220, enf. 30 – ☕ 30 – **17 ch** 250/270 – ½ P 255.

RIMBACH-PRÈS-GUEBWILLER *68 H.-Rhin* 62 ⑱ *– rattaché à Guebwiller.*

RIOM SP *63200 P.-de-D.* 73 ④ *G. Auvergne – 18 793 h alt. 363.*

Voir *Église N.-D.-du-Marthuret★ : Vierge à l'Oiseau★★★ – Maison des Consuls★* **B** *– Hôtel Guimoneau★* **D** *– Ste-Chapelle★ du Palais de Justice* **L** *– Cour★ de l'Hôtel de Ville* **H** *– Musées : Auvergne★* **M¹**, *Mandet★* **M²** *– Mozac : chapiteaux★★, trésor★★ de l'église★ 2 km par ④ – Marsat : Vierge noire★★ dans l'église SO : 3 km par D 83.*

Env. *Châteaugay : donjon★ du château et ※★ 7,5 km par ③ – Ruines du château de Tournoël★ : ※★ 8 km par ④.*

i *Office de Tourisme 16 r. Commerce ✆ 04 73 38 59 45, Fax 04 73 38 25 15.*

Paris 411 ① – Clermont-Ferrand 15 ③ – Montluçon 75 ① – Moulins 82 ① – Thiers 52 ② – Vichy 40 ①.

RIOM

Commerce (R. du) 5
Horloge (R. de l') . . . . . .
Hôtel-de-Ville (R. de l') 13
St-Amable (R.) 27

Bade (Fg de la) 2
Chabrol (R.) 3
Châtelguyon (Av. de) 4
Croisier (R.) 6
Daurat (R.) 7
Delille (R.) 8
Fédération (Pl. de la) 9
Hellénie (R.) 10
Hôtel-des-Monnaies (R. de l') 12
Laurent (Pl. J.-B.) 14
Layat (Fg) 15
Libération (Av. de la) 16
Madeline (Av. du Cdt) 17
Marthuret (R. du) 18
Martyrs-de-la-Résistance (Pl. des) 19
Menut (Pl. Marinette) 20
Pré-Madame (Promenade du) 21
République (Bd de la) 22
Reynouard (Av. J.) 23
Romme (R. G.) 26
St-Louis (R.) 29
Soanen (Pl. Jean) 32
Soubrany (R.) 34
Taules (Carrefour des) 36

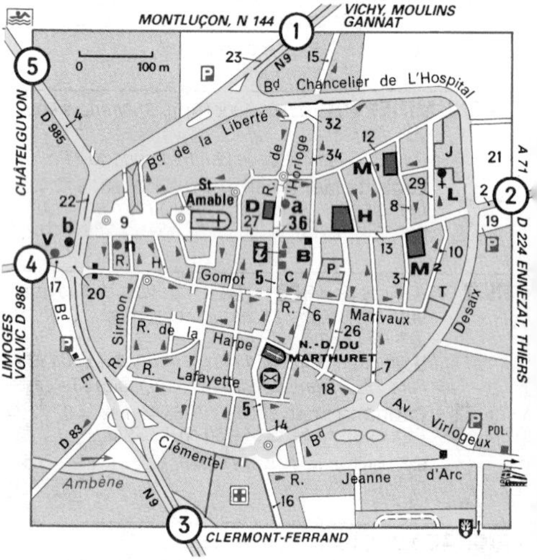

Caravelle sans rest, 21 bd République **(b)** ✆ 04 73 38 31 90, *Fax 04 73 33 11 30* – TV ☎ ✆ P. GB
fermé 23 déc. au 4 janv. – ☕ 30 – **23 ch** 145/270.

Lyon sans rest, 107 fg La Bade par ② ✆ 04 73 38 07 66, ☂ – ☎ P
fermé 1er au 17 mai et 30 août au 15 sept. – ☕ 27 – **14 ch** 120/160.

XX **Les Petits Ventres,** 6 r. A. Dubourg **(n)** ✆ 04 73 38 21 65, *Fax 04 73 63 12 21* – ☰. AE ⓓ GB
fermé 17 août au 7 sept., vacances de fév., dim. soir, lundi soir et mardi – **Repas** 100/240 ♀, enf. 50.

Magnolia, 11 av. Cdt Madeline **(v)** ✆ 04 73 38 08 25, *Fax 04 73 38 08 25* – ▤. GB
fermé 15 juil. au 10 août, dim. soir et lundi de Pâques au 15 juil., lundi midi et dim. du 15 juil. à Pâques – **Repas** 70/190 ♀.

Flamboyant, 21 bis r. Horloge **(a)** ✆ 04 73 63 07 97, *Fax 04 73 63 07 97*, – AE ⓓ GB
fermé 11 nov. au 1er déc., lundi midi en juil.-août, lundi soir de sept. à juin et dim. soir – **Repas** 60 bc (déj.), 90/240 ♀.

à l'échangeur A 71 *par ② : 2 km – ✉ 63200 Riom :*

Anémotel Ⓜ, Z.A.C. Les Portes de Riom ✆ 04 73 33 71 00, *Fax 04 73 64 00 60*, – ▤
TV ☎ ♿ P – 40. AE GB
Repas 80/170 ♀, enf. 38 – ☕ 38 – **43 ch** 295 – ½ P 247.

FIAT AFA Auchatraire, rte de Paris ✆ 04 73 38 22 75
FORD Gar. Dugat, av de Paris ✆ 04 73 38 41 42
PEUGEOT Techstar 80 Clermontoise Auto, 81 av. de Clermont par av. Libération ✆ 04 73 38 23 05 🅽 ✆ 08 00 44 24 24
RENAULT Gar. Gaudoin, 14 r. F.-Forest à Mozac par ④ ✆ 04 73 38 20 76
RENAULT Gar. Delaire, 18 av. de Clermont ✆ 04 73 38 26 32 🅽 ✆ 06 07 59 47 06

Borie Pneu 2000, 35 rte de Paris ✆ 04 73 63 18 36
Vulco, 10 r. Amable-Faucon ✆ 04 73 38 18 72

RIORGES *42 Loire* 73 ⑦ – *rattaché à Roanne.*

RIOZ *70190 H.-Saône* 66 ⑮ – *883 h alt. 267.*
Paris 384 – Besançon 25 – Belfort 78 – Gray 46 – Vesoul 23 – Villersexel 38.

Logis Comtois, ✆ 03 84 91 83 83, *Fax 03 84 91 83 83*, – ☎ P. GB
fermé 15 déc. au 31 janv. – **Repas** *(fermé dim. soir et lundi midi)* (52) - 78/145 – ☕ 32 – **27 ch** 160/245 – ½ P 190/235.

RENAULT Gar. Pernin, ✆ 03 84 91 82 10

Une réservation confirmée par écrit ou par fax est toujours plus sûre.

RIQUEWIHR *68340 H.-Rhin* 62 ⑱ ⑲ *G. Alsace Lorraine* **(plan)** – *1 075 h alt. 300.*
Voir *Village*★★★.
ℹ *Office de Tourisme (Pâques-11 nov. et vacances scolaires) r. 1ère-Armée ✆ 03 89 47 80 80 Fax 03 89 49 04 40.*
Paris 474 – Colmar 12 – Gérardmer 59 – Ribeauvillé 4 – St-Dié 47 – Sélestat 17.

H. Le Schoenenbourg Ⓜ sans rest, r. Piscine ✆ 03 89 49 01 11, *Fax 03 89 47 99 76*, – TV ☎ ♿ P. AE GB
☕ 50 – **43 ch** 365/550.

Riquewihr sans rest, rte Ribeauvillé ✆ 03 89 47 83 13, *Fax 03 89 47 99 76*, ← – TV ☎ P. AE ⓓ GB JCB
fermé fév. – ☕ 48 – **49 ch** 265/340.

Couronne sans rest, 5 r. Couronne ✆ 03 89 49 03 03, *Fax 03 89 49 01 01* – cuisinette TV ☎ P. AE ⓓ GB
☕ 45 – **36 ch** 250/380, 4 appart.

Oriel sans rest, 3 r. Ecuries Seigneuriales ✆ 03 89 49 03 13, *Fax 03 89 47 92 87*, « Maison du 16e siècle » – TV ☎. AE GB
☕ 48 – **19 ch** 360/480.

Aub. du Schoenenbourg (Kiener), r. Piscine ✆ 03 89 47 92 28, *Fax 03 89 47 89 84*, – ▤ P. AE GB.
fermé 3 janv. au 6 fév., jeudi midi et merc. – **Repas** 190/410 et carte 310 à 450 ♀
Spéc. Foie gras de canard d'Alsace poêlé, légèrement fumé. Duo de saumons tièdes au raifort et couronne de choucroute. Suprême de faisan en chevreuil, spätzle maison (saison). **Vins** Riesling, Tokay-Pinot gris.

Table du Gourmet (Brendel), 5 r. 1e Armée ✆ 03 89 47 98 77, *Fax 03 89 49 04 56*, « Cadre typiquement alsacien » – AE GB.
fermé 11 janv. au 22 fév., merc. midi et mardi – **Repas** 160 (déj.), 198/385 et carte 260 à 380 ♀, enf. 75
Spéc. Dos de sandre fumé aux branches de genevrier (printemps). Omble chevalier du Val d'Orbey (été). Pêche rôtie à la reine des prés (été). **Vins** Tokay-Pinot Gris.

Sarment d'Or avec ch, 4 r. Cerf ✆ 03 89 47 92 85, *Fax 03 89 47 99 23*, « Maison du 17e siècle » – TV ☎. GB
hôtel : fermé 4 janv. au 7 fév.; rest. : fermé 28 juin au 7 juil., 4 janv. au 7 fév. ; dim. soir et lundi – **Repas** 110/290 ♀, enf. 50 – ☕ 48 – **10 ch** 290/450 – ½ P 350/440.

à Zellenberg *Est : 1 km par D 1B – 343 h. alt. 300 – ✉ 68340 :*

Au Riesling, ☎ 03 89 47 85 85, *Fax 03 89 47 92 08,* ← – ▮ ☎ ♿ P. AE GB. ✻ ch
fermé 1er janv. au 1er mars, dim. soir et lundi – **Repas** 98/210 ♀, enf. 48 – ☕ 45 – **36 ch** 310/450 – ½ P 300/370.

Maximilien (Eblin), ☎ 03 89 47 99 69, *Fax 03 89 47 99 85,* ← – P. AE ⓓ GB
fermé dim. soir et lundi – **Repas** 175 (déj.), 205/415 et carte 300 à 440 ♀
Spéc. Blanc de poireau tiède en vinaigrette, foie gras d'oie à la cuillère. Tartare de filet de truite et cuisses de grenouilles. Pigeon et homard rôtis aux gousses d'ail en robe. **Vins** Tokay-Pinot gris, Pinot noir.

RISCLE *32400 Gers* 82 ② – *1 778 h alt. 105.*

Office de Tourisme ☎ 05 62 69 74 01 Mairie ☎ 05 62 69 70 10.

Paris 740 – Mont-de-Marsan 48 – Aire-sur-l'Adour 17 – Auch 70 – Pau 62 – Tarbes 54.

Relais du Pont d'Arcole avec ch, rte Bordeaux ☎ 05 62 69 71 40, *Fax 05 62 69 84 36,* ⛱, ⛰ – P. GB
fermé 10 au 20 janv. et dim. soir – **Repas** 70/160 ♀ – ☕ 35 – **12 ch** 180/250 – ½ P 210.

à Termes-d'Armagnac *Nord-Est : 8,5 km par D 935 et D 3 – 190 h. alt. 146 – ✉ 32400.*
Voir ✻★ *du donjon,* **G. Pyrénées Aquitaine.**

Relais de la Tour, ☎ 05 62 69 22 77, *Fax 05 62 69 23 99,* ⛱, ⛰ – ☎ ✆ P. GB
fermé fév., dim. soir et lundi – **Repas** 65/120 – ☕ 27 – **11 ch** 230/260 – ½ P 210.

CITROEN Gar. Coulom, rte de Bordeaux ☎ 05 62 69 70 08
PEUGEOT Gar. Laffargue, rte d'Aquitaine ☎ 05 62 69 72 61
RENAULT Auto Adour, rte de Tarbes ☎ 05 62 69 73 73
RENAULT Gar. Bressac, ☎ 05 62 69 73 80

RISOUL *05600 H.-Alpes* 77 ⑱ – *526 h alt. 1117.*

Env. *Belvédère de l'Homme de Pierre* ✻★★ *S : 15 km* **G. Alpes du sud.**

Paris 716 – Briançon 36 – Gap 61 – Guillestre 2 – St-Véran 33.

Bonne Auberge ⛰, au village ☎ 04 92 45 02 40, *Fax 04 92 45 13 12,* ←, ⛱, ⛰ – ▤ rest, ☎ P. GB. ✻ rest
1er juin-20 sept. et 26 déc.-31 mars – **Repas** 85/120 – ☕ 30 – **25 ch** 310 – ½ P 275/280.

RISTOLAS *05460 H.-Alpes* 77 ⑲ – *72 h alt. 1630.*

Paris 732 – Briançon 52 – Gap 95 – Guillestre 34.

Chalet de Ségure ⛰, ☎ 04 92 46 71 30, *Fax 04 92 46 79 54,* ←, ⛱ – ☎ 🚗. GB
25 mai-22 sept. et 18 déc.-8 avril – **Repas** (dîner seul.) (résidents seul.) 70/115 ♀ – ☕ 35 – **10 ch** 260 – ½ P 275.

RIVA-BELLA *14 Calvados* 55 ② – *voir à Ouistreham-Riva-Bella.*

RIVE-DE-GIER *42800 Loire* 73 ⑲, 110 ㉛ *G. Vallée du Rhône – 15 623 h alt. 225.*

Paris 496 – Lyon 38 – St-Étienne 22 – Montbrison 64 – Roanne 106 – Thiers 130 – Vienne 27.

Host. La Renaissance avec ch, 41 r. A. Marrel ☎ 04 77 75 04 31, *Fax 04 77 83 68 58,* ⛱, ⛰ – ☎ P. AE ⓓ GB
fermé dim. soir et lundi – **Repas** 99/480 et carte 300 à 400 – ☕ 60 – **6 ch** 240/270.

à Ste-Croix-en-Jarez *Sud-Est : 10 km par D 30 – 329 h. alt. 450 – ✉ 42800 :*

Prieuré avec ch, ☎ 04 77 20 20 09, *Fax 04 77 20 20 80,* ⛱ – ▤ rest, TV ☎. AE ⓓ GB. ✻
fermé fév. et lundi – **Repas** 68/240 ♀, enf. 48 – ☕ 35 – **4 ch** 250/270 – ½ P 250.

PEUGEOT Gar. Boutin, 44 r. Cl.-Drivon ☎ 04 77 75 04 22 N ☎ 04 77 75 04 22

RIVEDOUX-PLAGE *17 Char.-Mar.* 71 ⑫ – *voir à Ré (Ile de).*

RIVESALTES *66600 Pyr.-Or.* 86 ⑨ ⑲ *G. Pyrénées Roussillon – 7 110 h alt. 13.*

Env. *Fort de Salses*★★ *N : 11 km.*

✈ *de Perpignan-Rivesaltes : ☎ 04 68 52 60 70 : 4 km.*

Office de Tourisme r. L.-Rollin ☎ 04 68 64 04 04, Fax 04 68 38 50 88.

Paris 847 – Perpignan 10 – Narbonne 57 – Quillan 68.

Alta Riba, av. Gare ✆ 04 68 64 01 17, *Fax 04 68 64 60 91* – 80. AE GB
Repas 70/120 ₸, enf. 45 – ☕ 30 – **54 ch** 170/250 – ½ P 220/240.

CITROEN Gar. Galabert, av. Gambetta ✆ 04 68 64 07 67
RENAULT Gar. Sales, 68 bd Arago ✆ 04 68 64 15 73

La-RIVIÈRE-ST-SAUVEUR *14 Calvados 55 ④ – rattaché à Honfleur.*

RIVIÈRE-SUR-TARN *12640 Aveyron 80 ④ – 757 h alt. 380.*
Paris 638 – Mende 72 – Millau 14 – Rodez 64 – Sévérac-le-Château 29.

Clos d'Is, ✆ 05 65 59 81 40, *Fax 05 65 59 84 03*, – GB
fermé dim. soir d'oct. à mars – **Repas** 72/180 ₸, enf. 45 – ☕ 35 – **22 ch** 170/275 – ½ P 200/320.

RENAULT Gar. Vayssière, ✆ 05 65 59 80 05

La RIVIÈRE-THIBOUVILLE *27 Eure 55 ⑮ – alt. 72 – ✉ 27550 Nassandres.*
Paris 138 – Rouen 49 – Bernay 15 – Évreux 35 – Lisieux 38 – Le Neubourg 15 – Pont-Audemer 33.

Soleil d'Or avec ch, ✆ 02 32 45 00 08, *Fax 02 32 46 89 68*, – 30. AE GB
Repas *(fermé dim. soir)* 98/235 ₸, enf. 48 – ☕ 40 – **12 ch** 320/585 – ½ P 270/370.

PEUGEOT Gar. Chaise, N 13 à Nassandres ✆ 02 32 45 00 33 N ✆ 02 32 45 00 33

ROANNE SP *42300 Loire 73 ⑦ G. Vallée du Rhône – 41 756 h alt. 265.*
Env. *Belvédère de Commelle-Vernay ≤★ : 7 km au S par quai Sémard* **BV.**
de Champlong à Villerest ✆ 04 77 69 70 60, par ③.
Roanne-Renaison : ✆ 04 77 66 85 77, par D 9 **AV** *: 5 km.*
Office de Tourisme cours République ✆ 04 77 71 51 77, Fax 04 77 70 96 62 – Automobile Club 24-26 r. Rabelais ✆ 04 77 71 31 67.
Paris 389 ④ – Bourges 198 ④ – Chalon-sur-Saône 134 ① – Clermont-Ferrand 105 ③ – Dijon 192 ① – Lyon 86 ② – Montluçon 142 ④ – St-Étienne 86 ② – Valence 186 ② – Vichy 68 ④.

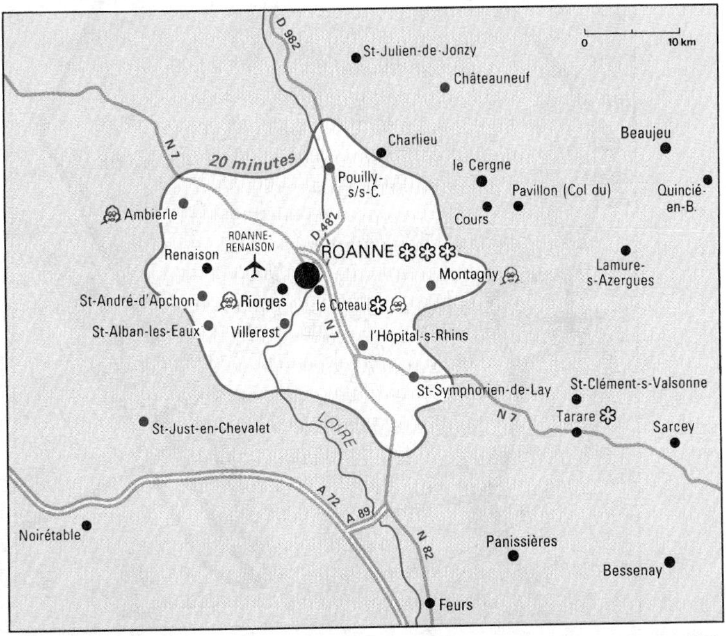

ROANNE

Alsace-Lor. (R.) .... **CY** 2
Anatole-France (R.). **CY** 3
Foch (R. Mar.).... **CDY**
Gaulle (R. Ch.-de) .. **CY** 18
Jaurès (R. Jean) .. **CDY**

Benoît (Bd C.) ..... **AV** 5
Cadore (R. de) ..... **CX** 7
Carnot (R.) .... **BV** 8
Clemenceau (Pl. G.) **DX** 10
Clermont (R. de) ... **CY** 12
Dourdein (R. A.) ... **AV** 14
Edgar-Quinet (Bd).. **BV** 15
Gaulle (Av. Ch.-de) . **AV** 16
Gaulle (Bd Ch.-de) . **BV** 17
Hoche (R.) .... **AV** 19
Hôtel-de-Ville (Pl.).. **DY** 20
Joffre (Bd Mar.).... **BV** 21
Lattre-de-T. (Pl. de). **CX** 22
Libération (Av. de la) **DY** 23
Loire (Levée de la) . **DY** 24
Marne (Av. de la)... **BV** 26
Renaison (Levée du) **DY** 28
République
(Crs de la) ..... **CXY** 32
Roche (R. A.)...... **DX** 34
Semard (Q. P.)..... **BV** 35
Thiers (Bd de) ..... **AV** 36
Thomas (Bd A.)..... **AV** 38
Vachet (R. J.)...... **AV** 40
Villemontais (R. de) **AV** 42

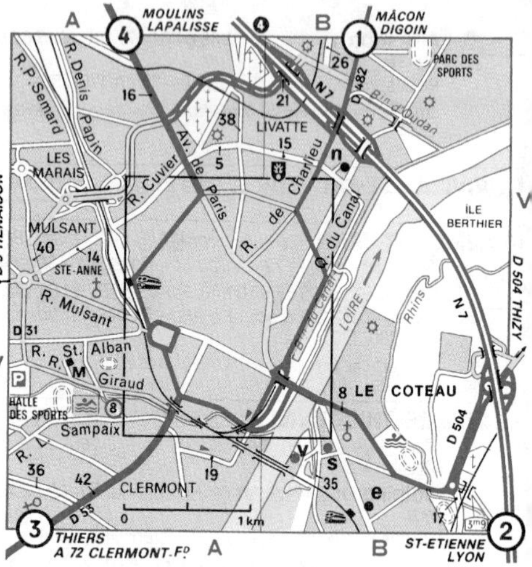

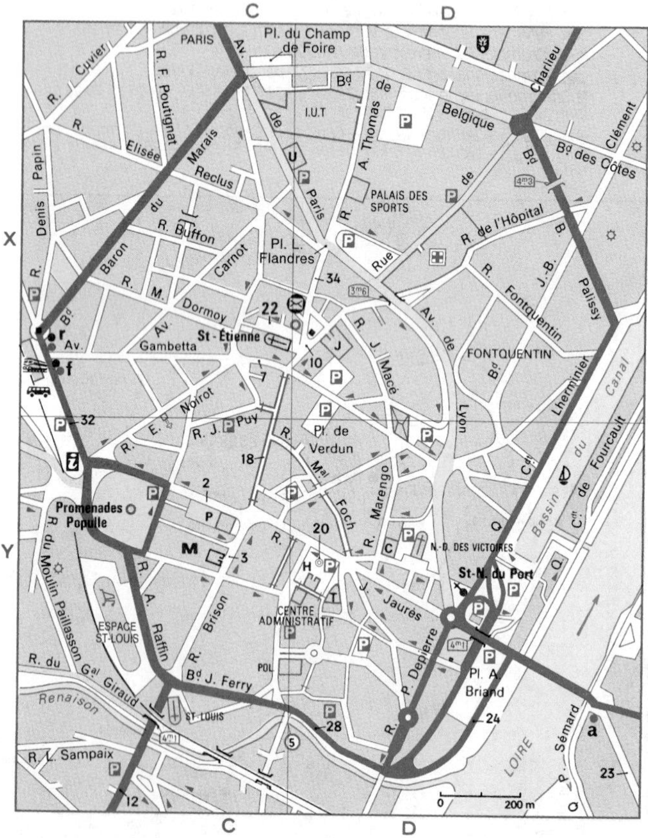

Troisgros M, pl. Gare ✆ 04 77 71 66 97, *Fax 04 77 70 39 77*, « Élégant décor contemporain », – | ▤ TV ☎ . AE ◑ GB JCB CX r
fermé 1er au 15 août, vacances de fév., mardi sauf le midi de mai à oct. et merc. – **Repas** (nombre de couverts limité, prévenir) 320 (déj.), 620/750 et carte 490 à 840 ♀, enf. 150 – ☕ 120 – **15 ch** 700/1400, 3 appart
Spéc. "Pani" aux truffes noires à l'huile de noix. Sandre à la meunière, aux cèpes secs. Piccata de ris de veau dorée, tomates à la crème. **Vins** Bourgogne blanc, Saint-Joseph.

Grand Hôtel sans rest, 18 cours République (face gare) ✆ 04 77 71 48 82, *Fax 04 77 70 42 40* – | TV ☎ P – 60. AE ◑ GB JCB CX f
fermé 1er au 18 août et 24 déc. au 4 janv. – ☕ 42 – **31 ch** 290/450.

Campanile, 38 r. Mâtel ✆ 04 77 72 72 73, *Fax 04 77 72 77 61*, – TV ☎ P – 25. AE ◑ GB BV n
Repas *(66)* - 84 bc/107 bc, enf. 39 – ☕ 34 – **47 ch** 278.

L'Astrée, 17 bis cours République (face gare) ✆ 04 77 72 74 22, *Fax 04 77 72 72 23* – ▤. ◑ GB CX f
fermé 4 au 12 avril, 23 au 31 mai, 1er au 15 août, sam. et dim. – **Repas** *(80)* - 110/400 ♀.

Central, 20 cours République (face gare) ✆ 04 77 67 72 72, *Fax 04 77 72 57 67*, bistrot – ▤. GB CX r
fermé 1er au 15 août, mardi midi et dim. – **Repas** *(90)* - 120 (déj.)et carte 150 à 210 ♀.

au Coteau *(rive droite de la Loire)* – *7 469 h. alt. 350* – ✉ *42120 Le Coteau :*

Artaud, 133 av. Libération ✆ 04 77 68 46 44, *Fax 04 77 72 23 50* – ▤ rest, TV ☎ – 100. AE GB JCB BV e
fermé 26 juil. au 16 août et dim. sauf fêtes – **Repas** 98/350 ♀ – ☕ 38 – **25 ch** 250/400.

Ibis, 53 bd Ch. de Gaulle, ZI Le Coteau - **BV** ✆ 04 77 68 36 22, *Fax 04 77 71 24 99*, , – , ▤ rest, TV ☎ P – 60. AE ◑ GB
Repas *(75)* - 120 ♀, enf. 40 – ☕ 36 – **67 ch** 295/320.

Aub. Costelloise (Alex), 2 av. Libération ✆ 04 77 68 12 71, *Fax 04 77 72 26 78* – ▤. AE GB DY a
fermé 10 août au 7 sept., 2 au 10 janv., dim. et lundi – **Repas** 125/355 et carte 250 à 350 ♀
Spéc. Sandre en croûte de persil plat. Ris de veau poêlé au jus de homard et choux de langoustines. "Chaud-colat" au coulis de poire rôtie. **Vins** Côte Roannaise.

Ma Chaumière, 3 r. St-Marc ✆ 04 77 67 25 93 – GB BV s
fermé 27 juil. au 16 août, dim. soir et lundi – **Repas** 100/250.

Relais Fleuri, quai P. Sémard ✆ 04 77 67 18 52, *Fax 04 77 67 72 07* – AE GB BV v
fermé vacances de fév., dim. soir et lundi – **Repas** 115/250.

à Riorges *Ouest : 3 km par D 31 - AV* – *9 868 h. alt. 295* – ✉ *42153 :*

Marcassin avec ch, rte St-Alban-les-Eaux ✆ 04 77 71 30 18, *Fax 04 77 23 11 22*, – TV ☎. AE GB. ch
fermé 1er au 25 août – **Repas** *(fermé dim. soir et sam.)* 110/300 et carte 190 à 290 – ☕ 30 – **9 ch** 230/280 – 1/2 P 250.

à Villerest *par ③ : 6 km* – *4 104 h. alt. 363* – ✉ *42300 :*

Château de Champlong, près golf ✆ 04 77 69 69 69, *Fax 04 77 69 71 08*, , parc – P. AE GB
fermé 15 au 30 nov., 1er au 15 fév., mardi midi d'oct. à mars, dim. soir et lundi du 1er avril au 30 sept. – **Repas** 105/300 ♀.

FORD Gar. de la Poste, 14 r. R.-Salengro ✆ 04 77 44 51 51
VOLVO Gar. Gobelet, 54 av. Gambetta ✆ 04 77 72 30 22

Brosselard Pneus, 200 rte de Charlieu ✆ 04 77 70 29 23
Comptoir Roannais C/c, 6 bd du Cimetière ✆ 04 77 72 47 33

Périphérie et environs

BMW Gar. Barberet, 36 bd Ch.-de-Gaulle, Le Coteau BV ✆ 04 77 70 42 22
CITROEN Gar. Lagoutte, 212 av. de la Libération, Le Coteau BV ✆ 04 77 67 00 22 N ✆ 06 09 36 77 33
MERCEDES SOGEMO, Port Aiguilly, D 482 à Vougy ✆ 04 77 44 48 88
NISSAN Sinoir Autom., 16 av. Ch.-de-Gaulle à Riorges ✆ 04 77 71 73 42
PEUGEOT S.A.G.C., 704 av. Ch.-de-Gaulle par ④ *à Riorges* ✆ 04 77 44 88 00 N ✆ 06 07 08 25 75

RENAULT Gar. Lafay, 31 bd Ch.-de-Gaulle, Le Coteau ✆ 04 77 74 47 00 N ✆ 08 00 05 15 15
Comptoir du Pneu, 4 pl. Église, Le Côteau ✆ 04 77 67 05 15

Euromaster, 47 bd Ch.-de-Gaulle, ZI Le Coteau ✆ 04 77 70 04 44

ROCAMADOUR 46500 Lot 75 ⑱ ⑲ *G. Périgord Quercy* (plan) – *627 h alt. 279.*

Voir *Site★★★ – Remparts ※★★★ – Tapisseries★ dans l'Hôtel de Ville – Vierge noire★ dans la chapelle Notre-Dame – Musée-trésor Francis-Poulenc★ – Féerie du rail : maquette★.*

Office de Tourisme à la Mairie ✆ 05 65 33 62 59, Fax 05 65 33 74 14.

Paris 533 – Cahors 64 – Brive-la-Gaillarde 53 – Figeac 44 – Gourdon 32 – St-Céré 31 – Sarlat-la-Canéda 54.

Beau Site ⛰, ✆ 05 65 33 63 08, *Fax 05 65 33 65 23*, ←, 🏞 – |♣|, ▤ ch, TV ☎ P. AE ⊕ GB JCB
8 fév.-12 nov. – **Repas** 98/290 ♀, enf. 49 – ☕ 48 – **42 ch** 410/480 – ½ P 380.

du Château ⛰, rte du Château : 1,5 km ✆ 05 65 33 62 22, *Fax 05 65 33 69 00*, 🏞, 🏊, 🌳, 🎾 – ▤ rest, TV ☎ ♿ P – 🏢 60. AE ⊕ GB
28 mars-10 nov. – **Repas** 80/290, enf. 48 – ☕ 48 – **60 ch** 400/460 – ½ P 350/380.

Annexe Relais Amadourien 🏨 ⛰ sans rest, – TV ☎ P. AE ⊕ GB
1er mai-30 sept. – ☕ 32 – **20 ch** 210/300.

Terminus des Pélerins ⛰, ✆ 05 65 33 62 14, *Fax 05 65 33 72 10*, ←, 🏞 – TV ☎. AE ⊕ GB
5 avril-1er nov. – **Repas** 68/240 ♀, enf. 47 – ☕ 36 – **12 ch** 210/330 – ½ P 237/297.

Comp'Hostel sans rest, à l'Hospitalet ✆ 05 65 33 73 50, *Fax 05 65 33 69 60*, 🏊 – TV ☎ ♿ P. GB
Pâques-30 sept. – ☕ 34 – **15 ch** 260.

Belvédère, à l'Hospitalet ✆ 05 65 33 63 25, *Fax 05 65 33 69 25*, ← site de Rocamadour, 🏞 – TV ☎ P. AE GB
1er mars-2 nov. – **Repas** 68/270 ♀, enf. 45 – ☕ 36 – **18 ch** 245/360 – ½ P 260/290.

Panoramic, à l'Hospitalet ✆ 05 65 33 63 06, *Fax 05 65 33 69 26*, ←, 🏞, 🏊, 🌳 – TV ☎ P. AE ⊕ GB
vacances de fév.-vacances de Toussaint – **Repas** *(fermé vend. sauf vacances scolaires et fériés)* 78/245, enf. 49 – ☕ 39 – **20 ch** 300/320 – ½ P 283.

Lion d'Or ⛰, ✆ 05 65 33 62 04, *Fax 05 65 33 72 54*, ← – |♣| ☎. GB
5 avril-2 nov. – **Repas** 60/250 ♀, enf. 40 – ☕ 34 – **35 ch** 220/270 – ½ P 240/270.

Sainte-Marie ⛰, ✆ 05 65 33 63 07, *Fax 05 65 33 69 08*, ←, 🏞 – ☎. GB. ✗ rest
1er avril-15 oct. – **Repas** 70/260 🍷, enf. 42 – ☕ 37 – **22 ch** 200/290 – ½ P 255.

rte de Brive *2,5 km par D 673 – ✉ 46500 Rocamadour :*

Troubadour ⛰, ✆ 05 65 33 70 27, *Fax 05 65 33 71 99*, ←, 🏞, 🏊, 🌳 – ▤ rest, TV ☎ P. GB
15 fév.-15 nov. – **Repas** (dîner seul.)(résidents seul.) 100/150 ♀, enf. 50 – ☕ 45 – **10 ch** 320/380 – ½ P 290/380.

rte de Payrac *4 km par D 673 et rte secondaire – ✉ 46500 Rocamadour :*

Vieilles Tours ⛰, ✆ 05 65 33 68 01, *Fax 05 65 33 68 59*, ←, 🏞, parc, 🏊 – TV ☎ P. AE GB
4 avril-16 nov. – **Repas** *(fermé le midi sauf dim. et fériés)* 118/320 ♀, enf. 56 – ☕ 52 – **18 ch** 215/460 – ½ P 300/425.

à la Rhue *rte de Brive : 6 km par D 673, N 140 et rte secondaire – ✉ 46500 Rocamadour :*

Domaine de la Rhue M ⛰ sans rest, ✆ 05 65 33 71 50, *Fax 05 65 33 72 48*, ←, **« Anciennes écuries élégamment aménagées »**, 🏊, 🌳 – ☎ P. GB
10 avril-18 oct. – ☕ 44 – **12 ch** 370/570.

La ROCHE-BERNARD 56130 Morbihan 63 ⑭ *G. Bretagne – 766 h alt. 38.*

Voir *Pont★.*

18 de la Bretesche ✆ 02 51 76 86 86, SE : 11 km.

Office de Tourisme pl. du Pilori ✆ 02 99 90 67 98, Fax 02 99 90 88 28.

Paris 446 – Nantes 73 – Ploërmel 54 – Redon 27 – St-Nazaire 37 – Vannes 41.

Manoir du Rodoir M, rte Nantes ✆ 02 99 90 82 68, *Fax 02 99 90 76 22*, 🏞, parc – TV ☎ ♿ P – 🏢 80. AE GB
Repas 95 (déj.), 120/235 ♀, enf. 60 – ☕ 40 – **26 ch** 380/490 – ½ P 380.

Aub. des Deux Magots, pl. Bouffay ✆ 02 99 90 60 75, *Fax 02 99 90 87 87* – TV ☎ 📞. GB. ✗
fermé 22 au 28 juin, 20 déc. au 15 janv., dim. soir du 15 sept. au 30 juin et lundi – **Repas** 80/250 ♀, enf. 50 – ☕ 35 – **15 ch** 280/480.

Colibri M sans rest, r. Four ✆ 02 99 90 66 01, *Fax 02 99 90 75 94* – TV ☎ 📞 ♿ P. GB. ✗
☕ 32 – **11 ch** 200/400.

XXXX ✿✿ **Aub. Bretonne** (Thorel) M avec ch, pl. Duguesclin ☎ 02 99 90 60 28, *Fax 02 99 90 85 00*, « Bel aménagement intérieur » – ascenseur, TV ☎ ♿. AE GB JCB
fermé 16 nov. au 6 déc., 5 au 19 janv., vend. midi et jeudi – **Repas** 210/600 et carte 430 à 590 – 85 – **8 ch** 500/1500 – ½ P 830/1280
Spéc. Léger bouillon d'asperges, truffe de Saint-Jacques en surprise (déc. à mars). Homard breton rôti au jus, coffre traité comme un parmentier. Fruits de saison rôtis, véritable kouign amann et crème glacée à la vanille.

rte de Redon *Est : 6 km par D 34 et rte secondaire – ✉ 56130 La Roche-Bernard :*

Domaine de Bodeuc M, ☎ 02 99 90 89 63, *Fax 02 99 90 90 32*, ≤, parc, – TV ☎ P. AE GB. rest
fermé fév. – **Repas** *(fermé mardi soir en juil.-août)* (dîner seul.)(résidents seul.) 170 – 45 – **8 ch** 520/570 – ½ P 455.

PEUGEOT Gar. Manche Ocean, à Marzan ☎ 02 99 90 76 47

RENAULT Gar. Priour, ZA des Métairies, rte de St-Dolay ☎ 02 99 90 71 90 N ☎ 02 99 90 72 92

La ROCHE-CANILLAC *19320 Corrèze* 75 ⑩ – *186 h alt. 460.*

Paris 502 – Brive-la-Gaillarde 48 – Argentat 16 – Aurillac 70 – Mauriac 55 – St-Céré 58 – Tulle 26 – Ussel 60.

Aub. Limousine, ☎ 05 55 29 12 06, *Fax 05 55 29 27 03*, – ☎ P. GB
Pâques-30 sept. – **Repas** (90) - 100/200, enf. 50 – 32 – **26 ch** 210/299 – ½ P 270.

La ROCHE-CHALAIS *24490 Dordogne* 75 ③ – *2 860 h alt. 60.*

Paris 512 – Bergerac 63 – Blaye 65 – Bordeaux 65 – Périgueux 69.

Soleil d'Or M, 14 r. Apre Côte ☎ 05 53 90 86 71, *Fax 05 53 90 28 21*, – TV ☎ ♿ P. GB
Repas *(fermé lundi midi)* (70) - 90 (déj.), 130/240, enf. 55 – 37 – **15 ch** 275/350 – ½ P 250/275.

ROCHECORBON *37 I.-et-L.* 64 ⑮ – *rattaché à Tours.*

ROCHEFORT SP *17300 Char.-Mar.* 71 ⑬ *G. Poitou Vendée Charentes – 25 561 h alt. 12 – Stat. therm. (9 fév.-mi déc.).*

Voir *Corderie royale*★★ **BY** – *Maison de Loti*★ **BZ B** – *Musée d'Art et d'Histoire*★ **BZ M**[1] – *Les Métiers de Mercure*★ *(musée)* **BZ D** – *Echillais : façade*★ *de l'église 4,5 km par* ③.

Env. *Croix hosannière*★ *de Moëze SO : 12 km.*

Accès Pont de Martrou. *Péage : auto 25 F (AR 40 F), voiture et caravane 45 F (AR 70 F). Renseignements : Régie d'Exploitation des Ponts ☎ 05 46 83 01 01, Fax 05 46 83 05 54.*

Office de Tourisme av. Sadi-Carnot ☎ 05 46 99 08 60, Fax 05 46 99 52 64 Annexe Porte de l'Arsenal.

Paris 469 ① – La Rochelle 39 ⑤ – Royan 40 ③ – Limoges 195 ② – Niort 62 ① – Saintes 45 ⑤.

Plan page suivante

Corderie Royale M, r. Audebert (près Corderie Royale) ☎ 05 46 99 35 35, *Fax 05 46 99 78 72*, ≤, « Ancienne artillerie royale au bord de la Charente », – rest, TV ☎ ♿ P – 40 à 120. AE GB JCB **BY h**
fermé 1er au 21 fév., lundi (sauf hôtel) et dim. soir de nov. à Pâques – **Repas** 100 (déj.), 150/205, enf. 80 – 50 – **50 ch** 485/800, 3 appart – ½ P 475.

Paris, 27 av. La Fayette ☎ 05 46 99 33 11, *Fax 05 46 99 77 34* – rest, TV ☎ – 40. GB **BZ d**
fermé 23 déc. au 15 janv. – **Repas** *(fermé dim.)* (90) - 120/195 – 35 – **38 ch** 230/340 – ½ P 280/290.

Roca-Fortis sans rest, 14 r. République ☎ 05 46 99 26 32, *Fax 05 46 87 49 48*, – TV ☎. GB JCB **BY v**
35 – **16 ch** 220/275.

Les Remparts, 43 r. C. Pelletan (aux Thermes) ☎ 05 46 87 12 44, *Fax 05 46 83 92 62* – TV ☎ – 70. AE GB **BY s**
Repas 95/105, enf. 36 – 35 – **73 ch** 350 – ½ P 295.

Vermandois sans rest, 33 r. E. Combes ☎ 05 46 99 62 75, *Fax 05 46 99 62 83* – TV ☎. GB **BZ v**
30 – **10 ch** 300.

Ibis M, 1 r. Bégon ☎ 05 46 99 31 31, *Fax 05 46 87 24 09* – rest, TV ☎ ♿ P. AE GB. rest **BY n**
Repas (75) - 95 – 35 – **44 ch** 300.

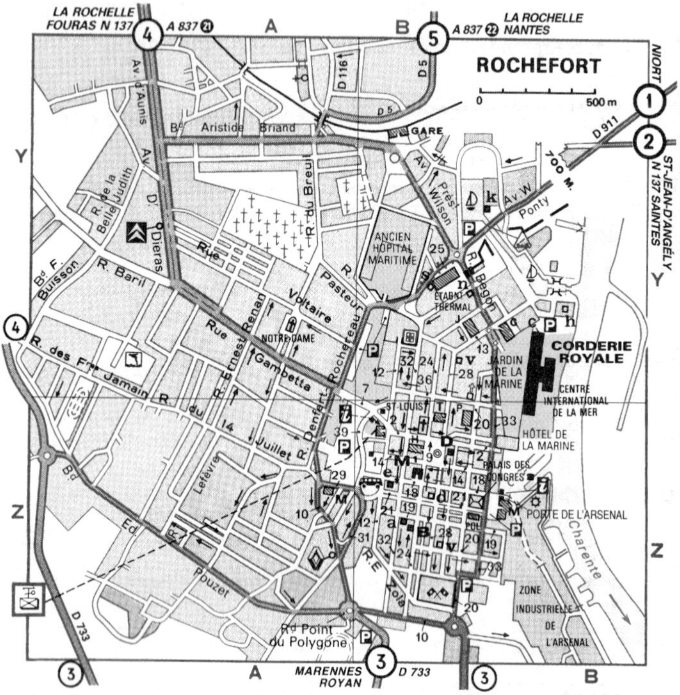

Audry-de-Puyravault (R.) . . . . **BZ** 2
Gambetta (R.) . . . . **AY**
Gaulle (Av. Ch. de) . . . . . **BZ** 18
La-Fayette (Av.) . . . . **BZ** 21
République (R. de la) . **BYZ** 28

Carnot (Av. Sadi) . . . . . . **BY** 7
Colbert (Pl.) . . . . **BZ** 9
Déportés et Fusillés (Av. des) . . . . **ABZ** 10
Dr-Peltier (R. du) . . . . . **BYZ** 12
Dr-Pujos (R. du) . . . . **BY** 13
Duvivier (R.) . . . . **BZ** 14
Grimaux (R.) . . . . **BZ** 19
Jaurès (R. Jean) . . . . **BZ** 20
Loti (R. Pierre) . . . . **BYZ** 24
Pelletan (Av. Camille) . . **BY** 25
Rochambeau (Av.) . . . . . **AZ** 29
Roux (R. Auguste) . . . . **ABZ** 31
Thiers (R.) . . . . **BYZ** 32
Toufaire (R.) . . . . **BZ** 33
Victor-Hugo (R.) . . . . **BY** 36
3e-R.I.C. (Av. du) . . . . **BZ** 39

XXX **L'Escale de Bougainville,** quai Louisiane (port de plaisance) ✆ 05 46 99 54 99, *Fax 05 46 99 54 99,* <, 🍽 – ▤. GB BY k
fermé dim. soir et lundi – **Repas** 105 (déj.), 145/210 bc et carte 270 à 350.

XX **Tourne-Broche,** 56 av. Ch. de Gaulle ✆ 05 46 99 20 19, *Fax 05 46 99 72 06* – AE GB BZ e
fermé 4 au 24 janv., dim. soir et lundi – **Repas** 105/200 🌡.

XX **Bruno Berton,** 76 r. Grimaux ✆ 05 46 83 95 12 – GB. ⚘ BZ a
fermé dim. soir et lundi – **Repas** (nombre de couverts limité, prévenir) 120/185.

par ③ *: 3 km rte de Royan avant pont de Martrou* – ✉ *17300 Rochefort :*

Belle Poule, ✆ 05 46 99 71 87, *Fax 05 46 83 99 77,* 🍽, 🌳 – TV ☎ P. AE ⓓ GB
fermé dim. soir hors saison – **Repas** 120/190, enf. 45 – ☕ 32 – **20 ch** 275/295 – 1/2 P 280.

CITROEN Rochefort Autom., 46-48 av. Dr Dieras ✆ 05 46 87 41 55 **N** ✆ 06 11 15 15 06
FORD Gar. Zanker, 76 r. Gambetta ✆ 05 46 82 17 50
PEUGEOT S.O.C.A.R., 58 av. 11 Novembre par ③ ✆ 05 46 99 02 76 **N** ✆ 05 46 99 33 66
RENAULT Gar. Peyronnet, av. Fusillés et Déportés ✆ 05 46 87 36 20 **N** ✆ 06 07 53 78 10

Euromaster, ZC de la Fraternité à Tonnay-Charente ✆ 05 46 99 01 13

ROCHEFORT-EN-TERRE *56220 Morbihan* 63 ④ *G. Bretagne* – *645 h alt. 40.*

Voir *Site*★ – *Maisons anciennes*★.

Office de Tourisme à la Mairie ✆ *02 97 43 33 57, Fax 02 97 43 38 47.*

Paris 425 – Ploërmel 34 – Redon 25 – Rennes 82 – La Roche-Bernard 25 – Vannes 34.

XX **Host. Lion d'Or,** ✆ 02 97 43 32 80, *Fax 02 97 43 30 12,* « Maison du 16e siècle » – GB
fermé 10 au 24 fév., dim. soir et lundi hors saison – **Repas** 88/270 🍷, enf. 60.

ROCHEFORT-EN-YVELINES *78730 Yvelines* 60 ⑨, 106 ㊶ *G. Ile de France – 783 h alt. 140.*
Voir *Site★ – Vaisseau★ de l'église de St-Arnoult-en-Yvelines SO : 3,5 km.*
Paris 50 – Chartres 42 – Dourdan 8 – Étampes 25 – Rambouillet 15 – Versailles 42.

XX **Brazoucade,** 51 r. Guy le Rouge ☎ 01 30 41 49 09, *Fax 01 30 88 41 55* – P. AE GB
fermé 16 au 31 août, vacances de fév., mardi soir et merc. – **Repas** 110 bc/215.

XX **Escu de Rohan,** 15 r. Guy le Rouge ☎ 01 30 41 31 33 – GB
fermé dim. soir et lundi sauf fériés – **Repas** 185/250 ♀.

ROCHEFORT-SUR-NENON *39 Jura* 66 ⑭ *– rattaché à Dôle.*

La ROCHEFOUCAULD *16110 Charente* 72 ⑭ *G. Poitou Vendée Charentes* **(plan)** *– 3 448 h alt. 75.*
Voir *Château★.*
Office de Tourisme Halle aux Grains pl. Gourville ☎ 05 45 63 07 45.
Paris 443 – Angoulême 20 – Confolens 43 – Limoges 82 – Nontron 37 – Ruffec 40.

L'Auberivières, rte Mansle ☎ 05 45 63 10 10, *Fax 05 45 63 02 60* – rest, TV ☎ P. AE GB
fermé 1er au 16 août et dim. – **Repas** 67/143 ♀ – 32 – **10 ch** 195/250 – ½ P 180/192.

CITROEN Gar. Bordron, ☎ 05 45 62 01 41
RENAULT Gar. Cyclope, ☎ 05 45 63 03 91 N ☎ 05 45 63 94 95

Ne prenez pas la route sans connaître votre temps de parcours.
La ***carte Michelin*** *n° 911 c'est "la carte du temps gagné".*

ROCHEGUDE *26790 Drôme* 81 ② *– 1 053 h alt. 121.*
Paris 643 – Avignon 46 – Bollène 8 – Carpentras 33 – Nyons 30 – Orange 15 – Vaison-la-Romaine 23.

Château de Rochegude ☎ 04 75 97 21 10, *Fax 04 75 04 89 87*, ✳, parc, – TV ☎ P. AE GB JCB
fermé mardi midi et lundi hors saison – **Repas** (150) - 200 (déj.), 250/500 – 100 – **25 ch** 650/1700, 4 appart.

La ROCHE-GUYON *95780 Val d'Oise* 55 ⑱ *G. Ile de France – 561 h alt. 25.*
Voir *Les bords de Seine ≤★ – Route des Crêtes★ : ≤★★ sur la boucle de la Seine N : 3 km.*
Syndicat d'Initiative ☎ 01 34 79 72 84.
Paris 72 – Rouen 74 – Les Andelys 33 – Beauvais 64 – Évreux 41 – Gisors 30 – Mantes-la-Jolie 19 – Pontoise 45 – Vernon 12.

X **Aub. Vieux Donjon,** pl. de l'Ecu ☎ 01 34 79 70 06, *Fax 01 34 79 75 50* – AE GB
fermé 10 janv. au 12 fév., mardi soir hors saison et merc. sauf le midi de Pâques à fin oct. – **Repas** 95 bc/178.

La ROCHE-L'ABEILLE *87 H.-Vienne* 72 ⑰ *– rattaché à St-Yrieix-la-Perche.*

ROCHE-LEZ-BEAUPRÉ *25 Doubs* 66 ⑮ *– rattaché à Besançon.*

La ROCHELLE P *17000 Char.-Mar.* 71 ⑫ *G. Poitou Vendée Charentes – 71 094 h Agglo. 100 264 h alt. 1 – Casino* X.
Voir *Vieux Port★★ : tour St-Nicolas★, ✳★★ de la tour de la Lanterne★, plan-relief★ dans la tour de la Chaîne – Le quartier ancien★★ : Hôtel de Ville★* **Z H**, *Hôtel de la Bourse★* **Z C**, *Porte de la Grosse Horloge★* **Z F** *– Port des Minimes : aquarium★* **X** *– Parc Charruyer★* **Y** *– Musées : Muséum d'Histoire naturelle★★* **Y** *, Nouveau Monde★* **Y M²**, *Beaux-Arts★* **Y M³**, *d'Orbigny-Bernon★ (histoire rochelaise et céramique)* **Y M⁴**, *maritime★ (Neptunéa)* **Z M⁸** *– Automates★ (place de Montmartre★★)* **Z M⁹**.
de la Prée ☎ 05 46 01 24 42, par D 104 : 11 km **V**.
Accès par le *Pont de l'île de Ré par ④.* **Péage** *en 1997 : auto (AR) 110 F (saison) 60 F (hors saison), auto et caravane 180 F, camion 120 à 300 F, moto 15 F, gratuit pour piétons et vélos.*
Renseignements par Régie d'Exploitation des Ponts : ☎ 05 46 00 51 10, Fax 05 46 43 04 71.
de la Rochelle-Laleu : T.A.T. Air Liberté ☎ 05 46 42 18 27, NO : 4,5 km **V**.
Office de Tourisme quartier du Gabut, pl. de la Petite-Sirène ☎ 05 46 41 14 68, Fax 05 46 41 99 85.
Paris 471 ① – Angoulême 144 ② – Bordeaux 185 ③ – Nantes 134 ① – Niort 64 ①.

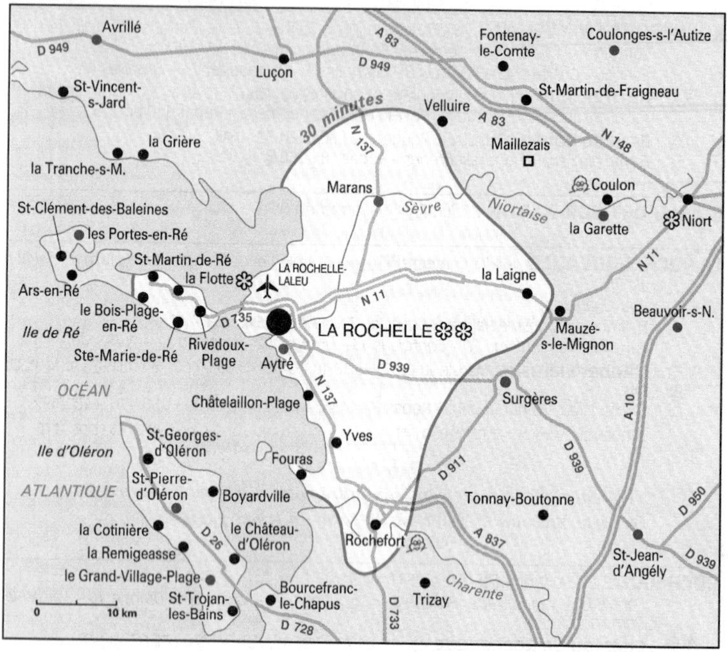

France-Angleterre et Champlain sans rest, 20 r. Rambaud ☎ 05 46 41 23 99, *Fax 05 46 41 15 19*, « Ancien hôtel particulier avec agréable jardin » – 40. AE ① GB — Y b
45 – **36 ch** 315/560, 4 appart.

Les Brises sans rest, chemin digue Richelieu (av. P. Vincent) ☎ 05 46 43 89 37, *Fax 05 46 43 27 97*, « Terrasse en bordure de mer et ≤ les îles » – P. AE GB — X q
59 – **50 ch** 420/630.

Monnaie M sans rest, 3 r. Monnaie ☎ 05 46 50 65 65, *Fax 05 46 50 63 19*, « Ancienne demeure du 17e siècle » – P – 25. AE ① GB — Z z
55 – **31 ch** 465/620, 4 appart.

Novotel M, av. Porte Neuve ☎ 05 46 34 24 24, *Fax 05 46 34 58 32*, – P – 130. AE ① GB — Y t
Repas *(79)* - 100/120 ♀, enf. 50 – 55 – **94 ch** 500/670.

Relais Mercure Océanide M, quai L. Prunier ☎ 05 46 50 61 50, *Fax 05 46 41 24 31*, ≤ – ch, P – 400. AE ① GB — Z e
Repas *(75)* - 100/115 ♀, enf. 46 – 52 – **123 ch** 450/550.

Mercure 23 quai Valin ☎ 05 46 41 20 68, *Fax 05 46 41 81 24*, – – 80. AE ① GB — Z r
Yachtman ☎ 05 46 50 63 14 *(fermé dim. soir et lundi de déc. à mars)* **Repas** 98/200 ♀, enf. 50 – 50 – **44 ch** 500/560.

St-Jean d'Acre et rest. Au Vieux Port M, 4 pl. Chaîne ☎ 05 46 41 73 33, *Fax 05 46 41 10 01*, ≤, – – 25. AE ① GB — Z f
Repas 85/300, enf. 56 – 52 – **70 ch** 370/660 – ½ P 445/495.

Trianon et Plage, 6 r. Monnaie ☎ 05 46 41 21 35, *Fax 05 46 41 95 78* – P. AE ① GB. rest — Z b
fermé 22 déc. au 1er fév., sam. midi et dim. du 15 oct. au 15 mars – **Repas** *(70)* - 95/188 ♀, enf. 60 – 43 – **25 ch** 370/450 – ½ P 380/425.

Frantour St-Nicolas M sans rest, 13 r. Sardinerie ☎ 05 46 41 71 55, *Fax 05 46 41 70 46* – P – 25. AE ① GB — Z d
49 – **79 ch** 350/425.

Manoir sans rest, 8 bis av. Gén. Leclerc ☎ 05 46 67 47 47, *Fax 05 46 67 38 92* – P. GB — V e
fermé dim. du 1er nov. au 31 mars – 35 – **18 ch** 350/520.

LA ROCHELLE

Briand (Av. Aristide) . . . . V 13
Cognehors (Bd de) . . . . V 23
Coligny (Av.) . . . . VX 25
Couronne (Av. de la) . . . . V 29
Denfert-Rochereau (Av.). . . . . V 33
Fétilly (Av. de) . . . . V 47
Joffre (Bd du Mar.) . . . . V 62
Mail (Allée du) . . . . X 64
Marillac (Av.). . . . . X 65
Missy (R. de) . . . . V 72
Moulin (Av. Jean). . . . . X 74
République (Bd de la) . . . . . . X 90
Robinet (Av. L.) . . . . V 92
Saintonge (R. A.-de) . . . . V 103
Salengro (Av. Roger). . . . . . . X 106
Sartre (Av. Jean-Paul) . . . . . . X 109
8-Mai-1945 (Av. du). . . . . V 118
11-Novembre-1918 (Av. du) V 121

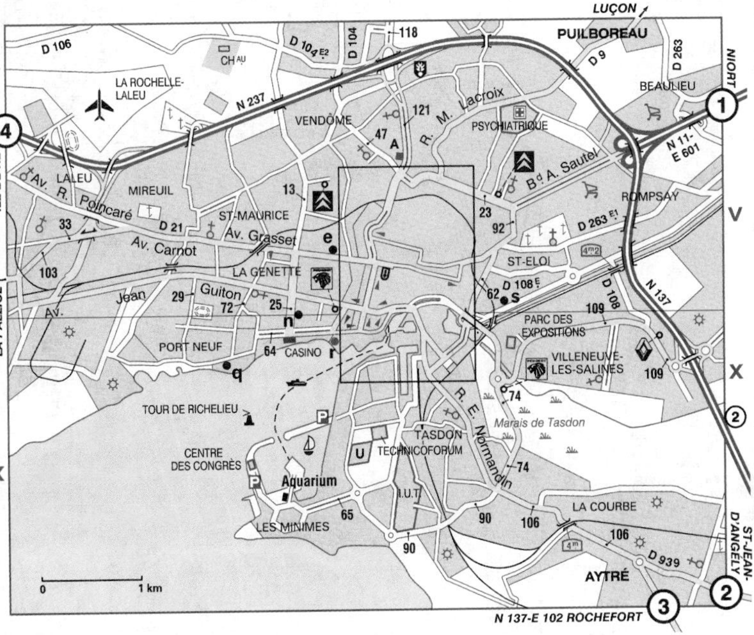

Aliénor sans rest, 51 r. Perigny ✆ 05 46 27 31 31, *Fax 05 46 27 09 34*, – P. AE GB — V s
fermé 10 déc. au 10 janv. – ☐ 37 – **40 ch** 360.

Ibis Grosse Horloge sans rest, 4 r. L. Vieljeux ✆ 05 46 50 68 68, *Fax 05 46 41 34 94* – AE GB — Z v
☐ 35 – **77 ch** 320/400.

Ibis Vieux Port, pl. Cdt de la Motte Rouge ✆ 05 46 41 60 22, *Fax 05 46 41 93 47* – ch, – 25. AE GB — Z n
Repas carte 100 à 200 ♀, enf. 39 – ☐ 35 – **76 ch** 360/395.

Majestic sans rest, 6 av. Coligny ✆ 05 46 34 10 23 – GB — X n
fermé janv. et fév. – ☐ 35 – **14 ch** 250/350.

Terminus sans rest, 11 pl. Cdt de la Motte Rouge ✆ 05 46 50 69 69, *Fax 05 46 41 73 12* – P – 25. GB — Z x
☐ 37 – **32 ch** 280/360.

Tour de Nesle sans rest, 2 quai L. Durand ✆ 05 46 41 05 86, *Fax 05 46 41 95 17*, ← – AE GB — Z u
☐ 38 – **28 ch** 280/420.

Arrivée et des Voyageurs sans rest, pl. Cdt de la Motte Rouge ✆ 05 46 41 40 68, *Fax 05 46 67 38 92* – GB — Z y
fermé dim. du 1er nov. au 31 mars – ☐ 35 – **12 ch** 265/390.

Richard Coutanceau, plage de la Concurrence ✆ 05 46 41 48 19, *Fax 05 46 41 99 45*, ← entrée du port – AE GB — X r
fermé dim. – **Repas** 220/420 et carte 350 à 470 ♀
Spéc. Mouclade rochelaise (15 juin au 15 nov.). Bar de ligne rôti au parfum de basilic à la tomate confite. Civet de homard rôti à cru à l'huile d'olive (avril à nov.). **Vins** Mareuil, Haut-Poitou.

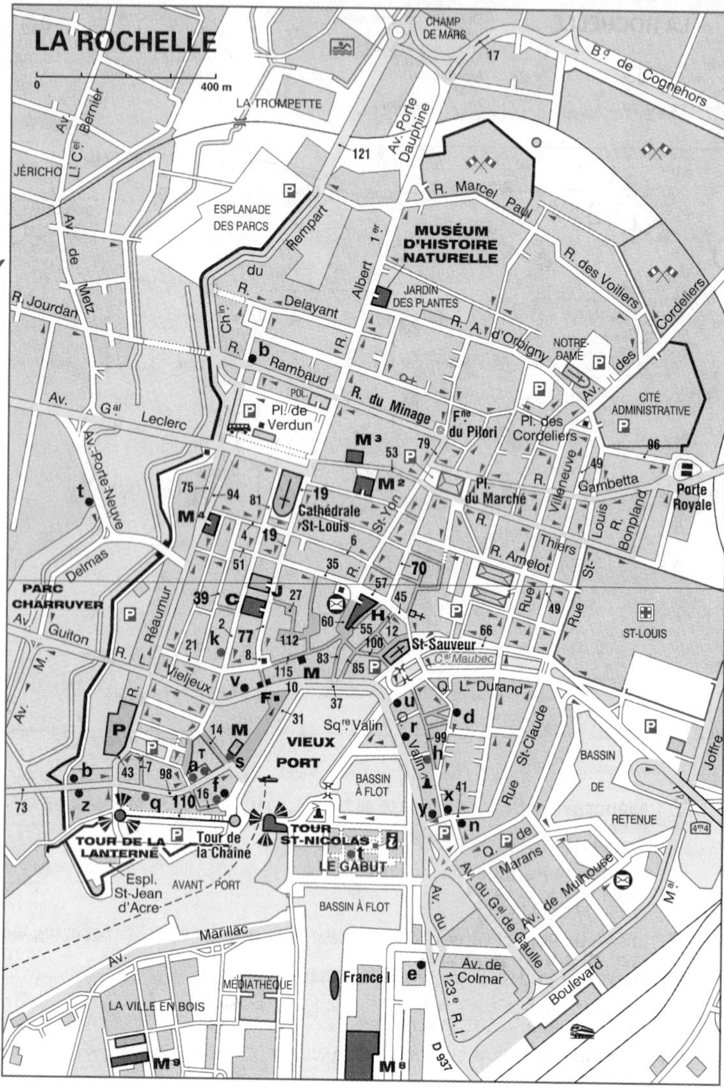

Chaudrier (R.) . . . . Y 19
Dupaty (R.) . . . . Y 35
Marché (Pl. du) . . . . Y
Merciers (Gde Rue des) . . . . . Y 70
Minage (R. du) . . . . Y
Palais (R. du) . . . . Z 77
St-Yon (R.) . . . . Y

Admyrauld (R. G.) . . . . YZ 2
Aufrédy (R.) . . . . Y 4
Augustins (R. des) . . . . Y 6
Ballangerie (R. de la) . . . . Z 7
Bancs (Pl. des Petits) . . . . Z 8
Barentin (Pl.) . . . . Z 10
Bletterie (R.) . . . . Z 12
Carmes (R. des) . . . . Z 14

Chaîne (R. de la) . . . . Z 16
Champ-de-Mars (Av. du) . . . . . Y 17
Chef-de-Ville (R.) . . . . Z 21
Commanderie (Cour de la) . . . Z 27
Dames (Cours des) . . . . Z 31
Duperré (Quai) . . . . Z 37
Escale (R. de l') . . . . Z 39
Fabrique (R. de la) . . . . Z 41
Fagots (R. des) . . . . Z 43
Ferté (R. de la) . . . . Z 45
Fonderies (R. des) . . . . YZ 49
Fromentin (R. E.) . . . . Y 51
Gargoulleau (R.) . . . . Y 53
Gentilshommes (R. des) . . . . . . Z 55
Grille (R. de la) . . . . YZ 57
Hôtel-de-Ville (R. de l') . . . . . . Z 60

Maubec (Quai) . . . . Z 66
Monnaie (Av. de la) . . . . Z 73
Noue (R. de la) . . . . Y 75
Pas-du-Minage (R. du) . . . . . . Y 79
Pernelle (R.) . . . . Y 81
Port (Petite Rue du) . . . . Z 83
Port (R. du) . . . . Z 85
St-Côme (R.) . . . . Y 94
St-François (R.) . . . . Y 96
St-Jean-du-Pérot (R.) . . . . Z 98
St-Nicolas (R.) . . . . Z 99
St-Sauveur (R.) . . . . Z 100
Sur-les-Murs (R.) . . . . Z 110
Temple (Cour du) . . . . Z 112
Temple (R. du) . . . . Z 115
11-Novembre-1918 (Av. du) . Y 121

XXX **Marmite** (Marzin), 14 r. St-Jean du Pérot ✆ 05 46 41 17 03, *Fax 05 46 41 43 15* – ▤. AE ⓓ GB — Z a
✿ *fermé merc.* – **Repas** 200/400 et carte 300 à 420
Spéc. Ragoût fin de coquillages et crustacés, sauce légère safranée. Mouclade rochelaise (juin à déc.). Morue fraîche à la purée d'ail et jus de viande. **Vins** Mareuil, Haut-Poitou.

XX **Bistrot de l'Entracte,** 22 r. St-Jean du Pérot ✆ 05 46 50 62 60, *Fax 05 46 41 99 45*, « Décor contemporain » – ▤. GB — Z a
fermé dim. – **Repas** (110) - 155 ♀.

XX **Les 4 Sergents,** 49 r. St-Jean du Pérot ✆ 05 46 41 35 80, *Fax 05 46 41 95 64*, décor de jardin d'hiver – ▤. AE ⓓ GB — Z q
fermé dim. soir et lundi – **Repas** 82/182 ♀, enf. 40.

XX **Serge,** 46 cours des Dames ✆ 05 46 41 18 80, *Fax 05 46 41 95 76*, 🏠 – AE ⓓ GB JCB — Z s
Repas - produits de la mer - 148/340, enf. 68.

X **André,** pl. Chaîne ✆ 05 46 41 28 24, *Fax 05 46 41 64 22*, ≤, 🏠, « Salles au décor marin » – AE ⓓ GB — Z f
Repas - produits de la mer - 162.

X **Table des Copains,** 18 r. St-Jean du Pérot ✆ 05 46 50 98 89 – GB — Z a
fermé 15 déc. au 15 janv., lundi midi et dim. – **Repas** 140 ♁.

X **Mistral,** au Gabut, 10 pl. Coureauleurs ✆ 05 46 41 24 42, *Fax 05 46 41 76 14*, ≤, 🏠 – ▤. GB — Z t
fermé janv., sam. midi, dim. soir, lundi soir et mardi soir de nov. à mai – **Repas** 62/150 ♀, enf. 40.

X **L'Orangerie,** 26 r. Admyrault ✆ 05 46 41 08 31, *Fax 05 46 41 07 24* – AE ⓓ GB — Z k
fermé 4 au 10 janv., sam. midi et dim. – **Repas** 98/168 ♀.

X **A Côté de chez Fred,** 30 r. St-Nicolas ✆ 05 46 41 65 76, 🏠 – AE GB
fermé vacances de Toussaint, lundi sauf le soir en saison et dim. – **Repas** - produits de la mer - carte 140 à 220.

à Aytré *par ③ : 5 km – 7 786 h. – ✉ 17440 :*

XXX **Maison des Mouettes,** bd Plage ✆ 05 46 44 29 12, *Fax 05 46 34 66 01*, ≤, 🏠 – ▤ P. AE ⓓ GB JCB
fermé lundi sauf juil.-août et fériés – **Repas** 129/340 et carte 240 à 400 ♀.

au Pont de l'Ile de Ré *par ④ : 7 km – ✉ 17000 La Rochelle :*

X **Belvédère,** ✆ 05 46 42 62 62, *Fax 05 46 43 30 16*, ≤ Pont et port de la Pallice, 🏠 – AE ⓓ GB
fermé mardi soir, merc. soir et lundi du 15 oct. à Pâques – **Repas** 68 (déj.), 130/175 ♀, enf. 48.

BMW Gar. Cormier, ZAC de Beaulieu à Puilboreau ✆ 05 46 27 34 36
CITROEN S.O.R.D.A., 99 bd de Cognehors ✆ 05 46 27 19 68 N ✆ 06 07 23 52 21
CITROEN Gar. Bretonnier, 8 r. Trompette V ✆ 05 46 34 79 79
FORD Porte Dauphine Autom., 2 à 12 av. Porte Dauphine ✆ 05 46 67 51 11
MERCEDES S.A.V.I.A., Ctre cial de Beaulieu à Puilboreau ✆ 05 46 67 54 22 N ✆ 08 00 24 24 30
PEUGEOT Gar. Lara, ZA de Tas Don-Lac ✆ 05 46 50 27 27 N ✆ 06 09 25 22 48
RENAULT La Rochelle Autom., av. J.-P.-Sartre ✆ 05 46 44 01 00 N ✆ 06 07 54 64 27
ROVER Genette Autom., ZAC Beaulieu à Puilboreau ✆ 05 46 67 45 45 N ✆ 05 46 67 16 16

Ⓜ Euromaster, 153 bd A.-Sautel ✆ 05 46 34 85 71
Euromaster, N 137 à Angoulins ✆ 05 46 56 80 94
Vulco, 1 r. de Québec ✆ 05 46 43 52 40

La ROCHE-POSAY *86270 Vienne* 68 ⑤ *G. Poitou Vendée Charentes – 1 444 h alt. 112 – Stat. therm. – Casino .*

du Connétable ✆ 05 49 86 25 10.
Office de Tourisme 14 bd Victor Hugo ✆ 05 49 19 13 00, Fax 05 49 86 27 94.
Paris 315 – Poitiers 62 – Le Blanc 29 – Châteauroux 79 – Châtellerault 24 – Loches 49 – Tours 82.

St-Roch Ⓜ, ✆ 05 49 19 49 00, *Fax 05 49 19 49 40*, 🏊 – |♦|, ▤ ch, TV ☎ ♿ P. GB
fermé déc. – **Repas** 75/148 ♁ – ☕ 30 – **36 ch** 264/455 – P 320/342.

Europe sans rest, ✆ 05 49 86 21 81, *Fax 05 49 86 66 28*, 🏊 – |♦| TV ☎ ♿ P. GB
1er avril-15 oct. – ☕ 26 – **31 ch** 180/200.

Host. St-Louis, ✆ 05 49 86 20 54, *Fax 05 49 86 00 79* – TV ☎ P. GB
10 mars-15 oct. – **Repas** 75/135 ♀, enf. 42 – ☕ 28 – **19 ch** 150/250 – P 220/280.

Le ROCHER *07 Ardèche* 80 ⑧ *– rattaché à Largentière.*

Les ROCHES-DE-CONDRIEU *38370 Isère* 74 ⑪ – *1 836 h alt. 158.*

Paris 500 – *Lyon 42* – *Annonay 34* – *Grenoble 116* – *Rive-de-Gier 22* – *Vienne 13.*

Bellevue, ✆ 04 74 56 41 42, *Fax 04 74 56 47 56,* ≤ – TV ☎ ⇐. AE GB
fermé vacances de Toussaint, de fév. et hôtel : dim. et lundi du 1er oct. au 30 avril – **Repas** *(fermé dim. soir du 1er oct. au 30 avril, mardi midi du 1er mai au 30 sept. et lundi)* 125/300 ♂, enf. 50 – ☕ 40 – **16 ch** 200/350 – ½ P 250/450.

PEUGEOT, RENAULT Gar. Capellaro, ✆ 04 74 56 41 32

La ROCHE-SUR-FORON *74800 H.-Savoie* 74 ⑥ *G. Alpes du Nord* – *7 116 h alt. 548.*

Voir *Vieille ville*★★.

Office de Tourisme pl. Andrevetan ✆ *04 50 03 36 68, Fax 04 50 03 31 38.*

Paris 554 – *Annecy 33* – *Thonon-les-Bains 42* – *Bonneville 8* – *Genève 24.*

Foron M sans rest, N 203 ✆ 04 50 25 82 76, *Fax 04 50 25 81 54* – TV ☎ ♿ P. AE ⓓ GB
fermé 20 déc. au 6 janv. – ☕ 30 – **26 ch** 240/300.

Des Afforets sans rest, 101 r. Egalité ✆ 04 50 03 35 01, *Fax 04 50 25 82 47* – |‡| TV ☎. AE GB
☕ 30 – **28 ch** 230/290.

XXX **Marie-Jean** (Signoud), rte Bonneville : 2 km ✆ 04 50 03 33 30, *Fax 04 50 25 99 98* – P. AE ⓓ GB
✿ *fermé 2 au 23 août, dim. soir et lundi* – **Repas** 120 (déj.), 215/280 et carte 310 à 450
Spéc. Millefeuille de jarret, ris de veau et foie gras chaud en salade. Filet de féra et brochet à la mondeuse, gnocchi de courgette. Carré d'agneau rôti en crépinette, croquettes d'ail et légumes au beurre. **Vins** Ripaille, Mondeuse.

à Arenthon *Nord-Est : 6 km par N 503 et D 19B* – *952 h. alt. 439* – ✉ *74800 :*

X **Aub. Savoyarde "La Rôtisserie",** ✆ 04 50 25 57 16, *Fax 04 50 25 58 97,* ☂ – GB
fermé 27 juil. au 12 août, 2 au 14 janv., dim. soir et lundi – **Repas** -cuisine sur braise et à la broche - *(65)* - 80 (déj.), 150/255 ♀, enf. 75.

Euromaster, av. L.-Rannard ✆ 04 50 03 10 46 N ✆ 04 76 29 55 49

La ROCHE-SUR-YON P *85000 Vendée* 67 ⑬ ⑭ *G. Poitou Vendée Charentes* – *45 219 h alt. 75.*

de la Domangère ✆ *02 51 07 60 15 par* ④, *D.*

Office de Tourisme r. G. Clémenceau ✆ *02 51 47 48 49, Fax 02 51 05 37 01* – *Automobile Club 17 r. Lafayette* ✆ *02 51 36 24 60, Fax 02 51 37 93 19.*

Paris 414 ② – *Cholet 64* ② – *Nantes 66* ① – *Niort 89* ③ – *La Rochelle 76* ③.

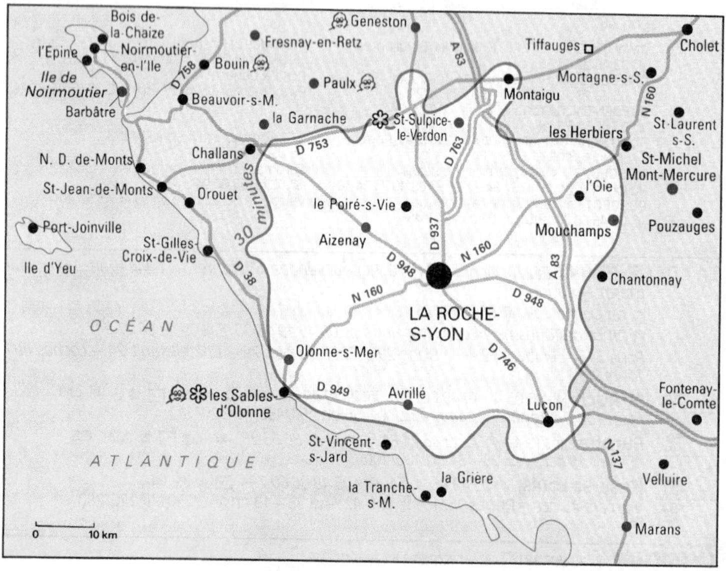

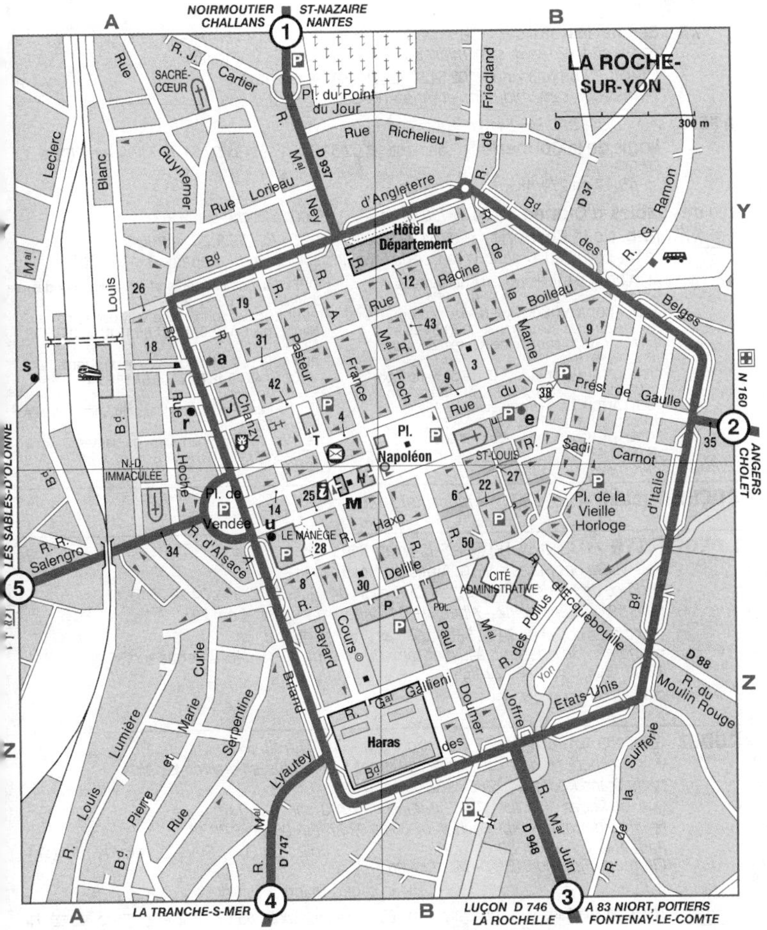

Baudry (R. Paul) . . . . BZ 6
Carnot (R. Sadi) . . . . BY
Clemenceau (R. G.) . . . . AZ 14
Halles (R. des) . . . . BZ 22

Albert Ier (Pl.) . . . . BY 3
Allende (R. Salv.) . . . . AY 4
Bérégovoy (R. P.) . . . . AZ 8

Berthelot (R. M.) . . . . BY 9
Bossuet (R.) . . . . BY 12
Gambetta (Av.) . . . . AY 18
Gén.-de-Castelnau (R.) . . . . . AY 19
La Fayette (R.) . . . . AZ 25
Manuel (R.) . . . . AY 26
Mazurelle (Espl. J.) . . . . AZ 28
Marché (R. du) . . . . BYZ 27

Mitterrand (Pl. F.) . . . . AZ 30
Molière (R.) . . . . AY 31
Poincaré (R. Raymond) . . . . AZ 34
Pompidou (R. G.) . . . . BY 35
Résistance (Pl. de la) . . . . . . BY 38
Verdun (R. de) . . . . AY 42
Victor-Hugo (R.) . . . . BY 43
93e-R.I (R. du) . . . . BZ 50

Mercure M, 117 bd A. Briand ✆ 02 51 46 28 00, *Fax 02 51 46 28 98* – AZ u
– 80. AE GB JCB
Jardin Gourmand *(fermé sam. midi, dim. et fériés)* **Repas** 98/240 ♀, enf. 60 – ***Brasserie Lafayette :*** **Repas** *(68)* bc - 78/125 ♀, enf. 40 – ☕ 50 – **67 ch** 410/465.

Napoléon sans rest, 50 bd A. Briand ✆ 02 51 05 33 56, *Fax 02 51 62 01 69* – – AY r
40. AE GB JCB
fermé 24 déc. au 4 janv. – **29 ch** ☕ 280/360.

Vincennes sans rest (annexe 12 ch M à 500 m.), 81 bd Mar. Leclerc ✆ 02 51 62 73 22, *Fax 02 51 37 45 85* – cuisinette AE GB AY s
☕ 28 – **21 ch** 175/270.

XX **St-Charles,** 38 r. de Gaulle ✆ 02 51 47 71 37, *Fax 02 51 44 96 07* – ▤. GB. ✻ BY e
fermé 1er au 23 août, sam. midi et dim. – **Repas** 98/199 ♀, enf. 46.

X **Rivoli,** 31 bd A. Briand ✆ 02 51 37 43 41 – AE ⓓ GB. ✻ AY a
fermé août, sam. midi, dim. et fériés – **Repas** 98/190 ♀.

à l'Est *par ③, D 948 et D 80 : 5 km :*

Logis de la Couperie sans rest, ✆ 02 51 37 21 19, *Fax 02 51 47 71 08,* – TV ☎ P. AE GB. ✻
45 – **7 ch** 270/485.

rte des Sables-d'Olonne *par ⑤, N 160 : 4 km – ✉ 85000 La Roche-sur-Yon :*

XX **Aub. de la Borderie,** ✆ 02 51 08 95 95, *Fax 02 51 62 25 78,* – P. GB
fermé 26 juil. au 17 août, vacances de fév., dim. soir et lundi – **Repas** *(80)* - 120/180 ♀.

ALFA ROMEO Gar. Barteau, rte de Nantes à Mouilleron le Captif ✆ 02 51 62 01 04
AUDI, SKODA, VOLKSWAGEN Alizés Autom., rte de Nantes Zone de Beau-Puy ✆ 02 51 36 29 29
BMW Gar. Napoléon, rte de Nantes, ZI Nord ✆ 02 51 37 36 27
CITROEN Guénant Autos, 15 rte de Nantes par ① ✆ 02 51 36 45 00 N ✆ 02 51 36 45 11
FIAT, LANCIA Gar. Hermouet, 46 av. Alienor d'Aquitaine ✆ 02 51 62 22 22
FORD Gar. Baudry, bd Lavoisier ZI Sud ✆ 02 51 47 77 47
OPEL Gar. des Jaulnières, rte d'Aubigny ZA des Jaulnières ✆ 02 51 05 36 74
PEUGEOT Gar. Sorin, 17 bd Sully par rte de Nantes par ① ✆ 02 51 37 08 15 N ✆ 06 08 28 89 19
RENAULT La Roche Autom., rte de Nantes ✆ 02 51 45 18 18 N ✆ 06 07 39 85 49

Chouteau Pneus Vendée, r. du Commerce ZA Sud ✆ 02 51 36 07 15
Le Pneu Yonnais-Point S, rte de Nantes, ZI Nord ✆ 02 51 37 05 77

ROCHETAILLÉE *42 Loire* 76 ⑨ *– rattaché à St-Étienne.*

La ROCHETTE *73110 Savoie* 74 ⑯ *– 3 124 h alt. 360.*

Voir *Vallée des Huiles★ NE,* **G. Alpes du Nord.**
Office de Tourisme Maison des Carmes ✆ 04 79 25 53 12, Fax 04 79 25 53 12.
Paris 591 – Grenoble 47 – Albertville 41 – Allevard 9 – Chambéry 29.

X **Parc** avec ch, ✆ 04 79 25 53 37, , – P. AE ⓓ GB. ✻
fermé dim. soir de sept. à juin et sam. du 1er sept. au 15 déc. – **Repas** 80/185 – 34 – **12 ch** 160/200 – ½ P 220/235.

CITROEN Gar. Fachinger, ✆ 04 79 25 52 73

RODEZ P *12000 Aveyron* 80 ② *G. Gorges du Tarn – 24 701 h alt. 635.*

Voir *Clocher★★★ de la cathédrale N.-Dame★★* **BY** – *Musée Fenaille★* **BZ M1.**
du Grand Rodez ✆ 05 65 78 38 00 par D 901.
de Rodez-Marcillac : T.A.T. ✆ 05 65 42 20 30, par ③ : 10 km.
Office de Tourisme pl. Foch ✆ 05 65 68 02 27, Fax 05 65 68 78 15.
Paris 630 ① – Albi 80 ② – Alès 187 ① – Aurillac 89 ① – Brive-la-Gaillarde 155 ③ – Clermont-Ferrand 216 ① – Montauban 127 ②.

Plan page suivante

Tour Maje sans rest, bd Gally ✆ 05 65 68 34 68, *Fax 05 65 68 27 56* – TV ☎. AE ⓓ GB BZ s
40 – **41 ch** 295/420, 3 appart.

Biney sans rest, r. Victoire-Massol ✆ 05 65 68 01 24, *Fax 05 65 68 50 45* – TV ☎. GB BY k
38 – **27 ch** 250/350.

Midi, 1 r. Béteille ✆ 05 65 68 02 07, *Fax 05 65 68 66 93* – TV ☎. AE ⓓ GB ABY v
fermé 22 déc. au 4 janv. – **Repas** *(fermé dim. hors saison)* 58 (déj.), 88/135 ♀, enf. 45 – 35 – **34 ch** 220/260 – ½ P 220/260.

Climat de France, face gare (Nord par D 901 **AX**) ✆ 05 65 87 11 00, *Fax 05 65 87 11 01* – TV ☎. GB
Repas 65 bc (déj.), 70/125 ♀, enf. 39 – 32 – **40 ch** 305.

XX **Les Jardins de l'Acropolis,** par ③ : *1,5 km Z.A.C. Bourran* ✆ 05 65 68 40 07, *Fax 05 65 68 40 67* – GB
fermé 25 juil. au 10 août, dim. soir et lundi soir – **Repas** 75 (déj.), 95/250 .

XX **St-Amans,** 12 r. Madeleine ✆ 05 65 68 03 18 – ▤. GB BZ v
fermé 15 fév. au 15 mars, dim. soir et lundi – **Repas** 130/280.

XX **Goûts et Couleurs,** 38 r. Bonald ✆ 05 65 42 75 10, *Fax 05 65 78 11 20,* – AE GB BY e
fermé 10 au 20 sept., 10 janv. au 10 fév., dim. et lundi – **Repas** 95 (déj.), 130/270 ♀, enf. 50.

X **Kiosque,** av. V. Hugo (jardin public) ✆ 05 65 68 56 21, – GB AY n
fermé dim. soir sauf de mai à sept. – **Repas** *(60)* - 90/219 .

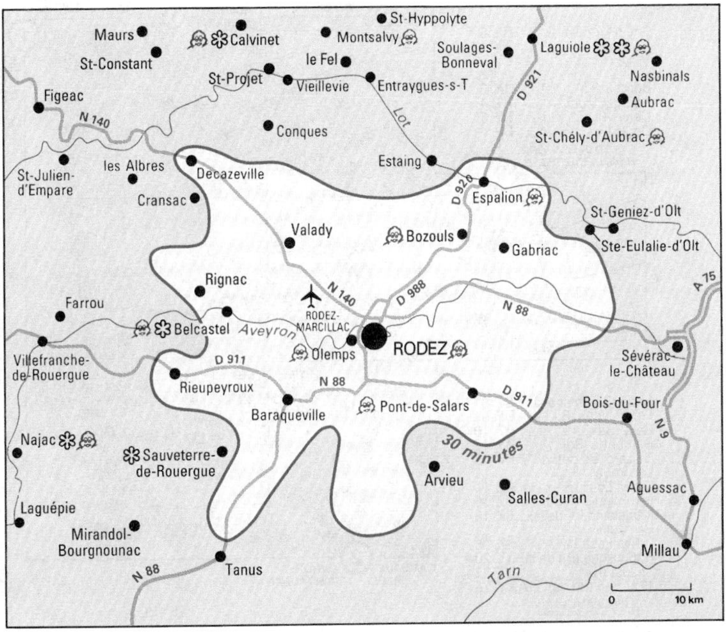

rte d'Espalion *par ① et D 988* **BX** *: 3 km – ✉ 12850 Onet-le-Château :*

Bastide, ✆ 05 65 67 08 15, *Fax 05 65 67 43 32* – |‡| TV ☎ ✆ ♿ P – 🏛 25 à 80. AE ① GB

Repas *(65 bc)* - 87/160 ♀, enf. 40 – ☕ 35 – **38 ch** 270/310 – ½ P 220.

rte de Marcillac-Vallon *Nord, par D 901* **AX** *:*

Host. de Fontanges ⛷, à 3,5 km ✆ 05 65 77 76 00, *Fax 05 65 42 82 29*, 🌳, parc, « Demeure des 16ᵉ et 17ᵉ siècles », 🏊, 🎾 – TV ☎ ✆ P – 🏛 100. AE ① GB JCB

Repas *(fermé dim. soir du 1ᵉʳ nov. à Pâques)* 98/270 ♀, enf. 55 – ☕ 40 – **42 ch** 320/390, 4 appart – ½ P 350/390.

Campanile, rd-pt des Moutiers à 2 km ✆ 05 65 42 97 08, *Fax 05 65 42 66 69*, 🌳 – ⚹ TV ☎ ✆ ♿ P – 🏛 25. AE ① GB

Repas *(66)* - 84 bc/107 bc, enf. 39 – ☕ 34 – **47 ch** 278.

à Olemps *par ② et D 653 : 3 km – 3 032 h. alt. 580 – ✉ 12510 :*

Les Peyrières ⛷, ✆ 05 65 68 20 52, *Fax 05 65 68 47 88*, 🌳, 🏊 – TV ☎ ✆ ♿ P. AE GB. ⚹ ch

Repas *(fermé dim. soir et lundi midi sauf juil.-août)* 95/300 🌡 – ☕ 38 – **50 ch** 279/350 – ½ P 280/300.

AUDI, VOLKSWAGEN Gar. Besset et Jean, ZA Bel-Air ✆ 05 65 42 20 14
BMW Gar. Escat, ZA Bel Air ✆ 05 65 42 84 21
CITROEN Rouergue Autom., rte d'Espalion à Sébazac-Concourès par ① ✆ 05 65 46 96 50
FIAT, LANCIA Gaubert Autos, 31 bd Paul Ramadier ✆ 05 65 78 17 17
FORD Gar. Boutonnet, La Gineste, rte de Decazeville ✆ 05 65 42 20 12
MERCEDES Gar. Benoit, La Primaube à Luc ✆ 05 65 71 48 31
NISSAN Gar. Dufourgniaud, 93-97, av de Toulouse ✆ 05 65 75 50 50
PEUGEOT Gar. Caussignac et Guiet, rte de Conques par av. de Bordeaux **BY** ✆ 05 65 42 38 06
RENAULT Gar. Fabre Rudelle, rte d'Espalion à Onet-le-Château par ① ✆ 05 65 67 04 10 **N** ✆ 05 65 67 04 10
TOYOTA Gar. BRF, La Primaube à Luc ✆ 05 65 69 59 30
Gar. Brossy, 33 av. du Stade à Luc Primaube ✆ 05 65 69 53 37

⊛ Comptoir Aveyronnais Pneumatiques, 336 av. de Rodez à Luc Primaube ✆ 05 65 68 68 32
Euromaster, Parc St-Marc, rte Espalion à Onet le Chateau ✆ 05 65 67 16 11
Tout pour le Pneu, 40 r. Béteille ✆ 05 65 68 01 13
Vulco, ZI de la Prade à Onet-le-Château ✆ 05 65 67 07 43

RODEZ

Cité (Pl. de la) . . . . BY 5
Neuve (R.) . . . . BY 17
Touat (R. du) . . . . BY 23

Bordeaux (Av. de) . . . BX 3
Bourg (Pl. du) . . . . BZ 4
Denys-Puech (Bd) . . . BY 6
Douls (R. Camille) . . . BY 7

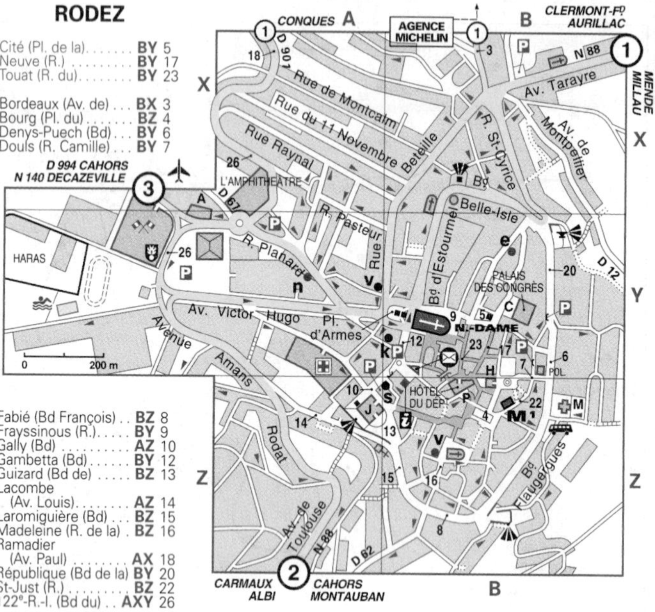

Fabié (Bd François) . . BZ 8
Frayssinous (R.) . . . . . BY 9
Gally (Bd) . . . . AZ 10
Gambetta (Bd) . . . . . . BY 12
Guizard (Bd de) . . . . . BZ 13
Lacombe
(Av. Louis) . . . . AZ 14
Laromiguière (Bd) . . . BZ 15
Madeleine (R. de la) . BZ 16
Ramadier
(Av. Paul) . . . . AX 18
République (Bd de la) BY 20
St-Just (R.) . . . . BZ 22
122ᵉ-R.-I. (Bd du) . . AXY 26

Ne prenez pas la route au hasard !

3615 - 3617 **MICHELIN** *vous apportent sur votre* ***Minitel*** *ou sur* ***fax*** *ses conseils routiers, hôteliers et touristiques.*

ROGNAC *13340 B.-du-R.* 84 ②, 114 ⑭ *– 11 099 h alt. 25.*

Paris 743 – Marseille 31 – Aix-en-Provence 27 – Martigues 27 – Salon-de-Provence 23.

XX **Host. Royal Provence** avec ch, au Sud par N 113 ☎ 04 42 87 00 27, *Fax 04 42 78 77 13*, ← – ▤ rest, TV ☎ P. AE ⓞ GB

fermé 2 au 24 août et 1er au 7 janv. – **Repas** *(fermé dim. soir et lundi soir)* (72) - 105 bc/255 ♀ – ☕ 35 – **10 ch** 200/250 – ½ P 195.

Chapus Pneus, 71 av. Ambroise Croizat à Berre l'Étang ☎ 04 42 85 40 14

ROGNES *13840 B.-du-R.* 84 ③ *G. Provence – 3 450 h alt. 311.*

Voir *Retables★ dans l'église.*

ℹ *Office de Tourisme 5 pl. de la Fontaine ☎ 04 42 50 13 36 Mairie ☎ 04 42 50 22 05.*

Paris 734 – Marseille 48 – Aix-en-Provence 18 – Cavaillon 39 – Manosque 53 – Salon-de-Provence 24.

XX **Les Olivarelles,** Nord-Ouest : 6 km par D 66 et rte secondaire ☎ 04 42 50 24 27, *Fax 04 42 50 17 99*, 🍽, 🍽 – P. GB

fermé 1er au 15 janv., vacances de Toussaint, dim. soir et lundi – **Repas** (prévenir) 92/300 ♀, enf. 70.

ROHAN *56580 Morbihan* 58 ⑲ *G. Bretagne – 1 604 h alt. 55.*

Paris 452 – Vannes 52 – Lorient 72 – Pontivy 17 – Quimperlé 87.

XX **Eau d'Oust,** rte Loudéac ☎ 02 97 38 91 86, *Fax 02 97 38 91 86*, 🍽 – AE GB

fermé 7 au 14 sept., 25 janv. au 7 fév., dim. soir et lundi – **Repas** (en hiver, dîner sur réservation) 75/220.

RENAULT Gar. des Vallées, ☎ 02 97 38 98 98 N ☎ 02 97 38 80 15

ROISSY-EN-FRANCE *95 Val-d'Oise* 56 ⑪, 101 ⑧ *– voir à Paris, Environs.*

ROLLEBOISE 78270 Yvelines 55 ⑱ – 461 h alt. 20.

Paris 64 – Rouen 58 – Dreux 72 – Évreux 44 – Mantes-la-Jolie 38 – Rambouillet 10 – Vernon 15 – Versailles 55.

Château de la Corniche ⑤, ☎ 01 30 93 21 24, *Fax 01 30 42 27 44*, ≤ vallée de la Seine, 斎, 🏊, ⚲ – 🛗 TV ☎ 📞 P – 🏛 30. AE ① GB JCB
fermé 20 déc. au 6 janv., lundi soir de nov. à mars, dim. soir et lundi midi – **Repas** 160 (déj.), 220/360 ♀ – ☕ 60 – **35 ch** 400/800 – ½ P 400/650.

ROMAINVILLE 93 Seine-St-Denis 56 ⑪, 101 ⑰ – *voir à Paris, Environs.*

ROMANÈCHE-THORINS 71570 S.-et-L. 74 ① G. Vallée du Rhône – 1 710 h alt. 187.

Voir *"Le Hameau du vin"* ★.

Paris 407 – Mâcon 16 – Chauffailles 49 – Lyon 57 – Villefranche-sur-Saône 24.

Les Maritonnes (Fauvin), près gare ☎ 03 85 35 51 70, *Fax 03 85 35 58 14*, 斎, « Parc fleuri, 🏊 » – TV ☎ P. AE ① GB
✿ *fermé mi-déc. à fin janv., dim. soir hors saison, mardi midi et lundi* – **Repas** 150 (déj.), 195/420 et carte 250 à 460 ♀, enf. 100 – ☕ 60 – **20 ch** 380/550
Spéc. Escalope de foie gras poêlée, sauce aigre-douce. Cuisses de grenouilles sautées aux fines herbes. Suprême de pintade fondante et parmentier croustillant de charlotte. **Vins** Chenas, Saint-Véran.

ROMANS-SUR-ISÈRE 26100 Drôme 77 ② G. Vallée du Rhône – 32 734 h alt. 162.

Voir *Tentures*★★ *de l'église St-Barnard* BY – *Musée de la Chaussure*★ CY **M** – *Musée diocésain d'Art sacré*★ *à Mours-St-Eusèbe, 4 km par* ①.

⛳18 *de Saint-Didier, ☎ 04 75 59 67 01, par ④ : 15 km.*

ℹ *Office de Tourisme Le Neuilly pl. J.-Jaurès ☎ 04 75 02 28 72, Fax 04 75 05 91 62.*

Paris 558 ⑤ – Valence 21 ④ – Die 77 ④ – Grenoble 79 ② – St-Étienne 91 ⑤ – Vienne 71 ⑤.

Plan page suivante

Primevère M, clos des Tanneurs ☎ 04 75 05 10 20, *Fax 04 75 02 03 00*, 斎, 🏊 – ⊁ TV ☎ 📞 ♿ P – 🏛 25. AE ① GB JCB — AZ n
Repas 79/165 ♀, enf. 45 – ☕ 36 – **32 ch** 320.

Cendrillon sans rest, 9 pl. Carnot ☎ 04 75 02 83 77, *Fax 04 75 05 35 33* – TV ☎. AE ① GB — AZ s
☕ 26 – **28 ch** 150/230.

Parc, 6 av. Gambetta par ② ☎ 04 75 70 26 12, *Fax 04 75 05 08 23*, 斎, 🌳 – GB
fermé dim. soir et lundi – **Repas** 130/310.

Chevet de St-Barnard, 1 pl. aux Herbes ☎ 04 75 05 04 78, *Fax 04 75 05 04 78* – GB
fermé 15 juil. au 5 août, dim. soir et merc. – **Repas** *(65)* - 85/240 ♀. — BY a

Fourchette, 8 r. Solférino ☎ 04 75 02 12 94, *Fax 04 75 05 07 61*, 斎, 🌳 – AE GB
fermé 14 au 21 sept., 1er au 11 janv., vacances de fév., dim. soir et lundi – **Repas** 100 (déj.), 140/280 ♀. — CY d

à Bourg-de-Péage AZ – *9 248 h. alt. 151 – ✉ 26300 :*

Don Angelo M, bd Alpes-Provence ☎ 04 75 72 44 11, *Fax 04 75 72 20 01*, 斎, 🏋, 🏊 – 🛗 ▤ TV ☎ 📞 ♿ 🚗 P – 🏛 30. AE GB JCB. ⊁ rest — AZ u
Repas *(fermé sam. midi et dim. soir)* 195 (déj.)/270 ♀ – ☕ 70 – **36 ch** 430/560 – ½ P 470/490.

à l'Est : *par ② et N 92 : 4 km – ✉ 26750 St-Paul-lès-Romans :*

Karene H. M, ☎ 04 75 05 12 50, *Fax 04 75 05 25 17*, 🏊, 🌳 – TV ☎ P – 🏛 50. AE ① GB
fermé 20 déc. au 6 janv. et sam. du 1er nov. à Pâques – **Repas** (dîner seul.) 100/130 ♀ – ☕ 45 – **23 ch** 285/350 – ½ P 290.

à Granges-lès-Beaumont *par ⑤ : 6 km – 791 h. alt. 155 – ✉ 26600 :*

Les Cèdres (Bertrand), ☎ 04 75 71 50 67, *Fax 04 75 71 64 39*, 斎, 🏊, 🌳 – ▤ P. GB. ⊁
✿ *fermé 4 au 11 mai, 1er au 15 sept., 4 au 11 janv., jeudi soir et lundi* – **Repas** (nombre de couverts limité, prévenir) 175/430 ♀
Spéc. Fraîcheur de homard au vinaigre de Xérès, coulis de tomate à l'huile d'olive.Filet de rouget rôti à la peau, beurre émulsionné aux olives de Nyons. Pêche pochée à la badiane, crème glacée au lait d'amandes (juin-août). **Vins** Crozes-Hermitage blanc, Hermitage rouge.

ROMANS-SUR-ISÈRE BOURG-DE-PÉAGE

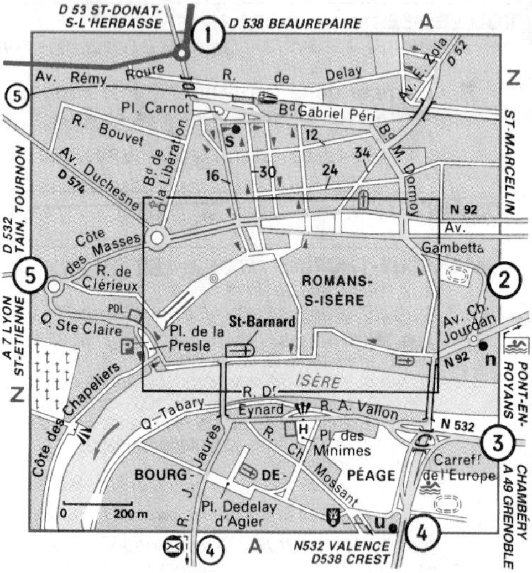

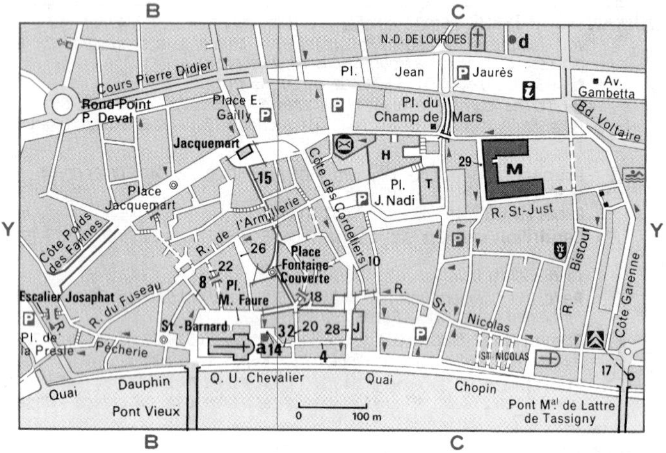

à **St-Paul-lès-Romans** *par* ② *: 8 km – 1 401 h. alt. 171 –* ✉ *26750 :*

XXX **Malle Poste,** ☏ 04 75 45 35 43, *Fax 04 75 71 40 48* – ▤. AE ⓓ GB
fermé 1er au 15 janv., dim. soir et lundi – **Repas** 185/350 et carte 230 à 320.

AUDI, VOLKSWAGEN Tabarin Autom., 12 bd Libération ☏ 04 75 02 32 20
CITROEN Romans Autom., Place Massenet ☏ 04 75 70 74 00 🅽 ☏ 04 75 70 52 68
OPEL Rocade Autom., av. du Vercors ☏ 04 75 02 21 21
PEUGEOT Gar. des Dauphins, ZI, N 92 par ② ☏ 04 75 70 24 66 🅽 ☏ 04 72 55 89 25
RENAULT Sodrisa, r. Réaumur ☏ 04 75 05 82 73 🅽 ☏ 04 75 02 11 22

Dorcier Ayme Pneus, 41 cours P.-Didier ☏ 04 75 02 24 64
Drom Pneus, à Bourg-de-Péage ☏ 04 75 02 49 31
Euromaster, ZI N 92 ☏ 04 75 70 45 67
Vulco, ZA à Génissieux ☏ 04 75 02 98 00

ROMANSWILLER *67 B.-Rhin* 87 ⑭ *– rattaché à Wasselonne.*

ROMILLY-SUR-SEINE *10100 Aube* 61 ⑤ *– 15 557 h alt. 76.*

Paris 125 – Troyes 40 – Châlons-en-Champagne 82 – Nogent-sur-Seine 17 – Sens 61 – Sézanne 26.

Aub. de Nicey M, 24 r. Carnot ✆ 03 25 24 10 07, *Fax 03 25 24 47 01*, – 🛗 TV ☎ 📞 ♿ 🚗 P – 🏛 30. AE GB
fermé 8 au 23 août et dim. soir – **Repas** 100/250 🌡 – ☕ 48 – **23 ch** 340/420 – ½ P 340.

CITROEN Gar. Garnerot, 114 r. A.-Briand, N 19 ✆ 03 25 24 79 48 N ✆ 06 07 66 99 27
FORD Gar. Agostino, 6 r. E.-Zola ✆ 03 25 24 71 58
PEUGEOT Gar. Lesaffre, Rd-Pt Val-Thibault ✆ 03 25 24 74 45 N ✆ 06 07 01 84 58
RENAULT Gar. Cadot, 1-3 bd Robespierre ✆ 03 25 39 51 80 N ✆ 08 00 05 15 15

Aub'Pneus, ZI de la Glacière à Maizières Gde Paroisse ✆ 03 25 24 97 18
Euromaster, 223 r. A.-Briand ✆ 03 25 24 79 40

ROMORANTIN-LANTHENAY SP *41200 L.-et-Ch.* 64 ⑱ *G. Châteaux de la Loire – 17 865 h alt. 93.*

Voir *Maisons anciennes★* **B** – *Vues des ponts★* – *Musée de Sologne★* **M¹**.
Env. *Aliotis, l'Aquarium de Sologne★ au lieu-dit le Moulin des Tourneux E : 8 km par* ②.
Office de Tourisme pl. Paix ✆ 02 54 76 43 89, Fax 02 54 76 96 24.
Paris 202 ① *– Bourges 73* ③ *– Blois 41* ⑤ *– Châteauroux 71* ③ *– Orléans 67* ① *– Tours 91* ④ *– Vierzon 33* ③.

ROMORANTIN-LANTHENAY

Clemenceau (R. Georges)	6
Trois-Rois (R. des)	36
Verdun (R. de)	37
Brault (R. Porte)	2
Capucins (R. des)	4
Four-à-Chaux (R. du)	8
Gaulle (Pl. Gén. de)	10
Ile-Marin (Quai de l')	13
Jouanettes (R. des)	14
Lattre de Tassigny (Av. du Mar. de)	15
Limousins (R. des)	17
Mail de l'Hôtel-Dieu	18
Milieu (R. du)	20
Orléans (Fg d')	22
Paix (Pl. de la)	23
Pierre (R. de la)	24
Prés.-Wilson (R. du)	26
Résistance (R. de la)	28
St-Roch (Fg)	30
Sirène (R. de la)	33
Tour (R. de la)	34

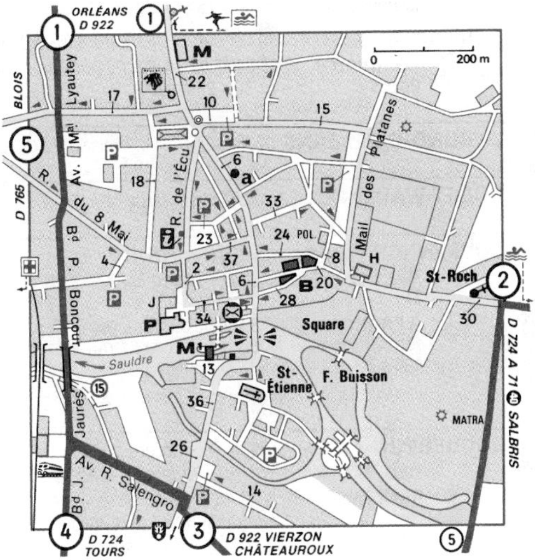

Gd H. Lion d'Or M, 69 r. Clemenceau **(a)** ✆ 02 54 94 15 15, *Fax 02 54 88 24 87*, « Belle décoration intérieure, patio fleuri » – 🛗, rest, TV ☎ 📞 ♿ P – 🏛 50. AE GB
✿✿ *fermé mi-fév. à mi-mars* – **Repas** (nombre de couverts limité, prévenir) 420/620 et carte 490 à 630 – ☕ 110 – **13 ch** 600/2000, 3 appart
Spéc. Cuisses de grenouilles à la rocambole. Langoustines bretonnes rôties à la graine de paradis. Brioche caramélisée au sorbet d'angélique (mai à oct.). **Vins** Pouilly Fumé, Bourgueil.

Pyramide M 🔇, r. Pyramide par ① ✆ 02 54 76 26 34, *Fax 02 54 76 22 28*, – 🛗 TV ☎ ♿ P – 🏛 60. GB
Repas (65) - 80/125 🍷, enf. 40 – ☕ 38 – **66 ch** 190/230 – ½ P 220.

Lanthenay (Valin) 🔇 avec ch, à Lanthenay par ① : *2,5 km, pl. Église* ✆ 02 54 76 09 19, *Fax 02 54 76 72 91*, – TV ☎. AE GB
✿ *fermé 15 au 30 juil., 22 déc. au 15 janv., dim. soir et lundi* – **Repas** 105/295 🍷 – ☕ 37 – **10 ch** 260/300 – ½ P 255/280
Spéc. Cabri rôti à l'ail doux (début avril à fin mai). Salmis de pigeonneau au foie gras. Rable de lièvre en croûte, sauce poivrade (début oct. à fin déc.). **Vins** Cheverny, Quincy.

Cabrière, 30 av. Villefranche par ③ ✆ 02 54 76 38 94, *Fax 02 54 76 38 94* – GB
fermé dim. soir et lundi – **Repas** 65 (déj.), 89/195, enf. 50.

PEUGEOT Gar. Hureau, 14 fg d'Orléans ℘ 02 54 76 01 98
RENAULT Gar. de Paris, 12-14 av. de Paris par fg d'Orléans ℘ 02 54 76 06 68 N ℘ 06 07 31 30 03

Pneus Europe Service, rte de Villefranche ℘ 02 54 76 13 15

RONCE-LES-BAINS *17 Char.-Mar.* 71 ⑭ *G. Poitou Vendée Charentes – alt. 6 – ✉ 17390 La Tremblade.*

Office de Tourisme pl. Brochard ℘ 05 46 36 06 02, Fax 05 46 36 38 17.
Paris 505 – Royan 25 – Marennes 9 – Rochefort 30 – La Rochelle 68.

Grand Chalet, 2 av. La Cèpe ℘ 05 46 36 06 41, *Fax 05 46 36 38 87,* < île d'Oléron, – ☎. AE GB. rest
fermé 10 déc. au 10 fév. – **Repas** *(fermé lundi midi et mardi)* (69) - 89 (déj.), 130/230 ♀ – 35 – **28 ch** 260/335 – ½ P 280/310.

RONCHAMP *70250 H.-Saône* 66 ⑦ *– 3 088 h alt. 380.*

Voir *Chapelle*★★, G. Jura.
Paris 399 – Besançon 93 – Belfort 22 – Lure 12 – Luxeuil-les-Bains 31 – Vesoul 43.

au Rhien *Nord : 3 km – ✉ 70250 Ronchamp :*

Rhien Carrer , ℘ 03 84 20 62 32, *Fax 03 84 63 57 08,* , , – TV ☎ P – 30. GB
Repas 58/220 ♀, enf. 40 – 30 – **22 ch** 130/220 – ½ P 148/185.

à Champagney *Est : 4,5 km par D 4 – 3 283 h. alt. 370 – ✉ 70290 :*

Commerce, ℘ 03 84 23 13 24, *Fax 03 84 23 24 33,* – ☎ P. GB
Repas 60/200 ♀ – 30 – **25 ch** 200/250 – ½ P 190.

Le ROND-D'ORLÉANS *02 Aisne* 56 ③ ④ *– rattaché à Chauny.*

ROOST-WARENDIN *59 Nord* 51 ⑯ *– rattaché à Douai.*

ROPPENHEIM *67480 B.-Rhin* 87 ③ *– 808 h alt. 117.*

Paris 513 – Strasbourg 41 – Haguenau 22 – Karlsruhe 43 – Lauterbourg 20 – Wissembourg 36.

A l'Agneau, ℘ 03 88 86 40 08, – GB
fermé 10 juin au 10 juil., 23 déc. au 6 janv., le midi (sauf sam.), lundi et dim. – **Repas** carte 180 à 290 ♀.

RENAULT Gar. Rinckel Valentin, 17 r. Principale ℘ 03 88 86 41 34

ROQUEBRUN *34460 Hérault* 83 ⑭ *G. Gorges du Tarn – 550 h alt. 89.*

Paris 762 – Montpellier 96 – Béziers 29 – Lodève 63 – Narbonne 45 – St-Pons 39.

Petit Nice avec ch, ℘ 04 67 89 64 27, < – GB
fermé 4 au 18 fév., lundi de nov. à juin, mardi, merc. et jeudi de nov. à mars – **Repas** 84/260 ♀ – 36 – **8 ch** 170/260 – ½ P 260.

ROQUEBRUNE-CAP-MARTIN *06190 Alpes-Mar.* 84 ⑩, 115 ㉘ *G. Côte d'Azur – 12 376 h alt. 70.*

Voir *Village perché*★★ *: rue Moncollet*★, ✻★★ *du donjon*★ *– Cap Martin* <★★ X – <★★ *du belvédère du Vistaëro SO : 4 km.*
Office de Tourisme 20 av. P.-Doumer ℘ 04 93 35 62 87, Fax 04 93 28 57 00.
Paris 955 – Monaco 9 – Menton 3 – Monte-Carlo 7 – Nice 26.

Plans : voir à Menton.

Vista Palace M , Grande Corniche par ③ *rte La Turbie D 2564 : 4 km* ℘ 04 92 10 40 00, *Fax 04 93 35 18 94,* , « < Monaco et la côte, piscine, jardin en terrasses », – TV ☎ P – 60. AE GB JCB. rest
Le Vistaero : **Repas** 260/580 – 100 – **63 ch** 1300/2000, 5 appart – P 1150/1350.

Victoria sans rest, 7 prom. Cap-Martin ℘ 04 93 35 65 90, *Fax 04 93 28 27 02,* < – TV ☎. AE GB AX k
fermé 5 janv. au 5 fév. – 35 – **32 ch** 400/510.

Alexandra sans rest, 93 av. W. Churchill ℘ 04 93 35 65 45, *Fax 04 93 57 96 51,* < – TV ☎ P. AE GB AX a
45 – **40 ch** 400/540.

Westminster, 14 av. L. Laurens par ③ *et N 98, rte de Monaco par basse corniche :* ☎ 04 93 35 00 68, *Fax 04 93 28 88 50,* ≤, « Jardin en terrasses » – ☎ P. AE GB. ✻
15 fév.-5 oct. – **Repas** *(fermé merc.)* (dîner seul.)(résidents seul.) 70/110 ♀ – ☐ 30 – **27 ch** 310/470 – ½ P 290/380.

Roquebrune, 100 av. J. Jaurès par ③ *et N 98, rte de Monaco par basse corniche :* ☎ 04 93 35 00 16, *Fax 04 93 28 98 36,* ≤, 🏖 – AE ⓓ GB JCB
fermé 10 au 20 mars, 15 nov. au 15 déc., le midi de juin à août sauf week-ends, merc. midi et mardi de sept. à mai – **Repas** (prévenir) 170 (déj.)/360 et carte 460 à 700 ♀.

Les Deux Frères avec ch, pl. Deux Frères, au village par ③ *: 3,5 km* ☎ 04 93 28 99 00, *Fax 04 93 28 99 10,* ≤, 🏖 – TV ☎. AE ⓓ GB
Repas *(fermé 15 nov. au 20 déc., vend. midi et jeudi)* 95 (déj.), 180/240 ♀ – ☐ 45 – **10 ch** 395/495.

Au Grand Inquisiteur, 18 r. Château (accès piétonnier) au vieux village par ③ *: 3,5 km* ☎ 04 93 35 05 37, « Salle voûtée dans une maison du 14ᵉ siècle » – ▤. GB. ✻
fermé 12 nov. au 25 déc. et lundi – **Repas** (nombre de couverts limité, prévenir) 148/218.

Corail, 7 prom. du Cap ☎ 04 93 41 37 69, 🏖 – ▤. AE ⓓ GB — AX k
fermé 5 janv. au 5 fév. et lundi – **Repas** - cuisine vietnamienne et chinoise - 88.

Hippocampe, 44 av. W. Churchill ☎ 04 93 35 81 91, ≤ baie et littoral – AE GB — AX h
fermé 4 au 18 mai, 19 oct. au 19 nov., 6 au 20 janv., le soir d'oct. à juin et lundi – **Repas** (prévenir) 155/225.

La ROQUEBRUSSANNE *83136 Var* 84 ⑮, 114 ㉜ *– 1 235 h alt. 365.*

Paris 811 – Toulon 37 – Aix-en-Provence 59 – Aubagne 46 – Brignoles 15 – St-Maximin-la-Ste-Beaume 19.

Aub. de la Loube Ⓜ, ☎ 04 94 86 81 36, 🏖 – TV ☎. AE GB
Repas *(fermé 1ᵉʳ au 17 oct., vacances de fév., lundi soir et mardi)* 69 (déj.), 99/139 – ☐ 35 – **8 ch** 320 – ½ P 300.

ROQUEFORT-LES-PINS *06330 Alpes-Mar.* 84 ⑨ *– 4 714 h alt. 184.*

Paris 914 – Nice 25 – Cannes 17 – Grasse 14.

Aub. du Colombier, ☎ 04 92 60 33 00, *Fax 04 93 77 07 03,* 🏖, parc, ⛱, 🎾 – TV ☎ P – 🏃 25. AE ⓓ GB
fermé 10 janv. au 10 fév. – **Repas** *(fermé mardi du 1ᵉʳ oct. au 31 mars)* 135/190 ♀, enf. 60 – ☐ 50 – **20 ch** 270/650 – ½ P 435/545.

La ROQUE-GAGEAC *24250 Dordogne* 75 ⑰ *G. Périgord Quercy – 447 h alt. 85.*

Voir *Site*★★.

Paris 541 – Brive-la-Gaillarde 64 – Sarlat-la-Canéda 13 – Cahors 54 – Fumel 59 – Lalinde 44 – Périgueux 70.

Belle Étoile, ☎ 05 53 29 51 44, *Fax 05 53 29 45 63,* ≤, 🏖 – ▤ rest, ☎ 🚗. AE ⓓ GB
1ᵉʳ avril-25 oct. – **Repas** *(fermé lundi d'avril à juin)* 120/250 ♀, enf. 50 – ☐ 40 – **16 ch** 280/320 – ½ P 340.

Gardette, ☎ 05 53 29 51 58, *Fax 05 53 31 19 32,* 🏖 – ☎ P. GB
5 avril-1ᵉʳ nov. – **Repas** 115/245 – ☐ 32 – **15 ch** 180/260 – ½ P 285/310.

Plume d'Oie Ⓜ avec ch, ☎ 05 53 29 57 05, *Fax 05 53 31 04 81,* ≤ – ✻ TV ☎. GB
fermé 20/11 au 20/12, 15/01 à début mars, le midi en juil.-août sauf dim., mardi midi et lundi de sept. à juin – **Repas** 195/395 ♀ – ☐ 75 – **4 ch** 450.

rte de Vitrac *Sud-Est : 4 km par D 703 – ✉ 24250 La Roque Gageac:*

Périgord, ☎ 05 53 28 36 55, *Fax 05 53 28 38 73,* parc, ⛱, 🎾 – ▤ rest, TV ☎ P. AE GB
fermé janv., fév., dim. soir et lundi du 15 nov. au 1ᵉʳ avril – **Repas** 98/245, enf. 50 – ☐ 35 – **40 ch** 270/360 – ½ P 300/360.

ROQUEMAURE *30150 Gard* 81 ⑪ ⑫ *G. Provence – 4 647 h alt. 19.*

Paris 667 – Avignon 18 – Alès 75 – Bagnols-sur-Cèze 21 – Nîmes 48 – Orange 11 – Pont-St-Esprit 32.

Château de Cubières sans rest, ☎ 04 66 82 64 28, *Fax 04 66 90 21 20,* parc, « Demeure du 18ᵉ siècle », ⛱ – ☎ P. GB
fermé 18 oct. au 3 nov. et 18 fév. au 3 mars – ☐ 49 – **17 ch** 280/450.

Clément V, rte Nîmes ☎ 04 66 82 67 58, *Fax 04 66 82 84 66,* 🏖, ⛱ – ☎ 📞 🚗 P. GB
fermé vacances de Toussaint, de Noël, de fév. et week-ends hors saison – **Repas** (dîner seul.) (résidents seul.) 95/125 ♀, enf. 50 – ☐ 38 – **20 ch** 295/305 – ½ P 260/270.

ROSAY *78 Yvelines* 55 ⑱., 106 ⑮ *– rattaché à Mantes-la-Jolie.*

ROSBRUCK *57 Moselle* 57 ⑯ *– rattaché à Forbach.*

ROSCOFF *29680 Finistère* 58 ⑥ *G. Bretagne* **(plan)** *– 3 711 h alt. 7.*
Voir *Église N.-D.-de-Croas-Batz*★ **Y** *– Aquarium Ch. Pérez*★ **Y**.
Office de Tourisme 46 r. Gambetta ✆ *02 98 61 12 13, Fax 02 98 69 75 75.*
Paris 563 ① *– Brest 64* ① *– Landivisiau 27* ① *– Morlaix 26* ① *– Quimper 99* ①.

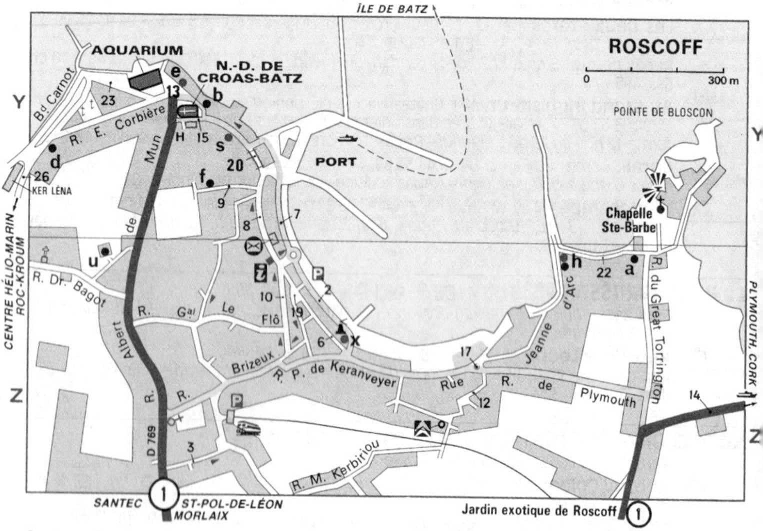

Gambetta (R.) . . . . **Y** 8
Jules-Ferry (R.) . . . . **Z** 10
Reveillère (R. Amiral) . . . . **Y** 20

Auxerre (Quai d') . . . . **Z** 2
Capucins (R. des) . . . . **Z** 3
Courbet (R. Amiral) . . . . **Z** 6
Gaulle (Q. Ch. de) . . . . **Y** 7
Johnnies (R. des) . . . . **Y** 9
Kléber (R.) . . . . **Z** 12
Lacaze-Duthiers (Pl.) . . . . **Y** 13
Lannurien (R. G. de) . . . . **Z** 14
Pasteur (R. L.) . . . . **Y** 15
Pen al Leur (Pl. de) . . . . **Z** 17
République (Pl. de la) . . . . **Z** 19
Ste-Barbe (Bd) . . . . **Z** 22
Tessier (Pl. G.) . . . . **Y** 23
Victor-Hugo (R.) . . . . **Y** 26

Brittany, bd Ste Barbe ✆ 02 98 69 70 78, *Fax 02 98 61 13 29*, <, « Manoir du 18e siècle, élégante décoration intérieure », – TV ☎ P – 30. AE GB. rest
30 mars-3 nov. – ***Le Yachtman*** *(fermé lundi sauf du 15 juin au 15 sept.)* **Repas** *(95)* -130/320, enf. 70 – 58 – **25 ch** 590/820 – ½ P 520/650. Z a

Gulf Stream, r. Marquise de Kergariou par r. E. Corbière ✆ 02 98 69 73 19, *Fax 02 98 61 11 89*, <, « Jardin avec piscine » – TV ☎ P – 50. AE GB. rest
20 mars-25 oct. – **Repas** 120/380 – 47 – **32 ch** 500 – ½ P 430/530.

Talabardon, pl. Église ✆ 02 98 61 24 95, *Fax 02 98 61 10 54*, < – TV ☎ P – 40. AE GB JCB. rest Y b
1er mars-1er nov. – **Repas** *(fermé dim. soir) (96)* - 118/270 ♀, enf. 58 – 55 – **39 ch** 410/610 – ½ P 360/425.

Armen Le Triton sans rest, r. Dr Bagot ✆ 02 98 61 24 44, *Fax 02 98 69 77 97*, – TV ☎ P. AE GB Z u
15 fév.-15 nov. – 35 – **45 ch** 250/350.

Thalasstonic M, r. V. Hugo ✆ 02 98 29 20 20, *Fax 02 98 29 20 19*, <, centre de thalassothérapie, – TV ☎ P. AE GB. rest
fermé 4 janv. au 7 fév. – **Repas** 125 ♀ – 50 – **50 ch** 430/570 – ½ P 430/465.

Résidence sans rest, r. des Johnies ✆ 02 98 69 74 85, *Fax 02 98 69 78 63*, – TV ☎. AE GB Y f
1er mars-15 nov. – 35 – **30 ch** 260/300.

Les Tamaris sans rest, r. É. Corbière ✆ 02 98 61 22 99, *Fax 02 98 69 74 36*, < – TV ☎. AE GB Y d
1er avril-1er sept. – 35 – **27 ch** 240/330.

H. Bellevue, r. Jeanne d'Arc ✆ 02 98 61 23 38, *Fax 02 98 61 11 80*, < – TV ☎. GB Z h
15 mars-30 nov. et 20 déc.-5 janv. – voir rest. ***Bellevue*** ci-après – 39 – **18 ch** 350/380 – ½ P 310/350.

XXX **Temps de Vivre** (Crenn), pl. Église ✆ 02 98 61 27 28, *Fax 02 98 61 19 46*, ← – AE GB
fermé 1er au 21 oct., 1er au 17 mars, mardi midi en juil.-août, dim. soir de sept. à juin et lundi – **Repas** 110/370 et carte 270 à 360 Y e
Spéc. Choux farcis de tourteau. Filet de bar aux haricots cocos. Filet de pigeon et crêpe de blé noir au foie gras.

XX **Rest. Bellevue,** bd. Sainte Barbe ✆ 02 98 61 15 67, *Fax 02 98 61 15 67*, ← – GB Z h
fermé 2 janv. au 1er fév., jeudi midi et merc. de sept. à mai – **Repas** 98/310 ♀, enf. 65.

X **Écume des Jours,** quai d'Auxerre ✆ 02 98 61 22 83, – GB Z x
fermé 1er déc. au 31 janv., mardi et merc. sauf juil.-août – **Repas** 85/235 ♀, enf. 45.

X **Surcouf,** r. Amiral Réveillère ✆ 02 98 69 71 89 – GB Y s
1er avril-11 nov. et fermé merc. – **Repas** 89/140 ♀, enf. 40.

CITROEN Gar. Scouarnec, r. J.-Bara ✆ 02 98 61 23 05

ROSHEIM *67560 B.-Rhin* 62 ⑨ *G. Alsace Lorraine – 4 016 h alt. 190.*

Voir *Église St-Pierre et St-Paul★.*

Office de Tourisme à la Mairie pl. de la République ✆ 03 88 50 75 38, Fax 03 88 49 23 08.

Paris 482 – Strasbourg 31 – Erstein 19 – Molsheim 7 – Obernai 6 – Sélestat 30.

Host. du Rosenmeer, Nord-Est : 2 km sur D 35 ✆ 03 88 50 43 29, *Fax 03 88 49 20 57*, , – rest, TV ☎ P – 25. AE GB
fermé 15 janv. au 5 fév. – **Repas** *(fermé dim. soir de nov. à Pâques et lundi)* 120/400 ♀ – ***Winstub d'Rosemer*** *(fermé dim. sauf le soir de Pâques à oct. et lundi)* **Repas** carte 130 à 260 ♀ – 60 – **20 ch** 250/420 – ½ P 410/500.

XX **Aub. du Cerf,** 120 r. Gén. de Gaulle ✆ 03 88 50 40 14, *Fax 03 88 50 40 14* – GB
fermé 6 au 14 juil., dim. soir et lundi – **Repas** 58 (déj.), 85/195 ♀.

X **Petite Auberge** M avec ch, 41 r. Gén. de Gaulle ✆ 03 88 50 40 60, *Fax 03 88 50 40 60*, – cuisinette TV ☎ P. GB
fermé 27 juin au 4 juil., 24 janv. au 15 fév. – **Repas** *(fermé mardi soir de nov. à mai et merc.)* 98/280 ♀ – 35 – **9 ch** 220/550 – ½ P 280.

PEUGEOT Gar. Jost, ✆ 03 88 50 40 53 N ✆ 03 88 50 40 53

La ROSIÈRE *14 Calvados* 54 ⑮ – *rattaché à Arromanches-les-Bains.*

La ROSIÈRE *73 Savoie* 74 ⑱ ⑲ *G. Alpes du Nord – alt. 1820 – Sports d'hiver : 1 100/2 600 m 1 50 – ✉ 73700 Bourg-St-Maurice.*

Altiport ✆ **04 79 06 83 40.**

Office de Tourisme ✆ 04 79 06 80 51, Fax 04 79 06 83 20.

Paris 668 – Albertville 76 – Bourg-St-Maurice 22 – Chambéry 123 – Chamonix-Mont-Blanc 62 – Val-d'Isère 32.

Relais du Petit St-Bernard , ✆ 04 79 06 80 48, *Fax 04 79 06 83 40*, ← montagnes, – ☎ P. GB
21 juin-6 sept. et 20 déc.-20 avril – **Repas** 90/110 – 37 – **20 ch** 185/285 – ½ P 310/360.

Les ROSIERS-SUR-LOIRE *49350 M.-et-L.* 64 ⑫ *G. Châteaux de la Loire – 2 204 h alt. 22.*

Syndicat d'Initiative pl. du Mail ✆ 02 41 51 90 22.

Paris 303 – Angers 32 – Baugé 27 – Bressuire 66 – Cholet 61 – La Flèche 45 – Saumur 18.

XXX **Jeanne de Laval** (Augereau) avec ch, rte Nationale ✆ 02 41 51 80 17, *Fax 02 41 38 04 18*, « Jardin fleuri » – rest, TV ☎ P. AE GB
fermé 22 nov. au 15 déc. et lundi hors saison – **Repas** 180/450 et carte 340 à 450 ♀ – 55 – **4 ch** 450/600 – ½ P 550/650
Spéc. Foie gras de canard au torchon. Poissons de Loire au beurre blanc (début mai-fin janv.). Ecrevisses à la nage de saumur blanc (saison). **Vins** Savennières, Saumur-Champigny.

XXX **Toque Blanche,** rte Angers ✆ 02 41 51 80 75, *Fax 02 41 38 06 38* – P. GB
fermé mardi soir et merc. – **Repas** 102/211 ♀.

XX **Val de Loire** avec ch, pl. Église ✆ 02 41 51 80 30, *Fax 02 41 51 95 00* – TV ☎. GB
fermé 1er fév. au 10 mars, dim. soir et lundi sauf du 15 juin au 31 août – **Repas** 73/195 – 28 – **9 ch** 220/300 – ½ P 189/272.

ROSNY-SOUS-BOIS *93 Seine-St-Denis* 56 ⑪, 101 ⑰ – *voir à Paris, Environs.*

ROSOY *89 Yonne* 61 ⑭ – *rattaché à Sens.*

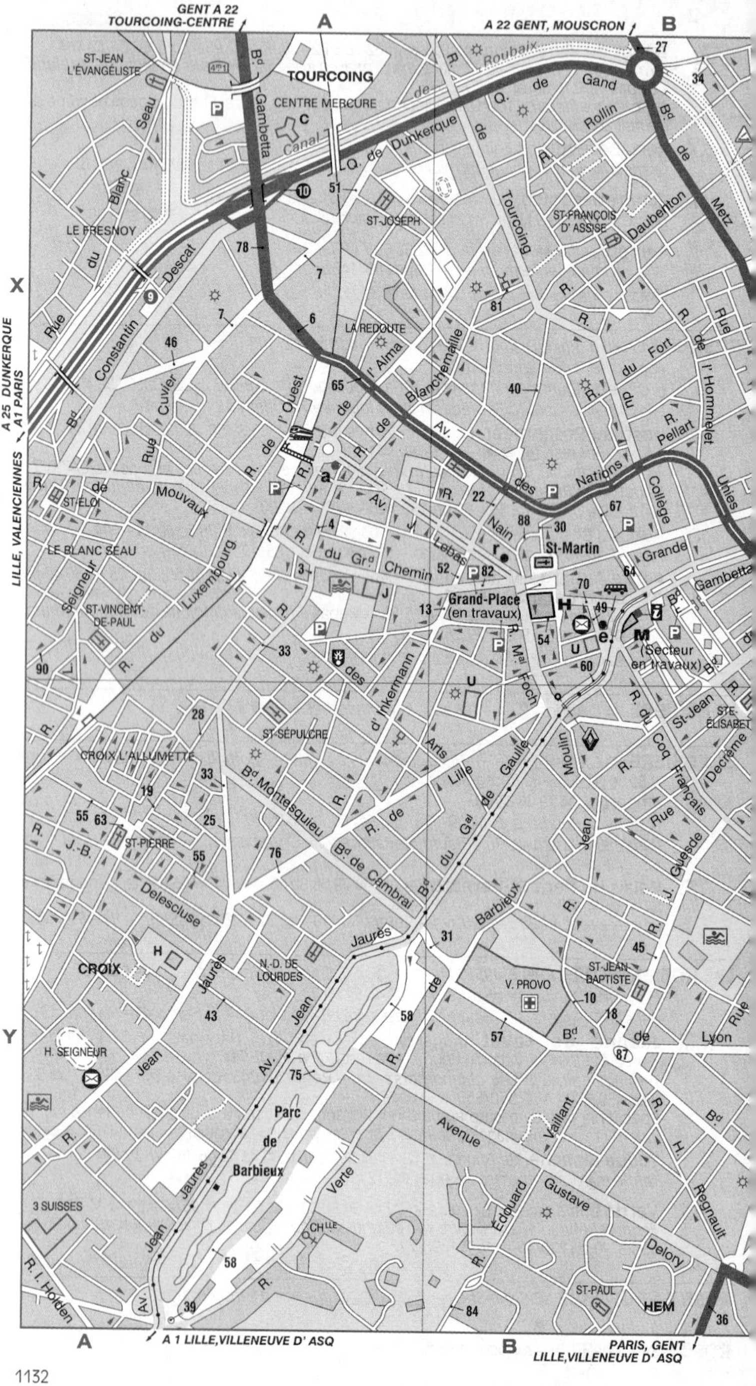
GENT A 22
TOURCOING-CENTRE
A 22 GENT, MOUSCRON
A
B
X
Y
A 25 DUNKERQUE
A1 PARIS
LILLE, VALENCIENNES
A 1 LILLE, VILLENEUVE D' ASQ
PARIS, GENT
LILLE, VILLENEUVE D' ASQ
TOURCOING
CENTRE MERCURE
ST-JEAN L'ÉVANGÉLISTE
Canal de Roubaix
Q. de Dunkerque
Q. de Gand
R. de Tourcoing
R. Rollin
Bd de Metz
R. Daubenton
ST-FRANÇOIS D'ASSISE
ST-JOSEPH
LE FRESNOY
Rue du Blanc Seau
Bd Gambetta
Bd Constantin Descat
Rue Cuvier
LA REDOUTE
R. de l'Alma
R. de Blanchemaille
R. du Fort
Rue de l'Hommelet
R. Pellart
Av. des Nations Unies
R. du Collège
R. de l'Ouest
R. de Mouvaux
ST-ÉLOI
LE BLANC SEAU
R. du Seigneur
R. du Luxembourg
ST-VINCENT-DE-PAUL
Av. J. Lebas
R. Nain
R. du Grd Chemin
St-Martin
Grande
Gambetta
Grand-Place
(en travaux)
R. Mal Foch
(Secteur en travaux)
R. des Arts
R. d'Inkermann
ST-SÉPULCRE
CROIX L'ALLUMETTE
Bd Montesquieu
R. de Lille
Bd du Gal de Gaulle
R. Moulin
R. du Coq Français
R. St-Jean
STE-ÉLISABETH
R. Decrême
ST-PIERRE
R. J.-B. Delescluse
Bd de Cambrai
R. Jean Jaurès
R. J. Guesde
Barbieux
CROIX
N.-D. DE LOURDES
ST-JEAN BAPTISTE
V. PROVO
Bd de Lyon
H. SEIGNEUR
Av. Jean Jaurès
Parc de Barbieux
R. de Barbieux
Rue Vaillant
Avenue Gustave Delory
R. Verte
R. Édouard
R. H. Regnault
3 SUISSES
R. I. Holden
CHLLE
ST-PAUL
HEM
1 2 3 4 6 7 9 10 13 18 19 22 25 27 28 30 31 33 34 36 39 40 43 45 46 49 51 52 54 55 57 58 60 63 64 65 67 70 75 76 78 81 82 84 87 88 90
C H J M U a e r

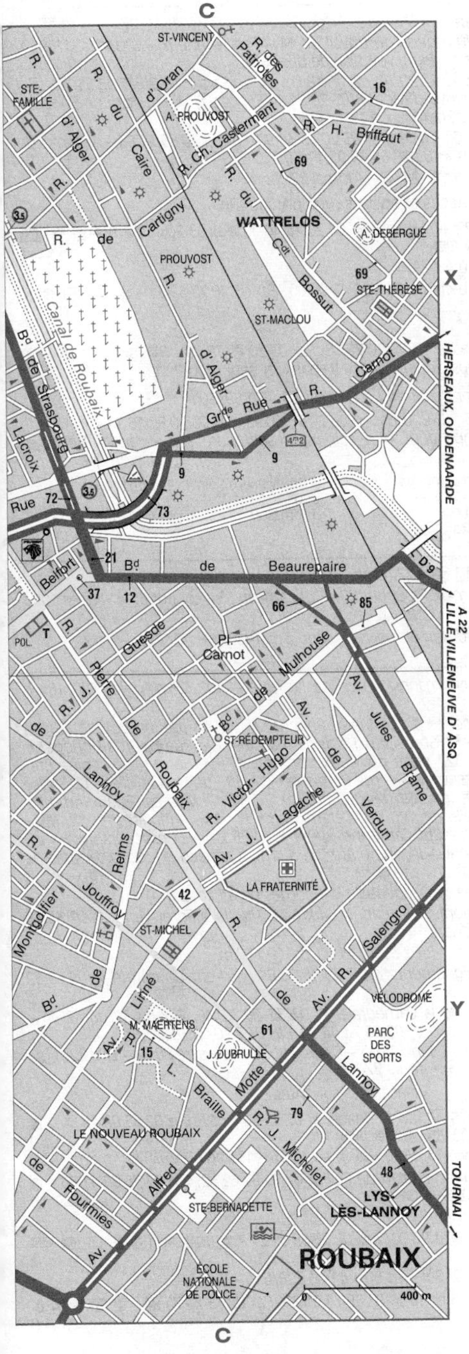

CROIX

Cheuvreuil (R.) . . . . **AY** 19
Gaulle (Av. du Gén.-de) . . . . **AY** 43
Kléber (R.) . . . . **AY** 55
Liberté (Pl. de la). . . . . **AY** 63

HEM

Europe (Av. de l') . . . . **BY** 36
Schuman (R. Robert) . . . . **BY** 84

LYS-LEZ-LANNOY

Guesde (R. Jules). . . . . **CY** 48

ROUBAIX

Épeule (R. de l'). . . . . **AXY** 33
Grand-Place . . . . **BX**
Grande-Rue . . . . **BCX**
Lannoy (R. de) . . . . **BCY**
Lebas (Av. J.) . . . . **ABX**
Motte (R. Pierre) . . . . **BX** 70
Sarrail (R. du Gén.) . . . . **BX** 82

Abreuvoir (Pl. de l') . . . . **AX** 3
Alouette (R. de l'). . . . . **AX** 4
Alsace (Av. d'). . . . . **AX** 6
Armentières (Bd d'). . . . . **AX** 7
Avelghem (R. d') . . . . **CX** 9
Beaumont (R. de). . . . . **BY** 10
Bois (R. du) . . . . **BX** 13
Cateau (Bd du) . . . . **BY** 18
Colmar (Bd de) . . . . **CX** 21
Communauté-Urbaine (R.) . . . . **BX** 22
Constantine (R. de) . . . . **BX** 24
Courbet (R. Amiral). . . . . **AY** 25
Couteaux (Bd des) . . . . **BX** 27
Cugnot (R.) . . . . **AY** 28
Curé (R. du). . . . . **BX** 30
Douai (Bd de) . . . . **ABY** 31
Espierre (R. de l') . . . . **BX** 34
Faidherbe (Pl. du Gén.) . . . . **CX** 37
Fer-à-Cheval (Carr. du) . . . . **AY** 39
Fosse-aux-Chênes (R.) . . . . **BX** 40
Fraternité (Pl. de la) . . . . **CY** 42
Goujon (R. Jean). . . . . **BY** 45
Gounod (R. Ch.) . . . . **AX** 46
Halle (R. de la) . . . . **BX** 49
Halluin (Bd d'). . . . . **AX** 51
Hospice (R. de l') . . . . **BX** 52
Hôtel-de-Ville (R. de l'). . . . . **BX** 54
Lacordaire (Bd) . . . . **BY** 57
Le Nôtre (Av.) . . . . **AY** 58
Leclerc (Bd Gén.). . . . . **BX** 60
Leconte-Baillon (R.) . . . . **CY** 61
Liberté (Pl. de la) . . . . **BX** 64
Molière (R.). . . . . **CX** 66
Monnet (R. Jean) . . . . **BX** 67
Nadaud (R.). . . . . **CX** 72
Nyckès (Pont). . . . . **CX** 73
Peuple-Belge (Av. du) . . . . **AY** 75
Prof.-Langevin (R. du) . . . . **AY** 76
République (Bd de la) . . . . **AX** 78
Rousseau (R. J.-J.). . . . . **CY** 79
St-Maurice (R.) . . . . **BX** 81
Sévigné (R. de). . . . . **CX** 85
Travail (Pl. du) . . . . **BY** 87
Vieil-Abreuvoir (R. du) . . . . **BX** 88
Wastyn (R. J.). . . . . **AX** 90

WATTRELOS

Briffaut (R. Henri). . . . . **CX** 16
Monge (R.) . . . . **CX** 69

ROUBAIX *59100 Nord* 51 ⑥ ⑯, 111 ⑮ *G. Flandres Artois Picardie – 97 746 h alt. 27.*

Voir *Centre des archives du monde du travail* **BX M** *– Parc Barbieux – Chapelle d'Hem★ (murs-vitraux★★ de Manessier) 5 km, voir plan de Lille* **JS B.**

des Flandres (privé) ☎ 03 20 72 20 74, par ⑦ : 8 km; du Sart ☎ 03 20 72 02 51, par ⑦ : 5 km; de Brigode à Villeneuve-d'Ascq ☎ 03 20 91 17 86, par ⑦ : 6 km; de Bondues ☎ 03 20 23 20 62, par D 9 : 8 km **AX.**

Office de Tourisme 78 bd Gal-Leclerc ☎ 03 20 65 31 90, Fax 03 20 65 31 83 – Automobile Club du Nord 42 r. Mar.-Foch ☎ 03 20 65 95 95, Fax 03 20 65 95 99.

Paris 233 ⑩ – Lille 15 ⑩ – Kortrijk 24 ④ – Tournai 22 ⑦.

Accès et sorties : voir plan de Lille.

Gd Hôtel Mercure Ⓜ, 22 av. J. Lebas ☎ 03 20 73 40 00, *Fax 03 20 73 22 42* – ☎ – 25 à 100. AE ⓓ GB — BX r
Repas 130 – 50 – **91 ch** 390/490.

Ibis sans rest, 37 bd Gén. Leclerc ☎ 03 20 45 00 00, *Fax 03 20 73 59 31* – ☎ – 25. AE ⓓ GB — BX e
35 – **90 ch** 290.

Chez Charly, 127 r. J. Lebas ☎ 03 20 70 78 58, *Fax 03 20 70 78 58* – GB. — AX a
fermé vacances de printemps, août et dim. – **Repas** (déj. seul.) 100/220.

à Lys-lez-Lannoy *Sud-Est : 5 km par D 206 – 12 300 h. alt. 28 – ✉ 59390 :*

Aub. de la Marmotte, 5 r. J.-B. Lebas ☎ 03 20 75 30 95, *Fax 03 20 81 16 34* – P. GB
fermé vacances de printemps, août, dim. soir, mardi soir, merc. soir et lundi – **Repas** 80 bc/300. — plan de Lille JS f

PEUGEOT Gar. Weynants, 196 bd Gambetta ☎ 03 20 73 91 00 N ☎ 08 00 44 24 24
RENAULT Succursale, 55 r. Mar.-Foch ☎ 03 20 99 43 00 N ☎ 08 00 05 15 15

Crépy Pneus Point S, 29 r. de l'Ouest ☎ 03 20 28 12 12
Euromaster, 29 r. V.-Hugo ☎ 03 20 75 53 79

ROUDOUALLEC *56110 Morbihan* 58 ⑯ *– 772 h alt. 167.*

Paris 522 – Quimper 34 – Carhaix-Plouguer 25 – Concarneau 35 – Lorient 65 – Vannes 109.

Bienvenue, ☎ 02 97 34 50 01 – P. GB
fermé vacances de fév., mardi soir et merc. de sept. à mai – **Repas** 72/205.

ROUEN P *76000 S.-Mar.* 55 ⑥ *G. Normandie Vallée de la Seine – 102 723 h Aggio. 380 161 h alt. 12.*

Voir *Cathédrale Notre-Dame★★★ – Le Vieux Rouen★★★ : ✳★★ du beffroi* **BZ**, *Église St-Ouen★★, Église★★ et Aître★★ St-Maclou, Palais de Justice★★* **BY**, *rue du Gros-Horloge★★* **ABYZ**, *– rue St-Romain★★* **BZ**, *place du Vieux-Marché★* **AY**, *verrière★★ de l'église Ste-Jeanne-d'Arc* **AY K**, *rue Ganterie★* **BY**, *– rue Damiette★* **CZ** *35, rue Martainville★* **CZ**, *église St-Godard★* **BY**, *Demeure★ (musée de l'Éducation)* **CZ M**[9] *– Musées: Beaux-Arts★★★* **BY M**[1], *Le Secq des Tournelles★★* **BY M**[3], *Céramique★★* **BY M**[2], *Antiquités★★* **CY M**[7] *– Jardin des Plantes★* **EX** *– Côte Ste-Catherine ✳★★★* **EV**, *3,5 km – Bonsecours : ✳★★ du calvaire et ≤★★ du monument à Jeanne d'Arc* **FX**, *3 km – Canteleu ≤★★ de la terrasse de l'église* **DV**, *4 km – Centre Universitaire ✳★★* **EV.**

Env. *St-Martin de Boscherville : anc. abbatiale St-Georges★★, 11 km par ⑦.*

☎ 02 35 76 38 65, près Mont-St-Aignan, N : 4 km **AB** *; de la Forêt Verte ☎ 02 35 33 62 94 à Bosc-Guérande-St-Adrien.*

de Rouen-Vallée de Seine : ☎ 02 35 79 41 00, par ③ : 9 km.

Bacs: *de Dieppedalle : renseignements ☎ 02 35 36 20 81 ; du Petit-Couronne ☎ 02 35 32 40 21.*

Office de Tourisme 25 pl. de la Cathédrale ☎ 02 32 08 32 40, Fax 02 32 08 32 44 – Automobile Club 46 r. Gén.-Giraud ☎ 02 35 71 44 89, Fax 03 35 07 55 81.

Paris 131 ⑥ – Amiens 118 ① – Caen 123 ⑥ – Calais 214 ① – Le Havre 88 ⑧ – Lille 228 ① – Le Mans 196 ⑥ – Rennes 300 ⑥ – Tours 274 ⑥.

Plans pages suivantes

Mercure Champ de Mars Ⓜ, av. A. Briand ☎ 02 35 52 42 32, *Fax 02 35 08 15 06* – ☎ – 25 à 100. AE ⓓ GB JCB — CZ j
Repas *(fermé sam. midi) (90 bc)* - 130/180, enf. 50 – 55 – **139 ch** 400/530.

Mercure Centre Ⓜ sans rest, r. Croix de Fer ☎ 02 35 52 69 52, *Fax 02 35 89 41 46* – ☎ – 35. AE ⓓ GB — BZ f
57 – **125 ch** 540/870.

Dieppe, pl. B. Tissot ☎ 02 35 71 96 00, *Fax 02 35 89 65 21* – rest, ☎. AE ⓓ GB JCB — BY z
Quatre Saisons : Repas 138/218 – 50 – **41 ch** 398/610 – 1/2 P 360.

Frantour Ⓜ sans rest, 15 r. Pie ☎ 02 35 71 00 88, *Fax 02 35 70 75 94* – ☎. AE ⓓ GB — AY h
50 – **48 ch** 435/650.

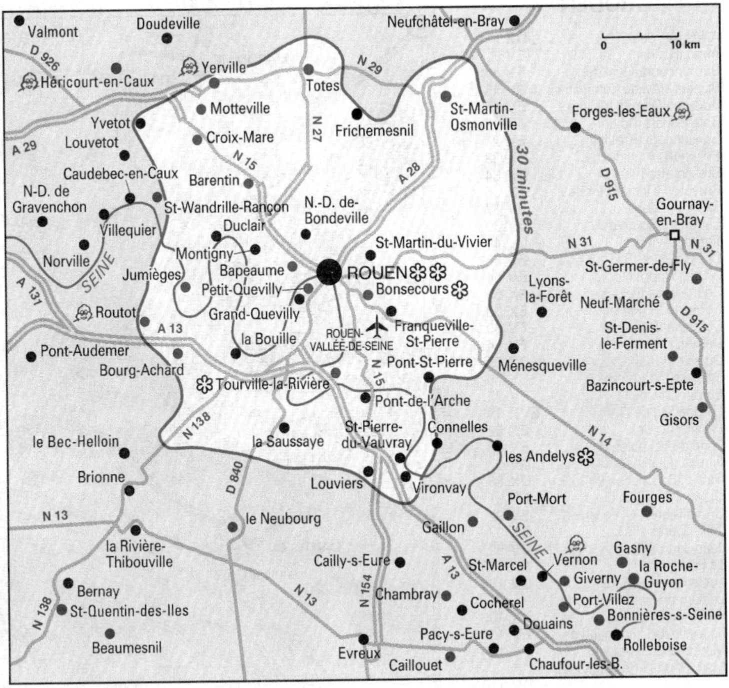

Dandy sans rest, 93 bis r. Cauchoise ✆ 02 35 07 32 00, *Fax 02 35 15 48 82* – |$| TV ☎ 🚗. AE GB — AY p
☐ 40 – **18 ch** 300/390.

Versan sans rest, 3 r. J. Lecanuet ✆ 02 35 07 77 07, *Fax 02 35 70 04 67* – |$| TV ☎ ✆ ♿. AE GB — BCY a
☐ 43 – **32 ch** 290/339.

Ibis Rive Droite, 56 quai Gaston Boulet ✆ 02 35 70 48 18, *Fax 02 35 71 68 95* – |$| ⊁ TV ☎ ✆ ♿ P – 🏛 30. AE ⓓ GB — EV a
Repas *(75)* - 95 🍷, enf. 39 – ☐ 35 – **88 ch** 315/335.

Viking sans rest, 21 quai Havre ✆ 02 35 70 34 95, *Fax 02 35 89 97 12* – |$| cuisinette TV ☎. AE ⓓ GB — AZ y
☐ 35 – **38 ch** 265/380.

Bordeaux sans rest, 9 pl. République ✆ 02 35 71 93 58, *Fax 02 35 71 92 15* – |$| TV ☎ ✆. AE ⓓ GB JCB — BZ e
☐ 35 – **48 ch** 260/330.

Ibis Rive Gauche sans rest, 44 r. Amiral Cécille ✉ 76100 ✆ 02 35 63 27 27, *Fax 02 35 63 27 11* – |$| ⊁ TV ☎ ✆ ♿ 🚗. AE ⓓ GB — AZ m
☐ 35 – **80 ch** 295/305.

Cardinal sans rest, 1 pl. Cathédrale ✆ 02 35 70 24 42, *Fax 02 35 89 75 14* – |$| TV ☎. GB — BZ r
fermé 23 déc. au 4 janv. – ☐ 36 – **20 ch** 245/390.

Lisieux sans rest, 4 r. Savonnerie ✆ 02 35 71 87 73, *Fax 02 35 89 31 52* – TV ☎. AE ⓓ GB — BZ b
fermé 24 déc. au 3 janv. – ☐ 36 – **30 ch** 225/320.

XXXX ✿✿ **Gill** (Tournadre), 9 quai Bourse ✆ 02 35 71 16 14, *Fax 02 35 71 96 91* – ▤. AE ⓓ GB JCB. ⊁ — BZ a
fermé 12 au 20 avril, 9 au 24 août, dim. sauf le midi d'oct. à avril et lundi – **Repas** 199/400 et carte 340 à 470, enf. 120
Spéc. Grosses queues de langoustines poêlées en chutney de tomate et poivron rouge. Pigeon à la rouennaise. Millefeuille.

ROUEN

Alliés (Av. des) . . . . DX 4
Ango (R. Jean) . . . . EV 7
Béthencourt (Quai de) . . . . EV 14
Bicheray (Av. du Commandant) DV 15
Bois-des-Dames (Av. du) . . . . . EV 17
Boisguilbert (Bd de) . . . . EV 18
Bonsecours (Rte de) . . . . EV 21
Briand (R. Aristide) . . . . DX 33
Brossolette (Bd) . . . . DX 34
Bruyères (Rond-Point des) . . . . EX 36
Caen (Av. de) . . . . EV 37
Canteleu (Route de) . . . . DV 39
Carnot (Av.) . . . . DV 40
Chasselièvre (R.) . . . . EV 52
Clères (Chemin de) . . . . EV 54
Coquelicots (R. des) . . . . EX 55
Corneille (R. Pierre) . . . . EX 58
Corniche (Route de la) . . . . FV 60
Darnétal (Route de) . . . . FV 64
Duclair (R. de) . . . . DV 69
Elbeuf (R. d') . . . . EX 75
Europe (Av. de l') . . . . EV 78
Europe (Bd de l') . . . . EVX 79
Felling (Av. de) . . . . EX 82
Fond du Val (Allée du) . . . . EV 85
France (Quai de) . . . . DV 87
Gaulle (Bd Charles-de) . . . . DX 88
Grand-Cours (Av. du) . . . . EX 91
Grand'Mare (Av. de la) . . . . FV 92
Jean-Jaurès (Av.) . . . . DX 97
Jean-Jaurès (Bd) . . . . DV 99
La Fayette (R.) . . . . EV 103
Leclerc (Av. Général) . . . . DV 105
Leclerc-de-Hauteclocque
(Av. du Gén.) . . . . DX 106
Lesseps (Bd Ferdinand-de) . . . EV 107
Maréchal-Juin (Av. du) . . . . FV 109
Martyrs-de-la-Résistance
(R. des) . . . . DV 110
Mont-Riboudet (Av. du) . . . . . . EV 112
Nansen (R.) . . . . DV 114
Pène (R. Annie de) . . . . FV 118
Quatre-Mares (Grande R. de) . EX 122
Renard (R. du) . . . . EV 125
République (R. de la) . . . . FV 126
Rondeaux (Av. Jean) . . . . EV 131
Roosevelt (Bd Franklin) . . . . . . DX 132
Ste-Lucie (Rond-Point) . . . . DX 135
Siegfried (Bd André) . . . . EV 142
Sotteville (R. de) . . . . EX 145
Verdun (Bd de) . . . . EV 150
11-Novembre (Bd du) . . . . EX 157

AMFREVILLE . . . .
Paris (Route de) . . . . FX 158

BONSECOURS . . . .
République (R. de la) . . . . EX 160

GRAND-QUEVILLY . . . .
Verdun (Bd de) . . . . DX 165

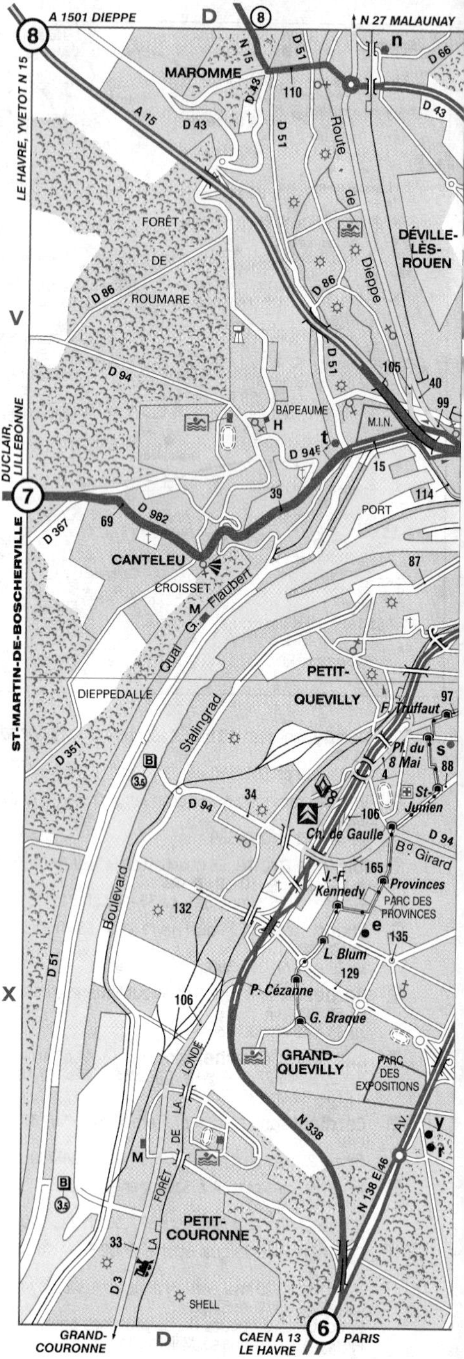

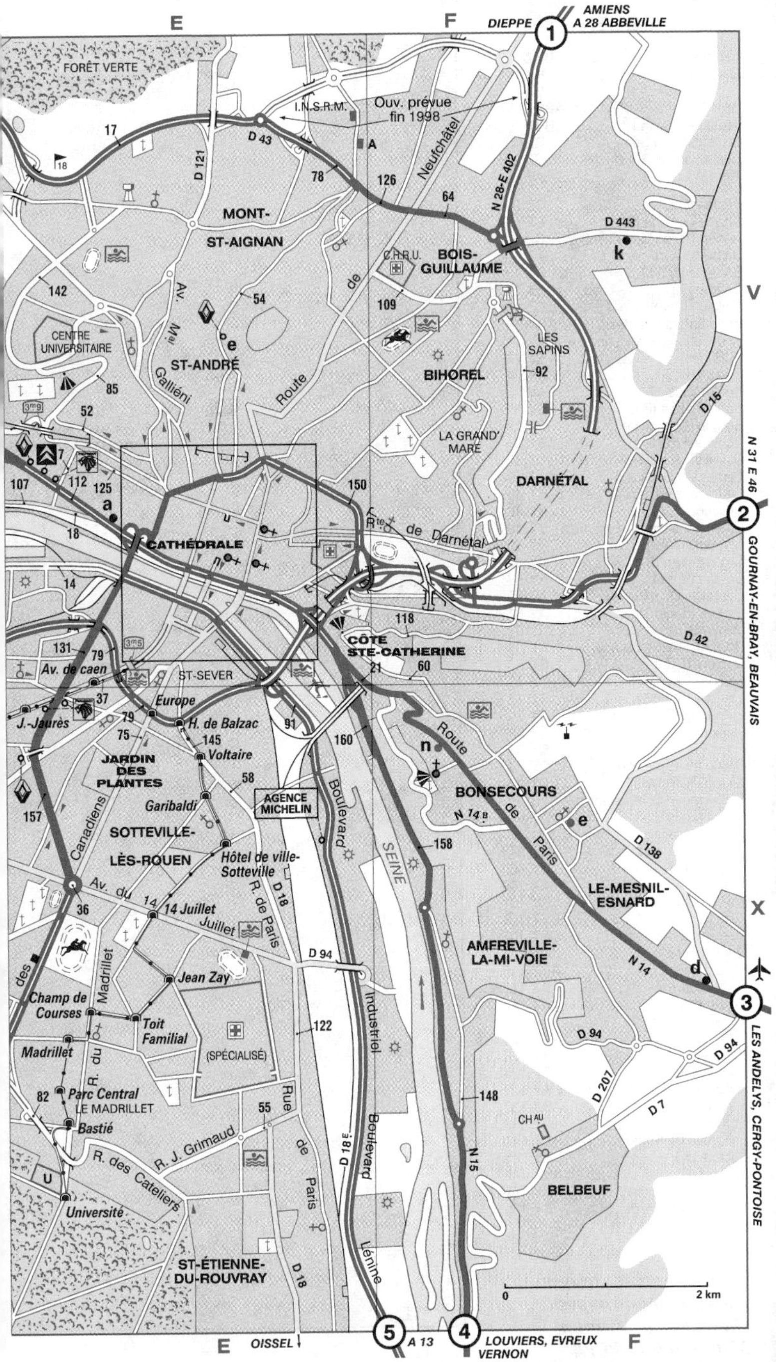
AMIENS
A 28 ABBEVILLE
DIEPPE
E
F
FORÊT VERTE
I.N.S.R.M.
Ouv. prévue
fin 1998
D 43
D 121
Neufchâtel
N 28-E 402
MONT-
ST-AIGNAN
BOIS-
GUILLAUME
C.H.R.U.
D 443
CENTRE
UNIVERSITAIRE
ST-ANDRÉ
Av. Mal Galliéni
Route de
BIHOREL
LES
SAPINS
LA GRAND'
MARE
DARNÉTAL
D 15
N 31 E 46
GOURNAY-EN-BRAY, BEAUVAIS
CATHÉDRALE
Rte de Darnétal
CÔTE
STE-CATHERINE
D 42
ST-SEVER
Av. de caen
J.-Jaurès
Europe
H. de Balzac
Voltaire
JARDIN
DES
PLANTES
AGENCE
MICHELIN
Garibaldi
SOTTEVILLE-
LÈS-ROUEN
Hôtel de ville-
Sotteville
Canadiens
Av. du 14 Juillet
14 Juillet
R. de Paris
D 18
Boulevard
SEINE
Route de Paris
BONSECOURS
N 14 B
D 138
LE-MESNIL-
ESNARD
AMFREVILLE-
LA-MI-VOIE
N 14
D 94
Jean Zay
Champ de
Courses
Madrillet
Toit
Familial
(SPÉCIALISÉ)
Parc Central
LE MADRILLET
Bastié
R. J. Grimaud
R. des Cateliers
Université
Rue de Paris
D 18E
Boulevard Industriel
Lénine
N 15
D 207
D 7
CHAU
BELBEUF
LES ANDELYS, CERGY-PONTOISE
ST-ÉTIENNE-
DU-ROUVRAY
0
2 km
OISSEL
A 13
LOUVIERS, EVREUX
VERNON
V
X

ROUEN

Carmes (R. des) .... **BYZ**
Ganterie (R.)................ **BY**
Grand-Pont (R.) .... **BZ**
Gros-Horloge (R. du)...... **ABYZ**
Jeanne-d'Arc (R.) .... **BYZ**
Leclerc (R. du Gén.) .... **BZ**
République (R. de la)......... **BZ**
Vieux-Marché (Pl. du) .... **AY**

Albane (Cour d')............. **BZ** 3
Alsace-Lorraine (R. d') .... **CZ** 6
Aubert (Pl. du Lieutenant) .... **CZ** 9
Barbey d'Aurevilly (R.) .... **AZ** 10
Barthélemy (Pl.)............. **BZ** 12
Belfroy (R.)................. **BY** 13
Boildieu (Pont) .... **BZ** 16
Bons-Enfants (R. des) ...... **ABY** 19
Boucheries-Saint-Ouen
(R. des) .... **CZ** 22
Boudin (R. E.)............... **BY** 24
Boulet (Quai G.)............. **AY** 25
Bourg-l'Abbé (R.)............ **CY** 27
Bourse (Quai de la) .... **BZ** 28
Bouvreuil (R.)............... **BY** 30
Carrel (R. A.)................ **CZ** 42
Cartier (Av. Jacques)......... **AZ** 43
Cathédrale (Pl. de la)......... **BZ** 45
Cauchoise (R.) .... **AY** 46
Champ-des-Oiseaux (R. du)... **BY** 48
Champlain (Av.) .... **BZ** 49
Chasselièvre (R.)............. **AY** 52
Cordier (R. du) .... **BY** 57
Corneille (Quai Pierre)........ **BZ** 58
Crosne (R. de) .... **AY** 61
Damiette (R.) .... **CZ** 63
Delacroix (Allée Eugène) ..... **BY** 66
Donjon (R. du) .... **BY** 67
Eau-de-Robec (R.) .... **CZ** 70
Écureuil (R. de l') .... **BY** 72
Ernemont (R. d') .... **CY** 76
Faulx (R. des) .... **CZ** 81
Foch (Pl.)................... **BY** 84
Gaulle (Pl. Général-de) .... **CY** 89
Giraud (R. Général) .... **AZ** 90
Guillaume-le-Conquérant
(Pont)..................... **AZ** 93
Hauts-Mariages
(impasse des)............. **CZ** 94
Hôpital (R. de l')............ **BY** 96
Jeanne-d'Arc (Pont) .... **AZ** 100
Joyeuse (R.)................ **CY** 101
Juifs (R. aux) .... **BYZ** 102
Libraires (Cour des).......... **BZ** 108
Neufchatel (Route de) .... **CY** 115
Ours (R. aux).............. **ABZ** 116
Paris (Quai de) .... **BZ** 117
Pie (R. de la)............... **AY** 120
Pucelle-d'Orléans
(Pl. de la)................ **AZ** 121
Racine (R.) .... **AY** 124
Requins (R. des) .... **CY** 128
Rollon (R.)................. **AY** 129
Saint-Godard (Pl.) .... **BY** 137
St-Marie (R.)............... **CY** 138
Schuman (R. Robert) .... **CZ** 140
Socrate (R.) .... **BY** 143
Thouret (R.) .... **BYZ** 147
Vieux-Palais (R. du) .... **AY** 152
19-Avril-1944 (Pl. du)......... **BY** 155

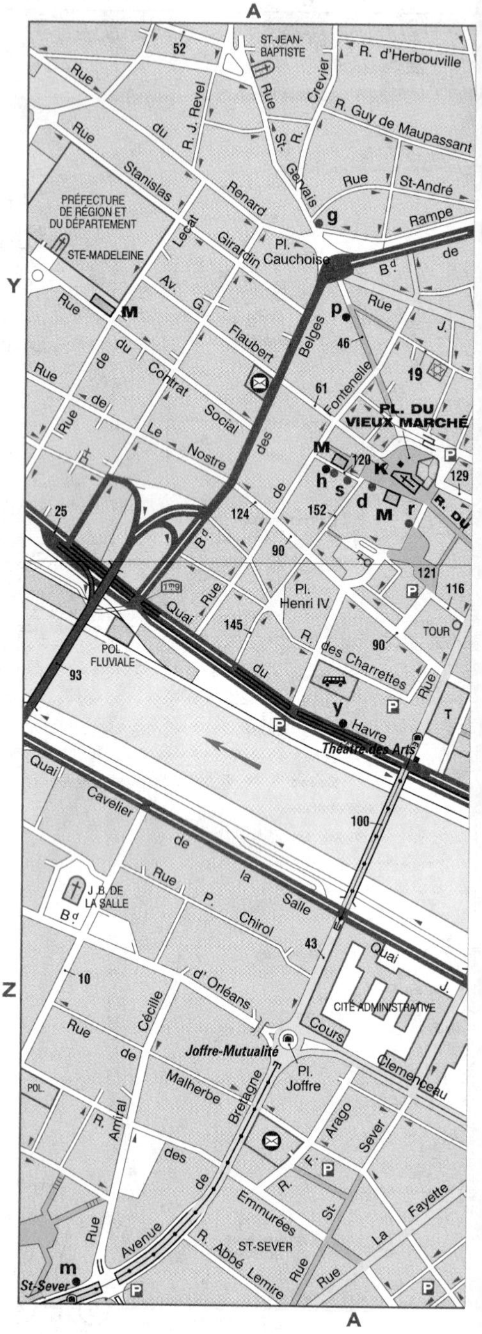

Pour les grands voyages d'affaires ou de tourisme.
Guide Rouge Michelin Main Cities EUROPE.

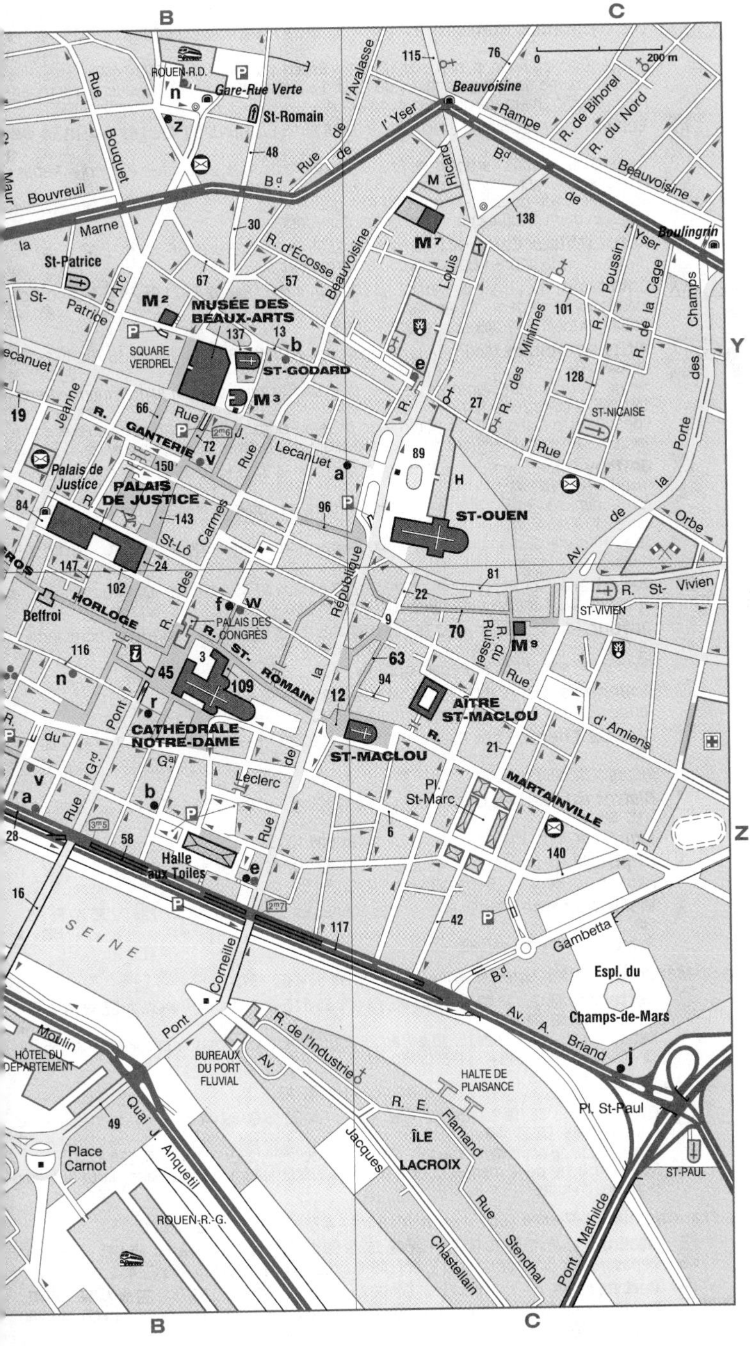
B
C
Y
Z
ROUEN-R.D.
Gare-Rue Verte
St-Romain
Beauvoisine
Boulingrin
MUSÉE DES BEAUX-ARTS
SQUARE VERDREL
ST-GODARD
St-Patrice
Palais de Justice
PALAIS DE JUSTICE
Beffroi
PALAIS DES CONGRÈS
CATHÉDRALE NOTRE-DAME
ST-MACLOU
AÎTRE ST-MACLOU
ST-OUEN
ST-NICAISE
ST-VIVIEN
Pl. St-Marc
Halle aux Toiles
SEINE
Espl. du Champs-de-Mars
HÔTEL DU DÉPARTEMENT
BUREAUX DU PORT FLUVIAL
HALTE DE PLAISANCE
ÎLE LACROIX
Pl. St-Paul
ST-PAUL
Place Carnot
ROUEN-R.-G.
R. Ganterie
Horloge
R. St-Romain
R. Martainville
Rue d'Amiens
Av. de la Porte des Champs
Bd de l'Yser
Rue Lecanuet
R. Jeanne d'Arc
Rue de la République
Av. A. Briand
Bd Gambetta
Pont Corneille
Pont Mathilde
Quai J. Anquetil
Rue Stendhal
Jacques Chastellain
R. E. Flamand
R. de l'Industrie
200 m

XXX ✿ **Les Nymphéas** (Kukurudz), 9 r. Pie ☎ 02 35 89 26 69, *Fax 02 35 70 98 81*, – AE ① GB AY h
fermé 30 août au 8 sept., dim. soir et lundi – **Repas** 165/250 et carte 290 à 410
Spéc. Escalope de foie gras chaud de canard au vinaigre de cidre. Sauvageon à la rouennaise. Soufflé chaud aux pommes et calvados.

XXX ✿ **Écaille** (Tellier), 26 rampe Cauchoise ☎ 02 35 70 95 52, *Fax 02 35 70 83 49* – ▤. AE ① GB. AY g
fermé 9 au 23 août, vacances de fév., dim. sauf le midi de sept. à juin et lundi – **Repas** - produits de la mer - 150/395 et carte 330 à 460
Spéc. Marinade de Saint-Jacques au foie gras (15 oct. au 15 mai). Grosses langoustines rôties au thym. Soufflé "pomme d'or" au Calvados.

XXX **Aub. du Vieux Carré**, 34 r. Ganterie ☎ 02 35 71 67 70, *Fax 02 35 98 56 21*, – GB
fermé 1er au 15 août – **Repas** 120/230 et carte 270 à 360. BY v

XXX **Couronne**, 31 pl. Vieux Marché ☎ 02 35 71 40 90, *Fax 02 35 71 05 78*, « Maison normande du 14e siècle » – AE ① GB AY d
Repas 118 (déj.), 150/245 et carte 290 à 420 ♀.

XXX ✿ **P'tits Parapluies** (Andrieu), pl. Rougemare ☎ 02 35 88 55 26, *Fax 02 35 70 24 31* – AE ① GB JCB CY e
fermé 9 au 24 août, vacances de fév., dim. sauf le midi d'oct. à juin et lundi – **Repas** 150/245 et carte 260 à 360
Spéc. Galette d'andouille et pomme de terre au cidre. Rosace de filet de sole et Saint-Jacques sauce marinière (oct. à mai). Croustillant de pommes, glace pain d'épice.

XX ✿ **Beffroy** (Mme Engel), 15 r. Beffroy ☎ 02 35 71 55 27, *Fax 02 35 89 66 12*, « Cadre normand » – AE ① GB BY b
fermé dim. soir et mardi soir – **Repas** (nombre de couverts limité, prévenir) 100/275 et carte 240 à 380 ♀
Spéc. Timbale de homard et de langoustines. Turbot au vinaigre de cidre. Canard à la rouennaise.

XX **Reverbère**, 5 pl. République ☎ 02 35 07 03 14, *Fax 02 35 89 77 93* – AE GB BZ e
fermé 10 au 23 août et dim. – **Repas** 150 bc/310 bc.

XX **Dufour**, 67 r. St-Nicolas ☎ 02 35 71 90 62, *Fax 02 35 89 70 34*, « Cadre vieux normand » – AE GB BZ w
fermé dim. soir et lundi – **Repas** 80 bc (déj.), 120/230 ♀.

XX **Rouennais**, 5 r. Pie ☎ 02 35 07 55 44, *Fax 02 35 71 96 38* – GB AY s
fermé dim. soir et lundi – **Repas** 75 (déj.), 99/240 ♀.

XX **Au Bois Chenu**, 23 pl. Pucelle d'Orléans ☎ 02 35 71 19 54, *Fax 02 35 89 49 83* – AE ① GB AY r
Repas 105/155 ♀, enf. 50.

X **Bistrot du Chef en Gare**, Buffet-Gare (1er étage) ☎ 02 35 71 41 15, *Fax 02 35 15 14 43* – AE GB BY n
fermé août, lundi soir, sam. midi et dim. – **Repas** 100 ♀.

X **L'Épisode**, 37 r. aux Ours ☎ 02 35 89 01 91, *Fax 02 35 07 06 21* – GB BZ n
fermé merc. et dim. – **Repas** 110 (déj.), 170/250 ♀.

X **Vieille Auberge**, 37 r. St-Étienne-des-Tonneliers ☎ 02 35 70 56 65, *Fax 02 35 70 56 65* – GB BZ v
fermé lundi – **Repas** 89/189.

à St-Martin-du-Vivier *Nord-Est : 8 km – 1 445 h. alt. 56 – ✉ 76160 :*

🏨 **Bertelière** M, ☎ 02 35 60 44 00, *Fax 02 35 61 56 63*, , – ▤ rest, TV ☎ & P – 25 à 150. AE ① GB FV k
Repas *(fermé week-ends du 10 juil. au 25 août, sam. midi, dim. soir et soirs fériés)* 165 ♀ – ☕ 60 – **44 ch** 420/610 – ½ P 360/450.

à Bonsecours *Sud-Est : 3,5 km – 6 898 h. alt. 144 – ✉ 76240 :*

XXX ✿ **Butte** (Hervé), 69 rte Paris ☎ 02 35 80 43 11, *Fax 02 35 80 69 74*, , « Coquette auberge normande » – AE ① GB FX n
fermé 1er au 26 août, dim. et lundi – **Repas** 200 bc (déj.), 250/340 et carte 250 à 420 ♀
Spéc. Panaché de la mer au beurre d'épices. Canardeau à la rouennaise. Tarte fine aux pommes chaudes.

à Franqueville-St-Pierre *Sud-Est par N 14 : 9 km – 4 230 h. alt. 140 – ✉ 76520 :*

🏨 **Otelinn** M, ☎ 02 35 79 00 99, *Fax 02 35 79 88 13* – TV ☎ & P – 50. AE GB FX d
Repas *(fermé dim. soir)* 78/180 ♀, enf. 45 – ☕ 38 – **40 ch** 290/305 – ½ P 245.

🏨 **Vert Bocage**, rte Paris par ③ ☎ 02 35 80 14 74, *Fax 02 35 80 55 73* – TV ☎ P. AE GB
Repas *(fermé dim. soir et lundi de nov. à mars)* 100/205 ♀, enf. 55 – ☕ 28 – **19 ch** 240/280 – ½ P 255/265.

au Parc des Expositions *Sud par N 138 : 6 km – ✉ 76800 St-Étienne-du-Rouvray :*

Novotel M, ✆ 02 35 66 58 50, *Fax 02 35 66 15 56*, parc, – – 30 à 130. AE GB JCB DX y
Repas 98, enf. 50 – 55 – **134 ch** 430/560.

Ibis Sud Parc Expo, ✆ 02 35 66 03 63, *Fax 02 35 66 62 55* – – 25 à 70. AE GB. rest DX r
Repas *(75)* - 95, enf. 39 – 35 – **76 ch** 305/320.

au Grand Quevilly *Sud-Ouest : 5,5 km près Parc des Expositions – 27 658 h. alt. 6 – ✉ 76120 :*

Soretel, av. Provinces ✆ 02 35 69 63 50, *Fax 02 35 69 42 28* – – 100. AE GB DX e
fermé sam. midi et dim. soir – **Repas** 85/165 bc – 42 – **45 ch** 330/365 – ½ P 280/320.

au Petit Quevilly *Sud-Ouest : 3 km – 22 600 h. alt. 5 – ✉ 76140 :*

Les Capucines, 16 r. J. Macé ✆ 02 35 72 62 34, *Fax 02 35 03 23 84*, – AE GB JCB DX s
fermé sam. midi et dim. soir – **Repas** 165/290 et carte 240 à 360, enf. 75.

à Montigny *par ⑦, D 94^E et D 86 : 10 km – 1 051 h. alt. 110 – ✉ 76380 :*

Relais de Montigny, r. Lieutenant Aubert ✆ 02 35 36 05 97, *Fax 02 35 36 19 60*, – – 25. AE GB
fermé 28 juil. au 10 août et 26 déc. au 5 janv. – **Repas** *(fermé sam. midi)* 120/230, enf. 80 – 50 – **22 ch** 300/415 – ½ P 360/430.

à Bapeaume-lès-Rouen *Nord-Ouest : 3 km – ✉ 76820 :*

Vieux Moulin, 3 r. S. Lecoeur ✆ 02 35 36 39 59, *Fax 02 35 36 02 56*, – P. AE GB DV t
Repas 110/270.

à Notre-Dame-de-Bondeville *Nord-Ouest : 7,5 km – 7 584 h. alt. 25 – ✉ 76960 :*

Les Elfes avec ch, ✆ 02 35 74 36 21, *Fax 02 35 75 27 09* – P. GB DV n
fermé 3 au 23 août, dim. soir et merc. – **Repas** 98/210, enf. 50 – 30 – **7 ch** 165/195 – ½ P 190.

MICHELIN, Agence, 24 bd Industriel à Sotteville-lès-Rouen B ✆ 02 35 73 63 73

BMW S.R.D.A., 122 r. de Constantine ✆ 02 35 98 33 77
CITROEN Succursale, 144 av. Mont Riboudet ✆ 02 35 52 86 40 N ✆ 02 32 10 62 62
HONDA Gar. Sporty, 65 av. du Mont-Riboudet ✆ 02 35 88 13 88
MERCEDES Gar. Autotechnic, 99 r. de Constantine ✆ 02 35 88 16 88 N ✆ 02 35 71 93 57
NISSAN S.E.R.A., 3 r. J.-Ango ✆ 02 35 89 01 53
OPEL S.N.O.A., 31 av. de Caen ✆ 02 35 72 11 63
PEUGEOT S.I.A. de Normandie, 116 av. Mont-Riboudet,Rive Droite ✆ 02 32 76 10 10 N ✆ 02 32 76 10 40
PEUGEOT 76 71-73 av. de Caen, Rive Gauche ✆ 02 35 72 24 84 N ✆ 02 32 76 10 40
RENAULT Succursale, 184 av. Mont-Riboudet ✆ 02 32 10 41 41 N ✆ 08 00 05 15 15
RENAULT Succursale Rouen Rive-Gauche, Bois-Cany au Grand-Quevilly ✆ 02 35 58 22 22 N ✆ 08 00 05 15 15
TOYOTA Succursale, 4-10 r. Lillebonne, 23 r. A.-Dormoy ✆ 02 35 15 13 13
VOLKSWAGEN Gar. Blet, 90 av. Mont-Riboudet ✆ 02 35 88 45 45 N ✆ 02 35 88 03 88
Albion Auto, r. Canal à Bapeaume-lès-Rouen ✆ 02 35 74 46 74

Anssclin Pneus, 55 av. de Caen ✆ 02 35 62 00 24
Blard Pneus Center, 46 r. de Lillebonne ✆ 02 35 71 72 97
CAP, Hangar n°10 q. F.-de-Lesseps ✆ 02 35 07 08 99
Euromaster, 28 r. F.-Arago pl. des Emmurés ✆ 02 35 72 32 38

Périphérie et environs

CITROEN Succursale, Ctre Cial de Bois-Cany au Grand-Quevilly ✆ 02 35 18 29 20 N ✆ 01 32 10 62 62
DAEWOO Rouen West Autom., 94 r. Martyrs Résistance à Maromme ✆ 02 35 74 22 83 N ✆ 02 35 92 80 50
FORD Gar. Thibaut, 128 av. J.-Jaurès au Petit-Quevilly ✆ 02 35 72 96 96
FORD Gar. Thibaut, 128 av. Jean-Jaurès au Petit Quevilly ✆ 02 35 72 96 96
RENAULT Succursale Rouen Rive-Gauche, 20 pl. Chartreux au Petit-Quevilly ✆ 02 35 58 22 22 N ✆ 08 00 05 15 15
RENAULT Gar. du Chemin de Clères, 138 ch. de Clères à Bois-Guillaume ✆ 02 35 71 22 70
ROVER Redelé Autom., 226 av. des Alliés au Petit Quevilly ✆ 02 35 73 24 02
VOLKSWAGEN Gar. Blet, Ctre Cial Bois Cany au Grand Quevilly ✆ 02 35 69 69 45 N ✆ 02 35 88 03 88
VOLKSWAGEN Socap, 164 r. de Paris au Mesnil-Esnard ✆ 02 35 80 15 55

CAP, 226 av. des Alliés à Petit-Quevilly ✆ 02 35 03 33 23
CAP, 16 r. Kastler à Mont-St-Aignan ✆ 02 35 12 40 40
Euromaster, 141-143 pl. A.-Briand à Maromme ✆ 02 35 74 27 69
Rouen Pneus, r. Cateliers ZI Madrillet à St-Etienne-du-Rouvray ✆ 02 35 65 34 13
Régnier Pneus, 18 av. J.-Jaurès au Petit Quevilly ✆ 02 35 72 67 01
Sube Pneurama Point S, 23 r. de Roanne à Elbeuf ✆ 02 35 81 04 47
Sube Pneurama Point S, r. Chesnaie à St-Etienne-du-Rouvray ✆ 02 35 65 24 53
Vulco, bd Industriel à Sotteville-les-Rouen ✆ 02 35 72 50 90

ROUFFACH *68250 H.-Rhin* 62 ⑲ *G. Alsace Lorraine – 4 303 h alt. 204.*

Golf d'Alsace ✆ 03 89 78 59 59 par D 8 : 2 km.

Paris 479 – Colmar 15 – Basel 57 – Belfort 57 – Guebwiller 10 – Mulhouse 28 – Thann 25.

Château d'Isenbourg, ✆ 03 89 78 58 50, *Fax 03 89 78 53 70*, – rest, 25. AE GB JCB
fermé mi-janv. à mi-mars – **Repas** 270/370 et carte 340 à 500 – 85 – **40 ch** 865/1480 – ½ P 873/1180.

A la Ville de Lyon, r. Poincaré ✆ 03 89 49 65 51, *Fax 03 89 49 76 67*, – 40. AE GB
fermé 20 au 27 déc. – voir rest. ***Philippe Bohrer*** ci-après - ***Brasserie Chez Julien*** ✆ 03 89 49 69 80 **Repas** 50/140, enf. 48 – 48 – **43 ch** 270/460 – ½ P 375/455.

Philippe Bohrer, r. Poincaré ✆ 03 89 49 62 49, *Fax 03 89 49 76 67* – AE GB
fermé 2 au 24 mars et lundi – **Repas** 130/395 et carte 290 à 360, enf. 80
Spéc. Queues de gambas rôties au lard. Pièce de lieu jaune à l'unilatéral. Côte de cochon fourrée et macaroni farcis. **Vins** Gewürztraminer, Tokay-Pinot gris.

à Bollenberg *Sud-Ouest : 6 km par N 83 et rte secondaire – 68250 Rouffach :*

Bollenberg sans rest, ✆ 03 89 49 62 47, *Fax 03 89 49 77 66*, – 80. AE GB
50 – **45 ch** 280/360.

Aub. au Vieux Pressoir, ✆ 03 89 49 60 04, *Fax 03 89 49 76 16*, « Décor alsacien » – AE GB
fermé 20 au 27 déc. – **Repas** 89/345.

CITROEN Gar. Sauter, ✆ 03 89 49 61 46

FORD Gar. Habermacher, ✆ 03 89 49 60 08

ROUFFIAC-TOLOSAN *31 H.-Gar.* 82 ⑧ *– rattaché à Toulouse.*

Le ROUGET *15290 Cantal* 76 ⑪ *– 910 h alt. 614.*

Paris 551 – Aurillac 25 – Figeac 42 – Laroquebrou 16 – St-Céré 37 – Tulle 75.

Voyageurs, ✆ 04 71 46 10 14, *Fax 04 71 46 93 89* – GB
fermé vacances de fév. et dim. soir du 1er oct. au 31 mars – **Repas** 60/160, enf. 40 – 26 – **38 ch** 170/220 – ½ P 220.

CITROEN Gar. Fau, à Cayrols ✆ 04 71 46 11 03 N ✆ 04 71 46 11 03

PEUGEOT Gar. Lajarrige, à Cayrols ✆ 04 71 46 15 63

RENAULT Gar. Montimart, ✆ 04 71 46 15 47

ROUGIVILLE *88 Vosges* 62 ⑰ *– rattaché à St-Dié.*

ROULLET *16 Charente* 72 ⑬ *– rattaché à Angoulême.*

Le ROURET *07 Ardèche* 80 ⑨ *– rattaché à Ruoms.*

Les ROUSSES *39220 Jura* 70 ⑮ ⑯ *G. Jura – 2 840 h alt. 1110 – Sports d'hiver : 1 100/1 680 m 40.*

Voir *Gorges de la Bienne★ O : 3 km.*

Golf du Rochas (les Rousses) ✆ 03 84 60 06 25 sur D 29^E1 ; du Mont-Saint-Jean ✆ 03 84 60 09 71, E : 1 km par D 29^E1.

Office de Tourisme ✆ 03 84 60 02 55, Fax 03 84 60 52 03.

Paris 463 – Genève 42 – Gex 29 – Lons-le-Saunier 65 – Nyon 22 – St-Claude 31.

France, ✆ 03 84 60 01 45, *Fax 03 84 60 04 63*, – 25. AE GB
fermé 8 au 26 juin et 23 nov. au 18 déc. – **Repas** 148/435 et carte 310 à 430 – 50 – **32 ch** 480/580 – ½ P 345/480
Spéc. Croûte aux morilles. Filet d'empereur aux épices. Carré d'agneau rôti. **Vins** Arbois blanc et rouge.

à la Cure *Sud-Est : 2,5 km par N 5, rte de Genève – 39220 Les Rousses :*

Arbez Franco-Suisse M avec ch, ✆ 03 84 60 02 20, *Fax 03 84 60 08 59*, – GB, rest
fermé nov., lundi soir et mardi hors saison sauf vacances scolaires et fériés – **Repas** 120/240 – 38 – **10 ch** 260/360 – ½ P 305/325.

à Noirmont *Nord : 3 km par D 29^E – 39220 Les Rousses :*

Chamois, ✆ 03 84 60 01 48, *Fax 03 84 60 39 38*, – GB
fermé 15 avril au 10 mai et 23 nov. au 6 déc. – **Repas** 65 (déj.), 78/145, enf. 45 – 35 – **12 ch** 250/295 – ½ P 280.

RENAULT Gar. des Neiges, ✆ 03 84 60 01 00 N ✆ 06 07 46 90 27

ROUSSILLON *84220 Vaucluse* 81 ⑬ *G. Provence* (plan) – *1 165 h alt. 360.*

Voir *Site★ du village★.*

Office de Tourisme pl. de la Poste ✆ 04 90 05 60 25, Fax 04 90 05 60 25.

Paris 725 – Apt 11 – Avignon 51 – Bonnieux 10 – Carpentras 37 – Cavaillon 29 – Sault 31.

XX **David,** pl. Poste ✆ 04 90 05 60 13, *Fax 04 90 05 75 80,* ≤ falaises et vallée, – . GB
19 mars-16 nov. et fermé lundi sauf fériés – **Repas** (week-ends et fêtes prévenir) 135 bc/300, enf. 60.

ROUSSILLON *38150 Isère* 77 ① – *7 365 h alt. 200.*

Paris 508 – Annonay 28 – Grenoble 90 – St-Étienne 68 – Tournon-sur-Rhône 42 – Vienne 19.

Médicis M sans rest, r. Fernand Léger ✆ 04 74 86 22 47, *Fax 04 74 86 48 05* – P – 60. GB
35 – **15 ch** 220/320.

Europa, rte Valence ✆ 04 74 86 28 84, *Fax 04 74 86 15 11* – P. AE GB JCB
Repas *(fermé 31 août au 6 sept. et 2 au 9 janv.)* 94/190 – 30 – **26 ch** 179/220 – ½ P 269.

CITROEN Gar. Pleynet, 5 r. Puits-sans-Tour à Péage-de-Roussillon ✆ 04 74 86 20 12
CITROEN Drisar Autom., 132 N7 à Salaise-sur-Sanne ✆ 04 74 86 04 20
PEUGEOT Gar. Bourget, 79 av. G.-Péri ✆ 04 74 86 17 08

ROUTOT *27350 Eure* 54 ⑲ *G. Normandie Vallée de la Seine* – *1 043 h alt. 140.*

Voir *La Haye-de-Routot : ifs millénaires★ N : 4 km.*

Paris 146 – Le Havre 58 – Rouen 35 – Bernay 45 – Évreux 69 – Pont-Audemer 19.

XX **L'Écurie,** ✆ 02 32 57 30 30, *Fax 02 32 57 30 30* – GB
fermé 3 au 10 août, vacances de fév., merc. soir, dim. soir et lundi – **Repas** 100/240.

CITROEN Gar. Bocquier, ✆ 02 32 57 30 48

ROUVRES-EN-XAINTOIS *88500 Vosges* 62 ⑭ – *337 h alt. 330.*

Paris 356 – Épinal 41 – Lunéville 58 – Mirecourt 8 – Nancy 55 – Neufchâteau 33 – Vittel 16.

Burnel, au village ✆ 03 29 65 64 10, *Fax 03 29 65 68 88,* – P. AE GB
fermé 24 au 31 déc. – **Repas** *(fermé dim. soir hors saison)* (63) - 86/190 – 50 – **16 ch** 165/305 – ½ P 225/260.

ROUVRES-LA-CHÉTIVE *88 Vosges* 62 ⑬ – *rattaché à Neufchâteau.*

ROUVROIS-SUR-OTHAIN *55 Meuse* 57 ② – *rattaché à Longuyon (M.-et-M.).*

ROYAN *17200 Char.-Mar.* 71 ⑮ *G. Poitou Vendée Charentes* – *16 837 h alt. 20* – *Casino Royan Pontaillac* **A.**

Voir *Front de mer★* **C** – *Église Notre-Dame★* **E** – *Corniche★ et Conche★ de Pontaillac* **A.**

de Royan ✆ 05 46 23 16 24, par ④ : 7 km.

Bac: *pour le Verdon-s-Mer ✆ 05 46 38 35 15.*

Office de Tourisme Palais des Congrès ✆ 05 46 23 00 00 et 05 46 05 04 71, Fax 05 46 38 52 01 et Rond Point de la Poste ✆ 05 46 05 04 71, Fax 05 46 67 76.

Paris 503 ① – Bordeaux 121 ② – Périgueux 178 ② – Rochefort 40 ⑤ – Saintes 36 ①.

Plan page suivante

Novotel M, bd Carnot - Conche du Chay ✆ 05 46 39 46 39, *Fax 05 46 39 46 46,* ≤ mer, , centre de thalassothérapie, – P – 130. AE GB
***Le Fá* :** **Repas** (85) - 118/155, enf. 60 – 60 – **83 ch** 815. A b

Family Golf H. sans rest, 28 bd Garnier ✆ 05 46 05 14 66, *Fax 05 46 06 52 56,* ≤ – P. GB C m
15 mars-31 oct. – 42 – **33 ch** 350/520.

Corinna sans rest, 5 r. Amazones ✆ 05 46 39 82 53 – P. GB. A d
Pâques-fin sept. – 32 – **14 ch** 260/300.

Les Bleuets, 21 façade Foncillon ✆ 05 46 38 51 79, *Fax 05 46 23 82 00* – GB. B a
Repas *(fermé vend. et dim. hors saison)* (dîner seul.) 100 – 32 – **16 ch** 269/375 – ½ P 265/305.

Beau Rivage sans rest, 9 façade Foncillon ✆ 05 46 39 43 10, *Fax 05 46 38 22 50,* ≤ – GB. B z
fermé 15 déc. au 15 janv. – 38 – **22 ch** 320/430.

Pasteur sans rest, 40 r. Pasteur ✆ 05 46 05 14 34, *Fax 05 46 05 96 44* – GB B s
27 – **15 ch** 180/300.

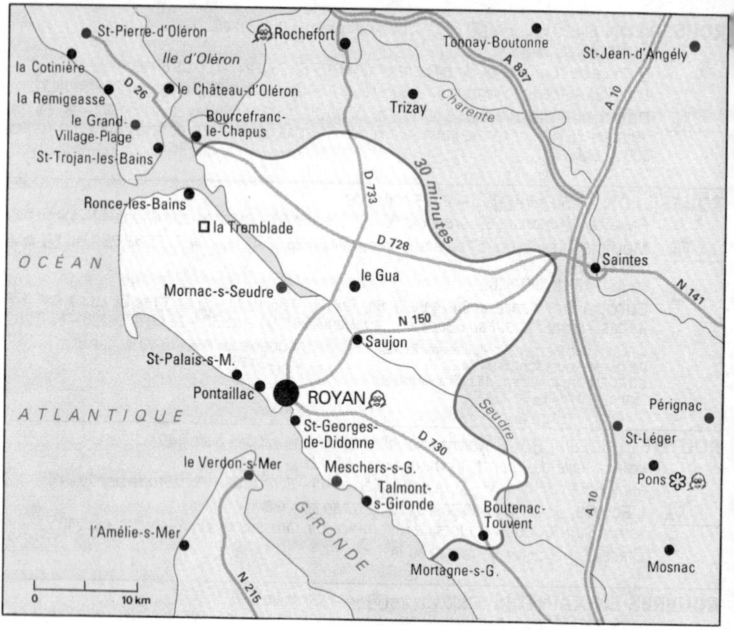

ROYAN

Briand (Bd A.)	B	5
Europe (Cours de l')	C	
Gambetta (R.)	B	
Loti (R. Pierre)	B	
République (Bd de la)	B	40
Alsace-Lorraine (R.)	B	3
Conche-du-Chay (Av. de la)	A	6
Desplats (R. du Colonel)	B	7
Dr. Audouin (Bd du)	B	8
Dr. Gantier (Pl. du)	C	9
Dugua (R. P.)	B	10
Façade de Foncillon	B	12
Falaise (Bd de la)	AB	13
Foch (Pl. Mar.)	C	15
Foncillon (R. de)	B	16
Font-de-Cherves (R.)	B	17
Gaulle (Pl. Ch. de)	B	19
Grandière (Bd de la)	C	21
Leclerc (Av. Mar.)	C	26
Libération (Av. de la)	C	28
Notre-Dame (R.)	B	32
Parc (Av. du)	C	35
Rochefort (Av. de)	B	42
Schuman (Pl. R.)	B	45
Semis (Av. des)	C	46
Thibeaudeau (Rd-Pt. du Cdt.)	B	48
5-Janvier-1945 (Bd du)	B	52

A

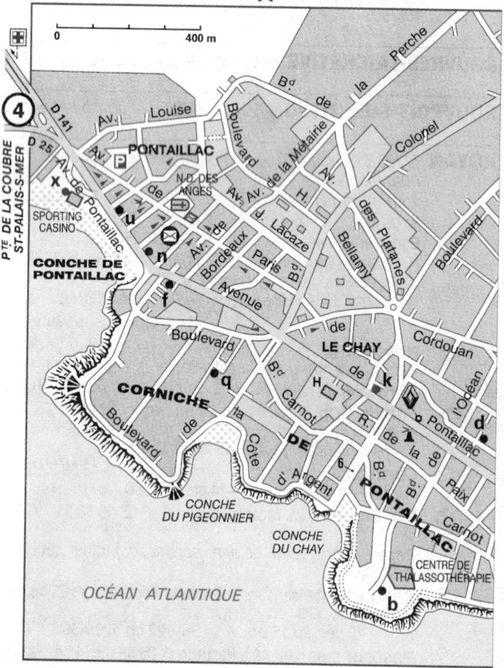

A

Les pastilles numérotées des plans de villes ①, ②, ③ sont répétées sur les ***cartes Michelin*** *à 1/200 000. Elles facilitent ainsi le passage entre les* ***cartes*** *et les* ***guides Michelin****.*

XX **Trois Marmites,** 37 av. Ch. Regazzoni ☏ 05 46 38 66 31, *Fax 05 46 38 72 20,* – AE ⓓ GB — B r
Repas 135/230 ♀.

XX **Chalet,** 6 bd La Grandière ☏ 05 46 05 04 90 – ▤. AE GB. — C u
fermé 15 janv. au 15 fév. et merc. sauf juil.-août – **Repas** 110/280 ♀, enf. 45.

XX **Relais de la Mairie,** 1 r. Chay ☏ 05 46 39 03 15, *Fax 05 46 39 03 15* – ▤. AE ⓓ GB — A k
fermé 12 nov. au 3 déc., vacances de fév., dim. soir sauf juil.-août et mardi – **Repas** 85/175 ♁, enf. 48.

à Pontaillac

Gd H. de Pontaillac sans rest, 195 av. Pontaillac ☏ 05 46 39 00 44, *Fax 05 46 39 04 05,* ≤ – ▣ TV ☎ . GB — A u
Pâques-30 sept. – ☕ 45 – **41 ch** 450/590.

Miramar sans rest, 173 av. Pontaillac ☏ 05 46 39 03 64, *Fax 05 46 39 23 75,* ≤ – TV ☎. AE ⓓ GB — A n
15 mars-31 oct. – ☕ 45 – **27 ch** 380/550.

Résidence de Saintonge et rest. Pavillon Bleu , allée des Algues ☏ 05 46 39 00 00, *Fax 05 46 39 07 00* – TV ☎ P. GB — A q
30 mars-30 sept. – **Repas** 68/175 ♁ – ☕ 38 – **40 ch** 220/340 – ½ P 330/350.

Belle-Vue sans rest, 122 av. Pontaillac ☏ 05 46 39 06 75, *Fax 05 46 39 44 92,* ≤ – TV ☎ P. GB — A f
1er mars-1er nov. – ☕ 38 – **18 ch** 355.

XXX **Jabotière,** esplanade de Pontaillac ☏ 05 46 39 91 29, *Fax 05 46 38 39 93,* ≤ Conche de Pontaillac – AE GB — A x
fermé 21 au 27 déc., 2 janv. au 2 fév., dim. soir et lundi hors sais. – **Repas** 138/390 et carte 300 à 370 ♀.

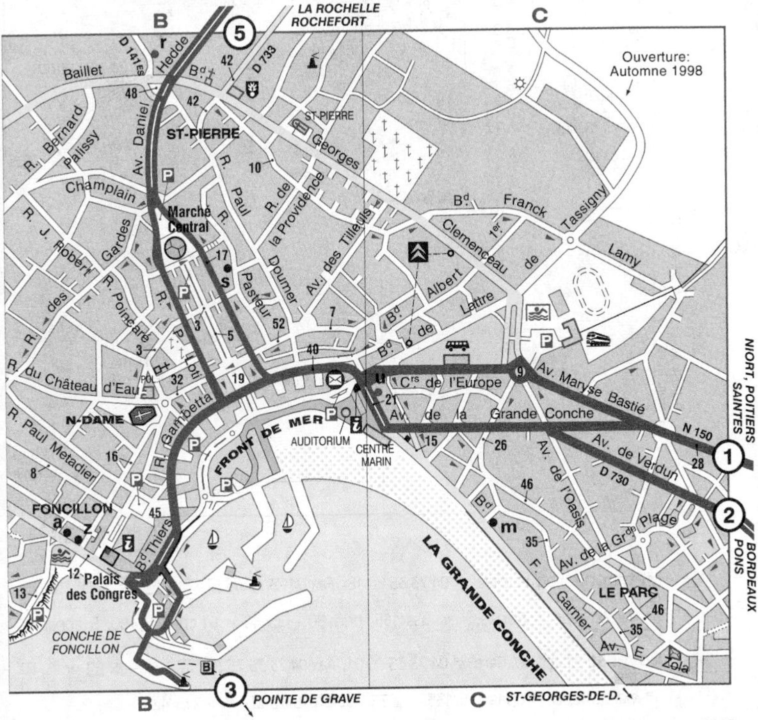

rte de St-Palais *par ④ : 3,5 km – ✉ 17640 Vaux-sur-Mer :*

Résidence de Rohan sans rest, Conche de Nauzan ℘ 05 46 39 00 75, *Fax 05 46 38 29 99*, ≤, « Villas dans un parc dominant la plage », ⛱, ✂ – TV ☎ ✆ P. AE GB
1er avril-11 nov. – ☕ 55 – **41 ch** 520/660.

Biche au Bois avec ch, 141 bd Côte de Beauté ℘ 05 46 39 01 52, *Fax 05 46 38 17 96*, – TV ☎ P. GB
1er mars-20 sept. et fermé jeudi de mars à mai – **Repas** 54/175 ♀, enf. 36 – ☕ 28 – **12 ch** 230 – 1/2 P 220.

BMW Gar. Bienvenue, 43 av. M.-Bastié ℘ 05 46 05 01 62
CITROEN Gar. Casagrande, 24 bd de Lattre-de-Tassigny ℘ 05 46 05 04 26
FORD Gar. Zanker, 11 r. Notre-Dame ℘ 05 46 05 69 87
PEUGEOT Gar. Richard, Zone Ciale, rte de Saintes par ① ℘ 05 46 05 03 55 N ℘ 05 46 05 24 24
RENAULT Gar. du Chay, 75 av. de Pontaillac ℘ 05 46 38 48 88
RENAULT Royan auto 2000, 20 r. Lavoisier par ① ℘ 05 46 05 05 08 N ℘ 06 07 55 02 96

Euromaster, 50 bd de Lattre-de-Tassigny ℘ 05 46 05 54 24

ROYAT *63130 P.-de-D.* 73 ⑭ *G. Auvergne – 3 950 h alt. 450 – Stat. therm. – Casino* **B**.
Voir *Église St-Léger*★ **A**.
des Volcans à Orcines ℘ 04 73 62 15 51, par ③ : 9 km ; de Charade ℘ 04 73 35 73 09, SO : 6 km par ②, D 5 et D 5F.
Circuit automobile de montagne d'Auvergne.
Office de Tourisme pl. Allard ℘ 04 73 35 81 87, Fax 04 73 35 81 07.
Paris 425 – Clermont-Ferrand 4 – Aubusson 89 – La Bourboule 47 – Le Mont-Dore 40.

Accès et sorties : voir plan de Clermont-Ferrand.

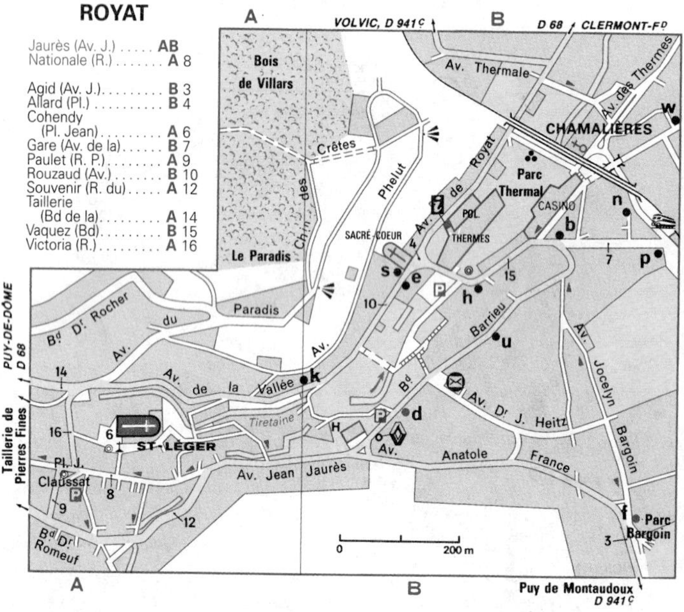

Métropole, bd Vaquez ℘ 04 73 35 80 18, *Fax 04 73 35 66 67* – |‡| TV ☎ ✆ P. AE ⓓ GB
B h
3 mai-27 sept. – **Repas** *(115)* - 158/165, enf. 80 – ☕ 46 – **61 ch** 240/480, 5 appart – P 345/615.

Royal St-Mart, av. Gare ℘ 04 73 35 80 01, *Fax 04 73 35 75 92*, – |‡| TV ☎ P. AE ⓓ GB
B n
1er mai-30 sept. – **Repas** 115/135 – ☕ 38 – **56 ch** 165/380 – 1/2 P 215/425.

Castel H., pl. Dr Landouzy ✆ 04 73 35 80 14, *Fax 04 73 35 80 49*, ≤, « Hôtel fin de siècle, décor soigné » – ⎈ ✈ TV ☎. AE GB. ⊁ ch — B b
1er mars-30 oct. – **Repas** 80/130 – ▭ 30 – **54 ch** 145/320 – P 300/390.

Richelieu, av. A. Rouzaud ✆ 04 73 35 86 31, *Fax 04 73 35 63 98* – ⎈ TV ☎. GB. ⊁ rest — B e
début avril-début oct. – **Repas** 105 ♀, enf. 50 – ▭ 30 – **60 ch** 180/300 – P 280/330.

Chatel, av. Vallée ✆ 04 73 35 82 78, *Fax 04 73 35 79 49* – ⎈ TV ☎ ✆. GB — B k
25 mars-25 oct. – **Repas** 75/95 ♀, enf. 47 – ▭ 34 – **32 ch** 190/320 – P 300/320.

Athena sans rest, av. A. Rouzaud ✆ 04 73 35 80 32, *Fax 04 73 35 66 26* – ⎈ TV ☎ ✆. AE ⓓ GB JCB — B s
▭ 30 – **24 ch** 230/290.

Univers, av. Gare ✆ 04 73 35 81 28, *Fax 04 73 35 66 79* – ⎈ ☎. GB — B p
1er mai-30 sept. – **Repas** (65) - 85 (dîner), 95/120 ♀ – ▭ 33 – **42 ch** 150/295 – P 275/310.

Chalet Camille ⚲, bd Barrieu ✆ 04 73 35 80 87, *Fax 04 73 35 63 62*, ⛱ – TV ☎ P. AE GB — B u
fermé vacances de fév. – **Repas** 85/110 ♀ – ▭ 28 – **22 ch** 200/250 – 1/2 P 210/305.

L'Oasis, 31 av. Bargoin ✆ 04 73 35 82 79, *Fax 04 73 35 62 93*, ≤ – GB — B f
fermé 15 juil. au 14 août, dim. soir et lundi sauf fériés le midi – **Repas** 80/185 ♀, enf. 60.

L'Hostalet, bd Barrieu ✆ 04 73 35 82 67 – AE GB — B d
avril-déc. et fermé dim. sauf fériés et lundi – **Repas** 75 (déj.), 125/185.

CITROEN Gar. Boyer, 50 av. Thermes, à Chamalières ✆ 04 73 37 71 57
RENAULT Gar. Valleix, 57 bd Gambetta à Chamalières B ✆ 04 73 93 11 43
RENAULT Royat centre auto, 49 bd Barrieu ✆ 04 73 35 82 20

ROYE *80700 Somme* 52 ⑳ *G. Flandres Artois Picardie* – *6 333 h alt. 88.*
Paris 112 ⑤ – *Amiens 46* ⑥ – *Compiègne 42* ⑤ – *Arras 74* ⑦ – *St-Quentin 47* ②.

ROYE

Amiens (R. d') 2
Basse-Ville (R.) 3
Dr-Duquesnel (R.) 4
Est (Bd de l') 6
Fontaines (R. des) 8
Goyencourt (R. de) 9
Jaurès (Av. Jean) 10
Lavaquerie (R.) 13
Leclerc (Bd Gén.) 14
Nesle (R. de) 15
Noyon (R. de) 16
Paris (R. de) 17
Péronne (R. de) 19
République (Pl. de la) 21
St-Médard (R.) 23

Pas de publicité payée dans ce guide

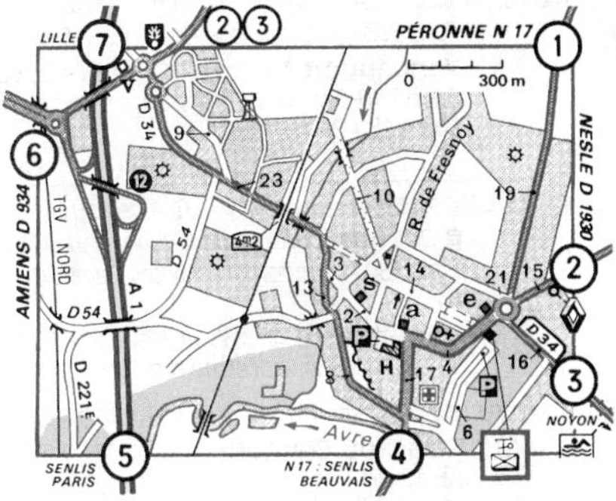

Les Lions, rte Rosières (v) ✆ 03 22 79 71 00, *Fax 03 22 79 71 01* – TV ☎ ✆ ♿ P – ⛺ 30 à 80. AE ⓓ GB
Repas 95/190 ♀, enf. 45 – ▭ 40 – **43 ch** 270/320 – 1/2 P 240/290.

Flamiche (Mme Klopp), pl. H. de Ville (a) ✆ 03 22 87 00 56, *Fax 03 22 78 46 77* – ▤. AE ⓓ GB JCB
fermé 14 au 22 juil., 19 déc. au 11 janv., dim. soir et lundi – **Repas** 135/795 bc et carte 350 à 610 ♀
Spéc. Flamiche aux poireaux. Anguille en croustillant de moutarde, haricots cocos et oignons rouges. Caneton à la graine de chicorée, pomme confite et endives caramélisées.

Florentin et H. Central avec ch, 36 r. Amiens (s) ✆ 03 22 87 11 05, *Fax 03 22 87 42 74* – ▤ rest, TV ☎. AE GB. ⊁ ch
fermé 18 au 31 août, 23 déc. au 4 janv., dim. soir et lundi – **Repas** 88/210 – ▭ 30 – **8 ch** 230/320.

Nord avec ch, pl. République (e) ✆ 03 22 87 10 87, *Fax 03 22 87 46 88* – GB
fermé 17 au 31 juil., 12 au 28 fév., mardi soir et merc. – **Repas** 95/295 ♀, enf. 65 – ▭ 29 – **7 ch** 165/180.

CITROEN Gar. François, 20 r. du Fg St-Nicolas à Nesle par ② ✆ 03 22 88 45 60
RENAULT Péronne Autom., 10 r. de Nesle ✆ 03 22 87 07 88 N ✆ 03 22 83 71 41
Ⓟ Euromaster, 12 r. de Péronne ✆ 03 22 87 11 03

Le ROZIER *48150 Lozère* 80 ④ ⑤ *G. Gorges du Tarn – 157 h alt. 400.*

Voir *Terrasses du Truel* ≤★ *E : 3,5 km – Gorges du Tarn*★★★.

Env. *Chaos de Montpellier-le-Vieux*★★★ *S : 11,5 km – Corniche du Causse Noir* ≤★★ *SE : 13 km puis 15 mn.*

Office de Tourisme ☏ *05 65 62 60 89, Fax 05 65 62 60 27.*

Paris 638 – Mende 63 – Florac 57 – Millau 23 – Sévérac-le-Château 28 – Le Vigan 72.

Gd H. de la Muse et du Rozier M, à La Muse (D 907) rive droite du Tarn ✉ 12720 Peyreleau (Aveyron) ☏ 05 65 62 60 01, *Fax 05 65 62 63 88*, ≤, « Au bord du Tarn », – TV ☎ P. AE GB JCB

14 mars-4 nov. – **Repas** 95 (déj.), 160/220 ♀ – 65 – **38 ch** 495/650 – ½ P 460/620.

Doussière sans rest (annexe ☎ 11 ch), ☏ 05 65 62 60 25, *Fax 05 65 62 65 48* – GB

Pâques-11 nov. – 32 – **24 ch** 225/305.

RUE *80120 Somme* 52 ⑥ *G. Flandres Artois Picardie – 2 942 h alt. 9.*

Voir *Chapelle du St-Esprit*★.

Office de Tourisme 54 Porte de Bécray ☏ *03 22 25 69 94, Fax 03 22 25 76 26.*

Paris 207 – Amiens 73 – Abbeville 28 – Berck-Plage 23 – Le Crotoy 8.

Lion d'Or, r. Barrière ☏ 03 22 25 74 18, *Fax 03 22 25 66 63* – TV ☎ P. GB

fermé 20 déc. au 10 janv. – **Repas** 80/180 ♀, enf. 55 – 35 – **16 ch** 240/440 – ½ P 230/240.

RENAULT Gar. Dupont, à Quend ☏ 03 22 23 23 68

RUEIL-MALMAISON *92 Hauts-de-Seine* 55 ⑳, 101 ⑭ – *voir à Paris, Environs.*

RUGY *57 Moselle* 57 ④ – *rattaché à Metz.*

RULLY *71150 S.-et-L.* 70 ① – *1 635 h alt. 220.*

Paris 333 – Beaune 22 – Chalon-sur-Saône 18 – Autun 43 – Chagny 17 – Le Creusot 32.

Vendangerot avec ch, ☏ 03 85 87 20 09, *Fax 03 85 91 27 18*, – TV ☎ P. GB

fermé 10 fév. au 27 mars, mardi soir d'oct. à mars et merc. – **Repas** 90/220 ♀ – 35 – **14 ch** 150/280 – ½ P 250.

RUMILLY *74150 H.-Savoie* 74 ⑤ *G. Alpes du Nord – 9 991 h alt. 334.*

Office de Tourisme de l'Albanais ☏ *04 50 64 58 32, Fax 04 50 64 69 21.*

Paris 532 – Annecy 24 – Aix-les-Bains 20 – Bellegarde-sur-Valserine 36 – Belley 44 – Genève 64.

L'Améthyste, 27 r. Pont-Neuf ☏ 04 50 01 02 52 – GB

15 sept.-15 avril et fermé dim. soir et lundi – **Repas** 89/290 ♀, enf. 42.

à Moye *Nord-Ouest : 4 km par D 231 – 697 h. alt. 472 – ✉ 74150 :*

Relais du Clergeon, ☏ 04 50 01 23 80, *Fax 04 50 01 41 38*, ≤, – ☎ P – 40. GB

fermé janv., dim. soir et lundi – **Repas** (dim. et fêtes prévenir) 85/250 ♀, enf. 47 – 35 – **18 ch** 145/300 – ½ P 230/290.

CITROEN Gar. Lacrevaz, 7 r. J.-Béard ☏ 04 50 01 11 75
FIAT Gar. Vigouroux, rte d'Aix ☏ 04 50 01 31 72
FORD Falcoz-Maison, 49 rte d'Aix-les-Bains ☏ 04 50 01 20 68
OPEL Gar. Mollier, rte d'Aix ☏ 04 50 01 45 65
ROVER Gar. Faurax, rte d'Aix ☏ 04 50 01 01 01

RUNGIS *94 Val-de-Marne* 61 ①, 101 ㉖ – *voir à Paris, Environs.*

RUOMS *07120 Ardèche* 80 ⑨ *G. Vallée du Rhône – 1 858 h alt. 121.*

Voir *Défilé*★ *NO : 2,5 km – Gorges de la Beaume*★ *O : 4 km – Auriolles : Promenade*★ *à Labeaume SO : 4 km puis 30 mn.*

Office de Tourisme r. Alphonse Daudet ☏ *04 75 93 91 90, Fax 04 75 39 78 91.*

Paris 651 – Alès 54 – Aubenas 25 – Pont-St-Esprit 47.

rte des Vans *Sud-Ouest : 3,5 km par D 111 – ✉ 07120 Ruoms :*

Chapoulière, ☏ 04 75 39 65 43, *Fax 04 75 39 75 82*, – TV ☎ P. GB

1er mars-30 nov. et hôtel : fermé lundi en mars et nov. – **Repas** *(fermé lundi sauf de mai à sept.)* 90/210 ♀, enf. 46 – 40 – **12 ch** 260/310 – ½ P 295/305.

domaine du Rouret *près Grospierres, Sud-Ouest : 11 km par D 111 – ✉ 07120 Grospierres :*

Maéva Latitudes Le Rouret ⛰, ☎ 04 75 35 77 00, *Fax 04 75 93 97 46*, ←, « Parc ombragé et complexe de loisirs », ⛱, ⛱, ⛱, ✗ – 🏢 ▤ TV ☎ ✆ ♿ P – 🏋 600. AE ⓓ GB JCB. ✗ rest
1er avril-31 oct. – **Repas** 150/190, enf. 40 – ☕ 50 – **117 ch** 580 – ½ P 560.

CITROEN Gar. Dupland, ☎ 04 75 39 61 23 N ☎ 04 75 39 61 94

RENAULT Gar. Bouschon, ☎ 04 75 39 61 08 N ☎ 04 75 39 61 08

RUPT-SUR-MOSELLE *88360 Vosges* 62 ⑰ – *3 470 h alt. 424.*

Syndicat d'Initiative 1 bis r. Lorraine ☎ 03 29 24 43 43.
Paris 422 – Épinal 38 – Belfort 58 – Colmar 82 – Mulhouse 68 – St-Dié 65 – Vesoul 59.

Centre, r. Église ☎ 03 29 24 34 73, *Fax 03 29 24 45 26* – TV ☎ 🚗 P. AE ⓓ GB
fermé 8 au 15 juin, 12 au 19 oct., 11 au 18 janv., dim. soir et lundi sauf juil.-août – **Repas** (75) - 100/350 ♀, enf. 60 – ☕ 35 – **9 ch** 140/310 – ½ P 210/290.

Relais Benelux-Bâle, 69 r. Lorraine ☎ 03 29 24 35 40, *Fax 03 29 24 40 47*, ⛱, ⛱ – TV ☎ ✆ 🚗 P. AE GB
fermé 19 déc. au 4 janv. et dim. soir hors saison – **Repas** 66/250 ♀, enf. 51 – ☕ 30 – **10 ch** 210/310 – ½ P 200/230.

PEUGEOT Gar. Riblet, à Lepange ☎ 03 29 24 36 90

RUYNES-EN-MARGERIDE *15320 Cantal* 76 ⑭ ⑮ – *605 h alt. 920.*

Paris 527 – Aurillac 91 – Langeac 47 – Le Puy-en-Velay 82 – St-Chély-d'Apcher 28 – St-Flour 16.

Moderne, ☎ 04 71 23 41 17, *Fax 04 71 23 49 82*, ⛱ – TV ☎ ✆ P. AE GB
début mars-oct. – **Repas** (49) - 62/150 ♀, enf. 42 – ☕ 32 – **20 ch** 198/215 – ½ P 190/220.

RENAULT Gar. Brun, ☎ 04 71 23 42 31

Les SABLES-D'OLONNE SP *85100 Vendée* 67 ⑫ *G. Poitou Vendée Charentes – 15 830 h alt. 4 – Casinos des Sports* **CY**, *Casino de la Plage.*

Voir Le Remblai★ **BCZ.**
18 *des Olonnes ☎ 02 51 33 16 16, 6 km par ②.*
Office de Tourisme r. Mar.-Leclerc ☎ 02 51 32 03 28, Fax 02 51 32 84 49.
Paris 451 ② – La Roche-sur-Yon 37 ② – Cholet 101 ② – Nantes 102 ② – Niort 112 ④ – La Rochelle 91 ④.

Plan page suivante

Mercure M ⛰, au Lac de Tranchet par la corniche : 2,5 km ☎ 02 51 21 77 77, *Fax 02 51 21 77 80*, ←, ⛱, centre de thalassothérapie, ⛱, ⛱ – 🏢 ✗, ▤ ch, TV ☎ ✆ ♿ P – 🏋 120. AE ⓓ GB. ✗ rest — CY f
fermé 11 au 25 janv. – **Repas** 150/165 ♀, enf. 52 – ☕ 60 – **100 ch** 695/760.

Roches Noires sans rest, 12 prom. G. Clemenceau ☎ 02 51 32 01 71, *Fax 02 51 21 61 00*, ← – 🏢 TV ☎ ♿. AE ⓓ GB — BY s
☕ 40 – **37 ch** 360/660.

Atlantic H., 5 prom. Godet ☎ 02 51 95 37 71, *Fax 02 51 95 37 30*, ←, ⛱ – 🏢, ▤ rest, TV ☎ ✆ – 🏋 25. AE ⓓ GB — BY e
Sloop (fermé déc., sam. midi et vend. d'oct. à avril) **Repas** 90(déj.), 99/150 🍷, enf. 59 – ☕ 50 – **30 ch** 440/750 – ½ P 515/598.

Arundel, 8 bd F. Roosevelt ☎ 02 51 32 03 77, *Fax 02 51 32 86 28* – 🏢 ✗ TV ☎ ✆. AE ⓓ GB. ✗ rest — AZ k
Repas *(ouvert 1er juin-15 sept.)* (résidents seul.) 85 (déj.), 95/125 – ☕ 45 – **42 ch** 350/600 – ½ P 350/450.

Admiral's sans rest, Port Olona ☎ 02 51 21 41 41, *Fax 02 51 32 71 23* – 🏢 TV ☎ ♿ P – 🏋 25. AE ⓓ GB — AY q
fermé vacances de Noël et dim. soir en hiver – ☕ 38 – **32 ch** 370/430.

Hirondelles, 44 r. Corderies ☎ 02 51 95 10 50, *Fax 02 51 32 31 01* – 🏢 ☎ ✆ ♿ 🚗 P. AE GB — CZ r
hôtel : 1er avril-30 sept. ; rest. : 8 avril-22 sept. – **Repas** 80/145, enf. 50 – ☕ 36 – **64 ch** 370/390 – ½ P 350.

Calme des Pins M, 43 av. A. Briand ☎ 02 51 21 03 18, *Fax 02 51 21 59 85* – 🏢 ☎ ♿ P. GB — CY v
1er avril-30 sept. – **Repas** 90/150, enf. 50 – ☕ 36 – **46 ch** 380 – ½ P 350.

LES SABLES-D'OLONNE

Bisson (R.) . . . . **AZ** 8
Gaulle (R. Gén.-de). . . . . **BZ** 27
Guynemer (R.) . . . . **BZ**
Halles (R. des) . . . . **AZ** 29
H.-de-Ville (R. de l') . . . . **AZ**

Travot (R.) . . . . **BZ** 60

Arago (Bd). . . . . **BY** 4
Baudry (R. P.) . . . . **BY** 5
Bauduère (R. de la) . . . . **BZ** 6
Beauséjour (R.) . . . . **BY** 7
Briand (Av. A.). . . . . **CY** 9
Caisse-d'Épargne
(R. de la) . . . . **AZ** 10
Castelnau (Bd de) . . . . . **BY** 12

Château-d'Olonne
(Route de). . . . . **CY** 13
Collineau (Pl. du Gén.). . **BZ** 14
Commerce (Pl. du) . . . . **AZ** 15
Digue (Pl. de la) . . . . **BZ** 17
Dingler (Quai) . . . . **AZ** 18
Dr-Canteleau (R. du) . . . **AY** 19
Dr-Schweitzer (R. du) . . **CY** 22
Doumer (Av. P.) . . . . **CY** 23
Église (Pl. de l'). . . . . **AZ** 24

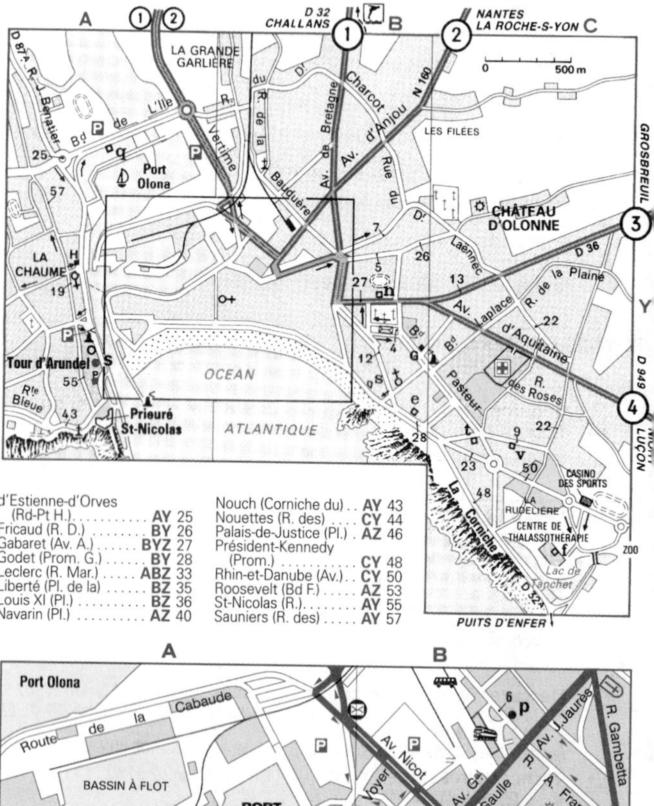

d'Estienne-d'Orves
(Rd-Pt H.). . . . . **AY** 25
Fricaud (R. D.) . . . . **BY** 26
Gabaret (Av. A.) . . . . . . **BYZ** 27
Godet (Prom. G.) . . . . . . **BY** 28
Leclerc (R. Mar.) . . . . . **ABZ** 33
Liberté (Pl. de la) . . . . . . **BZ** 35
Louis XI (Pl.) . . . . **BZ** 36
Navarin (Pl.) . . . . **AZ** 40

Nouch (Corniche du) . . **AY** 43
Nouettes (R. des) . . . . . **CY** 44
Palais-de-Justice (Pl.) . **AZ** 46
Président-Kennedy
(Prom.) . . . . **CY** 48
Rhin-et-Danube (Av.). . **CY** 50
Roosevelt (Bd F.) . . . . . **AZ** 53
St-Nicolas (R.). . . . . **AY** 55
Sauniers (R. des) . . . . . **AY** 57

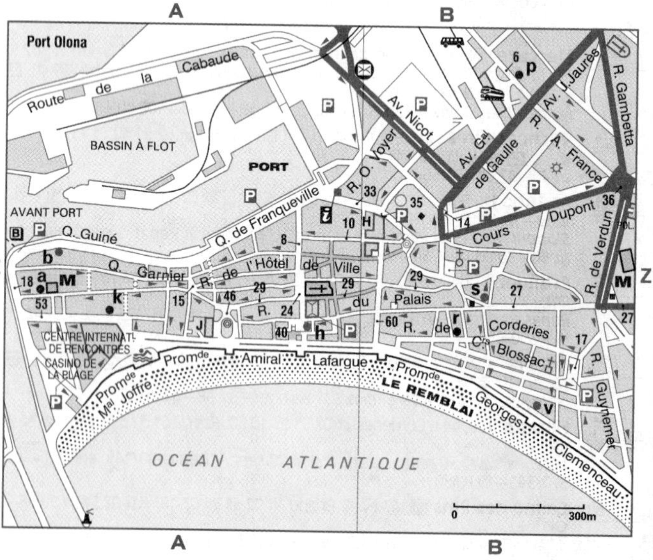

Antoine, 60 r. Napoléon ✆ 02 51 95 08 36, *Fax 02 51 23 92 78* – TV ☎ . GB. AZ a
hôtel : 20 mars-15 oct. ; rest. : 1er avril-15 oct. – **Repas** (dîner seul.)(résidents seul.) 100/130 – 32 – **19 ch** 270/320 – ½ P 265/295.

Chêne Vert, 5 r. Baudière ✆ 02 51 32 09 47, *Fax 02 51 21 29 65* – TV ☎. GB
fermé 24 déc. au 6 janv., sam. (sauf hôtel) et dim. d'oct. à mai – **Repas** 50/110, enf. 35 – 30 – **33 ch** 300/330 – ½ P 250/310. CZ p

Alizé H. sans rest, 78 av. A. Gabaret ✆ 02 51 32 44 90, *Fax 02 51 21 49 59* – TV ☎. GB. BY n
fermé 20 déc. au 20 fév. – 30 – **24 ch** 210/265.

Merle Blanc sans rest, 59 av. A. Briand ✆ 02 51 32 00 35, *Fax 02 51 21 65 38*, – TV ☎. AE GB CY t
32 – **23 ch** 140/320.

Beau Rivage (Drapeau), 40 prom. G. Clemenceau ✆ 02 51 32 03 01, *Fax 02 51 32 46 48*, ← – AE GB. BZ v
fermé 28 sept. au 5 oct., 4 au 25 janv., dim. soir et lundi de fin sept. à fin mai sauf fêtes – **Repas** 188/470 et carte 440 à 560, enf. 115
Spéc. Civet de homard au porto, riz sauvage. Côtes de turbot de pleine mer rôties. Farandole des desserts.

Sablier, 56 r. Nationale ✆ 02 51 21 09 54 – AE GB CZ s
fermé vacances de fév., dim. soir et lundi sauf fêtes – **Repas** 98/192 ♀.

Navarin, pl. Navarin ✆ 02 51 21 11 61, *Fax 02 51 96 91 02*, ←, – . AE GB BZ h
fermé 16 au 30 nov., dim. soir et lundi de sept. à mai – **Repas** 95 (déj.), 165/280 ♀.

Pêcherie, 4 quai Boucaniers, la Chaume ✆ 02 51 95 18 27, *Fax 02 51 95 18 27*, ← – GB
fermé 15 au 21 juin, 10 déc. au 10 janv., lundi midi en juil.-août, mardi soir et merc. de sept. à juin – **Repas** 115/215 ♀. AY s

Clipper, 19 bis quai Guiné ✆ 02 51 32 03 61, *Fax 02 51 32 03 61* – . GB AZ b
fermé 23 au 30 nov., 10 fév. au 3 mars, lundi midi en juil.-août, mardi soir et merc. de sept. à juin – **Repas** 68/195.

La Pironnière *Sud-Est : 4 km par la corniche – ✉ 85100 Château d'Olonne :*

Aub. Robinson, 51 r. du Puits d'Enfer ✆ 02 51 23 92 65, *Fax 02 51 21 28 60* – GB
fermé 1er au 15 déc. et lundi sauf du 1er mai au 15 sept. – **Repas** 92/195 ♀.

à l'anse de Cayola *Sud-Est : 7 km par la Corniche – ✉ 85180 Château d'Olonne :*

Cayola, 76 promenade de Cayola ✆ 02 51 22 01 01, *Fax 02 51 22 08 28*, ← mer, , « Villa contemporaine avec piscine et terrasse dominant la mer », – P. AE GB
fermé janv., dim. soir et lundi sauf de juin à août – **Repas** 155/495 et carte 260 à 350 ♀.

CITROEN Olonne Autom., av. du Pas du Bois au Château-d'Olonne par ④ ✆ 02 51 21 36 36 N ✆ 06 09 15 13 15
PEUGEOT Gar. Olonauto, av. du Mar.-Juin au Château d'Olonne par ④ ✆ 02 51 21 06 18 N ✆ 06 09 66 13 77

Gar. Tixier, La Mouzinière, au Château-d'Olonne ✆ 02 51 32 41 04

SABLES-D'OR-LES-PINS *22 C.-d'Armor* 59 ④ *G. Bretagne* – ✉ *22240 Fréhel.*

18 ✆ 02 96 41 42 57, SE.
Paris 442 – St-Brieuc 38 – St-Malo 44 – Dinan 43 – Dol-de-Bretagne 62 – Lamballe 27 – St-Cast 21.

Manoir St-Michel sans rest, à la Carquois, Est : 1,5 km par D 34 ✆ 02 96 41 48 87, *Fax 02 96 41 41 55*, « Jardin et plan d'eau » – TV ☎ P. GB
1er avril-3 nov. – 40 – **17 ch** 280/600, 3 duplex.

Voile d'Or - La Lagune, ✆ 02 96 41 42 49, *Fax 02 96 41 55 45*, ←, – TV ☎ P. GB
15 mars-15 nov. et fermé mardi midi et lundi en oct. – **Repas** (80) - 110/270 ♀, enf. 55 – 44 – **26 ch** 270/420 – ½ P 305/420.

Manoir de la Salle M sans rest, r. Lac - Sud-Ouest : 1 km pa D 34 ✉ 22240 Plurien ✆ 02 96 72 38 29, *Fax 02 96 72 00 57*, « Demeure du 16e siècle », – ☎ P. AE GB
1er avril-30 sept. – 35 – **14 ch** 250/700.

Diane, ✆ 02 96 41 42 07, *Fax 02 96 41 42 67*, , – TV ☎ P. AE GB
1er avril-10 oct. – **Repas** 60 (déj.), 85/230 ♀, enf. 50 – 40 – **28 ch** 350/375 – ½ P 300/335.

Morgane sans rest, ✆ 02 96 41 46 90, *Fax 02 96 41 57 85*, – TV ☎ P. GB
1er avril-30 sept. – 40 – **20 ch** 300/350.

Bon Accueil sans rest, ✆ 02 96 41 42 19, *Fax 02 96 41 57 59*, – ☎ P. GB
15 mars-30 sept. – 35 – **38 ch** 250/350.

Pins, ✆ 02 96 41 42 20, *Fax 02 96 41 59 02*, – ☎. AE GB
4 avril-4 oct. – **Repas** 68/158, enf. 48 – 35 – **22 ch** 240/280 – ½ P 265/310.

à Pléhérel-plage *Est : 3,5 km par D 34 – ✉ 22240 Fréhel :*

Plage et Fréhel ⚓, ✆ 02 96 41 40 04, *Fax 02 96 41 57 96*, ≤, – ☎ P. GB. rest
3 avril-30 sept. et 24 oct.-11 nov. – **Repas** 82/205 ♀, enf. 50 – ☕ 37 – **27 ch** 248/298 – ½ P 230/305.

SABLÉ-SUR-SARTHE *72300 Sarthe* 64 ① *G. Châteaux de la Loire – 12 178 h alt. 29.*

9 18 *de Sablé-Solesnes ✆ 02 43 95 28 78, S : 6 km par D 159.*

Office de Tourisme pl. R.-Elizé ✆ 02 43 95 00 60, Fax 02 43 92 60 77.

Paris 251 – Le Mans 60 – Angers 63 – La Flèche 27 – Laval 44 – Mayenne 59.

Escu du Roy avec ch, 20 r. L. Legludic (près Eglise) ✆ 02 43 95 90 31, *Fax 02 43 92 17 52* – rest, TV ☎. GB
fermé vend. de nov. à fév. et dim. soir – **Repas** 95/230, enf. 40 – ☕ 45 – **9 ch** 240/290 – ½ P 250.

Host. St-Martin, 3 r. Haute St-Martin ✆ 02 43 95 00 03, – AE GB
fermé lundi – **Repas** 95/180, enf. 50.

à Solesmes *Nord-Est : 3 km par D 22 – 1 277 h. alt. 28 – ✉ 72300.*

Voir *Statues des "Saints de Solesmes"★★ dans l'église abbatiale★ (chant grégorien) – Pont ≤★.*

Grand Hôtel, ✆ 02 43 95 45 10, *Fax 02 43 95 22 26*, – TV ☎ – 50. AE GB
fermé 26 déc. au 5 janv. – **Repas** *(fermé dim. soir de nov. à mars)* 130/200 ♀ – ☕ 50 – **34 ch** 350/500 – ½ P 350.

au Golf *Sud-Ouest : 5 km par rte de Pincé (D 159) et rte secondaire – ✉ 72300 Sablé-sur-Sarthe :*

Martin Pêcheur, ✆ 02 43 95 97 55, *Fax 02 43 92 37 10*, ≤, – P. GB
fermé vacances de fév., dim. soir et lundi – **Repas** 115/220 ♀.

CITROEN Gar. Alteam, rte du Mans ✆ 02 43 95 06 51
PEUGEOT Sablé Autom., r. de la Briquetterie ZA la Tuilerie ✆ 02 43 92 55 55 N ✆ 06 07 32 79 05
RENAULT Centre Auto Tuilerie, 3 r. de la Tuilerie ✆ 02 43 95 55 67 N ✆ 02 43 95 55 67

Euromaster, ZA rte de la Flèche ✆ 02 43 92 20 35

SABRES *40630 Landes* 78 ④ *G. Pyrénées Aquitaine – 1 096 h alt. 78.*

Voir *Ecomusée★ de la grande Lande NO : 4 km.*

Paris 679 – Mont-de-Marsan 36 – Arcachon 93 – Bayonne 110 – Bordeaux 102 – Mimizan 40.

Aub. des Pins ⚓, ✆ 05 58 07 50 47, *Fax 05 58 07 56 74*, , parc – TV ☎ & P – 40. AE GB. ch
fermé janv., dim. soir et lundi d'oct. à mai – **Repas** 100/350, enf. 60 – ☕ 45 – **22 ch** 300/650 – ½ P 320/450.

SACHÉ *37 I.-et-L.* 64 ⑭ – *rattaché à Azay-le-Rideau.*

SAHORRE *66 Pyr.-Or.* 86 ⑰ – *rattaché à Vernet-les-Bains.*

SAIGNES *15240 Cantal* 76 ② *G. Auvergne – 1 009 h alt. 480.*

Office de Tourisme (juil.-août) Antenne ✆ 04 71 40 62 41.

Paris 485 – Aurillac 79 – Clermont-Ferrand 91 – Mauriac 27 – Le Mont-Dore 56 – Ussel 39.

Relais Arverne, ✆ 04 71 40 62 64, *Fax 04 71 40 61 14* – TV ☎ P. GB
fermé 1er au 15 oct., vacances de fév., vend. soir et dim. soir hors saison – **Repas** 70/220 ♀ – ☕ 28 – **10 ch** 230/270 – ½ P 217/252.

PEUGEOT Gar. Brigoux, rte d'Auzer ✆ 04 71 40 62 11 N ✆ 04 71 40 62 11

Gar. Tribout, av. de la Gare ✆ 04 71 40 61 11

SAIGNON *84 Vaucluse* 81 ⑭, 114 ② – *rattaché à Apt.*

SAILLAGOUSE *66800 Pyr.-Or.* 86 ⑯ *G. Pyrénées Roussillon – 825 h alt. 1309.*

Voir *Gorges du Sègre★ E : 2 km.*

Office de Tourisme ✆ 04 68 04 72 89, Fax 04 68 04 05 57.

Paris 869 – Font-Romeu-Odeillo-Via 13 – Bourg-Madame 9 – Mont-Louis 12 – Perpignan 93.

Planes *(La Vieille Maison Cerdane)*, ✆ 04 68 04 72 08, *Fax 04 68 04 75 93* – ⇕ TV ☎ ♿. AE GB
fermé mi-oct. à mi-déc. – **Repas** 100/250, enf. 58 - ***Brasserie :*** Repas 65 bc, enf.58 – ☕ 35 – **19 ch** 210/250 – ½ P 280/290.

Planotel sans rest, ✆ 04 68 04 72 08, *Fax 04 68 04 75 93*, ≤, ⛱, – TV ☎ P. AE GB
1er juin-30 sept. et vacances scolaires – ☕ 40 – **20 ch** 265.

à Llo *Est : 3 km par D 33 – 131 h. alt. 1424 – ✉ 66800.*
Voir *Site*★.

L'Atalaya , ✆ 04 68 04 70 04, *Fax 04 68 04 01 29*, ≤, , « Jolie auberge rustique », ⛱ – TV ☎ P. GB. rest
fermé 5 nov. au 20 déc. – **Repas** *(fermé mardi midi et lundi hors saison)* 160/280 – ☕ 60 – **13 ch** 490/650 – ½ P 600.

CITROEN Gar. Rougé, ✆ 04 68 04 70 55

RENAULT Gar. Domenech, ✆ 04 68 04 70 30 N ✆ 04 68 04 76 45

ST-AFFRIQUE *12400 Aveyron* 80 ⑬ *G. Gorges du Tarn* (plan) – *7 798 h alt. 325.*

Env. *Roquefort-sur-Soulzon : caves de Roquefort*★, *rocher St-Pierre* ≤★ *NE : 11,5 km.*
Office de Tourisme bd Verdun ✆ *05 65 99 09 05, Fax 05 65 58 91 44.*
Paris 668 – Albi 82 – Castres 90 – Lodève 67 – Millau 26 – Rodez 80.

Moderne, 54 av. A. Pezet ✆ 05 65 49 20 44, *Fax 05 65 49 36 55*, – TV ☎. GB
fermé 20 déc. au 20 janv. – **Repas** *(75)* - 90/270 ♀, enf. 55 – ☕ 40 – **28 ch** 200/390 – ½ P 240/290.

Palais Gourmand, bd E. Trémolet ✆ 05 65 99 07 43, *Fax 05 65 49 37 31*, – GB
fermé vacances de fév., mardi soir et merc. – **Repas** 78/175 ♀, enf. 35.

CITROEN Gar. Bousquet, Rte de St-Affrique à Vabres l'Abbaye ✆ 05 65 98 10 00
PEUGEOT Gar. Pujol, 36 bd E.-Borel ✆ 05 65 49 21 09

Maury, rte de Vabres, Le Vern ✆ 05 65 99 06 83
Treillet Pneus Point S, av. J.-Bourgougnon ✆ 05 65 49 22 08 N ✆ 05 65 60 23 04

La Maison du Pneu, 7 bd de Verdun ✆ 05 65 49 01 23

ST-AGRÈVE *07320 Ardèche* 76 ⑨ ⑲ *G. Vallée du Rhône* (plan) – *2 762 h alt. 1050.*

Voir *Mont Chiniac* ≤★★.
Office de Tourisme Grande Rue ✆ *04 75 30 15 06, Fax 04 75 30 15 06.*
Paris 579 – Le Puy-en-Velay 51 – Aubenas 73 – Lamastre 21 – Privas 69 – St-Étienne 70 – Yssingeaux 34.

L'Arraché, ✆ 04 75 30 10 12, *Fax 04 75 30 24 03*, ⛱ – ☎. GB
fermé janv., dim. soir et lundi sauf juil.-août – **Repas** 80/165 , enf. 45 – ☕ 40 – **10 ch** 230/290 – ½ P 215/245.

Faurie sans rest, ✆ 04 75 30 11 60, – ☎
15 juin-15 sept. – ☕ 28 – **24 ch** 140/230.

Domaine de Rilhac (Sinz) avec ch, Sud-Est : 2 km par D 120, D 21 et rte secondaire ✆ 04 75 30 20 20, *Fax 04 75 30 20 00*, ≤, « Ancienne ferme ardéchoise dans la campagne », – TV ☎ P. GB
fermé fév., lundi soir et mardi sauf juil.-août – **Repas** 115 (déj.), 150/320 et carte 230 à 380, enf. 70 – ☕ 75 – **7 ch** 360/460 – ½ P 420/470
Spéc. Marbré de lapereau et foie gras. Noisettes de mignon de porc panées aux fines herbes. Pintadeau fermier à l'étuvée de poireaux.

ST-AIGNAN *41110 L.-et-Ch.* 64 ⑰ *G. Châteaux de la Loire* (plan) – *3 672 h alt. 115.*

Voir *Crypte*★★ *de l'église*★ – *Zoo Parc de Beauval*★ *S : 4 km.*
Office de Tourisme (juil.-août) ✆ *02 54 75 22 85, Fax 02 54 75 22 85.*
Paris 220 – Tours 59 – Blois 39 – Châteauroux 65 – Romorantin-Lanthenay 34 – Vierzon 56.

Clos du Cher M , le Boeuf Couronné, Nord : 1 km ✉ 41140 Noyers-sur-Cher ✆ 02 54 75 00 03, *Fax 02 54 75 03 79*, , parc – TV ☎ ♿ P. AE GB. ch
fermé début janv. à mi-fév., merc. soir et jeudi d'oct. à juin – **Repas** 100/350 , enf. 60 – ☕ 60 – **10 ch** 390/580 – ½ P 395/470.

Gd H. St-Aignan, ✆ 02 54 75 18 04, *Fax 02 54 75 12 59*, ≤ – ☎ P – 25. AE GB
fermé 16 au 30 nov., 14 fév. au 8 mars, dim. soir et lundi de nov. à mars – **Repas** 87/198 ♀ – ☕ 32 – **21 ch** 120/345 – ½ P 185/300.

PEUGEOT Gar. Danger, La Croix-Michel ✆ 02 54 75 19 72

RENAULT Touraine Sologne Autom., à Seigy ✆ 02 54 75 40 18

ST-ALBAN-DE-MONTBEL *73 Savoie* 74 ⑮ – *rattaché à Aiguebelette-le-Lac.*

ST-ALBAN-LES-EAUX *42370 Loire* 73 ⑦ – *843 h alt. 410.*

Paris 386 – Roanne 12 – Lapalisse 46 – Montbrison 58 – St-Étienne 88 – Thiers 49 – Vichy 63.

St-Albanais, ✆ 04 77 65 84 23, – AE GB
fermé 1er au 15 oct., vacances de fév., mardi soir et merc. – **Repas** 95/230.

ST-ALBAN-LEYSSE *73 Savoie* 74 ⑮ – *rattaché à Chambéry.*

ST-ALBAN-SUR-LIMAGNOLE *48120 Lozère* 76 ⑮ – *1 928 h alt. 950.*

Paris 558 – Mende 40 – Le Puy-en-Velay 76 – Espalion 72 – St-Chély-d'Apcher 13 – Sévérac-le-Château 72.

Relais St-Roch, Château de la Chastre ✆ 04 66 31 55 48, *Fax 04 66 31 53 26*, – TV P. AE GB
1er avril-1er nov. – voir rest. ***Petite Maison*** ci-après – 58 – **9 ch** 590/720 ½ P 488/548.

Petite Maison, av. Mende ✆ 04 66 31 56 00, *Fax 04 66 31 53 26* – AE GB
1er avril-1er nov. – **Repas** *(fermé mardi midi hors saison et lundi sauf le soir en saison)* (88) - 128/268, enf. 68.

Gar. Brunet, ✆ 04 66 31 55 29

Une réservation confirmée par écrit ou par fax est toujours plus sûre.

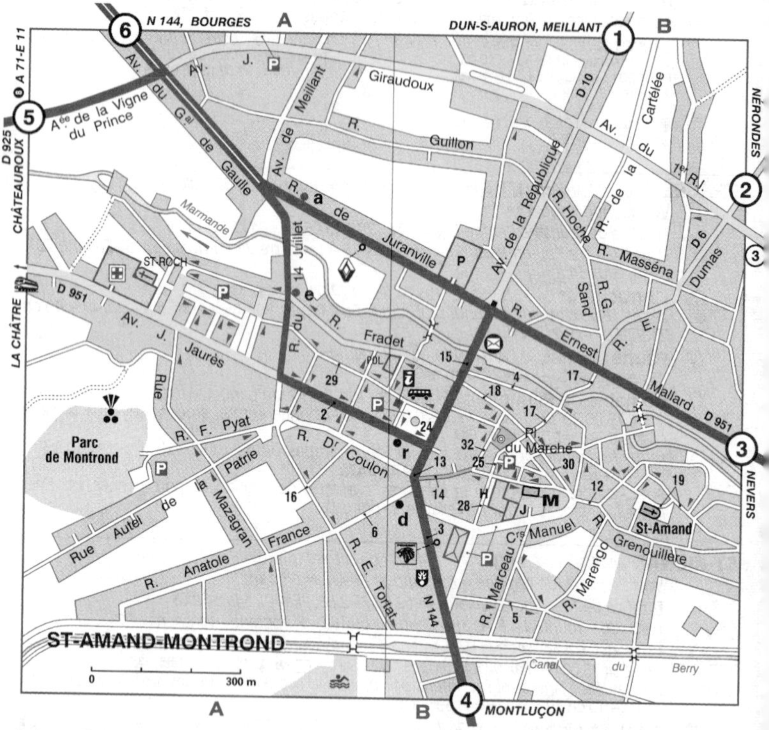

Barbusse (R. H.) .... AB 2
Mutin (Pl.) .... B 13
Mutin (R. Porte) .... B 14
Nationale (R.) .... B 15

Constant (R. B.) .... B 3
Contrescarpe (R.) .... B 4

Desaix (R.) .... B 5
Dr-Vallet (R. du) .... A 6
Hôtel-Dieu (R. de l') .... B 12
Petit-Vougan (R. du) .... A 16
Pont-Pasquet (R. du) .... B 17
Porte-de-Bourges (R.) .... B 18

Porte-Verte (R.) .... B 19
République (Pl. de la) .... B 24
Rochette (R.) .... B 25
Valette (R. J.) .... B 28
Victoires (R. des) .... AB 29
Vieilles-Prisons (R. des) .... B 30
Zola (R. Emile) .... B 32

ST-AMAND-MONTROND ⟨SP⟩ *18200 Cher* 69 ① ⑪ *G. Berry Limousin – 11 937 h alt. 160.*

Voir *Ancienne abbaye de Noirlac** 4 km par ⑥.*

Env. *Château de Meillant** 8 km par ① – Ainay-le-Vieil : château* 11 km par ④.*

Office de Tourisme (fermé dim. et fêtes) pl. République ☎ 02 48 96 16 86, Fax 02 48 96 46 64.

Paris 286 ⑤ – Bourges 44 ⑤ – Châteauroux 65 ⑤ – Montluçon 54 ④ – Moulins 78 ③ – Nevers 70 ③.

Plan page ci-contre

Relais Mercure L'Amandois M, 7 r. H. Barbusse ☎ 02 48 63 72 00, *Fax 02 48 96 77 11* – ascenseur, rest, TV ☎ & – 25. AE ⓓ GB — B r
Repas *(fermé sam. soir et dim.)* 79/120 ♀ – 38 – **27 ch** 290/330.

Noirlac M, rte Bourges par ⑥ : *2 km* ☎ 02 48 96 80 80, *Fax 02 48 96 63 88,* – TV ☎ & P – 30. AE GB
fermé 21 déc. au 3 janv. – **Repas** 95/145 ♀, enf. 45 – 38 – **43 ch** 290/330 – ½ P 275.

Croix d'Or avec ch, 28 r. 14-Juillet ☎ 02 48 96 09 41, *Fax 02 48 96 72 89* – TV ☎. AE GB — A e
fermé vend. soir de nov. à mars sauf fériés – **Repas** 98/300 ♀ – 45 – **11 ch** 170/290.

Poste avec ch, 9 r. Dr Vallet ☎ 02 48 96 27 14, *Fax 02 48 96 97 74* – TV ☎ P. AE GB
fermé dim. soir de nov. à mars sauf fêtes – **Repas** 98/240 ♀, enf. 60 – 39 – **20 ch** 185/310 – ½ P 320. — B d

Boeuf Couronné, 86 r. Juranville ☎ 02 48 96 42 72, *Fax 02 48 96 33 80* – P. GB
fermé 1er au 11 juil., 4 au 20 janv., dim. soir et lundi – **Repas** (75) - 98/145, enf. 45. — A a

à Noirlac *par ⑥ et D 35 : 4 km – ✉ 18200 St-Amand-Montrond*

Aub. Abbaye de Noirlac, ☎ 02 48 96 22 58, *Fax 02 48 96 86 63,* – GB
fermé 8 janv. au 15 fév., mardi soir d'oct. à déc. et merc. – **Repas** 95/170 ♀.

à Bruère-Allichamps *par ⑥ : 8,5 km – 609 h. alt. 170 – ✉ 18200 :*

Les Tilleuls, rte Noirlac ☎ 02 48 61 02 75, *Fax 02 48 61 08 41,* – ☎ P. GB. ch
fermé 7 au 14 oct., 21 au 31 déc., fév., dim. soir d'oct. à avril et lundi – **Repas** 110/200 ♀, enf. 60 – 38 – **10 ch** 175/240 – ½ P 220/265.

AUDI, VOLKSWAGEN Gar. Pardonnet, 69 av. du Gén.-de-Gaulle ☎ 02 48 96 27 79
CITROEN Gén. Autom. St-Amand, rte de Bourges par ⑥ ☎ 02 48 96 25 07
FORD Gar. Marembert, 94 av. Gén.-de-Gaulle ☎ 02 48 96 26 93
PEUGEOT Gar. Charbonnier, 15 r. B.-Constant ☎ 02 48 96 10 07 N ☎ 08 00 44 24 24
RENAULT Gar. Centre, 45 r. Juranville ☎ 02 48 96 05 89 N ☎ 02 48 57 54 97

Vulco, 99 av. Gén.-de-Gaulle ☎ 02 48 96 11 21

ST-AMANS-SOULT *81 Tarn* 83 ⑫ *– rattaché à Mazamet.*

ST-AMBROIX *30500 Gard* 80 ⑧ *– 3 517 h alt. 142.*

Office de Tourisme pl. de l'Ancien Temple ☎ 04 66 24 33 36, Fax 04 66 24 05 83.

Paris 682 – Alès 20 – Aubenas 55 – Mende 105.

à St-Brès *Nord : 1,5 km par D 904 – 612 h. alt. 156 – ✉ 30500 :*

Aub. St-Brès avec ch, ☎ 04 66 24 10 79, *Fax 04 66 24 38 30,* – TV ☎ P. GB
fermé 31 août au 4 sept., 4 au 11 janv., lundi midi en juil.-août, dim. soir et lundi de sept. à juin – **Repas** 95/300, enf. 50 – 40 – **9 ch** 190/320 – ½ P 275/375.

Thomas-Pneus, ☎ 04 66 24 17 91

ST AMOUR *39160 Jura* 70 ⑬ *– 2 200 h alt. 248.*

Paris 405 – Mâcon 62 – Bourg-en-Bresse 28 – Chalon-sur-Saône 67 – Lons-le-Saunier 33 – Tournus 45.

Fred et Martine, r. Bresse ☎ 03 84 48 71 95, *Fax 03 84 44 00 52* – AE GB
fermé vacances de fév., dim. soir et lundi sauf fériés – **Repas** 98/230.

Commerce, pl. Chevalerie ☎ 03 84 48 73 05, *Fax 03 84 48 86 94* – GB
fermé 15 déc. au 20 janv., dim. soir et lundi sauf juil.-août – **Repas** 86/220, enf. 60.

RENAULT Gar. Lecuelle, ☎ 03 84 48 73 52

ST-AMOUR-BELLEVUE *71570 S.-et-L.* 74 ① *– 492 h alt. 306.*

Paris 402 – Mâcon 11 – Bourg-en-Bresse 47 – Lyon 66 – Villefranche-sur-Saône 33.

Chez Jean Pierre, ☎ 03 85 37 41 26, *Fax 03 85 37 18 40,* – GB
fermé 20 déc. au 8 janv., merc. soir et jeudi – **Repas** 100/225, enf. 50.

ST-ANDIOL *13670 B.-du-R.* **84** ① *– 2 253 h alt. 55.*

Paris 693 – Avignon 18 – Aix-en-Provence 66 – Arles 37 – Marseille 82.

XX **Berger des Abeilles** avec ch, Nord : 2 km par N 7 et D 74E (rte Cabanes) *04 90 95 01 91, Fax 04 90 95 48 26,* – AE GB
fermé 2 janv. au 10 fév., dim. soir et lundi d'oct. à déc. – **Repas** 140/250, enf. 65 – 70 – **6 ch** 310/360 – ½ P 360.

ST-ANDRÉ-D'APCHON *42370 Loire* **73** ⑦ *G. Vallée du Rhône – 1 720 h alt. 417.*

Paris 382 – Roanne 11 – Lapalisse 42 – Montbrison 60 – St-Étienne 90 – Thiers 56 – Vichy 59.

XX **Lion d'Or,** *04 77 65 81 53, Fax 04 77 65 91 20* – AE GB
fermé dim. soir et lundi – **Repas** 80/195.

ST-ANDRÉ-DE-CORCY *01390 Ain* **74** ②, **110** ⑤ *– 2 547 h alt. 296.*

Paris 451 – Lyon 26 – Bourg-en-Bresse 42 – Meximieux 21 – Villefranche-sur-Saône 24.

à St-Marcel-en-Dombes *Nord : 3 km par N 83 – 786 h. alt. 265 – ✉ 01390 :*

X **Colonne,** *04 72 26 11 06* – GB
fermé 20 déc. au 20 janv., lundi soir et mardi – **Repas** 89/220 ♀.

ST-ANDRÉ-DE-CUBZAC *33240 Gironde* **71** ⑧ *– 6 341 h alt. 35.*

Office de Tourisme 141 r. Nationale 05 57 43 64 80, Fax 05 57 43 69 63.

Paris 558 – Bordeaux 26 – Angoulême 94 – Blaye 25 – Jonzac 62 – Libourne 21 – Saintes 94.

à St-Gervais *Nord-Ouest : 3,5 km par N 137 et D 151E – 1 204 h. alt. 39 – ✉ 33240 :*

XX **Au Sarment,** *05 57 43 44 73, Fax 05 57 43 90 28,* – GB
fermé 10 au 24 août, vacances de fév., dim. soir et lundi sauf fériés – **Repas** 90/200.

CITROEN Gar. Darroman, 480 rte de Bordeaux 05 57 43 06 49
FORD Gar. de l'Europe, 168 rte Nationale 05 57 43 03 95
RENAULT Gar. Carip, N 137 à Pugnac 05 57 68 80 50 N 08 00 05 15 15

ST-ANDRÉ-LES-ALPES *04170 Alpes-de-H.-P.* **81** ⑱ *G. Alpes du Sud – 794 h alt. 914.*

Office de Tourisme pl. M.-Pastorelli 04 92 89 02 39, Fax 04 92 89 19 23.

Paris 780 – Digne-les-Bains 43 – Castellane 20 – Colmars 28 – Manosque 94 – Puget-Théniers 45.

X **Aub. du Parc** avec ch, *04 92 89 00 03, Fax 04 92 89 17 38,* – GB
fermé 21 déc. au 14 fév. et dim. soir d'oct. à mai – **Repas** 86/185, enf. 45 – 36 – **12 ch** 160/280 – ½ P 240/270.

ST-ANDRÉ-LES-VERGERS *10 Aube* **61** ⑯ *– rattaché à Troyes.*

ST-ANTOINE-L'ABBAYE *38160 Isère* **77** ③ *G. Vallée du Rhône – 873 h alt. 339.*

Voir *Abbatiale*★.

Office de Tourisme Maison du Tourisme et du Patrimoine 04 76 36 44 46, Fax 04 76 36 40 49.

Paris 555 – Valence 48 – Grenoble 64 – Romans-sur-Isère 25 – St-Marcellin 12.

XX **Aub. de l'Abbaye,** Mail de l'Abbaye *04 76 36 42 83, Fax 04 76 36 46 13,* , « Maison ancienne face à l'Abbaye » – AE GB
fermé 3 au 28 janv., lundi soir et mardi – **Repas** *(72)* - 115 bc/230 ♀.

ST-AUBAN *04 Alpes-de-H.-P.* **81** ⑯ *– rattaché à Château-Arnoux.*

ST-AUBIN-SUR-MER *14750 Calvados* **55** ① *G. Normandie Cotentin – 1 526 h alt. 7.*

Office de Tourisme Digue Favereau 02 31 97 30 41, Fax 02 31 96 18 92.

Paris 250 – Caen 19 – Arromanches-les-Bains 18 – Bayeux 25 – Cabourg 32.

Clos Normand, *02 31 97 30 47, Fax 02 31 96 46 23,* ←, – AE GB
1er mars-15 nov. – **Repas** *(70)* - 100/280 ♀, enf. 58 – 38 – **31 ch** 320/380 – ½ P 335/365.

St-Aubin, *02 31 97 30 39, Fax 02 31 97 41 56,* ← – 25. AE GB
fermé janv., dim. soir et lundi d'oct. à avril sauf vacances scolaires – **Repas** 120/280 ♀, enf. 50 – 35 – **24 ch** 330 – ½ P 280/330.

ST-AULAIRE *19 Corrèze* **75** ⑧ *– rattaché à Objat.*

ST-AUNÈS *34130 Hérault* 83 ⑦ *– 2 027 h alt. 32.*

Paris 749 – Montpellier 12 – Lunel 17 – Nîmes 45.

Cetus Ⓜ, N 113 ✆ 04 67 70 38 40, *Fax 04 67 87 38 04,* – 35. AE GB. rest

Repas *(fermé dim. midi et sam.)* 65/180 – 40 – **50 ch** 320/410 – ½ P 330.

ST-AUVENT *87310 H.-Vienne* 72 ⑯ *– 817 h alt. 300.*

Paris 421 – Limoges 32 – Chalûs 21 – Rochechouart 10 – St-Junien 14.

Aub. Vallée de la Gorre, ✆ 05 55 00 01 27, *Fax 05 55 00 01 27* – . GB

fermé 1er au 10 sept., dim. soir et lundi midi – **Repas** 70/220.

ST-AVÉ *56 Morbihan* 63 ③ *– rattaché à Vannes.*

ST-AVOLD *57500 Moselle* 57 ⑮ *G. Alsace Lorraine – 16 533 h alt. 260.*

Voir *Groupe sculpté★ dans l'église St-Nabor.*

Env. *Mine-image★ de Freyming-Merlebach NE : 10 km.*

Faulquemont ✆ 03 87 29 21 21, SO : 16 km par D 20.

Office de Tourisme à la Mairie ✆ 03 87 91 30 19.

Paris 371 – Metz 43 – Haguenau 114 – Lunéville 74 – Nancy 72 – Saarbrücken 31 – Sarreguemines 28 – Strasbourg 125 – Thionville 68 – Trier 95.

Europe, 7 r. Altmayer ✆ 03 87 92 00 33, *Fax 03 87 92 01 23,* – 25. AE GB

Repas *(fermé 3 au 16 août, sam. midi et dim. soir)* 140/310 – 45 – **34 ch** 280/310 – ½ P 255.

Neptune, à la piscine ✆ 03 87 92 27 90, *Fax 03 87 92 38 10* – GB.

fermé juil., août, lundi et le soir sauf sam. – **Repas** (75) - 120/320 et carte 220 à 360.

au Nord *2,5 km sur N 33 (près échangeur A 4) – ✉ 57500 St-Avold :*

Novotel Ⓜ, ✆ 03 87 92 25 93, *Fax 03 87 92 02 47,* , « A l'orée de la forêt », , – , rest, – 25 à 150. AE GB

Repas carte environ 170, enf. 50 – 55 – **61 ch** 450/480.

au Nord-Ouest *par D 72 et D 25D : 5 km – ✉ 57740 Longeville-lès-St-Avold :*

Moulin d'Ambach, ✆ 03 87 92 18 40, *Fax 03 87 29 08 68,* – . AE GB

fermé 13 au 27 juil., vacances de fév., dim. soir et lundi – **Repas** 130/280, enf. 55.

CITROEN Gar. Rein, 65 r. Gén.-Mangin ✆ 03 87 29 24 24
FORD Gar. Schwaller, r. du 27 Novembre ✆ 03 87 29 27 27
PEUGEOT Derr St-Avold Auto, N 3 ZI Longeville ✆ 03 87 29 20 50
RENAULT Moselle Autom., 67 av. Patton ✆ 03 87 91 83 83 N ✆ 03 87 23 44 42
Leclerc-Pneu, 10 r. Mar.-Foch ✆ 03 87 92 24 68

ST-AY *45130 Loiret* 64 ⑧ *– 2 978 h alt. 100.*

Paris 138 – Orléans 13 – Beaugency 14 – Blois 47.

Grande Tour, N 152 ✆ 02 38 88 83 70, *Fax 02 38 80 68 05,* , – . AE GB

fermé dim. soir et lundi – **Repas** 100/290 et carte 230 à 350, enf. 65.

ST-AYGULF *83370 Var* 84 ⑱, 114 ㊳, 115 ㉝ *G. Côte d'Azur – alt. 15.*

Office de Tourisme pl. Poste ✆ 04 94 81 22 09, Fax 04 94 81 23 04.

Paris 875 – Fréjus 6 – Brignoles 69 – Draguignan 33 – St-Raphaël 8 – Ste-Maxime 15.

Catalogne sans rest, ✆ 04 94 81 01 44, *Fax 04 94 81 32 42,* , – . AE GB.

Pâques-oct. – 48 – **32 ch** 350/520.

ST-BEAUZEIL *82150 T.-et-G.* 79 ⑯ *– 120 h alt. 181.*

Paris 620 – Agen 34 – Cahors 57 – Montauban 64 – Villeneuve-sur-Lot 25.

Château de l'Hoste , rte Agen (D 656) ✆ 05 63 95 25 61, *Fax 05 63 95 25 50,* , parc, – – 40. GB

fermé 26 oct. au 14 nov., vacances de fév., dim. soir et lundi d'oct. à avril – **Repas** 115/160, enf. 60 – 40 – **32 ch** 210/260 – ½ P 280.

The Guide changes, so renew your Guide every year.

ST-BENOIT *01300 Ain* 74 ⑭ *– 488 h alt. 230.*

Paris 499 – Belley 19 – Bourg-en-Bresse 73 – Lyon 71 – La Tour-du-Pin 25 – Vienne 69 – Voiron 42.

X **Billiemaz,** au pont d'Evieu, Sud-Ouest : 2,5 km ✆ 04 74 39 72 56 – P. AE O GB
fermé 30 juin au 9 juil., 24 sept. au 8 oct., mardi soir et merc. – **Repas** 68/220 ♀.

PEUGEOT Gar. Personéni, ✆ 04 74 39 72 59 N ✆ 04 74 39 72 59

ST-BENOIT *86 Vienne* 68 ⑬ ⑭ *– rattaché à Poitiers.*

ST-BENOIT-SUR-LOIRE *45730 Loiret* 64 ⑩ *G. Châteaux de la Loire – 1 880 h alt. 126.*

Voir *Basilique★★.*

Env. *Germigny-des-Prés : mosaïque★★ de l'église★ NO : 6 km – Châteauneuf-sur-Loire : mausolée★ dans l'église St-Martial NO : 10 km.*

Office de Tourisme 44, r. Orléanaise ✆ 02 38 35 79 00.

Paris 141 – Orléans 40 – Bourges 92 – Châteauneuf-sur-Loire 10 – Gien 32 – Montargis 43.

Labrador sans rest, ✆ 02 38 35 74 38, *Fax 02 38 35 72 99,* – TV ☎ ♿ P – 50. AE GB
fermé 24 au 31 août et 20 déc. au 15 janv. – 40 – **44 ch** 160/355.

ST-BERTRAND-DE-COMMINGES *31510 H.-Gar.* 85 ⑳ *G. Pyrénées Aquitaine – 217 h alt. 581.*

Voir *Site★★ – Cathédrale Ste-Marie-de-Comminges★ : cloître★★, boiseriess★★ et trésor★ – Basilique Saint-Just★ de Valcabrère (chevet★) NE : 2 km.*

Paris 801 – Bagnères-de-Luchon 32 – Lannemezan 26 – St-Gaudens 17 – Tarbes 59 – Toulouse 109.

Comminges, face Cathédrale ✆ 05 61 88 31 43, *Fax 05 61 94 98 22,* , – ☎ P. GB
fermé 15 nov. au 15 déc. et mardi – **Repas** 80/125 ♀, enf. 45 – 30 – **14 ch** 230/350 – ½ P 198/285.

à Aveux *(H.-Pyr.) Sud : 4 km par D 26A et D 925 – 49 h. alt. 587 – ✉ 65370 :*

X **Moulin d'Aveux** avec ch, ✆ 05 62 99 20 68, *Fax 05 62 99 22 27,* , – ☎ P. GB
fermé 11 nov. à début déc. et lundi d'oct. au 15 mai – **Repas** 65 bc/225 ♀, enf. 35 – 25 – **10 ch** 225/250 – ½ P 210.

à Gaudent *Sud : 6 km par D 26A et D 925 – 34 h. alt. 514 – ✉ 65370 :*

X **Chapelle d'Albret** avec ch, ✆ 05 62 99 21 13, *Fax 05 62 99 23 69,* – TV P. GB
Repas *(fermé lundi) (70)* - 85/150 , enf. 50 – 25 – **4 ch** 220/250 – ½ P 210/230.

ST-BOIL *71390 S.-et-L.* 70 ⑪ *– 377 h alt. 240.*

Paris 357 – Chalon-sur-Saône 22 – Cluny 28 – Montceau-les-Mines 35 – Mâcon 51.

XX **Aub. du Cheval Blanc** M avec ch, ✆ 03 85 44 03 16, *Fax 03 85 44 07 25,* , , – TV ☎ ♿ P. GB.
fermé 15 fév. au 15 mars et merc. – **Repas** 95/220 – 58 – **11 ch** 360/450 – ½ P 450/480.

ST-BONNET-EN-CHAMPSAUR *05500 H.-Alpes* 77 ⑯ *G. Alpes du Sud – 1 371 h alt. 1025.*

Env. *≤★★ du col du Noyer O : 13,5 km.*

Office de Tourisme pl. Grenette ✆ 04 92 50 02 57.

Paris 655 – Gap 15 – Grenoble 91 – La Mure 51.

Crémaillère , ✆ 04 92 50 00 60, *Fax 04 92 50 01 57,* ≤, , – TV ☎ P. GB. rest
Pâques-1er nov. et vacances de fév. – **Repas** 100/190, enf. 55 – 35 – **21 ch** 250/330 – ½ P 270/295.

PEUGEOT Champsaur Autos, ✆ 04 92 50 52 33
RENAULT Gar. Piot, à La Fare-en-Champsaur ✆ 04 92 50 53 80 N ✆ 04 92 50 53 80
Gar. Central, ✆ 04 92 50 52 52

ST-BONNET-LE-CHÂTEAU *42380 Loire* 76 ⑦ *G. Vallée du Rhône – 1 687 h alt. 870.*

Voir *Chevet de la collégiale ≤★ – Chemin des Murailles★.*

Syndicat d'Initiative (juin-sept., week-ends et vacances scolaires) pl. de la République ✆ 04 77 50 52 48, Fax 04 77 50 52 49.

Paris 533 – St-Étienne 34 – Ambert 48 – Montbrison 32 – Le Puy-en-Velay 66.

Béfranc , 7 rte d'Augel ✆ 04 77 50 54 54, *Fax 04 77 50 73 17,* – TV ☎ ♿ P. GB
fermé 4 au 19 janv., dim. soir et lundi d'oct. à mai – **Repas** 75 (déj.), 95/165 , enf. 25 – 30 – **17 ch** 230/250 – ½ P 195.

X **Calèche,** 7 r. F. Valette ✆ 04 77 50 15 58 – GB
fermé fév., mardi soir et merc. – **Repas** 80/240, enf. 50.

ST-BONNET-LE-FROID *43290 H.-Loire 76 ⑨ – 180 h alt. 1126.*

Paris 558 – Le Puy-en-Velay 57 – Valence 70 – Aubenas 92 – Annonay 26 – St-Étienne 52 – Tournon-sur-Rhône 50 – Yssingeaux 31.

XXX ✿✿ **Aub. des Cimes** (Marcon) M avec ch, ☎ 04 71 59 93 72, *Fax 04 71 59 93 40*, ←, – rest, TV ☎ ♿ P. AE ◑ GB
Pâques-15 nov. et fermé lundi soir et mardi – **Repas** 160/580 et carte 310 à 440 ♀ – ☐ 100 – **12 ch** 620/800
Spéc. Ragoût de lentilles vertes du Puy à l'oeuf de caille fumé. Agneau noir du Velay cuit en croûte de foin. Menu "champignons" (printemps et automne). **Vins** Crozes-Hermitage blanc et rouge.

XX **André Chatelard**, ☎ 04 71 59 96 09, *Fax 04 71 59 98 75*, – GB
fermé vacances de fév., mardi de déc. à mars, dim. soir d'avril à nov. et lundi – **Repas** 95/350 ♀, enf. 60.

ST-BRÈS *30 Gard 80 ⑧ – rattaché à St-Ambroix.*

ST-BRÉVIN-LES-PINS *44250 Loire-Atl. 67 ① G. Poitou Vendée Charentes – 8 688 h alt. 9 – Casino à St-Brévin-l'Océan.*

Voir *Pont routier St-Nazaire-St-Brévin*★, **G. Bretagne.**

Pont de St-Nazaire : Passage gratuit.

Office de Tourisme 10 r. Église ☎ 02 40 27 24 32, Fax 02 40 39 10 34 et (saison) Bureau de l'Océan.

Paris 442 – Nantes 57 – Challans 63 – Noirmoutier-en-l'Ile 78 – Pornic 19 – St-Nazaire 15.

Estuaire sans rest, parc d'activités de la Guerche, Sud-Est : 1 km ☎ 02 40 27 39 40, *Fax 02 40 64 40 98* – ☎ ♿ P – 25. GB
fermé 20 déc. au 5 janv. – ☐ 40 – **25 ch** 250/300.

à Mindin *Nord : 3 km – ✉ 44250 St-Brévin-les-Pins :*

XX **Débarcadère** avec ch, pl. Marine ☎ 02 40 27 20 53, *Fax 02 40 27 23 69*, – ☎ P. AE GB
fermé 1er déc. au 15 janv. – **Repas** *(fermé dim. soir et sam. de sept. à mai)* (65) - 100/230 ♀, enf. 60 – ☐ 35 – **14 ch** 270/340 – ½ P 360/400.

RENAULT Gar. Clisson, Parc d'Activité de la Guerche ☎ 02 40 27 20 07

ST-BRIAC-SUR-MER *35800 I.-et-V 59 ⑤ – 1 825 h alt. 30.*

Office de Tourisme 49 Grande Rue ☎ 02 99 88 32 47.

Paris 423 – St-Malo 15 – Dinan 23 – Dol-de-Bretagne 33 – Lamballe 40 – St-Brieuc 60 – St-Cast-le-Guildo 21.

Golf M, bd Houle ☎ 02 99 88 30 30, *Fax 02 99 88 07 87*, – TV ☎ ♿ P – 50. AE GB
Repas 78 (déj.), 98/149 ♀ – ☐ 45 – **40 ch** 350/500 – ½ P 330/355.

à Lancieux *Sud-Ouest : 2 km par D 786 – ✉ 22770 :*

Bains M sans rest, 20 r. Poncel ☎ 02 96 86 31 33, *Fax 02 96 86 22 85*, – cuisinette TV ☎ ♿ P. AE GB
fermé janv. – ☐ 38 – **12 ch** 360/500.

ST-BRICE-EN-COGLÈS *35460 I.-et-V. 59 ⑱ – 2 484 h alt. 105.*

Paris 337 – St-Malo 64 – Avranches 34 – Fougères 16 – Rennes 46.

Lion d'Or, r. Chateaubriant ☎ 02 99 98 61 44, *Fax 02 99 97 85 66*, – TV ☎ ♿ P – 25. GB
Repas *(fermé dim. soir de sept. à juin)* 75/190 ♀, enf. 45 – ☐ 33 – **24 ch** 190/285 – ½ P 220.

ST-BRIEUC P *22000 C.-d'Armor 59 ③ G. Bretagne – 44 752 h alt. 78.*

Voir *Cathédrale St-Étienne*★ **AY** – *Tertre Aubé* ←★ **BV.**

Env. *Pointe du Roselier*★ *NO : 8,5 km par D 24* **BV.**

de la Crinière ☎ 02 96 32 72 60 aux Ponts-neufs, par ② : 15 km.

de St-Brieuc-Armor : ☎ 02 96 94 95 00, 10 km par ①.

Office de Tourisme 7 r. St-Gouéno ☎ 02 96 33 32 50, Fax 02 96 61 42 16 – Automobile Club 6 pl. Duguesclin ☎ 02 96 33 16 20.

Paris 450 ② – Brest 143 ① – Caen 229 ② – Cherbourg 254 ② – Dinan 59 ② – Lorient 114 ③ – Morlaix 83 ① – Quimper 128 ③ – Rennes 100 ② – St-Malo 72 ②.

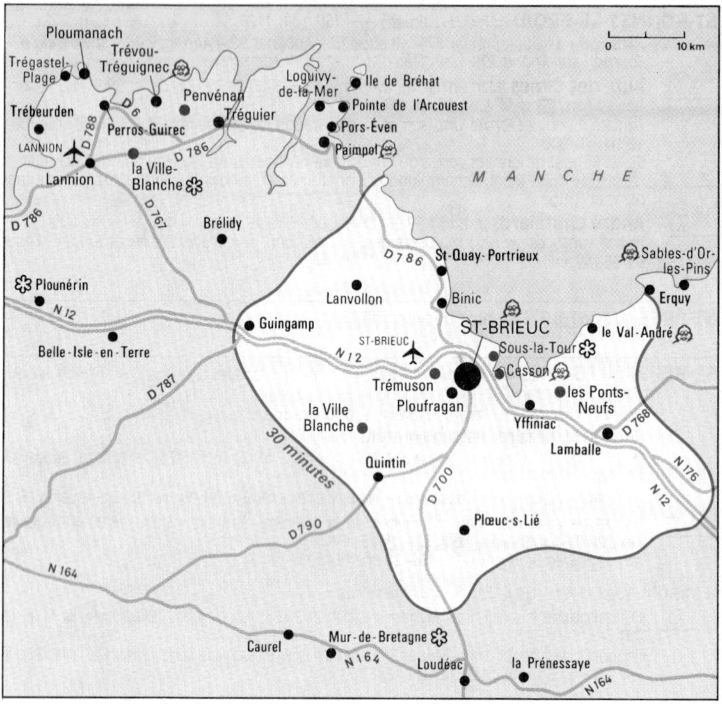

de Clisson sans rest, 36 r. Gouët ☎ 02 96 62 19 29, *Fax 02 96 61 06 95* – P. AE GB. AY e
38 – **24 ch** 270/430.

Champ de Mars M sans rest, 13 r. Gén. Leclerc ☎ 02 96 33 60 99, *Fax 02 96 33 60 05* – GB BZ s
fermé 23 déc. au 4 janv. – 38 – **21 ch** 250/300.

Quai des Etoiles M sans rest, 51 r. Gare ☎ 02 96 78 69 96, *Fax 02 96 78 69 90* – P. AE GB AZ e
42 – **41 ch** 255/305.

Ker Izel sans rest, 20 r. Gouët ☎ 02 96 33 46 29, *Fax 02 96 61 86 12* – GB. AY a
37 – **22 ch** 220/310.

XXX **Aux Pesked,** 59 r. Légué ☎ 02 96 33 34 65, *Fax 02 96 33 65 38,* ← – P. AE GB JCB
fermé 15 au 25 juin, 24 déc. au 15 janv., dim. soir et lundi – **Repas** - produits de la mer - 115/495 bc et carte 220 à 290 ♀. AV a

XX **Amadeus,** 22 r. Gouët ☎ 02 96 33 92 44, *Fax 02 96 61 42 05* – GB AY b
fermé 23 août au 8 sept., lundi midi et dim. – **Repas** 95 (dîner), 115/240 ♀.

à Sous-la-Tour *Nord-Est : 3 km par Port Légué et D 24* **BV** – ✉ *22190 Plérin :*

XX **Vieille Tour** (Hellio), 75 r. de la Tour ☎ 02 96 33 10 30, *Fax 02 96 33 10 30* – AE GB
✿ *fermé 1er au 10 sept., vacances de fév., dim. soir et lundi* – **Repas** (nombre de couverts limité, prévenir) 150 bc/300 ♀, enf. 100
Spéc. Saint-Jacques aux noix fraîches et citron vert (nov. à avril). Homard breton grillé servi en deux temps. Saint-Pierre rôti, tarte de pommes de terre.

à Cesson *Est : 3 km par r. Genève* **BV** – ✉ *22000 :*

XXX **Croix Blanche,** 61 r. Genève ☎ 02 96 33 16 97, *Fax 02 96 62 03 50,* – P. AE GB
fermé 3 au 20 août, 1er au 15 fév., dim. soir et lundi – **Repas** 98/300 et carte 240 à 300 ♀.

XX **Quatre Saisons,** 61 chemin Courses ☎ 02 96 33 20 38, *Fax 02 96 33 77 38,* – GB
fermé 9 au 24 mars, 28 sept. au 12 oct., sam. midi, dim. soir et lundi soir – **Repas** 98/360 ♀.

ST-BRIEUC

Chapitre (R. du) . . . . . . AZ 4
Charbonnerie (R.) . . . . AY 5
Glais-Bizoin (R.) . . . . . ABY 20
Jouallan (R.) . . . . AY 26
St-Gilles (R.) . . . . AY 43
St-Guillaume (R.) . . . . . BZ 46

Abbé-Garnier (R.) . . . . . . AX 2
Armor (Av. d') . . . . BZ 3
Corderie (R. de la) . . . . . AX 13
Ferry (R. Jules) . . . . AX 16
Gambetta (Bd) . . . . AV 17
Gaulle (Pl. Gén.-de) . . . . AY 18
Hérault (Bd) . . . . AV 23
Le Gorrec (R.P.) . . . . AZ 28
Libération (Av. de la) . . . BZ 29

Lycéens-Martyrs (R.) . . . AZ 32
Martray (Pl. du) . . . . AY 33
Quinquaine (R.) . . . . AY 38
Résistance (Pl. de la) . . . AYZ 39
Rohan (R. de) . . . . AYZ 40
St-Gouéno (R.) . . . . AY 44
Victor-Hugo (R.) . . . . BX 50
3-Frères-Le Goff (R.) . . . AY 52
3-Frères-Merlin (R.) . . . . AY 53

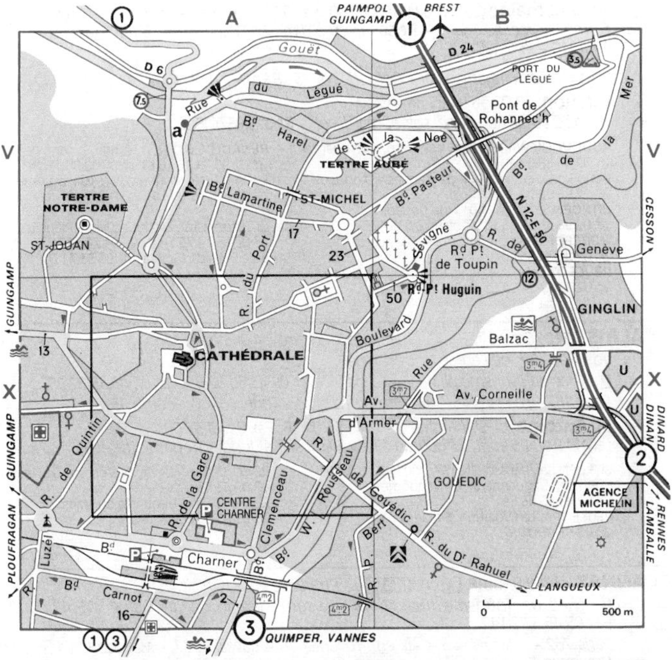

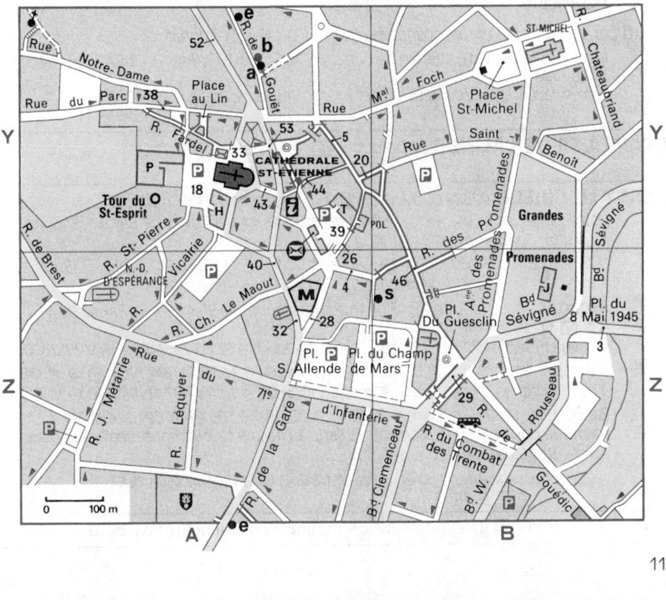

à Yffiniac *par ② : 8 km – 3 510 h. alt. 10 – ✉ 22120 :*

Ibis, aire de repos N 12 ✆ 02 96 72 64 10, *Fax 02 96 72 71 55* – ▮ ⇹ TV ☎ ✆ ♿ P – 🏛 50. AE GB. ⛌ rest
Repas *(75)* - 95 ♨, enf. 39 – ☕ 37 – **42 ch** 348.

à Ploufragan *Sud-Ouest : 5 km par r. Luzel* **AX** – *10 583 h. alt. 139 – ✉ 22440 :*

Beaucemaine ⛰, ✆ 02 96 78 05 60, *Fax 02 96 78 08 33* – ☎ P. GB. ⛌ rest
fermé 21 déc. au 5 janv. – **Repas** *(fermé dim. soir)* (dîner seul.) 65/105 ♨ – ☕ 25 – **25 ch** 145/270 – ½ P 180/220.

à Trémuson *rte de Guingamap par r. Corderie* **AX** *13 : 8 km – 1 482 h. alt. 141 – ✉ 22440 :*

Buchon, ✆ 02 96 94 85 84 – GB
fermé 2 au 17 nov., lundi soir et mardi soir – **Repas** 85/315 ♀.

AUDI, VOLKSWAGEN Sélection Auto, 14 r. Chaptal ✆ 02 96 68 22 10
BMW Rosé Autom., 14 r. des Landes à Langueux ✆ 02 96 52 54 57
CITROEN S.A.V.R.A., 101 r. du Gouedic ✆ 02 96 68 15 15 N ✆ 02 96 68 15 17
MERCEDES Hamon Autom., 1 r. Gay Lussac ✆ 02 96 33 33 45
PEUGEOT Laine St-Brieuc, 65 r. Chaptal, ZI par ② ✆ 02 96 62 24 24 N ✆ 06 08 91 22 86
RENAULT S.B.D.A., r. Monge, ZI par r. de Gouédic ✆ 02 96 68 16 16 N ✆ 08 00 05 15 15
RENAULT Gar. Monfort, 28 r. Vallée à Plérin par ① ✆ 02 96 74 52 61

Ⓖ Euromaster, ZAC r. Lecuyer à Plérin par ① ✆ 02 96 74 70 56 N ✆ 04 76 29 55 49
Vulco, 6 r. de Paris ✆ 02 96 33 71 50

ST-CALAIS *72120 Sarthe* 64 ⑤ *G. Châteaux de la Loire – 4 063 h alt. 155.*

Voir *Façade★ de l'église Notre-Dame.*
Office de Tourisme pl. de l'Hôtel de Ville ✆ 02 43 35 82 95, Fax 02 43 35 82 95.
Paris 187 – Le Mans 45 – La Ferté-Bernard 33 – Tours 65 – Vendôme 33.

St-Antoine, pl. St-Antoine ✆ 02 43 35 01 56, *Fax 02 43 35 00 01* – GB
fermé 9 au 26 août, 23 déc. au 2 janv., dim. soir et lundi – **Repas** 60 (déj.), 98/160 ♨.

CITROEN Gar. Parisse, RN 157 ✆ 02 43 35 01 26
FORD Gar. Daguenet, av. de Vendôme ✆ 02 43 35 03 59
PEUGEOT Auto Évolution, 5 r. de l'Image ✆ 02 43 35 01 52
RENAULT Gar. Ribault, av. Gén.-de-Gaulle ✆ 02 43 35 00 98
RENAULT Gar. Poitou, rte du Mans ✆ 02 43 35 00 46

ST-CANNAT *13760 B.-du-R.* 84 ②, 114 ⑭ *G. Provence – 3 918 h alt. 216.*

Office de Tourisme (matin hors saison) Plateau de la Pile ✆ 04 42 57 20 12, Fax 05 45 57 20 12.
Paris 732 – Marseille 46 – Aix-en-Provence 16 – Cavaillon 37 – Manosque 61 – Salon-de-Provence 18.

au Sud *par rte d'Éguilles et rte secondaire : 2 km – ✉ 13760 St-Cannat :*

Mas de Fauchon, chemin de Berre ✆ 04 42 50 61 77, *Fax 04 42 57 22 56*, ⛱, ⛱, ⛱ – P. AE GB
fermé vacances de fév., dim. soir et lundi – **Repas** 130 (déj.), 150/245.

ST-CAPRAISE-DE-LALINDE *24 Dordogne* 75 ⑮ – *rattaché à Lalinde.*

ST-CAST-LE-GUILDO *22380 C.-d'Armor* 59 ⑤ *G. Bretagne – 3 093 h alt. 52.*

Voir *Pointe de St-Cast ≤★★ – Pointe de la Garde ≤★★ – Pointe de Bay ≤★ S : 5 km.*
18 *de Pen Guen ✆ 02 96 41 91 20, S : 4 km.*
Office de Tourisme pl. Gén.-de-Gaulle ✆ 02 96 41 81 52, Fax 02 96 41 76 19.
Paris 432 – St-Malo 32 – Avranches 91 – Dinan 34 – St-Brieuc 49.

Arcades M, 15 r. Duc d'Aiguillon (rue piétonne) ✆ 02 96 41 80 50, *Fax 02 96 41 77 34*, ⛱ – ▮ TV ☎. AE ⓓ GB
1er avril-15 sept. – **Repas** 78/158 ♀, enf. 39 – ☕ 40 – **32 ch** 295/480 – ½ P 295/390.

Dunes, r. Primauguet ✆ 02 96 41 80 31, *Fax 02 96 41 85 34*, ⛱, ⛌ – TV ☎ P. GB. ⛌
1er avril-4 oct. et 24 oct.-3 nov. – **Repas** 110/380 ♀ – ☕ 40 – **27 ch** 345/400 – ½ P 360/380.

Biniou, rte Dinard : 1,5 km ✆ 02 96 41 94 53, *Fax 02 96 41 65 09*, ≤ – P. GB
fermé 20 nov. au 15 fév., mardi du 15 sept. au 15 juin sauf vacances scolaires et lundi soir en hiver – **Repas** *(75)* - 95/240 ♀, enf. 50.

PEUGEOT Gar. les Mielles, 13 bd Vieux Ville ✆ 02 96 41 86 67 N ✆ 02 96 41 86 67

ST-CÉRÉ *46400 Lot* 75 ⑲ ⑳ *G. Périgord Quercy* **(plan)** – *3 760 h alt. 152.*

Voir *Site★ – Tapisseries de Jean Lurçat★ au casino – Atelier-musée Jean Lurçat★ – Château de Montal★★ O : 3 km.*

Env. *Cirque d'Autoire★ : ≤★★ par Autoire (site★) O : 8 km.*

Golf Club de Montal à St-Jean l'Espinasse ☎ 05 65 10 83 09.

Office de Tourisme pl. République ☎ 05 65 38 11 85, Fax 05 65 38 38 71.

Paris 535 – Brive-la-Gaillarde 53 – Aurillac 65 – Cahors 80 – Figeac 40 – Tulle 58.

Trois Soleils de Montal M, rte de Gramat, Ouest : 2 km par D 673 ☎ 05 65 38 20 61, *Fax 05 65 38 30 66,* ≤, – 50. GB. rest
Repas *(fermé janv., dim. soir et lundi d'oct. à mars)* 130/320 – ☐ 50 – **28 ch** 380/550 – ½ P 480.

France, av. F. de Maynard ☎ 05 65 38 02 16, *Fax 05 65 38 02 98,* – . GB. rest
hôtel : Pâques-10 nov. ; rest. : Pâques-20 oct. – **Repas** *(75)* - 120/250 ♀, enf. 60 – ☐ 45 – **18 ch** 340/400 – ½ P 340/380.

Coq Arlequin sans rest, av. Dr Roux ☎ 05 65 38 02 13, *Fax 05 65 38 37 27* – . GB
☐ 48 – **18 ch** 250/480.

du Touring sans rest, pl. République ☎ 05 65 38 30 08, *Fax 05 65 38 18 67* – . GB
fermé 25 oct. au 15 nov. – ☐ 30 – **28 ch** 260/310.

Ric avec ch, rte Leyme par D 48 : 2 km ☎ 05 65 38 04 08, *Fax 05 65 38 00 14,* ≤ plateau du Quercy, – . GB
fermé janv. à début mars, lundi hors saison et sam. midi – **Repas** (nombre de couverts limité, prévenir) 110 (déj.), 165/350 et carte 260 à 330 – ☐ 45 – **5 ch** 400 – ½ P 400.

MERCEDES, AUDI, VOLKSWAGEN, Gar. Payrot, 401 av. Anatole de Monzie ☎ 05 65 38 01 07

Meublat, rte de Monteil ☎ 05 65 38 16 54

ST-CERGUES *74140 H.-Savoie* 70 ⑯ ⑰ – *2 337 h alt. 615.*

Paris 548 – Thonon-les-Bains 21 – Annecy 54 – Annemasse 9 – Bonneville 24 – Genève 18.

France avec ch, ☎ 04 50 43 50 32, *Fax 04 50 94 66 45,* – – 25. GB
fermé 27 mars au 20 avril, 16 oct. au 2 nov., dim. soir et lundi sauf du 5 juil. au 22 août – **Repas** 98/240, enf. 60 – ☐ 40 – **21 ch** 140/290 – ½ P 200/265.

ST-CÉZAIRE-SUR-SIAGNE *06780 Alpes-Mar.* 84 ⑧, 114 ⑫ *G. Côte d'Azur* – *2 182 h alt. 475.*

Voir *Site★ – Point de vue★ – Grottes de St-Cézaire★ NE : 4 km.*

Office de Tourisme 1 bd Courmes ☎ 04 93 60 84 30, Fax 04 93 60 84 40.

Paris 907 – Cannes 32 – Castellane 62 – Draguignan 57 – Grasse 16 – Nice 56.

Aub. Puits d'Amon, ☎ 04 93 60 28 50, *Fax 04 93 24 41 79* – . GB
fermé 21 janv. au 12 fév., mardi soir et jeudi sauf juil.-août – **Repas** 105/210 ♀, enf. 75.

ST-CHAMAS *13250 B.-du-R.* 84 ① *G. Provence* – *5 396 h alt. 15.*

Office de Tourisme Montée des Pénitents ☎ 04 90 50 90 54, Fax 04 90 50 90 10.

Paris 735 – Marseille 50 – Arles 42 – Martigues 25 – St-Rémy-de-Provence 38 – Salon-de-Provence 16.

Rabelais, 10 r. A. Fabre ☎ 04 90 50 84 40, *Fax 04 90 50 78 49,* , « Salle voûtée » – . AE GB
fermé 16 au 31 août, vacances de fév., sam. midi et dim. soir – **Repas** 110/270.

ST-CHAMOND *42400 Loire* 73 ⑲ *G. Vallée du Rhône* – *38 878 h alt. 388.*

Paris 507 ① – St-Étienne 11 ③ – Feurs 50 ③ – Lyon 49 ① – Montbrison 52 ③ – Vienne 38 ①.

Plan page suivante

Ambassadeurs, 28 av. Libération ☎ 04 77 22 85 80, *Fax 04 77 31 96 95* – . AE GB BZ a
hôtel : fermé 1er au 10 août ; rest. : fermé 1er au 9 mai, 1er au 23 août, vend. soir et sam. – **Repas** *(69)* - 80/280 ♀, enf. 50 – ☐ 30 – **19 ch** 120/320 – ½ P 220/260.

L'Arbre du Voyageur, 27 av. Libération ☎ 04 77 22 00 15, *Fax 04 77 22 06 01* – AE GB
fermé 1er au 15 août – **Repas** *(fermé dim. soir) (49)* - 59/220. BZ e

à l'Horme *par ② : 3 km – 4 689 h. alt. 320 – ✉ 42152 :*

Vulcain sans rest, ☎ 04 77 22 17 11, *Fax 04 77 29 07 95,* – . AE GB
☐ 35 – **30 ch** 220/352.

PEUGEOT I.C.A.R. Vallée du Gier, Sortie autoroute St-Julien par ② ☎ 04 77 31 42 42

RENAULT Fonsala Autom., bd Fonsala par ② ☎ 04 77 22 22 98

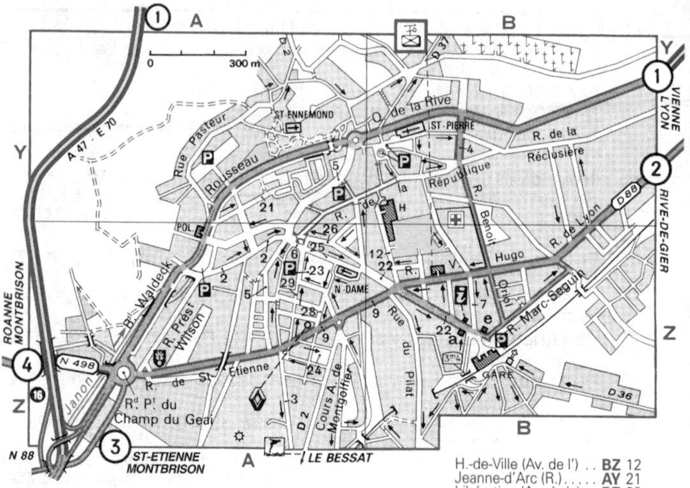

ST-CHAMOND

La guida cambia, cambiate la guida ogni anno.

ST-CHARTIER *36 Indre* 68 ⑲ *– rattaché à La Châtre.*

ST-CHÉLY-D'APCHER *48200 Lozère* 76 ⑮ *– 4 570 h alt. 1000.*

Office de Tourisme pl. 19-Mars-1962 ☏ 04 66 31 03 67, Fax 04 66 31 30 30.

Paris 545 – Aurillac 109 – Mende 46 – Le Puy-en-Velay 86 – Rodez 112 – St-Flour 34.

Portes d'Apcher Ⓜ, Nord : 1,5 km sur N 9 ☏ 04 66 31 00 46, *Fax 04 66 31 28 85*, ≤, – TV ☎ ♿ P. GB.
fermé 23 déc. au 3 janv. – **Repas** 80/200 , enf. 46 – 30 – **16 ch** 260 – ½ P 245.

à La Garde *Nord : 9 km par N 9 – ✉ 48200 Albaret-Ste-Marie :*

Rocher Blanc, ☏ 04 66 31 90 09, *Fax 04 66 31 93 67*, , , – ▤ rest, TV ☎ P. GB
15 avril-31 oct. – **Repas** *(fermé dim. soir et lundi sauf du 15 juil. au 31 août)* 88 (dîner), 95/210 – 42 – **21 ch** 270/380 – ½ P 300/320.

Terrisson Pneus, Croix des Anglais, N 9 ☏ 04 66 31 23 93

ST-CHÉLY-D'AUBRAC *12470 Aveyron* 80 ③ ④ *– 547 h alt. 700 – Sports d'hiver à Brameloup : 1 200/1 390 m 9 .*

Syndicat d'Initiative Mairie ☏ 05 65 44 21 15, Fax 05 65 44 20 01.

Paris 594 – Rodez 50 – Espalion 20 – Mende 74 – St-Flour 72 – Sévérac-le-Château 61.

Voyageurs (annexe), ☏ 05 65 44 27 05, *Fax 05 65 44 21 67* – ☎ . GB. ch
4 avril-30 sept. – **Repas** *(fermé sam. midi sauf juil.-août et week-ends fériés)* 92/180 ♀, enf. 65 – 39 – **14 ch** 265/285 – ½ P 270/280.

ST-CHÉRON *91530 Essonne* 60 ⑩ *– 4 082 h alt. 100.*

Paris 42 – Fontainebleau 62 – Chartres 53 – Dourdan 10 – Étampes 18 – Orléans 88 – Rambouillet 28 – Versailles 38.

à St-Évroult *Sud : 1,5 km par V 6 – ✉ 91530 St-Chéron :*

XX **Aub. de la Cressonnière,** ☏ 01 64 56 60 55, *Fax 01 64 56 56 37*, , « Jardin fleuri » – GB
fermé 1er au 15 sept., 5 au 15 janv., dim. soir et lundi sauf fériés – **Repas** 110/200.

RENAULT P.O.G. Auto, r. P.-Payenneville ☏ 01 64 56 50 42

ST-CHRISTAU *64 Pyr.-Atl.* 85 ⑥ *– voir à Lurbe-St-Christau.*

ST-CIERS-DE-CANESSE *33710 Gironde* 71 ⑧ – *713 h alt. 40.*

Env. *Citadelle de Blaye*★ *NO : 8 km,* **G. Pyrénées Aquitaine.**

Paris 549 – Bordeaux 46 – Blaye 9 – Jonzac 53 – Libourne 42.

Closerie des Vignes M, Village Arnauds, Nord : 2 km par D 250 et D 135 ✆ 05 57 64 81 90, *Fax 05 57 64 94 44*, ≤, ⛱, – TV ☎ ♿ P. GB
1er avril-31 oct. – **Repas** *(fermé dim. soir hors saison)* (dîner seul.) 135/165, enf. 80 – ☕ 40 – **9 ch** 390 – 1/2 P 360.

ST-CIRQ-LAPOPIE *46330 Lot* 79 ⑨ *G. Périgord Quercy – 187 h alt. 320.*

Voir *Site*★★ – *Vestiges de l'ancien château* ≤★★ – *Le Bancourel* ≤★ – *Bouziès : chemin de halage du Lot*★ *NO : 6,5 km.*

Office de Tourisme Pl. de Sombral ✆ *05 65 31 29 06, Fax 05 65 31 29 06.*

Paris 587 – Cahors 24 – Figeac 44 – Villefranche-de-Rouergue 37.

Aub. du Sombral "Aux Bonnes Choses" avec ch, ✆ 05 65 31 26 08, *Fax 05 65 30 26 37*, – ☎. GB
1er avril-15 nov. et fermé mardi soir et merc. sauf du 1er juil. au 15 sept. – **Repas** *(70)* - 100/220 ♀, enf. 50 – ☕ 48 – **8 ch** 300/375.

à Tour-de-Faure *Est : 2 km par D 40 – 296 h. alt. 137 – ✉ 46330 :*

Les Gabarres sans rest, ✆ 05 65 30 24 57, *Fax 05 65 30 25 85*, ⛱, – ☎ ♿ P. GB
☕ 37 – **28 ch** 278.

ST-CLAIR *83 Var* 84 ⑯, 114 ㊽ – *rattaché au Lavandou.*

Können Sie wegen Verkehrsstauungen erst nach 18 Uhr in Ihrem Hotel sein, bestätigen Sie telefonisch Ihre Zimmerreservierung ; Sie gehen sicherer... und es ist Gepflogenheit.

ST-CLAUDE

Belfort (Av. de) .... Y 3
Pré (R. du)............. YZ
9-Avril-1944 (Pl. du) ...... Y 27

Abbaye (Pl. de l') .... Z 2
Christin (Pl.)............. Y 5
Gambetta (R.) .... Z 6
Janvier (R. A.) .... Z 7
Lacuzon (R.)............. Y 8
Lamartine (R.) .... Y 9
Louis-XI (Pl.)............. Z 12
Marché (R. du) .... Z 20
République (Bd de la) .... Y 23
Rosset (R.)............... Z 24
Victor-Hugo (R.) .... Y 25
Voltaire (Pl.)............. Y 26

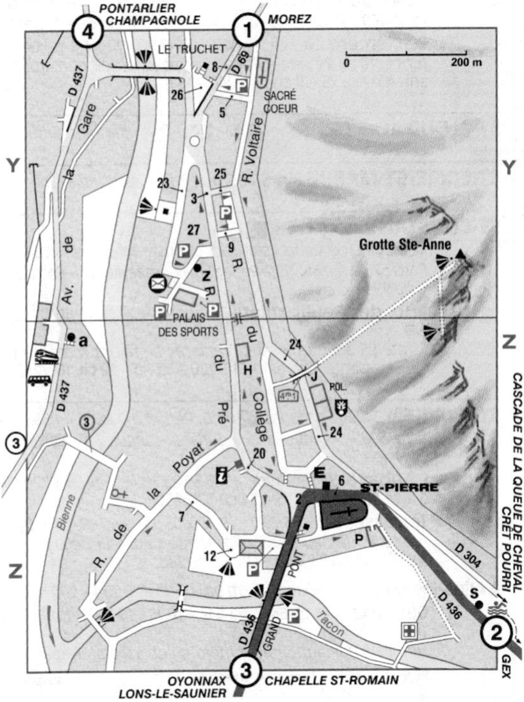

Les rues sont sélectionnées en fonction de leur importance pour la circulation et le repérage des établissements cités. Les rues secondaires ne sont qu'amorcées.

ST-CLAUDE SP *39200 Jura* 70 ⑮ *G. Jura – 12 704 h alt. 450.*

Voir *Site★★ – Cathédrale St-Pierre★ : stalles★★* **Z** *– Place Louis-XI ≤★* **Z** *– Exposition de pipes et diamants* **Z E** *– Gorges du Flumen★ par* ②.

Env. *Route de Morez (D 69) ≤★★ 7 km par* ① *– Crêt Pourri ※★* **E** *: 6 km puis 30 mn par D 304* **Z**.

de Villard-Saint-Sauveur ✆ 03 84 41 05 14, par ② *: 5 km.*

Office de Tourisme Haut Jura St-Claude 19 r. du Marché ✆ 03 84 45 34 24, Fax 03 84 41 02 72 – Automobile Club St-Blaise r. St-Blaise ✆ 03 84 45 67 57.

Paris 471 ③ *– Annecy 87* ② *– Bourg-en-Bresse 90* ③ *– Genève 63* ② *– Lons-le-Saunier 59* ③.

Plan page précédente

Jura sans rest, 40 av. Gare ✆ 03 84 45 24 04, *Fax 03 84 45 58 10* – TV ☎ & . GB.
☕ 45 – **35 ch** 230/300 – ½ P 265. Z a

Poste sans rest, 1 r. Reybert ✆ 03 84 45 52 34, *Fax 03 84 45 69 67* – ☎. GB Y z
☕ 27 – **15 ch** 135/275.

à Villard-St-Sauveur *par* ② *et D 290 : 5 km – 588 h. alt. 545 – ✉ 39200 St-Claude :*

Au Retour de la Chasse , ✆ 03 84 45 44 44, *Fax 03 84 45 13 95*, ≤, , – TV ☎ P – 30. AE GB

fermé 20 au 30 déc., dim. soir et lundi sauf du 1er juil. au 15 sept. – **Repas** 90/340 – ☕ 33 – **14 ch** 300/360 – ½ P 310/320.

CITROEN Gar. Duchène, 21 rte Valfin par ④ ✆ 03 84 45 12 07 N ✆ 06 07 35 25 44
FIAT Gar. de Genève, 11 r. Lt-Froidurot ✆ 03 84 45 21 01
FORD Gar. Grenard, 20 bis r. Carnot ✆ 03 84 45 06 48 N ✆ 03 84 45 32 78
PEUGEOT Gar. Ganeval, ZA d'Etables, rte de Lyon par ③ ✆ 03 84 45 11 07 N ✆ 03 84 35 94 06
RENAULT Lacuzon Autom., 21 r. Carnot par ③ ✆ 03 84 41 51 52 N ✆ 06 08 75 51 56

Alain Pneu Point S, 28 r. Collège ✆ 03 84 45 15 37
Métifiot, 25 r. Carnot ✆ 03 84 45 58 78

ST-CLÉMENT-DES-BALEINES *17 Char.-Mar.* 71 ⑫ *– voir à Ré (Île de).*

ST-CLÉMENT-SUR-VALSONNE *69170 Rhône* 73 ⑨ *– 467 h alt. 370.*

Paris 460 – Roanne 46 – Lyon 43 – Montbrison 67 – Tarare 6 – Villefranche-sur-Saône 29.

St-Clément avec ch, ✆ 04 74 05 17 80, – TV ☎. GB
fermé 10 au 29 janv. – **Repas** *(fermé lundi soir et mardi sauf juil.-août)* 60 (déj.), 98/200 , enf. 45 – ☕ 25 – **9 ch** 200/240 – ½ P 180.

ST-CLOUD *92 Hauts-de-Seine* 55 ⑳, 101 ⑭ *– voir à Paris, Environs.*

ST-CÔME-ET-MARUEJOLS *30 Gard* 80 ⑮ *– rattaché à Nîmes.*

ST-CONSTANT *15600 Cantal* 76 ⑪ *– 659 h alt. 260.*

Voir *Église de Maurs : statues★ et buste-reliquaire★ NO : 4,5 km,* **G. Auvergne.**

Paris 575 – Aurillac 49 – Rodez 56 – Decazeville 17 – Entraygues-sur-Truyère 45 – Figeac 23 – Tulle 99.

Aub. des Feuillardiers avec ch, ✆ 04 71 49 10 06, *Fax 04 71 49 10 06*, – ☎ . GB
fermé 25 août au 9 sept., vacances de fév. et merc. sauf juil.-août – **Repas** (nombre de couverts limté, prévenir) 110/220 – ☕ 30 – **12 ch** 160/210 – ½ P 165/195.

ST-CYPRIEN *24220 Dordogne* 75 ⑯ *G. Périgord Quercy – 1 593 h alt. 80.*

Paris 528 – Périgueux 56 – Sarlat-la-Canéda 21 – Bergerac 54 – Cahors 68 – Fumel 53 – Gourdon 37.

L'Abbaye sans rest, ✆ 05 53 29 20 48, *Fax 05 53 29 15 85*, , – TV ☎ P. AE GB
5 avril-18 oct. – ☕ 55 – **24 ch** 380/650.

Terrasse, ✆ 05 53 29 21 69, *Fax 05 53 29 60 88*, – TV ☎. AE GB
fermé 15 déc. au 8 fév., dim. soir et lundi sauf de juil. à sept. – **Repas** 80/180 ♀, enf. 40 – ☕ 35 – **17 ch** 230/350 – ½ P 215/280.

à Allas-les-Mines *Sud-Ouest : 5 km par D 703 et C 204 – 203 h. alt. 85 – ✉ 24220 :*

Gabarrier, ✆ 05 53 29 22 51, *Fax 05 53 29 47 12*, , « En bordure de la Dordogne », – P. GB
fermé 15 nov. au 15 fév. et merc. d'oct. à mars – **Repas** 95 (déj.), 135/285 ♀, enf. 65.

RENAULT Castillon Veyssière, à Castels ✆ 05 53 29 20 23

Sauvanet Pneus, ✆ 05 53 31 46 60

ST-CYPRIEN *66750 Pyr.-Or.* 86 ⑳ *G. Pyrénées Roussillon – 6 892 h alt. 5 – Casino.*

9 18 ✆ 04 68 37 63 63, N : 1 km.

Office de Tourisme parking Nord du Port ✆ 04 68 21 01 33, Fax 04 68 21 98 33.

Paris 875 – Perpignan 17 – Céret 31 – Port-Vendres 21.

à St-Cyprien-Plage *Nord-Est : 3 km par D 22 – ✉ 66750 St-Cyprien :*

Mas d'Huston M, au golf ✆ 04 68 37 63 63, *Fax 04 68 37 64 64*, ←, « Parc », – 120. AE GB. rest
fermé fév. – ***Le Mas :*** Repas 160 (déj.)/270 ♀, enf. 75 – ***Les Parasols :*** Repas (déj. seul.)140 ♀, enf. 75 – ☕ 60 – **50 ch** 535/770 – ½ P 500.

Mar i Sol, r. Rodin ✆ 04 68 37 31 00, *Fax 04 68 37 03 11*, ← – GB
fermé 1er janv. au 1er mars – **Repas** *(fermé merc. hors saison)* 65 bc/140 – ☕ 30 – **45 ch** 300/320 – ½ P 250/270.

à St-Cyprien-Sud : *3 km – ✉ 66750 St-Cyprien :*

L'Ile de la Lagune M, ✆ 04 68 21 01 02, *Fax 04 68 21 06 28*, ←, – 30. AE GB
fermé 5 janv. au 23 fév. – ***L'Almandin*** *(fermé dim. soir et lundi du 30 sept. au 15 juin)* **Repas** *(130)*- 180/390 et carte 300 à 390, enf. 80 – ☕ 70 – **18 ch** 720/980, 4 appart – ½ P 740/780
Spéc. Blinis aux anchois de Collioure à la tapenade et caviar d'aubergines. Foie de canard rôti aux artichauts et olives. Filet de rouget barbet à l'escabèche et tomates confites. **Vins** Côtes du Roussillon, Collioure.

Lagune, ✆ 04 68 21 24 24, *Fax 04 68 37 00 00*, ←, – AE GB
1er mai-30 sept. – **Repas** *(85)* - 140, enf. 65 – ☕ 45 – **36 ch** 300/440.

PEUGEOT Gar. des Albères, ✆ 04 68 21 02 44

RENAULT Gar. Vandellos, ✆ 04 68 21 05 47

ST-CYR-SUR-MER *83270 Var* 84 ⑭, 114 ㊸ *– 7 033 h alt. 10.*

18 Golf de la Frégate ✆ 04 94 32 50 50.

Paris 811 – Marseille 39 – Toulon 23 – Bandol 8 – Le Beausset 12 – Brignoles 55.

Les Lecques – *✉ 83270 St-Cyr-sur-Mer :*

Grand Hôtel, ✆ 04 94 26 23 01, *Fax 04 94 26 10 22*, ←, « Parc fleuri », – AE GB. rest
4 avril-31 oct. – **Repas** *(110)* - 150/170 ♀ – ☕ 68 – **58 ch** 640/770 – ½ P 525/760.

Petit Nice, ✆ 04 94 32 00 64, *Fax 04 94 88 72 39*, – AE GB. rest
hôtel : 15 mars-1er nov. ; rest. : 31 mars-15 oct. – **Repas** 120 – ☕ 36 – **30 ch** 270/340 – ½ P 308/343.

Chanteplage sans rest, ✆ 04 94 26 16 55, *Fax 04 94 26 25 71*, ← – GB
1er mars-15 nov. – ☕ 40 – **20 ch** 350/680.

au Sud-Est : *4 km par D 559 – ✉ 83270 St-Cyr-sur-Mer :*

de Frégate M, ✆ 04 94 29 39 39, *Fax 04 94 29 39 40*, ← littoral, parc, « Complexe de loisirs et centre de conférences », – 150. AE GB
Repas *(125)* - 190/300 – ☕ 90 – **100 ch** 1240/2920, 6 appart – ½ P 2610.

PEUGEOT Gar. Iori, 63 Bd J.-Jaurès ✆ 04 94 26 23 80

Gar. Marro, quartier Banette ✆ 04 94 26 31 09

ST-DALMAS-DE-TENDE *06 Alpes-Mar.* 84 ⑩ ⑳, 115 ⑧ ⑨ *– rattaché à Tende.*

ST-DALMAS-VALDEBLORE *06 Alpes-Mar.* 84 ⑲, 115 ⑥ *– voir à Valdeblore.*

ST-DENIS *93 Seine-St-Denis* 56 ⑪, 101 ⑯ *– voir à Paris, Environs.*

ST-DENIS-D'ANJOU *53290 Mayenne* 64 ① *G. Châteaux de la Loire – 1 278 h alt. 51.*

Paris 261 – Angers 44 – Le Mans 70 – Sablé-sur-Sarthe 11.

Calèche avec ch, ✆ 02 43 70 61 00, *Fax 02 43 70 94 40*, – GB
hôtel : 1er avril-5 oct., 30 oct.-31 déc. et fermé dim. soir et mardi – **Repas** *(fermé 1er au 20 mars, 5 au 30 oct., dim. soir et mardi) (65)* - 98/195 ♀, enf. 50 – ☕ 38 – **7 ch** 230/265 – ½ P 245.

ST-DENIS-D'ORQUES *72350 Sarthe* 60 ⑫ – *693 h alt. 120.*

Paris 237 – Le Mans 43 – Alençon 63 – Laval 39 – Mayenne 47 – Sablé-sur-Sarthe 24.

✕ **Aub. de la Grande Charnie,** av. Libération ✆ 02 43 88 43 12, *Fax 02 43 88 61 08* – GB.
fermé vacances de fév., dim. soir et lundi – **Repas** 78/218 ♀, enf. 48.

ST-DENIS-LE-FERMENT *27 Eure* 55 ⑧ – *rattaché à Gisors.*

ST-DENIS-SUR-SARTHON *61420 Orne* 60 ② – *971 h alt. 193.*

Paris 203 – Alençon 12 – Argentan 39 – Domfront 49 – Falaise 62 – Flers 60 – Mayenne 48.

Faïencerie sans rest, rte d'Alençon ✆ 02 33 27 30 16, *Fax 02 33 27 17 56*, parc – ☎ P. GB
Pâques-fin oct. – ☕ 45 – **18 ch** 180/370.

RENAULT Gar. Huve-Poirier, ✆ 02 33 27 30 32

ST-DIDIER *35 I.-et-V.* 59 ⑱ – *rattaché à Chateaubourg.*

Jährlich eine neue Ausgabe.
Aktuellste Informationen, jährlich für Sie!

ST-DIDIER-DE-LA-TOUR *38 Isère* 74 ⑭ – *rattaché à La Tour-du-Pin.*

ST-DIÉ SP *88100 Vosges* 62 ⑰ *G. Alsace Lorraine* – *22 635 h alt. 350.*

Voir *Cathédrale St-Dié*★ **B** – *Cloître gothique*★ **AB**.

Office de Tourisme 8 quai Mar. de Lattre de Tassigny ✆ 03 29 56 17 62, Fax 03 29 56 72 30.

Paris 391 ③ – Colmar 55 ① – Épinal 49 ② – Belfort 126 ① – Mulhouse 99 ① – Strasbourg 93 ①.

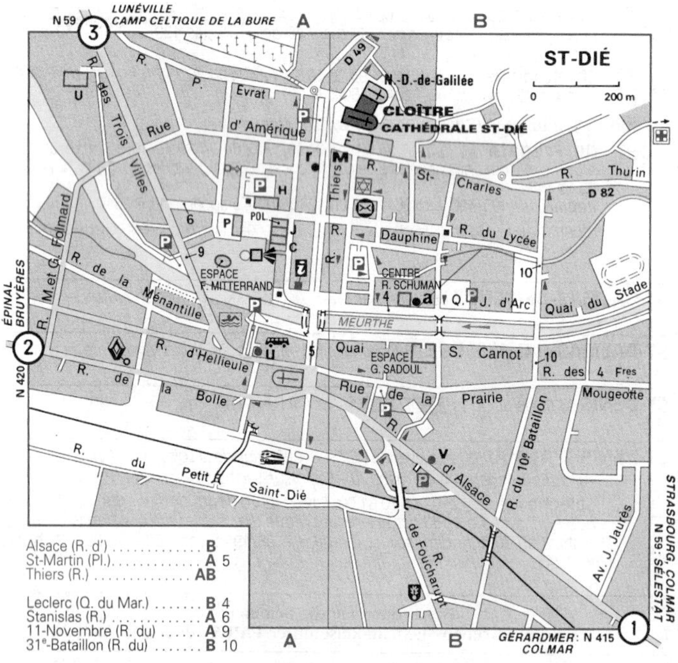

Alsace (R. d') . . . . B
St-Martin (Pl.) . . . . A 5
Thiers (R.) . . . . AB

Leclerc (Q. du Mar.) . . . . B 4
Stanislas (R.) . . . . A 6
11-Novembre (R. du) . . . . A 9
31e-Bataillon (R. du) . . . . B 10

Ibis, 5 quai Jeanne d'Arc ✆ 03 29 55 43 44, *Fax 03 29 55 49 15* – 40. AE GB — B a
Repas *(75)* - 95 ꝸ, enf. 39 – 35 – **49 ch** 305/325.

Moderne, 64 r. Alsace ✆ 03 29 56 11 71, *Fax 03 29 56 45 06*, – P. GB. ch
fermé vacances de Noël, vend. soir et sam. – **Repas** *(58)* - 98/128 – 36 – **10 ch** 250/395 – ½ P 250/270. — B v

Vosges et Commerce sans rest, 57 r. Thiers ✆ 03 29 56 16 21, *Fax 03 29 55 48 71* – AE GB — A r
35 – **29 ch** 135/280.

Campanile, r. La Madeleine, Ouest : 1,5 km par ② *et Z.A.C. d'Hellieule* ✆ 03 29 56 85 20, *Fax 03 29 55 52 64*, – P – 25. AE GB
Repas *(66)* - 84 bc/107 bc, enf. 39 – 34 – **49 ch** 278.

Voyageurs, 22 r. Hellieule ✆ 03 29 56 21 56, *Fax 03 29 56 60 80* – GB — A u
fermé vacances de printemps, 15 juil. au 6 août, vacances de Noël, dim. soir et lundi – **Repas** *(70)* - 80/170 ꝸ, enf. 49.

à Rougiville *Ouest : 6 km par ② – ✉ 88100 St-Dié :*

Haut Fer, ✆ 03 29 55 03 48, *Fax 03 29 55 23 40*, ≤, , , – P. AE GB
fermé 1er au 15 janv. et dim. – **Repas** *(fermé dim. soir et lundi de sept. à juin sauf fériés)* 72/200 – 35 – **16 ch** 280/300 – ½ P 260/275.

CITROEN Gar. Car Vosges, ZI Hellieule 2 ✆ 03 29 51 64 48
FORD Gar. Thouzet, rte de Raon ✆ 03 29 52 27 27
RENAULT Gar. Husson, 52 r. Bolle ✆ 03 29 51 62 62
N ✆ 03 29 56 60 70

Pneu Villaume, N 59 rte de Raon ✆ 03 29 53 14 18
Pneus et Services D.K., 126 r. d'Alsace ✆ 03 29 56 11 34

En haute saison, et surtout dans les stations, il est prudent de retenir à l'avance.

ST-DISDIER *05250 H.-Alpes* 77 ⑮ *G. Alpes du Nord – 157 h alt. 1024.*
Voir *Défilé de la Souloise★ N.*
Paris 637 – Gap 44 – Grenoble 73 – La Mure 33.

Aub. La Neyrette , ✆ 04 92 58 81 17, *Fax 04 92 58 89 95*, ≤, , – P. AE GB
fermé 15 nov. au 15 déc. – **Repas** 98/184, enf. 61 – 37 – **10 ch** 240/300 – ½ P 280.

ST-DIZIER 52100 *H.-Marne* 61 ⑨ *G. Champagne – 33 552 h alt. 147.*
Env. *Lac du Der-Chantecoq★★ 11 km par ④.*
Office de Tourisme 4 av. de Belle-Forêt-sur-Marne ✆ 03 25 05 31 84, Fax 03 25 06 95 51.
Paris 208 ⑤ – Bar-le-Duc 25 ① – Chaumont 74 ③ – Nancy 100 ② – Troyes 86 ④ – Vitry-le-François 30 ⑤.

ST-DIZIER

Gambetta (R.) .... B 8
Liberté (Pl. de la) .... B 12
République (Av. de la) .... A
Alsace-Lorraine (Av. d') .... B 3
Cartier (Av. M.) .... A 4
Commune-de-Paris (Av. de la) .... AB 7
Gaulle (Pl. du Gén.-de) .... B 9
Giros (R. E.) .... B 10
Pasteur (Av.) .... B 13
République (Pl. de la) .... A 14
Tanneurs (R. des) .... B 15
Verdun (Av. de) .... A 16

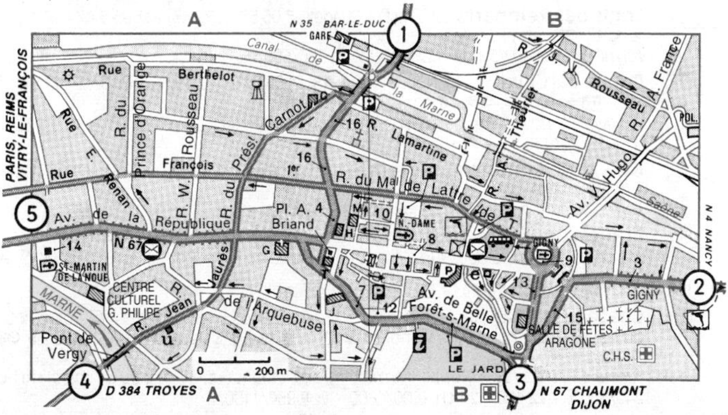

Gambetta, 62 r. Gambetta 03 25 56 52 10, *Fax 03 25 56 39 47* – rest, – 30 à 150. GB B e
Repas *(fermé dim. soir et soirs fériés)* 55/125, enf. 50 – 35 – **63 ch** 260/390 – 1/2 P 210.

Ibis M, rte Bar-le-Duc par ① : *2 km* 03 25 05 68 22, *Fax 03 25 56 37 77*, – – 80. GB
Repas *(fermé sam. midi et dim. soir)* (80) - 120/160, enf. 45 – 35 – **62 ch** 290/355.

Gentilhommière, 29 r. J. Jaurès 03 25 56 32 97, *Fax 03 25 06 32 66* – GB
fermé 10 au 31 août, dim. soir et lundi – **Repas** 103/162. A u

à Perthes *par ⑤ : 10 km – 52100 :*

Cigogne Gourmande avec ch, 03 25 56 40 29, *Fax 03 25 06 22 81* – rest, . GB
fermé 15 au 30 juil., 17 au 23 fév. et dim. soir – **Repas** 80/295 et carte 230 à 350, enf. 60 – 35 – **6 ch** 140/320 – 1/2 P 188.

FORD Dynamic Motors, Rte de Bar le Duc 03 25 56 03 98
PEUGEOT C.A.B., 6 av. Parchim 03 25 56 19 72 N 03 80 61 52 71
RENAULT Gar. Fogel, 20 av. des Etats-Unis par ② 03 25 56 19 79 N 03 25 94 91 82

Leclerc-Pneus, rte de Bar-le-Duc à Bettancourt-la-Ferrée 03 25 05 19 16
Pneus Legros Sud Point S, 111 r. E.-Renan 03 25 05 23 54

ST-DONAT-SUR-L'HERBASSE *26260 Drôme 77 ② G. Vallée du Rhône – 2 658 h alt. 202.*

Paris 557 – Valence 27 – Grenoble 91 – Hauterives 20 – Romans-sur-Isère 12 – Tournon-sur-Rhône 17.

Chartron M avec ch, 04 75 45 11 82, *Fax 04 75 45 01 36*, – rest, . GB
fermé 1er au 10 janv., lundi soir de sept. à juin (sauf hôtel) et mardi – **Repas** 120/390, enf. 75 – 45 – **7 ch** 280/350 – 1/2 P 320.

ST-DYÉ-SUR-LOIRE *41500 L.-et-Ch. 64 ⑦ ⑧ G. Châteaux de la Loire – 895 h alt. 96.*

Paris 172 – Orléans 51 – Beaugency 20 – Blois 16 – Romorantin-Lanthenay 43.

Manoir Bel Air, 02 54 81 60 10, *Fax 02 54 81 65 34*, parc – – 25 à 40. GB. rest
fermé 20 janv. au 20 fév. – **Repas** 118/228 – 36 – **40 ch** 220/480 – 1/2 P 380.

SAINTE voir après la nomenclature des Saints.

ST-EMILION *33330 Gironde 75 ⑫ G. Pyrénées Aquitaine* (plan) *– 2 799 h alt. 30.*

Voir *Site★★ – Église monolithe★ – Cloître des Cordeliers★ – ★ de la tour du château du Roi.*

Office de Tourisme pl. Créneaux 05 57 24 72 03, Fax 05 57 74 47 15.

Paris 585 – Bordeaux 41 – Bergerac 58 – Langon 49 – Libourne 8 – Marmande 61.

Host. de Plaisance, pl. Clocher 05 57 24 72 32, *Fax 05 57 74 41 11*, – – 30. GB
fermé janv. – **Repas** 145/275 – 58 – **16 ch** 500/1100.

Logis des Remparts sans rest, r. Guadet 05 57 24 70 43, *Fax 05 57 74 47 44*, – . GB.
fermé 15 déc. au 15 janv. – 50 – **17 ch** 350/550.

Palais Cardinal, pl. 11 Novembre 1918 05 57 24 72 39, *Fax 05 57 74 47 54*, – . GB. ch
1er avril-30 nov. – **Repas** *(fermé merc.)* 79/199, enf. 60 – 49 – **17 ch** 325/390 – 1/2 P 357/379.

Aub. de la Commanderie sans rest, r. Cordeliers 05 57 24 70 19, *Fax 05 57 74 44 53* – . GB.
fermé 15 janv. au 15 fév. – 48 – **18 ch** 290/550.

Francis Goullée, r. Guadet 05 57 24 70 49, *Fax 05 57 74 47 96* – GB
fermé 23 nov. au 10 déc., lundi d'oct. à mars et dim. soir – **Repas** *(90 bc)* - 120/230, enf. 50.

au Nord-Ouest *: 4 km par D 243 – 33330 St-Émilion :*

Château Gd Barrail, 05 57 55 37 00, *Fax 05 57 55 37 49*, parc, « Château du 19e siècle au milieu des vignobles », – – 40. GB. rest
fermé 1er au 25 fév. – **Repas** *(fermé dim. soir et lundi du 31 oct. au 31 mars)* 170 bc (déj.), 240/340 – 100 – **28 ch** 1100/1600 – 1/2 P 950/1150.

ST-ÉTIENNE 🅿 *42000 Loire* 73 ⑲, 76 ⑨ *G. Vallée du Rhône – 199 396 h Agglo. 313 338 h alt. 520.*

Voir *Le vieux St-Etienne★ : maisons sans escaliers★ (n° 54 et 56 rue Daguerre* **U** *16) – Musée d'Art moderne★★* **T M** *– Musée d'Art et d'Industrie : Armes★* **Z** *– Puits Couriot★* **U M**1.

Env. *Guizay ≤★★ S : 10 km* **V**.

Golf Public de St-Etienne ✆ 04 77 32 14 63.

de St-Étienne-Bouthéon : ✆ 04 77 36 54 79, par ⑤ : 15 km.

Office de Tourisme 3 pl. Roannelle ✆ 04 77 25 12 14, Fax 04 77 32 71 28 – Automobile Club du Forez 9 r. Gén. Foy ✆ 04 77 32 55 99, Fax 04 77 32 18 44.

Paris 519 ① – Clermont-Ferrand 147 ④ – Grenoble 155 ① – Lyon 62 ① – Valence 94 ②.

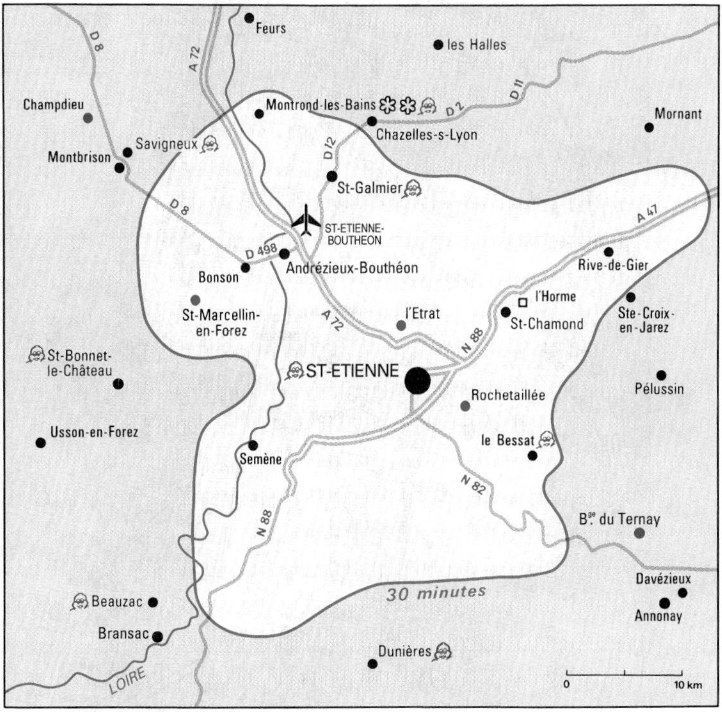

Mercure Parc de l'Europe, r. Wuppertal, Sud-Est du plan, par cours Fauriel ✉ 42100 ✆ 04 77 42 81 81, *Fax 04 77 42 81 89,* – rest, 🅿 – 120. AE GB JCB U a
Ribandière *(fermé 23 déc. au 4 janv., août, sam. et dim.)* **Repas** 120/220 bc, enf. 60 – ☕ 52 – **120 ch** 490/550.

Albatros Ⓜ, face au golf par r. Revollier **T** ✆ 04 77 41 41 00, *Fax 04 77 38 28 16,* ≤, – 🅿 – 60. AE GB
fermé 9 au 22 août et 24 déc. au 4 janv. – **Repas** *(fermé vend. soir et sam. de nov. au 8 mai)* *(94)* - 118/245 🍷 – ☕ 55 – **47 ch** 400/450, 3 appart.

Midi sans rest, 19 bd Pasteur ✉ 42100 ✆ 04 77 57 32 55, *Fax 04 77 59 11 43* – . AE GB V e
fermé août – ☕ 48 – **33 ch** 335/410.

Terminus du Forez, 31 av. Denfert-Rochereau ✆ 04 77 32 48 47, *Fax 04 77 34 03 30* – rest, 🅿 – 30. AE GB Y h
Repas *(fermé 26 juil. au 23 août, 20 au 27 déc., lundi midi, sam. midi et dim.)* *(69)* - 99/198 🍷, enf. 49 – ☕ 50 – **65 ch** 320/390.

Ténor Ⓜ sans rest, 12 r. Blanqui ✆ 04 77 33 79 88, *Fax 04 77 41 69 81* – – 25. GB Y d
☕ 36 – **68 ch** 306.

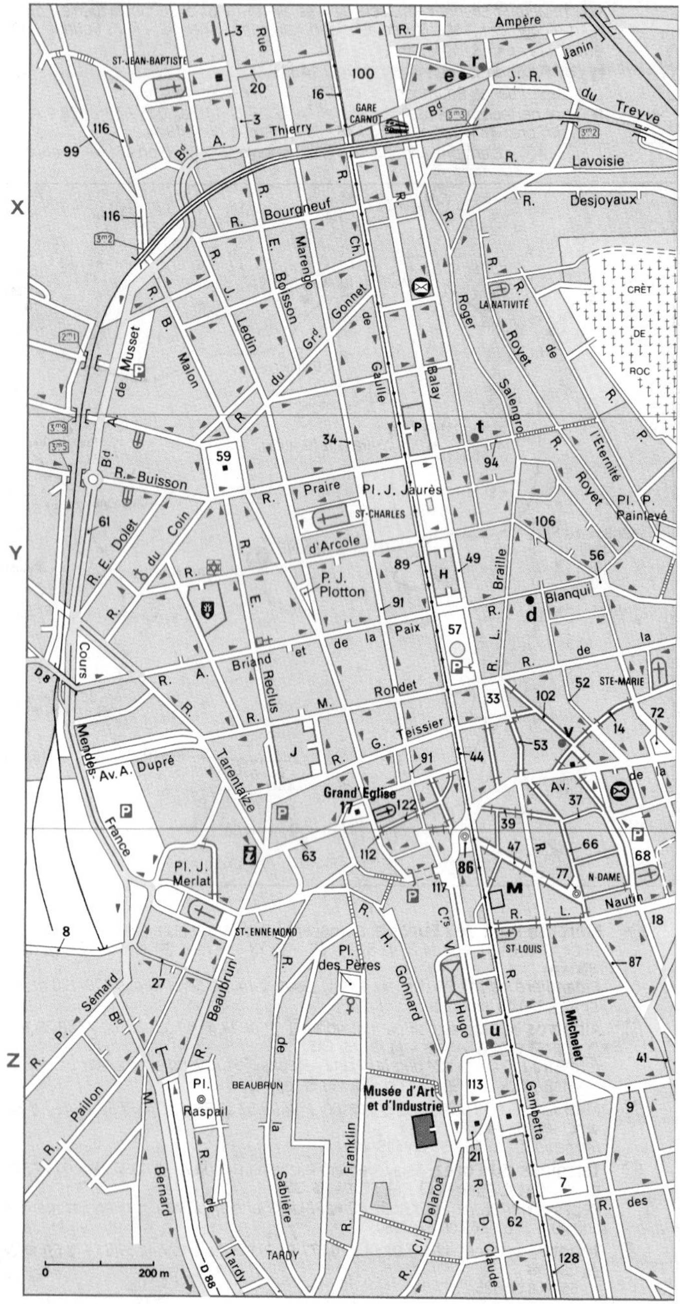
X
Y
Z
ST-JEAN-BAPTISTE
Rue
GARE CARNOT
Ampère
Janin
J. R.
du Treyve
Thierry
Lavoisie
Desjoyaux
Bourgneuf
Marengo
E. Boisson
J. Ledin
Ch. de Gaulle
Gr^d Gonnet
Balay
Roger Salengro
Royet
LA NATIVITÉ
CRÊT DE ROC
l'Eternité
Musset
B. Malon
R. Buisson
Pl. J. Jaurès
Praire
ST-CHARLES
d'Arcole
P. J. Plotton
Pl. P. Painlevé
Blanqui
Braille
R. E. Dolet
du Coin
Cours
Briand
E. Reclus
de la Paix
Rondet
G. Teissier
STE-MARIE
Av. A. Dupré
Mendès France
Tarentaize
Grand'Eglise
N-DAME
Nautin
Pl. J. Merlat
ST-ENNEMOND
ST-LOUIS
Pl. des Pères
H. Gonnard
Crs V. Hugo
Michelet
Gambetta
P. Sémard
Paillon
Beaubrun
Pl. Raspail
BEAUBRUN
de la Sablière
Franklin
Musée d'Art et d'Industrie
Cl. Delaroa
R. D. Claude
M. Bernard
de Tardy
TARDY
R. des
D 8
D 88
0
200 m

ST-ÉTIENNE

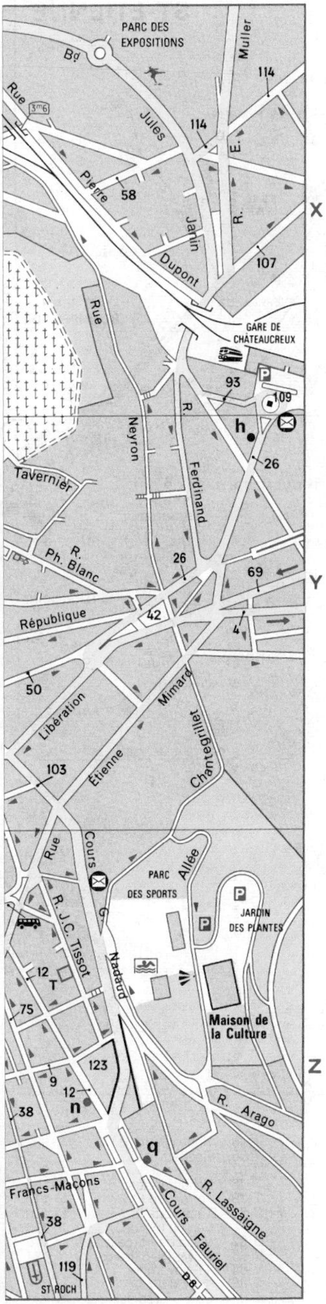

Bérard (R. P.) .... Y 14
Foy (R. Gén.) .... Y 44
Gambetta (R.) .... Z
Gaulle (R. Ch.-de) X
Gervais (R. E.) .... Y 50
Grand-Moulin (R. du) .... Y 53
Hôtel-de-Ville (Pl. de l') .... Y 57
Libération (Av. de la) .... Y
Michelet (R.) .... Z
Peuple (Pl. du) .... Z 86
Président-Wilson (R.) .... Y 89
République (R. de la) .... Y
Résistance (R. de la) .... Y 91

Albert-Ier (Bd) .... X 3
Alliés (R. des) .... Y 4
Anatole-France (Pl.) .... Z 7
Apprentissage (R. de l') .... Z 8
Badouillère (R. de la) .... Z 9
Barbusse (R. H.) .... Z 12
Bergson (R.) .... X 16
Boivin (Pl.) .... Y 17
Chavanelle (Pl.) .... Z 18
Clovis-Hugues (R.) .... X 20
Comte (Pl. Louis) .... Z 21
Denfert-Rochereau (Av.) .... Y 26
Descours (R.) .... Z 27
Dorian (Pl.) .... Y 33
Dormoy (R. M.) .... Y 34
Dupré (R. G.) .... Y 37
Durafour (R. A.) .... Z 38
Escoffier (R. D.) .... Y 39
Fougerolle (R.) .... Z 41
Fourneyron (Pl.) .... Y 42
Frappa (R. J.) .... Z 47
Gérentet (R.) .... Y 49
Gillet (R. F.) .... Y 52
Guesde (Pl. J.) .... Y 56
Jacob (R.) .... X 58
Jacquard (Pl.) .... Y 59
Krumnow (Bd F.) .... Y 61
Leclerc (R. du Gén.) .... Z 62
Loubet (Av. du Président E.) .... Z 63
Martyrs-de-Vingré (R. des) .... Z 66
Moine (Pl. Antonin) .... Z 68
Montat (R. de la) .... Y 69
Moulin (Pl. J.) .... Y 72
Mulatière (R. de la) .... Z 75
Neuve (Pl.) .... Z 77
Pointe-Cadet (R.) .... Z 87
Rivière
(R. du Sergent) .... X 93
Robert (R.) .... Y 94
Ruel (R. A.) .... X 99
Sadi-Carnot (Pl.) .... X 100
St-Jean (R.) .... Y 102
Sauzéa (R. H.) .... Y 103
Servet (R. M.) .... Y 106
Soulié (R. L.) .... X 107
Stalingrad (Square de) .... XY 109
Théâtre (R. du) .... Z 112
Thomas (Pl. A.) .... Z 113
Tiblier Verne (R.) .... X 114
Tilleuls (R. des) .... X 116
Ursules (Pl. des) .... Z 117
Valbenoite (Bd) .... Z 119
Ville (R. de la) .... Y 122
Villebœuf (Pl.) .... Z 123
11-Novembre (R. du) .... Z 128

Les cartes Michelin
sont constamment tenues à jour.

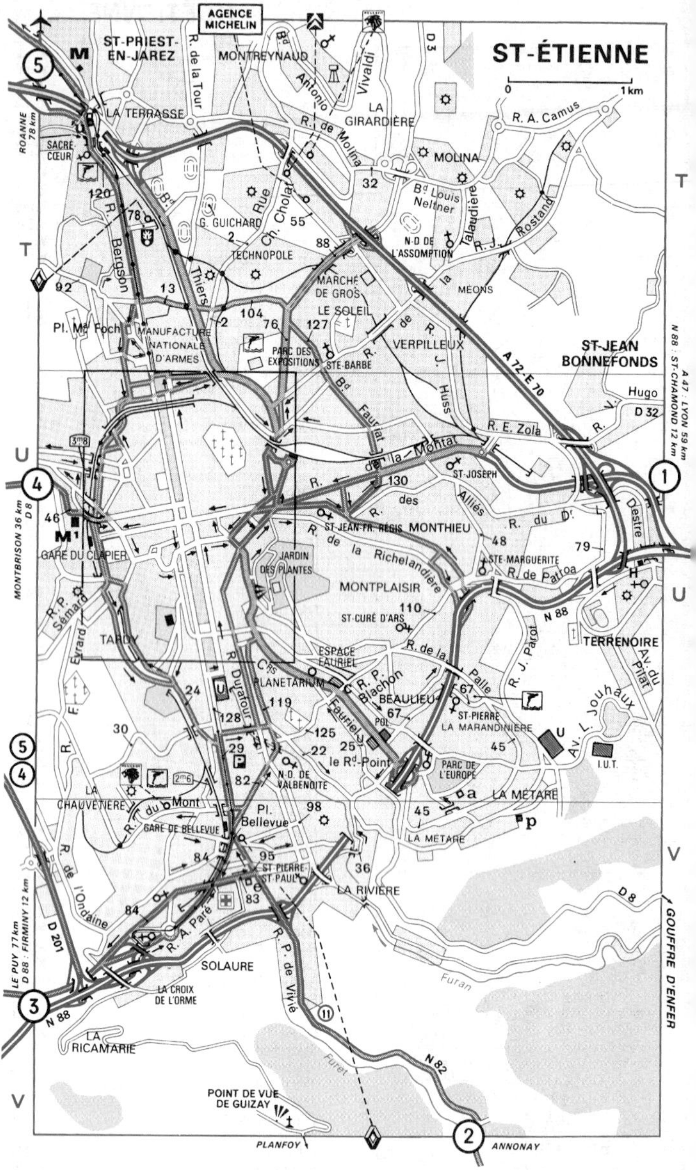
ST-ÉTIENNE
0
1 km
AGENCE MICHELIN
ST-PRIEST-EN-JAREZ
MONTREYNAUD
LA TERRASSE
LA GIRARDIÈRE
MOLINA
R. A. Camus
Bd Louis Neltner
N-D DE L'ASSOMPTION
MEONS
G. GUICHARD
TECHNOPOLE
MARCHÉ DE GROS
LE SOLEIL
VERPILLEUX
ST-JEAN BONNEFONDS
Pl. Mal Foch
MANUFACTURE NATIONALE D'ARMES
PARC DES EXPOSITIONS
STE-BARBE
A 72-E 70
R. E. Zola
ST-JOSEPH
ST-JEAN-FR.-RÉGIS
MONTHIEU
STE-MARGUERITE
R. de Patroa
JARDIN DES PLANTES
MONTPLAISIR
GARE DU CLAPIER
ST-CURÉ D'ARS
TERRENOIRE
TARDY
ESPACE FAURIEL
PLANETARIUM
BEAULIEU
ST-PIERRE
LA MARANDINIÈRE
PARC DE L'EUROPE
LA MÉTARE
N-D DE VALBENOITE
le Rd-Point
LA CHAUVETIÈRE
GARE DE BELLEVUE
Pl. Bellevue
ST-PIERRE ST-PAUL
LA RIVIÈRE
SOLAURE
LA CROIX DE L'ORME
LA RICAMARIE
POINT DE VUE DE GUIZAY
PLANFOY
ANNONAY
GOUFFRE D'ENFER
ROANNE 78 km
MONTBRISON 36 km D 8
LE PUY 77 km D 88 : FIRMINY 12 km
A 47 : LYON 59 km N 88 : ST-CHAMOND 12 km
N 88
N 82
D 201
D 8
D 3
D 32
Furan
Furet
I.U.T.

Ibis sans rest, 35 av. Denfert-Rochereau ✆ 04 77 37 90 90, *Fax 04 77 38 47 65* – GB Y a
35 – **88 ch** 300/350.

Carnot sans rest, 11 bd J. Janin ✆ 04 77 74 27 16, *Fax 04 77 74 25 79* – GB X e
30 – **24 ch** 180/255.

XXX **Clos des Lilas,** 28 r. Virgile, Sud-Est du plan par cours Fauriel ✉ 42100 ✆ 04 77 25 28 13, *Fax 04 77 41 58 91,* – GB V p
fermé août, vacances de fév., mardi soir, dim. soir et lundi – **Repas** 185/400 et carte 240 à 380 ♀.

XXX **André Barcet,** 19 bis cours V. Hugo ✆ 04 77 32 43 63, *Fax 04 77 32 23 93* – AE GB Z u
fermé 14 juil. au 2 août et dim. soir – **Repas** 145/390 et carte 290 à 400.

XXX **Chantecler,** 5 cours Fauriel ✉ 42100 ✆ 04 77 25 48 55, *Fax 04 77 37 62 75* – AE GB Z q
fermé 27 juil. au 25 août, dim. sauf le midi d'oct. à mars et sam. – **Repas** 95/205 et carte 180 à 330 ♀.

XX **Nouvelle,** 30 r. St-Jean ✆ 04 77 32 32 60, *Fax 04 77 41 77 00* – AE GB Y v
fermé 27 juil. au 9 août, vacances de fév., dim. soir et lundi – **Repas** 85 bc (déj.), 140/295 ♀, enf. 80.

XX **Régency,** 17 bd J. Janin ✆ 04 77 74 27 06, *Fax 04 77 74 98 24* – AE GB X r
fermé août, dim. sauf le midi d'oct. à avril, lundi soir d'oct. à avril et sam. – **Repas** 115/220.

XX **Évohé,** 10 pl. Villeboeuf ✆ 04 77 32 70 22, *Fax 04 77 32 91 52* – AE GB Z n
fermé 10 au 25 août, dim. (sauf le midi de sept. à juin) et sam. midi – **Repas** 140/218 ♀.

X **Bouchon,** 7 r. Robert ✆ 04 77 32 93 32, *Fax 04 77 33 22 42* – AE GB Y t
fermé 2 au 16 août, sam. midi et dim. – **Repas** *(80)* - 100/200.

X **Hubert Chaurand,** 13 pl. Massenet ✆ 04 77 93 62 21, – GB T u
fermé 3 au 12 août, dim. soir et sam. – **Repas** *(68)* - 88/258.

à l'Étrat *Nord : 5 km par D 11 – 2 524 h. alt. 460 – ✉ 42580 :*

XX **Yves Pouchain,** rte St-Héand ✆ 04 77 93 46 31, *Fax 04 77 93 90 71,* – GB
fermé 16 au 30 août, vacances de fév., dim. soir et lundi sauf fériés – **Repas** 98/386, enf. 75.

à Rochetaillée *Sud-Est : 8 km par D 8 – ✉ 42100 :*

X **Yves Genaille,** ✆ 04 77 32 88 48, *Fax 04 77 46 06 41,* ← – AE GB
fermé août, vacances de fév., sam. et dim. – **Repas** (prévenir) 99 (déj.)/250 ♀, enf. 50.

au lieu-dit Bécizieux *Ouest par ④ : 10 km par rte St-Victor-sur-Loire et D 25 (vers Firminy) – ✉ 42230 St-Victor-sur-Loire :*

XX **Aub. La Grange d'Ant',** ✆ 04 77 90 45 36 – GB
fermé 4 janv. au 11 fév., dim. soir du 6 sept. au 12 avril et lundi – **Repas** 98/310 ♀.

MICHELIN, Agence, ZI de Montreynaud, 9 r. V.-Grignard T ✆ 04 77 74 22 88

AUDI, VOLKSWAGEN Gar. Rocle, 6 r. E.-Mimard ✆ 04 77 25 40 28
CITROEN Succursale, 1 r. V.-Grignard ✆ 04 77 92 28 40 **N** ✆ 04 77 37 22 64
FORD E.D.A., ZI de Montreynaud, 17-19 r. G.-Delory ✆ 04 77 74 42 44
MERCEDES Alcia St-Étienne, r. J.-Snella ✆ 04 77 92 13 92
OPEL St-Étienne Autom., 50 rue D.-Claude ✆ 04 77 32 50 25
PEUGEOT Gar. Boniface, 24 à 28 r. du Mont ✆ 04 77 57 17 37 **N** ✆ 04 77 88 34 94
PEUGEOT Gar. Boniface, ZI de Montreynaud, 13-15 r. G.-Delory ✆ 04 77 74 74 66 **N** ✆ 04 77 88 34 94
RENAULT Bellevue Autom., 1 r. Thimonier ✆ 04 77 57 28 28
RENAULT Succursale, 5 r. C.-Oddé ✆ 04 77 43 49 49 **N** ✆ 08 00 05 15 15
Fournier Autocenter, 1 et 3 r. Nicéphore Niepce ✆ 04 77 57 25 13

Chaussende Pneus, 6 r. M.-Charras, ZC de Monthieu ✆ 04 77 33 80 46
Euromaster, 36 r. de la Montat ✆ 04 77 33 06 20
Euromaster, 22 r. J.-Neyret ✆ 04 77 33 06 81
Métifiot Pneus, ZI de Montreynaud, 12 r. V.-Grignard ✆ 04 77 79 06 03
Philibert Pneus, à la Talaudière ✆ 04 77 53 07 19
Vulco, 2 r. J.-Snella ✆ 04 77 74 42 66
Vulco, 22 r. Voltaire ✆ 04 77 25 44 05

ST-ÉTIENNE-DE-BAÏGORRY *64430 Pyr.-Atl.* **85** ③ *G. Pyrénées Aquitaine – 1 565 h alt. 163.*
Voir *Église St-Etienne*★.
Office de Tourisme pl. Église ✆ 05 59 37 47 28, Fax 05 59 37 47 28.
Paris 817 – Biarritz 50 – Cambo-les-Bains 31 – Pau 131 – St-Jean-Pied-de-Port 11.

Arcé , près église ✆ 05 59 37 40 14, *Fax 05 59 37 40 27,* , « Terrasse au bord de l'eau », – GB
mi-mars-mi-nov. – **Repas** *(fermé lundi midi d'oct. à mai sauf fériés et vacances scolaires)* (dim. prévenir) 110/215, enf. 70 – 50 – **24 ch** 440/715 – ½ P 420/565.

ST-ÉTIENNE-DE-FURSAC *23 Creuse* **72** ⑧ *– rattaché à La Souterraine.*

ST-ÉTIENNE-LES-ORGUES *04230 Alpes-de-H.-P.* **81** ⑮ *G. Alpes du Sud – 1 091 h alt. 700.*

Syndicat d'Initiative Mairie ☏ 04 92 73 00 32.

Paris 739 – Digne-les-Bains 46 – Forcalquier 13 – Sault 47 – Sisteron 31.

St-Clair ⛰, Sud : 2 km par D 13 ☏ 04 92 73 07 09, *Fax 04 92 73 12 60*, ←, ☂, ⛱, ☂ – rest, ☎ 🅿. GB. ⚲ ch

1er mars-31 oct. – **Repas** 80/175 – ☕ 37 – **30 ch** 212/388 – ½ P 220/320.

ST-ÉTIENNE-LÈS-REMIREMONT *88 Vosges* **62** ⑯ *– rattaché à Remiremont.*

ST-FARGEAU-PONTHIERRY *77310 S.-et-M.* **61** ① *– 10 560 h alt. 51.*

Paris 43 – Fontainebleau 23 – Créteil 41 – Étampes 36 – Melun 14 – Versailles 48.

Apollonia, N 7, rte de Fontainebleau ☏ 01 60 65 65 35, *Fax 01 64 38 10 41*, ☂ – 🛗 ⚲ TV ☎ ♿ 🅿. AE ⓓ GB

Repas *(75)* - 99/145 ♫, enf. 50 – ☕ 49 – **48 ch** 370/440.

ST-FÉLIX-LAURAGAIS *31540 H.-Gar.* **82** ⑲ *G. Pyrénées Roussillon – 1 177 h alt. 332.*

Voir *Site*★.

Office de Tourisme ☏ 05 62 18 96 99 Mairie ☏ 05 61 83 01 71, Fax 05 62 18 90 84.

Paris 736 – Toulouse 43 – Auterive 45 – Carcassonne 57 – Castres 38 – Gaillac 64.

Aub. du Poids Public (Taffarello), ☏ 05 61 83 00 20, *Fax 05 61 83 86 21*, ←, ☂, « Salle à manger rustique », ☂ – TV ☎ 🚗 🅿 – 🔔 25. AE GB

fermé janv. – Repas 135/330 et carte 240 à 400 ♀ – ☕ 45 – **10 ch** 265/320 – ½ P 320

Spéc. Salade de langoustines. Quasi de veau du Lauragais rôti au jus. Millefeuille au chocolat. **Vins** Gaillac.

ST-FERRÉOL *31 H.-Gar.* **82** ⑳ *– rattaché à Revel.*

ST-FIRMIN *05800 H.-Alpes* **77** ⑯ *G. Alpes du Nord – 408 h alt. 901.*

Paris 639 – Gap 31 – Corps 10 – Grenoble 75 – La Mure 35 – St-Bonnet-en-Champsaur 18.

au Séchier *Est : 4 km – ✉ 05800 St-Firmin :*

Coin Tranquille H. Loubet ⛰, ☏ 04 92 55 21 12, *Fax 04 92 55 32 72*, ←, ☂, ☂ – ☎ 🅿

15 juin-1er oct. – **Repas** 59/144 ♀, enf. 50 – ☕ 27 – **23 ch** 256/279 – ½ P 207/290.

ST-FLORENT *2B H.-Corse* **90** ③ *– voir à Corse.*

ST-FLORENTIN *89600 Yonne* **61** ⑮ *G. Bourgogne – 6 433 h alt. 120.*

Voir *Vitraux*★ *de l'église* **E**.

Office de Tourisme 8 r. de la Terrasse ☏ 03 86 35 11 86, Fax 03 86 35 11 86.

Paris 169 ④ – Auxerre 32 ③ – Troyes 50 ① – Chaumont 137 ② – Dijon 163 ② – Sens 44 ④.

ST-FLORENTIN

Grande-Rue	5
St-Martin (R.)	15
Aval (R. du Fg-d')	2
Dilo (Pl.)	3
Dilo (R. du Fg)	4
Guimbarde (R. de la)	6
Halle (Pl. de la)	7
Landrecies (Fg)	9
Leclerc (R. Gén.)	10
Montarmance (R.)	12
Pont (R. du)	13
Rempart (R. Basse-du)	14
St-Martin (R. du Fg)	17

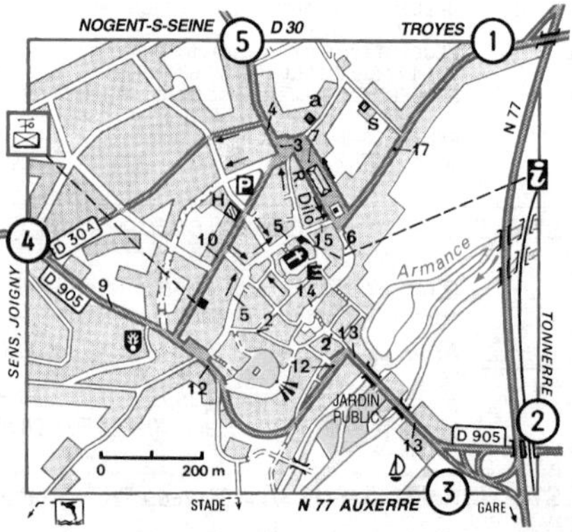

Une réservation confirmée par écrit est toujours plus sûre.

Tilleuls ⛵, 3 r. Decourtive (s) ✆ 03 86 35 09 09, *Fax 03 86 35 36 90*, ☂, 🌳 – TV ☎ P. AE GB
fermé 3 au 10 août, 28 déc. au 4 janv., 16 fév. au 9 mars et hôtel : dim. de sept. à mai – **Repas** *(fermé dim. soir de sept. à mai et lundi sauf le soir de juin à août)* (90) - 110/240 ♀, enf. 60 – ☕ 42 – **9 ch** 240/300.

XXX **Grande Chaumière** (Bonvalot) M ⛵ avec ch, 3 r. Capucins (a) ✆ 03 86 35 15 12, *Fax 03 86 35 33 14*, ☂, 🌳 – TV ☎ P. AE GB. ch
✿ *fermé 1er au 9 sept., 20 déc. au 19 janv. et merc. de sept. à mai* – **Repas** 140 (déj.), 215/495 et carte 270 à 430 – ☕ 58 – **10 ch** 350/850 – ½ P 560
Spéc. Dariole de raie bouclée aux condiments. Escalope de lotte fumée à l'orange grillée. Pommes de ris de veau au Saint-Florentin. **Vins** Irancy, Chablis.

à Neuvy-Sautour *par ① : 7 km – 959 h. alt. 157 – ✉ 89570 :*

XX **Dauphin,** ✆ 03 86 56 30 01, *Fax 03 86 56 40 00*, ☂ – P. GB
fermé lundi sauf le midi en été et dim. soir – **Repas** 58/220 ♀.

aux Pommerats *par ⑤, rte de Venizy et D 129 : 4 km – ✉ 89210 Venizy :*

Moulin des Pommerats ⛵, ✆ 03 86 35 08 04, *Fax 03 86 43 47 88*, ☂, 🌳 – TV ☎ P – 🏛 30. GB
fermé dim. soir et lundi d'oct. à mars – **Repas** 95/310, enf. 60 – ☕ 55 – **19 ch** 300/450 – ½ P 215/290.

CITROEN Gar. Bleu, rte de Troyes ✆ 03 86 35 12 52 N ✆ 03 86 35 32 49
PEUGEOT Gar. de l'Europe, av. 8 Mai par ④ ✆ 03 86 35 06 05 N ✆ 03 86 35 12 81
RENAULT Gar. Autoflo, rte de Paris par ④ ✆ 03 86 35 06 26 N ✆ 08 00 05 15 15
Auto Service Pneumatiques, 5-7 r. de Lancôme ✆ 03 86 43 43 33

ST-FLORENT-LE-VIEIL *49410 M.-et-L. 63 ⑲ G. Châteaux de la Loire – 2 511 h alt. 45.*

Voir *Tombeau★ dans l'église – Esplanade ≤★.*
Office de Tourisme à la Mairie ✆ 02 41 72 62 32.
Paris 335 – Angers 42 – Ancenis 16 – Châteaubriant 66 – Château-Gontier 63 – Cholet 39.

Host. de la Gabelle, ✆ 02 41 72 50 19, *Fax 02 41 72 54 38*, ≤, ☂ – TV ☎. AE ⓓ GB
fermé 25 au 31 déc., dim. soir et lundi en hiver – **Repas** 78/250 ♀, enf. 42 – ☕ 35 – **18 ch** 180/270 – ½ P 215.

PEUGEOT Gar. Alloyer, ✆ 02 41 72 50 07

ST-FLOUR *15100 Cantal 76 ④ ⑭ G. Auvergne – 7 417 h alt. 783.*

Voir *Site★★ – Cathédrale★ B – Brassard★ dans le musée de la Haute Auvergne B H – Plateau de la Chaumette : calvaire ≤★ S : 3 km par D 40 puis 30 mn.*
Office de Tourisme av. du Dr. Mallet ✆ 04 71 60 22 50, Fax 04 71 60 05 14.
Paris 517 ① – Aurillac 75 ④ – Issoire 66 ① – Millau 132 ② – Le Puy-en-Velay 113 ① – Rodez 113 ③.

Plan page suivante

Ville basse :

Gd H. Étape, 18 av. République par ② ✆ 04 71 60 13 03, *Fax 04 71 60 48 05* – |♦| TV ☎ 🚗. AE ⓓ GB JCB
fermé janv., dim. soir et lundi sauf juil.-août – **Repas** (75) - 98/290 ♀, enf. 50 – ☕ 45 – **23 ch** 310/450 – ½ P 260/320.

St-Jacques, 8 pl. Liberté ✆ 04 71 60 09 20, *Fax 04 71 60 33 81*, 🏊 – |♦| TV ☎ 🚗. GB
fermé 15 nov. au 5 janv., vend. soir de nov. à Pâques et sam. sauf le soir de Pâques à nov. – **Repas** 90/235, enf. 50 - ***Grill*** *(fermé vend. soir et sam. midi de janv. à Pâques)* **Repas** carte environ 120 ♀ – ☕ 42 – **28 ch** 260/400 – ½ P 265/305. B s

Aub. de La Providence, 1 r. Château d'Alleuze par D 40 (sud du plan) ✆ 04 71 60 12 05, *Fax 04 71 60 33 94* – TV ☎ P. AE ⓓ GB
fermé 15 oct. au 15 nov., 1er au 15 janv., vend. soir et sam. du 1er nov. à Pâques et lundi – **Repas** (73) - 105/120 – ☕ 38 – **10 ch** 280/300 – ½ P 270/300.

Ville haute :

Europe, 12 cours Ternes ✆ 04 71 60 03 64, *Fax 04 71 60 03 45*, ≤ vallée – |♦| TV ☎ 🚗. GB A a
Repas 79/250 ♀, enf. 59 – ☕ 42 – **44 ch** 250/360 – ½ P 240/300.

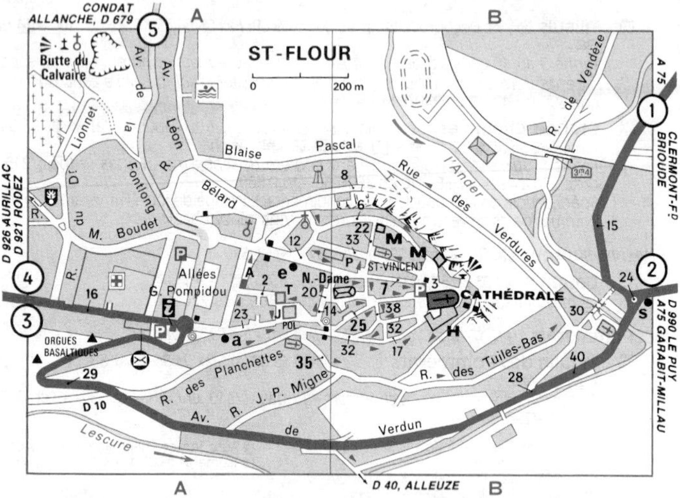

Gd H. Voyageurs, 25 r. Collège ✆ 04 71 60 34 44, *Fax 04 71 60 00 21* – |♦| ☎ 📞 🚗. ⓓ GB A e
Pâques-1er nov. – **Repas** 88/175, enf. 55 – ☕ 38 – **32 ch** 150/360 – ½ P 190/300.

CITROEN Gar. Bardoux, 47 av. République par ② ✆ 04 71 60 12 39
FIAT Gar. des Orgues, Av. de Verdun ✆ 04 71 60 34 76
LADA, OPEL Gar. Universel, 1 r. M.-Boudet ✆ 04 71 60 09 64
PEUGEOT Montplain Autom., av. Lioran, ZI Montplain par ④ ✆ 04 71 60 02 43 **N** ✆ 04 71 60 18 85

RENAULT Gar. Berthet, Av. République par ② ✆ 04 71 60 01 81
SEAT Gar. Teissedre, ZI Montplain, rte d'Aurillac ✆ 04 71 60 20 66 **N** ✆ 04 71 60 10 35

Ⓜ A 75 Pneus, ZI de Montplain par ④ ✆ 04 71 60 70 75
Auvergne Pneus, r. Rassemusse ✆ 04 71 60 32 79

ST-FRANÇOIS-LONGCHAMP *73130 Savoie* 74 ⑰ *G. Alpes du Nord – 236 h alt. 1400 – Sports d'hiver : 1 350/2 550 m* ⛷ *17.*

Paris 634 – Albertville 60 – Chambéry 71 – Moûtiers 34 – St-Jean-de-Maurienne 24.

Station Haute : Longchamp – ✉ *73130 La Chambre*

Cheval Noir, ✆ 04 79 59 10 88, *Fax 04 79 59 10 00*, ≤, 🍴, 🏊 – 📺 ☎ P. GB. ✗ rest
1er juil.-31 août et 22 déc.-20 avril – **Repas** 98/175 🍷, enf. 54 – ☕ 38 – **20 ch** 260/340, 7 duplex – ½ P 395/425.

ST-GALMIER *42330 Loire* 73 ⑱ *G. Vallée du Rhône – 4 272 h alt. 400.*

Voir *Vierge du Pilier★ et triptyque★ dans l'église.*

ℹ *Office de Tourisme bd Sud ✆ 04 77 54 06 08, Fax 04 77 54 06 07.*

Paris 499 – St-Étienne 26 – Lyon 58 – Montbrison 25 – Montrond-les-Bains 10 – Roanne 68.

Charpinière 🌿, ✆ 04 77 54 10 20, *Fax 04 77 54 18 79*, 🍴, parc, 🏋, 🏊, 🎾 – 📺 ☎ P – 🏛 40. AE ⓓ GB. ✗ rest
Repas 95/240 🍷 – ☕ 50 – **35 ch** 430 – ½ P 360.

Forez, 6 r. Didier Guetton ✆ 04 77 54 00 23, *Fax 04 77 54 07 49* – 📺 ☎ 📞 🚗 – 🏛 30. AE ⓓ GB
fermé 1er au 8 mars, 24 au 31 août et dim. soir – **Repas** 65/175 🍷 – ☕ 35 – **17 ch** 205/290 – ½ P 180/200.

XXX **Bougainvillier,** Pré Château ✆ 04 77 54 03 31, *Fax 04 77 94 95 93*, 🏞 – 🖃. GB
fermé 10 août au 4 sept., vacances de fév., dim. soir et lundi – **Repas** (prévenir) 90/270 et carte 220 à 330 ♀.

X **Poste,** r. Maurice André ✆ 04 77 54 00 30, ⇐ – 🖃. GB
fermé 17 juil. au 4 août, vacances de fév., mardi soir et merc. – **Repas** (dim. prévenir) 72/240.

RENAULT Gar. Pailleux, ✆ 04 77 54 06 71

ST-GAUDENS ⓈⓅ *31800 H.-Gar.* 86 ① *G. Pyrénées Aquitaine – 11 266 h alt. 405.*
Voir *Boulevards Jean-Bepmale et des Pyrénées* ⇐★ **Z.**
Office de Tourisme 2 r. Thiers ✆ 05 61 94 77 61, Fax 05 61 94 77 50.
Paris 784 ② – Bagnères-de-Luchon 46 ④ – Auch 75 ① – Foix 86 ② – Lourdes 83 ⑤ – Tarbes 64 ⑤ – Toulouse 92 ②.

ST-GAUDENS

République (R. de la) **Y** 17
Thiers (R.) . . . . **Y** 18
Victor-Hugo (R.) . . . . . **Z**

Boulogne (Av. de) . . . **Y** 2
Compagnons-du-Tour de-France (R. des). **Y** 3
Foch (Av. Mar.) . . . . . . **Z** 4
Isle (Av. de l') . . . . **Y** 5
Jaurès (Pl. Jean) . . . **YZ** 6
Joffre (Av. Mar.) . . . . . **Z** 7
Leclerc (Av. Gén.) . . . **Y** 8
Mathe (R.) . . . . **Y** 9
Mitterrand (Av. F.) . . . **Y** 12
Palais (Pl. du) . . . . **Y** 13
Pasteur (Bd) . . . . **Y** 14
Pyrénées (Bd des) . . . **Z** 16

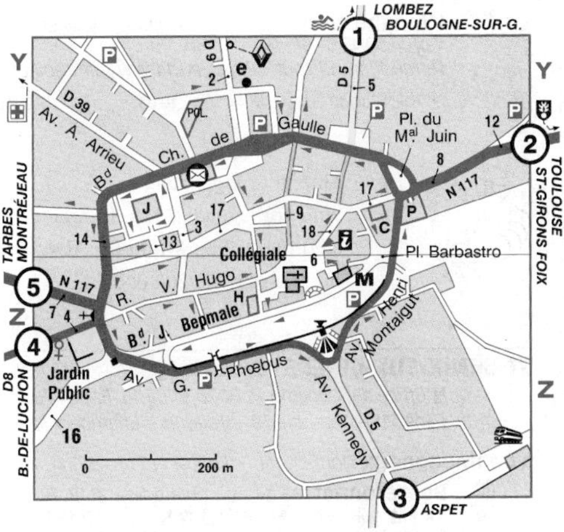

🏨 **Commerce,** av. Boulogne ✆ 05 61 89 44 77, *Fax 05 61 95 06 96* – 🛗 🖃 📺 ☎ 📞 ♿ 🚗. AE ⓓ GB **Y e**
fermé 23 déc. au 5 janv. – **Repas** 65 (dîner), 75/200 ♀, enf. 55 – ☕ 45 – **49 ch** 230/395 – ½ P 220/280.

🏨 **Beaurivage,** rte Luchon par ④ : *2 km* ✆ 05 61 94 76 70, *Fax 05 61 94 76 79*, 🏞 – 🚭 📺 ☎ 📞 – 🏛 30. AE ⓓ GB JCB
Repas carte 170 à 250 – ☕ 50 – **10 ch** 300/650 – ½ P 300.

à Valentine *par ④ : 4 km – 907 h. alt. 370 – ✉ 31800 St-Gaudens :*

XX **Connivence,** ✆ 05 61 95 29 31, *Fax 05 61 88 36 42*, 🏞, 🚗 – 🅿. GB
fermé sam. midi et lundi – **Repas** 120 bc/210 ♀.

AUDI, VOLKSWAGEN Gar. Dambax, N 117 à Estancarbon ✆ 05 61 95 43 43
CITROEN G.A.M., av. de Toulouse par ② ✆ 05 61 95 13 69 N ✆ 08 00 05 24 24
FORD ILS Autom., N 117 à Landorthe ✆ 05 61 95 07 38 N ✆ 05 61 89 43 10
PEUGEOT Gar. Comet, N 117 à Landorthe par ② ✆ 05 61 94 72 22
RENAULT S.I.A.C., 14 av. de Boulogne ✆ 05 61 94 77 94 N ✆ 05 61 95 07 07

Ⓜ Comptoir du Pneu, 162 av. de Toulouse ✆ 05 61 89 28 25
Euromaster, 5 pl. Mar.-Juin ✆ 05 61 89 11 24
Pyrénées Pneus Point S, N 117 à Villeneuve-de-Rivière ✆ 05 61 95 58 58 N ✆ 05 61 95 58 58

Some useful weights and measures

1 kilogram (1,000 grams) = 2.2 lb.
1 kilometer (1,000 meters) = 0.621 mile
10° C = 50° F 21° C = 70° F
1 liter = 1 ¾ pints 10 liters = 2.62 U.S. gals.

ST-GENIEZ-D'OLT *12130 Aveyron* 80 ④ *G. Gorges du Tarn – 1 988 h alt. 410.*

Office de Tourisme 4 r. du Cours ✆ 05 65 70 43 42, Fax 05 65 70 47 05.

Paris 617 – Rodez 44 – Espalion 28 – Florac 79 – Mende 67 – Sévérac-le-Château 25.

France, ✆ 05 65 70 42 20, *Fax 05 65 47 41 38* – 🛗 ✈ TV ☎ ✆. GB
25 mars-31 oct. – **Repas** (48) - 75/175 🍷 – ☕ 32 – **48 ch** 245/285 – ½ P 280/300.

RENAULT Gar. Crespo, ✆ 05 65 47 52 89 — **Gar. Fages,** ✆ 05 65 70 41 40

ST-GENIS-POUILLY *01630 Ain* 70 ⑮ *– 5 696 h alt. 445.*

Paris 526 – Bellegarde-sur-Valserine 28 – Bourg-en-Bresse 100 – Genève 11 – Gex 10.

XX **Aub. Charaux,** Sud-Ouest : 2 km sur D 984 ✉ 01710 Thoiry ✆ 04 50 42 29 38, *Fax 04 50 28 21 25*, 🏡, 🌳 – P. AE ⓓ GB
fermé 14 au 29 juil., 26 déc. au 5 janv., 20 fév. au 1er mars, dim. soir et lundi – **Repas** 100/300 🍷, enf. 50.

XX **L'Amphitryon,** Nord : 2 km sur D 984c et rte de Crozet, C 18 ✆ 04 50 20 64 64, *Fax 04 50 42 06 98*, 🏡 – P. GB
fermé 1er au 12 août, 29 déc. au 14 janv., dim. soir et lundi – **Repas** 90 (déj.), 150/290 🍷.

CITROEN Gar. du Centre, ✆ 04 50 42 10 03 — RENAULT Gar. Pelletier, ✆ 04 50 42 12 91

Eine gute Ergänzung
zum vorliegenden Hotelführer
sind die gelben **Michelin-Abschnittskarten**
im Maßstab 1 : 200 000.

ST-GÉNIX-SUR-GUIERS *73240 Savoie* 74 ⑭ *– 1 735 h alt. 235.*

Office de Tourisme ✆ 04 76 31 63 16, Fax 04 76 31 71 30.

Paris 515 – Grenoble 59 – Belley 23 – Chambéry 32 – Lyon 74.

à Champagneux *Nord-Ouest : 4 km par N 516 – 327 h. alt. 214 – ✉ 73240 :*

Bergeronnettes M 🐎, près église ✆ 04 76 31 50 30, *Fax 04 76 31 61 29*, ≤, 🏡, 🎾, 🌳 – 🛗 cuisinette, ▤ rest, TV ☎ ✆ ♿ P. ⓓ GB. ✗ ch
Repas 70/200 🍷, enf. 40 – ☕ 35 – **18 ch** 310/410 – ½ P 290.

RENAULT Gar. Borgey, ✆ 04 76 31 70 82

ST-GEORGES-DE-DIDONNE *17110 Char.-Mar.* 71 ⑮ *G. Poitou Vendée Charentes – 4 705 h alt. 7.*

Voir *Pointe de Vallières★ – Pointe de Suzac★ S : 3 km.*

Office de Tourisme bd Michelet ✆ 05 46 05 09 73, Fax 05 46 06 36 99.

Paris 504 – Royan 4 – Blaye 80 – Bordeaux 118 – Jonzac 56 – La Rochelle 81.

Floréal 🐎, 10 allée Repos ✆ 05 46 05 08 12, *Fax 05 46 06 30 70*, 🏡 – ✈ ☎ P. ⓓ GB
Repas *(1er avril-30 sept.)* 65/130 🍷, enf. 39 – ☕ 29 – **18 ch** 150/230 – ½ P 195/250.

Colinette 🐎, 16 av. Gde Plage ✆ 05 46 05 15 75, *Fax 05 46 06 54 17*, 🏡 – TV ☎. GB
fermé 15 déc. au 15 janv. – **Repas** *(fermé lundi, mardi, merc. et jeudi du 1er oct. au 1er avril sauf vacances scolaires)* 86/155 🍷, enf. 37 – ☕ 29 – **24 ch** 180/300 – ½ P 187/305.

Printemps 🐎, 7 av. Pelletan ✆ 05 46 05 14 65 – ☎ P. AE GB. ✗ ch
fermé 20 déc. au 15 janv. – **Repas** *(Pâques-fin sept.)* (dîner seul.) 85 – ☕ 28 – **12 ch** (½ pens. seul.) – ½ P 220/235.

ST-GEORGES-DE-RENEINS *69830 Rhône* 74 ① *– 3 509 h alt. 209.*

Paris 422 – Mâcon 28 – Bourg-en-Bresse 48 – Chauffailles 46 – Lyon 43 – Villefranche-sur-Saône 9.

Sables, r. Saône ✆ 04 74 67 64 08, *Fax 04 74 67 68 23* – TV ☎ P. AE GB. ✗ rest
Repas (dîner seul.) 69/92 🍷 – ☕ 25 – **18 ch** 160/185 – ½ P 250.

XX **Host. St-Georges,** N 6 ✆ 04 74 67 62 78 – GB
fermé 29 juil. au 22 août, vacances de Noël, dim. soir, mardi soir et merc. – **Repas** 78 (déj.), 112/245 🍷.

ST-GEORGES-D'ESPÉRANCHE *38790 Isère* 74 ⑫, 110 ㊲ – *2 221 h alt. 400.*
Paris 497 – Lyon 36 – Bourgoin-Jallieu 21 – Grenoble 91 – Vienne 20.

XX **Castel d'Espéranche,** ✆ 04 74 59 18 45, *Fax 04 74 59 04 40,* – P. AE GB
fermé 15 au 30 août, mardi et merc. – **Repas** 98/340 ♀, enf. 70.

RENAULT Gar. Berthon, ✆ 04 74 59 02 09 N ✆ 04 74 59 19 66

ST-GEORGES-D'OLÉRON *17 Char.-Mar.* 71 ⑬ – *voir à Oléron (Ile d').*

ST-GEORGES-LA-POUGE *23250 Creuse* 72 ⑩ – *328 h alt. 585.*
Paris 380 – Limoges 70 – Aubusson 22 – Bourganeuf 22 – Guéret 28 – Montluçon 71.

Domaine des Mouillères , Nord : 2 km par D 3 et rte secondaire ✆ 05 55 66 60 64, *Fax 05 55 66 68 80,* ≤, « Dans la campagne limousine », – ☎ P. GB.
1er avril-1er oct. – **Repas** (dîner seul.)(résidents seul.) carte environ 160 – ☐ 40 – **7 ch** 250/380.

ST-GEORGES-SUR-LOIRE *49170 M.-et-L.* 63 ⑲ ⑳ *G. Châteaux de la Loire* – *3 101 h alt. 50.*
Voir *Château de Serrant★★ NE : 2 km.*
Paris 311 – Angers 19 – Ancenis 40 – Châteaubriant 64 – Château-Gontier 56 – Cholet 47.

XX **Relais d'Anjou,** r. Nationale ✆ 02 41 39 13 38, *Fax 02 41 39 13 69* – AE GB
fermé 6 au 15 juil., 15 au 30 nov., mardi soir, dim. soir et lundi – **Repas** 160 bc/295 ♀.

X **Tête Noire,** r. Nationale ✆ 02 41 39 13 12 – GB.
fermé 2 au 22 août, 1er au 8 fév., vend. soir et sam. – **Repas** 70 (déj.), 109/260.

ST-GEORGES-SUR-MOULON *18110 Cher* 65 ⑪ – *645 h alt. 181.*
Paris 230 – Bourges 15 – Bonny-sur-Loire 63 – Cosne-sur-Loire 50 – Gien 63 – Orléans 107 – Salbris 41 – Vierzon 32.

St-Georges, D 940 ✆ 02 48 64 50 14, *Fax 02 48 64 13 67* – TV ☎ P – 30. GB
fermé dim. soir de mi-nov. à mi-mars – **Repas** 80/185 ♀, enf. 55 – ☐ 35 – **10 ch** 170/350 – ½ P 195/350.

ST-GERMAIN-DE-JOUX *01130 Ain* 74 ④ ⑤ – *465 h alt. 507.*
Paris 487 – Bellegarde-sur-Valserine 13 – Belley 67 – Bourg-en-Bresse 61 – Nantua 14 – St-Claude 31.

Reygrobellet, N 84 ✆ 04 50 59 81 13, *Fax 04 50 59 83 74* – TV ☎ P. GB.
fermé 9 au 17 mars, 30 juin au 10 juil., 13 oct. au 4 nov., dim soir et lundi – **Repas** 98/270 ♀ – ☐ 34 – **10 ch** 220/270 – ½ P 230/250.

ST-GERMAIN-DES-VAUX *50440 Manche* 54 ① – *489 h alt. 59.*
Voir *Baie d'Ecalgrain★★ S : 3 km – Port de Goury★ NO : 2 km.*
Env. *Nez de Jobourg★★ S : 7,5 km puis 30 mn – ≤★★ sur anse de Vauville SE : 9,5 km par Herqueville,* G. Normandie Cotentin.
Paris 383 – Cherbourg 28 – Barneville-Carteret 48 – Nez de Jobourg 7 – St-Lô 106.

XX **Moulin à Vent,** Est : 1,5 km par D 45 ✆ 02 33 52 75 20, *Fax 02 33 52 22 57,* ≤, – P. AE GB
Repas 98/170 ♀, enf. 45.

PEUGEOT Gar. Troude, à Beaumont-Hague ✆ 02 33 52 70 12

RENAULT Gar. Lecocq, à Beaumont ✆ 02 33 52 76 58 N ✆ 02 33 52 73 16

ST-GERMAIN-DE-TALLEVENDE *14 Calvados* 59 ⑨ – *rattaché à Vire.*

Besonders angenehme Hotels oder Restaurants
sind im Führer rot gekennzeichnet.
Sie können uns helfen,
wenn Sie uns die Häuser angeben,
in denen Sie sich besonders wohl gefühlt haben.
Jährlich erscheint eine komplett überarbeitete Ausgabe
aller Roten **Michelin-Führer**.

XXXXX ... X

ST-GERMAIN-DU-BOIS *71330 S.-et-L.* **70** ③ *G. Bourgogne – 1 856 h alt. 210.*
Paris 358 – Chalon-sur-Saône 31 – Dole 57 – Lons-le-Saunier 31 – Mâcon 73 – Tournus 45.

Host. Bressane avec ch, ✆ 03 85 72 04 69, *Fax 03 85 72 07 75*, intérieur régional pittoresque – ☎ **P**. GB
fermé 16 au 23 avril, 20 déc. au 10 janv., dim. soir et lundi sauf juil.-août – **Repas** 55/165, enf. 36 – ☕ 25 – **9 ch** 105/240 – ½ P 175/205.

ST-GERMAIN-DU-CRIOULT *14 Calvados* **59** ⑩ – *rattaché à Condé-sur-Noireau.*

ST-GERMAIN-EN-LAYE *78 Yvelines* **55** ⑲ ⑳, **101** ⑬ – *voir à Paris, Environs.*

ST-GERMAIN-LES-ARLAY *39200 Jura* **70** ④ – *465 h alt. 255.*
Paris 403 – Chalon-sur-Saône 56 – Besançon 75 – Dole 41 – Lons-le-Saunier 11 – Pontarlier 83.

Host. St-Germain avec ch, ✆ 03 84 44 60 91, *Fax 03 84 44 63 64*, – TV ☎ **P**. GB
fermé 1er au 15 nov. – **Repas** 110/215 ♀ – ☕ 40 – **8 ch** 300/350 – ½ P 300.

ST-GERMAIN-L'HERM *63630 P.-de-D.* **73** ⑯ – *533 h alt. 1050.*
Paris 482 – Clermont-Ferrand 68 – Ambert 27 – Brioude 32 – Le Puy-en-Velay 68 – St-Étienne 103.

France, ✆ 04 73 72 00 27, *Fax 04 73 72 02 33*, – ☎ . AE GB
fermé 10 oct. au 10 nov., 5 au 15 janv. et merc. hors saison – **Repas** (45) - 70/170 ♀ – ☕ 40 – **20 ch** 145/315 – ½ P 205/245.

ST-GERMAIN-SUR-L'ARBRESLE *69210 Rhône* **73** ⑲ – *942 h alt. 300.*
Voir *Couvent d'Eveux★ S : 5 km,* G. Vallée du Rhône.
Paris 454 – Lyon 28 – Roanne 61 – Tarare 20 – Villefranche-sur-Saône 23.

Becs Dorés, Nord : 2 km par D 19 ✆ 04 74 26 92 00, *Fax 04 74 01 48 52*, – **P**. GB
fermé août, 23 au 31 janv., dim. soir, mardi soir et merc. – **Repas** 90 (déj.), 130/180 ♀.

ST-GERMER-DE-FLY *60850 Oise* **55** ⑧ ⑨ *G. Flandres Artois Picardie – 1 585 h alt. 105.*
Voir *Église★ – ≤★ de la D 129 SE : 4 km.*
Office de Tourisme pl. de Verdun ✆ 03 44 82 62 74.
Paris 91 – Rouen 59 – Les Andelys 40 – Beauvais 27 – Gisors 20 – Gournay-en-Bray 7.

Aub. de l'Abbaye, ✆ 03 44 82 50 73, *Fax 03 44 82 64 54* – GB
fermé dim. soir, mardi soir et merc. – **Repas** 65 (déj.), 95/160, enf. 50.

ST-GERVAIS *33 Gironde* **75** ⑪ – *rattaché à St-André-de-Cubzac.*

ST-GERVAIS-D'AUVERGNE *63390 P.-de-D.* **73** ③ *G. Auvergne – 1 419 h alt. 725.*
Office de Tourisme r. E. Maison ✆ 04 73 85 80 94.
Paris 378 – Clermont-Ferrand 54 – Aubusson 76 – Gannat 42 – Montluçon 47 – Riom 39 – Ussel 87.

Castel H. 1904, ✆ 04 73 85 70 42, *Fax 04 73 85 84 39*, « Hostellerie rustique au charme ancien », – TV ☎ **P**. AE GB.
Pâques-12 nov. – **Repas** *(fermé dim. soir, mardi midi et lundi)* 179/269 - ***Comptoir à Moustaches*** (bistrot) Repas 75/175 ♀ – ☕ 45 – **17 ch** 310/350 – ½ P 275.

Relais d'Auvergne, rte Châteauneuf ✆ 04 73 85 70 10, *Fax 04 73 85 85 66* – TV ☎ **P**. GB
fermé 1er janv. au 15 fév. et dim. soir du 1er oct. au 31 mars – **Repas** (55) - 68/138 ♀ – ☕ 28 – **12 ch** 130/220 – ½ P 170/200.

ST-GERVAIS-EN-VALLIÈRE *71350 S.-et-L.* **70** ② – *269 h alt. 203.*
Paris 324 – Chalon-sur-Saône 24 – Beaune 17 – Chagny 19 – Verdun-sur-le-Doubs 10.

à Chaublanc *Nord-Est : 3 km par D 94 et D 183 – ✉ 71350 St-Gervais-en-Vallière :*

Moulin d'Hauterive, ✆ 03 85 91 55 56, *Fax 03 85 91 89 65*, , parc, , , – TV ☎ **P** – 30. AE GB. rest
fermé 1er déc. au 31 janv., mardi midi et lundi sauf juil.-août – **Repas** 105 (déj.), 240/400 ♀, enf. 80 – ☕ 70 – **11 ch** 530/650, 6 appart, 5 duplex – ½ P 730/780.

ST-GERVAIS-LES-BAINS *74170 H.-Savoie* 74 ⑧ *G. Alpes du Nord – 5 124 h alt. 820 – Stat. therm. (30 mars - 7 nov.) – Sports d'hiver : 850/2 350 m 4 39.*

Env. Route du Bettex★★★ 8 km par ③ puis D 43 – Le Planey ★★ S : 10,5 km par D 43 – Site★★ de St-Nicolas-de-Véroce S : 9 km par D 43 – Le Plateau de la Croix ★★ S : 12 km par D 43.

08 36 35 35 35.

Office de Tourisme av. Mont-Paccard 04 50 47 76 08, Fax 04 50 47 75 69.

Paris 598 ⑤ – Chamonix-Mont-Blanc 24 ① – Annecy 82 ⑤ – Bonneville 42 ⑤ – Megève 12 ③ – Morzine 57 ⑤.

Carlina, r. Rosay **(w)** 04 50 93 41 10, *Fax 04 50 93 56 26*, ≤, – AE GB.
15 juin-30 sept. et 20 déc.-15 avril – **Repas** 135/180, enf. 80 – 48 – **34 ch** 429/610 – 1/2 P 650.

Val d'Este, pl. Église **(b)** 04 50 93 65 91, *Fax 04 50 47 76 29*, ≤ – AE GB
fermé 12 nov. au 18 déc. – **Repas** *(fermé 8 au 17 juin, 12 nov. au 18 déc. et merc. d'avril à juin et sept.-oct.)* (72) - 98/128 – 40 – **14 ch** 255/378 – 1/2 P 278/340.

Edelweiss sans rest, chemin du Vorassay par ② **(u)** 04 50 93 44 48, *Fax 04 50 47 75 05*, ≤ – GB
35 – **14 ch** 195/315.

au Bettex *Sud-Ouest : 8 km par D 43 ou par télécabine, station intermédiaire – 74170 St-Gervais-les-Bains :*

Arbois-Bettex M, 04 50 93 12 22, *Fax 04 50 93 14 42*, ≤ Massif Mt-Blanc, – GB. rest
1er juil.-31 août et 20 déc.-20 avril – **Repas** carte 160 à 230, enf. 55 – 50 – **33 ch** 410/760 – 1/2 P 600/670.

Flèche d'Or, 04 50 93 11 54, ≤ Massif Mt-Blanc, – GB
fin juin-fin août et Noël-15 avril – **Repas** 90/100 – 40 – **16 ch** (1/2 pens. seul.) – 1/2 P 400/440.

au Mont d'Arbois *par télécabine – 74190 Le Fayet :*

Chez la Tante, à la station supérieure (accès piétonnier) 04 50 21 31 30, *Fax 04 50 21 31 33*, « exceptionnel de la chaîne des Aravis au Mt-Blanc », – AE GB. rest
1er juil.-15 sept. et 15 déc.-15 avril – **Repas** (self au déj. en hiver) carte 140 à 190 – 35 – **25 ch** 290/350 – 1/2 P 415.

voir aussi *à Megève* : **L'Igloo** *(accès piétonnier)*

FORD Gar. Tuaz, 04 50 78 30 75

Le Fayet – *74190.*

Syndicat d'Initiative r. de la Poste 04 50 93 64 64, Fax 04 50 78 38 48.

Chaumière, av. Genève **(a)** 04 50 93 60 10, *Fax 04 50 78 37 23* – AE GB
fermé 20 nov. au 15 déc. – **Repas** 92/255, enf. 51 – 38 – **22 ch** 310/360 – 1/2 P 320/350.

ST-GERVAIS-LES-BAINS LE FAYET

Comtesse (R.) 2
Gontard (Av.) 4
Miage (Av. de) 5
Mont-Blanc (R. et jardin du) 6
Mont-Lachat (R. du) 7

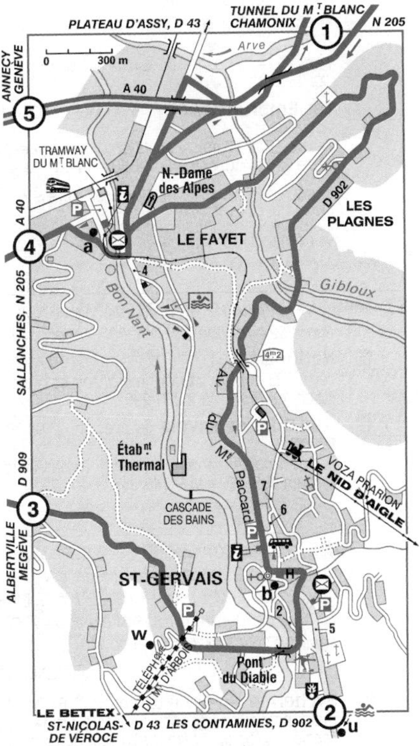

EUROPE on a single sheet Michelin map no 970.

ST-GILLES *30800 Gard* 83 ⑨ *G. Provence* **(plan)** – *11 304 h alt. 10.*

Voir *Façade★★ et crypte★ de l'église – Vis de St-Gilles★.*

Office de Tourisme pl. Mistral ☎ 04 66 87 33 75, Fax 04 66 87 16 28.

Paris 723 – Montpellier 58 – Aigues-Mortes 37 – Arles 17 – Beaucaire 26 – Lunel 32 – Nîmes 19.

Cours, 10 av. F. Griffeuille ☎ 04 66 87 31 93, *Fax 04 66 87 31 83,* – TV ☎. AE ⓓ GB JCB
fermé 15 déc. au 28 fév. – **Repas** 62/150, enf. 41 – 33 – **34 ch** 240/315 – ½ P 240/255.

Clément IV, port de plaisance ☎ 04 66 87 00 66 – GB
fermé janv., dim. soir et lundi – **Repas** 115/130.

Rascasse, 16 av. F. Griffeuille ☎ 04 66 87 42 96 – . GB
fermé fév., mardi soir hors saison et merc. – **Repas** 69/130, enf. 50.

rte d'Arles *Est : 3,5 km – ✉ 13200 Arles :*

Les Cabanettes, ☎ 04 66 87 31 53, *Fax 04 66 87 35 39,* – TV ☎ P – 25. AE ⓓ GB JCB
fermé 25 janv. au 28 fév. – **Repas** 135/200, enf. 72 – 50 – **29 ch** 435 – ½ P 375.

RENAULT Camargues Autom., rte de Nîmes ☎ 04 66 87 41 14 N ☎ 04 66 87 41 14

Ayme Pneus, rte de Nîmes ☎ 04 66 87 08 30

ST-GILLES-CROIX-DE-VIE *85800 Vendée* 67 ⑫ *G. Poitou Vendée Charentes* – *6 296 h alt. 12* – *Casino "Le Royal Concorde".*

St-Jean-de-Monts ☎ 02 51 58 82 73, N par D 38 : 20 km ; des Fontenelles ☎ 02 51 54 13 94, E par D 6 : 11 km.

Office de Tourisme Forum du Port de Plaisance, bd Égalité ☎ 02 51 55 03 66, Fax 02 51 55 69 60.

Paris 459 – La Roche-sur-Yon 45 – Challans 20 – Cholet 98 – Nantes 77 – Les Sables-d'Olonne 30.

Les Embruns avec ch, 16 bd Mer ☎ 02 51 55 11 40, *Fax 02 51 55 11 20,* ←, – TV ☎ . GB.
fermé 15 au 30 nov., 2 au 15 janv., dim. soir et lundi du 15 sept. au 30 avril – **Repas** 80/350 et carte 280 à 410, enf. 65 – 50 – **14 ch** 250/450 – ½ P 300/350.

CITROEN Gar. Goillandeau, rte des Sables, Km 3 à Givrand ☎ 02 51 55 89 94
FORD Pineau-Bossard, 39 r. du Mar. Leclerc ☎ 02 51 55 19 25
PEUGEOT EL.ME.CA., 2 r. Pasteur ☎ 02 51 55 10 19
RENAULT Gar. Raffin, Le Fenouiller ☎ 02 51 55 84 92

ST-GINGOLPH *74500 H.-Savoie* 70 ⑱ *G. Alpes du Nord* – *677 h alt. 385.*

Paris 559 – Thonon-les-Bains 28 – Annecy 101 – Évian-les-Bains 18 – Montreux 19.

National, ☎ 04 50 76 72 97, *Fax 04 50 76 71 93,* ← – ☎ P. AE GB. ch
fermé 23 oct. au 24 nov., mardi soir et merc. sauf juil.-août – **Repas** 100/250 – 38 – **12 ch** 190/330 – ½ P 230/290.

Aux Ducs de Savoie avec ch, ☎ 04 50 76 73 09, *Fax 04 50 76 74 31,* ←, – ☎ P. AE GB
fermé lundi et mardi hors saison – **Repas** 145 (déj.)/320 et carte 250 à 430, enf. 85 – 37 – **10 ch** 195/260 – ½ P 330/335.

ST-GIRONS SP *09200 Ariège* 86 ③ – *6 596 h alt. 398.*

Voir *St-Lizier : Cloître★ de la cathédrale N : 2 km,* **G. Pyrénées Aquitaine.**

Env. *Grotte du Mas d'Azil★★ NE : 23 km,* **G. Pyrénées Roussillon.**

Office de Tourisme pl. A.-Sentein ☎ 05 61 96 26 60, Fax 05 61 96 26 69.

Paris 793 ① – Foix 44 ② – Auch 110 ① – St-Gaudens 42 ① – Toulouse 101 ①.

Plan page ci-contre

Eychenne, 8 av. P. Laffont ☎ 05 61 04 04 50, *Fax 05 61 96 07 20,* , « Bel aménagement intérieur », – rest, TV ☎ P – 35. AE ⓓ GB B a
fermé 22 déc. au 31 janv., dim. soir et lundi de nov. à mars sauf fériés – **Repas** 135/320 et carte 200 à 320 – 48 – **42 ch** 290/565 – ½ P 380/443
Spéc. Foie de canard frais aux raisins. Gigot de lotte safrané. Soufflé au Grand Marnier. **Vins** Pacherenc du Vic-Bilh, Madiran.

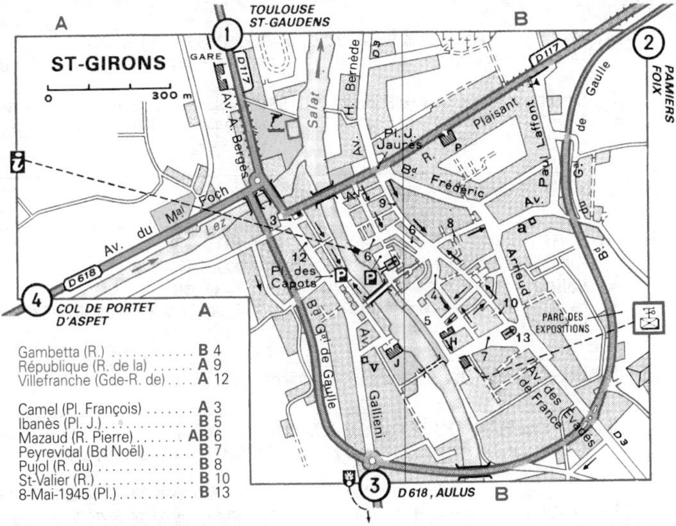

Gambetta (R.) . . . . B 4
République (R. de la) . . . . . . A 9
Villefranche (Gde-R. de) . . . . A 12

Camel (Pl. François) . . . . A 3
Ibanès (Pl. J.) . . . . B 5
Mazaud (R. Pierre) . . . . AB 6
Peyrevidal (Bd Noël) . . . . B 7
Pujol (R. du) . . . . B 8
St-Valier (R.) . . . . B 10
8-Mai-1945 (Pl.) . . . . B 13

Château de Seignan ♨, par ② : *2,5 km* ✆ 05 61 96 08 80, *Fax 05 61 96 08 20*, ☂, « Belle demeure dans un parc », ⛱, 🎾 – TV ☎ P. AE ① GB
fermé 2 nov. au 16 déc., dim. soir et lundi du 16 déc. au 31 avril – **Repas** 150/350 bc – ☕ 47 – **9 ch** 550/890 – ½ P 385/600.

Mirouze, 19 av. Gallieni ✆ 05 61 66 12 77, *Fax 05 61 04 81 59*, ☂, 🪑 – ☎ P. AE GB
fermé 21 déc. au 31 janv., dim. soir et lundi midi du 15 oct. au 31 mars – **Repas** 72/135 ♨, enf. 45 – ☕ 30 – **24 ch** 120/250 – ½ P 160/245. A V

à Lorp-Sentaraille *par ① : 4 km – 1 092 h. alt. 361 – ✉ 09190 St-Lizier :*

Horizon 117, ✆ 05 61 66 26 80, *Fax 05 61 66 26 08*, ☂, ⛱, 🪑 – TV ☎ ✆ P. AE ① GB
fermé 1er au 18 nov., sam. midi et dim. soir d'oct. à mai – **Repas** 75/210 ♀, enf. 45 – ☕ 35 – **20 ch** 260/330 – ½ P 270/310.

CITROEN Sté Autom. du Couserans, av. Résistance, l'Arial par ③ ✆ 05 61 66 34 45
PEUGEOT SEGAC, rte de Toulouse à St-Lizier par ① ✆ 05 61 66 31 00 N ✆ 06 09 65 70 49
RENAULT Austria Auto, rte de Toulouse à St-Lizier par ① ✆ 05 61 04 06 08 N ✆ 05 61 96 09 09

Euromaster, Chantereine St-Lizier ✆ 05 61 66 00 81
St-Girons Pneus, 77 bis rte de Foix ✆ 05 61 66 79 50

ST-GOBAIN *02410 Aisne* 56 ④ *G. Flandres Artois Picardie – 2 321 h alt. 200.*

Voir *Forêt★★.*

Paris 139 – Compiègne 57 – St-Quentin 31 – La Fère 8 – Laon 20 – Noyon 34 – Soissons 30.

Parc, ✆ 03 23 52 80 58, ☂, 🪑 – P. GB
fermé 14 juil. au 14 août, dim. soir et lundi – **Repas** 90 (déj.)/170 ♀.

ST-GRÉGOIRE *35 I.-et-V.* 59 ⑰ *– rattaché à Rennes.*

ST-GUÉNOLÉ *29 Finistère* 58 ⑭ *G. Bretagne – ✉ 29760 Penmarch.*

Voir *Musée préhistorique★ – ≤★★ du phare d'Eckmühl★ S : 2,5 km – Église★ de Penmarch SE : 3 km – Pointe de la Torche ≤★ NE : 4 km.*

ℹ *Office de Tourisme pl. du Mar.-Davout ✆ 02 98 58 81 44, Fax 02 98 58 86 62.*

Paris 588 – Quimper 33 – Douarnenez 41 – Guilvinec 8 – Plonéour-Lanvern 16 – Pont-l'Abbé 14.

Sterenn ♨, rte phare d'Eckmühl ✆ 02 98 58 60 36, *Fax 02 98 58 71 28*, ≤ pointe de Penmarch – ▤ rest, TV ☎ P. AE GB. ✂
5 avril-11 oct. et fermé lundi sauf du 15 juin au 14 sept. – **Repas** 80/300 ♀, enf. 60 – ☕ 40 – **16 ch** 350/450 – ½ P 370/430.

Héol sans rest, r. L. Le Lay ✆ 02 98 58 71 71, *Fax 02 98 58 64 02*, ≤, ⛱ – TV ☎ P. GB
13 juin-13 sept. – ☕ 40 – **18 ch** 285/450.

Mer, 184 r. F. Péron ✆ 02 98 58 62 22, *Fax 02 98 58 53 86* – TV ☎. GB
fermé 5 janv. au 10 fév., dim. soir et lundi hors saison – **Repas** 90/270 ♀ – ☕ 40 – **15 ch** 310 – ½ P 350/370.

Ondines ⛰, rte phare d'Eckmühl ✆ 02 98 58 74 95, *Fax 02 98 58 73 99*, 🏝 – ☎. GB
avril-déc. et fermé mardi sauf du 15 sept. au 15 juin – **Repas** 70/200 – ☕ 35 – **16 ch** 265/285 – ½ P 295.

ST-GUIRAUD *34 Hérault* 83 ⑤ – *rattaché à Clermont-l'Hérault.*

ST-HAON *43340 H.-Loire* 76 ⑯ *G. Auvergne – 428 h alt. 1000.*
Paris 566 – Mende 68 – Le Puy-en-Velay 29 – Langogne 30.

Vallée ⛰, ✆ 04 71 08 20 73, *Fax 04 71 08 29 21* – ☎. GB
fermé 1er janv. au 1er mars et lundi d'oct. à avril – **Repas** 75/200 ♀ – ☕ 36 – **10 ch** 180/230 – ½ P 240.

ST-HILAIRE-D'OZILHAN *30 Gard* 80 ⑲ – *rattaché à Remoulins.*

ST-HILAIRE-DU-HARCOUËT *50600 Manche* 59 ⑨ *G. Normandie Cotentin – 4 489 h alt. 70.*
Office de Tourisme pl. du Bassin ✆ 02 33 49 15 27 et (hors saison) à la Mairie ✆ 02 33 49 10 06.
Paris 338 – Alençon 99 – Avranches 27 – Caen 101 – Fougères 29 – Laval 67 – St-Lô 69.

Résidence sans rest, rte Fougères ✆ 02 33 49 10 14, *Fax 02 33 49 53 70*, 🌳 – |‡| TV ☎ P. AE ⓓ GB
28 fév.-1er nov. – ☕ 37 – **25 ch** 230/350.

Cygne, rte Fougères ✆ 02 33 49 11 84, *Fax 02 33 49 53 70* – |‡| TV ☎ – 🏛 60. AE ⓓ GB
fermé 3 au 18 janv., vend. soir et sam. midi du 15 oct. au 15 avril – **Repas** 58 (déj.), 75/220 ♀, enf. 42 – ☕ 37 – **19 ch** 230/310 – ½ P 245/310.

CITROEN Gar. Ledebt-Aubril, 77 r. de Paris ✆ 02 33 49 10 89
OPEL Gar. Lemaréchal, ZA la Fosse aux Loups ✆ 02 33 49 21 90
PEUGEOT Gar. Lemonnier, rte de Paris ✆ 02 33 49 24 90 N ✆ 02 33 49 24 90
RENAULT Gar. Boulaux, 64 r. de Paris ✆ 02 33 49 20 71 N ✆ 02 33 49 20 71

ST-HILAIRE-DU-ROSIER *38840 Isère* 77 ③ – *1 731 h alt. 240.*
Paris 575 – Valence 39 – Grenoble 61 – Romans-sur-Isère 17 – St-Marcellin 9.

XXX **Bouvarel** avec ch, à St-Hilaire-gare, Sud : 4 km ✆ 04 76 64 50 87, *Fax 04 76 64 58 47*, 🏝, « Jardin fleuri », 🏊 – TV ☎ P. AE ⓓ GB
✿ *fermé 4 au 22 janv., lundi hors saison et dim. soir* – **Repas** 198/460 et carte 330 à 510 ♀ – ☕ 70 – **13 ch** 330/390 – ½ P 540
Spéc. Ravioles "fait maison" crémées aux truffes. Turbot braisé au champagne. Poulet sauté aux écrevisses (avril à oct.). **Vins** Hermitage, Crozes-Hermitage.

ST-HILAIRE-LE-CHÂTEAU *23250 Creuse* 72 ⑨ ⑩ – *296 h alt. 453.*
Paris 380 – Limoges 62 – Aubusson 25 – Bourganeuf 14 – Guéret 27 – Montluçon 79.

XXX **du Thaurion** avec ch, ✆ 05 55 64 50 12, *Fax 05 55 64 90 92*, 🏝, 🌳 – TV ☎ P. AE ⓓ GB
fermé 20 déc. au 20 fév., jeudi midi et merc. sauf juil.-août – **Repas** 98/450 et carte 200 à 320 ♀ – ☕ 45 – **9 ch** 300/600.

ST-HILAIRE-PETITVILLE *50 Manche* 54 ⑬ – *rattaché à Carentan.*

ST-HILAIRE-ST-FLORENT *49 M.-et-L.* 64 ⑫ – *rattaché à Saumur.*

ST-HIPPOLYTE *25190 Doubs* 66 ⑱ *G. Jura – 1 128 h alt. 380.*
Voir Site★ – Vallée du Dessoubre★ S.
Office de Tourisme (saison) ✆ 03 81 96 53 75.
Paris 486 – Besançon 90 – Basel 85 – Belfort 49 – Montbéliard 30 – Pontarlier 72.

Bellevue, rte Maîche ✆ 03 81 96 51 53, *Fax 03 81 96 52 40*, 🏝 – TV ☎ 📞 🚗 P. GB
fermé dim. soir et lundi sauf juil.-aout – **Repas** 85/210 bc 🍷 – ☕ 42 – **16 ch** 150/285 – ½ P 258/272.

Une réservation confirmée par écrit ou par fax est toujours plus sûre.

ST-HIPPOLYTE *68590 H.-Rhin* 62 ⑲ *G. Alsace Lorraine – 1 078 h alt. 234.*

Env. *Château du Haut-Koenigsbourg*★★ : ※★★ *NO : 8 km.*

Paris 433 – Colmar 20 – Ribeauvillé 7 – St-Dié 42 – Sélestat 10 – Villé 18.

Aux Ducs de Lorraine ⛰, ☎ 03 89 73 00 09, *Fax 03 89 73 05 46,* ← – |‡|, ▤ rest, TV ☎ P – 🏔 40. GB. ✻ ch
fermé 24 nov. au 10 déc. et 10 janv. au 15 fév. – **Repas** *(fermé dim. soir de nov. à mi-mai et lundi)* 95 (déj.), 115/320 ₸ – ☕ 60 – **42 ch** 400/700 – ½ P 460/600.

Parc M ⛰, ☎ 03 89 73 00 06, *Fax 03 89 73 04 30,* 🏞, 🏋, ⛲, 🌳 – |‡| TV ☎ ✆ ♿ P – 🏔 50. AE ⓓ GB
fermé 6 janv. au 6 fév. – **Repas** *(fermé lundi)* 145/350 ₸ - ***Winstub Rabseppi-Stebel*** *(fermé lundi)* **Repas** carte environ 170 ₸, enf. 65 – ☕ 60 – **31 ch** 280/600, 6 duplex – ½ P 350/500.

Vignette, ☎ 03 89 73 00 17, *Fax 03 89 73 05 69* – |‡| ☎. GB. ✻ ch
fermé 1er au 6 mars, 29 juin au 4 juil., 20 déc. au 20 janv. et merc. hors saison – **Repas** *(fermé mardi soir hors saison et merc.)* 95/200 ₸, enf. 55 – ☕ 38 – **25 ch** 200/370 – ½ P 243/328.

PEUGEOT Gar. Thirion, ☎ 03 89 73 03 26

ST-HIPPOLYTE *63 P.-de-D.* 73 ④ *– rattaché à Châtelguyon.*

ST-HIPPOLYTE *12140 Aveyron* 76 ⑫ *– 541 h alt. 695.*

Paris 589 – Aurillac 43 – Rodez 60 – Entraygues-sur-Truyère 14 – Espalion 40 – Figeac 71.

St-Hippolyte M ⛰, ☎ 05 65 66 60 00, *Fax 05 65 66 60 01,* ←, 🏞, ⛲, 🌳 – |‡| TV ☎ ✆ ♿ P – 🏔 25. GB
1er avril-1er nov. – **Repas** *(fermé merc. sauf juil.-août)* 65 (déj.), 85/155 🍷, enf. 45 – ☕ 38 – **17 ch** 250/370 – ½ P 235/320.

Avec votre guide Rouge utilisez la ***carte*** *et le guide Vert* ***Michelin*** *:
ils sont inséparables.*

ST-HONORAT (Ile) ★★ *06 Alpes-Mar.* 84 ⑨, 115 ㉟ ㊴ *G. Côte d'Azur.*

Voir *Ancien monastère fortifié*★ : ←★★ – *Tour de l'île*★★.

Accès *par transports maritimes.*

⛴ *depuis* **Golfe-Juan et Juan-les-Pins** *(escale à l'Ile Ste-Marguerite). En saison - Traversée 45 mn – Renseignements et tarifs : Transports Maritimes Cap d'Antibes, Port de Golfe Juan ☎ 04 93 63 45 94, Fax 04 93 63 74 27 (Golfe-Juan) et ☎ 04 92 93 02 36 (Juan-les-Pins).*

depuis **Cannes** *Traversée 30 min- Renseignements et tarifs: Compagnie Esterel Chanteclair ☎ 04 93 39 11 82, Fax 04 92 98 80 32.*

ST-HONORÉ-LES-BAINS *58360 Nièvre* 69 ⑥ *G. Bourgogne – 754 h alt. 300 – Stat. therm. (avril-sept.) – Casino .*

🅸 *Office de Tourisme pl. du Marché ☎ 03 86 30 71 70, Fax 03 86 30 71 70.*

Paris 304 – Château-Chinon 28 – Luzy 22 – Moulins 68 – Nevers 69 – St-Pierre-le-Moutier 67.

Lanoiselée, 4 av. Jean Mermoz ☎ 03 86 30 75 44, *Fax 03 86 30 75 66,* 🏞, 🌳 – TV ☎ ♿ P. GB
Repas 75/130, enf. 50 – ☕ 30 – **18 ch** 250/330 – P 300.

Aub. du Pré Fleuri, 22 av. Jean Mermoz ☎ 03 86 30 74 96, *Fax 03 86 30 64 61,* 🏞, 🌳 – TV ☎ P. AE GB
fermé fév., dim. soir et lundi d'oct. à mars – **Repas** 92/187, enf. 60 – ☕ 40 – **9 ch** 290/340 – P 385.

RENAULT Gar. Savinois, ☎ 03 86 30 71 81

ST-IGNACE (Col de) *64 Pyr.-Atl.* 85 ② *– rattaché à Ascain.*

ST-JACQUES-DES-BLATS *15800 Cantal* 76 ③ *– 352 h alt. 990.*

Paris 540 – Aurillac 36 – Brioude 74 – Issoire 88 – St-Flour 39.

Griou, ☎ 04 71 47 06 25, *Fax 04 71 47 00 16,* ←, 🏞, 🌳 – ☎ ✆ ♿ P. GB. ✻ rest
fermé 2 nov. au 22 déc. – **Repas** 70/170 ₸, enf. 45 – ☕ 30 – **20 ch** 210/250 – ½ P 220/250.

Brunet ⛰, ☎ 04 71 47 05 86, *Fax 04 71 47 04 27,* ←, 🏞, 🌳 – ☎ ✆ ♿ P. GB. ✻ rest
fermé 11 oct. au 19 déc. – **Repas** 75/140, enf. 40 – ☕ 30 – **17 ch** 200/260 – ½ P 220/255.

ST-JAMES *50240 Manche* 59 ⑧ *G. Normandie Cotentin – 2 976 h alt. 100.*
Voir Cimetière américain.
Paris 347 – St-Malo 61 – Avranches 19 – Fougères 23 – Rennes 63 – St-Lô 77.

Normandie, pl. Bagot ☎ 02 33 48 31 45, *Fax 02 33 48 31 37* – TV ☎. GB
fermé 24 déc. au 15 janv. – **Repas** *(fermé dim. soir du 15 nov. au 15 fév.)* 74/230 ♀, enf. 50 – ☐ 37 – **14 ch** 180/260 – ½ P 280.

ST-JEAN *06 Alpes-Mar.* 84 ⑧, 114 ㉖, 115 ㉞ – *rattaché à Pégomas.*

ST-JEAN-CAP-FERRAT *06230 Alpes-Mar.* 84 ⑩, 115 ㉗ *G. Côte d'Azur – 2 248 h alt. 12.*
Voir Fondation Ephrussi-de-Rothschild★★ **M** *: site★★, musée Ile de France★★, jardins★ – Phare ✲★★ – Pointe de St-Hospice ≤★ de la chapelle.*
ℹ *Office de Tourisme av. D.-Semeria ☎ 04 93 76 08 90, Fax 04 93 76 16 67.*
Paris 937 ④ – *Nice 9* ④ – *Menton 31* ③.

ST-JEAN-CAP-FERRAT

Les flèches noires indiquent les sens uniques supplémentaires l'été

Albert-Ier (Av.) 2
Centrale (Av.) 3
États-Unis (Av. des) . . 5
Gaulle (Bd Gén. de) . . 6
Grasseuil (Av.) 7
Libération (Bd) 9
Mermoz (Av. J.) 12
Passable (Ch. de) 13
Phare (Av. du) 14
Puncia (Av. de la) 15
St-Jean (Pont) 16
Sauvan (Bd H.) 17
Semeria (Av. D.) 18
Verdun (Av. de) 20
Vignon (Av. C.) 21

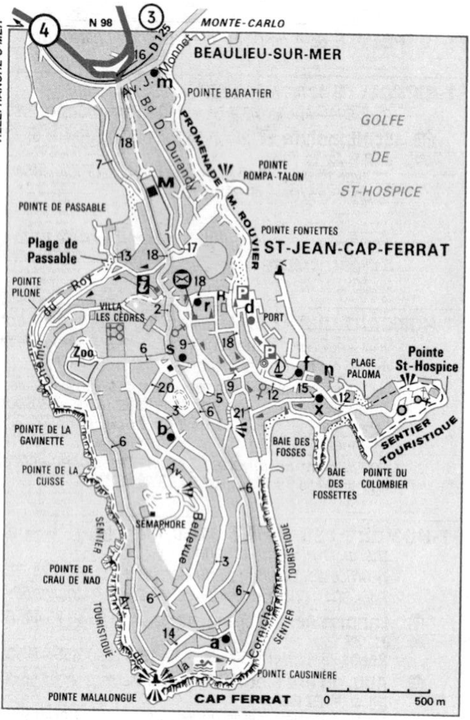

Grand H. du Cap Ferrat Ⓜ, bd Gén. de Gaulle au Cap-Ferrat **(a)** ☎ 04 93 76 50 50, *Fax 04 93 76 04 52*, ≤ mer, « Vaste parc, jardin fleuri, en bord de mer, funiculaire privé », – TV ☎ P – 40. AE GB. rest
fermé 3 janv. au 1er mars – **Repas** 420/490 et carte 460 à 620 ♀ - ***Club Dauphin*** à la piscine *(Pâques-début nov.)* **Repas** (déj. seul.) carte 390 à 530 ♀, enf. 120 – ☐ 120 – **55 ch** 3100/6500, 4 appart – ½ P 2000/3700
Spéc. Risotto aux légumes croquants et parmesan. Filet de Saint-Pierre aux artichauts en barigoule. Tourte tiède aux framboises, glace au miel de lavande. **Vins** Cassis, Bandol.

Royal Riviera Ⓜ, av. J. Monnet **(m)** ☎ 04 93 76 31 00, *Fax 04 93 01 23 07*, ≤, « Jardin fleuri, » – TV ☎ P – 100. AE GB JCB. rest
Le Cap : Repas 220 bc/390 ♀, enf. 120 – ***La Pergola*** à la piscine *(4 avril-4 oct.)* **Repas** (déj. seul.) 190/250 ♀, enf. 80 – ☐ 120 – **77 ch** 1300/3000 – ½ P 910/1760.

Voile d'Or, au port **(f)** ✆ 04 93 01 13 13, *Fax 04 93 76 11 17,* « < port et golfe, terrasse, piscine en bord de mer », – 25
20 mars-30 oct. – **Repas** 250 (déj.), 290/340 – 120 – **45 ch** 1680/3400, 5 appart.

Brise Marine sans rest, av. J. Mermoz **(x)** ✆ 04 93 76 04 36, *Fax 04 93 76 11 49,* < Cap et golfe, – . AE GB
1er fév.-début nov. – 58 – **16 ch** 690/750.

Panoramic sans rest, av. Albert 1er **(s)** ✆ 04 93 76 00 37, *Fax 04 93 76 15 78,* < Cap et golfe – . AE GB
fermé début nov. au 20 déc. – 55 – **20 ch** 560/715.

Belle Aurore, av. D. Séméria **(r)** ✆ 04 93 76 04 59, *Fax 04 93 76 15 10,* <, – . AE GB
Repas *(1er mai-30 sept.)* 160 ♀ – 53 – **19 ch** 475/710 – ½ P 493/568.

Clair Logis sans rest, av. Centrale **(b)** ✆ 04 93 76 04 57, *Fax 04 93 76 11 85,* « Parc » – . AE GB
1er mars-10 nov. et 15 déc.-15 janv. – 45 – **18 ch** 300/650.

Sloop, au nouveau port **(d)** ✆ 04 93 01 48 63, – GB
fermé 15 nov. au 18 déc. et merc. sauf le soir en été – **Repas** 155.

Capitaine Cook, av. J. Mermoz **(n)** ✆ 04 93 76 02 66, – GB
fermé 15 nov. au 26 déc., jeudi midi et merc. – **Repas** 120/150 ♀.

ST-JEAN (Col) *04 Alpes-de-H.-P.* 81 ⑦ – *rattaché à Seyne.*

Dans la liste des rues des plans de villes,
les noms en rouge indiquent les principales voies commerçantes.

ST-JEAN-D'ANGÉLY

Bancs (R. des) . . . . . A 4
Gambetta (R.) . . . . . A
Grosse-Horloge (R.) . . . . . B 12
Hôtel-de-Ville (Pl. de l') . . . . . B 13
Taillebourg (Fg) . . . . . A
Abbaye (R. de l') . . . . . A 2
Aguesseau (R. d') . . . . . A 3
Bourcy (R. Pascal) . . . . . B 6
Cumont (Bd P. de) . . . . . B 8
Dubreuil (R. L. A.) . . . . . A 10
Gymnase (R. du) . . . . . B 14
Jacobins (R. des) . . . . . B 16
Libération (Sq. de la) . . . . . B 17
Maréchal-Leclerc (Av. du) . . . . . B 19
Maréchaux (R. des) . . . . . AB 20
Porte de Niort (R. de la) . . . . . B 24
Port-Mahon (Av. du) . . . . . AB 25
Regnaud (R.) . . . . . A 27
Remparts (R. des) . . . . . B 28
Rose (R.) . . . . . B 29
Texier (R. Michel) . . . . . A 31
Tourneur (R. L.) . . . . . B 32
Tour-Ronde (R.) . . . . . B 33
Verdun (R. de) . . . . . A 35
3-Frères-Gautreau (R. des) . . . . . A 37
4-Septembre (R. du) . . . . . B 39
11-Novembre (R. du) . . . . . AB 40

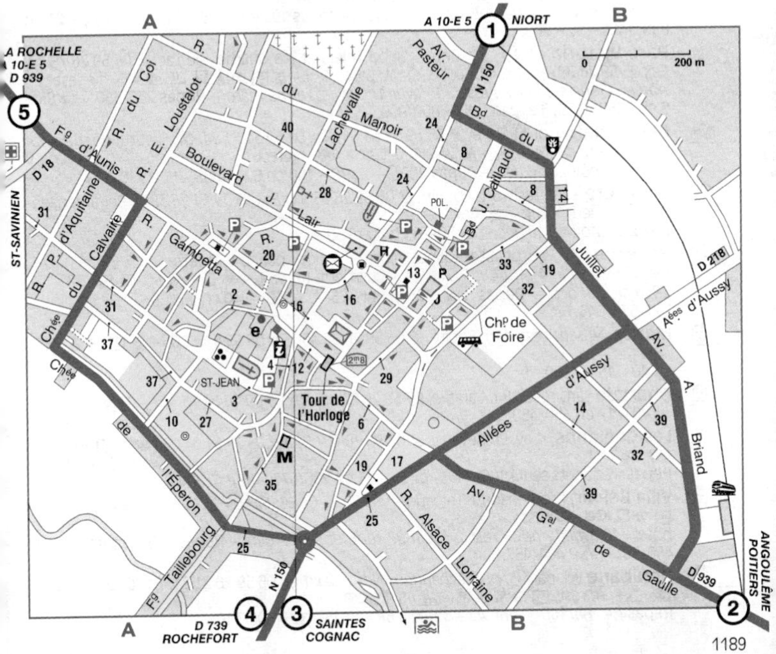

ST-JEAN-D'ANGÉLY *SP* *17400 Char.-Mar.* **71** ③ ④ *G. Poitou Vendée Charentes – 8 060 h alt. 25.*

Env. *Église St-Pierre★★ à Aulnay, NE : 18 km par ② et D 950.*

Office de Tourisme 8 rue Grosse horloge ✆ 05 46 32 04 72, Fax 05 46 32 20 80.

Paris 444 ② – La Rochelle 73 ④ – Royan 67 ③ – Angoulême 65 ② – Cognac 35 ③ – Niort 47 ① – Saintes 27 ⑤.

Plan page précédente

XX **Scorlion,** 5 r. Abbaye ✆ 05 46 32 52 61, 余, « Ancienne abbaye royale » – ▤. GB A e
fermé nov., fév., dim. soir et lundi – **Repas** 145/330 ♀, enf. 60.

AUDI, VOLKSWAGEN Gar. Drevet, 17 fg Taillebourg ✆ 05 46 32 01 74
CITROEN Gar. Delaleau, ZI de la Sacristinerie par ② ✆ 05 46 32 44 44 N ✆ 06 09 91 37 74
FORD Gar. Sarrazin, 4 av. de Saintes ✆ 05 46 32 46 33
MERCEDES S.A.V.I.A., ZI du Point-du-Jour n° 2 ✆ 05 46 59 03 03 N ✆ 08 00 24 24 30
PEUGEOT Gar. Nouraud-Amy, ZI, 27 av. Point-du-Jour par ② ✆ 05 46 59 09 09
RENAULT Gar. Angérien, rte de Saintes par ③ ✆ 05 46 32 40 22 N ✆ 05 46 97 32 51

Vulco, ZI av. Point du Jour ✆ 05 46 32 12 43

ST-JEAN-DE-BLAIGNAC *33420 Gironde* **75** ⑫ *– 405 h alt. 50.*

Paris 593 – Bordeaux 40 – Bergerac 55 – Libourne 15 – La Réole 31.

XX **Aub. St-Jean,** ✆ 05 57 74 95 50, *Fax 05 57 74 95 50* – ▤. GB
fermé dim. soir et lundi sauf fériés – **Repas** 60 (déj.), 118/260 ♀.

ST-JEAN-DE-BRAYE *45 Loiret* **64** ⑨ *– rattaché à Orléans.*

ST-JEAN-DE-LUZ *64500 Pyr.-Atl.* **85** ② *G. Pyrénées Aquitaine – 13 031 h alt. 3 – Casino* ABY.

Voir *Église St-Jean-Baptiste★★* **AZ B** *– Maison Louis-XIV★* **AZ E** *– Corniche basque★★ par ④ – Sémaphore de Socoa ←★★ 5 km par ④.*

18 de la Nivelle ✆ 05 59 47 19 72, par ③ et D 704 : 1 km ; 18 de Chantaco ✆ 05 59 26 14 22, par ② : 2,5 km.

Office de Tourisme pl. Mar.-Foch ✆ 05 59 26 03 16, Fax 05 59 26 21 47.

Paris 790 ① – Biarritz 15 ① – Bayonne 24 ① – Pau 131 ① – San Sebastián 33 ③.

Plan page ci-contre

Chantaco, face au golf par ② : 2 km ✆ 05 59 26 14 76, *Fax 05 59 26 35 97,* ←, 余, « Jardin fleuri », ⛱ – TV ☎ P. AE O GB JCB. ✻ rest
fermé 15 nov. au 20 déc. et 5 janv. au 15 fév. – **Repas** 190 (déj.), 235/385 bc – ▭ 80 – **23 ch** 850/1400 – ½ P 800.

Parc Victoria M, 5 r. Cépé par bd Thiers et rte Quartier du Lac ✆ 05 59 26 78 78, *Fax 05 59 26 78 08,* 余, « Décor élégant, parc, ⛱ » – ǀ‡ǀ TV ☎ ♿ P. AE O GB. ✻ rest
hôtel : 15 mars-15 nov. ; rest. : 1er avril-1er nov. et fermé mardi – **Repas** 230/350 – ▭ 85 – **9 ch** 1050/1350, 3 appart – ½ P 800/900.

Hélianthal M, pl. M. Ravel ✆ 05 59 51 51 51, *Fax 05 59 51 51 54,* 余, institut de thalassothérapie – ǀ‡ǀ ▤ TV ☎ ♿ – 🏛 25 à 100. AE O GB. ✻ rest BY v
fermé 30 nov. au 20 déc. – **Repas** 200 ♀ – ▭ 70 – **100 ch** 800/1085 – ½ P 710/810.

Devinière sans rest, 5 r. Loquin ✆ 05 59 26 05 51, *Fax 05 59 51 26 38,* « Bel aménagement intérieur », 🌳 – ☎. GB BY f
fermé 20 nov. au 10 déc. – ▭ 50 – **8 ch** 600/750.

Réserve 🐦, rd-pt Ste-Barbe, Nord : 2 km par bd Thiers ✆ 05 59 26 04 24, *Fax 05 59 26 11 74,* ←, 余, ⛱, 🌳, ✂ – cuisinette TV ☎ ♿ 🚗 P – 🏛 60. AE O GB
28 mars-31 oct. – **Repas** 160/280 ♀, enf. 65 – ▭ 60 – **40 ch** 580/850, 36 studios – ½ P 570/645.

Marisa M sans rest, 16 r. Sopite ✆ 05 59 26 95 46, *Fax 05 59 51 17 06* – ǀ‡ǀ TV ☎ ♿. GB. ✻ BY b
▭ 40 – **15 ch** 520.

Ohartzia sans rest, 28 r. Garat ✆ 05 59 26 00 06, *Fax 05 59 26 74 75,* 🌳 – TV ☎. GB. ✻ AY w
▭ 40 – **17 ch** 350/450.

Les Goëlands, 4 av. Etcheverry ✆ 05 59 26 10 05, *Fax 05 59 51 04 02,* 🌳 – TV ☎ P. AE GB. ✻ rest BY k
Repas (résidents seul.) 100/140 – ▭ 38 – **35 ch** 290/575 – ½ P 420/460.

Villa Bel Air, Promenade J. Thibaud ✆ 05 59 26 04 86, *Fax 05 59 26 62 34,* ← – ǀ‡ǀ, ▤ rest, TV ☎ P. GB. ✻ rest BY h
hôtel : 10 avril-11 nov. ; rest. : 3 juin-27 sept. et fermé dim. – **Repas** 135 – ▭ 41 – **21 ch** 450/581 – ½ P 404/457.

Donibane M, par ①, *près échangeur Nord : 2 km* ✆ 05 59 26 21 21, *Fax 05 59 51 20 50,* 余, ⛱ – ▤ rest, TV ☎ ✆ ♿ P – 🏛 45. AE GB
Repas *(49)* - 88/135 🍷, enf. 42 – ▭ 40 – **68 ch** 375 – ½ P 300/310.

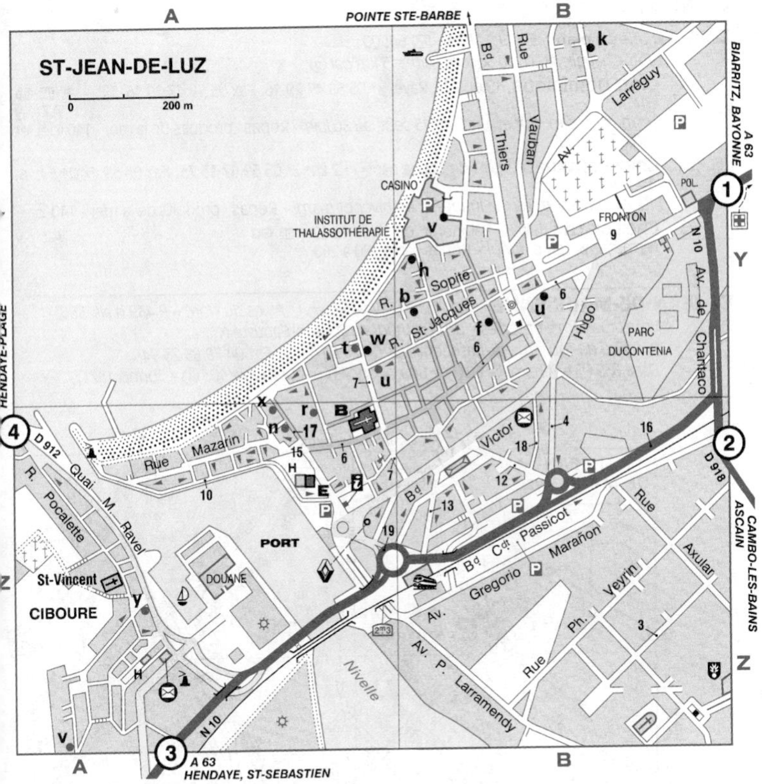

Gambetta (R.) .... AZ, BY 6
Garat (R.) .... AYZ 7
Victor-Hugo (Bd) .... BYZ

Bibal (R. F.) .... BZ 3

Chauvin-Dragon (R.) .... BZ 4
Grandes Allées .... BY 9
Infante (Quai de l') .... AZ 10
Jaurréguiberry (Av.) .... BZ 12
Labrouche (Av.) .... BZ 13

Louis-XIV (Pl.) .... AZ 15
Pyrénées (Av. des) .... BZ 16
République (R. de la) ...... AZ 17
Salagoity (R. de) .... BZ 18
Verdun (Av. de) .... AZ 19

Agur sans rest, 96 r. Gambetta ☎ 05 59 51 91 11, *Fax 05 59 51 91 21* – cuisinette TV ☎. AE ⊙ GB. — BY u
1er mars-15 nov. – ☐ 37 – **13 ch** 375/545.

Aub. Kaïku, 17 r. République ☎ 05 59 26 13 20, *Fax 05 59 51 07 47*, « Maison du 16e siècle » – AE GB — AZ x
fermé 12 nov. au 20 déc., merc. du 15 sept. au 15 juin et lundi midi du 15 juin au 15 sept. – **Repas** - produits de la mer - 145/260 ♀.

Tourasse, 25 r. Tourasse ☎ 05 59 51 14 25, *Fax 05 59 51 14 25* – GB — AZ r
fermé 15 au 21 déc. et 9 au 22 fév. – **Repas** *(fermé mardi soir et merc. du 15 sept. au 31 mai)* (en saison, prévenir) *(70)* - 85 (déj.), 110/200 ♀, enf. 49.

Taverne Basque, 5 r. République ☎ 05 59 26 01 26, – AE ⊙ GB — AZ n
fermé 1er janv. au 31 mars, lundi soir et mardi – **Repas** 98/150 ♀, enf. 50.

Petit Grill Basque, 4 r. St-Jacques ☎ 05 59 26 80 76 – AE ⊙ GB — AY u
fermé 20 déc. au 20 janv. et merc. – **Repas** 98.

L'Acanthe, 31 r. Garat ☎ 05 59 26 85 59 – AE GB — AY t
1er mars-30 oct. et fermé mardi midi et lundi sauf juil.-août – **Repas** 98/165 ♀.

AUDI, VOLKSWAGEN Gar. de l'Avenir, 13 av. Errepira à Ciboure ☎ 05 59 47 26 56
FORD Auto Durruty, ZI de Layatz ☎ 05 59 26 45 94 N ☎ 05 59 23 68 68
RENAULT Gar. Lamerain, Zone de Layatz, N 10 par ① ☎ 05 59 26 94 80 N ☎ 06 09 38 25 74

RENAULT Gar. Lamerain, 46 bd V.-Hugo ☎ 05 59 26 04 02 N ☎ 06 09 38 25 74

Côte Basque Pneus, ZI de Jalday ☎ 05 59 26 45 81

Ciboure AZ du plan – *5 849 h alt. 3 – ✉ 64500.*

Voir *Chapelle N.-D. de Socorri : site★ 5 km par ③.*

XX **Chez Dominique,** 15 quai M. Ravel ✆ 05 59 47 29 16, *Fax 05 59 47 29 16,* – AE GB AZ y
fermé fév., dim. soir et lundi du 15 sept. au 30 juin – **Repas** - produits de la mer - 140 (déj.) et carte 230 à 350.

XX **Chez Pantxua,** au port de Socoa par ④ *: 2 km* ✆ 05 59 47 13 73, *Fax 05 59 47 01 54,* ≤, – GB
10 fév.-10 nov. et fermé lundi soir en hiver et mardi – **Repas** - produits de la mer - 140 ♀.

X **Chez Mattin,** 63 r. E. Baignol ✆ 05 59 47 19 52 – AE GB AZ v
fermé janv., fév. et lundi – **Repas** carte 190 à 260.

ST-JEAN-DE-MAURIENNE

ST-JEAN-DE-MAURIENNE SP *73300 Savoie* 77 ⑦ *G. Alpes du Nord – 9 439 h alt. 556.*

Voir *Ciborium★ et stalles★ de la cathédrale St-Jean-Baptiste* **AY.**

Office de Tourisme pl. Cathédrale ✆ 04 79 64 03 12, Fax 04 79 83 23 94.

Paris 635 ① – Albertville 62 ① – Chambéry 73 ① – Grenoble 103 ① – Torino 137 ②.

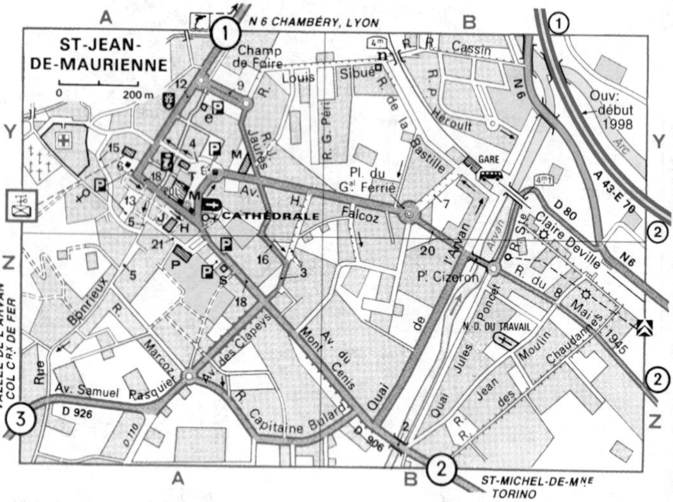

St-Georges sans rest, 334 r. République ✆ 04 79 64 01 06, *Fax 04 79 59 84 84* – P. AE GB AZ s
35 – **22 ch** 240/290.

Nord, pl. Champ de Foire ✆ 04 79 64 02 08, *Fax 04 79 59 91 31* – P. AE GB. rest AY e
fermé oct. et dim. soir sauf juil.-août – **Repas** 69/179 ♀ – 35 – **19 ch** 195/255 – 1/2 P 220.

Dorhotel M sans rest, r. L. Sibué ✆ 04 79 83 23 83, *Fax 04 79 83 23 00* – P – 40. AE GB JCB BY n
35 – **39 ch** 202/245.

AUDI, VOLKSWAGEN Gar. J.-Lain, ZI Le Parquet ✆ 04 79 64 26 63
CITROEN Gar. Deléglise, quai J.-Poncet ✆ 04 79 64 03 00 N ✆ 04 79 64 03 00
PEUGEOT Gar. Alpettaz, ZI Les Plans par ② ✆ 04 79 64 13 88 N ✆ 04 79 59 60 22
RENAULT Gar. Duverney, ZI le Parquet ✆ 04 79 64 12 33 N ✆ 08 00 05 15 15

Euromaster, pl. Champ de Foire ✆ 04 79 64 05 74
Vanoise Pneus Access., ZI des Plans r. P.-Léon-Gro ✆ 04 79 83 23 49

ST-JEAN-DE-MOIRANS *38430 Isère* 77 ④ *– 2 399 h alt. 226.*

Paris 550 – Grenoble 25 – Chambéry 45 – Lyon 88 – Valence 82.

XXX **Beauséjour** avec ch, rte Grenoble ✆ 04 76 35 30 38, *Fax 04 76 35 59 80,* – TV ☎ P. AE ① GB
fermé août, 4 au 11 janv., dim. soir et lundi – **Repas** 140/380 et carte 200 à 320, enf. 70 – ☐ 40 – **7 ch** 250 – 1/2 P 350.

ST-JEAN-DE-MONTS *85160 Vendée* 67 ⑪ *G. Poitou Vendée Charentes – 5 959 h alt. 16 – Casino La Pastourelle.*

18 ✆ *02 51 58 82 73, O : 2,5 km.*

Office de Tourisme Palais des Congrès ✆ 02 51 59 60 61, Fax 02 51 59 62 28.

Paris 455 – La Roche-sur-Yon 59 – Cholet 99 – Nantes 73 – Noirmoutier-en-l'Ile 34 – Les Sables-d'Olonne 47.

Mercure M, av. Pays de Monts ✆ 02 51 59 15 15, *Fax 02 51 59 91 03,* ≤, centre de thalassothérapie, – TV ☎ P – 35. AE ① GB
28 fév.-14 nov. – **Repas** (97) - 157 ♀, enf. 78 – ☐ 57 – **44 ch** 590/705.

L'Espadon, 8 av. Forêt ✆ 02 51 58 03 18, *Fax 02 51 59 16 11* – TV ☎ P. AE ① GB
fermé 1er déc. au 8 fév. – **Repas** 78/185, enf. 50 – ☐ 38 – **27 ch** 270/330 – 1/2 P 305/360.

Annexe Les Dunes, 1 allée d'Alsace ✆ 02 51 58 10 32, *Fax 02 51 59 16 11* – ☎ P. GB
1er avril-15 sept. – **Repas** voir ***L'Espadon*** – ☐ 38 – **44 ch** 270/300 – 1/2 P 305/320.

Robinson (annexe M ch, 30ch), 28 bd Gén. Leclerc ✆ 02 51 59 20 20, *Fax 02 51 58 88 03,* – rest, TV ☎ AE ① GB
fermé 15 déc. au 15 janv. – **Repas** 74/215 ♀, enf. 60 – ☐ 38 – **80 ch** 230/380 – 1/2 P 255/310.

Tante Paulette, 32 r. Neuve ✆ 02 51 58 01 12, *Fax 02 51 59 77 54,* – ☎. AE ① GB. ch
fin fév.-début nov. – **Repas** (65) - 80/180, enf. 45 – ☐ 40 – **30 ch** 190/310 – 1/2 P 280/320.

Cloche d'Or, 26 av. Tilleuls ✆ 02 51 58 00 58, *Fax 02 51 59 04 04* – ☎. GB. rest
hôtel : 1er avril-1er nov. ; rest. : 1er mai-20 sept. – **Repas** 78/168 ♀, enf. 38 – ☐ 35 – **25 ch** 360 – 1/2 P 260/315.

XX **Petit St-Jean,** 128 rte Notre-Dame de Monts ✆ 02 51 59 78 50, – AE GB
fermé mardi d'oct. à mars et lundi – **Repas** 65 (déj.), 95/135 ♀.

XX **Richelieu** avec ch, 8 av. Oeillets ✆ 02 51 58 06 78, *Fax 02 51 59 74 45,* – TV ☎. AE GB. ch
fermé janv. et fév. – **Repas** 98/295, enf. 45 – ☐ 40 – **8 ch** 280/350 – 1/2 P 310/460.

rte de N.-D. de Monts *Nord-Ouest : 3 km sur D 38 – ✉ 85160 St-Jean-de-Monts :*

X **Quich'Notte,** ✆ 02 51 58 62 64 – P. AE GB
20 mars-20 sept. et fermé mardi midi et lundi sauf juil.-août – **Repas** 89/199, enf. 39.

à Orouet *Sud-Est : 7 km sur D 38 – ✉ 85160 St-Jean-de-Monts :*

Aub. de la Chaumière, D 38 ✆ 02 51 58 67 44, *Fax 02 51 58 98 12,* – ☎ P. AE ① GB
1er avril-30 sept. – **Repas** 80 (déj.), 99/220 ♀, enf. 50 – ☐ 37 – **37 ch** 260/450 – 1/2 P 280/390.

PEUGEOT Gar. Besseau, 114 r. Gén.-de-Gaulle ✆ 02 51 58 88 88
RENAULT Gar. Vrignaud, 30 et 35 rte de Challans ✆ 02 51 58 26 74 N ✆ 02 40 95 48 46
RENAULT Gar. Marionneau, 354 r. de Notre-Dame ✆ 02 51 58 83 14

ST-JEAN-DE-REBERVILLIERS *28170 E.-et-L.* 60 ⑦ *– 161 h alt. 181.*

Paris 97 – Chartres 29 – Dreux 17 – Verneuil-sur-Avre 31.

XX **Aub. Saint-Jean,** ✆ 02 37 51 62 83, *Fax 02 37 51 84 52,* – P. AE GB
fermé 22 juil. au 13 août, dim. soir et merc. – **Repas** (nombre de couverts limité, prévenir) 120 (déj.), 170/290 ♀.

ST-JEAN-DE-SIXT *74450 H.-Savoie* 74 ⑦ *G. Alpes du Nord – 852 h alt. 963.*

Voir *Défilé des Étroits*★ *NO : 3 km.*

Office de Tourisme ✆ 04 50 02 70 14, Fax 04 50 02 78 78.

Paris 563 – Annecy 29 – Chamonix-Mont-Blanc 77 – Bonneville 22 – La Clusaz 3 – Genève 46.

Beau Site, ✆ 04 50 02 24 04, *Fax 04 50 02 35 82,* ≤, – TV ☎ P. GB. rest
15 juin-10 sept. et Noël-Pâques – **Repas** 85/150, enf. 50 – ☐ 32 – **20 ch** 235/310 – 1/2 P 240/295.

ST-JEAN-DES-OLLIÈRES 63520 Puy-de-Dôme 73 ⑮ – 363 h alt. 652.

Paris 458 – Clermont-Ferrand 45 – Ambert 43 – Billom 16 – Issoire 28 – Thiers 34.

L'Archou avec ch, 04 73 70 92 00, Fax 04 73 70 99 22 – . AE GB
fermé vacances de Toussaint et janv. – **Repas** (fermé dim. soir et jeudi de sept. à juin) 98/230, enf. 50 – 33 – **7 ch** 170/230 – ½ P 210/250.

ST-JEAN-DE-VÉDAS 34 Hérault 83 ⑦ – rattaché à Montpellier.

ST-JEAN-DU-BRUEL 12230 Aveyron 80 ⑮ G. Gorges du Tarn – 820 h alt. 520.

Env. Gorges de la Dourbie★★ NE : 10 km.

Syndicat d'Initiative 4 Grande-Rue 05 65 62 23 64.

Paris 681 – Montpellier 99 – Le Caylar 26 – Lodève 44 – Millau 40 – Rodez 106 – St-Affrique 48 – Le Vigan 36.

Midi-Papillon, 05 65 62 26 04, Fax 05 65 62 12 97, ←, , – P. GB
4 avril-11 nov. – **Repas** 74/208 – 25 – **19 ch** 130/203 – ½ P 191/227.

ST-JEAN-DU-DOIGT 29630 Finistère 58 ⑥ G. Bretagne – 661 h alt. 15.

Voir Enclos paroissial : trésor★★, église★, fontaine★.

Paris 543 – Brest 75 – Guingamp 60 – Lannion 33 – Morlaix 16 – Quimper 95.

Ty Pont, 02 98 67 34 06, Fax 02 98 67 85 94, – . GB
1er avril-1er nov. et fermé dim. soir et lundi sauf du 14 juin au 12 sept. – **Repas** 75/150, enf. 52 – 35 – **28 ch** 157/255 – ½ P 223/245.

Le Guide change, changez de guide tous les ans.

ST-JEAN-DU-GARD 30270 Gard 80 ⑰ G. Gorges du Tarn – 2 441 h alt. 183.

Voir Musée des Vallées Cévenoles★.

Office de Tourisme pl. Rabaut-St-Etienne 04 66 85 32 11, Fax 04 66 85 16 28.

Paris 680 – Alès 28 – Florac 53 – Lodève 89 – Montpellier 74 – Nîmes 60 – Le Vigan 57.

Aub. du Péras, rte Anduze 04 66 85 35 94, Fax 04 66 52 30 32, – TV P. AE GB
1er mars-15 nov. – **Repas** 55/128, enf. 39 – 35 – **10 ch** 268/290 – ½ P 238.

ST-JEAN-EN-ROYANS 26190 Drôme 77 ③ G. Alpes du Nord – 2 895 h alt. 250.

Office de Tourisme Pavillon du Tourisme 04 75 48 61 39, Fax 04 75 47 54 44.

Paris 584 – Valence 44 – Die 62 – Romans-sur-Isère 26 – Grenoble 69 – St-Marcellin 20 – Villard-de-Lans 34.

Castel Fleuri, pl. Champ de Mars 04 75 47 58 01, Fax 04 75 47 79 30, , – TV P. AE GB
fermé 12 nov. au 1er déc., 15 au 28 fév., dim. soir et lundi sauf juil.-août – **Repas** 87/179 – 35 – **12 ch** 170/290 – ½ P 290.

au col de la Machine Sud-Est : 11 km par D 76.

Voir Combe Laval★★★.

du Col de la Machine, 04 75 48 26 36, Fax 04 75 48 29 12, ←, – TV P. AE GB
fermé 10 au 24 mars, 15 nov. au 28 déc., mardi soir et merc. d'oct. à mai – **Repas** 90/185, enf. 48 – 40 – **14 ch** 300 – ½ P 210/265.

RENAULT Gar. Usclard, 04 75 47 55 39 N 04 75 47 53 92

ST-JEAN-LE-THOMAS 50530 Manche 59 ⑦ – 398 h alt. 20.

Paris 347 – St-Lô 62 – St-Malo 83 – Avranches 16 – Granville 17 – Villedieu-les-Poêles 36.

Bains, 02 33 48 84 20, Fax 02 33 48 66 42, , – P. AE GB
1er avril-2 nov. – **Repas** (fermé jeudi midi et merc. du 1er oct. au 2 nov.) 78/185, enf. 50 – 33 – **30 ch** 165/350 – ½ P 232/320.

ST-JEAN-PIED-DE-PORT 64220 Pyr.-Atl. 85 ③ G. Pyrénées Aquitaine – 1 432 h alt. 159.

Voir Trajet des pèlerins de St-Jacques★.

Office de Tourisme pl. Ch.-de-Gaulle 05 59 37 03 57, Fax 05 59 37 34 91.

Paris 821 ③ – Biarritz 55 ③ – Bayonne 53 ③ – Dax 104 ① – Oloron-Ste-Marie 70 ① – Pau 120 ① – San Sebastián 99 ③.

ST-JEAN-PIED-DE-PORT

Citadelle (R. de la) 4
Espagne (R. d') . . . .
Gaulle (Pl. Ch.-de) 9

Çaro (Rte de) 2
Église (R. de l') 6
France (R.) 12
Fronton (Av. de) 15
Liberté (R. de la) 17
St-Jacques (Ch. de) 18
St-Michel (Rte de) 21
Trinquet (Pl. du) 24
Uhart (R. d') 27
Zuharpeta (R.) 30

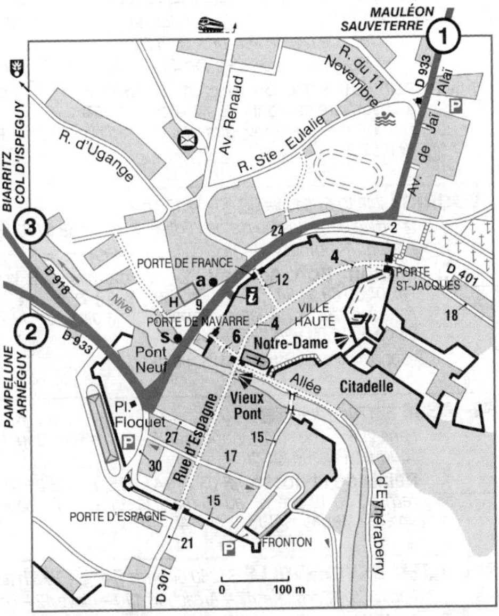

Si vous êtes retardé sur la route, dès 18 h, confirmez votre réservation par téléphone, c'est plus sûr... et c'est l'usage.

Pyrénées (Arrambide), pl. Ch. de Gaulle **(a)** ✆ 05 59 37 01 01, *Fax 05 59 37 18 97*, ⛱, 🛏 – 🛗 📺 ☎ 🚗 – 🅰 30. AE ⓓ GB JCB. ✂ ch
fermé 20 nov. au 22 déc., 6 au 28 janv., lundi soir de nov. à mars et mardi de sept. à juin – **Repas** (dim. et saison - prévenir) 240/520 et carte 330 à 480 – ☕ 85 – **20 ch** 550/900 – 1/2 P 680/780
Spéc. Terrine chaude de cèpes aux herbes. Saumon de l'Adour grillé, sauce béarnaise (mars à juil.). Lasagne au foie gras et aux truffes. **Vins** Jurançon, Irouléguy.

Central, pl. Ch. de Gaulle **(s)** ✆ 05 59 37 00 22, *Fax 05 59 37 27 79* – 📺 ☎. AE ⓓ GB JCB. ✂
fermé 1er déc. au 10 fév. – **Repas** 98/220, enf. 60 – ☕ 46 – **14 ch** 350/490 – 1/2 P 370/440.

Ipoutchaïnia avec ch, à Ascarat, Ouest : 1,5 km par ③ *et D 15* ✆ 05 59 37 02 34, *Fax 05 59 37 36 95*, 🍴 – ☎ 🅿. ✂
fermé 15 nov. au 15 déc. – **Repas** 75/140, enf. 50 – ☕ 40 – **12 ch** 220 – 1/2 P 240.

à Aincillé *par ① et D 18 : 7 km – 110 h. alt. 253 – ✉ 64220 :*

Pecoïtz avec ch, ✆ 05 59 37 11 88, <, 🛏 – ☎ 🅿. GB
fermé 1er janv. au 1er mars et vend. sauf du 1er juin au 30 sept. – **Repas** 80/185, enf. 50 – ☕ 30 – **16 ch** 160/210 – 1/2 P 180/215.

à Estérençuby *Sud : 8 km par D 301 – 427 h. alt. 229 – ✉ 64220 :*

Sources de la Nive, Sud : 4 km par rte secondaire ✆ 05 59 37 10 57, <, ⛱, 🛏 – 📺 ☎ 🅿. GB
fermé janv. et mardi hors saison – **Repas** 60/160 🍷, enf. 40 – ☕ 30 – **26 ch** 200 – 1/2 P 210.

ST-JEAN-SAVERNE *67 B.-Rhin* 87 ⑭ – *rattaché à Saverne.*

ST-JEAN-SUR-VEYLE *01290 Ain* 74 ② – *926 h alt. 200.*
Paris 400 – Mâcon 10 – Bourg-en-Bresse 31 – Villefranche-sur-Saône 40.

Petite Auberge, ✆ 03 85 31 53 92, *Fax 03 85 31 69 34* – GB
fermé 29 juin au 6 juil., vacances de Toussaint, 2 au 16 janv., dim. soir d'oct. à avril et lundi – **Repas** 85 bc/225.

Des pneus mal gonflés s'usent vite, tiennent moins bien la route, sont moins confortables. Respectez les pressions recommandées.

ST-JOACHIM *44720 Loire-Atl.* 63 ⑮ *G. Bretagne – 3 994 h alt. 5.*

Voir *Tour de l'île de Fédrun*★ *O : 4,5 km – Promenade en chaland*★★.

Paris 439 – Nantes 66 – Redon 41 – St-Nazaire 16 – Vannes 62.

XX **Aub. du Parc** avec ch, Ile de Fedrun 02 40 88 53 01, *Fax 02 40 91 67 44*, « Chaumière briéronne », – GB
fermé 2 janv. au 12 fév., dim. soir et lundi hors saison – **Repas** 150/215 – 35 – **5 ch** 350 – ½ P 325.

ST-JORIOZ *74410 H.-Savoie* 74 ⑥ *– 4 178 h alt. 452.*

Office de Tourisme rte de l'Église 04 50 68 61 82, Fax 04 50 68 96 11.

Paris 547 – Annecy 9 – Albertville 36 – Megève 52.

Manoir Bon Accueil, à Epagny : 2,5 km par D 10 A 04 50 68 60 40, *Fax 04 50 68 94 84*, – 25. GB. rest
fermé 20 déc. au 20 janv. – **Repas** *(fermé dim. soir du 20 sept. au 1er mai)* 120/180 – 42 – **28 ch** 350/500 – ½ P 400/530.

PEUGEOT Gar. du Centre, 04 50 68 60 32

ST-JOSSE *62170 P.-de-C.* 51 ⑪ *G. Flandres Artois Picardie – 914 h alt. 35.*

Paris 228 – Calais 71 – Abbeville 49 – Arras 90 – Boulogne-sur-Mer 34 – Montreuil 10 – Le Touquet-Paris-Plage 11.

X **Relais de St-Josse,** 03 21 94 61 75, *Fax 03 21 94 98 03*, – GB
fermé 5 au 19 oct., 1er au 15 mars, le soir en hiver sauf week-ends, sam., dim. soir et lundi en été – **Repas** 75/195, enf. 40.

ST-JULIEN-BEYCHEVELLE *33250 Gironde* 71 ⑦ *– 873 h alt. 16.*

Paris 555 – Bordeaux 47 – Arcachon 110 – Blaye 12 – Lesparre-Médoc 27.

XX **St-Julien,** 05 56 59 63 87, *Fax 05 56 59 63 89*, – GB.
fermé janv., mardi soir et merc. du 1er oct. au 31 mai – **Repas** 95/350.

ST-JULIEN-CHAPTEUIL *43260 H.-Loire* 76 ⑦ *G. Vallée du Rhône – 1 664 h alt. 815.*

Voir *Site*★.

Env. *Montagne du Meygal*★ *: Grand Testavoyre* ★★ *NE : 14 km puis 30 mn.*

Office de Tourisme 04 71 08 77 70.

Paris 565 – Le Puy-en-Velay 19 – Lamastre 53 – Privas 88 – St-Agrève 32 – Yssingeaux 17.

Barriol, 04 71 08 70 17, *Fax 04 71 08 74 19* – GB.
1er fév.-30 oct. et fermé dim.soir et lundi sauf juil.-août – **Repas** *(60)* - 78 (déj.), 100/155, enf. 55 – 40 – **11 ch** 280 – ½ P 245.

XXX **Vidal,** 04 71 08 70 50, *Fax 04 71 08 40 14* – AE GB
fermé 15 janv. au 1er mars, mardi sauf juil.- août et lundi soir – **Repas** 105/320 et carte 250 à 370, enf. 60.

PEUGEOT Gar. Abrial, 04 71 08 72 20 N 04 71 08 72 20

RENAULT Gar. de Chapteuil, 04 71 08 72 79 N 04 71 08 72 79

ST-JULIEN-DE-CREMPSE *24 Dordogne* 75 ⑮ *– rattaché à Bergerac.*

ST-JULIEN-DE-JONZY *71110 S.-et-L.* 73 ⑧ *G. Bourgogne – 282 h alt. 508.*

Voir *Portail*★ *de l'église.*

Env. *Église*★ *de Semur-en-Brionnais NO : 6 km.*

Paris 367 – Moulins 82 – Roanne 29 – Charolles 32 – Lapalisse 45 – Mâcon 75.

X **Pont** avec ch, 03 85 84 01 95, *Fax 03 85 84 14 61*, – GB
fermé vacances de fév. – **Repas** *(fermé lundi soir) (55)* - 85/175 – 35 – **7 ch** 195/295 – ½ P 240/275.

ST-JULIEN-DE-JORDANNE *15 Cantal* 76 ② *– alt. 920 – 15590 Mandailles-St-Julien.*

Voir *Vallée de Mandailles*★★, G. Auvergne.

Paris 551 – Aurillac 25 – Mauriac 54 – Murat 28.

Touristes, 04 71 47 94 71, *Fax 04 71 47 91 64*, – GB
avril-sept. et vacances scolaires – **Repas** *(fermé du 1er oct. au 11 nov.)* 60/130 – 30 – **18 ch** 150/250 – ½ P 210/240.

ST-JULIEN-D'EMPARE *12 Aveyron* 79 ⑩ *– rattaché à Figeac.*

ST-JULIEN-EN-CHAMPSAUR *05500 H.-Alpes 77 ⑯ – 252 h alt. 1050.*

Paris 661 – Gap 18 – Grenoble 96 – La Mure 56 – Orcières 21.

Les Chenets, ☎ 04 92 50 03 15, *Fax 04 92 50 73 06*, – . GB
fermé 14 au 30 avril, 12 nov. au 26 déc., dim. soir et merc. hors saison – **Repas** (70) - 90/170, enf. 50 – 35 – **18 ch** 180/270 – 1/2 P 250.

ST-JULIEN-EN-GENEVOIS *74160 H.-Savoie 74 ⑥ – 7 922 h alt. 460.*

de Bossey ☎ 04 50 43 95 50.

Syndicat d'Initiative (juil.-août) ☎ 04 50 35 13 78.

Paris 526 – Annecy 34 – Thonon-les-Bains 47 – Bonneville 35 – Genève 10 – Nantua 55.

Savoie H. sans rest, av. L. Armand ☎ 04 50 49 03 55, *Fax 04 50 49 06 23* – TV P. AE GB
30 – **20 ch** 230/300.

Soli sans rest, r. Mgr Paget ☎ 04 50 49 11 31, *Fax 04 50 35 14 64* – TV P. AE GB
fermé 23 déc. au 3 janv. – 35 – **27 ch** 210/275.

Diligence et Taverne du Postillon, av. Genève ☎ 04 50 49 07 55, *Fax 04 50 49 52 31*, exposition de peintures d'artistes régionaux – . AE GB JCB
Taverne (sous-sol) *(fermé 3 au 24 août, 4 au 11 janv., dim. soir et lundi)* **Repas** 150 (déj.), 180/320 et carte 260 à 410 ♀, enf. 130 – ***Brasserie*** *(fermé dim. soir et lundi)* **Repas** 101 (déj.), 120 ♀, enf. 55.

à Bossey *Est : 5 km par N 206 – 486 h. alt. 438 – ✉ 74160 :*

Ferme de l'Hospital, ☎ 04 50 43 61 43, *Fax 04 50 95 31 53*, – P. AE GB
fermé 1er au 15 mars, 1er au 15 oct., dim. soir, lundi midi et merc. – **Repas** 190/275 et carte 240 à 320 ♀.

à Viry *Sud-Ouest : 5 km par N 206 – 2 550 h. alt. 504 – ✉ 74580 :*

de Viry M, ☎ 04 50 04 82 68, *Fax 04 50 04 82 38* – TV P. AE GB. rest
fermé janv. – **Repas** *(fermé dim.)* 70 (déj.), 105/120 ♀ – 35 – **22 ch** 250/275 – 1/2 P 220/230.

rte d'Annecy *Sud : 9,5 km par N 201 – ✉ 74350 Cruseilles :*

Rey, au Col du Mont Sion ☎ 04 50 44 13 29, *Fax 04 50 44 05 48*, ←, , , , – TV P. GB. ch
fermé 29 oct. au 12 nov. et 4 au 24 janv. – ***Clef des Champs*** ☎ 04 50 44 13 11 *(fermé jeudi)* **Repas** 108/305 ♀, enf. 60 – 39 – **30 ch** 270/490 – 1/2 P 317/422.

OPEL Leclerc et Maréchal, 7 rte d'Annecy ☎ 04 50 49 28 31
RENAULT Rd-Pt Auto, rte d'Annemasse ☎ 04 50 49 07 35
Gar. Megevand, 3 r. Platière ☎ 04 50 49 28 33

ST-JULIEN-LE-FAUCON *14140 Calvados 55 ⑬ – 520 h alt. 40.*

Paris 190 – Caen 41 – Falaise 32 – Lisieux 14.

Aub. de la Levrette, r. Lisieux ☎ 02 31 63 81 20, *Fax 02 31 63 97 05*, « Ancien relais de poste » – GB
fermé oct., 2 au 15 janv., dim. soir et lundi – **Repas** 98/200, enf. 50.

ST-JULIEN-SUR-CHER *41320 L.-et-Ch. 64 ⑱ – 627 h alt. 110.*

Paris 211 – Bourges 65 – Blois 51 – Châteauroux 61 – Montrichard 50 – Romorantin-Lanthenay 10 – Vierzon 25.

Les Deux Pierrots, ☎ 02 54 96 40 07 – GB
fermé août, lundi et mardi – **Repas** 127/183.

ST-JUNIEN *87200 H.-Vienne 72 ⑥ G. Berry Limousin – 10 604 h alt. 240.*

Voir *Collégiale*★ Y B.

9 18 ☎ *05 55 02 96 96, O : 4 km par ③.*

Office de Tourisme pl. Champ-de-Foire ☎ 05 55 02 17 93, Fax 05 55 02 94 31.

Paris 417 ① – Limoges 31 ① – Angoulême 71 ③ – Bellac 34 ① – Confolens 27 ③ – Ruffec 69 ③.

Plan page suivante

Relais de Comodoliac, 22 av. Sadi-Carnot ☎ 05 55 02 27 26, *Fax 05 55 02 68 79*, , – TV P – 30. AE GB Y n
Repas *(fermé dim. soir de nov. à fév.)* 84/275 ♀, enf. 55 – 35 – **28 ch** 240/320 – 1/2 P 250.

ST-JUNIEN

Dumas (R. Lucien) . . . . Y 8
J.-J.-Rousseau (R.) . . . . Y 12
Mocquet (Pl. Guy) . . . . Y 16
Péri (R. Gabriel) . . . . Y 17

Anatole-France (Av.) . . . . . . Y
Bastié (Av. Maryse) . . . . . . Z 2
Blanc (Bd Louis) . . . . Y 3
Blanqui (Fg Auguste) . . . . . Z 4
Brossolette (Bd) . . . . Y 6
Cachin (Bd Marcel) . . . . Y
Carnot (Av. Sadi) . . . . Y
Corot (Av.) . . . . Y 7
Defaye (R.) . . . . Y
Estienne-d'Orves
(Av. d') . . . . Z
Flaubert (Av. G.) . . . . YZ
Gaillard (Fg) . . . . Z 10
Lasvergnas (Pl.) . . . . Y
Liebknecht (Fg) . . . . Y 13
Michels (Pl. Ch.) . . . . Z 15
Pérucaud (R. H.) . . . . Y 18
Petit (Pl. J.) . . . . Y 19
République
(Bd de la) . . . . Y 20
Rigaud (R. Junien) . . . . Y
Roche (Pl. Auguste) . . . . . . Y 21
Roche (Av. Victor) . . . . Z
Vaillant-Couturier
(R. Paul) . . . . Z 23
Victor-Hugo (Bd) . . . . Y
Vignerie (Av. L.) . . . . Y
Voltaire (Av.) . . . . Y 24

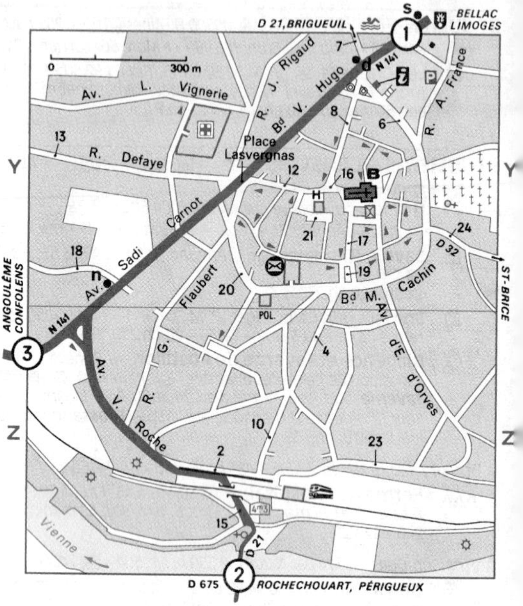

Les plans de villes sont orientés le Nord en haut.

Boeuf Rouge et Althôtel Ⓜ, 57 bd V. Hugo ☏ 05 55 02 31 84, *Fax 05 55 02 62 40*, – TV ☎ ♿ P – 🏛 25. AE ⓓ GB — Y d
Repas 69/159 ♀, enf. 49 – ☕ 35 – **51 ch** 200/360 – ½ P 200/300.

Argos sans rest, 49 av. H. Barbusse ☏ 05 55 02 66 85, *Fax 05 55 02 68 79* – TV ☎ P. AE ⓓ GB — Y s
fermé vacances de fév. et dim. d'oct. à mars – ☕ 30 – **26 ch** 150/250.

au Pont à La Planche *par ①, N 141 et D 675 : 5 km – ✉ 87200 St-Junien :*

Rendez-vous des Chasseurs avec ch, ☏ 05 55 02 19 73, *Fax 05 55 02 06 98*, – rest, TV ☎ P. GB
fermé 1er au 15 août, 15 au 31 déc. et vend. – **Repas** 75/240 🍷, enf. 40 – ☕ 35 – **7 ch** 200/250 – ½ P 240/260.

par ② *rte de Rochechouart, D 675 et rte secondaire : 2 km – ✉ 87200 St-Junien :*

Lauryvan, Bois au Boeuf ☏ 05 55 02 26 04, *Fax 05 55 02 25 29*, , – P. GB
fermé 19 oct. au 1er nov., vacances de fév., dim. soir et lundi – **Repas** 120/210 et carte 170 à 260.

CITROEN Gar. Vigier, Le Pavillon par ①
☏ 05 55 02 31 29 🅽 ☏ 05 55 02 31 29
PEUGEOT Ouest Limousin Autom., La Croix Blanche
N 141 par ① ☏ 05 55 02 50 50
RENAULT St-Junien Autos, ZI Parc Activité Axial
☏ 05 55 02 38 37 🅽 ☏ 05 55 42 81 85

Ⓜ Pneus et C/c, 29 av H.-Barbusse
☏ 05 55 02 14 57

ST-JUST-EN-CHAUSSÉE *60130 Oise* 56 ① – *4 927 h alt. 105.*

Voir *Tour★ de l'église à Ravenel E : 5,5 km,* **G. Flandres Artois Picardie.**

Paris 94 – Compiègne 36 – Amiens 49 – Beauvais 28 – Creil 34 – Pontoise 77.

Flamme Picarde, 7 r. Montdidier ☏ 03 44 78 59 25, *Fax 03 44 78 59 25* – GB
fermé 17 au 31 août, 15 au 22 fév., sam. midi et dim. soir – **Repas** (65) - 75/175 bc 🍷.

*Un conseil **Michelin** :*

pour réussir vos voyages, préparez-les à l'avance.

*Les **cartes** et **guides Michelin,** vous donnent toutes indications utiles sur : itinéraires, visite des curiosités, logement, prix, etc.*

ST-JUST-EN-CHEVALET *42430 Loire* 73 ⑦ – *1 422 h alt. 647.*
Paris 392 – Roanne 31 – L'Arbresle 78 – Montbrison 47 – St-Étienne 87 – Thiers 29 – Vichy 50.

X **Londres,** pl. Rochetaillée ✆ 04 77 65 02 42, *Fax 04 77 65 02 42* – GB
fermé vacances de printemps, de Toussaint, vend. soir, sam. midi et dim. soir sauf juil.-août – **Repas** *(62)* - 80/220 ♁, enf. 50.

Gar. Du Lac, à Juré ✆ 04 77 62 54 13 N ✆ 04 77 62 54 13

ST-JUSTIN *40240 Landes* 79 ⑫ – *917 h alt. 90.*
Office de Tourisme pl. du Foyer ✆ 05 58 44 86 06.
Paros 695 – Mont-de-Marsan 25 – Aire-sur-l'Adour 37 – Casteljaloux 49 – Dax 84 – Labrit 34 – Pau 90.

X **France** avec ch, pl. Tilleuls ✆ 05 58 44 83 61, *Fax 05 58 44 83 89,* 🏠 – TV ☎. GB
fermé dim. soir et lundi – **Repas** 110/200 – ☕ 35 – **8 ch** 230/280 – ½ P 220/250.

ST-LAMBERT *78 Yvelines* 60 ⑨, 106 ㉙, 101 ㉒ *G. Ile de France – 382 h alt. 120 – ✉ 78470 St-Lambert-des-Bois.*
Voir *Vestiges de l'abbaye de Port-Royal des Champs*★ *NO : 1,5 km.*
Paris 38 – Rambouillet 22 – Versailles 14.

XXX **Hauts de Port Royal,** D 91 ✆ 01 30 44 10 21, *Fax 01 30 64 44 10,* 🏠 – P. AE GB
fermé merc. soir en hiver, dim. soir et lundi – **Repas** 250.

ST-LARY-SOULAN *65170 H.-Pyr.* 85 ⑲ *G. Pyrénées Aquitaine – 1 108 h alt. 820 – Stat. therm. (mi-déc/ fin oct.) – Sports d'hiver : 1 680/2 450 m 2 30.*
Office de Tourisme r. Principale ✆ 05 62 39 50 81, Fax 05 62 39 50 06.
Paris 849 – Bagnères-de-Luchon 44 – Arreau 12 – Auch 103 – St-Gaudens 66 – Tarbes 70.

Mercure Cristal Parc M, ✆ 05 62 99 50 00, *Fax 05 62 99 50 10,* ←, 🏠, – TV ☎ P – 100. AE GB. rest
fermé 1er nov. au 15 déc. – ***Les Délices :*** **Repas** 143/154 ♀, enf. 65 – ☕ 55 – **65 ch** 580.

Pergola, ✆ 05 62 39 40 46, *Fax 05 62 40 06 55,* ←, 🏠, – TV ☎ P. AE GB. ch
fermé fin avril à fin mai et début nov. au 15 déc. – **Repas** *(55)* - 100/240 – ☕ 40 – **20 ch** 300/380 – ½ P 250/320.

Neste, ✆ 05 62 39 42 79, *Fax 05 62 39 58 77,* ←, – rest, TV ☎ P. GB.
1er juin-30 sept. et 20 déc.-30 avril – **Repas** 70/160 ♁, enf. 40 – ☕ 38 – **21 ch** 300/320 – ½ P 280/290.

Aurélia, Nord : 1,5 km sur D 19 ✆ 05 62 39 56 90, *Fax 05 62 39 43 75,* 🏠, – TV ☎ P. GB.
fermé 30 sept. au 15 déc. – **Repas** 75/145 ♁, enf. 40 – ☕ 38 – **18 ch** 210/275 – ½ P 285.

Pons "Le Dahu", ✆ 05 62 39 43 66, *Fax 05 62 40 00 86,* – ☎ P. GB. rest
Repas 50 bc/90 ♁ – ☕ 35 – **40 ch** 200/250 – ½ P 220/250.

Gar. Celotti, ✆ 05 62 39 40 39

ST-LATTIER *38840 Isère* 77 ③ – *1 028 h alt. 170.*
Paris 570 – Valence 34 – Grenoble 68 – Romans-sur-Isère 12 – St-Marcellin 15.

Lièvre Amoureux, ✆ 04 76 64 50 67, *Fax 04 76 64 31 21,* 🏠, « Jardin fleuri, » – ☎ P. AE GB
10 avril-30 sept. et fermé dim. soir et lundi du 10 avril au 15 juin – **Repas** 179/295, enf. 68 – ☕ 68 – **12 ch** 320/470 – ½ P 460.

XX **Aub. du Viaduc** M avec ch, N 92 ✆ 04 76 64 51 65, *Fax 04 76 64 30 93,* 🏠, – TV ☎ P. GB
Repas *(fermé 15 au 30 déc., lundi soir et mardi)* 105/195 ♁ – ☕ 50 – **7 ch** 450 – ½ P 425/525.

X **Brun** avec ch, Les Fauries, N 92 ✆ 04 76 64 54 76, *Fax 04 76 64 31 78,* 🏠 – TV ☎ P. AE GB
Repas 100/220, enf. 45 – ☕ 30 – **10 ch** 180/220 – ½ P 200.

ST-LAURENT-DE-LA-SALANQUE 66250 Pyr.-Or. 86 ⑳ – 7 186 h alt. 2.

Env. *Fort de Salses*★★ *NO : 9 km*, G. Pyrénées Roussillon.

Office de Tourisme pl. Gambetta ✆ 04 68 28 31 03, Fax 04 68 28 31 03.

Paris 852 – Perpignan 18 – Elne 26 – Narbonne 61 – Quillan 79 – Rivesaltes 11.

XX **Commerce** avec ch, 2 bd Révolution ✆ 04 68 28 02 21 – rest, TV ☎ – 25. AE GB. rest
fermé 1er au 15 mars, 1er au 15 nov., lundi sauf le soir en juil.-août et dim. soir de sept. à juin – **Repas** 98/200 – 37 – **14 ch** 200/280 – 1/2 P 225/265.

PEUGEOT Gar. Balouet, av. de la Côte-Vermeille ✆ 04 68 28 32 73
RENAULT Gar. Billes, ZA rte de Torreilles ✆ 04 68 28 54 54
RENAULT Gar. Tarrius, 2 bd Canal ✆ 04 68 28 14 67 N ✆ 04 68 61 95 55
Gar. Formenty, rte de Barcares ✆ 04 68 28 01 08

ST-LAURENT-DE-MURE 69720 Rhône 74 ⑫, 110 ㉖ – 4 513 h alt. 252.

Paris 480 – Lyon 19 – Pont-de-Chéruy 16 – La Tour-du-Pin 39 – Vienne 33.

Host. St-Laurent, ✆ 04 78 40 91 44, *Fax 04 78 40 45 41*, , parc – TV ☎ P. AE GB JCB. rest
fermé 10 au 24 août, dim. soir, soirs fériés et sam. – **Repas** 90/290 – 30 – **29 ch** 250/330.

ST-LAURENT-DES-ARBRES 30126 Gard 80 ⑳ – 1 683 h alt. 60.

Paris 674 – Avignon 19 – Alès 69 – Nîmes 47 – Orange 22.

Galinette M sans rest, pl. de l'Arbre ✆ 04 66 50 14 14, *Fax 04 66 50 46 30*, « Bel aménagement intérieur » – TV ☎. AE GB.
fermé 15 déc. au 15 janv. – 50 – **10 ch** 430/550.

ST-LAURENT-DES-AUTELS 49270 M.-et-L. 67 ④ – 1 510 h alt. 92.

Paris 358 – Nantes 34 – Ancenis 11 – Cholet 41 – Clisson 26.

XX **Cheval Blanc,** ✆ 02 40 83 90 05 – GB
fermé 5 au 18 août, dim. soir, mardi soir et merc. – **Repas** 78 (déj.), 95/240 ♀.

ST-LAURENT-DU-PONT 38380 Isère 77 ⑤ G. Alpes du Nord – 4 061 h alt. 410.

Voir *Gorges du Guiers Mort*★★ *SE : 2 km* – *Site*★ *de la Chartreuse de Curière SE : 4 km.*

Office de Tourisme Vieille-Tour, pl. Mairie ✆ 04 76 06 22 55, Fax 04 76 06 21 21.

Paris 562 – Grenoble 33 – Chambéry 28 – La Tour-du-Pin 42 – Voiron 15.

Voyageurs, r. Pasteur ✆ 04 76 55 21 05, *Fax 04 76 55 12 68* – TV ☎. GB JCB
fermé 1er au 15 janv., vend. soir et dim. soir sauf 14 juil. au 15 août – **Repas** 62/205, enf. 45 – 35 – **17 ch** 180/300 – 1/2 P 178/235.

XX **Blache,** av. Gare ✆ 04 76 55 29 57, – GB
fermé 16 au 30 août, vacances de fév., dim. soir et lundi – **Repas** 118/260.

ST-LAURENT-DU-VAR 06700 Alpes-Mar. 84 ⑨, 115 ㉖ G. Côte d'Azur – 24 426 h alt. 18.

Voir *Corniche du Var*★ *N.*

Office de Tourisme 1 promenade des Flots Bleus ✆ 04 92 12 40 00, Fax 04 93 14 92 83.

Paris 920 – Nice 10 – Antibes 15 – Cagnes-sur-Mer 6 – Cannes 25 – Grasse 33 – Vence 15.

Voir plan de NICE Agglomération.

au Cap 3000 – ✉ 06700 :

Novotel M, 40 av. Verdun ✆ 04 93 31 61 15, *Fax 04 93 07 62 25*, , , – TV ☎ P – 100. AE GB
Repas carte environ 190 ♀, enf. 50 – 57 – **103 ch** 650.

Galaxie sans rest, av. Mar. Juin ✆ 04 93 07 73 72, *Fax 04 93 14 32 14* – TV ☎ P – 25. AE GB JCB
40 – **28 ch** 510/610.

au Port St-Laurent – ✉ 06700 :

Holiday Inn Resort M, ✆ 04 93 14 80 00, *Fax 04 93 07 21 24*, ≤, , , , – TV ☎ – 150. AE GB JCB. rest
Repas 120/165 ♀ – 95 – **124 ch** 1090/1590 – 1/2 P 850/1050.

XX **Aigue Marine,** immeuble Atoll Beach ✆ 04 93 07 84 55, *Fax 04 93 07 88 68*, ≤, – . AE GB
fermé sam. midi du 1er mai au 30 sept. et dim. hors saison – **Repas** 120 (déj.)/240.

XX **Sant'Ana,** ✆ 04 93 07 02 24, *Fax 04 93 14 90 34*, – . AE GB
fermé 12 nov. au 3 déc., 8 au 20 janv. et lundi sauf fériés – **Repas** 145/190 ♀.

ST-LAURENT-EN-GRANDVAUX *39150 Jura* **70** ⑮ *G. Jura – 1 781 h alt. 904.*
Paris 443 – Champagnole 23 – Lons-le-Saunier 46 – Morez 11 – Pontarlier 58 – St-Claude 31.

Commerce, ✆ 03 84 60 11 41, *Fax 03 84 60 10 68,* . GB
fermé 15 avril au 15 mai, 11 nov. au 22 déc., dim. soir et lundi sauf du 6 juil. au 20 août – Repas 78/160 – 35 – **13 ch** 160/300 – ½ P 200/250.

Poste, ✆ 03 84 60 15 39, *Fax 03 84 60 89 03 –* . GB
fermé nov. – **Repas** 75/110 ♀ – 35 – **10 ch** 210/250 – ½ P 220.

ST-LAURENT-SUR-MANOIRE *24 Dordogne* **75** ⑥ *– rattaché à Périgueux.*

ST-LAURENT-SUR SAÔNE *01 Ain* **69** ⑲ *– rattaché à Mâcon.*

ST-LAURENT-SUR-SÈVRE *85290 Vendée* **67** ⑤ *G. Poitou Vendée Charentes – 3 247 h alt. 121.*
Paris 362 – Angers 73 – La Roche-sur-Yon 57 – Bressuire 36 – Cholet 14 – Nantes 69.

L'Hermitage, r. Jouvence ✆ 02 51 67 83 03, *Fax 02 51 67 84 11,* . AE GB
fermé 1er au 14 août, vacances de fév., dim. soir de mai à sept. et sam. d'oct. à avril – **Repas** 72/160 – 35 – **16 ch** 190/280 – ½ P 250/270.

ST-LÉGER *17 Char.-Mar.* **71** ⑤ *– rattaché à Pons.*

ST-LÉGER-EN-YVELINES *78610 Yvelines* **60** ⑧, **106** ㉗ *– 1 074 h alt. 150.*
Paris 55 – Chartres 53 – Dreux 33 – Mantes-la-Jolie 38 – Rambouillet 11 – Versailles 36.

XX **Belle Aventure** avec ch, ✆ 01 34 86 31 35, *Fax 01 34 86 36 85,* . GB
fermé 27 juil. au 16 août, dim. soir et lundi – **Repas** 159 ♀ – 60 – **8 ch** 350/500 – ½ P 450.

ST-LÉGER-LES-MÉLÈZES *05260 H.-Alpes* **77** ⑯ *G. Alpes du Nord – 182 h alt. 1250 – Sports d'hiver : 1 260/2 000 m 14.*
Paris 667 – Gap 20 – Grenoble 103.

L'Ecureuil, ✆ 04 92 50 40 49, *Fax 04 92 50 71 64,* 60. GB. rest
15 juin-15 sept. et 26 déc.-20 mars – **Repas** 90/180 – 40 – **40 ch** 260/290 – ½ P 240/260.

ST-LÉONARD-DE-NOBLAT *87400 H.-Vienne* **72** ⑱ *G. Berry Limousin – 5 024 h alt. 347.*
Voir *Église★ : clocher★★.*
de la Porcelaine ✆ 05 55 31 10 69, O par D 941 et rte secondaire : 14 km.
Office de Tourisme pl. du Champ-de-Mars ✆ 05 55 56 25 06, Fax 05 55 56 36 97.
Paris 399 – Limoges 20 – Aubusson 67 – Brive-la-Gaillarde 94 – Guéret 61.

Gd St-Léonard (Vallet), 23 av. Champs de Mars ✆ 05 55 56 18 18, *Fax 05 55 56 98 32 –* . AE GB
fermé 15 déc. au 15 janv., mardi midi du 15 sept. au 15 juin et lundi sauf le soir du 15 juin au 15 sept. – **Repas** 125/310 et carte 260 à 370 – 48 – **13 ch** 290/320 – ½ P 340/360
Spéc. Croustillant d'escargots au coulis de persil et champignons des bois (juil. à oct.). Délice de soles aux cèpes (sept. à déc.). Coeur de filet et queue de boeuf au cahors et à la moelle.

XX **Modern** avec ch, 6 bd A. Pressemane ✆ 05 55 56 00 25 – . GB
hôtel : fermé 1er fév. au 15 mars, dim. soir et lundi sauf de juil. à sept. – **Repas** *(15 mars-15 nov. et fermé lundi sauf le soir de juil. à sept. et dim. soir d'oct. à mars)* 115/215, enf. 65 – 38 – **7 ch** 250/290 – ½ P 260/270.

PEUGEOT Gar. Ducros, rte de Bujaleuf ✆ 05 55 56 17 17

ST-LÔ P *50000 Manche* 54 ⑬ *G. Normandie Cotentin – 21 546 h alt. 20.*
Voir *Haras*★ **B.**
Office de Tourisme pl. du Gén.-de-Gaulle ☎ 02 33 05 02 09, Fax 02 33 05 26 08.
Paris 295 ② – Caen 65 ② – Cherbourg 81 ⑦ – Fougères 100 ⑤ – Laval 136 ⑤ – Rennes 137 ⑤.

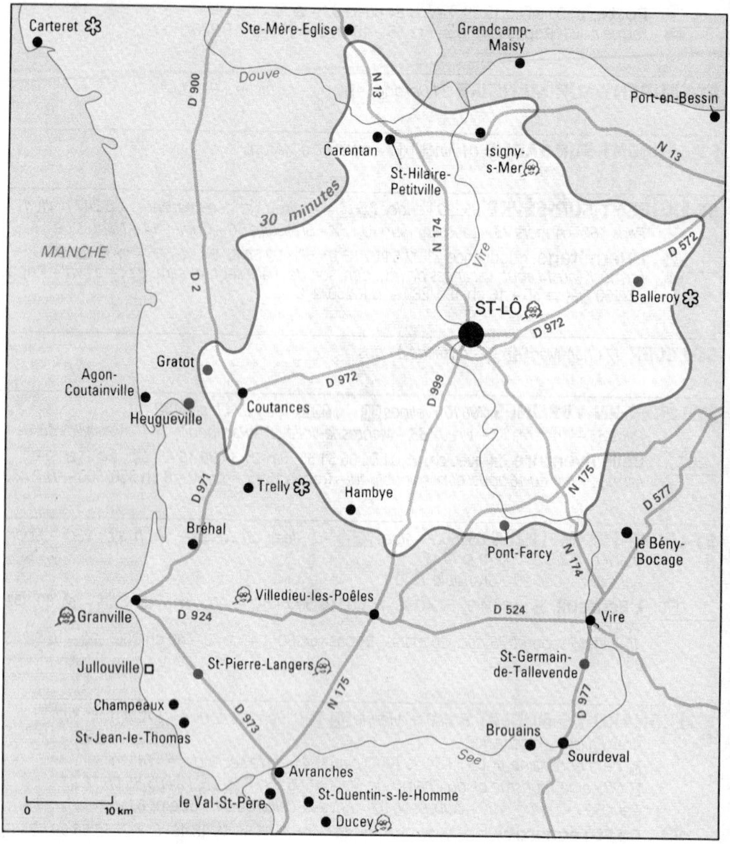

Voyageurs M, 5 av. Briovère ☎ 02 33 05 08 63, *Fax 02 33 05 14 34*, – 80. AE GB — A s
Tocqueville ☎ 02 33 05 15 15 **Repas** *(76)* - 100/270, enf. 50 – ☐ 38 – **31 ch** 250/360 – ½ P 280.

Relais Mercure M sans rest, 1 av. Briovère ☎ 02 33 05 10 84, *Fax 02 33 56 46 92*, – 80. AE GB — A v
☐ 39 – **35 ch** 310/360.

Armoric sans rest, 15 r. Marne ☎ 02 33 05 61 32, *Fax 02 33 05 12 68* – P. AE GB — B a
☐ 25 – **20 ch** 180/280.

Gonivière, rd-pt 6 Juin (1er étage) ☎ 02 33 05 15 36, *Fax 02 33 05 01 72* – AE GB — A r
fermé dim. – **Repas** 110/280 et carte 200 à 360.

Péché Mignon, 84 r. Mar. Juin ☎ 02 33 72 23 77, *Fax 02 33 72 27 58* – AE GB — B e
fermé 25 juil. au 8 août, 24 au 31 déc. et 25 fév. au 5 mars – **Repas** 88/298, enf. 45.

au Calvaire *par ② et D 972 : 7 km – ✉ 50810 St-Pierre-de-Semilly :*

Les Glycines, ☎ 02 33 05 02 40, *Fax 02 33 56 29 32*, – P. AE GB
fermé 27 juil. au 4 août, vacances de fév., dim. soir et lundi sauf fériés – **Repas** *(98)* - 158/298 et carte 240 à 430, enf. 50.

ST-LÔ

Havin (R.) . . . . A 13
Leclerc (R. Mar.) . . . . B
St-Thomas (R.) . . . . A
Torteron (R.) . . . . A

Alsace-Lorraine (R.) . . . . . A 2
Baltimore (R. de) . . . . A 3
Beaucoudray (R. de) . . . . A 5
Belle (R. du) . . . . A 7
Briovère (Av. de) . . . . A 8
Champ-de-Mars (Pl.) . . . . B 9
Feuillet (R. Octave) . . . . . A 12
Gaulle (Pl. Gén.-de) . . . . . A 13
Gerahrdt
(R. Gén.) . . . . B 14
Grimouville (R. de) . . . . . . A 16
Houssin-Dumanoir (R.) . . A 18
Lattre-de-T. (R. Mar.-de) . . B 19
Mesnilcroc (R. du) . . . . . . B 22
Neufbourg (R. du) . . . . B 23
Notre-Dame (Parvis) . . . . A 24
Noyers (R. des) . . . . A 27
Poterne (R. de la) . . . . A 28
Ste-Croix (Pl.) . . . . B 30
Vieillard
de Boismartin (R.) . . . . . B 31
80^e^-et-136^e^ (R. des) . . . . . A 33

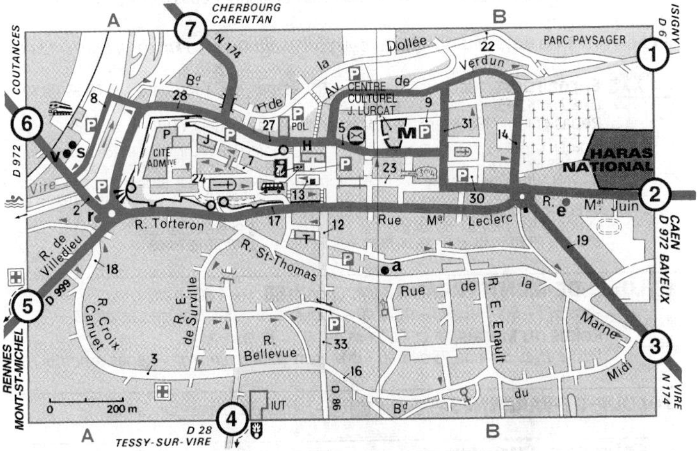

AUDI, VOLKSWAGEN Gar. Lebon, Zone Delta, rte de Bayeux ✆ 02 33 72 07 95
CHRYSLER Gar. de l'Institut, 29 rte de Coutances à Agneaux, ✆ 02 33 55 49 28
CITROEN DI.CO.MA., ZA la Chevalerie par ④ ✆ 02 33 57 48 30 🄽 ✆ 02 33 56 59 46
FORD Manche Auto Services, 700 av. de Paris ✆ 02 33 05 39 39
NISSAN Gar. Dessoude, Zone Delta ✆ 02 33 75 66 66
PEUGEOT Autom. St-Loises, av. de Paris ✆ 02 33 77 37 37 🄽 ✆ 02 99 65 89 93
RENAULT Gar. Briocar, ZAC La Chevalerie par ③ ✆ 02 33 77 88 88 🄽 ✆ 02 33 77 88 88
SEAT Gar. Manche, rte de Coutances à Agneaux ✆ 02 33 05 19 34
Gar. Marie, 164, rte de Tessy ✆ 02 33 57 12 98

Euromaster, 700 av. de Paris ✆ 02 33 57 52 37
La Chevalerie Pneus, r. J.-Vallès ZI la Chevalerie ✆ 02 33 57 43 44
Ledoyen Pneus Point S, 559 av. de Paris ✆ 02 33 57 73 04
Schmitt pneus Vulco, 290 av. de Paris ✆ 02 33 57 40 57

ST-LOUBÈS *33450 Gironde* 71 ⑨ *– 6 207 h alt. 28.*
Paris 569 – Bordeaux 19 – Créon 23 – Libourne 19 – St-André-de-Cubzac 13.

X **Coq Sauvage** avec ch, à Cavernes, Nord-Ouest : 4 km ✆ 05 56 20 41 04, *Fax 05 56 20 44 76,* – TV ☎ – 30. GB. ch
fermé 3 au 23 août, 21 déc. au 3 janv., sam. soir et dim. – **Repas** 98/175 – 30 – **6 ch** 265/285 – 1/2 P 250.

CITROEN Gar. Dupuy, 17 av. de la République ✆ 05 56 20 41 40

ST-LOUIS *68300 H.-Rhin* 66 ⑩ *– 19 547 h alt. 250.*
Paris 496 – Mulhouse 30 – Altkirch 31 – Basel 6 – Belfort 74 – Colmar 62 – Ferrette 25.

Berlioz sans rest, 14 r. Henner (près gare) ✆ 03 89 69 74 44, *Fax 03 89 70 19 17* – TV ☎ P. AE GB
fermé 23 déc. au 6 janv. – 40 – **21 ch** 260/310.

XXX **Trianon,** 46 r. Mulhouse ✆ 03 89 67 03 03, *Fax 03 89 69 15 94* – . GB.
fermé 20 juil. au 1er août, 17 janv. au 2 fév., lundi et mardi – **Repas** 140 (déj.), 310/360 et carte 340 à 470 ♀.

à Huningue *Est : 2 km par D 469 – 6 252 h. alt. 245 – ✉ 68330 :*

Tivoli, 15 av. Bâle ✆ 03 89 69 73 05, *Fax 03 89 67 82 44* – TV ☎ P. GB
Repas *(fermé 1er au 24 août, 23 déc. au 7 janv., sam. midi et dim.)* 160/360 ♀ – 55 – **44 ch** 400/450 – 1/2 P 320/350.

à Village-Neuf *Nord-Est : 3 km par N 66 et D 21 – 2 920 h. alt. 240 – ✉ 68128 :*

XX **Mayer,** 2 r. St-Louis ✆ 03 89 67 11 15, *Fax 03 89 69 45 08,* 🏛 – P. GB
fermé 15 juil. au 10 août, 22 déc. au 3 janv., lundi et mardi – **Repas** 190/400 ♀.

à Hésingue *Ouest : 4 km par D 419 – 1 713 h. alt. 290 – ✉ 68220 :*

XXX **Au Boeuf Noir,** ✆ 03 89 69 76 40, *Fax 03 89 67 77 29,* 🏛 – ▤. AE GB
fermé 10 au 24 août, sam. midi et dim. soir et lundi – **Repas** 160 (déj.), 190/320 et carte 260 à 400 ♀.

à l'aéroport de Bâle-Mulhouse *(Euro-Airport), Nord-Ouest : 5 km par N 66 et D 12 – ✉ 68300 St-Louis :*

XX **Euroairport** (secteur français), 5e étage de l'aérogare ✆ 03 89 90 32 35, *Fax 03 89 90 32 65,* ← – ▤. AE ⓓ GB. ✗
Repas grill 116/188 ♨, enf. 36 - ***brasserie :*** **Repas** 51 (déj.), 80/85 ♨, enf. 36.

CITROEN Gar. Flury, 11 r. du Rhône ✆ 03 89 69 13 02
NISSAN Autos Franco Suisse, 106 r. de St-Louis à Hesingue ✆ 03 89 69 18 42
OPEL Gar. Feldbauer, 20 r. Prés ✆ 03 89 69 22 26
PEUGEOT Gar. Ledy, 8 r. du Temple ✆ 03 89 69 80 35 N ✆ 03 89 26 78 85
PEUGEOT Gar. Klein, 8 r. de Hegenheim à Hagenthal-le-Bas, Dir. St-Louis ✆ 03 89 68 50 17
RENAULT Gar. Bader, 81 av. Gén.-de-Gaulle ✆ 03 89 89 70 00 N ✆ 08 00 05 15 15
Ⓜ Pneus et Services D. K., 65 r. Gén.-de-Gaulle ✆ 03 89 69 81 08

ST-LOUIS-DE-MONTFERRAND *33440 Gironde* 71 ⑧ *– 1 808 h alt. 1.*

Paris 571 – Bordeaux 15 – Blaye 40 – Libourne 32 – St-André-de-Cubzac 13.

X **Relais du Marais,** ✆ 05 56 77 41 19, 🏛 – P. GB. ✗
fermé 1er au 30 août, 25 déc. au 3 janv., sam. midi et dim. soir – **Repas** 60 bc (déj.), 95/150 ♀.

ST-LOUP-DE-VARENNES *71 S.-et-L.* 69 ⑨ *– rattaché à Chalon-sur-Saône.*

ST-LOUP-SUR-SEMOUSE *70800 H.-Saône* 66 ⑥ *– 4 677 h alt. 247.*

Paris 363 – Épinal 43 – Bourbonne-les-Bains 48 – Gray 83 – Remiremont 31 – Vesoul 36 – Vittel 58.

🏠 **Trianon,** pl. J.-Jaurès ✆ 03 84 49 00 45, *Fax 03 84 94 22 34,* 🏛 – TV ☎. AE GB
Repas *(fermé sam. midi de sept. à mai)* 75/200 ♨, enf. 45 – ☕ 35 – **13 ch** 200/260 – ½ P 250.

FORD Gar. Dormoy, ✆ 03 84 94 27 27 N ✆ 03 84 94 27 27

ST-LYPHARD *44410 Loire-Atl.* 63 ⑭ *G. Bretagne – 2 889 h alt. 12.*

Voir *Clocher de l'église* ✳★★.

ℹ *Office de Tourisme pl. de l'Eglise Herbignac* ✆ *02 40 91 41 34, Fax 02 40 91 34 96.*

Paris 450 – Nantes 77 – La Baule 17 – Redon 40 – St-Nazaire 21.

🏠 **Les Chaumières du Lac et Aub. Les Typhas** M, rte Herbignac ✆ 02 40 91 32 32, *Fax 02 40 91 30 33,* 🏛, « Décoration intérieure soignée », 🌳 – TV ☎ ✆ ♿ P. GB
hôtel : ouvert mars-3 nov. – **Repas** *(fermé 12 au 30 nov., fév., lundi midi en juil.-août et mardi sauf le soir en juil.-août)* 105/250 – ☕ 48 – **20 ch** 350/540 – ½ P 360/450.

à Bréca *Sud : 6 km par D 47 et rte secondaire – ✉ 44410 St-Lyphard :*

XX **Aub. de Bréca,** ✆ 02 40 91 41 42, *Fax 02 40 91 37 41,* 🏛, « Chaumière briéronne dans un jardin fleuri » – AE GB
fermé 15 déc. au 30 janv., dim. soir et jeudi sauf du 1er juil au 15 sept. – **Repas** 120/250 ♀, enf. 50.

à Kerbourg *Sud-Ouest : 6 km par D 51 (rte de Guérande) – ✉ 44410 St-Lyphard :*

XX **Aub. de Kerbourg,** ✆ 02 40 61 95 15, *Fax 02 40 61 98 64,* 🏛, « Chaumière briéronne aménagée avec élégance », 🌳 – P. GB
fermé 1er déc. au 15 fév., dim. soir hors saison, lundi sauf le soir en saison et mardi midi – **Repas** (en saison, prévenir) 160/250.

ST-MACAIRE *33 Gironde* 79 ② *– rattaché à Langon.*

ST-MACAIRE-EN-MAUGES *49450 M.-et-L.* 67 ⑤ *– 5 543 h alt. 101.*

Paris 354 – Angers 62 – Ancenis 40 – Cholet 12 – Nantes 47.

🏠 **Gâtine,** ✆ 02 41 55 30 23, *Fax 02 41 46 11 30* – TV ☎ ✆ 🚗. GB. ✗
fermé 19 juil. au 12 août – **Repas** *(fermé dim. soir, soirs fériés et lundi)* 72/200 ♀ – ☕ 28 – **15 ch** 130/290 – ½ P 200/245.

ST-MAIXENT-L'ÉCOLE *79400 Deux-Sèvres* 68 ⑫ *G. Poitou Vendée Charentes* **(plan)** *– 6 893 h alt. 85.*

Voir *Église abbatiale★ – Musée militaire : série d'uniformes★.*

du Petit Chêne à Mazières ✆ 05 49 63 20 95, O par D 6 : 20 km.

Office de Tourisme Porte Châlon ✆ 05 49 05 54 05.

Paris 383 – Poitiers 51 – Angoulême 106 – Niort 24 – Parthenay 29.

Logis St-Martin ⑤, chemin Pissot ✆ 05 49 05 58 68, *Fax 05 49 76 19 93,* parc, « Demeure du 17e siècle » – TV ☎ P. AE GB.
fermé janv., dim. soir et lundi de nov. à mars – **Repas** 95 (déj.)/160 ♀ – ▭ 62 – **11 ch** 390/530 – ½ P 440/480.

Lika, rte Niort ✆ 05 49 05 63 64, *Fax 05 49 05 53 63,* – TV ☎ P. AE GB
fermé 22 déc. au 4 janv. et dim. de sept. à juin – **Repas** 66/120 ♁, enf. 38 – ▭ 35 – **18 ch** 210/230 – ½ P 205.

à Soudan *Est : 7,5 km par N 11 – 306 h. alt. 155 – ✉ 79800.*

Voir *Musée des Tumulus de Bougon★★.*

L'Orangerie avec ch, ✆ 05 49 06 56 06, *Fax 05 49 06 56 10,* – TV ☎ P. AE GB
fermé 5 janv. au 1er fév. et dim. soir du 15 sept. au 15 juin – **Repas** 88/225 ♀, enf. 48 – ▭ 35 – **7 ch** 185/240 – ½ P 290.

PEUGEOT Gar. Courtois, 87 r. Clémenceau ✆ 05 49 76 13 42
RENAULT Gar. du Grand Chêne, N 11 à Azay-le-Brulé ✆ 05 49 05 50 72

Moinet Pneus, 12 av. de Blossac ✆ 05 49 05 50 22 N ✆ 05 49 25 50 22

ST-MALO 35400 *I.-et-V.* 59 ⑥ *G. Bretagne – 48 057 h alt. 5 – Casino* **AXY.**

Voir *Site★★★ – Remparts★★★* **DZ** *– Château★★* **DZ** *: musée d'histoire de la ville★* **M2***, tourelles de guet ★★, tour Quic-en-Groigne★* **DZ E** *– Fort national★ : ★★ 15 mn* **AX** *– Vitraux★ de la cathédrale St-Vincent* **DZ** *– Rothéneuf : Maison de Jacques Cartier★, 3 km par ① – Usine marémotrice de la Rance : digue ★ S : 4 km par ④.*

de Dinard-Pleurtuit-St-Malo : ✆ 02 99 46 70 28, par ③ : 14 km.

Office de Tourisme esplanade St-Vincent ✆ 02 99 56 64 48, Fax 02 99 40 93 13.

Paris 417 ③ – Alençon 179 ③ – Avranches 67 ③ – Dinan 32 ③ – Rennes 72 ③ – St-Brieuc 72 ③.

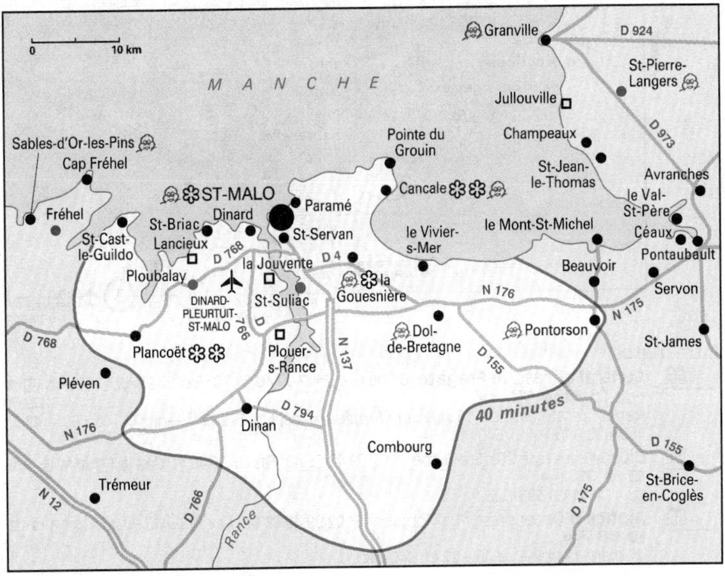

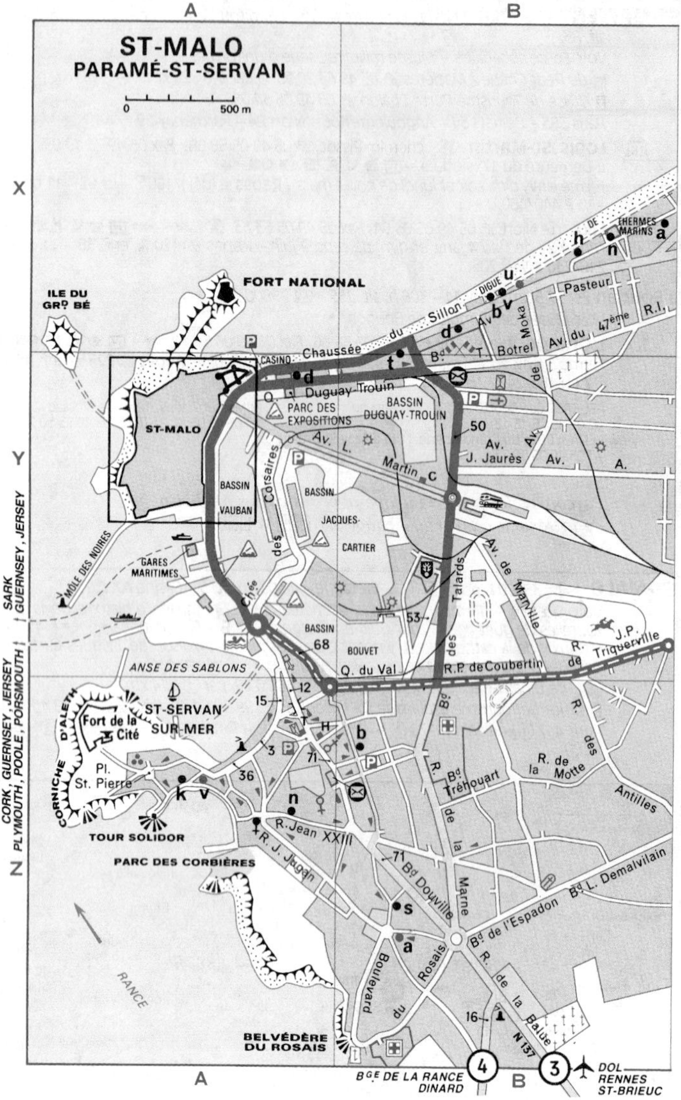

Intra muros :

Central et rest. la Frégate, 6 Gde rue ☎ 02 99 40 87 70, *Fax 02 99 40 47 57* – 25. AE GB JCB — DZ n
Repas *(fermé dim. du 15 nov. au 15 mars)* 99 (déj.), 145/299 ♀, enf. 75 – 60 – **47 ch** 450/680 – 1/2 P 415/540.

Cité Ⓜ sans rest, 26 r. Ste-Barbe ☎ 02 99 40 55 40, *Fax 02 99 40 10 04* – AE GB JCB — DZ v
47 – **41 ch** 398/523.

Ajoncs d'Or sans rest, 10 r. Forgeurs ☎ 02 99 40 85 03, *Fax 02 99 40 80 70* – AE GB JCB — DZ a
1er mars-12 nov. – 46 – **22 ch** 440/580.

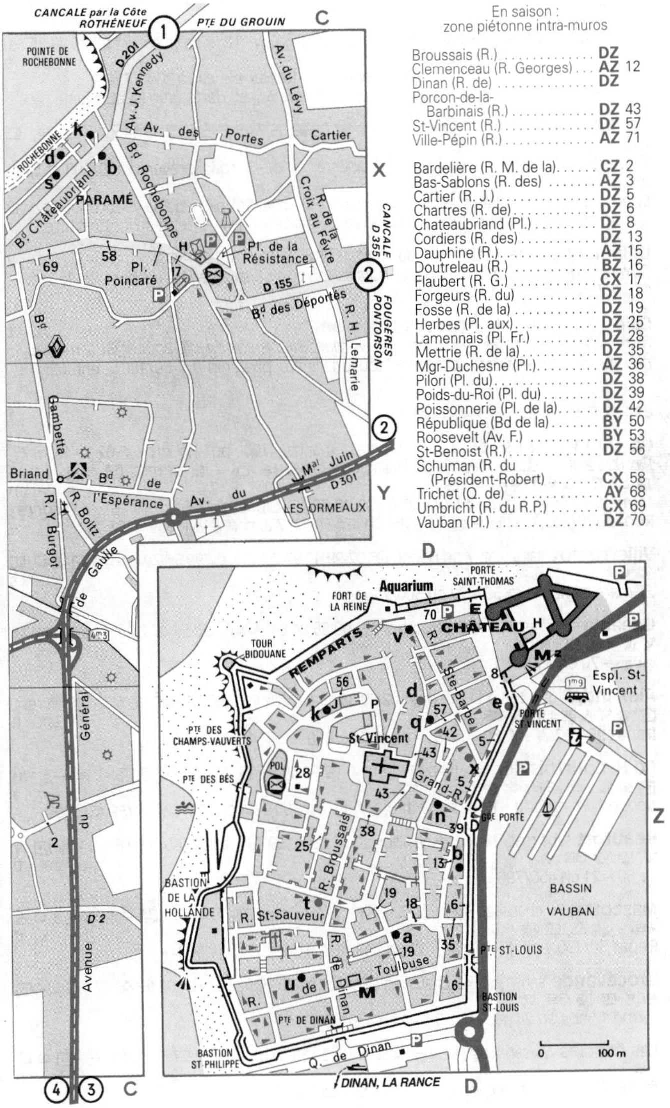

En saison :
zone piétonne intra-muros

Broussais (R.) .... DZ
Clemenceau (R. Georges) ... AZ 12
Dinan (R. de) .... DZ
Porcon-de-la-Barbinais (R.) .... DZ 43
St-Vincent (R.) .... DZ 57
Ville-Pépin (R.) .... AZ 71

Bardelière (R. M. de la) ...... CZ 2
Bas-Sablons (R. des) ...... AZ 3
Cartier (R. J.) .... DZ 5
Chartres (R. de) .... DZ 6
Chateaubriand (Pl.) .... DZ 8
Cordiers (R. des) .... DZ 13
Dauphine (R.) .... AZ 15
Doutreleau (R.) .... BZ 16
Flaubert (R. G.) .... CX 17
Forgeurs (R. du) .... DZ 18
Fosse (R. de la) .... DZ 19
Herbes (Pl. aux) .... DZ 25
Lamennais (Pl. Fr.) .... DZ 28
Mettrie (R. de la) .... DZ 35
Mgr-Duchesne (Pl.) .... AZ 36
Pilori (Pl. du) .... DZ 38
Poids-du-Roi (Pl. du) ...... DZ 39
Poissonnerie (Pl. de la) ..... DZ 42
République (Bd de la) .... BY 50
Roosevelt (Av. F.) .... BY 53
St-Benoist (R.) .... DZ 56
Schuman (R. du (Président-Robert) .... CX 58
Trichet (Q. de) .... AY 68
Umbricht (R. du R.P.) .... CX 69
Vauban (Pl.) .... DZ 70

Quic en Groigne sans rest, 8 r. d'Estrées ☎ 02 99 20 22 20, *Fax 02 99 20 22 30* – TV ☎. GB. — DZ u
40 – **15 ch** 270/420.

Palais sans rest, 8 r. Toullier ☎ 02 99 40 07 30, *Fax 02 99 40 29 53* – TV ☎. AE GB
fermé 10 au 26 déc. et dim. du 15 nov. au 15 mars sauf vacances scolaires – 39 – **18 ch** 250/360. — DZ k

Jean Bart sans rest, 12 r. Chartres ☎ 02 99 40 33 88, *Fax 02 99 40 33 88* – TV ☎. GB
1er mars-15 nov. – 38 – **18 ch** 300/370. — DZ b

Brochet sans rest, 1 r. Corne de Cerf ☎ 02 99 56 30 00, *Fax 02 99 56 55 54* – TV ☎. GB. — DZ q
2 avril-15 nov. – 40 – **22 ch** 235/350.

XX **A la Duchesse Anne** (Thirouard), 5 pl. Guy La Chambre ✆ 02 99 40 85 33, *Fax 02 99 40 00 28*, – GB. DZ e
✿ *fermé déc., janv., dim. soir hors saison et merc.* – **Repas** *(80)* - carte 200 à 320
Spéc. Foie gras de canard. Homard grillé "Duchesse Anne". Tarte tatin (sept. à juin).

XX **Chalut** (Foucat), 8 r. Corne de Cerf ✆ 02 99 56 71 58, *Fax 02 99 56 71 58* – . AE GB DZ d
✿ *fermé 5 au 20 oct., dim. soir (sauf juil.-août) et lundi* – **Repas** (prévenir) 100/300 et carte 230 à 320 ♀
Spéc. Filet de Saint-Pierre étuvé à la coriandre fraîche. Soupière de Saint-Jacques et chair d'araignée au gingembre (oct. à avril). Filets de barbets en vinaigrette au jus de truffe.

XX **Delaunay,** 6 r. Ste-Barbe ✆ 02 99 40 92 46, *Fax 02 99 56 88 91* – GB DZ x
fermé 15 nov. au 15 déc., janv, lundi hors saison et dim. sauf fériés – **Repas** *(95)* - 125 (déj.), 175/225.

X **Gilles,** 2 r. Pie qui boit ✆ 02 99 40 97 25 – GB DZ t
fermé 25 nov. au 10 déc., vacances de fév., merc. sauf le soir en juil.-août et jeudi midi du 15 nov. au 15 mars – **Repas** (nombre de couverts limité, prévenir) *(72)* - 89/180 ♀, enf. 62.

St-Malo Est et Paramé – ✉ *35400 St-Malo :*

Gd H. Thermes, aux Thermes marins, 100 bd Hébert ✆ 02 99 40 75 75, *Fax 02 99 40 76 00*, <, centre de thalassothérapie, – , rest, – 50. AE GB JCB. rest BX n
fermé 5 au 15 janv. – ***Cap Horn*** ✆ 02 99 40 75 40 **Repas** 130/295 ♀, enf. 65 – ***Verrière :*** **Repas** 170/205, enf. 65 – 70 – **185 ch** 385/1510, 7 appart – 1/2 P 655/1105.

Villefromoy sans rest, 7 bd Hébert ✆ 02 99 40 92 20, *Fax 02 99 56 79 49* – AE GB CX s
27 mars-15 nov. – 55 – **22 ch** 500/750.

Océania sans rest, 2 r. Joseph Loth ✆ 02 99 56 84 84, *Fax 02 99 56 45 73*, < – . AE GB AY d
55 – **70 ch** 530/860.

Alexandra, 138 bd Hébert ✆ 02 99 56 11 12, *Fax 02 99 56 30 03*, <, – , rest, AE GB JCB BX h
Repas 95/290 ♀, enf. 50 – 55 – **43 ch** 650/790 – 1/2 P 435/570.

Gd H. Courtoisville, 69 bd Hébert ✆ 02 99 40 83 83, *Fax 02 99 40 57 83*, – . GB. rest BX a
début mars-mi-nov. – **Repas** 130/190, enf. 65 – 50 – **44 ch** 380/620 – 1/2 P 430/490.

Beaufort sans rest, 25 chaussée Sillon ✆ 02 99 40 99 99, *Fax 02 99 40 99 62*, < – . AE GB. BX b
50 – **21 ch** 450/790.

Mascotte, 76 chaussée Sillon ✆ 02 99 40 36 36, *Fax 02 99 40 18 78*, – – 35. AE GB BX d
Repas 80/150, enf. 45 – 40 – **79 ch** 335/480, 9 duplex – 1/2 P 580.

Brocéliande sans rest, 43 chaussée Sillon ✆ 02 99 20 62 62, *Fax 02 99 40 42 47*, < – . AE GB. BX v
fermé 17 nov. au 24 déc. – 50 – **9 ch** 470/550.

Les Acacias sans rest, 8 bd Hébert ✆ 02 99 56 01 19, *Fax 02 99 56 17 81*, < – . GB. CX d
fermé 11 nov. au 20 déc. et 5 janv. au 5 fév. – 35 – **23 ch** 480.

Ibis Plage sans rest, 58 chaussée Sillon ✆ 02 99 40 57 77, *Fax 02 99 40 57 78* – . AE GB BXY t
39 – **60 ch** 385/520.

Eden sans rest, 1 r. Étang ✆ 02 99 40 23 48, *Fax 02 99 40 55 86* – . GB. CX b
15 mars-11 nov. – 34 – **27 ch** 280/320.

Courlis sans rest, 9 r. Bains ✆ 02 99 56 00 15, *Fax 02 99 56 68 63* – . AE GB CX k
fermé 20 nov. au 20 déc. – 33 – **11 ch** 260/300.

X **Ty Coz,** 57 chaussée Sillon ✆ 02 99 56 09 68, *Fax 02 99 56 09 68* – AE GB BX u
fermé 15 janv. au 15 fév., mardi soir et merc. hors saison – **Repas** 75 (déj.), 85/200 ♀.

à St-Servan-sur-Mer – ✉ *35400 St-Malo :*

Valmarin sans rest, 7 r. Jean XXIII ✆ 02 99 81 94 76, *Fax 02 99 81 30 03*, « Élégante malouinière du 18e siècle, parc » – TV ☎ P. AE GB AZ n
fermé 15 nov. au 25 déc. et 7 janv. aux vacances de fév. – ☕ 60 – **12 ch** 530/750.

Rance M sans rest, 15 quai Sébastopol (port Solidor) ✆ 02 99 81 78 63, *Fax 02 99 81 44 80*, ≤, « Mobilier ancien » – TV ☎ . AE GB JCB. AZ k
☕ 48 – **11 ch** 405/505.

Korrigane sans rest, 39 r. Le Pomellec ✆ 02 99 81 65 85, *Fax 02 99 82 23 89*, – TV ☎ P. AE GB BZ b
fermé 4 au 31 janv. – ☕ 55 – **12 ch** 600/900.

Ascott sans rest, 35 r. Chapitre ✆ 02 99 81 89 93, *Fax 02 99 81 77 40*, – TV ☎ P. GB BZ s
☕ 50 – **10 ch** 500/600.

St-Placide, 6 pl. Poncel ✆ 02 99 81 70 73, *Fax 02 99 81 89 49* – AE GB. BZ a
fermé 16 au 30 oct., 15 au 25 fév., mardi soir sauf du 14 juil. au 15 août et merc. – **Repas** 80 (déj.), 112/210 ♀, enf. 58.

L'Atre, 7 espl. Cdt Menguy (port Solidor) ✆ 02 99 81 68 39, *Fax 02 99 81 56 18*, ≤ – AE GB. AZ v
fermé 15 déc. au 15 janv., mardi soir de sept. à juin et merc. – **Repas** 90/140.

rte de Cancale *par ② sur D 355 : 6 km* – ✉ *35400 St-Malo :*

Clos du Chanoine (Langrée), La Mettrie au Chanoine ✆ 02 99 82 84 57, *Fax 02 99 82 08 67*, , – P. AE GB
fermé 15 nov. au 10 déc., jeudi midi hors saison et merc. – **Repas** 120/180 et carte 260 à 360 ♀
Spéc. Pressé de rouget grondin et pomme de terre au lard. Turbot rôti au beurre mousseux, pomme paillasson, jus de viande. Gratin de poires à la cannelle, glace réglisse.

rte de Rennes *par ③ et av. Gén. de Gaulle : 3 km* – ✉ *35400 St-Malo :*

Manoir de la Grassinais M, 12 r. Grassinais ✆ 02 99 81 33 00, *Fax 02 99 81 60 90*, – rest, TV ☎ ♿ P – 25. GB
fermé 20 déc. au 20 janv., lundi (sauf hôtel) et dim. soir hors saison – **Repas** 98/195 ♀ – ☕ 38 – **29 ch** 360 – ½ P 310.

Ibis, centre commercial La Madeleine ✆ 02 99 82 10 10, *Fax 02 99 82 35 74*, – TV ☎ ♿ P – 30. AE GB
Repas *(75)* - 95 ♀, enf. 39 – ☕ 39 – **73 ch** 360/430.

CITROEN Gar. Côte d'Emeraude, 131 bd Gambetta ✆ 02 99 21 17 17 **N** ✆ 06 80 57 36 05
PEUGEOT Gar. Dutan, ZAC la Madeleine, N 137 par ③ ✆ 02 99 82 77 77 **N** ✆ 08 00 44 24 24
RENAULT St-Malo Autom., 61 bd Gambetta ✆ 02 99 20 60 60

Euromaster, 49 quai Duguay-Trouin ✆ 02 99 56 74 74

ST-MANDÉ *94 Val-de-Marne* 56 ⑪, 101 ㉗ – *voir à Paris, Environs.*

ST-MARCEL *36 Indre* 68 ⑰ ⑱ – *rattaché à Argenton-sur-Creuse.*

ST-MARCEL *71 S.-et-L.* 69 ⑨ – *rattaché à Chalon-sur-Saône.*

ST-MARCEL *27 Eure* 55 ⑰ – *rattaché à Vernon.*

ST-MARCEL-EN-DOMBES *01 Ain* 74 ② – *rattaché à St-André-de-Corcy.*

ST-MARCEL-LÈS-ANNONAY *07100 Ardèche* 76 ⑨ – *1 152 h alt. 450.*

Paris 536 – St-Étienne 35 – Annonay 9 – Tournon-sur-Rhône 40 – Vienne 49 – Yssingeaux 56.

au Barrage du Ternay *Nord : 2 km par D 306 G. Vallée du Rhône* – ✉ *07100 :*

Ternay, ✆ 04 75 67 12 03, *Fax 04 75 32 02 80*, – GB
fermé janv., fév. mardi soir et merc. du 15 sept. au 15 juin – **Repas** 79 (déj.), 99/198 ♀.

ST-MARCELLIN 38160 Isère 77 ③ *G. Vallée du Rhône – 6 696 h alt. 282.*

Office de Tourisme 2 av. Collège ☎ 04 76 38 53 85, Fax 04 76 38 17 32.
Paris 563 – Grenoble 53 – Valence 46 – Die 75 – Vienne 73 – Voiron 47.

Savoyet-Serve (annexe), 16 bd Gambetta ☎ 04 76 38 24 31, *Fax 04 76 64 02 99* – rest, TV ☎ P – 45. AE GB
fermé dim. soir – **Repas** 88/195, enf. 44 – 35 – **51 ch** 150/385 – ½ P 200/335.

Tivollière, Château du Mollard ☎ 04 76 38 21 17, *Fax 04 76 64 02 99,* – P. AE GB
fermé dim. soir et lundi – **Repas** 138/245 et carte 180 à 310, enf. 60.

CITROEN Gar. Costaz, 16 av. des Alpes ☎ 04 76 38 09 25
FORD Gar. Giraud, 4 rte de Romans ☎ 04 76 38 07 06 N ☎ 04 76 38 06 89
PEUGEOT Gar. Pilloud, rte de Chatte ☎ 04 76 38 25 90
RENAULT Gar. Rey, 36 av. de Provence ☎ 04 76 64 92 15
Mouren Point S, 19 av. de Provence ☎ 04 76 38 01 14

ST-MARCELLIN-EN-FOREZ 42680 Loire 73 ⑱ *– 3 133 h alt. 390.*

Paris 517 – St-Étienne 25 – Craponne-sur-Arzon 43 – Feurs 30 – Montbrison 16.

Manoir du Colombier, ☎ 04 77 52 90 37, , « Demeure du 17e siècle » – P. GB
fermé mardi soir et merc. – **Repas** 95/265.

CITROEN Gar. Breuil, ☎ 04 77 52 81 09

ST-MARS-LA-JAILLE 44540 Loire-Atl. 63 ⑱ *– 2 114 h alt. 28.*

Paris 346 – Nantes 55 – Ancenis 18 – Angers 53 – Châteaubriant 29.

Relais de St-Mars, 1 r. Industrie ☎ 02 40 97 00 13 – AE GB
fermé 1er au 24 août, dim. soir, merc. soir et soirs fériés – **Repas** *(80)* - 135/250 et carte 230 à 360 ♀.

ST-MARTIN-BELLE-ROCHE 71 S.-et-L. 70 ⑪ *– rattaché à Macon.*

La guida cambia, cambiate la guida ogni anno.

ST-MARTIN-BELLEVUE 74370 H.-Savoie 74 ⑥ *– 1 412 h alt. 732.*

Golf du Belvédère ☎ 04 50 60 31 78.
Paris 535 – Annecy 10 – Aix-les-Bains 45 – La Clusaz 38 – Genève 36 – Rumilly 35.

Beau Séjour, à la gare : 1 km ☎ 04 50 60 30 32, *Fax 04 50 60 38 44,* – TV ☎ P – 30. GB
15 mars-15 déc. – **Repas** *(fermé dim. soir et lundi sauf juil.-août)* 80/210 – 40 – **35 ch** 240/360 – ½ P 280/330.

ST-MARTIN-D'ARMAGNAC 32 Gers 82 ② *– rattaché à Nogaro.*

ST-MARTIN-DE-BELLEVILLE 73440 Savoie 74 ⑰ *G. Alpes du Nord – 2 341 h alt. 1450 – Sports d'hiver : 1 450/2 850 m 6 38.*

Paris 625 – Albertville 42 – Chambéry 89 – Moûtiers 15.

Alp-Hôtel, ☎ 04 79 08 92 82, *Fax 04 79 08 94 61,* – ☎ GB. rest
15 déc.-15 avril – **Repas** (dîner seul.) carte 90 à 110 ♀ – 42 – **30 ch** 620/690 – ½ P 485.

Bouitte, à St-Marcel Sud-Est : 2 km ☎ 04 79 08 96 77, – P. AE GB JCB
1er juil.-31 août. et 15 déc.-1er mai – **Repas** 118/420, enf. 75.

ST-MARTIN-DE-CRAU 13310 B.-du-R. 83 ⑩ *– 11 040 h alt. 22.*

Paris 722 – Marseille 76 – Arles 18 – Martigues 39 – St-Rémy-de-Provence 20 – Salon-de-Provence 25.

Aub. des Épis, 13 av. Plaisance ☎ 04 90 47 31 17, *Fax 04 90 47 16 30,* – TV ☎ P. AE GB
fermé 19 au 27 nov., 1er fév. au 7 mars, dim. soir et lundi – **Repas** 95/180, enf. 60 – 37 – **11 ch** 268/278 – ½ P 270/300.

Crau-Pneus, 20 Zone du Cabrau ☎ 04 90 47 00 74

ST-MARTIN-DE-FRAIGNEAU 85 Vendée 71 ① *– rattaché à Fontenay-le-Comte.*

ST-MARTIN-DE-LA-PLACE *49160 M.-et-L.* 64 ⑫ – *1 129 h alt. 80.*

Voir Château de Boumois★ SE : 3 km, G. Châteaux de la Loire.

Paris 312 – Angers 39 – Baugé 29 – La Flèche 48 – Les Rosiers 8 – Saumur 11.

XX **Cheval Blanc** avec ch, ✆ 02 41 38 42 96, *Fax 02 41 38 42 62* – ☎ ♿ P. GB. ✂ rest
fermé 2 janv. au 10 fév., dim. soir et lundi sauf de juil. à sept. – **Repas** 90/250 ♁, enf. 55 – ☕ 32 – **12 ch** 245/295 – ½ P 255.

ST-MARTIN-DE-LONDRES *34380 Hérault* 83 ⑥ *G. Gorges du Tarn* – *1 623 h alt. 194.*

Env. Grottes des Demoiselles★★★ N : 17 km.

Paris 750 – Montpellier 26 – Le Vigan 37.

XXX **Les Muscardins,** 19 rte Cévennes ✆ 04 67 55 75 90, *Fax 04 67 55 70 28* – AE ① GB
fermé fév., mardi hors saison et lundi – **Repas** 145 (déj.), 240/390 et carte 340 à 410 ♀, enf. 80.

XX **Pastourelle,** chemin de la Prairie ✆ 04 67 55 72 78, 🏞, 🍽 – P. AE GB
fermé 15 au 30 sept., vacances de fév., mardi soir en hiver et merc. – **Repas** 100/260 ♀, enf. 60.

au Sud : *12 km par D 32, D 127 et D 127E6 – ✉ 34380 Argelliers :*

XX **Aub. de Saugras** 🌿 avec ch, ✆ 04 67 55 08 71, *Fax 04 67 55 04 65*, 🏞, « Ancien mas du 12e siècle », 🏊 – ☎ P. AE GB
fermé 15 au 30 juin et 2 au 31 janv. – **Repas** *(fermé mardi sauf juil.-août et merc.)* 97/320 – **4 ch** ☕ 200/220 – ½ P 200.

ST-MARTIN-D'ENTRAUNES *06470 Alpes-Mar.* 81 ⑨, 115 ② – *113 h alt. 1050.*

ℹ *Syndicat d'Initiative Mairie ✆ 04 93 05 51 04, Fax 04 93 05 57 55.*

Paris 784 – Digne-les-Bains 105 – Barcelonnette 49 – Castellane 65 – Nice 108 – St-Martin-Vésubie 82.

🏠 **Vallière,** ✆ 04 93 05 59 59, *Fax 04 93 05 59 60*, 🏞 – ☎ P. GB
fermé nov. et jeudi de nov. à avril – **Repas** 100/140 ♀, enf. 70 – ☕ 50 – **10 ch** 300/420 – ½ P 280/350.

ST-MARTIN-DE-RÉ *17 Char.-Mar.* 71 ⑫ – *voir à Ré (Ile de).*

ST-MARTIN-DE-VALAMAS *07310 Ardèche* 76 ⑲ – *1 386 h alt. 550.*

Env. Ruines de Rochebonne★ : site★★ E : 7 km, G. Vallée du Rhône.

ℹ *Office de Tourisme La Place ✆ 04 75 30 47 72, Fax 04 75 30 55 85.*

Paris 594 – Aubenas 57 – Le Cheylard 8 – Lamastre 28 – Privas 55 – Le Puy-en-Velay 54 – St-Agrève 17.

PEUGEOT Gar. Saroul et Volle, ✆ 04 75 30 44 09

RENAULT Gar. Mounier, ✆ 04 75 30 44 97 N ✆ 04 75 30 44 97

ST-MARTIN-DU-FAULT *87 H.-Vienne* 72 ⑦ – *rattaché à Limoges.*

ST-MARTIN-DU-TOUCH *31 H.-Gar.* 82 ⑦ – *rattaché à Toulouse.*

ST-MARTIN-DU-VAR *06670 Alpes-Mar.* 84 ⑨, 115 ⑯ – *1 869 h alt. 110.*

Paris 940 – Nice 27 – Antibes 34 – Cannes 44 – Puget-Théniers 39 – St-Martin-Vésubie 39 – Vence 22.

XXXX **Jean-François Issautier,** rte de Nice (N 202) : 3 km ✆ 04 93 08 10 65, *Fax 04 93 29 19 73* – ▤ P. AE ① GB
✿✿ *fermé 12 au 20 oct., 4 janv. au 3 fév., dim. sauf le midi du 14 sept. au 27 juin et lundi* – **Repas** 260 bc/530 et carte 390 à 570
Spéc. Grosses crevettes en robe de pommes de terre. "Cul" d'agneau de Sisteron rôti rosé à la menthe. Gratin "chaud-froité" aux fruits du temps. **Vins** Côtes de Provence, Bellet.

ST-MARTIN-DU-VIVIER *76 S.-Mar.* 55 ⑦ – *rattaché à Rouen.*

ST-MARTIN-EN-BRESSE *71620 S.-et-L.* 69 ⑩ – *1 603 h alt. 192.*

Paris 343 – Beaune 36 – Chalon-sur-Saône 18 – Dijon 77 – Dôle 53 – Lons-le-Saunier 50.

🏠 **Au Puits Enchanté,** ✆ 03 85 47 71 96, *Fax 03 85 47 74 58* – ☎ P. GB
fermé 2 au 9 sept., 15 au 31 janv., vacances de fév., lundi du 3 nov. à fév., dim. soir sauf juil.-août et mardi – **Repas** 98/225, enf. 55 – ☕ 38 – **13 ch** 230/290 – ½ P 210/265.

ST-MARTIN-LA-GARENNE *78 Yvelines* 55 ⑱, 106 ③ *– rattaché à Mantes.*

ST-MARTIN-LA-MÉANNE *19320 Corrèze* 75 ⑩ *– 362 h alt. 500.*

Voir *Barrage du Chastang★ SE : 5 km,* **G. Berry Limousin.**

Paris 508 – Brive-la-Gaillarde 58 – Aurillac 67 – Mauriac 49 – St-Céré 55 – Tulle 33 – Ussel 58.

Voyageurs, ✆ 05 55 29 11 53, *Fax 05 55 29 27 70,* ... – ☎ ... GB
mi-fév. - mi-nov. – **Repas** 89/200 ♀, enf. 47 – ☕ 30 – **8 ch** 235/305 – ½ P 240/260.

ST-MARTIN-LE-BEAU *37270 I.-et-L.* 64 ⑮ *G. Châteaux de la Loire – 2 427 h alt. 55.*

Paris 231 – Tours 19 – Amboise 9 – Blois 44 – Loches 32.

Treille avec ch, ✆ 02 47 50 67 17, *Fax 02 47 50 20 14* – TV ☎ ... GB
fermé fév., dim. soir et lundi sauf juil.-août – **Repas** 65/260 ♀ – ☕ 33 – **8 ch** 200/250 – ½ P 235/260.

ST-MARTIN-LE-GAILLARD *76260 S.-Mar.* 52 ⑤ *G. Normandie Vallée de la Seine – 279 h alt. 60.*

Paris 167 – Amiens 95 – Dieppe 27 – Eu 12 – Neufchâtel-en-Bray 35 – Rouen 86.

Moulin du Becquerel, Nord-Ouest : 1,5 km sur D 16 ✆ 02 35 86 74 94, ..., « Dans la campagne », ... – P. GB
fermé 15 janv. au 1er mars, dim. soir et lundi – **Repas** 95 (déj.)/148 ♀, enf. 50.

ST-MARTIN-LE-VINOUX *38 Isère* 77 ⑤ *– rattaché à Grenoble.*

ST-MARTIN-OSMONVILLE *76680 S.-Mar.* 52 ⑮ *– 775 h alt. 160.*

Paris 160 – Amiens 86 – Rouen 32 – Dieppe 40 – Forges-les-Eaux 24 – Neufchâtel-en-Braye 17 – Yvetot 45.

Aub. de la Varenne, ✆ 02 35 34 13 80, *Fax 02 35 34 59 82,* ... – GB
fermé 29 juin au 6 juil., 21 déc. au 11 janv., dim. soir et lundi – **Repas** 80 (déj.), 120/240 bc, enf. 50.

ST-MARTIN-VÉSUBIE *06450 Alpes-Mar.* 84 ⑲, 115 ⑥ *G. Côte d'Azur* **(plan)** *– 1 041 h alt. 1000.*

Voir *Venanson : ≤★, fresques★ de la chapelle St-Sébastien S : 4,5 km.*

Env. *Le Boréon★★ (cascade★) N : 8 km – Vallon de la Madone de Fenestre★ et cirque★★ NE : 12 km.*

Office de Tourisme pl. F.-Faure ✆ 04 93 03 21 28, Fax 04 93 03 20 01.

Paris 850 – Antibes 73 – Barcelonnette 112 – Cannes 83 – Menton 66 – Nice 66.

Edward's et Châtaigneraie ..., ✆ 04 93 03 21 22, *Fax 04 93 03 33 99,* ..., parc, ... – ☎ P. AE GB. ...
1er juin-30 sept. – **Repas** 100 – ☕ 20 – **35 ch** 410/440 – ½ P 320.

ST-MATHIEU (Pointe de) *29 Finistère* 58 ③ *– rattaché au Conquet.*

ST-MATHURIN-SUR-LOIRE *49250 M.-et-L.* 64 ⑪ *– 1 995 h alt. 25.*

Office de Tourisme ✆ 02 41 57 01 82, Fax (Mairie) 02 41 57 08 02.

Paris 296 – Angers 22 – Baugé 26 – La Flèche 44 – Saumur 28.

Promenade, rte Saumur : 1,5 km sur D 952 ✆ 02 41 57 01 50 – P. GB
fermé dim. soir et merc. – **Repas** 75/210 ♀.

ST-MAUR-DES-FOSSÉS *94 Val-de-Marne* 61 ①, 101 ㉗ *– voir à Paris, Environs.*

ST-MAURICE-DE-BEYNOST *01 Ain* 74 ⑫ *– rattaché à Lyon.*

ST-MAXIMIN *30 Gard* 80 ⑲ *– rattaché à Uzès.*

ST-MAXIMIN-LA-STE-BAUME *83470 Var* 84 ④ ⑤, 114 ⑱ *G. Provence – 9 594 h alt. 289.*

Voir *Basilique★★ – Ancien couvent royal★.*

18 Sainte-Baume à Nans-les-Pins ✆ 04 94 78 60 12, S par N 560 : 9 km.

Office de Tourisme Hôtel de Ville, Accueil Couvent Royal ✆ 04 94 59 84 59, Fax 04 94 59 82 92.

Paris 795 – Aix-en-Provence 43 – Brignoles 21 – Draguignan 76 – Marseille 52 – Rians 23 – Toulon 56.

France, av. Albert 1er ✆ 04 94 78 00 14, *Fax 04 94 59 83 80*, , – ch, . AE GB
Repas 100 (déj.), 120/240 ♀, enf. 60 – 45 – **26 ch** 300/360 – ½ P 320/345.

Plaisance sans rest, 20 pl. Malherbe ✆ 04 94 78 16 74, *Fax 04 94 78 18 39* – . AE GB
fermé 1er nov. au 10 déc. – 35 – **13 ch** 300/350.

Chez Nous, bd J. Jaurès ✆ 04 94 78 02 57, *Fax 04 94 78 13 04*, – AE GB
fermé 20 déc. au 20 janv. et merc. – **Repas** 125/280 ♀.

ST-MÉDARD *46150 Lot 79 ⑦ – 136 h alt. 170.*

Paris 573 – Cahors 20 – Gourdon 30 – Villeneuve-sur-Lot 59.

Gindreau (Pelissou), ✆ 05 65 36 22 27, *Fax 05 65 36 24 54*, ≤, – AE GB.
fermé 2 au 12 mars, 16 nov. au 16 déc., dim. soir de sept. à juin et lundi – **Repas** (dim. et fêtes prévenir) 170/450 bc et carte 240 à 380, enf. 75
Spéc. Escalopes de foie gras de canard poêlées. Carré d'agneau fermier du Quercy. Truffes fraîches en salade, lit de pommes de terre tièdes (déc. à fév.). **Vins** Cahors.

ST-MÉDARD-EN-JALLES *33160 Gironde 71 ⑨ – 22 064 h alt. 22.*

Paris 591 – Bordeaux 15 – Blaye 60 – Jonzac 95 – Libourne 45 – Saintes 127.

Tournebride, rte Le Porge : 2 km ✆ 05 56 05 09 08, *Fax 05 56 05 09 08* – . AE GB
fermé 10 au 26 août, dim. soir et lundi – **Repas** 70 (déj.), 95/205 ♀, enf. 50.

Se siete in ritardo sull'itinerario previsto,
alle 18 confermate telefonicamente la prenotazione :
la sicurezza e la consuetudine lo esigono.

ST-MICHEL-DE-DOUBLE *24400 Dordogne 75 ④ – 285 h alt. 120.*

Paris 527 – Périgueux 47 – Angoulême 77 – Bergerac 35 – Libourne 53 – Ste-Foy-la-Grande 38.

Quatre Saisons, ✆ 05 53 81 79 72, *Fax 05 53 81 79 64* – . GB
fermé 1er au 8 sept. et mardi – **Repas** 65 bc/130, enf. 50.

ST-MICHEL-DE-MONTAIGNE *24230 Dordogne 75 ⑬ – 292 h alt. 100.*

Paris 548 – Bergerac 41 – Bordeaux 57 – La Réole 44.

Jardin d'Eyquem sans rest, ✆ 05 53 24 89 59, *Fax 05 53 61 14 40*, , – cuisinette . GB.
1er mars-1er nov. – 45, 5 appart 395/590.

ST-MICHEL-MONT-MERCURE *85700 Vendée 67 ⑮ G. Poitou Vendée Charentes – 1 798 h alt. 284.*

Voir ** *du clocher de l'église.*

Paris 379 – La Roche-sur-Yon 51 – Bressuire 35 – Cholet 31 – Nantes 77 – Pouzauges 7.

Aub. du Mont Mercure, près église ✆ 02 51 57 20 26, *Fax 02 51 57 78 67* – . GB
fermé mardi soir et merc. – **Repas** 73/175, enf. 50.

ST-MIHIEL *55300 Meuse 57 ⑫ G. Alsace Lorraine* (plan) *– 5 367 h alt. 228.*

Voir *Sépulcre*** *dans l'église St-Étienne – Pâmoison de la Vierge* * *dans l'église St-Michel.*

de Madine ✆ 03 29 89 56 00 à la base de Loisirs ; à Heudicourt-sous-les-Côtes par D 901.

Office de Tourisme r. du Palais de Justice ✆ 03 29 89 06 47.

Paris 287 – Bar-le-Duc 35 – Metz 62 – Nancy 73 – Toul 49 – Verdun 36.

Trianon, 38 r. Basse des Fosses ✆ 03 29 90 90 09, *Fax 03 29 90 96 11* – . GB
Repas *(fermé dim. soir et lundi)* 65 (déj.), 115/220 – 30 – **10 ch** 200/280 – ½ P 200.

à Heudicourt-sous-les-Côtes *Nord-Est : 15 km par D 901 et D 133 – 169 h. alt. 240 – ✉ 55210.*

Voir *Butte de Montsec :* **, *monument* * *S : 13 km.*

Lac de Madine (annexe), ✆ 03 29 89 34 80, *Fax 03 29 89 39 20*, – – 70. AE GB
fermé janv. et lundi hors saison – **Repas** 80/240 ♀, enf. 50 – 38 – **48 ch** 250/320 – ½ P 265/295.

Knutti, 8 pl. du Quartier Colson Blaise ✆ 03 29 90 27 05

ST-NAZAIRE 44600 Loire-Atl. 63 ⑮ *G. Bretagne – 64 812 h Agglo. 131 511 h alt. 4.*

Voir *Base de sous-marins★ et sortie sous-marine du port★* **BZ** – *Terrasse panoramique★* **BZ B** – *Pont routier de St-Nazaire-St-Brévin★.*

Accès Pont de Saint-Nazaire : gratuit.

Office de Tourisme pl. F.-Blancho ☎ 02 40 22 40 65, Fax 02 40 22 19 80.

Paris 438 ① – Nantes 65 ① – La Baule 18 ② – Vannes 76 ③.

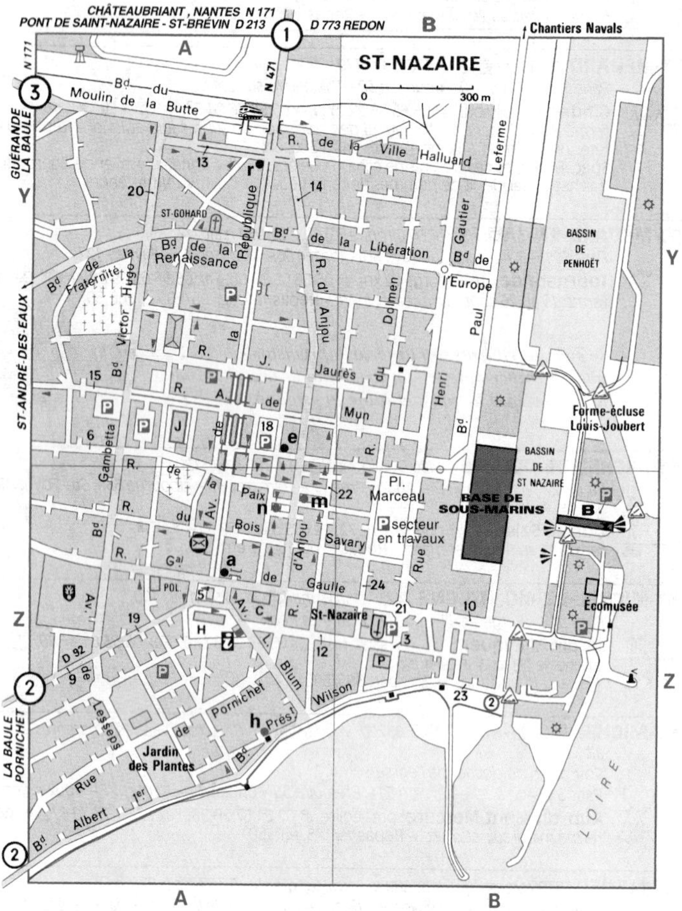

Berry, 1 pl. Gare ☎ 02 40 22 42 61, *Fax 02 40 22 45 34* – AE GB AY r
Repas 122/225 – 45 – **29 ch** 300/475 – ½ P 340/380.

Europe sans rest, 2 pl. Martyrs de la Résistance ☎ 02 40 22 49 87, *Fax 02 40 66 23 28* – AE GB AY e
35 – **39 ch** 270/400.

Touraine sans rest, 4 av. République ✆ 02 40 22 47 56, *Fax 02 40 22 55 05* – AE GB AZ a
30 – **17 ch** 120/215.

Au Bon Accueil avec ch, 39 r. Marceau ✆ 02 40 22 07 05, *Fax 02 40 19 01 58* – AE GB AZ n
fermé en juil. – **Repas** *(fermé dim. soir)* 120/290 et carte 210 à 390 – 48 – **10 ch** 350/405 – 1/2 P 375.

L'An II, 2 r. Villebois-Mareuil ✆ 02 40 00 95 33, *Fax 02 40 53 44 20,* – AE GB AZ h
Repas *(75)* - 135/295, enf. 59.

Moderne, 46 r. Anjou ✆ 02 40 22 55 88 – GB AZ m
fermé dim. soir et lundi – **Repas** 78/220.

CITROEN Succursale, Voie Express Pornichet par ② ✆ 02 40 17 10 10 N ✆ 02 40 70 21 60
PEUGEOT S.I.N.A., 374 rte de la Côte d'Amour par ② ✆ 02 40 53 34 77 N ✆ 02 40 95 30 81
RENAULT Centre Auto de l'Etoile, Le Landreau-rte de Pornichet par ② ✆ 02 40 17 20 20 N ✆ 08 00 05 15 15
RENAULT Gar. de la Torse, la Torse à Montoir-de-Bretagne par ① ✆ 02 40 90 02 78

Picaud Pneus, 210 rte Côte d'Amour ✆ 02 40 70 00 39
Sofrap Point S, 20 r. H.-Gautier ✆ 02 40 66 15 15
Vulco, 18-22 bd Hôpital ✆ 02 40 70 07 19

ST-NAZAIRE-EN-ROYANS *26190 Drôme 77 ③ G. Alpes du Nord – 531 h alt. 172.*

Paris 575 – Valence 35 – Grenoble 64 – Pont-en-Royans 9 – Romans-sur-Isère 17 – St-Marcellin 15.

Rome avec ch, ✆ 04 75 48 40 69, *Fax 04 75 48 31 17,* ←, – rest, – 25. AE GB
fermé 22 nov. au 17 déc., dim. soir et lundi sauf juil.-août – **Repas** 90/250 – 40 – **13 ch** 190/290 – 1/2 P 260/280.

Rest. Muraz "du Royans", ✆ 04 75 48 40 84, *Fax 04 75 48 47 06* – GB
fermé 8 au 16 juin, 28 sept. au 27 oct., mardi sauf le midi en juil.-août et lundi soir de sept. à juin – **Repas** 85/220, enf. 45.

ST-NECTAIRE *63710 P.-de-D. 73 ⑭ G. Auvergne* (plan) *– 664 h alt. 700 – Stat. therm. (7 avril-11 oct.).*

Voir Église★★ : trésor★★ – Puy de Mazeyres ★ E : 3 km puis 30 mn.
Office de Tourisme Les Grands-Thermes ✆ 04 73 88 50 86, Fax 04 73 88 54 42.
Paris 448 – Clermont-Ferrand 37 – Issoire 26 – Le Mont-Dore 25.

Relais Mercure M, Les Bains Romains ✆ 04 73 88 57 00, *Fax 04 73 88 57 02,* – – 40. AE GB JCB
Repas 110/160, enf. 49 – 45 – **71 ch** 300/410.

Régina, ✆ 04 73 88 54 55, *Fax 04 73 88 50 56,* – P. GB
Pâques-1er nov. – **Repas** 82/160, enf. 50 – 28 – **17 ch** 185/330 – 1/2 P 220/290.

ST-NICOLAS-LA-CHAPELLE *73 Savoie 74 ⑦ – rattaché à Flumet.*

ST-NIZIER-DU-MOUCHEROTTE *38250 Isère 77 ④ G. Alpes du Nord – 575 h alt. 1170 – Sports d'hiver : 1 162/1 200 m 2.*

Voir Belvédère ★★.
Office du Tourisme ✆ 04 76 53 40 60, Fax 04 76 88 75 10.
Paris 581 – Grenoble 16 – Villard-de-Lans 18.

Concorde, ✆ 04 76 53 42 61, *Fax 04 76 53 43 28,* ←, – P. GB. ch
fermé 31 oct. au 20 déc. – **Repas** 85/170 – 35 – **31 ch** 205/270 – 1/2 P 218/252.

ST-OMER SP *62500 P.-de-C. 51 ③ G. Flandres Artois Picardie – 14 434 h alt. 23.*

Voir Cathédrale Notre-Dame★★ **AZ** *– Hôtel Sandelin et musée★* **AZ K** *– Anc. chapelle des Jésuites★* **AZ F** *– Jardin public★* **AZ** *– Marais audomarois NE : 4 km par D 209.*
Env. Ascenseur à bateaux des Fontinettes★ SE : 5,5 km.
18 du Bois de Ruminghem ✆ 03 21 85 30 33, par ④ ; 9 18 AA St-Omer Golf Club ✆ 03 21 38 59 90, par ④ N 42, D 225, 15 km.
Office de Tourisme bd P.-Guillain ✆ 03 21 98 08 51, Fax 03 21 88 42 54.
Paris 257 ④ – Calais 41 ④ – Abbeville 87 ③ – Amiens 115 ② – Arras 78 ④ – Béthune 51 ④ – Boulogne-sur-Mer 50 ④ – Dunkerque 45 ① – Ieper 52 ② – Lille 64 ②.

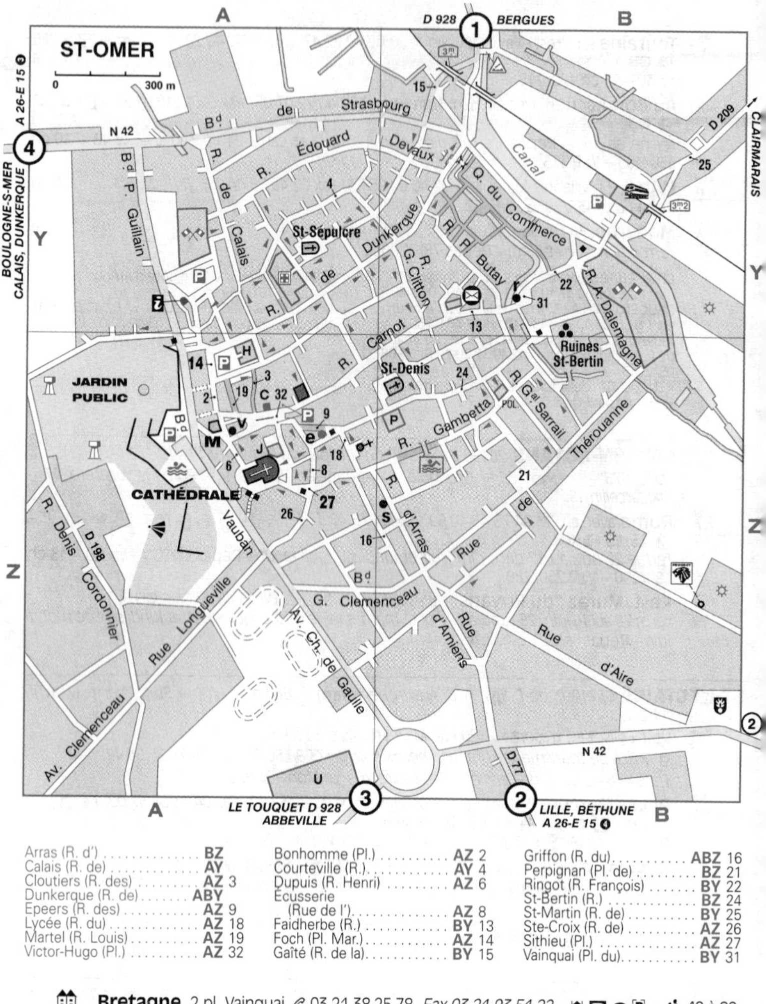

Arras (R. d') . . . . **BZ**
Calais (R. de) . . . . **AY**
Cloutiers (R. des) . . . . **AZ** 3
Dunkerque (R. de) . . . . **ABY**
Epeers (R. des) . . . . **AZ** 9
Lycée (R. du) . . . . **AZ** 18
Martel (R. Louis) . . . . **AZ** 19
Victor-Hugo (Pl.) . . . . **AZ** 32
Bonhomme (Pl.) . . . . **AZ** 2
Courteville (R.) . . . . **AY** 4
Dupuis (R. Henri) . . . . **AZ** 6
Écusserie
 (Rue de l') . . . . **AZ** 8
Faidherbe (R.) . . . . **BY** 13
Foch (Pl. Mar.) . . . . **AZ** 14
Gaîté (R. de la) . . . . **BY** 15
Griffon (R. du) . . . . **ABZ** 16
Perpignan (Pl. de) . . . . **BZ** 21
Ringot (R. François) . . . . **BY** 22
St-Bertin (R.) . . . . **BZ** 24
St-Martin (R. de) . . . . **BY** 25
Ste-Croix (R. de) . . . . **AZ** 26
Sithieu (Pl.) . . . . **AZ** 27
Vainquai (Pl. du) . . . . **BY** 31

Bretagne, 2 pl. Vainquai ✆ 03 21 38 25 78, *Fax 03 21 93 51 22* – 🛗 TV ☎ P – 40 à 80. AE ⓓ GB — BY r
Repas *(fermé 10 au 23 août, 2 au 11 janv., sam. midi, dim. soir et soirs fériés)* 160 bc/200 -
Maeva grill *(fermé 25 déc. au 1er janv., sam. midi et lundi)* **Repas** 79 bc, enf. 35 – ☕ 45 – **75 ch** 290/400.

St-Louis, 25 r. Arras ✆ 03 21 38 35 21, *Fax 03 21 38 57 26* – rest, TV ☎ P. AE GB — BZ s
Repas *(fermé sam. et dim. midi)* 75/165 🍷, enf. 50 – ☕ 32 – **30 ch** 192/305 – 1/2 P 270.

Ibis, 2 r. H. Dupuis ✆ 03 21 93 11 11, *Fax 03 21 88 80 20* – 🛗 TV ☎ ♿ P – 25. AE ⓓ GB — AZ v
Repas *(75)* - 95, enf. 39 – ☕ 35 – **66 ch** 272/324.

XX **Cygne,** 8 r. Caventou ✆ 03 21 98 20 52, *Fax 03 21 95 57 12* – AE GB — AZ e
fermé 17 au 31 août, vacances de fév., dim. soir et lundi sauf fériés – **Repas** 72/260.

à Hallines *par ③ et D 211 : 6 km – 1 396 h. alt. 36 – ✉ 62570 :*

XXX **Host. St-Hubert** avec ch, ✆ 03 21 39 77 77, *Fax 03 21 93 00 86*, « Demeure du 19e siècle, parc avec rivière » – TV ☎ P. GB
fermé dim. soir et lundi – **Repas** 120/250 et carte 250 à 330 – ☕ 50 – **9 ch** 350/800.

à Tilques *par ④, N 43 et rte secondaire : 6 km – 900 h. alt. 27 – ✉ 62500 :*

Château Tilques ⑤, ✆ 03 21 88 99 99, *Fax 03 21 38 34 23*, « Parc », – TV ☎ P – 25 à 100. AE ⓓ GB.
Repas 130 (déj.), 200/320, enf. 40 – ☐ 60 – **53 ch** 475/850.

AUDI, VOLKSWAGEN Gar. Delattre, N 43 à Salperwick ✆ 03 21 93 68 37
BMW Gar. Lengaigne, 42 av. Joffre ✆ 03 21 98 50 00 **N** ✆ 03 21 85 55 00
CITROEN Audomarois Autom., Rte de Calais à St-Martin au Laert ✆ 03 21 38 20 88 **N** ✆ 03 21 98 42 13
FORD Gar. de l'Europe, Ctre Cial Maillebois à Longuenesse ✆ 03 21 98 99 33 **N** ✆ 03 21 98 42 13
LANCIA Gar. Dassonneville, 144 r. L.-Blum à Wizernes ✆ 03 21 93 34 04
OPEL Gar. Lemoine, ZI Maillebois, r. St-Adrien à Longuenesse ✆ 03 21 38 11 87
PEUGEOT Gar. Damide, ZI du Fort Maillebois, av. G.-Courbet à Longuenesse ✆ 03 21 98 04 44 **N** ✆ 08 00 44 24 24
RENAULT Gar. Audomarois, rte d'Arques à Longuenesse ✆ 03 21 12 67 67 **N** ✆ 03 21 38 70 77
ROVER Gar. Molmy, 83 av. L.-Blum à Longuenesse ✆ 03 21 38 12 07
SEAT Gar. Rebergue, 39 rte de Calais à St-Martin-au-Laërt ✆ 03 21 38 01 41

Ⓟ Equipneu Point S, ZI r. Lobel à Arques ✆ 03 21 38 42 43
Equipneu Point S, 35 bis bd de Strasbourg ✆ 03 21 88 58 34
Euromaster, 16 bis r. Pasteur ✆ 03 21 38 43 66

ST-OMER-EN-CHAUSSÉE *60860 Oise 55 ⑨ – 1 092 h alt. 99.*

Paris 96 – Compiègne 73 – Aumale 37 – Beauvais 13 – Breteuil 31 – Gournay-en-Bray 27 – Poix-de-Picardie 33.

Aub. de Monceaux, aux Monceaux, Sud : 1 km sur D 901 ✆ 03 44 84 50 32, *Fax 03 44 84 01 85*, « Cadre rustique » – P. GB
fermé 3 au 13 août, janv., dim. soir, merc. soir et jeudi – **Repas** (dim. prévenir) 115/230 ♀.

ST-OUEN *93 Seine-St-Denis 55 ⑳, 101 ⑯ – voir à Paris, Environs.*

ST-OUEN-LES-VIGNES *37 I.-et-L. 64 ⑯ – rattaché à Amboise.*

ST-OYEN-MONTBELLET *71 S.-et-L. 69 ⑲ ⑳ – rattaché à Fleurville.*

ST-PALAIS *64120 Pyr.-Atl. 85 ④ G. Pyrénées Aquitaine – 2 055 h alt. 50.*

Paris 787 – Biarritz 66 – Bayonne 55 – Dax 57 – Pau 73 – St-Jean-Pied-de-Port 31.

Paix M, ✆ 05 59 65 73 15, *Fax 05 59 65 63 83*, – TV ☎ – 70. AE GB
fermé 1er au 20 janv. et vend. soir de janv. à mai – **Repas** 70/150 ♀ – ☐ 30 – **27 ch** 280/290 – ½ P 250.

Trinquet, ✆ 05 59 65 73 13, *Fax 05 59 65 83 84* – TV ☎. GB
fermé 1er au 15 oct., dim. soir et lundi du 1er sept. au 14 juil. – **Repas** 60/140 ♀, enf. 40 – ☐ 30 – **12 ch** 240/280 – ½ P 240.

ST-PALAIS-SUR-MER *17420 Char.-Mar. 71 ⑮ G. Poitou Vendée Charentes – 2 736 h alt. 5.*

Voir *La Grande Côte★★ NO : 3 km.*
Env. *Zoo de la Palmyre★★ NO : 10 km.*
18 *de Royan ✆ 05 46 23 16 24, N : 3 km.*
Office de Tourisme 1 av. de la République ✆ 05 46 23 22 58, Fax 05 46 23 36 73.
Paris 510 – Royan 6 – La Rochelle 81.

Primavera ⑤, 12 r. Brick par av. Gde Côte ✆ 05 46 23 20 35, *Fax 05 46 23 28 78*, ≤, « Élégantes villas 1900 dans un parc face à la mer », – TV ☎ P. AE ⓓ GB. ch
fermé 1er au 20 déc., vacances de fév., mardi soir et merc. d'oct. à mars – **Repas** 115/225, enf. 50 – ☐ 48 – **45 ch** 440/620 – ½ P 365/445.

Téthys ⑤, plage de Nauzan (rte de Royan : 1,5 km) ✆ 05 46 23 33 61, ≤, – TV ☎ P. GB
mi-mai-fin sept. – **Repas** 100/200, enf. 42 – ☐ 36 – **23 ch** 270/300 – ½ P 300/350.

Nauzan sans rest, plage de Nauzan (rte de Royan : 1,5 km) ✆ 05 46 23 33 73 – TV ☎. GB
1er avril-30 sept. – ☐ 38 – **27 ch** 285/335.

Résidence Frivole ⑤ sans rest, 10 av. Platin ✆ 05 46 23 25 00, *Fax 05 46 23 20 25*, – ☎. AE ⓓ GB
3 avril-26 sept. et 23 oct.-12 nov. – ☐ 50 – **11 ch** 320/460.

CITROEN Gar. Valz, ✆ 05 46 23 10 53

ST-PARDOUX *63440 P.-de-D. 73 ④ – 363 h alt. 615.*
Paris 395 – Clermont-Ferrand 41 – Aubusson 91 – Montluçon 50 – Vichy 39.

sur autoroute A 71 *aire des Volcans ou accès de St-Pardoux Est par N 144 et D 12 : 8 km – ✉ 63440 Champs :*

des Volcans M, ✆ 04 73 33 71 50, *Fax 04 73 33 03 78*, ≤, 🍽, – 🛗 ✈ TV ☎ ♿ P – 🎤 30. AE GB
Repas 85/121 ♀, enf. 44 – ☕ 39 – **46 ch** 349/450.

RENAULT Gar. Malleret, ✆ 04 73 97 40 94

ST-PARDOUX-LA-CROISILLE *19320 Corrèze 75 ⑩ – 173 h alt. 410.*
Paris 499 – Brive-la-Gaillarde 50 – Aurillac 80 – Mauriac 45 – St-Céré 68 – Tulle 24 – Ussel 51.

Beau Site 🐦, ✆ 05 55 27 79 44, *Fax 05 55 27 69 52*, ≤, parc, 🏊, 🎾 – ☎ P. GB. ✂ rest
1er mai-30 sept. – **Repas** 85 (déj.), 99/235 – ☕ 36 – **28 ch** 250/325 – ½ P 295/325.

ST-PATRICE *37 I.-et-L. 64 ⑬ – rattaché à Langeais.*

ST-PAUL *06570 Alpes-Mar. 84 ⑨, 115 ㉕ G. Côte d'Azur – 2 903 h alt. 125.*
Voir *Site★ – Remparts★ – Fondation Maeght★★.*
ℹ Office de Tourisme Maison Tour, r. Grande ✆ 04 93 32 86 95, Fax 04 93 32 60 27.
Paris 923 – Nice 21 – Antibes 17 – Cagnes-sur-Mer 8 – Cannes 27 – Grasse 22 – Vence 4.

Saint-Paul M 🐦, 86 r. Grande, au village ✆ 04 93 32 65 25, *Fax 04 93 32 52 94*, ≤, 🍽, « Demeure provençale du 16e siècle » – 🛗 ▤ TV ☎ ♿. AE ⓓ GB. ✂
Repas *(fermé 4 janv. au 5 fév., jeudi midi et merc. de nov. à mars)* 185 (déj.), 290/420 ♀ – ☕ 90 – **15 ch** 1200/1500, 3 appart – ½ P 990/1140.

Colombe d'Or, ✆ 04 93 32 80 02, *Fax 04 93 32 77 78*, 🍽, « Cadre "vieille provence", collection de peintures et sculptures modernes », 🏊, 🏊 – ▤ ch, TV ☎ P. AE ⓓ GB JCB
fermé 3 nov. au 20 déc. – **Repas** carte 290 à 420 ♀ – ☕ 60 – **16 ch** 1300, 10 appart – ½ P 850/950.

Couleur Pourpre, 7 rempart Ouest ✆ 04 93 32 60 14 – AE GB
fermé 15 nov. au 28 déc., le midi en juil.-août, merc. midi et mardi de sept. à juin – **Repas** 185.

par rte de La Colle-sur-Loup :

Mas d'Artigny 🐦, rte des Hauts de St-Paul : 3 km ✆ 04 93 32 84 54, *Fax 04 93 32 95 36*, ≤, 🍽, parc, « Appartements avec piscines privées », 🏊, 🎾 – 🛗, ▤ ch, TV ☎ P – 🎤 120. AE ⓓ GB JCB
Repas 290/400 ♀, enf. 120 – ☕ 100 – **55 ch** 800/2900, 30 appart – ½ P 900/1335.

Grande Bastide M sans rest, 2 km ✆ 04 93 32 50 30, *Fax 04 93 32 50 59*, ≤, 🏊, 🏊 – TV ☎ P. AE GB
15 mars-15 nov. et 20 déc.-5 janv. – ☕ 55 – **10 ch** 650/950.

Hameau sans rest, 1 km ✆ 04 93 32 80 24, *Fax 04 93 32 55 75*, ≤, « Cadre rustique, jardin en terrasses », 🏊 – ▤ ☎ P. GB
fermé 16 nov. au 22 déc. et 6 janv. au 15 fév. – ☕ 56 – **16 ch** 450/640.

Messugues 🐦 sans rest, quartier Gardettes par rte Fondation Maeght : 2 km ✆ 04 93 32 53 32, *Fax 04 93 32 94 15*, « Piscine originale », 🏊 – 🛗 ☎ P. AE ⓓ GB
1er avril-30 sept. – ☕ 50 – **15 ch** 450/650.

au Sud *: 4 km par D 2 et rte secondaire :*

Les Bastides de St-Paul M sans rest, 880 rte Blaquières (D 336 - axe Cagnes-Vence) ✆ 04 92 02 08 07, *Fax 04 93 20 50 41*, 🏊, 🏊 – TV ☎ 📞 ♿ P. AE ⓓ GB JCB
☕ 50 – **17 ch** 400/650.

ST-PAUL-CAP-DE-JOUX *81220 Tarn 82 ⑩ – 924 h alt. 158.*
Paris 706 – Toulouse 59 – Albi 50 – Castelnaudary 46 – Castres 24 – Montauban 73.

à Viterbe *Nord-Ouest : 7 km par D 112 et D 149 – 234 h. alt. 141 – ✉ 81220 :*

Les Marronniers, ✆ 05 63 70 64 96, *Fax 05 63 70 60 96*, 🍽 – ▤ P. AE ⓓ GB
fermé vacances de Toussaint, mardi soir d'oct. à mars et merc. – **Repas** 98/198.

ST-PAUL-DE-VARCES *38760 Isère 77 ④ – 1 530 h alt. 428.*
Paris 582 – Grenoble 18 – Villard-de-Lans 42 – Voiron 42.

Aub. Messidor, ✆ 04 76 72 80 64, *Fax 04 76 72 80 64*, 🍽 – AE GB
fermé 8 au 25 fév., dim. soir et lundi sauf fêtes – **Repas** 127/265.

ST-PAULIEN *43350 H.-Loire* **76** ⑦ *G. Vallée du Rhône – 1 872 h alt. 795.*

Voir *Intérieur★ de l'église.*

Paris 535 – Le Puy-en-Velay 14 – La Chaise-Dieu 28 – Craponne-sur-Arzon 25 – St-Étienne 90 – Saugues 44.

Voyageurs, 9 av. Rochelambert (près église) ☎ 04 71 00 40 47, *Fax 04 71 00 51 05* – rest, TV ☎. GB

Repas (50) - 65/135, enf. 40 – ☕ 25 – **13 ch** 205/235 – ½ P 200.

ST-PAUL-LE-JEUNE *07460 Ardèche* **80** ⑧ *– 862 h alt. 255.*

Voir *Banne : ruines de la citadelle ≤★ N : 5 km,* G. Provence.

Paris 675 – Alès 31 – Aubenas 45 – Pont-St-Esprit 53 – Vallon-Pont-d'Arc 28 – Villefort 37.

Moderne avec ch, ☎ 04 75 39 82 75 – ☎. GB

fermé fév. et merc. – **Repas** 85/175 – ☕ 28 – **9 ch** 190 – ½ P 210.

ST-PAUL-LÈS-DAX *40 Landes* **78** ⑦ *– rattaché à Dax.*

ST-PAUL-LÈS-ROMANS *26 Drôme* **77** ③ *– rattaché à Romans-sur-Isère.*

ST-PAUL-TROIS-CHATEAUX *26130 Drôme* **81** ① *G. Vallée du Rhône – 6 789 h alt. 90.*

Voir *Cathédrale St-Paul★.*

Env. *Barry ≤★★ S : 8 km.*

Office de Tourisme r. République ☎ 04 75 96 61 29, Fax 04 75 96 74 61.

Paris 629 – Montélimar 27 – Nyons 38 – Orange 32 – Vaison-la-Romaine 34 – Valence 71.

L'Esplan M, pl. l'Esplan ☎ 04 75 96 64 64, *Fax 04 75 04 92 36,* « Décor contemporain » – TV ☎. AE GB JCB

fermé 15 déc. au 5 janv. – **Repas** *(fermé dim. soir du 1er oct. au 15 avril et sam. midi du 16 avril au 30 sept.)* 98/300 ♀, enf. 48 – ☕ 42 – **36 ch** 300/500 – ½ P 340/390.

Vieille France, ☎ 04 75 96 70 47, *Fax 04 75 96 70 47* – AE GB

fermé 4 au 25 août, vacances de fév., merc. soir en hiver, lundi soir et dim. – **Repas** 135/190.

ST-PÉE-SUR-NIVELLE *64310 Pyr.-Atl.* **85** ② *– 3 463 h alt. 30.*

Paris 789 – Biarritz 17 – Bayonne 21 – Cambo-les-Bains 17 – Pau 131 – St-Jean-de-Luz 13.

à **Ibarron** *Ouest : 1,5 km – ✉ 64310 St-Pée-sur-Nivelle :*

Fronton, ☎ 05 59 54 10 12, *Fax 05 59 54 18 09,* – AE GB

fermé 15 fév. au 15 mars, mardi soir et merc. d'oct. à juin – **Repas** 130/240.

à **l'Ouest** *: 4 km par rte de St-Jean-de-Luz et D 307 – ✉ 64310 St-Pée-sur-Nivelle :*

Aub. Basque sans rest, ☎ 05 59 54 10 15, ≤, « Jardin ombragé » – ☎ P. GB.

Pâques-mi-oct. – ☕ 35 – **18 ch** 300.

ST-PÉRAY *07130 Ardèche* **77** ⑪ ⑫ *– 5 886 h alt. 124.*

Voir *Ruines du château de Crussol : site★★★ et ≤★★ SE : 2 km,* G. Vallée du Rhône.

Env. *Saint-Romain-de-Lerps ※★★★ NO : 9,5 km par D 287.*

Syndicat d'Initiative (juin-sept.) 45 r. République ☎ 04 75 40 46 75.

Paris 561 – Valence 4 – Lamastre 35 – Privas 39 – Tournon-sur-Rhône 15.

Pôle 2000, rte de Valence par N 532 ☎ 04 75 40 55 56, *Fax 04 75 40 29 72* – TV ☎ P. AE GB

Repas *(fermé 1er au 30 août, vend. soir et sam.)* 59 (déj.), 83/135 – ☕ 29 – **25 ch** 178/244.

à **Cornas** *Nord : 2 km par N 86 – 2 102 h. alt. 130 – ✉ 07130 :*

Ollier, ☎ 04 75 40 32 17 – . GB

fermé 5 au 26 août, vacances de fév., dim. soir, lundi soir et jeudi soir d'oct. à mars, mardi soir et merc. – **Repas** 90/180 ♀.

à **Soyons** *Sud : 7 km par N 86 – 1 551 h. alt. 106 – ✉ 07130 :*

Domaine de la Musardière M, ☎ 04 75 60 83 55, *Fax 04 75 60 85 21,* , parc, , – , ch, TV ☎ P – 30. AE GB

Repas 120 (déj.), 140/350 ♀ – ☕ 60 – **12 ch** 800/1200 – ½ P 750.

La Châtaigneraie , parc, , – cuisinette, ch, TV ☎ P. AE GB

Repas voir ***Domaine de la Musardière*** – ☕ 60 – **18 ch** 550/650 – ½ P 550.

ST-PÈRE *89 Yonne* **65** ⑮ ⑯ *– rattaché à Vézelay.*

ST-PÉREUSE *58110 Nièvre* 69 ⑥ *– 260 h alt. 355.*

Paris 265 – Autun 54 – Château-Chinon 14 – Clamecy 57 – Nevers 56.

XX **Madonette,** ✆ 03 86 84 45 37, *Fax 03 86 84 46 69,* 🏞, « Jardin fleuri » – GB
fermé 15 déc. au 31 janv. et merc. sauf juil.-août – **Repas** 60/250 🍷, enf. 56.

ST-PEY-DE-CASTETS *33350 Gironde* 75 ⑫ *– 597 h alt. 80.*

Paris 560 – Bordeaux 48 – Bergerac 53 – Libourne 24 – La Réole 32.

X **Aub. Gasconne,** ✆ 05 57 40 52 08, *Fax 05 57 40 52 08* – P. GB.
fermé 15 au 28 fév., dim. soir et lundi – **Repas** 75 bc (déj.), 95/265 🍷.

ST-PIERRE-DE-BOEUF *42520 Loire* 77 ① *– 1 174 h alt. 142.*

Paris 509 – Annonay 23 – Lyon 52 – St-Étienne 54 – Tournon-sur-Rhône 45 – Vienne 23.

X **Diligence,** ✆ 04 74 87 12 19, *Fax 04 74 87 10 08* – ▤. AE GB
fermé 15 au 31 juil., dim. soir et lundi sauf fériés – **Repas** 98 bc (déj.), 142/270 🍷.

ST-PIERRE-DE-CHARTREUSE *38380 Isère* 77 ⑤ *G. Alpes du Nord – 650 h alt. 885 – Sports d'hiver : 900/1 800 m* 1 12.

Voir *Terrasse de la Mairie ≤★ – Prairie de Valombré ≤★ sur couvent de la Grande Chartreuse O : 4 km – Site★ de Perquelin E : 3 km – La Correrie : musée Cartusien★ du couvent de la Grande Chartreuse NO : 3,5 km – Décoration★ de l'église de St-Hugues-de-Chartreuse S : 4 km.*

Office de Tourisme ✆ 04 76 88 62 08, Fax 04 76 88 68 78.

Paris 573 – Grenoble 27 – Belley 63 – Chambéry 38 – La Tour-du-Pin 52 – Voiron 25.

Beau Site, ✆ 04 76 88 61 34, *Fax 04 76 88 64 69,* ≤, – ☎ – 30. GB
fermé 15 oct. au 15 déc. – **Repas** *(fermé dim. soir et lundi hors sais.)* 90/140 🍷, enf. 50 – 35 – **31 ch** 300/360 – ½ P 300/330.

Saint-Pierre, La Diat Sud-Ouest : 1 km ✆ 04 76 88 65 79, *Fax 04 76 88 68 95* – ☎. GB.
fermé 25 nov. au 25 déc., dim. soir et lundi hors saison – **Repas** 60/138, enf. 55 – 30 – **7 ch** 240/280 – ½ P 240.

X **Aub. Atre Fleuri** avec ch, Sud : 3 km sur D 512 ✆ 04 76 88 60 21, *Fax 04 76 88 64 97,* – ☎ P. GB
fermé 14 nov. au 26 déc., lundi soir et mardi sauf juil., août et fév. – **Repas** 98/186 🍷, enf. 50 – 30 – **7 ch** 195/220 – ½ P 220/230.

X **Chant d'Aile,** ✆ 04 76 88 60 72, *Fax 04 76 88 69 73,* – AE GB
fermé vacances de Toussaint, merc. soir, lundi soir et mardi sauf vacances scolaires – **Repas** 80/195 🍷, enf. 45.

au col du Cucheron *Nord : 3,5 km par D 512 – Sports d'hiver au Planolet : 1 050/1 500 m* 7 – ✉ *38380 St-Pierre-de-Charteuse :*

X **Chalet H. du Cucheron** avec ch, ✆ 04 76 88 62 06, *Fax 04 76 88 65 43,* ≤, – AE GB. rest
fermé 15 oct. au 24 déc., 11 au 22 janv. et lundi sauf vacances scolaires et fériés – **Repas** 95/160 🍷, enf. 50 – 30 – **7 ch** 150/205 – ½ P 195/228.

ST PIERRE D'ENTREMONT *73670 Savoie* 74 ⑮ *G. Alpes du Nord – 294 h alt. 640.*

Voir *Cirque de St-Même★★ SE : 4,5 km – Gorges du Guiers Vif★★ et Pas du Frou★★ O : 5 km – Château du Gouvernement★ : ≤★ SO : 3 km.*

Office de Tourisme de la Vallée des Entremonts ✆ 04 79 65 81 90, Fax 04 79 65 81 90.

Paris 551 – Grenoble 47 – Belley 58 – Chambéry 25 – Les Echelles 12 – Lyon 106.

Château de Montbel, ✆ 04 79 65 81 65, *Fax 04 79 65 89 49* – ☎. GB.
fermé 17 au 25 avril, vacances de Toussaint à fin nov., dim. soir et lundi sauf vacances scolaires – **Repas** 85/200, enf. 60 – 33 – **15 ch** 200/260 – ½ P 230/270.

X **Aub. du Cozon,** Nord : 1 km rte Granier ✆ 04 79 65 80 09, *Fax 04 79 65 89 09,* – P. AE GB JCB.
fermé 4 janv. au 9 fév. dim. soir, lundi soir et mardi soir sauf juil.-août – **Repas** 85/230 🍷.

ST-PIERRE-DES-CORPS *37 I.-et-L.* 64 ⑮ *– rattaché à Tours.*

Repas 70/185

Repas à prix fixes :
des menus à prix intermédiaires à ceux indiqués sont généralement proposés.

ST-PIERRE-DES-NIDS *53370 Mayenne 60 ② – 1 595 h alt. 246.*

Paris 208 – Alençon 15 – Argentan 43 – Domfront 48 – Laval 75 – Mayenne 47.

XX **Dauphin** avec ch, rte Alençon ✆ 02 43 03 52 12, *Fax 02 43 03 55 49* – TV ☎. GB. ⅔ ch
fermé vacances de fév., lundi (sauf hôtel) et dim. soir sauf juil.-août – **Repas** *(78)* - 150/230 ♀, enf. 50 – ☕ 35 – **9 ch** 245/265 – ½ P 328.

RENAULT Gar. Lechat, ✆ 02 43 03 50 71

ST-PIERRE-D'OLÉRON *17 Char.-Mar. 71 ⑬ – voir à Oléron (Ile d').*

ST-PIERRE-DU-PERRAY *91 Essonne 61 ①, 101 ㊳ – voir à Paris, Environs.*

ST-PIERRE-DU-VAUVRAY *27 Eure 55 ⑰ – rattaché à Louviers.*

ST-PIERRE-LAFEUILLE *46090 Lot 79 ⑧ – 217 h alt. 350.*

Paris 570 – Cahors 10 – Figeac 62 – Payrac 38 – Puy-l'Évêque 33 – Rocamadour 54.

XX **Bergerie,** N 20 ✆ 05 65 36 82 82, *Fax 05 65 36 82 40,* 🏠 – P. GB
fermé 10 janv. au 6 fév., dim. soir et lundi sauf juil.-août – **Repas** 90/250 ♀, enf. 60.

ST-PIERRE-LANGERS *50530 Manche 59 ⑦ – 357 h alt. 40.*

Paris 335 – St-Lô 63 – St-Malo 83 – Avranches 16 – Granville 11.

XX **Jardin de l'Abbaye,** Croix Barrée ✆ 02 33 48 49 08, *Fax 02 33 48 18 50* – GB
fermé 25 sept. au 14 oct., 4 fév. au 1er mars, dim. soir sauf juil.-août et lundi – **Repas** 98/300, enf. 60.

During the season, particularly in resorts, it is wise to book in advance.

ST-PIERRE-LE-MOUTIER *58240 Nièvre 69 ③ G. Bourgogne – 2 091 h alt. 214.*

Syndicat d'Initiative à la Mairie ✆ 03 86 37 42 09, Fax 03 86 37 45 80.

Paris 261 – Bourges 70 – Moulins 32 – Château-Chinon 84 – Montluçon 74 – Nevers 25.

Vieux Puits sans rest, près Église ✆ 03 86 37 44 77, *Fax 03 86 37 49 05* – TV ☎. AE GB
☕ 35 – **11 ch** 230/325.

XX **Vigne** avec ch, rte Decize ✆ 03 86 37 41 66, *Fax 03 86 37 28 90,* 🏠, parc – TV ☎ ♿ P. AE GB
fermé merc. (sauf hôtel) et dim. soir de sept. à mars – **Repas** (dim. et fêtes prévenir) 95/265 ♀ – ☕ 38 – **12 ch** 265/335 – ½ P 280/370.

CITROEN Gar. Belli, pl. Jeanne-d'Arc ✆ 03 86 37 40 60

ST-PIERRE-LÈS-AUBAGNE *13 B.-du-R. 84 ⑭, 114 ㉙ ㉚ – rattaché à Aubagne.*

ST-PIERREMONT *88700 Vosges 62 ⑥ – 167 h alt. 251.*

Paris 358 – Nancy 53 – Lunéville 24 – St-Dié 40.

Relais Vosgien, ✆ 03 29 65 02 46, *Fax 03 29 65 02 83,* 🏠, 🌳 – TV ☎ ♿ P. GB
fermé vend. soir – **Repas** 75/220 ♀, enf. 55 – ☕ 35 – **17 ch** 180/270 – ½ P 200/280.

ST-POL-DE-LÉON *29250 Finistère 58 ⑥ G. Bretagne – 7 261 h alt. 60.*

Voir Clocher★★ de la chapelle du Kreisker★ : ✱★★ de la tour – Ancienne cathédrale★ – Rocher Ste-Anne : ≤★ dans la descente.

Office de Tourisme pl. de l'Évêché ✆ 02 98 69 05 69, Fax 02 98 69 01 20.

Paris 556 – Brest 60 – Brignogan-Plages 30 – Morlaix 19 – Roscoff 5.

XX **Aub. Pomme d'Api,** 49 r. Verderel ✆ 02 98 69 04 36, « Cadre rustique » – GB
fermé 4 au 25 mars, 16 au 25 nov., mardi soir et merc. sauf juil.-août – **Repas** *(68)* - 98/260, enf. 40.

RENAULT Gar. Huitric, rte de Plouenan - la Gare ✆ 02 98 29 02 82 N ✆ 08 00 05 15 15

Caroff Pneus, 26 r. de Brest ✆ 02 98 69 08 87 N ✆ 02 98 69 08 33

ST-PONS *07580 Ardèche* 76 ⑲ *– 181 h alt. 350.*
Paris 622 – Valence 65 – Aubenas 24 – Montélimar 21 – Privas 29.

Host. Gourmande "Mère Biquette", Nord : 4 km par rte secondaire ✆ 04 75 36 72 61, *Fax 04 75 36 76 25*, ←, ⛱, 🏊, 🌳, 🎾 – TV ☎ 📞 P. AE GB
fermé 24 déc. au 31 janv. – **Repas** 100/250 🍷, enf. 60 – ☕ 40 – **9 ch** 330/450 – ½ P 340/360.

ST-PONS-DE-THOMIÈRES *34220 Hérault* 83 ⑬ *G. Gorges du Tarn – 2 566 h alt. 301.*
Voir *Grotte de la Devèze★ SO : 5 km.*
Office de Tourisme pl. du Foirail ✆ 04 67 97 06 65, Fax 04 67 97 29 65.
Paris 755 – Béziers 53 – Carcassonne 65 – Castres 53 – Lodève 73 – Narbonne 52.

Route du Sel, 15 Grand'Rue ✆ 04 67 97 05 14, *Fax 04 67 97 13 70* – ▤. GB
fermé 20 janv. au 10 fév., dim. soir et lundi – **Repas** 95/210.

au Nord : *10 km sur D 907 – ✉ 34220 St-Pons :*

Aub. du Cabaretou avec ch, ✆ 04 67 97 02 31, *Fax 04 67 97 32 74*, ← vallée et montagne, ⛱, 🌳 – TV ☎ P. AE ⓓ GB
fermé mi-janv. à mi-fév., dim. soir et lundi d'oct. à avril – **Repas** 95/325, enf. 65 – ☕ 45 – **11 ch** 250/280 – ½ P 260/270.

ST-POURÇAIN-SUR-SIOULE *03500 Allier* 69 ⑭ *G. Auvergne – 5 159 h alt. 234.*
Voir *Église Ste-Croix★ – Musée de la Vigne et du Vin★.*
de Briailles ✆ 04 70 45 49 49, E : 3 km.
Office de Tourisme 35 bd L.-Rollin ✆ 04 70 45 32 73, Fax 04 70 45 60 27.
Paris 322 – Moulins 32 – Montluçon 63 – Riom 51 – Roanne 79 – Vichy 28.

Chêne Vert, bd Ledru-Rollin ✆ 04 70 45 40 65, *Fax 04 70 45 68 50*, ⛱ – TV ☎ P – 🏛 40. AE ⓓ GB
fermé 4 au 28 janv., dim. soir et lundi d'oct. au 15 juin – **Repas** 90/220 🍷, enf. 45 – ☕ 40 – **31 ch** 220/290.

CITROEN Gar. Poubeau, 53 rte de Gannat ✆ 04 70 45 33 99 N ✆ 04 70 45 33 99
FORD Gar. Gaulmin, 7 pl. Liberté ✆ 04 70 45 37 39
PEUGEOT Gar. Orpelière, 39-41 rte de Montmarault ✆ 04 70 45 51 36
Euromaster, 1 r. Gare ✆ 04 70 45 59 15

ST-PRIEST-TAURION *87480 H.-Vienne* 72 ⑧ *G. Berry Limousin – 2 506 h alt. 255.*
Env. *Ambazac : chasse★★ et dalmatique★ dans l'église, – ←★ du parc de Montméry N : 9 km par D 44.*
Paris 387 – Limoges 14 – Bellac 45 – Bourganeuf 33 – La Souterraine 51.

Relais du Taurion, ✆ 05 55 39 70 14, *Fax 05 55 39 67 63*, 🌳 – TV ☎ 📞 P. GB
fermé 15 déc. au 15 janv., dim. soir et lundi de sept. à juin – **Repas** 100/200, enf. 55 – ☕ 35 – **8 ch** 250/295 – ½ P 245.

ST-PROJET *15 Cantal* 76 ⑪ ⑫ *– alt. 220 – ✉ 15340 Calvinet.*
Paris 619 – Aurillac 48 – Rodez 45 – Entraygues-sur-Truyère 19 – Figeac 38 – Villefranche-de-Rouergue 62.

Pont, ✆ 04 71 49 94 21, *Fax 04 71 49 96 10*, ←, ⛱, parc – ☎ P. GB
7 mars-30 nov. – **Repas** 68/126 🍷, enf. 48 – ☕ 38 – **12 ch** 130/210 – ½ P 175/220.

ST-QUAY-PORTRIEUX *22410 C.-d'Armor* 59 ③ *G. Bretagne – 3 018 h alt. 25 – Casino .*
des Ajoncs d'Or ✆ 02 96 71 90 74, O : 7 km.
Office de Tourisme 17 bis, r. Jeanne d'Arc ✆ 02 96 70 40 64, Fax 02 96 70 39 99.
Paris 469 – St-Brieuc 22 – Étables-sur-Mer 3 – Guingamp 28 – Lannion 53 – Paimpol 26.

Ker Moor, 13 r. Prés. Le Sénécal ✆ 02 96 70 52 22, *Fax 02 96 70 50 49*, ← côte et mer, 🌳 – 🛗 TV ☎ P – 🏛 25. AE ⓓ GB. ✗ rest
fermé 20 déc. au 5 janv. – **Repas** *(fermé sam. midi et dim. soir du 11 nov. 15 avril)* 135/295 – ☕ 60 – **29 ch** 425/520 – ½ P 503/550.

Gerbot d'Avoine, bd Littoral ✆ 02 96 70 40 09, *Fax 02 96 70 34 06*, 🌳 – ▤ *rest*, TV ☎ 📞 P. GB
fermé 16 nov. au 7 déc. et 4 au 25 janv. – **Repas** *(fermé dim. soir et lundi hors saison)* 88/295 🍷, enf. 50 – ☕ 45 – **20 ch** 220/345 – ½ P 300/340.

ST-QUENTIN ⟨SP⟩ *02100 Aisne* 53 ⑭ *G. Flandres Artois Picardie – 60 644 h alt. 74.*

Voir *Basilique*★ **BY** – *Hôtel de ville*★ **AZ** – *Pastels de Quentin de La Tour*★★ *au musée Lécuyer* **AY M**[1].

à Mesnil-St-Laurent ✆ 03 23 68 19 48, SE par ③ D 12 : 10 km.

Office de Tourisme et Automobile Club 27 r. Victor Basch, ✆ 03 23 67 05 00, Fax 03 23 67 78 71.

Paris 151 ⑤ – Amiens 77 ⑥ – Charleroi 158 ③ – Lille 112 ⑥ – Reims 97 ③ – Valenciennes 80 ⑥.

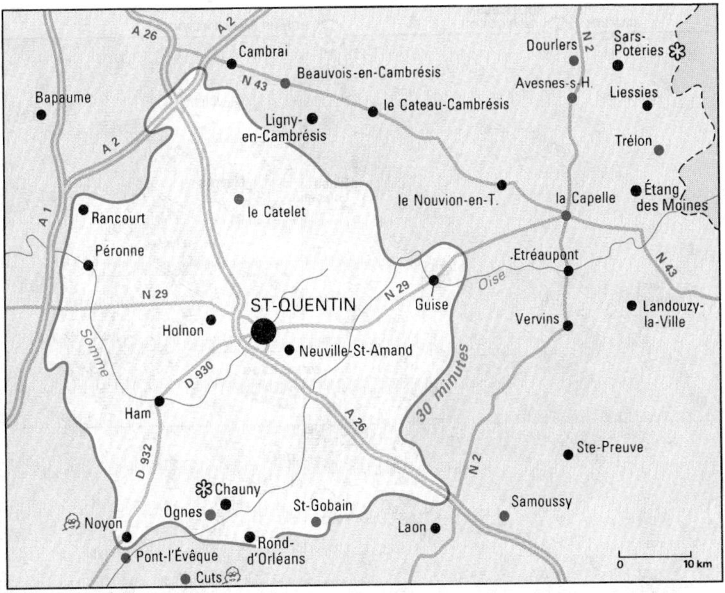

Grand Hôtel M sans rest, 6 r. Dachery ✆ 03 23 62 69 77, *Fax 03 23 62 53 52* – TV ☎ ✆ ♿ P – 🏛 30. AE ⓓ GB JCB **BZ n**
fermé 3 au 30 août et 20 au 27 déc. – ☕ 60 – **24 ch** 420/600.

Paix et Albert 1er**,** 3 pl. 8-Octobre ✆ 03 23 62 77 62, *Fax 03 23 62 66 03* – , ▤ rest, TV ☎ ✆ P – 🏛 30. AE ⓓ GB **BZ a**
Le Brésilien : **Repas** 98/190 ♀, enf. 65 – ***Le Carnotzet :*** **Repas** (dîner seul.) 98/190 ♀, enf. 65 – ☕ 38 – **52 ch** 285/320 – 1/2 P 265.

Ibis M, 14 pl. Basilique ✆ 03 23 67 40 40, *Fax 03 23 62 69 36* – , ▤ rest, TV ☎ ✆ ♿. AE ⓓ GB **ABZ r**
Repas *(fermé dim. soir) (79)* - 84/148 bc ♀, enf. 46 – ☕ 36 – **49 ch** 310/330.

Mémorial sans rest, 8 r. Comédie ✆ 03 23 67 90 09, *Fax 03 23 62 34 96* – TV ☎ ✆ P. AE ⓓ GB **AZ b**
☕ 42 – **17 ch** 280/400.

XXX **Rond d'Alembert,** 27 r. d'Isle ✆ 03 23 64 46 46, *Fax 03 23 64 49 90* – AE ⓓ GB **BZ e**
fermé sam. midi et dim. – **Repas** 150 bc/250 et carte 240 à 320 ♀ - ***Bistrot*** (rez-de-chaussée) **Repas** 70 ♀.

à Neuville-St-Amand *par ③ et D 12 : 3 km – 916 h. alt. 82 – ✉ 02100 :*

Château ⑤, ✆ 03 23 68 41 82, *Fax 03 23 68 46 02*, , parc – TV ☎ ✆ ♿ P – 🏛 25. AE ⓓ GB. ✗ ch
fermé 3 au 24 aout, 24 au 31 déc., sam. midi et dim. soir – **Repas** 125/345 ♀ – ☕ 45 – **15 ch** 330/390.

rte d'Amiens *par ⑥ et N 29 : 2 km – ✉ 02100 St-Quentin :*

Campanile, ✆ 03 23 67 91 22, *Fax 03 23 67 49 55*, – TV ☎ ✆ ♿ P – 🏛 25. AE ⓓ GB
Repas *(66)* - 84 bc/107 bc, enf. 39 – ☕ 34 – **39 ch** 278.

ST-QUENTIN

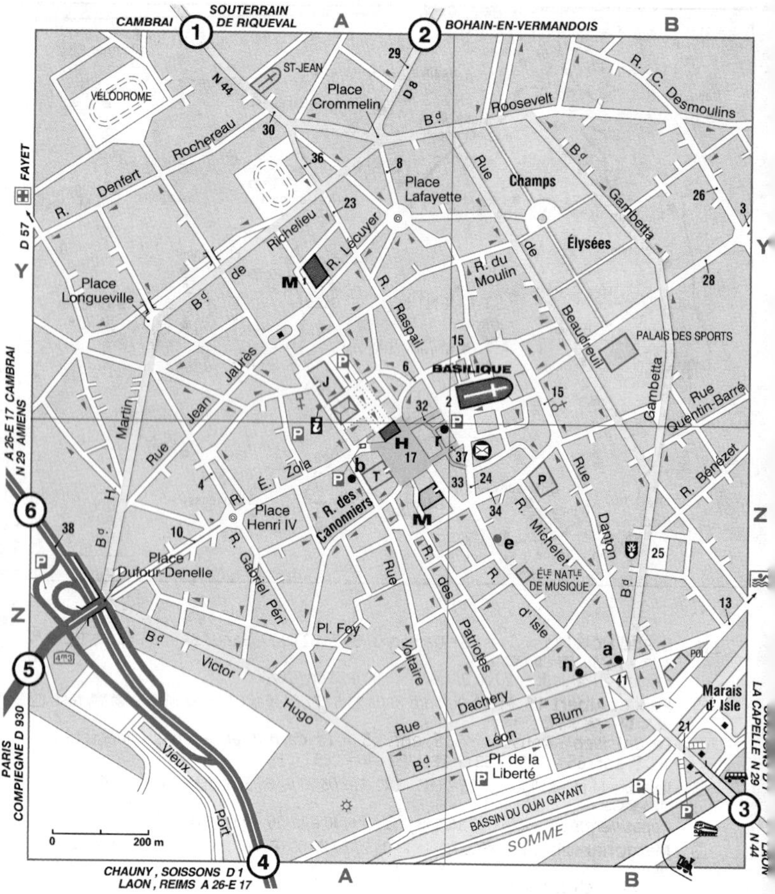

à **Holnon** *par ⑥ et N 29 : 6 km – 1 199 h. alt. 102 – ✉ 02760 :*

Pot d'Étain M, ✆ 03 23 09 34 34, *Fax 03 23 09 34 39,* – TV ☎ & P – 25. AE ① GB

Repas 100/225 ♀, enf. 50 – 37 – **32 ch** 340/515 – ½ P 250/270.

AUDI, VOLKSWAGEN Gar. du Cambrésis, 98 r. A.-Dumas ✆ 03 23 62 45 43
CITROEN Saint-Quentin Auto, r. G.-Philippe à Gauchy ✆ 03 23 08 68 00
FIAT P.P.B Autom., 92 av. des Fusillés à Fontaine-Notre-Dame ✆ 03 23 68 19 87
RENAULT Gar. Gueudet, ZAC La Vallée, r. Parmentier par ⑥ ✆ 03 23 67 47 47 N ✆ 06 08 55 64 91

Caze Pneus, 49-51 r. du Château à Bohain-en-Vermandois ✆ 03 23 07 13 56
Euromaster, 51 ter av. du Gén.-de-Gaulle ✆ 03 23 67 91 98
Lepilliez Pneus Point S, 3 pl. Basilique ✆ 03 23 62 33 30
Lepilliez Pneus Point S, ZI r. de Picardie à Gauchy ✆ 03 23 62 33 30

ST-QUENTIN-DES-ISLES *27 Eure* 55 ⑮ *– rattaché à Bernay.*

ST-QUENTIN-EN-YVELINES *78 Yvelines* 60 ⑨, 106 ㉙, 101 ㉑ *– voir à Paris, Environs.*

ST-QUENTIN-SUR-LE-HOMME *50 Manche* 59 ⑧ *– rattaché à Avranches.*

ST-QUIRIN *57560 Moselle* 62 ⑧ *G. Alsace Lorraine – 904 h alt. 305.*

Syndicat d'Initiative ✆ 03 87 08 60 34.

Paris 434 – Strasbourg 90 – Baccarat 40 – Lunéville 52 – Phalsbourg 33 – Sarrebourg 18.

XX **Host. du Prieuré** M avec ch, ✆ 03 87 08 66 52, *Fax 03 87 08 66 49* – rest, TV ☎ & P. GB. ch
fermé fév. et merc. – **Repas** 60 (déj.), 98/240 ♀, enf. 54 – ☕ 30 – **8 ch** 230/280 – ½ P 180/220.

vers Turquestein-Blancrupt *rte du Col du Donon, Sud-Est : 5,5 km par D 96 et D 993 – 22 h. alt. 365 – ✉ 57560 Turquestein :*

Aub. du Kiboki , ✆ 03 87 08 60 65, *Fax 03 87 08 65 26*, , parc, « Auberge rustique dans un havre de verdure », , , – TV ☎ P. GB.
fermé 1er fév. au 15 mars, merc. midi et mardi – **Repas** 110/275 ♀, enf. 50 – ☕ 55 – **15 ch** 420/480 – ½ P 450/500.

ST-RAPHAËL *83700 Var* 84 ⑧, 114 ㉕, 115 ㉝ *G. Côte d'Azur – 26 616 h alt. 6 – Casino* **Z**.

Voir *Collection d'amphores★ dans le musée archéologique* **Y M.**

de Valescure ✆ 04 94 82 40 46, NE par D 37 : 6 km ; Latitudes Estérel ✆ 04 94 82 47 88, E : 5 km.

Office de Tourisme r. W.-Rousseau ✆ 04 94 19 52 52, Fax 04 94 83 85 40.

Paris 872 ③ – Fréjus 3 ③ – Aix-en-Provence 120 ③ – Cannes 40 ④ – Toulon 96 ③.

Accès et sorties : voir plan de Fréjus.

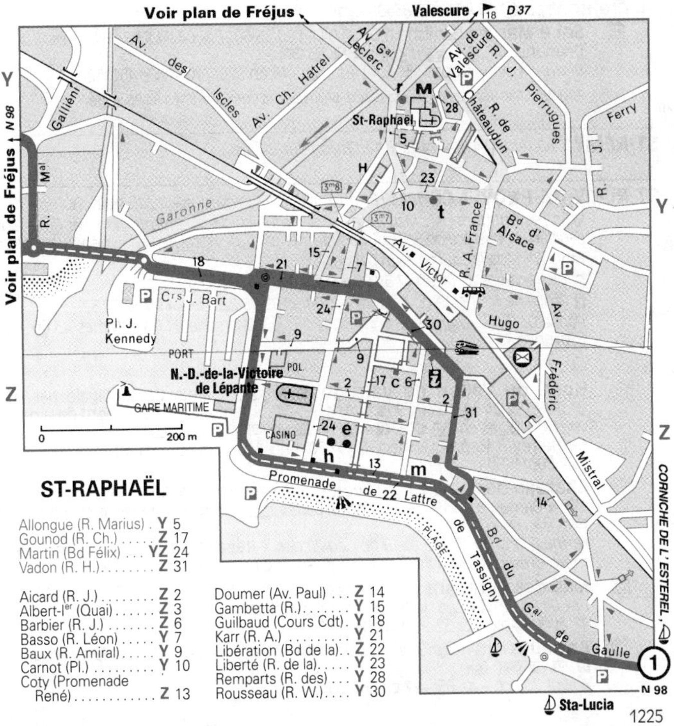

ST-RAPHAËL

Excelsior, 193 bd F. Martin (prom. R. Coty) ✆ 04 94 95 02 42, *Fax 04 94 95 33 82*, ←, – AE GB Z h
Repas *(98)* - 130 (déj.), 140/190 ♀ – ☐ 55 – **36 ch** 350/900 – ½ P 535/625.

Continental M sans rest, prom. René Coty ✆ 04 94 83 87 87, *Fax 04 94 19 20 24*, ← – AE GB Z e
☐ 55 – **44 ch** 550/1050.

Bleu Marine, port Santa-Lucia par ① ✆ 04 94 95 31 31, *Fax 04 94 82 21 46*, – 200. AE GB JCB
Repas 95 bc (déj.), 125/180 ♀, enf. 55 – ☐ 55 – **100 ch** 480/640 – ½ P 485/510.

L'Arbousier, 6 av. Valescure ✆ 04 94 95 25 00, *Fax 04 94 83 81 04*, – AE GB
fermé 21 déc. au 5 janv., lundi midi, mardi midi et merc. midi en saison, dim. soir et merc. hors saison – **Repas** 140 (déj.), 180/310 et carte 310 à 390. Y r

Pastorel, 54 r. Liberté ✆ 04 94 95 02 36, *Fax 04 94 95 64 07*, – AE GB Y t
fermé 15 fév. au 10 mars, dim. soir, lundi et le midi en août – **Repas** 100 (déj.), 160/195.

Les Terrasses de l'Orangerie, prom. R. Coty ✆ 04 94 83 10 50, – AE GB
fermé 1er au 15 janv., lundi midi, mardi midi et merc. midi en juil.-août, dim. soir et lundi de sept. à juin – **Repas** *(75)* - 99 (déj.), 145/245 ♀. Z m

au Nord-Est *: 5 km par D 37 et rte Golf – ✉ 83700 St-Raphaël :*

H. Golf de Valescure , ✆ 04 94 52 85 00, *Fax 04 94 82 41 88*, , parc, – ch, – 60. AE GB. rest
fermé 15 nov. au 20 déc. et 7 au 31 janv. – **Repas** *(100 bc)* - 130 bc (déj.), 165/195, enf. 65 – **40 ch** ☐ 580/910 – ½ P 520/585.

Jardin de Sébastien, ✆ 04 94 44 66 56, *Fax 04 94 82 40 55*, – P. GB
fermé dim. soir et lundi de sept. à mai – **Repas** *(95)* - 150 bc (déj.), 190/295 ♀.

à Boulouris *par ① : 5 km – ✉ 83700 St-Raphaël :*

Potinière , ✆ 04 94 19 81 71, *Fax 04 94 19 81 72*, , parc, – cuisinette – 60. AE GB
Repas *(fermé le midi sauf week-ends du 1er oct. au 20 déc. et du 5 janv. au 31 mars)* *(98 bc)* - 140/250 ♀, enf. 75 – ☐ 50 – **30 ch** 595/790 – ½ P 438/535.

au Dramont *par ① : 6 km – ✉ 83530 Agay :*

Sol e Mar, rte Corniche d'Or ✆ 04 94 95 25 60, *Fax 04 94 83 83 61*, ← Ile d'Or et cap du Dramont, – P. AE GB
9 avril-11 oct. – **Repas** 150/210 – ☐ 50 – **44 ch** 520/710 – ½ P 450/580.

PEUGEOT Gar. Vézinet Rel. Santa Luccia, 642 rte de la Corniche ✆ 04 94 95 12 58

ST-RÉMY *71 S.-et L.* 69 ⑨ – *rattaché à Chalon-sur-Saône.*

ST-RÉMY-DE-PROVENCE *13210 B.-du-R.* 81 ⑫ *G. Provence – 9 340 h alt. 59.*

Voir *Les Antiques★★ : Mausolée★★, Arc municipal★, Glanum★ 1km par ③ – Cloître★ de l'ancien monastère de St-Paul-de-Mausole par ③ – Hôtel de Sade : dépôt lapidaire★* **Y L.**

Env. *★★ de la Caume 7 km par ③.*

18 *de Servanes ✆ 04 90 47 59 95 à Mouriès, 17 km par ③.*

Office de Tourisme pl. J.-Jaurès ✆ 04 90 92 05 22, Fax 04 90 92 38 52.

Paris 703 ① – Avignon 19 ① – Arles 25 ④ – Marseille 91 ② – Nîmes 43 ④ – Salon-de-Provence 39 ②.

Plan page ci-contre

Host. du Vallon de Valrugues M , chemin Canto Cigalo par ② : 1 km ✆ 04 90 92 04 40, *Fax 04 90 92 44 01*, ←, , « Terrasse fleurie au bord de la piscine », – ch, – 30. AE GB JCB. rest
fermé fév. – **Repas** 165 (déj.), 280/460, enf. 110 – ☐ 90 – **41 ch** 680/1180, 12 appart – ½ P 800/1150.

Château des Alpilles , Ouest : 2 km par D 31 ✆ 04 90 92 03 33, *Fax 04 90 92 45 17*, , « Demeure du 19e siècle dans un parc », – cuisinette, ch, AE GB JCB. rest
fermé 6 janv. au 17 fév. et 15 nov. au 20 déc. – **Repas** *(fermé midi du 15 sept. au 15 juin et merc.)* (résidents seul.) 150/250 ♀ – ☐ 80 – **20 ch** 945/1130.

Mas des Carassins sans rest, 1 chemin Gaulois par ③ : 1 km ✆ 04 90 92 15 48, *Fax 04 90 92 63 47*, ←, « Jardin ombragé et fleuri » – GB.
1er avril-5 nov. – ☐ 52 – **10 ch** 380/570.

Antiques sans rest, 15 av. Pasteur ✆ 04 90 92 03 02, *Fax 04 90 92 50 40*, « Parc », – AE GB JCB Z e
4 avril-20 oct. – ☐ 65 – **27 ch** 360/590.

ST-RÉMY-DE-PROVENCE

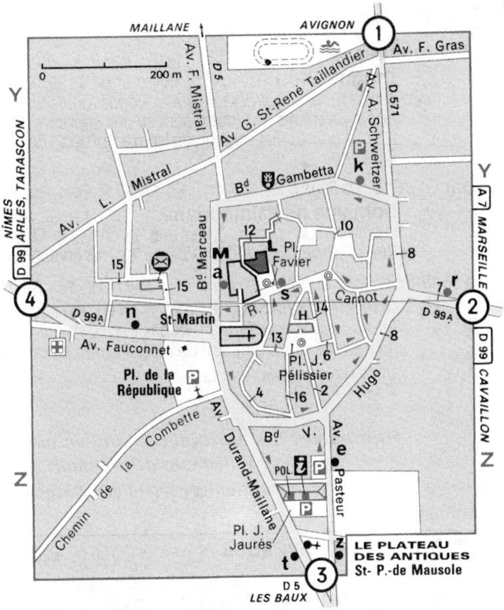

Pas de publicité payée dans ce guide.

Castelet des Alpilles sans rest, pl. Mireille ☎ 04 90 92 07 21, *Fax 04 90 92 52 03*, – TV ☎ P. AE GB Z t
1er avril-6 nov. – 46 – **19 ch** 395/495.

Canto Cigalo sans rest, chemin Canto Cigalo par ② : *1 km* ☎ 04 90 92 14 28, *Fax 04 90 92 24 48*, – ☎ P. GB.
début mars-début nov. – 40 – **20 ch** 275/340.

L'Amandière sans rest, av. Plaisance du Touch par ① *puis rte Noves : 1 km* ☎ 04 90 92 41 00, *Fax 04 90 92 48 38*, , – TV ☎ P. GB.
1er mars-15 oct. et 15 déc.-15 janv. – 39 – **26 ch** 275/340.

Soleil sans rest, 35 av. Pasteur ☎ 04 90 92 00 63, *Fax 04 90 92 61 07*, – ☎ P. AE GB JCB. Z z
15 mars-15 nov. – 40 – **21 ch** 297/375.

Van Gogh sans rest, 1 av. J. Moulin par ② ☎ 04 90 92 14 02, *Fax 04 90 92 09 05*, , – TV ☎ P. GB.
1er mars-15 nov. – 36 – **21 ch** 320/380.

Cheval Blanc sans rest, 6 av. Fauconnet ☎ 04 90 92 09 28, *Fax 04 90 92 69 05* – TV ☎ P. GB Z n
fermé 15 nov. au 15 déc. et 10 janv. au 1er fév. – 30 – **22 ch** 220/300.

Acacia, rte Maillane : 1 km par av. F. Mistral ☎ 04 90 92 13 43, *Fax 04 90 92 64 01*, , – TV ☎ P. GB.
fermé 5 janv. au 5 fév. – **Repas** *(fermé lundi du 1er oct. au 1er juin sauf fêtes)* (65) - 76/148, enf. 56 – 34 – **12 ch** (1/2 pens. seul.) – 1/2 P 232/252.

Maison Jaune, 15 r. Carnot ☎ 04 90 92 56 14, *Fax 04 90 92 56 22*, « Terrasse ombragée » – GB Y s
fermé 8 janv. au 8 mars, mardi midi de juil. à sept., dim. soir du 1er oct. au 30 juin et lundi sauf fériés – **Repas** (nombre de couverts limités, prévenir) 120 (déj.), 175/275.

Alain Assaud, 13 bd Marceau ☎ 04 90 92 37 11 – . AE GB Y a
fermé 15 janv. au 15 mars, jeudi midi et merc. – **Repas** 150/240.

Jardin de Frédéric, 8 bd Gambetta ☎ 04 90 92 27 76 – . GB Y k
fermé vacances de fév. et merc. – **Repas** 135/170.

Source, 13 av. Libération ☎ 04 90 92 44 71, *Fax 04 90 92 44 71*, – AE GB Y r
fermé 15 nov. au 1er déc., 3 au 31 janv. et lundi sauf fériés – **Repas** 95/250.

à Verquières *par ②, D 30 et D 29 : 11 km – 654 h. alt. 48 – ✉ 13670 :*

XXX **Croque Chou** (Ravoux), pl. Eglise ☏ 04 90 95 18 55, –
✿ *fermé lundi et mardi sauf fêtes* – **Repas** (prévenir) 195/280 ♀
Spéc. Galantine de gigot d'agneau aux senteurs de provence. Dorade rôtie au vin rouge, fenouil braisé. Filet mignon de lapin à l'infusion de sauge. **Vins** Coteaux d'Aix-en-Provence, Cairanne.

par ④ *et rte des Baux D 27 : 4,5 km – ✉ 13210 St-Rémy-de-Provence :*

Domaine de Valmouriane , ☏ 04 90 92 44 62, *Fax 04 90 92 37 32*, , « Mas provençal dans un parc », , – , ch, TV ☎ P. AE GB
Repas 150 bc (déj.), 270/340 ♀ – 70 – **14 ch** 890/1310 – ½ P 735/945.

à Maillane *Nord-Ouest : 7 km par D 5 – 1 664 h. alt. 14 – ✉ 13910 :*

XX **Oustalet Maïanen,** ☏ 04 90 95 74 60, *Fax 04 90 95 76 17*, – . AE GB
fermé fin déc. au 1er mars – **Repas** *(fermé mardi, merc. et jeudi le soir d'oct. à mars, mardi midi en juil.-août, dim. soir de sept. à juin et lundi)* 125/165 ♀, enf. 60.

CITROEN Gar. Merklen, ZA par av. F.-Mistral ☏ 04 90 92 01 24

PEUGEOT Gar. Franguy, rte de Tarascon, av. Gleize par ④ ☏ 04 90 92 13 16

Stadtpläne : Die Auswahl der Straßen wurde unter Berücksichtigung des Verkehrs und der Zufahrt zu den erwähnten Häusern getroffen. Die weniger wichtigen Straßen wurden nur angedeutet.

ST-RÉMY-LÈS-CHEVREUSE *78 Yvelines* 60 ⑨ ⑩, 106 ㉙, 101 ㉜ – *voir à Paris, Environs.*

ST-RÉMY-SUR-DUROLLE *63550 P.-de-D.* 73 ⑥ *G. Auvergne – 2 033 h alt. 620.*
Voir *Calvaire* ✶★ *15 mn.*
Paris 457 – Clermont-Ferrand 49 – Chabreloche 13 – Thiers 7.

XX **Vieux Logis** avec ch, Nord : 3,5 km sur D 201 ☏ 04 73 94 30 78, *Fax 04 73 94 04 70*, ≤, – P. GB
fermé 1er au 15 oct., fév., dim. soir et lundi – **Repas** 90/165 – 19 – **4 ch** 160.

ST-RESTITUT *26130 Drôme* 81 ① *G. Vallée du Rhône – 947 h alt. 150.*
Voir *Décoration*★ *de l'église – Belvédère* ≤★ *3 km par D59A puis 15 mn.*
Env. *Clansayes* ≤★★ *N : 8 km.*
Paris 633 – Bollène 8 – Montélimar 30 – Nyons 37 – Valence 75.

XX **Aub. des 4 Saisons** avec ch, ☏ 04 75 04 71 88, *Fax 04 75 04 70 88*, « Maisons romanes aménagées en hostellerie » – TV ☎. AE GB
fermé 30 déc. au 30 janv. – **Repas** (dîner seul.) 185/225 – 50 – **4 ch** 360/450.

ST-RIQUIER *80135 Somme* 52 ⑦ *G. Flandres Artois Picardie – 1 166 h alt. 29.*
Voir *Intérieur*★★ *de l'église*★.
Office de Tourisme Le Beffroi ☏ 03 22 28 91 72, Fax 03 22 28 02 73 (hors saison) Mairie ☏ 03 22 28 80 40.
Paris 176 – Amiens 41 – Abbeville 9 – St-Omer 83 – Le Tréport 46.

Jean de Bruges M sans rest, ☏ 03 22 28 30 30, *Fax 03 22 28 00 69*, « Demeure du 17e siècle » – TV ☎ . AE GB.
60 – **8 ch** 400/600.

ST-ROMAIN-D'AY *07 Ardèche* 76 ⑩ – *rattaché à Satillieu.*

ST-ROMAIN-EN-VIENNOIS *84 Vaucluse* 81 ③ – *rattaché à Vaison-la-Romaine.*

ST-ROMAIN-SUR-CHER *41140 L.-et-Ch.* 64 ⑰ *– 1 236 h alt. 130.*
Paris 214 – Tours 63 – Blois 33 – Montrichard 23 – Romorantin-Lanthenay 38.

XX **St-Romain** avec ch, ☏ 02 54 71 71 10, *Fax 02 54 71 72 89* – TV ☎ P. GB
fermé 14 sept. au 12 oct., dim. soir et lundi sauf juil.-août – **Repas** 68/218 ♀ – 30 – **5 ch** 152/260 – ½ P 230.

ST-SALVADOUR *19 Corrèze* 75 ⑨ – *rattaché à Seilhac.*

ST-SAMSON-DE-LA-ROQUE *27680 Eure* 55 ④ *– 271 h alt. 80.*

Voir *Phare de la Roque* ✱★ *N : 2 km,* **G. Normandie Vallée de la Seine.**

Paris 176 – Le Havre 39 – Beuzeville 13 – Bolbec 24 – Évreux 98 – Honfleur 19 – Pont-Audemer 14.

XXX **Relais du Phare,** ✆ 02 32 57 61 68, ⛱, 🪑 – GB
fermé lundi – **Repas** (95) - 190/230 et carte 200 à 320.

ST-SATUR *18 Cher* 65 ⑫ *– rattaché à Sancerre.*

ST-SATURNIN *63450 P.-de-D.* 72 ⑭ *G. Auvergne – 788 h alt. 520.*

Voir *Église*★★ *– Choeur*★ *de l'abbaye N.-D.-de-Randol SO : 2 km.*

ℹ *Office de Tourisme (été) Point d'Accueil à Aydat et St-Saturnin* ✆ *04 73 79 31 69, Fax 04 73 79 37 69.*

Paris 435 – Clermont-Ferrand 21 – Issoire 28 – Le Mont-Dore 40 – Thiers 55.

X **Reine Margot,** 21 r. Principale ✆ 04 73 39 05 76
fermé 15 oct. au 10 nov. et lundi soir – **Repas** (45) - 60/98 🌡.

ST-SATURNIN-DE-LUCIAN *34 Hérault* 83 ⑤ *– rattaché à Clermont-l'Hérault.*

ST-SAUD-LACOUSSIÈRE *24470 Dordogne* 72 ⑯ *– 951 h alt. 370.*

Paris 444 – Limoges 54 – Brive-la-Gaillarde 100 – Châlus 22 – Nontron 15 – Périgueux 57.

Host. St-Jacques ⛰, ✆ 05 53 56 97 21, *Fax 05 53 56 91 33,* ⛱, « Terrasse et jardin fleuris », 🏊, 🎾 – TV ☎ P. GB
5 avril-1er nov. et fermé dim. soir et lundi hors saison – **Repas** (100 bc) - 117/217 🍷, enf. 60 – ☕ 45 – **16 ch** 250/550 – ½ P 300/400.

ST-SAUVES-D'AUVERGNE *63 P.-de-D.* 73 ⑬ *– rattaché à La Bourboule.*

ST-SAUVEUR-DE-LANDEMONT *49270 M.-et-L.* 67 ④ *– 587 h alt. 65.*

Paris 363 – Nantes 32 – Ancenis 17 – Cholet 51 – Clisson 26.

Château de la Colaissière M ⛰, ✆ 02 40 98 75 04, *Fax 02 40 98 74 15,* ←, « Château Renaissance dans un parc », 🏊, 🎾 – TV ☎ ✆ ♿ P – 🏛 50. GB
fermé janv. – **Repas** *(fermé dim. soir et lundi)* 240 bc/350 🍷, enf. 120 – ☕ 60 – **16 ch** 795/1320.

ST-SAUVEUR-DE-MONTAGUT *07190 Ardèche* 76 ⑲ *– 1 396 h alt. 218.*

Paris 599 – Valence 38 – Le Cheylard 24 – Lamastre 34 – Privas 23.

X **Montagut** avec ch, pl. Église ✆ 04 75 65 40 31, *Fax 04 75 65 41 86,* ⛱ – TV. GB
fermé 3 au 24 sept., 1er au 15 janv., dim. soir et lundi sauf juil.-août – **Repas** 65/240 🍷, enf. 45 – ☕ 30 – **4 ch** 200/300 – ½ P 200.

CITROEN Gar. Marze, ✆ 04 75 65 41 66 — RENAULT Gar. Renov Auto, ✆ 04 75 65 40 46

ST-SAVIN *65 H.-Pyr.* 85 ⑰ *– rattaché à Argelès-Gazost.*

ST-SAVINIEN *17350 Char.-Mar.* 71 ④ *G. Poitou Vendée Charentes – 2 340 h alt. 18.*

Env. *Château de la Roche Courbon*★ *et Jardins*★ *:* ←★★ *SO : 10 km.*

ℹ *Office de Tourisme r. Bel Air* ✆ *05 46 90 21 07, Fax 05 46 90 19 45.*

Paris 457 – Rochefort 28 – La Rochelle 62 – St-Jean-d'Angély 15 – Saintes 16 – Surgères 30.

CITROEN Gar. Roy, ✆ 05 46 90 21 12 N ✆ 05 46 90 21 12 — RENAULT Gar. Garnier, ✆ 05 46 90 20 24

ST-SÉBASTIEN-SUR-LOIRE *44 Loire-Atl.* 67 ③ *– rattaché à Nantes.*

ST SEINE L'ABBAYE *21440 Côte-d'Or* 65 ⑲ *G. Bourgogne – 326 h alt. 451.*

Paris 288 – Dijon 27 – Autun 74 – Châtillon-sur-Seine 56 – Montbard 48.

Poste ⛰, ✆ 03 80 35 00 35, *Fax 03 80 35 07 64,* ⛱, 🪑 – TV ☎ 🚗 P. GB
1er mars-15 nov. et fermé mardi sauf de mai à sept. – **Repas** 80/250 🍷, enf. 45 – ☕ 45 – **20 ch** 150/350 – ½ P 270/370.

ST-SERNIN-SUR-RANCE *12380 Aveyron* 80 ⑫ *G. Gorges du Tarn – 563 h alt. 300.*
Paris 699 – Albi 50 – Cassagnes-Bégonhès 57 – Castres 68 – Lacaune 30 – Rodez 84 – St-Affrique 32.

Carayon, ✆ 05 65 98 19 19, *Fax 05 65 99 69 26*, ←, « Parc, activités de loisirs », 30. AE GB
fermé dim. soir et lundi de déc. à avril – **Repas** 76/300, enf. 49 – 40 – **57 ch** 199/389 – 1/2 P 315/405.

ST-SERVAN-SUR-MER *35 I.-et-V.* 59 ⑥ – *voir à St-Malo.*

ST-SERVAN-SUR-MER *35 I.-et-V.* 59 ⑥ – *rattaché à St-Malo.*

ST-SEVER *40500 Landes* 78 ⑥ *G. Pyrénées Aquitaine – 4 536 h alt. 102.*
Voir *Chapiteaux* de l'église.*
Office de Tourisme pl. Tour-du-Sol ✆ 05 58 76 34 64, Fax (Mairie) 05 58 76 00 10.
Paris 727 – Mont-de-Marsan 17 – Aire-sur-l'Adour 32 – Dax 50 – Orthez 36 – Pau 67 – Tartas 24.

Relais du Pavillon avec ch, au Nord : 2 km carrefour D 933 et D 924 ✆ 05 58 76 20 22, *Fax 05 58 76 25 81*, – 30. AE GB
fermé dim. soir et lundi du 1er sept. au 25 juin – **Repas** 90/200 – 40 – **14 ch** 210/270 – 1/2 P 240.

STS-GEOSMES *52 H.-Marne* 66 ③ – *rattaché à Langres.*

ST-SIMON *31 H.-Gar.* 82 ⑧ – *rattaché à Toulouse.*

ST-SORLIN-D'ARVES *73530 Savoie* 77 ⑥ ⑦ *G. Alpes du Nord – 291 h alt. 1550.*
Voir *Site* de l'église de St-Jean-d'Arves SE : 2,5 km.*
Env. *Col de la Croix de Fer ** O : 7,5 km puis 15 mn – Col du Glandon ←* puis Combe d'Olle** O : 10 km.*
Office de Tourisme Vallée de l'Arvan ✆ 04 79 59 71 77, Fax 04 79 59 75 50.
Paris 657 – Albertville 84 – Le Bourg-d'Oisans 50 – Chambéry 95 – St-Jean-de-Maurienne 22.

Chardon Bleu, ✆ 04 79 59 71 47, *Fax 04 79 59 76 02*, ←, – GB. rest
1er juil.-31 août et 15 déc.-20 avril – **Repas** 100/120, enf. 70 – 30 – **28 ch** 230/270 – 1/2 P 310/330.

ST-SULIAC *35430 I.-et-V* 59 ⑥ – *802 h alt. 30.*
Paris 409 – St-Malo 12 – Dinan 19 – Dol-de-Bretagne 21 – Lamballe 55 – Rennes 64 – St-Cast-le-Guildo 35.

Grève, ✆ 02 99 58 33 83, *Fax 02 99 58 35 40*, – AE GB
mi-mars-mi-nov. et fermé lundi soir et mardi sauf juil.-août – **Repas** (95) - 145/190, enf. 70.

ST-SULPICE *81370 Tarn* 82 ⑨ – *4 354 h alt. 112.*
Paris 684 – Toulouse 31 – Albi 45 – Castres 54 – Montauban 43.

Aub. de la Pointe, N 88 ✆ 05 63 41 80 14, *Fax 05 63 41 90 24*, « Terrasse dominant le Tarn », – P. AE GB
fermé mardi soir et merc. d'oct. à mai – **Repas** (65) - 90/190, enf. 50.

CITROEN Gar. Graniti, ✆ 05 63 40 01 70

RENAULT Gar. Gomez, ✆ 05 63 41 80 57 N ✆ 05 63 41 96 44

ST-SULPICE-LE-VERDON *85260 Vendée* 67 ⑭ – *592 h alt. 65.*
Paris 425 – Nantes 43 – La Roche-sur-Yon 27 – Cholet 49.

Lionel Guilbaud, La Chabotterie Sud Est : 2 km par D 18 ✆ 02 51 42 47 47, *Fax 02 51 42 81 29*, « Ancienne grange aménagée, dans les dépendances du Logis de la Chabotterie » – P. GB
fermé 11 au 31 janv., le soir sauf sam. et mardi midi d'oct. à avril – **Repas** (75) - 150/360 et carte 260 à 440, enf. 60
Spéc. "Préfou" fourré aux langoustines (1er avril au 15 oct.). Canard au sang (15 sept. au 15 juin). "Gout'zou" au kamok (dessert). **Vins** Fiefs Vendéens.

ST-SULPICE-SUR-LÈZE *31410 H.-Gar.* **82** ⑰ – *1 423 h alt. 200.*

Paris 727 – Toulouse 35 – Auterive 14 – Foix 53 – St-Gaudens 63.

XX **Commanderie,** ✆ 05 61 97 33 61, *Fax 05 61 97 33 61,* – GB
fermé 14 sept. au 7 oct., 21 déc. au 6 janv., lundi soir et mardi – **Repas** 88/172 ♀, enf. 50.

ST-SYLVESTRE-SUR-LOT *47 L-et-G.* **79** ⑥ – *rattaché à Villeneuve-sur-Lot.*

ST-SYMPHORIEN-DE-LAY *42470 Loire* **73** ⑧ – *1 489 h alt. 446.*

Paris 407 – Roanne 17 – Lyon 69 – Montbrison 55 – St-Étienne 75 – Thizy 21.

X **Aub. des Terrasses,** Nord-Est par N 7 et D 80 : 2 km ✆ 04 77 64 72 87, ← – GB
fermé 4 janv. au 1er fév., dim. soir et lundi – **Repas** 72/220.

ST-THÉGONNEC *29410 Finistère* **58** ⑥ *G. Bretagne* – *2 139 h alt. 83.*

Voir *Enclos paroissial***.

Env. *Enclos paroissial*** *de Guimiliau SO : 7,5 km.*

Paris 549 – Brest 48 – Châteaulin 51 – Landivisiau 12 – Morlaix 13 – Quimper 70 – St-Pol-de-Léon 27.

Aub. St-Thégonnec M, ✆ 02 98 79 61 18, *Fax 02 98 62 71 10,* – P. AE GB. rest
fermé 18 déc. au 11 janv., lundi (sauf hôtel) et dim. soir sauf juil.-août – **Repas** 100/250, enf. 70 – 40 – **19 ch** 300/450 – ½ P 370/400.

ST-THIBAULT-DES-VIGNES *77 S.-et-M.* **56** ⑫, **101** ⑳ – *voir à Paris, Environs (Marne-la-Vallée).*

ST-TROJAN-LES-BAINS *17 Char.-mar.* **71** ⑭ – *voir à Oléron (Ile d').*

ST-TROPEZ *83990 Var* **84** ⑰, **114** ㊲ *G. Côte d'Azur* – *5 754 h alt. 4.*

Voir *Musée de l'Annonciade*** **Z** – *Port** **YZ** – *Môle Jean Réveille* ←* **Y** – *Citadelle** **Y** : ←** *des remparts,* ** *du donjon – Chapelle Ste-Anne* ←* *S : 4 km par av. P. Roussel* **Z**.

Env. *Phare de Camaret** : ←** *SE : 13 km.*

depuis **La Croix Valmer** *(traversée 1 h 30). Renseignements et tarifs : "Vedettes Iles d'Or" 15 quai Gabriel Péri 83980 Le Lavandou ✆ 04 94 71 01 02, Fax 04 94 71 78 95.*

depuis **Cannes** *Traversée 1h30 min - Renseignements et tarifs : Compagnie Esterel Chanteclair, ✆ 04 93 39 11 82, Fax 04 92 98 80 32.*

depuis **Ste-Maxime** *Renseignements et tarifs : Transports Maritime MMG ✆ 04 94 96 51 00.*

Office de Tourisme quai J.-Jaurès ✆ 04 94 97 79 08, Fax 04 94 97 45 21.

Paris 872 – Fréjus 34 – Aix-en-Provence 120 – Brignoles 66 – Cannes 73 – Draguignan 48 – Toulon 70.

Plan page suivante

Byblos M, av. P. Signac ✆ 04 94 56 68 00, *Fax 04 94 56 68 01,* ←, – P – 50. AE GB JCB — Z d
avril-mi-oct. – ***Les Arcades :*** Repas 190/410 ♀, enf. 150 – ***Relais Caves du Roy*** *(dîner seul.)* Repas 165 ♀ – 125 – **58 ch** 1750/2670, 44 appart.

Résidence de la Pinède M, à la plage de la Bouillabaisse par ① : *1 km* ✆ 04 94 55 91 00, *Fax 04 94 97 73 64,* ←, – P. AE GB
Pâques-10 oct. – **Repas** 280 (déj.), 380/640 et carte 450 à 620 ♀ – 125 – **37 ch** 2195/3580, 6 appart – ½ P 1390/1970
Spéc. Rôti de filet de rouget, pain trempé à l'aubergine. Mouillette de langoustine à l'oeuf fermier, confit de petites tomates au basilic. Carré d'agneau à l'ail en chemise. **Vins** Côtes de Provence.

Bastide de St-Tropez M, rte Carles : 1 km par av. P. Roussel - **Z** ✆ 04 94 97 58 16, *Fax 04 94 97 21 71,* « Belle décoration intérieure, », – ch, – 25. AE GB
fermé 6 janv. au 16 fév. – ***L'Olivier*** *(fermé lundi et mardi du 5 oct. à avril)* **Repas** 220(déj.)/290 et carte 350 à 570, enf. 110 – 100 – **18 ch** 1900/2350, 8 appart – ½ P 1400/1625.

Domaine de l'Astragale M, par ① : *1,5 km, chemin de la Gassine* ✆ 04 94 97 48 98, *Fax 04 94 97 16 01,* – – 25. AE GB
mai-oct. – **Repas** 250 et carte le midi 200 à 250 – 95 – **34 ch** 1950/2250 – ½ P 1265/1465.

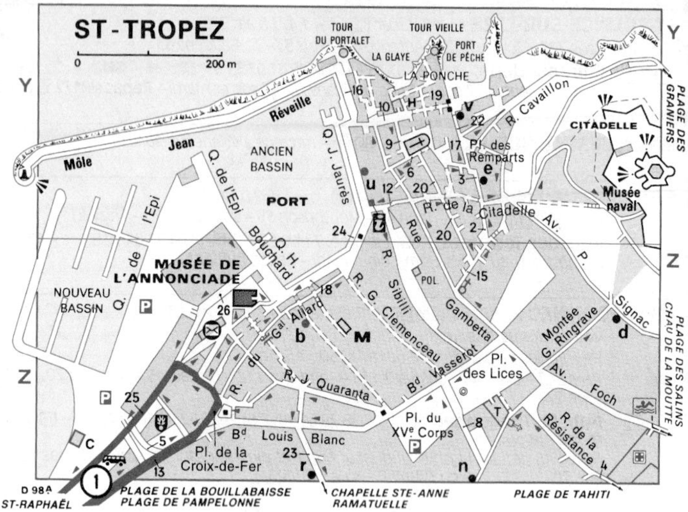

En saison : zone piétonne dans la vieille ville.

Aire-du-Chemin (R.) ...... Y 2	Hôtel-de-Ville (Pl. de l') ... Y 10	Ponche (R. de la) .... Y 19
Aumale (Bd d') .... Y 3	Laugier (R. V.) .... Y 12	Portail-Neuf (R. du) .... YZ 20
Belle-Isnarde (Rte de la) ... Z 4	Leclerc (Av. Général) .... Z 13	Remparts (R. des) ...... Y 22
Blanqui (Pl. Auguste) ..... Z 5	Miséricorde (R.) .... Z 15	Roussel (Av. Paul) .... Z 23
Clocher (R. du) .... Y 6	Mistral (Quai Frédéric) ... Y 16	Suffren (Quai) .... Y 24
Grangeon (Av.) .... Z 8	Ormeau (Pl. de l') .... Y 17	8-Mai-1945 (Av. du) ..... Z 25
Guichard (R. du Cdt) ...... Y 9	Péri (Quai Gabriel) .... Z 18	11-Novembre (Av. du) ... Z 26

Mandarine M, Sud : 0,5 km par av. P. Roussel, rte Tahiti ✆ 04 94 79 06 66, *Fax 04 94 97 33 67*, – ch, TV ☎ P – 50. AE GB. rest
8 mai-11 oct. – **Repas** 250 et carte le midi 220 à 280 – ☕ 95 – **39 ch** 1200/2130, 4 appart – 1/2 P 940/1865.

Ponche M, pl. Révelin ✆ 04 94 97 02 53, *Fax 04 94 97 78 61*, – TV ☎. AE GB JCB Y v
1er avril-3 nov. – **Repas** 120 (déj.), 180/240 – ☕ 80 – **18 ch** 950/1680.

Yaca, 1 bd Aumale ✆ 04 94 97 11 79, *Fax 04 94 97 58 50*, – TV ☎. AE GB Y e
1er avril-15 oct. – **Repas** carte 270 à 390 ♀ – ☕ 100 – **25 ch** 1200/2300.

Lices, av. Augustin Grangeon ✆ 04 94 97 28 28, *Fax 04 94 97 59 52*, – ch, TV ☎ P. AE GB Z n
1er avril-11 nov. et 26 déc.-4 janv. – **Repas** grill (dîner seul.) 180 ♀ – ☕ 60 – **41 ch** 650/1600.

Provençal, par ① : *2 km, chemin Bonnaventure* ✆ 04 94 97 00 83, *Fax 04 94 97 44 37*, – TV ☎ P. AE GB
fermé nov. et fév. – **Repas** snack de piscine *(15 mai-15 oct.)* carte environ 220 – ☕ 60 – **20 ch** 900/990.

Lou Cagnard sans rest, av. P. Roussel ✆ 04 94 97 04 24, *Fax 04 94 97 09 44* – TV ☎ P. GB Z r
fermé 3 nov. au 18 déc. – ☕ 45 – **19 ch** 300/500.

Girelier, au port ✆ 04 94 97 03 87, *Fax 04 94 97 43 86*, ←, – . AE GB Y u
1er avril-10 oct. – **Repas** 185 ♀.

Petit Charron, 5 r. Charrons ✆ 04 94 97 73 78, *Fax 04 94 97 56 12* – . AE GB
1er mars-fin oct. et fermé merc. hors saison – **Repas** (dîner seul. en juil.-août) *(115)* - 150/200 ♀. Z b

au Sud-Est : *par av. Foch - Z - ✉ 83990 St-Tropez :*

Tartane , à 3 km ✆ 04 94 97 21 23, *Fax 04 94 97 09 16*, « Jardin », – , ch, TV ☎ P. AE GB. rest
hôtel : 25 mars-15 oct. ; rest. : 1er avril-15 oct. – **Repas** snack de piscine (déj. seul.) carte 150 à 250 ♀ – ☕ 68 – **12 ch** 650/900.

Bastide des Salins sans rest, à 4 km 04 94 97 24 57, *Fax 04 94 54 89 03*, « Jardin », –
60 – **14 ch** 1400/2200.

Levant sans rest, à 2,5 km 04 94 97 33 33, *Fax 04 94 97 76 13*, « Jardin », –
15 mars-15 oct. – 59 – **28 ch** 595/875.

Pré de la Mer sans rest, à 2,5 km 04 94 97 12 23, *Fax 04 94 97 43 91*, « Jardin » – cuisinette
Pâques-10 oct. – 60 – **12 ch** 720/950.

Barlière sans rest, à 1,5 km 04 94 97 41 24, *Fax 04 94 97 73 40*, , –
60 – **22 ch** 590/850.

au Sud-Est *par av. Paul Roussel et rte de Tahiti :*

Château de la Messardière , à 2 km 83990 St-Tropez 04 94 56 76 00, *Fax 04 94 56 76 01*, , parc, « Dans une pinède dominant la baie, », – – 80. rest
20 mars-1er nov. – **Repas** 240/420 – 100 – **82 ch** 1600/3200, 8 appart – 1/2 P 1330/1980.

Ferme d'Augustin sans rest, à 4 km 83350 Ramatuelle 04 94 55 97 00, *Fax 04 94 97 40 30*, , –
20 mars-20 oct. – 75 – **46 ch** 580/1600.

St-Vincent , à 4 km 83350 Ramatuelle 04 94 97 36 90, *Fax 04 94 54 80 37*, , – ch,
hôtel : 4 avril-18 oct. ; rest. : 1er mai-15 sept. – **Repas** grill carte 160 à 280 – 75 – **16 ch** 980/1200, 4 duplex – 1/2 P 475/760.

Mas Bellevue , à 2 km 04 94 97 07 21, *Fax 04 94 97 61 07*, , « Parc », , – ch, rest
2 avril-19 oct. – **Repas** grill 140 – 70 – **39 ch** 480/1580 – 1/2 P 460/1010.

Figuière , à 4 km 83350 Ramatuelle 04 94 97 18 21, *Fax 04 94 97 68 48*, , , , – ch,
2 avril-5 oct. – **Repas** grill carte 180 à 260 – 65 – **42 ch** 530/950.

par ① *et D 93 rte de Ramatuelle – 83350 Ramatuelle :*

Les Bergerettes , à 5 km 04 94 97 40 22, *Fax 04 94 97 37 55*, , , parc, – ch, rest
hôtel : Pâques-oct. ; rest. : juin-fin août – **Repas** snack de piscine carte environ 220 – 75 – **29 ch** 880/1050.

Les Bouis , à 6 km 04 94 79 87 61, *Fax 04 94 79 85 20*, mer, , , – ch, rest
hôtel : 20 mars-15 oct. ; rest. : 1er avril-30 sept. – **Repas** grill (déj. seul.) carte environ 200 – 70 – **13 ch** 1000/1180, 4 duplex.

Deï Marres sans rest, à 3 km 04 94 97 26 68, *Fax 04 94 97 62 76*, , , , –
15 mars-31 oct. – 50 – **22 ch** 750/1100.

Aub. des Vieux Moulins avec ch, à 4 km 04 94 97 17 22, *Fax 04 94 97 72 70*, –
1er fév.-31 oct. – **Repas** (dîner seul.) 220 – 70 – **5 ch** 500/600.

Aub. de l'Oumède, à 7 km 04 94 79 81 24, *Fax 04 94 79 81 24*, –
début avril-mi-oct. – **Repas** (dîner seul.) 210 .

par ① *et rte secondaire – 83580 Gassin :*

Villa Belrose , bd Crêtes, à 3 km 04 94 55 97 97, *Fax 04 94 55 97 98*, golfe de St-Tropez, , , – rest
1er avril-31 déc. – **Repas** 280 (déj.), 320/450 – 95 – **32 ch** 2400/3200.

Treizain , à 2 km 04 94 97 70 08, *Fax 04 94 97 67 25*, , , , – ch,
hôtel : 1er avril-30 sept. ; rest. : 1er mars-30 oct. – **Repas** (résidents seul.) 99 (déj.), 125/155 – 50 – **16 ch** 800/1100 – 1/2 P 650.

CITROEN Gar. Azzena, à Gassin par ① 04 94 56 10 38

Dans ce guide
un même symbole, un même caractère,
imprimé en couleur ou en **noir**, *en maigre ou en* **gras**,
n'ont pas tout à fait la même signification.
Lisez attentivement les pages explicatives.

ST-VAAST-LA-HOUGUE *50550 Manche* 54 ③ *G. Normandie Cotentin – 2 134 h alt. 4.*
de Fontenay-en-Cotentin ☏ 02 33 21 44 27, S : 16 km.
Office de Tourisme quai Vauban ☏ 02 33 54 41 37, Fax 02 33 54 41 37.
Paris 346 – Cherbourg 31 – Carentan 42 – St-Lô 70 – Valognes 18.

France et Fuchsias, ☏ 02 33 54 42 26, *Fax 02 33 43 46 79,* – TV ☎. AE GB. ch
fermé 5 janv. au 26 fév., mardi midi de nov. à mars et lundi de mi-sept. au 15 mai – **Repas** 83/280 ♀, enf. 59 – 43 – **34 ch** 200/430 – ½ P 230/395.

Granitière, ☏ 02 33 54 58 99, *Fax 02 33 20 34 91,* – TV ☎ P. AE GB. rest
1er avril-15 nov. – **Repas** (dîner seul.) 85/190 ♀ – 42 – **10 ch** 400/560 – ½ P 304/392.

ST-VALÉRIEN *89150 Yonne* 61 ⑬ *– 1 666 h alt. 165.*
Paris 109 – Fontainebleau 50 – Auxerre 67 – Nemours 33 – Sens 15.

Gâtinais, ☏ 03 86 88 62 78 – GB
fermé 9 au 15 mars et le soir de sept. à juin sauf jeudi, vend. et sam. – **Repas** 95/250.

PEUGEOT Gar. Février, ☏ 03 86 88 61 05

ST-VALERY-EN-CAUX *76460 S.-Mar.* 52 ③ *G. Normandie Vallée de la Seine – 4 595 h alt. 5 – Casino .*
Voir *Falaise d'Aval* ≤★ *O : 15 mn.*
Office de Tourisme Maison Henri IV ☏ 02 35 97 00 63, Fax 02 35 97 32 65.
Paris 190 – Le Havre 79 – Bolbec 44 – Dieppe 35 – Fécamp 32 – Rouen 59 – Yvetot 30.

Relais Mercure, 14 av. Clemenceau ☏ 02 35 57 88 00, *Fax 02 35 57 88 88,* ≤ – TV ☎ – 25 à 100. AE GB. rest
Repas 98/135 ♀, enf. 40 – 50 – **145 ch** 290/350, 4 appart.

Terrasses, à la plage ☏ 02 35 97 11 22, *Fax 02 35 97 05 83,* ≤ – TV ☎. GB
fermé 20 déc. à fin janv., dim. soir et lundi sauf juil.-août – **Repas** (90) - 130/198 ♀, enf. 50 – 38 – **12 ch** 220/350 – ½ P 330.

Port, quai d'Amont ☏ 02 35 97 08 93, *Fax 02 35 97 28 32* – GB
fermé dim. soir et lundi de sept. à juin sauf fériés – **Repas** 118/198.

par rte de Fécamp *vers le Bourg-Ingouville par D 925 et D 68 : 3 km – ✉ 76460 St-Valéry-en-Caux :*

Les Hêtres M avec ch, ☏ 02 35 57 09 30, *Fax 02 35 57 09 31,* , « Élégante demeure normande dans un jardin fleuri » – TV ☎ P. GB
fermé 18 janv. au 10 fév. – **Repas** *(fermé lundi soir et mardi hors saison)* 165/365 et carte 290 à 440 – 70 – **4 ch** 480/720.

ST-VALERY-SUR-SOMME *80230 Somme* 52 ⑥ *G. Flandres Artois Picardie – 2 769 h alt. 27.*
Voir *Digue-promenade★ – Chapelle des Marins ≤★ – Musée Picarvie★ – La baie de Somme★★.*
Paris 202 – Amiens 67 – Abbeville 18 – Blangy-sur-Bresle 37 – Le Tréport 24.

Relais Guillaume de Normandy , quai Romerel ☏ 03 22 60 82 36, *Fax 03 22 60 81 82,* – rest, TV ☎ P. AE GB. rest
fermé 22 nov. au 30 déc. et mardi sauf juil.-août – **Repas** 80/205 , enf. 55 – 35 – **14 ch** 220/340 – ½ P 290/315.

ST-VALLIER *26240 Drôme* 77 ① *G. Vallée du Rhône – 4 115 h alt. 135.*
Office de Tourisme Pays Valloire Galaure ☏ 04 75 31 27 27.
Paris 528 – Valence 34 – Annonay 21 – St-Étienne 59 – Tournon-sur-Rhône 16 – Vienne 40.

Albert Lecomte et H. Terminus M avec ch, 116 av. J. Jaurès, rte Lyon ☏ 04 75 23 01 12, *Fax 04 75 23 38 82* – TV ☎ P. AE GB
fermé 9 au 26 août, vacances de fév., dim. soir et lundi – **Repas** 130 (déj.), 160/420 et carte 250 à 390 – 50 – **10 ch** 270/380 – ½ P 325.

Voyageurs, 2 av. J. Jaurès ☏ 04 75 23 04 42, *Fax 04 75 23 46 99,* – . AE GB
fermé 12 au 24 nov. et dim. soir – **Repas** 95/200, enf. 60.

PEUGEOT Gar. de l'Europe, ☏ 04 75 23 28 42 RENAULT Gar. Trouiller, ☏ 04 75 23 07 78

ST-VALLIER-DE-THIEY *06460 Alpes-Mar.* 84 ⑧, 114 ⑫, 115 ㉓ *G. Côte d'Azur – 1 536 h alt. 730.*
Voir *Pas de la Faye ≤★★ NO : 5 km – Grotte de Beaume Obscure★ S : 2 km – Col de la Lèque ≤★ SO : 5 km.*
Office de Tourisme 10 pl. du Tour ☏ 04 93 42 78 00, Fax 04 93 42 78 00.
Paris 911 – Cannes 29 – Castellane 51 – Draguignan 61 – Grasse 12 – Nice 53.

Relais Impérial, ☏ 04 93 42 60 07, *Fax 04 93 42 66 21,* – TV ☎ . AE GB
Repas (75) - 95/200 ♀, enf. 50 – 35 – **30 ch** 330/450 – ½ P 280/355.

ST-VÉRAN *05350 H.-Alpes* 77 ⑲ *G. Alpes du Sud – 257 h alt. 2042 la plus haute commune d'Europe – Sports d'hiver : 1 750/2 800 m* 15.

Voir Vieux village** – Musée du Soum*.

Office de Tourisme ✆ *04 92 45 82 21, Fax 04 92 45 84 52.*

Paris 729 – Briançon 49 – Guillestre 31.

L'Astragale M, à l'église ✆ 04 92 45 87 00, *Fax 04 92 45 87 10,* ←, – TV ☎ P. GB
21 mai-19 sept. et 19 déc.-20 avril – **Repas** 95 (déj.)/130 – ☕ 50 – **21 ch** 410/840 – ½ P 380/590.

Grand Tétras, ✆ 04 92 45 82 42, *Fax 04 92 45 85 98,* ←, – ☎ P. GB
30 mai-14 sept. et 19 déc.-11 avril – **Repas** 80/125 ♀, enf. 45 – ☕ 47 – **21 ch** 262/440 – ½ P 303/368.

ST-VÉRAND *71570 S.-et-L.* 74 ① *– 191 h alt. 300.*

Paris 403 – Mâcon 12 – Bourg-en-Bresse 48 – Lyon 67 – Villefranche-sur-Saône 34.

Aub. du St-Véran, ✆ 03 85 37 16 50, *Fax 03 85 37 49 27,* – TV ☎ P. GB
Repas 98/210 ♀, enf. 60 – ☕ 38 – **11 ch** 230/260 – ½ P 258/358.

ST-VIANCE *19 Corrèze* 75 ⑧ *– rattaché à Brive-la-Gaillarde.*

ST-VINCENT *43800 H.-Loire* 76 ⑦ *– 806 h alt. 605.*

Paris 546 – Le Puy-en-Velay 17 – La Chaise-Dieu 37 – St-Étienne 75.

XX **Renouée,** à Cheyrac, Nord par D 103 ✆ 04 71 08 55 94, *Fax 04 71 08 55 94* – GB.
fermé 4 janv. au 7 mars, lundi sauf juil.-août et dim. soir – **Repas** 98/235 ♀, enf. 60.

ST-VINCENT-DE-TYROSSE *40230 Landes* 78 ⑰ *– 5 075 h alt. 24.*

Paris 740 – Biarritz 32 – Mont-de-Marsan 74 – Bayonne 24 – Dax 22 – Pau 102 – Peyrehorade 25.

Twickenham, av. Gare ✆ 05 58 77 01 60, *Fax 05 58 77 95 15,* – TV ☎ P – 40. AE GB
Repas 80 (déj.)/150 – ☕ 30 – **30 ch** 260/360 – ½ P 315/335.

Côte d'Argent sans rest, rte Hossegor ✆ 05 58 77 02 16, *Fax 05 58 77 23 96,* – TV ☎ P. GB
☕ 30 – **22 ch** 260/300.

XXX **Hittau,** ✆ 05 58 77 11 85, *Fax 05 58 77 11 85,* « Ancienne bergerie dans un jardin fleuri » – P. AE GB
fermé fév., lundi sauf le soir en juil.-août et dim. soir de sept. à juin – **Repas** 140/400 et carte 300 à 470.

XX **Les Gourmets,** N10 ✆ 05 58 77 16 97, *Fax 05 58 77 04 62,* – AE GB
fermé vacances de Noël, mardi soir et merc. – **Repas** (55) - 65/165 ♀, enf. 48.

RENAULT Gar. Darrigade, ✆ 05 58 77 03 33 N ✆ 05 58 77 03 33

Comptoir Landais Pneu, ✆ 05 58 77 00 88

ST-VINCENT-SUR-JARD *85520 Vendée* 67 ⑪ *G. Poitou Vendée Charentes – 658 h alt. 10.*

Office de Tourisme Le Bourg ✆ *02 51 33 62 06, Fax 02 51 33 01 23.*

Paris 449 – La Rochelle 68 – La Roche-sur-Yon 34 – Challans 64 – Luçon 33 – Les Sables-d'Olonne 24.

Océan, Sud : 1 km (près maison de Clemenceau) ✆ 02 51 33 40 45, *Fax 02 51 33 98 15,* – rest, ☎ P. GB
fermé 30 nov. au 15 fév. et jeudi hors saison – **Repas** 80/230 ♀, enf. 48 – ☕ 35 – **38 ch** 250/440 – ½ P 290/400.

Chabosselières sans rest, rte de Jard ✆ 02 51 33 43 32, – ☎ P. GB
1er avril-30 sept. et fermé merc. sauf juil.-août – ☕ 30 – **10 ch** 240/250.

X **Chalet St-Hubert** avec ch, rte de Jard ✆ 02 51 33 40 33, *Fax 02 51 33 41 94,* – ☎ P. GB
fermé 15 nov. au 15 déc., dim. soir et lundi du 15 sept. au 15 juin – **Repas** 85/155, enf. 48 – ☕ 30 – **10 ch** 170/230 – ½ P 210/230.

ST-VIT *25410 Doubs* 66 ⑭ ⑮ *– 3 774 h alt. 257.*

Paris 388 – Besançon 20 – Dole 27 – Gray 40 – Pontailler-sur-Saône 36 – Salins-les-Bains 35.

XX **Tisonnier,** Est : 5 km rte Besançon (N 73) ✆ 03 81 58 50 01, *Fax 03 81 58 63 46,* – P. AE ① GB

fermé dim. soir et lundi – **Repas** 100 (déj.), 135/250 , enf. 50.

ST-VRAIN *91770 Essonne* 60 ⑩, 106 ㊸ *– 2 307 h alt. 75.*

Voir *Parc animalier et de loisirs* ★, *G. Ile de France.*

Paris 41 – Fontainebleau 43 – Corbeil-Essonnes 17 – Étampes 21 – Melun 34.

X **Host. de St-Caprais** avec ch, 30 r. St-Caprais ✆ 01 64 56 15 45, *Fax 01 64 56 85 22,* – TV. GB

fermé 15 juil. au 10 août – **Repas** *(fermé dim. soir et lundi)* 158/195 – ☐ 35 – **5 ch** 290/320 – 1/2 P 300.

ST-WANDRILLE-RANÇON *76490 S.-Mar.* 55 ⑤ *G. Normandie Vallée de la Seine – 1 151 h alt. 16.*

Voir *Abbaye*★ *(chant grégorien).*

Paris 161 – Le Havre 57 – Rouen 34 – Barentin 16 – Duclair 16 – Lillebonne 19 – Yvetot 16.

XX **Aub. Deux Couronnes,** ✆ 02 35 96 11 44, *Fax 02 35 56 56 23,* « Maison normande ancienne » – AE GB

fermé dim. soir et lundi – **Repas** *(85)* - 130/160 ♀, enf. 55.

ST-YORRE *03 Allier* 73 ⑤ *– rattaché à Vichy.*

ST-YRIEIX-LA-PERCHE *87500 H.-Vienne* 72 ⑰ *G. Berry Limousin – 7 558 h alt. 360.*

Voir *Collégiale du Moûtier*★.

Office de Tourisme 58 bd de l'Hôtel-de-Ville ✆ 05 55 08 20 72, Fax 05 55 08 10 05.

Paris 430 – Limoges 41 – Brive-la-Gaillarde 63 – Périgueux 62 – Rochechouart 51 – Tulle 70.

à la Roche l'Abeille *Nord-Est : 12 km par D 704 et 17ᴬ – 563 h. alt. 400 – ✉ 87800 :*

Moulin de la Gorce (Bertranet) , Sud : 2 km par D 17 ✆ 05 55 00 70 66, *Fax 05 55 00 76 57,* ←, « En bordure d'étang, parc » – TV ☎ P. AE ① GB

✿✿ *fermé 4 janv. au 3 fév., dim. soir et lundi hors saison* – **Repas** 180 bc (déj.)/250 et carte 310 à 460 ♀ – ☐ 75 – **10 ch** 480/950 – 1/2 P 775/825

Spéc. Oeufs brouillés aux truffes dans leur coque. Asperges vertes de Provence aux langoustines à la vanille (20 déc. à début avril). Lièvre à la royale (15 oct. au 15 déc.).

AUDI, WOLKSWAGEN Gar. Dubois, rte de Coussac ✆ 05 55 75 10 70 N ✆ 05 55 75 10 70

Pneus et Caoutchouc, 3 av. de Limoges ✆ 05 55 08 14 98

STE-ADRESSE *76 S.-Mar.* 55 ③ *– rattaché au Havre.*

STE-ANNE-D'AURAY *56400 Morbihan* 63 ② *G. Bretagne – 1 630 h alt. 42.*

Voir *Trésor*★ *de la basilique – Pardon (26 juil.).*

Paris 476 – Vannes 16 – Auray 6 – Hennebont 31 – Locminé 26 – Lorient 41 – Quimperlé 56.

Croix Blanche, ✆ 02 97 57 64 44, *Fax 02 97 57 50 60,* – TV ☎ P. AE ① GB.

fermé 15 janv. au 15 fév., dim. soir et lundi – **Repas** 85/275 ♀, enf. 60 – ☐ 40 – **23 ch** 239/365 – 1/2 P 245/319.

Myriam sans rest, ✆ 02 97 57 70 44, *Fax 02 97 57 50 61* – TV ☎ P. GB

1er mai-30 sept. et fermé lundi soir et mardi sauf juil.-août – ☐ 30 – **30 ch** 270/300.

Paix, ✆ 02 97 57 65 08, *Fax 02 97 57 50 61* – ☎. GB

1er avril-30 sept. et fermé lundi soir et mardi sauf juil.-août – **Repas** 60/125 – ☐ 28 – **24 ch** 190.

XXX **L'Auberge** M avec ch, ✆ 02 97 57 61 55, *Fax 02 97 57 69 10* – TV ☎ P. AE GB

fermé 7 au 21 oct., 13 au 27 janv., 24 fév. au 3 mars, mardi soir de sept. à juin et merc. – **Repas** 90/350 et carte 220 à 300 – ☐ 35 – **6 ch** 230/290 – 1/2 P 262/277.

RENAULT Gar. Josset, ✆ 02 97 57 64 13 N ✆ 02 97 57 74 30

STE-ANNE-DU-PORTZIC *29 Finistère* 58 ④ *– rattaché à Brest.*

STE-ANNE-LA-PALUD (Chapelle de) *29550 Finistère* 58 ⑭ *G. Bretagne – alt. 65.*

Voir *Pardon (fin août).*

Paris 585 – Quimper 24 – Brest 66 – Châteaulin 19 – Crozon 33 – Douarnenez 16 – Plomodiern 10.

Plage , à la plage ✆ 02 98 92 50 12, *Fax 02 98 92 56 54*, ←, , , – , rest,
. AE GB. rest
1er avril-10 nov. – **Repas** 250/440 et carte 360 à 600 – 80 – **26 ch** 900/1400, 4 appart – 1/2 P 845/1020
Spéc. "Kig ha farz" de homard et ses légumes de pot-au-feu. Pavé de bar aux girolles et langoustines royales. "Traou mad" de fraises à la vanille.

STE-CÉCILE-LES-VIGNES *84290 Vaucluse 81 ② – 1 927 h alt. 108.*

Paris 647 – Avignon 47 – Bollène 12 – Nyons 26 – Orange 16 – Vaison-la-Romaine 19.

Relais M , ✆ 04 90 30 84 39, *Fax 04 90 30 81 79*, ←, , , – . GB
fermé 1er au 15 mars, 1er au 15 oct., dim. soir et lundi sauf d'avril à oct. – **Repas** 130/260 – 50 – **11 ch** 480/850.

STE-COLOMBE *84 Vaucluse 81 ⑬ – rattaché à Bédoin.*

STE-CROIX *01 Ain 74 ②,, 110 ⑦ – rattaché à Montluel.*

STE-CROIX-EN-JAREZ *42 Loire 73 ⑲ – rattaché à Rive-de-Gier.*

STE-CROIX-EN-PLAINE *68 H.-Rhin 87 ⑰ – rattaché à Colmar.*

STE-ÉNIMIE *48210 Lozère 80 ⑤ G. Gorges du Tarn* (plan) *– 473 h alt. 470.*

Env. *←★★ sur le canyon du Tarn S : 6,5 km par D 986.*
Office de Tourisme à la Mairie ✆ 04 66 48 53 44, Fax 04 66 48 52 28.
Paris 619 – Mende 28 – Florac 27 – Meyrueis 29 – Millau 58 – Sévérac-le-Château 47 – Le Vigan 78.

Aub. du Moulin, ✆ 04 66 48 53 08, *Fax 04 66 48 58 16*, – . GB
fin mars-mi-nov. – **Repas** *(fermé lundi midi sauf juil.-août et feriés)* 89/170 – 35 – **10 ch** 300/340 – 1/2 P 295.

Chante-Perdrix M sans rest, rte Millau : 1 km ✆ 04 66 48 55 00, *Fax 04 66 48 56 31*, ← – . GB
1er mai-10 oct. – 32 – **13 ch** 290.

STE-EULALIE *07510 Ardèche 76 ⑱ – 302 h alt. 1233.*

Paris 593 – Le Puy-en-Velay 46 – Aubenas 45 – Langogne 49 – Privas 49 – Thueyts 39.

Nord, ✆ 04 75 38 80 09, *Fax 04 75 38 85 50* – . GB
fermé 15 nov. au 15 fév., mardi soir et merc. sauf juil.-août – **Repas** 98/148 , enf. 45 – 33 – **15 ch** 225/345 – 1/2 P 249.

STE-EULALIE-D'OLT *12130 Aveyron 80 ④ – 310 h alt. 425.*

Paris 620 – Rodez 43 – Espalion 24 – Sévérac-le-Château 27.

Au Moulin d'Alexandre avec ch, ✆ 05 65 47 45 85, *Fax 05 65 52 73 78*, « Moulin du 16e siècle », –
fermé 4 au 15 mai et 5 au 18 oct. – **Repas** 65/140 – 40 – **9 ch** 240/260 – 1/2 P 235.

STE-FEYRE *23 Creuse 72 ⑩ – rattaché à Guéret.*

STE-FLORINE *43250 H.-Loire 76 ⑤ – 3 021 h alt. 440.*

Paris 471 – Clermont-Fd 58 – Brioude 16 – Issoire 20 – Murat 58 – Le Puy-en-Velay 77 – St-Flour 52.

Florina avec ch, ✆ 04 73 54 04 45, *Fax 04 73 54 02 62* – . GB
fermé dim. soir – **Repas** 70/165 – 30 – **10 ch** 210/230 – 1/2 P 190.

STE-FORTUNADE *19490 Corrèze 75 ⑨ G. Berry Limousin – 1 605 h alt. 470.*

Voir *Chef-reliquaire★ dans l'église.*
Paris 484 – Brive-la-Gaillarde 28 – Aurillac 79 – Mauriac 75 – St-Céré 50 – Tulle 8.

à l'Ouest *par D 1 et D 94 : 5 km – ✉ 19490 Ste-Fortunade :*

Moulin de Lachaud, ✆ 05 55 27 30 95, ←, , « Au bord d'un étang », – . GB
fermé janv., dim. soir et lundi sauf juil.-août – **Repas** 85/230.

STE-FOY-LA-GRANDE *33220 Gironde* 75 ⑬ ⑭ *G. Périgord Quercy – 2 745 h alt. 10.*

du Château des Vigiers ✆ 05 53 61 50 33, SE : 9 km par D 18.

Office de Tourisme 102 r. de la République ✆ 05 57 46 03 00, Fax (Mairie) 05 57 46 53 77.

Paris 559 ⑤ – Périgueux 66 ① – Bordeaux 71 ⑤ – Langon 59 ④ – Marmande 43 ③.

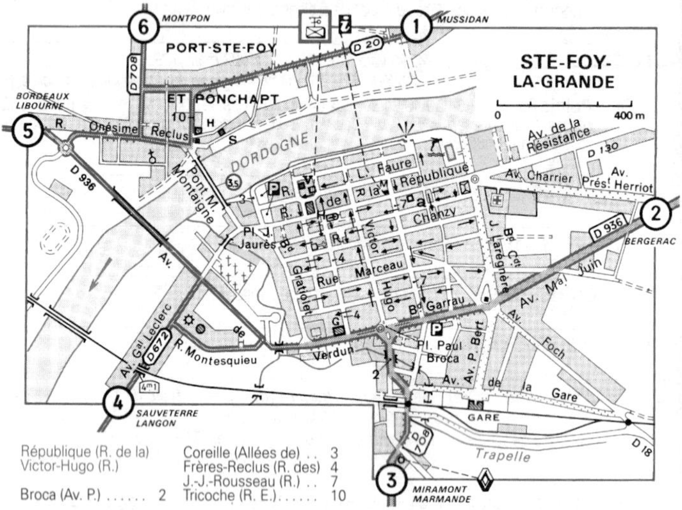

République (R. de la)
Victor-Hugo (R.)

Broca (Av. P.) 2

Coreille (Allées de) .. 3
Frères-Reclus (R. des) 4
J.-J.-Rousseau (R.) .. 7
Tricoche (R. E.)...... 10

Grand Hôtel, r. République **(a)** ✆ 05 57 46 00 08, *Fax 05 57 46 50 70,* – TV ☎ . AE GB
fermé fév. – **Repas** *(fermé sam. midi et merc. sauf juil.-août)* 65 (déj.), 85/170 ♀, enf. 45 – 40 – **17 ch** 280/480 – ½ P 235/250.

Vieille Auberge avec ch, r. Pasteur **(v)** ✆ 05 57 46 04 78, *Fax 05 57 46 17 39* – GB
fermé 24 au 30 juin, 24 au 30 nov., dim. soir et lundi hors saison – **Repas** *(fermé dim. soir de nov. à avril et lundi)* 75 (déj.), 100/215 , enf. 50 – 30 – **5 ch** 165/200 – ½ P 210/230.

Boule d'Or avec ch, pl. J. Jaurès ✆ 05 57 46 00 76, *Fax 05 57 46 12 16* – TV ☎ . AE GB
fermé dim. soir d'oct. à mai – **Repas** 75/260 ♀ – 35 – **23 ch** 190/260 – ½ P 290.

Au Fil de l'Eau, 3 r. Rouquette **(s)** ✆ 05 53 24 72 60, – GB
fermé 1er au 15 mars, 1er au 15 oct., dim. soir d'oct. à Pâques et lundi – **Repas** 70 (déj.), 125/195 ♀, enf. 50.

RENAULT Pineuilh Autos, 68 av. de la Résistance à Pineuilh par ③ ✆ 05 57 46 29 65 N ✆ 05 57 46 29 65
RENAULT Gar. Daniel, 26 bd Gratiolet ✆ 05 57 46 01 63

Service du Pneu-Point S, à Port Ste-Foy ✆ 05 53 24 76 00

STE-FOY-TARENTAISE *73640 Savoie* 74 ⑲ *G. Alpes du Nord – 643 h alt. 1050.*

Paris 650 – Albertville 67 – Chambéry 114 – Moûtiers 40 – Val-d'Isère 19.

Monal, ✆ 04 79 06 90 07, *Fax 04 79 06 94 72* – ☎. AE GB
fermé 8 mai au 8 juin et 9 oct. au 23 nov. – **Repas** 80 (déj.), 100/150 ♀, enf. 45 – 35 – **24 ch** 155/360 – ½ P 260/280.

STE-GEMME-MORONVAL *28 E.-et-L.* 60 ⑦, 106 ㉕ – *rattaché à Dreux.*

STE-GENEVIÈVE-DES-BOIS *91 Essonne* 65 ⑦, 101 ㉟ ㊱ – *voir à Paris, Environs.*

STE-GENEVIÈVE-SUR-ARGENCE *12420 Aveyron* **76** ⑬ – *1 143 h alt. 800.*

Env. *Barrage de Sarrans*★★ *N : 8 km,* G. Gorges du Tarn.

Syndicat d'Initiative à la Mairie ✆ *05 65 66 41 46, Fax 05 65 66 29 28.*

Paris 580 – Aurillac 59 – Chaudes-Aigues 34 – Espalion 46.

Voyageurs, ✆ 05 65 66 41 03, *Fax 05 65 66 10 94,* – . GB
fermé 20 sept. au 10 oct. et sam. d'oct. au 15 juin – **Repas** 60/150 – 30 – **14 ch** 180/210 – 1/2 P 230/260.

STE-MAGNANCE *89420 Yonne* **65** ⑰ *G. Bourgogne – 325 h alt. 310.*

Voir *Tombeau*★ *dans l'église.*

Paris 223 – Auxerre 63 – Avallon 14 – Dijon 69 – Saulieu 24.

Chènevotte, N 6 ✆ 03 86 33 14 79 – GB
fermé 15 au 30 oct., 15 au 30 nov. – **Repas** 82 (déj.), 112/185.

Aub. des Cordois, ✆ 03 86 33 11 79 – GB
fermé 15 déc. au 1er fév., mardi soir et merc. – **Repas** 80 (déj.), 98/195 ♀, enf. 40.

STE-MARGUERITE (Ile) ★★ *06 Alpes-Mar.* **84** ⑨, **115** ㉟ ㊴ *G. Côte d'Azur* – ✉ *06400 Cannes.*

Voir *Forêt*★★ – ★ *de la terrasse du Fort-Royal.*

Accès *par transports maritimes.*

depuis **Cannes**. *Traversée 15 mn par Cie Esterel-Chanteclair, gare maritime des Iles* ✆ *04 93 39 11 82, Fax 04 92 98 80 32.*

STE-MARIE *44 Loire-Atl.* **67** ① – *rattaché à Pornic.*

STE-MARIE-AUX-MINES *68160 H.-Rhin* **87** ⑯ *G. Alsace Lorraine – 5 767 h alt. 350.*

Tunnel de Ste-Marie-aux-Mines. *Péage aller simple : autos 19 F, camions 38 à 76 F - Renseignements par S.A.P.R.R.* ✆ *03 29 51 21 71.*

Office de Tourisme ✆ *03 89 58 80 50, Fax 03 89 58 67 92.*

Paris 415 – Colmar 32 – St-Dié 24 – Sélestat 22.

Mines d'Argent avec ch, r. Dr Weisgerber (près H. de Ville) ✆ 03 89 58 55 75, – . GB. ch
Repas *(fermé 27 août au 4 sept., 15 fév. au 5 mars, mardi soir et merc.)* 68 (déj.), 80/280 ♀, enf. 38 – 30 – **5 ch** 220 – 1/2 P 240.

CITROEN Gar. Vogel, ✆ 03 89 58 74 73 PEUGEOT Gar. Moeglen, ✆ 03 89 58 70 40

STE-MARIE-DE-RÉ *17 Char.-Mar.* **71** ⑫ – *voir à Ré (Ile de).*

STE-MARIE-DE-VARS *05 H.-Alpes* **77** ⑱ – *rattaché à Vars.*

STES-MARIES-DE-LA-MER – *voir après Saintes.*

STE-MARIE-SICCHÉ *2A Corse-du-Sud* **90** ⑰ – *voir à Corse.*

STE-MARINE *29 Finistère* **58** ⑮ – *rattaché à Bénodet.*

STE-MAURE *10 Aube* **61** ⑯ – *rattaché à Troyes.*

STE-MAURE-DE-TOURAINE *37800 I.-et-L.* **68** ④ ⑤ *G. Châteaux de la Loire – 3 983 h alt. 85.*

Office de Tourisme pl. du Château ✆ *02 47 65 66 20, Fax 02 47 31 04 28.*

Paris 272 – Tours 39 – Le Blanc 68 – Châtellerault 37 – Chinon 30 – Loches 32 – Thouars 72.

Host. Hauts de Ste-Maure, av. Ch. de Gaulle ✆ 02 47 65 50 65, *Fax 02 47 65 60 24,* , « Ancien relais de poste », – . AE GB
fermé lundi midi et dim. d'oct. à avril – **Repas** 108/240 ♀ – 55 – **19 ch** 320/450 – 1/2 P 375/400.

Gueulardière avec ch, av. Ch. de Gaulle ✆ 02 47 65 40 71, *Fax 02 47 65 69 47* – . AE GB
fermé 11 au 31 janv., dim. soir et lundi sauf juil.-août – **Repas** 69/250 ♀, enf. 50 – 38 – **16 ch** 200/260 – 1/2 P 220/260.

à l'échangeur autoroute A 10 *Ouest : 2,5 km sur rte de Chinon – ✉ 37800 Noyant-de-Touraine :*

XX **Ciboulette,** ✆ 02 47 65 84 64, *Fax 02 47 65 89 29,* – P. GB
Repas 100/325 ♀, enf. 50.

à Pouzay *Sud-Ouest : 8 km – 696 h. alt. 51 – ✉ 37800 :*

X **Gardon Frit,** ✆ 02 47 65 21 81, *Fax 02 47 65 21 81,* – AE ⓓ GB JCB
fermé 22 sept. au 7 oct., 5 au 13 janv., vacances de fév., mardi et merc. – **Repas** - produits de la mer - 72/199 ♀.

CITROEN Gar. Rico, 78 av. Gén.-de-Gaulle ✆ 02 47 65 40 46 N ✆ 02 47 65 40 46
PEUGEOT Gar. Saint-Aubin, ✆ 02 47 65 40 85 N ✆ 02 47 65 40 85
RENAULT Gar. de Vauzelles, ✆ 02 47 65 41 13

STE-MAXIME *83120 Var* 84 ⑰, 114 ㊲ *G. Côte d'Azur – 10 015 h alt. 10.*
Voir *Sémaphore* ✻★ *N : 1,5 km.*
de Beauvallon ✆ 04 94 96 16 98, par ③ : 4 km ; ✆ *04 94 49 26 60, N : 3 km par route du sémaphore* B.
Office de Tourisme promenade S. Lorière ✆ 04 94 96 19 24, Fax 04 94 49 17 97.
Paris 874 ① – Fréjus 20 ② – Aix-en-Provence 122 ① – Cannes 58 ② – Draguignan 34 ① – Toulon 73 ③.

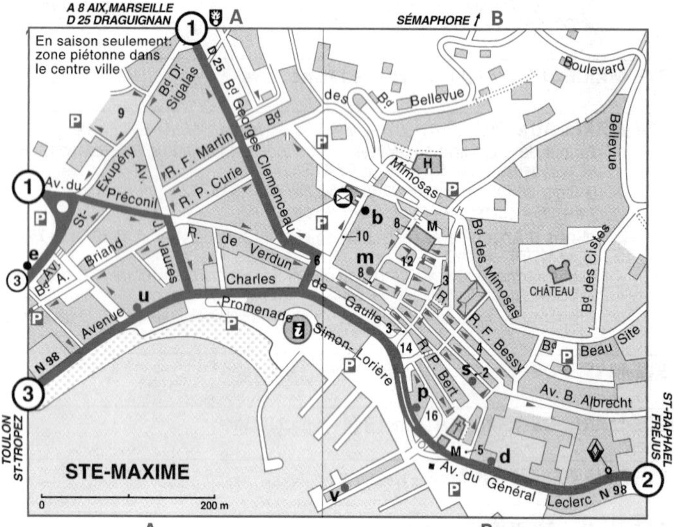

Alsace (R.) .... B 2
Courbet (R.) .... B 3
Hoche (R.) .... B 4
Libération (Pl. de la) .... B 5
Louis-Blanc (Pl.) .... A 6
Maures (R. des) .... B 8
Mermoz (Pl. J.) .... A 9
Mistral (Bd F.) .... B 10
Pasteur (Pl.) .... B 12
Victor-Hugo (Pl.) .... B 14
15-Août-1944 (Pl. du) .... B 16

Belle Aurore M, 4 bd Jean Moulin par ③ ✆ 04 94 96 02 45, *Fax 04 94 96 63 87,* ≤ golfe de St-Tropez, , « En bordure de mer », – TV ☎ P. AE ⓓ GB
hôtel : fermé 11 au 24 oct., 16 nov. au 25 déc. et 7 janv. au 28 fév. ; rest. : 1er avril-30 sept. – **Repas** *(fermé merc. midi hors sais.)* 240/450 ♀, enf. 100 – ☐ 90 – **17 ch** 800/1900 – ½ P 800/1300.

Les Santolines sans rest, La Croisette par ③ ✆ 04 94 96 31 34, *Fax 04 94 49 22 12,* « Jardin fleuri », – TV ☎ & P. AE GB
☐ 50 – **12 ch** 750/800.

Mas des Oliviers M sans rest, quartier de la Croisette par ③ : *1 km* ✆ 04 94 96 13 31, *Fax 04 94 49 01 46,* ≤, , , – TV ☎ & P. AE ⓓ GB
fermé 15 janv. au 15 fév. – ☐ 48 – **20 ch** 520/700.

Petit Prince M sans rest, 11 av. St-Exupéry ✆ 04 94 96 44 47, *Fax 04 94 49 03 38* – TV ☎ & P. AE ⓓ GB
☐ 48 – **29 ch** 380/750.

Croisette sans rest, 2 bd Romarins par ③ ✆ 04 94 96 17 75, *Fax 04 94 96 52 40*, – TV ☎ P. AE GB
1er mars-31 oct. – 50 – **17 ch** 550/980.

Montfleuri, 3 av. Montfleuri par ② ✆ 04 94 96 19 57, *Fax 04 94 49 25 07*, – TV ☎ P. GB
hôtel : 3 avril-18 oct. ; rest. : 1er mai-30 sept. – **Repas** (dîner seul.) 155/190 – 55 – **31 ch** 350/600 – 1/2 P 370/500.

Poste sans rest, 7 bd F. Mistral ✆ 04 94 96 18 33, *Fax 04 94 96 41 68*, – TV ☎ P. AE GB — B b
7 mai-10 oct. – 45 – **24 ch** 440/605.

L'Amiral, galerie marchande du port ✆ 04 94 43 99 36, *Fax 04 94 43 99 36*, ≤ port et golfe, – AE GB — B v
fermé 15 nov. au 15 déc., dim. soir et lundi hors sais. – **Repas** 165/250 et carte 260 à 400.

Daniéli, av. Gén. Leclerc ✆ 04 94 43 96 45, *Fax 04 94 96 05 83*, – AE GB JCB — B d
fermé 11 au 31 janv. et lundi du 15 oct. au 15 mars – **Repas** 119/210.

L'Esquinade, av. Ch. de Gaulle ✆ 04 94 96 01 65 – GB — B p
fermé 1er au 15 déc., 25 janv. au 10 fév. et mardi sauf fériés – **Repas** 112/210.

Sans Souci, r. P. Bert ✆ 04 94 96 18 26, – GB — B s
15 fév.-15 oct. – **Repas** *(fermé lundi sauf d'avril à sept.)* 96/136, enf. 57.

Dauphin, av. Ch. de Gaulle ✆ 04 94 96 31 56 – GB — A u
fermé fin nov. au 15 janv., mardi soir et merc. sauf du 1er juil. au 30 sept. – **Repas** (nombre de couverts limité, prévenir) 95/200.

Sarrazin, pl. Colbert ✆ 04 94 96 10 84 – GB — B m
fermé 5 au 31 janv. et mardi sauf juil.-août – **Repas** (dîner seul. en juil.-août) 110/250.

au Nord-Est *par r. Clemenceau et rte du Débarquement* – ✉ *83120 Ste-Maxime :*

Golf Plaza M, au Golf, 5,5 km ✆ 04 94 56 66 66, *Fax 04 94 56 66 00*, ≤ baie et golf, espace balnéo-esthétique, golf, – TV ☎ – 120. AE GB
Relais Provence : **Repas** (dîner seul.) 205 – ***St-Andrews*** (club house) ✆ 04 94 49 23 32 *(fermé le soir d'oct. à avril)* **Repas** 105 (déj.)/130, enf. 65 – ***Costa Smeralda*** (snack) *(15 juin.-15 sept.)* **Repas** (déj. seul.) carte environ 170, enf. 65 – 80 – **93 ch** 1250/1350, 13 appart.

à La Nartelle *par ② : 4 km* – ✉ *83120 Ste-Maxime :*

Host. Vierge Noire sans rest, ✆ 04 94 96 33 11, *Fax 04 94 49 28 90*, – TV ☎ P. GB.
28 mars-15 oct. – 47 – **12 ch** 480/750.

RENAULT Gar. de l'Arbois, av. Gén.-Leclerc ✆ 04 94 96 14 03

STE-MENEHOULD 51800 Marne 56 ⑲ *G. Champagne* – *5 177 h alt. 137.*

Voir *≤★ de la butte appelée "Le château" – Château de Braux-Ste-Cohière★ O : 5,5 km.*
Office de Tourisme 5 pl. Gén.-Leclerc ✆ 03 26 60 85 83, Fax 03 26 60 27 22.
Paris 221 – Bar-le-Duc 49 – Châlons-en-Champagne 47 – Reims 79 – Verdun 46 – Vitry-le-François 51.

Cheval Rouge M, 1 r. Chanzy ✆ 03 26 60 81 04, *Fax 03 26 60 93 11* – TV ☎. AE GB
fermé 16 nov. au 13 déc. et lundi du 1er oct. au 13 avril – **Repas** 90/210 – 35 – **20 ch** 240/310 – 1/2 P 250/300.

à Florent-en-Argonne *Nord-Est : 7,5 km par D 85 – 234 h. alt. 225 –* ✉ *51800 :*

Jabloire M sans rest, ✆ 03 26 60 82 03, *Fax 03 26 60 85 45* – TV ☎ P. AE GB
fermé fév. et dim. de nov. à mars – 37 – **12 ch** 320/380.

Aub. la Ményère, ✆ 03 26 60 93 70, *Fax 03 26 60 13 92*, « Maison du 16e siècle » – GB
fermé 18 août au 10 sept., 17 fév. au 3 mars, dim. soir et lundi – **Repas** 65 (déj.)/140, enf. 60.

à Futeau *Est : 13 km par N 3 et D 2 – 173 h. alt. 190 –* ✉ *55120 :*

L'Orée du Bois avec ch, Sud : 1 km ✆ 03 29 88 28 41, *Fax 03 29 88 24 52*, ≤, – TV ☎ P. AE GB
fermé vacances de Toussaint, janv., mardi sauf le soir d'avril à sept. et lundi – **Repas** 120/365 et carte 250 à 370, enf. 85 – 50 – **7 ch** 360/380 – 1/2 P 430.

AUDI, VOLKSWAGEN Argonne Autos, N 3 ✆ 03 26 60 97 72
PEUGEOT Gar. Crochet, rte de Châlons ✆ 03 26 60 84 78
RENAULT Gar. Roudier, rte de Châlons ✆ 03 26 60 80 80

STE-MÈRE-ÉGLISE *50480 Manche* 54 ③ *G. Normandie Cotentin – 1 556 h alt. 28.*

Paris 318 – Cherbourg 38 – St-Lô 42 – Bayeux 56.

Sainte-Mère M, rte Caen ✆ 02 33 21 00 30, *Fax 02 33 41 38 40* – TV ☎ ✆ ♿ P – 70. AE ⓓ GB

Repas *(68)* - 88/129, enf. 40 – ☕ 35 – **41 ch** 260 – ½ P 250.

RENAULT Gar. Lecathelinais, r. Cap. Laine, rte de Cherbourg ✆ 02 33 41 43 09

STE-PREUVE *02 Aisne* 56 ⑥ *– 75 h alt. 115 – ✉ 02350 Liesse.*

Paris 163 – St-Quentin 67 – Laon 23 – Reims 48 – Rethel 45 – Soissons 58 – Vervins 28.

Château de Barive 🐎, Sud-Ouest : 3 km par rte secondaire ✆ 03 23 22 15 15, *Fax 03 23 22 08 39*, parc, « Demeure du 19e siècle dans la campagne picarde », ☐, 🪑, 🎾 – TV ☎ P – 25. AE ⓓ GB. 🚭

fermé 20 déc. au 30 janv. – **Repas** 130/400 – ☕ 75 – **12 ch** 480/880 – ½ P 460/660.

Verzorgde maaltijden voor redelijke prijzen : ☺ **Repas** 100/140

SAINTES

Alsace-Lorraine (R.) . . . . **AZ** 3
Gambetta (Av.) . . . . **BZ**
National (Cours) . . . . **AZ**

Allende (Av. Salvador) . . . . **Y** 2
Arc de Triomphe (R.) . . . . **BZ** 4
Bassompierre (Pl.) . . . . **BZ** 5
Berthonnière (R.) . . . . **AZ** 7
Blair (Pl.) . . . . **AZ** 9
Bois d'Amour (R.) . . . . **AZ** 10
Bourignon (R.) . . . . **Y** 12
Brunaud (R. A.) . . . . **AZ** 13
Clemenceau (R.) . . . . **AZ** 15
Denfert-Rochereau (R.) . . . . **BZ** 16
Dufaure (Av. J.) . . . . **Y** 18
Foch (Pl. Mar.) . . . . **AZ** 20
Jacobins (R. des) . . . . **AZ** 25
Jean (R. du Doc.) . . . . **Y** 27
Kennedy (Av. J.-F.) . . . . **Y** 31
Lacurie (R.) . . . . **Y** 33
Leclerc (Crs Mar.) . . . . **Y** 34
Lemercier (Cours) . . . . **AZ** 35
Marne (Av. de la) . . . . **BZ** 37
Mestreau (R. F.) . . . . **BZ** 38
Monconseil (R.) . . . . **AZ** 39
République (Quai) . . . . **AZ** 41
St-Eutrope (R.) . . . . **AZ** 42
St-François (R.) . . . . **AZ** 43
St-Macoult (R.) . . . . **AZ** 45
St-Pierre (R.) . . . . **AZ** 46
St-Vivien (Pl.) . . . . **AZ** 47
Victor-Hugo (R.) . . . . **AZ** 49

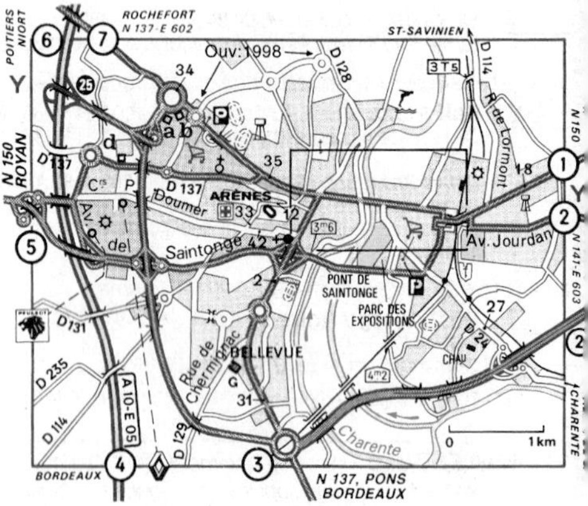

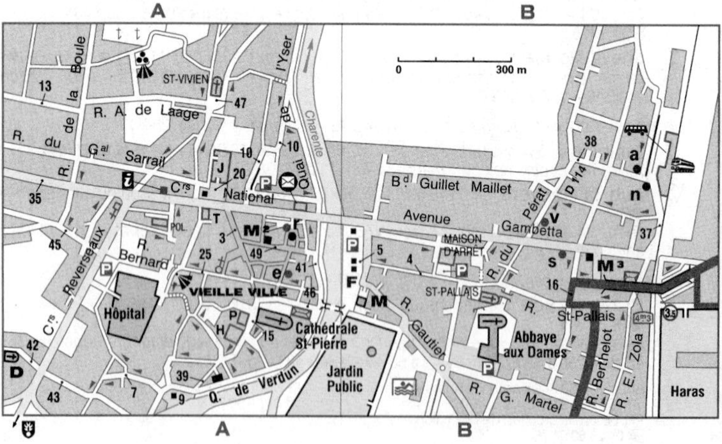

SAINTES 17100 Char.-Mar. 71 ④ *G. Poitou Vendée Charentes – 25 874 h alt. 15.*

Voir *Abbaye aux Dames : église abbatiale★ – Vieille ville★ : cathédrale St-Pierre – Arc de Germanicus★* **BZ F** – *Église St-Eutrope : église inférieure★* **AZ D** – *Arènes★ – Musée des Beaux-Arts★* **AZ M²** – *Musée Dupuy-Mestreau (collections régionales)* **AZ M⁵** – *Polissoir de Grézac (Musée éducatif de préhistoire)* **BZ M³**.

Env. *Circuit des églises romanes saintongeaises★ O.*

18 de Saintonge ✆ 05 46 74 27 61, N 150 par ① : 5 km.

Office de Tourisme Villa Musso, 62 cours National ✆ 05 46 74 23 82, Fax 05 46 92 17 01.

Paris 470 ⑥ – Royan 36 ⑤ – Bordeaux 117 ④ – Niort 73 ⑥ – Poitiers 138 ⑥ – Rochefort 45 ⑦.

Plan page ci-contre

Relais du Bois St-Georges M, r. Royan (D 137) ✆ 05 46 93 50 99, *Fax 05 46 93 34 93*, ≤, « Dans un parc avec étang », – ✆ P – 50. GB Y d
Repas 198 bc/540 bc - ***Table du Bois :*** Repas (97) et carte environ 110 ♀ – ☕ 88 – **27 ch** 480/1250, 3 duplex.

Messageries sans rest, r. Messageries ✆ 05 46 93 64 99, *Fax 05 46 92 14 34* – TV ☎ ✆. AE GB AZ r
fermé 23 déc. au 3 janv. – ☕ 37 – **34 ch** 240/360.

Bosquets sans rest, 107 cours Mar. Leclerc ✆ 05 46 74 04 47, *Fax 05 46 74 27 89*, – TV ☎ ✆ P. GB JCB Y b
fermé 23 déc. au 10 janv. et dim. soir d'oct. à mars – ☕ 34 – **35 ch** 310/320.

Trois Sapins sans rest, rte Rochefort ✆ 05 46 74 42 70 – TV ☎ ✆ P. GB. Y a
☕ 32 – **36 ch** 270/360.

Avenue sans rest, 114 av. Gambetta ✆ 05 46 74 05 91, *Fax 05 46 74 32 16* – TV ☎ ✆ P. GB BZ s
fermé 24 déc. au 2 janv. – ☕ 33 – **15 ch** 177/271.

Terminus sans rest, 2 r. J. Moulin ✆ 05 46 74 35 03, *Fax 05 46 97 24 47* – TV ☎ ✆. AE GB BZ a
fermé 23 déc. au 15 janv. – ☕ 33 – **28 ch** 200/390.

France et rest. Chalet, pl. Gare ✆ 05 46 93 01 16, *Fax 05 46 74 37 90*, – TV ☎ ✆ AE GB BZ n
Repas *(fermé vend. soir, sam. midi et dim. soir du 1er oct. à Pâques)* (55) - 80/200, enf. 50 – ☕ 37 – **25 ch** 215/320 – ½ P 245/365.

Rôtisserie de François, r. Messageries ✆ 05 46 94 15 01, *Fax 05 46 97 78 10* – AE GB AZ r
fermé dim. soir et lundi sauf juil.-août – **Repas** (55) - 95/165 ♀, enf. 45.

Bistrot Galant, 28 r. St-Michel ✆ 05 46 93 08 51, *Fax 05 46 93 08 51* – GB AZ e
fermé dim. soir et lundi – **Repas** (75) - 95/235, enf. 51.

Ciboulette, 36 r. Pérat ✆ 05 46 74 07 36, *Fax 05 46 94 14 54* – GB. BZ v
fermé 15 au 30 avril, 15 au 30 sept., sam. midi et dim. – **Repas** 90/185 ♀.

AUDI, VOLKSWAGEN Voiville Auto, av. de Saintonge ✆ 05 46 92 01 44
CITROEN Gar. Ardon, rte de Bordeaux par ③ ✆ 05 46 93 88 02 N ✆ 05 46 93 88 08
PEUGEOT Gar. Guerry, av. de Saintonge, ZI ✆ 05 46 93 48 33 N ✆ 06 07 56 16 14
RENAULT Gar. Bagonneau, 137 Crs P.-Doumer ZI ✆ 05 46 92 35 35 N ✆ 06 07 48 51 26

Euromaster, ZI de l'Ormeau-de-Pied, rte de Royan ✆ 05 46 93 11 03
Vulco, D 137 ZI de l'Ormeau de Pied ✆ 05 46 94 08 18

STE-SABINE *21 Côte-d'Or 65 ⑱ – rattaché à Pouilly-en-Auxois.*

STE-SAVINE *10 Aube 61 ⑯ – rattaché à Troyes.*

STES-MARIES-DE-LA-MER *13460 B.-du-R. 83 ⑲ G. Provence – 2 232 h alt. 1 Pèlerinage des Gitans★★ (24 et 25 mai).*

Voir *Église★* **A**.

Office de Tourisme 5 av. Van Gogh ✆ 04 90 97 82 55, Fax 04 90 97 71 15.

Paris 761 ① – Montpellier 64 ① – Aigues-Mortes 33 ① – Arles 39 ① – Marseille 132 ① – Nîmes 54 ① – St-Gilles 34 ①.

Plan page suivante

Galoubet sans rest, rte Cacharel ✆ 04 90 97 82 17, *Fax 04 90 97 71 20*, – TV ☎ P. GB. B s
fermé 5 janv. au 15 fév. – ☕ 35 – **20 ch** 300/420.

Mas des Rièges sans rest, par rte Cacharel et rte secondaire : 1 km ✆ 04 90 97 85 07, *Fax 04 90 97 72 26*, ≤, – TV ☎ P. AE GB
22 mars-11 nov. – ☕ 40 – **20 ch** 350/500.

STES-MARIES DE-LA-MER

Aubanel (R. Théodore) . . . . . . **A** 2
Baroncelli
(Pl. Marquis de) . . . . **A** 4
Bizet (R. Georges). . . . . **A** 6
Carrière (R. Marcel). . . . . **B** 8
Châteaubriand (R.) . . . . **A** 10
Château-d'Eau (R. du). . . . . . . **A** 12
Crin-Blanc (R.) . . . . **A** 15
Eglise (Pl. de l') . . . . **A** 17
Espelly (R.). . . . . **A** 18
Etang (R. de l') . . . . **A** 20
Ferrade (R. de la). . . . . **B** 22
Fouque (R. du Capitaine) . . . . **A** 23
Gambetta (Av. Léon) . . . . . . **AB** 25
Lamartine (Pl.) . . . . **A** 27
Médina (R. François). . . . . **B** 29
Pénitents-Blancs
(R. des). . . . . **A** 30
Portalet (Pl.) . . . . **A** 32
Razeteurs (R. des). . . . . **A** 34

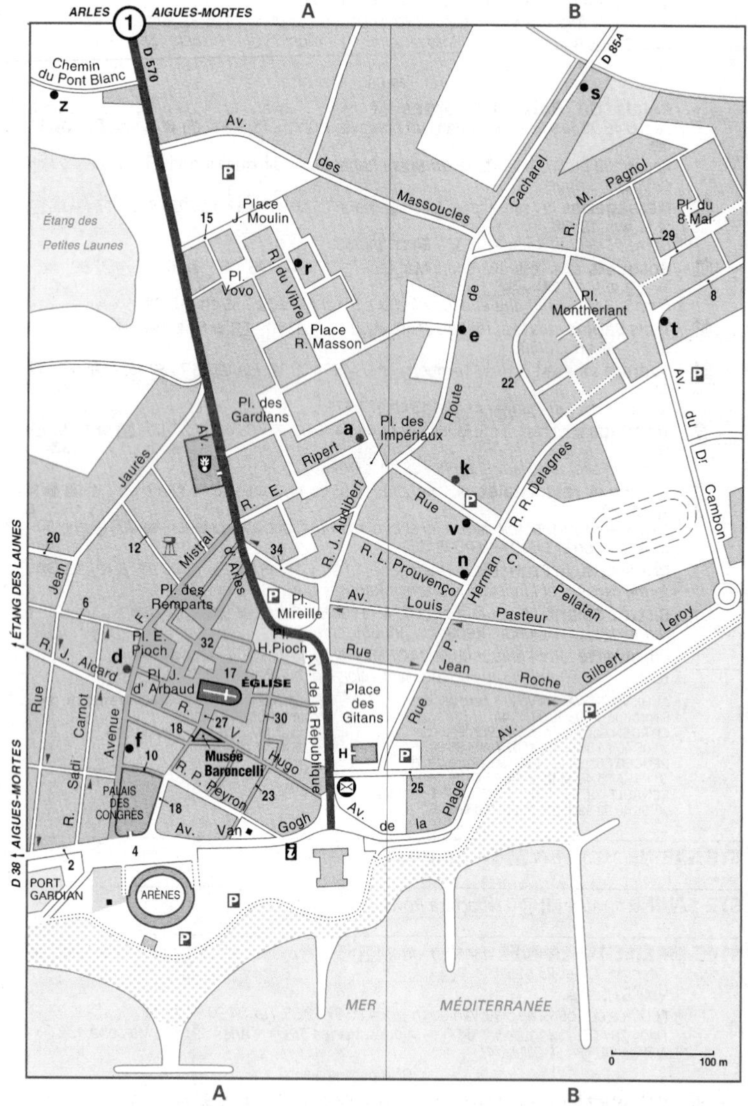

Pont Blanc sans rest, chemin du Pont Blanc par rte Arles ☎ 04 90 97 89 11, *Fax 04 90 97 87 00*, – TV ☎ ♿ P. GB A z
fermé 5 au 31 janv. – ☕ 30 – **12 ch** 320/360.

Fangassier sans rest, rte Cacharel ☎ 04 90 97 85 02, *Fax 04 90 97 76 05* – ☎ P. GB. B e
20 mars-15 oct. – ☕ 26 – **22 ch** 263/318.

Lou Marquès sans rest, r. Vibre ☎ 04 90 97 82 89, *Fax 04 90 97 72 24* – TV ☎. GB. A r
15 mars-15 oct. – ☕ 30 – **14 ch** 300.

Bleu Marine M sans rest, av. Dr Cambon ☎ 04 90 97 77 00, *Fax 04 90 97 76 00*, – TV ☎ ♿ P. GB B t
10 avril-3 nov.et Noël-Jour de l'An – ☕ 30 – **26 ch** 350/370.

Arcades M sans rest, r. P. Herman ☎ 04 90 97 73 10, *Fax 04 90 97 75 23* – TV ☎ ♿. AE GB. B n
1er mars-12 nov. – ☕ 35 – **17 ch** 295/360.

Mirage, r. C. Pelletan ☎ 04 90 97 80 43, *Fax 04 90 97 72 22*, – ☎. GB. ch B v
5 avril-30 sept. – **Repas** (dîner seul.) 100/160 – ☕ 25 – **27 ch** 300/310 – 1/2 P 275.

Méditerranée sans rest, 4 r. F. Mistral ☎ 04 90 97 82 09, *Fax 04 90 97 76 31* – ☎. GB. A f
fermé janv. – ☕ 26 – **14 ch** 180/280.

Hippocampe avec ch, r. C. Pelletan ☎ 04 90 97 80 91, *Fax 04 90 97 73 05*, – GB
15 mars-8 nov. et fermé mardi sauf du 7 juil. au 28 sept. – **Repas** 130/220 – ☕ 27 – **4 ch** 325. B k

Impérial, pl. des Impériaux ☎ 04 90 97 81 84, *Fax 04 90 97 74 25*, – AE GB A a
avril-1er nov. et fermé mardi hors saison – **Repas** 130/180, enf. 60.

rte du Bac du Sauvage *Nord-Ouest : 4 km par D 38 – ✉ 13460 Les Stes-Maries-de-la-Mer :*

Mas de la Fouque M, ☎ 04 90 97 81 02, *Fax 04 90 97 96 84*, ←, , parc, « Dans la Camargue », , – TV ☎ ♿ P. AE GB JCB
1er avril-3 nov. – **Repas** *(fermé mardi midi sauf juil.-août)* 220 (déj.), 245/420 – ☕ 80 – **12 ch** 1350/2050 – 1/2 P 1080/1260.

L'Estelle M, ☎ 04 90 97 89 01, *Fax 04 90 97 80 36*, ←, , , , – TV ☎ ♿ P – 30. AE GB JCB. rest
fermé 3 janv. au 27 mars – **Repas** *(fermé 8 nov. au 11 déc.)* 145 (déj.), 190/360, enf. 55 – **19 ch** ☕ 890/1190 – 1/2 P 675/990.

rte d'Arles *Nord-Ouest par D 570 – ✉ 13460 Les Stes-Maries-de-la-Mer :*

Mangio Fango M, à 1 km ☎ 04 90 97 80 56, *Fax 04 90 97 83 60*, , , – TV ☎ P. AE GB JCB
fermé 11 nov. au 23 déc. et 5 janv. au 6 fév. – **Repas** *(fermé merc. sauf juil.-août)* (dîner seul.) 150 (déj.)/185 – ☕ 48 – **15 ch** 510/570 – 1/2 P 478/508.

Mas du Tadorne M, à 2,5 km et rte secondaire ☎ 04 90 97 93 11, *Fax 04 90 97 71 04*, , , – ch, TV ☎ P. AE GB. rest
Repas 135/280, enf. 70 – ☕ 65 – **11 ch** 850/1300, 4 appart – 1/2 P 590.

Mas des Roseaux sans rest, à 1 km ☎ 04 90 97 86 12, *Fax 04 90 97 70 84*, ←, , – TV ☎ P. AE GB JCB.
27 fév.-1er nov. – ☕ 24 – **15 ch** 520/570.

L'Étrier Camarguais, à 1,5 km ☎ 04 90 97 81 14, *Fax 04 90 97 88 11*, , , – TV ☎ P – 60. AE GB JCB
1er avril-15 oct. – **Repas** *(fermé lundi hors saison)* 120 (déj.), 170/220 – ☕ 50 – **27 ch** 540 – 1/2 P 490.

Les Rizières sans rest, à 2,5 km ☎ 04 90 97 91 91, *Fax 04 90 97 70 77*, – TV ☎ P. GB
☕ 40 – **27 ch** 450/530.

Host. du Pont de Gau avec ch, à 5 km ☎ 04 90 97 81 53, *Fax 04 90 97 98 54* – TV ☎ P. AE GB
fermé 5 janv. au 20 fév. et merc. du 12 nov. à Pâques sauf vacances scolaires – **Repas** 97/270, enf. 70 – ☕ 32 – **9 ch** 250 – 1/2 P 312.

Les SAISIES *73620 Savoie 74 ⑰ G. Alpes du Nord – Sports d'hiver : 1 600/1 950 m 40.*

*Voir Signal de Bisanne ** 0 : 5 km.*

Office de Tourisme ☎ 04 79 38 90 30, Fax 04 79 38 96 29.

Paris 612 – Albertville 30 – Beaufort 18 – Bourg-St-Maurice 55 – Megève 23.

Calgary M, ☎ 04 79 38 98 38, *Fax 04 79 38 98 00*, ←, , , , – TV ☎ ♿. AE GB. rest
21 juin-12 sept. et 12 déc.-avril – **Repas** 120 (déj.), 140/230, enf. 65 – ☕ 60 – **40 ch** 490/800, 4 duplex – 1/2 P 530/590.

SALBRIS *41300 L.-et-Ch.* 64 ⑲ *G. Châteaux de la Loire – 6 083 h alt. 104.*

Office de Tourisme bd de la République ☎ 02 54 96 15 52, Fax 02 54 96 15 52.

Paris 188 – Bourges 49 – Blois 65 – Montargis 100 – Orléans 65 – Vierzon 23.

Domaine de Valaudran M, Sud-Ouest : 1,5 km par rte Romorantin ☎ 02 54 97 20 00, *Fax 02 54 97 12 22*, parc, – TV ☎ P – 50. AE GB JCB
Repas 120/290 – 80 – **31 ch** 390/595 – ½ P 395/495.

Parc, 8 av. Orléans ☎ 02 54 97 18 53, *Fax 02 54 97 24 34*, parc – TV ☎ P. AE GB
Repas *(fermé dim. soir et lundi de déc. à mars)* 100/240, enf. 50 – 55 – **27 ch** 200/450 – ½ P 340/370.

Sauldraie, 81 av. Orléans ☎ 02 54 97 17 76, *Fax 02 54 97 29 67*, parc – TV ☎ P. GB
Repas 110/255, enf. 63 – 45 – **11 ch** 255/300.

PEUGEOT Gar. Deniau, Rd-Pt Rocade Sud ☎ 02 54 97 00 42 N ☎ 02 54 97 23 97

RENAULT Gar. le Bozec, 92 rte d'Orléans ☎ 02 54 97 05 14

SALERS *15140 Cantal* 76 ② *G. Auvergne* **(plan)** *– 439 h alt. 950.*

Voir *Grande-Place★★ – Église★ – Esplanade de Barrouze ≤★.*

Office de Tourisme pl. Tyssandier d'Escous ☎ 04 71 40 70 68.

Paris 512 – Aurillac 45 – Brive-la-Gaillarde 109 – Mauriac 19 – Murat 44.

Bailliage, r. Notre-Dame ☎ 04 71 40 71 95, *Fax 04 71 40 74 90*, – TV ☎ P. AE GB
fermé 15 nov. au 1er fév. – **Repas** 69/170, enf. 42 – 37 – **30 ch** 275/380 – ½ P 320.

Gerfaut, rte Puy Mary, Nord Est : 1 km par D 680 ☎ 04 71 40 75 75, *Fax 04 71 40 73 45*, ≤, – cuisinette TV ☎ P – 25. AE GB
1er avril-1er nov. voir rest. ***Les Templiers*** ci-après – 38 – **20 ch** 270/440, 5 studios – ½ P 298/323.

Les Remparts, esplanade Barrouze ☎ 04 71 40 70 33, *Fax 04 71 40 75 32*, ≤ Monts du Cantal, – TV ☎. GB
fermé 20 oct. au 20 déc. – **Repas** 68/135, enf. 40 – 35 – **18 ch** 265/295 – ½ P 260/285.

Château de la Bastide, esplanade Barrouze ☎ 04 71 40 74 14, *Fax 04 71 40 75 94*, ≤, – TV ☎. GB
fermé 15 nov. au 20 déc. et 3 au 31 janv. – **Repas** 68/130, enf. 40 – 35 – **13 ch** 330/340 – ½ P 300/305.

Les Templiers, r. Couvent ☎ 04 71 40 71 35, *Fax 04 71 40 73 45* – AE GB
15 fév.-15 nov. et fermé lundi sauf de mai à oct. – **Repas** 68/170, enf. 40.

à Fontanges *Sud : 5 km par D 35 – 292 h. alt. 692 – ✉ 15140 Salers :*

Aub. de l'Aspre, ☎ 04 71 40 75 76, *Fax 04 71 40 75 27*, ≤, – TV ☎. GB
fermé 10 déc. au 10 janv. – **Repas** *(fermé dim. soir et lundi d'oct. à mai sauf fériés)* 95/178, enf. 45 – 38 – **8 ch** 270/300 – ½ P 285.

au Theil *Sud-Ouest : 6 km par D 35 et D 37 – ✉ 15140 St-Martin-Valmeroux :*

Host. de la Maronne, ☎ 04 71 69 20 33, *Fax 04 71 69 28 22*, ≤, « Jardin fleuri », – rest, ☎ P. AE GB. rest
20 mars-5 nov. – **Repas** *(fermé le midi sauf dim.)* 120/250 – 60 – **20 ch** 500/620 – ½ P 470/520.

CITROEN Gar. Moderne, ☎ 04 71 40 70 80 N ☎ 04 71 40 70 80

RENAULT Gar. Roux, ☎ 04 71 40 72 04 N ☎ 04 71 40 72 04

SALÈVE (Mont) ★★ *74 H.-Savoie* 74 ⑥ *G. Alpes du Nord – alt. 1380 au Grand Piton, 1 184 à la table d'orientation des Treize Arbres ★★ (13 km SO d'Annemasse par ④, D 41 puis 15 mn).*

Voir *Téléphérique de Salève★★.*

Paris 541 – Annecy 31 – Thonon-les-Bains 45 – Bellegarde-sur-Valserine 46 – Bonneville 33.

Dusonchet, à La Croisette - alt. 1 176 m. ✉ 74560 Monnetier-Mornex ☎ 04 50 94 52 04, ≤, – ☎ P. GB. ch
fermé 15 oct. au 20 nov., dim. soir et merc. – **Repas** 75/150, enf. 50 – 35 – **10 ch** 200/300 – ½ P 260/270.

SALIES-DE-BÉARN *64270 Pyr.-Atl.* 78 ⑧ *G. Pyrénées Aquitaine – 4 974 h alt. 50 – Stat. therm..*

Env. *Sauveterre-de-Béarn : site★, ≤★★ du vieux pont, S : 10 km.*

de Salies de Béarn ☎ 05 59 38 37 59, 2 km.

Office de Tourisme r. des Bains ☎ 05 59 38 00 33, Fax 05 59 38 02 95.

Paris 780 – Pau 65 – Bayonne 59 – Dax 38 – Orthez 17 – Peyrehorade 18.

du Golf M, rte Orthez, Est : 1 km ✆ 05 59 65 02 10, *Fax 05 59 38 16 41*, – | TV ☎ ♿ P. GB
Repas 80/135 – 35 – **33 ch** 250/310 – ½ P 270.

à Castagnède *Sud-Ouest : 8 km par D 17, D 27 et D 384 – 212 h. alt. 38 – ✉ 64270 :*

Belle Auberge avec ch, ✆ 05 59 38 15 28, *Fax 05 59 65 03 57*, – TV ☎ P. GB
fermé mi-déc. à fin janv. et dim. soir sauf juil.-août – **Repas** 65/120, enf. 50 – 26 – **8 ch** 180/230 – ½ P 230.

RENAULT Gar. Hourdebaigt, ✆ 05 59 38 06 19 N ✆ 05 59 38 06 19

SALIGNAC-EYVIGUES *24590 Dordogne* 75 ⑰ *G. Périgord Quercy – 964 h alt. 297.*
Voir *Jardins d'Eyrignac★ 6 km au Sud par D 61.*
Paris 511 – Brive-la-Gaillarde 34 – Sarlat-la-Canéda 18 – Cahors 82 – Périgueux 68.

Terrasse, ✆ 05 53 28 80 38, *Fax 05 53 28 99 67* – ☎. GB
Pâques-20 oct. – **Repas** *(fermé merc. midi hors saison)* 88/195 ♀, enf. 55 – 42 – **14 ch** 250/380 – ½ P 290.

au Nord-Ouest *: 2,5 km par D 62^B et rte secondaire – ✉ 24590 Salignac-Eyvigues :*

Meynardie, ✆ 05 53 28 85 98, *Fax 05 53 28 82 79*, « Cadre rustique », – P. GB
fermé 1er déc. au 8 fév., merc. hors saison et dim. soir du 1er nov. à Pâques – **Repas** 72 (déj.), 98/250 ♀, enf. 72.

SALINS-LES-BAINS *39110 Jura* 70 ⑤ *G. Jura* **(plan)** *– 3 629 h alt. 340 – Stat. therm. – Casino.*
Voir *Site★ – Fort Belin★ – Fort St-André★ O : 4 km par D 94.*
Office de Tourisme pl. des Salines ✆ 03 84 73 01 34, Fax 03 84 37 92 85.
Paris 403 – Besançon 42 – Dole 44 – Lons-le-Saunier 51 – Poligny 24 – Pontarlier 45.

Gd H. des Bains sans rest, pl. Alliés ✆ 03 84 37 90 50, *Fax 03 84 37 96 80*, – TV ☎ P. GB
fermé 5 au 20 janv. et dim. soir d'oct. à avril – 40 – **31 ch** 285/395.

Rest. des Bains, pl. des Alliés ✆ 03 84 73 07 54, *Fax 03 84 37 99 43* – AE GB
fermé 1er au 25 janv., dim. soir et lundi sauf juil.-août et fériés – **Repas** 102/270
Brasserie : Repas 71 ♀, enf. 45.

rte de Champagnole *Sud : 5 km par D 467 – ✉ 39110 Salins-les-Bains :*

Relais de Pont d'Héry, ✆ 03 84 73 06 54, *Fax 03 84 73 06 51*, – GB
fermé 5 janv. au 20 fév., dim. soir et lundi sauf juil.-août – **Repas** 102/173 ♀.

CITROEN, FORD Gar. Salinois, ✆ 03 84 73 08 63 N ✆ 03 84 73 08 63
PEUGEOT Gar. Vurpillot, ✆ 03 84 73 14 52 N ✆ 03 84 73 05 45
RENAULT Gar. Vieille-Girardet, ✆ 03 84 73 11 56

SALLANCHES *74700 H.-Savoie* 74 ⑧ *G. Alpes du Nord – 12 767 h alt. 550.*
Voir *★★ sur le Mt-Blanc – Chapelle de Médonnet : ★★ – Cascade d'Arpenaz★ N : 5 km.*
Office de Tourisme 31 quai Hôtel-de-Ville ✆ 04 50 58 04 25, Fax 04 50 58 38 47.
Paris 586 – Chamonix-Mont-Blanc 27 – Annecy 70 – Bonneville 30 – Megève 14 – Morzine 45.

Host. Prés du Rosay, rte du Rosay ✆ 04 50 58 06 15, *Fax 04 50 58 48 70*, – TV ☎ ♿ P – 25. AE GB JCB. rest
Repas *(fermé nov. et dim. soir)* 100 (déj.), 145/285 ♀ – 60 – **15 ch** 380/460 – ½ P 540.

Crémaillère, 1,5 km par ancienne rte Combloux ✆ 04 50 58 32 50, *Fax 04 50 93 74 16*, chaîne Mt-Blanc, – TV ☎ P – 50. AE GB JCB
Repas 90/245 – 45 – **43 ch** 305/425 – ½ P 320/345.

Mont-Blanc sans rest, 83 r. Chenal ✆ 04 50 58 12 47 – TV ☎. AE GB JCB
fermé 14 au 26 avril et 20 sept. au 5 oct. – 30 – **24 ch** 155/275.

Bernard Villemot, 57 r. Dr Berthollet ✆ 04 50 93 74 82, *Fax 04 50 58 00 82* – AE GB
fermé 12 au 25 nov., 6 au 29 janv., dim. soir et lundi – **Repas** *(115)* - 150/300.

à Cordon *Sud-Ouest : 4 km par D 113 – 766 h. alt. 871 – Sports d'hiver : 1 000/1 600 m 6 – ✉ 74700.*
Office de Tourisme pl. de l'Eglise ✆ 04 50 58 01 57, Fax 04 50 91 25 36.

Les Roches Fleuries, ✆ 04 50 58 06 71, *Fax 04 50 47 82 30*, chaîne Mt-Blanc, « Chalet fleuri », – TV ☎ P. AE GB JCB. rest
8 mai-25 sept. et 20 déc.-15 avril – **Repas** 145/315 ♀ - ***Boîte à Fromages*** : Repas (dîner seul.)160 bc – 65 – **28 ch** 430/760 – ½ P 630.

Chamois d'Or ⊗, ✆ 04 50 58 05 16, *Fax 04 50 93 72 96*, ≤ chaîne Mt-Blanc, 斎, « Chalet fleuri », ⅓, ⊻, ⊼, ⅍ – |♦| TV ☎ ⇔ P. AE ⊕ GB
1er juin-mi-sept. et 20 déc.-mi avril – **Repas** 130/200 – ⊐ 60 – **31 ch** 400/720 – ½ P 450/550.

Cordonant ⊗, ✆ 04 50 58 34 56, *Fax 04 50 47 95 57*, ≤ chaîne Mt-Blanc, 斎, ⅓ – TV ☎ P. GB. ⅍ rest
15 mai-25 sept. et 20 déc.-15 avril – Repas 125/180 ♀ – ⊐ 38 – **16 ch** 315/365 – ½ P 330/360.

Les Rhodos ⊗, ✆ 04 50 58 13 54, *Fax 04 50 58 57 23*, ≤ chaîne Mt-Blanc – ☎ P. GB. ⅍ rest
1er juin-20 sept. et 20 déc.-15 avril – **Repas** 77/138, enf. 50 – ⊐ 37 – **28 ch** 250/290 – ½ P 250/275.

Solneige ⊗, ✆ 04 50 58 04 06, *Fax 04 50 91 21 41*, ≤ chaîne Mt-Blanc, ⊼ – TV ☎ P. GB
fermé 17 sept. au 20 déc. – **Repas** 95/150 – ⊐ 35 – **27 ch** 267/294 – ½ P 270/280.

ALFA ROMEO, FIAT Gar. St-Martin, 135 rte de Passy ✆ 04 50 58 41 88
AUDI, VOLKSWAGEN Gar. des Fontanets, 1336 rte de Chamonix ✆ 04 50 58 36 44 N ✆ 04 50 58 40 00
CITROEN Gar. Greffoz, 1222 av. de Genève ✆ 04 50 58 20 49 N ✆ 08 00 05 24 24
PEUGEOT Gar. Lemuet, 1501 rte du Fayet ✆ 04 50 43 98 10
RENAULT Alpautomobiles, 2374 av. de Genève ✆ 04 50 93 92 92
RENAULT A.S.A., av. André Lasquin ✆ 04 50 93 70 92 N ✆ 08 00 05 15 15

Ⓟ Dhoomun Centre du Pneu, ZI sortie autoroute ✆ 04 50 58 47 45

Une réservation confirmée par écrit ou par fax est toujours plus sûre.

SALLEBOEUF *33370 Gironde 71 ⑨ – 1 714 h alt. 46.*

Paris 583 – Bordeaux 18 – Créon 11 – Libourne 17 – St-André-de-Cubzac 28.

Forêt, Sud-Est : 1,5 km par D 13E2 et rte secondaire ✆ 05 56 21 25 49, *Fax 05 56 21 25 49*, 斎, ⊼ – P. ⊕ GB JCB
fermé 15 au 30 sept., dim. soir et lundi – **Repas** 80/240 ♀.

SALLES-CURAN *12410 Aveyron 80 ⑬ – 1 277 h alt. 887.*

Paris 651 – Rodez 40 – Albi 77 – Millau 38 – St-Affrique 41.

Host. du Lévézou ⊗ avec ch, ✆ 05 65 46 34 16, *Fax 05 65 46 01 19*, 斎, Demeure du 14e siècle, ⊼ – TV ☎ – ⅍ 25. AE ⊕ GB
Pâques-mi-oct. et fermé dim. soir et lundi sauf du 1er juil. au 15 sept. – **Repas** 130/280 ♀, enf. 70 – ⊐ 40 – **20 ch** 250/300 – ½ P 290/340.

Les SALLES-SUR-VERDON *83630 Var 84 ⑥, 114 ⑧ G. Alpes du Sud – 154 h alt. 440.*

Voir *Lac de Ste-Croix★★.*

Paris 790 – Digne-les-Bains 58 – Brignoles 56 – Draguignan 48 – Manosque 60 – Moustiers-Ste-Marie 13.

Aub. des Salles ⊗, ✆ 04 94 70 20 04, *Fax 04 94 70 21 78*, ≤, ⊼ – |♦| TV ☎ ♿ ⇔ P. GB
15 mars-1er nov. et fermé mardi soir et merc. hors saison – **Repas** 88/225 ♀ – ⊐ 38 – **30 ch** 285/345 – ½ P 280/310.

Ste-Anne sans rest, ✆ 04 94 70 20 02, *Fax 04 94 84 23 00*, ≤ – ☎. GB. ⅍
1er mars-31 oct. – ⊐ 45 – **19 ch** 280/450.

SALON-DE-PROVENCE *13300 B.-du-R. 84 ② G. Provence – 34 054 h alt. 80.*

Voir *Château de l'Empéri : musée★★* **BYZ.**

Env. *Table d'orientation de Lançon ≤★★ 12 km par ② puis 15 mn.*

Pont Royal Country Club ✆ 04 90 57 40 79 par ①, N 538 et D 17D.

Office de Tourisme 56 cours Gimon ✆ 04 90 56 27 60, Fax 04 90 56.

Paris 720 ① – Marseille 53 ② – Aix-en-Provence 37 ② – Arles 44 ③ – Avignon 47 ① – Nîmes 74 ③.

Plan page ci-contre

Angleterre sans rest, 98 cours Carnot ✆ 04 90 56 01 10, *Fax 04 90 56 71 75* – TV ☎ ☏ – ⅍ 50. AE GB JCB. ⅍ AY b
⊐ 35 – **26 ch** 195/290.

Sélect ⊗ sans rest, 35 r. Suffren ✆ 04 90 56 07 17, *Fax 04 90 56 42 48* – TV ☎ ⇔. AE GB JCB. ⅍ AY s
fermé dim. d'oct. à mars – ⊐ 35 – **17 ch** 200/250.

SALON-DE-PROVENCE

Carnot (Cours) . . . . AY 4
Crousillat (Pl.) . . . . BY 12
Frères-Kennedy (R. des) . . . . AY
Gimon (Cours) . . . . BZ
Victor-Hugo (Cours) . . . . . BY 38

Ancienne Halle (Pl.) . . . . . BY 2
Capucins (Bd des) . . . . . . BZ 3
Centuries (Pl. des) . . . . . . BY 6
Clemenceau (Bd Georges) . . . . AY 7
Coren (Bd Léopold) . . . . AY 8
Craponne (Allées de) . . . . BZ 10
Farreyroux (Pl.) . . . . BZ 13
Ferrage (Pl.) . . . . BZ 14
Fileuses-de-Soie (R. des) . . . . AY 15
Gambetta (Pl.) . . . . BZ 18
Horloge (R. de l') . . . . BY 20
Ledru-Rollin (Bd) . . . . AY 22
Massenet (R.) . . . . AY 23
Médicis (Pl. C. de) . . . . . . BZ 24
Mistral (Bd Frédéric) . . . . BY 26
Moulin d'Isnard (R.) . . . . . BY 27
Nostradamus (Bd) . . . . . . AY 28
Pasquet (Bd) . . . . BZ 30
Pelletan (Cours Camille) . . . . AY 32
République (Bd de la) . . . . AY 33
Raynaud-d'Ursule (R.) . . . BZ 34
St-Laurent (Square) . . . . . BY 35

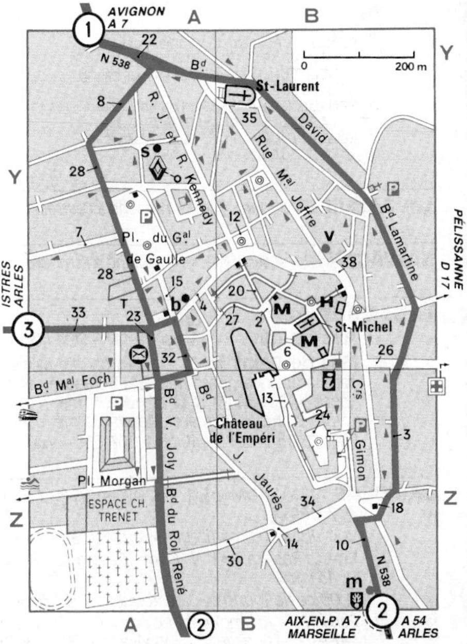

XXX **Mas du Soleil** M, avec ch, 38 chemin St-Côme (Est - **BY** - *par D 17*) ✆ 04 90 56 06 53, *Fax 04 90 56 21 52*, « Bel aménagement intérieur », – TV ☎ P. AE GB JCB
Repas *(fermé dim. soir et lundi)* 180/650 et carte 260 à 430 – ☐ 68 – **10 ch** 600/1000 – 1/2 P 740/930.

XXX **Salle à Manger,** 6 r. Mar. Joffre ✆ 04 90 56 28 01, « Maison bourgeoise aménagée avec élégance » – GB BY v
fermé 9 au 25 août, 20 déc. au 5 janv., dim. sauf le midi du 15 sept. au 30 juin et lundi – **Repas** (prévenir) *(125)* - 160 ♀.

XX **Craponne,** 146 allées Craponne ✆ 04 90 53 23 92, – GB BZ m
fermé 13 juil. au 2 août, 24 déc. au 3 janv., dim. soir et lundi – **Repas** 105/205.

au Nord-Est : *5 km par D 17* **BY** *puis D 16* – ✉ *13300 Salon-de-Provence :*

Abbaye de Sainte-Croix ✆ 04 90 56 24 55, *Fax 04 90 56 31 12*, ←, parc, – ch, TV ☎ P – 150. AE GB. rest
13 mars-1er nov. – **Repas** *(fermé lundi midi sauf fériés)* 275 (déj.)/395 et carte 400 à 480 – ☐ 85 – **20 ch** 820/1330, 4 appart – 1/2 P 865/1120
Spéc. Salade de homard, vinaigrette à l'huile de noix et estragon (1er avril-15 oct.). Filet de loup à l'huile de basilic (1er avril-15 oct.). Canon d'agneau et jus de truffe noire (1er avril-15 oct.). **Vins** Côteaux d'Aix-en-Provence.

rte de Pélissanne *par ② : 3 km* – ✉ *13300 Salon-de-Provence :*

Campanile, ✆ 04 90 42 14 14, *Fax 04 90 53 51 26*, – rest, TV ☎ P – 25. AE GB
Repas *(66)* - 84 bc/107 bc, enf. 39 – ☐ 34 – **48 ch** 278.

à la Barben *Sud-Est : 8 km par ②, D 572 et D 22E – 500 h. alt. 105* – ✉ *13330 :*

XX **Touloubre** avec ch, ✆ 04 90 55 16 85, *Fax 04 90 55 17 99*, – ☎ P – 40. GB
fermé 19 au 31 oct., vacances de fév., dim. soir et lundi – **Repas** 98 (déj.), 125/240, enf. 65 – ☐ 30 – **7 ch** 240.

au Sud par ②, *N 113 et D 19 (direction Grans) : 5 km* – ✉ *13250 Cornillon :*

Devem de Mirapier M ✆ 04 90 55 99 22, *Fax 04 90 55 86 14*, ←, « Dans un parc de pins et garrigues », – TV ☎ P – 100. AE GB JCB. rest
fermé 20 déc. au 15 janv. et week-ends d'oct. à mars – **Repas** (résidents seul.) 100/190 – ☐ 60 – **15 ch** 540/680 – 1/2 P 490/600.

CITROEN P.A.D., rte de Miramas par ③ ✆ 04 90 42 39 39 N ✆ 08 00 05 24 24
PEUGEOT Gar. Blanc, rte de Miramas par ③ ✆ 04 90 56 23 71
RENAULT S.A.P.A.S., 666 bd du Roi René ✆ 04 90 42 13 13 N ✆ 08 00 05 15 15
RENAULT Gar. Rigaud, 52 pl. des Martyrs AY ✆ 04 90 56 00 45

Bues-Pneus, quartier Crau-Sud déviation N 113 ✆ 04 90 53 30 40
Euromaster, bd Roi-René ✆ 04 90 53 15 75
Pyrame, 411 bd Roi René ✆ 04 90 53 30 38

Les SALVAGES *81 Tarn 83 ① – rattaché à Castres.*

SALVAGNY *74 H.-Savoie 74 ⑧ – rattaché à Samoëns.*

Le SAMBUC *13200 B.-du-R. 83 ⑩.*

Paris 742 – Arles 24 – Marseille 117 – Stes-Marie-de-la-Mer 48 – Salon-de-Provence 66.

Mas de Peint M, 2,5 km par rte Salins ✆ 04 90 97 20 62, *Fax 04 90 97 22 20*, parc, ambiance guest house, « Demeure camarguaise du 17e siècle aménagée avec élégance », – TV. AE GB JCB
fermé 5 janv. au 20 mars – **Repas** *(fermé mardi)* (nombre de couverts limité, prévenir) 185 (déj.)/230 – 85 – **10 ch** 1050/1500 – ½ P 795/1198.

SAMOËNS *74340 H.-Savoie 74 ⑧ G. Alpes du Nord – 2 148 h alt. 710 – Sports d'hiver : 720/2 480 m 7 69.*

Voir *Place du Gros Tilleul★ – Jardin alpin Jaysinia★.*

Env. *La Rosière ≤★★ N : 6 km – Cascade du Rouget★★ S : 10 km – Cirque du Fer à Cheval★★ E : 13 km.*

Office de Tourisme Gare Routière ✆ 04 50 34 40 28, Fax 04 50 34 95 82.

Paris 583 – Chamonix-Mont-Blanc 62 – Thonon-les-Bains 59 – Annecy 71 – Bonneville 31 – Cluses 21 – Genève 53 – Megève 51 – Morzine 29.

Neige et Roc, ✆ 04 50 34 40 72, *Fax 04 50 34 14 48*, ≤, – cuisinette TV – 25. GB. rest
1er juin-30 sept. et 20 déc.-15 avril – **Repas** 120 (déj.), 140/160, enf. 50 – 40 – **31 ch** 500, 19 studios – ½ P 450.

Les Glaciers, ✆ 04 50 34 40 06, *Fax 04 50 34 16 75*, ≤, – TV. AE GB. rest
1er juin-30 sept. et 20 déc.-15 avril – **Repas** 95/135, enf. 55 – 45 – **50 ch** 350/450 – ½ P 320.

Edelweiss, Nord-Ouest : 1,5 km par rte Planpraz ✆ 04 50 34 41 32, *Fax 04 50 34 18 75*, ≤ montagnes, – . GB. rest
fermé 27 sept. au 19 déc. – **Repas** 105/145 – 38 – **20 ch** 260/340 – ½ P 300.

Gai Soleil, ✆ 04 50 34 40 74, *Fax 04 50 34 10 78*, ≤, – cuisinette TV. GB
13 juin-13 sept. et 19 déc.-12 avril – **Repas** 79/175, enf. 57 – 40 – **24 ch** 300/340 – ½ P 305.

à Morillon *Ouest : 4,5 km – 428 h. alt. 687 – Sports d'hiver 700/2200 m 1 7 – 74440.*

Office de Tourisme ✆ 04 50 90 15 76, Fax 04 50 90 11 47.

Morillon, ✆ 04 50 90 10 32, *Fax 04 50 90 70 08*, ≤, – . GB. rest
6 juin-18 sept. et 19 déc.-5 avril – **Repas** 85/120, enf. 45 – 38 – **25 ch** 295 – ½ P 305/310.

à Verchaix *Ouest : 6 km par D 907 – 391 h. alt. 800 – 74440 :*

Rouge Gorge, près rd-pt D 907 ✆ 04 50 90 16 77 – GB
fermé 15 au 30 juin, 15 au 30 nov., dim. soir et lundi – **Repas** (nombre de couverts limité, prévenir) 75 bc (déj.), 110/200, enf. 55.

à Salvagny *Sud-Est : 9 km par D 907 et D 29 – 74740 Sixt-Fer-à-Cheval :*

Petit Tetras, ✆ 04 50 34 42 51, *Fax 04 50 34 12 02*, ≤, – . AE GB. rest
30 mai-13 sept. et 20 déc.-4 avril – **Repas** *(66)* - 90/170, enf. 55 – 35 – **30 ch** 260/300 – ½ P 270/285.

CITROEN Gar. Baudet, ✆ 04 50 34 43 82 N ✆ 04 50 34 43 82

*Alle im **Michelin-Führer** erwähnten Orte sind auf den **Michelin-Karten** im Maßstab 1:200 000 rot unterstrichen ; die aktuellsten Hinweise gibt nur die neuste Ausgabe.*

SAMOIS-SUR-SEINE *77920 S.-et-M.* 61 ②, 106 ㊻ *G. Ile de France – 1 916 h alt. 83.*

Voir *Ensemble★ (quai, île du Berceau) – Tour Dénecourt ※★ SO : 5 km.*

Paris 64 – Fontainebleau 9 – Melun 16 – Montereau-Fault-Yonne 21.

XXX **Maison de Champgosier,** à Samois-le-Haut ✆ 01 64 24 60 71, *Fax 01 64 24 80 93,* 🏠, 🚗 – AE ⓓ GB

fermé 17 au 20 août, 4 au 26 janv., dim. soir et lundi – **Repas** 130/280 et carte 300 à 410, enf. 100.

SAMOREAU *77210 S.-et-M.* 61 ② *– 1 856 h alt. 55.*

Paris 64 – Fontainebleau 6 – Melun 16 – Montereau-Faut-Yonne 17 – Nemours 24.

X **Aub. de la Treille,** 5 r. Grande ✆ 01 64 23 71 22, *Fax 01 64 23 71 22,* 🏠, 🚗 – GB

fermé14 au 29 avril, 7 au 21 sept., dim. soir et lundi – **Repas** 115/180 ♨.

SAMOUSSY *02 Aisne* 56 ⑤ *– rattaché à Laon.*

SANARY-SUR-MER *83110 Var* 84 ⑭, 114 ㊹ *G. Côte d'Azur – 14 730 h alt. 1.*

Voir *Chapelle N.-D.-de-Pitié ≤★ – Site★ de N.-D.-de-Pépiole 5 km par ③ – Musée de l'automobile sportive★ 5 km par ①.*

ℹ *Office de Tourisme Jardins de la Ville ✆ 04 94 74 01 04, Fax 04 94 74 58 04.*

Paris 825 ① – Toulon 13 ② – Aix-en-Provence 73 ① – La Ciotat 30 ① – Marseille 54 ①.

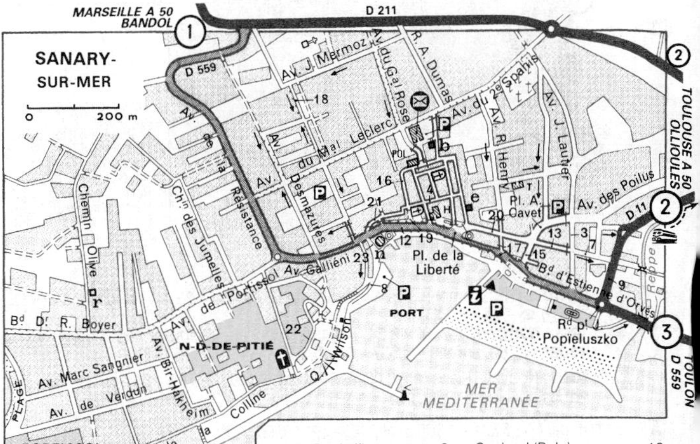

Avenir (Bd de l')	3	Gueirard (R. L.)	16
Blanc (R. Louis)	4	Jean-Jaurès (Av.)	17
Clemenceau (Av. Georges)	7	Lyautey (Av. Mar.)	18
Esménard (Quai M.)	8	Pacha (Pl. Michel)	19
Europe-Unie (Av. de l')	9	Péri (R. Gabriel)	20
Gaulle (Quai Charles de)	12	Prudhomie (R. de la)	21
Giboin (R.)	13	Sœur-Vincent (Montée)	22
Granet (R.)	15	Tour (Pl. de la)	23

🏨 **Tour,** quai Gén. de Gaulle **(n)** ✆ 04 94 74 10 10, *Fax 04 94 74 69 49,* ≤, 🏠 – TV ☎. AE ⓓ GB

Repas *(fermé mardi hors saison)* 120/250 – ☕ 40 – **24 ch** 300/520 – ½ P 320/370.

🏠 **Synaya** 🐚, chemin Olive **(r)** ✆ 04 94 74 10 50, 🚗 – ☎ P. GB. ✂ rest

1er avril-1er nov. – **Repas** (dîner seul.) (résidents seul.) 90 – ☕ 38 – **11 ch** 210/280 – ½ P 235/275.

XXX **Relais de la Poste,** pl. Poste **(b)** ✆ 04 94 74 22 20, *Fax 04 94 74 22 20,* 🏠 – ▤. AE GB

fermé dim. soir et lundi sauf juil.-août – **Repas** 95 (déj.), 145/265 et carte 230 à 340, enf. 80.

XX **Cour des Arts,** r. Barthélémy de Don **(e)** ✆ 04 94 88 08 05, *Fax 04 94 29 00 22,* 🏠 – AE GB

fermé nov., le midi en juil.-août, dim. soir et lundi du 1er sept. au 30 juin – **Repas** *(69)* - 90 (déj.), 145/270 ♀.

Prices For notes on the prices quoted in this Guide, see the explanatory pages.

SANCERRE *18300 Cher* 65 ⑫ *G. Berry Limousin – 2 059 h alt. 342.*

Voir Site★ – Esplanade de la porte César ≤★★ – Tour des Fiefs ✳★ – Carrefour D 923 et D 7 ≤★★ O : 4 km.

18 du Sancerrois ℘ 02 48 54 11 22 par ① puis D 955 : 4 km.

Office de Tourisme Maison des Associations ℘ 02 48 78 03 58 et (juin-sept.) Nouvelle Place ℘ 02 48 54 08 21.

Paris 193 ① – Bourges 46 ③ – La Charité-sur-Loire 24 ② – Salbris 69 ③ – Vierzon 67 ③.

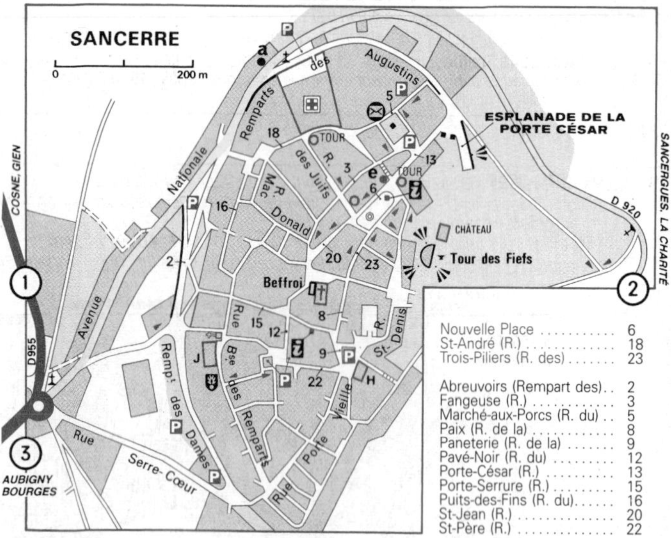

Nouvelle Place	6
St-André (R.)	18
Trois-Piliers (R. des)	23
Abreuvoirs (Rempart des)	2
Fangeuse (R.)	3
Marché-aux-Porcs (R. du)	5
Paix (R. de la)	8
Paneterie (R. de la)	9
Pavé-Noir (R. du)	12
Porte-César (R.)	13
Porte-Serrure (R.)	15
Puits-des-Fins (R. du)	16
St-Jean (R.)	20
St-Père (R.)	22

Panoramic, rempart des Augustins **(a)** ℘ 02 48 54 22 44, *Fax 02 48 54 39 55,* ≤, – TV ☎ – 50. GB

Tasse d'Argent : ℘ 02 48 54 01 44 *(fermé 2 au 30 janv. et merc. du 15 nov. au 30 mars)* **Repas** 94/280, enf. 48 – ☐ 37 – **57 ch** 280/365 – ½ P 295/340.

XXX **Tour,** Nouvelle Place **(e)** ℘ 02 48 54 00 81, *Fax 02 48 78 01 54* – ▤. AE GB **Repas** *(80)* - 100/250 et carte 200 à 330 ♀, enf. 75.

à St-Satur *par ① : 3 km – 1 805 h. alt. 155 – ✉ 18300 :*

Verger Fleuri, 22 r. Basse des Moulins ℘ 02 48 54 31 82, *Fax 02 48 54 38 42,* – TV ☎ P. AE GB. *fermé 1er au 6 oct., 15 déc. au 20 janv. et lundi hors sais.* – **Repas** 78/210, enf. 48 – ☐ 36 – **12 ch** 245/280 – ½ P 210/228.

XX **Laurier** avec ch, 29 r. Commerce ℘ 02 48 54 17 20, *Fax 02 48 54 04 54* – TV ☎. GB *fermé 2 au 17 mars, 12 au 30 nov., dim. soir et lundi* – **Repas** 80/250, enf. 50 – ☐ 40 – **8 ch** 110/280 – ½ P 170/225.

à Chavignol *par ① et D 183 : 4 km – ✉ 18300 :*

XX **Côte des Monts Damnés,** ℘ 02 48 54 01 72, *Fax 02 48 54 14 24,* – GB *fermé fév., dim. soir et lundi* – **Repas** 98/245 ♀.

CITROEN Gar. Declomesnil, à St-Satur par ① ℘ 02 48 54 11 34
PEUGEOT Gar. Cotat-Mulhausen, 1 av. de Verdun par ③ ℘ 02 48 54 00 62
RENAULT Gar. Bonlieu, rte de Bourges par ③ ℘ 02 48 54 12 82 N ℘ 02 48 54 12 82

Mondet, r. de la Gare à Bannay ℘ 02 48 72 32 73

SANCOINS *18600 Cher* 69 ③ *G. Berry Limousin – 3 634 h alt. 210.*

Syndicat d'Initiative (juin-sept.) 23 r. M. Lucas ☎ 02 48 74 65 85 et (hors saison) Mairie ☎ 02 48 77 52 42.

Paris 296 – Bourges 52 – Moulins 49 – Montluçon 69 – Nevers 33 – St-Amand-Montrond 37.

Parc sans rest, r. M. Audoux ☎ 02 48 74 56 60, *Fax 02 48 74 61 30* – ☎ P. GB
fermé 2 au 17 janv. – 30 – **11 ch** 220/280.

L'Ancienne Poste, 36 r. M. Lucas ☎ 02 48 76 23 34 – GB
fermé 1er au 15 oct., dim. soir et lundi – **Repas** 60/120, enf. 39.

CITROEN Central Gar., Les Cachons N76 ☎ 02 48 74 50 42 N ☎ 02 48 74 50 42

RENAULT Gar. le Val d'Aubois, rte de Bourges ☎ 02 48 74 57 41 N ☎ 02 48 74 57 41

SANCY (Puy de) *63 P.-de-D.* 73 ⑬ *– voir ressources hôtelières au Mont-Dore.*

SAND *67230 B.-Rhin* 62 ⑩ *– 941 h alt. 159.*

Paris 498 – Strasbourg 31 – Barr 14 – Erstein 7 – Molsheim 23 – Obernai 15 – Sélestat 20.

Host. La Charrue, ☎ 03 88 74 42 66, *Fax 03 88 74 12 02,* – TV ☎ P. GB.
fermé 21 déc. au 5 janv. – **Repas** *(fermé lundi midi et mardi midi)* 100/190 ♀, enf. 45 – 35 – **24 ch** 250/325 – ½ P 260/275.

SANDARVILLE *28120 E.-et-L.* 60 ⑰ *– 282 h alt. 171.*

Paris 106 – Chartres 18 – Brou 24 – Châteaudun 37 – Le Mans 115 – Nogent-le-Rotrou 47.

Aub. de Sandarville, près Église ☎ 02 37 25 33 18, , « Ancienne ferme beauceronne », – GB
fermé 16 au 31 août, 26 janv. au 16 fév., dim. soir et lundi – **Repas** 150 (déj.), 190/330 et carte 280 à 410 ♀, enf. 70.

SAN-MARTINO-DI-LOTA *2B H.-Corse* 90 ② *– voir à Corse (Bastia).*

SAN-PEIRE-SUR-MER *83 Var* 84 ⑰ ⑱, 114 ㊲ *– rattaché aux Issambres.*

SANTA-COLOMA 86 ⑭ *– voir à Andorre (Principauté d').*

SANTA-GIULIA (Golfe de) *2A Corse-du-Sud* 90 ⑧ *– voir à Corse (Porto-Vecchio).*

SANTENAY *41190 L.-et-Ch.* 64 ⑥ *– 229 h alt. 115.*

Paris 199 – Tours 42 – Amboise 25 – Blois 17 – Château-Renault 16 – Herbault 5 – Vendôme 32.

Union avec ch, ☎ 02 54 46 11 03, *Fax 02 54 46 18 57* – P. GB. ch
fermé dim. soir et lundi – **Repas** 70/220 – 35 – **5 ch** 180/250 – ½ P 240/280.

SANTENAY *21590 Côte-d'Or* 70 ① *G. Bourgogne – 1 008 h alt. 225 – Casino .*

Paris 328 – Beaune 18 – Chalon-sur-Saône 23 – Autun 39 – Le Creusot 28 – Dijon 62 – Dole 82.

Terroir, pl. Jet d'Eau ☎ 03 80 20 63 47, *Fax 03 80 20 66 45* – GB
fermé 15 déc. au 15 janv., dim. soir et jeudi sauf juil.-août – **Repas** 85 (déj.), 105/220 ♀, enf. 50.

SANT-JULIA-DE-LORIA 86 ⑭ *– voir à Andorre (Principauté d').*

Le SAPPEY-EN-CHARTREUSE *38700 Isère* 77 ⑤ *G. Alpes du Nord – 762 h alt. 1014 – Sports d'hiver au Sappey et au Col de Porte : 1 000/1 700 m 11 .*

Env. Charmant Som ★★★ NO : 9 km puis 1 h.

Syndicat d'Initiative ☎ 04 76 88 84 05, Fax 04 76 88 87 16.

Paris 578 – Grenoble 14 – Chambéry 50 – St-Pierre-de-Chartreuse 13 – Voiron 38.

Skieurs, ☎ 04 76 88 82 76, *Fax 04 76 88 85 76,* <, , , – TV ☎ P – 30. GB
fermé avril, nov., déc., dim. soir et lundi – **Repas** 120/250 – 35 – **18 ch** 290/310 – ½ P 330/345.

Pudding, ☎ 04 76 88 80 26, *Fax 04 76 88 84 66,* – AE GB.
fermé 14 au 27 sept., dim. soir et lundi – **Repas** 140/300, enf. 70.

SARCEY *69490 Rhône* 73 ⑨, 110 ⑪ *– 690 h alt. 380.*

Paris 452 – Roanne 52 – Lyon 33 – Tarare 11 – Villefranche-sur-Saône 22.

Chatard M, 04 74 26 85 85, *Fax 04 74 26 89 99*, – TV – 40. AE GB

fermé 2 au 20 janv. – **Repas** 85 (déj.), 110/315 ♀, enf. 50 – 38 – **37 ch** 200/310 – ½ P 245.

SARE *64310 Pyr.-Atl.* 85 ② *G. Pyrénées Aquitaine – 2 054 h alt. 70.*

Paris 798 – Biarritz 26 – Cambo-les-Bains 19 – Pau 135 – St-Jean-de-Luz 14 – St-Pée-sur-Nivelle 9.

Arraya, 05 59 54 20 46, *Fax 05 59 54 27 04*, « Cadre rustique basque, jardin » – TV P. AE GB. ch

fin mars-mi-nov. – **Repas** *(fermé lundi midi hors saison sauf fériés)* 135/195 ♀ – 50 – **20 ch** 405/600 – ½ P 437/497.

Pikassaria, Sud : 2 km par rte secondaire 05 59 54 21 51, *Fax 05 59 54 27 40*, ←, – TV P. GB

22 mars-12 nov. et fermé merc. sauf juil. à sept. – **Repas** 88/170, enf. 60 – 32 – **34 ch** 200/270 – ½ P 255.

SARLAT-LA-CANÉDA SP *24200 Dordogne* 75 ⑰ *G. Périgord Quercy – 9 909 h alt. 145.*

Voir *Vieux Sarlat★★ : place des Oies★* **Y**, *rue des Consuls★* **Y**, *hôtel Plamon★* **Y E**, *hôtel de Malleville★* **Y B**, *maison de La Boétie★* **Z D** – *Musée-aquarium★* **Y M**[1].

Env. *Décor★ et mobilier★ du château de Puymartin NO : 7 km par* ④.

de Rochebois à Vitrac 05 53 31 52 80.

Office de Tourisme pl. Liberté 05 53 59 27 67, *Fax 05 53 59 19 44 et (juil.-août) av. Gén.-de Gaulle* 05 53 59 18 87.

Paris 528 ① – *Brive-la-Gaillarde 51* ① – *Bergerac 73* ③ – *Cahors 62* ③ – *Périgueux 67* ④.

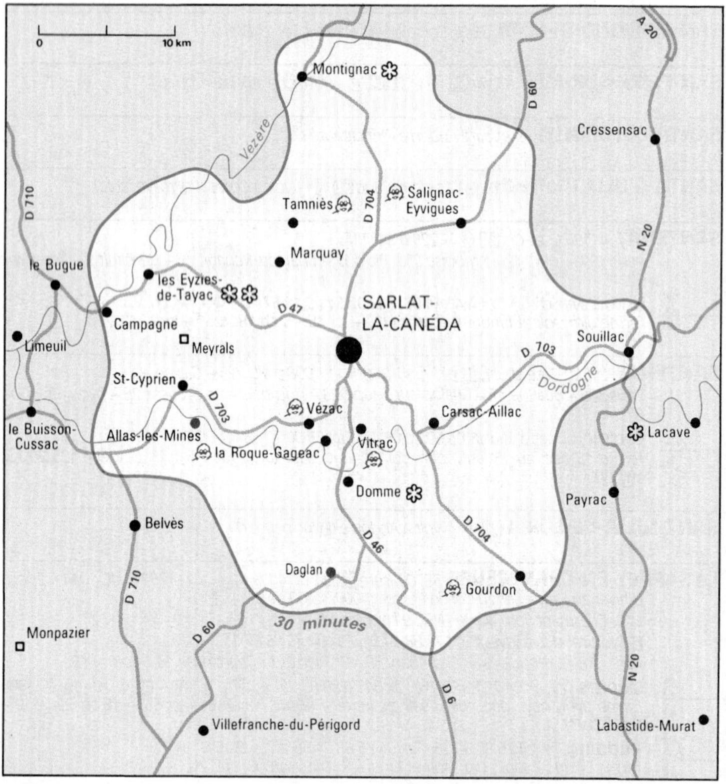

de Selves [M] sans rest, 93 av. de Selves ☎ 05 53 31 50 00, *Fax 05 53 31 23 52*, [piscine couverte], [jardin] – [ascenseur] [clim] [TV] ☎ [ligne directe] [accès handicapés] – [salle de réunion] 30. AE ⓓ GB Y v
fermé 4 janv. au 5 fév. – [petit déjeuner] 50 – **45 ch** 380/570.

Madeleine, 1 pl. Petite Rigaudie ☎ 05 53 59 10 41, *Fax 05 53 31 03 62*, [terrasse] – [ascenseur], [clim] ch, [TV] ☎ [ligne directe] [garage]. AE GB Y e
hôtel : fermé 1er janv. au 15 fév. ; rest. : ouvert 15 mars-15 nov. – **Repas** 105/195, enf. 65 – [petit déjeuner] 46 – **29 ch** 310/405 – ½ P 340/370.

St-Albert et Montaigne, pl. Pasteur ☎ 05 53 31 55 55, *Fax 05 53 59 19 99* – [ascenseur], [clim] rest, [TV] ☎ [ligne directe] – [salle de réunion] 25. AE GB. [chiens interdits] ch Z n
fermé dim. soir et lundi – **Repas** 98 ₸ – [petit déjeuner] 40 – **61 ch** 290/330 – ½ P 290/330.

Compostelle sans rest, 64 av. Selves ☎ 05 53 59 08 53, *Fax 05 53 30 31 65* – [ascenseur] [TV] ☎ [accès handicapés]. GB Y r
Pâques-mi-nov. – [petit déjeuner] 35 – **23 ch** 280/300.

Rapière, pl. Cathédrale ☎ 05 53 59 03 13, *Fax 05 53 30 27 84*, [terrasse] – [clim]. AE ⓓ GB
fermé 15 janv. à fin fév. et dim. – **Repas** 85 (déj.), 120/280. Z u

au Sud *par ② et C 1 : 3 km :*

Mas de Castel [hôtel tranquille] sans rest, ☎ 05 53 59 02 59, *Fax 05 53 28 25 62*, [piscine], [jardin] – ☎ [P]. GB. [chiens interdits]
Pâques-1er nov. – [petit déjeuner] 34 – **14 ch** 230/320.

par ③ *rte de Bergerac et rte secondaire : 3 km* – ✉ *24200 Sarlat-la-Canéda :*

Relais de Moussidière [M] [hôtel tranquille], ☎ 05 53 28 28 74, *Fax 05 53 28 25 11*, ≤, [terrasse], « Parc », [piscine] – [ascenseur] [TV] ☎ [ligne directe] [accès handicapés] [P]. AE GB
hôtel : 1er avril-15 nov. ; rest. : 1er mai-31 oct. – **Repas** (dîner seul.) 170 – [petit déjeuner] 65 – **35 ch** 550/790 – ½ P 485/605.

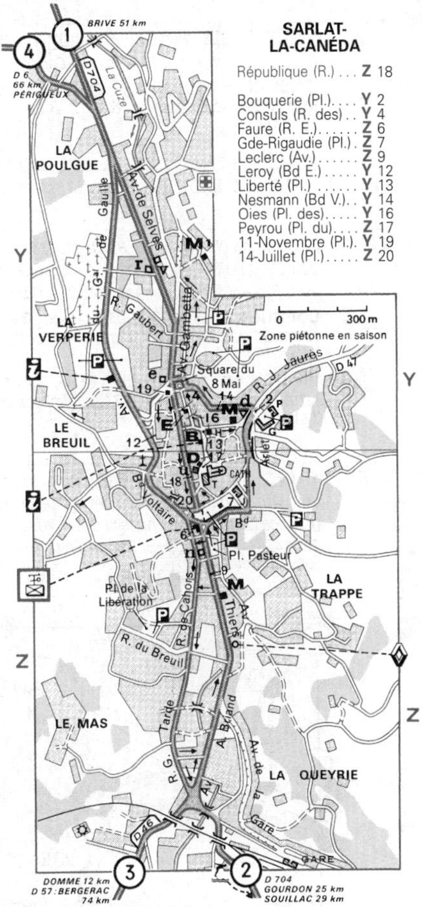

SARLAT-LA-CANÉDA

par ④ *rte des Eyzies et rte secondaire : 3 km*

Host. Meysset [hôtel tranquille], ☎ 05 53 59 08 29, *Fax 05 53 28 47 61*, ≤, [terrasse], parc – ☎ [P]. AE ⓓ GB
25 avril-10 oct. – **Repas** *(fermé lundi midi et merc. midi)* 98/250 ₸, enf. 50 – [petit déjeuner] 50 – **22 ch** 285/440 – ½ P 340/385.

ALFA ROMEO Gar. Mora, RIVAUX ☎ 05 53 59 19 71
CITROEN Sarlat Autos, rte de Vitrac par ③ ☎ 05 53 59 10 64
FORD Gar. Carles, rte de Vitrac ☎ 05 53 59 05 23 [N] ☎ 05 53 59 07 35
PEUGEOT S.M.A.S., av. Dordogne par ③ ☎ 05 53 59 10 75 [N] ☎ 05 53 31 90 91
RENAULT Gar. Robert, 33 av. Thiers ☎ 05 53 59 35 21

Ⓜ Sauvanet Pneus, ZI des Madrazes ☎ 05 53 31 43 23
Service du Pneu Point S, rte du Lot ☎ 05 53 59 00 33

Die im ***Michelin-Führer***
verwendeten Zeichen und Symbole haben
- dünn oder **fett** gedruckt, in einer Kontrastfarbe oder **schwarz** - jeweils eine andere Bedeutung.
Lesen Sie daher die Erklärungen aufmerksam durch.

SARLIAC-SUR-L'ISLE *24420 Dordogne* **75** ⑥ *– 798 h alt. 102.*

Paris 473 – Périgueux 15 – Brive-la-Gaillarde 65 – Limoges 84.

Chabrol, ✆ 05 53 07 83 39, – ☎. GB.
Repas *(fermé 31 août au 6 sept., 5 au 11 oct. et lundi)* (45) - 70/260 – ☕ 30 – **10 ch** 120/200.

SARPOIL *63 P.-de-D.* **73** ⑭ ⑮ *– rattaché à Issoire.*

SARRAS *07370 Ardèche* **77** ① *– 1 837 h alt. 133.*

Voir *De la D 506 coup d'oeil★★ sur le défilé de St-Vallier★ S : 5 km, G. Vallée du Rhône.*

Paris 529 – Valence 34 – Annonay 20 – Lyon 71 – St-Étienne 58 – Tournon-sur-Rhône 16.

Commerce, ✆ 04 75 23 03 88 – . GB
fermé 21 déc. au 10 janv., dim. soir et lundi midi – **Repas** 64/140 – ☕ 25 – **10 ch** 110/180 – 1/2 P 140/155.

Vivarais avec ch, ✆ 04 75 23 01 88, *Fax 04 75 23 49 73,* – TV ☎ P. AE GB
fermé 3 au 13 août, 1er au 15 fév., dim. soir et mardi hors saison – **Repas** 95/320 – ☕ 40 – **7 ch** 250/290.

SARREBOURG SP *57400 Moselle* **62** ⑧ *G. Alsace Lorraine – 13 311 h alt. 282.*

Voir *Vitrail★ dans la chapelle des Cordeliers* **B.**

Office de Tourisme Chapelle des Cordeliers ✆ 03 87 03 11 78.

Paris 438 ④ – Strasbourg 73 ② – Épinal 86 ④ – Lunéville 55 ④ – Metz 93 ④ – St-Dié 71 ④ – Sarreguemines 53 ①.

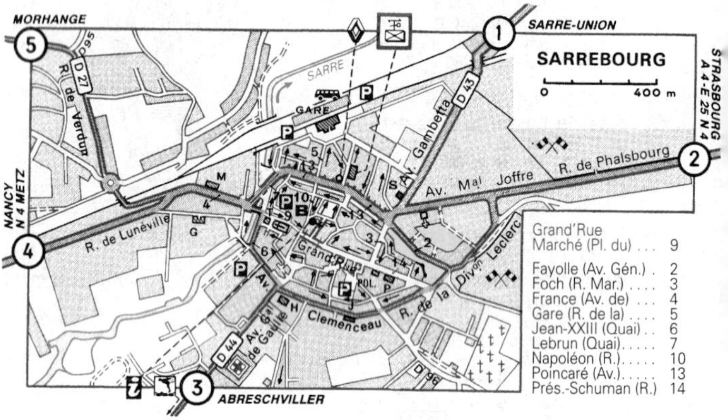

Les Cèdres M, par ③ *et chemin d'Imling : 3 km* ✆ 03 87 03 55 55, *Fax 03 87 03 66 33,* – TV ☎ P – 100. AE GB
fermé 21 déc. au 3 janv., sam. midi et dim. soir – **Repas** 66/169 – ☕ 38 – **44 ch** 328/535 – 1/2 P 235.

Mathis (Ernest), 7 r. Gambetta **(s)** ✆ 03 87 03 21 67, *Fax 03 87 23 00 64* – GB
fermé 27 au 31 juil., 4 au 7 janv., lundi et mardi – **Repas** 170/320 et carte 230 à 420
Spéc. Poêlée de foie gras au gré des saisons. Agneau de pauillac en baeckeoffe aux copeaux de truffes fraîches (déc. à mars). Dos de biche faon en croûte de champignons sauvages, sauce civet (oct. à fév.). **Vins** Chasselas, Pinot blanc.

AUDI, VOLKSWAGEN Gar. Lett Autom., rte de Hesse ✆ 03 87 03 14 02
CITROËN Gar. Oblinger, Zone Ariane-de-Buhl par ④ ✆ 03 87 23 89 56
FIAT Europ'Auto, ZA rte de Niderviller ✆ 03 87 03 22 12
FORD Gar. des Deux Sarres, ZA Ariane à Buhl-Lorraine ✆ 03 87 03 32 60
PEUGEOT Berthel Auto, Zone Ariane "plus" à Buhl Lorraine ✆ 03 87 03 09 09

RENAULT Gar. Billiar, 25 av. Poincaré ✆ 03 87 23 22 22 N ✆ 03 87 69 24 50

Kautzmann, 5 r. Dr-Schweitzer ✆ 03 87 25 71 40
Pneus et Services D.K., voie A.-Malraux ✆ 03 87 03 21 87

SARREGUEMINES *57200 Moselle* 57 ⑯ ⑰ *G. Alsace Lorraine – 23 117 h alt. 210.*

Voir *Musée : jardin d'hiver★★, collection de céramiques★* **BY M.**

Env. *Parc archéologique européen de Bliesbruck-Reinheim : thermes publics★, 9,5 km par* ①.

Office de Tourisme r. Maire-Massing ☏ 03 87 98 80 81, Fax 03 87 98 25 77.

Paris 396 ③ – Strasbourg 105 ② – Colmar 147 ② – Épinal 151 ② – Karlsruhe 139 ① – Lunéville 92 ② – Metz 68 ③ – Nancy 90 ② – St-Dié 137 ② – Saarbrücken 18 ③.

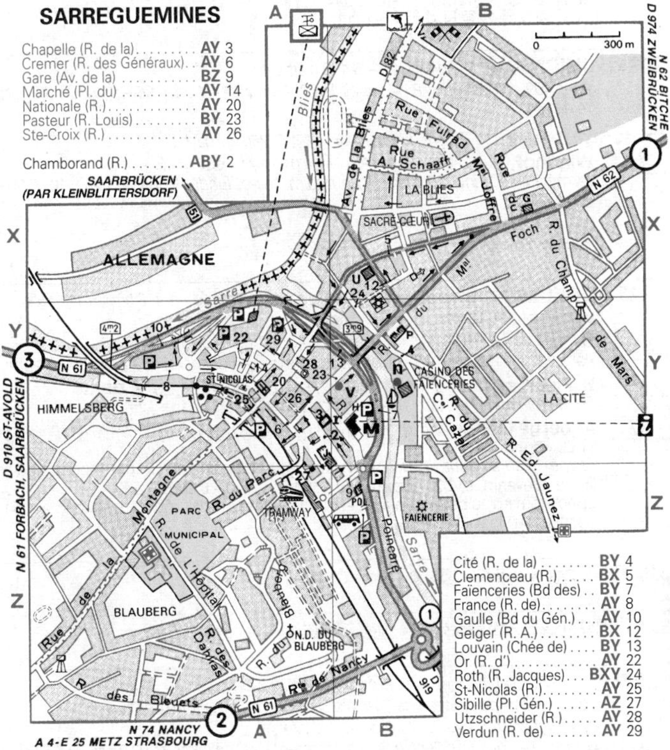

Alsace, 10 r. Poincaré ☏ 03 87 98 44 32, *Fax 03 87 98 39 85*, – 25. ABY r

Rôtisserie Ducs de Lorraine *(fermé dim. soir)* **Repas** (110) - 140/340 ♀, enf. 65 – ***La Taverne :*** Repas carte 130 à 210, ♁, enf. 32 – ☕ 45 – **26 ch** 360/450.

Primevère, rte Bitche par ① : *2 km* ☏ 03 87 95 34 35, *Fax 03 87 95 34 60* – – 25.

Repas (69) - 88/108 ♁, enf. 38 – ☕ 39 – **45 ch** 305 – ½ P 230/260.

Aub. St-Walfrid (Schneider) avec ch, par ③ *et rte Grosbliederstroff* ☏ 03 87 98 43 75, *Fax 03 87 95 76 75*,

fermé 2 au 17 août, 4 au 24 janv., sam. midi, lundi midi et dim. – **Repas** 130/350 ♀ – ☕ 55 – **11 ch** 550/750

Spéc. Panaché de foie gras frais de canard. Volaille de ferme au sherry et poivre vert. Palet au chocolat noir sauce café.

Aub. Vieux Moulin, 135 r. France par ③ : *1,5 km* ☏ 03 87 98 22 59, *Fax 03 87 28 12 63* –

fermé 14 juil. au 5 août, 3 au 18 fév., mardi et merc. – **Repas** 170/250 et carte 280 à 390 ♁.

Bouchon, 6 r. Pasteur ☏ 03 87 95 47 22, *Fax 03 87 95 52 65* – BY v

fermé 27 juil. au 9 août, dim. soir et lundi – **Repas** (59) - 88/210 ♀.

Casino des Sommeliers, 5 r. Col. Cazal ☏ 03 87 02 90 41, *Fax 03 87 02 90 28*, – BY n

fermé 1er au 15 sept., dim. soir et lundi – **Repas** 75/125 bc.

rte de Bitche *par ① : 11 km sur N 62 – ✉ 57200 Sarreguemines :*

XX **Pascal Dimofski,** ☎ 03 87 02 38 21, *Fax 03 87 02 21 36,* – P. AE ⓓ GB
fermé 17 août au 2 sept., vacances de fév., lundi soir et mardi – **Repas** 180/360 ♀, enf. 80.

CITROEN Gar. Herber, rue des Frères Rémy ZI ☎ 03 87 98 84 81
PEUGEOT Gar. Derr, ZI r. Gutenberg par ① ☎ 03 87 95 67 94
RENAULT Gar. Rebmeister, ZI r. Frères-Lumière par ① ☎ 03 87 95 10 88 N ☎ 08 00 05 15 15

Euromaster, 120 av. Foch ☎ 03 87 95 18 24
Leclerc Pneu, 57 rte de Nancy ☎ 03 87 98 87 00

SARRE-UNION *67260 B.-Rhin* 57 ⑰ – *3 159 h alt. 240.*
Paris 409 – Strasbourg 84 – Lunéville 72 – Metz 81 – Nancy 86 – St-Avold 37 – Sarreguemines 24.

rte de Strasbourg *Sud-Est : 10 km par N 61 – ✉ 67260 Burbach :*

XXX **Windhof,** ☎ 03 88 01 72 35, *Fax 03 88 01 72 71* – GB
fermé 2 au 10 janv., 20 juil. au 5 août, dim. soir et lundi – **Repas** 65 (déj.), 105/350 et carte 200 à 330 ♀.

Weiss Pneus Point S, à Diemeringen ☎ 03 88 00 42 60

SARS-POTERIES *59216 Nord* 53 ⑥ *G. Flandres Artois Picardie – 1 496 h alt. 181.*
Voir *Musée du Verre★.*
Office de Tourisme 20 r. du Gén.-de-Gaulle ☎ 03 27 39 35 49.
Paris 222 – St-Quentin 78 – Avesnes-sur-Helpe 12 – Charleroi 46 – Lille 107 – Maubeuge 16.

H. Fleuri sans rest, ☎ 03 27 61 62 72, *Fax 03 27 57 47 35* – ☎ P. GB.
fermé mi-janv. à mi-fév. – ☕ 40 – **11 ch** 250/290.

XXX **Auberge Fleurie** (Lequy) avec ch, ☎ 03 27 61 62 48, *Fax 03 27 61 56 66,* – TV ☎ ♿ P. AE ⓓ GB
✿ *fermé 18 au 31 août, 4 au 22 janv., dim. soir et lundi midi* – **Repas** (nombre de couverts limité, prévenir) 150/320 et carte 260 à 380 ♀ – ☕ 50 – **8 ch** 380/590
Spéc. Homard au beurre blanc et estragon. Agneau de lait rôti au thym (déc. à avril). Figues pochées au vin rouge et glace au pain d'épice.

SARTÈNE *2A Corse-du-Sud* 90 ⑱ – *voir à Corse.*

SARTROUVILLE *78 Yvelines* 55 ⑳, 106 ⑱, 101 ⑬ – *voir à Paris, Environs.*

SARZEAU *56370 Morbihan* 63 ⑬ *G. Bretagne – 4 972 h alt. 30.*
Voir *Ruines★ du château de Suscinio SE : 3,5 km – Presqu'île de Rhuys★.*
Kerver ☎ 02 97 45 30 09, O par D 780 : 7 km.
Office de Tourisme Centre Bourg, Bâtiment des Trinitaires ☎ 02 97 41 82 37, Fax 02 97 41 74 95.
Paris 479 – Vannes 22 – Nantes 114 – Redon 62.

à St-Colombier *Nord-Est : 4 km par D 780 – ✉ 56370 Sarzeau :*

X **Tournepierre,** ☎ 02 97 26 42 19 – AE GB
fermé 16 au 30 nov., dim. soir et lundi de sept. à juin – **Repas** 98 (déj.), 145/260, enf. 65.

à Penvins *Sud-Est : 7 km par D 198 – ✉ 56370 Sarzeau :*

Mur du Roy , ☎ 02 97 67 34 08, *Fax 02 97 67 36 23,* ≤, – ☎ ♿ P. GB
fermé 2 au 31 janv. – **Repas** *(fermé merc. midi et mardi du 1er oct. au 31 déc.)* 98/190 ♀, enf. 45 – ☕ 38 – **10 ch** 290/360 – ½ P 295/330.

CITROEN Gar. Clinchard, 5 r. de la Madeleine ☎ 02 97 41 81 23

Gar. Pépion, 17 r. Venetes ☎ 02 97 41 84 12

SASSENAGE *38 Isère* 77 ④ – *rattaché à Grenoble.*

SASSETOT-LE-MAUCONDUIT *76540 S.-Mar.* 52 ⑫ *– 944 h alt. 89.*

Paris 199 – Le Havre 55 – Bolbec 29 – Fécamp 15 – Rouen 65 – St-Valery-en-Caux 20 – Yvetot 28.

XX **Relais des Dalles,** près château ✆ 02 35 27 41 83, *Fax 02 35 27 13 91,* ☂, « Jardin fleuri » – AE GB

fermé 14 déc. au 8 janv., mardi soir et merc. sauf juil.-août – **Repas** (dim. prévenir) 95 (déj.), 130/200 ♀.

SATILLIEU *07290 Ardèche* 76 ⑨ *– 1 818 h alt. 485.*

Paris 545 – Valence 49 – Annonay 13 – Lamastre 36 – Privas 87 – St-Vallier 20 – Tournon-sur-Rhône 30 – Yssingeaux 54.

à St-Romain-d'Ay *Nord-Est : 4,5 km par D 578^A et D 6 – 660 h. alt. 450 – ✉ 07290 :*

XX **Régis Poinard,** ✆ 04 75 34 42 01, *Fax 04 75 34 48 23* – ▤ P. GB

fermé 15 janv. au 20 fév., dim. soir et lundi – **Repas** 90/300.

SAUGUES *43170 H.-Loire* 76 ⑯ *G. Auvergne – 2 089 h alt. 960.*

Office de Tourisme ✆ 04 71 77 84 46, Fax 04 71 77 81 21.

Paris 534 – Le Puy-en-Velay 43 – Brioude 50 – Mende 72 – St-Chély-d'Apcher 43 – St-Flour 55.

Terrasse, ✆ 04 71 77 83 10, *Fax 04 71 77 63 79* – ▤ rest, TV ☎ ✆ 🚗. AE GB

fermé 23 déc. au 15 janv., sam. midi, lundi (sauf hôtel) et dim. soir hors saison – **Repas** *(80)* - 120/160 – ☕ 40 – **9 ch** 243/330 – ½ P 265/295.

Les pastilles numérotées des plans de ville ①, ②, ③ sont répétées sur les ***cartes Michelin*** *à 1/200 000.*

Elles facilitent ainsi le passage entre les ***cartes*** *et les* ***guides Michelin.***

SAUJON *17600 Char.-Mar.* 71 ⑮ *G. Poitou Vendée Charentes – 4 891 h alt. 7 – Stat. therm.*

Voir *Chapiteaux* dans l'église.*

Office de Tourisme pl. Ch.-de-Gaulle ✆ 05 46 02 83 77.

Paris 492 – Royan 11 – Bordeaux 118 – Marennes 26 – Rochefort 35 – La Rochelle 72 – Saintes 25.

Commerce, r. Saintonge ✆ 05 46 02 80 50, ☂ – ☎ P. GB

15 mars-15 déc. et fermé dim. soir et lundi hors saison – **Repas** 82/185 – ☕ 32 – **19 ch** 160/330 – ½ P 240/315.

au Gua *Nord : 6 km par D 1 – 1 689 h. alt. 3 – ✉ 17680 :*

Moulin de Châlons, Châlons, Ouest : 1 km rte de Royan ✆ 05 46 22 82 72, *Fax 05 46 22 91 07,* ☂, parc, « Ancien moulin à marée du 18e siècle » – ☎ P. AE ⓓ GB

10 mai-18 sept. et fermé merc. midi et mardi sauf juil.-août – **Repas** 150 bc (déj.), 165/380 ♀ – ☕ 65 – **14 ch** 520 – ½ P 397/477.

CITROEN Central Garage, ✆ 05 46 02 80 25

SAULCE-SUR-RHÔNE *26270 Drôme* 77 ⑪ *– 1 443 h alt. 93.*

Paris 588 – Valence 30 – Crest 23 – Montélimar 19 – Privas 25.

Clutier, 62 av. Provence - Les Reys-de-Saulce ✆ 04 75 63 00 22, *Fax 04 75 63 12 60,* ☂, 🏊, 🌳 – ▤ TV ☎ 🚗 P – 🏃 50. GB

fermé 10 au 20 oct., 23 déc. au 26 janv., dim. soir et lundi sauf juil.-août – **Repas** 72/230 🍼, enf. 50 – ☕ 35 – **20 ch** 200/320 – ½ P 260/350.

à Mirmande *Sud-Est : 3 km par D 204 G. Vallée du Rhône – 497 h. alt. 204 – ✉ 26270 :*

Capitelle 🐎, ✆ 04 75 63 02 72, *Fax 04 75 63 02 50,* ⩽, ☂, « Demeure ancienne » – ☎. AE ⓓ GB

mars-nov. et fermé mardi sauf le soir de juin à sept. et merc. midi d'oct. à mai – **Repas** 140/265 ♀ – **11 ch** (½ pens. seul.) – ½ P 355/450.

SAULCHOY *62870 P.-de-C.* 51 ⑫ *– 260 h alt. 13.*

Paris 215 – Calais 91 – Abbeville 35 – Arras 73 – Berck-sur-Mer 22 – Doullens 44 – Hesdin 18 – Montreuil 19.

X **Val d'Authie,** ✆ 03 21 90 30 20, ☂ – GB. ✗

fermé 31 août au 12 sept. et jeudi du 1er oct. au 30 avril sauf fériés – **Repas** (dim. prévenir) 80 bc/180 🍼.

SAULGES *53340 Mayenne* 60 ⑪ *G. Normandie Cotentin – 333 h alt. 97.*
Paris 253 – Le Mans 59 – Château-Gontier 35 – La Flèche 48 – Laval 33 – Mayenne 40.

Ermitage, 02 43 90 52 28, *Fax 02 43 90 56 61*, « Jardin fleuri », – 45. AE GB
fermé fév., dim. soir et lundi du 25 sept. au 15 avril – **Repas** (75) - 100/260, enf. 60 – 52 – **36 ch** 380/460 – ½ P 390/420.

SAULIEU *21210 Côte-d'Or* 65 ⑰ *G. Bourgogne – 2 917 h alt. 535.*
Voir *Basilique St-Andoche★ : chapiteaux★★ – Le Taureau★ (sculpture) par Pompon.*
Office de Tourisme 24 r. d'Argentine 03 80 64 00 21, Fax 03 80 64 21 96.
Paris 247 ① – Dijon 75 ② – Autun 41 ④ – Avallon 38 ① – Beaune 63 ② – Clamecy 76 ①.

SAULIEU

Marché (R. du) 17
Vauban (R.) 21

Argentine (R. d') 3
Bertin (R. J.) 4
Collège (R. du) 6
Courtépée (R.) 7
Foire (R. de la) 8
Gambetta (R.) 10
Gare (Av. de la) 12
Gaulle (Pl. Ch.-de) 14
Grillot (R.) 15
Parc-des-Sports (R. du) 18
Sallier (R.) 19
Tanneries (R. des) 20

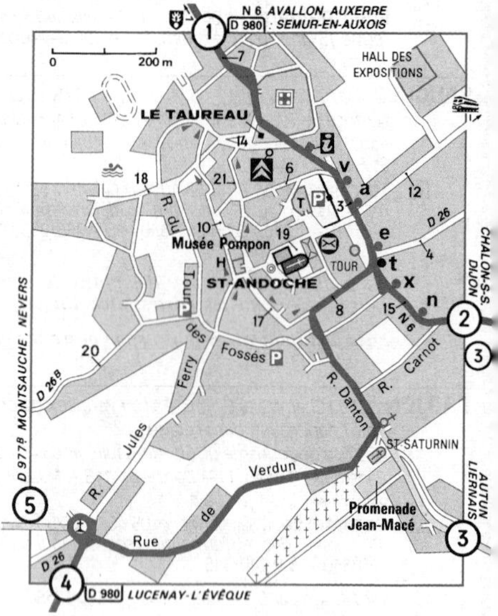

Les localités citées dans le guide Michelin sont soulignées de rouge sur les cartes Michelin à 1/200 000.

Côte d'Or (Loiseau), 2 r. Argentine **(e)** 03 80 90 53 53, *Fax 03 80 64 08 92*, « Élégante hostellerie agrémentée d'un jardin fleuri » – – 30. AE GB JCB
Repas 420 (déj.), 580/890 et carte 570 à 940, enf. 110 – 150 – **24 ch** 340/2100, 3 duplex
Spéc. Jambonnettes de grenouilles à la purée d'ail et au jus de persil. Sandre à la fondue d'échalotes sauce au vin rouge. Blanc de volaille au foie gras chaud et purée truffée. **Vins** Bourgogne.

Poste, 1 r. Grillot **(t)** 03 80 64 05 67, *Fax 03 80 64 10 82*, « Salle à manger Belle Époque » – rest, – 30. AE GB
1er mars-30 nov. – **Repas** 98/188, enf. 60 – 45 – **45 ch** 260/585 – ½ P 300/450.

Borne Impériale avec ch, 16 r. Argentine **(v)** 03 80 64 19 76, *Fax 03 80 64 30 63*, – . GB
fermé 15 nov. au 15 déc., mardi soir et merc. – **Repas** 120/280, enf. 65 – 42 – **7 ch** 190/300 – ½ P 290/340.

Aub. du Relais avec ch, 8 r. Argentine **(a)** 03 80 64 13 16, *Fax 03 80 64 08 33* – . AE GB. ch
Repas 110/170, enf. 62 – 36 – **5 ch** 240/280 – ½ P 250/300.

Vieille Auberge avec ch, 15 r. Grillot **(n)** 03 80 64 13 74, *Fax 03 80 64 00 79*, – . AE GB
fermé 5 janv. au 2 fév., mardi soir et merc. sauf juil.-août – **Repas** 70/165 – 30 – **5 ch** 210/260 – ½ P 230/230.

Renaissance, 5 r. Grillot 03 80 64 08 72 – GB
fermé 1er au 7 juin, 30 nov. au 6 déc., dim. soir et lundi – **Repas** 72/180, enf. 50.

CITROEN Gar. de l'Etape, 03 80 64 17 99
RENAULT S.C.A, r. Grillot par ② 03 80 64 03 45
03 80 64 03 45

SAULT *84390 Vaucluse* 81 ⑭ *G. Alpes du Sud – 1 206 h alt. 765.*

Env. Gorges de la Nesque★★ : belvédère★★ SO : 11 km par D 942 – Mont Ventoux ※★★★ NO : 26 km.

Office de Tourisme av. Promenade ✆ 04 90 64 01 21, Fax 04 90 64 15 03.

Paris 720 – Digne-les-Bains 93 – Aix-en-Provence 81 – Apt 31 – Avignon 67 – Carpentras 42 – Gap 99.

Host. du Val de Sault ⌂, rte St-Trinit et rte secondaire : 2 km ✆ 04 90 64 01 41, *Fax 04 90 64 12 74*, ≤ Mont-Ventoux, ⛱, ⛱, ⛱, ✗ – TV ☎ ♿ P. AE GB
27 mars-11 nov. – **Repas** 123 (déj.), 175/217 – ☕ 59 – **11 ch** 640 – ½ P 560.

Albion, ✆ 04 90 64 06 22, *Fax 04 90 64 17 28* – TV ☎. GB
fermé vacances de fév. – **Repas** *(fermé dim. hors saison)* (dîner seul.) 75 – ☕ 35 – **10 ch** 270/290 – ½ P 361.

SAULX-LES-CHARTREUX *91 Essonne* 60 ⑩,, 101 ㉟ – *voir à Paris, Environs (Longjumeau).*

SAULZET-LE-CHAUD *63 P.-de-D.* 73 ⑭ – *rattaché à Ceyrat.*

SAUMUR SP *49400 M.-et-L.* 64 ⑫ *G. Châteaux de la Loire – 30 131 h alt. 30.*

Voir Château★★ : musée d'Arts décoratifs★★, musée du Cheval★, tour du Guet ※★ – Église N.-D.-de-Nantilly★ : tapisseries★★ – Vieux quartier★ **BY** *: Hôtel de ville★* **H** *,tapisseries★ de l'église St-Pierre – Musée de la Cavalerie★* **AY M**[1] *– Musée des Blindés★ au Sud.*

18 *de Loudun à Roiffé(86)* ✆ *05 49 86 25 10 par* ②*, D 145 : 16 km ;* 9 *du Saumurois* ✆ *02 41 50 87 00, à St-Hilaire-St-Florent, O : 3 km.*

Office de Tourisme pl. de la Bilange ✆ 02 41 40 20 60, Fax 02 41 40 20 69.

Paris 321 ① – Angers 50 ① – Châtellerault 77 ③ – Cholet 67 ③ – Le Mans 122 ① – Poitiers 96 ③ – Tours 66 ①.

Plan page suivante

Loire M ⌂, r. Vieux Pont ✆ 02 41 67 22 42, *Fax 02 41 67 88 80*, ≤ – |♦|, ▤ rest, TV ☎ ♿ ⇔ P – 🅰 50. AE ① GB — BY g
Repas *(fermé vend. soir et sam. du 1er nov. au 31 mars)* 85/198 ♀, enf. 65 – ☕ 48 – **44 ch** 450/590 – ½ P 340/400.

St-Pierre ⌂ sans rest, 8 r. Haute-St-Pierre ✆ 02 41 50 33 00, *Fax 02 41 50 38 68* – ✈ TV ☎. AE ① GB JCB — BY b
☕ 47 – **15 ch** 365/745.

Central sans rest, 23 r. Daillé ✆ 02 41 51 05 78, *Fax 02 41 67 82 35* – TV ☎ ✆ ⇔. AE GB — BY d
☕ 39 – **27 ch** 275/390.

Roi René, 94 av. Gén. de Gaulle ✆ 02 41 67 45 30, *Fax 02 41 67 74 59* – |♦| TV ☎ ⇔ – 🅰 25. AE GB — BX a
fermé 20 nov. au 22 déc. – **Repas** *(ouvert 15 mars-15 nov. et fermé sam. midi)* 80/175 ♀ – ☕ 35 – **39 ch** 280/410 – ½ P 275.

Londres sans rest, 48 r. Orléans ✆ 02 41 51 23 98, *Fax 02 41 51 12 63* – TV ☎ P. GB — ABY x
☕ 32 – **27 ch** 250/290.

Nouveau Terminus, 15 av. David d'Angers (face gare) par ① ✆ 02 41 67 31 01, *Fax 02 41 67 34 03* – |♦| TV ☎ ✆. AE GB. ✂ rest
fermé 24 déc. au 2 janv. et dim. – **Repas** (résidents seul.) 75/130 ♁, enf. 45 – ☕ 40 – **43 ch** 230/270 – ½ P 260.

Les Menestrels, 11 r. Raspail ✆ 02 41 67 71 10, *Fax 02 41 50 89 64* – AE ① GB — BZ u
fermé dim. soir de sept. à juin – **Repas** 98 (déj.), 160/340 et carte 240 à 370 ♀.

Délices du Château, cour du château ✆ 02 41 67 65 60, *Fax 02 41 67 74 60*, ≤, ⛱, « Terrasse face au jardin du château » – P. AE ① GB JCB — BZ f
fermé 8 déc. au 5 janv., dim. soir et lundi soir du 1er oct. au 1er mai – **Repas** 130 (déj.), 175/285 et carte 280 à 370 ♀.

Croquière, 42 r. Mar. Leclerc ✆ 02 41 51 31 45, *Fax 02 41 67 26 71* – AE GB — AZ a
fermé dim. soir et lundi – **Repas** 105/173 ♀.

Aub. St-Pierre, 6 pl. St-Pierre ✆ 02 41 51 26 25, *Fax 02 41 59 89 28*, ⛱ – GB — BY r
fermé 5 au 20 oct., vacances de fév., dim. soir sauf juil.-août et lundi – **Repas** *(55)* - 78/150 ♀.

Z.I. St-Lambert *par ① : 3 km – ✉ 49400 St-Lambert-des-Levées :*

Parc, av. Fusillés ✆ 02 41 67 17 18, *Fax 02 41 67 18 85* – TV ☎ ✆ ♿ P – 🅰 30. AE ① GB JCB
Repas *(fermé 24 déc. au 12 janv. et dim. soir)* 75/120 ♀, enf. 45 – ☕ 38 – **28 ch** 280/330, 12 Duplex – ½ P 270.

SAUMUR

Beaurepaire (R.) . . . . AY
Bilange (Pl. de la) . . . . BY 2
Gaulle (Av. Général de) . . BX
Leclerc (R. du Mar.) . . . . . AZ
Orléans (R. d') . . . . ABY
Portail-Louis (R. du) . . . . BY 10
Roosevelt (R. Fr.) . . . . . . BY 13
St-Jean (R.) . . . . BY 15

Cadets (Ponts des) . . . . BX 3
Dr-Bouchard (R. du) . . . . AZ 4
Dupetit-Thouars (Pl.) . . . BZ 5
Fardeau (R.) . . . . AZ 6
Nantilly (R. de) . . . . BZ 7
Poitiers (R. de) . . . . AZ 9
République (Pl. de la) . . BY 12
St-Pierre (Pl.) . . . . BY 16
Tonnelle (R. de la) . . . . . BY 17

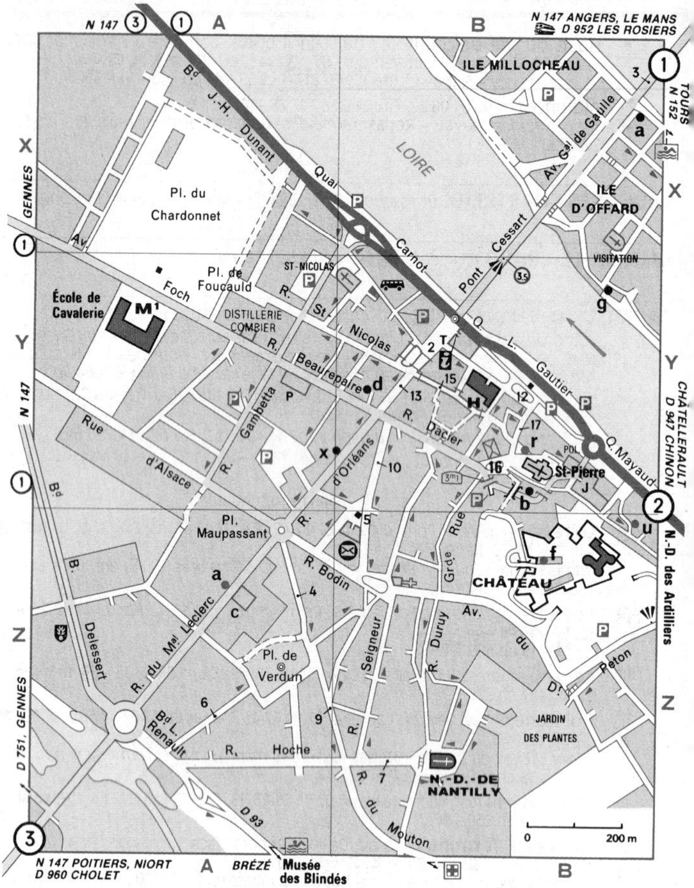

à St-Hilaire-St-Florent *par av. Foch* **AXY** *et D 751 : 3 km – ✉ 49400 Saumur.*
Voir *École nationale d'Équitation*★.

Clos des Bénédictins ⛰, ☎ 02 41 67 28 48, *Fax 02 41 67 13 71*, ←, ⛱, ⛱, – TV ☎ ♿ P. AE GB. ✗ rest
1er mars-15 nov. – **Repas** 120 (déj.), 165/370 bc, enf. 75 – ☕ 60 – **23 ch** 330/500 – ½ P 430/500.

à Chênehutte-les-Tuffeaux *par av. Foch* **AXY** *et D 751 : 8 km – 1 153 h. alt. 29 – ✉ 49350 Gennes :*

Prieuré ⛰, ☎ 02 41 67 90 14, *Fax 02 41 67 92 24*, ←, ⛱, « Site boisé dominant la Loire, parc, ⛱ », ✗ – TV ☎ P – 40. AE ⓓ GB JCB
fermé 5 janv. au 5 mars – **Repas** 160 (déj.), 235/400 ♀ – ☕ 85 – **18 ch** 600/1350 – ½ P 760/1110.

Les Résidences du Prieuré, – TV ☎. AE ⓓ GB JCB
Repas voir ***Prieuré*** – ☕ 85 – **15 ch** 550/700 – ½ P 760.

FORD Gar. Jolly, bd Mar.-Juin par bd J.-H.-Dunant ✆ 02 41 50 41 01
PEUGEOT Guillemet Autom., 103 r. Pont-Fouchard à Bagneux par ③ ✆ 02 41 50 11 33 N ✆ 02 41 50 24 24

PEUGEOT Gar. Guillemet, 5 r. de Rouen par ① ✆ 02 41 67 48 68 N ✆ 02 41 50 24 24

Godelu-Pneus, rte de Cholet à Distré ✆ 02 41 40 25 40

La SAUSSAYE *27370 Eure* 55 ⑳ *– 1 840 h alt. 137.*

Paris 120 – Rouen 24 – Évreux 40 – Louviers 19 – Pont-Audemer 51.

XXX **Manoir des Saules** avec ch, ✆ 02 35 87 25 65, *Fax 02 35 87 49 39*, « Beau mobilier ancien », – TV ☎ P. AE GB
fermé 1er au 10 nov., vacances de fév., dim. soir et lundi sauf fériés – **Repas** (nombre de couverts limité, prévenir) 185/365 et carte 240 à 400 ♀, enf. 110 – ☕ 75 – **7 ch** 680, 3 appart.

SAUSSET-LES-PINS *13960 B.-du-R.* 84 ⑫ *G. Provence – 5 541 h alt. 15.*

Office de Tourisme 16 av. du Port ✆ 04 42 45 60 65, Fax 04 42 45 40 90.

Paris 771 – Marseille 37 – Aix-en-Provence 45 – Martigues 11 – Salon-de-Provence 49.

Paradou-Méditerranée M, au port ✆ 04 42 44 76 76, *Fax 04 42 44 78 48*, ≤, , , – TV ☎ ♿ P – 50. AE GB
Repas *(fermé sam.)* 138/150 – ☕ 50 – **41 ch** 450/500 – ½ P 370.

XXX **Les Girelles,** ✆ 04 42 45 26 16, *Fax 04 42 45 49 65*, ≤, – . AE GB JCB
fermé 1er au 15 oct., 2 au 17 janv., mardi midi en juil.-août, lundi sauf le soir en juil.-août et dim. soir – **Repas** 188/290 ♀.

X **Jardin des Lyar,** quai du Port ✆ 04 42 45 00 00, *Fax 04 42 45 35 51*, ≤, – . AE GB
fermé 15 nov. au 31 déc., dim. soir hors saison, mardi midi en juil.-août et lundi – **Repas** 98/150 .

SAUSSIGNAC *24240 Dordogne* 75 ⑭ *– 378 h alt. 120.*

Paris 554 – Périgueux 66 – Bergerac 18 – Libourne 53 – Ste-Foy-la-Grande 13.

Relais de Saussignac, ✆ 05 53 27 92 08, *Fax 05 53 27 96 57*, – TV ☎. AE GB
fermé 23 nov. au 6 déc., 20 janv. au 1er mars, lundi (sauf hôtel) et dim. soir de nov. à mars – **Repas** 65 bc (déj.), 99/180 ♀, enf. 50 – ☕ 35 – **19 ch** 170/260 – ½ P 210/265.

SAUTERNES *33210 Gironde* 79 ① *G. Pyrénées Aquitaine – 589 h alt. 50.*

Paris 626 – Bordeaux 49 – Bazas 23 – Langon 10.

XX **Saprien,** ✆ 05 56 76 60 87, *Fax 05 56 76 68 92*, , – P. AE GB
fermé 15 nov. au 15 déc., 15 fév. au 1er mars, dim. soir et lundi – **Repas** 119/259, enf. 68.

SAUTRON *44 Loire-Atl.* 67 ③ *– rattaché à Nantes.*

SAUVETERRE *30150 Gard* 81 ⑪ *– 1 378 h alt. 23.*

Paris 670 – Avignon 12 – Alès 78 – Nîmes 51 – Orange 14 – Pont-St-Esprit 35 – Villeneuve-lès-Avignon 8.

Host. de Varenne , ✆ 04 66 82 59 45, *Fax 04 66 82 84 83*, , « Demeure du 18e siècle », – TV ☎ P. AE GB. rest
fermé 15 au 28 fév. – **Repas** *(fermé merc. hors saison)* 110 (déj.), 170/360 ♀ – ☕ 50 – **13 ch** 420/700 – ½ P 400/540.

SAUVETERRE-DE-COMMINGES *31510 H.-Gar.* 86 ① *– 730 h alt. 480.*

Paris 795 – Bagnères-de-Luchon 35 – Lannemezan 30 – St-Gaudens 11 – Tarbes 63 – Toulouse 103.

Host. des 7 Molles , à Gesset, Sud : 3 km par D 9 ✆ 05 61 88 30 87, *Fax 05 61 88 36 42*, ≤, « Beau parc, », – TV ☎ P – 30. AE GB
fermé début janv. à mi-mars et mardi hors saison – **Repas** 190/295 ♀ – ☕ 75 – **19 ch** 420/780 – ½ P 550/705.

SAUVETERRE-DE-ROUERGUE *12800 Aveyron* 80 ① *G. Gorges du Tarn – 888 h alt. 460.*

Voir *Place centrale*★.

Office de Tourisme (mai-oct.) pl. des Arcades ✆ 05 65 72 02 52, Fax 05 65 72 02 85 et (hiver) ✆ 05 65 47 05 32.

Paris 637 – Rodez 35 – Albi 54 – Millau 89 – St-Affrique 82 – Villefranche-de-Rouergue 43.

Sénéchal (Truchon) Ⓜ, ☎ 05 65 71 29 00, *Fax 05 65 71 29 09*, « Décor contemporain », – 30. AE GB JCB.
fermé janv., fév., mardi midi et lundi sauf juil.-août et fériés – **Repas** (nombre de couverts limité, prévenir) 130/450 et carte 270 à 390 – 75 – **11 ch** 550 – ½ P 510
Spéc. Foie gras chaud. Volaille de ferme de pays. Figues rôties au sucre noir et crème d'amandes. **Vins** Marcillac, Vin d'Entraygues et du Fel.

SAUVIGNY-LES-BOIS *58160 Nièvre* 69 ④ *– 1 591 h alt. 210.*
Paris 243 – Autun 98 – Decize 27 – Nevers 11.

Moulin de l'Etang, ☎ 03 86 37 10 17, *Fax 03 86 37 12 06*, – P. GB
fermé merc. soir et lundi – **Repas** 98/230 ♀.

SAUX *65 H.-Pyr.* 85 ⑧ *– rattaché à Lourdes.*

SAUXILLANGES *63490 P.-de-D.* 73 ⑮ *G. Auvergne – 1 109 h alt. 460.*
Voir *Pic d'Usson* ✲★ *SO : 4 km.*
Paris 463 – Clermont-Ferrand 49 – Ambert 47 – Issoire 12 – Thiers 46 – Vic-le-Comte 20.

Chalut avec ch, ☎ 04 73 96 80 71, *Fax 04 73 96 87 25* – rest, AE GB
fermé 1er au 15 sept., 15 janv. au 10 fév., dim. soir et lundi – **Repas** 58/280 ♀, enf. 50 – 26 – **6 ch** 135/190 – ½ P 180/190.

Mairie, ☎ 04 73 96 80 32, *Fax 04 73 96 80 32* – . GB
fermé 22 juin au 3 juil., 21 sept. au 2 oct., mardi soir et merc. – **Repas** 82/185, enf. 45.

Le SAUZE *04 Alpes-de-H.-P.* 81 ⑧ *– rattaché à Barcelonnette.*

SAUZON *56 Morbihan* 63 ⑪ *– voir à Belle-Ile-en-Mer.*

SAVERNE

Clés (R. des) .... B 3
Eglises (R. des) .... B 8
Gare (R. de la) .... A 13
Grand' Rue .... AB
Bouxwiller (R. de) .... B 2
Côte (R. de la) .... A 5
Dettwiller (R. de) .... B 6
Foch (R. Mar.) .... A 12
Gaulle (Pl. Gén. de) .... B 14
Joffre (R. Mar.) .... B 16
Pères (R. des) .... B 17
Poincaré (R.) .... A 20
Poste (R. de la) .... B 22
19-Novembre (R. du) .... A 23

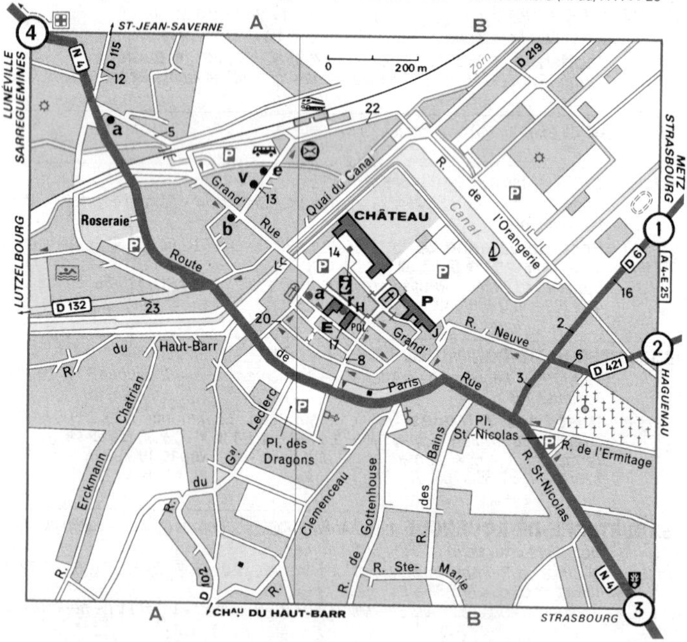

SAVERNE 67700 B.-Rhin 57 ⑱ *G. Alsace Lorraine – 10 278 h alt. 200.*

Voir *Château★ : façade★★* **B** – *Maisons anciennes★* **B E** – *St-Jean-Saverne : chapelle St-Michel★, ≤★ N : 4,5 km par D 115 puis 30 mn* **A** – *Château du Haut-Barr★ : ≤★★ SO : 5 km par D 102 puis D 171* **A** – *Vallée de la Zorn★ par D132.*

Env. *Église★★ de Marmoutier, 6,5 km par ③.*

Office de Tourisme Château des Rohan ☎ 03 88 91 80 47, Fax 03 88 71 02 90.

Paris 445 ① – Strasbourg 38 ③ – Lunéville 83 ④ – St-Avold 83 ① – Sarreguemines 63 ①.

Plan page ci-contre

Chez Jean, 3 r. Gare ☎ 03 88 91 10 19, *Fax 03 88 91 27 45* – 30. AE GB — A v
fermé 22 déc. au 10 janv. – **Repas** *(fermé dim. soir et lundi d'oct. à juin)* 90/220 ♀, enf. 65 - ***Winstub :*** Repas 75 (déj.) et carte 160 à 240 ♀, enf. 65 – 50 – **25 ch** 328/468 – ½ P 385/395.

Europe sans rest, 7 r. Gare ☎ 03 88 71 12 07, *Fax 03 88 71 11 43* – AE GB — A e
46 – **28 ch** 300/430.

Geiswiller, 17 r. Côte ☎ 03 88 91 18 51, *Fax 03 88 71 15 36* – P. AE GB JCB. rest — A a
Repas *(fermé 21 juil. au 10 août, 24 déc. au 5 janv., sam. et dim.)* 95/300 ♀, enf. 60 – 55 – **36 ch** 350/480.

Zum Staeffele, 1 r. Poincaré ☎ 03 88 91 63 94 – AE GB. — B a
fermé 6 au 23 juil., 14 déc. au 7 janv., sam. midi, dim. soir et lundi – **Repas** 100 (déj.), 195/265 ♀.

Boeuf Noir avec ch, 22 Grand'Rue ☎ 03 88 91 10 53, *Fax 03 88 71 02 26,* – P. GB — A b
fermé 1er au 15 juil., vavances de fév., dim. soir et mardi – **Repas** 75 (déj.), 100/215 ♀ – 35 – **12 ch** 235/295 – ½ P 265/295.

Taverne Katz, 80 Grand'Rue ☎ 03 88 71 16 56, *Fax 03 88 71 85 85* – AE GB — B r
fermé mardi soir et merc. – **Repas** 89/185 ♀.

à St-Jean-Saverne *Nord : 4 km par D 115 – 559 h. alt. 280 – ✉ 67700 :*

Kleiber, 37 Grand'Rue ☎ 03 88 91 11 82, *Fax 03 88 71 09 44* – P – 25. GB
fermé 22 déc. au 15 janv. sam. midi et dim. soir – **Repas** 100/250 ♀, enf. 50 – 50 – **16 ch** 250/300 – ½ P 270.

CITROEN Oblinger Autom., ZA r. du Kochersberg par ② ☎ 03 88 71 53 80
FORD Saverne Autos, 40 rte de Paris ☎ 03 88 01 85 85
OPEL Gar. Diemer, 32 r. Ermitage ☎ 03 88 91 19 00
PEUGEOT Gar. Roser, N 4 à Otterswiller par ③ ☎ 03 88 91 26 33
RENAULT Gar. Billiar, 116 r. St-Nicolas par ③ ☎ 03 88 71 55 55 N ☎ 03 88 57 72 25
RENAULT Gar. Adam, 4 N4 à Marmoutier ☎ 03 88 70 61 10

Pneus et Services D.K., 26 r. Ermitage ☎ 03 88 91 18 22

SAVIGNEUX *42 Loire* 73 ⑰, 110 ④ – *rattaché à Montbrison.*

SAVIGNY-LÈS-BEAUNE *21 Côte-d'Or* 69 ⑨ – *rattaché à Beaune.*

SAVIGNY-SUR-ORGE *91 Essonne* 61 ①, 101 ㊱ – *voir à Paris, Environs.*

SCEAUX *92 Hauts-de-Seine* 60 ⑩, 101 ㉕ – *voir à Paris, Environs.*

SCHERWILLER *67750 B.-Rhin* 87 ⑯ – *2 278 h alt. 185.*

Office de Tourisme au Corps de Garde (en saison) ☎ 03 88 92 25 62, Fax 03 88 82 71 74.

Paris 433 – Colmar 27 – Barr 17 – St-Dié 42 – Sélestat 5.

Aub. Ramstein M, 1 r. Riesling ☎ 03 88 82 17 00, *Fax 03 88 82 17 02,* ≤, – P. GB
fermé 24 au 31 déc., 15 au 28 fév., dim. soir et merc. – **Repas** 110/260 ♀ – 39 – **10 ch** 235/350 – ½ P 300/400.

SCHIRMECK *67130 B.-Rhin* 62 ⑧ *G. Alsace Lorraine – 2 167 h alt. 315.*

Voir *Vallée de la Bruche★ N et S.*

Syndicat d'Initiative Hôtel de Ville ☎ 03 88 49 63 80, Fax 03 88 49 63 89.

Paris 405 – Strasbourg 53 – Nancy 100 – St-Dié 43 – Saverne 45 – Sélestat 45.

XX **Sabayon,** 4 r. Gare à Labroque ✆ 03 88 97 04 35, *Fax 03 88 48 44 85*, – ▤. ⓓ GB JCB
fermé 17 août au 1er sept., 26 fév. au 9 mars, dim. soir et lundi – **Repas** 110/155 et dim. à la carte 170 à 310, enf. 55.

à Barembach *Nord-Est : 1,5 km – 872 h. alt. 348 – ✉ 67130 :*

Château de Barembach, 5 r. Mar. de Lattre de Tassigny ✆ 03 88 97 97 50, *Fax 03 88 47 17 19*, – TV ☎ P. AE ⓓ GB. rest
fermé 5 janv. au 5 fév., mardi soir et merc. du 1er déc. au 31 mars – **Repas** 120 bc (déj.), 178/398 ♀ – ☕ 65 – **15 ch** 395/895 – ½ P 470/685.

aux Quelles *Sud-Ouest : 7,5 km par N 420, D 261 et rte forestière – ✉ 67130 Schirmeck :*

Neuhauser , ✆ 03 88 97 06 81, *Fax 03 88 97 14 29*, ≤, , , – TV ☎ P. ⓓ GB. rest
Repas 138/270 ♀ – ☕ 48 – **14 ch** 290/330, 3 chalets – ½ P 340/360.

CITROEN Gar. Béraud, à la Broque ✆ 03 88 97 05 43

SCHLEITHAL *67160 B.-Rhin 87 ② – 1 374 h alt. 155.*

Paris 513 – Strasbourg 61 – Haguenau 33 – Karlsruhe 33 – Sarrebourg 96 – Wissembourg 11.

XX **Café de France,** 282 r. Principale ✆ 03 88 94 32 55, *Fax 03 88 53 62 70* – GB
fermé 27 juil. au 9 août, lundi et mardi – **Repas** *(43)* - 80/195 ♀.

La SCHLUCHT (Col de) *88 Vosges 62 ⑱ G. Alsace Lorraine – alt. 1139 – Sports d'hiver : 1 150/ 1 280 m 2 .* **Voir** *Route des Crêtes*** N et S – Le Hohneck *** S : 5 km.*

Paris 440 – Colmar 37 – Épinal 56 – Gérardmer 15 – Guebwiller 45 – St-Dié 36 – Thann 44.

Collet, au Collet : 2 km sur rte Gérardmer ✉ 88400 Gérardmer, ✆ 03 29 60 09 57, *Fax 03 29 60 08 77*, ≤, – TV ☎ P. AE ⓓ GB
fermé 16 au 29 mars et 12 nov. au 15 déc. – **Repas** *(fermé merc. sauf vacances scolaires)* 88 (déj.), 138/158 ♀, enf. 50 – ☕ 50 – **21 ch** 290/390 – ½ P 340/380.

SCHWEIGHOUSE-SUR-MODER *67 B.-Rhin 57 ⑲ – rattaché à Haguenau.*

SCIEZ (port de) *74 H.-Savoie 70 ⑰ – rattaché à Thonon-les-Bains.*

SEBOURG *59 Nord 53 ⑤ – rattaché à Valenciennes.*

Le SECHIER *05 H.-Alpes 77 ⑯ – rattaché à St-Firmin.*

SECLIN *59113 Nord 51 ⑯, 111 ㉒ G. Flandres Artois Picardie – 12 281 h alt. 30.*

Voir *Cour* de l'hôpital.*

Syndicat d'Initiative (fermé jeudi) 9 bd Hentgès ✆ 03 20 90 00 02.

Paris 211 – Lille 17 – Lens 25 – Tournai 31 – Valenciennes 47.

XX **Aub. du Forgeron** avec ch, 17 r. Roger Bouvry ✆ 03 20 90 09 52, *Fax 03 20 32 70 87* – TV ☎ P. AE GB
fermé 1er au 24 août et 24 déc. au 2 janv. – **Repas** *(fermé dim.)* 120/300 – ☕ 40 – **18 ch** 200/400 – ½ P 240.

RENAULT Gar. Wacrenier, 15 rte de Lille ✆ 03 20 62 94 14 N ✆ 06 07 55 70 43

Euromaster, ZI ✆ 03 20 90 65 54

SEDAN *SP 08200 Ardennes 53 ⑲ G. Champagne – 21 667 h alt. 154.*

Voir *Château fort** **BY.**

Office de Tourisme parking du Château ✆ 03 24 27 73 73, Fax 03 24 29 03 28.

Paris 248 ② – Charleville-Mézières 24 ② – Châlons-en-Champagne 118 ② – Liège 168 ① – Luxembourg 106 ① – Metz 146 ① – Namur 116 ① – Reims 102 ② – Thionville 132 ① – Verdun 80 ①.

Plan page ci-contre

Europe, 2 pl. Gare ✆ 03 24 27 18 71, *Fax 03 24 29 32 00* – TV ☎ P. GB **AZ e**
Repas *(59)* - 79/119, enf. 39 – ☕ 30 – **26 ch** 210/240.

XXX **Au Bon Vieux Temps,** 3 pl. Halle ✆ 03 24 29 03 70, *Fax 03 24 29 20 27* – ▤. AE ⓓ GB
fermé vacances de fév., dim. soir et lundi sauf fériés – **Repas** *(95)* - 130/300 et carte 260 à 360 ♀, enf. 45. **BYZ r**

SEDAN

Armes (Pl. d') . . . . **BY** 3
Carnot (R.) . . . . **BY** 8
Gambetta (R.) . . . . **BY** 13
Halle (Pl. de la) . . . . **BY** 15
Leclerc (Av. du Mar.) . . . **BY** 24
Mesnil (R. du) . . . . **BY**

Alsace-Lorraine (Pl. d') . **BZ** 2
Bayle (R. de) . . . . **BY** 4
Berchet (R.) . . . . **BY** 5
Blanpain (R.) . . . . **BY** 6
Capucins (Rampe) . . . . . **BY** 7
Crussy (Pl.) . . . . **BY** 8
Fleuranges (R. de) . . . . . **AY** 10
Francs-Bourgeois (R. des) **BY** 12
Goulden (Pl.) . . . . **BY** 14
Horloge (R. de l') . . . . . . **BY** 17
Jardin (Bd du Gd) . . . . . . **BY** 18
La Rochefoucauld (R. de) . . . . **BY** 20
Lattre-de-Tassigny (Bd Mar.-de) . . . . **AZ** 21
Margueritte (Av. du G.) **ABY** 26
Martyrs-de-la-Résistance (Av. des) . **AY** 27
Nassau (Pl.) . . . . **BZ** 31
Promenoir-des-Prêtres . **BY** 33
Rivage (R. du) . . . . **BY** 34
Rochette (Bd de la) . . . . **BY** 35
Rovigo (R.) . . . . **BY** 36
Strasbourg (R. de) . . . . . **BZ** 39
Turenne (Pl.) . . . . **BY** 41
Vesseron-Lejay (R.) . . . . **AY** 42
Wuidet-Bizot (R.) . . . . . . **BZ** 44

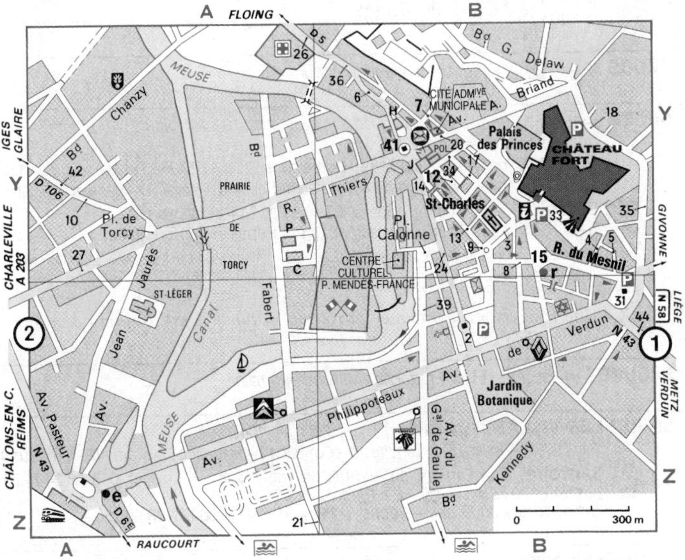

à Bazeilles *par* ① *: 3 km – 1 599 h. alt. 161 –* ✉ *08140 :*

Château de Bazeilles Ⓜ ⛰, ✆ 03 24 27 09 68, *Fax 03 24 27 64 20*, parc – TV ☎ 📞 ♿ P. AE GB

L'Orangerie ✆ 03 24 27 52 11 *(fermé 1er au 15 fév., sam. midi, dim. soir et lundi)* **Repas** 130 (déj.), 150/250 ♀, enf. 80 – ☕ 48 – **20 ch** 395/435 – ½ P 415.

Aub. du Port ⛰, Sud : 1 km par rte Remilly-Aillicourt ✆ 03 24 27 13 89, *Fax 03 24 29 35 58*, 🏕, « Jardin en bord de Meuse » – TV ☎ P – 🏛 25. AE ⓓ GB
fermé 16 août au 1er sept. et 20 déc. au 15 janv. – **Repas** *(fermé vend. soir, sam. midi et dim. soir)* 98/235, enf. 50 – ☕ 40 – **20 ch** 270/315 – ½ P 285.

à Frénois *par* ② *et D 67 : 3,5 km –* ✉ *08200 Sedan :*

Campanile, ✆ 03 24 29 45 45, *Fax 03 24 27 64 52*, 🏕 – ⇌ TV ☎ 📞 ♿ P – 🏛 25. AE ⓓ GB
Repas *(66)* - 84 bc/107 bc, enf. 39 – ☕ 34 – **49 ch** 278.

AUDI, SKODA, VOLKSWAGEN Gar. Poncelet, 2 pl. de Torcy ✆ 03 24 27 01 01 **N** ✆ 03 26 53 86 05
CITROEN Succursale, 40 av. Philippoteaux ✆ 03 24 29 78 58
OPEL Gar. St-Christophe, 1 av. Philippoteaux ✆ 03 24 27 17 89
PEUGEOT S.I.S.A., 6 av. Gén.-de-Gaulle ✆ 03 24 27 13 25 **N** ✆ 08 00 44 24 24
RENAULT Ardennes Autos, 19 av. de Verdun ✆ 03 24 27 78 78 **N** ✆ 08 00 05 15 15

Ⓜ Legros Point S, 45 av. Ch.-de-Gaulle à Balan ✆ 03 24 27 44 22

SÉES *61500 Orne* **60** ③ *G. Normandie Cotentin* (plan) – *4 547 h alt. 186.*

Voir *Cathédrale Notre-Dame★ : choeur et transept★★ – Forêt d'Ecouves★★ SO : 5 km.*

🅘 *Office de Tourisme pl. Gén.-de-Gaulle* ✆ *02 33 28 74 79, Fax 02 33 28 18 13.*

Paris 181 – Alençon 22 – L'Aigle 41 – Argentan 24 – Domfront 66 – Mortagne-au-Perche 33.

à Macé : *5,5 km par rte d'Argentan, D 303 et D 747 – 464 h. alt. 173 – ✉ 61500.*
Voir *Château d'O★ NO : 5 km.*

Ile de Sées ⑤, ☏ 02 33 27 98 65, *Fax 02 33 28 41 22*, ⛱, parc, ✂ – TV ☎ ☏ P – 🔺 30. GB. ✂
fermé 15 janv. au 1er mars, dim. soir et lundi – **Repas** 83 bc (déj.), 103/178 bc – ☕ 35 – **16 ch** 290/350 – ½ P 310.

CITROEN Gar. Hugeron, 60 r. République ☏ 02 33 27 80 13
PEUGEOT Gar. Portilla, av. du 8 mai 1945 ☏ 02 33 27 93 76 N ☏ 02 33 27 93 76
RENAULT Gar. Herouin, rte de Mortagne ☏ 02 33 27 84 10 N ☏ 02 33 27 94 30
Fournier pneus, r. du 8 mai ☏ 02 33 27 83 30

SEGOS *32 Gers* 82 ② – *rattaché à Aire-sur-l'Adour.*

SEGRÉ SP *49500 M.-et-L.* 63 ⑨ *G. Châteaux de la Loire – 6 434 h alt. 40.*
Voir *Château de la Lorie★ SE : 2 km.*
Office de Tourisme 3 r. Capitaine Hautecloque ☏ 02 41 92 86 83 et Mairie ☏ 02 41 92 17 83.
Paris 309 – Angers 40 – Ancenis 45 – Châteaubriant 40 – Laval 50 – Rennes 87 – Vitré 60.

Corvette, 37 quai de Lauingen ☏ 02 41 61 06 94 – ▤. AE ⓓ GB
fermé 16 fév. au 16 mars, dim. soir et lundi – **Repas** 81/163 🍷, enf. 58.

CITROEN Gar. Bellanger, 34 r. Lamartine ☏ 02 41 92 23 11
PEUGEOT Gar. Chesneau, à Ste-Gemme d'Andigne ☏ 02 41 92 22 52

Une réservation confirmée par écrit ou par fax est toujours plus sûre.

SÉGURET *84 Vaucluse* 81 ② – *rattaché à Vaison-la-Romaine.*

SÉGUR-LES-VILLAS *15300 Cantal* 76 ③ *– 318 h alt. 1045.*
Paris 526 – Aurillac 70 – Allanche 13 – Condat 19 – Mauriac 55 – Murat 19 – St-Flour 41.

Santoire, à La Carrière du Monteil de Ségur Sud : 4 km sur D 3 ☏ 04 71 20 70 68, *Fax 04 71 20 73 44*, ≤, ⛱, ✂ – TV ☎ ☏ P. GB
fermé 15 nov. au 27 déc. – **Repas** 75/150 🍶, enf. 45 – ☕ 32 – **28 ch** 250.

SEIGNELAY *89250 Yonne* 65 ⑤ *G. Bourgogne – 1 538 h alt. 120.*
Paris 168 – Auxerre 17 – Chablis 28 – Joigny 21 – Nogent-sur-Seine 77 – St-Florentin 19 – Tonnerre 45.

Commerce, ☏ 03 86 47 71 21 – P. GB
fermé août, dim. et fériés (sauf hôtel) et lundi – **Repas** 55/95 🍷 – ☕ 20 – **7 ch** 90/140.

SEIGNOSSE *40510 Landes* 78 ⑰ *– 1 630 h alt. 15.*
Paris 747 – Biarritz 35 – Mont-de-Marsan 81 – Dax 29 – Soustons 12.

au Golf *Ouest : 4 km par D 86 – ✉ 40510 Seignosse :*

Golf H. M ⑤, ☏ 05 58 41 68 40, *Fax 05 58 41 68 41*, ⛱, « Golf en lisière de forêt », ⛱ – |≡|, ▤ rest, TV ☎ ♿ P – 🔺 30. AE ⓓ GB
fermé 7 janv. au 7 mars – **Repas** (dîner seul.) *(90)* - 130/145 🍷, enf. 60 – ☕ 60 – **45 ch** 465/810 – ½ P 515/665.

Le SEIGNUS *04 Alpes-de-H.P.* 81 ⑧ – *rattaché à Allos.*

SEILH *31 H.-Gar.* 82 ⑦ – *rattaché à Toulouse.*

SEILHAC *19700 Corrèze* 75 ⑨ *– 1 540 h alt. 500.*
Paris 462 – Brive-la-Gaillarde 33 – Aubusson 99 – Limoges 72 – Tulle 14 – Uzerche 16.

Relais des Monédières, rte de Tulle : 1 km ☏ 05 55 27 04 74, *Fax 05 55 27 90 03*, parc, ✂ – TV ☎ ☏ 🚗 P. AE ⓓ GB. ✂ ch
fermé 15 déc. au 22 janv. – **Repas** 70/185 🍶, enf. 60 – ☕ 38 – **17 ch** 220/300 – ½ P 225/245.

à St-Salvadour *Nord-Est : 8 km par D 940, D 44 et D 173E – 292 h. alt. 460 – ✉ 19700 :*

Ferme du Léondou, ☏ 05 55 21 60 04, *Fax 05 55 21 60 04* – P. AE ⓓ GB. ✂
fermé 8 fév. au 8 mars et merc. sauf le midi en juil.-août – **Repas** 60/230 🍷.

SÉLESTAT ⟨SP⟩ 67600 B.-Rhin 62 ⑲ *G. Alsace Lorraine* – 15 538 h alt. 170.

Voir *Vieille ville*★ : *église Ste-Foy*★ **BY**, *église St-Georges*★ **BY**, *Bibliothèque humaniste*★ **BY M** – *Volerie des Aigles : démonstrations de dressage*★ *au château de Kintzheim : 5 km par* ④ *puis 30 mn – Vallée de la Liepvrette*★.

Env. *Ebermunster : intérieur*★★ *de l'église abbatiale*★, *9 km par* ①.

Office de Tourisme Commanderie St-Jean, bd Gén.-Leclerc ✆ *03 88 58 87 20, Fax 03 88 92 88 63.*

Paris 435 ① – Colmar 23 ③ – Gérardmer 65 ③ – St-Dié 44 ④ – Strasbourg 51 ①.

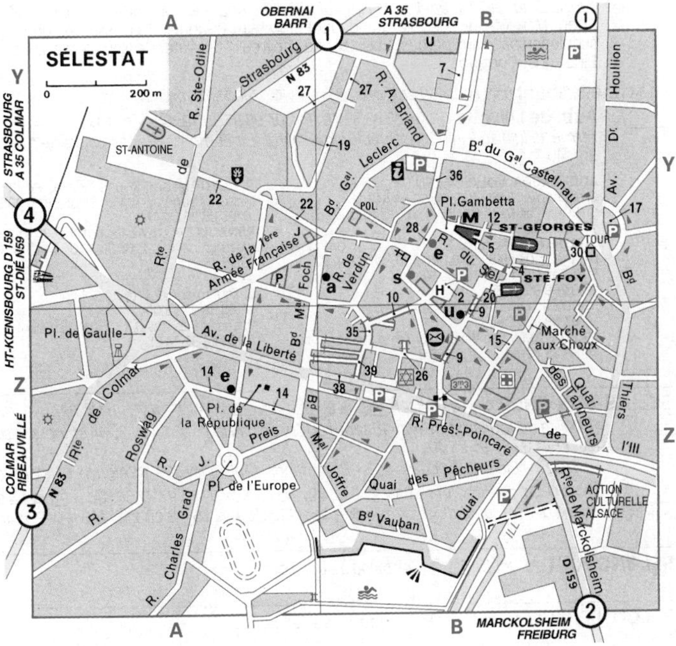

Chevaliers (R. des) . . . **BYZ** 9
Hôpital (R. de l') . . . . **BZ** 15
Prés.-Poincaré (R. du) . . **BZ**
4e-Zouaves (R. du) . . . . . **BZ** 38

Armes (Pl. d') . . . . **BY** 2
Babil (R. du) . . . . **BY** 4
Bibliothèque (R. de la) . . **BY** 5

Charlemagne (Bd) . . . . . **BY** 7
Clefs (R. des) . . . . **BYZ** 10
Église (R. de l') . . . . **BY** 12
Gallieni (R.) . . . . **AZ** 14
Lattre-de-Tassigny
(Pl. du Mal-de) . . . . . . **BY** 17
Maire-Knol (Allée du) . **ABY** 19
Marché-Vert (R. du) . . . . **BY** 20

Paix (R. de la) . . . . **AY** 22
Sainte-Barbe (R.) . . . . . . **BZ** 26
Schweisguth (Av.) . . . . **ABY** 27
Serruriers (R. des) . . . . . **BY** 28
Strasbourg (Pl. Pte-de) . **BY** 30
Victoire (Pl. de la) . . . . . . **BZ** 35
Vieux Marché aux Vins . **BY** 36
17-Novembre (R. du) . . . **BZ** 39

Host. de l'Abbaye la Pommeraie Ⓜ, 8 av. Mar. Foch ✆ 03 88 92 07 84, *Fax 03 88 92 08 71*, « Belle décoration intérieure », – |♦| ▤ TV ☎ ✆ ⟨car⟩. AE ⓓ GB JCB BY a

Repas *(fermé dim. soir et lundi hors saison)* 300 bc/480 ♀ - ***S'Apfelstuebel*** : Repas carte environ 200 ♀, enf. 65 – ▭ 60 – **11 ch** 735/1575, 3 duplex – 1/2 P 620/1040.

Vaillant, pl. République ✆ 03 88 92 09 46, *Fax 03 88 82 95 01*, – |♦| TV ☎ – 30. GB. rest AZ e

Repas *(fermé Noël au Jour de l'An, vacances de fév., sam. midi et dim. soir)* 88/225 , enf. 48 – ▭ 55 – **47 ch** 270/380 – 1/2 P 250/315.

Aub. des Alliés, 39 r. Chevaliers ✆ 03 88 92 09 34, *Fax 03 88 92 12 88* – TV ☎ ✆ – 30. GB BZ u

Repas *(fermé 29 juin au 14 juil., 21 déc. au 5 janv., dim. soir et lundi)* 105/185 – ▭ 40 – **18 ch** 250/360 – 1/2 P 330.

XXX **Jean-Frédéric Edel,** 7 r. Serruriers ✆ 03 88 92 86 55, *Fax 03 88 92 87 26,* – AE ⓓ GB BY e
✿ *fermé 21 juil. au 13 août, vacances de fév., dim. soir sauf fériés, mardi soir et merc.* – **Repas** 150/420 et carte 220 à 480 ♀
Spéc. Poitrine de veau à la bière blonde sur choucroute. Sandre au Riesling. Pêche pochée glace au pain d'épice et coulis d'églantine. **Vins** Tokay, Riesling.

XX **Vieille Tour,** 8 r. Jauge ✆ 03 88 92 15 02, *Fax 03 88 92 19 42* – GB JCB BY s
fermé 16 au 26 fév. et lundi – **Repas** 90/270 ♀.

à Baldenheim *par ①, D 21 et D 209 : 8,5 km – 875 h. alt. 170 – ✉ 67600 :*

XXX **Couronne,** r. Sélestat ✆ 03 88 85 32 22, *Fax 03 88 85 36 27* – AE GB
✿ *fermé 26 juil. au 7 août, 4 au 11 janv., dim. soir et lundi* – **Repas** 190/410 et carte 320 à 410 ♀
Spéc. Matelote du Ried au grand cru Frankstein. Bouquet de cuisses de grenouilles et schniederspätle aux herbes. Noisettes de chevreuil et kasknepfle (sept. à janv.). **Vins** Tokay-Pinot gris, Pinot noir.

Le Schnellenbuhl *par ②, D 159 et D 424 : 8 km – ✉ 67600 Sélestat :*

X **Aub. de l'Illwald,** ✆ 03 88 85 35 40, *Fax 03 88 85 39 18,* – P. GB
fermé 25 juin au 9 juil., 24 déc. au 6 janv., mardi soir et merc. – **Repas** (50) - carte 120 à 190 ♀, enf. 40.

AUDI, SKODA, VOLKSWAGEN Gar. Michel, 2 r. Grenchen ZI Nord ✆ 03 88 57 44 44
CITROEN Gar. Ménétré, 89 rte de Strasbourg par ① ✆ 03 88 92 08 42
CITROEN Gar. Alsauto, ZI Nord Paradis, r. Grenchen par ① ✆ 03 88 82 97 02 N ✆ 03 88 82 30 82
FIAT Gar. Ligner, 24 rte de Sélestat à Châtenois ✆ 03 88 85 09 85
FORD Gar. Keller, 1 r. Waldkirch, ZI Nord ✆ 03 88 92 22 68
MAZDA, BMW Gar. Walter, 43 rte de Ste-Marie-aux-Mines à Châtenois ✆ 03 88 82 07 22
PEUGEOT Maison-Rouge Autom., Rd-Pt Maison-Rouge par ① ✆ 03 88 58 80 58 N ✆ 03 88 26 56 47
RENAULT Centre Alsace Autom., ZI Nord, r. Westrich par ① ✆ 03 88 58 01 01 N ✆ 08 00 05 15 15

Ⓜ Kautzmann, 28 rte de Colmar ✆ 03 88 92 38 00
Pneus et Services D.K., 95 rte de Colmar ✆ 03 88 92 14 95

SELLES-SUR-CHER *41130 L.-et-Ch.* 64 ⑱ *G. Châteaux de la Loire – 4 751 h alt. 88.*
Office de Tourisme (15 juin-15 sept.) pl. Ch. de Gaulle ✆ 02 54 95 25 44 et (hors saison) à la Mairie ✆ 02 54 95 25 40.
Paris 223 – Blois 42 – Orléans 102 – Romorantin-Lanthenay 20 – St-Aignan 17 – Valençay 15.

X **Lion d'Or** avec ch, 14 pl. Paix ✆ 02 54 97 40 83, *Fax 02 54 97 72 36,* – TV ☎ P. AE GB
fermé dim. et lundi d'oct. à mai – **Repas** 85/228 ♀ – ☕ 35 – **9 ch** 218/268 – ½ P 214/254.

SÉLONCOURT *25 Doubs* 66 ⑱ *– rattaché à Audincourt.*

SELONNET *04 Alpes-de-H.-P.* 81 ⑦ *– rattaché à Seyne.*

SEMBADEL *43 H.-Loire* 76 ⑥ *– rattaché à La Chaise-Dieu.*

SEMBLANÇAY *37360 I.-et-L.* 64 ⑭ *– 1 489 h alt. 100.*
Paris 248 – Tours 16 – Angers 97 – Blois 76 – Le Mans 70.

XX **Mère Hamard** avec ch, pl. Eglise ✆ 02 47 56 62 04, *Fax 02 47 56 53 61* – TV ☎ P. GB
fermé vacances de fév., dim. soir et lundi (sauf hôtel du 1er juin au 15 sept.) – **Repas** 100/275, enf. 60 – ☕ 49 – **9 ch** 210/275 – ½ P 275/285.

SEMÈNE *43 H.-Loire* 76 ⑧ *– rattaché à Aurec-sur-Loire.*

SEMNOZ (Montagne du) *74 H.-Savoie* 74 ⑥ ⑯ *G. Alpes du Nord – ✉ 74000 Annecy.*
Voir Crêt de Châtillon ✻★★★ *(**accès** par D 41 : d'Annecy 20 km ou du col de Leschaux 14 km, puis 15 mn).*
Paris 553 – Annecy 16 – Aix-les-Bains 41 – Albertville 59 – Chambéry 58.

sur D 41 *– ✉ 74000 Annecy :*

Rochers Blancs , près du sommet, alt. 1 650 ✆ 04 50 01 23 60, *Fax 04 50 01 40 68,* ←, – ☎ P. GB
fermé oct. (sauf rest.) et nov. – **Repas** 75/160 ♀, enf. 50 – ☕ 38 – **23 ch** 160/330 – ½ P 270/300.

Semnoz Alpes ⛰, au sommet, alt. 1 704 ✆ 04 50 01 23 17, *Fax 04 50 64 53 05*, ≤ Mont-Blanc, 🌳 – ☎ 🅿. GB. ⚮ rest
31 mai-30 sept. et fin déc.-vacances de printemps – **Repas** 78/190, enf. 38 – ☕ 38 – **12 ch** 140/280 – 1/2 P 220/275.

SEMUR-EN-AUXOIS *21140 Côte-d'Or* 65 ⑰ ⑱ *G. Bourgogne – 4 545 h alt. 286.*

Voir *Site*★ – *Église N.-Dame*★ – *Pont Joly* ≤★.
ℹ *Office de Tourisme 2 pl. Gaveau ✆ 03 80 97 05 96, Fax 03 80 97 08 85.*
Paris 246 ③ – Dijon 81 ③ – Auxerre 86 ③ – Avallon 41 ③ – Beaune 82 ③ – Montbard 20 ①.

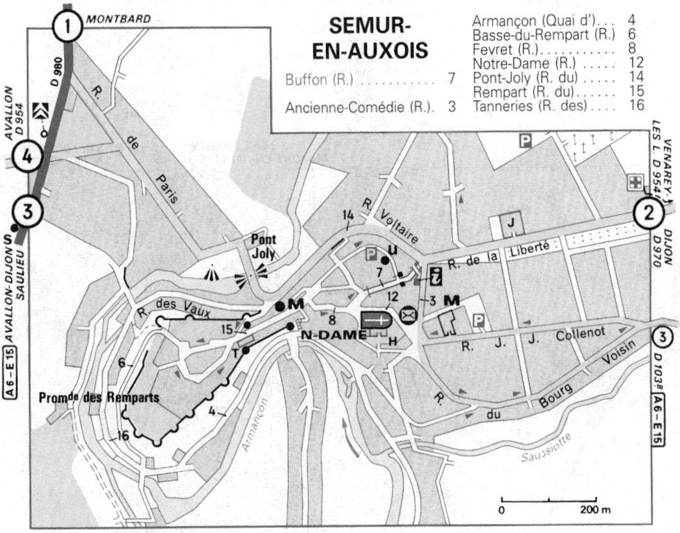

Host. d'Aussois M ⛰, rte Saulieu (s) ✆ 03 80 97 28 28, *Fax 03 80 97 34 56*, ≤, 🌳, 🏋, 🏊 – ▤ rest, 📺 ☎ ✆ ♿ 🅿 – 🏛 25 à 50. AE GB
fermé 25 janv. au 14 fév. et dim. soir de déc. à fév. – **Repas** 80 (déj.), 95/220 🍷, enf. 45 – ☕ 35 – **43 ch** 370 – 1/2 P 310.

Cymaises ⛰ sans rest, 7 r. Renaudot (u) ✆ 03 80 97 21 44, *Fax 03 80 97 18 23*, 🌳 – ☎ ✆ ♿ 🅿. GB
fermé 25 oct. au 8 nov. et 15 fév. au 2 mars – ☕ 36 – **18 ch** 260/320.

au lac de Pont *Est : 3 km par D 103B – ✉ 21140 Semur-en-Auxois :*

Lac ⛰, ✆ 03 80 97 11 11, *Fax 03 80 97 29 25*, 🌳 – 📺 ☎ ✆ 🅿. ⦿ GB JCB
fermé 20 déc. au 11 janv. et dim. soir du 15 oct. au 1er avril – **Repas** 90/210 🍷, enf. 55 – ☕ 37 – **20 ch** 250/330 – 1/2 P 300/340.

CITROEN Gar. Martin, ✆ 03 80 97 07 89
FORD Gar. Delaveau, rte de Dijon ✆ 03 80 97 02 61
N ✆ 03 80 97 02 61
RENAULT Sté Commerciale Autom., rte de Lac de Pont ✆ 03 80 96 66 00
Gar. Pignon, ✆ 03 80 97 07 18

SÉNAILLAC-LATRONQUIÈRE *46210 Lot* 75 ⑳ *– 169 h alt. 557.*

Paris 550 – Aurillac 49 – Cahors 88 – Figeac 31 – Lacapelle-Marival 26 – St-Céré 19 – Sousceyrac 9.

Grandgousier, ✆ 05 65 40 23 05
fermé 2 janv. au 14 fév., mardi midi hors saison et lundi – **Repas** 110/230 🍷, enf. 60.

Teilen Sie uns Ihre Meinung
über die von uns empfohlenen Restaurants,
ihre Spezialitäten und die angebotenen Landweine mit.

SENLIS SP 60300 Oise 56 (11) (12), 106 (8) (9) *G. Ile de France – 14 439 h alt. 76.*

Voir *Cathédrale N.-Dame*★★ **BY** – *Vieilles rues*★ **ABY** – *Place du Parvis*★ **BY** – *Église St-Frambourg*★ **BY B** – *Jardin du Roy* ≤★ **AY** – *Forêt d'Halatte*★ *5 km par la rue du Moulin Rieul* **BY** – *Butte d'Aumont* ☼★ *4,5 km par la rue du Moulin Rieul* **BY** *puis 30 mn.*

Env. *Parc Astérix*★★ *S : 12 km par autoroute A1.*

9 18 *de Morfontaine (privé)* ✆ *03 44 54 68 27, par* (4) *: 10 km.*

Office de Tourisme pl. Parvis-Notre-Dame ✆ *03 44 53 06 40, Fax 03 44 53 29 80.*

Paris 51 (3) *– Compiègne 34* (3) *– Amiens 105* (3) *– Beauvais 51* (6) *– Mantes-la-Jolie 98* (5) *– Meaux 37* (3) *– Soissons 61* (3).

SENLIS

Halle (Pl. de la) . . . . **BY** 12

Apport-au-Pain (R.) . . . . **AY** 2
Boutteville (Cours) . . . . **BY** 5
Bretonnerie (R. de la) . . . . . . **AZ** 6
Clemenceau (Av. G.) . . . . . . **BY** 7
Cordeliers (R. des) . . . . **AZ** 9
Heaume (R. du) . . . . **AZ** 13
Leclerc (Av. Gén.) . . . . **BY** 15
Montagne St-Aignan (R. de la) . . . . **AY** 17
Montauban (Rempart du) . . **AY** 19
Moulin St-Rieul (R. du) . . . . . **BY** 21
Odent (R.) . . . . **BY** 24
Parvis (Pl. du) . . . . **BY** 26
Puits Tiphaine (R. du) . . . . . . **AY** 27
Poterne (R. de la) . . . . **BZ** 29
Poulaillerie (R. de la) . . . . **AY** 31
St-Vincent (Rempart) . . . . . . **BZ** 36
St-Yves-à-l'Argent (R.) . . . . . **BZ** 38
Ste-Geneviève (R.) . . . . **BZ** 40
Treille (R. de la) . . . . **AY** 42
Vernois (Av. F.) . . . . **AY** 47
Vignes (R. des) . . . . **BZ** 49
Villevert (R. de) . . . . **BY** 52

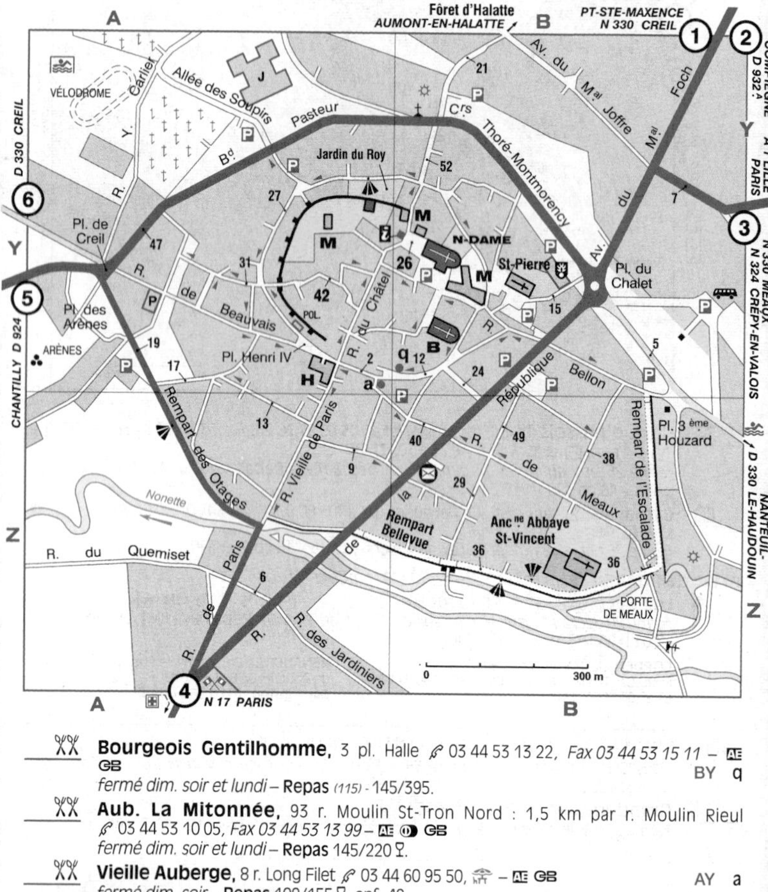

XX **Bourgeois Gentilhomme,** 3 pl. Halle ✆ 03 44 53 13 22, *Fax 03 44 53 15 11* – AE GB **BY q**
fermé dim. soir et lundi – **Repas** *(115)* - 145/395.

XX **Aub. La Mitonnée,** 93 r. Moulin St-Tron Nord : 1,5 km par r. Moulin Rieul ✆ 03 44 53 10 05, *Fax 03 44 53 13 99* – AE O GB
fermé dim. soir et lundi – **Repas** 145/220 ♀.

XX **Vieille Auberge,** 8 r. Long Filet ✆ 03 44 60 95 50, – AE GB **AY a**
fermé dim. soir – **Repas** 109/155 ♀, enf. 49.

par (3) *sur N 324 : 2 km –* ✉ *60300 Senlis :*

Ibis, ✆ 03 44 53 70 50, *Fax 03 44 53 51 93* – TV ☎ ♿ P – 100. AE O GB
Repas *(75)* - 95 ♀, enf. 39 – 35 – **92 ch** 300.

à Mont-L'Évêque *Sud-Est : 4 km par D 330 – 494 h. alt. 77 – ✉ 60300 :*

XX **Poivre et Sel,** 26 r. Meaux ✆ 03 44 60 94 99 – AE GB
fermé 1er au 16 août, 21 déc. au 6 janv., sam. midi, dim. soir et lundi – **Repas** 105/152, enf. 52.

CITROEN SO.FI.DAC., Angle av. E.-Audibert, F.-Louat par ③ ✆ 03 44 60 00 01 N ✆ 06 08 74 07 83

RENAULT S.A.C.L.I., 64 av. Gén.-de-Gaulle par ③ ✆ 03 44 53 97 00 N ✆ 06 07 55 29 20

SENLISSE *78 Yvelines 60 ⑨, 106 ㉙, 101 ㉛ – voir à Paris, Environs.*

SENNECÉ-LÈS-MÂCON *71 S.-et-L. 69 ⑲ – rattaché à Mâcon.*

SENNECEY-LÈS-DIJON *21 Côte-d'Or 66 ⑫ – rattaché à Dijon.*

SENONCHES *28250 E.-et-L. 60 ⑥ – 3 171 h alt. 223.*
Paris 117 – Chartres 37 – Dreux 37 – Mortagne-au-Perche 42 – Nogent-le-Rotrou 35.

XX **Pomme de Pin** avec ch, r. M. Cauty ✆ 02 37 37 76 62, *Fax 02 37 37 86 61*, – TV ☎ P. AE GB
fermé 19 au 28 oct., 25 déc. au 22 janv., dim. soir et lundi – **Repas** (72) - 88/270, enf. 48 – 35 – **10 ch** 220/380 – ½ P 255/280.

XX **Forêt** avec ch, pl. Champ de Foire ✆ 02 37 37 78 50, *Fax 02 37 37 74 98*, – TV ☎. AE ◑ GB
fermé 15 fév. au 15 mars et merc. – **Repas** (50) - 75/250, enf. 50 – 35 – **13 ch** 200/350 – ½ P 250/300.

CITROEN Gar. Central, 39 r. Peuret ✆ 02 37 37 71 18

PEUGEOT Gar. Blondeau, 20 r. M.-Cauty ✆ 02 37 37 70 82

SENONES *88210 Vosges 62 ⑦ G. Alsace Lorraine – 3 157 h alt. 340.*
Env. *Route de Senones au col du Donon*★ *NE : 20 km.*
Paris 386 – Épinal 55 – Strasbourg 81 – Lunéville 50 – St-Dié 22.

XX **Bon Gîte** avec ch, ✆ 03 29 57 92 46, *Fax 03 29 57 93 92* – TV ☎ P. AE GB
fermé 25 juil. au 10 août, vacances de fév., dim. soir et soirs fériés – **Repas** 61 (déj.), 95/160 ♀, enf. 40 – 30 – **7 ch** 230/300 – ½ P 210/250.

SENS *89100 Yonne 61 ⑭ G. Bourgogne – 27 082 h alt. 70.*
Voir *Cathédrale St-Étienne*★ *– Trésor*★★ *– Musée et palais synodal*★ **M.**
du Senonais ✆ 03 86 66 58 46, O : 16 km par D 26.
Office de Tourisme pl. J.-Jaurès ✆ 03 86 65 19 49, Fax 03 86 64 24 18.
Paris 117 ⑤ – Fontainebleau 53 ⑤ – Auxerre 59 ③ – Châlons-en-Champagne 156 ① – Montargis 50 ④ – Troyes 73 ②.

Plan page suivante

Paris et Poste, 97 r. République **(a)** ✆ 03 86 65 17 43, *Fax 03 86 64 48 45*, – rest, TV ☎ – 30. AE ◑ GB JCB
Repas *(fermé dim. soir en hiver)* 170/340 ♀ – 50 – **21 ch** 400/560, 4 appart – ½ P 360.

Virginia M, par ② *rte de Troyes : 3 km* ✆ 03 86 64 66 66, *Fax 03 86 65 75 11*, – TV ☎ P – 50. AE ◑ GB
Repas grill *(fermé 23 déc. au 2 janv. et dim. soir d'oct. à avril)* 98/135, enf. 50 – 30 – **100 ch** 220/260 – ½ P 210/230.

Archotel, 9 cours Tarbé **(u)** ✆ 03 86 64 26 99, *Fax 03 86 64 46 29* – TV ☎ P – 25. AE ◑ GB
Repas (58) - 79/127 ♀ – 36 – **44 ch** 256/400 – ½ P 435.

XX **Madeleine,** 1 r. Alsace-Lorraine **(d)** ✆ 03 86 65 09 31, *Fax 03 86 95 37 41* – AE ◑ GB
fermé dim. soir et lundi – **Repas** 180/275.

XX **Potinière,** 51 r. Cécile de Marsangy par ④ ✆ 03 86 65 31 08, *Fax 03 86 64 60 19*, «, « Belle terrasse au bord de l'Yonne », – AE GB
fermé vacances de fév., lundi soir et mardi – **Repas** (en saison, prévenir) 158/328.

XX **Clos des Jacobins,** 49 Gde rue **(t)** ✆ 03 86 95 29 70, *Fax 03 86 64 22 98* – AE GB
fermé vacances de Noël, mardi soir et merc. – **Repas** 95/280 ♀.

XX **Aub. de la Vanne,** 176 av. de Senigallia par ③ ✆ 03 86 65 13 63, *Fax 03 86 65 90 85*, « Terrasse au bord de l'eau », – P. AE GB
fermé 15 au 30 nov., dim. soir et mardi sauf juil.-août – **Repas** 85/173 ♀, enf. 60.

SENS

Cornet (Av. Lucien) 9
Déportés-et-de-la-Résistance (R. des)
Grande-Rue 15
République (Pl. de la) 27
République (R. de la) 28
Alsace-Lorraine (R. d') 2
Chambonas (Cours) 8
Cousin (Square J.) 10
Foch (Bd Mar.) 12
Garibaldi (Bd des) 13
Leclerc (R. du Gén.) 19
Maupéou (Bd de) 21
Moulin (Quai J.) 23

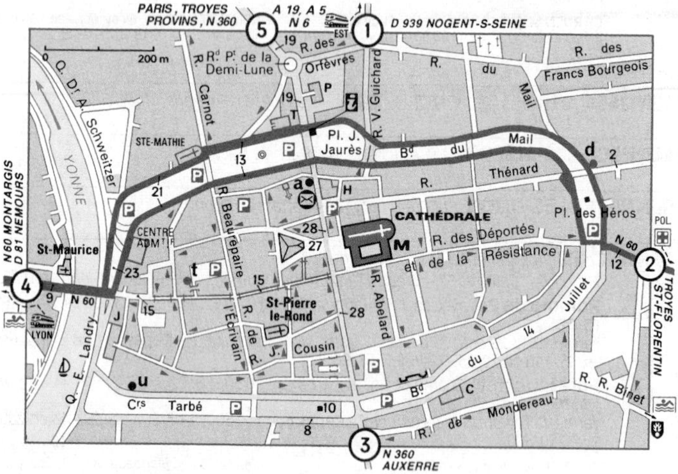

à **Soucy** *par ① : 7 km – 1 316 h. alt. 90 – ✉ 89100 :*

XX **Aub. du Regain** avec ch, ✆ 03 86 86 64 62, 🌳 – GB
fermé 25 août au 15 sept., 17 fév. au 2 mars, dim. soir et lundi – **Repas** 98/245 – ☕ 25 – **5 ch** 130/200 – ½ P 160/200.

à **Malay-le-Petit** *par ② : 8 km – 308 h. alt. 85 – ✉ 89100 :*

XX **Aub. Rabelais** avec ch, ✆ 03 86 88 21 44, 🌳 – ☎ P. GB
fermé 1er au 15 nov., 1er au 15 fév., merc. soir et jeudi sauf fêtes – **Repas** 99/260, enf. 45 – ☕ 35 – **6 ch** 170/280 – ½ P 200/250.

à **Rosoy** *par ③ : 5,5 km – ✉ 89100 :*

XX **Aub. de l'Hélix** avec ch, ✆ 03 86 97 92 10, *Fax 03 86 97 19 00* – TV ☎ ✆ P. GB
fermé 10 au 31 août, 15 au 28 fév., dim.. soir et lundi – **Repas** 98/210 🍷, enf. 50 – ☕ 29 – **10 ch** 160/240 – ½ P 260.

à **Subligny** *par ④ et N 60 : 7 km – 433 h. alt. 150 – ✉ 89100 :*

X **Haie Fleurie,** La Haie Pélerine, Sud-Ouest : 2 km ✆ 03 86 88 84 44, 🌳 – P. GB
fermé merc. soir, dim. soir et jeudi – **Repas** 98 bc/245 🍷.

à **Villeroy** *par ④ et D 81 : 7 km – 242 h. alt. 184 – ✉ 89100 :*

XXX **Relais de Villeroy** avec ch, ✆ 03 86 88 81 77, *Fax 03 86 88 84 04*, 🌳, 🪑 – TV ☎ ✆ P. GB
hôtel : fermé 22 déc. au 3 janv. et dim. du 15 nov. au 15 avril – ***Les Moissons*** *(fermé 15 déc. au 30 janv., dim. soir et lundi)* **Repas** 140/330, enf. 65 et carte 250 à 320 – ***Bistro Chez Clément*** *(fermé août, 22/12 au 3/01, dim. sauf le soir du 16/04 au 14/11 et sam.)* **Repas** 80 🍷, enf. 65 – ☕ 40 – **8 ch** 240/280.

BMW Gar. Berni, 13 av. Lorrach ✆ 03 86 65 70 90 N ✆ 03 86 65 19 97
CITROEN Gd Gar. de l'Yonne, rte de Lyon par ③ ✆ 03 86 83 13 73
PEUGEOT SEGAM, 16 bd Kennedy, par ③ ✆ 03 86 65 19 12 N ✆ 03 86 95 93 20
RENAULT Sénonaise Autom., Carr. Ste-Colombe à St-Denis-les-Sens par ⑤ ✆ 03 86 83 18 18 N ✆ 03 86 96 72 31

RENAULT Gar. Martineau, 11 rte de Nogent à Thorigny-sur-Oreuse par ① ✆ 03 86 88 42 03 N ✆ 03 86 88 42 03

Ⓜ Euromaster, 105 r. Gén.-de-Gaulle ✆ 03 86 65 24 33
Serdin Pneus, 78 rte de Paris ✆ 03 86 65 26 03
Sovic Point S, 18 bd Kennedy ✆ 03 86 65 25 05

SEPT-SAULX *51400 Marne* 56 ⑰ *– 484 h alt. 96.*
Paris 166 – Reims 24 – Châlons-en-Champagne 27 – Épernay 30 – Rethel 51 – Vouziers 52.

🏠 **Cheval Blanc** 🐦, ✆ 03 26 03 90 27, *Fax 03 26 03 97 09*, 🌳, 🪑, 🎾 – TV ☎ ✆ P – 🧑‍🏫 25. AE ⓓ GB
fermé 23 janv. au 20 fév. – **Repas** 150 (déj.), 180/360 🍷 – ☕ 50 – **18 ch** 350/460, 7 appart – ½ P 525/555.

SÉREILHAC *87620 H.-Vienne* 72 ⑰ – *1 614 h alt. 322.*

Paris 406 – Limoges 17 – Châlus 15 – Confolens 51 – Nontron 48 – Périgueux 77 – St-Yrieix-la-Perche 35.

Relais des Tuileries avec ch, aux Betoulles Nord-Est : 2 km sur N 21 ☎ 05 55 39 10 27, *Fax 05 55 36 09 21*, – TV ☎ P. GB
fermé 16 au 29 nov., 4 au 24 janv., dim. soir et lundi d'oct. à mai – **Repas** 72/275, enf. 55 – 30 – **10 ch** 250/270 – ½ P 260.

SEREZIN-DU-RHÔNE *69360 Rhône* 74 ⑪, 110 ㉔ – *2 257 h alt. 164.*

Paris 475 – Lyon 18 – Rive-de-Gier 23 – La Tour-du-Pin 54 – Vienne 18.

Bourbonnaise, ☎ 04 78 02 80 58, *Fax 04 78 02 17 39*, – TV ☎ P – 30. AE GB
Repas 125/245 ♀, enf. 85 - ***Grill :*** Repas *(73)* - 95, enf. 39 – 40 – **41 ch** 195/310.

SÉRIGNAN-DU-COMTAT *84 Vaucluse* 81 ② – *rattaché à Orange.*

SERMERSHEIM *67230 B.-Rhin* 87 ⑥ – *677 h alt. 160.*

Paris 503 – Strasbourg 38 – Lahr/Schwarzwald 39 – Obernai 20 – Sélestat 14.

Relais de l'Ill M sans rest, r. Rempart ☎ 03 88 74 31 28, *Fax 03 88 74 17 51* – TV ☎ P. GB
40 – **23 ch** 280/400.

SERRAVAL *74230 H.-Savoie* 74 ⑰ – *430 h alt. 760.*

Paris 564 – Annecy 31 – Albertville 25 – Bonneville 40 – Faverges 9 – Megève 40 – Thônes 10.

Tournette, ☎ 04 50 27 50 13, *Fax 04 50 27 52 68*, ←, – TV ☎ P. GB
fermé 15 au 30 oct. et mardi hors saison – **Repas** 75/140, enf. 60 – 30 – **18 ch** 210/310 – ½ P 260.

SERRE-CHEVALIER *05240 H.-Alpes* 77 ⑱ *G. Alpes du Sud – Sports d'hiver : 1 200/2 800 m 9 63.*

Voir ✳★★.

Paris 672 – Briançon 11 – Gap 99 – Grenoble 107 – Col du Lautaret 17.

à Chantemerle – ✉ *05330 St-Chaffrey.*

Voir *Col de Granon ✳★★ N : 12 km.*

Office de Tourisme ☎ 04 92 24 98 97, Fax 04 92 24 98 83.

Plein Sud sans rest, ☎ 04 92 24 17 01, *Fax 04 92 24 10 21*, ←, – TV ☎ P. GB.
20 juin-13 sept. et 19 déc.-17 avril – 45 – **42 ch** 410/550.

Balme, ☎ 04 92 24 01 89, *Fax 04 92 24 07 74*, ←, – TV ☎ P. AE GB. rest
mi-juin-mi-sept. et début déc.-mi-avril – **Repas** (dîner seul.) 140 ♀ – 45 – **25 ch** 375/510 – ½ P 440.

Boule de Neige M, ☎ 04 92 24 00 16, *Fax 04 92 24 00 25*, – TV ☎. GB. rest
15 juin-15 sept. et 1er déc.-30 avril – **Repas** 97/160 – 50 – **9 ch** 420/680 – ½ P 355/495.

à Villeneuve-la-Salle – ✉ *05240 La-Salle-les-Alpes.*

Voir *Eglise St-Marcellin★ de La-Salle-les-Alpes.*

Office de Tourisme ☎ 04 92 24 98 98, Fax 04 92 24 98 84.

Christiania, ☎ 04 92 24 76 33, *Fax 04 92 24 83 82*, ←, – TV ☎ P. GB. rest
20 juin-13 sept. et 13 déc.-13 avril ; rest. : 1er juil.-6 sept et 13 déc.-13 avril – **Repas** 100/150, enf. 45 – 45 – **26 ch** 300/480 – ½ P 420.

Bidule, au Bez ☎ 04 92 24 77 80, *Fax 04 92 24 85 51*, – GB
fermé 1er au 15 juin, 1er au 15 oct. et 12 au 30 nov. – **Repas** (prévenir) 90 (déj.), 130/220.

au Monêtier-les-Bains – *987 h. alt. 1480* – ✉ *05220 :*

Aub. du Choucas, ☎ 04 92 24 42 73, *Fax 04 92 24 51 60*, « Décor montagnard, belle salle de restaurant voûtée », – TV ☎. GB
fermé 4 au 29 mai et 2 nov. au 17 déc. – **Repas** *(fermé lundi midi, mardi midi et merc. midi)* *(95)* - 140 (déj.), 160/380 ♀, enf. 80 – 65 – **8 ch** 600/700, 4 duplex – ½ P 490/750.

Europe et des Bains, ☎ 04 92 24 40 03, *Fax 04 92 24 52 17*, – TV ☎. AE GB
1er juin-20 sept. et 15 déc.-20 avril – **Repas** 95/170 ♀ – 50 – **31 ch** 370/450 – ½ P 410.

Castel Pélerin ⑤, Le Lauzet, Nord-Ouest : 6 km par rte Lautaret et rte secondaire ☎ 04 92 24 42 09, *Fax 04 92 24 40 34*, ← – ☎ P. AE GB
26 juin-31 août et 22 déc.-31 mars – **Repas** 98 (déj.), 118/138 – ☐ 35 – **6 ch** 380 – ½ P 280.

Chazal, Les Guibertes, Sud-Est 2,5 km ☎ 04 92 24 45 54, ☂ – GB
fermé 28 juin au 8 juil., 9 au 18 sept. et 16 nov. au 2 déc. – **Repas** *(fermé merc. midi du 1/2 au 31/3 et du 1/7 au 31/8, dim. soir et merc. du 1/4 au 30/6 et du 1/9 au 31/1)* 98/175.

OPEL Gar. du Téléphérique, à St-Chaffrey ☎ 04 92 24 01 65 N ☎ 04 92 24 01 65

SERRIÈRES *07340 Ardèche 77 ① G. Vallée du Rhône – 1 154 h alt. 140.*

Syndicat d'Initiative (juil.-août) quai J. Roche ☎ 04 75 34 06 01.

Paris 517 – Annonay 15 – Privas 90 – Rive-de-Gier 39 – St-Étienne 53 – Tournon-sur-Rhône 39 – Vienne 29.

Schaeffer avec ch, ☎ 04 75 34 00 07, *Fax 04 75 34 08 79*, ☂ – ▤ TV ☎ ⇔. AE GB
fermé 1er au 15 janv., vacances de Toussaint, dim. soir et lundi de sept. à juin et mardi en juil.-août – **Repas** 130/470 et carte 250 à 420 – ☐ 45 – **12 ch** 260/340.

Parc, ☎ 04 75 34 00 08, *Fax 04 75 34 15 46*, ☂ – ▤. GB
fermé 2 au 12 janv., dim. soir en hiver et lundi sauf le midi en été – **Repas** 95/235.

à l'Ouest *: 5 km par N 82 rte d'Annonay et rte secondaire – ✉ 07340 Serrières :*

Coq Hardi, ☎ 04 75 34 83 56, *Fax 04 75 67 31 34*, ☂ – P. GB
fermé 24 août au 4 sept., vacances de fév., lundi soir en hiver, mardi soir et merc. – **Repas** 89/189 ♀, enf. 50.

SERVON *50170 Manche 59 ⑧ – 202 h alt. 25.*

Paris 347 – St-Malo 55 – Avranches 15 – Dol-de-Bretagne 28 – St-Lô 73.

Aub. du Terroir ⑤ avec ch, ☎ 02 33 60 17 92, *Fax 02 33 60 35 26*, ☂, ⛱, ✂ – TV ☎ ✆ P. GB
fermé 15 nov. au 1er déc., fév., mardi soir (sauf hôtel) et merc. d'oct. à avril – **Repas** 85/165 ♀, enf. 55 – ☐ 33 – **7 ch** 240/320 – ½ P 270/320.

SERVOZ *74310 H.-Savoie 74 ⑧ G. Alpes du Nord – 619 h alt. 816.*

Voir *Gorges de la Diosaz★ : chutes★★ E : 1 km.*

Office de Tourisme Maison de L'Alpage ☎ 04 50 47 21 68, Fax 04 50 47 27 06.

Paris 600 – Chamonix-Mont-Blanc 14 – Annecy 83 – Bonneville 43 – Megève 25 – St-Gervais-les-Bains 13.

Les Chamois ⑤ sans rest, près Église ☎ 04 50 47 20 09, *Fax 04 50 47 24 87*, ←, ⛱ – TV ☎ P. GB
fermé 14 nov. au 19 déc. – ☐ 35 – **7 ch** 260/320.

SESSENHEIM *67770 B.-Rhin 57 ⑳, 87 ③ G. Alsace Lorraine – 1 542 h alt. 120.*

Paris 504 – Strasbourg 32 – Haguenau 17 – Wissembourg 44.

A L'Agneau, à Dengolsheim, D 468 ☎ 03 88 86 95 55, *Fax 03 88 86 04 43*, ☂ – ▤ P. GB
fermé 1er au 15 fév., merc. soir, dim. soir et lundi – **Repas** 150 (déj. sauf dim.)et carte 210 à 340 ♀.

Au Boeuf, 1 r. Église ☎ 03 88 86 97 14, *Fax 03 88 86 04 62*, ☂, « Décor alsacien, petit musée Goethe » – GB
fermé 14 juil. au 7 août, 5 au 20 fév., lundi et mardi – **Repas** 120/220 dîner à la carte 170 à 290 ♀.

SÈTE *34200 Hérault 83 ⑯ G. Gorges du Tarn – 41 510 h alt. 4.*

Voir *Mont St-Clair★ : terrasse du presbytère de la chapelle N.-D. de la Salette ✵★★* **AZ.**

Office de Tourisme 60 Grand'Rue Mario-Roustan ☎ 04 67 74 71 71, Fax 04 67 46 17 54.

Paris 787 ③ – Montpellier 29 ③ – Béziers 55 ② – Lodève 62 ③.

Plan page ci-contre

Grand Hôtel, 17 quai Mar. de Lattre de Tassigny ☎ 04 67 74 71 77, *Fax 04 67 74 29 27* – |‡|, ▤ ch, TV ☎ ⇔ – 🏛 25. AE ① GB — AY t
Rotonde ☎ 04 67 74 86 14 **Repas** 105/225, enf. 70 – ☐ 40 – **45 ch** 300/600 – ½ P 300/445.

Port Marine M, Môle St-Louis ☎ 04 67 74 92 34, *Fax 04 67 74 92 33*, ←, ☂ – |‡| ▤ TV ☎ ♿ ⇔ P – 🏛 35. AE GB — AZ d
Repas *(fermé lundi midi et dim. du 15 sept. au 30 avril)* 68 (déj.), 95/170, enf. 49 – ☐ 45 – **36 ch** 300/490, 6 appart – ½ P 350/430.

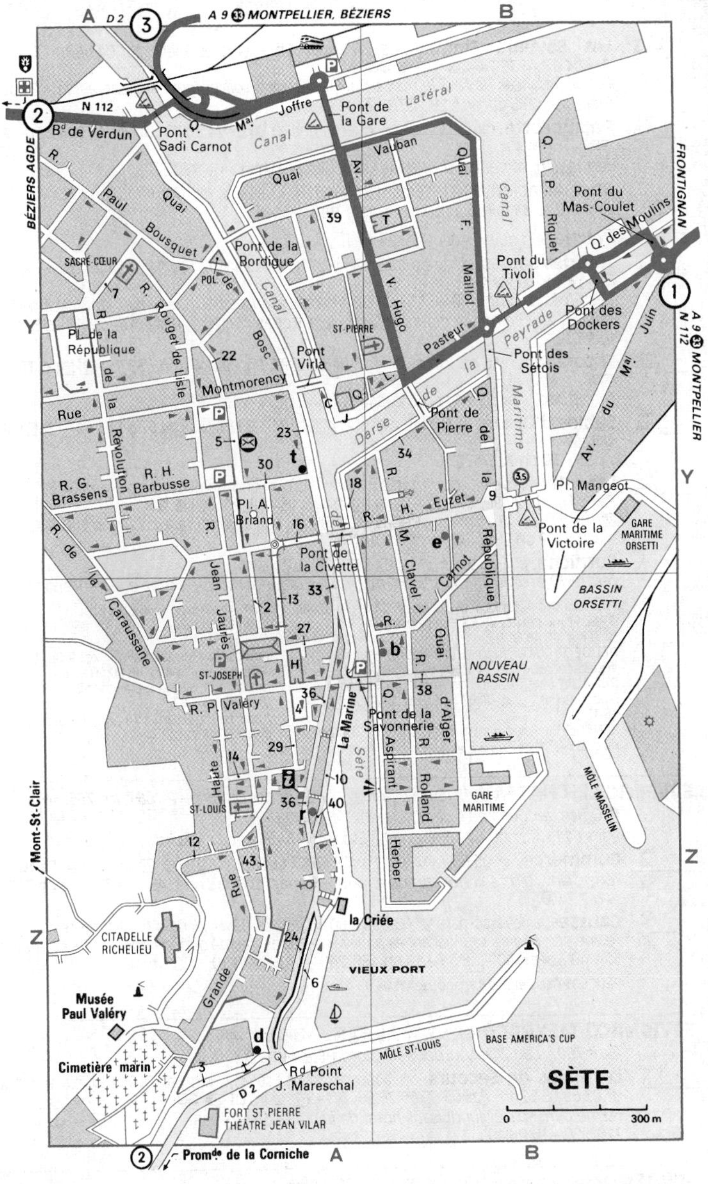

Alsace-Lorraine (R. d') . . **AZ** 2
Euzet (R. H.) . . . . **BY**
Gambetta (R.) . . . . **AZ** 13
Gaulle (R. Général de) . . . . . . **AY** 16
Mistral (R. F.) . . . . **AZ** 27
Roustan (Gd R.-Mario) . **AZ** 36

Arabes (Rampe des) . . . . **AZ** 3
Blum (Pl. L.) . . . . **AZ** 4
Casanova (Bd D.) . . . . . . **AY** 5
Consigne (Quai de la) . . . . **AZ** 6
Danton (R.) . . . . **AY** 7
Delille (Pl.) . . . . **BY** 9
Durand (Quai Gén.) . . . . **AZ** 10
Franklin (R.) . . . . **AZ** 12
Garenne (R.) . . . . **AZ** 14
Guignon (Quai N.) . . . . **AY** 18
Jardins (R. des) . . . . **AY** 22
Lattre-de-Tassigny (Quai Mar. de) . . . . **AY** 23
Marty (Prom. J.-B.) . . . . **AZ** 24
Palais (R. du) . . . . **AZ** 29
Péri (R. G.) . . . . **AY** 30
Résistance (Quai de la) . . . . **AZ** 33
Rhin-et-Danube (Quai) . . . . **BY** 34
Savonnerie (R. de la) . . . . **BZ** 38
Stalingrad (Pl.) . . . . **AY** 39
Valéry (Rampe P.) . . . . . . **AZ** 40
Villaret-Joyeuse (R.) . . . . **AZ** 43

XXX **Les Saveurs Singulières,** 5 quai Ch. Lemaresquier ✆ 04 67 74 14 41, *Fax 04 67 74 38 74* – ▤. AE ⓓ GB BZ b
fermé vacances de fév., le midi en juil.-août, dim. soir et lundi de sept. à juin – **Repas** 130 (déj.), 155/235 et carte 280 à 390 ♀.

XX **Palangrotte,** rampe P. Valéry - quai Marine ✆ 04 67 74 80 35, *Fax 04 67 74 97 20* – ▤. AE GB AZ r
fermé dim. soir et lundi – **Repas** - produits de la mer - 110/230 ♀.

X **Rest. Alsacien,** 25 r. P. Sémard ✆ 04 67 74 77 94 – ▤. AE GB BY e
fermé 2 au 31 juil., dim. soir et lundi – **Repas** 100 ♀.

sur la Corniche *Sud du plan par D 2 : 2 km :*

Joie des Sables, plage de la Corniche ✆ 04 67 53 11 76, *Fax 04 67 51 24 26*, ← – ▤ TV ☎ P – 🏔 25. AE ⓓ GB
Les Flots d'Azur ✆ 04 67 53 01 52 *(fermé vacances de Toussaint, 2 janv. au 7 fév., lundi midi en sept., dim. soir et lundi d'oct. à juin)* **Repas** 75/180 ♀, enf. 50 – ☕ 40 – **25 ch** 350 – ½ P 330.

Tritons sans rest, bd Joliot-Curie ✆ 04 67 53 03 98, *Fax 04 67 53 38 31* – |‡| TV ☎ P. AE ⓓ GB
fermé déc. – ☕ 36 – **40 ch** 240/340.

Sables d'Or sans rest, pl. É. Herriot ✆ 04 67 53 09 98, *Fax 04 67 51 56 06* – |‡| TV ☎. AE GB. ✻
☕ 35 – **30 ch** 225/320.

XX **Les Terrasses du Lido** avec ch, rond-point Europe ✆ 04 67 51 39 60, *Fax 04 67 51 28 90*, ⛱, 🏊 – |‡| ▤ TV ☎ 🚗 P – 🏔 25. AE ⓓ GB
fermé 1er fév. au 1er mars – **Repas** *(fermé dim. soir et lundi sauf juil.-août)* 140/300, enf. 70 – ☕ 45 – **9 ch** 280/480 – ½ P 360/420.

X **Corniche,** pl. É. Herriot ✆ 04 67 53 03 30, ⛱ – GB
fermé 10 janv. au 1er mars, lundi midi en juil.-août et merc. de sept. à juin – **Repas** 97/148.

FIAT Gar. des 4 Ponts, 5 pl. Delille ✆ 04 67 74 02 48
OPEL France Auto, ZI des Eaux Blanches ✆ 04 67 48 48 61
PEUGEOT Gd Gar. Sétois, r. de Madrid - Parc Aquatechnique par ③ ✆ 04 67 46 76 00
RENAULT Sète Exploitation Autos, ZI des Eaux Blanches par ③ ✆ 04 67 51 60 60 N ✆ 08 00 05 15 15
RENAULT Gar. Lacour, quai des Moulins, r. Charbonniers **BY** ✆ 04 67 48 93 94
SEAT Sète Autom., 46 quai Bosc ✆ 04 67 74 36 66

Ⓜ Comptoir Méridional du C/c, 1005 rte de Montpellier ✆ 04 67 48 80 50
Euromaster, av. Eaux-Blanches ZI ✆ 04 67 43 37 27
Vulco, rte de Balaruc, 73 parc Aquatechnique ✆ 04 67 43 22 15

SÉVÉRAC-LE-CHÂTEAU *12150 Aveyron 80 ④ G. Gorges du Tarn – 2 486 h alt. 735.*

ℹ *Office de Tourisme r. des Douves ✆ 05 65 47 67 31.*
Paris 611 – Mende 64 – Rodez 50 – Espalion 47 – Florac 74 – Millau 33.

Commerce, ✆ 05 65 71 61 04, *Fax 05 65 47 66 01*, ⛱, 🏊 – |‡| TV ☎ 📞 🚗. AE ⓓ GB
fermé janv., dim. soir hors saison et sam. – **Repas** 70/260 ♀, enf. 45 – ☕ 38 – **32 ch** 310/350 – ½ P 270.

Causses, à Sévérac-gare ✆ 05 65 71 60 15, *Fax 05 65 47 75 06* – P. GB. ✻ rest
fermé oct. et dim. sauf vacances scolaires – **Repas** *(fermé dim. de nov. à mars et lundi midi)* 55/140 🍷, enf. 40 – ☕ 35 – **13 ch** 150/230 – ½ P 180/220.

PEUGEOT Gar. Delmas, Lapanouse ✆ 05 65 47 62 16

SÉVIGNACQ-MEYRACQ *64260 Pyr.-Atl. 85 ⑥ – 437 h alt. 415.*

Paris 799 – Pau 24 – Lourdes 39 – Oloron-Ste-Marie 20.

XX **Les Bains de Secours** 🐦 avec ch, Nord-Est : 3,5 km par D 934 et rte secondaire ✆ 05 59 05 62 11, *Fax 05 59 05 76 56*, ⛱ – TV ☎ P. AE ⓓ GB
fermé dim. soir et lundi (sauf hôtel de juin à oct.) – **Repas** 80 (déj.)/150 ♀ – ☕ 36 – **7 ch** 270/350 – ½ P 240.

SEVRAN *93 Seine-St-Denis 56 ⑪., 101 ⑱ – voir à Paris, Environs.*

SÈVRES *92 Hauts-de-Seine 60 ⑩., 101 ㉔ – voir à Paris, Environs.*

SÉVRIER *74320 H.-Savoie 74 ⑥ G. Alpes du Nord – 2 980 h alt. 456.*

Voir *Musée de la Cloche★.*
ℹ *Office de Tourisme pl. de la Mairie ✆ 04 50 52 40 56, Fax 04 50 52 48 66.*
Paris 543 – Annecy 5 – Albertville 40 – Megève 56.

Résidel sans rest, Sud : 1 km sur N 508 ☎ 04 50 52 67 50, *Fax 04 50 52 67 11*, ≤, – cuisinette. GB
32 – **14 ch** 280/350, 6 duplex.

Bistrot du Port, au port ☎ 04 50 52 45 00, *Fax 04 50 52 68 58*, ≤, – AE GB
mi-mai-mi-sept. – **Repas** grill 98/180 ♀, enf. 65.

à Letraz *Nord : 2 km sur N 508 – ✉ 74320 Sévrier :*

Aub. de Létraz, ☎ 04 50 52 40 36, *Fax 04 50 52 63 36*, ≤, « Jardin face au lac », – – 25. AE GB
Repas *(fermé dim. soir et lundi d'oct. à fin mai)* 195/400 ♀ – 56 – **25 ch** 500/760 – 1/2 P 490/630.

Beauregard, ☎ 04 50 52 40 59, *Fax 04 50 52 44 71*, ≤, , – – 100. GB
fermé 13 déc. au 11 janv. – **Repas** (76) - 96/195, enf. 58 – 36 – **45 ch** 305/485 – 1/2 P 295/335.

Fauconnière, ☎ 04 50 52 41 18, *Fax 04 50 52 63 33*, – . AE GB
fermé dim. soir et lundi midi sauf vacances scolaires – **Repas** 60 (déj.), 95/220, enf. 50 – 39 – **28 ch** 170/290 – 1/2 P 295.

CITROEN Alp'Auto, ☎ 04 50 52 41 44
RENAULT Laudon Autom., ☎ 04 50 52 43 72

SEWEN *68290 H.-Rhin 66 ⑧ – 539 h alt. 500.*

Voir *Lac d'Alfeld★ O : 4 km*, **G. Alsace Lorraine.**

Paris 442 – Épinal 78 – Mulhouse 39 – Altkirch 40 – Belfort 32 – Colmar 66 – Thann 25 – Le Thillot 29.

Host. du Relais des Lacs, ☎ 03 89 82 01 42, *Fax 03 89 82 09 29*, parc – . AE GB JCB
fermé 25 août au 6 sept., 6 janv. au 7 fév., mardi soir et merc. hors saison – **Repas** 90/220 ♀ – 40 – **12 ch** 190/300 – 1/2 P 240/310.

Vosges, ☎ 03 89 82 00 43, *Fax 03 89 82 08 33*, ≤, , – . AE GB
fermé 1er au 26 déc. et 10 au 20 janv. – **Repas** *(fermé dim. soir et jeudi de sept. à juin)* 60 (déj.), 85/250 ♀, enf. 55 – 35 – **17 ch** 180/295 – 1/2 P 285.

SEYNE *04140 Alpes-de-H.-P. 81 ⑦ G. Alpes du Sud – 1 222 h alt. 1200.*

Voir *Col du Fanget ≤★ SO : 5 km.*

Office de Tourisme pl. Armes ☎ 04 92 35 11 00, Fax 04 92 35 28 84.

Paris 714 – Digne-les-Bains 41 – Gap 46 – Barcelonnette 42 – Guillestre 75.

à Selonnet *Nord-Ouest : 4 km par D 900 – 331 h. alt. 1060 – ✉ 04460 :*

Relais de la Forge, ☎ 04 92 35 16 98, *Fax 04 92 35 07 37*, – . AE GB
fermé 15 nov. au 15 déc., dim. soir et lundi sauf vacances scolaires – **Repas** 75/170, enf. 37 – 37 – **15 ch** 160/270 – 1/2 P 195/235.

au col St-Jean *Nord : 12 km par D 900 – Sports d'hiver : 1 300/2 500 m 16 – ✉ 04140 Seyne :*

Les Alisiers, Sud : 1 km par D 207 ☎ 04 92 35 30 88 – . GB
fermé 12 nov. au 25 déc., mardi et merc. sauf vacances scolaires – **Repas** 67/200, enf. 38.

La SEYNE-SUR-MER *83500 Var 84 ⑮ G. Côte d'Azur – 59 968 h alt. 3 – Casino (fermé).*

Voir *≤★ de la terrasse du fort Balaguier E : 3 km.*

Office de Tourisme pl. L.-Rollin ☎ 04 94 94 73 09, Fax 04 94 30 84 62 et esplanade des Sablettes.

Paris 831 – Toulon 7 – Aix-en-Provence 79 – La Ciotat 36 – Marseille 60.

Moderne sans rest, 2 r. L. Blum ☎ 04 94 94 86 68, *Fax 04 94 87 05 34* – . AE GB
30 – **26 ch** 165/268.

L'Aubergade, 20 r. Faidherbe ☎ 04 94 94 81 95 – . GB
fermé 1er au 30 août, lundi soir et dim. – **Repas** 87 (déj.), 115/175.

à Fabrégas *Sud : 4 km par rte de St-Mandrier et rte secondaire – ✉ 83500 La Seyne-sur-Mer :*

Chez Daniel "rest. du Rivage", ☎ 04 94 94 85 13, *Fax 04 94 87 25 25*, ≤, – . AE GB
fermé fév., dim. soir et lundi sauf juil.-août – **Repas** - produits de la mer - 160/350, enf. 70.

CITROEN C.T.O., quartier Berthe, 501 av. St-Exupéry ☎ 04 94 11 23 23
PEUGEOT Gds Gar. du Var, av. E.-d'Orves, quartier Brégaillon ☎ 04 94 94 18 95
RENAULT Seyne Autom., camp Laurent, bretelle autoroute ☎ 04 94 11 05 05 ☎ 08 00 05 15 15

Aude Point S, 105 av. Gambetta ☎ 04 94 87 09 38

SEYNOD *74 H.-Savoie* 74 ⑥ *– rattaché à Annecy.*

SEYSSEL *74910 H.-Savoie* 74 ⑤ *G. Jura – 1 630 h alt. 252.*

Env. *Grand Colombier* ※★★★ *SO : 22 km.*

Office de Tourisme Maison du Pays ☎ 04 50 59 26 56, Fax 04 50 56 21 94.

Paris 518 – Annecy 40 – Aix-les-Bains 32.

dans le Val du Fier *Sud : 3 km par D 991 et D 14 G. Alpes du Nord – ✉ 74910 Seyssel.*

Voir *Val du Fier★.*

XX **Rôtisserie du Fier,** ☎ 04 50 59 21 64, *Fax 04 50 56 20 54,* , – P. AE GB.
fermé vacances de Toussaint, de fév., mardi soir et merc. – **Repas** 80 (déj.), 95/250 ♀.

CITROEN Gar. Rossi, ☎ 04 50 59 21 85

SÉZANNE *51120 Marne* 61 ⑤ *G. Champagne – 5 829 h alt. 137.*

Office de Tourisme pl. République ☎ 03 26 80 51 43, Fax 03 26 80 54 13.

Paris 114 – Troyes 61 – Châlons-en-Champagne 59 – Meaux 76 – Melun 88 – Sens 79.

Croix d'Or, 53 r. Notre-Dame ☎ 03 26 80 61 10, *Fax 03 26 80 65 20* – TV ☎ P. AE GB
fermé 6 au 10 janv. – **Repas** (59) - 79/210 ♀, enf. 55 – 35 – **13 ch** 200/300 – ½ P 250/280.

Relais Champenois, 157 r. Notre-Dame ☎ 03 26 80 58 03, *Fax 03 26 81 35 32* – rest, TV ☎ P. AE GB
fermé 20 déc. au 5 janv. et dim. soir – **Repas** 85/228 ♀, enf. 45 – 40 – **15 ch** 195/360 – ½ P 295/395.

XX **Soleil,** 17 r. Paris ☎ 03 26 80 63 13, *Fax 03 26 80 67 92,* – GB
fermé 15 au 30 juil., vacances de fév., mardi soir et merc. – **Repas** 65/230 , enf. 38.

X **Mezzanine,** 6 r. Bouvier-Sassot ☎ 03 26 81 50 10, *Fax 03 26 81 96 28,* « Maison ancienne à colombage » – GB
fermé 1ᵉʳ au 15 août, dim. soir et lundi – **Repas** 68/250 .

CITROEN Gar. Petit Vissuzaine, av. J.-Jaurès ☎ 03 26 80 57 01 N ☎ 03 26 80 52 84

PEUGEOT Gar. Notre Dame, ZI rte de Troyes ☎ 03 26 80 71 01 N ☎ 06 09 76 85 69

RENAULT S.C.A.T., ZI, rte de Troyes ☎ 03 26 80 76 85

Agrivit, r. de la Résistance ☎ 03 26 80 76 45

SIERCK-LES-BAINS *57480 Moselle* 57 ④ *G. Alsace Lorraine – 1 825 h alt. 147.*

Voir ≤★ *du château fort.*

Office de Tourisme Tour de l'Horloge ☎ 03 82 83 74 14, Fax 03 82 83 22 10.

Paris 355 – Metz 44 – Luxembourg 32 – Thionville 17 – Trier 51.

à Montenach *Sud-Est : 3,5 km sur D 956 – 369 h. alt. 200 – ✉ 57480 :*

XX **Aub. de la Klauss,** ☎ 03 82 83 72 38, *Fax 03 82 83 73 00,* , – P. GB
fermé 24 déc. au 4 janv. et lundi – **Repas** 160/270 ♀.

à Manderen *Est : 7 km par N 153 et D 64 – 376 h. alt. 290 – ✉ 57480 :*

Au Relais du Château Mensberg , ☎ 03 82 83 73 16, *Fax 03 82 83 23 37,* , – TV ☎ P. AE GB
fermé 1ᵉʳ au 4 janv. – **Repas** 78/250 ♀, enf. 48 – 38 – **17 ch** 240/300 – ½ P 308.

SIERENTZ *68510 H.-Rhin* 66 ⑩ *– 2 106 h alt. 270.*

Paris 483 – Mulhouse 15 – Altkirch 19 – Basel 18 – Belfort 60 – Colmar 51.

XXX **Aub. St-Laurent,** 1 r. Fontaine ☎ 03 89 81 52 81, *Fax 03 89 81 67 08,* – P. GB
fermé 6 au 23 juil., 8 au 24 fév., lundi et mardi – **Repas** 120 (déj.), 250/400 et carte 260 à 380 ♀, enf. 80.

PEUGEOT Gar. Bissel, ☎ 03 89 81 50 00

SIGNY-L'ABBAYE *08460 Ardennes* 53 ⑰ *G. Champagne – 1 422 h alt. 240.*

Paris 210 – Charleville-Mézières 29 – Hirson 38 – Laon 71 – Rethel 23 – Rocroi 30 – Sedan 51.

XX **Aub. de l'Abbaye** avec ch, ☎ 03 24 52 81 27, *Fax 03 24 53 71 72* – TV ☎ . GB
fermé 7 janv. au 1ᵉʳ mars, merc. soir et jeudi (sauf hôtel de juin à oct.) – **Repas** 80/150 ♀, enf. 60 – 35 – **10 ch** 220/370 – ½ P 220/280.

CITROEN Gar. Thomassin, ☎ 03 24 52 80 24

RENAULT Gar. Turquin, ☎ 03 24 52 81 37

SIGNY-LE-PETIT *08380 Ardennes* 53 ⑰ *– 1 280 h alt. 238.*

Paris 211 – Charleville-Mézières 37 – Hirson 15 – Chimay 24.

Au Lion d'Or, pl. Église ☎ 03 24 53 51 76, *Fax 03 24 53 36 96* – TV ☎ P. AE GB
Repas 70/260 – 50 – **10 ch** 290/460 – ½ P 285/315.

à Brognon *Nord : 5 km par D 10 – 142 h. alt. 295 – ✉ 08380 :*

Domaine St-Antoine ⛰, ☎ 03 24 53 56 56, *Fax 03 24 53 53 26,* ☂, ⛶, ☂ – TV ☎ – 🏋 25. GB. ✂ rest
Repas *(fermé du lundi au jeudi midi hors saison)* 140/500 🍷 – **10 ch** ☕ 430/530 – 1/2 P 405.

SILLÉ-LE-GUILLAUME *72140 Sarthe* 60 ⑫ *G. Normandie Cotentin – 2 583 h alt. 161.*

Office de Tourisme 13 pl. du Marché ☎ 02 43 20 10 32, Fax 02 43 20 10 32 et Maison du Lac et de la Forêt ☎ 02 43 20 19 97 (saison) à Sillé-Plage.

Paris 229 – Le Mans 34 – Alençon 39 – Laval 56 – Mayenne 40.

XX **Bretagne** avec ch, pl. Croix d'Or ☎ 02 43 20 10 10, *Fax 02 43 20 03 96* – TV ☎ 📞 P. GB
fermé 3 au 10 août, 1er au 15 fév., lundi de mai à août, vend. soir de sept. à avril et dim. soir – **Repas** 70/180 🍷 – ☕ 35 – **14 ch** 160/210 – 1/2 P 280.

PEUGEOT Sillé Autom., à St-Rémy-de-Sillé ☎ 02 43 20 32 03

SIRAN *34210 Hérault* 83 ⑬ *– 544 h alt. 96.*

Voir *Chapelle de Centeilles★ N : 2 km,* G Gorges du Tarn.

Paris 820 – Carcassonne 35 – Lézignan-Corbières 19 – Narbonne 36 – Perpignan 96.

Villa d'Eléis ⛰, ☎ 04 68 91 55 98, *Fax 04 68 91 48 34,* ⩽, ☂, ☂ – TV ☎ ♿ P. GB
fermé vacances de fév. – **Repas** *(fermé dim. soir et lundi d'oct. à mars)* 120 (déj.), 155/360 bc – ☕ 60 – **12 ch** 350/700 – 1/2 P 355/530.

SISTERON *04200 Alpes-de-H.-P.* 81 ⑤ ⑥ *G. Alpes du Sud – 6 594 h alt. 490.*

Voir *Site★★ – Citadelle★ : ⩽★ Y – Église Notre-Dame★ Z.*

Office de Tourisme à l'Hôtel de Ville ☎ 04 92 61 36 50, Fax 04 92 61 19 57.

Paris 706 ① – Digne-les-Bains 38 ② – Barcelonnette 99 ① – Gap 50 ①.

SISTERON

Droite (R.) .... Y
Provence (R. de) .... Z 26
Saunerie (R.) .... Y

Arcades (Av. des) .... Z
Arène (Av. Paul) .... YZ 3
Basse des Remparts (R.) .... Y 4
Citadelle (Chemin de la) .... Y
Combes (R. des) .... Z 6
Cordeliers (R. des) .... Z 8
Deleuze (R.) .... YZ 9
Dr-Robert (Pl. du) .... Y 10
Font-Chaude (R.) .... Y 12
Gaulle (Pl. Gén. de) .... Z 13
Glissoir (R. du) .... Y 14
Grande École (Pl. de la) .... Z 15
Horloge (Pl. de l') .... Y 16
Libération (Av. de la) .... Z 17
Longue-Andrône (R.) .... Y 18
Marres (R. des) .... Z
Melchior-Donnet (Cours) .... Y 20
Mercerie (R.) .... Y 22
Moulin (Av. Jean) .... Z 23
Porte-Sauve (R.) .... Z 24
Poterie (R.) .... Y 25
République (Pl. de la) .... Z 28
Ste-Ursule (R.) .... Z 29
Tivoli (Pl. du) .... Y 30
Verdun (Allée de) .... Z 32

Si vous êtes retardé sur la route, dès 18 h, confirmez votre réservation par téléphone, c'est plus sûr.. et c'est l'usage.

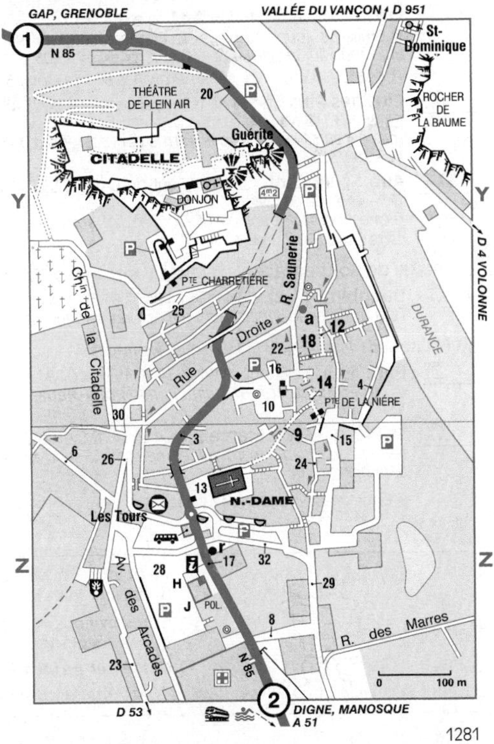

Gd H. du Cours, pl. Église ✆ 04 92 61 04 51, *Fax 04 92 61 41 73,* – ■ TV ☎ . AE ① GB
Z r
1er mars-15 nov. – **Repas** 120/155, enf. 50 – ☕ 43 – **50 ch** 250/450 – ½ P 280/370.

Touring Napoléon, par ② ✆ 04 92 61 00 06, *Fax 04 92 61 01 19* – ▤ rest, TV ☎ P. AE ① GB JCB
fermé 15 nov. au 14 déc., dim. soir et lundi midi sauf vacances scolaires – **Repas** (85) - 100/195 ♁, enf. 45 – ☕ 40 – **28 ch** 250/300 – ½ P 218/243.

XX **Becs Fins,** 16 r. Saunerie ✆ 04 92 61 12 04, *Fax 04 92 61 12 04* – AE ① GB
Y a
fermé 15 au 21 juin, dim. soir et merc. sauf du 14 juil. au 15 août – **Repas** (85) - 116/260 ♀, enf. 66.

au Nord-Ouest *par ① et N 85 – ✉ 04200 Sisteron :*

Ibis M, à 4 km ✆ 04 92 62 62 00, *Fax 04 92 62 62 10,* – ▤ TV ☎ & P – 25. AE ① GB
Repas (75) - 95 ♁, enf. 39 – ☕ 35 – **43 ch** 315/345.

Les Chênes, à 2 km ✆ 04 92 61 13 67, *Fax 04 92 61 16 92,* , , – TV ☎ P – 25. GB
fermé 7 au 11 nov., 23 déc. au 31 janv. et dim. sauf juil.-août – **Repas** 88/180, enf. 55 – ☕ 38 – **25 ch** 285/330 – ½ P 240/280.

CITROEN Julien et Fils, 150 rte de Gap par ① ✆ 04 92 61 12 07
HYUNDAI Dif. Autom. Gdes Alpes, ZI de Proviou Sud ✆ 04 92 61 06 66 N ✆ 04 92 61 28 31
OPEL Gar. Espitallier, 1 av. J.-Jaurès ✆ 04 92 61 07 09
TOYOTA Alpes Sud Autom., av. Libération ✆ 04 92 61 01 64 N ✆ 04 92 61 24 64
VOLKSWAGEN, AUDI Gar. Roca, rte de Gap ✆ 04 92 61 46 61

Ayme Pneus, av. Libération ✆ 04 92 61 08 15

SIX-FOURS-LES-PLAGES *83140 Var* 84 ⑭, 114 ㊹ *G. Côte d'Azur – 28 957 h alt. 20.*

Voir *Fort de Six-Fours* ☆★ *N : 2 km – Presqu'île de St-Mandrier*★ *:* ☆★★ *E : 5 km –* ☆★★ *du cimetière de St Mandrier-sur-Mer E : 4 km.*

Env. *Chapelle N.-D.-du-Mai* ☆★★ *S : 6 km.*

Office de Tourisme plage de Bonnegrâce ✆ 04 94 07 02 21, Fax 04 94 25 13 36 et (juil.-août) au Brusc Quai St-Pierre ✆ 04 94 34 15 06.

Paris 832 – Toulon 12 – Aix-en-Provence 80 – La Ciotat 37 – Marseille 61.

Clos des Pins M, 101 bis r. République ✆ 04 94 25 43 68, *Fax 04 94 07 63 07,* – ■ ▤ TV ☎ & P. AE ① GB
fermé 3 au 31 janv. – **Repas** *(fermé dim. soir et sam.)* 75/150 ♁ – ☕ 38 – **30 ch** 190/350 – ½ P 290/310.

XXX **Aub. St-Vincent,** carrefour Pont-du-Brusc (D 559) ✆ 04 94 25 70 50, *Fax 04 94 25 54 64,* – ▤ P. AE ① GB
fermé lundi sauf le soir en juil.-août et dim. soir de sept. à juin – **Repas** 130 (déj.), 169/259 et carte 240 à 320 ♀, enf. 30.

à la Plage de Bonnegrâce *Nord-Ouest : 3 km par rte de Sanary – ✉ 83140 Six-Fours-les-Plages :*

XX **Dauphin,** 36 square Bains ✆ 04 94 07 61 58, *Fax 04 94 34 80 44,* – GB
fermé 23 fév. au 3 mars, dim. soir et lundi sauf juil.-août et fêtes – **Repas** 130/260, enf. 70.

au Brusc *Sud : 4 km – ✉ 83140 Six-Fours-les-Plages :*

Parc , 112 r. Bondil ✆ 04 94 34 00 15, *Fax 04 94 34 16 94,* – ☎ P. GB. ch
1er avril-30 sept. et fermé dim. hors saison – **Repas** 95/125 ♁ – ☕ 34 – **17 ch** 221/336 – ½ P 258/315.

XX **St-Pierre - Chez Marcel,** ✆ 04 94 34 02 52, *Fax 04 94 34 18 01* – AE ① GB
fermé 2 au 31 janv., mardi soir et merc. du 15 sept. au 15 juin – **Repas** - produits de la mer - 93/198.

Euromaster, av. de l'Europe ZAC Les Playes ✆ 04 94 10 96 80
Mendez Pneus, 454 av. Mar.-Juin ✆ 04 94 74 70 80

Participez à notre effort permanent de mise à jour
Adressez-nous vos remarques et vos suggestions.
Cartes et guides Michelin
46 avenue de Breteuil - 75324 Paris Cedex 07

SIZUN *29450 Finistère* 58 ⑤ *G. Bretagne – 1 728 h alt. 112.*

Voir *Enclos paroissial* ★ – *Bannières* ★ *dans l'église de Locmélar N : 5 km.*

Office de Tourisme 3 r. de L'Argoat ✆ 02 98 68 88 40, Fax 02 98 68 86 56 et (hors saison) Mairie ✆ 02 98 68 80 13.

Paris 571 – Brest 36 – Carhaix-Plouguer 43 – Châteaulin 33 – Landerneau 17 – Morlaix 34 – Quimper 57.

Voyageurs, ✆ 02 98 68 80 35, *Fax 02 98 24 11 49* – ☎ ♿ P. GB
fermé 11 sept. au 4 oct., sam. soir et dim. soir d'oct. à Pâques – **Repas** 75/160 , enf. 53 – 36 – **28 ch** 220/270 – ½ P 200/245.

CITROEN Gar. Jegou, ✆ 02 98 68 80 47

RENAULT Gar. Dolou, ✆ 02 98 68 80 38 N ✆ 08 00 05 15 15

SOCCIA *2A Corse-du-Sud* 90 ⑮ – *voir à Corse.*

SOCHAUX *25600 Doubs* 66 ⑧ *G. Jura – 4 419 h alt. 310.*

Voir *Musée Peugeot* ★ **AX.**

Paris 478 – Besançon 83 – Mulhouse 54 – Audincourt 4 – Belfort 17 – Montbéliard 4.

Voir plan de Montbéliard agglomération

Arianis M, 11 av. Gén. Leclerc ✆ 03 81 32 17 17, *Fax 03 81 32 00 90*, – , rest, TV ☎ ♿ P – 80. AE GB — AX u
Repas *(fermé 25 déc. au 1er janv., dim. soir et sam.)* 75/190 , enf. 45 – 45 – **65 ch** 370/610 – ½ P 275.

Campanile, r. Collège ✆ 03 81 95 23 23, *Fax 03 81 32 21 49*, – TV ☎ ♿ P – 25. AE GB — AX d
Repas *(66)* - 84 bc/107 bc, enf. 39 – 34 – **63 ch** 278.

Luc Piguet, 9 r. Belfort ✆ 03 81 95 15 14, *Fax 03 81 95 51 21*, , – P. AE GB
fermé 17 au 31 août, 4 au 11 janv., dim. soir et lundi sauf fériés – **Repas** *(85)* - 105/180 et carte 220 à 320 . — AX z

CONSTRUCTEUR : S.A. des Automobiles Peugeot, ✆ 03 81 33 12 34

SOISSONS SP *02200 Aisne* 56 ④ *G. Flandres Artois Picardie – 29 829 h alt. 47.*

Voir *Anc. Abbaye de St-Jean-des-Vignes* ★★ – *Intérieur* ★★ *de la Cathédrale St-Gervais-et-St-Protais* ★ – *Musée de l'anc. abbaye de St-Léger* ★ **BY M.**

Office de Tourisme 16 Pl. Fernand-Marquigny, ✆ 03 23 53 17 37, Fax 03 23 59 67 72.

Paris 104 ⑥ – Compiègne 38 ⑦ – Laon 37 ② – Meaux 63 ⑥ – Reims 55 ③ – St-Quentin 61 ① – Senlis 61 ⑥.

Plan page suivante

Campanile, rte Paris par ⑥ : *2 km* ✆ 03 23 73 28 28, *Fax 03 23 73 02 34*, – TV ☎ ♿ P – 25. AE GB
Repas *(66)* - 84 bc/107 bc, enf. 39 – 34 – **47 ch** 278.

Prime, rte Paris par ⑥ : *2 km* ✆ 03 23 73 33 04, *Fax 03 23 73 31 89* – TV ☎ ♿ P – 25. GB
Repas 89/109 , enf. 39 – 35 – **42 ch** 270 – ½ P 242.

Avenue, 35 av. Gén. de Gaulle ✆ 03 23 53 10 76, *Fax 03 23 53 63 45* – GB — BZ v
fermé 3 au 17 août, dim. soir et lundi – **Repas** 98/230 .

BMW Gar. Bachelet, Rd-Pt de l'Archer ✆ 03 23 75 54 40 N ✆ 06 08 41 18 50
CITROEN A.S.C. Auto, 96 bd J.-d'Arc ✆ 03 23 53 59 59 N ✆ 03 23 53 59 59
FORD Europ Autom., 55 av. Gén.-de-Gaulle ✆ 03 23 59 03 29
MERCEDES Gar. Idoine, 3 av. de Compiègne ✆ 03 23 53 04 41 N ✆ 03 23 53 04 41
NISSAN Boulanger Autom., 103 av Château-Thierry à Belleu ✆ 03 23 73 21 11
OPEL S.D.A., 8-10 av. de Compiègne ✆ 03 23 59 97 40
PEUGEOT Gar. des Lions, 57 av. Gén.-de-Gaulle ✆ 03 23 76 33 00 N ✆ 08 00 44 24 24
RENAULT S.A.S., rte de Reims par ③ ✆ 03 23 75 59 59 N ✆ 06 07 28 93 20
TOYOTA Gar. A4 Motors, Rd-Pt de l'Archer ✆ 03 23 75 54 41 N ✆ 06 08 41 18 50

Dupont Pneus-Point S, 35 av. de Laon ✆ 03 23 59 42 31
Euromaster, 60 av. de Compiègne ✆ 03 23 59 95 95
Vulco, r. S.-Allende, ZAC Chevreux ✆ 03 23 73 90 00

SOISSONS

Collège (R. du) . . . . AY 5
Commerce (R. du) . . . . BY 6
St-Christophe (R.) . . . . AY 33
St-Martin (R.) . . . . BY 35

Arquebuse (R. de l') . . . . . . BZ 2
Château-Thierry (Av.) . . . . . . BZ 4
Compiègne (Av.) . . . . AY 8
Desmoulins (Bd C.) . . . . . . ABZ 12
Gambetta (Bd L.) . . . . BY 14
Intendance (R. de l') . . . . . . BY 15
Leclerc (Av. Gén.) . . . . BZ 22
Marquigny (Pl. F.) . . . . BY 23
Paix (R. de la) . . . . BY 24
Panleu (R. de) . . . . AY 25
Prés.-Kennedy (Av.) . . . . AZ 26
Quinquet (R.) . . . . ABY 28
Racine (R.) . . . . BZ 29
République (Pl. de la) . . . . . . BZ 30
St-Antoine (R.) . . . . BY 31
St-Christophe (Pl.) . . . . AY 32
St-Jean (R.) . . . . AZ 34
St-Quentin (R.) . . . . BY 36
St-Rémy (R.) . . . . AY 37
Strasbourg (Bd de) . . . . BY 38
Villeneuve (R. de) . . . . BZ 39

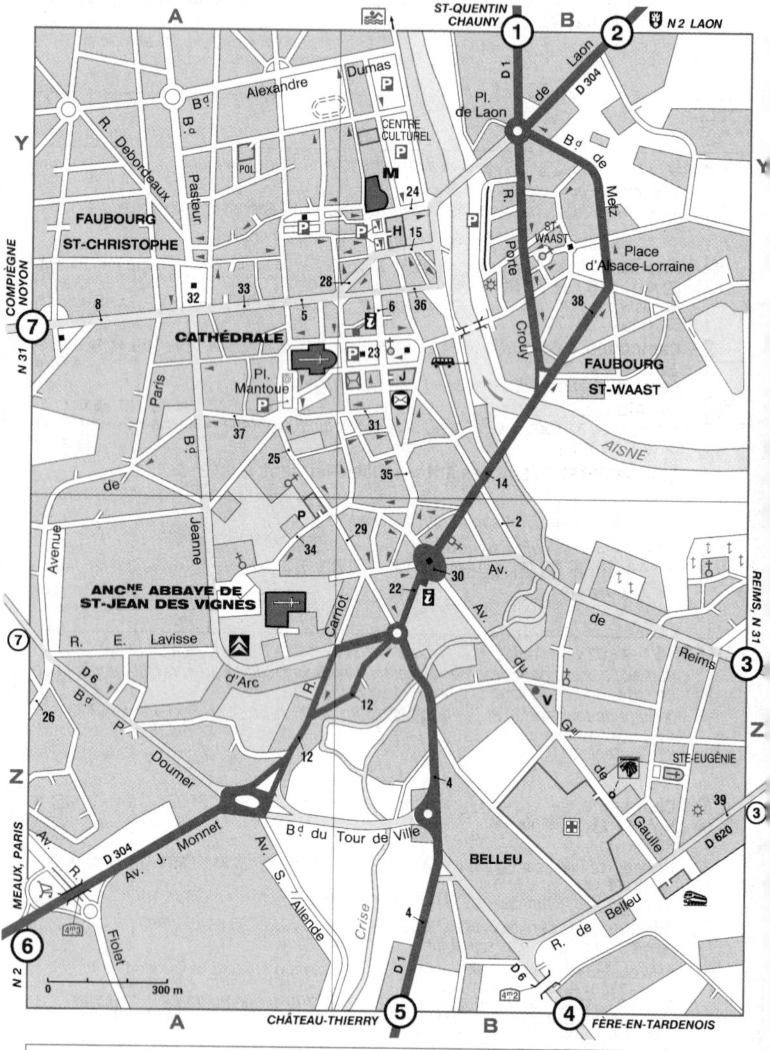

> *For your travels in* **France**, *use with this Guide*
> - the **Michelin Green Guides** (regions of France) picturesque scenery - buildings - scenic routes
> - the **Michelin Maps :** main road map (scale 1:1 000 000) regional maps (scale 1:200 000)

SOLDEU 86 ⑮ – *voir à Andorre (Principauté d').*

SOLENZARA *2A Corse-du-Sud* 90 ⑦ – *voir à Corse.*

SOLESMES *72 Sarthe* 64 ① ② – *rattaché à Sablé-sur-Sarthe.*

SONDERNACH *68380 H.-Rhin* 87 ⑱ – *540 h alt. 540.*

Paris 471 – Colmar 27 – Gérardmer 41 – Guebwiller 28 – Thann 42.

A l'Orée du Bois avec ch, rte du Schnepfenried ☎ 03 89 77 70 21, *Fax 03 89 77 70 21*, ≤, – TV P. GB

fermé 23 au 30 juin et 5 janv. au 5 fév. – **Repas** *(fermé merc. midi et mardi)* 60 (déj.), 75/220 ♀, enf. 45 – **6 ch** ☕ 240/290 – 1/2 P 245.

RENAULT Gar. Friederich 29A r. Principale ☎ 03 89 77 60 02

SONNAZ *73 Savoie* 74 ⑮ – *rattaché à Chambéry.*

SOPHIA-ANTIPOLIS *06 Alpes-Mar.* 84 ⑨ – *rattaché à Valbonne.*

Demandez chez le libraire le catalogue des **publications Michelin.**

SORÈDE *66690 Pyr.-Or.* 86 ⑲ *G. Pyrénées Roussillon – 2 160 h alt. 20.*

Paris 882 – Perpignan 24 – Amélie-les-Bains-Palalda 32 – Argelès-sur-Mer 7 – Le Boulou 16.

St-Jacques sans rest, 45 r. St-Jacques ☎ 04 68 89 00 60, ≤, – ☎ P

1er mars-1er nov. – ☕ 35 – **15 ch** 280.

Salamandre, 3 rte Laroque ☎ 04 68 89 26 67, *Fax 04 68 89 26 67* – AE GB

fermé 15/11 au 1/12, 15/1 au 1/3, lundi midi du 15/7 au 15/9, dim. soir et lundi du 15/9 au 15/7 – **Repas** 85/120 ♀, enf. 46.

SORGES *24420 Dordogne* 75 ⑥ *G. Périgord Quercy – 1 074 h alt. 178.*

Syndicat d'Initiative Maison de la Truffe ☎ 05 53 05 90 11, Fax (Mairie) 05 53 05 95 18.

Paris 464 – Périgueux 21 – Brantôme 23 – Limoges 74 – Nontron 35 – Thiviers 15 – Uzerche 69.

Aub. de la Truffe, sur N 21 ☎ 05 53 05 02 05, *Fax 05 53 05 39 27*, – rest, TV ☎ P – 30. AE GB

Repas *(fermé dim. soir en hiver)* 80/330 ♀, enf. 50 – ☕ 35 – **26 ch** 230/310 – 1/2 P 280.

SORGUES *84700 Vaucluse* 81 ⑫ – *17 236 h alt. 24.*

Paris 673 – Avignon 11 – Carpentras 18 – Cavaillon 30 – Orange 18.

Davico, 67 r. St Pierre ☎ 04 90 39 11 02, *Fax 04 90 83 48 42* – TV ☎. GB. ch

fermé 15 août au 2 sept., sam. midi et dim. – **Repas** 100/280 ♀ – ☕ 36 – **26 ch** 245/310 – 1/2 P 260.

à Entraigues-sur-la-Sorgue *Est : 4,5 km par D 38 – 5 788 h. alt. 30 – ✉ 84320 :*

Parc sans rest, rte Carpentras ☎ 04 90 83 62 43, *Fax 04 90 83 29 11*, – TV ☎ P. GB.

☕ 38 – **30 ch** 360.

CITROEN Gar. Rolland, 224 rte d'Orange ☎ 04 90 83 30 04
Gar. Lan, 125 rte de Carpentras à Entraigues-sur-Sorgues ☎ 04 90 83 18 73

Manu Pneus, Village d'Entreprises Ero 18 r. des Métiers ☎ 04 90 39 66 89

SOSPEL *06380 Alpes-Mar.* 84 ⑳ *G. Côte d'Azur – 2 592 h alt. 360.*

Voir *Vieux village★ : vieux pont★, vierge immaculée★ dans l'église St-Michel – Fort St-Roch★ S : 1 km par la D 2204.*

Office de Tourisme bd de la 1ère D.F.L. ☎ 04 93 04 18 44, Fax 04 93 04 19 96 et Accueil, Le Vieux Pont ☎ 04 93 04 15 80.

Paris 969 – Menton 18 – Nice 41 – Tende 37 – Ventimiglia 28.

des Étrangers, bd Verdun ☎ 04 93 04 00 09, *Fax 04 93 04 12 31*, – rest, TV ☎. GB

fermé 24 nov. au 20 fév. – **Repas** *(fermé mardi du 15 sept. au 15 juin)* 100/155 ♀, enf. 50 – ☕ 37 – **30 ch** 270/360 – 1/2 P 310/370.

SOTTEVILLE-SUR-MER *76740 S.-Mar.* 52 ③ *– 365 h alt. 60.*

Paris 191 – Dieppe 24 – Fontaine-le-Dun 11 – Rouen 60 – St-Valery-en-Caux 11.

XX **Embruns,** ✆ 02 35 97 77 99, *Fax 02 35 57 14 27* – GB
fermé 28 sept. au 13 oct., 25 janv. au 13 fév., lundi sauf juil.-août et dim. soir – **Repas** 72 (déj.), 118/245.

SOUCY *89 Yonne* 61 ⑭ *– rattaché à Sens.*

SOUDAN *79 Deux-Sèvres* 68 ⑫ *– rattaché à St-Maixent-l'École.*

SOUESMES *41300 L.-et-Ch.* 64 ⑳ *– 1 135 h alt. 128.*

Paris 191 – Bourges 48 – Aubigny-sur-Nère 21 – Blois 76 – Cosne-sur-Loire 61 – Gien 50 – Salbris 11.

Aub. Croix Verte, ✆ 02 54 98 83 70, *Fax 02 54 98 83 70* – P. GB
fermé vacances de Noël – **Repas** 68/150 ♀ – ☕ 33 – **13 ch** 150/250 – 1/2 P 185/235.

SOUILLAC *46200 Lot* 75 ⑱ *G. Périgord Quercy – 3 459 h alt. 104.*

Voir *Anc. église abbatiale : bas-relief "Isaïe"★★, revers du portail★ – Musée national de l'Automate et de la Robotique★.*

Golf Club du Mas del Teil ✆ *05 65 32 68 20, N par D 15 : 7 km.*

Office de Tourisme bd L.-J. Malvy ✆ *05 65 37 81 56, Fax 05 65 27 11 45.*

Paris 515 ① – Brive-la-Gaillarde 36 ① – Sarlat-la-Canéda 29 ③ – Cahors 64 ② – Figeac 64 ② – Gourdon 29 ②.

SOUILLAC

Abbaye (Pl. de l') ..... Z 2
Barebaste (R.) .... Z 4
Barnicou (Pl.) .... Z 5
Bénétou (Rue) .... Y 7
Betz (Pl. Pierre) .... Z
Bouchier (Pl. J.-B.) .... Z 8
Doussot (Pl.) .... Z 9
Figuier (Pl. du) .... Y 12
Forail-Marsalès (Pl. du) .... YZ
Frégière (R. de la) ..... Z
Gambetta (Av.) .... Y 14
Gaulle (Av. du Gén.-de) .... Y 15
Gourgue (R. de) ...... Z 16
Granges (R. des) ...... Z
Grozel (R. de) .... Y
Halle (R. de la) .... Y 17
Juillet (R. de) .... Y
La Borie (Pl. de) ...... Y 20
La Borie (R. de) .... Y
Louqsor (Rue) .... Z 21
Malvarès (Rue) .... Y 22
Malvy (Bd Louis-Jean) .... YZ
Malvy (Av. Martin) .... Y
Morlet (Rue) .... Z 24
Pons (Pl. de l'Abbé) ... Y 25
Pont (R. du) .... Z 26
Puits (Pl. du) .... Y 28
Rajol (Pl. du) .... Y 29
Recège (R. de la) ...... Y
St-Martin (Rue) .... Z 32
Sarlat (Av. de) .... Z
Verlhac (Av. P.) .... Y

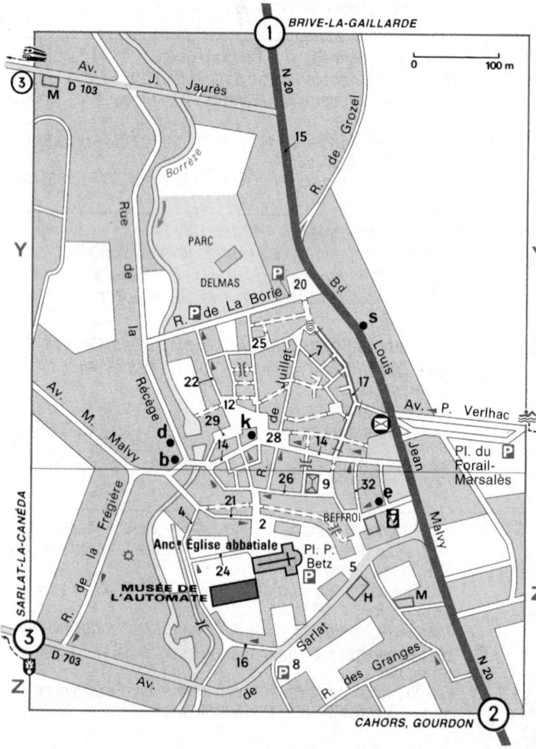

Vieille Auberge Ⓜ, 1 r. Recège ✆ 05 65 32 79 43, *Fax 05 65 32 65 19*, – rest, 30. GB Y b
fermé dim. soir et lundi de nov. à mars – **Repas** 100/330 ♀, enf. 55 – ☕ 40 – **19 ch** 280/360 – ½ P 380.

Grand Hôtel, 1 allée Verninac ✆ 05 65 32 78 30, *Fax 05 65 32 66 34*, – . AE GB Z e
1er avril-1er nov. – **Repas** 75/240 ♀, enf. 45 – ☕ 37 – **44 ch** 285/500 – ½ P 290/400.

Quercy sans rest, 1 r. Récège ✆ 05 65 37 83 56, *Fax 05 65 37 07 22*, – . GB JCB Y d
15 mars-1er déc. – ☕ 35 – **25 ch** 300.

Europe sans rest, 54 bd L.-J. Malvy ✆ 05 65 37 08 01, *Fax 05 65 37 08 02*, – . GB Y s
5 avril-20 oct. – ☕ 30 – **14 ch** 200/250.

Aub. du Puits, 5 pl. Puits ✆ 05 65 37 80 32, *Fax 05 65 37 07 16* – . GB Y k
fermé déc., janv., dim. soir et lundi hors saison sauf fêtes – **Repas** 82/280 ♀ – ☕ 32 – **20 ch** 140/300 – ½ P 190/260.

Belle Vue sans rest, 68 av. J. Jaurès - **Y** ✆ 05 65 32 78 23, *Fax 05 65 37 03 89*, – . GB
fermé 5 au 20 janv. – ☕ 34 – **27 ch** 215/240.

Redouillé, 28 av. Toulouse par ② ✆ 05 65 37 87 25, *Fax 05 65 37 09 09*, – . AE GB
fermé 23 au 30 nov., mi-fév. à mi-mars, dim. soir du 22 sept. au 20 juin et lundi – **Repas** 95/320 ♀, enf. 60.

RENAULT Gar. Sanfourche, rte de Sarlat ✆ 05 65 32 73 03 N ✆ 05 65 20 72 15

Pneus Service, 19 av. J.-Jaurès ✆ 05 65 37 81 88

SOULAC-SUR-MER *33780 Gironde 71 ⑯ G. Pyrénées Aquitaine – 2 790 h alt. 7 – Casino de la Plage.*

Office de Tourisme 95 r. de la Plage ✆ 05 56 09 86 61, Fax 05 56 73 63 76.

Paris 513 – Royan 10 – Bordeaux 95 – Lesparre-Médoc 30.

à l'Amélie-sur-Mer *Sud-Ouest : 4,5 km par D 101E – ✉ 33780 Soulac-sur-Mer :*

des Pins , ✆ 05 56 73 27 27, *Fax 05 56 73 60 39*, – . AE GB. ch
fermé 15 nov. au 15 déc. et 15 janv. au 15 mars – **Repas** 95/250 ♀, enf. 55 – ☕ 44 – **34 ch** 225/425 – ½ P 280/400.

RENAULT Gar. Merlin, ✆ 05 56 09 80 44

SOULAGES-BONNEVAL *12 Aveyron 76 ⑬ – rattaché à Laguiole.*

SOUMOULOU *64420 Pyr.-Atl. 85 ⑦ – 1 022 h alt. 296.*

Paris 782 – Pau 17 – Lourdes 24 – Nay 16 – Pontacq 12 – Tarbes 28.

Béarn, ✆ 05 59 04 60 09, *Fax 05 59 04 63 33*, – . AE GB
fermé 11 au 17 janv. et vacances de fév. – **Repas** 75/245 ♀, enf. 50 – ☕ 40 – **14 ch** 220/280 – ½ P 239/253.

PEUGEOT Gar. Caillabet, à Lamarque-Pontacq ✆ 05 59 53 50 89

RENAULT Gar. Grimaud, à Espoey ✆ 05 59 04 65 17 N ✆ 08 00 05 15 15

RENAULT Gar. Pujo, à Pontacq ✆ 05 59 53 50 57

La SOURCE *45 Loiret 64 ⑨ – rattaché à Orléans.*

SOURDEVAL *50150 Manche 59 ⑨ – 3 211 h alt. 217.*

Voir Vallée de la Sée★ O, G. Normandie Cotentin.

Office de Tourisme Jardin de l'Europe ✆ 02 33 79 35 61, Mairie ✆ 02 33 79 35 55, Fax 02 33 79 35 59.

Paris 307 – St-Lô 53 – Avranches 36 – Domfront 30 – Flers 30 – Mayenne 64 – St-Hilaire-du-Harcouët 25 – Vire 14.

Temps de Vivre avec ch, 12 r., Saint Martin ✆ 02 33 59 60 41, *Fax 02 33 59 88 34* – . GB
fermé vacances de fév. et lundi sauf août – **Repas** 67/165, enf. 36 – ☕ 25 – **7 ch** 170/230 – ½ P 175/185.

PEUGEOT Gar. Suard, ✆ 02 33 59 60 35 N ✆ 02 33 59 60 35

SOURZAC *24 Dordogne 75 ④ – rattaché à Mussidan.*

SOUSCEYRAC *46190 Lot 75 ⑳ – 1 064 h alt. 559.*

Paris 542 – Aurillac 49 – Cahors 97 – Figeac 40 – Mauriac 72 – St-Céré 16.

XX **Au Déjeuner de Sousceyrac** (Piganiol) avec ch, ✆ 05 65 33 00 56, *Fax 05 65 33 04 37* – TV. GB

20 mars-11 nov. et fermé dim. soir sauf juil.-août et lundi – **Repas** 125/250 et carte 250 à 360 – 32 – **8 ch** 200 – 1/2 P 230

Spéc. Millefeuille de foie gras et pommes de terre. Terrine de foie gras de canard. Pigeonneau fermier en cocotte. **Vins** Cahors.

SOUS-LA-TOUR *22 C.-d'Armor 59 ③ – rattaché à St-Brieuc.*

SOUSTONS *40140 Landes 78 ⑯ – 5 283 h alt. 9.*

Voir *Étang de Soustons★ O : 1 km,* **G. Pyrénées Aquitaine.**

Côte d'Argent ✆ 05 58 48 54 65, NO par D 652 puis D 117 : 18 km ; de Pinsolle ✆ 05 58 48 03 92, Lac du Port d'Albret par D 652 : 10 km.

Office de Tourisme "La Grange de Labouyrie" ✆ 05 58 41 52 62, Fax 05 58 41 30 63.

Paris 733 – Biarritz 44 – Mont-de-Marsan 76 – Castets 24 – Dax 25 – St-Vincent-de-Tyrosse 13.

Pavillon Landais , av. Lac ✆ 05 58 41 14 49, *Fax 05 58 41 26 03*, ←, , « Au bord du lac », , – TV ☎ & P. AE ⓞ GB

fermé dim. soir et lundi d'oct. à mars – **Repas** *(135)* - 180 ♀, enf. 85 – 45 – **27 ch** 350/550 – 1/2 P 365/460.

Bergerie , vers le Lac, allée des Soupirs ✆ 05 58 41 11 43, *Fax 05 58 41 21 61*, « Demeure landaise dans un parc » – TV ☎ P. AE GB.

avril-nov. – **Repas** (résidents seul.) – 45 – **12 ch** 300/400 – 1/2 P 420.

CITROEN Gar. Lartigau, 12 av. Mar.-Leclerc ✆ 05 58 41 14 80 N ✆ 05 58 41 14 80
PEUGEOT Gar. Chopin, 7 r. d'Aste ✆ 05 58 41 10 57
PEUGEOT Gar. Bouyrie, 6 av. Gén.-de-Gaulle ✆ 05 58 41 51 75

La SOUTERRAINE *23300 Creuse 72 ⑧ G. Berry Limousin – 5 459 h alt. 390.*

Voir *Église★.*

Office de Tourisme pl. Gare ✆ 05 55 63 10 06, Fax (Mairie) 05 55 63 37 27.

Paris 341 – Limoges 56 – Bellac 40 – Châteauroux 74 – Guéret 34.

à St-Étienne-de-Fursac *Sud : 11 km par D 1 – 843 h. alt. 322 – ✉ 23290 :*

Nougier, ✆ 05 55 63 60 56, *Fax 05 55 63 65 47*, « Intérieur rustique », – TV ☎ P. GB

fermé 1er déc. au 28 fév., lundi midi en juil.-août, dim. soir et lundi de sept. à juin sauf fêtes – **Repas** 70 (déj.), 102/220 ♀ – 41 – **12 ch** 250/360 – 1/2 P 265/300.

CITROEN Gar. Chambraud, 2 r. Peu de Sedelle ✆ 05 55 63 08 89
PEUGEOT Gar. Laville, 7 av. République ✆ 05 55 63 01 63
G.P. Pneus, bd de Belmont ✆ 05 55 63 78 23
Pneus et Caoutchouc, bd Belmont ✆ 05 55 63 00 25

SOUVIGNY *03210 Allier 69 ⑭ G. Auvergne – 2 024 h alt. 242.*

Voir *Prieuré St-Pierre★★ – Calendrier★★ dans l'église-musée St-Marc.*

Paris 298 – Moulins 13 – Bourbon-l'Archambault 15 – Montluçon 65.

XX **Aub. des Tilleuls**, ✆ 04 70 43 60 70, *Fax 04 70 44 85 73*, – AE GB

fermé 7 au 13 sept., 1er au 24 janv., dim. soir et lundi sauf fériés – **Repas** 100/230 ♀, enf. 50.

SOUVIGNY-EN-SOLOGNE *41600 L.-et-Ch. 64 ⑩ – 440 h alt. 210.*

Paris 173 – Orléans 39 – Gien 43 – Lamotte-Beuvron 14 – Montargis 63.

XX **Perdrix Rouge**, ✆ 02 54 88 41 05, *Fax 02 54 88 05 56*, « Jardin » – AE GB

fermé 20 fév. au 10 mars, 29 juin au 7 juil., 26 août au 2 sept., lundi et mardi – **Repas** (dim. et fêtes prévenir) 80/300.

XX **Aub. Croix Blanche** avec ch, ✆ 02 54 88 40 08, *Fax 02 54 88 91 06* – ☎ P. GB

fermé mi-janv. à début mars, mardi soir et merc. – **Repas** 76/235 – 35 – **9 ch** 180 – 1/2 P 220/270.

RENAULT Gar. Bruandet Paret, ✆ 02 54 88 43 18 N ✆ 02 54 88 43 18

SOYAUX *16 Charente* 72 ⑭ *– rattaché à Angoulême.*

SOYONS *07 Ardèche* 77 ⑪ ⑫ *– rattaché à St-Péray.*

STAINVILLE *55500 Meuse* 62 ① *– 380 h alt. 228.*

Paris 229 – Bar-le-Duc 18 – Commercy 38 – Joinville 37 – Neufchâteau 68 – St-Dizier 21 – Toul 59.

XX ✿ **Petite Auberge,** ✆ 03 29 78 60 10 – AE ① GB
fermé 30 juil. au 22 août, 25 déc. au 1er janv., vend. soir, sam. midi et dim. soir – **Repas** (nombre de couverts limité, prévenir) 95 (déj.), 155/205 et carte 200 à 300
Spéc. Navarin de Saint-Jacques (15 oct. au 30 avril). Duo de sole et langoustines. Poulet et ris de veau aux morilles. **Vins** Côtes de Toul.

X **Grange** avec ch, ✆ 03 29 78 60 15, *Fax 03 29 78 67 28,* – TV ☎ . GB
fermé 15 au 31 déc., (sauf rest.), 1er au 30 janv. et lundi d'oct. à avril – **Repas** (75) - 100/180 ♀, enf. 50 – ☕ 38 – **8 ch** 220/290 – 1/2 P 290/330.

STELLA-PLAGE *62 P.-de-C.* 51 ⑪ *– rattaché au Touquet.*

STIRING-WENDEL *57 Moselle* 57 ⑥ *– rattaché à Forbach.*

STRASBOURG

P 67000 B.-Rhin 62 ⑩ *G. Alsace Lorraine - 252 338 h. - Agglo. 388 483 h - alt. 143.*

Paris 490 ① – Basel 147 ③ – Bonn 313 ③ – Bordeaux 064 ① – Frankfurt am Main 219 ③ – Karlsruhe 81 ③ – Lille 525 ① – Luxembourg 219 ① – Lyon 490 ④ – Stuttgart 147 ③

OFFICES DE TOURISME

17 pl. de la Cathédrale ☎ 03 88 52 28 28, Fax 03 88 52 28 29

pl. de la gare ☎ 03 88 32 51 49

Pont de l'Europe ☎ 03 88 61 39 23

Automobile Club 5 av. de la Paix ☎ 03 88 36 04 34, Fax 03 88 36 00 63.

RENSEIGNEMENTS PRATIQUES

TRANSPORTS

Auto-train ☎ 08 36 35 35 35.

AÉROPORT

Strasbourg-Entzheim-International ☎ 03 88 64 67 67 AT

QUELQUES GOLFS

9 9 9 *à Illkirch-Graffenstaden (privé) ☎ 03 88 66 17 22* BT

18 *de la Wantzenau à Wantzenau ☎ 03 88 96 37 73* CR

18 *de Kempferhof à Plosheim ☎ 03 88 98 72 72, S par D 468 : 15 km.*

CURIOSITÉS

DÉCOUVERTE DE STRASBOURG

<★ *de la flèche de la cathédrale Notre-Dame*★★★ KZ - *Promenades en vedette sur l'Ill.*

QUARTIER DE LA CATHÉDRALE

Cathédrale Notre-Dame ★★★ *: horloge astronomique*★ *- Place de la cathédrale*★ KZ *: maison Kammerzell*★ KZ e *- Musées*★★ *du palais Rohan*★ KZ.

Musée alsacien★★ KZ M² *- Musée de l'Oeuvre Notre-Dame*★★ KZ M¹ *- Musée d'Art moderne*★ KZ M⁴ *- Musée historique*★ KZ M³.

LA PETITE FRANCE

Rue du Bains-aux-Plantes★★ HJZ *- Ponts couverts*★ HZ *- Barrage Vauban*✳★★ HZ *- Mausolée du maréchal de Saxe*★★ *dans l'église St-Thomas* JZ.

AUTOUR DES PLACES KLÉBER ET BROGLIE

Place Kléber★*, la plus célèbre place de Strasbourg , bordée au Nord par l'Aubette* JY *- Place de Broglie : hôtel de ville*★ KY H.

L'EUROPE À STRASBOURG

Palais de l'Europe★ FU *- Nouveau palais des Droits de l'Homme* GU *- Orangerie*★ FGU.

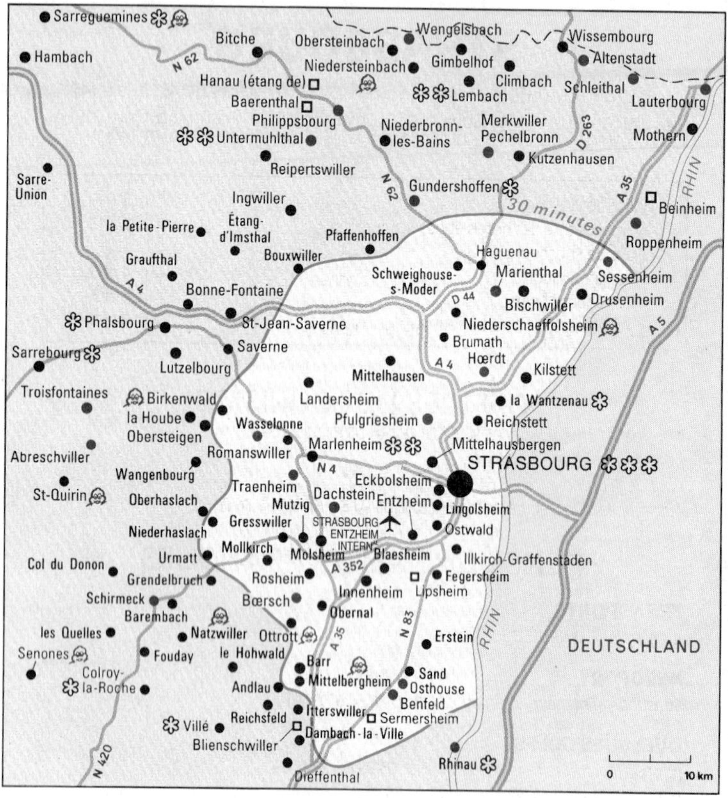

Régent Petite France Ⓜ, 5 r. Moulins ☎ 03 88 76 43 43, *Fax 03 88 76 43 76*, ←, « Anciennes glacières au bord de l'Ill - décor contemporain », – 🏋 – 30. AE ⓓ GB JCB — p. 8 JZ z
fermé 25 déc. au 4 janv. – **Repas** *(fermé lundi de juin à sept. et week-ends d'oct. à mai)* *(99)* - 149 ♀ – ☕ 90 – **63 ch** 1090/1490, 5 appart, 4 duplex – ½ P 885/1490.

Hilton, av. Herrenschmidt ☎ 03 88 37 10 10, *Fax 03 88 36 83 27*, – 🅿 – 25 à 300. AE ⓓ GB JCB — p. 6 EU e
Jardin ☎ 03 88 35 72 61 **Repas** 111 (déj.), 140/187 ♀, enf. 79 – ☕ 93 – **241 ch** 950/1600, 5 appart.

Sofitel Ⓜ, pl. St-Pierre-le-Jeune ☎ 03 88 15 49 00, *Fax 03 88 15 49 99*, patio – – 120. AE ⓓ GB — p. 8 JY s
L'Alsace Gourmande ☎ 03 88 15 49 10 **Repas** *(125)* - 155 ♀ – ☕ 95 – **153 ch** 1200/1400.

Régent Contades Ⓜ sans rest, 8 av. Liberté ☎ 03 88 15 05 05, *Fax 03 88 15 05 15*, « Hôtel particulier du 19e siècle » – AE ⓓ GB JCB — p. 9 LY f
☕ 90 – **45 ch** 820/1550.

Beaucour Ⓜ sans rest, 5 r. Bouchers ☎ 03 88 76 72 00, *Fax 03 88 76 72 60*, « Anciennes maisons alsaciennes élégamment aménagées » – – 30. AE ⓓ GB — p. 9 KZ k
☕ 65 – **49 ch** 550/950.

Holiday Inn, 20 pl. Bordeaux ☎ 03 88 37 80 00, *Fax 03 88 37 07 04*, 🏋, – 🅿 – 450. AE ⓓ GB JCB — p. 7 FU n
Repas 150 ♀ – ☕ 85 – **170 ch** 980/1250.

Maison Rouge sans rest, 4 r. Francs-Bourgeois ✆ 03 88 32 08 60, *Fax 03 88 22 43 73*, « Belle décoration intérieure » – ▯ TV ☎ ♿ – 🏠 50. AE ① GB p. 8 JZ g
☕ 65 – **140 ch** 540/590.

Monopole-Métropole sans rest, 16 r. Kuhn ✆ 03 88 14 39 14, *Fax 03 88 32 82 55*, « Décor alsacien et contemporain » – ▯ ⌧ TV ☎ 🚗. AE ① GB JCB p. 8 HY p
fermé Noël au Jour de l'An – ☕ 65 – **90 ch** 430/750.

Europe sans rest, 38 r. Fossé des Tanneurs ✆ 03 88 32 17 88, *Fax 03 88 75 65 45*, « Maison alsacienne à colombages, belle reproduction au 1/50e de la cathédrale » – ▯ ⌧ TV ☎ 📞 🚗 – 🏠 30. AE ① GB JCB p. 8 JZ v
fermé 23 au 29 déc. – ☕ 48 – **60 ch** 380/560.

France sans rest, 20 r. Jeu des Enfants ✆ 03 88 32 37 12, *Fax 03 88 22 48 08* – ▯ ⌧ TV ☎ 🚗 – 🏠 30. AE GB p. 8 JY v
☕ 65 – **66 ch** 500/710.

Novotel Centre Halles Ⓜ, 4 quai Kléber ✆ 03 88 21 50 50, *Fax 03 88 21 50 51* – ▯ ⌧ ▤ TV ☎ 📞 ♿ – 🏠 80. AE ① GB p. 8 JY k
Repas carte environ 170 🍷, enf. 50 – ☕ 59 – **97 ch** 670.

Mercure Centre Ⓜ sans rest, 25 r. Thomann ✆ 03 88 75 77 88, *Fax 03 88 32 08 66* – ▯ ⌧ ▤ TV ☎ 📞 ♿ 🚗. AE ① GB JCB p. 8 JY q
☕ 57 – **98 ch** 565/680.

Grand Hôtel sans rest, 12 pl. Gare ✆ 03 88 52 84 84, *Fax 03 88 52 84 00* – ▯ TV ☎ 📞. AE ① GB p. 8 HY m
☕ 65 – **83 ch** 395/610.

Cathédrale Ⓜ sans rest, 12 pl. Cathédrale ✆ 03 88 22 12 12, *Fax 03 88 23 28 00* – ⌧ TV ☎ 📞. AE ① GB JCB p. 9 KZ n
☕ 48 – **32 ch** 450/790, 3 duplex.

des Rohan sans rest, 17 r. Maroquin ✆ 03 88 32 85 11, *Fax 03 88 75 65 37* – ▯ ⌧ ▤ TV ☎. AE ① GB JCB p. 9 KZ u
☕ 52 – **36 ch** 410/795.

Villa d'Est Ⓜ sans rest, 12 r. J. Kablé ✆ 03 88 15 06 06, *Fax 03 88 15 06 16*, Fδ – ▯ ⌧ TV ☎ ♿. AE ① GB p. 6 EU n
☕ 67 – **48 ch** 495/560.

Dragon Ⓜ sans rest, 2 r. Écarlate ✆ 03 88 35 79 80, *Fax 03 88 25 78 95* – ▯ ⌧ TV ☎. AE ① GB. ✗ p. 8 JZ d
fermé 23 au 27 déc. – ☕ 60 – **32 ch** 430/655.

Hannong sans rest, 15 r. 22-Novembre ✆ 03 88 32 16 22, *Fax 03 88 22 63 87* – ▯ TV ☎ 📞 – 🏠 30. AE ① GB JCB p. 8 JY a
fermé 3 au 10 janv. – ☕ 54 – **72 ch** 425/635.

Dauphine sans rest, 30 r. 1e Armée ✆ 03 88 36 26 61, *Fax 03 88 35 50 07* – ▯ TV ☎ 🚗. AE ① GB JCB p. 6 EX a
fermé 23 déc. au 2 janv. – ☕ 45 – **45 ch** 395/580.

Princes sans rest, 33 r. Geiler ✆ 03 88 61 55 19, *Fax 03 88 41 10 92* – ▯ TV ☎. AE GB p. 7 FV t
fermé 1er au 21 août – ☕ 50 – **43 ch** 400/510.

Relais Mercure sans rest, 3 r. Maire Kuss ✆ 03 88 32 80 80, *Fax 03 88 23 05 39* – ▯ ⌧ ▤ TV ☎ – 🏠 25. AE ① GB p. 8 HY e
☕ 49 – **52 ch** 380/430.

Relais Mercure Ⓜ, 50 rte Bischwiller à Schiltigheim ✉ 67300 ✆ 03 88 62 55 55, *Fax 03 88 62 66 02* – ▯ ⌧, ▤ rest, TV ☎ 📞 ♿ 🚗 – 🏠 40 à 80. AE ① GB JCB. ✗ rest p. 6 EU s
fermé 24 déc. au 9 janv. – **Repas** *(fermé dim. soir)* (65) - 100 bc/145 bc – ☕ 50 – **85 ch** 470.

Aux Trois Roses sans rest, 7 r. Zürich ✆ 03 88 36 56 95, *Fax 03 88 35 06 14* – ▯ TV ☎ 📞 ♿. AE GB. ✗ p. 9 LZ y
☕ 39 – **33 ch** 290/470.

Ibis Ⓜ sans rest, 18 r. Fg National ✆ 03 88 75 10 10, *Fax 03 88 75 79 60* – ▯ ⌧ ▤ TV ☎. AE ① GB p. 8HYZ u
☕ 36 – **98 ch** 390.

Couvent du Franciscain sans rest, 18 r. Fg de Pierre ✆ 03 88 32 93 93, *Fax 03 88 75 68 46* – ▯ TV ☎ ♿ P. AE GB p. 8 JY e
fermé 24 déc. au 4 janv. – ☕ 44 – **43 ch** 300/320.

Pax, 24 r. Fg National ✆ 03 88 32 14 54, *Fax 03 88 32 01 16*, 🌳 – ▯ ⌧ TV ☎ ♿ 🚗 – 🏠 25. AE ① GB JCB p. 8HYZ u
fermé 24 déc. au 2 janv. – **Repas** *(fermé dim. du 2 nov. au 1er mars)* 90/130 🍷 – ☕ 40 – **106 ch** 365/405 – 1/2 P 305.

St-Christophe sans rest, 2 pl. Gare ✆ 03 88 22 30 30, *Fax 03 88 32 17 11* – ▯ TV ☎. AE ① GB p. 8 HY t
☕ 39 – **70 ch** 300/400.

Continental sans rest, 14 r. Maire Kuss ✆ 03 88 22 28 07, *Fax 03 88 32 22 25* – ▯ TV ☎. AE ① GB. ✗ p. 8 HY s
fermé 23 déc. au 1er janv. – ☕ 36 – **48 ch** 297/340.

BISCHEIM

Marais (R. du) . . . . **CS** 121
Périgueux (Av. de) . . . . **BS** 159
Robertsau (R. de la) . . . . **BS** 179
Triage (R. du) . . . . **BS** 219

ECKBOLSHEIM

Gaulle (Av. du Gén.-de) . . . . **BS** 67
Wasselonne (Route de) . . . . **BS** 237

HOENHEIM

Fontaine (R. de la) . . . . **BR** 55
République (R. de la) . . . . **BR** 174

ILLKIRCH-GRAFFENSTADEN

Bürkell (Route) . . . . **BT** 24
Ceinture (R. de la) . . . . **BT** 27
Faisanderie (R. de la) . . . . **BT** 48
Kastler (R. Alfred) . . . . **BT** 99
Lixenbühl (R.) . . . . **BT** 115
Messmer (Av.) . . . . **BT** 138
Neuhof (Route de) . . . . **BT** 144
Rhin (Route du) . . . . **BT** 175
Strasbourg (Rte de) . . . . **BT** 207
Vignes (R. des) . . . . **BT** 233

LINGOLSHEIM

Eckbolsheim (R. d') . . . . **BS** 44
Ostwald (R. d') . . . . **BT** 152
Prés (R. des) . . . . **BS** 168

OSTWALD

Foch (R. du Maréchal) . . . . **BT** 54
Gelspolsheim (R. de) . . . . **BT** 73
Leclerc (R. du Gén.) . . . . **BT** 112
Vosges (R. des) . . . . **BT** 232
23-Novembre (R. du) . . . . **BT** 246

SCHILTIGHEIM

Bischwiller (Route de) . . . . **BS** 18
Gaulle (Rte du Gén.-de) . . . . **BS** 70
Hausbergen (Route de) . . . . **BS** 81
Mendès-France (Av. P.) . . . . **BS** 132
Pompiers (R. des) . . . . **BS** 164
St-Junien (R. de) . . . . **BS** 184

STRASBOURG

Atenheim (Route d') . . . . **CT** 9
Bauerngrund (R. de) . . . . **CT** 15
Ganzau (R. de la) . . . . **BT** 66
Holtzheim (R. de) . . . . **AS** 88
Ill (R. de l') . . . . **CS** 96
Mittelhausbergen (Rte de) . . . . . **BS** 139
Neuhof (Route de) . . . . **CT** 144
Plaine des Bouchers (R. de la) . . **BS** 163
Polygone (Route du) . . . . **BS** 165
Pont (R. du) . . . . **BT** 166
Ribeauvillé (R. de) . . . . **CS** 177
Romains (Route des) . . . . **BS** 180
Schirmeck (Route de) . . . . **BS** 198

WOLFISHEIM

Oberhausbergen (R. d') . . . . **AS** 148
Seigneurs (R. des) . . . . **AS** 204

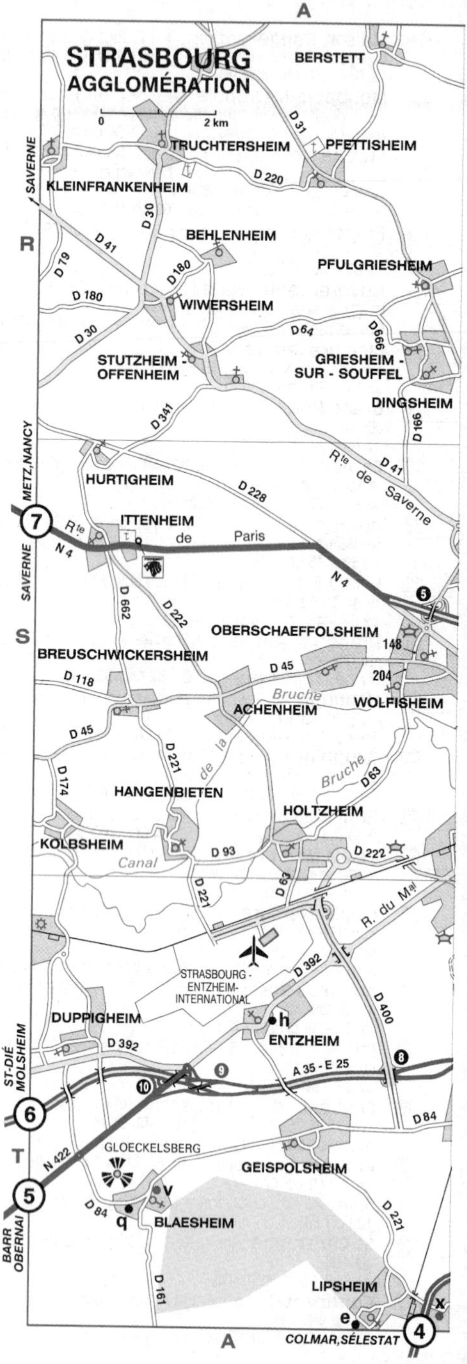

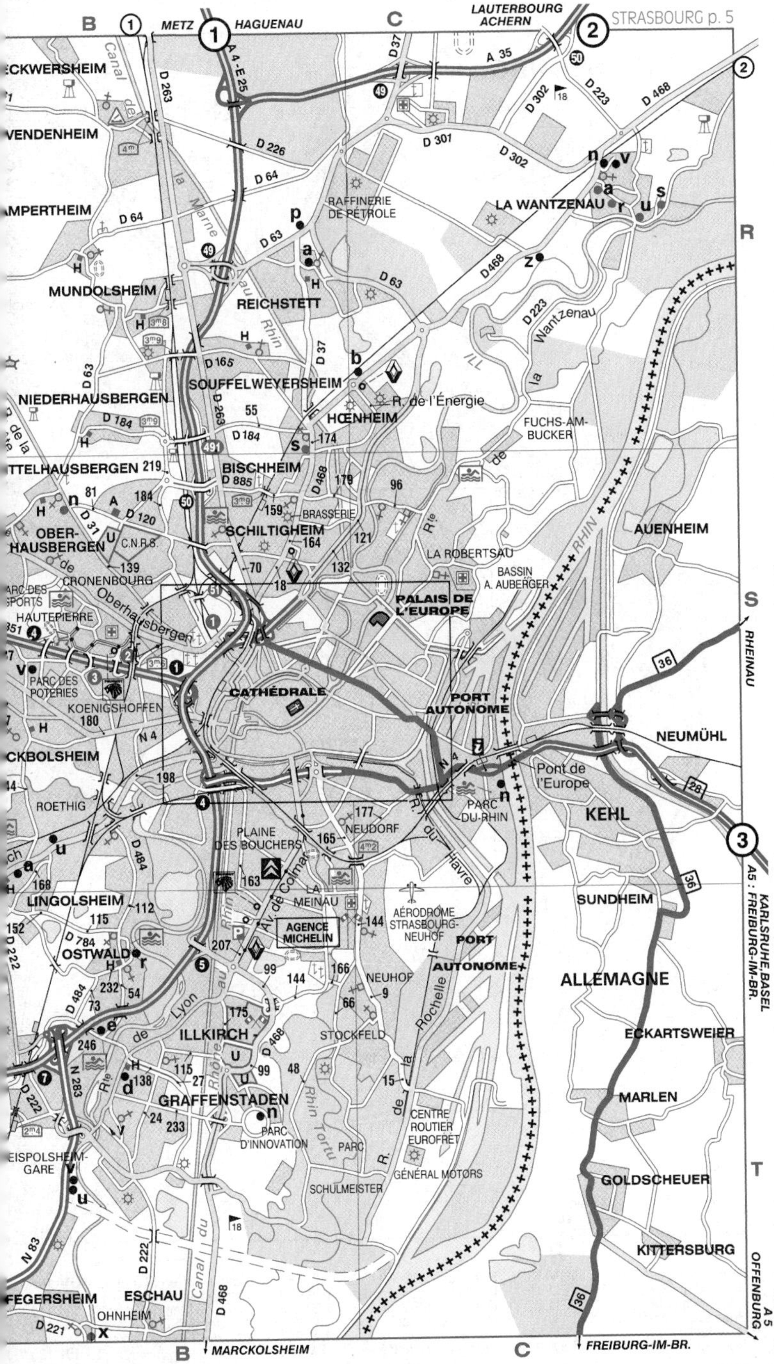

B
C
METZ
HAGUENAU
LAUTERBOURG
ACHERN
A 4 - E 25
A 35
D 37
D 263
D 226
D 64
D 63
D 301
D 302
D 223
D 468
ECKWERSHEIM
VENDENHEIM
LAMPERTHEIM
MUNDOLSHEIM
REICHSTETT
RAFFINERIE DE PÉTROLE
LA WANTZENAU
Canal de la Marne au Rhin
D 165
SOUFFELWEYERSHEIM
NIEDERHAUSBERGEN
D 184
HŒNHEIM
R. de l'Énergie
FUCHS-AM-BUCKER
ILL
la Wantzenau
BISCHHEIM
D 885
MITTELHAUSBERGEN
OBER-HAUSBERGEN
C.N.R.S.
SCHILTIGHEIM
BRASSERIE
LA ROBERTSAU
BASSIN A. AUBERGER
AUENHEIM
RHIN
CRONENBOURG
PARC DES SPORTS
HAUTEPIERRE
Rte de Oberhausbergen
PALAIS DE L'EUROPE
CATHÉDRALE
PARC DES POTERIES
KOENIGSHOFFEN
PORT AUTONOME
N 4
NEUMÜHL
RHEINAU
R
S
ECKBOLSHEIM
ROETHIG
Pont de l'Europe
PARC DU RHIN
KEHL
PLAINE DES BOUCHERS
NEUDORF
R. du Havre
Av. de Colmar
LA MEINAU
D 484
LINGOLSHEIM
SUNDHEIM
AÉRODROME STRASBOURG-NEUHOF
AGENCE MICHELIN
PORT AUTONOME
OSTWALD
D 784
D 222
NEUHOF
ALLEMAGNE
Rte de Lyon
ILLKIRCH
STOCKFELD
Rhône au Rhin
R. de la Rochelle
ECKARTSWEIER
N 283
GRAFFENSTADEN
PARC D'INNOVATION
Rhin Tortu
PARC
CENTRE ROUTIER EUROFRET
MARLEN
GEISPOLSHEIM-GARE
GÉNÉRAL MOTORS
SCHULMEISTER
GOLDSCHEUER
T
N 83
KITTERSBURG
FEGERSHEIM
ESCHAU
OHNHEIM
D 221
Canal du Rhône au Rhin
KARLSRUHE, BASEL A5 : FREIBURG-IM-BR.
OFFENBURG A 5
MARCKOLSHEIM
FREIBURG-IM-BR.

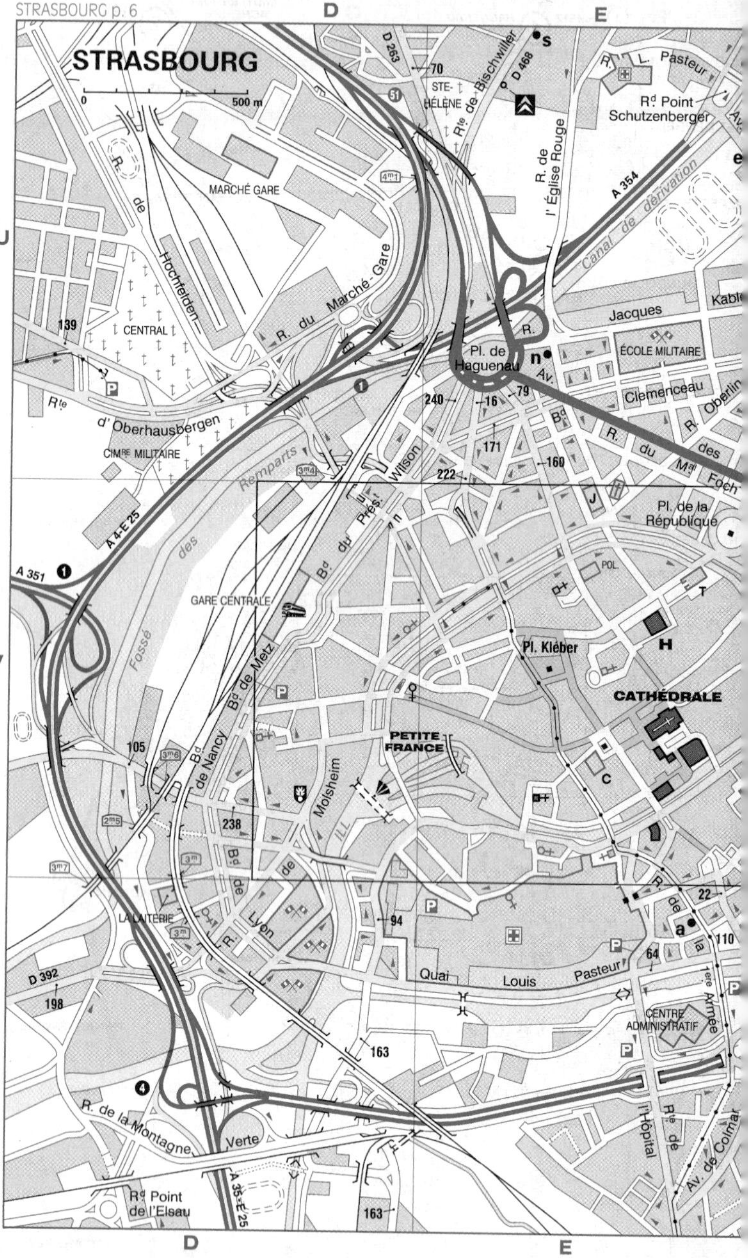
D
E
STRASBOURG
0
500 m
D 263
70
STE-HÉLÈNE
Rte de Bischwiller
D 468
S
R. L. Pasteur
Rd Point Schutzenberger
MARCHÉ GARE
R. de Hochfelden
R. de l'Église Rouge
A 354
Canal de dérivation
R. du Marché-Gare
CENTRAL
139
R.
Jacques
ÉCOLE MILITAIRE
Pl. de Haguenau
n
Av.
Clemenceau
Rte d'Oberhausbergen
CIMRE MILITAIRE
240
16
79
171
160
Bd Wilson
R. du Mal Foch
R. Oberlin
222
Remparts
A 4-E 25
des
du Prés.
Bd du
Pl. de la République
A 351
POL.
T
GARE CENTRALE
Fossé
Pl. Kléber
H
Bd de Metz
CATHÉDRALE
PETITE FRANCE
105
Bd de Nancy
Molsheim
C
238
ILL
Bd de Lyon
R. de
22
a
110
LA LAITERIE
94
64
D 392
198
Quai Louis Pasteur
1ère Armée
CENTRE ADMINISTRATIF
163
R. de la Montagne Verte
Rte de l'Hôpital
Av. de Colmar
Rd Point de l'Elsau
A 35-E 25
163
U
V
X
D
E

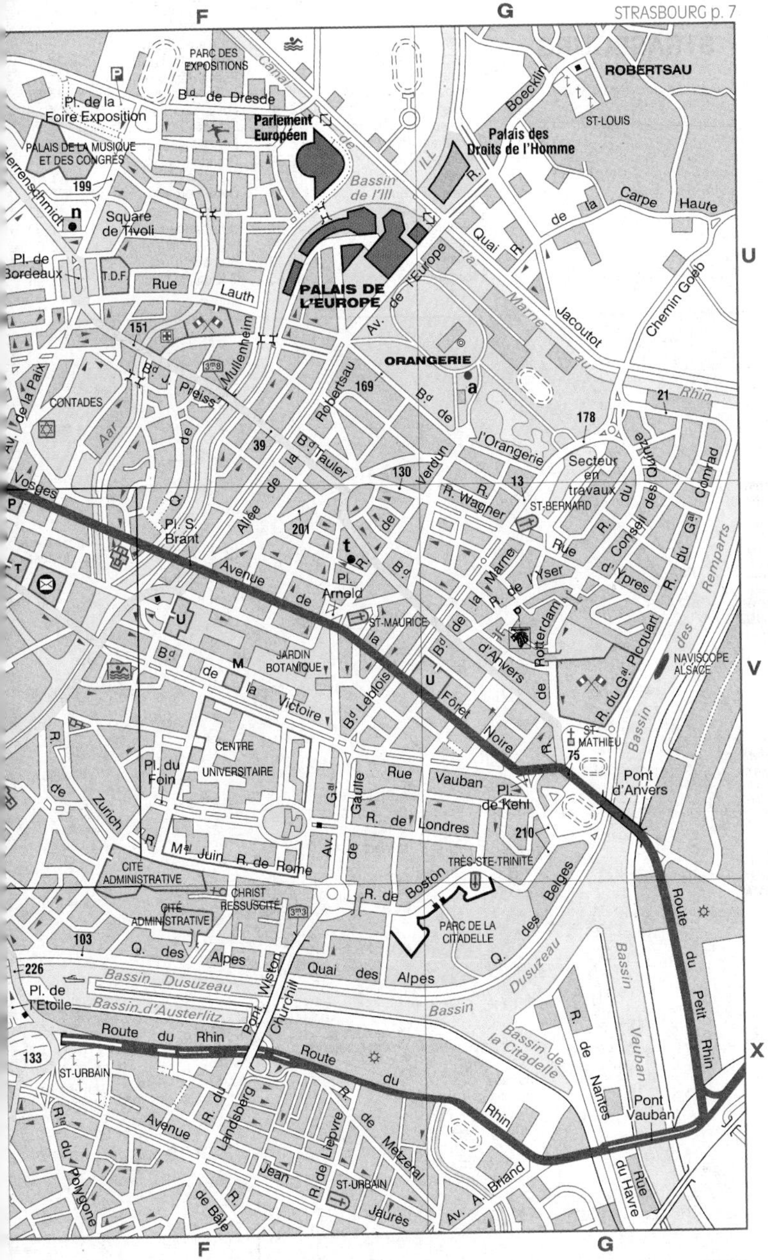

Mittelhausbergen (Route de) . . . . **DU** 139
Ohmacht (Rue) . . . . **FU** 151
Pierre (R. du Fg de) . . . . . . **EU** 160
Plaine des Bouchers (R. de la) . . . . **DX** 163
Président-Edwards (Bd du) . . . . **FU** 169
Président-Poincaré (Bd) . . **EU** 171
Richter (R. Fr.-Xavier) . . . . **GU** 178
Schirmeck (Rte de) . . . . . . **DX** 198
Schutzenberger (Av.) . . . . . **FU** 199
Schweighaeuser (R.) . . . . . **FV** 201
Tarade (Rue) . . . . **GV** 210
Travail (Rue du) . . . . **EUV** 222
Vienne (Route de) . . . . **FX** 226
Wasselonne (R. de) . . . . **DV** 238
Wissembourg (R. de) . . . . **EU** 240

STRASBOURG

Division-Leclerc (R.) .... **JKZ**
Gdes-Arcades (R. des)... **JKY**
Kléber (Place) .... **JY**
Maire Kuss (R. du)....... **HY** 120
Mésange (R. de la) ..... **JKY** 136
Nuée-Bleue (R. de la) .... **KY**
Vieux-Marché-aux-Poissons (R. du)....... **KZ** 229
22-Novembre (R. du) ... **HJK**

Abreuvoir (R. de l') .... **LZ** 3
Arc-en-Ciel (R. de l')..... **KLY** 7
Austerlitz (R. d')........... **KZ** 10
Auvergne (Pont d') .... **LY** 12
Bateliers (R. des).......... **LZ** 14
Bonnes-Gens (R. des) ..... **JY** 19
Boudier (R. du)............ **JZ** 20
Castelnau (R. Gén.-de)..... **KY** 25
Cathédrale (Pl. de la) ...... **KZ** 26
Chaudron (R. du).......... **KY** 28
Cheveux (R. des).......... **JZ** 29
Corbeau (Pl. du)........... **KZ** 31
Cordiers (R. des).......... **KZ** 32
Courtine (R. de la).......... **LY** 34
Dentelles (R. des) .... **JZ** 36
Écarlate (R. de l')........... **JZ** 43
Escarpée (R.).............. **JZ** 45
Étudiants (R. et Pl. des)... **KY** 46
Faisan (Pont du) .... **JZ** 47
Fossé-des-Tanneurs (Rue du) .... **JZ** 57
Fossé-des-Treize (R. du) .. **KY** 58
Francs-Bourgeois (R. des) . **JZ** 60
Frey (Quai Charles)....... **JZ** 63
Grande-Boucherie (Pl. de la) .... **KZ** 76
Gutenberg (R.) .... **JKZ** 78
Haute-Montée (R.) .... **JY** 82
Homme-de-Fer (Pl.de l') .. **JY** 90
Hôpital-Militaire (R. de l') .. **LZ** 91
Humann (Rue)........... **HZ** 94
Ill (Quai de l')............ **HZ** 95

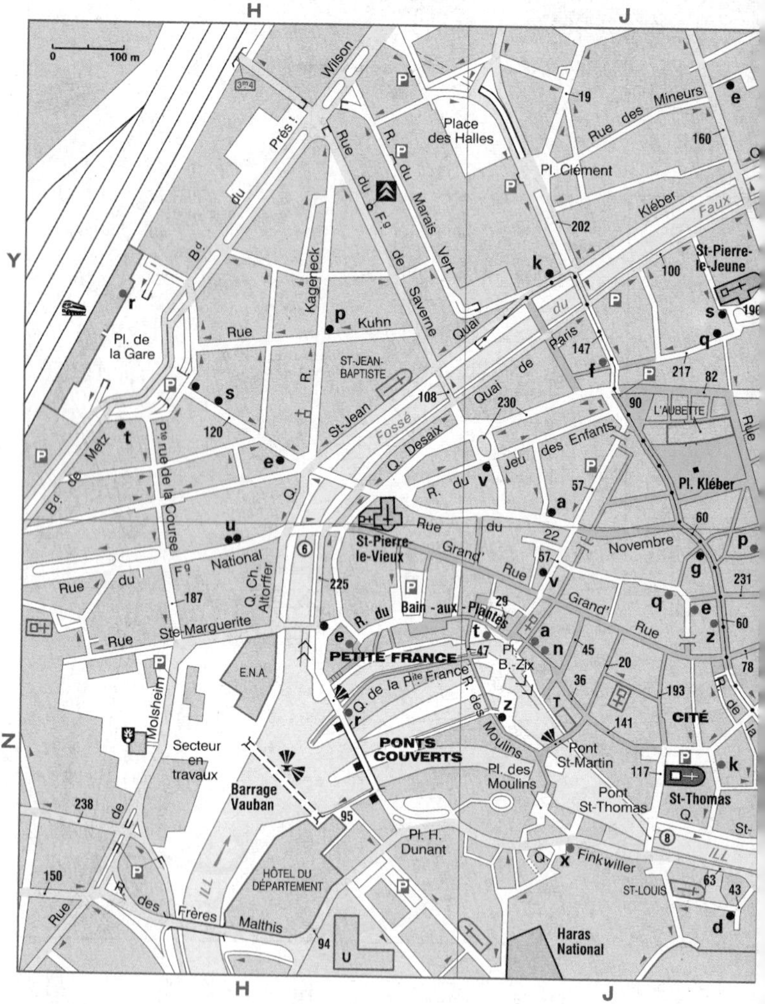

Ne voyagez pas aujourd'hui avec une carte d'hier.

Kellermann (Quai) . . . . **JY** 100
Krutenau (R. de la) . . . . **LZ** 106
Kuss (Pont) . . . . **HY** 108
Lamey (R. Auguste) . . . . . . **LY** 109
Lezay-Marnésia (Quai) . . . . **LY** 114
Luther (Rue Martin) . . . . . . **JZ** 117
Marché-aux-Cochons-de-Lait (Pl. du) . . . . **KZ** 124
Marché-aux-Poissons (Pl. du) . . . . **KZ** 125
Marché-Gayot (Pl. du) . . . **KYZ** 126
Marché-Neuf (Pl. du) . . . . **KYZ** 127
Maroquin (R. du) . . . . **KZ** 129
Mercière (R.) . . . . **KZ** 135
Monnaie (R. de la) . . . . **JZ** 141
Munch (Rue) . . . . **LZ** 142
Noyer (R. du) . . . . **JY** 147
Obernai (R. d') . . . . **HZ** 150
Outre (R. de l') . . . . **KY** 153
Paix (Av. de la) . . . . **KLY** 154
Parchemin (R. du) . . . . **KY** 156
Pierre (R. du Fg-de) . . . . **JY** 160
Pontonniers (R. des) . . . . . . **LY** 169
Récollets (R. des) . . . . **KLY** 172
St-Étienne (Quai) . . . . **LY** 183
St-Michel (R.) . . . . **HZ** 187
St-Nicolas (Pont) . . . . **KZ** 189
St-Pierre-le-Jeune (Pl.) . . **JKY** 190
Ste-Madeleine (Pont et R.) **KLZ** 192
Salzmann (R.) . . . . **JZ** 193
Sanglier (R. du) . . . . **KY** 194
Saverne (Pont de) . . . . **HY** 195
Sébastopol (R. de) . . . . **JY** 202
Serruriers (R. des) . . . . . . **JKZ** 205
Temple-Neuf (Pl. du) . . . . . . **KY** 213
Temple-Neuf (R. du) . . . . . . **KY** 214
Théâtre (Pont du) . . . . **KY** 216
Thomann (R.) . . . . **JY** 217
Tonneliers (R. des) . . . . **KZ** 220
Turckheim (Quai) . . . . **HZ** 225
Vieil-Hôpital (R. du) . . . . **KZ** 228
Vieux-Marché-aux-Vins (R. et Pl. du) . . . . **JY** 230
Vieux-Seigle (R. du) . . . . **JZ** 231
Wasselonne (R.) . . . . **HZ** 238

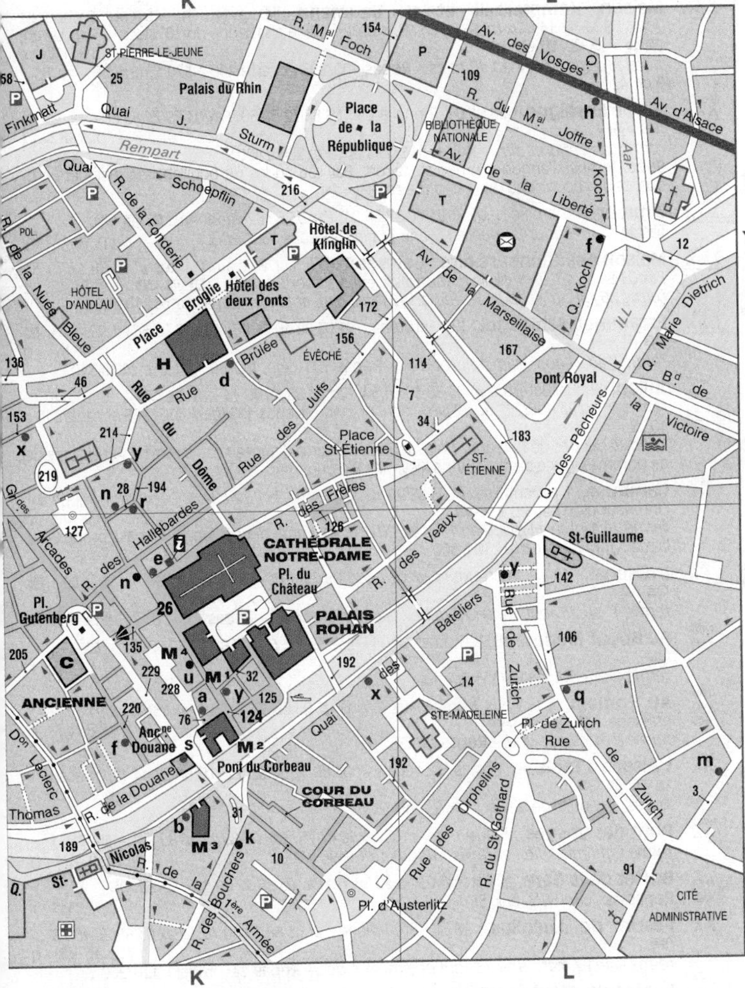

Reisen Sie nicht heute mit einer Karte von gestern.

XXXX ✿✿✿ **Au Crocodile** (Jung), 10 r. Outre ✆ 03 88 32 13 02, *Fax 03 88 75 72 01*, « Cadre élégant » – ▤. AE ⓓ GB. ✂ p. 9 KY x
fermé 12 juil. au 3 août, 24 déc. au 4 janv., dim. et lundi – **Repas** 300 (déj.), 430/650 et carte 480 à 600 ♀, enf. 120
Spéc. Lotte rôtie au fenouil confit et tomate safranée. Lobe de foie d'oie truffé cuit tel un "Baeckeoffe". Pêche blanche en gelée de verveine. **Vins** Riesling, Muscat d'Alsace.

XXXX ✿✿✿ **Buerehiesel** (Westermann), dans le parc de l'Orangerie ✆ 03 88 45 56 65, *Fax 03 88 61 32 00*, ≤, « Reconstitution d'une authentique ferme alsacienne agrémentée d'une verrière » – ▤ 🅿. AE ⓓ GB p. 7 GU a
fermé 10 au 26 août, 22 déc. au 6 janv., vacances de fév., mardi et merc. – **Repas** 290 (déj.), 380/710 et carte 500 à 700, enf. 120
Spéc. Persillé de chevreuil au foie gras de canard (juin à janv.). Schniederspaetle et cuisses de grenouilles poêlées au cerfeuil. Poulet de Bresse aux pommes de terre et artichauts cuit "comme un baeckeoffe" (printemps-été). **Vins** Riesling, Tokay-Pinot gris.

XXX **Maison Kammerzell et H. Baumann** Ⓜ avec ch, 16 pl. Cathédrale ✆ 03 88 32 42 14, *Fax 03 88 23 03 92*, « Belle maison alsacienne du 16ᵉ siècle » – ⬍, ▤ ch, TV ☎ – 🏛 80. AE ⓓ GB p. 9 KZ e
hôtel : fermé 17 fév. au 10 mars – **Repas** 195/295 et carte 200 à 320 ♀, enf. 58 – ☕ 55 – **9 ch** 420/630.

XXX ✿ **Vieille Enseigne** (Langs), 9 r. Tonneliers ✆ 03 88 32 58 50, *Fax 03 88 75 63 80* – ▤. AE ⓓ GB JCB p. 9 KZ f
fermé sam. midi et dim. – **Repas** 168/295 et carte 280 à 420 ♀
Spéc. Terrine d'anguille fumée au raifort. Bar rôti au jus de bouillabaisse. Beignets croquants de chocolat au lait d'amande amère.

XXX **Zimmer,** 8 r. Temple Neuf ✆ 03 88 32 35 01, *Fax 03 88 32 42 28* – ▤. AE ⓓ GB
fermé 4 au 18 août, 24 déc. au 5 janv. et dim. – **Repas** 180/280 ♀. p. 9 KY y

XXX **Maison des Tanneurs dite "Gerwerstub",** 42 r. Bain aux Plantes ✆ 03 88 32 79 70, *Fax 03 88 22 17 26*, « Vieille maison alsacienne au bord de l'Ill » – AE ⓓ GB p. 8 JZ t
fermé 26 juil. au 11 août, 28 déc. au 18 janv., dim. et lundi – **Repas** carte 210 à 320.

XXX **Estaminet Schloegel,** 19 r. Krütenau ✆ 03 88 36 21 98, *Fax 03 88 36 21 98* – ▤. AE GB p. 9 LZ q
fermé 7 au 21 août, sam. midi et dim. – **Repas** 120 (déj.), 180/300 et carte 240 à 310 ♀.

XX ✿ **Julien,** 22 quai Bateliers ✆ 03 88 36 01 54, *Fax 03 88 35 40 14* – ▤. AE GB p. 9 KZ x
fermé 1ᵉʳ au 23 août, 1ᵉʳ au 12 janv., dim. et lundi – **Repas** 195 (déj.), 295/385 et carte 310 à 400 ♀
Spéc. Escalopes de foie gras d'Alsace poêlées. Carré d'agneau rôti au thym. Feuilleté tiède de pommes, glace cannelle. **Vins** Klevener, Riesling.

XX **Cambuse,** 1 r. Dentelles ✆ 03 88 22 10 22, *Fax 03 88 23 24 99*, « Décoration rappelant l'intérieur d'un bateau » – GB p. 8 JZ a
fermé 26 avril au 11 mai, 2 au 17 août, 20 déc. au 4 janv., dim. et lundi – **Repas** - produits de la mer - (prévenir) carte 230 à 300.

XX **L'Arsenal,** 11 r. Abreuvoir ✆ 03 88 35 03 69, *Fax 03 88 35 03 69* – ▤. AE ⓓ GB. ✂
fermé 1ᵉʳ au 23 août, vacances de fév., sam. midi et dim. – **Repas** 135/220 ♀. p. 9 LZ m

XX **Au Boeuf Mode,** 2 pl. St-Thomas ✆ 03 88 32 39 03, *Fax 03 88 21 90 80*, 🏖 – AE GB p. 8 JZ k
fermé dim. – **Repas** 95/155 🍷.

XX ⊛ **Au Romain,** 6 r. Vieux Marché aux Grains ✆ 03 88 32 08 54, *Fax 03 88 23 51 65*, 🏖, brasserie – AE ⓓ GB JCB p. 8 JZ p
fermé dim. soir et lundi – **Repas** 64/155.

XX **L'Alsace à Table,** 8 r. Francs-Bourgeois ✆ 03 88 32 50 62, *Fax 03 88 22 44 11*, brasserie – ▤. AE ⓓ GB p. 8 JZ z
Repas - produits de la mer - 145 ♀, enf. 55.

XX **Pont des Vosges,** 15 quai Koch ✆ 03 88 36 47 75, *Fax 03 88 25 16 85*, 🏖 – AE GB
fermé sam. midi, dim. et fériés – **Repas** carte 190 à 300 ♀. p. 9 LY h

XX ⊛ **Buffet de la Gare,** pl. Gare ✆ 03 88 32 68 28, *Fax 03 88 32 88 34* – AE ⓓ GB
Repas *(58)* - 68/150 ♀, enf. 38. p. 8 HY r

XX **Festin de Lucullus,** 18 r. Ste-Hélène ✆ 03 88 22 40 78, *Fax 03 88 22 40 78* – GB p. 8 JZ q
fermé 8 au 22 mars, 9 au 23 août et dim. sauf déc. – **Repas** *(56)* - 70 (déj.), 120/200 ♀.

X **Panier du Marché,** 15 r. Ste-Barbe ✆ 03 88 32 04 07, *Fax 03 88 23 64 52*, 🏖 – ▤. GB p. 8 JZ e
fermé 9 au 24 août, sam. midi et dim. – **Repas** *(118)* - 158 ♀.

X **Vieille Tour,** 1 r. A. Seyboth ☎ 03 88 32 54 30, *Fax 03 88 32 54 30,* 🏕 – GB p. 8 HZ e
fermé 15 au 30 août, vacances de Noël, de fév., lundi soir et dim. – **Repas** 110 (déj.)/190 ♀.

X **Ami Schutz,** 1 r. Ponts Couverts ☎ 03 88 32 76 98, *Fax 03 88 32 38 40,* 🏕 – AE ⓓ GB
Repas *(90)* - 175/195 🍷. p. 8 HZ r

X **Benjamin,** 3 r. Dentelles ☎ 03 88 75 16 67, *Fax 03 88 75 16 67* – AE GB p. 8 JZ n
fermé 2 au 10 août, 25 déc. au 3 janv., lundi midi et dim. – **Repas** 62 (déj.), 140/330 bc, enf. 50.

X **A l'Ancienne Douane,** 6 r. Douane ☎ 03 88 15 78 78, *Fax 03 88 22 45 64,* 🏕 – AE ⓓ GB p. 9 KZ s
Repas brasserie *(53)* - 69 (déj.), 89/158 ♀, enf. 47.

X **Fink'Stuebel,** 26 r. Finkwiller ☎ 03 88 25 07 57, *Fax 03 88 22 11 05* – GB p. 8 JZ x
fermé 1er au 15 sept., 25 janv. au 8 fév., dim. soir et lundi sauf juil.-août – **Repas** 98/148 ♀.

X **Au Rocher du Sapin,** 6 r. Noyer ☎ 03 88 32 39 65, *Fax 03 88 75 60 99,* 🏕, brasserie – GB p. 8 JY f
fermé dim. et lundi – **Repas** 88/125 🍷.

LES WINSTUBS : *Dégustation de vins et cuisine du pays, ambiance typiquement alsacienne*

X **S'Burjerstuewel (Chez Yvonne),** 10 r. Sanglier ☎ 03 88 32 84 15, *Fax 03 88 23 00 18* – GB p. 9KYZ r
fermé 11 juil. au 9 août, 23 au 31 déc., lundi midi et dim. – **Repas** (prévenir) carte 150 à 260 🍷.

X **Le Clou,** 3 r. Chaudron ☎ 03 88 32 11 67, *Fax 03 88 75 72 83* – ▤. AE GB p. 9 KY n
fermé merc. midi, dim. et fériés – **Repas** 125/230 bc.

X **S'Muensterstuewel,** 8 pl. Marché aux Cochons de Lait ☎ 03 88 32 17 63, *Fax 03 88 21 96 02,* 🏕 – AE ⓓ GB p. 9 KZ y
fermé 27 juil. au 18 août, vacances de fév., dim. et lundi – **Repas** 128 (déj.), 165/320 ♀, enf. 65.

X **Zum Strissel,** 5 pl. Gde Boucherie ☎ 03 88 32 14 73, *Fax 03 88 32 70 24,* cadre rustique –
@ ▤. GB p. 9 KZ a
fermé 4 au 31 juil., vacances de fév., dim. et lundi – **Repas** 62/126 ♀, enf. 47.

X **Au Pont du Corbeau,** 21 quai St-Nicolas ☎ 03 88 35 60 68 – ▤. GB p. 9 KZ b
fermé 20 juil. au 16 août, vacances de fév., dim. midi, sam. et fériés – **Repas** *(76)* - carte 150 à 180 ♀.

X **Petite Mairie,** 8 r. Brûlée ☎ 03 88 32 83 06, *Fax 03 88 32 83 06* – GB p. 9 KY d
fermé 15 juil. au 10 août, vacances de fév., sam. soir et dim. – **Repas** carte 110 à 240 ♀.

Environs

à Reichstett : *Nord : 7 km par D 468 et D 37 ou par A 4 et D 63 – 4 640 h. alt. 141 – ✉ 67116 :*

🏠 **Paris,** sur D 63 ☎ 03 88 20 00 23, *Fax 03 88 20 30 60,* 🏕, 🏊, 🌳 – 🚭, ▤ rest, 📺 ☎ 🅿. GB p. 5 BR p
Repas *(fermé 2 au 23 août, 20 déc. au 3 janv., dim. soir et sam.)* *(50)* - 98/275 ♀ – ☕ 39 – **17 ch** 280/330 – ½ P 270.

🏠 **L'Aigle d'Or** sans rest, (près église) ☎ 03 88 20 07 87, *Fax 03 88 81 83 75* – 📺 ☎ 🅿. GB
fermé 25 juil. au 6 août – ☕ 35 – **17 ch** 290/450. p. 5 BR a

au Nord-Est d'Hoenheim *par D 468 – ✉ 68800 Hoenheim :*

🏠 **East Hôtel** sans rest, ☎ 03 88 81 02 10, *Fax 03 88 81 40 93* – 🚭 📺 ☎ ♿ 🅿. GB
☕ 29 – **32 ch** 260. p. 5 CR b

à La Wantzenau *Nord-Est : 12 km par D 468 – 4 394 h. alt. 130 – ✉ 67610 :*

🏠 **Hôtel Au Moulin** 🐦 Sud : 1,5 km par D 468 ☎ 03 88 59 22 22, *Fax 03 88 59 22 00,* <, « Ancien moulin sur un bras de l'Ill », 🌳 – 🛗 📺 ☎ 📞 🅿. AE GB p. 5 CR z
fermé 24 déc. au 2 janv. - voir rest. ***Au Moulin*** ci-après – ☕ 58 – **19 ch** 350/465.

🏠 **Roseraie** sans rest, 32 r. Gare ☎ 03 88 96 63 44, *Fax 03 88 96 64 95* – 📺 ☎ 📞 🅿. GB
fermé 21 déc. au 3 janv. – ☕ 38 – **15 ch** 250/300. p. 5 CR v

XXX **Relais de la Poste** Ⓜ avec ch, 21 r. Gén. de Gaulle ☎ 03 88 59 24 80, *Fax 03 88 59 24 89,* 🏕, « Belle maison alsacienne aménagée avec soin » – 🛗, ▤ rest, 📺 ☎ 📞 ♿ 🅿. AE ⓓ GB p. 5 CR a
fermé 26 juil. au 10 août et 3 janv. au 27 fév. – **Repas** *(fermé sam. midi, dim. soir et lundi)* 175 (déj.), 225/395 et carte 270 à 430 ♀ – ☕ 50 – **19 ch** 300/650 – ½ P 580/700.

XXX **A la Barrière** (Sutter), 3 rte Strasbourg ✆ 03 88 96 20 23, *Fax 03 88 96 25 59,* – P. AE ⓓ GB JCB p. 5 CR n
✿ *fermé 10 au 31 août, vacances de fév., mardi soir et merc.* – **Repas** (dim. prévenir) 150/260 et carte 270 à 420 ♀
Spéc. Streussel d'escargots. Lièvre à la royale (nov. à janv.). Millefeuille aux quetsches, glace pain d'épice (saison). **Vins** Riesling.

XXX **Zimmer,** 23 r. Héros ✆ 03 88 96 62 08, *Fax 03 88 96 37 40,* – AE ⓓ GB p. 5 CR r
fermé 26 juil. au 11 août, 24 janv. au 10 fév., dim. soir et lundi – **Repas** 140 (déj.)/245 et carte 230 à 370 ♀.

XX **Rest. Au Moulin** - Hôtel Au Moulin, Sud : 1,5 km par D 468 ✆ 03 88 96 20 01, *Fax 03 88 59 22 00,* , « Jardin fleuri » – P. AE ⓓ GB p. 5 CR z
fermé 9 au 29 juil., 31 déc. au 16 janv., dim. soir et soirs fériés – **Repas** 140/395 ♀, enf. 80.

XX **Les Semailles,** 10 r. Petit-Magmod ✆ 03 88 96 38 38, *Fax 03 88 96 38 38,* – GB. p. 5 CR s
fermé 15 août au 10 sept., sam. midi, dim. soir et lundi – **Repas** 185/230.

X **Pont de l'Ill,** 2 r. Gén. Leclerc ✆ 03 88 96 29 44, *Fax 03 88 96 21 18,* – . GB
fermé août, merc. soir et sam. midi – **Repas** 56 (déj.), 135/196 ♀. p. 5 CR u

au pont de l'Europe *vers ③ – ✉ 67000 Strasbourg :*

Mercure Pont de l'Europe M , ✆ 03 88 61 03 23, *Fax 03 88 60 43 05,* – TV ☎ P – 25 à 150. AE ⓓ GB JCB p. 5 CS n
Repas 85/158 , enf. 45 – 57 – **93 ch** 480/495.

à Illkirch-Graffenstaden *par rte de Colmar* **BST** *: 5 km ou par A 35 (sortie n° 7) – 22 307 h. alt. 140 – ✉ 67400 :*

Holiday Inn Garden Court M, au Parc d'Innovation ✆ 03 88 40 84 84, *Fax 03 88 66 22 83,* , – TV ☎ P – 80. AE ⓓ GB JCB
Repas *(fermé sam. midi)* (75) - 100/135 ♀ – 60 – **68 ch** 495/665. p. 5 BT n

Alsace, 187 rte Lyon ✆ 03 88 66 41 60, *Fax 03 88 67 04 64,* – TV ☎ P – 30. GB p. 5 BT d
fermé Noël au Jour de l'An – **Repas** *(fermé sam. et dim.)* carte environ 180 ♀ – 35 – **40 ch** 310/320 – ½ P 230/240.

au Sud-Ouest *par A 35 (sortie n° 7), D 484 et D 884 : 10 km – ✉ 67540 Ostwald :*

Mercure Strasbourg-Sud M, r. 23 Novembre ✆ 03 88 67 32 00, *Fax 03 88 67 11 26,* , – TV ☎ P – 150. AE ⓓ GB p. 5 BT e
Repas 118 ♀, enf. 49 – 57 – **94 ch** 495.

rte de Colmar *vers ④ par A 35 (sortie n° 7), N 283 et N 83 : 11 km – ✉ 67400 Illkirch-Graffenstaden :*

Novotel Strasbourg-Sud, ✆ 03 88 66 21 56, *Fax 03 88 67 21 63,* , , – , rest, TV ☎ P – 70. AE ⓓ GB p. 5 BT u
Repas carte environ 170 ♀, enf. 50 – 55 – **76 ch** 480/510.

Climat de France M, ✆ 03 88 67 81 67, *Fax 03 88 66 95 15,* – TV ☎ P – 40. AE ⓓ GB p. 5 BT v
Repas 69/118 ♀, enf. 42 – 35 – **75 ch** 290.

à Fegersheim *vers ④ par A 35 (sortie n° 7), N 283 et N 83 : 14 km – 3 953 h. alt. 145 – ✉ 67640 :*

Aub. Au Chasseur, près église d'Ohnheim, Est : 2 km par D 221 ✆ 03 88 64 03 78, *Fax 03 88 64 05 49,* , – rest, TV ☎ P. AE GB p. 5 BT x
Repas *(fermé 1er au 24 août, vend. soir, dim. soir et sam.)* 60/350 bc , enf. 65 – 40 – **24 ch** 250/280 – ½ P 215.

XX **Aub. du Bruchehein,** 24 r. Lyon ✆ 03 88 64 17 77, – . AE GB p. 4 AT x
fermé 7 au 25 août, 20 au 28 fév., dim. soir et lundi – **Repas** (78) - 115 (déj.), 180/240 ♀, enf. 40.

à Lipsheim *vers ④ par A 35, N 83 et D 221 – 1 772 h. alt. 146 – ✉ 67640 :*

Alizés M sans rest, ✆ 03 88 59 02 00, *Fax 03 88 64 21 61,* – TV ☎ P – 25. AE GB p. 4 AT e
55 – **49 ch** 320/450.

à Blaesheim *par A 35 (sortie n° 9), N 422 et D 84 : 19 km – 1 000 h. alt. 150 – ✉ 67113 :*

Au Boeuf M , ✆ 03 88 68 68 99, *Fax 03 88 68 60 07,* – , rest, TV ☎ P – 90. AE ⓓ GB p. 4 AT q
fermé 6 au 27 août, 22 déc. au 7 janv. – **Repas** *(fermé dim. soir et lundi sauf fériés)* 230/335, dîner à la carte 280 à 400 ♀ – 55 – **22 ch** 390/570 – ½ P 480.

XX **Schadt,** ✆ 03 88 68 86 00, *Fax 03 88 68 89 83* – AE ⓓ GB p. 4 AT v
fermé dim. soir et jeudi – **Repas** 150/310 ♀.

à Entzheim *par A 35 (sortie n° 8), D 400 et D 392 : 12 km – 1 796 h. alt. 150 – ✉ 67960 :*

Père Benoit, 34 rte Strasbourg ☎ 03 88 68 98 00, *Fax 03 88 68 64 56,* « Ancienne ferme alsacienne du 18e siècle », – rest, 30. AE GB. rest
Repas *(fermé 1er au 15 août, sam. midi, lundi midi et dim.)* 100/148 ♀, enf. 40 – ☕ 40 – **60 ch** 260/370. p. 4 **AT h**

à Ostwald *par rte de Schirmeck (D 392) et D 484 : 7 km ou par A 35 (sortie n° 7) et D 484 – 10 197 h. alt. 140 – ✉ 67540 :*

Château de l'Ile M, 4 quai Heydt ☎ 03 88 66 85 00, *Fax 03 88 66 85 49,* – 80. AE GB JCB p. 5 **BT r**
Repas *(fermé dim. soir et lundi)* 250 bc/350 - ***Winstub :*** **Repas** carte 180 à 260 ♀ – ☕ 90 – **58 ch** 850/1890, 4 appart – 1/2 P 855/1375.

à Lingolsheim *par rte de Schirmeck (D 392) : 5 km – 16 480 h. alt. 140 – ✉ 67380 :*

Ramsès sans rest, 59 r. Mar. Foch ☎ 03 88 76 11 00, *Fax 03 88 77 39 31* – 30. AE GB p. 5 **BS a**
☕ 36 – **37 ch** 310/330.

Ibis M, 2 r. Mar. Foch ☎ 03 88 77 18 18, *Fax 03 88 77 22 42* – 30. AE GB p. 5 **BS u**
Repas *(75)* - 97, enf. 40 – ☕ 36 – **81 ch** 315.

à Eckbolsheim *Ouest : 4 km par A 351 sortie n° 4 – 5 253 h. alt. 145 – ✉ 67201*

Y.G., 14 r. J. Monnet ☎ 03 88 77 85 60, *Fax 03 88 77 85 33,* – 40. AE GB p. 5 **BS v**
Repas 95/115 ♀, enf. 40 – ☕ 50 – **67 ch** 275/460 – 1/2 P 265/320.

à Mittelhausbergen *Nord-Ouest : 5 km par D 31 – 1 425 h. alt. 155 – ✉ 67206 :*

Tilleul avec ch, 5 rte de Strasbourg ☎ 03 88 56 18 31, *Fax 03 88 56 07 23* – AE GB p. 5 **BS v**
Repas *(fermé 15 au 30 juil., 15 au 25 fév. et merc.)* 98/260 bc – ☕ 40 – **12 ch** 260/320 – 1/2 P 230/260.

MICHELIN, Agence, 9 r. Livio, Strasbourg-Meinau **BT** ☎ 03 88 39 39 40

BMW Gar. Le Building, 27-29 r. de Wasselonne ☎ 03 88 75 37 53 N ☎ 08 00 00 16 24
CITROEN Succursale, 200 av. de Colmar ☎ 03 88 65 87 87 N ☎ 08 00 05 24 24
FIAT, LANCIA Gar. des Halles, 60 r. Marché-Gare ☎ 03 88 28 26 10
MERCEDES Gar. Kroely, 17 r. Fossé-de-Treize ☎ 03 88 37 54 54 N ☎ 03 88 81 20 00
NISSAN France Autom., 134 av. de Colmar ☎ 03 88 44 28 36
PEUGEOT Gar. du Quinze, 1 pl. Albert-1er ☎ 03 88 61 52 19
PEUGEOT Hautepierre Autom., av. P.-Corneille ☎ 03 88 77 77 00 N ☎ 08 00 44 24 24
PEUGEOT Meinau Autom., 270 rte de Colmar ☎ 03 88 65 62 00 N ☎ 08 00 44 24 24
PORSCHE, SAAB K 67 15 r. du Fossé-des-Treize ☎ 03 88 22 40 50 N ☎ 03 88 81 20 00
RENAULT Succursale, ZAC Hautepierre, r. Ch.-Péguy ☎ 03 88 30 85 30 N ☎ 08 00 05 15 15
Gar. Sengler, 59 r. J.-Giraudoux ☎ 03 88 30 00 75

Euromaster, 3 r. de Bayonne, Zone Eurofret ☎ 03 88 39 39 09
Euromaster, ZC Hautepierre, r. Ch.-Péguy ☎ 03 88 30 98 30
Euromaster, 39 av. de Colmar ☎ 03 88 84 60 84
Kautzmann, 280 rte de Colmar ☎ 03 88 65 70 20
Louis Pneus, 24 r. Mar.-Lefèbvre ☎ 03 88 39 02 93
Metzger-Point S, 34 r. Fg-de-Pierre ☎ 03 88 32 39 20
Vulca Moderne, 15-17 r. Saglio ☎ 03 88 65 67 70

Périphérie et environs

AUDI, VOLKSWAGEN Gd Gar. du Polygone, 33 rte de Brumath à Hoenheim ☎ 03 88 83 76 40
AUDI, VOLKSWAGEN Gd Gar. du Polygone, N 83 àIllkirch-Graffenstaden ☎ 03 88 66 66 99
CITROEN Succursale, 34 rte de Bischwiller à Schiltigheim ☎ 03 88 20 89 89
PEUGEOT Gar. Werle, 4 rte de Paris à Ittenheim ☎ 03 88 69 00 20
RENAULT Succursale, 4 rte de Strasbourg à Illkirch-Graffenstaden ☎ 03 88 40 82 40 N ☎ 08 00 05 15 15
RENAULT Gar. Simon, 1 r. Pompiers à Schiltigheim ☎ 03 88 33 62 22 N ☎ 08 00 05 15 15
RENAULT Gar. Simon, 5 av. Energie à Bischeim ☎ 03 88 83 56 42 N ☎ 08 00 05 15 15
SEAT Polygone Sud Autos, 32 rte de Brumath à Hoenheim ☎ 03 88 82 14 14

Metzger-Point S, 121 r. Gén.-Leclerc à Ostwald ☎ 03 88 30 22 72
Pneus et Services D.K, 2 rte de Strasbourg à Illkirch Graffenstaden ☎ 03 88 39 21 10
Vulcastra, 58 rte de Brumath à Souffelweyersheim ☎ 03 88 20 22 75

SUBLIGNY *89 Yonne* 61 ⑭ – *rattaché à Sens.*

SUCÉ-SUR-ERDRE *44 Loire-Atl.* 63 ⑰ – *rattaché à Nantes.*

SUCY-EN-BRIE *94 Val-de-Marne* 61 ①., 101 ㉘ – *voir à Paris, Environs.*

SULLY-SUR-LOIRE *45600 Loiret* 65 ① *G. Châteaux de la Loire – 5 806 h alt. 115.*
Voir *Château★ : charpente★★.*
18 trous *☎ 02 38 36 52 08, par ⑥ : 4 km.*
Office de Tourisme pl. Gén.-de-Gaulle ☎ 02 38 36 23 70, Fax 02 38 36 32 21.
Paris 138 ① – Orléans 48 ① – Bourges 84 ④ – Gien 23 ① – Montargis 40 ① – Vierzon 85 ④.

SULLY-SUR-LOIRE

Grand-Sully (R. du) 6
Porte-de-Sologne (R.) 12

Abreuvoir (R. de l') 2
Béthune (Av. de) 3
Champ-de-Foire (Bd du)........ 4
Chemin-de-Fer (Av. du) 5
Jeanne-d'Arc (Bd) 7
Marronniers (R. des)... 9
Porte-Berry (R.) 10
St-François (R. du Fg).. 15
St-Germain (R. du Fg) 16
Venerie (Av. de la)..... 20

Utilisez le guide de l'année.

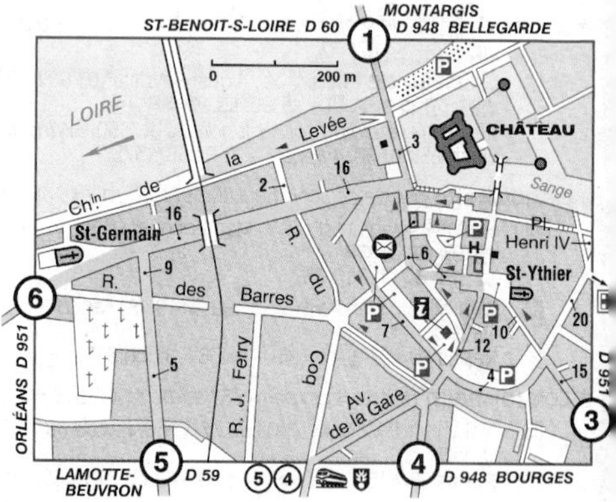

Ferme des Châtaigniers, chemin Châtaigniers, Sud-Ouest : 2,5 km par ⑥ ☎ 02 38 36 51 98, ⁂, ⁂ – P. AE GB
fermé 1er au 7 août et le soir sauf sam. – **Repas** (nombre de couverts limité, prévenir) 105/155.

aux Bordes *par ①, D 948 et D 961 : 6 km – 1 389 h. alt. 132 – ✉ 45460 :*

Bonne Étoile, D 952 ☎ 02 38 35 52 15 – GB. ⁂
fermé 24 déc. au 15 janv., dim. soir et lundi – **Repas** 85/135 ♁, enf. 45.

CITROEN Gar. Roger Michel, ZA la Pillardière, rte de Cerdon par ④ ☎ 02 38 36 35 51 N ☎ 02 38 36 35 51

PEUGEOT Gar. Vergnes, 83 rte d'Orléans par ⑥ ☎ 02 38 36 54 56
Gar. de la gare, 10 rte de Isdes ☎ 02 38 36 27 71

SUPER-BESSE *63 P.-de-D.* 73 ⑬ *– rattaché à Besse-en-Chandesse.*

SUPER-LIORAN *15 Cantal* 76 ③ *G. Auvergne – Sports d'hiver : 1 160/1 850 m ⁂ 1 ⁂ 23 ⁂ – ✉ 15300 Laveissière.*
Voir *Plomb du Cantal ⁂★★ par téléphérique – Gorges de l'Alagnon★ NE : 4 km puis 30 mn – Col de Cère ⁂★ O : 2 km.*
Office de Tourisme ☎ 04 71 49 50 08, Fax 04 71 49 51 01.
Paris 536 – Aurillac 42 – Condat 48 – Murat 13 – St-Jacques-des-Blats 7.

Gd H. Anglard et du Cerf ⁂, ☎ 04 71 49 50 26, *Fax 04 71 49 53 53,* ⁂ Monts du Cantal – ⁂ TV ☎ ⁂ P – ⁂ 80. AE GB
21 mai-1er juin, 1er juil.-30 sept. et 19 déc.-3 mai – **Repas** 75/240 – ⁂ 35 – **38 ch** 200/360 – 1/2 P 280/350.

Remberter et Saporta ⁂, ☎ 04 71 49 50 28, *Fax 04 71 49 52 88,* ⁂, ⁂ – ⁂ cuisinette TV ☎ P. GB
15 juin-15 sept. et 15 déc.-15 avril – **Repas** 70/195 ♀, enf. 47 - ***Brasserie*** : Repas (déj. seul.) 70 ♀, enf. 47 – ⁂ 35 – **32 ch** 230/280 – 1/2 P 265/280.

Rocher du Cerf et Crystal Chalet ⁂, ☎ 04 71 49 50 14, *Fax 04 71 49 54 07* – ☎ P. AE GB
1er juil.-10 sept. et 22 déc.-1er avril – **Repas** 75/170 ♀, enf. 44 – ⁂ 25 – **26 ch** 200/230 – 1/2 P 260.

SUPER-SAUZE *04 Alpes-de-H.-P.* 81 ⑧ *– rattaché à Barcelonnette.*

Die auf den ***Michelin-Karten*** *im Maßstab 1 : 200 000* ***rot unterstrichenen*** *Orte sind in diesem Führer erwähnt.*

Nur eine neue Karte gibt Ihnen die aktuellsten Hinweise.

Le SUQUET *06 Alpes-Mar.* 84 ⑲, 115 ⑯ – *alt. 400* – ✉ *06450 Lantosque.*

Paris 880 – Levens 17 – Nice 46 – Puget-Théniers 48 – Roquebillière 11 – St-Martin-Vésubie 20.

Aub. Bon Puits, ✆ 04 93 03 17 65, *Fax 04 93 03 10 48,* , parc –
Pâques-1er déc. et fermé mardi sauf juil.-août – **Repas** 100/160 ♀, enf. 70 – ☕ 40 – **8 ch** 200/320 – ½ P 300/330.

SURESNES *92 Hauts-de-Seine* 55 ⑳, 101 ⑭ – *voir à Paris, Environs.*

SURGÈRES *17700 Char.-Mar.* 71 ③ *G. Poitou Vendée Charentes* – *6 049 h alt. 16.*

Voir Église Notre-Dame★.

Office de Tourisme angle r. Gambetta/Audry-de-Puyravault ✆ 05 46 07 20 02, Fax 05 46 07 53 98.

Paris 442 – La Rochelle 38 – Niort 35 – Rochefort 27 – St-Jean-d'Angély 29 – Saintes 54.

Vieux Puits, 6 r. P. Bert (proche Château) ✆ 05 46 07 50 83 – GB
fermé 17 au 30 sept., jeudi soir et dim. soir – **Repas** 98/185, enf. 45.

CITROEN Gar. Dupont, 9 rte de La Rochelle ✆ 05 46 07 01 71 N ✆ 05 46 07 01 71

FORD Gar. Thomer, 36 av. St-Pierre ✆ 05 46 07 10 98

SURVILLIERS-ST-WITZ *95470 Val-d'Oise* 56 ⑪, 106 ⑧ – *3 661 h alt. 110.*

Paris 36 – Compiègne 48 – Chantilly 14 – Lagny-sur-Marne 42 – Luzarches 11 – Meaux 38 – Pontoise 44 – Senlis 18.

Novotel M, sur D 16 par échangeur A1 Survilliers ✆ 01 34 68 69 80, *Fax 01 34 68 64 94,* – – 100. AE GB
Repas carte environ 150 ♀, enf. 50 – ☕ 60 – **79 ch** 625.

SURY-AUX-BOIS *45530 Loiret* 65 ① – *433 h alt. 127.*

Paris 118 – Orléans 41 – Châteauneuf-sur-Loire 17 – Gien 46 – Montargis 31 – Pithiviers 28.

Domaine de Chicamour , Sud : 3,5 km sur N 60 ✆ 02 38 55 85 42, *Fax 02 38 55 80 43,* , « Demeure du 19e siècle dans un parc », – . AE GB. rest
15 mars-15 nov. – **Repas** 100/350 bc, enf. 75 – **12 ch** ☕ 395/490 – ½ P 425.

SUZE-LA-ROUSSE *26790 Drôme* 81 ② *G. Provence* – *1 422 h alt. 92.*

Paris 642 – Avignon 59 – Bollène 7 – Nyons 28 – Orange 23 – Valence 84.

Relais du Château M , ✆ 04 75 04 87 07, *Fax 04 75 98 26 00,* , , , , – , rest, – 40. AE GB
17 mars-15 nov. – **Repas** *(89)* - 120/385 – ☕ 45 – **39 ch** 385/445 – ½ P 340/370.

TAILLECOURT *25 Doubs* 66 ⑧ – *rattaché à Audincourt.*

TAIN-TOURNON 77 ① ② *G. Vallée du Rhône.*

voir à Tain-l'Hermitage et à Tournon.

Plan page suivante

Tain-l'Hermitage *26 Drôme* – *5 003 h alt. 124* – ✉ *26600.*

Voir Belvédère de Pierre-Aiguille★ N : 4 km par D 241.

Office de Tourisme 70 av. J.-Jaurès ✆ 04 75 08 06 81, Fax 04 75 08 34 59.

Paris 546 – Valence 19 – Grenoble 96 – Le Puy-en-Velay 106 – St-Étienne 74 – Vienne 58.

Mercure, 1 av. P. Durand ✆ 04 75 08 65 00, *Fax 04 75 08 66 05,* , – – 90. AE GB. C e
Veraison *(fermé 1er au 15 déc., dim. midi, vend. soir et sam. de nov. à fin mars)* **Repas** *(120)*140/300 ♀, enf. 65 – ☕ 58 – **45 ch** 440/585.

Les 2 Coteaux sans rest, 18 r. J. Péala ✆ 04 75 08 33 01, *Fax 04 75 08 44 20* – . AE GB B a
fermé 29 déc. au 3 janv. et 26 janv. au 25 fév. – ☕ 38 – **22 ch** 165/300.

Reynaud M avec ch, 82 av. Prés. Roosevelt, par ③ *rte Valence* ✆ 04 75 07 22 10, *Fax 04 75 08 03 53,* , , , – ch, . AE GB. rest
Repas *(fermé 15 au 23 août, 3 au 25 janv., dim. soir et lundi)* 160/400 et carte environ 350 ♀ – ☕ 60 – **14 ch** 320/450.

Rive Gauche, 17 r. J. Péala ✆ 04 75 07 05 90, *Fax 04 75 07 05 90,* – GB B v
fermé 2 au 10 janv., dim. soir et lundi – **Repas** 160/350 ♀.

TAIN-L'HERMITAGE

Jaurès (Av. J.) . . . . **BC**
Taurobole (Pl. du) . . . . . **BC**

Batie (Quai de la) . . . . . . **C** 3
Defer (Pl. H.) . . . . **C** 8
Église (Pl. de l') . . . . **C** 12
Gaulle (Q. Gén. de) . . . . . . **C** 14
Grande-Rue . . . . **B** 16
Michel (R. F.) . . . . **C** 21
Peala (R. J.) . . . . **B** 24
Prés.-Roosevelt (Av.) . . . . **C** 29
Rostaing (Q. A.) . . . . **C** 30
Seguin (Q. M.) . . . . **B** 32
Souvenir-Français (Pl. du) . . . . **C** 33
8-Mai-1945 (Pl. du) . . . . **BC** 39

TOURNON-SUR-RHÔNE

Grande-Rue . . . . **B**

Dumaine (R. A.) . . . . **B** 9
Faure (R. G.) . . . . **B** 13
Juventon (Av. M.) . . . . **B** 19
Thiers (R.) . . . . **B** 35

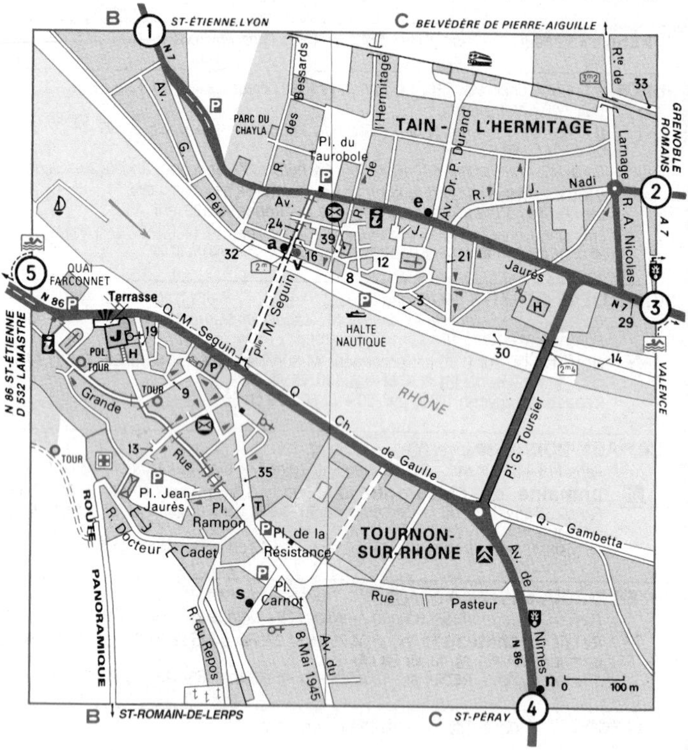

rte de Romans *par ② 4 km – ✉ 26600 Tain-l'Hermitage :*

🏠 **L'Abricotine** sans rest, ✆ 04 75 07 44 60, *Fax 04 75 07 47 97*, 🚗 – 📺 ☎ 🅿. GB
fermé 20 nov. au 10 déc. et dim. du 10 déc. au 28 fév. – ☕ 33 – **11 ch** 278/288.

Tournon-sur-Rhône

SP *07 Ardèche – 9 546 h alt. 125 –* ✉ *07300.*

Voir *Terrasses*★ du château **B**.

ℹ *Office de Tourisme Hôtel Tourette* ✆ *04 75 08 10 23, Fax 04 75 08 41 28.*

Paris 546 – Valence 19 – Grenoble 97 – Le Puy-en-Velay 105 – St-Étienne 74 – Vienne 58.

🏠 **Amandiers** Ⓜ sans rest, 13 av. de Nîmes ✆ 04 75 07 24 10, *Fax 04 75 07 06 30* – 🛗 📺 ☎ ♿ 🅿 – 🏛 30. AE ⊕ GB
☕ 37 – **25 ch** 290/350. C n

🏠 **Azalées,** 6 av. Gare ✆ 04 75 08 05 23, *Fax 04 75 08 18 27* – 🚭 📺 ☎ 🅿 – 🏛 25. GB
fermé 25 déc. au 2 janv. – **Repas** *(fermé dim. soir d'oct. à mars)* 84/154 🍷, enf. 48 – ☕ 35 – **37 ch** 230/280 – ½ P 230. B s

CITROEN Gar. Gélibert, Rd-Pt St-Vincent Rte de Nimes ✆ 04 75 07 11 75

TALANT *21 Côte-d'Or* 65 ⑳ *– rattaché à Dijon.*

TALENCE *33 Gironde* 71 ⑨ *– rattaché à Bordeaux.*

TALLOIRES *74290 H.-Savoie* 74 ⑥ *G. Alpes du Nord – 1 287 h alt. 470.*

Voir *Site*** – Site** de l'Ermitage St-Germain* E : 4 km.*

du lac d'Annecy ✆ 04 50 60 12 89, NO : 1 km.

Office de Tourisme ✆ 04 50 60 70 64, Fax 04 50 60 76 59.

Paris 550 – Annecy 13 – Albertville 34 – Megève 49.

Aub. du Père Bise ✆ 04 50 60 72 01, *Fax 04 50 60 73 05*, ←, « Terrasse ombragée face au lac, parc », – P – 25. AE GB
12 fév.-1er nov. et fermé merc. midi et mardi d'oct. à mai – **Repas** 500/850 et carte 520 à 780 – 100 – **21 ch** 1000/2500, 5 appart – ½ P 1450/2300
Spéc. Tatin de pommes de terre, truffes et foie d'oie. Gratin de queues d'écrevisses. Poularde de Bresse.

L'Abbaye ✆ 04 50 60 77 33, *Fax 04 50 60 78 81*, ←, « Abbaye bénédictine du 17e siècle, terrasse et jardin ombragés » – P – 25. AE GB
1er avril-15 nov. – **Repas** *(fermé dim. soir et lundi midi hors saison)* 180/260 – 70 – **32 ch** 850/1295 – ½ P 665/870.

Cottage ✆ 04 50 60 71 10, *Fax 04 50 60 77 51*, ←, « Terrasse ombragée », – P. AE GB. rest
avril-oct. – **Repas** 140 (déj.), 180/270, enf. 90 – 70 – **35 ch** 500/1100 – ½ P 450/790.

Les Prés du Lac sans rest, ✆ 04 50 60 76 11, *Fax 04 50 60 73 42*, ←, « Jardin au bord du lac », – P. AE GB
1er mars-1er nov. – 78 – **16 ch** 775/1200.

Lac ✆ 04 50 60 71 08, *Fax 04 50 60 72 99*, ←, – P. AE GB JCB
20 mai-30 sept. – **Repas** 125 bc/185 – 60 – **43 ch** 600/810 – ½ P 575/655.

Beau Site ✆ 04 50 60 71 04, *Fax 04 50 60 79 22*, ←, « Jardin », – P. AE GB. rest
8 mai-8 oct. – **Repas** 175/225, enf. 75 – 60 – **29 ch** 470/1000 – ½ P 510/650.

Charpenterie ✆ 04 50 60 70 47, *Fax 04 50 60 79 07*, – P. AE GB
fermé 18 nov. au 11 déc. et 5 au 29 janv. – **Repas** 100/165, enf. 45 – 45 – **18 ch** 350/390 – ½ P 310/380.

Villa des Fleurs avec ch, ✆ 04 50 60 71 14, *Fax 04 50 60 74 06*, – P – 25. AE GB
fermé 15 nov. au 15 déc., dim. soir et lundi – **Repas** 150/290, enf. 110 – 60 – **8 ch** 450/490 – ½ P 460/480.

à Angon *Sud : 2 km par D 909a – ✉ 74290 Veyrier-du-Lac :*

Les Grillons, ✆ 04 50 60 70 31, *Fax 04 50 60 72 19*, ←, – P. GB. rest
1er avril-1er nov. – **Repas** 100 (déj.), 120/180 – 40 – **28 ch** 330/500 – ½ P 320/395.

TALMONT-SUR-GIRONDE *17120 Char.-Mar.* 71 ⑮ *G. Poitou Vendée Charentes – 83 h alt. 20.*

Voir *Site* de l'église Ste-Radegonde*.*

Paris 502 – Royan 16 – Blaye 68 – La Rochelle 93 – Saintes 34.

L'Estuaire avec ch, au Caillaud, 1 av. Estuaire ✆ 05 46 90 43 85, *Fax 05 46 90 43 88*, ← estuaire et le village – P. GB. ch
hôtel : 1er avril-1er oct. et fermé mardi soir et merc. sauf juil.-août – **Repas** *(fermé 1er au 10 oct., 15 janv. au 15 fév., mardi soir et merc. sauf juil.-août)* 98/235, enf. 52 – 34 – **7 ch** 230/290 – ½ P 245.

LA TAMARISSIÈRE *34 Hérault* 83 ⑮ *– rattaché à Agde.*

TAMNIÈS *24620 Dordogne* 75 ⑰ *– 313 h alt. 200.*

Paris 507 – Brive-la-Gaillarde 54 – Périgueux 59 – Sarlat-la-Canéda 16 – Les Eyzies-de-Tayac 12.

Laborderie ✆ 05 53 29 68 59, *Fax 05 53 29 65 31*, ←, parc, – rest, P. GB
4 avril-1er nov. – **Repas** 85 (déj.), 100/245, enf. 55 – 38 – **36 ch** 200/480 – ½ P 260/380.

TANCARVILLE (Pont routier de) * *76430 S.-Mar.* 55 ④ *G. Normandie Vallée de la Seine – 1 326 h alt. 48.*

Voir *←* sur estuaire.*

Péage en 1997 : *auto 15 F, camions et autocars 23 à 40 F, gratuit pour motos, vélos et piétons.*

Paris 170 – Le Havre 29 – Caen 81 – Pont-Audemer 20 – Rouen 59.

XXX **Marine** avec ch, au pied du pont (D 982) ✆ 02 35 39 77 15, *Fax 02 35 38 03 30*, ← pont suspendu et la Seine, 🏠, 🏠 – TV ☎ P. AE GB. ✗ ch
fermé 25 juil. au 20 août, dim. soir et lundi soir – **Repas** 145/350 et carte 350 à 450 ♀ – ☐ 45 – **9 ch** 250/340 – 1/2 P 300/380.

TANINGES *74440 H.-Savoie* 74 ⑦ *G. Alpes du Nord – 2 791 h alt. 640.*

Office de Tourisme av. Thézières ✆ 04 50 34 25 05, Fax 04 50 34 83 96.

Paris 572 – Chamonix-Mont-Blanc 51 – Thonon-les-Bains 49 – Annecy 60 – Bonneville 20 – Cluses 10 – Genève 42 – Megève 40 – Morzine 19.

XX **Crémaillère,** au lac de Flérier, Sud-Ouest : 1 km ✆ 04 50 34 21 98, *Fax 04 50 34 34 88*, 🏠, « Au bord du lac » – P. GB
fermé 22 au 28 juin, 17 déc. au 28 janv., dim. soir et merc. sauf juil.-août – **Repas** (nombre de couverts limité, prévenir) 90 (déj.), 155/225 ♀, enf. 65.

RENAULT Gar. Delfante, ✆ 04 50 34 20 71 N ✆ 04 50 34 20 71

TANNERON *83440 Var* 84 ⑧, 114 ㉖ – *1 157 h alt. 376.*

Paris 897 – Cannes 17 – Antibes 27 – Draguignan 52 – Grasse 17 – St-Raphaël 36.

XX **Champfagou** 🐌 avec ch, pl. du Village ✆ 04 93 60 68 30, *Fax 04 93 60 70 60*, ←, 🏠, 🏠 – ☎ P. AE GB
fermé 15 oct. au 15 nov., mardi soir et merc. sauf en juil.-août – **Repas** 125/165 ♀, enf. 65 – ☐ 35 – **9 ch** 250 – 1/2 P 310.

TANUS *81190 Tarn* 80 ⑪ – *464 h alt. 439.*

Voir *Viaduc du Viaur★ NE : 7 km, G. Gorges du Tarn.*

Paris 677 – Rodez 49 – Albi 32 – St-Affrique 67.

XX **Voyageurs** avec ch, ✆ 05 63 76 30 06, *Fax 05 63 76 37 94*, 🏠 – TV ☎. GB
fermé 2 au 15 janv., dim. soir et lundi – **Repas** 85 bc/220 ♁, enf. 45 – ☐ 40 – **13 ch** 250/280 – 1/2 P 230/260.

TARARE *69170 Rhône* 73 ⑨ *G. Vallée du Rhône – 10 720 h alt. 383.*

Office de Tourisme 6 pl. Madeleine ✆ 04 74 63 06 65, Fax 04 74 63 52 69.

Paris 462 – Roanne 41 – Lyon 45 – Montbrison 61 – Villefranche-sur-Saône 32.

🏠 **Burnichon,** Est par N 7 : 1,5 km ✆ 04 74 63 44 01, *Fax 04 74 05 08 52*, 🏠 – TV ☎ P – 🏠 30. AE ◑ GB
Repas *(fermé dim.)* 70/250 ♁, enf. 40 – ☐ 35 – **34 ch** 170/290 – 1/2 P 230.

XXX **Jean Brouilly,** 3 ter r. Paris ✆ 04 74 63 24 56, *Fax 04 74 05 05 48*, parc – P. AE ◑ GB
✿ *fermé 10 au 25 août, vacances de fév., dim. (sauf fériés le midi) et lundi* – **Repas** 160/380 et carte 240 à 330 ♀
Spéc. Gelée de jarret de veau vinaigrette de câpres capucines. Tournedos "Milotier". Assiette gourmande aux fruits des saisons. **Vins** Saint-Véran, Beaujolais.

FORD Gar. Beylier, 17 r. Serroux ✆ 04 74 05 20 21 N ✆ 04 74 05 20 21
PEUGEOT Gar. Dubois, N 7 ✆ 04 74 63 03 80 N ✆ 04 74 05 77 01
RENAULT Gar. Mortier, N 7 à Pontcharra-sur-Turdine ✆ 04 74 05 73 08

Tarare Pneus, 50 bd Voltaire ✆ 04 74 63 38 12
Vulco, bd de la Turdine ✆ 04 74 63 44 00

TARASCON *13150 B.-du-R.* 81 ⑪ *G. Provence – 10 826 h alt. 8.*

Voir *Château★★ : ✻★★ Y – Église Ste-Marthe★ Y – Musée Charles-Deméry★ (Souleiado)* **Z M.**

Office de Tourisme 59 r. Halles ✆ 04 90 91 03 52, Fax 04 90 91 22 96.

Paris 703 ④ – Avignon 22 ① – Arles 17 ③ – Marseille 94 ③ – Nîmes 27 ④.

Plan page ci-contre

🏠 **Échevins et rest. Mistral,** 26 bd Itam ✆ 04 90 91 01 70, *Fax 04 90 43 50 44* – |‡|, ▤ rest, TV ☎ 🚗. GB Y a
Pâques-1er nov. – **Repas** *(fermé merc. midi, sam. et dim. soir)* 90/150 – ☐ 39 – **40 ch** 250/305 – 1/2 P 260/270.

CITROEN Gar. Chabas, 8 bd Gambetta ✆ 04 90 91 12 71

Tarascon Pneus, 1 pl. E.-Combe ✆ 04 90 43 54 36

TARASCON

Halles (R. des) . . . . . **YZ**
Mairie
(Pl. de la) . . . . **Y** 15
Monge (R.) . . . . **Y**
Pelletan (R. E.) . . . . . . **Z** 19
Proudhon (R.) . . . . **Z** 20
Victor-Hugo (Bd) . . . . . **Z**

Aqueduc
(R. de l') . . . . **Y** 2
Berrurier
(Pl. Colonel) . . . . **Z** 3
Blanqui (R.) . . . . **Z** 4
Briand
(Crs Aristide) . . . . . . **Z** 5
Château (Bd du) . . . . . **Y** 6
Château (R. du) . . . . . **Y** 7
Hôpital (R. de l') . . . . . **Z** 9
Jaurès (R. Jean) . . . . . **Y** 12
Jeu-de-Paume
(R. du) . . . . **YZ** 14
Millaud (R. Ed.) . . . . **YZ** 16
Mistral
(R. Frédéric) . . . . . . **Z** 18
Raffin (R.) . . . . **Y** 23
République
(Av. de la) . . . . **Z** 24
Salengro (Av. R.) . . . . **Y** 25

Le Guide change, changez de guide tous les ans.

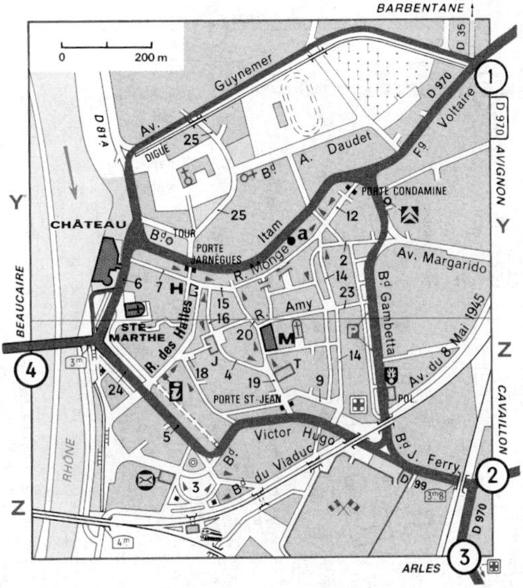

TARASCON-SUR-ARIÈGE *09400 Ariège 86 ④ ⑤ G. Pyrénées Roussillon – 3 533 h alt. 474.*

Voir *Parc pyrénéen de l'art préhistorique** O : 3 km – Grotte de Niaux** (dessins préhistoriques) SO : 4 km – Grotte de Lombrives* S : 3 km par N 20.*

Office de Tourisme av. des Pyrénées ☎ 05 61 05 94 94, Fax 05 61 05 57 79.

Paris 790 – Foix 15 – Ax-les-Thermes 27 – Lavelanet 29.

Confort sans rest, quai A. Sylvestre ☎ 05 61 05 61 90, *Fax 05 61 05 55 99* – P. GB
fermé 5 au 15 janv. – 38 – **14 ch** 185/265.

TARBES P *65000 H.-Pyr. 85 ⑧ G. Pyrénées Aquitaine – 47 566 h alt. 320.*

Voir *Musée Massey : musée international des Hussards** **AY M.**

de Laloubère ☎ 05 62 45 07 10, par ③ : 3 km ; des Tumulus ☎ 05 62 45 14 50 à Laloubière, 2 km par ③.

de Tarbes-Ossun-Lourdes : ☎ 05 62 32 92 22, par ④ : 9 km.

☎ 08 36 35 35 35.

Office de Tourisme 3 cours Gambetta ☎ 05 62 51 30 31, Fax 05 62 44 17 63.

Paris 794 ① – Pau 43 ⑤ – Bordeaux 217 ① – Lourdes 18 ④ – Toulouse 155 ②.

Plan page suivante

Foch sans rest, 18 pl. Verdun ☎ 05 62 93 71 58, *Fax 05 62 93 34 59* – AE GB — AYZ e
fermé 25 déc. au 1er janv. – 40 – **30 ch** 295/450.

Henri IV sans rest, 7 av. B. Barère ☎ 05 62 34 01 68, *Fax 05 62 93 71 32* – AE GB — AY k
40 – **22 ch** 300/360.

L'Ambroisie, 38 r. Larrey ☎ 05 62 93 09 34, *Fax 05 62 93 09 24* – GB. — AZ n
fermé dim. et lundi – **Repas** 98 (déj.), 160/290.

Petit Gourmand, 62 av. B. Barère ☎ 05 62 34 26 86, *Fax 05 62 34 26 86* – AE GB — AY b
fermé sam. midi et lundi – **Repas** 98/165.

Grillon, 37 av. Régt de Bigorre ☎ 05 62 93 88 31 – AE GB — AZ r
fermé lundi sauf fériés – **Repas** 85/195.

Panier Fleuri, 74 av. Mar. Joffre ☎ 05 62 93 10 80, *Fax 05 62 93 10 80* – GB — AY f
fermé dim. soir et lundi – **Repas** 70/150.

Fil à la Patte, 30 r. G. Lassalle ☎ 05 62 93 39 23 – AE GB — AY a
fermé 11 au 31 août, 1er au 11 janv., dim. et lundi – **Repas** *(75)* - 90 (déj.), 97/145 ♀.

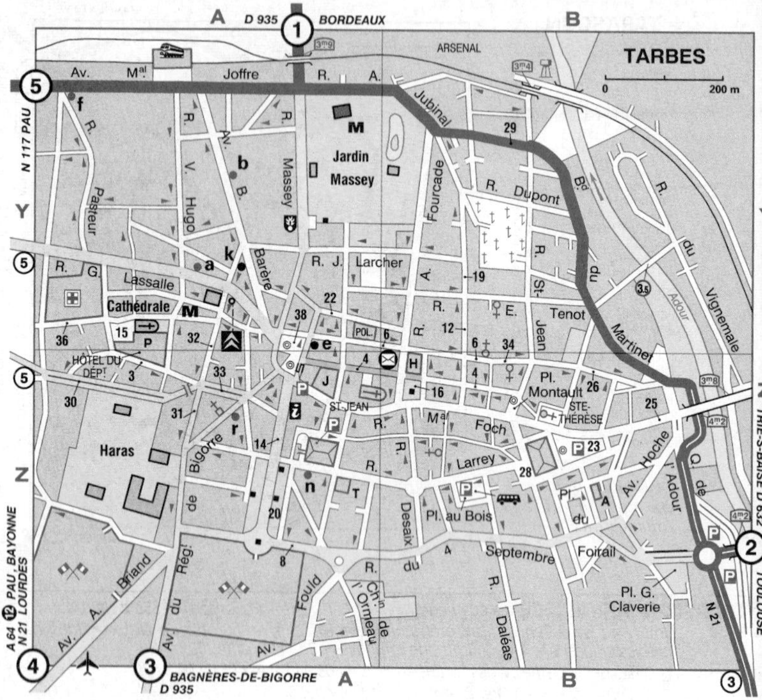

Brauhauban (R.) .... ABZ 4
Foch (R. Maréchal) .... ABZ
Fourcade (R. A.) .... BY
Larcher (R. J.) .... ABY
Pyrénées (R. des) .... AZ 31
Ramond (R.) .... AYZ 32
Verdun (Pl. de) .... AYZ 38

Bigorre (R. de la) .... AZ 3

Clemenceau (R. G.) ...... ABY 6
Cronstadt (R. de) .... AZ 8
Deville (R.) .... BY 12
Gambetta (Cours) .... AZ 14
Gaulle (Pl. Gén. de) .... AY 15
Jaurès (Pl. Jean) .... BZ 16
Laporte (R. H.) .... BY 19
Leclerc (Allées Gén.) ...... AZ 20
Magnoac (R. G.) .... AY 22

Marcadieu (Pl.) .... BZ 23
Marne (Av. de la) .... BZ 25
Michelet (R.) .... BZ 26
Parmentier (Pl.) .... BZ 28
Péreire (R.) .... BY 29
Pradeau (Prom. du) .... AZ 30
Reffye (Cours) .... AZ 33
St-Frai (R. Marie) .... BYZ 34
Sède (R. de la) .... AY 36

rte d'Auch *par ② : 4,5 km – ✉ 65800 Aureilhan :*

XX **Patte d'Oie,** ✆ 05 62 36 40 52, 余 – P. GB
fermé dim. soir et lundi – **Repas** 98/198.

par *④ rte de Lourdes par Juillan : 4 km sur D 921A – ✉ 65290 Juillan :*

XX **L'Aragon** avec ch, ✆ 05 62 32 07 07, *Fax 05 62 32 92 50*, 余 – TV ☎ P. AE ⓓ GB
fermé dim. soir – **Repas** 180/260 ♀, enf. 50 - ***Bistrot*** *(fermé dim. soir)* **Repas** *(75)* - 98 bc, enf. 50 – ☕ 35 – **11 ch** 210/300 – ½ P 235/245.

par *④ près échangeur A 64 Ouest sur N 21 : 4 km – ✉ 65000 Tarbes :*

🏨 **Campanile,** ✆ 05 62 51 19 15, *Fax 05 62 51 34 67* – ⊁ TV ☎ ✆ ♿ P – 🏙 25. AE ⓓ GB
Repas *(66)* - 84 bc/107 bc, enf. 39 – ☕ 34 – **54 ch** 278.

à l'aéroport *par ④ : 9 km – ✉ 65290 Juillan :*

XXX **Caravelle,** (1er étage) ✆ 05 62 32 99 96, *Fax 05 62 32 05 25*, ≤ Pyrénées – ▤. AE ⓓ GB
fermé 13 juil. au 4 août, 4 au 19 janv., dim. soir et lundi – **Repas** 140 bc/300 bc et carte 260 à 370.

rte de Pau *par ⑤ : 6 km – ✉ 65420 Ibos :*

🏨 **Chaumière du Bois** 🐌, ✆ 05 62 90 03 51, *Fax 05 62 90 05 33*, 余, parc, 🏊 – TV ☎ ✆ ♿ P. GB
Repas *(fermé dim. soir sauf juil.-août) (55)* - 75/130 🌡 – ☕ 32 – **22 ch** 250/360 – ½ P 260/300.

à la Côte de Ger *par ⑤ : 10 km sur N 117 – ✉ 65420 Ibos :*

XX **Vieille Auberge,** ✆ 05 62 31 51 54, *Fax 05 62 31 55 59,* 🏠 – ▤ 🅿. AE ⓓ GB
fermé dim. soir et lundi – **Repas** 100/270.

AUDI, VOLKSWAGEN Gar. Tolsan, rte de Pau ✆ 05 62 34 35 83
CITROEN Gar. Garoby, 23 r. Lassalle ✆ 05 62 93 31 36
FORD Gar. Fabre, bd Kennedy ✆ 05 62 51 15 11
NISSAN Gar. Raoux, bd Kennedy ✆ 05 62 93 28 97

Ⓜ Dours Pneus-Vulco, 13 bis crs de Reffye ✆ 05 62 93 01 84

Dours Pneus-Vulco, rte de Pau N 117 à Ibos ✆ 05 62 34 48 49
Euromaster, 1 bd Mar.-de-Lattre-de-Tassigny ✆ 05 62 34 74 96
Saliot Pneus, 10 r. Clément ✆ 05 62 34 52 01

Périphérie et environs

BMW Tarbes Autom., rte de Pau à Ibos ✆ 05 62 90 06 00
CITROEN T.D.A., 28 rte de Lourdes à Odos par ④ ✆ 05 62 93 94 95 🅽 ✆ 05 62 36 51 38
MERCEDES SOPAVIA, 64 rte de Lourdes à Odos ✆ 05 62 51 37 37

RENAULT Pyrénées Autom., rte de Lourdes à Odos par ④ ✆ 05 62 44 54 54
VOLVO Davan-Chavanne, 88 rte de Lourdes à Odos ✆ 05 62 93 69 36

TARDETS-SORHOLUS *64470 Pyr.-Atl.* 85 ⑤ *– 704 h alt. 220.*

Paris 816 – Pau 62 – Mauléon-Licharre 13 – Oloron-Ste-Marie 27 – St-Jean-Pied-de-Port 52.

XX **Pont d'Abense** 🐌 avec ch, à Abense-de-Haut ✆ 05 59 28 54 60, 🏠, « Jardin fleuri » – ☎ 🅿. GB. ✗
fermé 15 déc. au 31 janv., merc. soir et jeudi sauf juil.-août – **Repas** 80/220, enf. 50 – ☕ 35 – **11 ch** 170/260 – ½ P 200/240.

Gar. Carrère, ✆ 05 59 28 53 59

Gar. Larragneguy, ✆ 05 59 28 53 21

TARGASONNE *66 Pyr.-Or.* 86 ⑯ *– rattaché à Font-Romeu.*

TARNAC *19170 Corrèze* 72 ⑳ *G. Berry Limousin – 403 h alt. 700.*

Paris 436 – Limoges 66 – Aubusson 47 – Bourganeuf 44 – Eymoutiers 22 – Tulle 61 – Ussel 46.

🏠 **Voyageurs** 🐌, ✆ 05 55 95 53 12, *Fax 05 55 95 40 07* – ▤ rest, TV ☎. GB. ✗ rest
fermé 15 déc. au 5 janv., vacances de fév., dim. soir et lundi du 1er oct. au 1er juin sauf fêtes – **Repas** *(65)* - 85/165 ♀, enf. 58 – ☕ 40 – **15 ch** 225/255 – ½ P 260/270.

TASSIN-LA-DEMI-LUNE *69 Rhône* 73 ⑳, 110 ⑬ *– rattaché à Lyon.*

TAURINYA *66 Pyr.-Or.* 86 ⑱ *– rattaché à Prades.*

TAUTAVEL *66720 Pyr.-Or.* 86 ⑨ *– 738 h alt. 110.*

Voir Musée de Tautavel★★, G. Pyrénées Roussillon.

ℹ *Office de Tourisme ✆ 04 68 29 44 29, Fax 04 68 29 40 48.*

Paris 864 – Perpignan 31 – Carcassonne 96 – Limoux 81 – Narbonne 73 – Quillan 57.

X **Petit Gris,** rte d'Estagel ✆ 04 68 29 42 42, *Fax 04 68 29 40 04,* 🏠 – 🅿. AE GB
fermé 5 au 17 janv. et lundi – **Repas** - grillades et spécialités catalanes - (déj. seul. d'oct. à Pâques) 68/160 🍷.

TAVEL *30126 Gard* 81 ⑪ *– 1 439 h alt. 100.*

Paris 674 – Avignon 14 – Alès 68 – Nîmes 42 – Orange 22 – Pont-St-Esprit 32 – Roquemaure 9.

XX **Aub. de Tavel** avec ch, ✆ 04 66 50 03 41, *Fax 04 66 50 24 44,* 🏠, 🏊 – TV ☎. AE ⓓ GB
fermé 15 au 28 fév. – **Repas** *(fermé dim. soir et lundi du 1er oct. au 15 juin)* 135 bc/375, enf. 65 – ☕ 65 – **11 ch** 410/470.

TAVERNY *95 Val-d'Oise* 55 ⑳, 101 ④ *– voir à Paris, Environs.*

TAVERS *45 Loiret* 64 ⑧ *– rattaché à Beaugency.*

Le TEIL *07400 Ardèche* 80 ⑩ *G. Vallée du Rhône – 7 779 h alt. 75.*
Voir *Baptistère★ de l'église de Mélas.*
Office de Tourisme pl. P.-Sémard "Les Sablons" ☎ 04 75 49 10 46, Fax 04 75 49 10 46.
Paris 609 – Valence 51 – Aubenas 34 – Montélimar 7 – Privas 31.

Gafferot, 2 bd Stalingrad ☎ 04 75 49 49 24 – ▤. GB
fermé 15 au 29 juin, vacances de fév., dim. soir et lundi – **Repas** 95/255 ♀.

Le TEILLEUL *50640 Manche* 59 ⑨ *– 1 433 h alt. 212.*
Paris 271 – Avranches 46 – Domfront 19 – Fougères 36 – Mayenne 38 – St-Lô 78.

Clé des Champs, Est : 1 km sur N 176 ☎ 02 33 59 42 27, – TV ☎ P. AE GB
fermé 16 fév. au 8 mars et dim. soir d'oct. à mars – **Repas** 80/187 ♀, enf. 45 – ☕ 34 – **20 ch** 132/302 – ½ P 220/284.

RENAULT Gar. Bonsens, ☎ 02 33 59 40 28 N ☎ 02 33 59 40 28

TENCE *43190 H.-Loire* 76 ⑧ *G. Vallée du Rhône – 2 788 h alt. 840.*
Office de Tourisme Le Chatiagne ☎ 04 71 59 81 99, Fax 04 71 65 47 13.
Paris 567 – Le Puy-en-Velay 46 – Lamastre 38 – St-Étienne 52 – Yssingeaux 19.

Host. Placide, av. Gare ☎ 04 71 59 82 76, *Fax 04 71 65 44 46,* – TV ☎ P. AE GB
1er mars-30 nov. et fermé dim. soir et lundi du 15 juin au 15 sept. – **Repas** 85 (déj.), 150/280 ♀ – ☕ 55 – **17 ch** 320/430 – ½ P 370.

PEUGEOT Gar. Bachelard, ☎ 04 71 59 80 20 N ☎ 04 71 59 83 30

TENDE *06430 Alpes-Mar.* 84 ⑳ *G. Côte d'Azur – 2 089 h alt. 815.*
Voir *Fresques★★★ de la chapelle Notre-Dame des fontaines★★ SE : 11 km.*
de Vievola ☎ 04 93 04 61 02, N par N 204 : 4,5 km.
Paris 893 – Cuneo 45 – Menton 55 – Nice 81 – Sospel 37.

à St-Dalmas-de-Tende *Sud : 4 km par N 204 – ✉ 06430 :*

Prieuré M (Centre d'Aide par le Travail), ☎ 04 93 04 75 70, *Fax 04 93 04 71 58,* , – TV ☎ P – 60. AE GB
fermé 22 déc. au 4 janv. – **Repas** *(fermé le midi d'oct. à mars sauf week-end) (65)* - 90/150 – ☕ 35 – **24 ch** 240/335 – ½ P 230/255.

à la Brigue *Sud-Est : 6,5 km par N 204 et D 43 – 618 h. alt. 810 – ✉ 06430 .*
Voir *Collégiale St-Martin★.*

Mirval , ☎ 04 93 04 63 71, *Fax 04 93 04 79 81,* <, – TV ☎ P. AE GB
1er avril-2 nov. – **Repas** 90/130, enf. 50 – ☕ 35 – **18 ch** 260/350 – ½ P 250/290.

TENDU *36 Indre* 68 ⑱ *– rattaché à Argenton-sur-Creuse.*

TERMES *48310 Lozère* 76 ⑭ *– 172 h alt. 1120.*
Paris 555 – Aurillac 119 – Mende 57 – Chaudes-Aigues 18 – St-Chély-d'Apcher 11 – St-Flour 45.

Aub. du Verdy, ☎ 04 66 31 60 97, *Fax 04 66 31 66 13,* – ☎ P. GB
fermé 26 janv. au 6 mars – **Repas** 55 bc/120 – ☕ 28 – **10 ch** 200/240 – ½ P 225.

TERMES-D'ARMAGNAC *32 Gers* 82 ② *– rattaché à Riscle.*

TERNAY Barrage du *07 Ardèche* 76 ⑨ *– rattaché à St-Marcel-lès-Annonay.*

TERRASSON-LA-VILLEDIEU *24120 Dordogne* 75 ⑦ *G. Périgord Quercy – 6 004 h alt. 90.*
Paris 498 – Brive-la-Gaillarde 21 – Lanouaille 44 – Périgueux 53 – Sarlat-la-Canéda 37.

Moulin Rouge M sans rest, N 89 ☎ 05 53 50 25 00, *Fax 05 53 50 12 20,* – ▤ TV ☎ P – 30. AE GB
☕ 30 – **34 ch** 260.

L'Imaginaire (Bertranet), pl. Foirail (direction église St-Sour) ☎ 05 53 51 37 27, *Fax 05 53 51 60 37,* , « Salle voûtée du 17e siècle » – GB
fermé 21 déc. au 18 janv., mardi midi (sauf fériés), dim. soir et lundi – **Repas** *(160)* - 230/300 ♀, enf. 110
Spéc. Tartines de pied de cochon gratinées au foie gras. Macaronade de Saint-Jacques aux truffes fraîches (15 déc. à fin fév.). Puits d'amour aux fruits de saison. **Vins** Bergerac, Monbazillac.

RENAULT Gar. Sierra, N 89 ☎ 05 53 50 00 69 N ☎ 06 07 37 32 15

A man
of tyres
(1898)
100 Years of
BIBENDUM !
He moves with the times...
And he's
never looked
so young!

Without BIBENDUM
there would be no wheels
From bicycle tyres...
MICHELIN
...to the
space shuttle!
Making tyres to suit every need

An international figure...
BIBENDUM
makes the world go round !

BIBENDUM,
your travel companion...
BORNE MICHELIN
THOU 9→
Gc 5
←1OUSSON
BORNE MICHELIN
BRIARE 7→
N 7
←24 COSNE
MICHELIN
MICHELIN
...taking you into the 21st century!

Happy Birthday Bibendum

1998
BIBENDUM

100 Years of Innovation

Everybody knows the Michelin Man, or Bibendum as he is officially called, and this year, he will celebrate his 100th birthday at events all over the world. But not everyone knows how he came about, or where he got his name.

In fact, the origins of the Michelin Man go back to 1894 when the two original Michelin brothers, Edouard and André, were visiting an exhibition in France. Finding themselves in front of a stack of tyres, Edouard commented that if you added arms and legs, the pile of tyres would look like a man.

Four years later, fantasy was turned into reality with an advertising poster of a figure made completely of tyres tucking into a feast of nails, bolts and broken glass. The message read that Michelin tyres swallow all obstacles.

The advertisement also carried the words 'Nunc est bibendum' - which in Latin means 'now is the time to drink.' So successful was the campaign that people soon linked the tyre man with the word Bibendum, until eventually the association stuck. So, if you aren't already acquainted, meet Bibendum, or even better, Bib.

The best trips start with Michelin

There's far more to Michelin travel information than the famous Guides to hotels and restaurants. Michelin has over 250 different publications designed to make sure your next holiday or business trip runs smooth from start to finish.

Before you leave, you can plan your route with **Michelin maps and atlases** which are clear and easy to use, and annually revised to include all the latest route information.

The leading edge

In 1997, as in previous years, Michelin products excelled in the highest levels of motorsport. If it had wheels and it was winning, it was probably on Michelin.

But the rewards of this success are not the broken records or the additions to the trophy cabinet. Michelin's domination of the sporting world is of real benefit to the everyday motorist, and helps the company provide higher standards of service, develop cutting edge technology and show without doubt that Michelin tyres really are world beaters.

In the RAC Auto Trader British Touring Car Championship, Michelin continues to lead the way and in 1997, seven out of the 8 teams elected to drive on Michelin Pilot tyres. Leading the charge was Alain Menu in his Renault, adding to Michelin's unequalled record of wins in five years of competition.

Michelin has also dominated the international rally scene for well over 20 years and throughout 1997, Michelin tyres carried the sport's top teams through the mud, dust, grit and snow of the world's toughest terrain.

It was the same story on two wheels, and Mick Doohan's fourth successive World Grand Prix title with Honda and Michelin earned him a place amongst motorcycling's legends.

Michelin is revving up for 1998, and looking forward to an equally impressive crop of victories.

TERTENOZ *74 H.-Savoie* 74 ⑰ – *rattaché à Faverges.*

TÉTEGHEM *59 Nord* 51 ④ – *rattaché à Dunkerque.*

Le TEULET *19 Corrèze* 75 ⑳ – ✉ *19430 Mercoeur.*

Paris 528 – Aurillac 31 – Argentat 23.

Relais du Teulet, N 120 ✆ 05 55 28 71 09, *Fax 05 55 28 74 39,* – ☎ P. AE ⓓ GB
Repas 65/150 , enf. 40 – ☕ 26 – **18 ch** 140/230 – 1/2 P 200/230.

THANN <SP> *68800 H.-Rhin* 66 ⑨ *G. Alsace Lorraine* **(plan)** – *7 751 h alt. 343.*

Voir *Collégiale St-Thiébaut★★.*
Env. *Grand Ballon ※★★★ N : 19 km.*
Office de Tourisme 6 pl. Joffre ✆ 03 89 37 96 20, Fax 03 89 37 04 58.
Paris 471 – Mulhouse 20 – Belfort 41 – Colmar 41 – Épinal 86 – Guebwiller 21.

Cigogne M, ✆ 03 89 37 47 33, *Fax 03 89 37 40 18,* – TV ☎ P. GB
Repas *(fermé fév., dim. soir et lundi)* 75/250 – ☕ 50 – **27 ch** 260/300 – 1/2 P 300.

Parc, 23 r. Kléber ✆ 03 89 37 37 47, *Fax 03 89 37 56 23,* – TV ☎ P. AE ⓓ GB
Repas *(79 bc)* - 120/185 , enf. 65 – ☕ 52 – **20 ch** 335/520 – 1/2 P 348/445.

Kléber, 39 r. Kléber ✆ 03 89 37 13 66, *Fax 03 89 37 39 67,* – TV ☎ P. GB.
rest
Repas *(fermé 1er au 21 fév., dim. soir et sam.)* 90/240 , enf. 50 – ☕ 50 – **26 ch** 150/320 – 1/2 P 300.

Aux Sapins, 3 r. Jeanne d'Arc ✆ 03 89 37 10 96, *Fax 03 89 37 23 83* – TV ☎ P. ⓓ GB
fermé 24 déc. au 4 janv. – **Repas** *(fermé sam.)* 50 (déj.), 100/190 – ☕ 38 – **17 ch** 220/250 – 1/2 P 245.

AUDI, VOLKSWAGEN Gar. Sovra, à Fellering ✆ 03 89 82 63 90 N ✆ 03 89 82 63 90
FIAT, LANCIA Gar. Boeglin, 64 rte de Mulhouse à Vieux-Thann ✆ 03 89 37 04 03 N ✆ 03 89 37 04 03

PEUGEOT Gar. Jeker, 16 rte de Roderen par D103 et D35 ✆ 03 89 37 81 72 N ✆ 08 00 44 24 24

THANNENKIRCH *68590 H.-Rhin* 62 ⑲ *G. Alsace Lorraine – 336 h alt. 520.*

Voir *Route★ de Schaentzel (D 48¹) N : 3 km.*
Paris 431 – Colmar 24 – St-Dié 40 – Sélestat 16.

Touring, ✆ 03 89 73 10 01, *Fax 03 89 73 11 79,* <, – TV ☎ P – 45. GB
15 mars-15 nov. – **Repas** 69/169 , enf. 45 – ☕ 37 – **48 ch** 200/344 – 1/2 P 245/320.

Aub. la Meunière, ✆ 03 89 73 10 47, *Fax 03 89 73 12 31,* <, , « Décor rustique », – TV ☎ P – 25. AE GB JCB
25 mars-20 nov. – **Repas** 95 (déj.), 100/235 , enf. 40 – ☕ 35 – **15 ch** 290/380 – 1/2 P 245/310.

THARON-PLAGE *44730 Loire-Atl.* 67 ①.

Paris 442 – Nantes 56 – Challans 58 – St-Nazaire 25.

Les Sables d'Or, 119 bd Océan ✆ 02 40 27 82 17, *Fax 02 40 39 94 03,* < – TV ☎. ⓓ GB
fermé 4 janv. au 10 fév., dim. soir et lundi du 15 sept. au 31 mai – **Repas** 83/275 , enf. 46 – ☕ 40 – **13 ch** 320/370 – 1/2 P 330/350.

Belem, 56 av. Convention ✆ 02 40 64 90 06, *Fax 02 40 39 43 14* – GB
fermé janv., dim. soir et lundi hors saison – **Repas** 67/195 , enf. 45.

Le THEIL *15 Cantal* 76 ② – *rattaché à Salers.*

THÊMES *89 Yonne* 61 ⑭ – ✉ *89410 Cézy.*

Paris 137 – Auxerre 34 – La Celle-St-Cyr 5 – Joigny 8 – Montargis 50 – Sens 26.

P'tit Claridge avec ch, ✆ 03 86 63 10 92, *Fax 03 86 63 01 34,* , – TV ☎ P. AE GB
fermé fév., dim. soir et lundi – **Repas** 85/260, enf. 60 – ☕ 35 – **7 ch** 180/200 – 1/2 P 190/200.

THÉOULE-SUR-MER *06590 Alpes-Mar.* 84 ⑧, 114 ㉖, 115 ㉞ – *1 216 h.*

Office de Tourisme 1 Corniche d'Or ✆ 04 93 49 28 28, Fax 04 93 19 00 04 et (juin-sept) 37 av. Miramar ✆ 04 93 75 48 48.
Paris 898 – Cannes 11 – Draguignan 59 – Nice 43 – St-Raphaël 37.

à Miramar *5 km par N 98 - rte de St-Raphaël G. Côte d'Azur – ✉ 06590 Théoule-sur-Mer.*
Voir *Pointe de l'Esquilon ≤★★ NE : 1 km puis 15 mn.*

Miramar Beach Ⓜ, ☎ 04 93 75 05 05, *Fax 04 93 75 44 83,* ≤, ⛱, ₣₺, 🏊, 🏖, 🌳, 🎾 – 🛗 ⛔ ▤ 📺 ☎ ♿ 🅿 – 🏃 40. AE ⓓ GB
fermé 2 nov. au 19 déc. – **L'Étoile des Mers :** Repas 165/370 🍷, enf. 75 – ☕ 90 – **58 ch** 700/1700 – ½ P 755/1130.

Mas Provençal, ☎ 04 93 75 40 20, *Fax 04 93 75 44 83,* 🏊, 🎾 – 📺 ☎ 🅿. AE ⓓ GB
fermé 20 nov. au 20 déc. – Repas 95/145 🍷, enf. 59 – ☕ 45 – **25 ch** 280/480 – ½ P 335/385.

THÉRONDELS *12600 Aveyron* 76 ⑬ *– 505 h alt. 965.*
Paris 566 – Aurillac 46 – Chaudes-Aigues 48 – Espalion 67 – Murat 44 – Rodez 87 – St-Flour 48.

Miquel 🐦, ☎ 05 65 66 02 72, *Fax 05 65 66 19 84,* ⛱, 🏊, 🌳 – 📺 ☎ 📞 🅿. GB
fermé 20 déc. au 1er fév. – Repas 55/160 🍷 – ☕ 32 – **22 ch** 260/280 – ½ P 220/240.

THÉSÉE *41140 L.-et-Ch.* 64 ⑰ *G. Châteaux de la Loire – 1 074 h alt. 80.*
Paris 218 – Tours 51 – Blois 37 – Châteauroux 73 – Montrichard 11 – Romorantin-Lanthenay 40 – Vierzon 62.

Host. Moulin de la Renne, ☎ 02 54 71 41 56, *Fax 02 54 71 75 09,* ⛱, 🌳 – ☎ 🅿. GB
fermé 15 janv. au 15 mars, dim. soir et lundi du 15 sept. au 15 mai – Repas 85/220, enf. 45 – ☕ 35 – **15 ch** 150/295 – ½ P 190/250.

Quando cercate un albergo o un ristorante, siate pratici.
Approfittate delle località sottolineate in rosso sulle **carte stradali** *1:200 000.*
Ma che le carte siano recenti!

THEYS *38570 Isère* 77 ⑥ *G. Alpes du Nord – 1 321 h alt. 615.*
ℹ *Syndicat d'Initiative Bureau d'accueil ☎ 04 76 71 05 92 et (hors-saison) ☎ 04 76 71 03 17.*
Paris 600 – Grenoble 29 – Allevard 18 – Le Bourg-d'Oisans 74 – Chambéry 37.

Vieux Moulin, ☎ 04 76 71 02 59, *Fax 04 76 71 02 59,* ⛱ – GB
fermé oct., mardi soir et merc. hors saison – Repas 90/130 🍷, enf. 50.

THIÉBLEMONT-FARÉMONT *51300 Marne* 61 ⑨ *– 587 h alt. 120.*
Paris 190 – Bar-le-Duc 42 – Châlons-en-Champagne 41 – Troyes 90 – Verdun 95 – Vitry-le-François 12.

Champenois avec ch, N 4 ☎ 03 26 73 81 03, *Fax 03 26 73 80 95* – 📺 ☎ 🅿. AE ⓓ GB
fermé 1er au 15 oct., 1er au 15 fév., dim. soir et lundi sauf fériés – Repas 98/330 🍷 – ☕ 40 – **9 ch** 220/330 – ½ P 310/330.

THIERS ⟨SP⟩ *63300 P.-de-D.* 73 ⑯ *G. Auvergne – 14 832 h alt. 420.*
Voir *Site★★ – Le Vieux Thiers★ : Maison du Pirou★* **YZ E** *– Terrasse du Rempart ✱★* **Y** *– Rocher de Borbes ≤★ S : 3,5 km par D 102.*
ℹ *Office de Tourisme Chateau du Pirou ☎ 04 73 80 10 74, Fax 04 73 80 01 32.*
Paris 450 ③ – Clermont-Ferrand 42 ② – Issoire 56 ② – Lyon 133 ① – Le Puy-en-Velay 127 ② – Roanne 60 ① – St-Étienne 110 ① – Vichy 36 ③.

Plan page ci-contre

à la Monnerie-le-Montel *par ① : 6,5 km par N 89 – 2 594 h. alt. 544 – ✉ 63650 :*

Aub. du Piarrou, ☎ 04 73 80 02 78, *Fax 04 73 80 05 81* – GB
fermé dim. soir, mardi soir et merc. soir – Repas *(75)* - 90/118 🍷, enf. 40.

rte de Clermont-Ferrand *par ② : 5 km sur N 89 – ✉ 63300 Thiers :*

Relais Mercure-Parc Geoffroy Ⓜ, ☎ 04 73 80 87 00, *Fax 04 73 80 87 01,* ⛱, 🌳 – 🛗 📺 ☎ 📞 🅿 – 🏃 50. AE GB
Repas *(fermé dim. soir d'oct. à avril)* 88/220, enf. 65 – ☕ 45 – **31 ch** 350/500.

Fimotel, ☎ 04 73 51 15 15, *Fax 04 73 51 15 00,* ⛱ – 📺 ☎ 📞 ♿ 🅿 – 🏃 30. AE ⓓ GB
Repas *(56)* - 82/92 🍷, enf. 38 – ☕ 35 – **41 ch** 270.

à Pont-de-Dore *par ② : 6 km par N 89 – ✉ 63920 Peschadoires :*

Éliotel, rte Maringues ☎ 04 73 80 10 14, *Fax 04 73 80 51 02,* ⛱ – 📺 ☎ 📞 🅿. AE GB
fermé 20 déc. au 10 janv. – Repas *(fermé dim. soir et sam.) (65)* - 85/180 🍷 – ☕ 32 – **13 ch** 240/280 – ½ P 240.

THIERS

Bourg (R. du) . . . . Y 2
Conchette (R.) . . . . Y 5
Grenette (R.) . . . . Z 14
Mitterrand (R. F.) . . . . Y 15
Pirou (R. du) . . . . Y 16
Terrasse (R.) . . . . Y 17
Clermont (R. de) . . . . Z 3
Chabot (R. M.) . . . . Z 4
Coutellerie (R. de la) . . . . . Z 8
Dr.-Dumas (R. des) . . . . . . Y 9
Duchasseint (Pl.) . . . . Y 10
Grammonts (R. des) . . . . . Y 12
Voltaire (Av.) . . . . Z 20
4-Septembre (R. du) . . . . . Z 22

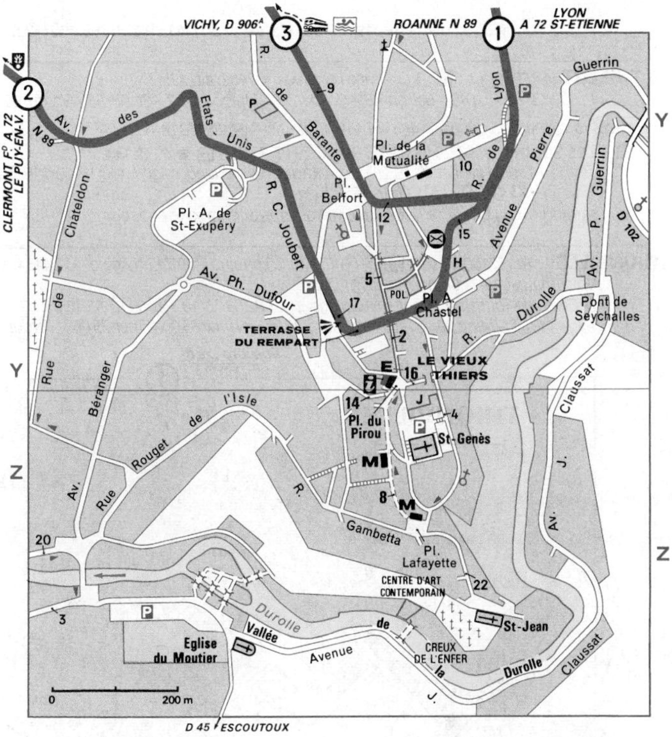

XX **Ferme des Trois Canards,** Nord-Ouest : 2 km par rte Maringues et rte secondaire ✆ 04 73 51 06 70, *Fax 04 73 51 06 71*, 🏕 – 🅿. GB
fermé 3 au 17 août, 28 déc. au 12 janv., dim. soir et soirs fériés – **Repas** 125/390 ♀.

XX **Chez La Mère Dépalle** avec ch, ✆ 04 73 80 10 05, *Fax 04 73 80 52 22*, 🏕 – TV ☎ 🅿 – 🏔 25. GB
fermé janv., dim. soir de sept. à juin et soirs fériés – **Repas** 98/250 ♀ – ☕ 35 – **10 ch** 260/290 – 1/2 P 290.

XX **Aub. des 4 Chemins,** ✆ 04 73 80 25 68, *Fax 04 73 51 02 45*, 🏕 – ▤ 🅿. AE GB. ✂
fermé 13 au 31 juil., vacances de fév., dim. soir et lundi – **Repas** 72 (déj.), 98/185 ♀.

AUDI, VOLKSWAGEN, SKODA Gar. Perron, 79 av. L.-Lagrange ✆ 04 73 80 20 49
CITROEN Gar. des Molles, 57 av. L.-Lagrange par ②
✆ 04 73 80 67 66
FORD Gar. Dugat, 50 av. L.-Lagrange
✆ 04 73 80 50 22
PEUGEOT Thiers-Autom., 52 av. L.-Lagrange par ②
✆ 04 73 80 81 81 N ✆ 04 73 51 08 32

RENAULT Gar. Ricoux, ZI du Felet par ②
✆ 04 73 80 55 10 N ✆ 04 73 40 19 94

Euromaster, ZI des Molles, av. L.-Lagrange
✆ 04 73 80 15 97

THIÉZAC *15800 Cantal* 76 ⑫ ⑬ *G. Auvergne – 693 h alt. 805.*
Voir *Pas de Compaing★ NE : 3 km.*
Office de Tourisme Le Bourg ✆ 04 71 47 03 50 et (hors saison) à la Mairie ✆ 04 71 47 01 21, Fax 04 71 47 02 23.
Paris 546 – Aurillac 29 – Murat 23 – Vic-sur-Cère 8.

Casteltinet, ☎ 04 71 47 00 60, *Fax 04 71 47 04 08,* ←, 斧 – |ǂ| TV ☎ ✆ P. GB. ⚡ rest
fermé 20 avril au 1er mai, 15 nov. au 15 janv., dim. soir et lundi sauf vacances scolaires – **Repas** 88/168 – ☐ 38 – **23 ch** 350 – ½ P 250/255.

L'Elancèze (annexe Belle Vallée 10 ch), ☎ 04 71 47 00 22, *Fax 04 71 47 02 08* – |ǂ| ☎ P. GB
fermé 1er nov. au 22 déc. – **Repas** *(60)* - 90/185 ♀ – ☐ 30 – **41 ch** 227/265 – ½ P 222/250.

Le THILLOT *88160 Vosges* 66 ⑧ *G. Alsace Lorraine* – *4 246 h alt. 495.*
Paris 433 – Épinal 49 – Belfort 45 – Colmar 73 – Mulhouse 57 – St-Dié 64 – Vesoul 65.

au Ménil *Nord-Est : 3,5 km par D 486 – 1 119 h. alt. 524 –* ✉ *88160 Le Thillot :*

Les Sapins, ☎ 03 29 25 02 46, *Fax 03 29 25 80 23* – TV ☎ P. AE GB
fermé 14 au 24 avril et 1er au 21 déc. – **Repas** *(fermé lundi midi)* 70 (déj.), 100/215 ♀, enf. 58 – ☐ 35 – **23 ch** 235/250 – ½ P 260/270.

RENAULT Gar. du Centre, 20 av. de Verdun ☎ 03 29 25 01 17 N ☎ 03 29 25 01 17

THIONVILLE SP *57100 Moselle* 57 ③ ④ *G. Alsace Lorraine* – *39 712 h Agglo. 132 413 h alt. 155.*
Voir *Château de la Grange*★ *par* ① *: 2 km.*
ℹ *Office de Tourisme 16 r. Vieux-Collège* ☎ *03 82 53 33 18, Fax 03 82 53 15 55.*
Paris 340 ③ – Metz 29 ③ – Luxembourg 29 ⑤ – Nancy 83 ③ – Trier 75 ② – Verdun 86 ③.

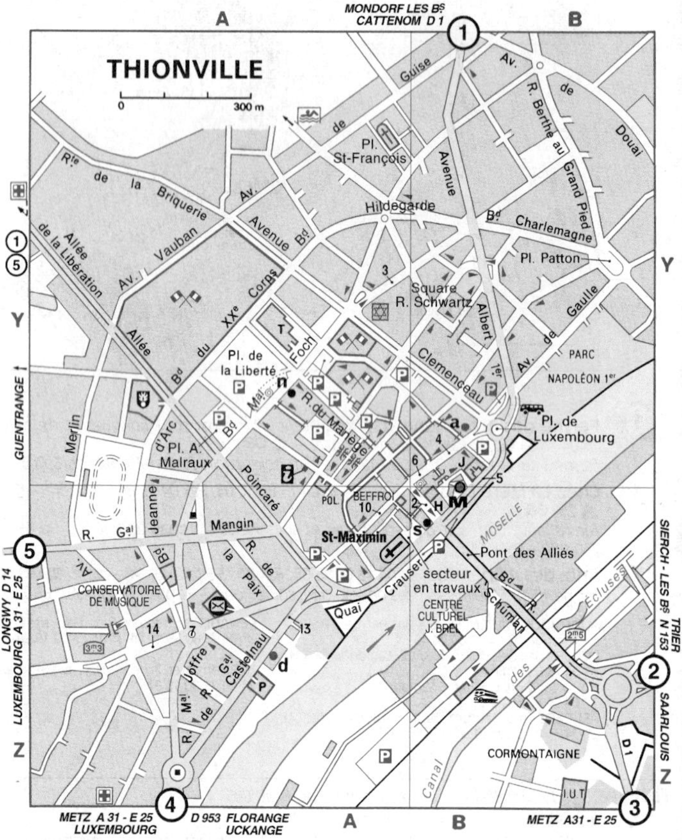

Luxembourg (R. de) . . . **BY** 4	Convention (R.) . . . . . . **ABZ** 2	Marie-Louise (Pl.) . . . . **AZ** 7
Marché (Pl. du) . . . . . . **ABY** 6	Hoche (R. Lazare). . . . . . **AY** 3	République (Pl.) . . . . . . **AZ** 13
Paris (R. de) . . . . **AZ** 10	Marchal (Quai P.) . . . . . . **BY** 5	St-Pierre (R. de) . . . . . . **AZ** 14

Saint-Hubert M sans rest, 2 r. G. Ditsch ✆ 03 82 51 84 22, *Fax 03 82 53 99 61* – ☎. AE ① GB JCB BZ s
☕ 40 – **44 ch** 320/400.

Liberté, 69 bd Foch ✆ 03 82 54 33 44, *Fax 03 82 54 34 80* – rest, TV ☎ – 🏛 30. GB
Repas *(fermé dim. soir) (60)* - 80/180 – ☕ 35 – **39 ch** 205/295 – ½ P 240. AY n

Noël, 2 r. Gén. de Castelnau ✆ 03 82 82 88 22, *Fax 03 82 34 04 15,* – P. AE GB AZ d
fermé dim. soir et lundi sauf fériés – **Repas** 150/245 ♀.

Concorde M avec ch, 6 pl. Luxembourg (14ᵉ étage) ✆ 03 82 53 83 18, *Fax 03 82 53 40 41,* ✲ Thionville – TV ☎. AE GB JCB BY a
Repas *(fermé dim. soir)* 160/390 et carte 280 à 410 ♀ – ☕ 38 – **25 ch** 320/380.

au Crève-Coeur : *Nord-Ouest par allée de la Libération et allée Bel Air - AY – ✉ 57100 Thionville :*

L'Horizon ✆ 03 82 88 53 65, *Fax 03 82 34 55 84,* ←, – TV ☎ P – 🏛 25. AE ① GB. rest
fermé fév., dim. soir de nov. à mars et sam. midi – **Repas** 180 (déj.), 225/305 ♀ – ☕ 60 – **12 ch** 580/790 – ½ P 580/680.

Aub. Crève-Coeur, ✆ 03 82 88 50 52, *Fax 03 82 34 89 06,* – P. AE ① GB
fermé jeudi soir (en vacances scolaires), dim. soir et lundi soir – **Repas** 170/220 ♀.

CITROEN DM Autos, 36 rte d'Esch-sur-Alzette par ⑤ ✆ 03 82 88 10 15 N ✆ 03 82 53 32 46
NISSAN Auto Diffusion, 48 r. de Verdun ✆ 03 82 34 34 63
Euromaster, 22 rte de Metz à Florange ✆ 03 82 88 45 45
Leclerc-Pneu, boucle du Ferronnier ZI du Linkling 2 ✆ 03 82 88 43 28

Périphérie et environs

PEUGEOT Gar. Bailly-Fensch, 14 r. de Verdun à Florange par ④ ✆ 03 82 58 46 21 N ✆ 03 82 58 46 21
PEUGEOT Gar. Bailly-Fensch, Espace des Carolingiens à Yutz par ② ✆ 03 82 86 49 00 N ✆ 03 82 86 49 00
PEUGEOT Gar. Bailly-Fensch, 21-23 r. de l'Église à Mondelange par ④ ✆ 03 87 71 46 32
RENAULT Gar. de la Moselle, 25 r. de Verdun à Terville par ④ ✆ 03 82 59 19 19 N ✆ 08 00 05 15 15
Euromaster, 39 b Ferronnier, ZI Linkling à Terville ✆ 03 82 88 44 89

THIVIERS *24800 Dordogne* 75 ⑥ *G. Périgord Quercy – 3 590 h alt. 273.*

Syndicat d'Initiative pl. Mar. Foch ✆ 05 53 55 12 50.
Paris 449 – Périgueux 34 – Brive-la-Gaillarde 82 – Limoges 60 – Nontron 33 – St-Yrieix-la-Perche 31.

France et Russie sans rest, 51 r. Gén. Lamy ✆ 05 53 55 17 80, *Fax 05 53 54 33 73* – TV ☎
☕ 45 – **10 ch** 265/360.

CITROEN Gar. Bardon, ✆ 05 53 55 00 74
PEUGEOT Gar. Boucher, ✆ 05 53 55 00 86
RENAULT Gar. Joussely, ✆ 05 53 55 01 24

THOIRY *01710 Ain* 74 ⑤ *– 3 015 h alt. 500.*

Paris 525 – Bellegarde-sur-Valserine 27 – Bourg-en-Bresse 99 – Gex 14.

Les Cépages (Delesderrier), ✆ 04 50 20 83 85, *Fax 04 50 41 24 58,* – GB
fermé vacances de fév., dim. soir et lundi – **Repas** 120 (déj.), 200/480 et carte 340 à 480 ♀
Spéc. Poêlée de langoustines et grenouilles au vin jaune. Blanc de poularde pochée aux morilles. Crapaudine de caille au banyuls. **Vins** Vins du Bugey.

THOISSEY *01140 Ain* 74 ① *– 1 306 h alt. 175.*

Paris 410 – Mâcon 18 – Bourg-en-Bresse 36 – Chauffailles 50 – Lyon 58 – Villefranche-sur-Saône 25.

Chapon Fin et rest. Paul Blanc (Maringue) ✆ 04 74 04 04 74, *Fax 04 74 04 94 51,* – TV ☎ P – 🏛 30. AE ① GB
fermé 24 nov. au 10 déc., merc. midi et mardi – **Repas** 150 (déj.), 230/520 et carte 270 à 430 ♀, enf. 95 – ☕ 55 – **20 ch** 250/680 – ½ P 600/700
Spéc. Gâteau de foies blonds. Grenouilles sautées fines herbes. Fricassée de volaille de Bresse aux morilles à la crème, crêpes Parmentier. **Vins** Macon-Viré, Fleurie.

THOLLON-LES-MÉMISES *74500 H.-Savoie* 70 ⑱ *G. Alpes du Nord – 533 h alt. 920 – Sports d'hiver : 950/1 960 m 1 17*

Voir *Pic de Mémise ✲★★ 30 mn.*
Office de Tourisme ✆ 04 50 70 90 01, Fax 04 50 70 92 80.
Paris 587 – Thonon-les-Bains 19 – Annecy 93 – Évian-les-Bains 13.

Bellevue, ☎ 04 50 70 92 79, *Fax 04 50 70 97 63,* ←, – AE GB
fermé 15 nov. au 15 déc. – **Repas** 82 (déj.), 95/220 ♀, enf. 45 – ☕ 30 – **37 ch** 320/370 – ½ P 310.

Bon Séjour , ☎ 04 50 70 92 65, *Fax 04 50 70 95 72,* – P. GB
fermé 15 nov. au 20 déc. – **Repas** 100 (dîner), 110/200, enf. 75 – ☕ 35 – **22 ch** 220/350 – ½ P 290/310.

Les Gentianes, à la télécabine Est : 2 km ☎ 04 50 70 92 39, *Fax 04 50 70 95 51,* ← lac et montagnes, – P. GB
fermé 31 oct. au 15 déc. – **Repas** 100/125, enf. 55 – ☕ 30 – **22 ch** 280 – ½ P 300/320.

Le THOLY *88530 Vosges* 62 ⑰ – *1 541 h alt. 628.*

Voir *Grande Cascade de Tendon★ NO : 5 km,* G. Alsace Lorraine.

Syndicat d'Initiative à la Mairie ☎ 03 29 61 81 82, Fax 03 29 61 18 83.

Paris 414 – Épinal 29 – Bruyères 21 – Gérardmer 11 – Remiremont 18 – St-Amé 12 – St-Dié 38.

Gérard, ☎ 03 29 61 81 07, *Fax 03 29 61 82 92,* ←, (mai-sept.), – rest, GB
fermé 1er au 25 oct. – **Repas** 70 (déj.), 98/150 ♀, enf. 48 – ☕ 35 – **20 ch** 280/300 – ½ P 290.

Grande Cascade, Nord-Ouest : 5 km sur D 11 ☎ 03 29 33 21 08, *Fax 03 29 66 37 17,* ← – P – 50. AE GB JCB
fermé 7 au 25 déc. – **Repas** 70/180 ♀, enf. 45 – ☕ 38 – **24 ch** 260/340 – ½ P 205/290.

*Den Katalog der **Michelin-Veröffentlichungen** erhalten Sie bei Ihrem Buchhändler.*

THOMERY *77810 S.-et-M.* 61 ⑫ – *3 025 h alt. 48.*

Syndicat d'Initiative (début avril-fin oct. les merc. et sam.) 11 r. de la République ☎ 01 64 70 80 14.

Paris 72 – Fontainebleau 8 – Melun 22 – Montereau-Fault-Yonne 17 – Nemours 21 – Sens 52.

Host. le Vieux Logis avec ch, 5 r. Sadi Carnot ☎ 01 60 96 44 77, *Fax 01 60 70 01 42,* – P. AE GB
Repas 155/240 ♀ – ☕ 50 – **14 ch** 400 – ½ P 390.

THONES *74230 H.-Savoie* 74 ⑦ *G. Alpes du Nord – 4 619 h alt. 650.*

Voir *Vallée de Manigod★★ S : 3 km.*

Office de Tourisme pl. Avet ☎ 04 50 02 00 26, Fax 04 50 02 11 87.

Paris 554 – Annecy 21 – Albertville 35 – Bonneville 30 – Faverges 19 – Megève 39.

Nouvel H. Commerce, r. Clefs ☎ 04 50 02 13 66, *Fax 04 50 32 16 24* – P. GB
fermé nov. – **Repas** *(fermé dim. soir et lundi hors saison)* 73/350, enf. 48 – ☕ 37 – **25 ch** 208/410 – ½ P 246/330.

Hermitage, av. Vieux Pont ☎ 04 50 02 00 31, *Fax 04 50 02 04 86* – rest, P. GB.
fermé 1er au 10 mai, 20 oct. au 5 nov. et lundi midi d'oct. à janv. – **Repas** 65/170 ♀, enf. 42 – ☕ 30 – **43 ch** 160/280 – ½ P 240/260.

CITROEN Gar. Uliana, ☎ 04 50 02 02 41

THONON-LES-BAINS *74200 H.-Savoie* 70 ⑰ *G. Alpes du Nord – 29 677 h alt. 431 – Stat. therm.*

Voir *Les Belvédères★★* **ABY** – *Voûtes★ de l'église St-Hippolyte* **AY** – *Domaine de Ripaille★ N : 2 km* **AY.**

Env. *Gorges du Pont du Diable★★ 15 km par ②.*

Office de Tourisme pl. Marché ☎ 04 50 71 55 55, Fax 04 50 71 68 33.

Paris 569 ③ – Annecy 75 ③ – Chamonix-Mont-Blanc 99 ③ – Genève 34 ④.

Plan page suivante

Arc en Ciel M sans rest, 18 pl. Crête ☎ 04 50 71 90 63, *Fax 04 50 26 27 47,* – cuisinette – 50. AE GB **BZ k**
fermé week-ends du 15 nov. au 31 déc. – ☕ 40 – **40 ch** 390/490.

Savoie et Léman *(École hôtelière),* 2 bd Corniche ☎ 04 50 71 13 80, *Fax 04 50 71 16 14,* ←, – – 60. AE GB **AY n**
fermé vacances scolaires (sauf juil.-août), sam. soir et dim. de sept. à juin – **Repas** 120/135 – ☕ 35 – **31 ch** 360/460, 4 appart – ½ P 310/420.

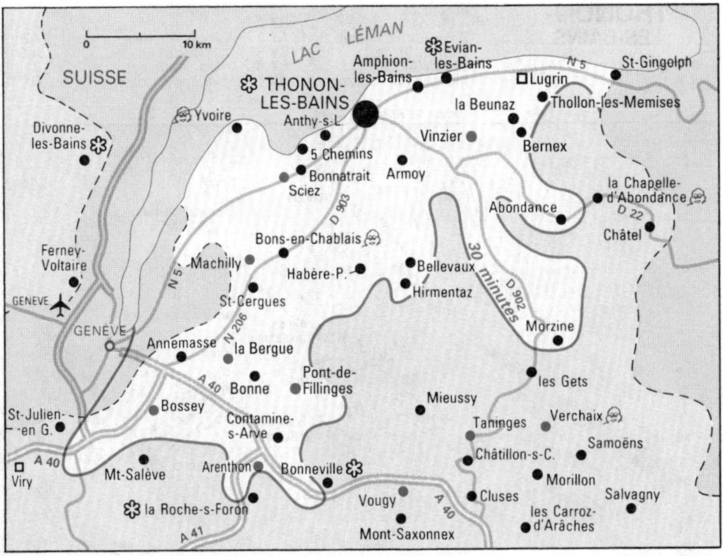

Alpazur sans rest, 8 av. Gén. Leclerc ☎ 04 50 71 37 25, *Fax 04 50 71 01 24*, ←, – TV ☎. GB. AY q
fermé 1er déc. au 31 janv. – 35 – **26 ch** 240/300.

Trianon du Léman, av. Corzent ☎ 04 50 71 25 78, *Fax 04 50 26 51 26*, ←, –
TV ☎ P. GB. ch AY s
10 avril-20 sept. – **Repas** 95/220, enf. 55 – 39 – **15 ch** 320/420 – ½ P 340/390.

Côté Sud Léman, rte Genève par ④ : *3 km* ☎ 04 50 70 36 70, *Fax 04 50 70 31 05* – TV
☎ P – 40. AE GB
Repas 95/160 – 35 – **48 ch** 310, 4 appart – ½ P 260/280.

A l'Ombre des Marronniers, 17 pl. Crête ☎ 04 50 71 26 18, *Fax 04 50 26 27 47*, –
TV ☎ P. AE GB. BZ t
hôtel : fermé week-ends du 15 nov. au 31 déc. – **Repas** *(fermé nov., dim. soir et lundi d'oct. à avril)* 74/192, enf. 50 – 30 – **18 ch** 280/290 – ½ P 258/265.

annexe Villa des Fleurs sans rest, 4 av. Jardins ☎ 04 50 71 11 38, – TV ☎.
BZ d
10 avril-30 sept. – 31 – **11 ch** 280/330.

Prieuré (Plumex), 68 Gde rue ☎ 04 50 71 31 89, *Fax 04 50 71 31 09* – AE GB AY f
fermé dim. soir et lundi – **Repas** 200 bc (déj.), 220/380 et carte 290 à 450
Spéc. Filets de perches en bouquet au savagnin (sauf juin). Omble chevalier au beurre demi-sel (sauf déc.). Pressée de féra du lac en pipérade (sauf déc.). **Vins** Marin, Ripaille.

Scampi, 1 av. Léman ☎ 04 50 71 10 04, *Fax 04 50 71 31 09*, ←, – AE GB BY e
Repas 100/150, enf. 45.

à Armoy *Sud-Est : 7 km par ② et D 26 – 775 h. alt. 620 – ✉ 74200 :*

A l'Écho des Montagnes, ☎ 04 50 73 94 55, *Fax 04 50 70 54 07*, – TV ☎ P.
GB
fermé 17 déc. au 7 fév., lundi (sauf hôtel) et dim. soir d'oct. à mars – **Repas** 88/210 – 35 – **47 ch** 170/295 – ½ P 245/260.

à Anthy-sur-Léman *par ④ et D 33 : 6 km – 1 383 h. alt. 400 – ✉ 74200 Thonon-les-Bains :*

Lemanthy, ☎ 04 50 70 61 50, *Fax 04 50 70 62 50*, ←, – P. AE GB
fermé vacances de Toussaint, de fév. et dim. soir – **Repas** 80 bc (déj.), 145/270, enf. 60.

Aub. d'Anthy avec ch, ☎ 04 50 70 35 00, *Fax 04 50 70 40 90*, – TV ☎. AE GB
fermé vacances de Toussaint, de fév., lundi soir et mardi – **Repas** 75 (déj.), 95/210, enf. 67 – 35 – **11 ch** 251/309 – ½ P 229/269.

THONON-LES-BAINS

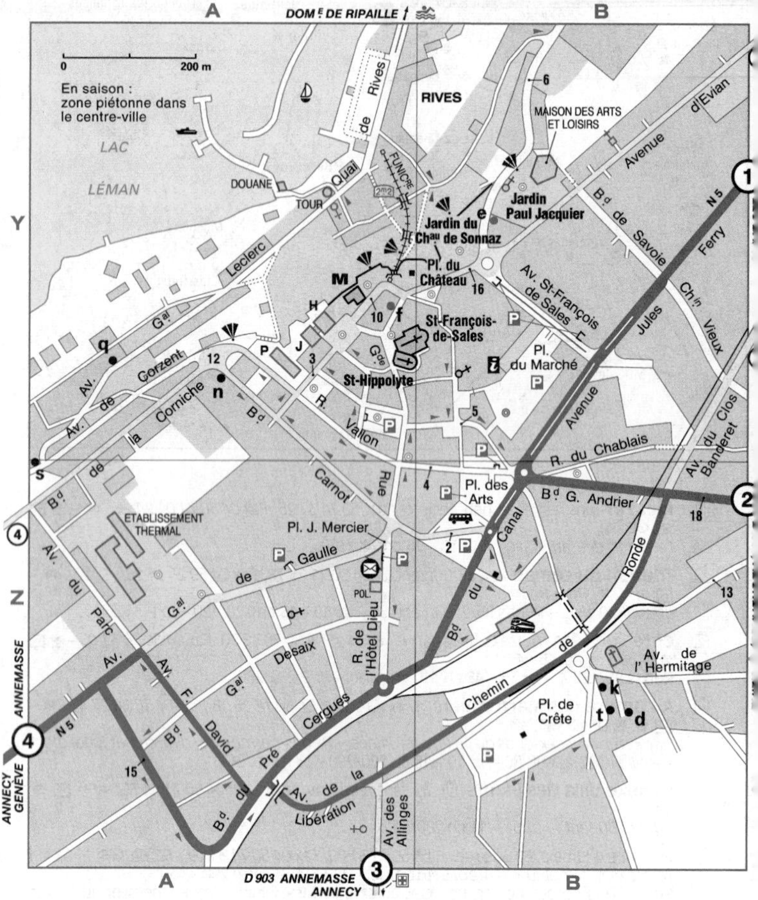

aux Cinq Chemins *par ④ : 7 km – ✉ 74200 Thonon-les-Bains :*

Denarié, ☏ 04 50 72 63 45, *Fax 04 50 72 30 69,* – ▣ ☎ ☏ [P] – 25. GB
fermé 9 au 23 juin, 20 déc. au 20 janv., lundi (sauf hôtel) et dim. soir sauf juil.-août – ***Les Cinq Chemins :*** Repas 88 (déj.), 115/185 – 37 – **27 ch** 330/430 – ½ P 330/380.

au port de Sciez *par ④ : 8 km – 3 371 h. alt. 406 – ✉ 74140 Sciez.*

Office de Tourisme Capitainerie Port de Sciez ☏ 04 50 72 64 57.

Les Néréïdes, 2 rte du port ☏ 04 50 72 67 28, *Fax 04 50 72 67 28,* – GB
fermé 14 au 30 avril et merc. sauf juil.-août – **Repas** 130/190 ♀, enf. 57.

à Bonnatrait *par ④ : 9 km G. Alpes – ✉ 74140 Douvaine :*

Hôtellerie Château de Coudrée ☏ 04 50 72 62 33, *Fax 04 50 72 57 28,* « Château médiéval dans un parc au bord du lac », – ▣ ☎ ☏ [P] – 100. AE ⓓ GB
mi-avril-mi-déc. – **Repas** 270 bc (déj.), 320/350 ♀ – 92 – **19 ch** 780/1480 – ½ P 740/1380.

AUDI, VOLKSWAGEN Alp'gge, 21 av. de la Fontaine Couverte ✆ 04 50 71 17 64
CITROEN S.A.D.A.L, N 5 à Anthy par ④ ✆ 04 50 70 12 12
FORD Thuyset Autom., 16 av. Prés-Verts ✆ 04 50 71 31 50 N ✆ 04 50 26 27 99
HONDA, LANCIA, TOYOTA Gar. Grillet, av. de Senevullaz ✆ 04 50 71 37 43
OPEL Gar. Ricaud, av. Abattoirs ✆ 04 50 71 02 11
PEUGEOT Lemuet Autom., N 5 Croisée d'Anthy à Anthy-sur-Léman par ④ ✆ 04 50 70 34 58 N ✆ 04 50 70 34 58
RENAULT Gar. Florin, ZI Marclaz par ④ ✆ 04 50 26 74 00 N ✆ 04 50 87 90 66
SEAT Espace Autom., ZA les 5 Chemins à Margencel ✆ 04 50 72 51 43

Quiblier Pneus, 3 av. de la Dranse ✆ 04 50 71 38 72

THORENC *06 Alpes-Mar.* 81 ⑲, 114 ⑫, 115 ㉓ *– alt. 1250 – ✉ 06750 Andon.*
Voir *Col de Bleine* ≤★★ *N : 4 km,* **G. Alpes du Sud.**
Paris 835 – Castellane 36 – Draguignan 66 – Grasse 40 – Nice 59 – Vence 41.

Voyageurs , ✆ 04 93 60 00 18, *Fax 04 93 60 03 51,* , – TV P. GB
1er fév.-15 nov. et fermé jeudi sauf vacances scolaires – **Repas** 91/155 ♀ – ☕ 35 – **12 ch** 180/300 – ½ P 300/320.

Aub. Les Merisiers , ✆ 04 93 60 00 23, *Fax 04 93 60 02 17,* , – TV ☎. AE GB
fermé mardi sauf vacances scolaires – **Repas** 99/165, enf. 50 – ☕ 30 – **12 ch** 200/250 – ½ P 230/250.

Europe

Si le nom d'un hôtel figure en petits caractères demandez, à l'arrivée, les conditions à l'hôtelier.

THORIGNÉ-SUR-DUÉ *72160 Sarthe* 60 ⑭ *– 1 518 h alt. 82.*
Paris 178 – Le Mans 28 – Châteaudun 81 – Mamers 47 – Nogent-le-Rotrou 43 – St-Calais 24.

XX **St-Jacques** avec ch, pl. Monument ✆ 02 43 89 95 50, *Fax 02 43 76 58 42,* – TV ☎ P. AE GB
fermé 6 au 21 sept., 5 au 26 janv., dim. soir d'oct. à mai et lundi – **Repas** 98/345 ♀ – ☕ 48 – **15 ch** 320/420 – ½ P 300/480.

Le THORONET *83 Var* 84 ⑥, 114 ㉒ *– 1 163 h alt. 120 – ✉ 83340 Le Luc.*
Voir *Abbaye du Thoronet*★★ *O : 4,5 km,* **G. Côte d'Azur.**
Paris 843 – Brignoles 24 – Draguignan 21 – St-Raphaël 50 – Toulon 64.

Host. de l'Abbaye , ✆ 04 94 73 88 81, *Fax 04 94 73 89 24,* , – ch, TV ☎ P – 45. AE GB
Repas 95/175 – ☕ 40 – **20 ch** 350 – ½ P 320.

THOUARCÉ *49380 M.-et-L.* 64 ⑪ *– 1 546 h alt. 35.*
Env. *Château*★★ *de Brissac-Quincé, NE : 12 km,* **G. Châteaux de la Loire.**
Paris 318 – Angers 29 – Cholet 42 – Saumur 37.

XX **Relais de Bonnezeaux,** rte Angers : 1 km ✆ 02 41 54 08 33, *Fax 02 41 54 00 63,* ≤, – P. GB
fermé 15 au 31 déc., vacances de fév., mardi soir sauf juil.-août, dim. soir et lundi – **Repas** 95/265 ♀, enf. 65.

RENAULT Gar. Peltier Vaillant, ✆ 02 41 54 16 02 N ✆ 02 41 54 16 02

THOUARS *79100 Deux-Sèvres* 67 ⑧ *G. Poitou Vendée Charentes* **(plan)** *– 10 905 h alt. 102.*
Voir *Façade*★★ *de l'église St-Médard*★ *– Site*★ *– Maisons anciennes*★.
Office de Tourisme 3 bis bd Pierre Curie ✆ 05 49 66 17 65, Fax 05 49 67 87 58.
Paris 329 – Angers 70 – Bressuire 30 – Châtellerault 69 – Cholet 57.

Relais sans rest, Nord : 3 km par rte Saumur ✆ 05 49 66 29 45, *Fax 05 49 66 29 33* – TV ☎ P. GB
☕ 26 – **15 ch** 198/215.

XX **Clocher St-Médard** avec ch, 14 pl. St-Médard ✆ 05 49 67 90 50, *Fax 05 49 67 90 51,* – TV ☎. GB
fermé 14 au 27 avril, 10 au 24 août, lundi (sauf hôtel) et dim. soir – **Repas** 130/450 ♀ – ☕ 38 – **5 ch** 280/350 – ½ P 245/295.

RENAULT Salvra, 41 bd P.-Curie ✆ 05 49 66 21 78 N ✆ 05 49 94 70 42

Thouars Pneus, 24-26 pl. Lavault ✆ 05 49 66 06 52 N ✆ 05 49 66 06 52

THOURON *87140 H.-Vienne* 72 ⑦ *– 431 h alt. 374.*
Paris 382 – Limoges 21 – Bellac 23 – Guéret 79.

XX **Pomme de Pin** M avec ch, étang de Tricherie, Nord-Est : 2,5 km par rte secondaire ✆ 05 55 53 43 43, *Fax 05 55 53 35 33*, – TV ☎. GB. ch
fermé 1er au 29 sept., janv., mardi midi et lundi – **Repas** 95/240 ₸, enf. 48 – 30 – **4 ch** 280/350.

THUEYTS *07330 Ardèche* 76 ⑱ *G. Vallée du Rhône* (plan) *– 945 h alt. 462.*
Voir *Coulée basaltique*★.
Office de Tourisme pl. Champ-de-Mars ✆ 04 75 36 46 79, Fax 04 75 36 46 79.
Paris 610 – Le Puy-en-Velay 72 – Privas 46.

Marronniers, ✆ 04 75 36 40 16, *Fax 04 75 36 48 02*, – TV ☎ P. GB. rest
fermé 20 déc. au 8 mars – **Repas** 87/180, enf. 55 – 33 – **19 ch** 235/260 – ½ P 260/270.

THUIR *66300 Pyr.-Or.* 86 ⑲ *– 6 638 h alt. 99.*
Paris 868 – Perpignan 15 – Céret 24 – Prades 31.

XX **Gibecière,** 4 pl. Gén. de Gaulle ✆ 04 68 53 12 54, – GB
fermé 2 au 8 nov., 15 au 21 fév. et merc. – **Repas** - spécialités catalanes - 65 bc/180, enf. 35.

THURY-HARCOURT *14220 Calvados* 55 ⑪ *G. Normandie Cotentin – 1 803 h alt. 45.*
Voir *Parc et jardins du château*★ *– Boucle du Hom*★ *NO : 3 km.*
Office de Tourisme 2 pl. St-Sauveur ✆ 02 31 79 70 45, Fax 02 31 79 22 34.
Paris 255 – Caen 28 – Condé-sur-Noireau 20 – Falaise 28 – Flers 32 – St-Lô 55 – Vire 40.

XX **Relais de la Poste** avec ch, ✆ 02 31 79 72 12, *Fax 02 31 39 53 55*, – TV ☎ P. AE GB
fermé 15 janv. au 15 fév., dim. soir et lundi du 15 nov. à mars – **Repas** 95 (déj.), 140/370 ₸ – 45 – **12 ch** 300/420 – ½ P 360/540.
PEUGEOT Gar. Amand, ✆ 02 31 79 71 21

TIFFAUGES *85130 Vendée* 67 ⑤ *G. Poitou Vendée Charentes – 1 208 h alt. 77.*
Paris 371 – Angers 79 – La Roche-sur-Yon 53 – Nantes 48 – Cholet 20 – Clisson 19 – Montaigu 15.

Barbacane sans rest, pl. Église ✆ 02 51 65 75 59, *Fax 02 51 65 71 91*, – TV ☎. GB JCB
31 – **13 ch** 299/469.

TIGNES *73320 Savoie* 74 ⑲ *G. Alpes du Nord – 2 005 h alt. 1648 – Sports d'hiver : 1 550/3 650 m 10 90.*
Voir *Site*★★ *– Barrage*★★ *NE : 5 km – Panorama de la Grande Motte*★★ *SO.*
18 ✆ 04 79 06 37 42 et hors saison ✆ 04 79 06 34 66, S : 2 km.
Altiport ✆ 04 79 06 46 06, E : 3 km.
Office de Tourisme Au Lac ✆ 04 79 40 04 40, Fax 04 79 40 03 15.
Paris 668 – Albertville 85 – Bourg-St-Maurice 31 – Chambéry 132 – Val-d'Isère 13.

Les Campanules , ✆ 04 79 06 34 36, *Fax 04 79 06 35 78*, ≤, – TV ☎. AE GB. rest
1er juil.-31 août et 1er nov.-1er mai – **Repas** 140 (déj.), 190/280 – 80 – **32 ch** 950, 12 appart – ½ P 690/720.

Refuge M sans rest, ✆ 04 79 06 36 64, *Fax 04 79 06 33 78*, ≤ – TV ☎. AE GB
49 – **24 ch** 530/800.

Terril Blanc, rte Val Claret ✆ 04 79 06 32 87, *Fax 04 79 06 58 17*, ≤, – TV ☎ P. GB
4 juil.-24 août et 20 déc.-1er mai – **Repas** 90/135, enf. 70 – 50 – **26 ch** 400/600 – ½ P 450/490.

Paquis , ✆ 04 79 06 37 33, *Fax 04 79 06 36 59*, ≤ – TV ☎. GB. rest
hôtel : 5 juil.-31 août et 25 oct.-1er mai ; rest. : 25 oct.-20 avril – **Repas** 95 (déj.), 130/300, enf. 60 – 50 – **35 ch** 400/600 – ½ P 480/520.

Gentiana , ✆ 04 79 06 52 46, *Fax 04 79 06 35 61*, ≤ – TV ☎. GB. rest
hôtel : 25 juin-31 août et 25 oct.-3 mai ; rest. : 1er juil.-31 août et 25 oct.-3 mai – **Repas** 100/190 ₸, enf. 55 – 50 – **31 ch** 410/650 – ½ P 480/560.

Neige et Soleil, ✆ 04 79 06 32 94, *Fax 04 79 06 33 18*, ≤, – TV ☎. GB.
hôtel : 4 déc.-4 mai ; rest.: 20 déc.-4 mai – **Repas** (dîner seul.) 100/180 – 48 – **26 ch** 460/650 – ½ P 350/470.

XX **L'Orée du Maquis,** Le Lavachet ✆ 04 79 06 42 21, *Fax 04 79 06 42 21* – GB
15 déc.-4 mai – **Repas** (prévenir)(dîner seul.) 150/250.

au Val Claret *Sud-Ouest : 2 km – ✉ 73320 Tignes.*

Office de Tourisme (saison) ✆ 04 79 40 03 13.

Ski d'Or ⛰, ✆ 04 79 06 51 60, *Fax 04 79 06 45 49*, ≤ – 🛗 TV ☎. AE GB
1er déc.-1er mai – **Repas** 135 (déj.)/245 🍷 – **22 ch** (1/2 pens. seul.) – 1/2 P 1050.

Vanoise ⛰, ✆ 04 79 06 31 90, *Fax 04 79 06 37 06*, ≤ – 🛗 TV ☎. GB. ✂ rest
Repas *(fermé 1er mai-1er nov.)* 100 (dîner), 130/180 – ☕ 50 – **21 ch** 410/560 – 1/2 P 420/520.

TIL-CHÂTEL *21120 Côte-d'Or* 66 ⑫ *G. Bourgogne – 768 h alt. 275.*

Paris 318 – Dijon 26 – Châtillon-sur-Seine 81 – Dole 75 – Gray 42 – Langres 48.

Poste, ✆ 03 80 95 03 53, *Fax 03 80 95 19 90* – TV ☎ 🚗 P. GB. ✂
fermé 24 oct. au 16 nov., 24 déc. au 11 janv., sam. sauf le soir d'avril à oct. et dim. soir de nov. à mars – **Repas** 70/190, enf. 54 – ☕ 29 – **9 ch** 215/305 – 1/2 P 205/240.

Le TILLEUL *76 S.-Mar.* 52 ⑪ *– rattaché à Étretat.*

TILQUES *62 P.-de-C.* 51 ③ *– rattaché à St-Omer.*

TONNAY-BOUTONNE *17380 Char.-Mar.* 71 ③ *G. Poitou Vendée Charentes – 1 088 h alt. 24.*

Paris 455 – La Rochelle 55 – Royan 53 – Niort 58 – Rochefort 21 – Saintes 28 – St-Jean-d'Angély 18.

Domaine du Prieuré ⛰, ✆ 05 46 33 20 18, *Fax 05 46 33 25 55*, 🌳 – TV ☎ P. GB
avril-oct. – **Repas** *(fermé dim. soir et lundi)* 90/190 – ☕ 50 – **18 ch** 360/500 – 1/2 P 330/390.

TONNEINS *47400 L.-et-G.* 79 ④ *– 9 334 h alt. 26.*

de Barthe ✆ 05 53 88 83 31 à Tombeboeuf, NE : 19 km par D 120.

Office de Tourisme 3 bd Charles-de-Gaulle ✆ 05 53 79 22 79, Fax 05 53 79 39 94.

Paris 598 – Agen 42 – Nérac 38 – Villeneuve-sur-Lot 35.

Les Fleurs M sans rest, N 113 ✆ 05 53 79 10 47, *Fax 05 53 79 46 37* – TV ☎ ♿ P – 🎓 25. GB
☕ 34 – **27 ch** 180/285.

Côté Garonne M avec ch, 36 cours de l'Yser ✆ 05 53 84 34 34, *Fax 05 53 84 31 31*, ≤ la Garonne – 🛗 ▤ TV ☎ 📞. AE ⓓ GB
fermé 10 au 31 août et 1er au 8 janv. – **Repas** *(fermé dim. soir et lundi)* 85 (déj.), 115/250 et carte 250 à 390 🍷, enf. 65 – ☕ 75 – **5 ch** 550/650.

CITROEN Sovat, rte de Bordeaux ✆ 05 53 79 02 16
PEUGEOT Guyenne et Gascogne Autom., rte de Bordeaux ✆ 05 53 79 14 75
RENAULT Gar. Dupouy, rte de Bordeaux ✆ 05 53 84 54 54 N ✆ 08 00 05 15 15
Ⓜ Delapierre Pneus, 46 bd M.-Dormoy ✆ 05 53 79 02 85
Pneu Sce Tonneinquais, 1 pl. de la Manufacture ✆ 05 53 79 02 78

TONNERRE *89700 Yonne* 65 ⑥ *G. Bourgogne – 6 008 h alt. 156.*

Voir *Intérieur★ de l'ancien hôpital : mise au tombeau★.*

Env. *Château de Tanlay★★ 9 km par ①.*

de Tanlay ✆ 03 86 75 72 92, 9 km par ①.

Office de Tourisme r. du Collège ✆ 03 86 55 14 48, Fax 03 86 54 41 82.

Paris 200 ② – Auxerre 40 ② – Châtillon-sur-Seine 48 ② – Joigny 54 ① – Montbard 47 ① – Troyes 59 ①.

Plan page suivante

Ibis M, par ① *et rte Dijon : 2 km* ✆ 03 86 54 41 41, *Fax 03 86 54 48 28*, 🌳 – ⚡, ▤ rest, TV ☎ 📞 ♿ P – 🎓 40. AE ⓓ GB
Repas *(75)* - 95 🍷, enf. 39 – ☕ 35 – **40 ch** 260/280.

Saint Père, 2 av. G. Pompidou **(a)** ✆ 03 86 55 12 84, *Fax 03 86 55 12 84*, 🌳, collection de moulins à café – GB
fermé 14 au 23 mars, 5 au 28 sept.,mardi soir, merc. soir et jeudi soir de nov. à avril, dim. soir et lundi – **Repas** 69/230 🍷, enf. 55.

AUDI, VOLKSWAGEN Gar. Lambert, 61 r. Vaucorbe ✆ 03 86 55 01 48
OPEL Gar. Maupois, 83 r. G.-Pompidou ✆ 03 86 55 14 11
PEUGEOT Hérault Autom., 22 r. Chevalier-d'Eon ✆ 03 86 55 08 98
RENAULT Gar. Perrot, rte de Paris ✆ 03 86 55 38 18 N ✆ 08 00 05 15 15
Tonnerre Accessoires, 20 av. A.-Grevin ✆ 03 86 55 00 66
Ⓜ Dominjice Poibt S, 1 r. G.-Pompidou ✆ 03 86 55 16 29

TONNERRE

Hôpital (R. de l') 9
Hôtel-de-Ville (R. de l') 10
St-Pierre (R.) 23

Campenon (R. Gén.) 2
Colin (R. Armand) 3
Fontenilles (R. des) 4
Fosse-Dionne (R. de la) 6
Garnier (R. Jean) 7
Marguerite-de-Bourgogne (Pl.) ... 12
Pompidou (Av. G.) 14
Pont (R. du) 16
République (Pl. de la) 17
St-Michel (R.) 18
St-Nicolas (R.) 20

Dans la liste des rues des plans de villes, les noms en rouge indiquent les principales voies commerçantes.

Les plans de villes sont orientés le Nord en haut.

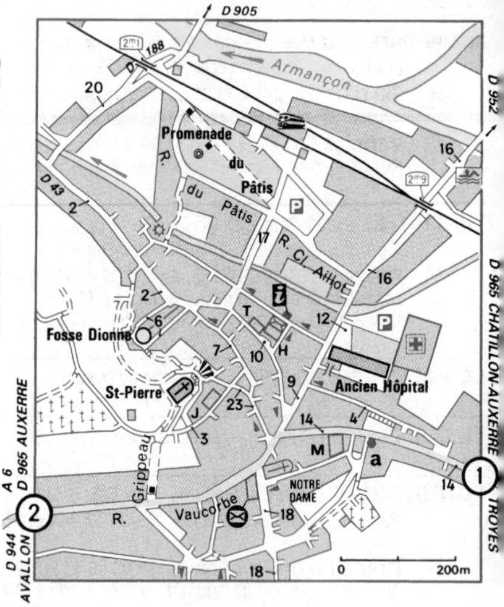

Ne prenez pas la route sans connaître votre temps de parcours.
La **carte Michelin** *n° 911 c'est "la carte du temps gagné".*

TORCY *71 S.-et-L. 69 ⑧ – rattaché au Creusot.*

TORNAC *30 Gard 80 ⑰ – rattaché à Anduze.*

TÔTES *76890 S.-Mar. 52 ⑭ – 1 059 h alt. 150.*
Paris 165 – Rouen 34 – Dieppe 33 – Fécamp 59 – Le Havre 79.

X **Aub. du Cygne,** 5 r. G. de Maupassant ✆ 02 35 32 92 03, *Fax 02 35 32 91 35,* – P. AE ⓓ GB
Repas 115/245.

TOUCY *89130 Yonne 65 ④ G. Bourgogne – 2 590 h alt. 200.*
Office de Tourisme (juin-oct.) pl. Frères-Genêt ✆ 03 86 44 15 66 Mairie ✆ 03 86 44 28 44.
Paris 156 – Auxerre 23 – Avallon 71 – Clamecy 44 – Cosne-sur-Loire 53 – Joigny 32 – Montargis 61.

X **Lion d'Or,** r. L. Cormier ✆ 03 86 44 00 76 – GB
fermé 1er au 20 déc., dim. soir et lundi – **Repas** *(80)* - 98/180 , enf. 45.

CITROEN Gar. Degret, ✆ 03 86 44 11 99 RENAULT Gar. Massot, ✆ 03 86 44 14 63

TOUËT-SUR-VAR *06710 Alpes-Mar. 81 ⑲ ⑳, 115 ⑭ G. Alpes du Sud – 342 h alt. 327.*
Voir *Gorges inférieures du Cians★★ N : 2 km.*
Env. *Villars-sur-Var : Mise au tombeau★★ du retable du maître-autel★, retable de l'Annonciation★ dans l'église E : 8,5 km – Gorges supérieures du Cians★★★ N : 13 km.*
Paris 842 – Nice 55 – Puget-Théniers 10 – St-Étienne-de-Tinée 71 – St-Martin-Vésubie 60.

X **Aub. des Chasseurs,** ✆ 04 93 05 71 11, – AE ⓓ GB
fermé mardi et le soir hors saison sauf vend. et sam. – **Repas** 100/190 ♀.

TOUL *54200 M.-et-M. 62 ④ G. Alsace Lorraine – 17 281 h alt. 209.*
Voir *Cathédrale St-Étienne★★ et cloître★* **BZ** *– Église St-Gengoult : cloître★★* **BZ** *– Façade★ de l'ancien palais épiscopal* **BZ H** *– Musée municipal★ : salle des malades★* **BY M.**
Office de Tourisme Parvis Cathédrale ✆ 03 83 64 11 69, Fax 03 83 63 24 37.
Paris 285 ⑤ – Nancy 24 ② – Bar-le-Duc 61 ⑤ – Metz 75 ① – St-Dizier 77 ⑤ – Verdun 79 ①.

XX **Belle Époque,** 31 av. V. Hugo ✆ 03 83 43 23 71 – ▤. GB AY s
fermé 1er au 15 août, 23 déc. au 4 janv., sam. midi et dim. – **Repas** 100/186 ♀.

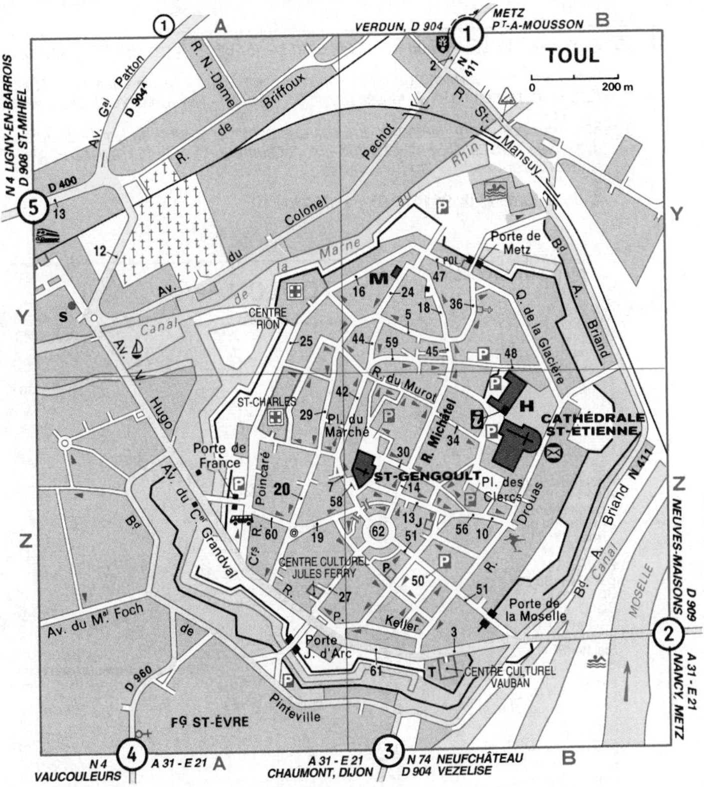

Dr-Chapuis (R. du) . . . . . **BZ** 14
Gambetta (R.) . . . . **AZ** 19
Michâtel (R.) . . . . **BZ**
République (R. de la) . . **BZ** 51
Thiers (R.) . . . . **AZ** 60
3-Évêchés (Pl. des) . . . . **BZ** 62

Albert-Ier (Av.) . . . . **BY** 2
Anciens-Combattants d'Afrique-du-Nord (R.) **BZ** 3
Baron-Louis (R.) . . . . **BY** 5
Carnot (R.) . . . . **ABZ** 7
Châtelet (R. du) . . . . **BZ** 10
Clemenceau (Av.) . . . . . **AY** 12
Corne-de-Cerf (R.) . . . . . **BZ** 13
Écuries-de-Bourgogne (R. des) . . . . **BY** 16
Foy (R. du Gén.) . . . . **BY** 18
Gengoult (R. du Gén.) . . **AZ** 20
Gouvion-St-Cyr (R.) . . . . **BY** 24
Hôpital-Militaire (R.) . . **AYZ** 25
Jeanne-d'Arc (R.) . . . . **ABZ** 27
Joly (R.) . . . . **AYZ** 29
Lafayette (R.) . . . . **BZ** 30
Liouville (R.) . . . . **BZ** 34
Ménin (R. du) . . . . **BY** 36
Petite-Boucherie (R.) . **ABZ** 42
Pt-de-Bois (R.) . . . . **BY** 44
Pt-des-Cordeliers (R.) . . **BY** 45
Porte-de-Metz (R.) . . . . . **BY** 47
Qui-Qu'en-Grogne (R.) . **BY** 48
République (Pl. de la) . . **BZ** 50
St-Waast (R.) . . . . **BZ** 56
Schmidt (Pl. P.) . . . . **BZ** 58
Tanneurs (R. des) . . . . . **BY** 59
Vauban (R.) . . . . **BZ** 61

à la Z. I. Croix de Metz *par ① et rte Villey-St-Etienne : 6 km – ✉ 54200 Toul :*

XXX ✿ **Dauphin** (Vohmann), ✆ 03 83 43 13 46, *Fax 03 83 64 37 01,* ⛱, 🍴 – **P**. GB
fermé 20 juil. au 10 août, vacances de fév., dim. soir et lundi – **Repas** 189/450 et carte 290 à 460 ♀
Spéc. Millefeuille de foie gras et pommes de terre. Aiguillette de Saint-Pierre cloutée aux oursins. Galette caramélisée de pommes aux pruneaux. **Vins** Côtes de Toul blanc et rouge.

à Lucey *par ⑤ et D 908 : 5 km – 558 h. alt. 260 – ✉ 54200 :*

X **Aub. du Pressoir,** ✆ 03 83 63 81 91, *Fax 03 83 63 81 38,* ⛱, 🍴 – **P**. GB
fermé 1er au 22 sept., 15 au 31 déc., dim. soir et lundi – **Repas** 75/155 ♀, enf. 50.

AUDI, VOLKSWAGEN Gar. St-Martin, rte de Nancy à Dommartin-les-Toul ✆ 03 83 64 55 05
CITROEN Gar. Michel, N 411 ZI Croix-d'Argent par ① ✆ 03 83 43 08 61
PEUGEOT Gar. Mathiot Meny, av. 1ère-Armée-Française, rte de Troyes par ④ ✆ 03 83 43 00 74
RENAULT Toul Auto Diffusion, rte de Paris à Ecrouves par ⑤ ✆ 03 83 43 30 30 **N** ✆ 03 83 43 43 20

Une réservation confirmée par écrit ou par fax est toujours plus sûre.

TOULON P 83000 Var 84 ⑮, 114 ㊺ *G. Côte d'Azur – 167 619 h Aggl. 437 553 h alt. 10.*

Voir *Rade*★★ *– Corniche du Mont Faron*★★ *:* ≤★ **BCU** *– Vieille ville*★ **FY** *: Atlantes*★ *de l'ancien hôtel de ville* **FY F**, *Musée naval*★ **EY** *– Port*★ *– Navire-Musée "la Dives"*★ **BV**.

Env. *Tour Beaumont (Mémorial du Débarquement*★ *et* ☼★★★*) au Nord – Baou de 4 Oures* ☼★★ *NO : 7 km par D 62* **AU** *et D 262 – Mont Caume* ☼★★ *NO : 15 km par D 62* **AU** *– Fort de la Croix-Faron* ≤★ *N : 7 km* **CU**.

18 *de Valgarde* ✆ *04 94 14 01 05, E : 10 km par* ②.

RÉPERTOIRE DES RUES DU PLAN DE TOULON

Alger (R. d') .... **FY**
Audéoud (R.) .... **CV** 4
Clemenceau (Av. G.) . **GXY**
Hoche (R.) .... **FY**
Jaurès (R. Jean) ...... **EFX**
Lafayette (Cours) ..... **FY**
Landrin (R. P.) .... **FXY**
Pastoureau (R. H.) ..... **FX** 55
Seillon (R. H.) .... **FY** 74
Strasbourg (Bd de) ..... **FX**
XVe-Corps (Av. du) ..... **AV** 85

Abel (Bd J.-B.) .... **CV**
Albert-Ier (Pl.) .... **EX**
Anatole-France (R.) ... **EXY**
Armaris (Bd des) ...... **CV**
Armes (Pl. d') .... **EX**
Baron (R. M.) .... **GZ**
Baudin (R.) .... **FY**
Bazeilles (Bd de) .... **BV** 6
Berthelot (R.) .... **FX** 7
Bianchi (Bd) .... **AU**
Bidouré (Pl. M.) .... **AV** 9
Bir-Hakeim (Rd-Pt) .... **GY**
Blache (Pl. N.) .... **GX**
Blum (Pl. L.) .... **DX**
Bonaparte (Rd-Pt) ..... **GZ**
Boucheries (R. des) .... **FY** 10
Bourgeois (Carr. Léon) . **CV**
Bozzo (Av. L.) .... **GX**
Briand (Av. A.) .... **AV**
Brosset (Bd Gén.) ...... **AV** 11
Brunetière (R. F.) ...... **FY** 12
Carnot (Av. L.) .... **DX**
Cathédrale (Trav. de la) . **FY** 13
Chalucet (R.) .... **EX**
Charcot (Q. J.) .... **AV** 14
Churchill (Av. W.) ...... **DX** 15
Clappier (R. V.) .... **FX**
Colbert (Av.) .... **FX**
Collet (Av. Amiral) ..... **DX**
Corderie (R. de la) .... **EXY**
Cronstadt (Q.) .... **FY**
Cuzin (Av. F.) .... **CV** 19
Dardanelles (Av. des) .. **DX**
Daudet (R. Alphonse) .. **GX** 20
Delpech (R.) .... **GX**
Démocratie (Bd de la) .. **GX**
Dr-Barrois (R.) .... **CU**
Dr-Fontan (R.) .... **AU** 21
Escartefigue (Bd M.) . **BCU**
Esclangeon (R. V.) ... **BCU** 22
Estienne-d'Orves (Av. d') . **AV, DX** 23
Fabié (R. F.) .... **FGX**
Faron (Bd du) .... **BU**
Farrère (Av. Cl) .... **CV** 24
Foch (Av. Mar.) .... **DX**
Forbin (Av.) .... **CV** 25
Forgentier (Ch. de) .... **AU**
Fort-Rouge (Ch. du) ... **AU** 26
Gambetta (Pl.) .... **FY** 27
Garibaldi (R.) .... **FY** 28
Gasquet (Av. J.) .... **CV**
Gaulle (Corniche Gén.-de) .. **CV**
Glacière (R. de la) ...... **FY** 29
Globe (Pl. du) .... **FY** 30
Gouraud (Av. Gén.) .... **AU** 30
Grenier (Q. E.) .... **AU** 31

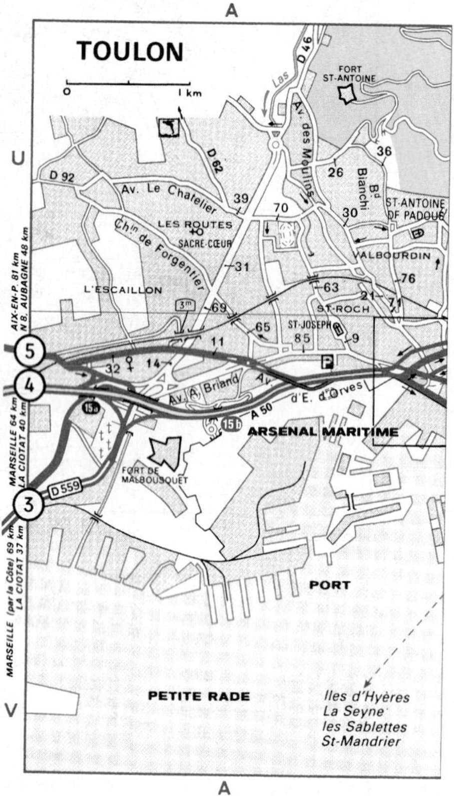

Grignan (Bd) .... **BV**
Guillemard (R. R.) .... **DX**
Herriot (Av. E.) .... **AV** 34
Huile (Pl. à l') .... **FY** 35
Inf.-de-Marine (Av. de l') ... **FZ**
Infernet (R. Cdt) .... **GZ**
Jacquemin (Bd E.) .... **AU** 36
Jaujard (R. Amiral) .... **GZ**
Joffre (Bd Mar.) .... **CV**
Juin (Av. A.) .... **CV, GY**
Lattre-de-T. (Av. Mar.-de) . **GZ**
Le-Chatelier (Av. A.) ...... **AU**
Lebon (R. Ph.) .... **GX**
Leclerc (Av. Gén.) .... **EX**
Le Bellegou (Av. E.) ...... **GZ**
Lesseps (Bd F. de) .... **GX**
Liberté (Pl. de la) .... **FX**
Lices (Ch. des) .... **GX**

Lorgues (R. de) .... **FXY**
Loti (Av. P.) .... **CV**
Loubière (Ch. de la) ..... **GX**
Louis-Blanc (Pl.) .... **FY** 38
Louvois (Bd) .... **EFX**
Lyautey (Av. Mar.) .... **DX**
Macé (Pl.) .... **AU** 39
Magnan (Av. Gén.) .... **EX** 40
Marceau (Av.) .... **CV**
Marchant (Av. Cdt) ...... **GX**
Méridienne (R.) .... **FY** 41
Michelet (Bd J.) .... **CV** 42
Micholet (Av. V.) .... **EY** 43
Mistral (Littoral F.) .... **CV** 44
Monsenergue (Pl. Ingénieur-gén.) .... **EY** 45
Moulins (Av. des) .... **AU**
Muraire (R.) .... **FX** 49

Sorgfältig zubereitete, preiswerte Mahlzeiten : ☺ Repas 100/130

✈ de Toulon-Hyères : ☏ 04 94 22 81 60, par ① : 21 km.
🚗 ☏ 08 36 35 35 35.
⛴ pour la Corse (1er avril-30 sept.) : S.N.C.M/C.M.T., 49 av. Infanterie de Marine ☏ 04 94 16 66 66, Fax 04 94 16 66 68 **FZ**.
ℹ Office de Tourisme pl. J.-Raimu ☏ 04 94 18 53 00, Fax 04 94 18 53 09 Antenne Le Carvin, sur le Port ☏ 04 94 36 31 80 – Automobile Club du Var 1 av. H. Dunant ☏ 04 94 31 61 13, Fax 04 94 36 58 55.
Paris 836 ④ – Aix-en-Provence 84 ④ – Marseille 65 ④.

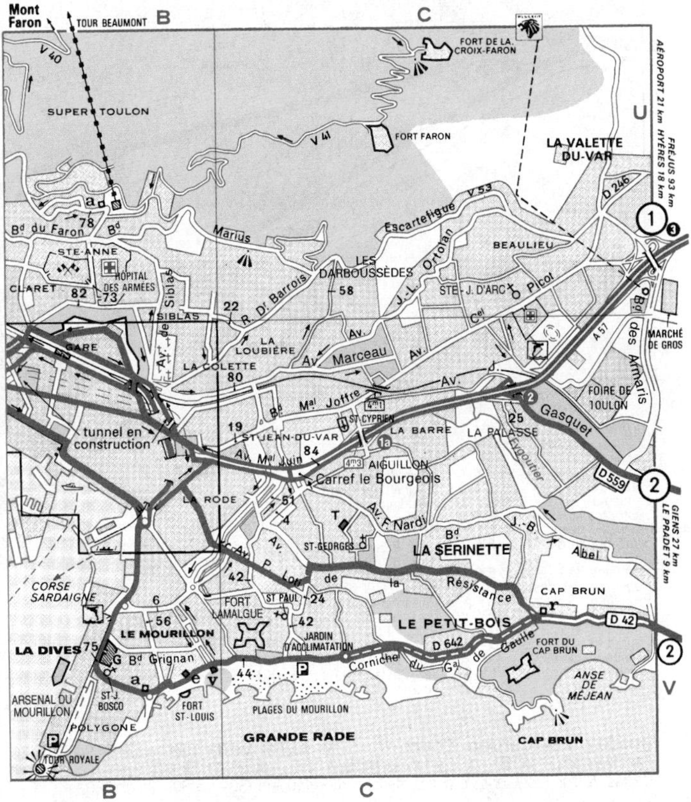

A good moderately priced meal : 😋 **Repas** 100/130

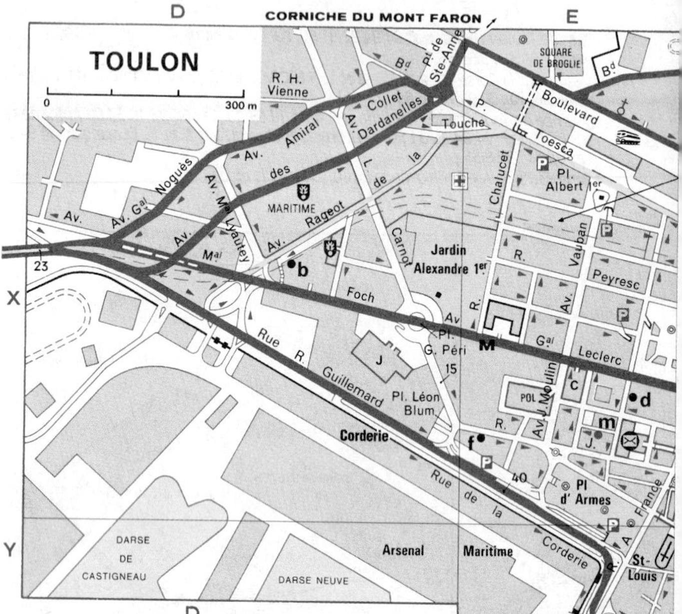

Holiday Inn Garden Court M, 1 av. Rageot de la Touche ☎ 04 94 92 00 21, *Fax 04 94 62 08 15*, – ▮ ⇔ ▤ TV ☎ & ⇔ – 50. AE ⓓ GB JCB DX b
Repas *(fermé week-ends d'oct. à mai)* *(85)* - 105/110, enf. 50 – ☕ 50 – **81 ch** 380.

Tour Blanche ⓢ, près gare départ téléphérique du Mont-Faron ✉ 83200 ☎ 04 94 24 41 57, *Fax 04 94 22 42 25*, ≤ Toulon et la rade, , , – ▮ ▤ TV ☎ P – 120. AE ⓓ GB JCB BU a
Repas 100 bc/150 ♀, enf. 50 – ☕ 50 – **91 ch** 520/570 – ½ P 350.

Amirauté sans rest, 4 r. A. Guiol ☎ 04 94 22 19 67, *Fax 04 94 09 34 72* – ▮ cuisinette ▤ TV ☎ &. AE ⓓ GB JCB EX d
☕ 40 – **58 ch** 425.

Nouvel H. sans rest, 224 bd Tessé ☎ 04 94 89 04 22, *Fax 04 94 92 13 06* – ▮ ▤ TV ☎. AE GB FX f
☕ 28 – **29 ch** 168/300.

Dauphiné sans rest, 10 r. Berthelot ☎ 04 94 92 20 28, *Fax 04 94 62 16 69* – ▮ ⇔ ▤ TV ☎. AE ⓓ GB JCB FX s
☕ 37 – **55 ch** 225/275.

Jaurès sans rest, 11 r. Jean. Jaurès ☎ 04 94 92 83 04, *Fax 04 94 62 16 74* – TV ☎. GB EX f
☕ 25 – **16 ch** 140/180.

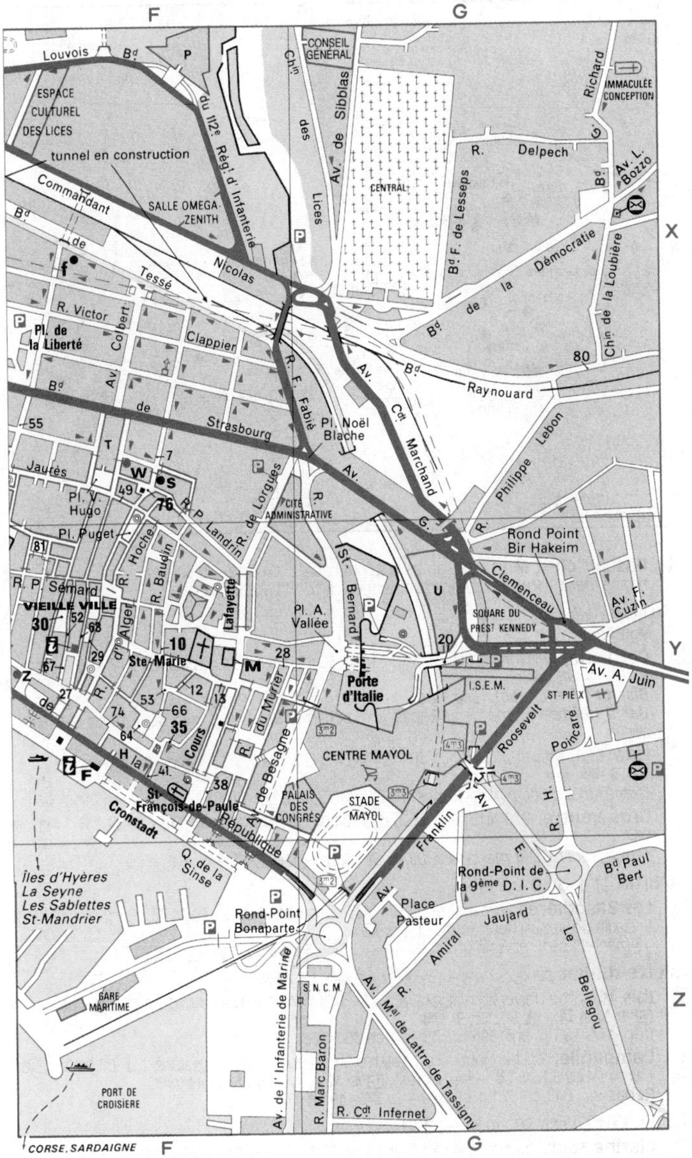

XX **Chamade** (Bonneau), 25 r. Denfert-Rochereau ✆ 04 94 92 28 58 – ▤. AE GB
✿ *fermé 1er au 20 août, sam. midi, dim. et fériés* – **Repas** (nombre de couverts limité, prévenir) 185 **EX m**
Spéc. Foie gras chaud aux poires et caramel d'épice. Dos de saumon grillé à la tête de veau et petits violets. Figues fraîches rôties au four, sorbet au lait d'amande. **Vins** Côtes de Provence, Cassis.

XX **Au Sourd,** 10 r. Molière ✆ 04 94 92 28 52, *Fax 04 94 91 59 92,* 🏠 – GB JCB **FX w**
fermé lundi midi et dim. – **Repas** - produits de la mer - 140 ♀.

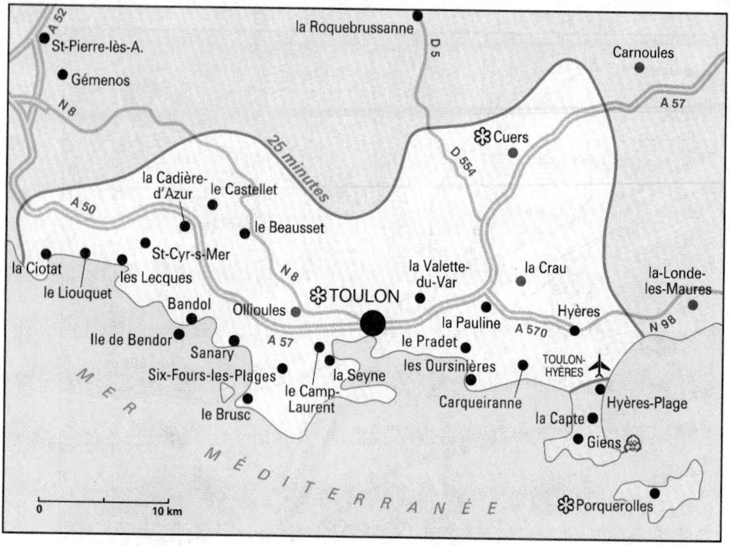

X	**Pascal "chez Mimi",** 83 av. de la République ✆ 04 94 92 79 60 – GB *fermé merc.* – **Repas** - cuisine tunisienne - carte 140 à 200.	FY z

au Mourillon – ✉ *83000 Toulon.*

Voir *Tour royale* ✻★.

🏨	**Corniche,** 17 littoral F. Mistral ✆ 04 94 41 35 12, *Fax 04 94 41 24 58,* ≤, 🏖 – 🛗 ⇎ TV ☎ ✆. AE ⓓ GB. ⚘ ch ***Bistrot*** *(fermé dim. soir sauf juil.-août et lundi)* **Repas** *(120)*-160/220 🍷, enf. 80 – ***Bar à Huîtres*** *(fermé dim.)* **Repas** *(100)*- et carte 160 à 240 🍷 – ☕ 50 – **19 ch** 350/450, 3 appart.	BV a
XX	**Lido,** av. F. Mistral ✆ 04 94 03 38 18, *Fax 04 94 42 07 65,* 🏖, ≤ rade de Toulon, ⛱ – ▤. AE ⓓ GB JCB *fermé lundi d'oct. à mai* – **Repas** *(118 bc)* - 140 ♀, enf. 60.	BV v
XX	**Gros Ventre,** 279 littoral F. Mistral ✆ 04 94 42 15 42, *Fax 04 94 31 40 32,* 🏖 – AE ⓓ GB *fermé jeudi midi et merc. sauf juil.-août* – **Repas** 120/224 ♀, enf. 64.	BV e

au Cap Brun – ✉ *83100 Toulon :*

🏨	**Les Bastidières** 🐚 sans rest, 2371 av. Résistance ✆ 04 94 36 14 73, *Fax 04 94 42 49 75,* « Jardin provençal fleuri », 🏊 – TV ☎ P *15 mars-15 sept. et Noël-Jour de l'An* – ☕ 70 – **5 ch** 650/700.	CV r

à la Valette-du-Var *par ① : 7 km – 20 687 h. alt. 64 –* ✉ *83160 :*

🏨	**Ibis** Ⓜ, sortie Université Valgora ✆ 04 94 14 14 14, *Fax 04 94 14 10 04,* 🏖, 🏊 – 🛗 ⇎ ▤ TV ☎ ✆ ♿ P – 🎓 50. AE ⓓ GB **Repas** *(75)* - 95 🍷, enf. 39 – ☕ 35 – **84 ch** 300/320.
🏨 ⓢ	**Campanile,** échangeur La Valette-Sud, Z.A. des Espaluns ✆ 04 94 21 13 01, *Fax 04 94 08 56 54,* 🏖 – ⇎, ▤ rest, TV ☎ ✆ ♿ P – 🎓 25. AE ⓓ GB **Repas** *(66)* - 84 bc/107 bc, enf. 39 – ☕ 34 – **49 ch** 278.

à La Pauline *par ① et N 98 : 10 km –* ✉ *83130 La Garde :*

🏨 ⓢ	**Clarine,** sortie Université Valgoria ✆ 04 94 75 82 25, *Fax 04 94 08 42 98,* 🏖, 🏊 – 🛗 ▤ TV ☎ ♿ 🚗 P – 🎓 30. AE ⓓ GB JCB **Repas** *(59)* - 78/98 🍷, enf. 39 – ☕ 35 – **38 ch** 275/290.

au Camp-Laurent *par ④ autoroute A50 sortie Ollioules : 7,5 km –* ✉ *83500 La Seyne :*

🏨	**Novotel,** ✆ 04 94 63 09 50, *Fax 04 94 63 03 76,* 🏖, 🏊, 🌳 – 🛗 ⇎ ▤ TV ☎ ✆ ♿ P – 🎓 150. AE ⓓ GB **Repas** carte 100 à 230 ♀ – ☕ 50 – **86 ch** 420.
🏨 ⓢ	**Campanile,** ✆ 04 94 63 30 30, *Fax 04 94 63 23 10,* 🏖 – ⇎, ▤ rest, TV ☎ ✆ ♿ P – 🎓 25. AE ⓓ GB **Repas** *(66)* - 84 bc/107 bc, enf. 39 – ☕ 34 – **49 ch** 278.

OPEL Champ-de-Mars Autom., Palais Réaltor, av. Col. Fabien ✆ 04 94 46 77 77
PEUGEOT Gds Gar. du Var, bd Armaris Ste-Musse Aut. Toulon-Est **CU** ✆ 04 94 61 75 00 **N** ✆ 04 91 97 34 40
RENAULT Succursale, ZAC Les Espaluns à La Valette-du-Var par ① ✆ 04 94 61 50 50 **N** ✆ 08 00 05 15 15

Aude-Point S, ch. Belle-Visto ✆ 04 94 18 54 54
Marcel Pneus, 126 r. Dr-Gibert ✆ 04 94 42 41 42
Vulco, 704 av. Col.-Picot ✆ 04 94 20 20 63

Périphérie et environs

ALFA ROMEO, FIAT D.I.A.T., La Coupiane à La Valette-du-Var ✆ 04 94 61 78 78
AUDI, SKODA, VOLKSWAGEN Gar. Foch, 1 allée des 4 Chemins à la Garde ✆ 04 94 08 44 55 **N** ✆ 08 00 00 24 24
BMW Bavaria Motors, ZAC des 4 Chemins N 98 à La Garde ✆ 04 94 08 03 94
CITROEN SOCA, av. A.-Citroën à La Valette-du-Var par ① ✆ 04 94 21 90 90
FORD Gar. d'Azur, av. Université à la Valette-du-Var ✆ 04 94 21 04 00 **N** ✆ 04 94 21 11 83
LANCIA Gar. Cuzin, ZAC des 4 Chemins à la Garde ✆ 04 94 08 49 49
NISSAN S.E.G.A., 903 av. Draguignan ZI de Toulon Est à La Garde ✆ 04 94 08 24 08

Aude-Point S, Les Espaluns, r. Bertholet à La Valette-du-Var ✆ 04 94 21 58 02
Euromaster, Domaine Ste-Claire, r. P.-et-M.-Curie à la Valette-du-Var ✆ 04 94 23 23 46
Mendez Pneus, 101 av. Ed.-Herriot, L'Escaillon ✆ 04 94 24 54 25

CAPITOLIUM

TOULOUSE

P 31000 H.-Gar. 82 ⑧ G. Pyrénées Roussillon - 358 688 h. - Agglo. 650 336 h - alt. 146.
Paris 697 ① – Barcelona 322 ⑦ – Bordeaux 248 ① – Lyon 535 ⑦ – Marseille 407 ⑦

OFFICE DE TOURISME

Donjon du Capitole ✆ 05 61 11 02 22, Fax 05 61 22 03 63
Automobile Club du Midi 17 allées J.-Jaurès ✆ 05 62 73 51 51, Fax 05 61 99 22 38

RENSEIGNEMENTS PRATIQUES

TRANSPORTS

Auto-train ✆ 08 36 35 35 35.

AÉROPORT

Toulouse-Blagnac ✆ 05 61 42 44 00 AT

QUELQUES GOLFS

18 *de Toulouse (privé) ✆ 05 61 73 45 48, S : 10 km par D 4*
9 *Saint-Gabriel ✆ 05 61 84 16 65 par ④ : 10 km*
18 18 *de Toulouse-Seilh ✆ 05 62 13 14 14 par ⑪ sur D 2 : 15,5 km*
18 *de la Ramée ✆ 05 61 07 09 09, SO : 10 km par D 50* AV
9 *de Toulouse-Borde-Haute ✆ 05 61 83 60 28 par ⑤ : 15 km.*

CURIOSITÉS

TOULOUSE ET L'AÉRONAUTIQUE

Usine Clément-Ader à Colomiers dans la banlieue Ouest par ⑩.

QUARTIER DE LA BASILIQUE ST-SERNIN

Basilique St-Sernin★★★ FX - *Musée St-Raymond★★* FX **M³**.

QUARTIER DE LA PLACE DU CAPITOLE

Les Jacobins★★ : vaisseau de l'église★★★ FY - *Capitole★* FY - *Tour d'escalier★ de l'hôtel de Bernuy* FY **S**.

DE LA PLACE DE LA DAURADE À LA CATHÉDRALE

Hôtel d'Assézat★ : fondation Bemberg★ FY **B** - *Cathédrale St-Étienne★* GY - *Musée des Augustins★★ (sculptures★★★)* GY **M¹**.

AUTRES CURIOSITÉS

Muséum d'Histoire naturelle★★ GY **M²** - *Musée Paul-Dupuy★* GZ **M⁴**.

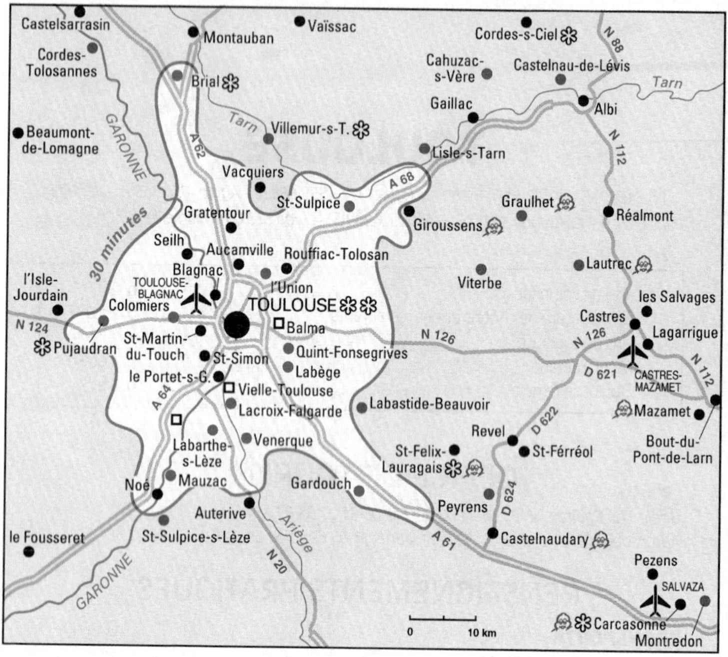

Sofitel Centre M, 84 allées J. Jaurès ☎ 05 61 10 23 10, *Fax 05 61 10 23 20* – 🛗 ⇆ ▤ TV ☎ ♿ – 🏛 30 à 150. AE ⊙ GB JCB p. 7 HX v
L'Armagnac : Repas 165 bc – ☕ 85 – **105 ch** 900/960, 14 appart.

Holiday Inn Crowne Plaza M, 7 pl. Capitole ☎ 05 61 61 19 19, *Fax 05 61 23 79 96*, 🍽 – 🛗 ⇆ ▤ TV ☎ ♿ – 🏛 50 à 100. AE ⊙ GB JCB p. 7 FY t
Repas 110 bc/180 bc, enf. 50 – ☕ 90 – **162 ch** 850/1100.

Gd H. de l'Opéra, 1 pl. Capitole ☎ 05 61 21 82 66, *Fax 05 61 23 41 04*, 🏋 – 🛗, ▤ ch, TV ☎ – 🏛 30. AE ⊙ GB JCB p. 7 FY a
voir rest. ***Jardins de l'Opéra*** et ***Gd Café de l'Opéra - Opéra de Bala*** cuisine indienne
Repas 79 (déj.), 110/229, enf. 50 – ☕ 82 – **37 ch** 490/950, 4 appart.

Gd. H. Capoul M, 13 pl. Wilson ☎ 05 61 10 70 70, *Fax 05 61 21 96 70* – 🛗 ⇆ ▤ TV ☎ ♿ – 🏛 30 à 100. AE ⊙ GB JCB p. 7 GY n
Repas brasserie - carte environ 200 ♀ – ☕ 55 – **146 ch** 650/935.

Novotel Centre M, pl. A. Jourdain ☎ 05 61 21 74 74, *Fax 05 61 22 81 22*, 🍽, 🏊 – 🛗 ⇆ ▤ TV ☎ ♿ – 🏛 25 à 120. AE ⊙ GB p. 6 EX u
Repas carte environ 160 ♀, enf. 50 – ☕ 56 – **125 ch** 500/520, 6 appart.

Mercure Atria M, 8 espl. Compans Caffarelli ☎ 05 61 11 09 09, *Fax 05 61 23 14 12*, 🍽 – 🛗 ⇆ ▤ TV ☎ ♿ P – 🏛 200. AE ⊙ GB p. 6 EX k
Repas *(80)* - 110/160 ♀, enf. 50 – ☕ 58 – **134 ch** 510/570.

de Brienne M sans rest, 20 bd Mar. Leclerc ☎ 05 61 23 60 60, *Fax 05 61 23 18 94* – 🛗 ▤ TV ☎ ♿ P – 🏛 30. AE ⊙ GB JCB p. 6 EX n
☕ 48 – **68 ch** 375/465, 3 appart.

Mercure St-Georges M, r. St-Jérôme (pl. Occitane) ☎ 05 61 23 11 77, *Fax 05 61 23 19 38*, 🍽 – 🛗 cuisinette ⇆ ▤ TV ☎ – 🏛 25 à 200. AE ⊙ GB JCB p. 7 GY s
Repas *(fermé sam. et dim.) (130 bc)* - 175 bc, enf. 50 – ☕ 60 – **120 ch** 580, 28 appart.

Mermoz M sans rest, 50 r. Matabiau ☎ 05 61 63 04 04, *Fax 05 61 63 15 64* – 🛗 cuisinette ⇆ ▤ TV ☎ ♿ – 🏛 40. AE ⊙ GB JCB p. 7 GX f
☕ 55 – **52 ch** 495.

Gd. H. Jean Jaurès "Les Capitouls" M sans rest, 29 allées J. Jaurès ✆ 05 61 62 63 33, *Fax 05 61 63 15 17* – 35. AE GB JCB p. 7 GY g
☐ 59 – **51 ch** 540.

Victoria sans rest, 76 r. Bayard ✆ 05 61 62 50 90, *Fax 05 61 99 21 02* – 30. AE GB JCB p. 7 GX s
☐ 45 – **71 ch** 325/380.

Beaux Arts M sans rest, 1 pl. Pont-Neuf ✆ 05 61 23 40 50, *Fax 05 61 22 02 27*, « Bel aménagement intérieur » – AE GB. p. 7 FY v
☐ 80 – **18 ch** 450/900.

Mercure Wilson M sans rest, 7 r. Labéda ✆ 05 61 21 21 75, *Fax 05 61 22 77 64* – 30. AE GB JCB p. 7 GY y
☐ 58 – **95 ch** 560/600.

Relais Mercure M sans rest, gare Matabiau (64 bd P. Sémard) ✉ 31500 ✆ 05 61 62 84 93, *Fax 05 61 99 27 78* – 30. AE GB JCB p. 7 HX k
☐ 46 – **62 ch** 380/410.

Président M sans rest, 45 r. Raymond IV ✆ 05 61 63 46 46, *Fax 05 61 62 83 60* – AE GB p. 7 GX k
☐ 40 – **31 ch** 270/350.

Athénée M sans rest, 13 r. Matabiau ✆ 05 61 63 10 63, *Fax 05 61 63 87 80* – 30. AE GB JCB p. 7 GX a
☐ 47 – **35 ch** 450/490.

Raymond IV sans rest, 16 r. Raymond IV ✆ 05 61 62 89 41, *Fax 05 61 62 38 01* – 30. AE GB p. 7 GX d
☐ 45 – **38 ch** 340/380.

Vidéotel M, 77 bd Embouchure ✉ 31200 ✆ 05 61 57 34 77, *Fax 05 61 23 54 74*, – 40. AE GB p. 6 DX e
Repas *(fermé sam. et dim.)* 88 ♀, enf. 40 – ☐ 34 – **89 ch** 275.

Capitole sans rest, 10 r. Rivals ✆ 05 61 23 21 28, *Fax 05 61 23 67 48* – AE GB JCB p. 7 FY n
☐ 35 – **33 ch** 230/380.

Gascogne sans rest, 25 allées Ch. de Fitte ✉ 31300 ✆ 05 61 59 27 44, *Fax 05 61 42 25 52* – AE GB p. 6 EZ k
☐ 35 – **51 ch** 230/280.

Victor Hugo sans rest, 26 bd Strasbourg ✆ 05 61 63 40 41, *Fax 05 61 62 66 31* – AE GB p. 7 GY b
fermé 10 au 16 août – ☐ 35 – **32 ch** 220/300.

Ours Blanc-Wilson sans rest, 2 r. V. Hugo ✆ 05 61 21 62 40, *Fax 05 61 23 62 34* – GB p. 7 GY p
☐ 40 – **37 ch** 260/380.

Bordeaux sans rest, 4 bd Bonrepos ✆ 05 61 62 41 09, *Fax 05 61 63 06 65* – AE GB p. 7 GHX e
fermé 25 déc. au 1er janv. – ☐ 32 – **31 ch** 225/300.

Trianon Wilson sans rest, 7 r. Lafaille ✆ 05 61 62 74 74, *Fax 05 61 99 15 44* – 25. GB p. 7 GX u
fermé 21 déc. au 2 janv. – ☐ 30 – **27 ch** 230/250.

Castellane sans rest, 17 r. Castellane ✆ 05 61 62 18 82, *Fax 05 61 62 58 04* – cuisinette 50. AE GB p. 7 GY v
☐ 30 – **52 ch** 170/400.

Prado sans rest, 26 r. Prado par rte St-Simon ✉ 31100 ✆ 05 61 40 49 29, *Fax 05 62 14 11 75* – GB p. 4 AU f
☐ 30 – **23 ch** 235/275.

Star sans rest, 17 r. Baqué ✉ 31200 ✆ 05 61 47 45 15, *Fax 05 61 47 22 61* – AE GB p. 5 BT e
☐ 28 – **17 ch** 182/244.

Les Jardins de l'Opéra - Gd H. de l'Opéra (Toulousy), 1 pl. Capitole ✆ 05 61 23 07 76, *Fax 05 61 23 63 00*, – AE GB JCB p. 7 FY q
fermé 2 au 25 août, 1er au 6 janv., dim. et fériés – **Repas** 200 bc (déj.), 295/390 et carte 390 à 640 ♀
Spéc. Ravioli de foie gras de canard au jus de truffes. Galette de Saint-Jacques à la crème d'oursins (oct. à mars). Figues rôties au banyuls, farcies de glace vanille. **Vins** Jurançon sec, Cahors.

Frégate, 1 r. d'Austerlitz (2e étage) ✆ 05 61 21 62 45, *Fax 05 61 22 58 41* – AE GB p. 7 GY p
Repas 170/200 et carte 230 à 330.

RÉPERTOIRE DES RUES

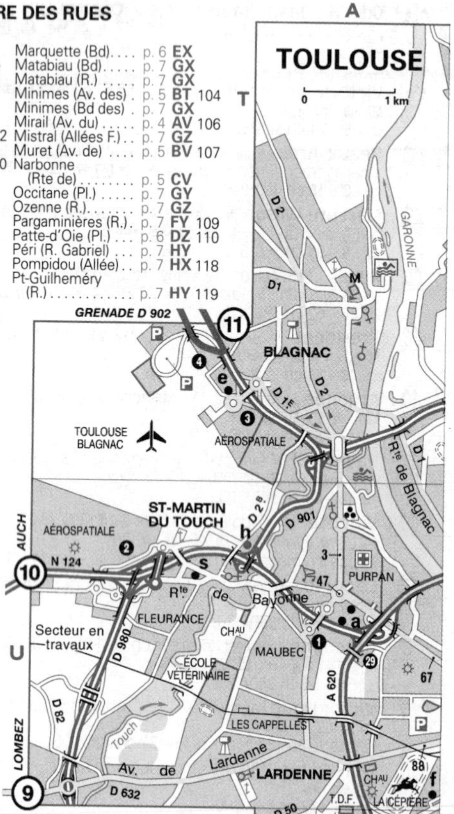

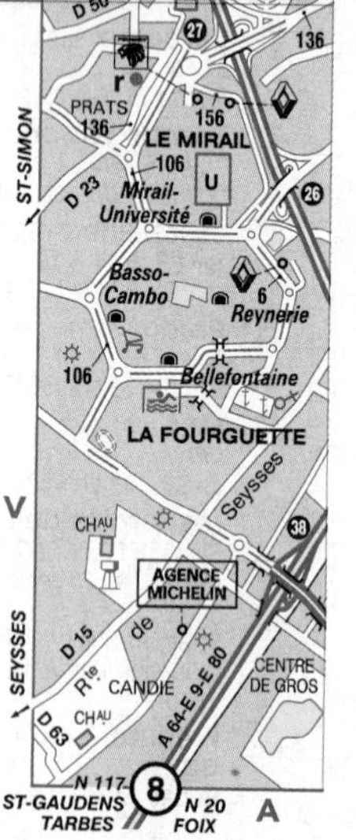

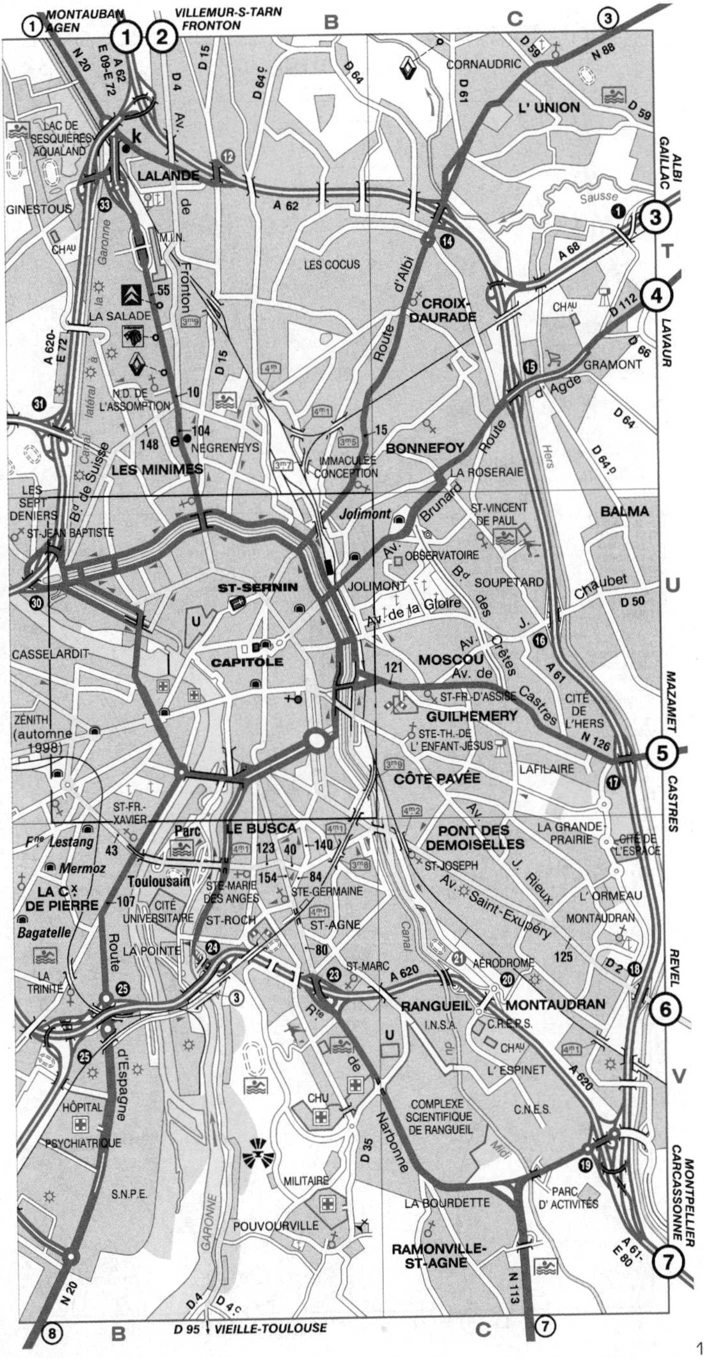
MONTAUBAN
AGEN
VILLEMUR-S-TARN
FRONTON
B
C
N 20
A 62
E 09-E 72
D 4
D 15
D 64c
D 64
D 59
N 88
CORNAUDRIC
D 61
L' UNION
D 59
ALBI
GAILLAC
LAC DE SESQUIÈRES AQUALAND
LALANDE
Av. de Fronton
A 62
GINESTOUS
Garonne
M.I.N.
CHAU
LES COCUS
Route d'Albi
Sausse
A 68
T
CROIX-DAURADE
CHAU
D 112
LAVAUR
55
LA SALADE
A 620-E 72
Canal latéral à la Garonne
N.D. DE L'ASSOMPTION
10
104
148
NEGRENEYS
LES MINIMES
Bd de Suisse
D 15
IMMACULÉE CONCEPTION
15
BONNEFOY
Route d'Agde
GRAMONT
D 66
D 64
D 64D
Hers
LA ROSERAIE
LES SEPT DENIERS
ST-JEAN BAPTISTE
Jolimont
Av. Brunard
ST-VINCENT DE PAUL
BALMA
OBSERVATOIRE
Bd des Crêtes
SOUPETARD
Av. J. Chaubet
D 50
U
ST-SERNIN
JOLIMONT
Av. de la Gloire
CASSELARDIT
CAPITOLE
MOSCOU
Av. de Castres
121
A 61
ST-FR.-D'ASSISE
CITÉ DE L'HERS
MAZAMET
GUILHEMERY
N 126
ZÉNITH (automne 1998)
STE-TH.-DE L'ENFANT-JÉSUS
LAFILAIRE
CASTRES
CÔTE PAVÉE
ST-FR.-XAVIER
Parc Toulousain
LE BUSCA
PONT DES DEMOISELLES
LA GRANDE PRAIRIE
CITÉ DE L'ESPACE
Fne Lestang
43
123
40
140
Mermoz
154
84
ST-JOSEPH
Av. J. Rieux
LA Cx DE PIERRE
107
STE-MARIE DES ANGES
STE-GERMAINE
Av. Saint-Exupéry
L' ORMEAU
CITÉ UNIVERSITAIRE
ST-ROCH
ST-AGNE
MONTAUDRAN
Bagatelle
Route d'Espagne
LA POINTE
80
125
REVEL
LA TRINITÉ
ST-MARC
A 620
AÉRODROME
D 2
Canal du Midi
Rte de Narbonne
RANGUEIL
MONTAUDRAN
I.N.S.A.
C.R.E.P.S.
CHAU
L' ESPINET
A 620
V
CHU
HÔPITAL PSYCHIATRIQUE
COMPLEXE SCIENTIFIQUE DE RANGUEIL
C.N.E.S.
D 35
MONTPELLIER
CARCASSONNE
S.N.P.E.
MILITAIRE
PARC D' ACTIVITÉS
LA BOURDETTE
GARONNE
POUVOURVILLE
RAMONVILLE-ST-AGNE
A 61-E 80
N 113
N 20
D 4
D 4c
D 95
VIEILLE-TOULOUSE

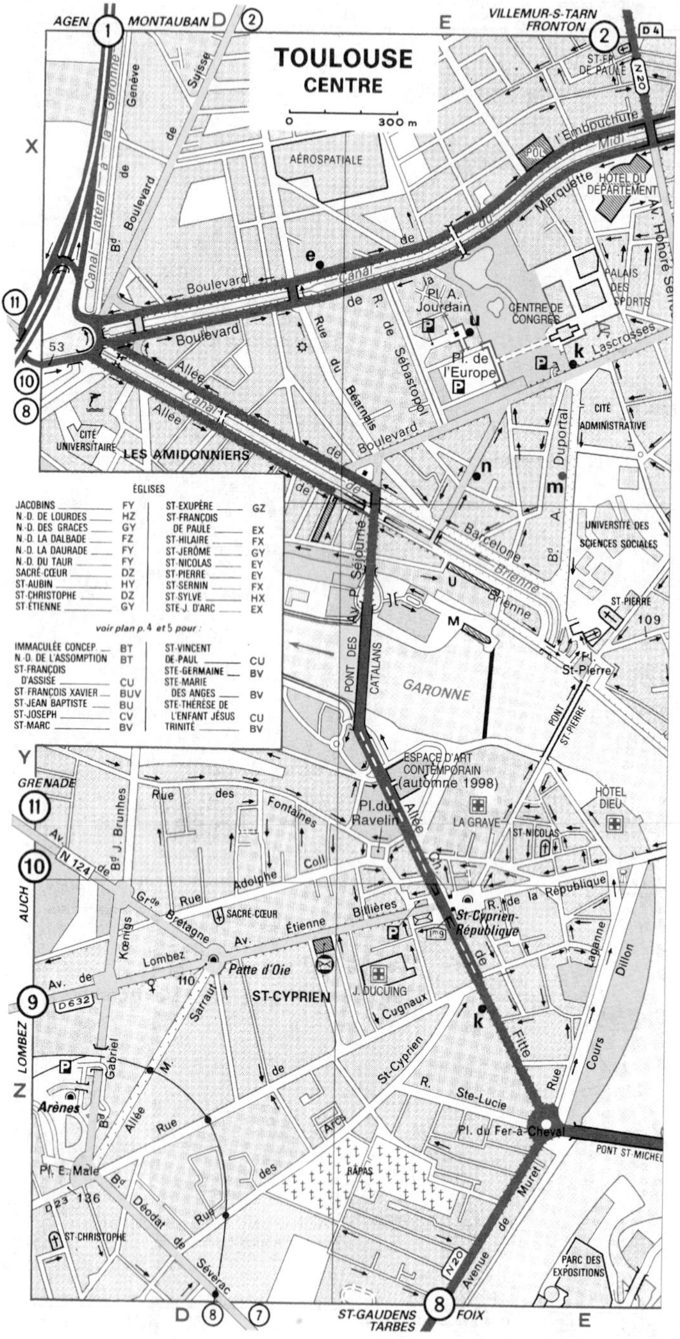
TOULOUSE
CENTRE
0
300 m
AGEN
MONTAUBAN
VILLEMUR-S-TARN
FRONTON
ÉGLISES
JACOBINS FY
N.-D. DE LOURDES HZ
N.-D. DES GRACES GY
N.-D. LA DALBADE FZ
N.-D. LA DAURADE FY
N.-D. DU TAUR FY
SACRÉ-CŒUR DZ
ST-AUBIN HY
ST-CHRISTOPHE DZ
ST-ÉTIENNE GY
ST-EXUPÈRE GZ
ST-FRANÇOIS DE PAULE EX
ST-HILAIRE FX
ST-JERÔME GY
ST-NICOLAS EY
ST-PIERRE EY
ST-SERNIN FX
ST-SYLVE HX
STE-J. D'ARC EX
voir plan p. 4 et 5 pour :
IMMACULÉE CONCEP. BT
N.-D. DE L'ASSOMPTION BT
ST-FRANÇOIS D'ASSISE CU
ST-FRANÇOIS XAVIER BUV
ST-JEAN BAPTISTE BU
ST-JOSEPH CV
ST-MARC BV
ST-VINCENT DE-PAUL CU
STE-GERMAINE BV
STE-MARIE DES ANGES BV
STE-THÉRÈSE DE L'ENFANT JÉSUS CU
TRINITÉ BV
AÉROSPATIALE
HÔTEL DU DÉPARTEMENT
PALAIS DES SPORTS
CENTRE DE CONGRÈS
Pl. A. Jourdain
Pl. de l'Europe
CITÉ ADMINISTRATIVE
UNIVERSITÉ DES SCIENCES SOCIALES
CITÉ UNIVERSITAIRE
LES AMIDONNIERS
GARONNE
PONT DES CATALANS
PONT ST-PIERRE
St-Pierre
ESPACE D'ART CONTEMPORAIN (automne 1998)
Pl. du Ravelin
LA GRAVE
HÔTEL DIEU
ST-NICOLAS
St-Cyprien-République
SACRÉ-CŒUR
Patte d'Oie
ST-CYPRIEN
J. DUCUING
Arènes
Pl. E. Male
ST-CHRISTOPHE
RAPAS
Pl. du Fer-à-Cheval
PONT ST-MICHEL
PARC DES EXPOSITIONS
GRENADE
AUCH
LOMBEZ
ST-GAUDENS
TARBES
FOIX

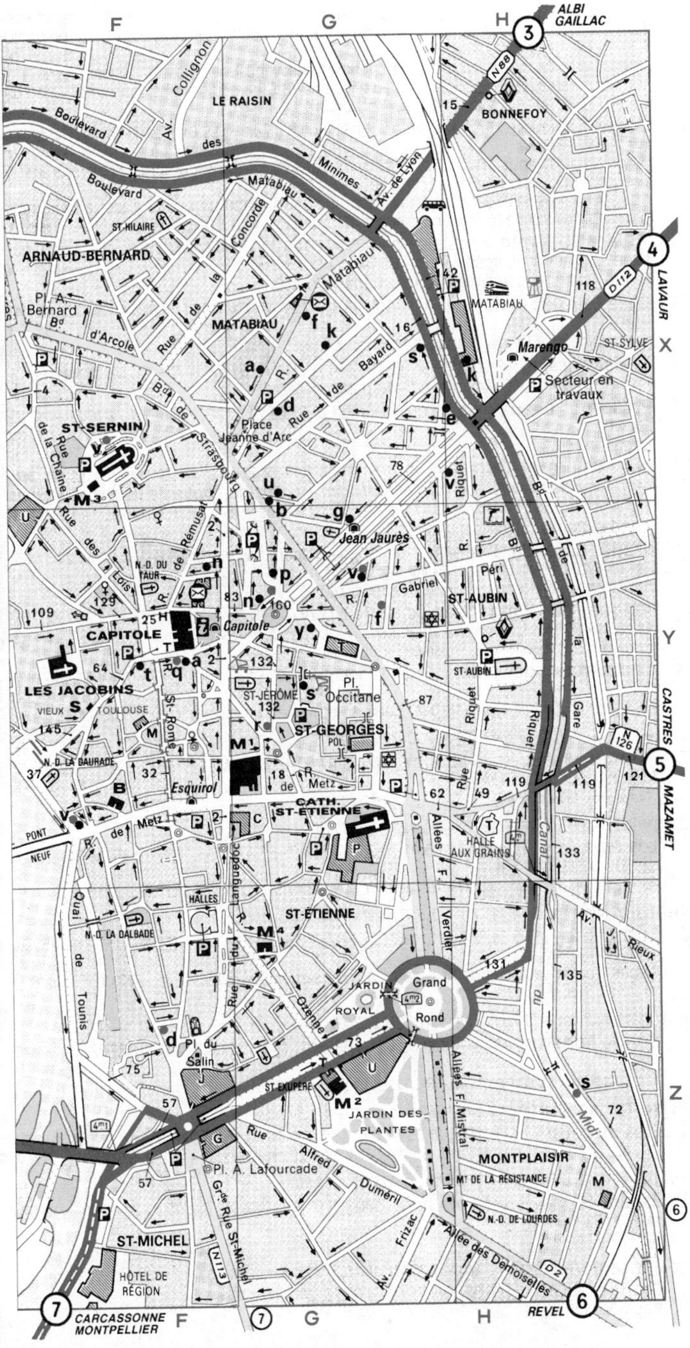
F
G
H
ALBI
GAILLAC
LE RAISIN
BONNEFOY
Boulevard
des
Minimes
Av. de Lyon
Av. Collignon
Boulevard
Matabiau
Concorde
ST-HILAIRE
ARNAUD-BERNARD
Pl. A. Bernard
Bd d'Arcole
Rue de la Concorde
Matabiau
MATABIAU
MATABIAU
LAVAUR
Marengo
ST-SYLVE
Secteur en travaux
Rue de Bayard
Bd de Strasbourg
ST-SERNIN
Place Jeanne d'Arc
Rue de la Chaîne
Rue des Lois
Riquet
Jean Jaurès
Bd de la Gare
N.-D. DU TAUR
Capitole
CAPITOLE
R. Gabriel Péri
ST-AUBIN
LES JACOBINS
VIEUX TOULOUSE
ST-JÉRÔME
Pl. Occitane
ST-GEORGES
ST-AUBIN
Rue Riquet
CASTRES
MAZAMET
N.-D. LA DAURADE
Esquirol
R. de Metz
CATH. ST-ÉTIENNE
Allées F. Verdier
HALLE AUX GRAINS
Canal
PONT NEUF
HALLES
ST-ÉTIENNE
N.-D. LA DALBADE
Quai de Tounis
Rue du Languedoc
Av. J. Rieux
JARDIN ROYAL
Ozenne
Grand Rond
Pl. du Salin
ST-EXUPÉRY
JARDIN DES PLANTES
Allées F. Mistral
Canal du Midi
Rue Alfred Duméril
Pl. A. Lafourcade
MONTPLAISIR
MT DE LA RÉSISTANCE
N.-D. DE LOURDES
ST-MICHEL
Gde Rue St-Michel
HÔTEL DE RÉGION
Frizac
Allée des Demoiselles
CARCASSONNE
MONTPELLIER
REVEL
X
Y
Z

XXX **Michel Sarran,** 21 bd A. Duportal ✆ 05 61 12 32 32, *Fax 05 61 12 32 33*, – ▤. AE GB
fermé 25 juil. au 24 août, sam. et dim. – **Repas** (nombre de couverts limité, prévenir) 240 bc/320 bc et carte 260 à 390 p. 6 EX m
Spéc. Petits farcis de fraîcheur en anchoïade provençale et mesclun. Pageot grillé à la tomate caramélisée, piquillos farcis aux anchois. Grillade de foie gras dans un bouillon de canard corsé au soja. **Vins** Côtes du Frontonnais.

XXX **Pastel** (Garrigues), 237 rte St-Simon ✉ 31100 ✆ 05 61 40 59 01, *Fax 05 61 44 29 22*, – P. AE GB. p. 4 AV r
fermé 1er au 17 août, 20 au 27 déc., sam. midi et dim. – **Repas** (nombre de couverts limité, prévenir) 145 (déj.), 280/350 et carte 300 à 430
Spéc. Coquilles Saint-Jacques "jubilatoire" (oct.-avril). Tatin de navets glacés au foie gras poêlé. Chou farci de truffes braisé au jus (déc. à mars). **Vins** Côtes du Frontonnais, Gaillac.

XX **7 Place St-Sernin,** 7 pl. St-Sernin ✆ 05 62 30 05 30, *Fax 05 62 30 04 06*, « "Toulousaine" élégamment aménagée » – AE GB FX v
fermé lundi midi, sam. midi et dim. – **Repas** 130/180 ♀.

XX **Chez Laurent Orsi,** 13 r. Industrie ✆ 05 61 62 97 43, *Fax 05 61 63 00 71* – ▤. AE ⓓ GB JCB p. 7 GY f
fermé dim. sauf fériés – **Repas** 99/185 ♀.

XX **L'Edelweiss,** 19 r. Castellane ✆ 05 61 62 34 70, *Fax 05 61 62 34 70* – ▤. AE ⓓ GB JCB
fermé 1er au 24 août, dim. et lundi – **Repas** (131) - 160 ♀. p. 7 GY v

XX **Brasserie "Beaux Arts",** 1 quai Daurade ✆ 05 61 21 12 12, *Fax 05 61 21 14 80* – ▤. AE ⓓ GB p. 7 FY v
Repas 112/169 ♁.

XX **Chez Emile,** 13 pl. St-Georges ✆ 05 61 21 05 56, *Fax 05 61 21 42 26*, – ▤. AE ⓓ GB
fermé lundi sauf le soir en été et dim. – ***Rez-de-Chaussée*** (poissons) Repas 110 bc (déj.)/235 ♀ – ***Terrasse*** *(15 mai-15 oct.)* Repas (110) - 165 (déj)/250 ♀ – ***1er étage*** (viandes) Repas 110 bc (déj.)/235 ♀. p. 7 GY r

XX **Grand Café de l'Opéra** - Gd H. de l'Opéra, 1 pl. Capitole ✆ 05 61 21 37 03, *Fax 05 61 23 41 04*, – ▤. AE ⓓ GB
fermé en août – **Repas** (130 bc) - carte 150 à 240 ♁.

XX **Jonque du Yang Tsé,** bd Griffoul-Dorval ✉ 31400 ✆ 05 61 20 74 74, *Fax 05 61 80 64 33*, « Péniche aménagée » – ▤. AE ⓓ GB. ⚔ p. 7 HZ s
fermé lundi midi – **Repas** - cuisine chinoise - (88) - 118/198.

X **L'Empereur de Hué,** 26 r. Fonderie ✆ 05 61 53 55 72, *Fax 05 61 53 55 72* – GB p. 7 FZ d
fermé août, dim. et lundi – **Repas** - cuisine vietnamienne - (prévenir) carte 140 à 190.

à Lalande *par ② et N 20 : 6 km – ✉ 31200 Toulouse :*

Hermès M sans rest, 49 av. J. Zay ✆ 05 61 47 60 47, *Fax 05 61 47 56 08* – ▤ TV ☎ ✆ ♿ P – 25. AE ⓓ GB p. 5 BT k
☕ 30 – **68 ch** 280/340.

à Aucamville *par ② : 7 km – 3 807 h. alt. 128 – ✉ 31140 :*

Les Pins, 94 rte Fronton ✆ 05 61 70 26 04, *Fax 05 61 70 82 85*, – TV ☎ ✆ ♿ P – 30 à 80. AE GB JCB
fermé 10 au 22 août – **Repas** *(fermé dim. soir)* 98/145 – ☕ 30 – **35 ch** 220/270.

à Gratentour *par ② et D 14 : 15 km – 2 518 h. alt. 174 – ✉ 31150 :*

Barry M, ✆ 05 61 82 22 10, *Fax 05 61 82 22 38*, – TV ☎ ♿ P – 45. AE ⓓ GB JCB. ⚔
Repas *(fermé vacances de fév., vend. soir et sam.)* 100/200 – ☕ 45 – **22 ch** 300/370 – 1/2 P 335/368.

à l'Union *par ③ : 7 km – 11 751 h. alt. 146 – ✉ 31240 :*

XX **Bonne Auberge,** 2 bis r. Autan Blanc - N 88 ✆ 05 61 09 32 26, *Fax 05 61 09 97 53* – ▤ P. GB
fermé août, dim. soir et lundi – **Repas** 98 (déj.), 149/198 ♀.

à Rouffiac-Tolosan *par ③ : 12 km – 961 h. alt. 210 – ✉ 31180 :*

XX **Clos du Loup** avec ch, N 88 ✆ 05 61 09 28 39, *Fax 05 61 35 13 97* – ▤ rest, TV ☎ P. GB
Repas *(fermé dim. soir et lundi)* 98/195 – ☕ 30 – **20 ch** 200/230 – 1/2 P 225/275.

à Balma *par ⑤ et N 126 : 5 km – 9 506 h. alt. 155 – ✉ 31130 :*

Espace H. M sans rest, 6 av. Ch. de Gaulle ✆ 05 61 24 33 99, *Fax 05 61 24 46 40* – TV ☎ ♿ P. AE GB. ⚔
☕ 29 – **57 ch** 270.

à Quint-Fonsegrives *par ⑤ : 8 km – 3 261 h. alt. 153 – ✉ 31130 Balma :*

XX **Grange,** ✆ 05 61 24 00 55, *Fax 05 61 24 08 73*, – P. GB
Repas 92/128.

à Labège Innopole *par ⑥ et D 16 : 12 km – 2 148 h. alt. 150 – ✉ 31670 :*

XX **Aub. de Pouchalou,** ✆ 05 61 39 89 40, *Fax 05 61 39 23 47,* – P. AE ① GB
fermé 3 au 24 août, sam. midi et dim. – **Repas** 100/250.

à Vieille-Toulouse *Sud : 9 km par D 4 – 867 h. alt. 269 – ✉ 31320 :*

Flânerie sans rest, rte Lacroix-Falgarde ✆ 05 61 73 39 12, *Fax 05 61 73 18 56,* ≤ la Garonne, parc, – TV ☎ P. AE ① GB
fermé 23 déc. au 19 janv. – ☕ 45 – **12 ch** 280/580.

à Lacroix-Falgarde *Sud : 13 km par D 4 – 1 478 h. alt. 154 – ✉ 31120 :*

XX **Bellevue,** ✆ 05 61 76 94 97, ≤, – P. GB
fermé vacances de fév., mardi soir et merc. de sept. à avril – **Repas** 118/195 ♀.

à Portet-sur-Garonne *Sud : 10 km par N 20 – 8 030 h. alt. 150 – ✉ 31120 :*

L'Hotan M, 80 rte d'Espagne ✆ 05 62 20 06 06, *Fax 05 62 20 02 36,* – TV ☎ P – 80. AE ① GB
Repas 105/145 – ☕ 49 – **52 ch** 380/420.

Octel M sans rest, 8 chemin Genêts (Centre Secondo) ✆ 05 62 20 63 63, *Fax 05 62 20 63 67* – cuisinette TV ☎ P. AE GB
☕ 38 – **28 ch** 300/360, 32 studios.

X **Baron Ritay,** pl. République ✆ 05 61 72 01 53, *Fax 05 61 72 55 77* – AE ① GB
fermé 1er au 21 août, dim. soir et lundi soir – **Repas** 82/210 ♀.

à St-Simon *Sud-Ouest : 8 km par D 23 – ✉ 31100 Toulouse :*

XXX **Les Ombrages,** ✆ 05 61 07 61 28, *Fax 05 61 06 42 26* – P. AE ① GB
fermé 29 juil. au 19 août, 2 au 7 janv. et lundi soir – **Repas** 160/240 et carte 220 à 370, enf. 80.

à Purpan *Ouest : 6 km par N 124 – ✉ 31300 Toulouse :*

Novotel Aéroport M, ✆ 05 61 15 00 00, *Fax 05 61 15 88 44,* – TV ☎ P – 150. AE ① GB p. 4 AU a
Repas carte environ 170 ♀, enf. 50 – ☕ 57 – **123 ch** 460/480.

à St-Martin-du-Touch *Ouest : 8 km par N 124 – ✉ 31300 Toulouse :*

Airport H. sans rest, 176 rte Bayonne ✆ 05 61 49 68 78, *Fax 05 61 49 73 66* – TV ☎ P. AE ① GB JCB p. 4 AU s
☕ 29 – **48 ch** 289/359.

XX **Cantou,** 98 r. Velasquez (D 2^B) ✆ 05 61 49 20 21, *Fax 05 61 31 01 17,* « Jardin » – AE ① GB p. 4 AU h
fermé sam. et dim. – **Repas** *(98)* - 160/198 ♀.

à Colomiers *par ⑩* - sortie n° 4 - puis direction Cornebarrieu par D 63 : 10 km – *26 979 h. alt. 182 – ✉ 31770 :*

XXX **Amphitryon,** chemin de Gramont ✆ 05 61 15 55 55, *Fax 05 61 15 42 30,* ≤, – P. AE ① GB
Repas 185 bc/240 et carte 350 à 440 ♀.

à Blagnac *Nord-Ouest : 7 km vers ⑪ – 17 209 h. alt. 135 – ✉ 31700 :*

Sofitel M, direction aéroport (sortie n° 3) ✆ 05 61 71 11 25, *Fax 05 61 30 02 43,* – TV ☎ P – 25 à 150. AE ① GB JCB p. 4 AT e
Caouec : Repas 150 – ☕ 85 – **100 ch** 900/960.

Grand Noble M, 90 av. Cornebarrieu ✆ 05 61 30 48 49, *Fax 05 61 71 85 60,* – TV ☎ P – 30. AE ① GB
Repas *(fermé sam. en juil.-août)* 75/150, enf. 50 – ☕ 39 – **44 ch** 350 – 1/2 P 235.

XXX **Goulu,** r. Bordebasse ✆ 05 61 15 66 66, *Fax 05 61 30 43 07,* – P. AE ① GB
fermé 26 juil. au 17 août, 25 déc. au 4 janv., sam. midi et dim. – **Repas** 115/220 et carte 210 à 320, enf. 60.

à Seilh *Nord-Ouest : 15 km par D 2 – 816 h. alt. 133 – ✉ 31840 :*

Maéva Latitudes M, rte Grenade ✆ 05 62 13 14 15, *Fax 05 61 59 77 97,* ≤, – TV ☎ P – 180. AE ① GB JCB
L'Aéropostale *(fermé sam. midi, dim. midi, fériés le midi et le midi du 15/7 au 15/8)* **Repas** *(105)*-130/165 ♀, enf. 50 – ☕ 45 – **116 ch** 490/700 – 1/2 P 415.

MICHELIN, Agence, ZI 30 bd de Thibaud AV ✆ 05 62 11 56 10

ALFA ROMEO, FIAT, SOMEDA, 123 rte de Revel ✆ 05 62 16 66 66
AUDI, VOLKSWAGEN Capitole Autom., ZA Babinet ✆ 05 61 44 44 44
AUDI, VOLKSWAGEN Toulouse-Autom., 34 Gde r. St-Michel ✆ 05 62 26 97 26
AUDI, VOLKSWAGEN S.C.A.U., 71 av. de Toulouse à l'Union ✆ 05 61 74 14 45
AUDI, VOLKSWAGEN Toulouse Autom., 187 av. des Etats-Unis ✆ 05 62 72 93 72
BMW Gar. Pelras, 145 r. N.-Vauquelin ✆ 05 61 41 53 53
BMW Gar. Soulié, 101 rte de Revel ✆ 05 62 71 67 71
CITROEN France Autom, ZI Montaudran, av. D.-Daurat ✆ 05 62 16 65 85
CITROEN Succursale, 142, av. des Etats-Unis ✆ 05 62 72 95 55
FERRARI Gar. Pozzi-Ferrari France, 7 av. D.-Daurat ✆ 05 61 54 14 14
FORD Auto-Services, 134 rte de Revel ✆ 05 61 36 86 86
FORD S.L.A.D.A., 83 bd Silvio-Trentin ✆ 05 61 13 54 54
FORD Auto-Services, 226 rte de Narbonne ✆ 05 62 19 18 20
G. M. OPEL Automobiles Magnoler, r. Branly ZA à Ramonville St-Agne ✆ 05 61 73 00 00
LADA Espace Auto 31, ZA Babinet, 4 r. E.-Baudot ✆ 05 61 44 95 55 N ✆ 06 09 37 68 50
LANCIA AUTO PERFORMANCE, ZA BABINET R. BAUDOT à Toulouse-Ouest ✆ 05 61 40 73 38
MERCEDES Antras Autos Toulouse, 231 rte d'Albi ✆ 05 61 61 33 33 N ✆ 05 61 61 33 33
NISSAN Gar. Fittante, 6 r. 8 Mai 45 à Ramonville-St-Agne ✆ 05 62 19 23 19
OPEL Générale Autom., 16 allée Ch. de Fitte ✆ 05 61 42 91 36
OPEL Auto Plus Mirail, 123 r. N.-Vauquelin ✆ 05 61 44 22 99
PEUGEOT S.I.A.L., 105 av. des Etats-Unis ✆ 05 62 72 96 96
PEUGEOT S.I.A.L., 28 av. Daurat ✆ 05 61 54 52 52 N ✆ 08 00 44 24 24
PEUGEOT S.I.A.L., r. L-N.-Vauquelin ✆ 05 62 11 13 13 N ✆ 08 00 44 24 24
PEUGEOT Ramonville Auto, 9 av. Crètes à Ramonville-St-Agne par N 113 CV ✆ 05 62 19 19 19
PORSCHE AAS, 161 rte de Labège ✆ 05 62 71 67 67
RENAULT Renault St-Aubin, 32 r. Riquet ✆ 05 61 62 62 21 N ✆ 08 00 05 15 15
RENAULT Succursale, 75 av. des États-Unis ✆ 05 61 10 75 75 N ✆ 06 07 65 96 39
RENAULT Gar. Puel, 2 r. J.-Babinet ✆ 05 61 40 41 40
RENAULT Toulouse Montaudran Autom., 125 rte de Revel par ⑥ ✆ 05 61 54 42 54
RENAULT Succursale, r. L.-N.-Vauquelin ✆ 05 61 19 21 21 N ✆ 05 61 28 79 79
RENAULT S.T.E.C.A.V., ch. de la Violette à l'Union ✆ 05 61 74 45 00 N ✆ 05 61 09 86 28
RENAULT Gar. Itier, 1 av. Marqueille à St-Orens-Gameville ⑥ ✆ 05 62 24 80 42
ROVER Sterling Autom., à Labège ✆ 05 62 24 04 44
SAAB Central Gar., 161 rte de Labège ✆ 05 62 71 68 68
SEAT Mondial Autom, 109 av. des Etats-Unis ✆ 05 61 57 40 52
TOYOTA Gar. Laville, 2 r. M.-Caunes ✆ 05 61 61 05 00

Ⓜ Bellet Pneus, 63 bd de Thibault ✆ 05 61 40 11 12
Espace Pneu, 59 rte de Paris à Aucamville ✆ 05 61 37 77 50
Euromaster, 71 bd Marquette ✆ 05 61 21 68 13
Euromaster, av. E.-Serres à Colomiers ✆ 05 61 15 50 50
Euromaster, 336 av. de Fronton ✆ 05 61 47 59 59
Euromaster, 19 av. Thibaud ✆ 05 61 40 28 72
Euromaster, 82 r. N.-Vauquelin ✆ 05 61 43 20 60
Euromaster, ZI Montaudran, 10 av. Daurat ✆ 05 61 80 19 98
Le Pneu, 1 rte de Bessières à l'Union ✆ 05 62 89 05 05
Martignon-Pneus, ZA du Moulin à Aussonne ✆ 05 61 85 03 53
Pons Pneus, ZA Ribaute à Quint ✆ 05 61 24 40 94
Toulouse-Pneu, ZI de Prat-Gimont à Balma ✆ 05 61 48 62 04
Vialatte Pneus, 35 r. des Orfèvres à Blagnac ✆ 05 61 30 44 88
Vulco, 205 av. des Etats-Unis ✆ 05 61 47 80 80

TOUQUES *14 Calvados 55 ③ – rattaché à Deauville.*

Le TOUQUET-PARIS-PLAGE *62520 P.-de-C. 51 ⑪ G. Flandres Artois Picardie – 5 596 h alt. 5 –*

Casinos La Forêt **BZ**, *Quatre saisons* **AY**.

Voir Phare ✱★★ *– Vallée de la Canche★ par ①.*

9 18 18 ✆ *03 21 05 68 47, S : 2,5 km par ②.*

Office de Tourisme Palais de l'Europe ✆ 03 21 06 72 00, Fax 03 21 06 72 01.

Paris 238 ① – Calais 67 ① – Abbeville 59 ① – Arras 94 ① – Boulogne-sur-Mer 30 ① – Lille 131 ① – St-Omer 68 ①.

Plan page ci-contre

Westminster, av. Verger ✆ 03 21 05 48 48, *Fax 03 21 05 45 45,* … – … 25 à 100. AE ⓓ GB BZ a
fermé 15 janv. au 5 fév. – ***Pavillon*** *(fermé 5 janv. au 5 mars et mardi sauf juil.-août)* **Repas** (dîner seul.) 210/360, enf. 100 – ***Coffee Shop*** *(fermé 15 janv. au 5 fév.)* **Repas** *(125)*-160 ♀, enf. 78 – ☕ 85 – **113 ch** 590/1190 – ½ P 680/750.

Holiday Inn Resort Ⓜ ⛵, av. Mar. Foch ✆ 03 21 06 85 85, *Fax 03 21 06 85 00,* … – … 70. AE ⓓ GB JCB BZ n
Picardy : Repas 145 ♀, enf. 60 – ☕ 75 – **56 ch** 640/1000, 32 duplex – ½ P 510/690.

Manoir H. ⛵, au Golf par ② *: 2,5 km* ✆ 03 21 06 28 28, *Fax 03 21 06 28 29,* …, « Manoir début de siècle en bordure du golf », … AE ⓓ GB. … rest
fermé janv. – **Repas** 150/195 – **42 ch** ☕ 545/1110 – ½ P 545/705.

Novotel Ⓜ ⛵, sur la plage ✆ 03 21 09 85 00, *Fax 03 21 09 85 10,* ≤, centre de thalassothérapie, … rest, … – … 25 à 40. AE ⓓ GB. … AZ e
fermé 1er au 24 janv. – **Repas** carte environ 200, enf. 65 – ☕ 65 – **146 ch** 770/850, 3 appart.

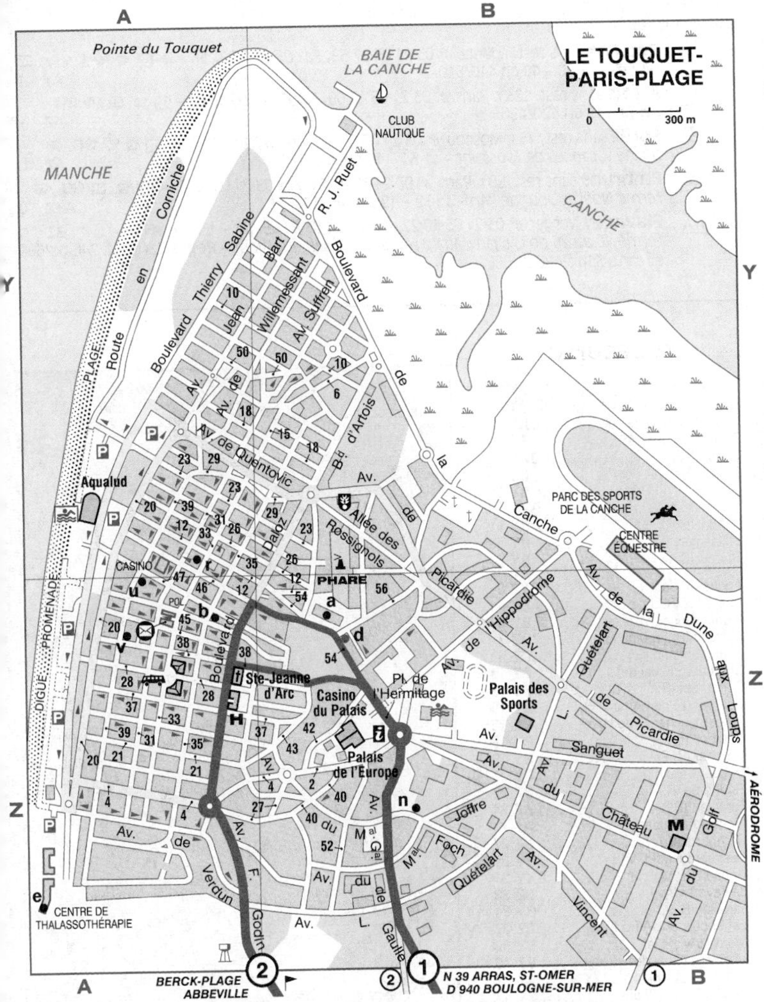

Londres (R. de) .... **AYZ** 31
Metz (R. de) .... **AYZ** 33
St-Jean (R.) .... **AZ** 46
St-Louis (R.) .... **AZ** 47

Aboudaram (Av.) .... **BZ** 2
Atlantique (Av. de l') ..... **ABZ** 4
Bardol (R. E.) .... **BY** 6
Bourdonnais (Av. de la) .... **ABY** 10
Bruxelles (R. de) .... **AYZ** 12

Calais (R. de) .... **BY** 15
Desvres (R. de) .... **ABY** 18
Dr-J.-Pouget (Bd du) .... **AYZ** 20
Dorothée (R.) .... **AZ** 21
Duboc (Av. et R. J.) ...... **ABY** 23
Garet (Av. et R. L.) ...... **ABY** 26
Genets (Av. des) .... **ABZ** 27
Grande Rue .... **AZ** 28
Hubert (Av. L.) .... **ABY** 29
Moscou (R. de) .... **AYZ** 35

Oyats (Av. et R. des) .... **ABZ** 37
Paix (Av. et R. de la) ..... **ABZ** 38
Paris (R. de) .... **AYZ** 39
Pins (Av. des) .... **BZ** 40
Recoussine (Av. F.) .... **BZ** 42
Reine May (Av. de la) .... **ABZ** 43
St-Amand (R.) .... **AZ** 45
Tourville (Av. de l'Amiral) . **ABY** 50
Troènes (Av. des) .... **BZ** 52
Verger (Av. du) .... **BZ** 54
Whitley (Av. J.) .... **BZ** 56

Pour vos voyages, en complément de ce guide utilisez :

- Les **guides Verts Michelin** régionaux paysages, monuments et routes touristiques.
- Les **cartes Michelin** à 1/1 000 000 grands itinéraires 1/200 000 cartes détaillées.

Red Fox sans rest, r. Metz ☎ 03 21 05 27 58, *Fax 03 21 05 27 56* – AE GB – 40 – **48 ch** 410/510. AY r

Artois sans rest, 123 r. Paris ☎ 03 21 05 17 09, *Fax 03 21 05 33 61* – AE GB 40 – **15 ch** 320/420. AZ v

Forêt sans rest, 73 r. Moscou ☎ 03 21 05 09 88, *Fax 03 21 05 59 40* – GB. *fermé vacances de Toussaint* – 31 – **10 ch** 220/270. AZ b

Embruns sans rest, 89 r. Paris ☎ 03 21 05 87 61, *Fax 03 21 05 85 09* – AE GB. *fermé Noël au Jour de l'An* – 32 – **19 ch** 240/330. AYZ u

XXX **Flavio,** av. Verger ☎ 03 21 05 10 22, *Fax 03 21 05 91 55*, – AE GB BZ d
fermé 16 au 26 nov., 6 janv. au 12 fév. et lundi sauf juil.-août – **Repas** 120 (déj.), 240 bc/680 et carte 310 à 490 ♀.

TOURCOING

Brun-Pain (R. du) . . . . **AY**
Cloche (R. de la) . . . . **BY** 12
Croix-Rouge (R. de la) . . . . **CXY**
Dron (Av. Gustave) . . . . **BZ**
Gand (R. de) . . . . **BXY**
Grand'Place . . . . **BY** 28
Leclerc (R. du Gén.) . . . . **BY** 36
Menin (R. de) . . . . **BXY**
Nationale (R.) . . . . **ABY**
St-Jacques (R.) . . . . **BY** 58
Tournai (R. de) . . . . **BY** 64

Anges (R. des) . . . . **BYZ** 3
Austerlitz (R. d') . . . . **ABZ** 4
Bienfaisance (R. de la) . . . . **BY** 6
Buisson (R. Ferdinand) . . . . **BZ** 7
Chateaubriand (R.) . . . . **CZ** 9
Cherbourg (Quai de) . . . . **BZ** 10
Condorcet (R.) . . . . **BY** 13
Courbet (R. de l'Amiral) . . . . **BY** 15
Croix-Blanche (R. de la) . . . . **CX** 16
Delobel (R.) . . . . **BY** 18
Doumer (R. Paul) . . . . **BY** 19
Duguay-Trouin (R.) . . . . **CY** 21
Faidherbe (R.) . . . . **BZ** 22
Famelart (R.) . . . . **BZ** 24
Froissart (R. Jean) . . . . **AY** 25
Gambetta (Bd) . . . . **BZ** 27
Hassebroucq (Pl. V.) . . . . **BY** 30
Hénaux (R. Marcel) . . . . **BXY** 31
La-Fayette (Av.) . . . . **BZ** 33
Lartillier (R. L.) . . . . **BY** 34
Lefrançois (Av. Alfred) . . . . **CZ** 37
Marne (Av. de la) . . . . **BZ** 39
Marseille (Quai de) . . . . **BZ** 40
Millet (Av. Jean) . . . . **AY** 42
Moulin-Fagot (R. du) . . . . **BY** 43
Péri (R. Gabriel) . . . . **BY** 45
Petit-Village (R. du) . . . . **AY** 46
Pompidou (Av. G.) . . . . **BZ** 48
Pont-de-Neuville (R. du) . . . . **CX** 49
République (Pl. de la) . . . . **BY** 51
Résistance (Pl. de la) . . . . **BY** 52
Ribot (R. Alexandre) . . . . **BY** 54
Roosevelt (R. F.) . . . . **BY** 55
Roussel (Pl. Ch.-et-A.) . . . . **BY** 57
Sasselange (R. Ed.) . . . . **BZ** 60
Testelin (R. A.) . . . . **CX** 61
Thiers (R.) . . . . **BZ** 63
Turenne (R.) . . . . **BZ** 66
Victoire (Pl. de la) . . . . **BZ** 69
Wailly (R. de) . . . . **BY** 70
Wattine (R. Ch.) . . . . **BZ** 72

WATTRELOS

Vaneslander (R. M.) . . . . **CZ** 67

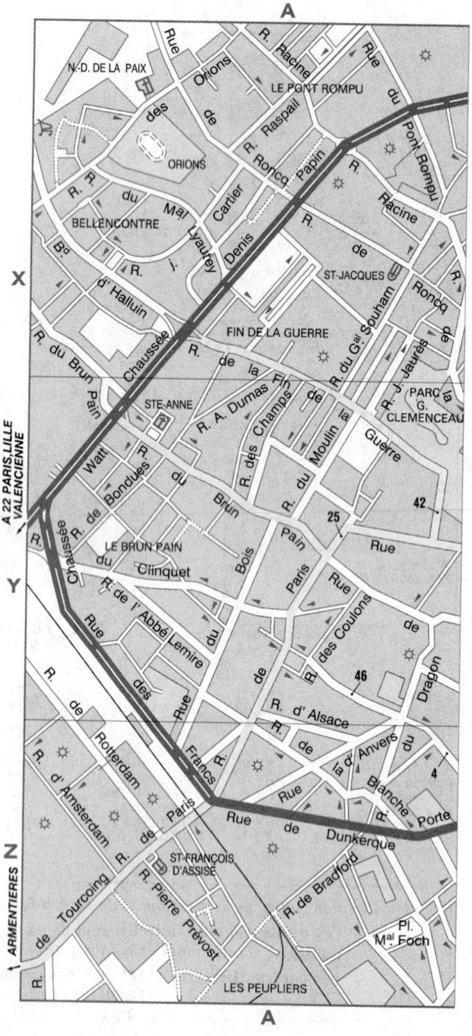

à l'aérodrome *Est : 2,5 km par av. de Picardie* **BZ** *:*

L'Escale, ☎ 03 21 05 23 22, *Fax 03 21 05 84 56,* – P. AE ① GB
fermé 15 nov. au 5 déc. et jeudi sauf vacances scolaires – **Repas** 155 bc/175 ♀ - ***Brasserie :*** **Repas** 85/115 ♀, enf. 40.

à Stella-Plage *par ② : 7 km – ✉ 62780 Cucq :*

des Pelouses, bd E. Labrasse ☎ 03 21 94 60 86, *Fax 03 21 94 10 11* – ☎ P. GB
fermé janv. et lundi de nov. à mars – **Repas** 80/160 ♀, enf. 45 – 35 – **30 ch** 150/300 – 1/2 P 210/250.

RENAULT G.C.R. "Renault le Touquet", av. G.-Besse par ① ☎ 03 21 94 91 00 N ☎ 03 21 84 13 13

TOURCOING *59200 Nord* 51 ⑥, 111 ⑭ *G. Flandres Artois Picardie – 93 765 h alt. 37.*

Voir *Musée des Beaux-Arts* **BY M.**

des Flandres (privé) ✆ 03 20 72 20 74, par N 350 : 9,5 km ; du Sart (privé) ✆ 03 20 72 02 51, par N 350 : 12 km ; de Bondues ✆ 03 20 23 20 62, SO : 7 km ; de Brigode à Villeneuve d'Ascq ✆ 03 20 91 17 86.

Office de Tourisme Parvis St-Christophe, pl. République ✆ 03 20 26 89 03, Fax 03 20 70 41 15 – Automobile Club 13 r. Desurmont ✆ 03 20 26 56 37.

Paris 234 ⑩ – Lille 15 ⑩ – Kortrijk 19 ④ – Gent 62 ② – Oostende 80 ① – Roubaix 5 ⑦.

Accès et sorties : voir plan de Lille.

Novotel M, au Nord près échangeur de Neuville-en-Ferrain (sortie 18) ✉ 59535 Neuville-en-Ferrain ✆ 03 20 94 07 70, *Fax 03 20 94 08 80*, – rest, P – 30 à 200. AE GB plan Lille HR e
Repas *(65)* - 93/135 ♀, enf. 51 – 55 – **108 ch** 430/480.

Ibis, r. Carnot ✆ 03 20 24 84 58, *Fax 03 20 26 29 58* – . AE GB
Repas *(75)* - 95 ♂, enf. 39 – 35 – **102 ch** 295. BY a

Primevère, Parc d'activités de Ravennes-les-Francs ✉ 59910 Bondues ✆ 03 20 36 01 96, *Fax 03 20 24 53 52*, – P – 25. AE GB
Repas 69 (déj.), 85/125 ♀, enf. 50 – 40 – **51 ch** 285. plan Lille HR b

Au P'tit Bedon, 5 bd Égalité ✆ 03 20 25 00 51, *Fax 03 20 76 64 62* – . AE GB
fermé 15 au 31 juil., 1er au 15 sept. et lundi – **Repas** 120 (déj.), 280 bc/400 et carte 240 à 400 ♀. BY k

Baratte, 395 r. Clinquet ✆ 03 20 94 45 63, *Fax 03 20 03 41 84*, – . AE GB
fermé 1er au 22 août, vacances de fév., dim. soir et sam. – **Repas** 110/190 ♀. plan de Lille HR d

Plessy, 31 av. Lefrançois ✆ 03 20 25 07 73, *Fax 03 20 25 43 24* – . AE GB JCB
fermé août, dim. soir et lundi – **Repas** 115/260 bc. BZ d

AUDI, VOLKSWAGEN Valauto Roncq, Bd d'Halluin à Roncq ✆ 03 20 25 63 00 N ✆ 03 20 36 64 32
FORD Ponthieux Autom., 147 bis r. Dronckaert à Roncq par bd d'Halluin AX ✆ 03 20 76 16 00
PEUGEOT Gar. de l'Autoroute, 13 r. Dronckaert à Roncq par D 91 ✆ 03 20 69 06 00 N ✆ 08 00 44 24 24
RENAULT DIANOR, 53 r. Dronckaert à Roncq par bd d'Halluin AX ✆ 03 20 94 01 35 N ✆ 06 07 44 07 93
RENAULT S.N.A.T., 95 r. Tilleul CZ ✆ 03 20 69 10 50 N ✆ 06 07 43 92 14

Euromaster, 15 chaussee M.-Berthelot ✆ 03 20 24 36 36

La TOUR D'AIGUES *84240 Vaucluse* 81 ⑭, 114 ③ *G. Provence – 3 328 h alt. 250.*

Paris 752 – Digne-les-Bains 90 – Aix-en-Provence 27 – Apt 36 – Avignon 76.

Fenouillets, rte de Pertuis : 1 km ✆ 04 90 07 48 22, *Fax 04 90 07 34 26*, – P. AE GB. rest
Repas *(fermé dim. soir, merc. du 1er sept. au 1er avril et le midi sauf dim.)* 135/190 ♀ – 60 – **12 ch** 250/350 – ½ P 313/337.

PEUGEOT Gar. Notre-Dame, ✆ 04 90 07 42 18 N ✆ 06 07 08 50 98
RENAULT SEF, ✆ 04 90 07 40 47 N ✆ 04 90 07 45 19

La TOUR-D'AUVERGNE *63680 P.-de-D.* 73 ⑬ *G. Auvergne – 778 h alt. 1000.*

Paris 479 – Clermont-Ferrand 59 – Besse-en-Chandesse 30 – Bort-les-Orgues 28 – La Bourboule 14 – Issoire 61 – Le Mont-Dore 17.

Terrasse, ✆ 04 73 21 50 29, *Fax 04 73 21 56 60* – . GB
1er mai-30 sept. et vacances scolaires – **Repas** 55/125 ♂, enf. 38 – 30 – **28 ch** 150/280 – ½ P 220/240.

TOUR-DE-FAURE *46 Lot* 79 ⑨ – *rattaché à St-Cirq-Lapopie.*

La TOUR-DE-SALVAGNY *69 Rhône* 74 ⑪., 110 ⑬ – *rattaché à Lyon.*

Les hôtels ou restaurants agréables
sont indiqués dans le guide par un symbole rouge.
Aidez-nous en nous signalant les maisons où,
par expérience, vous savez qu'il fait bon vivre.
Votre **guide Michelin** sera encore meilleur.

La TOUR-DU-PIN 38110 Isère 74 ⑭ *G. Vallée du Rhône – 6 770 h alt. 350.*

de Faverges-de-la-Tour ✆ 04 74 88 89 51, E : 9 km par N 516.

Paris 519 – Grenoble 67 – Aix-les-Bains 54 – Chambéry 49 – Lyon 58 – Vienne 54.

Relais de la Tour, av. Gén. de Gaulle ✆ 04 74 83 31 31, *Fax 04 74 97 87 01*, ≤, –, rest, AE GB
Repas *(fermé dim. soir et soirs de fêtes)* 110/235 – ▭ 45 – **40 ch** 300/355 – ½ P 295/360.

France et rest. Bec Fin, 12 av. Alsace-Lorraine ✆ 04 74 97 00 08, *Fax 04 74 97 36 47* – GB
Repas *(fermé 24 au 31 déc. et dim. soir)* 80/160 ♀, enf. 45 – ▭ 25 – **30 ch** 120/225 – ½ P 210/230.

à St-Didier-de-la-Tour *Est : 3 km par N 6 – 1 310 h. alt. 380 – ✉ 38110 :*

XX **du Lac - Christian Poulet,** ✆ 04 74 97 25 53, *Fax 04 74 97 01 93*, – AE GB
fermé 15 au 26 sept., 1er au 14 fév., mardi soir et merc. – **Repas** 98 (déj.), 140/190, enf. 80.

à Cessieu *Ouest : 6 km par N 6 – 2 025 h. alt. 309 – ✉ 38110 :*

XX **Gentilhommière** avec ch, ✆ 04 74 88 30 09, *Fax 04 74 88 32 61*, « Jardin » – AE GB. ch
fermé 15 au 30 nov., dim. soir et lundi – **Repas** 105/260 ♀, enf. 65 – ▭ 30 – **7 ch** 250/310.

à Faverges-de-la-Tour *Est : 10 km par N 516, N 75 et D 145 – 1 000 h. alt. 394 – ✉ 38110 :*

Chateau de Faverges de la Tour, ✆ 04 74 97 42 52, *Fax 04 74 88 86 40*, ≤, « Beaux aménagements intérieurs, parc, golf, » – – 30 à 80. AE GB JCB. rest
mai-oct. – **Repas** *(fermé mardi midi et lundi)* 190 (déj.), 335/450 – ▭ 95 – **34 ch** 700/1750 – ½ P 780/1305.

CITROEN Gar. Vial, N 6 ZI à St-Jean-de-Soudain ✆ 04 74 97 30 34
CITROEN Gar. du Replat, à La Bâtie-Montgascon ✆ 04 74 88 81 67 N ✆ 04 74 88 81 67
CITROEN Gar. Monin, à St-Clair-de-la-Tour ✆ 04 74 97 10 82

RENAULT Tour-Autos, N 6 ✆ 04 74 97 25 63 N ✆ 04 74 43 09 58

Bargeon Pneus, 60 av. Alsace-Lorraine ✆ 04 74 97 32 05

TOURNAN-EN-BRIE *77220 S.-et-M.* 61 ② – *5 528 h alt. 102.*

Syndicat d'Initiative 2 r. de la République ✆ 01 64 07 10 77.

Paris 43 – Brie-Comte-Robert 14 – Meaux 29 – Melun 29 – Provins 50.

X **Aub. La Tourelle,** 1 r. Melun ✆ 01 64 25 32 23, – GB
fermé août et merc. – **Repas** (déj. seul.) carte 160 à 280.

CITROEN Gar. de la Brie, 25 r. Industrie ZI ✆ 01 64 07 19 24

FORD Gar. de l'Egalité, 21 r. Prés. Poincaré ✆ 01 64 07 01 60

TOURNOISIS *45310 Loiret* 60 ⑱ – *332 h alt. 130.*

Paris 126 – Orléans 26 – Châteaudun 24 – Beaugency 34 – Blois 64.

XX **Relais St-Jacques** avec ch, ✆ 02 38 80 87 03, *Fax 02 38 80 81 46* – GB
fermé vacances de fév., dim. soir et lundi sauf juil.-août – **Repas** 69/185, enf. 48 – ▭ 30 – **5 ch** 180/230 – ½ P 210/330.

TOURNON-SUR-RHÔNE *07 Ardèche* 77 ① – *rattaché à Tain-Tournon.*

TOURNUS *71700 S.-et-L.* 69 ⑳ *G. Bourgogne – 6 568 h alt. 193.*

Voir Ancienne abbaye★★.

Office de Tourisme 2 pl. Carnot ✆ 03 85 51 13 10, Fax 03 85 32 18 21 et (saison) 2 pl. de l'Abbaye ✆ 03 85 32 59 30.

Paris 360 ① – Chalon-sur-Saône 28 ① – Bourg-en-Bresse 53 ② – Charolles 59 ③ – Lons-le-Saunier 57 ② – Louhans 30 ② – Lyon 103 ② – Mâcon 35 ② – Montceau-les-Mines 66 ①.

Plan page suivante

H. de Greuze M sans rest, 5, pl. de l'Abbaye **(e)** ✆ 03 85 51 77 77, *Fax 03 85 51 77 23* – AE GB JCB
fermé 15 nov. au 9 déc. – ▭ 100 – **21 ch** 610/1340.

Rempart M, 2 av. Gambetta **(x)** ✆ 03 85 51 10 56, *Fax 03 85 51 77 22* – – 40. AE GB
Repas 168/420 et carte 280 à 430 ♀, enf. 100 - ***Bistrot :*** Repas 88, enf. 57 – ▭ 50 – **31 ch** 395/795, 6 appart – ½ P 440/600
Spéc. Jambonnettes de grenouilles panées. Croustillant de pied de cochon à l'ortie frite. Volaille de Bresse. **Vins** Mâcon blanc, Givry.

Sauvage, pl. Champ de Mars (u) 03 85 51 14 45, *Fax 03 85 32 10 27* – . AE GB JCB
Repas 84/200 – 40 – **30 ch** 330/530 – ½ P 320/395.

Paix, 9 r. J. Jaurès **(k)** 03 85 51 01 85, *Fax 03 85 51 02 30*, – rest, GB
fermé 24 oct. au 2 nov., 12 janv. au 9 fév. et mardi soir sauf juil.-août – **Repas** 90/230, enf. 48 – 38 – **24 ch** 260/323 – ½ P 278/308.

Rest. Greuze (Ducloux), 1 r. A. Thibaudet **(e)** 03 85 51 13 52, *Fax 03 85 51 75 42* – . AE GB.
fermé 16 nov. au 11 déc. – **Repas** 270/530 et carte 360 à 580
Spéc. Pâté en croûte "Alexandre Dumaine". Quenelle de brochet "Henri Racouchot". Poulet de Bresse sauté nature "Jean Ducloux". **Vins** Mâcon blanc, Beaujolais.

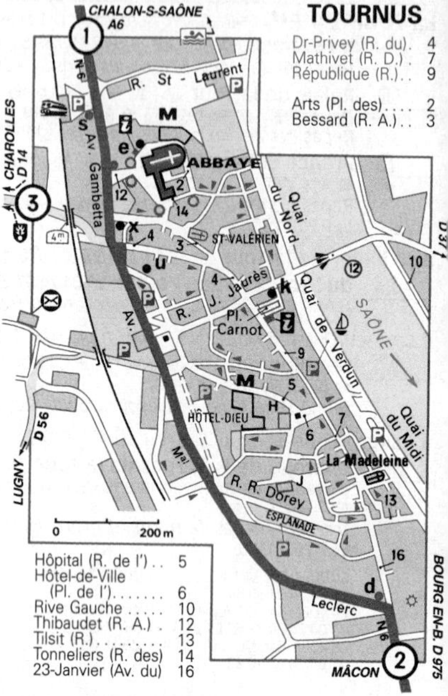

Terminus avec ch, 21 av. Gambetta **(s)** 03 85 51 05 54, *Fax 03 85 32 55 15* – rest, GB
fermé 18 au 25 juin, 20 nov. au 12 déc., mardi soir et merc. sauf le soir en juil.-août – **Repas** 96/280, enf. 60 – 39 – **13 ch** 265/390 – ½ P 360.

Les Terrasses avec ch, 18 av. 23-Janvier **(d)** 03 85 51 01 74, *Fax 03 85 51 09 99* – GB
fermé 4 janv. au 4 fév., dim. soir (sauf hôtel en juil.-août) et lundi – **Repas** 98/240, enf. 58 – 38 – **18 ch** 280/300.

à Lacrost *Est : 2 km par D 37 ou D 975 – 594 h. alt. 170 – 71700 :*

Petite Auberge, 03 85 51 18 59 – GB
fermé 15 au 30 juin, dim. soir et lundi – **Repas** 74/195.

à Brancion *par ③ et D 14 : 14 km – 71700 Tournus.*
Voir *Donjon du château* ★.

Montagne de Brancion , au col de Brancion 03 85 51 12 40, *Fax 03 85 51 18 64*, monts du Mâconnais, – – 40. GB
mi-mars-mi-nov. – **Repas** 170 (déj.), 260/340, enf. 90 – 75 – **20 ch** 460/760 – ½ P 535/685.

Bayle Pneumatiques, r. G.-Mazoyer 03 85 51 14 14

TOURRETTES *83440 Var 84 ⑧, 114 ⑪ ㉔ G. Côte d'Azur – 1 375 h alt. 350.*
Paris 888 – Castellane 56 – Draguignan 35 – Fréjus 34 – Grasse 26.

Les Pins, Domaine Le Chevalier, Sud : 2 km sur D 19 04 94 76 06 36, *Fax 04 94 76 27 50*, – cuisinette AE GB
Repas 98/158 – 45 – **8 ch** 295/350, 8 studios – ½ P 315.

TOURRETTES-SUR-LOUP *06140 Alpes-Mar. 84 ⑨, 115 ㉕ G. Côte d'Azur – 3 449 h alt. 400.*
Voir *Vieux village*★ – ★ *sur le village de la route des Quenières.*
Paris 931 – Nice 29 – Grasse 21 – Vence 6.

Résidence des Chevaliers sans rest, rte Caire 04 93 59 31 97, *Fax 04 93 59 27 97*, « village et côte », – GB.
1er avril-1er oct. – 60 – **12 ch** 550/750.

TOURS P 37000 *I.-et-L.* **64** ⑮ *G. Châteaux de la Loire* – *129 509 h Agglo. 282 152 h alt. 60.*

Voir Quartier de la cathédrale★★ **CDY** *: cathédrale St-Gatien★★, musée des Beaux-Arts★★, historial de Touraine★ (château)* **M**[3]*, – La Psalette★* **CY***, Place Grégoire de Tours★* **DY 52** *– Vieux Tours★★ : Place Plumereau★* **ABY***, hôtel Gouin★* **BY***, rue Briçonnet★* **AY 13** *– Quartier de St-Julien★ : musée du Compagnonnage★★* **BY** *, Jardin de Beaune-Semblançay★* **BY B** *– Prieuré de St-Cosme★ O : 3 km* **V** *– Musée des Equipages militaires et du Train★* **V M**[5] *– Grange de Meslay★ NE : 10 km par ②.*

de Touraine ✆ 02 47 53 20 28; domaine de la Touche à Ballan-Miré par ⑪ : 14 km; *d'Ardrée ✆ 02 47 56 77 38 par ⑭*, N 138 puis D 76 et rte secondaire : 14 km.

de Tours-St-Symphorien ✆ 02 47 49 37 00, NE : 7 km **U**.

Office de Tourisme 78 r. Bernard-Palissy ✆ 02 47 70 37 37, Fax 02 47 61 14 22 – Automobile Club 4 pl. J.-Jaurès ✆ 02 47 05 50 19, Fax 02 47 05 47 61.

Paris 236 ③ – Angers 109 ⑬ – Bordeaux 348 ⑩ – Chartres 141 ② – Clermont-Ferrand 329 ⑦ – Limoges 219 ⑩ – Le Mans 83 ⑭ – Orléans 115 ③ – Rennes 234 ⑭ – St-Étienne 463 ⑦.

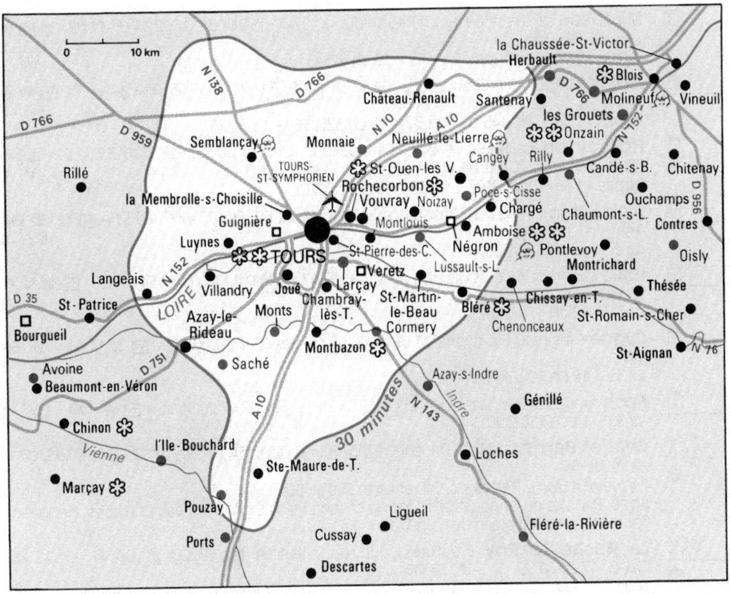

Jean Bardet M, 57 r. Groison ✉ 37100 ✆ 02 47 41 41 11, *Fax 02 47 51 68 72*, ≤, « Grand parc fleuri, beau potager », – ▤ TV ☎ P – 30. AE ⓓ GB JCB — U k
Repas *(fermé dim. soir de nov. à mars et lundi sauf le soir d'avril à oct.)* 250/750 et carte 450 à 810 ♀, enf. 150 – ☕ 120 – **16 ch** 750/1050, 5 appart
Spéc. Pannequet de légumes, jus d'herbes tendres. Pintadeau fermier truffé du pays de Racan, parmentier de charlotte. Gibier (oct. à déc.). **Vins** Vouvray, Bourgueil.

Univers et rest. La Touraine M, 5 bd Heurteloup ✆ 02 47 05 37 12, *Fax 02 47 61 51 80*, « Fresques des visiteurs célèbres de l'hôtel de 1846 à nos jours » – ▤ TV ☎ – 120. AE ⓓ GB — CZ u
Repas *(110)* - 140/170, enf. 60 – ☕ 70 – **77 ch** 690/830, 8 appart.

Quality Turone M, 4 pl. Thiers ✆ 02 47 05 50 05, *Fax 02 47 20 22 07* – ▤ TV ☎ – 70. AE ⓓ GB — V z
Repas *(105)* - 125/280 bc ♀, enf. 56 – ☕ 55 – **120 ch** 415/650.

Holiday Inn M, 15 r. Ed. Vaillant ✆ 02 47 31 12 12, *Fax 02 47 38 53 35*, – ▤ TV ☎ – 50. AE ⓓ GB JCB — DZ m
Repas *(fermé sam., dim. et fériés le midi) (55)* - 90 bc/160 bc – ☕ 60 – **105 ch** 440/980.

Harmonie M sans rest, 15 r. F. Joliot-Curie ✆ 02 47 66 01 48, *Fax 02 47 61 66 38* – cuisinette TV ☎ – 40. AE ⓓ GB JCB — DZ b
fermé 20 déc. au 5 janv. – ☕ 65 – **48 ch** 450/650, 6 appart.

Clarine sans rest, 65 av. Grammont ✆ 02 47 64 71 78, *Fax 02 47 05 84 62* – ... – 35. AE ① GB V s
fermé 28 déc. au 3 janv. – ☕ 37 – **50 ch** 295/350.

Central H. sans rest, 21 r. Berthelot ✆ 02 47 05 46 44, *Fax 02 47 66 10 26* – ... P – 40. AE ① GB JCB CY k
☕ 45 – **41 ch** 380/590.

du Manoir sans rest, 2 r. Traversière ✆ 02 47 05 37 37, *Fax 02 47 05 16 00* – ... P. AE ① GB CZ h
☕ 30 – **20 ch** 240/320.

Châteaux de la Loire sans rest, 12 r. Gambetta ✆ 02 47 05 10 05, *Fax 02 47 20 20 14* – ... P. AE ① GB BZ x
fermé 1er déc. au 28 fév. – ☕ 38 – **30 ch** 225/280.

Criden sans rest, 65 bd Heurteloup ✆ 02 47 20 81 14, *Fax 02 47 05 61 65* – ... AE ① GB DZ g
☕ 40 – **33 ch** 275/315.

Mirabeau sans rest, 89 bis bd Heurteloup ✆ 02 47 05 24 60, *Fax 02 47 05 31 09* – ... AE GB JCB DZ e
fermé 25 déc. au 1er janv. – ☕ 39 – **25 ch** 220/310.

Relais St-Eloi, 8 r. Giraudeau ✆ 02 47 38 18 19, *Fax 02 47 39 05 38* – ... – 30. AE ① GB AZ b
Repas 78 (déj.), 98/145 bc – ☕ 37 – **56 ch** 325/360 – 1/2 P 275.

Holiday Inn Express M, 247 r. Giraudeau ✆ 02 47 37 00 36, *Fax 02 47 38 50 91* – ... P – 40. AE ① GB JCB V g
Repas *(60 bc)* - 75 bc/99 ♀, enf. 38 – **48 ch** ☕ 370.

Mondial sans rest, 3 pl. Résistance ✆ 02 47 05 62 68, *Fax 02 47 61 85 31* – ... AE GB JCB BY a
☕ 37 – **19 ch** 160/280.

Italia sans rest, 19 r. Devildé ✉ 37100 ✆ 02 47 54 43 01, *Fax 02 47 54 87 43* – ... P. AE GB U n
☕ 30 – **20 ch** 176/250.

Cygne sans rest, 6 r. Cygne ✆ 02 47 66 66 41, *Fax 02 47 20 18 76* – ... AE ① GB CY a
☕ 35 – **18 ch** 200/360.

Foch sans rest, 20 r. Mar. Foch ✆ 02 47 05 70 59, *Fax 02 47 20 95 10* – ... GB BY q
☕ 35 – **14 ch** 180/300.

Charles Barrier, 101 av. Tranchée ✉ 37100 ✆ 02 47 54 20 39, *Fax 02 47 41 80 95,* ... – P. AE GB U e
fermé dim. soir – **Repas** 150/540 et carte 390 à 530 ♀
Spéc. Ravioles de langoustines. Pied de cochon farci aux ris d'agneau et truffes. Nougat de Tours croquant au pralin de noisettes.

La Roche Le Roy (Couturier), 55 rte St-Avertin ✉ 37200 ✆ 02 47 27 22 00, *Fax 02 47 28 08 39,* ... – P. AE GB X r
fermé 1er au 25 août, vacances de fév., sam. midi, dim. soir et lundi – **Repas** 160 (déj.), 200/350 et carte 270 à 400 ♀, enf. 65
Spéc. Matelote d'anguilles au vin de chinon (hiver). Ris de veau braisé aux morilles. Soufflé chaud à l'orange. **Vins** Montlouis, Chinon.

Rôtisserie Tourangelle, 23 r. Commerce ✆ 02 47 05 71 21, *Fax 02 47 61 60 76,* ... – AE GB BY z
fermé dim. soir et lundi – **Repas** 85/190 et carte 200 à 290, enf. 60.

Les Naïades-Le Lys, 63 r. Blaise Pascal ✆ 02 47 05 27 92, *Fax 02 47 05 87 62* – GB CZ n
fermé 9 au 24 août, dim. soir et lundi – **Repas** 85/175 ♀, enf. 55.

L'Odéon, 10 pl. Gén. Leclerc ✆ 02 47 20 12 65, *Fax 02 47 20 47 58* – ... AE ① GB CZ r
fermé dim. – **Repas** *(90)* - 107/225 ♂.

L'Atlantic, 59 r. Commerce ✆ 02 47 64 78 41 – ... GB BY t
fermé 31 juil. au 30 août, dim. soir et lundi – **Repas** - poissons et fruits de mer - carte 210 à 300 ♀.

Ruche, 105 r. Colbert ✆ 02 47 66 69 83, *Fax 02 47 20 41 76* – ... GB JCB CY a
fermé vacances de Noël, dim. soir et lundi – **Repas** 90/170 ♂.

Les Tuffeaux, 21 r. Lavoisier ✆ 02 47 47 19 89 – ... AE GB CY r
fermé lundi midi et dim. – **Repas** 110/200 ♀.

L'Arc-en-Ciel, 2 pl. Aumônes ✆ 02 47 05 48 88, *Fax 02 47 66 94 05* – AE ① GB CZ v
fermé dim. soir et lundi – **Repas** *(78)* - 88/230 ♀.

TOURS

Alouette (Av. de l') . . . . . . X 2
Bordiers (R. des) . . . . U 9
Boyer (R. Léon). . . . . V 10
Chevallier (R. A.). . . . . V 19
Churchill (Bd. W.) . . . . V 20
Compagnons d'Emmaüs
(Av. des). . . . . U 23
Eiffel (Av. Gustave) . . . . . U 37
Gaulle (Av. Gén. de) . . . . . V 44
Giraudeau (R.). . . . . V 46
Grammont (Av. de). . . . . . V 47
Grand-Sud (Av.). . . . . X 51
Groison (R.). . . . . U 54
Marmoutier (Q. de) . . . . . U 63
Monnet (Bd J.) . . . . V 69
Portillon (Q. de) . . . . U 81
Proud'hon (Av.). . . . . V 82
République (Av. de la) . . . U 87
St-Avertin (Rte de) . . . . . . X 89
St-Sauveur (Pont). . . . . . . V 95
Sanitas (Pont du). . . . . . VX 96
Tranchée (Av. de la) . . . . . U 98
Vaillant (R. E.) . . . . V 99
Wagner (Bd R.). . . . . V 105

CHAMBRAY-LÈS-TOURS

République (Av. de la) . . X 88

JOUÉ-LÈS-TOURS

Martyrs (R. des) . . . . X 64
Verdun (R. de). . . . . X 102

ST-AVERTIN

Brulon (R. Léon) . . . . X 14
Lac (Av. du) . . . . X 58
Larçay (R. de) . . . . X 59

ST CYR-SUR-LOIRE

St-Cyr (Q. de) . . . . V 91

ST PIERRE-DES-CORPS

Jaurès
(Boulevard Jean) . . . . V 57
Moulin (R. Jean). . . . . . . V 70

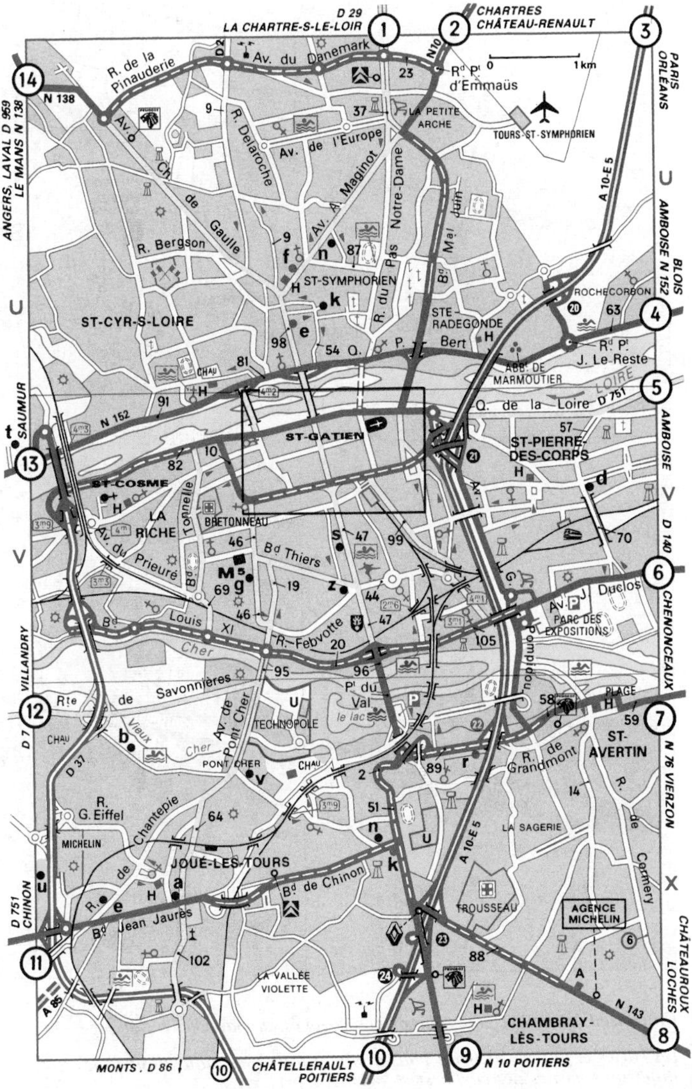

TOURS

Bordeaux (R. de) . . . . **CZ**
Commerce (R. du) . . . . **BY** 22
Grammont (Av. de) . . . . **CZ**
Grand Passage . . . . **CZ** 50
Halles (Pl. des) . . . . **AZ**
Halles (R. des) . . . . **BY**

Marceau (R.) . . . . **BYZ**
Nationale (R.) . . . . **BYZ**
Scellerie (R. de la) . . . . **BCY**

Amandiers (R. des) . . . . **CY** 4
Berthelot (R.) . . . . **BCY** 7
Bons Enfants (R. des) . . . . . **BY** 8
Boyer (R. Léon) . . . . **AZ** 10
Briçonnet (R.) . . . . **AY** 13

Carmes (Pl. des) . . . . **BY** 16
Châteauneuf (Pl. de) . . . . **BY** 17
Châteauneuf (R. de) . . . . **AY** 18
Cœur-Navré (Passage du) . . . . **CY** 21
Constantine (R. de) . . . . **BY** 24
Corneille (R.) . . . . **CY** 25
Courier (Rue Paul-Louis) . . . **BY** 27
Courteline (R. G.) . . . . **AY** 28

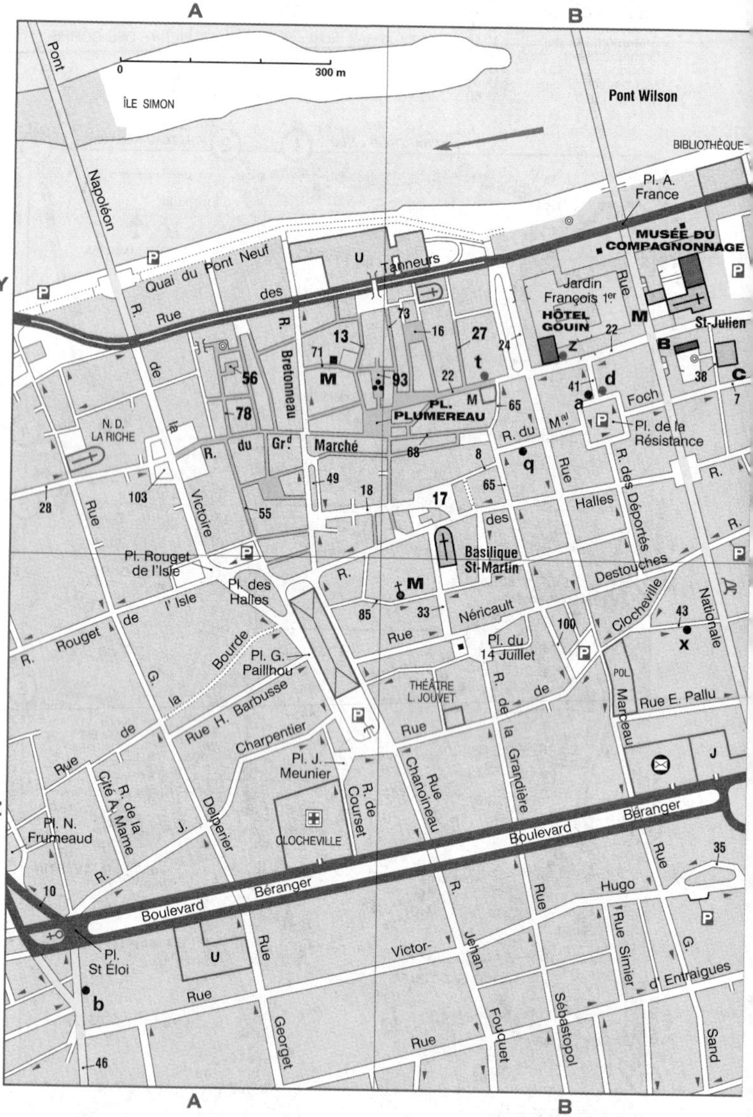

Un conseil ***Michelin*** *: pour réussir vos voyages, préparez-les à l'avance.*

Les ***cartes*** *et* ***guides Michelin*** *vous donnent toutes les indications utiles sur : itinéraires, visites des curioristés, logement, prix, etc.*

Cygne (R. du) .... **CY** 29
Descartes (R.) .... **BZ** 33
Dolve (R. de la) .... **BZ** 35
Favre (R. Jules) .... **BY** 38
Fusillés (R. des) .... **BY** 41
Gambetta (R.) .... **BZ** 43
Giraudeau (R.) .... **AZ** 46
Grand-Marché (Pl. du) ...... **AY** 49
Grégoire-de-Tours (Pl.) ..... **DY** 52
Grosse-Tour (R. de la) ...... **AY** 55
Herbes (Carroi aux) .... **AY** 56
Lavoisier (R.) .... **CY** 60
Marceau (R.) .... **DY** 61
Merville (R. du Prés.) ...... **BY** 65
Meusnier (R. Gén.) .... **DY** 66
Monnaie (R. de la) .... **BY** 68
Mûrier (R. du) .... **AY** 71
Paix (R. de la) .... **BY** 73
Petit-Cupidon (R. du) ..... **DY** 77
Petit-St-Martin (R. du) .... **AY** 78
Petites-Boucheries (Pl. des) .... **DY** 80
Racine (R.) .... **DY** 84
Rapin (R.) .... **AZ** 85
St-Pierre-le-Puellier (Pl.) . **ABY** 93
Sully (R. de) .... **BZ** 100
Victoire (Pl. de la) .... **AY** 103

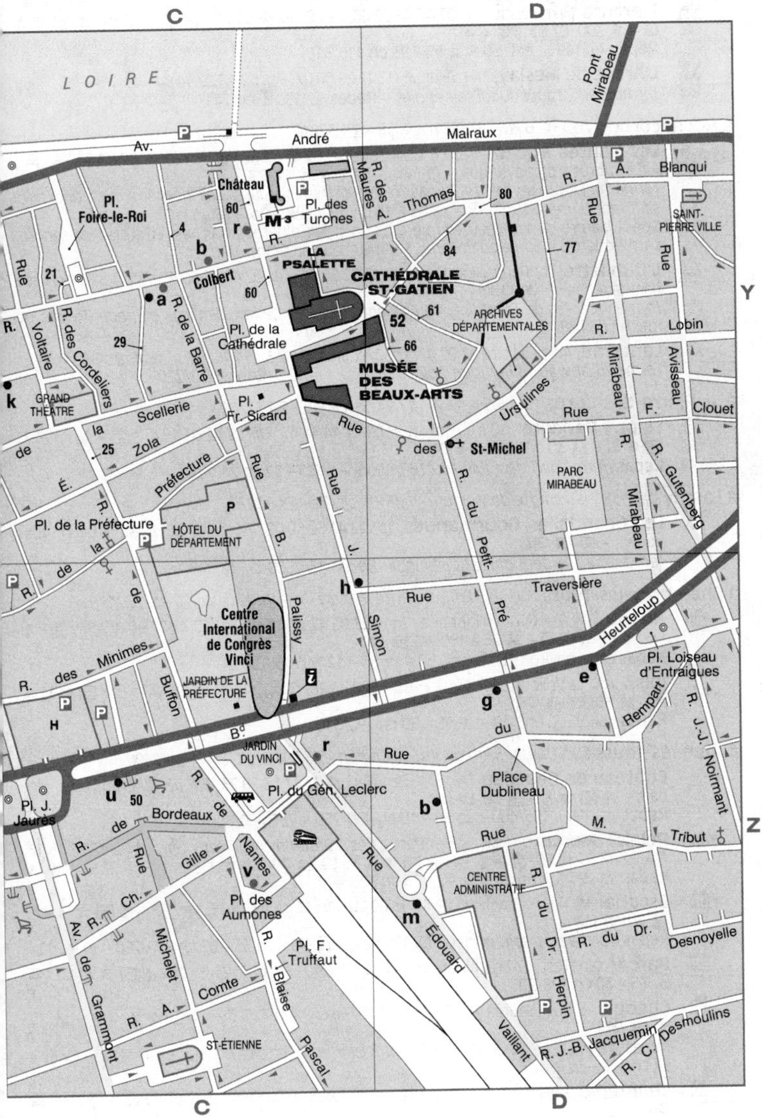

We suggest: for a successful tour, that you prepare it in advance.

***Michelin Maps** and **Guides**, will give you much useful information on route planning, places of interest, accommodation, prices etc.*

Bigarade, 122 r. Colbert ☎ 02 47 05 48 81 – GB CY b
fermé merc. midi et mardi – **Repas** *(75)* - 97/185 ♀.

Rif, 12 av. Maginot ✉ 37100 ☎ 02 47 51 12 44 – GB U f
fermé août, dim. soir et lundi – **Repas** - cuisine nord-africaine - carte 120 à 170, enf. 40.

Z.I. Milletière *Nord : 9 km par ② – ✉ 37100 Parçay-Meslay :*

Mercure M, r. Aviation ☎ 02 47 49 55 00, *Fax 02 47 49 55 25*, – P – 300. AE GB JCB
Repas 79/149, enf. 50 – 55 – **93 ch** 415/515.

L'Arche de Meslay, 14 r. Ailes ☎ 02 47 29 00 07, *Fax 02 47 29 04 04* – P. GB
fermé 5 au 28 août, lundi soir et dim. – **Repas** 83/180 ♀, enf. 41.

à Rochecorbon *par ④ : 6 km – 2 685 h. alt. 58 – ✉ 37210 :*

Les Hautes Roches M, 86 quai Loire ☎ 02 47 52 88 88, *Fax 02 47 52 81 30*, ≤, « Chambres troglodytiques », – P. AE GB
fermé mi-janv. à mi-mars – **Repas** *(fermé dim. soir et lundi soir hors saison et lundi midi sauf fériés) (155)* - 215/355 ♀ – 85 – **15 ch** 650/1350 – ½ P 760/1110
Spéc. Marbré de lapereau et foie gras en gelée d'herbes fraiches. Effeuillée de sandre, parmentière à la tome au Vouvray. Soufflé chaud au Grand-Marnier.

L'Oubliette, rte Parcey-Meslay ☎ 02 47 52 50 49, *Fax 02 47 52 50 49*, « Salle creusée dans la roche » – P. GB
fermé vacances de Toussaint, 4 au 11 janv., vacances de fév., dim. soir et lundi – **Repas** 110 (déj.), 175/298.

Lanterne, 48 quai Loire ☎ 02 47 52 50 02, *Fax 02 47 52 54 46*, – P. AE GB JCB
fermé 15 janv. au 15 fév., dim. soir et lundi sauf fériés – **Repas** 138/270.

à St-Pierre-des-Corps *Est : 3,5 km* - **V** *– 17 947 h. alt. 48 – ✉ 37700 :*

Skippy Dancotel, 10 r. J. Moulin ☎ 02 47 44 44 67, *Fax 02 47 63 19 47*, – rest, P – 30 à 150. AE GB V d
Repas *(fermé dim. sauf juil.-août)* 60/150 ♀ – 35 – **32 ch** 248/259 – ½ P 240.

à Larçay *par ⑦ : 9 km sur rte de Vierzon – 1 751 h. alt. 82 – ✉ 37270 :*

Les Chandelles Gourmandes, ☎ 02 47 50 50 02, *Fax 02 47 50 55 94*, « Décor rustique » – AE GB
fermé 21 au 26 déc., dim. soir et lundi – **Repas** 150/350 ♀.

à Chambray-lès-Tours *Sud : 6,5 km par rte de Poitiers* - **X** *– 8 190 h. alt. 90 – ✉ 37170 :*

Novotel M, Z.A.C. La Vrillonnerie - N 10 ☎ 02 47 27 41 38, *Fax 02 47 27 60 03*, – P – 25 à 180. AE GB
Repas carte environ 160 ♀, enf. 50 – 55 – **127 ch** 435/525.

Ibis, Z.A.C. La Vrillonnerie - N 10 ☎ 02 47 28 25 28, *Fax 02 47 27 84 26*, – P – 60. AE GB
Repas *(75)* - 95, enf. 39 – 35 – **80 ch** 290/310.

à Joué-lès-Tours *Sud-Ouest : 5 km par rte de Chinon – 36 798 h. alt. 65 – ✉ 37300 :*

Château de Beaulieu, 67 r. Beaulieu ☎ 02 47 53 20 26, *Fax 02 47 53 84 20*, ≤, parc – P – 30. AE GB X b
Repas 150 (déj.), 195/480 – 50 – **19 ch** 400/750 – ½ P 400/590.

Relais Mercure M, Parc des Bretonnières par ⑪ ☎ 02 47 53 16 16, *Fax 02 47 53 14 00*, – P. AE GB. rest X u
Repas *(75)* - 95, enf. 50 – 40 – **75 ch** 390/470.

Escurial M, 4 r. E. Branly ☎ 02 47 53 60 00, *Fax 02 47 67 75 33*, – P – 60. AE GB X v
Repas *(fermé dim. soir)* 53 (déj.), 79/180 bc, enf. 39 – 35 – **62 ch** 250/280 – ½ P 250.

Parc M sans rest, 17 bd Chinon ☎ 02 47 25 15 38, *Fax 02 47 25 11 43* – P. AE GB
35 – **30 ch** 198/295. X n

Chéops, 75 bd J. Jaurès ☎ 02 47 67 72 72, *Fax 02 47 67 85 38* – – 25. AE GB X a
Repas *(fermé 3 au 16 août, 21 déc. au 2 janv., sam. et dim.)* (dîner seul.) 95 ♀ – 32 – **57 ch** 198 – ½ P 210.

Chantepie sans rest, r. Chantepie ☎ 02 47 53 06 09, *Fax 02 47 67 89 25* – P. GB X e
fermé 22 déc. au 4 janv. – 35 – **28 ch** 269/289.

Ariane sans rest, 8 av. Lac par ⑪ ☎ 02 47 67 67 60, *Fax 02 47 67 33 36*, – P – 25. GB
fermé 23 déc. au 4 janv. – 32 – **32 ch** 259/289.

Lac, av. Lac par ⑪ ✆ 02 47 67 37 87, *Fax 02 47 67 85 43*, – TV ☎ P – 25 à 50. AE O GB
Repas (62) - 79/120 ♀, enf. 39 – ☕ 35 – **16 ch** 230 – 1/2 P 215.

Ronsard, 47 av. Bordeaux (N 10) ✆ 02 47 25 13 44, *Fax 02 47 48 01 68* – P. GB — X k
fermé 15 juil. au 15 août, dim. soir et lundi – **Repas** 95/205 ♀, enf. 48.

rte de Savonnières *par ⑫ : 12 km sur D 7 – ✉ 37510 Joué-lès-Tours :*

Rest. des Cèdres, ✆ 02 47 73 60 00, *Fax 02 47 73 60 01*, – P. GB
fermé dim. soir, lundi et mardi d'oct. à mai – **Repas** 115/250 bc.

à La Guignière *Ouest : 4 km par ⑬ – ✉ 37230 Fondettes :*

Manoir sans rest, ✆ 02 47 42 04 02, ← – TV ☎ P. AE GB — V t
fermé vacances de fév. – ☕ 26 – **16 ch** 195/220.

à La Membrolle-sur-Choisille *Nord-Ouest : 6 km par ⑭ – 2 644 h. alt. 60 – ✉ 37390 :*

Host. du Château de l'Aubrière, rte Fondettes ✆ 02 47 51 50 35, *Fax 02 47 51 34 69*, ←, , parc, – TV ☎ P – 50. AE GB. rest
fermé 10 au 20 janv., mardi midi et lundi – **Repas** 190/300 ♀ – ☕ 55 – **9 ch** 450/900, 4 appart – 1/2 P 600.

MICHELIN, Agence, ZI Chambray-lès-Tours X ✆ 02 47 28 60 59

CITROEN Succursale, 20 av. G.-Eiffel ✆ 02 47 49 50 51

Euromaster, 16 r. Ch.-Huygens ZI la Milletière ✆ 02 47 51 03 03

Super Pneus, 55 r. Voltaire ✆ 02 47 05 74 83
Vulco, 145 av. Maginot, N 10 ✆ 02 47 54 57 50
Vulco, 20 r. É-Vaillant ✆ 02 47 05 59 99

Périphérie et environs

ALFA ROMEO Gar. Stela, à Chambray-les-Tours ✆ 02 47 48 21 00
BMW Gar. St-Simon, av. Fontaines à St-Avertin ✆ 02 47 27 89 89 N ✆ 08 00 00 16 24
CITROEN Succursale, 151 bd de Chinon à Joué-les-Tours ✆ 02 47 80 21 21
FORD Gar. Pont, r. Coulomb-la-Vrillonnerie à Chambray-les-Tours ✆ 02 47 48 69 00 N ✆ 02 47 41 15 15
FORD Val de Loire Autom., 243 bd Ch-de-Gaulle à St-Cyr-sur-Loire ✆ 02 47 88 47 88
MERCEDES SCA Touraine, Gd Sud Avenue, N 10 à Chambray-les-Tours ✆ 02 47 28 06 37 N ✆ 08 00 24 24 30
NISSAN SDA, La Vrillonnerie ZI N 2, 64 r. Ch.-Coulomb à Chambray-les-Tours ✆ 02 47 48 08 16
OPEL Touraine Autom., 240 bd Ch.-de-Gaulle à St-Cyr-sur-Loire ✆ 02 47 49 12 12
OPEL Touraine Autom., 82 r. Charles Coulomb à Chambray-les-Tours ✆ 02 47 28 08 08
PEUGEOT Gar. Cazin, 31 r. Grandmont à St-Avertin ✆ 02 47 27 02 44
PEUGEOT Gar. de Touraine, 51 Gd Sud Avenue à Chambray les Tours ✆ 02 47 80 62 05
PEUGEOT Gds Gar. de Touraine, 207 bd Ch.-de-Gaulle à St-Cyr-sur-Loire ✆ 02 47 40 63 06
RENAULT Succursale, 1 Gd Sud Avenue à Chambray-lès-Tours ✆ 02 47 80 77 77 N ✆ 02 47 48 10 44

Euromaster, 14 r. J.-Perrin à Chambray-les-Tours ✆ 02 47 28 18 55
La Maison du Pneu, 55 bd de Chinon à Joué-les-Tours ✆ 02 47 25 13 66
Vulco, 28 rte de Bordeaux à Chambray-lès-Tours ✆ 02 47 25 16 16
Vulco, 193 Gd Sud Avenue à Chambray-les-Tours ✆ 02 47 28 25 89

TOURS-SUR-MARNE *51150 Marne 56 ⑯ ⑰ – 1 152 h alt. 79.*

Paris 155 – Reims 29 – Châlons-en-Champagne 23 – Épernay 14.

Touraine Champenoise avec ch, r. Magasin ✆ 03 26 58 91 93, *Fax 03 26 58 95 47* – ☎. AE O GB
fermé 24 au 29 déc. – **Repas** 98/255 ♀, enf. 51 – ☕ 38 – **9 ch** 210/300 – 1/2 P 241/286.

RENAULT Gar. Croizy, ✆ 03 26 58 90 99

TOURTOUR *83690 Var 84 ⑥, 114 ⑧ ⑨ G. Côte d'Azur – 472 h alt. 652.*

Voir *Église* ✲★.

Paris 829 – Aups 10 – Draguignan 21 – Salernes 11.

Bastide de Tourtour, rte de Flayosc ✆ 04 94 70 57 30, *Fax 04 94 70 54 90*, ← massif des Maures, , parc, , – TV ☎ P – 25. AE O GB
fermé 15 nov. au 15 déc. – **Repas** *(fermé mardi midi et lundi d'oct. à avril)* 160/280 – ☕ 75 – **25 ch** 670/1400 – 1/2 P 660/1000.

Petite Auberge, Sud : 1,5 km par D 77 ✆ 04 94 70 57 16, *Fax 04 94 70 54 52*, ← massif des Maures, , – TV ☎ P. AE O GB JCB
fermé 15 nov. au 15 déc. – **Repas** *(fermé jeudi sauf le soir du 15 juin au 15 sept.)* 180 ♀ – ☕ 50 – **11 ch** 450/650 – 1/2 P 475/650.

Aub. St-Pierre, Est : 3 km par D 51 et rte secondaire ✆ 04 94 70 57 17, *Fax 04 94 70 59 04*, ←, , « Sur un domaine agricole », , , – ☎ P – 25. GB
1er avril-15 oct. – **Repas** *(fermé merc.)* 170/210 – ☕ 55 – **16 ch** 450/520 – 1/2 P 430/470.

Mas des Collines M ⦻, Ouest : 2 km par rte Villecroze et chemin privé ☎ 04 94 70 59 30, *Fax 04 94 70 57 62*, ≤ massif des Maures, ⛱, ⛱, 🪑 – ▤ TV ☎ P. AE GB
Repas *(fermé mardi midi hors sais. sauf vacances scolaires)* 99 (déj.), 120/169 ♁ – ☕ 35 – **7 ch** 430 – ½ P 375.

Les Chênes Verts (Bajade) M ⦻ avec ch, Ouest : 2 km sur rte Villecroze ☎ 04 94 70 55 06, *Fax 04 94 70 59 35*, 🪑 – TV ☎ P. AE GB JCB
fermé 7 au 15 janv., 15 au 25 juin, mardi soir et merc. – **Repas** 150 (déj.)/250 – ☕ 70 – **3 ch** 500/600
Spéc. Salade de caille aux pignons. Risotto aux cèpes séchés et truffe du pays. Escalope de râble de lapereau en crème de romarin.

TOURVES *83170 Var* 84 ⑮ *– 2 788 h alt. 270.*

Office de Tourisme ☎ 04 94 78 77 95.

Paris 799 – Aix-en-Provence 47 – Aubagne 39 – Brignoles 12 – Toulon 49.

Domaine du Paradou ⦻ avec ch, Est : 3 km par rte Brignoles, N 7 et rte secondaire ☎ 04 94 78 81 97, *Fax 04 94 78 81 97*, ⛱, parc, « Moulin du 17e siècle au bord de l'eau » – P. GB JCB
fermé merc. sauf juil.-août – **Repas** 150, enf. 70 – ☕ 40 – **6 ch** 160/300.

TOURVILLE-LA-RIVIÈRE *76410 S.-Mar.* 55 ⑥ *– 1 886 h alt. 11.*

Paris 119 – Rouen 14 – Les Andelys 37 – Elbeuf 11 – Gournay-en-Bray 63 – Louviers 19.

Tourville (Florin), ☎ 02 35 77 58 79 – P. GB
fermé vacances de Pâques, août, 25 au 30 déc. et lundi – **Repas** (nombre de couverts limité, prévenir) (déj. seul. sauf vend. et sam.) carte 270 à 440 ♀
Spéc. Terrine de foies de volailles. Raie crème et moutarde. Bar grillé beurre blanc.

CAP, ☎ 02 35 81 88 88

La TOUSSUIRE *73 Savoie* 77 ⑥ ⑦ *G. Alpes du Nord – alt. 1690 – Sports d'hiver : 1 450/2 400 m ⛷ 19 ⛷ – ✉ 73300 Fontcouverte-la-Toussuire.*

Office de Tourisme ☎ 04 79 56 70 15, Fax 04 79 83 02 99.

Paris 651 – Albertville 77 – Chambéry 88 – St-Jean-de-Maurienne 15.

Les Soldanelles ⦻, ☎ 04 79 56 75 29, *Fax 04 79 56 71 56*, ≤, 🏊, 🪑 – 🛗 TV ☎ P. GB. ✻ rest
juil.-août et 18 déc.-vacances de printemps – **Repas** *(80)* - 120/240, enf. 50 – ☕ 42 – **33 ch** 250/310 – ½ P 375/405.

Les Airelles, ☎ 04 79 56 75 88, *Fax 04 79 83 03 48*, ≤ – 🛗 TV ☎ P. GB. ✻ rest
juil.-août et 15 déc.-25 avril – **Repas** 95/170, enf. 50 – ☕ 40 – **31 ch** (½ pens. seul.) – ½ P 350/370.

TOUZAC *46 Lot* 79 ⑥ *– rattaché à Puy-l'Évêque.*

TRACY-SUR-MER *14 Calvados* 54 ⑮ *– rattaché à Arromanches-les-Bains.*

TRAENHEIM *67310 B.-Rhin* 87 ⑮ *– 496 h alt. 200.*

Paris 469 – Strasbourg 24 – Haguenau 40 – Molsheim 8 – Saverne 20.

Zum Loejelgucker, 17 r. Principale ☎ 03 88 50 38 19, *Fax 03 88 31 61 82*, ⛱, « Vieille demeure alsacienne » – GB
fermé 18 au 28 fév., lundi et mardi – **Repas** 105/220 ♀.

RENAULT Gar. Ostermann, ☎ 03 88 50 38 46

La TRANCHE-SUR-MER *85360 Vendée* 71 ⑪ *G. Poitou Vendée Charentes – 2 065 h alt. 4.*

Env. *Parc de Californie★ (parc ornithologique) E : 9 km.*

Office de Tourisme pl. Liberté ☎ 02 51 30 33 96, Fax 02 51 27 78 71.

Paris 454 – La Rochelle 62 – La Roche-sur-Yon 40 – Luçon 30 – Niort 91 – Les Sables-d'Olonne 40.

Dunes, ☎ 02 51 30 32 27, *Fax 02 51 27 78 30*, 🏋, 🏊 – ☎ P. GB. ✻
1er avril-25 sept. – **Repas** *(68)* - 85/165 ♀, enf. 50 – ☕ 38 – **50 ch** 270/505 – ½ P 280/405.

Rêve ⦻, ☎ 02 51 30 34 06, *Fax 02 51 30 15 80*, ⛱, ⛱, 🪑 – TV ☎ P. GB
1er avril-30 sept. et fermé lundi hors saison – **Repas** 95/245, enf. 55 – ☕ 40 – **42 ch** 390/480 – ½ P 370/420.

Océan ⑤, ✆ 02 51 30 30 09, *Fax 02 51 27 70 10*, ≤, – ☎ P. GB
1er avril-30 sept. – **Repas** 90/210 ♀, enf. 60 – ☐ 50 – **47 ch** 200/485 – ½ P 380/420.

Milouin, av. M. Samson ✆ 02 51 27 49 49, *Fax 02 51 27 49 49*, – AE GB
15 mars-20 nov. – **Repas** 69/195, enf. 39.

à la Grière *Est : 2 km par D 46 – ✉ 85360 La Tranche-sur-Mer :*

Marinotel M ⑤ sans rest, ✆ 02 51 27 44 20, *Fax 02 51 27 43 54*, – TV ☎ ♿ P. GB.
Pâques-15 sept. – ☐ 45 – **18 ch** 495.

Cols Verts, ✆ 02 51 27 49 30, *Fax 02 51 30 11 42*, – TV ☎. AE GB
4 avril-27 sept. et fermé mardi sauf juil.-août – **Repas** 80/195, enf. 40 – ☐ 42 – **35 ch** 290/450 – ½ P 305/385.

AUDI, WOLKSWAGEN Gar. du Maupas, ✆ 02 51 30 38 43
CITROEN Gar. du Château d'Eau, 14 rte de La Roche-sur-Yon à Angles ✆ 02 51 97 53 34
PEUGEOT Gar. Vrignaud, rte de la Tranche à Angles ✆ 02 51 97 52 27

TRÉBEURDEN *22560 C.-d'Armor* 59 ① *G. Bretagne – 3 094 h alt. 81.*
Voir *Le Castel ≤★ 30 mn – Pointe de Bihit ≤★ SO : 2 km – Pleumeur-Bodou : Radôme et musée des Télécommunications★, Planétarium du Trégor★, NE : 5,5 km.*
de St-Samson ✆ 02 96 23 87 34, NE : 7 km.
Office de Tourisme pl. Crech'Héry ✆ 02 96 23 51 64, Fax 02 96 47 44 87.
Paris 523 – St-Brieuc 72 – Lannion 9 – Perros-Guirec 14.

Manoir de Lan-Kerellec ⑤, ✆ 02 96 15 47 47, *Fax 02 96 23 66 88*, ≤ la côte, – TV ☎ P – 25. AE GB JCB
20 mars-11 nov. – **Repas** *(fermé mardi midi et lundi sauf du 15 juin au 15 sept.)* 140 (déj.), 185/360 ♀ – ☐ 75 – **18 ch** 800/1650 – ½ P 650/1175.

Ti al-Lannec ⑤, ✆ 02 96 15 01 01, *Fax 02 96 23 62 14*, ≤ la côte, , parc, – TV ☎ P – 30. AE GB. rest
14 mars-11 nov. – **Repas** 110 (déj.), 190/390 ♀, enf. 95 – ☐ 70 – **29 ch** 460/1100 – ½ P 605/820.

Toëno, rte Trégastel : 1,5 km ✆ 02 96 23 68 78, *Fax 02 96 15 42 54*, ≤ – TV ☎ P. AE GB
fermé 15 nov. au 15 déc. – **Repas** (dîner seul.) 80/120 ♀ – ☐ 40 – **17 ch** 280/310 – ½ P 270/285.

TRÉBOUL *29 Finistère* 58 ⑭ *– rattaché à Douarnenez.*

TREFFENDEL *35380 I.-et-V.* 63 ⑤ *– 623 h alt. 115.*
Paris 377 – Rennes 30 – Ploërmel 34 – Redon 51.

Aub. du Presbytère, ✆ 02 99 61 00 76, *Fax 02 99 61 00 48*, , – P. GB
fermé dim. soir et lundi – **Repas** 100 (déj.), 165/260 ♀.

TREFFIAGAT *29 Finistère* 58 ⑭ *– rattaché à Guilvinec.*

TREFFORT *38650 Isère* 77 ⑭ *– 78 h alt. 618.*
Paris 599 – Grenoble 34 – Monestier-de-Clermont 9 – La Mure 42.

au bord du lac *Sud : 3 km par D 110E – ✉ 38650 Treffort :*

Château d'Herbelon ⑤, ✆ 04 76 34 02 03, *Fax 04 76 34 05 44*, ≤, , – TV ☎ P. GB. ch
fermé vacances de Toussaint, 2 janv. au 8 mars, lundi soir et mardi sauf juil.-août – **Repas** 95/198, enf. 55 – ☐ 35 – **9 ch** 305/440 – ½ P 310/370.

TREFFORT *01370 Ain* 70 ⑬ *– 1 779 h alt. 280.*
Paris 435 – Mâcon 48 – Bourg-en-Bresse 16 – Lons-le-Saunier 56 – Oyonnax 40 – Pont-d'Ain 34.

L'Embellie, pl. Marché ✆ 04 74 42 35 05, *Fax 04 74 42 35 65*, – TV ☎ P. GB
hôtel : fermé 20 au 27 oct. et lundi – **Repas** *(fermé 20 au 27 oct., 3 au 28 fév., dim. soir sauf juil.-août et lundi)* 100/235, enf. 50 – ☐ 50 – **8 ch** 180/260.

TRÉGASTEL *22730 C.-d'Armor* 59 ① *G. Bretagne* **(plan)** *– 2 201 h alt. 58.*
Voir *Rochers★★ – Ile Renote★★ NE – Table d'Orientation ≤★.*
de St-Samson ✆ 02 96 23 87 34, S : 3 km.
Office de Tourisme pl. Ste-Anne ✆ 02 96 23 88 67, Fax 02 96 23 85 97.
Paris 524 – St-Brieuc 73 – Lannion 10 – Perros-Guirec 9 – Trébeurden 10 – Tréguier 27.

Belle Vue, ✆ 02 96 23 88 18, *Fax 02 96 23 89 91*, – ☎ P. AE ⓓ GB
hôtel : 1er avril-5 oct. ; rest. : 1er mai- 30 sept. et fermé lundi midi – **Repas** 90/250 ♀, enf. 50 – ☕ 50 – **31 ch** 380/530 – ½ P 385/515.

Aub. Vieille Eglise, à Trégastel-Bourg, Sud : 2,5 km (rte Lannion) ✆ 02 96 23 88 31, *Fax 02 96 15 33 75* – P. AE GB
fermé vacances de fév., dim. soir et lundi du 1er sept. au 30 juin – **Repas** (prévenir) 78/270.

au golf de St-Samson *Sud : 3 km par D 788 et rte secondaire* – ✉ *22560 Pleumeur-Bodou :*

Golf H. ⑤, ✆ 02 96 23 87 34, *Fax 02 96 23 84 59*, ←, ⛱, , – TV ☎ ♿ P – 🏛 60. AE ⓓ GB. ✂ rest
Repas *(début mai-fin nov. et fermé dim. soir et lundi d'oct. à Pâques)* 95/160, enf. 65 – ☕ 45 – **50 ch** 350/405 – ½ P 345.

Gar. de la Corniche, ✆ 02 96 23 88 70

TRÉGUIER *22220 C.-d'Armor* 59 ② *G. Bretagne* **(plan)** – *2 799 h alt. 40.*
Voir *Cathédrale St-Tugdual★★ : cloître★.*
Env. *chapelle St-Gonéry★ N : 6 km – Le Gouffre★ N : 10 km puis 15 mn.*
🅸 *Office de Tourisme Hôtel de Ville* ✆ *02 96 92 30 19, Fax 02 96 92 29 25.*
Paris 505 – St-Brieuc 57 – Guingamp 28 – Lannion 18 – Paimpol 15.

sur le port :

Aigue Marine Ⓜ, 5 r. M. Berthelot ✆ 02 96 92 97 00, *Fax 02 96 92 44 48*, ←, , , ⛱, – cuisinette, rest, TV ☎ ♿ P – 🏛 80. AE GB
fermé 3 janv. au 14 fév. – **Repas** *(fermé sam. midi, dim. soir et lundi midi d'oct. à avril)* 100/195 ♀, enf. 60 – ☕ 55 – **31 ch** 450, 17 studios – ½ P 380/430.

Roches Douvres sans rest, 17 r. M. Berthelot ✆ 02 96 92 27 27, ←, – TV ☎ ♿ P. GB
fermé 5 au 18 oct. – ☕ 30 – **20 ch** 250/290.

rte de Lannion *Sud-Ouest : 2 km par D 786 et rte secondaire* – ✉ *22220 Tréguier :*

Kastell Dinec'h ⑤, ✆ 02 96 92 49 39, *Fax 02 96 92 34 03*, « Jardin », ⛱ – TV ☎ P. GB. ✂ rest
22 mars-9 oct., 25 oct.-31 déc. et fermé mardi soir et merc. hors saison – **Repas** (dîner seul.) 129/310 – ☕ 60 – **15 ch** 455/485 – ½ P 450/500.

PEUGEOT S.V.A.T., 1 r. Gambetta ✆ 02 96 92 32 52 🅽 ✆ 02 96 92 32 52

TRÉGUNC *29910 Finistère* 58 ⑪ ⑯ – *6 130 h alt. 45.*
🅸 *Office de Tourisme 16 r. de Pont-Aven* ✆ *02 98 50 22 05, Fax 02 98 97 77 60.*
Paris 544 – Quimper 28 – Concarneau 7 – Pont-Aven 9 – Quimperlé 28.

Aub. Les Gdes Roches ⑤, Nord-Est : 0,6 km par V 3 ✆ 02 98 97 62 97, *Fax 02 98 50 29 19*, « Fermes aménagées dans un parc, dolmen et menhir » – ☎ P. GB. ✂ ch
hôtel : fermé mi-déc. à mi-janv. et vacances de fév. – **Repas** *(ouvert mi-mars-mi-nov. et fermé le midi et lundi sauf week-ends et fériés)* 98/240, enf. 55 – ☕ 45 – **21 ch** 260/400 – ½ P 295/460.

TRELLY *50660 Manche* 54 ⑫ – *478 h alt. 20.*
Paris 326 – St-Lô 36 – Avranches 37 – Bréhal 13 – Coutances 11 – Granville 22 – Villedieu-les-Poêles 24.

Verte Campagne (Bernou) ⑤ avec ch, Sud Est : 1,5 km par D 539 et rte secondaire ✆ 02 33 47 65 33, *Fax 02 33 47 38 03*, « Ferme normande ancienne », – ☎ P. GB. ✂
fermé 25 nov. au 8 déc., 15 janv. au 8 fév., dim. soir du 15 sept. au 15 juin et lundi sauf fériés – **Repas** 140/350 et carte 290 à 400 ♀ – ☕ 40 – **7 ch** 220/380 – ½ P 290/350
Spéc. Vinaigrette tiède de rouget à l'andouille. Assiette tout agneau de pré-salé et orge perlée (Pâques à fin sept.). Florentin aux noix et glace pain d'épice.

TRÉLON *59132 Nord* 53 ⑯ *G. Flandres Artois Picardie* – *2 923 h alt. 188.*
Paris 214 – St-Quentin 69 – Avesnes-sur-Helpe 16 – Charleroi 52 – Guise 41 – Hirson 17 – Lille 114 – Vervins 36.

Le Framboisier, ✆ 03 27 59 73 34, *Fax 03 27 57 07 47* – P. GB
fermé 1er au 21 sept., 15 au 28 fév., dim. soir et lundi – **Repas** *(65)* - 108/320 ♀.

La TREMBLADE *17390 Char.-Mar.* **71** ⑭ *G. Poitou Vendée Charentes – 4 623 h alt. 4.*
Paris 514 – Royan 21 – Marennes 10 – Rochefort 31 – La Rochelle 69.

Mounière sans rest, 55 av. Gén. de Gaulle, par rte Ronce-les-Bains ✆ 05 46 36 09 19 – TV ☎ P. GB. ✗
mars-nov. – ☕ 30 – **16 ch** 300/330.

Phoebus sans rest, 13 ter r. Foran ✆ 05 46 36 29 85, *Fax 05 46 36 51 03* – TV ☎ ✆. GB
☕ 32 – **9 ch** 250/300.

PEUGEOT Gar. Horseau, 62 bd Joffre ✆ 05 46 36 13 23

TREMBLAY-EN-FRANCE *93 Seine-St-Denis* **56** ⑪., **101** ⑱ – *voir à Paris, Environs.*

Le TREMBLAY-SUR-MAULDRE *78490 Yvelines* **60** ⑨, **106** ㉘ – *668 h alt. 132.*
Académie de Golf ✆ 01 34 94 25 25.
Paris 42 – Houdan 25 – Mantes-la-Jolie 33 – Rambouillet 17 – Versailles 22.

Château du Tremblay ⛰, ✆ 01 34 87 92 92, *Fax 01 34 87 86 27*, ←, 🌳, « Demeure du 17e siècle dans un parc » – TV ☎ P – 🏛 150. AE ⓓ GB
fermé 24 au 30 déc. – **Repas** *(fermé dim. soir)* 130/270 – ☕ 50 – **31 ch** 600/1200 – 1/2 P 480.

XXX ✿ **Gentilhommière** (Brun), ✆ 01 34 87 80 96, *Fax 01 34 87 91 52*, 🌳 – AE ⓓ GB JCB
fermé 3 août au 3 sept., vacances de fév., lundi soir et mardi – **Repas** 220/360 et carte 270 à 520
Spéc. Langoustines au sésame et au curry. Lotte rôtie et rosace de pommes de terre au romarin. Pigeon caramélisé aux épices.

TREMEUR *22250 C.-d'Armor* **59** ⑮ – *613 h alt. 62.*
Paris 409 – Rennes 58 – St-Malo 55 – Dinan 24 – Loudéac 55 – St-Brieuc 45.

Les Dineux, voie express N 12, Z.A. Les Dineux ✆ 02 96 84 65 80, *Fax 02 96 84 76 35*, 🌳, 🏊, 🏨 – ≡ rest, TV ☎ P. GB. ✗ ch
fermé 20 déc. au 10 janv. – **Repas** *(fermé sam. soir et dim. sauf juil.-août)* (65) - 85/157 🍷 – ☕ 40 – **15 ch** 320 – 1/2 P 310.

TRÉMINIS *38710 Isère* **77** ⑮ *G. Alpes du Nord – 173 h alt. 900.*
Voir Site★.
Paris 630 – Gap 72 – Grenoble 65 – Monestier-de-Clermont 32 – La Mure 30 – Serres 57.

Alpes ⛰, à Château-Bas ✆ 04 76 34 72 94, 🏨 – P. ✗ rest
fermé nov., dim. soir et lundi de déc. à mars – **Repas** 69/115 🍷 – ☕ 26 – **11 ch** 150/260 – 1/2 P 210/230.

TRÉMOLAT *24510 Dordogne* **75** ⑯ *G. Périgord Quercy – 625 h alt. 53.*
Voir Belvédère de Racamadou★★ *N : 2 km.*
Paris 533 – Périgueux 53 – Bergerac 34 – Brive-la-Gaillarde 86 – Sarlat-la-Canéda 47.

✿ **Vieux Logis** ⛰, ✆ 05 53 22 80 06, *Fax 05 53 22 84 89*, ←, 🌳, « Jardin fleuri ouvert sur la campagne », 🏊 – TV ☎ ♿ P – 🏛 60. AE ⓓ GB
Repas *(fermé mardi midi et merc. midi du 15 sept. au 15 juil.)* 185/390 et carte 310 à 510, enf. 95 – ☕ 85 – **19 ch** 780/1360, 5 appart – 1/2 P 655/1155
Spéc. Tarte minute aux cèpes. Grosse pomme de terre aux ris de veau et à la truffe. Filet de boeuf à la ficelle et au foie gras. **Vins** Pécharmant, Monbazillac.

CITROEN Gar. Evano, rte du Cingle ✆ 05 53 22 80 10

TRÉMONT-SUR-SAULX *55 Meuse* **61** ⑩ – *rattaché à Bar-le-Duc.*

TRÉMUSON *22 C.-d'Armor* **59** ③ – *rattaché à St-Brieuc.*

TRÉPASSÉS (Baie des) *29 Finistère* **58** ⑬ – *rattaché à Raz (Pointe du).*

Des pneus mal gonflés s'usent vite, tiennent moins bien la route, sont moins confortables. Respectez les pressions recommandées.

Le TRÉPORT *76470 S.-Mar.* 52 ⑤ *G. Normandie Vallée de la Seine* **(plan)** – *6 227 h alt. 12* – *Casino*.
Voir *Calvaire des Terrasses* ≤★.
Office de Tourisme Quai Sadi-Carnot ✆ *02 35 86 05 69, Fax 02 35 50 18 73.*
Paris 176 – Amiens 86 – Abbeville 36 – Blangy-sur-Bresle 25 – Dieppe 31 – Rouen 94.

XX **Homard Bleu,** 45 quai François 1er ✆ 02 35 86 15 89, *Fax 02 35 86 49 21* – AE ⓓ GB
fermé 20 déc. au 10 fév. – **Repas** 95/290 ♀.

XX **St-Louis,** 43 quai François 1er ✆ 02 35 86 20 70, *Fax 02 35 50 67 10* – ▤. AE ⓓ GB JCB
fermé 15 nov. au 15 déc. – **Repas** 95/280 ♀.

RENAULT Gar. Moderne, 1 et 9 q. S.-Carnot ✆ 02 35 86 13 90 N ✆ 02 35 86 13 90

TRESSERVE *73 Savoie* 74 ⑮ – *rattaché à Aix-les-Bains.*

TRÉVOU-TRÉGUIGNEC *22660 C.-d'Armor* 59 ① – *1 210 h alt. 56.*
Paris 513 – St-Brieuc 65 – Guingamp 36 – Lannion 14 – Paimpol 29 – Perros-Guirec 11 – Tréguier 14.

Ker Bugalic ⛰, ✆ 02 96 23 72 15, *Fax 02 96 23 74 71*, ≤, « Jardin fleuri » – TV ☎ 📞 P. GB. ✈ rest
4 avril-30 sept. et fermé le midi sauf vend., sam. et dim. du 15 sept. au 15 juin – **Repas** (prévenir) 115/280 ♀, enf. 65 – ☕ 38 – **18 ch** 280/450 – ½ P 360/420.

TRIEL-SUR-SEINE *78 Yvelines* 55 ⑲,, 101 ① ② – *voir à Paris, Environs.*

TRIE-SUR-BAÏSE *65220 H.-Pyr.* 85 ⑨ – *1 011 h alt. 240.*
Paris 800 – Auch 48 – Lannemezan 26 – Mirande 24 – Tarbes 32.

de la Tour, ✆ 05 62 35 52 12, *Fax 05 62 35 59 92*, 🏖 – TV ☎ 📞. GB
Repas *(fermé lundi midi)* 69/120 ♀, enf. 45 – ☕ 33 – **11 ch** 160/240 – ½ P 220.

TRIGANCE *83840 Var* 84 ⑥ ⑦, 114 ⑨ – *120 h alt. 800.*
Paris 818 – Digne-les-Bains 74 – Castellane 20 – Comps-sur-Artuby 10 – Draguignan 40 – Grasse 71 – Manosque 88.

Château de Trigance ⛰, accès par voie privée ✆ 04 94 76 91 18, *Fax 04 94 85 68 99*, « Cadre médiéval, terrasse avec ≤ vallée et montagnes » – TV ☎ P. AE ⓓ GB
21 mars-1er nov. – **Repas** *(fermé merc. midi en mars et oct.)* 220/300 – ☕ 68 – **10 ch** 600/900 – ½ P 580/730.

XX **Vieil Amandier** ⛰ avec ch, ✆ 04 94 76 92 92, *Fax 04 94 85 68 65*, 🏖, 🏊 – TV ☎ ♿ P. GB
25 mars-11 nov. – **Repas** 100 (déj.), 120/280 ♀, enf. 50 – ☕ 40 – **12 ch** 260/320 – ½ P 270/315.

La TRINITÉ-SUR-MER *56470 Morbihan* 63 ⑫ *G. Bretagne* – *1 433 h alt. 20.*
Voir *Pont de Kerisper* ≤★.
Office de Tourisme Môle L.-Caradec ✆ *02 97 55 72 21, Fax 02 97 55 78 07.*
Paris 489 – Vannes 30 – Auray 12 – Carnac 4 – Lorient 50 – Quiberon 22 – Quimperlé 65.

Rouzic, ✆ 02 97 55 72 06, *Fax 02 97 55 82 25*, ≤ – |‡| TV ☎ 📞. AE ⓓ GB
fermé 15 nov. au 15 déc. et 1er au 15 janv. – **Repas** *(fermé dim. soir et lundi de mi-sept. à début juin)* 82/150 – ☕ 37 – **32 ch** 340/380 – ½ P 316/330.

XXX **L'Azimut** (Le Calvez), ✆ 02 97 55 71 88, *Fax 02 97 55 80 15*, 🏖 – GB
✿ *fermé mardi soir et merc. du 15 sept. au 15 juin sauf vacances scolaires* – **Repas** 98/238 et carte 180 à 290 ♀, enf. 50
Spéc. Homard grillé au feu de bois, sauce corail. Noix de Saint-Jacques en salade de foie gras poelé (15 oct. au 1er avril). Craquantes de blé noir au lait caillé fermier, coulis d'hydromel (hiver).

XX **Ostréa** avec ch, ✆ 02 97 55 73 23, *Fax 02 97 55 86 43*, ≤, 🏖 – TV ☎ 📞 P. AE GB
15 mars-30 sept. et fermé mardi sauf juil.-août – **Repas** 130/165 ♀, enf. 60 – ☕ 43 – **8 ch** 290/360.

TRIZAY *17250 Char.-Mar.* 71 ⑭ – *1 049 h alt. 20.*
Paris 477 – La Rochelle 52 – Royan 35 – Rochefort 12 – Saintes 26.

Ouest *2,5 km par rte de St-Agnant :*

XXX **Les Jardins du Lac** M ⛰ avec ch, base de Loisirs ✆ 05 46 82 03 56, *Fax 05 46 82 03 55*, ≤, 🏖, « Dans un jardin dominant le plan d'eau », 🏊 – TV ☎ 📞 ♿ P – 🏛 25. AE ⓓ GB
Repas 150/200 et carte 230 à 340 – ☕ 50 – **8 ch** 500/550 – ½ P 500.

Les TROIS-ÉPIS *68410 H.-Rhin 62 ⑱ G. Alsace Lorraine – alt. 658.*

Paris 472 – Colmar 11 – Gérardmer 49 – Munster 17 – Orbey 12.

Trois Épis ⓢ, ✆ 03 89 49 81 61, *Fax 03 89 78 90 48,* ≤ forêt vosgienne et plaine d'Alsace, – |♦| TV ☎ P – 30. AE GB. ✻ rest
Repas *(fermé merc. sauf fériés)* 100/360 ♀, enf. 50 – ☐ 60 – **40 ch** 265/480 – ½ P 355/430.

Croix d'Or, ✆ 03 89 49 83 55, *Fax 03 89 49 87 14,* ≤, – TV ☎ P. GB
fermé 20 nov. au 31 déc. et mardi – **Repas** 75/185 ♀, enf. 50 – ☐ 35 – **12 ch** 180/290 – ½ P 210/260.

Chêneraie ⓢ sans rest, ✆ 03 89 49 82 34, *Fax 03 89 49 86 70,* parc – ☎ P. GB. ✻
fermé 1er janv. au 10 fév. et merc. – ☐ 48 – **20 ch** 210/280.

Villa Rosa, ✆ 03 89 49 81 19, *Fax 03 89 78 90 45,* ≤, établissement réservé aux non fumeurs exclusivement, – ☎. GB. ✻ rest
fermé 23 nov. au 5 déc., 11 janv. au 11 mars et jeudi – **Repas** (dîner seul.) 100 ♀ – ☐ 48 – **10 ch** 290/340 – ½ P 290/315.

TROISFONTAINES *57870 Moselle 62 ⑧ – 1 342 h alt. 300.*

Paris 449 – Strasbourg 27 – Baccarat 48 – Lunéville 62 – Sarrebourg 12 – Saverne 27.

Sapin Vert, à Biberkirch ✆ 03 87 25 50 30, *Fax 03 87 25 61 84,* – P. AE. ⓓ. GB.
fermé 24 août au 9 sept.; vacances de fév., lundi et mardi – **Repas** 120/240 bc ♀.

TRONÇAIS *03 Allier 69 ⑫ – ✉ 03360 St-Bonnet-Tronçais.*

Voir Forêt de Tronçais★★★ – Étang de St-Bonnet★ NO : 4 km – Étang de Saloup★ S : 5 km, G. Auvergne.

Paris 309 – Moulins 55 – Bourges 62 – Montluçon 42 – St-Amand-Montrond 23.

Tronçais ⓢ, ✆ 04 70 06 11 95, *Fax 04 70 06 16 15,* « Dans un parc au bord d'un étang », – TV ☎ P. GB. ✻ rest
15 mars-15 nov. et fermé dim. soir et lundi hors sais. – **Repas** 100/180, enf. 60 – ☐ 37 – **12 ch** 215/361 – ½ P 256/301.

TRONGET *03 Allier 69 ⑬ – 1 058 h alt. 460 – ✉ 03240 Le Montet.*

Paris 361 – Moulins 28 – Bourbon-l'Archambault 24 – Montluçon 50.

Commerce, ✆ 04 70 47 12 95, *Fax 04 70 47 32 53* – TV ☎ P. ⓓ GB
Repas 70/170 ♀, enf. 45 – ☐ 30 – **11 ch** 195/290 – ½ P 215/260.

TROO *41800 L.-et-Ch. 64 ⑤ G. Châteaux de la Loire – 320 h alt. 60.*

Voir La "butte" ✻★ – St-Jacques des Guérets : peintures murales★ de l'église S : 1 km.

ℹ Syndicat d'Initiative Mairie ✆ 02 54 72 54 34, Fax 02 54 72 57 44.

Paris 204 – Le Mans 62 – Château-du-Loir 33 – Tours 54 – Vendôme 28.

Cheval Blanc M avec ch, r. A.-Arnault ✆ 02 54 72 58 22, *Fax 02 54 72 55 44,* – TV ☎. GB
fermé 1er au 30 nov. – **Repas** *(fermé mardi midi et lundi)* 125/400 ♀ – ☐ 40 – **9 ch** 270/360 – ½ P 300.

TROUVILLE-SUR-MER *14360 Calvados 55 ③ G. Normandie Vallée de la Seine – 5 607 h alt. 2 – Casino AY. – Voir Corniche ≤★ BX B.*

18 de St-Gatien-Deauville ✆ 02 31 65 19 99, E : 9 km par D 74 BZ.

✈ de Deauville-St-Gatien : ✆ 02 31 65 17 17, par D 74 : 7 km BZ.

ℹ Office de Tourisme 32 bd F.-Moureaux ✆ 02 31 14 60 70, Fax 02 31 14 60 71.

Paris 200 ③ – Caen 47 ④ – Le Havre 39 ③ – Lisieux 29 ③ – Pont-l'Évêque 11 ③.

Plan page suivante

Mercure M, pl. Foch ✆ 02 31 87 38 38, *Fax 02 31 87 35 41,* – |♦| TV ☎ – 25 à 80. AE ⓓ GB — AY k
Repas *(fermé 15 nov. au 15 déc.)* 100/150, enf. 50 – ☐ 57 – **80 ch** 560/600.

Relais de la Cahotte sans rest, 11 r. V. Hugo ✆ 02 31 98 30 20, *Fax 02 31 98 04 00* – |♦| TV ☎. AE ⓓ GB — AY u
fermé 15 nov. au 10 déc. – ☐ 45 – **32 ch** 440.

Central, 158 bd F.-Moureaux ✆ 02 31 88 80 84, *Fax 02 31 88 42 22* – |♦| TV ☎ – 25. AE GB — AY n
Repas brasserie 89/129 ♀ – ☐ 35 – **26 ch** 280/380.

Carmen, 24 r. Carnot ✆ 02 31 88 35 43, *Fax 02 31 88 08 03* – TV ☎. AE ⓓ GB. ✻ ch — AY a
Repas 95/180 ♀, enf. 55 – ☐ 37 – **16 ch** 380/420 – ½ P 320/330.

TROUVILLE-SUR-MER

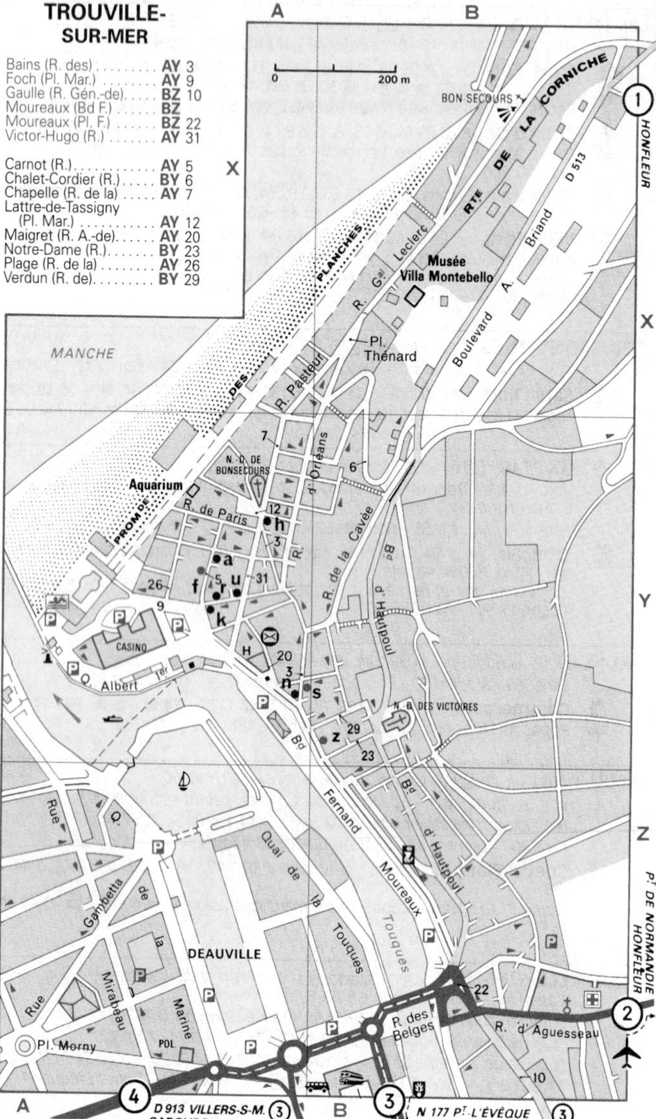

Maison Normande sans rest, 4 pl. Mar. de Lattre de Tassigny ✆ 02 31 88 12 25, *Fax 02 31 88 78 79* – TV ☎. GB — AY h
☐ 36 – **16 ch** 260/360.

Sablettes sans rest, 15 r. P.-Besson ✆ 02 31 88 10 66, *Fax 02 31 88 59 06* – TV ☎ ✆. ⓓ GB — AY r
fermé 1er déc. au 31 janv. – ☐ 33 – **18 ch** 290/360.

Régence, 132 bd F. Moureaux ✆ 02 31 88 10 71, « Belles boiseries peintes du 19e siècle » – AE ⓓ GB — BY z
fermé 1er au 26 déc. et lundi sauf du 14 juil. au 31 août – **Repas** 148/255.

X **Doult** avec ch, 4 r. Bains ☏ 02 31 88 10 27, *Fax 02 31 88 33 79* – GB ABY s
fermé 18 nov. au 7 déc. et lundi hors saison sauf vacances scolaires – **Repas** 98/210 ♀ – ☐ 30 – **6 ch** 280/400 – 1/2 P 260/360.

X **Petite Auberge,** 7 r. Carnot ☏ 02 31 88 11 07, *Fax 02 31 88 96 39* – AE GB AY f
fermé 3 au 12 fév., mardi et merc. sauf vacances scolaires – **Repas** (prévenir) 125/262 ♀.

TROYES P *10000 Aube* **61** ⑯ ⑰ *G. Champagne* – *59 255 h Agglo. 122 763 h alt. 113.*
Voir *Cathédrale St-Pierre-et-St-Paul*★★ *: trésor*★ **CY** – *Le vieux Troyes*★★ **BZ** – *Jubé*★★ *de l'église Ste-Madeleine*★ **BZ D** – *Basilique St-Urbain*★ **BYZ B** – *Église St-Pantaléon*★ **BZ E** – *Pharmacie*★ *de l'Hôtel-Dieu-le-Comte* **CY M**[4] – *Musée d'Art Moderne*★★ **CY M**[5] – *Maison de l'outil et de la pensée ouvrière*★★ *dans l'hôtel de Mauroy*★ **BZ M**[2] – *Musée historique de Troyes et de Champagne*★ *et musée de la Bonneterie dans l'hôtel de Vauluisant*★ **BZ M**[1] – *Musée des Beaux-Arts et d'Archéologie*★ *dans l'abbaye St-Loup* **CY M**[3].

18 *de Troyes, La Cordelière, près Chaource ☏ 03 25 40 18 76 par ④.*

Office de Tourisme 16 bd Carnot ☏ 03 25 82 62 70, Fax 03 25 73 06 81.

Paris 171 ⑤ – Dijon 183 ② – Nancy 186 ②.

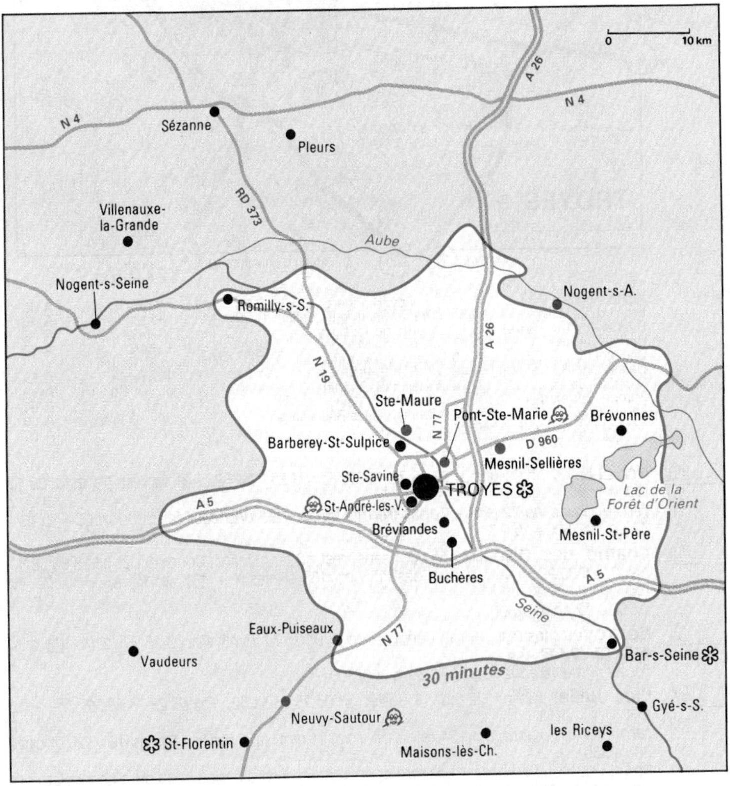

Poste M, 35 r. E. Zola ☏ 03 25 73 05 05, *Fax 03 25 73 80 76* – ☐ – 30. AE ⓓ GB JCB BZ a
Les Gourmets ☏ 03 25 73 80 78 **Repas** (130)-175 – *Carpaccio* : **Repas** (66)- et carte 120, enf. 42 – ☐ 55 – **30 ch** 465/590.

Relais St-Jean M sans rest, 51 r. Paillot de Montabert ☏ 03 25 73 89 90, *Fax 03 25 73 88 60* – P. AE ⓓ GB JCB BZ s
☐ 60 – **23 ch** 440/660.

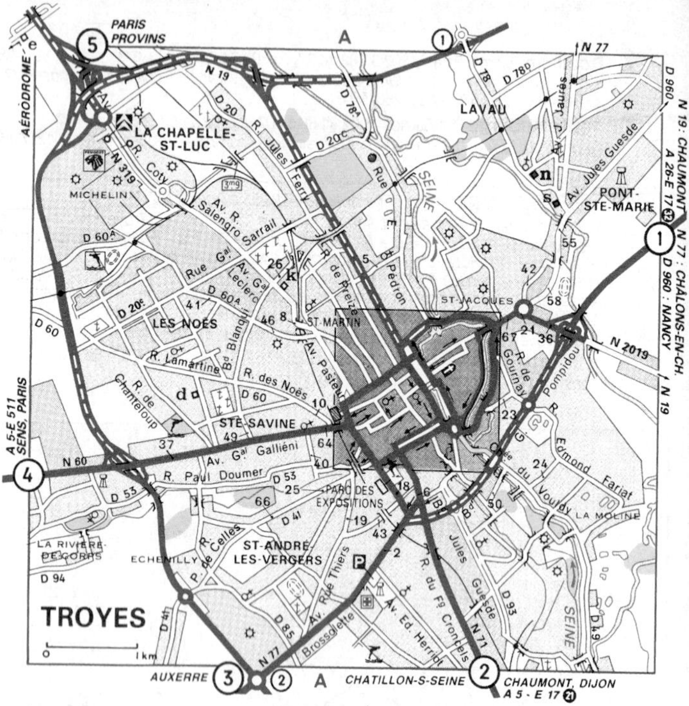

Anatole-France (Av.) . . . . . A 2
Brocard (R.) . . . . A 5
Brossolette (Av. Pierre) . . A 6
Buffard (Av. M.) . . . . A 8
Chalmel (R.) . . . . A 10
Delestraint (Bd Gén.-Ch.) A 18
Didier (R. Jules) . . . . A 19
Europe (Carref. de l') . . . . A 21
Fortier (R.) . . . . A 23
Godard-Pillaveinne (R.) . . A 24
Goudy (R. Albert) . . . . A 25
Haute-Charme (R. de la) . A 26
Lattre-de-Tassigny (Av. du Mar.-de) . . . . . . A 36
Leclerc (Av. Gén.) STE-SAVINE . . . . A 37
Malon (R. Benoît) . . . . A 40
Marots (R. des) . . . . A 41
Martyrs-de-la-Résistance (Av. des) . . . . A 42
Mission (R. de la) . . . . A 43
Murard (R. Lt-Pierre) . . . . A 46
Péri (R. Gabriel) . . . . A 49
Ponts (R. des) . . . . A 50
Salengro (R. Roger) PONT-STE-MARIE . . . . A 55
Schuman (Av. Robert) . . . A 58
Voltaire (R.) . . . . A 64
Wilson (Av. du Prés.) . . . . A 66
1er-Mai (Av. du) . . . . A 67

Royal H., 22 bd Carnot ✆ 03 25 73 19 99, *Fax 03 25 73 47 85* – rest, AE GB — BZ n
fermé 19 déc. au 12 janv. – **Repas** *(fermé dim. soir et lundi sauf fériés)* 115/165 – 45 – **37 ch** 305/500 – ½ P 310.

Champ des Oiseaux M sans rest, 20 r. Linard Gonthier ✆ 03 25 80 58 50, *Fax 03 25 80 98 34*, « Maisons des 15e et 16e siècles » – AE GB — CY e
60 – **12 ch** 420/800.

de Troyes sans rest, 168 av. Gén. Leclerc ✆ 03 25 71 23 45, *Fax 03 25 79 12 14* – P. AE GB JCB — A k
fermé 1er au 16 août – 36 – **23 ch** 260/300.

Clos Juillet (Colin), 22 bd 14 Juillet ✆ 03 25 73 31 32, *Fax 03 25 73 98 59*, – AE GB — CZ h
fermé 13 au 25 août, 8 au 24 fév., sam. midi et dim. sauf fériés – **Repas** 160/320 et carte 280 à 360
Spéc. Couscous de homard. Filet d'agneau en croûte d'herbes. Gâteau au chocolat coulant, sirop au thé. **Vins** Rosé des Riceys, Champagne.

Bourgogne, 40 r. Gén. de Gaulle ✆ 03 25 73 02 67, *Fax 03 25 73 02 67* – . AE GB
fermé 2 au 31 août, lundi soir et dim. sauf les midis fériés – **Repas** 160. — BY f

Valentino, cour Rencontre (près H. de Ville) ✆ 03 25 73 14 14, *Fax 03 25 73 14 14*, – AE GB — BZ s
fermé 3 au 18 janv., sam. midi et lundi – **Repas** 110/270 ♀.

Vivien, 7 pl. St-Rémy ✆ 03 25 73 70 70, *Fax 03 25 73 70 90*, – AE GB — BY p
fermé 15 au 28 fév., dim. soir et lundi sauf fêtes – **Repas** 99/165.

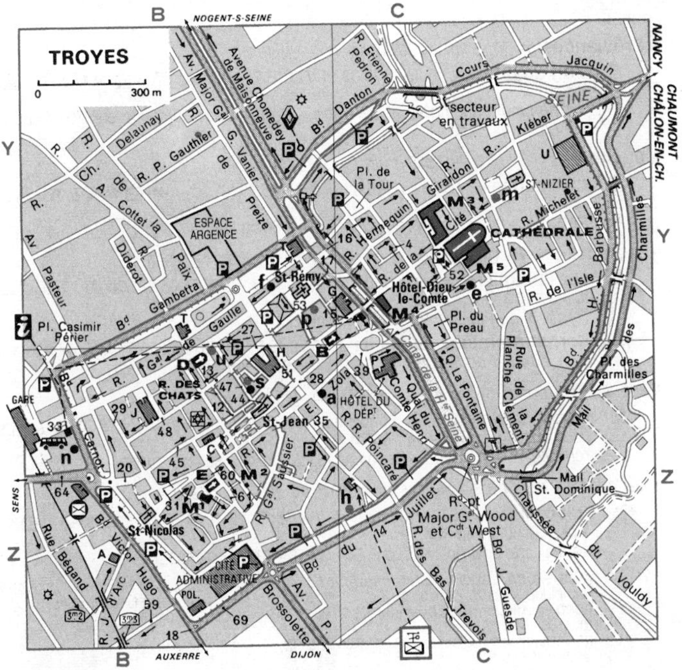

XX **Café de Paris,** 63 r. Gén. de Gaulle ✆ 03 25 73 08 30, *Fax 03 25 73 58 18* – GB BYZ u
fermé 10 au 24 août, dim. soir et lundi – **Repas** 112/230.

X **Matines,** 53 r. Simart ✆ 03 25 76 03 82, *Fax 03 25 81 06 98* – AE GB CY m
fermé août et lundi – **Repas** 110/300 ♀.

à Ste-Maure *Nord : 7 km par D 78 – 1 218 h. alt. 111 – ✉ 10150 :*

XXX **Aub. de Ste-Maure,** ✆ 03 25 76 90 41, *Fax 03 25 80 01 55,* « En bordure de rivière » – P. AE GB JCB
fermé 4 au 25 janv., dim. soir et lundi – **Repas** 120 (déj.), 185/280 et carte 290 à 380.

à Pont-Ste-Marie *Nord-Est : 3 km par N 77 – 4 856 h. alt. 110 – ✉ 10150 :*

XX **Salons de l'Hostellerie,** 34 r. Pasteur (près église) ✆ 03 25 83 28 61, *Fax 03 25 83 28 61,* – GB A n
fermé 10 au 26 août, 4 au 20 janv., dim. soir, mardi soir et lundi sauf fériés – **Repas** (110) - 140/260 ♀.

X **Bistrot DuPont,** 5 pl. Ch. de Gaulle ✆ 03 25 80 90 99, *Fax 03 25 80 90 99* – ▤. AE GB A s
fermé dim. soir, lundi soir et merc. soir – **Repas** 88/150, enf. 70.

à Mesnil-Sellières *Nord-Est : 11 km par D 960 – 370 h. alt. 171 – ✉ 10220 :*

X **Clef des Champs,** ✆ 03 25 80 65 62, *Fax 03 25 80 07 67,* – P. AE GB
fermé vacances de fév., dim. soir et lundi – **Repas** 78/205 ♀.

à Bréviandes *par ② : 5 km – 1 687 h. alt. 117 – ✉ 10450 :*

🏠 **Pan de Bois** ⛰, ☎ 03 25 75 02 31, *Fax 03 25 49 67 84*, 🍽 – TV ☎ 📞 ♿ P – 🏃 40. GB. ✖ ch
fermé lundi (sauf hôtel) et dim. soir – ***Grill :*** **Repas** 90/166 🍷, enf. 70 – ☕ 38 – **31 ch** 248/289 – ½ P 250.

à Buchères *par ② : 7 km – 1 328 h. alt. 117 – ✉ 10800 :*

🏠 **Campanile,** ☎ 03 25 49 67 67, *Fax 03 25 75 15 97*, 🍽 – ✖ TV ☎ 📞 ♿ P – 🏃 25. AE ⓓ GB
Repas (66) - 84 bc/107 bc, enf. 39 – ☕ 34 – **54 ch** 298.

à St-André-les-Vergers *par ③ : 5 km – 11 329 h. alt. 112 – ✉ 10120 :*

🏠 **Les Épingliers** sans rest, 180 rte d'Auxerre ☎ 03 25 75 05 99, *Fax 03 25 75 32 22* – TV ☎ 📞 P. AE GB
fermé 26 déc. au 3 janv. – ☕ 45 – **15 ch** 210/225.

XX **Gentilhommière,** rte Auxerre ☎ 03 25 49 35 64, *Fax 03 25 75 13 55*, 🍽 – P. GB
fermé 3 au 25 août, dim. soir et merc. – **Repas** 100/200.

à Ste-Savine *Ouest : 3 km vers ④ – 9 495 h. alt. 116 – ✉ 10300 :*

🏠 **Motel Savinien,** 87 r. Fontaine ☎ 03 25 79 24 90, *Fax 03 25 78 04 61*, 🏋, 🏊, 🎾 – cuisinette TV ☎ 📞 P – 🏃 50. GB — A d
fermé dim. soir et lundi – **Repas** 80/185 🍷 – ☕ 40 – **60 ch** 220/250 – ½ P 220.

à Barberey-St-Sulpice *par ⑤ : 5 km – 654 h. alt. 100 – ✉ 10600 :*

🏨 **Novotel** M ⛰, N 19 ☎ 03 25 71 74 74, *Fax 03 25 71 74 50*, 🍽, 🏋, 🏊 – ✖ TV ☎ 📞 ♿ P – 🏃 30 à 60. AE ⓓ GB — A e
Repas carte environ 170 🍷, enf. 50 – ☕ 55 – **83 ch** 430/490.

AUDI, SKODA, VOLKSWAGEN Gar. Scala, 20 bd Pompidou ☎ 03 25 72 14 00 N ☎ 03 25 80 50 64
FORD Est Autom., 19 bd Danton ☎ 03 25 80 02 70 N ☎ 03 25 80 02 70
RENAULT Star, 15 bd Danton ☎ 03 25 80 02 87 N ☎ 08 00 05 15 15

Ⓜ Euromaster, 11 r. de la Paix ☎ 03 25 73 35 24
Rémy Pneus, 94 Mail Charmilles ☎ 03 25 81 04 10

Périphérie et environs

BMW Gar. Sud-Autom., 132 bd de Dijon à St-Julien-les-Villas ☎ 03 25 82 03 76
CITROEN La Cité de l'Auto, 5 r. J.-Monnet, La Chapelle-St-Luc ☎ 03 25 45 12 12
MERCEDES, NISSAN Gar. Craeye, 50 av. Martyrs du 24 Août à Buchères ☎ 03 25 71 37 00 N ☎ 08 00 24 24 30
OPEL Girost Autom., r. St-Aventin à Creney ☎ 03 25 81 26 26

PEUGEOT Gar. de l'Aube, N 19 à La Chapelle-St-Luc ☎ 03 25 71 55 55 N ☎ 03 25 41 12 60
Gar. David, rte d'Auxerre à Rosières ☎ 03 25 75 69 50

Ⓜ Barniche Pneus, 61/63 av. Leclerc à La Rivière-de-Corps ☎ 03 25 79 36 09
Sovic Point S, N 77 rte d'Auxerre à St-Germain ☎ 03 25 75 68 54

TULLE

P *19000 Corrèze* 75 ⑨ *G. Berry Limousin – 17 164 h alt. 210.*
Voir *Maison de Loyac*★ **B B.**
Env. *Ste-Fortunade : chef reliquaire*★ *dans l'église 9 km par ③.*
⛳18 *d'Aubazine ☎ 05 55 27 25 66, S : 14 km par ③.*
ℹ *Office de Tourisme 2 pl. Emile-Zola ☎ 05 55 26 59 61, Fax 05 55 20 72 93.*
Paris 476 ① – Brive-la-Gaillarde 28 ④ – Aurillac 83 ③ – Clermont-Ferrand 143 ② – Guéret 128 ① – Limoges 87 ① – Périgueux 103 ④.

Plan page ci-contre

🏠 **Gare,** 25 av. W. Churchill ☎ 05 55 20 04 04, *Fax 05 55 20 15 87* – TV ☎ 📞. GB — A k
fermé 1er au 15 sept. – **Repas** 90/140 🍷, enf. 50 – ☕ 36 – **13 ch** 180/250 – ½ P 240.

🏠 **Royal** sans rest, 70 av. V. Hugo ☎ 05 55 20 04 52, *Fax 05 55 20 93 63* – TV ☎ 📞 P. AE ⓓ GB. ✖ — A e
☕ 35 – **14 ch** 160/260.

🏠 **Bon Accueil,** 10 r. Canton ☎ 05 55 26 70 57 – ☎. GB. ✖ rest — B y
fermé 24 déc. au 4 janv., sam. soir et dim. – **Repas** 78/160 🍷 – ☕ 30 – **12 ch** 140/215 – ½ P 170/190.

XXX **Central,** 32 r. J. Jaurès (1er étage) ☎ 05 55 26 24 46 – ▤. GB — AB a
fermé dim. soir et sam. – **Repas** 130/260 et carte 220 à 340 🍷.

XX **Toque Blanche,** pl. M. Brigouleix ☎ 05 55 26 75 41, *Fax 05 55 20 93 95* – ▤. AE GB — B z
fermé 1er au 10 juil., 20 janv. au 10 fév., dim. soir et lundi sauf juil.-août et fêtes – **Repas** (115) - 135/150 🍷, enf. 50.

TULLE

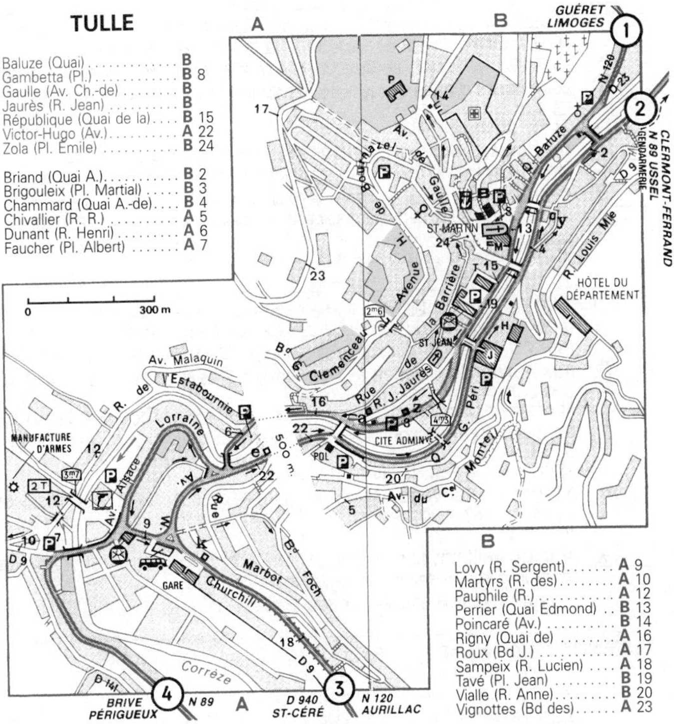

AUDI, VOLKSWAGEN Gar. de St-Adrian, ZI Est ✆ 05 55 20 03 31
CITROEN Gar. Bru, r. A.-Audubert par ③ ✆ 05 55 26 18 82 N ✆ 06 08 21 30 42
FORD Gar. Carles, rte de Brive ✆ 05 55 29 91 11
OPEL Gar. de l'Oasis, rte de Brive ✆ 05 55 20 84 20 N ✆ 05 55 20 84 20
PEUGEOT Gar. Bigeargeas, rte de Naves par av. Poincare **B** ✆ 05 55 29 99 99 N ✆ 08 00 44 24 24

RENAULT Tulle Autom., Cueille rte de Brive par ④ ✆ 05 55 29 96 96 N ✆ 06 09 37 43 45

Cammas Vidalie, 3 av. Alsace-Lorraine ✆ 05 55 20 06 48
Techni Pneus, ZI de Mulatet ✆ 05 55 20 32 49

TULLINS *38210 Isère* 77 ④ *– 6 269 h alt. 223.*

Golf Club de Grenoble Charmeil ✆ 04 76 93 67 28, E : 5 km par D 45.

Paris 549 – Grenoble 30 – Bourgoin-Jallieu 45 – La Côte-St-André 26 – St-Marcellin 24 – Voiron 14.

Aub. de Malatras, Sud : 2 km sur N 92 ✆ 04 76 07 02 30, *Fax 04 76 07 76 48,* – ☎ P – 25. AE GB
fermé dim. soir d'oct. à mai – **Repas** 95/320, enf. 75 – 40 – **19 ch** 180/290 – ½ P 280/305.

OPEL Gar. de la Plaine, rte de St-Quentin ✆ 04 76 07 03 67
PEUGEOT Gar. Penon, 81 bd M.-Perret ✆ 04 76 07 01 25

RENAULT Gar. Baboulin, rte de St-Quentin ✆ 04 76 07 02 74

TUNNEL SOUS LA MANCHE voir à Calais.

La TURBALLE *44420 Loire-Atl.* 63 ⑭ *G. Bretagne – 3 587 h alt. 6.*

Office de Tourisme pl. de Gaulle ✆ 02 40 23 32 01, Fax 02 40 23 32 01.
Paris 462 – Nantes 89 – La Baule 13 – Guérande 7 – La Roche-Bernard 30 – St-Nazaire 28.

Les Chants d'Ailes sans rest, 11 bd Bellanger ✆ 02 40 23 47 28, *Fax 02 40 62 86 43*, ← – TV ☎ P. GB
☐ 35 – **19 ch** 240/340.

Terminus, quai St-Paul ✆ 02 40 23 30 29, *Fax 02 40 11 84 44* – AE GB
fermé 15 janv. au 15 fév., dim. soir et lundi hors saison – **Repas** 90/163 ♀, enf. 70.

Chaudron, rte Guérande 1,5 km ✆ 02 40 23 32 52, *Fax 02 40 62 83 38*, – GB
fermé 12 nov. au 10 déc., mardi soir et merc. sauf juil.-août – **Repas** 85/170.

RENAULT Gar. Pereon, ZA la Marjolaine ✆ 02 40 23 35 16 N ✆ 02 40 23 35 16
Gar. Palais, r. de la Frégate ✆ 02 40 23 32 23

TURCKHEIM *68230 H.-Rhin* 62 ⑱ ⑲ *G. Alsace Lorraine* (plan) – *3 567 h alt. 225.*

Office de Tourisme pl. Turenne ✆ 03 89 27 38 44, Fax 03 89 80 83 22.
Paris 470 – Colmar 6 – Gérardmer 46 – Munster 13 – St-Dié 54 – le Thillot 67.

Aux Portes de la Vallée , 29 r. Romaine ✆ 03 89 27 95 50, *Fax 03 89 27 40 71*, – ☎ P. GB. rest
Repas *(fermé dim. soir)* (1/2 pens. seul.) *(55)* - – ☐ 38 – **17 ch** 189/420 – 1/2 P 228/343.

Berceau du Vigneron sans rest, pl. Turenne ✆ 03 89 27 23 55, *Fax 03 89 27 47 21* – ☎ P. GB.
15 mars-1er nov. – ☐ 30 – **16 ch** 210/380.

A l'Homme Sauvage, 19 Grand'rue ✆ 03 89 27 56 15, *Fax 03 89 80 82 03* – GB
fermé 1er au 8 juil., vacances de fév., dim. soir, mardi soir sauf juil.-août et merc. – **Repas** 145/235 ♀.

Aub. du Veilleur, 12 pl. Turenne ✆ 03 89 27 32 22, *Fax 03 89 27 55 56* – . GB
fermé 20 déc. au 5 janv. et merc. – **Repas** *(52)* - 90/120 ♀.

PEUGEOT Gar. Bertrand, ✆ 03 89 27 00 56 N ✆ 03 89 27 22 11

TURENNE *19500 Corrèze* 75 ⑧ *G. Périgord Quercy* (plan) – *740 h alt. 350.*

Voir *Site★ du château et ✻★★ de la tour de César.*
Env. *Collonges-la-Rouge : village★★ E : 10 km.*
Syndicat d'Initiative (juin à mi-sept.) ✆ 05 55 85 91 38.
Paris 498 – Brive-la-Gaillarde 16 – Cahors 91 – Figeac 74.

Maison des Chanoines avec ch, ✆ 05 55 85 93 43, , « Maison du 16e siècle » – GB
2 avril-2 nov. et fermé mardi soir et merc. sauf du 1er juil. au 30 sept. – **Repas** (nombre de couverts limité, prévenir) *(100)* - 145/195 – ☐ 40 – **6 ch** 330/600 – 1/2 P 335/380.

TURINI (Col de) *06440 Alpes-Mar.* 84 ⑲, 115 ⑰ *G. Côte d'Azur.*

Voir *Forêt de Turini★★ – Monument aux Morts ✻★ NE : 4 km.*
Env. *Pointe des 3-Communes ✻★★ NE : 6,5 km – Pierre Plate ✻★★ S : 7 km – Cime de Peira Cava ✻★★ S : 8,5 km puis 30 mn.*
Paris 973 – L'Escarène 23 – Nice 45 – Roquebillière 17 – St-Martin-Vésubie 27 – Sospel 21.

Trois Vallées , ✆ 04 93 91 57 21, *Fax 04 93 79 53 62*, ←, – TV ☎ P. AE GB
Repas 125 (déj.), 158/320 ♀, enf. 75 – ☐ 48 – **20 ch** 270/600 – 1/2 P 273/500.

Les Chamois , ✆ 04 93 91 57 42, *Fax 04 93 79 53 62*, ←, – TV ☎ P. AE GB
fermé 2 au 27 mars et 12 nov. au 20 déc. – **Repas** *(fermé jeudi soir et vend. du 15 sept. au 30 juin)* 68/120 ♀, enf. 45 – ☐ 48 – **11 ch** 270/525 – 1/2 P 273/400.

TURQUESTEIN-BLANCRUPT *57 Moselle* 62 ⑧ – *rattaché à St-Quirin.*

TURRIERS *04250 Alpes-de-H.-P.* 81 ⑥ – *276 h alt. 1040.*

Paris 704 – Gap 35 – Digne-les-Bains 65 – Sisteron 38.

Roche Cline , ✆ 04 92 55 11 38, *Fax 04 92 55 11 75*, ←, , – TV ☎ P. GB.
fermé 20 déc. au 10 janv. et lundi du 1er sept. au 15 juin – **Repas** 85/130, enf. 55 – ☐ 30 – **17 ch** 200/255 – 1/2 P 255.

UCHACQ-ET-PARENTIS *40 Landes* 78 ⑥ – *rattaché à Mont-de-Marsan.*

L'UNION *31 H.-Gar.* 82 ⑧ – *rattaché à Toulouse.*

UNTERMUHLTHAL *57 Moselle 57 ⑱ – rattaché à Baerenthal.*

URÇAY *03360 Allier 69 ⑪ ⑫ – 294 h alt. 169.*
Paris 301 – Moulins 66 – La Châtre 54 – Montluçon 34 – St-Amand-Montrond 15.

Étoile d'Or avec ch, *04 70 06 92 66, Fax 04 70 06 92 77* – P. GB. ch
fermé 15 au 31 janv., dim. soir et merc. – **Repas** 68/160 – 30 – **6 ch** 140/200 – 1/2 P 190.

URCEL *02000 Aisne 56 ⑤ – 502 h alt. 153.*
Paris 130 – Reims 73 – Fère-en-Tardenois 42 – Laon 13 – Soissons 24 – Vailly-sur-Aisne 13.

Host. de France, rte Nationale *03 23 21 60 08, Fax 03 23 21 60 08* – P. GB
fermé 20 juil. au 8 août, vacances de fév., mardi soir et merc. – **Repas** 135/170.

URCUIT *64990 Pyr.-Atl. 85 ③ G. Pyrénées Aquitaine – 1 688 h alt. 32.*
Paris 761 – Biarritz 26 – Bayonne 15 – Dax 43 – Orthez 63 – Pau 101.

Au Goût des Mets, Nord-Ouest : 4 km sur D 261 *05 59 42 95 64,* – P. GB
fermé 1er au 8 juil., vacances de fév., mardi soir et merc. hors saison – **Repas** 70/158, enf. 45.

URDOS *64490 Pyr.-Atl. 85 ⑯ – 162 h alt. 780.*
Env. *Col du Somport★★ SE : 14 km,* **G. Pyrénées Aquitaine.**
Paris 860 – Pau 74 – Jaca 44 – Oloron-Ste-Marie 40.

Voyageurs-Somport, *05 59 34 88 05, Fax 05 59 34 86 74,* – P. GB
fermé nov. – **Repas** 68/150, enf. 50 – 30 – **40 ch** 160/250 – 1/2 P 180/220.

URIAGE-LES-BAINS *38410 Isère 77 ⑤ G. Alpes du Nord – alt. 414 – Stat. therm. (avril-nov.) – Casino "Palais de la Source".*
Voir *Forêt de Prémol★ SE : 5 km par D 111.*
de Grenoble 04 76 89 03 47, S : 1 km par D 524.
Office de Tourisme pl. Déesse Hygié 04 76 89 10 27, Fax 04 76 89 26 68.
Paris 578 – Grenoble 11 – Vizille 10.

Grand Hôtel M, *04 76 89 10 80, Fax 04 76 89 04 62,* – P – 25. AE GB
fermé janv. – ***Les Terrasses*** *(fermé 24/8 au 6/9, janv., sam. midi, dim. soir et lundi sauf juil.-août)* **Repas** 195(déj.)260/390, enf. 110 – 65 – **44 ch** 410/605 – P 498/633.

Les Mésanges , rte St-Martin-d'Uriage et rte Bouloud : 1,5 km *04 76 89 70 69, Fax 04 76 89 56 97,* – P. AE GB.
1er mai-15 oct., vacances scolaires de fév. et week-ends de fév. à Pâques – **Repas** *(fermé mardi soir)* 80/240, enf. 50 – 38 – **39 ch** 170/330 – P 265/345.

Manoir, *04 76 89 10 88, Fax 04 76 89 20 63,* – P. GB
fermé 15 nov. au 15 fév., dim. soir et lundi d'oct. à mars – **Repas** *(75 bc)* - 100/230, enf. 55 – 37 – **15 ch** 160/360 – P 260/360.

URMATT *67280 B.-Rhin 62 ⑧ ⑨ – 1 243 h alt. 240.*
Voir *Église★ de Niederhaslach NE : 3 km,* **G. Alsace Lorraine.**
Paris 484 – Strasbourg 43 – Molsheim 14 – Saverne 36 – Sélestat 46 – Wasselonne 22.

Clos du Hahnenberg et rest. Chez Jacques M, *03 88 97 41 35, Fax 03 88 47 36 51,* – P – 25. AE GB
Repas 60 (déj.), 85/180, enf. 42 – 40 – **43 ch** 198/340 – 1/2 P 220/298.

Poste, *03 88 97 40 55, Fax 03 88 47 38 32,* – rest, P. AE GB
fermé 23 au 30 mars, 6 au 20 juil. et lundi – **Repas** 100/350 – 36 – **13 ch** 190/250 – 1/2 P 230/270.

A la Chasse avec ch, *03 88 97 42 64, Fax 03 88 97 56 23* – P. GB
fermé fév. et vend. – **Repas** *(65)* - 130 – 33 – **9 ch** 150/220 – 1/2 P 198/213.

URRUGNE *64122 Pyr.-Atl. 85 ② G. Pyrénées Aquitaine – 6 098 h alt. 34.*
Paris 794 – Biarritz 22 – Bayonne 28 – Hendaye 9 – San Sebastián 31.

Chez Maïté, près église *05 59 54 30 27* – AE GB
fermé janv., lundi en juil.-août, dim. soir et merc. de sept. à juin – **Repas** 100/135, enf. 60.

URT *64240 Pyr.-Atl.* 78 ⑱ *– 1 583 h alt. 41.*
Paris 757 – Biarritz 29 – Bayonne 16 – Cambo-les-Bains 28 – Pau 98 – Peyrehorade 26 – Sauveterre-de-Béarn 42.

XX **Aub. de la Galupe** (Parra), au port de l'Adour ✆ 05 59 56 21 84, *Fax 05 59 56 28 66* – ▤.
AE GB
fermé mi-janv. à fin fév., lundi sauf le soir du 14 juil. à début sept. et dim. soir de début sept. au 14 juil. – **Repas** (le week-end prévenir) 245 (déj.), 360/550 et carte 290 à 500
Spéc. Saumon sauvage de l'Adour (15 mars à fin juin). Boudin noir et travers de cochon grillé au citron blanchi. Tarte chaude aux pommes caramélisées, glace vanille. **Vins** Jurançon, Irouléguy.

URY *77760 S.-et-M.* 61 ⑫ *– 706 h alt. 117.*
Paris 66 – Fontainebleau 10 – Melun 24 – Montereau-Fault-Yonne 31 – Nemours 15 – Sens 60.

Novotel M, Nord-Est par N 152 et rte secondaire ✆ 01 64 24 48 25, *Fax 01 64 24 46 92*, ≤, « En lisière de forêt », – ▤ TV ☎ ♿ P – 80.
AE GB
Repas *(99)* - carte environ 160 ♀, enf. 50 – ☕ 60 – **127 ch** 500/550.

USCLADES-ET-RIEUTORD *07510 Ardèche* 76 ⑱ *– 123 h alt. 1270.*
Paris 596 – Le Puy-en-Velay 49 – Aubenas 47 – Langogne 41 – Privas 58 – Thueyts 99.

à Rieutord :

X **Ferme de la Besse,** ✆ 04 75 38 80 64, « Authentique ferme du 15e siècle » – P
1er avril-1er déc. – **Repas** (prévenir) 155/210, enf. 60.

USSAC *19 Corrèze* 75 ⑧ *– rattaché à Brive-La-Gaillarde.*

USSEL *19200 Corrèze* 73 ⑪ *G. Berry Limousin – 11 448 h alt. 631.*
Office de Tourisme pl. Voltaire ✆ 05 55 72 11 50.
Paris 446 – Aurillac 102 – Clermont-Ferrand 84 – Guéret 102 – Tulle 59.

Gd H. Gare, av. P. Sémard ✆ 05 55 72 25 98, *Fax 05 55 96 25 63* – TV ☎ P. GB
fermé 23 déc. au 2 janv. – **Repas** *(fermé 22 juin au 5 juil., 21 sept. au 4 oct., 23 déc. au 2 janv., vacances de fév., dim. soir et lundi)* 95/170 ♀, enf. 55 – ☕ 30 – **17 ch** 230/280.

AUDI, VOLKSWAGEN Gar. Saunière, 23 bd Dr-Goudounèche ✆ 05 55 72 12 66
CITROEN N.G.A., 6 rte de Clermont ✆ 05 55 46 14 14 N ✆ 06 07 40 28 91
PEUGEOT Gar. du Collège, N 89 Eybrail ✆ 05 55 96 10 68
RENAULT Ussel Autom., N 89 Eybrail ✆ 05 55 72 40 11 N ✆ 05 55 72 40 11
Gar. Salagnac, 56 av. Gén.-Leclerc ✆ 05 55 96 23 23

Euromaster, 61 av. Gén.-Leclerc ✆ 05 55 72 15 83
Techni Pneus, 21 r. Gambetta ✆ 05 55 72 59 76

USSON-EN-FOREZ *42550 Loire* 76 ⑦ *G. Vallée du Rhône – 1 265 h alt. 925.*
Paris 532 – St-Étienne 48 – Ambert 34 – Montbrison 41 – Le Puy-en-Velay 52 – St-Bonnet-le-Château 14.

Rival, ✆ 04 77 50 63 65, *Fax 04 77 50 67 62*, – ☎. AE GB
fermé 20 au 30 juin, vacances de fév., et lundi sauf juil.- août – **Repas** 68/240 ♀ – ☕ 26 – **10 ch** 140/290 – 1/2 P 165/224.

RENAULT Gar. Colombet, ✆ 04 77 50 60 53

USTARITZ *64480 Pyr.-Atl.* 85 ② *– 4 263 h alt. 14.*
Paris 781 – Biarritz 14 – Bayonne 12 – Cambo-les-Bains 6 – Pau 122 – St-Jean-de-Luz 25.

XX **Patoula** avec ch, près Église ✆ 05 59 93 00 56, *Fax 05 59 93 16 54*, « Terrasse en bordure de rivière », – TV ☎ ♿ P. GB
fermé 5 janv. au 15 fév. – **Repas** *(fermé lundi sauf le soir du 15 juin au 15 sept. et dim. soir du 15 sept. au 15 juin)* 100/200 ♀ – ☕ 60 – **9 ch** 370/490 – 1/2 P 355/405.

RENAULT Gar. Etchegaray, à Larressore ✆ 05 59 93 04 37 N ✆ 05 59 29 80 02

UZERCHE *19140 Corrèze* 75 ⑧ *G. Berry Limousin* **(plan)** *– 2 813 h alt. 380.*
Voir *Ste-Eulalie ≤★ E : 1 km.*
Office de Tourisme (avril-oct.) pl.de la Lunade ✆ 05 55 73 15 71.
Paris 444 – Brive-la-Gaillarde 37 – Aubusson 96 – Bourganeuf 76 – Limoges 54 – Périgueux 88 – Tulle 30.

Teyssier, r. Pont Turgot ☎ 05 55 73 10 05, *Fax 05 55 98 43 31,* – TV ☎ P. AE GB JCB
mi-avril-début nov. et fermé merc. sauf le soir de mi-juil. à mi-sept. – **Repas** 130/300 ♀, enf. 63 – ☕ 39 – **14 ch** 250/370 – ½ P 250/360.

à Vigeois *Sud-Ouest : 9 km par N 20 et D 3 – 1 210 h. alt. 390 – ✉ 19410 :*

Les Semailles avec ch, rte Brive-la-Gaillarde ☎ 05 55 98 93 69 – ☎. GB. ch
1er mars-30 nov. et fermé dim. soir et lundi sauf juil.-août – **Repas** 70/220 ♀ – ☕ 80 – **8 ch** 150/280 – ½ P 220/280.

Chez le Turc *Nord-Ouest : 12 km par N 20 et D 902 – ✉ 19210 St-Martin-Sepert :*

Pommeraie, ☎ 05 55 98 70 70, *Fax 05 55 73 52 30,* – P. GB
fermé fév., dim. soir et lundi – **Repas** 210/260 et carte 200 à 270.

PEUGEOT Gar. Meriguet, ☎ 05 55 73 26 35 RENAULT Gar. Bachellerie, ☎ 05 55 73 15 75

UZÈS 30700 Gard 80 (19) *G. Provence – 7 649 h alt. 138.*

Voir Ville ancienne★★ *– Duché*★ *:* ★★ *de la Tour Bermonde* **A** *– Tour Fenestrelle*★★ **B** *– Place aux Herbes*★ **A** *– Orgues*★ *de la Cathédrale St-Théodorit* **B V.**

Golf Club d'Uzès ☎ 04 66 22 40 03, S : 5 km par (2).

Office de Tourisme av. Libération ☎ 04 66 22 68 88, Fax 04 66 22 95 19.

Paris 683 (2) – Alès 34 (4) – Montpellier 81 (2) – Arles 50 (2) – Avignon 38 (2) – Montélimar 77 (1) – Nîmes 25 (2).

UZÈS

Alliés (Bd des) A 2
Gambetta (Bd) A
Gide (Bd Ch.) AB
République (R.) A 23
Uzès (R. J.-d') A 29
Vincent (Av. Gén.) A
Boucairie (R.) B 4
Collège (R. du) B 6
Dampmartin (Pl.) A 7
Dr-Blanchard (R.) B 8
Duché (Pl. du) A 9
Entre-les-Tours (R.) A 10
Évêché (R. de l') B 12
Foch (Av. Mar.) A 13
Foussat (R. Paul) A 14
Marronniers (Prom.) B 16
Pascal (Av. M.) B 17
Pelisserie (R.) A 18
Plan-de-l'Oume (R.) B 19
Port-Royal (R.) B 20
Rafin (R.) B 21
St-Étienne (R.) A 25
St-Théodorit (R.) B 27
Victor-Hugo (Boulevard) A 32
4-Septembre (R.) A 35

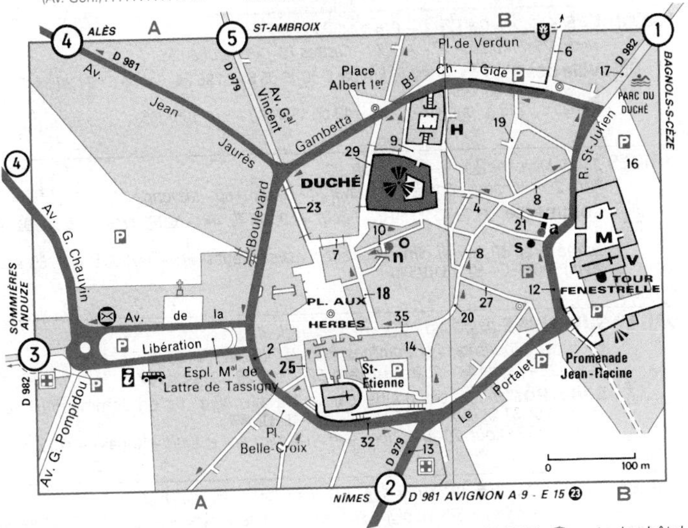

d'Entraigues, 8 r. de la Calade ☎ 04 66 22 32 68, *Fax 04 66 22 57 01,* « Ancien hôtel particulier du 15e siècle », – TV ☎ – 40. AE GB **B s**
Jardins de Castille : **Repas** *(80)* - 125/260 ♀, enf. 60 – ☕ 50 – **19 ch** 360/525 – ½ P 370/453.

St-Géniès sans rest, rte St-Ambroix par (5) : 1,5 km ☎ 04 66 22 29 99, *Fax 04 66 03 14 89,* – ☎ P. GB
fermé janv. – ☕ 35 – **18 ch** 260/280.

Fontaines, 6 r. Entre les Tours ☎ 04 66 22 41 20, *Fax 04 66 22 41 20,* « Maison du 16e siècle » – GB **A n**
fermé fév., merc. sauf le soir en juil-août et jeudi midi – **Repas** 90/120 ♀.

à St-Maximin *par ② et D 981 : 5,5 km – 628 h. alt. 110 – ✉ 30700 :*

XX **Aub. St-Maximim,** ✆ 04 66 22 26 41, *Fax 04 66 22 73 73,* 🏞 – AE ⓓ GB JCB
1er avril-12 nov. et fermé lundi et mardi sauf le soir en juil.-août – **Repas** 99/250 ♀.

à Arpaillargues-et-Aureillac *par ③ : 4,5 km – 667 h. alt. 107 – ✉ 30700 :*

H. Marie d'Agoult 🐦, ✆ 04 66 22 14 48, *Fax 04 66 22 56 10,* 🏞, « Demeure du 18e siècle, parc, 🎾, 🏊 » – ▤ ch, TV ☎ P – 🔬 40. AE ⓓ GB. 🚭 rest
4 avril-2 nov. – **Repas** 145/275, enf. 100 – ☕ 55 – **27 ch** 630/900 – ½ P 535/660.

CITROEN Gar. Mandon, Champs-de-Mars par ② ✆ 04 66 22 22 64
PEUGEOT Gar. Laborie, av. Gare par ③ ✆ 04 66 22 59 01
RENAULT Gar. SUVRA, rte d'Alès par ④ ✆ 04 66 22 60 99

Ⓜ Rome-Pneus-Point S, rte Remoulins pt des Charrettes ✆ 04 66 22 26 65

VAAS *72500 Sarthe* 64 ③ *G. Châteaux de la Loire – 1 564 h alt. 41.*
Paris 237 – Le Mans 42 – Angers 78 – Château-du-Loir 8 – Château-la-Vallière 15.

XX **Vedaquais** avec ch, pl. Liberté ✆ 02 43 46 01 41, *Fax 02 43 46 37 60,* 🏞 – TV ☎. ⓓ GB
fermé vacances de Noël – **Repas** *(fermé dim. soir et lundi)* 85/220 ♀ – ☕ 28 – **8 ch** 250 – ½ P 190/212.

RENAULT Gar. Ouvrard, ✆ 02 43 46 70 42 N ✆ 02 43 46 72 38

VACQUEYRAS *84190 Vaucluse* 81 ⑫ *– 943 h alt. 117.*
Voir *Clocher★ de la chapelle N.-D. d'Aubune SE : 3 km.*
Paris 664 – Avignon 34 – Nyons 35 – Orange 23 – Vaison-la-Romaine 20.

Pradet M 🐦 sans rest, ✆ 04 90 65 81 00, *Fax 04 90 65 80 27* – TV ☎ ♿ P. AE GB
☕ 38 – **22 ch** 290/380.

VACQUIERS *31340 H.-Gar.* 82 ⑧ *– 916 h alt. 200.*
Paris 675 – Toulouse 27 – Albi 70 – Castres 78 – Montauban 35.

Villa des Pins 🐦, Ouest : 2 km par D 30 ✆ 05 61 84 96 04, *Fax 05 61 84 28 54,* 🏞, parc – TV ☎ P – 🔬 60. GB
Repas 80/215 🍷, enf. 40 – ☕ 40 – **19 ch** 185/290 – ½ P 205/235.

VAIGES *53480 Mayenne* 60 ⑪ *– 1 019 h alt. 90.*
Paris 254 – Château-Gontier 37 – Laval 24 – Le Mans 60 – Mayenne 31.

Commerce, ✆ 02 43 90 50 07, *Fax 02 43 90 57 40,* 🐎 – 🛗 TV ☎ P – 🔬 30. AE ⓓ GB. 🚭
fermé 15 au 30 janv. et dim. soir d'oct. à mars – **Repas** *(86 bc)* - 99/250 ♀, enf. 65 – ☕ 45 – **29 ch** 320/450 – ½ P 310/340.

VAILLY-SUR-AISNE *02370 Aisne* 56 ⑤ *– 1 980 h alt. 47.*
ℹ *Office de Tourisme, 4 pl. Bouvines ✆ 03 23 74 62 47, Fax 03 23 54 71 54.*
Paris 122 – Reims 48 – Château-Thierry 57 – Laon 25 – Soissons 17.

XX **Belle Porte** (Centre d'Aide par le Travail), 48 r. fg de Sommecourt (D 925) ✆ 03 23 54 67 45, *Fax 03 23 54 67 45,* 🏞 – P. AE GB
fermé 3 au 31 août, 20 au 28 déc., sam. midi, dim. soir et lundi – **Repas** 95/220 ♀, enf. 65.

VAILLY-SUR-SAULDRE *18260 Cher* 65 ⑫ *G. Berry Limousin – 865 h alt. 205.*
Paris 177 – Bourges 56 – Aubigny-sur-Nère 18 – Cosne-sur-Loire 23 – Gien 37 – Sancerre 25.

XX **Lièvre Gourmand,** ✆ 02 48 73 80 23, *Fax 02 48 73 86 13* – GB
fermé 11 janv. au 3 fév., dim. soir et lundi – **Repas** *(90)* - 140/190, enf. 60.

VAISON-LA-ROMAINE *84110 Vaucluse* 81 ② ③ *G. Provence – 5 663 h alt. 193.*
Voir *Les ruines romaines★★* **Y** : *théâtre romain★* **Y**, *musée archéologique Théo-Desplans★* **Y M** – *Haute Ville★* **Z** – *Chapelle de St-Quenin★* **Y** – *Maître-autel★ de l'anc. cathédrale N.-D. de Nazareth* **Y**, *cloître★* **Y B**.
ℹ *Office de Tourisme pl. Chanoine Sautel ✆ 04 90 36 02 11, Fax 04 90 28 76 04.*
Paris 665 ④ – Avignon 49 ③ – Carpentras 27 ② – Montélimar 65 ④ – Pont-St-Esprit 41 ④.

VAISON-LA-ROMAINE

Fabre (Cours H.) . . . . . . Y 13
Grande-Rue . . . . Y 18
Montfort (Pl. de) . . . . . . Y 25
République (R.) . . . . Y 32

Aubanel (Pl.) . . . . Z 3
Burrus (R.) . . . . Y 4
Cathédrale (Pl. de la) . . Y 5
Chanoine-Sautel (Pl.) . . Y 6
Coudray (Av.) . . . . Y 9
Église (R. de l') . . . . Z 10
Évêché (R. de l') . . . . . . Z 12
Foch (Quai Maréchal) . . Z 14
Gontard (Quai P.) . . . . . Z 17
Horloge (R. de l') . . . . . Z 21
Jaurès (R. Jean) . . . . . . Z 22
Mazen (Av. J.) . . . . Y 23
Mistral (R. Frédéric) . . . Y 24
Noël (R. B.) . . . . Y 27
Poids (Pl. du) . . . . Z 29
St-Quenin (Av.) . . . . Y 34
Taulignan (Crs) . . . . Y 35
Victor-Hugo (Av.) . . . . . Y 36
Vieux-Marché (Pl. du) . . Z 38
Ville-Haute (Chemin de la) . . . . . . Z 39
11-Novembre (Pl. du) . . Y 40

Michelin n'accroche pas de panonceau aux hôtels et restaurants qu'il signale.

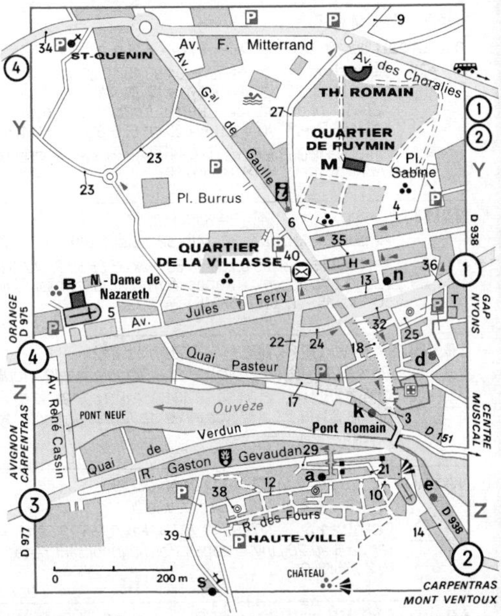

Beffroi ⛰, Haute Ville ☎ 04 90 36 04 71, *Fax 04 90 36 24 78*, ←, 🏕, « Demeures des 16e et 17e siècles », 🏊, 🌳 – TV ☎ 🚗 P. AE ⦿ GB JCB. ✂ rest — Z a
fermé 10 nov. au 20 déc. et 15 fév. au 20 mars – **Repas** *(1er avril-25 oct.)* (dîner seul. sauf sam. et dim.) 145/195 🍷, enf. 55 – ☕ 50 – **22 ch** 330/655 – ½ P 405/495.

Logis du Château ⛰, Les Hauts de Vaison ☎ 04 90 36 09 98, *Fax 04 90 36 10 95*, ←, 🏕, 🏊, 🎾 – |‡|, ▤ rest, TV ☎ ♿ P. GB — Z s
hôtel : 6 mars-fin nov. ; rest. : 31 mars-1er nov. – **Repas** (75) - 95/165, enf. 50 – ☕ 40 – **43 ch** 265/430 – ½ P 265/365.

Burrhus et annexe Les Lis sans rest, 2 pl. Montfort ☎ 04 90 36 00 11, *Fax 04 90 36 39 05* – ☎. AE GB — Y n
fermé 13 nov. au 21 déc. et dim. en janv. et fév. – ☕ 29 – **32 ch** 250/450.

Moulin à Huile, quai Mar. Foch ☎ 04 90 36 20 67, *Fax 04 90 36 20 20*, ←, 🏕 – ▤. GB — Z e
fermé 15 janv. au 15 fév., dim. soir et lundi hors saison – **Repas** 170 (déj.), 250/400.

Aub. de la Bartavelle, pl. Sus Auze ☎ 04 90 36 02 16, 🏕 – GB — Y d
fermé 15 fév. au 15 mars et lundi – **Repas** 90 (déj.), 135/220 🍷.

Bateleur, pl. Th. Aubanel ☎ 04 90 36 28 04 – ▤. GB — Z k
fermé 25 juin au 2 juil., 15 nov. au 15 déc., dim. soir et lundi – **Repas** (prévenir) 98 (déj.)/142, enf. 65.

à St-Romain-en-Viennois *par ①, D 938 et D 71 : 4 km – 687 h. alt. 260 – ✉ 84110 :*

L'Amourié avec ch, ☎ 04 90 46 43 72 – ☎. GB JCB
fermé 24 au 30 oct., 15 déc. au 31 janv., mardi soir et merc. du 1er sept. au 15 juin – **Repas** 105/235 – ☕ 30 – **5 ch** 210/250 – ½ P 257.

à Entrechaux *par ②, D 938 et D 54 : 7 km G. Alpes du Sud – 809 h. alt. 280 – ✉ 84340 :*

St-Hubert, ☎ 04 90 46 00 05, *Fax 04 90 46 00 06*, 🏕, 🌳 – P. GB. ✂
fermé 28 sept. au 10 oct., 1er fév. au 6 mars, mardi et merc. – **Repas** (50) - 72/270 🍷, enf. 55.

à Séguret *par ③, D 977 et D 88 : 10 km – 798 h. alt. 250 – ✉ 84110 :*

Domaine de Cabasse ⛰, rte Sablet ☎ 04 90 46 91 12, *Fax 04 90 46 94 01*, ←, 🏕, « Dans un domaine viticole », 🏊, 🌳 – TV ☎ P. AE GB. ✂
2 avril-2 nov. – **Repas** *(fermé lundi midi, mardi midi et jeudi midi sauf juil.-août)* 90 (déj.), 150/200 🍷, enf. 60 – ☕ 60 – **12 ch** 450/650 – ½ P 415/515.

Table du Comtat ⛰ avec ch, ☎ 04 90 46 91 49, *Fax 04 90 46 94 27*, ← plaine, 🏊 – ▤ rest, TV ☎ P. AE ⦿ GB
fermé fév., mardi soir et merc. du 1er oct. au 30 juin – **Repas** 160/460 et carte 290 à 410 🍷, enf. 110 – ☕ 70 – **8 ch** 480/600 – ½ P 620/700.

à Rasteau *par ④, D 975 et D 69 : 9 km – 673 h. alt. 200 – ✉ 84110 :*

Bellerive ⛰, rte Violès ✆ 04 90 46 10 20, *Fax 04 90 46 14 96,* ≤ vignobles et Dentelles de Montmirail, 🏞, 🏊, 🌳 – TV ☎ P. AE GB
début avril-début nov. – **Repas** *(fermé mardi du 18 avril au 15 sept., vend. midi et lundi)* 125/195 🍷, enf. 70 – ☕ 58 – **20 ch** 520/620 – ½ P 475/520.

CITROEN Valdeluc'auto, rte de Nyons parc act. de l'Ayguette par ① ✆ 04 90 36 51 60

PEUGEOT Gar. de Luca, rte de Nyons par ① ✆ 04 90 36 24 33 N ✆ 04 90 36 24 33

VAÏSSAC *82800 T.-et-G. 79 ⑱ – 636 h alt. 134.*
Paris 637 – Toulouse 78 – Albi 58 – Montauban 22 – Villefranche-de-Rouergue 65.

Terrassier, ✆ 05 63 30 94 60, *Fax 05 63 30 87 40,* 🏞, 🏊 – TV ☎ P. GB
fermé 2 au 15 janv. – **Repas** *(fermé vend. soir sauf juil.-août et dim. soir)* 75 bc/200 🍷, enf. 50 – ☕ 35 – **12 ch** 205/245 – ½ P 220.

Le VAL *83143 Var 84 ⑤, 114 ⑳ – 2 893 h alt. 242.*
Paris 813 – Aix-en-Provence 61 – Draguignan 40 – Toulon 55.

Crémaillère, ✆ 04 94 86 40 00, *Fax 04 94 86 37 02* – GB
fermé 20 au 27 avril, vacances de Toussaint, mardi soir et merc. – **Repas** (72) - 98/235 🍷, enf. 60.

VALADY *12330 Aveyron 80 ② – 1 014 h alt. 350.*
Paris 617 – Rodez 19 – Decazeville 20.

Combes ⛰, ✆ 05 65 72 70 24, *Fax 05 65 72 68 15,* 🌳 – TV ☎ 📞 P. GB
fermé 5 au 20 janv. – **Repas** *(fermé lundi sauf fériés)* 88/165 🍷 – ☕ 29 – **15 ch** 220/260 – ½ P 235/250.

Le VAL-ANDRÉ *22 C.-d'Armor 59 ④ – voir à Pléneuf-Val-André.*

VALAURIE *26230 Drôme 81 ① ② – 386 h alt. 162.*
Paris 622 – Montélimar 21 – Nyons 31 – Pierrelatte 13.

Domaine Les Mejeonnes ⛰, Ouest : 2 km sur D 541 ✆ 04 75 98 60 60, *Fax 04 75 98 63 44,* 🏞, parc, 🏊 – ☎ ♿ P. – 🎓 25. AE ⓓ GB
fermé 2 janv. au 28 fév., dim. soir (sauf hôtel) et merc. d'oct. à juin – **Repas** 95/195 🍷, enf. 55 – ☕ 42 – **10 ch** 350 – ½ P 275/295.

Valle Aurea ⛰ avec ch, rte Grignan ✆ 04 75 97 25 00, *Fax 04 75 98 59 59,* 🏞, 🌳 – ▤ TV ☎ P. AE GB. 🚫 ch
fermé fév., dim. soir et lundi (sauf hôtel de juin à sept.) – **Repas** 158 (déj.), 215/285 et carte 320 à 450 🍷 – ☕ 65 – **5 ch** 435/595 – ½ P 475/555.

VALBERG *06 Alpes-Mar. 81 ⑨ ⑲, 115 ④ G. Alpes du Sud – alt. 1669 – Sports d'hiver : 1 430/ 2 026 m* 🚡 *27* ⛷ *– ✉ 06470 Péone.*
Voir Intérieur★ de la chapelle N.-D.-des-Neiges.
🅸 *Office de Tourisme* ✆ *04 93 23 24 25, Fax 04 93 02 52 27.*
Paris 812 – Barcelonnette 74 – Castellane 67 – Digne-les-Bains 107 – Nice 85 – St-Martin-Vésubie 57.

Adrech de Lagas, ✆ 04 93 02 51 64, *Fax 04 93 02 52 33,* ≤ – 🛗 TV ☎ P. GB. 🚫
1er juil.-15 sept. et 20 déc.-10 avril – **Repas** 120/180 – ☕ 45 – **20 ch** 480 – ½ P 380/430.

Chalet Suisse, ✆ 04 93 02 50 09, *Fax 04 93 02 61 92,* 🏞 – TV ☎. GB
1er juil.-15 sept. et 15 déc.-15 avril – **Repas** 80/140 🍷 – ☕ 45 – **20 ch** 270/430 – ½ P 330/380.

VALBONNE *06560 Alpes-Mar. 84 ⑨, 115 ㉔ ㉕ G. Côte d'Azur – 9 514 h alt. 250.*
⛳18 *Opio-Valbonne* ✆ *04 93 12 00 08, NE : 2 km ;* ⛳9 *Victoria Golf Club* ✆ *04 93 12 23 26, S : 4 km.*
🅸 *Office de Tourisme 11 av. St-Roch* ✆ *04 93 12 34 50, Fax 04 93 12 34 57.*
Paris 909 – Cannes 12 – Antibes 15 – Grasse 13 – Mougins 7 – Nice 33 – Vence 24.

Armoiries sans rest, pl. Arcades ✆ 04 93 12 90 90, *Fax 04 93 12 90 91,* « Belle décoration intérieure » – 🛗 ▤ TV ☎. AE ⓓ GB JCB
☕ 50 – **16 ch** 550/900.

Cigale, rte Opio ✆ 04 93 12 24 43, 🏞 – TV ☎ ♿ P. GB
Repas *(fermé 12 au 22 juin, 23 nov. au 3 déc., 15 au 31 janv. et mardi sauf juil.-août)* 95/135 🍷 – ☕ 42 – **11 ch** 285/330.

XX **Aub. Fleurie,** rte Cannes (D 3) : 1,5 km ✆ 04 93 12 02 80, *Fax 04 93 12 22 27,* ☂ – P. GB
fermé 15 déc. au 31 janv., dim. soir (sauf juil.-août) et lundi – **Repas** 115/185 ♁.

XX **Moulin des Moines,** pl. Église ✆ 04 93 12 03 41, *Fax 04 93 12 25 24,* ☂ – AE GB
fermé sam. midi et dim. soir – **Repas** 68 bc (déj.), 118/168 ♀.

X **Bistro de Valbonne,** 11 r. Fontaine ✆ 04 93 12 05 59, *Fax 04 93 12 09 59* – ▤. AE ⓓ GB
fermé 1er au 15 mars, nov., dim. et lundi – **Repas** (nombre de couverts limité, prévenir) 140/170 ♀.

X **Lou Cigalon,** 4 bd Carnot ✆ 04 93 12 27 07 – ▤. GB
fermé janv., lundi et mardi – **Repas** (nombre de couverts limité, prévenir) 130/270 ♀.

rte d'Antibes *Sud : 3 km par D 3 et D 103 – ✉ 06560 Valbonne :*

XX **Bois Doré,** ✆ 04 93 12 26 25, *Fax 04 93 12 28 73,* ☂, ⛱ – P. AE GB
fermé 11 janv. au 15 fév. et lundi – **Repas** 128/180 ♀.

à Sophia-Antipolis *Sud-Est : 7 km par D 3 et D 103 – ✉ 06560 Valbonne :*

Grand H. Mercure Sophia Country Club M ♨, Les Lucioles 2 - 3550 rte Dolines ✆ 04 92 96 68 78, *Fax 04 92 96 68 96,* ☂, ⛹, ♒, ⛱, ✂ – ⇕ ⇷ ▤ TV ☎ ✆ ♿ P – 🏛 400. AE ⓓ GB
L'Arlequin : Repas 120/180 ♀, enf. 75 – ☐ 70 – **107 ch** 600/780.

Mercure M ♨, Les Lucioles 2, rue A. Caquot ✆ 04 92 96 04 04, *Fax 04 92 96 05 05,* ☂, ♒, ⛱ – ⇕ ⇷ ▤ TV ☎ ✆ ♿ P – 🏛 120. AE ⓓ GB
Repas *(135 bc)* - 158/175 bc – ☐ 60 – **104 ch** 550/600.

Novotel M ♨, Les Lucioles 1, 290 r. Dostoievski ✆ 04 93 65 40 00, *Fax 04 93 95 80 12,* ☂, ♒, ⛱ – ⇕ ⇷ ▤ TV ☎ ♿ P – 🏛 100. AE ⓓ GB. ✂ rest
Repas grill carte environ 180 ♀, enf. 50 – ☐ 55 – **97 ch** 580.

Ibis, Les Lucioles 2, r.A. Caquot ✆ 04 93 65 30 60, *Fax 04 93 95 83 99,* ☂, ♒, ⛱ – ⇕ ⇷ TV ☎ ♿ P. AE ⓓ GB
Repas *(75)* - 95 ♁, enf. 39 – ☐ 35 – **99 ch** 350/400.

RENAULT Gar. Cuberte, 1600 rte de Cannes ✆ 04 93 12 02 24

VALCEBOLLÈRE *66340 Pyr.-Or.* 86 ⑯ – *37 h alt. 1470.*

Paris 871 – Font-Romeu-Odeillo-Via 26 – Bourg-Madame 9 – Perpignan 107 – Prades 61.

Aub. Les Ecureuils M ♨, ✆ 04 68 04 52 03, *Fax 04 68 04 52 34,* ⛹ – ☎. GB
fermé 20 avril au 20 mai et 10 oct. au 6 déc. – **Repas** 132 (déj.), 152/253, enf. 68 – ☐ 42 – **15 ch** 300/350 – ½ P 310/330.

VAL CLARET *73 Savoie* 74 ⑲ – *rattaché à Tignes.*

VALDAHON *25800 Doubs* 66 ⑯ – *3 534 h alt. 645.*

Paris 437 – Besançon 32 – Morteau 31 – Pontarlier 30.

Relais de Franche Comté ♨, ✆ 03 81 56 23 18, *Fax 03 81 56 44 38,* ☂, ⛱ – TV ☎ P – 🏛 30. AE ⓓ GB
fermé 8 déc. au 15 janv., dim. soir du 1er nov. à Pâques, vend. soir et sam. midi de sept. à juin – **Repas** 70/250 ♁, enf. 35 – ☐ 38 – **20 ch** 210/275 – ½ P 260.

à Chevigney-lès-Vercel *Nord-Est : 3 km par D 50 – 88 h. alt. 630 – ✉ 25530 :*

Promenade, ✆ 03 81 56 24 76, *Fax 03 81 56 29 64,* ☂, ⛱ – ☎ – 🏛 30. GB
fermé 25 oct. au 5 nov., lundi (sauf hôtel) et dim. soir de sept. à juin – **Repas** 54/180 ♀, enf. 40 – ☐ 32 – **10 ch** 170/250 – ½ P 162/173.

CITROEN Gar. Pétot, ✆ 03 81 56 27 12 N ✆ 03 81 56 45 98
PEUGEOT Gar. de la Croisée, ✆ 03 81 56 71 00 N ✆ 03 81 68 55 20
RENAULT Gar. Duquet, ✆ 03 81 56 23 07 N ✆ 03 81 56 23 07

Le VAL-D'AJOL *88340 Vosges* 62 ⑯ *G. Alsace Lorraine – 4 877 h alt. 380.*

Office de Tourisme 93 Grande-Rue ✆ 03 29 30 61 55, Fax 03 29 30 61 55.

Paris 383 – Épinal 45 – Luxeuil-les-Bains 17 – Plombières-les-Bains 10 – Remiremont 17 – Vittel 70.

Résidence ♨, r. Mousses ✆ 03 29 30 68 52, *Fax 03 29 66 53 00,* « Parc », ♒, ✂ – TV ☎ P – 🏛 25 à 80. AE ⓓ GB
fermé 16 nov. au 21 déc., lundi (sauf hôtel) et dim. soir sauf vacances scolaires – **Repas** *(68)* - 98/270 ♀, enf. 50 – ☐ 45 – **52 ch** 230/400 – ½ P 290/360.

VALDEBLORE (Commune de) *06420 Alpes-Mar.* 84 ⑱ ⑲, 115 ⑥ *G. Côte d'Azur – 664 h alt. 1050 – Sports d'hiver à la Colmiane : 1 400/1 800 m* ⛷ *8.*

Office de Tourisme ✆ *04 93 02 88 59, Fax 04 93 02 79 30.*

Paris 839 – Cannes 88 – Nice 72 – St-Étienne-de-Tinée 46 – St-Martin-Vésubie 11.

à St-Dalmas-Valdeblore – ✉ *06420 St-Sauveur-de-Tinée.*

Voir *Pic de Colmiane* ✱★★ *E 4,5 km accès par télésiège.*

Aub. des Murès, rte du col St-Martin ✆ 04 93 23 24 60, *Fax 04 93 23 24 67*, ≤, – ☎ P. GB

Repas 120/150, enf. 65 – ☕ 35 – **10 ch** 280/330 – ½ P 370/400.

VAL-DE-MERCY *89 Yonne* 65 ⑤ *– rattaché à Coulanges-la-Vineuse.*

VAL-D'ISÈRE *73150 Savoie* 74 ⑲ *G. Alpes du Nord – 1 701 h alt. 1850 – Sports d'hiver : 1 850/3 550 m* 12 ⛷ 90 ⛷.

Voir *Rocher de Bellevarde* ✱★★★ *par téléphérique.*

Env. *Belvédère de la Tarentaise* ✱★★ *SE : 13 km.*

Office de Tourisme Maison de Val d'Isère ✆ *04 79 06 06 60, Fax 04 79 06 04 56.*

Paris 669 ① *– Albertville 86* ① *– Briançon 138* ① *– Chambéry 133* ①.

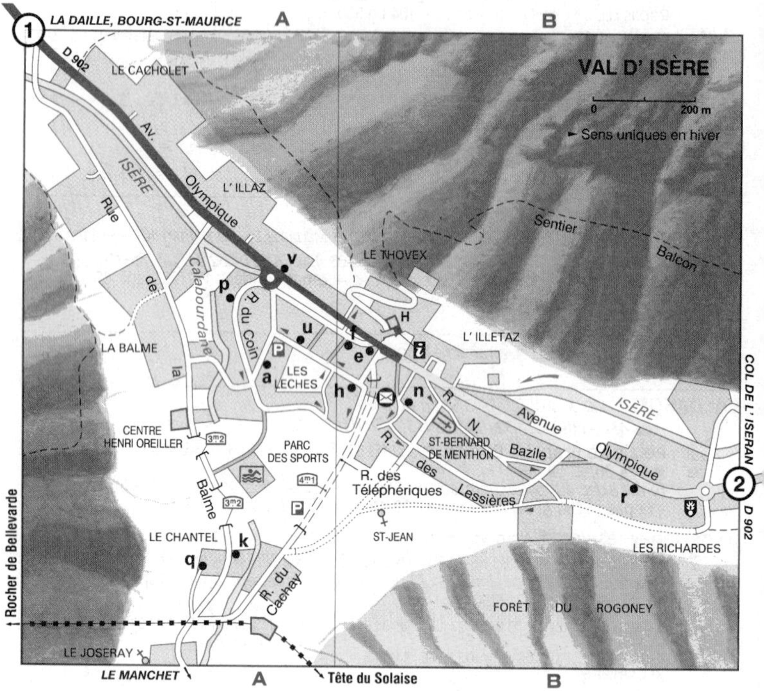

Christiania M, ✆ 04 79 06 08 25, *Fax 04 79 41 11 10*, ≤, – ☎ – 40. AE GB. A a

1er déc.-1er mai – **Repas** 270 (dîner)et carte 240 à 390 – ☕ 80 – **66 ch** 1777/2054, 4 appart – ½ P 927/1197.

Blizzard M, ✆ 04 79 06 02 07, *Fax 04 79 06 04 94*, ≤, – ☎ – 30. AE GB JCB. rest B f

juil.-août et déc.-début mai – **Repas** *(130)* - 150 (déj.)/200 – **67 ch** ☕ 1250/1390, 6 appart – ½ P 850/1280.

Tsanteleina M, ✆ 04 79 06 12 13, *Fax 04 79 41 14 16*, ←, 斎, Ⅰ⁵ – |$| TV ☎ ✆ – 🏊 25. GB. ✻ rest B e
fin juin-fin août et 1er déc.-8 mai – **Repas** 150 (déj.), 240/300 ♀ – ☐ 80 – **65 ch** 850/1200 – ½ P 685/1010.

Mercure Village M, ✆ 04 79 06 12 93, *Fax 04 79 41 11 12*, ← – |$| TV ☎ – 🏊 40. AE ◑ GB. ✻ rest B h
fermé 4 mai au 15 juin – **Repas** 120/200 ♀ – ☐ 65 – **45 ch** 680/1110.

Savoyarde, ✆ 04 79 06 01 55, *Fax 04 79 41 11 29*, ←, Ⅰ⁵ – |$| TV ☎. AE ◑ GB JCB A u
1er déc.-5 mai – **Repas** 128 (déj.), 153/286 – ☐ 67 – **44 ch** 898/1122 – ½ P 735/826.

Kandahar M, ✆ 04 79 06 02 39, *Fax 04 79 41 15 54* – |$| TV ☎ ♿ 🚗 P. AE GB A v
1er juil.-31 août et 30 nov.-5 mai – ***Taverne d'Alsace*** (dîner seul. en hiver) **Repas** 150 ♀, enf. 85 – ☐ 50 – **29 ch** 780/1260 – ½ P 630/930.

Altitude M ⅋, ✆ 04 79 06 12 55, *Fax 04 79 41 11 09*, ←, 斎, Ⅰ⁵, ⛱ – |$| TV ☎ ♿ P. AE GB. ✻ A k
1er juil.-31 août et 1er déc.-4 mai – **Repas** 158 ♀, enf. 80 – ☐ 58 – **40 ch** 640/1080, 12 duplex – ½ P 660/700.

Galise, ✆ 04 79 06 05 04, *Fax 04 79 41 16 16* – TV ☎. GB. ✻ rest B n
15 déc.-30 avril – **Repas** (dîner seul.) 130 ♀ – ☐ 65 – **30 ch** 640 – ½ P 475/520.

Bellier ⅋, ✆ 04 79 06 03 77, *Fax 04 79 41 14 11*, ←, 斎, ⛱ – TV ☎ P. AE ◑ GB JCB
1er juil.-25 août et 1er déc.-4 mai – **Repas** 60 (déj.), 100/130 – ☐ 60 – **22 ch** 680/900, 4 appart – ½ P 470/630. A p

Chamois d'Or ⅋, ✆ 04 79 06 00 44, *Fax 04 79 41 16 58*, ← – ☎ P. GB. ✻ rest A q
juil.-août et déc.-début mai – **Repas** carte environ 180 ♀ – ☐ 40 – **24 ch** (½ pens. seul.) – ½ P 380/475.

L'Avancher, rte Fornet ✆ 04 79 06 02 00, *Fax 04 79 41 16 07*, 斎, ⛱ – ☎. GB B r
début juil.-août (sauf rest.) et début déc.-début mai – **Repas** 120 (déj.), 155/250 ♀ – ☐ 62 – **15 ch** 414/680 – ½ P 495/545.

à la Daille *par ① : 2 km* – ✉ *73150 Val-d'Isère.*

Office de Tourisme (déc.-fin avril) ✆ 04 79 06 19 67, Fax 04 79 41 94 30.

Samovar, ✆ 04 79 06 13 51, *Fax 04 79 41 11 08*, ← – TV ☎. GB
hôtel : 1er déc.-20 avril ; rest. : 20 déc.-20 avril – **Repas** 90 (déj.), 135/210 ♀ – ☐ 50 – **18 ch** 750/810 – ½ P 640/800.

VALENÇAY *36600 Indre* 64 ⑱ *G. Châteaux de la Loire* (plan) – *2 912 h alt. 140.*

Voir *Château*★★.

Office de Tourisme av. de la Résistance ✆ 02 54 00 04 42, Fax 02 54 00 04 42, (hors saison) Mairie ✆ 02 54 00 32 32.

Paris 230 – Blois 57 – Bourges 73 – Châteauroux 41 – Loches 49 – Vierzon 50.

Espagne (Fourré) ⅋, 9 r. du Château ✆ 02 54 00 00 02, *Fax 02 54 00 12 63*, « Terrasse fleurie » – TV ☎ P. AE ◑ GB
✿ *fermé janv. et fév., mardi midi et lundi d'oct. à Pâques* – **Repas** 160/350 et carte 270 à 440
Bistrot des Gourmets : **Repas** 100 bc – ☐ 75 – **14 ch** 450/650
Spéc. Escalope de foie gras de canard aux raisins. Côte de veau de lait forestière. Bombe "Talleyrand". **Vins** Valençay, Reuilly.

à Veuil *Sud : 6 km par D 15 et rte secondaire – 386 h. alt. 140 –* ✉ *36600 :*

XX **Aub. St-Fiacre**, ✆ 02 54 40 32 78, *Fax 02 54 40 35 66*, 斎, intérieur rustique – GB
fermé mardi soir et merc. – **Repas** 98 (déj.), 130/225 ♀, enf. 70.

CITROEN Gar. Huard, ✆ 02 54 00 05 35 N ✆ 02 54 00 05 35

PEUGEOT Gar. Desbrais, ✆ 02 54 00 17 99

VALENCE P *26000 Drôme* 77 ⑫ *G. Vallée du Rhône* – *63 437 h Agglo. 107 965 h alt. 126.*

Voir *Maison des Têtes*★ **CY** – *Intérieur*★ *de la cathédrale St-Apollinaire* **BZ** – *Champ de Mars* ←★ **BZ** – *Sanguines de Hubert Robert*★★ *au musée* **BZ M.**

⛳9 *des Chanalets ✆ 04 75 83 16 23, par ① : 6 km ;* ⛳18 *de St-Didier ✆ 04 75 59 67 01, E : 14 km par D 119 ;* ⛳18 *du Bourget ✆ 04 75 59 48 18 à Montmeyran, 16 km par ③.*

✈ *de Valence-Chabeuil : ✆ 04 75 85 26 26, par ③ : 5 km* **B YZ.**

Office de Tourisme Parvis de la gare ✆ 04 75 44 90 40, Fax 04 75 44 90 41 – Automobile Club de la Drôme 33 bis av. F.-Faure ✆ 04 75 43 61 07,.

Paris 559 ① – Avignon 125 ⑤ – Grenoble 94 ② – Marseille 214 ⑤ – Nîmes 151 ⑤ – Le Puy-en-Velay 110 ⑦ – St-Étienne 92 ①.

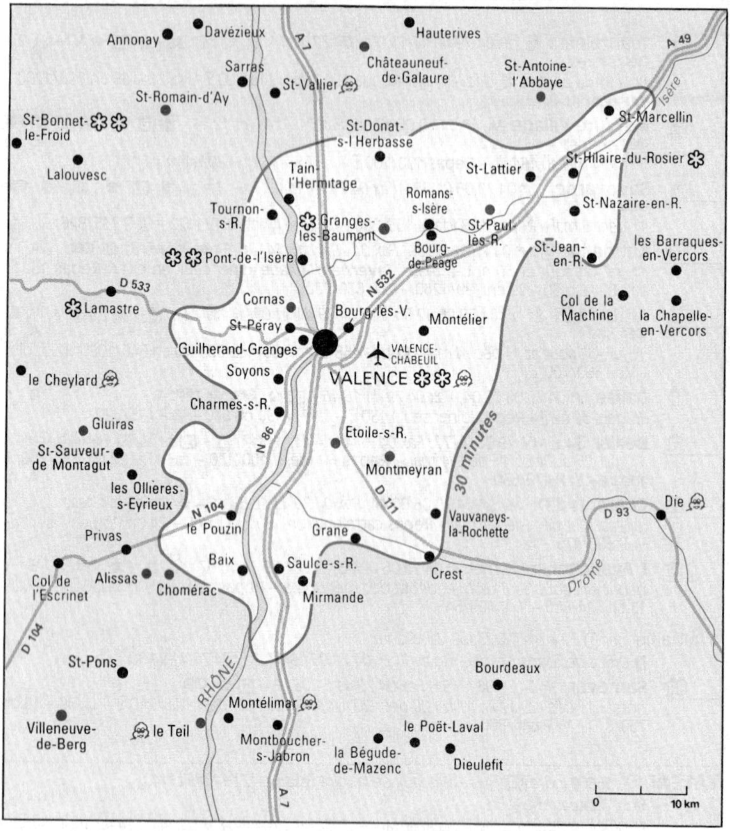

Pic, 285 av. V. Hugo ✆ 04 75 44 15 32, *Fax 04 75 40 96 03*, 🏖, ⛱, 🐕 – |‡| ▤ TV ☎ ✆ ♿ 🚗 P. AE ① GB JCB — AX f

✿✿ *fermé 3 au 19 août et dim. soir* – **Repas** (dim. prévenir) 290 (déj.), 480/660 et carte 690 à 800 – ☕ 90 – **12 ch** 850/1300, 3 appart

Spéc. Multicolore de saumon et foie de canard poêlé au basilic. Filet de loup au caviar. Côtelettes d'agneau du Limousin rôti et sa truffe en feuille d'or (déc. à mars).

Novotel M, 217 av. Provence ✆ 04 75 42 20 15, *Fax 04 75 43 56 29*, 🏖, ⛱, 🐕, ✂ – |‡| ✈ ▤ TV ☎ ✆ ♿ P – 🏛 25 à 250. AE ① GB. ✈ rest — AX a

Repas carte environ 180 Y, enf. 50 – ☕ 52 – **107 ch** 470/520.

Yan's H. M, rte Montéléger près centre hospitalier ✆ 04 75 55 52 52, *Fax 04 75 42 27 37*, 🏖, ⛱, 🐕 – ✈, ▤ ch, TV ☎ ♿ P – 🏛 40. AE GB — AX b

Repas grill *(fermé sam. et dim.)* 135 Y, enf. 50 – ☕ 40 – **38 ch** 360/450.

Valsud M, sortie autoroute Valence-Sud ✆ 04 75 40 80 70, *Fax 04 75 44 39 20*, 🏖, ⛱ – |‡| ✈ ▤ TV ☎ ✆ ♿ P – 🏛 60. AE ① GB — AX d

Repas 85/120 ♨, enf. 40 – ☕ 34 – **75 ch** 290/340 – ½ P 244.

France sans rest, 16 bd Gén. de Gaulle ✆ 04 75 43 00 87, *Fax 04 75 55 90 51* – |‡| ▤ TV ☎ ✆ 🚗. AE ① GB — CZ w

☕ 36 – **34 ch** 255/360.

Park H. sans rest, 22 r. J. Bouin ✆ 04 75 43 37 06, *Fax 04 75 42 43 55* – TV ☎ 🚗. AE ① GB — BY u

fermé 20 déc. au 4 janv. – ☕ 35 – **21 ch** 270/300.

Ibis, 355 av. Provence ✆ 04 75 44 42 54, *Fax 04 75 44 48 80*, 🏖, ⛱ – |‡| ✈, ▤ ch, TV ☎ P – 🏛 35. AE ① GB — AX n

Repas *(79)* - 99/130 ♨, enf. 39 – ☕ 36 – **86 ch** 305/355.

VALENCE

André (Bd G.) . . . . AV 3
Beaumes (Av. des) . . . . AX 8
Belle-Meunière (R.) . . . . AV 10
Bonnet (R. G.) . . . . AV 13
Châteauvert (R.) . . . . AX 18
Grand-Charran (Av. du) . . . . AX 34
Kennedy (Bd J.-F.) . . . . AV 40
Lattre-de-Tassigny (Av. Mar. de) . . . . AV 41
Libération (Av. de la) . . . . . . AX 44
Montplaisir (R.) . . . . AVX 52
Roosevelt (Bd Franklin) . . . . AX 68

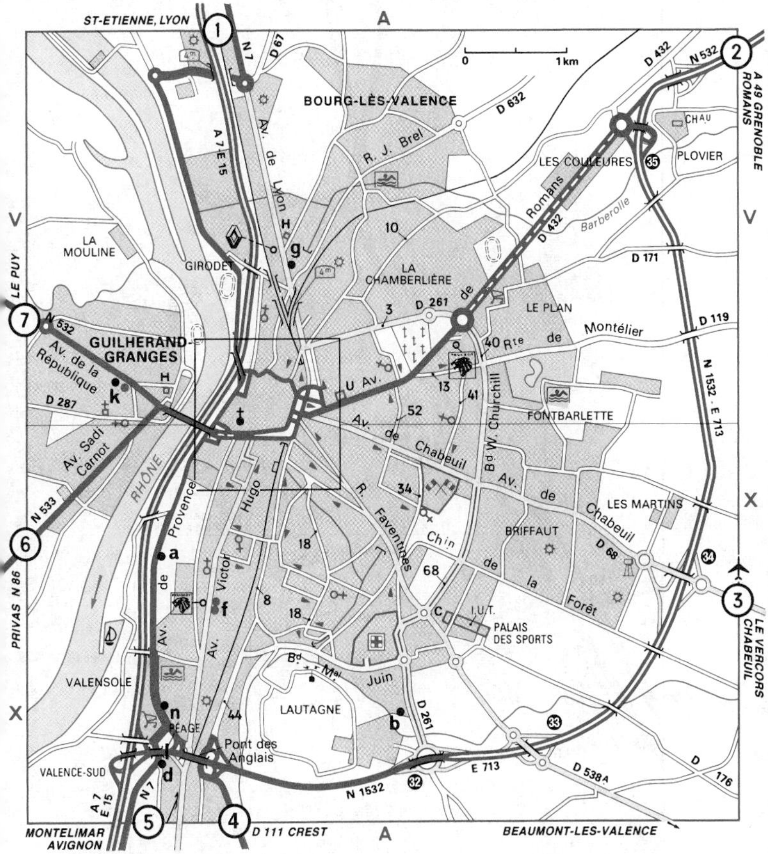

Europe sans rest, 15 av. F. Faure ✆ 04 75 43 02 16, *Fax 04 75 43 61 75* – ▤ TV ☎ 🚗. AE GB — DY r
☕ 32 – **26 ch** 195/330.

Paris sans rest, 30 av. P. Sémard ✆ 04 75 44 02 83, *Fax 04 75 41 49 61* – |‡| TV ☎. AE ⓓ GB — CZ h
fermé 23 au 28 déc. – ☕ 30 – **36 ch** 230/280.

Négociants, 27 av. P. Sémard ✆ 04 75 44 01 86, *Fax 04 75 44 77 57* – |‡| TV ☎ 🚗. AE ⓓ GB JCB — CZ f
fermé 19 déc. au 4 janv. – **Repas** *(fermé dim.) (65) - 78/135* – ☕ 38 – **36 ch** 220/320 – 1/2 P 240/270.

Lyon sans rest, 23 av. P. Sémard ✆ 04 75 41 44 66, *Fax 04 75 44 72 32* – |‡| TV ☎ – 30. GB — CZ e
☕ 36 – **56 ch** 180/260.

Licorne, 13 r. Chalamet ✆ 04 75 43 76 83 – ▤. AE ⓓ GB — CZ s
fermé 1er au 15 août, dim. soir et lundi – **Repas** (prévenir) 122/164 bc.

Saint Ruf, 9 r. Sabaterie ✆ 04 75 43 48 64, *Fax 04 75 42 85 71* – AE GB — BY b
fermé 25/7 au 18/8, 2 au 11 janv., dim. sauf le midi d'oct. à juin, sam. midi sauf de juil. à sept. et lundi – **Repas** 155/275, enf. 52.

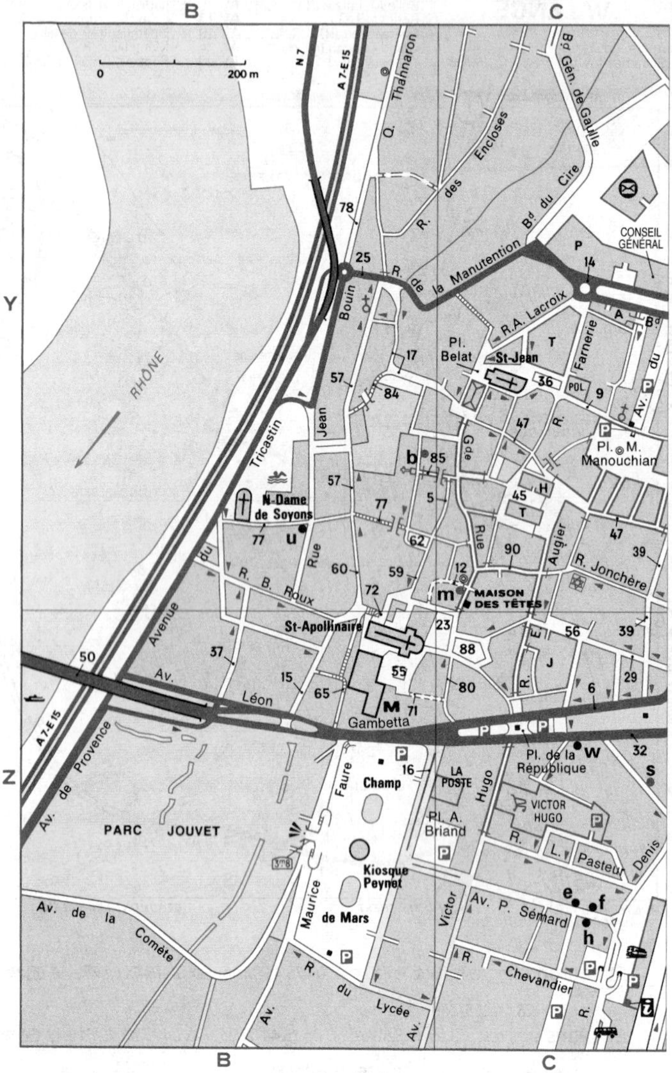

XX	**Petite Auberge,** 1 r. Athènes ☎ 04 75 43 20 30, *Fax 04 75 42 67 79,* – AE GB *fermé 1er au 20 août, dim. sauf fériés et merc. soir* – **Repas** *(85)* - 115/240, enf. 60.	DY	t
X	**Aub. du Pin,** 285 bis av. V. Hugo ☎ 04 75 44 53 86 – ▤ **P**. GB *fermé dim. midi et lundi* – **Repas** *(120)* - 145 ♀, enf. 60.	AX	f
X	**Bistrot des Clercs,** 48 Gde rue ☎ 04 75 55 55 15, *Fax 04 75 43 64 85,* – ▤. AE GB **Repas** *(79)* - 107 ♀.	CY	m

à Bourg-lès-Valence – *18 230 h. alt. 142* – ✉ *26500 :*

🏠	**Seyvet,** 24 av. Marc-Urtin ☎ 04 75 43 26 51, *Fax 04 75 55 61 49* – |♦|, ▤ rest, TV ☎ ✆ **P** – 🏛 30. AE ⓓ GB *fermé dim. soir hors saison* – **Repas** 98/237 ♀, enf. 50 – ☕ 35 – **34 ch** 220/305 – 1/2 P 235.	AV	g

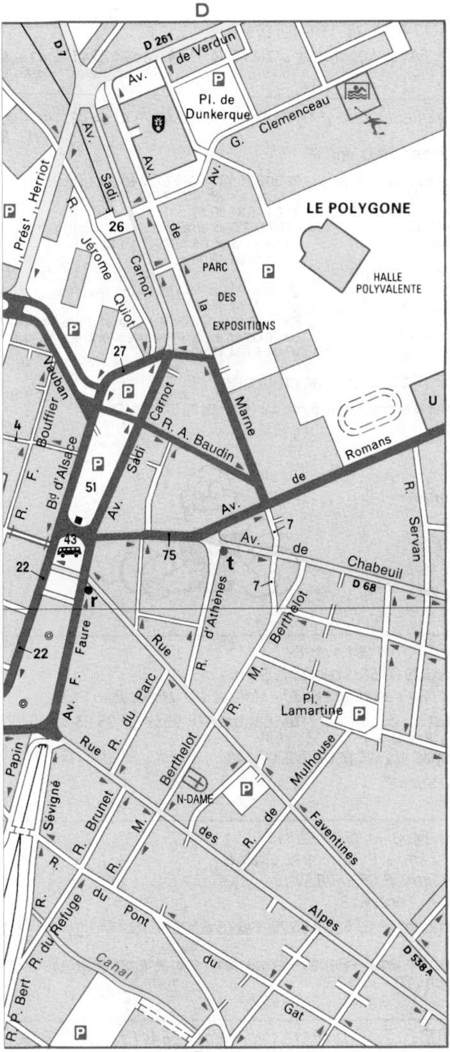

VALENCE

Alsace (Bd d') . . . . DY
Augier (R. Émile) . . . . CYZ
Bancel (Bd). . . . . CY 6
Félix-Faure (Av.). . . . . DZ
Gaulle (Bd du Gén.). . . . . CZ 32
Madier-de-Montjau (R.) . . . . CY 47
République (Pl. de la) . . . . CZ
Semard (Av. J.-P.) . . . . CZ
Victor-Hugo (Av.) . . . . CZ

Arménie (R. d') . . . . DY 4
Balais (R. des). . . . . BCY 5
Barrault (R. J.-L.). . . . . DY 7
Belle-Image (R.). . . . . CY 9
Bonaparte (R. du Lieutenant) . . . . . . BCY 12
Cardonnel (Pl. L. le) . . . . CY 14
Chambaud (R. Mirabel) . . . . . BZ 15
Championnet (Pl.). . . . . BCZ 16
Chapeliers (Côte des). . . . . . . BY 17
Clerc (Bd M.) . . . . DZ 22
Clercs (Pl. des) . . . . BCZ 23
Docteur-Schweitzer (R. du). . BY 25
Dragonne (Pl. de la) . . . . DY 26
Dupré de Loire (Av.) . . . . DY 27
Farre (R. du Gén.). . . . . CDZ 29
Huguenel (Pl. Ch.). . . . . CY 36
Jacquet (R. V.) . . . . BZ 37
Jeu-de-Paume (R. du) . . . . . CYZ 39
Leclerc (Pl. Gén.) . . . . DY 43
Liberté (Pl. de la). . . . . CY 45
Mistral (Pont Frédéric) . . . . . . BZ 50
Montalivet (Pl. de) . . . . DY 51
Ormeaux (Pl. des) . . . . BZ 55
Palais (Pl. du) . . . . CZ 56
Paré (R. Ambroise) . . . . BY 57
Pérollerie (R.). . . . . BY 59
Petit-Paradis (R.) . . . . BY 60
Pierre (Pl. de la). . . . . BY 62
Repenties (R. des) . . . . BZ 65
St-Didier (R.) . . . . BCZ 71
St-Estève (Côte) . . . . BY 72
St-Jacques (Faubourg) . . . . . . DY 75
St-Martin (Côte et R.) . . . . BY 77
St-Nicolas (Q.) . . . . BY 78
Saunière (R.) . . . . CZ 80
Sylvante (Côte) . . . . BY 84
Temple (R. du) . . . . BCY 85
Université (Pl. de l'). . . . . CZ 88
Vernoux (R.) . . . . CY 90

Les pastilles numérotées des plans de villes ①, ②, ③ sont répétées sur les ***cartes Michelin*** *à 1/200 000. Elles facilitent ainsi le passage entre les* ***cartes*** *et les* ***guides Michelin.***

à Pont de l'Isère *par ① : 9 km – 2 770 h. alt. 120 – ✉ 26600 :*

XXXX **Michel Chabran** Ⓜ avec ch, N 7 ☎ 04 75 84 60 09, *Fax 04 75 84 59 65,* ☂ – ▤ TV ☎ P. AE ⓓ GB
✿✿
Repas 215 (déj.), 350/795 et carte 460 à 660, enf. 100 – ☕ 80 – **12 ch** 400/690
Spéc. Salade de homard au museau de porc. Pigeonneau des Gandels rôti en cocotte, fondue de blettes à la crème. Millefeuille craquant aux fraises des bois, crème glacée à la pistache. **Vins** Saint-Péray, Crozes-Hermitage.

XXX **Aub. Chalaye,** 17 r. 16-août-1944 ☎ 04 75 84 59 40, *Fax 04 75 84 76 36,* ☂, ⛱, 🌳 – P. AE GB
fermé dim. soir et lundi – **Repas** 165/260 et carte 250 à 460.

à Guilherand-Granges *(Ardèche) – 10 492 h. alt. 130 – ✉ 07500 :*

Alpes-Cévennes sans rest, 641 av. République ☎ 04 75 44 61 34, *Fax 04 75 41 12 41* – AE GB AV k
25 – **26 ch** 165/195.

Les Trois Canards, 565 av. République ☎ 04 75 44 43 24, *Fax 04 75 41 64 48,* – AE GB AV k
fermé dim. soir et lundi – **Repas** 70/360, enf. 65.

AUDI, VOLKSWAGEN Gar. Jean-Jaurès, 410-416 av. de Chabeuil ☎ 04 75 82 46 66
AUDI, VOLKSWAGEN Gar. Clauzier et Genin, 248 et 269 av. Victor-Hugo ☎ 04 75 44 45 45
BMW Gar. Fourel, 37 av. de Marseille ☎ 04 75 44 20 97
CITROEN Gar. Minodier, 126 rte de Beauvallon par ④ ☎ 04 75 44 82 72 N ☎ 04 72 72 02 27
NISSAN PPPL Automobiles, ZI des Couleures ☎ 04 75 78 11 50
PEUGEOT Gar. Riou, 42 allée F.-Coppée AV ☎ 04 75 42 00 20
PEUGEOT SOVACA, 125 av. M.-Faure et 268 av. V.-Hugo AX ☎ 04 75 75 65 55 N ☎ 04 75 81 90 35
RENAULT Succursale, 13 av. de Lyon à Bourg-lès-Valence ☎ 04 75 79 01 01 N ☎ 04 75 84 22 08

Ayme Pneus, 15 à 19 av. des Beaumes ☎ 04 75 44 11 40
Barrial Pneus, 106 av. V.-Hugo ☎ 04 75 44 24 43
Euromaster, av. de Provence, Pont-des-Anglais ☎ 04 75 44 13 40

Périphérie et environs

CITROEN Gar. Pélissier, 82 av. J.-Jaurès à Portes-lès-Valence par ⑤ ☎ 04 75 57 30 00 N ☎ 04 75 57 30 00

VALENCE-d'AGEN *82400 T.-et-G. 79 ⑯ – 4 901 h alt. 69.*

Golf Club d'Espalais ☎ 05 63 29 04 56, S par D 11 : 3 km.
Paris 648 – Agen 24 – Cahors 68 – Castelsarrasin 30 – Moissac 18 – Montauban 51.

Campagnette, Nord-Est : 2 km par rte Cahors (D 953) ☎ 05 63 39 65 97, *Fax 05 63 39 65 97,* – P. GB
fermé dim. soir et lundi – **Repas** 110/320 et carte 220 à 440.

RENAULT Gar. Mosconi, ☎ 05 63 39 52 42

VALENCE-SUR-BAÏSE *32310 Gers 82 ④ – 1 157 h alt. 117.*

Voir *Abbaye de Flaran★ NO : 2 km,* **G. Pyrénées Aquitaine.**
Office de Tourisme r. Jules Ferry ☎ 05 62 28 59 19.
Paris 738 – Auch 37 – Agen 49 – Condom 8.

Ferme de Flaran, rte Condom ☎ 05 62 28 58 22, *Fax 05 62 28 56 89,* – P. GB
fermé du 15 nov. au 15 déc. et janv. – **Repas** *(fermé dim. soir et lundi sauf juil.-août)* 95/180, enf. 45 – 38 – **15 ch** 280 – ½ P 255.

VALENCIENNES *59300 Nord 53 ④ ⑤ G. Flandres Artois Picardie – 38 441 h Agglo. 338 392 h alt. 22.*

Voir *Musée des Beaux-Arts★* **BY M.**
☎ 03 27 46 30 10, E : 1,5 km **CV.**
Office de Tourisme Maison Espagnole, r. Askièvre ☎ 03 27 46 22 99, Fax 03 27 30 38 35 – Automobile Club 2 r. de Mons ☎ 03 27 46 34 32.
Paris 209 ⑤ – Lille 54 ⑥ – Amiens 118 ⑤ – Arras 68 ⑤ – Bruxelles 101 ② – Charleroi 79 ② – Charleville-Mézières 130 ③ – Reims 174 ③ – St-Quentin 80 ⑤.

Plan page ci-contre

Grand Hôtel, 8 pl. Gare ☎ 03 27 46 32 01, *Fax 03 27 29 65 57* – – 25 à 100. AE GB JCB AX d
Repas 100/250 – 52 – **93 ch** 380/590, 5 appart.

Aub. du Bon Fermier, 66 r. Famars ☎ 03 27 46 68 25, *Fax 03 27 33 75 01,* « Ancien relais de poste, décor rustique original » – AE GB AY a
Repas 120/350 – 45 – **16 ch** 480/700.

VALENCIENNES

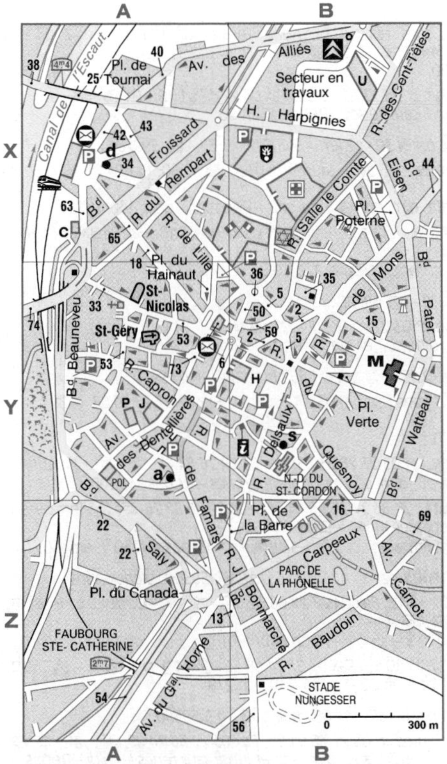

Albert-1er (Av.)	BY	2
Amsterdam (Av. d')	BY	5
Armes (Pl. d')	AY	6
Famars (R. de)	AYZ	
Lille (R. de)	AX	
Paix (R. de la)	BY	50
Paris (R. de)	AY	53
St-Géry (R.)	BY	59
Barbusse (R. H.) ST-SAULVE	CV	8
Bourgeois (Ch. des)	BV	9
Cairns (Av. Sergt)	ABZ	13
Capucins (R. des)	BY	15
Cardon (Pl.)	BZ	16
Charles-Quint (R.)	CV	17
Clemenceau (Av. G.)	AX	18
Desandrouins (Av.)	BV	20
Digue (R. de la)	AZ	22
Duchesnois (Av.)	CV	23
Dunkerque (Av. de)	AX	25
Faidherbe (Av.)	BV	26
Fg de Cambrai (R.)	BV	29
Fg de Paris (R. du)	BV	30
Ferrand (R.)	AY	33
Foch (Av. Mar.)	AX	34
Froissart (Pl. J.)	BY	35
Gaulle (Pl. Gén. de)	BY	36
Glacis (R. des)	CV	37
Jacob (Pont)	AX	38
Jean-Jaurès (R.)	BV	39
Juin (Av. du Mar.)	AX	40
Lattre-de-Tassigny (Av. Mar. de)	AX	42
Leclerc (Av. Mar.)	AX	43
Liège (Av. de)	BX	44
Marquis (R. du)	CV	48
Perdrix (R. J.)	CV	53
Pompidou (Av. G.)	AZ	54
Reims (Av. de)	BZ	56
St-Amand (Av. de)	BV	58
Sénateur-Girard (Av.)	AX	63
Tholozé (R.)	AX	65
Vaillant-Couturier (R. Paul)	BV	67
Vauban (Av.)	BV	68
Verdun (Av. de)	BZ	69
Vieille-Poissonnerie (R.)	AY	73
Villars (Av.)	AY	74

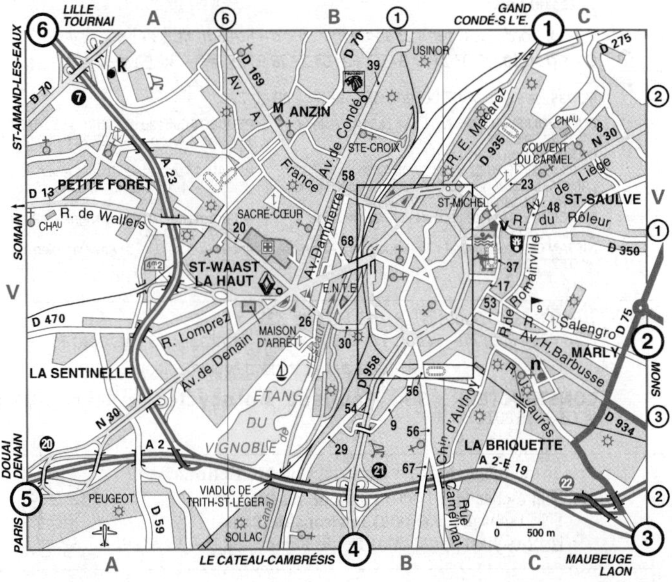

Notre Dame sans rest, 1 pl. Abbé Thellier de Poncheville ✆ 03 27 42 30 00, *Fax 03 27 45 12 68* – TV ☎. AE GB BY s
40 – **35 ch** 300/360.

Musigny, 90 av. Liège ✆ 03 27 41 49 30, *Fax 03 27 47 91 19* – AE GB CV v
fermé dim. soir et lundi sauf fériés – **Repas** 155/290.

à Quiévrechain *au Nord-Est par N 30 : 12 km – 6 456 h. alt. 32 – ✉ 59920 :*

Manoir de Tombelle, 135 av. J. Jaurès ✆ 03 27 35 12 30, *Fax 03 27 26 27 61,* – P. GB
fermé 12 juil. au 3 août, dim. soir et lundi soir – **Repas** 120 (déj.), 160/195.

Au Petit Restaurant, 182 r. J.-Jaurès ✆ 03 27 45 43 10, *Fax 03 27 26 36 81,* – P. GB
fermé 1er au 15 août et sam. – **Repas** 97/250 ♀.

à Marly *: 2 km – 12 081 h. alt. 50 – ✉ 59770 :*

Forges, 58 r. É. Drue ✆ 03 27 41 31 22 – AE GB CV n
fermé 1er au 15 août, dim. soir et lundi – **Repas** 98/160.

à Sebourg *à l'Est par D 934 et D 250 : 11 km – 1 661 h. alt. 80 – ✉ 59990 :*

H. Jardin Fleuri sans rest, ✆ 03 27 26 53 31, *Fax 03 27 26 50 08,* « Parc » – TV ☎ P. GB
30 – **10 ch** 210/270.

Clos de la Perrière, ✆ 03 27 26 53 33, *Fax 03 27 26 54 63,* – P. AE GB
fermé 17 août au 6 sept., dim. soir et lundi sauf fériés – **Repas** 115/200 ♀.

Rest. Jardin Fleuri, ✆ 03 27 26 53 44, *Fax 03 27 26 52 26,* « Terrasses fleuries - collection de fers à repasser », – AE GB
fermé 1er au 16 sept., dim. soir, soirs fériés et merc. – **Repas** 95/250 ♀, enf. 60.

à la Z.I. de Prouvy-Rouvignies *par ⑤ et N 30 : 5 km – ✉ 59300 Valenciennes :*

Novotel, ✆ 03 27 21 12 12, *Fax 03 27 21 06 02,* – cuisinette TV ☎ P – 25 à 100. AE GB JCB
Repas carte environ 170 ♀ – 55 – **76 ch** 440/480.

Campanile, ✆ 03 27 21 10 12, *Fax 03 27 21 08 55* – TV ☎ P – 25. AE GB
Repas *(66)* - 84 bc/107 bc, enf. 39 – 34 – **105 ch** 278.

à Raismes *Nord-Ouest : 5 km par D 169 – 14 099 h. alt. 23 – ✉ 59590 :*

Grignotière, 6 r. J. Jaurès ✆ 03 27 36 91 99, *Fax 03 27 36 74 29,* – AE GB
fermé 17 au 31 août, 25 au 31 janv., dim. soir et lundi sauf fériés le midi – **Repas** 110/250 et carte 200 à 330.

à Petite Forêt *Nord-Ouest par A 23 sortie n° 7 : 5 km – 5 293 h. alt. 28 – ✉ 59494 :*

Campanile, ✆ 03 27 47 87 87, *Fax 03 27 28 95 25,* – TV ☎ P – 25. AE GB AV k
Repas *(66)* - 84 bc/107 bc, enf. 39 – 34 – **49 ch** 278.

AUDI, VOLKSWAGEN S.A.D.I.A.V., N 114 à Aulnoy ✆ 03 27 29 03 03
CITROEN Succursale, ch. des Alliés ✆ 03 27 23 86 86 N ✆ 03 27 46 47 85
LANCIA, MAZDA Gar. du Centre, ZI n° 4, 200 r. Pdt Lecuyer à St-Saulve ✆ 03 27 28 04 34
MERCEDES Marty-et-Lecourt, 147 av. de Liège ✆ 03 27 28 00 00
NISSAN Gar. Le Relais, 17 r. W.-Rousseau à Anzin ✆ 03 27 29 03 49
PEUGEOT Caffeau et Ruffin, 136 à 162 r. J.-Jaurès à Anzin ✆ 03 27 22 87 00 N ✆ 08 00 44 24 24
RENAULT Succursale, 20 av. Denain ✆ 03 27 14 70 70 N ✆ 08 00 05 15 15

Euromaster, ZI n°2 Rouvignies à Prouvy ✆ 03 27 21 02 54
Pneus et Sces D.K., 317 av. Dampierre ✆ 03 27 46 47 03

VALENTIGNEY *25700 Doubs* 66 ⑱ *– 13 133 h alt. 325.*
Paris 478 – Basel 70 – Belfort 27 – Besançon 83 – Montbéliard 8 – Morteau 66.

Voir plan de Montbéliard agglomération.

CONSTRUCTEUR : S.A. Peugeot Motocycles, à Beaulieu-Mandeure ✆ 03 81 36 80 00

VALENTINE *31 H.-Gar.* 82 ⑮ *– rattaché à St-Gaudens.*

La VALETTE-DU-VAR *83 Var* 84 ⑮., 114 ㊺ *– rattaché à Toulon.*

VALGORGE *07110 Ardèche* 80 ⑧ *G. Vallée du Rhône – 430 h alt. 560.*

Paris 621 – Alès 77 – Aubenas 41 – Langogne 50 – Privas 71 – Le Puy-en-Velay 84 – Vallon-Pont-d'Arc 45.

Tanargue, ☎ 04 75 88 98 98, *Fax 04 75 88 96 09*, ≤, parc – ☎ P. GB
fermé 3 janv. au 1er mars – **Repas** 92/195, enf. 50 – ☐ 40 – **22 ch** 260/360 – ½ P 275/360.

VALLAURIS *06 Alpes-Mar.* 84 ⑨., 115 ㉟ ㊴ *– rattaché à Golfe-Juan.*

VALLERAUGUE *30570 Gard* 80 ⑯ *G. Gorges du Tarn – 1 091 h alt. 346.*

Paris 690 – Mende 99 – Millau 75 – Nîmes 84 – Le Vigan 22.

Host. Les Bruyères, ☎ 04 67 82 20 06, ☎. GB
1er mai-30 sept. – **Repas** 80/140 ♀, enf. 50 – ☐ 30 – **25 ch** 250/280 – ½ P 250/280.

Petit Luxembourg avec ch (annexe 10 ch), ☎ 04 67 82 20 44, *Fax 04 67 82 24 66* – TV ☎. GB
fermé 15 déc. au 15 janv., dim. soir et lundi hors saison – **Repas** 80/230 ♀, enf. 45 – ☐ 30 – **8 ch** 220/270 – ½ P 260.

Wenn Sie ein ruhiges Hotel suchen,
benutzen Sie zuerst die Karten in der Einleitung
oder wählen Sie im Text ein Hotel mit dem Zeichen.

VALLET *44330 Loire-Atl.* 67 ④ *– 6 116 h alt. 54.*

Office de Tourisme ☎ 02 40 36 35 87.

Paris 374 – Nantes 26 – Ancenis 27 – Cholet 34 – Clisson 10.

Don Quichotte M, 35 rte Clisson ☎ 02 40 33 99 67, *Fax 02 40 33 99 72*, – TV ☎ P. AE GB
fermé 1er au 10 janv. et dim. soir – **Repas** 93/195 ♀ – ☐ 35 – **12 ch** 275/295 – ½ P 250.

CITROEN Gar. Herbreteau, ☎ 02 40 33 92 39
RENAULT Gar. Leray, 37 r. d'Anjou ☎ 02 40 36 24 11

VALLOIRE *73450 Savoie* 77 ⑦ *G. Alpes du Nord – 1 012 h alt. 1430 – Sports d'hiver : 1 430/2 600 m* 2 32.

Voir *Col du Télégraphe* ≤★ *N : 5 km.*

Altiport Bonnenuit ☎ **04 79 59 02 00.**

Office de Tourisme ☎ 04 79 59 03 96, Fax 04 79 59 09 66.

Paris 664 – Albertville 91 – Briançon 53 – Chambéry 102 – Lanslebourg-Mont-Cenis 57 – Col du Lautaret 25.

La Sétaz et rest. Le Gastilleur, ☎ 04 79 59 01 03, *Fax 04 79 59 00 63*, ≤, – TV ☎ P. AE GB
5 juin-20 sept. et 17 déc.-20 avril – **Repas** 125/190 – ☐ 46 – **22 ch** 390/500 – ½ P 410/480.

Gd H. Valloire et Galibier, ☎ 04 79 59 00 95, *Fax 04 79 59 09 41*, ≤, – TV ☎ P – 40. AE GB
13 juin-12 sept. et 19 déc.-12 avril – **Repas** 85/250 ♀, enf. 55 – ☐ 45 – **45 ch** 300/430 – ½ P 440/475.

Christiania, ☎ 04 79 59 00 57, *Fax 04 79 59 00 06*, – TV ☎. AE GB. rest
15 juin-15 sept. et 1er déc.-20 avril – **Repas** (70) - 85/170 ♀ – ☐ 35 – **26 ch** 320 – ½ P 300/370.

aux Verneys *Sud : 2 km – ✉ 73450 Valloire :*

Relais du Galibier, ☎ 04 79 59 00 45, *Fax 04 79 83 31 89*, ≤, – TV ☎ P. GB
20 juin-15 sept. et 1er déc.-10 avril – **Repas** 90/170, enf. 50 – ☐ 34 – **26 ch** 360 – ½ P 320/380.

Crêt Rond, ☎ 04 79 59 01 64, *Fax 04 79 83 33 24* – TV ☎ P. GB
25 juin-25 sept. et 15 déc.-15 avril – **Repas** 70/150 ♀, enf. 40 – ☐ 40 – **18 ch** 200/260 – ½ P 310.

Gar. Bouvet, ☎ 04 79 59 02 40

VALLON-PONT-D'ARC *07150 Ardèche* 80 ⑨ *G. Vallée du Rhône – 1 914 h alt. 117.*

Voir *Gorges de l'Ardèche*** au SE – Arche** de Pont d'Arc SE : 5 km.*

Env. *Aven de Marzal** SE : 19 km.*

Paris 656 – Alès 47 – Aubenas 35 – Avignon 80 – Carpentras 89 – Mende 113 – Montélimar 48.

Clos des Bruyères, rte des Gorges ✆ 04 75 37 18 85, *Fax 04 75 37 14 89,* – ☎ ♿ P. GB. ch

hôtel : fermé 5 au 12 oct. et de nov. à mars ; rest : avril-sept. et fermé jeudi midi sauf juil.-août et merc. – **Repas** 65/145, enf. 50 – 39 – **32 ch** 320/360 – ½ P 275.

VALLORCINE *74660 H.-Savoie* 74 ⑨ *G. Alpes du Nord – 329 h alt. 1260 – Sports d'hiver : 1 360/1 605 m 3.*

Office de Tourisme pl. Gare ✆ 04 50 54 60 71, Fax 04 50 54 61 73.

Paris 629 – Chamonix-Mont-Blanc 17 – Annecy 112 – Thonon-les-Bains 96.

L'Ermitage , au Buet Sud-Ouest : 2 km par N 506 et rte secondaire ✆ 04 50 54 60 09, *Fax 04 50 54 63 93,* ←, – ☎ P. GB. rest

fermé 1er oct. au 24 déc. et 4 au 30 janv. – **Repas** 100/180 ♀, enf. 70 – 45 – **15 ch** 360 – ½ P 340.

Mont-Blanc, ✆ 04 50 54 60 02, ←, – ☎ P. GB

28 mai-2 juin, 15 juin-15 sept., 23 déc.-3 janv. et 1er fév.-16 mars – **Repas** 78 (dîner), 81/131 – 31 – **24 ch** 253/350 – ½ P 198/288.

VALLOUX *89 Yonne* 65 ⑯ *– rattaché à Avallon.*

VALMONT *76540 S.-Mar.* 52 ⑫ *G. Normandie Vallée de la Seine – 875 h alt. 60.*

Voir *Abbaye*.*

Paris 192 – Le Havre 48 – Rouen 66 – Bolbec 22 – Dieppe 58 – Fécamp 12 – Yvetot 28.

Aub. du Bec au Cauchois, Ouest : 1,5 km par rte Fécamp ✆ 02 35 29 77 56, *Fax 02 35 29 77 52* – P. GB

fermé 18 au 31 janv., dim. soir et lundi – **Repas** 65 (déj.), 90/205 , enf. 50.

RENAULT Valmont Autom., ✆ 02 35 29 81 96

VALMOREL *73 Savoie* 74 ⑰ *G. Alpes du Nord – alt. 1400 – Sports d'hiver : 1 400/2 550 m 2 31 – ✉ 73260 Aigueblanche.*

Office de Tourisme Maison de Valmorel ✆ 04 79 09 85 55, Fax 04 79 09 85 29.

Paris 623 – Albertville 40 – Chambéry 87 – Moutiers 19.

Planchamp , ✆ 04 79 09 83 91, *Fax 04 79 09 83 93,* ← – TV ☎. GB JCB. rest

juil.-août et 20 déc.-20 avril – **Repas** 150/190 ♀ – 65 – **30 ch** 410/580 – ½ P 590/650.

VALOGNES *50700 Manche* 54 ② *G. Normandie Cotentin – 7 412 h alt. 35.*

de Fontenay-en-Cotentin ✆ 02 33 21 44 27 : 11 km.

de Cherbourg-Maupertus : ✆ 02 33 22 91 32 : 18 km.

Office de Tourisme 21 r. du Grand Moulin ✆ 02 33 95 01 26, Fax 02 33 95 23 23 (avril-sept.) pl. Chateau ✆ 02 33 40 11 55.

Paris 336 – Cherbourg 21 – Caen 103 – Coutances 56 – St-Lô 60.

Gd H. du Louvre, 28 r. Religieuses ✆ 02 33 40 00 07, *Fax 02 33 40 13 73,* – TV ☎ P. GB

fermé 20 déc. au 20 janv. – **Repas** *(fermé sam. midi et vend. sauf de mai à sept.)* 69 (déj.), 88/155 ♀, enf. 42 – 35 – **22 ch** 165/265 – ½ P 190/240.

CITROEN Gar. Jacqueline, 1 bd Div. Leclerc ✆ 02 33 40 17 59
OPEL Gar. Luce, Tapotin à Yvetot Bocage ✆ 02 33 40 29 09
PEUGEOT Valognes Autom., N 13 ✆ 02 33 40 09 38
RENAULT Gar. Mangon, 10 bd F.-Buhot ✆ 02 33 95 05 20 N ✆ 08 00 05 15 15

VALRAS-PLAGE *34350 Hérault* 83 ⑮ *G. Gorges du Tarn – 3 043 h alt. 1 – Casino .*

Office de Tourisme pl. R.-Cassin ✆ 04 67 32 36 04, Fax 04 67 32 33 41.

Paris 775 – Montpellier 73 – Agde 24 – Béziers 15.

Albizzia Ⓜ sans rest, bd Chemin Creux ✆ 04 67 37 48 48, *Fax 04 67 37 58 10*, – TV ☎ ✆ ♿ P. AE ① GB – ☕ 38 – **28 ch** 330/430.

Moderne, pl. Gén. de Gaulle ✆ 04 67 32 25 86, *Fax 04 67 32 03 38*, – ☎ – 40. AE ① GB

mai-sept. – **Repas** 68 (déj.), 78/180 ♀, enf. 43 – ☕ 43 – **30 ch** 228/370 – ½ P 285/340.

Méditerranée avec ch, 32 r. Ch. Thomas ✆ 04 67 32 38 60, *Fax 04 67 32 30 91* – rest, TV ☎. AE GB

hôtel : 1er mai-31 oct. ; rest. : fermé 15 au 30 nov., 1er au 15 fév. et lundi – **Repas** 85/270 – ☕ 35 – **9 ch** 250/280 – ½ P 260.

VALRÉAS *84600 Vaucluse* 81 ② *G. Provence* **(plan)** – *9 069 h alt. 250.*

Office de Tourisme pl. A.-Briand ✆ 04 90 35 04 71, Fax 04 90 35 04 71.

Paris 640 – Avignon 67 – Crest 53 – Montélimar 33 – Nyons 14 – Orange 36 – Pont-St-Esprit 39.

Grand Hôtel, 28 av. Gén. de Gaulle ✆ 04 90 35 00 26, *Fax 04 90 35 60 93*, , , – TV ☎ . GB

fermé 22 déc. au 28 janv., sam. soir hors saison et dim. (sauf hôtel en saison) – **Repas** 98/300 ♀ – ☕ 39 – **15 ch** 260/350 – ½ P 300/380.

CITROEN Gar. Giai, rte d'Orange ✆ 04 90 35 14 60
PEUGEOT Gar. Ginoux, rte d'Orange ✆ 04 90 35 01 53

Ayme Pneus, 36 Crs Victor Hugo ✆ 04 90 35 19 08

VALROS *34290 Hérault* 83 ⑮ – *1 021 h alt. 60.*

Paris 747 – Montpellier 59 – Agde 17 – Béziers 18 – Pézenas 7.

Aub. de la Tour, N 9 ✆ 04 67 98 52 01, *Fax 04 67 98 65 31*, , , – TV ☎ P. GB. ch

fermé 15 au 30 nov., 25 janv. au 15 fév. et merc. d'oct. à avril – **Repas** 95/228 – ☕ 32 – **18 ch** 260/280 – ½ P 250/260.

VAL-ST-PÈRE *50 Manche* 59 ⑧ – *rattaché à Pontaubault.*

VALS-LES-BAINS *07600 Ardèche* 76 ⑲ *G. Vallée du Rhône – 3 661 h alt. 210 – Stat. therm. (janv.-début déc.) – Casino .*

Office de Tourisme et du Thermalisme r. J.-Jaurès ✆ 04 75 37 49 27 Fax 04 75 94 67 00.

Paris 630 ② – Le Puy-en-Velay 88 ③ – Aubenas 5 ③ – Langogne 58 ③ – Privas 33 ②.

Gd H. des Bains , (a) ✆ 04 75 37 42 13, *Fax 04 75 37 67 02*, , parc, – TV ☎ P. AE ① GB JCB

1er avril-1er nov. – **Repas** 140/300, enf. 55 – ☕ 50 – **63 ch** 350/630 – ½ P 400/520.

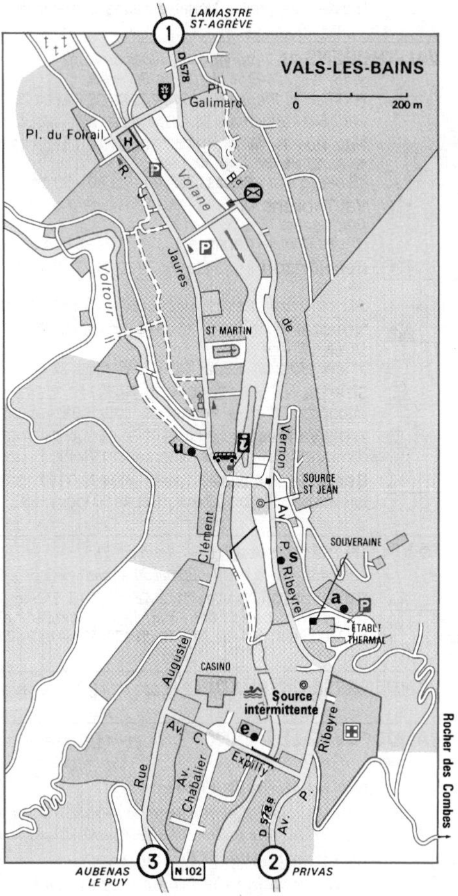

Vivarais, av. C. Expilly (e) ☎ 04 75 94 65 85, *Fax 04 75 37 65 47*, – TV ☎ P. AE ⓓ GB JCB.
Repas *(100)* - 150/250 ♀ – 45 – **47 ch** 385/500.

Gd H. de Lyon, av. P. Ribeyre (s) ☎ 04 75 37 43 70, *Fax 04 75 37 59 11*, – TV ☎. AE ⓓ GB
4 avril-3 oct. – **Repas** 95/190 ♀, enf. 50 – 40 – **35 ch** 280/450 – P 380/450.

St-Jean, r. J. Jaurès (u) ☎ 04 75 37 42 50, *Fax 04 75 37 54 77* – ☎ P. GB. rest
mi-avril-1er nov. – **Repas** 85/125 ♀, enf. 48 – 38 – **32 ch** 235/270 – P 310/325.

VAL-SUZON *21121 Côte-d'Or 66 ⑪ G. Bourgogne – 194 h alt. 361.*

Paris 299 – Dijon 18 – Auxerre 139 – Avallon 93 – Châtillon-sur-Seine 67 – Montbard 58 – Saulieu 70.

Host. Val-Suzon et Chalet de la Fontaine aux Geais, N 71 ☎ 03 80 35 60 15, *Fax 03 80 35 61 36*, « Jardin fleuri avec volière » – TV ☎ P. AE ⓓ GB. rest
fermé 15 nov. au 10 déc., dim. soir et lundi d'oct. à mai – **Repas** 130 (déj.), 200/420 ♀, enf. 85 – 60 – **15 ch** 450/520 – 1/2 P 585/795.

à Prenois *Sud : 7 km par N 71 et D 104 – 299 h. alt. 485 – ✉ 21370 :*

Aub. de la Charme (Zuddas), ☎ 03 80 35 32 84, *Fax 03 80 35 34 48* – GB
fermé 3 au 12 août, 2 au 14 janv., lundi soir et mardi – Repas (prévenir) 98/245 ♀
Spéc. Fricassée de Sot-l'y-laisse et langoustines. Filet de Saint-Pierre rôti sur sa peau, fricassée de girolles. Noisette d'agneau, mélée de cocos frais aux olives.

VAL-THORENS *73 Savoie 77 ⑧ G. Alpes du Nord – alt. 2300 – Sports d'hiver : 2 300/3 300 m 5 18 – ✉ 73440 St-Martin-de-Belleville.*

Office de Tourisme ☎ 04 79 00 08 08, Fax 04 79 00 00 04.
Paris 641 – Albertville 58 – Chambéry 105 – Moûtiers 31.

Fitz Roy H. M, ☎ 04 79 00 04 78, *Fax 04 79 00 06 11*, – rest, TV ☎. AE ⓓ GB JCB. rest
1er déc.-5 mai – **Repas** 220/500 – 80 – **30 ch** (1/2 pens. seul.), 6 appart – 1/2 P 1350.

Val Thorens M, ☎ 04 79 00 04 33, *Fax 04 79 00 09 40*, – TV ☎. AE ⓓ GB. rest
1er déc.-3 mai – **Repas** 95/180 – 35 – **81 ch** (1/2 pens. seul.) – 1/2 P 795.

Bel Horizon M, ☎ 04 79 00 04 77, *Fax 04 79 00 06 08*, – TV ☎. GB. rest
21 nov.-9 mai – **Repas** 90 (déj.)/160 ♀ – 50 – **31 ch** 675/1190 – 1/2 P 700/720.

Novotel M, ☎ 04 79 00 04 04, *Fax 04 79 00 05 93*, – TV ☎ – 100. AE ⓓ GB JCB
1er déc.-30 avril – **Repas** 145 ♀, enf. 110 – 50 – **104 ch** (1/2 pens. seul.) – 1/2 P 730.

Sherpa, ☎ 04 79 00 00 70, *Fax 04 79 00 08 03*, – TV ☎. GB. rest
début déc.-1er mai – **Repas** *(100)* - 120/160 ♀ – 70 – **42 ch** (1/2 pens. seul.) – 1/2 P 680.

Trois Vallées, ☎ 04 79 00 01 86, *Fax 04 79 00 04 08*, – TV ☎. AE GB. rest
15 nov.-10 mai – **Repas** (dîner seul.) 135/150 ♀ – 55 – **28 ch** (1/2 pens. seul.) – 1/2 P 565.

Bergerie, immeuble 3 Vallées ☎ 04 79 00 77 18 – GB
juil.-août et 1er nov.-10 mai – **Repas** 90 (déj.)/160 ♀.

Le VALTIN *88230 Vosges 62 ⑱ – 101 h alt. 751.*

Paris 438 – Colmar 49 – Épinal 54 – Guebwiller 54 – St-Dié 27 – Col de la Schlucht 9.

Aub. Val Joli avec ch, ☎ 03 29 60 91 37, *Fax 03 29 60 81 73*, – TV ☎ P. GB
fermé 17 nov. au 1er déc., 5 au 12 janv., dim. soir et lundi sauf vacances scolaires – Repas 60/230 ♀, enf. 40 – 38 – **16 ch** 150/380 – 1/2 P 174/305.

VANDENESSE-EN-AUXOIS *21 Côte-d'Or 65 ⑱ – rattaché à Pouilly-en-Auxois.*

VANDOEUVRE-LÈS-NANCY *54 M.-et-M. 62 ⑤ – rattaché à Nancy.*

*Die im **Michelin-Führer***
verwendeten Zeichen und Symbole haben –
*dünn oder **fett** gedruckt, in einer Kontrastfarbe oder **schwarz** –*
jeweils eine andere Bedeutung.
Lesen Sie daher die Erklärungen aufmerksam durch.

VANNES P 56000 Morbihan 63 ③ *G. Bretagne* – 45 644 h alt. 20.

Voir *Vieille ville*** AZ : *Place Henri-IV** AZ 10, *Cathédrale** AZ B, *Remparts**, *Promenade de la Garenne* ≤** BZ – *Musée archéologique** dans le château Gaillard AZ M – *Aquarium océanographique et tropical** au Sud – *Golfe du Morbihan*** en bateau.

de Baden ✆ 02 97 57 18 96, par ④ puis D 101 : 14 km.

Office de Tourisme 1 r. Thiers ✆ 02 97 47 24 34, Fax 02 97 47 29 49.

Paris 460 ② – Quimper 119 ④ – Rennes 113 ② – St-Brieuc 108 ① – St-Nazaire 76 ③.

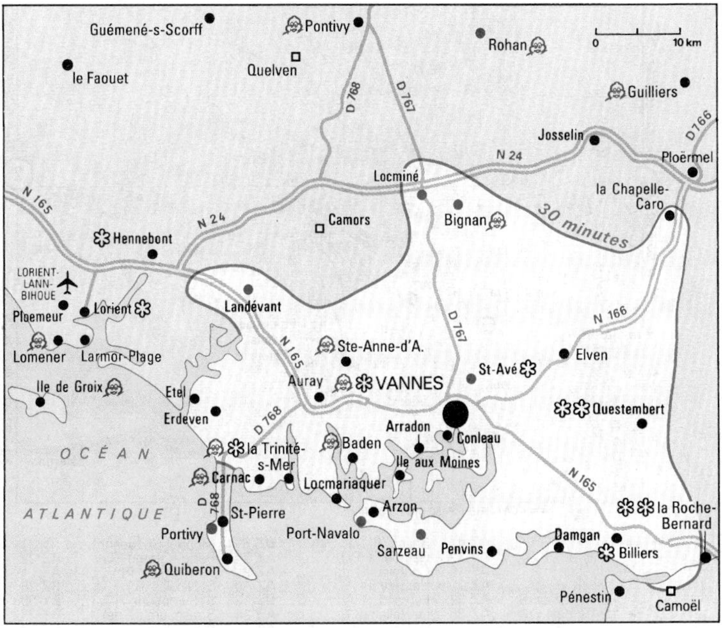

Aquarium et rest. Le Dauphin, Le parc du Golfe, Sud rte Conleau ✆ 02 97 40 44 52, *Fax 02 97 63 03 20*, ≤, – TV ☎ P – 60. AE GB
fermé dim. soir du 5 oct. au 18 avril – **Repas** 90/230 ♀ – 48 – **48 ch** 500 – ½ P 400.

Marébaudière sans rest, 4 r. A. Briand ✆ 02 97 47 34 29, *Fax 02 97 54 14 11* – TV ☎ P. AE GB — BZ r
50 – **41 ch** 350/435.

Image Ste-Anne, 8 pl. Libération ✆ 02 97 63 27 36, *Fax 02 97 40 97 02* – TV ☎ P. GB — AY x
Repas *(58)* - 83/180 ♀, enf. 45 – 55 – **33 ch** 278/350 – ½ P 276.

Ibis M, Z.U.P de Ménimur (r. E.-Jourdan) par ① ✆ 02 97 63 61 11, *Fax 02 97 63 21 33* – TV ☎ P – 30. AE GB. rest
Repas *(75)* - 95 ♀, enf. 39 – 35 – **59 ch** 325/405.

France sans rest, 57 av. V. Hugo ✆ 02 97 47 27 57, *Fax 02 97 42 59 17* – TV ☎. AE GB
fermé 25 déc. au 3 janv. – 40 – **25 ch** 190/295. — AY a

Bretagne sans rest, 34 r. Méné ✆ 02 97 47 20 21 – TV ☎. AE GB — AYZ b
30 – **12 ch** 190/230.

Régis Mahé, pl. Gare ✆ 02 97 42 61 41, *Fax 02 97 54 99 01* – AE GB — BY h
fermé 16 au 30 nov., vacances de fév., dim. soir et lundi – **Repas** 165 bc (déj.), 210/360 et carte 240 à 440
Spéc. Filets de rouget à l'orientale. Galette de pigeon et homard aux choux, caramélisée au miel. Tarte chaude au chocolat, glace caramel.

Table des Gourmets, 6 r. A. Le Pontois ✆ 02 97 47 52 44 – AE GB — AZ v
fermé 27 nov. au 7 déc., lundi midi en juil.-août, dim. soir hors saison et merc. – **Repas** 100/300, enf. 60.

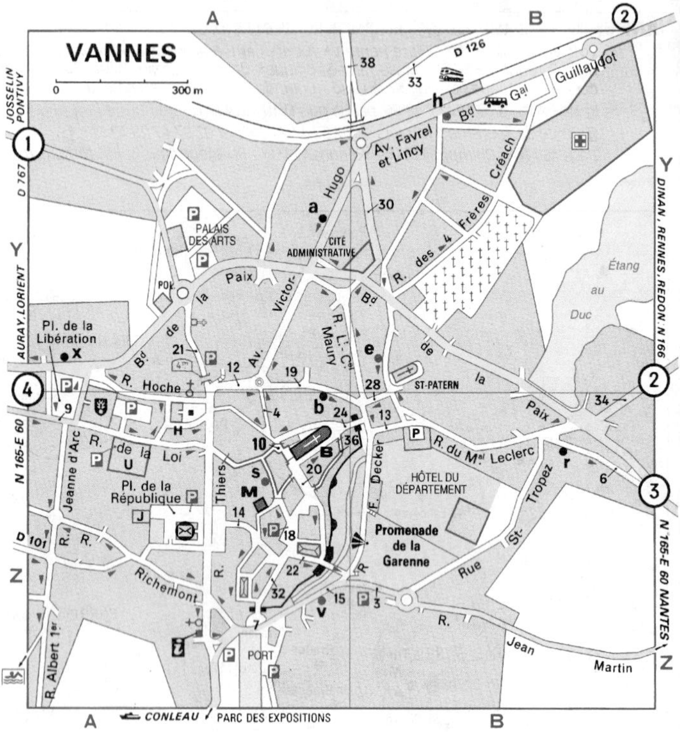

Billault (R.)	AZ	4	Briand (R. A.)	BZ	6	Monnet (Av. Jean)	AY	21
Le Brix (R. J.)	AY	12	Gambetta (Pl.)	AZ	7	Porte-Poterne (R.)	AZ	22
Méné (R. du)	AY	19	Gougaud (R. J.)	AZ	9	Porte-Prison (R.)	AZ	24
Monnaie (R. de la)	AZ	20	Henri-IV (Pl.)	AZ	10	St-Nicolas (R.)	BZ	28
St-Vincent-Ferrier (R.)	AZ	32	Legrand (R. A.)	BZ	13	St-Symphorien (Av.)	BY	30
Vierges (R. des)	AZ	36	Le Hellec (R.)	AZ	14	Strasbourg (R. de)	BY	33
			Le Pontois (R. A.)	AZ	15	Verdun (Av. de)	BZ	34
Bazvalan (R. J. de)	BZ	3	Lices (Pl. des)	AZ	18	Wilson (Av.)	ABY	38

X **Morgate,** 21 r. Fontaine ✆ 02 97 42 42 39, *Fax 02 97 47 25 27* – GB — BY e
fermé 1er au 22 mars, dim. soir et lundi – **Repas** 85 (déj.)/170, enf. 68.

X **Pavé des Halles,** 17 r. Halles ✆ 02 97 47 15 96, *Fax 02 97 47 86 39* – AE GB — AZ s
fermé 15 janv. au 7 fév., lundi sauf de juil. à sept. et dim. soir – **Repas** (nombre de couverts limité, prévenir) 88 (déj.), 109/195, enf. 45.

à St-Avé *par ① et D 767, Nord : 6 km (près centre hospitalier spécialisé) – 6 929 h. alt. 50 – ✉ 56890 :*

XXX **Pressoir** (Rambaud), 7 r. Hôpital ✆ 02 97 60 87 63, *Fax 02 97 44 59 15* – ▤ P. AE ◑ GB
✿ *fermé 3 au 17 mars, 30 juin au 9 juil., 29 sept. au 22 oct., mardi midi de nov. à avril, dim. soir et lundi* – **Repas** 140 (déj.), 210/400 et carte 280 à 410 ♀
Spéc. Galette de rouget aux pommes de terre et au romarin. Croustillant d'andouille de Guémené et foie gras poêlé aux tagliatelles de blé noir. Gâteau au caramel et beurre salé.

rte de Plumelec *Nord-Est : 6 km par D 126* **BY** *et rte secondaire – ✉ 56890 St-Avé :*

Moulin de Lesnuhé sans rest, ✆ 02 97 60 77 77, *Fax 02 97 60 78 39*, – ☎ P. AE GB
fermé 15 déc. au 15 janv. – ☕ 32 – **12 ch** 280.

à Conleau *Sud-Ouest : 4,5 km – ✉ 56000 Vannes.*

Voir *Presqu'île de Conleau★ 30 mn.*

Roof M, ✆ 02 97 63 47 47, *Fax 02 97 63 48 10*, ←, – | TV ☎ ♿ P. – 70. AE ◑ GB JCB
Repas 155/330 - ***Café de Conleau*** *(déj. seul. du 5 nov. au 1er avril)* **Repas** *(70)*-100 ♀, enf. 50 – ☕ 52 – **42 ch** 365/645 – ½ P 350/480.

à Arradon *par ④ et D 101 : 7 km – 4 317 h. alt. 40 – ✉ 56610.*
Voir ≤★.

Vénètes 🔇, à la pointe : 2 km ☎ 02 97 44 03 11, ≤ golfe et les îles – TV ☎. GB. ✗
2 avril-29 sept. – **Repas** *(fermé sam. midi et mardi)* 130/215, enf. 95 – ☕ 46 – **12 ch** 325/505 – ½ P 390/475.

Logis de Parc er Gréo M 🔇 sans rest, au Gréo, Ouest : 2 km (dir. le Moustoir) ☎ 02 97 44 73 03, *Fax 02 97 44 80 48,* 🏊 – ⇔ TV ☎ ✆ ♿ P. AE ⓓ GB
fermé 14 au 23 oct. et 3 janv. au 12 fév. – ☕ 45 – **12 ch** 386/498.

Stivell, r. Plessis Arradon ☎ 02 97 44 03 15, *Fax 02 97 44 78 90,* 🌳 – ▤ rest, TV ☎ P – 🏛 25. AE GB
fermé 15 nov. au 15 déc. et 10 au 17 fév. – **Repas** *(fermé dim. soir et lundi du 15 sept. au 15 juin)* *(58)* - 78 (déj.), 91/245 🍷, enf. 39 – ☕ 40 – **25 ch** 345/465 – ½ P 285/310.

Arlequin, 3 allée D. Papin (parc d'activités de Botquelen) ☎ 02 97 40 41 41, *Fax 02 97 40 52 93,* 🌳 – P. AE ⓓ GB
fermé dim. sauf fériés – **Repas** 80 (déj.), 150/180 🍷.

Médaillon, 10 r. Bouruet Aubertot ☎ 02 97 44 77 28, *Fax 02 97 44 77 28* – AE GB
fermé dim. soir et merc. sauf juil.-août – **Repas** 80/184 🍷, enf. 53.

Logoden, près Poste ☎ 02 97 44 03 35, *Fax 02 97 44 80 19* – AE GB
fermé 1er au 8 oct., 14 janv. au 11 fév., merc. soir et jeudi de sept. à juin – **Repas** 58 (déj.), 79/240 🍷, enf. 50.

AUDI, VOLKSWAGEN Gar. Floc, ZA de Kerlann ☎ 02 97 63 81 81 N ☎ 02 97 63 23 45
CITROEN Gar. Borgat, rte de Pontivy par ① ☎ 02 97 47 43 77
CITROEN Midi auto 56, rte de Nantes à Séné par ③ ☎ 02 97 54 22 74 N ☎ 02 97 63 23 45
FORD Autorep, 41 r. du Vincin ☎ 02 97 63 10 35
MERCEDES Gar. Allannic, ZA Parc Lann Sud ☎ 02 97 46 03 20 N ☎ 02 97 63 23 45
OPEL Gar. Mahéo, zone Ciale Kerthomas ☎ 02 97 40 78 78 N ☎ 02 97 63 23 45
PEUGEOT Gar. Laine, 124 av. de la Marne par ④ ☎ 02 97 63 27 27 N ☎ 02 99 24 19 77

RENAULT S.V.D.A., 95 av. E.-Herriot par ③ ☎ 02 97 54 20 70 N ☎ 08 00 05 15 15
RENAULT Gar. Le Goff, rte d'Auray par ④ ☎ 02 97 63 14 73

Ⓟ Foucaud Pneus, 35 rte de Nantes à Séné ☎ 02 97 47 12 91
Jahier Pneus, r. Nicéphore Niepce, ZI du Prat ☎ 02 97 47 64 65
Jahier Pneus, 2 r. 65e-R.I., rte de Pontivy ☎ 02 97 47 18 50
Vulco, ZAC de Ker-Lann ☎ 02 97 63 00 63

VANNES-SUR-COSSON *45510 Loiret 64 ⑩ – 455 h alt. 125.*

Paris 149 – Orléans 33 – Gien 36 – Lamotte-Beuvron 23 – Montargis 63.

Vieux Relais, ☎ 02 38 58 04 14 – GB
fermé 1er au 15 juil., 21 déc. au 10 janv., dim. soir et lundi – **Repas** 98/195.

Les VANS *07140 Ardèche 80 ⑧ G. Vallée du Rhône – 2 668 h alt. 170.*

Office de Tourisme pl. Ollier ☎ 04 75 37 24 48, Fax 04 75 37 37 46.
Paris 664 – Alès 44 – Aubenas 37 – Pont-St-Esprit 66 – Privas 67 – Villefort 24.

Carmel 🔇, ☎ 04 75 94 99 60, *Fax 04 75 37 20 02,* 🌳, ancien couvent, 🏊, 🌲 – TV ☎ ♿ P – 🏛 30. AE ⓓ GB
fermé 12 nov. au 20 déc. et 8 janv. au 20 fév. – **Repas** *(fermé mardi)* (dîner seul.) 100/140 🍷, enf. 45 – ☕ 40 – **26 ch** 250/370 – ½ P 300/325.

Grangousier, face église ☎ 04 75 94 90 86, « Maison du 16e siècle » – GB
fermé 2 déc. au 31 janv., merc. et dim. soir sauf juil.-août – **Repas** (nombre de couverts limité, prévenir) *(95)* - 105/300 🍷.

au Sud-Est *: 6 km par D 901 – ✉ 07140 Les Vans :*

Mas de l'Espaïre 🔇, ☎ 04 75 94 95 01, *Fax 04 75 37 21 00,* 🌳, 🏊, 🌲 – TV ☎ ✆ P – 🏛 30. AE ⓓ GB JCB
1er mars-30 nov. – **Repas** 120/180 – ☕ 40 – **30 ch** 300/390 – ½ P 310/330.

CITROEN Gar. du Midi, ☎ 04 75 37 22 39 N ☎ 04 75 37 35 76

RENAULT Gar. Coste, pl. de l'Oie ☎ 04 75 37 21 19

VANVES *92 Hauts-de-Seine 60 ⑩, 101 ㉕ – voir à Paris, Environs.*

VARCES *38 Isère 77 ④ – rattaché à Grenoble.*

Europe

Si le nom d'un hôtel figure en petits caractères
demandez, à l'arrivée,
les conditions à l'hôtelier.

VARENGEVILLE-SUR-MER *76119 S.-Mar.* 52 ④ *G. Normandie Vallée de la Seine* – *1 048 h alt. 80.*

Voir Site★ de l'église – Parc des Moustiers★ – Ste-Marguerite : arcades★ de l'église O : 4,5 km – Phare d'Ailly ≤★ NO : 4 km.

Paris 198 – Dieppe 10 – Fécamp 56 – Fontaine-le-Dun 19 – Rouen 67 – St-Valery-en-Caux 25.

à Vasterival *Nord-Ouest : 3 km par D 75 et rte secondaire* – ✉ *76119 Varengeville-sur-Mer :*

de la Terrasse ⛰, ✆ 02 35 85 12 54, *Fax 02 35 85 11 70*, ≤, « Jardin ombragé », ✗ – ☎ P. GB. ✱ rest
15 mars-5 oct. – **Repas** 89/180, enf. 45 – ☐ 40 – **22 ch** 270 – ½ P 260/320.

La VARENNE-ST-HILAIRE *94 Val-de-Marne* 61 ①, 101 ㉘ – *voir à Paris, Environs (St-Maur-des-Fossés).*

VARENNES-JARCY *91480 Essonne* 61 ①, 106 ㉜ ㉝ – *voir à Paris, Environs.*

VARENNES-SUR-ALLIER *03150 Allier* 69 ⑭ – *4 413 h alt. 245.*

ℹ *Office de Tourisme Mairie* ✆ *04 70 45 84 37.*

Paris 321 – Moulins 31 – Digoin 58 – Lapalisse 19 – St-Pourçain-sur-Sioule 11 – Vichy 24.

au Sud-Est *: 8,5 km par N 209 et D 214* – ✉ *03150 Varennes-sur-Allier :*

Château de Theillat ⛰, ✆ 04 70 99 86 70, *Fax 04 70 99 86 33*, ≤, 🍽, « Château du 19e siècle dans un parc », Fö, ⛱, ✗ – |‡| TV ☎ P – 🏛 25 à 100. AE ⓓ GB. ✱ rest
Repas 170/380 – ☐ 70 – **18 ch** 650/1230 – ½ P 650.

CITROEN Gar. Muet, 37 av. de Lyon ✆ 04 70 45 00 19 N ✆ 04 70 45 00 19
FORD Gar. Mantin, 58 av. de Chazeuil ✆ 04 70 45 06 08
RENAULT Central Gar., 26 r. 4-Septembre ✆ 04 70 45 05 02 N ✆ 04 70 45 05 02

VARETZ *19 Corrèze* 75 ⑧ – *rattaché à Brive-la-Gaillarde.*

VARREDDES *77 S.-et-M.* 56 ⑬, 106 ㉓ – *rattaché à Meaux.*

VARS *05560 H.-Alpes* 77 ⑱ *G. Alpes du Sud* – *941 h alt. 1650.*

Paris 726 – Briançon 46 – Gap 71 – Barcelonnette 42 – Digne-les-Bains 126.

à Ste-Marie-de-Vars – ✉ *05560 Vars :*

Vallon ⛰, ✆ 04 92 46 54 72, *Fax 04 92 46 61 62*, ≤, 🍽, 🌳 – TV ☎ P – 🏛 30. GB. ✱ rest
1er juil.-31 août et 20 déc.-20 avril – **Repas** 93/125 ♀, enf. 54 – ☐ 39 – **33 ch** 270/470 – ½ P 335/375.

Mayt, ✆ 04 92 46 50 07, *Fax 04 92 46 63 92*, ≤ – TV ☎ P. GB. ✱ rest
1er juil.-31 août et 20 déc.-15 avril – **Repas** 75/120 – ☐ 42 – **21 ch** 260/430 – ½ P 350/390.

aux Claux – *Sports d'hiver : 1 650/2 750 m* 🚡 2 ⛷ 52 ⛷ – ✉ *05560 Vars.*

ℹ *Office de Tourisme cours Fontanarosa* ✆ *04 92 46 51 31, Fax 04 9246 56 54.*

Caribou, ✆ 04 92 46 50 43, *Fax 04 92 46 59 92*, ≤, 🍽, ⛱ – |‡| TV ☎ P. GB. ✱ rest
15 juin-1er sept. et 15 déc.-21 avril – **Repas** 90 (déj.), 100/170 ♀ – ☐ 45 – **37 ch** 650/900 – ½ P 720.

L'Écureuil M ⛰ sans rest, ✆ 04 92 46 50 72, *Fax 04 92 46 62 51*, ≤ – TV ☎ ♿ P. GB
1er juil.-31 août et 7 déc.-20 avril – ☐ 40 – **19 ch** 400/490.

Les Escondus, ✆ 04 92 46 67 00, *Fax 04 92 46 50 47*, ≤, 🍽, 🌳, ✗ – TV ☎ P. AE GB. ✱ rest
30 juin-10 sept. et 15 déc.-30 avril – **Repas** 85/120, enf. 65 – ☐ 39 – **22 ch** 370/545 – ½ P 480/550.

Chez Plumot, ✆ 04 92 46 52 12, 🍽 – GB
juil.-août et déc.-avril – **Repas** 85 (déj.), 125/215 ♀, enf. 60.

VARZY *58210 Nièvre* 65 ⑭ *G. Bourgogne – 1 455 h alt. 249.*
Paris 211 – La Charité-sur-Loire 37 – Clamecy 17 – Cosne-sur-Loire 42 – Nevers 52.

Aub. de la Poste avec ch, ✆ 03 86 29 41 72, *Fax 03 86 29 72 67*, – ☎. GB
fermé fév., lundi du 15 nov. au 31 mars et dim. soir – **Repas** 100/260, enf. 60 – ☐ 35 – **10 ch** 160/260.

RENAULT Gar. Moreau, ✆ 03 86 29 42 10

VASSIVIÈRE (Lac de) *87 H.-Vienne* 72 ⑲ *– rattaché à Peyrat-le-Château.*

VASTERIVAL *76 S.-Mar.* 52 ④ *– rattaché à Varengeville-sur-Mer.*

VATAN *36150 Indre* 68 ⑧ ⑨ *G. Berry Limousin – 2 022 h alt. 140.*
Paris 235 – Bourges 50 – Blois 77 – Châteauroux 30 – Issoudun 21 – Vierzon 27.

France, ✆ 02 54 49 74 11, – P. GB
fermé 26 août au 2 sept., 2 au 9 déc., 3 au 26 fév., mardi soir et merc. sauf juil.-août et fériés – **Repas** 92/187 ♀ – ☐ 35 – **12 ch** 150/390 – 1/2 P 160/260.

Leseche Pneus, ✆ 02 54 49 74 02

VAUCHOUX *70 H.-Saône* 66 ⑤ *– rattaché à Port-sur-Saône.*

VAUCLAIX *58140 Nièvre* 65 ⑯ *– 145 h alt. 281.*
Paris 249 – Autun 66 – Avallon 37 – Clamecy 43 – Nevers 69.

Poste, ✆ 03 86 22 71 38, *Fax 03 86 22 76 00*, – ☎ P. GB. rest
Repas 98/250 – ☐ 46 – **8 ch** 335 – 1/2 P 310.

VAUCRESSON *92 Hauts-de-Seine* 60 ⑩, 101 ㉓ *– voir à Paris, Environs.*

VAUDEURS *89320 Yonne* 61 ⑮ *– 478 h alt. 200.*
Paris 142 – Troyes 58 – Auxerre 50 – Sens 25.

Vaudeurinoise avec ch, ✆ 03 86 96 28 00, *Fax 03 86 96 28 03*, – P. GB
fermé vacances de fév., mardi soir et merc. sauf juil.-août – **Repas** (dim. prévenir) *(65)* - 85/230 ♀ – ☐ 30 – **7 ch** 175/250 – 1/2 P 260/295.

VAUJOURS *93 Seine-St-Denis* 56 ⑪, 101 ⑱ *– voir à Paris, Environs.*

VAULT DE LUGNY *89 Yonne* 65 ⑯ *– rattaché à Avallon.*

VAUNAVEYS-LA-ROCHETTE *26400 Drôme* 77 ② *– 448 h alt. 282.*
Paris 587 – Valence 26 – Crest 6 – Die 45 – Romans-sur-Isère 34 – Privas 41.

Aub. de la Rochette avec ch, à La Rochette Nord : 3 km ✆ 04 75 25 79 30, *Fax 04 75 25 79 25*, – ☎ P. GB. ch
fermé oct., vacances de fév. et merc. du 1er oct. au 5 avril – **Repas** *(fermé jeudi midi, dim. soir et merc.)* (nombre de couverts limité, prévenir) 130 (déj.), 170/200 – ☐ 60 – **5 ch** 400/650 – 1/2 P 390/420.

VAUX-LE-PÉNIL *77 S.-et-M.* 61 ②, 106 ㊺ *– rattaché à Melun.*

VAUX-SOUS-AUBIGNY *52190 H.-Marne* 66 ③ *– 663 h alt. 275.*
Paris 305 – Dijon 48 – Gray 43 – Langres 24.

Aub. des Trois Provinces, ✆ 03 25 88 31 98, « Cadre rustique » – GB JCB
fermé 19 janv. au 9 fév., dim. soir et lundi – **Repas** 92/135.

VELIZY-VILLACOUBLAY *78 Yvelines* 60 ⑩, 101 ㉔ *– voir à Paris, Environs.*

VELLUIRE *85 Vendée* 71 ⑪ *– rattaché à Fontenay-le-Comte.*

VENAREY-LES-LAUMES *21150 Côte-d'Or* 65 ⑧ ⑱ *G. Bourgogne – 3 544 h alt. 235.*

Paris 258 – Dijon 66 – Avallon 53 – Montbard 14 – Saulieu 42 – Semur-en-Auxois 13 – Vitteaux 20.

à Alise-Ste-Reine *Est : 2 km – 667 h. alt. 415 – ✉ 21150.*

Voir *Mont Auxois★ : ☼★.*

✕ **Cheval Blanc,** ☏ 03 80 96 01 55 – P. GB

fermé 10 janv. au 1er fév., lundi sauf le midi en juil.-août et dim. soir – **Repas** 72 (déj.), 96/200 ♀.

CITROEN Gar. Jourdan, ☏ 03 80 96 05 63
PEUGEOT Gar. Chalumeau, ☏ 03 80 96 03 84
RENAULT Gar. Renardet, ☏ 03 80 96 05 12

VENASQUE *84210 Vaucluse* 81 ⑬ *G. Provence – 785 h alt. 310.*

Voir *Baptistère★ – Gorges★ E : 5 km par D 4.*

Office de Tourisme Grande-Rue ☏ 04 90 66 11 66, Fax 04 90 66 11 66.

Paris 693 – Avignon 34 – Apt 32 – Carpentras 13 – Cavaillon 32 – Orange 37.

Aub. La Fontaine ⛰, ☏ 04 90 66 02 96, *Fax 04 90 66 13 14*, ambiance guest house – cuisinette, ▤ ch, TV ☎ P. GB

fermé mi-nov. à mi-déc. – **Repas** *(fermé merc.)* (nombre de couverts limité, prévenir) (dîner seul. sauf dim. et fêtes) 220 ♀ - ***Bistro*** *(fermé dim. soir et lundi)* **Repas** 80/150 ♀ – ☕ 50, 5 appart 800.

Garrigue ⛰, ☏ 04 90 66 03 40, *Fax 04 90 66 61 43*, ☂, ⛱, ⛬ – ✈, ▤ ch, ☎ P. GB. ✂

début avril-15 oct. et fermé mardi – **Repas** (dîner seul.)(résidents seul.) – ☕ 45 – **15 ch** 320/450 – ½ P 350/400.

VENCE *06140 Alpes-Mar.* 84 ⑨, 115 ㉕ *G. Côte d'Azur – 15 330 h alt. 325.*

Voir *Chapelle du Rosaire★ (chapelle Matisse)* A – *Place du Peyra★* B **13** – *Stalles★ de l'ancienne cathédrale* B **E** – ≤★ *de la terrasse du château N. D. des Fleurs NO : 2,5 km par D 2210.*

Env. *Col de Vence ☼★★ NO : 10 km par D 2 A – St-Jeannet : site★, ≤★ 8 km par ③.*

Office de Tourisme pl. Grand-Jardin ☏ 04 93 58 06 38, Fax 04 93 58 91 81.

Paris 925 ① – Nice 23 ① – Antibes 19 ① – Cannes 29 ① – Grasse 26 ②.

Alsace-Lorr. (R.) . . **B** 3
Évêché (R. de l') . **B** 5
Hôtel-de-Ville (R.) **B** 6
Place-Vieille (R.) . **B** 14
Résistance (Av.) . . . . **A, B** 17
Juin (Pl. Mar.) . . . **A** 8
Marché (R. du) . . **B** 10
Meyère (Av. Col.) **B** 12
Peyra (Pl. du) . . . . **B** 13
Poilus (Av. des) . . **A** 15
Portail-Levis (R.) . **B** 16
Rhin-et-Dan. (Av.) **A** 18
St-Lambert (R.) . . **B** 19
Tuby (Av.) . . . . **A** 21

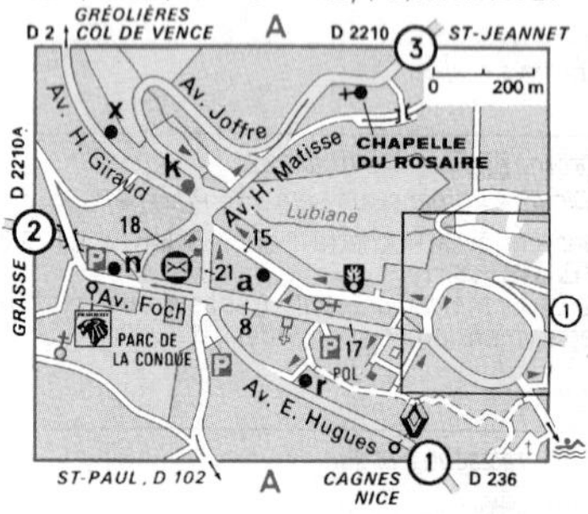

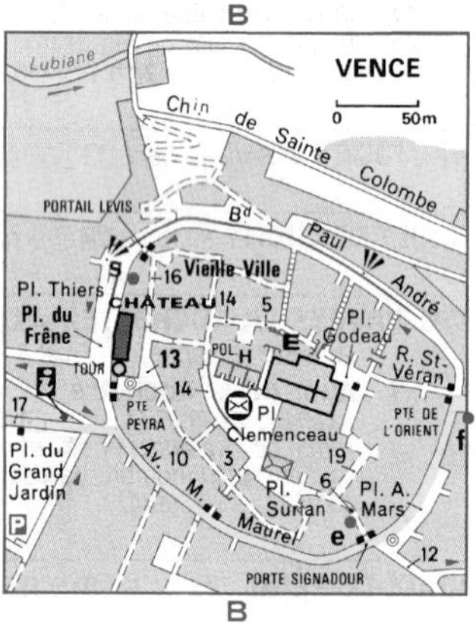

Château du Domaine St-Martin ⛰, rte de Coursegoules par D 2 : 2,5 km ☏ 04 93 58 02 02, *Fax 04 93 24 08 91*, ≤ Vence et littoral, ☂, parc, ⛱, ✂ – ▮ ▤ TV ☎ ♿ ⛟. AE ⓓ GB. ✂ rest

début avril-mi-oct. – **Repas** 300 (déj.), 430/490 – ☕ 120 – **33 ch** 3500/4000, 5 appart – ½ P 2250/2500.

Relais Cantemerle M ⛰, 258 chemin Cantemerle par av. Col. Meyère B ☏ 04 93 58 08 18, *Fax 04 93 58 32 89*, ☂, ⛱, ⛬ – ▤ ch, TV ☎ P. AE ⓓ GB JCB

hôtel : 10 avril-15 oct. ; rest : 1er mai-fin sept. et fermé lundi sauf juil.-août – **Repas** 140 (déj.), 210/250 ♀, enf. 110 – ☕ 70 – 19 duplex 950/1030 – ½ P 735/775.

Diana sans rest, av. Poilus ✆ 04 93 58 28 56, *Fax 04 93 24 64 06* – cuisinette ☎. AE GB A a
☐ 40 – **26 ch** 400/420.

Floréal, 440 av. Rhin et Danube par ② ✆ 04 93 58 64 40, *Fax 04 93 58 79 69*, – ☎ P. AE GB. rest
1er mars-31 oct. – **Repas** 105/140, enf. 50 – ☐ 50 – **43 ch** 390/490.

Mas de Vence M, 539 av. E. Hugues ✆ 04 93 58 06 16, *Fax 04 93 24 04 21*, – ☎ P. AE GB JCB. rest A r
Repas (85) - 155/175 – ☐ 40 – **41 ch** 380/475 – ½ P 395.

Roseraie sans rest, rte de Coursegoules ✆ 04 93 58 02 20, *Fax 04 93 58 99 31*, « Villa 1900 joliment décorée », – ☎ P. AE GB JCB A x
☐ 60 – **14 ch** 460/630.

Parc H. sans rest, 50 av. Foch ✆ 04 93 58 27 27, *Fax 04 93 58 59 64* – ☎. AE GB.
Pâques-30 sept. – ☐ 35 – **13 ch** 300/350. A n

Jacques Maximin, 689 chemin de la Gaude par ① *rte Cagnes : 3 km* ✆ 04 93 58 90 75, *Fax 04 93 58 22 86*, – P. AE GB
fermé 12 janv. au 12 fév., dim. soir et lundi sauf fériés – **Repas** (nombre de couverts limité, prévenir) 240 (déj.)/500 et carte 340 à 450
Spéc. Rognonnade de lapereau au foie gras frais et à l'aubergine. Macaronade de rougets à la niçoise. Pigeonneau du Lauragais en tajine. **Vins** Bellet.

Vieux Couvent, 37 av. Alphonse Toreille ✆ 04 93 58 78 58, *Fax 04 93 58 78 58* – AE GB B f
fermé vacances de Toussaint, 5 janv. au 9 fév., dim. soir de nov. à mars et merc. – **Repas** (nombre de couverts limité, prévenir) 150/295 et carte 170 à 300 ♀.

Aub. des Seigneurs avec ch, pl. Frêne ✆ 04 93 58 04 24, *Fax 04 93 24 08 01*, « Auberge rustique du 17e siècle » – ☎. AE GB B s
15 mars-15 nov. – **Repas** *(fermé mardi midi et lundi)* 170/245 ♀ – ☐ 55 – **6 ch** 282/374.

Aub. des Templiers, 39 av. Joffre ✆ 04 93 58 06 05, *Fax 04 93 58 92 68*, – AE GB A k
fermé nov. et lundi – **Repas** 120 (déj.), 150/195 ♀.

Chez Jordi, 8 r. Hôtel de Ville ✆ 04 93 58 83 45 B e
fermé 15 juil. au 15 août, 28 déc. au 10 janv., dim. et lundi – **Repas** (nombre de couverts limité, prévenir) 85/125 ♀.

CITROEN Gar. Jouve, 129 av. Gén.-Leclerc ✆ 04 93 58 07 29
MERCEDES, PEUGEOT Gar. Simondi, 39 av. Foch ✆ 04 93 58 01 21 N ✆ 04 93 58 01 21
RENAULT Gar. de la Rocade, 840 av. E.-Hugues ✆ 04 93 58 00 29
RENAULT Gar. Mistral, 711 rte de Grasse par ② ✆ 04 93 24 03 60

VENDÔME 41100 L.-et-Ch. 64 ⑥ *G. Châteaux de la Loire* – *17 525 h alt. 82.*

Voir Anc. abbaye de la Trinité★ : église abbatiale★★ **BZ** – *Musée★ dans les bâtiments conventuels* – *Château : terrasses ≤★* **ABZ.**

de la Bosse ✆ 02 54 23 02 60, par ② D 917 : 20 km.

Office de Tourisme Hôtel Le Saillant 47-49 r. Poterie ✆ 02 54 77 05 07, Fax 02 54 73 20 81.
Paris 169 ① – Blois 34 ③ – Le Mans 78 ⑥ – Orléans 77 ① – Tours 57 ④.

Plan page suivante

Vendôme, 15 fg Chartrain ✆ 02 54 77 02 88, *Fax 02 54 73 90 71* – ☎. GB BY a
fermé 20 déc. au 5 janv. et dim. soir du 15 nov. au 15 mars – **Repas** (78) - 95/190 ♀, enf. 50 – ☐ 48 – **35 ch** 220/395 – ½ P 275/335.

Paris, 1 r. Darreau ✆ 02 54 77 02 71, *Fax 02 54 73 17 71* – AE GB BX z
fermé 26 juil. au 10 août, dim. soir et lundi – **Repas** 89/275 bc , enf. 65.

Aub. de la Madeleine avec ch, pl. Madeleine ✆ 02 54 77 20 79, *Fax 02 54 80 00 02*, – ☎. GB AY d
fermé vacances de fév. et merc. – **Repas** 82/215 ♀, enf. 50 – ☐ 32 – **8 ch** 210/290 – ½ P 245.

par ① : *3 km sur N 10* – ✉ *41100 Vendôme :*

Bel air, ✆ 02 54 72 20 20, *Fax 02 54 73 24 41* – ☎ P – 30. GB
fermé 20 déc. au 5 janv. et dim. soir en hiver – **Repas** (38) - 75/98 ♀, enf. 38 – ☐ 28 – **31 ch** 185/230 – ½ P 210.

aux Fontaines *par ① et N 10 : 15 km* – ✉ *41100 Vendôme :*

Aub. de la Sellerie, ✆ 02 54 23 41 43, *Fax 02 54 23 48 00*, – P. GB
fermé 15 au 23 juin, 5 au 23 janv., lundi soir et mardi – **Repas** 98 bc/250 ♀.

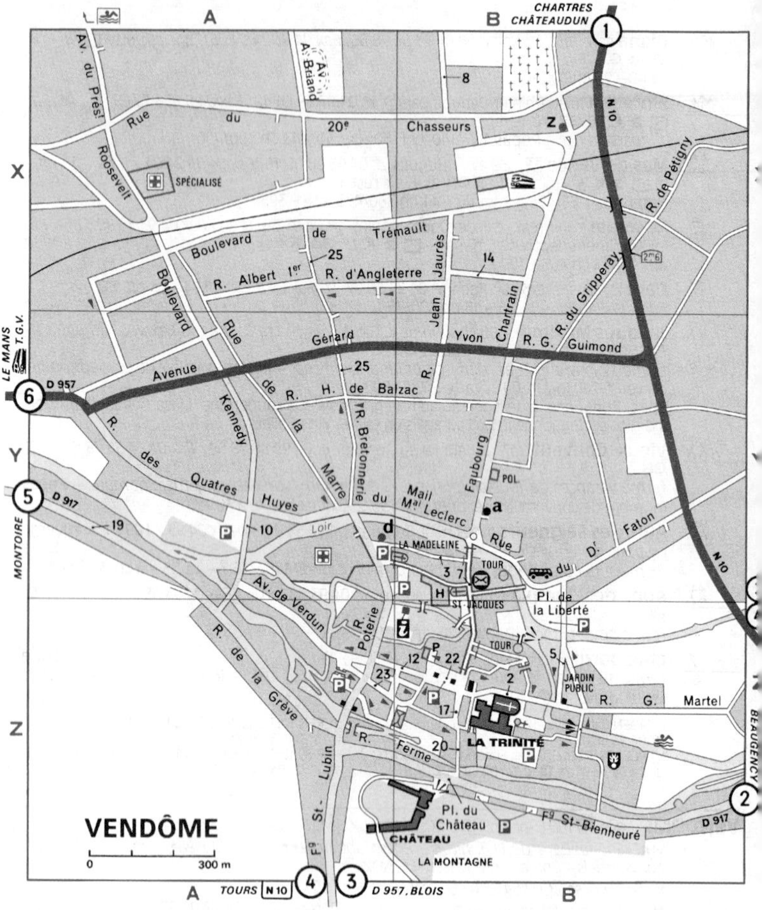

Change (R. du) .... **BY** 7
Poterie (R.) .... **AZ**
République (Pl. de la) ..... **BZ** 17
St-Martin (Pl.) .... **BZ** 22
Saulnerie (R.)............. **AZ** 23
Abbaye (R. de l').......... **BZ** 2
Béguines (R. des) .... **BY** 3
Bourbon (R. A.)........... **BZ** 5
Clemenceau (Av. G.) ...... **BX** 8
États-Unis (R. des)........ **AY** 10
Gaulle (R. Gén.-de)........ **BZ** 12
Italie (R. d') .... **BX** 14
Rochambeau (R. Mar.)..... **AY** 19
St-Bié (R.)................ **BZ** 20
Verrier (R. Cdt) .... **AXY** 25

Nord-Est *4 km par D 92 et rte secondaire* – ✉ *41100 St-Ouen :*

XX **Vallée,** 34 r. Barré-de-St-Venant ☎ 02 54 77 29 93, *Fax 02 54 73 16 96,* – P. GB
fermé 21 sept. au 7 oct., 26 janv. au 18 fév., dim. soir et lundi sauf fériés – **Repas** 92/210 ♀.

CITROEN Gar. Granger, N 10, St-Ouen par ① ☎ 02 54 77 13 06
FORD Gar. Coutrey, 19 rte de Paris à St-Ouen ☎ 02 54 73 73 71
PEUGEOT N.S.A.V., 33 rte de Paris, St-Ouen par ① ☎ 02 54 73 08 06 N ☎ 06 07 45 03 91
RENAULT Vendôme Autom., N 10 Les Grouets à St-Ouen par ① ☎ 02 54 73 36 34 N ☎ 06 09 69 05 86

Euromaster, 10 r. d'Italie ☎ 02 54 77 77 35
Moreau Pneus, 192 fg Chartrain ☎ 02 54 77 58 04

Sorgfältig zubereitete, preiswerte Mahlzeiten : **Repas** 100/130

VENERQUE *31810 H.-Gar.* 82 ⑱ *– 2 158 h alt. 176.*

Paris 715 – Toulouse 23 – Auterive 12 – Pamiers 42 – St-Gaudens 81 – Villefranche-de-Lauragais 30.

XX **Le Duc,** allée Duc de Ventadour ✆ 05 61 08 38 32, *Fax 05 61 08 42 13*, – GB
fermé dim. soir d'oct. à mai, mardi midi de juin à sept. et lundi – **Repas** 90 bc (déj.), 135/280 ♀.

VENEUX-LES-SABLONS *77 S.-et-M.* 61 ⑫., 106 ㊻ *– rattaché à Moret-sur-Loing.*

VENTABREN *13122 B.-du-R.* 84 ②, 114 ⑭ *G. Provence – 3 742 h alt. 210.*

Voir ≤★ *des ruines du Château.*

Syndicat d'Initiative Grande-Rue ✆ 04 42 28 80 14.

Paris 747 – Marseille 33 – Aix-en-Provence 14 – Salon-de-Provence 27.

XX **Petite Auberge,** ✆ 04 42 28 80 01, ≤, – GB
fermé janv., dim. soir et lundi – **Repas** 120/145.

VENTRON *88310 Vosges* 62 ⑰ *– 900 h alt. 630.*

Env. *Grand Ventron* ✻★★ *NE : 7 km,* G. Alsace Lorraine.

Office de Tourisme 4 pl. de la Mairie ✆ 03 29 24 07 02, Fax 03 29 24 23 16.

Paris 437 – Épinal 53 – Mulhouse 51 – Gérardmer 26 – Remiremont 28 – Thann 31 – Le Thillot 13.

Bruyères, ✆ 03 29 24 18 63, *Fax 03 29 24 23 15*, – TV ☎ P. AE GB
fermé 11 nov. au 25 déc., dim. soir et lundi hors saison – **Repas** 85/135 ♀, enf. 45 – 30 – **19 ch** 210/230 – ½ P 258.

X **Frère Joseph,** ✆ 03 29 24 18 23, *Fax 03 29 24 16 61* – GB
Repas 58/130 , enf. 40.

à l'Ermitage du Frère Joseph *Sud : 5 km par D 43 et D 43E – Sports d'hiver : 630/1 110 m* ≰8 – ✉ *88310 Cornimont :*

des Buttes , ✆ 03 29 24 18 09, *Fax 03 29 24 21 96*, ≤, – TV ☎ P – 40. AE GB. rest
fermé 4 nov. au 19 déc. – **Repas** 135/320 ♀, enf. 60 – 60 – **29 ch** 384/890 – ½ P 380/610.

Ermitage , ✆ 03 29 24 18 29, *Fax 03 29 24 16 57*, ≤, , , – cuisinette TV ☎ P – 25 à 80. GB
Repas 80/135 ♀, enf. 55 – 40 – **55 ch** 160/460 – ½ P 220/360.

VERBERIE *60410 Oise* 56 ②, 106 ⑩ *– 2 627 h alt. 33.*

Paris 69 – Compiègne 16 – Beauvais 56 – Clermont 30 – Senlis 22 – Villers-Cotterêts 31.

XX **Aub. de Normandie,** ✆ 03 44 40 92 33, *Fax 03 44 40 50 62*, – GB
fermé lundi (sauf hôtel) et dim. soir – **Repas** 98 (déj.), 118/220 ♀.

VERCHAIX *74 H.-Savoie* 74 ⑧ *– rattaché à Samoëns.*

VERDON (Grand Canyon du) ★★★ *04 Alpes-de-H.-P.* 81 ⑰, 114 ⑧ ⑨ *G. Alpes du Sud.*

Ressources hôtelières : *voir à* **Trigance, Point Sublime, La Palud-sur-Verdon.**

Le VERDON-SUR-MER *33123 Gironde* 71 ⑮ *G. Pyrénées Aquitaine – 1 344 h alt. 3.*

Voir *Pointe de Grave : dune* ≤★ *N : 4 km.*

Bac: *pour Royan : renseignements ✆ 05 56 09 60 84, Fax 05 56 09 68 43.*

Office de Tourisme (Pâques, juin-sept.) r. Lebreton ✆ 05 56 09 61 78 et Fax 05 56 09 61 32 et (juil.-août) à la Pointe de la Grave ✆ 05 56 73 70 04.

Paris 506 – Royan 4 – Bordeaux 99 – Lesparre-Médoc 34.

XX **Côte d'Argent,** pointe de Grave ✆ 05 56 09 60 45, – P. AE GB
fermé 15 nov. au 20 déc., 10 au 30 janv. et le soir du 15 sept. au 30 avril sauf week-ends – **Repas** *(48)* - 79/220 ♀, enf. 49.

VERDUN ⟨SP⟩ 55100 Meuse 57 ⑪ *G. Alsace Lorraine – 20 753 h alt. 198.*

Voir *Ville Haute★ : Cathédrale Notre-Dame★, Palais épiscopal★ (Centre mondial de la paix) – Citadelle souterraine★ – Verdun Haut lieu du souvenir★★★ : Mémorial de Verdun, Fort et Ossuaire de Douaumont, Tranchée des Baïonnettes, le Mort-Homme, la Cote 304.*

Office de Tourisme pl. Nation ✆ 03 29 86 14 18, Fax 03 29 84 22 42.

Paris 261 ④ – Bar-le-Duc 56 ④ – Metz 79 ③ – Châlons-en-Champagne 87 ④ – Nancy 94 ③.

VERDUN

Foch (Pl. Mar.) . . . . **CY** 7
Mazel (R.) . . . . **CY** 14

Alsace-Lorraine (Av.) . . . . . . **CZ** 2
Beaurepaire (R.) . . . . **CZ** 3
Chevert (Pl.) . . . . **CZ** 4
Douaumont (Av. de) . . . . **CY** 6
Fort de Vaux (R. du) . . . . **CZ** 8
Lattre-de-Tassigny (Av. Mar. de) . . . . **CY** 10
Mautroté (R.) . . . . **BY** 13
Mgr-Ginisty (Pl.) . . . . **BY** 16
Prés.-Poincaré (R.) . . . . **CZ** 17
République (Quai de la) . . . . **CY** 18
Rû (R. de) . . . . **BZ** 19
St-Paul (R.) . . . . **CY** 20
St-Pierre (R.) . . . . **BY** 21
Soupirs (Allée des) . . . . **BY** 24

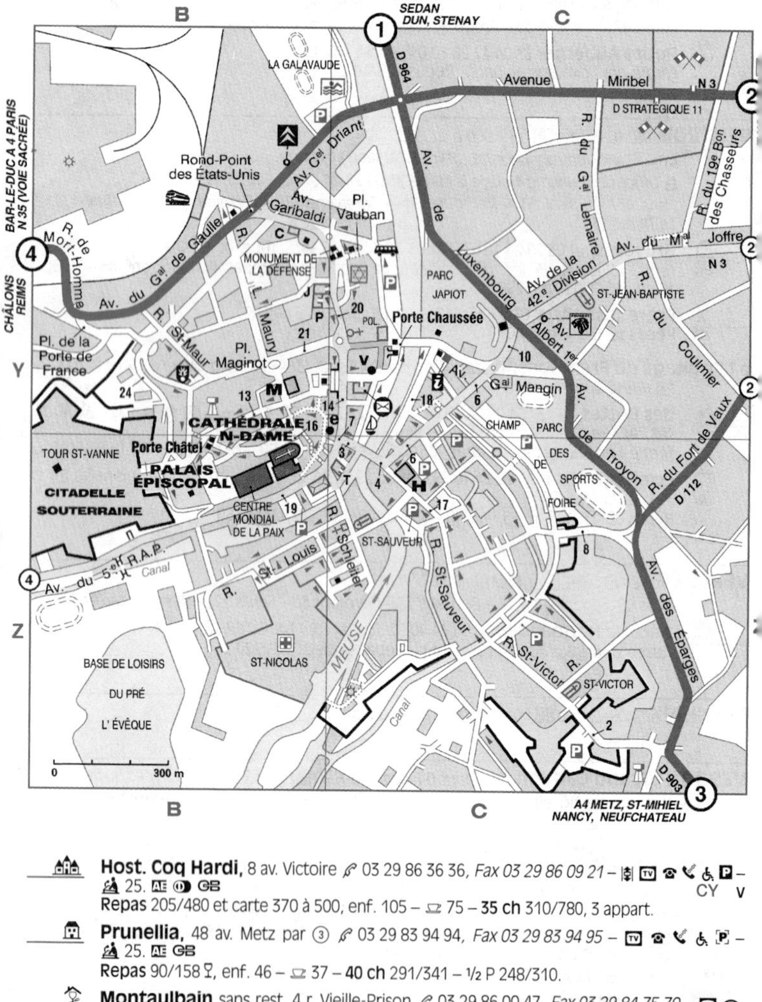

Host. Coq Hardi, 8 av. Victoire ✆ 03 29 86 36 36, *Fax 03 29 86 09 21* – 25. AE GB — CY v
Repas 205/480 et carte 370 à 500, enf. 105 – 75 – **35 ch** 310/780, 3 appart.

Prunellia, 48 av. Metz par ③ ✆ 03 29 83 94 94, *Fax 03 29 83 94 95* – 25. AE GB
Repas 90/158 ♀, enf. 46 – 37 – **40 ch** 291/341 – ½ P 248/310.

Montaulbain sans rest, 4 r. Vieille-Prison ✆ 03 29 86 00 47, *Fax 03 29 84 75 70* – GB. — BCY e
fermé 11 au 20 fév. – 25 – **10 ch** 160/210.

aux Monthairons *par ④ et D 34 : 13 km – 367 h. alt. 200 – ✉ 55320 :*

Host. du Château des Monthairons 🐦, ☎ 03 29 87 78 55, *Fax 03 29 87 73 49*, ←, « Château du 19e siècle dans un parc », – TV ☎ & – 25. AE GB
fermé 2 janv. au 10 fév., dim. soir et mardi midi du 15 nov. au 15 mai et lundi sauf le soir du 15 mai au 15 nov. – **Repas** 120 (déj.), 175/410 ♀ – ☕ 65 – **13 ch** 510/840, 6 appart – ½ P 475/750.

AUDI, VOLKSWAGEN Gar. de la Voie Sacrée, RN 3 à Regret ☎ 03 29 86 04 51
CITROEN Gd Gar. de la Meuse, av. Col.-Driant ☎ 03 29 86 44 05
PEUGEOT Verdun Autom., 2 av. 42e Division par ② ☎ 03 29 86 86 86
RENAULT Gar. Friob, av. d'Etain par ② ☎ 03 29 86 00 00 N ☎ 08 00 05 15 15

ROVER Gar. Trévisan, bd J.-Monnet à Haudainville ☎ 03 29 84 41 79

Frattini Vulco, 21 av. Douaumont ☎ 03 29 86 04 36
Leclerc Pneu, 13 av. Col.-Driant ☎ 03 29 86 29 55
Legros, 21-23 r. du Fort-de-Vaux ☎ 03 29 84 61 70

VERDUN-SUR-LE-DOUBS *71350 S.-et-L.* 70 ② *G. Bourgogne – 1 065 h alt. 180.*
Office de Tourisme ☎ 03 85 91 87 52.
Paris 330 – Beaune 23 – Chalon-sur-Saône 24 – Dijon 64 – Dole 47 – Lons-le-Saunier 58.

XX **Host. Bourguignonne** avec ch, rte Ciel ☎ 03 85 91 51 45, *Fax 03 85 91 53 81*, – TV ☎ P. AE GB
fermé 2 janv. au 15 mars et merc. de nov. à avril – **Repas** 105/390 ♀ – ☕ 50 – **14 ch** 380/510 – ½ P 430.

à Allerey-sur-Saône *Nord-Ouest 3 km par D 970 – 592 h. alt. 183 – ✉ 71350 Verdun-sur-le-Doubs :*

XX **Les Glycines**, ☎ 03 85 91 96 60, *Fax 03 85 91 96 61* – GB
fermé janv., fév., mardi soir et merc. – **Repas** *(85)* - 98/175 ♀, enf. 50.

VÉRETZ *37270 I.-et-L.* 64 ⑮ *G. Châteaux de la Loire – 2 709 h alt. 50.*
Paris 239 – Tours 12 – Bléré 16 – Blois 52 – Chinon 51 – Montrichard 32.

Grand Repos 🐦 sans rest, 18 chemin Acacias ☎ 02 47 50 35 34, *Fax 02 47 50 58 58* – ☎ P. GB
1er avril-30 sept. – ☕ 35 – **23 ch** 200/250.

VERGÈZE *30310 Gard* 83 ⑧ *– 3 135 h alt. 30.*
Paris 725 – Montpellier 39 – Nîmes 18.

Passiflore 🐦, ☎ 04 66 35 00 00, *Fax 04 66 35 09 21* – ch, ☎ P. AE GB. rest
Repas *(fermé déc., janv., dim. de nov. à mars et lundi)* (dîner seul.) 135 ♀, enf. 40 – ☕ 38 – **11 ch** 265/325 – ½ P 280/305.

VERMENTON *89270 Yonne* 65 ⑤ *G. Bourgogne – 1 105 h alt. 125.*
Paris 189 – Auxerre 24 – Avallon 28 – Vézelay 28.

X **Aub. Espérance**, ☎ 03 86 81 50 42 – . GB
fermé 1er janv. au 3 fév., dim. soir et lundi – **Repas** 86/250 bc, enf. 47.

VERNET-LES-BAINS *66820 Pyr.-Or.* 86 ⑰ *G. Pyrénées Roussillon – 1 489 h alt. 650 – Stat. therm. (14 mars-7 déc.) – Casino .*
Voir Site★ – Église★ de Corneilla-de-Conflent 2,5 km par ①.
Office de Tourisme 6 pl. Mairie ☎ 04 68 05 55 35, Fax 04 68 05 60 33.
Paris 910 ① – Perpignan 56 ① – Mont-Louis 36 ① – Prades 11 ①.

Mas Fleuri sans rest, bd Clemenceau **(a)** ✆ 04 68 05 51 94, *Fax 04 68 05 50 77*, « Parc ombragé », – TV ☎ P. AE ⓓ GB.
1er juin-30 sept. – ☕ 45 – **30 ch** 325/525.

Princess, r. Lavandières **(k)** ✆ 04 68 05 56 22, *Fax 04 68 05 62 45*, – |‡| cuisinette, ▤ rest, TV ☎ – P – 40. AE ⓓ GB JCB
15 mars-1er déc. et 28 déc.-2 janv. – **Repas** (65) - 85/130, enf. 60 – ☕ 35 – **40 ch** 276/346 – ½ P 258/293.

Eden, prom. Cady **(n)** ✆ 04 68 05 54 09, *Fax 04 68 05 60 50*, – |‡| TV ☎ P. AE GB
1er avril-1er nov. – **Repas** *(fermé lundi)* 80/170 bc, enf. 53 – ☕ 38 – **23 ch** 220/300 – ½ P 240/285.

Comte Guifred de Conflent avec ch (collège d'application hôt.), av. Thermes **(u)** ✆ 04 68 05 51 37, *Fax 04 68 05 64 11*, – |‡| TV ☎ – 40. AE ⓓ GB
fermé mi-déc. à fin janv. – **Repas** 100/190, enf. 55 – ☕ 40 – **10 ch** 290/490 – ½ P 325/375.

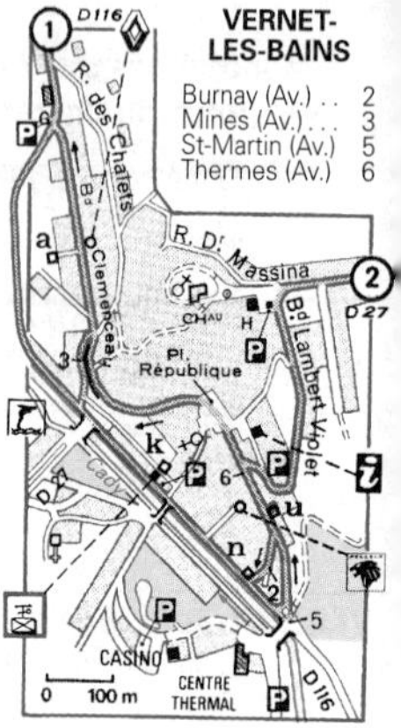

VERNET-LES-BAINS

Burnay (Av.) .. 2
Mines (Av.) ... 3
St-Martin (Av.) 5
Thermes (Av.) 6

à Casteil *Sud : 2 km par D 116 – 102 h. alt. 780 – ✉ 66820 :*

Molière, ✆ 04 68 05 50 97, *Fax 04 68 05 55 11*, <, – ☎ P. GB
fin fév.-fin oct. et fermé mardi soir et merc. hors saison – **Repas** 90/160, enf. 40 – ☕ 32 – **10 ch** 200/250 – ½ P 240/280.

à Sahorre *Sud-Ouest : 3,5 km par D 27 – 333 h. alt. 650 – ✉ 66360 :*

Châtaigneraie, ✆ 04 68 05 51 04, <, – ▤ rest, ☎ P. GB. ch
15 mai-30 sept. – **Repas** 78/130, enf. 60 – ☕ 32 – **10 ch** 180/270 – ½ P 215/250.

RENAULT Gar. Pous, ✆ 04 68 05 52 81 Gar. Villacèque, ✆ 04 68 05 51 14

VERNEUIL-SUR-AVRE *27130 Eure* 60 ⑥ *G. Normandie Vallée de la Seine* – *6 446 h alt. 155.*

Voir *Église de la Madeleine*★ – *Statues*★ *de l'église N.-Dame.*

de Center Parcs ✆ *02 32 23 50 02, par* ④ *: 9 km.*

Office de Tourisme 129 pl. Madeleine ✆ *02 32 32 17 17, Fax 02 32 60 30 79.*

Paris 116 ② *– Alençon 77* ④ *– Argentan 78* ⑤ *– Chartres 57* ③ *– Dreux 37* ② *– Évreux 42* ①.

VERNEUIL-SUR-AVRE

Breteuil (Rte de) 2
Briand (R. A.) 4
Canon (R. du) 5
Casati (Bd) 7
Clemenceau (R.) 8
Demolins (Av. E.) 10
Ferté-Vidame (Rte de la) 12
Lait (R. au) 13
Madeleine (Pl. de la) 15
Notre-Dame (Pl.) 16
Poissonnerie (R. de la) 18
Pont-aux-Chèvres (R. du) 19
Tanneries (R. des) 21
Thiers (R.) 22
Tour-Grise (R. de la) 24
Verdun (Pl. de) 25
Victor-Hugo (Av.) 27
Vlaminck (R. M.-de) 30

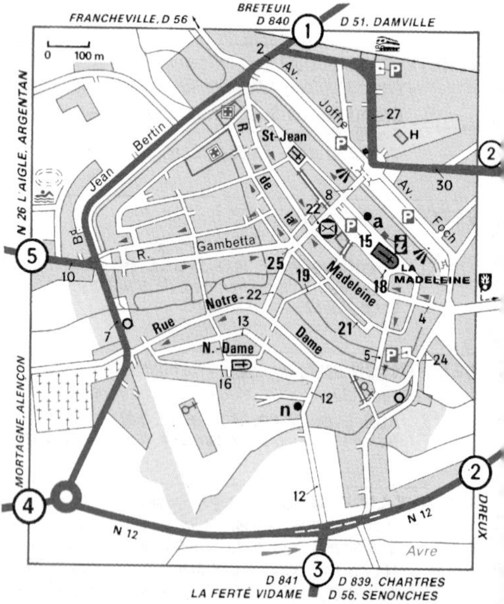

Host. du Clos , 98 r. Ferté-Vidame **(n)** ✆ 02 32 32 21 81, *Fax 02 32 32 21 36*, , , , – TV ☎ P – 25. AE GB
fermé 20 déc. au 23 janv. – **Repas** *(fermé lundi sauf fériés)* 190/350 – 85 – **6 ch** 650/950, 4 appart 1150/1850 – ½ P 820/975.

Saumon, 89 pl. Madeleine **(a)** ✆ 02 32 32 02 36, *Fax 02 32 37 55 80* – TV ☎ – 25. GB
fermé 20 déc. au 5 janv. – **Repas** (65) - 85/260 – 40 – **29 ch** 210/350.

CITROEN Gar. François, ZI r. Denis-Papin par ① ✆ 02 32 32 11 80
RENAULT Gar. Poilvez, 228 av. R.-Zaigue par ① ✆ 02 32 32 17 54 N ✆ 02 32 32 17 54
VOLVO Gar. Moderne, N 12 ✆ 02 32 32 84 94
Euromaster, 43 porte de Mortagne ✆ 02 32 32 39 38

VERNON *27200 Eure* 55 ⑰ ⑱, 106 ① ② *G. Normandie Vallée de la Seine – 23 659 h alt. 32.*
Voir Église N.-Dame★ **BY** – *Château de Bizy*★ *2 km par* ③ – *N.-D.-de-la-Mer* ≤★ *6 km par* ② – *Signal des Coutumes* ≤★ *7 km par* ②.
Office de Tourisme 36 r. Carnot ✆ 02 32 51 39 60, Fax 02 32 51 86 55.
Paris 74 ② – Rouen 62 ③ – Beauvais 65 ⑤ – Évreux 31 ③ – Mantes-la-Jolie 22 ②.

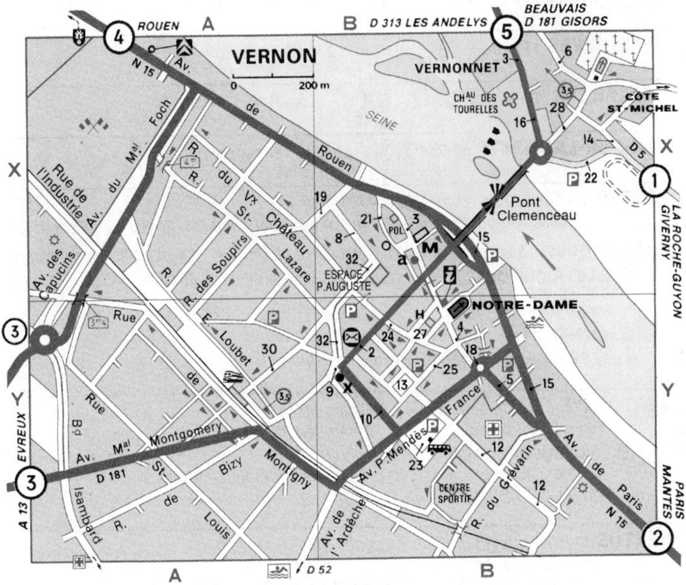

Albuféra (R. d') . . . . . BY 2	Écuries-des-Gardes (R.) . . . BX 8	Point-du-Jour (R. du) . . . AX 19
Carnot (R.) . . . . . BXY 3	Évreux (Pl. d') . . . . . BY 9	Potard (R.) . . . . . BX 21
Gaulle (Pl. Charles-de) . . . BY 13	Gambetta (Av.) . . . . . BY 10	Ravine (R. de la) . . . . . BX 22
Ste-Geneviève (R.) . . . BY 27	Gamilly (R. de) . . . . . BY 12	République (Pl. de la) . . BY 23
Bonnard (R. P.) . . . . . BX 4	Giverny (R. de) . . . . . BX 14	Riquier (R. Ch.-J.) . . . . BXY 24
Dr.-Burnet (R.) . . . . . BY 5	Leclerc (Bd du Mar.) . . BXY 15	St-Jacques (R.) . . . . . BY 25
Dr.-Chanoine (R. du) . . . BX 6	Ogereau (R. F.) . . . . . BX 16	Soret (R. Jules) . . . . . BX 28
	Paris (Pl. de) . . . . . BY 18	Steiner (R. E.) . . . . . AY 30
		Victor-Hugo (Av.) . . . . . BX 32

Évreux et Relais Normandie, 11 pl. dÉvreux ✆ 02 32 21 16 12, *Fax 02 32 21 32 73*, – TV ☎ P. AE GB — BY x
Repas *(fermé dim. sauf fériés)* 130/165 – 35 – **12 ch** 190/350 – ½ P 280/340.

Les Fleurs, 71 r. Carnot ✆ 02 32 51 16 80, *Fax 02 32 21 30 51* – GB. — BX a
fermé 1er au 10 mars, 1er au 23 août, dim. soir et lundi – **Repas** 125/320.

à St-Marcel *par ④ – 4 398 h. alt. 60 – ✉ 27950 :*

Clarine, rte Rouen ✆ 02 32 21 55 56, *Fax 02 32 51 11 18* – TV ☎ P – 30. AE GB
Repas *(fermé dim.)* 59/98 – 35 – **37 ch** 260/280.

Haut Marais sans rest, 2 rte Rouen ✆ 02 32 51 41 30, *Fax 02 32 21 11 32* – TV ☎ P. AE GB
fermé 14 au 28 fév. et dim. du 1er nov. au 1er avril – 31 – **28 ch** 240/280.

à Port-Villez *(78 Yvelines) par ② : 4 km – 164 h. alt. 80 – ✉ 78270 :*

XX **Gueulardière,** ☎ 01 34 76 22 12, *Fax 01 34 76 22 12,* – P. GB
fermé dim. soir et lundi – **Repas** 150.

à Douains *par ③, D 181 et D 75 : 8 km – 346 h. alt. 128 – ✉ 27120 :*

Château de Brécourt ⊗, ☎ 02 32 52 40 50, *Fax 02 32 52 69 65,* ≤, , parc, « Château du 17e siècle », , – ☎ P – 200. AE GB
Repas *(150)* - 230/350 ♀ – 75 – **33 ch** 450/1090 – ½ P 650/1155.

CITROEN Gar. Cambour, 118 av. de Rouen ☎ 02 32 51 44 50 N ☎ 08 00 05 24 24
FORD Auto-Normandie, ZI r. de l'Industrie ☎ 02 32 51 59 39 N ☎ 02 32 21 31 86
PEUGEOT Gar. Gervilliers, 10 av. de Paris par ② ☎ 02 32 51 50 14

Euromaster, ZI 11 r. de la Garenne à St-Marcel ☎ 02 32 21 68 04
Euromaster, 121 r. Carnot ☎ 02 32 21 26 52
Sube Pneurama - Point S, 11 bd Isambard ☎ 02 32 51 08 95

VERNOUILLET *28 E.-et-L.* 60 ⑦ – *rattaché à Dreux.*

VERNOUILLET *78 Yvelines* 55 ⑲, 101 ① – *voir à Paris, Environs.*

VERQUIÈRES *13 B.-du-R.* 84 ① – *rattaché à St-Rémy-de-Provence.*

VERSAILLES *78 Yvelines* 60 ⑨ ⑩, 101 ㉓ – *voir à Paris, Environs.*

VER-SUR-LAUNETTE *60 Oise* 56 ⑫ – *rattaché à Ermenonville.*

VERTEILLAC *24320 Dordogne* 75 ④ – *706 h alt. 185.*
Paris 493 – Angoulême 46 – Périgueux 49 – Brantôme 31 – Chalais 32 – Ribérac 12.

au Nord-Ouest *: 5 km par D 1, D 101, C 201 et rte secondaire – ✉ 24320 St-Martial-Viveyrols :*

Les Aiguillons M ⊗, ☎ 05 53 91 07 55, *Fax 05 53 90 40 97,* ≤, , parc, – TV ☎ P. AE GB
fermé 15 déc. au 1er fév., dim. soir hors saison et lundi sauf le soir en saison – **Repas** 120 bc/250 ♀ – 40 – **8 ch** 350/450 – ½ P 350.

CITROEN Gar. Dupuy, à Bertric Burée ☎ 05 53 91 93 33

VERTOLAYE *63480 P.-de-D.* 73 ⑯ – *609 h alt. 500.*
Paris 485 – Clermont-Ferrand 78 – Ambert 15 – St-Étienne 90 – Thiers 43.

Voyageurs, ☎ 04 73 95 20 16, *Fax 04 73 95 23 85,* , , – TV ☎ . GB
fermé 2 au 31 oct., vend. soir et sam. sauf juil.-août – **Repas** 95/210 ♀, enf. 60 – 38 – **27 ch** 260/280 – ½ P 250.

VERTUS *51130 Marne* 56 ⑯ *G. Champagne – 2 495 h alt. 85.*
Voir Mont Aimé★ S : 5 km.
Paris 139 – Reims 47 – Châlons-en-Champagne 31 – Épernay 21 – Fère-Champenoise 17 – Montmirail 39.

Host. Reine Blanche, av. Louis Lenoir ☎ 03 26 52 20 76, *Fax 03 26 52 16 59,* , – TV ☎ P – 45. AE GB
fermé 1er au 20 fév. – **Repas** 135/295 – 55 – **30 ch** 395/495 – ½ P 380.

à Bergères-les-Vertus *Sud : 3,5 km par D 9 – 536 h. alt. 108 – ✉ 51130 Vertus :*

Mont-Aimé ⊗, ☎ 03 26 52 21 31, *Fax 03 26 52 21 39,* , , – rest, TV ☎ P – 50. AE GB
Repas *(fermé dim. soir)* 110/350 ♀ – 55 – **30 ch** 290/420 – ½ P 400.

Les VERTUS *76 S.-Mar.* 52 ④ – *rattaché à Dieppe.*

Ne confondez pas :

Confort des hôtels	:	...
Confort des restaurants	:	XXXXX ... X
Qualité de la table	:	✿✿✿, ✿✿, ✿,

VERVINS
02140 Aisne 53 ⑯ *G. Flandres Artois Picardie* – *2 663 h alt. 147.*

Paris 178 – St-Quentin 49 – Charleville-Mézières 69 – Laon 36 – Reims 87 – Valenciennes 78.

Tour du Roy, 45 r. Gén. Leclerc ☏ 03 23 98 00 11, *Fax 03 23 98 00 72,* – TV P. AE GB

Repas *(fermé lundi midi)* (dim. et fêtes prévenir) 98 (déj.), 180/450 bc – ☕ 70 – **18 ch** 350/800 – ½ P 500/650.

CITROEN Gar. Renaud, La Chaussée de Fontaine ☏ 03 23 98 00 08 N ☏ 03 23 98 00 08

OPEL Relais de Champagne, N 2 à Fontaine-lès-Vervins ☏ 03 23 91 35 70

Dupont Pneus, 147 av. des Champs Elysées à Hirson ☏ 03 23 58 11 11

Euromaster, rte de Guise à Fontaine-les-Vervins ☏ 03 23 98 30 79

VERZY
51380 Marne 56 ⑰ *G. Champagne* – *994 h alt. 210.*

Voir Faux de Verzy★ S : 2 km.

Paris 164 – Reims 22 – Châlons-en-Champagne 32 – Épernay 24 – Rethel 55 – Vouziers 56.

Au Chant des Galipes, 2 r. Chanzy ☏ 03 26 97 91 40, *Fax 03 26 97 91 44,* – GB

fermé 3 au 10 août, 4 au 11 janv., dim. soir et lundi – **Repas** 79 (déj.), 120/240.

VESCOUS
06 Alpes-Mar. 81 ⑳ – rattaché à Gilette.

Le VÉSINET
78 Yvelines 55 ⑳, 101 ⑬ – voir à Paris, Environs.

VESOUL
P *70000 H.-Saône 66 ⑤ ⑥ G. Jura – 17 614 h alt. 221.*

Voir Colline de la Motte ※★ 30 mn.

Office de Tourisme r. Bains ☏ 03 84 75 43 66, Fax 03 84 76 54 31.

Paris 360 ① – Besançon 49 ② – Belfort 64 ① – Épinal 88 ① – Langres 78 ① – Vittel 88 ①.

VESOUL

Alsace-Lorraine (R. d') 3
Gaulle (Bd Ch.-de) 14
Genoux (R. Georges) 15
Girardot (R. du Cdt) 20
Leblond (R.) 25
Morel (R. Paul) 26
Aigle-Noir (R. de l') 2
Annonciades (R. des) 4
Bains (R. des) 6
Faure (R. Edgar) 10
Fleurier (R. de) 12
Gevrey (R.) 16
Grand-Puits (Pl. du) 21
Grandes-Faulx (R. des) 22
Ilottes (R. des) 23
Kennedy (Bd) 24
Moulin-des-Prés (Pl. du) 27
République (Pl. de la) 29
St-Georges (R.) 30
Salengro (R. Roger) 31
Tanneurs (R. des) 32
Vendémiaire (R.) 33
Verlaine (R.) 35

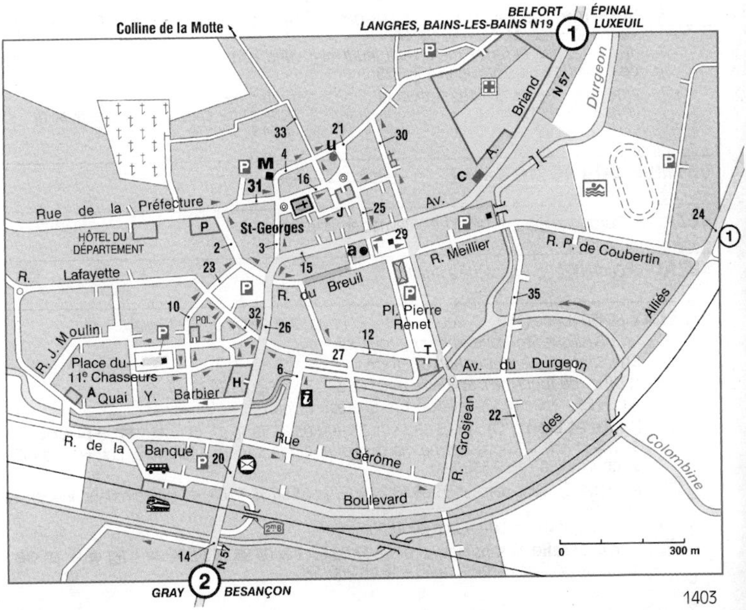

Lion sans rest, 4 pl. République (a) ☏ 03 84 76 54 44, *Fax 03 84 75 23 31* – AE GB
fermé 7 au 16 août, 26 déc. au 3 janv. – ☐ 33 – **18 ch** 235/290.

Caveau du Grand Puits, r. Mailly (u) ☏ 03 84 76 66 12, – AE GB
fermé 25 déc. au 2 janv., 15 au 30 août, merc. soir et dim. – **Repas** 85/135.

à Frotey-lès-Vesoul *par ① : 2 km – 1 455 h. alt. 225 – ✉ 70000 :*

Eurotel, rte Luxeuil ☏ 03 84 75 49 49, *Fax 03 84 76 55 78* – AE GB
Repas *(fermé dim. soir)* 100/295 ♀, enf. 50 – ☐ 35 – **20 ch** 290 – ½ P 250.

CITROEN Succursale, à Frottey-les-Vesoul ☏ 03 84 75 76 77
FORD Gar. Dormoy, rte de Paris ☏ 03 84 97 11 11
PEUGEOT Succursale, rte de Gray à Noidans-les-Vesoul par ② ☏ 03 84 96 84 96 N ☏ 03 84 96 84 88
RENAULT Gar. Bougueret, ZI à Noidans-les-Vesoul par ② ☏ 03 84 76 27 11

Euromaster, 22 bd Charles-de-Gaulle ☏ 03 84 75 34 32
Hyper Pneus, av. de la Gare ☏ 03 84 76 46 47
Pneus et Sces D.K., N 19 ZAC Petit Montmarin ☏ 03 84 75 23 29

VEUIL *36 Indre* 68 ⑧ *– rattaché à Valençay.*

VEULES-LES-ROSES *76980 S.-Mar.* 52 ③ *G. Normandie Vallée de la Seine – 753 h alt. 15 – Casino.*

Office de Tourisme r. Dr-Girard ☏ 02 35 97 63 05, Fax 02 35 57 24 51.
Paris 188 – Dieppe 27 – Fontaine-le-Dun 8 – Rouen 57 – St-Valery-en-Caux 8.

Les Galets, à la plage ☏ 02 35 97 61 33, *Fax 02 35 57 06 23* – AE GB
fermé 5 janv. au 3 fév., merc. sauf juil.-août et mardi soir – **Repas** 150/400 et carte 250 à 400 ♀, enf. 87.

Le VEURDRE *03320 Allier* 69 ③ *G. Auvergne – 595 h alt. 190.*
Paris 269 – Bourges 67 – Moulins 35 – Montluçon 66 – Nevers 33 – St-Amand-Montrond 52.

Pont Neuf, ☏ 04 70 66 40 12, *Fax 04 70 66 44 15*, parc, – AE GB
fermé 25 au 31 oct., 15 déc. au 15 janv. et dim. soir du 15 oct. au 31 mars – **Repas** 85/225 ♀ – ☐ 40 – **36 ch** 295/350 – ½ P 280/320.

VEYNES *05400 H.-Alpes* 81 ⑤ *– 3 148 h alt. 827.*
Paris 663 – Gap 25 – Aspres-sur-Buëch 9 – Sisteron 50.

Sérafine, Les Paroirs Est : 2 km par rte Gap et rte secondaire ☏ 04 92 58 06 00, *Fax 04 92 58 09 11*, – AE GB
10 avril-22 nov. et fermé merc. midi, jeudi midi, vend. midi, lundi et mardi – **Repas** (nombre de couverts limité, prévenir) 135/225.

CITROEN Gar. Ribeiro, ☏ 04 92 58 01 41 N ☏ 04 92 58 01 41
FORD Technic Auto, ☏ 04 92 58 02 23
RENAULT Gar. Central, ☏ 04 92 58 01 39 N ☏ 04 92 58 01 39

VEYRIER-DU-LAC *74 H.-Savoie* 74 ⑥ *– rattaché à Annecy.*

VÉZAC *24 Dordogne* 75 ⑰ *– rattaché à Beynac et Cazenac.*

VÉZAC *15 Cantal* 76 ⑫ *– rattaché à Aurillac.*

VÉZELAY *89450 Yonne* 65 ⑮ *G. Bourgogne – 571 h alt. 285 Pèlerinage (22 juillet).*
Voir *Basilique Ste-Madeleine*** : tour ✱★.*
Env. *Site★ de Pierre-Perthuis SE : 6 km.*
Office de Tourisme r. St-Pierre ☏ 03 86 33 23 69, Fax 03 86 33 34 00.
Paris 221 – Auxerre 52 – Avallon 15 – Château-Chinon 61 – Clamecy 23.

Poste et Lion d'Or, ☏ 03 86 33 21 23, *Fax 03 86 32 30 92*, – AE GB
3 avril-11 nov. – **Repas** *(fermé mardi midi et lundi)* 98 (déj.), 118/240 ♀, enf. 60 – ☐ 45 – **39 ch** 320/600 – ½ P 330/390.

Pontot sans rest, ☏ 03 86 33 24 40, *Fax 03 86 33 30 05*, ≤, « Jardin fleuri » – GB JCB
15 avril-2 nov. – ☐ 60 – **10 ch** 600/900.

Compostelle M sans rest, ☏ 03 86 33 28 63, *Fax 03 86 33 34 34*, – AE GB
fermé 26 déc. au 1er fév. – ☐ 40 – **18 ch** 260/320.

à St-Père *Sud-Est : 3 km par D 957 – 348 h. alt. 148 – ✉ 89450.*
Voir *Église N.-Dame★.*

L'Espérance (Meneau) ⛝, ✆ 03 86 33 39 10, *Fax 03 86 33 26 15,* ≤, « Salle à manger dans une verrière s'ouvrant sur le jardin », 🏊 – ▤ rest, TV ☎ 📞 P – 🎪 50. AE ⓓ GB
fermé fév. – **Repas** *(fermé mardi sauf le soir du 15 juin au 15 oct. et merc. midi sauf fériés)* (prévenir) 360 (déj.), 650/860 et carte 490 à 910 – ☕ 130 – **34 ch** 500/1300, 6 appart – ½ P 980
Spéc. Galets de pomme de terre au caviar. Turbot en croûte de sel, beurre de homard. Sabayon à la mousse de lait, tarte à la confiture. **Vins** Vézelay, Chablis.

Renommée sans rest, ✆ 03 86 33 21 34, *Fax 03 86 33 34 17* – TV ☎ ♿ P. AE GB
fermé 15 janv. au 15 fév. et mardi soir du 1er nov. au 15 mars – ☕ 34 – **19 ch** 165/320.

Pré des Marguerites, ✆ 03 86 33 33 33, *Fax 03 86 33 34 73,* ≤, 🌳, 🍽 – ▤ P. AE ⓓ GB JCB
10 mars-11 nov. – **Repas** 135 bc/250 bc, enf. 70.

à Fontette *Est : 5 km par D 957 – ✉ 89450 Vézelay :*

Crispol Ⓜ ⛝, rte Avallon ✆ 03 86 33 26 25, *Fax 03 86 33 33 10,* ≤ colline de Vézelay, 🌳, « Décor contemporain original », 🍽 – TV ☎ ♿ 🚗 P. GB
fermé 5 janv. au 24 fév. et lundi (sauf hôtel de juil. à sept.) – **Repas** 110/280 – ☕ 50 – **12 ch** 370/450 – ½ P 360/400.

Aquarelles ⛝, ✆ 03 86 33 34 35, *Fax 03 86 33 29 82,* 🌳 – ☎ 📞 ♿ P. GB. ✗
fermé 1er janv. au 15 mars, mardi soir et merc. du 15 nov. au 15 mars – **Repas** *(60)* - carte 100 à 160 ♀ – ☕ 32 – **10 ch** 240/300 – ½ P 310.

Un conseil ***Michelin :***
pour réussir vos voyages, préparez-les à l'avance.
Les ***cartes*** *et* ***guides Michelin,*** *vous donnent toutes indications utiles sur : itinéraires, visite des curiosités, logement, prix, etc.*

VEZELS-ROUSSY *15130 Cantal 76 ⑫ – 120 h alt. 730.*
Paris 586 – Aurillac 22 – Entraygues-sur-Truyère 28.

Bergerie ⛝, ✆ 04 71 49 42 90, *Fax 04 71 49 44 70,* ≤, 🚲, 🏊, 🍽 – TV ☎ P. GB
Repas 65/128 ♨, enf. 35 – ☕ 25 – **15 ch** 220 – ½ P 210.

VÉZÉNOBRES *30360 Gard 80 ⑱ G. Gorges du Tarn – 1 312 h alt. 213.*
Voir ☀★ *du sommet du village.*
ℹ *Office de Tourisme (mai-oct.)* ✆ *04 66 83 62 02 (hors saison) Mairie* ✆ *04 66 83 51 26.*
Paris 714 – Alès 12 – Nîmes 34 – Uzès 30.

Relais Sarrasin, N 106 ✆ 04 66 83 55 55, *Fax 04 66 83 66 83,* 🌳 – |‡| TV ☎ 📞 P. GB
1er mai-30 sept. – **Repas** *(fermé lundi midi)* 85/125 ♀, enf. 45 – ☕ 35 – **18 ch** 170/330 – ½ P 190/280.

VIA *66 Pyr.-Or. 86 ⑯ – rattaché à Font-Romeu.*

VIALAS *48220 Lozère 80 ⑦ – 384 h alt. 620.*
Paris 655 – Alès 41 – Florac 40 – Mende 65.

Chantoiseau ⛝ avec ch, ✆ 04 66 41 00 02, *Fax 04 66 41 04 34,* ≤, 🏊 – TV ☎ P. AE ⓓ GB. ✗
15 avril-15 oct. et fermé mardi et merc. – **Repas** *(100)* - 200/820 et carte 320 à 550 ♀, enf. 60 – ☕ 50 – **15 ch** 299/450 – ½ P 520/580.

VIBRAC *16 Charente 72 ⑬ – rattaché à Jarnac.*

VIBRAYE *72320 Sarthe 60 ⑯ – 2 609 h alt. 167.*
Paris 171 – Le Mans 44 – Brou 41 – Châteaudun 52 – Mamers 48 – Nogent-le-Rotrou 38 – St-Calais 16.

Chapeau Rouge avec ch, pl. H. de Ville ✆ 02 43 93 60 02, *Fax 02 43 71 52 18,* 🍽 – TV ☎ 📞 ♿ P – 🎪 30. GB. ✗ ch
fermé 15 au 30 août, 15 au 30 janv., dim. soir et lundi – **Repas** 90/195 ♀ – ☕ 42 – **13 ch** 260/300.

VIC-EN-BIGORRE *65500 H.-Pyr.* 85 ⑧ *– 4 893 h alt. 216.*
Paris 776 – Auch 62 – Pau 44 – Aire-sur-l'Adour 53 – Mirande 37 – Tarbes 18.

Tivoli, pl. Gambetta ✆ 05 62 96 70 39, *Fax 05 62 96 29 74,* – TV ☎. GB
Repas *(fermé lundi)* 59 (déj.), 77/200 ♀, enf. 35 – 25 – **27 ch** 180/250 – ½ P 160/190.

Réverbère avec ch, r. Alsace ✆ 05 62 96 78 16, *Fax 05 62 96 79 85,* – TV ☎. AE GB
Repas *(fermé dim. soir)* 78/240 ♀ – 30 – **10 ch** 230/250 – ½ P 233.

VICHY *03200 Allier* 73 ⑤ *G. Auvergne – 27 714 h alt. 340 – Stat. therm. (10 fév.-13 déc.) – Casinos Le Grand Café* **BZ**, *Elysée Palace.*
Voir Parc des Sources★ **BYZ** *– Les Parcs d'Allier★* **BZ** *– Chalets★ (boulevard des États-Unis)* **BYZ** *– Site des Hurlevents ≤★ 4,5 km par ②.*
de Vichy Sporting Club ✆ 04 70 32 39 11 **A** *; Golf Int. Forêt de Montpensier ✆ 04 70 56 58 39.*
Office de Tourisme 19 r. du Parc ✆ 04 70 98 71 94, Fax 04 70 31 06 00.
Paris 406 ① – Clermont-Ferrand 54 ③ – Montluçon 95 ⑥ – Moulins 56 ① – Roanne 68 ①.

Plan page ci-contre

Les Célestins M, 111 bd États-Unis ✆ 04 70 30 82 00, *Fax 04 70 30 82 01,* , « En bordure du parc d'Allier », – TV ☎ – 60. AE GB JCB. rest — BY e
L'Empereur : Repas 220/360 ♀, enf. 75 – ***L'Albert Londres*** *(fermé dim. soir de nov. à mars)* Repas 130/160 ♀, enf. 75 – 70 – **120 ch** 805/1290, 10 appart – ½ P 845/1095.

Aletti Palace H., 3 pl. Joseph Aletti ✆ 04 70 31 78 77, *Fax 04 70 98 13 82,* , « Élégante atmosphère début de siècle », – TV ☎ – 150. AE GB — BZ u
La Véranda *(fermé dim. soir et lundi du 1er nov. au 28 fév.)* Repas 160, enf. 90 – 80 – **126 ch** 650/760, 7 appart – ½ P 500/580.

Novotel Thermalia, 1 av. Thermale ✆ 04 70 31 04 39, *Fax 04 70 31 08 67,* , , – TV ☎ P – 100. AE GB — BY q
Repas *(89)* - 99/110, enf. 50 – 57 – **128 ch** 545 – P 466/480.

Pavillon d'Enghien M, 32 r. Callou ✆ 04 70 98 33 30, *Fax 04 70 31 67 82,* , – TV ☎. AE GB — BY b
fermé 22 déc. au 1er fév. – ***Jardins d'Enghien*** *(fermé dim. soir et lundi sauf fériés)* Repas *(74)*-100/150 ♀, enf. 39 – 39 – **22 ch** 345/465 – ½ P 300/350.

Magenta, 23 av. W. Stucki ✆ 04 70 31 80 99, *Fax 04 70 31 83 40* – TV ☎. AE GB. rest — BY r
début mai-fin sept. – **Repas** 95 (dîner), 110/190 – 40 – **62 ch** 380 – P 530/650.

de Grignan, 7 pl. Sévigné ✆ 04 70 32 08 11, *Fax 04 70 32 47 07* – , rest, TV ☎ – 35. AE GB JCB. — BZ v
fermé 29 oct. au 30 nov. – **Repas** 90 bc/145, enf. 35 – 35 – **120 ch** 190/330 – ½ P 305/315.

Chambord et rest. Escargot qui Tète, 82 r. Paris ✆ 04 70 31 22 88, *Fax 04 70 31 54 92* – , rest, TV ☎. AE GB JCB — CY k
fermé 2 au 18 janv. – **Repas** *(fermé dim. soir sauf août et lundi sauf juil.-août)* 90/200, enf. 50 – 35 – **29 ch** 180/260 – ½ P 220/270.

Brest et St Georges, 27 r. Paris ✆ 04 70 98 22 18, *Fax 04 70 98 28 70* – TV ☎ P. AE GB. rest — CY m
fermé 20 fév. au 1er mars – **Repas** 85/240 – 33 – **33 ch** 250/295 – P 335/340.

Moderne, 8 r. M. Durand-Fardel ✆ 04 70 31 20 21, *Fax 04 70 98 45 04* – , rest, TV ☎. AE GB. — BY s
27 avril-17 oct. – **Repas** 100/160 – 35 – **40 ch** 220/360 – P 245/398.

Ibis M, 1 av. Victoria ✆ 04 70 31 53 53, *Fax 04 70 31 55 05* – TV ☎ – 60. AE GB — BY d
Repas *(75)* - 95, enf. 39 – 40 – **139 ch** 338/480 – ½ P 272/337.

Arverna H. sans rest, 12 r. Desbrest ✆ 04 70 31 31 19, *Fax 04 70 97 86 43* – TV ☎. AE GB JCB — CY g
fermé 18 au 25 oct., 20 déc. au 3 janv. et dim. de déc. à fév. – 35 – **26 ch** 180/280.

Venise sans rest, 25 av. A. Briand ✆ 04 70 31 83 23, *Fax 04 70 31 02 97* – cuisinette TV ☎ – 50. AE GB. — BZ e
fermé 24 déc. au 10 janv. – 20 – **25 ch** 245/280.

Vichy Tonic sans rest, 6 av. Prés. Doumer ✆ 04 70 31 45 00, *Fax 04 70 97 67 37* – TV ☎. AE GB — CZ h
32 – **36 ch** 255/295.

Arcade M sans rest, 11 bd P. Coulon ✆ 04 70 98 18 48, *Fax 04 70 97 72 63* – TV ☎ P. AE GB — BY f
35 – **48 ch** 300.

VICHY

Clemenceau (Av.) . . . . **BZ** 6
Hôtel-des-Postes (R.) . . **CY** 14
Lucas (R.) . . . . . **BY** 18
Paris (R. de) . . . **CY**
Prés.-Wilson (R.) **BZ** 26

Belgique (R. de) **BZ** 3
Briand (Av. A.) . . **BZ** 4
Casino (R. du) . . **BZ** 5
Coulon (Av. P.) . . **BY** 7
Foch (Av. Mar.) . **CZ** 8
Gramont (Av. de). **A** 10
Hôpital (Bd de l') . **A** 13
Lattre-de-T. (Bd Mar. de) . **BY** 17
Lyautey (R. Mar.) **A** 19
Parc (R. du) . . . . **BZ** 22
Poincaré (Av.) . . . **A** 24
Prés.-Eisenhower (Av. du). . . . . . **BY** 25
Prunelle (R.) . . . **BZ** 27
République (Av.) . **A** 28

BELLERIVE

Auberger (Av. F.) . **A** 2
Gaulle (Av. du Gén.-de) . . . . . . **A** 9
Grange-au-Grain (R.) . . . . . **A** 12
Jaurès (Av. J.) . . . **A** 16
République (Av.) . **A** 29

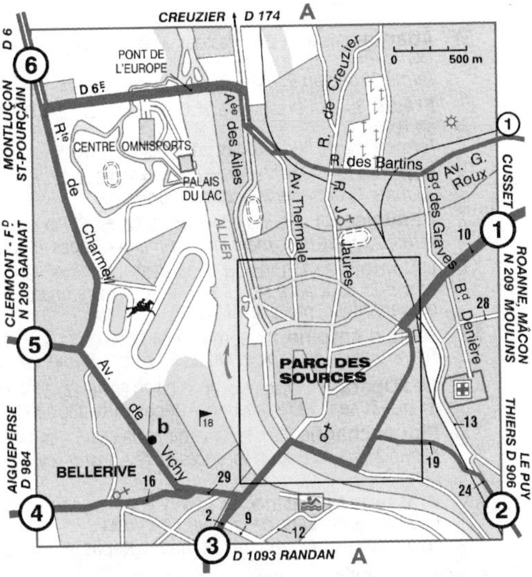

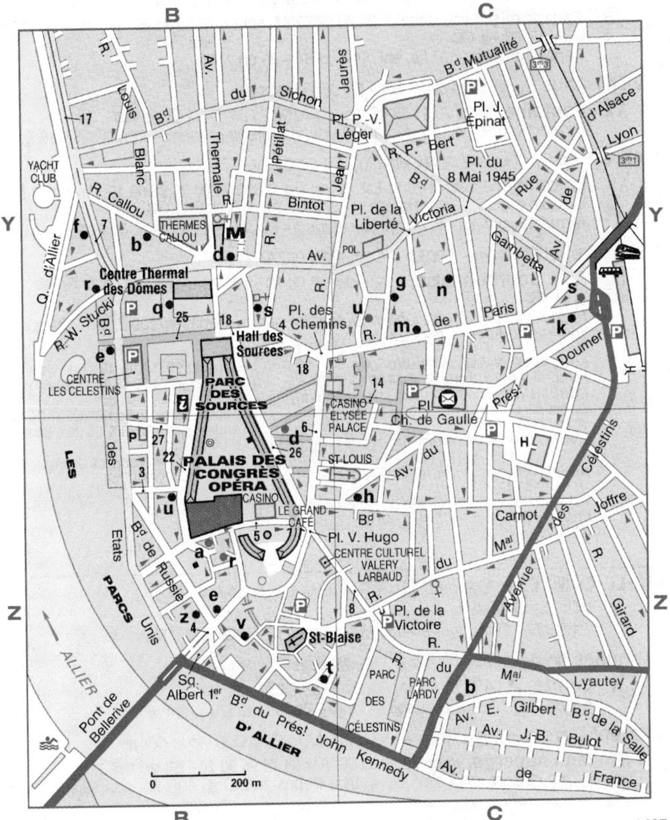

Atlanta sans rest, 23 r. Pasteur ✆ 04 70 98 42 95, *Fax 04 70 98 24 81* – TV ☎ ✆ 🚗. AE GB CY n
fermé 20 déc. au 5 janv. – ☕ 30 – **11 ch** 175/245.

Fréjus 🐎, 6 r. Presbytère ✆ 04 70 32 17 22, *Fax 04 70 32 42 10*, 🏞 – 🛗 TV ☎. AE GB. ✂ rest BZ t
fermé 1er au 15 fév. – **Repas** 50 bc (déj.), 70/163 🍷 – ☕ 35 – **32 ch** 160/220 – ½ P 225/310.

Londres sans rest, 7 bd Russie ✆ 04 70 98 28 27, *Fax 04 70 98 29 37* – ☎. GB BZ z
25 mars-15 oct. – ☕ 29 – **20 ch** 125/250.

XXX **L'Envolée,** 44 av. E. Gilbert ✆ 04 70 32 85 15, *Fax 04 70 32 14 17* – ▤. GB CZ b
fermé 20 au 26 déc., merc. midi et mardi – **Repas** 130/195 et carte 170 à 240 🍷.

XX **L'Alambic,** 8 r. N. Larbaud ✆ 04 70 59 12 71 – ▤. GB CY u
fermé 23 août au 9 sept., 21 fév. au 9 mars, mardi midi et lundi – **Repas** (nombre de couverts limité, prévenir) 160/280.

XX **Table d'Antoine,** 8 r. Burnol ✆ 04 70 98 99 71 – ▤. GB BZ d
fermé en juin, dim. soir et lundi sauf fêtes – **Repas** 95/249, enf. 65.

XX **de l'Opéra,** 6 passage Noyer ✆ 04 70 98 36 17, 🏞 – GB. ✂ BZ r
1er mai-30 sept. et fermé lundi – **Repas** carte 230 à 370.

XX **Piquenchagne,** 69 r. Paris ✆ 04 70 98 63 45 – AE GB CY s
fermé 23 juil. au 6 août, vacances de fév., mardi soir et merc. sauf fêtes – **Repas** 90/160 🍷, enf. 55.

XX **Brasserie du Casino,** 4 r. Casino ✆ 04 70 98 23 06, *Fax 04 70 98 53 17*, « Décor authentique d'une brasserie des années 30 » – GB BZ a
fermé nov., vacances de fév. et merc. – **Repas** (85) - 145 🍷.

à Bellerive-sur-Allier : *rive gauche - A – 8 543 h. alt. 340 – ✉ 03700 :*

Campanile, 74 av. Vichy ✆ 04 70 59 32 33, *Fax 04 70 59 81 90*, 🏞, 🌳 – ⇤ TV ☎ ✆ ♿ P – 🏛 25. AE ◑ GB A b
Repas (66) - 84 bc/107 bc, enf. 39 – ☕ 34 – **46 ch** 278.

à Vichy-Rhue *Nord : 5 km par D 174 – ✉ 03300 Cusset :*

XX **Fontaine,** ✆ 04 70 31 37 45, *Fax 04 70 98 96 66*, 🏞 – AE ◑ GB
fermé 15 au 30 oct., 22 déc. au 10 janv., mardi soir et merc. – **Repas** 125/168 🍷.

à Abrest *par ② : 4 km – 2 544 h. alt. 290 – ✉ 03200 :*

XX **Colombière** avec ch, Sud-Est : 1 km sur D 906 ✆ 04 70 98 69 15, *Fax 04 70 31 50 89*, ≤, « Jardin ombragé en terrasses » – ▤ rest, TV ☎ P. AE ◑ GB
fermé mi-janv. à mi-fév., dim. soir et lundi – **Repas** 95/280 🍷, enf. 40 – ☕ 31 – **4 ch** 160/280.

à St-Yorre *par ② : 8 km – 3 003 h. alt. 275 – ✉ 03270 :*

Aub. Bourbonnaise, 2 av. Vichy ✆ 04 70 59 41 79, *Fax 04 70 59 24 94*, 🏞, 🏊 – TV ☎ ♿ P. GB
fermé fév., dim. soir et lundi midi sauf juil.-août – **Repas** 73/200 🍷, enf. 40 – ☕ 37 – **19 ch** 200/380, 6 duplex – P 330/350.

AUDI, VOLKSWAGEN Vichy Auto Sport, rte Aéroport Vichy à Charmeil ✆ 04 70 31 05 75
CITROEN Vichy Thermal Autom., rte de Paris à Cusset par ① ✆ 04 70 59 16 55 N ✆ 06 08 76 51 48
LANCIA, CHRYSLER Perfect-Gar., rte de l'Aéroport à Charmeil ✆ 04 70 32 51 34
NISSAN Gar. Jean-Jaurès, 63/65 r. J.-Jaurès ✆ 04 70 31 42 00
PEUGEOT Olympic Garage, rte de St-Pourçain à Charmeil par ⑥ ✆ 04 70 58 43 43 N ✆ 04 70 58 67 70
RENAULT SO.D.A.VI., 18 av. de Vichy à Bellerive-sur-Allier ✆ 04 70 58 41 41 N ✆ 04 70 58 63 05

Euromaster, 40 bd Hôpital ✆ 04 70 98 10 69
Gaudry-Pneu - Point S, 26-28 r. Bartins à Cusset ✆ 04 70 97 63 63
Vulco, ZI Le Marcaourlet à Gannat ✆ 04 70 90 20 94

VIC-LE-COMTE *63270 P.-de-D. 73 ⑮ G. Auvergne – 4 155 h alt. 472.*

Voir *Ste-Chapelle*★.

Paris 437 – Clermont-Ferrand 23 – Ambert 57 – Issoire 16 – Thiers 40.

à Longues *Nord-Ouest : 4 km par D 225 – ✉ 63270 Vic-le-Comte :*

XX **Comté,** ✆ 04 73 39 90 31, *Fax 04 73 39 24 58* – P. GB
fermé 2 au 12 janv., dim. soir et lundi – **Repas** 105/320 🍷, enf. 65.

à Parent-Gare *Sud-Ouest : 5 km – 696 h. alt. 420 – ✉ 63270 Vic-le-Comte :*

Mon Auberge, ✆ 04 73 96 62 06, *Fax 04 73 96 90 14* – TV ☎. GB
fermé déc. et lundi sauf juil.-août – **Repas** 75/240 🍷, enf. 50 – ☕ 30 – **7 ch** 150/250 – ½ P 220/270.

VICO *2A Corse-du-Sud* 90 ⑮ – *voir à Corse.*

VIC-SUR-AISNE *02290 Aisne* 56 ③ – *1 775 h alt. 50.*
Paris 104 – Compiègne 22 – Laon 53 – Noyon 27 – Soissons 18.

XX **Lion d'Or,** ✆ 03 23 55 50 20, *Fax 03 23 55 59 09,* – AE ⓓ GB
fermé 15 au 31 août, mardi soir, dim. soir et lundi – **Repas** 90/175 ♀, enf. 48.

VIC-SUR-CÈRE *15800 Cantal* 76 ⑫ *G. Auvergne* **(plan)** – *1 968 h alt. 678.*
☐ *Office de Tourisme av. Mercier ✆ 04 71 47 50 68, Fax 04 71 49 60 63.*
Paris 554 – Aurillac 21 – Murat 31.

Family H., ✆ 04 71 47 50 49, *Fax 04 71 47 51 31,* ←, ⛱, ☐, ⛶, ✗ – ☐ cuisinette ☐ ☎ ✆ ♿ ☐ – ☐ 30. AE ⓓ GB. ✗ rest
Repas 90/155 ☐, enf. 55 – ☐ 39 – **39 ch** 445, 16 studios – ½ P 295/345.

Beauséjour, ✆ 04 71 47 50 27, *Fax 04 71 49 60 04,* ←, parc, ⛱ – ☐ ☎ ✆ ☐. AE GB.
✗ rest
début mai-1er oct. – **Repas** 75/130 ☐ – ☐ 32 – **60 ch** 210/330 – ½ P 240/295.

Bel Horizon ☐, ✆ 04 71 47 50 06, *Fax 04 71 49 63 81,* ←, ⛱, ⛶ – ☐ ☎. GB
fermé 20 nov. au 10 déc. – **Repas** 70/250 – ☐ 31 – **35 ch** 200/260 – ½ P 220/270.

Vic H., ✆ 04 71 47 50 22, *Fax 04 71 47 50 18,* ⛱, ⛶ – ☐ ☐ ☎ ✆ – ☐ 25. AE GB. ✗ rest
mai-oct. – **Repas** 70/120, enf. 45 – ☐ 35 – **50 ch** 250/300 – ½ P 270/290.

au Col de Curebourse *Sud-Est : 6 km par D 54 – ✉ 15800 Vic-sur-Cère :*

Host. St-Clément ☐, ✆ 04 71 47 51 71, *Fax 04 71 49 63 02,* ← montagne et vallée, parc – ☎ ✆ ☐. GB. ✗
fermé 3 janv. au 1er fév., dim. soir et lundi sauf en saison – **Repas** 85/250, enf. 45 – ☐ 35 – **22 ch** 320 – ½ P 300.

RENAULT Gar. Dameron, ✆ 04 71 47 50 32 ☐ ✆ 04 71 47 50 32

VIDAUBAN *83550 Var* 84 ⑦, 114 ㉒ ㉓ – *5 460 h alt. 60.*
☐ *Syndicat d'Initiative (juin-sept.) pl. F. Maurel ✆ 04 94 73 10 28, Fax 04 94 73 07 82.*
Paris 842 – Fréjus 30 – Cannes 62 – Draguignan 19 – Toulon 63.

Fontaine Ⓜ, rte du Luc : 1,5 km ✆ 04 94 99 91 91, *Fax 04 94 73 16 49* – ☐ rest, ☐ ☎ ♿ ☐. GB. ✗
Repas 75/145 ☐ – ☐ 40 – **14 ch** 390 – ½ P 320.

XX **Concorde,** pl. G. Clemenceau ✆ 04 94 73 01 19, *Fax 04 94 73 11 01,* – AE GB
fermé mardi soir de déc. à mars et merc. – **Repas** 98 (déj.), 145/300 ♀.

RENAULT Gar. Métayer, quart. La Colette N 7 ✆ 04 94 73 01 29

VIEILLE-TOULOUSE *31 H.-Gar.* 82 ⑱ – *rattaché à Toulouse.*

VIEILLEVIE *15120 Cantal* 76 ⑫ *G. Gorges du Tarn* – *146 h alt. 220.*
Paris 615 – Aurillac 44 – Rodez 49 – Entraygues-sur-Truyère 15 – Figeac 42 – Montsalvy 13.

Terrasse, ✆ 04 71 49 94 00, *Fax 04 71 49 92 23,* , ⛱, ⛶, ✗ – ☎ ☐. ⓓ GB
1er avril-15 nov. – **Repas** 60/160 ☐ – ☐ 40 – **26 ch** 230/270 – ½ P 265.

VIENNE SP *38200 Isère* 74 ⑪ ⑫, 110 ㉞ *G. Vallée du Rhône* – *29 449 h alt. 160.*
Voir Site★ – Cathédrale St-Maurice★★ **BY** *– Temple d'Auguste et de Livie★★* **B B** *– Théâtre romain★* **CY** *– Église★ et cloître★ de St-André-le-Bas* **BY** *– Esplanade du Mont Pipet ←★* **CY** *– Anc. église St-Pierre★ : musée lapidaire★* **AZ** *– Groupe sculpté★ de l'église de Ste-Colombe* **AY.**
☐ *Office de Tourisme 3 cours Brillier ✆ 04 74 85 12 62, Fax 04 74 31 75 98.*
Paris 489 ① – Lyon 31 ① – Chambéry 99 ② – Grenoble 103 ② – St-Étienne 49 ① – Valence 72 ⑤.

Plan page suivante

Pyramide (Henriroux) Ⓜ, 14 bd F. Point par ④ ✆ 04 74 53 01 96, *Fax 04 74 85 69 73,* , ⛶ – ☐ ☐ ☐ ☎ ♿ ☐ ☐ – ☐ 25. AE ⓓ GB JCB
✿✿
Repas *(fermé jeudi midi et merc. du 15 sept. au 15 juin)* 280 bc (déj.), 440/640 et carte 500 à 670 ♀, enf. 110 – ☐ 90 – **20 ch** 650/970, 4 appart
Spéc. Tian de homard et pipérade de rigatoni en salade d'herbes. Fine tarte à la semoule et aux cébettes, dos de rouget et chipirons poêlés. "Piano au chocolat en ut praliné". **Vins** Condrieu, Côtes-du-Rhône.

VIENNE

Éperon (R. de l') .... BY 12
Marchande (R.) .... BY
Miremont (Pl. de)...... BY 18
Orfèvres (R. des) ...... BY 20
Ponsard (R.) .... BY 28
Romestang (Cours) .... BZ

Acqueducs (Chin. des) . CY
Allmer (R.)............ BZ 2
Allobroges (Pl. des) .... AZ
Asiaticus (Bd) .... AZ
Beaumur (Montée) ... BCZ
Boson (R.)............ AZ
Bourgogne (R. de) ..... BY
Brenier (R. J.) .... BY
Briand (Pl. A.) .... BY 3
Brillier (Cours) .... ABZ
Capucins (Pl. des) .... BCY
Célestes (R. des) ...... CY 4
Chantelouve (R.) ...... BY 5
Charité (R. de la) ..... BCY 6
Cirque (R. du) .... CY 7
Clémentine (R.) .... BY 8
Clercs (R. des) .... BY 9
Collège (R. du) .... BY 10
Coupe-Jarret (Montée) . BZ
France (Quai Anatole). BCY
Gère (R. de) .... CY
Jacquier (R. H.) .... BY 14
Jaurès (Q. Jean) .... AYZ
Jeu-de-Paume (Pl. du).. BY 15
Jouffray (Pl. C.) .... AZ
Juiverie (R. de la) ...... BZ 16
Lattre de T. (Pont de) . ABY
Mitterrand (Pl. F.) ...... BY 19
Pajot (Quai)........... BY 22
Palais (Pl. du) .... BY 23
Peyron (R.) .... BZ 24
Pilori (Pl. du) .... BY 25
Pipet (R.)............. CY
République (Bd et Pl.) ABZ 29
Rhône Sud (Bd du) .... AZ
Riondet (Quai) .... AZ
Rivoire (Pl. A.)......... CY
Romanet (R. E.)...... ABZ
St-André-le-Haut (R.)... CY 34
St-Louis (Pl.) .... BY
St-Marcel (Montée) .. CYZ
St-Maurice (Pl.)........ AY
St-Paul (Pl.) .... BY
St-Pierre (Pl.) .... AZ
Schneider (R.)......... CY 37
Semard (Pl. P.) .... BZ
Table-Ronde (R. de la) .. BY 38
Thomas (R. A.) .... CY
Tupinières (Montée des) CZ
Ursulines (R. des) ..... CY 39
Verdun (Cours de) ..... AZ
Victor-Hugo (R.) .... BCYZ
11-Novembre
(R. du) .... AZ 43

STE-COLOMBE (RHÔNE)

Briand (Pl. A.) .... AY
Cochard (R.) .... AY
Égalité (Pl. de l') .... AY
Garon (R.) .... AY
Herbouville (Q. d') ..... AY
Joubert (Av.) .... AY
Nationale (R.) .... AY
Petits-Jardins (R. des) .. AY

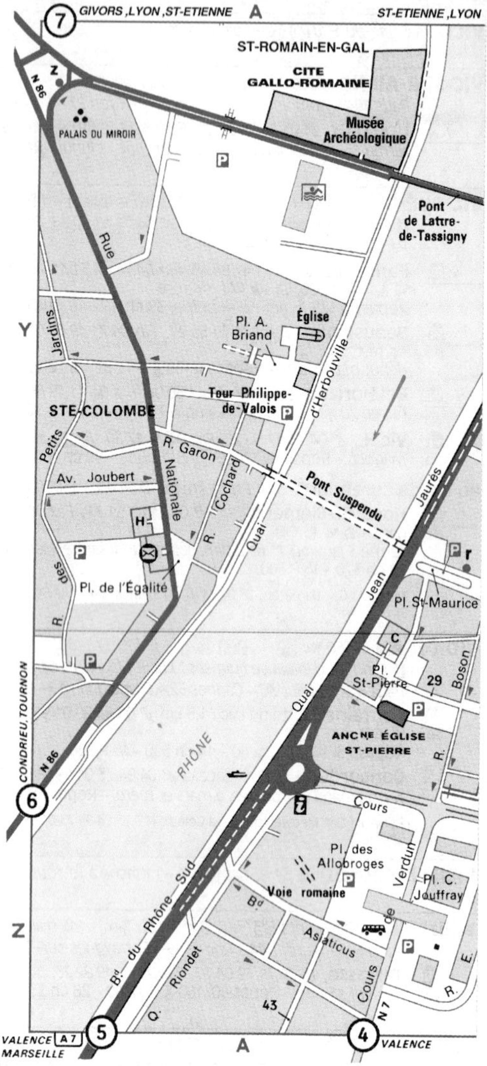

Central sans rest, 7 r. Archevêché ✆ 04 74 85 18 38, *Fax 04 74 31 96 33* – 🛗 TV ☎ 🚗. AE GB JCB — BY u
fermé 20 déc. au 10 janv. – ☕ 35 – **25 ch** 295/360.

XX **Bec Fin,** 7 pl. St-Maurice ✆ 04 74 85 76 72, *Fax 04 74 85 15 30,* 🍽 – ▤. GB — AY r
fermé dim. soir et lundi – **Repas** 125/325.

XX **Magnard,** 45 cours Brillier ✆ 04 74 85 10 43, *Fax 04 74 78 02 80,* 🍽 – ▤. GB — BZ e
fermé lundi soir et mardi – **Repas** *(70)* - 85/250, enf. 55.

X **Cloître,** 2 r. Cloître ✆ 04 74 31 93 57, *Fax 04 74 85 03 51,* 🍽 – ▤. GB — BY n
fermé sam. midi, dim. et fériés – **Repas** *(85)* - 95/195.

à Baraton *par ②, D 41, D 75 et C 4 : 13 km* – ✉ *38780 Septème :*

Baraton 🐌, ✆ 04 74 58 29 66, *Fax 04 74 58 27 23,* 🍽 – ✈ TV ☎ 📞 P. GB
fermé dim. soir – **Repas** 75/185 🍷 – ☕ 40 – **11 ch** 240/260 – 1/2 P 240/260.

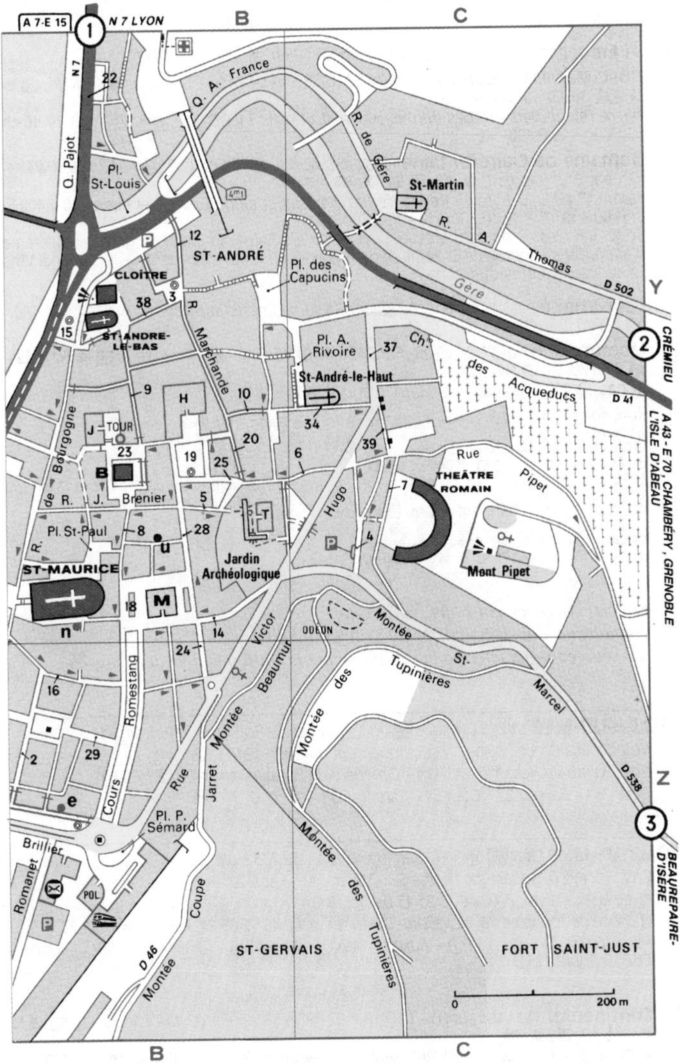

à Pont-Évêque *par ② : 4 km – 5 385 h. alt. 190 – ✉ 38780 :*

Midi, pl. Église ℘ 04 74 85 90 11, *Fax 04 74 57 24 99*, – TV ☎ P. AE GB JCB
fermé 23 déc. au 6 janv. – **Repas** snack *(fermé dim.)* (dîner seul.) 95 – 38 – **17 ch** 295/395 – ½ P 240/290.

à Estrablin *par ② : 9 km – 2 931 h. alt. 223 – ✉ 38780 :*

Gabetière sans rest, sur D 502 ℘ 04 74 58 01 31, *Fax 04 74 58 08 98*, parc, – TV ☎ P. AE GB – 35 – **12 ch** 240/360.

à Reventin-Vaugris (village) *par ④, N 7 et D 131 : 9 km – 1 331 h. alt. 230 – ✉ 38121 :*

Maison de l'Aubressin, Nord : 1 km par rte secondaire ℘ 04 74 58 83 02, ←, « Cadre soigné », – P. GB
fermé 15 au 31 mars, 4 au 20 oct., dim. soir et lundi – **Repas** 220/430, enf. 90.

à Chonas l'Amballan *au Sud par ④ et N 7 : 9 km – 1 005 h. alt. 250 – ✉ 38121 :*

Host. Marais St-Jean ⛵, ☎ 04 74 58 83 28, *Fax 04 74 58 81 96*, ☂, ⛶ – ▤ ch, 📺 ☎ 🅿 – 🏛 30. AE ⓘ GB. ✗ rest
fermé fév. et mars – **Repas** *(fermé jeudi midi et merc.)* 150/350 ♀, enf. 80 – ☕ 65 – **10 ch** 550/590 – 1/2 P 490/510.

Domaine de Clairefontaine (Girardon) ⛵, ☎ 04 74 58 81 52, *Fax 04 74 58 80 93*, ←, ☂, parc, ✂ – ▤ rest, ☎ 🚗 🅿. AE ⓘ GB. ✗ rest
✿ *fermé 1er déc. au 1er fév.* – **Repas** *(fermé dim. soir et lundi)* 150/350 et carte 240 à 400 ♀, enf. 80 – ☕ 45 – **16 ch** 200/410 – 1/2 P 300/400
Spéc. Ravioles de homard breton, beurre aux aromates. Soupière de grenouilles, crème d'ail persillée. Caneton de Challans en deux cuissons, jus au marc des Côtes-du-Rhône. **Vins** Saint-Joseph, Côtes-du-Rhône.

à Chasse-sur-Rhône *par ① : 8 km (Échangeur A7 - sortie Chasse-sur-Rhône) – 4 566 h. alt. 180 – ✉ 38670 :*

Mercure Ⓜ, ☎ 04 72 24 29 29, *Fax 04 78 07 04 43*, ⛶ – 🛗 ✗, ▤ rest, 📺 ☎ 📞 ♿ 🅿 – 🏛 25 à 70. AE ⓘ GB
Repas 90/110 ♀, enf. 50 – ☕ 53 – **115 ch** 330/485.

ALFA ROMEO, FIAT R.V.L., 27 quai Riondet ☎ 04 74 53 05 54
CITROEN Autom. Vienne Sud, 163 av. Gén.-Leclerc par ④ ☎ 04 74 31 15 80 🅽 ☎ 04 76 74 07 09
FORD Gar. Central, 76 av. Gén.-Leclerc ☎ 04 74 53 13 44
PEUGEOT Barbier Autom., 140 av. Gén.-Leclerc par ④ ☎ 04 74 53 22 75
RENAULT Gar. du Rhône, 151 av. Gén.-Leclerc par ④ ☎ 04 74 31 44 70 🅽 ☎ 04 74 31 44 70

Ⓦ Euromaster, 93 av. Gén.-Leclerc ☎ 04 74 53 19 17
Euromaster, RN 7 ZI à Salaise-sur-Sanne ☎ 04 74 29 42 62
Vulco, 4-6 av. Beauséjour ☎ 04 74 53 23 05
Vulco, ZI l'Abbaye à Pont-Évèque ☎ 04 74 53 23 05

Si vous cherchez un hôtel tranquille,
consultez d'abord les cartes de l'introduction
ou repérez dans le texte les établissements indiqués avec le signe ⛵.

VIERVILLE-SUR-MER *14710 Calvados* 54 ④ *G. Normandie Cotentin – 256 h alt. 41.*
Voir *Omaha Beach : plage du débarquement du 6 juin 1944 E : 2,5 km.*
Env. *Pointe du Hoc★★ O : 7,5 km – Cimetière de St-Laurent-sur-Mer E : 7,5 km.*
Paris 284 – Bayeux 22 – Caen 51 – Carentan 31 – St-Lô 42.

VIERZON ◁SP▷ *18100 Cher* 64 ⑲ ⑳ *G. Berry Limousin – 32 235 h alt. 122.*
Env. *Brinay : fresques★ de l'église SE : 7,5 km par ④ et D 27.*
⛳18 *de la Picardière ☎ 02 48 75 21 43 par ② : 8 km.*
ℹ *Office de Tourisme 26, pl. Vaillant-Couturier ☎ 02 48 52 65 24, Fax 02 48 71 62 21.*
Paris 209 ① – Bourges 34 ③ – Auxerre 140 ② – Blois 74 ⑤ – Châteauroux 58 ④ – Orléans 86 ① – Tours 113 ⑤.

Plan page ci-contre

Continental, rte Paris par ① : *1,5 km* ☎ 02 48 75 35 22, *Fax 02 48 71 10 39* – 🛗 📺 ☎ 📞 🅿 – 🏛 30. AE ⓘ GB
Repas snack (dîner seul.) (résidents seul.) carte environ 120 ♀ – ☕ 45 – **37 ch** 170/270.

Arche H., Forum République ☎ 02 48 71 93 10, *Fax 02 48 71 83 63* – 🛗 📺 ☎ 🚗. AE ⓘ GB
A b
fermé dim. sauf juil.-août – **Repas** snack *(55)* - 75 🍷 – ☕ 35 – **40 ch** 220/350 – 1/2 P 200/250.

à l'échangeur A 71-Vierzon-Est *par ③ : 4 km – ✉ 18100 Vierzon :*

Primevère Ⓜ, rte de Bourges ☎ 02 48 75 19 42, *Fax 02 48 75 22 02* – ✗ 📺 ☎ 📞 ♿ 🅿 – 🏛 25. AE ⓘ GB
Repas *(65)* - 75/89 ♀, enf. 42 – ☕ 35 – **41 ch** 270.

AUDI, VOLKSWAGEN Vierzon Ctre Auto, 8 r. Bas de Grange ☎ 02 48 71 70 61
CITROEN Générale Autom. ZAC échangeur A 71, rte de Bourges ☎ 02 48 71 43 22
FORD Gar. Delouche, 50 r. Breton ☎ 02 48 71 00 32
OPEL Courtoisie Autom., 47 av. du 14 Juillet ☎ 02 48 71 87 08

RENAULT Vega Autom., 41 r. Gourdon ☎ 02 48 71 03 33 🅽 ☎ 08 00 05 15 15

Ⓦ Euromaster, 23, 25 av. du 14 Juillet ☎ 02 48 75 15 02
Gaudichon, 24 r. Pasteur ☎ 02 48 75 80 74
Pneus Europe Sce, 24 rte de Brinay ☎ 02 48 75 06 34

VIERZON

Brunet (R. A.) .... B
Foch (Pl. du Mar.) .... B 7
Joffre (R. du Mar.) ...... B 12
Péri (Pl. Gabriel) .... A 15
Ponts (R. des) .... B
République (Av. de la) .... A 16
Voltaire (R.) .... B 20
Baron (R. Bl.) .... A 2
Briand (Pl. Aristide) ...... B 3
Caucherie (R. de la) ..... A 4
Dr-P.-Roux (R. du) .... B 6
Gaulle (R. Gén.-de) ...... A 9
Larchevêque (R. M.) .... A 10
Nation (Bd de la) .... A 13
Roosevelt (R. Th.) .... B 18
11-Novembre-1918 (R. du) A 22

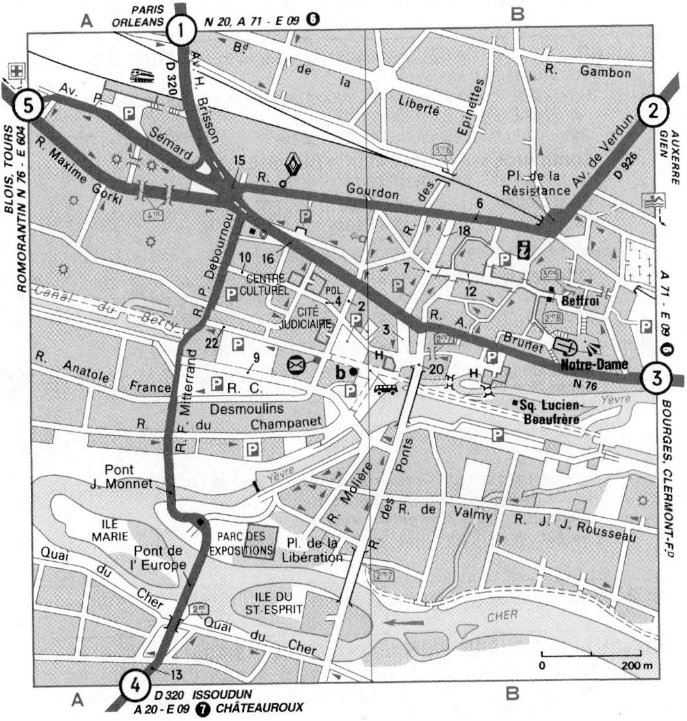

La carta stradale Michelin è costantemente aggiornata.

VIEUX-BOUCAU-LES-BAINS *40480 Landes* 78 ⑯ *G. Pyrénées Aquitaine – 1 210 h alt. 5.*

de la Côte d'Argent ✆ 05 58 48 54 65 N par D 652 puis D 117.

Office de Tourisme Le Mail ✆ 05 58 48 13 47, Fax 05 58 48 15 37.

Paris 738 – Biarritz 44 – Mont-de-Marsan 86 – Bayonne 36 – Castets 28 – Dax 35 – Mimizan 55.

Côte d'Argent, ✆ 05 58 48 13 17, *Fax 05 58 48 01 15,* – TV ☎ P. GB
fermé 1er oct. au 15 nov. et lundi du 15 nov. au 31 mai – **Repas** 92/170 – 30 – **34 ch** 260/330 – ½ P 280/320.

CITROEN Gar. Duchon, ✆ 05 58 48 10 42
PEUGEOT Gar. Lafarie, ✆ 05 58 48 10 82
RENAULT Gar. Canicas, ✆ 05 58 48 15 31

VIEUX-MAREUIL *24340 Dordogne* 75 ⑤ *G. Périgord Quercy – 350 h alt. 129.*

Paris 489 – Angoulême 43 – Périgueux 42 – Brantôme 16 – Limoges 90 – Ribérac 32.

Château de Vieux Mareuil , Sud-Est : 1 km par D939 ✆ 05 53 60 77 15, *Fax 05 53 56 49 33,* ←, , « Demeure du 15e siècle dans un parc », – TV ☎ ♿ P. AE GB JCB
15 mars-15 oct. – **Repas** 150/250, enf. 60 – 60 – **14 ch** 550/700 – ½ P 550/600.

VIEUX-MOULIN *60 Oise* 56 ③ *– rattaché à Compiègne.*

VIF *38450 Isère* 77 ④ – *5 788 h alt. 320.*

Paris 582 – Grenoble 17 – Le Bourg-d'Oisans 45 – Monestier-de-Clermont 17 – Villard-de-Lans 42.

Paix, 10 r. Desaix ☎ 04 76 72 46 75, *Fax 04 76 72 74 99,* – TV ☎ P. GB
Repas 80/170 – 35 – **7 ch** 190/270 – ½ P 240.

AUDI, VOLKSWAGEN Gar. St-Joseph, ☎ 04 76 72 66 83

Le VIGAN *30120 Gard* 80 ⑯ *G. Gorges du Tarn* **(plan)** – *4 523 h alt. 221.*

Voir *Musée Cévenol★.*

Office de Tourisme (en saison : fermé dim. après-midi) pl. du Marché ☎ 04 67 81 01 72, Fax 04 67 81 86 79.

Paris 712 – Montpellier 63 – Alès 63 – Lodève 50 – Mende 101 – Millau 71 – Nîmes 76.

Commerce sans rest, 26 r. Barris ☎ 04 67 81 03 28 – ☎ P. GB.
fermé vacances de Toussaint et de fév. – 26 – **15 ch** 85/230.

Chandelier, 19 r. Pouzadou ☎ 04 67 81 17 04 – GB
fermé fév., dim. soir et lundi – **Repas** (69) - 145 ♀.

au Rey *Est : 5 km par D 999 – ✉ 30570 Valleraugue :*

Château du Rey ⑤, ☎ 04 67 82 40 06, *Fax 04 67 82 47 79,* , parc, – TV ☎ P. GB
fermé janv. et fév. – ***L'Abeuradou*** ☎ *04 67 82 49 32 (fermé dim. soir et lundi sauf juil.-août)*
Repas 105/199 ♀, enf. 45 – 47 – **12 ch** 340/498 – ½ P 392/492.

à Pont d'Hérault *Est : 6 km par D 999 – ✉ 30570 Valleraugue :*

Maurice, ☎ 04 67 82 40 02, *Fax 04 67 82 46 12,* , , , – rest, TV ☎ P. GB
Repas *(fermé dim. soir du 1er oct. à Pâques)* 160/380 – 46 – **14 ch** 320/480 – ½ P 340/480.

PEUGEOT Gar. Arnal, ☎ 04 67 81 03 77

Können Sie wegen Verkehrsstauungen erst nach 18 Uhr in Ihrem Hotel sein, bestätigen Sie telefonisch Ihre Zimmerreservierung ; Sie gehen sicherer... und es ist Gepflogenheit.

VIGEOIS *19 Corrèze* 75 ⑧ – *rattaché à Uzerche.*

VIGNOUX-SUR-BARANGEON *18500 Cher* 64 ⑳ – *1 844 h alt. 157.*

Paris 217 – Bourges 25 – Cosne-sur-Loire 68 – Gien 69 – Issoudun 36 – Vierzon 9.

Prieuré ⑤ avec ch, rte St-Laurent (D 30) ☎ 02 48 51 58 80, *Fax 02 48 51 56 01,* , , – TV ☎ P. AE GB
fermé 18 août au 2 sept., vacances de fév., dim. soir d'oct. à mars, mardi soir et merc. – **Repas** 100 (déj.), 158/245 et carte 220 à 300 – 37 – **7 ch** 270/370 – ½ P 275.

VILLAGE-NEUF *68 H.-Rhin* 66 ⑩ – *rattaché à St-Louis.*

VILLAINES-LA-JUHEL *53700 Mayenne* 60 ⑫ – *3 171 h alt. 185.*

Paris 253 – Alençon 31 – Le Mans 57 – Bagnoles-de-l'Orne 31 – Mayenne 27.

Oasis ⑤ sans rest, rte Javron : 1 km ☎ 02 43 03 28 67, *Fax 02 43 03 35 30* – TV ☎ P. GB
35 – **12 ch** 235/395.

VILLANDRY *37510 I.-et-L.* 64 ⑭ – *776 h alt. 50.*

Voir *Château★★ : jardins★★★,* **G. Châteaux de la Loire.**

Paris 253 – Tours 17 – Azay-le-Rideau 12 – Chinon 32 – Langeais 12 – Saumur 51.

Cheval Rouge, ☎ 02 47 50 02 07, *Fax 02 47 50 08 77* – rest, ☎ P. GB
fermé 1er au 15 mars et lundi sauf fériés – **Repas** 95/250 ♀, enf. 55 – 40 – **18 ch** 200/250.

VILLAR-D'ARÈNE *05480 H.-Alpes* 77 ⑦ – *178 h alt. 1650 – Sports d'hiver : 1 650/2 400 m 4 .*

Paris 647 – Briançon 36 – Le Bourg-d'Oisans 32 – Gap 124 – La Grave 3 – Grenoble 82 – Col du Lautaret 8.

Faranchin, N 91 ☎ 04 76 79 90 01, *Fax 04 76 79 92 88,* ≤, – ☎ P. AE GB
1er juin-15 oct. et 25 déc.-15 avril – **Repas** (65) - 75/175 ♀, enf. 45 – 39 – **39 ch** 155/310 – ½ P 200/280.

VILLARD-DE-LANS *38250 Isère* 77 ④ *G. Alpes du Nord – 3 346 h alt. 1040 – Sports d'hiver : 1 050/2 170 m* 2 28 .

Voir *Gorges de la Bourne★★★ – Route de Valchevrière★ O par D 215ᶜ.*
Env. *Grottes de Chorance★ : grotte de Coufin★★ O : 20 km puis 30 mn.*
18 *de Corrençon-en-Vercors* ✆ *04 76 95 80 42, S : 6 km par D 215.*
Office de Tourisme pl. Mure-Ravaud ✆ *04 76 95 10 38, Fax 04 76 95 98 39.*
Paris 587 ① – Grenoble 34 ① – Die 69 ② – Lyon 125 ① – Valence 68 ② – Voiron 46 ①.

VILLARD-DE-LANS

Adret (R. de l')	2
Chabert (Pl. P.)	4
Chapelle-en-Vercors (Av.)	5
Dr-Lefrançois (Av.)	6
Francs-Tireurs (Av. des)	8
Galizon (R. de)	9
Gambetta (R.)	10
Gaulle (Av. Gén. de)	12
Libération (Pl. de la)	13
Lycée Polonais (R. du)	14
Martyrs (Pl. des)	15
Moulin (Av. Jean)	16
Mure-Ravaud (Pl. R.)	17
Pouteil-Noble (R. P.)	19
Prof. Nobecourt (Av.)	20
République (R. de la)	22
Roux-Fouillet (R. A.)	23
Victor-Hugo (R.)	26

Les plans de villes sont orientés le Nord en haut.

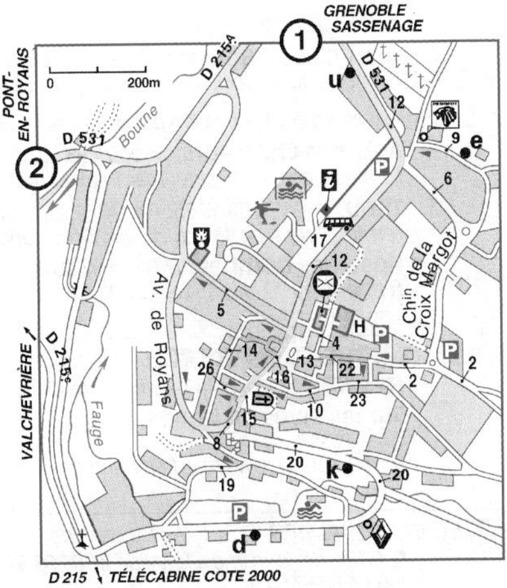

Christiania et rest. Le Tétras, av. Prof. Nobecourt **(k)** ✆ 04 76 95 12 51, *Fax 04 76 95 00 75*, ≤, – TV ☎. AE GB JCB. rest
15 mai-30 sept. et 20 déc.-20 avril – **Repas** (125) - 178/232 ♀, enf. 70 – ▭ 52 – **23 ch** 335/695 – ½ P 485/535.

Eterlou , 129 chemin Galizon **(e)** ✆ 04 76 95 17 65, *Fax 04 76 95 91 41*, ≤, – TV ☎ P. AE GB JCB. rest
28 juin-31 août et 23 déc.-31 mars – **Repas** 90/160 – ▭ 40 – **20 ch** 350/580 – ½ P 430/460.

Pré Fleuri , rte Cochettes **(t)** ✆ 04 76 95 10 96, *Fax 04 76 95 56 23*, ≤, – TV ☎ P. GB.
1er juin-1er oct. et 20 déc.-20 avril – **Repas** (70) - 98/200 ♀ – ▭ 40 – **20 ch** 340/390 – ½ P 350.

Georges, av. Gén. de Gaulle **(u)** ✆ 04 76 95 11 75, *Fax 04 76 95 92 66*, – TV ☎ P. GB. rest
1er juin-30 sept. et 15 déc.-30 avril – **Repas** 100/120 ♀, enf. 60 – ▭ 40 – **20 ch** 200/320 – ½ P 300/330.

Villa Primerose sans rest, quartier Bains **(d)** ✆ 04 76 95 13 17, ≤, – ☎ P. AE GB
fermé 1er nov. au 20 déc. – ▭ 35 – **18 ch** 220/250.

au Balcon de Villard *rte Côte 2000, Sud-Est : 4 km par D 215 et D 215B – ✉ 38250 Villard-de-Lans :*

Playes , ✆ 04 76 95 14 42, *Fax 04 76 95 58 38*, ≤, – TV ☎ P. GB. ch
5 juin-15 sept. et 15 déc.-15 avril – **Repas** 100/160, enf. 50 – ▭ 40 – **20 ch** 250/360 – ½ P 300/350.

à Corrençon-en-Vercors *Sud : 6 km par D 215 – 264 h. alt. 1105 – ✉ 38250 :*

du Golf M , Les Ritons ✆ 04 76 95 84 84, *Fax 04 76 95 82 85*, ≤, – TV ☎ P. AE GB. rest
8 mai-15 oct. et 15 déc.-30 mars – **Repas** *(fermé dim. soir et lundi hors saison)* 100 (déj.), 135/180 – ▭ 60 – **12 ch** 630/790 – ½ P 615.

PEUGEOT Gar. Rolland, La Conterie ✆ 04 76 95 12 69

RENAULT Gar. Chavernoz, ✆ 04 76 95 15 61
Stat. des Olympiades, ✆ 04 76 95 11 42

VILLARD-ST-SAUVEUR *39 Jura* 70 ⑮ *– rattaché à St-Claude.*

Sorgfältig zubereitete, preiswerte Mahlzeiten : **Repas** 100/130

VILLARS-LES-DOMBES *01330 Ain* 74 ②, 110 ⑥ *G. Vallée du Rhône – 3 415 h alt. 281.*

Voir Vierge à l'Enfant★ dans l'église – Parc ornithologique★ S : 1 km.

18 du Clou ✆ 04 74 98 19 65, S : 3 km par N 83 ; 18 18 du Gouverneur ✆ 04 72 26 40 34, SO : 8 km par D 904 et D 6.

Office de Tourisme pl. de la Mairie ✆ 04 74 98 06 29, Fax 04 74 98 12 77.

Paris 433 – Lyon 36 – Bourg-en-Bresse 32 – Villefranche-sur-Saône 26.

Ribotel sans rest, rte Lyon ✆ 04 74 98 08 03, *Fax 04 74 98 29 55* – AE GB JCB
40 – **47 ch** 250/300.

Jean-Claude Bouvier, rte Lyon ✆ 04 74 98 11 91, *Fax 04 74 98 24 42* – P. AE GB
fermé 26 au 31 déc., dim. soir et lundi – **Repas** 120 (déj.), 145/320, enf. 70.

à Bouligneux *Nord-Ouest : 4 km par D 2 – 274 h. alt. 282 – ✉ 01330 :*

Aub. des Chasseurs, ✆ 04 74 98 10 02, *Fax 04 74 98 28 87,* – GB
fermé 20 déc. au 25 janv., mardi soir et merc. – **Repas** 130/300 et carte 260 à 350 ♀, enf. 95.

Thou, ✆ 04 74 98 15 25, *Fax 04 74 98 13 57,* – GB
fermé 30 sept. au 13 oct., 1er au 23 fév., lundi et mardi – **Repas** 175/315 ♀.

Host. des Dombes, ✆ 04 74 98 08 40, *Fax 04 74 98 16 63,* – P. GB
fermé 1er au 10 juil., 15 déc. au 10 janv., mardi soir et merc. – **Repas** 90 (déj.), 123/195.

VILLARS-SOUS-DAMPJOUX *25190 Doubs* 66 ⑱ *– 422 h alt. 362.*

Paris 477 – Besançon 82 – Baume-les-Dames 41 – Montbéliard 22 – Morteau 49.

Sur les Rives du Doubs, à Dampjoux Sud : 1 km ✆ 03 81 96 93 82, *Fax 03 81 96 46 61,* – P. GB.
fermé 2 au 15 janv., mardi soir et merc. – **Repas** 175/240.

VILLÉ *67220 B.-Rhin* 62 ⑧ ⑨ *G. Alsace Lorraine – 1 550 h alt. 260.*

Office de Tourisme à la Mairie ✆ 03 88 57 11 57 et (saison) pl. Marché ✆ 03 88 57 11 69, Fax 03 88 57 04 54.

Paris 421 – Strasbourg 56 – Lunéville 85 – St-Dié 39 – Ste-Marie-aux-Mines 25 – Sélestat 16.

Bonne Franquette, 6 pl. Marché ✆ 03 88 57 14 25, *Fax 03 88 57 08 15* – GB
fermé 11 au 22 nov. et 26 janv. au 16 fév. – **Repas** *(fermé dim. soir de nov. à juin et lundi)* 100/350 bc, enf. 55 – 40 – **10 ch** 265/330 – ½ P 260/280.

rte de Sélestat *Sud-Est : 6 km sur D 424 – ✉ 67730 Châtenois :*

Au Valet de Coeur, ✆ 03 88 85 67 51, *Fax 03 88 85 67 84* – P. AE GB
fermé dim. soir et lundi – **Repas** (nombre de couverts limité, prévenir) 180 (déj.), 200/420 et carte 320 à 410 ♀
Spéc. Escalope de foie gras au porto et coings épicés. Filet de sandre poêlé, ravioles aux oignons nouveaux. Tartelette au Gewürztraminer, poires aux épices. **Vins** Tokay-Pinot gris, Pinot noir.

CITROEN Gar. Jost, ✆ 03 88 57 15 44

La VILLE-AUX-CLERCS *41160 L.-et-Ch.* 64 ⑥ *– 1 114 h alt. 143.*

Paris 158 – Brou 40 – Châteaudun 27 – Le Mans 73 – Orléans 71 – Vendôme 17.

Manoir de la Forêt, à Fort-Girard, Est : 1,5 km par rte secondaire ✆ 02 54 80 62 83, *Fax 02 54 80 66 03,* parc – 30. AE GB JCB
fermé dim. soir d'oct. à mars – **Repas** 150/285 ♀ – 45 – **19 ch** 295/480 – ½ P 450.

La VILLE-BLANCHE *22 C.-d'Armor* 59 ① *– rattaché à Lannion.*

VILLECOMTAL-SUR-ARROS *32730 Gers* 82 ⑬ *– 773 h alt. 177.*

Paris 789 – Auch 49 – Pau 71 – Aire-sur-l'Adour 65 – Tarbes 25.

Rive Droite, ✆ 05 62 64 83 08, *Fax 05 62 64 84 02,* – AE GB
fermé vacances de Toussaint, sam. midi et vend. – **Repas** 75 (déj.), 105/200.

VILLECROZE *83690 Var* 84 ⑥, 114 ㉑ *G. Côte d'Azur – 1 029 h alt. 300.*

Voir *Belvédère★ N : 1 km.*

Syndicat d'Initiative r. A.-Croizat ✆ 04 94 67 50 00, Fax (Mairie) 04 94 67 53 29.

Paris 827 – Aups 8 – Brignoles 38 – Draguignan 21.

XX **Colombier,** rte Draguignan ✆ 04 94 70 63 23, *Fax 04 94 70 63 23* – P. GB
fermé 23 nov. au 12 déc. et lundi sauf juil.-août – **Repas** 120/260 ♀, enf. 70.

au Sud-Est : *3,5 km par D 557 et rte secondaire – ✉ 83690 Salernes :*

X **Au Bien Être** avec ch, ✆ 04 94 70 67 57, – TV ☎ P. GB. ch
fermé vacances de Toussaint et de fév. – **Repas** *(fermé dim. soir et lundi)* 115/190 ♀, enf. 60 – ☕ 45 – **8 ch** 320/335 – ½ P 328.

VILLEDIEU-LES-POÊLES *50800 Manche* 59 ⑧ *G. Normandie Cotentin* **(plan)** – *4 356 h alt. 105.*

Office de Tourisme pl. des Costils ✆ 02 33 61 05 69 et (hors saison) Mairie ✆ 02 33 61 00 16.

Paris 310 – St-Lô 35 – Alençon 122 – Avranches 22 – Caen 79 – Flers 58.

Fruitier M, pl. Costils ✆ 02 33 90 51 00, *Fax 02 33 90 51 01* – TV ☎ – 60. GB
fermé 21 déc. au 3 janv. – **Repas** *(66)* - 83/174 ♀, enf. 45 – ☕ 35 – **38 ch** 220/280, 10 duplex – ½ P 258/289.

St-Pierre et St-Michel, pl. République ✆ 02 33 61 00 11, *Fax 02 33 61 06 52* – TV ☎ P. GB
fermé 10 janv. au 10 fév. et vend. de nov. à mars – **Repas** *(62)* - 82/225 ♀, enf. 45 – ☕ 35 – **23 ch** 250/295 – ½ P 250/280.

XX **Manoir de l'Acherie** avec ch, à l'Acherie Est : 3,5 km par déviation N 175 et D 554 ✆ 02 33 51 13 87, *Fax 02 33 61 89 07*, « Dans le bocage normand », – TV ☎ P – 100. AE GB.
fermé 16 au 30 nov., dim. soir de nov. à mars et lundi sauf le soir en juil.-août – **Repas** 90/225 ♀, enf. 50 – ☕ 38 – **14 ch** 220/340 – ½ P 320/360.

PEUGEOT Gar. Jouenne, ZA les Monts Havards ✆ 02 33 61 00 35 N ✆ 02 33 61 09 60

VILLE-DI-PIETRABUGNO *2B H.-Corse* 90 ③ – *voir à Corse (Bastia).*

VILLE-EN-TARDENOIS *51170 Marne* 56 ⑮ *G. Champagne – 530 h alt. 161.*

Paris 124 – Reims 20 – Châlons-en-Champagne 58 – Château-Thierry 37 – Épernay 25 – Fère-en-Tardenois 25 – Soissons 50.

X **Aub. du Postillon,** D 380 ✆ 03 26 61 83 67, *Fax 03 26 61 84 64* – AE GB
Repas 87/220.

VILLEFORT *48800 Lozère* 80 ⑦ *G. Gorges du Tarn – 700 h alt. 600.*

Env. *Belvédère du Chassezac★★ N : 9 km puis 15 mn.*

de la Garde-Guérin ✆ 04 66 46 82 58, N : 9 km par D 906.

Office de Tourisme r. l'Église ✆ 04 66 46 87 30.

Paris 624 – Alès 54 – Aubenas 61 – Florac 65 – Mende 57 – Pont-St-Esprit 90 – Le Puy-en-Velay 87.

Lac, au bord du lac, Nord par D 906 ✆ 04 66 46 81 20, *Fax 04 66 46 90 95*, ≤, – ☎ P. GB
1er mars-30 nov. et fermé merc. hors saison – **Repas** 88/168 – ☕ 38 – **10 ch** 260/360 – ½ P 250/310.

Balme, ✆ 04 66 46 80 14, *Fax 04 66 46 85 26*, – ☎. AE GB
fermé 12 au 16 oct., 15 nov. au 31 janv., dim. soir et lundi hors saison – **Repas** *(100)* - 130/270 ♀, enf. 50 – ☕ 38 – **18 ch** 185/340 – ½ P 250/350.

CITROEN Gar. Bedos, ✆ 04 66 46 80 07 N ✆ 04 66 46 80 07

VILLEFRANCHE-D'ALLIER *03430 Allier* 69 ⑫ *G. Auvergne – 1 360 h alt. 270.*

Paris 339 – Moulins 51 – Bourbon-l'Archambault 31 – Montluçon 24 – Montmarault 12.

Relais Bourbonnais M, 1 r. Gare ✆ 04 70 07 40 01, *Fax 04 70 07 48 36*, – TV ☎ P. GB
fermé 27 sept. au 4 oct., 20 au 27 déc., vacances de fév. et dim. soir – **Repas** 68/230, enf. 45 – ☕ 33 – **14 ch** 215/270 – ½ P 260/280.

NCHE-DE-CONFLENT *66500 Pyr.-Or.* **86** ⑰ *G. Pyrénées Roussillon – 261 h alt. 435.*

Voir *Ville forte★ – Fort Liberia★.*

Office de Tourisme pl. Église ✆ 04 68 96 22 96, Fax 04 68 96 23 93.

Paris 904 – Perpignan 51 – Mont-Louis 30 – Olette 10 – Prades 6 – Vernet-les-Bains 6.

Vauban sans rest, 5 pl. Église ✆ 04 68 96 18 03 – ☎. AE GB
fév.-oct. – 25 – **16 ch** 200/240.

Aub. Saint-Paul, 7 pl. Église ✆ 04 68 96 30 95, – GB
fermé 30 nov. au 7 déc., 4 au 27 janv., mardi d'oct. à Pâques et lundi – **Repas** 140/380 et carte 260 à 400.

Au Grill, 81 r. St-Jean ✆ 04 68 96 17 65, *Fax 04 68 96 17 65* – GB
fermé 15 au 31 mars, 15 nov. au 15 déc., mardi soir et merc. hors saison – **Repas** 95/125 , enf. 45.

VILLEFRANCHE-DE-LAURAGAIS *31290 H.-Gar.* 82 ⑲ *– 3 316 h alt. 175.*

Paris 729 – Toulouse 33 – Auterive 26 – Castelnaudary 21 – Castres 57 – Gaillac 89 – Pamiers 41.

à Gardouch *Sud-Ouest : 2 km – 889 h. alt. 200 – ✉ 31290 :*

Marotte, ✆ 05 61 27 19 46, *Fax 05 61 27 19 46* – AE GB.
fermé 1er au 8 juil., 23 déc. au 3 janv., vacances de fév., dim. soir, mardi soir et merc. – **Repas** (nombre de couverts limité, prévenir) 90/210 ♀.

PEUGEOT Gar. Chastaing, ✆ 05 61 81 60 41 N ✆ 05 61 27 03 31

RENAULT Gar. du Marès, ✆ 05 61 81 60 08

VILLEFRANCHE-DE-ROUERGUE SP *12200 Aveyron* 79 ⑳ *G. Gorges du Tarn – 12 291 h alt. 230.*

Voir *La Bastide★ : place Notre-Dame★, église Notre-Dame★ – Ancienne chartreuse St-Sauveur★ par ③.*

Office de Tourisme Promenade Guiraudet ✆ 05 65 45 13 18, Fax 05 65 45 55 58.

Paris 605 ① – Rodez 57 ① – Albi 68 ③ – Cahors 60 ④ – Montauban 74 ④.

Plan page ci-contre

L'Univers, pl. République (1er étage) **(s)** ✆ 05 65 45 15 63, *Fax 05 65 45 02 21* – TV ☎ – 30. AE GB
Repas *(fermé 14 au 20 juin, 5 au 12 déc., vend. soir et sam. d'oct. à juin sauf fériés) (65)* - 78/295 , enf. 60 – 39 – **30 ch** 185/350 – ½ P 275/300.

Francotel M sans rest, Centre Comm. Hyper U par ① *et D1E : 1 km* ✆ 05 65 81 17 22, *Fax 05 65 45 56 09,* – TV ☎ P – 80. AE GB
39 – **44 ch** 270/290, 16 duplex.

Bellevue, 5 av. du Ségala **(k)** ✆ 05 65 45 23 17 – . GB
fermé vacances de Toussaint, de fév., lundi midi et dim. sauf juil.-août – **Repas** 85/280.

Assiette Gourmande, pl. A. Lescure **(e)** ✆ 05 65 45 25 95, – GB
fermé vacances de printemps, de Toussaint, mardi soir, merc. soir et dim. hors saison – **Repas** 75/150 .

au Farrou *par ① : 4 km – ✉ 12200 Villefranche-de-Rouergue :*

Relais de Farrou M, ✆ 05 65 45 18 11, *Fax 05 65 45 32 59,* – , ch, TV ☎ P – 25. GB
fermé vacances de Toussaint et de fév. – **Repas** *(fermé dim. soir et lundi hors saison)* 122/350 ♀, enf. 70 – 45 – **25 ch** 270/450 – ½ P 340/380.

CITROEN Gar. Lizouret, rte de Toulonjac par ⑤ ✆ 05 65 45 01 74
FIAT-LANCIA MERCEDES Gar. Gaubert, rte de Montauban ✆ 05 65 45 19 65 N ✆ 05 65 45 33 11
PEUGEOT Gar. Trébosc, rte de Montauban par ④ ✆ 05 65 45 59 54
RENAULT Gar. Fabre-Rudelle, rte de Montauban par ④ ✆ 05 65 45 21 83

Euromaster, Les Plantades, rte Hte du Farrou ✆ 05 65 81 10 03
Vulco, av. du 8 Mai 1945 ✆ 05 65 45 14 67
Vulco, rte de Toulouse ✆ 05 65 45 05 44

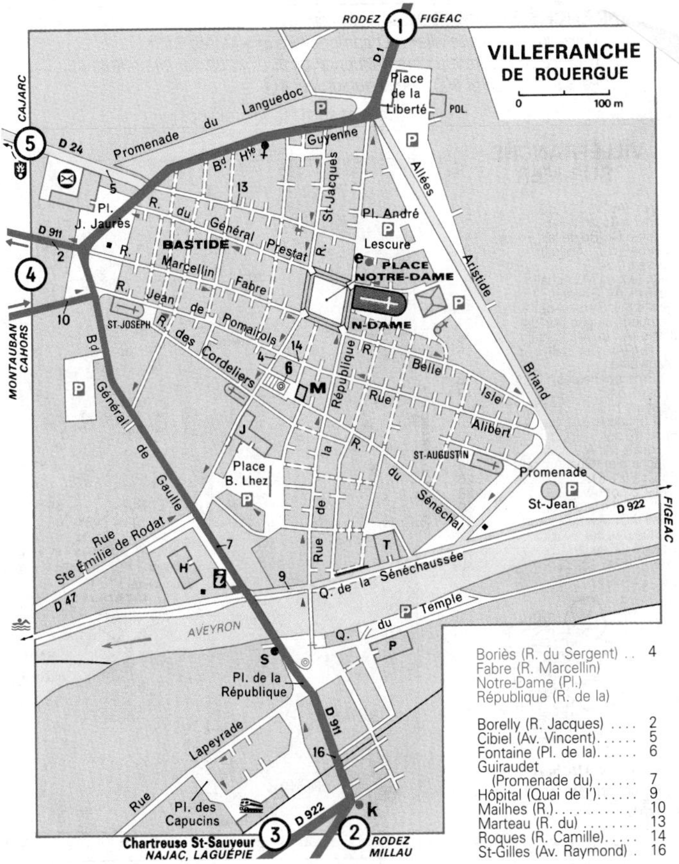

Boriès (R. du Sergent) ..	4
Fabre (R. Marcellin)	
Notre-Dame (Pl.)	
République (R. de la)	
Borelly (R. Jacques)	2
Cibiel (Av. Vincent)......	5
Fontaine (Pl. de la)......	6
Guiraudet (Promenade du)	7
Hôpital (Quai de l')......	9
Mailhes (R.)...........	10
Marteau (R. du)	13
Roques (R. Camille).....	14
St-Gilles (Av. Raymond) .	16

VILLEFRANCHE-DU-PÉRIGORD *24550 Dordogne* 75 ⑰ *G. Périgord Quercy – 827 h alt. 220.*

Syndicat d'Initiative r. Notre-Dame ✆ 05 53 29 98 37, Fax 05 53 29 79 94.

Paris 577 – Agen 76 – Cahors 39 – Sarlat-la-Canéda 47 – Bergerac 66 – Périgueux 87 – Villeneuve-sur-Lot 49.

Les Bruyères, ✆ 05 53 29 97 97, *Fax 05 53 31 28 51,* – ☎. GB
fermé 1er au 15 mars, 15 au 30 nov., 1er au 7 fév., dim. soir et lundi d'oct. à juin – **Repas** 75/230 ♀, enf. 45 – 30 – **10 ch** 260/280 – ½ P 265.

…NCHE-SUR-MER *06230 Alpes-Mar.* 84 ⑨ ⑩, 115 ㉗ *G. Côte d'Azur – 8 080 h alt. 30.*
Voir Rade★★ – Vieille ville★ – Chapelle St-Pierre★ – Musée Volti★.
Office de Tourisme square F.-Binon ☎ 04 93 01 73 68, Fax 04 93 76 63 65.
Paris 934 ⑤ – Nice 6 ③ – Beaulieu-sur-Mer 4 ③.

Accès et sorties : Voir plan de Nice.

VILLEFRANCHE-SUR-MER

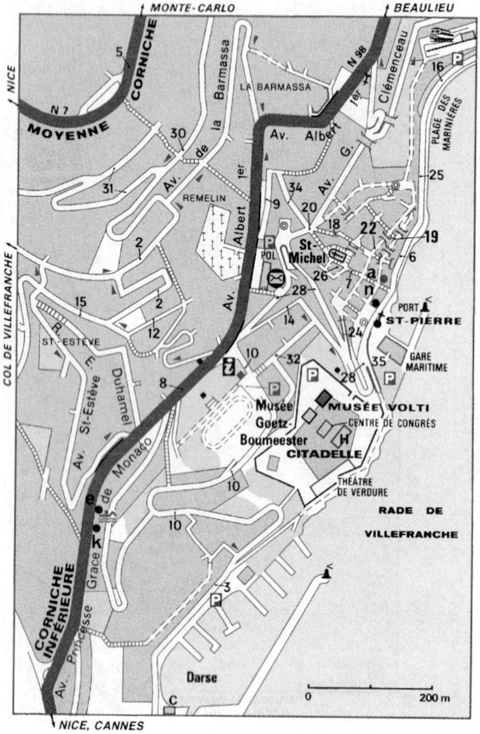

*Les **cartes Michelin** sont constamment tenues à jour.*

***Michelin maps** are kept up to date.*

Welcome, quai Courbet **(n)** ☎ 04 93 76 27 62, *Fax 04 93 76 27 66,* ≤, – |♿|, ▤ ch, TV ☎. AE ⓓ GB JCB
fermé 15 nov. au 20 déc. – ***St-Pierre*** ☎ 04 93 76 27 27 *(fermé lundi hors saison)* **Repas** 140/255 – ☕ 40 – **32 ch** 720/950 – ½ P 510/625.

Flore Ⓜ, av. Princesse Grace de Monaco **(e)** ☎ 04 93 76 30 30, *Fax 04 93 76 99 99,* ≤, , – |♿| ▤ TV ☎ ♿ P – 30. AE ⓓ GB JCB
Le Fleuron : **Repas** 230 – ☕ 60 – **31 ch** 680/1060 – ½ P 450/730.

Versailles, av. Princesse Grace de Monaco **(k)** ☎ 04 93 01 89 56, *Fax 04 93 01 97 48,* ≤ rade, , – |♿|, ▤ ch, TV ☎ P. AE ⓓ GB
fermé nov. à fin déc. – **Repas** *(fermé lundi hors saison) (120)* - 160 ♀, enf. 95 – ☕ 50 – **46 ch** 550/800 – ½ P 530/580.

Mère Germaine, quai Courbet **(a)** ☎ 04 93 01 71 39, *Fax 04 93 76 94 28,* ≤, – AE GB JCB
fermé 16 nov. au 24 déc. – **Repas** 210/280 ♀.

VILLEFRANCHE-SUR-SAÔNE SP *69400 Rhône* 74 ①, 110 ③ *G. Vallée du Rhône – 29 542 h alt. 190.*
du Beaujolais ☎ 04 74 67 04 44 à Lucenay, 8 km par ④.
Office de Tourisme 290 r. de Thizy ☎ 04 74 68 05 18, Fax 04 74 68 44 91.
Paris 432 ⑦ – Lyon 34 ⑤ – Bourg-en-Bresse 54 ③ – Mâcon 38 ⑤ – Roanne 73 ⑥.

VILLEFRANCHE-SUR-SAÔNE

Barbusse (Bd Henri) . . . . **CX** 2
Beaujolais (Av. du) . . . . **CX** 3
Berthier (R. Pierre) . . . . **DX** 7
Chabert (Ch. du) . . . . **CX** 12
Charmilles (Av. des) . . . . **CX** 14
Condorcet (R.) . . . . **DX** 15
Desmoulins (R. Camille) . . . **DX** 17
Écossais (R. de l') . . . . **DX** 18
Joux (Av. de) . . . . **DX** 25
Leclerc (Bd du Gén.) . . . . . . **CX** 27
Libération (Av. de la) . . . . **CX** 28
Maladière (R. de la) . . . . **CX** 30
Nizerand (R. du) . . . . **CX** 35
Paradis (R. du) . . . . **CX** 37
Pasquier (Bd Pierre) . . . . **DX** 39
St-Roch (Montée) . . . . **CX** 43
Salengro (Bd Roger) . . . . **CX** 46
Savoye (R. C.) . . . . **DX** 48
Tarare (R. de) . . . . **CX** 54

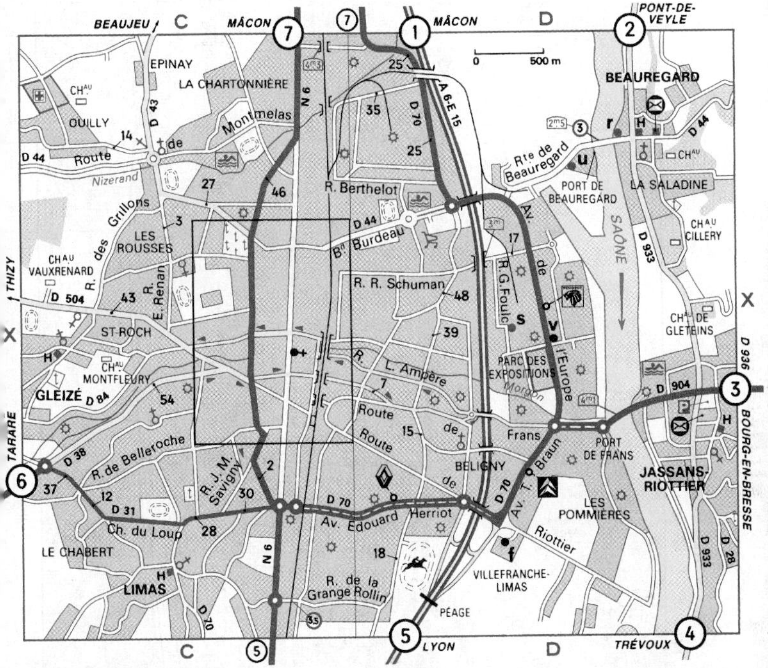

Plaisance sans rest, 96 av. Libération ☎ 04 74 65 33 52, *Fax 04 74 62 02 89* – 25. AE GB — AZ n
fermé 24 déc. au 1er janv. – 39 – **68 ch** 329/476.

Newport, av. de l'Europe Z.I. Nord-Est ☎ 04 74 68 75 59, *Fax 04 74 09 08 89*, – P – 60. AE GB — DX v
Repas *(fermé sam. midi et dim.)* 75/130 ♀ – 35 – **36 ch** 210/265 – ½ P 210.

Ibis, échangeur A 6 (péage Villefranche) ☎ 04 74 68 22 23, *Fax 04 74 60 41 67*, – P – 50. AE GB — DX f
Repas *(75)* - 95, enf. 39 – 36 – **115 ch** 295.

Aub. Faisan Doré, Nord-Est : 2,5 km par bd Burdeau et rte Beauregard ☎ 04 74 65 01 66, *Fax 04 74 09 00 81*, – P. AE GB — DX u
fermé 31 août au 6 sept., mardi d'oct. à avril et dim. soir – **Repas** 145/380 et carte 260 à 380.

Ferme du Poulet avec ch, 180 r. Mangin, Z.I. Nord-Est ☎ 04 74 62 19 07, *Fax 04 74 09 01 89*, – ch, P. AE GB — DX s
fermé lundi (sauf hôtel) et dim. soir – **Repas** 180/340 et carte 260 à 400 ♀ – 55 – **9 ch** 380/480.

Cèdre, 196 r. Roncevaux ☎ 04 74 68 03 69, *Fax 04 74 65 04 69*, – AE GB. — AY e
fermé en août, dim. soir et lundi – **Repas** 105/195 ♀.

Juliénas, r. Anse ☎ 04 74 09 16 55 – GB — BZ v
fermé 27 juil. au 20 août, 24 déc. au 1er janv., sam. midi et dim. – **Repas** 85/155.

ALFA ROMEO, SKODA Gar. Devaux, 361 r. d'Anse ☎ 04 74 65 12 00
AUDI, VOLKSWAGEN Gar. de l'Europe, 1050 r. Ampère ☎ 04 74 65 50 59
CITROEN Gar. Thivolle, 695 av. T.-Braun ☎ 04 74 65 26 09 N ☎ 04 74 65 27 10
PEUGEOT Gar. Nomblot, 1193 av. de l'Europe ☎ 04 74 68 90 90 N ☎ 06 07 75 82 06
RENAULT Gar. Longin, 15 r. Bointon ☎ 04 74 65 25 66
RENAULT Villefranche Autom., 19 av. E.-Herriot à Limas ☎ 04 74 02 31 31 N ☎ 04 74 65 27 10

Euromaster, ZI av. E.-Herriot ☎ 04 74 65 29 75

VILLEFRANCHE-SUR-SAÔNE

Nationale (R.) . . . . **BYZ**

Belleville (R. de) . . . . **BY** 5
Carnot (Pl.) . . . . **BZ** 9
Faucon (R. du) . . . . **BY** 19
Fayettes (R. des) . . . . . . **BZ** 20
Grange-Blazet (R.) . . . . . **BZ** 23
Marais (Pl. des) . . . . **BZ** 32

République (R. de la) . . . **AZ** 41
Salengro (Bd Roger) . . . **AY** 46
Savigny (R. J. M.) . . . . . . **AZ** 47
Sous-Préfecture (Pl.) . . . **AZ** 49
Sous-Préfecture (R.) . . . **AZ** 50
Stalingrad (R. de) . . . . . . **BZ** 52

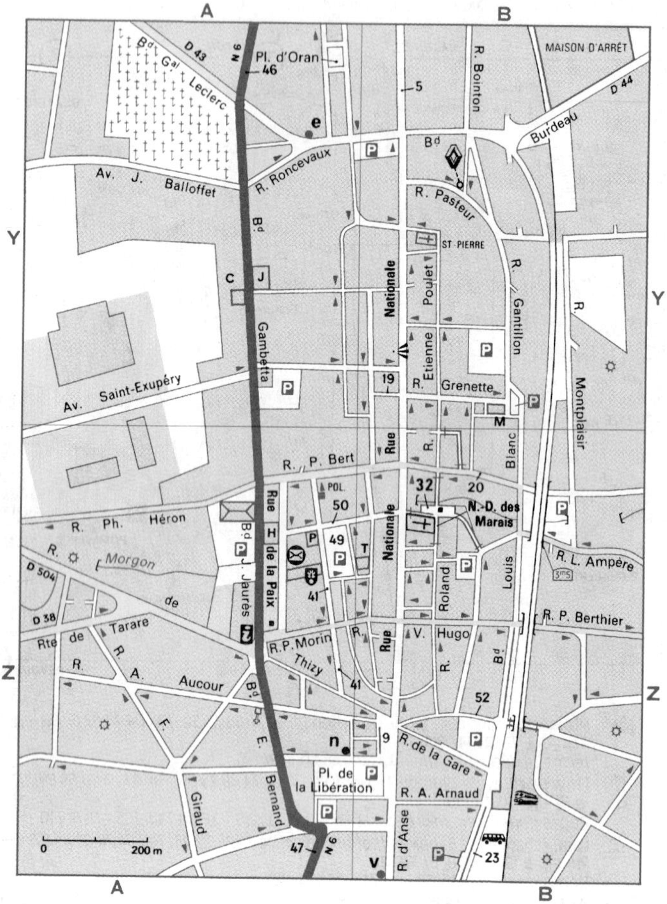

Campers... Use the current **Michelin Guide Camping Caravaning France.**

VILLEJUIF *94 Val-de-Marne* 61 ①, 101 ㉖ *– voir à Paris, Environs.*

VILLEJUST *91 Essonne* 60 ⑩, 101 ㉞ *– voir à Paris, Environs.*

VILLEMAGNE-L'ARGENTIÈRE *34600 Hérault* 83 ④ *G. Gorges du Tarn – 365 h alt. 193.*
Paris 735 – Montpellier 78 – Bédarieux 8 – Béziers 37 – Lunas 22 – Olargues 24.

X **Aub. de l'Abbaye,** ✆ 04 67 95 34 84, – GB
fermé 7 janv. au 1er mars, lundi (sauf fériés) et dim. soir – **Repas** 100/235.

RENAULT Gar. Pascal, à Hérépian ✆ 04 67 95 04 87

VILLEMUR-SUR-TARN *31340 H.-Gar.* 82 ⑧ *G. Pyrénées Roussillon – 4 840 h alt. 108.*
Paris 663 – Toulouse 41 – Albi 62 – Castres 73 – Montauban 24.

XXX **Ferme de Bernadou** (Voisin), rte Toulouse ☎ 05 61 09 02 38, *Fax 05 61 35 94 87*, ←, terrasse, « Parc » – P. GB
✿ *fermé fév., dim. soir et lundi* – **Repas** 130/320 et carte 260 à 380 ♀, enf. 100
Spéc. Colvert à la presse (saison). Pigeon rôti, cuisses confites et "milhas" aux pruneaux (printemps-été). Pieds d'agneau gratinés "poulette" (automne-hiver). **Vins** Côtes du Frontonnais.

au Sud : *5 km par D 14 et rte secondaire – ✉ 31340 Villemur sur Tarn :*

X **Aub. du Flambadou,** ☎ 05 61 09 40 72 – P. GB
fermé lundi – **Repas** 65 (déj.), 90/120 ♨, enf. 30.

CITROEN Gar. Vacquié, ☎ 05 61 09 01 60

PEUGEOT Gar. Terral, à Pechnauquié ☎ 05 61 09 00 70

VILLENAUXE-LA-GRANDE *10370 Aube* 61 ⑤ *G. Champagne – 2 135 h alt. 80.*
Voir *Déambulatoire★ de l'église.*
Paris 105 – Troyes 60 – La Ferté-Gaucher 36 – Nogent-sur-Seine 15 – Romilly-sur-Seine 20.

Flaubert, pl. Église ☎ 03 25 21 38 26, *Fax 03 25 21 59 88*, terrasse – TV ☎ ✆ ♿. GB
fermé 8 au 22 fév. et lundi – **Repas** 85/220 ♀, enf. 40 – ☕ 25 – **12 ch** 180/200 – 1/2 P 180.

RENAULT Gar. Pautre, ☎ 03 25 21 30 52

VILLENAVE-D'ORNON *33 Gironde* 71 ⑨ *– rattaché à Bordeaux.*

VILLENEUVE D'ASCQ *59 Nord* 51 ⑯, 111 ㉓ *– rattaché à Lille.*

VILLENEUVE-DE-BERG *07170 Ardèche* 80 ⑨ *G. Vallée du Rhône – 2 290 h alt. 320.*
Syndicat d'Initiative (hors saison) Mairie ☎ 04 75 94 80 09 et (juil.-août) Maison de l'Artisanat, Hôtel de Malmazet ☎ 04 75 94 89 28.
Paris 628 – Valence 71 – Aubenas 16 – Largentière 28 – Montélimar 26 – Privas 45.

X **Aub. de Montfleury,** à la gare, Ouest : 4 km par rte Aubenas ☎ 04 75 94 74 13 – GB
fermé le soir d'oct. à fév., dim. soir et lundi sauf juil.-août – **Repas** 95/245 ♀.

VILLENEUVE-DE-MARSAN *40190 Landes* 82 ① ② *G. Pyrénées Aquitaine – 2 107 h alt. 80.*
Paris 703 – Mont-de-Marsan 19 – Aire-sur-l'A. 22 – Auch 89 – Condom 63 – Roquefort 17.

Hélène Darroze ⛱ (transfert prévu fin d'année : Moulin d'Armagnac, Sud : 7 km par D 934), ☎ 05 58 45 20 07, Fax 05 58 45 82 67, terrasse, piscine, jardin – TV ☎ P – 25. AE ⓓ GB
✿ *fermé dim. soir et lundi d'oct. à mai* – **Repas** 210 bc (déj.), 290/560 et carte 330 à 450 -
57 Grand Rue *(fermé lundi soir et mardi midi)* **Repas** *(80)* - 120/180 ♀, enf. 65 – ☕ 95 – **14 ch** 580/780 – 1/2 P 680/880
Spéc. "Escaoutoun" landais lié au brebis basque, cèpes poêlés. Foie gras. Baba imbibé d'un vieil armagnac, fruits de saison rôtis. **Vins** Madiran, Jurançon.

Europe ⛱, ☎ 05 58 45 20 08, *Fax 05 58 45 34 14*, terrasse, piscine, jardin – TV ☎ ✆ P. AE ⓓ GB JCB
Repas 140/330 ♀ – ☕ 75 – **9 ch** 320/600 – 1/2 P 350/700.

CITROEN Gar. Rouménoux, ☎ 05 58 45 22 05

VILLENEUVE-DES-ESCALDES *66760 Pyr.-Or.* 86 ⑯ *– alt. 1350.*
Paris 861 – Font-Romeu-Odeillo-Via 13 – Ax-les-Thermes 44 – Bourg-Madame 6 – Perpignan 101 – Prades 56.

Relais du Belloch, ☎ 04 68 30 07 24, *Fax 04 68 04 64 46*, ←, jardin – TV ☎ P. GB
fermé 1er nov. au 20 déc. – **Repas** 70/140 ♀, enf. 45 – ☕ 32 – **24 ch** 220/270 – 1/2 P 225/240.

VILLENEUVE-EN-MONTAGNE *71390 S.-et-L.* 69 ⑧ *– 134 h alt. 456.*
Paris 359 – Chalon-sur-Saône 24 – Autun 48 – Beaune 41 – Le Creusot 20 – Mâcon 76.

X **Quatre Vents** avec ch, ☎ 03 85 96 99 66, *Fax 03 85 96 90 44*, terrasse – TV. GB
fermé 15 au 30 oct., lundi soir et mardi – **Repas** 75 bc (déj.), 105/165 ♨ – ☕ 45 – **8 ch** 150/250 – 1/2 P 180/230.

VILLENEUVE-LA-GARENNE *92 Hauts-de-Seine* 55 ⑳, 101 ⑮ *– voir à Paris, Environs.*

VILLENEUVE-LA-SALLE *05 H.-Alpes* 77 ⑧ ⑱ *– voir à Serre-Chevalier.*

VILLENEUVE-LE-COMTE *77174 S.-et-M.* 61 ②, 106 ㉒ – *1 297 h alt. 126.*
Paris 40 – Lagny-sur-Marne 13 – Meaux 20 – Melun 37.

XXX **Bonne Marmite,** 15 r. Gén. de Gaulle ✆ 01 60 43 00 10, *Fax 01 60 43 11 01,* – P. AE ⓓ GB
fermé 9 au 27 août, vacances de fév., mardi et merc. – **Repas** (110) - 160/240 et carte 290 à 390, enf. 85.

VILLENEUVE-LÈS-AVIGNON *30400 Gard* 81 ⑪ ⑫ *G. Provence* **(plan)** – *10 730 h alt. 23.*
Voir *Fort St-André★ : ≤★★* **AV** – *Tour Philippe-le-Bel ≤★★* **AV** – *Vierge en ivoire★★ et couronnement de la Vierge★★ au musée municipal* **AV M** – *Chartreuse du Val-de-Bénédiction★* **AV.**
Office de Tourisme 1 pl. Ch.-David ✆ 04 90 25 61 33, Fax 04 90 25 91 55.
Paris 680 ② – Avignon 4 ⑤ – Nîmes 45 ⑥ – Orange 22 ⑦ – Pont-St-Esprit 41 ⑥.

Plan : voir à Avignon.

Prieuré , 7 pl. Chapître ✆ 04 90 15 90 15, *Fax 04 90 25 45 39,* parc, « Jardins et terrasse ombragés », – P – 30. AE ⓓ GB. rest — AV t
20 mars-2 nov. – **Repas** *(fermé merc. sauf du 1er mai au 30 sept.)* 200/480 ♀, enf. 120 – 85 – **26 ch** 570/1300, 10 appart
Spéc. Dos de Saint Pierre clouté de laurier, polenta et pousses d'épinard. Poitrine de pigeonneau rôti aux fines épices. Chariot de pâtisseries. **Vins** Laudun, Cairanne.

Magnaneraie M , 37 r. Camp de Bataille ✆ 04 90 25 11 11, *Fax 04 90 25 46 37,* « Beaux aménagements dans une ancienne demeure du 15e siècle », – P – 25. AE ⓓ GB JCB — AV b
Repas 170/350 ♀, enf. 100 – 70 – **27 ch** 600/1200 – ½ P 680/850.

Atelier sans rest, 5 r. Foire ✆ 04 90 25 01 84, *Fax 04 90 25 80 06,* « Maison du 16e siècle, patio » – . AE ⓓ GB JCB — AV e
fermé début nov. à début déc. – 40 – **19 ch** 270/460.

XX **Aubertin,** 1 r. de l'Hôpital ✆ 04 90 25 94 84, *Fax 04 90 26 30 71* – . GB JCB — AV n
fermé dim. soir et lundi – **Repas** 160/240 ♀.

X **St-André,** 4 bis Montée du Fort ✆ 04 90 25 63 23, *Fax 04 90 25 68 90* – GB — AV u
fermé mardi midi et lundi – **Repas** (69) - 130/150.

VILLENEUVE-LOUBET *06270 Alpes-Mar.* 84 ⑨, 115 ㉕ *G. Côte d'Azur* – *11 539 h alt. 10.*
Voir *Musée de l'Art culinaire★ (fondation Auguste Escoffier)* **Y M2.**
Office de Tourisme 16 av. de la Mer ✆ 04 93 20 49 14, Fax 04 93 20 40 23.
Paris 915 ⑤ – Nice 16 ③ – Antibes 10 ④ – Cagnes-sur-Mer 3 ③ – Cannes 20 ⑤ – Grasse 23 ⑥ – Vence 12 ①.

Voir plan de Cagnes-sur-Mer-Villeneuve-Loubet.

Hamotel sans rest, Hameau du Soleil, rte La Colle-sur-Loup ✆ 04 93 20 86 60, *Fax 04 93 73 33 94* – P. AE ⓓ GB JCB
40 – **30 ch** 360/410.

Franc Comtoise , Grange Rimade, rte La Colle-sur-Loup ✆ 04 93 20 97 58, *Fax 04 92 02 74 76,* – P. GB. ch
fermé 20 oct. au 1er déc. – **Repas** *(fermé dim. soir et lundi d'oct. à juin)* 120/150 – 20 – **30 ch** 330/400 – ½ P 315.

à Villeneuve-Loubet-Plage

Galoubet M sans rest, 174 av. Castel ✆ 04 92 13 59 00, *Fax 04 92 13 59 29,* – P – 35. AE GB. — Z s
fermé 15 nov. au 17 déc. – 40 – **22 ch** 400/450.

Bahia sans rest, rte bord de mer (N 98) ✆ 04 93 20 21 21, *Fax 04 93 20 96 96,* – P. AE ⓓ GB JCB — Z a
1er mars-31 oct. – 35 – **48 ch** 500/850.

Syracuse sans rest, av. Batterie ✆ 04 93 20 45 09, *Fax 04 93 20 29 30,* ≤ – cuisinette P. GB — Z x
fermé 20 déc. au 20 janv. – 35 – **39 ch** 320/650.

MERCEDES Succursale, av. Baumettes N 7 ✆ 04 92 02 67 00 N ✆ 08 00 24 24 30

VILLENEUVE-SOUS-DAMMARTIN *77 S.-et-M.* 56 ⑫, 101 ⑨ – *voir à Paris, Environs.*

Sorgfältig zubereitete, preiswerte Mahlzeiten : Repas 100/130

VILLENEUVE-SUR-LOT <SP> 47300 *L.-et-G.* **79** ⑤ *G. Pyrénées Aquitaine – 22 782 h alt. 51.*

de Castelnaud ✆ *05 53 01 60 19, par* ① *N 21 : 12,5 km.*

Office de Tourisme 1 bd République ✆ *05 53 36 17 30.*

Paris 596 ① *– Agen 29* ⑤ *– Bergerac 61* ① *– Bordeaux 144* ⑥ *– Brive-la-Gaillarde 145* ③ *– Cahors 73* ③ *– Libourne 121* ⑥ *– Mont-de-Marsan 124* ⑥ *– Pau 189* ⑥*.*

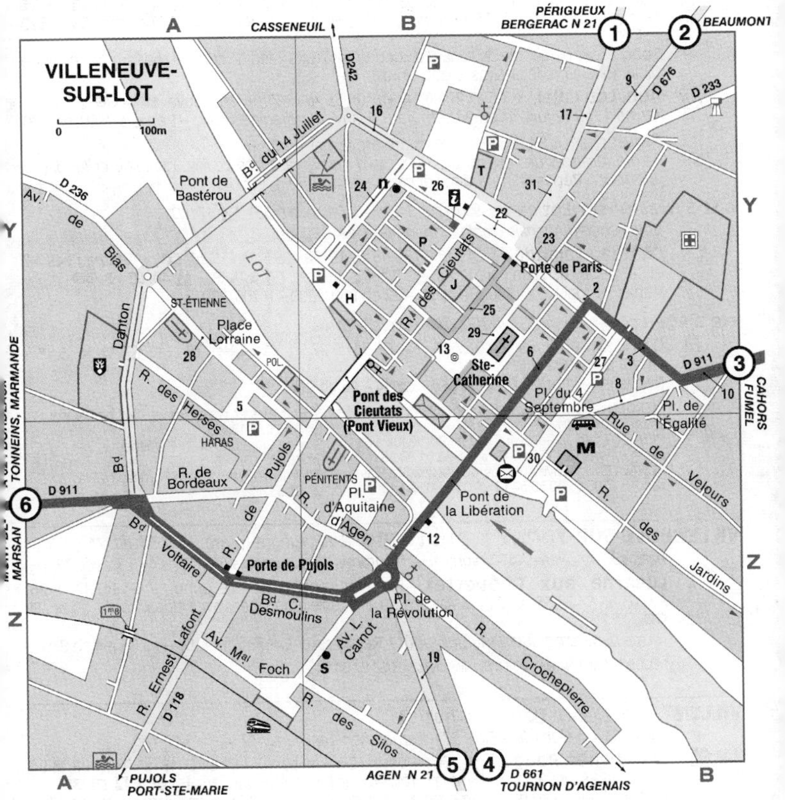

Libération (Pl. de la) . . . . **BY** 23	Gambetta (Av.) . . . . **BY** 8	Leygues (Bd G.) . . . . **BY** 22
Paris (R. de) . . . . **BY** 25	Gaulle (Av. Gén.-de) . . . . **BY** 9	Marine (Bd de la) . . . . **BY** 24
	Goudounèche (Av. A.) . . . . . **BY** 10	République (Bd de la) . . . . . . **BY** 26
Bernard-Palissy (Bd) . . . . **BY** 2	Jeanne-de-France (Av.) . . . . **BZ** 12	St-Cyr-Cocquard (Bd) . . . . . . **BY** 27
Darfeuille (R.) . . . . **BY** 3	La Fayette (Pl.) . . . . **BY** 13	St-Étienne (R.) . . . . **AY** 28
Droits-de-l'Homme (Pl. des) . . . . **AYZ** 5	Lamartine (Allée) . . . . **BY** 16	Ste-Catherine (R.) . . . . **BY** 29
Fraternité (R. de la) . . . . **BY** 6	Lattre-de-T. (Av. Mar.-de) . . . **BY** 17	Valmy (Allées de) . . . . **BZ** 30
	Leclerc (Av. Gén.) . . . . **BZ** 19	Victor-Hugo (Cours) . . . . **BY** 31

Résidence sans rest, 17 av. L. Carnot ✆ 05 53 40 17 03, *Fax 05 53 01 57 34* – TV ☎ 🚗. GB — BZ s
fermé 27 déc. au 5 janv. – ☕ 28 – **18 ch** 125/285.

Les Platanes sans rest, 40 bd Marine ✆ 05 53 40 11 40, *Fax 05 53 70 71 95* – TV ☎. GB — BY n
fermé 20 déc. au 4 janv. – ☕ 27 – **21 ch** 120/270.

XXX **Host. du Rooy**, chemin de Labourdette par ④ ✆ 05 53 70 48 48, *Fax 05 53 49 17 74*, 🍽, parc – ▤ P. GB
fermé 29 juin au 9 juil., 2 au 16 fév., dim. soir et lundi – **Repas** *(89)* - 135/260 et carte 210 à 330 ♀, enf. 80.

à Pujols *Sud-Ouest : 4 km par D 118 et C 207 -* **AZ** *– 3 608 h. alt. 180 – ✉ 47300 .*

Voir ≤★.

des Chênes sans rest, ✆ 05 53 49 04 55, *Fax 05 53 49 22 74*, ≤, – TV ☎ P. AE GB
fermé 31 déc. au 5 janv. – 50 – **21 ch** 240/410.

Toque Blanche (Lebrun), ✆ 05 53 49 00 30, *Fax 05 53 70 49 79*, ≤, – P. AE GB
fermé 22 juin au 6 juil., 23 au 30 nov., dim. soir et lundi – **Repas** 145/450 et carte 380 à 520, enf. 80
Spéc. Escalope de foie de canard aux pommes fruits. Pied de cochon rôti farci à l'ancienne. Gibier (oct. à fin déc.). **Vins** Buzet, Duras.

Aub. Lou Calel, ✆ 05 53 70 46 14, *Fax 05 53 70 49 79*, ≤ Villeneuve, – GB
fermé 10 au 17 juin, 14 au 28 oct., 7 au 21 janv., mardi soir et merc. – **Repas** 85/200, enf. 70.

Figuier, ✆ 05 53 36 72 12, , cadre provençal – GB
fermé vacances de Toussaint, 23 déc. au 11 janv., vacances de fév., dim. soir et lundi sauf juil.-août – **Repas** 80 (sauf dim.) et carte environ 150, enf. 45.

à St-Sylvestre-sur-Lot *par ③ : 9 km sur D 911 – 2 040 h. alt. 65 – ✉ 47140 :*

Voir *Penne d'Agenais : table d'orientation ≤★ S : 2 km.*

Château Lalande M , ✆ 05 53 36 15 15, *Fax 05 53 36 15 16*, , « Château des 13e et 18e siècles dans un parc », , , – , rest, TV ☎ P – 40. AE GB
Repas 170 (déj.), 210/380 – 80 – **22 ch** 850/1200 – P 705/880.

rte d'Agen *par ⑤ : 3 km – ✉ 47300 Villeneuve-sur-Lot :*

Campanile, ✆ 05 53 40 27 47, *Fax 05 53 40 27 50*, – , rest, TV ☎ P – 25. AE GB
Repas *(66)* - 84 bc/107 bc, enf. 39 – 34 – **46 ch** 278.

CITROEN S.A.L.G., 28 av. J.-Bordeneuve par ⑥ ✆ 05 53 01 58 01
PEUGEOT Gar. de Bordeaux, rte de Bordeaux à Bias par ⑥ ✆ 05 53 40 56 05 N ✆ 05 53 01 90 55
RENAULT Villeneuve Auto, av. de Bordeaux à Bias par ⑥ ✆ 05 53 40 55 54 N ✆ 05 53 01 91 18

Euromaster, rte de Fumel, ZAC de Parasol ✆ 05 53 70 12 57
Sabatié Pneus, 13 av. J.-Bordeneuve ✆ 05 53 70 65 75
Villeneuve Pneus, rte de Bordeaux à Bias ✆ 05 53 40 28 55

VILLENEUVE-SUR-YONNE *89500 Yonne 61 ⑭ G. Bourgogne* (plan) *– 5 054 h alt. 74.*

Paris 132 – Auxerre 44 – Joigny 18 – Montargis 45 – Nemours 57 – Sens 14 – Troyes 78.

Lucarne aux Chouettes avec ch, quai Bretoche ✆ 03 86 87 18 26, *Fax 03 86 87 22 63*, ≤, , « Maisons du 17e siècle aménagées avec élégance » – TV ☎. AE GB
fermé dim. soir et lundi sauf juil.-août – **Repas** 98 (déj.)/178, enf. 60 – 85 – **4 ch** 830.

PEUGEOT Gar. Lesellier, 23 fg St-Nicolas ✆ 03 86 87 04 24

VILLENY *41220 L.-et-Ch. 64 ⑧ – 324 h alt. 132.*

Paris 163 – Orléans 38 – Blois 37 – Romorantin-Lanthenay 32.

Les Chênes Rouges , Sud-Ouest : 2,5 km par D 113 et D 18 ✆ 02 54 98 23 94, *Fax 02 54 98 23 99*, , « Dans la forêt, en bordure d'étang », – TV ☎ P. AE GB
fermé 1er fév. au 10 mars, dim. soir et lundi du 1er sept. au 31 mai sauf fériés – **Repas** (dîner seul. sauf dim. et fériés) 175/205 – 75 – **10 ch** 650/800 – ½ P 545/645.

VILLEPARISIS *77 S.-et-M. 56 ⑫, 101 ⑲ – voir à Paris, Environs.*

VILLEPINTE *93 Seine-St-Denis 56 ⑪, 101 ⑧ – voir à Paris, Environs.*

VILLEQUIER *76490 S.-Mar. 55 ⑤ G. Normandie Vallée de la Seine – 822 h alt. 6.*

Voir *Site★ – Musée Victor-Hugo★.*

Paris 165 – Le Havre 51 – Rouen 40 – Bourg-Achard 28 – Lillebonne 12 – Yvetot 18.

Grand Sapin avec ch, ✆ 02 35 56 78 73, *Fax 02 35 95 69 27*, ≤, , « Terrasse au bord de la Seine », – TV ☎ P. GB
fermé 15 nov. au 1er déc., 10 fév. au 10 mars, mardi soir et merc. sauf juil.-août – **Repas** 70/200, enf. 50 – 25 – **5 ch** 250/300.

VILLERAY *61 Orne 60 ⑮ – rattaché à Nogent-le-Rotrou.*

VILLEREST *42 Loire 73 ⑦ – rattaché à Roanne.*

VILLEROY *89 Yonne* 61 ⑬ – *rattaché à Sens.*

VILLERS-BOCAGE *14310 Calvados* 54 ⑮ *G. Normandie Cotentin – 2 845 h alt. 140.*

Office de Tourisme pl. du Petit Marché ✆ 02 31 77 16 14.

Paris 258 – Caen 27 – Argentan 81 – Avranches 74 – Bayeux 25 – Flers 44 – St-Lô 36 – Vire 35.

XXX **Trois Rois** avec ch, ✆ 02 31 77 00 32, *Fax 02 31 77 93 25*, – TV ☎ P. AE GB
fermé 22 au 29 juin, janv., dim. soir et lundi – **Repas** 125/300 et carte 210 à 350 – 45 – **14 ch** 200/400.

CITROEN Gar. Breville, ✆ 02 31 77 17 98

VILLERS-COTTERÊTS *02600 Aisne* 56 ③ *G. Flandres Artois Picardie – 8 867 h alt. 126.*

Voir *Forêt de Retz★ E par D 973.*

Env. *La Ferté-Milon : château★ (bas-reliefs★), vitraux★ de l'église St-Nicolas, musée Jean-Racine, S : 9,5 km – Abbaye de Lieu-Restauré : rose★ de l'église, O : 9 km.*

Office de Tourisme 2 pl. A.-Briand ✆ 03 23 96 55 10.

Paris 81 – Compiègne 32 – Laon 60 – Meaux 42 – Senlis 39 – Soissons 22.

Régent sans rest, 26 r. Gén. Mangin ✆ 03 23 96 01 46, *Fax 03 23 96 37 57*, « Ancien relais de poste du 18e siècle » – TV ☎ P. AE GB
fermé dim. soir de nov. à mars sauf fêtes – 45 – **17 ch** 218/390.

X **L'Orthographe,** 63 r. Gén. Leclerc ✆ 03 23 96 30 84, *Fax 03 23 96 82 71* – P. AE GB JCB
fermé 13 au 31 juil., dim. soir et merc. – **Repas** 89 (déj.), 120/180 ♀.

X **Commerce,** 17 r. Gén. Mangin ✆ 03 23 96 19 97, *Fax 03 23 96 43 72*, – GB
fermé 21 déc. au 2 janv., lundi d'oct. à avril et dim. soir – **Repas** *(60)* - 75/135 ♀.

AUDI, SKODA, VOLKSWAGEN Villers Autom., av. Ferté-Milon ✆ 03 23 96 56 60
CITROEN Gar. des Sablons, 52 av. de la Ferté Milon ✆ 03 23 96 04 96
PEUGEOT Gar. Féry, 75 r. Gén.-Leclerc ✆ 03 23 96 19 64 N ✆ 03 23 96 19 64
Euromaster, 6 r. V.-Hugo ✆ 03 23 96 13 64
Vulco, av. de la Ferté-Milon ✆ 03 23 96 13 84

VILLERSEXEL *70110 H.-Saône* 66 ⑥ ⑦ *G. Jura – 1 460 h alt. 287.*

Paris 386 – Besançon 65 – Belfort 41 – Lure 18 – Montbéliard 35 – Vesoul 28.

Terrasse, rte Lure ✆ 03 84 20 52 11, *Fax 03 84 20 56 90*, – TV ☎ P. GB
fermé 13 déc. au 2 janv., vend. soir et dim. soir hors saison – **Repas** 65/270, enf. 45 – 30 – **15 ch** 200/300 – ½ P 230/250.

VILLERS-LE-LAC *25130 Doubs* 70 ⑦ *G. Jura – 4 203 h alt. 730.*

Voir *Saut du Doubs★★★ NE : 5 km – Lac de Chaillexon★ NE : 2 km.*

Office de Tourisme r. Berçot ✆ 03 81 68 00 98.

Paris 473 – Besançon 69 – Basel 122 – La Chaux-de-Fonds 16 – Morteau 6 – Pontarlier 37.

France (Droz), 8 pl. Cupillard ✆ 03 81 68 00 06, *Fax 03 81 68 09 22* – TV ☎ – 30. AE GB
fermé 20 déc. au 1er fév. – **Repas** *(fermé dim. soir et lundi)* 160/380 et carte 280 à 400 – 50 – **14 ch** 300/320 – ½ P 350/360
Spéc. Escargots "petits gris" à l'infusion d'absinthe. Sandre à la réglisse, pousse-pierre et pétales de tomates. Brunoise de fruits frais à l'hysope. **Vins** Arbois blanc et rouge.

PEUGEOT Gar. Franco Suisse, Les Terres Rouges ✆ 03 81 68 03 47 N ✆ 03 81 68 03 47

VILLERS-LES-POTS *21 Côte-d'Or* 66 ⑬ – *rattaché à Auxonne.*

VILLEURBANNE *69 Rhône* 74 ⑪ ⑫, 110 ⑭ – *rattaché à Lyon.*

VILLIÉ-MORGON *69910 Rhône* 74 ① – *1 522 h alt. 262.*

Voir *La Terrasse ★★ près du col du Fût d'Avenas NO : 7 km,* G Vallée du Rhône.

Paris 412 – Mâcon 21 – Lyon 56 – Villefranche-sur-Saône 22.

Villon, ✆ 04 74 69 16 16, *Fax 04 74 69 16 81*, – TV ☎ P – 60. GB
fermé 20 déc. au 20 janv., dim. soir et lundi du 15 oct. au 15 avril – **Repas** 110/255 – 38 – **45 ch** 275/335 – ½ P 295.

PEUGEOT Gar. Granger, ✆ 04 74 04 23 24 N ✆ 04 74 04 23 24

VILLIERS-LE-BÂCLE *91 Essonne* 60 ⑩, 101 ㉓ – *voir à Paris, Environs.*

VILLIERS-LE-MAHIEU *78770 Yvelines 55 ⑱ – 601 h alt. 127.*

Paris 51 – Dreux 38 – Évreux 62 – Mantes-la-Jolie 18 – Rambouillet 31 – Versailles 32.

Château de Villiers le Mahieu sans rest, ✆ 01 34 87 44 25, *Fax 01 34 87 44 40,* « Parc », – 100. AE GB
fermé 21 au 31 déc. – ☕ 75 – **37 ch** 570/790.

VIMOUTIERS *61120 Orne 55 ⑬ G. Normandie Vallée de la Seine – 4 723 h alt. 95.*

Office de Tourisme 10 av. Gén.-de-Gaulle ✆ 02 33 39 30 29, Fax 02 33 67 66 11.

Paris 191 – Caen 59 – L'Aigle 45 – Alençon 67 – Argentan 31 – Bernay 38 – Falaise 35 – Lisieux 28.

Escale du Vitou, centre de loisirs, rte Argentan : 2 km par D 916 ✆ 02 33 39 12 04, *Fax 02 33 36 13 34,* ≤, parc, – 80. GB
Repas *(fermé dim. soir et lundi sauf juil.-août)* 75/175, enf. 45 – ☕ 40 – **17 ch** 180/280 – ½ P 210.

CITROEN Gar. Goubin, 8 av. Foch ✆ 02 33 39 01 95

Gar. Noël-Gérard, 15 av. Dr.-Dentu ✆ 02 33 39 00 27

VINAY *51 Marne 56 ⑯ – rattaché à Épernay.*

VINCELOTTES *89 Yonne 65 ⑤ – rattaché à Auxerre.*

VINCENNES *94 Val-de-Marne 56 ⑪, 101 ⑰ – voir à Paris, Environs.*

VINCEY *88 Vosges 62 ⑮ – rattaché à Charmes.*

VINEUIL *41 L.-et-Ch. 64 ⑦ – rattaché à Blois.*

VINEZAC *07 Ardèche 80 ⑧ – rattaché à Aubenas.*

VINZIER *74500 H.-Savoie 70 ⑰ – 620 h alt. 920.*

Paris 582 – Thonon-les-Bains 14 – Abondance 16 – Évian-les-Bains 14 – Genève 47 – Montreux 45.

Relais de Savoie "Pré aux Merles", ✆ 04 50 73 61 05, – P. GB
fermé 15 sept. au 5 oct., janv. et lundi sauf juil.-août – **Repas** 90 (déj.), 110/175 ♀.

PEUGEOT Gar. Girard, ✆ 04 50 73 61 16

VIOLÈS *84150 Vaucluse 81 ② – 1 360 h alt. 94.*

Paris 661 – Avignon 33 – Carpentras 18 – Nyons 32 – Orange 13 – Vaison-la-Romaine 17.

Mas de Bouvau avec ch, rte Cairanne : 2 km ✆ 04 90 70 94 08, *Fax 04 90 70 95 99,* – P. AE GB. ch
fermé 20 au 30 déc., vacances de fév., dim. soir et lundi – **Repas** 130/240, enf. 65 – ☕ 45 – **5 ch** 320/380 – ½ P 330.

VIRE *14500 Calvados 59 ⑨ G. Normandie Cotentin – 12 895 h alt. 275.*

au lac de la Dathée ✆ 02 31 67 71 01, 8 km SO par D 150.

Office de Tourisme square de la Résistance ✆ 02 31 68 00 05, Fax 02 31 67 69 40.

Paris 293 ③ – St-Lô 39 ① – Caen 62 ① – Flers 31 ③ – Fougères 68 ④ – Laval 105 ④ – Rennes 116 ④.

Plan page ci-contre

France, 4 r. Aignaux ✆ 02 31 68 00 35, *Fax 02 31 68 22 65* – . AE GB — A a
fermé 20 déc. au 10 janv. – **Repas** *(58)* - 72/220 ♀, enf. 48 – ☕ 35 – **20 ch** 180/350 – ½ P 280.

St-Pierre M sans rest, 20 r. Gén. Leclerc ✆ 02 31 68 05 82, *Fax 02 31 68 22 65* – – 50. AE GB — B n
fermé 24 déc. au 2 janv. – ☕ 35 – **29 ch** 180/320.

rte de Flers *par ③ : 2,5 km sur D 524 – ✉ 14500 Vire :*

Manoir de la Pommeraie, ✆ 02 31 68 07 71, *Fax 02 31 67 54 21,* « Jardin » – P. AE GB
fermé vacances de fév., dim. soir et lundi – **Repas** 115/300 et carte 190 à 370 ♀.

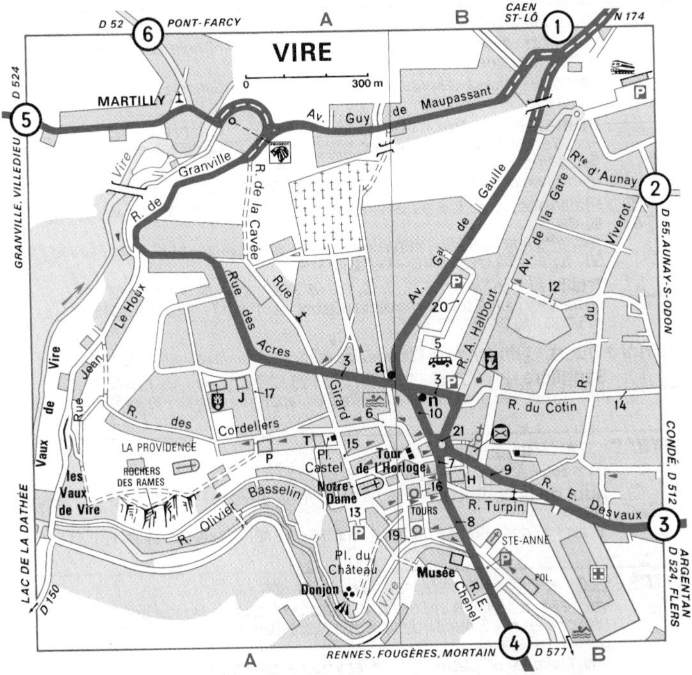

Deslongrais (R.) . . . . B 7
6-Juin-1944 (Pl. du) . . . . . B 21

Aignaux (R. d') . . . . AB 3
Champ-de-Foire (Pl. du) . B 5
Chênedollé (R.) . . . . A 6

Gasté (R. A.) . . . . B 8
Haut-Chemin (R. du) . . . . B 9
Leclerc (R. Gén.) . . . . B 10
Morgan (R. A.) . . . . B 12
Nationale (Pl.) . . . . A 13
Noes-Davy (R. des) . . . . . B 14

Notre-Dame (R.) . . . . A 15
Remparts (R. des) . . . . . . B 16
Sous-Préfecture
(R. de la) . . . . A 17
Valhérel (R. du) . . . . AB 19
Vieux-Collège (R. du) . . . . B 20

à St-Germain-de-Tallevende *par ④ : 5 km – 1 584 h. alt. 201 – ✉ 14500 :*

Aub. St-Germain, pl. Église ✆ 02 31 68 24 13 – GB
fermé 31 août au 7 sept., dim. soir et lundi – **Repas** 70/220 ♀, enf. 50.

AUDI, VOLKSWAGEN Gar. Lemauviel, rte de Caen ✆ 02 31 68 00 78
CITROEN Gar. Prunier, 29 rte de Caen par ①
✆ 02 31 68 33 87
PEUGEOT Gar. Gournay, 19 rte de Granville
✆ 02 31 68 11 86 N ✆ 02 31 50 64 84

RENAULT S.N.A.V., rte de Caen par ①
✆ 02 31 66 17 30 N ✆ 02 31 25 93 44

Clabeaut Pneus, rte d'Aunay
✆ 02 31 68 56 57
Colin Pneus, 77 rte d'Aunay ✆ 02 31 68 38 65

VIROFLAY *78 Yvelines* 60 ⑩, 106 ⑯, 101 ㉔ – *voir à Paris, Environs.*

VIRONVAY *27 Eure* 55 ⑰ – *rattaché à Louviers.*

VIRY *74 H.-Savoie* 74 ⑥ – *rattaché à St-Julien-en-Genevois.*

VIRY-CHATILLON *91 Essonne* 61 ①, 101 ㊱ – *voir à Paris, Environs.*

VITERBE *81 Tarn* 82 ⑩ – *rattaché à St-Paul-Cap-de-Joux.*

Si vous êtes retardé sur la route, dès 18 h, confirmez votre réservation par téléphone, c'est plus sûr... et c'est l'usage.

VITRAC *24200 Dordogne* 75 ⑰ – *743 h alt. 150.*

Voir *Site*★ *du château de Montfort NE : 2 km – Cingle de Montfort*★ *NE : 3,5 km,* G. Périgord Quercy.

Paris 536 – Brive-la-Gaillarde 59 – Sarlat-la-Canéda 8 – Cahors 54 – Gourdon 23 – Lalinde 50 – Périgueux 76.

Domaine de Rochebois M, Est : 2 km par D 703 ✆ 05 53 31 52 52, *Fax 05 53 29 36 88,* ≤, « Parc, piscine et golf » – AE GB. rest
mi-avril-fin oct. – **Repas** 190/410 ♀ – 70 – **36 ch** 890/1650, 4 duplex – ½ P 645/1005.

Plaisance, au port ✆ 05 53 31 39 39, *Fax 05 53 31 39 38,* – AE GB
fermé 15 nov. au 8 fév. – **Repas** *(fermé dim. soir et vend. du 10 oct. à Pâques)* 75/230, enf. 50 – 40 – **42 ch** 210/400 – ½ P 280/315.

Treille avec ch, ✆ 05 53 28 33 19, *Fax 05 53 30 38 54,* – AE GB
fermé janv., lundi soir et mardi du 30 sept. au 1er *avril* – **Repas** 89/315 bc – 38 – **8 ch** 145/220 – ½ P 275/285.

au Nord-Ouest : *3 km par rte La Roque-Gageac et rte secondaire – ✉ 24200 Vitrac :*

Sanglière, ✆ 05 53 28 33 51, *Fax 05 53 28 52 31,* – GB
fermé janv., fév., dim. soir et lundi sauf juil.-août – Repas 90/290, enf. 45.

VITRAC *15220 Cantal* 76 ⑪ – *294 h alt. 490.*

Paris 565 – Aurillac 25 – Figeac 42 – Rodez 72.

Aub. de la Tomette ✆ 04 71 64 70 94, *Fax 04 71 64 77 11,* – AE GB. rest
1er *avril-15 déc.* – **Repas** 70/200, enf. 50 – 40 – **15 ch** 300/320 – ½ P 314.

VITRÉ *35500 I.-et-V.* 59 ⑱ *G. Bretagne – 14 486 h alt. 106.*

Voir ≤★★ *des D178* B *et D857* A *– Château*★★ *: tour de Montalifant* ≤★ A *– La Ville*★ *: rue Beaudrairie*★★ A 5, *remparts*★ B, *église Notre-Dame*★ B *– Tertres noirs* ≤★★ *par* ④ *– Jardin public*★ *par* ③.

Env. *Champeaux : place*★*, stalles*★ *et vitraux*★ *de l'église 9 km par* ④.

des Rochers-Sévigné ✆ *02 99 96 52 52, S : 6 km par* ②.

Office de Tourisme promenade St-Yves ✆ *02 99 75 04 46, Fax 02 99 74 02 01.*

Paris 310 ① – Châteaubriant 52 ③ – Fougères 30 ⑤ – Laval 38 ① – Rennes 38 ④.

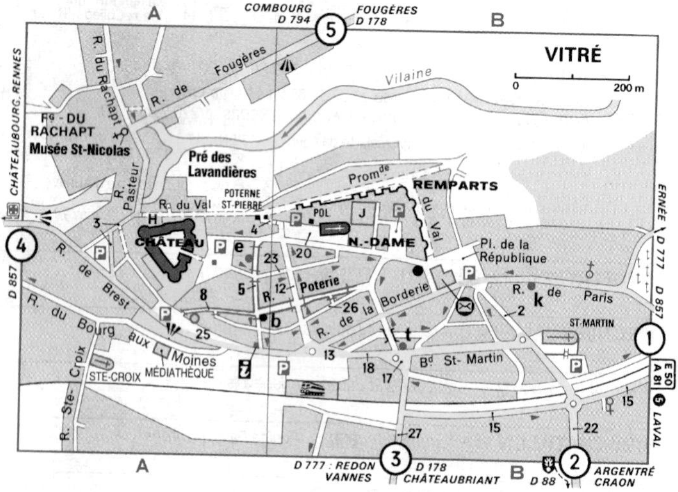

Argentré (R. B.-d')	B 2	Pasteur (R.)	A	Leclerc (Pl. Gén.)	B 17
Augustins (R. des)	A 3	Poterie (R.)	B	Liberté (R. de la)	B 18
Borderie (R. de la)	B			Rochers (Bd des)	B 22
Embas (R. d')	A 8	Bas-Val (R. du)	A 4	St-Louis (R.)	AB 23
Garangeot (R.)	B 12	Baudrairie (R. de la)	A 5	St-Yves (Pl.)	A 25
Notre-Dame (Pl. et R.)	B 20	Gaulle (Pl. Gén.-de)	B 13	Sévigné (R.)	B 26
Paris (R. de)	B	Jacobins (Bd des)	B 15	70e-R.I. (R. du)	B 27

Minotel sans rest, 47 r. Poterie ☎ 02 99 75 11 11, *Fax 02 99 75 81 26* – TV ☎ 📞. AE GB
☕ 35 – **16 ch** 225/330. AB b

Pichet, 17 bd Laval par ① ☎ 02 99 75 24 09, *Fax 02 99 75 81 50,* – P. AE GB
fermé dim. soir et lundi – Repas (nombre de couverts limité, prévenir) 95/220 🍷, enf. 50.

Rest. Petit Billot, 5 pl. Gén. Leclerc ☎ 02 99 74 68 88, *Fax 02 99 74 75 21* – GB B t
fermé vend. soir et sam. midi de sept. à avril, sam. soir de mai à août et dim. soir – Repas 85/170 🍷.

Petit Pressoir, 20 r. Paris ☎ 02 99 74 79 79, *Fax 02 99 74 07 00* – GB B k
fermé 10 au 24 août, dim. soir et lundi – **Repas** *(65)* - 85/195 🍷.

Taverne de l'Écu, 12 r. Beaudrairie ☎ 02 99 75 11 09, *Fax 02 99 75 82 97,* « Maison du 16e siècle » – AE GB A e
fermé vacances de Toussaint, de fév., dim. soir et merc. – **Repas** *(69)* - 80/170 🍷.

CITROEN Gar. Pinel, rte de Laval par ① ☎ 02 99 75 06 52
PEUGEOT Gar. Gendry, av. d'Helmstedt par ② ☎ 02 99 75 00 57
RENAULT Gar. Guilmault, rte de Laval par ① ☎ 02 99 75 00 53 N ☎ 06 08 30 83 95

Euromaster, av. d'Helmstedt ☎ 02 99 75 17 75

No se ponga en camino sin conocer la duración de su viaje.
*El **mapa Michelin** nº* **911** *es "el mapa para ganar tiempo".*

VITRY-LE-FRANÇOIS

SP 51300 *Marne* **61** ⑧ *G. Champagne* – *17 033 h alt. 105.*
Office de Tourisme pl. Giraud ☎ 03 26 74 45 30, Fax 03 26 72 12 76.
Paris 178 ⑤ – Bar-le-Duc 48 ② – Châlons-en-Champ. 31 ① – Troyes 78 ⑤ – Verdun 94 ②.

VITRY-LE-FRANÇOIS

Armes (Pl. d') ABY
Briand (R. Aristide) AZ
Gde-Rue-de-Vaux BY
Leclerc (Pl. Mar.) BY 23
Pont (R. du) AY

Arquebuse (R. de l') BZ 2
Beaux-Anges (R. des) BZ 4
Bourgeois (Fg. Léon) BZ 7
Chêne-Vert (R. du) BY 9
Dominé (Bd du Col.) AZ 10
Dominé-de-Verzet (R.) BZ 13
Guesde (R. Jules) AZ 14
Hôtel-de-Ville (R. de l') BZ 19
Joffre (Pl. Mar.) BZ 21
Minimes (R. des) AY 24
Moll (Av. du Col.) AZ 25
Paris (Av. de) AY 26
Petit-Denier (R. du) AY 28
Petite-Rue-de-Vaux BY 29
Petite-Sainte (R. de la) BZ 30
République (Av. de la) BZ 33
Royer-Collard (Pl.) BZ 34
St-Éloi (Rue de) BY 35
St-Michel (Rue) ABY 36
Ste-Memje (R.) BY 37
Sœurs (R. des) AY 40
Tanneurs (R. des) AYZ 42
Tour (R. de la) AY 44
Vieux-Port (Rue du) BZ 46
Vitry-le-Brûlé (Fg de) BY 47
106e-R.-I. (Av. du) BZ 49

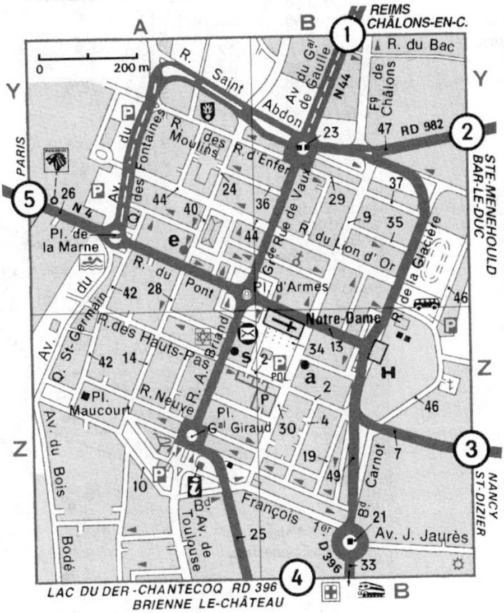

Poste, pl. Royer-Collard ☎ 03 26 74 02 65, *Fax 03 26 74 54 71,* – TV ☎ – 60. AE GB JCB BZ a
fermé 21 déc. au 5 janv. – **Repas** *(fermé dim.)* 108/240, enf. 60 – ☕ 55 – **31 ch** 280/520.

Cloche, 34 r. A. Briand ☎ 03 26 74 03 84, *Fax 03 26 74 15 52,* – TV ☎. AE GB AZ s
fermé 2 au 20 janv. et dim. soir du 1er nov. au 31 mai – Repas 130/280, enf. 70 – ☕ 40 – **22 ch** 190/300.

Gourmet des Halles, 11 r. Soeurs ☎ 03 26 74 48 88, *Fax 03 26 72 54 28* – AE GB AY e
fermé mardi soir – **Repas** 64/148 🍷, enf. 42.

CITROEN Blacy Autom., N 4 à Blacy par ⑤
✆ 03 26 74 15 29
NISSAN Soubert Autom., 18 r. du Vieux Port
✆ 03 26 74 60 82
OPEL Gar. Labroche, 201 av. de Champagne à Frignicourt ✆ 03 26 74 13 58
PEUGEOT Vitry-Champagne-Autom., 2 av. de Paris
✆ 03 26 74 11 47 **N** ✆ 03 26 74 11 47
RENAULT Roudier Autom., av. du Bois Legras par ② ✆ 03 26 74 52 02 **N** ✆ 06 07 35 87 03

SEAT Gar. Baudin, 62 fg de Vitry-le-Brûlé
✆ 03 26 74 66 06

Euromaster, 138 av. Gén.-Leclerc à Frignicourt
✆ 03 26 72 27 33
Pneus Legros Sud Point S, 14 av. de Paris
✆ 03 26 74 04 14

VITTEAUX *21350 Côte-d'Or* **65** ⑱ *G. Bourgogne – 1 064 h alt. 320.*
Paris 258 – Dijon 47 – Auxerre 99 – Avallon 54 – Beaune 69 – Montbard 34 – Saulieu 33.

Vieille Auberge, ✆ 03 80 49 60 88, – AE GB
fermé 12 au 22 nov. et 11 au 31 janv. – **Repas** (55) - 80/170 ♀, enf. 45.

North is at the top on all town plans.

VITTEL *88800 Vosges* **62** ⑭ *G. Alsace Lorraine – 6 296 h alt. 347 – Stat. therm. (mi-fév./déc.) – Casino* **AY**.
Voir *Parc★* **BY**.
9 18 18 ✆ *03 29 08 18 80* **BY**.
Office de Tourisme av. Bouloumié ✆ 03 29 08 08 88, Fax 03 29 08 37 99.
Paris 342 ② – Épinal 42 ① – Belfort 122 ① – Chaumont 84 ② – Langres 73 ② – Nancy 71 ①.

VITTEL

Bouloumié (Av. A.) . **AY** 3
Verdun (R. de) . . . . . **BZ** 26

Belgique (Av. de) . . . **AZ** 2
Dames (R. des) . . . . **BZ** 5
Div.-Leclerc (R.) . . . . **BZ** 7
Flers (Av. R.-de) . . . . **BZ** 8
Garnier (Av.) . . . . . . **BY** 9
Gaulle (Pl. Général-de) . . **BZ** 10
Gérémoy (Allée de) . **AY** 12
Jeanne-d'Arc (R.) . . **BZ** 13
Joffre (R. Mar.) . . . . **BZ** 15
Marne (Pl. de la) . . . **AZ** 17
Paris (R. de) . . . . **BZ** 18
St-Nicolas (R.) . . . . . **BY** 19
Sœur-Catherine (R.) **BZ** 20
Soulier (R. M.) . . . . **BYZ** 22
Tilleuls (Av. des) . . . . **AY** 24

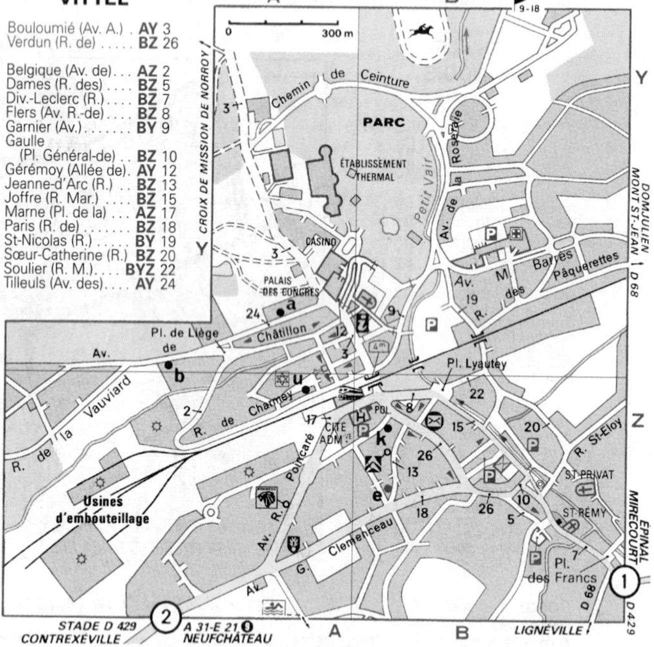

Angleterre, r. Charmey ✆ 03 29 08 08 42, *Fax 03 29 08 07 48*, – – 100. AE GB. rest — **AZ u**
fermé 20 déc. au 5 janv. – **Repas** 120/200 ♀, enf. 50 – 45 – **60 ch** 340/500 – ½ P 320/400.

Bellevue, 503 av. Châtillon ✆ 03 29 08 07 98, *Fax 03 29 08 41 89*, – – 40. AE GB — **AYZ b**
mai-oct. – **Repas** 100/200, enf. 40 – 45 – **36 ch** 240/380 – ½ P 290/375.

Castel Fleuri ⛐, 218 r. Metz ☏ 03 29 08 05 20, ≡ – ☎ [P]. GB — BZ k
hôtel : 20 mai-25 sept. ; rest. : 1er juin-25 sept. – **Repas** 99/140 – ☕ 30 – **33 ch** 100/299 – ½ P 239/248.

Beauséjour ⛐, 160 av. Tilleuls ☏ 03 29 08 09 34, *Fax 03 29 08 29 84* – ⛝ ☎. GB — AY a
15 avril-5 oct. – **Repas** 72/108 ♀, enf. 45 – ☕ 30 – **37 ch** 160/275 – ½ P 275/347.

Rétro, 158 r. Jeanne d'Arc ☏ 03 29 08 05 28, ☂ – ▤. AE ⓓ GB — BZ e
fermé 22 au 29 juin, 23 déc. au 12 janv., sam. midi et lundi – **Repas** 65 (déj.), 85/170, enf. 50.

à l'Ouest *par r. des Serres* **AZ** *: 3 km* – ✉ *88800 Vittel :*

Orée du Bois ⛐, ☏ 03 29 08 88 88, *Fax 03 29 08 01 61*, ☂, ⛹, ▣, ≡, ✂ – ⛓ TV ☎ ✆ [P] – 🏛 30. AE ⓓ GB. ⛝ ch
Repas *(fermé dim. soir de nov. à fév.)* 68/184 ♀, enf. 41 – ☕ 39 – **36 ch** 259/304 – ½ P 269/275.

CITROEN Gar. Villeminot, 106 r. J.-d'Arc ☏ 03 29 08 19 44 N ☏ 03 29 08 19 44
PEUGEOT Gar. Meny Vittel, 288 av. Poincaré ☏ 03 29 08 05 24 N ☏ 03 29 08 19 44
Ⓜ Boulet, pl. de la Marne ☏ 03 29 08 34 72

VIVÈS *66 Pyr.-Or.* 86 ⑲ – *rattaché au Boulou.*

VIVIERS-DU-LAC *73 Savoie* 74 ⑮ – *rattaché à Aix-les-Bains.*

Können Sie wegen Verkehrsstauungen erst nach 18 Uhr
in Ihrem Hotel sein, bestätigen Sie
telefonisch Ihre Zimmerreservierung ;
Sie gehen sicherer... und es ist Gepflogenheit.

Le VIVIER-SUR-MER *35960 I.-et-V.* 59 ⑥ – *1 012 h alt. 6.*
Paris 376 – St-Malo 21 – Dinan 35 – Dol-de-Bretagne 8 – Fougères 62 – Le Mont-St-Michel 32.

Bretagne (annexe 🏠 10 ch), ☏ 02 99 48 91 74, *Fax 02 99 48 81 10*, ⛹ – TV ☎ [P]. AE ⓓ GB JCB
fermé 1er déc. au 15 fév., lundi sauf le soir en juil.-août et dim. soir de sept. à juin – **Repas** 90/350 ♀, enf. 55 – ☕ 36 – **26 ch** 260/320 – ½ P 360.

VIVONNE *86370 Vienne* 68 ⑬ *G. Poitou Vendée Charentes – 2 955 h alt. 103.*
Paris 353 – Poitiers 19 – Angoulême 93 – Confolens 61 – Niort 65 – St-Jean-d'Angély 102.

St-Georges Ⓜ, Gde rue (près église) ☏ 05 49 89 01 89, *Fax 05 49 89 00 22* – TV ☎ ✆ ♿. GB. ⛝ rest
Repas (dîner seul.)(résidents seul.) 75 bc – ☕ 35 – **28 ch** 230/280 – ½ P 220/240.

Treille, av. Bordeaux ☏ 05 49 43 41 13, *Fax 05 49 89 00 72*, ☂ – GB
fermé vacances de fév. et merc. hors saison – **Repas** *(49)* - 76/220 ♀, enf. 45.

PEUGEOT Gar. Babeau, ☏ 05 49 43 41 29 N ☏ 05 49 43 41 29

VIZILLE *38220 Isère* 77 ⑤ *G. Alpes du Nord – 7 094 h alt. 270.*
Voir Château★.
ℹ *Office de Tourisme ☏ 04 76 68 15 16, Fax 04 76 78 94 49 et Mairie ☏ 04 76 68 08 22.*
Paris 583 – Grenoble 18 – Le Bourg-d'Oisans 32 – La Mure 23 – Villard-de-Lans 45.

Château de Cornage ⛐, Nord : 1 km par Z.I. Cornage et rte secondaire ☏ 04 76 68 28 00, *Fax 04 76 68 23 50*, ≤, ☂, « Parc », ⛱ – ⛓ ⛝ TV ☎ P – 🏛 30 à 100. AE ⓓ GB
Repas 89/315 ♀, enf. 60 – ☕ 48 – **17 ch** 280/360 – ½ P 290.

CITROEN Chabuel Autom., ☏ 04 76 68 29 80
RENAULT Gar. Muzet, ☏ 04 76 78 70 00 N ☏ 04 76 68 28 28
RENAULT Vizille Autom., ☏ 04 76 68 05 36 N ☏ 04 76 68 05 36

VIZZAVONA (col de) *2B H.-Corse* 90 ⑥ – *voir à Corse.*

VOGELGRUN *68 H.-Rhin* 62 ⑳ – *rattaché à Neuf-Brisach.*

VOIRON *38500 Isère* 77 ④ *G. Alpes du Nord* – *18 686 h alt. 290.*

Voir *Caves de la Chartreuse** **BZ.**

Office de Tourisme 58 cours Becquart Castelbon ☎ 04 76 05 00 38, Fax 04 76 65 63 21.

Paris 548 ① – Grenoble 28 ④ – Bourg-en-Bresse 112 ① – Chambéry 43 ② – Lyon 86 ① – Romans-sur-Isère 73 ④ – Valence 88 ④ – Vienne 69 ④.

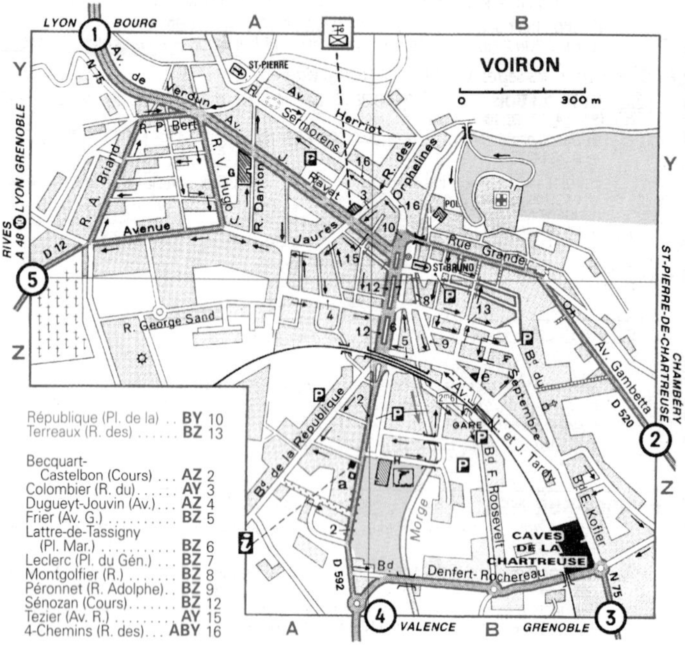

Clarine Ⓜ, 72 cours Becquart Castelbon ☎ 04 76 65 90 00, *Fax 04 76 65 71 22* – 🛗 ▤ 📺 ☎ ✆ ♿ – 🎪 30. AE ⓓ GB — AZ a

Taverne du Parc **: Repas** *(70)* - 90/130 ⅋, enf. 50 – ☕ 36 – **42 ch** 295 – ½ P 240.

Chaumière 🔇, r. Chaumière (par bd République - **AZ** *-dir. Criel)* ☎ 04 76 05 16 24, *Fax 04 76 05 13 27,* 🍽 – 📺 ☎ 🅿. AE GB. ✂

fermé sam. (sauf hôtel en juil.-août) – **Repas** 80/160 ⅋, enf. 50 – ☕ 35 – **20 ch** 180/280 – ½ P 350/450.

Serratrice, 3 av. Tardy ☎ 04 76 05 29 88, *Fax 04 76 05 45 62* – AE ⓓ GB — BZ e

fermé 20 juin au 5 sept., dim. soir et lundi – **Repas** - produits de la mer - 108 bc (déj.), 150/480.

Eden, par ② *: 1 km sur D 520* ☎ 04 76 05 17 40, *Fax 04 76 05 70 32,* ←, 🍽, 🌳 – 🅿. AE ⓓ GB

fermé 24 août au 7 sept., dim. soir et lundi – **Repas** 120/250 ⅋.

AUDI, VOLKSWAGEN Gar. du Parc, 1 av. de Paviot ☎ 04 76 67 06 80
FORD Gar. Gauduel, ZI des Blanchisseries N 75 par ① ☎ 04 76 05 06 99
OPEL Eclair Autom., av. J.-Kennedy ☎ 04 76 05 04 04
PEUGEOT Gar. Guilmeau, ZI des Blanchisseries N 75 par ① ☎ 04 76 67 07 87

RENAULT Performance Autom., ZI du Parvis, rte de Rives ☎ 04 76 66 11 22
RENAULT Rives Autom., 302 r. du Plan à Rives par ① ☎ 04 76 91 03 06

Euromaster, bd Denfert-Rochereau ☎ 04 76 05 06 39

VOISINS-LE-BRETONNEUX *78 Yvelines* 60 ⑨, 101 ㉒ – *voir à Paris, Environs (St-Quentin-en-Yvelines).*

VOLNAY *21 Côte-d'Or* 70 ① – *rattaché à Beaune.*

VOLONNE *04290 Alpes-de-H.-P.* 81 ⑯ *G. Alpes du Sud – 1 387 h alt. 450.*
Paris 719 – Digne-les-Bains 28 – Château-Arnoux-St-Auban 3 – Forcalquier 33 – Manosque 47 – Sault 68 – Sisteron 13.

Aub. des Deux Tours, ☎ 04 92 62 60 11, *Fax 04 92 62 60 11,* – GB
fermé 15 déc. au 15 janv., dim. soir sauf juil.-août et lundi – **Repas** 98/230, enf. 50.

VOLVIC *63530 P.-de-D.* 73 ⑭ *G. Auvergne – 3 930 h alt. 510.*
Voir *Maison de la Pierre : coulée de lave★ – Musée municipal Marcel-Sahut : dessins de Daumier★, collection de demi-noix de coco★ – Ruines du château de Tournoël★ : ※★ du donjon N : 1,5 km.*
Office de Tourisme (15 juin-15 sept. sauf dim.) 25 pl. de l'Église ☎ 04 73 33 58 73, Fax 04 73 33 58 73.
Paris 419 – Clermont-Ferrand 13 – Aubusson 85 – Le Mont-Dore 58 – Riom 7 – Ussel 87.

à Luzet *Ouest : 4 km par D 986 rte de Pontgibaud – ✉ 63530 Volvic :*

Rose des Vents , ☎ 04 73 33 50 77, *Fax 04 73 33 57 11,* ←, , , , – TV ☎ P – 30. AE GB
fermé 24 déc. à Pâques, lundi (sauf hôtel), mardi midi et dim. soir du 15 sept. au 15 juin – **Repas** *(79)* - 115/220 , enf. 60 – 38 – **26 ch** 250/295 – 1/2 P 285.

VONNAS *01540 Ain* 74 ② *– 2 381 h alt. 200.*
Paris 407 – Mâcon 19 – Bourg-en-Bresse 25 – Lyon 66 – Villefranche-sur-Saône 41.

Georges Blanc M , ☎ 04 74 50 90 90, *Fax 04 74 50 08 80,* « Élégante hostellerie au bord de la Veyle, jardin fleuri », , – TV ☎ – 80. AE GB
✿✿✿ *fermé 4 janv. au 12 fév. –* **Repas** *(fermé mardi sauf le soir du 15 juin au 15 sept. et lundi sauf fériés)* (nombre de couverts limité, prévenir) 470/860 et carte 530 à 700, enf. 160 – 110 – **32 ch** 850/1800, 6 appart
Spéc. Foie gras de canard confit en écorce d'épices. Aile de pigeon rôti servie dans un bouillon corsé. Panouille bressane glacée à la confiture de lait. **Vins** Mâcon-Azé, Chiroubles.

Résidence des Saules sans rest, ☎ 04 74 50 90 51, *Fax 04 74 50 08 80* – TV ☎. AE GB
fermé 4 janv. au 12 fév. – 110 – **6 ch** 550, 4 appart.

L'Ancienne Auberge, ☎ 04 74 50 90 50, *Fax 04 74 50 08 80,* – AE GB
fermé 4 janv. au 12 fév. – **Repas** 110/230.

PEUGEOT Gar. Mousset, ☎ 04 74 50 06 02
RENAULT Gar. Morel, ☎ 04 74 50 15 66 N ☎ 04 74 50 15 66

VOREPPE *38340 Isère* 77 ④ *– 8 446 h alt. 229.*
Paris 558 – Grenoble 18 – Chambéry 43 – Lyon 97 – Valence 85.

Novotel M, près échangeur A 48 ☎ 04 76 50 55 55, *Fax 04 76 56 76 26,* , , – TV ☎ P – 25 à 130. AE GB
Repas carte environ 170 , enf. 50 – 55 – **114 ch** 465/480.

PEUGEOT Gar. Buissière, 30 rte de Palluel ☎ 04 76 56 61 39

VOUGEOT *21640 Côte-d'Or* 66 ⑫ *– 176 h alt. 239.*
Voir *Château du Clos de Vougeot★ O, G. Bourgogne.*
Paris 324 – Dijon 17 – Beaune 26.

à Gilly-lès-Cîteaux *Est : 2 km par D 251 – 517 h. alt. 227 – ✉ 21640 :*

Château de Gilly , ☎ 03 80 62 89 98, *Fax 03 80 62 82 34,* , « Ancien palais abbatial cistercien, jardins à la française », – TV ☎ P – 100. AE GB JCB. rest
fermé 24 janv. au 5 mars – **Repas** 195/680 bc, enf. 90 – 85 – **40 ch** 700/1480, 8 appart – 1/2 P 790/1180.

VOUGY *74130 H.-Savoie* 74 ⑦ *– 867 h alt. 471.*
Paris 564 – Chamonix-Mont-Blanc 48 – Thonon-les-Bains 52 – Annecy 47 – Bonneville 7 – Cluses 7 – Genève 34.

Capucin Gourmand, rte Bonneville ☎ 04 50 34 03 50, *Fax 04 50 34 57 57,* – P. AE GB
fermé 15 août au 10 sept., 1er au 8 janv., dim. soir et lundi – **Repas** 230 bc/290 et carte 220 à 390 - ***Bistrot du Capucin :*** **Repas** *(98)* - 128.

Une réservation confirmée par écrit ou par fax est toujours plus sûre.

VOUILLÉ *86190 Vienne* 68 ⑬ *– 2 574 h alt. 118.*

Paris 345 – Poitiers 17 – Châtellerault 45 – Parthenay 32 – Saumur 90 – Thouars 54.

Cheval Blanc avec ch, ✆ 05 49 51 81 46, *Fax 05 49 51 96 31* – ☎ P. AE ① GB
Repas 73/220 ♁, enf. 50 – ☕ 35 – **17 ch** 190/280 – 1/2 P 210/230.

Annexe Clovis M, – TV ☎ ✆ ♿ – 🏔 30. AE ① GB. ✗ ch
Repas – ☕ 35 – **30 ch** 260/330 – 1/2 P 210/230.

VOULAINES-LES-TEMPLIERS *21290 Côte-d'Or* 65 ⑨ *– 383 h alt. 265.*

Paris 252 – Chaumont 54 – Châtillon-sur-Seine 20 – Dijon 77.

Forestière sans rest, ✆ 03 80 81 80 65, – ☎ P. GB
fermé janv., fév. et dim. soir hors saison – ☕ 30 – **10 ch** 220/290.

VOUVANT *85120 Vendée* 67 ⑯ *G. Poitou Vendée Charentes – 829 h alt. 70.*

Voir *Eglise★ – Château : tour Mélusine★ (✻★).*

Office de Tourisme ✆ 02 51 00 86 80, Fax 02 51 00 89 42.

Paris 411 – Bressuire 44 – Fontenay-le-Comte 16 – Parthenay 48 – La Roche-sur-Yon 61.

Aub. Maître Pannetier, ✆ 02 51 00 80 12, *Fax 02 51 87 89 37,* – TV ☎. GB
fermé 15 au 30 nov. et fév. – **Repas** *(fermé dim. soir et lundi sauf juil.-août)* 70/350, enf. 48 – ☕ 38 – **7 ch** 200/270 – 1/2 P 265/285.

VOUVRAY *37210 I.-et-L.* 64 ⑮ *G. Châteaux de la Loire – 2 933 h alt. 55.*

Paris 239 – Tours 9 – Amboise 17 – Blois 49 – Château-Renault 26.

Grand Vatel avec ch, 8 av. Brûlé ✆ 02 47 52 70 32, *Fax 02 47 52 74 52,* – ☎ ✆ P. AE GB
fermé 1er au 15 mars – **Repas** *(fermé dim. soir et lundi)* 115/290 bc – ☕ 35 – **6 ch** 250/270 – 1/2 P 260/285.

à Noizay *Est : 8,5 km par D 46 et D 1 – ✉ 37210 :*

Château de Noizay, ✆ 02 47 52 11 01, *Fax 02 47 52 04 64*, <, , parc, « Château du 16e siècle », , ✗ – TV ☎ P – 🏔 25. AE GB. ✗ rest
fermé 4 janv. au 14 mars – **Repas** 155 (déj.), 240/360 ♀ – ☕ 85 – **14 ch** 650/1350 – 1/2 P 760/1110.

RENAULT Gar. des Sports, ✆ 02 47 52 73 36

VOUVRAY-SUR-LOIR *72500 Sarthe* 64 ④ *– 836 h alt. 56.*

Paris 241 – Le Mans 46 – La Flèche 45 – Langeais 53 – Tours 41 – Vendôme 54.

Pas Perdus et H. Port Gautier avec ch, au Port Gautier, Est : 1,5 km par D 64 ✆ 02 43 79 44 62, *Fax 02 43 44 66 03* – TV ☎ P. GB
fermé 15 janv. au 8 fév., lundi (sauf hôtel) et dim. soir du 1er sept. au 31 mai – **Repas** 85/200 ♀ – ☕ 27 – **9 ch** 220/260 – 1/2 P 220.

VOVES *28150 E.-et-L.* 60 ⑱ *– 2 785 h alt. 146.*

Paris 99 – Chartres 23 – Ablis 35 – Bonneval 23 – Châteaudun 38 – Étampes 50 – Orléans 57.

Quai Fleuri, rte Auneau ✆ 02 37 99 15 15, *Fax 02 37 99 11 20,* , parc – TV ☎ ✆ ♿ P – 🏔 40. AE ① GB
fermé 21 déc. au 10 janv., dim. soir et soirs fériés – **Repas** 79/255 ♀, enf. 52 – ☕ 45 – **17 ch** 295/490 – 1/2 P 330.

CITROEN Gar. Jeannot, ✆ 02 37 99 01 70 N ✆ 02 37 99 01 70
PEUGEOT Gar. Poupaux, ✆ 02 37 99 10 55 N ✆ 02 37 99 10 55
RENAULT Gar. Nadler, ✆ 02 37 99 17 82

WAHLBACH *68 H.-Rhin* 66 ⑩ *– rattaché à Altkirch.*

WANGENBOURG *67710 B.-Rhin* 62 ⑧ ⑨ *G. Alsace Lorraine – alt. 452.*

Voir *Site★.*

Env. *Château et cascade du Nideck★★ SO : 9 km puis 1 h 15.*

Office de Tourisme rte Gén.-de-Gaulle ✆ 03 88 87 32 44, Fax 03 88 87 32 06.

Paris 469 – Strasbourg 41 – Molsheim 30 – Sarrebourg 37 – Saverne 20 – Sélestat 63.

Parc, ✆ 03 88 87 31 72, *Fax 03 88 87 38 00,* <, , « Parc ombragé », , ✗ – cuisinette ☎ P – 🏔 40. GB. ✗
20 mars-5 nov. – **Repas** 110/265 ♀, enf. 60 – ☕ 55 – **33 ch** 286/428 – 1/2 P 390.

La WANTZENAU *67 B.-Rhin* 62 ⑩ *– rattaché à Strasbourg.*

WASSELONNE *67310 B.-Rhin* 62 ⑨ *G. Alsace Lorraine – 4 916 h alt. 220.*

Office de Tourisme (15 juin-15 sept.) pl. du Gén.-Leclerc ✆ 03 88 59 12 00.

Paris 462 – Strasbourg 26 – Haguenau 41 – Molsheim 15 – Saverne 14 – Sélestat 48.

Host. de l'Étoile M, pl. Mar. Leclerc ✆ 03 88 87 03 02, *Fax 03 88 87 16 06* – TV ☎ ♿ P. GB
Repas 58/150 ♀ – ☕ 30 – **30 ch** 140/260 – ½ P 175/210.

Au Saumon avec ch, r. Gén. de Gaulle ✆ 03 88 87 01 83, *Fax 03 88 87 46 69*, – TV ☎. AE ◑ GB
fermé 1er *au 15 janv., dim. soir (sauf hôtel) du 15 sept. à Pâques et lundi* – **Repas** *(60)* - 110/225 ♀, enf. 46 – ☕ 33 – **12 ch** 140/250 – ½ P 285.

à Romanswiller *Ouest : 3,5 km par D 224 – 1 155 h. alt. 220 – ✉ 67310 :*

Aux Douceurs Marines, 2 rte Wangenbourg ✆ 03 88 87 13 97, *Fax 03 88 87 28 21*, – P. AE GB.
fermé vacances de Toussaint, de fév., mardi soir et merc. – **Repas** 65/240 ♀, enf. 35.

CITROEN, NISSAN Gar. Caspar, ✆ 03 88 87 03 72

RENAULT Gar. Kern, ✆ 03 88 87 01 92 N ✆ 03 88 87 27 27

Halten Sie beim Betreten des Hotels oder des Restaurants den Führer in der Hand. Sie zeigen damit, daß Sie aufgrund dieser Empfehlung gekommen sind.

WENGELSBACH *67 B.-Rhin* 87 ② *– rattaché à Niedersteinbach.*

WESTHALTEN *68250 H.-Rhin* 62 ⑱ *G. Alsace Lorraine – 770 h alt. 240.*

Paris 479 – Colmar 21 – Guebwiller 10 – Mulhouse 28 – Thann 25.

Aub. Cheval Blanc (Koehler) M avec ch, ✆ 03 89 47 01 16, *Fax 03 89 47 64 40*, – |‡|, ▤ rest, TV ☎ ♿ P – 30. GB
fermé 29 juin au 9 juil. et 8 fév. au 4 mars – **Repas** *(fermé dim. soir, mardi midi et lundi)* 160/420 et carte 250 à 360 ♀, enf. 80 – ☕ 55 – **12 ch** 350/480 – ½ P 450/500
Spéc. Dégustation de foies gras en trois services. Minute de saumon "façon tarte flambée". Noisettes de chevreuil (13 mai au 31 janv). **Vins** Riesling, Tokay-Pinot gris.

WETTOLSHEIM *68 H.-Rhin* 62 ⑲ *– rattaché à Colmar.*

WIMEREUX *62930 P.-de-C.* 51 ① *G. Flandres Artois Picardie – 7 109 h alt. 7.*

18 ✆ *03 21 32 43 20, N : 2 km.*

Paris 265 – Calais 34 – Arras 118 – Boulogne-sur-Mer 6 – Marquise 12.

Centre, 78 r. Carnot ✆ 03 21 32 41 08, *Fax 03 21 33 82 48*, – TV ☎ P. GB
fermé 9 au 15 juin et 20 déc. au 19 janv. – **Repas** *(fermé dim. soir du 15 nov. au 31 mars et lundi)* 99/170 ♀ – ☕ 38 – **25 ch** 280/350.

Liégeoise et Atlantic H. avec ch, digue de mer (1er étage) ✆ 03 21 32 41 01, *Fax 03 21 87 46 17*, ← – |‡| TV ☎ P – 50. AE ◑ GB
fermé fév. – **Repas** *(fermé dim. soir)* 115/170 ♀ – ☕ 50 – **10 ch** 450/500 – ½ P 430.

Epicure, 1 r. Gare ✆ 03 21 83 21 83, *Fax 03 21 33 53 20* – AE GB
fermé vacances de Noël, dim. soir et merc. – **Repas** (nombre de couverts limité, prévenir) 125/195 ♀.

RENAULT Gar. Coquart, 5 pl. O.-Dewavrin ✆ 03 21 32 40 02

Clinique du Pneu, N 1 à Marquise ✆ 03 21 92 86 61

WIMILLE *62 P.-de-C.* 51 ① *– rattaché à Boulogne-sur-Mer.*

WISEMBACH *88520 Vosges* 62 ⑱ *– 370 h alt. 500.*

Paris 406 – Colmar 43 – Épinal 64 – St-Dié 15 – Ste-Marie-aux-Mines 10 – Sélestat 32.

Blanc Ru avec ch, ✆ 03 29 51 78 51, *Fax 03 29 51 70 67*, – TV ☎ P. ◑ GB
fermé 15 au 27 sept., fév., dim. soir et lundi – **Repas** 110/220 ♀, enf. 65 – ☕ 37 – **7 ch** 270/340 – ½ P 270.

WISSEMBOURG ⟨SP⟩ *67160 B.-Rhin* **57** ⑲ *G. Alsace Lorraine – 7 443 h alt. 157.*

Voir *Vieille ville★ : église St-Pierre et St-Paul★* A – *Col du Pigeonnier* ≤★ *5 km par* ③.

Env. *Village★★ d'Hunspach 11 km par* ②.

Office de Tourisme pl. République ✆ *03 88 94 10 11, Fax 03 88 94 18 82.*

Paris 498 ③ – *Strasbourg 64* ② – *Haguenau 31* ② – *Karlsruhe 41* ② – *Sarreguemines 83* ③.

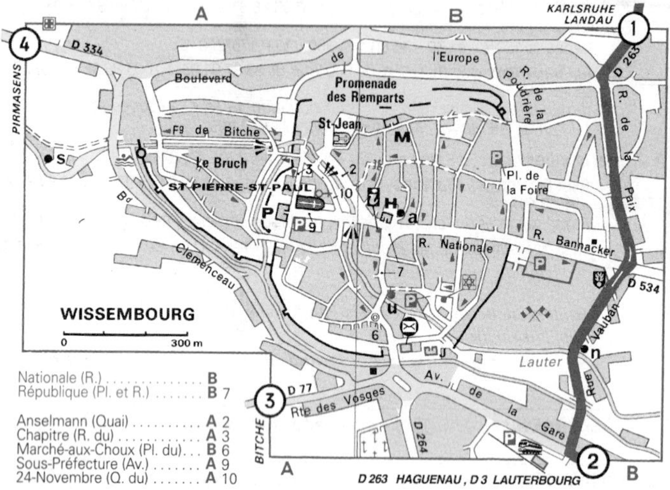

Nationale (R.) . . . . B
République (Pl. et R.) . . . . B 7

Anselmann (Quai) . . . . A 2
Chapitre (R. du) . . . . A 3
Marché-aux-Choux (Pl. du) . . . B 6
Sous-Préfecture (Av.) . . . . A 9
24-Novembre (Q. du) . . . . A 10

Moulin de la Walk ⟡, 2 r. Walk ✆ 03 88 94 06 44, *Fax 03 88 54 38 03*, ☂, ⛱ – TV ☎ ♿ P. GB. ✗ ch — A s
fermé 15 au 30 juin, 6 au 26 janv., vend. midi, dim. soir et lundi – **Repas** 180/210 ♀ – ☕ 36 – **25 ch** 310/360 – ½ P 340.

Alsace sans rest, 16 r. Vauban ✆ 03 88 94 98 43, *Fax 03 88 94 19 60* – TV ☎ ✆ ♿. AE ⓓ GB — B n
fermé 19 déc. au 11 janv. – ☕ 32 – **41 ch** 230/286.

XX **Host. du Cygne** avec ch, 3 r. Sel ✆ 03 88 94 00 16, *Fax 03 88 54 38 28*, ☂ – TV ☎ ✆ P. GB. ✗ — B a
fermé 1er au 15 juil., 18 fév. au 6 mars, jeudi midi et merc. – **Repas** 120/340 bc, enf. 65 – ☕ 40 – **16 ch** 275/400 – ½ P 300/350.

XX **L'Ange,** 2 r. République ✆ 03 88 94 12 11, *Fax 03 88 94 12 11*, ☂ – AE GB — B u
fermé 1er au 15 août, vacances de fév., mardi sauf le midi en été et merc. – **Repas** 165 (déj.), 230/330 ♁.

à Altenstadt *par* ② *: 2 km* – ✉ *67160 Wissembourg :*

XX **Rôtisserie Belle Vue,** ✆ 03 88 94 02 30, *Fax 03 88 54 80 14*, ☂ – P. AE ⓓ GB JCB
fermé 10 août au 2 sept., 15 fév. au 3 mars, lundi et mardi – **Repas** 150/230 ♀.

RENAULT Gar. Grasser, allée Peupliers par ② ✆ 03 88 94 96 00

YENNE *73170 Savoie* **74** ⑮ *G. Alpes du Nord – 2 449 h alt. 229.*

Paris 519 – Aix-les-Bains 21 – Bellegarde-sur-Valserine 57 – Belley 11 – Chambéry 26 – La Tour-du-Pin 35.

XX **Diligence,** ✆ 04 79 36 80 78 – GB
fermé 15 au 30 nov., 15 au 31 janv., dim. soir et lundi – **Repas** 75/200 ♀.

CITROEN Gar. Gache, ✆ 04 79 36 90 08
PEUGEOT Gar. Berger, ✆ 04 79 36 70 20
RENAULT Gar. Clément, ✆ 04 79 36 72 32 N ✆ 08 00 05 15 15

YERVILLE *76760 S.-Mar.* **52** ⑭ *– 1 948 h alt. 156.*

Paris 163 – Rouen 33 – Dieppe 42 – Fécamp 48 – Le Havre 68.

XX **Voyageurs,** ✆ 02 35 96 82 55, *Fax 02 35 96 16 86*, ⛱ – P. GB
fermé dim. soir et lundi sauf fériés –
Repas 80/265.

YEU (Ile d') ★★ *85 Vendée* 67 ⑪ *G. Poitou Vendée Charentes – 4 941 h.*

Accès *par transports maritimes, pour* **Port-Joinville.**

⛴ *depuis* **Fromentine.** *Traversée 40 ou 70 mn – Renseignements à Régie Départementale des Passages d'Eau de la Vendée, B.P. 16, 85550 La Barre-de-Monts ✆ 02 51 49 59 69, Fax 02 51 49 59 70.*

⛴ *depuis* **Barbâtre (la Fosse) et St-Gilles-Croix-de-Vie :** *services saisonniers – Renseignements et Tarifs : Vedettes Inter-Iles Vendéennes 85630 Barbâtre ✆ 02 51 39 00 00, Fax 02 51 39 54 26.*

Port-de-la-Meule – ✉ *85350 L'Ile d'Yeu.*

Voir *Côte Sauvage★★ : ≤★★ E et O – Pointe de la Tranche★ SE.*

Port-Joinville – ✉ *85350 L'Ile d'Yeu.*

Voir *Vieux Château★ : ≤★★ SO : 3,5 km – Grand Phare ≤★ SO : 3 km.*

ℹ *Office de Tourisme pl. Marché ✆ 02 51 58 32 58.*

Atlantic H. Ⓜ sans rest, quai Carnot ✆ 02 51 58 38 80, *Fax 02 51 58 35 92* – TV ☎ ♿. AE GB
fermé 10 janv. au 2 fév. – ☕ 33 – **15 ch** 335/385.

Flux H. ♨, 27 r. P.-Henry ✆ 02 51 58 36 25, *Fax 02 51 59 44 57*, ⛱, ⛱ – TV ☎ P. GB
fermé 20 nov. au 15 janv. – **Repas** *(fermé dim. soir)* 88/180, enf. 40 – ☕ 38 – **15 ch** 330/400 – ½ P 330/370.

Escale sans rest, La Croix de port ✆ 02 51 58 50 28, *Fax 02 51 59 33 55* – ▤ TV ☎ ♿. GB
fermé 2 au 15 janv. – ☕ 35 – **28 ch** 250/300.

RENAULT Gar. Cantin, 55 r. de la Saulzaie à l'Ile d'Yeu ✆ 02 51 58 33 80 N ✆ 02 51 58 33 80

Se siete in ritardo sull'itinerario previsto,
alle 18 confermate telefonicamente la prenotazione :
la sicurezza e la consuetudine lo esigono.

YFFINIAC *22 C.-d'Armor* 59 ③ – *rattaché à St-Brieuc.*

YSSINGEAUX SP *43200 H.-Loire* 76 ⑧ *G. Vallée du Rhône – 6 118 h alt. 829.*

ℹ *Office de Tourisme pl. Carnot ✆ 04 71 59 10 76, Fax 04 71 65 55 42.*

Paris 566 – Le Puy-en-Velay 27 – Ambert 73 – Privas 104 – St-Étienne 52 – Valence 94.

Bourbon Ⓜ, 5 pl. Victoire ✆ 04 71 59 06 54, *Fax 04 71 59 00 70* – TV ☎ ✆ – 🏛 25. AE GB
fermé 25 juin au 6 juil., janv., lundi sauf juil.-août et dim. soir – **Repas** 95/290 ♀, enf. 65 – ☕ 45 – **11 ch** 290/380 – ½ P 262/304.

CITROEN Gar. Morison, à Bellevue ✆ 04 71 59 00 68 N ✆ 04 71 59 00 68
CITROEN Gar. Surrel, r. de Verdun Sud par D 7 ✆ 04 71 59 07 46 N ✆ 04 71 59 09 44
PEUGEOT Gar. Sagnard, ZI La Guide ✆ 04 71 59 03 39
RENAULT Gar. Durand, ZI de la Guide ✆ 04 71 59 13 31
Gar. Chapuis, av. Mar.-de-Vaux ✆ 04 71 59 05 24 N ✆ 04 71 59 15 80

Ⓜ R.I.P.A. Pneus, à Ste-Sigolène ✆ 04 71 66 19 73 N ✆ 04 71 66 19 73
Relais du Pneu, 33 r. Alsace Lorraine ✆ 04 71 59 18 13

YVES *17340 Char.-Mar.* 71 ⑬ – *893 h alt. 9.*

Paris 474 – La Rochelle 25 – Châtelaillon-Plage 9 – Rochefort 14.

Air Marin Ⓜ, N 137 ✆ 05 46 56 18 15, *Fax 05 46 56 22 27*, ≤, 🏊 – TV ☎ ✆ ♿ P. GB
Repas 72/230 ♀ – ☕ 40 – **43 ch** 310/340 – ½ P 265.

YVETOT *76190 S.-Mar.* 52 ⑬ *G. Normandie Vallée de la Seine – 10 807 h alt. 147.*

Voir *Verrières★★ de l'église* **E.**

ℹ *Office de Tourisme pl. Victor Hugo ✆ 02 35 95 08 40, Fax 02 35 95 08 40 et (hors saison) à la Mairie ✆ 02 35 95 14 54.*

Paris 170 ② – Le Havre 55 ⑤ – Rouen 36 ② – Dieppe 55 ② – Fécamp 35 ⑤ – Lisieux 87 ⑤.

Plan page suivante

Havre, pl. Belges **(a)** ✆ 02 35 95 16 77, *Fax 02 35 95 21 18* – TV ☎ ✆ 🚗. AE GB
Closerie ✆ *02 35 95 65 65 (fermé dim. soir sauf fêtes)* **Repas** *(90)*-115 ♀, enf. 50 – ☕ 55 – **28 ch** 260/350 – ½ P 260/280.

à Motteville *par ②, N 29 et D 20 : 9 km – 706 h. alt. 160 – ✉ 76970 :*

Aub. du Bois St-Jacques, à la Gare ✆ 02 35 96 83 11, *Fax 02 35 96 23 18* – P. GB
fermé août, lundi soir et mardi – **Repas** 80/175 ♀, enf. 50.

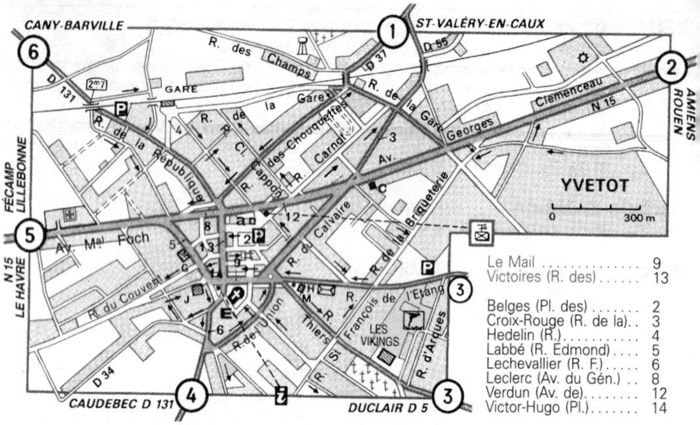

Le Mail 9
Victoires (R. des) 13

Belges (Pl. des) 2
Croix-Rouge (R. de la) . . 3
Hedelin (R.) 4
Labbé (R. Edmond) 5
Lechevallier (R. F.) 6
Leclerc (Av. du Gén.) . . 8
Verdun (Av. de) 12
Victor-Hugo (Pl.) 14

à Croix-Mare *par ② et N 15 : 8 km – 591 h. alt. 156 – ✉ 76190 Yvetot :*

✕ **Aub. de la Forge,** ℘ 02 35 91 25 94 – P. AE ⓓ GB
fermé mardi soir et merc. sauf fêtes – **Repas** 99/245 bc, enf. 60.

CITROEN Gar. Aribit Benard, ZA d'Auzebosc par ④ ℘ 02 35 95 40 31 N ℘ 02 35 95 40 31
FIAT Gar. Guillot, ZA N 15 à Ste-Marie-des-Champs ℘ 02 35 95 18 44
FORD Viking Autom., 14 av. Gén.-Leclerc ℘ 02 35 95 12 99
PEUGEOT Autom. Leroux, N 15 bis à Valliquerville par ⑤ ℘ 02 35 95 16 66

RENAULT S.E.L.C.O., N 15 par ⑤ ℘ 02 35 95 00 88

Ⓟ Aube Pneus Point S, ZI ℘ 02 35 56 89 89
Pain Pneus, 58 r. F.-Lechevalier ℘ 02 35 95 42 13
Rouen Pneus Caux, à Ourville-en-Caux ℘ 02 35 27 60 35

YVOIRE *74140 H.-Savoie* **70** ⑯ ⑰ *G. Alpes du Nord – 432 h alt. 380.*

Voir *Village médiéval★ : jardin des Cinq Sens★.*

Office de Tourisme pl. Mairie ℘ 04 50 72 80 21, Fax 04 50 72 91 61 et (saison) au Port de Plaisance ℘ 04 50 72 87 06.

Paris 565 – Thonon-les-Bains 16 – Annecy 71 – Bonneville 41 – Genève 26.

Pré de la Cure, ℘ 04 50 72 83 58, *Fax 04 50 72 91 15,* <, 🍽, – 🛗 TV ☎ 🚗 P. AE GB
12 mars-4 nov. – **Repas** *(fermé merc. sauf de mai à sept.)* 102/280 ♀, enf. 58 – ☕ 42 – **25 ch** 335/360 – ½ P 355.

Vieux Logis 🐌, ℘ 04 50 72 80 24, *Fax 04 50 72 90 76,* 🍽, « Maison du 14e siècle » – TV ☎ 📞 P – 🏊 25. AE ⓓ GB
1er mars-30 nov. – **Repas** *(fermé lundi)* 99/210, enf. 60 – ☕ 39 – **11 ch** 330/350.

✕✕ **Port** M 🐌 avec ch, ℘ 04 50 72 80 17, *Fax 04 50 72 90 71,* <, 🍽, « Terrasse au bord du lac » – ▤ ch, TV ☎. AE GB. ✂ ch
15 mars-1er nov. et fermé merc. sauf du 15 juin au 15 sept. – **Repas** 120 (déj.), 160/200 ♀ – ☕ 40 – **4 ch** 700/800.

✕✕ **Vieille Porte,** ℘ 04 50 72 80 14, *Fax 04 50 72 92 04,* 🍽, « Maison du 14e siècle, terrasse avec < lac et village », – GB
1er mars-30 nov. et fermé lundi sauf juil.-août – **Repas** *(98)* - 140 (déj.), 170/290 ♀, enf. 50.

✕✕ **Les Flots Bleus** 🐌 avec ch, ℘ 04 50 72 80 08, *Fax 04 50 72 84 28,* <, 🍽, « Terrasse ombragée face au lac » – TV ☎. AE GB
avril-fin sept. – **Repas** 100/320 ♀, enf. 56 – ☕ 42 – **10 ch** 300/370 – ½ P 322/357.

Besonders angenehme Hotels oder Restaurants sind im Führer rot gekennzeichnet.
Sie können uns helfen, wenn Sie uns die Häuser angeben, in denen Sie sich besonders wohl gefühlt haben.
Jährlich erscheint eine komplett überarbeitete Ausgabe aller Roten **Michelin-Führer**.

🏨🏨🏨🏨🏨 ... 🏨

✕✕✕✕✕ ... ✕

YZEURES-SUR-CREUSE *37290 I.-et-L.* 68 ⑤ *– 1 747 h alt. 74.*

Paris 317 – Poitiers 66 – Châteauroux 73 – Châtellerault 28 – Tours 83.

Promenade, ✆ 02 47 91 49 00, *Fax 02 47 94 46 12* – TV ☎. GB
fermé 1er au 15 oct., 15 janv. au 15 fév. et mardi – **Repas** 95/295 ♀, enf. 40 – ☕ 49 – **15 ch** 260/340 – ½ P 290.

ZELLENBERG *68 H.-Rhin* 62 ⑲ *– rattaché à Riquewihr.*

ZICAVO *2A Corse-du-Sud* 90 ⑦ *– voir à Corse.*

ZOUFFTGEN *57330 Moselle* 57 ③ *– 597 h alt. 250.*

Paris 341 – Luxembourg 18 – Metz 49 – Thionville 15.

Lorraine, ✆ 03 82 83 40 46, *Fax 03 82 83 48 26,* – P. GB
fermé mardi soir et merc. – **Repas** 120 (déj.), 170/250, enf. 80.

Distances

entre principales villes

Quelques précisions

Au texte de chaque localité vous trouverez la distance des villes environnantes et celle de Paris.
Les distances sont comptées à partir du centre-ville et par la route la plus pratique, c'est-à-dire celle qui offre les meilleures conditions de roulage, mais qui n'est pas nécessairement la plus courte.
Pour avoir un itinéraire plus détaillé, consultez le minitel : 3615 MICHELIN.

Distances

between major towns

Commentary

The text on each town includes its distance from its immediate neighbours and from Paris.
Distances are calculated from centres and along the best roads from a motoring point of view – not necessarily the shortest.
For more detailed route planning, consult Minitel: 3615 MICHELIN.

Distances entre principales villes

Distances between major towns

Marseille – Strasbourg **805 km**

	Amiens	Angers	Bayonne	Besançon	Bordeaux	Brest	Caen	Calais	Cherbourg	Clermont-Ferrand	Dijon	Grenoble	Le Havre	Lille	Limoges	Lyon	Le Mans	Marseille	Metz	Montpellier	Mulhouse	Nancy	Nantes	Nice	Orléans	Paris	Perpignan	Reims	Rennes	Rouen	Saint-Étienne	Strasbourg	Toulon	Toulouse
Angers	423																																	
Bayonne	905	516																																
Besançon	503	658	872																															
Bordeaux	717	328	184	683																														
Brest	612	381	806	961	618																													
Caen	241	245	762	641	568	375																												
Calais	157	502	1062	606	874	709	337																											
Cherbourg	364	297	826	764	638	399	125	461																										
Clermont-Ferrand	559	438	549	330	361	805	564	714	689																									
Dijon	467	564	804	92	616	866	547	571	671	267																								
Grenoble	724	722	825	295	777	1124	804	859	928	299	301																							
Le Havre	184	289	805	605	611	456	85	281	209	566	511	769																						
Lille	122	519	995	539	807	722	350	112	474	648	504	794	291																					
Limoges	528	249	410	482	222	605	457	683	546	177	414	476	534	615																				
Lyon	616	556	831	227	531	1016	696	751	820	171	193	108	661	684	347																			
Le Mans	331	95	620	567	432	401	153	410	278	403	473	731	197	425	303	622																		
Marseille	926	900	701	539	653	1267	1007	1062	1130	476	504	272	971	994	594	313	865																	
Metz	361	620	1096	266	908	921	575	463	699	536	269	571	540	368	717	462	528	774																
Montpellier	913	673	537	525	489	1103	897	1048	1022	342	490	295	899	981	423	299	737	171	759															
Mulhouse	536	725	999	136	811	1028	708	639	832	457	219	438	673	599	610	378	633	691	235	677														
Nancy	364	583	1084	207	896	887	549	466	673	484	217	519	514	422	651	410	491	722	57	707	176													
Nantes	513	91	508	749	320	300	289	592	314	458	655	721	371	607	305	615	185	970	708	803	816	676												
Nice	1085	1058	860	587	811	1425	1165	1220	1289	635	662	334	1130	1153	753	471	1024	190	931	329	692	874	1127											
Orléans	267	220	648	393	460	543	272	422	397	298	300	557	274	355	267	448	142	762	455	632	521	426	310	919										
Paris	137	293	769	404	581	595	233	289	357	422	311	568	198	221	391	459	201	771	332	757	464	308	383	928	129									
Perpignan	993	776	500	674	451	1065	998	1148	1086	442	639	444	1000	1080	510	448	864	320	907	153	825	851	767	477	733	856								
Reims	171	430	906	333	718	732	385	274	509	559	299	600	350	206	528	491	338	803	190	789	366	195	520	960	267	144	937							
Rennes	414	128	622	715	434	245	176	511	201	559	621	878	258	573	408	769	155	1022	673	918	782	641	110	1179	296	349	881	485						
Rouen	118	288	807	538	619	495	123	215	247	498	444	702	88	228	467	593	196	905	471	832	605	447	378	1062	206	131	932	283	300					
Saint-Étienne	676	570	694	288	506	937	696	811	821	147	253	156	698	744	323	62	536	306	522	292	439	465	630	463	432	520	440	551	689	631				
Strasbourg	518	776	1252	250	1064	1078	732	620	855	571	333	548	696	525	724	492	685	805	162	790	116	148	866	803	543	490	938	348	830	629	552			
Toulon	994	967	769	606	720	1334	1074	1130	1198	544	572	329	1039	1062	662	381	933	66	840	238	757	783	1036	150	829	838	386	869	1087	972	371	872		
Toulouse	831	572	300	762	248	861	818	987	882	374	727	532	838	919	306	536	660	408	995	241	913	939	563	565	572	695	205	831	678	771	435	1028	473	
Tours	373	109	536	511	348	482	238	529	363	329	417	553	281	461	219	447	84	793	561	663	638	543	199	950	116	237	795	373	235	274	463	720	858	593

Principales routes

Autoroute, double chaussée de type autoroutier
Numéro de route N 4
Distances partielles 14
Distances entre principales villes : voir tableau page précédente
Carte de voisinage : voir à la ville choisie

Main roads

Motorway, dual carriageway
Road number N 4
Intermediary distances 14
Distances between major towns : see table on preceding page
Town with a local map

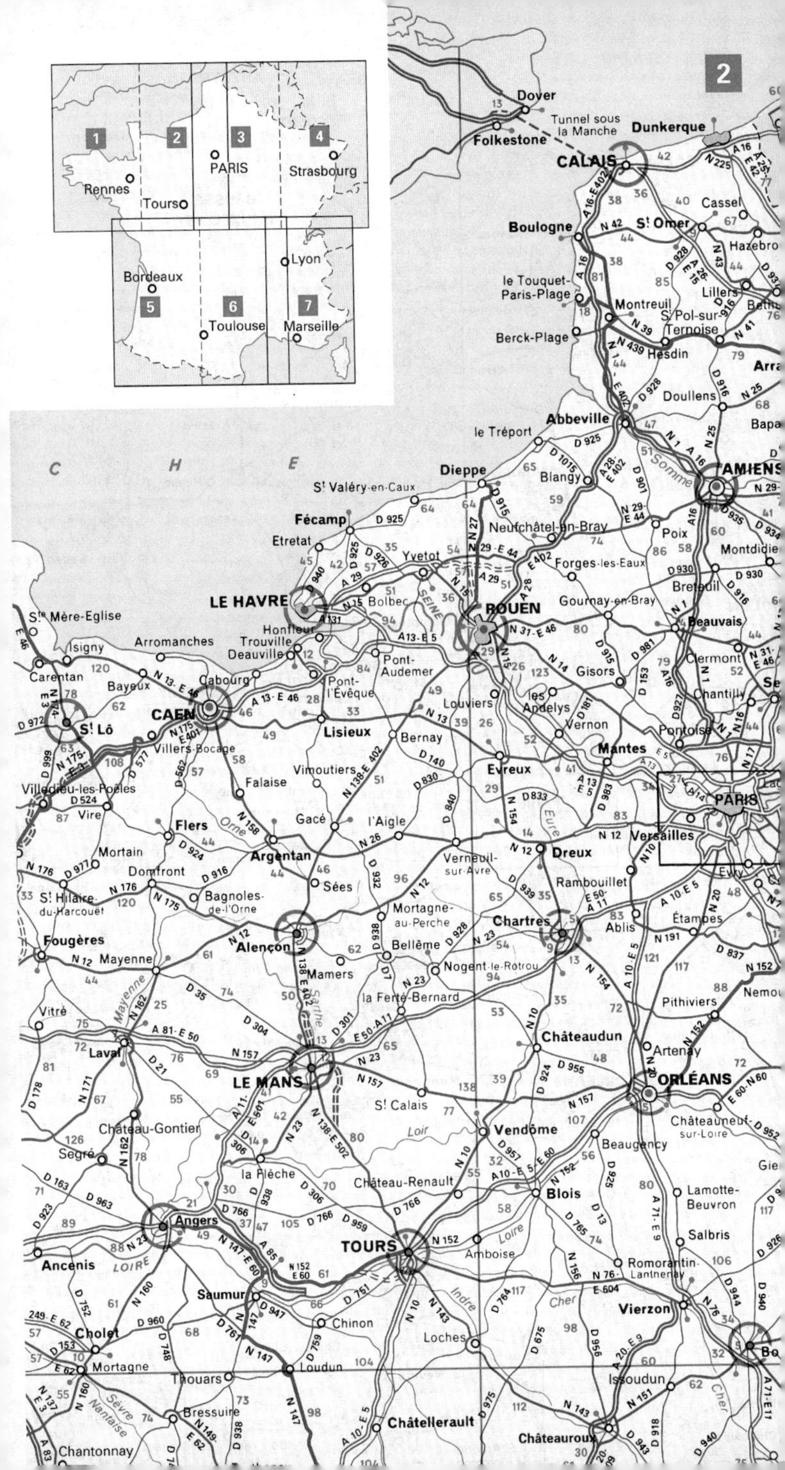
2
1
2
3
4
5
6
7
PARIS
Strasbourg
Rennes
Tours
Bordeaux
Lyon
Toulouse
Marseille
Dover
Folkestone
Tunnel sous la Manche
Dunkerque
CALAIS
Cassel
St Omer
Boulogne
Hazebrouck
le Touquet-Paris-Plage
Montreuil
Lillers
St Pol-sur-Ternoise
Berck-Plage
Hesdin
Doullens
Abbeville
le Tréport
AMIENS
Somme
Blangy
Dieppe
St Valéry-en-Caux
C H E
Fécamp
Neufchâtel-en-Bray
Poix
Etretat
Yvetot
Forges-les-Eaux
Montdidier
LE HAVRE
Bolbec
SEINE
ROUEN
Gournay-en-Bray
Breteuil
Beauvais
Ste Mère-Eglise
Honfleur
Trouville
Deauville
Isigny
Arromanches
Pont-Audemer
Gisors
Clermont
Carentan
Bayeux
Cabourg
Pont-l'Évêque
Louviers
les Andelys
Chantilly
CAEN
St Lô
Lisieux
Bernay
Vernon
Pontoise
Villers-Bocage
Mantes
Évreux
Villedieu-les-Poêles
Vimoutiers
Falaise
PARIS
Vire
Flers
Orne
Gacé
l'Aigle
Eure
Versailles
Mortain
Argentan
Verneuil-sur-Avre
Dreux
Domfront
Sées
Rambouillet
Évry
St Hilaire-du-Harcouët
Bagnoles-de-l'Orne
Mortagne-au-Perche
Chartres
Ablis
Étampes
Fougères
Mayenne
Alençon
Bellême
Nogent-le-Rotrou
Mamers
Mayenne
la Ferté-Bernard
Sarthe
Pithiviers
Vitré
Laval
Châteaudun
Artenay
LE MANS
ORLÉANS
St Calais
Châteauneuf-sur-Loire
Château-Gontier
Loir
Vendôme
Beaugency
Segré
la Flèche
Château-Renault
Blois
Lamotte-Beuvron
Angers
Loire
Salbris
Ancenis
LOIRE
TOURS
Amboise
Romorantin-Lanthenay
Saumur
Indre
Cher
Chinon
Loches
Vierzon
Cholet
Mortagne
Loudun
Thouars
Issoudun
Sèvre Nantaise
Bressuire
Châtellerault
Châteauroux
Chantonnay
Bourges

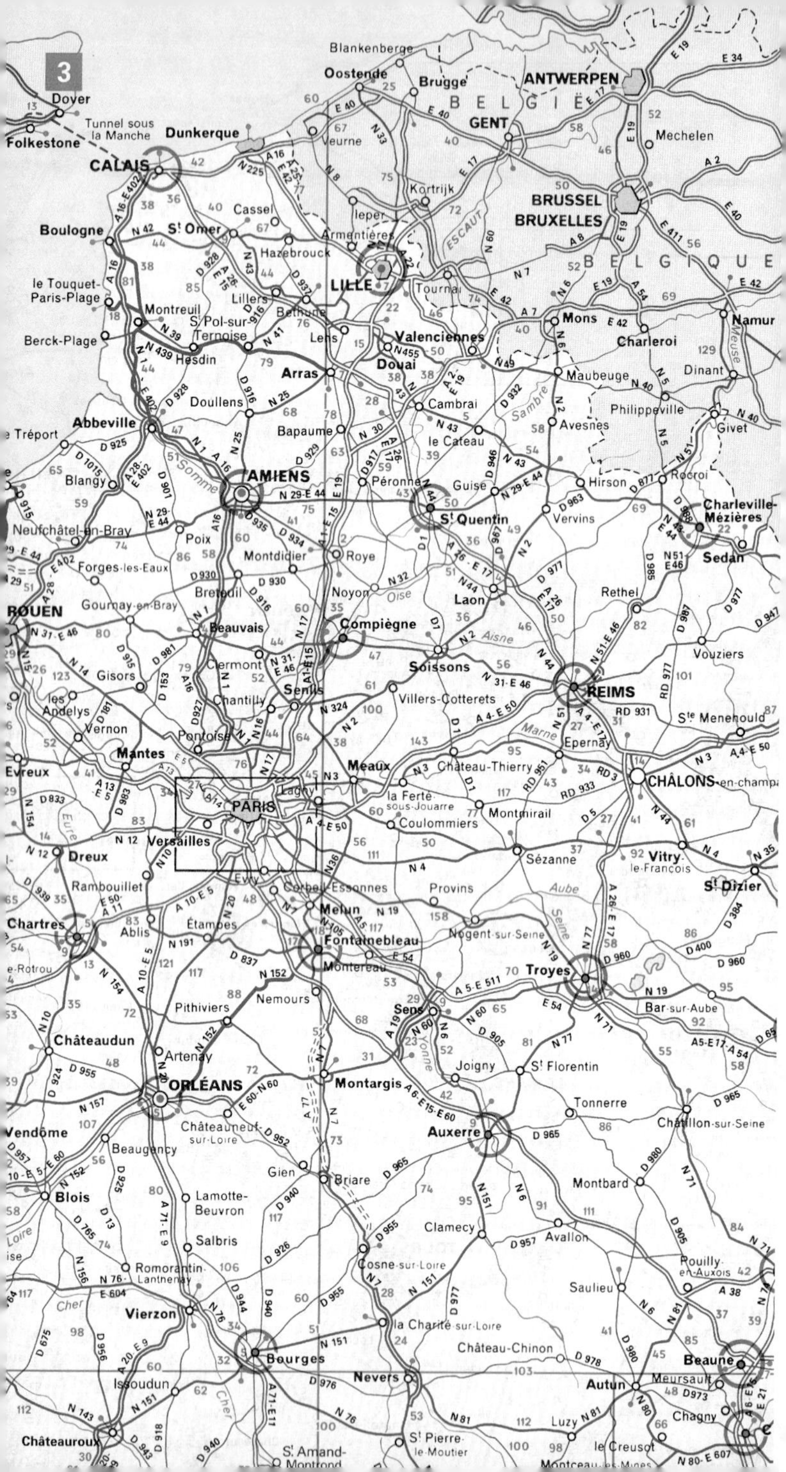

3
Dover
Folkestone
Tunnel sous la Manche
Dunkerque
CALAIS
Blankenberge
Oostende
Brugge
ANTWERPEN
BELGIË
GENT
Mechelen
Veurne
Kortrijk
BRUSSEL
BRUXELLES
Ieper
Boulogne
St Omer
Cassel
Hazebrouck
Armentières
ESCAUT
LILLE
Tournai
BELGIQUE
le Touquet-Paris-Plage
Montreuil
Lillers
Béthune
St Pol-sur-Ternoise
Lens
Valenciennes
Mons
Charleroi
Namur
Berck-Plage
Hesdin
Douai
Arras
Maubeuge
Dinant
Meuse
Doullens
Cambrai
Sambre
Philippeville
Abbeville
Bapaume
Avesnes
Givet
le Tréport
le Cateau
Somme
AMIENS
Péronne
Guise
Hirson
Rocroi
Blangy
St Quentin
Vervins
Charleville-Mézières
Neufchâtel-en-Bray
Poix
Montdidier
Roye
Sedan
Forges-les-Eaux
Breteuil
Noyon
Oise
Laon
Rethel
Gournay-en-Bray
ROUEN
Beauvais
Compiègne
Aisne
Vouziers
Clermont
Soissons
REIMS
Gisors
les Andelys
Senlis
Villers-Cotterets
Chantilly
Ste Menehould
Vernon
Pontoise
Marne
Epernay
Mantes
Meaux
Château-Thierry
CHÂLONS-en-champa
Evreux
PARIS
Lagny
la Ferté-sous-Jouarre
Montmirail
Versailles
Coulommiers
Eure
Dreux
Sézanne
Vitry-le-François
Evry
St Dizier
Rambouillet
Corbeil-Essonnes
Provins
Aube
Melun
Chartres
Ablis
Étampes
Nogent-sur-Seine
Seine
Fontainebleau
Montereau
Troyes
Rotrou
Pithiviers
Nemours
Bar-sur-Aube
Sens
Yonne
Châteaudun
Artenay
Joigny
St Florentin
ORLÉANS
Montargis
Tonnerre
Châtillon-sur-Seine
Vendôme
Châteauneuf-sur-Loire
Beaugency
Auxerre
Gien
Briare
Montbard
Blois
Lamotte-Beuvron
Loire
Salbris
Clamecy
Avallon
Romorantin-Lanthenay
Cosne-sur-Loire
Pouilly-en-Auxois
Saulieu
Cher
Vierzon
la Charité-sur-Loire
Château-Chinon
Bourges
Beaune
Issoudun
Nevers
Autun
Meursault
Chagny
Châteauroux
St Pierre-le-Moutier
Luzy
le Creusot
St Amand-Montrond
Montceau-les-Mines

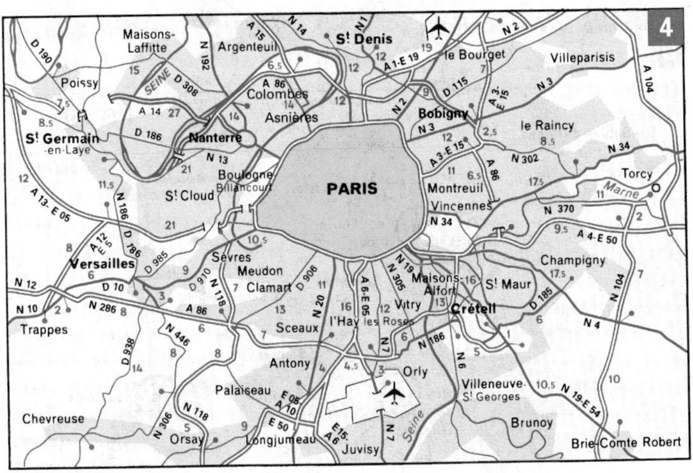
4
Maisons-Laffitte
Argenteuil
St Denis
le Bourget
Villeparisis
Poissy
Colombes
Asnières
Bobigny
le Raincy
St Germain-en-Laye
Nanterre
Seine
PARIS
Boulogne-Billancourt
St Cloud
Montreuil
Vincennes
Torcy
Marne
Versailles
Sèvres
Meudon
Clamart
Maisons-Alfort
St Maur
Champigny
Vitry
Créteil
Trappes
Sceaux
l'Hay les Roses
Antony
Orly
Palaiseau
Villeneuve-St Georges
Chevreuse
Orsay
Longjumeau
Juvisy
Brunoy
Brie-Comte Robert

Arlon
LUXEMBOURG
BUNDESREPUBLIK
DEUTSCHLAND
Mannheim
Heidelberg
Montmédy
Longwy
Stenay
Longuyon
Thionville
Saarbrücken
Etain
Briey
Boulay-Moselle
Forbach
Verdun
Sarreguemines
Karlsruhe
METZ
St Avold
Bitche
Wissembourg
Meuse
Sarre-Union
Pont-à-Mousson
Château-Salins
Haguenau
Bar-le-Duc
Commercy
Sarrebourg
Saverne
RHIN
NANCY
STRASBOURG
Toul
Lunéville
Molsheim
Vaucouleurs
Marne
Erstein
Joinville
St Dié
Neufchâteau
Mirecourt
Sélestat
Ribeauvillé
Vittel
Moselle
Contrexéville
Épinal
Gérardmer
Colmar
Neuf-Brisach
Chaumont
Freiburg
Remiremont
Plombières-les-Bains
Guebwiller
Bourbonne-les-Bains
le Thillot
MULHOUSE
Thann
Schaffhausen
Langres
Luxeuil-les-Bains
Lure
Altkirch
St Michel
Belfort
Vesoul
BÂLE
Montbéliard
ZURICH
Gray
Solothurn
Baume-les-Dames
DIJON
SUISSE
BESANÇON
Luzern
Morteau
Saône
Dole
BERN
Neuchâtel
Seurre
Salins
Doubs
Poligny
Pontarlier
Fribourg
halon-sur-S.
Interlaken
Lons-le-Saunier
Champagnole

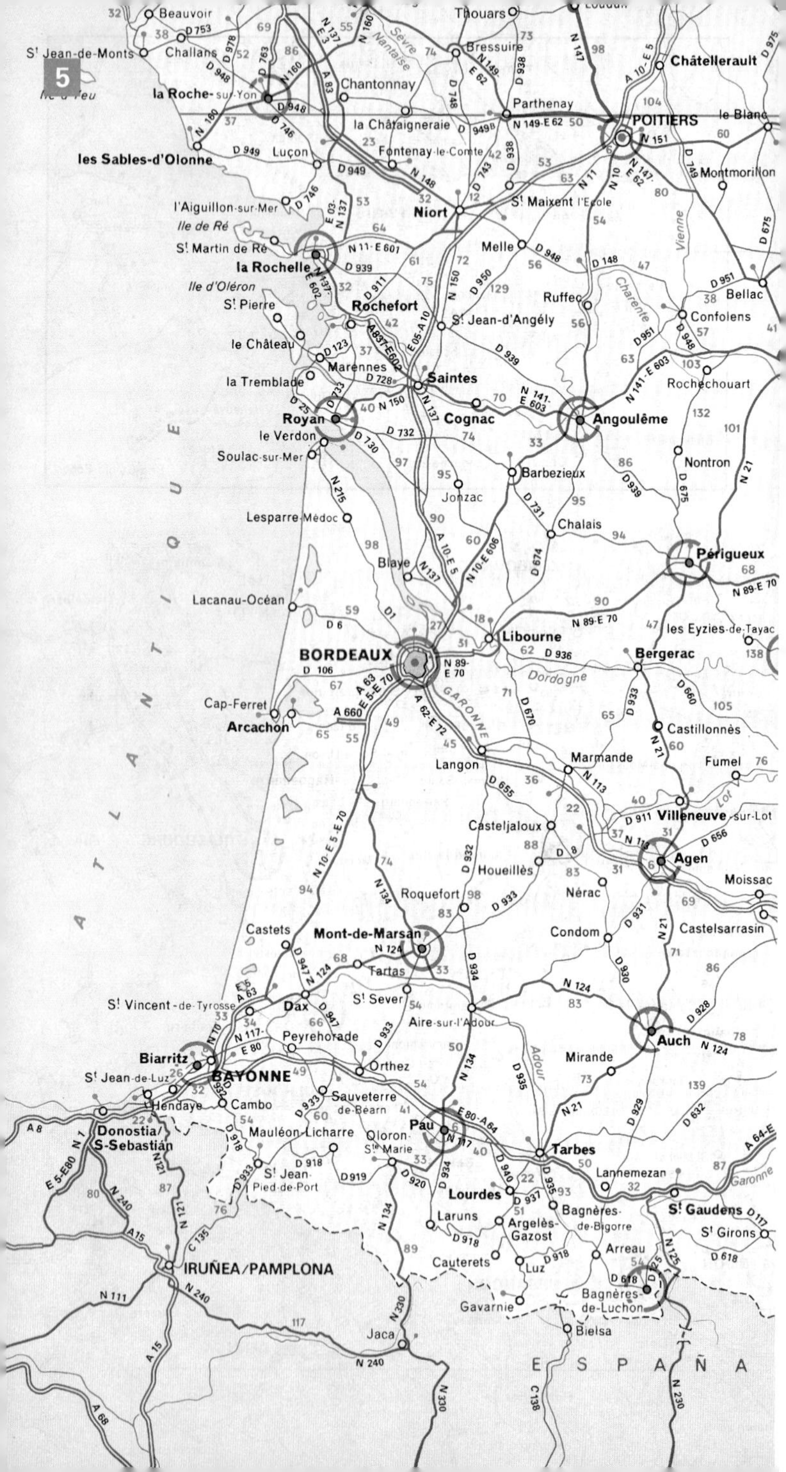
5
Beauvoir
St Jean-de-Monts
Challans
Ile d'Yeu
la Roche-sur-Yon
les Sables-d'Olonne
Luçon
l'Aiguillon-sur-Mer
Ile de Ré
St Martin de Ré
la Rochelle
Ile d'Oléron
St Pierre
le Château
la Tremblade
Marennes
Rochefort
Royan
le Verdon
Soulac-sur-Mer
Lesparre-Médoc
Lacanau-Océan
Cap-Ferret
Arcachon
BORDEAUX
Thouars
Loudun
Bressuire
Chantonnay
la Châtaigneraie
Fontenay-le-Comte
Parthenay
Niort
St Maixent l'Ecole
Melle
St Jean-d'Angély
Saintes
Cognac
Jonzac
Barbezieux
Blaye
Libourne
Châtellerault
POITIERS
le Blanc
Montmorillon
Ruffec
Bellac
Confolens
Rochechouart
Angoulême
Nontron
Chalais
Périgueux
les Eyzies-de-Tayac
Bergerac
Castillonnès
Fumel
Villeneuve-sur-Lot
Agen
Moissac
Castelsarrasin
Langon
Marmande
Casteljaloux
Houeillès
Nérac
Condom
Roquefort
Mont-de-Marsan
Castets
Tartas
St Sever
Aire-sur-l'Adour
St Vincent-de-Tyrosse
Dax
Peyrehorade
Orthez
Biarritz
BAYONNE
St Jean-de-Luz
Hendaye
Cambo
Sauveterre-de-Béarn
Mauléon-Licharre
Oloron-Ste Marie
St Jean-Pied-de-Port
Pau
Lourdes
Tarbes
Auch
Mirande
Lannemezan
St Gaudens
St Girons
Bagnères-de-Bigorre
Argelès-Gazost
Laruns
Cauterets
Luz
Gavarnie
Arreau
Bagnères-de-Luchon
Bielsa
Jaca
Donostia/S-Sebastián
IRUÑEA/PAMPLONA
ATLANTIQUE
ESPAÑA
Sèvre Nantaise
Vienne
Charente
Dordogne
GARONNE
Lot
Adour
Garonne
N 160
N 137
N 147
N 11
N 10
N 149-E 62
N 151
N 11-E 601
N 150
N 141-E 603
N 89-E 70
N 21
N 113
N 124
N 134
N 117
N 10-E 5-E 70
N 111
N 240
N 121
N 330
N 125
N 230
A 10-E 5
A 83
A 837-E 602
E 05-A 10
A 63
A 62-E 72
A 660
A 64-E 80
A 15
A 8
A 68
E 5-E 80
N 1
C 135
C 138
D 948
D 949
D 746
D 939
D 911
D 950
D 951
D 948
D 123
D 728
D 733
D 25
D 730
D 732
D 215
D 731
D 674
D 675
D 939
D 6
D 106
D 1
D 936
D 933
D 660
D 670
D 655
D 911
D 932
D 8
D 931
D 930
D 934
D 947
D 928
D 929
D 632
D 935
D 940
D 937
D 918
D 919
D 920
D 618
D 117
D 749
D 753
D 978
D 763
D 938
D 743
D 148
D 949B

6
Issoudun
Nevers
Autun
Meursault
Chagny
Châteauroux
St Pierre-le-Moutier
Luzy
le Creusot
Montceau-les-Mines
St Amand-Montrond
la Châtre
Argenton-sur-Creuse
Moulins
Digoin
Tournus
Charolles
Montluçon
Mâcon
la Souterraine
St Pourçain-sur-Sioule
Lapalisse
Guéret
Gannat
Vichy
Roanne
Bourganeuf
Aubusson
Châtelguyon
Thiers
Villefranche-sur-S.
LIMOGES
Riom
l'Arbresle
Royat
CLERMONT-FD
Feurs
LYON
Montbrison
Montrond-les-Bs
Ussel
la Bourboule
le Mont-Dore
Issoire
Ambert
Vienne
Uzerche
ST ETIENNE
la Chaise-Dieu
Donzenac
Tulle
Brioude
Annonay
Mauriac
Yssingeaux
Brive-la-Gaillarde
Murat
Tournon
St Flour
le Puy
Lamastre
Souillac
Aurillac
Valence
Sarlat-la-Canéda
St Céré
St Chély d'Apcher
Privas
Rocamadour
Langogne
Vals-les-Bains
Gourdon
Entraygues-sur-T
Aubenas
Figeac
Decazeville
Largentière
Espalion
Mende
Cahors
Villefranche-de-Rouergue
Villefort
Rodez
Séverac-le-Château
Florac
Pont-St Esprit
Caussade
Millau
Alès
Montauban
le Vigan
Avignon
Albi
Gaillac
St Affrique
Nîmes
Lacaune
Lodève
Castres
Bédarieux
MONTPELLIER
Aigues-Mortes
Arles
TOULOUSE
St Pons-de-Thomières
Mazamet
le Grau-du-Roi
Fos-sur-
Muret
Béziers
Stes Maries-de-la-Mer
Auterive
Sète
Castelnaudary
Carcassonne
Agde
Narbonne
Pamiers
Lézignan-Corbières
Limoux
Foix
Lavelanet
Quillan
Salses
Ax-les-Thermes
PERPIGNAN
Prades
Font-Romeu
Andorra la-Vella
Mont-Louis
Céret
Port-Vendres
Bourg-Madame
Prats-de-Mollo-la-Preste
le Perthus
Cerbère
Figueres
Allier
Loire
Dordogne
Lot
Tarn
Aveyron
Hérault
Gard
Aude
Ariège
Ardèche
RHÔNE
Creuse
Cher

7
Meursault
Chagny
Chalon-sur-S.
Poligny
Pontarlier
Fribourg
Interlaken
Lons-le-Saunier
Champagnole
Tournus
Louhans
Morez
Lausanne
SUISSE
Montreux
St Claude
LAC LÉMAN
Thonon
Evian-les-Bains
Rhône
Brig
Mâcon
Gex
GENÈVE
Sion
Bourg-en-Bresse
Nantua
Annemasse
Bonneville
Martigny
Pont-d'Ain
Bellegarde sur-Valserine
St Julien
Cluses
Villefranche-sur-S.
Chamonix
Annecy
Megève
les Houches
Tunnel du Grand St Bernard
Tunnel du Mont Blanc
l'Arbresle
Belley
Aosta
Feurs
LYON
Aix-les-Bains
Albertville
Montrond-les-B.
Bourgoin-Jallieu
Chambéry
Bourg-St Maurice
la Tour-du-Pin
les Abrets
Moutiers
Vienne
Val d'Isère
St ETIENNE
Voiron
St Jean-de-Maurienne
Lanslebourg-Mont-Cenis
Annonay
TORINO
St Marcellin
GRENOBLE
Tunnel du Fréjus
Susa
le Bourg-d'Oisans
Tournon
Vizille
Romans-sur-Isère
Lamastre
la Mure
Briançon
Valence
Clelles
Aiguilles
Privas
Crest
Die
Vals-les-Bains
Drôme
Guillestre
Embrun
ITALIA
Aubenas
Gap
Montélimar
Largentière
Aspres-sur-Buech
Barcelonnette
Cuneo
Serres
Ardèche
Nyons
St Etienne-de-Tinée
Colmars
Pont-St Esprit
Sisteron
Orange
Digne
Tende
Carpentras
Puget-Théniers
Forcalquier
Sospel
San Remo
Avignon
Barrême
Castellane
Nîmes
Apt
Menton
Cavaillon
Manosque
NICE
Monte-Carlo Monaco
St Rémy de-P.
Durance
Verdon
Salon-de-Provence
Grasse
Antibes
Arles
Aix-en-P.
Draguignan
Cannes
Fréjus
St Raphaël
Fos-sur-Mer
Stes Maries-de-la-Mer
Brignoles
le Luc
Martigues
Aubagne
Ste Maxime
MARSEILLE
St Tropez
la Ciotat
Bastia
Bandol
TOULON
Hyères
le Lavandou
Calvi
Corte
MÉDITERRANÉE
Ajaccio
Propriano
Sartène
Porto-Vecchio
Bonifacio

Calendrier des vacances scolaires

Voir pages suivantes

School holidays calendar

See next pages

ACADÉMIES ET DÉPARTEMENTS

Zone A

Caen (14-50-61), Clermont-Ferrand (03-15-43-63), Grenoble (07-26-38-73-74), Lyon (01-42-69), Montpellier (11-30-34-48-66), Nancy-Metz (54-55-57-88), Nantes (44-49-53-72-85), Rennes (22-29-35-56), Toulouse (09-12-31-32-46-65-81-82).

Zone B

Aix-Marseille (04-05-13-84), Amiens (02-60-80), Besançon (25-39-70-90), Dijon (21-58-71-89), Lille (59-62), Limoges (19-23-87), Nice (06-83), Orléans-Tours (18-28-36-37-41-45), Poitiers (16-17-79-86), Reims (08-10-51-52), Rouen (27-76), Strasbourg (67-68).

Zone C

Bordeaux (24-33-40-47-64), Créteil (77-93-94), Paris-Versailles (75-78-91-92-95).

Nota : La Corse bénéficie d'un statut particulier.

1998 MARS

1	**D**	**Carême**
2	L	s Charles le B.
3	M	s Guénolé
4	M	s Casimir
5	J	s^{e} Olive
6	V	s^{e} Colette
7	S	s^{e} Félicité
8	**D**	s Jean de D.
9	L	s^{e} Françoise
10	M	s Vivien
11	M	s^{e} Rosine
12	J	s^{e} Justine
13	V	s Rodrigue
14	S	s^{e} Mathilde
15	**D**	s^{e} Louise
16	L	s^{e} Bénédicte
17	M	s Patrice
18	M	s Cyrille
19	J	Mi-Carême
20	V	PRINTEMPS
21	S	s^{e} Clémence
22	**D**	s^{e} Léa
23	L	s Victorien
24	M	s^{e} Cath. de Su.
25	M	**Annonciation**
26	J	s^{e} Larissa
27	V	s Habib
28	S	s Gontran
29	**D**	s^{e} Gwladys
30	L	s Amédée
31	M	s Benjamin

AVRIL

1	M	s Hugues
2	J	s^{e} Sandrine
3	V	s Richard
4	S	s Isidore
5	**D**	**Rameaux**
6	L	s Marcellin
7	M	s J.-B. de la S.
8	M	s^{e} Julie
9	J	s Gautier
10	V	s Fulbert
11	S	s Stanislas
12	**D**	**Pâques**
13	L	s^{e} Ida
14	M	s Maxime
15	M	s Paterne
16	J	s Benoît-J.
17	V	s Étienne H.
18	S	s Parfait
19	**D**	s^{e} Emma
20	L	s^{e} Odette
21	M	s Anselme
22	M	s Alexandre
23	J	s Georges
24	V	s Fidèle
25	S	s Marc
26	**D**	**Sou. Déportés**
27	L	s^{e} Zita
28	M	s^{e} Valérie
29	M	s^{e} Cath. de Si.
30	J	s Robert

MAI

1	V	**FÊTE DU TR.**
2	S	s Boris
3	**D**	ss Phil., Jacq.
4	L	s Sylvain
5	M	s^{e} Judith
6	M	s^{e} Prudence
7	J	s^{e} Gisèle
8	V	**ASC./VICT. 45**
9	S	s Pacôme
10	**D**	**Fête J. d'Arc**
11	L	s Estelle
12	M	s Achille
13	M	s^{e} Rolande
14	J	s Matthias
15	V	s^{e} Denise
16	S	s Honoré
17	**D**	s Pascal
18	L	s Éric
19	M	s Yves
20	M	s Bernardin
21	J	**Ascension**
22	V	s Émile
23	S	s Didier
24	**D**	s Donatien
25	L	s Sophie
26	M	s Bérenger
27	M	s Augustin
28	J	s Germain
29	V	s Aymard
30	S	s Ferdinand
31	**D**	**Pentecôte**

JUIN

1	L	**s Justin**
2	M	s^{e} Blandine
3	M	s Kévin
4	J	s^{e} Clotilde
5	V	s Igor
6	S	s Norbert
7	**D**	**Fête des Mères**
8	L	s Médard
9	M	s^{e} Diane
10	M	s Landry
11	J	s Barnabé
12	V	s Guy
13	S	s Antoire de P.
14	**D**	Fête-Dieu
15	L	s^{e} Germaine
16	M	s J.-F. Régis
17	M	s Hervé
18	J	s Léonce
19	V	Sacré-Cœur
20	S	s Silvère
21	**D**	**Fête des Pères**
22	L	s Alban
23	M	s^{e} Audrey
24	M	s Jean-Bapt.
25	J	s Prosper
26	V	s Anthelme
27	S	s Fernand
28	**D**	s Irénée
29	L	ss Pierre, Paul
30	M	s Martial

JUILLET

1	M	s Thierry
2	J	s Martinien
3	V	s Thomas
4	S	s Florent
5	**D**	s Antoine
6	L	s^{e} Mariette
7	M	s Raoul
8	M	s Thibaut
9	J	s^{e} Amandine
10	V	s Ulrich
11	S	s Benoît
12	**D**	s Olivier
13	L	ss Henri, Joël
14	M	**FÊTE NAT.**
15	M	s Donald
16	J	N.-D. Mt-Carmel
17	V	s^{e} Charlotte
18	S	s Frédéric
19	**D**	s Arsène
20	L	s^{e} Marina
21	M	s Victor
22	M	s^{e} Marie-Mad.
23	J	s^{e} Brigitte
24	V	s^{e} Christine
25	S	s Jacques
26	**D**	ss Anne, Joa.
27	L	s^{e} Nathalie
28	M	s Samson
29	M	s^{e} Marthe
30	J	s^{e} Juliette
31	V	s Ignace de L.

AOÛT

1	S	s Alphonse
2	**D**	s Julien-Eym.
3	L	s^{e} Lydie
4	M	s J.-M. Vianney
5	M	s Abel
6	J	Transfiguration
7	V	s Gaëtan
8	S	s Dominique
9	**D**	s Amour
10	L	s Laurent
11	M	s^{e} Claire
12	M	s^{e} Clarisse
13	J	s Hippolyte
14	V	s Evrard
15	S	**ASSOMPTION**
16	**D**	s Armel
17	L	s Hyacinthe
18	M	s^{e} Hélène
19	M	s Jean-Eudes
20	J	s Bernard
21	V	s Christophe
22	S	s Fabrice
23	**D**	s^{e} Rose de L.
24	L	s Barthélemy
25	M	s Louis
26	M	s^{e} Natacha
27	J	s^{e} Monique
28	V	s Augustin
29	S	s^{e} Sabine
30	**D**	s Fiacre
31	L	s Aristide

1998 SEPTEMBRE

1	M	s Gilles
2	M	s^{e} Ingrid
3	J	s Grégoire
4	V	s^{e} Rosalie
5	S	s^{e} Raissa
6	**D**	s Bertrand
7	L	s^{e} Reine
8	M	Nativité N.-D.
9	M	s Alain
10	J	s^{e} Inès
11	V	s Adelphe
12	S	s Apollinaire
13	**D**	s Aimé
14	L	La S^{e} Croix
15	M	s Roland
16	M	s^{e} Édith
17	J	s Renaud
18	V	s^{e} Nadège
19	S	s^{e} Émilie
20	**D**	s Davy
21	L	s Matthieu
22	M	s Maurice
23	M	s Constant
24	J	s^{e} Thècle
25	V	s Hermann
26	S	ss Côme, Dam.
27	**D**	s Vinc. de Paul
28	L	s Venceslas
29	M	s Michel
30	M	s Jérôme

1998 OCTOBRE

1	J	s^e Th. de l'E.-J.
2	V	s Léger
3	S	s Gérard
4	**D**	s Fr. d'Assise
5	L	s^e Fleur
6	M	s Bruno
7	M	s Serge
8	J	s^e Pélagie
9	V	s Denis
10	S	s Ghislain
11	**D**	s Firmin
12	L	s Wilfried
13	M	s Géraud
14	M	s Juste
15	J	s^e Térésa
16	V	s^e Edwige
17	S	s Baudouin
18	**D**	s Luc
19	L	s René
20	M	s^e Adeline
21	M	s^e Céline
22	J	s^e Élodie
23	V	s Jean de C.
24	S	s Florentin
25	**D**	s Doria
26	L	s Dimitri
27	M	s^e Emeline
28	M	s Simon
29	J	s Narcisse
30	V	s^e Bienvenue
31	S	s Wolfgang

NOVEMBRE

1	**D**	**TOUSSAINT**
2	L	**Défunts**
3	M	s Hubert
4	M	s Charles
5	J	s^e Sylvie
6	V	s^e Bertille
7	S	s^e Carine
8	**D**	s Geoffroy
9	L	s Théodore
10	M	s Léon
11	M	**ARMIST. 1918**
12	J	s Christian
13	V	s Brice
14	S	s Sidoine
15	**D**	s Albert
16	L	s^e Marguerite
17	M	s^e Élisabeth
18	M	s^e Aude
19	J	s Tanguy
20	V	s Edmond
21	S	Prés. de Marie
22	**D**	Christ-Roi
23	L	s Clément
24	M	s^e Flora
25	M	s^e Catherine
26	J	s^e Delphine
27	V	s Séverin
28	S	s Jacq. de la M.
29	**D**	**Avent**
30	L	s André

DÉCEMBRE

1	M	s^e Florence
2	M	s^e Viviane
3	J	s Franç.-Xavier
4	V	s^e Barbara
5	S	s Gérald
6	**D**	s Nicolas
7	L	s Ambroise
8	M	Im. Conception
9	M	s P. Fourier
10	J	s Romaric
11	V	s Daniel
12	S	s^e Chantal
13	**D**	s^e Lucie
14	L	s^e Odile
15	M	s^e Ninon
16	M	s^e Alice
17	J	s Judicaël
18	V	s Gatien
19	S	s Urbain
20	**D**	s Théophile
21	L	s Pierre Canis.
22	M	s^e Franç.-Xavière
23	M	s Armand
24	J	s^e Adèle
25	V	**NOËL**
26	S	s Étienne
27	**D**	Sainte Famille
28	L	ss Innocents
29	M	s David
30	M	s Roger
31	J	s Sylvestre

1999 JANVIER

1	V	**J. DE L'AN**
2	S	s Basile
3	**D**	**Épiphanie**
4	L	s Odilon
5	M	s Edouard
6	M	s Mélaine
7	J	s Raymond
8	V	s Lucien
9	S	s^e Alix
10	**D**	s Guillaume
11	L	s Paulin
12	M	s^e Tatiana
13	M	s^e Yvette
14	J	s^e Nina
15	V	s Rémi
16	S	s Marcel
17	**D**	s^e Roseline
18	L	s^e Prisca
19	M	s Marius
20	M	s Sébastien
21	J	s^e Agnès
22	V	s Vincent
23	S	s Barnard
24	**D**	s Fr. de Sales
25	L	Conv. s Paul
26	M	s^e Paule
27	M	s^e Angèle
28	J	s Th. d'Aquin
29	V	s Gildas
30	S	s^e Martine
31	**D**	s^e Marcelle

FÉVRIER

1	L	s^e Ella
2	M	Prés. Seigneur
3	M	s Blaise
4	J	s^e Véronique
5	V	s^e Agathe
6	S	s Gaston
7	**D**	s^e Eugénie
8	L	s^e Jacqueline
9	M	s^e Apolline
10	M	s Arnaud
11	J	*N.-D. Lourdes*
12	V	s Félix
13	S	s^e Béatrice
14	**D**	s Valentin
15	L	s Claude
16	M	**Mardi-Gras**
17	M	**Cendres**
18	J	s^e Bernadette
19	V	s Gabin
20	S	s^e Aimée
21	**D**	**Carême**
22	L	s^e Isabelle
23	M	s Lazare
24	M	s Modeste
25	J	s Roméo
26	V	s Nestor
27	S	s^e Honorine
28	**D**	s Romain

1999 MARS

1	L	s Aubin
2	M	s Charles
3	M	s Guénolé
4	J	s Casimir
5	V	s^e Olive
6	S	s^e Colette
7	**D**	s^e Félicité
8	L	s Jean de D.
9	M	s^e Françoise
10	M	s Vivien
11	J	Mi-Carême
12	V	s^e Justine
13	S	s Rodrigue
14	**D**	s^e Mathilde
15	L	s^e Louise

Parution de votre nouveau Guide 1999.

Issue of your new Guide 1999.

D'où vient cette auto?
Where does that car come from?

Voitures françaises :

Le régime normal d'immatriculation en vigueur comporte :
– un numéro d'ordre dans la série (1 à 3 ou 4 chiffres)
– une, deux ou trois lettres de série (1re série : A, 2e série : B,... puis AA, AB,... BA,...)
– un numéro représentant l'indicatif du département d'immatriculation.

Exemples : 854 BFK 75 : Paris – 127 HL 63 : Puy-de-Dôme.

Voici les numéros correspondant à chaque département :

01	*Ain*	32	*Gers*	64	*Pyrénées-Atl.*
02	*Aisne*	33	*Gironde*	65	*Pyrénées (Htes)*
03	*Allier*	34	*Hérault*	66	*Pyrénées-Or.*
04	*Alpes-de-H.-Pr.*	35	*Ille-et-Vilaine*	67	*Rhin (Bas)*
05	*Alpes (Hautes)*	36	*Indre*	68	*Rhin (Haut)*
06	*Alpes-Mar.*	37	*Indre-et-Loire*	69	*Rhône*
07	*Ardèche*	38	*Isère*	70	*Saône (Hte)*
08	*Ardennes*	39	*Jura*	71	*Saône-et-Loire*
09	*Ariège*	40	*Landes*	72	*Sarthe*
10	*Aube*	41	*Loir-et-Cher*	73	*Savoie*
11	*Aude*	42	*Loire*	74	*Savoie (Hte)*
12	*Aveyron*	43	*Loire (Hte)*	75	*Paris*
13	*B.-du-Rhône*	44	*Loire-Atl.*	76	*Seine-Mar.*
14	*Calvados*	45	*Loiret*	77	*Seine-et-M.*
15	*Cantal*	46	*Lot*	78	*Yvelines*
16	*Charente*	47	*Lot-et-Gar.*	79	*Sèvres (Deux)*
17	*Charente-Mar.*	48	*Lozère*	80	*Somme*
18	*Cher*	49	*Maine-et-Loire*	81	*Tarn*
19	*Corrèze*	50	*Manche*	82	*Tarn-et-Gar.*
2A	*Corse-du-Sud*	51	*Marne*	83	*Var*
2B	*Hte-Corse*	52	*Marne (Hte)*	84	*Vaucluse*
21	*Côte-d'Or*	53	*Mayenne*	85	*Vendée*
22	*Côtes d'Armor*	54	*Meurthe-et-M.*	86	*Vienne*
23	*Creuse*	55	*Meuse*	87	*Vienne (Hte)*
24	*Dordogne*	56	*Morbihan*	88	*Vosges*
25	*Doubs*	57	*Moselle*	89	*Yonne*
26	*Drôme*	58	*Nièvre*	90	*Belfort (Ter.-de)*
27	*Eure*	59	*Nord*	91	*Essonne*
28	*Eure-et-Loir*	60	*Oise*	92	*Hauts-de-Seine*
29	*Finistère*	61	*Orne*	93	*Seine-St-Denis*
30	*Gard*	62	*Pas-de-Calais*	94	*Val-de-Marne*
31	*Garonne (Hte)*	63	*Puy-de-Dôme*	95	*Val-d'Oise*

Voitures étrangères :

Des lettres distinctives variant avec le pays d'origine, sur plaque ovale placée à l'arrière du véhicule, sont obligatoires (F pour les voitures françaises circulant à l'étranger).

A *Autriche*
AL *Albanie*
AND *Andorre*
B *Belgique*
BG *Bulgarie*
BIH *Bosnie-Herzégovine*
CDN *Canada*
CH *Suisse*
CZ *République Tchèque*
D *Allemagne*
DK *Danemark*
DZ *Algérie*
E *Espagne*
EW *Estonie*
F *France*
FIN *Finlande*
FL *Liechtenstein*
GB *Gde-Bretagne*
GR *Grèce*
H *Hongrie*
HR *Croatie*
I *Italie*
IL *Israël*
IRL *Irlande*
L *Luxembourg*
LT *Lituanie*
LV *Lettonie*
MA *Maroc*
MC *Monaco*
N *Norvège*
NL *Pays-Bas*
P *Portugal*
PL *Pologne*
RL *Liban*
RO *Roumanie*
RUS *Russie*
S *Suède*
SK *Slovaquie*
SLO *Slovénie*
TN *Tunisie*
TR *Turquie*
UA *Ukraine*
USA *États-Unis*
V *Vatican*
YU *Yougoslavie*

Immatriculations spéciales :

CMD *Chef de mission diplomatique (orange sur fond vert)*
CD *Corps diplomatique ou assimilé (orange sur fond vert)*
D *Véhicules des Domaines*
C *Corps consulaire (blanc sur fond vert)*
K *Personnel d'ambassade ou de consulat ou d'organismes internationaux (blanc sur fond vert)*
TT *Transit temporaire (blanc sur fond rouge)*
W *Véhicules en vente ou en réparation*
WW *Immatriculation de livraison*

Manufacture française des pneumatiques Michelin
Société en commandite par actions au capital de 2 000 000 000 de francs.
Place des Carmes-Déchaux – 63 Clermont-Ferrand (France)
R.C.S. Clermont-Fd B 855 200 507

Michelin et Cie, Propriétaires-Éditeurs 1998
Dépôt légal Mars 1998 – ISBN 2-06-064089-X

Photocomposition : APS, Tours – Printed in the EU 2-98/1

Illustrations Cécile Imbert/MICHELIN : pages 4 à 25 – Narratif Systèmes : page 29 – Rodolphe Corbel pages 232, 642, 680, 718, 820, 842, 1290, 1332 Nathalie Benavides/MICHELIN : page 888.

Indicatifs téléphoniques internationaux

de/from — vers/to	(A)	(B)	(CH)	(CZ)	(D)	(DK)	(E)	(FIN)	(F)	(GB)	(GR)
A Autriche		0032	0041	00420	0049	0045	0034	00358	0033	0044	0030
B Belgique	0043		0041	00420	0049	0045	0034	00358	0033	0044	0030
CH Suisse	0043	0032		00420	0049	0045	0034	00358	0033	0044	0030
CZ République Tchèque	0043	0032	0041		0049	0045	0034	00358	0033	0044	0030
D Allemagne	0043	0032	0041	00420		0045	0034	00358	0033	0044	0030
DK Danemark	0043	0032	0041	00420	0049		0034	00358	0033	0044	0030
E Espagne	0743	0732	0741	07420	0749	0745		07358	0733	0744	0730
FIN Finlande	0043	0032	0041	00420	0049	0045	0034		0033	0044	0030
F France	0043	0032	0041	00420	0049	0045	0034	00358		0044	0030
GB Royaume Uni	0043	0032	0041	00420	0049	0045	0034	00358	0033	044	0030
GR Grèce	0043	0032	0041	00420	0049	0045	0034	00358	0033	0044	
H Hongrie	0043	0032	0041	00420	0049	0045	0034	00358	0033	0044	0030
I Italie	0043	0032	0041	00420	0049	0045	0034	00358	0033	0044	0030
IRL Irlande	0043	0032	0041	00420	0049	0045	0034	00358	0033	0044	0030
J Japon	00143	00132	00141	001420	0149	00145	00134	001358	00133	00130	0030
L Luxembourg	0043	0032	0041	00420	05	0045	0034	00358	0033	0044	0030
N Norvège	0043	0032	0041	00420	0049	0045	0034	00358	0033	0044	0030
NL Pays-Bas	0043	0032	0041	00420	0049	0045	0034	00358	0033	0044	0030
PL Pologne	0043	0032	0041	00420	0049	0045	0034	00358	0033	0044	0030
P Portugal	0043	0032	0041	00420	0049	0045	0034	00358	0033	0044	0030
RUS Russie	81043	81032	81041	6420	81049	81045	*	009358	81033	81044	*
S Suède	0043	0032	0041	00420	0049	0045	00934	00358	0033	0044	0030
USA	1143	01132	01141	011420	01149	01145	01134	01358	01133	01144	01130

* *Pas de sélection automatique*

Important : Pour les communications d'un pays étranger vers la France le zéro (0) initial du numéro de téléphone ne doit pas être composé.

International dialling codes

H	I	IRL	J	L	N	NL	PL	P	RUS	S	USA	
0036	0039	00353	0081	00352	0047	0031	0048	00351	007	0046	001	**Autriche A**
0036	0039	00353	0081	00352	0047	0031	0048	00351	007	0046	001	**Belgique B**
0036	0039	00353	0081	00352	0047	0031	0048	00351	007	0046	001	**Suisse CH**
0036	0039	00353	0081	00352	0047	0031	0048	00351	007	0046	001	**République Tchèque CZ**
0036	0039	00353	0081	00352	0047	0031	0048	00351	007	0046	001	**Allemagne D**
0036	0039	00353	0081	00352	0047	0031	0048	00351	007	0046	001	**Danemark DK**
0736	0739	07353	0781	07352	0747	0731	0748	07351	077	0746	071	**Espagne E**
0036	0039	00353	0081	00352	0047	0031	0048	00351	9907	0046	001	**Finlande FIN**
0036	0039	00353	0081	00352	0047	0031	0048	00351	007	0046	001	**France F**
0036	0039	00353	0081	00352	0047	0031	0048	00351	007	0046	001	**Royaume Uni GB**
0036	0039	00353	0081	00352	0047	0031	0048	00351	007	0046	001	**Grèce GR**
	0039	00353	0081	00352	0047	0031	0048	00351	007	0046	001	**Hongrie H**
0036		00353	0081	00352	0047	0031	0048	00351	*	0046	001	**Italie I**
0036	0039		0081	00352	0047	0031	0048	00351	007	0046	001	**Irlande IRL**
00136	00139	001353		01352	00147	00131	00148	01351	*	01146	0011	**Japon J**
0036	0039	00353	0081		0047	0031	0048	00351	007	0046	001	**Luxembourg L**
0036	0039	00353	0081	00352		0031	0048	00351	007	0046	001	**Norvège N**
0036	0039	00353	0081	00352	0047		0048	00351	007	0046	001	**Pays-Bas NL**
0036	0039	00353	0081	00352	0047	0031		00351	007	0046	001	**Pologne PL**
0036	0039	00353	0081	00352	0047	0031	0048		007	0046	001	**Portugal P**
636	*	*	*	*	*	81031	648	*		*	*	**Russie RUS**
0036	0039	00353	00981	00352	0047	0031	0048	00935	097		0091	**Suède S**
01136	01139	011353	01181	011352	01147	01131	01148	011351	*	01146		**USA**

** Direct dialling not possible*

Note: When making an international call to France do not dial the first « 0 » of the phone number.